闽方言文存

李如龙 著

商务印书馆
创于1897 The Commercial Press

图书在版编目(CIP)数据

闽方言文存/李如龙著. —北京:商务印书馆,2024
ISBN 978-7-100-23963-9

Ⅰ.①闽…　Ⅱ.①李…　Ⅲ.①闽语—方言研究—文集　Ⅳ.①H177-53

中国国家版本馆 CIP 数据核字(2024)第 096442 号

MǏNFĀNGYÁN WÉNCÚN
闽 方 言 文 存
李如龙　著

商 务 印 书 馆 出 版
(北京王府井大街36号　邮政编码100710)
商 务 印 书 馆 发 行
北京虎彩文化传播有限公司印刷
ISBN 978-7-100-23963-9

2024 年 8 月第 1 版　　开本 787×1092　1/16
2024 年 8 月北京第 1 次印刷　印张 72¼
定价:280.00 元

序

恩师李如龙教授有关闽方言调查研究的一系列文章将由商务印书馆结集出版，老师嘱我作序，我一则诚惶诚恐，二则心有戚戚焉！向来老师给学生作序者居多，学生给老师作序者鲜少。说实在，我尽管压力很大，但与有荣焉。我是李老师早年在福建师大培养的五个研究生之一，而且是其中唯一的闽南人，阅读和理解李老师有关闽方言的论著自然更有亲切感，也可能更有收获和体会，这大概也是老师嘱我作序的重要原因吧！我于 1991 年起在福州跟随李老师攻读硕士学位，开始系统学习方言学、音韵学，从而走上汉语语言学学术道路，迄今恰好 30 年整。李老师和陈章太先生合作的《闽语研究》正好出版于我研究生入学的 1991 年，这部书现在已经成为闽方言调查研究的经典著作，当年可是我初窥闽方言堂奥和掌握汉语方言学理论方法的最重要的“阶梯”。当然，《闽语研究》中由李老师独立完成或合作完成的大部分篇章也收入了这次即将出版的集子之中。可以说，李老师的大部分论著，特别是有关闽方言的一系列调查报告和研究论文，乃是我学术成长过程中最为重要的营养成分。尽管迄今为止我对闽方言调查研究的广度和深度不及李老师十一，但是乘这次机会把老师几乎所有的闽方言成果复习一遍，何尝不是一件好事和美差？

这个文集名为《闽方言文存》恰如其当，它收入了李老师 20 世纪 60 年代出道以来公开发表的几乎所有闽方言研究论文，以及几篇特殊方言点的调查报告。李老师曾为福建省十几个县市写过方言志，和几位同行合编过三本方言词典，但限于篇幅没有把这些纯资料性的作品以及几本闽方言专题研究的著作，如《福建方言》《闽南方言》等收入这个文集。众所周知，李老师是当代著名语言学家，他除了调查研究汉语方言之外，还广泛涉猎音韵学、词汇学、地名学、文化语言学以及应用语言学诸领域，都发表和出版了不少论著。当然，李老师之于这些领域的研究，也多与方言调查研究工作交织在一起，有时很难分出彼此。就是在方言学方面，李老师调查研究的对象也不仅仅限于闽方言，而是几乎遍及南北各大方言。可以说，《闽方言文存》只是李老师学术成果中较为集中也较为重要的一部分而已。我想，单是就这部分而言，也不难窥探李老师从事汉语方言调查研究，乃至于汉语语言学研究的鲜明特点和重大成就。

第一，广泛深入的田野调查。李老师常常自称一介老农，以采集、交流土产为业，方言调查是其语言学生涯的第一步。自20世纪50年代末大学毕业并参加全国汉语方言普查起，六十多年来李老师调查了各个片区的闽方言上百个地点，“文革”前主要面向闽南话，70年代后全面涉及其他片区的闽方言，直到近年还与几位同行合作出版了一百多万字的《莆仙方言调查报告》。在2003年的一次访谈中，李老师说道：“1973年到福建师大教书，就近调查了一些闽东方言，后来，全省修方言志，我就利用假期去闽北调查，常常是快过春节，街上放鞭炮了，才从乡下回家。那几年我跑遍了闽东、闽北的一二十个县，许多复杂的语言现象引发了我对整个闽语的比较研究。”可以说，收入这个集子的有关闽方言比较研究的论文，特别是像《福建闽方言的一致性》（1983年）、《福建闽方言内部的主要差异》（1985年）这样的扛鼎之作，没有广泛深入的田野调查作基础是不可想象的。除了福建各地的闽方言，李老师还实地调查过粤东潮汕地区、海南、香港以及马来西亚的闽方言，只是大部分材料至今都还没有整理发表。90年代末在暨南大学工作期间，李老师还有宏伟的广东境内三大方言分布及地图绘制的计划，后来因为调回厦门大学而中断。实际上，李老师的闽方言成就很大程度上得益于他对其他汉语方言的认识。50年代以来因为完成课题或指导学生（包括指导全国各地来的“建瓯班”“泰宁班”的学员进行方言调查），李老师调查过的客、赣、吴、粤以及官话等方言就难以统计了，通过与其他方言的比较获得了对闽方言更加全面系统的认识，而不是永远就闽方言而论闽方言。李老师常说：“调查是研究方言的第一步，不跨出这一步，你永远进不了门。中国的方言学一开始就重视调查和描写，这是好传统。做调查要由近及远，先从母语、住地方言入手，然后向外扩展。”这道理很朴素，可谓金玉良言。

第二，两向多维的比较研究。2001年商务印书馆为李老师出了一本论文集，书名是《汉语方言的比较研究》。我想之所以取这样一个标题，是因为李老师历来强调只有比较才是汉语方言研究的开始。在该书的“代序”中，李老师首先强调了汉语方言的比较研究大有可为，接着阐述了汉语方言比较研究的三个层级及其目标、两个方面及其重要内容，展望了基于“外部语言学”的汉语方言比较研究的新领域，最后总结了汉语方言比较研究必须注意的几种观点和方法。可以说，这是迄今为止有关汉语方言比较研究的最有深度、最具广度和最成系统的理论思考。在该书的“后记”中李老师再一次强调指出：“不论是单点的方言或是成片的方言区乃至现代汉语方言的整体，各种研究都必须贯穿比较的方法。”六十多年来，李老师不论是就闽方言的专题研究还是就汉语方言的理论探索，都在努力践行他的两向多维的比较研究理念。简单地说，汉语方言研究既要包括纵横两向的比较，也要进行局部和整体、内部和外部等多维度的比较。就像《建瓯话的声调》（1990年）这类论文，乍看题目好像是就单一方言点的声调做记录和描写，实际上贯穿文章始终的也是纵横比较的方法，属于典型的“小题大做”。从横向来看，文章拿建瓯话声调与松溪、政和、石陂、建阳、崇安的声调进行共时比较，透视包括建瓯话在内的闽北方言声调的演变层次；从纵向来看，文章拿建瓯话声调与《建州八音》的声调系统进行比较，必要时还以1901年加拿大圣公会传教士编写的《建宁方言汉英词典》（*A Chinese-English Dictionary of the Kien-Ning Dialect*）作为旁证，考察两百多年间建瓯话声调的发展演变。正因为李老师非常重视比较研究，但凡与方言有关的韵书、志书和传教士文献，乃至社会、历史、文化的各种资料，都能够进入他的视野，都能够被他很好地消化吸收和融会贯通。可以说，纵横捭阖、内外兼顾是李老师治学的特点，也是他的闽方言研究取得成功的一个秘诀。李老师经常谈到内部语言学和外部语言学的关系，一方面体现了比较研究的理念，另一方面也表达了语言系统性的观念。

第三，全面系统的综合考察。对于方言区的人而言，方言就是他们的语言，方言和语言并没有本质的区别。李老师经常强调要把语言当作一个完整的系统，因为语言的各个要素都是相依赖、相制约的，研究语言不能把它们割裂开来，而要注意它们之间的关系。1998年11月李老师在日本京都大学的演讲中强调指出："由于任何方言都具有完整的结构，都是自足的系统，研究方言就不能像以往有些人那样，只研究方言差异，或者只研究语音，而必须如实地把它作为一个整体的系统去研究。近些年来，不少学者发现了方言语音与词汇、语法之间有复杂的制约关系，这说明了语音学、音韵学、词汇学、语法学、汉语史等都是汉语方言研究者必须全面掌握的。"不难看出，在李老师闽方言的研究成果中，不但有大量语音研究的内容，而且还有不少词汇、语法研究的成果，精彩纷呈。李老师反对把方言语音仅仅作为音韵学的注脚，而是明确认识到"方言学与音韵学是双向服务的，谁也离不开谁，分离就两败，合作就双赢"。收入集子的不少论文，如《闽南方言的"相"和"厮"》（1989年）、《从闽方言的"汝"和"你"说开去》（2004年）、《闽方言的"团"及其语法化》（2005年）等，从方法到内容都是方言语音、词汇和语法等的综合考察，需要用到上述语音学、音韵学、词汇学、语法学、汉语史等领域的专业知识。在李老师的心目中，古典语文学和现代语言学具有根本的分野，他丰硕的研究成果再一次证明了现代语言学在闽方言乃至整个汉语方言中都具有广阔的用武之地。此外，正如上面所说的，李老师早就展望了基于"外部语言学"的汉语方言比较研究的新领域，他指出："近些年来，人们对于社会语言学、文化语言学、应用语言学发生了很大的兴趣，这些学科的发展可以帮助我们理解许多方言的现象，反过来，就方言进行'外部'的研究，也一定可为这些学科的建设提供大量可贵的资料。"这个集子"闽方言文化研究"版块的十来篇论文，如《福建方言与福建文化的类型区》（1992年）、《闽粤方言的不同文化特征》（2000年）、《论闽方言与吴语、客赣方言的关系》（2001年）等，就是有关这方面的优秀成果，具有开风气之先的学术贡献。

第四，高屋建瓴的理论思考。李老师经常告诫学生，做学问"既要低头拉车，还要抬头看路”。特别是对于方言学这种十分重视动手实践的学问，李老师历来强调方言学者不能永远满足于对方言的调查、记录、归纳和整理语料，而是要自觉地进行理论思考和理论升华，为丰富普通语言学理论做出应有的贡献。在 2003 年的访谈中李老师指出：“过去的普通语言学理论大量的都是从印欧语言中总结出来的，如果用汉藏系语言作资料，恐怕有很多结论都得重新考虑……我常说一句不着边际的话，如果我们的语言学一不重视理论，二不重视实际应用，那就成为上不着天、下不着地的梁上君子，名声就不大好了。”这些言论可谓切中肯綮、字字珠玑。众所周知，历史层次分析法是近一二十年来汉语方言学界非常重要的一种理论方法，李老师早在《厦门话的文白异读》（1963 年）一文中就已经提出了“历史层次”的概念，他说：“这里所提的历史层次，就是方言在不同历史阶段所形成的方言差异的总和。不同历史阶段形成的方言语音差异是方言语音的历史层次，不同历史阶段形成的方言词汇差异是方言词汇的历史层次。”这种理论创新非常令人钦佩。关于闽方言的形成和演变，是一个关系到闽方言乃至整个汉语方言史观的重大理论问题，迄今影响最大的可能是 20 世纪六七十年代以罗杰瑞教授为代表的美国学者基于历史比较语言学“谱系树”理论而提出的“原始闽语”（Proto-Min）说。李老师在对闽方言进行充分调查和深入比较的基础上，结合闽地开发和闽人迁徙的历史等，对“原始闽语”说提出了大胆的质疑。李老师认为：“如果说今天的闽语是从某个时代的共同祖语发展而来的，这是很难被接受的。闽东、闽南、闽北这三个方言并不一定是从同一个祖语演变下来的……所以，按照树形图来理解现代汉语方言跟古代语言的关系，特别是在我们这个历史悠久、方言繁多、横向作用常见、民族关系复杂的文化背景下，显然是不合适的。”基于以上的宏观认识，李老师从理论上全方位、多视角论证了闽方言“多来源、多层次”的基本原理，现在看来仍然深具说服力。

长期以来，闽方言调查研究可以算得上汉语方言学，乃至汉语语言学的“显学”。其历史若从 16 世纪末 17 世纪初西班牙传教士在菲律宾编写、刊印闽南话文献算起，迄今已经四百余年。李如龙教授是当代闽方言调查研究的大家，其丰硕的研究成果早已蜚声海内外汉语学界。商务印书馆慧眼识珠，此前已经先后为李老师出版了《汉语方言的比较研究》（2001 年）、《汉语方言研究文集》（2009 年）两部方言学论文集，以及他一生研究和授课的心血之作《汉语方言调查》（2017 年）；今年初又把体量更大的《闽方言文存》列入出版计划，其振兴汉语语言学的担当和情怀不能不令人肃然起敬！今年恰逢李老师八十五大寿，《闽方言文存》的出版恰逢其时、意义重大。谨以这篇不似序言的序言为敬爱的李老师庆寿，祝愿老师学术之树长青！

庄初升

2023 年 6 月 14 日识于浙江大学寓所

目　录

上　编

下　编

上　编

壹　闽方言概论

闽方言概说

一　闽方言的分布

闽方言是分布于我国东南部沿海的重要方言。因为形成于福建并以福建为主要分布地域，因此按传统习惯称为闽方言。实际上，闽方言不仅仅分布于福建（下详）。就目前情形而论，福建省境内通行的也并非都是闽方言，除了闽方言之外，还有一大片客方言，一些赣方言，一小片吴方言及两个官话方言岛。

闽方言在国内的分布主要有五大块，使用人口约有 6 000 万。

面积最大、人口最多的是福建省内的闽方言。大体说来，在福建沿海出口的江河流域都是闽方言分布的地域。其中最大的流域是闽江流域。闽江的干流及所有的支流之中，除了富屯溪上游的光泽、邵武、建宁、泰宁已经蜕变为赣方言、南浦溪上游已经蜕变为吴方言之外，都是通行闽方言的。闽南的九龙江、晋江两流域，中部沿海的木兰溪流域，闽东的岱江、连江、霍童溪、穆阳溪—交溪也是闽方言的分布地。这些大小流域分布于 60 个县市（区），总人口 1 800 多万，占全省人口的四分之三。

在广东省境内，闽方言主要分布在粤东的潮州、汕头、汕尾 3 个地区的 15 个县市和雷州半岛的 4 个县市。当地称为潮汕话和雷州话，邻近的客家人则称之为“福佬话”。总人口 1 500 多万。

在海南省，闽方言主要分布在东部南部和西南部沿海 12 个县市，人口 500 多万。

在浙江省东南部，苍南县大部分乡镇通闽南话、泰顺县部分乡镇通闽东话（当地称为“蛮话”），人口 100 多万。

在台湾省，除西北部的新竹、苗栗二县通行客方言，中部山区杂有高山族语之外，各地通行的主要都是闽方言。使用人口 1 800 多万。

此外，还有一些闽方言岛分布在南方各省区，如广东的中山、电白、韶关、乐昌、乳源，广西的平南、玉林，浙江的玉环、洞头，江苏的宜兴，江西的上饶市郊、赣州市郊，四川的成都市郊，香港和澳门也有不少聚居和散居的兼通闽方言的人。这些散见的方言岛使用闽方言的总人口应该也有近 200 万。

唐宋以来，随着闽人向南洋移民，闽方言在东南亚各国也有广泛的分布。比较集中的是新加坡、马来西亚、印尼、泰国、菲律宾等，当地称为“福建话”的实是漳泉腔的闽南话，其他也和本土一样称为潮州话、海南话、福州话、兴化话。国外使用闽方言人口应该也在1 500万以上。

闽方言在国内外的分布有以下三个特点。第一，沿海岸线分布。中国东南大陆的闽、粤、浙三省的海岸线闽方言占据着近三分之二，加上海南、台湾两个大岛（省），闽方言占据全国海岸线近三分之一。这一特点反映了说闽方言的先民历来就有向海洋谋生的传统。正如顾炎武《天下郡国利病书》所说的“闽人以海为田”。第二，在国内，闽方言是东南诸方言中分布最广的方言之一，在闽、台、琼3省是首要方言，在粤省为第二方言，此外还散布于6个省区。与之相比，客方言也散布于10个省区，但没有一个省区是作为第一方言的。这一特点反映的是闽方言本土本来就是耕地缺乏的丘陵地，早就有人多地少之患，因而有向外移民的需求。第三，闽方言是向海外流播的两大方言之一。和粤方言相比，闽方言走得没粤方言远，（散布在美洲、非洲、大洋洲的汉语方言主要是粤方言）但总人数却比粤方言更多。在东南亚一些国家也更为集中。这一特点反映了闽人早有开港、造船，向外开放发展航运、商贸以及海外移民的传统。

二　闽方言的形成

旧石器时期的文物，说明远古时期，福建就有人类的活动。许多地方的摩崖石刻还保留着一些人莫能识的“仙字”。但是那时的福建原始居民及其语言我们已经无从知晓了。

有关福建的最早记载是战国之后的闽越。闽北至今还有不少传说中的“越王台、越王城、越王墓”遗址，武夷山则发掘了一个不小的汉代城堡，这都说明闽北的武夷山一带曾是闽越人活动的中心。汉代闽北的闽越人，唐代闽西、闽南的畲民以及沿海散居的疍家之间，以及这些民族与现代民族之间是什么关系，目前尚无定论。但是古越族与现代的壮侗语诸民族应有血缘关系。古百越语在闽方言中应该有所留存，这是许多学者的共识。现代闽方言中一些有音无字、无法用汉语来解释的语素，可能是古代壮侗语的“底层”。例如邵武、将乐、永定、连城等地称人为sa^2（$ʃa^2$）和现代壮侗语的sai^2（男人）音义相近。东汉袁康所作的《越绝书》云：“越人谓人铩也”，唐李贺诗有“官军自杀容州槎”句，铩，师瞎切；槎，岑牙切，应就是上文所说的sa^2和sai^2。又如地理通名“拿、那”的分布，也是古代壮侗人住地的证明，武夷山有“拿口、拿坑”等地名，“拿”就是壮侗语的“田”。“寮”的地名更多，也是壮语地名用字。闽、客、粤共有的一些单音动词如lut^7（滑落）lin^5（滚动）lam^5 ～ lom^5（下陷）也应该是古代壮侗语留下的“底层”。

汉人最早入闽开发是在闽北地区。东汉末年，闽中设置的5个县，闽北占着4个。吴永安三年，闽北首立建安郡，辖县有七，闽北人口占着全闽半数。当时入住闽北的应有江东的吴人和江右以西的楚人。从现代闽方言还能找到一批古吴语和古楚语的常用词。例如侬(《玉篇》:吴人呼人侬),鲑(《集韵》:吴人呼鱼菜总称),薸(《尔雅》:水中浮萍、江东谓之薸),裷(《方言》:衣褾,江东呼裷),奶(《广韵》:楚人呼母),箬(《说文》:楚谓竹皮),差(《方言》:南楚病愈者谓之差),夥(《广韵》:楚人云多也)等等,都是见于许多闽方言的说法。

晋宋之后,从黄河流域南渡的汉人经过江东之后又逐渐南移入闽。西晋新立的"晋安郡"及东晋之后出现的泉州附近的"晋江、洛阳江"之名,梁天监中年又析晋安南境置南安郡等事实都是晋人南迁入闽的证明。六朝时汉人入闽除闽北之外,应是以福州、泉州为中心。总之,隋唐之前,数百年间吴楚人、中原人及原来土著经过融合奠定了早期闽方言的最初基础。

初唐和唐末又有两批中州人由于征战移居闽地。前者是陈政、陈元光兄弟的"平定"畲民起义,开辟漳州,充实泉州户口;后者是王潮、王审知父子的平闽、建立闽国,经营福州。经过唐五代的300年的发展,闽方言应该已定型,而且闽北的建州、闽东的福州和闽南的泉州也已显出了差异。《集韵》所说:"闽人呼儿曰囝",上文所述叶子说"箬"、人说"侬"以及骹(脚)、喙(口)、厝(房子)、箸(筷子)、园(旱地)等,都是早已形成的闽方言共同的特征词。而"轻唇"读"重唇","舌上"读"舌头",匣母读同群母等等,则是语音上的闽方言共同特征。但是,差(病愈)、棘(《方言》:草木棘人)、犬(狗)、啼(哭)、弄(巷)以及语音上的从母读同邪母(s)、支与脂、之有别等则只见于闽东。嬉(《方言》:江沅之间,戏……谓之嬉),豨(《方言》:猪,南楚谓之豨,郭注:江东呼豨),渠(《集韵》:吴人呼彼称),埂(《切韵》:堤封,吴人云也)以及语音方面的来母读s-,禅母读为ɦ或j、ø等只见于闽北。颔(《方言》:颐……南楚谓之颔),埭(《通雅》:江左呼隄为埭),檝(《方言》郭注:今江东通呼勺为檝),糜(粥),册(书),枋(厚木板)以及语音上的部分疑、日母字读同晓母(鱼、肉、燃),通、江、宕不分等则仅见于闽南。这说明闽东、闽北、闽南的方言应该一千年前就分手了。

总之,闽方言的形成是多源流的,其中有原住民语言(古百越语)的"底层",有上古时期吴楚方言的留存,更有六朝之后多次中原移民带来的北方共同语。到唐末五代,这些多来源、多层次的语言特点已经整合成初步定型的方言系统了。而在那时的闽东、闽北、闽南之间也已经形成了一些重要差异。

两宋之后,闽南方言陆续向广东省扩展,播散到潮汕平原和雷州半岛,有的登上了海南岛。而北端的兴化军由于和省城的往来密切,深受其影响,形成了新的方言差异。闽北则由于全省经济文化中心东移,并且因多次战争的破坏,人口更替,方言分布有较大变动:吴人入住浦城,浦城县北部的闽方言蜕变为吴语;赣人入住邵武军(后来称邵武府)各县,那一带的闽方言蜕变为赣语;闽南和客家人入住沙溪流域,闽北的南片沙溪流域则形成了新的小区。闽方言逐渐变成了现今五区并存的格局。

闽方言历来以内外方言差异大而著称。在福建这个不大的地域所以会形成与共同语相去甚远、内部又纷繁复杂的方言，其主要原因有四。第一，不论是进与出，经历过多次大批量的移民，不同时代不同地域的来人带来的母语在闽方言中都有沉积的成分。而不同闽方言区迁出的人也把自己的母语带到新地。第二，境内多山，河流短急。出于山川阻隔，交通十分不便，加上本土商业经济没有得到发展，在各地形成的方言很早就是有同有异的状况。第三，经历过多次多种民族的融合。秦汉之前的百越应该就不止一个民族，唐代的畲民、宋元之后外来的阿拉伯回民都先后经历过汉化的过程。第四，虽然地处东南之隅，闽人还是不忘自己是来自中原的华夏文化的传人，因而早有习学共同语的传统。两宋时期闽中士子用通语作诗，中举入仕者为数甚夥，到明代福州、泉州都有过教习国语的琉球馆，清代雍正之后设立过正音书院。历代共同语也对各地闽方言发生过强大的影响。普遍存在的文白异读就是古代闽音和标准音的共存。

三 闽方言的特征

3.1 语音特征

3.1.1 声母方面

（1）古全浊声母今读相对的清音，逢塞音、塞擦音多数字读为不送气，少数读送气。例见表 1：①—⑧。这类字在常用字里占着不小比例，与各种汉语方言表现多不相同，是闽方言的重要语音特征。

（2）古“轻唇音”字今口语中不少仍读为“重唇音”，例见表 1：⑨—⑭。这类字反映了唐以前的语音特征，在其他方言（如客、粤、吴）只有少数几个字保留古代读法，大面积读为重唇音的仅见于闽方言。

（3）古“舌上音”今口语不少仍读为“舌头音”，例见表 1：③、⑦、⑮—⑲。此类字反映的也是唐以前的语音特征，在湘语也有一些地方保留这个特点，但远不如闽方言那样，分布的地域普遍，包含的字也多。

（4）古匣母字今口语不少读为 k kʻ ø，例见表 1：⑳—㉔。这类字虽不多，但很具特色，在其他方言极为少见。

（5）古擦音心、邪、书、禅等母字今口语中有些读为塞擦音，例见表 1：㉕—㉚。其他方言也有类似特点，但包括哪些字，读什么音则常有不同。

（6）某些常用字口语读音特殊，但很一致。其中有云母字读 h-、以母字读 s-、崇母字读 t、章组字读 k-、kʻ-。例见表 1：㉛—㊳，此类特字不多，但颇具特色。

以上各条都是声母的特征。除了边远地区和方言岛之外，各地闽方言声母较为一致。声母总数大多是 15 个，故称“十五音”。

表 1　闽方言共同的声母特征

例字	福州	莆田	厦门	建瓯	永安	潮州	文昌
①病	paŋ^{6}	pa^{6}	pĩ^{6}	paŋ^{6}	põ^{5}	pẽ^{5}	ʔbe^{1}
②条	tɛu^{2}	tiɐu^{2}	tiau^{2}	tiau^{5}	to^{2}	tiau^{2}	ʔdiau^{2}
③直	tiʔ^{8}	tiʔ^{8}	tit^{8}	tɛ^{6}	ta^{4}	tik^{8}	ʔdiet^{8}
④钱	tsieŋ^{2}	tsiŋ^{2}	tsĩ^{2}	tsiŋ^{5}	tsɛiŋ^{2}	tsĩ^{2}	tsi^{2}
⑤舅	kieu^{5}	ku^{5}	ku^{5}	kiu^{6}	kiau^{4}	ku^{4}	ku^{2}
⑥皮	pʻui^{2}	pʻue^{2}	pʻe^{2}	pʻyɛ^{2}	pʻue^{2}	pʻue^{2}	ɸue^{2}
⑦柱	tʻieu^{6}	tʻiu^{6}	tʻiau^{6}	tʻiu^{5}	tʻiau^{4}	tʻiəu^{4}	xiau^{5}
⑧头	tʻau^{2}	tʻau^{2}	tʻau^{2}	tʻe^{5}	tʻø^{2}	tʻau^{2}	xau^{2}
⑨分	puoŋ^{1}	poŋ^{1}	pun^{1}	pyiŋ^{1}	pum^{1}	puŋ^{1}	ʔbun^{1}
⑩飞	pui^{1}	pue^{1}	pe^{1}	yɛ^{3}	pue^{1}	pue^{1}	ʔbue^{1}
⑪蜂	pʻuŋ^{1}	pʻaŋ^{1}	pʻaŋ^{1}	pʻɔŋ^{1}	pʻaŋ^{1}	pʻaŋ^{1}	ɸaŋ^{1}
⑫房	puŋ^{2}	paŋ^{2}	paŋ	pɔŋ^{3}	hm^{2}	paŋ^{2}	ʔbaŋ^{2}
⑬浮	pʻu^{2}	pʻu^{2}	pʻu^{2}	yɛ^{3}	pʻau^{2}	pʻu^{2}	ɸu^{2}
⑭味	mei^{6}	pi^{6}	bi^{6}	mi^{5}	yi^{6}	bi^{5}	bi^{1}
⑮竹	tøyʔ^{7}	tøʔ^{7}	tik^{7}	ty^{7}	ty^{7}	tek^{7}	ʔdiok^{7}
⑯中	tyŋ^{1}	tøy^{1}	tiɔŋ^{1}	tœyŋ^{1}	tam^{1}	taŋ^{1}	toŋ^{1}
⑰抽	tʻiu^{1}	tʻiu^{1}	tʻiu^{1}	tʻiu^{1}	tʻiau^{1}	tʻiu^{1}	xiu^{1}
⑱茶	ta^{2}	tɒ^{2}	te^{2}	ta^{5}	tsɔ^{2}	te^{2}	ʔde^{2}
⑲虫	tʻøyŋ^{2}	tʻaŋ^{2}	tʻaŋ^{2}	tʻɔŋ^{5}	tʻaŋ^{2}	tʻaŋ^{2}	xaŋ^{2}
⑳猴	kau^{2}	kau^{2}	kau^{2}	ke^{3}	kø^{2}	kau^{2}	kau^{2}
㉑厚	kau^{6}	kau^{6}	kau^{6}	ke^{6}	kø^{4}	kau^{4}	kau^{5}
㉒滑	kouʔ^{8}	koʔ^{8}	kut^{8}	ko^{8}	kui^{4}	kut^{8}	kut^{8}
㉓鞋	ɛ^{2}	e^{2}	ue^{2}	ai^{3}	e^{2}	oi^{2}	oi^{2}
㉔红	øyŋ^{2}	aŋ^{2}	aŋ^{2}	ɔŋ^{3}	xaŋ^{2}	aŋ^{2}	ɦaŋ^{2}
㉕笑	tsʻieu^{5}	tsʻiɐu^{5}	tsʻio^{5}	siau^{5}	tʃʻiɯ^{5}	tsʻie^{5}	sio^{5}
㉖斜	tsʻia^{2}	ɬia^{2}	tsʻia^{2}	tsia^{3}	tsiɒ^{2}	sia^{2}	tia^{2}
㉗生不熟	tsʻaŋ^{3}	tsʻa^{3}	tsʻĩ^{3}	tsʻaŋ^{1}	tsʻo^{1}	tsʻẽ^{1}	se^{1}
㉘深	isʻiŋ^{1}	tsʻiŋ^{1}	tsʻim	tsʻeiŋ^{1}	tʃiã^{1}	tsʻim^{1}	siem^{1}
㉙手	tsʻiu^{3}	tsʻiu^{3}	tsʻiu^{3}	siu^{3}	tʃʻio^{3}	tsʻiu^{3}	siu^{3}
㉚树	tsʻieu^{5}	tsʻiu^{5}	tsʻiu^{5}	tsʻiu^{6}	tsʻy^{5}	tsʻiu^{6}	siu^{1}
㉛园	xuɔŋ^{2}	hue^{2}	hŋ^{2}	xyiŋ^{5}	yeiŋ^{2}	hŋ^{2}	ɦui^{2}
㉜远	xuɔŋ^{6}	hue^{6}	hŋ^{6}	yiŋ^{3}	yeiŋ^{4}	hŋ^{2}	ɦui^{4}
㉝蝇	siŋ^{2}	ɬiŋ^{2}	sin^{2}	saiŋ^{5}	sã^{2}	siŋ^{2}	tien^{2}
㉞痒	suɔŋ^{6}	ɬiɐu^{6}	tsĩũ^{6}	tsiɔŋ^{8}	tsiam^{4}	tsiẽ^{4}	tsio^{4}
㉟事	tai^{6}	tai^{6}	tai^{6}	ti^{5}	ʃia^{5}	tai^{6}	se^{6}
㊱齿	kʻi^{3}	kʻi^{3}	kʻi^{3}	tsʻi^{5}	tsʻɿ^{3}	kʻi^{3}	xi^{3}
㊲柿	kʻɛi^{5}	kʻi^{6}	kʻi^{6}	kʻi^{6}	kʻi^{4}	sai^{4}	si^{6}
㊳枝量词	ki^{1}	ki^{1}	ki^{1}	ki^{1}	ki^{1}	ki^{1}	ki^{1}

3.1.2 韵母方面

（1）古开口一等歌韵部分常用字今口语音为合口呼韵。例见表 2：①—③。

（2）古开口二等韵多数字今口语读为洪音。例见表 2：④—⑦。

（3）古止摄支脂韵部分常用字今读韵腹为低元音。例见表 2：⑧—⑪，此类也与汉以前读音相近。

（4）有些古三等韵字今口语读音同相应的一等韵字。例见表 2：⑫—⑲。

（5）古四等韵部分字今口语读音为洪音。例见表 2：⑳—㉔。

（6）古歌豪韵字多数点今读相混。例见表 2：㉕—㉘。

表 2 闽方言共同的韵母特征

例字	福州	莆田	厦门	建瓯	永安	潮州	文昌
① 拖	t‘ua^{1}	t‘ua^{1}	t‘ua^{1}	t‘uɛ^{1}	t‘uɒ^{1}	t‘ua^{1}	xua^{1}
② 我	ŋuai^{3}	kua^{3}	gua^{3}	ŋuɛ^{8}	gua^{1}	ua^{3}	gua^{3}
③ 大	tuai^{5}	tua^{5}	tua^{5}	tuɛ^{5}	tua^{5}	tua^{5}	ʔdua^{1}
④ 家	ka^{1}	ka^{1}	ke^{1}	ka^{1}	kɒ^{1}	ke^{1}	ke^{1}
⑤ 街	kɛ^{1}	ke^{1}	kue^{1}	kai^{1}	ke^{1}	koi^{1}	koi^{1}
⑥ 江	køyŋ^{1}	kaŋ^{1}	kaŋ^{1}	kɔŋ^{1}	kam^{1}	kaŋ^{1}	kaŋ^{1}
⑦ 壳	k‘ɔyʔ^{7}	k‘aʔ^{7}	k‘ak^{7}	k‘u^{7}	k‘u^{7}	k‘ak^{7}	k‘ak^{7}
⑧ 纸	tsai^{3}	tsyɒ^{3}	tsua^{3}	tsyɛ^{3}	tʃyɒ^{3}	tsua^{3}	tua^{3}
⑨ 倚	ai^{3}	ua^{3}	ua^{3}	uɛ^{3}	e^{7}	ua^{3}	ua^{3}
⑩ 寄	kiɛ^{5}	kyɒ^{5}	kia^{5}	kyɛ^{5}	kya^{5}	kia^{5}	kia^{5}
⑪ 使	sai^{3}	ɬai^{3}	sai^{3}	sɛ^{3}	ʃia^{3}	sai^{3}	tai^{3}
⑫ 补	puo^{3}	pɔu^{3}	pɔ^{3}	pu^{3}	pu^{3}	pou^{3}	ʔbou^{3}
⑬ 斧	p‘uo^{3}	pɔu^{3}	pɔ^{3}	py^{3}	pu^{3}	pou^{3}	ʔbou^{3}
⑭ 楼	lau^{2}	lau^{2}	lau^{2}	le^{5}	lø^{2}	lau^{2}	lau^{2}
⑮ 流	lau^{2}	lau^{2}	lau^{2}	lau^{5}	lø^{2}	lau^{2}	lau^{2}
⑯ 动	tɔyŋ^{6}	taŋ^{6}	taŋ^{6}	tɔŋ^{8}	taŋ^{4}	taŋ^{4}	xaŋ^{5}
⑰ 重	tɔyŋ^{6}	taŋ^{6}	taŋ^{6}	tɔŋ^{6}	taŋ^{4}	taŋ^{4}	ʔdaŋ^{5}
⑱ 木	møyʔ^{8}	pɒʔ^{8}	bak^{8}	mu^{8}	mu^{4}	bak^{8}	mok^{8}
⑲ 目	møyʔ^{8}	maʔ^{8}	bak^{8}	mu^{8}	mu^{4}	mak^{8}	mok^{8}
⑳ 西	sɛ^{1}	ɬai^{1}	sai^{1}	sai^{1}	si^{1}	sai^{1}	tai^{1}
㉑ 洗	sɛ^{3}	ɬe^{3}	sue^{3}	sai^{3}	se^{3}	soi^{3}	toi^{3}
㉒ 前	seiŋ^{2}	ɬe^{2}	tsiŋ^{2}	ts‘iŋ^{5}	ts‘eiŋ^{2}	tsoi^{2}	tai^{2}
㉓ 青	ts‘aŋ^{1}	ts‘a^{1}	ts‘i^{1}	ts‘aŋ^{1}	ts‘ã^{1}	ts‘ẽ^{1}	se^{1}
㉔ 踢	t‘ɛiʔ^{7}	t‘ɛʔ^{7}	t‘at^{7}	t‘ɛ^{7}	t‘a^{7}	t‘ak^{7}	xat^{7}
㉕ 哥	ko^{1}	ko^{1}	ko^{1}	ko^{1}	kɯ^{1}	ko^{1}	ko^{1}
㉖ 糕	ko^{1}	ko^{1}	ko^{1}	kau^{1}	kɯ^{1}	ko^{1}	kau^{1}
㉗ 贺	hɔ^{6}	hɒ^{6}	ho^{6}	xɔ^{6}	xaɯ^{5}	ho^{6}	ɦo^{5}
㉘ 号	hɔ^{6}	ho^{6}	ho^{6}	xau^{6}	xaɯ^{5}	ho^{6}	ɦo^{5}

3.1.3 声调方面

闽方言声调多为 7 个调类，少数为 8 个调类或 6 个调类，多数点有两个入声调。闽中、闽北多为 6 调，潮雷琼多为 8 调。具体调类分混和调值高低长短差异较大，多数片区（如闽东、莆仙、闽南、闽北、闽中、潮汕、雷琼）各点与代表点的调类和调值比较接近。现将主要代表点调类调值列表对照如下：

表 3 闽方言主要代表点调类调值对照表

调类	福州	莆田	厦门	建瓯	永安	潮州	文昌
阴平	44	533	44	54	52	33	34
阳平	52	13	24		33	55	22
阴上	31	453	53	21	21	53	31
阳上					54	35	53
阴去	213	42	21	33	35	213	11
阳去	242	11	22	44		11	42
阴入	<u>23</u>	21（文）11（白）	<u>32</u>	24	12	21	5
阳入	5	4（文）35（白）	4	42		4	3

3.2 词汇特征

3.2.1 有些词很常用，保留了唐以前的说法，在本区内相当一致而为外方言区所少见，这是闽方言的重要特征词。例见表 4：①—㉔，以下逐条说解：

囝《集韵》九件切："闽人呼儿曰囝。" 唐人顾况有哀闽诗《囝》。这是闽方言形成初期所通行的方言词。

箸《说文》："饭攲也。" 王筠句读：攲，持去也，《玉篇》："筴也，饭具也。"

翼《广韵》：与职切，"羽翼"。今闽方言声母多为 s-，合以母白读。

卵《说文》："凡物无乳者卵生。"《论衡》："卵壳孕而雌雄生"，以卵称蛋为汉代通语。

粟《说文》："嘉谷实也。" 段注："嘉谷之实曰粟，粟之皮曰糠，中曰米。" 闽方言指稻谷，合段注所指。

秫《说文》："稷之黏者。"《尔雅》郭璞注："谓黏粟也。" 闽方言指糯米，音合义切。

粿《集韵》：古火切，"饼也"。今闽方言为旧式米制糕饼之统称。基本义合。

拍《释名》："搏也，以手搏其上。" 闽方言用为 "打，击" 通称。闽北音 $mɔ^7$，合《集韵》莫白切。《集韵》拍，搯互为异体，匹陌、莫白二切。

曝《玉篇》："晒也。"《广韵》浦木切："暴，日干也，曝俗。" 闽方言音义俱合。

八《说文》："别也，像分别相背之形。" 闽方言以 "八" 表示认识，懂，亦即能别。"八" 这一与《说文》所释的本义似仅见于闽方言。

沃《说文》作渼：溉灌也。闽方言浇灌普遍谓沃，音义与《说文》所注合。

薸《尔雅》：郭注："水中浮萍，江东谓之薸，音瓢。"闽方言音义俱合。

疕《说文》：头疡也。《集韵》普弭切。"一曰痂也。"可见疕指痂是唐宋间新增义项。

囥《集韵》：口浪切，"藏也"。闽方言音义俱合，部分吴方言、赣方言亦说囥。

敨《集韵》：他口切，"展也"。闽方言多用于"解开"，也指"舒展"，如说"敨气"。

凊《集韵》：七刃切，"《博雅》，寒也"。今闽方言普遍有凊的说法，或指水冷或指天寒。

喙《说文》："口也"。《广韵》许秽切，又昌芮切，"口喙"。《集韵》充芮切，闽方言音义合昌芮切，泛指一切口、嘴。

潘《说文》：淅米汁也。今闽方言称潲水，洗米汁为"米潘"。潲水缸说"潘缸"。合于古义。

䜆《广韵》：子冉切，"食薄味也"。闽方言义为"味淡"。音义切合，为常用词。

晏《广韵》：乌涧切，"柔也，天清也，又晚也"。晚为后起义，今闽方言通称天晚、时间迟为晏。又说"早晏迟早，晏来迟到"。

趁《广韵》：丑刃切，"趁逐"。原为追逐、寻求、赶赴义，明清后引申为挣、赚。明邵璨《香囊记》："这般趁得钱来，家里并无积蓄。"闽方言"挣（钱）"多说"趁"；闽南方言亦称"驱赶"为"趁"，如：～鸡、～牛。

裷《方言》郭注："衣褾，江东呼裷，音婉。"今闽方言通呼衣袖为手裷。又可说"长裷，短裷"。此为古吴语之留存，今少见于吴方言。

烌《集韵》：虚尤切，"吴俗谓灰为烌"。闽方言普遍说灰为"烌"。此亦为古吴语之留存，同样未见于今吴方言。

跋《说文》："蹎跋也。"段注引诗毛传：颠，仆也，颠跋即仆倒。闽方言普遍称跌倒为跋倒，应是保留秦汉古义。

3.2.2 有些常用词或不能单用的语素也见于早期字书并有古籍用例，但各地字义有所变化，并往往与外方言区不同。这是古语沿用的基础上加以方言的变异。例见表4：㉕—㊵，以下逐条做简要说解。

鼎《说文》："三足两耳，和五味之宝器也。"鼎为炊具乃先秦之旧制。后来成为宝器，而饭锅简化为无足的铁锅。闽方言至今仍称各类铁锅为"鼎"。

筅《广韵》：苏典切，"筅帚，炊具"。今"筅帚"（炊具）的说法见于闽北，沿海称为"鼎筅"，又各地均用作单音动词，泛指"刷、掸"。

解《广韵》：胡买切，"晓也"。此为唐诗常用字与"会"异文对仗。各地闽方言也是常用语，如说"解做"（能做，能干）也说"解去"（可能去、会去），"解使"（可以）

等等。一般人都误认为是“会”，其实，声韵均与“蟹”同，有阳上调的地方读阳上，对应最清楚。

柴《广韵》：士佳切，“薪也”。原指烧饭用的“柴火”，闽方言引申指木材，十分常用。如说“柴料（木料）、柴头（树头）、柴草（柴火）、柴厝（木头房子）”。

饮《古今韵会举要》引《增韵》云：“凡可饮者亦谓之饮。”闽方言用来专指米汤，方言词义缩小了。闽南“稀粥”还说“饮糜”。有的还用作形容词表示“粥稀”。

长《广韵》：直亮切，“多也”。闽方言用来表示“余剩”。“有长”是有剩余的，“无长若夥”是“没剩下多少”。

冥《说文》：幽也。《广韵》：莫经切，暗也。《诗·小雅·斯干》郑玄注：“冥，夜也。”今闽方言夜晚都带“冥”字，“冥晡、暗冥、冥昏”，单用“冥”为夜的量词。如说“隔两冥”。

必《说文》：分极也。段注云：“极犹准也……凡交处谓之极，立表为分判之准，故云分极。”郭沫若认为必为秘之本字。闽方言“必”义为裂开，可能“必”就是分裂的会意字。“分极”似是完全的“分裂”。

箬《说文》：“楚谓竹皮曰箬。”段注云：“楚今俗云笋箨箬是也”。《玉篇》：“竹大叶。”唐人柳宗元《柳州峒蛮》有“青箬裹盐归峒客”句。合“竹大叶”之解。今闽方言泛指一切叶子为箬。如说“树箬、菜箬、茶箬、粽箬”。

㙐《广集》：持兖切，道边埤也。多数闽方言门槛说“门㙐”，音合义有转移。

骹《说文》：“胫也。”《广韵》：口交切，“胫骨近足细处”。原指小腿。宋苏轼有诗句：“汗水流骹始信吴”，自注：《吴真君股椒法》云“半年脚心汗如水”，可见宋以后已指称脚。今闽方言“骹”指脚和腿。

鼻《广韵》：毗至切。闽方言读音合广韵读去声，字义扩大兼指鼻涕并用作动词表示“闻、嗅”，有些客家话同此，这是方言词义扩大的典型词目。

治《广韵》：直之切，“水名，……亦理也”。刘坚引关汉卿杂剧“持三日鱼”指出“持”应是“治”，“是剖鱼腹，刮鱼鳞的意思”。（《中国语文》1978.2）罗杰瑞亦做过论证，闽方言“治”用作“杀”。（《方言》1979.3）这是方言词义转移的例证。

颂《说文》：“貌也。”段注：“古作颂貌，今作容貌。”今闽方言“穿着”均曰“颂”，从“容貌”引申而作动词。各地语音合《集韵》似用切。

泛《说文》：“浮也。”《广韵》孚梵切：“浮貌。”今粤方言仍说“浮泛”状漂浮貌。闽方言与客家俗写作“冇”，指空虚不实。又说秕谷为“冇谷”“冇粟”。不实而轻则有漂浮状，后来则有“空泛”之说。“冇”应是“泛”的俗写。今闽方言仍说“空泛”，义为不实也。

着（著）《广韵》：直略切，“附也”。本义为附着。此字中古之后十分常用，引申甚多，闽方言普遍用为“燃烧，必须，正确，触及”等义。

3.2.3　还有些常用词在闽方言区十分一致，又为别区方言所少见，虽本字尚未得到确证，也应是闽方言的特征词。例见㊶—㊿。

厝　大多数闽方言地区的习惯写法，指“房子”和“家”。极常用词，也用作地名。在闽北、浙南或写作“处”。厝亦可假借指“措置”。罗杰瑞论证为“戍”，有人说是“庴”，或说即“处”字。把各地读音对齐看应是合口三等字。“戍、处”的可能性较大。

墘　边缘谓“墘”，各地俗写多为此。亦常用作地名（山墘、河墘、田墘）。《广韵》有“舷”指船的边缘，音合义相关，应即此同源词。

遘　各地闽方言“到达”之义。普遍读 kau[5]，遘为俗写。《说文》有“覯”：“遇见也。”音合义相关，可能是方言创新的引申。

蜀　闽方言基数词不说“一”。各地声母为 ts 或 s，只能是从邪母或禅母变来的。《方言》:“一，蜀也，南楚谓之蜀。”郭注：“蜀犹独耳。”《尔雅》:“蜀，壹也。”闽方言各地读音不完全整齐，或因常用而发生音变。

燋　闽方言多数地区管干（湿反）说 ta[1]，十分常用，构词能力也强，其本字或说为“彫”或作“燋”。音均未全合，姑存疑。

秫　多数闽方言“多”的说法，声母都是从母，韵母都是去声霁韵，是常用形容词。“秫”合此音，但义为“获也”不切。《集韵》“齐”有在诣切音后，义注：和也。姑存疑。

䐪　乳房和乳汁，闽方言说法相同，并与多数客家话音韵地位相仿。俗写作“䐪”，也可能是百越语“底层”词。

嘶　口水的俗写，多数闽方言的说法。词源未明，也可能是“底层”词。

陎　短的说法，闽方言无鼻音，从音韵地位看是端母果开一上声。《广韵》有“陎，小崖”。义不合。本字未明，存疑。

瓷　陶瓷的共同说法，音韵地位是灰韵匣母平声，本字未明，瓷是俗写。闽北闽南宋代即盛产瓷器出口，可能是方言创新词。

3.2.4　其余与东南方言共有的自古汉语承传的单音常用词，或双音的方言创新词，尚有不少。前者如：“面（脸）、腹（肚子）、索（绳子）、被（被子）、席（席子）、柱（柱子）、苎（苧麻）、行（走）、走（逃跑）、徛（站立）、食（吃）、转（返回）、担（挑）、睏（睡）、眩（晕）、缚（绑）、利（锋利）、光（光亮）、暗（不亮）、乌（黑）、肥（胖）、狭（窄）、阔（宽）、细（小）、惊（怕）、幼（嫩）”，后者如“新妇（儿媳）、目珠（眼睛）、后生（年轻）、年头（年初）、年尾（年底）、闹热（热闹）、鸡母（母鸡）、猪公（公猪）、斤半（一斤半）、生卵（下蛋）”，等等。过细罗列还有不少，此处不再列举。

表 4 闽方言共有的特征词

	福州	莆田	厦门	建瓯	永安	潮州	文昌
①儿子（囝）	kiaŋ^{3}	kyɒ^{3}	kiã^{3}	kyiŋ^{3}	kyɛiŋ^{3}	kiã^{3}	kia^{3}
②筷子（箸）	tøy^{6}	ty^{6}	ti^{6}	ty^{6}	ty^{5}	tɯ^{6}	ʔdu^{1}
③翅膀（翼）	siʔ^{8}	ɬiʔ^{8}	sit^{8}	siɛ^{6}	ʃiɔ^{8}	sik^{8}	tiet^{8}
④蛋（卵）	lɔuŋ^{6}	nø^{6}	lŋ^{6}	sɔŋ^{5}	sum^{4}	nɯŋ^{4}	nui^{4}
⑤稻谷（粟）	ts‘uɔʔ^{7}	ɬyʔ^{7}	ts‘ik^{7}	sy^{7}	ts‘y^{7}	ts‘ek^{7}	siak^{7}
⑥糯米（秫）	suʔ^{8}	ɬoʔ^{7}	tsut^{8}		ʃyi^{8}	tsuk^{8}	tut^{8}
⑦糕（粿）	kui^{3}	kue^{3}	ke^{3}		kue^{3}	kue^{3}	
⑧打（拍）	p‘aʔ^{7}	p‘aʔ^{7}	p‘aʔ^{7}	ma^{7}	mɔ^{7}	p‘aʔ^{7}	ɸa^{6}
⑨晒（曝）	p‘uoʔ^{8}	p‘aʔ^{8}	p‘ak^{8}	p‘u^{8}	p‘u^{8}	p‘ak^{8}	ɸak^{8}
⑩认识（八）	paiʔ^{7}	paʔ^{7}	pat^{7}			pak^{7}	ʔbat^{7}
⑪浇（沃）	uɔʔ^{7}	aʔ^{7}	ak^{7}		u^{7}	ak^{7}	ak^{7}
⑫浮萍（薸）	p‘iu^{2}	p‘iɐu^{2}	p‘io^{2}	p‘iau^{5}	p‘iɯ^{2}	p‘ie^{2}	ɸio^{2}
⑬痂（疕）	p‘i^{3}	p‘i^{3}	p‘i^{3}	p‘i^{3}	p‘i^{3}	p‘i^{3}	ɸi^{3}
⑭藏（园）	k‘ɔuŋ^{5}	k‘uŋ^{5}	k‘ŋ^{5}	k‘ɔŋ^{5}	k‘ɔm^{5}	k‘ɯŋ^{5}	xo^{5}
⑮解开（敨）	t‘au^{3}	t‘au^{3}	t‘au^{3}	t‘e^{3}	t‘ø^{3}	t‘au^{3}	hau^{3}
⑯冷（凊）	ts‘ɛiŋ^{5}	ts‘iŋ^{5}	ts‘in^{5}	ts‘eiŋ^{5}	ts‘eiŋ^{5}	ts‘iŋ^{5}	sien^{5}
⑰嘴（喙）	ts‘uoi^{5}	ts‘ui^{5}	ts‘ui^{5}	ts‘y^{5}	ts‘y^{5}	ts‘ui^{5}	sui^{5}
⑱泔水（潘）	p‘uŋ^{1}	p‘oŋ^{1}	p‘un^{1}		p‘um^{1}	p‘uŋ^{1}	ɸun^{1}
⑲味淡（䵘）	tsiaŋ^{3}	tsia^{3}	tsiã^{3}	tsiaŋ^{3}	tsiõ^{3}	tsiã^{3}	tsia^{3}
⑳（天）晚（晏）	aŋ^{5}	ua^{5}	uã^{5}	yiŋ^{5}	um^{5}	uã^{5}	ua^{4}
㉑挣（钱）（趁）	t‘eiŋ^{5}	t‘ɛŋ^{5}	t‘an^{5}	t‘eiŋ^{5}	t‘ã^{5}	t‘aŋ^{5}	han^{4}
㉒衣袖（手䘼）	ts‘iu^{3} uoŋ^{3}	ts‘iu^{3} ue^{3}	ts‘iu^{3} ŋ^{3}	siu^{3} yiŋ^{3}	tʃ‘iau^{3} yɛin^{3}	ts‘iu^{3} ŋ^{3}	ta^{1} ui^{3}
㉓灰（烌）	hu^{1}	hu^{1}	hu^{1}	xu^{1}	hu^{1}	hu^{1}	hu^{1}
㉔跌倒（跋）	puaʔ^{8}	puaʔ^{8}	puaʔ^{8}		puɔ^{4}	puaʔ^{5}	ʔbua^{5}
㉕铁锅（鼎）	tiaŋ^{3}	tia^{3}	tiã^{3}	tiaŋ^{3}	tiõ^{3}	tiã^{3}	ʔdia^{3}
㉖炊帚（鼎筅）	tiaŋ^{3} ts‘eiŋ^{3}	tia^{3} le^{3}	ts‘iŋ^{3}		ts‘ĩ^{3}	ts‘oi^{3}	sai^{3}
㉗会（解）	a^{6}	e^{6}	e^{6}	ɔ^{8}	e^{8}	oi^{4}	oi^{5}
㉘木头（柴）	ts‘a^{2}	ts‘ɒ^{2}	ts‘a^{2}		ts‘a^{2}	ts‘a^{2}	sa^{2}
㉙米汤（饮）	aŋ^{3}	aŋ^{3}	am^{3}	aiŋ^{3}		am^{3}	am^{3}
㉚剩余（长）	tuɔŋ^{6}		tiɔŋ^{5}				ʔdo^{1}
㉛夜晚（冥）	冥晡 maŋ^{2} muo^{1}	冥昏 ma^{2} ue^{1}	冥时 mĩ^{2} si^{0}	暗冥 ɔŋ^{5} maŋ^{5}	冥昏 mõ^{2} um^{1}	冥界 mẽ^{2} kua^{5}	冥头 me^{2} hau^{2}
㉜裂开（必）	peiʔ^{7}	piʔ^{7}	pit^{7}			pik^{7}	ʔbit^{7}
㉝叶子（箬）	nuoʔ^{8}	niɐu^{8}	hioʔ^{8}	niɔ^{8}	ŋiɯ^{4}	hieʔ^{8}	hio^{3}
㉞门槛（隊）	门隊 muoŋ^{2} naiŋ^{6}	门隊 mue^{2} lin^{3}	户隊 hɔ^{5} tiŋ^{5}	mɔŋ^{5} tyiŋ^{8}	户隊 hu^{4} teiŋ^{4}	门隊 muŋ^{2} tõi^{6}	mui^{2} ʔdai^{4}
㉟脚（骹）	k‘a^{1}	k‘ɒ^{1}	k‘a^{1}	k‘au^{1}	k‘o^{1}	k‘a^{1}	xa^{1}

续表

	福州	莆田	厦门	建瓯	永安	潮州	文昌
㊱ 鼻涕，闻（鼻）	p‘ei^{5}(鼻涕) pei^{5} 闻	p‘i^{6}	p‘i^{6}	p‘i^{5}	p‘i^{5}	p‘i^{6}	ɸi^{1}
㊲ 杀（治）	t‘ai^{2}	t‘ai^{2}	t‘ai^{2}	t‘i^{5}	t‘i^{2}	t‘ai^{2}	hai^{2}
㊳ 穿着（颂）	sœyŋ^{6}	ɬøyŋ^{6}	ts‘iŋ^{6}	tsœyŋ^{6}	tʃiam^{5}	ts‘eŋ^{6}	siaŋ^{1}
㊴ 虚空（泛）	p‘aŋ^{5}	p‘a^{5}	p‘ã^{5}		p‘ö^{5}	p‘ã^{5}	ɸa^{5}
㊵ 烧、对（着）	tuoʔ^{8}	tiɐuʔ^{8}	toʔ^{8}/tioʔ^{8}			tieʔ^{8}	ʔdo^{5}/ʔdio^{5}
㊶ 房子（厝）	ts‘uɔ^{5}	ts‘ɔu^{5}	ts‘u^{5}	ts‘iɔ^{5}	ts‘iɯ^{5}	ts‘u^{5}	su^{5}
㊷ 边沿（墘）	kieŋ^{2}	kiŋ^{2}	kĩ^{2}	边舷 piŋ^{1} xaiŋ^{5}	peiŋ^{1} hĩ^{2}	kĩ^{2}	ki^{2}
㊸ 到（遘）	kau^{5}	kau^{5}	kau^{5}		kau^{5}	kau^{5}	kau^{5}
㊹ 一（蜀）	suoʔ^{8}	ɬoʔ^{8}	tsit^{8}	tsi^{5}	（寡）kuɔ^{7}	tsek^{8}	ziak^{8}
㊺ 干（燋）	ta^{1}	tɒ^{1}	ta^{1}	tiau^{3}	tiɯ^{1}	ta^{1}	ʔda^{1}
㊻ 多（侪）	sa^{6}	ɬe^{6}	tsue^{6}	tsai^{6}	tse^{5}	tsoi^{6}	toi^{1}
㊼ 乳（脌）	neiŋ^{1}	nɛŋ^{1}	nĩ^{1}		lĩ^{1}	nĩ^{1}	nien^{1}
㊽ 口水（瀾）	laŋ^{3}	nua^{3}	nuã^{6}	luiŋ^{6}	lum^{3}	nuã^{4}	nua^{5}
㊾ 短（㑁）	tøy^{3}	tø^{3}	te^{3}	to^{3}	tue^{3}	to^{3}	ʔde^{4}
㊿ 陶瓷（磁）	hai^{2}	hui^{2}	hui^{2}	xo^{5}		hui^{2}	

3.3 语法特征

相对而言，闽方言的语法研究较之语音、词汇研究是滞后的。就已经调查、报告出来的材料说，区内十分一致的语法特征也比较少，各地闽方言内部的语法差异可能比语音、词汇的差异还大。例如，人称代词复数的表示法，闽东说“我各人、汝各人、伊各人”，莆仙说“阮辈、汝辈、伊辈”，闽南说“阮、恁、因”（闽南的说法是这种说法的合音），雷琼说“我侬、汝侬、伊侬”，闽中说“俺侪、你侪、渠侪”，闽北说“我伙人、你伙人、渠伙人”。各区所用的语根和语缀都不同。又如，“他告诉我一件事”，闽东、闽南说“伊共我讲蜀样事际”，闽中说“渠应我寡件事”，闽北说“渠邀我话蜀样事”，雷州说“伊讲蜀件事乞我知”。总之，不论是词法、虚词和句法，都难于提取闽方言的共同特征。

这里只罗列几条已经知道的覆盖面较大的语法特征，略加说明。总的看来，作为识别闽方言的标准尚未成熟。

3.3.1 “有”

多数闽方言“有”可加在动词之前表示对事态的肯定。如说：“学生有来请我”，“开会时乡长有讲真清楚”，“昨天有上课”，“我有去着（过）上海”。在闽南话，“有”和动词还可以有多种组合，如说“食有饱$_{\text{吃饱了}}$”“曝有焦$_{\text{晒干了}}$”“看有食无$_{\text{看得见吃不着}}$”。而在闽中、闽北则没有单独的“有＋动”的组合。

3.3.2 "去"

多数闽方言都可以在动词之后用"去"做补语，表示动作、行为的结果。如说："球破去了"，"鱼乞猫食去了"，"三只鸭死去两只"。但是在闽中、闽北，"去"当补语只能表示动作的趋向，用作表结果的补语，闽中说"罢"[po]，闽北说"掉"[t^hio]。

3.3.3 疑问句末的否定词

除了特指疑问句，多数疑问句在各地闽方言都用否定词置于句末来表示。如说："有想去无想不想去？""水滚未（曾）水开了没有？""大家会去紶大家会去吗？""班长卜来唔班长要来不？""裤曝有焦无裤子晒干了没？"但在闽北，否定词通常要连着动词说成反复问句，如说"你饁茶唔饁你喝不喝茶？"。闽中也更多地使用反复问句，如说"你来唔来咧你来不来呢？""你来是唔来你来还是不来？"

3.3.4 处置句

处置句，在福建闽方言，通常是不用介词，直接把宾语提到句首以表示处置，或是在宾语之后加上"共伊"（准介词加上宾语的第三人称复指）。但在粤琼闽方言则用介宾结构或直接用主谓宾句来表示。例如：

①把门关了。

福州：门共伊关去。

厦门：门共伊关兮。

永安：门关哩。

石陂：门关起来。

海康：关阿门好倒。

电白：关好阿门。

②把桌子擦擦。

福州：桌共伊拭囇。

厦门：桌共伊拭蜀下。

永安：桌头拭寡下。

石陂：桌仔擦个下。

海康：搦阿床团拭蜀下团。

3.3.5 双宾句

有些动宾句在不少闽方言里喜欢把宾语提前，尤其是福建本土闽方言。例如：

①买菜了吗？

福州、厦门：菜买未？

永安：菜买唔加？

石陂：菜买了吗？

海康：买菜未曾无？

电白：买菜有无啦？

②吃了饭再走。

福州：饭食咧介行。

厦门：饭食咧则去。

建瓯：餢了饭再去。

汕头：饭食了再行。

海康、电白：食唠啊饭乃去。

3.4 文化特征

3.4.1 保存了较多的古代汉语的成分和特征

闽方言在汉语的南方诸方言中并非形成最早的。吴方言和湘方言直接继承了上古时期南方的古吴语和古楚语，应比闽方言历史更久远，而中原汉人入闽，应该是汉代之后的事。然而，汉魏六朝以来，入闽汉人不复北归，随遇而安，虽地处东南丘陵，早有人多地狭的境遇，欲图谋发展主要是顺着向东南沿海和海峡西岸开拓，或者沿着南海向着异国播迁。历代战乱之中，闽人也未曾大规模地卷入北方故地的动荡，史称所谓偏安一角，因而早期从上古汉语带来的母语成分便留下较多的积淀。

就语音而论，闽方言普遍存在的声母“十五音”系统，除浊音清化之外，与上古时期留存于中古音一四等的“古本声”相当接近，只有一套塞擦音也是上古音的特点，精组只见于一四等，二三等的知庄章显然是后起的。如果加上已经清化的全浊声母，不就是黄季刚的“十九声”了吗？上古音的“无轻唇、无舌上”在闽方言中保存最多，匣母与群母的混同，疑母与邪母的交叉也都是上古音声母的留痕，声母系统应该是闽方言和上古音最接近的表现。韵母方面支部、歌部字读 a，四等韵保留洪音也与上古汉语有深远的关系。在基本词汇中，闽方言还保存着不少其他方言少见的上古汉语用词，如上文所举的“目、骹$_{\text{脚}}$、喙$_{\text{口}}$、鼎$_{\text{锅}}$、箸$_{\text{筷子}}$、䘼$_{\text{袖}}$、八$_{\text{识}}$、塗$_{\text{泥}}$、必$_{\text{裂}}$、拭$_{\text{擦}}$、跋$_{\text{跌}}$、凊$_{\text{冷}}$、缚$_{\text{绑}}$、褪$_{\text{脱}}$、泅$_{\text{潜}}$、悬$_{\text{高}}$、焦$_{\text{干}}$、蜀$_{\text{一}}$、其$_{\text{个}}$”等。

中古之后，尽管闽方言已经形成，强势的通语对闽方言的影响仍十分强烈，许多中古汉语的特征在闽方言中有广泛的反映。闽方言的声调多为七调或八调，和全浊清化后平上去入各分阴阳后的格局一致（7 调只是濁上的小分队插入浊去的小变动。中古韵母十六摄的界线在闽方言也大体有明显的对应。基本词汇方面中古更有大量的留存，如“腹、殕$_{\text{霉}}$、贮$_{\text{装}}$、晬$_{\text{子生周岁}}$、底$_{\text{何}}$、许$_{\text{那}}$、囝$_{\text{儿}}$、伊$_{\text{他}}$、乞$_{\text{给、被}}$、眩$_{\text{晕}}$”都是中古传下来的词汇；“潮州底处所，有罪乃窜流”“惜花老去情犹着”“画眉深浅入时无”，这些唐诗中常见的句式，至今还是闽方言普遍存在而且是常用的说法。

3.4.2 内部差异较大，各区都有明显的语言特征和文化蕴含

在千年的发展史上，各地的闽方言由于山川阻隔，按照各自的地理环境和不同的行政区划形成各自的方言系统和文化传统，于是又分化为闽东、闽南、莆仙、闽北、闽中、雷琼等二级方言区。虽然由于共同的来源和传统彼此之间可以理出不少共同的特征，但并无一种权威的方言系统能够统领整个大区，以致缺乏全区公认的有足够代表性的中心方言。加上地处丘陵地带，旧时山川阻隔，交通不便，只有集市的经济沟通，各个方言之间，甚至小区之间也有明显的差异，六个次方言区之间还有各自的中心方言和过渡地带，许多小方言之间甚至还难以通话，例如：福建中部的戴云山两侧，尤溪县和大田县境内就有不少难以通话的小方言。《福建省志·方言志》和《福建闽方言内部的主要差异》《尤溪县方言志》等对此都有比较详细的介绍。

造成闽方言各区之间的差异有如下几种重要原因：闽地和粤琼港台之间的省际隔离；在福建境内有东部沿海与西部山区之间的悬殊，有北部闽江流域与东南部晋江、九龙江流域的不同地理环境；有闽方言与周边不同方言的接触、影响所造成的差异，闽东方言受到浙南吴语的影响，闽南话和连界的客方言和土著的畲语有长期交往和接触，雷琼一带的闽方言则与属于壮侗语的临高话及海南黎语有长期的接触。各种缘由不但造成闽方言内部的种种歧异，也造成了不同方言区的不同文化类型。例如闽东作为千年省域，分布在闽江下游及其腹地，形成了“江城文化”；闽北、闽中开发最早，长期稳定于武夷山、戴云山的崇山峻岭之间，过惯了小农经济的生活，形成的是自给自足的“青山文化”；莆仙、闽南（包括台湾闽南话和粤东闽南话）由于人多地少，“以海为田”，沿海播迁，形成的是向外拓展的“海洋文化”；雷琼方言则因深度的民族接触而增加了少数民族的文化。《福建方言的文化类型区》和《闽南方言与闽台文化》对此有些初步的研究。

3.4.3 海洋流播和中原认同形成了闽方言独有的文化性格

这种文化性格的首要特点是走向海洋，广为播散，形成开放而兼容的性格。闽方言在闽地形成之后，偏安一角，辛勤劳作，努力创造，宋代从泉州分出兴化军之后，木兰陂的兴建就是一个典型范例。百年之间，这里便出现了地狭人稠的局面。明末清初的顾炎武在《天下郡国利病书》中就指出“闽人以海为田”。宋代之后，闽人沿着东南海岸南下，从潮州、汕尾、中山到雷州半岛，又渡过海峡登上海南岛；入清之后又跟随郑成功垦发台湾，北上浙南沿海；明清两代更有世代闽人移居、落籍到菲律宾、中南半岛、新马一带及印尼的大小岛屿。就中国大陆说，闽方言分布在全国近四分之一的海岸线上。东南亚各国的华侨华人中，通常认为闽人占有六成以上。在现代普通话推行之前，闽南话长期是东南亚华人的共通语。闽方言沿着东南海岸线和东南亚各国播迁，是全国方言中最显著的特点。

闽人离开本土之后，向来是筚路蓝缕，辛勤劳作，乡亲之间凝聚力极强，对于当地原住民则友善合作，就地同化，既把闽方言传播各地，也就地吸收异国民族的语言成分

充实自己。马来人定居的地方接受了不少闽南语词，闽南方言也吸收了不少马来语词，这就是他们开放、兼容、友好的明证。

在另一方面，闽人闽方言又表现了另一种鲜明的民族文化性格：从未忘记自己是华夏后裔，努力保存民族文化的历史传统，忠诚地传承自己的母语，包括汉民族的通语和自己的方言。宋元之后举子学习“平水韵”参加科举考试，到雍正年间学习正音，晚清发起切音字运动，民国之后教习注音符号，以及新中国的推广普通话，闽人都走在前列。正是有了这种忠于母语，尊重国语的传统，闽方言普遍存在的“文白异读”在全国汉语方言中成了十分突出的特点。这就是闽方言和闽文化在历史演变过程中经历过分化与融合、继承和变异、歧异和趋同所形成的个性特征。

闽方言不但用于口语，还可以诵读中华古诗文，编写地方戏文，演唱地方曲艺，教习儿歌童谣。悠久的历史和壮阔的社会生活为闽方言锤炼了多彩多姿的艺术手段，各闽方言区形成了形式多样的说唱、歌谣、戏曲，仅就地方戏而论，闽南有木偶戏、梨园戏、高甲戏、歌仔戏，闽东有闽剧，潮汕有潮剧，雷州有雷剧，琼州有琼剧。只有二三百万受众的莆仙戏也积累了数千种戏文和剧目，在表演方面还达到了引人注目的成就。闽南方言地区的戏曲、曲艺，品种之多，艺术水平之高，生命力之强，都是许多方言难以企及的，因而形成了一条独特而优美的风景线。

四 闽方言的分区

4.1 沿海闽方言和内陆闽方言的差别

为闽方言分区首先应该分为沿海闽方言和内陆闽方言两片。沿海闽方言是较为典型的闽方言，包括福建、广东、海南和台湾四省沿海的四个小区：闽东区、莆仙区、闽南区（含粤东）和琼雷区。内陆闽方言是福建中北部的山区，包括闽北、闽中两区。这一带方言与典型的闽方言相比较，既有共同闽方言的特征，又有些受客赣系方言影响的特点，以下举例说明。

4.1.1 语音方面

（1）部分来母字内陆读 s（ʃ-）声母，沿海极为少见。例字见表 5：①—④。

（2）部分见母和禅母字内陆闽方言声母读法特殊。例字见表 5：⑤—⑧。

（3）鱼—虞、寒—山内陆相混，沿海多数点有别。例字见表 5：⑨—⑫。

（4）内陆撮口呼字多，沿海或无撮口呼或范围较小。例字见表 5：⑬—⑯。

（5）内陆古入声无塞音韵尾，沿海各点大多仍保留 -p、-t、-k 或 -ʔ。例字见表 5：⑰—⑲。

（6）内陆三个人称代词读为同调，沿海各点不同调。例字见表 5：⑳—㉒。

（7）沿海各点文白读差异较多，内陆各点较少。（例略）

（8）沿海闽方言多音连读后变调、变韵、变声现象较多，内陆闽方言基本未变。（例略）

4.1.2 词汇方面

不少常用词，内陆闽方言或保留较为古老特殊说法（如呼“猪”为“豨”，古南楚方言），或受客赣方言放弃闽方言旧说法（如“人”不说“侬”）。例见表5：㉓—㊵。

表5 沿海闽方言与内陆闽方言语音、词汇差异

	福州	莆田	厦门	潮州	文昌	建瓯	永安
①鳞	liŋ^{2}	liŋ^{2}	lan^{2}	laŋ^{2}	lan^{2}	saiŋ^{2}	ʃĩ^{2}
②螺	løy^{2}	lø^{2}	le^{2}	lo^{2}	le^{2}	so^{5}	sue^{2}
③篮	laŋ^{2}	nɒ^{2}	nã^{2}	nã^{2}	la^{2}	saŋ^{2}	sõ^{2}
④笠	liʔ^{8}	lɛʔ^{8}	lueʔ^{8}	loiʔ^{8}	loi^{6}	sɛ^{6}	ʃye^{4}
⑤狗	kɛu^{3}	kau^{3}	kau^{3}	kau^{3}	kau^{3}	e^{3}	ø^{3}
⑥肝	kaŋ^{1}	kua^{1}	kuã^{1}	kuã^{1}	kua^{1}	xuiŋ^{1}	xm^{1}
⑦韭	kiu^{3}	kiu^{3}	ku^{3}	ku^{3}	kau^{3}(～葱)	xiu^{3}	ʃiau^{3}
⑧食	sieʔ^{8}	ɬiaʔ^{8}	tsiaʔ^{8}	tsiaʔ^{8}	tsia^{5}	iɛ^{8}	ie^{4}
⑨主	tsuo^{3}	tsɔu^{3}	tsu^{3}	tsu^{3}	tu^{3}	tsy^{3}	tʃy^{3}
⑩煮	tsy^{3}	tsy^{3}	tsu^{3} （泉州 tsɯ^{3}）	tsu^{3}	tu^{3}	tsy^{3}	tʃy^{3}
⑪官	kuaŋ^{1}	kua^{1}	kuã^{1}	kuã^{1}	kua^{1}	kuiŋ^{1}	kum^{1}
⑫关	kuoŋ^{1}	kue^{1}	kuãi^{1}	kuẽ^{1}	kue^{1}	kuiŋ^{1}	kum^{1}
⑬水	tsui^{3}	tsui^{3}	tsui^{3}	tsui^{3}	tui^{3}	sy^{3}	ʃyi^{3}
⑭桂	kiɛ^{5}	ke^{5}	kui^{5}	kui^{5}	kui^{5}	ky^{5}	kyi^{5}
⑮舌	sieʔ^{8}	ɬɛʔ^{8}	tsiʔ^{8}	tsiʔ^{8}	tsi^{6}	yɛ^{8}	ʃya^{4}
⑯六	løyʔ^{8}	laʔ^{8}	lak^{8}	lak^{8}	lak^{8}	ly^{8}	ly^{4}
⑰笔	peiʔ^{7}	piʔ^{7}	pit^{7}	pik^{7}	ʔbit^{7}	pi^{7}	pi^{7}
⑱合	haʔ^{8}	haʔ^{8}	hap^{8}	haʔ^{8}	hap^{8}	xɔ^{6}	xaɯ^{4}
⑲索	sɔʔ^{7}	ɬoʔ^{7}	soʔ^{7}	soʔ^{7}	so^{7}	sɔ^{7}	saɯ^{7}
⑳我	ŋuai^{3}	kua^{3}	gua^{3}	ua^{3}	gua^{3}	uɛ^{8}	ŋuɔ^{1}
㉑你	汝 ny^{3}	ty^{3}	li^{3}	lɯ^{3}	ʔdu^{3}	你 ni^{3}	ŋi^{1}
㉒他	伊 i^{1}	i^{1}	i^{1}	i^{1}	i^{1}	渠 ky^{8}	ŋy^{1}
㉓人	侬 nøyŋ^{2}	naŋ^{2}	laŋ^{2}	naŋ^{2}	naŋ^{2}	人 neiŋ^{2}	nã^{2}
㉔猪	猪 ty^{1}	ty^{1}	ti^{1}	tɯ^{1}	ʔdu^{1}	豨 kʻy^{3}	kʻyi^{3}
㉕母猪	猪母 ty^{1} mo^{3}	ty^{1} mɔ^{3}	ti^{1} bu^{3}	tɯ^{1} bo^{3}	ʔdu^{1} bo^{3}	豨嫲 kʻy^{3} ma^{3}	kʻyi^{3} mɒ^{2}
㉖（狗）窝	宿 sieu^{5}	ɬiu^{5}	siu^{6}	窦 tau^{5}	tiu^{1}	巢 tsʻe^{5}	tsʻo^{2}
㉗泥土	塗 tʻu^{2}	tʻɔu^{2}	tʻɔ^{2}	tʻou^{2}	hou^{2}	泥 nai^{5}	le^{2}
㉘稻草	草 tsʻau^{3}	tsʻau^{3}	tsʻau^{3}	tsʻau^{3}	sau^{3}	稈 kuiŋ^{3}	kum^{3}
㉙书信	批 pʻie	pʻe^{1}	pʻue^{1}	pʻoi^{1}（侨信） siŋ^{5}	信 tien^{5}	信 seiŋ^{5}	sã^{5}

续表

	福州	莆田	厦门	潮州	文昌	建瓯	永安
㉚ 泔水	潘 p‘uŋ^{1}	p‘oŋ^{1}	p‘un^{1}	p‘uŋ^{1}	ɸun^{1}	潲 sau^{5}	汁 tsɿ^{7}
㉛ 水稻	籼 tieu^{6}	tiu^{6}	tiu^{6}	tiu^{6}	ʔdiu^{6}	早子 tsau^{3} tsiɛ^{3}	禾 ue^{2}
㉜ 雾	雺 muo^{2}	雾 pu^{6}	雾 bu^{6} 雺 bɔ^{2}	bu^{6}	mo^{2} lou^{1} （雾露）	露 su^{5}	sɒu^{5}
㉝ 闭（眼）	阕 k‘aiʔ^{7}	k‘eʔ^{7}	k‘ueʔ^{7}	k‘oi^{ʔ7}	xue^{6}	瞌 ts‘i^{7}	ts‘ɿ^{7}
㉞ 缝	组 t‘iɛŋ^{5}	t‘iŋ^{6}	t‘i^{6}	t‘i^{6}	xi^{1}	连 luiŋ^{5}	lɛiŋ^{2}
㉟ 说话	讲话 kɒuŋ^{3} ua^{6}	kɒŋ^{3} ua^{5}	kɔŋ^{3} ue^{6}	呾话 tã^{5} ue^{6}	koŋ^{3} ue^{1}	话事 ua^{6} ti^{6}	uɒ^{5} ʃia^{5}
㊱ 饿	枵 ɛu^{1}	iɐu^{1}	iau^{1}	iau^{1}	困 xun^{4}	腹饥 pu^{7} kye^{1}	pu^{7} kyɛ^{1}
㊲ 剪刀	铰刀 ka^{1} to^{1}	ka^{1} to^{1}	ka^{1} to^{1}	ka^{1} to^{1}	ka^{1} ʔdo^{1}	剪子 tsaiŋ^{3} tsiɛ^{3}	tsĩ^{3} tsã^{3}
㊳ 指甲	掌甲 tsɛiŋ^{3} ŋa^{ʔ7}	tsiŋ^{3} kɒ^{ʔ7}	tsŋ^{3} kaʔ^{7}	tsɯŋ^{3} kaʔ^{7}	手甲 siu^{3} ka^{7}	siu^{3} ka^{7}	tʃiau^{3} kɔ^{7}
㊴（菜）嫩	幼 ieu^{5}	iu^{5}	iu^{5}	iu^{5}	iu^{5}	嫩 nɔŋ^{5}	luä^{5}
㊵ 一个蛋	粒 laʔ^{8}	其 ke^{2}	粒 liap^{8}	其 kai^{2}	其 kai^{2}	只 tsia^{7}	tʃiɒ^{7}

4.2　闽方言六个次方言区的划分

4.2.1　闽东方言　分南北两片。南片为闽江下游和闽江口附近的 11 个县（原属福州府，旧称十邑），北片为闽东腹地的 7 个县（原属福宁府）。南片称为福州口音，北片为福安口音。

4.2.1.1　闽东方言南北两片共同的主要语音特点是：

（1）明微／泥日来／疑等声母大多读 m- ／ n- ／ ŋ-，部分微母和日母文读音，读零声母，这显然是近代官音影响的非闽方言特征，如望 uɔŋ^{6}、味 ei^{6}、然 yoŋ^{2}、容 yŋ^{2}。

（2）部分从母字白读为 s（与心、邪书母混），这应是吴方言特点的流变（z → s）。如糍 si^{2}、坐 sɔy^{6}、前 seiŋ^{2}、槽 sɔ^{2}。

（3）单韵母多样，常有 y、ø、œ 等圆唇元音，y 可作韵腹，韵头和韵尾。

（4）支和脂之开口字白读有别。例如离 lie^{2} ／梨厘 li^{2}，施 sie^{1} ／尸诗 si^{1}。

（5）阳声韵多读 -ŋ 韵尾，北片有的还有 -n 和 -m 尾，两片均没有鼻化韵。有些阳声韵有“双韵尾”的结构，如 eiŋ、ouŋ、øyŋ。

（6）入声字一般读 -ʔ 塞尾韵（北片个别点有 -p、-t、-k）。与阳声韵相应也有 eiʔ、ouʔ、øyʔ 等韵。

（7）全浊上归阳去，7 个声调，入声读为促韵和短调。非入声调多数点有曲折型调值。

（8）多音连读时常有声、韵、调的变化，非末字变调，非首字变声。清声母在多音词的非首音节往往变为浊音。

为说明闽东方言的共同特点和内部差异，以下列表对照 7 个代表点的声韵调及其与古音的对应关系。

表 6　闽东方言 7 点声母对照表（例字下加＝为文读，＿为白读）

<table>
<tr><th>例字</th><th>福州</th><th>福清</th><th>古田</th><th>寿宁</th><th>福鼎</th><th>宁德</th><th>福安</th></tr>
<tr><td>帮旁並 / 分 痱 饭</td><td>p</td><td>p</td><td>p</td><td>p</td><td>p</td><td>p</td><td>p</td></tr>
<tr><td>波品皮 / 斧 缝</td><td>p‘</td><td>p‘</td><td>p‘</td><td>p‘</td><td>p‘</td><td>p‘</td><td>p‘</td></tr>
<tr><td>非敷奉</td><td>h</td><td>h</td><td>h</td><td>h</td><td>h</td><td>h</td><td>h</td></tr>
<tr><td>明 / 微</td><td>m</td><td>m</td><td>m</td><td>m</td><td>m</td><td>m</td><td>m</td></tr>
<tr><td>袜</td><td>ø</td><td>ø</td><td>ø</td><td>ø</td><td>ø</td><td>ø</td><td>w</td></tr>
<tr><td>端踏定 / 知澄</td><td>t</td><td>t</td><td>t</td><td>t</td><td>t</td><td>t</td><td>t</td></tr>
<tr><td>透提糖 / 彻沉</td><td>t‘</td><td>t‘</td><td>t‘</td><td>t‘</td><td>t‘</td><td>t‘</td><td>t‘</td></tr>
<tr><td>注浊</td><td>ts</td><td>ts</td><td>ts</td><td>ts</td><td>ts</td><td>ts</td><td>ts</td></tr>
<tr><td>痴冲</td><td>ts‘</td><td>ts‘</td><td>ts‘</td><td>ts‘</td><td>ts‘</td><td>ts‘</td><td>ts‘</td></tr>
<tr><td>畜</td><td>h</td><td>h</td><td>h</td><td>h</td><td>h</td><td>h</td><td>h</td></tr>
<tr><td>泥娘</td><td>n</td><td>n</td><td>n</td><td>n</td><td>n</td><td>n</td><td>n</td></tr>
<tr><td>碾</td><td>ŋ</td><td>ŋ</td><td>ŋ</td><td>ŋ</td><td>ŋ</td><td>ŋ</td><td>ŋ</td></tr>
<tr><td>来</td><td>l</td><td>l</td><td>l</td><td>l</td><td>l</td><td>l</td><td>l</td></tr>
<tr><td>精从</td><td rowspan="2">ts</td><td rowspan="2">ts</td><td rowspan="2">ts</td><td rowspan="2">ts</td><td rowspan="2">ts</td><td rowspan="2">ts</td><td rowspan="2">ts</td></tr>
<tr><td>庄崇章书</td></tr>
<tr><td>雀清贼笑饲</td><td rowspan="2">ts‘</td><td rowspan="2">ts‘</td><td rowspan="2">ts‘</td><td rowspan="2">ts‘</td><td rowspan="2">ts‘</td><td rowspan="2">ts‘</td><td rowspan="2">ts‘</td></tr>
<tr><td>初柴生昌手市</td></tr>
<tr><td>坐心邪</td><td rowspan="2">s</td><td rowspan="2">s</td><td rowspan="2">s</td><td rowspan="2">s</td><td rowspan="2">s</td><td rowspan="2">s</td><td rowspan="2">s</td></tr>
<tr><td>镯生船守禅</td></tr>
<tr><td>虽</td><td>ts‘</td><td>ts‘</td><td>ts‘</td><td>s</td><td>s</td><td>s</td><td>s</td></tr>
<tr><td>事植</td><td>t</td><td>t</td><td>t</td><td>t</td><td>t</td><td>t</td><td>t</td></tr>
<tr><td>锄 筛 扯</td><td>t‘</td><td>t‘</td><td>t‘</td><td>t‘</td><td>t‘</td><td>t‘</td><td>t‘</td></tr>
<tr><td>柿齿</td><td>k‘</td><td>k‘</td><td>k‘</td><td>k‘</td><td>k‘</td><td>k‘</td><td>k‘</td></tr>
<tr><td>岁</td><td>h</td><td>h</td><td>h</td><td>h</td><td>h</td><td>h</td><td>h</td></tr>
<tr><td>日</td><td>n</td><td>n</td><td>n</td><td>n</td><td>n</td><td>n</td><td>n</td></tr>
<tr><td>而乳</td><td>ø</td><td>ø</td><td>ø</td><td>ø</td><td>ø</td><td>ø</td><td>ø</td></tr>
<tr><td>见群咬 猴</td><td>k</td><td>k</td><td>k</td><td>k</td><td>k</td><td>k</td><td>k</td></tr>
<tr><td>箍溪屐呼舰</td><td>k‘</td><td>k‘</td><td>k‘</td><td>k‘</td><td>k‘</td><td>k‘</td><td>k‘</td></tr>
<tr><td>疑吸</td><td>ŋ</td><td>ŋ</td><td>ŋ</td><td>ŋ</td><td>ŋ</td><td>ŋ</td><td>ŋ</td></tr>
<tr><td>墟晓项</td><td>h</td><td>h</td><td>h</td><td>h</td><td>h</td><td>h</td><td>h</td></tr>
<tr><td>完 / 汪围</td><td rowspan="3">ø</td><td rowspan="3">ø</td><td rowspan="3">ø</td><td rowspan="3">ø</td><td rowspan="3">ø</td><td rowspan="3">ø</td><td>w</td></tr>
<tr><td>影</td><td>ø</td></tr>
<tr><td>央以</td><td>j</td></tr>
<tr><td>云</td><td>h</td><td>h</td><td>h</td><td>h</td><td>h</td><td>h</td><td>h</td></tr>
<tr><td>蕊</td><td>l</td><td>l</td><td>l</td><td>l</td><td>l</td><td>l</td><td>l</td></tr>
<tr><td>蝇 痒</td><td>s</td><td>s</td><td>s</td><td>s</td><td>s</td><td>s</td><td>s</td></tr>
<tr><td>唯</td><td rowspan="2">m</td><td rowspan="2">m</td><td rowspan="2">m</td><td>m</td><td>m</td><td>m</td><td>m</td></tr>
<tr><td>域</td><td>p</td><td>p</td><td>p</td><td>p</td></tr>
<tr><td>声母总数</td><td>15</td><td>15</td><td>15</td><td>15</td><td>15</td><td>15</td><td>17</td></tr>
</table>

表 7 闽东方言 7 点韵母对照表（括号中为去声变韵）

<table>
<tr><th>例字</th><th>福州</th><th>福清</th><th>古田</th><th>寿宁</th><th>福鼎</th><th>宁德</th><th>福安</th></tr>
<tr><td>假猫佳</td><td rowspan="3">a(ɑ)</td><td rowspan="2">a(ɑ)</td><td rowspan="2">a</td><td>a</td><td rowspan="2">a</td><td>a</td><td rowspan="2">a</td></tr>
<tr><td>师</td><td rowspan="3">ɛ</td><td>ai</td></tr>
<tr><td>蟹</td><td rowspan="3">ɛ(æ)</td><td rowspan="3">ɛ</td><td rowspan="5">e</td><td rowspan="2">ɛ</td><td rowspan="2">ɛ</td></tr>
<tr><td>街洗</td><td rowspan="2">ɛ(ɑ)</td></tr>
<tr><td>差出~</td><td>ai</td><td rowspan="4">œ</td><td>ai</td></tr>
<tr><td>梳</td><td rowspan="2">œ</td><td rowspan="3">ø(œ)</td><td rowspan="2">œ</td><td>y</td><td rowspan="2">œ</td></tr>
<tr><td>初</td><td>u</td></tr>
<tr><td>喉</td><td rowspan="3">o(ɔ)</td><td rowspan="3">o</td><td>a</td><td rowspan="3">o</td><td rowspan="2">ɔ</td></tr>
<tr><td>罗无保</td><td rowspan="2">o(ɔ)</td><td rowspan="2">ɔ</td><td rowspan="2">ɔ</td></tr>
<tr><td>母</td><td>o</td></tr>
<tr><td>比</td><td rowspan="3">i(ɛi)</td><td rowspan="3">i(e)</td><td rowspan="3">i</td><td rowspan="3">i</td><td rowspan="3">i</td><td rowspan="2">i</td><td>i</td></tr>
<tr><td>碑</td><td>e</td></tr>
<tr><td>时</td><td>ei</td><td>ei</td></tr>
<tr><td>鼓母</td><td rowspan="2">u(ou)</td><td rowspan="2">u(o)</td><td rowspan="2">u</td><td rowspan="2">u</td><td rowspan="2">u</td><td>u</td><td>u</td></tr>
<tr><td>有</td><td>ou</td><td>ou</td></tr>
<tr><td>女</td><td rowspan="5">y(øy)</td><td rowspan="5">y(ø)</td><td rowspan="5">y</td><td rowspan="3">y</td><td rowspan="2">i</td><td>y</td><td>i</td></tr>
<tr><td>遇</td><td rowspan="2">øy</td><td>øi</td></tr>
<tr><td>去</td><td>ie</td><td>ø</td></tr>
<tr><td>资</td><td rowspan="2">u</td><td rowspan="2">u</td><td>u</td><td rowspan="2">ou</td></tr>
<tr><td>赐</td><td>ou</td></tr>
<tr><td>野</td><td rowspan="2">ia(iɑ)</td><td rowspan="2">ia(iɑ)</td><td rowspan="2">ia</td><td rowspan="2">ia</td><td rowspan="2">ia</td><td>ia</td><td rowspan="2">e</td></tr>
<tr><td>夜</td><td>ie</td></tr>
<tr><td>花话</td><td rowspan="2">ua(uɑ)</td><td rowspan="2">ua(uɑ)</td><td rowspan="2">ua</td><td rowspan="2">ua</td><td rowspan="2">ua</td><td>uɔ</td><td rowspan="2">o</td></tr>
<tr><td>寡</td><td>ua</td></tr>
<tr><td>爷</td><td rowspan="3">ie(iɛ)</td><td rowspan="3">ie(iɛ)</td><td rowspan="3">ie</td><td rowspan="3">ie</td><td rowspan="3">ie</td><td>ie</td><td rowspan="3">i</td></tr>
<tr><td>椅</td><td>e</td></tr>
<tr><td>批池</td><td>i</td></tr>
<tr><td>窝</td><td rowspan="4">uo(uɔ)</td><td rowspan="4">uo(uɔ)</td><td rowspan="4">uo</td><td rowspan="3">uo</td><td rowspan="4">uo</td><td>uo</td><td rowspan="3">u</td></tr>
<tr><td>部</td><td>u</td></tr>
<tr><td>果</td><td rowspan="2">o</td></tr>
<tr><td>主</td><td>yø</td><td>i</td></tr>
<tr><td>桥</td><td rowspan="2">yo(yɔ)</td><td rowspan="2">yo(yɔ)</td><td rowspan="2">yø</td><td>iɐu</td><td>iəu</td><td>y</td><td>iu</td></tr>
<tr><td>锐</td><td>yø</td><td>ie</td><td>ø</td><td>ui</td></tr>
<tr><td>台筛</td><td rowspan="4">ai(ɑi)</td><td rowspan="4">ai(ɑi)</td><td>ai</td><td rowspan="2">ai</td><td rowspan="2">ai</td><td rowspan="2">ai</td><td rowspan="3">ai</td></tr>
<tr><td>雷</td><td>oi</td></tr>
<tr><td>梨</td><td rowspan="2">ai</td><td>i</td><td rowspan="2">i</td><td>ei</td></tr>
<tr><td>倚</td><td>ie</td><td>i</td><td>i</td></tr>
</table>

续表

例字	福州	福清	古田	寿宁	福鼎	宁德	福安
乖	ua(uɑi)	uoi(uɔi)	uai	uai	uai	uai	uai
怪快						uoi	
我		ua(uɑ)		ua	ua	ua	o
蔴						uɔ	a
埋派		ai	ai	ai	ai	ai	ai
鬼	uoi(uɔi)	uoi(uɔi)	ui	ui	ui	ui	ui
痱				uoi			øi
喙			y	ui		oi	
火灰			uoi	uoi	uoi	øy	ui
赛				ai		ɔi	ɔi
赵	ieu(iɛu)	ieu(iɛu)	iəu	iɛu	iəu	iu	iu
有			iu	iu	iu		
粙（稻）流						eu	eu
老薅	au(ɑu)	au(ɑu)	au	au	au	au	au
爪			a		iau		ou
条	eu(ɛu)	eu(ɛu)	ɛu	ɛu	eu	ɛu	ɛu
鸟						iɛu	eu
斗						eu	
代雷	øy(ɔy)	oi(ɔi)	oi	ɔi	oi	ɔi	ɔi
瘼						øy	
单两彭病	aŋ(ɑŋ)	aŋ(ɑŋ)	aŋ	aŋ	aŋ	aŋ	aŋ
南						am	
邦				ɔŋ		ɔuŋ	ɔuŋ
潘（姓）		uaŋ(uɑŋ)	uaŋ	uaŋ	uaŋ	uaŋ	uaŋ
团惊	iaŋ(iɑŋ)	iaŋ(iɑŋ)	iaŋ	iaŋ	iaŋ	iaŋ	iaŋ
簪						am	
线程						iɛŋ	
盘	uaŋ(uɑŋ)	uaŋ(uɑŋ)	uaŋ	uaŋ	uaŋ	uaŋ	uaŋ
泛横						uoŋ	
坂					aŋ	aŋ	
天贬	ieŋ(iɛŋ)	ieŋ(iɛŋ)	ieŋ	ieŋ	ieŋ	ɛŋ	iŋ
尖						ɛm	
闪							eiŋ
钱						iŋ	

续表

例字	福州	福清	古田	寿宁	福鼎	宁德	福安
转				yoŋ		uoŋ	
完							
皇				uoŋ	uoŋ	uŋ	uŋ
亡		uoŋ(uɔŋ)	uoŋ	ɔŋ			
饭	uoŋ(uɔŋ)				ai		aŋ
本				uoŋ	uoŋ	ɔuŋ	uŋ
凉						yŋ	
娘							ioŋ
乡				yoŋ	ioŋ	yoŋ	
腔姜		yoŋ(yɔŋ)	yoŋ				
沿献	yoŋ(yɔŋ)				ieŋ	yŋ	
然件				ieŋ			iŋ
品烟振						iŋ	
身新惊							
琴					iŋ	em	
凝贫星	iŋ(ɛiŋ)	iŋ(eŋ)	iŋ	iŋ		eŋ	eiŋ
藤						ɛŋ	
闽					aŋ	aŋ	
饮					iŋ	im	iŋ
等						yŋ	
滚						uŋ	uŋ
孔						ɔuŋ	
空风				uŋ		uŋ	
嗌房冻	uŋ(ouŋ)	uŋ(oŋ)	uŋ			oŋ	
东				ɔŋ	uŋ	uŋ	
云				yŋ			ouŋ
终				uŋ		yŋ	
龙						øŋ	
银					iŋ	yŋ	
宫	yŋ(øyŋ)	yŋ(øŋ)	yŋ	yŋ	iuŋ		øŋ
熊				yuŋ	iŋ	øŋ	
忍				yŋ		yŋ	iŋ

续表

例字	福州	福清	古田	寿宁	福鼎	宁德	福安
蚕拣							εiŋ
行曾硬						εŋ	œŋ
针							εiŋ
减			eiŋ			εm	eiŋ
层	εiŋ(ɑiŋ)	εŋ(æŋ)		εiŋ	eŋ		
猛							øŋ
灯						εŋ	œŋ
朋			øyŋ				
证			iŋ	iŋ	iŋ	eŋ	eiŋ
敳段恨 / 论疮防窗	ouŋ(ɔuŋ)	oŋ(ɔŋ)	ouŋ	ɔŋ	oŋ	ɔuŋ	ɔuŋ
垦昆榜							ouŋ
东冬	øyŋ(ɔyŋ)	øŋ(œŋ)	øyŋ	εiŋ	eŋ	œŋ	œŋ
蠓梦				uŋ			
答粒		aʔ(ɑʔ)	ak	aʔ	aʔ	ap	
割	aʔ(ɑʔ)					ak	ak
百擘隔		a(ɑ)	aʔ	a	a		
獭						iεk	
鞁	iaʔ(iɑʔ)	iaʔ(iɑʔ)	iak	iaʔ	iaʔ	iεp	iak
揭屐						iak	
乏						uak	
法泼	uaʔ(uɑʔ)	uaʔ(uɑʔ)	uak	uaʔ	uaʔ	uok	uak
末						ak	
划		ua				uak	ok
接						ip	
碟				ieʔ	ieʔ	εp	ik
鳖		ieʔ(iεʔ)	iek			ik	
烈涉	ieʔ(iεʔ)					εk	
秩				iʔ	iʔ		
额		ia	iaʔ	iaʔ	iaʔ	iak	eik
食			iak				

续表

例字	福州	福清	古田	寿宁	福鼎	宁德	福安
说		uoʔ(uɔʔ)	uok	yoʔ		uk	
国				uoʔ	uoʔ	ok	uk
剥		uo	uoʔ			uk	
玉	uoʔ(uɔʔ)			ɔʔ	oʔ		
霍		uoʔ(uɔʔ)	uok			ɔuk	ɔuk
略		yoʔ(yɔʔ)	yok	yoʔ	ioʔ		iok
席		yo			ieʔ	øk	
尺借				yø	ie		ik
决			yøʔ		ieʔ	yk	
脚	yoʔ(yɔʔ)	yoʔ(yɔʔ)		yoʔ			iok
剧			yok		iuʔ	yok	
觅				iʔ			ik
立疾域						ik	
桔	iʔ(εiʔ)	iʔ(eʔ)	ik	yʔ iʔ	iʔ		eik
七				iʔ		ek	
翼					i	ip	iak
掘						uk	uk
木	uʔ(ouʔ)	uʔ(oʔ)	uk	uʔ	uʔ		
福						ok	ouk
足						øk	
欲	yʔ(øyʔ)	yʔ(øʔ)	yk	yuʔ	iuʔ	yk	
玉				yʔ	uʔ		uk
十						ep	εik
贼	εiʔ(ɑiʔ)	eʔ(εʔ)	eik	εiʔ	eʔ	εk	
伯德							eik
哭			uk	uʔ	uʔ	ok	ouk
驳	ouʔ(ɔuʔ)	oʔ(ɔʔ)	ouk			uk	
幕确				ɔʔ	oʔ	ɔuk	ouk
角		øʔ(œʔ)					
读	øyʔ(ɔyʔ)		øyʔ	εiʔ	eʔ	œk	œk
或		eʔ(εʔ)					
桌学	oʔ(ɔʔ)	o(ɔ)	oʔ	ɔʔ	oʔ	ɔk	ɔk
膜							ɔuk
唦	øʔ(œʔ)	ø(œ)		œʔ		œk	øk
□ tsɛʔ 漂亮	εʔ						
韵母总数	46	42	51	46	41	69	56

表 8 闽东方言 7 点声调对照表

<table>
<tr><th>例字</th><th>福州</th><th>福清</th><th>古田</th><th>寿宁</th><th>福鼎</th><th>宁德</th><th>福安</th></tr>
<tr><td>花天星</td><td>阴平 44</td><td>阴平 53</td><td>阴平 55</td><td>阴平 44</td><td>阴平 44</td><td>阴平 44</td><td>阴平 332</td></tr>
<tr><td>华前
麻鹅羊</td><td>阳平 53</td><td>阳平 44</td><td>阳平 33</td><td>阳平 11</td><td>阳平 212</td><td>阳平 11</td><td>阳平 11</td></tr>
<tr><td>酒浅
马女我有</td><td>上声 31</td><td>上声 32</td><td>上声 52</td><td>上声 42</td><td>上声 55</td><td>上声 42</td><td>上声 42</td></tr>
<tr><td>照救
骂露艾燕</td><td>阴去 213</td><td>阴去 21</td><td>阴去 21</td><td>阴去 35</td><td>阴去 42</td><td>阴去 35</td><td>阴去 35</td></tr>
<tr><td>病定象
是旧父
老五认</td><td>阳去 242</td><td>阳去 42</td><td>阳去 24</td><td>阳去 324</td><td>阳去 33</td><td>阳去 52</td><td>阳去 23</td></tr>
<tr><td>遏甲法</td><td rowspan="3">阴入 13</td><td>阴入 12</td><td rowspan="3">阴入 5</td><td rowspan="2">阴入 4</td><td rowspan="2">阴入 2</td><td rowspan="3">阴入 4</td><td rowspan="3">阴入 5</td></tr>
<tr><td>策赫益</td><td rowspan="2">阴去 21</td></tr>
<tr><td>借尺隔
剥桌百客</td><td>阴去 35</td><td>阴去 42</td></tr>
<tr><td>拔捷杰
岳越绿</td><td rowspan="2">阳入 5</td><td>阳入 5</td><td rowspan="2">阳入 5</td><td rowspan="2">阳入 3</td><td rowspan="2">阳入 24、24</td><td rowspan="2">阳入 5</td><td rowspan="2">阳入 2</td></tr>
<tr><td>食席额
白麦掴</td><td>阴平 53</td></tr>
<tr><td>声调总数</td><td>7</td><td>7</td><td>7</td><td>7</td><td>7</td><td>7</td><td>7</td></tr>
</table>

以下常用词闽东方言异于闽方言各区：（例词标福州音）

毛 nɔʔ^{7} 东西　　箩 lai^{2} 篮子　　奴 nu^{2} 我的谦称　　弄 lɔyŋ^{6} 巷子　　讨 t'ɔ^{3} 找

𠰻 sa^{5} 食　　告 kɔ^{5} 叫　　驮 tɔ^{2} 拿　　瘥 ts'a^{1} 病好转　　殆 tai^{5} 糟糕

师 sa^{1} 内行，擅长　　稠 sɛu^{2} 经常　　呆 ŋai^{2} 坏　　复 pou^{6} 又　　遏 touŋ^{6} 落下

平 paŋ^{2} 价廉　　博 pɔuʔ^{7} 交换　　弱 yoʔ^{7} 疲劳　　填 teiŋ^{2} 清还　　滥 lɑŋ^{6} 湿

4.2.1.2 以下语法特征在闽东各点大体一致，与别区闽方言则多有异：

（1）部分单音名词和动词可重叠为双音词，重叠时声母不发生类化，或按一般双音词变调规律变调，或另有变调规则。单音名词重叠后可用作名词或表“逐一”的量词；单音动词重叠后变为名词或表动作短时尝试貌。例如：

缸缸　kouŋ$^{1-2}$ ŋouŋ^{1}（缸子）　　kouŋ^{1} kouŋ^{1}（每一缸）

袋袋　tøy$^{6-5}$ lɔy^{6}（袋子）　　tøy$^{6-2}$ tɔy^{6}（每一袋）

盒盒　aʔ$^{8-5}$ aʔ^{8}（盒子）　　a^{ʔ8} a^{8}（每一盒）

扒扒　pa$^{2-3}$ βa^{2}（扒子）　　pa$^{2-3}$ pa^{2}（扒一扒）

舀舀 iu^{3} iu^{3}（勺子） iu$^{3-6}$ iu^{3}（舀一舀）

塞塞 siʔ$^{7-5}$ sɛiʔ^{7}（塞子） sɛiʔ^{8} sɛiʔ^{7}（塞一塞）

（2）结构助词“的”和基本量词“个”同形，都是“其”，只是结构助词常附于名词之后读为轻声，因而声母脱落，量词“其”若不加强语义声母也随前音韵尾而变。例如：我其书 ŋuai^{3} i^{0} tsy^{1} | 三其人 saŋ^{1} ŋi^{0} nøyŋ。

（3）动词进行体和持续体助词都是“吼”lɛ^{3}，前者置动词前，后者置动词后。例如：我吼开会$_{我在开会}$、底势吼唱歌$_{里面在唱歌}$、伊爹着吼$_{他爸在呢}$、去外首徛吼$_{到外面站着}$。

（4）连谓句、双宾句、处置句习惯上都把宾语提到动词前。例如：饭食吼行$_{吃了饭走}$ | 书驮蜀本乞伊$_{给他一本书，拿本书给他}$ | 门共伊关去$_{把门关上}$ | 牛共伊羁树咧$_{把牛拴在树上}$ | 我饭食过了$_{我吃过饭了}$ | 北京我有去着$_{我去过北京}$。

（5）否定副词比较多样，而且语音黏着，合音多。例如：

唔：唔是（ŋ >）n$^{6-2}$（s >）nei^{6}，唔去 iŋ（k^{h} >）ŋɔ^{5}，唔通（不可）（ŋ >）n$^{6-1}$（t^{h} >）nøyŋ^{1}

莫：莫去 mɔ$^{8-5}$ k^{h}ɔ^{5}，莫讲（别说）mɔ$^{2-3}$（k）ɔuŋ^{3}

𫘝：𫘝使（不可以）mɛ（< a）$^{6-2}$（s >）lai^{3} | 𫘝八（不认识，不懂）mɛ（< a）$^{6-2}$ paiʔ^{7}

无：无来 mɔ$^{2-3}$ li^{2} | 无讲（没说）mɔ$^{2-3}$ (k) ɔuŋ^{3}

未：未来 mui$^{6-3}$ li^{2}

4.2.2 闽南方言 可分为 4 片。北片为泉州口音含 9 个县（因旧泉州府只有五县，又称“五县口音”）。此外，闽东及浙南的闽南方言岛也属北片口音。南片为漳州口音，含 10 个县（因旧漳州府只有七县，又称“七县口音”）。又和粤东的潮汕和汕尾 13 个县连片，后者又称潮汕口音。西片是与闽西客话相连的龙岩、漳平两县（旧属龙岩州）。东片为厦门、金门及澎湖、台湾全岛各县，称为厦门口音，实际上是泉州腔和漳州腔混合的口音。闽南话是闽方言中最大的一片，但是口音最为一致。包括闽、台、粤、港及东南亚各国的闽南话皆可相通，一般都以厦门音为代表口音。

4.2.2.1 闽南方言 共同语音特点如下（例词标厦门音）：

（1）明、泥、疑母字今读为 b-、l-、g-，逢鼻化韵为 m-、n-、ŋ-。多数点泥、来、日不分，混为 l-，部分点有 n-、l-、dz 之别。

（2）部分疑、日母字白读为 h- 声母。如燃 hiã^{2}、额 hiaʔ^{8}、肉 hik^{8}、耳 hi^{5}、鱼 hi^{2}。

（3）没有撮口呼韵母，也没有 ø、œ 等圆唇元音。普遍有 o—ɔ 的对立，部分地区还有 e—ɛ 的对立。

（4）多数点阳声韵字分读 -m、-n、-ŋ 三种韵尾，界线大体与古音相符，白读音不少读为鼻化韵。少数点只有 -ŋ 尾，个别点白读音连鼻化也脱落，读为阴声韵。m、ŋ 都能自成音节，ŋ 还能与非零声母相拼。

（5）入声字多数点分读 -p、-t、-k 韵尾，并与古音界线相符。白读音变为 -ʔ，少数点连 -ʔ 也脱落，混入阴声韵。

（6）通、江、宕在白读中常相混，如工、江、纲：kaŋ^{1}，冯、庞、房 paŋ^{2}，缚 pak^{8}，腹剥 pak^{7}，但鱼—虞，代—泰，覃—谈却常常有别，如诸 tsu^{1} 或 tsɯ^{1}—珠$_{目\sim}$tsiu，菜 ts‘ai^{5}—蔡 ts‘ua^{5}，感 kam^{3}—敢 kã^{3}。韵母数多达 60—80 个。

（7）声调多为 7 类或 8 类，与古四声清浊的对应多数较为整齐。很少有曲折调型的调值。

（8）文白异读较为普遍，在声韵调各方面都有繁复的对应，文读音和白读音在语词中大多不能任意变读。

（9）多音连读时非本音节普遍发生变调。有轻声，轻声有别义作用。

为说明闽南方言内部的异同，以下列出 5 个方言点的三个语音对照表：

表 9　闽南方言 5 点声母对照表

<table>
<tr><th>例字</th><th>厦门</th><th>泉州</th><th>漳州</th><th>潮州</th><th>龙岩</th></tr>
<tr><td>巴　边</td><td rowspan="2">p</td><td rowspan="2">p</td><td rowspan="2">p</td><td rowspan="2">p</td><td>p</td></tr>
<tr><td>贫　步</td><td rowspan="2">p‘</td></tr>
<tr><td>普　拍</td><td>p‘</td><td>p‘</td><td>p‘</td><td>p‘</td></tr>
<tr><td>米　民</td><td rowspan="2">b</td><td rowspan="2">b</td><td rowspan="2">b</td><td>b</td><td>b</td></tr>
<tr><td>网　望</td><td>m</td><td>g</td></tr>
<tr><td>刀　丁</td><td rowspan="2">t</td><td rowspan="2">t</td><td rowspan="2">t</td><td rowspan="2">t</td><td>t</td></tr>
<tr><td>徒　谈</td><td rowspan="2">t‘</td></tr>
<tr><td>拖　土</td><td>t‘</td><td>t‘</td><td>t‘</td><td>t‘</td></tr>
<tr><td>男　女</td><td rowspan="3">l</td><td rowspan="3">l</td><td rowspan="2">l</td><td>n</td><td rowspan="2">l</td></tr>
<tr><td>离　来</td><td>l</td></tr>
<tr><td>如　仁</td><td>dz</td><td>dz</td><td>g</td></tr>
<tr><td>止　早</td><td rowspan="2">ts</td><td rowspan="2">ts</td><td rowspan="2">ts</td><td rowspan="2">ts</td><td>ts</td></tr>
<tr><td>才　情</td><td rowspan="4">ts‘</td></tr>
<tr><td>差　采</td><td>ts‘</td><td>ts‘</td><td>ts‘</td><td>ts‘</td></tr>
<tr><td>潮　池</td><td>t</td><td>t</td><td>t</td><td>t</td></tr>
<tr><td>常　臣</td><td>s</td><td>s</td><td>s</td><td>s</td></tr>
<tr><td>诗　三</td><td>s</td><td>s</td><td>s</td><td>s</td><td>s</td></tr>
<tr><td>基　干</td><td rowspan="2">k</td><td rowspan="2">k</td><td rowspan="2">k</td><td rowspan="2">k</td><td>k</td></tr>
<tr><td>奇　球</td><td rowspan="2">k‘</td></tr>
<tr><td>欺　苦</td><td>k‘</td><td>k‘</td><td>k‘</td><td>k‘</td></tr>
<tr><td>希　杭</td><td>h</td><td>h</td><td>h</td><td>h</td><td>h</td></tr>
<tr><td>午　银</td><td>g</td><td>g</td><td>g</td><td>g</td><td rowspan="2">g</td></tr>
<tr><td>预　野</td><td rowspan="2">ø</td><td rowspan="2">ø</td><td rowspan="2">ø</td><td rowspan="2">ø</td></tr>
<tr><td>衣　哀</td><td>ø</td></tr>
<tr><td>声母总数</td><td>14</td><td>14</td><td>15</td><td>17</td><td>14</td></tr>
</table>

表 10 闽南方言 5 点韵母对照表

例字	厦门	泉州	漳州	潮州	龙岩
基 衣					i
悲	i	i	i	i	ui
池 之					ʅ
富 主		u	u	u	u
取 区	u		i		i
除 居		ɯ		ɯ	
肥 水	ui	ui	ui	ui	ui
挂				ua	uɛ
抽 求	iu	iu	iu	iu	iu
巴 鸦			a	a	a
马 查	a	a	ɛ	e	ie
家 夏					iɛ
姐 谢		ia			ia
野	ia		ia	ia	ie
徛立 奇单数		a			iua
车		ia			a
破 大	ua	ua	ua	ua	ua
宝 刀		o			o
楚	o	ɔ	o	o	iu
高 靠					au
表 腰	io	io	io	ie	io
素 苏		ɔ			ʅ
布 都	ɔ		ɔ	ou	u
够 侯		io			au
坐 螺		ɤ	e	o	ie
敝 例		e	i	i	i
厦~门 下	e-		ɛ	e	ɛ
过 火		ɤ	ue	ue	ue
袋 戴			e	e	ie
批 鸡			e	oi	ie
矮					e
杯 最	ue	ue	ue	ue	ui
废			ui	ui	
瓜 话			ua	ue	ua uɛ
拜 该	ai	ai	ai	ai	ai
快 淮	uai	uai	uai	uai	uai
会~计	ue	ue	ue	ue	

续表

<table>
<tr><th>例字</th><th>厦门</th><th>泉州</th><th>漳州</th><th>潮州</th><th>龙岩</th></tr>
<tr><td>包 瓯</td><td rowspan="2">au</td><td rowspan="2">au</td><td rowspan="2">au</td><td rowspan="2">au</td><td>au</td></tr>
<tr><td>交 校</td><td rowspan="2">iau</td></tr>
<tr><td>表 条</td><td>iau</td><td>iau</td><td>iau</td><td>iəu</td></tr>
<tr><td>梅 姆</td><td>m̩</td><td>m̩</td><td>m̩</td><td>m̩</td><td>m̩</td></tr>
<tr><td>担 暗</td><td>am</td><td>am</td><td>am</td><td>am</td><td>am</td></tr>
<tr><td>点 尖</td><td rowspan="3">iam</td><td>iam</td><td rowspan="3">iam</td><td>iam</td><td rowspan="2">iam</td></tr>
<tr><td>针</td><td>am</td><td>am</td></tr>
<tr><td>佔 掩</td><td>iam</td><td>iam</td><td>am</td></tr>
<tr><td>班 安</td><td rowspan="2">an</td><td rowspan="2">an</td><td rowspan="2">an</td><td rowspan="2">aŋ</td><td>an</td></tr>
<tr><td>艰</td><td rowspan="2">ian</td></tr>
<tr><td>便 天</td><td>ian</td><td>ian</td><td>ian</td><td>ieŋ</td></tr>
<tr><td>端 观</td><td rowspan="2">uan</td><td rowspan="2">uan</td><td rowspan="2">uan</td><td rowspan="2">ueŋ</td><td>uan</td></tr>
<tr><td>眷</td><td>ian</td></tr>
<tr><td>蜂 工</td><td rowspan="2">aŋ</td><td rowspan="2">aŋ</td><td rowspan="2">aŋ</td><td rowspan="2">aŋ</td><td>aŋ</td></tr>
<tr><td>江</td><td>iaŋ</td></tr>
<tr><td>旁 当</td><td rowspan="3">ɔŋ</td><td rowspan="3">ɔŋ</td><td rowspan="3">ɔŋ</td><td>aŋ</td><td>aŋ</td></tr>
<tr><td>庄 光</td><td>uaŋ</td><td>uaŋ</td></tr>
<tr><td>东 总</td><td>oŋ</td><td>oŋ</td></tr>
<tr><td>双</td><td>iaŋ</td><td>aŋ</td><td>iaŋ</td><td>aŋ</td><td>aŋ</td></tr>
<tr><td>隆 从</td><td rowspan="3">iɔŋ</td><td rowspan="3">iɔŋ</td><td rowspan="2">iɔŋ</td><td rowspan="2">oŋ</td><td>ioŋ</td></tr>
<tr><td>中</td><td>oŋ</td></tr>
<tr><td>良 央</td><td>iaŋ</td><td>iaŋ</td><td>iaŋ</td></tr>
<tr><td>金 心</td><td rowspan="2">im（参 ɔŋ）</td><td>im</td><td>im</td><td>im</td><td>im</td></tr>
<tr><td>参人~森</td><td>ɤm</td><td>ɔm</td><td>iəm</td><td>am</td></tr>
<tr><td>宾 因</td><td>in</td><td>in</td><td>in</td><td>iŋ</td><td>in</td></tr>
<tr><td>当 糠</td><td rowspan="2">ŋ</td><td rowspan="2">ŋ</td><td>ŋ</td><td rowspan="2">ɯŋ</td><td>õ</td></tr>
<tr><td>砖 断 / 光</td><td>ui</td><td>ï/ui</td></tr>
<tr><td>平 英</td><td rowspan="4">iŋ</td><td rowspan="2">iŋ/əŋ</td><td rowspan="2">iŋ</td><td rowspan="2">eŋ</td><td>in</td></tr>
<tr><td>朋 能</td><td>oŋ</td></tr>
<tr><td>肩 间</td><td>ui</td><td>an</td><td>õi</td><td>i</td></tr>
<tr><td>钉</td><td>an</td><td>iŋ</td><td>eŋ</td><td>in</td></tr>
<tr><td>本 尊</td><td rowspan="2">un</td><td>un</td><td>un</td><td>uŋ</td><td>un</td></tr>
<tr><td>根 恩</td><td>ɤn</td><td>in</td><td>ɯŋ</td><td>in</td></tr>
<tr><td>答 鸽</td><td rowspan="2">ap</td><td rowspan="2">ap</td><td rowspan="2">ap</td><td rowspan="2">ap</td><td>ap</td></tr>
<tr><td>十</td><td>iap</td></tr>
<tr><td>接 夹 / 汁</td><td>iap</td><td>iap/ap</td><td>iap</td><td>iap/ap</td><td>iap</td></tr>
</table>

续表

<table>
<tr><th>例字</th><th>厦门</th><th>泉州</th><th>漳州</th><th>潮州</th><th>龙岩</th></tr>
<tr><td>札 达</td><td>at</td><td>at</td><td>at</td><td>ak</td><td>at</td></tr>
<tr><td>别 跌</td><td>iat</td><td>iat</td><td>iat</td><td>iek</td><td rowspan="2">iat</td></tr>
<tr><td>决 末</td><td rowspan="2">uat</td><td rowspan="2">uat</td><td rowspan="2">uat</td><td>uek</td></tr>
<tr><td>绝 夺</td><td>oʔ</td><td>uat</td></tr>
<tr><td>北 角</td><td rowspan="2">ak</td><td rowspan="2">ak</td><td rowspan="2">ak</td><td rowspan="2">ak</td><td>ak</td></tr>
<tr><td>岳 学</td><td>iak</td></tr>
<tr><td>立 集/入</td><td>ip</td><td>ip</td><td>ip</td><td>ip</td><td>iep/iap</td></tr>
<tr><td>笔 直</td><td>it</td><td>it</td><td>it</td><td>ik</td><td>et</td></tr>
<tr><td>不 突</td><td rowspan="2">ut</td><td rowspan="2">ut</td><td rowspan="2">ut</td><td rowspan="2">uk</td><td>ut</td></tr>
<tr><td>出</td><td>et</td></tr>
<tr><td>迫 译</td><td rowspan="2">ik</td><td>iak</td><td>ik</td><td rowspan="2">ek</td><td>et</td></tr>
<tr><td>菊</td><td>ak</td><td>iɔk</td><td>iok</td></tr>
<tr><td>朴 国/扩</td><td>ɔk</td><td>ɔk</td><td>ɔk</td><td>ok/uak</td><td>ok/uak</td></tr>
<tr><td>录 祝/足</td><td rowspan="2">iɔk</td><td rowspan="2">iɔk</td><td>iɔk</td><td>ok</td><td>ok/iok</td></tr>
<tr><td>略 雀</td><td>iak</td><td>iak</td><td>iak</td></tr>
<tr><td>铁 接</td><td>iʔ</td><td>iʔ</td><td>iʔ</td><td>iʔ</td><td>i</td></tr>
<tr><td>塔 鸭</td><td>aʔ</td><td>aʔ</td><td>aʔ</td><td>aʔ</td><td>a</td></tr>
<tr><td>壁 展</td><td rowspan="2">iaʔ</td><td rowspan="2">iaʔ</td><td rowspan="2">iaʔ</td><td rowspan="2">iaʔ</td><td>ia</td></tr>
<tr><td>只量词</td><td>a</td></tr>
<tr><td>泼 活</td><td>uaʔ</td><td>uaʔ</td><td>uaʔ</td><td>uaʔ</td><td>ua</td></tr>
<tr><td>拔/血</td><td>uiʔ</td><td>ueʔ/uiʔ</td><td>ueʔ</td><td>oiʔ</td><td>ue</td></tr>
<tr><td>伯 宅</td><td rowspan="2">eʔ</td><td>eʔ</td><td>ɛʔ</td><td>eʔ</td><td>iɛ</td></tr>
<tr><td>月 袜</td><td>ɤʔ</td><td>ueʔ</td><td>ueʔ</td><td>ue</td></tr>
<tr><td>八 节</td><td>ueʔ</td><td>ueʔ</td><td>eʔ</td><td>eʔ</td><td>ie</td></tr>
<tr><td>薄 落</td><td>oʔ</td><td>oʔ</td><td>oʔ</td><td>oʔ</td><td>o</td></tr>
<tr><td>药 惜</td><td>ioʔ</td><td>ioʔ</td><td>ioʔ</td><td>ieʔ</td><td>io</td></tr>
<tr><td>边 天</td><td rowspan="2">ĩ</td><td rowspan="3">ĩ</td><td>ĩ</td><td>ĩ</td><td>ĩ</td></tr>
<tr><td>平 青</td><td rowspan="2">ɛ̃</td><td rowspan="2">ẽ</td><td>iɛ̃</td></tr>
<tr><td>婴 楹</td><td>ẽ</td><td>ɛ̃</td></tr>
<tr><td>张 羊</td><td rowspan="2">iũ</td><td rowspan="2">iũ</td><td rowspan="2">iɔ̃</td><td rowspan="2">iẽ</td><td>iõ</td></tr>
<tr><td>章</td><td>õ</td></tr>
<tr><td>担 敢</td><td>ã</td><td>ã</td><td>ã</td><td>ã</td><td>ã</td></tr>
<tr><td>饼 正</td><td rowspan="2">iã</td><td rowspan="2">iã</td><td rowspan="2">iã</td><td rowspan="2">iã</td><td>iã</td></tr>
<tr><td>团 件</td><td>iuã</td></tr>
<tr><td>般 欢</td><td rowspan="2">uã</td><td rowspan="2">uã</td><td>uã</td><td>uã</td><td>uã</td></tr>
<tr><td>鼾～眠</td><td>uã</td><td>uã</td><td>ã</td></tr>
</table>

续表

例字	厦门	泉州	漳州	潮州	龙岩
毛 我	ɔ̃	ɔ̃	ɔ̃	ɔ̃	õ
梅 媒	ui	ui	ue	ue	uĩ
买 乃	ãi	ãi	ãi	ãi	ãi
关 横	uãi	uĩ	uã	uɛ̃	uɛ̃
貌 脑	aũ	aũ	aũ	aũ	aũ
鸟 苗	iãu	iãu	iãu	iãu	iãu
韵母总数	86	88	89	85	63

表 11 闽南方言 6 点声调对照表

古四声	古清浊	例字	厦门 7 调	泉州 7 调	永春 7 调	漳州 7 调	云霄 7 调	龙岩 8 调
平	清	东 诗	阴平 44	阴平 33	阴平 44	阴平 44	阴平 44	阴平 334
	浊	同 时	阳平 24	阳平 24	阳平 24	阳平 13	阳平 32	阳平 11
上	清与次浊声母文读	董 老 死	阴上 53	阴上 544	阴上 53	阴上 53	阴上 53	阴上 21
	全浊与次浊声母白读	动 老 是	阳去 22	阳上 22	阳去 22	阳去 22	阳去 22	阳上 41
去	全浊次浊声母白读	洞 老 视		去声 31				阳去 55
	清音声母	栋 势	阴去 21		阴去 21	阴去 21	阴去 21	阴去 213
入	清	督 薛	阴入 32	阴入 5	阴入 32	阴入 32	阴入 4	阴入 75
	浊	独 食	阳入 4	阳入 23	阳入 44	阳入 121	阳入 23	阳入 32

注：龙岩阴入调白读同阳去，如铁 t‘iat^{7} t‘i^{6}，阳入调白读同阳上，如石 sit^{8}tso^{4}。“老”龙岩文白读都是阴上。以下常用词闽南内部相当一致并异于别区方言：（注厦门音，标原调调类）

糜$_{\text{粥}}$ be^{2} 卵$_{\text{男阴}}$ lan^{6} 痟$_{\text{疯}}$ siau^{3} 挽$_{\text{拔}}$ ban^{3} 着$_{\text{对}}$ tioʔ^{8}

芳$_{\text{香}}$ p‘aŋ^{1} 瘤$_{\text{瘦}}$ san^{3} 潡$_{\text{稀}}$ ka^{5} 澹$_{\text{湿}}$ tam^{2} 醪$_{\text{浊}}$ lo^{2}

厚$_{\text{茶浓}}$ kau^{6} 哺$_{\text{嚼}}$ pɔ^{6} 揮$_{\text{找}}$ ts‘e^{6} 揽$_{\text{搂}}$ lam^{3} 衰$_{\text{倒霉}}$ sue^{1}

目眉$_{\text{眉}}$ bak^{8} bai^{2} 火炭 he^{3} t‘uã^{5} 家自$_{\text{自己}}$ ka^{6} ki^{6} 查某$_{\text{女人}}$ tsa^{1} bɔ^{3} 数目$_{\text{账目}}$ siau^{5} bak^{8}

4.2.2.2 闽南方言也有一些内部一致对外殊异的语法特点：

（1）实词的特殊重叠。有些单音名词重叠后用作形容词，例如：食着沙沙吃起来有沙子的感觉｜目珠金金眼睛明亮｜生成猴猴长得像瘦猴。单音动词重叠后表示动作多次反复并悉数完成，例如：衫裤收收入来衣服都收进来｜果子着食食落去水果要全吃了｜恁拢出出去你们全都出去。单音形容词双叠表示程度不高，例如：红红有点红；三到五音重叠表示形容的程度加深，例如：红红红很红、红红红红红非常红。

（2）“有”的用法多样。例如：食有饱吃饱了｜讲有话说得上话、有话说｜看有了看完了｜趁有钱赚到钱了｜花有红花红了｜火有着火烧着呢｜生成有水长得漂亮｜去有七八日了去了七八天了｜看有食无看到吃不到。

（3）“来去”连说有多种特殊含义。例如：咱做阵来去咱结伴一起去｜来去外口行行咧到外面走走｜阮想讲卜倒来去唠我想要回去了｜无则来去看唛咧要不就去看一看｜我佮伊无来去我和他没往来｜来去都是我唔着反正都是我的错。

（4）“囝”虚化后（写作“仔”，音 a^{3}）用法广泛。例如：两斤仔若若两斤而已｜慢慢仔行慢慢地走｜轻轻仔放落去轻轻地放下｜爸仔囝四五其父子四五人｜牛仔囝小牛崽｜鸡仔囝小鸡。

（5）动补否定式带宾语时，宾语提在动补结构之前，说成“动—宾—否—补”的句式。例如：我掴伊𣍐着（我抓不到他）｜汝拍伊𣍐赢（你打不赢他）｜伊带我𣍐着（他跟不上我）。

（6）有些谓词性词组也可以重叠，表示“有点儿”“虽然”。例如：唔甘唔甘也着付伊有点舍不得也得给他｜无啥惊无啥惊，么着惊伊三分虽说不太害怕，也得怕他三分。

（7）比较句往往在比较词之后加否定词是一大特色句型。例如：他煮的菜较无咸他烧的菜比较淡｜去海口买鱼无影较𣍐贵去海边买鱼不可能更便宜。

（8）有时一个虚词可有多种用法；有时多个同义虚词可以连用。前者如“咧”有多用：徛咧食站着吃｜徛咧门口等站在门口等｜里底咧开会里边正在开会｜饭食咧则去吃了饭才走；后者如：册下垫带伫咧柜仔头书放在柜子上（“垫带伫”都用作介词“在”）｜佃、兄垫带伫阮学堂教册他哥哥在我们学校教书。

4.2.3 莆仙方言 只分布在现今的莆田市所属的两区两县的木兰溪流域。为旧兴化府地，故又称兴化话。区内口音无大差别，以旧府城莆田音为标准。本区方言兼有闽南、闽东两区的一些特点，如白读系统的音近于闽南，而声母连读的类化则近于闽东。

4.2.3.1 莆仙方言自身的语音特点如下：

（1）明、泥、疑、微等声母不拼阳声韵时变为相应的清塞音。例如：米 pi^{3}、汝 ty^{3}、我 kua^{3}、无 po^{2}。泥、来可分，疑日母有读 h- 或 ts- 的，如鱼 hy^{2}、瓦 hya^{6}、日 tsiʔ^{8}、然 tseŋ^{2}。疑、日母读 h- 的特点同闽南。

（2）古擦音心、邪、书、禅、生等多数读边擦音 ɬ-，不读 s-，例如：苏 ɬou、谢 ɬia^{6}、生生育 ɬa^{1}、常 ɬyɔŋ^{2}。从母字也有读 ɬ- 的，如坐 ɬø^{6}、前 ɬe^{2}。后者近于闽东。

（3）有撮口呼韵母和 ø、œ 元音，但没有 -y 韵尾。也没有闽东、闽北那样的“复韵尾”。

（4）阳声韵只有 -ŋ 韵尾，口语中南片（仙游）有鼻化韵，北片（莆田）鼻化脱落读为阴声韵。这是南北两片口音的主要差别。

（5）入声字只有 -ʔ 韵尾，有些白读音和连读变调后 -ʔ 还常常脱落。入声调按古清浊分为阴阳两类之后又按文白各分两类。或混入别调或独立成类。

莆仙方言也有一些内部一致、外区少见的特征词。例如（例词注莆田音）：

床 ts'ŋ$^{2}_{\text{桌子}}$	炊 ts'ue$^{1}_{\text{蒸，蒸笼}}$	帕 p'e$^{5}_{\text{衣袋，裤袋}}$	娋 ɬau$^{3}_{\text{肏}}$
知晓 tsai^{1} hiɐu$^{3}_{\text{知道}}$	物乇 mueʔ^{8} nɔʔ$^{8}_{\text{东西}}$	𡚸囝 tai^{1} yɒ$^{3}_{\text{小孩}}$	婶娘 ɬɛŋ^{3} niɐu$^{2}_{\text{女人}}$
戇 ts'oŋ$^{5}_{\text{丑陋}}$	算 ɬua$^{5}_{\text{想}}$	勘 k'aŋ$^{5}_{\text{问}}$	汝辈 ty^{3} ßue$^{6}_{\text{你们}}$
伊辈 i^{1} ßue$^{6}_{\text{他们}}$	塔聊 t'aʔ^{7} liɐu$^{2}_{\text{玩儿}}$	沸水 pui^{5} lui$^{3}_{\text{开水}}$	乌肉 ɔu^{1} nyʔ$^{8}_{\text{瘦肉}}$
粗面 ts'ɔu^{1} mɛŋ$^{6}_{\text{麻脸}}$	红猴 aŋ^{2} kau$^{2}_{\text{猴子}}$	地生 te^{6} lɛŋ$^{1}_{\text{花生}}$	躲 ɬau$^{3}_{\text{俊俏}}$
未曾 be^{6} lɛŋ$^{2}_{\text{尚未}}$			

4.2.3.2 莆仙方言内部一致。但与别区方言有异的语法特点：

（1）名词重叠之后用作形容词，形式多样。例如：金金、金金金$_{\text{亮晶晶}}$｜骨骨、骨骨骨$_{\text{瘦骨状}}$｜柴柴、柴柴柴$_{\text{呆滞状}}$｜头头牲$_{\text{牲畜状}}$｜头头前$_{\text{最前面}}$｜下下底$_{\text{最下端}}$｜头头牲面｜番番薯味｜痞痞囝相$_{\text{流氓相}}$。

（2）形容词重叠形式也多。单音形容词可以双叠、四叠，近似闽南；双音词重叠也有多种形式，如：老老实｜肥肥白｜肥白白｜洌洌洁｜洁洌洌$_{\text{干干净净}}$｜精精灵麻利｜暗卵摸摸；词组也可重叠以加深程度，如：番薯味番薯味｜欢喜心欢喜心。数词重叠也用作形容词，如：四四角$_{\text{方方正正}}$｜十十成$_{\text{十足}}$｜二二百五$_{\text{很傻}}$。

（3）有些动词、形容词两兼的重叠式用作动词不变调表示短暂貌，用作形容词变调表示某种情状。例如：糊糊 kɔu$^{2\text{-}5}$ kɔu$^{2}_{\text{糊一糊}}$，kɔu^{2} kɔu$^{2}_{\text{糊状}}$｜烧烧 ɬiau$^{1\text{-}5}$ ɬiau$^{1}_{\text{烧一烧}}$，ɬiau^{1} ɬiau$^{1}_{\text{较暖和}}$。单音动词双叠表示动作的微量，例如：行行几步就遘$_{\text{稍走几步就到了}}$；三叠式表示动作反复进行，例如：讲讲讲，讲无了$_{\text{一直讲，讲个没完}}$；四叠式表示动作持续，例如：讲讲讲讲就吼了$_{\text{没完没了的说，说完就哭了}}$；否定词“无”重叠表示程度降低或提高，例如：无无看见$_{\text{不大能看见}}$｜𫠡𫠡讲话$_{\text{不大会说话}}$｜无无好$_{\text{不大好}}$｜肯肯做$_{\text{很肯干}}$｜敢敢讲$_{\text{很敢说话}}$。

（4）助词“的、地、得”在莆仙话中经常不用。例如：侬生悬悬$_{\text{人长得高高的}}$｜面曝乌乌$_{\text{脸晒得黑黑的}}$｜着蜀字蜀字读$_{\text{要一个字一个字地读}}$｜伊细细声给我讲$_{\text{他小声地跟我说}}$｜雨落无停$_{\text{雨不停地下}}$｜汝讲尽好$_{\text{你说得很好}}$。

（5）动宾谓语句常常换成宾语提前的句式。例如：茶央我倒蜀杯$_{\text{给我倒杯茶}}$｜饭菜阿妈煮$_{\text{奶奶煮菜}}$｜锄头举去掘番薯$_{\text{拿锄头去挖地瓜}}$｜我其册汝看未$_{\text{你看我的书了吗？}}$｜衫颂少蜀件给寒去$_{\text{少穿了件衣服着凉了}}$｜会记叫他伞带来$_{\text{记得让他带伞来}}$｜汝票无买勿会使上车$_{\text{你没买票不能上车}}$｜薰伊卜蜀条给我$_{\text{他要给我一条烟}}$｜衫揣去洗$_{\text{把衣服拿去洗}}$。

（6）否定词一般不放在动词与补语之间，而置于动词前。例如：伊其本事𫠡比得汝他的本事比不得你｜拍侬絵使得打人可使不得｜许件事絵讲得那件事讲不得｜起早絵爬起早晨爬不起来｜尻川疼絵坐得屁股疼，不能坐。

4.2.4 闽北方言 分布于闽北的建瓯、武夷山、南平三市、松溪、政和两县和浦城、顺昌两县的小半，为旧建宁府和延平府部分地区，多属建溪流域。西北部的武夷山、建阳口音相近，其余为东南片口音（浦城南部如石陂有些特点近西北片），西北片与东南片之间差别较大，难以通话。区内建瓯话影响较大，通行较广。

4.2.4.1 闽北方言语音特征如下：

（1）部分书母字读 ts' 声母，船禅母字读零声母（后者西北片读浊声母 ɦ 或 j）。例如建瓯话：赊 ts'ia^{1}、烧 ts'iau^{1}、湿 ts'iɛ^{7}，船 yiŋ^{3}、蛇 yœ^{5}、常 iɔŋ^{3}。

（2）东南片古浊声母一概清化，西北片或多或少保留浊声母。例如：

	建瓯	松溪	政和	石陂浦城	建阳	武夷山
瓶	paiŋ^{3}	paŋ^{2b}	paiŋ^{2b}	beiŋ^{2}	ßaiŋ^{2b}	ßaŋ^{5}
步	pu^{6}	po^{7}	po^{5}	pu^{6}	ßo^{6}	ßu^{6}
铜	tɔŋ^{3}	toŋ^{2b}	toŋ^{2b}	dəŋ^{2}	lo^{2b}	ləŋ^{2}
除	ty^{3}	tœy^{2b}	ty^{2b}	dy^{2}	ly^{2b}	ləu^{2}
齐	tsai^{3}	tsei^{2b}	tsi^{2b}	dzi^{2}	lai^{2b}	lei^{2}
徐	tsy^{3}	tsy^{2b}	tsy^{2b}	dzy^{2}	ly^{2b}	ləu^{2}
寨	tsai^{6}	tsa^{7}	tsai^{2}	dzai^{6}	lai^{6}	lai^{6}
舌	yɛ^{8}	lyœ^{8}	lyɛ^{6}	lye^{8}	lye^{8}	ɦyai^{8}
行	kiaŋ^{3}	kiaŋ^{2b}	kiaŋ^{2b}	giaŋ^{2}	ɦiaŋ^{2b}	jiaŋ^{2}
城	iaŋ^{3}	iaŋ^{2b}	iaŋ^{2b}	ɦiaŋ^{2}	ɦiaŋ^{2b}	jiaŋ^{2}

（3）清从昌崇和透定彻澄母字东南片与一般闽方言同读 ts'/t'，西北片读为 t'/h。例如：

	建瓯	松溪	政和	石陂浦城	建阳	武夷山
草	ts'au^{3}	ts'o^{3}	ts'o^{3}	ts'ɔ^{3}	t'au^{3}	t'au^{3}
蚕	ts'aŋ^{5}	tsaŋ^{2a}	ts'aŋ^{2a}	ts'aiŋ^{5}	t'aŋ^{2}	t'aŋ^{2}
床	ts'ɔŋ^{5}	ts'aŋ^{2a}	ts'auŋ^{2a}	ts'ɔŋ^{5}	t'ɔŋ^{2}	t'ɔŋ^{2}
厂	ts'ɔŋ^{3}	ts'aŋ^{3}	ts'auŋ^{3}	ts'yoŋ^{3}	t'ɔŋ^{3}	t'ɔŋ^{3}
头	t'e^{5}	t'a^{2a}	t'e^{2a}	t'əu^{5}	həu^{2}	hiəu^{2a}
腿	t'o^{3}	t'uei^{3}	t'uɛ^{3}	t'o^{3}	hui^{3}	hui^{3}
超	t'iau^{1}	t'yo^{1}	t'io^{1}	t'iɐu^{1}	hiɔ^{1}	hiu^{1}
程	t'iaŋ^{3}	t'iaŋ^{2b}	t'iaŋ^{2b}	diaŋ^{2}	hiaŋ^{2}	hiaŋ^{2b}

（4）p、p'、m 和 t、t' 声母可与撮口呼韵母相拼。如建瓯：斧 py^{3}、殕 p'y、尾

myε^{3}、竹 ty^{7}、锄 t‘y^{3}、獭 t‘yε^{7}。

（5）阳声韵只有 -ŋ 韵尾，没有鼻化韵，有复韵母。例见上。

（6）多数点古浊平声字分读两调，或混入别调（如建瓯）或分阳平甲／乙。例见上文。

（7）多音连读大多无变调、变声、变韵或轻声。

（8）声调有 6 至 8 类，与古音对应往往不甚整齐。

以下是 6 个有代表性的闽北方言点的声韵调对照表：

表 12　闽北方言 6 点声母对照表

<table>
<tr><th>例字</th><th>建瓯</th><th>松溪</th><th>政和</th><th>石陂</th><th>建阳</th><th>崇安</th></tr>
<tr><td>边笔</td><td rowspan="2">p</td><td rowspan="2">p</td><td rowspan="2">p</td><td>p</td><td>p</td><td>p</td></tr>
<tr><td>贫步</td><td>b</td><td>ß</td><td>ß</td></tr>
<tr><td>破／飘</td><td>p‘</td><td>p‘</td><td>p‘</td><td>p‘</td><td>p‘～h</td><td>h/p‘</td></tr>
<tr><td>妹麻</td><td>m</td><td>m</td><td>m</td><td rowspan="2">m</td><td>m</td><td>m</td></tr>
<tr><td>望未</td><td rowspan="2">ø</td><td rowspan="2">ø</td><td rowspan="2">ø</td><td rowspan="2">ß</td><td>ß</td></tr>
<tr><td>苻</td><td rowspan="2">x</td><td rowspan="2">x</td></tr>
<tr><td>肺</td><td>x</td><td>x</td><td>x</td><td>p</td></tr>
<tr><td>东冢</td><td rowspan="2">t</td><td rowspan="2">t</td><td rowspan="2">t</td><td>t</td><td>t</td><td>t</td></tr>
<tr><td>达池</td><td>d</td><td rowspan="2">l</td><td rowspan="2">l</td></tr>
<tr><td>零辣</td><td>l</td><td>l</td><td>l</td><td>l</td></tr>
<tr><td>南人</td><td>n</td><td>n</td><td>n</td><td>n</td><td>n</td><td>n</td></tr>
<tr><td>头柱</td><td rowspan="2">t‘</td><td rowspan="2">t‘</td><td rowspan="2">t‘</td><td rowspan="2">t‘</td><td rowspan="2">h</td><td rowspan="2">h</td></tr>
<tr><td>拖超</td></tr>
<tr><td>嬉好</td><td rowspan="2">x</td><td rowspan="3">x</td><td rowspan="3">x</td><td rowspan="2">x</td><td rowspan="2">x</td><td rowspan="2">x</td></tr>
<tr><td>肝雨</td></tr>
<tr><td>鞋／喉</td><td rowspan="2">Ø</td><td>h</td><td>h/Ø</td><td>x/Ø</td></tr>
<tr><td>爱有</td><td>Ø</td><td>Ø</td><td>Ø</td><td>Ø</td><td>Ø</td></tr>
<tr><td>篮线</td><td rowspan="2">s</td><td rowspan="2">s</td><td rowspan="2">s</td><td rowspan="2">s</td><td rowspan="2">s</td><td rowspan="2">s</td></tr>
<tr><td>时山</td></tr>
<tr><td>争精</td><td rowspan="2">ts</td><td rowspan="2">ts</td><td rowspan="2">ts</td><td>ts</td><td>ts</td><td>ts</td></tr>
<tr><td>齐谢</td><td>dz</td><td>l</td><td>l</td></tr>
<tr><td>船／舌</td><td>Ø</td><td>Ø/l</td><td>Ø/l</td><td>h/l</td><td>h/l</td><td>j/Ø</td></tr>
<tr><td>床碎</td><td rowspan="3">ts‘</td><td rowspan="3">ts‘</td><td rowspan="3">ts‘</td><td rowspan="3">ts‘</td><td>t‘</td><td>t‘</td></tr>
<tr><td>烧贼</td><td>ts‘/t‘</td><td rowspan="2">ts‘</td></tr>
<tr><td>清插</td><td>t‘</td></tr>
<tr><td>鸡军</td><td rowspan="2">k</td><td rowspan="2">k</td><td rowspan="2">k</td><td>k</td><td rowspan="2">k</td><td>k</td></tr>
<tr><td>徛咸</td><td>g</td><td>j</td></tr>
<tr><td>溪虎</td><td>k‘</td><td>k‘</td><td>k‘</td><td>k‘</td><td>k‘</td><td>k‘</td></tr>
<tr><td>鹅月</td><td>ŋ</td><td>ŋ</td><td>ŋ</td><td>ŋ</td><td>ŋ</td><td>ŋ</td></tr>
<tr><td>声母总数</td><td>15</td><td>15</td><td>15</td><td>21</td><td>18</td><td>18</td></tr>
</table>

表 13　闽北方言 6 点韵母对照表

例字	建瓯	松溪	政和	石陂	建阳	崇安
家麦	a	ɒ	a	a	a	a
学 / 贴		ɒ/a	a/ai	ɔ/ai		a/i
社隻	ia	ia	ia	ia	ia	ia
话 / 过	ua	ua/o	ua/o	ua/uai	ua/uo	ua/o
河索	ɔ	o	o	o	ɔ	o
螺灰	o	uei	uɛ		ui	ui
烧 / 箬	iau/iɔ	yo	io	iau/yo	iɔ	iu/yo
辽 / 秋	iau/iu	yo/iu	iau/iu	iau/iu	iɔ/iu	iu
刀炒	au	ɒu	au	au	au	au
脐 / 妹	ɛ	iei/uei	ɛ/uɛ	e/o	e/ui	ie/i
爷湿	iɛ	iei	iɛ	ie	ie	i
我 / 辣	uɛ	ua	uɛ/a	uai	ue	uai/ua
蛇 / 舌	yɛ	yœ	yɛ	ye	ye	yai
老头	e	a	ɛ	əu	əu	iəu
儿 / 时	œ/i	i	œ/i	i	i	i
鼻 / 桔	i	ei/i	i		ɔi/i	ei/i
未 / 逼		uei/ei	yi/i		ɔi	uɛ/ei
肥 / 鱼	y	y	ui/y	y	y	əu/y
六 / 虎	y/u	œy/u	u	y/u	o	əu/u
鸡 / 埃	ai	a/ai	ai	ai	ai	ai
歪快	uai	ua	uɛ	uai	ye	yai
篮 / 灯	aŋ/aiŋ	aŋ	aŋ/aiŋ	aŋ/aiŋ	aŋ/aiŋ	aŋ/aiŋ
城 / 正	iaŋ	iaŋ	iaŋ	iaŋ	iaŋ	iaŋ
横 / 厂	uaŋ/ɔŋ	uaŋ/aŋ	uauŋ/auŋ	uaŋ/yoŋ	uaŋ/ɔŋ	ɔŋ
床 / 遵	ɔŋ	aŋ/ueiŋ	auŋ	ɔŋ/ueiŋ	ɔŋ/uŋ	ɔŋ/yiŋ
卵 / 寒	ɔŋ/uiŋ	ueiŋ	auŋ/uɛiŋ	ueiŋ/uaiŋ	uŋ/ueiŋ	uiŋ/uaiŋ
上 / 望	iɔŋ/uɔŋ	ioŋ/uaŋ	iɔŋ/uauŋ	yoŋ/ɔŋ	iɔŋ/ɔŋ	yoŋ/ɔŋ
黄 / 聋	uɔŋ/ɔŋ	uaŋ/oŋ	uauŋ/ɔŋ	əŋ	uəŋ/oŋ	ɔŋ/əŋ
年 / 延	iŋ/ieiŋ	iŋ/ieiŋ	iŋ	iŋ	ieiŋ	iŋ
团 / 献	yiŋ	yŋ	yiŋ	yŋ	yeiŋ	yaiŋ/yiŋ
心 / 亲	eiŋ	eiŋ	ɛiŋ	eiŋ	ɔiŋ	eiŋ
明 / 深					ɔiŋ/iŋ	eiŋ/iŋ
番 / 汗	uaiŋ/uiŋ	uaŋ/ueiŋ	uaiŋ/uɛiŋ	uaiŋ	ueiŋ	uaiŋ
中 / 窗	œyŋ	œyŋ/aŋ	œyŋ	ueiŋ/ɔŋ	eiŋ	əŋ/ɔŋ
韵母总数	34	28	33	30	34	32

表 14 闽北方言 6 点声调对照表

例字	建瓯	松溪	政和	石陂	建阳	崇安
沙三	平声 54	阴平 51	阴平 51	阴平 51	阴平 53	阴平 51
人床	阴去 33	阳平$_{甲}$ 44	阳平$_{甲}$ 33	阴去 33	阳平$_{甲}$ 334	阳平 33
薯 / 穷	上声 21	阳平$_{甲}$ / 阳平$_{乙}$ 21	阳平$_{甲}$ / 阳平$_{乙}$ 21	阴去 / 阳平 31	阳平$_{甲}$ / 阳平$_{乙}$ 41	阳平 / 阴去
火冷		上声 213	上声 212	上声 21	上声 21	上声 21
重 / 社	阳去 / 阳入	阳去 45	阳去 55	阴平 / 阴去	阴去 332	阴去 22
上 / 试	阳入 / 阴去	阳入 / 阴去 332	阳去 42	阴去 / 阴去		
射 / 外	阳入 / 阳去 44	阳去 45	阴去 / 阳去	阳入 / 阳去 45	阳去 43	阳去 55
七 / 熟	阴入 24/ 阳去	阴入 24/ 阳去	入声 24	阴入 213	阴入 214	阴入 35/ 阳入
贴 / 读	阴入 / 阳入	阴入	入声	阴入 / 阳入	阴入 / 阳入	阴入 / 阳入
辣舌	阳入 42	阳入 42	入声 / 阳去	阳入 32	阳入 4	阳入 5
声调总数	6	8	7	7	8	7

以下常用词闽北各点较为一致，在外区较为少见（标建瓯音）：

厚 au^{3}$_{\text{高}}$　　姚 tau^{8}$_{\text{远}}$　　增 tsaiŋ^{3}$_{\text{稀}}$　　𩫕 kaŋ^{3}$_{\text{盖上}}$

捞 lau^{5}$_{\text{找}}$　　遮 tsia^{1}$_{\text{盖被子}}$　　破$_{\text{水}}$ p‘uɛ^{5}$_{\text{涉水}}$　　觑 ts‘u^{5}$_{\text{看}}$

目睸 mi^{8} ts‘i^{7}$_{\text{睡}}$　　搦 na^{8}$_{\text{抓}}$　　目泽 mu^{8} tsɛ^{8}$_{\text{眼泪}}$　　□ tsa^{7}$_{\text{挽袖子}}$

囝子 kyiŋ^{3} tsiɛ^{3}$_{\text{小孩}}$　　哥子 kɔ^{1} tsiɛ^{3}$_{\text{哥哥}}$　　阿娘 a^{1} niɔŋ^{3}$_{\text{女人}}$　　樵 ts‘au^{5}$_{\text{木柴}}$

鼎片 tiaŋ^{3} p‘iŋ^{5}$_{\text{锅盖}}$　　厨簏 ty^{5} lu^{7}$_{\text{抽屉}}$　　冢 tœyŋ^{3}$_{\text{坟}}$　　昼了 te^{5} lau^{8}

4.2.4.2　闽北方言内部一致，但与别区方言不同的语法特点：

（1）单音、双音动词都可以重叠加“下”表示动作的短时、随意貌。例如：觑觑下$_{\text{看一看}}$ | 行行下$_{\text{走一走}}$ | 想想下$_{\text{想一想}}$ | 修理下$_{\text{修理一下}}$ | 打听听下$_{\text{打听一下}}$ | 帮衬衬下$_{\text{帮帮忙}}$。

（2）形容词生动形式可以另加一个名词或重叠、衍音用以修饰。例如：雪白—雪及利白$_{\text{雪白的}}$ | 橘红—橘及利红$_{\text{橘红的}}$ | 冰清—冰冰清$_{\text{冰冷的}}$ | 比甜—比比甜$_{\text{甜滋滋}}$ | 煌热—煌煌热$_{\text{热腾腾}}$。

（3）有的介词与连词同形，例如：你邀渠话$_{\text{你跟他说}}$ | 你邀我其书撕破掉$_{\text{你把我的书撕破了}}$。

（4）有几个介词的用字比较特殊。例如：渠纳狗咬了$_{\text{他被狗咬了}}$ | 你拿渠吼来$_{\text{你把他叫来}}$ | 你行哪里来$_{\text{你从哪里来}}$？| 你到哪里做事$_{\text{你在哪里做事}}$？

（5）带否定词的补语句一般把否定词置于动词前。例如：我𫜺话得过你$_{\text{我说不过你}}$ | 牛𫜺走得过马$_{\text{牛跑不过马}}$ | 渠𫜺行得到$_{\text{他走不到}}$ | 共弄地𫜺搧得渠掉$_{\text{怎么挖不掉它}}$。

（6）反复问句往往要重复动词，不用疑问助词。例如：你饁茶饁不饁$_{\text{你喝茶不}}$？| 你饁糖唔饁$_{\text{你吃糖不吃}}$？

4.2.5　闽中方言　分布于沙溪流域3个县市。本区方言较迟才从闽北方言分化出来，由于西边和客方言连界，受到客方言一些影响。北部沙县口音和南片的永安、三明口音有较大差别。

4.2.5.1　闽中方言语音特点是（例字标永安音）：

（1）疑、日母字今读 ŋ（g）声母，泥母逢细音与此相混，逢洪音与来母相混。例如：女、汝、语 ŋy^{3}，耐、赖 la^{5}。

（2）有 ts、ts‘、s 和 tʃ、tʃ‘、ʃ 两套塞擦音。精章组字逢细音有别。例如：谢、锹、烧 tsiɒ^{5}、ts‘iɯ^{1}、siau^{1}；蔗、烧、收 tʃiɒ^{5}、tʃ‘iɯ^{1}、ʃiau^{1}。

（3）有 tsɿ、ts‘ɿ、sɿ 的声韵组合，音类大体同客方言。例如：支之脂 tsɿ^{1}，此齿 ts‘ɿ^{3}，斯、私、思 sɿ^{1}。

（4）撮口呼字多，有些开口字读为撮口呼，例如：鹅 ŋya^{2}、纸 tʃya^{3}、热 ŋya^{4}、建 kyɛiŋ^{5}。

（5）阳声韵都有 -ŋ 韵尾和鼻化韵，有的还有更多的字读为 -m 尾韵，但与古音 -m 尾不尽相同。例如：年 ŋɛiŋ^{2}、聋 saŋ^{2}；三 sõ^{1}、惊 kiõ^{1}；敢 kɑm^{3}、忙 m^{2}、墙 tsiam^{2}、胸 xɐm^{1}、安 wm^{1}、分 pm^{1}。

（6）歌豪不分，但音值与多数闽方言的 o、ɔ 不同。例如：多、刀 taɯ^{1}　左、早 tsaɯ^{3}　歌、高 kɯ^{1}　河、豪 xau^{2}。

（7）声调为6类，上声分阴阳，去声不分，浊入字混入阳上。例如：世、事 sɿ^{5}；是、十 siʔ^{4}；纸 tʃya^{3}、徛 k‘ya^{4}。

以下是闽中方言3点的声韵调对照表：

表15　闽中方言3点声母对照表

永安	三元	沙县	例字	古声母	备注
p	p	p	布饱边笔 / 婆排坪白	帮 / 並	
			飞斧分腹 / 肥吠饭缚	非 / 奉	多为白读
p‘	p‘	p‘	屁票品普 / 皮抱彭曝	滂 / 並	
			蜂殕 / 缝$_{\text{一条缝}}$	敷 / 奉	多为白读
m	m	b（m）	买忙抹满门慢 / 尾问网	明 / 微	沙县逢鼻化韵为 m
t	t	t	带多东得 / 大弟停籴	端 / 定	
			知中张竹 / 池绸肠直	知 / 澄	“桌茶”各点读 ts
t‘	t‘	t‘	兔贪听铁 / 头糖痰读	透 / 定	
			抽蛏拆畜 / 虫	彻 / 澄	
n～l	n～l	n～l	尼南纳 / 刘料力 / 认人耳	泥 / 来 / 日	逢鼻化韵读 n
ts	ts	ts	酒精卒接 / 曹在墙族	精 / 从	
			庄阻爪债 / 崇巢栈骤	庄 / 崇	
			章志折织 / 蝉	章 / 禅	

续表

永安	三元	沙县	例字	古声母	备注
ts‘	ts‘	ts‘	秋醋清/抄疮插/齿春	清/初/昌	
s	s	s	死心伞雪/词象旋席	心/邪	
			沙杉刷/诗屎世/市是	生/书/禅	
tʃ	tʃ	tʃ	朱指周砖隻	章	均见于今细音
tʃ‘	tʃ‘	tʃ‘	炊厂出/手烧深/树妁	昌/书/禅	
ʃ	ʃ	ʃ	水税说/船蛇/社薯绍	书/船/禅	
			晓喜血/李笠鳞	晓/来	来母字为白读
k	k	k	哥桂间/茄俭杰/寒厚滑	见/群/匣	匣母字为白读
k‘	k‘	k‘	溪欠客开/徛葵狂钳	溪/群	
ŋ	ŋ	ŋ	蚁逆额/女娘扭/二软肉	疑/泥/日	泥日见于细音
x	x	x	好虎兴或/河会红合	晓/匣	匣母字为白读
ø	ø	ø	幼影暗沃/黄鞋旱画	影/匣	
			尤伟云荣/用营疫药	云/以	
			武文万物/儿柔闰褥	微/日	

表 16 闽中方言 3 点韵母对照表

永安	三元	沙县	例字	古韵母
ɒ	ɒ	a	马嫁/塔/插/鸭/达/杀/客百	麻/盍/洽/狎/曷/黠/陌
iɒ	iɒ	ia	写谢/屐/疫隻/壁	麻/陌/昔/锡
uɒ	o	ua	沙花/挂/话/法/割/抹活/刮	麻/佳/夬/乏/曷/末/鎋
a	uɛ	ue	开袋	哈
	a	ai	蔡/败/婿/北贼/色/锡	泰/夬/齐/德/职/锡
	ɛ	e	狭/帖/八	洽/帖/黠
ia	ia	ai	狮/事使/革/逆	脂/之/麦/陌
ya	yo	ya	寄/蚁/热	支/薛
		ua	蛇/纸/舌	麻/支/薛
e	ɛ	e	排/买/细/结	皆/佳/齐/屑
		ie	例/弟/接/歇/铁	祭/齐/葉/月/屑
		ie	鸡溪	齐
ie	iɛ	ie	寨/椅/叶/业劫/协/食	夬/支/葉/业/帖/职
ue	uɛ	ue	火/尾	戈/微
		uai	乖/拐/快	皆/佳/夬
ye	yɛ	ye	税/炊/说/月/缺血	祭/支/薛/月/屑
o	ɒ	au	饱炒胶咬	肴
ø	ø	au	头走沟厚	侯
ɯ	ɯ	o	歌/高/郭	歌/豪/铎
aɯ	aɯ	o	做多/婆/刀劳/薄落索/桌	歌/戈/豪/铎/觉

续表

永安	三元	沙县	例字	古韵母
iɯ	iɯ	o	笑烧 / 尺	宵 / 昔
		io	表桥尿 / 料跳 / 彪 / 药	宵 / 萧 / 幽 / 药
		iau	了晓	萧
ɒu	au	u	兔 / 初 / 读 / 毒	模 / 鱼 / 屋 / 沃
iau	iau	iu	鬚柱 / 抽周手油	虞 / 尤
ui	ui	ui	回会 / 吠 / 追槌 / 卒骨 / 物 / 国	灰 / 废 / 脂 / 没 / 物 / 职
yi	yi	yi	肺 / 桂 / 亏为 / 水龟 / 围味 / 出 / 屈	废 / 齐 / 支 / 脂 / 微 / 术 / 物
ʅ	ʅ	ʅ	屎 / 市齿 / 十	脂 / 之 / 缉
i	i	i	米西 / 儿 / 眉死二 / 喜起 / 几气	齐 / 支 / 脂 / 之 / 微
			急入 / 七日 / 桔 / 益 / 极力 / 击	缉 / 质 / 术 / 昔 / 职 / 锡
u	u	u	姑虎芋 / 雨 / 富 / 缚 / 木哭 / 沃	模 / 虞 / 尤 / 药 / 屋 / 沃
y	y	y	女鱼鼠 / 区 / 六肉菊 / 粟玉	鱼 / 虞 / 屋 / 烛
ɑm	ɑm	aŋ	蚕 / 敢 / 园汤糖 / 床	覃 / 谈 / 唐 / 阳
		ŋ	光广	唐
iɑm	iam	iŋ	分羊象薑	阳
ɐm	am	œyŋ	中雄 / 龙胸 / 形	东 / 锺 / 青
iɐm	iam	œyŋ	宫穷众 / 共钟春	东 / 锺
um	ŋ	uĩ	单伞肝寒 / 卵官 / 关	寒 / 桓 / 删
	yɛ̃	uĩ	山 / 卵 / 闩	山 / 桓 / 删
ym	ø	aŋ	咸	咸
m̩	ŋ̍	uĩ	搬满 / 翻饭 / 村 / 分 / 横	桓 / 元 / 魂 / 文 / 庚
	m̩	aŋ	庵暗 / 行 / 秧	覃 / 唐 / 阳
wm	ŋ̍	uĩ	安旱 / 碗 / 弯顽 / 万晚	寒 / 桓 / 删 / 元
	m̩	uaŋ	王望	阳
aŋ	ã	ɔuŋ	东送风虫 / 冬鬆 / 蜂 / 双	东 / 冬 / 锺 / 江
ɛiŋ	iaiŋ	ĩ	钳俭 / 严欠 / 兼嫌 / 言	盐 / 严 / 添 / 元
	aiŋ	ĩ	线面 / 天边前	仙 / 先
iɛiŋ	iaiŋ	ĩ	扇 / 县	仙 / 先
yɛiŋ	yaiŋ	yĩ	团砖船 / 建献远愿 / 犬	仙 / 元 / 先
ã	ã	ɛiŋ	品林心 / 阵认 / 清 / 兴蝇 / 兵	侵 / 真 / 清 / 蒸 / 耕
	ɛ̃	ɔĩ	停零	青
	ɔ̃	ɔ̃	青	青
iã	iã	ɛiŋ	深金针 / 秤 / 庆	侵 / 蒸 / 庚
	iã	iɛiŋ	英影	庚
	iɔ̃	iɔ̃	声正成	清
uã	uã	uĩ	银 / 斤近 / 孙 / 笱 / 粉军	真 / 殷 / 魂 / 谆 / 文
		yɛiŋ	荣 / 萤	清 / 青
	yã		闰 / 云	谆 / 文

续表

永安	三元	沙县	例字	古韵母
õ	ɔ̃	ɔ̃	担三 / 杉减 / 衫监岩	谈 / 咸 / 衔
			生坑病 / 棚 / 井晴 / 醒	庚 / 耕 / 清 / 青
iõ	iɔ̃	iɔ̃	坪惊兄 / 饼请 / 鼎听	庚 / 清 / 青
i	ɛ̃	ɔ̃i	间闲 / 慢奸 / 肩 / 恩根	山 / 删 / 先 / 痕
			灯等肯 / 生硬 / 瓶星	登 / 庚 / 清
uĩ	uã	uĩ	问	文

表 17　闽中方言 3 点声调对照表

调类	永安调值	三元调值	沙县调值	例字	古四声	古清浊
阴平	52	553	33	诗衣东夫	平	清
阳平	33	41	31	犁移龙时其同	平	浊
阴上	21	21	21	始比虎 / 里椅雨	上	清 / 次浊
阳上	54	353	53	是弟动 / 栗木食独	上 / 入	全浊 / 浊
去声	35	33	24	四栋 / 利用地洞	去	清 / 浊
入声	13	213	212	失益督福	入	清

以下常用词在闽中方言内部较为一致在别的闽方言较少见，有的是与客方言相近的。例如：（例词标永安音）

坟 xuã^{2}（墓）	禾 ue^{2}（水稻）	汁水 tsɿ^{7} ʃyi^{3}（甘水）	瓮 aŋ^{5}（瓶子）
货 xɒ^{5}（东西）	票 p'iɯ^{5}（钞票）	倯 sɒ^{2} 人（用作词尾或量词）	嘴 tse^{3}
睇 iõ^{5}（看）	鼻 p'i^{5}（吻）	呆 te^{1}（坏）	慢 mi^{5}（迟）
烈 liɒ^{7}（快）	差 ts'ɒ^{1}（错）	白日 pa^{4} ŋi^{4}（白天）	对昼 tui^{5} tø^{5}（中午）
狗虱 ø^{3} ʃia^{7}（跳蚤）	包粟 po^{1} sy^{7}（玉米）	阿娘 õ^{1} ŋiam^{2}（女人、妻子）	老弟 laɯ^{3} te^{4}（弟弟）

4.2.5.2　闽中方言在其他闽方言中少见的语法特点有如下几点：

（1）人称代词单数第一人称有“我 ŋuo^{1}”“俺 õ^{1}”两种说法。“俺”除了用作人称代词，还用作亲属称谓面称的前缀。如：俺公（爷爷、姥爷）｜俺妈（奶奶、姥姥）｜俺人（丈人、公公）｜俺伯（伯伯）｜俺妗（舅妈）｜俺三（三叔）。

（2）称人后缀有“倯 sɔ^{2}”和“侪 tse^{2}”，在闽方言和其他方言都少见。例如：丈夫倯（男人）｜俺娘倯（女人）｜读书倯（学生）｜福州倯（福州人）｜俺侪（我们）｜你侪（你们）｜渠侪（他们）｜英侪（用于单名之后，表示亲切）。

（3）数量词中的特殊用法：基数词“一”说“寡 kuɔ^{3}”用得很广，如：寡两只（一两个）｜寡丝丝（一点儿）｜去寡到（去一趟）｜拍寡下（打一下）（“寡下”快读合音为“寡”）。用作约数的数词之后的“多”，说“宽”，说：十宽工（十多天）｜十宽只（十几只）｜寡万宽块钱（一万多元）｜十宽年（十几年）｜两千宽人（两千多人）。“只”是通用量词，如：寡只鸡｜寡只月｜寡只缸｜寡只手筒（一条路膊｜寡只茶瓶一把茶壶。

（4）外地少见副词“过 kɯ^{5}”和“极 ki^{4}”，前者用于形容词之前，如：过大更大｜过寒很冷；后者用于形容词之后，如：慢极很慢｜歹极极坏｜热人极天很热｜惊人极很惊人｜侪年极很多年｜浇得透极浇得很透。

（5）动词否定式带有宾语和补语时语序为动词＋宾语＋否定词＋补语。如：我话渠唔过我说不过他｜渠对我人不起他对不起我｜牛走马唔过牛跑不过马。若补语是数量结构，否定词置于动补之间。如：饁无寡碗饭没吃一碗饭｜老弟悬无寡丝丝弟弟高不了多少｜俺兄大无几载哥哥没大几岁。

4.2.6 琼雷方言 也是从闽南方言分化出来的一个区。因为早期迁徙，远离本土，尤其是海南方言孤悬海上，与原来的闽南语区更为隔绝。加上入住琼雷之后，与原来的土著——临高人相处，临高人所说的临高话一般认为是壮侗语的一支，与汉语方言的语音系统和词汇、语法自有重大差异，现今海南岛还有 50 多万人说临高话，不少人还是临高和海南话的双语者。正是由于同临高话的长期接触，海南闽方言的语音、词汇都难免受到临高话的影响。由于这两方面原因，琼雷方言与本土的闽南话已有较大差异。早先在雷州半岛应该也有“临高”话，但现在已经没有，可能就地同化了，也可能渡过琼州海峡上了海南岛。琼雷方言因此分为琼雷两片。彼此大体可以通话，但差异不少。

4.2.6.1 琼雷方言在语音方面有如下特点：

（1）阳声韵和入声韵文读有 -m/-p、-n/-t、-ŋ/-k 对应，白读系统阳声韵鼻化音脱落读为阴声韵；例如柑 kam^{1}—ka^{1} 肝 kan^{1}—kua^{1} 命 meŋ^{6}—mia^{6}。入声韵在琼州有的还保留 -ʔ，在雷州多已脱落喉塞音，读为阴声韵。例如匣 ap^{8}—鸭 aʔ^{7}/a^{7}（/ 前为文昌音，/ 后为海康音，下同）月 guat^{8}—gueʔ^{8}/gue^{8} 迹 tsek^{7}—tsiaʔ^{7}/tsia^{7}。

（2）有 b、l、g 和 m、n、ŋ 两套声母，分布大多互补，这一点同潮汕方言。此外还有浊音声母：在琼州为 dz，在雷州为 z-，包括日母和部分以母、疑母字。例如：万 ban^{1}—门 mui^{2} 褥、狱 dziɔk^{8}/ziɔk^{6} 二、异 dzi^{6}/zi^{6}。

（3）不少字的字音按同义常用字的音训读。例如：首 xau^{2}（头） 黑 ou^{1}（乌） 高 kuai（悬） 脚 xa^{1}（骹）。这种训读现象比闽南本土上多得多，成为海南闽方言的突出特点。

（4）琼州没有送气声母，其他闽南话的送气音均变读为相同部位的擦音：p‘ → ɸ、t‘ → h、ts‘ → s、k‘ → x，在雷州半岛只有西部南部沿海有这种情况。例如：拍 ɸaʔ^{7} 品 ɸiom^{3} 讨 hau^{3} 桃 ho^{2} 草 sau^{3} 蚕 sai^{2} 渴 xuaʔ^{7} 琴 xiom^{2}。这一特点与临高话相似。

（5）古去声浊声母字今白读混入阴平调。例如：路 lou^{1} 利 lai^{1} 树 siu^{1} 旧 ku^{1}。应是由于调值相近而相混。

（6）其他闽南话的 p、t 两母（包括帮非、端知及多数並、敷、定、澄母字）在琼州片变为紧喉浊音 ʔb、ʔd，而其他闽南话读 s- 的字则变读为 t-。例如：布 ʔbou^{5}、痱 ʔbui^{5}、饭 ʔbui^{1}、刀 ʔdo^{1}、豆 ʔdau^{1}、沉 ʔdiam^{2}，三 ta^{1}、四 ti^{5}、升 teŋ^{1}。这些特点也与

临高话相仿。这些特点虽未见于雷州片，但在雷州、高州的粤方言中也有同样的反映，可能是说粤方言的人早期与说“临高话”的壮族人接触更多。

琼雷方言特征词可举例如下（注文昌音）：

床 so^{2}$_{\text{桌子}}$	斗 ʔdau^{3}$_{\text{抽屉}}$	砻 laŋ^{2}$_{\text{米砻}}$	骹车 xa^{1} sia^{1}$_{\text{自行车}}$
沸水 ʔbui^{5} tui^{3}$_{\text{开水}}$	洗热 toi^{3} dzua^{8}$_{\text{洗澡}}$	□ lam^{6}$_{\text{顽皮}}$	□ siaŋ^{5}$_{\text{美}}$
□ sun^{5}$_{\text{丑}}$	怯 xiap^{7}$_{\text{顽皮}}$	趁 xan^{5} 从$_{\text{介词}}$	无是 bo^{2} ti^{6}$_{\text{不是}}$
撞 tuaŋ^{6}$_{\text{遇}}$	何 hua^{2}$_{\text{儿多}}$	□ xoi^{7}$_{\text{睡}}$	么 mi^{7}$_{\text{什么}}$
拎 neŋ^{3}$_{\text{提}}$	糜 mue^{2}$_{\text{粥}}$	土 hou^{3}$_{\text{凸}}$	□□ ka^{1} to^{1}$_{\text{脏}}$
啱啱 ŋam^{3} ŋam^{3}$_{\text{刚好}}$	饼 ʔbua^{3}$_{\text{糯米糕}}$	游 ziu^{2}$_{\text{乱}}$	□ nam^{5}$_{\text{玩}}$

4.2.6.2　雷琼方言的语法目前尚缺乏比较研究，下文主要以海南屯昌话为例举出若干与别区闽方言明显有别的特征。

（1）“枚”和“奺”。“枚 mo^{4}”本字未明，是个用得较广的量词，只能称量单一事物，如：蜀$_{\text{一}}$枚蛇 / 侬$_{\text{人}}$ / 手表。若与远指代词“许 ɦo^{5}”连用，则合音为 mo^{7}（舒调），俗写作“奺”。“奺”在句中有定指作用，指称特定的个体，如：奺侬$_{\text{那个人}}$ | 奺牛$_{\text{那头牛}}$ | 奺岭$_{\text{那座山}}$ | 奺事$_{\text{那件事}}$；或指称唯一的事物如：奺天$_{\text{那天气}}$ | 奺月娘$_{\text{那月亮}}$；也可指称人的小名和绰号。

（2）表示复数的“穧 tuai^{1}”常与近指远指代词“这、许”连用，说 tse$^{5-7}$ tuai^{1}、ɦo$^{5-7}$ tuai^{1}。而后省略了近指或远指词，也成了定指，如：穧侬无知底去$_{\text{那些人不知去哪儿了}}$ | 叫穧侬来$_{\text{把那些人叫来}}$ | 穧物放底$_{\text{那些东西放哪儿?}}$

（3）相当于普通话“要”的能愿动词有 3 个。“欠 xiɔm^{5}”表示需要，如：行路欠映路$_{\text{走路要看路}}$ | 病就欠去拍针$_{\text{病了就要去打针}}$；“想 tio^{4}”表示意欲、想要，还可以重叠使用，如：汝想去底$_{\text{你想要去哪儿?}}$ | 伊想想讲去汝知$_{\text{他很想告诉你，让你知道}}$；“卜 ve7”表示意愿，如：伊卜来便听伊来$_{\text{他要来就让他来。}}$

（4）动词有多种重叠式表示不同的语法意义。单音动词或带宾动词重叠用作修饰语，如：走走许三其侬$_{\text{正在跑步的那三个人}}$ | 卖菜卖菜奺嫂$_{\text{卖菜的那位大嫂}}$ | 骑骑骹车奺青年囝$_{\text{骑车的那小伙子}}$ | 痛囝痛囝奺嫂$_{\text{很疼爱孩子的那个大嫂}}$ | 想想来许枚$_{\text{很想来的那一个。}}$也有表示多种动作的体态的，如：敲敲奺门下$_{\text{敲一敲门吧}}$ | 奺门敲敲下便败嘞$_{\text{那门敲一敲就破了}}$ | 行路行路蹈倒蜀枚蛇$_{\text{走着路踩到一条蛇}}$ | 知知伊住这地，但是叫总无侬应$_{\text{明知他住这里，但叫门都没人回应。}}$

（5）否定副词较少，“无 vo^{2}”可否定存在，也可否定意愿。如：伊无书包载册$_{\text{他没书包装书}}$ | 我唔想来$_{\text{我不想来}}$ | 无八写也无想写$_{\text{不会写也不想写}}$ | 奺店里无侬卖物$_{\text{那店里没人卖东西}}$ | 汝着去过广州无$_{\text{你去过广州没有?}}$ | 伊是汝宿哥无$_{\text{他是你哥吗?}}$除了“无”之外，还有合音词“媛 vai^{5}”和“赠 mun^{4}”。如：媛去许地$_{\text{别到那里去}}$ | 伊来赠$_{\text{他来了没有?}}$

（6）“去”用作趋向动词，也用作结果补语和动态助词。如：行出去，讲得伊奺心

都清去说得他心都凉了｜行骹都行肿去走得脚都肿了｜咸苦去咸得发苦｜欢喜死去高兴死了｜伊去市去他上街去了｜无见去不见了｜我知去喽我知道了｜伊来去啦吗他来了吗？｜伊去去无咧他去了没有？｜伊倘贱过狗去人比狗还贱。

（7）处置式通常不用“把”字句来表达。如：伊砍许丛树去他把那棵树砍了｜伊吃许穧糜去他把那些饭吃了｜伊坐坏凳囝坐败去他把那凳子坐坏了｜伊讲许穧话了去他把话讲完了｜我赶伊走去我把他赶走了｜教伊八去把他教会了｜伊想叫我转厝他想把我叫回家｜伊拍坏狗都拍死去他把那条狗打死了｜我送伊送遘车站许地我把他送到了车站｜汝讲这件事讲去伊知去无你把这件事告诉他了吗？

（8）有几个动词置于句末用作后置副词，也表达一定语气。“凑”：煮这穧肉凑再加煮这些肉｜食两碗糜凑再吃两碗饭｜行蜀铺路凑就遘了再走十里就到了。“惊”：伊去做工去啦惊他怕是去做工了｜坏天无落得雨住惊天怕是还不会下雨吧？｜坏天都暗去喽讲天怎么都黑了？｜许间楼映起来是卜崩啦喽讲那幢看来是要倒的样子。

雷琼闽方言在沿海闽方言中是差别最大的，自明代名宦海瑞（1514—1587）的祖上从福建移居海南，已有五六百年历史。据考证，海氏乃回族，可能是从闽南的泉州一带移去琼州的。五百多年与临高人相处，语言发生大变异是意料之中的事。但就方言总体系统来说，其与闽南方言还是可以看出共性的。

4.2.7　两个过渡区

这里说的“过渡区”是由于相邻的方言在长期接触中相互影响而形成了某些“混合型”的特征。

前一个过渡区是在闽方言、赣方言和客家方言之间，顺昌、将乐、明溪三个县的方言既有闽方言的特征，也深受客赣方言的影响。就目前状况而论，归为闽方言或客赣方言都不大合适，可以视为闽、客、赣三个方言之间的过渡区。就其方言特征说，全浊声母今读送气清音，多数非敷奉母字及晓匣母合口字今读 f- 声母，精庄组和知章组声母今读分别为两套塞擦音（ts-、tʃ-），泥日疑母细音字今读声母相混，这是与客赣方言相似的特点。不少轻唇字读重唇、舌上字读舌头，部分来母字读为 s-（ʃ-）声母，不少四等字今读洪音韵母，阳声韵今读 -ŋ 韵尾或鼻化韵，入声字读入声调但无塞音尾等等，则与多数闽方言或部分闽方言一致。详细情况可列下表比较如下：

表 18　顺将过渡区语音特点与闽、客、赣方言比较表

（表中 + 号是肯定反映，– 号是否定反映，⊥ 号是个别反映）

类别	语音特点	顺昌	将乐	明溪
语音系统的一般特点	声母数	17	19	19
	韵母数	34	36	30
	声调数	7	7	6
	古泥来母今读全分	–	–	–

续表

类别	语音特点	顺昌	将乐	明溪
	没有 ŋ 声母	−	−	−
	x—h 声母对立	−	−	−
	有 ɿ 韵	+	+	+
	有撮口呼韵母	+	+	+
	有 -m 韵尾	−	−	−
	有 -n 韵尾	−	−	−
	有鼻化韵母	+	+	+
	有 -p-t-k 韵尾	−	−	−
	有阴阳两类入声	−	+	−
	无入声	−	−	−
同赣方言的特点	古全浊声母今全送气	+	+	+
	古非组及晓匣合口读 f	−	+	+
	古微云等母今读 v	−	+	+
	古清从母今读 t‘	−	−	−
	古透定母今读 x(h)	−	−	−
	古章组读 tɕ-(tʃ-)，与 ts 对立	+	+	+
	部分疑日母字读 n-	−	−	−
	古咸山蟹一二等韵有别	−	+	+
	古流臻梗摄韵腹为 ɛ(e)	⊥	+	⊥
	古梗摄字白读为 aŋ、iaŋ	⊥	+	+
	古曾梗摄字白读为 -n 韵尾	−	−	−
	古咸摄入声字读 -m(n) 韵尾	−	−	−
同闽方言的特点	古非组常用字不少读 p、p‘、m	+	+	+
	古知组常用字不少读 t、t‘(h)	+	+	+
	古心邪书禅母部分字读 ts‘(tɕ‘，t‘)	+	+	+
	古来母字部分读 s(ʃ)	+	+	+
	古四等韵部分字读洪音	+	+	+
	古歌韵字白读 ai(ɛi)	−	−	−
	部分平、上声字变读别（高降）调	+	+	+

就重要方言词说，这个过渡区的方言词汇有些与客赣语相似：今朝、明朝、通书、禾稻子、秆稻草、人、泥、颈脖子、渠他、屎窟屁股、狗嬷母狗、供饲猪、嘽吮吸、话事说话、晓得知道、嬉玩、精美、老伯兄、老弟弟、地技；有些则是闽方言的说法：厝房子、埕路、笐竹竿、鼎锅、卵蛋、囝儿子、骹脚、箬叶子、颂穿着、褪脱、䜣淡、殕霉、豨猪、粟稻谷、暗边傍晚、鸡僆小母鸡、起风、惊怕、啼哭、目珠眼睛。

另一个“过渡区”是福建省内五区闽方言交界处的戴云山区，包括尤溪县内的五种小方言和尤溪、大田、永安、沙县相邻十个乡镇的“广平话”。是处于闽东、闽南、闽中三区之间的带有明显混合语性质的小片过渡区，也可称为闽方言过渡区。尤溪城关话实际上是县内四种小方言（城关、洋中、汤川、中仙）之间的小通语。加上以大田广平话为中心的分布于尤溪、大田、永安、沙县交界的十个乡镇的方言片，彼此之间勉强可以通话，但相互间的差异也很大。

以下取这个过渡区的6种小方言点的语音特点做简单比较：

表19 大田、尤溪6点方言语音特点比较表

比较项目		尤溪洋中	尤溪城关	尤溪汤川	尤溪中仙	尤溪新桥	大田广平
声母	有f、v声母	−	−	+	−	−	−
	n ≠ l	+	+	+	+	+	−
	有tθ、tθ、θ	−	−	−	+	−	−
	有θ	−	−	+	+	−	−
	有tʃ、tʃ、ʃ	−	−	−	+	+	+
	s(θ) ≠ ʃ(ɕ)	+	+	+	+	+	+
	有b、g声母	−	−	−	−	−	+
	有dʒ(z)声母	−	−	−	−	−	+
韵母	有ɿ韵	−	+	+	+	−	−
	有ai、au韵	+	+	+	+	+	−
	有ɛu韵	−	−	+	−	−	−
	有ɯ韵	−	−	+	−	+	+
	有ø、œ元音	+	+	−	+	−	−
	有撮口呼	+	+	−	+	+	+
	有鼻化韵	−	+	−	−	+	+
	鼻韵尾脱落	−	−	+	+	+	+
	有塞音韵尾	+	−	−	−	−	−
声调	有阴阳上	−	−	−	−	−	+
	有阴阳去	+	+	+	+	+	−
	有阴阳入	+	−	−	+	−	−
	只有一种入声	−	+	+	−	−	−
	无入声	−	−	−	−	+	+

综上所述，闽方言的分区可用下表表述。

表20 闽方言在国内区、片分布地域表

方言区	方言片（代表点）	分布县分
闽东方言	南片（福州）	福州、闽侯、长乐、福清、平潭、永泰、闽清、连江、罗源、古田、屏南
	北片（福安）	福安、宁德、霞浦、柘荣、周宁、寿宁、福鼎
莆仙方言	北片（莆田）	莆田、涵江
	南片（仙游）	仙游

续表

方言区	方言片（代表点）	分布县分
闽南方言	东片（厦门）	厦门、（以下台湾省）金门、台北、基隆、宜兰、台中、南投、云林、嘉义、台南、高雄、屏东、台东、花莲、澎湖
	北片（泉州）	泉州、晋江、南安、惠安、永春、德化、安溪、同安、大田（西南部）、宁德（三沙）、福鼎（沙埕）（以下浙江省）苍南（大部）、玉环（小部）、洞头（小部）
	南片（漳州）	漳州、龙海、长泰、华安、南靖、平和、漳浦、云霄、东山、诏安（大部）（以下广东省）饶平（大部）、南澳、潮州、潮安、澄海、汕头、揭阳、潮阳、普宁、揭西（小部）、惠来、海丰、陆丰、汕尾、惠东（小部）
	西片（龙岩）	龙岩、漳平
闽北方言	东南片（建瓯）	建瓯、松溪、政和、南平（大部）、顺昌（东南部）
	西北片（建阳）	建阳、武夷山、浦城（南部）
闽中方言	南片（永安）	永安、列东、列西
	北片（沙县）	沙县
闽语过渡区	东片（尤溪）	尤溪（大部）
	西片（大田、尤溪）	大田（西北部广平、建设、文江、奇韬）、尤溪（西南部池田、管前、八字桥）、永安（槐南、青水）、沙县（湖源）
琼雷方言	北片（海康）	海康、湛江（大部）、徐闻、遂溪（小部）
	南片（文昌）	文昌、海口（大部）、澄迈（大部）、琼海、屯昌、万宁、陵水、三亚（大部）、乐东（大部）、临高（小部）、琼中（小部）、通什（小部）
闽客赣过渡区	北片（将乐）	将乐、顺昌（西北部）
	南片（明溪）	明溪

五　闽方言与其他方言的关系

5.1　闽方言和吴方言的关系

上文已经提过，闽方言形成之初就有一个源流来自吴方言。后来，由于浙南与闽东北地界相连，彼此间也不乏交往，因而也有接触关系。既有共同来源，又有相互渗透，形成一些区域特征。以下分别举例说明。

5.1.1　语音方面

（1）在闽方言北缘，属于闽东方言的福安话有 j、w 两个浊声母（主要来自古日、云、以、匣、微等母），属于闽北方言的石陂话有 b、d、g、dz、ɦ 等浊声母（大体与中古音相符），建阳、武夷山则有 β、ɦ 两种。闽方言的浊声母残留于北沿，这可能与连界的吴方言大多保存着系统的浊声母有关；也说明了早期的闽方言和吴方言一样是有浊声母的。而吴方言南沿有些点浊音清化（如浦城、龙泉、庆元）则显然是多数闽方言影响的结果。

（2）知组声母读同端组，这是闽方言的重要特征。在浙南吴方言（尤其是处州方言）也有不少这种读法。例如：

	丽水	青田	龙泉	庆元	遂昌	泰顺
猪	ti^{1}	ti^{1}	tɔ^{1}	to^{1}	tɔ^{1}	ti^{1}
中	toŋ^{1}	toŋ^{1}	tiɔŋ^{1}	tioŋ^{1}	tiŋ^{1}	to^{1}
张	tiaŋ^{1}	te^{1}	tiaŋ^{1}	tiaŋ^{1}	tiaŋ^{1}	tiaŋ^{1}
长	dəŋ^{2}		de^{2}	tɐ^{2}	dæŋ^{2}	
桌	tioʔ^{7}	tioʔ^{7}	tioʔ^{7}	tioʔ^{7}	tyoʔ^{7}	tyoʔ^{7}

（3）匣母字今读混同于见、群母，反映了上古匣群母的相关联，也是闽方言重要特征，在浙南吴方言也有所反映。例如：

	丽水	青田	龙泉	庆元	温州
厚	gəɯ^{4}	gau^{4}	ku^{4}	ku^{4}	gau^{4}
衔	gaŋ^{2}		kaŋ^{2}	kaŋ^{2}	ga^{2}
馅	gaŋ^{6}			kaŋ^{6}	ga^{6}
匣		gaʔ^{8}	kaʔ^{8}	kaʔ^{8}	

（4）某些古擦音字今读塞擦音，也是闽方言普遍存在的特点，处州方言也有所反映。例如笑：丽水 tɕ'iʌ^{5}、青田 tɕ'iɔ^{5}、龙泉 tɕ'iau^{5}，手：庆元 tɕ'ye^{3}、龙泉 tɕ'y^{3}，舌：丽水、青田、龙泉 dʑiɛʔ^{8}、遂昌 dʑiɛ^{8}、庆元 tʑie^{8}，树：遂昌 dʑiɔɯ^{6}、龙泉 dʑiɔu^{6}、庆元 tʑiu^{6}。

（5）部分船、禅母字温州话今读 ɦ、j 声母和石破、建阳话相同，建瓯因浊音清化读为零声母。例如：上 ji^{4}、顺 jyoŋ^{6}、寿 jieu^{6}、船 jy^{2}。

（6）部分见母字今温州话与闽北方言同样读为 h 声毋，例如：嫁 ha^{5}、垢 hau^{3}、间（～种）ho^{5}、勾（～背）hau^{1}。

（7）闽东方言某些常用从母字今读 s- 声母，其早期显然是类似吴方言的 z- 后来清化而成的。例如福州话：坐 sɔy^{6}　前 sɛiŋ^{2}　餈 si^{2}　脐 sai^{2}　静 saŋ^{6}。

（8）温州、宁波的吴方言和福州、建瓯的闽方言一样 i、u、y 都可作韵头，也可作韵尾。

（9）阳声韵字在浙南吴方言大多只有 -ŋ 韵尾，并不读鼻化韵，这也和闽东、闽北相同。

以上各项共同的语音特征或是古今音类演变的类同或语音结构系统的共性，主要不是因为地域相连的接触中的借用，因此很值得关注。

5.1.2　词汇方面

（1）据吴方言的宁波、金华、丽水、温州四点和闽方言的福州、建瓯、厦门三点材料的检查比较，多处吴方言和多处闽方言说法相同的常用方言词有以下一些典型条目（为节省篇幅均未标音）：

面 脸	卵 蛋	镙 镰刀	索 绳子	箸 筷子
薸 浮萍	徛 站立	褪 脱	囥 藏	缚 绑
炊 蒸	睏 睡	饲 喂	竹竿 晒衣竹竿	柴 柴火
滚汤 开水	记认 记号	眠床 床铺	下底 下面	煠 清水煮

（2）就温、处两州的情况说，和多处闽方言相同或部分闽方言相同的方言词就更多了。例如：

饮 米汤	翼 翅膀	冥 夜晚	櫼 楔子	澳 海湾
剉 砍伐	泅 游水	着 必须	乞 给予	狭 窄
菜头 萝卜	日昼 中午	门隊 门槛	头先 刚才	生分 陌生

（3）以下方言词通行于浙南、闽东：

帹 苎麻丝	茶 汤药	底 进入	觑 看	滥 湿
猛 火大	标 小孔喷出	鞋套 套鞋	做节 过节	亲房 宗亲
做亲 通婚	配 下饭菜	滗 去水	剢 挖	健 强壮

以下方言词通行于浙南、闽南：

舐 舔	紧 快	过 烛灭	贵气 贵重	条直 干脆
时节 时候	面巾 毛巾	师公 道士	溪鱼 淡水鱼	生成 长相
烘火 烤火	消梨 梨	番姜 辣椒	山园 旱地	铰剪 剪刀

以上所列举的相同方言词汇也有两个特点：都是常用的基本词汇；都是少与其他方言共有的。因此，特别值得关注。如深入调查比较，定能有更多发现。

5.2 闽北方言与赣方言的关系

闽北方言与赣方言连界，宋元之后江西移民越过武夷山而来的不少，闽西北角的建宁、光泽已经蜕变为纯粹的赣方言了。邵武、泰宁也大面积发生了质变，顺昌、将乐发生了相当的变化，连武夷山市及建阳也受到不少影响。从闽北方言与其他闽方言的差异看，大多是赣方言先后影响的结果。

5.2.1 语音方面

（1）三个人称代词读为同调，在闽方言仅见于闽北、闽中，此特点与西边的客赣系方言连片雷同。

（2）清、初、昌等母字和从、心、崇、生少数字在闽北西片（建阳、武夷山）读为 t' 声母，此特点和赣东南城、抚州一带方言相同。

（3）透、彻母字和定、澄母部分字在闽北西片（建阳、武夷山）读为 h 声母，也与赣东南城一带方言相仿。

5.2.2 词汇方面

大凡闽北（并常常包括闽中）与多数闽方言不同的方言词，大多也是受客赣方言影响的结果。例如说“人”不说侬，说“嘴”不说“喙”，说“泥”不说“塗”，说“信”不说“批”，说“潲水”不说“潘”，说“郎、婿郎”不说“囝婿”，动物雌性词尾用“嫲”不用“母”，说话谓“话事”不说“讲话”。还有“几多、伶俐$_{\text{干净}}$、跌鼓$_{\text{丢脸}}$、疾$_{\text{痛}}$、禾$_{\text{稻子}}$、尘灰$_{\text{灰尘}}$、通书$_{\text{黄历}}$、月光$_{\text{月亮}}$、自家$_{\text{自己}}$、包黍$_{\text{玉米}}$、洋火$_{\text{火柴}}$”等也是客赣方言常见的说法。

5.3 闽南方言与客方言的关系

客家人是唐宋之后陆续从江西移入闽西的，这些南下移民后来有的就落籍于福建各地，进入闽南的更多。当然，后来有更多的客家人再徙入粤东。从移民成分来说，闽南方言区含有部分客家人的来源。诚然，这些人并非闽南人的主体，因此在音系上闽南话和客家话并没有很多共同点，但是词汇中闽南和客家共有的方言词却不少。下面举一些见于《广韵》《集韵》的用语为例。

闪《广韵》：失冉切，出门貌。今闽南、客家都说，意为“避开”，厦门 siam^{3}，梅县 sam^{3}，罗翙云《客方言》云：“避曰闪。”

吮《集韵》：竖尹切，舐也。今闽南、客家都说，意为吮吸。厦门 tsŋ^{6}，梅县 ts‘iɔn^{1}。

萦《广韵》：於营功，绕也。绕线曰萦，厦门音 in^{1}，梅县音 iaŋ^{1}。

炙《广韵》：之石切。《说文》曰：肉在火上。闽南话说炙日$_{\text{晒太阳}}$，音 tsioʔ^{7}，梅县话说炙火$_{\text{烤火}}$，音 tsak^{7}。

鏨《广韵》：才敢切，凿也。开石用小凿，闽南说“石鏨”音 tsam^{6}，客家说鏨子，音 ts‘am^{5}。

舐《广韵》：神纸切，以舌取物。舔曰舐，厦门音 tsi^{6}，梅县音 sai^{1}。

齧《广韵》：五结切，噬。吞食说齧，厦门音 giat^{7}，梅县音 ŋat^{7}。

拫《广韵》：户恩切，急引。绳索拉紧曰拫，厦门音 an^{2}，梅县音 hɛn^{2}。

经《集韵》：坚灵切，《说文》。织也。织布曰经布，厦门音 kĩ^{1}，梅县音 kaŋ^{1}。

睓《集韵》：眠辄切，目动。闽南、客家眨眼称睓目，厦门音 nĩʔ^{7}，梅县音 ȵiɐp^{7}。

六 闽方言研究概况

6.1 早期的地方韵书和教会罗马字词典

有关闽方言的研究，最早的是民间韵书的制作。

在南方方言中，编韵书是从闽方言开始的。最早编出的闽方言韵书是福州话的《戚林八音》。该书是明末编成的《戚参军八音字义便览》（三山蔡士泮汇辑）和清初《太史林碧山先生珠玉同声》（闽中藤山陈他汇辑）的合订本。最早合订本见于乾隆十四年（1749年）。前者可能成书于16世纪末，后者则成书于18世纪初。两个汇辑者都是不见经传的布衣文士，分别托名于当时名宦而印刷流通。从编辑体例说，音分声、韵、调，调分四声阴阳都合乎等韵学原则。声类、韵目缀成歌谣则应是受明代《韵略汇通》的启发。此书出版后深受民间欢迎，木刻版、石印版一再翻印。直到不久前还是闽剧编者合辙用韵的工具书。它的调分8类，声分15类及其编排体例，对后来闽方言韵书都有深远影响。"八音""十五音"之称都由此而来。

在《戚林八音》的启迪下，乾嘉年间又有据闽北和闽南方言编成的韵书3种。闽北方言的韵书是《建州八音》（全称《建州八音字义便览》），是林端材所编。初版于乾隆六十年（1795年）。该书记录的建州府所在地建瓯的方言，共有声类15，韵类36，调类7。编排体例悉依《戚林八音》。最早的闽南方言韵书是黄谦所编的《汇音妙悟》。出版时其叔黄瞻二序于嘉庆五年（1800年）。该书所反映的泉州音有声母15，韵类50（阳声韵与入声韵相承合韵），声调8类，但上去、下去常互混，实只7调。不久，嘉庆二十三年（1818年）又有谢秀岚为漳州音编的《雅俗通十五音》，也是15声，50韵，7调。清末以来，由于闽南话地区口音分歧，也由于文化的发达，民间士子又陆续编出了厦门话韵书《渡江书十五音》《八音定诀》，潮州话韵书《潮声十五音》《击木知音》（又名《汇集雅俗十五音全本》），以及《潮语十五音》等大同小异的韵书不下十种。

到了19世纪40年代，沿海口岸对外开放，西方教会纷纷前来传教，为了使教士学会本地方言，教会延请了一批训练有素的学者用罗马字母为当地方言制定了拼音方案，编纂了当地的汉英对照词典（也有少数用西班牙文对译），出版了不少方言罗马字读物。闽方言的教会罗马字词典中现在见到的最早编成出版的是明代西班牙传教士在菲律宾编印的《闽南话简明词典》。该书篇幅不大，流传不广。1847年在曼谷出版的Josiah Goddard编的《汉英潮州方言词典》就比较有质量。当时，作者只能在潮籍华侨聚居的泰国学习潮州话，该书是他自己为了学习潮语而编的。到实地来编的教会罗马字词典最早数R.S.Maclay所编1870年出版的《福州话词典》（*Alphabetic Dictionary of the Foochow Dialect*）。其后又有Castairs Douglas编的《厦门方言口语汉英词典》（*Chinese-English Dictionary of the Vernacular or Spoken Language of Amoy*）于1899年在伦敦初版。Wm.C.White所编《汉英建宁方言词典》（*A Chinese-English Dictionary of the Kien-Ning Dialect*）1901年初版于福州。John Steele编的《潮正两音字集》（*The Swatow Syllabary With Mandarin Pronunciations*）1909年出版于上海。甘为霖编的《厦门音新字典》1913年初版于台南。直到20世纪40年代，还有天主教会所编的《班华字典（福安方言）》（*Diccionario Espanol-Chino Dialecto of Fu-an*）在上海出版。由于教会的热心推广，民间竟有不少人学会用罗马字拼写闽南话。据黄典诚先生调查，早年闽南地区（包括厦门与附近县市）学会用闽南白话字（罗马字拼音）的人数在3万人以上。用闽南罗马字拼注或拼写的各种圣经、教义故事、教会刊物、启蒙、科普读物、字词典，100多年间出版了近300种，印行200多万册。

教会罗马字拼音方案和词典的编者大多是利用了各种地方韵书整理出音系，参照韵书的读音编成的。因此这两类文献资料可以相互参阅论证，使我们相当明确地了解一二百年乃至三四百年前的各地闽方言的语音、词汇的面貌。拿当年的语音和词汇和现今的方言比较，就不难看出数百年间的方言演变过程，并从中探索其发展规律。可见，这两类典籍不但是研究闽方言历史和现状的重要依据，也是研究汉语史的难得材料。

6.2　现代的闽方言研究

从20世纪30年代以来，用现代语言学的方法研究闽方言获得了大量的成果，在汉语的各大方言之中，闽方言的研究规模和研究水平应该说是处于领先的地位的。开始的阶段，学者们的研究多从单点方言入手，并且按照历来的传统，多集中在语音方面。最早的有影响的著作是1930年陶燠民记录母语福州音的《闽音研究》和1931年罗常培在厦门大学执教时实地调查，离开厦门后在北平编写的《厦门音系》以及周辨明研究自己的母语所写的《厦门话的语音结构及声调特征》（1931年）。后来发表的许钰的《十五音研究》（1940年，新加坡），吴守礼的《福建语研究导论》（1948年，台北），黄典诚的《建瓯方言初探》（1957年，厦门），董同和的四个闽南方言（1959年，台北）以及詹伯慧、李永明的同名著作《潮州方言》（1959年，北京）等也都是着重单点方言语言分析的论著。20世纪50年代之后，关于词汇语法的调查研究首先引起台湾学者的注意，李献璋的《福佬话词汇》（1956年，台北）《福建语法序说》（1950年，东京），王育德《台湾语常用词汇》（1957年，东京），连横《台湾语典》（1957年，台北），许成章的《台湾闽南语辞典》（1970年）都是比较重要的著作。20世纪80年代以来发表的方言志、单点研究报告和方言词典就多得难以列举了。由单点扩大到区域性调查报告，从20世纪50年代之后不断有所发展。1954年台北出版了《台湾省通志稿·人民志·语言篇》（吴守礼编）。1963年厦门大学印行了《福建省汉语方言概况》（黄典诚、李如龙、潘茂鼎等编）。同年《中国语文》发表了潘茂鼎、李如龙等《福建汉语方言分区略说》。1979年丁邦新《台湾语言源流》在台北出版。1983年、1985年《中国语言学报》连续发表了李如龙、陈章太的《论闽方言的一致性》及《论闽方言内部的主要差异》，1991年又出版了两人合著的《闽语研究》，20世纪90年代则先后出版了《重修台湾通志·住民志·语言篇》（丁邦新等编，1997年）和《福建省志·方言志》（黄典诚、李如龙主编，1998年）。

20世纪70年代以来，闽方言研究的广度和深度都有较大的发展。主要的有以下四方面的表现。

6.2.1 关于语音的共时描写和历时比较，都有了较大的进展，这方面的成就国外学者中有罗杰瑞关于闽方言声母声调发展及共同闽方言的构拟的系列文章（1970—1981年）、平山久雄关于闽方言声调的研究（1974—1975年）。中国学者有张盛裕关于潮阳方言的系列论文（1979—1982年），丁邦新关于闽方言白读音、匣母、入声别义等的研究（1983—1985年），黄典诚《闽南方言中的上古音残余》（1982年），郑再发的《闽南话古声调的音韵特征》（1983年），李如龙关于闽方言"四等韵"读洪音的分析（1984年）等。对于丰富的闽方言韵书也都有相当深入的研究。如洪惟仁《〈汇音妙悟〉与古代泉州音》（1996）和李如龙、王升魁《戚林八音校注》（2001）的研究。

6.2.2 点上的研究也比以前更加深入全面，不但有大型词典，语音、词汇、语法全面描写的单刊，而且有语法的专书、词汇考证以及从社会语言学角度所做的研究报告。20世纪70年代以来编出的闽方言词典有《现代闽南语词典》（村上嘉英，1979年，奈良），《潮语词典》（蔡俊明，1976年，台北），《闽方言东山岛方言基础语汇集》（中岛干起，1977年，东京），《普通话闽南方言词典》（厦门大学，1982年）。90年代则有福州（李如龙等，冯爱珍），厦门（周长楫），建瓯（李如龙、潘渭水），雷州（张振兴、蔡叶青），海口（陈鸿迈）等6本。内容丰富的单刊有文昌（桥本万太郎，1976年），儋州（丁邦新，1980年，巴黎；1986年，台北），遂溪（余霭芹，1985年），漳平（张振兴，1992年），福清（冯爱珍，1993年），永安（周长楫、林宝卿，1992年），漳州（马重奇，1994年），海丰（杨必胜、潘家懿、陈建民，1996年），澄海（林伦伦，1996年），福州（陈泽平，1998年），厦门（陈荣岚、李熙泰，1994年，周长楫、欧阳忆耘，1998年）等。至于以县市为单位出版的方言志就更多了，总数有数十种。关于专题研究的著作较重要的有：杨秀芳的《台湾闽南话语法稿》（1991年，台北），李新魁、林伦伦的《潮汕方言考释》（1992年），李如龙、庄初升、严修鸿的《福建双方言研究》（1995年），张光宇的《闽客方言史稿》（1996年），施其生的《方言论稿》（1996年，收有潮汕语法论文多篇），李如龙的《福建方言》（1997年，从文化角度所做的研究）。

6.2.3 就研究的方言点说，闽方言的各区的点上、面上的研究都有了。各区之中不仅有大城市的"代表点"方言的研究，也有小地方的方言和方言岛的调查报告。福建境内的闽方言各县都有基础调查材料。远离闽方言本土的边远地区如海南岛的三亚、万宁、澄迈、屯昌，浙江南部的苍南、泰顺，江西的上饶郊区，乃至东南亚各国华人所操的闽方言也有调查材料。在台湾，洪惟仁调查过许多小方言点。正是由于调查点密布，所以学者们对于闽方言的分区都能有比较一致也比较准确的认识，并没有明显的分歧意见。

6.2.4 对闽方言的特征有了比较深入的研究，达到不少共识。黄典诚20世纪80年代的《闽语“人”字的本字》《闽语的特征》是有代表性的论文。关于闽方言的文白异读，继罗常培之后有许多学者做过深入的阐析，从而引出方言语音历史层次的概念。对这个问题，罗杰瑞、李如龙、杨秀芳都作过精彩的论述。对闽北方言来母字读s-的重要特点，梅祖麟、罗杰瑞、余霭芹、李如龙和平田昌司都有过深入的讨论。关于闽北方言的“第九调”（两个阳平）则有罗杰瑞、李如龙、王福堂的讨论。关于福州话的连音变化，继陶燠民（1931年）、高名凯（1947年）之后，王天昌（1969年）、高玉振（1978年）、李如龙（1979年）、梁玉璋（1984年）也有进一步的研究。关于莆仙方言的音变则有戴庆厦、吴启禄、黄景湖等都做过具体描写。关于潮州海南闽方言的“训读”现象，有詹伯慧（1957年）、林伦伦（1986年）、梁猷刚（1984年）等的研究。这些富有特色的专题的深入探讨，不但有利于闽方言乃至汉语方言的深入研究，对于汉语语言学的理论建设也有重要的意义。

参考文献

陈章太、李如龙 论闽方言的一致性,《中国语言学报》（第一期），1983年。
陈章太、李如龙 《闽语研究》,（北京）语文出版社，1991年。
丁邦新 《台湾语言源流》,（台北）学生书局，1979年。
福建省汉语方言概况编写组 《福建省汉语方言概况》（讨论稿），1963年。
黄典诚 闽语的特征,《方言》1984年第3期。
黄典诚、李如龙 《福建省志·方言志》,（北京）方志出版社，1998年。
李如龙 闽方言的韵书,《地方文献史料研究丛刊》,（福州）福建地图出版社，1991年。
李如龙《福建方言》,（福州）福建人民出版社，1997年。
李如龙 《福建县市方言志12种》,（福州）福建教育出版社2001年。
李如龙 《闽南方言语法研究》,（福州）福建人民出版社，2007年。
李如龙、陈章太 论闽方言内部的主要差异,《中国语言学报》（第二期），1985年。
梁猷刚 广东省海南岛汉语方言的分类,《方言》1984年第4期。
林伦伦 闽方言在广东的分布及其音韵特征的异同,《中国语文》1994年第2期。
潘茂鼎、李如龙、梁玉璋、张盛裕、陈章太 福建汉语方言分区略说,《中国语文》1963年第6期。
钱奠香 《海南屯昌闽语方言语法研究》,（昆明）云南大学出版社，2002年。
桥本万太郎 《海南语·文昌方言》，东京外国语大学亚非言语文化研究所，1976年。
施其生 《方言论稿》,（广州）广东人民出版社，1996年。
台湾省文献委员会 《重修台湾省通志（语言篇）》，1997年。
温端政《苍南方言志》,（北京）语文出版社，1991年。

余霭芹 《遂溪方言》，香港中文大学出版社，1985年。
张 琨 论比较闽方言，《语言研究》1985年第1期。
张振兴 闽语的分布和人口，《方言》1989年第1期。
周长楫、林宝卿 《永安方言》，厦门大学出版社，1992年。

说明：本文是应侯精一主编之约，为《现代汉语方言概论》（上海教育出版社，2002年）所撰写的“闽语”章。收入本书时改为今题，有所修订，并补充有关闽方言的语法特征的一些内容。

福建闽方言的一致性

不少谈论汉语方言的著作和文章，把汉语方言分为八大区，即：北方方言、吴方言、粤方言、湘方言、赣方言、客家方言、闽南方言和闽北方言。这种说法长期延续下来，几乎成了一种传统的观念，在国内外影响较大，直到现在，有些教科书还是这样说的。对汉语方言的这种划分，是在汉语方言初步调查的基础上提出来的。随着汉语方言的进一步调查研究，对汉语方言认识的不断深化，八大方言之说也就引起了人们的讨论。

过去，把闽方言分成闽南话和闽北话，在现代汉语方言第一层分区中占了两大区，其主要根据是某些语音的差异，如辅音韵尾的多少等。我们认为，对闽方言的这种划分是不合适的。就闽方言的内部差异而论，分为闽南、闽北两区显然太粗。我们认为分为五个次方言区比较符合实际情况，即：闽东话（以福州话为代表）、莆仙话（以莆田话为代表）、闽南话（以厦门话为代表）、闽中话（以永安话为代表）和闽北话（以建瓯话为代表）。而对其他方言来说，闽方言内部又确实存在着明显的一致性。这种一致性正是闽方言的基本特点，也是闽方言有别于其他方言如北方方言、吴方言、粤方言、客赣方言的主要标志。

本文从语音和词汇语法等方面来说明闽方言的一致性。这里说的是福建境内的闽方言，包括五十五个县、市。我们从中选取了十八个县、市作为代表点。现将十八个代表点和它们所代表的县、市列表如下：

福州——福州、闽侯、长乐、福清、平潭、连江、罗源、闽清、永泰（八县一市）。

古田——古田、屏南（二县）。

宁德——宁德、霞浦（二县）。

周宁——周宁、寿宁、福安、柘荣（四县）。

福鼎——福鼎（一县）。

（以上为闽东话）

莆田——莆田城厢、涵江、仙游（二区一县）。

（以上为莆仙话）

厦门——厦门、金门（一县一市）。

泉州——泉州、晋江、南安、惠安、同安（四县一市）。

永春——永春、安溪、德化（三县）。

漳州——漳州、龙海、长泰、华安、南靖、平和、漳浦、云霄、东山、诏安（九县一市）。

龙岩——龙岩、漳平（一县一市）。

大田——大田（一县）。

尤溪——尤溪（一县）。

（以上为闽南话）

永安——永安、列东、列西（一市二区）。

沙县——沙县（一县）。

（以上为闽中话）

建瓯——建瓯、南平（一县一市，南平市区在外）。

建阳——建阳、崇安（二县）。

松溪——松溪、政和（二县）。

（以上为闽北话）

我们从各点的三千左右个单字和两千左右条词语的调查材料中，选取了说明语音一致性的一百六十三个单音字和说明词汇、语法一致性的一百三十七条词语（共三百条）进行比较。这些条目都是和普通话说法不同的，在口语中是比较常用的。

根据我们对闽方言进行调查的体会，用这些代表点和这些条目来说明福建境内的闽方言的一致性，大体上是够用的。这对于说明整个闽方言的一致性，也提供了一定的基础。限于条件，我们这次没有能够列出福建境外的闽方言材料。

本文的材料都是我们分别先后调查、记录的。1981 年 5、6 月间，我们在确定所用条目之后，比较集中地对材料进行了一次核对和补充。同年 12 月和 1982 年 1 月，又补充调查和进一步核对了古田、宁德、周宁、福鼎、龙岩、大田、永安、沙县等点的材料。在后一次调查、核对材料当中，游文良、张凯民、邓晓华、陆斯厚四位同志参加了部分工作。在两次核对、补充材料的过程中，每个点都请了一至二位发音合作人，有的点的发音合作人还不止两位。他们当中多数是中、老年人，个别是三十岁左右的青年。多数是教师和基层干部，都有一定的文化水平，他们都生长在当地，所说的方言都比较地道。由于发音人人数较多，这里没有一一列出姓名。谨向所有大力支持、热诚帮助我们的发音合作人和参加工作的同志以及其他有关的同志，表示衷心的感谢！

各点材料的标音都是县、市所在地的城关音。如有新老派语音差别的，依老派语音为准。标音一般采用音位标音法，有些音值有明显差异的（虽无音位对立）也予以区别（如闽南话的 b 与 m，沙县话的 ts 与 tʃ）。声调只标调号不标调值。各点的声母对照表列在有关的章节。各点的声调、韵母单独排列，放在文末作为附录，以备查考。

一　语音的一致性

这一节从声母和韵母两方面说明闽方言语音的一致性。

闽方言多数点的字音都有文、白读之分，但是在词语里又大多不能自由变读。这里所列的语音材料，都是取口语词的实际读音，书面语的读音不列。一般说来，口语词的实际读音最能反映方言的语音特点。这一部分的字音材料绝大多数都是可以独立运用、意义明确的单音词，因此也可以同时看出词汇上的一致性。

有的点的某些音值跟其他点有所不同，为了便于理解，随文做些注释，对这些方音的特点做些必要的说明。

为了查阅和称说的方便，本节和下一节所列的材料按先后次序统一编码。

（一）声母方面

1. 闽方言多数点有十五个声母（包括零声母），因此通常称闽方言为“十五音系统”。现将十五个声母列表如下。表中例字中前十五个字是闽方言韵书（如：《戚林八音》《汇音妙悟》《十五音》《八音定诀》《建州八音》等）用作声母的代表字。

闽方言十八点声母对照表[①]

例字	边	普	门	地	他	日	梆	曾	出	时	求	气	语	喜	英	蔗	草	山	染	竹	味	蛇
福州	p	p‘	m	t	t‘	n	l	ts	ts‘	s	k	k‘	ŋ	x	ø	ts	ts‘	s	n	t	m	s
古田	p	p‘	m	t	t‘	n	l	ts	ts‘	s	k	k‘	ŋ	x	ø	ts	ts‘	s	n	t	m	s
宁德	p	p‘	m	t	t‘	n	l	ts	ts‘	s	k	k‘	ŋ	x	ø	ts	ts‘	s	n	t	m	s
周宁	p	p‘	m	t	t‘	n	l	ts	ts‘	s	k	k‘	ŋ	x	ø	ts	ts‘	s	n	t	m	s
福鼎	p	p‘	m	t	t‘	n	l	ts	ts‘	s	k	k‘	ŋ	x	ø	ts	ts‘	s	n	t	m	s
莆田	p	p‘	m	t	t‘	n	l	ts	ts‘	ɬ	k	k‘	ŋ	h	ø	ts	ts‘	ɬ	n	t	p	ɬ
厦门	p	p‘	(m)	t	t‘	l	l	ts	ts‘	s	k	k‘	g(ŋ)	h	ø	ts	ts‘	s	(n)	t	b	ts
泉州	p	p‘	(m)	t	t‘	l	l	ts	ts‘	s	k	k‘	g(ŋ)	h	ø	ts	ts‘	s	(n)	t	b	ts
永春	p	p‘	(m)	t	t‘	l	l	ts	ts‘	s	k	k‘	g(ŋ)	h	ø	ts	ts‘	s	(n)	t	b	ts
漳州	p	p‘	(m)	t	t‘	l	l	ts	ts‘	s	k	k‘	g(ŋ)	h	ø	ts	ts‘	s	(n)	t	b	ts

① 表中加括号的声母是有关声母的音位变体，其余未加括号的都是独立音位。

续表

例字	边	普	门	地	他	日	梆	曾	出	时	求	气	语	喜	英	蔗	草	山	染	竹	味	蛇
龙岩	p	p‘	(m)	t	t‘	l	l	ts	ts‘	s	k	k‘	g(ŋ)	h	ø	ts	ts‘	s	(n)	t	b	ts
大田	p	p‘	(m)	t	t‘	l	l	ts	ts‘	s	k	k‘	g(ŋ)	h	ø	ts	ts‘	s	j	t	b	ts
尤溪	p	p‘	m	t	t‘	n	l	ts	ts‘	ɕ	k	k‘	ŋ	h	ø	ts	ts‘	s	n	t	m	ɕ
永安	p	p‘	m	t	t‘	n(l)		ts	tʃ‘	ʃ	k	k‘	ŋ	x	ø	tʃ	ts‘	s	ŋ	t	ø	ʃ
沙县	p	p‘	b(m)	t	t‘	n(l)		ts	(tʃ‘)	(ʃ)	k	k‘	ŋ	x	ø	(tʃ)	ts‘	s	ø	t	ø	s
建瓯	p	p‘	m	t	t‘	n	l	ts	ts‘	s	k	k‘	ŋ	x	ø	ts	ts‘	s	n	t	m	ø
建阳	p	p‘	m	l	h	n	l	ts	ts‘	s	k	k‘	ŋ	x	ø	ts	ts‘	s	n	t	β	ɦ
松溪	p	p‘	m	t	t‘	n	l	ts	ts‘	s	k	k‘	ŋ	x	ø	ts	ts‘	s	n	t	ø	ø

这个“十五音”的格局，表现出以下几个特点:（1）没有齿唇擦音 f、v，古“非”组声母字今声母读同“帮”组或“晓”组声母;（2）没有舌尖后音 tʂ、tʂ‘、ʂ、ʐ，古“知”组声母字今声母读同“端”组声母或“精”组声母，古“庄、章”组声母字今声母读同“精”组声母，古“日”母字今声母读同“泥”或“来”声母;（3）没有全浊声母，古全浊声母字今声母多数读为同部位的不送气清音，少数则一致地读为同部位的送气清音。另外，少数点 n、l 相混，只有十四个声母。个别点多出个别声母或多出一套擦音、塞擦音声母。

2. 古“非、敷、奉、微”声母字今口语中一部分读为p、p‘、m、b声母。例如：

	1. 分	2. 飞	3. 斧③	4. 痱	5. 粪	6. 放	7. 蜂	8. 麸④	9. 房	10. 饭	11. 吠	12. 网	13. 尾	14. 问
福州	꜀puoŋ	꜀pui	꜂p‘uo	puoi꜄	pouŋ꜄	pouŋ꜄	꜀p‘uŋ	꜀p‘uo	꜁puŋ	puoŋ꜅	puoi꜅	mɔyŋ꜅	꜂mui	muoŋ꜄
古田	꜀puoŋ	꜀puoi	꜂puo	pui꜄	puŋ꜄	puŋ꜄	꜀p‘uŋ	꜀p‘uo	꜁puŋ	puoŋ꜅	pui꜅	møyŋ꜅	꜂muoi	mouŋ꜄
宁德	꜀pon	꜀pøy	꜂po	pui꜄	pon꜄	poŋ꜄	꜀p‘oŋ	꜀p‘u	꜁poŋ	pun꜅	pui꜅	꜂mœŋ	꜂møy	mon꜄
周宁	꜀pun	꜀pui	꜂pu	pui꜄	pon꜄	poŋ꜄	꜀p‘uŋ	꜀p‘u	꜁poŋ	pun꜅	poi꜅	mœuŋ꜅	꜂muai	mun꜄
福鼎	꜀puoŋ	꜀puei	꜂puo	pui꜄	puŋ꜄	puŋ꜄	꜀p‘uŋ	꜀p‘uo	꜁puŋ	puoŋ꜅	pui꜅	meŋ꜅	꜂muei	muoŋ꜄
莆田	꜀poŋ	꜀pue	꜂pɔu	pui꜄	poŋ꜄	paŋ꜄	꜀p‘aŋ	꜀p‘ɔu	꜁paŋ	pue꜅	pui꜅	maŋ꜅	꜂pue⑦	moŋ꜅
厦门	꜀pun	꜀pe	꜂pɔ	pui꜄	pun꜄	paŋ꜄	꜀p‘aŋ	꜀p‘ɔ	꜁paŋ	pŋ̍꜅	pui꜅	baŋ꜅	꜂be	bŋ̍꜅
泉州	꜀pun	꜀pə	꜂pɔ	pui꜄	pun꜄	paŋ꜄	꜀p‘aŋ	꜀p‘ɔ	꜁paŋ	pŋ̍꜅⑥	pui꜅	꜃baŋ	꜂bə	bŋ̍꜅
永春	꜀pun	꜀pə	꜂pɔ	pui꜄	pun꜄	paŋ꜄	꜀p‘aŋ	꜀p‘ɔ	꜁paŋ	pŋ̍꜅	pui꜅	baŋ꜅	꜂bə	bŋ̍꜅
漳州	꜀pun	꜀pue	꜂p‘u	pui꜄	pun꜄	paŋ꜄	꜀p‘aŋ	꜀p‘ɔ	꜁paŋ	puĩ꜅	pui꜅	baŋ꜅	꜂bue	muĩ꜅
龙岩	꜀pun	꜀pue	꜂bu	pui꜄	pun꜄	paŋ꜄	꜀p‘aŋ	꜀p‘u	꜁paŋ	puĩ꜅	pue꜅	꜃baŋ	꜂bue	muĩ꜅
大田	꜀pueŋ	꜀pue	꜂pu	pui꜄	pueŋ꜄	paŋ꜄	꜀p‘aŋ	꜀p‘u	꜁paŋ	꜀pueŋ	꜀pui	꜃baŋ	꜂bue	bueŋ꜅
尤溪	꜀pũ	꜀pue	꜂pu	pui꜄	pɤŋ꜄	pɤŋ꜄	꜀p‘ɤŋ	꜀p‘u	꜁pɤŋ	pũ꜅	pui꜅	mɤŋ꜅	꜂mue	mɤŋ꜄
永安	꜀pm̩①	꜀pue	꜂pu	pui꜄	puã꜄	paŋ꜄	꜀p‘aŋ	꜀p‘u	꜁hm̩	pm̩꜅	pui꜅	꜂wm̩	꜂mue	muĩ꜄
沙县	꜀puĩ	꜀pue	꜂po	pui꜄	puĩ꜄	pɔuŋ꜄	꜀p‘ɔuŋ	꜀p‘u	꜁pɔuŋ	puĩ꜅	pui꜅	꜂maŋ	꜂buɛ	muĩ꜄
建瓯	꜀puiŋ	꜀xi②	pu꜄	py꜄	pœyŋ꜄	pɔŋ꜄	꜀p‘ɔŋ	꜀p‘y	꜂pɔŋ⑤	pyiŋ꜅	py꜅	mɔŋ꜅	꜂myɛ	mɔŋ꜅
建阳	꜀puŋ	꜀pɔi	꜂po	py꜄	peiŋ꜄	pɔŋ꜄	꜀p‘oŋ	꜀p‘o	꜁βɔŋ	puŋ꜅	pɔi꜅	꜂mɔŋ	꜂mui	muŋ꜅
松溪	꜀pueiŋ	꜀xuei	꜂p‘y	py꜄	pœyŋ꜄	poŋ꜄	꜀p‘oŋ	꜀p‘y	꜁poŋ	poŋ꜅	pyœ꜅	moŋ꜅	꜂muei	moŋ꜅

① 永安p、p‘与m̩韵结合时，实际音值是鼻腔塞音，可标作mʔ、mʔ‘，发音时自始至终双唇紧闭，声母部分发音时双唇紧张，鼻腔后端和喉壁有轻微接触。

② 建瓯、松溪口语不说“飞”，用的是别字，这里记的是“飞”字的读音。

③ 多数点不单用，一般说成“斧头”。

④ 多数点不单用，一般说成“麦麸”。

⑤ 建瓯古浊音声母平声字今部分读为上声，部分读为阴去。

⑥ 泉州单字音阴、阳去不分，都读˧˩调，但在连读变调时，阴去变为阴上˥˥，阳去变为阳上˨˨，凡可用连读变调鉴别阴、阳去的，都分别标为阴、阳去。下同。

⑦ 古“微”母字今莆田逢阳声韵读m，逢阴声韵、入声韵读p。

3. 古"知、彻、澄"声母字今口语中一部分读为t、t'声母。例如：

	15. 张姓	16. 中	17. 帐	18. 镇	19. 竹	20. 抽	21. 蛏	22. 拆	23. 橱	24. 除	25. 陈	26. 长~短	27. 重轻~	28. 直
福州	꜀tuoŋ[①]	꜀tyŋ	tuoŋ꜄	tɛiŋ꜄	tøyʔ꜆	꜀tʻiu	꜀tʻɛiŋ	tʻiɛʔ꜆	꜀tiu	꜁ty	꜁tiŋ	꜁touŋ	tɔyŋ꜅	tiʔ꜇
古田	꜀tyøŋ	꜀tyŋ	tyøŋ꜄	tiŋ꜄	tyʔ꜆	꜀tʻiu	꜀tʻeiŋ	tʻiaʔ꜆	꜀tiu	꜁ty	꜁tiŋ	꜁tɔuŋ	tøyŋ꜅	tiʔ꜇
宁德	꜀tɔŋ	꜀tyŋ	tyŋ꜄	tiŋ꜄	tøk꜆	꜀tʻiu	꜀tʻɛŋ	tʻiɛʔ꜆	꜀tiu	꜁tøy	꜁tiŋ	꜁tɔŋ	tœŋ꜅	tik꜇
周宁	꜀tyoŋ	꜀tuŋ	tyoŋ꜄	ten꜄	tøuʔ꜆	꜀tʻiu	꜀tʻɛn	tʻieʔ꜆	꜀to	꜁tøu	꜁ten	꜁tɔŋ	tœuŋ꜅	tiʔ꜇
福鼎	꜀tioŋ	꜀tiŋ	tioŋ꜄	tiŋ꜄	tuʔ꜆	꜀tʻiu	꜀tʻeŋ	tʻia꜄	꜀tiu	꜁ti	꜁tiŋ	꜁toŋ	teŋ꜅	ti꜇
莆田	꜀tiɐu	꜀tœŋ	tiɐu꜄	tiŋ꜄	tœʔ꜆	꜀tʻiu	꜀tʻɛŋ	tʻiaʔ꜆	꜀tiu	꜁ty	꜁tɛŋ	꜁tuŋ	taŋ꜅	tiʔ꜇
厦门	꜀tiũ	꜀tiɔŋ	tiũ꜄	tin꜄	tik꜆	꜀tʻiu	꜀tʻan	tʻiaʔ꜆	꜀tu	꜁tu	꜁tan	꜁tŋ̍	taŋ꜅	tit꜇
泉州	꜀tiũ	꜀tiɔŋ	tiũ꜄	tin꜄	tik꜆	꜀tʻiu	꜀tʻan	tʻiaʔ꜆	꜀tu	꜁tɯ	꜁tan	꜁tŋ̍	꜃taŋ	tit꜇
永春	꜀tiũ	꜀tiɔŋ	tiũ꜄	tin꜄	tik꜆	꜀tʻiu	꜀tʻan	tʻiaʔ꜆	꜀tu	꜁tɯ	꜁tan	꜁tŋ̍	taŋ꜅	tit꜇
漳州	꜀tiɔ̃	꜀tiɔŋ	tiɔ̃꜄	tin꜄	tik꜆	꜀tʻiu	꜀tʻan	tʻiaʔ꜆	꜀tu	꜁ti	꜁tan	꜁tŋ̍	taŋ꜅	tit꜇
龙岩	꜀tiõ	꜀tiɔŋ	tiõ꜄	tin꜄	tiok꜆	꜀tʻiu	꜀tʻan	tʻia꜄	꜀ti	꜁ti	꜁tan	꜁tõ	꜃taŋ	tie꜅
大田	꜀tiŋ	꜀toŋ	tiŋ꜄	teŋ꜄	toʔ꜆	꜀tʻiu	꜀tʻaŋ	tʻiaʔ꜆	꜀tu	꜁ti	꜁taŋ	꜁tŋ̍	꜃taŋ	teʔ꜇
尤溪	꜀tiũ	꜀tɤŋ	tiũ꜄	tiŋ꜄	tuo꜆	꜀tʻiu	꜀tʻɤŋ	tʻia꜆	꜀tø	꜁tui	꜁tiŋ	꜁toŋ	tɤŋ꜅	꜀tie
永安	꜀tiɑm	꜀tɐm	tiɑm꜄	tã꜄	ty꜆	꜀tʻiau	꜀tʻĩ	tʻiɒ꜆	꜀ty	꜁ty	꜁tã	꜁tɑm	꜃taŋ	꜂ta
沙县	꜀tiŋ	꜀tœyŋ	tiŋ꜄	tɛiŋ꜄	tø꜆	꜀tʻiu	꜀tʻɔ̃i	tʻia꜆	꜁ty	꜁ty	꜁tɛiŋ	꜁taŋ	꜃touŋ	꜂tai
建瓯	꜀tiɔŋ	꜀tœyŋ	tiɔŋ꜄	teiŋ꜄	ty꜆	꜀tʻiu	꜀tʻaiŋ	tʻia꜆	ty꜄	꜂ty	꜂teiŋ	꜂tɔŋ	tɔŋ꜅	tɛ꜅
建阳	꜀tiɔŋ	꜀teiŋ	tiɔŋ꜄	tɔiŋ꜄	ty꜆	꜀hiu[②]	꜀haiŋ	hia꜆	꜁ty	꜁ly[④]	꜁tɔiŋ	꜁lɔŋ	leiŋ꜅	lɔi꜇
松溪	꜀tioŋ	꜀tœyŋ	tioŋ꜄	tieiŋ꜄	tœy꜆	꜀tʻiu	꜀tʻaŋ	tsʻie꜆	˳tœy[③]	˳tœy	꜁teiŋ	˳tioŋ	toŋ꜅	tyœ꜅

① 闽东福州、古田、宁德等地，姓张的"张"和一张纸的"张"不同音，后者读为送气声母。

② 建阳古"透"母及多数"彻"母字读为h声母，并与"晓"母字x对立。

③ 建阳、松溪阳平调分为甲、乙两类，标音时阳平甲作꜁□，阳平乙作˳□。

④ 建阳多数古"定、澄"母字读为l声母。

4. 古“並、奉、定、从、澄、崇、群”等全浊声母字今多数读相对的不送气清声母，[①] 少数读为相对的送气清声母。例如：

	29. 皮	30. 稗	31. 缝一条～	32. 啼[②]	33. 头	34. 糖	35. 桃	36. 潭深～
福州	꜁p‘ui	p‘a꜅	p‘ouŋ꜅	꜁t‘iɛ	꜁t‘au	꜁t‘ouŋ	꜁t‘o	꜁t‘aŋ
古田	꜁p‘uoi	p‘ɛ꜅	p‘uŋ꜅	꜁t‘ie	꜁t‘au	꜁t‘ɔuŋ	꜁t‘ɔ	꜁t‘aŋ
宁德	꜁p‘ui	p‘ɛ꜅	p‘oŋ꜅	꜁t‘ɛ	꜁t‘au	꜁t‘ɔŋ	꜁t‘ɔ	꜁t‘an
周宁	꜁p‘ui	p‘e꜅	p‘oŋ꜅	꜁t‘i	꜁t‘au	꜁t‘ɔŋ	꜁t‘ɔ	꜁t‘an
福鼎	꜁p‘uei	p‘e꜅	p‘uŋ꜅	꜁t‘ie	꜁t‘au	꜁t‘oŋ	꜁t‘o	꜁t‘aŋ
莆田	꜁p‘ue	p‘e꜅	p‘aŋ꜅	꜁t‘i	꜁t‘au	꜁t‘uŋ	꜁t‘o	꜁t‘aŋ
厦门	꜁p‘e	p‘ue꜅	p‘aŋ꜅	꜁t‘i	꜁t‘au	꜁t‘ŋ̍	꜁t‘o	꜁t‘am
泉州	꜁p‘ə	p‘ue꜅	p‘aŋ꜅	꜁t‘i	꜁t‘au	꜁t‘ŋ̍	꜁t‘o	꜁t‘am
永春	꜁p‘ə	p‘ue꜅	p‘aŋ꜅	꜁t‘i	꜁t‘au	꜁t‘ŋ̍	꜁t‘o	꜁t‘am
漳州	꜁p‘ue	p‘e꜅	p‘aŋ꜅	꜁t‘i	꜁t‘au	꜁t‘ŋ̍	꜁t‘o	꜁t‘am
龙岩	꜁p‘ue	p‘ie꜅	p‘aŋ꜅	꜁t‘i	꜁t‘au	꜁t‘õ	꜁t‘o	꜁t‘am
大田	꜁p‘ue	p‘ɛ꜅	p‘aŋ꜅	꜁t‘i	꜁t‘ɔ	꜁t‘ŋ̍	꜁t‘ɤ	꜁t‘aŋ
尤溪	꜁p‘ue	p‘i꜅	p‘ɤŋ꜅	꜁t‘e	꜁t‘au	꜁t‘oŋ	꜁t‘ɤ	꜁t‘aŋ
永安	꜁p‘ue	p‘ĩ꜅	p‘aŋ꜅	꜁t‘e	꜁t‘ø	꜁t‘ɑm	꜁t‘aɯ	꜁t‘ɑm
沙县	꜁p‘ue	p‘e꜅	p‘ɔuŋ꜅	꜁t‘ie	꜁t‘au	꜁t‘aŋ	꜁t‘o	꜁t‘ɔ̃
建瓯	꜁p‘yɛ꜅	p‘ai꜅	p‘ɔŋ꜅	t‘i꜅	t‘e꜅	t‘ɔŋ꜅	t‘au꜅	t‘aiŋ꜅
建阳	꜁hui	p‘ai꜅	p‘oŋ꜅	꜁hie	꜁həu	꜁hɔŋ	꜁hau	꜁laŋ
松溪	꜁p‘yœ	p‘a꜅	p‘oŋ^{2}	꜁t‘iei	꜁t‘a	꜁t‘aŋ	꜁t‘o	꜁t‘aŋ

① 例见上文材料9—11，23—28及下文材料60，69—78，103，132，133，136，137，144，145，170，179，184，188，214，229，232，237，259（妇），272（病）等。

② 闽东福州等点，闽北建瓯等点“啼”指人哭，其他地方指鸡叫。

	37. 锤	38. 虫	39. 蚕	40. 贼	41. 床	42. 钳	43. 瘸	44. 臼③	45. 虹
福州	꜁t‘ui	꜁t‘øyŋ	꜁ts‘ɛiŋ	ts‘ɛiʔ꜇	꜁ts‘ouŋ	꜁k‘ieŋ	꜁k‘uo	k‘ou꜅	k‘øyŋ꜅
古田	꜁t‘ui	꜁t‘øyŋ	꜁ts‘eiŋ	ts‘eiʔ꜇	꜁ts‘ɔuŋ	꜁k‘iŋ	꜁k‘uo	k‘u꜅	k‘yŋ꜅
宁德	꜁t‘oi	꜁t‘œŋ	꜁ts‘ɛm	ts‘ɛt꜇	꜁ts‘ɔŋ	꜁k‘em	꜁k‘u	k‘ou꜅	k‘oŋ꜅
周宁	꜁t‘oi	꜁t‘œuŋ	꜁ts‘ɛn	ts‘ɛt꜇	꜁ts‘ɔŋ	꜁k‘in	꜁k‘eu	k‘ou꜅	k‘oŋ꜅
福鼎	꜁t‘ui	꜁t‘eŋ	꜁ts‘eŋ	ts‘e꜇	꜁ts‘oŋ	꜁k‘ieŋ	꜁k‘uo	k‘u꜅	k‘eŋ꜅
莆田	꜁t‘ui	꜁t‘aŋ	꜁ts‘aŋ	ts‘ɛʔ꜇	꜁ts‘uŋ	꜁k‘iaŋ	꜁k‘ue	k‘u꜅	k‘ɒŋ꜅
厦门	꜁t‘ui	꜁t‘aŋ	꜁ts‘am	ts‘at꜇	꜁ts‘ŋ̍	꜁k‘ĩ	꜁k‘e	k‘u꜅	k‘iŋ꜅
泉州	꜁t‘ui	꜁t‘aŋ	꜁ts‘am	ts‘at꜇	꜁ts‘ŋ̍	꜁k‘ĩ	꜁k‘ə	꜂k‘u	꜂k‘iŋ
永春	꜁t‘ui	꜁t‘aŋ	꜁ts‘am	ts‘at꜇	꜁ts‘ŋ̍	꜁k‘ĩ	꜁k‘ə	k‘u꜅	k‘iŋ꜅
漳州	꜁t‘ui	꜁t‘aŋ	꜁ts‘an	ts‘at꜇	꜁ts‘ŋ̍	꜁k‘ĩ	꜁k‘ue	k‘u꜅	k‘iŋ꜅
龙岩	꜁t‘ui	꜁t‘aŋ	꜁ts‘ĩ	ts‘at꜇	꜁ts‘õ	꜁k‘ĩ	꜁k‘ue	꜂k‘u	꜂k‘in
大田	꜁t‘ui	꜁t‘aŋ	꜁ts‘aŋ	ts‘aʔ꜇	꜁ts‘ŋ̍	꜁k‘eŋ	꜁k‘ɤ	꜂k‘u	꜂k‘ueŋ
尤溪	꜁t‘ui	꜁t‘ɤŋ	꜁ts‘aŋ	꜀ts‘a	꜁ts‘oŋ	꜁k‘ieŋ	꜁k‘ɤ	k‘u꜅	k‘ɤŋ꜅
永安	꜁t‘ui	꜁t‘aŋ	꜁ts‘ɑm	꜂ts‘a	꜁ts‘ɑm	꜁k‘ɛiŋ	꜁k‘iɯ	꜂k‘iau	꜂k‘iɐm
沙县	꜁t‘ui	꜁t‘ɔuŋ	꜁t‘aŋ	꜂ts‘ai	꜁ts‘aŋ	꜁k‘ĩ	꜁k‘yi	꜂k‘y	꜂k‘œyŋ
建瓯	t‘y꜄	t‘ɔŋ꜄	ts‘aŋ꜄	ts‘ɛ꜅	ts‘ɔŋ꜄	k‘iŋ꜄	k‘iɔ꜄	k‘iu꜅	kɔŋ꜄
建阳	꜁hy	꜁hoŋ	˳t‘aŋ①	t‘e꜇	꜁t‘ɔŋ	꜁k‘ieiŋ	꜁k‘iɔ	k‘iu꜅	꜀kɔŋ
松溪	꜁t‘y	꜁t‘oŋ	˳ts‘aŋ	ts‘yœ꜇	꜁ts‘aŋ	꜁k‘iŋ	②	k‘iu꜅	xœyŋ꜅

① 建阳古“从、床”母字今读多数为t‘声母。

② 松溪不说“瘸”，“瘸腿”说成“拐骹”。永安、沙县只用于“瘸手”。

③ 做名词一般不单用，做量词可单用。

5. 古“心、邪、生、书、禅”声母字今口语中一部分读为 ts、ts‘ 声母。例如：

	46. 醒	47. 碎	48. 斜	49. 蓆	50. 生不熟	51. 深	52. 水	53. 手	54. 鼠①	55. 试	56. 树	57. 市
福州	ᶜts‘aŋ	ts‘ɔyᵓ	꜁ts‘ia	ts‘uoʔ꜆	꜀ts‘aŋ	꜀ts‘iŋ	ᶜtsui	ᶜts‘iu	ᶜts‘y	ts‘ɛiᵓ	ts‘ieuᵓ	ts‘ɛiᵌ
古田	ᶜts‘aŋ	ts‘oiᵓ	꜁ts‘ia	ts‘yøʔ꜆	꜀ts‘aŋ	꜀ts‘iŋ	ᶜtsy	ᶜts‘iu	ᶜts‘y	siᵓ	ts‘iuᵓ	ts‘iᵌ
宁德	ᶜts‘aŋ	ts‘ɔyᵓ	꜁ts‘ie	ts‘øk꜆	꜀ts‘aŋ	꜀ts‘im	ᶜtsy	ᶜts‘iu	ᶜts‘y	seiᵓ	ts‘euᵓ	ts‘eiᵌ
周宁	ᶜts‘ɛŋ	ts‘ɔiᵓ	꜁ts‘ie	ts‘yʔ꜆	꜀ts‘aŋ	꜀ts‘in	ᶜtsyi	ᶜts‘iu	ᶜts‘y	seiᵓ	ts‘euᵓ	ts‘eiᵌ
福鼎	ᶜts‘aŋ	ts‘oiᵓ	꜁ts‘ia	ts‘ie꜆	꜀ts‘aŋ	꜀ts‘iŋ	ᶜtsui	ᶜts‘iu	ᶜts‘i	ts‘iᵓ	ts‘iuᵓ	ts‘iᵌ
莆田	ᶜts‘a	ts‘uiᵓ	꜁ɬia	ɬiɐu꜆	꜀ts‘a	꜀ts‘iŋ	ᶜtsui	ᶜts‘iu	ᶜts‘y	ɬiᵓ	ts‘iuᵓ	ts‘iᵌ
厦门	ᶜts‘ĩ	ts‘uiᵓ	꜁ts‘ia	ts‘ioʔ꜆	꜀ts‘ĩ	꜀ts‘im	ᶜtsui	ᶜts‘iu	ᶜts‘u	ts‘iᵓ	ts‘iuᵓ	ts‘iᵌ
泉州	ᶜts‘ĩ	ts‘uiᵓ	꜁ts‘ia	ts‘ioʔ꜆	꜀ts‘ĩ	꜀ts‘im	ᶜtsui	ᶜts‘iu	ᶜts‘ɯ	ts‘iᵓ	ts‘iuᵓ	꜂ts‘i
永春	ᶜts‘ĩ	ts‘uiᵓ	꜁ts‘ia	ts‘ioʔ꜆	꜀ts‘ĩ	꜀ts‘im	ᶜtsui	ᶜts‘iu	ᶜts‘ɯ	ts‘iᵓ	ts‘iuᵓ	ts‘iᵌ
漳州	ᶜts‘ẽ	ts‘uiᵓ	꜁ts‘ia	ts‘ioʔ꜆	꜀ts‘ẽ	꜀ts‘im	ᶜtsui	ᶜts‘iu	ᶜts‘i	ts‘iᵓ	ts‘iuᵓ	ts‘iᵌ
龙岩	ᶜts‘iẽ	ts‘uiᵓ	꜁ts‘ia	꜂ts‘o	꜀ts‘iẽ	꜀ts‘im	ᶜtsui	ᶜts‘iu	ᶜts‘i	ts‘iᵓ	ts‘iuᵓ	꜂ts‘i
大田	ᶜts‘ã	ts‘uiᵓ	꜁ts‘ia	꜂ts‘ɤ	꜀ts‘ã	꜀ts‘eŋ	ᶜtsi	ᶜts‘u	ᶜts‘i	siᵓ	ts‘uᵓ	꜂ts‘i
尤溪	ᶜts‘ẽ	ts‘uiᵓ	꜁ts‘ia	꜁ts‘ø	꜀ts‘ã	꜀ts‘iŋ	ᶜtsui	ᶜts‘iu	ᶜts‘y	ts‘iᵓ	ts‘iuᵓ	ts‘iᵌ
永安	ᶜts‘õ	ts‘uiᵓ	꜁tsiɒ	꜂ts‘iɯ	꜀ts‘õ	꜀tʃ‘iã	ᶜʃyi	ᶜtʃ‘iau	ᶜtʃ‘y	ts‘ʅᵓ	tʃ‘yᵓ	꜂sʅ
沙县	ᶜts‘ɔ̃	ts‘oᵓ	꜁tsia	꜂ts‘o	꜀ts‘ɔ̃	꜀ts‘ɛiŋ	ᶜʃye	ᶜtʃ‘io	ᶜtʃ‘ø	ts‘ʅᵓ	tʃ‘iuᵓ	꜂sʅ
建瓯	ᶜts‘aŋ	ts‘uiᵓ	ᶜts‘ia	sioᵌ	꜀ts‘aŋ	꜀ts‘eiŋ	ᶜsy	ᶜsiu	ᶜts‘y	ts‘iᵓ	ts‘iuᵌ	ts‘iᵌ
建阳	ᶜt‘aŋ	t‘uiᵓ	꜁lia	siɔ꜆	꜀ts‘aŋ	꜀ts‘iŋ	ᶜsy	ᶜsiu	ᶜts‘y	ts‘iᵓ	ts‘iuᵌ	ts‘iᵌ
松溪	ᶜts‘aŋ	ts‘ueiᵓ	꜁tsia	seiᵌ	꜀ts‘aŋ	꜀ts‘eiŋ	ᶜsy	ᶜsiu	ᶜts‘y	siᵓ	ts‘iuᵌ	ts‘iᵌ

① 通常单用于生肖。

6. 古“庄、章”组声母字今口语中读 ts、ts‘、s 声母（读同精组）。例如：

	58. 庄姓	59. 炒	60. 助	61. 梳	62. 山	63. 霜	64. 照	65. 蔗	66. 顺	67. 烧	68. 时
福州	꜀tsouŋ	꜂ts‘a	tsou꜅	꜀sœ	꜀saŋ	꜀souŋ	tsieu꜄	tsia꜄	souŋ꜅	꜀siu	꜁si
古田	꜀tsɔuŋ	꜂ts‘a	tsœ꜅	꜀sœ	꜀saŋ	꜀sɔuŋ	tsiɐu꜄	tsia꜄	suŋ꜅	꜀siɐu	꜁si
宁德	꜀tsɔŋ	꜂ts‘a	꜂tsœ	꜀sœ	꜀san	꜀sɔŋ	tsiu꜄	tsie꜄	son꜅	꜀siɐu	꜁sei
周宁	꜀tsɔŋ	꜂ts‘a	tsœ꜅	꜀sœ	꜀san	꜀sɔŋ	tsiu꜄	tsie꜄	son꜅	꜀siu	꜁sei
福鼎	꜀tsoŋ	꜂ts‘a	tse꜅	꜀se	꜀saŋ	꜀soŋ	tsieu꜄	tsia꜄	suŋ꜅	꜀sieu	꜁si
莆田	꜀tsuŋ	꜂ts‘ɒ	tsø꜅	꜀ɬø	꜀ɬua	꜀ɬuŋ	tsiɐu꜄	tsia꜄	ɬoŋ꜅	꜀ɬiɐu	꜁ɬi
厦门	꜀tsŋ̍	꜂ts‘a	tsɔ꜅	꜀sue	꜀suã	꜀sŋ̍	tsio꜄	tsia꜄	sun꜅	꜀sio	꜁si
泉州	꜀tsŋ̍	꜂ts‘a	tsɔ꜅	꜀sue	꜀suã	꜀sŋ̍	tsio꜄	tsia꜄	sun꜅	꜀sio	꜁si
永春	꜀tsŋ̍	꜂ts‘a	tsɔ꜅	꜀sue	꜀suã	꜀sŋ̍	tsio꜄	tsia꜄	sun꜅	꜀sio	꜁si
漳州	꜀tsŋ̍	꜂ts‘a	tsɔ꜅	꜀se	꜀suã	꜀sŋ̍	tsio꜄	tsia꜄	sun꜅	꜀sio	꜁si
龙岩	꜀tsuaŋ	꜂ts‘a	꜃tsiu	꜀sui	꜀suã	꜀sõ	tso꜄	tsa꜄	꜃sin	꜀sio	꜁si
大田	꜀tsŋ̍	꜂ts‘a	꜀tsue	꜀sɔ	꜀suã	꜀sŋ̍	tsiu꜄	tsa꜄	꜀sueŋ	꜀siɤ	꜁si
尤溪	꜀tsoŋ	꜂ts‘a	tsio꜅	꜀sy	꜀sũ	꜀soŋ	tsio꜄	tsia꜄	sɤŋ꜅	꜀sio	꜁ɕi
永安	꜀tsɑm	꜂ts‘o	tsɒu꜄	꜀sɒu	꜀sum	꜀sɑm	tʃiɯ꜄	tʃiɒ꜄	suã꜄	꜀tʃ‘iɯ	꜁sɿ
沙县	꜀tsaŋ	꜂ts‘au	tsu꜄	꜀su	꜀suĩ	꜀saŋ	tʃio꜄	tʃia꜄	suĩ꜄	꜀ts‘o	꜁sɿ
建瓯	꜀tsɔŋ	꜂ts‘au	tsu꜅	꜀su	꜀suiŋ	꜀sɔŋ	tsiau꜄	tsia꜄	sœyŋ꜅	꜀ts‘iau	si꜄
建阳	꜀tsɔŋ	꜂t‘au	lo꜅	꜀so	꜀sueiŋ	꜀sɔŋ	tsiɔ꜄	tsia꜄	seiŋ꜅	꜀ts‘iɔ	꜁si
松溪	꜀tsaŋ	꜂ts‘ɒu	꜂tsɒu	꜀su	꜀sueiŋ	꜀soŋ	tsyo꜄	tsia꜄	sœyŋ꜅	꜀ts‘yo	꜁si

7. 古"匣"母字今口语中一部分读 k 声母（读同群母）。例如：

	69. 猴	70. 糊	71. 鹹	72. 滑	73. 厚	74. 寒天冷	75. 悬高	76. 县	77. 汗	78. 含～一口水
福州	꜁kau	꜁ku	꜁kɛiŋ	kouʔ꜇	kau꜅	꜁kaŋ①	꜁kɛiŋ	kaiŋ꜅	kaŋ꜅	꜁kaŋ
古田	꜁kau	꜁ku	꜁keiŋ	kɔuʔ꜇	kau꜅	꜁kaŋ	꜁keiŋ	keiŋ꜅	kaŋ꜅	꜁kaŋ
宁德	꜁kau	꜁kou	꜁kɛm	kɔt꜇	kau꜅	꜁kan	꜁kɛn	꜂kɛn	kan꜅	꜁kam
周宁	꜁kau	꜁ko	꜁kɛn	kɔt꜇	kau꜅	꜁kan	꜁kɛn	kɛn꜅	kan꜅	꜁kan
福鼎	꜁kau	꜁ku	꜁keŋ	ko꜇	kau꜅	꜁kaŋ	꜁keŋ	keŋ꜅	kaŋ꜅	꜁kaŋ
莆田	꜁kau	꜁kɔu	꜁kiaŋ	koʔ꜇	kau꜇	꜁kua	꜁ke	ke꜅	kua꜅	꜁kaŋ
厦门	꜁kau	꜁kɔ	꜁kiam	kut꜇	kau꜅	꜁kuã	꜁kuãi	kuãi꜅	kuã꜅	꜁kam
泉州	꜁kau	꜁kɔ	꜁kiam	kut꜇	꜃kau	꜁kuã	꜁kuĩ	kuĩ꜅	kuã꜅	꜁kam
永春	꜁kau	꜁kɔ	꜁kiam	kut꜇	kau꜅	꜁kuã	꜁kuĩ	kuĩ꜅	kuã꜅	꜁kam
漳州	꜁kau	꜁kɔ	꜁kiam	kut꜇	kau꜅	꜁kuã	꜁kuãn	kuan꜅	kuã꜅	꜁kam
龙岩	꜁kau	꜁ku	꜁kiam	kut꜇	꜃kau	꜁kuã	꜁kuĩ	kian꜄	kuã꜅	꜁kam
大田	꜁kɔ	꜁ku	꜁kiaŋ	koʔ꜇	꜃kɔ	꜀kuã	꜀kuiŋ	꜀kuiŋ	kuã꜅	꜁kaŋ
尤溪	꜁kau	꜁ku	꜁kiŋ	꜀kuo	kau꜅	꜁kũ	꜁kuẽ	kuẽ꜅	kũ꜅	꜁kaŋ
永安	꜁kø	꜁ku	꜁kim	꜃kui	꜃kø	꜁kum	꜁kyɛiŋ	ʃiɛiŋ꜄	xm̩꜄	꜁kim
沙县	꜁kau	꜁ku	꜁kaŋ	꜃kui	꜃kau	꜁kuĩ	꜁kuĩ	sĩ꜄	xuĩ꜄	꜁kɔ̃
建瓯	꜂ke	꜂ku	꜂keiŋ	ko꜇	ke꜇	꜂kuiŋ	乔 ꜀əu	kyiŋ꜅	kuiŋ꜅	꜂kaŋ
建阳	꜀kəu	꜁ko	꜀kiŋ	kui꜇	kəu꜄	꜁xueiŋ②	乔 ꜀ɦəu	kyeiŋ꜅	kueiŋ꜅	꜀kaiŋ
松溪	꜀ka	꜁u	꜀keiŋ	kuei꜇	ka꜅	꜀kueiŋ	乔 xo꜆	kyŋ꜆	kueiŋ꜆	꜀xaŋ

① 福州"寒"指"受凉"，天冷说"瀾"。

② 建阳天冷说"瀾"。꜁xueiŋ 是"寒"的字音。

8. 古“匣”母字今口语中一部分读零声母 Ø（读同云、以母）。例如：

	79. 河	80. 鞋	81. 红	82. 黄	83. 闲	84. 下$_{上\sim}$	85. 旱	86. 话	87. 画$_{动词}$	88. 学
福州	꜁o	꜁ɛ	꜁øyŋ	꜁uoŋ	꜁ɛiŋ	a꜅	aŋ꜅	ua꜅	ua꜅	oʔ꜇
古田	꜁ɔ	꜁ɛ	꜁øyŋ	꜁uoŋ	꜁eiŋ	a꜅	aŋ꜅	ua꜅	ua꜅	ɔʔ꜇
宁德	꜁ɔ	꜁ɛ	꜁œŋ	꜁uŋ	꜁ɛn	꜃a	an꜅	꜂uɔ	꜂uɔ	ɔʔ꜇
周宁	꜁ɔ	꜁e	꜁œuŋ	꜁uŋ	꜁ɛn	a꜅	an꜅	uo꜅	uo꜅	ɔʔ꜇
福鼎	꜁o	꜁e	꜁eŋ	꜁uoŋ	꜁eŋ	a꜅	aŋ꜅	ua꜅	ua꜅	o꜇
莆田	꜁o	꜁e	꜁aŋ	꜁uŋ	꜁e	ɒ꜅	mua꜅	ua꜅	ua꜅	oʔ꜇
厦门	꜁o	꜁ue	꜁aŋ	꜁ŋ̍	꜁iŋ	e꜅	huã꜅	ue꜅	ui꜅	oʔ꜇
泉州	꜁o	꜁ue	꜁aŋ	꜁ŋ̍	꜁uĩ	꜃e	꜃uã	ue꜅	ue꜅	oʔ꜇
永春	꜁o	꜁ue	꜁aŋ	꜁ŋ̍	꜁uĩ	e꜅	huã꜅	ue꜅	ue꜅	oʔ꜇
漳州	꜁ho	꜁e	꜁aŋ	꜁uĩ	꜁iŋ	ɛ꜅	uã꜅	ua꜅	ua꜅	oʔ꜇
龙岩	꜁ho	꜁e	꜁aŋ	꜁ŋuĩ	꜁ĩ	꜃ɛ	꜃han	guɛ꜅	guɛ꜅	꜃o
大田	꜁hɤ	꜁e	꜁aŋ	꜁ŋ̍	꜁iŋ	꜃a	꜃muã	꜀bua	꜀bua	꜃ɤ
尤溪	꜁ho	꜁i	꜁ɤŋ	꜁ŋ̍	꜁ẽ	a꜅	ũ꜅	ua꜅	ua꜅	ɤ꜇
永安	꜁xaɯ	꜁e	꜁xaŋ	꜁wm	꜁ĩ①	꜃ɒ	꜃m̩	꜃uɒ②	꜃uɒ	꜃aɯ
沙县	꜁xo	꜁e	꜁xɔuŋ	꜁ŋ̍	꜁ɔ̃i	꜃a	꜃ŋuĩ	gua꜄	꜃gua	꜃o
建瓯	꜂ɔ	꜂ai	꜂ɔŋ	uaŋ꜄	꜂aiŋ	a꜇	uiŋ꜇	ua꜅	ua꜇	ɔ꜇
建阳	꜁xɔ	꜀ɦai	꜀ɦoŋ	꜁uɔŋ	꜁xaiŋ	xa꜄	ɦueiŋ꜄	ua꜅	kua꜄	ɔ꜇
松溪	꜀o	꜀xa	꜀xoŋ	꜁oŋ	꜀xaŋ	xɒ꜅	xueiŋ꜇	ua꜅	xua꜇	xɒ꜆

① 永安“闲”不能单说，“闲”说“有工”。꜁ĩ 的读音出现于“闲事”（闲话）。

② 永安、建瓯等地“话”当动词用，是“说”的意思。

9. 古“云”母字今口语中小部分读为擦音声母（读同匣母）。例如：

	89. 园旱地	90. 云	91. 雄	92. 熊	93. 雨	94. 远
福州	꜁xuoŋ	꜁xuŋ	꜁xyŋ	꜁xyŋ	xuɔ꜅[①]	xuɔŋ꜅
古田	꜁xuoŋ	꜁xuŋ	꜁xyŋ	꜁xyŋ	xu꜅	xuoŋ꜅
宁德	꜁xun	꜁xon	꜁xøŋ	꜁xøŋ	꜂xu	xun꜅
周宁	꜁xun	꜁xon	꜁xøuŋ	꜁xøuŋ	xu꜅	xun꜅
福鼎	꜁xuoŋ	꜁xuŋ	꜁xiuŋ	꜁xiŋ	꜂i	xuoŋ꜅
莆田	꜁hue	꜁oŋ	꜁hœŋ	꜁hœŋ	hɔu꜅	hue꜅
厦门	꜁hŋ̍	꜁hun	꜁hiɔŋ	꜁him	hɔ꜅	hŋ̍꜅
泉州	꜁hŋ̍	꜁hun	꜁hiɔŋ	꜁him	꜂hɔ	꜃hŋ̍
永春	꜁hŋ̍	꜁hun	꜁hiɔŋ	꜁him	hɔ꜅	hŋ̍꜅
漳州	꜁huĩ	꜁hun	꜁hiɔŋ	꜁him	hɔ꜅	huĩ꜅
龙岩	꜁huĩ	꜁gun	꜁hioŋ	꜁him	꜂hu	꜃huĩ
大田	꜁hŋ̍	꜁hueŋ	꜁hioŋ	꜁hioŋ	꜂hu	꜃huĩ
尤溪	꜁huẽ	꜁hɤŋ	꜁hieŋ	꜁hieŋ	꜂y	huẽ꜅
永安	꜁yɛiŋ	꜁uã	꜁xɑm	꜁ʃiɐm	꜂xu	꜃ʃyɛiŋ
沙县	꜁yĩ	꜁yɛiŋ	꜁xœyŋ	꜁xœyŋ	꜂xu	꜃xuĩ
建瓯	xyiŋ꜄	꜂œyŋ	꜂xœyŋ	xœyŋ꜄	xy꜅	꜂yiŋ
建阳	꜁xyeiŋ	꜀ɦeiŋ	꜁xeiŋ	꜁xeiŋ	xy꜄	꜂ɦyeiŋ
松溪	꜁xyŋ	꜀xœyŋ	꜀xœyŋ	꜀xœyŋ	xœy꜅	꜂yŋ

10. 古“以”母字今口语中个别读塞擦音、擦音声母（读同邪母）。例如：

	95. 蝇[②]	96. 簷[③]	97. 盐腌[④]	98. 痒	99. 翼翅膀
福州	꜁siŋ	꜁sieŋ	siɛŋ꜅	suɔŋ꜅	siʔ꜇
古田	꜁siŋ	꜁siŋ	siŋ꜅	syøŋ꜅	siʔ꜇
宁德	꜁siŋ	꜁sim	sim꜅	syŋ꜅	sip꜇
周宁	꜁sen	꜁sin	sin꜅	syoŋ꜅	siɛt꜇
福鼎	꜁siŋ	꜁ieŋ	sieŋ꜅	sioŋ꜅	sie꜇
莆田	꜁ɬiŋ	꜁ɬiŋ	ɬiŋ꜅	ɬieu꜅	ɬiʔ꜇
厦门	꜁sin	꜁tsĩ	sĩ꜅	tsiũ꜅	sit꜇
泉州	꜁sin	꜁tsĩ	sĩ꜅	꜃tsiũ	sit꜇
永春	꜁sin	꜁tsĩ	sĩ꜅	tsiũ꜅	sit꜇
漳州	꜁sin	꜁tsĩ	sĩ꜅	tsiɔ̃꜅	sit꜇
龙岩	꜁sin	꜁giam	sĩ꜅	꜃tsiɔ̃	sit꜇
大田	꜁seŋ	꜁tsĩ	sĩ꜅	꜃tsiũ	siʔ꜇
尤溪	꜁sieŋ	꜁sieŋ	siŋ꜅	siũ꜅	꜀sie
永安	꜁sã	꜁iɛiŋ	tsɑm꜄	꜃tsiɑm	꜃ʃiɒ
沙县	꜁sɛiŋ	꜁ĩ	[⑤]	꜃tsiŋ	꜃ʃia
建瓯	saiŋ꜄	saŋ꜄	iŋ꜅	tsiɔŋ꜇	siɛ꜅
建阳	꜁siɔŋ	꜁saŋ	ieiŋ꜅	liɔŋ꜄	[⑥]
松溪	꜁sioŋ	꜁saŋ	iŋ꜅	tsioŋ꜇	[⑦]

① 福州“雨”一般读为꜂y，只在“雨流”（屋簷滴水）一词中读为 xuɔ꜅。

②③ 多数点不能单用。

④《广韵》去声艳韵：盐，以赡切，以盐腌也。

⑤ 沙县说 sa꜄，本字未明。

⑥ 建阳说 k‘e꜄，本字未明。

⑦ 松溪说 k‘yœ꜄，本字未明。

11. 古“庄”组字今口语中个别读 t、tʻ 声母（读同端组）。例如：

	100. 窗	101. 筛	102. 锄	103. 事
福州	꜀tsʻouŋ	꜀tʻai	꜁tʻy	tai꜅
古田	꜀tsʻɔuŋ	꜀tʻai	꜁tʻy	tai꜅
宁德	꜀tʻɔŋ	꜀tʻai	꜁tʻøy	tai꜅④
周宁	꜀tsʻɔŋ	꜀tʻai	꜁tʻøu	tai꜅
福鼎	꜀tʻuŋ	꜀tʻai	꜁tʻi	tai꜅
莆田	꜀tʻœŋ	꜀tʻai	꜁tʻy	tai꜅
厦门	꜀tʻaŋ	꜀tʻai	꜁tʻi, ꜁ti②	tai꜅
泉州	꜀tʻaŋ	꜀tʻai	꜁tʻɯ, ꜁tɯ	tai꜅
永春	꜀tʻaŋ	꜀tʻai	꜁tʻɯ, ꜁tɯ	tai꜅
漳州	꜀tʻaŋ	꜀tʻai	꜁tʻi, ꜁ti	tai꜅
龙岩	꜀tʻaŋ	꜀tʻai	꜁tsʻi③	꜂sɿ
大田	꜀tʻaŋ	꜀tʻɛ	꜁tʻui	꜀tɛ
尤溪	꜀tʻɤŋ	꜀tʻai	꜁tʻui	tai꜅
永安	꜀tʻɑm①	꜀tʻi	꜁tʻy	ʃa꜄
沙县	꜀tʻœyŋ	꜀tʻi	꜁tʻy	sai꜄
建瓯	꜀tʻœyŋ	꜀sai	tʻy꜄	ti꜅⑤
建阳	꜀tʻɔŋ	꜀sai	꜁hy	꜂hai
松溪	꜀tsʻaŋ	꜀sa	ₒtœy	tei꜇

（二）韵母方面

1. 古开口一等歌韵少数字今口语中读为合口呼韵。例如：

	104. 拖	105. 箩	106. 我	107. 大
福州	꜀tʻua	꜁lai	꜂ŋuai	tuai꜅
古田	꜀tʻua	꜁lai	꜂ŋuai	tuai꜅
宁德	꜀tʻuɔ	꜁luɔ	ua꜅	꜂tuɔ
周宁	꜀tʻuo	꜁luo	꜂ua	tuo꜅
福鼎	꜀tʻua	꜁lua	꜂ua	tua꜅
莆田	꜀tʻua	꜁lua	꜂kua	tua꜅
厦门	꜀tʻua	꜁lua	꜂gua	tua꜅
泉州	꜀tʻua	꜁lua	꜂gua	tua꜅
永春	꜀tʻua	꜁lua	꜂gua	tua꜅
漳州	꜀tʻua	꜁lua	꜂gua	tua꜅
龙岩	꜀tʻua	꜁lua	꜂gua	tua꜅
大田	꜀tʻua	꜁lua	꜂bua	꜀tua
尤溪	꜀tʻo	꜁lo	꜂ŋua	to꜅
永安	꜀tʻuɒ	꜁suɒ⑥	꜂ŋuɒ	tɒ꜄
沙县	꜀tʻua	꜁lua	꜂gua	tua꜄
建瓯	꜀tʻuɛ	suɛ꜄	ŋuɛ꜇	tuɛ꜅
建阳	꜀hue	ₒsue	ₒβue	tue꜅
松溪	꜀tʻua	ₒsua	ŋua꜇	tua꜅

① 永安“窗”用于“光窗”，指天窗。

② 厦门、泉州、永春、漳州读 ꜁tʻi、꜁tʻɯ 为动词，读 ꜁ti、꜁tɯ 为名词。

③ 龙岩、永安口语中说“镢”。“锄”用作动词。

④ 宁德口语中更常读 sou꜄。

⑤ 建瓯、建阳、松溪把“说话”说成“话事”，这里记的音是“话事”中的“事”的音。

⑥ 部分古“来”母字在永安、建瓯、建阳、松溪等点读为 s 声母。

2. 古二等韵牙喉音开口字今口语中读洪音。例如：

	108. 家	109. 虾	110. 界	111. 街	112. 交	113. 监~狱	114. 陷	115. 甲	116. 颜姓	117. 限	118. 江	119. 壳
福州	꜀ka	꜁xa	kai꜄	꜀kɛ	꜀kau	꜀kaŋ	xaŋ꜅	kaʔ꜆	꜁ŋaŋ	aiŋ꜅	꜀køyŋ	k'ɔyʔ꜆
古田	꜀ka	꜁xa	kai꜄	꜀kɛ	꜀kau	꜀kaŋ	xaŋ꜅	kaʔ꜆	꜁ŋaŋ	eiŋ꜅	꜀køyŋ	k'øyʔ꜆
宁德	꜀ka	꜁xa	kai꜄	꜀kɛ	꜀kau	꜀kam	xam꜅	kap꜆	꜁ŋan	ɛn꜅	꜀kœŋ	k'œk꜆
周宁	꜀ka	꜁xa	kai꜄	꜀ke	꜀kau	꜀kan	xan꜅	kaʔ꜆	꜁ŋan	ɛn꜅	꜀kɔŋ	k'œuk꜆
福鼎	꜀ka	꜁xa	kai꜄	꜀ke	꜀kau	꜀kaŋ	xaŋ꜅	kaʔ꜆	꜁ŋaŋ	xoŋ꜅	꜀koŋ	k'eʔ꜆
莆田	꜀ka	꜁hɒ	kai꜄	꜀ke	꜀kau	꜀kaŋ	haŋ꜅	kaʔ꜆	꜁ŋaŋ	haŋ꜅	꜀kaŋ	k'aʔ꜆
厦门	꜀ke	꜁he	kai꜄	꜀kue	꜀kau	꜀kã	ham꜅	kaʔ꜆	꜁ŋaŋ	han꜅	꜀kaŋ	k'ak꜆
泉州	꜀ke	꜁he	kai꜄	꜀kue	꜀kau	꜀kã	ham꜅	kaʔ꜆	꜁gan	꜂han	꜀kaŋ	k'ak꜆
永春	꜀ke	꜁he	kai꜄	꜀kue	꜀kau	꜀kã	ham꜅	kaʔ꜆	꜁gan	han꜅	꜀kaŋ	k'ak꜆
漳州	꜀ke	꜁hɛ	kai꜄	꜀ke	꜀kau	꜀kã	ham꜅	kaʔ꜆	꜁gan	an꜅	꜀kaŋ	k'ak꜆
龙岩	꜀kiɛ	꜁hiɛ	kai꜄	꜀k'ie	꜀kiau	꜀kam	꜂hiam	ka꜅	꜁gian	꜂han	꜀kiaŋ	k'ak꜆
大田	꜀ka	꜁ha	kɛ꜄	꜀ke	꜀kɔ	꜀kã	꜂haŋ	kaʔ꜆	꜁gaŋ	꜂haŋ	꜀kaŋ	k'aʔ꜆
尤溪	꜀ka	꜁ha	kai꜄	꜀ki	꜀kau	꜀kaŋ	haŋ꜅	ka꜆	꜁ŋaŋ	haŋ꜅	꜀koŋ	k'uo꜆
永安	꜀kɒ	꜁xɒ	ka꜄	꜀ke	꜀ko	꜀kõ	xõ꜅	kɒ꜆	꜁ŋɛiŋ	꜂xĩ	꜀kɑm	k'u꜆
沙县	꜀ka	꜁xa	kai꜄	꜀ke	꜀kau	꜀kɔ̃	xɔ̃꜅	ka꜆	꜁ŋɔ̃i	꜂xɔ̃i	꜀kɔ̃	k'o꜆
建瓯	꜀ka	xa꜄	kai꜄	꜀kai	꜀kau	꜀kaŋ	xaŋ꜅	ka꜆	꜂ŋaiŋ	xaiŋ꜅	꜀kɔŋ	k'u꜆
建阳	꜀ka	꜁xa	kai꜄	꜀kai	꜀kau	꜀kaŋ	xaŋ꜅	ka꜆	꜁ŋaiŋ	xaiŋ꜄	꜀kɔŋ	k'o꜆
松溪	꜀kɒ	꜁xɒ	ka꜄	꜀ka	꜀kɒu	꜀kaŋ	xaŋ꜅	kɒ꜆	꜀ŋaŋ	xaŋ꜅	꜀kaŋ	k'u꜆

3. 古止摄支脂等韵小部分字今口语中多数点韵母的主要元音为低元音。例如：

	120. 纸	121. 倚~靠	122. 徛站立[③]	123. 寄	124. 狮	125. 使~得[④]
福州	ᶜtsai	ᶜai	k'ie²	kiɛᵓ	꜀sai	ᶜsai
古田	ᶜtsie	ᶜai	k'ie²	kiaᵓ	꜀sai	ᶜsai
宁德	ᶜtsa	ᶜai	ᶜk'ie	kieᵓ	꜀sai	ᶜsai
周宁	ᶜtsa	ᶜɛi	k'ie²	kieᵓ	꜀sai	ᶜsɛi
福鼎	ᶜtsia	靠 k'oᵓ	k'ia²	kiaᵓ	꜀sai	ᶜsai
莆田	ᶜtsyɒ	ᶜua	k'yɒ²	kyɒᵓ	꜀ɬai	ᶜɬai
厦门	ᶜtsua	ᶜua	k'ia²	kiaᵓ	꜀sai	ᶜsai
泉州	ᶜtsua	ᶜua	⊆k'a	kaᵓ	꜀sai	ᶜsai
永春	ᶜtsua	ᶜua	k'ia²	kiaᵓ	꜀sai	ᶜsai
漳州	ᶜtsua	ᶜuɐ	k'ia²	kiaᵓ	꜀sai	ᶜsai
龙岩	ᶜtsua	ᶜua	⊆k'ya	kiaᵓ	꜀sai	ᶜsai
大田	ᶜtsua	ᶜua	⊆k'ia	kiaᵓ	꜀sai	ᶜsɛ
尤溪	ᶜtsia	ᶜo	k'ia²	kiaᵓ	꜀sai	ᶜsai
永安	ᶜtʃya	e꜀	⊆k'ya	kyaᵓ	꜀ʃia	ᶜʃia
沙县	ᶜtsua	[①]	⊆k'ya	kyaᵓ	꜀sai	ᶜsai
建瓯	ᶜtsyɛ	ᶜuɛ	kyɛ₂	kyɛᵓ	꜀su	ᶜsɛ
建阳	ᶜtsye	ᶜue	kye²	kiᵓ	꜀se	ᶜse
松溪	ᶜtsyœ	[②]	kyœ₂	kyœᵓ	꜀su	ᶜsyœ

4. 有些古三等韵字今口语中多数点读同相对的一等韵（模—虞、侯—流、唐—阳、东—锺等）。例如：

	126. 补—127. 斧		128. 抠—129. 阄拈~	
福州	ᶜpuo	ᶜp'uo	꜀k'au	꜀k'au
古田	ᶜpuo	ᶜpuo	꜀k'au	꜀k'au
宁德	ᶜpo	ᶜpo	꜀k'au	꜀k'au
周宁	ᶜpu	ᶜpu	꜀k'au	꜀k'au
福鼎	ᶜpuo	ᶜpuo	꜀k'au	꜀k'au
莆田	ᶜpɔu	ᶜpɔu	꜀k'au	꜀k'au
厦门	ᶜpɔ	ᶜpɔ	꜀k'au	꜀k'au
泉州	ᶜpɔ	ᶜpɔ	꜀k'au	꜀k'au
永春	ᶜpɔ	ᶜpɔ	꜀k'au	꜀k'au
漳州	ᶜpɔ	ᶜp'u	꜀k'au	꜀k'au
龙岩	ᶜpu	ᶜbu	꜀k'au	꜀k'au
大田	ᶜpu	ᶜpu	꜀k'ɔ	꜀k'ɔ
尤溪	ᶜpu	ᶜpu	꜀k'au	꜀k'au
永安	ᶜpu	ᶜpu	꜀kø	꜀kø
沙县	ᶜpo	ᶜpo	꜀kau	꜀kau
建瓯	ᶜpu	pu²	꜀ke	꜀ke
建阳	ᶜpo	ᶜpo	꜀kəu	꜀kəu
松溪	ᶜpu	ᶜp'y	꜀ka	꜀ka

①② 沙县说 k'yaᵓ，松溪说 ᶜiŋ，另有来源。

③ 《广韵》上声纸韵：徛，渠绮切，立也。

④ 有的点还可单用。如福州说"使牛逐马"。

	130. 楼—131. 流		132. 堂[①]—133. 长		134. 桑—135. 霜		136. 动—137. 重$_{\text{轻}}$～		138. 木—139. 目	
福州	꜁lau	꜁lau	꜁touŋ	꜁touŋ	꜀souŋ	꜀souŋ	tɔyŋ꜅	tɔyŋ꜅	muʔ꜇	møyʔ꜇
古田	꜁lau	꜁lau	꜁tɔuŋ	꜁tɔuŋ	꜀sɔuŋ	꜀sɔuŋ	tøyŋ꜅	tøyŋ꜅	muʔ꜇	møyʔ꜇
宁德	꜁lau	꜁lau	꜁tɔŋ	꜁tɔŋ	꜀sɔŋ	꜀sɔŋ	tœŋ꜅	tœŋ꜅	muʔ꜇	muʔ꜇
周宁	꜁lau	꜁lau	꜁tɔŋ	꜁tɔŋ	꜀sɔŋ	꜀sɔŋ	tœuŋ꜅	tœuŋ꜅	muʔ꜇	muʔ꜇
福鼎	꜁lau	꜁lau	꜁toŋ	꜁toŋ	꜀soŋ	꜀soŋ	teŋ꜅	teŋ꜅	mu꜇	mu꜇
莆田	꜁lau	꜁lau	꜁tuŋ	꜁tuŋ	꜀ɬɒŋ	꜀ɬuŋ	taŋ꜅	taŋ꜅	pɒʔ꜇	maʔ꜇
厦门	꜁lau	꜁lau	꜁tŋ̍	꜁tŋ̍	꜀sŋ̍	꜀sŋ̍	taŋ꜅	taŋ꜅	bak꜇	bak꜇
泉州	꜁lau	꜁lau	꜁tŋ̍	꜁tŋ̍	꜀sŋ̍	꜀sŋ̍	꜃taŋ	꜃taŋ	bak꜇	bak꜇
永春	꜁lau	꜁lau	꜁tŋ̍	꜁tŋ̍	꜀sŋ̍	꜀sŋ̍	taŋ꜅	taŋ꜅	bak꜇	bak꜇
漳州	꜁lau	꜁lau	꜁tŋ̍	꜁tŋ̍	꜀sɔŋ	꜀sŋ̍	taŋ꜅	taŋ꜅	bak꜇	bak꜇
龙岩	꜁lau	꜁lau	꜁tõ	꜁tõ	꜀sõ	꜀sõ	꜃taŋ	꜃taŋ	bak꜇	bak꜇
大田	꜁lɔ	꜁lɔ	꜁tŋ̍	꜁tŋ̍	꜀soŋ	꜀soŋ	꜃taŋ	꜃taŋ	boʔ꜇	boʔ꜇
尤溪	꜁lau	꜁lau	꜁toŋ	꜁toŋ	꜀soŋ	꜀soŋ	tɤŋ꜅	tɤŋ꜅	muo꜇	muo꜇
永安	꜁lø	꜁lø	꜁tɑm	꜁tɑm	꜀sɑm	꜀sɑm	꜃taŋ	꜃taŋ	꜃mu	꜃mu
沙县	꜁lau	꜁lau	꜁taŋ	꜁taŋ	꜀saŋ	꜀saŋ	꜃tɔuŋ	꜃tɔuŋ	꜃bu	꜃bu
建瓯	le꜄	lau꜄	꜂tɔŋ	꜂tɔŋ	꜀sɔŋ	꜀sɔŋ	tɔŋ꜇	tɔŋ꜅	mu꜇	mu꜇
建阳	꜁ləu	꜁lau	꜁lɔŋ	˳lɔŋ	꜀sɔŋ	꜀sɔŋ	loŋ꜅	leiŋ꜅	mo꜇	mo꜇
松溪	˳la	˳liu	˳taŋ	˳taŋ	꜀saŋ	꜀saŋ	toŋ꜇	toŋ꜅	mu꜇	mu꜇

① “堂”字各点一般不单用。

5. 古四等齐、帖、先、屑、青、锡等韵部分字今口语中多数点读为洪音。例如：

	140. 西	141. 溪	142. 犁	143. 脐	144. 蹄	145. 齐	146. 洗	147. 婿
福州	꜀sɛ	꜀k‘ɛ	꜁lɛ	꜁sai	꜁tɛ	꜁tsɛ	꜂sɛ	sai꜄
古田	꜀sɛ	꜀k‘ɛ	꜁lɛ	꜁sai	꜁tɛ	꜁tsɛ	꜂sɛ	sai꜄
宁德	꜀sɛ	꜀k‘ɛ	꜁lɛ	꜁tsai	꜁tɛ	꜁tsɛ	꜂sɛ	sai꜄
周宁	꜀se	꜀k‘e	꜁le	꜁tsai	꜁te	꜁tse	꜂se	se꜄
福鼎	꜀se	꜀k‘e	꜁le	꜁tsai	꜁te	꜁tse	꜂se	sai꜄
莆田	꜀ɬai	꜀k‘e	꜁le	꜁tsai	꜁te	꜁tse	꜂ɬe	ɬai꜄
厦门	꜀sai	꜀k‘ue	꜁lue	꜁tsai	꜁tue	꜁tsue	꜂sue	sai꜄
泉州	꜀sai	꜀k‘ue	꜁lue	꜁tsai	꜁tue	꜁tsue	꜂sue	sai꜄
永春	꜀sai	꜀k‘ue	꜁lue	꜁tsai	꜁tue	꜁tsue	꜂sue	sai꜄
漳州	꜀sai	꜀k‘e	꜁le	꜁tsai	꜁te	꜁tse	꜂se	sai꜄
龙岩	꜀sie	꜀k‘ie	꜁lie	꜁tsai	꜁tie	꜁tsie	꜂sie	sai꜄
大田	꜀se	꜀k‘e	꜁le	꜁tsɛ	꜁te	꜁tse	꜂se	sɛ꜄
尤溪	꜀si	꜀k‘i	꜁li	꜁tsai	꜁ti	꜁tsi	꜂si	sai꜄
永安	꜀si	꜀k‘e	꜁le	꜁ts‘a	꜁te	꜁tse	꜂se	sa꜄
沙县	꜀si	꜀k‘e	꜁le	꜁ts‘ai	꜁te	꜁tse	꜂sɛ	sai꜄
建瓯	꜀sai	꜀k‘ai	lai꜄	ts‘ɛ꜄	tai꜄	꜂tsai	꜂sai	郎 sɔŋ꜄
建阳	꜀sai	꜀k‘ai	꜁lɔi	꜁t‘e	꜁tai	ₒlai	꜂sai	郎 ꜁sɔŋ
松溪	꜀sa	꜀k‘a	꜁la	꜁ts‘iei	꜁ta	ₒtsei	꜂sa	郎 ꜁saŋ

	148. 替	149. 叠	150. 莲	151. 前	152. 牵	153. 节~~	154. 青	155. 赐
福州	tʻa꜄	tʻaʔ꜇	꜁lɛiŋ	꜁sɛiŋ	꜀kʻeiŋ	tsaiʔ꜆	꜀tsʻaŋ	tʻɛiʔ꜆
古田	tʻɛ꜄	tʻieʔ꜇	꜁leiŋ	꜁seiŋ	꜀kʻeiŋ	tseiʔ꜆	꜀tsʻaŋ	tʻiʔ꜆
宁德	tʻɛ꜄	tʻap꜇	꜁lɛn	꜁sɛn	꜀kʻɛn	tsɛt꜆	꜀tsʻaŋ	tʻik꜆
周宁	tʻe꜄	tʻeʔ꜇	꜁lɛn	꜁sɛn	꜀kʻɛn	tseʔ꜆	꜀tsʻaŋ	tʻeʔ꜆
福鼎	tʻe꜄	tʻa꜇	꜁leŋ	꜁seŋ	꜀kʻeŋ	tseʔ꜆	꜀tsʻaŋ	tʻiʔ꜆
莆田	tʻe꜄	꜁tʻɒ	꜁lɛŋ	꜁ɬe	꜀kʻɛŋ	tsɛʔ꜆	꜀tsʻa	tʻɛʔ꜆
厦门	tʻue꜄	tʻaʔ꜇	꜁nãi①	꜁tsãi②	꜀kʻan	tsat꜆	꜀tsʻĩ	tʻat꜆
泉州	tʻue꜄	tʻaʔ꜇	꜁nãi	꜁tsuĩ	꜀kʻan	tsat꜆	꜀tsʻĩ	tʻat꜆
永春	tʻue꜄	tʻaʔ꜇	꜁nuĩ	꜁tsuĩ	꜀kʻan	tsat꜆	꜀tsʻĩ	tʻat꜆
漳州	tʻe꜄	tʻaʔ꜇	꜁lian	꜁tsan	꜀kʻan	tsat꜆	꜀tsʻɛ̃	tʻat꜆
龙岩	tʻie꜄	꜃tʻa	꜁nĩ	꜁tsĩ	꜀kʻan	tsat꜆	꜀tsʻiẽ	tʻit꜆
大田	tʻe꜄	tʻaʔ꜇	꜁liaŋ	꜁tsĩ	꜀kʻaŋ	tsaʔ꜆	꜀tsʻã	tʻiaʔ꜆
尤溪	tʻi꜄	tʻa꜆	꜁lieŋ	꜁tsẽ	꜀kʻiŋ	tsa꜆	꜀tsʻã	tʻa꜆
永安	tʻĩ꜄	꜃tʻɒ	꜁lɛiŋ	꜁tsʻɛiŋ	꜀kʻĩ	tsa꜆	꜀tsʻã	tʻa꜆
沙县	tʻe꜄	꜃tʻa	꜁nĩ	꜁tsʻĩ	꜀kʻɔ̃i	tsai꜆	꜀tsʻɔ̃	tʻai꜆
建瓯	tʻai꜄	tʻa꜅	laiŋ꜄	tsʻiŋ꜄	꜀kʻaiŋ	tsai꜅	꜀tsʻaŋ	tʻɛ꜆
建阳	hai꜄	ha꜇	꜁laiŋ	꜁tsʻieŋ	꜀kʻaiŋ	tsai꜆	꜀tʻaŋ	he꜆
松溪	tʻa꜄	tʻa꜅	꜁liŋ	꜁tsʻiŋ	꜀kʻaŋ	tsiei꜆	꜀tsʻaŋ	tʻiei꜆

① 厦门附近地名“莲河”说꜁nãi ꜁o，莲花则说꜁lian。

② 厦门郊区地名“殿前”说 tãi꜄ ꜁tsãi，其他场合说꜁tsiŋ。

6. 古歌、豪韵字今口语中多数点读为同韵。例如：

	156. 哥—157. 糕		158. 何—159. 毫		160. 锣—161. 劳①		162. 贺—163. 好	
福州	꜀ko	꜀ko	꜁xo	꜁xo	꜁lo	꜁lo	xɔ꜅	꜂xo
古田	꜀kɔ	꜀kɔ	꜁xɔ	꜁xɔ	꜁lɔ	꜁lɔ	xɔ꜅	꜂xɔ
宁德	꜀kɔ	꜀kɔ	꜁xɔ	꜁xɔ	꜁lɔ	꜁lɔ	꜂xɔ	꜂xɔ
周宁	꜀kɔ	꜀kɔ	꜁xɔ	꜁xɔ	꜁lɔ	꜁lɔ	xɔ꜅	꜂xɔ
福鼎	꜀ko	꜀ko	꜁xo	꜁xo	꜁lo	꜁lo	xo꜅	꜂xo
莆田	꜀ko	꜀ko	꜁hɒ	꜁hɒ	꜁lo	꜁lɒ	hɒ꜅	꜂ho
厦门	꜀ko	꜀ko	꜁ho	꜁ho	꜁lo	꜁lo	ho꜅	꜂ho
泉州	꜀ko	꜀ko	꜁ho	꜁ho	꜁lo	꜁lɔ	ho꜅	꜂ho
永春	꜀ko	꜀ko	꜁ho	꜁ho	꜁lo	꜁lɔ	ho꜅	꜂ho
漳州	꜀ko	꜀ko	꜁ho	꜁ho	꜁lo	꜁lo	ho꜅	꜂ho
龙岩	꜀ko	꜀ko	꜁ho	꜁hau	꜁lo	꜁lau	ho꜅	꜂ho
大田	꜀kɤ	꜀kɤ	꜁hɔ	꜁hɔ	꜁lɤ	꜁lɔ	꜀hɤ	꜂hɤ
尤溪	꜀kɤ	꜀kɤ	꜁ho	꜁ho	꜁lɤ	꜁lo	hɤ꜄	꜂hɤ
永安	꜀kɯ	꜀kɯ	꜁xaɯ	꜁xaɯ	꜁laɯ	꜁laɯ	xaɯ꜄	꜂xaɯ
沙县	꜀ko	꜀ko	꜁xo	꜁xo	꜁lo	꜁lo	xo꜄	꜂xɔ
建瓯	꜀ko	꜀kau	꜂ɔ	꜂au	lɔ꜄	꜂lau	xɔ꜅	꜂xau
建阳	꜀ko	꜀kau	꜁xɔ	꜁xau	꜁lɔ	꜁lau	xɔ꜅	꜂xau
松溪	꜀ko	꜀ko	˳xo	˳xo	꜁lo	˳lo	xo꜅	꜂xo

① “劳”字多数点不单用。

二 词汇、语法的一致性

本节从词汇、语法方面说明闽方言的一致性。

第一部分是词形完全相同的单音词和复音词、词组，共有一百一十五条；第二部分是词根相同，词形不完全相同的词，共十二条。这两部分都以方言词立条目，用小字注明普通话意义。第二部分由于词形不同，各点分别注出汉字。第三部分是十条常见的词组及短句，各点语法格式大体相当，用词却有所不同，因此用普通话说法立条目，各点分别注出汉字。这一部分有些点另有一些不同格式的说法，限于篇幅，采取“求同存异”的办法未予列入。

除少数通行很广的俗字外，方言词注字一概写本字，本字未明的用“□”号，不写同音字或训读字。比较生僻的本字随文注明简要的考释。

个别点有不一致说法的，表中不列材料，也在注文中说明。

在多音词里，闽北各点基本上没有声韵调的连读音变，闽南、闽中各点一般只变声调不变声母韵母，闽东、莆仙多数点在声韵调各方面都有变化。凡是声母韵母发生连读音变的，都按变化后的读音标示；声调则一律按本调标调类，不标变调，也不标调值。

（一）词形完全相同的。例如：

	164. 月月亮	165. 厝房子[1]	166. 塍田[2]	167. 坪平地	168. 樵木头[3]	169. 箬叶子[4]	170. 匏胡瓜[5]	171. 薸浮萍[6]	172. 粟稻谷
福州	ŋuoʔ꜇	ts'uɔ꜄	꜁ts'ɛiŋ	꜁paŋ	꜁ts'a	nuoʔ꜇	꜁pu	꜁p'iu	ts'uɔʔ꜆
古田	ŋuoʔ꜇	ts'uo꜄	꜁ts'eiŋ	꜁paŋ	꜁ts'a	nyøʔ꜇	꜁pu	꜁p'iɐu	ts'uoʔ꜆
宁德	ŋɔt꜇	ts'u꜄	꜁ts'iŋ	꜁paŋ	꜁ts'a	nøk꜇	꜁pou	꜁p'iu	ts'uʔ꜆
周宁	ŋot꜇	ts'u꜄	꜁ts'ɛn	꜁paŋ	꜁ts'a	nyʔ꜇	꜁po	꜁p'iu	ts'uʔ꜆
福鼎	ŋuo꜇	ts'uo꜄	꜁ts'eŋ	꜁paŋ	꜁ts'a	nie꜇	꜁pu	꜁p'ieu	ts'uo꜄
莆田	꜁kue	ts'ɔu꜄	꜁ts'ɛŋ	꜁pa	꜁ts'ɒ	꜁niɐu	꜁pu	꜁p'iɐu	ts'ɒʔ꜆
厦门	geʔ꜇	ts'u꜄	꜁ts'an	꜁p'iã	꜁ts'a	hioʔ꜇	꜁pu	꜁p'io	ts'ik꜆
泉州	gəʔ꜇	ts'u꜄	꜁ts'an	꜁p'iã	꜁ts'a	hioʔ꜇	꜁pu	꜁p'io	ts'iak꜆
永春	gəʔ꜇	ts'u꜄	꜁ts'an	꜁p'iã	꜁ts'a	hioʔ꜇	꜁pu	꜁p'io	ts'ik꜆
漳州	gueʔ꜇	ts'u꜄	꜁ts'an	꜁p'iã	꜁ts'a	hioʔ꜇	꜁pu	꜁p'io	ts'ik꜆
龙岩	꜁gue	ts'i꜄	꜁ts'an	꜁p'iã	꜁ts'a	꜂niõ	꜁pu	꜁p'iau	ts'ok꜆
大田	꜁gue	ts'u꜄	꜁ts'eŋ	꜁pã	꜁ts'a	꜂niɔ	꜁pu	꜁p'iɔ	ts'oʔ꜆
尤溪	꜀gue	ts'y꜄	꜁ts'iŋ	꜁pã	꜁ts'a	꜀nø	꜁pu	꜁p'io	ts'ø꜆
永安	꜂ŋye	tʃ'iɯ꜄	꜁ts'ĩ	꜁piõ	꜁ts'o	꜂ŋiɯ	꜁pu	꜁p'iɯ	ts'y꜆
沙县	꜂ye	ts'o꜄	꜁ts'ɔ̃i	꜁piɔ̃	꜁ts'au	꜂io	꜁pu	꜁p'io	ts'ɸ꜆
建瓯	ŋyɛ꜇	ts'iɔ꜄	ts'aiŋ꜄	piaŋ꜄	ts'au꜄	niɔ꜇	py꜄	p'iau꜄	sy꜆
建阳	ŋye꜇	ts'iɔ꜄	꜁t'aiŋ	꜁piaŋ	꜁t'au	niɔ꜇	βo꜅	꜁p'iɔ	sy꜆
松溪	ŋyœ꜇	ts'yo꜄	꜁ts'aŋ	꜁piaŋ	꜁ts'ɒu	nyo꜆	꜀py	꜁p'yo	縠 ku꜆[7]

① “厝”是各地通行的俗字，并多用于地名。它的音韵地位和一些点的实际读音对应关系不能切合，暂时沿用。

② 《广韵》平声蒸韵：塍，食陵切。稻田畦也，畔也。《集韵》或作“塖”。闽方言字义有引申。

③ 《广韵》平声宵韵：樵，昨焦切。柴也。《说文》木也。通常写作“柴”。

④ 《广韵》入声药韵：箬，而灼切。闽方言引申泛指植物的叶子，如说“树箬，竹箬、菜箬”。闽南通常写训读字“叶”。

⑤ 《广韵》平声肴韵：匏，薄交切。瓠也。

⑥ 《广韵》平声宵韵：薸，符霄切。《方言》云：江东谓浮萍为“薸”。

⑦ 词形不同的，标出写法及读音。

	173. 饮米汤	174. 䗱海蟹①	175. 笍竹器②	176. 柿~子	177. 粿④	178. 殕霉⑤	179. 箸筷子	180. 椹案板⑦	181. 餈⑧
福州	꜂aŋ	ts‘ieʔ꜇	liaʔ꜇	k‘ei꜅	꜂kui	꜂p‘u	tøy꜅	꜀tɛiŋ	꜁si
古田	꜂aŋ	ts‘ieʔ꜇	liaʔ꜇	k‘i꜅	꜂kuoi	꜂p‘u	ty꜅	꜀tiŋ	꜁si
宁德	꜂am	ts‘ɛt꜇	liaʔ꜇	k‘ei꜅	꜂køy	꜂p‘u	꜂tøy⑥	꜀tɛm	꜁sei
周宁	꜂ɛn	ts‘iʔ꜇	lieʔ꜇	k‘ei꜅	꜂kuai	꜂p‘u	tøu꜅	꜀tɛn	꜁sei
福鼎	꜂aŋ	ts‘ie꜇	③	k‘i꜅	꜂kuei	꜂p‘u	ti꜅	꜀tieŋ	꜁si
莆田	꜂aŋ	꜁ts‘i	liaʔ꜇	k‘i꜅	꜂kue	꜂p‘u	ty꜅	꜀tiaŋ	꜁ɬi
厦门	꜂am	ts‘iʔ꜇	liaʔ꜇	k‘i꜅	꜂ke	꜂p‘u	ti꜅	꜀tiam	꜁tsi
泉州	꜂am	ts‘iʔ꜇	lueʔ꜇	꜃k‘i	꜂kə	꜂p‘u	tɯ꜅	꜀tiam	꜁tsi
永春	꜂am	ts‘iʔ꜇	lueʔ꜇	k‘i꜅	꜂kə	꜂p‘u	tɯ꜅	꜀tiam	꜁tsi
漳州	꜂am	ts‘iʔ꜇	liaʔ꜇	k‘i꜅	꜂kue	꜂p‘u	ti꜅	꜀tiam	꜁tsi
龙岩	꜂am	꜃ts‘i	꜃lia	꜃k‘i	꜂kue	꜂p‘u	ti꜅	꜀tiam	꜁tsi
大田	꜂aŋ	꜃ts‘i	꜃lia	꜃k‘i	꜂kue	꜂p‘u	꜀tui	菜板 ts‘ɛ꜄ paŋ꜄	꜁tsi
尤溪	꜂aŋ	ts‘ie꜆	lia꜆	k‘i꜅	꜂kue	꜂p‘u	tui꜅	꜀tɤŋ	꜁sie
永安	饭汤 pm̩꜄ ꜀t‘ɒm	꜃ts‘e	꜃liɒ	꜃k‘i	꜂kue	꜂p‘u	ty꜄	꜀tã	꜁tsi
沙县	饭汤 puĩ꜄ ꜀taŋ	꜃tʃ‘ie	꜃lia	꜃k‘i	꜂kuɛ	꜂p‘o	ty꜄	꜀tɛiŋ	꜁tsi
建瓯	꜂aiŋ	ts‘iɛ꜅	lia꜇	k‘i꜅	꜂kuɛ	꜂p‘y	ty꜅	꜀teiŋ	tsi꜄
建阳	꜂aiŋ	ts‘ie꜇	lia꜇	k‘i꜄	꜂kui	꜂p‘o	ty꜅	꜀tɔiŋ	꜁tsɔi
松溪	꜂aŋ	ts‘iei꜇	lia꜇	k‘i꜅	꜂kuei	꜂p‘y	tœy꜅	꜀teiŋ	꜁tsei

① 《广韵》入声屑韵：䗱，昨结切。似蟹，生海中。

② “笍”为俗字，本字未明，指一种竹片编成的晒物器。

③ 福鼎说꜀teŋ，可能另有来源。厦门、泉州、永春一般不单说。

④ 《集韵》上声果韵：粿，古火切。饼也。闽方言“粿”指一种米制年糕。通常写作“粿”。

⑤ 《广韵》上声麌韵：殕，芳武切。食上生白毛。

⑥ 宁德“箸”与“短”同音，为避讳通常说成“筹”t‘iu꜄。又，福鼎、尤溪常说“饭箸”，龙岩常说“箸双”。

⑦ 《广韵》平声侵韵：椹，知林切。铁椹，斫木质。福州、古田一带不能单用，说“椹板”。通常写作“枯”。

⑧ 《广韵》平声脂韵：餈，疾资切。饭饼也。通常写作“糍”或“糍”。

	182. 硋陶瓷①	183. 鼎铁锅②	184. 錾石凿③	185. 櫼楔子④	186. 索绳子	187. 柱	188. 苎苎麻	189. 被被子	190. 蓆席子
福州	꜀xai	꜂tiaŋ	tsaŋ꜅	꜀tsieŋ	sɔʔ꜆	t‘ieu꜅	tɔ꜅	p‘uoi꜅	ts‘uoʔ꜇
古田	꜁xai	꜂tiaŋ	tsaŋ꜅	꜀tsiŋ	sɔʔ꜆	t‘iu꜅	tœ꜅	p‘uoi꜅	ts‘yøʔ꜇
宁德	꜁xai	꜂tiaŋ	tsam꜅	꜀tsɛm	sɔʔ꜆	t‘iu꜅	tœ꜅	꜂p‘ui	ts‘øk꜇
周宁	꜁xai	꜂tɛŋ	tsan꜅	꜀tsin	sɔʔ꜆	t‘eu꜅	tœ꜅	p‘ui꜅	ts‘yʔ꜇
福鼎	꜁xai	꜂tiaŋ	tsaŋ꜅	꜀tsieŋ	so꜄	t‘iu꜅	te꜅	p‘uei꜅	ts‘ie꜇
莆田	꜁hui	꜂tia	tsaŋ꜅	꜀tsiŋ	ɬo꜅	t‘iu꜅	tø꜅	p‘ue꜅	꜂ts‘iɐu
厦门	꜁hui	꜂tiã	tsam꜅	꜀tsĩ	soʔ꜆	t‘iau꜅	tue꜅	p‘e꜅	ts‘ioʔ꜇
泉州	꜁hui	꜂tiã	꜃tsam	꜀tsĩ	soʔ꜆	꜃t‘iau	꜃tue	꜃p‘ə	ts‘ioʔ꜇
永春	꜁hui	꜂tiã	tsam꜅	꜀tsĩ	soʔ꜆	t‘iau꜅	tue꜅	p‘ə꜅	ts‘ioʔ꜇
漳州	꜁hui	꜂tiã	tsam꜅	꜀tsĩ	soʔ꜆	t‘iau꜅	te꜅	p‘ue꜅	ts‘ioʔ꜇
龙岩	꜁hui	꜂tiã	꜃tsam	꜀tsĩ	soʔ꜆	꜃t‘iau	꜃tui	꜃p‘ue	꜃ts‘o
大田	꜁hui	꜂tiã	꜃tsaŋ	꜀tsĩ	sɤ꜄	꜃t‘iɔ	꜃tiɔ	꜃p‘ue	꜃ts‘ɤ
尤溪	꜁hai	꜂tiã	tsaŋ꜅	꜀tsiŋ	sɤ꜆	t‘iu꜅	tui꜅	p‘ue꜅	꜀ts‘ø
永安	꜁xue	꜂tiõ	꜃tso	꜀tsɛiŋ	saɯ꜆	꜃t‘iau	꜃tɔu	꜃p‘ue	꜃ts‘iɯ
沙县	꜁xue	꜂tiõ	꜃tsɔ̃	꜀tsĩ	sɔ꜆	꜃t‘iu	꜃tu	꜃p‘ue	꜃ts‘o
建瓯	xo꜄	꜂tiaŋ	tsaiŋ꜅	꜀tsiŋ	sɔ꜆	t‘iu꜅	ty꜇	p‘uɛ꜅	siɔ꜅
建阳	꜁xui	꜂tiaŋ	tsaŋ꜅	꜀tsieiŋ	sɔ꜆	hiu꜅	lo꜄	hui꜅	siɔ꜇
松溪	꜀xuei	꜂tiaŋ	tsaŋ꜅	꜀tsiŋ	so꜆	t‘iu꜅	tɒu꜅	p‘yœ꜅	sei꜅

① “硋”本字待考，多数地区泛指陶瓷，有的单指陶器。闽北写作“硐、垌”，闽南写作“磁”。“硋”是闽东俗字。

② 有的地方写作“鼎”。

③《广韵》上声敢韵：錾，才敢切。錾凿也。闽方言称开石头用的小铁锥为“石錾”。有的地方也用作动词。

④《集韵》平声盐韵，櫼，将廉切。《说文》楔子。

	191. 晬周岁[①]	192. 囝儿子[②]	193. 喙嘴[④]	194. 骹脚[⑤]	195. 脬阴囊[⑥]	196. 㘝口水[⑦]	197. 鼻鼻子、鼻涕	198. 疕疤[⑧]	199. 枝量词[⑨]
福州	tsɔyᵓ	ᶜkiaŋ	tsʻuoiᵓ	꜀kʻa	꜀pʻa	ᶜlaŋ	pʻɛiᵓ	ᶜpʻi	꜀ŋɛ
古田	tsoiᵓ	ᶜkiaŋ	tsʻyᵓ	꜀kʻa	꜀pʻa	ᶜlaŋ	pʻiᵓ	ᶜpʻi	꜀ŋɛ
宁德	tsɔyᵓ	ᶜkiɛn	tsʻoiᵓ	꜀kʻa	꜀pʻa	ᶜlaŋ	pʻeiᵓ	ᶜpʻi	꜀ŋi
周宁	tsɔiᵓ	ᶜkɛn	tsʻoiᵓ	꜀kʻa	꜀pʻa	ᶜlɛn	pʻeiᵓ	ᶜpʻi	꜀ki
福鼎	tsoiᵓ	ᶜkiaŋ	tsʻuiᵓ	꜀kʻa	꜀pʻa	ᶜlaŋ	pʻiᵓ	ᶜpʻi	꜀ki
莆田	tsøᵓ	ᶜkyɒ	tsʻuiᵓ	꜀kʻɒ	꜀pʻɒ	ᶜnua	pʻiᵓ	ᶜpʻi	꜀ki
厦门	tseᵓ	ᶜkiã	tsʻuiᵓ	꜀kʻa	꜀pʻa	nuã²	pʻi²	ᶜpʻi	꜀ki
泉州	tsəᵓ	ᶜkã	tsʻuiᵓ	꜀kʻa	꜀pʻa	ˤnuã	pʻi²	ᶜpʻi	꜀ki
永春	tsəᵓ	ᶜkiã	tsʻuiᵓ	꜀kʻa	꜀pʻa	nuã²	pʻi²	ᶜpʻi	꜀ki
漳州	tseᵓ	ᶜkiã	tsʻuiᵓ	꜀kʻa	꜀pʻa	nuã²	pʻi²	ᶜpʻi	꜀ki
龙岩	对岁 tuiᵓ hueᵓ	ᶜkyã	tsʻuiᵓ	꜀kʻa	꜀pʻa	ˤnua	pʻiᵓ	ᶜpʻi	꜀ki
大田	tsueᵓ	ᶜkiã	tsʻiᵓ	꜀kʻa	꜀pʻa	ˤnuã	pʻiᵓ	ᶜpʻi	꜀ki
尤溪	tsyoᵓ	ŋ[③]	tsʻuiᵓ	꜀kʻa	꜀pʻa	ᶜnũ	pʻeᵓ	ᶜpʻe	꜀ki
永安	tsãᵓ	ᶜkyɛiŋ	tʃʻyiᵓ	꜀kʻo	pʻɒᵓ	ᶜlum	pʻiᵓ	ᶜpʻi	꜀ki
沙县	tsuiᵓ	ᶜkyẽ	tsʻyᵓ	꜀kʻau	pʻaᵓ	ᶜnuẽ	pʻiᵓ	ᶜpʻe	꜀ki
建瓯	tsoᵓ	ᶜkyiŋ	tsʻyᵓ	꜀kʻau	pʻaᵓ	luiŋ꜇	pʻi²	ᶜpʻi	꜀ki
建阳	tsuiᵓ	ᶜkyeiŋ	tsʻyᵓ	꜀kʻau	pʻaᵓ	lueiŋᵓ	pʻɔi²	ᶜpʻɔi	꜀ki
松溪	tsueiᵓ	ᶜkyŋ	tsʻyᵓ	꜀kʻɒu	pʻaᵓ	lueiŋ꜇	pʻei²	ᶜpʻei	꜀tsiei

① 《广韵》去声队韵：晬，子对切。周年子也。通常不单说。

② 《集韵》上声狝韵：囝，九件切。闽人呼儿曰囝。

③ 尤溪俗写“婴”ᶜŋ，应该是“囝”的音变，作为名词后缀表小，也是读ᶜŋ。

④ 《集韵》去声祭韵：喙，充芮切。口也。闽方言泛指一切嘴，通常写作“嘴”。永安、沙县“喙”只用作量词，名词说“嘴”：ᶜtse、ᶜtsue。

⑤ 《广韵》平声肴韵：骹，口交切。胫骨近足细处。又作跤。闽方言“骹”指脚，又泛指脚和腿。通常写作“胶、跤”或“脚”。

⑥ 《广韵》平声肴韵：脬，腹中水府，匹交切。各点一般都不单说。永安说“石核帕”ᶜʃiɯ ᶜxuɒ pʻɒᵓ，pʻɒᵓ 不是“脬”的音。闽北建瓯等点的音也可能不是此字。

⑦ “㘝”是部分地区的俗字。

⑧ 《集韵》上声纸韵：疕，普弭切。一曰痂也。

⑨ 福州、古田、宁德的音应另有来源。

	200. 曝晒	201. 沃浇、淋	202. 移撒[2]	203. □抓（一把）	204. 硩压	205. 囥藏	206. 摒倒掉	207. 遘到	208. 蹺足平举[3]
福州	p'uoʔ꜇	uɔʔ꜆	iɛ꜅	꜀ma	taʔ꜆	k'ɒuŋ꜄	piaŋ꜄	kau꜄	꜀k'iu
古田	p'uoʔ꜇	uoʔ꜆	ie꜅	꜀ma	taʔ꜆	k'ɔuŋ꜄	piaŋ꜄	kau꜄	꜀k'iɐu
宁德	p'ok꜇	ok[1]	꜂ie	꜀ma	taʔ꜆	k'ɔŋ꜄	piaŋ꜄	kau꜄	꜀k'iɐu
周宁	p'uʔ꜇	uʔ꜆	ie꜅	꜀ma	taʔ꜆	k'ɔŋ꜄	piaŋ꜄	kau꜄	꜀k'iu
福鼎	p'uo꜇	uo꜄	ia꜅	꜀ma	taʔ꜆	k'oŋ꜄	piaŋ꜄	kau꜄	꜀k'ieu
莆田	p'ɒʔ꜇	ɒʔ꜆	yɒ꜅	꜀mɒ	ta꜅	k'uŋ꜄	pia꜄	kau꜄	꜀k'iɐu
厦门	p'ak꜇	ak꜆	ia꜅	꜀mĩ	teʔ꜆	k'ŋ̍꜄	piã꜄	kau꜄	꜀k'iau
泉州	p'ak꜇	ak꜆	ia꜅	꜀mĩ	teʔ꜆	k'ŋ̍꜄	piã꜄	kau꜄	꜀k'iau
永春	p'ak꜇	ak꜆	ia꜅	꜀mĩ	teʔ꜆	k'ŋ̍꜄	piã꜄	kau꜄	꜀k'iau
漳州	p'ak꜇	ak꜆	ia꜅	꜀mĩ	teʔ꜆	k'ŋ̍꜄	piã꜄	kau꜄	꜀k'iau
龙岩	p'ak꜆	ak꜆	iua꜅	꜀miẽ	tie꜅	k'õ꜄	倒 to꜄	kau꜄	꜀k'iau
大田	p'aʔ꜇	aʔ꜆	꜀ia	꜀mã	꜂ta	k'ŋ̍꜄	piã꜄	kɔ꜄	꜀k'iɔ
尤溪	꜀p'ɤ	uɤ꜆	ia꜅	꜀mã	ta꜆	k'ŋ̍꜄	piã꜄	kau꜄	꜀k'io
永安	꜂p'u	u꜆	ya꜄	꜀mɒ	tiɒ꜆	k'ɑm꜄	倂 piõ꜄	kø꜄	k'iau꜄
沙县	꜂p'u	o꜆	ya꜄	꜀ma	tia꜆	k'aŋ꜄	倂 piɔ̃꜄	kau꜄	k'iau꜄
建瓯	p'u꜅	u꜆	撒 suɛ꜆	抓 ꜀tsua	tɛ꜇	k'ɔŋ꜄	piaŋ꜄	到 tau꜄	k'iau꜄
建阳	晒 sai꜄	y꜆	ye꜅	ia꜄	压 e꜆	k'ɔŋ꜄	piaŋ꜄	到 tau꜄	k'iɔ꜄
松溪	p'u꜅	浇 ꜀kiɔ	撒 ꜂sua	pɒ꜇	压 ɒ꜆	k'aŋ꜄	piaŋ꜄	ka꜄	꜀k'yo

① 宁德、福鼎只用于“浇”（肉汤）。

②《集韵》去声寘韵：移，以豉切。遗也。闽方言称“撒谷种”“撒掉”的“撒”为“移”。

③《集韵》平声萧韵：跷，牵么切，又丘袄切。又作蹻，一曰趬，举足也。

	209. 拆撬①	210. 必裂	211. 铰剪	212. 敨解（绳子）②	213. 筅炊帚、刷③	214. 喰吹（火）④	215. 擘掰	216. 刣杀⑦	217. 贮添（饭）⑧
福州	kieu꜅	peiʔ꜆	꜀ka	꜂tʻau	꜂tsʻɛiŋ	꜁puŋ	paʔ꜆	꜁tʻai	꜂tuo
古田	kieu꜅	piʔ꜆	꜀ka	꜂tʻau	꜂tsʻeiŋ	꜁puŋ	paʔ꜆	꜁tʻai	꜂tyø
宁德	kiu꜅	pik꜆	꜀ka	꜂tʻau	꜂tsʻɛn	꜁pon	paʔ꜆	꜁tʻai	tyʔ꜆
周宁	kiu꜅	pet꜆	꜀ka	꜂tʻɔu	꜂tsʻɛn	꜁pun	paʔ꜆	꜁tʻai	꜂ty
福鼎	kieu꜅	piʔ꜆	꜀ka	꜂tʻau	꜂tsʻeŋ	꜁puŋ	pa꜄	꜁tʻai	꜂tau
莆田	kieu꜅	pia꜅	꜀kɒ	꜂tʻau	꜂tsʻe	꜁poŋ	pa꜅	꜁tʻai	꜂tieu
厦门	kiau꜅	pit꜆	꜀ka	꜂tʻau	꜂tsʻiŋ	꜁pun	peʔ꜆	꜁tʻai	꜂tue
泉州	꜂kiau	pit꜆	꜀ka	꜂tʻau	꜂tsʻuĩ	꜁pun	peʔ꜆	꜁tʻai	꜂tue
永春	kiau꜅	pit꜆	꜀ka	꜂tʻau	꜂tsʻuĩ	꜁pun	peʔ꜆	꜁tʻai	꜂tue
漳州	kiau꜅	pit꜆	꜀ka	꜂tʻau	꜂tsʻiŋ	꜁pun	peʔ꜆	꜁tʻai	꜂te
龙岩	꜂kio	pit꜆	꜀ka	꜂tʻau	꜂tsʻiã	꜁pun	pie꜅	꜁tʻai	꜂to
大田	꜂kiɤ	peʔ꜆	꜀ka	꜂tʻɔ	꜂tsʻiŋ	꜁pueŋ	paʔ꜆	꜁tʻɛ	꜂tiɔ
尤溪	kio꜅	pie꜆	꜀ka	꜂tʻau	꜂tsʻẽ	꜁pɤŋ	pa꜆	꜁tʻai	꜂tui
永安	꜂kiɯ	pe꜆	꜀ko	꜂tʻø	꜂tsʻĩ	꜁puã	pɒ꜆⑤	꜁tʻi	꜂tɔu
沙县	꜂kio	piɛ꜆	꜀kau	꜂tʻau	tsʻõi	꜁puĩ	pa꜆⑥	꜁tʻi	꜂to
建瓯	kiau꜅	pi꜆	꜀kau	꜂tʻe	꜂tʻiŋ	吹꜀tsʻyɛ	pa꜆	tʻi꜄	꜂tu
建阳	kiɔ꜄	裂 lieʔ꜇	꜀kau	꜂həu	꜂hieiŋ	吹꜀tsʻye	pai꜆	꜀hɔi	꜂to
松溪	꜂kyo	piei꜄	꜀kɒu	解 ꜂ka	꜂tʻiŋ	吹꜀tsʻyœ	pa꜆	꜀tʻi	꜂tɒu

① 《集韵》上声小韵：拆，巨夭切。夭拆，频伸皃。闽方言谓以棍撬物曰“拆”。

② 《集韵》上声厚韵：敨，他口切。展也。闽方言一般指解开（绳子），有些地方也指舒展（心气）。建阳“敨”指“敨气”。

③ 《广韵》上声铣韵：筅，苏典切。又作箲，箲帚，饭具。闽方言单说“筅”一般用作动词，是“刷、扫”的意思。

④ 《集韵》平声魂韵：喰，步奔切。吐也。

⑤⑥ 永安、沙县用于“撕裂”，擘开说 ye꜆、꜂au（拗）。

⑦ “刣”是有些地方的俗写字，本字可能是“治”，请参阅《方言》1979 年第三期罗杰瑞的《闽语里的“治”字》。

⑧ 《广韵》上声语韵：贮，丁吕切。积也。闽南、闽东多数地方还指“存放”（东西）。

	218. 趁挣（钱）①	219. 扛抬②	220. 解会、能③	221. 惊怕	222. 眩晕	223. 嗽吮④	224. 煠清水煮⑤	225. 炊蒸	226. 熻焖⑥
福州	tʻɛiŋ꜄	꜀kouŋ	a꜅	꜀kiaŋ	꜁xiŋ	sɔʔ꜆	saʔ꜇	꜀tsʻui	xɛiʔ꜆
古田	tʻiŋ꜄	꜀kouŋ	ɛ꜅	꜀kiaŋ	꜁xiŋ	sɔʔ꜆	saʔ꜇	꜀tsʻoi	xiʔ꜆
宁德	tʻiŋ꜄	꜀kɔŋ	ɛ꜅	꜀kiaŋ	꜁xin	sɔʔ꜆	sap꜇	꜀tsʻøy	xep꜆
周宁	tʻen꜄	꜀kɔŋ	e꜅	꜀kiaŋ	꜁xen	sɔʔ꜆	saʔ꜇	꜀tsʻui	xeʔ꜆
福鼎	tʻiŋ꜄	꜀koŋ	e꜅	꜀kiaŋ	꜁xiŋ	so꜄	sa꜇	꜀tsʻoi	xiʔ꜆
莆田	tʻɛŋ꜄	꜀kuŋ	e꜅	꜀kia	꜁hoŋ	ɬu꜅	꜁ɬɒ	꜀tsʻue	hiʔ꜆
厦门	tʻan꜄	꜀kŋ̍	e꜅	꜀kiã	꜁hin	suʔ꜆	saʔ꜇	꜀tsʻe	hip꜆
泉州	tʻan꜄	꜀kŋ̍	꜂e	꜀kiã	꜁hin	suʔ꜆	saʔ꜇	꜀tsʻə	hip꜆
永春	tʻan꜄	꜀kŋ̍	ue꜅	꜀kiã	꜁hin	suʔ꜆	saʔ꜇	꜀tsʻə	hip꜆
漳州	tʻan꜄	꜀kŋ̍	ue꜅	꜀kiã	꜁hin	suʔ꜆	saʔ꜇	꜀tsʻue	hip꜆
龙岩	tʻan꜄	꜀kõ	꜂ie	꜀kiã	꜁hin	so꜅	꜂sa	꜀tsʻie	hip꜆
大田	tʻaŋ꜄	꜀kŋ̍	꜂e	꜀kiã	꜁heŋ	soʔ꜆	saʔ꜇	꜀tsʻue	hiaʔ꜆
尤溪	tʻiŋ꜄	꜀ŋ̍	i꜅	꜀kiã	꜁hɤŋ	꜁sɤ	sa꜇	꜀tsʻɤ	hie꜆
永安	tʻã꜄	꜀kɑm	꜂e	꜀kiõ	꜁xuã	saɯ꜆	꜂sɒ	꜀tʃʻye	xø꜆
沙县	tʻɛiŋ꜄	꜀kaŋ	꜂e	꜀kiɔ̃	꜁xɛiŋ	sɔ꜆	꜂sa	꜀tʃʻye	xau꜆
建瓯	tʻeiŋ꜄	꜀kɔŋ	ɔ꜆	꜀kiaŋ	xeiŋ꜄	sɔ꜆	sa꜇	꜀tsʻo	xy꜆
建阳	hɔiŋ꜄	꜀kɔŋ	ai꜄	꜀kiaŋ	꜁xiŋ	sɔ꜆	la꜇	꜀tsʻui	xy꜆
松溪	tʻeiŋ꜄	꜀kaŋ	o꜅	꜀kiaŋ	꜁xeiŋ	so꜆	sɒ꜇	꜀tsʻyœ	xœy꜆

① 有些地方挣钱、赚钱不分。

② 《广韵》平声江韵：扛，古双切。《说文》云，扛，横关对举也。

③ 《广韵》上声蟹韵：解，胡买切。晓也。相当于普通话“解数”的“解”。通常写作“会”。

④ 《广韵》入声屋韵：嗽，桑谷切。吮也。

⑤ 《集韵》入声洽韵：煠，实洽切。《博雅》瀹也。闽方言物置清水中煮谓之“煠”。

⑥ 《广韵》入声缉韵：熻，许及切。熻热，闽方言“焖‘热’”“焖（饭）”都说“熻”。

	227. 颂穿①	228. 褪脱	229. 行行走	230. 走逃跑	231. 倒躺	232. 长剩余④	233. 光亮光	234. 暗天黑	235. 乌黑
福州	søyŋ²	t'ɒuŋᵓ	꜁kiaŋ	ᶜtsau	ᶜto	tuɔŋᵓ	꜀kuoŋ	aŋᵓ	꜀u
古田	syŋ²	t'ɔuŋᵓ	꜁kiaŋ	ᶜtsau	ᶜtɔ	tyøŋ²	꜀kuoŋ	aŋᵓ	꜀u
宁德	søŋ²	t'ɔnᵓ	꜁kiaŋ	ᶜtsau	ᶜtɔ	tyŋ²	꜀kɔŋ	amᵓ	꜀u
周宁	soŋ²	t'ɔnᵓ	꜁kiaŋ	ᶜtsɔu	ᶜtɔ	tyoŋ²	꜀kuŋ	anᵓ	꜀u
福鼎	suŋ²	t'oŋᵓ	②	③	ᶜto	tioŋ²	꜀kuoŋ	aŋᵓ	꜀uo
莆田	ɬœŋ²	t'øᵓ	꜁kia	ᶜtsau	ᶜto	꜁tuŋ	꜀kuŋ	aŋᵓ	꜀ɔu
厦门	ts'iŋ²	t'ŋ̍ᵓ	꜁kiã	ᶜtsau	ᶜto	tiɔŋ²	꜀kŋ̍	amᵓ	꜀ɔ
泉州	ts'iŋ²	t'ŋ̍ᵓ	꜁kiã	ᶜtsau	ᶜto	tiɔŋ²	꜀kŋ̍	amᵓ	꜀ɔ
永春	ts'iŋ²	t'ŋ̍ᵓ	꜁kiã	ᶜtsau	ᶜto	tiɔŋ²	꜀kŋ̍	amᵓ	꜀ɔ
漳州	ts'iŋ²	t'uĩ	꜁kiã	ᶜtsau	ᶜto	tiɔŋ²	꜀kŋ̍	amᵓ	꜀ɔ
龙岩	ts'oŋ²	脱 t'ie²	꜁kiã	ᶜtsau	ᶜto	tiɔ̃ᵓ	꜀kŋ̍	amᵓ	꜀u
大田	꜀tsoŋ	t'ɔ̃ᵓ	꜁kiã	ᶜtsau	ᶜtɤ	꜁tioŋ	꜀kŋ̍	aŋᵓ	꜀u
尤溪	sɤŋ²	t'ũᵓ	꜁kiã	ᶜtsau	ᶜtɤ	tiũ²	꜀ŋ̍	aŋᵓ	꜀u
永安	tsiɐmᵓ	脱 t'ue꜂	꜁kiõ	ᶜtsø	ᶜtaɯ	tiɑmᵓ	꜀kɑm	m̩ᵓ	꜀u
沙县	tsœyŋᵓ	脱 t'ue꜂	꜁kiɔ̃	ᶜtsau	ᶜtɔ	tiŋᵓ	꜀kŋ̍	aŋᵓ	꜀u
建瓯	tsœyŋ²	t'ɔŋᵓ	ᶜkiaŋ	ᶜtse	ᶜtau	tiɔŋ²	꜀kuaŋ	ɔŋᵓ	꜀u
建阳	tseiŋ²	huŋᵓ	ₒɦiaŋ	ᶜtseu	ᶜtau	liɔŋ²	꜀kuɔŋ	ɔŋᵓ	꜀o
松溪	tsœyŋ²	t'ueiŋᵓ	ₒkiaŋ	ᶜtsɒu	ᶜto	tioŋ²	꜀koŋ	aŋᵓ	꜀u

① 《集韵》去声用韵：颂，似用切。《说文》皃也。闽方言自“容皃”引申为“穿着”。

② 福鼎城关说“走”ᶜtsau。

③ 福鼎说“跳”t'ieuᵓ，或说“跑”ᶜp'au。

④ 《广韵》去声漾韵：长，直亮切。多也。闽南各点不能单独做谓语，只能带数量宾语。

	236. □多	237. 肥肥胖	238. 暗天黑	239. 瀙冷①	240. □短④	241. 簪(味)淡⑤	242. 冇不实⑥	243. 过(菜)老⑦	244. 燋乾⑧
福州	sa²	꜁pui	aŋᵓ	ts‘ɛiŋᵓ	ᶜtøy	ᶜtsiaŋ	p‘aŋᵓ	꜀kuai	꜀ta
古田	sɛ²	꜁pui	aŋᵓ	ts‘iŋᵓ	ᶜtoi	ᶜtsiaŋ	p‘aŋᵓ	꜀kuai	꜀ta
宁德	sɛ²	꜁pui	amᵓ	ts‘iŋᵓ	ᶜtøy	ᶜtsam	p‘aŋᵓ	꜀kuɔ	꜀ta
周宁	se²	꜁pui	aŋᵓ	ts‘enᵓ	ᶜtɛi	ᶜtsen	p‘aŋᵓ	꜀kuo	꜀ta
福鼎	se²	꜁pui	aŋᵓ	ts‘iŋᵓ	ᶜtoi	ᶜtsiaŋ	p‘aŋᵓ	老 lau²	꜀ta
莆田	ɬe²	꜁pui	aŋᵓ	ts‘iŋᵓ	ᶜtø	ᶜtsia	p‘ɒᵓ	꜀kua	꜀tɒ
厦门	tsue²	꜁pui	amᵓ	ts‘inᵓ	ᶜte	ᶜtsiã	p‘ãᵓ	꜀kua	꜀ta
泉州	tsue²	꜁pui	amᵓ	ts‘inᵓ	ᶜtə	ᶜtsiã	p‘ãᵓ	꜀kua	꜀ta
永春	tsue²	꜁pui	amᵓ	ts‘inᵓ	ᶜtə	ᶜtsiã	p‘ãᵓ	꜀kua	꜀ta
漳州	tse²	꜁pui	amᵓ	ts‘inᵓ	ᶜte	ᶜtsiã	p‘ãᵓ	꜀kua	꜀ta
龙岩	tsie²	꜁pui	amᵓ	ts‘inᵓ	ᶜtie	ᶜtsiã	p‘ãᵓ	老 ᶜlo	꜀ta
大田	꜀tse	꜁pui	aŋᵓ	ts‘eŋᵓ	ᶜtue	ᶜtsiã	p‘ãᵓ	꜀kua	꜀ta
尤溪	tsi²	꜁pui	aŋᵓ	ts‘iŋᵓ	ᶜtø	ᶜtsiã	p‘ãᵓ	꜀kua	꜀ta
永安	tseᵓ	꜁pui	mᵓ	②	ᶜtue	ᶜtsiõ	p‘õᵓ	老 ᶜlaɯ	꜀tiɯ
沙县	tseᵓ	꜁pui	aŋᵓ	③	ᶜtuɛ	ᶜtsiɔ̃	p‘ɔ̃ᵓ	老 ᶜlo	꜀tio
建瓯	tsai²	pyᵓ	ɔŋᵓ	ts‘eiŋᵓ	ᶜto	ᶜtsiaŋ	p‘ɔŋᵓ	ᶜkuɛ	ᶜtiau
建阳	lai²	꜁py	ɔŋᵓ	t‘ɔiŋᵓ	ᶜtui	ᶜliaŋ	p‘ɔŋᵓ	꜀kue	ₒliɔ
松溪	tsa²	꜁py	oŋᵓ	ts‘aŋᵓ	ᶜtuei	tsiaŋ₂	p‘oŋᵓ	꜀kua	꜀tyo

① 《集韵》去声稕韵：瀙，七刃切。《博雅》寒也。

②③ 永安、沙县水冷说“冷”ᶜlĩ、ᶜnuɛ̃，天冷说寒：꜁kum、꜁kuĩ。

④ 闽方言称“短”各地音韵地位是一致的：上声的贿韵或纸韵、端或知母。本字未明。

⑤ 《广韵》上声敢韵：簪，子敢切，澉簪。《集韵》上声敢韵：簪，子敢切，澉簪，无味也。

⑥ “冇”是俗字，本字可能是“泛”，泛有“空”义。

⑦ 《广韵》平声戈韵：过，古禾切。经也，又过所也。菜老了就是“过时”，闽方言义有引申。

⑧ 通常写训读字“乾”，本字可能是“燋”字。《广韵》平声宵韵：燋，即消切。伤火。《说文》曰：所以然持火也。闽南话“燋”与“礁”同音，均读꜀ta，可作旁证。

	245. 阔宽	246. 狭窄	247. 利不钝	248. □一[1]	249. 日头太阳	250. 冬节冬至	251. 山骹山脚下	252. 鸡母(嫲)母鸡
福州	kʻuaʔ꜆	窄 tsiaʔ꜆	lɛi꜅	suoʔ꜇	niʔ꜇ ꜁tʻau	꜁tøyŋ tsaiʔ꜆	꜀saŋ ꜀kʻa	꜀kie ꜂mo
古田	kʻuaʔ꜆	窄 tsaʔ꜇	li꜅	syøʔ꜇	niʔ꜇ ꜁tʻau	꜁tøyŋ tseiʔ꜆	꜀saŋ ꜀kʻa	꜀kie ꜂mɔ
宁德	kʻuat꜆	ɛp꜇	lei꜅	søʔ꜇	nik꜇ ꜁tʻau	꜀tœŋ ŋɛt꜆	꜀saŋ ꜀kʻa	꜀ki ꜂mɔ
周宁	kʻuɔt꜆	ɛt꜇	lei꜅	sɔʔ꜇	neʔ꜇ ꜁tʻau	꜀tœuŋ ŋeʔ꜆	꜀saŋ ꜀kʻa	꜀ki ꜂mɔ
福鼎	kʻuaʔ꜆	e꜇	li꜅	suo꜇	ni꜇ ꜁tʻau	꜀teŋ tseʔ꜆	꜀saŋ ꜀kʻa	꜀kie ꜁mo
莆田	kʻua꜅	窄 ꜁tsa	lai꜅	ɬoʔ꜇	꜁ti ꜁tʻau	꜀taŋ nɛʔ꜆	꜀sua ꜀kʻɒ	꜀ke ꜂po
厦门	kʻuaʔ꜆	ueʔ꜇	lai꜅	tsit꜇	lit꜇ ꜁tʻau	꜀taŋ tsueʔ꜆	꜀sua ꜀kʻa	꜀kue ꜂bu
泉州	kʻuaʔ꜆	ueʔ꜇	lai꜅	tsit꜇	lit꜇ ꜁tʻau	꜀taŋ tsueʔ꜆	꜀suã ꜀kʻa	꜀kue ꜂bu
永春	kʻuaʔ꜆	ueʔ꜇	lai꜅	tsit꜇	lit꜇ ꜁tʻau	꜀taŋ tsueʔ꜆	꜀suã ꜀kʻa	꜀kue ꜂bu
漳州	kʻuaʔ꜆	eʔ꜇	lai꜅	tsit꜇	lit꜇ ꜁tʻau	꜀taŋ tseʔ꜆	꜀suã ꜀kʻa	꜀ke ꜂bo
龙岩	kʻua꜅	꜃e	lai꜅	tsit꜇	lit꜇ ꜁tʻau	冬年 ꜀taŋ ꜁nĩ	꜀suã ꜀kʻa	꜀kie ꜁ba
大田	kʻuaʔ꜆	꜃e	꜀lɛ	꜂tse	leʔ꜇ ꜁tʻɔ	꜀taŋ tseʔ꜆	꜀suã ꜀kʻa	꜀ki ꜂bɤ
尤溪	kʻua꜆	꜀a	le꜅	ɕie꜆	꜀nie ꜁tʻau	꜀tɤŋ ŋi꜆	꜀sũ ꜀kʻa	꜀ki ꜂mɤ
永安	kʻuɒ꜆	꜃a	li꜄	②	꜃ŋi ꜁tʻø	冬至 ꜀taŋ tsɿ꜄	sum ꜀kʻo	꜀ke ꜁mɒ
沙县	kʻua꜆	꜃e	li꜄	个 ka꜄	꜃ŋi ꜁tʻau	冬至 ꜀touŋ tsɿ꜄	suĩ ꜀kʻau	꜁kie ꜁mã
建瓯	kʻuɛ꜆	把 ꜂pa	li꜅	tsi꜄	ni꜇ tʻe꜄	꜀tɔŋ tsai꜆	꜀suiŋ ꜀kʻau	꜀kai ma꜄
建阳	kʻue꜆	꜂ua	lɔi꜅	tsi꜇	nɔi꜇ ꜁həu	꜀toŋ tsai꜆	꜀sueiŋ ꜀kʻau	꜀kai ꜁ma
松溪	kʻua꜆	把 pɒ꜇	lei꜅	tsi꜄	nei꜇ ꜀tʻa	꜀toŋ tsa꜆	꜀sueiŋ ꜀kʻɒu	꜀ka ꜁mɒ

① 通常写训读字“一”，陈衍：《福建方言志》曾考定为“蜀”。扬雄：《方言》卷十二：“一，南楚谓之蜀。”《广雅·释诂二》：“蜀，弌也。”但有些地方的读音与“蜀”的音韵地位不合，暂时存疑。

② 永安说“一”i꜆、“么”꜀iɯ 或“寡”꜂kuɒ。

	253. 虱母（嫲）虱子	254. 木虱臭虫	255. 粗纸手纸	256. 手裷袖子①	257. 农客客人	258. 丈夫侬男人	259. 新妇儿媳妇
福州	seiʔ꜆ ꜂mo	møyʔ꜇ saiʔ꜆	꜀ts'u ꜂ʒai	꜂ts'iu ꜂uoŋ	꜁nøyŋ ŋaʔ꜆	touŋ꜅ ꜀muo ꜁nøyŋ	꜀siŋ mou꜄
古田	seiʔ꜆ ꜂mɔ	meiʔ꜇ seiʔ꜆	꜀ts'u ꜂ʒai	꜂ts'iu ꜂uoŋ	꜁løyŋ ŋaʔ꜆	꜁touŋ ꜀muo ꜁nøyŋ	꜀siŋ ꜁mu
宁德	sɛt꜆ ꜂mɔ	muʔ꜇ sɛt꜆	꜀ts'u ꜂tsa	꜂ts'iu ꜂ɔn	꜁nœŋ ŋaʔ꜆	丈夫 tɔŋ꜅ ꜀mu	꜀sim mou꜄
周宁	sɛt꜆ ꜂mɔ	muʔ꜇ sɛt꜆	꜀ts'u ꜂tsa	꜂ts'iu ꜂ɛn	꜁lœuŋ ŋaʔ꜆	toŋ꜅ ꜀ŋu ꜁nœuŋ	꜀sin mɔ꜅
福鼎	saʔ꜆ ꜂mo	咬虱 ka꜄ seʔ꜆	꜀ts'u ꜂tsia	꜂ts'iu ꜂uoŋ	꜁neŋ k'a꜄	toŋ꜅ ꜀muo ꜁neŋ	꜀siŋ pu꜅
莆田	ɬɛʔ꜆ ꜂po	paʔ꜇ ɬɛʔ꜆	草纸 ꜂ts'au ꜀lyɒ	꜂ts'iu ꜂ue	꜁naŋ ŋaʔ꜆	丈夫 ꜀ta ꜀pɔu	꜀ɬiŋ mu꜅
厦门	sap꜆ ꜂bu	bat꜇ sat꜆	꜀ts'ɔ ꜂tsua	꜂ts'iu ꜂ŋ̍	꜁laŋ k'eʔ꜆	丈夫 ꜀ta ꜀pɔ	꜀sim pu꜅
泉州	sap꜆ ꜂bu	bat꜇ sat꜆	꜀ts'ɔ ꜂tsua	꜂ts'iu ꜂ŋ̍	꜁laŋ k'eʔ꜆	丈夫 ꜀ta ꜀pɔ	꜀sim ꜃pu
永春	sap꜆ ꜂bu	bat꜇ sat꜆	꜀ts'ɔ ꜂tsua	꜂ts'iu ꜂ŋ̍	꜁laŋ k'eʔ꜆	丈夫 ꜀ta ꜀pɔ	꜀sim pu꜅
漳州	sap꜆ ꜂bu	bat꜇ sat꜇	꜀ts'ɔ ꜂tsua	꜂ts'iu ꜂uĩ	꜁laŋ k'eʔ꜆	丈夫 ꜀ta ꜀pɔ	꜀sim pu꜅
龙岩	sap꜆ ꜂ba	bak꜇ siat꜆	꜀ts'u ꜂tsua	꜂ts'iõ ꜂uĩ	꜁laŋ k'ie꜅	丈夫 ꜀tiũ ꜃pua	꜀sim ꜃pu
大田	saʔ꜆ ꜂bɤ	baʔ꜇ saʔ꜆	꜀ts'u ꜂tsua	꜂ts'u ꜂muĩ	꜁laŋ k'aʔ꜆	丈夫 ꜀teŋ ꜂bu	꜀seŋ ꜃pu
尤溪	sa꜆ ꜂mɤ	mo꜆ ꜁sa	꜀ts'io ꜂tsia	꜂ts'iu ꜂uẽ	꜁nɤŋ ŋa꜆	丈夫 ꜀tiŋ ꜂mu	꜀sɤŋ mu꜅
永安	ʃa꜆ ꜁mɒ	꜃mu ʃia꜆	拉屎纸 ꜀lɒ ꜂sɿ ꜂tʃia	꜂tʃ'iau ꜂yɛiŋ	꜁lã k'ɒ꜆	꜃tiɑm ꜀pu ꜁sɒ③	꜀sã ꜃pu
沙县	sai꜆ ꜁mã	꜃bu sai꜆	解屎纸 ꜂ke ꜂sɿ ꜂tsua	꜂tʃ'io ꜂yẽ	꜁nɛiŋ k'a꜆	꜃tiŋ ꜀pu ꜁ʃia④	꜀suĩ ꜃pu
建瓯	sɛ꜆ ma꜄	mu꜇ sɛ꜆	꜀ts'u ꜂tsyɛ	꜂siu ꜂yiŋ	neiŋ꜄ k'a꜆	男人 ꜁naŋ neiŋ꜄	꜀seiŋ py꜇
建阳	se꜆ ꜁ma	mu꜇ se꜆	草纸 ꜂t'au ꜂tsye	꜂siu ꜂yeiŋ	꜁nɔiŋ k'a꜆	男人 ꜁naŋ ꜁nɔiŋ	꜀sɔiŋ mo꜅
松溪	siei꜆ ꜁mɒ	mu꜇ siei꜆	草纸 ꜀ts'ɒu ꜂tsyœ	꜂siu ꜂yŋ	(꜀neiŋ)k'ɒ꜄②	tioŋ꜇ py꜇	꜀seiŋ py꜇

① 《广韵》上声阮韵：裷，於阮切。襪也。《方言》卷四郭注："衣褾，江东呼裷，音婉。"

② 松溪称"客"较亲切，称"人客"系指不熟悉的客人。

③④ 永安、沙县说"丈夫倫"，"倫"俗字，应是壮侗语称人的底层残留。

	260. 鼻屎干鼻涕	261. 目珠眼睛[1]	262. 目珠仁眼珠[2]	263. 后生年轻	264. 闹热热闹	265. 斤半一斤半	266. 廿一二十一
福州	p'i꜅ ᶜlai	meiʔ꜇ ꜀tsiu	meiʔ꜇ ꜀tsiu ꜁niŋ	xau꜅ ꜀laŋ	nau꜅ ieʔ꜇	꜀kyŋ muaŋ꜄	nieʔ꜇ εiʔ꜆
古田	p'i꜅ ᶜlai	meiʔ꜆ ꜀tsiu	meiʔ꜆ ꜀tsiu ꜁niŋ	xau꜅ ꜀laŋ	nau꜅ ieʔ꜇	꜀kyŋ mua꜄	nieʔ꜇ iʔ꜆
宁德	p'i꜅ ᶜlai	muʔ꜇ ꜀tsiu	muʔ꜇ ꜀tsiu ꜀tsi	xau꜅ ꜀laŋ	nau꜅ εt꜇	꜀kyŋ muan꜄	nieʔ꜇ ik꜆
周宁	p'i꜄ ᶜlεi	miʔ꜇ ꜀tsiu	miʔ꜇ ꜀tsiu ꜁nin	xau꜅ ꜀laŋ	nau꜅ iʔ꜇	꜀kyn muɔn꜄	nieʔ꜇ eʔ꜆
福鼎	p'i꜄ ᶜsai	mu꜇ ꜀tsiu	mu꜇ ꜀tsiu ꜁niŋ	xau꜅ ꜀saŋ	nau꜅ ie꜇	꜀kiŋ puaŋ꜄	nie꜅ iʔ꜆
莆田	p'i꜄ ᶜlai	maʔ꜇ ꜀tsiu	maʔ꜇ ꜀tsiu hoʔ꜇	hau꜅ ꜀la	tau꜅ εʔ꜇	꜀kyŋ pua꜄	ti꜄ iʔ꜆
厦门	p'ĩ꜅ ᶜsai	bak꜇ ꜀tsiu	bak꜇ ꜁lin	hau꜅ ꜀sĩ	lau꜅ liat꜇	꜀kun puã꜄	liap꜇ it꜆
泉州	p'i꜅ ᶜsai	bak꜇ ꜀tsiu	bak꜇ ꜁lin	hau꜅ ꜀sĩ	lau꜅ liat꜇	꜀kun puã꜄	liap꜇ it꜆
永春	p'i꜅ ᶜsai	bak꜇ ꜀tsiu	bak꜇ ꜀tsiu ꜁lin	hau꜅ ꜀sĩ	lau꜅ liat꜇	꜀kən puã꜄	liap꜇ it꜆
漳州	p'ĩ꜅ ᶜsai	bak꜇ ꜀tsiu	bak꜇ ꜀tsiu ꜁lin	hau꜅ ꜀sẽ	lau꜅ dziat꜇	꜀kin puã꜄	dzi꜅ it꜆
龙岩	p'i꜄ ᶜsai	bak꜇ ꜀tsiu	bak꜇ ꜁gin	hau꜅ ꜀siẽ	lau꜅ giat꜇	꜀kin puã꜄	li꜅ ꜃e
大田	꜀p'i ᶜsε	baʔ꜇ ꜀tsu	baʔ꜇ ꜀tsu ꜁jeŋ	꜀hɔ ꜀sã	꜀lɔ jiaʔ꜇	꜀keŋ puã꜄	꜀li eʔ꜆
尤溪	p'e꜅ ᶜsai	mɤ꜆ ꜀tsiu	mɤ꜆ ꜀tsiu ꜁liŋ	hua꜅ ꜀sã	nau꜅ ie꜆	꜀kɤŋ mũ꜄	nia꜅ ie꜆
永安	p'i꜄ ᶜsʅ	꜃mu ꜀tʃy	ᶜmu ꜀tʃy ꜃xuɒ	꜃xø ꜀sõ	lo꜄ ꜃ŋya	꜀kuã pm꜄	꜃ŋi i꜆
沙县	p'i꜄ ꜀sɤ	꜃bu ꜀tʃiu	꜃bu ꜀tʃiu ꜃xue	꜃xau ꜀sɔ̃	lau꜄ ꜃ya	꜀kuĩ puĩ꜄	ŋĩ꜄ e꜆
建瓯	p'i꜅ ᶜsi	mu꜇ ꜀tsiu	mu꜇ ꜀tsiu neiŋ꜄	xe꜅ ꜀saŋ	nau꜅ ᶜiε	꜀kœyŋ puiŋ꜄	ni꜅ i꜆
建阳	p'ɔi꜅ ᶜsi	mu꜇ ꜀tsiu	mu꜇ ꜀tsiu ꜁nɔiŋ	xəu꜅ ꜀saŋ	nau꜅ ᶜɦie	꜀kyeiŋ pɔiŋ꜄	nɔi꜅ i꜆
松溪	p'ei꜅ ᶜsi	mei꜇ ꜀tsiu	mei꜃ ꜀tsiu ꜁neiŋ	xu꜅ ꜀saŋ	nɒu꜅ iei꜆	꜀kyŋ pueiŋ꜄	nei꜅ i꜆

① 许多地方俗写为“目睭”，本字应为“目珠”。许多点古虞韵今读和尤韵混同，所以写作“睭”，永安 ꜀tʃy 只能是遇摄字，尤韵则没有 y 的读法，可以为证。

② 宁德说“目珠子”，莆田、永安、沙县说“目珠核”。闽南话“目珠仁”“目仁”两可。

	267. 百一一百一十	268. 千一一千一百	269. 头名第一名	270. 生卵下蛋	271. 拍铁打铁①	272. 病囝害喜	273. 食昼吃午饭
福州	paʔ꜆ ɛiʔ꜆	꜀ts'ieŋ ɛiʔ꜆	꜁t'au ꜁miaŋ	꜀saŋ nouŋ꜅	p'aʔ꜆ t'iɛʔ꜆	paŋ꜅ ꜂kiaŋ	sieʔ꜇ tau꜄
古田	paʔ꜆ iʔ꜆	꜀ts'ieŋ iʔ꜆	꜁t'au ꜁miaŋ	꜀saŋ lɔuŋ꜅	p'aʔ꜆ lieʔ꜆	paŋ꜅ ꜂ŋiaŋ	siaʔ꜆ tau꜄
宁德	paʔ꜆ ik꜆	꜀ts'ɛn ik꜆	꜁t'au ꜁miaŋ	꜀saŋ nɔn꜅	p'aʔ꜆ t'it꜆	paŋ꜅ ꜂kian	siaʔ꜆ tau꜄
周宁	paʔ꜆ eʔ꜆	꜀ts'ɛn eʔ꜆	꜁t'au ꜁miaŋ	꜀saŋ lɔn꜅	p'aʔ꜆ liʔ꜆	paŋ꜅ ꜂kɛn	sieʔ꜆ tau꜄
福鼎	pa꜄ iʔ꜆	꜀ts'eŋ iʔ꜆	꜁t'au ꜁miaŋ	꜀saŋ loŋ꜅	p'a꜅ t'iʔ꜆	paŋ꜅ ꜂kiaŋ	sia꜄ tau꜄
莆田	paʔ꜆ iʔ꜆	꜀ts'e iʔ꜆	꜁t'au ꜁mia	꜀ɬa nø꜅	p'a꜆ t'iʔ꜆	pa꜅ ꜂yɒ	ɬiaʔ꜇ tau꜄
厦门	paʔ꜆ it꜆	꜀ts'iŋ it꜆	꜁t'au ꜁miã	꜀sĩ lŋ̍꜅	p'aʔ꜆ t'iʔ꜆	pĩ꜅ ꜂kiã	tsiaʔ꜇ tau꜄
泉州	paʔ꜆ it꜆	꜀ts'uĩ it꜆	꜁t'au ꜁miã	꜀sĩ꜃ lŋ̍	p'aʔ꜆ t'iʔ꜆	pĩ꜅ ꜂kã	tsiaʔ꜇ tau꜄
永春	paʔ꜆ it꜆	꜀ts'uĩ it꜆	꜁t'au ꜁miã	꜀sĩ lŋ̍꜅	p'aʔ꜆ t'iʔ꜆	pĩ꜅ ꜂kiã	tsiaʔ꜇ tau꜄
漳州	peʔ꜆ it꜆	꜀ts'iŋ it꜆	꜁t'au ꜁miã	꜀sẽ nuĩ꜅	p'aʔ꜆ t'iʔ꜆	pẽ꜅ ꜂kiã	tsiaʔ꜇ tau꜄
龙岩	꜃pie ꜃e	꜀ts'ĩ ꜃e	꜁t'au ꜁miã	꜀siẽ ꜃nĩ	꜃p'a ꜃t'i	病婴仔 piẽ꜅ ꜂iã	tsa꜅ tau꜄
大田	paʔ꜆ eʔ꜆	꜀ts'eŋ eʔ꜆	꜁t'ɔ ꜁miã	꜀sã ꜃nuĩ	p'aʔ꜆ t'i꜄	꜀pã ꜂kiã	siaʔ꜆ tɔ꜄
尤溪	pa꜆ ie꜆	꜀ts'ẽ ie꜆	꜁t'au ꜁miã	꜀sã nũ꜅	p'a꜆ t'e꜆	pã꜅ ꜂kŋ̍	ɕia꜇ tau꜄
永安	pɒ꜆ i꜆	꜀ts'ɛiŋ i꜆	꜁t'ø ꜁miõ	꜀sõ ꜃sum	꜃mɒ t'e꜆	病妹 põ꜅ mue꜄	꜃ie tø꜄
沙县	pa꜆ e꜆	꜀tʃ'ĩ e꜆	꜁t'au ꜁miɔ̃	꜀sɔ̃ ꜃suĩ	꜃mã t'iɛ꜆	病妹 pɔ̃꜅ bue꜄	꜃ie tau꜄
建瓯	pa꜆ i꜆	꜀ts'aiŋ i꜆	t'e꜄ maiŋ꜄	꜀saŋ sɔŋ꜅	ma꜇ t'iɛ꜆	paŋ꜅ ꜂kyiŋ	iɛ꜇ te꜄
建阳	pa꜆ i꜆	꜀t'aiŋ i꜆	꜁həu ꜁miaŋ	꜀saŋ suŋ꜄	ma꜇ hie꜆	paŋ꜅ ꜂kyeiŋ	ɦie꜇ to꜄
松溪	pɒ꜆ i꜆	꜀ts'iŋ i꜆	꜁t'a ꜁miaŋ	꜀saŋ sueiŋ꜅	mɒ꜇ t'iei꜆	病妹 paŋ꜅ mei꜄	iei꜇ tɒu꜄

① 闽方言把“打”说成“拍”。《广韵》拍，匹陌切，拍，莫白切。《集韵》拍、拍互为异体。永安、沙县、建瓯、建阳、松溪五点读莫白切，其他点读匹陌切。

	274. 喙燋口渴	275. 解使（得）可以	276. 𫙓使（得）不行 ③	277. 伓去不去 ④	278. 跋倒跌倒
福州	ts'uiᵓ ꜀ta	a² ᶜlai	mɛ² ᶜlai	ŋ̍² ŋɔᵓ	puaʔ₂ ᶜto
古田	ts'yᵓ ꜀ta	ɛ² ᶜlai	mɛ² ᶜlai	ŋ̍² ŋyøᵓ	puaʔ₂ ᶜtɔ
宁德	喙渴 ts'uiᵓ k'at꜀	ɛ² ᶜlai	mɛ² ᶜlai	ŋ̍² ŋyᵓ	pat₂ ᶜtɔ
周宁	喙渴 ts'uiᵓ k'aʔ꜀	e² ᶜsɛi	me² ᶜsɛi	ŋ̍² ŋyᵓ	跋 puɔt₂
福鼎	喙渴 ts'uiᵓ k'aʔ꜀	e² ᶜsai	me² ᶜsai	ŋ̍² k'ieᵓ	pua₂ ᶜto
莆田	ts'uiᵓ ꜀tɒ	e² ᶜɬai(·lɛʔ꜀)	pe² ᶜɬai(·lɛʔ꜀)	ŋ̍² k'yᵓ	pua₂ ᶜlo
厦门	ts'uiᵓ ꜀ta	e² ᶜsai	bue² ᶜsai(·lit)	m̩² k'iᵓ	puaʔ₂ ᶜto
泉州	ts'uiᵓ ꜀ta	ᶝe ᶜsai(·lit)②	ᶝbue ᶜsai(·lit)	m̩² k'ɯᵓ	puaʔ₂ ᶜto
永春	ts'uiᵓ ꜀ta	ue² ᶜsai(·lit)	bue² ᶜsai(·lit)	m̩² k'ɯᵓ	puaʔ₂ ᶜto
漳州	ts'uiᵓ ꜀ta	e² ᶜsai	be² ᶜsai	m̩² k'iᵓ	puaʔ₂ ᶜto
龙岩	ts'uiᵓ ꜀ta①	ᶝe ᶜsai	ᶝbe ᶜsai	m̩² k'iᵓ	puak₂ ᶜto
大田	ts'iᵓ ꜀ta	ᶝe ᶜsɛ(·lɤ)	ᶝbe ᶜsɛ(·lɤ)	꜀ŋ̍ k'iᵓ	puaʔ₂ ᶜtɤ
尤溪	ts'uiᵓ ꜀ta	iᵓ ᶜsai	miᵓ ᶜsai	ŋ̍² ŋyᵓ	꜀pia ᶜtɤ
永安	腹渴 pu꜀ k'uɒ꜀	使得 ᶜʃia ꜀ta	使伓得 ᶜʃia aŋᵓ ꜀ta	aŋᵓ k'ɯᵓ	ᶝpuɒ ᶜtaɯ
沙县	嘴燋 ᶜtsui ꜀tio	使得 ᶜsai tɛ꜀	使伓得 ᶜsai ŋᵓ tɛ꜀	ŋ̍ᵓ k'oᵓ	ᶝpua ᶜtɔ
建瓯	ts'yᵓ ꜀tiau	(ɔ꜀) ᶜsɛ tɛ꜀	mai² ᶜsɛ tɛ꜀	eiŋ² k'ɔᵓ	遁倒 ᶜtuiŋ ᶜtau
建阳	ts'yᵓ ꜀liɔ	aiᵓ ᶜse te꜀	maiᵓ ᶜse te꜀	oŋ² k'ɔᵓ	遁倒 tueiŋᵓ ᶜtau
松溪	ts'yᵓ ꜀tyo	(o²) ᶜsyœ tyœ꜀	ma₂ ᶜsyœ tyœ꜀	oŋ₂ k'oᵓ	遁 tueiŋᵓ

① 龙岩也可说“腹渴”，同永安。
② 泉州、永春因为避讳，常说为“解做得”“解用得”，或“𫙓做得”“𫙓用得”。
③ “𫙓”是常用俗字，应是“伓解（不会）”的合音。
④ “伓”是常用俗字，本字可能是“毋”。

（二）词根相同、词形不完全相同的。例如：

	279. 日中白天	280. 冥晡夜晚	281. 中昼中午	282. 墘头边缘①
福州	niʔ$_2$ ꜀touŋ	꜁maŋ ꜀muo	꜀touŋ nauᵓ	墘墘 ꜁kieŋ ꜁kieŋ
古田	niʔ$_2$ ꜁touŋ	꜁maŋ ꜀muo	日昼 niʔ$_2$ tauᵓ	꜁kiŋ ꜁nau
宁德	nik$_2$ ꜀tɔŋ	꜁maŋ ꜀mu	日昼 nik$_2$ tauᵓ	墘 ꜁kin
周宁	neʔ$_2$ ꜀lɔŋ	꜁maŋ ꜀mu	日后昼 neʔ$_2$ au$_2$ lauᵓ	꜁kin ꜁nau
福鼎	日过头 ni$_2$ kuoᵓ ꜁lau	冥□ ꜁maŋ kuo$_2$	日头昼 ni$_2$ t'au tauᵓ	墘 ꜁kieŋ
莆田	tiʔ$_2$ ꜀tɒŋ	冥昏 ꜁mɒ ꜀ue	日昼 tiʔ$_2$ tauᵓ	墘边 ꜁kiŋ ꜀miŋ
厦门	日时 lit$_2$ ·si	暗冥 amᵓ ꜁mĩ	日昼 lit$_2$ tauᵓ	边墘 ꜀pĩ ꜁kĩ
泉州	日时 lit$_2$ ·si	暗冥 amᵓ ꜁mĩ	日昼 lit$_2$ tauᵓ	꜁kĩ ·t'au
永春	日时 lit$_2$ ·si	暗冥 amᵓ ꜁mĩ	日昼 lit$_2$ tauᵓ	꜁kĩ ·t'au
漳州	日时 dzit$_2$ ·si	暗冥 amᵓ ꜁mẽ	日昼 dzit$_2$ tauᵓ	墘 ꜁kĩ
龙岩	日头 lit$_2$ ꜁t'au	暗头 amᵓ ꜁t'au	꜀tioŋ tauᵓ	꜁kĩ ꜁t'au
大田	日间 leʔ$_2$ ꜀kaŋ	冥昏头 mãᵓ ꜁hiŋ ꜁t'ɔ	꜀tŋ̍ tɔᵓ	꜁keŋ ꜁t'au
尤溪	nie$_2$ ꜀toŋ	冥昏 ꜁mẽ ꜀ĩ	日昼 nie$_2$ tauᵓ	墘 ꜁kĩ
永安	白日 ᶜpa ᶜŋi	冥昏 ꜁mõ ꜀xm̩	对昼 tuiᵓ tøᵓ	边舷 ꜀pɛiŋ ꜁xĩ
沙县	白日 ᶜpa ᶜŋĩ	冥昏 ꜁mɔ̃ ꜀xuĩ	对昼 tuiᵓ tauᵓ	边舷 ꜀pĩ ꜁xɔ̃i
建瓯	日时 ni$_2$ siᵓ	暗冥 ɔŋᵓ maŋᵓ	꜀tɔŋ teᵓ	边舷 ꜀piŋ xaiŋᵓ
建阳	日上 nɔi$_2$ tsiɔŋ^2	暗冥 ɔŋᵓ ꜁maŋ	꜀tɔŋ toᵓ	边舷 ꜀pieiŋ ꜁xaiŋ
松溪	白日 paᵓ nei$_2$	暗冥 ɔŋᵓ ꜁maŋ	꜀taŋ tɒuᵓ	边舷 ꜀piŋ ꜁xaŋ

① “墘”是多数地区通行的俗字。许多地方还用作地名。本字应是“舷”。《广韵》平声先韵：舷，胡田切。船舷。读 k 的各点，“匣”母字均可读为 k 声母。

	283. 门隊门槛①	284. 咬□蟑螂②	285. 衣胎盘	286. 骹后□脚跟③
福州	꜁muoŋ naiŋ꜅	꜀ka laʔ꜇	꜀i	꜀k'a au꜅ ꜀laŋ
古田	꜁muoŋ neiŋ꜅	□母 ꜀saŋ ꜂mɔ	꜀y	骹□ ꜀k'a ꜀naŋ
宁德	꜁mon nɛn꜅	□母 saʔ꜆ ꜂mɔ	꜀ui	后□ au꜅ ꜀laŋ
周宁	꜁mun nen꜄	□母 saʔ꜇ ꜂mɔ	꜀ui	骹□ k'a ꜀laŋ
福鼎	꜁muoŋ teŋ꜅	ka꜅ sa꜇	(团)衣(꜂kiaŋ) ꜀ui	(后)骹□(au꜄) ꜀k'a ꜀taŋ
莆田	门隊头 ꜁mue ꜂lø ꜁lau	꜃kɒ ɬuaʔ꜇	꜀ui	骹下□ ꜀k'ɒ ɒ꜅ ꜀la
厦门	户隊 hɔ꜅ tiŋ꜅	ka꜅ tsuaʔ꜇	꜀ui	꜀k'a au꜅ ꜀tĩ
泉州	꜁bin ꜃tuĩ	꜃ka tsuaʔ꜇	꜀ui	꜀k'a ꜃au ꜀tĩ
永春	户隊 hɔ꜅ tuĩ꜅	ka꜇ tsuaʔ꜇	꜀ui	꜀k'a au꜅ ꜀tĩ
漳州	户隊 hɔ꜅ tiŋ꜅	꜀ka tsuaʔ꜇	꜀ui	꜀k'a au꜅ ꜀tẽ
龙岩	꜁muĩ ꜃tĩ	꜀ka ꜃tsua	胞衣 ꜀pau ꜀ui	꜀k'a ꜃au ꜀tiẽ
大田	꜁buiŋ ꜃tĩ	油□ ꜁iu tsuaʔ꜇	团衣 ꜂kiaŋ ꜀ui	꜀k'a ꜃ɔ ꜀tã
尤溪	꜁mũ nẽ꜄	ka꜆ ꜀so	꜀i	骹□ ꜀k'a ꜀lã
永安	户隊 ꜃xu ꜃teiŋ	□ ꜃tsuɒ	伴 ꜃p'm	骹□ ꜀k'o ꜀tiõ
沙县	横隊 ꜁xuĩ ꜃tɛiŋ	□ ꜃tsua	꜀i	骹□ ꜀k'au ꜀tiõ
建瓯	mɔŋ꜄ tyiŋ꜇	□ tsuɛ꜇	꜀i	骹□ ꜀k'au ꜀tiaŋ
建阳	꜁muŋ lyeiŋ꜄	□ lue꜇	꜀i	骹□ ꜀k'au ꜀tiaŋ
松溪	꜁moŋ tyŋ꜇	□ tsua꜇	妹衣 ꜂mei ꜀i	骹腹□ ꜀k'ɒu pu꜆ ꜀tiaŋ

① 《广韵》上声狝韵：隊，持兖切。道边埤也。

② 本字可能是"蠽"。《广韵》入声薛韵：蠽，姊列切。茅蠽，似蝉而小。

③ "脚跟"的"跟"有的写成"盯"字，因考证不确，暂用"□"。福鼎"脚跟"说"（后）骹□"，"鞋后跟"说"骹□"。

	287. 面脸	288. 腹肚肚子	289. 妗舅母	290. 孙（囝）侄子
福州	mɛiŋ꜄	puʔ꜆ ꜂lo	依妗 ꜀i kɛiŋ꜅	孙 ꜀souŋ
古田	miŋ꜄	puʔ꜆ ꜂lu	keiŋ꜅	孙 ꜀sɔuŋ
宁德	min꜄	pok꜆ ꜂lu	kɛm꜅	꜀søn ꜂ŋian
周宁	men꜄	puʔ꜆ ꜂lu	ken꜅	꜀sɔn ꜂ŋɛn
福鼎	miŋ꜄	puʔ꜆ ꜂lu	外妗 ŋia꜅ kiŋ꜅	꜀soŋ ꜂kiaŋ
莆田	miŋ꜄	paʔ꜆ ꜂tɔu	阿妗 aʔ꜆ kiŋ꜅	侄 ꜁ti
厦门	bin꜅	pak꜆ ꜂tɔ	阿妗 ꜀a kim꜅	꜀sun ꜂nã
泉州	bin꜅	pak꜆ ꜂tɔ	阿妗 ꜀a ꜃kim	꜀sun ꜂kã
永春	bin꜅	pak꜆ ꜂tɔ	kim꜅	꜀sun ꜂kiã
漳州	bin꜅	pak꜆ ꜂tɔ	阿妗 ꜀a kim꜅	꜀sun ꜂nã
龙岩	面颊 bin꜄ kie꜅	pak꜆ ꜂tu	妗婆仔 kim꜅ ꜁po ꜂a	侄子 ꜁tie ꜂tsɿ
大田	beŋ꜄	paʔ꜆ ꜂tu	妗婆仔 ꜀keŋ ꜁pɤ ꜂a	꜀sueŋ ꜂ŋã
尤溪	miŋ꜄	꜁puo ꜂lio	阿妗 ꜀a kiŋ꜅	꜀sɤŋ ꜂ŋ̍
永安	面嘴 mɛiŋ꜄ ꜂tse	腹屎 pu꜆ ꜂sɿ	꜃kiã	孙仔 ꜀suã ꜂tse
沙县	面嘴 mĩ꜄ ꜂tsue	腹屎 po꜆ ꜂sɤ	꜃kɛiŋ	孙仔 ꜀suĩ ꜂tsai
建瓯	面颊 miŋ꜅ ꜂kai	腹 pu꜆	妗奶 keiŋ꜅ ꜂nai	孙仔 ꜀sɔŋ ꜂tsiɛ
建阳	mieiŋ꜅	腹 po꜆	阿妗 ai꜆ kiŋ꜄	孙 ꜀suŋ
松溪	面颊 miŋ꜅ ka꜆	pu꜆ ꜂ta	妗奶 kœyŋ꜅ ꜂na	孙 ꜀sueiŋ

（三）词组及短句。[①] 例如：

	291. 去底落去哪儿	292. 去城里进城去	293. 去看戏看戏去	294. bh食得吃不得
福州	kʻɔ꜄ ꜂tieŋ ꜂nœ	去城底 kʻɔ꜄ ꜁siaŋ ꜂lie	kʻɔ꜄ kʻaŋ꜄ xiɛ꜄	mɛ꜅ lieʔ꜇ ·liʔ
古田	kʻyø꜄ ꜂toi ꜂ia	去城底 kʻyø꜄ ꜁siaŋ ꜂nie	kʻyø꜄ kʻaŋ꜄ ŋie꜄	mɛ꜅ liaʔ꜇ ·liʔ
宁德	去底 kʻy꜄ toi꜄	去城底 kʻy꜄ ꜁siaŋ ꜂lie	kʻy꜄ kʻan꜄ xi꜄	mɛ꜅ liaʔ꜇ ·ɛ
周宁	去底 kʻy꜄ tɔi꜄	去城底 kʻy꜄ ꜁siaŋ ꜂ne	去映戏 kʻy꜄ e꜄ xi꜄	me꜅ lieʔ꜇ ·liʔ
福鼎	去底至 kʻie꜄ ꜂toi tsi꜄	去城底 kʻie꜄ ꜁siaŋ ꜂tʻie	kʻie꜄ kʻaŋ꜄ xie꜄	me꜅ sia꜇ ꜂liʔ
莆田	kʻy꜄ ꜂ta lo꜄	kʻy꜄ ꜁ɬia ꜂li	kʻy꜄ kʻua꜄ hi꜄	pe꜅ ɬiaʔ꜆ ·lɛʔ
厦门	kʻi꜄ ꜂to loʔ꜇	kʻi꜄ ꜁siã lai꜅	kʻi꜄ kʻuã꜄ hi꜄	bue꜅ tsiaʔ꜇ ·lit
泉州	kʻɯ꜄ ꜂to loʔ꜇	kʻɯ꜄ ꜁siã ꜃lai	kʻɯ꜄ kʻuã꜄ hi꜄	꜃bue tsiaʔ꜇ ·lit
永春	kʻɯ꜄ ꜂to loʔ꜇	kʻɯ꜄ ꜁siã lai꜅	kʻɯ꜄ kʻuã꜄ hi꜄	bue꜅ tsiaʔ꜇ ·lit
漳州	去□蜀位 kʻi꜄ ꜀ta tsit꜇ ui꜅	kʻi꜄ ꜁siã lai꜅	kʻi꜄ kʻuã꜄ hi꜄	be꜅ tsiaʔ꜇ ·e
龙岩	去底兜 kʻi꜄ tie꜆ ꜀tau	kʻi꜄ ꜁sã ꜂lai	去⿰目英戏 kʻi꜄ õ꜅ hi꜄	꜃be ꜃tsa ·lie
大田	去底□ kʻi꜄ ꜃te tsiaʔ꜆	kʻi꜄ ꜁sã ꜂li	kʻi꜄ kʻuã꜄ hi꜄	꜀be tsiaʔ꜇ ·lɤ
尤溪	去底角 kʻy꜄ ta꜅ kʻuo꜆	去城底 kʻy꜄ ꜁siã ꜂ti	kʻy꜄ kʻũ꜄ hi꜄	mi꜅ ia꜆ ŋi꜆
永安	去何地 kʻɯ꜄ ꜁xɒ ꜀ti	去城底 kʻɯ꜄ ꜁ʃã（꜂ti）	去⿰目英戏 kʻɯ꜄ iõ꜄ ʃi꜄	食怀得 ꜃ie aŋ꜄ ta꜆
沙县	去啥地 kʻo꜄ ꜂se ti꜄	kʻo꜄ ꜁sɛiŋ ꜂le	去⿰目英戏 kʻo꜄ iɔ̃꜄ ʃi꜄	食怀得 ꜃ie ŋ̍꜄ tɛ꜆
建瓯	去呢底 kʻɔ꜄ ni꜅ ꜂ti	去城底 kʻɔ꜄ seiŋ꜄ ꜂ti	去覰戏 kʻɔ꜄ tsʻu꜅ xi꜄	mai꜅ iɛ꜇ tɛ꜆
建阳	去哪角 kʻɔ꜄ nɔi꜅ ko꜆	去城底 kʻɔ꜄ ꜀siŋ ꜂tɔi	去覰戏 kʻɔ꜄ tʻo꜆ xi꜄	mai꜄ ɦie꜇ te꜆
松溪	去呢地 kʻo꜄ ni꜅ ꜁ti	去城底 kʻo꜄ ꜀ieiŋ ꜂ta	去⿰目英戏 kʻo꜄ iaŋ꜄ xi꜄	ma꜇ iɛ꜇ tyœ꜆

① 这部分主要反映某些句型的差异。方言里有几种说法，这里只取和普通话有差异的一种。有的方言的说法可能在普通话里也有，但未必常用。条目所列的普通话说法在闽方言里往往不用或罕用。

	295. 行边头靠边走	296. 汝 / 你行头前你前面走	297. 钱驮乞伊给他钱
福州	行边兜 ꜀kiaŋ ꜀pieŋ ꜀nau	汝行前头 ꜂ny ꜀kiaŋ ꜀sɛig ꜂nau	꜀tsieŋ ꜀to k‘øyʔ꜆ ·i
古田	行边兜 ꜀kiaŋ ꜀pieŋ ꜀nau	汝行前头 ꜂ny ꜀kiaŋ ꜀seiŋ ꜂nau	꜀tsie ꜀tɔ k‘iʔ꜆ ·i
宁德	行墘头 ꜀kiaŋ ꜀kin ꜀lau	꜂ny ꜀kiaŋ ꜀t‘au ꜀lɛn	꜀tsin ꜀tɔ k‘iˀ ꜀i
周宁	行墘头 ꜀kiaŋ ꜀kin ꜀nau	꜂ny ꜀kiaŋ ꜀t‘au ꜀lɛn	꜀tsiŋ ꜀tɔ k‘yʔ꜆ ꜀i
福鼎	走旁边 ꜂tsau ꜀poŋ ꜀pieŋ	汝走头前 ꜂ni ꜂tsau ꜀t‘au ꜀seŋ	꜀tsieŋ ꜀to k‘iʔ꜆ ꜀i
莆田	行墘边 ꜀kia ꜀kim ꜀miŋ	꜂ty ꜀kia ꜀t‘au ꜀le	钱□乞伊 ꜀tsiŋ t‘ɛʔ꜇ k‘œʔ꜇ ·i
厦门	꜀kiã ꜀pĩ ·t‘au	꜂li ꜀kiã ꜀t‘au ꜀tsiŋ	钱□与伊 ꜀tsĩ t‘eʔ꜇ hɔ꜊ ·i
泉州	꜀kiã ꜀pĩ ·t‘au	꜂lɯ ꜀kiã ꜀t‘au ꜀tsuĩ	钱□长伊 ꜀tsĩ t‘ueʔ꜇ ꜀tŋ ·i
永春	꜀kiã ꜀pĩ ·t‘au	꜂lɯ ꜀kiã ꜀t‘au ꜀tsuĩ	钱□与伊 ꜀tsĩ t‘ueʔ꜇ hɔ꜊ ·i
漳州	꜀kiã ꜀pĩ ·t‘au	꜂li ꜀kiã ꜀t‘au ꜀tsiŋ	钱□与伊 ꜀tsĩ t‘eʔ꜇ hɔ꜊ ·i
龙岩	꜀kiã ꜀pĩ ·t‘au	꜂li ꜀kiã ꜀t‘au ꜀tsĩ	钱□畀伊 ꜀tsiã ꜂t‘ie pu꜊ ·i
大田	꜀kiã ꜀pĩ ꜀t‘ɔ	汝行打头 ꜂li ꜀kiã ꜂tã ꜀t‘ɔ	钱乞伊 ꜀tsĩ k‘iˀ ꜀i
尤溪	꜀kiã ꜀pẽ ꜂lau	꜂ne ꜀kiã ꜀t‘au ꜀sẽ	钱□乞伊 ꜀tsẽ k‘ia꜆ k‘e꜆ ꜂i
永安	行边舷 ꜀kiõ ꜀pɛiŋ ꜀xĩ	你行头先 ꜀ŋi ꜀kiõ ꜀t‘ø ꜀sĩ	拿钱□佢 ꜀nõ ꜀tsɛiŋ k‘ɛiŋˀ ꜀ŋy
沙县	行边舷 ꜀kiɔ̃ ꜀pĩ ꜀xɔ̃i	你行打头 ꜀ŋĩ ꜀kiɔ̃ ꜂ta ꜀t‘au	拿钱□佢 ꜀nɔ̃ ꜀tsĩ k‘iŋˀ ꜀gy
建瓯	行边舷 ꜂kiaŋ ꜀piŋ xaiŋˀ	ni꜀ ꜂kiaŋ t‘eˀ ts‘iŋˀ	拿钱纳佢 na꜇ tsiŋˀ na꜆ ky꜇
建阳	行边舷 ꜀ɦiaŋ ꜀pieiŋ ꜀xaiŋ	꜀nɔi ꜀ɦiaŋ ꜀hu ꜀ts‘ieiŋ	拿钱纳佢 na꜇ ꜀tsieiŋ na꜇ ꜀ky
松溪	行边舷 ꜀kiaŋ ꜀piŋ ꜀xaŋ	niei꜇ ꜀kiaŋ ꜀t‘a ꜀ts‘iŋ	拿钱乞佢 nɒ꜇ ꜀tsiŋ k‘iei꜆ kyo꜇

	298. 书驮蜀本拿一本书	299. 汝共伊讲你告诉他	300. 我有去过我去过了
福州	꜀tsy ꜁to sɔʔ꜆ ꜂puoŋ	꜂ny køy꜅ ꜀i ꜂kouŋ	꜂ŋuai u꜅ k‘ɔ꜄ kuɔ꜄
古田	꜀tsy ꜁tɔ syøʔ꜆ ꜂puoŋ	꜂ny køyŋ꜅ ꜀i ꜂kɔuŋ	꜂ŋuai u꜅ k‘yø꜄ kuo꜄
宁德	꜀tsy ꜁tɔ sɔʔ꜆ ꜂pɔŋ	꜂ny kœŋ꜅ ꜀i ꜂kɔŋ	꜂ua ꜂ou k‘y꜄ kuɔ꜄
周宁	꜀tsy ꜁tɔ siʔ꜆ ꜂pon	汝做伊讲 ꜂ny tsɔ꜄ ꜀i ꜂kɔŋ	꜂ua ou꜅ k‘y꜄ kuo꜄
福鼎	书册驮蜀本 ꜀tsi ts‘aʔ꜆ ꜁to si, ꜂puoŋ	꜂ni ka꜅ ꜀i ꜂koŋ	我有去着 ꜂ua u꜅ k‘ie꜄ tie꜇
莆田	册□蜀本 ts‘aʔ꜆ t‘ɛʔ꜇ ɬoʔ꜇ ꜂pue	꜂ty ka꜄ ꜀i ꜂kɒŋ	我有去着 ꜂kua u꜅ k‘y꜄ ·tiɐu
厦门	册□蜀本 ts‘eʔ꜆ t‘eʔ꜇ ·tsit ·pun	꜂li kaŋ꜅ ꜀i ꜂kɔŋ	我有去着 ꜂gua u꜅ k‘i꜄ ·tioʔ
泉州	册□蜀本 ts‘eʔ꜆ t‘ueʔ꜇ ·tsit ·pun	汝共伊说 ꜂lɯ kaŋ꜄ ꜀i səʔ꜆	我有去着 ꜂gua ꜃u k‘ɯ꜄ ·tioʔ
永春	册□蜀本 ts‘eʔ꜆ t‘ueʔ꜇ ·tsit ·pun	汝共伊说 ꜂lɯ kaŋ꜄ ꜀i səʔ꜆	我有去着 ꜂gua u꜅ k‘ɯ꜄ ·tioʔ
漳州	册□蜀本 ts‘eʔ꜆ t‘eʔ꜇ tsit꜇ ·pun	꜂li ka꜅ ꜀i ꜂kɔŋ	꜂gua u꜅ k‘i꜄ kue꜄
龙岩	书册□蜀本 ꜀tsi ts‘ie꜅ ꜃t‘ie ꜃tsie ꜂pun	꜂li ka꜅ ꜀i ꜂kõ	꜂gua ꜃u k‘i꜄ kue꜄
大田	书□蜀本 ꜀tsi ꜁kuã tseʔ꜇ ꜂pueŋ	汝乞伊讲 ꜂li k‘i꜄ ꜀i ꜂kŋ̍	꜂bua ꜀u k‘i꜄ ·ko
尤溪	书□蜀本 ꜀tsy k‘ia꜆ ie꜆ ꜂pũ	汝讲伊听 ꜂ne ꜂ŋ̍ ꜀i ꜀t‘iã	我有去着 ꜂ŋua ꜂iu k‘y꜄ ꜀t‘ɤ
永安	书拿寡本 ꜀ʃy ꜀nõ ꜂kuɔ ꜂puã ꜁la	你做佢话 ꜀ŋi tsaɯ꜄ ꜀ŋy uɒ꜄	我去着了 ꜀ŋuɒ k‘ɯ꜄ ꜃tiɯ ·lɒ
沙县	书拿个本 ꜀ʃy ꜀nɔ̃ ka꜄ ꜂puẽ	你告佢话 ꜀ŋĩ ko꜄ ꜀gy gua꜄	我去着了 ꜀ŋua k‘o꜄ ·tio ·lo
建瓯	书拿蜀本 ꜀sy na꜇ tsi꜄ ꜂pɔŋ	你邀佢话 ni꜇ ꜀iau ky꜇ ua꜅	ŋuɛ꜇ ꜂iu k‘ɔ꜄ kua꜄
建阳	书拿蜀本 ꜀sy na꜇ tsi꜇ ꜂puŋ	你邀佢话 ꜁nɔi ꜀io ꜁ky ua꜅	꜁βue ꜂iu k‘ɔ꜄ kuo꜄
松溪	书拿蜀本 ꜀sy nɒ꜇ tsi꜄ ꜂peiŋ	你合佢话 niei꜇ o꜇ kyo꜇ ua꜅	ŋua꜇ ꜂iu k‘o꜄ ko꜄

三 余论

现代汉语方言都是从古代汉语演变而来的，各方言尽管都有自己的特定的历史条件和发展情况，甚至和其他民族语言发生过不同程度的交流，但既是汉语的方言，就必然具有某些一致性，这种一致性也必然在语音、词汇、语法各方面表现出来。本文所列的闽方言的材料属于另一种性质，它反映一个大方言区内部的一致性，这对闽方言来说是共性，而对共同语来说又是个性。文中有些条目和其他方言会有交叉，例如南方诸方言中，也有只具一套塞擦音的，也有“轻唇读重唇”、“舌上读舌头”的；词汇方面诸如“行（走）”“徛（站）”“食（吃）”“园（藏）”“饮（米汤）”“人客（客人）”“新妇（儿媳妇）”等说法在其他方言也不乏其例，但是从各方面的特点所表现的质和量，就其各种特点构成的总体说，闽方言的这些一致性，对其他任何一种方言来说也是个性。经过这个专题的研究，我们体会到，在一个较大范围内进行方言一致性的研究，可以为划分方言区提供重要的语言材料的依据。当然，划分方言区还得利用社会人文历史方面的资料，考察各地区居民之间语言交际及其他联系的情况，但语言材料的依据无疑是首要的。

本文在提取说明闽方言一致性的语音和词汇语法的三百条材料的过程中，曾经做过多次的调整和增删。经过一番斟酌。我们体会到，在考察方言区一致性的材料时，必须把语音现象和词汇语法现象结合起来，做到语音、词汇语法并重。（限于条件，本文对语法现象的分析、比较还很不够。）就闽方言而论，声母的类别和具有构词能力的常用的单音词，往往集中地表现了方言区内部的一致性，必须着重进行考察；而音值上、韵类上以及一般词汇方面的差异，则出现许多纷繁、复杂的交错现象，多数只能用来作为区分次方言的材料。

在本文所列的材料中，也有一些是不完全一致的，有的音类一致，音值不一致；有的在语音特点上一致，在词汇特点上不一致；有的从词汇角度看一致，从语音角度看又不一致。这些不一致，从整体上说是局部的、少量的，不能以此否定闽方言内部的一致性。从另一方面说，这些不一致正说明了方言现象的另一个事实：方言与方言之间并没有绝对的界限；诸方言之间往往是互相渗透、互相影响的，这就是方言现象的“同中有异，异中有同”。

就本文所列材料而论，各点材料的参差，也就是一致中的不一致，一方面反映了方言区边缘地带的特点，另一方面则表现了次方言之间所存在的差异。

由于受邻近方言的影响，有些方言特点在边缘地带表现得不那么充分了，这些边界方言，有时还吸收了其他方言的一些特点，成为自己系统中的组成部分。所以，在绘制方言地图时，各条同言线的具体情况必然呈现交错现象。比如地处闽、客方言之间的永安话，由于受闽西客话的影响，声母就多出了一套舌叶清擦音和塞擦音，这是闽方言其他地点所没有的。龙岩话的许多古开口二等韵字今读齐齿呼，这显然也是受闽西客话影响的结果。闽方言的西部、北部边缘地带，在词汇上受客赣系方言的影响，例子也不少。

至于各点材料不整齐所表现的次方言之间的差异，其情况也很明显。例如古“泥、娘、来、日”的分合，在闽东、闽北各点，“泥、娘、日”合读为 n，和“来”母对立，而在闽南多数混为 l，部分“日”母字读为 h，在漳州“日”母字读为浊塞擦音 dz，在莆田“日”母字在阴声韵前则读为清塞音 t。又如古“明、疑”母的分法，在闽东、闽北是 m、ŋ，在闽南是 b、g（鼻化韵前是 m、ŋ）。其他如古“书”母部分字（如“书、水、手”等）今闽东、闽南等地都读塞擦音，闽北则读擦音；莆田有边擦音 ɬ，闽东、闽南、闽北、闽中各点都没有这个声母，等等。

还有一点必须说明。我们未把福建境内的一些点列为闽方言，这对闽西客话地区（长汀、上杭、武平、永定、清流、宁化等地）可能争议不大（尽管在清流、宁化，当地人本来就并不自称“客家”），而对邵武一带方言和浦城话则必须作个简要说明。

在福建西北部的邵武、光泽、建宁、泰宁、顺昌、将乐、明溪等七个县所通行的话，大体上是具有若干共同特点而各自又有不少差异的小区方言。尽管它们都还或多或少具有某些闽方言的特点，如部分古“非、敷、奉”声母字今读为双唇音，某些古“知”组声母字读为舌尖前清塞音，以及基本词汇中的“厝”（房子）“埕”（路）“骹”（脚）“鼎”（铁锅）“箸”（筷子）“颂”（穿）“徛”（站立）“曝”（晒）“园”（藏）“唻”（吮吸）“饕”（味淡）“团”（儿子）等，但是，就其主要方面看，却是更多地表现了客赣方言的特点。以邵武话为例：

1. 古全浊声母今多数读相对的送气清声母。如：婆 ꜁p‘o、大 t‘ai꜅、茶 ꜁t‘a、坐 ts‘o꜄、徒 ꜁t‘u、杜 t‘u꜅、持 ꜁t‘i、治 t‘i꜅、部 p‘u꜅。

2. 古“晓、匣”声母逢合口呼读为齿唇清擦音。如：花 ꜀fa、和 ꜁fo、火 ꜂fɛi、胡 ꜁fu、会 ꜁fei、怀 ꜁fai、画 fa꜅、挥 ꜀fei、活 fɛi꜅。

3. 古“微、疑、匣、影、喻”等声母的部分字今读齿唇浊擦音。如：味 vei꜄、晚 ꜂van、娃 ꜀va、碗 ꜂von、外 vai꜅、完 ꜁von、温 ꜀vən、威 ꜀vei、王 ꜁voŋ、旺 voŋ꜅。

在词汇方面，比较多的是接近客赣方言的。如：热头（太阳）、月光（月亮）、今朝（今天）、明朝（明天）、石蛤（田鸡）、黄蟯（蚯蚓）、鸡嫲（母鸡）、猪嫲（母猪）、禾（稻子）、尘灰（灰尘）、花边（银元）、老公（丈夫）、老弟（弟弟）、爷爷（父亲）、妈妈（祖母）、姑娘（姑母）、漾（热闹）、伶俐（干净）、话事（说话）等。人称代词单数邵武说“伉 ꜂xaŋ、傒 ꜂xiaŋ、俘 ꜂xu”，其他多数点说“俚、你、佢”。

闽北边界上的浦城话也很特殊，它保存着闽北方言的某些重要成分，但许多方面已经具有浙西南吴语的特点了。语音方面试举数例：

1. 古全浊声母除个别字外，今读不送气清塞音、塞擦音。闽方言里通常读为送气清声母的字，浦城话都照例读为不送气清音。如：头 ꜁tiau、痰 ꜁tãi、蚕 ꜁tsãi、糖 ꜁tãu、墙 ꜁tɕiãu、虫 ꜁touŋ、啼 ꜁ti、稗 pa꜅、皮 ꜁pi、徛 ꜂kuɛ。

2. 古“非、敷、奉、微”声母今读齿唇音 f。如：痱 fi꜄、放 fõuŋ꜄、蜂 ꜀fõouŋ、缝 fõuŋ꜄、吠 fie꜄、饭 fãi꜅、晚 ꜂fãi、万 fãi꜅。

3. 古“知、彻、澄”声母今读塞擦音 ts 或 /tɕ。如：中 ꜀tsouŋ、重 tsouŋ꜅、茶 ꜁tsa、厨 ꜁tɕye、池 ꜁tɕi、竹 tsu꜆、桌 tsau꜆、箸 tɕie꜅。

4. 古“崇”母字今读擦音 s。如：床 ꜁sãu、锄 ꜁se、柿 se꜄、柴 ꜁sa、豺 ꜁sa。

词汇、语法方面，也有不少和浙西南吴语相同而和闽方言不一致的。如：“你”和“人”称“侬”，人称代词复数式是在单数式后加 ꜂la，说“客人”不说“人客”，说“公猪”不说“猪公”，穿（衣）说“着”不说“颂”，袖子说“手袖”不说“手碗”，鼻子叫“鼻头”，亲戚说“亲眷”，怕说“吓”，等等。

关于闽西北邵武一带的方言和浦城话，我们将另做介绍。

四　附录：闽方言十八个点的声调表、韵母表

（一）声调表[①]

	阴平	阳平	阴上	阳上	阴去	阳去	阴入	阳入
福州	˦44	˥˨52	˧˩31		˨˩˧213	˨˦˨242	˨˧23	˥5
古田	˥˦˦544	˦44	˦˨42		˨˩21	˨˩˧213	˨2	˥5
宁德	˦44	˨22	˦˩41		˧˦34	˧˩31	˨˧23	˥5
周宁	˦44	˨˩21	˦˧43		˧˥35	˨˩˧213	˥5	˨2
福鼎	˧˦34	˨˩˨212	˥55		˦˩41	˨22	˦4	˨˦24
莆田	˥˧˧533	˩˧13	˦˥˧453		˦˨42	˩11	˨˩21（文）	˦4（文）
							˩11（白）	˧˥35（白）
厦门	˦44	˨˦24	˥˧53		˨˩21	˨22	˧˨32	˦4
泉州	˧33	˨˦24	˥˦54	˨22	˧˩31		˦4	˨˧23
永春	˦44	˨˦24	˥˨52		˨˩21	˨22	˦˧43	˦4
漳州	˦44	˩˨12	˥˧53		˨˩21	˨22	˧˨32	˩˨˩121

① 表中无阴上、阳上对立的应称上声，去声、入声按此类推。

龙岩	˦˥45	˨˩21	˧˨32	˥˨52	˨˩˧213	˥55	˦4(文) ˥55(白)	˦˧43(文) ˥˨52(白)
大田	˧33	˨˦24	˥˧53	˥55	˧˩31		˧3	˥5
尤溪	˧33	˩˨12	˥55		˥˧53	˧˩31	˨˦24	
永安	˥˨52	˧33	˨˩21	˥˦54	˧˥35		˩˨12	
沙县	˧33	˧˩31	˨˩21	˥˧53	˨˦24		˨˩˨212	
建瓯	˥˦54		˨˩21		˧33	˦44	˨˦24	˦˨42
建阳	˥˧53	甲˧˧˦334 乙˦˩41	˨˩21		˧˧˨332	˦˧43	˨˩˦214	˦4
松溪	˥˩51	甲˦44 乙˨˩21	˨˩˧213		˧˧˨332	˦˥45	˨˦24	˦˨42

（二）韵母表[①]

1. 福州话韵母表：[②]

a　ɛ　œ　o(ɔ)　i(ɛi)　u(ou)　y(øy)

家　西　初　歌（告）基（记）孤（故）须（赐）

ai　au　ɛu(au)　øy(ɔy)　ia　ie(iɛ)　iu(ieu)　ua　uo(uɔ)　ui(uoi)

开　交　沟（购）瘖（碎）遮　鸡（继）秋（笑）花　锅（过）杯（背）

yo(yɔ)　uai

桥（阅）歪

aŋ　iŋ(ɛiŋ)　uŋ(ouŋ)　yŋ(øyŋ)　ɛiŋ(aiŋ)　øyŋ(ɔyŋ)　ouŋ(ɒuŋ)　iaŋ

山　宾（并）春（寸）斤（近）灯（垫）东（洞）　缸（杠）声

ieŋ(iɛŋ)　uaŋ　uoŋ(uɔŋ)　yoŋ(yɔŋ)　ŋ̍

天（焰）欢　光（倦）香（献）怀

aʔ　ɔʔ　iʔ(eiʔ)　uʔ(ouʔ)　yʔ(øyʔ)　ɛiʔ(aiʔ)　øyʔ(ɔyʔ)　ouʔ(ɒuʔ)　iaʔ

鸭　桌　亦（吉）木（出）育（叔）默（八）或（角）滑（骨）额

ieʔ(iɛʔ)　uaʔ　uoʔ(uɔʔ)　yoʔ(yɔʔ)

捷（隻）活　局（国）若（约）

2. 古田话韵母表：

a　ɛ　œ　ɔ　i　u　y

家　西　初　刀　知　姑　书

---

① 限于篇幅，每韵只举一个例字。

② 括号中的韵母是去声和阴入调的变韵。

ai au eu oi ia ie iu ua uo ui yø ieu uai uoi
开 包 搜 堆 遮 支 抽 拖 科 追 桥 标 歪 杯
aŋ iŋ uŋ yŋ ɔuŋ eiŋ øyŋ iaŋ ieŋ uaŋ uoŋ yøŋ ŋ̍
邦 冰 东 中 康 灯 冬 听 边 搬 光 将 怀
aʔ ɔʔ iʔ uʔ yʔ ɔuʔ eiʔ øyʔ iaʔ ieʔ uaʔ uoʔ yøʔ
百 粕 必 腹 竹 作 八 北 拆 别 泼 烛 尺

3. 宁德话韵母表：

a ɛ œ ɔ e ø o i u y
家 西 初 刀 启 锐 补 基 姑 居
ai au ɛu ɔy ei eu øy oi ou ia ie iu ua uɔ ui iɐu uai
开 包 条 袋 备 球 飞 肥 富 野 遮 丘 花 拖 追 标 歪
am ɛm em im an ɛn ɔn øn on in un yn iɛn uan
甘 点 沉 心 山 边 痕 孙 分 身 全 斤 衬 欢
aŋ ɛŋ œŋ ɔŋ øŋ oŋ iŋ uŋ yŋ iaŋ iɔŋ ŋ̍
彭 庚 东 光 空 功 兵 王 中 兄 香 怀
ap ɛp ep ip at ɛt ɔt øt ot it ut yt iɛt uat
答 业 聂 及 末 八 月 夺 卒 别 绝 决 獭 泼
ɛk œk ɔk øk ok ik yk iɔk
泽 曲 各 竹 国 必 尺 剧
aʔ ɔʔ uʔ iaʔ ieʔ
百 桌 烛 壁 赤

4. 周宁话韵母表：

a œ ɔ e o i u y
家 初 刀 西 图 知 姑 书
ai au ɛi ɛu ɔi ɔu ei eu øu oi ou ia ie iu
开 包 海 搜 推 草 脾 流 除 锤 吐 野 遮 标
ua uo ui yi iau uai
我 拖 追 水 晓 歪
an ɛn ɔn en øn on in un yn iɛn ien uɔn aŋ ɛŋ ɔŋ
三 千 吞 平 银 轮 冰 军 巾 言 淹 关 争 领 帮
eŋ oŋ iŋ uŋ yŋ œuŋ øuŋ iaŋ uaŋ yɔŋ yoŋ yuŋ ŋ̍
停 同 丁 东 宫 冬 松 听 汪 唱 将 荣 怀
ɛt ɔt ot ut iɛt iet uɔt ɔk ok œuk yok yuk
八 脱 出 雪 屐 夹 泼 各 足 北 脚 浴

aʔ　ɔʔ　eʔ　iʔ　uʔ　yʔ　øuʔ　iaʔ　ieʔ　uoʔ

百　粕　必　拆　烛　尺　竹　别　壁　剥

5. 福鼎话韵母表：

a　e　o　i　u

家　低　坡　碑　姑

ai　au　eu　oi　ia　ie　iu　ua　uo　ui　iau　ieu　uai　uei

胎　包　条　推　遮　批　九　夸　朱　追　了　标　乖　杯

aŋ　eŋ　oŋ　iŋ　uŋ　iaŋ　ieŋ　ioŋ　iuŋ　uaŋ　uoŋ　ŋ̍

病　奔　帮　兵　蜂　听　天　香　穷　晚　全　伓

aʔ　eʔ　oʔ　iʔ　uʔ　iaʔ　ieʔ　ioʔ　iuʔ　uaʔ　uoʔ

答　壳　驳　逼　出　夹　接　约　畜　夺　勃

6. 莆田话韵母表：

a　ɒ　e　ø　o　i　u　y

鸦　窝　鞋　梳　思　衣　夫　余

ai　au　ɔu　ia　iu　ua　ue　ui　yɒ　iɐu

哀　交　乌　也　油　蛙　歪　威　靴　腰

aŋ　ɒŋ　ɛŋ　œŋ　oŋ　iŋ　uŋ　yŋ　iaŋ　uaŋ　yɒŋ　ŋ̍

安　翁　烟　渊　温　英　光　恩　淹　弯　央　伓

aʔ　ɒʔ　ɛʔ　œʔ　oʔ　iʔ　yʔ　iaʔ　uaʔ　yɒʔ

压　屋　厄　育　郁　一　役　叶　活　约

7. 厦门话韵母表：

a　ɔ　e　o　i　u

家　姑　稽　哥　基　居

ai　au　ia　io　iu　ua　ue　ui　iau　uai

开　交　遮　蕉　周　拖　杯　规　娇　乖

am　im　iam　m̩　an　in　un　ian　uan　aŋ　ɔŋ　iŋ　iaŋ　iɔŋ　ŋ̍

甘　金　兼　伓　干　新　军　坚　关　江　公　景　漳　恭　黄

ap　ip　iap　at　it　ut　iat　uat　ak　ɔk　ik　iɔk

鸽　急　夹　察　实　骨　结　发　角　国　极　略

ã　ɔ̃　ẽ　ĩ　ãi　ãu　iã　iũ　uã　uĩ　iãu　uãi

衫　毛　婴　天　乃　闹　京　羊　寒　梅　猫　关

aʔ　ɔʔ　eʔ　oʔ　iʔ　uʔ　auʔ　iaʔ　ioʔ　uaʔ　ueʔ　uiʔ

甲　呕　麦　阁　铁　托　雹　削　药　活　八　画

8. 泉州话韵母表：

a ɔ ə e o ɯ i u

家 姑 过 嫁 糕 据 基 句

ai au ia io iu ua ue ui iau uai

开 交 爷 蕉 周 拖 杯 规 娇 乖

am əm im iam m̩ an ən in un ian uan aŋ ɔŋ əŋ iŋ iɔŋ uaŋ ŋ̍

甘 欣 金 兼 伓 干 根 新 军 坚 关 江 公 生 升 恭 风 黄

ap ip iap at ət it ut iat uat ak ɔk ik iak iɔk

鸽 急 夹 察 核 实 骨 结 发 角 国 色 力 略

ã ɔ̃ ĩ ãi ãu iã iũ uã uĩ iãu

衫 毛 天 乃 脑 京 羊 寒 梅 猫

aʔ ɔʔ əʔ eʔ oʔ iʔ uʔ iaʔ ioʔ uaʔ ueʔ ŋ̍ʔ

甲 呕 袜 麦 薄 铁 托 削 药 活 八 物

9. 永春话韵母表：

a ɔ ə e o ɯ i u

家 姑 过 嫁 糕 据 基 句

ai au ia io iu ua ue ui iau uai

开 交 遮 蕉 周 拖 杯 规 娇 乖

am əm im iam m̩ an ən in un ian uan aŋ ɔŋ iŋ iɔŋ uaŋ ŋ̍

甘 欣 金 兼 伓 干 根 新 军 坚 关 江 公 升 恭 风 黄

ap ip iap at ət it ut iat uat ak ɔk ik iɔk

鸽 急 夹 察 核 实 骨 结 发 角 国 色 略

ã ɔ̃ ĩ ãi ãu iã iũ uã uĩ iãu

衫 毛 天 乃 藕 京 羊 寒 梅 猫

aʔ ɔʔ əʔ eʔ oʔ iʔ uʔ iaʔ ioʔ uaʔ ueʔ ŋ̍ʔ

甲 呕 袜 麦 薄 铁 托 削 药 活 八 物

10. 漳州话韵母表：

a ɛ ɔ e o i u

家 下 乌 鞋 窝 基 龟

ai au ia io iu ua ue ui iau uai

开 交 遮 蕉 周 蛙 锅 威 娇 歪

am ɔm im iam m̩ an in un ian uan aŋ ɔŋ iŋ iaŋ iɔŋ ŋ̍

甘 参人~ 金 兼 伓 干 因 军 坚 弯 江 王 英 央 用 秧

ap ip iap at it ut iat uat ak ɔk ik iak iɔk

鸽 急 夹 察 实 骨 结 发 角 国 益 药 育

ã ɛ̃ ɔ̃ ĩ ãi ãu iã iɔ̃ uã uĩ iãu uãi

衫 生 毛 圆 乃 恼 营 羊 安 黄 猫 关

aʔ ɛʔ eʔ oʔ iʔ uʔ iaʔ ioʔ uaʔ ueʔ

鸭 厄 八 阁 铁 托 页 药 活 月

11. 龙岩话韵母表：

a ɛ e o ɿ i u

鸦 下 鞋 歌 资 衣 乌

ai au ia iɛ ie io iu ua uɛ ue ui iua iau uai

该 交 寄 家 吹 桥 球 瓜 话 火 贵 靴 娇 乖

am im iam m̩ an in un ian uan aŋ oŋ iaŋ ioŋ uaŋ ŋ̍

甘 音 兼 伓 干 英 温 坚 欢 江 公 央 龙 王 五

ap ip iap at it ut iat uat ak ok iak iok uak

合 立 夹 八 益 骨 结 发 角 各 学 菊 扩

ã ɛ̃ õ ĩ ãi ãu iã iẽ iõ iãu uã uẽ uĩ iuã

敢 婴 糖 燕 乃 脑 兄 青 羊 鸟 碗 关 远 件

12. 大田话韵母表：

a ɛ ɔ e ɤ i u

家 开 包 溪 刀 知 步

ia iɔ iɤ iu ua uɛ ue ui

靴 标 烧 抽 夸 乖 杯 归

aŋ eŋ oŋ iŋ iaŋ ioŋ uaŋ ueŋ uiŋ ŋ̍

帮 冰 中 香 仙 姜 宽 吞 酸 汤

ã ɛ̃ ɔ̃ ĩ[①] iã uã uĩ

担 解 脑 棉 厅 般 门

aʔ eʔ oʔ iaʔ ioʔ uaʔ

百 逼 竹 贴 局 活

13. 尤溪话韵母表：

a e ø ɤ o ɿ i u y

鸦 丝 对 刀 拖 资 衣 乌 书

---

① ĩ 的实际读音带有鼻韵尾，可以标为 ĩŋ。

ai au ia ie io iu ua ue uo ui yø yo iau uai

哀 欧 也 叶 腰 优 挖 威 物 推 药 育 妖 歪

aŋ ɤŋ oŋ iŋ ieŋ ioŋ uaŋ uɤŋ uoŋ ŋ̍

安 翁 帮 英 冤 央 弯 温 汪 秧

ã ẽ ɔ̃ ĩ ũ iã iũ uã uẽ yɔ̃

担 边 件 椅 旱 听 张 横 县 砖

14. 永安话韵母表：

a ɒ e ø o ɯ ɿ i u y

海 家 犁 头 包 果 时 衣 木 竹

aɯ ɒu iɒ ie iɯ wo ue ui ya ye yi iau

刀 都 遮 椅 小 麦 快 对 纸 吹 水 抽

am ɐm um im iam iɐm wm m aŋ ɛiŋ iɛiŋ yɛiŋ

汤 龙 山 鹹 强 穷 安 秧 工 边 扇 船

ã õ ĩ iã iõ uã uĩ

兵 井 办 针 惊 永 问

15. 沙县话韵母表：①

a e(ɛ) o(ɔ) ɿ(ɤ) i(e) u(o) y(ø)

把 池（得） 哥（郭） 诗（失） 知（滴） 姑（角） 朱（足）

ai au ia ie(iɛ) io(iɔ) iu(io) ua ue(uɛ) ui(ue) ya

来 交 茶 支（节） 消（削） 秋（手） 瓜 梯（脱） 锥（卒） 寄

ye(yɛ) yi(ye) iau uai

饥（决） 威（熨） 叫 乖

aŋ iŋ ɛiŋ ɔuŋ œyŋ iɛiŋ uaŋ yɛiŋ ŋ̍

汤 张 丁 通 窗 英 汪 云 黄

ɔ̃(ɒ̃) ĩ(ẽ) ɔ̃i(ɒ̃i) iɔ̃(iɒ̃) uĩ(uẽ) yĩ(yẽ)

担（胆） 千（浅） 灯（等） 精（饕） 官（滚） 专（展）

16. 建瓯话韵母表：

a ɛ œ ɔ e o i u y

茶 脐 儿 荷 欧 梅 时 吴 鱼

ai au ia iɛ iɔ iu ua uɛ yɛ iau uai

犁 袄 野 热 茄 油 过 麻 蛇 桥 歪

① 括号中的韵母是上声和入声的变韵。

aŋ ɔŋ iŋ aiŋ œyŋ eiŋ iaŋ iɔŋ ieiŋ uaŋ uaiŋ uɔŋ uiŋ yiŋ
南 温 年 恩 云 音 正 阳 延 黄 贩 文 安 弯

17. 建阳话韵母表：

a ɔ e o i y
家 哥 栽 苏 衣 居

ai au ɔi əu ia iɔ ie iu ua ue uo ui ye
拜 遭 犁 沟 斜 招 支 收 花 淮 过 灰 歪

aŋ ɔŋ oŋ iŋ uŋ aiŋ ɔiŋ eiŋ iaŋ iɔŋ ieiŋ uaŋ uɔŋ ueiŋ yeiŋ
谈 窗 东 京 昏 丁 停 云 定 章 先 横 方 烦 全

18. 松溪话韵母表：

a ɒ o i u y
拜 家 河 基 姑 朱

ai ɒu œy ei ia iu ua yœ yo iei uei
埃 包 除 碑 遮 抽 瓜 皮 标 节 杯

aŋ① oŋ iŋ yŋ œyŋ eiŋ iaŋ ieiŋ ioŋ uaŋ ueiŋ
三 东 边 转 中 贫 平 延 张 晚 分

说明： 本文是陈章太同志在语言研究所申报的研究课题。我们二人合力，从《福建省汉语方言概况》（讨论稿）的语料中抽出有代表性的一部分进行复核和补充，曾有多位青年教师参加见习和工作，由李如龙整理成文，于1982年12月发表于《中国语言学报》第一期，原文章标题是《论闽方言的一致性》，署名是陈章太、李如龙。关于“闽北方言”应该以建瓯话为代表，最早是我们的老师黄典诚先生于1957年发表在《厦门大学学报》的《建瓯方言初探》一文提出来的。后来李如龙、陈章太参与的《福建省汉语方言概况》编写组接受了这个观点。1963年潘茂鼎、李如龙、梁玉璋、张盛裕、陈章太联名在《中国语文》发表的《福建省汉语方言分区略说》按照《福建省汉语方言概况》的叙述，首次把福建省内的汉语方言分为闽东、闽南、莆仙、闽中、闽北五区。

① aŋ、iaŋ、iŋ 的实际读音为 ãŋ、iãŋ、ĩŋ。

福建闽方言内部的主要差异

在《福建闽方言的一致性》一文中，我们提到："就闽方言的内部差异而论，分为闽南、闽北两区显然太粗。我们认为分为五个次方言区比较符合实际情况，即：闽东话（以福州话为代表）、莆仙话（以莆田话为代表）、闽南话（以厦门话为代表）、闽中话（以永安话为代表）和闽北话（以建瓯话为代表）。"究竟在闽方言内部存在着哪些主要差异？五种次方言的主要特点是什么？这就是本文所要讨论的主要问题。和《福建闽方言的一致性》一样，本文所根据的材料还是十八个方言点的材料。这里列举的有单字音（绝大多数可以单说，也是单音词）和词语共四百条，其中只有个别条目和前文重复。关于我们调查、整理和核对材料的情况、各点声韵调表及标音体例，请参阅前文，不再复述。

一　闽方言内部在语音方面的主要差异

以下依次从声母、韵母、声调和连读音变四个方面来说明闽方言内部的主要语音差异。为了便于阅读，每个纲目都在列表比较材料之前就各区所表现的不同特点做简要的提示。提示中所用的地域概念和各点的关系如下：

闽东：福州、古田、宁德、周宁、福鼎

莆仙：莆田

闽南：厦门、泉州、永春、漳州、龙岩、大田

闽北：建瓯、建阳、松溪

闽中：永安、沙县

这里暂时没有把尤溪话归入哪一个区，因为它的归属至今尚难确定。在《福建闽方言的一致性》一文中，我们曾暂且把它列为闽南方言，过细地比较之后，可以看出它在语音特点上常常是摇摆不定的，和闽南、闽东、莆仙、闽中都有共同之处，从二十年前后我们两次调查的结果看，尤溪话的整个风格是越来越像闽东方言，在深入调查比较之后，它可能被认为方言区边界上的混合型方言。

简要的提示只是就各区多数点反映的共同特点而论，个别点表现的参差和游移一般不提。

（一）声母方面

1. 古“明、微”母字今口语读音的声母：闽东、闽北多数读 m，部分“微”母字读零声母，闽南逢鼻化韵变读为 m，其余读 b；莆仙逢鼻音韵变读为 m，其余读 p；闽中兼有南北不同特点。例如：

	1. 米	2. 棉	3. 麦	4. 味	5. 尾	6. 万
福州	꜂mi	꜁mieŋ	maʔ꜇	mɛi꜅①	꜂mui	uaŋ꜅
古田	꜂mi	꜁mieŋ	maʔ꜇	mi꜅	꜂muoi	uaŋ꜅
宁德	꜂mi	꜁min	maʔ꜇	mei꜅	꜂møy	uan꜅
周宁	꜂mi	꜁min	maʔ꜇	mei꜅	꜂muɔi	uan꜅
福鼎	꜂mi	꜁mieŋ	ma꜇	mi꜅	꜂muei	uaŋ꜅
莆田	꜂pi	꜁miŋ	pa꜇	pi꜅	꜂pue	maŋ꜅
厦门	꜂bi	꜁mĩ	beʔ꜇	bi꜅	꜂be	ban꜅
泉州	꜂bi	꜁mĩ	beʔ꜇	bi꜅	꜂bə	ban꜅
永春	꜂bi	꜁mĩ	beʔ꜇	bi꜅	꜂bə	ban꜅
漳州	꜂bi	꜁mĩ	bɛʔ꜇	bi꜅	꜂bue	ban꜅
龙岩	꜂bi	꜁mĩ	beʔ꜇	bi꜅	꜂bue	ban꜅
大田	꜂bi	꜁biŋ	baʔ꜇	꜀bi	꜂bue	꜀baŋ
尤溪	꜂me	꜁mã	꜀ma	me꜅	꜂mue	uẽ꜅
永安	꜂mi	꜁mɛiŋ	꜃muɒ	yi꜄	꜂mue	m̩꜄
沙县	꜂bi	꜁mĩ	꜃ba	yi꜄	꜂muẽ	ŋuĩ꜄
建瓯	mi꜇	miŋ꜄	ma꜇	mi꜅	꜂myɛ	uaiŋ꜅
建阳	mɔi꜄	꜁mieiŋ	ma꜇	βɔi꜅	꜂mui	βuaiŋ꜅
松溪	꜂mei	꜁miŋ	mɒ꜇	uei꜆	꜂muei	uaŋ꜆

2. 古“疑”母字今口语读音的声母：闽东读为 ŋ，闽北多数也读 ŋ，少数在细音前读为 n；闽中一般读 ŋ（或 g），少数读零声母；闽南多数读 g（逢鼻化韵变读 ŋ），少数读为 h，边界点还有读 b 或零声母的；莆仙多数读为 k（逢鼻音韵变读 ŋ），少数也读 h；闽中有 ŋ、g、∅ 等读法。例如：

	7. 岸	8. 鱼	9. 蚁	10. 瓦	11. 五	12. 芽	13. 鹅	14. 牛
福州	ŋaŋ꜄	꜁ŋy	ŋiɛ꜅	ŋua꜅	ŋou꜅	꜁ŋa	꜁ŋie	꜁ŋu
古田	ŋaŋ꜄	꜁ŋy	ŋie꜅	ŋua꜅	ŋu꜅	꜁ŋa	꜁ŋie	꜁ŋu
宁德	꜂ŋiɛn	꜁ŋøy	꜂ŋie	꜂ŋuɔ	ŋou꜅	꜁ŋa	꜁ŋie	꜁ŋu
周宁	ŋan꜄	꜁ŋøu	ŋie꜄	uo꜅	ŋou꜅	꜁ŋa	꜁ŋie	꜁ŋo
福鼎	ŋaŋ꜅	꜁ŋi	ŋia꜅	ŋua꜅	ŋu꜅	꜁ŋa	꜁ŋia	꜁ŋu
莆田	ŋyɒ꜅	꜁hy	hyɒ꜅	hyɒ꜅	kɔu꜅	꜁ka	꜁kyɒ	꜁ku
厦门	huã꜅	꜁hi	hia꜅	hia꜅	gɔ꜅	꜁ge	꜃gia	꜁gu
泉州	huã꜅	꜁hɯ	꜃hia	꜃hia	꜃gɔ	꜁ge	꜁gia	꜁gu
永春	huã꜅	꜁hɯ	hia꜅	hia꜅	gɔ꜅	꜃ge	꜁gia	꜁gu
漳州	huã꜅	꜁hi	hia꜅	hia꜅	gɔ꜅	꜁gɛ	꜁gia	꜁gu
龙岩	꜃gan	꜁hi	꜃ŋiõ	꜃gue	꜃ŋ	꜁gie	꜁go	꜁gu
大田	gaŋ꜄	꜁hi	ji꜄	꜃bua	꜃ŋu	꜁ga	꜁gia	꜁gu
尤溪	ŋə̃꜄	꜁ŋy	ŋia꜅	ua꜄	ŋu꜅	꜁ŋa	꜁ŋia	꜁ŋu
永安	ŋĩ꜄	꜁ŋy	꜂ŋya	꜂uɒ	꜂ŋu	꜁ŋɒ	꜁ŋya	꜁ŋu
沙县	ŋɔ̃i꜄	꜁gy	꜂ya	꜂gua	꜃gu	꜁ga	꜁ya	꜁iu
建瓯	ŋaiŋ꜅	ŋy꜄	ŋyɛ꜇	ua꜇	ŋu꜇	ŋa꜄	ŋyɛ꜄	niu꜄
建阳	ŋaiŋ꜅	꜁ŋy	ŋye꜄	kua꜄	ŋo꜄	꜁ŋa	꜁ŋye	꜁niu
松溪	ŋueiŋ꜅	꜁ŋy	ŋi꜅	xua꜇	ŋu꜇	꜁ŋɒ	꜁ŋyœ	꜁niu

① 福州 mɛi꜅ 意为趣味，另一读 ɛi꜅ 意为味道。꜁mɔ mɛi꜅ 是“没趣”，꜁mɔ ɛi꜅ 是“没味儿”。

3. 古“泥、来”母字今口语读音的分合：闽东、莆仙、闽北分读 n、l；闽南不分，在鼻化韵前都读 n，在非鼻化韵前都读 l；闽中洪音前不分，细音前可分。例如：

	15. 南——16. 蓝		17. 泥①——18. 犁		19. 尿——20. 料		21. 娘——22. 粮	
福州	꜁naŋ	꜁laŋ	꜁nɛ	꜁lɛ	nieu꜅	lau꜅	꜁nuoŋ	꜁luoŋ
古田	꜁naŋ	꜁laŋ	꜁nɛ	꜁lɛ	nieu꜅	leu꜅	꜁nyøŋ	꜁lyøŋ
宁德	꜁nam	꜁lam	꜁nɛ	꜁lɛ	niu꜅	lɛu꜅	꜁nyŋ	꜁lyŋ
周宁	꜁nan	꜁lan	꜁ne	꜁le	niu꜅	lɛu꜅	꜁nyoŋ	꜁lyoŋ
福鼎	꜁naŋ	꜁laŋ	꜁ne	꜁le	nieu꜅	leu꜅	꜁nioŋ	꜁lioŋ
莆田	꜁naŋ	꜁laŋ	꜁ni	꜁le	nieu꜅	lieu꜅	꜁nieu	꜁lieu
厦门	꜁lam	꜁lam	꜁nĩ	꜁lue	lio꜅	liau꜅	꜁niũ	꜁niũ
泉州	꜁lam	꜁lam	꜁nĩ	꜁lue	lio꜅	liau꜅	꜁niũ	꜁niũ
永春	꜁lam	꜁lam	꜁nĩ	꜁lue	lio꜅	liau꜅	꜁niũ	꜁niũ
漳州	꜁lam	꜁lam	꜁nĩ	꜁le	lio꜅	liau꜅	꜁niɔ̃	꜁niɔ̃
龙岩	꜁lam	꜁lam	꜁nĩ	꜁le	lio꜅	liau꜅	꜁niɔ̃	꜁niɔ̃
大田	꜁laŋ	꜁laŋ	꜁nĩ	꜁le	꜂liɤ	꜂liɔ	꜁niŋ	꜁niŋ
尤溪	꜁naŋ	꜁laŋ	꜁ni	꜁li	nio꜅	lio꜅	꜁niũ	꜁niũ
永安	꜁lõ	꜁lõ	꜁le	꜁le	ŋiɯ꜄	liɯ꜄	꜁ŋiam	꜁liam
沙县	꜁nɔ̃	꜁nɔ̃	꜁le	꜁le	io꜄	lio꜄	꜁iŋ	꜁liŋ
建瓯	naŋ꜄	laŋ꜄	nai꜄	lai꜄	niau꜅	liau꜅	niɔŋ꜅	liɔŋ꜅
建阳	꜁naŋ	꜁laŋ	꜁nai	꜁lɔi	niɔ꜅	liɔ꜅	꜁niɔŋ	꜁liɔŋ
松溪	꜁naŋ	꜁laŋ	꜁na	꜁la	nyo꜅	lyo꜅	꜁nioŋ	꜁lioŋ

① “泥”在闽东、莆仙、闽南用于“芋泥、印泥、水泥”一类词里，不用作“泥土”。

4. 古“日”母字今口语读音的声母：闽东多数读 n，少数读 ŋ 或 ∅；闽南部分读 h 或 dz，其余与“泥、来”母字混同读 l(n)；莆仙除 n、h 之外还有 t、ts 的读法；闽中多数读 ŋ（或 g），少数为 ∅；闽北多数读 n，少数为 ∅。例如：

	23. 耳	24. 肉	25. 箬叶子	26. 二	27. 热	28. 日	29. 软	30. 染
福州	ŋεi꜅	nyʔ꜇	nuoʔ꜇	nεi꜅	ieʔ꜇	niʔ꜇	꜂nuoŋ	꜂nieŋ
古田	ŋi꜅	nyʔ꜇	nyøʔ꜇	ni꜅	ieʔ꜇	niʔ꜇	꜂nuoŋ	꜂nieŋ
宁德	ŋei꜅	nyʔ꜇	nøk꜇	nei꜅	εt꜇	nik꜇	꜂nøn	꜂nεm
周宁	꜂ŋi	nøuʔ꜇	nyʔ꜇	nei꜅	iʔ꜇	neʔ꜇	꜂nεn	꜂nεn
福鼎	ŋi꜅	nu꜇	nie꜇	ni꜅	ie꜇	ni꜇	꜂nuoŋ	꜂nieŋ
莆田	hi꜅	nœʔ꜇	niɐu꜇	tsi꜅	tsεʔ꜇	tiʔ꜇	꜂nue	꜂niŋ
厦门	hi꜅	hik꜇	hioʔ꜇	li꜅	luaʔ꜇	lit꜇	꜂lŋ	꜂nĩ
泉州	꜃hi	hiak꜇	hioʔ꜇	li꜅	luaʔ꜇	lit꜇	꜂lŋ	꜂nĩ
永春	hi꜅	hik꜇	hioʔ꜇	dzi꜅	dzuaʔ꜇	dzit꜇	꜂lŋ	꜂nĩ
漳州	hi꜅	hik꜇	hioʔ꜇	dzi꜅	dzuaʔ꜇	dzit꜇	꜂nuĩ	꜂nĩ
龙岩	꜂nĩ	baʔ꜆②	꜃niõ	li꜅	iat꜇	lit꜇	꜂nĩ	꜂nĩ
大田	꜃hiŋ①	jioʔ꜇	꜃niɤ	꜁li	jia꜇	leʔ꜇	꜂nuĩ	꜂jiaŋ
尤溪	ŋi꜅	꜀nuo	꜀nɤ	ne꜅	꜀nia	꜀nie	꜂nũ	꜂niŋ
永安	꜂nã	꜃ŋy	꜃ŋiɯ	ŋi꜄	꜃ŋya	꜃ŋi	꜂ŋεiŋ	꜂ŋεiŋ
沙县	꜂lεiŋ	꜃gy	꜃io	ŋĩ꜄	꜃ya	꜃ŋĩ	꜂ẽ	꜂ẽ
建瓯	neiŋ꜇	ny꜇	niɔ꜇	ni꜅	꜂iε	ni꜇	꜂nyiŋ	꜂niŋ
建阳	nɔiŋ꜄	ny꜇	niɔ꜇	nɔi꜅	꜂ɦie	nɔi꜇	꜂nyeiŋ	꜂nieiŋ
松溪	nei꜇	nœy꜇	nyo꜆	nei꜅	iei꜇	nei꜇	꜂nyŋ	꜂niŋ

① 《集韵》拯韵：“耳，仍拯切，耳也，关中河东语。”大田、永安、沙县、建瓯、建阳“耳”读鼻音韵合于此切。

② baʔ꜆ 的说法也见于闽南的许多点，应另有来源，不是“肉”字音。

5. 部分古“来”母字今口语的读法：闽中和闽北读为 s（或 ʃ），其他点读 l；周宁近闽北，个别字也读 s。例如：

	31. 鳞	32. 聋	33. 卵蛋	34. 螺	35. 露	36. 李~子	37. 笠	38. 篮
福州	꜁liŋ	꜁løyŋ	louŋ꜅	꜁løy	lou꜄	꜂li	liʔ꜇	꜁laŋ
古田	꜁liŋ	꜁løyŋ	lɔuŋ꜅	꜁loi	lu꜄	꜂li	liʔ꜇	꜁laŋ
宁德	꜁liŋ	꜁lœŋ	lɔn꜅	꜁lɔy	lou꜄	꜂li	lep꜇	꜁lam
周宁	꜁siɛn	꜁løuŋ	lɔn꜅	꜁lɔi	lou꜄	꜂li	leʔ꜇	꜁lan
福鼎	꜁liŋ	꜁leŋ	loŋ꜅	꜁loi	lu꜄	꜂li	li꜇	꜁laŋ
莆田	꜁liŋ	꜁lɒŋ	lø꜅	꜁lø	lɔu꜅	꜂li	lɛ꜇	꜁laŋ
厦门	꜁lan	꜁laŋ	lŋ꜅	꜁le	lɔ꜅	꜂li	lueʔ꜇	꜁nã
泉州	꜁lan	꜁laŋ	꜃lŋ	꜁lə	lɔ꜅	꜂li	lueʔ꜇	꜁nã
永春	꜁lan	꜁laŋ	lŋ꜅	꜁lə	lɔ꜅	꜂li	lueʔ꜇	꜁nã
漳州	꜁lan	꜁laŋ	nuĩ꜅	꜁le	lɔ꜅	꜂li	leʔ꜇	꜁nã
龙岩	꜁lan	꜁laŋ	꜃nĩ	꜁lo	lu꜄	꜂li	꜃le	꜁nã
大田	꜁leŋ	꜁laŋ	꜃nuĩ	꜁lue	lu꜄	꜂li	꜃le	꜁nã
尤溪	꜁liŋ	꜁lɤŋ	nũ꜅	꜁lɤ	lio꜄	꜂le	꜀lie	꜁laŋ
永安	꜁ʃĩ	꜁saŋ	꜃sum	꜁sue	sɔu꜄	꜂ʃia	꜃ʃye	꜁sõ
沙县	꜁sɔ̃i	꜁sɔuŋ	꜃suĩ	꜁sue	su꜄	꜂sai	꜃sai	꜁nɔ̃
建瓯	saŋ꜄	sɔŋ꜄	sɔŋ꜅	so꜄	su꜅	sɛ꜅	sɛ꜅	saŋ꜄
建阳	꜁saiŋ①	꜁soŋ	suŋ꜄	꜁sui	so꜅	se꜅	se꜇	꜁saŋ
松溪	꜁saŋ	꜁soŋ	sueiŋ꜅	꜁suei	sɒu꜅	syœ꜅	syœ꜅	꜁saŋ

① 建阳、松溪有两个阳平调，阳平甲标作 ꜁□，阳平乙标作 ꜀□，下同。

6. 部分古“禅”母字今口语的读法：闽北和闽中（个别字）读 ∅（或 ɦ、l），其他地区未发现这种读法。例如：

	39. 上~山	40. 常	41. 食	42. 舌	43. 蛇
福州	suɔŋ꜅	꜁suoŋ	sieʔ꜇	sieʔ꜇	꜁sie
古田	syøŋ꜅	꜁syøŋ	siaʔ꜇	sieʔ꜇	꜁sie
宁德	syŋ꜅	꜁syŋ	siaʔ꜇	sɛt꜇	꜁sie
周宁	syoŋ꜅	꜁syoŋ	sieʔ꜇	sik꜇	꜁sie
福鼎	sioŋ꜅	꜁sioŋ	sia꜇	sie꜇	꜁sia
莆田	ɬiɐu꜅	꜁ɬyɒŋ	ɬiaʔ꜇	ɬɛʔ꜇	꜁ɬyɒ
厦门	tsiũ꜅	꜁siɔŋ	tsiaʔ꜇	tsiʔ꜇	꜁tsua
泉州	꜂tsiũ	꜁siɔŋ	tsiaʔ꜇	tsiʔ꜇	꜁tsua
永春	tsiũ꜅	꜁siɔŋ	tsiaʔ꜇	tsiʔ꜇	꜁tsua
漳州	tsiɔ̃꜅	꜁siaŋ	tsiaʔ꜇	tsiʔ꜇	꜁tsua
龙岩	꜂tsoŋ	꜁siaŋ	꜂tsa	꜂tsi	꜁tsua
大田	꜂tsiŋ	꜁saŋ	tsiaʔ꜇	꜂sua	꜁tsua
尤溪	ɕioŋ꜅	꜁ɕioŋ	꜀ɕia	꜀ɕi	꜁ɕia
永安	꜂ʃiam	꜁ʃiam	꜂ie	꜂ʃya	꜁ʃya
沙县	꜂ʃiŋ	꜁ʃiŋ	꜂ie	꜂sua	꜁sua
建瓯	iɔŋ꜇	꜂iɔŋ	iɛ꜇	yɛ꜇	yɛ꜄
建阳	ɦiɔŋ꜄	꜁siɔŋ	ɦie꜇	lye꜇	˳ɦye
松溪	xioŋ꜇	˳ioŋ	iei꜇	lyœ꜇	꜁ia

7. 部分古“见”母字今口语的读法：闽中、闽北多数读为 x、ɦ、∅（但有例外），其他点都读 k。例如：

	44. 狗①	45. 菇野~	46. 嫁	47. 教~书	48. 肝
福州	꜂kɛu	꜀ku	ka꜄	ka꜄	꜀kaŋ
古田	꜂keu	꜀ku	ka꜄	ka꜄	꜀kaŋ
宁德	꜂kiɐu	꜀ku	ka꜄	ka꜄	꜀kan
周宁	꜂kɛu	꜀ku	ka꜄	ka꜄	꜀kan
福鼎	꜂keu	꜀ku	ka꜄	ka꜄	꜀kaŋ
莆田	꜂kau	꜀kɔu	ka꜄	ka꜄	꜀kua
厦门	꜂kau	꜀kɔ	ke꜄	ka꜄	꜀kuã
泉州	꜂kau	꜀kɔ	ke꜄	ka꜄	꜀kuã
永春	꜂kau	꜀kɔ	ke꜄	ka꜄	꜀kuã
漳州	꜂kau	꜀kɔ	kɛ꜄	ka꜄	꜀kuã
龙岩	꜂kau	꜀ku	kiɛ꜄	ka꜄	꜀kuã
大田	꜂kɔ	꜀ku	ka꜄	ka꜄	꜀kuã
尤溪	꜂kau	꜀ku	ka꜄	ka꜄	꜀kũ
永安	꜂ø	꜀u	kɒ꜄	ko꜄	꜀xm
沙县	꜂au	꜀u	ka꜄	kau꜄	꜀xuĩ
建瓯	꜂e	꜂u	xa꜄	꜀xau	꜀xuiŋ
建阳	꜂kəu	˳ɦo	xa꜄	꜀xau	꜀xueiŋ
松溪	꜂ka	xu꜇	ka꜄	kɒu꜄	꜀xueiŋ

① 闽东口语里说“犬”，不说“狗”，这里记的是“狗腿”“走狗”一类词里的音。

8. 部分古“从”母字今口语的读法：闽东、莆仙和尤溪多数读清擦音声母 s 或 ɬ，其他地区读塞擦音声母。例如：

	49. 晴	50. 坐	51. 脐	52. 前	53. 餈
福州	꜁saŋ	sɔy꜅	꜁sai	꜁sɛiŋ	꜁si
古田	꜁saŋ	soi꜅	꜁sai	꜁seiŋ	꜁si
宁德	꜁saŋ	sɔy꜅	꜁tsai	꜁sɛn	꜁sei
周宁	꜁saŋ	sɔi꜅	꜁tsai	꜁sɛn	꜁sei
福鼎	꜁saŋ	soi꜅	꜁tsai	꜁seŋ	꜁si
莆田	꜁ɬa	ɬe꜅	꜁tsai	꜁ɬe	꜁ɬi
厦门	꜁tsĩ	tse꜅	꜁tsai	꜁tsiŋ	꜁tsi
泉州	꜁tsĩ	꜃tsə	꜁tsai	꜁tsuĩ	꜁tsi
永春	꜁tsĩ	tsə꜅	꜁tsai	꜁tsuĩ	꜁tsi
漳州	꜁tsɛ̃	tse꜅	꜁tsai	꜁tsan	꜁tsi
龙岩	꜁tsiɛ̃	꜃tse	꜁tsai	꜁tsĩ	꜁tsi
大田	꜁tsã	꜃tse	꜁tsɛ	꜁tsĩ	꜁tsi
尤溪	꜁sã	sɤ꜅	꜁tsai	꜁sẽ	꜁sie
永安	꜁tsõ	꜃tsue	꜁tsʻa	꜁tsʻɛiŋ	꜁tsi
沙县	꜁tsɔ̃	꜃tsue	꜁tsʻai	꜁tsʻĩ	꜁tʃi
建瓯	tsaŋ꜄	tso꜅	tsʻɛ꜄	tsʻiŋ꜄	tsi꜄
建阳	꜁tsaŋ	tsue꜅	꜁tʻe	꜁tsʻieŋ	꜁tsɔi
松溪	꜁tsaŋ	tsua꜅	꜁tsʻiei	꜁tsʻiŋ	꜁tsei

9. 古“心、邪、生、书、禅”等母字今口语读音的声母：莆仙一般读为清边擦音 ɬ，其他地区没有这种读法。例如：

	54. 死	55. 辞~别	56. 狮	57. 屎	58. 是
福州	꜂si	꜁sy	꜀sai	꜂sai	sɛi꜅
古田	꜂si	꜁sy	꜀sai	꜂sai	si꜅
宁德	꜂si	꜁sou	꜀sai	꜂sai	sei꜅
周宁	꜂si	꜁so	꜀sai	꜂sɛi	sei꜅
福鼎	꜂si	꜁su	꜀sai	꜂sai	si꜅
莆田	꜂ɬi	꜁ɬo	꜀ɬai	꜂ɬai	ɬi꜅
厦门	꜂si	꜁si	꜀sai	꜂sai	si꜅
泉州	꜂si	꜁si	꜀sai	꜂sai	꜃si
永春	꜂si	꜁si	꜀sai	꜂sai	si꜅
漳州	꜂si	꜁si	꜀sai	꜂sai	si꜅
龙岩	꜂si	꜁si	꜀sai	꜂sai	꜃si
大田	꜂si	꜁sɤ	꜀sɛ	꜂sɛ	꜃si
尤溪	꜂se	꜁sɿ	꜀sai	꜂sai	ɕi꜅
永安	꜂si	꜁sɿ	꜀ʃa	꜂sɿ	꜃sɿ
沙县	꜂se	꜁sɿ	꜀sai	꜂sɤ	꜃sɿ
建瓯	꜂si	꜂tsu	꜀su	꜂si	si꜅
建阳	꜂sɔi	꜁so	꜀se	꜂si	si꜄
松溪	꜂sei	˳tsu	꜀su	꜂si	siŋ꜅

10. 古“精、庄、章”等组字今读为几套塞擦音声母：闽中分舌尖前、舌叶两套，其他地区只有一套。① 例如：

	59. 节竹～	60. 炒	61. 新	62. 蔗	63. 树	64. 水
福州	tsaiʔ꜆	꜂ts‘a	꜀siŋ	tsia꜄	ts‘ieu꜄	꜂tsui
古田	tseiʔ꜆	꜂ts‘a	꜀siŋ	tsia꜄	ts‘iu꜄	꜂tsy
宁德	tsɛt꜆	꜂ts‘a	꜀sin	tsie꜄	ts‘eu꜄	꜂tsy
周宁	tseʔ꜆	꜂ts‘a	꜀sin	tsie꜄	ts‘eu꜄	꜂tsyi
福鼎	tseʔ꜆	꜂ts‘a	꜀siŋ	tsia꜄	ts‘iu꜄	꜂tsui
莆田	tsɛʔ꜆	꜂ts‘ɒ	꜀ɬiŋ	tsia꜄	ts‘iu꜄	꜂tsui
厦门	tsat꜆	꜂ts‘a	꜀sin	tsia꜄	ts‘iu꜅	꜂tsui
泉州	tsat꜆	꜂ts‘a	꜀sin	tsia꜄	ts‘iu꜅	꜂tsui
永春	tsat꜆	꜂ts‘a	꜀sin	tsia꜄	ts‘iu꜅	꜂tsui
漳州	tsat꜆	꜂ts‘a	꜀sin	tsia꜄	ts‘iu꜅	꜂tsui
龙岩	tsat꜆	꜂ts‘a	꜀sin	tsa꜄	ts‘iu꜄	꜂tsui
大田	tsaʔ꜆	꜂ts‘a	꜀seŋ	tsa꜄	ts‘u꜄	꜂tsi
尤溪	tsa꜆	꜂ts‘a	꜀sɤŋ	tsia꜄	ts‘iu꜄	꜂tsui
永安	tsa꜆	꜂ts‘o	꜀sã	tʃiɒ꜄	tʃ‘y꜄	꜂ʃyi
沙县	tsai꜆	꜂ts‘au	꜀suĩ	tʃia꜄	tʃ‘iu꜄	꜂ʃye
建瓯	tsai꜅	꜂ts‘au	꜀seiŋ	tsia꜄	ts‘iu꜅	꜂sy
建阳	tsai꜆	꜂t‘au②	꜀sɔiŋ	tsia꜄	ts‘iu꜅	꜂sy
松溪	tsiei꜆	꜂ts‘ɒu	꜀seiŋ	tsia꜄	ts‘iu꜅	꜂sy

① 尤溪尚有与 s 对立的 ɕ，参见上文 58 条。

② 建阳有些 +s‘ 变读为 t‘ 是受赣方言影响。

（二）韵母方面

1. 古合口三四等韵字今口语读音的韵头：闽南和闽东的福鼎没有 y 韵头；闽东、莆仙或把韵腹元音圆唇化（但福鼎例外，无撮口）；其他地区有，闽中、闽北字多，闽东、莆仙和尤溪字少。例如：

	65. 穷	66. 区	67. 围	68. 桂	69. 菊	70. 除	71. 月	72. 血
福州	꜁kyŋ	꜀k'y	꜁ui	kiɛ꜄	køyʔ꜆	꜁ty	ŋuoʔ꜇	xaiʔ꜆
古田	꜁kyŋ	꜀k'y	꜁ui	kie꜄	kyʔ꜆	꜁ty	ŋuoʔ꜇	xeiʔ꜆
宁德	꜁køŋ	꜀k'y	꜁oi	ki꜄	kœk꜆	꜁tøy	ŋɔt꜇	xɛt꜆
周宁	꜁køuŋ	꜀k'y	꜁ui	ki꜄	køuʔ꜆	꜁tøu	ŋut꜇	xɛt꜆
福鼎	꜁kiuŋ	꜀k'i	꜁ui	kie꜄	kiuʔ꜆	꜁ti	ŋuo꜇	xeʔ꜆
莆田	꜁kœŋ	꜀k'y	꜁ui	ke꜄	kœʔ꜆	꜁ty	kœʔ꜇	hœʔ꜆
厦门	꜁kiŋ	꜀k'u	꜁ui	kui꜄	kik꜆	꜁tu	geʔ꜇	huiʔ꜆
泉州	꜁kiŋ	꜀k'u	꜁ui	kui꜄	kak꜆	꜁tɯ	gəʔ꜇	huiʔ꜆
永春	꜁kiŋ	꜀k'u	꜁ui	kui꜄	kak꜆	꜁tɯ	gəʔ꜇	huiʔ꜆
漳州	꜁kiŋ	꜀k'i	꜁ui	kui꜄	kik꜆	꜁ti	gueʔ꜇	hueʔ꜆
龙岩	꜁kioŋ	꜀k'i	꜁gui	kui꜄	kiok꜆	꜁ti	꜃gue	hue꜅
大田	꜁kioŋ	꜀k'i	꜁bui	kui꜄	koʔ꜆	꜁ti	꜃gue	hue꜄
尤溪	꜁kɤŋ	꜀k'y	꜁ue	kui꜄	kuo꜆	꜁tui	ŋue꜆	hue꜆
永安	꜁kiam	꜀k'y	꜁yi	kyi꜄	ky꜆	꜁ty	꜃ŋye	ʃye꜆
沙县	꜁kœyŋ	꜀k'y	꜁yi	kyi꜄	kø꜆	꜁ty	꜃ye	ʃyɛ꜆
建瓯	kœyŋ꜄	꜀k'y	꜂y	ky꜄	ky꜆	꜁ty	ŋyɛ꜇	xuai꜆
建阳	꜁keiŋ	꜀k'y	˳ɦy	ky꜄	ky꜆	꜁ly	ŋye꜇	xue꜆
松溪	˳kœyŋ	꜀k'y	˳y	k'y꜄	k'y꜆	꜁tœy	ŋyœ꜇	xyœ꜆

2. 古“蟹、效、流”等摄字今口语读音的韵尾：闽东 -i、-u、之外有的点还有 -y，闽南、闽北、莆仙只有 -i、-u，闽中有的点还有 -ɯ 尾。例如：

	73. 袋	74. 外	75. 妹	76. 碎	77. 草	78. 妙	79. 偷	80. 九
福州	tɔyᵌ	ŋiɛᵌ	muoiᵓ	tsʻɔyᵓ	ᶜtsʻau	mieuᵌ	꜀tʻau	ᶜkau
古田	toiᵌ	ŋuoiᵌ	muoiᵓ	tsʻoiᵓ	ᶜtsʻau	miɐuᵌ	꜀tʻau	ᶜkau
宁德	tɔyᵌ	ᶜŋie	muiᵓ	tsʻɔyᵓ	ᶜtsʻau	miuᵌ	꜀tʻau	ᶜkau
周宁	tɔiᵌ	ŋieᵌ	muɔiᵌ	tsʻɔiᵓ	ᶜtsʻau	miuᵌ	꜀tʻau	ᶜkɔu
福鼎	toiᵌ	ŋuaiᵌ	mueiᵓ	tsʻoiᵓ	ᶜtsʻau	mieuᵌ	꜀tʻau	ᶜkau
莆田	teᵌ	kueᵌ	mueᵌ	tsʻuiᵓ	ᶜtsʻau	piɐuᵌ	꜀tʻau	ᶜkau
厦门	teᵌ	guaᵌ	beᵌ	tsʻuiᵓ	ᶜtsʻau	biauᵌ	꜀tʻau	ᶜkau
泉州	təᵌ	guaᵌ	bəᵌ	tsʻuiᵓ	ᶜtsʻau	biauᵌ	꜀tʻau	ᶜkau
永春	təᵌ	guaᵌ	bəᵌ	tsʻuiᵓ	ᶜtsʻau	biauᵌ	꜀tʻau	ᶜkau
漳州	teᵌ	guaᵌ	mueᵌ	tsʻuiᵓ	ᶜtsʻau	biauᵌ	꜀tʻau	ᶜkau
龙岩	teᵌ	gyaᵌ	muĩᵓ	tsʻuiᵓ	ᶜtsʻau	miãuᵓ	꜀tʻau	ᶜkau
大田	꜀tue	꜀gue	muĩᵓ	tsʻuiᵓ	ᶜtsʻɔ	biɔᵓ	꜀tʻɔ	ᶜkɔ
尤溪	tøᵌ	ŋuaiᵌ	mueᵌ	tsʻøᵓ	ᶜtsʻau	miauᵌ	꜀tʻau	ᶜkau
永安	tueᵓ	uɒᵓ	mueᵓ	tsʻuiᵓ	ᶜtsʻaɯ	miɯᵓ	꜀tʻø	ᶜkiau
沙县	tueᵓ	yaᵓ	bueᵓ	tsʻuiᵓ	ᶜtsʻɔ	bioᵓ	꜀tʻau	ᶜkio
建瓯	toᵌ	ŋyɛᵌ	mɛᵌ	tsʻoᵓ	ᶜtsʻau	miauᵌ	꜀tʻe	ᶜkiu
建阳	luiᵌ	ŋyeᵌ	muiᵌ	tʻuiᵓ	ᶜtʻau	miɔᵌ	꜀həu	ᶜkiu
松溪	tueiᵌ	ŋyœᵌ	mueiᵌ	tsʻueiᵓ	ᶜtsʻo	myoᵌ	꜀tʻa	ᶜkiu

3. 古阳声韵字今口语的读法：闽东多数点及闽北只有 ŋ 韵尾，没有鼻化韵，有同时带 i、u、y 的“复韵尾”，ŋ 一般不单独作韵母；闽南多数点有 m、n、ŋ 三种韵尾，有鼻化韵，没有“复韵尾”，m、n 可单独作韵母；莆仙只有 ŋ 韵尾，有的鼻音脱落读为元音韵；闽中有 ŋ（或还有 m）韵尾，有鼻化韵，“复韵尾”少见。例如：

	81. 鹹	82. 深	83. 山	84. 粪	85. 网	86. 糠	87. 蛏	88. 重不轻
福州	꜁kεiŋ	꜀ts‘iŋ	꜀saŋ	pouŋ꜄	mɔyŋ꜅	꜀k‘ouŋ	꜀t‘εiŋ	tɔyŋ꜅
古田	꜁keiŋ	꜀ts‘iŋ	꜀saŋ	puŋ꜄	møyŋ꜅	꜀k‘ɔuŋ	꜀t‘eiŋ	tøyŋ꜅
宁德	꜁kεm	꜀ts‘im	꜀san	pon꜄	꜂mœŋ	꜀k‘ɔŋ	꜀t‘εŋ	tœŋ꜅
周宁	꜁kεn	꜀ts‘in	꜀san	pon꜄	mœuŋ꜅	꜀k‘ɔŋ	꜀t‘εn	tøuŋ꜅
福鼎	꜁keŋ	꜀ts‘iŋ	꜀saŋ	puŋ꜄	meŋ꜅	꜀k‘oŋ	꜀t‘eŋ	teŋ꜅
莆田	꜁kiaŋ	꜀ts‘iŋ	꜀ɬua	poŋ꜄	maŋ꜅	꜀k‘uŋ	꜀t‘εŋ	taŋ꜅
厦门	꜁kiam	꜀ts‘im	꜀suã	pun꜄	baŋ꜅	꜀k‘ŋ	꜀t‘an	taŋ꜅
泉州	꜁kiam	꜀ts‘im	꜀suã	pun꜄	꜃baŋ	꜀k‘ŋ	꜀t‘an	꜃taŋ
永春	꜁kiam	꜀ts‘im	꜀suã	pun꜄	baŋ꜅	꜀k‘ŋ	꜀t‘an	taŋ꜅
漳州	꜁kiam	꜀ts‘im	꜀suã	pun꜄	baŋ꜅	꜀k‘ŋ	꜀t‘an	taŋ꜅
龙岩	꜁kiam	꜀ts‘im	꜀suã	pun꜄	꜃baŋ	꜀k‘õ	꜀t‘an	꜃taŋ
大田	꜁kiaŋ	꜀ts‘eŋ	꜀suã	pueŋ꜄	꜃baŋ	꜀k‘ŋ	꜀t‘aŋ	꜃taŋ
尤溪	꜁kiŋ	꜀ts‘iŋ	꜀sũ	pɤŋ꜄	mɤŋ꜇	꜀hŋ	꜀t‘ɤŋ	tɤŋ꜄
永安	꜁kym	꜀tʃ‘ã	꜀sum	puã꜄	꜂m̩	꜀k‘ɒm	꜀t‘ĩ	꜃taŋ
沙县	꜁kaŋ	꜀ts‘eiŋ	꜀suĩ	puĩ꜄	꜂maŋ	꜀k‘aŋ	꜀t‘ɔ̃i	꜃tɔuŋ
建瓯	꜂keiŋ	꜀ts‘eiŋ	꜀suiŋ	pœyŋ꜄	mɔŋ꜇	꜀k‘ɔŋ	꜀t‘aiŋ	tɔŋ꜄
建阳	˳kiŋ	꜀ts‘iŋ	꜀sueiŋ	peiŋ꜄	꜂mɔŋ	꜀k‘ɔŋ	꜀haiŋ	leiŋ꜄
松溪	˳keiŋ	꜀ts‘eiŋ	꜀sueiŋ	pœyŋ꜄	moŋ꜇	꜀k‘aŋ	꜀t‘aŋ	toŋ꜅

4. 古入声字今口语的读法：闽东多数点只有 ʔ 韵尾，少数点还有 t、k 和 p 韵尾；闽南多数点有 p、t、k、ʔ 四种韵尾，少数点只有 ʔ 韵尾；莆仙多数字有 ʔ 韵尾，少数字没有塞音韵尾；闽北、闽中都没有塞音韵尾。例如：

	89. 合	90. 粒	91. 滑	92. 笔	93. 索绳子	94. 角	95. 贼	96. 六
福州	xaʔ꜇	laʔ꜇	kouʔ꜇	peiʔ꜆	sɔʔ꜆	kɔyʔ꜆	ts‘eiʔ꜇	løyʔ꜇
古田	xaʔ꜇	laʔ꜇	kouʔ꜇	piʔ꜆	sɔʔ꜆	køyʔ꜆	ts‘eiʔ꜇	løyʔ꜇
宁德	xap꜇	lap꜇	kɔt꜇	pik꜆	sɔʔ꜆	kœk꜆	ts‘ɛt꜇	lœk꜇
周宁	xaʔ꜇	laʔ꜇	kɔt꜇	peʔ꜆	sɔʔ꜆	kœuk꜆	ts‘et꜇	lœuk꜇
福鼎	xa꜇	la꜇	ko꜇	piʔ꜆	so꜄	keʔ꜆	ts‘e꜇	le꜇
莆田	haʔ꜇	laʔ꜇	koʔ꜇	piʔ꜆	ɬo꜅	kaʔ꜆	ts‘ɛʔ꜇	laʔ꜇
厦门	hap꜇	liap꜇	kut꜇	pit꜆	soʔ꜆	kak꜆	ts‘at꜇	lak꜇
泉州	hap꜇	liap꜇	kut꜇	pit꜆	soʔ꜆	kak꜆	ts‘at꜇	lak꜇
永春	hap꜇	liap꜇	kut꜇	pit꜆	soʔ꜆	kak꜆	ts‘at꜇	lak꜇
漳州	hap꜇	liap꜇	kut꜇	pit꜆	soʔ꜆	kak꜆	ts‘at꜇	lak꜇
龙岩	hap꜇	liap꜇	kut꜇	pit꜆	soʔ꜆	kak꜆	ts‘at꜇	lak꜇
大田	haʔ꜇	lioʔ꜇	koʔ꜇	peʔ꜆	sɤ꜄	kaʔ꜆	ts‘aʔ꜇	laʔ꜇
尤溪	꜀ha	꜀lɤ	꜀kuo	pie꜆	sɤ꜆	kuo꜆	ts‘a꜆	luo꜆
永安	꜂xaɯ	꜂li	꜂kui	pi꜆	saɯ꜆	kɯ꜆	꜂ts‘a	꜂ly
沙县	꜂xo	꜂li	꜂kui	pe꜆	sɔ꜆	ko꜆	꜂ts‘ai	꜂ly
建瓯	xɔ꜅	la꜇	ko꜇	pi꜆	sɔ꜆	ku꜆	ts‘ɛ꜅	ly꜇
建阳	xa꜇	lɔi꜆	kui꜆	pɔi꜆	sɔ꜆	ko꜆	t‘e꜇	so꜇
松溪	xo꜆	lei꜅	kuei꜇	pei꜆	so꜆	ku꜆	ts‘yœ꜆	sɒu꜅

5. 古“江”韵字和“通”摄一等字今口语读音韵母的分混：闽南多数不分，其他地区多数不混。例如：

	97. 窗——98. 通		99. 双——100. 鬆		101. 江——102. 工	
福州	꜀ts'ouŋ	꜀t'øyŋ	꜀søyŋ	꜀søyŋ	꜀køyŋ	꜀køyŋ
古田	꜀ts'ɔuŋ	꜀t'øyŋ	꜀søyŋ	꜀søyŋ	꜀køyŋ	꜀køyŋ
宁德	꜀t'ɔŋ	꜀t'œŋ	꜀sœŋ	꜀soŋ	꜀kœŋ	꜀kœŋ
周宁	꜀ts'ɔŋ	꜀t'œuŋ	꜀sœuŋ	꜀suŋ	꜀kɔŋ	꜀kœuŋ
福鼎	꜀ts'uŋ	꜀t'eŋ	꜀seŋ	꜀suŋ	꜀koŋ	꜀keŋ
莆田	꜀t'œŋ	꜀t'aŋ	꜀ɬaŋ	꜀ɬaŋ	꜀kaŋ	꜀kaŋ
厦门	꜀t'aŋ	꜀t'aŋ	꜀siaŋ	꜀saŋ	꜀kaŋ	꜀kaŋ
泉州	꜀t'aŋ	꜀t'aŋ	꜀saŋ	꜀saŋ	꜀kaŋ	꜀kaŋ
永春	꜀t'aŋ	꜀t'aŋ	꜀saŋ	꜀saŋ	꜀kaŋ	꜀kaŋ
漳州	꜀t'aŋ	꜀t'aŋ	꜀siaŋ	꜀saŋ	꜀kaŋ	꜀kaŋ
龙岩	꜀t'aŋ	꜀t'aŋ	꜀saŋ	꜀saŋ	꜀kiaŋ	꜀kaŋ
大田	꜀t'aŋ	꜀t'aŋ	꜀saŋ	꜀saŋ	꜀kaŋ	꜀kaŋ
尤溪	꜀t'ɤŋ	꜀t'ɤŋ	꜀sɤŋ	꜀sɤŋ	꜀koŋ	꜀kɤŋ
永安	꜀t'ɒm	꜀t'aŋ	꜀saŋ	꜀saŋ	꜀kɒm	꜀kaŋ
沙县	꜀t'œyŋ	꜀t'ɔuŋ	꜀sɔuŋ	꜀sɔuŋ	꜀kɔ̃	꜀kɔuŋ
建瓯	꜀t'œyŋ	꜀t'ɔŋ	꜀sɔŋ	꜀sɔŋ	꜀kɔŋ	꜀kɔŋ
建阳	꜀t'ɔŋ	꜀hoŋ	꜀soŋ	꜀soŋ	꜀kɔŋ	꜀koŋ
松溪	꜀ts'aŋ	꜀t'oŋ	꜀soŋ	꜀soŋ	꜀kaŋ	꜀koŋ

6. 古“效”摄一、二等字今口语读音韵母的分混：闽北多相混，其他地区多数可分。例如：

	103. 保——104. 饱		105. 糕——106. 交		107. 告——108. 教		109. 号——110. 校学～	
福州	ᶜpo	ᶜpa	꜀ko	꜀kau	kɔᵓ	kaᵓ	xɔᵊ	xauᵊ
古田	ᶜpɔ	ᶜpa	꜀kɔ	꜀kau	kɔᵓ	kaᵓ	xɔᵊ	xauᵊ
宁德	ᶜpɔ	ᶜpa	꜀kɔ	꜀kau	kɔᵓ	kaᵓ	ᶜxɔ	xauᵊ
周宁	ᶜpɔ	ᶜpa	꜀kɔ	꜀kau	kɔᵓ	kaᵓ	xɔᵊ	xauᵊ
福鼎	ᶜpo	ᶜpa	꜀ko	꜀kau	koᵓ	kaᵓ	xoᵊ	xauᵊ
莆田	ᶜpo	ᶜpɒ	꜀ko	꜀kau	kɒᵓ	kaᵓ	hoᵊ	hauᵊ
厦门	ᶜpo	ᶜpa	꜀ko	꜀kau	koᵓ	kaᵓ	hoᵊ	hauᵊ
泉州	ᶜpo	ᶜpa	꜀ko	꜀kau	koᵓ	kaᵓ	hoᵊ	hauᵊ
永春	ᶜpo	ᶜpa	꜀ko	꜀kau	koᵓ	kaᵓ	hoᵊ	hauᵊ
漳州	ᶜpo	ᶜpa	꜀ko	꜀kau	koᵓ	kaᵓ	hoᵊ	hauᵊ
龙岩	ᶜpo	ᶜpa	꜀ko	꜀kiau	koᵓ	kaᵓ	hoᵊ	ᶜhiau
大田	ᶜpɤ	ᶜpa	꜀kɤ	꜀kɔ	kɔᵓ	kaᵓ	hɔᵊ	hɔᵊ
尤溪	ᶜpɤ	ᶜpa	꜀kɤ	꜀kau	koᵓ	kaᵓ	hɤᵊ	hauᵊ
永安	ᶜpaɯ	ᶜpo	꜀kɯ	꜀ko	kɯᵓ	koᵓ	xaɯᵓ	xoᵊ
沙县	ᶜpɔ	ᶜpau	꜀ko	꜀kau	koᵓ	kauᵓ	xoᵓ	xauᵊ
建瓯	ᶜpau	ᶜpau	꜀kau	꜀kau	kauᵓ	kauᵓ	xauᵊ	xauᵊ
建阳	ᶜβau	ᶜpau	꜀kau	꜀kau	kauᵓ	kauᵓ	xauᵊ	xauᵊ
松溪	꜁po	ᶜpɒu	꜀ko	꜀kɒu	koᵓ	kɒuᵓ	xoᵊ	xɒuᵊ

7. 古"山"摄合口一、二等字今口语读音韵母的分混：闽中、闽北基本相混，闽南、莆仙多数可分，闽东有分有混。例如：

	111. 官——112. 关~门		113. 灌——114. 惯		115. 桓——116. 还交~	
福州	꜀kuaŋ	꜀kuoŋ	kuaŋ꜄	kuaŋ꜄	꜁xuaŋ	꜁xuaŋ
古田	꜀kuaŋ	꜀kuoŋ	kuaŋ꜄	kuaŋ꜄	꜁xuaŋ	꜁xuaŋ
宁德	꜀kuan	꜀kɔn	kuan꜄	kuan꜄	꜁xuan	꜀xuan
周宁	꜀kuɔn	꜀kun	kuɔn꜄	kuɔn꜄	꜁xuɔn	꜁xuɔn
福鼎	꜀kuaŋ	꜀kuoŋ	kuaŋ꜄	kuaŋ꜄	꜁xuaŋ	꜁xeŋ
莆田	꜀kua	꜀kue	kuaŋ꜄	kuaŋ꜄	꜁huaŋ	꜁he
厦门	꜀kuã	꜀kuãi	kuan꜄	kuãi꜄	꜁huan	꜁hiŋ
泉州	꜀kuã	꜀kuĩ	kuan꜄	kuĩ꜄	꜁huan	꜁huan
永春	꜀kuã	꜀kuĩ	kuan꜄	kuĩ꜄	꜁huan	꜁huan
漳州	꜀kuã	꜀kuãi	kuan꜄	kuan꜄	꜁huan	꜁hiŋ
龙岩	꜀kuã	꜀kuẽ	kuan꜄	kuan꜄	꜁huan	꜁hĩ
大田	꜀kuã	꜀kuã	kuaŋ꜄	kuaŋ꜄	꜁huaŋ	꜁huaŋ
尤溪	꜀kuẽ	꜀kuẽ	kuaŋ꜄	kuaŋ꜄	꜁huaŋ	꜁huẽ
永安	꜀kum	꜀kum	kum꜄	kum꜄	꜁xm	꜁xm
沙县	꜀kuĩ	꜀kuĩ	kuĩ꜄	kuĩ꜄	꜁xuĩ	꜁xuĩ
建瓯	꜀kuiŋ	꜀kuiŋ	kuiŋ꜄	kuiŋ꜄	꜂xuiŋ	xiŋ꜄
建阳	꜀kueiŋ	꜀kueiŋ	kueiŋ꜄	kueiŋ꜄	꜁xueiŋ	꜁xueiŋ
松溪	꜀kueiŋ	꜀kueiŋ	kueiŋ꜄	kueiŋ꜄	˳xaŋ	˳ueiŋ

8. 古开口“支”韵字和“脂、之”韵字今口语读音韵母的分混：闽东大多能分，闽中有分有混，其他地区多数相混。例如：

	117. 池——118. 迟		119. 移——120. 姨		121. 施——122. 诗		123. 紫——124. 子种子	
福州	꜁tie	꜁ti	꜁ie	꜁i	꜀sie	꜀si	꜂tsie	꜂tsi
古田	꜁tie	꜁ti	꜁ie	꜁i	꜀sie	꜀si	꜂tsie	꜂tsi
宁德	꜁ti	꜁tei	꜁i	꜁ei	꜀sie[①]	꜀si	꜂tse	꜂tsi
周宁	꜁ti	꜁ti	꜁i	꜁ei	꜀si	꜀si	꜂tsi	꜂tsi
福鼎	꜁tie	꜁ti	꜁ie	꜁i	꜀sie	꜀si	꜂tsie	꜂tsi
莆田	꜁ti	꜁ti	꜁i	꜁i	꜀si	꜀ɬi	꜂tsi	꜂tsi
厦门	꜁ti	꜁ti	꜁i	꜁i	꜀si	꜀si	꜂tsi	꜂tsi
泉州	꜁ti	꜁ti	꜁i	꜁i	꜀si	꜀si	꜂tsɯ	꜂tsi
永春	꜁ti	꜁ti	꜁i	꜁i	꜀si	꜀si	꜂tsi	꜂tsi
漳州	꜁ti	꜁ti	꜁i	꜁i	꜀si	꜀si	꜂tsi	꜂tsi
龙岩	꜁ti	꜁ti	꜁i	꜁i	꜀si	꜀si	꜂tsi	꜂tsi
大田	꜁ti	꜁ti	꜁i	꜁i	꜀si	꜀si	꜂tsɤ	꜂tsɤ
尤溪	꜁te	꜁te	꜁i	꜁i	꜀ɕi	꜀ɕi	꜂tsɿ	꜂tsɿ
永安	꜁te	꜁ti	꜁i	꜁i	꜀sɿ	꜀sɿ	꜂tsɿ	꜂tsɿ
沙县	꜁te	꜁ti	꜁i	꜁i	꜀sɿ	꜀sɿ	꜂tsɿ	꜂tsɿ
建瓯	꜂ti	꜂ti	꜂i	꜂i	꜀si	꜀si	꜂tsu	꜂tsu
建阳	꜁lɔi	꜁lɔi	꜁i	◦ɦi	꜀si	꜀si	꜂tso	꜂tso
松溪	◦tei	◦tei	◦i	◦i	꜀siei	꜀si	꜂tsu	꜂tsu

① 宁德 ꜀sie 用于动词（洒落），姓施读 ꜀si。

9. 部分古“鱼、虞”韵字今口语读音韵母的分混：闽东、莆仙、闽南多数能分；闽北、闽中则多数相混。例如：

	125. 锯——126. 句		127. 煮——128. 主		129. 苎——130. 柱		131. 除——132. 厨	
福州	køyᵓ	kuɔᵓ	ᶜtsy	ᶜtsuo	tɔ²	tʻieu²	ₛty	ₛtiu
古田	kyᵓ	kuoᵓ	ᶜtsy	ᶜtsuo	tœ²	tʻiu²	ₛty	ₛtiu
宁德	køyᵓ	køyᵓ	ᶜtsy	ᶜtso	tœ²	tʻiu²	ₛtøy	ₛtiu
周宁	køuᵓ	køuᵓ	ᶜtsy	ᶜtsu	tœ²	tʻeu²	ₛtøu	ₛto
福鼎	kiᵓ	kuoᵓ	ᶜtsi	ᶜtsuo	te²	tʻiu²	ₛti	ₛtiu
莆田	kyᵓ	kɔuᵓ	ᶜtsy	ᶜtsɔu	tø²	tʻiu²	ₛty	ₛtiu
厦门	kuᵓ	kuᵓ	ᶜtsu	ᶜtsu	tue²	tʻiau²	ₛtu	ₛtu
泉州	kɯᵓ	kuᵓ	ᶜtsɯ	ᶜtsu	ˢtue	ˢtʻiau	ₛtɯ	ₛtu
永春	kɯᵓ	kuᵓ	ᶜtsɯ	ᶜtsu	tue²	tʻiau²	ₛtɯ	ₛtu
漳州	kiᵓ	kuᵓ	ᶜtsi	ᶜtsu	te²	tʻiau²	ₛti	ₛtu
龙岩	kiᵓ	kiᵓ	ᶜtsi	ᶜtsi①	ˢtui	ˢtʻiau	ₛti	ₛti
大田	kiᵓ	kuᵓ	ᶜtsi	ᶜtsi	ˢtiɔ	ˢtʻiɔ	ₛti	ₛtio
尤溪	kyᵓ	kyᵓ	ᶜtsy	ᶜtsø	tui²	tʻiu²	ₛtui	ₛtɤ
永安	kyᵓ	kyᵓ	ᶜtʃy	ᶜtʃy	ˢtɔu	ˢtʻiau	ₛty	ₛty
沙县	kyᵓ	kyᵓ	ᶜtsø	ᶜtsø	ˢtu	ˢtʻiu	ₛty	ₛty
建瓯	kyᵓ	kyᵓ	ᶜtsy	ᶜtsy	ty₂	tʻiu²	ᶜty	tyᵓ
建阳	kyᵓ	kyᵓ	ᶜtsy	ᶜtsy	loᵓ	hiuᵓ	ₛly	ₛty
松溪	kyᵓ	kyᵓ	ᶜtsy	ᶜtsy	tɒu²	tʻiu²	ₒtœy	ₛtœy

① 龙岩用于“主人”时变读为ᶜtsʻi。

10. 部分“覃、谈”韵字今口语读音韵母的分混：闽南、莆仙多数可分；其他地区多数相混。例如：

	133. 耽——134. 担~水		135. 男——136. 篮		137. 感——138. 敢	
福州	꜀taŋ	꜀taŋ	꜁naŋ	꜁laŋ	꜂kaŋ	꜂kaŋ
古田	꜀taŋ	꜀taŋ	꜁naŋ	꜁laŋ	꜂kaŋ	꜂kaŋ
宁德	꜀tam	꜀tam	꜁nam	꜁lam	꜂kam	꜂kam
周宁	꜀tan	꜀tan	꜁nan	꜁lan	꜂kɛn	꜂kɛn
福鼎	꜀taŋ	꜀taŋ	꜁naŋ	꜁laŋ	꜂kaŋ	꜂kaŋ
莆田	꜀taŋ	꜀tɒ	꜁naŋ	꜁laŋ	꜂kaŋ	꜂kɒ
厦门	꜀tam	꜀tã	꜁lam	꜁nã	꜂kam	꜂kã
泉州	꜀tam	꜀tã	꜁lam	꜁nã	꜂kam	꜂kã
永春	꜀tam	꜀tã	꜁lam	꜁nã	꜂kam	꜂kã
漳州	꜀tam	꜀tã	꜁lam	꜁nã	꜂kam	꜂kã
龙岩	꜀tam	꜀tã	꜁lam	꜁nã	꜂kam	꜂kã
大田	꜀taŋ	꜀tã	꜁laŋ	꜁nã	꜂kaŋ	꜂kã
尤溪	꜀taŋ	꜀taŋ	꜁naŋ	꜁laŋ	꜂kaŋ	꜂kã
永安	꜀tõ	꜀tõ	꜁lõ	꜁sõ	꜂kõ	꜂kam
沙县	꜀tɔ̃	꜀tɔ̃	꜁nɔ̃	꜁nɔ̃	꜂kɔ̃	꜂kaŋ
建瓯	꜀taŋ	꜀taŋ	naŋ꜄	saŋ꜄	꜂kaŋ	꜂kɔŋ
建阳	꜀laŋ	꜀laŋ	꜁naŋ	꜁saŋ	꜂kɔŋ	꜂kɔŋ
松溪	꜀taŋ	꜀taŋ	꜁naŋ	꜁saŋ	꜂kaŋ	꜂kaŋ

（三）声调方面

1. 古平声浊声母字今口语读音的声调：闽北分为两类；其他地区都只有一类阳平。例如：

	139. 投——140. 头		141. 铜——142. 虫		143. 长——144. 糖		145. 场——146. 粮	
福州	꜁tau	꜁t‘au	꜁tøyŋ	꜁t‘øyŋ	꜁touŋ	꜁t‘ouŋ	꜁tuoŋ	꜁luoŋ
古田	꜁tau	꜁t‘au	꜁tøyŋ	꜁t‘øyŋ	꜁tɔuŋ	꜁t‘ɔuŋ	꜁tyøŋ	꜁lyøŋ
宁德	꜁tau	꜁t‘au	꜁tœŋ	꜁tœŋ	꜁tɔŋ	꜁t‘ɔŋ	꜁tyŋ	꜁lyŋ
周宁	꜁tau	꜁t‘au	꜁tœŋ	꜁t‘œuŋ	꜁tɔŋ	꜁t‘ɔŋ	꜁tyoŋ	꜁lyoŋ
福鼎	꜁tau	꜁t‘au	꜁teŋ	꜁t‘eŋ	꜁toŋ	꜁t‘oŋ	꜁tioŋ	꜁lioŋ
莆田	꜁tau	꜁t‘au	꜁taŋ	꜁t‘aŋ	꜁tuŋ	꜁t‘uŋ	꜁tiɐu	꜁liɐu
厦门	꜁tau	꜁t‘au	꜁taŋ	꜁t‘aŋ	꜁tŋ	꜁t‘ŋ	꜁tiũ	꜁niũ
泉州	꜁tau	꜁t‘au	꜁taŋ	꜁t‘aŋ	꜁tŋ	꜁t‘ŋ	꜁tiũ	꜁niũ
永春	꜁tau	꜁t‘au	꜁taŋ	꜁t‘aŋ	꜁tŋ	꜁t‘ŋ	꜁tiũ	꜁niũ
漳州	꜁tau	꜁t‘au	꜁taŋ	꜁t‘aŋ	꜁tŋ	꜁t‘ŋ	꜁tiɔ̃	꜁niɔ̃
龙岩	꜁tau	꜁t‘au	꜁taŋ	꜁t‘aŋ	꜁tõ	꜁t‘õ	꜁tiõ	꜁niõ
大田	꜁tɔ	꜁t‘ɔ	꜁taŋ	꜁t‘aŋ	꜁tŋ	꜁t‘ŋ	꜁tiŋ	꜁liŋ
尤溪	꜁tau	꜁t‘au	꜁tɤŋ	꜁t‘ɤŋ	꜁toŋ	꜁t‘oŋ	꜁tiũ	꜁niũ
永安	꜁tø	꜁t‘ø	꜁taŋ	꜁t‘aŋ	꜁tɒm	꜁t‘ɒm	꜁tiam	꜁liam
沙县	꜁tau	꜁t‘au	꜁tɔuŋ	꜁t‘ɔuŋ	꜁taŋ	꜁t‘aŋ	꜁tiŋ	꜁liŋ
建瓯	꜁te	t‘e꜃	꜂tɔŋ	t‘ɔŋ꜃	꜂tɔŋ	t‘ɔŋ꜃	꜂tiŋ	liɔŋ꜃
建阳	꜀ləu	꜁həu	꜀loŋ	꜁hoŋ	꜀lɔŋ	꜁hɔŋ	꜀liɔŋ	꜁liɔŋ
松溪	꜀ta	꜁t‘a	꜀toŋ	꜁t‘oŋ	꜀taŋ	꜁t‘aŋ	꜀tioŋ	꜁lioŋ

2. 古上声全浊声母字和去声浊音声母字今口语读音声调的分混：闽北、闽中及闽南部分点可分，但闽中、闽南有的有独立阳上调，闽北浊音声母上声字则归入别调；闽东及莆仙两类字声调相混。例如：

	147. 舵	148. 大	149. 部	150. 步	151. 跪	152. 柜	153. 动	154. 洞
福州	tuai²	tuai²	puɔ²	puɔ²	kuoi²	kuoiᵓ	tɔyŋ²	tɔyŋ²
古田	tuai²	tuai²	puo²	puo²	kui²	kui²	tøyŋ²	tøyŋ²
宁德	²tuɔ	ᶜtuɔ	ᶜpu	ᶜpu	koi²	koi²	tœŋ²	tœŋ²
周宁	tɔ²	tuo²	pu²	pu²	koi²	koi²	toŋ²	tœuŋ²
福鼎	to²	tua²	puo²	puo²	kui²	kui²	teŋ²	teŋ²
莆田	tua²	tua²	pɔu²	pɔu²	kui²	kui²	taŋ²	taŋ²
厦门	tua²	tua²	pɔ²	pɔ²	kui²	kui²	taŋ²	tɔŋ²
泉州	²tua	tua²	²pɔ	pɔ²	²kui	kui²	²taŋ	tɔŋ²
永春	tua²	tua²	pɔ²	pɔ²	kui²	kui²	taŋ²	tɔŋ²
漳州	tua²	tua²	pɔ²	pɔ²	kui²	kui²	taŋ²	tɔŋ²
龙岩	²to	tua²	²p'o	pu²	²kui	kui²	²taŋ	toŋ²
大田	²tua	꜀tua	²pu	꜀pu	²kui	kuiᵓ	²toŋ	꜀toŋ
尤溪	to²	to²	pu²	pu²	kue²	kue²	tɤŋ²	tɤŋ²
永安	²tuɒ	tɒᵓ	²pu	puᵓ	²kyi	kyiᵓ	²taŋ	taŋᵓ
沙县	²tua	tuaᵓ	²pu	puᵓ	²ky	kyᵓ	²tɔuŋ	tɔuŋᵓ
建瓯	tuɛ₂	tuɛ²	pu₂	pu²	ky²	ky²	tɔŋ₂	tɔŋᵓ
建阳	₂lɔ	tue²	βoᵓ	βo²	ky²	ky²	loŋᵓ	loŋ²
松溪	꜀to	tua²	pu²	po꜀	ky꜀	ky²	toŋ₂	toŋᵓ

3. 古去声清浊声母字今口语读音声调的分混：闽中不分阴阳去；其他地区大体可分，闽东、莆仙、闽南[①]阴、阳去的区分比较整齐，闽北古浊声母去声字有归入别调的。例如：

	155. 献——156. 现		157. 绣——158. 寿		159. 对——160. 队		161. 赦——162. 谢	
福州	xyɔŋ꜄	xiɛŋ꜅	sieu꜄	sieu꜅	tɔy꜄	tuoi꜅	sia꜄	sia꜅
古田	xyøŋ꜄	xieŋ꜅	siu꜄	siu꜅	toi꜄	tui꜅	sia꜄	sia꜅
宁德	xyn꜄	xin꜅	seu꜄	seu꜅	tɔy꜄	toi꜅	sie꜄	sie꜅
周宁	xyn꜄	xin꜅	seu꜄	seu꜅	tɔi꜄	toi꜅	sie꜄	sie꜅
福鼎	xieŋ꜄	xieŋ꜅	siu꜄	siu꜅	toi꜄	tui꜅	sia꜄	sia꜅
莆田	hœŋ꜄	hɛŋ꜅	ɬiu꜄	ɬiu꜅	tui꜄	tui꜅	ɬia꜄	ɬia꜅
厦门	hian꜄	hian꜅	siu꜄	siu꜅	tui꜄	tui꜅	sia꜄	sia꜅
泉州	hian꜄	hian꜅	siu꜄	siu꜅	tui꜄	tui꜅	sia꜄	sia꜅
永春	hian꜄	hian꜅	siu꜄	siu꜅	tui꜄	tui꜅	sia꜄	sia꜅
漳州	hian꜄	hian꜅	siu꜄	siu꜅	tui꜄	tui꜅	sia꜄	sia꜅
龙岩	hian꜄	hian꜅	siu꜄	꜃siu	tui꜄	꜃tui	sa꜄	sia꜅
大田	hiaŋ꜄	꜁hiaŋ	siu꜄	꜃siu	tui꜄	꜃tui	sa꜄	꜁sia
尤溪	hieŋ꜄	hieŋ꜅	siu꜄	ɕiu꜅	tɤ꜄	t'ui꜅	ɕia꜄	sia꜅
永安	ʃyɛiŋ꜄	ʃɛiŋ꜄	siau꜄	ʃiau꜄	tui꜄	tui꜄	ʃiɒ꜄	siɒ꜄
沙县	sĩ꜄	sĩ꜄	ʃiu꜄	ʃiu꜄	tui꜄	tui꜄	ʃia꜄	ʃia꜄
建瓯	xuiŋ꜄	xiŋ꜅	siu꜄	siu꜅	to꜄	ty꜅	sia꜄	sia꜅[②]
建阳	xyeiŋ꜄	xieiŋ꜅	siu꜄	siu꜅	tui꜄	lui꜅	sia꜄	tsia꜅
松溪	xyŋ꜄	xiŋ꜅	siu꜄	siu꜅	tui꜄	tui꜇	sia꜄	tsia꜆

① 泉州单字音不分阴阳去，但连读置于前音节时有别。（见 183、184 条）本文标音均按连读鉴别，分记阴阳去。

② 建瓯 sia꜅ 用于动词，姓读为 tsia꜅。

4. 古入声字今口语读音中的声调：闽东、莆仙、闽南都有阴入、阳入两个调，但莆仙有些入声字派入舒声调；闽中古浊入字混入阳上，只有一个入声调；闽北有两个入声调，但古上声、去声字也有读为入声调的。例如：

	163. 急	164. 立	165. 七	166. 日	167. 百	168. 白	169. 尺	170. 席
福州	keiʔ꜆	liʔ꜇	tsʻeiʔ꜆	niʔ꜇	paʔ꜆	paʔ꜇	tsʻuɔʔ꜆	tsʻuoʔ꜇
古田	kiʔ꜆	liʔ꜇	tsʻiʔ꜆	niʔ꜇	paʔ꜆	paʔ꜇	tsʻyøʔ꜆	tsʻyøʔ꜇
宁德	kik꜆	lep꜇	tsʻik꜆	nik꜇	paʔ꜆	paʔ꜇	tsʻyʔ꜆	tsʻøk꜇
周宁	keʔ꜆	leʔ꜇	tsʻeʔ꜆	neʔ꜇	paʔ꜆	paʔ꜇	tsʻyʔ꜆	tsʻyʔ꜇
福鼎	kiʔ꜆	li꜇	tsʻiʔ꜆	ni꜇	pa꜄	pa꜇	tsʻie꜄	tsʻie꜇
莆田	kiʔ꜆	liʔ꜇	tsʻiʔ꜆	tiʔ꜇	pa꜅	pɒʔ꜇	tsʻiɐu꜅	ɬiɐu꜇
厦门	kip꜆	lip꜇	tsʻit꜆	lit꜇	paʔ꜆	peʔ꜇	tsʻioʔ꜆	tsʻioʔ꜇
泉州	kip꜆	lip꜇	tsʻit꜆	lit꜇	paʔ꜆	peʔ꜇	tsʻioʔ꜆	tsʻioʔ꜇
永春	kip꜆	lip꜇	tsʻit꜆	lit꜇	paʔ꜆	peʔ꜇	tsʻioʔ꜆	tsʻioʔ꜇
漳州	kip꜆	lip꜇	tsʻit꜆	dzit꜇	pɛʔ꜆	pɛʔ꜇	tsʻioʔ꜆	tsʻioʔ꜇
龙岩	kip꜆	lip꜇	tsʻit꜆	lit꜇	pie꜅	꜂pie	tsʻo꜅	꜂tsʻo
大田	keʔ꜆	leʔ꜇	tsʻeʔ꜆	leʔ꜇	paʔ꜆	꜂pa	tsʻɤ꜅	꜂tsʻɤ
尤溪	kie꜆	꜁lie	tsʻie꜆	nie꜆	pa꜆	꜀pa	tsʻɤ꜆	꜀tsʻø
永安	ki꜆	꜂li	tsʻi꜆	꜂ŋi	pɒ꜆	꜂pɒ	tʃʻiɯ꜆	꜂tsʻiɯ
沙县	ko꜆	꜂li	tsʻe꜆	꜂ŋĩ	pa꜆	꜂pa	tsʻɔ꜆	꜂tsʻo
建瓯	ki꜆	li꜇	tsʻi꜆	ni꜇	pa꜆	pɛ꜆	tsʻiɔ꜆	siɔ꜅
建阳	ki꜆	lɔi꜇	tʻɔi꜆	nɔi꜇	pa꜆	pa꜇	tsʻiɔ꜆	siɔ꜇
松溪	ki꜆	lei꜆	tsʻei꜆	nei꜆	pɒ꜆	pɒ꜅	tsʻyo꜆	sei꜅

（四）连读音变方面

1. 口语中双音连读的后音节声母的变读：闽东和莆仙多受前音节韵尾的影响而发生类化（福鼎较少），其他地区没有这种现象。例如：

	171. 生——后生年轻		172. 半——斤半一斤半		173. 隊——门（户、横）隊门槛儿	
福州	꜀saŋ	xau꜅ ꜀laŋ	puaŋ꜄	꜀kyŋ muaŋ꜄	taiŋ꜅	꜁muoŋ naiŋ꜅
古田	꜀saŋ	xau꜅ ꜀laŋ	puaŋ꜄	꜀kyŋ muaŋ꜄	teiŋ꜅	꜁muoŋ neiŋ꜅
宁德	꜀saŋ	xau꜅ ꜀laŋ	puan꜄	꜀kyŋ muan꜄	tɛn꜅	꜁mon nɛn꜅
周宁	꜀saŋ	xau꜅ ꜀laŋ	puon꜄	꜀kyŋ muon꜄	ten꜅	꜁mun nen꜅
福鼎	꜀saŋ	xau꜅ ꜀saŋ	puaŋ꜄	꜀kiŋ puaŋ꜄	teŋ꜅	꜁muoŋ teŋ꜅
莆田	꜀ɬa	hau꜅ ꜀la	pua꜄	꜀kyŋ pua꜄	꜂tø	꜁mue ꜂lø
厦门	꜀sĩ	hau꜅ ꜀sĩ	puã꜄	꜀kun puã꜄	tiŋ꜅	hɔ꜅ tiŋ꜅
泉州	꜀sĩ	꜂hau ꜀sĩ	puã꜄	꜀kun puã꜄	꜂tuĩ	꜁min ꜂tuĩ
永春	꜀sĩ	hau꜅ ꜀sĩ	puã꜄	꜀kən puã꜄	tuĩ꜅	hɔ꜅ tuĩ꜅
漳州	꜀sɛ̃	hau꜅ ꜀sɛ̃	puã꜄	꜀kin puã꜄	tiŋ꜅	hɔ꜅ tiŋ꜅
龙岩	꜀siẽ	꜂hau ꜀siẽ	puã꜄	꜀kin puã꜄	꜂tĩ	꜁muĩ ꜂tĩ
大田	꜀sã	꜂hɔ ꜀sã	puã꜄	꜀keŋ puã꜄	꜂tĩ	꜁buĩŋ ꜂tĩ
尤溪	꜀sã	hau꜅ ꜀sã	pũ꜄	꜀kɤŋ mũ꜄	tẽ꜅	꜁mũ nẽ꜅
永安	꜀sõ	꜂xø ꜀sõ	pm꜄	꜀kuã pm꜄	꜂tɛiŋ	꜂xu ꜂tɛiŋ
沙县	꜀sɔ̃	꜂xau ꜀sɔ̃	puĩ꜄	꜀kuĩ paĩ꜄	꜂tɛiŋ	꜁xuĩ ꜂tɛiŋ
建瓯	꜀saŋ	xe꜅ ꜀saŋ	puiŋ꜄	꜀kœyŋ puiŋ꜄	tyiŋ꜇	mɔŋ꜄ tyiŋ꜇
建阳	꜀saŋ	xəu꜄ ꜀saŋ	pɔiŋ꜄	꜀kieiŋ pɔiŋ꜄	lyeiŋ꜄	꜁muŋ lyeiŋ꜄
松溪	꜀saŋ	xu꜅ ꜀saŋ	pueiŋ꜄	꜀kyŋ pueiŋ꜄	tyŋ꜇	꜁moŋ tyŋ꜇

	174. 客——侬（人）客客人		175. 角（公）—鸡角（公）公鸡		176. 戚（情）——亲戚（情）	
福州	k'aʔ꜆	꜁nøyŋ ŋaʔ꜆	kɔyʔ꜆	꜀kie ɔyʔ꜆	ts'eiʔ꜆	꜀ts'iŋ ʒeiʔ꜆
古田	k'aʔ꜆	꜁nøyŋ ŋaʔ꜆	køyʔ꜆	꜀kie øyʔ꜆	ts'iʔ꜆	꜀ts'iŋ ʒiʔ꜆
宁德	k'aʔ꜆	꜁nœŋ ŋaʔ꜆	kœk꜆	꜀ki œk꜆	ts'ik꜆	꜀ts'in nik꜆
周宁	k'aʔ꜆	꜁nœuŋ ŋaʔ꜆	kœuk꜆	꜀ki œuk꜆	ts'eʔ꜆	꜀ts'in neʔ꜆
福鼎	k'a꜄	꜁neŋ k'a꜄	keʔ꜆	꜀kie keʔ꜆	꜁tsiaŋ	꜀ts'in ꜁niaŋ
莆田	k'aʔ꜆	꜁naŋ ŋaʔ꜆	꜀kaŋ	꜀ke ꜀aŋ	꜁tsia	꜀ts'in ꜁nia
厦门	k'eʔ꜆	꜁laŋ k'eʔ	kak꜆	꜀kue kak꜆	꜁tsiã	꜀ts'in ꜁tsiã
泉州	k'eʔ꜆	꜁laŋ k'eʔ꜆	kak꜆	꜀kue kak꜆	꜁tsiã	꜀ts'in ꜁tsiã
永春	k'eʔ꜆	꜁laŋ k'eʔ꜆	kak꜆	꜀kue kak꜆	꜁tsiã	꜀ts'in ꜁tsiã
漳州	k'ɛʔ꜆	꜁laŋ k'ɛʔ꜆	kak꜆	꜀ke kak꜆	꜁tsiã	꜀ts'in ꜁tsiã
龙岩	k'ieʔ꜆	꜁laŋ k'ieʔ꜆	꜀kaŋ	꜀kie ꜀kaŋ	ts'it꜆	꜀ts'in ts'it꜆
大田	k'aʔ꜆	꜁laŋ k'aʔ꜆	꜀koŋ	꜀ki ꜀koŋ	꜁tsiã	꜀ts'eŋ ꜁tsiã
尤溪	k'a꜆	꜁nɤŋ ŋa꜆	kuo꜆	꜀ki kuo꜆	꜁tsiã	꜀ts'iŋ ꜁tsiã
永安	k'ɒ꜆	꜁lã k'ɒ꜆	꜀kaŋ	꜀ke ꜀kaŋ	ts'i꜆	꜀ts'ã ts'i꜆
沙县	k'a꜆	꜁lɛiŋ k'a꜆	ko꜆	꜀kie ko꜆	tʃ'i꜆	꜀ts'ɛiŋ tʃ'i꜆
建瓯	k'a꜆	neiŋ꜄ k'a꜆	ku꜆	꜀kai ku꜆	tsiaŋ꜄	꜀ts'eiŋ tsiaŋ꜄
建阳	k'a꜆	꜁nɔiŋ k'a꜆	ko꜆	꜀kai ko꜆	t'ɔi꜆	꜀t'ɔiŋ t'ɔi꜆
松溪	k'ɒ꜆	꜁neiŋ k'ɒ꜆	ku꜆	꜀ka ku꜆	˳tsiaŋ	꜀ts'eiŋ ˳tsiaŋ

2. 口语中双音连读的前音节韵母的变读：沿海闽方言前音节普遍变调；闽东方言去声字和阴入字连读在前时韵母变读，福州一带韵变较多，其他点只有个别反映；其他地区没有这种现象。例如：

	177. 鼻——鼻屎干鼻涕		178. 腹——腹肚（屎）肚子		179. 冬节冬至	180. 头名第一名
福州	pʻɛiᵓ	pʻiᵓ ᶜlai	pouʔ꜀	puʔ꜀ ᶜlo	tøyŋ ˦˥（阴平变阳平）tsaiʔ˨˦	tʻau˥˧（阳平变上声）miaŋ˧˧
古田	pʻiᵓ	pʻiᵓ ᶜlai	puʔ꜀	puʔ꜀ ᶜlu	tøyŋ ˥˧（阴平变中升）tseiʔ˨	꜀tʻau ꜀miaŋ
宁德	pʻeiᵓ	pʻiᵓ ᶜlai	pok꜀	pok꜀ ᶜlu	꜀tœŋ ŋɛt꜀	tʻau˩˦（阳平变阴平）miaŋ˦
周宁	pʻeiᵓ	pʻiᵓ ᶜlei	puʔ꜀	puʔ꜀ ᶜlu	꜀tœŋ ŋeʔ꜀	꜀tʻau ꜀miaŋ
福鼎	pʻiᵓ	pʻiᵓ ᶜsai	puʔ꜀	puʔ꜀ ᶜtu	teŋ ˨˦（阴平变阳去）tseʔ˦	tʻau ˧˨（阳平变阳去）miaŋ˨
莆田	pʻiᵓ	pʻiᵓ ᶜlai	paʔ꜀	paʔ꜀ ᶜtɔu	taŋ ˦˨（阴平变阳平）nɛʔ˨	tʻau ˨˩（阳平变阳去）mia˨˦
厦门	pʻiᵓ	pʻiᵓ ᶜsai	pak꜀	pak꜀ ᶜtɔ	taŋ ˥˦（阴平变阳去）tsueʔ˧	tʻau ˨˦（阳平变阳去）miã˨˦
泉州	pʻiᵓ	pʻiᵓ ᶜsai	pak꜀	pak꜀ ᶜtɔ	꜀taŋ tsueʔ꜀	tʻau ˨˦（阳平变阳上）miã˨˦
永春	pʻiᵓ	pʻiᵓ ᶜsai	pak꜀	pak꜀ ᶜtɔ	꜀taŋ tsueʔ꜀	tʻau ˨˦（阳平变阳去）miã˨˦
漳州	pʻiᵓ	pʻiᵓ ᶜsai	pak꜀	pak꜀ ᶜtɔ	taŋ ˥˦（阴平变阳去）tse˧	tʻau ˨˦（阳平变阳去）miã˨˦
龙岩	pʻiᵓ	pʻiᵓ ᶜsai	pak꜀	pak꜀ ᶜtu	꜀taŋ ꜀nĩ（冬年）	tʻau ˥˦（阳平变阴平）miã˨
大田	pʻiᵓ	pʻiᵓ ᶜsɛ	paʔ꜀	paʔ꜀ ᶜtu	taŋ ˧˦（阴平变阴上）tseʔ꜀˧	tʻɔ ˨˦（阳平变阴平）miã˨˦
尤溪	pʻeᵓ	pʻeᵓ ᶜsai	puo꜀	puo꜀ ᶜlio	tɤŋ ˧˦（阴平变半低平）ŋi˨˦（冬日）	tʻau ˨˦（阳平变阴平）miã˨˦
永安	pʻiᵓ	pʻiᵓ ᶜsɿ	pu꜀	pu꜀ ᶜsɿ	taŋ ˥˦（阴平变阳平）tsɿ˨˦（冬至）	꜀tʻø ꜀miõ
沙县	pʻiᵓ	pʻiᵓ ᶜsɤ	pu꜀	pu꜀ ᶜsɤ	tɔuŋ ˧˥（阴平变高平）tʃiɛ˨	tʻau ˧˨（阳平变阴平）miɔ̃˨
建瓯	pʻiᵓ	pʻiᵓ ᶜsi	pu꜀	pu꜀	꜀tɔŋ tsai꜀	tʻeᵓ miaŋᵓ
建阳	pʻɔiᵓ	pʻɔiᵓ ᶜsi	po꜀	po꜀	꜀toŋ tsai꜀	꜀həu ꜀miaŋ
松溪	pʻeiᵓ	pʻeiᵓ ᶜsi	pu꜀	pu꜀ ᶜta	꜀toŋ tsa꜀	꜀tʻa ꜀miaŋ

3. 口语中双音连读的声调变化：闽北大多没有连读变调；其他地区双音连读的前音节常有变调，但变的范围（是否都变）不同，变的方向（变为别调或新调）也不同。例如：（例词从上页 179 号“冬节”始）①

	181. 手袖袖子	182. 后生年轻	183. 喙燋口渴
福州	ts'iu˧˦（上声变半阳去）uoŋ˨˩	xau˨˧（阳去变阴平）laŋ˦	ts'uoi˨˧（阴去变阴平）ta˦
古田	ts'iu˧˨（上声变阴去）uoŋ˦˥	xau˨˧（阳去变阳平）laŋ˦˥	ts'y˨˧（阴去变阳平）ta˦˥
宁德	ts'iu˧˦（上声变阴去）ɔn˨˩	xau˧˦（阳去变阴平）laŋ˦	ts'ui˧˥（阴去变高平）k'at˥
周宁	ts'iu˧˦（上声变阴平）ɛn˨˩	xau˨˧（阳去变阴平）laŋ˦˥	ts'ui˧˥（阴去变高平）k'aʔ。
福鼎	ts'iu˥˧（上声变阴平）uoŋ˥	xau² ꜀saŋ	ts'ui˨˩（阴去变阳去）k'aʔ˥
莆田	ts'iu˥˨（上声变阳平）ue˦˥	hau˨˧（阳去变阳平）la˦˥	ts'ui˧˦（阴去变高平）tɒ˦˥
厦门	ts'iu˧˦（上声变阴平）ŋ̍˦	hau˧˨（阳去变阴去）sĩ˥	ts'ui˨˩（阴去变上声）ta˥
泉州	ts'iu˧˦（阴上变阳平）ŋ̍˦	꜂hau ꜀sĩ	ts'ui˨˩（阴去变阴上）ta˦
永春	ts'iu˥˧（上声变阳平）ŋ̍˦	hau² ꜀sĩ	ts'ui˨˩（阴去变上声）ta˦
漳州	ts'iu˧˦（上声变阴平）uĩ˦	hau˧˨（阴平变阴去）sɛ̃˦	ts'ui˨˩（阴去变上声）ta˦
龙岩	ts'iu˧˦（阴上变中升）uĩ˦	hau˧˦（阳上变阴平）siẽ˦②	厝里 tsi˨˧（阴去变中升）lai˦③
大田	ts'u˧˨（阴上变阴去）muĩ˦	hɔ˥˧（阳上变阴上）sã˦	ts'i˨˧（阴去变阳上）ta˦
尤溪	ts'iu˥˧（上声变半高平）uẽ˥	hau˨˧（阳去变阴平）sã˦	ts'ui˧˦（阴去变半高平）ta˦
永安	tʃ'iau˨˧（阴上变阴平）yɛiŋ˨˩	xø˥˧（阳上变阴上）sõ˦	ts'y˧˥（去声变高平）tiɯ˨˩
沙县	tʃ'io˨˧（阴上变高平）yẽ˨˩	xau˧˨（阳上变阴上）sɔ̃˦	喙渴 ts'yi˧˥（去声变阴平）k'ua˨˩
建瓯	꜂siu ꜂yiŋ	xe² ꜀saŋ	ts'y꜄ ꜀tiau
建阳	꜂siu ꜂yeiŋ	xəu꜄ ꜀saŋ	ts'y꜄ ꜆liɔ
松溪	꜂siu ꜂yŋ	xu² ꜀saŋ	ts'y꜄ ꜀tyo

① 这里只就所列例词的变调情况做比较，有的方言只靠这些例词并不能概括全部变调规律。又，古田有些双音词前后音节都变调，例如清明 ts'iŋ˥˨ miŋ˦˥、小心 sieu˧˨ liŋ˥˧，这种情况在闽方言中比较少见。例词中变调者标调值，不变调者标调类。

② 龙岩的“后生”另有一读 hau˧˦ siẽ˧˥，指“儿子”。

③ 龙岩口渴说“腹渴”，这里另选“厝里”（堂亲，屋里）标音，以说明阴去字在前的变调。

	184. 闹热热闹	185. 拍（拓）铁打铁	186. 目珠眼睛
福州	nau˨˦（阳去变阴平）ieʔ˥	pʻaʔ˨˦（阴入变阳平）tʻiɛʔ˧˩	meiʔ꜇ ꜀tsiu
古田	nau˨˦（阳去变阳平）ieʔ˥	pʻaʔ˨˦（阴入变阳平）lieʔ˧˩	meiʔ˥˦（阳入变阳平）tsiu˥
宁德	nau˦˦（阳去变阴平）ɛt˥	pʻaʔ˧˧（阴入变阳入）tʻit˧	muʔ˥˦（阳入变阴平）tsiu˧
周宁	nau˨˦（阳去变阴平）iʔ˨	pʻaʔ꜆ liʔ꜆	miʔ꜇ ꜀tsiu
福鼎	nau꜅ ie꜇	pʻa˨˧（阴去变阳去）tʻieʔ˦	mu˧˦（阳入变阳去）tsiu˧˩
莆田	tau꜅ ɛʔ꜇	pʻa˩˨（阳去变阴去）tʻi˩	ma˦˨（阳入变阴入）tsiu˦
厦门	lau˧˨（阳去变阴去）liat˥	pʻaʔ˥˧（阴入变上声）tʻiʔ˧	bak˥˦（阳入变阴入）tsiu˧
泉州	lau˨˨（阳去变阳上）liat˧˩	pʻaʔ꜆ tʻiʔ꜆	bak˨˨（阳入变短阳上）tsiu˧
永春	lau˨˩（阳去变阴去）liat˦	pʻaʔ꜆ tʻiʔ꜆	bak˦˨（阳入变阴去）tsiu˦
漳州	lau˧˨（阳去变阴去）dziat˩	pʻaʔ˥˧（阴入变上声）tʻiʔ˧	bak˨˩（阳入变阴去）tsiu˦
龙岩	lau꜅ giat꜇	pʻa˧˨（阴入变阳入）tʻi˦	bak꜇ ꜀tsiu
大田	lɔ˨˦（阳去变阴平）jiaʔ˥	pʻaʔ˧˧（阴入变阳入）tʻiʔ˨	baʔ꜇ ꜀tsiu
尤溪	nau˨˧（阳去变阴平）ie˧˩	pʻa˧˦（入声变半高短调）tʻe˧˩	mɤ˧˦（入声变半高短调）tsiu˧
永安	lo˧˧（去声变高平）ŋya˥	mɒ˥˨（阳上变阴去）tʻe˧˩	mu˥˨（阳上变阴上）tʃy˧
沙县	lau˧˨（去声变阴上）ya˦	ma˨˧（阴入变高平）tʻiɛ˧˩	bu˦˨（阳上变阴上）tʃiu˧
建瓯	nau꜅ ꜂iɛ	ma꜇ tʻiɛ꜆	mu꜇ ꜀tsiu
建阳	nau꜅ ꜂ɦie	ma꜇ hie꜆	mo꜇ ꜀tsiu
松溪	nɒu꜅ iei꜇	mɒ꜇ tʻiei꜆	mei꜇ ꜀tsiu

二 闽方言内部在词汇语法方面的主要差异

闽方言各区在词汇语法方面的差异表现了更多的交叉现象，这一方面是由于历史上有不同的来源和经历；同时也由于地理上的接近而相互影响。考虑到这种交叉现象，我们把用来比较的二百来条材料分为五种类型：

1. 东部三区和西部两区明显不同的；

2. 闽东、闽南、闽北（或闽中）三片明显不同的；

3. 五区之间多所不同的；

4. 各点之间有更多的差异或区域界线不明显的；

5. 个别区有特殊说法的。

这里入选的条目大多是意义比较确切并便于比较的，同义词太多的尽量不选。但有些条目仍不免有同一地点存在几种说法的现象，对这种情形一般选取通行和常用的说法，不列同义词。为了使意义具体、明确，必要时用小字为条目加注，规定上下文环境。

词汇的比较着眼于词根；词组和短句的比较着眼于结构和语序。词根、结构和语序相同而附加成分和虚词不同的一般认为是同类词汇语法现象。

词和词组的标音，声韵标连读变化后的音，声调则标单字本调。明显不能读为本调的轻声音节在音标前加点表示。两个字下端加一横杠表示这两个字已合为一个音节。

各条目用普通话词语立目。闽方言的说法在标音之前先注汉字。为方言词注字，有本字可考的尽量用本字，在文后注明所依据的出处。本字未明的按本地习惯写俗字或同音字，写不出字的打方框“□”，不用近音字、训读字。

各类条目的排列按名词、动词、形容词、数量词、指代词、各种虚词、词组和短句的顺序以类相从。

（一）东部三区（闽东、莆仙、闽南）和西部两区（闽北、闽中）明显不同的这类条目有的东西两片内部都比较一致，彼此又明显对立；有的一方整齐，另一方参差，有些边界点则有游移现象。这类词语虽然不多但许多是核心词，这些对立说明福建省内的闽方言先分东西，再分南北是有根据的。例如：

	187. 人	188. 牙齿[②]	189. 猪	190. 母猪繁育用	191. 苍蝇	192. 鸟儿	193. 稻草
福州	农[①] ꜁nøyŋ	牙齿 ꜂ŋai	猪 ꜀ty	猪母 ꜀ty ꜂mo	蒼蝇 ꜁pu ꜁liŋ	爪 ꜂tsɛu	草 ꜂ts'au
古田	农 ꜁nøyŋ	喙齿 ts'yꜗ ꜂i	猪 ꜀ty	猪母 ꜀ty ꜂mɔ	蒼蝇 ꜁pu ꜁liŋ	爪囝 ꜂tsieu ꜂iaŋ	秆 ꜂kaŋ
宁德	农 ꜁nœŋ	喙齿 ts'yꜗ ꜂i	猪 ꜀ty	猪母 ꜀ty ꜂mɔ	蒼蝇 ꜁pu ꜁liŋ	爪 ꜂tsieu	秆 ꜂kan
周宁	农 ꜁nœuŋ	喙齿 ts'iꜗ ꜂i	猪 ꜀ty	猪母 ꜀ty ꜂mɔ	蒼蝇 ꜁pu ꜁lin	隻囝 tsiꜗ ꜂ɛn	秆 ꜂kɛn
福鼎	农 ꜁neŋ	牙齿 ꜁ŋa ꜂k'i	猪 ꜀ti	猪母 ꜀ti ꜂mɔ	蒼蝇 ꜁pu ꜁sin	爪 ꜂tseu	籼草 tiuꜗ ꜂ts'au
莆田	农 ꜁naŋ	喙齿 ts'uiꜗ ꜂i	猪 ꜀ty	猪母 ꜀ty ꜂βo	胡蝇 ꜁hɔu ꜁liŋ	爪囝 ꜂tsieu ꜂yɒ	草 ꜂ts'au
厦门	农 ꜁laŋ	喙齿 ts'uiꜗ ꜂k'i	猪 ꜀ti	猪母 ꜀ti ꜂bu	胡蝇 ꜁hɔ ꜁sin	爪 ꜂tsiau	草 ꜂ts'au
泉州	农 ꜁laŋ	喙齿 ts'uiꜗ ꜂k'i	猪 ꜀tɯ	猪母 ꜀tɯ ꜂bu	胡蝇 ꜁hɔ ꜁sin	爪 ꜂tsiau	草 ꜂ts'au
永春	农 ꜁laŋ	喙齿 ts'uiꜗ ꜂k'i	猪 ꜀tɯ	猪母 ꜀tɯ ꜂bu	胡蝇 ꜁hɔ ꜁sin	爪 ꜂tsiau	草 ꜂ts'au
漳州	农 ꜁laŋ	喙齿 ts'uiꜗ ꜂k'i	猪 ꜀ti	猪母 ꜀ti ꜂bo	胡蝇 ꜁hɔ ꜁sin	爪 ꜂tsiau	草 ꜂ts'au
龙岩	农 ꜁laŋ	牙齿 ꜁giɛ ꜂k'i	猪 ꜀ti	猪嫲 ꜀ti ꜁ba	胡蝇 ꜁hu ꜁sin	隻囝 tsiꜘ ꜂a	秆 ꜂kuẽ
大田	农 ꜁laŋ	喙齿 ts'iꜗ ꜂k'i	豨[③] huiꜗ	豨母 huiꜗ ꜂bɤ	胡蝇 ꜁hu ꜁seŋ	隻囝 tsiãꜘ ꜂ã	禾秆 ꜁bue ꜂kuã
尤溪	农 ꜁nɤŋ	喙齿 ts'uiꜗ ꜂k'i	猪 ꜀tui	猪母 ꜀tui ꜂bɤ	胡蝇 ꜁hu ꜁siŋ	隻囝 tsiaꜘ ꜂ŋ̍	秆 ꜂kũ
永安	人 ꜁nã	牙齿 ꜁ŋɒ ꜂ts'ɿ	豨 ꜂k'yi	豨嫲 ꜂k'yi ꜁mɒ	蝇 ꜁sã	爪仔 ꜂tso ꜂tsã	秆 ꜂kum
沙县	人 ꜁nɛiŋ	齿齿 ꜂ts'ɿ ꜂ts'ɿ	豨 ꜂k'ye	豨嫲 ꜂k'ye ꜁mã	蝇 ꜁sɛiŋ	爪子 ꜂tsia ꜂tsai	秆 ꜂kuẽ
建瓯	人 neiŋꜗ	牙齿 ŋaꜗ ꜂ts'i	豨 ꜂k'y	豨嫲 ꜂k'y maꜗ	蝇 saiŋꜗ	隻子 tsiaꜘ ꜂tsiɛ	秆 ꜂kuiŋ
建阳	人 ꜁nɔiŋ	牙齿 ꜁ŋa ꜂ts'i	豨 ꜂k'y	豨嫲 ꜂k'y ꜁ma	蝇子 ꜁siɔŋ ꜂tsie	隻子 tsiaꜘ ꜂tsie	秆 ꜂kueiŋ
松溪	人 ꜁neiŋ	牙齿 ꜁ŋɒ ꜂ts'i	豨 ꜂k'y	豨嫲 ꜂k'y ꜁mɒ	蝇 ꜁siɔŋ	爪子 ꜂tsa ꜂tsiei	稿 ꜁o

① 东部三区都是泥母、冬韵、平声的读音，与“脓”同音，是“农”字（或写为“侬”）。参阅《方言》1980年第4期：黄典诚先生的《闽语人字的本字》。

② 东部三区多说“喙齿”。喙，《集韵》祭韵：“充芮切，口也。”

③ 西部二区说“豨”，《广韵》尾韵“楚人呼猪。”虚岂切。又见《方言》卷八。晓母在闽北有读 k‘ 的，如虎、熏、火。

	194. 萝卜	195. 菠萝	196. 蓑衣	197. 泥土	198. 电池	199. 脸盆	200. 刨刀
福州	菜头 ts'ai꜄ ꜁lau	王梨 ꜁uon ꜁nai	棕蓑 ꜀tsøyn ꜀nai	涂 ꜁t'u	电涂 tiɛn꜅ ꜁t'u	罗盆 ꜁lo ꜁βuoŋ	推刀 ꜀t'øy ꜀lɔ
古田	萝卜 ꜁la uʔ꜇	王梨 ꜁uon ꜁nai	棕蓑 ꜀tsøyn ꜀nai	涂 ꜁t'u	电涂 tien꜅ ꜁t'u	面盆 miŋ꜄ ꜁βuoŋ	推刀 ꜀t'oi ꜀lɔ
宁德	萝卜 ꜁lɔ uʔ꜇	王梨 ꜁uŋ ꜁lai	棕衣 ꜀tsøŋ ꜀ŋi	涂 ꜁t'ou	电涂 tin꜅ ꜁t'ou	面桶 min꜄ ꜂lœŋ	推刀 ꜀t'øy ꜀lɔ
周宁	萝卜 ꜁la uʔ꜇	菠萝 ꜀p'ɔ ꜁lɔ	棕衣 ꜀tsœuŋ ꜀ŋi	涂 ꜁t'o	电涂 tin꜅ ꜁no	面桶 min꜄ ꜂nɛŋ	推刀 ꜀t'ɔi ꜀lɔ
福鼎	菜头 ts'ai꜄ ꜁t'au	王梨 ꜁uoŋ ꜁li	棕衣 ꜀tseŋ ꜀i	涂 ꜁t'u	电涂 tieŋ꜅ ꜁t'u	面桶 miŋ꜄ ꜂t'eŋ	推刀 ꜀t'oi ꜀to
莆田	萝卜 ꜁lɒ βɒʔ꜇	王梨 ꜁ɒŋ ꜁lai	棕蓑 ꜀tsan ꜀lui	涂 ꜁t'ɔu	电涂 teŋ꜅ ꜁t'ɔu	面桶 min꜅ ꜂naŋ	推刀 ꜀t'ø ꜀lo
厦门	菜头 ts'ai꜄ ꜁t'au	王梨 ꜁ɔŋ ꜁lai	棕蓑 ꜀tsaŋ ꜀sui	涂 ꜁t'ɔ	电涂 tian꜅ ꜁t'ɔ	面桶 bin꜅ ꜂t'aŋ	薅刀 ꜀k'au ꜀to
泉州	菜头 ts'ai꜄ ꜁t'au	王梨 ꜁ɔŋ ꜁lai	棕蓑 ꜀tsaŋ ꜀sui	涂 ꜁t'ɔ	电涂 tian꜅ ꜁t'ɔ	面桶 bin꜅ ꜂t'aŋ	推刀 ꜀t'ue ꜀to
永春	菜头 ts'ai꜄ ꜁t'au	王梨 ꜁ɔŋ ꜁lai	棕蓑 ꜀tsaŋ ꜀sui	涂 ꜁t'ɔ	电涂 tian꜅ ꜁t'ɔ	面桶 bin꜅ ꜂t'aŋ	推刀 ꜀t'ue ꜀to
漳州	菜头 ts'ai꜄ ꜁t'au	王梨 ꜁ɔŋ ꜁lai	棕蓑 ꜀tsaŋ ꜀sui	涂 ꜁t'ɔ	电涂 tian꜅ ꜁t'ɔ	面桶 bin꜅ ꜂t'aŋ	薅刀 ꜀k'au ꜀to
龙岩	萝卜 ꜀la bak꜆	王梨 ꜁guaŋ ꜁lai	棕蓑 ꜀tsaŋ ꜀sui	涂 ꜁t'u	电涂 tian꜅ ꜁t'u	面桶[1] bin꜅ ꜂t'aŋ	刨仔 ꜁p'au ꜂a
大田	菜头 ts'ɛ꜄ ꜁t'ɔ	菠萝 ꜀p'ɔ ꜁lɔ	棕蓑 ꜀tsaŋ ꜀sui	涂 ꜁t'u	电涂 tian꜅ ꜁t'u	面桶 beŋ꜄ ꜂t'aŋ	推刀 ꜀t'ue ꜀tɤ
尤溪	菜头 ts'ai꜄ ꜀t'au	王梨 ꜀uoŋ ꜁lai	棕蓑 ꜀tsɤŋ sai	涂 ꜀t'io	电涂 tian꜅ ꜀t'io	面桶 miŋ꜄ ꜂t'ɤŋ	推刀 ꜀t'ø ꜀tɤ
永安	萝卜 ꜁laɯ ꜂pa	菠萝 ꜀paɯ ꜁laɯ	棕衣 ꜀tsã ꜀i	泥 ꜁le	电油 tɛiŋ꜄ ꜁iau	面盆 mɛiŋ꜄ ꜁puã	刨刀 ꜀pɒ ꜀taɯ
沙县	萝卜 ꜁lo ꜂pai	菠萝 ꜀po ꜁lo	棕衣 ꜀tsɔuŋ ꜀i	泥 ꜁le	电泥 tĩ꜄ ꜁le	三罗 ꜀sɔ̃ ꜁lo	刨刀 ꜀pa ꜀to
建瓯	萝卜 lɔ꜄ pɛ꜅	菠萝蜜 ꜀pɔlɔ꜄ mi꜆	棕衣 ꜀tsɔŋ ꜀i	泥 nai꜄	电泥 tiŋ꜅ nai꜄	面盆 miŋ꜅ ꜂pɔŋ	刨仔 pau꜅ ꜂tsiɛ
建阳	萝卜 ꜁lɔ pe꜇	菠萝蜜 ꜀pɔlɔ꜄ mɔi꜇	棕衣 ꜀tsoŋ ꜀i	泥 ꜁nai	电泥 lieŋ꜅ ꜁nai	面盆 mieŋ꜅ ꜁βuŋ	刨仔 pau꜅ ꜂tsie
松溪	萝卜 ꜁lyœ pyœ꜅	菠萝 ꜁po ꜁lo	棕衣 ꜀tsoŋ ꜀i	泥 ꜁na	电泥 tiŋ꜄ ꜁na	面盆 miŋ꜅ ꜀pueiŋ	刨仔 pa꜅ ꜂tsiei

① 龙岩“面桶”限指旧式木制脸盆，搪瓷脸盆叫“面盆”。

	201. 锉刀	202. 书信	203. 今天	204. 明天	205. 雾①	206. 吐~口水	207. 闭~眼睛
福州	镳 lɔ꜄	批 ꜀pʻie	今旦 ꜀kin naŋ꜄	明旦 ꜁min naŋ꜄	雺 ꜁muo	啡② pʻuoi꜄	阒 kʻaiʔ꜆
古田	镳团 lœ꜄ ꜂iaŋ	批 ꜀pʻie	今旦 ꜀kin naŋ꜄	明旦 ꜁min naŋ꜄	雾 muo꜅	啡 pʻuoi꜄	阒 kʻeiʔ꜆
宁德	镳刀 lœ꜅ ꜀lɔ	批 ꜀pʻie	今旦 ꜀kin nan꜄	明旦 ꜁ma lan꜄	雺 ꜁mu	啡 pʻui꜄	阒 kʻɛp꜆
周宁	镳刀 lœ꜄ ꜀lɔ	批 ꜀pʻi	今旦 ꜀ki an꜄	明旦 ꜁ma lan꜄	雾 mo꜄	啡 pʻui꜄	阒 kʻɛʔ꜆
福鼎	镳团 le꜅ ꜂kiaŋ	信 siŋ꜄	今早 ꜀kiŋ ꜂tsa	明早起 ꜁ma ꜂tsa ꜂kʻi	雺 ꜁muo	啡 pʻui꜄	阒 kʻeʔ꜆
莆田	锯镳 ky꜄ lø꜄	批 ꜀pʻe	今旦 ꜀kin nua꜄	复早 hɒ꜅ ꜂nɒ	雾 pu꜅	唾 tʻui꜄	□ taŋ꜄
厦门	镳仔 lue꜄ ꜂a	批 ꜀pʻue	今旦日 ꜂kin ꜂nã lit꜇	明旦日 ꜁bin ꜂nã lit꜇	雾 bu꜅	啡 pʻui꜄	阒 kʻueʔ꜆
泉州	锯镳 kɯ꜄ lue꜄	批 ꜀pʻue	今旦 ꜀kin ꜁nã	明旦 ꜁bin ꜁nã	雾 bu꜅	啡 pʻui꜄	阒 kʻueʔ꜆
永春	锯镳 kɯ꜄ lue꜄	批 ꜀pʻue	今旦日 ꜀kiã lit꜇	明旦日 ꜁miã lit꜇	雾 bu꜅	啡 pʻui꜄	阒 kʻueʔ꜆
漳州	镳仔 lue꜄ ꜂a	批 ꜀pʻe	今旦日 ꜀kin ꜁nã dzit꜇	明旦早起 ꜁bin ꜂nã tsai꜄	雾 bu꜅	啡 pʻui꜄	阒 kʻeʔ꜆
龙岩	锉仔 tsʻo꜄ ꜂a	信 sin꜄	今旦日 ꜀kã lit꜇	明旦日 ꜁mã lit꜇	雾 bu꜄	啡 ꜃pʻue	阒 kʻie꜄
大田	镳洗 ꜀li ꜂se	信 seŋ꜄	今旦 ꜀keŋ nã꜄	明旦 ꜁beŋ nã꜄	雾 bu꜄	啡 pʻue꜄	阒 kʻeʔ꜆
尤溪	镳刀 lui꜄ ꜀tɤ	批 ꜀pʻe	今旦 ꜀keŋ nũ꜄	明旦 ꜁muo nũ꜄	雾露 mu꜅ lio꜄	唾 tʻui꜄	阒 kʻi꜆
永安	镳刀 ly꜄ ꜀taɯ	信 sã꜄	今朝 ꜀kã ꜀tiɯ	明朝 ꜁mɛiŋ ꜀tiɯ	露 sɒu꜄	喀 ꜃kʻɒ	□ ŋi꜆
沙县	镳刀 ly꜄ ꜀to	信 sɛiŋ꜄	今朝 ꜀kĩ ꜀tio	明朝 ꜁muĩ ꜀tio	露 su꜅	吐 ꜂tʻu	瞤③ tsʻʅ꜆
建瓯	锉仔 tsʻɔ꜄ ꜂tsiɛ	信 seiŋ꜄	今朝 ꜀keiŋ tiɔ꜅	明朝 meiŋ꜄ tiɔ꜅	露 su꜅	吐 tʻu꜄	瞤 tsʻi꜆
建阳	锉仔 tʻɔ꜄ ꜂tsie	信 sɔiŋ꜄	今朝 ꜀kiŋ ꜀tiɔ	明朝 ˳maŋ ꜀tiɔ	露 so꜅	吐 ho꜄	瞤 tsʻi꜆
松溪	锉仔 tsʻo꜄ ꜂tsiei	信 seiŋ꜄	今日 ꜀kiŋ nei꜇	明日 ˳maŋ nei꜇	露 sɒu꜅	吐 ꜂tʻɒu	瞤 tsʻi꜆

① 说雾的也说雺，说雺的也说雾，唯闽北、闽中管雾说露。

② 啡，《集韵》队韵："唾声。"滂佩切。

③ 瞤，《集韵》缉韵："目动也。"即入切。声母有变。

	208. 缝~衣服	209. 铺~草席	210. 盖~盖子	211. 说话	212. 种地	213. 嫩指菜	214. 饿
福州	组[①] tʻieŋᵓ	舒 ꜀tsʻy	敹[②] kʻaiŋᵓ	讲话 ᶜkouŋ ua²	作塍 tsɔʔ꜄ ꜁tsʻɛiŋ	幼 ieuᵓ	㤼 ꜀ɛu / 空 ꜀kʼœyŋ
古田	组 tʻieŋᵓ	舒 ꜀tsʻy	敹 kʻeiŋᵓ	讲话 ᶜkouŋ ua²	作塍 tsɔʔ꜄ ꜁tsʻeiŋ	幼 iuᵓ	㤼 ꜀eu
宁德	组 tʻinᵓ	舒 ꜀tsʻy	敹 kʻɛmᵓ	讲话 ᶜkɔŋ uɔ²	作塍 tsɔʔ꜄ ꜁tsʻɛn	幼 euᵓ	饥 ꜀kui
周宁	组 tʻinᵓ	舒 ꜀tsʻy	䰉 ᶜken	讲话 kɔŋ uɔ²	作塍 tsɔʔ꜄ ꜁tsʻɛn	幼 euᵓ	饥 ꜀kui
福鼎	组 tʻieŋᵓ	舒 ꜀tsʻi	□ ꜁kiŋ	讲话 ᶜkɔŋ ua²	种塍 tsoŋᵓ ꜁tsʻeŋ	幼 iuᵓ	㤼 ꜀eu
莆田	组 tʻiŋ²	舒 ꜀tsʻy	敹 kʻaŋᵓ	讲话 ᶜkɔŋ ua²	作塍 tsoʔ꜄ ꜁tsʻɛŋ	幼 iuᵓ	㤼 ꜀iɐu
厦门	组 tʻĩ²	舒 ꜀tsʻu	敹 kʻamᵓ	讲话 ᶜkɔŋ ue²	作塍 tsoʔ꜄ ꜁tsʻan	幼 iuᵓ	㤼 ꜀iau
泉州	组 tʻĩ²	舒 ꜀tsʻɯ	敹 kʻamᵓ	讲话 ᶜkaŋ ue²	作塍 tsoʔ꜄ ꜁tsʻan	幼 iuᵓ	㤼 ꜀iau
永春	组 tʻĩ²	舒 ꜀tsʻɯ	敹 kʻamᵓ	讲话 ᶜkaŋ ue²	作塍 tsoʔ꜄ ꜁tsʻan	幼 iuᵓ	㤼 ꜀iau
漳州	组 tʻĩ²	舒 ꜀tsʻi	敹 kʻamᵓ	讲话 ᶜkɔŋ ua²	作塍 tsoʔ꜄ ꜁tsʻan	幼 iuᵓ	㤼 ꜀iau
龙岩	组 tʻĩᵓ	舒 ꜀tsʻi	䰉[③] ᶜkam	讲话 ᶜkõ uɛ²	作塍 tso² ꜁tsʻan	幼 giuᵓ	㤼 ꜀giau
大田	缝 ꜁paŋ	摆 ᶜpe	䰉 kʻaŋᵓ	讲话 ᶜkŋ ꜀ua	打塍 ᶜtã ꜁tsʻaŋ	幼 iuᵓ	㤼 ꜀iɔ
尤溪	缝 ꜁pɤŋ	舒 ꜀tɕʻy	□ kʻiŋᵓ	讲话 ᶜŋ uaᵓ	打塍 ᶜta ꜁tsʻiŋ	幼 iuᵓ	㤼 ꜀iau
永安	连 ꜁lɛiŋ	铺 ꜀pʻu	□□ kʻøᵓ løᵓ	话事 uɒ ʃiaᵓ	弄塍 laŋᵓ ꜁tsʻĩ	嫩 luãᵓ	腹饥 pu꜄ ꜀kye
沙县	连 ꜁lĩ	铺 ꜀pʻu	□□ ᶜkʻau ᶜlau	话事 uaᵓ saiᵓ	弄塍 lɔuŋ² ꜁tsʻɔĩ	嫩 nuĩᵓ	饥 ꜀kye
建瓯	连 luiŋᵓ	铺 ꜀pʻy	䰉 ᶜkaiŋ	话事 ua² ti²	打塍 ᶜta tsʻaiŋᵓ	嫩 nɔŋ²	饥 ᶜkuɛ
建阳	连 ꜁lyeiŋ	铺 ꜀pʻo	䰉 kaiŋᵓ	话事 ua² tɔi²	打塍 ᶜta ꜁tʻaiŋ	嫩 nuŋ²	饥 ꜀ye
松溪	连 ꜁liŋ	铺 ꜀pʻu	䰉 kaŋ꜅ laŋ꜅	话事 ua² tei²	作塍 tso꜄ ꜁tsʻaŋ	嫩 nueiŋ²	腹饥 pu꜄ ꜀kyœ

③

① 组，《广韵》裥韵：“补缝。”丈苋切。

② 敹，《集韵》陷韵：“物相值合。”口陷切。

③ 䰉，《集韵》感韵：“盖也。”古禫切。

	215. 可爱指小孩[①]	216. 多少[②]	217. 个一～蛋	218. 我[③]	219. 你	220. 他
福州	好听 ᶜxo liaŋᵓ	若齐 nuoʔ꜂ la꜄	粒 laʔ꜃	我 ᶜŋuai	女 ᶜny	伊 ꜀i
古田	好听 ᶜxɔ liaŋᵓ	若齐 nuᵓ uai꜄	粒 laʔ꜃	我 ᶜŋuai	女 ᶜny	伊 ꜀i
宁德	好听 ᶜxɔ liaŋᵓ	若齐 noᵓ lɛᵓ	粒 lap꜃	我 ᶜua	女 ᶜny	伊 ꜀i
周宁	好搭聊 ᶜxɔ laʔ꜂ ꜁liu	□齐 ꜀u le꜄	隻 tsieʔ꜃	我 ᶜua	女 ᶜny	伊 ꜀i
福鼎	好听 ᶜxo ᶜtʻiaŋ	□□齐 ꜀ni ua꜄ se꜄	个 koiᵓ	我 ᶜua	女 ᶜni	伊 ꜀i
莆田	好听 ᶜho tʻiaᵓ	若□ tiɐuᵓ .a	个 ꜁ke	我 ᶜkua	女 ᶜty	伊 ꜀i
厦门	好听 ᶜho tʻiãᵓ	若齐 lua꜄ tsue꜄	粒 liap꜃	我 ᶜgua	女 ᶜli	伊 ꜀i
泉州	好听 ᶜho tʻiãᵓ	若齐 ᶜlua tsue꜄	粒 liap꜃	我 ᶜgua	女 ᶜlɯ	伊 ꜀i
永春	好听 ᶜho tʻiãᵓ	若齐 lua꜄ tsue꜄	粒 liap꜃	我 ᶜgua	女 ᶜlɯ	伊 ꜀i
漳州	好听 ᶜho tʻiãᵓ	若齐 gua꜄ tse꜄	粒 liap꜃	我 ᶜgua	女 ᶜli	伊 ꜀i
龙岩	得农听 tak꜂ ꜁laŋ tʻiãᵓ	□□ kit꜂ ᶜtiẽ	粒 liap꜃	我 ᶜgua	女 ᶜli	伊 ꜀i
大田	得农惜 teʔ꜂ ꜁laŋ siɔʔ꜂	若齐 ᶜlua tseᵓ	个 ꜁ge	我 ᶜbua	女 ᶜli	伊 ꜀i
尤溪	好听 ᶜhɤ tʻiãᵓ	□□ uo꜄ la꜄	个 ki꜄	我 ᶜŋua	女 ᶜne	伊 ꜀i
永安	得人惜 ta꜂ ꜁lã tʃʻiɯ꜂	几多 ᶜki ꜀tuɒ	隻 tʃiɒ꜂	我 ꜀ŋuɒ	你 ꜀ŋi	渠 ꜀ŋy
沙县	得人惜 tɛ꜂ ꜁nɛiŋ tʃʻiɔ꜂	几多 ᶜke ꜀tua	隻 tʃia꜂	我 ꜀ŋua	你 ꜀gi	渠 ꜀gy
建瓯	好惜 ᶜxau tsʻiɔ꜂	几多 ᶜki ꜀tuɛ	隻 tsia꜂	我 uɛ꜃	你 ni꜃	渠 ky꜃
建阳	好惜 ᶜxau tsʻiɔ꜂	几多 ᶜki ꜀tue	隻 tsia꜂	我 ˳βue	你 ˳nɔi	渠 ˳ky
松溪	好惜 ᶜxo tsʻyo꜂	几多 ᶜki ꜀tua	隻 tsia꜂	我 ŋua꜃	你 niɛ꜃	渠 kyo꜃

① 东部各点的“听”一般写训读字“痛”或“疼”，音韵地位均不合，可能是去声的“听”。听，因爱而听任之。

② 东部各点“多”都说成霁韵、从母、去声字，可能就是“齐”字。齐，《广韵》霁韵：“齐和。”在诣切。音合，义取“齐全为多”。西片与客赣方言同说“几多”。

③ “我”用字虽然一致，但西部两区及大田、尤溪三个人称代词读为相同调类，是为重要方言特点。

	221. 这个	222. 那个①	223. 来了没有？	224. 站着说
福州	只隻 ᶜtsi ieʔ꜆	□隻 ᶜxi ieʔ꜆	来未 ꜁li muoiᵌ	徛咧讲 kʻiɛᵌ .lɛ ᶜkouŋ
古田	这隻 tsia꜆ ieʔ꜆	□隻 xia꜆ ieʔ꜆	来未 ꜁li muiᵌ	徛咧讲 kʻieᵌ .le ᶜkouŋ
宁德	这蜀隻 tsaʔ꜆ søk꜇ ieʔ꜆	□蜀隻 xaʔ꜆ søk꜇ ieʔ꜆	来未 ꜁lɛ muiᵌ	徛咧讲 kʻieᵌ .e ᶜkɔŋ
周宁	只一 tsaiᵓ it꜆	□隻 xaiᵓ it꜆	来了未 ꜁le .lɔ muiᵌ	徛咧讲 kʻieᵓ .i ᶜkoŋ
福鼎	只个 ᶜtsi koiᵓ	□个 ᶜxi koiᵓ	来了未 ꜁li .la mueiᵌ	徛咧讲 kʻiaᵌ .lo ᶜkoŋ
莆田	即蜀个 tsit, ɬok꜇ ꜁ke	□蜀个 hœᵌ ɬoʔ꜇ ꜁ke	来了膾 ꜁li ꜀la ꜁pɛŋ	徛咧讲 kʻyɒᵌ .lɛ ᶜkɒŋ
厦门	即个 tsit꜆ ꜁le	□个 hit꜆ ꜁le	来未 ꜁lai .be	徛咧讲 kʻiaᵌ .le ᶜkɔŋ
泉州	即个 tsik꜆ ꜁ge	□个 hik꜆ ꜁ge	来未 ꜁lai .bə	徛咧说 ᶜkʻa .lə səʔ꜆
永春	即个 tsik꜆ ꜁ke	□个 hik꜆ ꜁ke	来未 ꜁lai .bə	徛咧说 kʻiaᵌ .le səʔ꜆
漳州	即个 tsit꜆ ꜁le	□个 hit꜆ ꜁le	来未 ꜁lai .bue	徛咧讲 kiaᵌ .le ᶜkɔŋ
龙岩	□个 ᶜhi ꜁kie	□个 hmᵓ ꜁kie	来了毛 ꜁lie .liau ꜁bo	徛咧讲 ᶜkʻya .lo ᶜkoŋ
大田	只隻 ᶜtsi ꜁tse	□蜀个 ᶜhi ꜁tse	来未 ꜁lɛ .bue	徛咧讲 ᶜkʻia .lɤ ᶜkŋ
尤溪	只其 ᶜtsi kiᵌ	□个 ᶜhi kiᵌ	来了未 ꜁le .lɤ mueᵌ	徛咧讲 kʻiaᵌ .lɤ ᶜŋ̍
永安	者隻 ᶜtʃiɒ tsiɒ꜆	兀隻 ᶜuɒ tsiɒ꜆	来伓□ ꜁la aŋᵒ .kɒ	徛地话 ᶜkʻya tiᵓ uɒᵓ
沙县	者隻 ᶜtʃia tʃia꜆	兀隻 ᶜguɒ tʃia꜆	来伓曾 ꜁lai ŋᵓ ꜁tsõi	徛着话 ᶜkʻya tio꜆ uaᵓ
建瓯	□隻 iɔŋ꜆ tsia꜆	兀隻 u꜆ tsia꜆	来了未曾 lɛᵓ lau꜇ miᵌ ᶜnaiŋ	徛住话 kuɛ꜇ tiuᵌ uaᵌ
建阳	□蜀隻 i꜆ tsi꜇ tsia꜆	兀隻 u꜆ tsi꜇ tsia꜆	来了伓曾 ꜁le ᶜlɔ ꜀naiŋ	徛住话 kyeᵓ tiuᵌ uaᵌ
松溪	□隻 iei꜆ tsia꜆	兀隻 ua꜆ tsia꜆	来了伓曾 ꜁lyœ ᶜlɒ ꜁naŋ	徛住话 kyœ꜇ tiuᵌ uaᵌ

① 东部三区多数点近指和远指叠韵、同调，用声母 ts—h（x）来区别，俗写作“只、即”和“许”。西部各点构词法与此不同，或可采用宋元白话的“兀”。

	225. 找不着①	226. 吃了饭才走②	227. 给我一本书③
福州	讨𫛛着 ˊt'o mɛ˭ tuoʔ˯	饭食了行 puoŋ˭ sieʔ˯ .la ˬkiaŋ	书驮蜀本我 ˛tsy ˬto sɔʔ˯ ˊpuoŋ ˊŋuai
古田	讨𫛛着 ˊt'ɔ mɛ˭ tyoʔ˯	饭食了行 puoŋ˭ siaʔ˯ .la ˬkiaŋ	书乞蜀本我 ˛tsy k'eiʔ˯ syø˯ ˊpuoŋ ˊŋuai
宁德	寻𫛛着 ˬsim mɛ˭ tøk˯	饭食了行 pun˭ siaʔ˯ .a ˬkiaŋ	书驮蜀本乞我 ˛tsy ˬtɔ løk˯ ˊpɔŋ k'iʔ˯ ˊua
周宁	垂𫛛着 ts'ui˥ mɛ˭ lyʔ˯	冥食咯爱行 ˬmaŋ sieʔ˯ .lɔ ai˥ ˬkiaŋ	书乞蜀本乞我 ˛tsy k'eʔ˯ siʔ˯ ˊpuɔn k'eʔ˯ ˊua
福鼎	垂𫛛着 ts'uei˥ me˭ tie˯	□食了走 ˛mai sia˯ ˊlieu ˊtsau	书册驮蜀本乞我 ˛tsy ts'a˥ ˬto si˯ ˊpuoŋ k'iʔ˯ ˊua
莆田	垂𫛛着 ts'ue˥ pe˭ tiɐu˯	糜食了行 ˬma ɬiaʔ˯ ˊliɐu ˬkia	册蜀本乞我 ts'a˭ ɬœʔ˯ ˊpue k'œʔ˯ .kua
厦门	垂𫛛着 ts'e˭ bue˭ tioʔ˯	饭食咧则行 pŋ˭ tsiaʔ˯ .le tsiaʔ˯ ˬkiã	册蜀本与我 ts'eʔ˯ tsit˯ ˊpun hɔ˭ .gua
泉州	垂𫛛着 ts'ə˭ ˁbue tioʔ˯	饭食咧则行 pŋ˭ tsiaʔ˯ .lə tsiaʔ˯ ˬkiã	书蜀本长我 ˛tsɯ tsit˯ ˊpun ˬtŋ .gua
永春	垂𫛛着 ts'ə˭ bue˭ tioʔ˯	饭食咧则行 pŋ˭ tsiaʔ˯ .lə tsiaʔ˯ ˬkiã	书蜀本与我 ˛tsɯ tsit˯ ˊpun hɔ˭ .gua
漳州	垂𫛛着 ts'ue˭ be˭ tioʔ˯	饭食咧则行 puĩ˭ tsiaʔ˯ .e tsiaʔ˯ ˬkiã	册蜀本与我 ts'eʔ˯ tsit˯ ˊpun hɔ˭ .gua
龙岩	垂𫛛着 ts'ie˭ bie˭ to˯	饭食了则行 puĩ˭ tsa˯ ˊliau tsia˯ ˬkiã	书册分我蜀本 ˛tsi ts'eʔ˯ pun˭ .gua .tsit .pun
大田	垂𫛛着 ˊts'e ˛be ˊtɤ	食咧则行 tsiaʔ˯ .lə tsiaʔ˯ ˬkiã	书蜀本乞我 ˛tsi tseʔ˯ ˊpueŋ k'e˥ ˊbua
尤溪	垂怀着 ts'ø˥ ŋ̍˭ ˛tɤ	饭食了则行 pũ˭ ˛ɕia ˊlio ˛tsia ˬkiã	书□蜀本我 ˛tsy k'ia˯ ˛ɕie ˊpũ ˊŋua
永安	捞怀着 so˥ aŋ˥ ˊtiɯ	饭食了再行 pm˥ ˁie .lɒ tsa˥ ˬkiõ	欠我寡本书 k'ɛiŋ˥ ˛ŋuɒ ˊkuɒ ˊpuã ˛ʃy
沙县	捞怀着 sau˥ ŋ̍˥ tio˯	饭食了去 puĩ˥ ˁie .la k'o˥	书拿个本欠我 ˛ʃy ˛nɔ ka˥ ˊpuĩ k'iŋ˥ ˛gua
建瓯	捞怀着 lau˭ eiŋ˭ tiɔ˭	食了饭再行 iɛ˯ lau˯ puiŋ˭ tsuɛ˥ ˊkiaŋ	拿蜀本书纳我 na˯ tsi˯ ˊpɔŋ ˛sy na˯ uɛ˯
建阳	捞怀着 lɔ˭ eiŋ˭ tiɔ˯	食了饭再行 ɦie˯ ˊlau puŋ˭ tsai˥ ˳ɦiaŋ	拿蜀本书纳我 na˯ tsi˯ ˊpuŋ ˛sy na˯ ˳βue
松溪	捞怀着 lo˭ oŋ˭ tiu˭	食了饭再行 iei˯ ˊlɒ poŋ˭ tsua˯ ˳kiaŋ	拿蜀本书纳我 nɒ˯ tsi˥ ˊpueiŋ ˛sy na˯ ŋua˯

① 东部多数点“找”说成队韵字，可能是“垂”字，垂，《集韵》队韵：“将及也。”树伪切。

② 东中部习惯用“宾语前置”的句式。

③ 东部各点常拿远宾当主语，西部各点少有这种句式。

（二）闽东、闽南、闽北（或闽中）三区明显不同的

这类条目闽东闽南都有明显差异。闽北、闽中或说法相近自成一格，或一区殊异、另一区近于闽东或闽南，个别也有闽北近闽东，闽中近闽南的。莆仙则往往游移于闽东、闽南之间。从中可以看出闽东、闽南、闽北是三个有明显差异的大片。例如：

	228. 星星	229. 银河	230. 水泥	231. 阴沟	232. 中间
福州	星 ꜀siŋ	天河[①] ꜀t'ieŋ ꜁o	洋灰 ꜁yoŋ ꜀ŋui	暗沟 aŋ꜄ ꜀kau	大中 tai^{2} ꜀louŋ
古田	天星 ꜀t'ien ꜀niŋ	河溪 ꜁xai ꜀ɛ	洋灰 ꜁yøŋ ꜀ŋui	暗沟 aŋ꜄ ꜀ŋau	大中 tai^{2} ꜀lɔuŋ
宁德	天星 ꜀t'ɛn ꜀niŋ	银河 ꜁ŋøn ꜁ɔ	洋灰 ꜁yŋ ꜀xøy	暗沟 am꜄ ꜀au	当中 tan^{2} ꜀lɔŋ
周宁	天星 ꜀t'in ꜀niŋ	银河 ꜁ŋøn ꜁ɔ	洋灰 ꜁yoŋ ꜀ui	暗沟 aŋ꜄ ꜀kau	底中 ꜂ti ꜀lɔŋ
福鼎	天星 ꜀t'ieŋ ꜀siŋ	银河 ꜁ŋiŋ ꜁o	洋灰 ꜁ioŋ ꜀xuei	暗沟 aŋ꜄ ꜀kau	中间 ꜀tiŋ ꜀koŋ
莆田	星 ꜀ts'a	河溪 ꜀hua ꜀e	红毛灰 ꜁aŋ ꜁mɔ̃ ꜀ue	暗沟 aŋ꜄ ꜀ŋau	中央 ꜀tɒŋ ꜀ɒŋ
厦门	星 ꜀ts'ĩ	河溪 ꜁o ꜀k'ue	红毛灰 ꜀aŋ ꜁mɔ̃ ꜀he	涵沟 ꜁am ꜀kau	中央 ꜀tiɔŋ ꜀ŋ̍
泉州	星 ꜀ts'ĩ	河溪 ꜁o ꜀k'ue	红毛灰 ꜁aŋ ꜁mɔ̃ ꜀hə	涵沟 ꜁am ꜀kau	中央 ꜀tiɔŋ ꜀ŋ̍
永春	星 ꜀ts'ĩ	河溪 ꜁o ꜀k'ue	红毛灰 ꜁aŋ ꜁mɔ̃ ꜀hə	涵沟 ꜁am ꜀kau	中央 ꜀tiɔŋ ꜀ŋ̍
漳州	星 ꜀ts'ɛ̃	河溪 ꜁o ꜀k'e	红毛灰 ꜁aŋ ꜁mɔ̃ ꜀hue	涵沟 ꜁am ꜀kau	中间 ꜀tiɔŋ ꜀kan
龙岩	天星 ꜀t'ĩ ꜀san	河溪 ꜁ho ꜀k'ie	红毛灰 ꜁aŋ ꜁mõ ꜀hue	涵沟 ꜁giam ꜁kau	中间 ꜀tiɔŋ ꜀tĩ
大田	天星 ꜀t'iŋ ꜀ts'ã	河溪 ꜁hɤ ꜀k'e	红毛灰 ꜁aŋ ꜁mɔ ꜀hue	暗沟 aŋ꜄ ꜀kɔ	中间 ꜀tiɔŋ ꜀koŋ
尤溪	天星 ꜀t'ẽ ꜀siŋ	河溪 ha^{2} ꜀k'i	洋灰 ꜁ioŋ ꜀hue	暗沟 aŋ꜄ ꜀kau	中间 ꜀tiɔŋ ꜀ŋ̍
永安	天星 ꜀t'ɛiŋ ꜀sĩ	河溪 ꜁xɒ ꜀k'e	洋灰 ꜁iam ꜀xue	阴沟 ꜀iã ꜀kø	中央心 ꜀tɐm ꜀m̩ ꜀sã
沙县	天星 ꜀t'ĩ ꜀sɔ̃i	河溪 ꜁xa ꜀k'e	洋灰 ꜁iŋ ꜀xue	暗沟 aŋ꜄ ꜀kau	中央心 ꜀ta i꜆ ꜀sɛiŋ
建瓯	星宿 ꜀saiŋ siu꜄	天河 ꜀t'iŋ ꜂ɔ	洋毛灰 iɔŋ꜄ mau꜄ ꜀xo	阴沟 ꜀eiŋ ꜀ke	中央心 tɔŋ꜄ ꜀ɔŋ ꜀seiŋ
建阳	星宿 ꜀saiŋ siu꜄	天河 ꜀hieŋ ꜁xɔ	洋灰 ꜁iɔŋ ꜀xui	阴沟 ꜀iŋ ꜀kəu	中央心 ꜀toŋ ꜀oŋ ꜀sɔiŋ
松溪	星宿 ꜀saiŋ sœy꜆	天河 ꜀t'iŋ ꜁o	洋毛灰 ꜁ioŋ ꜁mo ꜀xuei	阴沟 ꜀eiŋ ꜀ka	中央心 ꜀taŋ ꜀seiŋ

① 福州也有“河溪”的说法，专用于骂儿童。银河一般叫“天河”。

	233. 旁边	234. 眼泪	235. 坟墓	236. 头发	237. 脑袋
福州	旁边 ꜁puoŋ ꜀mieŋ	目滓 mɛiʔ꜇ ꜂tsai	墓 muo꜅	头发 ꜁t'au uɔʔ꜆	头 ꜁t'au
古田	边兜 ꜀pien ꜀nau	目汁 mei꜇ tseiʔ꜆	墓 muo꜄	头发 ꜁t'au muoʔ꜆	头 ꜁t'au
宁德	旁边 ꜁pɔŋ ꜀mɛn	目汁 mœk꜇ tsɛp꜆	墓 mu꜄	头发 ꜁t'au uʔ꜆	头子 ꜁t'au ꜂ʒi
周宁	旁边 ꜁pɔŋ ꜀min	目珠汁 mi꜇ ꜀iu ʒɛt꜆	墓 mu꜄	头发 ꜁t'au uʔ꜆	头 ꜁t'au
福鼎	边间头 ꜀pieŋ ꜀kaŋ ꜁lau	目汁 me꜇ tseʔ꜆	墓 muo꜄	头发 ꜁t'au puoʔ꜆	头 ꜁t'au
莆田	舷[1]边 ꜁kim ꜀miŋ	目滓 maʔ꜇ ꜂tsai	墓 mɔu꜄	头发 ꜁t'au βue꜅	头 ꜁t'au
厦门	边头 ꜀pĩ .t'au	目屎 bak꜇ ꜂sai	墓 mɔŋ꜅	头毛 ꜁t'au ꜁bŋ	头壳 ꜁t'au k'ak꜆
泉州	边头 ꜀pĩ .t'au	目屎 bak꜇ ꜂sai	墓 bɔ꜅	头毛 ꜁t'au ꜁bŋ	头壳 ꜁t'au k'ak꜆
永春	边头 ꜀pĩ .t'au	目屎 bak꜇ ꜂sai	墓 bɔ꜅	头毛 ꜁t'au ꜁bŋ	头壳 ꜁t'au k'ak꜆
漳州	边头 ꜀pĩ .t'au	目屎 bak꜇ ꜂sai	墓 bɔŋ꜅	头毛 ꜁t'au ꜁mɔ̃	头壳 ꜁t'au k'ak꜆
龙岩	边头 ꜀pĩ ꜁t'au	目汁 bak꜇ tsiap꜆	墓 mɔ̃꜄	头毛 ꜁t'au ꜁mɔ̃	头壳 ꜁t'au k'ak꜆
大田	边头 ꜀pĩ ꜁t'ɔ	目汁 baʔ꜇ tsiaʔ꜆	墓 bu꜄	头毛 ꜁t'ɔ ꜁bŋ	头壳 ꜁t'ɔ k'aʔ꜆
尤溪	舷头 ꜁kĩ ꜁t'au	目汁 ꜀muo tsa꜆	墓 mu꜅	头发 ꜁t'au pue꜆	头 ꜁t'ø
永安	边舷 ꜀pɛin ꜁xĩ	目汁 ꜃mu tsɿ꜆	坟 ꜁xuã	头发 ꜁t'ø pue꜆	头壳 ꜁t'ø k'u꜆
沙县	边舷 ꜀pĩ ꜁xɔ̃i	目汁 ꜃bu tsɤ꜆	坟 ꜁xuĩ	头发 ꜁t'au puɛ꜆	头壳 ꜁t'au k'o꜆
建瓯	边舷 ꜂piŋ xaiŋ꜄	目汁 mu꜆ tsɛ꜆	塚 ꜂tœyŋ	头毛 t'e꜄ mau꜄	头 t'e꜄
建阳	旁边 ꜁βɔŋ ꜀pieŋ	目汁 mu꜇ le꜆	塚 ꜂teiŋ	头毛 ꜁həu ꜁mau	头 ꜁həu
松溪	边舷 ꜀piŋ ꜁xaŋ	目汁 mu꜆ tsiei꜇	塚 ꜂tœyŋ	头毛 ꜁t'a ꜁mo	头 ꜁t'a

① 舷，俗写作“墘”，常用作地名。

	238. 屁股	239. 水稻	240. 竹竿晒衣用	241. 风筝	242. 剪刀
福州	股穿 ᶜku ꜀ʒyoŋ	籼① tieuᵓ	竹笐② tyʔ꜂ ɒuŋᵓ	纸鹞 ᶜtsai ieuᵓ	铰刀 ꜀ka ꜀lo
古田	尻穿 ꜀kɔ ꜀yøŋ	籼 tiuᵓ	竹笐 tyʔ꜂ ɔuŋᵓ	纸鹞 ᶜtsie iɐuᵓ	铰刀 ꜀ka ꜀lɔ
宁德	尻穿 ᶜkɔ ꜀lœŋ	籼 teuᵓ	竹笐 tøk꜂ ɔŋᵓ	纸鹞 ᶜtsa iuᵓ	铰刀 ꜀ka ꜀lɔ
周宁	股穿 ᶜku ꜀lun	籼 tɛuᵓ	竹笐 tøuʔ꜂ ɔŋᵓ	纸鹞 ᶜtsɛ ꜀liu	铰刀 ꜀ka ꜀lɔ
福鼎	股穿 ᶜku ꜀tsʻioŋ	籼 tiuᵓ	竹笐 tuʔ꜂ oŋᵓ	纸鹞 ᶜtsia ieuᵓ	铰剪 ꜀ka ᶜtseŋ
莆田	骹穿 ꜀kʻɒ ꜀lue	籼 tiuᵓ	笐竿 ɒŋᵓ ꜀ŋua	纸鹞 ᶜtsyɒ iuᵓ	铰刀 ꜀ka ꜀lo
厦门	骹穿 ꜀kʻa ꜀tsʻŋ	籼 tiuᵓ	竹竿 tik꜂ ꜀kuã	风吹 ꜀hɔŋ ꜀tsʻe	铰剪 ꜀ka ᶜtsian
泉州	骹穿 ꜀kʻa ꜀tsʻŋ	籼 ᶜtiu	竹竿 tik꜂ ꜀kuã	风吹 ꜀huaŋ ꜀tsʻə	铰剪 ꜀ka ᶜlian
永春	骹穿 ꜀kʻa ꜀tsʻŋ	籼 tiuᵓ	竹竿 tik꜂ ꜀kuã	风吹 ꜀huaŋ ꜀tsʻə	铰剪 ꜀ka ᶜtsian
漳州	骹穿 ꜀kʻa ꜀tsʻuĩ	籼 tiuᵓ	竹竿 tik꜂ ꜀kuã	风吹 ꜀hɔŋ ꜀tsʻue	铰剪 ꜀ka ᶜtsian
龙岩	骹穿 ꜀kʻa ꜀tsʻĩ	禾 ꜁gue	竹竿 tok꜂ ꜀kõ	水□ ᶜtsui ꜁pu	铰剪 ꜀ka ᶜtsĩ
大田	骹穿 ꜀kʻa ꜀tsʻŋ	禾 ꜁bue	竹笐 toʔ꜂ ꜁ŋ	风车 ꜀hoŋ ꜀tsʻa	铰剪 ꜀ka ᶜtsĩ
尤溪	骹穿 ꜀kʻa ꜀tsʻø̃	禾 ꜁ui	竹篙 tuo꜂ ꜀kɤ	纸鹞 ᶜtsia iuᵓ	铰剪 ꜀ka ᶜtsẽ
永安	屎窟 ᶜsʅ kʻui꜂	禾 ꜁ue	竹篙 ty꜂ ꜀kɯ	纸鹞 ᶜtʃya iɯᵓ	剪仔 ᶜtsĩ .tsã
沙县	屎窟 ᶜsʅ kʻue꜂	禾 ꜁gue	竹篙 tø꜂ ꜀ko	纸鹞 ᶜtsua liɔᵓ	剪剪 ᶜtsɔ̃i ᶜtsɔ̃i
建瓯	□□ tseᵓ ᶜpʻai	早仔 ᶜtsau ᶜtsiɛ	竹笐 ty꜂ ɔŋᵓ	鹞 iauᵓ	剪仔 ᶜtsaiŋ ᶜtsiɛ
建阳	屎窟 ᶜsi kʻui꜂	早子 ᶜlau ᶜtsie	竹□ ty꜂ lɔŋᵓ	鹞 iɔᵓ	剪仔 ᶜtsaiŋ ᶜtsie
松溪	屎窟 ᶜsi kʻuei꜂	谷 ku꜂	竹笐 tœy꜂ xaŋ꜂	鹞 yɔᵓ	剪锥 ᶜtsaŋ ꜀tsy

① 籼，《集韵》宥韵："稻实。"直佑切。

② 笐，《集韵》宕韵："竹竿也。"下浪切。

	243. 粥	244. 猪油熟的	245. 移～开	246. 寻找	247 摘～果子	248. 撑～船
福州	粥 tsøyʔ꜀	猪油 ꜀ty ꜁iu	移 ꜁ie	讨 ꜂t‘ɔ	摘 tiɛʔ꜀	撑 ꜀t‘aŋ
古田	糜粥 ꜁muoi ʒyʔ꜀	猪油 ꜀ty ꜁iu	移 ꜁ie	捞 lɔ꜅	摘 tiaʔ꜀	撑 ꜀t‘aŋ
宁德	糜粥 ꜁mui ʒøk꜀	猪油 ꜀ty ꜁iu	移 ꜁i	寻 ꜁sim	摘 tieʔ꜀	撑 ꜀t‘aŋ
周宁	糜粥 ꜁mui øuʔ꜀	猪油 ꜀ty ꜁iu	移 ꜁i	垂 ts‘ui꜄	摘 tieʔ꜀	撑 ꜀t‘aŋ
福鼎	糜粥 ꜁muei tsuʔ꜀	猪油 ꜀ti ꜁iu	移 ꜁ie	垂 ts‘oi꜄	摘 tia꜄	撑 ꜀t‘aŋ
莆田	饮糜 ꜂am ꜁mui	膫[①]油 ꜁liɐu ꜁iu	徙 ꜂ɬai	垂 ts‘ue꜄	採 ꜂ts‘ai	撑 ꜀t‘a
厦门	饮糜 ꜂am ꜁be	猪油 ꜀ti ꜁iu	徙 ꜂sua	垂 ts‘e꜅	挽 ꜂ban	推 ꜀t‘e
泉州	饮糜 ꜂am ꜁bə	猪油 ꜀tɯ ꜁iu	徙 ꜂sua	垂 ts‘ə꜅	挽 ꜂ban	推 ꜀t‘e
永春	饮糜 ꜂am ꜁bə	猪油 ꜀tɯ ꜁iu	徙 ꜂sua	垂 ts‘ə꜅	挽 ꜂ban	推 ꜀t‘e
漳州	饮糜 ꜂am ꜁mãi	猪油 ꜀ti ꜁iu	徙 ꜂sua	垂 ts‘ue꜅	挽 ꜂ban	推 ꜀t‘e
龙岩	□糜 giõ꜄ ꜁muĩ	猪油 ꜀ti ꜁iu	徙 ꜂sua	垂 ts‘ie꜅	摘 tiɛ꜅	推 ꜀t‘iɛ
大田	糜仔 muĩ ꜂ŋã	豨油 ꜂hui ꜁iu	徙 ꜂sua	垂 ts‘ue꜅	挽 ꜂baŋ	撑 ꜀t‘ã
尤溪	糜 ꜁mui	膫 ꜀lio	撨 ꜁ts‘io	揮 ts‘ø꜄	摘 tia꜀	撑 ꜀t‘ã
永安	糜 ꜁mue	豨膫油 ꜂k‘yi ꜁liɯ ꜁iau	搬 ꜀pm	捞 so꜄	讨 ꜂t‘aɯ	掌 ts‘õ꜄
沙县	粥 tsø꜀	豨膫油 ꜂k‘ye ꜁lio ꜁iu	搬 ꜀puĩ	捞 sau꜄	讨 ꜂t‘ɔ	掌 ts‘ɔ̃꜄
建瓯	粥 tsy꜀	膏油 ꜂kau iu꜄	搬 ꜀puiŋ	捞 lau꜅	讨 t‘au	打 ꜂ta
建阳	粥 tsy꜀	膏油 ꜆kau ꜁iu	搬 ꜀pɔiŋ	捞 lɔ꜄	讨 ꜂hau	打 ꜂ta
松溪	粥 tsy꜀	膏油 ꜆kuei ꜁iu	搬 ꜀pueiŋ	捞 lo꜅	讨 ꜂t‘o	打 ꜂to

① 膫，《广韵》萧韵："肠间脂也。"落萧切。

	249. 盖~被子	250. 湿	251. 干净	252. 冷指天气	253. 浓指茶	254. 紧绑得~	255. 稠指粥
福州	纍 ᶜkaŋ	滥 laŋ²	澈洁 t'aʔ꜀ eiʔ꜀	清 ts'εiŋᵓ	浓 ꜀nyŋ	槙③ taiŋ²	涡⑤ kyʔ₂
古田	纍 ᶜkaŋ	滥 laŋ²	澈洁 t'aʔ꜀ eiʔ꜀	清 ts'iŋᵓ	赤 ts'iaʔ꜀	槙 teiŋᵓ	涡 kyʔ₂
宁德	纍 ᶜkam	滥 lanᵓ	澈洁 t'aʔ꜀ ek꜀	清 ts'iŋᵓ	浓 ꜀nyŋ	紧 ᶜkiŋ	涡 kyʔ₂
周宁	纍 ᶜkεn	澹② ꜀tan	澈洁 t'a² e²	寒 ꜀kan	浓 ꜀noŋ	槙 tεn²	涡 køʔ₂
福鼎	纍 ᶜkaŋ	澹 ꜀taŋ	清气 ꜀ts'iŋ ŋiᵓ	寒 ꜀kaŋ	浓 ꜀noŋ	紧 ᶜkiŋ	涡 ki₂
莆田	佮① kɒ꜀	澹 ꜀taŋ	澈洁 t'a² e²	寒 ꜀kua	厚 kau²	根④ ꜀εŋ	洘⑥ ᶜk'o
厦门	佮 kaʔ꜀	澹 ꜀tam	清气 ꜀ts'iŋ k'iᵓ	寒 ꜀kuã	厚 kau²	根 ꜀an	洘 ᶜk'o
泉州	佮 kaʔ꜀	澹 ꜀tam	清气 ꜀ts'iŋ k'iᵓ	寒 ꜀kuã	厚 ᶜkau	根 ꜀an	洘 ᶜk'o
永春	佮 kaʔ꜀	澹 ꜀tam	清气 ꜀ts'iŋ k'iᵓ	寒 ꜀kuã	厚 kau²	根 ꜀an	洘 ᶜk'o
漳州	佮 kaʔ꜀	澹 ꜀tam	清气 ꜀ts'iŋ k'iᵓ	寒 ꜀kuã	厚 kau²	根 ꜀an	洘 ᶜk'o
龙岩	佮 ka²	澹 ꜀tam	清气 ꜀ts'iŋ k'iᵓ	寒 ꜀kuã	厚 ᶜkau	紧 ᶜkin	酽 ŋiẽ²
大田	佮 kaʔ꜀	澹 ꜀taŋ	清气 ꜀ts'eŋ k'iᵓ	清 ts'eŋᵓ	厚 ᶜkɔ	根 ꜀aŋ	醪 ꜀lɤ
尤溪	遮 ꜀tsia	澹 ꜀taŋ	清楚 ꜀ts'iŋ ᶜts'io	清 ts'iŋᵓ	厚 kau²	根 ꜀iŋ	膏 ꜀ko
永安	遮 ꜀tʃiɒ	湿 tʃ'e꜀	清气 ꜀ts'ã k'iᵓ	寒 ꜀kum	厚 ᶜkø	紧 ᶜkã	浓 ꜀lɐm
沙县	遮 ꜀tʃia	湿 tʃ'iε꜀	伶俐 la꜀ le꜀	寒 ꜀kuĩ	厚 ᶜkau	紧 ᶜkɔ̃	浓 ꜀lœyŋ
建瓯	遮 ꜀tsia	湿 ts'iε꜀	伶俐 laᵓ li²	清 ts'eiŋᵓ	浓 nœyŋᵓ	紧 ᶜkeiŋ	浓 nøyŋᵓ
建阳	遮 ꜀tsia	湿 ts'ie꜀	伶俐 laᵓ lue²	清 t'ɔiŋᵓ	浓 ꜀neiŋ	紧 ᶜkiŋ	浓 ꜀neiŋ
松溪	遮 ꜀tsia	湿 ts'iei꜀	□□ tsa² la²	寒 ꜀kueiŋ	浓 ꜀nœyŋ	紧 ᶜkeiŋ	浓 ꜀nœyŋ

① 佮,《广韵》合韵:“併佮聚。”古沓切。

② 澹,《集韵》谈韵:“水皃。”徒甘切。又作淡。

③ 槙,《集韵》霰韵:“木理紧密。”堂练切。

④ 根,《广韵》痕韵:“急引。”户恩切。

⑤ “涡”是俗字。

⑥ “洘”,《广韵》晧韵:“水干。”苦浩切。

	256. 棵一～树	257. 个一～蚊子	258. 一百七十五最简说法	259. 只来过两次
福州	蕹 ꜀tau	头 ꜁t'au	百七五 paʔ ts'i꜆ ŋou꜅	那来两回 na꜅ ꜁li laŋ꜅ ꜁ŋui
古田	蕹 ꜀tau	头 ꜁t'au	百七五 paʔ꜆ ts'i꜆ ŋu꜅	那来两摆 na꜅ ꜁li laŋ꜅ ꜂mai
宁德	蕹 ꜀tau	头 ꜁t'au	百七五 paʔ꜆ ts'it꜆ ŋou꜅	只来两回 ꜂tsi ꜁lɛ laŋ꜅ ꜁xui
周宁	蕹 ꜀tau	头 ꜁t'au	百七五 paʔ꜆ ts'it꜆ ŋou꜅	总来过两道 ꜂tsoŋ ꜁lɛ ku꜄ laŋ꜅ tɔ꜄
福鼎	蕹 ꜀tau	头 ꜁t'au	百七五 pa꜄ ts'iʔ꜆ ŋu꜅	总那来两套 ꜂tsuŋ na꜅ ꜁li laŋ꜅ t'o꜄
莆田	蕹 ꜀tau	隻 tsiaʔ꜆	百七五 pa꜄ ts'iʔ꜆ ŋou꜅	那来两圈 na꜅ ꜁li nuŋ꜅ ꜁k'œŋ
厦门	丛 ꜁tsaŋ	隻 tsiaʔ꜆	蜀百七五 tsit꜇ paʔ꜆ ts'it꜆ gɔ꜅	则来（着）两摆 tsiaʔ꜆ ꜁lai .tioʔ lŋ꜅ ꜂pai
泉州	丛 ꜁tsaŋ	隻 tsiaʔ꜆	蜀百七五 tsit꜇ paʔ꜆ ts'it꜆ ꜃gɔ	则来（着）两过 tsiaʔ꜆ ꜁lai .tioʔ ꜃lŋ kə꜄
永春	丛 ꜁tsaŋ	隻 tsiaʔ꜆	蜀百七五 tsit꜅ paʔ꜆ ts'it꜆ gɔ꜅	则来（着）两过 tsiaʔ꜆ ꜁lai .tioʔ lŋ꜅ kə꜄
漳州	丛 ꜁tsaŋ	隻 tsiaʔ꜆	蜀百七五 tsit꜇ paʔ꜆ ts'it꜆ gɔ꜅	则来（着）两摆 tsiaʔ꜆ ꜁lai .tioʔ nɔ̃꜅ ꜂pai
龙岩	头 ꜁t'au	个 ꜁kie	蜀百七十五 tsit꜇ pie꜅ ts'it꜆ tsiak꜇ ꜂ŋ	则来两摆 tsiaʔ꜆ ꜁lie ꜃nõ ꜂pai
大田	蕹 ꜀tɔ	个 ꜁ge	蜀百七十五 tseʔ꜆ paʔ꜆ ts'eʔ꜆ tsaʔ꜇ ꜃gu	总来了两摆 ꜂tsoŋ ꜁lɛ .lɤ ꜃nŋ ꜂pai
尤溪	蕹 ꜀tau	头 ꜁t'au	百七五 pa꜆ ts'ie꜆ ŋũ꜅	总来着两套 ꜂tsɤŋ ꜁le ꜀t'ɤ loŋ꜅ t'au꜄
永安	丛 ꜁tsaŋ	□ ꜂xuɒ	个百七五 kuɒ꜄ pɒ꜆ ts'i꜆ ꜂ŋu	总哩来过两回 ꜂tsã lĩ ꜁la kɯ꜄ ꜂liam ꜁xui
沙县	丛 ꜁tsouŋ	□ ꜂xue	百七五 pa꜆ ts'i꜆ ꜂gu	总哩来着两回 ꜂tsouŋ .li ꜁lai .tio ꜂liŋ ꜁xui
建瓯	丛 tsɔŋ꜄	头 t'e꜄	蜀百七十五 tsi꜇ pa꜆ ts'i꜆ si꜅ ŋu꜇	总来过两轮 ꜂tsɔŋ lɛ꜄ kua꜄ niɔŋ꜇ lœyŋ꜄
建阳	丛 ꜁tsoŋ	隻 tsia꜆	蜀百七十五 tsi꜇ pa꜆ t'ɔi꜆ si꜇ ŋo꜄	只来两回 ꜂tsi ꜁le sɔŋ꜄ ꜁xui
松溪	丛 ꜁tsoŋ	隻 tsia꜆	蜀百七五 tsi꜄ pɒ꜆ ts'ei꜆ ŋu꜇	总来过两回 ꜂tsoŋ ꜀lyœ kuo꜄ saŋ꜅ ꜀xuei

	260. 来二斤酒	261. 边走边说
福州	酒㕤两斤来 ᶜtsiu ᶜiu laŋᵓ ꜀ŋyŋ ꜁li	罔行罔讲 ᶜmuoŋ ꜁kiaŋ ᶜmuoŋ ᶜkouŋ
古田	㕤两斤酒 ᶜlɐu laŋᵓ ꜀kyŋ ᶜtsiu	罔行罔讲 ᶜmuoŋ ꜁kiaŋ ᶜmuoŋ ᶜkouŋ
宁德	酒㕤两斤来 ᶜtsiu ᶜiɐu laŋᵓ ꜀kyn ꜁le	罔行罔讲 ᶜmoŋ ꜁kiaŋ ᶜmoŋ ᶜkoŋ
周宁	酒驮两斤来 ᶜtsiu ꜁tɔ laŋᵓ ꜀kyn ꜁le	蜀边行蜀边讲 siʔ꜊ ꜀pɛn ꜁kiaŋ siʔ꜊ ꜀pɛn ᶜkɔŋ
福鼎	酒驮两斤来 ᶜtsiu ꜁to laŋᵓ ꜀kiŋ ꜁li	蜀边行蜀边讲 si꜊ ꜀peŋ ꜁kiaŋ si꜊ ꜀peŋ ᶜkɔŋ
莆田	酒㕤两斤 ᶜtsiu ᶜiɐu nuŋᵓ ꜀kyŋ	□行□讲 ᶜmo ꜁kia ᶜmo ᶜkɒŋ
厦门	酒来两斤 ᶜtsiu ꜁lai .lŋ .kun	那行那讲 ᶜnã ꜁kiã ᶜnã ᶜkɔŋ
泉州	酒来两斤 ᶜtsiu ꜁lai .lŋ .kun	那行那说 ᶜnã ꜁kiã ᶜnã səʔ꜆
永春	酒来两斤 ᶜtsiu ꜁lai .lŋ .kun	那行那说 ᶜnã ꜁kiã ᶜnã səʔ꜆
漳州	酒来两斤 ᶜtsiu ꜁lai .nɔ̃ .kin	那行那讲 ᶜnã ꜁kiã ᶜnã ᶜkɔŋ
龙岩	酒打两斤 ᶜtsiu ᶜta .nõ .kin	边行边讲 ꜀pĩ ꜁kiã ꜀pĩ ᶜkoŋ
大田	酒来两斤 ᶜtsiu ꜁lɛ .nŋ .keŋ	那行那讲 ᶜnã kiã ᶜnã ᶜkŋ
尤溪	酒来两斤 ᶜtsiu ꜁le loŋᵓ ꜀kɤŋ	罔行罔讲 ᶜmɤŋ ꜁kiã ᶜmɤŋ ᶜŋ
永安	酒勺两斤来 ᶜtsiau ᶜtʃʻiɒ ᶜliam ꜀kuã ꜁la	边行边话 ꜀pɛiŋ ꜁kiõ ꜀pɛiŋ uɒᵓ
沙县	酒两斤 ᶜtsiu ᶜtsʻia ᶜliŋ ꜀kuĩ	边行边话 ꜀pĩ ꜁kiɔ̃ ꜀pĩ uaᵓ
建瓯	㕤两斤酒 ᶜiau niɔŋ꜊ ꜀kœyŋ ᶜtsiu	边行边话 ꜀piŋ ᶜkiaŋ ꜀piŋ uaᵓ
建阳	拿两斤酒来 na꜊ sɔŋᵓ ꜀kyeiŋ ᶜtsiu ꜁le	边行边话 ꜀pieiŋ ꜂ɦiaŋ ꜀pieiŋ uaᵓ
松溪	勺两斤酒 tsʻyo꜆ saŋᵓ ꜀kyŋ ᶜtsiu	边行边话 ꜀piŋ ꜂kiaŋ ꜀piŋ uaᵓ

	262. 愈说愈多	263. 不大不小刚刚好
福州	罔讲罔齐 ᶜmuoŋ ᶜkouŋ ᶜmuoŋ sa²	獪大獪嫩正正好 mɛ² tuai² mɛ² nouŋ² tsiaŋᵓ ʒiaŋᵓ ᶜŋo
古田	罔讲罔齐 ᶜmuoŋ ᶜkouŋ ᶜmuoŋ se²	獪大獪嫩滴滴好 mɛ² tuai² mɛ² nouŋ² ti꜀ ti꜀ ᶜɔ
宁德	罔讲罔齐 ᶜmoŋ ᶜkɔŋ ᶜmoŋ ᶜsɛ	獪大獪嫩正正好 ᶜmɛ tuɔᵓ ᶜmɛ nɔn² tsiaŋᵓ tsiaŋᵓ ᶜxɔ
周宁	罔讲罔齐 ᶜmoŋ ᶜkɔŋ ᶜmoŋ se²	獪大獪嫩□□好 mɛ² tuɔ² mɛ² nɔn² ꜀ti ꜀li ᶜɔ
福鼎	罔讲罔齐 ᶜmuŋ ᶜkoŋ ᶜmuŋ se²	獪大獪细正正好 me² tua² me² se² tsiaŋᵓ tsiaŋᵓ ᶜxo
莆田	□讲□齐 ᶜmo ᶜkɒŋ ᶜmo ɬe²	毛大毛细正正好 ꜀po tua² ꜀po ɬe² tsiaᵓ tsiaᵓ ᶜo
厦门	愈讲愈齐 ᶜlu ᶜkɔŋ ᶜlu tsue²	伓大伓细拄仔好 m̩² tua² m̩² sueᵓ ᶜtu ᶜa ᶜho
泉州	愈说愈齐 ᶜlu səʔ꜀ ᶜlu tsue²	伓大伓细拄拄好 m̩² tua² m̩² sueᵓ ᶜtu ᶜtu ᶜho
永春	愈说愈齐 ᶜlu səʔ꜀ ᶜlu tsue²	伓大伓细拄拄好 m̩² tua² m̩² sueᵓ ᶜtu ᶜtu ᶜho
漳州	愈讲愈齐 ᶜlu ᶜkɔŋ ᶜlu tse²	伓大伓细拄仔好 m̩² tua² m̩² seᵓ ᶜtu ᶜa ᶜho
龙岩	紧讲紧齐 ᶜkin ᶜkoŋ ᶜkin tsie²	伓大伓小拄拄好 m̩² tua² m̩² sieᵓ ᶜtu ᶜtu ᶜho
大田	那讲那齐 ᶜnã ᶜkŋ ᶜnã ꜀tse	獪大獪细拄拄好 ᶜbe ꜀tua ᶜbe seᵓ ꜀tu ꜀tu ᶜhɤ
尤溪	那讲那齐 ᶜniã ᶜŋ̍ ᶜniã si²	獪大獪细拄拄好 mi² to² mi² siᵓ ᶜtiu ᶜtiu ᶜhɤ
永安	罔话罔齐 ᶜm̩uɒᵓ ᶜm̩tseᵓ	獪大獪细□□好 meᵓ tɒᵓ meᵓ seᵓ k‘õᵓ kõᵓ ᶜxaɯ
沙县	罔话罔齐 ᶜmouŋ uaᵓ ᶜmouŋ tseᵓ	獪大獪细□□好 beᵓ tuaᵓ beᵓ seᵓ ᶜk‘ɔ̃ ᶜk‘ɔ̃ ᶜxɔ
建瓯	罔话罔齐 ᶜmɔŋ ua² ᶜmɔŋ tsai²	獪大獪小□□好 mai₂ tuɛ² mai₂ ᶜsiau k‘aiŋᵓ k‘aiŋᵓ ᶜxau
建阳	越话越齐 ɦye₂ ua² ɦye₂ lai²	獪大獪小□□好 maiᵓ tue² maiᵓ ᶜsiɔ ꜀k‘aiŋ ꜀k‘aiŋ ᶜxau
松溪	愈话愈齐 œy² ua² œy² tsa²	獪大獪小□□好 ma₂ tua² ma₂ ᶜsyo ꜀k‘aŋ ꜀k‘aŋ ᶜxo

（三）闽东、莆仙、闽南、闽北、闽中五区之间多有所不同的各区之间，往往是个别点有交叉，有时一个区内部尚有差异，但词根和构词方式往往相近，而且总有成片的点是一致的。这些词语有 65 条之多，其中不只是日常用语，由此可以体会到五区的划分法是有根据的。例如：

	264. 男人	265. 女人	266. 小孩儿	267. 哥哥背称	268. 弟弟背称
福州	丈夫农 touŋ꜄ ꜀muo ꜁nøyŋ	诸娘农 ꜀tsy ꜁nøyŋ ꜁nøyŋ	儿囝哥 ꜁nie ꜂iaŋ ꜀ŋɔ	依哥 ꜀i ꜀ko	依弟 ꜀i tiɛ꜄
古田	丈夫农 touŋ꜄ ꜀muo ꜁nœyŋ	妇女人 xu꜄ ꜂ny ꜁nœyŋ	傀儡囝 kœ꜆ loi꜆ ꜂iaŋ	哥 ꜀kɔ	弟 ti꜄
宁德	丈夫 tɔŋ꜄ ꜀mu	作母 tsɔm꜆ ꜂mu	傀儡 ꜂kɔ ꜂løy	哥 ꜀kɔ	弟 ti꜄
周宁	丈夫农 toŋ꜄ ꜀ŋu ꜁nœuŋ	妇女农 xu꜄ ꜂ny ꜁nœuŋ	傀儡囝 ꜂ke ꜂le ꜂iɛn	阿哥 ꜀a ꜀kɔ	阿弟 ꜀a te꜄
福鼎	丈夫农 toŋ꜄ ꜀muo ꜁neŋ	做母农 tsoŋ꜄ ꜀muo ꜁neŋ	傀儡囝 ꜁ko ꜀loi ꜂kiaŋ	阿哥 ꜀a ꜀ko	阿弟 ꜀a tie꜄
莆田	大夫 ꜀ta ꜀pɔu	婶娘 ꜂ɬiŋ ꜁niɐu	獃囝 ꜂tai ꜂yɒ	阿兄 ꜀a ꜀ia	阿弟 ꜀a li꜄
厦门	大夫 ꜀ta ꜀pɔ	查某 ꜀tsa ꜂bɔ	囝仔 ꜂gin ꜂nã	阿兄 ꜂an ꜀hiã	小弟 ꜂sio ti꜄
泉州	大夫 ꜀ta ꜀pɔ	查某 ꜀tsa ꜂bɔ	囝仔 ꜂kan ꜂nã	阿兄 ꜂a ꜀hiã	小弟 ꜂sio ꜃ti
永春	大夫 ꜀ta ꜀pɔ	查某 ꜀tsa ꜂bɔ	囝仔 ꜂kin ꜂kã	阿兄 ꜂a ꜀hiã	小弟 ꜂sio ti꜄
漳州	大夫 ꜀ta ꜀pɔ	查某 ꜀tsa ꜂bɔ	囝仔 ꜂gin ꜂nã	阿兄 ꜂a ꜀hiã	小弟 ꜂sio ti꜄
龙岩	丈夫农 ꜀tiõ ꜀pu ꜁laŋ	诸娘农 tsiu꜄ ꜁laŋ	婴仔侬 ꜂iã ꜁laŋ	兄 ꜀hiã	老弟仔 ꜂lo ꜃tia
大田	丈夫 ꜀teŋ ꜂bu	作母 tsoʔ꜇ ꜂bu	囝仔 ꜂keŋ ꜂ŋã	阿兄 ꜀a ꜀hiã	老弟 ꜂lɔ ꜃tie
尤溪	丈夫 ꜀tiŋ ꜂mu	作母 ꜀tsa ꜂mu	儿囝 nia꜆ ꜂ŋ̍	阿哥 ꜀a ꜀kɤ	阿弟 ꜀a te꜄
永安	丈夫倴① tiam꜄ ꜂pu ꜁sɒ	阿娘畲 ꜀õ ꜁ŋiam ꜁sɒ	囝仔畲 ꜂kyɛiŋ ꜂tsã ꜁sɒ	老兄 ꜂lauɯ ꜀ʃiõ	老弟 ꜂lauɯ ꜃te
沙县	丈夫倴 tiŋ꜄ ꜀pu ꜁ʃia	阿娘畲 ꜀a ꜁iŋ ꜁ʃia	囝仔畲 ꜂kyẽ ꜂tsai ꜁ʃia	老兄 ꜂lɔ ꜀ʃiɔ̃	老弟 ꜂lɔ ꜃tie
建瓯	男人 naŋ꜄ neiŋ꜄	阿娘人 ꜀aŋ niɔŋ꜄ neiŋ꜄	囝仔 ꜂kyiŋ ꜂tsie	哥仔 ꜀kɔ ꜂tsiɛ	弟仔 ti꜇ ꜂tsiɛ
建阳	男人 ꜁naŋ ꜁nɔiŋ	阿娘 ꜀aiŋ ꜁niɔŋ	囝仔 ꜂kyeiŋ ꜂tsie	哥仔 ꜀ko ꜂tsie	舍弟 sia꜄ tie꜄
松溪	丈夫 tioŋ꜇ py꜇	阿娘 ɒ꜄ ꜁nioŋ	囝仔人 ꜂kiei ꜂tsiei ꜁neiŋ	哥仔 ꜀ko ꜂tsiei	弟仔 tie꜄ ꜂tsiei

① 倴，俗写，可能是古壮侗语所留底层现象。

	269. 女儿	270. 女婿	271. 丈夫	272. 妻子	273. 膝盖
福州	诸娘囝 ꜀tsy ꜁nøyŋ ꜂ŋiaŋ	儿婿 ꜁nie lai꜄	丈夫 touŋ꜅ ꜀muo	老妈 lau꜅ ꜂ma	骹腹头 ꜀k‘a βu꜆ ꜁lau
古田	诸娘囝 ꜀tsyŋ ꜂ŋiaŋ	儿婿 ꜁nien nai꜄	丈夫 tauŋ꜅ ꜀muo	老妈 lau꜅ ꜂ma	骹腹头 ꜀k‘a u꜄ ꜁t‘au
宁德	□□ tsɔm꜆ ꜂man	儿婿 ꜁nin nai꜄	老翁 lau꜅ ꜀œŋ	老妈 lau꜅ ꜂ma	骹骨头 ꜀k‘a ɔt꜆ ꜁t‘au
周宁	贱囝 tsiŋ꜅ ꜂ŋɛn	儿婿 ꜁nin nai꜄	老公 lau꜅ ꜀uŋ	老妈 lau꜅ ꜂ma	骹肚头 ꜀k‘a ꜂lu ꜁lau
福鼎	做母囝 tsoŋ꜅ ꜀muo ꜂kiaŋ	儿婿 ꜁nieŋ sai꜄	老公 lau꜅ ꜀kuŋ	老妈 lau꜅ ꜂ma	骹腹头 ꜀k‘a puʔ꜆ ꜁lau
莆田	婶娘囝 ꜂ɬiŋ ꜁niɐu ꜂yɒ	囝婿 ꜂kyɒ lai꜄	老翁 lau꜅ ꜀ɒŋ	老妈 lau꜅ ꜂ma	骹肚头 ꜀k‘ɒ ꜂lɔu ꜁lau
厦门	查某囝 ꜀tsa ꜂bɔ ꜂kiã	囝婿 ꜂kiã sai꜄	翁 ꜀aŋ	某 ꜂bɔ	骹头□ ꜀k‘a ꜁t‘au ꜀hu
泉州	查某囝 ꜀tsa ꜂bɔ ꜂ã	囝婿 ꜂kã sai꜄	翁 ꜀aŋ	某 ꜂bɔ	骹头□ ꜀k‘a ꜁t‘au ꜀u
永春	查某囝 ꜀tsa ꜂bɔ ꜂kiã	囝婿 ꜂kiã sai꜄	翁 ꜀aŋ	某 ꜂bɔ	骹头□ ꜀k‘a ꜁t‘au ꜀u
漳州	查某囝 tsau꜄ ꜂a	囝婿 ꜂kiã sai꜄	翁 ꜀aŋ	某 ꜂bɔ	骹头□ ꜀k‘a ꜁t‘au ꜀hu
龙岩	查某囝 tsip꜇ ba꜄	婿郎 sai꜄ ꜁nõ	丈夫 ꜀tiõ ꜀pu	老婆 ꜂lo ꜁po	骹头□ ꜀k‘a ꜁lau ꜀u
大田	阿使 ꜀a ꜂sɛ	婿郎 sɛ꜄ ꜁lŋ	老公 ꜂lɤ ꜀koŋ	老妈 ꜂lɤ ꜂ba	骹□头 ꜀k‘a ꜄u ꜁t‘ɔ
尤溪	阿使 ꜀a sai꜄	婿郎 sai꜄ ꜁loŋ	老公 lau꜅ ꜀kɤŋ	老妈 lau꜅ ꜂ma	骹□头 ꜀k‘a ꜂p‘u ꜀t‘au
永安	娘囝 ꜁ŋiɑm ꜂kyɛiŋ	婿郎 sa꜄ ꜁lɑm	丈夫 ꜂tiɑm ꜀pu	阿娘 ꜀õ ꜁ŋiɑm	骹子头 ꜀k‘o ꜂tsã ꜁t‘ø
沙县	娘囝 ꜁iŋ ꜂kyẽ	婿郎 sai꜄ ꜁laŋ	老公 ꜂lɔ ꜀kɔuŋ	阿娘 ꜀a ꜁iŋ	骹子头 ꜀k‘au ꜂tsɿ ꜁t‘au
建瓯	阿娘囝 ꜀aŋ niɔŋ꜄ ꜂kyiŋ	郎 sɔŋ꜄	老翁 se꜅ ꜀œyŋ	老妈 se꜅ ꜂ma	骹腹头 ꜀k‘au pu꜆ t‘e꜄
建阳	阿娘囝 ꜀aiŋ ꜁niɔŋ ꜂kyeiŋ	郎 ꜁sɔŋ	老翁 səu꜄ ꜀oŋ	老妈 səu꜄ ꜂ma	骹腹头 ꜀k‘au po꜆ ꜁həu
松溪	阿娘囝 ɒ꜄ ꜁nioŋ ꜂kyŋ	郎 ꜁saŋ	老翁 sa꜅ œyŋ	老嫲 sa꜅ ꜁ma	骹腹头 ꜀k‘ɒ pu꜆ ꜁t‘a

	274. 柚子	275. 豆芽	276. 牲畜	277. 泔水	278. 厨房
福州	枹① ꜀p‘au	豆毛菜 tau꜅ ꜁mɔ ʒai꜄	头牲 ꜁t‘au ꜀laŋ	潘② ꜀p‘uŋ	灶前 tsau꜄ ꜁lɛiŋ
古田	枹 ꜀p‘au	豆芽 tau꜅ ꜁ŋa	头牲 ꜁t‘au ꜀laŋ	潘水 ꜀p‘uŋ ꜂ʒy	灶前 tsau꜄ ꜁leiŋ
宁德	□ p‘œŋ꜅	豆芽菜 tau꜅ ꜁ŋa ai꜄	头牲 ꜁t‘au ꜀laŋ	潘水 p‘on ꜂tsy	鼎下 ꜂taŋ ŋa꜅
周宁	□ p‘œuŋ꜅	豆芽 tau꜅ ꜁ŋa	头牲 ꜁t‘au ꜀laŋ	潘 ꜀p‘un	灶前 tsau꜄ ꜁lɛŋ
福鼎	老枹 lau꜅ ꜀p‘au	豆芽 tau꜅ ꜁ŋa	头牲 ꜁t‘au ꜀saŋ	潘水 ꜀p‘uŋ ꜂tsui	灶下间 tsau꜄ o꜅ ꜀kaŋ
莆田	柚 iu꜅	豆菜 tau꜅ lai꜄	头牲 ꜁t‘au ꜀na	潘 ꜀p‘oŋ	灶前 tsau꜄ ꜁le
厦门	柚 iu꜅	豆生 tau꜅ ꜀ts‘ĩ	牲牲 ꜁tsiŋ ꜀sĩ	潘 ꜀p‘un	灶骹 tsau꜄ ꜀k‘a
泉州	枹 ꜀p‘au	豆生 tau꜅ ꜀sĩ	牲牲 ꜁tsiŋ ꜀sĩ	潘 ꜀p‘un	灶骹 tsau꜄ ꜀k‘a
永春	枹 ꜀p‘au	豆生 tau꜅ ꜀sĩ	牲牲 ꜁tsiŋ ꜀sĩ	潘 ꜀p‘un	灶骹 tsau꜄ ꜀k‘a
漳州	柚 iu꜅	豆生 tau꜅ ꜀ts‘ɛ̃	牲牲 ꜁tsiŋ ꜀sɛ̃	潘 ꜀p‘un	灶骹 tsau꜄ ꜀k‘a
龙岩	枹 ꜀p‘au	豆芽 tau꜅ ꜁giɛ	头牲 ꜁t‘au ꜀siẽ	潘水 ꜀p‘un ꜂tsui	灶下 tsau꜄ ꜂e
大田	枹 ꜀p‘ɔ	豆芽 tau꜅ ꜁ga	头牲 ꜁t‘ɔ ꜀sã	潘水 ꜀p‘ueŋ ꜂tsi	灶间 tsɔ꜄ ꜀kĩ
尤溪	枹 ꜀p‘au	豆芽 tau꜅ ꜁ŋa	头牲 ꜁t‘au ꜀sã	潘水 ꜀p‘ɤŋ ꜂tsui	灶间 tsau꜄ ꜀kĩ
永安	□ ꜀t‘ø	豆芽 tø꜄ ŋɒ	头牲 ꜁t‘ø ꜀sõ	汁水 tsɿ꜆ ꜂ʃyi	鼎间 ꜂tiõ ꜀kĩ
沙县	柚 iu꜄	豆菜 tau꜄ ts‘ai꜄	头牲 ꜁t‘au ꜀sɔ̃	汁水 tsɿ꜆ ꜂ʃye	鼎间 ꜂tiã ꜀kɔ̃i
建瓯	桔 xi꜆	豆芽 te꜅ ŋa꜅	头牲 t‘e꜄ ꜀saŋ	潲水 sau꜄ ꜂sy	鼎间 ꜂tiaŋ ꜀kaiŋ
建阳	大桔 tue꜅ xi꜆	豆芽 təu꜄ ꜁ŋa	头牲 ꜁həu ꜀saŋ	潲水 sau꜄ ꜂sy	鼎间 ꜂tiaŋ ꜀kaiŋ
松溪	大桔 tua꜅ xi꜆	豆芽 ta꜅ ꜁ŋɒ	头牲 ꜁t‘a ꜀saŋ	米泔水 mei꜇ ꜀kaŋ ꜂sy	鼎间 ꜂tiaŋ ꜀kaŋ

① “枹”是俗写，《集韵》尤韵：枹，“草名”，房尤切。音义均不合。

② 潘，《集韵》桓韵：“铺官切，《说文》：淅米汁也。”音义俱合。

	279. 锅盖	280. 蒸笼	281. 茶叶	282. 牙刷	283. 毛巾
福州	鼎片 ᶜtiaŋ miɛŋᵓ	床 ꜀souŋ	茶箬 ꜀ta nuoʔ₂	牙刷 ᶜŋai lɒʔ꜆	面布 miŋᵓ muoᵓ
古田	鼎板 ᶜtiaŋ ᶜmeiŋ	床 ꜀ts'ɔuŋ	茶米 ꜀ta ᶜmi	牙齿刷 ꜀ŋa ᶜi lɔuʔ꜆	面巾 miŋᵓ ꜀ŋyŋ
宁德	鼎鼓 ᶜtiaŋ k'ɛmᵓ	饭甑 puŋ² ꜀liŋ	茶米 ꜀ta ᶜmi	牙刷 ꜀ŋa lɔʔ꜆	面布 minᵓ muᵓ
周宁	鼎片 ᶜtɛŋ minᵓ	床 ꜀ts'ɔŋ	茶米 ꜀ta ᶜmi	牙刷 ꜀ŋa lɔʔ꜆	面布 minᵓ muᵓ
福鼎	鼎𩞄 ᶜtiaŋ ᶜŋaŋ	炊甑 ꜀ts'oi ꜀seŋ	茶箬 ꜀ta nie₂	牙刷 ꜀ŋa soʔ꜆	面布 miŋᵓ puoᵓ
莆田	鼎盖 ᶜtia kuaᵓ	炊 ꜀ts'ue	茶心 ꜀ta ꜀liŋ	齿刷 ᶜk'i ɬuoʔ꜆	手巾 ᶜts'iu ꜀yŋ
厦门	鼎盖 ᶜtiã kuaᵓ	笼床 ꜀laŋ ꜀sŋ	茶心 ꜀te ꜀sim	齿皽[1] ᶜk'i ᶜbin	面巾 bin² ꜀kun
泉州	鼎盖 ᶜtiã kuaᵓ	笼床 ꜀laŋ ꜀sŋ	茶心 ꜀te ꜀sim	齿皽 ᶜk'i ᶜbin	面巾 bin² ꜀kun
永春	鼎盖 ᶜtiã kuaᵓ	笼床 ꜀laŋ ꜀sŋ	茶心 ꜀te ꜀sim	齿皽 ᶜk'i ᶜbin	面巾 bin² ꜀kən
漳州	鼎盖 ᶜtiã kuaᵓ	笼床 ꜀laŋ ꜀sŋ	茶心 ꜀tɛ ꜀sim	齿皽 ᶜk'i ᶜbin	面巾 bin² ꜀kin
龙岩	鼎𩞄 ᶜtiã ᶜkam	炊榥 ꜀ts'ie ꜀huĩ	茶箬 ꜀tiɛ ᶜniõ	牙□ ꜀giɛ ts'iãᵓ	面帕 bin² p'iɛᵓ
大田	鼎𩞄 ᶜtiã ᶜkaŋ	炊榥 ꜀ts'ue ꜀hŋ	茶心 ꜀ta ꜀niŋ	齿洗 ᶜk'i ᶜse	面巾 biŋᵓ ꜀keŋ
尤溪	鼎片 ᶜtiã p'ẽᵓ	炊榥 ꜀ts'ø ꜀hŋ	茶箬 ꜀ta ꜀nɤ	喙喃刷 ts'uiᵓ ᶜk'i suo	面巾 miŋᵓ ꜀kɤŋ
永安	鼎片 ᶜtiõ p'ɛiŋᵓ	炊床 ꜀tʃ'ye ꜀sõ	茶箬 ꜀tsɒ ᶜŋiɯ	牙刷 ꜀ŋɒ sui꜆	手巾 tʃ'iau ꜀kuã
沙县	鼎片 ᶜtiõ p'ĩᵓ	炊床 ꜀tʃ'ye ꜀saŋ	茶箬 ꜀tʃia ᶜio	牙齿刷 ᶜts'ɿ ᶜts'ɿ sue꜆	手巾 ᶜtʃ'iu ꜀kui
建瓯	鼎片 ᶜtiaŋ p'iŋᵓ	笼床 lɔŋᵓ ts'ɔŋᵓ	茶茗 taᵓ ᶜmeiŋ	牙齿刷 ŋaᵓ ᶜts'i so꜆	面巾 miŋ² ꜀kœyŋ
建阳	鼎片 ᶜtiaŋ p'iɛŋᵓ	笼床 ꜀louŋ ꜀t'ouŋ	茶箬 ꜀ta niɔ₂	牙刷 ꜀ŋa sui꜆	面帕 miŋ² p'aᵓ
松溪	鼎片 ᶜtiaŋ p'iŋᵓ	饭甑 poŋ² tsioŋᵓ	茶箬 ꜀tŋ nyo₂	牙刷 ꜀ŋɒ suei꜆	面□ miŋ² t'iei²

① 皽，《集韵》準韵："细理也。"弭尽切。

	284. 肥皂	285. 垃圾	286. 灰尘	287. 东西物件	288. 时候
福州	胰皂 ꜁i ʒɔ꜅	粪扫 pun꜄ nɔ꜄	塕尘② ꜀un ꜁niŋ	乇③ nɔʔ꜆	前后 ꜁sɛiŋ ŋau꜅
古田	胰皂 ꜁i ʒɔ꜅	粪扫 pun꜄ nɔ꜄	塕尘 ꜀un ꜁niŋ	乇 nɔʔ꜆	前后 ꜁seiŋ ŋau꜅
宁德	胰皂 ꜁i ꜂ɔ	粪扫 pon꜄ nɔ꜄	塕尘 ꜀on ꜁niŋ	乇 nɔʔ꜆	时候 ꜁si ɛu꜅
周宁	油息 ꜁iu ʒɔ꜅	屑 sɔt꜆	塕尘 ꜀on ꜁nin	乇 nɔʔ꜆	前后 ꜁sen au꜅
福鼎	蜡 la꜇	垃圾 loʔ꜆ soʔ꜆	塕埃 ꜀eŋ ꜀ia	乇 nɔ꜄	前后 ꜁seŋ au꜅
莆田	胰皂 ꜁i ꜂lɒ	粪扫 pon꜄ no꜄	塕□ ꜀ɒn ꜁nɒŋ	物毛 mueʔ꜇ lɒ꜅	时节 ꜁ɬi le꜅
厦门	□□① sap꜆ ꜁bun	□□ sap꜆ ꜂sue	涂粉 ꜁t‘ɔ ꜂hun	物件 mĩʔ꜇ kiã꜅	时节 ꜁si tsueʔ꜆
泉州	□□ sap꜆ ꜁bun	□□ sap꜆ ꜂sue	涂粉 ꜁t‘ɔ ꜂hun	物件 mŋʔ꜇ ꜃kiã	时节 ꜁si tsueʔ꜆
永春	□□ sap꜆ ꜁bun	□□ sap꜆ ꜂sue	涂粉 ꜁t‘ɔ ꜂hun	物件 mŋʔ꜇ kiã꜅	时节 ꜁si tsueʔ꜆
漳州	□□ sap꜆ ꜁bun	粪扫 pun꜄ so꜄	涂粉 ꜁t‘ɔ ꜂hun	物件 mĩʔ꜇ kiã꜅	时节 ꜁si tseʔ꜆
龙岩	番仔碱 ꜀huan ꜂a ꜀kĩ	拉圾 lok꜆ sok꜆	涂粉 ꜁t‘u ꜂hun	物 ꜂mĩ	时节 ꜁si tsiat꜆
大田	蜡 ꜂la	拉圾 laʔ꜆ saʔ꜆	阳□ ꜁ioŋ ꜁taŋ	物事 muẽ꜄ ꜀ti	时节 ꜁si tseʔ꜆
尤溪	胰皂 ꜁i tsɤ꜅	粪扫 pɤŋ꜄ sɤ꜄	塕□ ꜀uɤŋ ꜁tɤŋ	物 ꜀mue	时节 ꜁si tsi꜆
永安	番仔蜡 ꜀xm ꜂tsã ꜂lɒ	拉圾 ꜂lø sɔu꜆	塕□ ꜀aŋ ꜁taŋ	□ ꜂xɒ	时节 ꜁sɿ tse꜆
沙县	洋碱 ꜁iŋ ꜂kɔ̃i	拉圾屑 ꜀la xa꜄ suɛ꜆	塕□ ꜀ɔuŋ ꜁tœyŋ	□ ꜂xa	时间 ꜁sɿ ꜀kɔ̃i
建瓯	胰仔 ꜂i ꜂tsiɛ	拉屑 lu꜅ su꜆	灰尘 ꜀xo teiŋ꜄	物事 mi꜇ ti꜅	时候 si꜄ xe꜅
建阳	鬼子碱 ꜂ky ꜂tsie ꜂kaiŋ	拉屑 lo꜆ so꜆	灰尘 ꜀xui ꜁tɔiŋ	事 hai꜅	时候 ꜁si xəu꜅
松溪	番仔碱 ꜀xueiŋ ꜂tsiei ꜂kaŋ	拉屑 lo꜄ suei꜆	屑 suei꜆	物事 ma꜆ tei꜅	时候 ꜁si xu꜅

① 闽南的说法是印尼语（马来语）sabun 的借词。

② 塕，《广韵》董韵：“塕埲，尘起。”乌孔切。但闽方言多读平声。

③ 乇，本地流行的俗字。

	289. 一个月	290. 一个半月	291. 白天	292. 晚上
福州	蜀个月日 sɔʔ꜇ a꜄ ŋuoʔ꜇ niʔ꜇	月半日 ŋuoʔ꜇ puaŋ꜄ niʔ꜇	日中 niʔ꜇ ꜀touŋ	冥晡 ꜁maŋ ꜀muo
古田	蜀<u>个月</u>日 syøʔ꜇ au꜄ niʔ꜇	月半日 ŋuo꜇ puaŋ꜄ niʔ꜇	日中 niʔ꜇ ꜀touŋ	冥晡 ꜁maŋ ꜀muo
宁德	蜀<u>个月</u>日 søk꜇ kau꜄ nik꜇	蜀<u>个月</u>日半 søk꜇ kau꜄ nik꜇ puan꜄	日中 nik꜇ ꜀tɔŋ	冥晡 ꜁maŋ ꜀mu
周宁	蜀<u>个月</u> sieʔ꜇ ŋat꜇	蜀<u>个</u>半月 sieʔ꜇ puan꜄ ŋot꜇	日中 neʔ꜇ ꜀lɔŋ	冥晡 ꜁maŋ ꜀ŋu
福鼎	蜀个月 se꜇ koi꜄ ŋuo꜇	蜀个月半 se꜇ koi꜄ ŋuo꜇ puaŋ꜄	日过头 ni꜇ kuo꜄ ꜁lau	冥过头 ꜁maŋ kuo꜄ ꜁lau
莆田	蜀月日 ɬœʔ꜇ kueʔ꜇ tiʔ꜇	月半日 kueʔ꜇ pua꜄ tiʔ꜇	日时 tiʔ꜇ ꜁ɬi	冥昏 ꜁ma ꜀ue
厦门	蜀月日 tsit꜇ geʔ꜇ lit꜇	个半月 ko꜄ puã꜄ geʔ꜇	日时 lit꜇ .si	下昏 e꜅ ꜀hŋ
泉州	蜀月日 tsit꜇ gəʔ꜇ lit꜇	个半月 ko꜄ puã꜄ gəʔ꜇	日时 lit꜇ .si	暗冥 am꜄ ꜁mĩ
永春	蜀月日 tsit꜇ gəʔ꜇ lit꜇	个半月 ko꜄ puã꜄ gəʔ꜇	日时 lit꜇ .si	暗冥 am꜄ ꜁mĩ
漳州	蜀个月 tsit꜇ ke꜄ gueʔ꜇	个半月 ko꜄ puã꜄ gueʔ꜇	日时 dzit꜇ .si	冥昏 ꜁mẽ ꜀huĩ
龙岩	蜀个月 tsit꜇ kie꜄ ꜃gue	个半月 ke꜄ puã꜄ ꜃gue	日头 lit꜇ .t'au	暗头 am꜄ ꜁t'ãu
大田	蜀个月 tsit ko꜄ ꜃gue	个半月 ko꜄ pua꜄ ꜃gue	日间 leʔ꜇ kaŋ	冥昏头 ꜁mã ꜀hĩ ꜁t'ɔ
尤溪	蜀个月 ꜀ɕi ka꜄ ꜀ŋue	个半月 ki꜅ pũ꜄ ꜀ŋue	中日 ꜀toŋ ꜀nie	冥昏 ꜁mẽ ꜀hĩ
永安	个隻月 ꜂kuɒ tʃiɒ꜆ ꜃ŋye	隻半月 tʃiɒ꜆ pm꜄ ꜃ŋye	白日 ꜃pa ꜃ŋi	冥昏 ꜁mõ ꜀xm
沙县	个隻月 ka꜄ tʃia꜆ ꜃ye	隻半月 tʃia꜆ puĩ꜄ ꜃ye	白日 ꜃pa ꜃ŋi	冥昏 ꜁mɔ̃ ꜀xuĩ
建瓯	蜀隻月日 tsi꜇ tsia꜆ ŋye꜇ ni꜇	隻半月日 tsia꜆ puiŋ꜄ ŋyɛ꜆ ni꜇	日时 ni꜇ si꜄	暗冥 ɔŋ꜄ maŋ꜄
建阳	蜀隻月 tsi꜇ tsia꜆ ŋye꜇	隻半月 tsia꜆ pɔiŋ꜄ ŋye꜇	日中 nɔi꜇ ꜀teiŋ	暗冥 ɔŋ꜄ ꜀maŋ
松溪	蜀隻月 tsi꜄ tsia꜆ ŋyœ꜇	隻半月 tsia꜆ pueiŋ꜄ ŋyœ꜇	白日 paŋ꜇ nei꜇	暗冥 oŋ꜄ ꜀maŋ

	293. 上午	294. 下午	295. 地方	296. 里面	297. 外面
福州	上昼 suon² nauᵓ	下昼 a² lauᵓ	位处 ui² ʒøyᵓ	底势 ᶜtie liɛᵓ	外兜 ŋie² ꜀lau
古田	上昼 syøn² nauᵓ	下昼 a² lauᵓ	□□ ᶜtyøŋ ꜀maŋ	内里 noi² ᶜlie	外兜 ŋie² ꜀lau
宁德	上旦 syn² lanᵓ	下旦 a² lanᵓ	地方 ti² ꜀ɔŋ	底爿 ᶜtie ꜁mɛn	外爿 ŋie² ꜁mɛn
周宁	天光头 ꜀t‘in ꜀ŋu ꜀lau	日昼 niʔ꜅ auᵓ	垫位 temᵓ mui²	底爿 ᶜtie ꜁mɛn	外爿 ŋe² ꜁mɛn
福鼎	早起 ᶜtsa ᶜk‘i	下昼 a² lauᵓ	所在 ᶜsu tsai²	底爿 ᶜtie ꜁peŋ	外爿 ŋia² ꜁peŋ
莆田	早起 ᶜtsɒ ᶜi	下昼 ɒ² lauᵓ	位处 ui² ts‘yᵓ	里向 ᶜli iɐuᵓ	外向 kua² iɐuᵓ
厦门	早起 ᶜtsa ᶜk‘i	下晡 e² ꜀pɔ	所在 ᶜsɔ tsai²	里面① lai² bin²	外面 gua² bin²
泉州	早起 ᶜtsai ᶜk‘i	下晡 e² ꜀pɔ	所在 ᶜsɔ ᶝtsai	里面 ᶝlai bin²	外面 gua² bin²
永春	早起 ᶜtsai ᶜk‘i	下晡 e² ꜀pɔ	所在 ᶜsɔ tsai²	里面 lai² bin²	外面 gua² bin²
漳州	早起 ᶜtsa ᶜk‘i	下晡 ɛ² ꜀pɔ	所在 ᶜsɔ tsai²	里底 lai² ᶜte	外面 gua² bin²
龙岩	上昼 tsõ² tauᵓ	下昼 e² tauᵓ	所在 ᶜsɿ ᶝtsai	里面 laiᵓ binᵓ	外面 gya² binᵓ
大田	昼前 tɔᵓ ꜁sĩ	昼了 tɔᵓ ᶜliɔ	所在 ᶜsu ᶜtse	腹里 paʔ꜄ ᶜli	□□ ꜀tsoŋ ꜁p‘ue
尤溪	昼时头 tauᵓ ꜁ɕi ꜁t‘au	昼了头 tauᵓ ᶜlio ꜁t‘au	所在 ᶜsio tsai²	后底 au² ᶜti	前底 ꜁sẽ ᶜti
永安	昼时 tøᵓ ꜁sɿ	昼了 tøᵓ ᶜlo	停场 ꜁tã ꜁tiɑm	腹底 pu꜄ ᶜti	前边 ꜁tsɛiŋ ꜀pɛiŋ
沙县	昼时 tauᵓ ꜁sɿ	昼了 tauᵓ ᶜlau	场所 ꜁tiŋ ᶜso	屋底 u꜄ ᶜti	屋前 u꜄ ꜁ts‘ĩ
建瓯	昼前 teᵓ ts‘iŋᵓ	昼了 teᵓ lau꜅	地方 ti² ꜀xɔŋ	底边 ᶜti ꜀piŋ	外边 ŋuɛ² ꜀piŋ
建阳	昼前 toᵓ ꜁ts‘ieŋ	昼了 toᵓ lau²	地界 lɔi² kaiᵓ	底边 ᶜtɔi ꜀pieŋ	外边 ŋye² ꜀pieŋ
松溪	昼前 tɒuᵓ ꜁ts‘iŋ	昼了 tɒuᵓ lɒu꜅	地方 tiei² ꜀xuaŋ	底界 ᶜtei kaᵓ	外界 ŋyœ² kaᵓ

① 闽南各点“里面、外面”的“面”也可以读阳平，可能是从“爿”音变来的。

	298. 看	299. 亲吻	300. 涉~水	301. 捞~浮萍	302. 打~毛衣	303. 玩耍	304. 知道
福州	觑 ts'øy꜄	□ ꜀tsyŋ	漉 løyʔ꜇	漉 løyʔ꜇	拍 p'aʔ꜆	客聊 k'aʔ꜆ ꜁liu	八传 pεiʔ꜆ ꜁tuoŋ
古田	觑 ts'y꜄	□ ꜀tsiŋ	漉 loi꜇	漉 løyʔ꜇	刺[②] ts'ieʔ꜆	客聊 k'a꜆ ꜀liau	会八 ε꜅ peiʔ꜆
宁德	睨 ε꜄	唻 syʔ꜆	漉 lɔk꜆	漉 lœk꜇	刺 ts'iaʔ꜆	彳聊 t'aʔ꜆ ꜁liu	八传 pεt꜆ ꜁lyŋ
周宁	睨 ε꜄	唻 syʔ꜆	漉 lok꜆	漉 lœuk꜇	结 kεt꜆	彳聊 t'aʔ꜆ ꜁liu	八传 piʔ꜆ ꜁iaŋ
福鼎	看 k'aŋ꜄	□ tsi꜇	漉 luʔ꜆	漉 ꜂lu	刺 ts'ia꜄	彳聊 t'aʔ꜆ ꜁lieu	晓识 ꜂xieu siʔ꜆
莆田	看 k'ua꜄	斟 ꜀tsiŋ	漉 loʔ꜇	□ ꜁hɔu	刺 ts'ia꜄	彳聊 t'aʔ꜆ ꜁liɐu	睵[④]晓 ꜀tsai ꜂hiɐu
厦门	看 k'uã꜄	斟 ꜀tsim	潦 ꜁liau	□ ꜁hɔ	刺 ts'iaʔ꜆	彳[③]（跎）ts'it꜆(꜁t'o)	睵（影）꜀tsai(꜂iã)
泉州	看 k'uã꜄	斟 ꜀tsim	潦 ꜁liau	□ ꜁hɔ	刺 ts'iaʔ꜆	彳（跎）t'it꜆(꜁t,o)	睵（影）꜀tsai(꜂iã)
永春	看 k'uã꜄	斟 ꜀tsim	漉 lɔk꜆	□ ꜁hɔ	刺 ts'iaʔ꜆	彳（跎）t'it(꜁t'o)	睵（影）꜀tsai(꜂iã)
漳州	看 k'uã꜄	斟 ꜀tsim	潦 ꜁liau	□ ꜁hɔ	刺 ts'iaʔ꜆	彳（跎）ts'it꜆(꜁t'o)	睵（影）꜀tsai(꜂iã)
龙岩	瞨[①] õ꜄	斟 ꜀tsim	□ ꜀lie	□ ꜀lie	刺 ts'ia꜅	彳（跎）t'it꜆ ꜁t'io	睵□ ꜀tsai ꜂tsã
大田	看 k'uã꜄	尝 ꜀tsuiŋ	漉 laʔ꜆	□ ꜀le	刺 ts'iaʔ꜆	戏 hiɤ꜄	睵了 ꜀tsε ꜂lɤ
尤溪	看 k'ũ꜄	鼻 p'e꜄	漉 ꜀la	□ ꜀ɕi	拍 p'a꜆	客跎 k'a꜆ ꜁t'io	睵得 ꜀tsai tɤ꜅
永安	瞨 iõ꜄	鼻 p'i꜄	涉 ꜁ʃe	□ ꜁ʃe	结 ka꜆	嬉 ꜀k'y	得知 ta꜆ ꜀ti
沙县	瞨 iɔ̃꜄	鼻 p'i꜄	涉 ꜁ʃio	□ ꜁ʃie	结 kai꜆	嬉 ꜀k'y	得知 te꜆ ꜀ti
建瓯	觑 ts'u꜅	蜜 mi꜆	破 p'uε꜄	捞 ꜀lau	拓 ma꜇	嬉 ꜀xi	得知 tε꜆ ꜀ti
建阳	觑 t'o꜆	□ mɔ꜆	破 p'ɔi꜄	捞 ꜀lau	拓 ma꜇	嬉 ꜀xi	晓得 ꜂xau te꜄
松溪	瞨 iaŋ꜄	鼻 pei꜆	破 p'ɒ꜄	捞 lau꜆	□ lɒ꜇	嬉 ꜀xœy	晓得 xa꜆ tyœ꜆

① 映，《集韵》映韵："视也。"於庆切。另有异体"瞨"。
② 刺，《广韵》昔韵："穿也。"七迹切。引申为"编织"。
③ 彳，《集韵》昔韵："小步也。"丑亦切。
④ 睵，《集韵》咍韵："视也。"将来切。音合义有引申，可能是本字。

	305.生病	306.瘦指肉	307.坏泛指	308.迟	309.快	310.鬆
福州	破病 pʻuai꜄ paŋ꜅	瘖① ꜂sɛiŋ	呆 ꜁ŋai	迟 ꜁ti	快 kʻa꜄	松 ꜀søyŋ
古田	□病 ꜁aŋ paŋ꜅	瘖 ꜂seiŋ	呆 ꜁ŋai	慢 meiŋ꜅	快 kʻɛ꜄	冇③ pʻaŋ꜄
宁德	病 paŋ꜅	赤 tsʻieʔ꜆	□ mai꜄	晏 an꜄	快 kʻɛ꜄	松 ꜀soŋ
周宁	病 paŋ꜅	瘖 ꜂sɛn	□ mai꜄	晏 an꜄	快 kʻe꜄	冇 pʻaŋ꜄
福鼎	病 paŋ꜅	赤 tsʻiaʔ꜆	□ ꜂mai	晏 aŋ꜄	快 kʻe꜄	松 ꜀soŋ
莆田	病 pa꜅	精 ꜀tsiŋ	呆 ꜁kai	晏 ua꜄	紧 ꜂kin	松 ꜀ɬaŋ
厦门	破病 pʻua꜅ pĩ꜅	赤 tsʻiaʔ꜆	否 ꜂pʻai	晏 uã꜄	紧 ꜂kin	袘④ liŋ꜅
泉州	破病 pʻua꜄ pĩ꜅	精 ꜀tsiã	否 ꜂pʻai	晏 uã꜄	紧 ꜂kin	袘 liŋ꜅
永春	破病 pʻua꜄ pĩ꜅	精 ꜀tsiã	否 ꜂pʻai	晏 uã꜄	紧 ꜂kin	袘 liŋ꜅
漳州	破病 pʻua꜄ pɛ̃꜅	赤 tsʻiaʔ꜆	否 ꜂pʻai	晏 uã꜄	猛 ꜂mɛ̃	袘 liŋ꜅
龙岩	病 piẽ꜅	精 ꜀tsiã	否 ꜂bai	迟 ꜁ti	快 kʻuai꜄	袘 lioŋ꜅
大田	病了 ꜀pã .lɤ	瘖 ꜂saŋ	否 ꜂pʻɛ	晏 uã꜄	紧 ꜂keŋ	袘 ꜀loŋ
尤溪	病了 pã꜅ lɤ꜅	瘖 ꜂ɛiŋ	呆 ꜁ŋai	晏 ũ꜄	快 kʻue꜄	松 ꜀sɤŋ
永安	成病 ꜁ʃiõ põ꜄	瘦 sø꜄	敱 ꜀te	慢 mĩ꜄	烈 liɒ꜆	松 ꜀saŋ
沙县	成病 ꜁ʃiɔ̃ pɔ̃꜄	瘦 sau꜄	敱② ꜀te	慢 mɔ̃i꜄	烈 lia꜆	松 ꜀sɔuŋ
建瓯	病了 paŋ꜅ lɔ꜄	瘦 se꜄	坏 xuɛ꜅	晏 uiŋ꜄	快 kʻuɛ꜄	宽 ꜀kʻuiŋ
建阳	病 paŋ꜅	瘦 səu꜄	坏 xue꜅	晏 yeiŋ꜄	快 kʻye꜄	宽 ꜀kʻueiŋ
松溪	病 paŋ꜅	瘦 sa꜄	坏 xua꜅	晏 aŋ꜄	快 kʻyœ꜄	宽 ꜀kʻueiŋ

① 瘖，《广韵》梗韵："瘦瘖。"息井切。
② 沙县"敱"指事物坏，人坏说"坏"xuai꜄。
③ 冇，俗写，本字可能是"泛"。
④ 袘，《集韵》用韵："衣宽皃。"良用切。

	311. 暖	312. 稀(指粥)	313. 疲劳	314. 天旱	315. 丢人
福州	暖 ꜂nouŋ	清 ꜀ts'iŋ	弱 yoʔ꜆	做旱 tso꜄ aŋ꜅	毛面 ꜁mɔ mɛiŋ꜄
古田	暖 ꜂nuoŋ	浅 ꜂ts'ieŋ	□ ꜂teiŋ	天旱 ꜀t'ieŋ aŋ꜅	毛味 ꜁mɔ mi꜄
宁德	暖 ꜂nøŋ	稀 ꜀xi	毛意爱 ꜁mɔ i꜄ ai꜄	做旱 tsɔ꜄ an꜅	毛面 ꜁mɔ min꜄
周宁	热 iʔ꜇	清 ꜀ts'ɛn	□ hœuk꜇	旱 an꜅	毛面 ꜁mɔ in꜅
福鼎	暖 ꜂noŋ	清 ꜀ts'iŋ	着力 tie꜇ li꜇	旱 aŋ꜅	毛面 ꜁mo miŋ꜅
莆田	烧 ꜀ɬiau	溦[1] ka꜄	累 ɬø꜅	苦旱 ꜂k'ɔu ua꜅	毛小礼 ꜁po ꜂ɬiɐu ꜂le
厦门	烧热 ꜀sio luaʔ꜇	溦 ka꜄	缐[2] sian꜅	苦旱 ꜂k'ɔ huã꜅	见笑 kian꜄ siau꜄
泉州	烧热 ꜀sio luaʔ꜇	溦 ka꜄	缐 ꜃sian	苦旱 ꜂k'ɔ ꜃uã	见笑 kian꜄ siau꜄
永春	烧炖 ꜀sio tŋ꜅	溦 ka꜄	缐 sian꜅	苦旱 ꜂k'ɔ huã꜅	见笑 kian꜄ siau꜄
漳州	烧静 ꜀sio tsĩ꜅	溦 ka꜄	缐 sian꜅	苦旱 ꜂k'ɔ huã꜅	见笑 kian꜄ siau꜄
龙岩	烧热 ꜀sio iat꜇	□ giok꜆	缐 ꜃siaŋ	旱 ꜃han	见笑 kian꜄ siau꜄
大田	烧暖 ꜀sio ꜂nuĩ	□ ꜂iɤ	缐 ꜃suiŋ	苦旱 ꜂k'oŋ ꜃haŋ	见笑 kiaŋ꜄ siɔ꜄
尤溪	烧暖 ꜀sio ꜂nũ	清 ꜀ts'iŋ	够载 kau꜄ tsai꜄	旱 ũ꜅	露相 lau꜄ siũ꜄
永安	暖 ꜂lum	增 ꜂tsã	软 ꜂ŋeiŋ	旱 ꜃m̩	跌鼓 te꜆ ꜂ku
沙县	暖 ꜂nuẽ	增 ꜀tsɛiŋ	软 ꜂ŋẽ	旱 ꜂guẽ	跌鼓 tie꜆ ꜂ku
建瓯	炖 tɔŋ꜇	增 ꜂tsaiŋ	软 ꜂nyiŋ	旱 uiŋ꜇	跌鼓 tiɛ꜇ ꜂ku
建阳	暖 ꜂nueiŋ	增 ꜂lɔiŋ	累 ly꜄	天旱 ꜀hieŋ ɦueiŋ꜄	跌鼓 tie꜇ ꜂ko
松溪	炖 tuɛiŋ꜇	增 ꜀tsaŋ	软 ꜂nyŋ	天旱 ꜀t'iŋ xueiŋ꜇	跌鼓 tiei꜆ ꜂ku

① 溦，《集韵》效韵："水也。"居效切。

② 缐，《集韵》狝韵："缓也。"似浅切。

	316. 十儿~~个	317. 朵~~花	318. 什么	319. 我们	320. 你们
福州	十儿 sɛiʔ꜇ ꜂kui	菩 ꜁puo	甚乇 sie꜅ nɔʔ꜆	侬家 ꜁naŋ ꜀ŋa	女各侬 ꜂ny ko꜆ ꜁nøyŋ
古田	十儿 seiʔ꜇ ꜂kui	朵 ꜂tuo	甚乇 sia꜄ nɔʔ꜆	我各侬 ꜂ŋuai ɔuʔ꜆ ꜁nøyŋ	女各侬 ꜂ny ɔuʔ꜆ ꜁nøyŋ
宁德	十儿 sɛk꜇ ꜂kui	菩 ꜁pu	哪乇 nɔʔ꜇ nɔʔ꜆	我各侬 ꜂ua kɔʔ꜆ ꜁nøŋ	女各侬 ꜂ny kɔʔ꜆ ꜁nøŋ
周宁	十儿 sɛt꜇ ꜂kyi	蓬 ꜁poŋ	么乇 miʔ꜆ nɔʔ꜆	我□ ꜂uɛ ꜁lɛ	女□ ꜂ny ꜁ɛ
福鼎	十儿 se꜇ ꜂kui	菩 ꜁puo	哪乇 no꜄ no꜄	我侬 ꜂uɛ ꜁neŋ	女侬 ꜂ni ꜀neŋ
莆田	十儿 ɬɛʔ꜇ ꜂kui	菩 ꜁pɔu	什么 ɬoʔ꜇ ꜀mue	我辈 ꜀kom mue꜄	女辈 ꜂ty mue꜄
厦门	十外 tsap꜇ gua꜅	蕊 ꜂lui	甚么 ꜂sim miʔ꜆	阮① ꜂gun	恁 ꜂lin
泉州	十外 tsap꜇ gua꜅	蕊 ꜂lui	甚么 ꜂siam miʔ꜆	阮 ꜂gun	恁 ꜂lin
永春	十外 tsap꜇ gua꜅	蕊 ꜂lui	甚么 ꜂siam miʔ꜆	阮 ꜂gun	恁 ꜂lin
漳州	十外 tsap꜇ gua꜅	蕊 ꜂lui	甚么 ꜂sim miʔ꜆	阮 ꜂guan	恁 ꜂lin
龙岩	十外 tsap꜆ gua꜅	葩 ꜀p'a	甚么 ꜂sim mẽ꜄	我侬 ꜂gua ꜁laŋ	女侬 ꜂li ꜁laŋ
大田	十儿 tsaʔ꜆ ꜂kui	菩 ꜁pu	甚么 ꜁suiŋ ꜂ni	我伙 ꜂nã ꜂hue	女伙 ꜂li ꜂hue
尤溪	十儿 ꜀sa ꜂kui	菩 ꜁pu	什地 ɕie꜆ te꜅	我各侬 ꜂ua ꜀kɤ ꜁nɤŋ	你各侬 ꜂ne ꜀kɤ ꜁nɤŋ
永安	十宽 ꜃sɿ ꜀k'um	菩 ꜁pu	啥货 ꜂sɒ xɒ꜄	我侪 ꜀ŋuɒ ꜁tse	你侪 ꜀ŋi .tse
沙县	十宽 ꜃sɿ ꜀k'uĩ	菩 ꜁pu	啥货 ꜂sɒ̃ xɒ̃꜄	俺侪 ꜀ɔ̃ .tse	你侪 ꜀gi .tse
建瓯	十把 ꜀si ꜂pa	头 t'e꜄	什么事 ꜀su mu꜅ ti꜅	我伙人 ua꜇ xuɛ꜄ neiŋ꜄	你伙人 ni꜇ xuɛ꜄ neiŋ꜄
建阳	十儿 si꜇ ꜂ki	头 ꜁həu	啥事 so꜇ ꜂hai	我伙人 ꜁βue ꜂xo ꜁nɔiŋ	你伙人 ꜀nɔi ꜂xo ꜁nɔiŋ
松溪	十零 si꜅ ꜁laŋ	头 ꜁t'a	什么事 ꜁soŋ ꜁moŋ tei꜅	俺□人 ꜀aŋ ꜁tsaŋ ꜁neiŋ	你□人 niɛ꜇ ꜁tsaŋ ꜁neiŋ

① 阮，闽南方言的同音俗字，应是“我侬”的合音。

	321. 他们	322. 自己	323. 很干	324. 太多	325. 别怕
福州	伊各侬 ꜀i ko꜄ ꜁nøyŋ	自家 tsi² ꜀a	野燋 ᶜia ꜀ta	恰齐 k'aʔ꜄ sa²	伓使惊 n² ᶜnai ꜀kiaŋ
古田	伊各侬 ꜀i ɔuʔ꜄ nøyŋ	自家 tsi² ꜀a	野燋 ᶜia ꜀ta	太齐 t'aᵓ sɛ²	伓惊 ꜀ŋiaŋ
宁德	伊各侬 ꜀i kcʔ꜄ ꜁nøŋ	自家 tsiᵓ ꜀a	野燋 ᶜia ꜀ta	恰齐 k'aʔ꜄ sɛ²	莫惊 mɔʔ꜅ ꜀iaŋ
周宁	伊□ ꜀i ꜁ɛ	□□ ꜁tsen nei²	□燋 ieŋᵓ ꜀ta	太齐 t'aᵓ se²	莫惊 mɔʔ꜅ ꜀kiaŋ
福鼎	伊侬 ꜀i ꜁neŋ	□□ ꜁ta ꜁ŋi	介燋 kaiᵓ ꜀ta	恰齐 k'aʔ꜄ se²	伓使惊 ŋ² ᶜsai ꜀kiaŋ
莆田	伊辈 ꜀i mueᵓ	家己 ꜀ka iᵓ	尽燋 tsiŋ² ꜀tɒ	伤齐 ꜀ɬiɐu ɬe²	伓使惊 ɳ² ᶜnai ꜀kia
厦门	佪[①] ꜀in	家己 ꜀ka kiᵓ	尽燋 tsin² ꜀ta	伤齐 ꜀siũ tsue²	免惊 ᶜbian ꜀kiã
泉州	佪 ꜀in	家己 ᶜkai kiᵓ	野燋 ᶜia ꜀ta	伤齐 ꜀siũ tsue²	免惊 ᶜbian ꜀kiã
永春	佪 ꜀in	家己 kai² kiᵓ	真燋 ꜀tsin ꜀ta	伤齐 siũ tsue²	免惊 ᶜbian ꜀kiã
漳州	佪 ꜀in	家己 ꜀ka tiᵓ	尽燋 tsin² ꜀ta	伤齐 ꜀siɔ̃ tse²	嫒惊 mãiᵓ ꜀kiã
龙岩	伊侬 ꜀i ꜁laŋ	自家 tsi² ꜀kiɛ	摆燋 ᶜpai ꜀ta	太齐 t'aiᵓtsie²	嫒吓 ᶜbian hiɛ²
大田	伊伙 ꜀i ᶜhue	家自 kaʔ꜄ ꜀tsi	忒燋 ᶜt'ɛ ꜀ta	太齐 ᶜt'ɛ ꜀tse	免惊 ᶜbiaŋ ꜀kiã
尤溪	伊各侬 ᶜi ꜀kɤ ꜁nɤŋ	各自 kɤ꜄ tse²	敢讲燋 ᶜkã ᶜŋ ꜀ta	忒齐 t'o꜄ si²	伓通惊 ŋ² ꜀t'ɤŋ ꜀kiã
永安	渠侪 ꜀ŋy .tse	家自 ꜀kɒ tsiᵓ	燋极 ꜀tiɯ ᶜki	太齐 t'ɒᵓ tseᵓ	勿惊 ᶜbui ꜀kiõ
沙县	渠侪 ꜀gy .tse	家自 ꜀ko tsiᵓ	燋极 ꜀tio ᶜki	太齐 t'aᵓ tseᵓ	勿惊 ꜀bui ꜀kiɔ̃
建瓯	渠伙人 ky꜅ xuɛᵓ neiŋᵓ	自己 tsuᵓ tsi²	尽燋 tseiŋ꜅ ꜀tiau	忒齐 t'uɛ꜄ tsai²	伓用惊 eiŋ² niɔŋ² ꜀kiaŋ
建阳	渠伙人 ꜀ky ᶜxo ꜁nɔiŋ	自 tsɔi²	很燋 ᶜxeiŋ ꜀liɔ	太齐 hueᵓ lai²	伓用惊 oŋ² niɔŋ² ꜀kiaŋ
松溪	渠□人 kyo꜅ ꜁tsaŋ ꜁neiŋ	□自 ꜀tsoŋ tsei²	很燋 ᶜxaŋ ꜀tyo	太齐 t'ueiᵓ tsa²	伓用惊 oŋ꜅ niɔŋ² ꜀kiaŋ

① 佪，闽南方言的同音俗写，应是“伊侬”的合音。

	326. 跟不上他	327. 被人抓走	328. 要不要?
福州	跟伊𣍐上 ꜀kyŋ ꜀i mɛ² suoŋ²	乞侬掏去 k'iʔ꜆ ꜁nøyŋ nieʔ₂ .ɔ	挃②伓挃 tiʔ₂ niʔ₂
古田	跟伊𣍐上 ꜀kyŋ ꜀i mɛ² syoŋ²	乞侬掏去 k'iʔ꜆ ꜁nøyŋ niaʔ₂ .ɔ	挃伓挃 tiʔ₂ niʔ₂
宁德	跟伊𣍐着 ꜀kyŋ ꜀i mɛ² tøk₂	乞侬掏去 k'ik꜆ ꜁nœŋ niaʔ₂ .ɔ	挃伓挃 tiʔ₂ .ṇniʔ₂
周宁	跟伊𣍐着 ꜀kɔn ꜀i mɛ² tyʔ₂	乞侬掏去 k'øk꜆ ꜁nœuŋ naʔ₂ .y	讨伓讨 ᶜt'ɔ .ṇ ᶜnɔ
福鼎	跟伊𣍐上 ꜀kiŋ ꜀i me² sioŋ²	乞侬掏去 k'iʔ꜆ ꜁neŋ ŋia₂ k'ieᵓ	爱挃毛 oiᵓ ti₂ .mo
莆田	趆①伊𣍐着 tueᵓ ꜀i pe² tiɐu₂	乞侬掏行 kɛʔ꜆ ꜁naŋ tiaʔ₂ ꜁kia	挃伓挃 tiʔ₂ ŋu² iʔ₂
厦门	趆伊𣍐着 teᵓ ꜀i bue² tioʔ₂	与侬掏去 hɔ² ꜁laŋ liaʔ₂ .k'i	□挃伓 beʔ꜆ tiʔ₂ .m̩
泉州	趆伊𣍐着 teᵓ ꜀i ˁbue tioʔ₂	乞侬掏去 k'it꜆ ꜁laŋ liaʔ₂ .k'ɯ	□挃伓 boʔ꜆ tiʔ₂ .m̩
永春	趆伊𣍐着 teᵓ ꜀i bue² tioʔ₂	乞侬掏去 k'it꜆ ꜁laŋ liaʔ₂ .k'ɯ	□挃伓 boʔ꜆ tiʔ₂ .m̩
漳州	趆伊𣍐着 tueᵓ ꜀i be² tioʔ₂	与侬掏去 hɔ² ꜁laŋ liaʔ₂ .k'i	爱伓爱 aiᵓ mãiᵓ
龙岩	□伊𣍐着 kiok꜆ ꜀i be² tioʔ₂	□侬掏去 pun² ꜁laŋ ˁnie .k'i	爱抑伓爱 aiᵓ ᶜa mãiᵓ
大田	趆伊𣍐着 tue² ꜀i be² tɤᵓ	乞侬掏去 k'eʔ꜆ ꜁laŋ ꜁lia .k'i	□挃伓 bɔʔ꜆ ᶜtiʔ₂ ŋ̍.
尤溪	跟伊伓着 ꜀krŋᶜ .iŋ̍² ꜀tɤ	乞侬拿去 k'a꜆ ꜁nɤŋ ꜀na k'yᵓ	挃伓挃 ꜁te ŋ̍ᵓ ꜁te
永安	逐渠伓着 ˁty ꜀ŋy aŋᵓ ˁtiɯ	欠人拿去 k'ɛiŋᵓ ꜁lã ˁlɒ k'ɯᵓ	挃伓挃 ꜁ta aŋᵓ ꜁ta
沙县	逐渠伓着 ˁty ꜀gy ŋ̍ᵓ ˁtio	欠人拿去 k'iŋᵓ ꜁lɛiŋ ˁnã k'oᵓ	挃伓挃 ˁtai ŋᵓ ˁtai
建瓯	𣍐跟得渠着 mai₂ ꜀kaiŋ tɛ꜆ ky₂ tiu²	纳人拿去 na꜆ neiŋᵓ na₂ k'ɔᵓ	让伓让 niɔŋ² eiŋ² niɔŋ²
建阳	跟渠伓着 ꜀kaiŋ ꜀ky ꜀aiŋ tiɔ₂	给人拿去 ke꜆ ꜁nɔiŋ na₂ k'ɔᵓ	让伓让 niɔŋ² eiŋ² niɔŋ²
松溪	跟渠伓着 ꜀kaŋ kyo₂ oŋ² tiu²	乞人拿去 k'iei꜆ ꜁neiŋ nɒ₂ k'oᵓ	让伓让 nioŋ² oŋ₂ nioŋ²

① 趆，《集韵》霁韵："趋谓之趆。"丁计切。音义相符。

② 挃，《集韵》屑韵："《博雅》：擿也。"徒结切。

（四）各点说法有更多的差异，或区域界线不明显的

这部分条目反映了闽方言在词汇语法上的纷纭复杂，同一区里有不同说法，不同区也有相一致的。此中不少是称谓，小动物、食品、发展设施。例如：

	329. 父亲背称	330. 母亲背称	331. 公公	332. 婆婆	333. 祖父背称	334. 祖母背称
福州	郎爸 ꜁loum ma꜅	郎奶 ꜁noun ꜂nɛ	老官 lau꜅ ꜀uaŋ	大家 tai꜅ ꜀a	公 ꜀kuŋ	妈 ꜂ma
古田	娘爸 ꜁nuŋ ma꜅	娘奶 ꜁nun ꜂nɛ	爹官 ꜀tia ꜀uaŋ	爹妈 ꜀tia ꜂ma	公 ꜀kuŋ	妈 ꜂ma
宁德	娘爸 ꜁nuŋ ma꜅	娘奶 ꜁nun ꜂nɛ	爹官 ꜀tie ꜀uan	爹妈 ꜀tie ꜂ma	翁 ꜀œŋ	婆 ꜁pɔ
周宁	娘爸 ꜁nuŋ ŋa꜅	娘奶 ꜁nun ꜂nɛ	爹官 ꜂ti ꜀uan	爹姐 ꜂ti ꜂e	翁 ꜀œuŋ	婆 ꜁pɔ
福鼎	阿爸 ꜀a ꜀pa	阿奶 ꜀a ꜂ne	阿爹 ꜀a ꜀tia	阿妈 ꜀a ꜂ma	阿公 ꜀a ꜀kuŋ	阿妈 ꜀a ꜂ma
莆田	老爸 lɒ꜅ βɒ꜅	娘奶 ꜁niɐu ꜂le	大官 ꜀ta ꜀kua	大家 ꜀ta ꜀kɒ	阿公 aʔ꜆ ꜀kɒŋ	阿妈 aʔ꜆ ꜂ma
厦门	老爸 lau꜅ pe꜅	老母 lau꜅ ꜂bu	大官 ꜀ta ꜀kuã	大家 ꜀ta ꜀ke	晙公 ꜂an ꜀kɔŋ	晙妈 ꜂an ꜂mã
泉州	老爸 ꜂lau ꜂pe	老母 ꜂lau ꜂bu	大官 ꜀ta ꜀kuã	大家 ꜀ta ꜀ke	引公 ꜂in ꜀kɔŋ	引妈 ꜂in ꜂mã
永春	老爸 lau꜅ pe꜅	老母 lau꜅ ꜂bu	大官 ꜀ta ꜀kuã	大家 ꜀ta ꜀ke	公 ꜀kɔŋ	妈 ꜂mã
漳州	娘爸 ꜁niɔ̃ pɛ꜅	娘奶 ꜁niɔ̃ ꜂lɛ	大官 ꜀ta ꜀kuã	大家 ꜀ta ꜀kɛ	晙公 ꜂ŋ ꜀kɔŋ	晙妈 ꜂ŋ ꜂mã
龙岩	老□ ꜂lo ꜁siɛ	老母 ꜂lo ꜂bo	大官 tua꜅ ꜀kuã	大家 tua꜅ ꜀kiɛ	公 ꜀koŋ	妈 ꜂mã
大田	阿爸 ꜀a ꜀pa	阿姐 ꜀a ꜂tsia	阿公 ꜀a ꜀koŋ	阿妈 ꜀a ꜂ba	阿公 ꜀a koŋ	阿妈 ꜀a ꜂mã
尤溪	阿爸 ꜀a pa꜅	阿姐 ꜀a ꜂tsia	阿爹 ꜀a ꜀ta	阿嫲 ꜀a ma꜆	阿爹 ꜀a ꜀ta	阿妈 ꜀a ꜂mã
永安	唵爸 ꜀õ ꜀pa	唵妈 ꜀õ ꜀mã	阿官 ꜀ɒ ꜀kum	婆咧 ꜁paɯ ꜂le	唵公 ꜀õ ꜀kaŋ	唵妈 ꜀õ ꜂mɒ
沙县	老子 ꜂lɔ ꜂tsɿ	老妈 ꜂lɔ ꜂mã	唵公 ꜀ɔ̃ ꜀kouŋ	唵婆 ꜀ɔ̃ ꜁po	唵公 ꜀ɔ̃ ꜀kouŋ	唵妈 ꜀ɔ̃ ꜂ma
建瓯	爹 ꜀ta	奶 ꜂nai	公公 ꜀kɔŋ ꜀kɔŋ	妈妈 ꜂ma ꜂ma	公公 ꜀kɔŋ ꜀kɔŋ	妈妈 ꜂ma ꜂ma
建阳	爷 ꜁ia	奶 ꜂nai	爹爹 ꜀ta ꜀ta	妈妈 ꜂ma ꜂ma	爹爹 ꜀ta ꜀ta	阿妈 ai꜆ ꜂ma
松溪	爹 ꜀tɒ	奶 ꜂nai	公 ꜀koŋ	妈 ꜂ma	家翁 ꜁ka ꜀œyŋ	嫲□ ꜁mɒ sa꜅

	335. 脖子	336. 背	337. 蛤蟆	338. 蚯蚓	339. 丝瓜
福州	脰①骨 tau꜅ ɒuʔ꜆	髆② ꜀p'iaŋ	老婆 lau꜅ ꜁p'o	牙蚓 ꜁ŋa ꜂uŋ	莿③ ts'ɔ꜄
古田	脰项 tau꜅ uŋ꜄	背脊 pu꜆ tsiaʔ꜆	粗皮母 ꜀ts'u ꜁βuoi ꜂mɔ	□蚓 nie꜄ ꜂ɔuŋ	鼎莿 ꜂tiaŋ ʒœ꜄
宁德	脰项 tau꜅ oŋ꜅	后腰 au꜅ ꜀iɐu	粗头蛤 ꜀ts'u ꜁lau ap꜆	猴蚓 ꜁kau ꜂ɔn	莿瓜 ts'œ꜄ ꜀uɔ
周宁	脰引 tau꜅ ꜂yn	后腰 au꜅ ꜀iu	洋螟 ꜁yoŋ ꜁me	猴蚓 ꜁ka ꜂yn	籐萝 ꜁ten ꜁nɔ
福鼎	脰管 tau꜅ ꜂uŋ	背脊 puei꜅ tsiaʔ꜆	蛤蟆古 ꜁xa ꜁ma ꜂ku	猴蚓 ꜁kau ꜂uoŋ	萝瓜 ꜁lo ꜀kua
莆田	脰颅 tau꜅ ꜁ly	骹脊 ꜀k'ɒ liaʔ꜆	蟾蜍 ꜁ɬan ꜁ɬy	猴蚓 ꜁kau ꜂oŋ	庭瓜 ꜁tia ꜀ua
厦门	颔管 am꜅ ꜂kun	骹壁 ꜀k'a piaʔ꜆	蟾蜍 ꜀tsiũ ꜀tsu	杜蚓 tɔ꜅ ꜂un	暑瓜 ꜂ts'u ꜀kue
泉州	颔肌 ꜂am ꜀kui	骹壁 ꜀ka piaʔ꜆	蟾蜍 ꜀tsiũ ꜀tsɯ	猴蚓 ꜁kau ꜂un	暑瓜 ꜂ts'ɯ ꜀kue
永春	颔管 am꜄ ꜂un	巴脊 ꜀pa tsiaʔ꜆	蟾蜍 ꜀tsiũ ꜀tsɯ	猴蚓 ꜁kau ꜂un	暑瓜 ꜂ts'ɯ ꜀kue
漳州	颔仔 am꜅ ꜂a	巴脊 ꜀pa tsiaʔ꜆	蟾蜍 ꜀tsiɔ̃ ꜁tsi	杜蚓 tɔ꜅ ꜂kin	暑瓜 ts'i ꜀kue
龙岩	头颅颈囝 ꜁t'au ꜁li ꜂kin ꜂a	背脊 pue꜅ tsia꜅	隻蜍 tsa꜅ ꜁tsi	鸭虫 a꜆ ꜁t'aŋ	□瓜 ꜀sau ꜀kuɛ
大田	脰咙囝 ꜀tɔ ꜁laŋ ꜂ga	背脊头 baʔ꜆ tsiaʔ꜆ ꜁t'ɔ	隻蜍 tsiaʔ꜆ ꜁tsi	猴蚓 ꜁kɔ ꜂hueŋ	棉瓜 ꜁mĩ ꜀kua
尤溪	脰咙囝 ꜁tau ꜁lɤŋ ꜂ŋ̍	背脊 ꜀muo tsia꜆	鸡母孵 ꜀ki ꜂mɤ pu꜅	猴蚓 ꜁kau ꜂hɤŋ	棉瓜 ꜁mẽ ꜀kua
永安	脰颈 t'ø꜄ ꜂kiõ	背脊 pui꜄ tsiɒ꜆	黄鸡嫲 ꜁wm ꜀ke ꜁mɒ	□蚓 ꜁xuɒ ꜂ʃyɛiŋ	棉瓜 ꜁mɛiŋ ꜀kuɒ
沙县	脰总 tau꜄ ꜂tsœyŋ	背脊 pu꜄ tʃia꜆	洋鸡嫲 ꜁iŋ ꜀kie ꜁ba	□蚓 ꜁xa ꜂tʃ'yĩ	棉瓜 ꜁mɛiŋ ꜀kua
建瓯	脰 te꜆	背脊 pu꜄ tsia꜆	蛤蟆仔 xa꜄ ma꜇ ꜂tsiɛ	（价溜）蚓（ka꜄ liu꜅）꜂xyiŋ	天萝 ꜀t'iŋ lɔ꜄
建阳	脰 lo꜅	背脊 pui꜄ tsia꜆	蛤蟆 ꜁xa ꜁ma	□蚓 niɔ꜅ ꜂xyeiŋ	布瓜 po꜄ ꜀kua
松溪	脰骨 tɒu꜆ kuei꜆	腹脊 pu꜆ tsia꜆	屎□ ꜂si ꜂myœ	□蚓 ŋyŋ꜅ ꜂xueiŋ	长萝 ꜁taŋ꜀lo

① 脰，《广韵》候韵："项脰。"田候切。

② 髆，《集韵》青韵："肋骨。"傍丁切。

③ "莿"是《戚林八音》的俗写，本字应是"絮"，丝瓜的瓤晒干后（用来刷锅）也叫"莿"，在闽南话也有此说，厦门音 ts'ue꜄。

	340. 线面	341. 菜下饭～	342. 信封	343. 热水瓶
福州	索面 so꜆ mieŋ꜅	配 p‘uei꜄	批袋 ꜀p‘ie lɔy꜅	热水壶 ieʔ꜇ ꜂ʒy ꜁u
古田	线面 siaŋ꜄ mieŋ꜅	配饭菜 p‘uoi꜄ βuoŋ꜅ ts‘ai꜄	批袋 ꜀p‘ie loi꜅	开水瓶 ꜀k‘ai ꜂ʒy ꜁βiŋ
宁德	咸面 ꜁kɛm min꜄	毛□ nɔʔ꜇ lɛp꜇	批袋 ꜀p‘ie lɔy꜅	茶瓶 ꜁ta ꜁piŋ
周宁	咸面 ꜁kɛm min꜄	毛□ nɔʔ꜆ lɛʔ꜆	批袋 ꜀p‘i lɔi꜅	茶罐 ꜁ta uɔn꜄
福鼎	线面 siaŋ꜄ mieŋ꜄	毛配 no꜇ p‘uei꜄	信壳 siŋ꜄ k‘eʔ꜆	茶瓶 ꜁ta ꜁piŋ
莆田	索线面 ɬoʔ꜆ ɬyo꜄ miŋ꜅	物配 mue꜇ mue꜄	批封 ꜀p‘e ꜀hɒŋ	暖瓶 ꜂nuaŋ ꜁pɛŋ
厦门	面线 mĩ꜅ suã꜄	物配 mĩʔ꜇ p‘e꜄	批壳 ꜀p‘ue k‘ak꜆	电瓶 tian꜅ ꜁pan
泉州	面干 mĩ꜅ ꜀kuã	菜 ts‘ai꜄	批壳 ꜀p‘ne k‘ak꜆	电罐 tian꜅ kuan꜅
永春	面线 mĩ꜅ suã꜄	菜 ts‘ai꜄	批壳 ꜀p‘ue k‘ak꜆	电罐 tian꜅ kuan꜅
漳州	面线 mĩ꜅ suã꜄	物配 mĩʔ꜇ p‘ue꜄	批壳 ꜀p‘e k‘ak꜆	电瓶 tian꜅ ꜁pan
龙岩	面线 mĩ꜅ suã꜄	配 p‘ue꜄	信壳 sin꜄ k‘ak꜆	电筒 tian꜅ ꜁taŋ
大田	面线 mĩ꜅ suã꜄	配 p‘ue꜄	信封 seŋ꜄ ꜀hoŋ	茶罐 ꜁ta kuaŋ꜄
尤溪	线面 sẽ꜄ mẽ꜅	配 p‘ui꜄	批袋 ꜀p‘e tø꜅	茶壶 ꜁ta ꜁hu
永安	线面 sæiŋ꜄ mɛiŋ꜄	菜 ts‘a꜄	信袋 sã꜄ tue꜄	滚水壶 ꜂kuã ꜂ʃyi ꜁xu
沙县	线面 sĩ꜄ mĩ꜄	配 p‘ue꜄	信筒 sɛiŋ꜄ ꜁tɔuŋ	茶壶 ꜁tʃia ꜁xu
建瓯	水面 ꜂sy miŋ꜅	菜 ts‘ɛ꜄	信筒 seiŋ꜄ tɔŋ꜄	电壶 tiŋ꜅ ꜂u
建阳	油面 ꜁iu mieŋ꜅	菜 t‘e꜄	信封 sɔiŋ꜄ ꜀xoŋ	热水壶 ꜂ɦy ꜁xo
松溪	水面 ꜂syŋ miŋ꜅	菜 ts‘yœ꜄	信筒 seiŋ꜄ ꜀toŋ	汽壶 k‘i꜄ ꜁u

	344. 火柴	345. 厕所	346. 台阶儿	347. 点~头
福州	自来火 tsy꜅ ꜁lai ᶜui	粪坑厝 puŋᵓ ŋaŋ ʒuɔᵓ	阶座 ꜀kie ʒɔ꜅	欠 k'iaŋᵓ
古田	番囝火 ꜀xuaŋ ᶜŋiaŋ ᶜŋuo	屎坑 ᶜsai ꜀aŋ	台阶 ꜁t'ai ꜀ɛ	□ kuʔ꜆
宁德	洋火 ꜁yŋ ᶜŋøy	粪池 ponᵓ ꜀ni	徛道 k'ie꜅ lɔ꜅	点 ᶜt'im
周宁	洋火 ꜁yoŋ ᶜŋuɔi	屎栏 ᶜsɛi ꜁lan	□□□ ꜀leŋ ꜀ŋɔ ᶜi	点 ᶜt'in
福鼎	<u>自来</u>火 ꜁tsa ᶜxuei	屎坑 ᶜsai ꜀k'aŋ	坎级 k'aŋ꜅ k'iʔ꜆	点 ᶜt'iaŋ
莆田	火刷 ᶜhue ɬuaʔ꜆	粪池兜 poŋᵓ ꜁ŋi ꜀au	岑栈 ꜁ŋyŋ tsɛŋᵓ	点 ᶜt'iŋ
厦门	番仔火 ꜀huan ᶜa ᶜhe	屎礐① ᶜsai hak꜇	踏栈 taʔ꜇ tsanᵓ	頕② tamᵓ
泉州	火擦 ᶜhə ts'at꜆	屎礐 ᶜsai hak꜇	踏栈 taʔ꜇ tsanᵓ	頕 tamᵓ
永春	番仔火 ꜀huan ᶜa ᶜhə	屎礐 ᶜsai hak꜇	级囝 k'at꜆ ᶜkiã	頕 tamᵓ
漳州	番仔火 ꜀huan ᶜa ᶜhue	屎礐 ᶜsai hak꜇	踏栈 taʔ꜇ tsanᵓ	頕 tamᵓ
龙岩	洋火 ꜁giõ ᶜhue	东司 ꜀taŋ ꜀si	级囝 k'at꜆ ᶜla	点 ᶜt'iam
大田	番囝火 ꜀huaŋ ᶜkã ᶜhue	粪橱 pueŋᵓ ꜁tiu	岭级 ᶜniã k'aʔ꜆	□ tuʔ꜆
尤溪	洋火 ꜁ioŋ ᶜxui	屎坑 ᶜsai ꜀k'ã	岑级 ꜁ŋiŋ k'aʔ꜆	停 ꜁t'iŋ
永安	硫磺扦 ꜁liau ꜁hm ꜀ts'ɛiŋ	肥池 ꜁pui ꜁te	级 k'a꜆	□ ᶜt'a
沙县	番仔火 ꜀xuĩ ᶜtsai ᶜxuɛ	屎坑 ᶜsʅ ꜀k'ɔ̃	级 k'ai꜆	□ ᶜt'ɛiŋ
建瓯	番仔火 ꜀xuaiŋ ᶜtsiɛ ᶜxo	屎坑 ᶜsi ꜀k'aŋ	崎仔 kuɛ꜇ ᶜtsiɛ	□ ku꜅
建阳	洋火 ꜁iɔŋ ᶜk'ui	茅司 ꜁mau ꜀so	崎仔 kye꜅ ᶜtsie	□ ᶜk'aŋ
松溪	洋火 ꜁ioŋ ᶜk'uei	垢楻间 kɒuᵓ ꜀xoŋ ꜀kaŋ	栈子 tsiŋᵓ tsieᵓ	点 ᶜtaŋ

① 礐，本地俗字，本字未明。

② 頕，《集韵》标韵："垂首也。"都念切。

	348. 蹲	349. 追	350. 躲	351. 背~小孩	352. 扔~石子	353. 拧~干
福州	蹲① ꜁ts‘uoŋ	逐 tyʔ꜇	□ ꜀miŋ	迈 mai꜅	□ kœʔ꜇	旋 ts‘ɔuŋ꜅
古田	□ puʔ꜇	追 ꜀tui	□ k‘uʔ꜆	迈 mai꜅	□ kœʔ꜇	拧 nieŋ꜅
宁德	跔□ ꜁ko ꜁lo	追 ꜀tui	掩 ꜀ɛm	迈 mai꜅	□ pɔk꜆	旋 ts‘on꜅
周宁	跔□ ꜁ko ꜁lo	逐 tøuʔ꜇	□ k‘oʔ꜆	猴 ꜁kau	□ ꜁hœuŋ	拧 lin꜅
福鼎	跔② ꜀kiu	逐 tu꜇	□ u꜄	背 ꜀pui	丢 ꜀tiu	拧 ꜀nieŋ
莆田	跔 ꜁k‘u	逐 tyœʔ꜆	□ pe꜆	援 ya꜅	掷 tia꜄	旋 ts‘oŋ꜅
厦门	跔 ꜁k‘u	执 tsip꜆	密 biʔ꜆	援 iaŋ꜅	献 hĩ꜄	旋 tsun꜅
泉州	跔 ꜁k‘u	执 tsip꜆	密 biʔ꜆	援 iãʔ꜆	贡 kɔŋ꜄	旋 ꜃tsun
永春	跔 ꜁k‘u	执 tsip꜆	密 biʔ꜆	援 iãʔ꜆	贡 kɔŋ꜄	旋 tsun꜅
漳州	跔 ꜁k‘u	执 tsip꜆	密 biʔ꜆	援 iaŋ꜅	献 hĩ꜄	旋 tsun꜅
龙岩	踞 ku꜅	□ kiok꜆	密 bi꜅	背 pie꜅	□ kak꜆	转 ꜃tsin
大田	跔 ꜁k‘u	□ tsiaʔ꜆	密 bi꜄	援 ꜃iã	贡 koŋ꜄	转 ꜂tsueŋ
尤溪	跔 ꜁k‘u	逐 ꜀tuo	密 mĩ꜆	□ ã꜆	献 hieŋ꜄	旋 ts‘ɤŋ꜅
永安	□□ ꜂kɒ lɔu꜄	逐 ꜃ty	□ ꜂ma	□ ꜀pa	□ ꜀pɛiŋ	束 sɔu꜆
沙县	□ ꜂p‘e	逐 ꜃ty	躲 ꜂to	□ ꜃ʃia	□ ꜂tɔuŋ	束 so꜆
建瓯	跔□ ꜀ku ꜀lu	□ tai꜅	贮 ꜂ty	骑 kuɛ꜇	丢 ꜀tiu	舞 ꜂u
建阳	□ ꜀to	□ kai꜄	贮 ꜂ly	背 pui꜄	坠 tui꜅	□ ꜂lo
松溪	跔 ku꜆ tu꜆	驱 ꜀k‘y	□ ꜀tɒu	背 puei꜄	掷 tiaŋ꜇	□ ꜁sɒu

① 蹲，《广韵》魂韵：“《说文》踞也。”徂尊切。福州音合徂尊切。

② 跔，《集韵》虞韵：“不伸。”权俱切，又恭于切。

	354. 美长得~	355. 座一~房子	356. 头一次	357. 谁
福州	俊 tsouŋ꜃	座 tsɔ꜄	头蜀回 ꜁t‘au lo꜆ ꜁ui	底侬 ꜂tie ꜁nøyŋ
古田	生得好 ꜀saŋ ꜂li ꜂xɔ	栋 tøyŋ꜃	头蜀回 ꜁t‘au lyøʔ꜆ ꜁uoi	底侬 ꜁tøyŋ
宁德	作佳 tsɔʔ꜅ ꜀ka	座 tsɔ꜄	头蜀次 ꜁t‘au søk꜅ ts‘ou꜃	底侬 ti꜄ ꜁nøŋ
周宁	有容 u꜄ ꜁eŋ	栋 tœuŋ꜃	头套 ꜁t‘au lɔ꜃	底侬 ꜂tœuŋ
福鼎	得洁 teʔ꜅ kieʔ꜅	座 tso꜄	头套 ꜁t‘au t‘o꜃	哪侬 no꜆ neŋ꜃
莆田	躭① ꜂ɬau	张 ꜀tiɐu	头蜀圈 ꜁t‘au lœʔ꜆ ꜁k‘œŋ	甚侬 ɬin꜃ ꜁naŋ
厦门	水 ꜂sui	块 te꜃	头摆 ꜁t‘au ꜂pai	是谁 tsi꜄ tsui꜄
泉州	水 ꜂sui	块 tə꜃	头过 ꜁t‘au kə꜃	啥侬 ꜁siaŋ
永春	水 ꜂sui	块 tə꜃	头过 ꜁t‘au kə꜃	底侬 ꜁tiaŋ
漳州	水 ꜂sui	块 te꜃	头摆 ꜁t‘au ꜂mãi	谁个 tsua꜆
龙岩	水 ꜂sui	窠 ꜀k‘o	头蜀摆 ꜁t‘au tsit꜆ ꜂pai	底侬 taŋ꜃
大田	□ ts‘uaŋ꜃	块 te꜃	头蜀摆 ꜁t‘au tseʔ꜆ ꜂pɛ	谁侬 ꜁suiŋ ꜁laŋ
尤溪	俏 ts‘iau꜃	葩 ꜀p‘a	头蜀套 ꜁t‘au ɕie꜅ t‘au꜃	底侬 ꜀te ꜁nɤŋ
永安	爽丽 sɑm꜃ li꜃	舗 ꜀p‘u	头寡回 ꜁t‘ø ꜂kuɒ ꜁xui	何隻 ꜁xɒ tʃiɒ
沙县	斯爽 ꜀sɿ ꜂saŋ	直 ꜂tai	头个回 ꜁t‘au ka꜃ ꜁xui	啥人 ꜂sɔ̃ ꜁nɛiŋ
建瓯	雅式 ꜂ŋa si꜅	栋 tɔŋ꜃	头头轮 t‘e꜅ t‘e꜅ lœyŋ꜃	孰人 ꜀su neiŋ꜄
建阳	雅式 ꜂ŋa si꜅	栋 toŋ꜃	头蜀轮 ꜁həu tsi꜆ ꜁leiŋ	孰人 so꜅ ꜀nɔiŋ
松溪	雅式 ꜂ŋɒ si꜅	栋 toŋ꜃	头蜀回 ꜁t‘a tsi꜃ ꜀xuei	哪人 naŋ꜄ ꜁neiŋ

① 躭，《集韵》巧韵：“身长貌。”山巧切。

	358. 不能去	359. 幸亏没去	360. 到处跑
福州	𫗦使去 mɛᵌ ᶜlai k'ɔᵓ	固好毛去 kuᵓ ᶜxo ꜁mo ɔᵓ	满世□ ᶜmuaŋ siɛᵓ piɛᵓ
古田	𫗦去 mɛᵌ yøᵓ	该好毛去 ꜀kai ᶜxɔ ꜁mɔ k'yøᵓ	满□□走 ᶜmuaŋ ᶜniaŋ ᶜnoi ᶜtsau
宁德	𫗦去 ᶜmɛ k'yᵓ	有时道未去 ouᵌ ꜁li ᶜlɔ muiᵌ k'yᵓ	满世走 ᶜman siᵓ ᶜtsau
周宁	毛能耐去 ꜁mɔ ꜀ni ꜀ai k'yᵓ	固是好未去 kuᵓ niᵌ ᶜxo muiᵌ k'yᵓ	尽地走 tsinᵌ nɔiᵓ ᶜtsɔu
福鼎	𫗦适去 meᵌ siʔ꜀ k'ieᵓ	好式毛去 ᶜxo siʔ꜀ ꜁mo k'ieᵓ	满地跳 ᶜmaŋ toiᵓ t'ieuᵓ
莆田	𫗦去得 peᵌ k'yᵓ .le	会好无去 eᵌ ᶜho ꜁po k'yᵓ	满地走 ᶜmua teᵌ ᶜtsau
厦门	𫗦使去 bueᵌ ᶜsai k'iᵓ	该哉毛去 ꜀kai tsaiᵓ ꜁bo k'iᵓ	四界走 siᵓ kueᵓ ᶜtsau
泉州	𫗦做去 ᶝbue tsueᵓ k'ɯᵓ	值好毛去 tat꜆ ᶜho ꜁bo k'ɯᵓ	四界走 siᵓ kueᵓ ᶜtsau
永春	𫗦做去 bueᵌ tsueᵓ k'ɯ	好得毛去 ᶜho lit꜀ ꜁bo k'ɯᵓ	四界走 siᵓ kueᵓ ᶜtsau
漳州	𫗦使去 beᵌ ᶜsai k'iᵓ	好该载毛去 ᶜho ꜀kai tsaiᵓ ꜁bo k'iᵓ	四界走 siᵓ kueᵓ ᶜtsau
龙岩	𫗦使去 bieᵌ ᶜsai k'iᵓ	好得毛去 ᶜho tit꜀ ꜁bo k'iᵓ	满地走 ᶜmuã tieᵌ ᶜtsau
大田	伓通去 m̩ᵌ ꜀t'aŋ k'iᵓ	好得毛去 ᶜhɤ .lɤ ꜀bɤ k'iᵓ	□□走 taʔ꜀ k'ɔᵓ ᶜtsau
尤溪	伓敢去 ŋ̍ᵌ ᶜkã k'yᵓ	好得毛去 ᶜhɤ ꜀tɤ moᵌ k'yᵓ	成厝走 ꜁ɕiã ts'yᵓ ᶜtsau
永安	伓敢去 aŋᵓ ᶜkam k'ɯᵓ	□得伓□去 ꜀ʃ'iɯ ta꜀ aŋᵓ ꜁kɒ k'ɯᵓ	通四边去 ꜀t'aŋ siᵓ ꜀pɛiŋ k'ɯᵓ
沙县	伓敢去 ŋ̍ᵓ ᶜkaŋ k'oᵓ	□得毛去 ᶜsi .te ꜁mo k'oᵓ	满各块去 ᶜmuẽ koᵓ ᶜk'ue k'oᵓ
建瓯	𫗦去得 mai꜆ k'ɔᵓ tɛ꜀	得好未曾去 tɛ꜀ ᶜxau mɛ꜀ ᶜnaiŋ k'ɔᵓ	凭呢地走 ᶜpeiŋ niᵌ tiᵓ ᶜtse
建阳	伓敢去 ꜀aiŋ ᶜkɔŋ k'ɔᵓ	幸好𫗦去 aŋᵌ ᶜxau ꜀neiŋ k'ɔᵓ	满地界走 ᶜmuaŋ laiᵌ kaiᵓ ᶜtsəu
松溪	伓敢去 ɔŋ꜆ ᶜkaŋ k'oᵓ	幸好𫗦去 xaŋᵌ ᶜxo ꜁naŋ k'oᵓ	到处走 toᵓ ts'yᵓ ᶜtsa

（五）个别区所特有的差异

这部分条目往往在某一区内有比较一致的特殊说法，有时也牵连到两个区或区外个别点。以下材料按闽南、闽东、莆仙、闽北、闽中的顺序排列各自独具的特殊说法。从中可以看出各区的重要特征词，如闽南方言的“册、瞋”、莆仙方言的“床、勘”。

	361. 道路	362. 煤油	363. 去年	364. 花生	365. 衣裳
福州	墿[1] tuɔ꜅	洋油 ꜁yoŋ ꜁iu	去年冥 k‘o꜄ ꜁nieŋ ꜁maŋ	花生 ꜀xua ꜀lɛiŋ	衣裳 ꜀i ꜁luoŋ
古田	墿 tuo꜅	洋油 ꜁yøŋ ꜁ŋiu	去年冥 ꜁k‘yø꜄ nieŋ ꜁maŋ	花生 ꜀xua ꜀leiŋ	衣裳 ꜀i ꜁lyøŋ
宁德	墿 tu꜅	洋油 ꜁yŋ ꜁iu	去年 k‘y꜄ ꜁nin	花生 ꜀xua ꜀lɛŋ	衣裳 ꜀i ꜁lyŋ
周宁	墿 tu꜅	洋油 ꜁yoŋ ꜁iu	去年 k‘y꜄ ꜁nin	花生 ꜀xuɒ ꜀lœuŋ	衣裳 ꜀i ꜁yoŋ
福鼎	墿 tuo꜅	洋油 ꜁ioŋ ꜁iu	去年 k‘i꜄ ꜁nieŋ	花生 ꜀xua ꜀seŋ	衣裳 ꜀i ꜁sioŋ
莆田	墿 tɔ꜅	番囝油 ꜀hoŋ ꜂ŋyɒ ꜁iu	旧年冥 ku꜅ ꜁ni ꜁ma	地生 te꜅ ꜀lɛŋ	衣裳 ꜀i ꜁niɐu
厦门	路 lɔ꜅	涂油 ꜁t‘ɔ ꜁iu	旧年 ku꜅ ꜁nĩ	涂豆 ꜁t‘ɔ tau꜅	衫裤 ꜀sã k‘ɔ꜄
泉州	路 lɔ꜅	涂油 ꜁t‘ɔ ꜁iu	旧年 ku꜅ ꜁nĩ	涂豆 ꜁t‘ɔ tau꜅	衫裤 ꜀sã k‘ɔ꜄
永春	路 lɔ꜅	涂油 ꜁t‘ɔ ꜁iu	旧年 ku꜅ ꜁nĩ	涂豆 ꜁t‘ɔ tau꜅	衫裤 ꜀sã k‘ɔ꜄
漳州	路 lɔ꜅	涂油 ꜁t‘ɔ ꜁iu	旧年 ku꜅ ꜁nĩ	落花生 lɔk꜇ ꜀hua ꜀siŋ	衫裤 ꜀sã k‘ɔ꜄
龙岩	路 lu꜅	洋油 ꜁ŋiõ ꜁giu	旧年 ku꜅ ꜁niã	落花生 ꜀lua ꜀sin	衫裤 ꜀sã k‘u꜄
大田	路 ꜀lu	番囝油 ꜀huaŋ ꜂kã ꜁iu	旧年 ku꜄ ꜁nĩ	涂豆 ꜁t‘u tɔ꜄	衣裳 ꜀i ꜁sŋ
尤溪	墿 tɤ꜅	洋油 ꜁ioŋ ꜁iu	旧年 ku꜄ ꜁nẽ	花生 ꜀hua ꜀ɕiŋ	衣裳 ꜀i ꜁ɕioŋ
永安	墿 tiɯ꜄	洋油 ꜁iam ꜁iau	去年 k‘ɯ꜄ ꜁ŋɛiŋ	花生 ꜀xuɒ ꜀ʃĩ	衣裳裤 ꜀i ꜁ʃiɑm k‘u꜄
沙县	墿 tio꜄	洋油 ꜁iŋ ꜁iu	去年 k‘o꜄ ꜁ŋĩ	花生 ꜀xua ꜀sɔ̃i	衣裳裤 ꜀i ꜀ʃiŋ k‘u꜄
建瓯	墿 tiɔ꜅	洋油 iɔŋ꜄ iu꜄	去年 k‘ɔ꜄ niŋ꜄	花生 ꜀xua ꜀saiŋ	衣裳 ꜀i tsiɔŋ꜄
建阳	墿 liɔ꜅	洋油 ꜁iɔŋ ꜁iu	去年 k‘ɔ꜄ ꜁nieiŋ	花生 ꜀xua ꜀saiŋ	衣裳 ꜀i ꜁tsiɔŋ
松溪	墿 tyo꜆	洋油 ꜁ioŋ ꜁iu	去年 k‘ɒ꜄ ꜁niŋ	花生 ꜀xua ꜀saŋ	衣裳 ꜁ɛiŋ ꜀tsioŋ

① 墿，《广韵》暮韵：“道也。”徒故切。

	366. 眼镜	367. 书	368. 舔	369. 哭	370. 烧~煤不~柴	371. 娶~妻
福州	眼镜 ꜂ŋiaŋ ŋiaŋ꜄	书 ꜀tsy	□ liaʔ꜆	啼 ꜁t'ie	烧 ꜀siu	讨 ꜂t'o
古田	眼镜 ꜂ŋaŋ ŋiaŋ꜄	书 ꜀tsy	□ leiʔ꜆	啼 ꜁t'ie	烧 ꜀siɐu	讨 ꜂t'ɔ
宁德	眼镜 ꜂ŋaŋ ŋiaŋ꜄	书 ꜀tsy	□ lɛp꜆	嚎 ꜁au	烧 ꜀siɐu	讨 ꜂t'ɔ
周宁	眼镜 ꜂ŋiaŋ ŋiaŋ꜄	书 ꜀tsy	□ lɛ꜆	嚎 ꜁au	烧 ꜀siu	讨 ꜂t'ɔ
福鼎	眼镜 ꜂ŋaŋ kiaŋ꜄	书册 ꜀tsi ts'a꜄	□ leʔ꜆	啼 ꜁t'ie	烧 ꜀sieu	讨 ꜂t'o
莆田	目镜 ma꜇ kia꜄	书 ꜀tsy	□ liɐu꜄	吼 ꜂hau	燃 ꜁niɒ	讨 ꜂t'o
厦门	目镜 bak꜇ kiã꜄	册 ts'eʔ꜆	舐 tsi꜅	吼① ꜂hau	燃 ꜁hiã	娶 ts'ua꜅
泉州	目镜 bak꜇ kiã꜄	册 ts'eʔ꜆	舐 ꜃tsi	吼 ꜂hau	燃 ꜁niã	娶 ts'ua꜅
永春	目镜 bak꜇ kiã꜄	册 ts'eʔ꜆	舐 tsi꜅	吼 ꜂hau	燃 ꜁hiã	娶 ts'ua꜅
漳州	目镜 bak꜇ kiã꜄	册 ts'ɛʔ꜆	舐 tsi꜅	吼 ꜂hau	燃 ꜁hiã	娶 ts'ua꜅
龙岩	目镜 bak꜇ kiã꜄	书册 ꜀tsi ts'ie꜅	舐 ꜀sie	啼 ꜁t'i	烧 ꜁sio	娶 ts'ua꜄
大田	眼镜 ꜂gan kiã꜄	书 ꜀tsi	□ lɛ꜄	哭 k'ɔ꜄	烧 ꜀siɤ	娶 ts'ua꜄
尤溪	眼镜 ꜂ŋaŋ kiã꜄	书 ꜀tsy	□ li꜆	啼 ꜁t'e	烧 ꜀sio	娶 ts'ia꜄
永安	眼镜 ꜂ŋɛiŋ kiõ꜄	书 ꜀ʃy	□ la꜆	啼 ꜁t'e	烧 ꜀tʃ'iɯ	讨 ꜂t'aɯ
沙县	目镜 ꜃bu kiõ꜄	书 ꜀ʃy	□ ꜂lɛ	啼 ꜁t'ie	烧 ꜀ts'o	讨 ꜂t'ɔ
建瓯	眼镜 ꜂ŋaiŋ kiaŋ꜄	书 ꜀sy	□ la꜆	啼 t'i꜄	烧 ꜀ts'au	讨 ꜂t'au
建阳	眼镜 ꜂ŋaiŋ kiaŋ꜄	书 ꜀sy	□ la꜆	啼 ꜁hie	烧 ꜀ts'iɔ	扛 ꜀kɔŋ
松溪	眼镜 ꜂ŋaŋ kiaŋ꜄	书 ꜀sy	□ lɒ꜆	啼 ꜁t'ie	燃 ꜁niaŋ	讨 ꜂t'o

① 闽南各点又说"哭"k'au꜄。

	372. 响敲不~	373. 低指房子	374. 瘦指人	375. 淡指茶	376. 香	377. 便宜
福州	响 ᶜxyoŋ	矮② ᶜɛ	瘷③ ꜀søy	䜠⑤ ᶜtsiaŋ	香 ꜀xyoŋ	便宜 ᶜpɛiŋ ꜁ŋie
古田	响 ᶜxyøŋ	下 kia꜅	瘷 ꜀soi	䜠 ᶜtsiaŋ	香 ꜀xyøŋ	便宜 ꜁piŋ ꜁ŋie
宁德	响 ᶜxiɔŋ	矮 ᶜɛ	瘷 ꜀søy	䜠 ᶜtsam	香 ꜀xiɔŋ	便宜 ꜁piŋ ꜁ŋi
周宁	响 ᶜxɔŋ	矮 ᶜe	瘷 ꜀sɔi	䜠 ᶜtsɛn	香 ꜀xyɔŋ	便宜 ꜁piŋ ꜁ŋi
福鼎	响 ᶜxioŋ	矮 ᶜe	瘷 ꜀soi	䜠 ᶜtsiaŋ	香 ꜀xioŋ	便宜 ꜁piŋ ꜁ŋie
莆田	响 ᶜhiɐu	矮 ᶜe	痟④ ᶜɬɛŋ	薄 poʔ꜇	芳 ꜀p‘aŋ	便宜 ꜁pɛŋ ꜁ŋi
厦门	瞋① ꜁tan	下 ke꜅	痟 ᶜsan	薄 poʔ꜇	芳 ꜀p‘aŋ	俗 .siɔk꜇
泉州	瞋 ꜁tan	下 ꜂ke	痟 ᶜsan	薄 poʔ꜇	芳 ꜀p‘aŋ	俗 siɔk꜇
永春	瞋 ꜁tan	下 ke꜅	痟 ᶜsan	薄 poʔ꜇	芳 ꜀p‘aŋ	俗 siɔk꜇
漳州	瞋 ꜁tan	下 kɛ꜅	痟 ᶜsan	薄 poʔ꜇	芳 ꜀p‘aŋ	便宜 ꜁pan ꜁gi
龙岩	响 ᶜhiaŋ	下 ꜂kiɛ	□ gian꜄	薄 ꜂po	芳 ꜀p‘aŋ	便宜 ꜁pan ꜁li
大田	响 ᶜhĩ	下 ꜂kia	痟 ᶜsaŋ	䜠 ᶜtsiã	芳 ꜀p‘aŋ	俗 sioʔ꜇
尤溪	响 ᶜhiũ	下 kia꜅	瘷 ꜀sø	薄 ꜀pɤ	香 ꜀hiũ	便宜 ꜁piŋ ꜁ŋi
永安	响 ᶜʃiam	矮 ᶜe	瘷 ꜀sui	薄 ꜂paɯ	香 ꜀ʃiam	便宜 ꜁pɛiŋ ꜁ŋe
沙县	响 ᶜʃiŋ	矮 ᶜɛ	瘷 ꜀sui	䜠 ᶜtʃiɔ̃	香 ꜀ʃiŋ	便宜 ꜁pɛiŋ ꜁ie
建瓯	响 ᶜsiɔŋ	矮 ᶜai	瘷 ꜀so	䜠 ᶜtsiaŋ	香 ꜀xiɔŋ	便宜 ᶜpeiŋ ᶜli
建阳	响 ᶜxiɔŋ	矮 ᶜai	瘷 ꜀sui	䜠 ᶜliaŋ	香 ꜀xiɔŋ	便宜 ₒβieŋ ₒnɔi
松溪	响 ᶜxioŋ	矮 ᶜa	瘷 ꜀suei	䜠 ᶜtsaŋ	香 ꜀xioŋ	便宜 ₒpei ₒi

① 瞋，《集韵》先韵："声盈耳也。"亭年切。音义俱合。

② 福州也可说"下"kia꜅。

③ 瘷，《广韵》脂韵："减包。"所追切。

④ 痟，《集韵》梗韵："瘦谓之痟。"所景切。

⑤ 䜠，《集韵》敢韵："无味也。"子敢切。

	378. 凉快	379. 零一百～八	380. 个一～人	381. 张一～桌子	382. 件一～上衣	383. 床一～被
福州	凉 ꜁luoŋ	零 ꜁liŋ	隻 tsieʔ꜆	张 ꜀t'uoŋ	件 kyɔŋ꜅	床 ꜁ts'ouŋ
古田	爽快 ꜂souŋ ŋuai꜄	零 ꜁liŋ	隻 tsiaʔ꜆	张 ꜀t'yøŋ	领 ꜂liaŋ	床 ꜁ts'ouŋ
宁德	快活 k'ɛ꜄ uat꜇	零 ꜁liŋ	隻 tsieʔ꜆	张 ꜀tɔŋ	件 k'yŋ꜅	床 ꜁ts'ɔŋ
周宁	清 ts'en꜄	零 ꜁leŋ	隻 tsieʔ꜆	张 ꜀tyoŋ	对 tɔi꜄	床 ꜁ts'ɔŋ
福鼎	凉 ꜁lioŋ	零 ꜁liŋ	个 koi꜄	张 ꜀t'ioŋ	领 ꜂liaŋ	领 ꜂liaŋ
莆田	凉 ꜁liɐu	空 k'ɒŋ꜄	□ ꜁ke	隻 tsiaʔ꜆	件 kyɒ꜅	领 ꜂lia
厦门	秋清 ꜀ts'iu ts'in꜄	空 k'ɔŋ꜄	□ ꜁ge	块[1] te꜄	领 ꜂niã	领 ꜂niã
泉州	秋清 ꜀ts'iu ts'in꜄	空 k'ɔŋ꜄	□ ꜁ge	块 tə꜄	领 ꜂niã	领 ꜂niã
永春	秋清 ꜀ts'iu ts'in꜄	空 k'ɔŋ꜄	□ ꜁ke	块 tə꜄	领 ꜂niã	领 ꜂niã
漳州	秋清 ꜀ts'iu ts'in꜄	空 k'ɔŋ꜄	□ ꜁ge	块 te꜄	领 ꜂niã	领 ꜂niã
龙岩	秋清 ꜀ts'iu ts'in꜄	空 k'oŋ꜄	□ ꜁kie	奇 ꜀k'a	件 ꜂kyã	领 ꜂niã
大田	凉 ꜁liŋ	空 k'oŋ꜄	□ ꜁ge	奇 ꜀k'a	件 ꜀kiã	领 ꜂niã
尤溪	凉 ꜁niũ	零 ꜁liŋ	□ ki꜅	奇 ꜀k'a	领 ꜂niã	床 ꜁ts'oŋ
永安	凉 ꜁liam	零 ꜁lĩ	隻 tʃiɒ꜆	张 ꜀tiam	件 ꜃kɛiŋ	床 ꜁tsɔm
沙县	凉 ꜁liŋ	零 ꜁nɔ̃i	隻 tʃia꜆	张 ꜀tiŋ	件 ꜃kĩ	床 ꜁ts'aŋ
建瓯	凉 liɔŋ꜄	零 ꜁laiŋ	隻 tsia꜆	张 ꜀tiɔŋ	件 kiŋ꜅	床 ts'ɔŋ꜄
建阳	凉 ꜁liɔŋ	零 ꜁laiŋ	隻 tsia꜆	张 ꜀tiɔŋ	件 kieŋ꜅	床 ꜁t'ɔŋ
松溪	凉 ꜁lioŋ	零 ꜀laŋ	隻 tsia꜆	量 ꜀lioŋ	件 kiŋ꜅	床 ꜁ts'aŋ

① “块”的声母与反切不合，可能另有来源，但本地均写训读字。

	384. 他比我高指个头儿	385. 茄子	386. 懒	387. 桌子	388. 眼珠
福州	伊比我悬 ꜀i ꜂pi ꜂ŋuai ꜁kɛiŋ	紫菜 ꜂tsie ʒai꜄	趟[2] tiaŋ꜅	桌 tɔʔ꜆	目珠仁 meiʔ꜇ ꜀tsiu ꜁niŋ
古田	伊比我悬 ꜀i ꜂pi ꜂ŋuai ꜁keiŋ	紫菜 ꜂tsie ʒai꜄	趟 tiaŋ꜅	桌 tɔʔ꜆	目珠仁 meiʔ꜇ ꜀tsiu ꜁niŋ
宁德	伊比我悬 ꜀i ꜂pi ꜂ua ꜁kɛn	紫菜 ꜂tsie ai꜄	趟 tiɛn꜅	桌 tɔʔ꜆	目珠子 muʔ꜇ ꜀tsiu ꜀tsi
周宁	伊比我悬 ꜀i ꜂pi ꜂ua ꜁kɛn	紫菜 ꜂tsi ai꜄	趟 tiɛn꜅	桌 tɔʔ꜆	目珠仁 miʔ꜇ ꜀tsiu ꜁nin
福鼎	伊比我悬 ꜀i ꜂pi ꜂ua ꜁keŋ	茄囝 ꜁kie ꜂kiaŋ	趟 tiaŋ꜅	桌 to꜄	目珠仁 mu꜆ ꜀tsiu ꜁niŋ
莆田	伊并我会悬 ꜀i pa꜅ ꜂kua e꜅ ꜁ke	茄 ꜁kiɐu	贫趟 ꜁piŋ nia꜅	床 ꜁ts'uŋ	目珠核 maʔ꜇ ꜀tsiu hoʔ꜇
厦门	伊恰䠀[1] 我 ꜀i k'aʔ꜆ lo꜄ .gua	茄 ꜁kio	贫趟 ꜁pin tuã꜅	桌 toʔ꜆	目仁 bak꜇ ꜁lin
泉州	伊恰䠀我 ꜀i k'aʔ꜆ lio꜄ .gua	茄 ꜁kio	臭趟 ts'au꜄ ꜂tuã	桌 toʔ꜆	目仁 bak꜇ ꜁lin
永春	伊恰䠀我 ꜀i k'aʔ꜆ lio꜄ .gua	茄 ꜁kio	臭趟 ts'au꜄ tuã꜅	桌 toʔ꜆	目珠仁 bak꜇ ꜀tsiu ꜁lin
漳州	伊恰䠀我 ꜀i k'aʔ꜆ lo꜄ .gua	茄 ꜁kio	贫趟 ꜁pan tuã꜅	桌 toʔ꜆	目珠仁 bak꜇ ꜀tsiu ꜁lin
龙岩	伊恰䠀我 ꜀i k'aʔ꜆ lo꜄ .gua	茄仔 ꜁kio ꜂a	趟 ꜂tuã	桌仔 ꜂to .a	目仁 bak꜇ ꜁gin
大田	伊比我恰悬 ꜀i ꜂pi ꜂gua k'aʔ꜆ ꜁kuĩ	茄 ꜁kiɤ	趟 ꜂tuã	桌 toʔ꜆	目珠仁 baʔ꜇ ꜀tsiu ꜁jeŋ
尤溪	伊比我恰悬 ꜀i ꜂pe ꜂gua ka꜆ ꜁kuẽ	茄 ꜁kø	趟 tø꜅	桌床 tɤ꜆ ꜁ts'oŋ	目珠仁 mɤ꜆ ꜀tsiu ꜁liŋ
永安	渠比我悬 ꜀ŋy ꜂pi ꜀ŋuɒ ꜁kyɛiŋ	茄 ꜁kiɯ	□趟 ꜀lĩ ꜂tɛiŋ	桌 tsaɯ꜆	目珠核 ꜂mu ꜀tʃy ꜂xuɒ
沙县	渠比我悬 ꜀gy ꜂p'ĩ ꜂gua ꜁kuĩ	茄 ꜁kio	趟 ꜂tɛiŋ	桌 tsɔ꜆	目珠核 ꜂bu ꜀tʃiu ꜂xue
建瓯	渠比我乔 ky꜇ ꜂pi uɛ꜇ ꜂au	茄 kiɔ꜄	趟 tuiŋ꜅	桌 tɔ꜆	目珠仁 mu꜇ ꜀tsiu neiŋ꜄
建阳	渠比我乔 ꜀ky ꜂pɔi ꜀βue ꜀ɦau	茄 ꜁kiɔ	趟 lyeiŋ꜄	桌 tɔ꜆	目珠仁 mu꜇ ꜀tsiu ꜁nɔiŋ
松溪	渠比我乔 kyo꜇ ꜂pei ŋua꜇ xo꜇	茄 ꜁kyo	趟 tyŋ꜅	桌 ꜀to	目珠仁 mei꜆ ꜀tsiu ꜁neiŋ

① 䠀，《集韵》号韵："身长。"郎到切。

② 趟，《集韵》狝韵："移行也。"丈善切。

	389. 想	390. 问	391. 手帕	392. 吹~灯	393. 高	394. 米汤	395. 养~猪
福州	想 ꜂suoŋ	问 muɔŋ꜄	手巾 ꜂tsʻiu ꜀yŋ	喰 ꜁puŋ	悬 ꜁kɛiŋ	饮 ꜂aŋ	养 ꜂yoŋ
古田	想 ꜂syøŋ	问 muoŋ꜄	手巾 ꜂tsʻiu ꜀yŋ	喰 ꜁puŋ	悬 ꜁keiŋ	饮 ꜂aŋ	饲 tsʻi꜄
宁德	□ ꜁tsʻɔŋ	问 mon꜄	手巾 ꜂tsʻiu ꜀yn	喰 ꜁pon	悬 ꜁kɛn	饮 ꜂am	饲 tsʻei꜄
周宁	□ ꜁tsʻɔn	问 mun꜄	手巾 ꜂tsʻiu ꜀yn	喰 ꜁pun	悬 ꜁kɛn	饮 ꜂ɛn	饲 tsʻei꜄
福鼎	想 ꜂tsʻoŋ	问 muoŋ꜄	手巾 ꜂tsʻiu ꜀kiŋ	喰 ꜁puŋ	悬 ꜁keŋ	饮 ꜂aŋ	饲 tsʻi꜄
莆田	算 ɬua꜄	勘 kʻaŋ꜄	手巾囝 ꜂tsʻiu ꜀yŋ ꜂yɒ	喰 ꜁poŋ	悬 ꜁ke	饮 ꜂aŋ	饲 tsʻi꜄
厦门	想 siũ꜅	问 bŋ꜅	手巾 ꜂tsʻiu ꜀kun	喰 ꜁pun	悬 ꜁kuãi	饮 ꜂am	饲 tsʻi꜅
泉州	想 ꜃siũ	问 bŋ꜅	手巾 ꜂tsʻiu ꜀kun	喰 ꜁pun	悬 ꜁kuĩ	饮 ꜂am	饲 tsʻi꜅
永春	想 siũ꜅	问 bŋ꜅	手巾 ꜂tsʻiu ꜀kən	喰 ꜁pun	悬 ꜁kuĩ	饮 ꜂am	饲 tsʻi꜅
漳州	想 siɔ̃꜅	问 muĩ꜅	手巾 ꜂tsʻiu ꜀kun	喰 ꜁pun	悬 ꜁kuan	饮 ꜂am	饲 tsʻi꜅
龙岩	想 ꜃siõ	问 muĩ꜄	手帕 ꜂tsʻiu pʻie꜄	喰 ꜁pun	悬 ꜁kuĩ	饮 ꜂am	饲 tsʻi꜄
大田	想 ꜃siŋ	问 buiŋ꜄	手巾仔 ꜂tsʻiu ꜀keŋ ꜂a	喰 ꜁pueŋ	悬 ꜁kueŋ	饮 ꜂aŋ	饲 tsʻi꜄
尤溪	想 ꜂sioŋ	勘 kʻaŋ꜄	手巾 ꜂tsʻiu ꜀kɤŋ	喰 ꜁pɤŋ	悬 ꜁kuẽ	饮 ꜂aŋ	饲 tsʻi꜅
永安	想 ꜂siam	问 muɛiŋ꜄	手巾 ꜂tsʻiau ꜀kuã	喰 ꜁puã	悬 ꜁kyɛiŋ	饭汤 pm꜄ ꜀tʻɑm	供 ꜀kiɐm
沙县	想 ꜂ʃiŋ	问 muĩ꜄	手巾仔 ꜂tsʻiu ꜀kuĩ ꜂tsai	喰 ꜁puĩ	悬 ꜁kuĩ	饭汤 puĩ꜄ ꜀tʻaŋ	供 ꜀kœyŋ
建瓯	想 ꜂sioŋ	问 mɔŋ꜅	帕仔 pʻa꜄ ꜂tsiɛ	吹 ꜀tsʻye	乔 ꜂au	饮 ꜂aiŋ	饲 si꜅
建阳	想 ꜂sioŋ	问 muŋ꜅	帕仔 pʻa꜄ ꜂tsie	吹 ꜀tsʻye	乔 ₒɦau	饮 ꜂aiŋ	饲 si꜅
松溪	想 ꜂sioŋ	问 moŋ꜅	帕仔 pʻɒ꜄ ꜂tsiɛ	吹 ꜀tsʻyœ	乔 xo꜇	饮 ꜂aŋ	饲 si꜅

	396. 害喜	397. 脱~衣服	398. 凶恶	399. 一基数	400. 吃不得
福州	病囝 paŋ꜅ ꜂kiaŋ	褪 t'ɒuŋ꜄	恶 ouʔ꜆	蜀 suoʔ꜇	袂食得 me꜅ lieʔ꜇ .liʔ
古田	病囝 paŋ꜅ ꜂ŋiaŋ	褪 t'ɔuŋ꜄	凶 ꜀xyŋ	蜀 syøʔ꜇	袂食得 mɛ꜅ liaʔ꜇ .liʔ
宁德	病囝 paŋ꜅ ꜂kian	褪 t'ɔn꜄	恶 ɔk꜆	蜀 søʔ꜇	袂食得 mɛ꜅ liaʔ꜇ .ɛ
周宁	病囝 paŋ꜅ ꜂ken	褪 t'ɔn꜄	恶 ɔʔ꜆	蜀 sɔʔ꜇	袂食得 me꜅ lieʔ꜇ .liʔ
福鼎	病囝 paŋ꜅ ꜂kiaŋ	褪 t'oŋ꜄	□ ꜂mai	蜀 suo꜇	袂食得 me꜅ sia꜇ .liʔ
莆田	病囝 pa꜅ ꜂yɒ	褪 t'ø꜄	恶 ɔʔ꜆	蜀 ɬoʔ꜇	袂食得 pe꜅ ɬiaʔ꜇ .lɛʔ
厦门	病囝 pĩ꜅ ꜂kiã	褪 t'ŋ꜄	恶 ɔk꜆	蜀 tsit꜇	袂食得 bue꜅ tsiaʔ꜇ .lit
泉州	病囝 pĩ꜅ ꜂kã	褪 t'ŋ꜄	恶 ɔk꜆	蜀 tsit꜇	袂食得 ꜂bue tsiaʔ꜇ .lit
永春	病囝 pĩ꜅ ꜂kiã	褪 t'ŋ꜄	恶 ɔk꜆	蜀 tsit꜇	袂食得 bue꜅ tsiaʔ꜇ .lit
漳州	病囝 pɛ̃꜅ ꜂kiã	褪 t'uĩ꜄	恶 ɔk꜆	蜀 tsit꜇	袂食得 be꜅ tsiaʔ꜇ .e
龙岩	病婴囝 piẽ꜅ ꜂iã	退 t'ie꜅	恶 ok꜆	蜀 tsit꜇	袂食得 ꜂be ꜂tsa .lie
大田	病囝 ꜀pã ꜂kiã	褪 t'ɔ̃꜄	恶 oʔ꜆	蜀 ꜂tse	袂食得 ꜀be tsiaʔ꜇ .lɤ
尤溪	病囝 pã꜅ ꜂ŋ	褪 t'ũ꜄	恶 uo꜆	蜀 ɕie꜆	袂食得 mi꜅ ɕia꜇ li꜆
永安	病妹 põ꜄ mue꜄	脱 t'ue꜆	古怪 ꜂ku kue꜄	寡 ꜂kuɒ	食怀得 ꜂ie aŋ꜄ ta꜆
沙县	病妹 pɔ̃꜄ bue꜄	脱 t'uɛ꜆	古怪 ꜂ku kue꜄	个 ka꜄	食怀得 ꜂ie ŋ꜄ tɛ꜆
建瓯	病囝 paŋ꜅ ꜂kyiŋ	褪 t'ɔŋ꜄	恶 ɔ꜆	蜀 tsi꜄	袂食得 mai꜅ iɛ꜆ tɛ꜆
建阳	病囝 paŋ꜅ ꜂kyeiŋ	褪 huŋ꜄	恶 ɔ꜆	蜀 tsi꜇	袂食得 mai꜄ ɦie꜇ te꜆
松溪	病妹 paŋ꜅ ꜂mei	褪 t'ueiŋ꜄	凶 ꜀xœyŋ	蜀 tsi꜄	袂食得 ma꜆ iɛ꜇ tyœ꜆

三 闽方言各区的主要语音特点和闽方言的分区

根据以上材料，我们可以按区归纳各自的方言特点。

为了避免重复，各次方言区的特有词语表这里不再罗列。由于语料不足，语法特点也暂时不归纳。以下只就各区的主要语音特点做一简要叙述。

为行文简明，几个区共有的特点不再列述；和别区不同但和普通话相同的特点也不提；管字少的特点则少列；有些特点管不住区内的个别点也不一一指明。叙述时一律不再举例字。各条目的排列依照声、韵、调的顺序，其中有历时的语音演变的特点，也有共时的语音结构的特点，不再做分类。

（一）闽东方言区的主要语音特点

1. 古明、泥、疑母字今读为 m、n、ŋ 声母，微母或读同明母 (m)，或读零声母，日母或读同泥母 (n)，或读零声母。

2. 部分古从母字和古心、邪母字今相混，读为 s。

3. 韵母中有 y、ø、œ 等圆唇元音，y 不但可独立成韵和充当韵头，而且可以充当韵尾，构成 øy、ɔy、œy 等韵母。

4. 古开口支韵字和脂、之韵字今读都有不同韵的。

5. 古鼻音韵尾字今读一般都是 ŋ 韵尾，不读鼻化韵，部分方言点另有 n 甚至还有 m 韵尾。一些鼻音韵尾字同时带有元音韵尾 i、u、y，构成 eiŋ、ouŋ、øyŋ 等“复韵尾”韵。

6. 古入声字今读一般为 ʔ 韵尾，个别点还有 p、t、k 韵尾。和鼻尾韵的“复韵尾”相应，也有 eiʔ、ouʔ、øyʔ 等结构的韵母。

7. 声调都是七类（古浊声母上声和去声相混），入声多读促调。多数点有曲折型调值。

8. 多音连读时声、韵、调都可能发生变化，各点具体规律不同，多数是首字不变声，末字不变韵、不变调。在声韵调的连读变化中，变声、变调各点都有，变读的字也多；有些点没有变韵，有变韵的点只有一部分韵母变读。

（二）莆仙方言区的主要语音特点

1. 古明、泥、疑母字今读一般变为相应的清塞音 p、t、k 声母，逢鼻音韵仍读 m、n、ŋ。微母今读多数与明母相混，日母与泥母今读相混，泥、来可分。口语中少数字把疑母读为 h 声母、把日母读为 ts 声母。

2. 古心、邪、生、书、禅等母字今读除一部分读为塞擦音 ts、ts‘外。均读为边擦音声母 ɬ，没有 s 声母。口语中部分古从母字也读 ɬ 声母。

3. 有撮口呼韵母和圆唇元音 ø、œ，但管的字较少。没有 y 韵尾。a 同 ɒ 在一些韵母里有音位对立。

4. 古鼻音韵尾字今读混为ŋ韵尾，口语中ŋ还常常脱落，在莆田读为元音韵，在仙游读为鼻化韵。

5. 古入声字今读混为ʔ韵尾，口语中ʔ也常常脱落，读为元音韵，有的连声调也混入非入声调。

6. 文白读的对立普遍存在，除古阳声韵、入声韵外，在声母方面和阴声韵也常有文白读的差异。在声调方面，阴阳入各有自己的文白读声调，不计白读，声调有七类（古浊上浊去相混），加上白读则有八类（白阴入混于阳去，白阳入独立）。

7. 多音连读时非首字常常变声，非末字常常变调，没有变韵现象。

（三）闽南方言区的主要语音特点

1. 古明、泥、疑母字今读多为b、l、g声母（l实际上是类似b、g的弱化塞音d），逢鼻化韵仍读为m、n、ŋ。古微母与明母，来母与泥母今读相混，部分点日母今读dz，多数点也与泥、来母相混。

2. 少数古疑、日母字今口语中读为h声母。

3. 没有撮口呼韵母，也没有ø、œ之类圆唇元音。o、ɔ一般都有音位对立，一些点还有e、ɛ的对立。

4. 古鼻音韵尾字今分读m、n、ŋ三种韵尾，界线大体和《广韵》系统相符，口语中有许多字失落m、n、ŋ韵尾，读为鼻化韵。边界点有的只有ŋ韵尾和鼻化韵。m、ŋ都能自成音节，ŋ韵还能与ŋ以外的声母相拼。

5. 古入声字今分读p、t、k三种韵尾，界线也大体符合《广韵》音类。这三种塞音尾的字在口语（白读）中都可能读为ʔ韵尾，有的点也有脱落ʔ韵尾的。

6. 古宕、江、通摄字今口语中逢洪音常相混，但有些“重韵”如“虞—鱼、咍—泰、覃—谈”等在口语里却还可区别。韵母总数一般有七八十个之多。

7. 声调都有七类（古浊音声母上、去声不分）或八类。和古四声、古清浊大体相应。很少有曲折型调值。

8. 单字音的文白异读普遍存在，声、韵、调各方面都有明显的文白对应条例，有的字文白可缺对，书面语多文读，文读音也可用于口语。在词语里文白读一般不能随意变换。

9. 多音连读时普遍发生变调，变调规律各点多有不同，但末音节一般不变调，但可读轻声，轻声和本调有音位对立，轻声规律各点大体一致。除了变调与轻声，没有变声和变韵。

（四）闽北方言区的主要语音特点

1. 古明、泥、疑母字今多读m、n、ŋ声母，古泥、来母可分，日母多混于泥母，少数读为零声母。

2. 一些古声类的部分常用字今口语读音比较特殊：古来母字有读 s 声母的；古禅母字有读零声母的；古见母字有读 x 声母或零声母的。

3. 有撮口呼韵母，但韵类较少，管的字和普通话也常有不同。撮口呼韵母可与唇音、舌齿音声母相拼，组成 py、ty、tsy 等音节。

4. 古鼻音韵尾字今读混为 ŋ 韵尾，没有鼻化韵。有 i、y 和 ŋ 韵尾共存的“复韵尾”韵 eiŋ、aiŋ、øyŋ、ieiŋ 等，管的字较多。

5. 古入声字今读元音韵，无塞音韵尾。

6. 声调从六类到八类不等，和古四声、古清浊的对应不甚整齐，如古浊音声母平声字都分读两个调类；古浊音声母上声和去声字一般不混。

7. 声、韵、调都有文白读对应，但对应条例较少，同时存在文白异读的字也不多。

8. 多音连读时一般都没有变声、变韵、变调等现象，也没有明显的轻声。

（五）闽中方言区的主要语音特点

1. 古疑、日母字今读一般为 ŋ(或 g)，少数字口语中读为零声母。古泥母字在细音与疑、日母相混，在洪音与来母不分。

2. 部分古来母字今口语读为 s 声母；部分古见母字今口语读为 x 声母或零声母；但古禅母字读零声母的只有个别字。

3. 有舌尖、舌叶两组塞擦音声母，舌叶音一般来自古照系声母。

4. 古止摄字逢塞擦音声母有读舌尖元音 ɿ 的，tsɿ—tsi、sɿ—si 有音位对立，这是闽方言中所仅见的。

5. 有撮口呼韵母，韵类比较多样，有 ya、yi 等韵，撮口呼字较多，和其他方言的类别亦有不同。

6. 古鼻音韵尾字今多读 ŋ 韵尾，有的点还有 m 韵尾，包括古咸、山、宕、江、梗、通摄字。口语中不少字读为鼻化韵。ŋ、m 可自成音节，也可与其他声母相拼，有 pm、p‘m、xm 等音节组合。有 ɛiŋ、yɛiŋ 等“复韵尾”韵母。

7. 古入声字今读为元音韵，没有带塞音韵尾的韵母。

8. 声调有六类。去声不分阴阳；古浊音声母的入声字并入上声。

9. 文白异读的观象较少。有较为简单的连读变调，没有变声现象。有的点（沙县）某些元音在不同声调条件下有不同开口度的变韵。

我们认为，把福建境内的闽方言分为以上所述五个次方言区是比较合适的。如果只分为闽南、闽北两区，从内容上说并不能反映闽方言内部纷纭复杂的差异；从名称上说，也不符合实际的地理位置和本地习惯的地域称呼。

在福建，人们通常把闽江口以北的沿海称为闽东沿海，包括连江、宁德的霍童溪、福安的洋头溪两岸和福鼎的太姥山区。其西部的鹫峰山区则称为闽东腹地。以福州话为代表的闽东方言正是分布在闽江下游、闽东沿海和闽东腹地的十八个县市。以建瓯话为代表的闽北方言则分布在武夷山区和建溪流域的六县市，这一带本地人也正是自称为闽北山区的。晋江、九龙江两流域、戴云山南段和博平岭以东共有二十三个县市，习惯上都称为闽南地区，这里所通行的以厦门话为代表的方言和海峡对岸的台湾省所通行的主要方言，甚至分布在粤东的汕头、汕尾地区的“潮汕话”也早已被称为闽南方言，这是不成问题的。通行在木兰溪流域和兴化湾的莆田城厢区、涵江区和仙游县的方言，民间一直称为莆仙方言。分布在沙溪两岸的以永安话为代表的方言，根据它位于整个福建的中部，称它为闽中方言也比较合适。

闽方言五个次方言区的分布反映了福建先民依山傍水聚落繁衍的事实。在自然条件和经济生活上，这五个区域都有自己的特点。不仅如此，这种分布情况又是和历史上行政管理区划的建制相一致的：闽东方言区是唐宋的福州、元代福州路、明清的福州府地（清代又分出福宁府）；莆仙方言区是宋代的兴化军、元代兴化路、明清的兴化府地；闽南方言区是唐宋的泉州、漳州，元代泉州路、漳州路，明清的泉州府、漳州府地；闽北方言区是唐宋的建州、元代建宁路、明清建宁府地；闽中方言区则是宋代南剑州、元代南剑路、明清的延平府地。

由此可见，地理区域和历史建制也说明了以上所划分的五个次方言区是适当的。

四 余论

在调查和比较闽方言内部差异的过程中，我们反复研究了一些问题。为了说明我们处理材料的原则，有必要谈谈我们对这些问题的看法。

（一）关于语音差异的比较

在大量的语音材料中，哪些材料最能反映方言特点，是我们比较研究的重点呢？我们的体会是：应该从活的口语中取材；应该充分重视语音演变中的特例；应该跳出“字音”的圈子，注意考察连音变化的现象。

如所周知，闽方言存在着大量的文白异读。有些文读音只是老年人在诵读旧诗词时才用，有的甚至只能据韵书的反切去推。这种读音虽然有明显的系统性，但有些是并未在口语中运用。比较方言语音，我们主张立足口语，多采取白读。口语的读音口口相传，世代相承，往往最稳定，最少受外来影响，因而也最能反映方言特色。例如闽南话古日母字读 h 声母就只见于白读，而那些字都另有相对的文读，离开了白读音，这个特点就反映不出来了。

方言语音的演变是有规律的，这种规律往往不是一对一地变，而是有分有合。有时古代一个音类，现代方言一分为几；有时古代几个音类现在合而为一。一分为二可能一大一小，合二为一也可能有全有半。这种大小全半之别，可以称为常例和变例。在观察方言特点时，管字少的变例往往更值得我们注意。因为造成这些变例是有特定的原因和条件的，或者是更古时代就有两类之别；或者是古时就有的方言差异；或者是方言里不同历史层次的读音：或者是其他语言的影响。不论原因是否找到，先把事实罗列出来，就能说明方言特点。例如闽北话古来母字读 s 声母，古浊平声字分列两个调类，就是很值得注意的语言事实。

语音是语词的物质形式。在多音词里，由于各词素意义的“凝固”，各音节也随着“胶合”成一个整体。这种胶合作用往往产生各种连读音变。在不同的方言，音节间的胶合作用有强有弱，范围有广有狭，方式也各不相同，有的则可以完全没有连读音变。变不变，怎么变，变了多少，正是构成不同语音结构，形成不同方言特点的重要因素。例如北京话的轻声、儿化，上海话的连读变调，福州话的变声、变韵，就都是这样的因素。就闽方言说，连读音变的不同表现，甚至可以作为划分次方言的重要标准。仅是根据这些特点，我们就可以明确地把闽方言划为五个区了。请看下表：①

	闽东	莆仙	闽南	闽中	闽北
变声	+	+	–	–	
变韵	+	–	–	–	–
变调	+	+	+	⊥	–
轻声	⊥	⊥	+	⊥	–

（二）关于词汇语法差异的比较

汉语方言在语音方面的差异是引人注目的，而词汇语法上的差异则常常被认为不太显著。就闽方言而论，情况并非如此。在本文所列的 214 条词语中，有五种以上说法的占 99 条，三种或四种不同说法的 88 条，这都还是在同一大方言区内部的差异。本文和《福建闽方言的一致性》所收的六七百条词语（多数单字还可用作单音词）大多是和普通话及其他方言有词汇差异的常用词语。可见，闽方言的词汇语法差异绝不是无足轻重的。

在分析方言差异时，忽略词汇语法材料有多种原因。从主观上说，我们对方言词汇语法调查不够是主要原因；在客观上，还因为方言词汇变化快，同义手段多，有些差别比较细微，非深入分析很难发现。

方言词汇语法特点往往集中地表现在日常生活用语方面，尤其是其中的单音词、有构词能力的基本词以及常用的句型。这都是调查比较时必须着重注意的。为了便于面上比较，拟定条目要力求具体、明确。例如，闽方言里，天冷和水冷，人瘦和肉瘦，盖被子和

① 表中符号“+”表示有变化，“–”表示无此项变化，“⊥”表示有变化，但范围不广。

盖盖子，背米和背小孩往往有不同说法，泛泛调查不加限定，得到的材料就会对不上号。

方言词的比较必须着重于词根异词的比较。方言口语中同义词是很丰富的，确定条目时，应该回避那些同义词太多的条目，但是调查时却又应该尽量多问同义词，这对于鉴别词根、比较同异是十分有用的。例如“懒惰”一词，最常见的说法，福州是 tiaŋ˚ ꜀t‘øyŋ，泉州 ts‘au˚ ˓tuã，厦门 ꜀pin tuã˚，建瓯是 tuiŋ˳，调查的时候，我们注意到各个点都可以说成单音词，最后终于找到了同根词“趟”。这样，我们就获得了这一组方言词“同中有异，异中有同”的认识。

要了解方言语音特点必须重视口语里的白读音，这并不意味着文读音不需要调查。全面地了解文读音和白读音，理出它们之间的对应关系，对于考求方言词的本字，比较方言词根的异同有着重要的意义。上文所举的“趟”就是通过各点文白对应条例确定它的音韵地位应该是澄母、狝韵字才找到本字的。再如闽方言区常见的地名字“墘”（边缘），福州读 ꜁kieŋ，厦门读 ꜁kĩ，莆田读 ꜁kiŋ，建瓯读 xaiŋ˚，用各点文白对应条例我们可以推导出这是匣母、先韵的“舷”字。

在闽方言词汇语法的调查比较上，我们虽然做了一些努力，但还很不够，粗疏不当之处只好待来日补救了。

（三）关于闽方言各区间的关系

我们深知，对于纷繁复杂的闽方言来说，用十八个点的四百条材料进行比较，只能反映出闽方言内部差异的概貌，做个大略的分区。一些更细的情况是难以反映的。

例如，五个次方言区之间的关系并不是并列的等距离的关系，区与区之间的关系有浅有深，边缘地区和中心地带的差异有大有小，但从现有的材料还很难做深入的分析。粗略地说，东部沿海三区之间，西部山区两区之间各自关系较深，异中有更多的同；但由于历史和地理的原因，闽北和闽东之间，闽中和闽南之间也都存在着一些共同的特点。莆仙方言区能否成立，曾经有过争议，它显然兼有闽东、闽南的一些特点，但也有些是异于闽东、闽南而独有的特征，仅从方言差异的情况说，我们认为还应该独立分区，尽管它只通行在三个县区。

再如，各次方言区交界地带的情况也是比较复杂的，尽管我们在选点时注意了边界多选，但由于只做了城关话的调查，所以对交界地带的情况就不能反映得更具体。像福鼎话与福州话、大田话与厦门话都已经有较大的差异，要更确切地为这类边界点定性，说明它们和中心地带方言的离心状态的程度和原因，显然还要做更细的调查。五个区之间的尤溪话我们暂时未划归某个区也是由于材料还不足。在乡间，不少地方还有方言岛，例如闽东的福鼎、霞浦、宁德，闽中的永安都有闽南方言岛；不少地方边界农村说的话和城关话不属一个次方言区，例如周宁、屏南的西乡有闽北方言，大田西乡有闽中方言，尤溪东北乡有闽东方言，东南乡有闽南方言。这些情况也只能待调查了更多的方言点之后再做反映了。

此外，我们还注意到，闽方言不仅仅通行于福建，台湾省和广东省的闽方言（主要是闽南话）无论是通行地域或使用人口都已超过福建本土，海外的不少地区也有通行闽方言的。关于闽方言的分区，理应把台湾、广东、浙江乃至海外所通行的闽方言综合起来进行比较和分析，才能把问题搞得更清楚些。然而福建毕竟是闽方言的发源地，经过近千年的使用和发展才传到省外去的，我们应该先就福建境内的闽方言做初步的考察。我们恳切地希望，对于历史悠久、流播广泛的闽方言感兴趣的同人能够通力合作，共同行动，把闽方言的研究更加深入地进行下去。

说明：本文发表于《中国语言学报》第三期（1984年12月），当时署名为李如龙、陈章太。本文和《福建闽方言的一致性》一文后收入《闽语研究》（陈章太、李如龙著），语文出版社，1991年。此次收入本书时又做了一些修改。

附记：以上两篇长文是我和陈章太同志四十年前合作的成果。20世纪60年代，我们都参加了《福建省汉语方言概况》（以下简称《概况》）的编写工作。拨乱反正之后，我们从《概况》的语料中择要选出700条（包括字音和词语各350条），拿18种有代表性的方言点逐一复核，进行系统的比较研究，提出了福建境内闽方言的共同特征和主要差异，以及对福建闽方言的分区意见。这是对《概况》的一次提炼。把这两篇长文收入本书时，我征得了章太同志的同意，由于他身体欠佳，校订和修改工作由我承担。

2021年8月，我到北京探访时，谈到《闽方言文存》正在排印，《福建省汉语方言概况》已经修订并交给了出版社，章太兄十分高兴，说这是对历史的交代。临走时，他还奋力走到楼梯口，表示依依惜别之情。

仅以此60多年同学的友谊结晶，表示我对学兄的永恒怀念。

2023年2月27日

贰　闽方言语音研究

论闽方言的文白异读

一 闽方言文白异读的特点

各地闽方言都有文白异读，而且牵连的字多，对应繁复，它不但是语音现象，也是一种词汇现象，可以说，文白异读是闽方言的重要特点，研究文白异读是了解闽方言的钥匙。

按一般的理解，文白异读是同一个字在书面语和口语各有不同的读音。这样的说法也不能算错，但是，闽方言的文白异读远没有这么简单。

第一，闽方言的文白异读未必都是文与白的对立。文读在民间又称读书音、书音、字音、孔子白，白读又称说话音、话音、土音、解说。有些字的异读在方言中都用于口语。例如福州话："利" 读 lei^5（为便于面上比较，本文用数字标记调类，多音连读只标本字调，不标变调。下同）是锋利，读 lei^6 是利息；厦门话："水" 读 sui^3 意为漂亮，读 tsui^3 指的是分子式为 H_2O 的水。只有从系统上才能判断 lei^6、sui^3 是文读，lei^5、tsui^3 是白读，因为福州话有文读阳去与白读阴去的对应；厦门话有文读 s 与白读 ts 的对应。这是文白异读都进入口语的例子。建瓯话"厚道"说 ke^{8}tau^8，潮州话"麻木"读 mua^{2}bak^8，按系统说，ke^8、mua^2、bak^8 都属于白读音，建瓯话作人名用厚读 he^8，潮州话麻则有文读音 mã^2，但在这些书面语词里用的是白读音。这是白读进入书面语的例子。

第二，有些字并非异读而是只有一读，但是从系统上说应该归入文读或白读，换言之，可以有文读或白读，却未必有并存的白读和文读。例如泉州话：侯韵字逢端组有文 io—白 au 的对应，投 tio^2—tau^2、偷 t^{h}io^1—t^{h}au^1、漏 lio^5—lau^5，但抖只读 tio^5（是文读），兜只读 tau^1，（是白读）。又如福州话："料" 用作动词读 lieu^6$_{\sim 理}$，用作名词读 lau^6$_{有\sim}$，有文白两读，但"钓" 只读 tieu^5，"条" 只读 tɛu^2。这种"缺对" 形式的读音是文白读在词汇分布上的不平衡，如果不承认是文读或白读，文白对应的系统性又成了问题。

第三，在其他方言，文白异读通常只有两读，有时，在同样语词中文白两读还可以自由变读，而闽方言的文白读都可以不止一种，而且在具体语词中往往不能随意变读。

例如福州话："拖"，文读 t^{h}o^{1} ～拉机，白读 t^{h}ua^{4} 地兜～：放地上拖，蜀大～：～大拖，t^{h}ai^{1} ～车：拉车。共有一文二白。泉州话："老"文读有 nɔ̃^{3}：元～，月～，孤～：孤僻；lɔ^{3}：～鼠，lau^{3} ～板，～练，～仔：扒手；白读有 lo^{3}：长～，陈～（尊称），lau^{4} ～依：老人，～大：绅士，nɔ̃^{4}：行动缓慢，la^{4} ～鹞（hio 老鹰），各种文白读共有七种音，在不同的语词里不同的读音，彼此不能互换。

第四，不同的语词读不同的音，可能是不同年代约定俗成的，但有些明显是运用文白对应的变读来区别词义或构成新词的。例如泉州话：时掌切的"上"有三读，禅母字有 s—ts—ts^{h} 的对应，阳韵有 iɔŋ—iũ 的对应，文读 siɔŋ^{6}，白读 tsiũ^{6}，用于主动义：～班，～桌，～山，～身巫者鬼神附体；ts^{h}iũ^{6} 用于使动义：～水从井里打水，～白蚁，～鉎（san^{1}）生锈，～头为童养德举行婚礼。又如建瓯话声调有文读上声—白读阴去的对应：鳞 leiŋ^{3}—saiŋ^{5}，明 meiŋ^{3}—maŋ^{5}，蝉 siŋ^{3}—iŋ^{5}，童 tɔŋ^{3} 儿～—t^{h}ɔŋ^{5} 姓。有些字文白读声韵相同，就利用声调对应来区别意义：盘 puiŋ^{3} ～点 puiŋ^{5} ～仔，娘 niɔŋ^{3} 阿～：女人 niɔŋ^{5} 母亲，婆 pɔ^{3} 尊称 pɔ^{5} 贬称，强 kiɔŋ^{3} ～大 kiɔŋ^{5} 质量好，能力大，薯 y^{3} 番～ tsy^{5} 山药，妈 ma^{3} 祖母 ma^{5} 母亲。

闽南话还有用文白两音连读来构成双音词的，例如：食食 tsiaʔ^{8} sit^{8}（泉州音，下同）里里 lai^{4} li^{3} 里子石石 siaʔ^{8} tsioʔ^{8} 砚石延延 ian^{2} ts^{h}ian^{2} 拖延世世 si^{5} sua^{5} 连接，紧凑。

第五，在其他方言，一个字的文白读之异，通常只是声韵调中的一项，闽方言则常常不止一项，有时文白读会声韵调皆异，以致面目全非，难以识别其间的对应。例如福州话：树 søy^{6}—ts^{h}ieu^{5}，雨 y^{3}—huɔ^{6}，絮 søy^{6}—ts^{h}ɔ^{5} 丝瓜网 uoŋ^{3}—mɔyŋ^{6}，《戚林八音》为这些白读音另造了新字"樹、葯、絚"，雨的白读有人写了同音字"祸"。又如建瓯话：卵 luiŋ^{3}—sɔŋ^{6}，城 seiŋ^{5}—iaŋ^{3}，妇 hu^{6}—py^{8}，学 ha^{7}—ɔ^{8}；泉州话：耳 nĩ^{3}—hi^{4}，旱 han^{6}—uã^{1}，远 uan^{3}—hŋ^{4}，养 iɔŋ^{3}—tsiũ^{6} 头～囝：长子。也都是文白读的声韵调俱异的例子。应该说，文白读的变异有这么大的跨度，这在其他方言中是很少见的。

可见，闽方言的文白异读不仅是单字在不同言语风格的语词中的异读，而是不同音类相区别又相关联的对应系统；不仅是语音的变异，也是组字成词和区别词义的手段。

二 闽方言文白异读的成因

闽方言为什么会有如此繁复的文白异读？经过长期的考察和思考，我们总结了三点认识。

第一，文白异读是文字和语词相分离、书面语和口语相脱节的结果。

如果按照不同方言词的读音另造新字或写同音字，不顾及语素的意义，不计较本字，便无所谓文白异读了。例如粤方言的"困"读 k^{h}uɐn^{5}，口语里的"睡觉"说 fɐn^{5}，本来就是"困"的白读，因为另造了俗字"瞓"，"困"便没有文白异读了。又如"文"读为 mɐn^{2}，用作货币单位的"一元钱"变读为阴平 mɐn^{1}，另写同音字"蚊"；sɐm^{1}p^{h}ou^{4}

原本应是“新妇”的白读音，前字的韵尾受同化，后字则是“妇”的白读，习惯上写作“心抱”，这样，“文、妇”的白读也就被掩盖了。在北方地区，“家”用作地名时保留了古见母未腭化时的 k，并读为轻声。许多地方写成“各”（张各庄、李各庄），“家”也就没有 tɕia^{1}—˙kə 的文白异读。

然而，为什么文字和语词会相分离呢？除了文字和语音的发展不同步的因素之外，这又是和汉语的书面语和口头语的相脱节密切相关的。

长期以来，中国人是靠读书来识字的，古来的识字课本，不论是四书五经或是三字经、百家姓、千家文，全是些陈旧的书面语、经过雕琢的共同语，识字要从学这些书面共同语的读音开始。这种文读音便靠着隋唐以来的韵书的反切的规范，由塾师们世代相因地传授下来；而方言口语早已脱离了一两千年前的书面语，自然发生了很大的变化。口语的白读音是人们在童年时期的语言习得和社会生活的交际实践中口口相传学来的，在传统的古代社会，方言口语总是被认为是不登大雅之堂的“俚俗”“乡谈”，既无需用文字去书写，也不必有反切来规范，而是按照自身的规律在社会上约定俗成，不断变化着。年深日久之后，靠书面语传承的保守的文读音和靠口语存在的多变的白读音便日益分道扬镳，失却了联系。于是，有些字不知道在口语中读音是什么，有些口语词也不知道用的什么字。

例如，对上述福州话的“絮”字的认识就是来之不易的。暑天产的丝瓜，福州话说 ts^{h}ɔ^{5}，用来洗碗的晒干的丝瓜瓤叫 ts^{h}œ^{5} louŋ^{2}。同样的语素，泉州话说“暑瓜絮”ts^{h}ɯ^{3} kue^{1} ts^{h} ue^{5}。按照两地方音的对应，这个音只能是御韵、心母去声字：

	御韵				心母			
	初	梳	苎	鑢	须胡~	碎	笑	髓
福州	ts^{h}œ^{1}	sœ^{1}	tɔ^{6}	lɔ^{5}	ts^{h}iu^{1}	ts^{h}ɔy^{5}	ts^{h}ieu^{5}	ts^{h}øy^{3}
泉州	ts^{h}ue^{1}	sue^{1}	tue^{4}	lue^{5}	ts^{h}iu^{1}	ts^{h}ui^{5}	ts^{h}io^{5}	ts^{h}ə^{3}

泉州的地方戏里有一种女丑说成 ke^{1} lue^{3}，按照上述韵母对应也可以推出是“佳女”的白读。

“絮”的读书音，福州 søy^{5}，泉州 sɯ^{5}，“女”的读书音泉州 lɯ^{3}，这都和说话的音相差太大。历来读书凭字，说话凭口，各不相干，所以一般人不知道，也不想去考究这文白读二者之间有什么关系。

明清以来，由于方言口语发生了很大的变化，方言地区的人读书识字越发困难，为了“因音识字”，许多地方便按照本地语音编了方言韵书。大概因为闽方言和共同语差别特别大，多数本地人并不懂得正音，但又必须读书识字，于是本地人便编了许多按方言音类排列的韵书。福州有《戚林八音》，建瓯有《建州八音》，泉州有《汇音妙悟》，漳州潮州则有《十五音》。① 这类字书所反映的方音系统大致是可信的，但用字则十分杂乱。虽然也分别了一些文白读，但多与新造俗字、异体字、同音字及训读字混用，并未建立完整而科学的书写系统，也没有在社会上起到规范作用。那些字源不明的方言词又收得不全（这也难怪，因为它是字书而不是词书），许多方言词还是常常找不到字写。我的母语在肯定对方的话时答曰 hiauʔ^{8}，表示领悟并同意答曰 hioʔ^{8} · ɔ，初到泉州上高中时曾被当地同学讥为“土得无字可写”，后来才知道那就是从先秦到汉魏所通用的文绉绉的“诺”，后者和作叶子解的“箬”同音，合于泥母的 n—h 对应和药韵的 iɔk—iauʔ、iɔk—ioʔ 对应。

第二，文白异读是方言口语词汇不断扩展的结果。

如果方言口语一成不变，总按书上的字句说话，就不会有文白异读了。随着社会生活的变化，方言词汇总是不断发展的。新出现的方言词，有向外族语言借用的，也有方言地区的创新，但更多的是利用旧有的语素，经过词义扩大、缩小、引申、派生，重新组合而成的。大多数汉字都是有意义的语素，又是不能直接标音的符号，这就为利用汉字变音别义，缀字造词提供了很大的方便。在方言词语扩展的过程中，不同时期有不同的语音结构，用同样的语素在不同的时代构成的语词就往往有不同的读音。为了扩充方言词语，方言也吸收共同语或外地方言的语汇，这部分语词也常常会带来不同的读音。同样的语素在新的方言词里造成不同的读音，这就是方言形成文白异读的基本原因。由此可见，汉字和语词有相分离的一面，也有相关联的一面。上文所举的“老”在泉州话为什么会有那么多的异读呢？这就是不同时代词汇积累的结果。读 lɔ^{3} 的音定型于泥来有别、豪肴未混、浊上未也尚未派入去声的时代，豪韵的音由 *ɒu 变为 ɔ，这很容易使人联想到吴方言的读法。与此同时，肴韵则由 au 变为 a（饱、骹、饺）。nɔ̃^{3} 是泥来相混后的误推：凡有元音鼻化与非鼻化对立的往往鼻化音用于文读（以便模仿共同语的鼻音声母），如：鹅 ŋɔ̃^{2}—gia^{2}，买 mãi^{3}—bue^{3}，扭 niũ^{3}—liu^{3}，lo^{3} 应是从 lɔ^{3} 蜕变来的，也可能为了区别字义，也可能是受外来音的影响，例如省城的福州话就是 ɔ、o 不区别音位的。lau^{3} 明显是仿照近代共同语的读音，当时豪肴合流，全浊归去，次浊留上，除了老实、老练、老手之类书面语词之外，派生了表示“油滑、造作”的单音形容词 lau^{3}，称扒手为“老仔”也显然是近代社会之后才有的。nɔ̃^{4}、lau^{4}、la^{4} 是浊声母清化后分化出的阳上调，nɔ̃^{4} 的字义有引申，或为有意的变读，la^{4} 可能是韵尾异化的结果：“老鸮”的音 lau^{4} iau^{2} → la^{4} hioʔ^{8}。

再举“下”字为例。《广韵》胡雅切：“下，贱也，去也，后也，底也，降也。”泉州话“下贱、下流”读 ha^{4}，是书面语的文读音。音 ke^{4} 是形容词“低”，如说～厝仔矮房

---

① 参见李如龙《闽方言的韵书》，《地方文献史料研究丛刊》第三辑，福建地图出版社，1991 年。

子，悬～高低，～鸡低能儿。音 k^he^4、he^4 是动词“放置”，如说册～伫桌顶书放在桌上，he^4 又引申为“想定”，如说～决心，～毒手，～佛祈求。音 e^4 是方位词，如说～骹下面～底底下～斗下回。从语音上看，ke^4、k^he^4 的音肯定比 e^4、he^4 早定型（下详）；从词汇上看，保存不同时期的不同读音也是词义引申、词性转移的需要。由此可见，文白异读并不单纯是语音现象，也是词汇现象，是不同时代用词造成了同样的字读不同的音。

第三，文白异读是共同语和方言不断矛盾和互相影响的结果。

从共时的、静态的角度说，各方言都有自己独立的结构系统，每个系统都有自己的矛盾统一的规律。但是每个系统的形成和变化都摆脱不了外界的影响。

首先是共同语对方言的影响。

中国文化的大一统观念和早期奴隶制国家的高度权威以及繁荣的文化教育，使汉语在很早以前就有民族共同语的雏形，这就是先秦的“雅言”。汉代经师的音注和后来的反切，尤其是切韵系韵书兴起之后，作为官方颁发的读音规范，对各地复杂的方言都发生过深刻的影响。除此之外，随着共同语的书面语词的扩散，共同语的语音也不断地向各地方言施加着影响。

其次是方言间的相互影响，这主要表现在邻近的方言之间。政治稳定、经济繁荣、文化发达的地区的方言，往往形成历史长，分布地域广，使用人口多，因而在语言接触中获得较大的优势，对周边方言则施加着影响。

闽方言形成之后，赶上盛唐中古音的强大影响，各地闽方言的文读音显然是广韵音系覆盖的结果。详细情形下节将进一步讨论，这里举歌韵字读音为例作一简单说明。歌韵在各地闽方言有如下各种文白读（字下加＝为文读，加—为白读）：

ɔ 建瓯、泉州：歌多何

ɔ̃ 泉州、厦门：我鹅可

o 福州、厦门、文昌、潮州：多歌何左，泉州：箩贺，永安：我个

ɯ 永安：歌饿鹅

aɯ 永安：多左河箩

ua 福州：拖，潮州、文昌、泉州、厦门：我拖歌舵

ai 福州：拖箩

uai 福州：我舵

uɛ 建瓯：多箩舵拖

uɔ 永安：拖

ia 泉州、厦门：鹅

ie 福州：鹅

ya 永安：鹅

a 福州、泉州、建瓯、潮州、文昌：他阿，永安：阿

其中 ɔ、o 应该和广韵系统及宋元的共同语读音最为相近，ɯ、ɔ̃ 是它的特殊变体，往往有声母的特殊条件。其余韵腹为 a 和有 u 介音的都是白读音，是汉代的 ɒ 或 a 变来的。李荣先生对文白异读曾做过这样的概括："其他方言区的文白异读，白话音是本地的，文言音往往是外来的，并且比较接近北京音。"① 闽方言文白异读的情况和这个说法是相符的。

闽方言也接受共同语之外的别方言的影响，例如闽东、闽北与吴方言区邻近，这一带闽方言撮口呼字多，多圆唇元音，阳声韵和入声韵归并为 -ŋ、-ʔ（闽北方言多数点塞音尾 ʔ 已经脱落），这些特点和吴方言的风格十分相似，应该不无关系。闽南（包括潮汕地区）则与客家方言连片，还有双方言带，双方也有一些语音特点相仿，例如无撮口呼，多鼻化韵，入声字有 -p、-t、-k 尾等。海南闽方言长期和属于壮侗语的临高话相处，其唇舌清塞音变为紧喉浊音 ɓ、ɗ，显然是临高话影响的结果。但是，闽方言所受的外地方言的影响似乎不是专门进入文读音，而是分别渗透到文白读之中去的。闽方言地区的人读书识字，历来还是崇尚共同语的标准音的。

三 闽方言文白异读的历史层次

从历时的角度看，方言里的文白异读是不同历史时期的方言语音和所受的共同语语音影响的多层次的叠置。

关于闽方言的文白异读所反映的不同的语音历史层次，我 30 年前在整理《厦门话的文白异读》一文时，曾就厦门话的情形做过较为系统的说明。文中说过："文读系统大体上接近于中古音系统……白读系统则反映了方言开始从共同语分化出来到以后整个历史发展过程中演变的情况。"在韵母方面又说："白读系统保存了上古汉语韵类"和"较开的元音"，也"反映了中古以后韵值的变化"。②

现在看来，就厦门话所概括的这些结论和各地闽方言的情形是大体相符的。这里选取 100 个常用字，列举福州、建瓯、泉州、潮州、文昌六点材料，按《方言调查字表》韵序列表对照各字的文白读音（见本文末附表），现在根据这些材料讨论若干问题。

先说声母的文白异读。

大多数闽方言的声母都是 15 个：p、pʰ、m、t、tʰ、n、l、ts、tsʰ、s、k、kʰ、ŋ、h、Ø。除了全浊声母清化之外，这个声母系统与李方桂先生所构拟的上古声母系统最为

① 见李荣《音韵存稿》第 15 页，商务印书馆，1982 年。

② 参见李如龙《厦门话的文白异读》，《厦门大学学报》1963 年第 2 期。

相近。①

非组字是隋唐以后从上古的帮组分出来的，其白读 p、p^h、m，显然是上古音的旧层；文读 h- 是仿照中古音（f）的近似音。例见附表 8 斧、24 飞、33 妇、60 袜、70 分、77 放。为什么说 h- 是近似的仿照而不是先变为 f- 再变为 h- 呢？因为在各地闽方言中，极少发现非组字有 f- 的读法，② 如果曾有过 f-，不可能至今荡然无存；而像全浊声母字在闽北地区（浦城县的石陂、建阳、崇安等）还保留着全浊声母的读法。③

知组字也是中古从上古的端组分化出来的，闽方言连文读音也大多保留上古的读法而未受中古音的影响，例见附表 34 昼、75 着、97 虫、98 竹。

庄组和章组也是中古时期才从精组分化出来的，今闽方言大部分与上古一样只有一套塞擦音（仅永安章组有 tʃ、$tʃ^h$、ʃ 的读法，显然是受西边相邻的客家方言的影响），只有邪、禅读 s 的文读音与中古音较为相近。李方桂先生认为禅、床上古为定，邪母上古与以母同为 r，邪、以上古同类，许多音韵学家意见较为一致，闽方言的白读邪、以都有读为 s、ts^h、ts 的，例见附表 41 盐、74 痒、82 蝇、83 翼（邪母读这些音是为常例，未列例字），则反映了上古的同类关系。李先生还认为生母在上古别有来源，附表中例字 14 筛、22 事多有 t、t^h 的读法，另有“榨”，福州 ta^5，泉州 te^5，“锄”福州 t^hy^2，泉州 tɯ^2、t^hɯ^2，“窗”、“铲”泉州 t^haŋ^1、t^huã^3，“差”建瓯 t^ha^1 均可作为佐证。

中古的云母在上古与群、匣同源相关，闽方言云母白读有 h，例见附表 10 雨、65 园，又如远，福州 huɔŋ^6，泉州、潮州 hŋ^4，文昌 ɦui^6，纬，泉州 hui^5，也反映了上古音的特点。

此外，李方桂先生所拟的上古特有的清鼻音和清边音，也可以在闽方言的白读音中找到论据，例如来母字闽北白读为清擦音 s，例见附表 1 箩、25 老、67 鳞、95 聋；疑、泥、日母在闽南均有白读为 h- 的，例见附表 18 蚁，又上文所举诺、箬，泉州、潮州鱼 hɯ^2，额 hiaʔ^8 头～：额头，肉，泉州 hiak^8，年，潮州 hĩ^2。

至于中古的匣母字，上文已经提到的，今闽方言白读共有 k、k^h、Ø、h、ɦ 5 种声母，例见附表 31 厚、32 后、37 含、38 合、40 咸、50 闲、59 活、61 滑、76 黄、79 学、93 横。《广韵》群母只有三等字，匣母只有一二四等，二者正好互补。闽方言的不少匣母字白读同群母为 k^h、k。李荣先生曾根据闽方言和一些其他南方方言的材料论证了

---

① 参见李方桂《上古音研究》第 21 页，商务印书馆，1980 年。

② 尤溪县汤川乡非组字及晓匣合口字读 f-，咸山摄字白读脱落鼻音，“看”说映，我怀疑其老底是客方言，但尚未查清。参见《闽语研究》第 304 页，语文出版社，1991 年。

③ 参见本书《浦城县内的方言》。

“古群母有一二四等”，[①] 高本汉、李方桂都认为中古的匣群同来自上古群母。究竟是上古的群母分化为中古的群匣，音值发生些什么变化，抑或是上古时代南方某些方言把匣母字读为群母呢？这还需要进一步研究。而闽方言白读匣母字为 k、k^h，这是未受广韵系统影响的旧音，属上古的层次，则是可以肯定的。文昌话（还有闽北的石陂、建阳、崇安）的 ɦ 和中古匣母的读音相同，Ø、h 则是经过 ɦ 清化而来的。可见，闽方言匣母字的文白读至少叠置了三个不同的历史层次。

闽方言的声母也有参与中古之后的变化的，这主要是全浊声母的清化。在多数地方，文白读皆然（例见附表各浊母字，不再列举）。除此之外，近代汉语声母的变化，诸如微、疑母与影、喻母混为零声母，见系二三等的腭化等，在闽方言都只有局部地区少数字的反映，例如，福州的微母读 Ø：望 $uɔŋ^6$，袜 $uaʔ^8$，务 ou^6；永安晓母读 ʃ：挥 = 须 $ʃyi^1$ 等。

由此可见，闽方言的声母，不论文白读，更多地保留着不少上古声母的特点，在白读音中，上古音的痕迹更多。文读音里有中古音的影响，也有近代音的变化，但都没有构成系统的变异。就其所受的共同语影响说，并没有产生新的音类，更没有吸收新的音值，只是些近似的模仿和归并。从整体上看，虽然文白读都包含着不同历史层次的音，总的说来，声母是比较保守的。

再看韵母的文白异读。

和声母的情况相比，闽方言的韵母的文读音是比较接近中古的广韵系统的。《厦门话的文白异读》文中曾列了一个切韵韵目、诗韵韵目、唐人合韵和厦门话文读韵的比较表。[②] 除了歌豪合韵，东冬和阳韵不分，庚青和蒸相混以及真文元诸韵分混不符之外，厦门话的文读分韵和唐诗的用韵是相当接近的。和闽南话相比，闽东的福州话东（冬）和阳可分，尤和萧则相混。闽北的建瓯话，歌—豪、尤—萧是可分的，东—阳在《建州八音》时代分，现代不分。文昌、潮州话东—阳有别，这是与泉州厦门不同的特点，文昌话豪与歌、侯都有所交混。至于韵值，歌为 ɔ，麻为 a，支微为 i、ui，鱼虞为 u、y，蟹摄为 ai、uai，效摄为 au、iau，流摄为 ɛu、iu，在各地闽方言也不为少见。文读韵类和中古韵类差别较大的是闽东、闽北方言，那里鼻音韵尾只有 -ŋ，塞音韵尾或合并为 -ʔ 或已脱落，阳声和入声韵则有许多合并和交混。限于篇幅这一点不再细说，从附表文读音可看到大概情形。文读韵母和中古韵类不相符的地方大多是近代以来方言语音自身的变异。

白读的情况比较复杂，分述如下：

① 参见李荣《音韵存稿》第 119—126 页，商务印书馆，1982 年。

② 参见李如龙《厦门话的文白异读》，《厦门大学学报》1963 年第 2 期。

有些白读音的音类反映着上古韵类的分合。例如：

中古的歌麻二韵在上古同属歌部，这些字不少在闽方言的白读都是 ua 或 uɛ，例见附表 1—5：箩、我、破、麻、蛇，这不但可以在韵类上证明上古歌麻同部，在韵值上也富于启发性：把上古的歌部元音拟为圆唇的 ɒ，对于后来演变出带 u 的介音是很有力的解释：

$$\text{ɒ}\begin{cases} \text{ua} \rightarrow \text{uɛ} \\ \text{uai} \rightarrow \text{ai} \end{cases}$$

中古的齐韵和脂韵部分字在上古同为脂部，今闽方言有同读为 ai 的，例见附表 15 齐、16 脐、20 师。此类字在福州还有：西屎＝私$_{\text{～骹：体己}}$狮 sai^{1} 梯 t^{h}ai^{1}，指 tsai^{3} 屎 sai^{3}；在泉州也还有：眉 bai^{2}，梨 lai^{2}，师 sai^{1} 等。

中古的之韵、咍韵部分字在上古同属之部，今读也有同为 ai 韵的（在之为白读，在咍为文读），例见附表 11 胎、21 里$_{\text{～面}}$、22 事。此类字还有使、驶，福州、泉州 sai^{3}，泉州还有似$_{\text{熟～：熟悉}}$，姒$_{\text{同～：妯娌}}$，均音 sai^{6}。

中古的支韵部分字在上古属于歌部。这些字在闽方言白读中有读为 a、ia、ua 的，近于歌韵读音而与支韵字有别。例见附表 18 蚁、19 纸。以泉州话为例，此类字还有奇$_{\text{～数}}$ k^{h}a^{1}，骑 k^{h}a^{1}，徛 k^{h}a^{4}，寄 ka^{5}，施$_{\text{拍～：撒落}}$，sua^{1}。

上古幽部含有中古效流两摄的字，流摄字今闽方言白读有与效摄字同为 au 的，例见附表 31 厚、32 后、35 九。此类字还有福州、泉州读为同音的臭 ts^{h}au^{5}，透 t^{h}au^{5}，刘、流、留 lau^{2}。

中古虞韵在上古分属鱼侯两部，属于鱼部的今闽方言白读为单元音，多为开口呼 ɔ、o、u；属于侯部的今白读为 iu，两类字判然有别。例见附表 8 斧、9 树。前者还有雨、芋：福州 huɔ^{6} uɔ^{6}，泉州 hɔ^{4} ɔ^{6}；后者则有福州：住 tieu^{5} 柱 t^{h}ieu^{5} 厨 tiu^{2}。

中古江韵在上古属东部，今东江两部字不少闽方言白读同为 aŋ。例见附表 78 江、95 聋、97 虫。以泉州话为例，此类字还有不少：冯 paŋ^{2}，梦 baŋ^{6}，封$_{\text{顶～批：上一封信}}$paŋ^{1}，缝 paŋ^{2}，重 taŋ^{4}，共 kaŋ^{6}。

有些白读音反映的是中古的韵类，这里只举其他方言难以区别的广韵的重韵。

鱼—虞重韵中，鱼在泉州话多读 ɯ，虞则不可能；虞在多处方言中白读 iu 或 iau，鱼也不可能。例见附表 7 去、8 斧、9 树。上文所述例字亦有一些可作旁证。

覃—谈重韵中，闽南话（含潮州、文昌）谈韵白读有 ã、a 的读法，覃韵则不可能。例见附表 37 含、39 三。以泉州话为例，谈韵白读 ã 的还有：担 tã^{1}，胆 tã^{3}，谈$_{\text{重～：重问}}$ tã^{2}，淡$_{\text{咸～}}$ tã^{4}，篮蓝$_{\text{姓}}$ nã^{2}，橄榄 kã^{1}nã^{3}，柑 kã^{1}，敢 kã^{3}。

支—之—脂三韵开口字中，今福州话支韵白读不少为 ie，脂、之则极少。例见附表 18 蚁、20 师、21 里$_{\text{～面}}$、22 事。福州支韵白读 ie 的还有：离 lie^{6}，紫 tsie^{3}，池 tie^{2}，支

tsie^1，施 sie^1，豉 siɛ^5，骑 k^{h}ie^2，徛 k^{h}iɛ^6，寄 kiɛ^5，椅 ie^3。脂韵的脂也读 tsiɛ^1 是为避讳脏字，仅之韵的里~面读 tie^3 是为例外。

仙—元重韵的开口字中，今福州话白读仙韵有 iaŋ，元韵则未见。例见附表 53 线，同类字尚有鳝 ts^{h}iaŋ^6，团 kiaŋ^3，贱 siaŋ^6，癣 ts^{h}iaŋ^3。元韵字有不分文白读为 yɔŋ 的，例如建、健 kyɔŋ^5，键 kyɔŋ^6，言 ŋyɔŋ^2，宪 hyɔŋ^5；仙韵则只有一个例外字件 kyɔŋ^6，除此其他未见。

切韵系统的重韵是一时一地的细微差别，还是新读旧读之分，或是不同地区的方言差异，目前尚无定论。闽方言白读系统中既然可以区别这些重韵，至少可以证明，中古时代的这些重韵确实在一些地方同时存在过不同的读音。

关于有些闽方言的白读把阳声韵读去为鼻化韵、把入声韵读为喉塞尾韵，有必要专门讨论。永安、泉州、潮州的白读都有把阳声韵读为鼻化韵的，文昌进一步把鼻化脱落了。例见附表 37 含之后各阳声韵的字。这些鼻化韵究竟属于什么历史层次?《厦门话的文白异读》曾把它们都归为“中古之后韵值的变化”，现在看来要作具体分析，区别对待。唐以前的方言也可以有鼻化现象，像《诗・女曰鸡鸣》:“知子之来之，杂佩以赠之”，嵇康《琴赋》“西”韵“前、颠、间、闲”，最好用 ai—ãi 来解释。今同安话正是这样的读法：西 sai^1，前 tsãi^2，闲 ãi^2。考察鼻化韵的历史层次应该连同韵里的元音一齐考虑。以泉州话为例，“寒、山、煎、半、泉”的白读都是 uã，恐怕很难说它们都是同步的变化。梗摄三等的白读有 iã：名、精、声、惊，有 ĩ：病、晴、姓、郑。平有 piã^2、pĩ^2、p^{h}iã^2 ~本：捞回成本 p^{h}ĩ^2 ~地（动宾）四个白读，精有 tsiã^1 ~肉 tsĩ^1 妖~两个白读，显然也不是同一历史层次的成分。从 ian 到 ĩ，可能是 ian → iɛn → iẽ → ĩ（→ i），也可能是 ian → ien → in → ĩ（→ i）。如果有周围的姊妹方言可以参考，对音变的历史过程就会更加容易解释。

由此可见，闽方言白读的韵母，不但可以为各韵类的古今演变提供参考，也可以为韵值的变化过程提供实证。这一点可举四等韵为例。从附表 15 齐、28 调、42 店、43 贴、55 前、56 牵、57 节、91 瓶等材料可以看到，闽方言四等韵的元音有 a、ai、ɛi、oi、ue、ui 等。关于纯四等，越来越多的学者认为是舌位较低的洪音。张光宇主要根据闽方言的材料提出主元音为 ai 之说，① 立论甚严，很有说服力。从各地闽方言的表现看，以先韵为例，具体途径可能有三：

aiŋ（建瓯“先”）→ ɛiŋ（福州“前”）→ iŋ（厦门“前”）

ain　oin → õi（潮州“前”）→ uĩ（泉州“前”）

an（漳州“前”）→ ɛ̃（漳州“晴”）→ ĩ（泉州“晴”）

有了这么多停靠站，该音类的音值演变过程就十分明朗了。

---

① 参见张光宇《切韵与方言》第 117—135 页，（台北）商务印书馆，1990 年。

最后说说声调的文白异读。

闽方言的文白读大都经历过中古音的平上去入之分（上古是否四声俱全，暂且不论）。后来的浊音声母清化所引起的“浊上作去”各方言也在不同阶段都参与了。可以说闽方言受中古共同语的影响最深的是在声调方面。许多点的次浊声母字文读为上声（或阴上），白读为阳去（或阳上），例见附表18 蚁、21 里$_{\sim\text{面}}$、25 老、36 有、73 两、74 痒。就这两个层次说，应该是白读在前、文读在后。先不论全浊次浊变归阳去，文读为上声则是明清以来受共同语影响的结果。

闽北的建瓯话的声调分化在闽方言中是最为复杂的，这和它的塞音韵尾的消失，入声字混入舒声调有关，也和它所处的地理环境受到周边方言的多种影响有关。从历史说，闽北是福建开发最早的地区，闽北方言的语音历史层次最为繁复，也是符合历史事实的。关于建瓯话的声调，本人已有专文论述，这里不再重复。[①]

四　闽方言文白异读的共时整合

如上文所说，在闽方言，文读音也可以进入口语词，白读音也可以进入书面语词，对具体的词语来说，或文读或白读，在多音词里还可以文白兼用，但大多不能任意更换。因此，从共时观点看，不论文白读，都是在词语中基本定型的音节形式，都是语音系统中的成分。把文白读分开，只是人们进行音类的历史分析的结果，在共时的平面上，他们的身份是同等的，他们的来历和他们的功能并没有必然的联系。在这一点上，“地质层”的比喻又显得不合适了。地质层是纵面发掘后显现的，而文白读则都是一个共时平面上共同存活于交际生活中语音层面的表现。可以另外打个比方，字的文白读就像组成社会群体的众人中可以有不同的出身、职业和年龄，但大家又都是社会的一分子，在发挥社会生活的作用时未必有截然的差异。我们说，白读是本地的，文读是外来的，这是就其出身说的，是历时的考察；就共时的角度说，他们都是同一个结构平面的成分。如果把文读理解为非方音，正如有的学者所主张的那样，调查方言时只要问词语，不需问字音，显然又是不正确的了。

不同历史层面的音类也好，受共同语或外方言影响的音类也好，方言变异的音类也好，既然它们共居于一个语音系统中，就要经过一番整合。究竟是什么因素制约着这样的整合呢？

方言里来自不同历史时代的文白读整合成共时的平面，首先受着方言语音结构特点的制约。

---

① 参见本书《建瓯话的声调》。

汉语的语音以音节为自然单位，音节是由声韵调三者构成的，声韵调之间不但在构成音节时互相牵制，而且对于文白读音类的分布也有相互制约作用。

试比较泉州话和建瓯话合口一等歌韵的文白读音的不同分布：

泉州话：

文读 ① ɔ 颇偏~播破~坏波风~，用作动词，起风波妥惰螺~丝裸蓑果结~褒坐谢~过不~科~学课上~倭和随和（见于各声组）

② ɔ̃ 魔摩讹卧火~气：中医术语（多见于次浊声母）

③ o 波~浪坡玻婆磨石~朵唾骡梭唆锁琐座锉锅窠颗和~气禾祸和~诗（见于各声组）

白读 ① ua 簸破~布磨~刀过顺路~骹：歇脚，菜~了：菜老了过罪~涴拿水和泥

② ue 颇不正锉锤揉（见于个别词）

③ ui 蓑棕~（见于个别词）

④ ə 螺田~腡坐~位锅鉎~果~子过~去科~步夥~计课功~：活计祸起~星货买~（未见于帮端二声组）

建瓯话：

文读 ① ɔ 波颇坡玻魔磨石~摩~擦破~坏朵妥惰摞螺~丝蓑梭唆琐锁锉（见于唇舌齿声组）

② o 坐座禾稻苗火螺田~腡（见于帮组外）

白读 ① ua 锅~底：一种菜肴过果科窠课货夥和~气祸倭窝（见于牙喉音声组）

② uɛ 簸破打破磨~刀（见于帮组）

可见，文白读在字里的分布是受方言声韵调组合规律制约的。

与此相关的是，方言文白读音类的演变在声韵调三方面是不平衡的。例如建瓯话，拿200年前的《建州八音》和现代建瓯话相比较，声类韵类及其文白读的分布并没有多少变化（明显的只有"园"ɔŋ和"桐"oŋ两韵合并为ɔŋ韵，并与文白对应无关）。而声调方面在字调的归类上就发生了很大变化，调类也从7调变为6调（阳平与阴去合并为33）。在潮州话，明清时代的戏曲脚本还分-n、-ŋ尾押韵，19世纪40年代教会罗马字的词典也明确区分了-n和-ŋ，如今都不分了，一些山摄、宕摄字合并为aŋ韵（刊=糠，单=当），韵母的文白读有不少缺对现象，但8个声调的格局则没有多少变化。如上文所述，闽方言的文白异读在总体上的表现是：声母方面保留上古音的音类较多，未参与中古音的系统变化；声调则受中古音及近代以来共同语的影响较大；韵母的情形恰好介于二者之间。所有的这些也说明了，文白异读的演变是受到方言的声韵调结构规律制约的。

一般都认为南方方言的文读音是共同语影响的结果；白读音则是口口相传的方言的原生成分。它们之间是相互矛盾的关系，经过竞争，必有相互消长的过程。方言成分靠什么去抵制外来影响，白读音怎样抵制文读音呢？靠的就是业已形成的声韵调结构规律及其所形成的方言语音特点，以及它所附着的方言口语常用词汇。越是稳定的方言语音特征和口语常用词就越具有对外来影响的抵制能力。就闽方言的情况说，大家都没有 f，没有 tʂ，绝不会从共同语引进这些音类和音值，永安话的 tʃ、tʃ^h、ʃ 是受闽西客话影响而产生的，实际上也并未明显地造成音位对立。没有 -n 的方言（福州、建瓯、潮州）也绝不会接受带 -n 尾的韵类。再如福州话的“变韵”，建瓯话的唇舌音可拼撮口呼（斧 py^3，除 ty^3）也绝不会受外来影响而放弃。厦门的一些年轻人说厦门话时把疑母字说成零声母，如：“我 ua^3 魏 ui^6”，至今还未被一般厦门人所认可，更多的人还把它看成学普通话后的“走音”。福州的一些年轻人把“推荐”说成 t^{h}ui^1 kyɔŋ^5，显然是因普通话“荐—建”不分而误推，一般中老年人也认为是“方音不正”。

不仅如此，由于方言语音的变化主要是受自身的结构规律制约的，有时还会置共同语的影响于不顾，与向共同语集中的方向背道而驰。例如福州话，大概由于连读音变时后音节的 l- 总是受前音节的鼻音同化而变为 n-，近数十年来已由 n-l 可辨逐渐变成 n-l 不分；泉州话阳上原是 22 调，由于和阴平的 33 调十分接近，数十年间阳上字已经混入阴平调，不论文读白读，连老年人也难以区别“赊—社（꜀sia）、都—杜（꜀tɔ）、花—蟹（꜀hue）”了。根据徐通锵先生的调查，山西方言的新派口音里可以有不少新的音类和音值。① 这说明了，在晋方言，共同语对方言的影响要强得多。闽方言与此是大不相同的。

语音的发展，尤其是方言语音的发展，往往带有自发性。它总是在社会生活中约定俗成的，并不接受人为的指挥。文白异读在共时系统的整合也是自发进行的。语音的结构规律是多方面的，外来影响也是此起彼伏、时弱时强的，有时音变中断了，有时又会有回头的反复，因此，经过整合的共时平面，常常会呈现杂乱无章的状态。泉州话算是语音对应比较严整的了，也难免出现这种状况，请看豪韵的文白读分布（下表中空括号表示文白读中的空缺对应）：

文	—	白	例字和例词
ɔ		o	暴风～/～头 桃～园/～花 告报～/～状 高提～/姓～
ɔ̃		au	老～弱/～依 耗损～/消～
o		au	草甘～/～索 老陈～/～依
au		ɔ	袍旗～/龙～
au		o	抱怀～/～囝 扫～帚/粪～ 牢～记/监～ 好～～先生/～依

① 参见徐通锵《历史语言学》第 293—325 页，商务印书馆，1991 年。

au （ ） 操灶奥懊糟蚤薅

ɔ̃ （ ） 考浩好~事傲冒

o （ ） 宝枣号稿篙膏造袄萄讨倒套刀报糕嫂

（ ） ɔ 豪曹靠劳导岛盗到犒躁淘

在这种情况下，有时连何者为文读，何者是白读都不容易识别，只好借助于词语的风格色彩去判断了。

方言的文白异读的整合，除了受方言语音结构特点的制约，还受到词汇语法特点的制约。

在闽方言，字的文白读往往是依赖具体语词而存在的。从共同语引进的书面语词通常读文读音，当这些语词被方言接受进入口语之后，文读音也跟着进入口语，例如上文所举泉州话的歌韵文读 ɔ，“破”读 $p^hɔ^5$，还是一个地道的方言词（中医指药物损害身体），“过”读 $kɔ^5$，还可以造出“不而过”（不过）的方言词。这是文读音挤了白读音的地盘。也有反过来的情形，方言在接受共同语的书面语词时，拿已有的白读音去套，于是白读音扩展到书面语，文读逐渐被淘汰。例如潮州话“单”的文读音 $taŋ^1$ 只是诵读旧诗文时才用，在语词中（包括书面语词）都读 tuã 的音（单车、单纯、单调、单据、单位、单元），连成语“单刀直入、单枪匹马”中的“单”也用了白读音。有大批单字一般潮州人都已读不出文读音。这是白读音挤了文读音的地盘。多用文读音，书面语词显得雅，书面语风格色彩浓；多用白读音，这些语词就显得俗，口语风格色彩浓。

300 年前，用泉州话写的《荔镜记》梨园戏脚本中；唱腔韵脚都押的白读音的韵。①

（1）潮州好街市 ts^hi^4

又兼逢着上元冥 $mĩ^2$

来去看景致 ti^6

一位娘乜清浅 $ts^hĩ^3$（本字鲜）

恰是仙女下瑶池 ti^2

（2）元宵有十成 $tsiã^2$

赏灯人都齐整 $tsã^3$

办出鳌山景致

抽出王祥卧冰 $piã^1$

丁兰刻母

尽都会活 $uaʔ^8$

张拱莺莺

① 见《荔镜记戏文》，日本天理大学出版部刊行。

围棋宛然真正 $tsiã^5$

障般景致实是恶（难）拼 $piã^5$

咱今相随再来去看 $k^huã^5$

（3）肌肤温润有十全 $tsŋ^2$

弓鞋三寸，蟾鬓又光 $kŋ^1$

动得懒体都不知返 $tŋ^3$（本字“转”）

（4）叫月杜鹃啼苦切 $ts^hueʔ^7$

声声叫是春归时节 $tsueʔ^7$

鸟雀悲春，共恁人心一齐 $tsue^2$

（5）无奈何 ua^2

惊得我神魂都散 $suã^5$

怎耐丁古贼林大 tua^6

枉屈打破你心肝 $kuã^1$

娘仔心头且放宽 $k^huã^1$

天地报应贼林大 tua^5

用今泉州话说，“冰”已改文读音 $piŋ^1$；“十全”说 sip^7 $tsuan^2$；“心头放宽”也更多说 k^huan^1，词汇风格发生了不少变化。

上文所提到的运用文白对应引申词义、转移词性、派生新词以及用文白连用构词等，也是词汇、语法的特点制约着文白读的分布的实例。

在文白异读的竞争中，什么力量决定其胜负呢？看来，这必须从方言的社会文化背景上去进行考察，有三个方面值得引起我们注意。

第一，看该方言属于什么样的社会类型。凡是向心型的方言，内部差异比较小，变化比较慢、方言文艺也比较发达，这样的方言势力就会强些。对共同语的影响抵制比较有力，白读音的地盘也会保留得多。反之，离心型方言内部分歧大，变化快，方言艺术加工不足，这样的方言，竞争力就差，白读音的地盘容易为文读音所夺。福建沿海的诸方言（潮州的闽南话亦属此）属于前者，闽北、闽中方言属于后者。

第二，看该地区推广共同语（普通话）的状况如何，尤其是学校教育中是否使用普通话教学。就闽南话的情况说，潮州话的白读音比泉州话活跃而强劲，文昌话就更加显著了，这显然与两个地区的读书识字的传统有关。在闽南地区，旧时识字用反切确定读书音，辛亥革命后改用国语读音拼读识字，因此文读系统保留得较为完整。在海南岛，人们是通过方言读书识字的，只认口语里的音和义，所以文读音丢了不少，甚至用了许多训读音。

第三，看时代风尚如何。共同语的势力和方言势力的竞争显然和历史背景有关。国家统一，政治稳定，经济发达，文化繁荣的时代，共同语对方言的影响力势必增强；反之，方言对共同语的抵制力则大。闽方言之所以会与普通话差异甚大，就是因为长时期以来散布在贫穷落后的山区，交通不便，又地处偏远，有时处在封建割据之中，与北方交往不多，向海外传播则十分频繁。所以连文读音的系统也具有浓厚的方言特色，很难接受共同语的音类和音值。

五　从文白异读看闽方言的分区

文白异读既是闽方言的重要特点，体现着方言语音的历史层次，又反映了语音结构规律，乃至体现了共时系统的整合方式，它对于考察闽方言的分区，也就具有重要的价值。

所谓闽方言的分区，一是把闽方言与其他方言区别开来，二是把闽方言内部明显不同的小区区别开来。

把各地闽方言的文白异读的共同特点提取出来，便可以看到闽方言和其他方言不同的许多重要标志。根据本文所采集的材料，可以提出如下 10 条这样的标志：

1. 非组字文读 h、Ø，白读为 p、p^h、m。例见附表 8 斧、24 飞、33 妇、60 袜、70 分、77 放。

2. 心邪书禅等母字文读为擦音 s，白读为塞擦音 ts、ts^h，个别字为 t、t^h。例见附表 5 蛇、9 树、14 筛、22 事、27 笑、54 舌、84 生、89 成、90 石、100 粟。

3. 匣母字文读为 h，白读为 k、k^h、Ø。例见附表 31 厚、32 后、37 含、38 合、40 咸、50 闲、59 活、61 滑、76 黄、79 学、93 横。

4. 云母部分字文读 Ø、白读为 h，古以母少数字文读 Ø，白读 ts、ts^h、s。例见附表 10 雨、41 盐、65 园、74 痒、82 蝇、83 翼。

5. 部分三等韵字、文读为细音，白读同于一等韵为洪音。例见附表 6 梳、7 去、8 斧、10 雨、34 昼、35 九、44 林、45 饮、68 密、77 放、97 虫。

6. 四等韵许多字文读为细音，白读为洪音。例见附表 15 齐、28 调、42 店、43 贴、55 前、56 牵、57 节、91 瓶。

7. 部分开口韵字文读为开口呼，白读为合口（有撮口呼的方言或为撮口）。例见附表 1 箩、2 我、3 破、12 开、13 带、17 皮、19 纸、49 山。

8. 歌、支、之、脂韵都有些字白读的主要元音为 a。例见附表 1 箩、2 我、3 破、18 蚁、19 纸、20 师、21 里$_{\sim面}$、22 事。

9. 梗摄字白读韵腹为 a。例见附表 84—94 生百争麦命成石瓶壁横兄。

10. 次浊上声字文读上声（分阴阳上的是阴上），白读为阳上或阳去。例见附表 10

雨、18 蚁、21 里~面~、25 老、36 有、73 两、74 痒。

以上各条虽有少数条目同别的方言相似，但从整体上说，作为闽方言的特征还是十分明朗的。

就文白对应的差异看，本文所取的6个闽方言点可以分为四个明显不同的方言小区。各区至少都可以提取3条自己独有的特征。

福州话所代表的闽东方言的特征：

1. 部分从母字文读为 ts、ts^{h}，白读为 s（与邪母字相同）。例见附表 16 脐、55 前。此类字还糍 si^{2}，坐 tsɔ^{6}/sɔy^{6}，静 tseiŋ^{6}/saŋ^{6}，昨 tsuoʔ^{8}/soʔ^{8}，贱 tsieŋ^{6}/siaŋ^{6}，槽 tso^{2}/so^{2} 等。

2. 支韵字白读为 ie，与之脂韵显然不同。例见 18 蚁、20 师、22 事。此类字还有宜 ŋi^{2}/ŋie^{2}，骑 ki^{2}/k^{h}ie^{2}，池 tie^{2}，匙 sie^{2}，羁~系住~ kie^{1}，徛 k^{h}iɛ^{6}，移 ie^{2}，椅 ie^{3}，戏 hiɛ^{5}。

3. 由于阳声韵没有鼻化韵的读法，入声韵没有 -p、-t、-k 的读法，因而阳声韵和入声韵的文白异读较少。例见附表 37—100 各字。

建瓯话为代表的闽北方言和永安话代表的闽中方言的特征：

1. 部分来母字文读 l，白读 s。例见附表 1 箩、25 老、46 笠、67 鳞、95 聋。此类字共有 30 个左右。①

2. 少数见母字文读 k，白读 h 或 Ø。例见附表 30 狗、47 肝。此类字永安尚有锅 ua^{1}、菇 u^{1}、冀 i^{5}，建瓯尚有锅 ua^{1}、菇 u^{3}、冀 i^{6}、笕 aiŋ^{3}、公 œyŋ^{1}、嫁 ha^{5}、教 hau^{1}、韭 hiu^{5}、救 hiau^{5}、橘 hi^{7}。

3. 少数禅母字文读 s，白读为 Ø。例见附表 5 蛇、54 舌、89 成。此类字建瓯尚有社 ia^{8}、佘 ia^{3}、薯 y^{3}、匙 i^{3}、绍邵韶 iau^{8}、常 iɔŋ^{3}、上~~山~ iɔŋ^{8}、属 y^{8}、食 iɛ^{8}，永安仅见食 ie^{6}（船母）。

泉州、潮州为代表的闽南话的特征：

1. 开口字读合口的比各点更多。例见附表 5 蛇、15 齐、23 气、46 笠、47 肝、48 割、50 闲、51 拔、53 线、55 前、57 节~过~~~。

2. 阳声韵字文读收鼻音韵尾，白读多为鼻化韵，与此相应的入声字，文读收塞音韵尾，白读多为 -ʔ。例见附表 37—100 各字。

3. 次浊声母泥、疑、日等母少数字白读为 h。例见附表 18 蚁。此类字尚有瓦 hia^{4}，鱼 hɯ^{2}，艾 hiã^{6}，岸 huã^{6}，燃 hiã^{2}，砚 hĩ^{6}（潮州 ĩ^{6}），耳（泉州 hi^{4}，潮州 hĩ^{4}），迎~~佛（泉）~ hiã^{2}，年~（潮）~ hĩ^{2}。

文昌所代表的海南话的特征：

1. 非组字白读双唇音 ɓ、p^{h} 的比文读 ɸ 还要多。除附表所列例字外，尚有：府 p^{h}u^{3}，

① 参见本书《闽西北方言“来”母字读 s 的研究》。

付 p^{h}u^5，傅 p^{h}u^5，废 p^{h}ui^5，副 p^{h}u^7，复 p^{h}ok^8，法 p^{h}at^7，乏 p^{h}at^8，烦 p^{h}an^2，筏 p^{h}at^7，发$_{头\sim}$ ɓuat^7，芬 p^{h}on^1，奋 p^{h}on^5，方 p^{h}aŋ^1，访 p^{h}aŋ^3。这些字在其他闽方言读 p、p^h 的并不多。轻唇读重唇，全国方言中少有如此完整的。

2. 阳声韵和入声韵字的白读大多脱落了鼻音韵尾（也不鼻化）和塞音韵尾，读为口元音韵。例见附表 37—100 各字。

3. 多数文读音不用于口语，因而多数字没有文白异读，仅有白读音。例见附表各字。

关于闽方言的分区，我们曾把福建境内的闽方言分为 5 区。除本文所取的 4 区之外，还有莆仙区。关于这 5 个区的关系，我们曾经说过："次方言区之间的关系并不是并列的等距离的关系。区与区之间的关系有浅有深，边缘地区和中心地带的差异有大有小。东部沿海三区之间，西部山区两区之间各自关系较深。"① 从文白异读的差异看，闽北、闽中也有较多的一致性，放宽尺度把它们列为一区也无不可。至于莆仙方言区，毕竟独有的特点较少，多数特点不是见于闽东，便是见于闽南，因此本文未列为比较点。把它作为闽东与闽南的过渡区也是可以的。潮汕区虽然久属广东省管辖，数百年来各方面都得到独立的发展，但从方言特点，尤其是从文白对应上看，它和闽南本土的闽南话还是相当接近的。在全国范围内划分闽方言的小区，还是应该把闽南本土、台湾省、潮汕地区和浙南闽方言划在同一个区。海南省的闽南话差异较大，把它同雷州半岛的"海话"合起来另立一区也许比较合适。本文不是专门讨论闽方言分区的，这些意见只是附带提出，聊备海内外方家参考而已。

附表的说明

1. 文读音和白读音用 / 隔开，前者是文读，后者是白读。
2. 没有异读的字按音类的系统及词的色彩确定为文读或白读。
3. 所采资料多为本人所调查，潮州音参考《汉语方音字汇》。
4. 必要时在注释中补充其他例字。

附　表

	福州	建瓯	永安	泉州	潮州	文昌
1. 箩	lɔ^2/lai^2	lɔ^5/suɛ^5	laɯ^2	lo^2/lua^2	lo^2/lua^2	lo^2
2. 我	ŋo^3/ŋuai^3	ŋuɛ^8/uɛ^8	ŋo^3/ŋuɔ^1	ŋɔ̃^{3}/gua^3	ŋõ^3/ua^3	/gua^3
3. 破	p^{h}ɔ^5/p^{h}uai^5	p^{h}ɔ^5/p^{h}uɛ^5[1]	p^{h}aɯ^5/p^{h}uɔ^5	p^{h}ɔ^5/p^{h}ua^5	p^{h}o^5/p^{h}ua^5	/p^{h}ua^5
4. 麻	ma^2/muai^2	ma^5/muɛ^5	muɒ^2	mã^2/muã^2	mã^2/muã^2	ma^2/mua^2
5. 蛇	/sie^2	/yɛ^5	/ʃya^2	sia^2/tsua^2	/tsua^2	/tua^2
6. 梳	su^1/sœ^1	su^1	sɒu^1	sɔ^1/sue^1	so^1/siu^1[2]	/tiu^1
7. 去	k^{h}øy^5/k^{h}ɔ^5	k^{h}y^5/k^{h}ɔ^5	k^{h}y^5/k^{h}ɯ^5	k^{h}ɯ^5/	k^{h}ɯ^5/	hu^5/

① 参见本书《福建闽方言内部的主要差异》。

续表

	福州	建瓯	永安	泉州	潮州	文昌
8. 斧	hu^{3}/p^{h}uo^{3}	hu^{3}/py^{6}	hu^{3}/pu^{3}	hu^{3}/pɔ^{3}	/pou^{3}	/ɓou^{3}
9. 树	søy^{6}/ts^{h}ieu^{5}	sy^{6}/ts^{h}iu^{6}	/ʧ^{h}y^{5}[3]	su^{6}/ts^{h}iu^{6}	su^{6}/ts^{h}iu^{6}	/siu^{1}
10. 雨	y^{3}/huɔ^{6}[4]	y^{8}/hy^{6}	y^{4}/hu^{4}	u^{3}/hɔ^{4}	u^{3}/hou^{4}	/ɦou^{6}
11. 胎	t^{h}ai^{1}	t^{h}ai^{1}/t^{h}o^{1}	t^{h}a^{1}/	t^{h}ai^{1}/t^{h}ə^{1}	t^{h}ai^{1}/t^{h}o^{1}	/hai^{1}
12. 开	k^{h}ai^{1}/k^{h}ui^{1}	/k^{h}yɛ^{1}	k^{h}a^{1}[5]	k^{h}ai^{1}/k^{h}ui^{1}	k^{h}ai^{1}/k^{h}ui^{1}	hai^{1}/hui^{1}
13. 带	tai^{5}/	/tuɛ^{5}	ta^{5}/tuɒ^{5}	tai^{5}/tua^{5}	tai^{5}/tua^{5}	/ɗua^{5}
14. 筛	sai^{1}/t^{h}ai^{1}	sai^{1}	sa^{1}/t^{h}i^{1}	sai^{1}/t^{h}ai^{1}	sai^{1}/t^{h}ai^{1}	se^{1}/hai^{1}
15. 齐	tsɛ^{2}[6]	tsi^{3}/tsai^{3}	tsi^{2}/tse^{2}	tse^{2}/tsue^{2}	ts^{h}i^{2}/ts^{h}oi^{2}	/toi^{2}
16. 脐	tsi^{2}/sai^{2}	tsi^{3}/ts^{h}ɛ^{5}	/ts^{h}a^{2}	tse^{2}/tsai^{2}	tsi^{2}/tsai^{2}	tsi^{2}
17. 皮	p^{h}i^{2}/p^{h}ui^{2}	p^{h}i^{5}/p^{h}œ^{5}	p^{h}i^{2}/p^{h}ue^{2}	p^{h}i^{2}/p^{h}ə^{2}	p^{h}i^{2}/p^{h}ue^{2}	p^{h}i^{2}/p^{h}ue^{2}
18. 蚁	ŋiɛ^{6}[7]	ŋi^{6}/ŋyɛ^{8}	ŋi^{5}/ŋya^{3}	gi^{3}/hia^{4}	/hia^{4}	ŋi^{1}/ɦia^{6}
19. 纸	/tsai^{3}	/tsyɛ^{3}	tsʅ^{3}/ʧya^{3}	tsɯ^{3}/tsua^{3}	/tsua^{3}	/tua^{3}
20. 师	sy^{1}/sa^{1}	su^{1}	sʅ^{1}[8]	sɯ^{1}/sai^{1}	sʅ^{1}/sai^{1}	se^{1}
21. 里~面	li^{3}/tie^{3}	li^{3}/ti^{3}	li^{3}[9]	li^{3}/lai^{4}	li^{3}/lai^{4}	li^{3}/lai^{6}
22. 事	søy^{6}/tai^{6}	su^{6}/ti^{6}	sʅ^{5}/ʃia^{5}	sɯ^{6}/tai^{6}	sʅ^{6}/tai^{6}	se^{6}/
23. 气	k^{h}ei^{5}/	k^{h}i^{5}/k^{h}yɛ^{5}	k^{h}i^{5}/	k^{h}i^{5}/k^{h}ui^{5}	k^{h}i^{5}/k^{h}ui^{5}	/hui^{5}
24. 飞	hi^{1}/pui^{1}	hi^{1}/yɛ^{3}	ʃyi^{1}/pue^{1}	hui^{1}/pə^{1}	hui^{1}/pue^{1}	p^{h}ui^{1}/ɓue^{1}
25. 老	lo^{3}/lau^{6}	lau^{3}/se^{6}	laɯ^{3}	nɔ̃^{3}/lau^{4}[10]	lau^{3}/lau^{4}	lau^{3}
26. 炒	ts^{h}au^{3}/ts^{h}a^{3}	ts^{h}au^{3}/	ts^{h}o^{3}/	ts^{h}au^{3}/ts^{h}a^{3}	/ts^{h}a^{3}	/sa^{3}
27. 笑	sieu^{5}/ts^{h}ieu^{5}	siau^{5}[11]/	siɯ^{5}/ts^{h}iɯ^{5}	siau^{5}/ts^{h}io^{5}	/ts^{h}ie^{5}	/sio^{5}
28. 调~和	tiu^{2}/tɛu^{2}	tiau^{5}[12]	tiu^{4}[13]	tiau^{2}/tio^{2}	t^{h}iau^{2}	/hiau^{2}
29. 楼	lɛu^{2}/lau^{2}	le^{5}/	/lø^{2}	lio^{2}/lau^{2}	/lau^{2}	/lau^{2}
30. 狗	keu^{3}[14]	ke^{3}/e^{3}	/ø^{3}	kio^{3}/kau^{3}	/kau^{3}	/kau^{3}
31. 厚	hau^{6}/kau^{6}	he^{8}/ke^{8}	hø^{4}/kø^{4}	hio^{4}/kau^{4}	/kau^{4}	/kau^{6}
32. 后~面	hau^{6}/au^{6}	he^{6}/	hø^{4}	hio^{4}/au^{4}	hau^{4}/au^{4}	/au^{6}
33. 妇	hou^{6}/pou^{6}	hu^{6}/py^{8}	hu^{4}/pu^{4}	hu^{4}/pu^{4}	hu^{4}/pu^{2}	p^{h}u^{8}/ɓu^{8}
34. 昼	tiu^{5}/tau^{5}	tiu^{5}/te^{5}	tiau^{4}	tiu^{5}/tau^{5}	tiu^{4}/tau^{5}	tsiu^{8}/tau^{5}
35. 九	kiu^{3}/kau^{3}	kiu^{3}[15]	kiau^{3}[16]	kiu^{3}/kau^{3}	/kau^{3}	/kau^{3}
36. 有	iu^{3}/ou^{6}	iu^{3}/	iau^{3}/	iu^{3}/u^{4}	iu^{3}/u^{4}	/u^{6}
37. 含	haŋ^{2}/kaŋ^{2}	aŋ^{3}/kaiŋ^{3}	hõ^{2}	ham^{2}/kam^{2}[17]	ham^{2}/kam^{2}	ɦam^{2}/kam^{2}
38. 合	haʔ^{8}/	hɔ^{6}/	haɯ^{4}/	hap^{8}/haʔ^{8}	hap^{8}/haʔ^{8}	/kap^{7}
39. 三	saŋ^{1}	saŋ^{1}	/sõ^{1}	sam^{1}/sã^{1}	sam^{1}/sã^{1}	/ta^{1}
40. 咸~蛋	haŋ^{2}/kɛiŋ^{2}	/keiŋ^{3}	kɯm^{2}	ham^{2}/kiam^{2}	/kiəm^{2}	/kiam^{2}
41. 盐	ieŋ^{2}/sieŋ^{2}	ieŋ^{5}/	iɛiŋ^{2}/	iam^{2}/sĩ^{2}	/iəm^{2}	/iam^{2}
42. 店	/taiŋ^{5}	/taŋ^{5}	tĩ^{5}	tiam^{5}/tuĩ^{5}	tiəm^{5}	/ɗiam^{5}
43. 贴	/t^{h}aiʔ^{7}	/t^{h}a^{7}	/t^{h}a^{7}	t^{h}iap^{7}/t^{h}ueʔ^{7}	t^{h}iəp^{7}/	/hiap^{7}

续表

	福州	建瓯	永安	泉州	潮州	文昌
44. 林树~	liŋ2/laŋ2	leiŋ5/laŋ5	/lã2	lim2/nã2	lim2/nã2	liom2
45. 饮~汤	iŋ3/aŋ3	eiŋ3/aiŋ3	iã3	im3/am3	im3/am3	iom3/am3
46. 笠	liʔ8/	li7/sɛ6	li4/ʃye4	lip8/lueʔ8	/loiʔ8	/loi6
47. 肝	kaŋ1	/huiŋ1	/hm1	kan1/kuã1	/kuã1	/kua1
48. 割	kaʔ7	ko7	/kuɒ7	kat7/kuaʔ7	/kuaʔ7	/kua7
49. 山	saŋ1	suiŋ1	sɯm1/	san1/suã1	/suã1	/tua1
50. 闲	haŋ2/ɛiŋ2	aiŋ3	hĩ2	han2/uĩ2	/õi2	/ai2
51. 拔	paʔ8/peiʔ8	pa7/pai1	pa4	puat8/pueʔ8	puek8/poiʔ8	ɓuat7
52. 钱	tsieŋ2	tsiŋ5	tsɛiŋ2	tsian2/tsĩ2	/tsĩ2	/tsi2
53. 线	/siaŋ5	/syiŋ5	sɛiŋ5/	sian5/suã5	/suã5	tua5
54. 舌	sieʔ8	/yɛ8	ʃya4	siat8/tsiʔ8	/tsiʔ8	/tsi6
55. 前	tsieŋ2/sɛiŋ2	tshiŋ5[18]/	tshɛiŋ2	tsian2/tsuĩ2	/tsõi2	/tai2
56. 牵	/khɛiŋ1	/khaiŋ1	/khĩ1[19]	khian1/khan1	/khaŋ1	/han1
57. 节过~	tsiɛʔ7/tsaiʔ7	tsiɛ7/tsai7	tse7/tsa7	tsiat7/tsueʔ7	tsak7/tsoiʔ7	/tat7
58. 官	kuaŋ1	kuiŋ1/	kɯm1/	kuan1/kuã1	/kuã1	/kua1
59. 活	/uaʔ8	hua8/uɛ8	huɒ4	huat8/uaʔ8	/uaʔ8	/ua8
60. 袜	uaʔ8/	/muɛ8	/muɒ4	/bəʔ8	/bueʔ8	/ɓuat8
61. 滑	huaʔ8/kouʔ8	/ko8	huɒ4/	huat8/kut8	/kuk8	/kot8
62. 关	kuaŋ1/kuoŋ1	/kuiŋ1	kɯm1/	kuan1/kuĩ1	kueŋ1/kuẽ1	kuan1/kue1
63. 泉	tsuoŋ2	tsyiŋ5	tsɛiŋ2	tsuan2/tsuã2	/tsuã2	/tua2
64. 雪	suɔʔ7/	syɛ7/	/se7	suat7/səʔ7	/soʔ7	tuat7/tio7
65. 园	uoŋ2/huoŋ2	yiŋ3/hyiŋ5	yɛiŋ2	uan2/hŋ2	/hŋ2	ŋui2/ɦui2
66. 月	ŋuoʔ8	ŋyɛ8	ŋye4/	guat8/gəʔ8	/gueʔ8	/gue6
67. 鳞	liŋ2/	leiŋ3/saiŋ5	nã2/ʃĩ2	lin2/lan2	liŋ2/laŋ2	/lan2
68. 密	miʔ8/meiʔ8	mi7/mɛ7	mi4[20]/	bit8/bat8	mik8/bak8	miat8/bat8
69. 门	muoŋ2	mɔŋ5	muɛiŋ2	bun2/mŋ2	muŋ2	/mui2
70. 分	huŋ1/puoŋ1	hɔŋ1/pyiŋ1	huã1/pm1	hun1/pun1	huŋ1/puŋ1	/ɓon1
71. 汤	thouŋ1	thɔŋ1/	thɒm1/	thɔŋ1/thŋ2	thaŋ1/thuŋ1/	haŋ1/ho1
72. 薄	poʔ8/	pɔ8/	paɯʔ8	pɔk8/poʔ8	/poʔ8	/ɓo8
73. 两	luoŋ3/laŋ6	liɔŋ3/	niam3/	liɔŋ3 nŋ4	liaŋ3/nõ4	lio3/no6
74. 痒	yoŋ3/suɔŋ6	iɔŋ3 / tsiɔŋ8	iam3/tsiam4	iɔŋ3/tsiũ4	iaŋ3/tsiẽ4	/tsio6
75. 着	tuoʔ8/	tiɔ8/	tsiɯ7/	tiɔk8/tioʔ8[21]	/tieʔ8	tsok8
76. 黄	/uoŋ2	/uaŋ5	/m2	hɔŋ2/ŋ2	/ŋ2	uaŋ2/ui2
77. 放	huɔŋ5/pouŋ5	hɔŋ5/pɔŋ5	hm5/paŋ5	hɔŋ5/paŋ5	huaŋ5/paŋ5	/ɓaŋ5
78. 江	kouŋ1/køyŋ1	kɔŋ1/	kɒm1/	kaŋ1/	kaŋ1/	kiaŋ1/
79. 学	houʔ8/oʔ8	ha7/ɔ8	haɯ4/aɯ4	hak8/oʔ8	hak6/oʔ8	/o6

续表

	福州	建瓯	永安	泉州	潮州	文昌
80. 等	tɛiŋ^{3}/tiŋ^{3}	taiŋ^{3}	tĩ^{3}	təŋ^{3}/tan^{3}	teŋ^{3}/taŋ^{3}	ɗeŋ^{3}/ɗan^{3}
81. 贼	tseiʔ^{8}/tsʰeiʔ^{8}	/tsʰɛ^{6}	/tsʰa^{4}	tsik^{8}/tsʰat^{8}	/tsʰak^{8}	/sat^{8}
82. 蝇	iŋ^{2}/siŋ^{2}	/saiŋ^{5}	/sã^{2}	iŋ^{1}/sin^{2}	/siŋ^{2}	/tien^{2}
83. 翼	iʔ^{8}/siʔ^{8}	i^{6}/siɛ^{6}	iɔ^{4}/ʃiɒ^{4}	iak^{8}/sit^{8}	ek^{8}/sik^{8}	ʥi^{5}/tiet^{8}
84. 生 [22]	sɛiŋ^{1}/saŋ^{1}	saiŋ^{1}/saŋ^{1}	ʃĩ^{1}/sõ^{1}	səŋ^{1}/sĩ^{1}	seŋ^{1}/sẽ^{1}	se^{1}/te^{1}
85. 百	paiʔ^{7}/paʔ^{7}	/pa^{7}	/pɒ^{7}	pik^{7}/paʔ^{7}	/peʔ^{7}	/ɓe^{7}
86. 争	tsɛiŋ^{1}/tsaŋ^{1}	tsaiŋ^{1}	ʧĩ^{1}	tsəŋ^{1}/tsĩ^{1}	/tsẽ^{1}	/tse^{1}
87. 麦	/maʔ^{8}	/ma^{8}	/ma^{4}	bik^{8}/beʔ^{8}	/beʔ^{8}	/be^{6}
88. 命	meiŋ^{6}/miaŋ^{6}	meiŋ^{6}/miaŋ^{6}	mã^{6}/miõ^{5}	biŋ^{6}/miã^{6}	meŋ^{6}/miã^{6}	/miã^{2}
89. 成 [23]	siŋ^{2}/siaŋ^{2}	seiŋ^{5}/iaŋ^{3}	/ʃiã^{2}	siŋ^{2}/siã^{2}	seŋ^{2}/tsiã^{2}	/tia^{2}
90. 石	siʔ^{8}/suoʔ^{8}	si^{6}/siɔ^{6}	ʃiɯ^{4}/ʧiɯ^{4}	sit^{8}/tsioʔ^{8}[24]	/tsieʔ^{8}	tek^{7}/tsio^{6}
91. 瓶	piŋ^{2}	/paiŋ^{3}	/pĩ^{2}	piŋ^{2}/pan^{2}	pʰeŋ^{2}/paŋ^{2}	/ɓan^{2}
92. 壁	peiʔ^{7}/piaʔ^{7}	pi^{7}/pia^{7}	pi^{7}/piɒ^{7}	pik^{7}/piaʔ^{7}	/piaʔ^{7}	/ɓiaʔ^{7}
93. 横	/huaŋ^{2}	/huaŋ^{5}	/hm^{2}	hiŋ^{2}/huĩ^{2}	huẽ^{2}	ɦoŋ^{2}/ŋue^{2}
94. 兄	hiŋ^{1}/hiaŋ^{1}	hœyŋ^{1}/hiaŋ^{1}	ʃiõ^{1}	hiŋ^{1}/hiã^{1}	/hiã^{1}	/ŋia^{1}
95. 聋	luŋ^{2}/løyŋ^{2}	lɔŋ^{5}/sɔŋ^{5}	laŋ^{2}/saŋ^{2}	lɔŋ^{2}/laŋ^{2}	/laŋ^{2}	/laŋ^{2}
96. 木	muʔ^{8}/møyʔ^{8}	/mu^{8}	/mu^{4}	bɔk^{8}/bak^{8}	/bak^{8}	/mok^{8}
97. 虫	/tʰøyŋ^{2}	tʰɔŋ^{5}/	/tʰaŋ^{2}	tʰiɔŋ^{2}/tʰaŋ^{2}	/tʰaŋ^{2}	/haŋ^{2}
98. 竹	tøyʔ^{7}	/ty^{7}	/ty^{7}	tiɔk^{7}/tiak^{7}	/tek^{7}	ɗiok^{7}/
99. 钟	tsyŋ^{1}/	tœyŋ^{1}/	tʃam^{1}/	tsiɔŋ^{1}/tsiŋ^{1}	/tsoŋ^{1}	/tsiaŋ^{1}
100. 粟	søyʔ^{7}/tsʰuɔʔ^{7}	sy^{7}	ʃy^{7}/tʃʰy^{7}	siɔk^{7}/tsʰiak^{7}	/tsʰek^{7}	siak^{7}/tiak^{7}

[1] 在见系字，以 ua 为常，如过、果、锅。

[2] 疑为“修”的训读。

[3] 声母为白读，韵母为文读，柱、须白读韵母为 iau。

[4] 口语也多说 y^{3}，huɔ^{6} 只见于个别语词。

[5] 亥白读 hue^{4}。

[6] 梯白读 tʰai^{1}，婿白读 sai^{5}。

[7] 奇$_{～数}$白读 kʰia^{1}。

[8] 狮白读 ʃa^{1}。

[9] 李$_{～子}$白读 ʃia^{4}。

[10] 尚有多种读音，见前文所述。

[11] 碎白读 tsʰo^{5}。

[12] 昼了$_{下午}$白读 lau^{8}。

[13] 条白读 to^{2}。

[14] 口语狗说犬 kʰɛiŋ^{3}，沟白读 kau^{1}。

[15] 阄白读 ke^{6}。

[16] 闽白读 kø^{1}。
[17] 另有白读 am^{2}，意为包含。
[18] 韵母属文读，声母、声调属白读。
[19] 研白读 ŋɛiŋ^{1}。
[20] 漆白读 tsʰa^{1}。
[21] tioʔ^{8} 对，toʔ^{8} ～火。
[22] 表中所收白读音为“生育”之义，另有白读指“非熟”声母都是 tsʰ：福州 tsʰaŋ^{1} 建瓯 tsʰaŋ^{1} 永安 tsʰõ^{1} 泉州 tsʰĩ^{1} 潮州 tsʰẽ^{1}。
[23] 另一白读表示“成全”之义，福州 tsʰiaŋ^{2} 泉州 tsʰiã^{2}，“做成了”泉州也说 ꜀tsiã。
[24] 另一白读 siaʔ^{8} ～石：砚石。

说明： 本文 1993 年 1 月在香港的第三届国际闽方言研讨会上宣读过，后收入香港中文大学中国文化研究所《中国语文研究》第十一期，第三届国际闽方言研讨会专号。后又收入《汉语方言研究文集》，商务印书馆，2009 年。

附记： 1926 年罗常培先生应聘到厦门大学国学研究院任教后，着手调查厦门方言。当时这个年仅 27 岁的青年，即以其学识慧眼，在所撰《厦门音系》中指出：“厦门字音跟话音几乎各成一个系统……这是厦门话的特质之一。”在详细罗列了字音和话音的种种“转变”之后，鉴于话音既有“比字音较早”，“又存在有变古之征”，于是提出：“转变的情形十分复杂，很难用单元的理论说明它们的原故。”正是这部现代汉语方言学的奠基作之一，开辟了富有汉语特点的“文白异读”现象研究。本人 1953 年到厦门大学中文系学习，一入学即拜读了《厦门音系》，深受教益，并由此走上了研究汉语方言之路。2021 年，厦门大学把《厦门音系》作为“厦门大学百年学术论著选刊”影印重版。

现在看来，罗先生的“字音”和“话音”转变的提法可能比“文白异读”更为准确。至少就闽方言的情况来看，未必都能用“文”与“白”来解释，也不都是两两并存的“异读”，而是字音的历史演变和字在词里的不同用法而造成的“转变”。

中古全浊声母闽方言今读的分析

《广韵》系统的全浊声母並定澄从崇群等在现代闽方言读清的塞音、塞擦音，其中多数字不送气，少数字送气。①这种不送气和送气之分，并不以《广韵》的韵类或调类为条件，这是其他方言所少见的情况，成为闽方言语音的重要特点之一。究竟送气与不送气分化的条件是什么，许多学者都在进行探索，也提出过种种解释。我思索多年，对已有的几种说法尚未敢苟同，又深感这一现象虽不容易解释却是涉及许多方面的重要问题。本文对此试做初步分析，提出自己的看法。

一

属于古並定澄从崇群等声母的字约有四分之一在今闽方言多数点读为送气清音，②陈章太同志与我合写的《论闽方言的一致性》③一文已经罗列了一些材料。本文加以补充，得出下列 40 个字，这 40 个字是口语中比较常用的，能单用，而且各地读音比较一致。现把福建境内有代表性的六个点的读音列表对照如下（若有文白异读的只列白读音）：

	福州	泉州	莆田	建瓯	建阳	永安
皮	꜁pʻui	꜁pʻə	꜁pʻue	pʻœ꜄	꜁hui	꜁pʻue
瀌瓢	꜁pʻiu	꜁pʻio	꜁pʻiɐu	pʻiau꜄	꜁pʻiɔ	꜁pʻiɯ
稗	pʻa꜄	pʻue꜄	pʻe꜄	pʻai꜅	pʻai꜅	pʻĩ꜄
被棉~	pʻuoi꜅	꜃pʻə	pʻue꜅	pʻœ꜅	hʻui꜅	꜁pʻue
鼻	pʻei꜅④	pʻi꜅	pʻi꜄	pʻi꜅	pʻɔi꜅	pʻi꜄
彭	꜁pʻaŋ	꜁pʻĩ	꜁pʻa	pʻaŋ꜄	꜁pʻaŋ	꜁pʻã

① 中古全浊声母在闽方言中也有读擦音的，这部分字不存在送气不送气的区别，不在本文讨论范围之内。

② 周长楫在《中古全浊声母在厦门话里的读法再证》一文中统计了厦门话並定澄群从崇六母 498 字中读送气或送气不送气两读的字 177 字，占三分之一强。多数点读送气的比例略小。见《厦门大学学报》社会科学版 1981 年第 4 期。

③ 《中国语言学报》第一期，1983 年。

④ 做名词（鼻涕、鼻子）送气，做动词（嗅）不送气。

篷	꜁pʻuŋ	꜁pʻaŋ	꜁pʻaŋ	pʻɔŋ꜄	꜁pʻoŋ	꜁pʻaŋ
曝	pʻuoʔ꜇	pʻak꜇	pʻoʔ꜇	pʻu꜅		꜁pʻu
雹	pʻau꜄	pʻau꜄	pʻau꜄	pʻau꜅	pʻau꜄	꜁pʻo
浮	꜁pʻu	꜁pʻu	꜁pʻu	꜂iu	ɦiu꜄	꜁paɯ
缝一条～	pʻouŋ꜄	pʻaŋ꜄	pʻaŋ꜄	pʻɔŋ꜅	pʻoŋ꜅	pʻaŋ꜄
啼	꜁tʻie	꜁tʻi	꜁tʻi	tʻi꜄	꜁hie	꜁tʻe
苔	꜁tʻi	꜁tʻi	꜁tʻi	tʻai꜄	꜁hai	꜁tʻa
桃	꜁tʻo	꜁tʻo	꜁tʻo	tʻau꜄	꜁hau	꜁tʻaɯ
头	꜁tʻau	꜁tʻau	꜁tʻau	tʻe꜄	꜁heu	꜁tʻø
谭潭	꜁tʻaŋ	꜁tʻam	꜁tʻaŋ	tʻaŋ꜄/tʻaiŋ꜄	꜁laŋ	꜁tʻõ
糖	꜁tʻouŋ	꜁tʻŋ̍	꜁tʻuŋ	tʻɔŋ꜄	꜁hɔŋ	꜁tʻɒm
桐～油	꜁tʻøyŋ	꜁tʻaŋ	꜁tʻaŋ	tʻɔŋ꜅	꜁loŋ	꜁taŋ
叠	tʻaʔ꜇	tʻaʔ꜇	tʻɒʔ꜇	tʻa꜅	ha꜇	꜁tʻɒ
槌锤	꜁tʻui	꜁tʻui	꜁tʻui	tʻy꜄	꜁hy	꜁tʻui
柱	tʻiu꜅	꜃tʻiau	tʻiu꜅	tʻiu꜅	hiu꜄	꜃tʻiau
治[①]	꜁tʻai	꜁tʻai	꜃tʻai	tʻi꜄	꜃hɔi	꜃tʻi
蛇	tʻa꜄	tʻe꜄	tʻɒ꜅	tsʻa꜄	tʻa꜄	tsʻɒ꜄
虫	꜁tʻøyŋ	꜁tʻaŋ	꜁tʻaŋ	tʻɔŋ꜄	꜁hoŋ	꜁tʻaŋ
杖	tʻuoŋ꜅	꜃tʻŋ̍	tʻiau꜅	tʻiɔŋ꜅	hiɔŋ꜄	꜃tiam
蚕	꜁tsʻɛiŋ	꜁tsʻam	꜁tsʻaŋ	tsʻaŋ꜄	꜁tʻaŋ	꜁tsʻɒm
篦	tsʻieʔ꜇	tsʻiʔ꜇	꜁tsʻi	tsʻiɛ꜅	tsʻie꜇	꜃tsʻe
贼	tsʻeiʔ꜇	tsʻat꜇	tsʻɛʔ꜇	tsʻɛ꜅	tʻe꜇	꜃tsʻa
锄	꜁tʻy	꜁tʻɯ[②]	꜁tʻy	tʻy꜄	꜁hy	꜁ty
柴（樵）	꜁tsʻa	꜁tsʻa	꜁tsʻɒ	(tsʻau꜄)	(꜁tʻau)	(꜁tsʻo)
床	꜁tsʻouŋ	꜁tsʻŋ̍	꜁tsʻuŋ	tsʻɔŋ꜄	꜁tʻɔŋ	꜁tsʻɒm
柿	kʻei꜅	꜃kʻi	kʻi꜅	kʻi꜅	kʻiɔ꜄	꜃kʻi
钳	꜁kʻieŋ	꜁kʻĩ	꜁kʻiaŋ	kʻiŋ꜄	꜁kʻieiŋ	꜁kʻɛiŋ
臼	kʻou꜅	꜃kʻu	kʻu꜅	kʻiu꜅	kʻiu꜄	꜃kʻiau
虹	kʻøyŋ꜅	꜃kʻiŋ	kʻɒŋ꜅	kɔŋ꜄	leiŋ꜄	꜃kʻiam
瘸	꜁kʻuo	꜁kʻə	꜁kʻue	kʻiɔ꜄	꜁kʻiɔ	꜁kʻiɯ
徛	kʻiɛ꜅	꜃kʻa	kʻyɒ꜅	kyɛ꜇	kye꜅	꜃kʻya

① 杀也，俗写作刣。

② 做动词（锄草）送气，做名词（锄头）不送气。

从这个字表可以看出几个特点：

1. 40 个字中，各点都读送气音的（包括建阳读为 h 的，下详）占 33 字，个别点读不送气的只有 7 个，可见各点读音的一致性不是偶合。

2. 40 个字中，平声字 25 个，上声 6 个，去声 4 个，入声 5 个；分布在 14 个摄，其中开口字 28 个，合口 22 个；一等字 12 个，二等 5 个，三等 22 个，四等一个。送气不送气的分化既然不以《广韵》的韵类或调类为条件，可见它不是单纯的语音类别的历史变化。

3. 所列例字大体上都是单音词，反映的是日常生活中的重要概念，在口语中也比较常用。看来，这正是我们考察分析的重要出发点。

二

对于闽方言的这一现象，余霭芹和平田昌司都认为反映了方言语音的不同历史层次，不送气清音代表较古的一层（余说是壮台语的底层），送气清音则代表晚近的一层（余说是北方方言影响的结果）。[①] 我很赞赏他们考察问题的方向，但是在同一方向上我得出了同他们相反的结论。

闽方言把古全浊声母读为送气清音的词应该是早期定型的方言词，它的送气音应是反映了广韵以前的上古音的特点。这个结论是从下列四点分析得来的。

第一，在同一音韵地位上，如果有送气、不送气的对立，读送气音的总是历史悠久的常用字，读不送气音的虽然也有古老的常用字，但有更多的一般用字。下面所举十个小韵中的字带括弧的各地读送气（注音见上文），不带括弧的都读不送气：

	福州	泉州	莆田	建瓯	建阳	永安
（皮）脾	꜁pi	꜁pi	꜁pi	꜂pi	˳βɔi	꜁pi
（被）婢	pei꜅	pi꜅	pi꜅	pi꜅		꜃pi
（鼻）备	pei꜅	pi꜅	pi꜅	pi꜅	βɔi꜅	pi꜄
（啼）题蹄	꜁tɛ	꜁tue	꜁te	ti꜄/tai꜄	˳lɔi/꜁tai	꜁te
（桃）逃陶	꜁to	꜁to/꜁tɔ	꜁to/꜁tɒ	꜂tau	꜁lau	꜁taɯ
（头）投	꜁tɛu	꜁tau	꜁tau	꜂te	˳leu	꜁tø
（糖）唐堂	꜁touŋ	꜁tŋ̍	꜁tɔŋ/꜁tuŋ	꜂tɔŋ	꜁lɔŋ	꜁tɒm
（叠）谍蝶	tieʔ꜇	tiap꜇	tɛʔ꜇	tiɛ꜇	lie꜇	꜃te
（杖）仗丈	tuoŋ꜅	tiɔŋ꜅	tyɒŋ꜅	tiɔŋ꜅	tiɔŋ꜄	꜃tiam
（徛）妓技	kei꜅	ki꜅	ki꜅	ki꜅	ki꜅	ki꜄

① 平田昌司《徽州方言古全浊声母的演变》，《均社论丛》1982 年 11 月。

反例有两种情形：

读送气清音的字中有少数后起的非口语常用字显然是因为和早期常用字同偏旁而类推的，例如：皮→疲，彭→膨，曝→瀑，读→牍，篷→蓬。

还有一些地区读送气清音的少数平声字不是早期的口语常用字，它们是受普通话影响由不送气清音变来的，或送气与不送气两读并行。例如：

福州　涛 ꜁tʻo　檀 ꜁tʻaŋ　呈 ꜁tʻiaŋ　驰 ꜁tʻi

厦门　材～料 ꜁tsai ～ ꜁tsʻai　脾～气 ꜁pi ～ ꜁pʻi　传宣～ ꜁tuan ～ ꜁tʻuan

填～充 ꜁tian ～ ꜁tʻian

第二，同一个字，如果文读白读以送气和不送气分，往往是白读送气，文读不送气，而白读显然是早期形成的方言词音。从与两种声母相结合的韵母看，也可证明与送气声母相拼的是白读韵，与不送气声母相拼的则是文读韵。以福州话和泉州话为例：

例字	用词	福州	泉州
被	～动 / ～单	pei꜅/pʻuoi꜅	꜂pi/꜂pʻə
暴	～露 / ～日	poʔ꜇/pʻuoʔ꜇	pok꜇/pʻak꜇
鼻	～息 / ～涕	peiʔ꜇/pʻei꜄	pit꜇/pʻi꜅
桐	梧～ / ～油	꜁tuŋ/꜁tʻøyŋ	꜁tɔŋ/꜁tʻaŋ
叠	重～ / ～上	tieʔ꜇/tʻaʔ꜇	tiap꜇/tʻaʔ꜇
杖	仪～ /	tuoŋ꜅/tʻuoŋ꜅ ～～：拐杖	꜂tiɔŋ/꜂tʻŋ̍ 锤～：棍棒
柱	～石 / 大～	tsøy꜅-/tʻiu꜅	꜂tsu/꜂tʻiau
贼	盗～ / 做～	tseiʔ꜇/tsʻeiʔ꜇	tsik꜇/tsʻat꜇
凿	确～ / ～刀	tsouʔ꜇/tsʻøyʔ꜆	tsɔk꜇/tsʻak꜇
骑	～缝 / ～马	꜁ki/꜁kʻie	꜁ki/꜁kʻa

必须说明的是，在闽南话里有些送气不送气的异读都见于口语，很难说是不同历史层次的文白读，应该说是为了辨义而异读，常用于不同词性。以泉州话为例举常见的如下：

盘	꜁puã 茶～	꜁pʻuan ～腿
平	꜁pĩ ～路	꜁pʻĩ 单音词：平整
	꜁piã ～声	꜁pʻiã ～本：捞回老本
跳	꜁tio 吓一跳	꜁tʻio 球多次弹跳
毒	tɔk꜇ 有～	tʻau꜄ ～死
锄	꜁tɯ ～头	꜁tʻɯ ～草
捶	꜁tui ～死	꜁tʻui ～仔
存	꜁tsun ～钱	꜁tsʻun 尊～：尊重
糊	꜁kɔ 浆～、～纸	꜁kʻɔ ～涂：涂上泥
穷	꜁kiŋ ～家	꜁kʻiŋ ～实：究其实

忌　　ki꜆ ～辰　　꜄k‘i ～剋：忌讳

第三，方言字音如果还反映其他声韵母演变中的不同历史层次的话，全浊声母字读送气音的字总是和老的声韵特征相联系的。试举数例，

古知彻澄母字，多数读 t、t‘，反映了上古无舌上的特点，少数后起字读 ts、ts‘ 显然是受中古知、庄、章合流的影响，反映了中古音的特点。凡澄母字读“齿音”的，没有送气的，例如：

	柱	住	站车～	术白～	浊
福州	tsøy꜆	tsøy꜆	tsaŋ꜆		tsouʔ꜇
泉州	꜅tsu	tsu꜆	꜅tsam	tsut꜇	tsɔk꜇

其中最典型的是“柱”字，文读 ts，白读 t‘。

上文所举崇母字“锄、柿”在各地闽方言都读 t‘、k‘。从谐声看，这种特殊读音也是上古音的残留。锄从助得声，助可以谐筯（箸），箸中古澄母，上古定母，锄读 t‘ 是上古崇、定相谐的反映；柿从朿得声，朿阻吏切，属庄母，可与胏相谐，胏，止姊切，是为章母，章母字在闽方言有 k、k‘ 的读法（如齿读 ꜁k‘i，痣读 ki꜂）。可见，柿读 k‘ 是上古庄章通谐的反映。

在韵母的演变关系中，中古的支韵字部分来自上古的歌部，部分来自佳部。来自歌部的往往白读韵母的元音较低，逢全浊声母则送气，来自佳部的元音较高，逢全浊声母则不送气。试比较：

	皮—脾	被—婢	骑—岐	徛—技
福州	꜄p‘ui ꜄pi	p‘uoi꜆ pei꜆	꜄k‘ie ꜄kie	k‘ie꜆ kei꜆
泉州	꜄p‘ə ꜄pi	꜅p‘ə pi꜆	꜄k‘ia ꜄ki	꜅k‘a ki꜆

第四，有不少古全浊声母的字在其他方言不用或少用，在闽方言则是富于方言特色的常用词。这些从方言词考出来的本字常常读送气清音。就泉州话略举数例以见一斑：

甓　p‘iaʔ꜇　瓴瓦，又大又厚的装饰用瓦。《广韵》锡韵扶历切：甓，瓴甓。

踔　p‘ut꜇　跳跃，挣扎。《集韵》物韵符勿切：踔，跳也。

豘　꜄t‘un　小动物曰豘，如说鸡～仔，猪～仔，也可引申指人（侬～）并可作为形容词～～：不大貌。《集韵》魂韵徒浑切：豘，《说文》：小猪也。

縋　t‘ui꜂　以绳悬物。《广韵》置韵驰伪切：縋，绳悬也。

沉　t‘iam꜆　投没于水底，如说～江，～海。《集韵》沁韵直禁切：沉，没也。

豸　꜅t‘ua　小虫，如说虫～，生虫生～。《广韵》纸韵池尔切：豸，虫豸。《尔雅》云：有足曰虫，无足曰豸。

袒　t‘ĩ꜆　缝补的通称。（缝专指密缝）。《广韵》裥韵丈苋切：袒，衣缝解。

在　ts‘ə꜆　寻找。《广韵》海韵尽亥切、代韵昨代切两读：在，居也，存也，察也。”

泉州话前二义读阳上，后者读阳去，察查就是寻找。厦门音 ts'e꜄，漳州音 ts'ue꜄ 均合。

竭 k'iat꜆ 甘蔗无汁而发硬称为竭。《广韵》薛韵渠列切；竭，尽也。此字另有文读音 kiat꜆ 表渴力。

屈 k'ut꜆ 动物尾短谓屈，尖物不尖亦称屈，人无后亦称屈。《集韵》迄韵渠勿切：屈，《博雅》：短也，一曰无尾。

橜 k'it꜆ 墙上木钉、地上小木桩均称橜。《广韵》薛韵渠列切：橜，木钉名。

三

闽方言把古全浊声母的字读为送气清音既然是和较早的词汇层次相结合的语音形式，那么，应该怎样说明古今全浊声母的变化呢？

关于广韵系统全浊声母的实际读音，陆志韦和李荣用了多方面的材料有力地论证为不送气的浊音。① 这个结论和闽方言的文读系统把全浊声母字读为不送气清音是完全一致的，如所周知，闽方言的文读系统比较完整地反映了中古音广韵系统的特点。

至于上古的全浊声母，一般都认为在送气不送气上应是从上古到广韵一脉相承的。王力、董同龢都拟为送气浊音，李方桂则都拟为不送气清音，他说："我们既然认为中古的浊塞音是不吐气的，就没有理由说是从上古吐气的浊塞音来的。"②

问题在于拟测上古全浊声母时要不要考虑解释闽方言这种旧层送气、新层不送气的情况。

对此，我们可以有四种假设：

1. 闽方言的全浊送气是闽越语的底层，与上古汉语无关。

2. 上古全浊声母分为送气不送气两套，闽方言清化后反映了这种界限。

3. 上古汉语有方言差别，全浊声母有的读送气浊音，有的读不送气浊音，闽方言兼收了不同方言的特点。

4. 在漫长的上古时期中，全浊声母曾是送气的，后来逐渐变为不送气浊音。

闽方言所分布的福建地区东汉以前是百越杂居之地，闽方言可能有闽越语的底层。如果全浊声母分读送气和不送气在其他汉语方言都没有反映，在古代汉语也找不到痕迹，第一种设想也许是合理的。事实是这种情形在徽州方言、湖南瓦乡话、山东方言以及龙州壮语的汉语借词里都有类似的反映（例如休宁话：拌 puə̆˨˦，伴 p'uə̆˨˦，投 tiu˥，头 t'iu˥，独 tau˥，读 t'au˥，苧 tɕy˨˦，柱 tɕ'y˨˦，旗 tɕi˥，骑 tɕ'i˥。其余点的情况下文还会提

① 陆志韦《古音说略》，哈佛燕京学社，1947 年；李荣《切韵音系》，科学出版社，1956 年。

② 李方桂《上古音研究》，商务印书馆，1980 年。

到）；在上古谐声关系中也可找到一些线索（下详），看来第一种假设是没有根据的。

高本汉曾为上古音拟过送气不送气两套浊音声母，但那是为了解释喻四等另有来源的声类，不是把並定从澄等各分两类。如果上古全浊声母分为两套，为什么在中古音和多数现代方言中都没有反映？为什么梵文的对音要用同一个“荼”或“陀”去译写 da 和 d‘a？[①] 第二种假设显然是没有意义的。

上古汉语既分布在广阔的地域，又经历过漫长的年代，当时的方言差异可能比今天更大。如果那时有的方言全浊声母不送气，有的方言送气，现在也无从证实了，因此第三种假设也就落空了。还是第四种假设即上古的全浊声母不同阶段有不同的读音更为合理，因为考虑到闽方言的送气与不送气是同词汇的历史层次直接相关的，如果解释为上古音的较早阶段全浊声母曾是送气的，可能是比较合理的。

闽方言的声母是以保留着更多的上古音的痕迹而著称的。除了全浊声母清化之外，无轻唇、无舌上、庄组与精组不分、匣群相混（糊、厚、猴读 k）、泥娘日合流、以邪定交叉、章组与端组相关等都和《说文》所反映的谐声关系一脉相承。如果说闽方言把部分全浊声母字读为送气清音是反映了上古汉语的较早时期，至少是把部分全浊声母字读为送气浊音的这个特点，应该是顺理成章的。

从《说文》的谐声和《广韵》的又读，我们可以找到支持这种假设的线索。

陆志韦的《古音说略》以《说文》谐声材料为依据讨论了上古全浊声母的实际音值。他说：“谐声系统里，切韵的不送气清音最近乎浊音，比 k 等跟 k‘ 还来得接近。k‘ 等跟浊音最不接近。只有‘都他徒’组跟‘方芳符’组显然是例外。”[②] 这就是说，《说文》中切韵的並、从、崇、船、群与帮、精、庄、章、见相谐比与滂、清、彻、昌、溪相谐的次数多，他由此推论上古全浊声母是不送气浊音，但是在端、非两组，情况恰好相反，根据他的统计资料（→前是声符声母，后是谐声字声母）：

都→徒 35	都→他 17	他→徒 21	徒→都 10	他→都 2	徒→他 40
方→符 112	方→芳 58	芳→符 21	符→方 37	芳→方 7	符→芳 32

怎样解释这种现象，他觉得“一时无可解决”。其实，这也正是不送气说的隐患。让我们顺藤摸瓜进一步探讨这个例外。

根据管燮初重新整理过的《说文》谐声关系，全浊与次清通谐比全浊与全清通谐次数更多的有：

定→端	8 次	<	定→透	36 次	船→端	1 次	<	船→透	2 次
→知	0 次	<	→彻	1 次	群→庄	0 次	<	群→初	1 次

① 罗常培《知彻澄娘音值考》，《罗常培语言学论文选集》，中华书局，1963 年。

② 陆志韦《古音说略》，哈佛燕京学社，1947 年。

→章	3次	<	→昌	4次	禅→见	0次	<	禅→溪	3次
澄→知	6次	<	澄→彻	9次	匣→帮	0次	<	匣→滂	1次
→端	3次	<	→透	13次	→端	1次	<	→透	3次
船→章	3次	<	船→昌	4次	→知	0次	<	→彻	1次

值得注意的是，次浊声母也有与次清相谐次数多于与全清相谐次数的：

明→帮	2次	<	明→滂	5次	日→见	0次	<	日→溪	3次
来→端	0次	<	来→透	2次	云→端	0次	<	云→透	2次
→知	1次	<	→彻	5次	以→端	6次	<	以→透	25次
日→端	0次	<	日→透	3次	→知	3次	<	→彻	10次

清声母用作声符也有次清比全清更多地与浊声母通谐的例子：

帮→疑	0次	<	滂→疑	2次	精→崇	6次	<	清→崇	7次
端→以	3次	<	透→以	4次	→邪	0次	<	→邪	1次
→日	0次	<	→日	1次	→来	1次	<	→来	4次
知→以	0次	<	彻→以	1次	→疑	0次	<	→疑	4次
→泥	3次	<	→泥	9次	章→邪	2次	<	昌→邪	3次

次清声母作声符也有与全浊通谐比与相应的次清声母通谐更多的：

滂→透	0次	<	滂→定	1次	透→滂	4次	<	透<並	15次
敷→敷	7次	<	敷→奉	21次	清→溪	0次	<	清→群	1次
透→彻	1次	<	透→澄	6次	初→清	4次	<	初→从	5次

从以上材料可以看出，《说文》谐声关系中全浊声母和次清存在密切的关系并不只是表现在非组和端组，而是唇舌齿牙喉都有，不过在唇音（包括帮组和非组）和舌音（包括端组和知组）更为突出罢了。我们不妨假设上古汉语全浊声母是一种“浊音浊流”，至少在唇音和舌音明显地读为 bɦ、dɦ，因此 bɦ—ph、dɦ—th 的相谐比 bɦ—p dɦ—t 的相谐更为频繁。

至于唇舌音的次清和次浊的相谐较为频繁，则使人们推想到上古时期的唇舌音次清有更强的流音 h，因为各类次浊声母也都是一种流音。

四

关于闽方言古全浊声母的今读，罗杰瑞在他的两篇论文[①]中曾经做过另一种解释，

① Jerry Norman *Tonal Development in Min*, 1973; *The Initials of Proto-Min* 1974.

认为它反映了原始闽方言曾有过三套浊的塞音塞擦音：

第一组（不送气浊音） b d g dz dž

第二组（送气浊音） bh dh gh dzh džh

第三组（软浊音） -b -d -g -dz -dž

这三组声母都是古汉语的全浊声母字。在沿海各点第一组和第三组大体读为不送气清音，第二组则大体读为送气清音。除此之外，他的最得力的论据是建阳话的声母和邵武话的声调。在建阳话，大体上第一组读不送气清音（p、t、k、ts），第二组读送气清音（p‘、h‘、k‘、t‘、ts‘）；第三组则读为“次浊”流音（v[①]、1、∅、1、∅），在邵武话，大体上一、三组读阳调类，第二组读阴调类。

这种解释确实很能引人入胜，也反映了闽方言的一些重要特点，对人们了解闽方言的历史演变也是有启发的，不失为一家之言。

我们和罗先生的不同看法是：还是把这些现象看成闽方言发展过程中的历史层次更好些，正如他所理解的chronological strata[②]那样，词汇上有不同的历史层次，语音上也有不同的历史层次，而且二者常常是相互联系、相互制约的。对于这种不同历史层次的现象未必要推到一个原始闽方言的共时平面上。我们的理由主要有三：

第一，从同一音类演变而来的不同方音，对应应该比较整齐，例外较少；而闽方言古全浊声母送气不送气的分化并非单纯的语音现象，而是与词汇的历史层次相关联的，因而不只是受语音条件的制约，因此各地对应并不太整齐。例如：

	福州	泉州	莆田	建瓯	建阳	永安
盆	꜁puoŋ	꜁p‘un	꜁p‘oŋ	꜂poŋ	˳βuŋ	꜁puã
伴	p‘uaŋ꜅	꜃p‘uã	pua꜅	p‘ueŋ꜅	pɔiŋ°	pm̩꜄
抱	pɔ꜅	꜃p‘o	p‘o꜅	p‘au꜅	pau꜄	꜃p‘au
簿	puo꜅	꜃p‘ɔ	p‘ɔu꜅	pu꜇	βo꜄	꜃pu
提	꜁t‘i	꜁t‘e	꜁te	ti꜄	꜁lɔi	꜁ti
痰	꜁t‘aŋ	꜁t‘am	꜁t‘aŋ	꜂taŋ	꜁laŋ	꜃t‘õ
团	꜁t‘uaŋ	꜁t‘uan	꜁tuaŋ	꜂t‘ueŋ	꜁lueŋ	꜁t‘ɯm
读	t‘øyʔ꜇	t‘ak꜇	t‘aʔ꜇	tu꜆	lo꜇	꜃t‘ɒu
筹	꜁t‘iu	꜁tiu	꜁t‘iu	t‘iu꜄	꜁hiu	꜁tiau
沉	꜁tɛiŋ	꜁tim	꜁t‘iaŋ	teiŋ꜄	꜁lɔiŋ	꜁tã
程姓	꜁t‘iaŋ	꜁t‘iã	꜁t‘ia	꜂tiaŋ	꜁hiaŋ	꜁tã

---

① 现代建阳音实际上是 β。

② Jerry Norman *Chronological strata in the Min Dialects*，《方言》1979 年第 4 期。

绸	꜁tiu	꜁tiu	꜁t‘iu	tiu꜄	꜁tiu	꜁tiau
芹、勤	꜁k‘yŋ	꜁k‘un	꜁k‘yŋ	꜂keiŋ	꜁keiŋ	꜁kuã
葵	꜁kie	꜁kui	꜁ki	꜂k‘uɛ	꜁k‘y	꜁k‘ui
琴	꜁k‘iŋ	꜁k‘im	꜁kiŋ	꜂keiŋ	꜁kiŋ	꜁kiã
屐	k‘iaʔ꜇	kiaʔ꜇	k‘iaʔ꜇	kia꜇	k‘ia꜇	꜃kiɒ
裁	꜁tsøy	꜁ts‘ai	꜁ts‘ai	꜂tso	꜁lue	꜁tse
墙	꜁ts‘uoŋ	꜁ts‘iũ	꜁ts‘iɐu	tsiɔŋ꜄	꜁tsiɔŋ	꜁tsiam
凿	ts‘øyʔ꜇	ts‘ak꜇	ts‘aʔ꜇	tsɔ꜆	lo꜇	꜃tsaɯ
愁	꜁ts‘ɛu	꜁ts‘iu	꜁ts‘iɐu	꜂ts‘e	꜁ləu	꜁tsø

如果把邵武话声调上的反映以及徽州方言、湖南瓦乡话和龙州壮语的汉语借词的送气不送气分化做进一步比较，这种分歧就更明显了（下列例字除少数字外在闽方言大都送气，见前）：

	邵武	休宁	瓦乡		龙州
平	꜁p‘iaŋ	p‘a˥	foŋ˧˥		p‘iːŋ^{1}
排	꜁p‘ie	pa˥	p‘ɔ˥		p‘aːi^{5}
皮	p‘ei꜆	p‘i˧˩	fɔ˧˥		p‘i^{2}顽~
鼻	p‘i꜄	p‘i˧	pi˧		
抱	꜂p‘au	po˧	bɑɔ˧		
糖	t‘oŋ꜆	t‘au˥	noŋ˥红~	toŋ˥冰~	t‘əːŋ^{1}
潭	꜁t‘an	t‘ɔ˥			t‘um^{1}水塘
头	t‘ɛu꜆	t‘iu˥	tɑɔ˥		tau^{2}，hu^{1}剃~
读	t‘u꜅	t‘au˧	lu˥˧		toːk^{8}
桃	t‘au꜆	t‘ɤ˥	nɑɔ˧˥		taːu^{2}
袋	t‘ai꜅	to˧	də˧˥		taːi^{6}
虫	t‘uŋ꜆	ts‘æn˥	ts‘oŋ˧˥		
柱	꜂t‘əu	tɕ‘y˧	ʈ‘ɑ˥˧		
绸	꜁t‘əu	tɕ‘iu˥	ʈɑ˧˥		ɕau^{2}
肠	꜁t‘əŋ	tɕ‘iau˥	ɳoŋ˥		
蚕	t‘on꜆	ts‘æn˥	dzɑŋ˧˥		
凿	t‘o꜅	ts‘o˥	tɕ‘y˥		tɕaːk^{8}
锄	꜁ts‘u	sau˥			t‘ɯ^{1}犁
床	t‘ɔŋ꜆	sau˥			tɕoːŋ꜄桌子
骑	꜁k‘i	tɕ‘i˥			k‘wi^{4}

第二，邵武话的声调和闽方言送气不送气之别对应得不大整齐，从上例就可见其一斑：十四个例字中读阳平与阴入的各七字，闽方言中这些字大多是送气的。

邵武话把不少闽方言读送气的全浊声母字变读为阴调类（平、入声读阴入，上声读上声，去声读阴去）可以看成是一种声母清化的伴随现象。bɦ、dɦ 等声母既然气流较强，可能是更早清化的，即发生在阴阳调类的分化之前。邵武话这些字调的转移也是一种古层次的语音现象。

第三，建阳话古全浊声母的三种读法也是不同历史层次的反映。第二组读送气清音的和其它闽方言一样也是最早清化的；第三组则是最迟清化的，因此至今还保留着浊声母的尾巴。在闽方言中，建阳话的声母显得十分奇特，并且十分耐人寻味。

建阳话的 h- 和 x- 有音位对立，x- 来自中古的晓、匣，h 则来自次清和全浊各母：

透母　他　꜀ha　土　꜂ho　拖　꜀hue
定母　桃　꜁hau　头　꜁heu　糖　꜁hɔŋ
彻母　拆　hia꜆　超　꜀hiɔ　畅　hiɔŋ꜄
澄母　治　꜁hɔi　柱　hiu꜄　杖　hiɔŋ꜄
滂母　破　hɔi꜄　柿小木片　hɔi꜄　屁　hy꜄
清母　筅　꜂hieiŋ　囱　꜀hoŋ
溪母　隙　hia꜆

l 和 ∅ 也来自中古全浊和次浊各母[①]：

l：定母　投　˳leu　堂　꜁lɔŋ　停　꜁lɔiŋ
　　澄母　朝　꜁liɔ　持　꜁lɔi　长　˳lɔŋ
　　从母　才　꜁lue　集　lɔi꜇　聚　ly꜄
　　崇母　助　lo꜅　寨　lai꜅　状　lɔŋ꜅
　　邪母　谢　lia꜅　泅　˳liu　徐　꜁ly
　　禅母　植　lɔi꜇
　　以母　痒　liɔŋ꜄
　　船母　舌　lye꜇
∅：禅母　社　ia꜄　绍　iɔ꜅　上　iɔŋ꜅
　　匣母　话　ua꜅　喉　꜁o　行　˳iaŋ
　　奉母　浮　˳iu
　　船母　船　꜁yeiŋ
　　群母　杰　ie꜇

① 建阳话还有一些端母字读为 l，例如：担 ꜀laŋ、囤 ꜂luŋ、戴 le꜄（姓）、lue꜅（～帽）。这一现象和闽北的浦城话、浙西南的吴语近似。

这种情况使人们猜想到建阳话是在把古次清合并为 h-，把古浊音合并为 l- 和 Ø-，似乎古清浊声母的演变在某些方言是不按原来发音部位发生变化，而是按原来的发音方法分别归入清浊两类的。

看来这种猜想还不是完全没有根据的。各组全浊声母的大合并就见于湘方言。据陈蒲清的调查材料，益阳话古定从邪澄崇船禅七母常用字 444 个中有 264 个（超过半数）读 l- 声母，来、泥（今开口呼），日母字也读 l-。[①] 在泸溪瓦乡话和广西龙胜伶话也有类似情况 [②]：

瓦乡话	l：	定母	田	lɛ˧˥	大	ly˧	读	lu˥˧
		来母	炉	ly˥	癞	lɔ˧	轮	luɛ˥
		泥母	脑	lɑɔ˥˧				
		日母	柔	ly˥				
	ȵ：	澄母	肠	ȵoŋ˥				
		泥母	泥	ȵe˥	念	ȵɑŋ˥˧		
		疑母	月	ȵy˥˧	孽	ȵe˥˧		
		日母	肉	ȵəɯ˥	染	ȵe˥˧		
	z：	来母	来	zɛ˧˥	梨	zɑ˧˥	漏	zɑ˧
		以母	油	zɑ˥	右	zɑ˧	盐	zɛ˧˥
		云母	园	zoŋ˥				
		禅母	食	zəɯ˧˥				
伶话	d	定母	弟	diɛ˥	地	di˥	头	dau˨
		澄母	茶	da˨	重	diŋ˥	锤	dei˨
		崇母	锄	du˨				
	th	透母	汤	thɔ˥	铁	thiɛ˨	讨	thɔ˧
		清母	菜	thia˥				
		彻母	彻	thiɛ˨				
		初母	初	thu˥	铲	thai˧		
		昌母	出	thei˨	穿	thai˥		

第四，像闽方言这样历史长、分布广、分歧大的方言，是否一定有一个共同的来源——“原始闽方言”？如果联系闽方言形成的社会历史背景来考虑问题，我们总感到

① 陈蒲清《益阳方言的边音声母》，《方言》1981 年第 3 期。例字太多，此处不列。

② 王辅世《湖南泸溪瓦乡话语音》，《语言研究》1982 年第 1 期；《广西龙胜伶话记略》，《方言》1979 年第 2、3 期。

心里不踏实。闽方言完全可能包含着古闽越语的底层成分，但从整体上来说它是从古代汉语分化出来的，由于它的形成年代在上古、中古之交——公元4—10世纪，所以它同上古和中古的汉语在语音、词汇、语法上都存在着不同方面、不同程度的明显的对应关系。我们应该，也完全可以通过这些对应关系的研究来确定它的音类演变上的多种历史层次，从而为它的整体语音系统做出合适的历史定位。至于闽方言内部的各种分歧和对应，产生的原因应该是多方面的，可能有移民的时代不同、起步的地区不同，入闽后定居的地点不同，所接触的其他民族语言和其他汉语方言不同，各种社会生活条件不同，后来彼此之间又相互影响、相互渗透。如果说，所有的内部分歧都是从统一的“原始闽方言”演化出来的，这个“原始闽方言”恐怕只能是一个抽象的理论上的概念，而很难理解为一种现实的原形。因此，我们认为，对于闽方言的内部差异，从它与上古汉语、中古汉语的对应关系，从历史层次的构成去理解，比起为它推出一个“原始闽方言”的共时体系，要更切合实际些。

说明： 本文在1982年西安举行的中国音韵学会第三届学术讨论会上宣读过，后刊登于《语言研究》1985年第3期。1996年编入《方言与音韵论集》，香港中文大学中国文化研究所出版。

附记： 40年前写的这篇文章主要是从语音发展的历史层次来分析现代方言语音系统的特点。文章的末尾发表了对罗杰瑞先生关于“原始闽方言”的理论的不同看法。罗杰瑞先生是我的好朋友，还是我女儿李竹青的博士导师。我从罗先生的闽方言研究成果中获益良多，在频繁的接触中也常常交换意见，但并没有就此取得一致的看法。他的晚年兴趣转移到阿尔泰语系了，之后我们也没有更多机会讨论问题。后来，我有不少研究闽方言历史形成的文章，一直认为闽方言的形成是多来源、多层次的，形成之后又是与外方言多有接触的。解决这个问题恐怕还是应该更多地从这些“外部”（历史文化）的原因上去寻求答案。

自闽方言证四等韵无 -i- 说

《切韵》音系的四等韵齐、萧、添、先、青究竟有没有 -i- 介音？1947 年出版的陆志韦的《古音说略》和 1952 年出版的李荣先生的《切韵音系》都认为是没有的。但是，后来出版的一些著作有的还沿用高本汉的说法，认为有 -i- 介音。本文试就闽方言的材料为四等韵无 -i- 说提供一个有力的论证。

以下分别列举例字说明各四等韵在闽方言的读音，共取有代表性的七个方言点：闽东的福州话、宁德话，闽北的建瓯话、永安话，闽南的厦门话、莆田话和粤东的汕头话。

1. 齐（荠、霁）

例字	福州	宁德	建瓯	永安	莆田	厦门	汕头
批	꜀p‘ie	꜀p‘i	꜀p‘i	꜀p‘e	꜀p‘e	꜀p‘ue	꜀p‘oi
迷	꜁mi	꜁mi	꜁mi	꜁mi	꜁pe	꜁be	꜁mi
米	꜂mi	꜂mi	꜂mi	꜂mi	꜂pi	꜂bi	꜂bi
底	꜂tɛ	꜂tɛ	꜂tai	꜂te	꜂te	꜂te ꜂ti ꜂tue①	꜂ti ꜂toi
蹄	꜁tɛ	꜁tɛ	t‘ai꜄	꜁te	꜁te	꜁te ꜁tue	꜁toi
弟	ta꜅ ꜃tiɛ	꜂tɛ ꜃ti	ti꜅	꜃te	ti꜅	te꜅ ti꜅	꜃ti
替	t‘a꜄	t‘ɛ꜄	t‘ai꜄	t‘i꜄	t‘e꜄	t‘e꜄ t‘ue꜅	t‘i꜄
梯	꜀t‘ɛ ꜀t‘ai	꜀t‘ai	꜀t‘i	꜀t‘i	꜀t‘ui	꜀t‘e ꜀t‘ui	꜀t‘ui
犁	꜁lɛ	꜁lɛ	lai꜄	꜁le	꜁le	꜁le ꜁lue	꜁loi
妻	꜀ts‘ɛ	꜀ts‘œ	꜀ts‘i	꜀ts‘i	꜀ts‘e	꜀ts‘e ꜀ts‘ue	꜀ts‘i
齐	꜁tsɛ	꜁tsɛ	꜂tsi ꜂tsai	꜁tsi ꜁tse	꜁tse	꜁tse ꜁tsue	꜁tsoi
脐	꜁sai	꜁tsai	ts‘ɛ꜄	꜁tsa	꜁tsai	꜁tsai	꜁tsai
西	꜀sɛ	꜀sɛ	꜀sai	꜀si	꜀ɬe	꜀se ꜀sai	꜀sai
洗	꜂sɛ	꜂sɛ	꜂sai	꜂se	꜂ɬe	꜂se ꜂sue	꜂soi
细	sa꜄	sɛ꜄	sai꜄	se꜄	ɬe꜄	se꜄ sue꜄	soi꜄
婿	sai꜄	sɛ꜄ sai꜄	si꜄	sa꜄	ɬai꜄	se꜄ sai꜄	sai꜄
鸡	꜀kie	꜀ki	꜀kai	꜀ke	꜀ke	꜀ke ꜀kue	꜀koi
溪	k‘ɛ	꜀k‘ɛ	꜀k‘ai	꜀k‘e	꜀k‘e	꜀k‘e ꜀k‘ue	꜀k‘oi

① ꜂te 是旧文读，用于诵读旧诗文，꜂ti 是新文读如说“到底”（副词）tau꜄ ꜂ti。

续表

例字	福州	宁德	建瓯	永安	莆田	厦门	汕头
髻	kuiᵓ	kuiᵓ	koᵓ	kueᵓ	kueᵓ	keᵓ	kueᵓ
桂	kiεᵓ	kiᵓ	kyᵓ	kyiᵓ	keᵓ	kuiᵓ	kui
惠	xiε²	ᶜxi	xy²	syiᵓ	he²	hui²	ᶜhui

齐韵字在闽方言各点大多读为洪音。少数字读为 -i 韵显然是受北方话元音高化影响的结果。只有福州话部分字读为带 -i- 介音的 ie，混同于三等韵祭废和支脂。例如：

齐韵　批 ꜀pie　弟 tiε²　鸡 ꜀kie　契 k‘iεᵓ　系 xiε²

祭废　币 piεᵓ　例 liε²　祭 tsiεᵓ　世 siεᵓ　肺 xiεᵓ

支脂　支 ꜀tsie　离 ꜀lie　戏 xiεᵓ　规 ꜀kie　季 kiεᵓ

在上古音里，齐韵字有与支韵字同归支部的，也有与脂韵字同归脂部的；霁韵字有与祭、废韵字同归月部的。福州话部分齐韵字读为 ie 和支脂祭废相混正是反映了这一源流关系。

就具体音值看，许多点都把齐韵字读为单元音韵，只有建瓯、汕头两点读为带 -i 韵尾的前响复合元音韵。值得注意的是建瓯话和其他点读为 ai 韵的都和皆佳韵的多数字，支脂韵的少数字同韵。请看建瓯话：

齐韵　洗 ᶜsai　契 k‘aiᵓ　泥 ᶜnai　齐 ᶜtsai　细 saiᵓ　西 ꜀sai　鸡 ꜀kai　溪 ꜀k‘ai

支佳　徙 ᶜsai　企 k‘aiᵓ　奶 ᶜnai　债 tsaiᵓ　晒 saiᵓ　筛 ꜀sai　街 ꜀kai　解 ᶜkai

脂皆　饱 ꜀pai　稗 p‘ai²　　豺 ᶜtsai　斋 ꜀tsai　　楷 ᶜk‘ai

再看福州等方言点：

韵	齐			支		佳		脂		皆	
例字	梯	脐	婿	纸	筛	钗	解	狮	屎	豺	皆
福州	꜀t‘ai	꜁sai	saiᵓ	ᶜtsai	꜀t‘ai	꜀ts‘ai	ᶜkai	꜀sai	ᶜsai	꜁tsai	꜀kai
宁德	꜀t‘ai	꜁tsai	saiᵓ	ᶜtsai	꜀t‘ai	꜀ts‘ai	ᶜkai	꜀sai	ᶜsai	꜁tsai	꜀kai
莆田	꜀t‘ui	꜁tsai	ɬaiᵓ	ᶜtsyɒ	꜀t‘ai	꜀ts‘ai	ᶜkai	꜀ɬai	ᶜɬai	꜁tsai	꜀kai
厦门	꜀t‘ui	꜁tsai	saiᵓ	ᶜtsua	꜀t‘ai	꜀ts‘ai ꜀t‘ue	ᶜkai ᶜkue	꜀sai	ᶜsai	꜁tsai	꜀kai
汕头	꜀t‘ui	꜁tsai	saiᵓ	ᶜtsua	꜀sai ꜀t‘ai	꜀t‘oi	ᶜkoi	꜀sai	ᶜsai	꜁tsai	꜀kai

在上古音里，齐韵字部分与支、佳韵合归支部，部分与脂、皆韵合归脂部，闽方言各点相当一致地把一些常用字读为 ai 并与支、佳、脂、皆等韵的字合韵，这显然也是上古韵类的反映。我们还可以从此得到启发：带 -i 韵尾的读法比起单元音韵的读法应该是较为古老的形式。

就闽方言各点的读法看，齐韵的实际音值的演变过程可能是：

```
ai(ɛi) ─┬─ a(ɛ) ── ɛ(e) ── i
        │     ╲
        │      oi ── ue(œ)
        └─ iai(iɛi) ── iɛ ── ie ── i
```

2. 萧（篠啸）

例字	福州	宁德	建瓯	永安	莆田	厦门	汕头
雕	꜀tiu ꜀tɛu	꜀tɛu	꜀tiau	꜀tiɯ ꜀to	꜀tiɐu	꜀tiau	꜀tiu
条	꜀tɛu	꜀tɛu	tiau꜄	꜁to	꜀tiɐu	꜁tiau ꜀tio①	꜀tiou
吊	tieu꜄ tau꜅	꜀tɛu	tiau꜄	to꜄	tiɐu꜄	tiau꜄	tiou꜄
调~和	꜁tiu ꜁tɛu	꜁tiu ꜁tɛu	꜂tiau	꜁to	꜁tiɐu	꜁tiau	꜁tiou
跳	t‘ieu꜄	t‘iu꜄	t‘iau꜄	t‘iɯ꜄	t‘iɐu꜄	t‘iau꜄	t‘iou꜄
了	liu lau	꜂liau ꜃lou	꜂liau	꜂liɯ ꜂lo	꜂liɐu	꜂liau	꜂liou
料	lieu꜅ lau꜅	liu꜅ lɛu꜅	liau꜅ lau꜇	liɯ꜄	liɐu꜅	liau꜅	liou꜅
萧	꜀siu	꜀siɐu	꜀siau	꜀ʃiɯ	꜀ɬiɐu	꜀siau ꜀sio	꜀siou
叫	kieu꜄	kiu꜄	kiau꜄	kiɯ꜄②	kiɐu꜄	kiau꜄ kio꜄	kio꜄
晓	꜂xiu	xiu xɛu	꜂hiau	꜂ʃiɯ	꜂hiɐu	꜂hiau	꜂hiou
窍	k‘ieu꜄	k‘iu꜄	k‘iau꜄	k‘iɯ꜄	k‘iɐu꜄	k‘iau꜄ k‘io꜄	k‘iou꜄

萧韵字读为洪音只在闽东的福州话、宁德话，闽北的永安话反映比较明朗，其他点都和三等宵韵混同，读为带 -i- 介音的韵。

就保留洪音的点看，在闽东是和侯尤韵混同的，在永安则与肴韵混同，而三等宵韵就不可能有这种混同，因为它非有 -i- 介音不可。试比较：

萧/侯尤	雕/兜	条/投	吊/斗	料/廖				
福州	꜀tɛu	꜁tɛu	tau꜄	lɜu꜅				
宁德	꜀tɛu	꜁tɛu	tɛu꜄	lɛu꜅				
萧/肴	条	调	了	吊/	闹	包	炒	巧
永安	꜀to	꜁to	꜂lo	to꜄	lo꜄	꜀po	꜂ts‘o	꜂k‘o

切韵系统的萧韵字在上古音里部分与幽、尤同归幽部，部分与肴韵合为宵部。以上的合韵也可以推到上古音的渊源。萧韵读为洪音也显然是先于细音的。其具体音值的演变过程可做如下表示：

```
         ┌ ou(eu) ── o
au(ɛu) ──┤                        ┌ io(iɯ)
         └ iau(iɐu) ── iou(ieu) ──┤
                                  └ iu
```

① 口语中也说 ꜁tiau，只在“冰条”（冰棍儿）中说 ꜁tio。

② 这是读书音，口语中“叫”说“吼”꜂hø。

3. 添（忝、㮇、帖）

例字	福州	宁德	建瓯	永安	莆田	厦门	汕头
点	ᶜtieŋ ᶜtɛiŋ	ᶜtem	ᶜtaŋ	ᶜtĩ	ᶜtiaŋ	ᶜtiam	ᶜtiam
店	taiŋᵓ	temᵓ	taŋᵓ	tĩᵓ	tiaŋᵓ teᵓ	tiamᵓ tãiᵓ	tiamᵓ
添	꜀tʻieŋ	꜀tʻem	꜀tʻiŋ	꜀tʻeŋ	꜀tʻiaŋ	꜀tʻiam ꜀tʻĩ	꜀tʻiam
甜	꜀tieŋ	꜀tem	꜀taŋ	꜀teŋ	꜀tiŋ	꜁tʻian ꜀tĩ	꜀tiam
念	nieŋ² naiŋ²	nim² nem²	niŋ² naŋ²	leŋᵓ	niaŋ²	liam²	ᶜniam
兼	꜀kieŋ	꜀kem	꜀kiŋ	꜀keŋ	꜀kiaŋ	꜀kiam	꜀kiam
谦	꜀kʻieŋ	꜀kʻem	꜀kʻiŋ	꜀kʻeŋ	꜀kʻiaŋ	꜀kʻiam	꜀kʻiam
嫌	꜁xieŋ	꜁xim	ᶜxiŋ	꜁ʃieŋ	꜁hiaŋ	꜁hiam	꜁hiam
叠	tie꜄ʔ	tɛp꜄	tiɛ꜄	ᶜte	te꜄ʔ tʻia꜄ʔ	tiap꜄ tʻiap꜄	tʻa꜄ʔ
帖	tʻai꜃ʔ	tʻɛp꜃	tʻiɛ꜃	tʻe꜃	tʻe꜃ʔ	tʻiap꜃	tʻiap꜃
碟	tie꜄ʔ	tɛp꜄	ta꜄	ᶜte	tia꜄ʔ	tiap꜃ ti꜄ʔ	ti꜄ʔ
协	xie꜄ʔ	xɛp꜄	xiɛ꜄	ᶜʃie	hia꜄ʔ	hiap꜄	hiap꜄

添韵字读洪音在闽东、闽北各点反映比较充分，在闽南（粤东的潮汕地区也是闽南话系统）只有个别的痕迹。

在读洪音的方言中，永安话的 eŋ 和咸、山三等韵混同。例如：染ᶜleŋ 剑 keŋᵓ 变 peŋᵓ 全꜁tseŋ；其余各点都有读同咸摄开口一、二等谈咸韵的。例如：

福州　点ᶜtɛiŋ　店 taiŋᵓ　念 naiŋ²/ 蚕꜁tsʻɛiŋ　鹹꜁kɛiŋ　减ᶜkɛiŋ

宁德　点ᶜtem　店 temᵓ　念 nem²/ 蚕 tsʻem　鹹꜁kem　减ᶜkem

建瓯　点ᶜtaŋ　店 taŋᵓ　念 naŋ²/ 谈ᶜtaŋ　淡 taŋ²　南ᶜnaŋ

这些点也有把添韵字读为带 -i- 介音的韵，混同于三等韵严、盐、但三等韵都没有读为洪音的。可见，只有洪音变细音的韵例，而没有细音变洪音的韵例。

添韵的具体音值的变化过程就闽方言的读法看可以做如下解释：

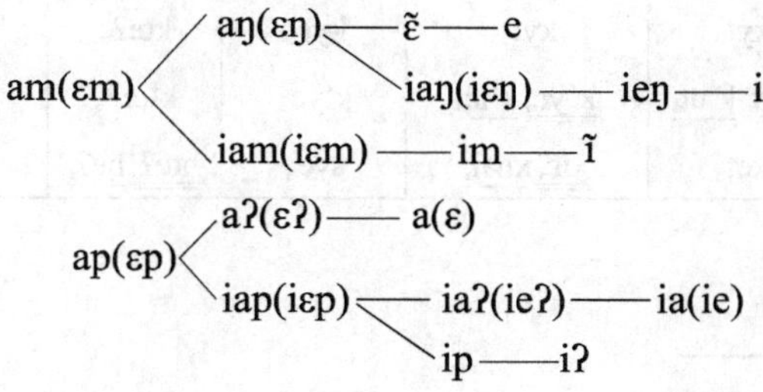

4. 先（铣、霰、屑）

例字	福州	宁德	建瓯	永安	莆田	厦门	汕头
边	꜀pieŋ ꜀pɛiŋ	꜀pen	꜀piŋ	꜀peŋ	꜀piŋ	꜀pian ꜀pĩ	꜀piaŋ ꜀pĩ
扁	ᶜpieŋ	ᶜpen	ᶜpiŋ	ᶜpeŋ	ᶜpɛŋ ᶜpe	ᶜpian ᶜpĩ	ᶜpiaŋ ᶜpĩ

续表

例字	福州	宁德	建瓯	永安	莆田	厦门	汕头
天	꜀t'iŋ	꜀t'en	꜀t'iŋ	꜀t'eŋ ꜁t'iŋ	꜀t'ɛŋ t'iŋ	꜀t'ian ꜀t'ĩ	꜀t'iaŋ ꜀t'ĩ
填	꜁tɛiŋ	꜁ten	꜂taiŋ	꜁tĩ	꜁tɛŋ	꜁tian	꜁tiaŋ
殿	taiŋ꜅	ten꜅	taiŋ꜅	teŋ꜄	tɛŋ꜄	tian꜅ tãi꜄①	tõi꜄
年	꜁nieŋ	꜁nin	꜁niŋ	꜁ŋeŋ	꜁nɛŋ ꜁niŋ	꜁lian ꜁nĩ	꜁nĩ
莲	꜁lieŋ ꜁lɛiŋ	꜁len	laiŋ꜄	꜁leŋ	꜁lɛŋ	꜁lian ꜁nãi②	꜁nõi
千	꜀ts'ieŋ	꜀ts'en	꜀ts'aiŋ	꜀ts'eŋ	꜀ts'ɛŋ ꜀ts'e	꜀ts'ian ꜀ts'iŋ	꜀ts'õi
前	꜁tsieŋ ꜁sɛiŋ	꜁tsin ꜁sen	꜁tsiŋ	꜁tseŋ	꜁tsɛŋ ꜁ɬe	꜁tsian ꜁tsiŋ ꜁tsãi③	꜁tsõi
先	꜀sieŋ ꜀sɛiŋ	꜀sen	꜀siŋ ꜀saiŋ	꜀seŋ	꜀ɬɛŋ ꜀ɬe	꜀sian ꜀siŋ	꜀sõi
筅④	꜂ts'ɛiŋ	꜂ts'en	꜂t'iŋ	꜂ts'ĩ	꜂ts'e	꜂ts'iŋ	꜂ts'õi
肩	꜀kieŋ	꜀ken	꜀kaiŋ	꜀kĩ	꜀kɛŋ ꜀ke	꜀kian ꜀kiŋ	꜀kõi
茧	꜂kieŋ ꜂kɛiŋ	꜂ken	꜂kaiŋ	꜂kĩ	꜂kɛŋ ꜂ke	꜂kian ꜂kiŋ	꜂kõi
牵	꜀k'ɛiŋ	꜀k'en	꜀k'aiŋ	꜀k'ĩ	꜀k'ɛŋ	꜀k'ian ꜀k'an	꜀k'aŋ
犬	꜂k'ɛiŋ	꜂k'en	꜂k'yiŋ	꜂k'yeŋ	꜂k'œŋ	꜂k'ian	꜂k'iaŋ
悬	꜁xieŋ ꜁xɛiŋ ꜁kɛiŋ⑤	꜁ken	꜂xyiŋ	꜁kyeŋ	꜁hœŋ ꜁ke	꜁hian ꜁kuãi	꜁kuĩ
县	kaiŋ꜅	ken꜅	kyiŋ꜅	ʃieŋ꜄	ke꜅	kuãi꜅	kuĩ꜅
渊	꜀yoŋ	꜀on	꜀yiŋ	꜀yeŋ	꜀œŋ	꜀ian	꜀iaŋ ꜀uaŋ
撇	p'ieʔ꜆	p'it꜆	p'iɛ꜆	p'e꜆	p'ɛ꜆	piat꜆ p'uat꜆	p'uaʔ꜆
篾	mieʔ꜇	met꜇	miɛ꜆	꜃me	piʔ꜇	biʔ꜇	biʔ꜇
铁	t'ieʔ꜆	t'it꜆	t'iɛ꜆	t'e꜆	t'ɛʔ꜆ t'iʔ꜆	t'iat꜆ t'iʔ꜆	t'iʔ꜆
节	tsieʔ꜆ tsaiʔ꜆	tsit꜆ tset꜆	tsiɛ꜆ tsɛ꜆⑥ tse꜆	tse꜆ tsa꜆	tsɛʔ꜆ tseʔ꜆	tsiat꜆ tsat꜆ tsueʔ꜆⑦	tsak꜆ tsoiʔ꜆
切	ts'ieʔ꜆	ts'it꜆	ts'iɛ꜆ ts'o꜆	ts'e꜆ ts'ue꜆	ts'ɛʔ꜆	ts'iat꜆ ts'ueʔ꜆	ts'iak꜆
截	tseiʔ꜇	tset꜇	tsai꜇	꜃tsa	tsɛʔ꜇	tsiat꜆ tsueʔ꜆	tsoiʔ꜇
结	kiɛʔ꜆ kaiʔ꜆	kit꜆	kiɛ꜆	ke꜆ kia꜆	kɛʔ꜆	kiat꜆ kat꜆	kak꜆
决	kyoʔ꜆	kyt꜆	kyt꜆	kye꜆	kœʔ꜆	kuat꜆	kuak꜆
缺	k'uoʔ꜆	k'yt꜆ k'ut꜆	k'yɛ꜆ k'iɛ꜆	k'ye꜆	k'œʔ꜆	k'uat꜆ k'iʔ꜆	k'ueʔ꜆ k'iʔ꜆
血	xaiʔ꜆	xet꜆	xiɛ꜆ xuai꜆	sye꜆	hœʔ꜆ heʔ꜆	hiat꜆ huiʔ꜆	hueʔ꜆

①③ 厦门市郊地名"殿前"说为 tãi꜄ ꜁tsãi。

② 厦门市隔海相望的地名"莲河"音 ꜁nãi ꜁o。

④《广韵》上声铣韵："筅、筅帚、饭具。"福州话叫鼎筅，厦门话又引申作动词"刷""掸"。

⑤ ꜁xɛiŋ：垂下 ꜁kɛiŋ：高。宁德、莆田、厦门、汕头"高"都叫"悬"。

⑥ tsɛ꜆ 竹节，tsai꜆ 过节。

⑦ tsat 竹节，tsue 过节。

先韵字在闽方言基本上读为洪音。上表中厦门话读为洪音的例字较少，在厦门附近的同安话和漳州话还有一些字和二等韵一样读为洪音。例如同安话（白读）千 ꜀tsʻãi 前 ꜁tsãi 先 ꜀sãi 肩 ꜀kãi 茧 ꜂kãi；漳州话（白读）；前 ꜁tsan 先 ꜀san 茧 ꜂kan。

各点读为洪音的先韵字和什么韵混同，情况比较复杂，分别说明如下：

福州话的 ɛiŋ/aiŋ、aiʔ/eiʔ[①] 还见于山—黠、删—鎋。例如：闲 ꜁ɛiŋ 拣 ꜂kɛiŋ 办 paiŋ꜅ 限 aiŋ꜅ 八 paiʔ꜆ 拔 peiʔ꜇；板 ꜂pɛiŋ 慢 maiŋ꜅ 辖 xaiʔ꜅。

建瓯话的 aiŋ、ai o 还见于山，臻两摄的一、二等字。例如：简 ꜂kaiŋ 辫 paiŋ꜅ 眼 ꜂ŋaiŋ 限 xaiŋ꜅ 八 pai꜆ 夺 to꜇ 滑 ko꜇；臻 ꜀tsaiŋ 衬 tsʻaiŋ꜄ 跟 ꜀kaiŋ 奔 ꜀paiŋ 骨 ko꜆ 卒 tso꜆ 物 o꜇。

汕头话的 õi aŋ、oiʔ ak 还见于山—黠、删—鎋。例如：闲 ꜁haŋ ꜁õi 间 ꜀kaŋ ꜀kõi 拣 ꜂kaŋ ꜂kõi 办 paŋ꜅ 苋 hõi꜅ 八 pak poi꜆ʔ；板 ꜂paŋ 慢 maŋ꜅ 辖 hak꜆。

宁德话的 en、et 和山摄二等、三等都有混同的。例如：闲 ꜁en 拣 ꜂ken 限 en꜅ 办 pen꜅ 板 ꜂pen 八 pet꜆ 拔 pet꜇；鞭 ꜀pen 鲜 ꜀tsʻen 展 ꜂ten 浅 ꜂tsen 别 pet꜇ 裂 let꜇。

莆田话的 ɛŋ œŋ、ɛʔ œʔ 和永安话的 eŋ、e 则和山摄三等字相混。例如：

	片	变	贱	连	言	全	灭	歇	雪
莆田	pʻɛŋ꜄	pɛŋ꜄	tsɛŋ꜅	꜁lɛŋ	꜁ŋœŋ	꜁tsœŋ	pɛ꜆ʔ	hœ꜆	ɬœ꜆
永安	pʻeŋ꜄	peŋ꜄	tseŋ꜅	꜁len	꜁ŋeŋ	꜁tseŋ	꜂me	ʃe꜆	se꜆

从闽方言的表现看，先韵的语音演变过程可做如下解释：

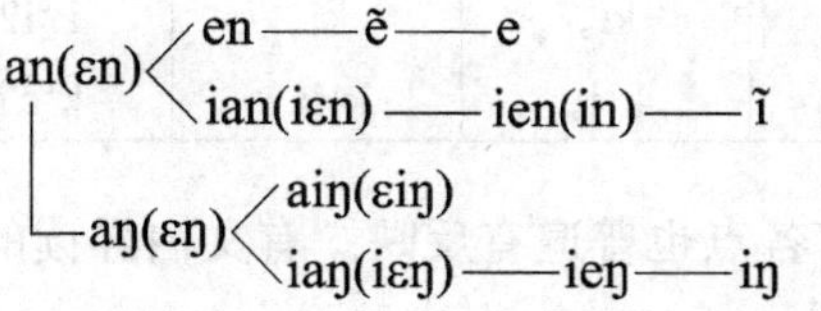

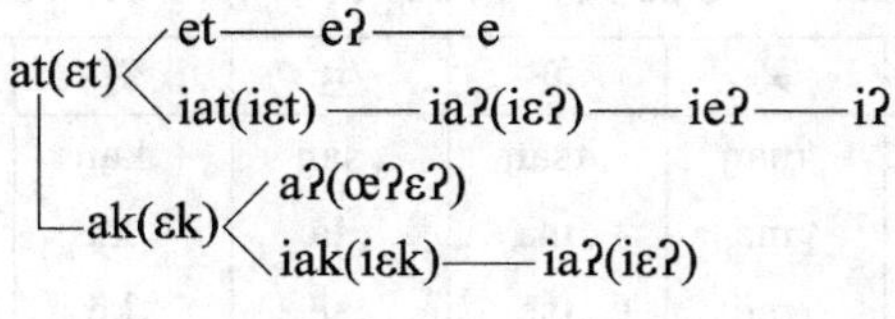

5. 青（迥、径、锡）

例字	福州	宁德	建瓯	永安	莆田	厦门	汕头
瓶	꜁piŋ	꜁peŋ	꜂paiŋ	꜁pĩ	꜁pɛŋ	꜁piŋ ꜁pan	꜁piŋ ꜁paŋ
冥[②]	꜁miŋ ꜁maŋ	꜁miŋ ꜁meŋ	꜁maŋ	꜁mõ	꜁miŋ ꜁ma	꜁biŋ ꜁mĩ	꜁meŋ ꜁mẽ
钉	꜀tiŋ	꜀tiŋ	꜀taiŋ	꜀tĩ	꜀teŋ	꜀tiŋ ꜀tan	꜀teŋ

① 这里表示两个韵的四个变体。ɛiŋ 出现于平上声，aiŋ 出现于去声，aiʔ 见于阴入，eiʔ 见于阳入。

② “冥”的白读音在闽方言用来表示“夜晚”。《广韵》下平青韵：“冥，暗也，莫经切。”

续表

例字	福州	宁德	建瓯	永安	莆田	厦门	汕头
鼎①	꜂t'iŋ ꜂tiaŋ	꜂t'iŋ ꜂tiaŋ	꜂teiŋ	꜂tĩ ꜂tiõ	꜂teŋ ꜂tia	꜂tiŋ ꜂tiã	꜂tiã
听	꜀t'iŋ ꜀t'iaŋ	꜀t'iŋ ꜀t'iaŋ	t'eiŋ꜅ t'iaŋ꜅	꜀t'iõ	꜀t'eŋ ꜀t'ia	꜀t'iŋ ꜀t'iã	꜀t'iã
亭	꜁tiŋ	꜁teŋ	꜂taiŋ	꜁tĩ	꜁teŋ	꜁tiŋ ꜁tan	꜁teŋ
庭②	꜁tiŋ ꜁tiaŋ	꜁tieŋ	꜂teiŋ	꜁tã	꜁teŋ ꜁tia	꜁tiŋ ꜁tiã	꜁teŋ ꜁tiã
铃	꜁liŋ	꜁leŋ	laiŋ꜄	꜁lĩ	꜁leŋ	꜁liŋ	꜁leŋ
灵	꜁liŋ	꜁leŋ	leiŋ꜄	꜁lã ꜁liõ	꜁liŋ	꜁liŋ	꜁leŋ
青	꜀t'siŋ ꜀ts'aŋ	꜀ts'iŋ ꜀ts'aŋ	꜀ts'aŋ	꜀ts'ã	꜀ts'iŋ ꜀ts'a	꜀ts'iŋ ꜀ts'ĩ	꜀ts'ẽ
星③	꜀siŋ	꜀siŋ	꜀saiŋ	꜀sĩ	꜀ɬiŋ ꜀ts'a	꜀siŋ ꜀ts'ĩ	꜀ts'ẽ
腥	꜀siŋ ꜀ts'aŋ	꜀seŋ	꜀saiŋ	꜀sĩ	꜀ɬiŋ ꜀ts'a	꜀siŋ ꜀tsĩ	꜀sẽ ts'ẽ
醒	꜂siŋ ꜂ts'aŋ	꜂siŋ ꜃ts'aŋ	꜂saiŋ ts'aŋ	꜂ts'õ	꜂ɬiŋ ꜂ts'a	siŋ ꜂ts'ĩ	꜂ts'ẽ
经④	꜀kiŋ ꜀kiaŋ	꜀kiŋ	꜀keiŋ	kiã	꜀kiŋ ꜀ka	꜀kiŋ ꜀kĩ	꜀keŋ ꜀kiã
形	꜁xiŋ	꜁xeŋ	꜂xeiŋ	꜁ham	꜁hiŋ	꜁hiŋ	꜁heŋ
萤	꜁iŋ	꜁eŋ	꜂iaŋ	꜁uã	꜁eŋ ꜁ia	꜁iŋ ꜁iã	꜁eŋ
壁	piɛʔ꜆	piek꜆	pia꜆	piɔ꜆	piaʔ꜆	pik꜆ piaʔ꜆	piaʔ꜆
滴	tɛiʔ꜆	tek꜆	ti꜆	ti꜆ te꜆	tɛʔ꜆	tiʔ꜆	tiʔ꜆
踢	t'ɛiʔ꜆	t'ek꜆	t'ɛ꜆	t'i꜆ ta꜆	tɛʔ꜆	t'at꜆	t'ak꜆
笛	tiʔ꜇	tik꜇	ti꜆	꜁ta	tɛʔ꜇	tik꜇ tat꜇	tek꜇
历	liʔ꜇	lik꜇	li꜆	꜃liɔ	lɛʔ꜇	lik꜇ laʔ꜇	leʔ꜇
锡	sɛiʔ꜆	sek꜆	sɛ꜆	sa꜆	ɬiaʔ꜆	sik꜆ siaʔ꜆	siaʔ꜆
激	kɛiʔ꜆	kek꜆	ki꜆	ki꜆	k'iʔ꜆	kik꜆	kek꜆
吃⑤	k'ɛiʔ꜆	k'ek꜆	k'i꜆	k'ia꜆	k'ɛʔ꜆	k'ik꜆	ŋek꜆

青韵字读洪音在闽方言各点也普遍有反映。有文白异读的点往往是白读音读为洪音。读为洪音的青韵字往往和二等韵庚，耕混同，而不与三等韵庚、清混同。请看：

	青	醒	冥	争	生	羹	声	饼	领
福州	꜀ts'aŋ	꜂ts'aŋ	꜁maŋ	꜀tsaŋ	꜀saŋ	꜀kaŋ	꜀siaŋ	꜂piaŋ	꜂liaŋ
莆田	꜀ts'a	꜂ts'a	꜁ma	꜀tsa	꜀ɬa	꜀ka	꜀ɬia	꜂pia	꜂lia
汕头	꜀ts'ẽ	꜂ts'ẽ	꜁mẽ	꜀tsẽ	꜀sẽ	꜀kẽ	꜀siã	꜂piã	꜂niã
永安	꜀tsã	꜂ts'õ	꜁mõ	꜁tsõ	꜀sõ	꜀kõ	꜂ʃiõ	꜂piõ	꜂liõ
建瓯	꜀ts'aŋ	꜂ts'aŋ	maŋ꜄	꜀tsaiŋ	꜀saŋ	꜀kaŋ	꜀siaŋ	꜂piaŋ	liaŋ꜅

① "鼎"的白读音在闽方言是"铁锅"的意思。

② "庭"的白读音在闽方言表示"庭院""场子"，俗写作"埕"。

③ 厦门话"零星"白读 ꜁lan ꜀san。

④ 福州话白读音指"经线"，汕头话白读音指"经书"。

⑤ 闽方言"吃"都说成"食"，这里的音都不指吃，在建瓯话见于"口吃"，在其他点见于"吃亏"。闽方言的"吃亏"又不同于普通话，是"难受、受罪"的意思。

就闽方言的各种表现看，青韵的音值演变过程可做如下解释：

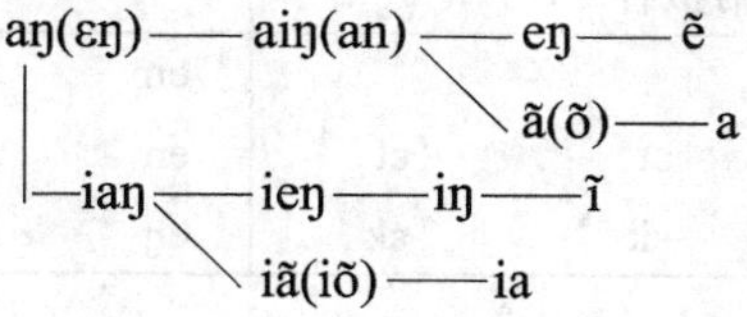

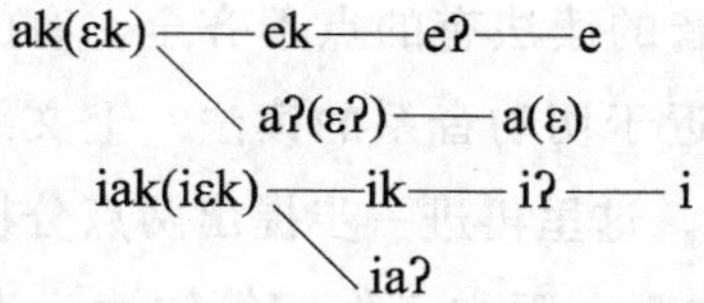

根据以上材料，四等韵开口字在闽方言各点读为洪音的情况可列为如下简表：（合口字少变化又较复杂，略去不论）

	福州	宁德	建瓯	永安	莆田	厦门	汕头
齐	ε(a) <ai>	ε <œ> <ai>	<ε> ai	e <a>	e <ai>	e ue <ai>	oi <ai>
萧	<εu(au)>	<εu>	<au>	<o>		<au>	
添	εiŋ(aiŋ)	em	<aŋ>	eŋ	<e>		
帖	<aiʔ>	εp	<a>	e	<eʔ>	<aʔ>	<aʔ>
先	εiŋ(aiŋ)	en	aiŋ	eŋ	εŋ e <œŋ>	<ãi>	õi <aŋ>
屑	<eiʔ(aiʔ)>	et	<ai> <o>	e <a>	εʔ <œʔ> <eʔ>	<at> <ueʔ>	oiʔ <ak>
青	<aŋ>	eŋ <aŋ>	aiŋ aŋ <eiŋ>	<ã> <õ> <am>	eŋ a	<an>	eŋ ẽ
锡	εiʔ	ek	<ε>	a <e>	εʔ	<at> <aʔ>	ek eʔ <ak>

说明：表中未加 < > 者是基本对应，加 < > 者是部分字的读法，下加＝是文读音，下加＿是白读音，（ ）内是福州话去声的变韵。

这样一些读音，尤其是宁德的各韵读音和陆志韦、李荣所拟测的切韵系四等韵的音是相当接近的[①]：

	陆志韦拟音		李荣拟音	
齐	εi	wεi	ei	wei
萧	εu		eu	

① 陆志韦《古音说略》第66—67页，哈佛燕京学社，1947年；李荣《切韵音系》第150页，科学出版社，1956年。

续表

	陆志韦拟音				李荣拟音			
添（帖）	εm	εp			em	ep		
先（屑）	εn	ʷεn	εt	ʷεt	en	uen	et	uet
青（锡）	εŋ	ʷεŋ	εk	ʷεk	eŋ	ueŋ	ek	uek

但是，上表所列无 -i- 介音的读法有的点不齐全，有的只是个别字的读法，从何判断这些无 -i- 介音的读法是接近于切韵音系的读法？上文结合各韵在上古音的源流以及语音演变的原理已经有所说明，这里再进一步提出两点分析。

第一，从语音的历史层次看，闽方言把四等韵读为洪音往往混同于相应的一、二等韵；带 -i- 介音的读法则混同于相应的三等韵，这是两个显然不同的语音历史层次。在上古音，好些四等韵与一、二等韵合为一个韵部；在切韵的反切上字中，明显地按一二四等和三等的条件分为两组，这说明前一个层次是离上古音较近，和切韵反切上字的分组相一致的。至于三四等的混同则是唐以后的事，北宋修《广韵》部分三、四等韵“同用”（如霁与祭、先与仙、萧与宵），说明了三四等韵的主要元音已经混同或相当接近；到了南宋初年的《韵镜》则明确指出：“逐韵属单行字母者在上下联读二位只同一音。”① 这就是说，在同样的声母条件下，三四等韵是同音的。闽方言的三四等韵的混同为带 -i- 介音的韵正是在从“同用”到“只同一音”这一过程中完成的，显然是比四等韵混于一二等的音为迟。

就文白异读的状况也可以看出有无 -i- 介音这两个语音层次的先后。凡是有文白对立的四等韵，无 -i- 介音的读法总是属于白读音，带 -i- 介音的读法是文读音。文读音是按照韵书的反切世代相承传下来的。在福建，汉人大量聚居，设学教习，应是唐以后的事。闽方言的文读系统是在中古文学语言的语音系统——切韵音系直接影响下形成的，而白读系统则包括了比较复杂的因素，其中有上古音的遗存，也有中古音的变异。例如厦门话，方：꜀hɔŋ ꜀pŋ，住：tsu꜄ tiu꜄ 其白读音就是切韵以前的音（古无轻唇、古无舌上）踏：tap꜆ ta꜆ʔ，三：꜀sam ꜀sã 其白读音就是切韵以后的音（中古之后塞音和鼻音韵尾脱落）② 四等韵无 -i- 介音的白读音有的就是直接保留了上古声母。例如：

悬	悬殊	悬下高低
福州	꜀xieŋ	꜀kεiŋ
厦门	꜀hian	꜀kuãi

① 《韵镜·归字例》，古籍出版社，第 11 页。

② 关于文白读系统和文读词的读词的历史层次问题我在《厦门话的文白异读》一文中，曾做过分析。该文载《厦门大学学报》（社会科学版），1963 年第二期。

上古音匣母和群母往往混同，可知白读音是切韵前的音。

第二，从词汇的历史层次看，无 -i- 介音的读法往往保存于一些古老的、常用的、地道的方言口语词里，而带 -i- 介音的读法则表现于后起的、书面的、从普通话转借的新词中，以福州话的“前”和“节”二字为例：

前	꜀tsieŋ		꜀sɛiŋ
前线	tsien˦˥˧ niaŋ˨˩˧	前兜$_{前面}$	seiŋ˦˥˧ lau˧˩
支前	tsie˦˥˧ ʒieŋ˦	头前$_{前头}$	t‘au˦˥˧ lɛiŋ˦
节	tsiɛ꜀ʔ		tsai꜁ʔ
气节	k‘i˨˩˧˥ tsiɛʔ꜀　tsiɛʔ˨˧	做节$_{过节}$	tsɔ˨˩˧˥　ʒaiʔ˨˧
节约	tsiɛʔ˨˧˥　yoʔ˨˧	冬节$_{冬至}$	tøyŋ˦˥　ʒaiʔ˨˧

这种情形在上文所举字音中也可以找到大量的例证。

显然，和古老的方言词相结合的语音形式也是比较古老的音，语音的历史层次和词汇的历史层次是相一致的。

根据以上分析，我们认为，把切韵音系的四等韵拟为无 -i- 介音的洪音，不但可以在闽方言中找到大量的实际语音的例证，而且可以合理地解释从上古音到中古音到现代音的变化过程，可以说明方言的语音和词汇的历史层次。因而，这种拟音是无可置疑的。

说明：本文于 1980 年 10 月在武汉举行的中国音韵学会成立大会上宣读，后发表于该学会所办刊物《音韵学研究》第一辑，中华书局，1984 年。

福建方言声调分化的模式

福建境内的方言，就本人所调查过的一百多个点说，最多有8个声调，最少只有4个声调。调类的分化，各地很不相同，每个调类所属的字也很悬殊。即使是同一个小区的方言，声调方面也常有差异。本文试图从这些纷繁复杂的分化方式中归纳出若干类型——方言声调分化的模式。这种模式不单指声调分化的结果的格局，而且指造成声调分化的原因和分化的途径，一个方言点的声调系统往往又是几种模式交叉重叠形成的。方言声调的分化和其他音类的分化一样，都有常例、变例和特例（或称例外），本文在介绍各方言点声调分化情况时着重于常例和变例，一般不反映那些个别的特例。

一　古四声和古清浊是方言声调分化的基本依据

和其他汉语方言一样，福建方言声调的分化也有一个共同的基本模式，这就是以古四声为经，以古声母清浊为纬，各方言的调类系统的间架都是按这个基本模式构成的。然而是否四声俱全，是否各分阴阳，各方言又有自己的特殊模式。基本模式寓存于特殊模式之中。总之，可以说，古四声和古清浊是方言声调分化的基本依据。从这个基本依据出发看福建境内诸方言的声调分化，从调类数说有8、7、6、4调五类，具体模式有15种。

1. 八调模式1种：

把古平上去入四声，依古声母清浊各分为阴阳调类，成为八个声调，这种格局比较少见。例如闽南方言区的龙岩话[①]：

调类	阴平	阳平	阴上	阳上	阴去	阳去	阴入	阳入
例字	骹	藫	囝	柱	厝	箸	粟	日
调值	45	21	32	52	213	55	4	43

① 指龙岩市区的方言。以下凡未加说明的均指市区或县城的话。龙岩话入声字，白读无塞音韵尾时混入其他调，莆田话入声情况，亦如此。下详。

2. 七调模式 3 种：

七个声调的方言在福建省内的各方言区中最为常见，具体的模式又有以下 3 种。

①古平上去入各分阴阳，但浊上浊去合为一类，即所谓“浊上作去”，这种格局在福建境内的闽、赣、客、吴和官话方言里都有，尤以沿海的闽方言为多见。例如（表中数字为调值）：

调类	阴平	阳平	上声	阴去	阳去	阴入	阳入
例字	鸡	蛇	鼠	兔	象雁	鸭	鹿
福州	44	52	31	213	242	23	5
莆田	533	13	453	42	11	21	4
厦门	44	24	53	21	22	32	4
将乐	55	22	51	324	231	21	5
建宁	34	213	55	21	45	5	2
毛洋	33	22	42	21	212	445	54
东峰	45	31	53	535	24	54	34
深坑	433	31	52	35	213	5	3
忠信	35	213	44	21	31	5	3

以上将乐县处于闽方言和客赣方言的过渡地带，将乐话兼有闽方言和客赣方言的特点。关于闽西北各点方言可参阅本书《闽西北七县市的方言》。建宁县在闽西北角，与江西省南丰、广昌连界，属赣方言区。毛洋是浦城县忠信乡的一个村，和浙江省龙泉县接壤。这一带边界通行的“福建腔”属于闽西客方言岛。关于毛洋、东峰、深坑、忠信各点可参阅本书《浦城县内的方言》，东峰是浦城县盘亭乡上黄厝村的一个自然村，和江西省广丰县连界。东峰话和广丰县的吴方言十分相近。深坑是浦城县盘亭乡的一个村，和浙江省江山县毗邻，这一带边界通“廿八都话”，又称“正字”，是官话方言岛。忠信是浦城县北的乡，通吴方言。忠信话部分全浊上声字归上声，如“抱、坐、舅”。

②去声不分阴阳，平上入各分阴阳的。例如：

调类	阴平	阳平	阴上	阳上	去声	阴入	阳入
例字	诗	辞	死	是	四寺	失	实
大田	33	24	53	55	31	3	5
光泽	21	33	55	43	214	41	5

光泽县在闽西北，与江西省资溪县交界，属赣方言区。光泽话老派能分阴阳去，中年以下的新派把阳去 44 并入阴上 55。

③入声不分阴阳，平上去各分阴阳的。例如：

调类	阴平	阳平	阴上	阳上	阴去	阳去	入声
例字	衣	麻	水	旱	破	二	（百）白
浦城	35	213	44	54	312	21	32
顺昌	44	11	31	2	35	52	5

顺昌话古清入混入阳平调，如百读 ꜀pa，另有不少古浊上字混入阳去调，如“静、俭、市”，顺昌话和浦城话可列为两种模式。

3. 六调模式有 3 类 5 种：

①平、入分阴阳 2 种。

和粤东客家方言区相连的闽西 3 个县的客家话是平入各分阴阳，上去不分阴阳，浊上多归阴平，浊去多归上声。例如：

调类	阴平	阳平	上声	去声	阴入	阳入
例字	花马弟	林	改五饭	菜	福	杂
上杭	44	22	41	352	54	45
永定	45	21	51	53	3	5
武平	35	213	51	53	3	45

少数闽南方言也是平入分阴阳，上去不分阴阳，但浊上归阴平，浊去仍在去声。例如：

调类	阴平	阳平	上声	去声	阴入	阳入
例字	多道	桃	讨	到盗	督	独
柯厝	45	24	54	31	5	3
泉州$_{新}$	33	24	54	31	4	23

柯厝自然村在浦城县盘亭乡的上黄厝村，通“下府话”，是闽南方言岛。泉州话老派可分阴阳上，新派把阳上 22 混于阴平 33。

②平去分阴阳 2 种。

客赣方言一些点平去分阴阳，上入不分阴阳，古浊上归上声，古浊入归阳去。例如：

调类	阴平	阳平	上声	阴去	阳去	入声
例字	家	麻	水旱	四	二白	百
邵武	21	33	55	35	213	53
宁化	453	35	31	22	42	5
明溪	22	21	31	213	55	5

邵武话属赣方言，它把另一部分全浊上声字读归阳去，如“静、倍、市”。宁化话属客方言，它把另一些全浊上声字读归阴平，如“坐、厚、妇”。明溪话兼有闽客赣三种方言的特点，其部分浊上字归阳去，类似邵武话。

尤溪、南平一带的闽方言也是平去分阴阳，上入不分阴阳，古浊上多归阳去（或归阴去，如峡阳），古入声的分配则差异更多，尤溪、汤川、峡阳古清入为入，古浊入为阴平，西洋古清入归阴去，古浊入为入，汤川话也有古清入归阴去，古浊入归阳去的。例如：

调类	阴平	阳平	上声	阴去	阳去	入声	
例字	三	城	水	菜	外（社）	八北	十月
尤溪	33	21	55	53	31	24	阴平
西洋	33	13	44	54	41	（阴去）	34
汤川	44	13	21	53	41	（阴去）5	（阴平）（阳去）
峡阳	21	31	44	242	51（阴去）	24	（阴平）

西洋、汤川都是尤溪县内的乡，其方言都属闽方言，但归入闽东、闽南、闽中、闽北都不合适。详见本书《尤溪县内的方言》。峡阳是南平市的镇，通闽北方言。详见本书《闽北方言》。

③平上分阴阳。

闽中方言三个县的声调分化比较一致，都是平上分阴阳，去入不分阴阳，古浊入并入阳上。浦城县西北部盘亭乡的吴方言与此类似。例如：

调类	阴平	阳平	阴上	阳上	去声	入声
例字	诗	时	始	是食	四寺	失
永安	52	33	21	54	35	13
三元	553	41	21	353	33	213
沙县	33	31	21	53	24	212
盘亭	35	213	33	5	31	43

关于闽中三点可参阅本书《闽中方言》。关于盘亭话，也有与闽中不同之处，其古浊上声字也有读归阴上，如“臼”和去声的，如“罪”。

4. 五调模式有两类 5 种：

五个调类的格局多见于客赣方言和官话方言岛，多数是平去分阴阳，没有入声调，而入声字的走向也很不一致。

①无入声的 4 种。

闽西北的赣方言泰宁话没有入声，古浊上字归上声或阳去，古入声字清声母归上声、浊声母归阴平。例如：

调类	阴平	阳平	上声	阴去	阳去
例字	高白	麻	水旱竹	破	静步
调值	21	331	353	51	24

闽西客方言的长汀话也没有入声，古浊上归上声或阴平，古清入归阳平，古浊入归阳去。例如：

调类	阴平	阳平	上声	阴去	阳去
例字	花弟	华福	改五	菜	地直
调值	33	24	42	54	21

闽西客方言的连城话古清入归阳去，古浊入归阴去，其余和长汀话相同。例如：

调类	阴平	阳平	上声	阴去	阳去
例字	花弟	华	改五	菜直	地福
调值	433	23	213	52	35

属于闽方言的尤溪县新桥话古浊上和古浊去合流，古清入归阴去，古浊入归阴平。例如：

调类	阴平	阳平	上声	阴去	阳去
例字	三六	零	九	四八	二五
调值	33	24	54	41	21

②有入声的1种。

南平市区的官话方言岛保留入声调不分阴阳，去声上声也不分阴阳，古次浊上归上声，全浊上归去声。例如：

调类	阴平	阳平	上声	去声	入声
例字	诗	时	使里	四是寺	识实
调值	33	21	213	35	<u>32</u>

5. 四调模式一种：

四个调类的只见于南平市东边的夏道镇方言，这是兼有市区“土官话”和闽东、闽北方言特点的混合型方言，其声调分化模式是平声分阴阳，上去不分阴阳，古次浊上归上声，全浊上归阳平，古清入归阴平，浊入归阳平。例如：

调类	阴平	阳平	上声	去声
例字	三百	龙是六	走老	菜共
调值	21	55	33	212

二　造成声调分化的其他语音条件

福建方言声调分化的模式中，还有一些不是“以古四声为经，古清浊为纬”，而以其他语音条件为分化的依据。这类模式又有如下四种：

1. 平和县九峰镇上坪村的客家话有八个声调。古清上清去合为一调，次浊上多跟清上走，全浊上或归阳去或归阴平（像闽西客家话那样），古入声字则按古声母清浊各分阴阳长短四调（次浊字阴阳调两边跨）。例如：

调类	阴平	阳平	阴上去	阳上去	阴入（短）	阴入（长）	阳入（短）	阳入（长）
例字	知尾坐	时	火货	社队	北劣	刻袜	麦食	绿石
调值	33	35	31	55	3	34	5	53

值得注意的是“阴上去”调中，者蔗、改界、考靠、小笑、止制、古故、举锯、董栋、粉奋、选线、厂唱、享向、锦禁等，都成了同音字。这种分化可能是早先分过阴上阴去和阳上阳去，后来又合并的，也可能是在上、去声以清浊为纲而不以四声为纲，和平、入声有不同模式。入声字分化为四调，主要以韵尾为依据，清浊界线也乱了。如所周知，入声字按长短韵分化见于粤方言（广州话、博白话），而古清声母上、去字合流则见于海南岛的迈话。[①]

2. 建阳县黄坑乡地处建阳邵武之间并与江西省连界，这是深受赣方言影响的闽北方言。该乡驻地九峰村的方言只有五个调类，平上去入只有去声分阴阳。古浊上浊去合流，古浊入归阴平，古浊平归阴去或入声（和闽北多数点类似，下详）。另有值得注意的是古平、上声字逢塞音塞擦音声母字送气和不送气读为不同声调。例如：

调类	平声	上声	阴去	阳去	入声
例字	高婚麦白	开粗古女	变送娘寒	五近共用	竹发草口平云
调值	455	53	33	35	31

在塞音塞擦音的平、上声字，送气与否是全面对立的。例如：

杯 ꜀puəi/ 坯 ꜂p‘uəi	班 ꜀pan/ 潘 ꜂p‘an	低 ꜀tei/ 梯 ꜂t‘ei	糟 ꜀tsau/ 操 ꜂ts‘au
居 ꜀ky/ 区 ꜂k‘y	之 ꜀tɕi/ 痴 ꜂tɕ‘i	公 ꜀kuŋ/ 空 ꜂k‘uŋ	丹 ꜀tan/ 滩 ꜂t‘an
补 ꜂pu/ 普 p‘u꜁	禀 ꜂pen/ 品 p‘en꜁	底 ꜂tei/ 体 t‘ei꜁	董 ꜂tuŋ/ 统 t‘uŋ꜁
古 ꜂ku/ 苦 k‘u꜁	拱 ꜂kuŋ/ 孔 k‘uŋ꜁	早 ꜂tsau/ 草 t‘au꜁	止 ꜂tɕi/ 齿 tɕ‘i꜁

这说明了，不但古清浊会影响声调分化，古全清次清的对立也可以成为声调分化的条件。这种情况也见于赣方言的都昌话。[②] 黄坑与江西的铅山交界，这个特点可能就是赣方言影响的结果。[③]

3. 有些闽南方言单字调去声不分阴阳，多音连读时，处于语音单位的末尾的不变调，去声字也不分阴阳，但连读在前需要变调时，则阴阳去有别。例如：

---

① 见黄谷甘、李如龙《海南岛的迈活——一种混合型的方言》，《中国语文》1987 年第 4 期。

② 见陈昌仪《都昌（土塘）方言的两个特点》，《方言》1983 年第 4 期。

③ 见本书《建阳黄坑话简介》。

	阴去			阳去		
	带	花带$_{\text{脐带}}$	带花$_{\text{戴花}}$	大	花大	大花$_{\text{大花脸}}$
泉州	tua^{31}	hue^{33}tua^{31}	tua$^{31-53}$hue^{33}	tua^{31}	hue^{33}tua^{31}	tua$^{31-22}$hue^{33}
街面	tua^{31}	hue^{33}tua^{31}	tua$^{31-55}$hue^{33}	tua^{31}	hue^{33}tua^{31}	tua$^{31-33}$hue^{33}

街面是尤溪县南坂面乡的一个村，通闽南话。其声调系统是：阴平 33，阳平 24，上声 55，去声 31，阴入 5，阳入 3。参见本书《尤溪县内的方言》。

泉州话阴去变调同阴上 54，阳去变调同阳上 22；街面话则变为上声 55 和阴平 33。这种调类的"连读变体"说明了，连读变调也会影响调类的分化。这种情况在吴方言中也可见到，例如温岭方言阳平、阳上单字调都是 31，连读变调时也明显分为两类。[①]

4. 浦城县南部石陂乡的闽北方言是闽方言中少见的有全套全浊声母的，它的声调分化不但与古声母清浊有关，而且与今声母清浊有关。具体情形是：

古清声母平声、去声、入声字今读阴平、阴去、阴入，古清声母和部分次浊声母上声字今读上声，这是和许多南方方言相同的模式，无须举例。

古次浊声母平声字和古全浊今清平声字今读阴去。例如：眉南来然鹅、皮桃钱床时，古全浊今浊平声字今读阳平，例如：婆房堂全除查常奇河寒。

部分古次浊声母上声字和古全浊今浊上声字今读阴去。例如：米女冷蚁耳、部道造苎社，古全浊今清上声字今读或为阴平，如"被弟坐重是舅亥"或为阳去，如"父聚受近户"。

古去声字今读浊声母的字很少，大体上按古声母清浊分读阴去阳去，无须举例。

古次浊声母入声字和古全浊今浊入声字今读阳入。例如：麦鹿聂玉肉、薄达集值实；古全浊今清入声字或读阴平，如"白缚贼直石鹤"，或读阳去，如"籴逐笛划或"，或读阴入，如"绝蜀浊狭寂"，或读阳入，如"拔碟侄涉"。

各调类分布及其调值可如下表：

古四声 / 今声调 / 清浊		平	上	去	入
清		阴平 51	上声 21	阴去 33	阴入 213
次浊		（阴去）	（阴去 / 上声）	（阳去）	阳入 32
全浊	（今清）	（阴去）	（阴平 / 阳去）	阳去 45	（阴去 / 阴平 阴入 / 阳入）
	（今浊）	阳平 31	（阴去）	（阳去）	（阳入）

① 见李荣《温岭方言的连读变调》，《方言》1979 年 1 期。

三 词汇语法条件造成的声调分化

除了以语音条件为声调分化的依据之外，福建方言的声调分化还有以词汇语法条件为依据的。

闽北和闽西北一带的方言里，进入方言基本词汇的常用字和未进入方言基本词汇的非常用字在同样的语音条件下分化为不同的声调。上述石陂话古全浊平声字今清今浊的分化也就是常用非常用的对立，再拿四个点同它做比较：

例字	石陂	建瓯	泰宁	将乐	邵武
漂／嫖	pʻiauᵓ/ᶜpʻiau	pʻiauᵓ/ᶜpʻiau	pʻiauᵓ/꜁pʻiau	pʻiau꜆/꜁pʻiau	pʻiau꜆/꜀pʻiau
啼／提	tʻieᵓ/꜁di	tʻiᵓ/ᶜti	hiᵓ/꜁hi	tʻi꜆/꜁ti	tʻi꜆/꜁tʻi
头／投	tʻauᵓ/꜁dau	tʻeᵓ/ᶜte	heiᵓ/꜁hei	tʻeu꜆/꜁tʻeu	tʻɛu꜆/꜁tʻɛu
糖／唐	tʻɔŋᵓ/꜁dɔŋ	tʻɔŋᵓ/ᶜtɔŋ	hoŋᵓ/꜁hoŋ	tʻɔŋ꜆/꜁tʻɔŋ	tʻoŋ꜆/꜀tʻoŋ
虾／霞	xaᵓ	xaᵓ	xaᵓ/꜁xa	xa꜆/꜀xa	xa꜆/꜁xa
横／黄	xuaŋᵓ/aŋᵓ	xuaŋᵓ/uaŋᵓ	xuaŋᵓ/꜁uoŋ	faŋ꜆/꜁vɔŋ	fəŋ꜆/꜁voŋ
芒／忙	mɔŋᵓ	mɔŋᵓ/ᶜmɔŋ	maŋᵓ/꜁mɔŋ	maŋ꜆/꜁mɔŋ	maŋ꜆/꜀moŋ
名／明	miaŋᵓ/meiŋᵓ	miaŋᵓ/ᶜmeiŋ	miaŋᵓ/꜁miaŋ	miaŋ꜆/꜁miaŋ	miaŋ꜆/꜁maŋ
箩／罗	suaiᵓ/lɔᵓ	suɛᵓ/lɔᵓ	saiᵓ/꜁lo	ʃai꜆/꜁lo	sai꜆/꜁lo
篮／蓝	saŋᵓ/laŋᵓ	saŋᵓ/laŋᵓ	saŋᵓ/laŋᵓ	saŋ꜆/꜁laŋ	san꜆/꜁lan
鳞／邻	leiŋᵓ	saiŋᵓ/ᶜleiŋ	suanᵓ/꜁lən	ʃɛ̃꜆/꜁lĩ	sən꜆/꜁lin
聋／珑	səŋᵓ/꜁ləŋ	sɔŋᵓ/ᶜlɔŋ	suŋᵓ/꜁luŋ	ʃɤŋ꜆/꜁lɤŋ	suŋ꜆/꜁luŋ

上声字常用非常用的声调分化在闽西北方言反映较多，在闽北反映较少。例如：

例字	石陂	建瓯	泰宁	将乐	邵武
蚁／拟	ŋyeᵓ/ᶜŋi	ŋiɛ꜅/ᶜŋi	nieᵓ/ᶜni	ŋie꜆/ᶜŋi	ni꜆/ᶜni
柿／市	kʻiᵓ/tsʻi꜅	kʻi꜅/tsʻi꜅	kʻiᵓ/siᵓ	kʻi꜆/ʃi꜅	sə꜅/ɕi꜅
爪／炒	ᶜtsau/ᶜtsʻau	ᶜtsau/ᶜtsʻau	tsauᵓ/ᶜtsʻau	tsau꜆/ᶜtsʻau	tsɛu꜆/ᶜtʻau
饼／丙	ᶜpiaŋ/ᶜpeiŋ	ᶜpiaŋ/ᶜpeiŋ	piaŋᵓ/ᶜpən	piaŋ꜆/ᶜpĩ	piaŋ꜆/ᶜpin
剪／浅	ᶜtsaiŋ/ᶜtsʻiŋ	ᶜtsaiŋ/ᶜtsʻiŋ	ᶜtsan/ᶜtʻien	tsɛ̃꜆/ᶜtsʻiɛ̃	tsien꜆/ᶜtʻien
筅／典	ᶜtʻiŋ/ᶜtiŋ	ᶜtʻiŋ/ᶜtiŋ	tsʻanᵓ/ᶜtien	tʃʻɛ̃꜆/ᶜtiɛ̃	tʻien꜆/ᶜtien
囝／遣	ᶜkyŋ/ᶜkʻiŋ	ᶜkyiŋ/ᶜkʻiŋ	kienᵓ/ᶜkʻien	kiɛ̃꜆/ᶜkʻiɛ̃	kien꜆/ᶜkʻien
影／景	ᶜyɔŋ/ᶜkiŋ	ᶜiɔŋ/ᶜkeiŋ	iɔŋᵓ/ᶜkin	iɔŋ꜆/ᶜkĩ	iɔŋ꜆/ᶜkin

从上面材料可以看到，这种声调的对立往往伴随着声母的对立，例如石陂话的清浊的对立，建瓯话送气不送气的对立，各点来母字 s/l 的对立。声调和声母的这些对立都

反映着不同的语音历史层次，全浊声母读送气就比不送气更早，来母字读 s- 则比读 l- 更古老。正是由于这些常用字进入了方言的基本词汇，才保存了更早期的语音特点，语音的历史层次和词汇的历史层次是相互制约的。

闽西客家方言把一部分古全浊声母上声字读为阴平调，这些字也往往是口语基本词汇的常用字，其他非常用字则按“浊上作去”的模式读为阳去或上声。例如：

例字	宁化	清流	长汀	连城	上杭
抱 / 倍	꜀p‘ɒu/p‘ɛ꜅	꜀p‘ɔ/p‘ɛ꜅	꜀p‘ɔ/p‘e꜅	꜀p‘ɒ/p‘ue꜅	꜀p‘ɔu/p‘ɛi꜅
弟 / 道	꜀t‘ie/t‘ɒ꜅	꜀t‘e/t‘ɔ꜅	꜀t‘e/t‘ɔ꜅	꜀t‘e/t‘ɒ꜅	꜀t‘ɛi/t‘ɔu꜅
淡 / 动	꜀t‘aŋ/t‘ɤŋ꜅	꜀t‘ã/t‘oŋ꜅	꜀t‘aŋ/t‘oŋ꜅	꜀t‘aŋ/t‘oŋ꜅	꜀t‘ã/꜂t‘əŋ
坐 / 罪	꜀t‘o/ts‘ɛi꜅	꜀ts‘ɔ/ts‘uɛ꜅	꜀ts‘o/ts‘ue꜅	꜀ts‘u/ts‘ue꜅	꜀ts‘ɔu/꜂ts‘ɛi
妇$_{\text{新}\sim}$ / 奉	꜀p‘ɤ/fɤŋ꜅	꜀p‘ɤ/foŋ꜅	꜀pe/foŋ꜅	꜀pue/fəŋ꜅	꜀pɛi/꜂feŋ
舅 / 跪	꜀k‘əu/꜂k‘i	꜀k‘ɤ/k‘u꜅	꜀tʃ‘iəɯ/k‘ui꜅	꜀k‘iəɯ/k‘ui꜅	꜀tɕ‘iu/꜂k‘uei
厚 / 祸	꜀xəu/fo꜅	꜀xɤ/fo꜅	꜀xɐɯ/fo꜅	꜀xɐɯ/fu꜅	꜀k‘e/꜂fɔu
旱 / 限	꜀xuæ̃/xæ̃꜅	꜀xuã/xã꜅	꜀xũ/xɑŋ꜅	꜀xuɔ/ʃe꜅	꜀xuõ/꜂xã

（清流话的调类调值如下：阴平 33，阳平 12，上声 21，阴去 35，阳去 32，入声 5。）

各点奉母字“妇”读为 p‘，宁化从母字“坐”读 t‘，上杭匣母字“厚”读 k‘ 也显然反映了早期的语音特点，这也说明了声调的历史层次和声母的历史层次也是相互制约的。

闽方言里有些声调的分化则与文白异读相关，有些字的文白读分属不同的调类。字的白读音往往见于口语的基本词汇，文读音则见于后起的书面语词，文白读异调也是以词汇历史层次为条件的声调分化。

福州话、厦门话不少古次浊上声字文读归上声，白读归阳去，这是文白读对调类的影响。例如：

例字	例词	福州音（文 / 白）	厦门音（文 / 白）
老	老练 / 人老了	꜂lo/lau꜅	꜂lau/lau꜅
卵	卵生 / 生卵	꜂luoŋ/louŋ꜅	꜂luan/lŋ꜅
两	两全 / 两只	꜂luoŋ/laŋ꜅	꜂liɔŋ/lŋ꜅
耳	耳目 / 耳	꜂ŋi/ŋɛi꜅	꜂ni/hi꜅
瓦	弄瓦 / 瓦	꜂ŋua/ŋua꜅	꜂ua/hia꜅
五	五香 / 五	꜂ŋu/ŋou꜅	꜂gɔ/gɔ꜅
有	有关 / 有	꜂iu/ou꜅	꜂iu/u꜅
远	永远 / 远	꜂uoŋ/huoŋ꜅	꜂uan/hŋ꜅

莆田话和龙岩话有些古入声字文读者保留塞音韵尾，读为入声调，白读音脱落塞音

韵尾，混入非入声调或读为新的长调，这是韵尾对字调归类的影响。例如：

例字	例词	莆田音（文 / 白）	龙岩音（文 / 白）
学	学习 / 学	haʔ꜇/o^{35} 白阳入	hiak꜇/꜃o
白	坦白 / 白色	pɛʔ꜇/pa^{35}	pit꜇/꜃pie
食	粮食 / 食饭	ɬiʔ꜇/ɬia^{35}	sit꜇/꜃tsa
着	着落 / 拍着	tœʔ꜇/tiɐu^{35}	tiɔk꜇/꜃tio
百	百发百中 / 百五	pɛʔ꜇/pa꜄	pit꜆/pie꜄
客	客座 / 人客	k'ɛʔ꜆/k'a꜄	k'it꜆/k'e꜄
节	节约 / 过节	tsɛʔ꜆/tse꜄	tsat꜆/tse꜄
尺	尺牍 / 尺寸	ts'iʔ꜆/ts'iɐu꜄	ts'it꜆/ts'o꜄

表示语法意义的音变有时也会影响声调的分化，例如许多方言都有的轻声，就常常是因语法变化而产生的新调类，有些小称变音也会产生新的调类。福建方言中也有这类现象。

厦门话的轻声就是表示一定的语法意义而变出来的新调，它所表示的语法意义是多方面的。例如：

“黄厝”读 ŋ$^{24-22}$ts'u^{21} 是“黄色的房子”，读 ŋ^{24}ts'u$^{21-0}$，是地名“黄家村”；“三年”读为 sã^{44}nĩ꜄ 是“三个年头”，读 sã^{44}nĩ$^{24-0}$，是“第三年”，如“宣统三年”，这类轻声是从泛指中表示特指。

“骗侬”读 p'ian$^{21-53}$laŋ^{24} 是“骗人”（动宾短语），读 p'ian^{21}laŋ$^{24-0}$，是动词“欺骗人”；“枵侬”读 iau$^{44-22}$laŋ^{24} 是“饿汉”（偏正短语），说 iau^{44}laŋ$^{24-0}$，是动词“饥饿”；“有做着”读为 u$^{22-21}$tsue$^{21-53}$tio^{4} 是“做得对”（动补短语），读 u$^{22-21}$tsue^{21}tio$^{4-0}$，是“曾做过”。这类轻声是用来表示词组转化而成的词。

“小人”读 siau$^{53-44}$lin^{24} 是“君子”的反义词（名词），读 sio^{53}laŋ$^{24-0}$ 是第一人称的谦称（代词）；“面上”读 bin$^{22-21}$tsiũ^{22} 是名词“表层”（不是底层），读 bin^{22}tsiũ$^{22-0}$，是方位词（不是点上），这类轻声是用来区别词义和词性的。

大田县广平话①的小称变音变出了新的调类：单音名词“表小指爱”时不但韵母变音，声调也发生相应的变化，凡原字是去声的变为阴上调，原字是其他声调的则变为新调 351。例如：

“鸡”原音 ꜀ki，变读为 kɛ̃^{351} 指“小鸡儿”；“索”原音 sɯ꜄，变读为 ꜂sẽ 指“小绳子”。这是用来“表小”。

① 广平是大田县西北部的镇，广平话是兼有闽南、闽中方言的特点的混合型方言。其调类调值如下：阴平 33，阳平 24，阴上 52，阳上 45，去声 21。

"滴"原音 tiɐ꜄，单用作动词，变读为 ꜃tɛ̃ 是名词"一小滴"；"孙"原音 ꜀sue，是"孙子"，变读为 suɛ̃^{351} 指"侄儿"。这是用来区别词义的。

"公"读 ꜀kɤ 是"祖父"，变读为 kɤ̃^{351} 是"爷爷"的爱称；"兄"读 ꜀hiɤ̃ 是"哥哥"，变读为 hiɤ̃^{351} 是"小哥儿"。这是用来表爱的称呼。

类似这种小称变调变出新调的现象还见于吴方言的温岭话①和粤方言的信宜话②。

单字声调的变化还有同词义、词性的变化相关联的。有的由于词义的引申和转移，用不同声调来表示不同的词义或义项；有的用声调的变读来区别词性（有如古代汉语的"圈破"）。将乐方言里这类现象较多。例如：

区别词义的（多数是平声变仄声）：

"菇"读 ꜀ku 指香菇，读 ꜂u 指野生的杂菇；"耙"读 ꜁p'a 是薅草用的小铁耙，读 p'a꜅ 是牛拉的耙田具；"帚"读 ꜂tʃiu 是大笤帚，读 tʃiu꜆ 是小笤帚。这类声调的变读用来区别同类事物中的不同小类。

"毛"读 ꜃mau 指姓氏，读 mau꜆ 指毛发；"柴"读 ꜁tʃ'ai 指姓氏，读 tʃ'ai꜆ 指柴火。这类声调变读用来区别专名和通名。

"斜"读 ꜁ts'ia 表"倾斜"，读 ts'ia꜅ 表"陡峭"；"争"读 ꜀tsɛ̃ 是"相争"，读 ꜂ts'aŋ 是"强行占有""无理争夺"。这类声调变读用来表示情貌状态的差异。

"汁汁"读 tse꜆tse꜆ 指"乳汁"，读 tse꜅tse꜅ 指"乳房"，这是用声调变读来表示相关事物的不同概念。

区别词性的（都是非入声变入声）：

"角"读 ꜂ko 是名词，如"牛角"，读 ko꜆ 是量词，如"五角"；"点"读 ꜂tiɛ̃ 是名词，如"雨点"，读 taŋ꜆ 是量词，如"一点"；"把"读 ꜂pa 是名词，如"火把"，读 pa꜆ 是量词，如"一把"。这是名词转化的量词。

"梦"读 mɤŋ꜅ 是名词（如"好梦"），读 mɛ̃꜆ 是动词，如"梦见"；"浆"读 ꜀tsioŋ 是名词（如"米浆"），读 tsioŋ꜆ 是动词（"糊在一起"）；"拍"读 ꜂p'a 是名词，如"拍子"，读 p'a꜆ 是动词，如"拍水"泅水。这是名词转化为动词。

"筅"读 ꜂tʃ'ɛ̃ 是动词"刷、掸"，读 tʃ'ɛ̃꜆ 是名词，如"饭筅"炊帚；"鸟"读 ꜂tiau 是动词，如"鸟人"：用粗话骂人，读 tiau꜆ 是名词，如"鸟儿"。这是动词转化为名词。

"糜"读 ꜁muĩ 是形容词，如"糜樵"：烂木头，读 me꜆ 是名词，如"稀粥"。这是形容词转化为名词。

---

① 见李荣《温岭方言的变音》，《中国语文》1978 年第 2 期。

② 见叶国泉等《信宜方言的变音》，《方言》1982 年第 1 期。

四 研究方言声调分化模式的意义

方言声调的分化是纷繁复杂的，但我们可以从中归纳出这种分化的基本模式和特殊条件。这项研究对于我们理解汉语方言语音演变的规律有重要的理论意义，对于检验和改进我们的方言调查方法也有重大的实际意义。

方言声调的分化是方言语音历史演变的重要方面。语音的历史演变是共时的语音结构相互矛盾的结果。汉语方言声调的分化为什么有"以四声为经，以清浊为纬"的基本模式，这是因为中古全浊声母清化了，于是声母清浊的对立转化为阴阳调类的对立。为什么在基本模式之外又有各种特殊条件决定各方言声调分化的具体格局？这是因为语音结构系统中还有许多其他因素会造成矛盾，例如：清声母的送气不送气，塞音韵尾的存废，多音结构的连读变调，等等。这些因素造成的矛盾也会成为影响声调分化的条件。

合久必分，分久必合。自从四声各分阴阳之后，许多方言的声调又趋于简化，其具体途径往往是由于调值的相近而造成调类的合并。上文提到的泉州话单字调老派7个，新派6个，浊上22和阴平33渐趋合并，这就是至今还在演变着的变化的典型例证。闽北各点声调的对应可以使我们在更大范围内看到这一规律的历史例证（下表未列全浊上声例字，因为此类字各方言归属很不一致，故略）：

古音类	例字	建瓯6调	峡阳6调	石陂7调	崇安7调	建阳8调	松溪8调
清平	三山	平声54	阴平21	阴平51	阴平51	阴平53	阴平51
浊平甲	人床	（阴去）	（上声）	（阴去）	阴平33	阳平甲334	阳平甲44
浊平乙	城穷	（上声）	阳平31	阳平31	（阴去）	阳平乙41	阳平乙21
上声	火冷	上声21	上声44	上声21	上声21	上声21	上声213
清去	试救	阴去33	阴去242	阴去33	阴去22	阴去332	阴去332
浊去	外豆	阳去44	阳去51	阳去45	阳去55	阳去43	阳去45
清入	七贴	阴入24	入声24	阴入213	阴入35	阴入214	阴入24
浊入	辣舌	阳入42	（阴平）	阳入32	阳入5	阳入4	阳入42

为什么闽北方言有6调、7调、8调之别？主要就是全浊平声字的不同分化。早先的闽北话浊平字读为中平和低降两个调类（类似建阳、松溪那样），后来，有的只留下一类（崇安留下中平调，石陂、峡阳留下低降调），有的全归入别调（建瓯），归并的去向都是阴去和上声，混同的原因都是浊音声母清化的先后顺序（不同层次）和调值的接近。

汉语方言都是经历过相当长的历史时期而形成和发展的。方言里现有的声调系统一般都是几经分合和调整而成的。许多特殊的声调分化模式都可以分解成若干不同的语音历史层次。石陂话古清浊和今清浊的两种交叉，闽北方言常用字和非常用字不同声调分化，闽西客方言全浊上声字的声调分化，龙岩、莆田话入声字文白读的声调分化都是一些典型的例子。把方言语音的共时系统中所体现的不同历史时期的语音特点揭示出来，才能正确理解方言的现状和历史。可见，在从语音方面考察方言声调的分化模式时，不但要看共时的矛盾（分化的条件），而且要注意分析历时的层次。

语言是语音外壳和词汇、语法结构结合而成的体系。语音上的许多现象是词汇、语法演变所决定的。基本词汇用字（常用字）和一般词汇用字（非常用字）的声调对立，词义引申和词性转移所造成的声调变读都不是单纯的语音现象，多音词兴起和词语组合之后发生的许多多音连读中的变化如连读变调、轻声、儿化（小称音变）等等都是与词汇——语法相关联的语音现象。从整体上看，近代以来，汉语方言的单字调是趋向于简化，而多音连读中的声调变化则趋向于复杂化。因此，在考察方言声调的分化模式时，我们不能局限于语音条件的分析，应该充分注意词汇、语法现象对声调变化的影响。

根据预定的几十个例字为方言定出声调系统，这种传统的调查方法有很大的局限性。在摸清单字调的间架的基础上，再记完相当数量的单字和词语的音，弄清种种连读音变和语法特点，才有可能把声调系统真正搞清楚。由此看来，声调现象的考察必须贯串方言调查的全过程。而把方言声调系统搞清楚了，必定能使我们对该方言的语音、词汇、语法之间的相互作用了解得更加透彻，从而更加深刻地了解该方言的特点是不言而喻的。

说明：本文作于1987年，在厦门的中国语言学会第四届年会上宣读过。文中所用方言材料，大多是本人亲自调查记录的。后来多数发表于《闽语研究》和《客赣方言调查报告》两书，可参阅。

附记：重读35年前写的这篇文章，感触很多。当时只是罗列了事实，通过比较和分析，努力解释这些多样、复杂的现象，许多问题还没有提到理论上进行讨论和证明。例如，声调是汉语的根本特征，抓住声调进行多维的考察，一定能使我们加深对汉语特征的理解。汉语是用汉字为基本要素构建起来的，汉字的形、音、义岂能与汉语的构造是无关的？字音和语音有复杂的关系。我后来提出的汉语有字音和语音两个系统有没有道理？连读变调与字调的调类有关，也与词汇语法的结构有关。怎样才能真正彻底地认识汉语的种种声调现象，从而理解汉语的特征？中国人研究自己的语言，为什么不去探讨母语的独特现象，寻求其中的规律，提炼出独特的理论？这些不起眼的粗坯能引出闪光的玉石吗？这就有待于一代新人了。

福州话声母类化的制约条件

福州话的多音词语连读后，非末字普通发生变调，变调的音节原调若是低升调或曲折调，同时发生变韵：把复合元音的韵腹变为单元音韵腹；非首字则常常发生变声：凡是清音声母皆受前音节韵尾的同化变为相应的浊音。多音连读后的变调、变韵和变声构成了福州话口语的重要特色。

不是所有的组合都发生声韵调的变化，变韵是变调的伴随现象，制约变调和变韵的是音节数和音节的位置，与语法也有一定关系。比起变调和变韵，变声的制约条件要复杂得多。

关于福州话的变声，1930 年出版的陶燠民的《闽音研究》称为声母的类化。书中已精要地展现了类化的规则。现今福州话“变声规律”在李如龙等编的《福州方言词典》也有详细的介绍，本文不再复述。关于制约声母类化的条件，陶氏只是一笔带过：“二字连语，而有文法上密切之关系，则发生类化现象。”未有具体说明。《福州话声母类化音变的再探讨》一文[①]做过初步的考察，指出了若干语法方面的制约条件，但是也还没有做过系统全面的分析。

为了探明制约福州话声母类化的条件，我做过大规模的检验，包括《福州方言词典》所收全部词条和其他一些语词读音的验证。结果发现，福州话声母类化的制约因素在语音、语义、语法、语用等四方面都有，情况相当复杂。以下分别就几个方面用比字的方法来说明这些制约条件。

一 语音条件

1. 送气声母变得少。例如：

不类化	类化
磨手$_{\text{磨把}}$ mo^{53} ts‘iu^{31}	磨心 mo^{44}(s>) liŋ^{44}
门臼$_{\text{户枢}}$ muoŋ^{21} k‘ou^{242}	门隊$_{\text{门槛儿}}$ muoŋ^{21}(t>) naiŋ^{242}

① 陈天泉、李如龙、梁玉璋《福州话声母类化音变的再探讨》，《中国语文》1981 年第 3 期。

门喙$_{\text{门口}}$ muoŋ^{21} ts‘uoi^{213}	门前 muoŋ^{31}(s>) nɛiŋ^{53}
耳空$_{\text{耳朵眼儿}}$ ŋi^{44} k‘øyŋ^{44}	耳囝$_{\text{耳朵}}$ ŋi^{53}(k>) iaŋ^{31}
伲囝豚$_{\text{大小孩}}$ ni^{21}(k>) iaŋ^{21} t‘ouŋ^{53}	伲囝哥$_{\text{小孩}}$ ni^{21}(k>) iaŋ^{21}(k>) ŋo^{44}
透骹$_{\text{舒服}}$ t‘au^{44} k‘a^{44}	透心 t‘au^{44}(s>) liŋ
蔗粕$_{\text{甘蔗渣}}$ tsia^{53} p‘ɔ^{23}	蔗种 tsia^{53}(ts>) ʒyŋ^{31}

（选例时尽量取其他条件大体相同的，例如磨心、磨手都是偏正式名词，使用频度相当，也没有褒贬义或本义引申义之别。下同。）

2. 牙喉音 k k‘ h 变得少。例如：

不类化	类化
牛港$_{\text{公牛}}$ ŋu^{31} køyŋ^{31}	牛索$_{\text{牛绳}}$ ŋu^{21}(s>) lɔʔ^{23}
椅关$_{\text{椅子的横杠}}$ iɛ^{21} kuaŋ^{44}	椅条$_{\text{条凳}}$ ie^{21}(t>) lɛu^{53}
蛇血$_{\text{红海蜇}}$ t‘ɛ^{53} haiʔ^{23}	蛇白$_{\text{白海蜇}}$ t‘ɛ^{44}(p>) βaʔ^{5}
抽花$_{\text{一种刺绣}}$ t‘iu^{44} hua^{44}	抽纱$_{\text{一种刺绣}}$ t‘iu^{44}(s>) la^{44}
褪孝$_{\text{脱孝}}$ t‘ouŋ^{53} ha^{213}	褪色 t‘ouŋ^{53}(s>) laiʔ^{23}

3. 入声字变得少。例如：

不类化	类化
上桌 suoŋ^{53} tɔ^{ʔ23}	上垺$_{\text{上游}}$ suoŋ^{53}(t>) luɔ^{242}
讨拍$_{\text{惹人揍}}$ t‘o^{44} p‘a^{ʔ23}	讨死$_{\text{找死}}$ t‘ɔ^{24}(s>) li^{31}
钱息$_{\text{利息}}$ tsieŋ^{21} sei^{ʔ23}	钱债 tsieŋ^{21}(ts>) ʒai^{213}
批壳$_{\text{信封}}$ p‘iɛ^{53} k‘ɔy^{ʔ23}	批纸$_{\text{信笺}}$ p‘ie^{53}(ts>) ʒai^{31}
会八$_{\text{知道}}$ ɛ^{53} pai^{ʔ23}	会做$_{\text{能干}}$ ɛ^{53}(ts>) ʒɔ^{213}

以上所列条件都是处在类化位置上的音节该变而少变的几种语音类别。多音词语的首音节韵尾为 k- 的，后面音节一概不类化；处在类化位置上凡原声母本来为浊音者也不变，已见于“变声规律”，不再重复。

二 语义条件

1. 本义、实义的字在组合中变得少，引申义、虚化义的字在组合中变得多。例如：

	不类化	类化
头：	大头$_{\text{大脑瓜}}$ tua^{44} t‘au^{53}	椅头$_{\text{板凳}}$ ie^{21}(t‘>) lau^{53}
	蔗头$_{\text{甘蔗头}}$ tsia^{44} t‘au^{53}	话头$_{\text{话柄}}$ ua^{44}(t‘>) lau^{53}
	年头$_{\text{年初}}$ nieŋ^{31} t‘au^{53}	裤头$_{\text{裤腰}}$ k‘u^{44}(t‘>) lau^{53}
师：	尽师$_{\text{很内行，能干}}$ tsiŋ^{44} sa^{44}	涂师$_{\text{泥水匠}}$ t‘u^{44}(s>) la^{44}

假八师$_{\text{冒充内行}}$ ka^{21}(p>) ßɛi$^{\text{ʔ}21}$ sa^{44}	剃头师$_{\text{理发匠}}$ t‘ie^{44} lau^{44}(s>) la^{44}
食：有声$_{\text{噪音好}}$ u^{44} siaŋ^{44}	有声$_{\text{有吵架声响}}$ u^{44} liaŋ^{44}
风：做风$_{\text{刮风}}$ tso^{44} huŋ^{44}	做风$_{\text{发脾气}}$ tso^{44}(h) uŋ^{44}

上列例中，不类化的“头”表示词汇意义的“脑袋、首领、初始、根部”，类化的“头”表示语法意义：名词标志，时间、方位词的词尾；“师”作词尾类化，表示“师父”，不类化时用作形容词，这都是词义的引申和转移。其他各例也有本义和引申义的区别。

2. 数词的组合中，确数不类化，约数类化；位数类化，表实际数差的非位数不类化；量词类化，数词多不类化。例如：

不类化	类化
丈四$_{\text{一丈四尺}}$ touŋ^{53} sei^{213}	斤把$_{\text{一斤多}}$ kyŋ^{53}(p>) ma^{31}
千三$_{\text{一千三百}}$ ts‘ieŋ^{44} saŋ^{44}	块半$_{\text{一块五}}$ tøy^{53}(p>) muaŋ^{213}
百二三$_{\text{一百二十三}}$ pa^{21} ni^{44} saŋ^{44}	百二三$_{\text{一百二三十}}$ pa^{21} ni^{44} (s>) laŋ^{44}
十四只$_{\text{十四个}}$ sɛi^{21} si^{53}(ts>) ʒiɛ$^{\text{ʔ}23}$	三四只$_{\text{三四个}}$ saŋ^{21}(s>) ni ʒiɛ$^{\text{ʔ}23}$

类化不类化相间的数量结构如：三千九百三十四担 saŋ^{44}(ts‘>)ʒieŋ^{44}kau^{44}(Pɔ)ßa$^{\text{ʔ}23}$saŋ^{21}(s>)nɛi$^{\text{ʔ}21}$si^{53}(t>)laŋ^{213}。

约数中的“几”因为是舌根音声母，不发生类化，“上”也是例外的不类化。例如“百几侬”pa^{21}kui^{21}nøyŋ^{53}“块上钱”tøy^{53}suɔŋ^{242}tsieŋ^{53}。这种区分显然是为了语义表达的明确和清晰。

3. 指称特定的个体的人、地名有不同的类化规律：人名中姓名的正称不类化，口语中含有通名的称谓类化；地名中多音节专名和通名各自按一般规则类化。例如：

不类化	类化
林则徐 liŋ^{21} tsɛi^{21} sy^{53}	朱主席 tsuo^{21}(ts>) ʒuo^{21}(s>) li$^{\text{ʔ}5}$
林觉民 liŋ^{21} kɔuk^{21} miŋ^{53}	李先生 li^{21}(s>) liŋ^{44}(s>) laŋ^{44}
谢冰心 sia^{21} piŋ^{44} siŋ^{44}	贻顺哥 i^{21}(s>) louŋ^{44}(k>) ŋo^{44}

地名的读法：山东省 saŋ^{44}(t>)løyŋ^{44}sɛiŋ^{31} 东山县 tuŋ^{44}(s>)naŋ^{44}kaiŋ^{242} 沙县 sa^{53}(k>)aiŋ^{242} 雷州半岛 løy^{44}(ts>)ʒiu^{44}puaŋ^{53}(t>)no^{31} 祥谦公社 suoŋ^{44}k‘ieŋ^{44}kuŋ^{53}(s>)nia^{242}。通名省略时则类化：连江 lieŋ^{44}(k>)ŋouŋ^{44} 三堡 saŋ^{53}(P>)mo^{31} 树兜 ts‘iu^{44}(t>)lau^{44}。

4. 带贬义的词语附加着较为强烈的感情色彩，因而不轻读，也常常不类化。例如：

	不类化	类化
野	野种$_{\text{狗杂种}}$ ia^{24} tsyŋ^{31}	野心$_{\text{心野}}$ ia^{21}(s>) liŋ^{44}
	野咬$_{\text{乱骂人}}$ ia^{44} ka^{242}	野讲$_{\text{胡说}}$ ia^{24}(k) ouŋ^{31}
伓是	伓是生相$_{\text{行为可憎}}$	伓是心绪$_{\text{心情不好}}$

iŋ^{21} ni^{21} saŋ^{53} suɔŋ^{213}	iŋ^{21} ni^{21}(s>) liŋ^{53}(s>) nøy^{242}
歇货$_{\text{蠢货}}$ ŋouŋ^{53} huɔ^{213}	歇囝$_{\text{傻子}}$ ŋouŋ^{53}(k>) ŋiaŋ^{31}
老 老货$_{\text{老东西}}$ lau^{53} huɔ^{213}	老公$_{\text{丈夫}}$ la^{44}(<au)(k>) uŋ^{44}

5. 有些相同语素构成的词，其语义、词性和组合方式并无区别，只是类化不类化的不同，成为语义不同的两个词，可见，类化与否也是“因音别义”的一种手段。例如：

不类化	类化
依嫂 i^{53} so^{31} 嫂子	i^{53}(s>) lo^{31} 女佣
菜婆 ts‘ai^{21} po^{53} 蕎菜叶	ts‘ai^{21}(b>) ßo^{53} 尼姑
头头 t‘au^{44} t‘au^{53} 头子，开端	t‘ai^{44}(t‘>) lau^{53} 初始
四角 si^{53} kɔy^{ʔ23} 四个角	si^{53}(k>) ɔy^{ʔ23} 四毛钱
火把 hui^{24} pa^{31} 火把	hui^{24}(p>) ßa^{31} 麻花（一种食品）
粗纸 ts‘u^{53} tsai^{31} 粗的纸	ts‘u^{53}(ts>) ʒai^{31} 草纸

三 语法条件

1. 附加式

名词前缀多数不类化，只有“老”有的类化有的不类化。作为社会称谓的姓氏前的文读音“老”，后面的音节不类化；作为前缀的白读音，后面所连接的成分类化。从意义说，前者是个体的特指，后者是类别的泛指。例如：

	不类化	类化
老	老高 lo^{21} ko^{44}	老官$_{\text{公公}}$ lau^{44}(k>) uaŋ^{44}
	老徐 lo^{21} sy^{53}	老虎 la^{53}(h>) u^{31}
	老傅 lo^{44} hou^{213}	老蛇 lau^{44}(s>) lie^{53}

后连音节不类化的前缀如：

依	依家$_{\text{叔父}}$ i^{44} ka^{44}	依姐$_{\text{姐姐}}$ i^{53} tsia^{31}	依弟$_{\text{弟弟}}$ i^{53} tiɛ^{242}
	依婶$_{\text{婶婶}}$ i^{53} siŋ^{31}	依舅$_{\text{舅舅}}$ i^{53} kieu^{242}	依伯$_{\text{伯伯}}$ i^{53} pa^{ʔ23}
	依志$_{\text{同志}}$ i^{53} tsei^{213}	依板$_{\text{老板}}$ i^{53} pɛiŋ^{31}	依蹁$_{\text{跛子}}$ i^{53} p‘iaŋ^{31}
娘	娘爹$_{\text{父亲}}$ nuoŋ^{44} tie^{44}	娘妗$_{\text{舅母}}$ nuoŋ^{21} kɛiŋ^{242}	娘伯^{伯父} nuoŋ^{21} paʔ^{23}

名词后缀都要发生声母类化。例如：

囝	犬囝$_{\text{小狗}}$ k‘ɛiŋ^{24}(k>) ŋiaŋ^{31}	猫囝$_{\text{小猫}}$ ma^{31}(k) iaŋ^{31}
	椅囝$_{\text{小凳子}}$ ie^{24}(k>) iaŋ	巷囝$_{\text{小胡同}}$ høyŋ^{53}(k>) ŋiaŋ^{31}
哥	兵哥 piŋ^{44}(k>) ŋo^{44}	兄弟哥$_{\text{弟兄}}$ hiaŋ^{21}(t>) ni^{44}(k>) ŋo^{44}
	学生哥 hou^{21} sɛiŋ^{44}(k>) ŋo^{44}	朋友哥 pɛiŋ^{21}(Ø>) ŋiu^{21}(k) o^{44}

头 石头 suo^{44}(t‘>) lau^{53} 望头$_{\text{盼头}}$ uoŋ^{44}(t‘) nau^{53}

尺头$_{\text{尺寸}}$ ts‘uo^{21}(t‘>) lau^{53} 秤头$_{\text{重量}}$ ts‘iŋ^{44}(t‘>) nau^{55}

其 做头其$_{\text{当头的}}$ tsɔ^{21} t‘au^{53}(k)i 拍铜其$_{\text{铜匠}}$ p‘a^{21} tøyŋ^{53}(k>) ŋi

煮食其$_{\text{女佣}}$ tsy^{21}(s>) lieʔ^{5}i 撑船其$_{\text{船夫}}$ t‘aŋ^{44} suŋ^{53}(k>) ŋi

2. 重叠式

各类重叠式大都不发生声母类化。例如单音名词的重叠式：

杯杯 pui^{44} pui^{44} 袋袋$_{\text{袋子}}$ tøy^{21} tɔy^{242}

巷巷$_{\text{胡同}}$ høyŋ^{21} hɔyŋ^{213} 空空$_{\text{窟窿}}$ k‘øyŋ^{44} k‘øyŋ^{44}

索索$_{\text{绳子}}$ so^{21} sɔ^{ʔ23} 丸丸$_{\text{丸子}}$ uoŋ^{21} uoŋ^{53}

只有作为专名的对未成年人的爱称取名字中的后字重叠有时发生类化。例如：

东东 tuŋ^{44} tuŋ^{44} ～ tuŋ^{44} nuŋ^{44}。

两个单音名词的重叠式可以并列构成四字组，也一概只变调不变声。例如：

边边角角 pieŋ^{44} pieŋ^{44} køy^{21} kɔy^{ʔ23}

头头尾尾 t‘au^{21} t‘au^{53} mui^{24} mui^{31}

渣渣粕粕$_{\text{尽是渣滓}}$ tsa^{44} tsa^{44} p‘o^{21} p‘ɔ^{ʔ23}

筋筋蒂蒂$_{\text{底细}}$ kyŋ^{44} kyŋ^{44} ti^{21} tei^{213}

动词的重叠式也多数不类化。例如：

单音动词全重叠。例如：

想想看 suoŋ^{24} suoŋ^{31} k‘aŋ^{213} 倒倒哂$_{\text{躺躺}}$ to^{24} to^{31} la^{242}

食食底$_{\text{都吃下}}$ sie^{21} sie^{ʔ5}(t>) lie 包包起$_{\text{全包起}}$ pau^{44} pau^{44}(k‘>) i^{31}

单音动词半重叠式：

知掏赖$_{\text{随便拿掉}}$ ti^{44} to^{53} lai^{242} 丝收起$_{\text{都收起}}$ si^{44} siu^{44}(k‘>) i^{31}

匹拍哂$_{\text{随便打打}}$ p‘i^{44} p‘a^{ʔ23} la^{242} 汀吞底$_{\text{胡乱吞下}}$ t‘iŋ^{44} t‘ouŋ^{44}(t>) lie^{31}

双音动词的重叠式，AABB 式：

唧唧�趠$_{\text{匆忙奔走}}$ tsi^{21} tsi^{21} tso^{44} tso^{ʔ5}

来来去去 li^{21} li^{53} k‘o^{53} k‘ɔ^{213}

行行歇歇$_{\text{走走停停}}$ kiaŋ^{21} kiaŋ^{53} hyo^{53} hyɔ^{ʔ23}

起起落落$_{\text{上上下下}}$ k‘i^{24} k‘i^{31} lo^{44} lo^{ʔ5}

只有单音动词带重叠式前加成分时，非首音节往往都发生声母类化。例如：

抖抖战$_{\text{颤抖}}$ tɛu^{31}(t>) lɛu^{44}(ts>) ʒieŋ^{213}

咳咳呻$_{\text{呻吟}}$ hai^{44}(h>) ai^{44}(ts‘>) ʒɛiŋ^{44}

环环动$_{\text{动弹}}$ k‘uaŋ^{21}(k‘>) ŋuaŋ^{21}(t>) lɔyŋ^{242}

喳喳叫$_{\text{叫喳喳}}$ tsa^{21}(ts>) ʒa^{53}(k>) ieu^{213}

形容词的重叠式也大多不类化：

单音形容词重叠：

悬悬高高的 kɛiŋ^{44} kɛiŋ^{53}　　大大 tuai^{53} tuai^{242}

酸酸 souŋ^{44} souŋ^{44}　　直直 ti^{31} ti^{ʔ5}

双音形容词重叠或两个单音形容词重叠式的并列（AABB）都一样不变声。例如：

平平直直 paŋ^{21} paŋ^{21} ti^{21} ti^{ʔ5}

大大细细大大小小 tuai^{53} tuai^{242} sɛ^{53} sa^{213}

长长短短 touŋ^{21} touŋ^{53} tøy^{24} tøy^{31}

红红绿绿 øyŋ^{21} øyŋ^{53} luo^{31} luo^{ʔ5}

好好呆呆好好坏坏 ho^{24} ho^{31} ŋai^{21} ŋai^{53}

双音形容词的 AAB 式重叠都可发生声母类化。例如：

安安心很安心 aŋ^{21}(Ø>) ŋaŋ^{44}(s>) liŋ^{44}

闲闲乐空闲 ɛiŋ^{21}(Ø>) ŋɛiŋ^{31} lo^{ʔ5}

空空手空着手 k‘øŋ^{21}(k‘>) ŋøyŋ^{53}(ts‘>) ʒiu^{31}

宽宽心放心 k‘uaŋ^{21}(k‘>) ŋuoŋ^{44}(s>) liŋ^{44}

单音形容词前后加表生动的重叠后缀者，AAB 多数类化，ABB 式多不类化。例如：

定定膿很安静很乖 tiaŋ^{21}(t>) liaŋ^{53}(Ø>) ŋɔ^{ʔ23}

通通光透亮 t‘øyŋ^{21}(t‘>) løyŋ^{44}(k>) ŋuoŋ^{44}

白雪雪雪白 pa^{21} suo^{ʔ} suɔ^{ʔ23}

活跳跳生蹦活跳 ua^{21} t‘iu^{53} t‘ieu^{213}

樌榷榷硬邦邦 tɛiŋ^{21} k‘ou^{ʔ5} k‘ɔu^{ʔ23}

3. 并列式

不论何种词类，并列式发生声母类化的较多。凡是反义语素构成的并列词组，音节间不发生类化，声调也不发生变化；若是构成并列式语词则必须类化。三音节同义语素的并列式与此相同。例如：

不类化（词组）	类化（词）
骹手 k‘a^{44} ts‘iu^{31} 脚和手	k‘a^{53}(ts‘>) ʒiu^{31} 人手
咸饗 kɛiŋ^{53} tsiaŋ^{31} 咸和淡	kɛiŋ^{31}(ts>) ʒiaŋ^{31} 咸淡度
针线 tsɛiŋ^{44} siaŋ^{213} 针和线	tsɛiŋ^{53}(s>) niaŋ^{213} 女红
食使颂 sie^{ʔ5} sai^{31} søyŋ^{242} 吃穿用	嫖刿嘬 p‘iu^{21}(s>) la^{53}(p>) ßɔ^{ʔ23} 破口骂
食拉睏 sie^{ʔ5} la^{53} k‘ɔuŋ^{213} 吃喝拉撒睡	粗平直 ts‘u^{21}(p>) ßaŋ^{44}(t>) ni^{ʔ5} 过得去

若是近义语素的并列双音词，有时类化，有时不类化。例如：

不类化	类化
光祥$_{\text{光亮}}$ kuoŋ^{44} suoŋ^{53}	光生$_{\text{光艳}}$ kuoŋ^{44}(s>) naŋ^{44}
定着$_{\text{定然}}$ tiaŋ^{44} tuo^{ʔ5}	定着$_{\text{不好动}}$ tiaŋ^{44}(t>) nuo^{ʔ5}
臭酸$_{\text{酸臭}}$ ts‘au^{44} souŋ^{44}	臭烧$_{\text{烧焦}}$ ts‘au^{44}(s>) liu
平正$_{\text{质量差}}$ paŋ^{21} tsiaŋ^{213}	平直$_{\text{清楚、整齐}}$ paŋ^{44}(t>) ni^{ʔ5}
平扁$_{\text{扁平}}$ paŋ^{31} pieŋ^{31}	平静 paŋ^{21}(s>) laŋ^{242}

并列结构的四字组，有时各音节不变，有时分为两段类化，有的则连成一团，首音节之外皆类化，分别举例如下：

不变的如：

猴马鹿兔 kau^{31} ma^{31} løy^{21} t‘ou

贼帮贼侣$_{\text{狐群狗党}}$ ts‘eiʔ^{5} pouŋ^{44} ts‘ei^{21} ly^{31}

做形做脑$_{\text{装模作样}}$ tso^{21} hiŋ^{53} tso^{31} no^{31}

生殕发毛$_{\text{发透了霉}}$ saŋ^{53} p‘u^{31} puo^{21} mo^{53}

头弹尾翘$_{\text{说头知尾}}$ t‘au^{21} taŋ^{21} mui^{44} k‘ieu^{213}

半变的如：

碗碟匙箸$_{\text{杯盘碗筷}}$ uaŋ^{31}(t>) lieʔ^{5} si^{21}(t>) løy^{242}

虾精鳖怪 ha^{44}(ts>) ʒiŋ^{44} piɛ^{ʔ23}(k) uai^{213}

猪窝犬宿$_{\text{猪窝狗窝}}$ ty^{44} uo^{44} k‘ɛiŋ^{44}(s>) nieu^{213}

全变的如：

辛苦病痛 siŋ^{21}(k>) ŋu^{21}(p>) βaŋ^{53}(t‘>) niaŋ^{213}

碎讲碎听$_{\text{闲言碎语}}$ ts‘øy^{21}(k>) ouŋ^{21}(ts‘) ʒøy^{53}(t‘>) liaŋ^{213}

做死做活$_{\text{装死作活}}$ tso^{53}(s>) li^{31}(ts>) ʒo^{21}(ʔ>) ua^{ʔ5}

顿骹跳地$_{\text{急得直跳}}$ touŋ^{21}(k‘>) ŋa^{21}(t‘>) liu^{53}(t>) lei^{242}

4. 偏正式

不论何种词类，偏正式词语多数发生声母类化，但也有一些不发生类化。例如：

不类化		类化
糠	虾糠$_{\text{虾皮碎}}$ ha^{44} k‘ouŋ^{44}	米糠 mi^{21}(k‘>) ouŋ^{44}
猪	肥猪 pui^{44} ty^{44}	死猪 si^{21}(t>) ly^{44}
婆	歅婆 ŋouŋ^{21} po^{53}	乌婆$_{\text{黑婆}}$ u^{44}(p>)βo^{53}
角	犬角$_{\text{公狗}}$ k‘ɛiŋ^{44} kɔy^{ʔ23}	鸡角$_{\text{公鸡}}$ kie^{5}(k>) ɔy^{ʔ23}
做	会做$_{\text{可以做}}$ ɛ^{53} tsɔ^{213}	会做$_{\text{能干}}$ ɛ^{53}(ts>) ʒɔ^{213}

有些组合，不类化的是偏正式词组，类化的是偏正式双音词：

无神 mo^{21} siŋ^{53} 没精神	mo^{21}(s>) liŋ^{53} 没意思
大头 tua^{44} t‘au^{53} 脑袋大	tuai^{44}(t‘>) lau^{53} 个儿大的
菜头 ts‘ai^{44} t‘au^{53} 菜的根部	ts‘ai^{44}(t‘>) lau^{53} 萝卜
歁囝 ŋouŋ^{53} kiaŋ^{31} 傻儿子	ŋouŋ^{53}(k>) ŋiaŋ^{31} 傻瓜
旧底 ku^{53} tɛ^{31} 旧的底	ku^{53}(t>) lɛ^{31} 以前
罔去 muoŋ^{44} k‘ɔ^{213} 去就去吧	muoŋ^{44}(k‘>) ŋo^{213} 过得去
快去 k‘ɛ^{53} k‘ɔ^{213}	k‘ɛ^{53}(k‘>) ɔ^{213} 快去
会使 ɛ^{53} sai^{31} 会使用	ɛ^{53}(s>) lai^{31} 可以
四角 si^{53} kɔy^{ʔ23} 四方形	si^{53}(k) ɔy^{ʔ23} 四毛钱
金豆 kiŋ^{53} tau^{242} 金豆子	kiŋ^{53}(t>) mau^{242} 豌豆
金针 kiŋ^{44} tsɛiŋ 金的针	kiŋ^{44}(ts>) ʒɛiŋ 黄花菜

动词、形容词前加助动词修饰时不类化，若是加否定副词的否定式则类化，这可能是语义重点从中心词转向修饰语（否定词）的缘故；也许说明否定副词比助动词意义更为虚化。例如：

不类化	类化
有看 u^{53} k‘aŋ^{213} 看了，要看	无看 mo^{21}(k‘) aŋ^{213} 没看，不看
会死 ɛ^{53} si^{31} 会死	𠲥死 mɛ^{53}(s>) li 死不了
会食其 ɛ^{21} sie^{ʔ5} i 能吃	𠲥食其 mɛ^{21}(s>) lie^{ʔ5} i 不能吃
着洗 tuo^{ʔ5} sɛ^{31} 该洗	伓使洗 iŋ^{21}(s>) nai^{24}(s>) lɛ^{31} 不必洗
卜挃 puo^{21} ti^{ʔ5} 要	伓挃 iŋ^{44}(t>) ni^{ʔ5} 不要
敢讲 kaŋ^{24} kouŋ^{31} 敢说	无敢讲 mo^{21}(k) aŋ^{24}(k>) ŋouŋ^{31} 不敢说

5. 动宾式

动宾式不类化的多，类化的少。

	不类化	类化
柴	破柴 p‘uai^{44} ts‘a^{53} 劈柴	讨柴 t‘o^{21}(ts‘>) ʒa^{53} 砍柴
火	烧火 siu^{53} hui^{31}	起火 k‘i^{24}(h>) ui^{31} 生火
书	看书 k‘aŋ^{44} tsy^{44}	考书 k‘o^{21}(ts>) ʒy^{44}
堂	上堂 suɔŋ^{21} touŋ^{53} 上课	落堂 lo^{21}(t>) louŋ^{53} 下课
手	洗手 sɛ^{24} ts‘iu^{31}	动手 tøyŋ^{53}(ts‘) ʒiu^{31}

有些相同语素的组合，类化后成词，不类化是动宾词组，例如：

不类化	类化
有味 u^{53} ʔei^{242} 有异味	u^{53} ei^{242} 味道好
学话 ɔ^{ʔ21} ʔua^{242} 学说话	ɔ^{53} ua^{242} 搬弄是非

透底 t‘au^{53} tε^{31} 塌底	t‘au^{53}(t>) lε^{31} 从来
落地 lo^{21} tei^{242} 火灾救灭了	lo^{21}(t>) lei^{242} 本来
开头 k‘ui^{45} t‘au^{53} 开个头	k‘ui^{44}(t‘>) lau^{53} 初始
洗水 sε^{24} tsui^{31} 用水洗	sε^{24}(ts>) ʒui^{31} 下河洗澡$_{\text{游水}}$
洗汤 sε^{21} t‘oŋ^{44} 用热水洗	sε^{21}(t‘>) louŋ^{44} 洗澡
拍风 p‘a^{44} huŋ^{44} 打气	p‘a^{44}(h>) uŋ^{44} 刮风

6. 述补式　根据补语的不同性质有的类化，有的不类化，详细情形如下：

动词后面的趋向补语类化。例如：

爬上 pa^{53}(s>) luɔŋ^{242}	放下 pɔuŋ^{213}(k>) ŋia^{242}
出去 ts‘ou^{ʔ23}(k‘>) go	掏起$_{\text{拿起来}}$ to^{53}(k‘>) i^{31}
行过来 kiaŋ^{53}(k>) ŋuo^{213} li	蹁过$_{\text{跑过去}}$ piε^{213}(k>) uɔ^{213}

动词后面的助词、介词均读轻声并且声母类化，例如：

去　病$_{\text{～病了}}$ paŋ^{242}(k‘>) ŋo　　破去$_{\text{破了}}$ p‘uai^{213}(k‘>) ɔ

　曝燋去了 p‘uo^{ʔ5} ta^{44}(k‘>) ɔ lau^{31} 晒干了

　好三年去了 ho^{31} saŋ^{44} nieŋ^{53}(k‘>) ŋɔ lau^{31} 好了三年了

福州话的这个“去”可置于助词之后，也可以置于补语之后，表示事态发生了变化，通常和其他南方方言一样把它对应成“掉”加入普通话的行列。例如说“死掉了，干掉了，破掉了”，其中的“掉”都来自这个“去”。因此，把它认为是补语成分亦无不可。例如：

呲　坐呲眠床$_{\text{坐在床上}}$　sɔy^{242} lε miŋ^{44}(ts‘>) ʒouŋ^{53} lε

着　住着溪边$_{\text{住在河边}}$　tieu^{242}(t>) luo k‘ε^{44} pieŋ^{44}

得　好得佤$_{\text{好得多}}$　ho^{31}(t>) lei^{ʔ} sa^{242}

动词后面的数量结构若是不表示实际数量的多少，而是虚化为表示时间的短暂或尝试、随意的情貌，都必须类化，但如表示与谓语有关的数量，因为是实义，所以不类化。例如：

不类化	类化
涿蜀涿$_{\text{点上一点}}$ tou^{ʔ23} suo^{ʔ23} tou^{ʔ23}	涿蜀下$_{\text{点一下}}$ tou^{ʔ23}(s>) luo^{21} ɑ^{242}
等三日$_{\text{等三天}}$ tiŋ^{31} saŋ^{44} niʔ^{5}	等滴旿$_{\text{等一会儿}}$ tiŋ^{31}(t>)li^{21} ouŋ^{53}
看四回$_{\text{看四次}}$ k‘aŋ^{213} si^{44}（h>）ui^{53}	看蜀下$_{\text{看一看}}$ k‘aŋ^{213}(s>) luo^{21} ɑ^{242}
行三步$_{\text{走三步}}$ kiaŋ^{53} saŋ^{53} puo^{242}	行蜀头$_{\text{走一回}}$ kiaŋ^{53}(s>) luo^{21} (t‘>) lau^{53}

表示动作的结果、情貌的状态、程度的补语，从语义说是实义又是表述的重点，因此必须重读而不类化。例如：

结果补语：

输沏$_{\text{输光}}$ suo^{44} t‘a$^{\text{ʔ}23}$

曝燋$_{\text{晒干}}$ p‘uo$^{\text{ʔ}5}$ ta^{44}

做破$_{\text{弄破}}$ tso^{21} p‘uai^{213}

拍死$_{\text{打死}}$ p‘a$^{\text{ʔ}23}$ si^{31}

趁饱去$_{\text{赚足了}}$ t‘ɛiŋ^{213} pa^{31} ɔ

搬空去$_{\text{搬空了}}$ puaŋ^{44} k‘øyŋ^{44}(k‘>) ŋɔ

程度补语（有时也类化）：

伊行尽快$_{\text{他走得很快}}$ i^{44} kiaŋ^{53} tsiŋ^{53} k‘a^{213}

花开野俊$_{\text{花开得很美}}$ hua^{44} k‘ui^{44} ia^{44}(ts>) ʒouŋ^{213}

可能补语：

听会出鱠$_{\text{听得出来吗}}$ t‘iaŋ^{44} ɛ^{53} ts‘ou$^{\text{ʔ}23}$ ma^{242}

挡鱠戴去$_{\text{经不起了}}$ touŋ^{31} mɛ^{53} tai^{213}(k‘>)ɔ

也有语素都是述补关系，连读不类化是述补词组，类化则是述补式的双音词。例如：

做好了 tsɔ^{213} ho^{31} lau^{31}

共伊做好$_{\text{为他造福}}$ køy^{21} i^{21} tso^{53}(h>) o^{31}

做死去$_{\text{干死了}}$ tsɔ^{213} si^{31}(k‘>) ɔ

莫做死$_{\text{别装死}}$ mo^{21} tso^{53}(s>) li^{31}

徛底去$_{\text{往里站}}$ kie^{53} tie^{31}(k‘>) ɔ

野徛底$_{\text{很守本分}}$ ia^{21} kie^{53}(t>) lie^{31}

碗拍倒$_{\text{碗打翻}}$ uaŋ^{31} p‘aʔ^{23} tɔ^{31}

店拍倒$_{\text{铺子倒闭}}$ taiŋ^{213} p‘a^{53}(t>) lo^{31}

试做蜀下$_{\text{试干一次}}$ tsi^{53} tsɔ^{213} suo^{21} ɑ^{242}

做蜀下去$_{\text{一齐去}}$ tsɔ^{21}(s>) luo^{21} ɑ^{242} k‘ɔ

7. 主谓式

不论是主谓式双音词或三字组以上的主谓式熟语，都以不发生声母类化为常，只有少数组合发生声母类化。不类化的主谓式若主语或谓语部分为多音，后音节可类化，主谓之间不类化。例如：

天光$_{\text{天亮}}$ t‘ieŋ^{44} kuoŋ^{4}

胆大 taŋ^{31} tuai^{242}

喙厚$_{\text{食欲不振}}$ ts‘uoi^{213} kau^{242}

皮厚$_{\text{不知羞}}$ p‘ui^{53} kau^{242}

魂散$_{\text{魂飞魄散}}$ huŋ^{53} saŋ^{213}

头大$_{\text{头疼}}$ t‘au^{53} tuai^{242}

肝火熋$_{\text{动肝火}}$ kaŋ^{44}(h>) ŋuo^{31} tsøyŋ^{44}

耳真塞$_{\text{不爱听}}$ ŋei^{242} tsiŋ^{53} sei$^{\text{ʔ}23}$

鬼画符$_{\text{字迹潦草}}$ kui^{31} au^{21} hu^{53}

蠘抱卵$_{\text{蟹炒蛋}}$ ts‘ieʔ^{5} po^{53} lɔuŋ^{242}

少数发生类化的多半是结合很紧的单一事物的概念，如：

春分 ts‘uŋ^{44}(h>) ŋuŋ^{44}

夏至 ha^{53}(ts>) ʒei^{213}

火烧厝$_{\text{失火}}$ hu^{21}(s>) liu^{53}(ts‘>) ʒuɔ^{213}

星搬厝$_{\text{流星}}$ siŋ^{21}(p>) muaŋ^{53}(ts‘>) ʒuɔ^{213}

老鼠拖尾$_{\text{人力四轮车}}$ lo^{21}(ts‘>) ʒy^{21}(t‘>) ai^{53} mui^{31}

四 语用条件

1. 方言语词与共同语语词

声母类化是福州方言的特点，诵读共同语尤其是古代诗文时是一概不发生类化的，有些方言语词和共同语形同实异，方言词必定类化，共同语语词则不类化。例如：

不类化	类化
人情 iŋ^{31} tsiŋ^{53} 人情世事	iŋ^{31}(ts>) ʒiŋ^{53} 礼金
野心 ia^{21} siŋ^{44} 野心勃勃	ia^{21}(s>) liŋ^{44} 心野，不专心
算数 souŋ^{53} sou^{213} 讲话算数	souŋ^{53}(s>) lou^{213} 算帐
对手 tøy^{53} ts'iu^{31} 竞赛的对手	tøy^{53}(ts'>) ʒiu^{31} 帮助
附会 hu^{53} huoi^{242} 穿凿附会	hu^{53}(h>) uoi^{242} 糊涂
爽快 souŋ^{44} k'uai^{213} 直爽	souŋ^{44}(k'>) ŋaui^{213} 舒服
惶惑 huoŋ^{31} høy^{25} 惶惑不堪	huoŋ^{31}(h>) ŋøy^{25} 匆忙劳累
起动 k'i^{44} touŋ^{242} 开始发动	k'i^{44}(t>) lɔyŋ^{242} 劳驾
老小 lo^{24} siu^{31} 老的和小的	lo^{24}(s>) liu^{31} 妻子
王道 uoŋ^{21} tɔ^{242} 王道与霸道	uoŋ^{21}(t>) nɔ^{212} 厚道

如果是只有一个语素相同的，此类情形就更加普遍了。例如：

不类化		类化
讲	演讲 ieŋ^{24} kouŋ^{31}	攀讲$_{\text{闲谈}}$ p'aŋ^{53}(k>) ŋouŋ^{31}
算	失算 si^{ʔ5} sɔuŋ^{213}	拍算$_{\text{打算}}$ p'a^{53}(s>) lɔuŋ^{213}
价	提价 t'i^{21} ka^{213}	起价$_{\text{涨价}}$ k'i^{44}(k) ɑ^{213}
时	背时 pui^{44} si^{53}	退时$_{\text{不时髦}}$ t'øy^{44}(s>) li^{53}
紧	抓紧 tsua^{53} kiŋ^{31}	上紧$_{\text{抓紧}}$ suoŋ^{53}(k>) ŋiŋ^{31}
报	汇报 hui^{53} pɔ^{213}	回报$_{\text{报答}}$ hui^{21}(p>) ßɔ^{213}
山	上山$_{\text{上山下乡}}$ suoŋ^{44} saŋ^{44}	爬山$_{\text{登山}}$ pa^{44}(s>) laŋ^{44}
倒	打倒 ta^{24} to^{31}	拍倒$_{\text{倒闭}}$ p'a^{53}(t>) lo^{31}

2. 口头语和书面语

方言词里也有口头语和书面语的不同色彩，前者通常是类化的，后者则常常不类化。例如：

不类化	类化
上堂$_{\text{上课}}$ suoŋ^{44} touŋ^{53}	上斋$_{\text{上学}}$ suoŋ^{44}(ts>) ʒɛ^{44}
九世$_{\text{许久}}$ kau^{24} siɛ^{213}	九早$_{\text{老早}}$ kau^{24}(ts>) ʒa^{31}
寒士 haŋ^{21} søy^{242}	书呆 tsy^{44}(t>) lai^{44}
革退$_{\text{开除}}$ kei^{ʔ5} t'ɔy^{213}	开除 k'ai^{44}(t>) ly^{53}
惊心$_{\text{拘谨}}$ kaiŋ^{44} siŋ^{44}	惊症$_{\text{怕事}}$ kaiŋ^{53}(ts>) ʒɛiŋ^{213}
徛紧$_{\text{团结}}$ kie^{53} kiŋ^{31}	徛鼎$_{\text{掌勺}}$ kie^{53}(t>) liaŋ^{31}

共同语的书面语如果进入方言口语也自然发生类化，尚未进入口语的则不类化。例

如（为节省篇幅，此处例词不标音）：

不类化		类化
包	承包，浓包，提包，挎包，	书包，钱包，红包，菜包
心	安心，好心，菜心，粗心，	苦心，菜心，信心，耐心
地	本地，当地，工地，遍地，	空地，山地，菜地，场地
酒	美酒，敬酒，办酒，请酒，	喜酒，白酒，老酒，火酒$_{\text{酒精}}$
灯	幻灯，熄灯，宫灯，明灯，	路灯，油灯，街灯，桌灯
道	公道，人道，铁道，传道，	街道，过道，正道，交道

3. 常用词和非常用词

同样是方言的口语词，常用词往往多发生声母类化，不常用的则较少类化。例如：

不类化	类化	
悬汉$_{\text{高个儿}}$ kεiŋ^{21} haŋ^{213}	悬哥$_{\text{高个儿}}$ kεiŋ^{44}(k>) ŋo^{44}	悬下$_{\text{高低}}$ kεiŋ(k>) ŋia^{242}
过主$_{\text{换了主}}$ kuo^{53} tsuo^{31}	过房$_{\text{过继}}$ kuo^{44}(p>) βuŋ^{53}	过鼎$_{\text{重煮}}$ kuo^{53}(t>) liaŋ^{31}
花草$_{\text{善应付}}$ hua^{53} ts‘o^{31}	花彩$_{\text{小费}}$ hua^{53}(ts‘>) ʒai^{31}	花菜$_{\text{菜花}}$ hua^{53}(ts‘) ʒai^{213}
尾刺$_{\text{椎尾肉}}$ mui^{44} ts‘ε^{213}	尾七$_{\text{49日祭}}$ mui^{44}(ts>) ʒeiʔ^{23}	尾手$_{\text{后来}}$ mui^{24}(ts‘>) ʒiu^{31}
讨贱$_{\text{讨没趣}}$ t‘o^{4} tsiεŋ^{242}	讨死$_{\text{找死}}$ t‘o^{24}(s>) li^{31}	讨势$_{\text{识相}}$ t‘o^{44}(s>) liε^{213}
钱息$_{\text{利息}}$ tsieŋ^{21} sei$^{?23}$	钱票 tsieŋ^{21}(p>)miu^{213}	钱声$_{\text{价钱}}$ tsieŋ^{44}(s>)niaŋ^{44}

日常生活用词总是比行业用语常用，老资格的方言词则比新产生的方言词常用，因此，行业用语和较新的词语就相对地更多不类化，而日常用语和老词语则多类化。例如：

不类化	类化
去积$_{\text{中医术语}}$ k‘o^{53} tseiʔ^{23}	去厝$_{\text{完蛋}}$ k‘o^{53}(ts‘>) ʒuɔ^{213}
退火$_{\text{下火}}$ t‘øy^{53} huo^{31}	起火$_{\text{生火}}$ k‘i^{24}(h>) ui^{31}
风气$_{\text{中医术语}}$ huŋ^{53} k‘ei^{213}	肝气$_{\text{肝区}}$ kaŋ^{53}(k‘>) ŋei^{213}
熟地$_{\text{中药名}}$ sy^{21} tei^{242}	空地 k‘øyŋ^{53}(t>) nei^{242}
甘草$_{\text{中药名}}$ kaŋ^{53} ts‘o^{31}	字草$_{\text{识字程度}}$ tsi^{53}(ts‘>) ʒau^{31}
徛岗$_{\text{站岗}}$ kie^{44} kouŋ^{44}	徛庄$_{\text{坐庄}}$ k‘ie^{44}(ts>) ʒouŋ^{44}

4. 不同的语言环境

福州话的声母类化有的是不能互换的，除了上文所举的许多同形异音词语（做风：刮风，发脾气）之外，有许多或类化或不类化也不能随意变动（头大、头疼、头头$_{\text{头子}}$不能类化，头发，头牲$_{\text{牲畜}}$非类化不可），然而也有一部分多音组合的词语可类化可不类化，这部分词语的实际读音如何，便与语言环境有关。在正式场合，语速较慢时，或是为了强调语义，声母发生类化较少；在随便场合，语速较快时或是不加强调的时候，声母类化的便多。相对而言，老年人的语音类化的较少，年轻人类化的较多。现将可类化也可不类化的词语举例如下：

落田$_{\text{下田}}$ lo^{21} ts‘ɛiŋ^{53}(～ʒ-)	无情 mo^{31} tsiŋ^{53}(～ʒ-)
上桌$_{\text{入席}}$ suoŋ^{53} tɔʔ^{23}(～n-)	做节$_{\text{过节}}$ tso^{53} tsai^{ʔ23}(～ʒ-)
米糠 mi^{21} k‘ouŋ(～Ø)	骹步$_{\text{脚步}}$ k‘a^{23} puɔ^{242}(～ß-)
硬讲$_{\text{硬说}}$ ŋɛiŋ^{53} kouŋ^{31}(～ŋ-)	鱼摊 ŋy^{44} t‘aŋ(～l-)
椅桌 ie^{44} tɔ^{ʔ23}(～l-)	汤汁$_{\text{汤水}}$ t‘ouŋ^{53} tsai^{ʔ23}(～ʒ-)
钱票$_{\text{钞票}}$ tsieŋ^{21} p‘ieu^{213}(～m-)	风寒$_{\text{受凉}}$ huŋ^{44} haŋ^{53}(～ŋ-)
退时 t‘øy^{44} si^{53}(～l-)	退市 t‘øy^{53} ts‘ei^{242}(～ʒ-)
拍牌$_{\text{打牌}}$ p‘a^{21} pɛ^{53}(～ß-)	讨死$_{\text{找死}}$ t‘o^{24} si^{31}(～l-)

五　各类制约条件的关系

应该说，上述的各种制约条件中并没有哪一项是绝对的，并构成规定性的音变条例。

语音条件中说过的几种一般不发生类化的字，在多音词里处于非首字地位时，也有不少发生类化的。例如：

送气字：

锁头$_{\text{锁}}$	骹桶$_{\text{脚盒}}$	听喙$_{\text{听话}}$	裤头$_{\text{裤腰}}$
纸坯$_{\text{厚纸板}}$	糟菜$_{\text{干咸菜}}$	紫菜$_{\text{茄子}}$	去欠$_{\text{抵销}}$
苦恻$_{\text{愁苦}}$	锯糠$_{\text{木屑}}$	拍粗$_{\text{干粗活}}$	拍票$_{\text{买票}}$

K 声母字：

熏鬼$_{\text{烟鬼}}$	小工	水管$_{\text{舀水竹管}}$	水鸡$_{\text{田鸡}}$	关顾$_{\text{照顾}}$

入声字：

番鸭$_{\text{一种旱鸭}}$	野食$_{\text{胡乱吃}}$	骹甲$_{\text{脚趾甲}}$
呆脚$_{\text{差劲的脚色}}$	有腹$_{\text{空心}}$	蜀色$_{\text{一样}}$
桶索$_{\text{桶绳}}$	蔗节$_{\text{甘蔗段}}$	酒桌$_{\text{酒席}}$

语义条件说过的引申义、虚化义的字也有不类化的：“头”作为本义，猪头、草头$_{\text{草根}}$、柴头$_{\text{木头}}$类化；牛头、马头不类化，作为名词词尾，牌头$_{\text{牌子}}$、手头类化；日头、火头$_{\text{气头上}}$不类化。其余数词中的约数和确数、人地名的读音以及词义的褒贬等，在类化不类化上也并不都很划一，关于这一点上文已有说明。

不同语法结构是否类化，也只有多与少之别，而不是类化不类化的对立。

成词不成词是类化不类化的重要界限之一，但有些偏正词组（野大$_{\text{很大}}$、死去$_{\text{死掉}}$）之间也类化，也有单词之内不类化的：毛板$_{\text{离谱}}$、拍泻$_{\text{洗肠}}$。类化最少的单音名词的重叠式和主谓式双音词也并非绝迹，如：鼻鼻 p‘ei^{21}(p‘>)ßei^{213}微不足道。

至于语用条件，也是很难有机械划定的界线，所谓口语化的程度、新旧的交替、常用度等界线本身也在不断变化之中。总之，各种类化的制约条件都不是周遍性的明确界限，只可言多少，不可定有无。

在具体的语词的读音上，各种决定类化不类化的条件似乎都在相互竞争、相互牵制，因而就会出现摇摆不定的情况。例如：

做家省俭持家和做猴捣乱做鬼搞鬼都是后字为 k- 的动宾式双音词也都常用，但前者类化，后者不类化，这可能与词义褒贬有关。

做亲成亲和做犬小儿生病做愆造孽做阔摆阔都是后字为送气音的动宾结构，前者类化，后者不类化，这可能与常用度及事态是否合乎人们的意愿有关。

做形发作和做胡哄人做吓吓唬人做惑虚夸都是人们不合意想的事，都是动宾结构，后字为少类化的 h 声母，前者类化，后者不类化，这可能是由于两个语素之间的结合紧密度有别，前者显然词化了。

好看—好高自大前者类化，后者不类化，可能与词义褒贬及结构不同（偏正与动宾）有关。

徛鼎掌勺—徛岗站岗前者类化，后者不类化，可能是因为方言词形成的历史长短不同所致。

总之，词语的类化与否是综合多种制约条件，依语词的具体情况逐个形成习惯的，而不是按严密规则类推出来的。单个语词的习惯形式一旦形成之后，大多数便相对稳定下来，不能随意变读。因此，福州话类化现象的表现可作调查和解释，而不能用规则去界定和判断。这种情况又一次说明了汉语的语法规则往往带有非规定性和灵活性。可见，要掌握多音词的类化，必须一个词一个词地调查。这也就是外地人学习福州话的主要困难之一。

六 福州话声母类化的性质

经过以上分析，我们对于福州话声母类化的性质至少可以增加一些认识。

福州话的变声是语音现象，是多音连读之后音节间分出轻重音的结果，类化音节把清声母变为浊声母，显然是一种语音的弱化，是轻读的结果。福州话的变声也是词汇现象，有些语素相同的组合就是靠类化不类化来区别词义的。多音词里是否发生声母类化，大多是有定的，不是随意的。福州话的变声又是语法现象。声母的类化大多发生在多音词之内，但类化不类化并非词与词组的界线：词内也有不类化的，词间也有类化的。发生类化的多少，与语法关系的密切程度是相关的。福州话的变声，还与语用有关。多音词内是否发生类化，与词的风格色彩（方言程度、口语化程度）及语境、语速都有一定关系。

总之，福州话的声母类化的性质是多方面的性质的综合表现，而不是单纯的语音现象或词汇现象等。这种情况有点像普通话的轻声：一部分轻声能辨别不同的词义，有些轻声是不能重读的，也有些轻声并不带规定性。轻声与语素的语法类别、语法关系有关，也与语气、语速、语言风格等有关。可见，研究这类语言现象必须有多种视角的考察才能得到完整的认识。

语言本来就是一个音义相结合的完整的系统，一个套着多层小系统的大系统，一个几经历变而整合的系统。从整体上看，研究语音、词汇、语法的分体，只可暂时地“剥离”，而不可断然地“割裂”；研究共时的特征也必需观照历时的变迁。有些语言现象是属于某个子系统的共时现象，与其他子系统及历时现象无关；另一些语言现象则有多方面的牵连。研究这类语言现象尤其应该注意多种视角的综合考察。

说明：本文最早发表于《厦门大学学报》（哲学社会科学版）2000年第1期。发表时署名李如龙、陈文祥，因为福州话是内子陈文详的母语，全部语料经她复核，以示尊重。后收入《汉语方言的比较研究》，商务印书馆，2012年。

闽西北方言“来”母字读s的研究

在闽西北地区的方言口语里，一部分中古“来”母字读为清擦音声母s或ʃ。1960年以来，我多次调查过这一带方言，注意到这一现象后，又就它的分布和来历做了一番考察，认为它是早期闽方言的一个重要语音特点，和上古汉语的语音有直接的继承关系，和台语苗语语音也有一定的对应关系，似可认为这是汉台语的一种同源现象。本文是关于这个问题的调查研究报告。

一 来母s声字的分布

部分“来”母字读为清擦音这个方言现象，分布在闽西北地区相毗连的十六个县市。它们都是闽江上游三个源流流经的地域，北片是建溪流域的建瓯、建阳、崇安、政和、松溪、浦城（南乡）[①]六县；西片是富屯溪流域的邵武、光泽、泰宁、将乐、顺昌五县；南片是永安、三明、明溪、沙县四县（市）；三溪会合处——南平市则北乡话近于北边的建瓯话，西乡话近于西边的顺昌话，南乡话近于南边的沙县话。[②]

读为清擦音的“来”母字在各点所管的字不同，我们所发现的累计数是31个字。

现将调查所得的材料列表对照于后（见下页表一）。关于表中材料和符号有几点说明：

1. 表中只列十一点的材料，除南平市郊外，其余四个县市的情况大体是：浦城南乡话近于建阳话，光泽话近于邵武话，顺昌话近于将乐话，三明话近于永安话。

2. 表中所列各点材料本人先后都按《方言调查字表》到实地作过系统的调查，编制过本地同音字表。

---

① 浦城县石陂以北的方言可以城关话为代表，没有把“来”母字读s的反映。从它的一些语音特点看，“轻唇”不读“重唇”，“舌上”不读“舌头”，全浊一概读为不送气清音；一些基本词汇也和闽方言不同而和吴方言相近，例如“我们”说“阿拉”，“你”说“侬”，说“客人”不说“人客”，说“公猪”不说“猪公”，“鼻子”说“鼻头”，“亲戚”说“亲眷”，“穿（衣）”说“着”，“怕”说“吓”，显然不是闽方言，而属于吴方言。

② 南平市的延平区市区及西芹区还有四万人说着明代末叶北方人带来的“土官话”，是北方方言的孤岛，其余城关人和东乡樟湖坂一带都说着同福州话相近的闽东方言。在这两种方言里也没有“来”母读s的反映。

3. 各点材料以城关话为准。城关话不读清擦音，乡间读清擦音的个别字，加括号标示。这些乡间话在沙县是夏茂话，在建阳是水吉话，在建瓯话是徐墩话，标音时仍按城关音折合。

4. 字音只标调类不标调值。建阳、松溪、政和各有两个阳平调。“˳□”表示字数较少的“阳平乙”（文中仍标原号，未改成数字式调类），这些字通常在建瓯话读为阴去，在邵武话读为入声。

5. 各条目是作为口语词问出来的，标的是白读音。有的字另有文读音均未标出。这些字一般都能单说，明显不能单说的用小字注明成词的说法，但仍只标单字音，这一带方言多音连读时声韵不变，变调也很少见。

6. 未标音处“/”表示该词另有说法，“×”表示读 l 不读 s，其余空白处是调查不到而阙如。

7. 有些条目只有一处读例，都是字义确切、字音对应的，必要时用旁证材料说明。

表一

例字 / 方言点	1 箩 ①	2 螺	3 脶	4 李 ②	5 狸 ③	6 力 ④	7 露	8 芦 ⑤	9 雷	10 类 ⑥	11 里 ⑦
永安	suɒ^{2}	sue^{2}	sue^{2}	ʃia^{4}	ʃia^{2}	ʃia^{4}	sɔu^{5}	sɔu^{2}	×	/	×
沙县	(sua^{2})	(sue^{2})	(sue^{2})	sai^{3}	sai^{2}		su^{5}		×	/	×
明溪	/	sue^{7}	sue^{7}	×	×	sa^{5}	sɤ^{5}	su^{5}	×	/	×
将乐	ʃai^{7}	ʃyæ^{7}	×	×	ʃe^{7}	ʃa^{5}	ʃo^{5}	ʃy^{7}	×	/	ʃe^{3}
泰宁	sai^{2}	suai^{2}	suai^{2}	×	soi^{1}	soi^{7}	so^{5}	su^{2}	×	/	×
邵武	sai^{7}	soi^{7}	soi^{7}	sə^{7}	sə^{7}	sə^{7}	so^{5}		×	×	×
崇安	syai^{2}	suəi^{2}	suəi^{2}	×	×	seiʔ^{7}	su^{6}	su^{2}	suəi^{2}	/	×
建阳	˳sue	˳sui	˳sui	se^{6}	˳se	seʔ^{8}	so^{6}	˳so	˳sui	/	×
建瓯	suɛ^{5}	so^{5}	so^{5}	sɛ^{6}	sɛ^{5}	sɛ^{6}	su^{6}	su^{5}	so^{5}	×	×
政和	˳suɛ	˳suɛ	˳suɛ	sɛ^{6}	˳se	sɛ^{6}～sa^{7}	su^{6}	˳su	˳suɛ	suɛ^{6}	×
松溪	˳sua	˳sue	˳sue	syø^{6}	˳syø	syø^{6}	sɒu^{6}	˳sɒu	˳sue	×	×
合计点数	10	11	10	7	9	10	11	9	5	1	1

① 箩：米～。
② 李：～子。
③ 狸：～猫。
④ 力：勤力，勤劳。
⑤ 芦：～苇。
⑥ 类：收拾、整理（东西）。闽东、闽北都说“类”。福州话 luoi^{6}，建瓯话 lo^{6}。
⑦ 里：～面。

续表一

例字 / 方言点	12 濑①	13 癞麻风	14 撩②	15 老	16 刘	17 留	18 六	19 剟③	20 篮	21 蓝	22 卵蛋
永安	/	suɒ^{5} 病～	so^{5}	×	×	sø^{2}	×	suɒ^{7}	sɔ̃^{2}		sum^{4}
沙县	/	sua^{5} 病～	sau^{5}	×	×	sau^{2}	×		(sɔ̃^{2})	×	suĩ^{4}
明溪	/	sue^{6}	sau^{5}	×	×	×	×	/	saŋ^{7}		sɔ̃^{5}
将乐	/	/	ʃau^{5}	×	×	×	ʃu^{8}	/	ʃaŋ^{7}		ʃyɛ̃^{3}
泰宁	/	/	sau^{5}	×	×	×	su^{5}	/	saŋ^{2}		suan^{6}
邵武	/	/	sau^{5}	×	×		su^{7}	×	san^{7}		son^{3}
崇安	/	/	×	siəu^{5}	×	siəu^{2}	suʔ^{8}	/	saŋ^{2}		suiŋ^{6}
建阳	˳sue^{6}	/	×	seu^{5}	˳seu	seu^{2}	soʔ^{8}	/	˳saŋ		suŋ^{6}
建瓯	suɛ^{6}	/	×	se^{5}	×	se^{5}	×	/	saŋ^{5}		sɔŋ^{6}
政和	suɛ^{6}	/	×	sɛ^{5}	×		su^{6}		˳saŋ	˳saŋ tsy^{2}	sauŋ^{6}
松溪	/	/	×	sa^{6}	×		sɒu^{5}	/	˳saŋ		suɛiŋ^{6}
合计点数	3	3	6	5	1	5	7	1	11	1	11

续表一

例字 / 方言点	23 僆④	24 连姓	25 鳞	26 郎女婿	27 㝗⑤	28 两	29 聋	30 笼⑥	31 笠	合计字数
永安	sum^{5}	×	ʃĩ^{2}	×	sɒm^{5}	×	saŋ^{2}	saŋ^{1}	ʃye^{4}	20
沙县	suĩ^{4}	×	sɔ̃i^{2}	×	saŋ^{5}	×	sɔuŋ^{2}	(sɔuŋ^{1})	sai^{4}	17
明溪	sɔ̃^{5}	×	sɛ̃^{7}	×	soŋ^{5}	×	sɤŋ^{7}	/	sa^{6}	14
将乐	ʃyɛ̃^{5}	×	ʃɛ̃^{7}	×	ʃoŋ^{5}	×	ʃuŋ^{7}	/	ʃia^{7}	16
泰宁	suan^{5}	×	suan^{5}	×	×	×	suŋ^{2}	/	soi^{5}	15
邵武	son^{5}	×	sɛn^{7}	/	sɔŋ^{6}	×	suŋ^{7}	/	sɛn^{7}	16
崇安	/	×	saiŋ^{2}	sɔŋ^{2}	/	sɔŋ^{5}	səŋ^{2}	saŋ^{2}	sieʔ^{8}	18
建阳	(suŋ^{6})	˳sueiŋ	˳saiŋ	˳sɔŋ	/	sɔŋ^{5}	˳soŋ	×	seʔ^{8}	23
建瓯	/	×	saiŋ^{5}	sɔŋ^{5}	sɔŋ^{5}	(sɔŋ^{3})	sɔŋ^{5}	saŋ^{5}	sɛ^{6}	21
政和	suɛiŋ^{6}	×	˳saiŋ	˳sauŋ		sauŋ^{5}	˳sɔŋ		sɛ^{6}	22
松溪	suɛiŋ^{6}	×	˳saŋ	˳saŋ	saŋ^{5}	saŋ^{5}	˳soŋ	×	syø^{6}	20
合计点数	9	1	11	5	7	5	11	4	11	

① 濑：湍流。《广韵》去声泰韵："濑，湍濑。"落盖切。闽北的说法与此音义相合。闽南话也有此说，并且也有 l、s 两读，分别用于名词和形容词。如泉州话："船落濑" tsun^{2} loʔ^{8} lua^{5}（船下湍流），"溪水真濑" kue^{1} tsui^{3} tsin^{1} sua^{5}（河水湍急）。这是"来"母字读 s 在闽南话的反映。

② 撩：寻找。《集韵》去声号韵："撩，取物也。"郎到切。这里引申为"寻找"。

③ 剟：割。《广韵》入声末韵："剟，削剟也。"郎括切。"割稻子"永安、邵武均说"剟禾"(suɒ^{7} lai^{7})与此音义相合。闽南话用刀快切也可说剟，泉州音 luaʔ^{7}，是为旁证。

④ 各点均不单说，一般说"鸡僆"，指未下蛋的小母鸡。《集韵》去声线韵："僆，鸡未成曰僆。"连彦切。各点读音与此反切相合，义合后注。闽南话也有"鸡僆"的说法。

⑤ 㝗：稀疏。《广韵》上声荡韵："㝗，㝗康：空虚。"卢党切。各点音义与此相合。泉州话也有"㝗康" lɔŋ^{5} khɔŋ^{5}（宽广）、"疏㝗" sue^{1} laŋ^{5}（稀疏）的说法，后者还可以说 sue^{1} saŋ^{5}，也是"来"母字读 s。

⑥ 笼：箸笼（筷子笼）。

二 来母 s 声字是早期闽方言的特点

部分“来”母字读清擦音声母，应该是早期闽方言的特点。理由有以下四点。

第一，这一部分“来”母字无法从《广韵》系统找出分化的条件。31 个字当中，在《广韵》系统里，开口呼 20 字，合口呼 11 字；一等韵 18 字，三等韵 13 字；平声 15 字，上声 5 字，去声 7 字，入声 4 字。可见 s 的读法并不以开合、四等、平上去入等音类为条件，这一现象是比《广韵》系统更早的现象（将在下一节说明它和上古汉语谐声现象的关系）。而闽方言最早的来源就正是在《广韵》系统以前就存在的。它的“舌上”多读为“舌头”，部分“匣”母字读同“群”母字声母，部分“喻”母四等字读同“邪”母字声母，显然都是上古音的痕迹，这已经是不少学者的共识。

第二，在闽方言的其他地区也可以发现“来”母字读 s 的现象。例如闽南方言，除了表一所列“濑”可读 sua^5（落濑）、“㝗”可读 $saŋ^5$（疏㝗）之外，还有三个字很像是这个规律的反映：在泉州话里，“泪”作名词说 lui^5（蜡烛泪：$laʔ^8$ $tsiak^7$ lui^5），作动词说 sui^7（泪落去：sui^7 $loʔ^0$ $khɯ^0$：烛泪流下）；背微驼说 $sɔ^1$ io^1，应是“痿腰”，《广韵》平声虞韵：“痿，痿痀，曲背。”力主切。音义可合。又，疲惫无力说 $sian^4$，可能是“膦”。《广韵》上声狝韵：“膦，膦软，无力。”力展切。音义均合。仔细地做词汇比较，在闽东方言里也可能找到这种痕迹，只不过是西部山区出现的字数比东部沿海更多。

第三，闽西北地区是汉人入闽开发最早的地区。在这里更多地保留了早期闽方言的特点是符合历史逻辑的。据《晋书·地理志》所载，三国吴永安三年（260 年）头一次在福建“置建安郡，统县七，户四千三百”；22 年后，西晋太康三年（282 年）设置的晋安郡“统县八”，[①] 也只有四千三百户。建安郡就是本文所列的闽西北地区，据《晋书·地理志》，包括：建安（今建瓯）、吴兴（今浦城）、东平（今松溪、政和，后者宋代析立）、将乐（今将乐、顺昌，后者五代析立）、邵武（今邵武、光泽，后者宋代析立）、延平（今南平、永安、三明，永安明代析立，三明则是民国年间自永安县分出来的）。据《宋书·州郡志》，未列建安（应是漏列）、东平、延平，另列有：绥城（今泰宁、建宁，后者宋代析立）、沙村（今沙县）。明溪县则是明代析将乐、沙县及闽西的宁

① 晋安郡的八县是原丰、新罗、宛平、同安、侯官、罗江、晋安、温麻，包括今闽东、闽南和闽西的广大地域。

化、清流等县边界设置。[①]

第四，“来”母读s的现象既是早期闽方言的特点，何以集中保存在闽西北地区的方言里？这和闽西北地区的另一个历史特点直接相关。据《宋书·州郡志》载：建安郡“本闽越，秦立为闽中郡，汉武帝世，闽越反，灭之，徙其民于江淮间，虚其地。后有遁逃山谷者颇出，立为冶县，属会稽”。这说明汉以前这里的居民主要还是闽越人，后来汉人入闽后也是同闽越人杂处的。在汉人和越人的杂处过程中，语言上必然相互影响。下文第四节就要论证，“来”母读清擦音的现象在现代壮语、苗语中都有明显的反映。古越人和现代的壮人、苗人应有明显的渊源关系，这一点不但史学界很多人提出过，在语言学界也有人加以论证了。[②]

三 来母s声字是前上古的语音的留存

闽方言“来”母字读s的渊源在汉语里可以追溯到上古汉语的谐声时代。

谐声是研究上古音声母的重要材料。陆志韦先生系统地考察了《说文》的谐声字和《广韵》的异读，用谐声几遇数来说明声母通转的大势，他已经注意到l和s的通转关系。[③] 最近，管燮初先生进一步就《说文》的谐声关系做了概率统计。指出：“实际相逢数大于几遇相逢数的有音理关系，小于几遇数的是偶然相逢，不必有音理关系。”[④] 他们的方法和结论是可取的，可惜管文在统计几率时还没有按声母而是按声组计算，有些有音理关系的通谐现象还不十分明确。考虑到造谐声字的年代是一个漫长的年代，早期和晚期在语音上必定还有变化，有些声类曾经同音或音近，后来差异大了，先造的字两类互谐，后造的字就不相谐了。“来”母和“生”母的相谐可能就是这种情况。

为了进一步说明“来”母字和“心、邪、生、书、禅”等声母字的通转关系，我们据沈兼士的《广韵声系》对《广韵》所收的与这两类声母有谐声关系的字又做了一番考察。现将有关声旁反映的两类声母相谐的字数及例字列举如下（统计字数时，一个反切

---

① 关于西片邵武、光泽、泰宁、顺昌、将乐、明溪和建宁七县的方言，早先应该属于闽方言的范围，由于隋唐之后这一带和江西抚州地区往来密切（邵武县晋代改属江州，隋代属临川郡），明清以来，江西移民又大量进入，闽方言的一些特点在这里逐渐消失，而赣客方言的特点逐渐增加，例如出现了轻唇音f、v，全浊声母绝大多数读为送气清音，一些“舌上音”也不读“舌头音”了。目前这一带的方言中，邵武、光泽、泰宁、建宁应该划归赣方言，顺昌、将乐、明溪可处理为闽、客赣之间的过渡区。在边界上的建宁话和江西的黎川、南城话更加接近，连“来”母字读s的现象也消失了。

② 参见韦庆稳《〈越人歌〉与壮语的关系试探》，《民族语文论集》，中国科学出版社，1981年。

③ 陆志韦《古音说略》，哈佛燕京学社，1947年。又《说文广韵中间声类通转的大势》，《燕京学报》第28期，1940年。

④ 管燮初《从说文中的谐声字看上古汉语声类》，《中国语文》1982年第1期。

算一个字）：

声旁	来母字	心邪生书禅等母字
娄	76 楼篓	心$_3$擞薮，生$_4$数籔
䜌	29 恋孪	生$_2$孿
林	15 淋婪	心$_1$罧 生$_1$罧
旅	8 膂	邪$_1$绪 书$_3$书暑 禅$_6$阇薯
	（者从旅得声，绪等从者得声）	
丽	25 俪郦	生$_{21}$洒
了	3 舠	心$_1$钌
立	15 粒笠	心$_1$飒
乐	24 泺铄	书$_5$铄烁
六	1 犊	邪$_2$续，禅$_1$犊
	（卖从六得声，犊等从卖得声）	
龙	50 笼聋	邪$_1$袭，生$_1$泷
枼	鰈	心$_{11}$绁，书$_3$葉禅$_1$揲
史	1 吏	生$_{11}$使驶
率	4 繂	心$_3$鶟，生$_{10}$蟀
垂	1 陲	禅$_{11}$睡
石	1 㯕	禅$_7$硕
宋	1 浨	心$_5$倈
帅	1 膟	生$_2$蛗
九	2 畂坈	禅$_1$朁
今	1 倹	心$_1$捻，生$_4$㑐，书^{1}鲶
干	1 覌	心$_2$餂，禅$_1$舌
圭	1 奊	心$_1$眭
夹	1 竱	生$_6$翜撡
合	1 揄	书$_1$歙 禅$_1$拾
谷	1谷	邪$_2$俗榕
牀	1 惊	生$_1$虢
鱼	4 鲁橹	心$_4$稣苏
曷	4 腸	禅$_1$鞨
虍	58 卢虑	心$_1$献
虒	1 绕	心$_{12}$榹蝪

斥	1 蚸	心 $_3$ 泝诉
逆	1 蛶	心 $_4$ 塑愬　生 $_5$ 朔蒴
隶	2 逮	心 $_4$ 肆
㐬	9 流硫	心 $_3$ 梳蔬
僉	21 脸	心 $_1$ 憸

据以上统计，两类声母相谐字数如下：

	来母字	非来母字	（心	邪	生	书	禅）
来母声旁	246	57	8	4	29	8	8
非来母声旁	123	126	49	6	42	5	24
合计	369	183	57	10	71	13	32

这个统计可能还有遗漏，但在“来”母字中，有369字和“心、邪、生、书、禅”等通谐，比例是不小的，完全可以说明这种通谐不是偶然现象。闽方言中把部分“来”母字读为清擦音正是一种通谐关系的直接继承。

四　来母s声字可能与壮侗语有同源关系

“来”母字和“心、邪、生、书、禅”等母字的相谐是边音和清浊擦音的对应。这种声母的对应关系不但见于古今汉语，而且在汉藏系诸语言里也常可发现。

袁家骅先生根据51种壮语方言的调查资料归纳了 /r/ 音位，列举了壮语诸方言间的11条声母对应关系，每条都反映了边音和清浊擦声的对应。[①] 例如：

* ʔr—hj: ɣ: r: ð: z: h: j: ɹ: hl

* r—hj: ɣ: r: ð: z: θ: j: ɹ:

* ɣ—hj: ɣ: r: ð: z: θ: j: ɹ: hl: ɬ

壮语的这一对应关系在布依语里得到了延伸。《布依语调查报告》也列举了此类情况[②]：

辅	望谟		s 镇宁		ɕ 普安	晴隆	j 荔波	惠水
	z	～		～		～ j	～	～ ɣ
3.1	者香		z 下硐		j 细寨	紫圹	r 朝阳	党古

辅	望谟		都匀
	z	～ ɹ	
3.3	者香		富溪

① 参见袁家骅《僮语 /r/ 的方音对应》，《语言学论丛》（第五辑），商务印书馆，1963年。

② 参见喻世长等《布依语调查报告》第105页，科学出版社，1959年。

辅 5.2	h ～	望漠 者香	j ～	惠水 羊场	ɣ ～	兴仁 云盘	～ { ɕ 镇宁 z 下硐 } ～ { ɕ 普安 j 细寨 }

喻世长先生在《布依语几个声母的方音对应研究》一文中也有类似的表述，并且拿它和龙州壮语做比较，布依语和壮语这一声母对应的相关联就更加明确了。[①] 例如：

贵筑	镇宁	普安	荔波
ð:	θ:	j:	j:h
ð:	ɕ:	j:	x:h
ð:	ð:	j:	rn:lɬn
ð:	l(ɣ):	j(x):	r:ɹ

除了壮语和布依语，边音和清浊擦音的声母的对应还见于傣语和苗语。

这些声母的方言对应规律和闽西北方言、上古汉语“来”母字和“心、邪、生、书、禅”等母字的对应关系不但音理相同、音值相近，而且体现这种对应的例词有的就是相同或相关的。现在选取17个单词，把四种语言的16种方言的说法列表对照于后（见表二）。[②]

表二

语种	地点	六	打雷	蓝靛	鸡笼	露	力	剁切	两
壮语	武鸣	ɣok^{7}	ɣai^{2}	(røm^{3})	ɣuŋ^{2}	ɤa:i^{2}	ɣe:ŋ^{2}	ɣo:n^{5}	(θøŋ^{1})
	大苗山	jɔk^{7}	rai^{2}		lɔ:ŋ^{2}	ra:i^{1}	ri:ŋ^{2}		
	扶绥	lok^{7}	nai^{2}		lo:ŋ^{2}		le:ŋ^{6}		
	横县	ðok^{7}	lai^{2}	ðo:m^{3}	lo:ŋ^{2}	ða:i^{2}	le:ŋ^{2}	ðo:n^{5}	
	龙州	huk^{7}	(lo:i^{2})	ho:m^{3}	huŋ^{5}	na:i^{2}	ɬe:ŋ^{2}	lɔ:n^{5}	ɬo:ŋ^{1}
布依语	贵筑	zuak^{7}		zuam^{2}	zuaŋ^{5}	zai^{2}	ziaŋ^{2}	zuan^{5}	suaŋ^{1}
	羊场	zoʔ^{7}			zuaŋ^{5}	za:i^{2}	ziaŋ^{2}	zuan^{5}	suaŋ^{1}
	普安	ɕuak^{7}		suam^{3}	joŋ^{5}	jai^{2}	jiaŋ^{2}		suaŋ^{1}
	荔波	jok^{7}		jom^{3}	joŋ^{5}	nai^{1}	reŋ^{2}		roŋ^{1}
傣语	西双版纳	hok^{7}			sɔŋ^{2}		hɛŋ^{2}		sɔŋ^{1}
	德宏	hok^{9}				la:i^{2}	hɛŋ^{2}		sɔŋ^{1}
苗语	养蒿	ɬu^{5}	ho^{1}				ɣe^{6}	(l̥ha^{3})	
	吉伟	ʈɔ^{5}	so^{1}				ʐo^{6}	xhu^{1}	
	先进	ʈou^{5}	so^{1}			lu^{6}	ʐo^{6}	(tshoŋ^{3})	
	石门	tl̥au^{5}	so^{1}			ly^{6}	zo^{6}		
	复员	tʂo^{6}	su^{A}				wju^{6}		

① 载《语言研究》1956年第1期。

② 表中壮语材料采自上引袁文，加括号的采自李方桂《武鸣僮语》《龙州土语》；布依语材料采自上引调查报告；傣语材料采自王辅世《苗语方言声韵母比较》，加括号的采自《中国少数民族语言简志（苗瑶语分）》。

续表二

语种	地点	篮	聋	撩$_{找}$	漏	刀利	亮	苦楝	梳	拉
壮语	武鸣	(ruŋ^{2})		ɣa^{1}	ɣo^{6}	ɣiai^{6}	ɣoːŋ^{6}	ɣeːŋ^{6}	ɣoːi^{1}	ɣaːk^{8}
	大苗山			ja^{1}	lo^{6}	rai^{6}	roːŋ^{6}	reːŋ^{6}	jwe^{1}	raːk^{8}
	扶绥			la^{1}	hlo^{6}		loːŋ^{6}	leːn^{6}	loːi^{1}	laːk^{8}
	横县			ða^{1}	ðu^{6}	ðai^{6}	loːŋ^{6}	leːn^{6}	ðoːi^{1}	ðak^{8}
	龙州	(huŋ^{3})		ha^{1}	ɬu^{6}		ɬuŋ^{6}	ɬiːn^{6}		laːk^{8}
布依语	贵筑	zuam^{2}	nuk^{7}	za^{1}	zo^{6}		zuaŋ^{6}		zuai^{1}	luak^{7}
	羊场	zuam^{2}	noʔ^{7}	za^{1}	zo^{6}		zuaŋ^{6}		zuai^{1}	zaːʔ^{8}
	普安	suam^{1}	nok^{7}	ɕa^{1}	jo^{6}		juɑŋ^{6}		suai	luak^{7}
	荔波	nom^{1}	nuk^{7}	ja^{1}	ro^{6}		roŋ^{6}		joi^{1}	lok^{7}
傣语	西双版纳	sɔŋ^{2}		ha^{1}	ho^{6}		sɔŋ^{5}			lak^{8}
	德宏	sɔŋ^{2}			ho^{6}					
苗语	养蒿		l̥oŋ^{2}	(ʈha^{8})		(ʐa^{6})			(ʐa^{6})	
	吉伟		(l̥ɑŋ^{2})			ɣa^{6}			(ɣa^{6})	
	先进		laŋ^{6}	(ɳʈha)		ʐa^{6}			(ʐɒ^{6})	
	石门		laɯ^{1}			ʐua^{6}				
	复员		loŋ^{A}			wja^{6}				

表中17条词例有11条就是闽西北方言读清擦音的“来”母字，这就有力地说明闽西北方言的这一特点乃是汉语和台语、苗语的同源现象。

“六”在古汉语是收k的入声字，现代方言中有的k也已经脱落，主要元音读为o、ɔ、a、u在汉语诸方言中也是常见的。值得注意的是，有的民族语言除了这种同源词外，还有另一种后起的汉语借词。例如武鸣壮语“六”又说lok^{8}，“六月”说duiːlok^{8}或lok^{8} ŋiːt。

“雷”在壮语读浊声母，声调相当于汉语的阳平，在苗语读清声母，声调相当于汉语的阴平。韵母为ai、o在闽方言就很常见（福州lai^{2}，建瓯so^{5}）。

“蓝篮”在《广韵》和有些闽、粤方言都是lam，由于声母清化，在一些地方读为阴调类，也有仍读第二调，相当于汉语的阳平调的。

“笼、两”在古今汉语也都有oŋ、ɔŋ、uŋ、aŋ的读法。“笼”在《广韵》有平上两个反切（卢红切和力董切），壮语和布依语的声调区别与此相当。“两”读为阴调类（第一调）是由于声母的清化，不可误认为“双”字，如龙州：ɬoːŋ^{1}（二、两），ɕaːŋ^{1}（双，如双凤ɕaːŋ^{1} fuŋ^{8}），ku^{8}（一双鞋），正如闽北的松溪话：“二两”：saŋ^{6} lioŋ^{3}，“两双”：saŋ^{6}sɔŋ^{1}。

“露”是同源词在苗语比较明朗，在其他语种韵尾和声调与汉语不合，或许另有变化原因，或不同源。

“力、刹、聋”的韵母可能是“阴阳对转”：ik → iŋ，uat → uan，uŋ → uk。

“撩”是“捞”的异体字，在《广韵》，捞只有一读（鲁刀切），注“取也”。在《集韵》捞有两读，平声郎刀切，注：“沉取曰捞”；去声郎到切，注“取物也”。闽西北方言“沉取”读平声，“取物”（寻找）读去声，反映了《集韵》的语音分化，诸民族语言多数仍类似《广韵》读为平声。

另外六个字和汉语也有明显的同源关系。“漏”和“楝”袁家骅先生已经提出可能是台语和汉语的同源词，确实声韵调都符合对应。“利、亮、梳、拉”的韵母和声调同汉语的类别也是互相对应的。

五 来母 s 声字的古音拟测

对于上古汉语“来”母字和“心”母等的通谐，汉语音韵学者如高本汉、董同龢、李方桂等都解释为复合辅音 *sl。根据以上所列闽西北方言及其他民族语言的材料，我们认为拟测为送气流音 lh 更能说明语音演变的原理。从 *lh 到汉藏系诸方言的变化可有以下类型：

*lh

- h（龙州、西双版纳、德宏）
- ɦ → ɣ（武鸣）→ j（大苗山、普安、荔波）
- s（闽西北多数点，布依、苗、傣多数点）→ ɕ（普安）、ʃ（永安、将乐）
- z（贵筑、羊场）→ ʐ（苗语诸点）
- θ（武鸣）
- ð（横县）
- ɬ（龙州）
- ɩ（扶绥及其他点）→ r（大苗山，荔披）

如果拟测为 sl，如何变为 h、ɣ、j 就难以解释了。而像台语的这类读法在上古汉语的谐声关系中也有明朗的表现，这就是“来”母不但与“心、邪、生、书、禅”通转，而且和“晓”母通转。举例如下：

声旁	来母字	心（生）母字	晓母字	声旁	来母字	心（生）母字	晓母字
僉	脸$_{\text{力减}}$	憸$_{\text{息廉}}$	险$_{\text{朽检}}$	隶$_{\text{力至}}$	逮$_{\text{力至}}$	肆$_{\text{息利}}$	隸$_{\text{虚器}}$
虍	卢$_{\text{落胡}}$	獻$_{\text{素何}}$	虚$_{\text{朽居}}$	枼	鰈$_{\text{卢协}}$	蘗$_{\text{苏协}}$	喋$_{\text{呼牒}}$
虒	绕$_{\text{郎奚}}$	搋$_{\text{息移}}$	螔$_{\text{呼鸡}}$	夹	浹$_{\text{良涉}}$	翜$_{\text{所甲}}$	欸$_{\text{呼洽}}$
今	僋$_{\text{郎绀}}$	惍$_{\text{私箭}}$	欦$_{\text{许兼}}$	自	胷$_{\text{力遂}}$	帅$_{\text{所类}}$	胉$_{\text{呼罪}}$
干	覎$_{\text{力盐}}$	餂$_{\text{息廉}}$	轩$_{\text{虚言}}$	㡀	蟟$_{\text{离灼}}$	虩$_{\text{山责}}$	虩$_{\text{许却}}$
圭	㚘$_{\text{练结}}$	眭$_{\text{息为}}$	睳$_{\text{呼携}}$				

显然，用 lh ～ s ～ h 说明这种通谐关系最为理想。不仅如此，从更大范围里的语音系统性来考察，*lh 还可以用 *mh、*nh、*ŋh 配套，用来合理地解释上古汉语次浊声母和“晓”母字的通谐。

据管燮初先生统计，在《说文》谐声字中，和“晓”母字通谐的“明”母字 37 次，实际相逢数是几遇数的 1.63 倍，“疑”母字 27 次，相逢几率也比较高，只有“泥”母字只相逢 3 次。

关于“明—晓”的通谐，高本汉先生拟构了 xm 的复合声母，董同龢、李方桂先生倾向于拟 m̥，张永言先生根据 m ～ h、n ～ h、ŋ ～ h 的通谐进一步提出“送气流音”说，认为上古汉语有一套 mh、nh、ŋh、lh 和 m、n、ŋ、ɩ 严整对应。[①] 认为这种提法比较合理。最近发表的湘西瓦乡话材料也说明，汉语里也有把这类字读为 z 的。[②]

梅祖麟、罗杰瑞先生在《试论几个闽北方言中来母 s- 声字》[③] 一文中对于这一现象也是用 $^{*}lh\begin{cases}s\\l\end{cases}$ 来解释的。该文及罗杰瑞先生《闽方言声调的发展》[④] 一文，推测了早期闽方言把“次浊声母”分别读为两套：*mh、*nh、*ŋh、*lh 和 *m、*n、*ŋ、*l，这是很有见地的。本文所列 31 个“来”字，许多在闽西北各点都读为阴调类（阴去和阴入），闽南话也读为 s 声母的例字（濑、㝉、泪）在阴、阳去可区别的泉州话也是属于阴去调。次浊声母在闽方言确有分别读为阴、阳两种声调的痕迹，问题在于 mh、nh、ŋh、lh 和 m、n、ŋ、l 的对立并不是早期闽方言独有的特点，而是上古汉语同样存在着的，这就是部分“明、泥、疑、来”和“晓”母的通谐。就 *lh 母的演变情况说，台语和苗语也有类似现象，因此，设想这是汉语和台语、苗语在远古时代的一种同源现象并不是毫无根据的。至于梅、罗两位先生进一步推论的 lh 来自更早的复合辅音 *cl，我们认为牵连到更加广泛、更加复杂的现象，还有待于汉藏系语言的进一步比较研究才能做出结论。

说明：本文 1982 年在北京的第 15 届国际汉藏语言学会议（ICICL）上宣读过，后刊登于《中国语文》1983 年第 4 期。

---

① 张永言《关于上古汉语的送气流音声母》，中国音韵学会首届学术讨论会论文（油印稿），后收入《语文学论集》，题为《上古汉语有送气流音声母说》，语文出版社，1992 年。

② 王辅世《湖南泸溪瓦乡话语音》，《语言研究》1982 年第 1 期。瓦乡话“来”母字读浊声音的如：来 zɛ、露 zɿ、梨 zɑ、漏 zɑ 林 dzɛ、乱 dzoŋ。

③ 载《清华学报》（台湾省）新 9 卷 1、2 期合刊。

④ Jerry Norman: *Tonal Development In Min*. Journal of Chinese Linguistics, Volume 1 Number 2.

附记：40年前写的这篇文章是改革开放后解放了思想，借着中外交流汉藏语比较研究的东风，经过一番努力而完成的。由于对上古汉语和诸汉藏语的研究和积累不够，后来就没有继续往前走。如今上古汉语和汉藏语的比较研究已经有了长足的进步，寄望于年轻一代语言学家为这项研究做出新的贡献。

建瓯话的声调

建瓯话的声调和广韵系统的对应很不整齐，这是它和别处闽方言很不一样的特点。这是一个令人感兴趣的问题，许多学者对此发表了看法。笔者把今建瓯话的声调和《建州八音》进行了详细比较，也比较了其他一些闽北方言和南平官话，认为建瓯话的声调分化依然有自己的规律，只是影响声调分化的因素是多方面的，规律比较复杂而已。本文是就这个专题所做的研究报告。

一 《建州八音》的声调

《建州八音》分声调为八类，每类以环隔开。书中实环●有字，虚环○有音无字，重环⊙表示二六两类同音，名为八音，实只七调，顺序如下：

一	二	三	四	五	六	七	八
之	志	指	即	芝	志	集	字
纯平	纯仄	平仄互兼	纯仄	纯平	（同二）	纯仄	纯仄

这个顺序显然不是按古音的平上去入各分阴阳排列的。

《建州八音》是林端材于乾隆年间汇辑的，他在序言里十分推崇《戚林八音》，并说“惜建属地异语殊，难以习学省音，今特因其音韵，仿其体格……用以梓里乡谈，汇成是集”。《戚林八音》是按古音平上去入各分阴阳排列八音顺序的，只要把福州、建瓯的今音调值做一比较，便可以看出《建州八音》是仿照《戚林八音》的调值排列顺序的：

《戚林八音》	公	滚	贡	谷	群	（滚）	郡	掘
今福州调值[①]	44	32	213	23	51		242	5
《建州八音》	之	志	指	即	芝	（志）	集	字
今建瓯调值	33[②]	33	21	24	54		42	44

① 据 1870 年 R.S.Maclay 所编《福州方言辞典》对当时福州话声调的五线谱描写，七个调的调值可折合为 44、33、213、23、53、341、5，其中第二、五两调的调值和建瓯话更为相近。第三调今读也是 213，前半段时值较长而且在多音词连读时常变为 21，因此音感上和建瓯话的 21 十分相近。

② 《建州八音》一二调有别，今松溪、建阳、崇安等地也有别，现建瓯话相混，下详。

那么，怎样为《建州八音》的七个调类定名呢？这要看它与古四声古清浊的对应关系。对此，张琨先生在他的《〈建州八音〉的声调》一文中曾列过一表反映其主要对应，现据原书所收的字（略去过于生僻的、训读的、拟声的和个别的例外字）将各种主次对应补充说明如下。

（一）第一声“之”

绝大多数字来自古次浊和全浊平声字，应称为阳平。例外有两类：

1. 古清平字 16 字：占测蔫撑更改埃哈於呜污觚脬兢襟耽箪憎。这些字都是口语少用的字，应是套用普通话调值而来的（第一声 44，与普通话高平调相仿），有一个得力的内证：求吴切“觚”字下注：“酒器，正音。”（此处反切上字是“十五音韵”的声母代表字，下字是“三十六字母”的韵母代表字，下同。）

2. 古去声字 13 字：颤绢胖哨漂敲焠过擂耙酿翰媚。其中漂第一声第五声两读，合于《广韵》的匹妙，抚招两切。敲本字应是敲，《集韵》口教切：“击也，《方言》：楚凡挥弃物谓之敲。”今各地闽方言仍有敲的说法，读阴去。这些古去声字今建瓯音均读阴去，可能因第一声（阳平）和第二声（阴去）调值相近（44 与 33）混入的，今建瓯音第一声混入第二声，这小类也可视为“倒流”。

（二）第二声“志”

绝大多数字来自古清声母去声字，而古清去字也大多在本调，此调应称为阴去。串入本调的非清去字有三小类：

1. 古上声字 20 字（多为清声母与次浊声母字）：悔贿毁褱~粽暑曙囝闯拗吵（原作炒闹）藻叵哪潦牳雌畜拇大指巨似姒俟。其中“悔”今读阴去，闽东方言亦读阴去。“吵、囝”原有上声、阴去两读，今仅上声一读，“毁闯拗潦”今读上声，“巨”今读阳入（后来按普通话去声读为降调，下详），“牳拇”可能是嫲（问茶切，第一声，注呼母）的别义异读。其余都是口语未用的生僻字，疑为套用福州话上声调值（33）而串入阴去。林端材是福清（玉融）人，应该兼通闽东方言，也可能林氏按福州话调值折合误将这些上声字归入阴去（33）。

2. 古全浊去声字 11 字：佩珮兑绘饯莸袖宙像瀚悍。其中“像”有阴去阳去两读，此处（阴去）原注“形容”，应是相貌的相。莸读莺油切，可能是“囿”，《集韵》尤求文切，引说文：“苑有垣也。”其余全是非常用字，这些字串入阴去大概是受阴阳去不分的普通话（南平官话亦然）的影响。

3. 古浊平字 7 字：桥垄还丽高~逻惆联（原作“紩”是缝纫的意思），这些浊平字多为口语常用字，之所以串入阴去可以视为浊平字混入阴去的“先行者”。

（三）第三声“指”

包括绝大多数古清上、部分次浊上和部分浊平字，《建州八音》“例言”称它是“平仄互兼”，列字时先列浊平字，后列上声字，中间用小○隔开。这种区别大概只是为了帮助读者区别平仄，实际声调已经混同。1901年教会在福州出版的《建宁方言汉英词典》也已混为同调，可作为旁证。但在闽北其他方言里，其中的浊平字和上声字依然有别。例如：

	铜—董	投—斗$_{\text{升}\sim}$	陵—领	姨—以
建瓯	tɔŋ^{21}	te^{21}	leiŋ^{21}	i^{21}
松溪	toŋ^{21}toŋ^{332}	ta^{21}ta^{332}	leiŋ^{21}leiŋ^{332}	i^{21}i^{332}
建阳	loŋ^{31}toŋ^{21}	ləu^{31}təu^{21}	lɔiŋ^{31}lɔiŋ^{21}	ɦi^{31}i^{21}

在建瓯话显然是浊平混入上声，而古清上字也大多归在此调，因此第三调应称上声。

除了以上两个来源，上声字里还有两类例外：

1. 古清平字26字：菇饥高缸赸浇刊龛掀骦侦耽酖单崩（原作堋$_{\text{墙陨}}$）搬菲扉悱霏簪猜薰瞻鼾钏。

2. 古清去字10字：刽旷瞬盖谛戴锻扮醉荐。

这些字串入上声确实比较奇特，也较难解释。罗杰瑞先生指出，其中的一些字在有些闽北方言里有特殊的反映（浊音的读法），这是一个重要的发现，也确是理解这一现象的重要线索。例如建阳音：菇 ˊɦo 崩 ˊβaiŋ 簪 ˊlaŋ 猜 ˊtʻai 高 ˳ɦau① 单 ˳lueiŋ 缸 ˳kɔŋ 醉 ˳ly 戴$_{\sim\text{帽}}$ ˳lue（有些例字《建州八音》未收，故未列举）。罗先生由此认为这是和广韵系统不送气清塞音塞擦音相对应的另一套弱化的塞音声母所造成的声调特殊分化。其实，这些字的塞音塞擦音不但有不送气的，也有送气的（刊龛猜钏旷），除了塞音塞擦音还有擦音（掀骦菲扉霏薰鼾瞬），罗先生的论点很难立足。至于余霭芹、平田昌司两先生所指出这些字在闽北各地对应不整齐，我倒认为是不同地点在演变过程中所表现的不平衡性，不能由此推翻罗说。对于这一现象，我认为是闽北方言在历史上曾一度发生这“清音浊化”而造成的。上举例字中确有不少字在建阳、石陂、崇安（今武夷山市，下同）等地方言读为β、ɦ、l（在石陂为b、ɦ、dz），这些浊化的清声母既有塞音塞擦音，又有擦音，既有送气的又有不送气的。由于声母浊化，声调也发生了相应的变化，不论是清平读为浊平，声调由阴平变为阳平乙或上声，或是清去读为浊去，声调由阴去变为上声，其调值都是从较高的调型变为较低的调型，发浊音时由于声带颤动，调值变低，这在吴方言中是常见的现象。汉语方言声母的演变中，浊音清化是常见的，但清音浊化的逆向变化也确是存在的，吴方言西南片（古处州一带包括福建境内的浦城话）把古端母字读成n或l便是一例。闽北方言西北片（建阳、石陂、崇安一带）现存的清音浊化也许就跟吴方言的影响有关，平田昌司先生注意到吴方言对闽北方言的影

① 左下角的“˳”表示阳平乙，下同。

响是有道理的。在建瓯话，浊化的清音声母是又清化了，但声调上的变化则还保存着。

（四）第四声“即”

绝大多数是入声字，包括全部古清入和部分次浊、全浊入。鉴于古清入没有派入别调的，此调应称阴入。

串入阴入的全浊入声字共有 145 字，其中全浊多于次浊（85：60）。这些字显然是后来混入的，有文白异读的字，老的白读层读阳入，新的文读层读阴入，例如：

	学	舌	嘱	栗	密	术	活	额
文读	xa꜆	si꜆	tsy꜆	li꜆	mi꜆	sy꜆	xua꜆ 生～	ŋɛ꜆ 匾～
白读	ɔ꜇	yɛ꜇	y꜇	lɛ꜇	mɛ꜇	tsy꜇ 白～	uɛ꜇ 快～	ŋia꜇ 数～

《建州八音》之后有些阳入字还继续变为阴入：

	独	蠛	幕	译	律
《建州八音》	tu꜇	miɛ꜇	mɔ꜇	i꜇	ly꜇
今建瓯音	tu꜆	miɛ꜆	mɔ꜆	i꜆	ly꜆

浊入字转入阴入可能是受南平官话方言岛的影响，南平官话不分阴阳把入声字读为 <u>32</u>。[①]

除了古入声字，还有 30 个去声字串入阴入：譬涕嚏置缀沸冻灶叫个暨煦忾歉玷澳隩这汰丽敝视逝护缪濑睡裕蚌塝。其中“灶”今音在阴去，“叫个这”在方言中都不是口语用字，其余都是口语不常用的字，应是受土官话影响，借用其调值读为阴入的，南平官话阴阳去不分读 35，和建瓯话的 24 十分相近。《建州八音》敝字下注：“伤坏，正音。”是为内证。

（五）第五声“芝”

此类最为单纯，绝大多数字来自古清声母平声字，例外字极少，都是些训读误读或辨义异读的多音字。如环，气圆切，本字应是圈；厕秽室，时吴切，应是司之误（方言里“厕所”称为茅司）；榦，求蟠切，在阴去注：能～，在阴平注：枝～。

（六）第七声“集”、第八声“字”

都是古浊声母仄声字，而且上、去、入兼有，各类字数分布如下：

字数 今音 \ 古音	上声字			去声字			入声字		
	次浊	全浊	合计	次浊	全浊	合计	次浊	全浊	合计
第七调	23	54	77	1	24	25	77	56	133
第八调	9	90	99	基本对应，浊去未统计			3	29	32

① 南平官话方言岛形成于明末，虽然使用人口不多，因为官话方言的影响越来越大，所以在闽北影响很大。许多老年人都说，民国初年兴办新学时读书识字的教学语言就是模仿南平土官话。

为这两个调类定名，除了看几种不同来源的字数比例，还应该考虑它们的不同历史层次。

古浊去字绝大多数在第八调，并成为此调的主体，此调应称阳去。派入本调的古浊上字也是较老的语音层次，凡有文白异读的白读在第八调（阳去），文读在第七调（阳入），这反映了早期“浊上作去”的合流：

	柱	丈[①]	重	杖[②]	上	下
文读	tsy꜇	tiɔŋ꜇ ~夫	tœyŋ꜇	tiɔŋ꜆ 答~	tsiɔŋ꜆ 升高	xa꜆ 放落
白读	t‘iu꜅	tiɔŋ꜅ 十尺	tɔŋ꜄	tiɔŋ꜅ ~势	iɔŋ꜅ ~下	a꜅ 上~

从《建州八音》到今音有变化的也是自阳去变为阳入：

	烬靖	厦	第	卞汴
《建州八音》	tseiŋ꜅	xa꜅	ti꜅	piŋ꜅
今建瓯音	tseiŋ꜇	xa꜇	ti꜇	piŋ꜇

浊入字归入阳去的字数虽然不多，却多是常用字：直朵别叠翼翅穴协折蚀胁绝合盒鹤着石蓆佛核斛逐局续赎熟塾叶橛席食。应该是早期脱落塞音韵尾混入此调的。

第七调的主体应是浊入字，不但其字比浊上浊去多，而且和派入阴入的浊入字比，留在此调的是口语常用字，属较早的层次（已如上述），浊上浊去派入本调的则是较后的层次，多为口语少用的字。例如浊上字有：社待倍雉悌娣簿部拒距怠殆豸逮道兆肇绍纣并辩辨辫淡聚；浊去字有：治第驻具俱盗邵劭宙又但宕暂谤仲佃叛状撞画。因此，定第七调为阳入较为妥当。

二 从《建州八音》到现代建瓯话的声调演变

从《建州八音》出版到现在的二百年间，建瓯话声调所发生的变化，可以归结为三个基本事实：调类合并、字调转移、异读变动。

（一）调类合并

二百年间建瓯话声调变化的最重要事实是《建州八音》的第一调（阳平甲）和第二调（阴去）混同了，于是，从七个调类并为六个调类。这两个调类的混同显然是由于调值的相近。把闽北六县（除石陂外均为城关音）的调类和调值作一比较，不但可以看出阳平和阳去是怎样混同的，还可以看到更早时期阳平乙和上声合并的原因：

① 建瓯话口语中丈夫叫老翁。

② 建瓯话口语中拐杖叫拐。

《建州八音》		之	志	指（平声字）	指（上声字）	即	芝	集	字
拟测调值		44	33	21		24	53	42	5
现代方言	建瓯	（33）	33阴去	21上声		24阴入	54阴平	42阳入	44阳去
	松溪	44阳平甲	332阴去	21阳平乙	213上声	24阴入	51阴平	42阳入	45阳去
	政和	33阳平甲	42阴去	21阳平乙	212上声	24入声	51阴平	（55）	55阳去
	石陂	（33）	33阴去	31阳平	21上声	213阴入	51阴平	32阳入	45阳去
	建阳	44阳平甲	332阴去	31阳平乙	21上声	214阴入	53阴平	4阳入	43阳去
	崇安	33阳平	22阴去	（22）	21上声	35阴入	51阴平	5阳入	55阳去

很明显，阳平甲的混入阴去是44混同于33；阳平乙的混入上声是31混入21。民国初年教会的建瓯话罗马字还保留着《建州八音》的七个声调，可见，阳平甲混入阴去是最近半个世纪中发生的变化。至于阳平乙的混入上声，大约是《建州八音》（1795年）成书前一百年的事。宋元之间，闽北地区发生过一场人口大变动，① 明代中叶建瓯话合并了一个调类大概与此有关。说惯了本地话的世居者区别32—21，21—212自无问题，初来乍到的外地人不能区别，把它合为一调。因为新来者多，竟成了主流，这是很容易理解的。

（二）字调转移

字调的转移往往发生在口语里不常用的字里，究其原因又有如下几种。

1. 有些字调的转移表现了古浊平分为两类过程中的摇摆。有些非常用字原读阳平今读上声：

例字	摩磨~刀	疲	饴	霓	涯	狂	旁	擒
旧读	꜁mɔ	꜁p‘i	꜁i	꜁ŋi	꜁ŋai	꜁kuaŋ	꜁pɔŋ	꜁k‘eiŋ
今读	꜂mɔ	꜂p‘i	꜂i	꜂ŋi	꜂ŋai	꜂k‘uaŋ	꜂pɔŋ	꜂keiŋ

有些原读上声的非常用字今读去声：

例字	娱	翘	挠	畴	邮	螃	咙	颜	廉
旧读	꜂ŋy	꜂kiau	꜂ŋiau	꜂tiu	꜂iu	꜂p‘aŋ	꜂liaŋ	꜂ŋaiŋ	꜂liŋ
今读	ŋy꜄	k‘iau꜄	ŋiau꜄	t‘iu꜄	iu꜄	p‘aŋ꜄	lia꜄	ŋaiŋ꜄	liŋ꜄

2. 有些字调的转移是受官话调类影响的结果。例如官话去声不分阴阳，原派入阳去、阳入的去声字有变读为阴去的：

① 南宋间，建瓯人范汝为发动农民起义，聚众十余万，雄踞闽北，州府自建瓯迁建阳、崇安，后来朝廷派韩世忠前来镇压，攻下建瓯城时杀戮三万余人。据《元丰九域志》，建州有18万户人家，至嘉靖间只有12万户，其中还有浙赣迁来的。

例字	毙	秽	劲	渐	艳	绊	健键倦
旧读	pi꜄	xy꜅	keiŋ꜅	tsiŋ꜅	iŋ꜅	puiŋ꜄	kyiŋ꜅
今读	pi꜄	xy꜄	keiŋ꜄	tsiŋ꜄	iŋ꜄	puiŋ꜄	kyiŋ꜄
例字	暴	吊	柩	诱	郡	叛	撰
旧读	pau꜇	tiau꜇	kiu꜇	iu꜇	kœyŋ꜇	puiŋ꜇	tsuiŋ꜇
今读	pau꜄	tiau꜄	kiu꜄	iu꜄	kœyŋ꜄	p‘uiŋ꜄	tsuiŋ꜄

也有些原读阴去的字变读为阳去的：

例字	构媾	趣	奥	镣	悍	舜	琅
旧读	ke꜄	ts‘y꜄	au꜄	liau꜄	xaŋ꜄	sœyŋ꜄	lɔŋ꜄
今读	ke꜅	ts‘y꜅	ŋau꜅	liau꜅	xaŋ꜅	sœyŋ꜅	lɔŋ꜅

又如南平官话不分阴阳入，受其影响建瓯话也有阴阳入互变的现象。

例字	闸	幕	络	译驿	籍	律	蠛
旧读	tsa꜇	mɔ꜇	lɔ꜇	i꜇	tsi꜇	ly꜇	miɛ꜇
今读	tsa꜆	mɔ꜆	lɔ꜆	i꜆	tsi꜆	ly꜆	miɛ꜆
例字	碌	爵	愕	狭	纳	霎	
旧读	lu꜆	tsiɔ꜆	ŋɔ꜆	ɛ꜆	na꜆	sa꜆	
今读	lu꜇	tsiɔ꜇	ŋɔ꜇	kiɛ꜇	na꜇	sa꜇	

还有一些原读别调的字变读为与普通话相同的调类：

例字	兼	羁	蒿	怏	挖	巫诬	龛
旧读	kiŋ꜇	ki꜅	xau꜅	iɔŋ꜅	ua	꜂u	꜂k‘aŋ
今读	꜀kiŋ	꜀ki	꜀xau	꜀ɔŋ	꜀ua	꜀u	꜀k‘aŋ
例字	皂	陇	辆	毁	闯	睡	灶
旧读	tsau꜇	loŋ꜇	liɔŋ꜇	xo꜄	ts‘ɔŋ꜄	sy꜆	tsau꜆
今读	꜂tsau	꜂lɔŋ	꜂liɔŋ	꜂xo	꜂ts‘ɔŋ	sy꜄	tsau꜄

3. 有些字调是模仿普通话调值而转移调类的。例如原读为阴去、阳去的都是平调，变读为近于普通话去声调值的阳入降调，这些字不少是不用于方言词，只读文读音的：

例字	济	妬蠹	巨	昼宙	救疚	站	簸
旧读	tsi꜄	tu꜄	ky꜄	tiu꜄	kiu꜄	tsaŋ꜄	puɛ꜄
今读	tsi꜇	tu꜇	ky꜇	tiu꜇	kiu꜇	tsaŋ꜇	po꜇
例字	靖侭	卞汴	惮	折			
旧读	tseiŋ꜅	piŋ꜅	taŋ꜅	tsiɛ꜅			
今读	tseiŋ꜇	piŋ꜇	tuiŋ꜇	tsiɛ꜇			

（三）异读变动

异读字多，这是闽北方言的重要特点。除了文白异读之外，有些是辨义异读，音随义转，还有一些异读是不同历史层次的语音和多方影响的共存。字的异读在声母韵母声调方面都有表现，这里只讨论声调的异读。例如（不论旧读今读，为了醒目，均先按《建州八音》声韵代表字注为“反切”，再注明字义，然后分别注出新旧音。字下加＿为白读音，加＿为文读音）：

例字	《建州八音》		今读
鼻	坡时气出入处	边时就香	pʻi꜄, pi꜄
背	边梅[2]脊	边梅[7]违反	po꜄, po꜇
牢	柳柴[1]狱	柳柴[3]坚固	lau꜄, ꜂lau
服	非吴[4]下掌	非吴[8]敬信	xu꜆, xu꜅
画	非过[8]图画	莺过[7]描画	xua꜅, ua꜇

二百年间，建瓯话的声调异读字也有变动，总的说，异读减少的少，增加的多。以下举例时，《建州八音》的旧音用十五音韵（声母）和三十六字母（韵母）组成的反切和调序注明，字义照抄原注。旧音与今音用逗号隔开，今音用国际音标标注，字义附注在后。旧音及今音未注音标者表示无此异读。

吟　语人[3]咏，꜂ŋeiŋ，语人[8]歌～

兼　求年[5]併，꜀kiŋ，求年[7]搭

揽　柳南[3]包～，꜂laŋ，柳南[7]搂抱

灶　曾茅[2]煮器，tse꜄，曾柴[4]鼎床，tsau꜄鼎～

弟　直时[8]哥弟，ti꜄，直时[7]兄弟 ti꜇，꜀ti 表～

缠　直年[3]盘缠，直年[8]束缚，tiŋ꜄，꜀tiŋ 纠～

遍　边年[2]周遍 pʻiŋ꜄，꜀pʻiŋ～地，꜂piŋ 普～

成　出人[3]成败 ꜂tsʻeiŋ，莺正[3]事济 ꜂iaŋ，꜂seiŋ 年～

奶　日犁[3]乳母，俗作娘称 ꜂nai，nai꜄伯母

袖　时油[2]襟袖 siu꜄，siu꜅领～

扁　边年[3]不圆 ꜂piŋ，piŋ꜄～食

俭　求年[7]省，kiŋ꜇，꜂kiŋ～朴

驾　求茶[2]～驭，ka꜄劳～，ka꜇～驶

滷　柳吴[8]盐汁，u꜅，꜂lu～肉

膏　求柴[5]脂 ꜀kau，kau꜄～油：猪油

席　时时[8]筵～，又姓 si꜅，si꜆主～

尖　曾年[5]锐 ꜀tsiŋ，曾年[7]利

骆　柳峨[2]～驼 lɔ꜄，柳峨[4]姓

额 语脐^{4}匾～ŋɛ꜆，语脐^{7}限数，nia꜆～头

白 边脐^{7}言也 pɛ꜆，边茶^{7}素也 pa꜅，pa꜄～鸽

被 边时^{8}被欺 pi꜅，坡蛇寝衾 p‘yɛ꜅，p‘uɛ꜅ 棉～

排 边犁^{1}铺～pai꜄，꜂pai～长，꜀pai～骨

盘 边蟠^{1}盒 puiŋ꜄，p‘uiŋ꜄～旋，꜂puiŋ～点

婆 边莪^{3}公婆 ꜂pɔ，pɔ꜄ 贱称：老婆子

篮 时南^{1}竹篮 saŋ꜄，laŋ꜅～球

泡 坡柴^{8}水～，p‘au꜅～茶 p‘au꜄ 水～

究 求油^{2}治，kiu꜄～竟，kiu꜇ 研～

架 求茶^{2}棚～ka꜄，ka꜇ 量词

欺 气时^{5}瞒 ꜀k‘i，k‘i꜄～侮

元 语园^{1}始也 ŋyiŋ꜄，꜂yiŋ～宵

较 求柴^{2}比量，kau꜄ 计～，꜂kau 比～

今音之所以比《建州八音》异读多，有可能是《建州八音》漏收，现已无从查对。但二百年后的方言语音的历史层次比二百年前更多了，尤其是受普通话的影响更大，这是可以理解，也应该肯定的。

三 关于浊平字的两种声调

古浊平字在闽北方言有分读阳平甲，阳平乙两种调类的（如松溪、政和、建阳），也有分读阳平和阴去的（如石陂、崇安），建瓯话则是分别混入上声和阴去的。不论是两个阳平或没有阳平调，把古浊平字分读两调是闽北方言的共同特点。这在汉语方言中确是少见的，因而引起了许多语言学家的注意。如何理解这一现象，近几年来不少学者发表过不同的意见。为了认识它的真相，我们应该全面考察有关的种种事实。

1. 古浊平字今读送气清音的多在阴去（或阳平甲），今读不送气清音的多在上声（或阳平乙）。关于这一点，平田昌司已有过统计，在阴去，送气与不送气字的比例是 57 ∶ 55，在上声则是 30 ∶ 272。

2. 古次浊声母平声字今读 m、n、l、ŋ 声母的多在阴去（阳平甲），古次浊声母和浊擦音声母（匣、奉、禅）平声字今读零声母的多在上声（阳平乙），以下是据《建州八音》所收的字（扣除极生僻字和拟声字）所做的统计：

今读声母	阴去（阳平甲）	上声（阳平乙）
m	49	18
n、l	96	59
ŋ	35	25
ø	27	96

3. 按照有无浊音声母可将闽北方言分为东南和西北两片，建瓯话属东南片。它的上声调中的浊平字（阳平乙）在西北片多读浊声母，它的阴去调中的浊平字（阳平甲）在西北片则多读清声母。以建瓯、建阳、石陂为例，各韵取一、二对例字比较如下：（建阳阳平甲标为 ꜁□，阳平乙标为 ꜀□）

阳平乙				阳平甲			
例字	建瓯	建阳	石陂	例字	建瓯	建阳	石陂
琶	ᶜpa	꜀βa	꜁ba	爬	paᵓ	꜁pa	paᵓ
查	ᶜtsa	꜀la	꜁dza	茶	taᵓ	꜁ta	taᵓ
除	ᶜty	꜀ly	꜁dy	锤	tyᵓ	꜁ly	t'yᵓ
齐[8]	ᶜtsi	꜁lɔi	꜁dzi	脐	ts'eᵓ	꜁ts'eᵓ	ts'eᵓ
池	ᶜti	꜁lɔi	꜁di	啼	t'iᵓ	꜁hi	t'ieᵓ
和	ᶜua	꜁huo	꜁ɦo	蛇	yeᵓ	꜁ye	yeᵓ
逃	ᶜtau	꜁lau	꜁dɔ	桃	t'auᵓ	꜁hau	t'ɔᵓ
台	ᶜtai	꜁lai	꜁dai	蹄	taiᵓ	꜁tai	taiᵓ
朝~廷	ᶜtiau	꜁liɔ	꜁tiau	条	tiauᵓ	꜁tiɔ	tiauᵓ
乔	ᶜkiau	꜁kiɔ	꜁giau	桥	kiauᵓ	꜁kiɔ	kiauᵓ
投	ᶜte	꜀ləu	꜁dəu	头	t'eᵓ	꜁həu	t'əuᵓ
浮	ᶜiu	꜀ɦiu	꜁hiu	油	iuᵓ	꜁iu	iuᵓ
乾~坤	ᶜkiŋ	꜁keiŋ	꜁giŋ	钳	k'iŋᵓ	꜁k'ieiŋ	k'iŋᵓ
全	ᶜtsyiŋ	꜀lyeiŋ	꜁dzyŋ	前	ts'iŋᵓ	꜁ts' ieiŋ	ts'iŋᵓ
瓶	ᶜpaiŋ	꜀βaiŋ	꜁baiŋ	彭	p'aŋᵓ	꜁p'aŋ	p'aŋᵓ
行~走	ᶜkiaŋ	꜀ɦiaŋ	꜁giaŋ	雄	xœyŋᵓ	꜁xeiŋ	xueiŋᵓ
亭	ᶜtaiŋ	꜀laiŋ	꜁daiŋ	潭	t'aiŋᵓ	꜁laŋ	t'aiŋᵓ
层	ᶜtsaiŋ	꜀laiŋ	꜁dzaiŋ	蚕	ts'aŋᵓ	꜁t'aŋ	ts'aiŋᵓ
城	ᶜts'eiŋ	꜁siŋ	꜁dzeiŋ	蝇	saiŋᵓ	꜁sieiŋ	seiŋᵓ
云	ᶜœyŋ	꜀ɦeiŋ	꜁ɦueiŋ	魂	ɔŋᵓ	꜁xuŋ	ueiŋᵓ
船	ᶜyiŋ	꜀ɦyeiŋ	꜁ɦyŋ	圆	yiŋᵓ	꜁yeiŋ	yŋᵓ
唐	ᶜtɔŋ	꜀lɔŋ	꜁dɔŋ	糖	t'ɔŋᵓ	꜁hɔŋ	t'ɔŋᵓ
铜	ᶜtɔŋ	꜀loŋ	꜁dəŋ	桐	t'ɔŋᵓ	꜁loŋ	t'əŋᵓ
红	ᶜɔŋ	꜀ɦoŋ	꜁ɦaŋ	黄	uaŋᵓ	꜁uɔŋ	əŋᵓ
场	ᶜtiɔŋ	꜀liɔŋ	꜁dyoŋ	床	ts'ɔŋᵓ	꜁t'ɔŋ	ts'ɔŋᵓ

就在《建州八音》，我们还可以得到建瓯话在200年前还有个浊声母的小尾巴的内证。这就是所谓"余音"：时韵莺母余音有第三调的微薇2字、第八调的未味4字，茅韵莺母有第三调的浮一字。这些余音应是声母和莺有别。参考今石陂、建阳音及《建宁方言辞典》的标音，可以把这个几个字拟定为浊声母：

例字	今建瓯音	《建宁方言辞典》标音	今石陂音	今建阳音	《建州八音》拟音
微薇	miᵓ, ᶜmi	ᶜmi	꜀ɦy	꜀βi	ᶜβi
未味	mi^{2}	miᵓ	biᵓ	βɔiᵓ	βiᵓ
浮	ᶜiu	ᶜue	꜀ɦiu	꜀ɦiu	ᶜɦeu

以上三条事实说明，闽北方言浊平字分读两调是和今读声母的清浊送气相联系的。送气音在音感上比不送气音更“清”，所以派入阴去多，m、n、l、ŋ 属次浊，所以派入上声多，① 闽北的零声母不像沿海闽方言有ʔ- 头，音感也与浊音相近，所以派入上声的多。建阳、石陂的材料则进一步说明了两类浊平字与今音声母清浊的对立大体是一致的。

4. 建瓯话的古浊平字声调分化又是和文白读的不同历史层次相联系的。白读层多派入阴去（阳平甲），文读音则多派入上声（阳平乙）。这一点平田昌司也已经指出，除了他举的例字之外，还可以补充一些（有的《建州八音》未收异读）。

	文读（阳平乙）		白读（阳平甲）	
	《建州八音》	今建瓯音	《建州八音》	今建瓯音
芦	柳吴^{3} 葫～	ᶜlu		suᵓ ～苇
篮		ᶜlaŋ ～球	时南^{1} 竹～	saŋᵓ
狸	柳时^{3} 狐～	ᶜli	时脐^{1} 野猫，土音	sɛᵓ
园		ᶜyiŋ 公～	非园^{1} 圃	xyiŋᵓ 旱地
营		ᶜœyŋ ～业	莺正^{1} 伍	iaŋᵓ
冥	问人^{3} 幽～	ᶜmeiŋ	问南^{1}（暝）黑夜	maŋᵓ
明	问人^{3} 光～	ᶜmeiŋ		maŋᵓ ～朝
还	莺蟠^{3} 复也	ᶜxuiŋ ～原	非年^{2} 复也，土音	xiŋᵓ ～钱
回	莺梅^{3} 归也	ᶜo ～教	非梅^{1} 转	xoᵓ
盘		ᶜpuiŋ ～点	边蟠^{1} 盒	puiŋᵓ
危	语鱼^{3} 不安	ᶜŋy ～险		ŋyᵓ 姓
尼	日时^{3} 夫子字，又僧～	ᶜni		miᵓ ～姑

也有反例，只发现三字：

	文读（阳平甲）		白读（阳平乙）	
	《建州八音》	今音	《建州八音》	今音
薯	曾鱼^{1} 芋类	tsyᵓ 淮山～	莺鱼^{3} 地瓜	ᶜy
城	时人^{1} 盛子民于内～	seiŋᵓ	莺正^{3} 浦～，县名	ᶜiaŋ
悬		xuiŋᵓ ～念	非园^{3} 挂	ᶜkuiŋ 心～

① 赣方言不少地方都有因声母送气造成声韵的不同分化的现象。如南昌话古浊平字今读送气清塞音、塞擦音的在阳平，今读擦音、边音、鼻音、零声母的混入阴去。闽北方言的这一特点应该跟赣方言的影响有关。由于近代以来赣人陆续批量越过武夷山移民到闽北，原邵武府的闽北方言已经基本赣语化，连界的建阳、武夷山一带的语音有明显的赣方言的影响。

关于这一点，还有一个旁证：纯文读韵中古浊平字有上声（阳平乙）无阴去（阳平甲）。如：莺儿 ^{3}꜂œ：而儿｜莺年 ^{3}꜂ieiŋ：仁然燃炎延｜莺放 ^{3}꜂uɔŋ 文纹闻｜莺贩 ^{3}꜂uaiŋ：烦繁梵焚凡帆环藩寰樊鬟。纯白读韵中古浊平字则有阴去（阳平甲）无上声（阳平乙）。如：出脐 ^{3}ts'ɛ꜃：脐｜时脐 ^{3}sɛ꜃：狸李｜坡蛇 ^{3}p'yɛ꜃：皮疲｜语蛇 ŋyɛ꜃：鹅｜莺蛇 ^{3}yɛ꜃：蛇｜求茄 ^{3}kiɔ꜃：茄瘸。

从历时的观点看，白读层显然比文读层更为古老。文白读中的声韵母差异也可以说明这一点，全浊声母读为送气音在各地闽方言是早期清化的字，① 来母字读 s 也是较早的读法，② 云母字读 x，梗摄字读 aŋ、iaŋ 等也应该是比文读音更早的层次。

5. 从词汇的角度说，浊平字的声调分化也反映了不同的词汇的历史层次。古老的口语用词常读阴去（阳平甲），后起的书面语用字常读上声（阳平乙）。词汇的历史层次和语音的历史层次大体是相应的，上节所举文白异调，在白读层的多为古老口语词，文读层则往往是后起的语词用字，也与此同理。

以上两条说明，古浊平字在闽北方言的声调分化反映了不同的语音和词汇的历史层次。读为清音、送气音的阴平甲（去声）的比读为浊音不送气音的阳平乙（上声）的是更早的层次。当然，就其读为清音这一点来说，又是经历过唐宋之后的“浊音清化”的，就清化过程说，阳平甲是比阳平乙更早完成的。

平田昌司认为阳平甲是“闽语固有的阳平”，阳平乙则是“来源于吴语的阳平”，这个说法虽稍嫌生硬，却是有道理的。闽北和浙赣连界，浙西南和赣东北地区都是吴语区，历史上闽北地区和浙赣的往来一直比较频繁，闽北方言的一批浊平字较迟清化（尤其是西北部至今还保留着浊音），说它是受吴方言的影响是符合它的地理环境和历史背景的条件的。阳平甲是汉唐以来和其他闽方言同步发展的产物，阳平乙则是宋元之后受吴方言浊音系统牵制的结果，近代以来，更大的影响当然是官话了。

6. 除此之外，还应该注意到，闽北方言浊平字的声调分化还有汉字声旁的影响。同声旁的字常常分派在同一调类。这种声旁类推作用对于口语少用的字特别容易起作用，尤其是在文化较为低下的农村更是如此。例如：

	阴去（阳平甲）		上声（阳平乙）
lɔ꜃	罗逻锣箩	꜂ua	华铧骅�
liau꜃	燎辽疗寮僚	꜂ki	其棋期旗琪祺麒
iɔŋ꜃	羊洋烊徉	꜂iɔŋ	常嫦偿尝

① 参见拙作《古全浊声母闽方言今读的分析》，《语言研究》1985 年第 2 期。

② 参见拙作《闽西北方言来母字读 s- 的研究》，《中国语文》1983 年第 4 期。

四 简单的结论

1. 建瓯话保存了二百年前的韵书《建州八音》的调类分配，拿它和闽北各点方言做比较，可以考察建瓯话二百年来声调的变化。闽北是福建开发最早的地区，宋元以来又经历过人口的重大变迁，加上地处吴语赣语的边界，在声调分化上存在着比较复杂的情形，考察建瓯话的声调演变，对于认识汉语方言声调发展的规律有重要意义。

2. 建瓯话声调的分化有两个基本条件：第一，声母的清浊和送气不送气的变化；第二，塞音韵尾的脱落。前者造成四声各分阴阳（包括两类阳平的分化）的格局形成，后者则是上去入三类仄声字的大面积交混的前提。浊音声母的清化使汉语方言的声调由少变多，而塞音韵尾的脱落则使汉语方言声调由多变少。声调的合并往往走的是调值相近渐趋混同的途径。建瓯话阳平乙混入上声、阳平甲混入阴去都是明显的例证。汉语的字音是声韵调的统一体，声韵母的变化是造成声调分化的直接的内部原因。

3. 字音是表达字义的，声调是字音的要素，字义的引申、扩大或转移也会造成字调的变化。古汉语常见的"圈破"便是如此。字又是构成词的语素，由于构词能力和词的使用频度的差异，常用字与非常用字在声调的变化中往往有不同的表现，并因此形成了方言语音的历史层次。因字的常用度的不同和字义的演变而造成字调的变化在建瓯话都是常见的现象。这是声调变化的语义条件，是间接的内部原因。

4. 方言地区居民成分的变动、周围方言的接触和共同语的传播，都会影响方言的语音，这是方音演变的外部原因。方言声调的分化受共同语或周边方言的影响，有时是比照调类，有时是借用调值；有时是整类合并，有时是局部调整。闽北方言是闽方言的一支。古闽语的形成就与古吴语古楚语有关，历史上闽北又与吴语区、赣语区有过长期的交往，研究建瓯话声调的分化应该密切注意它同吴语、赣语及普通话横向接触的关系。

参考文献

Chinese-English Dictionary of the Foochow Dialect（《福州方言辞典》），1870 年，福州。
Chinese-English Dictionary of the kien-Ning Dialect（《建州方言辞典》），1901，福州。
林端材 《建州八音》，怀古堂藏版，道光庚寅重镌。
黄典诚 建瓯方言初探，《厦门大学学报》，1957 年第 1 期。
罗杰瑞 闽北方言的第三套清塞音塞擦音，《中国语文》，1986 年第 1 期。
平田昌司 闽北方言第九调的性质，《方言》，1988 年第 1 期。
张 琨 《建州八音》的声调，《中国语文》，1988 年第 6 期。

说明： 本文原载《中国语文》1990年第2期。发表后曾得旅美学者张琨教授来信赞许，并收到其托人寄赠的《汉语音韵史论文集》一书。之后本文曾收入《方言与音韵论文集》（香港中文大学，1996年）和《汉语方言研究文集》（商务印书馆，2009年）。

附记： 闽北方言是继我的母语闽南话和闽东的福州话之后，涉猎最多的闽方言。1957年我刚从厦门大学中文系毕业，读到黄典诚老师的《建瓯方言初探》，当时就产生了很大的兴趣。后来在参加《福建省汉语方言概况》（讨论稿）的编写过程中，又跟潘渭水兄（建瓯人）多有接触，得益不少。20世纪70年代后，我转到福建师范大学中文系工作，赶紧跑遍了闽西北的每个县。1981年，承中国语言学会美意，让黄典诚老师和我负责办一个方言研究班，我们就把这个班设在建瓯，希望从中学到更多的建瓯话，也让更多的青年学者前来认识这片宝地。后来，李荣先生组织各路专家编纂分地汉语方言词典时，鉴于闽北方言在闽方言中的重要性，我壮着胆子向李先生建议，为闽方言多编了一本《建瓯方言词典》。当时，潘渭水兄已转到“县志办”当主任，我再三到建瓯，反复做调查、核查，同他合作编写了《建瓯方言词典》。谨借此机会寄托我对潘渭水兄的怀念之情。

闽南方言的双声叠韵

一 闽南方言的双声叠韵词

闽南方言的双声叠韵有广泛的应用。本文以泉州话为例集中说明用双声叠韵的手段构成双音词的现象。用双声叠韵构成词缀而不能独立成词的（例如形容词后附的生动形式“淹 ᶜp‘in ᶜp‘ɔŋ”“杂 lauᵓtauᵓ”）不在论述之列。双音合成词在语音上表现为双声叠韵的一般也不加讨论。例如：

破缝 p‘uaᵓ p‘aŋᵓ 破绽　　准绳 ᶜtsun ꜁tsin 作准

常时 ꜁siɔŋ ꜁si 时常　　吃亏 k‘ik꜆ ꜀k‘ui 欺侮

汏沙 ꜁tua ꜀sua 淘沙　　落薄 loʔ꜇ poʔ꜇ 落拓

双声叠韵词通常被视为两音节的单纯词。闽南方言的双声叠韵词的构词方式有单纯式和孳生式两种。

单纯式双声叠韵词是不可分解的，两音节相互依存，一般都不能单说，不少也写不出字来。例如：

t‘it꜆ ꜁t‘o 玩儿　　ts‘inᵓ ᶜts‘ai 随便

꜀o ᶜlo 赞扬　　lap꜆ sap꜆ 肮脏

ᶝla ᶜli 刺猬　　꜀kã ᶜnã 橄榄

lɔŋᵓ k‘ɔŋᵓ 宽大　　ĩᵓ ɔ̃ᵓ 大舌头

孳生式双声叠韵词可以分解为词根和孳生音节，词根可以单说，孳生音节与词根或双声或叠韵，可在词根之前，亦可在词根之后，根词与孳生词意义相近或相关，未必完全相同。例如：

꜀p‘ĩ ꜀p‘ɔ（铺）分摊　　꜀k‘ian ᶜk‘a（巧）奇巧

꜁giau ꜁gi（疑）怀疑　　꜀ĩ ꜁tĩ（缠）纠缠

ᶝkau（厚）sauʔ꜆ 厚实　　꜀im（阴）꜀t‘im 阴险

tsip꜇（捷）liap꜇ 敏捷　　baᵓ（密）saᵓ 密合

双音合成词中有些由两个同义或反义的语素并列构成，该语素本来就是因双声叠韵而派生的，并列之后往往又并非原义的简单相加而另有新义，这类合成词两个语素均可单说，性质上与上述单纯式、孳生式有别，或可称为广义的双声叠韵词。例如：

傍陪 ᶝpŋ ꜁pue 受人恩惠	定着 tiã꜃ tioʔ꜅ 安定，一定
苦气 ᶜk‘ɔ k‘i꜂ 受气，发愁	参插 ꜀ts‘am ts‘ap꜄ 参加进去
幼秀 iu꜂ siu꜂ 文雅，秀气	拖磨 ꜀t‘ua ꜁bua 磨炼，煎熬
吞忍 ꜀t‘un ᶜlun 忍受	拢总 ᶜlɔŋ ᶜtsɔŋ 总共

本人所搜集的泉州话的这三类双声叠韵词有300多个，狭义和广义约各占一半。这些词大多是形容词和动词，少量是拟声词和名词。就狭义的160多条说，形容词75个，动词67个，拟声词和名词20多个。

单纯式和孳生式的双声叠韵词中，有些语音组合的特色很值得注意。

不少单纯式双声词的韵类（阴、阳、入）和调类（平、上、去、入）也很一致，尤其是那些无字可写的音节。例如：

piʔ꜄ puʔ꜄ 犹豫	tiʔ꜄ tuʔ꜄ 作弄
꜁ga ꜁gio 龃龉	ts‘iʔ꜄ ts‘uaʔ꜄ 闪电
tsiʔ꜄ tsapʔ꜄ 啰唆	꜀liŋ ꜀lo 不圆不方
꜀ba ꜀bun 微笑	꜁p‘in ꜁p‘ɔŋ 击水
ts‘iʔ꜄ ts‘iau꜄ 剪	ᶝt‘in ᶝt‘ɔŋ 拟声
ŋiʔ꜄ ŋaiʔ꜄ 卡壳	hiʔ꜄ hiau ʔ꜄ 不端庄
ᶝts‘i ᶝts‘u 耳语	ĩʔ꜅ uãiʔ꜅ 开门声

孳生式双声词则前后音节的韵类和调类常常不一致，或阴阳、舒促相对，或平仄相对。例如：

꜀p‘i（披）ᶜp‘ian 扩张	ᶜtə（短）tak꜄ 短小
꜀tiũ（张）tuaʔ꜄ 耍赖	t‘iau꜂（跳）t‘aʔ꜄ 蹦蹦跳跳
liam꜃（念）꜁lo 唠叨	gɔŋ꜃（戆）giaʔ꜅ 惊愕
꜀ts‘in ᶝts‘iũ（像）相似	ts‘in꜂（冷）ts‘iʔ꜅ 冷清

叠韵词则不论单纯式或孳生式都常是两音节同调类。例如：

꜀hai ꜀sai 呵叱	liauʔ꜄ kiauʔ꜄ 多嘴
ts‘õ꜂ mõ꜂ 唐突	꜀iũ ꜁siũ 疼爱
aŋ꜂ taŋ꜂ 悻悻	ak꜄ tsak꜄ 闷热
꜀mĩ ꜀sĩ 动作缓慢	ᶜbaŋ ᶜtaŋ 窃取
siap꜄ tiap꜅（叠）紧凑	pik꜄（逼）lik꜄ 逼迫
lŋ꜂ tsŋ꜂（钻）钻营	꜁ŋĩ（硬）ts‘ĩ꜂ 硬朗
꜀liu（遛）꜀siu 遛走	u꜂ tu꜂（注）预备的份额

am꜄（暗）sam꜄ 阴森　　　iap꜆（揖）t‘iap꜆ 隐蔽

꜂lŋ（软）꜂sŋ 轻松　　　ut꜆（郁）tsut꜆ 忧郁

꜃tam ꜂sam（淡）零食　　　iũ꜅ siũ꜄（样）状态

k‘ueʔ꜆ tsueʔ꜇（抾）排挤　　　tsiap꜇ liap꜇（捷）敏捷

孳生式叠韵词所孳生的后音节的声母 l-、s- 较为常见。例如（上文已有例词不再列举）：

꜀e ꜁le 撒娇　　　e꜄（过）se꜄ 污染

꜂t‘ue（体）꜂lue 姿态　　　꜀k‘ue（诙）꜂sue 讥讽

꜂hui（毁）lui꜄ 毁坏　　　꜂tsau（走）sau꜄ 走样

꜂t‘ui ꜃lui 疙瘩　　　lam꜅（滥）꜂sam 胡乱

꜂p‘i（鄙）꜁li 小气　　　꜁ŋ（黄）꜀sŋ 脸色黄

在合成式的双声叠韵词中也有一些现象值得一提。

有些双声词是同一个字的两种读音构成的，例如：接接 tsiʔ꜆　tsiap꜆ 交接，世世 si꜄　sua꜄，延延 ꜁ian　꜁ts‘ian 拖延；有些同一个字的两种叠音既不双声又不叠韵，例如：牲牲 ꜀tsiŋ　꜀sĩ 牲畜，食食 tsiaʔ꜇　sit꜇ 膳食，石石 siaʔ꜇　tsioʔ꜇ 砚石。

还有些并列合成词原本不是双声叠韵，或因方言特殊的文白对应，或因连读后发生音变而成为双声叠韵词。例如：

烦恼 ꜁huan ꜂ho　　　危险 ꜁hui ꜂hiam

侥幸 ꜀hiau ꜃hiŋ　　　饲养 ts‘i꜅ ꜃ts‘iũ

水汁 ꜂tsui tsap꜆ 水分　　　颂插 ts‘iŋ꜅ ts‘aʔ꜆ 穿戴

枝骨 ꜀ki kut꜆ 骨干　　　受恿 ꜃siu ꜃siŋ 怂恿

夹插 kaʔ꜆ ts‘aʔ꜆ 穿插　　　恶妒 ɔ꜄ tɔ꜄ 嫉妒

倚赖 ꜂ua lua꜅ 依赖　　　狭塞 ueʔ꜆ sueʔ꜆ 狭窄

料数 liau꜄ siau꜄ 料子　　　孤老 ꜀kɔ̃ ꜂nɔ̃ 孤僻

恶臭 au꜄ ts‘au꜄ 变质　　　开使 ꜀k‘ai ꜂sai 花销

二　历史的考察

用双声叠韵的方式构成双音词，在汉语中是源远流长的现象。据向熹统计，在《诗经》中出现过的 4000 多单词中，仅是单纯式的双声叠韵词就有 74 个，这算是一个不小的比例。其中有近 1/4 至今还在现代汉语中沿用着：

拮据　鸳鸯　流离　匍匐　踟蹰　参差

蟋蟀　邂逅　勺药　蜉蝣　婆娑　崔嵬

差池　委蛇（逶迤）　逍遥　辗转

此外，向熹还考证了另一类由单音词重叠后衍化为双声叠韵的双音词，和上文所说的“孳生式”是一回事：

猗（《周颂·潜》：“～与漆沮”）→猗猗（《卫风·淇奥》：“绿竹～～”）→猗傩（《桧风·隰有苌楚》：“～～其枝”）。

发（《桧风·匪风》：“匪风～兮”）→发发（《小雅·蓼莪》：“飘风～～”）→觱发（《幽风·七月》：“一之日～～”）。

勉（《说文》：“～，劈也”）→勉勉（《大雅·棫朴》：“～～我王”），亹亹（《大雅·文王》：“～～文王”）→黾勉（《邶风·谷风》：“～～同心”），密勿（《文选》注引韩诗《谷风》：“～～同心”），蠠～没（《尔雅·释话》：“～～，勉也”）。

叠音词和双声叠韵词意义相近转换互用或古书互文，这类现象从上古汉语到中古汉语都是常见的现象。例如，曈，《广韵》：曈昽，“日欲明也”，昽“日欲出也”。曈曈、曈昽、昽昽都是一个意思。李商隐诗有“海日高曈曈”句，白居易诗有“昽昽烟树色”句。又如，旷旷—旷朗，晃晃—晃朗义近，是叠音衍为叠韵；韦韦—韦晔，晻晻—晻暖义通，是叠音变为双声；怔怔—怔忡—怔营三者词义相关，则是叠音与双声、叠韵的音转。

闽南方言的孳生式双声叠韵词也可能是从重叠式演化而来的。这从形容词的生动后缀的变化可以看得很清楚。闽南方言的许多单音形容词都可以带上特定的叠音后缀，其中有些叠音后缀又可以进一步变为双声或叠韵的后缀，有时，叠音和双声叠韵后缀成为同义并存的任意变读。例如：

深 ꜀ts'im ꜀lɔŋ ꜀lɔŋ ～ ꜀ts'im ꜀lin ꜀lɔŋ 深邃貌

湫 ꜀tam lɔk꜆ lɔk꜆ ～ ꜀tam lit꜆ lɔk꜆ 湿漉漉

瘖 ꜂san ꜀pa ꜀pa ～ ꜂san ꜀pi ꜀pa 瘦巴巴

重 ꜃taŋ puʔ꜆ puʔ꜆ ～ ꜃taŋ piʔ꜆ puʔ꜆ 沉甸甸

秭 tsue꜅ ꜂bua ꜂bua ～ tsue꜅ ꜂bi ꜂bua 多得很

泛 p'ã꜄ lauʔ꜆ lauʔ꜆ ～ p'ã꜄ lauʔ꜆ sauʔ꜆ 空虚貌

白 peʔ꜆ siak꜆ siak꜆ ～ peʔ꜇ liak꜆ siak꜆ 白花花

薄 poʔ꜇ ꜀li ꜀li ～ poʔ꜇ ꜀li ꜀si 薄得很

肥 ꜁pui lut꜆ lut꜆ ～ ꜁pui lut꜆ sut꜆ 肥胖貌

直 tit꜇ suʔ꜇ suʔ꜇ ～ tit꜇ luʔ꜇ suʔ꜇ 直通通

不论是单纯式或孳生式，闽南方言的双声叠韵词常用作形容词、动词，间或用作名词，这也是和古代汉语极为相似的。

至于合成式的双声叠韵词，也是上古时代就有了的。从刘熙的《释名》到章太炎的《文始》，到王力的《同源字论》，用双声叠韵派生同义词或反义词（迎—逆，宽—

阔，陟—登，负—背，非—弗，存—在，吾—我—卬，冷—凉，买—卖，楖—籴）前人已经有过许多分析。《诗经》中就有不少这类双音词。如叠韵的人民（《大雅·抑》："质尔～～"）—民人（《大雅·桑柔》："～～所瞻"），双声的恭敬（《小雅·小弁》："必～～止"—敬恭（《大雅·云汉》："～～神明"），因词义是字义的叠加，字序尚未稳定；而饥馑（《大雅·召》："瘨我～～"），颠倒（《齐风·东方未明》："～～衣裳"）反覆（《小雅·小明》："畏此～～"）玄黄（《周南·卷耳》："我马～～"）因合成之后意义有别，字序也就稳定了。

可见，不论是结构形式或是语法功能，闽南方言的双声叠韵构词法和古代汉语都是一脉相承的。

从发展的趋势看，上古时期的汉语双声叠韵词显然比中古以后的汉语在词汇中所占的比例大，现今的南方方言又显然比北方方言多（曾据秦似先生相告，他搜集过粤方言双声叠韵词数百条），这种情况与一般学者所认为的南方方言"存古"多，北方方言"变异"大都是相一致的。双声叠韵构词法之所以早期活跃，后来衰歇，究其原因应与两个事实有关。第一，汉语所使用的汉字是不便表音的方块字，正如《联绵字典》的编者符定一所说的"经典同音之字，往往形体虽异，而意义实同，例如'委蛇'八十三形、音同而义相近，'崔嵬'十有五体，音近而义无殊"。异体字多，当然是由于表音度差。第二，用字义组合的双音合成词的大量增加也是减少双声叠韵词的直接原因。绝大多数的汉字都是有意义的语素，这和合成词的发展是十分协调的，沿着这条广阔的道路，汉语新词的产生简直是无往而不利。汉字定型和统一、普及之后，合成词取代了双声叠韵构词法成为构成新词的基本方式，这就是汉字和汉语发展中的协调和互动所促成的。

三　类型的比较

除了古今汉语之外，存在着双声叠韵构词法的还有侗台语。近年出版的侗台语族诸语言的"简志"都提到这一点。笔者根据李方桂先生早年发表的《武鸣壮语》做过统计，在全书所列大约二千多条词汇中，叠音词和双声叠韵词约有近百条。在词汇总量中所占的比例比闽南方言还要多。例如：

叠音：ʔbop ʔbop 湿貌	ɕap ɕap 适合貌
lin lin 心慌	ram ram 重复
θen θen 喘气貌	plam plam 吵闹貌
rɯak rɯak 懊丧	θum θum 不语貌
ru ru 成群貌	nom nom 高直貌

双声：ka køn 以前

ʔdau ʔdoi 星星

ɕok ɕan 急忙

rak rom 褴褛

kɯ kau 我

ka kan 将来

hɯŋ huŋ 发达

ʔbum ʔba 蝴蝶

ŋ̊aρ 窄小

piŋ poi 蜻蜓

叠韵：pu lu 语助词

pai noi 此次

løt ŋ̊øt 快完

laŋ taŋ 勉强

lɯk ʔbɯk 好

saɯ maɯ 忽然间

pan ŋ̊an 到处

tam lam 撞头

liŋ tiŋ 零碎

lak pak 萝卜

在南岛语系的马来语和印度尼西亚语，用双声叠韵构成的双音词有更大的比例。以马来语为例，据杨贵谊、陈妙华所编的《马来语大辞典》，单是 k 字头的这类词就有近百个。例如：

双声：kakak 姐姐　kakang 哥哥　kakap 小舟

kakar 花开　kakeh 扒　kakei 摩擦

kakek 祖父　kaki 脚　kako 干扰

kaku 僵硬　kangkong 空心菜　kekam 浮渣

kekel 吝啬　keki 生气　kekot 蜷缩

kikok 生硬　kokko 打　kokak 啃

kikeŋ 吠　kokop 沙洲　kukut 钩

kikeh 搅拌　kikir 锉　kongkel 闲谈

叠韵：kaba 故事　kacha 玻璃　kaha 沉静

kala 时间　kama 爱情　kana 手镯

kapa 草棚　kasa 纱　kata 字，词

kaya 富裕　kete 少　kili 线管

kiri 左　kisi 裂缝　koho 缓慢

kono 古老　kusu 星群　kuyu 阴沉

kutu 虱子　kromo 百姓　kantan 一种姜

kupu 地位　kubu 栅栏　kudu 木偶

在双音节词里，几乎所有的双声叠韵的组合都是本族语的语词。

构词法对于一种语言来说无疑是很重要的特征。汉语、侗台语和马来语的双声叠韵构词这一特征究竟是类型学上的特征还是发生学上的特征？这几种语言中的双声叠韵词从比例上看是从南往北递减，这应该理解为同一语系的变异，还是不同语系间相互影响

的等差呢？这是一个很值得探讨的问题。

关于侗台语的系属，一直有两种对立的意见。倪大白在他的近作《侗台语概论》里用大量材料说明了海南岛的回辉话是南岛语受汉语的影响从黏着语变为词根语的活标本，提出了语言“类型转换”的理论。这是一种很有价值的思路。从时贯古今、地贯南北的双声叠韵构词法来看，是否还可以设想，这些语言在更古老的年代本来就是一群东亚大陆的亲源语言，由于时空的隔离逐渐成为不同类型的语言：汉语在诗经时代复音词还占总词汇的近三分之一，叠音词及双声叠韵还很活跃，由于汉字的应用，后来大量发展了合成词。侗台语则往往丢弃了双音词中的一个音节，演化为单音节语，出现了声调。而南岛语则保留着无声调的多音节语的格局。

参考文献

李方桂　《武鸣壮语》，中国科学院印行，1953 年。

倪大白　《侗台语概论》，（北京）中央民族学院出版社，1990 年。

王　均　《壮侗语言简志》，（北京）民族出版社，1981 年。

向　熹　《诗经》里的复音词，《语言学论丛》第六辑，（北京）商务印书馆，1980 年。

杨贵谊、陈妙华　《马来语大辞典》，新加坡书社，1971 年。

说明：本文 1992 年在新加坡的国际中国语言学会议（ICCL）成立大会上宣读过。后收入《方言与音韵论集》，香港中文大学中国语文研究所吴多泰中国语文研究中心出版，1996 年。

厦门话的变调和轻声

厦门话的单字调都有本调，单说一个单音词就是读本调。说多音词及短语时，只有一个音节读本调，其之前的音节都按不同调类读同样的变调，之后的音节则读为同样的轻声。“变调—本调—轻声”组成了一个“声调单位”。至于言语交际中的语句如何划分声调单位，是根据语义、语法和语气的需要而决定的。组成声调单位的规则严密但不复杂，学起来也不难，以下分别说明。

一 单字调—本调

厦门话单字调有七个，调类调值如下：

调类	阴平	阳平	上声	阴去	阳去	阴入	阳入
调值	˦44	˨˦24	˥˧53	˨˩21	˨22	˧˨$\underline{32}$	˦4
例字	之 ꜀tsi	餈 ꜁tsi	止 ꜂tsi	至 tsi꜄	舐 tsi꜅	接 tsiʔ꜆	舌 tsiʔ꜇

二 变调的规则

厦门话的七个调类，在口语里有必要的时候都可以发生变化。除了阴入收 -p、-t、-k 尾字和收 -ʔ 尾字有不同的变化外，各个调类的变化都只有一种：不论后音节是什么调，前音节都发生同样的变调。例如：

后字声调 / 例词 / 前字声调	阴平 44	阳平 24	上声 53	阴去 21	阳去 22	阴入 $\underline{32}$	阳入 4
阴平 $_{44\to22}$	山边 suã pĩ	山场$_{\text{山地}}$ suã tiũ	山顶$_{\text{山上}}$ suã tiŋ	山势 suã se	山路 suã lɔ	山隙$_{\text{山沟}}$ suã k'iaʔ	山石 suã tsioʔ
阳平 $_{24\to22}$	涂骹$_{\text{地板}}$ t'ɔ k'a	涂墙$_{\text{土墙}}$ t'ɔ ts'iũ	涂粉$_{\text{灰尘}}$ t'ɔ hun	涂炭$_{\text{煤炭}}$ t'ɔ t'uã	涂豆$_{\text{花生}}$ t'ɔ tau	涂蝨$_{\text{泥鳅的一种}}$ t'ɔ sat	涂佛$_{\text{泥菩萨}}$ t'ɔ put
上声 $_{53\to44}$	火星 he ts'ĩ	火炉 he lɔ	火酒$_{\text{酒精}}$ he tsiu	火气 he k'i	火路 he lɔ	火擦$_{\text{火柴}}$ he ts'at	火舌$_{\text{火苗}}$ he tsiʔ

续表

前字声调 \ 例词 \ 后字声调	阴平 44	阳平 24	上声 53	阴去 21	阳去 22	阴入 32	阳入 4
阴去 21→53	半升 puã tsin	半年 puã lĩ	半斗 puã tau	半扇 puã sĩ	半路 puã lɔ	半桌 puã toʔ	半粒 puã liap
阳去 22→21	四张 si tiũ	四人 si laŋ	四领 si liã	四正端正 si tsiã	四面 si bin	四角 si kak	四石 si tsioʔ
阴入 32→4 (-p、-t、-k)	七张 ts'it tiũ	七人 ts'it laŋ	七领 ts'it liã	七副 ts'it hu	七面 ts'it bin	七角 ts'it kak	七石 ts'it tsioʔ
阴入 32→53 (-ʔ)	铁钉 t'i tiŋ	铁锤 t'i t'ui	铁板 t'i pan	铁架 t'i ke	铁路 t'i lɔ	铁笔钢笔 t'i pit	铁勺 t'i siaʔ
阳入 4→32	白金 peʔ kim	白鱼带鱼 peʔ hi	白酒 peʔ tsiu	白菜 peʔ ts'ai	白露 peʔ lɔ	白铁 peʔ t'iʔ	白芍 peʔ sioʔ

两音节以上的变调和两音节变调的规则相同，需要变调时各自按同样的规则变调，不依后字的调类或调值而变。例如：

毛 批 / 批 信 / 毛 批 信 / 毛 批 毛 信[①]

bo˨˦˨ p'ue˥ p'ue˦˨ sin˨˩ bo˨˦˨ p'ue˥˨ sin˨˩ bo˨˦˨ p'ue˥˨ bo˨˦˨ sin˨˩

建 设 / 社 会 主 义 / 建 设 社 会 主 义

kian˨˩˥ siat˧˨ sia˨˨˩ hue˨˨˩ tsu˥˧˦ gi˨˨ kian˨˩˥ siat˥˧˦ sia˨˨˩ hue˨˨˩ tsu˥˧˦ gi˨˨

关于变调的调类和调值应该做三点说明：

1. 阴平和阳平变调后的调值完全相同，所以“东山”和“铜山”完全不能区别。闽南有名的“东山岛”原先就是东、铜任写一字都可以的。

上声变调后的调值比阴平的原调略高，但亦十分相近。“死尸”尸首连读之后几乎是同音 si˥˧˦ si˥。罗常培先生在《厦门音系》里定为 55，我们依前说定为 53→44，只是“微调”。

阴去变调后仍为降调，但调值较高。接近于原上声的高降调而略低。如果上声定为 53，则阴去的变调应为 42，罗先生的实验结果正是 42，因为和上声原调相差不多，在音感上确实无别，又不致互混，我们定为 53。

阳去变调后从半低平调变为低降调，近似阴去原调。“画画”连读之后并不同音，前一个“画”读近“尉”。罗先生定为 33→22，比原调低。我们定为 22→21。

2. 阴入的变调分两类，-ʔ 尾字的变调和阴去的变调相同，变调之后丢去了 -ʔ。所以“铁头”和“剃头”同音 [t'i˥˧ t'au˨˦]，“甲子”和“架子”同音 [ka˥˧ tsi˥˧]。-p、-t、-k 收尾的阴入字变调之后近于阳入本调，没有明显的区别。所以定为 4。

① 毛批：没有信。批信：信件。毛批信：没有信件。毛批毛信：音讯全无。

阳入变调后调值降低，塞音韵尾变得不明显了，实际音高介于阴入的 32 和阴去的 21 之间，罗先生定为 3，Douglas 在他的《厦门话辞典》里认为阴、阳入互变，阳入变为阴入的 32。我们考虑到阳入变调之后已失去入声音调的色彩，故定为 21。

3. 如果往细里分，变调后的调值和原来的七种调值都有细微区别，但是，因为本调调值已形成明显音感，因此可以认为厦门话的变调只是各类声调间的换位类推，并未产生新的调类[①]它们之间的转换关系可以用下图来表明：

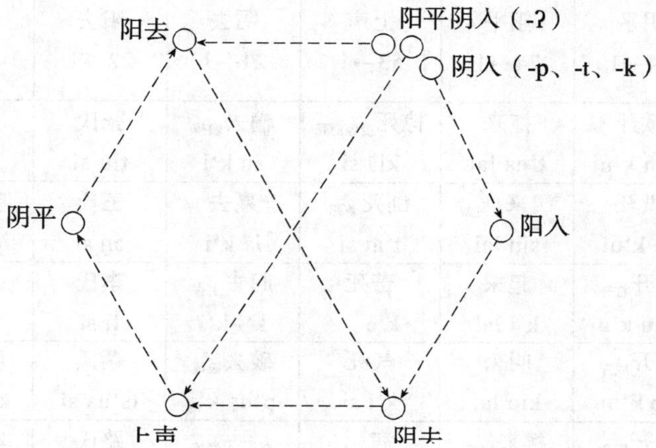

三 轻声的规则

厦门话的轻声和其他方言的轻声一样，不但是声调的“轻”和“短”，有时也要引起声母和韵母的音变，主要是元音和辅音的弱化、脱落和合音。下面举例说明：

“得”单读是 tit 轻声后声母 t- 弱化为 l-。变为 lit·˧。例如：会使得 e˨˩ sai˥˧ lit·˧ $_{\text{能行}}$ 獪食得 bue˨˩ tsiaʔ˥ lit·˧ $_{\text{不能吃}}$。

“去”单读是 k‘i 轻声后有时声母脱落。变为 i·˧，例如：起去 k‘i˥˧ i·˧ $_{\text{上去}}$ 落去 loʔ˥ i·˩ $_{\text{下去}}$。

“出来”不变调、不轻声是 ts‘ut˥˧ lai˨˦，轻声后合为一个音节变成 ts‘oai·˧。例如：提出来 t‘eʔ˥ ts‘uai·˧ $_{\text{拿出来}}$。

“落去”不变调不轻声是 loʔ˥ k‘i˨˩，轻声后合为一个音节变成 loi·˧。例如：食落去 tsiaʔ˥ loi·˧ $_{\text{吃下去}}$。

但是厦门话的轻声发生音变的毕竟还不是普遍现象，有些轻声就不发生音变，就是经常发生音变的轻声也仍然可以读出原来的声韵母而不音变。可见厦门话的轻声主要是

① 本文关于调值（原调和变调）的分析主要参照了周辨明先生的实验材料。葛德纯先生在《厦门声调与句子结构及英语教学的关系》一文中亦做了比较详细的描写，可资参考，该文载《厦门大学学报》（社会科学版）1957 年第二期。

一种声调的弱化现象。下面我们就是把它作为一种声调现象来分析的。

除了语气词，厦门话的轻声音节都有自己的原调或变调，原调或更常见，所以，轻声实际上就是一种变调形式，而不是一种独立的调类。只因为它和变调在语音上的特征和在词汇上的作用以及语法上的功能有所不同，所以把轻声和变调分开来谈。

作为一种声调的变体，和变调一样，厦门话的七种调类也都可以变读为轻声。但是和变调不同，不管是哪一种调类变来的，轻声的调值只有一种。请看下表：

轻声音节 例词 轻声前音节	阴平 44→1	阳平 24→1	上声 53→1	阴去 21→1	阳去 22→1	阴入 32→1	阳入 4→1
阴平 44	掀开 hian k'ui	拖来 t'ua lai	惊死 受惊而死 kiã si	输去 输掉 su k'i	张氏 tiũ si	淹熄 im sit	惊着 受惊 kiã tioʔ
阳平 24	扒开 pe k'ui	泅来 游过来 siu lai	刣死 杀死 t'ai si	羸去 iã k'i	王氏 ɔŋ si	喷熄 吹熄 pun sit	刣着 刀割了 t'ai tioʔ
上声 53	展开 打开 t'ian k'ui	起來 k'i lai	苦死 k'ɔ si	起去 上去 k'i k'i	李氏 li si	捲熄 kŋ sit	捡着 捡到 kiŋ tioʔ
阴去 21	褪开 脱开 t'ŋ k'ui	叫来 kio lai	气死 k'i si	破去 破掉 p'ua k'i	蔡氏 ts'ua si	㪗熄 盖灭 k'am sit	气着 受了气 k'i tioʔ
阳去 22	剒开 切开 tsam k'ui	揣来 找来 ts'e lai	病死 pĩ si	烂去 烂掉 nuã k'i	路氏 lɔ si	雾熄 吹熄 bu sit	揣着 找着 ts'e tioʔ
阴入 32	剥开 pak k'ui	出来 ts'ut lai	割死 kuaʔ si	出去 ts'ut k'i	郭氏 keʔ si	擲熄 搞灭 tsik sit	拾着 捡到 k'ioʔ tioʔ
阳入 4	绝开 切开 tsueʔ k'ui	落来 下来 loʔ lai	热死 luaʔ si	入去 进去 lip k'i	白氏 peʔ si	捏熄 lĩʔ sit	掠着 捉到 liaʔ tioʔ

厦门话的轻声不但和音高有关，而且和音强、音长也有关系，如果算上音节的弱化，就同音色也有关系了。总的说来，厦门话的轻声是一个低、短而且弱的调子，是厦门话调值的最低点 1。由于轻声音节之前的音节声调总是比它高的，所以就容易造成“降调”的印象。有人就是因此认为它和阴去同样是 21，实际上因为它只是短而低，并没有什么降。轻声音节之前一定是本调音节，只要读一下“气去”k'i˨˩ k'i˨˩˩（受了气），就可以了解轻声并非混同阴去的 21，因为前后并不同音。由于它又是短调，和阴入的 32 就也有共同之处。Douglas 曾说是介于阴入和阴去之间的音。其实它比阴入和阴去都要低。相对而言，在低、短、弱之中，弱是次要的。

轻读之后也可以不引起元音和辅音的弱化。前面所说的弱化形式（如“提出去”t'eʔ˥ ts'ut˥˧˩˩ k'i˨˩˩，“五月一日”gɔ˧ geʔ˥˩˩ it˧˨ lit˥˩˩），也可以只读得轻而短，其中的“出、去、月、日”只要读为轻声，完全可以原封不动地读出它们本来的声母和韵母，连塞音韵尾也不脱落。这跟北京话的轻声和福州话的弱化有很大的不同。

厦门话的轻声还有一个特点，就是可以有两个音节以上的整串轻声。如“提倒来去”t‘eʔ˥ to˨˩˩ lai˨˦˩ k‘i˨˩˩ 拿回去，“食落去咯”tsiaʔ˥ loʔ˥˩ k‘i˨˩˩ lɔ˧ 吃下去了，“叫伊蜀摆两摆，伓来准哪好”kio˨˩ i˥˩ tsit˥˩ pai˥˧˩ lŋ˧˩ pai˥˧˩，m˧ lai˨˦ tsun˥˧˧ tu˥˧˧ ho˥˧ 叫他一两次，不来就拉倒。哪些地方可以有整串轻声下面还要提到。

四 声调单位的构成

在语流中，变调音节和轻声音节都不能单独存在，而必须和本调相依存。在变调音节之后和轻声音节之前，必定有一个不变调的本调音节。在一个声调单位里，本调音节只能有一个。变调音节和轻声音节可以没有，也可以只有一个，或者有两个以上。例如：

变调音节	本调音节	轻声音节
	人！ laŋ˨˦	
有 u˧˩	人 laŋ˨˦	毛？（有人吗？） bo˨˦˩
去 叫 k‘i˨˩˦ kio˨˩˦	人 laŋ˨˦	啾！（去叫人吧！） ɔ˩
赶 紧 共 我 kuã˥˧˧ kin˥˧˧ kaŋ˧˩ gua˥˧˧	提 t‘eʔ˥	倒来呵！（快给我拿回来呀！） to˨˩˩ lai˨˦˩ a˩

我们管这种变调 + 本调 + 轻声的连音组叫“声调单位”。（周辨明在他的论文里称为“tonal groups”即“声调群”，因为它有时只有一个音节不能成“群”所以我们改称“声调单位”。）声调单位的核心，不可缺少的是本调音节。它的末尾只能是轻声音节或本调音节，不能是变调音节，所以在句子里我们可以从轻声音节和本调音节去划分声调单位的界线。在口语里，凡是声调单位的末尾都有长短不等的停顿，不是声调单位的末尾就不能有语音的停顿。

从意义方面来看，一个声调单位也是一个意义单位（或称为“意群”）变调音节和轻声音节的意义同本调音节的意义也是互相依存的。只有变调音节没有本调音节是“语犹未了”，意义不完整，不成话。轻声音节是对本调音节的意义做必要的补充。如果应有轻声音节的声调单位，不说出轻声音节，意义也不完整，同样不成话。“共我—提—倒来”在“—”的地方不能截止，也不能停顿。

有时，用同样的音节构成的句子，由于声调单位的界线划分不同，意义就完全不同。例如：(/ 表示声调单位界线，下同。)

（1）伊 毛 去 交 代 汝 来？（他没去交代你来吗？）

i˥˧ bo˨˦˧ k‘i˨˩˦ kau˥˧ tai˧˨ li˥˧˧ lai˨˦

（2）伊 毛 去，/交 代 汝 来。（他没去，交代你要来。）

i˥˧ bo˧˥˧ k'i˩ kau˥˧ tai˧˨ li˥˧ lai˨˦

（3）伊 毛 去 交 代？/汝 来！（他没去交代吗？你来！）

i˥˧ bo˧˥˧ k'i˩˦ kau˥˧ tai˧ li˥˧ lai˨˦

（4）伊 毛 去 交 代 汝？/来！（他没去交代你吗？来！）

i˥˧ bo˧˥˧ k'i˩˦ kau˥˧ tai˧˥ li˥˨ lai˨˦

从语法作用来看，声调单位也是一个句法单位。关于声调单位和句法的关系，下文还有详细讨论。

声调单位里的变调音节，如果在其他场合也可以读为本调，可称为"相对变调"。如果轻声音节在其他场合，也可以读本调或变调，可称为"相对轻声"。

之所以需要有"相对变调"和"相对轻声"的概念，是因为有与之对立的"绝对变调"和"绝对轻声"的存在。绝对变调是只能依存于实词的虚词；绝对轻声是只能当后缀的成分。打个比方，绝对轻声就像只能唱男低音的演员，绝对变调就像只能唱假嗓子的演员；而相对轻声和相对变调是什么都能唱的多面手。至于哪些类型的变调和轻声是绝对的，哪些是相对的，下面还有讨论。

由此可见，本调是声调单位的核心，变调是依存于它的上连者，轻声是依存于它的下连者。有如一座山的主峰和周边群峰组成了一个整体。

五 句子里声调单位的划分

——变调和语法的关系

（一）厦门话声调单位的划分主要是语法关系决定的，包括词构成词组的方式，以及词组在句中的语法结构地位。下列各条是划分声调单位的主要界线：

1. 主语和谓语之间是声调单位的分界。例如[①]：

家 里/毛 猫/，鸟 鼠/ 跷 骹。

ke˥˧ lai˧ bo˧˥˧ ba˨˦ liãu˥˧ ts'u˥ k'iau˥˧ k'a˥

（家里没有猫，老鼠跷起脚。——喻无人管教而放纵胡为。）

船/ 过/ 水/ 毛 痕。（毛痕：不留痕迹。喻"事过境迁"。）

tsun˨˦ ke˩ tsui˥ bo˧˥˧ hun˨˦

二 一/ 添 作 五/，三 一/ 三 十 一。

li˧˨ it˥˦ t'iam˥˧ tsɔk˥˧ gɔ̃˥ sam˥˧ it˦ sam˥˧ sip˥˨ it˦

① 例句多选常用语，以反映方言特点。

如果是人称代词充当主语，则多读变调，和谓语连成一个声调单位，特别是第三人称。人称代词若不读变调，自成一个声调单位时，则有强调的意味。试比较：

我 卜 去　　伊 伓 去（我去，他不去）。

guaɁ˥ beʔ˥ k'i˩　　i˧ m˧ k'i˩

我/ 卜 去　　伊/ 伓 去（我是要去的，是他不去）。

guaɁ beʔ k'i˩　　i˥ m˧ k'i˩

2. 并列结构的并列成分之间是声调单位的分界。

多/ 快/ 好/ 省/ 建 设 社 会 主 义。——修饰成分的并列。

to˥ k'uai˩ ho˥ siŋ˥ kian˩ siat˥ sia˧ hue˧ tsu˥ gi˩

起 风/ 落 雨/ 咙 伓 惊。（刮风、下雨都不怕。）——述宾结构的并列。

k'i˥ hoŋ˥ loʔ˥ ho˩ lɔŋ˥ m˧ kiã˥

骨 力/ 食 力/ 贫 惮/ 吞 嚼。（勤劳有的吃，懒惰吞口水。）——分句的并列。

kut˩ lat˥ tsiaʔ˥ lat˥ pin˧ tuã˧ t'un˧ luã˩

如果并列成分之间用连词相接，连词读变调和后者连成一个声调单位。例如：

水 及 火 脍 相 容。（水和火不相容。）

tsui˥/ kaʔ˥ he˥/ bue˧ sioŋ˧ ioŋ˧

3. 同位成分前后分为两个声调单位。例如：

伊 兮 娴 婢/ 益 春/ 真 有 板。（她的婢女益春很有本事。）——主语是同位语。

i˧ e˧ kan˥ pi˥ iaʔ˥ ts'un˥ tsin˧ u˧ pan˥

亲 像 花 和 尚/ 鲁 智 深/ 兮 性 地。（像花和尚鲁智深的脾气。）——附加语是同位语。

ts'in˧ ts'iũ˧ hue˧ he˧ siũ˩ lɔ˥ ti˩ ts'im˥ e˧ siŋ˩ te˩

参 观 名 胜/ 南 普 陀——宾语是同位语。

ts'am˧ kuan˧ bin˧ siŋ˩ lam˧ p'ɔ˥ to˧

4. 偏正结构的体词性词组如果在附加语和中心语之间用助词“兮”（“的”）连接，就分为两个声调单位，“兮”和后面的实词组成声调单位。例如：

漳 州/ 兮 水 仙 花。　　泉 州/ 兮 东 西 塔。

tsiaŋ˧ tsiu˥ e˧ tsui˥ sian˧ hue˥　　tsuan˧ tsiu˥ e˧ taŋ˧ sai˧ t'aʔ˥

糊 涂/ 兮 人。 毛 路 用/ 兮 物 件。（没用的东西）

hɔ˧ tɔ˧ e˧ laŋ˧　　bo˧ lɔ˧ iŋ˩ e˧ bĩʔ˥ kiã˩

讲 未 了（没讲完）/兮 故 事。毛 闲/兮 时 竣。（忙的时候）

kɔŋ˥˧˧ be˨˨˩ liau˥˧ e˨˦˧ kɔ˨˩˦ su˨ bo˨˦˧ iŋ˧˥ e˨˦˧ si˨˦˧ tsun˨˩

如果“兮”之前的附加成分是人称代词，经常就读成变调，附加语和中心语合成一个声调单位。如“我兮册”我的书“人的事际”人家的事情“恁兮畦”你们的田地都只是一个声调单位。

这里的“兮”是变调与后面的中心词相连，与“的字结构”（如好的、卖鱼的）读轻声不同，轻声短促变调可以延长。另外，偏正结构的两个声调单位之间的停顿只能是在“兮”之前，不能在“兮”之后。如说“糊涂—兮人”“毛路用—兮物件”，不说“糊涂兮—人”“毛路用兮—物件”。

在这一点上厦门话也是接近于古代汉语，而不同于普通话的。普通话的结构助词“的”是附于附加语之后读为轻声的，偏—正之间的停顿也在“的”之后，如说“香的—花”“还没写好的—文章”。在古代汉语里表示领属关系的“之”正好相反，连在中心词之前。语音停顿也在它的前面。如“在河—之洲”“好色—之徒”“天地—之大义”。正因为“之”字之后不能有语音停顿，所以“取鸡、狗、马之血来”（《史记》）只能用一个“之”，不能说“取鸡之、狗之、马之血来”。从后来演化出来的“之间”“之上”“之中”“之下”“之时”这些表示方位和时间的词也可以看出古汉语的“之”是和后面的成分相联的。

不用“兮”连接的偏正结构连成一个声调单位。

好 花 臭 柿 仔西红柿

ho˥˧˧ hue˥ ts‘au˨˩˦ k‘i˨˨˩ a˥˧

两 箍 银两块钱 阮 阿 兄我哥哥

lŋ˨˨˩ k‘ɔ˥˨˩ gun˧˥ gun˥˧˧ a˥˧˧ hiã˥

5. 偏正结构的谓词性词组情况比较复杂，必须分别加以说明。

副词、数量词做状语时，和谓语连成一个声调单位。例如：

匀 仔 行慢走 则 咯 来再来

un˨˦˧ a˥˧˧ kiã˧˥ tsiaʔ˥˧˧ koʔ˥˧˦ lai˧˥

四 界 走四处跑 恰 紧 去快去

si˨˩˦ kue˨˩˦ tsau˥˧ k‘aʔ˥˧˦ kin˥˧˧ k‘i˨˩

表示时间、方位、地点的名词做状语时，和谓语分为两个声调单位。例如：

我 早 起/去/，伊 下 哺/来（我早上去，他下午来）。

gua˥˧˧ tsa˥˧˧ k‘i˥˧ k‘i˨˩ i˥˧ e˨˨˩ pɔ˥ lai˧˥

东 爿/ 出 日/西 爿/ 落 雨（东边晴，西边雨）。

taŋ˥ piŋ˨˦˨ ts‘ut˥˧˧ lit˥ sai˥ piŋ˨˦˨ loʔ˥˨˩ ho˨

海 咧/毛 鱼/虾/ 做 王（海里没鱼虾为王）。

hai˥˧ le˨ bo˨˦˧ hi˧˥ he˧˥ tsue˨˩˦ ɔŋ˧˥

介宾结构做状语时自成一个声调单位和谓语分开。例如：

小 弟/比 阿 兄/ 恰 大 汉（弟弟比哥哥更高）。

sio˥˧ ti˨ pi˥˧ a˥˧ hiã˥ k'aʔ˥˧ tua˨˩ han˩

对 北 京/来（打北京来）。

tui˥˧ pak˥˧ kia˥ lai˨˦

用 毛 笔/写 字

iŋ˨˩ bɔ̃˨˩ pit˥ sia˥˧ li˨

6. 述宾结构的述语和宾语连成一个声调单位。连动式的句子有几个述宾结构就有几个声调单位。例如：

刣 鸡/教 猴（杀鸡吓猴）

t'ai˨˩ kue˥ ka˩˥ kua˨˦

留 肶/饲 狗（留肉喂狗——意为见背于人大失所望）。

lau˨˩ baʔ˥ ts'i˨˩ kau˥

伓 关 鸡 母/骂 觅 鹞（不关母鸡骂老鹰——意即不责已先责人）。

m̩˨˩ kuãi˥˧ kua˥˧ bu˥ bẽ˨˩ ba˨˩ hioʔ˥

赊 杉/起 厝/卖 现 钱（赊的木材，盖了房子，还卖现款——势利之至）。

sia˥˧ sam˥ k'i˥˧ ts'u˩ bue˨˩ hian˨˩ tsĩ˨˦

7. 几个动词相连的合成谓语合成一个声调单位。例如：

艙 使 得 去 七 桃（不可以去玩）。

bue˨˩ sai˥˧ lit˥˧ k'i˨˩ ts'it˥˧ t'o˨˦

想 卜 入 去 困（想要进去睡）。

siũ˨˩ beʔ˥˧ lip˥˩ k'i˨˩ k'un˩

8. 双宾句的直接宾语（近宾）和间接宾语（远宾）分为两个声调单位。例如：

送 俬 朋 友/蜀 块 布（送他朋友一块布）。

saŋ˥˧ in˥˩ piŋ˨˩ iu˥ tsit˥˩ te˨˩ pɔ˩

借 学 生/几 本 册（借给学生一本书）。

tsioʔ˥˧ hak˥˩ siŋ˥ kui˥˧ pun˥˧ ts'eʔ˥

如果直接宾语是人称代词，就读变调，两个宾语连成一个声调单位。例如：

伊 借 我 蜀 本 册（他借了我一本书）

i˥˩ tsioʔ˥˧ gua˥˧ tsit˥˩ pun˥˧ ts'eʔ˧

9. 述补结构连成一个声调单位。一个句子里有几个述补结构，就有几个声调单位。例如：

听　有/看　毛/　看　有/食　毛（听到了看不到，看到了吃不到）。

t'iã˥˧ u˧ k'uã˨˩˥ bo˧˥ k'uã˨˩˥ u˧ tsiaʔ˥˧˩ bo˧˥

想　有　好　势/讲　毛　清　楚（想妥了，讲不清楚）。

siũ˧˨˩ u˧˨˩ ho˥˧˥ se˨˩ kɔŋ˥˧˥ bo˧˥˧ ts'iŋ˥˧ ts'ɔ˥˧

10. 疑问句中的疑问代词、疑问副词自成一个声调单位。例如：

早　起/　怎　样/伓　去（早上为什么不走）？

tsa˥˧˥ k'i˥˧ tsãi˥˧˥ iũ˧ m̩˧˨˩ k'i˨˩

汝/敢　是/伓　知　影（你岂是不知道）？

li˥˧ kã˥˧˥ si˧ m̩˧˨˩ tsai˥˧ iã˥˧

到　底/有　影/毛　影（究竟有没有这回事）？

tau˨˩˥ ti˥˧ u˧˨˩ iã˥˧ bo˧˥˧ iã˥˧

（二）除了句法之外，词组的构造方面还有以下四种特殊变调规则：

1. 单音形容词的三叠式后两音节的变调和一般二音组变调规则相同，第一音节的变调按不同调类另行选择。举例如下：

原调	例　词	读　法	第一音节的变调
阴平	乌（黑）	ɔ˥˧˥ ɔ˥˧ ɔ˥	阴平→阳平
阳平	红	aŋ˧˥ aŋ˧˥˧ aŋ˧˥	不变
上声	水（美）	sui˥˧˥ sui˥˧˥ sui˥˧	上声→阴平（同一般规则）
阴去	正（端正）	tsiã˨˩˥ tsiã˨˩˥ tsiã˨˩	阴去→上声（同一般规律）
阳去	厚	kau˧˥˧ kau˧˨˩ kau˧	阳去→阳平
阴入	涩	siap˨˧˥ siap˨˧˥ siap˨˧	阴入→阳入（同一般规律）
阳入	白	peʔ˥˧ peʔ˥˧˩ peʔ˥˧	不变

单音形容词的三叠式表示性状的最高程度，在句子里它常常用作谓语（如“目睭红红红”——眼睛很红很红）或专用作补语（如“洗遘白白白”——洗得白白的）。

2. 拟声词的变调也有特殊规则。

在口语里，为了说话生动、描述具体，特别是在讲故事的时候，拟声词可以由说话的人自由掌握，可以说没有一定的调类和调值，可高可低，可长可短。但是在一般叙述语气的句子里拟声词仍然按一定规律变调。

单音拟声词可以按照某个调类和调值发音，或者不按某个调类定调，而是模拟实际声音发音，在后面带上两个轻声音节“蜀声”tsit siã，组成一个声调单位。但更常见的拟声词是三音节或四音节的。三音节的拟声词用两个重叠音节按照两字组变调规则变调，然后在前面或后面跟一个动词变调相连，组成一个声调单位。例如：

ts'iaŋ˧˥˧ ts'iaŋ˧˥˧ kun˥˧　（滚）　　kun˥˧˥ ts'iaŋ˧˥˧ ts'iaŋ˧˥　（沸腾）

k‘eʔ˥꜖ k‘eʔ˥꜖ sau˨˩　（嗽）　sau˨˩꜒꜔ k‘eʔ˥꜖ k‘eʔ˥　（咳嗽）

gãuʔ˥꜖ gãuʔ˥꜖ liam˧　（唠叨不停）　ts‘au˧꜒꜔ kɔŋ˧˥꜔ kɔŋ˧˥　（臭熏熏）

四音节拟声词不跟动词连说，前后两个双音节各自按双音节变调相连，分为两个声调单位。例如：

k‘in˥꜔ lin˥/ k‘iaŋ˥꜔ liaŋ˥　金属敲击声

p‘in˧˥꜔ p‘in˧˥/ p‘ɔŋ˧˥꜔ p‘ɔŋ˧˥　击水声

si˧꜖ li˧/ sua˧꜖ lua˧　嘈杂声

p‘iʔ˥꜖ liʔ˥/ p‘iat˥꜖ liat˥　旗子飘扬声

ĩʔ˥꜖ ĩʔ˥/ uãiʔ˥꜖ uãi˥　开门响声

3. 由两个以上的词构成的专名（人名、地名、书名、机关名）或特定的时间、数码等词组，一般都按词分成一个个声调单位。例如：

中　华/人　民/共　和　国

tiɔŋ˥꜔ hua˧˥ lin˧˥꜔ bin˧˥ kiɔŋ˧꜖ ho˧˥꜔ kɔk˧˨

世　界/和　平/理　事　会

se˨˩꜒꜔ kai˨˩ ho˧˥꜔ piŋ˧˥ li˥˧꜒ su˧꜖ hue˧

厦　门/鼓　浪　屿/日　光　岩

e˧꜖ bŋ˧˥ kɔ˥˧꜒ lɔŋ˧꜖ su˧ lit˥꜖ kŋ˥꜔ giam˧˥

公　元/一　九　四　九　年/十　月　一　日[①]

kɔŋ˥꜔ guan˧˥ it˧˨꜒ kiu˥˧꜒ su˨˩꜒꜔ kiu˥˧꜒ lĩ˧˥꜔ tsap˥꜖ geʔ˥꜖ it˧˨꜒ lit˧

五　千　四　百　三　十　九[②]

gɔ˧꜖ ts‘iŋ˥ si˨˩꜒꜔ paʔ˧˨ sã˥꜔ tsap˥꜖ kau˥˧

4. 成语、谚语、歌谣等固定词组因为内部意义关联紧密，并在组织声调单位时就比较灵活。例如：

天　乌/地　暗　　喙　饱/目　枵[③]

t‘ĩ˥꜔ ɔ˥ tue˧꜖ am˨˩　　ts‘ui˨˩꜒꜔ pa˥˧ bak˥꜖ iau˥

原来是两个并列的主谓结构，应该分为四个声调单位，因为说惯了合并为两个；如果不太常说，也可以维持原来的划分。例如："盐遘，鲑臭" iam˧˥/ kau˨˩/ kue˧˥/ ts‘au˨˩（意为"远水救不得近火"）。也有些成语结合得更紧，把四个音节都合为一个声调单位。例如：

① 如果是 × 月 × 日，还是连成一个声调单位。这样的声调单位例外地包括几个词。

② 数码的简缩"百八"（一百八）"千三"（一千三）"丈二"（一丈二尺）等合为一个声调单位。

③ 喙：嘴；枵：饿。整个的意义是肚子饱了，嘴巴也已吃不下了，心里还想吃，眼睛盯着看。讥小孩贪吃。

喙 尖 舌 利（尖刻多嘴） 心 狂 火 着（又气又急）

ts'ui˨˩˦ tsiam˥˧ tsiʔ˥˨ lai˧ sim˥˧ kɔŋ˦˧ he˥˧ toʔ˥

有些歌谣的句子在组织声调单位时也放宽组合。例如：

离 嬔 离 团/ 心 头 酸（嬔：妻；团：子）

li˦˧ bɔ˥˧ li˦˧ kiã˥˧ sim˥˧ t'au˦˧ sŋ˥

“离嬔离团”是并列结构，“心头酸”是主谓结构，都各自合为一个声调单位。

由此可见，厦门话的变调不是一般性的联合音变，而是取决于各个音节（词的语音外壳）所表示的意义之间的关系；而这个关系又是受意义和语法关系制约的。每个声调单位在意义方面是一个“意群”；在句子里又是一个句法成分。声调单位正是变调规律（声调组合的方式）和语义内容、语法关系的严整统一。此外，和语用方面的常用度也有关系。

（三）词类是词的语法分类。厦门话的变调既然受语法制约，不同的词类在变调上就必然会有不同的表现。

厦门话的声调单位，除了独用的单音词，都由两个以上的词组成。变调音节都在本调音节前，可称为“声调下连”；轻声音节都在本调音节之后，可称为“声调上连”。厦门话的不同词类在连读变调中的不同表现，主要就是“声调上连”和“声调下连”的区别。这些区别可分述如下几项：

1. 语气词、拟声词和叹词在声调组合中是比较特殊的。

叹词离句而独立，其调值也是不固定的，往往随语气的不同归入某个调类，有时还会加以夸张。如表示疑问的：“ã˦，汝敢伓知？”（你还不知道？）表示赞叹的：“gua˨，者水！”（这么美！）表示省悟的：“ɔ˥˩，原来如此！”可以说是“调无定类，类无定值”。在声调组合上它是绝对孤立，既不上连，也不下连。

拟声词有时也是离句独立的，和叹词一样常常也是自成声单位，既不上连，又不下连。如果当补语，带有形容词的性质，后面再不能有任何成分相连，所以它没有声调下连。如“hi˦˨ li˥˧ hua˦˨ la˧，拢摒落去了。”（稀里哗啦，都倒下去了）。

语气词只能处于句末，所以没有声调下连。在声调上连中它只能跟实词组合，不能跟虚词组合。跟在本调之后读为轻声，属于绝对轻声。

2. 副词、介词、连词、助词这四类都是虚词，在声调组合中有共同点，也有区别。

虚词在声调组合上的共同特点之一是：多数只跟另外一个词构成声调单位时，往往意义不完整，必须有第三个词参加才能构成完整的语法意义。所以在本文举例中，有虚词参加的声调单位经常要带上加括号的第三个词。如“对北京（来）”，介词“对”声调下连，与“北京”组成一个声调单位，但意义不完整，必须加上另外一个动词“来”。又如“汝佮伊”（你和他），也必须加上其他成分，如“做阵去”（一起去）。只有副词和助词可以只组成一个声调单位，如“太大”。

虚词在声调组合中的另一个共同特点是变调下连多，而声调上连少。副词、介词、连词、助词和各种词类大多能变调下连，能放在其他词类之后，或处于声调单位的末尾，而声调上连则很少。

各类虚词都属于绝对变调，不能处于声调单位的核心地位读本调。我们只能从它的单字读音才能知道它的原调。

不过，因为在句中的地位和作用不同，不同的虚词在声调组合中仍然有不同的情况。

副词是从形容词发展过来的，因而比其他虚词更具有实在的意义。王力先生在《中国现代语法》中就把副词称为“半虚词”。由于这个特点，副词在与名词、动词、形容词、指示词等实词组合成声调单位时，不必有第三个词参与。一个副词跟一个实词就可以组成一个声调单位了。例如：“真柴头”tsin˥˧ ts‘a˦˧ t‘au˨˦（很笨）|“匀仔行”un˦˧ a˥˧ kiã˨˦（慢慢儿走）|“不止好势”put˦˧ tsi˥˧ ho˥˧ se˨˩（相当妥当）|“嘟仔五个”tu˥˧ a˥˧ go˨˩ e˨˦（刚好五个）|“大淡薄”tua˨ tam˨˩ po˥˧（长大了一点）。在这些句子成分里，副词充当实词的修饰成分，组成偏正结构，或充当实词的后补成分，组成述补结构。就凭这一点，副词就同其他虚词区别开来了。

介词、连词、助词在句子里都是用来介绍两个词（或两个以上的词）的关系的。但是它们所介绍的关系不同，结构也就不同。连词和助词都必须放在被介绍的两方面的当中，而介词是放在被介绍的双方的前面。所以，介词在声调组合中一般不需要，也不能有上连声调，而在介词之后必定有两个成分和它发生组合关系。例如“用二去除”iŋ˨˩ li˨/k‘i˨˩ tu˨˦（“用二”和“去除”虽然分为两个声调单位，但是“用二”不能单独存在，所以仍应认为四个音节构成一个整体）。

连词和助词虽然都是放在所介绍的两个成分之间，但是连词所联系的两个成分必须分为两个声调单位，连词变调下连，而助词则将所联系的二者连同自己组成一个声调单位。这又用连调的方式显示了连词和助词不同的语法意义。例如“牛佮$_{和}$马”gu˨˦/ kap˦˧ be˥˧“生佮$_{和}$死”sĩ˥/ kap˦˧ si˥˧ 都分为两个声调单位；“伯兮人”lan˥˧ e˦˧ laŋ˨˦（咱的人），“踦咧食”k‘ia˨˩ le˥˧ tsiaʔ˥（站着吃），都合为一个声调单位。

3. 此外，就是有实在意义的实词。在厦门话的声调单位中，实词都可以处于核心地位读本调。虽然有时也在本调之前读变调或在本调之后读轻声，那只是属于相对变调和相对轻声。这就是厦门话的实词所共有的和虚词不同的特征。

但是，各类实词在组成声调单位时也有些不同特点。

先说代词。通常说的指代词包括人称代词，指示代词和疑问代词。从厦门话代词修饰名词时常可以变调下连。例如：阮小弟（我弟弟）、恁兜（你家）、怎样讲、甚么学堂。这些字下加点的都是代词，都读变调。从声调下连的情况看来，人称代词的确有点像虚词了。难怪有人把代词认为是“半虚词”。

关于数词和量词，厦门话和普通话一样常常是数词和量词连用的。量词单独和其他词类组成声调单位的例子还没发现。所以我们倾向于把数词和量词合称数量词。

在名词、动词、形容词三类实词中，名词在声调组合中的情况比较特殊。名词之前除了绝对轻声的语气词之外，可以上连任何词类，而名词之后除了名词和语气词之外不能下连任何词类。所以在句子里，名词常常处于声调单位的核心读为本调，读为变调的机会很少。这是由于名词在句子里经常充当主谓结构的主语，偏正结构的中心词，述宾结构的宾语，而主语、中心词、宾语在声调单位里总是处于本调音节的地位。

动词和形容词同属于谓词，在声调组合中情况相近。所能上连和所能下连的词类是一样的。只是在变调下连中，动词可以单独下连各类指示代词，而形容词下连这两类词时往往还不能成句，不能组成完整的声调单位。例如：“好即竣（来）”ho˥˧˦ tsit˥˧˦ tsun˧˨˦ dai˨˦（好在现在来）|“好恁（来）”ho˥˧˦ din˥˧˦ dai˨˦（好在你们来）。形容词和代词相连还要加上一个动词才构成完整的声调单位。

从实词的声调组合情况看，体词和谓词的区分是必要的，谓词在声调组合中是最“活泼”的。它们可以和绝大多数的词类上连，下连。也就是说，它们既可读本调又有许多地方读变调。而名词、数量词、代词（人称代词例外已如上述）可能下连的词类却都很少，也就是说，在声调单位里读为变调的机会甚少。

六　轻声的范围——轻声和语气的关系

厦门话的轻声和变调一样，是语音形式所表现的一种语法现象。句子里的轻声是由于词性和句法地位所决定的，有些轻声也与语气有关。和语法有关的轻声可归纳为六项。

（一）与词法有关的轻声有两种：

1. 名词后加成分的轻声。

厦门话名词的后边可以有多种附加成分，这些成分不能单独存在，如果单说，意义就完全改变了。这些成分算是后缀，还是词尾，暂不讨论，先称之为后加成分。名词的后加成分并不全都读成轻声，只有下面的五种是轻声，不读轻声的名词后加成分，限于篇幅，这里不说。

人名：常用的加于人名之后的轻声有呵、兮、哥、先生、氏等，用法各有不同。

呵 a˥˨　鱼呵 hi˨˦ ～　石呵 tsioʔ˥ ～　溪呵 k‘ue˥ ～　云呵 hun˨˦ ～　章呵 tsiɔŋ˥ ～

单音节的人名，或者是从双音节的人名中抽出一个字，再加上后加成分“呵”，这是厦门人对熟悉人的常用称呼。可用作背称，也可用作面称。拿双音的人名加上“呵”

只能作面称。

兮 e⅃⅃ 鱼兮 hi˦～ 石兮 tsioʔ˥～ 秀云兮 siu˩˥ hun˦～ 阿章兮 a˥˩ tsiɔŋ˥～

张兮 tiũ˥～ 红兮 aŋ˦～ 老朱兮 lau˧˥ tsu˥～ 老白兮 lau˧˥ peʔ˥～

"兮"在称呼中用得更广。可以加在姓或名的后面，单音、双音、背称、面称均可。

哥 ko˥˩ 鱼哥 hi˦～ 石哥 tsioʔ˥～ 溪哥 k'ue˥～ 章哥 tsiɔŋ˥～

"哥"加在单音名词之后，表示对男性的尊称。背称面称均可，若加在双音人名或姓氏之后读轻声而读原调。

先生 sian˥˩ sĩ˥˩（或简化为 sian˥˩） 傅先生 pɔ˩～ 许先生 k'ɔ˧～ 秀云先生 siu˩˥ hun˦～

"先生"加单双音姓、名之后面称背称均可。厦门人旧时多称"先生"（近年来中小学校里才改称"老师"）。

氏 si˩˩ 王氏 ɔŋ˦～ 张氏 tiũ˥～ 洪氏 aŋ˦～ 朱氏 tsu˥～

旧时对妇女不能称名字，只能称"× 氏"。如今只保留在"× 氏祠堂"一类说法里。

地名：常用的地名的后加成分，有头、厝。读本调的"江头"指江之源，读轻声的特指地名，下例中的"江头""何厝"等都是厦门的地名。

头 t'au˦˩ 江头 kaŋ˥～ 岭头 liã˧～ 董头 taŋ˧～ 张头 tiũ˥～

厝 ts'u˩˩ 何厝 ua˦～ 蔡厝 ts'a˩～ 郭厝 keʔ˧～ 张厝 tiũ˥～

"厝"原来有是"房屋、家"的意思，加于姓之后也用来作村落的名称，同时厝又读成变调。

表处所方位词：常用读为轻声的有"哩、爿（音平）、头"三个。"哩"用得较广，"头"和"平"只有特定的几个词，不能推广。

哩 le˩ 或 li˩ 海哩（海里，海上）hai˧～ 山哩（山里，山上）suã˥～ 手哩（手里，手上）tsiu˧～ 腹哩（心里，肚子里）pak˧～ 船哩（船里）tsun˦～

头 t'au˦˩ 边头（边上）pĩ˥～ 角头（角落里）kak˧～ 东头（东边）taŋ˥～ 北头（北边，北方）pak˧～ 中头（当中）tiɔŋ˥～

爿 piŋ˦˩ 左爿（左边）tsɔ˧～ 右爿（右边）iu˩～ 东爿（东边）taŋ˥～ 即爿（这边）tsit˧～

时间名词：时间名词读为轻声的有"年、日、时"三种。读本调泛指数量，读轻声表示特定的某时。

年 lĩ˦˩ 前年 tsun˦～ 后年 au˩～ 元年 guan˦～ 八年 pueʔ˧～（第八年）

日 lit˥˩ 前日 tsoʔ˥～ 后日 au˩～ 四日 si˩～ 十八日 tsap˥˩ pueʔ˥～

"前年""前日"中的"年、日"如果读为本调是"以前的年代"，"以前的日子"，轻声之后专指“去年的去年”、“昨天的昨天”；“后年”和“后日”的用法一样用重读和轻声区别泛指的时间和特指的时间。“年”和“日”加于数词之后，如果读轻声，前面的数词是序数；如果读本调前面的数词是基数。但是，“时”读轻声是泛指，属词汇意义：时 si˧˩ 日时 dit˥ ～指白天 冥时 bĩ˦ ～指夜间

实词之后加“兮”组成一般说的“的字结构”。可以当名词用，其中的“兮”也读轻声。

兮 e˧˩ 石兮 tsioʔ˥～（石做的） 金兮 kim˥～（金做的） 咸兮 kiam˦～（咸的）
乌兮 ɔ˥～（黑的） 肥兮 pui˦～（胖的） 缺角兮 k'iʔ˥˩ kak˩～（缺了角的）
㓾兮 tsueʔ˥～（切的） 煮兮 tsu˥˧～（煮的） 倩来兮 ts'iã˩ lai˧˩～（雇来的）
做木兮 tsue˩˥ bak˥～（木匠） 煮食兮 tsu˥˧ tsiaʔ˥～（做饭的） 看命兮 k'uã˩˥ biã˧～（算命的）

2. 动词的后加成分处于声调单位的末尾时，也读为轻声。但在一个声调单位里，动词之后可有宾语、补语，当动词不在声调单位末尾时，后加成分由轻声转化为变调，可见，是相对轻声。

普通动词：普通动词的后加成分有“着、咧、者”。

着 tioʔ˥˩ 想着 siũ˧～（想起了，想到了） 食着 tsiaʔ˥～（吃上了，曾吃过） 惊着 kiã˥～（受了惊） 寒着 kuã˦～（着了凉） 七桃着 ts't˥˧ t'o˦～（玩过） 揌着 ts'e˧～（找过，找到）

这里的“着”不像普通话表示动作或状态的持续，而是表示动作曾经经历过。带“着”的动词可以前加“有”u˧˩ 或“毛”bo˦˧，对是否经历过那个动作作出判断。“有食着”是曾吃过，“毛食着”是未曾吃过。

带有后加成分“着”的动词，后面如果接上宾语，“着”读为变调，意思变为“动作的实现”。如“想着朋友”siũ˧˩ tioʔ˥˩ piŋ˦˧ iu˥˧（想到朋友，想起朋友）|“食着沙”tsiaʔ˥˩ tioʔ˥˩ sua˥（吃到了沙）；后面如果接上补语，“着”读本调和下面的补语分为两个声调单位。如“食着真甜”tsiaʔ˥˩ tioʔ˥/ tsin˥˧ tĩ˥（食起来很甜），“听着真入耳”t'iã˥˧ tioʔ˥/ tsin˥˧ lip˥˩ hi˧（听起来很入耳）。可见“着”读轻声和变调所表示的语法意义有明显差别。

咧 le˧˩ 在咧 ti˧～（在） 囥咧 k'ŋ˩～（藏着） 徛咧 k'ia˧～（站着）
插插咧 ts'a˩˥ ts'aʔ˥˧～（全插上）

这里的“咧”加在动词的后面表示动作的持续状态。近于普通话的“着”，但不完全相同。厦门话的“咧”只能加于单音动词及其重叠式的后面。像普通话的“工作着”的说法，厦门话要改说“咧做工”le˩˥ tsue˩˥ kaŋ˥；可见要表示双音动词的持续，厦门话必须把“咧”移到前面去。又普通话动词加上后缀“着”之后可以带动词（如“笑

着说”“坐着吃”），可以带宾语（如“拿着一本书”“吃着饭”），不能带补语。厦门话动词加上后缀“咧”之后可以带另一个动词（如“囥咧食”kŋ˩˥ le˩˥ tsiaʔ˥——藏着吃，“坐咧困”tse˧˧ le˩˥ k‘un˩——坐着睡），但在这样的格式中“咧”因为带有介绍两个动词的作用，所以不读轻声，应读变调。如果后面带有补语，“咧”也同样转化为变调（如“囥咧嘞”k‘ŋ˩˥ le˩˥ hia˧——藏在那儿）。

者 tse˧˧· 坐者 tse˧～（坐一坐，坐坐） 看者 k‘uã˩～（看一看，看看） 割者 kuaʔ˧～（割一割，割一下） 拍算者 p‘aʔ˧˥ sŋ˩～（划算划算，打算一下） 探听者 t‘am˩˥ t‘iã˥～（打听打听，打听一下）

这个“者”是“蜀下”tsit˥˥ e˧（一下）的合音。但是已经虚化，用在动词之后读为轻声表示动作的短暂。大体相当于普通话的动词重叠式。在口语里，“者”有时读同“咧”。但是它所表示的意义还是不同于上述的“咧”。碰到难以分辨的情况时，检验的办法是：如果可以还原为“蜀下”的是“者”，否则是“咧”。带“者”的动词不能后加其他成分，所以“者”是绝对轻声。

能愿动词：厦门话的能愿动词“会”和“能”有别，“会”表示“能”也有个后加成分“得”：

会＋动词→会		会＋动词＋得→能	
会食	e˧˩ tsia˥（会吃）	会食得	e˧˩ tsia˥ lit˧˩·（能吃，可以吃）
𫞼食	bue˧˩ tsia˥（不会吃）	𫞼食得	bue˧˩ tsia˥ lit˧˩·（不能吃，吃不得）

如果这个后加的“得”后面还有其他成分，就换成变调，如“食𫞼得了”（吃不完），“𫞼食得落”（吃不下）。

（二）和句法有关的轻声有四种：

1. 人称代词用作动词的宾语时，若是单音代词，则读为轻声。例如：

送我 saŋ˩ gua˥˩· 送伲 saŋ˩ gun˥˩·（送我们） 送汝 saŋ˩ li˥˩·（送你） 送恁 saŋ˩ lin˥˩·（送你们） 送伊 saŋ˩ i˥˩·（送他） 送個 saŋ˩ in˥˩·（送他们） 送人 saŋ˩ laŋ˦˩·（送人家）

如果单音代词做宾语时，之后还有其他成分，或接上谓语、宾语、补语时，人称代词必须转化为变调。例如：

宾语不只是单音代词：这本册送恁小弟 tsit˥˧ pun˥˧ ts‘eʔ˧˨ saŋ˩˥ lin˥˧ sio˥˧ ti˧（这本书送你弟弟）。

后连间接宾语：送我蜀本册 saŋ˩˥ gua˥˧ tsit˥˩ pun˥˧ ts‘eʔ˧˨（送我一本书）。

后连动词谓语（兼语式）：请伊来坐 ts‘iã˥˧ i˥˩· lai˦˧ tse˧（请他来坐）。

后连补语：叫汝两声咯 kio˩˥ li˥˧ lŋ˧˧ siã˥ lɔ˩（叫你两声了）。

后连形容词谓语：爱汝好 ai˩˥ li˥˧ ho˥˩（爱你好，希望你好）。

人称代词做介词的宾语时，因为“语犹未了”，一个声调单位还没有结束，所以不能读轻声，而读绝对变调。例如：

共伊借来 kaŋ˧˩ i˥˧ tsioʔ˥˧ lai˦˩（把他的借来）。

掠汝做搭肉衫 liaʔ˥˩ li˥˧ tsue˩˦ taʔ˥˦ hik˥˩ sã˥（拿你当心腹）。

乞人提去咯 kit˥˧ laŋ˦˩ t'eʔ˥ k'i˨˩ lɔ˧（被人家拿走了）。

2. 数量结构做动词或介词的宾语时，也常常读为轻声，轻声和重读意义有所不同，其中的情况比较复杂。有些和语气有关的留待下述，先提出下面两点来讨论：

A. 重读表示确数，轻声表示约数。试比较：

	重读表确数	轻声表约数
（a）	固　等　咧　两 koʔ˥˦ tan˥˧ le˥˧ lŋ˧˩ 日　就　会　来 lit˥ tsiu˧˩ e˧˩ lai˦ （再等两天准来）	固　等　咧　两 koʔ˥˦ tan˥˧ le˥˩ lŋ˧˩ 日　就　会　来 lit˥˩ tsiu˧˩ e˧˩ lai˦ （再等一两天就会来）
（b）	拍　蜀　下　现　死 p'aʔ˦˥ tsit˥˩ e˧ hian˧˩ si˥˧ （才打了一下就死了）	拍　蜀　下　现　死 p'aʔ˥˧ tsit˥˩ e˧˩ hian˧˩ si˥˧ （随便打一下就会死）

B. 重读表示动作已经进行过，轻声表示动作尚未进行。试比较：

	重读	轻读
（a）	下　晡　固　读　两　遍 （下午又读了两遍了） e˧˩ pɔ˥ koʔ˦˥ tãk˥˩ lŋ˧˩ p'ian˩	下　晡　固　读　两　遍 （下午再读两遍吧） e˧˩ pɔ˥ koʔ˦˥ t'ak˥ lŋ˧˩ p'ian˩˩
（b）	但　使　写　蜀　字　着　有　够 dã˧˩ sai˥˧ sia˥˧ tsit˥˩ li˧ toʔ˥˩ u˧˩ kəu˩ （只要写一个字就够了）	清　采　写　蜀　字　着　好 ts'in˩˦ ts'ai˥˧ sia˥˧ tsit˥˩ li˩˩ toʔ˥˩ ho˥˧ （随便写个字就好了）

3. 动词谓语可以拿一个动词当补语。这种补语都读轻声。

A. 趋向补语：

厦门话的趋向补语有简单和复合两种。可以说“简单式”是指“向”，“复合式”则是“趋”和“向”相结合。如“提来”t'eʔ˥ lai˦˩ 的“来”是指“提”（拿）这个动作的“方向”；“提入来”（拿进来）t'eʔ˥ lip˥˩ lai˦˩ 中的“入”是“拿”这个动作的“趋”的方式，“来”是“拿”这个动作的“向”。表示“向”的补语可以单独使用构成简单式，表示“趋”的补语只能同简单式相结合组成复合式。

厦门话里，简单的趋向补语除了“来、去”之外，还有“来去”。“来去”表示的是“将去未去”的一种意向。“来去”连用常有委婉、恳求、邀请、殷切的意味。例如“伝卜倒来去咯”，勉强译作普通话应该是“人家我可想着回家了呢”。再如“我共汝提来去，看汝卜怎样”，可译作“我把你拿了去，看你要怎么办”。

厦门话的趋向动词有二十一种，其中简单式三种，复合式十八种，列表举例如下：

趋向动词				举例		
“趋向”（复合式） “向”（简单式） “趋”	来 lai˨˦·	去 k'i˨˩·	来 去 lai˨˦· k'˨˩·	提来（拿来） t'eʔ˥ lai˨˦·	提去（拿去） t'eʔ˥ k'i˨˩·	提来去 t'eʔ˥ lai˨˦· k'˨˩·
出 ts'ut˧˨˧	出来	出去	出来去	提出来（拿出来）	提出去（拿出去）	提出来去
入 lip˥·	入来	入去	入来去	提入来（拿进来）	提入去（拿进去）	提入来去
过 ke˨˩·	过来	过去	过来去	提过来（拿过来）	提过去（拿过去）	提过来去
倒 to˨˩·	倒来	倒去	倒来去	提倒来（拿回来）	提倒去（拿回去）	提倒来去
起 k'i˥˧·	起来	起去	起来去	提起来（拿起来）	提起去（拿上去）	提起来去
落 loʔ˥·	落来	落去	落来去	提落来（拿下来）	提落去（拿下去）	提落来去

所有的趋向动词，不论单音、双音，也不论简单式、复合式，放在动词后面充当补语时一律读为轻声。趋向补语之后如果还另有动词，趋向动词一律转化为变调。如“提入来园咧”（拿进来藏着），“行出去看者”（走出去看一下）。如果是并列的选择问句，也不读轻声，而读变调和本调。如“汝是卜行过来，抑是卜行过去？”（你是要走过来，还是要走过去？）可见，也是相对轻声。

B. 结果补语：

厦门话充当动词谓语的后补成分读为轻声的大多是单音动词，有些常用的可用于许多动词之后，如“去”（k'i˨˩）：破～、烂～、卖～、死～，说普通话对应为“掉”；“着”tioʔ˧（相当于“到”）：想～、见～、拄～（碰到）、读～；死 si˧：拍～、害～、淹～、病～。有的单音补语能组合的机会较少，如“见”（kĩ˨˩）：看～、听～、梦～；“倒”to˨˩·：车～（撞倒）、跋～（跌倒）。轻声补语置于双音动词之后比较少，例如：拍无去（丢掉）、烦恼死（愁死）、挑着（玩过）、变弄死（作弄死）。如果不是句末，后面还连带别的成分也是转化为变调，可见也是相对轻声。例如：想着大家、弄破了（全打破了）、拍无去真久咯（丢了好久了）、车倒几落侬（撞倒好几个人）。

4. 疑问句末的否定词一律读为轻声。

厦门话疑问句最常用的格式就是在句末加一个轻声的否定词。例如：

是 伊 唔（是他吗）？ 汝 卜 来 唔（你来吗 / 你来不来）？

si˧˨· i˥ m˧˨· li˥˧ beʔ˦˥· lai˨˦ m̩˧˨·

有 看 见 毛（看见了吗）？

u˧˨· k'uã˨˩ kĩ˨˩· bo˨˦·

有 收 着 毛（收到了吗）？

u˧˨· siu˥ tioʔ˥· bo˨˦·

会 使 讲 袂（能说吗）？

e˨˩ sai˥˧ kaŋ˥˩ bue˨˩

会 晓 写 絵（懂得写吗）？

e˨˩ hiau˥˧ sia˥˩ bue˨˩

着 去 未（得去了吗）？ 接 着 未（收到了没有）？

tioʔ˧˩ k'i˩ be˨˩ tsiʔ˥˩ tioʔ˧˩ be˨˩

这种问句是从选择问句简化来的，例如“是伊伓”可以说成“是伊抑伓是？”si˨˩ i˧˩ a˥˧ m˨˩ si˩，“会使讲絵”可以说成“会使讲抑絵使”e˨˩ sai˥˧ koŋ˥˩ a˥˧ bue˨˩ sai˥˩。如果从简化式回到原来的复杂式，否定词就由轻声转化为变调，可见这类轻声也是相对轻声。但是，选择问句已经加了“抑”，整个句式变了，作为句末否定词还是可以认为是绝对轻声。

5. 句末的语气词一律读为轻声。

厦门话的语气词十分丰富。一种语气可以用多种语气词表示，一个语气词也可以表示多种语气。这里不能细述，只举若干例子加以说明。

在各类轻声当中，语气词的轻声算是比较特殊的一种。它没有固定的调值，由于语气的需要可以读高调或低调，可读为升调或降调，也可以是平调。从调值看，语气词倒不像是轻声。但是因为语气词之前的音节总是读本调，认为它是无固定调值的轻读也是可以的。从语义上看，语气词的意义也显然是前音节意义的补充。

语气词只能出现在句子的末尾，所以属于绝对轻声。

下面介绍几个常用语气词的用法：

啦 la˧ 确定事态已成定局：伊就是头家啦 i˧˩ tsiu˨˩ si˨˩ t'au˦˩ ke˥～（他就是老板了）。表示劝告、诱导、祈求、商量：汝伓嗵固吵啦 li˥˧ m˨˩ t'aŋ˧˩ ko˥˩ ts'a˥˩～（你别再吵了吧）！

咯 lɔ˧ 表示肯定：我食饱咯 gua˥˩ tsiaʔ˧˩ pa˥˩～（我吃饱了，我吃过了）。

表示事态已经发生了变化：册与伊提去咯 ts'eʔ˥˩ ho˧˩ i˧˩ t'eo˥ k'i˨˩～（书被他拿去了）。

表示强调：伓嗵延咯，天时毛早咯 m˨˩ t'aŋ˧˩ tsian˦～ t'ĩ˧˩ si˩ bo˦˩ tsa˥˩～（别再拖拉了，时间不早了）。

咧 le˧ 表示催促强调：恰大力咧 k'aʔ˥˩ tua˨˩ lat˥～（力气多使点呦）！

表示询问：汝名叫什么咧 li˥˧ biã˦˩ kio˩ sim˥˧ bĩ˥˩～（你叫什么名）？

呢 lĩ˧ 表示疑问：钱伊若卜伓挃呢？ tsĩ˦ i˧˩ lã˨˩ beʔ˦˩ m˨˩ tiʔ˥～（钱他要是不要呢）？

表示对事实的强调：嘟嘟嗄去呢！ tu˥˧ tu˥˩ tsiaʔ˥˩ k'i˩～（刚刚才走）！

畈 ɔ˧ 表示呼唤祈使：做阵来畈 tsue˦˩ tin˨˩ lai˦～（一起来吧）！

表示提示唤醒：唔通安呢乱子来㰾 m˧˩ t'aŋ˥꜔ an˥꜔ dĩ˥ luan˧˩ tsu˥˧꜔ lai˧˥ ～（别这样胡搞啦）！

表示停顿：伊㰾，伊伓知影 i˥～，i˥꜔ m˧꜖ tsai˥꜔ iã˥˧（他呀，他不知道）。

嗬 ko·˧ 表示肯定：就咹呢做落去嗬 tsiu˧꜖ an˥꜔ lĩ˥ tsue˨˩ loʔ˥꜖· k'i˩꜖· ～（就这样做下去吧）！

表示威胁：卜去去嗬，看汝有惊毛 beʔ˥˧꜓ k'˩ k'i˩ ～ k'uã˩꜓ li˥˧꜔ u˧꜖ kiã˥ bo˧˥꜖·（要去你就去吧！看你怕不怕）！

□ liã˧ 表示仅此而已：食咧蜀碗～ tsiaʔ˥꜖ le˥˧꜔ tsit˥꜖ uã˥˧ ～（只能吃一碗呢）！

有时用重叠形式 liã·˧ liã·˧，有时在后面还加上 lẽ·˧，合成 liã·˧ liã·˧ lẽ·˧。

固咧 koʔ˥˧꜓ le·˥ 表示受了委屈：人都伓知影固咧 laŋ˧˥꜖ tɔ˥꜔ m˧꜖ tsai˥꜔ iã˥˧ ～～（人家都不知道呢）！

表示带有情绪的肯定：阮都唔去固咧 gun˥˧ tɔ˥꜔ m˩꜖ k'i˩ ～～（人家就是不去嘛）！

6. 厦门话的轻声还有一些不是语法决定的，而是语气决定的。它不是表示对前面音节意义的补充，而是对语气的强调。如果是一般语气，不须强调也就不读轻声，可见也是相对轻声。

和语气有关的轻声常见的有如下几种：

（1）数量结构做宾语时，一般语气读为重读，强调语气读为轻声。例如：

（a）固 来 咧 十 个 八 个 𠯗 毛 惊 你

koʔ˥˧꜓ lai˧˥ le˧ tsap˥꜖· e˧˥꜖· pueʔ˥˧꜖· e˧˥꜖· bã˧꜖ bo˧˥꜔ kiã˥ li˥˧꜖·

（再来上十个八个也不怕你。）

（b）固 学 咧 蜀 世 人 也 执 伊 𩚨 着

koʔ˥˧꜓ oʔ˥ le·˧ tsit˥꜖· si˩꜖· laŋ˧˥꜖· ia˧꜖ tsip˥˧꜔ i˥꜔ bue˧꜖ tioʔ˥

（再学一辈子赶他不上。）

例（a）“十个八个”重读，语气就比较一般，读为轻声是极夸海口的说法。例（b）“蜀世人”重读是一般感叹，轻声就带有“望尘莫及”的意味。

（2）指示代词或“指＋量”结构，在对偶复句中相互呼应时，读为重读表示一般语气，读为轻声表示强调的特指语气。例如：

早 起 读 即 本 下 晡 读 许 本（早上读这一本，下午读那一本）。

tsa˥˧꜔ k'i˥˧ t'ak˥꜖ tsit˥˧ pun˥˧꜖· e˧꜖ pɔ˥ t'k˥꜖ hit˥˧ pun˥˧꜖·

（3）排比句的各分句中，所排比的、意义相对的成分读为轻声也表示强调。例如：

今 旦 日 担 淡 薄 仔 明 旦 日 担 淡 薄 仔 后

kin˥꜔ lã˥˧꜔ lit˥ tã˥ tam˧꜖· poʔ˥꜖· a˥˧꜖· bin˧˥꜔ lã˥˧꜔ lit˥ tã˥ tam˧꜖· poʔ˥꜖· a˥˧꜖· au˧

日 担 淡 薄 仔 总 有 蜀 日 担 会 了

lit˥˩ tã˥ tam˧˩ poʔ˥˩ a˥˩ tsɔŋ˥˧ u˧˩ tsit˥˩ lit˥ tã˥˩ e˧˩ liau˥˧

（今天挑一点，明天挑一点，后天挑一点，总有一天会挑完）。

（4）选择问句各分句中重复对比的成分读轻声也表示语气的加强。例如：

是 汝 伓 着 抑 是 我 伓 着（是你不对，还是我不对）？

si˧˩ li˥˧ m̩˧˩ t‘ioʔ˥˩ a˥˧ si˧˩ gua˥˧ m̩˨˩ tioʔ˥˩

这类轻声可以前后都读轻声或都重读是目前尚无结论的疑问，如果是强调的语气也可以前面重读，后面轻声的反诘问句了。

（5）在口语里，针锋相对地辩论，用对方的话直接反驳，可以只有首音节读本调，其他全读轻声。这种说法可以收到气势强烈的效果。例如：

甲：汝若伓去呵？ li˥˧ lãʔ˥˧ m̩˧˩ k‘i˨˩ a˧（你为什么不去）？

乙：汝若伓去呵？ li˥˧ lãʔ˥˩ m̩˧˩ k‘i˨˩ a˧（你自己为什么不去）！

如果上述各种需要轻声的规则在同一个句子里需要同时出现，就会形成“长串轻声”。例如：

汝 且 踦 咧 者 呵（你先站着一会儿吧）！

li˥˧ ts‘ã˥˧ k‘ia˧ le˧ tse˧ a˧

我 卜 提 入 来 去 咯（我想要拿进去了）。

gua˥˧ beʔ˥˧ t‘eʔ˥ lip˥˩ lai˧˩ k‘i˨˩ lo˧

着 送 伊 蜀 本 呢（得送他一本吗）？

tioʔ˥˩ saŋ˨˩ i˥˩ tsit˥˩ pun˧ lĩ˧

七 余论

1. 以往关于汉语方言的研究多侧重于语音。

了解方言语音的结构系统，拿它跟普通话和古汉语做比较。这些研究当然也是很必要的，但是，要深入而全面地认识方言，还必须把方言的语音、词汇、语法联系起来，进行全面的分析、研究。因为语言是语音和语义（词汇意义和语法意义）统一起来的符号体系。语音有结构系统，词汇和语法也有自己的结构系统。各个系统也是互相关联的。只有把方言的语音、词汇、语法作为一个完整的体系来研究，弄清它们之间的联系，才能充分地揭示方言的特点和规律。经过研究厦门话的变调和轻声，我们在理解厦门话的整体特征上是进了一步了。

从指导实践来说，我们的方言研究越深入，方言特点的把握越准确，在推广普通话和汉语规范化的工作中就能做得越好。

2. 变调与轻声是属于语流音变的。

以往的方言语音研究多半集中于“字音”的研究，调查音值，归纳音类，分析共时的语音结构，考察历时的音类分合和流变。

如果我们从音变（语音现象）和其他的语言结构要素（词汇、语法）的关系来看，不论是共时的或历时的，有的音变只是语音范围内的音素、音位和音节变化，与词汇、语法无关。比如音位的条件变体，元音的高化或辅音的腭化，这一类的音变就与词汇、语法无关。而另一些音变，如语流音变则是与词汇、语法密切相关的。比如普通话里用轻声和儿化区别词义，以及厦门话的变调和轻声，就是这样的音变。

据此，是否可以把语流音变分为语音音变（或称单纯音变）、词汇音变和语法音变？这实在是一个值得讨论的问题。

说明：本文刊登于《厦门大学学报》（社会科学版）1962年第3期。当时题注中说明：“本文是从《福建省汉语方言概况》一书‘闽南方言概况’一章中抽出一段补充整理而成的。该书是在福建省教育厅的领导下，由福建师范学院和厦门大学协作编写的。‘闽南方言概况’一章系由厦门大学负责。”现在必须说明，该章节是由黄典诚老师写的初稿，印成“讨论稿”前，本人曾参加过一些修改，投稿给学报时又有所补充，本人至今还保存着交给厦大学报的誊写手稿。收入本书时，又做了大幅度的删削和修改，但初稿应归功于黄典诚老师。

谨以此文纪念黄老师的教导和提携之恩！

潮州方言语音的演变

一

本文叙述潮州方言语音近150年间的变化。早年潮州音的依据是1847年初版的教会罗马字字典。我们见到的是哈佛大学图书馆所藏的*A Chinese and English Vocabulary in the Tie-Chiu Dialect*《汉英潮州方言字典》，Josiah Goddard改编，上海American Presbyterian Mission于1883年所印的第二版。全书248页（正文174页，其余为索引）。据教会杂志*China Repository*所载，该书的初版是1847年在曼谷面世的，也是248页。第二版的序言并未提到修订的事，相信它和初版并无区别。

作者在导言里说，该书原本是为了自己学习潮州话的需要而编的。作者可能是在泰国学的潮州话，因为不大可能当时就来潮州长期居住，而在泰国，当时就有大批潮州人定居。按一般情况而论，远离本土的方言又和相距甚远的语言相处，其变化总是比较缓慢的。该书若是取材于泰国的潮州华侨，便可以视为200年前潮州本地的方言。

《汉英潮州方言字典》（下文简称《字典》）依罗马字母顺序编排潮州话音节，送气音声母接于不送气音之后（p声母的音节列完之后再列p‘声母的音节），鼻化韵母接于非鼻化韵母之后（例如hia单节之后列h^{n}ia音节）。同一个音节按一定顺序罗列不同声调的汉字，并在汉字的四角用纽四声的符号加注声调符号（下详）。字目之后用英文注明主要字义。多音词一概未收。除了某些训读音和俗字，口语中有音无字的常用词也没有收录。

在导言里，作者说明了罗马字所拼的潮州方音的特点。总的看来，其语音描写是清楚的，可信的，标音处理也大体妥当。用“‘”表示送气音，用“n”表示鼻化音，都是很见功夫的，对后来的教会方言词典有很大影响。但也有一些地方未必完全符合事实或处理欠妥。例如：

/a/音位用了三个符号：á、a、à，按照其英语举例，三个符号分别表示a、ʌ、æ，其在韵母中的分布是：

á： á　ám　áp　án　át　áng　ák

a： ai　au　ia　iam　iap： iak̃　ua　wan　wat　wang

à： iàng

事实上这都是些音位变体，在各种韵母中的读音也未必有如此明显的差别。又如，同是 ai 韵，零声母标为 ái，拼 ch 却标为 chai，同是拼零声母，在 ua、ue、ui、un、ut 各韵是 u，在 wan、wat、wang 各韵则作 w，这都是缺乏音位观念的处理。

又如下列各韵，按所描写的发音是：

o　[ou]　u　[u:u]

ó　[ɔ]　ù　[ɤ]

e　[ei]　ung[ɤŋ]

其中，ei 的发音于今无证（潮州各地均为 e），实属可疑，ou 用单字母 o 表示，ù、ung 二韵的元音既然相同，标音却是有别，这也都是未臻完善的。

关于声调的描写和标调法，显然有更多问题。导言中所列声韵表及其说明如下：

调号	名称	描写	
≤ 1	Even high	下平	自然，高，平调
< 1	Even low	上平	高，稍长，中比头尾略高
< 1	High tone	上声	头强而重，尾渐弱，音短
1 ≥	Going high	下去	连读上升
1 >	Going medium	去声	平调，比上平略低
1 ≥	Going low	上去	长而低，末尾强而重
1 ≥	Entering high	下入	短而高
1 >	Entering low	上入	短而低

此中对各类声调的描写应该是大体正确的，但调类定名有误，“上声”应是上上（阴上），“下去”应是下上（阳上），“去声”应是下去（阳去）。顺序亦应按平上去入各分上下的习惯调整，调号的画法也欠统一。又，作者对传统的“上、下”之分（后来通常称为阴、阳）的意义并不明确，误认为是对调值的描写，所以他说，“上、下”和实际高低恰好相反。

此外，导言里还比较详细地谈到潮州方音的某些共时差异（即当时的不稳定状态，下文将会介绍），也简要地谈到了某些连续变调和文白异读的现象。

作者在导言中没有提到《潮声十五音》，该书初版已经失传，可能那时还没有问世，至少是未有大的影响。《字典》可能是按《康熙字典》之类的字书，请潮州人择常用字发音记录而加注释的。1847 年之前，汉语的罗马字词典可能只有官话的，东西诸方言的教会词典都是 19 世纪五六十年代编印出来的。一个外国人，没有地方韵书可作依据，没有其他方言字典可资参考，能够对潮州话这样相当复杂的方言做出详尽且大体准确的记录，确实难能可贵。

二

现将《字典》的声韵调系统同现代潮州音列表对照于下。现代音据詹伯慧和李永明于 1959 年分别发表的同名著作——《潮州方言》。

声母比较

字典	p	p‘	b	m	t	t‘	n	l	ch	ch‘	s	j	k	k‘	g	ng	h	Ø	y	w
詹、李	p	p‘	b	m	t	t‘	n	l	ts	ts‘	s	z	k	k‘	g	ŋ	h	Ø		
例字	波	颇	无	毛	多	驼	懦	罗	坐	搓	疏	而	歌	可	饿	俄	何	鸦	移	为
	琵	疲	米	迷	池	提	泥	黎	止	迟	时	儿	旗	其	疑	宜	奚	安	烟	弯

声调比较

字典	上平 33	下平 454	上声 53	下去 35
詹、李	阴平 33	阳平 55	阴上 53	阳上 35
字典	上去 224	去声 22	上入 2	下入 5
詹、李	阴去 213	阳去 11	阴入 2	阳入 5

说明：《字典》调值据原文描述拟测，詹、李调类、调值均同。

韵母比较

元音韵（《字典》的标音 *á* a *à* 不再区分）：

字典	a	ia	ua	e	ie	ue	o	oi	io
詹	a	ia	ua	e	ie	ue	o	oi	iəu
李	a	ia	ua	e	ie	ue	o	oi	ieu
例字	亚	野	蛙	哑	腰	锅	乌	鞋	摇

字典	ù	i	ui	u	iu	ai		au	ó
詹	ʅ.ɯ	i	ui	u	iu	ai	uai	au	ou
李	ɤ	i	ui	u	iu	ai	uai	au	ou
例字	余	伊	威	羽	油	哀	歪	欧	窝

鼻音尾韵：

字典	am	iam	wam		im	an	ang	ien	wan
詹	am	iam	uam	m	im	（aŋ）	aŋ	ieŋ	ueŋ
李	am	iam	uam	m	im	（aŋ）	aŋ	ieŋ	ueŋ
例字	庵	盐	凡	唔	音	安	红	延	万

字典	iang	wang	in	ùn	un	ung	eng	ong	iong
詹	iaŋ	uaŋ	iŋ	wŋ	uŋ	ŋ	eŋ	oŋ	ioŋ
李	iaŋ	uaŋ	iŋ	ɤŋ	uŋ	ŋ	eŋ	oŋ	ioŋ
例字	央	亡	因	恩	温	黄	英	翁	永

鼻化韵：

字典	$\overset{n}{\text{a}}$	$\overset{n}{\text{i}}$a	$\overset{n}{\text{u}}$a	$\overset{n}{\text{e}}$	$\overset{n}{\text{i}}$e	$\overset{n}{\text{u}}$e
詹	ã	iã	uã	ẽ	iẽ	uẽ
李	ã	iã	uã	ẽ	iẽ	uẽ
例字	柑	京	碗	争	样	横

字典	$\overset{n}{\text{i}}$	$\overset{n}{\text{u}}$i	$\overset{n}{\text{i}}$u	（ai）	$\overset{n}{\text{o}}$i	（au）	$\overset{n}{\text{o}}$
詹	ĩ	uĩ	iũ	ãi	õi	ãu	õu
李	ĩ	uĩ	iũ	ãi	õi	ãu	õu
例字	圆	县	幼	爱	前	好	虎

塞音尾韵：

字典	ap	iap	wap	at	ak	iet	wat	iak
詹	ap	iap	uap	（ak）	ak	iek	uek	iak
李	ap	iap	uap	（ak）	ak	iek	uek	iak
例字	盒	接	法	遏	恶	洁	越	略

字典	aɔ	iaɔ	uaɔ	eɔ	ieɔ	ueɔ	oɔ	iɔ
詹	aʔ	iaʔ	uaʔ	eʔ	ieʔ	ueʔ	oʔ	
李	aʔ	iaʔ	uaʔ	eʔ	ieʔ	ueʔ	oʔ	iʔ
例字	鸭	益	活	麦	药	袜	托	铁

字典	wak ùt	it	ek	ok	iok	oiɔ		
詹	uak	ɯk	ik	ek	ok	iok	oik	auk
李	uak	ɤk	ik	ek	ok	iok	oiʔ	auʔ
例字	获	乞	乙	亿	屋	育	八	

字典	iʔ	uʔ	eʔ	iʔ		
	uʔ	eʔ		ieuʔ	iuʔ	ŋʔ
	□	□	□	□	啁	殅

三

一二百年之间，潮州话发生了哪些变化呢？以下就音类的分合、音值的变读和字音的转移三方面加以说明。

1. 音类分合

音类的分合是语音系统的调整。从上文古今声韵调对照可以看出，潮州话的声母和声调的音类在100多年间并没有变化，声母都是18个，声调都是8个。潮州话语音系统的变化集中在韵母方面。具体表现又有三项：

（1）韵类合并。由于-n、-t韵尾的消失，造成三个韵并入别韵：

an → aŋ　例如：安丹板蛮兽兰奸眼溪韩。今音：班～帮 ꜀paŋ　坦～桶 ꜂t'aŋ　餐～葱 ꜀ts'aŋ　奸～刚 ꜀kaŋ　按～瓮 aŋ꜄，不再有别。

at → ak　例如：扎察贼萨虱达踢力凿结。今音：节～作 tsak꜆，结～角 kak꜆，贼～凿 ts'ak꜇　力～六 | ak_2　达～毒　takʔ꜇ 均不再有别。

ùn（ɤn）→ ung（ɤŋ）　例如：均斤巾根跟勤仅近银芹恩。今音：斤～缸 ꜀kɤŋ，仅～卷 ꜂kɤŋ 已混为同音。（詹、李为零声母下另立ŋ韵，就分布说其ɯŋ（ɯŋ）为互补）

（2）韵类分化。由于部分阴声韵元音鼻化，分化出两个新的鼻化韵，但管的字都不多：

ai → ãi，只见于零声母：꜁ãi 挨埃哀，ãi꜄ 爱　ãi꜅ 唉

au → ãu，只有 hãu꜄ 好　爱好，꜂ãu 拗

2. 音值变化

声母方面，古日母字的声母《字典》标为j，按罗马字母的发音应是[dʒ]，潮州话

今音也有人标为浊塞擦音 [dz] 的（如李新魁的有关著作），看来早期应是塞擦音 [dz] 或 [dʒ]，西方学者听辨 dz—z 应是敏感而不致差误的。今音有变为 [z] 的趋向。

韵母方面，也由于 -n、-t 韵尾的消失，造成 9 个韵的音值的变化：

ien → ieŋ	例如：边迁连免展诊战仙建然研天
iet → iek	例如：别切烈灭哲即折设杰热孽彻
uan → ueŋ	例如：叛暖专反管怨万权弯还原端
uat → uek	例如：拔劣拙发决越末阙干伐月夺
in → iŋ	例如：宾贫民尘进亲神人信印
it → ik	例如：笔匹密直织七实日失一
un → uŋ	例如：本吞文顿准寸顺军昆魂
ut → uk	例如：不脱物突卒出术骨屈佛
ut → ɤk	例如：乞迄讫

以上 ieŋ、iek、ueŋ、uek 四韵的读音是现代潮州音的重要特色。因为在旧潮州府城以外各县，这些韵大多混入 iaŋ、iak、uaŋ、uak 各韵，由于音值进一步变化而引起音类的合并。潮州音此四韵只变音值而音类未混，正是这个音变过程的中间停靠站。

3. 字音变读

字音的变读是在相同的语音系统之中某些汉字读音的转移，这只是一种语音变化的局部积累，但有时也会造成系统的变化，例如上文所说的“韵类分化” ai → ãi 就是如此。潮州话一二百年间的字音转移可以归为下列几种类型：

（1）阴声韵元音鼻化。下文字音举例时《字典》所标调类与调号折合与今音同，今音若詹、李有别则括号加注。

寡 ᶜkua → ᶜkuã　挨 ꜀oi → ꜀õi　怕冇$_{空虚}$p‘aᵓ → p‘ãᵓ

潮 ꜁tie → ꜁tiẽ（李）　赵 ˤtie → ˤtiẽ　畏 uiᵓ → ũiᵓ

果 ᶜkue → ᶜkuẽ（詹），kuaĩ（李）　脂肢 ꜀chi → ꜀tsĩ（李）

侈耻 ᶜchi → ᶜts‘ĩ

阴声韵中元音鼻化的现象早年就发生了，《字典》中已经有所反映，例如酵 k^{n}aᵓ　耳 ᶜh^{n}i　幼 ^{n}iuᵓ　柜 k^{n}ui^{2}　钓 t^{n}ieᵓ。这种现象看来是于今为烈。以上所列是 1959 年的材料。据陈伟武（1991）的材料，阴声韵字元音鼻化又有扩大。例如：悸 kũiᵓ　跪 ˤkuĩ　蚁互 ˤhiã　休攸悠幽 ꜀hiũ　卉毁 ᶜhuĩ　系 ˤhĩ　厄扼轭 ẽ꜀。

（2）文白读的变动。有些字《字典》有文白两读，今音只存一读，下列例字中，前两音为《字典》中文白读，斜线之后的音是今音仅存的音。除了末尾三字是留下文读、白读失传外，其余都是留下白读、文读失传：

旱 ᵓhan、ᵓⁿua/ᵓuã	黄 ꜁huang꜁ⁿng/꜁ŋ
闲 ꜁hien、꜁ⁿoi/꜁oĩ	倚 ᶜi、ᶜua/ᶜua
三 ꜀sam、꜀sⁿa/꜀sã	讨 ᶜt‘au、ᶜt‘o/ᶜt‘o
遍 pienᵓ、pinᵓ/piŋᵓ	毕 piet꜁、pit꜀/pik꜀
图 ꜁t‘u、꜁to/꜁tou	平 ꜁p‘en、꜁pⁿe/꜀p‘eŋ
崩 ꜀peng、꜀pang/꜀paŋ	徐 ꜁chu、꜁ch‘u/꜁ts‘u
除 ꜁ch‘u、꜁tu/꜁tr	庄 ꜀chuang、꜀chung/꜀tsɤŋ
卓 ᵓchau、toᵓ/toʔ꜁	字 ᵓju、jiᶜ/ziᶜ

只有少数字是《字典》只有一读，今音有文白两读，可能是《字典》漏收了白读。下列例字中前音为《字典》音：

妇 ᵓhu/ᵓhu、ᵓpu	留 ꜁liu/꜁liu、꜁lau（暗雨留冥）
远 ᵓien/ᵓieŋ、ᵓhŋ	奴 ꜁no/꜁nou、꜁noŋ
礼 ᶜloi/ᶜli（小礼）、ᶜloi	靠 ᵓko/k‘auᵓ（詹）ᵓkou（李）

另有少数字，《字典》标有一读，今音为另一读。显然是《字典》漏收白读，今音丢失文读：

柯 ꜀ko/꜀kua	笠 lip꜀/loiʔ꜀
陈 ꜁teng/꜁taŋ	押 ap/aʔ꜁

（3）字典记音有误。

有些字典所记的音与今音不同，就古今语音演变规律看，今读是合乎规律的，姊妹方言（闽南漳泉厦读音）亦可作旁证。这可能是《字典》记音有误或印刷之差。下列例字中前音为《字典》音，后音为今音。例如：

声母有误：柴 ꜁cha/꜁ts‘a　宅 te꜁/t‘eʔ꜀　鼻 pⁿiᶜ/p‘iᶜ

缝、逢 ꜀pong/꜀p‘oŋ　稗 pⁿoiᶜ/p‘õiᶜ　乞 kùt꜁/kak꜁

蛤鸽 káp꜆/kap，拨 bua꜆/p‘ua꜆

楷 ꜀kai꜄/꜂k‘ai（调亦误）

韵母有误：站 ꜃chan/꜅tsam　札扎 chap꜆/tsak꜆

请 ꜂chia꜂/꜂ts‘ia　麻 ꜁mue/꜁mua

声调有误：旧 ꜀ku/ku꜅　帽、磨$_{\text{石磨}}$ ꜁bo/bo꜅

树 ꜀ch‘iu/ts‘iu꜅　现 ꜀hien/hiŋ꜅　亦 ꜀ia/ia꜅　子 ꜀e/e꜅

乡 h^{n}ie꜅꜀/꜀hĩe　纱 ꜁se/꜀se　撑 ꜁t‘^{n}e/꜀t‘e

渊 ꜁wan/꜀ueŋ　扶 ꜀hu/⩽hu　吗 ꜂ma/ema

冤 ꜂wan/꜀ueŋ　运 ꜀un/un꜅　项 ꜀hang/꜃haŋ

雾 ꜁bu/bu꜃　二 ꜃jù/zi꜅　利 lai꜆/lai꜄

宛 ꜁wan/꜂ueŋ

声母的差误主要是送气与不送气的差误，声调的差误主要是调值相近的缘故，如阴平 / 阳去是 33、22 之别，阴平 / 阳平则都是平调。对于母语无声调，送气与否不别音位的西方人来说，出现这些差误应该说是很少的，何况有的字还可能是发音人的误读或制版的差误。

另有一些古今异音的字属于何种情形比较费解，姑且附在此处，待日后作进一步研究：

牡 ꜂m^{n}o/꜂bou　眸 ꜁m^{n}o/꜁moŋ　贸 m^{n}o꜄/moŋ꜄

馒鳗 m^{n}ua/꜃bueŋ　漫慢 ꜃m^{n}ua/꜃bueŋ　浩 ꜂hau/꜀hau

门 ꜁m^{u}ng/꜁muŋ　问 m^{u}ng꜅/muŋ꜅　歧 ꜃ki/꜂ki

四

潮州方言语音一二百年间的变化最主要的就是整套带 -n、-t 韵尾的韵类不再有了。这种演变在编《字典》的时代已经见到端倪了。该书导言说："韵尾 n 和 ng，如在 kwan、kwang 等字里被一些人混淆了，没有意识到二者有别。这些人通常也混淆了 et 和 ek 的韵尾。"

除此之外，《导言》提到的当年的潮州音所存在的共时差异还有：sin、sit 有人读为 sen、set；ie 读为 io；^{n}oi 读为 ^{n}ai；n 与 l 互混；lù、kù 有时读为 lu、ku；ùn、ngùn 有时读 in、ngin。这些变异未见于现代潮州音或潮州府属的方音，而是反映了闽南音的特点。

例如“新、失”读为 sen、set 见于泉州一带；潮 ie，以及 io 和 n、l 不分等在闽南各地皆然；“女、举”不读 ꜂lɯ ꜂kɯ 而读 ꜂lu ꜂ku 是厦门音，“恩、银”不读 ꜀ən ꜁gən 读 ꜀in ꜁gin 是漳州音，õi 读 ãi（如千、前、间）是同安音。导言所做的这些记录使我们看到作者的审音能力是相当强的，也使我们相信，他一定是在闽南人和潮州人杂居的泰国采集潮州方言的资料的。

然而，《字典》的作者并没有把这些变化反映到字典里去，从整体上看，该书所反映的潮州方音是系统严密的。

100 多年间，有 10 多个韵发生了变化，似乎是不小的变化，实际上从整个语音系统上说，从主要特点上说，这些变化并不算大，操这两种口音的人若在一起交际，一定是畅通无阻的。正像现代的漳州人，老派分前后鼻音韵，新派不分并不妨碍彼此的交际。这说明从闽南方言分化出来的潮州话早在晚清以前就定型了。现今的潮州话里与闽南本土截然有别的“特征字音”，和《字典》的读音是一脉相承的。试举一些例子：

例字	女	婆	悲	坟	法	柿	斜	参	梳
字典	꜂n^{u}nŋ	꜁p‘ua	꜁pui	꜁p‘un	hwap꜆	꜃sai	꜁sia	꜀siam	꜀siu
今音	꜂nɤŋ	꜁p‘ua	꜁pui	꜁p‘un	huap꜆	꜃sai	꜁sia	꜀siam	꜀siu
厦门音	꜂lu	꜁po	꜀pi	꜁hun	huat,	ki꜅	꜁ts‘ia	꜀sɔm	꜀sue

例字	颖	翅	甜	羡	找	琼	美	吻	疫
字典	꜂t‘eng	t‘i꜄	꜁tiam	꜃ien	꜂tau	꜁k‘uang	꜂mui	mut꜆	mut꜇
今音	꜂teŋ	t‘i꜄	꜀tiam	꜃ieŋ	꜂tau	꜃k‘uaŋ	꜂mui	mok꜆	mok꜇
厦门音	꜂iŋ	ts‘ĩ	꜁tĩ	suən꜅	tsau꜅	꜁k‘iŋ	꜂bi	꜂bun	ik꜇

例字	闻	巳	赊	且	蚕	锄	足	贱	蜀
字典	꜃bun	꜃chi	꜂ch‘ia	꜁ch‘^{n}oi	꜂ch^{n}oi	꜃cho	chok꜆	꜂ch^{n}ua	tsuak
今音	꜃buŋ	꜃tsi	꜂ts‘ia	꜂ts‘ia	꜁ts‘õi	꜁ts‘ou	꜀tsok꜆	꜃tsuã	tsuak꜆
厦门音	꜁bun	si꜅	꜀sia	꜂ts‘iã	꜁ts‘am	꜁ti	tsiok꜆	꜆tsian	siɔk꜇

例字	秆	看	役	邢	或	互	封	穴	压
字典	꜂han	꜀han	hia꜇	꜁h^{n}ia	hok꜇	꜁hu	꜀huang	huat꜇	jap꜆
今音	꜂haŋ	꜀haŋ	hiaʔ꜇	꜁hiã	hok꜇	꜁hu	꜀huaŋ	huek꜆	iap꜆
厦门音	꜂kan	k‘uã꜄	ik꜇	꜁hiŋ	hik꜇	hɔ꜅	꜀hɔŋ	hiat꜇	ap꜆

例字	要	雅	颜	刺	遗	荣	肘	寺	悦
字典	꜂sung	꜂ngia	꜁nguan	ch‘ung꜇	꜁jui	꜂ioŋ	꜂iu	ji꜅	juat꜆
今音	꜂sɤŋ	ŋia	꜁ŋueŋ	ts‘ɤŋ꜄	꜁zui	꜂ioŋ	꜂iu	zi꜅	zuek꜆
厦门音	꜂sua	꜂ŋã	꜁gan	ts‘i꜄	꜁ui	꜁iŋ	꜂tiu	si꜅	uat꜇

潮州话是闽南方言分化出来的。唐代的韩愈被贬潮州时，那里还十分荒凉。从下面的户口统计数字可以看到，闽南人入潮主要是在北宋之后，南宋更多（其中从漳州去的尤多）：

		泉州		漳州		潮州	
		县数	户数	县数	户数	县数	户数
唐	天宝元年	4	23,860	3	5,846	3	4,420
宋	崇宁元年	7	201,406	4	100,469	3	74,682
元	（《新元史》）	7	89,060	5	21,695	3	63,650

从北宋到现在，1000年过去了，潮州话的闽南方言性质还是明朗可见。4000年前的《陈三五娘》故事中，泉州人和潮州人还可以畅通无阻地自由交谈，当时传下来的戏文现在的泉潮人都还可以看懂，如今的漳州人和潮州人也大体可以通话。潮州话百余年间变化不算大是符合这一历史背景的。

参考文献

A Chinese and English Vocabulary in the Tie-Chiu Dialect (《汉英潮州方言字典》), 1883. Shanghai.

詹伯慧　《潮州方言》，《方言和普通话集刊》第二本，（北京）文字改革出版社，1959年。

李永明　《潮州方言》，（北京）中华书局，1959年。

李新魁　《新编潮汕方言十八音》，1979年，（广州）广东人民出版社。

林莲仙　《潮州方言的比较研究》，1973年，香港中文大学。

陈伟武　《潮州话鼻化韵概述》，《第二届闽方言学术研讨会论文集》，1992年，（广州）暨南大学出版社。

林伦伦　《广东闽方言研究述评》，第三届闽方言学术研讨会论文，1993年。

说明：《汉英潮州方言字典》是我长女李竹青在美国图书馆所见，影印后与我合作经年。本文于1993年12月20日在香港中文大学举办的“潮州学国际研讨会”上宣读，后编入《潮州学国际研讨会论文集》，1994年，暨南大学出版社。合作者李竹青，时为西雅图华盛大学亚洲语言文学系博士毕业生。后曾收入《方言学应用研究文集》，湖南师范大学出版社，1998年。

叁　闽方言词汇研究

闽方言的特征词

一 引言

方言特征词是在一定地域的方言里的有特征意义，在区内普遍通行，而在区外比较少见的方言基本词。

单个的方言词往往多变，也容易借用，因此其分布都是独特的。方言特征词必须有一定批量，形成“同语线丛”，才能显示出方言的区域特征。

方言的特征词有不同的重要性。凡是区内分布越普遍、区外越少见的就是越重要的方言特征词。由于邻近方言的接触，或有同源关系，不同方言之间也会有或多或少的共有特征词。

本文在罗列闽方言的特征词时按照重要程度分为两类：

一级特征词：在闽方言区内普遍通行，在外区少见的，与共同语有明显差异的方言词。

二级特征词：通行于闽方言的多数地区，与外区方言有交叉的方言词或区内只通行于中心区而于区外少见的方言词。

关于闽方言的定性和分区本文依照《闽语研究》和《福建省志·方言志》的观点。认为闽粤沿海和台湾是闽方言的中心地带，这一带闽方言是典型的闽方言。雷州半岛、海南岛、浙南沿海及其他省区零星分布的闽方言岛因为受到外方言的包围多有变异，内陆闽方言（闽北、闽中）因为近几百年间客赣地区移民的语言渗入较多，也发生较大变异，属于不太典型的闽方言。闽西北的邵武、光泽、泰宁虽有一些闽方言的特征，但是已经发生质变，是闽方言赣化，不应归为闽方言。浦城县中北部的吴方言性质则比邵、光、泰的赣方言性质更加鲜明。

我们研究闽方言的特征词是根据历来所搜集的词汇，经过反复比较，求同存异，择要而取的。比较时主要参照点是福州、莆田、泉州、漳州、厦门、建瓯、永安、宁德、龙岩、潮州、汕头、海口、雷州这样一些有代表性的方言。除了本人先后实际调查所得，也参考了历来发表过的调查报告和有关专著。

以下利用已得材料，按一级和二级两类逐条说明特征词的音义和用法及其在区内的分布、异同和区外的关联。罗列时先列实词后列虚词，先列名、动、形，后列代、数、量。

方言词汇差异最重要的是基本词、根词的差异，本文主要罗列单音词和构词能力强的根词或词根语素，派生的多音词有的在说明时作为例词列举。许多很有方言特色的双音词也不收。如：眠床$_{\text{床}}$、水井$_{\text{井}}$、菜干$_{\text{干菜}}$、粪扫$_{\text{垃圾}}$、菜头$_{\text{萝卜}}$、好天$_{\text{晴天}}$、水鞋$_{\text{雨鞋}}$、面桶$_{\text{脸盆}}$、讨亲$_{\text{娶亲}}$、番薯$_{\text{红薯}}$、后生$_{\text{年青}}$、闹热$_{\text{热闹}}$、做家$_{\text{省俭}}$，等等。

和晚近形成的方言词相比，早期形成的方言词在体现方言区域特征上应当有更大的重要性。本文在取舍材料时也优先选取古代字书有源可考的词条。

虽然与外区共有的特征词也表现了某种关系特征，然而毕竟重要性比不上与区外排他的条目。因此凡是同许多方言区共有的常见方言词还是尽量少收。例如：食$_{\text{吃}}$、行$_{\text{走}}$、徛$_{\text{站立}}$、汤$_{\text{热水}}$、索$_{\text{绳子}}$、嬉$_{\text{玩儿}}$、狭$_{\text{窄}}$、阔$_{\text{宽}}$、光$_{\text{亮}}$、舐$_{\text{舔}}$、寒$_{\text{冷}}$、无$_{\text{没有}}$、暗$_{\text{黑}}$、幼$_{\text{细}}$、细$_{\text{小}}$、利$_{\text{锐利}}$、乌$_{\text{黑}}$、肥$_{\text{肥胖}}$、担$_{\text{挑}}$、新妇$_{\text{儿媳妇}}$、旧年$_{\text{去年}}$、头毛$_{\text{头发}}$、生分$_{\text{陌生}}$，等等。

二　一级特征词

本节罗列一级特征词77条，都是在闽方言中普遍通行，在外区少见的特殊的方言词。其中名词35条，动词30条，形容词9条，其他3条。

（1）**骹**　脚说“骹”在闽、粤、琼各省均无例外。在福建境内，有些早期属闽方言分布区，后来演化为别区方言的也保留着闽方言的这一说法。如浦城吴方言、邵武赣方言和明溪客家话。各地都是常用词、多义词，构词能力甚强。如说“骹手$_{\text{手脚}}$、骹步$_{\text{脚步}}$、骹爪$_{\text{蹄爪}}$、骹皮$_{\text{脚皮}}$、骹球$_{\text{足球}}$、山骹$_{\text{山下}}$、椅骹$_{\text{椅子腿}}$、瘸骹$_{\text{瘸腿}}$”。其读音，福州、厦门、潮州 k^ha^1，建瓯 k^hau^1，海口 xa^1，均合《集韵》口交切“骹”，或作“跤”。《说文》：“骹，胫也。”段玉裁注：“膝下也。凡物之胫皆曰骹。”原指小腿，后指足踝处。《切韵》：“跤，胫骨近足细处，又作骹。”闽方言指脚，又指包含着脚的整条腿。壮侗语不少地方也说骹。龙州壮语 k^ha^1、西双版纳傣语 xa^1，指脚及腿；武鸣壮语 ka^1、德宏傣语 xa^1、通什黎语 ha^1 指脚。这可能是壮侗语早期借自汉语的说法。

（2）**喙**　人和动物的嘴都说“喙”。福州音 tsʻui^5，厦门、潮州音 tsʻui^5，建瓯音 tsʻy^5，海口音 sui^5。合《集韵》充芮切，注：“口也。”瓶子的口也说“喙”。还说“喙角$_{\text{嘴角}}$、开喙$_{\text{开口}}$、插喙$_{\text{插嘴}}$、喙舌$_{\text{口舌}}$、喙颊$_{\text{腮边}}$、大喙$_{\text{大口}}$、细喙$_{\text{小口}}$”等，也用作量词，吃一口是“食蜀喙”。闽中方言只用作量词。永安音 tsʻyi^5，名词“嘴巴”永安话说“嘴老”[tse^3 lauɯ^3]，显然是受客方言的影响。

“喙”在《说文》就有，注：“口也。”上古汉语既称禽兽之口，也称人之口。《庄子·秋水》:“今吾无所开吾喙,敢问其方。”可见称嘴为“喙”也是闽方言保存上古汉语说法的一例。

(3)**𠲥** 唾沫和口水都说“𠲥”。福州音 laŋ^{3},建瓯音 luiŋ^{6},永安音 lum^{4},也说双音词“𠲥涎”[lum^{4} seiŋ^{2}];泉、潮音 nuã^{4},漳、厦音 nuã^{6},雷州音 nua^{4},海口音 nua^{6}。按所对应的音韵地位应是山摄开合口一二等韵来母上声,但字书均无记载,或是早期闽方言的创新。“𠲥”是常见的俗写。口水说“𠲥”还见于客方言。如梅县说“口𠲥”[k‘ɛu^{3} lan^{1}](浊上归阴平)。也可能是古闽越语留给闽客方言的“底层”。

(4)**肾** 肫肝说“肾”。各地读音:福州 kɛiŋ^{6},建瓯 eiŋ^{5},泉州 kian^{4},漳厦 kian^{6},雷州 kieŋ^{4},海口 kin^{6}。鸡肫说“鸡肾”。俗写或作腱。肾,《广韵》:“时忍切”,《说文》:“从月臤声”,与坚同声符,今闽音即“坚”之阳上调。闽方言中少数章组字读 k、k‘均为古读(如“齿、枝、支、獐、指”),崇母字也有“柿”读 k‘。泉州话“肾”文读 sin^{6},指人的肾脏,“肾子”读 sian^{4},指睾丸,鸡肫说“鸡肾”则读 kian^{4}。肾可能是本字。

(5)**妈** 闽方言普遍称祖母为“妈”,“妈”是《集韵》才收的后起字。在官话区读平声明母。在闽方言区称祖母多读上声。福州音 ma^{3},可说“依妈”祖母、“外妈”外祖母;建瓯话说 ma^{1} ma^{5} 是对外祖母的昵称,说 ma^{3} ma^{3} 指“婆婆”夫之母,应是从儿称谓(“祖母”已受官话影响说“奶奶”)。又,闽东闽北说“老妈”(福州 lau$^{6-5}$ ma^{5},建瓯 se^{6} ma^{3})指的是妻子。闽南说“公妈”[kɔŋ^{1} mã^{3}]指祖父母,也指已故的祖宗(如供公妈:供祖宗),“老妈”则指老婆婆。潮州、雷州、海口音 ma(阴平),也写为“妈”,也指祖母及外祖母(海口为背称)。潮州话“妈侬”指的是“妇人”。从福建传开的海神“妈祖”就是“祖奶奶”的意思,闽台各地也读上声。其本字应是“姥”,《广韵》莫补切。《一切经音义》:“今以女老者为姥也。”宋·陆游《阿姥》诗有“阿姥龙钟七十强”句。读为 a 是上古鱼部的古音。

(6)**囝** 儿子说“囝”,也是闽话普遍而常用的特征词。邵武赣方言及浦城吴方言也称儿子为“囝”(kin^{7},kiãi^{3})。建瓯话,儿子称“囝”[kyiŋ^{3}],小孩子称“囝子”[kyiŋ^{3} tsiɛ^{3}]。在沿海各地,还普遍用作表小指爱的后缀。如福州:仂囝 [liʔ$^{8-7}$ kiaŋ^{3}]一点儿,鸡囝囝 [kiɛ$^{1-5a}$ iaŋ$^{3-6a}$ iaŋ^{3}]小鸡儿;新妇囝 [sin^{1-5b} mu$^{6-2}$ iaŋ^{3}]童养妇;海口:海囝 [hai^{3} kia^{3}]小蚌,芋囝 [ɔu^{1} kia^{3}]小芋头;厦门:淡薄囝 [tam$^{6-5}$ poʔ$^{8-7}$ a^{3}]一点儿,轻轻囝 [k‘in$^{1-6}$ k‘in$^{1-6}$ nã^{3}]轻轻地,椅囝囝 [i$^{3-1}$ a$^{3-1}$ kiã^{3}]小椅子。唐代诗人顾况有哀闽诗以“囝”为题。《集韵》猕韵九件切:“囝,闽人呼儿曰囝。”囝还有许多派生的合成词。如福州话:郎罢囝父子、尾尾囝最小的儿子、囝新妇儿子和儿媳、囝孙儿孙、囝儿子女。厦门话说爸仔囝父子、母仔囝母子。“囝”用作词尾后往往有语音的弱化,泉州一带音 ã^{3},尤溪音 ŋ^{3},由于意义的虚化和语音的弱化,有的地方写为“仔”。

（7）**厝**　厝指房子（整座）也指家。各地读音如下：

福州	莆田	建瓯	泉州、厦门	雷州	海口	龙岩	尤溪	永安
ts‘uɔ^5	ts‘ɔu^5	ts‘iɔ^5	ts‘u^5	ts‘u^5	siu^5	ts‘i^5	ts‘y^5	ts‘iɯ^5

“厝”指房子（整座）也指家。“厝租、厝契”是房租、房契，“厝壳、厝身”是房子的外壳和本体，“转厝”是回家，“厝边”是房屋周边或邻居，“厝主”是房东。凡闽方言区多有以“厝”命名的地名，“李厝、何厝”相当于李家庄、何家屯。在福建省内带“厝”的地名就有300处以上。从字形说，多数地方都写作“厝”。在浦城和浙南一带写为“处”。

厝在上古时期指磨刀石，如《诗·小雅》：“他山之石，可以为厝。”也用作动词表示“安置”，如《列子·汤问》：“一厝朔东，一厝雍南。”后来的“停棺待葬”也是从“权宜措置”之义引申而来的。北人入闽，筑屋以安身，厝也可能是动词用作名词的引申创新。从福州音和建瓯音看，属模韵白读：布[puo^5、piɔ^5]垺[tuɔ^6、tiɔ^6]（徒固切，道也），与“厝”同样对应。其余各点合于虞韵白读：龙岩音ts‘i^5（住：tsi^6），海口音siu^5（须：siu^1），厦门音ts‘u^5（朱：tsu^1）。永安音虞白读iau（须：ts‘iau^1，柱：t‘iau^4），厝则从ts‘iau窜入宵、萧韵读为ts‘iɯ^5。罗杰瑞认为“厝”的本字是“戍”。《广韵》伤遇切“遏也，舍也”，但在古籍中“戍”只有戍边之义，戍边之房舍或谓“戍屋”（宋·林景熙：“落日渔舟吹远笛，浙烟戍屋带荒城。”），未有指一般屋舍之用例。北人入闽早期多因逃难流离或随军征战而来，少有官方指派的戍边之客，故“厝”之本字为“戍”乃未能确证。不过模虞《广韵》同用，一等三等之间往往可通，自音韵而言，厝、戍并无本质之别。有人说是“处”，在浙南亦写作“处”，然“处”属鱼韵，早期音与模、虞并不相通，自各地闽音推之不应是鱼韵。“处”的写法应是浙南鱼虞合韵后的变异。又有人认为是“庲”，《广韵》七赐切：“偏舍也。”义似相关但不可解，只能解释龙岩音，其余各地的音均不合。

除浙南吴语的“处”之外，“厝”或“处”用作“房子、家”在其他方言区尚未发现。

（8）**鼎**　铁锅说“鼎”。福州、建瓯音tiaŋ^3，厦门、潮州音tiã^3，永安音tiõ^3，雷州音tia^3，海口音ʔdia^3。《广韵》都挺切：“《说文》云，鼎，三足两耳，和五味之宝器。”丁邦新据《史记》考证，至汉代，鼎已经不用来做饭，而是国之重器。看来闽方言“鼎”的说法由来已久。因为鼎是常用词，各地闽方言用鼎构成的词还有很多。锅盖闽东、闽北、闽中说“鼎片”，炊帚各地说“鼎筅、鼎絮”，锅巴说“鼎疕”，铁锅的外底说“鼎脐”，锅烟说“鼎烟”。有的还把厨房叫“鼎间”，灶叫“鼎灶”。“鼎”用来指铁锅，在其他方言甚为少见，仅南昌赣方言有“鼎罐”[tin^3 kuɔn^5]的说法，指深底的温水铁罐。

（9）**冥**　夜晚说“冥”。单用只见于量词，住了三夜说“三冥”。夜晚说“冥晡（闽东）、暗冥（闽南，闽北）、冥昏（闽中）”。海口夜间还可说“冥头、冥暗”，日夜说“冥日”，元宵说“十五冥”。口语音福州为maŋ²，泉州、厦门为mĩ²，漳州、潮州为mẽ²，海口为mɛ²，永安为mõ²。《广韵》：“冥，莫经切，暗也，幽也。”早在《诗经》就有以“冥”表夜晚的用例。《小雅·斯干》：“哙哙其正，哕哕其冥。”郑玄笺：“正，昼也，冥，夜也。”闽方言的“冥”是常用词，在其他方言则甚为少见。

（10）**塍**　水田说“塍”。福州音ts‘ɛiŋ²，泉、漳、厦均音ts‘an²，潮州、雷州音ts‘aŋ²，建瓯音ts‘aiŋ⁵，建阳音t‘aiŋ²，永安音ts‘ĩ²，海口音saŋ²。各地白读音合《广韵》食陵切：“塍，稻中畦也。”禅母字白读有作ts‘、t‘的。韵母则为一等登韵的白读，闽南曾读tsan¹，等读tan³。“塍”原指田埂。《广雅》：“塍，堤也。”没有田埂便不成水田，造水田必从围堤成埂开始。这就是以塍作田的理据。田埂在福州话说“塍埂”[ts‘ɛiŋ² ŋɛiŋ³]，在厦门话说“塍埕”，各地闽方言大片水田说“塍洋”，田契说“塍契”，田租说“塍租”，田园说“塍园”，田土说“塍涂”，山田、沙田、田边、大田、田坵、熏田、作田、买田、分田等“田”都说“塍”。“塍”是闽方言特有的基本词。

（11）**洋**　大片的田园说“洋”，又说“塍洋”，其中的田则说“塍”，这是闽方言普遍说法。福州音yɔŋ²，建瓯音iɔŋ⁵，厦门音iũ²，潮州音iõ²，海口音io²。在古代社会，人民聚居必择水草地开辟成片田园，故许多聚落必有“洋”，因而以“洋”作为地名通名，“洋头、洋尾、洋口、湖洋、下洋、官洋、洋下、西洋、洋中、牛田洋”等在福建十分常见。“洋”最早见于水名（《说文》：“水出临朐高山，东北入钜。”），后来引申为海名（《广韵》：“洋，与章切，水流貌，又海名。”），还引申为浩瀚，广大貌。《诗经·大雅·大明》有“牧野洋洋”，传：“洋洋，广也。”闽方言的“洋”指大片田园乃从此引申而来。浙南吴语也有类似说法并写为“垟”。带“洋”字地名在东南各省颇为常见，但“洋塍、塍洋”的说法则闽方言所特有。

（12）**园**　旱地说“园”，各地闽方言普遍通行。福州音huoŋ²，建瓯音xuiŋ⁵，泉、厦音hŋ²，漳州音huĩ²，雷州、海口音hui²。有的只与田连说“塍园”。塍指水田，园指旱地和园圃。因为水田和旱地利用价值悬殊，塍、园之别在闽方言地区十分重要。园的本义是种果之处，《说文》：“园，所以树果也。”《诗·郑风·将仲子》：“将仲子兮，无逾我园，我折我树檀。”闽方言义有扩大，“园”单用指一切可种植的旱地。不少地方都有“山园、菜园、茶园、果子园”等派生词。

（13）**粟**　稻谷称“粟”。闽方言共有、其他方言少见的特征词。福州音ts‘uɔʔ⁷，泉州、雷州音ts‘iak⁷，厦门音ts‘ik⁷，建瓯音sy⁷，永安音ts‘y⁷，潮州音ts‘ek⁷，海口音siak⁷（tiak⁷指小米）。各地白读音均合于《广韵》相玉切：“粟，禾子也。”《说文》注：“嘉谷实也。”段玉裁注：“谷者，百谷之总名……嘉谷之实曰粟，粟之皮曰糠，中曰米。”闽地以种稻为主粮，粟专指稻谷。用“粟”构成的词甚多。如：粟种（稻种），粟仓（谷仓），曝粟（晒谷），拍粟（脱谷），冇粟（秕谷），粟银（青苗高利贷）。温州也有“粟”的说法，音 ɕyo^{7}，指的是小米。湘方言、粤方言说的“粟米”指的则是玉米，均与闽方言有别。

（14）**秫**　糯谷称为“秫粟”，糯米称为“秫米”，“秫”也可单说。福州音 suʔ^{8}，厦门音 tsut^{8}，建瓯音 ts‘y^{6}；雷州、潮州音 tsuk^{8}，海口音 tut^{8}。各地白读音合《广韵》食聿切。秫，《说文》：“稷之黏者。”义甚切合。唯闽中糯米不说“秫米”而说“糯米”[laɯ^{6} bi^{3}]。“秫”在官话中可指高粱或小米，不像闽方言专指糯米。晋·崔豹《古今注》“稻之黏者为秫”，宋·沈括《梦溪笔谈》“秫一斛不过成酒一斛五斗”等用例均与今闽方言同。

（15）**箬**　闽方言的“箬”泛指植物的叶子。福州音 nuoʔ^{8}，厦门音 hioʔ^{8}，建瓯音 niɔ^{8}，永安音 ŋiɯ^{4}，潮州音 hieʔ^{8}，海口音 hio^{8}。合于《广韵》而灼切：“竹箬。”日母字在闽东、闽北读 n-，闽中读 ŋ-，闽南读 h-，类似对应尚有“肉、燃、耳”等。《说文》：“楚谓竹皮曰箬。”可见“箬”的说法出于楚地，原指竹叶。今闽北用竹叶制成的斗笠仍称“箬笠”。闽方言扩大指一切叶子。如说“树箬（树叶）、粽箬（粽叶）、茶箬（茶叶）、竹箬（竹叶）、菜箬（菜叶）、芋箬（芋头叶）”等。“箬”广泛用于闽方言，说明闽方言词汇中有源于古楚语的。在湘赣一带古楚地区有“箬”的说法，但都限于裹粽子的叶子。如宁都音 nɔk^{7}。

（16）**樵**　柴火、木头说“樵”在各地闽方言普遍通行。可单说，福州、厦门、潮州音 ts‘a^{2}，莆田音 ts‘ɒ^{2}，永安音 ts‘o^{2}，建瓯音 ts‘au^{5}，海口音 sa^{2}。凡与木头、柴火有关的都说“樵”，所构成多音词甚多。例如：樵草泛指可烧火做饭的木条块和草类，割樵砍樵，樵刀柴刀，樵头树根头，又喻指木头人，樵料木料，樵箱木箱，樵梳木梳，樵橛木楔子，樵船木船，破樵劈柴火，樵灶烧柴火的灶，樵厝木头房子。

ts‘a^{2} 通常写为“柴”，这是训读字。就读音而论，柴，士佳切，读为 ts‘a^{2}，声母、声调均合，但佳韵字读 a 是文读系统的音（如洒、佳、罗）而不是口语白读的音。白读音在福州为 ɛ（差，出差），ai（债），在厦门是 e（差、债），ue（钗）。樵，《广韵》昨焦切：“柴也。《说文》：‘木也。’”昨焦切属宵韵，宵韵字读 a 韵有三个口语词可作旁证：猫（福州读 ma^{2}、厦门读 ba^{2}），焦（两地同为 ta^{1}，见另条分析），礁（地名白礁读 ta^{1}）。建瓯读 ts‘au，莆田读 ts‘ɒ^{2}，永安读 ts‘o^{2}，更能证明是效摄的读音而不是蟹摄的读音。从字义说，闽方言的“樵”兼有《广韵》的“柴”和《说文》的“木”，正因为叠合了两个层次的词义，所以成为构词能力很强的常用词。

客方言（如梅县）用“樵”表示柴火，但不用“樵”表示“木头”。

（17）**枋**　厚木板说“枋”，通行于多地闽方言。除海口音 ʔbaŋ^{1} 之外，各地闽南话音均为paŋ¹。闽东（福州）和闽北（建瓯）音pɔŋ¹，如说“壁枋”（用作隔墙的厚木板）。闽南话木板墙说“枋堵”，床板说“铺枋”。唯雷州话只指瓦工用来抹平墙面的长形木板。《说文》：“枋，木，可作车。”《广韵》府良切：“枋，蜀以木偃鱼曰枋。”闽方言的“枋”和这些用例的音义都相同。

（18）**匏** 瓠瓜在各地闽方言大多说pu²，唯宁德音pou²，建瓯、松溪音py⁵，海口音ʔbu²。有的方言可单说，有的组成双音词，如福州话说“芋匏”，海口、雷州说“甜匏”。在闽南话中用葫芦瓜的硬壳制成的水勺叫“匏稀”，厦门、潮州音pu²⁻⁶ hia¹。一般把这个音写为“匏”。《广韵》匏，薄交切，韵母不合，二等肴韵闽方言白读多为a。据《侗台语族概论》，葫芦瓜在侗台语中多有与此音近的说法，如侗北方言to⁶ pu³，毛南佯僙语po⁶，仫佬语pu²，水语、锦语pjo⁶，黄语pəu¹。这个词也可能是古百越语留下的“底层”。

（19）**碗** 衣袖说“手碗”。“碗”不单说。可说“长碗（长袖）、短碗（短），手碗头（袖口）”。福州音uoŋ³，莆田音ue³，建瓯音yiŋ³，永安音yɛiŋ³，厦门、泉州、潮州音ŋ³，漳州音uĩ³，雷州、海口音ui³。各地音合于《广韵》于阮切：“碗，袜也。”义不合。《方言》（卷四）郭注：“衣褾，江东呼碗，音婉。”可见是古吴语的说法，但就已经发现的材料看，“手碗”的说法只见于闽方言，未见于现代吴方言。

（20）**粞** 米磨的用来作糕饼或小儿所食米糊的粉称为“粞”。其音：福州ts‘a⁵，厦门ts‘ue⁵，潮州ts‘oi⁵，海口sɔi⁵，雷州ts‘ɔi⁵，建瓯话不单说，说“粢粞”[tsi⁵ ts‘ai⁵]。还有“米粞，粿粞，秫米粞”等说法。各地音合《集韵》粞：“思计切，米屑。”《玉篇》注曰：“碎米。”宋·苏轼《吴中田妇叹》诗有“汗流肩赪载入市，价贱乞与如糠粞”句。可能早期吴中有此说法，但现代吴方言也已经失传了。

（21）**鲑** 福州音kiɛ²、ha²，厦门音kue²、he²，建瓯音kai³，潮州音koi²，海口音、雷州音kɔi²。小海鱼用盐渍后称为“鲑”。福州、厦门音kiɛ²、kue²为此义，读ha²、he²为盐渍咸鱼的汁，久煮浓缩后用作调味品，称为“鲑油”，福州写为“鲒油”。潮州的“鲑”通常指腌渍而成的酱。建瓯话的“鲑”泛指咸鱼，也专指咸带鱼，于海边制成干品后运往内地销售。海口话有“虾鲑”“咸鲑”之称。在闽南话可泛指一切荤菜，如说“无鲑无菜”意即没有荤菜也没有素菜。

《广韵》户佳切：“鲑，鱼名，出《吴志》。”《集韵》则注曰：“吴人谓鱼菜总称。”匣母字白读k、k‘正是闽方言重要语音特征，各地声韵调均合户佳切。“鲑”出于吴方言，但见于今闽方言而未见于今吴方言。这说明闽方言确有吴方言之源流并比吴方言更为保守，存古更多。

（22）**配** 下饭菜说“配”。闽东（如福州）单说“配”[p‘uoi⁵]（也可重叠说“配配”）可指“下饭菜”，福鼎说“乇配”。厦门、潮州说“物配”。建瓯音p‘uɛ⁵，厦门音

p‘e^{5}，泉州音 p‘ə^{5}，潮州、雷州、漳州音 p‘ue^{5}，海口音 fue^{5}。各地均可用作动词，义为“佐食”，如说“配饭”$_{\text{下饭}}$，雷州话用作名词“菜肴”和动词“佐食”都说单音的 p‘uɛ^{5}。“配”用作名词指“下饭菜”和用作动词指“佐食”还见于浙南（温州一带）的吴方言。《金瓶梅词话》也有“配酒”的用例。用菜“配饭”的说法还见于南昌赣方言。

（23）**爪** 鸟说“爪”，通行于大多数闽方言。读音：福州 tsɛu^{3}，宁德、莆田 tsiɐu^{3}，闽南话（泉、漳、厦、潮及海口）tsiau^{3}，永安 tso^{3}，松溪 tsa^{3}。合于《广韵》巧韵庄母上声的“爪”。《六书故·动物三》：“爪，鸟爪也。”闽方言以局部代称整体。“爪”属肴韵，福州音 tsɛu^{3} 是尤韵的读法（搜：福州 sɛu^{1}，厦门 ts‘iau^{1}与“爪”同对应）。上古幽部包括中古的效流两摄各韵，谐声也显示效流在上古音的互通（如：道—首，涛—寿，陶—缶，嫂—叟），流摄字在闽方言里不少白读同效摄的 au 韵。以下各字在福州厦门同音：流 [lau^{2}]，九 [kau^{3}]，头 [t‘au^{2}]，楼 [lau^{2}]，侯 [hau^{2}]，够 [kau^{5}]。“爪”是古老的常用词，反映早期闽方言的读音是符合逻辑的。除单用，还说“爪头，爪毛、爪骹，爪囝”等，在古籍及其他现代方言均极少见。

（24）**蠞** 海中所产梭子蟹说“蠞”。福州音 ts‘ieʔ^{8}，建瓯音 ts‘iɛ^{6}，厦门、潮州音 ts‘iʔ^{8}，海口音 si^{6}。用“蠞”构成的词如：蠞膏$_{\text{蟹黄}}$、蠞骹$_{\text{蟹螯}}$、蠞饭$_{\text{用梭子蟹焖成的饭}}$等。《集韵》：“蠞，昨结切，虫名，海蟹也。”音义俱合，是为本字。本地有“蠘、蛣”等俗写。除了闽方言还未发现其他方言把梭子蟹说“蠞”的。

（25）**翼** 鸟类昆虫的翅膀通称“翼”。读音：福州 siʔ^{8}，厦门 sit^{8}，建瓯 siɛ^{6}，潮州 sik^{8}，海口 tit^{8}，永安 ʃiɒ^{4}。《广韵》与职切：“羽翼。”以母字有些口语常用字在闽方言读 s- 声母（也有读为 ts、ts‘声母的），如：蝇、盐、痒，福州音 siŋ^{2}、sieŋ^{2}、suɔŋ^{6}，职韵字在闽南话白读为 it，如：直、熄、食、忆，厦门音 tit^{8}、sit^{7}、sit^{8}、it^{7}。可见各地读音均合。唯建阳、松溪翅膀说 k‘e^{7}、k‘yœ^{7}，应是另有来源。翅膀说“翼”在吴、湘、粤、客诸方言都均可见到，但单说“翼”的较少，声母读为 s 更是未见。

（26）**蠓** 小黑蚊子说“蠓”，闽方言普遍如此。可单说。福州音 møyŋ^{3}，建瓯音 mɔŋ^{3}，永安及漳、泉、厦音 baŋ^{3}，潮州、海口、雷州音 maŋ^{3}。因其体积小，常加上词尾说“蠓囝”。《广韵》莫孔切：“蠓，《列子》曰：‘蠛蠓，生松壤之上，因雨而生，睹阳而死。’”《尔雅·释虫》：“蠓，蠛蠓。”闽方言多用来指蚊子，“蚊帐，蚊香，蚊虫”中的“蚊”也都说“蠓”。官话也有称蚊子为“蠓”的，但都不单说，只说“蠓子”。福州话“蠓囝”（读上声）专指小黑蚊子，一般蚊子说“风蚊”。建瓯话蠓指蚊子，蠓蠛仔指蠛蠓。

（27）**僆** 未下过蛋的小母鸡说“鸡僆”。“僆”的音在闽北读 s 声母：永安 sum^{5}，将乐 ʃyɛ̃^{5}，松溪 suɛiŋ^{5}。在闽南音 nuã^{6}，潮州音 nua^{5}，海口音 nua^{1}，但福州、建瓯不说“鸡僆”，前者说“鸡母囝”，后者说“鸡嬷仔”。《广韵》郎甸切：“僆，鸡未成也。”各地音义俱合。闽北读 s- 的来母字当为古读，粤、琼之闽方言变为 n 是因为韵母变为鼻化韵。“鸡僆”的说法还见于梅县一带的客话，音 lon^{5}。在其他方言则少见。

（28）**疕**　伤口所结的痂说“疕”。福州、厦门、建瓯、永安、潮州均音 p‘i^{3}，海口音 fi^{3}。结痂说“结疕”，结成薄片说“疕疕”，俗写作“痞”。闽南话词义扩大，锅巴说“鼎疕”或“饭疕”，也有把连草带土铲起的片状物称为“草疕”（用来烧作土肥）的。《说文》：“疕，头疡也。”《集韵》：“疕，普弭切……一曰痂也。”音义俱合。闽方言的这一特征词，其源古远，词义扩大有所创新。

（29）**⿺辶氺（垡）**　泡沫闽方言普遍说“⿺辶氺”。读音：福州 p‘uoʔ^{8}，建瓯 p‘yɛ^{6}，永安 p‘ue^{4}，泉州 p‘əʔ^{8}，厦门 p‘eʔ^{8}，漳、潮 p‘ueʔ^{8}，雷州 p‘ue^{4}，海口 fue^{8}，都是月韵並母入声，与“垡”（房越切）同音，“月”白读合于各点对应：ŋuoʔ^{8}、ŋyɛ^{6}、ŋue^{4}、ŋəʔ^{8}、ŋeʔ^{8}、ŋueʔ^{8}……垡，《集韵》注：“耕起土也。”闽南话说“涂垡”，即犁田时犁铧所翻起的如波浪般的土块。泡沫在闽方言中可单说“⿺辶氺”也可说“水⿺辶氺”，土垡、水垡质松如波浪状有相似之处，可能是近音引申。⿺辶氺是俗写。其他方言及古籍均少见。

（30）**粕**　渣说“粕”。福州、建瓯音 p‘ɔ^{7}，永安音 p‘aɯ^{7}，雷州音 p‘ɔ^{6}，厦门、潮州音 p‘oʔ^{7}，海口音 fo^{7}。榨过汁的甘蔗说“蔗粕”，泡过茶的茶叶渣说“茶粕”，煎过的中药渣说“药粕”，榨过油的猪油渣说“油粕、膏油粕”。《说文》：“粕，酒滓也。”《广韵》粕：“匹各切，糟粕。”闽方言义有扩大。

（31）**舷（墘）**　边缘、旁边说“舷”，俗写为“墘”。多数地方不单说，边缘福州话说“墘墘”[kieŋ$^{2-5}$ kieŋ^{2}]，厦门话说“墘头”[kĩ^{2} t‘au^{0}]，建瓯说“边舷”[piŋ^{1} xaiŋ^{5}]，海口也说“墘头”[ki^{2} hau^{2}]（雷州同此，音 ki^{2} t‘au^{2}），也说“边墘”[ʔbi^{1} ki^{2}]。更常用于名词之后组成方位结构，如说“溪墘河边、沟墘沟沿、海墘海边，桌墘桌沿、床墘床沿”。1984 年中国文字改革委员会汉字处据福建省 55 县市地名普查资料统计，全省带“墘”字地名有 951 条。本人据 1982 年版的《福建省地图册》所做统计，带“墘”字地名也有 70 处。田墘、溪墘、圳墘便是常见地名。“墘”的本字可能是“舷”。《广韵》舷：“胡田切，船舷。”宋·苏轼《赤壁赋》“扣舷而歌之”，舷就是船之缘。闽方言把它扩大为一切物体的边缘。这种用法在古籍中未发现用例，在其他方言不多见。金华表示附近、旁边有一种说法 i$^{13-15}$，kɤ$^{22-55}$，《金华方言词典》写为同音字“异乾”，也许这个“乾”与“墘”有关。客赣方言用来指器物边缘，江西安义音 ɕiɛn^{2}，广东揭西音 fin^{2}。

（32）**箠**　较多的闽方言用“箠”做名词表示“竹鞭”或做动词表示“鞭打”，或单用或不单用。福州话说“箠批”[ts‘øy$^{2-1}$ βie^{1}]，是击打人畜的竹鞭。闽南可单说，厦门音 ts‘e^{2}，泉州音 ts‘ə^{2}，潮州音 ts‘ue，海口音 sue^{2}。或说“箠仔”。都指竹鞭。闽中永安话音 sui^{2}，用作动词“鞭打”。《广韵》箠：“之垒切，节也。”《集韵》箠：“是为切，竹名。”《说文》：“箠，击马也。”《玉篇》箠：“击马箠也。”闽方言的“箠”，音合是为切，义合《说文》和《玉篇》。《管子·形势》:“弱子下瓦，慈母操箠。”唐·刘禹锡《平蔡州三首》诗有“汉家飞将下天来，马箠一挥门洞开”句，都是较早的用例。

（33）桸 舀水的勺子说“桸”，分布于多数闽方言地区。一般不单说。“鲎桸”用于闽东、闽南，福州音 hau$^{6-1}$ ie^{1}，厦门音 hau$^{6-5}$ hia^{1}，是用鲎的甲壳做成的在铁锅里舀汤水的勺。粪勺福州话说“粪桸”，厦门话说“粗桸”，泉州一带还分大小曰“大桸、桸仔”。从闽中及闽南的漳、泉、厦到潮州、海口都有“匏桸”，厦门音 pu$^{2-6}$ hia^{1}，是葫芦瓜的干壳锯成两半用的水勺。永安音 pu^{2} k‘ya^{1}（晓母字闽中有读 k‘的，如：虎 [k‘u^{3}]；支韵读 ya 也符合对应，如：纸 [tsya^{3}]、寄 [kya^{5}]，蚁 [hya^{4}]）。《广韵》许羁切：“桸，杓也。”音义俱切。“桸”在南北朝即见用例。南朝·沈约《齐禅林寺尼净秀行状》:“即闻器桸杓作声，如用水法，意谓或是有人出，便共往看，但见水杓自然摇动，故知神异。”在现代各方言则甚少见。

（34）簛 筛子说“簛”。福、厦、漳、泉、潮、雷均音 t‘ai^{1}，永安音 t‘i^{1}，海口音 hai^{1}，建瓯不说“簛”说“筛”。用来筛米的说“米簛”，筛粉末的说“簛斗”，还可有“粗簛，幼簛”以及用作动词的“簛米、簛沙、簛簸”等说法。《广韵》丑饥切：“簛，竹器。”传统的筛子正是一种竹器，各地读音也合。彻母闽方言读 t‘，脂韵多有白读为 ai 的，如：狮、屎、利、私等。

（35）箍 大多数闽方言管箍桶用的篾圈叫“箍”，也用作动词“箍”。还可说“竹箍、篾箍、桶箍”。福州音 k‘u^{1}，建瓯音 k‘u^{1} 或 k‘e，永安音 k‘ø^{1}，泉厦音 k‘ɔ^{1}，漳、潮音 k‘ɔu^{1}，海口音 xɔu^{1}，雷州音 k‘ɛu^{1}。《集韵》空胡切：“箍，篾也。”音义均合。“箍”的说法在古籍及其他方言里，也较为少见。通常说的“箍”声母与“箍”不同。

（36）喷 吹说“喷”，多数闽方言共有。音：福州 puoŋ^{2}，厦门 pun^{2}，永安 puã^{2}，潮州 puŋ^{2}，雷州 puŋ^{2}，海口 ʔbun^{2}。各地读音合《集韵》步奔切：“喷，吐也。”《玉篇》亦注“喷，吐也。”闽方言多用于吐气、吹气。如说：喷风（吹气），喷火（吹火），喷箫（吹笛子）。也用于喷出液体，如：喷血（吐血）。闽北各点不说“喷”，而说“吹”。建瓯音 ts‘yɛ^{1}，松溪音 ts‘yœ^{1}，也是客赣方言影响的结果。“喷”在古籍用例较少。在现代方言里，粤东闽西的客方言也有“喷”的说法，读音多为 p‘un^{2}。

（37）歠 喝粥或喝汤水，说“歠”。普遍用于各地闽方言。音：福州 ts‘uɔʔ^{7}，建瓯 ts‘uɛ^{7}，永安 ts‘ye^{7}，泉州 ts‘əʔ^{7}，厦门 ts‘eʔ^{7}，漳、潮 ts‘ueʔ^{7}，雷州 ts‘uɛ^{6}，海口 sue^{7}。稀粥、茶、汤、酒都可说“歠”。各地音义合于《广韵》昌悦切：“歠，大饮。”“歠”的说法在其他方言不为多见。

（38）饲 喂食，豢养说“饲”。福州音 ts‘ei^{5}（部分常用字浊去归阴去），建瓯音 si^{6}，泉、漳、厦、潮、雷音 ts‘i^{6}，海口音 si^{1}（浊去归阴平），合于《广韵》祥吏切：“饲，食也。”邪母字白读在闽方言有 ts‘- 也有 s-。“饲囝”既指给小儿喂食，也指抚育孩子。“饲猪”既指喂猪，也指养猪。“饲牛”还指放牛。还可按喂食的内容说“饲潘（泔水）、饲菜、饲麦麸、饲米糊、饲奶”等。闽南话，养育儿孙说“饲团、饲孙”，奉养父母也说“饲爸、饲母”，谚语“饲老鼠吃布袋”是恩将仇报的意思。宋·梅尧臣诗：“病者调药剂，起者饲饘粥。”可见闽方言的说法早有用例。但其他方言都不常用。

（39）**跋** 跌倒说“跋”，也说“跋倒”。除永安音 $puɒ^4$，海口音 $ʔbua^8$ 外，各地音同为 $puaʔ^8$，均合《广韵》“跋，蒲拨切”。《说文》：“跋，蹎跋也。”《广韵》蹎：“蹎仆。”蹎即跌也，跋即仆也。就是跌倒。常说“跋蜀倒跌了一跤，跋伤跌伤，跋折骨头跌断骨头，跋死跌死”，各地闽南话还说“跋杯一种占卜动作，将竹子根部劈成两半做成的‘筶杯’平举跌落地上，按其阴阳面断定吉凶，跋九赌牌九，赌博，跋钱赌钱，跋价跌价”。可见“跋”还是多数闽方言的常用词。唯闽北方言不说“跋”，如建瓯说“揼 [$tuiŋ^3$]”。

（40）**拭** 擦（掉）、抹（桌子）、揩（干）都说“拭”。福州音 $ts‘eiʔ^7$，建瓯音 $siɛ^7$，泉、漳、厦音 $ts‘it^7$，潮州音 $ts‘ik^7$，海口音 sit^7。抹桌子说“拭桌”，揩干说“拭焦”，擦汗、擦身子说“拭汗、拭身”。擦手、擦脚、擦嘴、擦屁股都说“拭”。海口话涂抹药或糨糊也说“拭”。橡皮擦，建瓯话说“拭仔”，厦门话说“树奶拭”。《广韵》赏职切：“拭，拭刷。”音义俱合。古代汉语也都有“拭”的用例。《仪礼·聘礼》：“贾人北面坐，拭圭。”《世说新语·文学》：“殷（浩）徐语左右，取手中与谢郎拭面。”今抹、擦、揩说“拭”在别的方言只见于部分客家方言。

（41）**倚** 依靠，依赖，说“倚”。福州音 ai^3，建瓯音 $yɛ^3$，闽台粤琼各点闽南话音均为 ua^3。这些读音是支韵的白读，往往与“纸、徙、蚁”等同韵，合于《广韵》于绮切：“倚，依倚也。”建瓯话多单说，如扁担靠在墙上，靠里点（加点字与方言特征词对应，下同）都说“倚”。福州话可单说，也可组成双音词。谚曰“上半世倚夫，下半世倚团”，又说“倚靠、倚望”。闽南话则说“倚爸也食饭，倚母也食饭”，又说“倚靠、倚街、倚赖、倚托、倚近”。这些义项在古汉语中都不乏用例。如《论语·卫灵公》：“在舆则见于倚于衡也。”（倚：靠着）《老子》：“祸兮福所倚。”（倚：依附）唐·李白《扶风豪士歌》：“作人不倚将军势。”（倚：依仗）但在现代汉语，闽方言以外很少单说“倚”。

（42）**泅** 游水说“泅”。福、厦、漳、泉、潮均音 siu^2。建瓯音 $siau^5$，永安音 siu^2，海口音 $tiɯ^2$。各地音合《广韵》似由切：“泅，人浮水上。”古代亦用于口语。《列子·说符》：“人有滨河而居者，习于水，勇于泅。”宋·陆游《思归引》：“善泅不如稳乘舟，善骑不如谨持辔。”虽然共同语也说“泅渡”，但有书面语色彩，口语中说“泅”在其他方言很少见。

（43）**颂** 闽方言普遍谓穿着为“颂”，单说的音：福州 $søyŋ^6$，厦门 $ts‘iŋ^6$，永安 $ts‘iam^5$，建瓯 $ts‘œyŋ^6$，潮州 $ts‘eŋ^6$，海口 $siaŋ^6$，雷州 $ts‘iaŋ^1$。穿衣服说“颂衫裤”，穿着说“身颂”，穿戴说“颂插”，还有“一食二颂”之说。福州的 $søyŋ^6$ 音最切，文白无别，其余均为白读音。颂，《集韵》似用切，属邪母。邪母字在闽方言白读有ts、tsʻ的读法，各地韵母则合于用韵，与用、众等同韵。《说文》："颂，貌也。"《毛诗·序》曰："颂者，美盛德之形容。"穿着正是为了容貌的包装，闽方言的"颂"看来是在相当久远的年代从这个意义上引申而来并成为方言的基本词的。雷州话说"颂妆"，意即打扮，与古义最近。在其他方言及诸多古籍中尚未发现类似的用例。

（44）**拍**　打说"拍"。闽、台、粤沿海闽方言大多读音为pʻaʔ^{7}，海口按对应为fa^{7}。正如普通话的"打"，闽方言的"拍"也是多义、高频的基本词。如说"拍铁$_{\text{打铁}}$、拍面$_{\text{做面条}}$、拍拳$_{\text{打拳}}$、拍侬$_{\text{打人}}$、拍针$_{\text{打针}}$、拍羊毛衫$_{\text{织毛线衣}}$、拍算$_{\text{打算}}$、拍铳$_{\text{开枪、枪毙}}$、拍条$_{\text{开条子}}$、拍工$_{\text{打工}}$、拍风$_{\text{打气}}$、拍粟$_{\text{给谷子脱粒}}$、拍战$_{\text{打仗}}$、相拍$_{\text{打架}}$、拍粉$_{\text{涂粉}}$"等。建瓯、永安也不说"打"，但可说"拍"（建瓯pʻɔ^{7}，永安pʻa^{6}），更多的说"挌"（建瓯ma^{8}，永安mɔ^{4}）。"拍"是后起的，受普通话影响而说，如"拍球、拍巴掌、拍手"，"挌"是固有的。如说"挌架$_{\text{打架}}$、挌狮$_{\text{舞狮}}$、挌腹寒$_{\text{发疟疾}}$、挌铁$_{\text{打铁}}$、挌赤骹$_{\text{打赤脚}}$、挌醮$_{\text{做道场}}$、挌秋风$_{\text{打秋风}}$、挌针$_{\text{打针}}$"等。"挌"在《集韵》是拍的异体，但另有一个反切："莫白切：挌、拍：击也。"闽中、闽北方言的"挌"正保存了《集韵》所注的莫白切，应该就是唐宋时期的一种方音。

（45）**沃**　浇说"沃"。福州音uɔʔ^{7}，莆田音ɒʔ^{7}，建瓯、永安音u^{7}，泉、漳、厦、潮、雷、琼均音ak^{7}。《广韵》沃："乌酷切，灌也。"音义俱合。不仅浇水、浇粪、浇肥可说"沃"，淋雨也说"沃雨"。淋湿衣服闽南话说"沃澹"。肉汤浇到饭里，海口说"沃饭"，"沃茶饭"则是茶泡饭。以"沃"为浇，在先秦即有用例。《左传·僖公二十三年》："秦伯纳女五人，怀嬴与焉，奉匜沃盥，既而挥之。"孔颖达疏："沃谓浇水也。"但这种说法在现代其他方言中只见于相邻的闽西客方言。

（46）**曝**　晒说"曝"。读音：福州pʻuoʔ^{8}，莆田pʻɒ^{8}，泉、漳、厦、潮、雷pʻak^{8}，海口fak^{8}，建瓯pʻu^{7}，永安pʻu^{4}。均合《广韵》蒲木切："暴，日干也。"义亦合，古籍中不乏用例。曝为俗写。在闽方言也是常用词，如：曝日$_{\text{晒太阳}}$，曝粟$_{\text{晒谷子}}$，曝干$_{\text{把东西晒成干}}$，曝粟庭$_{\text{晒谷场}}$。其他方言则见于浙南吴语，如金华。

（47）**漴**　水自上冲下说"漴"。福州音tsœyŋ^{2}，建瓯音tsʻœyŋ^{5}，潮州、泉州音tsaŋ^{2}，厦门音tsʻiaŋ^{2}，海口音siaŋ^{2}。各地音合《广韵》徂红切："漴，水会也。"又藏宗切："漴，小水入大水也。"有人认为是"淙"，《广韵》士绛切："水所冲也。"调属去声，韵属江摄，音属崇母，反切不合，义亦不贴。"小水入大水"系《说文》所注"水会"，系《诗经》毛传所注，古时原指地面上之"水会"。闽方言义为自上往下冲，是方言词义的变异。各地闽方言冲水（淋浴）说"漴水，漴浴"，淋雨也说"漴雨"，往地面冲水也说"漴"。这在其他方言甚为少见。

（48）**拄**　顶，撑，抵挡说"拄"。福州、建瓯音tiu^{3}，泉、漳、厦、潮、雷音均为tu^{3}，海口音ʔdu（长入调），各地白读音合《广韵》知臾切："拄，从旁指也。"《集韵》:“拄，展吕切，支也，掌也。”即支撑义。“拄”在闽方言是多义的常用词。斜着顶住门或墙说“拄”。建瓯话用言语顶撞、指责人谓“拄人”。钱物对抵互不相欠谓“拄直”。闽北的这些用法在闽南也说，闽南话还引申为“拄零星钱找零钱，拄着相遇，碰到，拄喙顶嘴”。唯闽中一带未发现“拄”的用法。古代汉语“拄”的这种用例不少。《战国策·齐策六》:“大冠若箕，修剑拄颐。”唐·孟郊《劝善吟》:“藏书拄屋脊，不借与凡聋。”又，《汉书·朱云传》:“既论难，连拄五鹿君。”颜师古注:“拄，刺也。”刺也就是反驳，顶嘴，可见闽方言的这些说法由来已久。在其他方言这些用法则不多见。

（49）**必** 裂开说“必”，可单说。福州音 peiʔ^7，宁德音 pik^7，建瓯音 piɛ^7，永安音 pe^7，泉、厦、漳 pit^7，潮州 pek^7，雷州 piek^7，海口 ʔbit^7。裂痕说“必痕”（或“必裂”），裂缝说“必缝”，裂开说“必开”，脚皲裂说“必骹”。必，《广韵》卑吉切，《说文》:“分极也。”闽方言的“裂开”实不失为“分极”的最佳言证。至少可以说明与《说文》释义相关相承，反映了上古汉语的用法。而这种用法在古籍中并未多见，可说是闽方言的早期方言创新。在其他方言，裂开说“必”见于少数客方言，梅县音亦为 pit^7。

（50）**刣** 杀说“刣”。闽台粤沿海闽方言音均为 t‘ai^2，海口音 hai^2，内陆闽方言（建瓯、永安）音 t‘i^2。沿海各点凡杀都说“刣”，不论是杀鸡、杀猪、杀鱼还是杀人、杀头，但建瓯话“杀头”说 suɛ^7 t‘e^5。泉、漳、厦宰杀的动作也说“杀”[suaʔ^7]，也说“杀血”（刺杀并使出血），通常用于宰杀动物。“刣”是方言俗字。其本字有两说，罗杰瑞说是“治”。《广韵》直之切:“治，水名……亦理也。”从汉代的乐府诗始就把剖鱼“刮鳞、去肚”称为“治鱼”。《华山畿》曰:“开门枕水渚，三刀治一鱼。”现代官话普遍还说“治鱼”，音同迟。但只有闽方言扩大泛指一切的宰杀。之韵字在沿海闽方言有白读为 ai 的，如：事 [tai^6]，使 [sai^3]，里 [lai^6]，滓 [tai^3]，福州、厦门音同。说“刣”即直之切的“治”可通。黄典诚先生曾认为“刣”的本字为“夷”。夷，《广韵》以脂切，注有“灭也”，“平也”。上古“夷”曾用为铲平、铲草、灭除之义。《诗·大雅·召旻》:“溃溃回遹，实靖夷我邦。”郑玄注:“皆谋夷灭王之国。”以母上古音与定、邪多有通谐（也—地，余—途，台—怡），脂韵字在闽方言也有白读为 ai 的，如：狮 [sai^1]，指 [tsai^3]，私 [sai^1]，屎 [sai^3]，福州厦门同音。说“刣”的本字是“夷”，音义亦可通。

（51）**趁** 挣钱，赚钱都说“趁”。福州音 t‘ɛiŋ^5，宁德音 t‘iŋ^5，泉厦漳音 t‘an^5，永安音 t‘ã^5，建瓯音 t‘eiŋ^5，雷州、潮州音 t‘aŋ^5，海口音 haŋ^5。各地音与《广韵》丑刃切“趁：趁逐”相符。趁就是追逐。挣钱、赚钱都是对钱的追逐。闽方言舌上读舌头，读 t ‘无误。闽南真韵白读为 an，如：鳞 [lan^2]，陈 [tan^2]，闽 [man^2]。“趁钱，趁食”在闽方言都是常用词。“趁食”就是挣钱混饭。《元典章·刑部四》:“为饥荒缺食，将带老小流移趁食。”早有用例。杜诗有“巢边野雀欺群燕，花底山峰远趁人”句，“趁人”就是追逐人。在闽北，偷汉子说“趁人”，在闽南“趁”用作追逐时，对象通常是禽畜（如：趁鸡、趁牛）。这都用的是《广韵》所注本义追赶，追逐。福州话还用作介词（如：趁只爿行：从这边走），厦门话还表示跟随（如：侬去趁侬去：人去跟人去），有的地方赶集说“趁墟”。可见“趁”在闽方言是多义特征词。

（52）**遘** 到达说“遘”，在闽方言使用相当广泛，只有闽北说“到”（建瓯音 tau^5）不说“遘”，应是受客赣语影响而变。闽、台、粤、琼沿海闽方言各点读音完全一致，为 kau^5。永安音 kø^5，大田音 kɔ^5。各地对齐，合于《广韵》古候切：“遘，遇也。”《说文》《尔雅》都注为“遇也”。古候切所收的字都有相及，遭遇之义。如：覯，“遇见也”；媾，“婚媾，亦相遇，相及”；购，“以财有所求”，亦有相及之义；逅，“不期而遇”也，够；“聚也”，相聚亦相遇也。闽方言义为到达，不到达则不能遇，遇必到，两义实相关联。口语中“到”都说“遘”。如：遘厝到家，遘尾到末了，遘时到时，遘岁到年龄等。“遘”的这种用法应是最早闽方言的创新，在其他方言至今仍为少见。

（53）**长** 余剩说“长”（去声）。可单说。福州音 tuɔŋ^6，建瓯、泉州、厦门音 tiɔŋ^6，永安音 tiam^6，雷州音 tiɔ^6，海口音 ʔdo^1，读音似乎五花八门，实际上完全成对应，属澄母宕开三去声。福州读合口，永安读 -m 尾，海口读同端 ʔd-。合《广韵》直亮切：“长，多也。”“多”正是余剩。《集韵》直亮切：“长，度长短曰长，一曰馀。”字义更为明确。福州话可说“长偌夥剩多少，长底剩下的，有长用剩余”。建瓯话说“长饭剩饭，长底残余”。潮州话用例尚未发现。“长”用作余剩在古籍中用例也甚古。《吕氏春秋·观世》：“此治世之所以短而乱世之所以长也。”高诱注：“短，少；长，多也。”南朝·钟嵘《诗品·宋征士陶潜》：“文体省净，殆无长语。”陈延杰注：“长，音仗，冗也。”各地方言中也有用“长”表剩余的，但同时读为去声的较少。

（54）**移** 细碎的东西撒落谓“移”。单用时福州音 iɛ^6，莆田音 yɒ^6，漳、泉、厦、潮均音 ia^6，海口均音 ia^1，永安音 ya^5，建阳音 ye^6。撒谷种都说“移种，移粟种”。还说“移沙、移粉、称涂”等。《集韵》以豉切：“移，遗也。”以豉切属置韵，在闽方言白读有 ie-ia-yɒ-ya-ye 对应的，如：寄、蚊、徛、骑，字音可合。“遗”有失落义与撒落相关。闽方言的“移”应即从此义引申而来。

（55）**刺** 刺绣、针织或穿刺说“刺”（入声）。福州音 ts‘iɛʔ^7，闽东的宁德及闽南的泉、漳、厦、潮均音 ts‘iaʔ^7，建瓯音 ts‘ia^7，永安音 ts‘iɔ^7，海口音 sia^7。“刺”在各点多为多义词。具体字义东西两片略有差异。沿海闽方言多指手工编织、穿刺，如织毛衣、织网、绣花都说“刺”，闽南话还指“绱鞋”，泉、厦一带凶恶地责问人也说“刺”，胃部不适说“刺心”，被刺扎了，潮州话也说“刺”，海口话则称黎族“刺脸”的风俗为“刺面”。内陆闽方言常用的是“刺杀”，如宰猪说“刺稀”，纳鞋底也说“刺鞋底”。《广韵》七迹切：“刺，穿也。”各地音合，义亦皆从“穿刺”引申开的。

（56）熻　不通气，闷热说“熻”。福州音 hɛiʔ^{7}，宁德音 hep^{7}，莆田音 hiʔ^{7}，建瓯音 xy^{7}，永安音 xø^{7}，泉、漳、厦、潮音 hip^{7}，雷州、海口均音 ip^{7}。《广韵》许及切：“熻，熻热。”音义俱合。“熻”的这种用法在古籍及现代方言中均不多见。

（57）翕　焖，饭菜烹调的一种方法，闽方言普遍说“翕”，音同上文所述的“熻”。不加热，把东西盖起来也说“翕”，如说“翕熄火把火闷灭，翕麦芽制作麦芽，翕豆芽制作豆芽，翕汗发烧时盖住被使出汗”。《广韵》许及切：“翕，火灸……又敛也，合也，动也，聚也，盛也。”各地说法或多或少均与此各义相关。罗翙云《客方言》曾谓客方言焖饭说“翕饭”，然现今已改说“炆”，如梅县 mun^{2} fan^{3}。

（58）擐　提着，动词；也用作量词：串成一串。闽方言普遍使用。福州音 kuaŋ^{6}，莆田音 kua^{6}，泉州、潮州音 kuã^{4}，漳州、厦门音 kuã^{6}，永安音 k‘um^{6}，雷州、海口音 kua^{6}。《广韵》：“擐，胡贯切。”音合（泉州、潮州把部分浊去字读为阳上调）。《说文》：“儇，毌也。”段玉裁注：“毌，各本作贯，今正，毌，穿物持之也。今人废毋而专用贯矣。”闽方言的“擐”正合古义。此说在其他方言亦甚少见。

（59）倒　躺下、躺着说“倒”。福州、沙县音 tɔ^{3}，建瓯音 tau^{3}，永安音 taɯ^{3}，闽台粤沿海各点均音 to^{3}。惟海口说“偃”不说“倒”。“倒”的本义是“仆”，《广韵》都皓切：“倒，仆也。”仆倒乃由于死或病或物败坏。早期古籍少有躺卧的用例，元明之后的白话则不乏此例。如元·萧德祥《杀狗劝夫·二折》：“见哥迎着风，冒着雪倒在当街睡，我只怕……”又《水浒传》第二一回：“这等倒街卧巷的横死贼，也来上门上户欺负人。”可见，这是闽方言继承了早期白话的说法。今普通话说“躺倒”是同义相加的。

（60）敨　把绳子解开闽方言普遍说“敨”。闽、台、粤、琼这些沿海闽方言除海口按对应读 hau^{3} 外，皆音 t‘au^{3}，建瓯音 t‘e^{3}，永安音 t‘ø^{3}。各地读音合《集韵》他口切：“敨，展也。”词义亦合。解开说“敨开”，透气说“敨气”，通透说“通敨”，解开绳子说“敨索”。有些方言义项更多。如建瓯开箱开锁也说“敨”，“敨门”是打开门锁。并把钥匙称为“敨子”。海口话在水中把可溶物溶化也说“敨”。“敨水”就是溶于水，还可说“敨咖啡冲咖啡，敨茶沏茶”。打开锁、冲泡茶也都是从“展也”引申出来的。在其他方言“敨气”的说法比较常见（如客、粤方言），其他说法则少见。

（61）摒　倾倒、摒除说“摒”。福州、宁德、建瓯音 piaŋ^{5}，莆田音 pia^{5}，漳、泉、厦说 piã^{5}，雷州音 pia^{5}，海口音 ʔbia^{5}，永安音 piõ^{5}。《广雅》：“摒，除也。”《广韵》畀政切：“摒，摒除也。”音义俱合。倾倒说“摒”（如：摒粪扫倒垃圾），打扫也说“摒、摒扫”还说“摒厝打扫房子”。摒的单用在古籍和现代方言中都不多见，梅县客方言躲藏说 piaŋ^{5}，有人也写为“摒”，本字应是偋。《广韵》防正切：“偋隐，僻也。”

（62）炊　蒸说“炊”，通行于多数闽方言（唯海口说“焗”不说“炊”），福州、周宁、建阳音 ts‘ui^{1}，建瓯音 ts‘o^{1}，宁德音 ts‘øy^{1}，永安音 ts‘ye^{1}，泉州音 ts‘ə^{1}，厦门音

ts‘e¹，泉州、潮州音 ts‘ue¹，雷州音 ts‘uɛ¹。音均合《广韵》昌垂切："炊，炊爨。"炊即蒸也。凡蒸都说"炊"：炊糕、炊粿，炊饭。蒸笼各地说"炊床、炊桶、炊笼"，莆田话"蒸笼"单说"炊"。部分吴语（金华）和粤方言（阳江、陆川）蒸也说"炊"。

（63）**挢** 撬说"挢"。福州、福鼎音 kieu⁶，泉、漳、厦、潮及海口、建瓯音均为 kiau⁶，永安音 kiɯ⁴，各地均可单说。用棍棒把紧连在木石之中或埋在泥中之物撬起或把箱匣撬开都说"挢"，如：挢铁钉，挢石头。拿棍棒搅也说"挢"。挢，《广韵》居夭切。《集韵》又音巨夭切，闽音合此。《说文》："挢，举手也。"闽方言的"挢"，则从"举"引申而来。古籍用例不多见，现代方言也见于吴语。如松江：把箱子挢开看看。

（64）**解** 把作为动词和助动词的"会"说成"解"。单说时读音：福州 a⁶，建瓯 ɔ⁷，永安 e⁸，泉州 ue⁴会做人、e⁴能，会，可能，厦门音 e⁶，潮州 oi⁴，雷州、海口音 ɔi⁴。均合匣母、上声、蟹摄开口二等对应。（《广韵》蟹韵："胡买切，晓也。"）浊上字泉州、潮州、海口、雷州读阳上调。在福州、厦门归阳去，在永安部分归阳入，在建瓯部分归阴入。"解"在闽方言有多种含义、大都从"晓"延伸而来。"解讲、解做、解写"的"解"是"擅长"的意思；"解晓"是懂、懂事、懂得；"解使得、解做得、解用得"是可以，可行；"解去、解红、拍解死、做解好"的"解"是"会，可能"的意；"解赴"是"来得及"。"解"表示"会、能"在唐诗中很常见。王维《听百舌鸟》："入春解作千般语，拂曙能先百鸟鸣。"白居易《池上竹下作》："水能性淡为吾友，竹解心虚即我师。"韩愈《醉赠张秘书》："不解文字饮，惟能醉红裙。"都是解与能互文。杜甫的"遥怜小儿女，未解忆长安"和李白的"月既不解饮，影徒随我身"更是大家熟知的名句了。"解"是闽方言从唐代常用词保留下来的特征词。

（65）**𫠡** 解的否定就是"𫠡"。"𫠡"是俗写，在闽南有时写为"袂"，在潮州或写为"唛"。实际是"无"（或毋）与"解"的合音。福州音 ma⁶，厦门音 bue⁶，泉州音 bue⁴，建瓯音 mai⁶，潮州音 boi⁴。大体上"解—𫠡"可以配套，如：解去—𫠡去，解使得—𫠡使得，解晓—𫠡晓，解赴—𫠡赴，拍解死—拍𫠡死，做解好—做𫠡好，解红—𫠡红。但海口不说"𫠡"，而一概换用"无"，音 vo²，如说：无使得，无做得不行，无舍得舍不得，无八去不会去，无晒得干晒不干。"解—𫠡"是闽方言普遍通行的配对的特征词。

（66）**悬** 高说"悬"。福州音 kɛiŋ²，莆田音 ke²，厦门音 kuãi²，永安音 kyɛiŋ²，泉州、潮州音 kuĩ²，雷州音 kuai²，海口音 kɔi²。各地音合悬，《广韵》胡涓切，属匣母。匣母字在闽方言中有不少字白读 k，k‘，如：猴、咸、厚、寒、县、汗。《广韵》认为"悬"是俗字与"县"通用，其字义，引《说文》注："系也。"未提及有"高"义。然悬挂、高悬、悬崖都有高义。瀑布唐时称"悬布"，杜佑诗有"悬布垂练，摇曳晴空"句，杜审言诗有"悬危悉可惊，大小都不类"，"悬危"就是"高峻"。孟郊诗有"崎岖有悬步，委曲饶荒寻"句。悬步：陡峻的码头。北魏·郦道元《水经注》："石泉悬注，瀑布而下。”晋·孙绰《游天台山赋》：“琼台中天而悬居。”悬即高，可见“悬”在六朝至唐多有“高”的用法。闽方言里山高、树高、天高、楼高、智高、地位高、技艺高均可说“悬”。有的还用“悬”构成许多常用词。福州话“悬顶”是上面。“悬哥”是高个子，厦门话“悬手”是技术高，“悬下粒”是质量高低有别，海口话把高跟鞋说成“悬蹄子鞋”。“高”谓“悬”是闽方言最具特色的特征词之一，在闽方言中唯闽北方言不说“悬”而说“高”，当是客赣方言影响。

（67）**焦**　闽方言把“干”说成“焦”。沿海闽方言都是读 ta^{1}（海口按对应是 ʔda^{1}），内陆闽方言略有不同，永安音 tiɯ^{1}，建瓯音 tiau^{1}。“焦”不但常单说，还可用来构成许多多音词，以厦门话为例，可说“焦燥干燥、焦松干爽、焦身独善其身、焦□ [tiu^{3}]小儿能独立、喙焦口渴、乌焦又瘦又黑、澹焦粒质量参差不齐、臭焦烧焦”等。民间一般都写训读字“乾”。把它的本字确定为“焦”主要根据是“礁”在沿海闽方言也读 ta^{1}。“礁”是后起字，至宋代，礁石的礁仍写为“焦”。徐兢《宣和奉使高丽图经·海道一》：“小于岛则曰屿，小于屿而有草木则曰苫，如苫屿而其质纯石则曰焦。”宵韵字还有“猫、樵”有 a 韵白读。至于精母读 t- 确实不多见，但在海南方言口语中则较为多见：租、祖、昨、走、造、罪、载、做、左、札、早、灶糟。联系海南方言中读为重唇音的轻唇字最多这一现象，似乎可用来说明早期闽方言应有一批精组字读为端组。

闽北的 tiau^{1} 确与“凋”同音，义亦相关，黄典诚先生曾认为闽方言的 ta^{1} 即是“凋”。但在四等韵中确无白读为 a 的旁证，而且“凋”只指草木枯干、衰败、疲蔽而未有用火或用日使干的意思。

（68）**侪**　多谓“侪”。各地读音：福州 sa^{6}，宁德 sɛ^{6}，莆田 ɬe^{6}（闽东、莆仙少数常用从母字读擦音），泉州、厦门 tsue^{6}，漳州 tse^{6}，永安 tse^{5}（阴阳去不分），建瓯 tsai^{6}，潮州 tsoi^{6}，雷州 tsɔi^{1}，海口 tɔi^{6}（少数地方常用精、从母字读 t），均对应为霁韵从母去声字。《集韵》才诣切：“侪，等也。”《说文》：“等，辈也。”《玉篇》：“类也。”成类成辈必数量不少。晋·嵇康《与山巨源绝交书》：“为侪类见宽，不攻其过。”侪类，即多数人所聚的类。可见齐，侪都有“多”义。闽方言的“多”正是从这里引申出来的。多人说“侪侬”，多时说“侪日”，多话说“侪话”，钱多说“侪钱”，差不多也说“差无侪”。“侪”在闽方言是最常用的基本词。应是早期闽方言特有的创新，所以分布甚广，而典籍又缺乏此类用例，现代其他方言也极少见，很值得注意。

（69）**短**　读音均为阴声韵：福州 tøy^{3}，建瓯 to^{3}，永安 tue^{3}，泉州 tə^{3}，厦门 te^{3}，潮州 to^{3}，雷州 tɛ^{3}，海口 ʔde^{3}，对应于蟹摄一等咍或灰，端母上声，而与“短”字都管切的音对不上号。所有字书咍、灰二韵上声端母下均无“短”义的字。此字如此常用，在闽方言如此一致，应是闽方言早期的方言创新，由于其他方言未通行，韵书概未收入。本字未明，也许闽方言的“短”正是“隹”的反义相训。也许是古代南方方言或百越语底层亦未可知。暂且存疑待后再考。

（70）**清** 寒冷说“清”。各地读音：福州、沙县 ts‘ɛiŋ^{5}，建瓯 ts‘eiŋ^{5}，潮州、莆田 ts‘iŋ^{5}，泉、漳、厦 ts‘in^{5}，雷州 ts‘ieŋ^{5}，海口 sin^{5}。各地音合《广韵》七姓切：“清，温清。”又楚庆切有“清”字，注：“冷也。”义亦合，音相近，可能是唐宋时的不同方音。就闽方言论，应为七姓切，劲韵字在闽南话读 in 韵的尚有常用字“轻 [k‘in^{1}]，盛 [sin^{2}]，清 [tsin^{1}]水清”，官话方言“贞、侦”亦读前鼻音。“清”的词义在各地闽方言范围不同，福州主要指天冷，水冷曰“冻”；闽南主要指水冷，天冷说“寒”；潮州指天凉。厦门话还说“知烧清知凉热、寒清寒冷、清心灰心、清糜凉粥，剩粥”等。除闽方言外，谓凉、冷为清的还有湘方言、西南官话及晋方言等。“清”的用例甚古。《礼记·曲礼上》：“凡为人子之礼，冬温而夏清。”郑玄注：“温以御其寒，清以致其凉。”

（71）**䜺** 味淡说“䜺”。读音：福州、建瓯 tsiaŋ^{3}，宁德 tsam^{3}，泉、漳、厦、潮 tsiã^{3}，永安 tsiõ^{3}，雷州、海口 tsia^{3}。各地读音合《广韵》子冉切：“䜺，食薄味也。”䜺在闽方言是口语常用词，构词能力也强。“䜺水”是淡水，“䜺色”是浅淡的颜色，“䜺甜”是不咸而清甜。有的地方还有“咸䜺”表示荤菜和素菜。从《广韵》音义直接继承下来而仍用为基本词的“䜺”在现代方言只有闽方言了。

（72）**晏** 不早说“晏”。福州、福鼎、松溪音 aŋ^{5}，泉、漳、厦、潮音 uã^{5}，永安音 um^{5}，雷州、海口音 ua^{5}，建瓯音 uiŋ^{5}。各地都可单说，晚到说“晏遘”，迟起说“晏起”。《广韵》乌涧切：“晏，柔也，天清也，又晚也。”宋·陆游《新晴出门闲步》：“废寺僧寒多晏起，近村农惰缺冬耕。”“晏”有“晚”义，还见于赣方言和吴方言，但只有闽方言能单说。

（73）**泛** 空虚、轻浮谓“泛”。福州音 p‘aŋ^{5}，建瓯音 p‘ɔŋ^{5}，闽南音 p‘ã^{5}，永安音 p‘õ^{5}，雷州音 p‘a^{5}，海口音 fa^{5}。俗写为会意字“冇”。究其本字应是“泛”，《广韵》：“孚梵切，浮貌。”《说文》“泛，浮也”，用作动词；“泛，浮貌”，用作形容词，后来字形合并。闽方言轻唇读重唇，韵及调亦相符。“泛”在闽方言十分常用，构词能力也强，可说“空泛空虚、空心，泛粟秕谷，泛樵不硬的木头，泛粒不实的种子，泛数虚数，泛瘦虚胖，浮肿”。是轻唇读重唇的早期音。“泛”的用法也见于客方言，如说“冇谷”秕谷，在粤方言也偶有所用，如说“浮浮泛”[p‘ou^{2} p‘ou^{2} p‘an^{5}]，意为飘浮的样子，和《说文》之义注相类。但在客粤方言都不能单说，也并不常用。

（74）**鱢** 鱼腥味说“鱢”。可单说，福州音 ts‘ɔ^{1}，建瓯音 sau^{1}，永安音 ts‘aɯ^{1}，泉、漳、厦、潮均音 ts‘o^{1}，海口音 tɔu^{1}，雷州音 sau^{1}。各地也可说“臭鱢，臭鱢味”。闽南还说“鱼鱢”或泛指“荤菜”，如厦门、潮州说“无食臊”是指不吃荤食。《广韵》苏遭切：“鱢，鱢臭。”音义俱合，心母字闽方言有读作 ts‘的，如：须、笑、髓、碎、鳃。《晏子春秋·内篇杂上》：“食鱼无反，则恶其鱢也。”

（75）**蜀** 基数词一说“蜀”。其读音：福州 suɔʔ^{8}，莆田 ɬoʔ^{8}，宁德 søʔ^{8}，建瓯 tsi^{5}，建阳 tsi^{8}，厦漳泉 tsit^{8}，潮州 tsek^{8}，雷州、海口 ziak^{8}，唯闽中不说“蜀”，永安说“寡”[kuɒ^{3}]，沙县说“个”[ka^{5}]。其他闽方言凡基数一都说“蜀”：蜀百一百，蜀斤一斤，蜀侬一人，蜀下，蜀条，蜀样一样，蜀日一天，蜀喙一口，蜀骹一脚。各地读音大体符合市玉切烛韵禅母的对应，声调为阳入（闽北为去声），禅母变读为 s、ts、z 均无问题，福州音烛 [tsuɔʔ^{7}]，蜀 [suɔʔ^{8}] 韵母亦符合对应，闽南音由 tsik^{8} 变为 tsit^{8}，应是 i 韵腹的影响。《方言》卷十二明确指出：“一，蜀也，南楚谓之独。”郭璞注：“蜀，犹独耳。”独正是从蜀得声，并同义。可见以蜀为独一，是南楚方言。古籍中用例及现代方言均甚少见，是闽方言从古楚语继承下来最常用的重要特征词。

（76）**其** “其”在各地闽方言普遍用作结构助词，相当于普通话的“的”，在沿海闽方言又用作量词。福州话用作量词时重读为 ki^{2}，是“其”的本音，用作助词时读为轻声 i 并以前音的某些韵尾为声母合音，如：我其 [ŋuai^{3} i^{0}]我的，各侬其 [kɔ$^{7-5}$ nøyŋ^{2} ŋi^{0}]大家的。建瓯话、永安话只用作助词，读音为分别为 kɛ^{5} 和 ke^{0}（后者为轻声）。闽南的泉、漳、厦用作量词时读阳平 e^{2}，后连其他音节时变调，用作助词时读为轻声 e^{0}，也有与前音韵尾合音的现象。如说“五其侬其 [gɔ$^{6-5}$e$^{2-6}$laŋ^{2} ge^{2}]五个人的”。潮州及海口用作量词及助词均音 kai，潮州助词读轻声，量词读阳平，海口俱读阳平，如说“我厝其侬是五其 [kai^{2}]我家的人是五个”。就本音而论，福州话 ki^{2}、建瓯话 ke^{5}、潮州话 kai^{2} 都合乎“其”的白读对应。建瓯：使 [se^{3}]、其 [ke^{5}]（浊平有读阴去的），潮州：使 [sai^{3}]、其 [kai^{2}]。据此可确认本字为“其”。“其”的这些用法看来是闽方言的创新，在古籍和其他方言均少见。上古汉语有把“其”用于代词和副词之后作助词的。如《诗经·王风·扬之水》：“彼其之子，不与我戍申。”《战国策·齐策四》：“悲夫！士何其易得而难用也？”《楚辞·离骚》：“日月忽其不淹兮，春与秋其代序。”在闽方言中，“其”也有置于疑问代词之后的用法，“怎样”福州话说 tsuoŋ$^{3-5}$ gi^{2}，泉州话说 tsi ũ$^{5-3}$ e^{2}。闽方言的“其”的多种用法可能就是从这里引申开去的。

（77）**着** 着在各地闽方言都是多义词，读音、意义和用法则不尽相同。以福州、建瓯、厦门、潮州、海口为例可列为下表：

	对没错	应该着来：该来	燃烧着去：烧掉了	中猜着了	过有去着
福州	tuoʔ^{8}	tuoʔ^{8}	tuoʔ^{8}	tuoʔ^{8}	luo^{0}
建瓯			tiɔ^{6}	tiɔ^{6}	tiɔ^{6}
厦门	tioʔ^{8}	tioʔ^{8}	toʔ^{8}	tioʔ^{8}	tioʔ^{0}
潮州	tioʔ^{8}	tioʔ^{8}		tioʔ^{8}	
海口	ʔdio^{6}		ʔdo^{6}		

可见，各点至少有三种义项。其中不少义项是其他方言少见的。

三 二级特征词

本节罗列二级特征词 90 条，包括：

1. 各地闽方言普遍通行但与外区方言交叉共有的 12 条。

2. 通行于闽台粤琼四省沿海的 56 条。

3. 通行于闽台两省的 13 条（有的也包括潮汕地区）。

4. 通行于闽台沿海的 9 条（有的也包括潮汕地区）。

（一）以下各条在各地闽方言相当通行，有的还与外区方言交叉，不过，在外区往往只见于局部地区而不是普遍使用，而且这些词都是很具特色的方言词，大多于古有征，所以认定为二级特征词。

（78）**篷** 船帆说“篷”，闽方言帆、篷不分，帆布也说“篷布”。福州音 p‘uŋ^{2}，建瓯音 p‘ɔŋ^{5}，泉、漳、厦、潮、雷音 p‘aŋ^{2}，海口音 faŋ^{2}。《广韵》薄红切：“篷，织竹夹箬覆舟也。”即指船篷。这是闽方言词义扩大之一例。赣语南昌话也称“帆”为“篷”，有些吴方言“篷船”也指帆船。

（79）**㙇** 门槛说“门㙇”（或户㙇）。各地读音：福州 muoŋ$^{2-5}$ naiŋ^{6}，泉州 mŋ$^{2-6}$ tuĩ^{4}，厦门、漳州 hɔ$^{6-5}$ tiŋ^{6}，永安 hu^{4} tɛiŋ^{4}，建瓯 mɔŋ^{5} tyiŋ^{8}，潮州 muŋ$^{2-6}$ tõi^{4}，海口 mui^{2} ʔdai^{6}。合于《广韵》持兖切：“㙇，道边埤也。”《说文》：“㙇，道边卑垣也。”卑垣者，低矮的围墙。闽方言用法义近转指。“㙇”的说法在一些客赣方言也用。如大余、三都赣方言说“斗门㙇”，宁化说“屋㙇”（音 ts‘aŋ^{1}）。

（80）**筅** 刷子，刷说“筅”，既当名词，又作动词。福州音 ts‘ɛiŋ^{3}，宁德音 ts‘ɛn^{3}，莆田音 ts‘e^{3}，建瓯音 t‘iŋ^{3}，永安音 ts‘ĩ^{3}，厦门、漳州音 ts‘iŋ^{3}，泉州音 ts‘uĩ^{3}，潮州音 ts‘ãi^{3}，海口音 sai^{3}。各地白读合于《广韵》苏典切：“筅，筅帚，饭具。”心母字在闽方言有一部分常用字读 ts‘，（在闽北双读为 t‘）如：醒、碎、须。炊帚闽北说“筅帚”，闽东说“鼎筅”，闽南说“竹管筅”。刷子闽东说“筅筅”，闽南说“筅仔”。过年时刷洗室内灰尘，称为“筅尘”。“筅”的用法除闽方言外还见于吴方言。如青田用作动词，音 ɕia^{45}，义为掸扫，用作名词的“筅帚”更多见。如吴方言的上海、江阴、杭州、宁波、丽水，赣方言的波阳、莲花、建宁。

（81）**饮** 饭汤说“饮”。福州音 aŋ^{3}，厦门、潮州、雷州、海口音 am^{3}，建瓯音 aiŋ^{3}。闽南话还可用“饮”构词。例如：饮浆稀米汤，浆衣服用，浆饮用米汤浆衣服，饮疕稠的米汤表面凝结的皮，也指沾在衣服上的痕迹。闽中永安话米汤不说“饮”而说“饭汤”[pm^{5} t‘ɒm^{11}]，在其他方言中，吴方言、赣方言也有说米汤为“饮”的。如温州音 iaŋ^{3}，苏州说“米饮汤”[mi^{3} in^{3} t‘ɒŋ^{1}]，南昌说饮汤 [in^{3} t‘ɔŋ^{1}]。

（82）**䏧** 乳房、乳汁，各地闽方言多数不分，普遍读为n声母鼻音韵并且调类各不相同。但一定不读上声，福州音$neiŋ^1$指乳房，$neiŋ^2$指乳汁。闽南话二者不分，泉州音lin^1，厦门、潮州音$nĩ^1$，建瓯音$naiŋ^5$，永安音$lĩ^1$（永安无n声母），海口音ne^1（海口无eŋ韵）。这些读音不成对应，肯定不是“奶”或“乳”。“䏧”是部分地区的俗写，联系客家话及粤方言，梅县音$nɛn^5$，广州音nin^1，也是n声母，无定调。据梁敏、张均如《侗台语族概论》，乳房在侗台语有如下读音：泰语、老挝语nom^2，版纳傣语和龙州壮语音mum^2，布依语音$nɛ^3$、ne^5，仫佬语音$nɛ^6$。汉人南下定居于闽粤赣地区时肯定与百越女有过婚配，此词自母亲传下来是符合历史逻辑的。凡是在闽、粤、客都有相近的音义，在古代汉语又无明确的本字的，可能就是百越语的“底层”，此条是典型的一例。

（83）**扛** 两人或多人共抬说“扛”。可单说，读音：福州$kouŋ^1$，建瓯、宁德$kɔŋ^1$，泉、漳、厦、潮$kŋ^1$，永安kam^1，海口ko^1。各地音合《广韵》古双切：“扛，《说文》云，横关对举也。”义亦切。抬轿子就说“扛轿”，抬新娘也说“扛新侬”。共同语的“扛”读$k‘aŋ^2$，但并非本字。抬说“扛”的还有吴语（如苏州）和客家话（如梅县），但不普遍。

（84）**沕** 潜入水中说“沕”。福州音mei^6，建瓯音mi^6，泉、漳、厦、潮音bi^6，海口音vi^1。潜泳说“沕泅，沕头泅”，潜心、痴迷于某事也可引申谓“沕”。不少地方造会意俗字“氽”，本字可能是“沕”。“沕”，美毕切，又莫佩切。《集韵》注：“潜藏。”《史记·屈原贾生列传》：“袭九渊之神龙会，沕深潜以自强。”集解：“沕，潜藏也。”今既有去声读法，也有入声说法：“沕尾”[bit^8 be^3]即“没顶”也。其他各地闽方言多读为去声。上古音质部到中古短入变为《切韵》的质、术、栉、屑、黠5韵；长入变为《切韵》的怪、至、霁等韵。闽南话既有bit-bi两读，则有长短两种读法，闽方言的“沕”是早期舒化而变读的。今西南官话和客方言潜入水中亦有“沕”的说法。

（85）**䈽** 掩盖，掩埋说“䈽”，多数闽方言都说，但意义有同有异。闽东用于“盖被子”。闽北用于“盖瓦片”，并衍音为$kaiŋ^3$ $laiŋ^3$表示“盖锅盖”或指饭桌上的罩子。“宝盖头”也说$kaiŋ^3$ $laiŋ^3$ $t‘e^5$。海口话锅盖说“鼎䈽”。闽南用来表示掩埋，埋死人、埋地财都说“䈽”。福州音$kaŋ^3$，建瓯音$kaiŋ^3$，泉、漳、厦、潮等闽南音均为kam^3，海口音$kɔm^3$。各地音合《集韵》古禫切：“䈽，盖也。”义亦切合。此字古籍用例不多。在现代方言中还见于一些客赣方言，如梅县音$kɛm^3$，长汀音$keŋ^3$，弋阳音$kɛn^3$。

（86）**敕** 吮吸说“敕”，闽方言普遍通行。福州音$sɔʔ^7$，建瓯音$sɔ^7$，漳、泉、厦、潮音$suʔ^7$，永安音$saɯ^7$，海口音su^7。各地白读合于《集韵》色角切：“敕，《说文》：‘吮也。’或作嗽、涑、嗍。”觉韵字闽东有读$ɔ^7$的（如曝读$pɔʔ^7$，怒声），闽南读同铎韵也有读为uʔ的（如托$t‘uʔ^7$）。人吮奶、蚊子吸血都说“敕”。“敕”的说法还见于湘语和粤方言。

（87）**剢** 用刀砍或刺、扎说“剢”。读音：福州 touʔ^{8}，建瓯 tu^{8}，泉、漳、厦 tɔk^{7}，潮州 tuʔ^{7}，雷州 tak^{7}。各地音合《广韵》丁木切：“刀锄。”应是本字。

（88）**鏨** 凿开石头用的小铁椎说“鏨”（石鏨或鏨仔）。福州音 tsaŋ^{6}，建瓯音 tsaiŋ^{4}，永安音 tsõ^{5}，漳、厦音 tsam^{6}，泉、潮音 tsam^{4}。闽南话还可以用作动词。《广韵》才敢切：“鏨：鏨凿也。”《说文》：“鏨，小凿也。”“鏨”的说法还见于吴方言。

（89）**烧** 物体温度高说“烧”，如热水说“烧水、烧汤”，热茶说“烧茶”。通行于闽北、闽中、闽南及粤琼闽方言。建瓯音 ts‘iau^{1}，永安音 ts‘iɯ^{1}，厦门音 sio^{1}，潮州音 sie^{1}，海口音 tio^{1}，雷州音 siɔ^{1}。有的地方也用来指天气暖和。如厦门说“烧热”[sio$^{1-6}$ luaʔ^{8}]，海口说“烧暖”[tio^{1} nun^{2}]。厦门话微温说“和烧”[he$^{2-6}$ sio^{1}]。书母字有说 ts ‘、s、t 的对应。在闽东，热仍说“热”，暖亦说“暖”，烧只用作动词。“烧”用作形容词表示“热、暖”，还见于客方言，如梅县说 sau^{1}（热），sau^{1} nɔn^{1}（暖）。

（二）以下各条通行于闽、台、粤、琼四省沿海，闽中、闽北因受客赣系方言影响另有说法：

（90）**侬** 人说侬，福州音 nøyŋ^{2}，厦门音 laŋ^{2}，潮州、雷州、海口音 naŋ^{2}，均为通摄一等泥母、平声白读音，口语中凡人皆称侬：工侬，做田侬、大侬、好侬、老大侬、富侬、穷侬、丈侬、侬头、侬马、侬客、侬影。单用还可指自己或别人，相当于普通话的“人家”，如说“侬去，汝也着去”人家去了，你也得去、“侬唔去硬叫侬去”我不去，硬要我去。在闽东方言，人称代词后加“侬”，表示多数，如“我各侬、汝各侬、侬家各侬”（我们、你们、咱们）。在粤琼闽方言加“侬”，说“我侬、汝侬、伊侬”。永安、建瓯以西，说“人”不说“侬”，是客赣方言影响的结果。

“侬”在六朝至唐宋有不少用作人称代词“我”的。《广韵》：“侬，我也。”《集韵》并注明为“吴语”。《六书故》：“侬，吴人谓人侬。”今上海话“侬”用作第二人称，在金华乡间“侬”指人。看来，“侬”指人系古吴语，后来强化保留于闽方言。这是闽方言和吴语早期存在着密切关系的明证。

（91）**庭（埕）** 室外经过平整的场子称为“庭”。福州音 tiaŋ^{2}，莆田、雷州音 tia^{2}，厦门、潮州音 tiã^{2}，海口音 ʔdia^{2}。在闽台两省“庭”多写为“埕”，一般均指门前的平地，只整平的叫“涂埕”，铺上砖、石的叫“石庭、砖庭”，也有不在门口、专用于晒谷的，称为“曝粟埕”，福建省的村落中常有“埕边、埕尾、埕头、大埕、石埕”等地名，足见此词在闽方言中的重要性。《广韵》庭，特丁切：“门庭。”即指门前的场子。《玉篇》注：“庭，堂埕前也。”更为明确。《说文》：“庭，宫中也。”应是指室内庭院，现今官话说“院子”。闽方言的说法合于唐宋时的说法。闽北方言地区有带“埕”字的地名，可见早期就有“埕”的写法，现代建瓯话室外场子说“坪”，晒谷场说“曝粟坪”。在沿海闽方言“坪”是天然的，“庭”是加工过的。

（92）**埔** 大片平地说“埔”。福州音 puo[1]，泉漳厦音 pɔ[1]，潮州音 pou[1]，雷州音 p‘ɔ[1]，海口音 fo[1]。或写为“坡”。闽东地区多说“坪”，“埔”只留存于地名，如“施埔”是姓施的据有的一片平地。闽北亦称“坪”。闽南多说“埔”，如说“草埔大片草坪、沙埔沙滩、平埔”，也不乏“西埔、前埔、埔顶、埔头”之类的地名。“埔”未见于前代字书，是近代方言俗字。《龙龛手鉴》收了“逋”，注曰：“平也。”《广韵》逋，博弧切，闽方言的“埔”合于《广韵》音切与《龙龛手鉴》的义注。闽方言的“埔”字义和字形都是方言的创新，很具特色。作为地名用字，闽方言区的“埔”和客家方言、广东省的“埔”未必相同，广东的大埔县通行客话，埔音 p‘u[1]，与闽方言读音有送气不送气之别，也不用于口语。广州附近的黄埔说粤方言，音 pou[5]，读为去声，义为水边，与闽方言的“埔”无关。

（93）**晡** 用于时间词的语素，在闽方言也不为少见。但多不单说。福州话单说音 puo[1]，是夜晚的量词，如：三晡就是三冥三夜。又说“冥晡夜晚、半晡傍晚”。闽南话“暗晡”或指傍晚（厦门），或指下午（泉州）。海口话“昨晡”[ta[6] vɔu[1]]是昨天，又可说“昨晡早、昨晡白头昨天早晨，昨晡冥昏昨晚，昨晡暗昨天傍晚”。《广韵》晡：“博孤切，申时。”申时即午后3—5时，原意为傍晚，后来也延伸为夜晚。唐·杜甫《大历三年春白帝城放船四十韵》有“绝岛容烟雾，环州纳晓晡”句，正是指夜晚。“晡”的用法在客方言也不少见。如梅县今天、昨天说“今晡日，昨晡日”，闽西客话晚上说“暗晡”或“夜晡”。

（94）**涂（塗）** 泥土说“涂”，干的、湿的不分。音：福州 t‘u[2]，厦门 t‘ɔ[2]，尤溪 t‘io[2]，潮州 t‘ou[2]，雷州 t‘ɛu[2]，海口 ho[2]。用“涂”构词甚广。多数点可说：“涂沙沙土、涂水泥水（海口指“食用水”）、涂粉尘土（海口说涂灰）、电涂电池（海口说手电池）、鸦片涂鸦片土”，以及“黄涂、红涂、乌涂、涂墩”等。福州、厦门烂泥说“涂糜浆”，闽南话则称“煤炭”为“涂炭”，室内泥地为“涂骹”。海口话还指可供买卖的土地和陶制品如：涂钵陶钵。“涂”指泥土来源甚古，《广雅·释诂三》：“泥也。”《广韵》同都切：“泥也。”闽方言皆读为送气音 t‘（海口的 h 来自 t‘），凡全浊读送气者为较古老的白读。用作动词（涂抹）或形容词（糊涂）则读不送气的 t。内陆的闽北、闽中方言不论干的、湿的都说“泥”，电池也说“电泥”，也是客赣方言的影响。

（95）**薰** 香烟、烟丝、烟草都说“薰”。福州音 houŋ[1]，莆田音 hoŋ[1]，泉、漳、厦音 hun[1]，潮州、雷州音 huŋ[1]。旱烟说“厚薰”，水烟说“水薰”，烟灰说“薰屎”，烟油说“薰油”，烟丝说“薰丝”，烟叶说“薰箬”。烟卷儿闽东说“薰团”，闽南说“薰支”，烟袋闽东说“薰筒”，闽南说“薰吹”。《广韵》薰，许云切，各地音合。《说文》：“薰，香草也。”《广雅·释草》：“薰草，蕙草也。”后来又指烟气、香气，也用作动词烟熏。菸草原产南美洲，明代闽人从菲律宾引进，初称“淡巴菰”，后称为“薰”。这是闽人以古语意译外来语的一例。故古籍未见用例，外地方言也未有此说，确是闽方言自创的特征词。闽北、闽中和海南说“烟”应是受外方言影响。

（96）**籼** 水稻说“籼”。福建内陆包括龙岩、漳平、大田、尤溪及闽中（永安片）闽北（建瓯片）多说“禾”。这是受客赣方言的影响。另有建瓯话说“早子”[tsau^{3} tsiɛ^{3}]。籼，福州、厦门、潮州音 tiu^{6}，海口音 ʔdiu^{6}。合《集韵》宥韵直祐切：“籼，稻实。”从稻实到稻，是词义的扩大。大概是由于后期引申，构词能力普遍不强，但多有“早籼$_{\text{早稻}}$，水籼$_{\text{水稻}}$”的说法。早稻泉州说“埔籼”[pɔ^{1} tiu^{4}]，海康说“坡籼”[p‘ɔ^{1} tiu^{6}]。

（97）**潘** 泔水说“潘”。福州音 p‘uŋ^{1}，莆田音 p‘oŋ^{1}，漳、泉、厦音 p‘un，潮州音 p‘uŋ^{1}，雷州音 p‘uŋ^{1}，海口音 fun^{1}。可单说也可说“潘水”。装潘水的缸说“潘缸”或“潘水缸”。闽俗家中养猪必备有潘缸，把洗米水、剩饭残羹倒入，经久发酵而喂猪，猪特好“臭潘味”。“潘”见于《集韵》铺官切。《说文》：“淅米汁也。”读音属白读音略有变异。以闽南为例，桓、末韵个别常用字有白读为 un、ut 的，如缓缓仔$_{\text{慢慢地}}$读 un^{6}，“半遂”$_{\text{半身不遂}}$读 pun^{5} sui^{6}，“夺”白读 tut^{5}，但在闽北闽中则无“潘”的说法。泔水建瓯说“潲水”[sau^{5} sy^{3}]，永安说“汁水”[tʃ^{7} syi^{3}]，也是客赣方言的影响。泔水说“潘”在其他方言也是极少见的。

（98）**鞔** 秤盘（或盛物过秤的篮子）称为“鞔”。福州音 uoŋ^{3}，莆田音 ue^{3}，厦门、泉州音 ŋ^{3}，漳州音 uĩ^{3}，雷州音 ui^{3}。秤物扣除盛物篮子的重叫作“除鞔”。闽南话讥人“四两鞔无除”是“不自量力”的意思。《集韵》委远切：“鞔，量物之鞔。”音义合，应是本字。“鞔”的说法古籍用例及现代方言都不多见。

（99）**滓** 液体中的沉淀物说“滓”，福州音用重叠式说“滓滓”[tai^{3} tai^{3}]，自泉州到雷州各地读音亦为 tai^{3}。最常说的是“油滓、尿滓”。闽南话还说“语音不准”为“臭奶滓”。滓，《广韵》阻史切。《说文》：“滓，淀也。”本义就是沉淀物，庄组字闽方言有少数读为 t- 声母（“事”白读即 tai^{6}），可能是古音的保存。在其他方言“滓”单用也极少见。

（100）**緫** 一束头发，福州话说“头发緫”，厦门话说“头毛緫”，“緫”单说用作量词。福州音 tsøyŋ^{3}，厦门、潮州音 tsaŋ^{3}。闽南话还引申为聚束，如说“緫草”（把分散的稻草一束一束捆起来）。《广韵》作孔切：“緫，聚束也。”音义俱合。

（101）**锲** 指镰刀。但多数不单说，闽东说“镰锲”，闽南说“锲囝”。雷州可单说，音 kɔi^{6}，福州音 kaiʔ^{7}，厦门音 kueʔ^{7}，《广韵》古屑切：“锲，镰别名也。”音义合，浙南的一些吴方言也有把镰刀说成“锲”的。

（102）**爿** 两半之一说“两爿”、“半爿”，也可单说作量词。福州音 pɛiŋ^{2}，厦门音 piŋ^{2}，泉州音 puĩ^{2}，潮州音 pãi^{2}，雷州音 pai^{2}。《集韵》步还切：“爿，片也。”音义俱合。“爿”的说法还见于某些吴语。

（103）**拌** 弹去衣物上的灰尘说“拌”，可单用的动词。福州音 puaŋ^{6}，漳、厦音 puã^{6}，泉州音 puã^{4}，雷州音 pua^{4}。《集韵》部满切：“拌，《博雅》拌：‘捐弃也。’”音义俱合。

（104）**隩** 小海湾称为“隩”，并常用作地名通名，也写为“澳”。闽东有三都隩、隩腰、小隩、网隩，闽南有澳角、内厝澳，粤东有南澳。闽南话一般都可单说“隩”或“隩囝”。福州音 ɔ^{5}，莆田、厦门音 o^{5}，潮州音 õ^{5}。《广韵》乌到切：“隩，《说文》曰：‘水限崖也。’”音义均合。浙南吴语也用，写作岙。

（105）**垢** 身上的污垢说“垢”，可单说，也说“油垢、臭垢”。福州、莆田、厦门、潮州均音 kau^{3}。合于《广韵》古厚切：“垢，尘垢。”音合，方言义略有缩小，多指身上的污垢。

（106）**疳** 小儿因消化不良而面黄肌瘦，福州话说“病疳”[paŋ$^{6-1}$ kaŋ^{1}]（莆田音同），厦门话说“着疳”[tioʔ$^{8-5b}$ kam^{1}]（潮州音同），也用作动词指孩子长不大。民间也常用此字。《集韵》沽三切：“疳，病也。”音合，义注微别。

（107）**豚** 体小未成年的家禽说“豚”。一般不单说，而说“猪豚团、鸡豚团”半大猪、半大鸡。福州音 t‘ouŋ^{2}，莆田音 t‘oŋ^{2}，泉、漳、厦音 t‘un^{2}，潮州音 t‘uŋ^{2}。《广韵》徒浑切：“豚，豕子。”原指半大猪，闽方言义略扩大。闽南话还可重叠说“豚豚”，意指禽畜虽然不大，已颇有重量。

（108）**櫼** 楔子说“櫼”，并用作动词表示“打进楔子”。福州音 tsieŋ^{1}，宁德音 tsɛm^{1}，莆田音 tsiŋ^{1}，厦、漳、泉、潮音 tsĩ^{1}。“用柴櫼櫼”前者是名词，后者是动词。多数方言还可引申为人“挤进”队伍里或人群中。《集韵》将廉切：“櫼，《说文》：‘楔子。’”建瓯也说“櫼”。楔子说“櫼”还见于客方言，如梅县 tsiam^{1}。

（109）**烌** 灰说“烌”，这是沿海闽方言的特征词。各地读音都是 hu^{1}（闽中的永安也说）。通常，炉膛里的灰烬说“火烌”，稻草烧的灰说“草烌”，香烛纸钱烧完的灰厦门话说“香烌、金烌”，骨头烧成的灰说“骨烌”。灰尘在许多地方的闽方言中说“涂粉”，在海口灰尘则说成“涂烌”。潮州话说东西磨成很细的粉末为“烌烌”。“烌”见于《集韵》虚尤切，注：“吴俗谓灰为烌。”尤韵字白读为 u 是闽方言语音的一个特点（如：牛、有、旧、舅）。“烌”在诸多古籍中尚未发现有其他用例，可能是早期吴语创新词。但现今的吴语则不说，与吴语关系密切的闽北也不说，建瓯话说“灰”。

（110）**批** 书信说“批”，颇具特色。福州音 p‘ie^{1}，厦门音 p‘ue^{1}，漳州、台北音 p‘e^{1}，潮州音 p‘oi^{1}。“侨批”在闽粤侨乡专指华侨从南洋寄来的家信。通常也可连说“批信”。一封信说“一张批”，信笺说“批纸”，送信说“分批”，信封说“批袋”或“批壳”。“批”在史籍和字书上没有表示信件的记录。《广韵》批：“匹迷切，示也。”闽方言的以“批”为信可能从这个意义上引申而来的，是后起的方言创新词。

（111）**铣**　铁锈说“铁铣”，生锈说“生铣”。福州音 tsiŋ^{1}、泉州音 san^{1}、厦门音 sian^{1}、潮州、雷州音 saŋ^{1}、海口音 taŋ^{1}。内陆闽方言说“锈”不说“铣”，如建瓯 siu^{5}。《广韵》所庚切：“铣，铁铣。”《集韵》注：“铁衣。”宋·苏轼《磨剑池》诗：“神仙铸剑本无硎，岸石斑斑尚铁铣”。生母字在各地闽方言有 ts、ts‘、s、t 等对应，如福州：疏 [tsœ^{1}]（粗疏），厦门：牲 [tsiŋ^{1}]（畜牲）、生 [ts‘ĩ^{1}]（生的，不熟），海口：生 [tɛ^{1}]。在闽方言中，不但铁锈说“铣”，“铜绿”也说“铜铣”，闽南话里“铜臭”说“臭铜铣”，还说“骨头生铣”，喻指懒汉。闽南话另有 sĩ^{1} 的音（厦门），生铁说“铁铣”，破铁锅碎片还可单说 sĩ^{1}，则是比较特殊的用法。某些官话区的地方志（如莱阳）里有锈曰“铣”的记载。粤方言有“铣”的记录音 ʃeŋ^{5}，为去声调，未合所庚切。疑另有来源。

（112）**八**　认识、曾经说“八”。福州音 paiʔ^{7}，厦、泉音 pat^{7}，漳、潮、雷音 pak^{7}，海口音 ʔbak^{7}。福州话还说“八传知道，𣍐八不知道、不认识、不懂，八事懂事，八症识相，八势识时势，八字识字，八曾曾经”，还有另一个义项引申为“八背倒霉，背时”。厦门话说“八侬认识人，八字识字，八货识货，八目有眼光，八路认得路，八来曾来过，断八相识，唔八不认识、不理解”。潮州话说“八诀通晓秘诀，八字八墨知书识礼”。各地音为“八”字的文读（因白读已为更早出现的数词用了），十分一致。《说文》：“八，别也，像分别相背之形。”闽方言的识说“八”正是源于“别”，能别则能识，识、别本来就是紧密相关的。《说文》又有“公，平分也，从八从厶，八犹背也”的说法，这就是福州话“八背”的语义来源。古今字书均未有“八”表示“识”的引例，足见闽方言这一特征词的特殊性和重要性。但闽中闽北均说“识”不说“八”。

（113）**敧**　不正曰“敧”，沿海闽方言多有此说，除海口按对应音为 xi^{1} 外，其余皆音 k‘i^{1}。歪头说“敧头，头敧敧”。福州话“敧敧髻”是一种歪边的髻式。厦门话倾斜说“坦敧”，侧卧说“坦敧身”，所挑担子不一样重说“重敧爿”。《广韵》去奇切：“敧，不正也。”音义俱合。唐·刘商《袁德师求画松》有“柏偃松敧势自分，森梢古意出浮云”句。可见此用法来源也甚古远。在现代方言中江淮官话的淮阴话有这种说法。

（114）**舒**　在平面上平展地铺开薄物，谓之“舒”，通行于多数沿海闽方言。如：舒席、舒纸、舒草、舒床巾、舒平。福州、莆田音 ts‘y^{1}，泉、潮音 ts‘ɯ^{1}，厦门语 ts‘u^{1}，漳州、龙岩音 ts‘i^{1}。各地方音对应合于《广韵》伤鱼切：“舒，缓也，迟也，伸也。”《广雅·释诂三》：“展也。”闽方言的用法词义缩小，是方言的创新。在古籍及其他方言都很少见。

（115）**㰹**　盖与使闭合说“㰹”的说法，通行于沿海闽方言。福州音 k‘aiŋ^{5}，莆田音 k‘aŋ^{5}，泉、漳、厦、潮均音 k‘am^{5}，海口有 xɔm^{5}、xɔm^{6} 两个音。把盖子盖上，盖图章各地也都说“㰹”。带盖子的瓷盅或大碗，海口话说“㰹盅”，在闽南用布、纸或沙、土覆盖都说“㰹”（如：㰹沙、㰹土、㰹盖）。《集韵》口陷切：“㰹，物相值合。”本义应是器皿的盖闭合。在闽方言义有引申。此字在古籍及其他方言均少见用例。

（116）**搵**　蘸、沾说“搵”。福州音 ɔuŋ^{5}，莆田音 oŋ^{5}，泉、漳、厦及海口音 un^{5}，潮州音 uŋ^{5}。沾湿了福州说“搵滥”，厦门说“搵澹”，蘸酱油说“搵豉油”，还可说“搵墨水、搵醋、搵油、搵酒”等等。《广韵》乌困切。又搵抐：“按物水中。”音义俱合。《说文》：“搵，没也。”段玉裁注：“没者湛也，谓湛浸于中也。”唐·李肇《唐国史补》（上）：“旭饮酒辄草书，挥笔而大叫，以头搵水墨中而书之，天下呼为张颠。”可见，“搵”的此用法见于唐以前。其他方言中“搵”的用法还见于近代吴语。应钟《甬言稽古·释食》：“俗谓食物濡染于酱、醋、油、酒以和味，谓之搵。”现代吴语见到的记录不多。湘语和粤方言都有写为“搵”的方言词，前者指“焖住”（如衡阳），后者指“寻找”（如广州），均与闽方言的“搵”无关。

（117）**伐**　跨出步子谓“伐”，一步亦谓一伐。福州音 p‘uaʔ^{8}，厦、漳、泉、潮音 huaʔ^{8}。海口话 hua^{7}（只做动词，不做量词）。闽南话“胯下之辱”曰“伐骹缝”。从闽东的 p‘与闽南的 h 可断定为奉母字。《广韵》房越切：“伐，征也，斩木也。”“伐”的初义应是征讨与砍伐。《书·牧誓》：“今日之事，不愆于六步七步，乃止齐焉，夫子勖哉！”蔡沈集传：“步，进趋也。伐，击刺也。”古时出兵讨伐，必先步行而后击伐，故“步”“伐”常常连说。后凝固为练兵时脚步之大小快慢。清·刘大櫆《书〈战国策〉后》：“兴师伐国，上军、中军、下军，步伐有度。”以“伐”称步并且单说，应是闽方言的创新。内陆闽方言不说，其他方言也很少见。

（118）**啡**　唾弃说“啡”。福州音 p‘uoi^{5}，泉、漳、厦、潮音 p‘ui^{5}，海口音 fui^{5}。各地音合于《集韵》滂佩切：“啡，唾声。”吐口水说“啡嘴”，吐血说“啡血”，吐痰说“啡痰”。内陆闽方言不说“啡”，建瓯说“吐”[tu^{5}]，永安说“喀”[ko^{4}]。明·李实《蜀语》：“唾人曰啡”。可见早期白话已用作动词。现代方言“啡”表唾弃、吐。还见于邻近闽方言的客方言（如福建的诏安秀篆、广东的揭西）。

（119）**定**　安定、安静都可单说“定”。也可说“定着”（“定着”又用作副词表示肯定）。福州音 tiaŋ^{6}（tiaŋ$^{6-3}$ tuoʔ^{8}），厦门音 tiã^{6}（tiã$^{6-5}$ tioʔ^{8}），潮州音 tiã^{6}，雷州音 tia^{1}。福州还引申为懒惰。《广韵》徒径切：“定，安也。”音义俱合。这种用法外区也不多见。

（120）**捀**　用手持物说“捀”，如说“捀碗、捀茶”。福州音 p‘uŋ^{2}，厦、漳、泉音 p‘aŋ^{2}，海口音 faŋ^{2}。《广韵》锺韵符容切：“捀，《说文》曰：‘奉也。’”音义皆符。

（121）**眩**　眩晕说“眩”，如说“头眩”（头晕）、“眩车、眩船”（晕车、船）。福州音 hiŋ^{2}，厦门、海口音 hin^{2}，潮州音 heŋ^{2}，雷州音 hieŋ^{2}。《广韵》胡涓切：“眩，乱也。”音义皆合。

（122）**挨**　推延时间或靠近、擦身而过都可说“挨”。福州音 ɛ^{1}，厦门音 ue^{1}，海口、雷州、潮州音 oi¹。“挨几日”是推迟几天，也可说“挨延”，闽南“挨倚徛徙”是对“磨洋工”的十分生动的描写。闽南“挨”还用于“挨磨推磨”或“挨砻推谷砻、挨米浆磨米浆”。《集韵》英皆切：“挨，推也。”音义皆合。

（123）搰　击打谓之“搰”。福州音 houʔ⁷，厦门音 hut⁷，常单说。潮州音 huʔ⁷，莆田音 hok⁷。《集韵》呼骨切：“搰，楚谓击为搰，一曰去尘也。”福州话鸡毛帚还说“鸡毛搰”。这也是古楚语在部分闽方言的留存。“搰”的说法还见于某些官话方言和吴方言。

（124）揕　尖状物硌脚说“揕”。福州音 tɛiŋ¹，厦门、潮州、雷州音 tiam¹，海口音 ʔdiam¹。如说“骹揕着”。《集韵》知林切：“揕，刺也。”音义俱合。

（125）搦　捕捉说“搦”。福州音 nieʔ⁸，泉、漳、厦、潮音均为 liaʔ⁸，海口、雷州音 lia⁶。普遍可单用，如说“搦侬抓人，搦着抓到，搦鱼捕鱼，搦长补短取长补短”。闽南义项更多，如说“搦做以为，搦龙推拿，按摩，搦伊乱拍抓住他乱打”。潮州话还说“搦舵把舵，搦面色察看脸色”。《广韵》女白切：“搦，捉搦。”音义俱合，是为本字。闽南话泥来不分，有许多人写为“掠”，闽东读 n 不合。《文选·江赋》：“舟事于是搦棹，涉人于是找榜。”李善注：“搦，捉也。”早期的“捉”是握持之义。唐·段成式《酉阳杂俎·盗侠》：“乃举手搦脑后，五丸坠地焉。”搦，“按摩捋下也”。可见闽方言的“搦”的说法也是中古以前的说法。现代方言中“搦”的说法还见于部分赣方言（建宁、邵武一带）和客家话。

（126）组　缝纫说“组”，通行于沿海闽方言。福州音 t‘iɛŋ⁵，宁德音 t‘in⁵，泉、漳、厦、潮音 t‘i⁶，雷州音 t‘i¹，海口音 hi¹。合于《广韵》丈苋切：“组，补组。”缝衣服闽东说“组衣裳”，闽南说“组衫”，缝扣子闽东说“组扣”，闽南说“组纽”。各地都说的有“补组”（缝缝补补）。“组”的用例也甚古，《说文》组：“补缝也。”段玉裁注：“古者衣缝解曰组，今俗谓绽也。”《乐府诗集·艳歌行》：“故衣谁当补，新衣谁当绽，赖得贤主人，览取为我组”。而在现代方言中，闽方言之外亦少见。内陆闽方言多说“联”（如建瓯）。

（127）赚　错说“赚”。福州音 taŋ⁶，莆田音 tɒ⁶，泉、漳、厦、潮音 tã⁶（海口说“错”不说“赚”）。各地音合《集韵》直陷切：“赚，市物失实。”《说文》徐铉新附：“赚，错也。”闽方言赚钱说“趁钱”，“赚”则用来表示“错”，这是方言字义的创新。同样说法见于浙南吴方言。如温州话 dza⁶。应是早期吴方言闽方言共有的方言词，其他方言则甚少见，很值得注意。

（128）乞　给予和求取都说“乞”。福州话这两个意思的音都是 k‘øyʔ⁷，又用作介词“被”（乞侬搦去被人抓走），音 k‘i⁵。k‘øyʔ⁷ 表“求取”一般用于“乞囝”（无子作嗣，求一个作儿子，有时也用钱买）。闽南话多用于“求取”，音 k‘it⁷，除“乞囝”之外，还有“乞雨”。海口话还说“乞钱”（讨钱），“乞糜”（要饭），音 xit⁷。“给予”说“乞”，在明末闽南戏文中很常用，现在多用 hɔ⁶。闽南话“乞”也用为介词，潮州音 k‘eʔ⁷，雷州音 k‘it⁷，“乞车撞着”是被车撞到。《广韵》去讫切：“乞，求也。”《说文》本作气，音气（福州一音合此），今作“乞”。乞又用作“给予”，是闽方言的创新，是为“反义相训”。用作介词“被”见于宋元话本，也写作“吃”。《清平山堂话本·认错尸》：“周氏不敢言语，吃这大娘骂了三四月。”在现代其他方言只有“求讨”与“被”的用法，未见有“给予”的用法。

（129）**慧**　容易，快便，沿海闽方言谓之“慧”。福州音 kie⁶，莆田音 ke⁶，泉、漳、厦音 kue⁶，潮州音 koi⁶。福州话一般不单说，只做副词，用于动词、形容词之前，如说“慧熟容易熟、慧好容易好、慧空容易饿”。闽南还可以用作形容词。如：“这项事做起来较慧。”各地读音合于齐韵匣母去声，开合口均可。厦门音“奎”读 kue¹，“桂”福州音 kiɛ⁵，韵母可作为旁证。《广韵》胡桂切：“慧，解也。”《方言·卷一》：“虔，儇，慧也……宋楚之间谓之倢。”戴震疏证云：“案《荀子·非相》篇：‘乡曲之儇子’，杨倞注云：《方言》：‘儇，疾也，又曰慧也。’义本此。倢，捷古通用。”可见“慧”还是汉代表示便捷、容易的常见通语。“慧”的说法在古籍和其他方言均少见，闽方言的这一说法可作为扬雄《方言》所说的通语“慧”的重要言证。

（130）**恶**　难（不易）说“恶”。福州音 ɔʔ⁷，泉、厦、漳、潮说 oʔ⁷，海口音 o⁷（长入），雷州音 ɔ⁶。各地音合“恶”白读。《广韵》乌各切：“恶，不善也。”薄、落、作、索、阁均合此对应。字义方面略有转移。“恶讲”是难说，“恶做”是难办，“恶行”是难走，“恶趁钱”是不易挣钱。福州不单说，闽南可单说（“这件事做起来真恶”）。海口还可表示“不好”义。如：恶听不好听、恶瞙难看。各地方言“不难”常说“好”（好读，好做），难，不易用“好”的反义词“恶”来表示，可谓顺理成章了。“好—恶”的这种用法是其他方言所少见的。

（131）**戋**　瓜果不熟或人幼稚都可说“戋”。福州音 tsieŋ³，莆田音 tsĩ³，泉、漳、厦、潮均音 tsĩ³。闽东有谚“戋瓜无瓤，戋囝无腹肠”，即兼有此二义。闽南话还说“幼戋”。《集韵》：“子浅切，戋，少意。”《易·贲》：“束帛戋戋。”朱熹注：“戋戋，浅少之意。”闽方言语音符合对应，义有引申。

（132）**姣**　女性放荡、行为不端谓之“姣”。福州音 hɛu²，莆田音 hiɐu²，泉、漳、厦及雷州、海口音 hiau²，潮州音 hiãu²。潮州词义略轻，指“要乐、怪异”。《广韵》胡茅切：“姣，姣谣。”《玉篇》：“姣，滛也。”（滛应为“淫”之讹）《左传·襄公九年》：“弃位而姣，不可谓贞。”杜预注：“姣，滛之别名。”与闽方言说法音义俱合。其他方言这种说法少见。

（133）**瘖**　瘦说“瘖”。福州音 sɛiŋ³，厦、泉音 san³，漳、潮、雷音 saŋ³，海口音 taŋ³。各地白读音合《广韵》息井切：“瘖，瘦瘖。”息井切属静韵，闽南话白读为 an，可以蛏 [t‘an¹] 作旁证。用法各地略有区别。福州话只说“瘖肉”（瘦肉），人瘦说“瘪”；闽南话人瘦说“瘖”，肉瘦说“赤”或“腈”，地瘦也说“瘖”，谚曰：“瘖田㔇燥水。”（瘦田易吸水）还可构成许多复音词：瘖骨瘦型骨架、瘖涂瘦地、瘖条苗条、瘖细瘦小、乌瘖又黑又瘦、瘖猴瘦猴等。闽方言保留《广韵》的这种说法在《新唐书·李百药传》有过用例：“百药侍父母丧还乡，衰还乡徒跣数千里，服虽除，容貌癯瘖者累年。”但在现代各方言则十分少见。

（134）横 硬说“横”。福州音 taiŋ⁶，厦门音 tiŋ⁶，泉州音 tuĩ⁶，潮州音 tõi⁶，海口音 ʔdai⁶。《集韵》堂练切：“横，木理紧密。”各点读音均合此反切。原指木头硬，闽方言引申扩大泛指坚硬。硬木说“横樵”，硬土说“横涂”，人的肌肉也可说“横”，线坚韧不易断也可说“横”。福州话绑得紧，钉得牢，夯得实，也说“横”。海口话还引申为态度强硬。内陆闽方言说“硬”不说“横”，应是客赣方言影响的结果。在古籍与其他方言中，“横”的用例均甚为少见。

（135）滇 水满说“滇”。福州音 tiɛŋ⁶，厦门音 tĩ⁶，海口音 ʔdi⁶，潮州、泉州音 tĩ⁴，雷州音 ti⁴。多数读音合堂练切，唯泉州、潮州读为阳上，有些浊去常用字会读为阳上调，如“住、内、治、盗、导、錾”，这是泉、潮音的特点。《集韵》：“滇，堂练切，大水貌。”闽方言的“滇”词义亦有扩大。容器、宫室装满东西或人群亦说“滇”，厦门、潮州海边涨潮、退潮也说“水滇水涔”。“滇”的这种用法在古代汉语及其他方言中都不多见。内陆闽方言不说“滇”说“满”。

（136）宿 瓜果过时而老化或人见老，沿海闽方言多说“宿”。福州音 søyʔ⁷，厦门音 sik⁷，潮州音 sek⁷。各地意义和用法有些差别。福州“宿”指人见老，“臭宿”指衣物放久而有了异味。闽南“宿”可指瓜果老化，也指人老到、精明，熬药熬得浓也叫“宿”。《广韵》宿：“息逐切，素也。”素有“久”义。《汉书·徐乐传》：“天下无宿忧。”颜师古注：“宿，久也。”“宿”指老的、旧的，唐以前即有不少用例。三国魏·曹叡《长歌行》：“环宇何寥廓，宿屋邪草生。”宿屋，老屋也。“宿疾、宿将、宿儒”中的“宿”也是此义。不过闽北、闽中及雷琼没有“宿”的说法。

（137）夥 义指数量多。福州音 uai⁶，泉州、海口音 ua⁴，厦门音 ua⁶。海口单说用作疑问词“多少”，如说“夥大多大、夥久多久”。福州话疑问词“若夥”[nuɔ⁶⁻² uai⁶] 义为几多，厦门话“无夥”[bo²⁻⁶ ua⁶] 指数量无多。《广韵》胡火切：“夥，楚人云多也。”《史记·陈涉世家》“夥颐，涉之为王沉沉者”是楚地来的陈涉老乡所说的楚语。这也是古楚语在闽方言中的留存。

（138）戆 傻、蠢说“戆”。福州音 ŋouŋ⁶，厦门音 gɔŋ⁶，雷州音 ŋɔŋ¹。可单说，也可与名词连用说“戆侬、戆弟、戆鸡”等。客方言也说“戆”，如梅县“戆牯”[ŋɔŋ⁶ ku³]（傻子）。壮侗语也有近似的音义，如龙州壮语 ŋu：ŋ⁶，毛难语 ʔŋa：ŋ⁵，都是愚蠢之义。“戆”是俗字，这可能是古百越语残留的“底层”。

（139）**下** 低说“下”与高说“悬”是对应的，“悬下”双声。福州音 kia^6，厦门音 ke^6。泉州、潮州音 ke^4，雷州音 ε^4，《广韵》下，胡雅切，也是匣母，各地字音合此切。具体含义及用法各地有些差别。福州话 kia^6 表示相对位置“较低”，如说“下滴团”是往下低一点的意思，也用作动词表示自上游下来，如说“自南平下福州”，但人、山、房子、树木不高都说“矮”[ε^3]，技术不高则说 $\eta ia ʔ^7$（可能是“下”的异读别义）。厦门话放舟而下不说“下”，但山低、树低、楼低都说“下”，“下鸡”指技艺低劣者，水平不高、分数不高、级别不高也说“下”。用“下”表示低处、位置低、地位低在先秦两汉就是常说的。《礼记·乐记》“天高地下”就是天高地低。《论衡·实知》：“人才有高下，知物由学。”可见谓低为下也是上古汉语的留存，其他方言也很少见。闽北、闽中低不说“下”而说“矮”。

（140）**许** 远指代词说“许”。分布于沿海闽方言。声母为 h，声调为上声。福州话“那个”用作实指的远指代词读 hi^{3-1} $ʒieʔ^7$，用作关联词读 hia^{3-5a} wui^2。读为 hui^2 指“那个地方”。如说“无只无许$_{无缘无故}$”，则读 hy^3。厦门话 hit^{7-8} le^2 是“那个”，hia^2 是“那里”。明末泉州、潮州流行的戏文都写为“许”，至今潮州音仍读 $hɯ^3$。雷州音 hu^3，海口音 hu^5。

“许”在吴方言中也有广泛的应用，温州话“那个”说 he^3 kai^0，上海话“在那”说 $laʔ^8$ $hᴇ^3$。吴方言和闽方言的“许”应该也是同源的。宋代诗人“许”用作指代词，如苏轼《次韵答文与可见寄》诗“世间那有千寻竹，月落庭空影许长”，朱熹《观书有感》诗有名句“问渠哪得清如许，为有源头活水来”。

（141）**汝** 第二人称代词。福州音 ny^3，莆田音 ty^3，厦门音 li^3，潮州音 $lɯ^3$，海康、海口音 lu^3。各地闽方言 y-i-ɯ-u 的对应只能是鱼韵，以上各点“鱼”字读音正是 ηy^2-hi^2-$hɯ^2$-hu^2，声母在福州可能是泥、日母，在厦门还可能是来母，但在莆田话只能来自日母，日母字白读为 t- 的只有三个字：汝 [ty^3]，入、日 [$tiʔ^8$]，泥母未有读 t- 的。可见从语音对应来说只能是“汝”。内陆闽方言因受客赣语影响用“你”不用“汝”。建瓯说 ni^8，永安说 ηi^1，将乐说 lei^3。

“汝”来自“女”（上古娘日归泥），“女”在甲骨文中就有，是最早的第二人称代词。“尔”“你”都是比较后起的。《世说新语》中“汝”最常用，约占第二人称的三分之二。中古之后让位给“你”，少用。“汝”是闽方言保留较多的上古汉语词汇的又一个例证。

（142）**伊** 第三人称代词。各地读音都是 i^1。从六朝时期到隋唐时期“伊”是不太常用的他称代词。见于《世说新语》的有 13 例（《世说新语语言研究》）。其中有表复数的“伊辈”（《贤媛》：“公曰：‘伊辈亦常以我度为胜。’”）仍是现今莆仙方言的第二人称的说法？内陆闽方言第三人称代词说“渠”，建瓯音 ky^8，永安音 ηy^1，将乐音 ki^3，与客赣方言同。

早先以为吴语的第三人称也有说“伊”的，近几年间已被吴语学者否定，ɦi^{2} 应是“渠”或“其”。在其他方言区即使偶见把“他”说成“伊”的，也不是成片的分布。

（143）**只**　用作近指代词。福州、泉州、潮州音 tsi^{3}，海口音 tse^{3}。各地声母为 ts-，声调为上声。韵母则因为一般不单说而依前后音连读发生各种变异，如福州话“这个”可说 tsi$^{3-1}$ ʒieʔ^{7}，也说 tsui^{2}、tsia$^{3-5}$ tsui^{2}，厦门音“这里”可说 tsit$^{7-8}$ ui^{5} 也说 tsia^{2}。其词源应与上古的“兹、此”有关，论声母是“兹”，论声调是“此”，也可能是古时的方音变异。“只”是本地的习惯写法。内陆闽方言中，永安话近指代词说“者”[tʃia^{3}]，和沿海闽方言相近。闽北方言则读为零声母，声调为入声。建瓯 iɔŋ^{7}，建阳 i^{7}，应是另有来源。

（144）**去**　用于动词之后读为轻声，表示动作的完成和实现，相当于普通话的“了”，这种用法通行于沿海闽方言。福州话弱化为 ɔ^{0}，若前音节有鼻音韵尾并读合音，如：驮去 [tɔ^{2} ɔ^{0}]拿去，行去 [kiaŋ^{2} ŋo^{0}]走了。闽南话读 k‘i^{0}，有时也脱落声母，如：走去 [tsau^{3} k‘i^{0} ～ tsau^{3} i^{0}]，潮州音 k‘ɯ^{5}，雷州音 k‘u^{5}，海口音 xu^{5}。“去”的这种用法在唐宋间很常见。如王维《观别者》：“不行无可养，行去百忧新。”苏轼《海棠》：“只恐夜深花睡去，故烧高烛照红妆。”张相《诗词曲语辞汇释》云：“去，语助辞，犹来也，着也，了也……杜牧《杏园》诗‘莫怪杏园憔悴去，满城都是插花人’，此犹云憔悴了。”所言极是。“去”的这种用法在现代方言比较少见。浙南吴语有相同用法，如金华话可说“睏去睡着，偷去偷走，忘记去忘了”。

（145）**底**　用作疑问代词。福州话说“底侬”[tie$^{3-5}$ nøyŋ^{2}]谁，“底只”[ti$^{3-5}$ ʒieʔ^{7}]哪一个，泉州话说“底块”[ti^{4} tə^{6}]何处，潮州话说“底蜀其”[ti^{6} tsek^{8} kai^{2}]哪一个，海口话说“底年”[ʔdi^{6} hi^{2}]哪一年，雷州话说“底步”[ti^{1} pɛu^{1}]哪一步。闽北不用“底”用“孰”，如建瓯话“孰人”[su^{8} neiŋ^{5}]谁。“底”用作疑问词也常见于唐宋诗词。如白居易《早出晚归》：“若抛风景常闲坐，自向东京作底来。”范成大《双燕》：“底处双飞燕，衔泥上药栏。”张相《诗词曲语辞汇释》云：“底，犹何也……杜荀鹤《钓叟》诗：‘渠将底物为香饵，一度抬竿一个鱼’，言何物也。”“底”的这一用法在其他方言亦不多见。清代的赵翼、章炳麟都说过吴方言有何物谓“底物”的记载，而现今吴方言可能多已失传，未见报道。

（三）以下各条通行于闽台境内的闽方言，潮州地区有时同，有时异，雷州、琼州则常另有说法。这些词是常用的基本词，又很具特色，且有源可考，故也认定为特征词。

（146）**髆**　背就说“髆”，多数不单说，福州话可单说 p‘iaŋ^{1}。“髆后”[p‘iaŋ$^{1-2}$ ŋau^{6}] 是背后，“髆脊骨”[p‘iaŋ$^{1-5}$ tsi$^{7-8}$ kɔuʔ^{7}] 是脊梁骨。建瓯话常说“背脊髆”[op^{6} tsi^{7} p‘iŋ^{1}]，指整个的背。漳泉厦“髆枝骨”指人的肋骨，“髆膫”指食用的猪牛羊的肋条。潮州话称肋骨为“髆篱骨”[p‘ia^{1} li^{2} kuk^{7}]。髆，《集韵》滂丁切：“髆，肋骨。”音义俱切。这种说法在古籍及现代方言中均为少见。

（147）**姥** 称妻为“姥”。福州、建瓯音 ma^{3}，说 lau^{6} ma^{3}，写为“老妈”，ma^{3} 是上古鱼部音的留存。“老妈囝$_{妻儿}$”福州话又说“姥囝”，音 muɔ^{3} iaŋ^{3}，则是中古模韵的音。“姥囝”闽南话音 bɔ^{3} kia^{3}，也指妻儿。妻子则说“姥”，亦音 bɔ^{3}，民间常写同音字“某”。夫妻则说“公姥”[aŋ^{1} bɔ^{3}]（俗写作“翁某”，实是“公”字 k 声脱落，如建瓯“老公”，即丈夫，音 se^{6} œyŋ^{1}）。乐府《横吹曲辞·琅琊王歌辞》：“公死姥更嫁，孤儿甚可怜。”其中的“公”“姥”也就是“夫”“妻”。可见这是汉魏六朝的说法。又各地闽南话还把女人称为 tsa^{1} bɔ^{3}，俗写“查某”，本字可能是“诸姥”。在其他方言里，浙南吴语妻子也说“老妈”，妈即“姥”也。如丽水 lʌ^{4} muo^{4}。称妻为“姥”，闽东音 ma^{3}，闽南音 bɔ^{3}，与称母或动物之雌性为 mu^{3}、bu^{3} 应是“因音别义”。“姥”是后起字，亦来自“母”。

（148）**丈夫** 男人称为“丈夫”（或另加相当于“人”的语素）。闽东说“丈夫侬”（福州 touŋ$^{6-1}$ muo^{1} nøyŋ^{2}），指男人也背称丈夫。闽南（厦门 ta$^{1-6}$ pɔ^{1}）单说指男性，加“侬”用为丈夫的背称。潮州话一般也要加“侬”。闽中说“丈夫畲”（永安 tiam^{4} pu^{1} sɒ^{2}），闽北说“男人”。称男子为丈夫的地方，往往把男孩子说成“丈夫囝”，男孙说“丈夫孙”。由于常用，“丈”的音各有变异，闽南“丈”脱落鼻音，声调类化（与“夫”同为阴平），而“夫”的字都仍读重唇（福州因受前字韵尾影响 p → m）。“丈夫”指称男子也见于先秦。《管子·地数》：“凡食盐之数，一月：丈夫五升少半，妇人三升少半，婴儿二升少半。”《国语·越语上》：“生丈夫二壶酒，一犬，生女子，二壶酒，一豚。”像这样沿袭上古说法，以“丈夫”称男子在其他方言亦极少见。

（149）**盔** 陶瓷器闽方言普遍说“盔”。福州音 hai^{2}，建瓯音 ho^{5}，永安音 hue^{2}（指陶器），泉、漳、厦、潮均音 hui^{2}，通常是陶与瓷都说“盔”。在闽东写为“硋”，闽北写为“堌”。闽东北地名中的“硋礁、堌瑶”都是“瓷窑”的方音的俗写。各地读音对齐之后应是咍韵匣母平声，台（福州音 tai^{2}，建瓯音 to^{3}）、开（闽南音 k‘ui^{1}）可证。然字书概无准确的本字。应是字书失收的方言音义。《集韵》胡限切有“盔，小瓯”。瓯者非陶即瓷，音合义相关，姑且用来标记。宋元时期闽地出产的瓷器远销海外，闽方言此语音义又十分一致，别区方言则尚未发现，这是闽方言的重要特征词。

（150）**馃** 用大米磨粉蒸制的年糕闽方言称为“馃”。福州音 kui^{3}，厦门音 ke^{3}，潮州、龙岩音、永安音 kue^{3}，建瓯音 kuɛ^{3}。有时写作“粿”。《集韵》馃，古火切：“饼也。”闽方言区的“馃”是逢年过节所加工的粮食类点心的通称，大多蒸制而成的，可软可硬，可包馅也可不包馅，可甜可咸，可切成条形或块状，还可有各种颜色，故又有“米粿，粿条，甜馃，咸馃，米馃，麦馃，白馃，芋馃”等品种繁多的名称。“馃”是别区方言少见，闽方言区又普遍通行的重要特征词。

但在雷琼说成“粄”，海口音 ʔbua^{3}，雷州音 pua^{3}，与客家话的说法相同。《集韵》

补满切："粄，屑米饼也。"

（151）**崎**　许多闽方言"崎"可表示"陡"（形容词）或"陡坡"（名词）。福州话 k‘iɛ^{5}、建瓯话 k‘yɛ^{8}、潮州话 kia^{4}，用作形容词"陡"。泉州 kia^{4} 和漳、厦 kia^{6}，单说可用作名词"陡坡"，也可用作形容词。建瓯话"崎仔"还表示"台阶"，在闽南话中是"小山坡"的意思。《集韵》巨绮切："崎，岂崎，山貌。"各点音义均合。福州音有浊去读为阴去的。"崎"的这种用法在古书中很少见，现代方言中还见于部分客方言，如梅县音 k‘i^{1}。

（152）**晬**　小儿一周岁说"晬"。通常不单说，闽东、闽北做小儿周岁喜庆说"做晬"，福州音 tsɔ^{5} tsɔy^{5}，建瓯音 tsɔ^{5} tso^{5}，泉州说"做度晬"[tsue^{5} tɔ^{6} tsə^{5}]。小儿一周岁零几个月说"晬几，晬一、晬二……"潮、雷、琼闽方言说"对岁"。潮州音 tui^{5} hue^{5}，海口音 ʔdui^{5}hue^{5}。《广韵》晬："子对切，周年子也。"音义俱合。

（153）**殕**　发霉说"生殕"，霉味说"殕味"。福州、厦门、永安音 p‘u^{3}，建瓯音 p‘y^{3}。《广韵》殕："芳武切，食上生白毛。"《集韵》殕："斐父切，物败生白也。"音义俱合，闽方言义有所扩大，衣物、地上发霉亦说"上殕"，"臭殕"。声母的读重唇音，是保留了早期的发音。

（154）**贮**　存放、盛、装说"贮"。福州音 tuo^{3}，建瓯音 tu^{3}，永安音 tɒu^{3}，泉、漳、厦音 tue^{3}。屋里存放东西，袋子里装东西，往碗里盛饭，都可单说"贮"。《广韵》丁吕切："贮，居也，积也。"各地读音俱合（与"苎"同韵，声母分清浊），义则略有引申，"贮"的这些用法在其他方言甚为少见。

（155）**过**　蔬菜过时而老化在不少闽方言中说平声的"过"，福州音 kuai^{1}，莆田、厦门音 kua^{1}，宁德音 kuə^{1}，建瓯音 kuɛ^{1}。闽东、闽北意义单纯，用单音词。在闽南还可说"过梢"[kua^{1} sau^{1}]，并可引申为指人的"见老"。另一个义项是顺途停留，例如从厦门去福州可以顺路"过"[kua^{1}] 泉州。《广韵》过有平声反切：古禾切，义注："经也，又过所也。"闽南话两种义项并有，"过所"可是空间上经过，也可是时间过时。音义皆甚切合。永安、龙岩等福建闽方言及粤、琼闽方言未有平声"过"的说法。在其他方言更为少见。

（156）**瞀**　眼睛看不清说"瞀"。福州音 muɔ^{6}，建瓯音 mu^{6}，闽南的泉、漳、厦、潮均音 bu^{6}。也可重叠。《集韵》亡遇切："瞀，目不明。"音义俱合。《晋书·天文志》："天了无质，仰而瞻之，高远无极，眼瞀精绝，故苍苍然也。"唐·柳宗元《夏吴子松说》："常多蒙瞀祸贼僻邪，网人以自利者。"皆为此例。现代其他方言则不多见。

（157）**柿**　刀斧削下的木片说"柿"。福州音 p‘uoi^{5}，厦门音 p‘e^{5}，建瓯音 p‘uɛ^{5}。福州话可说"柿柿"，闽南话则可扩大指瓦器的碎片。《广韵》芳废切："柿，斫木札也。"音义俱合。"柿"的说法也见于不少吴方言。

（158）挃 闽台沿海闽方言的一个十分特殊的动词，通常写为“挃”，其义是“意欲占有”。东西给人问曰：“挃唔挃”，相当于普通话的“要不要”，“唔挃性命”是不要命。但通常不单说“挃”，肯定式说“卜挃”。福州音 puoʔ$^{7-5b}$ tiʔ^{8}，厦门音 beʔ$^{7-8}$ tiʔ^{8}，建瓯话说“唔挃”[eiŋ^{6} tɛ^{3}]。《集韵》直质切：“挃，《尔雅》：‘获也。’”获与意欲占有只是实现未实现之别，应该即是本字。

（四）以下各条通行于闽台两省的沿海（有时潮州话也说）。这一带人口约3000万，为整个闽方言区人口的一半，从福州、莆田、泉州、厦门、漳州到台北、台南，内部相当一致。这些词又是一些有特色的方言词，所以也认定为二级特征词。

（159）菅 茅草说“菅”，一般不单说，福州话说“菅蓁”[kaŋ^{1} tsiŋ^{1}]，厦门话说“菅芒[kuã$^{1-6}$ baŋ^{2}]（也说“菅蓁”，指砍下并已晒干，用来围篱笆的芦秆）。《广韵》古颜切：“菅，草名。”《说文》：“菅，茅也。”闽方言正切合《说文》所注。

（160）糟 未烧尽的木头说“樵糟”。福州音 ts‘a$^{2-1}$ tsau^{1}，漳、厦音 ts‘a$^{2-6}$ tsau^{1}。《广韵》作曹切：“糟，火余木也。”音义俱合。

（161）趜 筋蜷缩说“趜”，又说“趜筋”。通行于闽台沿海闽方言。福、莆、厦、漳、泉同音 k‘iu^{2}。《集韵》渠尤切：“趜，足不伸也。”音合，义有扩大。

（162）派 掘开沟渠引水说“派”，如说“派水落田”。福州音 p‘uai^{5}，厦、漳、泉均音 p‘ua^{5}。《广韵》匹卦切：“派，分流也。”《说文》注：“别水也。”音义俱合。这种说法还见于金华吴语。

（163）倩 雇用说“倩”。可单说，也说“倩工（雇工）、倩侬（雇人）、倩脚（雇脚夫）”。福州音 ts‘iaŋ^{5}，泉、漳、厦音 ts‘iã^{5}。《广韵》士姓切：“倩，假倩也。”假就是假手于人，到了现代社会，“倩”成了一种买卖关系。“倩”的说法还见于歙县徽语。

（164）鑢 锉说“鑢”，锉刀说“锯鑢”，身体在固定物上摩擦、蹭过也说“鑢”。如说“鑢痒”（蹭痒痒）。福州音 lɔ^{5}，泉、漳、厦音 lue^{5}。《广韵》良据切：“鑢，错也。”“错”就是“锉”。鱼韵字闽东闽南有不少字合于 œ（ɔ）—ue 的对应的，如：初、黍、疏、苎。音义俱合。

（165）剉 斩草、砍树说“剉”。福州音 ts‘ɔ^{5}，泉、漳、厦音 ts‘o^{5}。《广韵》粗卧切：“剉，斩草。”音合，义有扩大。

（166）杪 竹木之类细条谓之“杪”。福州音 miu^{3}，漳、泉、厦音 bio^{3}，可单说，也可重叠说“杪杪”。《广韵》亡沼切：“杪，梢也，木末也。”原为名词，闽方言转用作形容词，是方言的创新。这种说法还见于鄂东南赣方言。

（167）雅 最常用的程度副词，相当于普通话的“很”，闽台沿海闽方言都说。读音多为 ia^{3}，与“野”同音，常写为“野”。但通常又有同义词“尽、真”等。在闽北说“很”，闽中则在形容词后面加“极”（肥极$_{很胖}$）。这个“野”的本字应是“雅”，可从潮州话获得确证。潮州话“雅”有两读，音 ŋia³ 是形容词，表示“好、美，了不起”，“雅团”相当于粤方言的“靓仔”，“雅死”是漂亮极了。音 ia³ 则是程度副词，表示“很”，如口头禅说“雅死”[ia³ si³] 意为“没意思”，大失所望。潮州话 ŋia³ 为文读，ia 为白读，因音别义。沿海闽方言中，ŋa³ 是文读未用于口语。ia³ 是白读用作程度副词。“雅”在古代汉语中“美丽”“很”的两种用例都有。《玉篇》：“雅，娴雅也。”《文选·陆云诗二首》季善注：“雅，娴雅，谓妖丽也。”《文心雕龙·时序》：“欢其时文，雅好慷慨。”宋·苏轼《颂酒台》诗：“博士雅好饮，空山谁与娱。”刘淇《助字辩略》（卷三）：“雅，犹云极也。”

参考文献

蔡俊明 《潮语词典》，香港中文大学中国文化研究所，1976 年。
陈章太、李如龙 《闽语研究》，（北京）语文出版社，1990 年。
黄典诚、李如龙主编 《福建省志·方言志》，（北京）方志出版社，1998 年。
李荣主编 《现代汉语方言大词典》（厦门、福州、建瓯、雷州、海口等分卷），（南京）江苏教育出版社，1993—1998 年。
李如龙 《方言与音韵论集》，香港中文大学中国文化研究所，1996 年。
许宝华、宫田一郎主编 《汉语方言大词典》，（北京）中华书局，1999 年。

注：文中涉及的工具书《说文解字》《广韵》《集韵》及经史子集等典籍均未列举。

说明：1997 年我接受了国家教委人文科学“九五”规划的专项任务“汉语方言特征词研究”。1999 年初，写成了《论汉语方言的特征词》，在中国语言学会第十届学术年会（福州）宣读，2001 年发表于《中国语言学报》第 10 期。接着，又写成了本文。首次发表于《汉语方言特征词研究》（厦门大学出版社，2001 年），收入本书时做了一些修改。

论方言特征词的特征*

——以闽方言为例

方言特征词是从方言区片的比较研究中提取出来的、对内一致、对外排他的有特征意义的方言词，其特征意义主要是体现方言区片之间的异同，这是一种相对的特征。这些词在方言的词汇系统中是些什么样的词，它们又有什么样的本体特征呢？这是很值得研究的问题。因为我们不能逐点地做详尽调查，而后从海量语料中做比较和筛选；即使已经有了多点的词汇材料也很难完全对齐；如果先做个别点的抽样调查，也必须在大量的词汇材料中预选可能成为特征词的条目，再做面上的调查和比较。这其中的筛选和预选靠的就是对词汇本体特征的理解。

特征词理论已经提出十几年了，由于材料不足、工程太大，也由于对特征词的本体特征理解不够，有些想做特征词研究的学者觉得无从下手，因而相关的研究成果还不太多。本文试以自己研究得较多的闽方言特征词为例，对特征词的本体特征做一番初步的分析。

壹　特征词的基本特征

好，闽方言都说“好”，那是古今南北的汉语的通用词；坏，闽东福州说“呆”꜀ŋai，闽南厦门说“否”꜂p‘ai，闽北建瓯说“狞”laiŋ꜆，潮州说“唔好”꜂mõ，都是各个闽方言区的特征词。

骹，指脚，又是脚和腿的合称，是闽方言的重要特征词；脚，在闽南话也单说kioʔ꜀，指“脚夫”或“脚色”，也是方言词。方言词是提取特征词的基础，但不一定都是特征词，“脚”因为不太常用，构词能力和组合能力也不强，不必选为闽南话的特征词。

闽方言的“挃”，通行于闽台沿海和闽北，福州、厦门音tiʔ꜆，闽北音꜂tɛ，相当于普通话“要”的一个义项“希望得到”，是方言与普通话的“不对应词”，很常用，组合

* 本文是国家社会科学研究基金课题（13BYY051）的研究成果之一。

力也强，是闽台闽方言的特征词。《集韵》直质切引《尔雅》：“获也。”可能是其本字。这种“不对应词”，不论是否已经考出了本字，都是很重要的特征词。闽南话的“有影u꜅ ꜂iã、无影꜁bo ꜂iã”表示对事态有无的确认，相当于普通话的“有这回事儿”、“没这回事儿”，福州话说的“有影u꜅ ꜂iang、毛影꜁mo ꜂iang”指“服用的药物有效和无效”，都是这类不对应词。

方言词汇中往往有些“有音无字”的单音词，如果是常用的，又是“内同外异”的，不论是古语的保存而未经考定的，或是古代民族语言的“底层”，或是不同历史时期的方言的创新，都应该是重要的特征词。例如闽东的“乇$_{\text{东西}}$”noʔ꜇，闽东、闽南的“戆$_{\text{傻}}$”ŋong꜅，“找”闽北说“捞”꜀lau、闽南说ts‘e꜅，“交合”福州说sa꜄、莆田说꜂ɬau、雷州说pue꜅，就是此类特征词。

方言中的合音词把双音词压缩为单音词，常用，组合力强，也可以成为特征词。例如闽方言的“𠶧$_{\text{不会，不能}}$、媛$_{\text{别}}$”。其他方言中也有这类特征词，例如“甭、别、孬、咋、嫑”。

有些字在方言里读为白读音，虽然地方上另造了俗字，并非方言词，不能遴选为特征词。例如福州话“树”读为ts‘iu꜄，写为“椇”；客家话的“我”读为꜁ŋai，写为“偓”，都是白读音。有人把读音特殊的常用词也视为特征词，把语音差异视为词汇差异，怕是不合适的。

借用同义字用作训读音，从语言的角度说并非词，因而不宜录为特征词。例如海南闽方言，单音节词“书”训读为“册”sɛ꜆，但“字”借用了“书”的音꜀tu，“字号、字纸、字帖”中的“字”，本地人还是理解为“字”；“书案、书册、书包”也读꜀tu，理解的却是“书”。

现代方言还有不少从普通话转借的通用词，虽然读的是方言音，也很常用，因为没有词汇差异，并非方言词，也不能列为特征词。例如“巴结”，闽南漳浦话原指“小儿可爱”，台湾闽南话可指“小儿坚强不示弱”，都是方言词，但因并不常用，不宜录为特征词，后来也引进了通语的“巴结”表示“奉迎拍马”，应该说还是通用词。

现代方言越来越抵挡不住共同语的垂直影响，哪些通用词进入哪些方言，固然也有一些差异，对于方言自身所固有的特征词来说，只能是次要的。应该说，“方言特征词”的概念首先要坚持它必须具备“方言”的性质。

贰 特征词应是常用基本词，而不是一般词、生僻词或语素

提取特征词时，应当先取常用的基本词。基本词表达的都是重要概念，不但使用频度高，语义稳定，义域也较广；一般词则义域较窄，使用度不高，作为特征词就分量不

足。例如闽东方言，人和动物瘦都说“衰”，肉瘦则说“瘖”，前者义域广，是基本词，后者义域窄，是一般词；闽南话人、动物、田地都说“瘖”，则应列为特征词。又如闽南话的“悬”，义域广，泛指一切高，是特征词，“躼”单指人的个子高，只是一般词。

闽方言“翼翅膀|爪鸟|卵蛋|饕味淡”，闽东“犬狗|墿路”，闽南“芳香|糜粥”，都是词义单纯、义域广的基本词，应该认定为特征词；而像“蟚梭子蟹|鲑腌制的鱼|健鸡健：未下蛋的小母鸡”等，虽然都有古时韵书的反切和义注可作本字论证，对说明闽方言和不同时代的古汉语的关系是极好的材料，但毕竟不是基本词，并不常用，义域也较窄，有的还是生僻词，不宜认定为特征词，如下列各词：茹杂乱，昏乱 ꜁lu，“人诸切，草根相牵引貌”；巡漫步 ꜁un，“俞伦切，行也”；捐题捐：募捐 ꜁ian，“余专切，《说文》弃也”；汏汏沙：米中淘沙 ꜁tua，“唐何切，淅也”；椵木枷 ꜀ke，“何加切，囚械也”；盪洗涤，涮 tŋ꜅，“大浪切，涤器”；覕躲藏 biʔ꜆，“莫结切，不相见貌”；断接生时断脐 ꜂tŋ，“都管切，断绝”；竭资源匮乏 kiat꜇，“渠列切，尽也”。

这类不单说的语素中，有些在区片之内有一定的通行度和常用度，在古汉语还能找到准确的根据，是反映方言史的重要事实；但因历史上几经变迁，在现代口语中已经不单说，作为特征词，有点“不够资格”。例如“夥”，《广韵》胡火切：“楚人云多也。”今福州话问“几多”说“若夥 nuo꜇ uai꜅”，闽南话“为数不多”说“无夥 ꜁bo ua꜅”，其中的“夥”都有“多”义。《史记》曾记录陈胜的老乡去拜访“大王”时说：“夥颐，涉之为王沉沉者！”就是见到陈胜盛大繁多的排场而发出的赞叹。其中的“夥”就有“盛大”之意；“沉沉”在闽南话也用为语素：“大沉有劲 tua꜅ ꜁tiam”，相当于广州话的“够威够力”；“沉实内容丰厚、打造坚实 ꜁tiam tsat꜇”。秦末楚人的口语竟然能找到今日闽方言的例证，实在有几分稀奇，但是把它提拔成特征词还是不合适。类似这样的存古语素，在闽方言中还有：“菅”，古颜切，《集韵》：“《说文》，茅也。”今福州、厦门都称芦苇为“菅蓁”或“菅芒”；“贿”《广韵》呼罪切：“财也。”今福州、漳州都称家产、家财为“家贿”；“普”《广韵》滂古切：“博也，大业，遍也。”今福州、厦门说“普普”，都表示“大概、大略”的意思，显然是“普”的引申。这些都是研究方言词汇史的好材料，但都不宜认定为特征词。

方言特征词主要是共时比较的概念，即不同方言区片之间的共时差异。诚然，方言的共时差异往往是通语和方言历史演变的投影，但这只是对方言特征词的共时表现所作的历时解释，是一种伴随性特征。从共时的观点出发，提取方言特征词应该坚持“常用基本词”的要求。

叁　特征词的结构特征

汉语的词汇系统是以单音词为核心、以双音词为基础的，由核心词、基本词以及他们生成的一般词、行业词所构成的同心圆。核心词（有人称为根词）就是有构词能力、能生成多音词语的基本词。这些核心词因为是基本词，因而构词能力强；又因为生成词语多而提高了常用度，所以应该是抽取特征词的首选。

已为学者认同的闽方言特征词许多都是单音的核心词。例如上文提到的“骹”，本义指脚和腿，通行于各地闽方言，构成了大量多音方言词：骹骨$_{\text{腿、腿骨}}$、骹皮、骹趾、骹步、骹布$_{\text{裹脚布}}$、骹爪、骹川$_{\text{屁股}}$、骹手$_{\text{手脚、人手}}$、骹目$_{\text{踝骨}}$、骹底、骹肚$_{\text{小腿肚}}$、骹腿、骹球$_{\text{足球}}$，骹弯、骹腹头$_{\text{膝盖}}$；还用作方位词：山骹、桌骹、骹兜$_{\text{地上}}$、顶骹$_{\text{上面}}$、下骹$_{\text{下面}}$等。《汉语方言大词典》骹字头收了167条，加上异体字“跤”字头64个，共有231条，还不包括用作后字的“缠骹、缚骹$_{\text{缠小脚}}$、瘸骹、敨骹$_{\text{文明脚}}$、灶骹$_{\text{厨房}}$、塗骹$_{\text{地板、地上}}$、树骹$_{\text{树下}}$、桌骹$_{\text{桌子的腿}}$”等。许多人体部位的名称，如“喙、目、面、鼻、腹”等都是很有构词能力的单音核心词，也是闽方言的特征词。

侬$_{\text{人}}$、囝$_{\text{儿}}$、厝$_{\text{房屋}}$、鼎$_{\text{铁锅}}$、塗$_{\text{泥土}}$、粟$_{\text{稻谷}}$、箬$_{\text{叶子}}$、箸$_{\text{筷子}}$、薰$_{\text{烟}}$、烌$_{\text{灰}}$、饮$_{\text{米汤}}$、炊$_{\text{蒸}}$、曝$_{\text{晒}}$、缚$_{\text{捆绑}}$、着$_{\text{对}}$、赚$_{\text{错}}$、墘$_{\text{边缘}}$、滇$_{\text{水满}}$、焦$_{\text{枯干}}$等，都是通行于多数闽方言区片的特征词。

如上所述，“骹、侬、厝、鼎、塗、粟”等列为特征词，“骹骨、骹皮，大侬、侬囝，厝盖、厝主，大鼎、鼎盖，塗墙、粟种”等合成词乃至更长的词组就不必再列为特征词了。

可见，抽取特征词应该多选单音的基本词，多音词除非是非常重要的概念、又是很常用的，可以个别地收些。例如：福州话的八传$_{\text{知晓}}$，闽南话的查某$_{\text{女人}}$，莆仙话的物乇$_{\text{东西，闽南的“物”和闽东的“乇”的“合璧词”}}$，汝辈$_{\text{你们}}$，闽北话的囝子$_{\text{孩子，“囝”闽方言，“子”，客家话}}$，阿娘$_{\text{女人}}$。

强调提取特征词应该首选单音的核心词，是从方言特征词的共时性质和共时结构出发的考虑。单音核心词是词汇系统的“纲”，纲举目张、目织成网，离开了纲，难免不得要领。

肆　特征词的语义特征

从语义的角度看，方言词之所以提高使用频度、成为常用词、基本词，和这些词的语义泛化、语义分化、语义延伸和不同历史层次词义的叠加都有很深的联系。以下分别举例说明。

所谓语义泛化就是方言词扩大了义域，所指称的事物、所表达的概念多样了，在语法结构上往往表现为词性的兼类。例如，“鼻”在闽台两岸的闽方言普遍都泛化表示名词“鼻子、鼻涕”和动词“闻、嗅”（在闽南，三者同音p‘i꜅或p‘ĩ꜅；在闽东，用作名词读p‘ei꜄，用作动词读pei꜅）。“箬”，《说文》：“楚谓竹皮曰箬。”《广韵》而灼切：“竹箬。”可见在古汉语指的是竹叶。到了闽方言，无论是闽、台、粤、琼，各地闽方言都用来泛指一切植物的叶子，如说“竹箬、粽箬、菜箬、茶箬、芋箬、树箬”。福州话说“箬箬”nuoʔ꜇ nuoʔ꜇，建瓯话说“箬子”都表示“叶子”，闽南话则说单音词hioʔ꜇。从读音说，都合于药韵、日母（闽东、闽北读n-，闽中为ŋ-，闽南为h-）。“箬”是闽方言从古楚语继承并将词义扩大的特征词，这是可以确认的。

有时，同一个方言区片，古时候一个常用词在不同地方可以分化为不同的方言词。如“晡”，《广韵》博孤切，“申时”，原指“傍晚”。各地闽方言大多可以用作量词，但所指的时间段不同：闽东可指“半晡午后puaŋ꜄ ꜀muo”，也可指“冥晡夜晚 ꜁maŋ ꜀muo”；闽南话的“暗晡”am꜄ ꜀pɔ，在泉州指下午，在厦门指傍晚，在漳州兼指下午和傍晚；海口“昨晡”ta꜅ ꜀vɔu指的是“昨天”。

莆田地区善于用软木片编制蒸笼，成为本地的特产行业，“炊”꜀ts‘ue除了用作动词“蒸”，还用作名词“蒸笼”，这是词性兼类的延伸。各地闽方言的“趁”都兼指“挣钱”和“赚钱”，《广韵》丑刃切：“趁逐。”“趁钱、趁食谋生”是各地闽方言的常用词。闽南话t‘an꜄，还延伸为“驱赶”（如说“趁鸡”）或“赶赴”（如“趁墟”）；建瓯话则延伸为“私通”（趁人偷汉子t‘eiŋ꜄ neiŋ꜄），这是语义的多向引申。

汉语的方言大多经历过千年的演变，从古代汉语继承下来的基本词，往往积累了不同历史时代的词义，成为多义词。例如“着”，福州话tuoʔ꜇，用作动词“对、燃烧、中”的讲“着了，火着了，拍着了”，也用作动词兼介词的“在”（着厝咧在家里，着外兜食饭在外边吃饭），这是同音异义的多义词；泉州话的“下”，音꜃e是方位词（下面），音꜃he是动词（下愿许愿，下毒手），音꜃k‘e或k‘e꜅是动词“放置”（下桌顶），音e꜅是量词（拍一下），这是异读别义的多义词。

词汇是语言的意义单位，词汇系统是语义系统构成的，考察特征词必须注意语义的分析，基本词在历史演变过程中必定拓宽义域、扩展义项，从而提高语用能力和使用频度，常用的核心词往往是义域宽泛的多义词，因而也是方言特征词的首选。

伍　特征词的语法特征

方言特征词是核心词、基本词，还常是多义词，构成词语能力较强。例如，打和拍，“打”是通语和北方话的核心词、特征词，《现代汉语词典》（第7版）列了24个义项，构成词语230条，“拍”则只有8个义项，构成词语22条。而在厦门话，“打”除了用作量词表示“12个”之外，只有“承包、委托办理”的义项；“拍”带头的词语，《闽南话漳腔词典》收了104条，如“拍侬打人、拍铁、拍死、拍破、拍空打洞、拍唔见丢了、拍风打气、拍损浪费、拍环打圈、拍战打仗、拍摒打拼、拍喙鼓聊天”；《现代汉语方言大词典》收了400多条，《汉语方言大词典》收了370条，大多是各地闽方言的说法。

汉语的各类封闭性词类大多兼有不同的词性，其中的虚词，则多兼用为实词，这些词中如有方言特征词，也就是兼类和多义的常用词，组成短语和句子的频度也很高。例如闽方言的指代词“只$_{\text{这}}$、许$_{\text{那}}$、底$_{\text{哪}}$”，方位词“悬顶$_{\text{上面}}$、下底$_{\text{下面}}$、中央$_{\text{当中}}$”就都是组合力很强的特征词。福州话“只”可以说“只隻$_{\text{这个}}$ ᶜtsi ʒieʔ꜀| 只爿$_{\text{这边}}$ ᶜtsi ꜁ßeiŋ| 只好$_{\text{这么好}}$ ᶜtsi ᶜhɔ”。和普通话一样，介词和动词兼用，福州话“乞”k‘øyʔ꜀ 可以说“乞伊$_{\text{给他}}$”，也可以说“乞伊搦去$_{\text{被他抓走}}$”。厦门话“共”kaŋ꜓，可以用作连词，说“唔知好共歹$_{\text{不知好歹}}$”，也可以用作介词说“共伊赶出去$_{\text{把他赶走}}$”。除此以外，常用的特征词中，名动形之间互相兼类的也很多。例如厦门话“数”siauᵓ 兼用为动词“计算”和名词“账目”，“批”꜀p‘ue 兼用做动词“批准、击打”和名词“信件”。福州话“过”，音 ꜀kuai 用作形容词，表示“瓜果过时”；音 ᶜua 是动词“经过停脚”，合于《广韵》古禾切，“过所也”；音 guoᵓ 用为动词（行过去）和表示体态的助词（食过了）。在沿海的闽方言，“囝”不但是表示“儿子、孩子”的常用词，还广泛地用作名词、形容词、数量词的后缀（椅仔、山仔、猪仔囝、慢慢仔、一下仔），并在习惯上用“囝”和“仔”来区分这两个实义和虚义有别的语素。不论作为实词或虚词，都是各地闽方言的最重要的特征词。

即使不兼类，有些特征词也因为多义项，构成了大量的常用词，例如福州话“平”꜁paŋ，可表示“路平”，也表示“东西便宜、朋友间和谐相处”；“平直”꜁pañ liʔ꜊ 指“直爽、和善”；“平正”꜁paŋ ʒiaŋᵓ 表示“质量差”；“鱠平”表示“不和”；“平平大”则是“一样大小”。又如，厦门话的“着”读为 toʔ꜊，义为“燃烧”；音 tioʔ꜊，表示“正确、中的”，“着去”义为“应该去”；读为轻声的“拍 tioʔ”是“打中了”；读为文读音 tiok꜊，“有着”是有趣，“无着”是“没意思”。至于这类特征词组成的常用词，在句中的组合就更加多样了。

汉语的构词法和造句法是一脉相承的，词汇系统是用语法关系编织起来的。构词能力、造句能力是核心词、基本词的内在的潜力，也是它们能够高频使用的基本原因，因而也应该是提取方言特征词的重要依据。

陆 方言特征词的用字特征

从已经找出来的方言特征词看，各方言普遍通行的常用字不太多，因为古今南北都很常用的字多已被通语所用，例如：一二三、大中小、来去，多少、红白青蓝、厚薄轻重、天地山水、风云雨露、花草树木、牛羊鸡鸭、皮毛肉血，等等。相对而言，方言特征词，尤其是其中的单音词，倒是用了不少生僻字，包括从古代汉语直接传承下来的古字，方言音义发生变异或创新的僻字，借用原住民语言的底层词或外来语而造的俗字。

以下分别举例说明。

闽方言形成较早，中古以后分布于东南沿海，人们向海洋进发，少与中原故地往来，保留了不少古词语。除了上文所列举的“鼎、骹、厝、箬、粟、曝、晡、箸、卵、饮、伊”还有：喙$_{嘴}$、秫$_{糯米}$、沃$_{浇灌}$、园$_{隐藏}$、揾$_{沾湿}$、褪$_{脱}$、拄$_{顶住}$、埔$_{平地}$、晏$_{迟，晚}$、腹$_{肚子}$、倩$_{雇佣}$、枋$_{厚木板}$、杪$_{枝条细}$、汝$_{你}$。各地方言词、特征词都有古语词，只是数量不同，只要考订正确，能够说明方言与古代通语或古方言的关系，都是很重要的特征词。许多学者提取方言特征词从“考本字”开始，是有道理的。

俗字之中，像“囝”是唐宋时期就造出来的方言字；“冇”是后起的俗字，湘粤方言用来表示“没有”，闽方言用来表示“空虚”（本字可能是“泛”，福州音 p‘aŋᵓ，厦门音 p‘ãᵓ）；在闽方言，“墘”用来标记“边沿”，“刣”用来表示“宰杀”，“碙”用来表示“瓷器”。在闽南话，𥿰 ts‘ua^{2} 用来表示“带引”，“杙”k‘it$_{2}$ 用来表示“木桩”（本字是“橜”），“啉”꜀lim 用来表示“喝”。在潮州话，“呾”tãᵓ 用来表示“说”。“睏”在许多方言用来表示“睡”（粤方言区写作“瞓”）。

俗字是为方言词而造的，而且这些方言词还是在区片之内普遍通行的，也是常用的，因而才能在民间通行和定型。经过音义的论证，俗字所记录的方言词常常是重要的特征词。

此外，闽方言和其他方言都还有不少“有音无字”的特征词，或写成同音字，或用“□”来代替。为了帮助读者理解、考核方言特征词，对所确认的特征词的用字，最好做到分类明确。不论是古本字、同音字、俗字或是训读字，都应该加注必要的记号，以便读者和后人理解和查对。

以上所讨论的各点，强调方言特征词必须是方言词，这是特征词在词汇系统中的基本特征；强调特征词必须是常用的核心词、基本词，这是特征词的频度特征；指出方言特征词往往是多义项的单音词，并且可以组成许多多音词，这是特征词的结构特征；说明特征词在词义上的泛化、分化或引申、转移，这是特征词的语义特征；至于特征词的组合能力、构句能力强，则是它的语法特征；而特征词中常见的古字、俗字和有音无字，是它的用字特征。

从闽方言所认定的特征词中归纳出来的这些特征，可以作为考察方言特征词的词汇本体特征的参考，也可以作为选择、选取方言特征词的提示。在闽方言分布的地方，还有一些区片需要进一步深入比较研究，提取各自的特征词。例如闽北、闽中、台湾闽南话、粤东、雷琼以及各省的闽方言岛、海外闽南话。闽方言特征词的研究已经有良好的基础，进一步的研究必将为汉语方言特征词研究做出更大的贡献。

参考文献

李如龙主编 2001 《汉语方言特征词研究》,（厦门）厦门大学出版社。
李如龙 2001 《福建县市方言志12种》,（福州）福建教育出版社。
黄典诚、李如龙主编 1998 《福建省志·方言志》,（北京）方志出版社。
李 荣主编 2002 《现代汉语方言大词典》,（南京）江苏教育出版社。
许宝华、宫田一郎主编 1999 《汉语方言大词典》,（北京）中华书局。
陈正统主编 2007 《闽南话漳腔辞典》,（北京）中华书局。
董忠司主编 2001 《台湾闽南语辞典》,（台北）五南图书出版公司。
曹 炜 2003 《现代汉语词汇研究》,（北京）北京大学出版社。

说明：本文发表于《方言》2014年第2期，后人大复印报刊资料《语言文字学》2014年第9期转载。

从特征词看莆仙话和粤琼闽方言的关系

20 世纪 80 年代之后，我先后到潮州、雷州和琼州调查那里的闽方言，所到之处的发音人都跟我说，他们的祖上来自福建的莆田荔枝村，而我先前都没有看到过有关的记载，这就引起了我的注意，总想从史料和语料上来验证这个民间的口述历史。

后来从史料上我只是发现了宋代之后兴化军（莆田、仙游）的人口少有所增长，潮州因中转而减少，雷、琼则翻了数番。例如：北宋崇宁年间，据《宋史地理志》，兴化军 63 157 户，潮州 74 682 户，雷州 13 784 户，琼州 10 337 户；到元代，据《元史地理志》，二三百年间兴化军仅增 4 000 户（占 7%），实际上是负增长，潮州 62 650 户（略减，显然是因为又移往雷琼二州），雷州 89 535 户，增 6 倍，琼州 90 805 户，增 8 倍。

其他史籍也有相关的记载。如祝穆《方舆览胜》说到"潮州"："虽境土有闽广之异，而风俗无潮漳之分。"潮州贤人卢侗就是北宋中叶由莆田迁入澄海的。清代《电白乡土志》载，该县 11 个大姓之中就有邵、蔡、李三姓是从莆田移入的。赵汝适《诸番记》则说："海南土产……唯槟榔、吉贝独盛，泉商兴贩，大率仰此。"蔡叶青在《海康汉族居民来源及分布》（《海康文史》1981 年第 2 期）中就"海康县来自莆田的移民"这个事说："据最近从事地名工作者调查统计，在全县重点调查的 18 个乡镇的 494 个村中，共有族姓 104 个。从来源上看，有 90% 以上的族姓是分别自东晋至清代从福建省旧兴化府莆田县和旧福州府福清县迁来的移民，其中又以莆田来的最多，占两县移民总数的 90% 以上。从时间上看，有几个集中期：一是唐代，二是南宋末年，三是元末明初，四是明清中叶，五是明末清初，尤以明代为最多。"另据《五指山史话·迁琼始祖由来》所载，海南姓氏始祖来自福建莆田，有名有姓，有时间地点记载的竟达 50 多个。如符姓：符有辰，莆田人。宋仁宗天圣三年奉命渡琼，任清化军指挥使，抚黎有功，封万户侯，落籍文昌。子宗系、宗铭、宗举、宗安各任官职，分管琼、崖、儋、万四州清化军；符诸，武魁出身，宋仁宗康定元年奉诏由莆田渡琼任副总管，后升总管都元帅，落籍文昌；符大本，举人，元至正十一年奉诏由莆田渡琼任会同县知县，其后代落籍会同（琼海）、文昌一带。以上史料完全可以拿莆仙史料相印证。据《莆田市名人志》统计，自唐至清那里出过2482位进士，21位状元，18位宰相。其中的蔡襄、郑樵、刘克庄都是赫赫有名的大家。

宋代从泉州分出了兴化军，当时的莆仙话和泉州话应该是大同小异的。明清之后独立为兴化府，又因地理上的接近，受到了省城方言的影响，才慢慢和泉州话有了更多的差异。直到现在，莆仙话还和闽南话有很多共同点。放宽一点儿，把它作为闽南话的一片也无不可。

这些年来，我总想从语言本体，用特征词的比较来论证兴化人移居粤琼一带的历史。正因为莆仙话和闽南话的关系密切，所以有价值的材料真是不多。最近在和几位学生合编《莆仙方言研究》时，又一次提取了莆仙话和闽南、闽东都有不同的词汇，除了“管桌子叫床”是莆仙话跳过泉漳二州而和潮雷琼等地闽方言相同以外，还得到了一些重要的特征词，兹列述如下：(以下特征词用字皆用本字，不用同音字或训读字，读音都经过审定，符合各地语音对应，为节省篇幅，一般不再标注国际音标。拿来做比较的是潮州话、雷州话和海口话，在其他粤琼闽方言可能还有不同表现。特此说明。)

(1)“桌子”说成“床”是莆仙话和粤琼闽方言相同而和闽南本土不同的最为引人注目的特征词。泉州话“床”的声母有 ts^h 和 s 两读，ts^h 用于“床铺”，s 用于“笼床”(蒸笼)，这是和莆仙话相同的读法，但泉州话和其他本土闽南话都不能把“桌子”说成“床”。而在潮州话，凡“桌子”都说“床”，只有“酒席”说成“桌”，“书桌”说“床柜”。在雷州话和海口话都没有“桌”的说法，所有的“桌面、桌布”都说成“床”，雷州话“入酒席”说“坐床”，现代才有的“乒乓球桌”也说“波床”，海口话连“神案”都说“神床”，台灯则说“床灯”。在粤琼闽方言，“桌子”和“床”的说法完全不能区别，只能靠上下文去分辨。而在本土闽南话不论是泉漳厦或是永春、德化、龙岩乃至台湾全岛，都没有把“桌子”说成“床”的。

(2)“肥猪肉”说“白肉”也是见于莆仙话和粤琼闽方言而未见于本土闽南话的说法，唯潮州一带一般说“白猪肉”。

(3)用“惜”表示“疼爱”，一般的闽南话不这样说。在莆仙话说成单音词，潮州话说“惜略”是叠韵的双音词，意为“疼爱而袒护”，雷州话说“好惜”意为“疼爱”，海口话“相惜”是互相疼爱，“得依惜”是惹人爱，“好惜”意为可爱。

(4)莆仙话用“帕”指称衣裤的“兜儿”，本土闽南话未见。潮州话的“肚帕”指的是“肚兜儿”，上面有一个小口袋，雷州话只说“衫帕”，指“衣兜儿”，海口话单音节的“帕”指方形的大布巾，也用作动词，意为“手插入衣兜”，是名词的意动用法。

(5)“阴天”说“乌暗天”，见于莆仙话，本土闽南话只能说成“乌阴天”。潮州话也有此说法，也说“乌暗寒”，指阴冷天。雷州话说“乌涂暗天”，义同“阴天”，多了一个叠韵音节。

（6）“干净”说“澈洁”，见于莆仙话，未见于本土闽南话。潮州话兼说“清气”是和本土闽南话相同的说法。雷州话和海口话都说“澈洁”，只是读音各不相同。闽东的福州、福清一带也说“澈洁”（福清兼说“清气”，闽东北片的福安、福鼎只说“清气”），可能是与莆仙连片相互影响的原因。

（7）“开水”说“沸水”，见于莆仙话，未见于其他本土闽方言。潮州话和本土闽南话一样说“滚水”，而雷州话和海口话也都说“沸水”。

（8）“花生”说“地生”见于莆仙话，未见于本土闽方言。潮州话说“地豆”，海口话花生也说成“地生”，还说：“花生糖、花生油、花生仁、花生仁皮”。唯雷州话不说“地生”而说“番豆”，应是受当地客家话的影响。

（9）“蝙蝠”说成“飞鼠”，见于莆仙话，未见于其他本土闽方言。潮州话和本土闽南话一样说“密婆”，但雷州话和海口话也都说“飞鼠”。

（10）“慢”说“宽”，见于莆仙话，未见于本土闽南话。海口话“缓慢、松散、不着急、性情宽和”都说“宽”，雷州话只用作副词，如说“宽宽来”。但潮州话和漳泉一样只说慢，不说宽。

（11）婴儿满月，莆仙话说“出月”，本土闽南话“出月”指超出预产期。海口话也说“出月”，指婴儿满月，产妇可以出门活动。

从以上初步考察的材料来看，似乎走得更远的雷州、琼州话和莆仙话相同的特征词比潮州话还更多些。如果更深入的比较也是如此，则可以这样解释：潮州和漳州地域相连，后来一定比雷琼与本土有更多的联系，所以放弃了莆仙话的特殊说法，改换成漳泉的说法。

其实，莆仙话还有一批特征词是和闽南、闽东、闽北都不相同的。以下所列的四十条都是比较常用的：

炊 蒸笼	勘 问	算 想、想念	惨 穷	款 有趣
可 合算	箧 抽屉	听闻 听见	知晓 知道	复早 明天
紧关 要紧	乃甥 外甥	猴急 着急	冲狂 生气	结果 糟糕
挂累 连累	科扣 盘算	财主 富裕	硬框 一定	连天 非常
扬贺 夸奖	差险 差点儿	数细 奚落	无饲 夭折	受领 招认
相因 便宜	使赂 贿赂	乌肉 瘦肉	物 东西	婶娘 女人
虾背 驼背	粗面 麻脸	明菜 菠菜	乌菜 紫菜	蚁婆 蚂蚁
去厝 回家	事体 事情	塔聊 玩儿	功夫 熟练	勘看 问候

相信在潮州、雷琼一带进行过细的调查，一定还可以发现此类说法。

可见，莆仙方言的特点不仅仅兼有闽东、闽南的特征，也确有自己独有的特点。因为和闽南话分手后的近千年间，莆仙人又有自己的词汇创新。

难怪，这个方言区虽然地域不大，使用人口也不太多，从 20 世纪 50 年代讨论闽方言的分区以来，总有人提倡应该认定它是闽方言的一个独立区。

不过，莆仙话的特征词也并没有全部传到粤琼闽方言中去，因为明清以前迁到那里去的闽人，除了兴化府的移民之外，还会有许多泉州府和漳州府的人，而明清以后迁到粤琼去的大概就比较少了。有些特征词显然是近代以来才创造出来的。还有，不要忘记，莆仙话除了有些有别于闽南话的特征词外，还有更多的和闽南话一致的特征词。

看来，方言特征词的比较研究是很重要的，这项比较在追寻方言的流播和地理分布上甚至比语音特点的比较更加直观，也更有说服力。地理方言学的研究应该更加着力于特征词的分布研究。

参考文献

蔡俊明 《潮州方言词汇》，香港中文大学，1991 年。

陈鸿迈 《海口方言词典》，（南京）江苏教育出版社，1996 年。

黄典诚 《福建省志 · 方言志》，（北京）方志出版社，1998 年。

李如龙 《福建方言》，（福州）福建人民出版社，1997 年。

李如龙、詹伯慧、高 然、甘于恩 《闽粤琼闽语词汇比较研究》，《第四届国际闽方言研讨会论文集》，（汕头）汕头大学出版社，1996 年。

张振兴、蔡叶青 《雷州方言词典》，李荣主编，（南京）江苏教育出版社，1998 年。

说明：本文发表于《田野春秋》（庆祝詹伯慧教授八十华诞暨从教五十八周年纪念文集）暨南大学出版社，2011 年。

考求方言词本字的音韵论证

——兼评闽方言本字58例

为方言词考求本字，一方面是运用音韵学原理来加深理解方言现象，另一方面又是运用方言事实来论证音韵现象，这是音韵学和方言学相互为用的集中表现。自从1980年李荣先生在《方言》发表了《吴语本字举例》之后，这项工作受到许多方言学者的重视，也得到很大的成绩。在学习前人经验的基础上，本文试图以闽方言为例，谈谈考求方言词本字的音韵论证的意义、要求和方法，并对前人考过的闽方言本字做一些必要的评论。

一

为什么有些方言词需要考求本字呢？常见的原因有三。

第一，有些方言词本字生僻，虽见于古代字书，但在现代共同语和其他方言已经不用或少用，本地人又没有把这些写法传下来，写了训读字或另造俗字。例如闽方言管脚叫 $k^{h}a^{1}$，本字是“跤”（又作“骹”，下详），福州话韵书《戚林八音》收了“跤”，但未通行；泉州话韵书《汇音妙悟》写了训读字“足”（旁注“解、土解”，意思是用来解释方言口语的白读音），民间都写成“脚”。又如“鲑”《广韵》佳韵户佳切：“鱼名。”《集韵》：“吴人呼鱼菜总称。”福州话这个字有两读：“鲑油” xa^{2} iu^{2}，是小杂鱼发酵后熬成的汁料调味品：“咸鲑” kɛiŋ^{2} kie^{2}，是盐渍小杂鱼。《戚林八音》收了“鲑”，同时列出俗写“鲭”，现在通行的是鲭。

第二，有些字在方言词里的读音不是常例，而是变例或特例，人们按音另造俗字。例如福州话“糍（餈）”读 si^{2}，古从母字读 s 声母只有少数几个字，人们以为 si^{2} 不是糍的音，另造了形声字“粙”，福州街头的“粙粿店”就是卖汤圆、糍巴、年糕的。又如福建常见的地名用字“墘”：本字应是“舷”，《广韵》先韵胡田切：“舷，船舷。”苏轼《前赤壁赋》有“扣舷而歌之”句。因为古匣母字读 k 声母也是变例（“猴厚寒汗滑”

等也读 k），本字也罕用，于是另造了“墘”，比较建瓯话“边舷”piŋ[1] xaiŋ[5]（边缘）的说法，这个本字就更明确了。

第三，有些字或古代有异读，或现代方音有异读，一般人不明底细也另写别字。例如“长”在《广韵》有直良切、直亮切两个反切，前者注有“久也，远也，常也，永也”，后者只注“多也”。闽方言沿用了这两种读音，前者读阳平，后者读去声，福州音 tuoŋ[6]，厦门音 tiɔŋ[6]，用作动词“剩余”。许多人就不知道这个音的本字也是“长”。又如《戚林八音》所收俗字“樹”字也流行很广（福州火车站旁有地名“樹兜”，曾写上公共汽车站牌）。“樹”读 tsʰieu[5]，本是“树”的白读音，意思并没有不同，因为它的文读音是 søy[6]，与白读音声韵调都不同，这个俗字就应运而生了。再如泉州话里“含”有六读，各表示不同的意思：

ham[2] 包含，含汝五个（连你算在内五个）

kam[2] 金含（蜜饯），含蜀喙水（含一口水）

am[2] 含咧算（合着算），含咧食（合伙吃）

kã[2] 本含利翻（本金加利息翻，驴打滚）

kʰã[2] 无相交含（不相牵连，互不关涉）

ã[2] 引兄含小弟（哥哥袒护弟弟）

其中好些音很少人知道是“含”的异读。

考求方言词本字并不是为了给方言词提供书写的依据。从前，闽方言地区流行过的民间唱本、地方戏的戏文在书写方言词时或采用同音字，或写训读字，或造俗字，因为约定俗成，也能在本地流通。闽南话 tsa[1] bɔ[3] 写为“查某”（妇女）是同音字；ta[1] pɔ[1]（男性）写为“乾埔”，“乾”是训读字，“埔”是同音字；kʰit[8] 写“杢”（木钉、木桩）是俗造会意字。我们考求方言词本字是为了认识方言语音和古代语音的演变关系，为了了解方言词语的含义和来历，在理论著作和实际应用中都不必强求推广。方言语料的记录也可以使用俗字、训读字、同音字。文学作品吸收方言词语应该强调意译，少用生僻字，人地名用字则要照顾历史习惯，也要注意通用性，控制用字总量，这都是另外的研究课题了。

然而，方言论著不强求为方言词标注本字，并不等于不须注意审核字音，不考求本字而随意采用同音字、训读字、俗字并不加以说明或标注一定的符号。不注意区别本字读音和训读、同音现象，就会误记字音，在归纳方音和古音的对应、方音和普通话语音的对应或方言文白异读时就会误立条目，调查方言词汇时也会造成粗疏。罗常培先生的经典著作《厦门音系》就有一些这类瑕疵。例如，误 ke[6]（下）为“低”的白读，kʰŋ[5]（园）为“藏”的白读，laŋ[2]（农）为“人”的白读，tʰai[2]（治）为“杀”的白读。其实 ke[6] 是“下”的白读，也是匣母字白读为 k 的例证；“技术有悬下”，悬下就是高低。kʰŋ[5] 是“园”的读音，是常例。管“藏”叫“园”也见于吴方言。laŋ[2] 的本字是“农”（侬），

$t^{h}ai^{2}$的本字是“治”，黄典诚①、罗杰瑞②两先生已有过论证。由于误认了训读音，也就误列了一系列古今音对应和文白对应的条例（端母白读 k，真韵白读 aŋ，入声白读阳平），“杀” $sua ʔ^{7}$ 和“治” $t^{h}ai^{2}$ 的词义差异也无法反映出来。

可见，考求方言词本字对调查方言来说，并不是分外事，而是为保证调查质量和研究水平的分内事。

二

考求方言词的本字应该音义并重。论证方言词的实际读音和本字的音韵地位之间的对应关系，这是考本字的音韵论证；解说方言词的实际含义和本字字义之间的承继或变异关系，这是考本字的词义论证。有些方言词的本字不但见于古代字书，而且在古代文献中也能找到旁证。具备这种古代的书证，所考本字就会有更大的说服力。

关于词义论证和古文书证，本文不多加分析，这里先讨论音韵论证的要求和方法。

论证方言词的实际读音和本字的音韵地位之间的对应关系必须做到声、韵、调三方面都能通过，这是音韵论证的基本要求。所谓本字的音韵地位指的是该字在中古时期标准音的声韵调，一般以《广韵》或《集韵》所注反切为依据。《广韵》的音类和现代方音之间的对应有常例、变例和特例。常例是基本对应，管的字多，变例是条件对应，管的字少，特例则是个别对应，往往是有具体原因的异读、误读或变读。词义转移会造成异读，偏旁类推会造成误读，避讳或受其他方言影响则会发生变读。当具体原因不明时，不能轻易地立下变例的对应。在声韵调三项对应中更不能留下空项，或用“音近”“一音之转”之类的借口搪塞了事，这种缺项往往就是音韵论证无法成立的隐患。这里举些前人提过的本字加以说明。

先举主要因声母对应不符而误定的本字：

（1）徛　闽方言“站立”曰徛，有人认为是“企”。《广韵》“企”有两读：去智切，“望也”；丘弭切，“企望也”。和闽方言的说法意思不同，声母也不合。福州音 $k^{h}iɛ^{6}$、泉州音 $k^{h}a^{4}$、厦门音 $k^{h}ia^{6}$，均属阳调类，应来自古全浊声母，古群母字在闽方言多读不送气、少读送气。从泉州的阳上调可断定是古上声字。企、徛都是纸韵字，读 iɛ、a、ia 是白读变例。《广韵》纸韵渠徛切：“徛，立也。”各地闽方言的说法与此音义相合。粤方言的“站立”也说“徛”，音 $k^{h}ei^{4}$，阳上调，音义俱合。闽西客家话“立”也说“徛”，如长汀话 $tɕ^{h}i^{1}$ 只有古浊上字才能读阴平调。

① 黄典诚《闽语人字的本字》，《方言》1980 年第 4 期。

② 罗杰瑞《闽语里的治字》，《方言》1979 年第 2 期。

（2）粟 闽方言管稻谷叫“粟”。福州音ts^{h}uoʔ^7，厦门音ts^{h}ik^7。有人认为是“谷”，谷，古禄切，见母字闽方言不可能读ts^h，韵母也不合。福州uoʔ、厦门ik，相对应的是三等烛韵的常例，如：绿、烛、局，福州luoʔ^8、tsuoʔ^7、kuoʔ^8，厦门lik^8、tsik^7、kik^8。《广韵》烛韵相玉切：“粟，禾子也。”心母白读为ts^{h}是闽方言的变例，如：笑髓碎鬚鳃粞。可见“粟”和闽方言的说法音义俱合。

（3）喯 厦门音pun^{2}福州音puŋ^2，意为吹气。本字见于《集韵》魂韵蒲奔切：“喯，吐也。”声韵调均符合常例对应。有人误认为“歕”。“歕”在《广韵》为普魂切：“吐也，又吹气也。”义同而音不合。喯为並母，歕为滂母，闽方言读阳平，当是来自並母的喯。

（4）宿 瓜果成熟闽方言说“宿”，并引申指人的成熟或老到。福州音søyʔ^7，厦门音sik^7，有人以为就是“熟”。《广韵》宿，息逐切；熟，殊六切，都是通摄合口三等屋韵字。一是清音心母字，一是浊音禅母字。从闽方言读音看，øyʔ—ik是三等屋韵白读常例（如：竹、叔、菊，福州tøyʔ^7、tsøy^7、køyʔ^7，厦门tik^7、tsik^7、kik^7），都读阴入应是清音心母。古汉语“宿疾、宿愿、宿将”的说法中，“宿”就有久远、成熟之义，可见只有“宿”才是音义相符的。

（5）熠 闽南话儿歌《天乌乌》有“火萤担灯来ts^{h}io^{6}路”，有人以为ts^{h}io^{6}就是“照”。按“照”在《广韵》为去声笑韵之少切，是章母字。厦门音文白读tsiau^5，tsio^{5}均为阴去。ts^{h}io^{6}是阳去，应来自古浊声母，本字只能是“熠”。《广韵》笑韵弋照切：“熠，熠熠，《说文》照也。”与“耀”同音，义亦相关：“光耀”。弋属以母，以母字闽南话白读有读ts、ts^h、s的变例，如：痒tsiũ^6、檐tsĩ^2、扬ts^{h}iũ^2（扬粟$_{\text{扬场}}$）、延ts^{h}ian^2（延宕）、翼sit^8、液sioʔ^8（骹液$_{\text{脚汗}}$）。《诗经·豳风·东山》有“町畽鹿场，熠耀宵行”句，闽南话的儿歌和诗经的民歌可谓一脉相承。

（6）哭 厦门话白读k^{h}au^5，有人以为本字是“号”。按“号”在《广韵》有两读：胡倒切“号令，又召也，呼也，谥也”；胡刀切“大呼也，又哭也”。两读的声母都是匣母。匣母字厦门话白读有k^{h}的变例，如：下k^{h}e^6$_{\text{放置}}$，糊k^{h}ɔ^2$_{\text{黏着}}$，峡k^{h}ueʔ^8$_{\text{山峡}}$，环k^{h}uan^2。但声调应在阳调类。k^{h}au^{5}读阴去，不能来自匣母，而是来自溪母。“哭”，空谷切，正是溪母，屋（沃）韵和铎韵字的文白对应中有ɔk^7-au^5、ɔk^8-au^{6}的变例。如：毒tɔk^8-t^{h}au^6（毒死）、乐lɔk^8-lau^6（莲花乐$_{\text{一种民歌舞蹈}}$）、恶ɔk^7-au^5（恶臭$_{\text{腐烂发臭}}$）、落ɔk^8-lau^6（落面$_{\text{丢脸}}$）。可见k^{h}au^{5}的本字就是“哭”，这是因韵母和声调在白读的变例而使人不明本字的一例。

下列例字主要由于韵母对应不符而误认为本字：

（7）悬 闽方言管高叫“悬”，福州音kɛiŋ^2，泉州音kuĩ^2，厦门音kuãi^2。有人以为本是就“高”。高是豪韵字，不可能读鼻尾韵或鼻化韵，韵母首先不合。高是见母字虽

可读 k 声母，不能在阳平调，它应是群母或匣母字。《广韵》悬，胡涓切，匣母白读变例可读 k，先韵合口也符合以上对应。“县”福州音 $kaiŋ^6$，泉州音 $kuĩ^6$，厦门音 $kuãi^6$，都和“悬”只有声调不同。“高、悬”字义也相关，“悬崖”不就是高崖吗？以“悬”为“高”还有“悬河”之说。《晋书·郭象传》有“悬河泻水，注而不归”句，“悬河”也就是高处向低处流的水。

（8）趁 闽方言赚钱的赚说“趁”。福州音 $t^hɛiŋ^5$，厦门音 t^han^5，潮州音 $t^haŋ^5$。《广韵》震韵丑刃切：“趁，趁逐。”彻母字读 t^h 在闽方言是常例，震韵白读也有如上对应之例，如：陈、鳞、衬，福州音 $tiŋ^2$、$liŋ^2$、$ts^hɛiŋ^5$，厦门音 tan^2、lan^2、ts^han^5，潮州音 $taŋ^2$、$laŋ^2$、$ts^haŋ^5$，清声去声今闽方言读阴去也是常例。可见各点都合“趁”的音韵地位。“趁钱”就是“逐利”，自有“趁逐”之义，以趁为赚是闽方言的词义引申。有人认为本字就是赚。《广韵》陷韵：“赚，重买。”《集韵》又有“市物失实”的注释，本义应是“亏损”，后来义为“赢利”是反义相训。赚，伫陷切，澄母字在闽方言应读阳去调，声母不合，陷韵在福州、潮州读后鼻音韵尾可通，在厦门陷韵应读 am，只有个别字（站、馋）读 an 都是后起书面语用字。

（9）乞 闽方言“给予”和“求取”都可说“乞”，和古代汉语一样，同一个字表示相反二义。“乞伊赢去”是“给他赢了”，“乞其囝”是“要来（或买来）的儿子”。《广韵》未韵去既切：“气，与人物也……今作乞。”又迄韵去讫切：“乞，求也。《说文》本作气，音气，今作乞取之乞。”这说明在《说文》时代，“给予”和“乞取”二义都读去声，到了《广韵》时代有了分工。但唐诗中李白的“好鞍好马乞与人”句中“乞”是“给予”，姚合的“不将钱买将诗乞”句中“乞”则是“求取”之意，这种分工还未必明确。闽方言用作“给予”可读去声，也可读入声，如：福州话 $k^hɛi^5$、$k^høyʔ^7$，厦门话 k^hi^5、k^hit^7；用作“求取”则只能读入声，如：乞囝~求子~、乞食~讨饭~、乞雨~祈雨~。有人认为这个乞的本字是“给”，给，居立切，见母没有 k^h 的读法，缉韵也没有 øyʔ、it 的读法。可见声韵都不相符。

（10）推 闽方言管刨刀叫“推刀”，福州音 $t^høy^1$，厦门音 t^hue^1。推，《广韵》灰韵他回切。透母、灰韵平声均符合以上对应，例如：杯、退，福州音 pui^1（唇音下 øy 变 ui）$t^hɒy^5$（去声的 øy 变 ɒy），厦门音 pue^1 t^hue^5。使刨刀正是用推，字义亦相合。有人以为本字是“抽”。抽，丑鸠切，声母声调可合，但尤韵字白读在福州、厦门没有 øy、ue 的对应。字义也不相符。

（11）篷 闽方言把帆说成篷。福州音 $p^huŋ^2$，厦门音 $p^haŋ^2$。《广韵》东韵薄红切：“篷，织竹夹箬覆舟也。”並母白读为 p^h 是常见的变例，如：皮稗瓢薄鼻，东韵读 uŋ、aŋ 则是常例，如：东葱董铜公，浊平字读阳平调也是常例。古闽地多有蜿蜒于山间的溪流，船上应先有篷，后来出海才有帆，所以篷、帆不分，以篷称帆。一般都以为这个音本字就是帆。帆，符芝切，在闽南话，凡韵字不可能读ŋ尾，泉州老年人还有读为lam^{2}的。还有人认为本字是“航”，航，胡郎切，匣母字不可能读p^{h}，唐韵在福州音只能读ouŋ，和东韵uŋ有严格对立，可见声韵都不相符。

（12）伫 闽南人都把“在”的白读读为ti^{6}（厦门），tɯ^{4}（泉州），其实这是训读而不是白读。“在”《广韵》昨宰切，从母字读t^{h}的只发现过一个特例（蚕t^{h}am^{2}）而且只见于部分老年人，海韵字在厦门话有个别白读i的（如苔、鳃），但在泉州话不能读ɯ，可见它的本字不是“在”。《广韵》语韵，直吕切：“伫，久立也。”澄母上声字在厦门为t声母、阳去，在泉州为t声母阳上都是常例。鱼语韵字也不乏i、u对应的白读，例如：猪、去、箸、徐，厦门ti^{1}、k^{h}i^{5}、ti^{6}、ts^{h}i^{2}，泉州tɯ^{1}、k^{h}ɯ^{5}、tɯ^{5}、sɯ^{2}。从字义说，“久立”和“在”也是相关的。

下列各例主要由于声调不符对应而误认为本字：

（13）解 “会、不会”在闽方言的读法：福州a^{6}、ma^{6}；泉州ue^{4}、bue^{4}；潮阳oi^{4}、moi^{4}。一般人都误解其本字就是“会”（“不会”是合音，写为“𠲜”）。会，黄外切。各点声韵母的对应都没有问题，但在分别阴阳上的泉州、潮阳话里，声调通不过，这个十分常用的动词在闽方言里声韵地位相当一致，其本字应是“解”。《广韵》蟹韵，胡买切：“解，晓也。”和它同一小韵的“蟹”，在各地闽方言大体都读为同音：福州a^{6}，泉州hue^{4}，潮阳hoi^{4}（匣母字读h是常例，读零声母是变例）。这个胡买切在普通话应折合为ɕie^{5}，就是“解数”的解。“解”在唐宋间是常用口语词，字义正是会、晓得。白居易诗：“水能性淡为吾友，竹解心虚即我师。”韩愈句：“不解文字饮，惟能醉红裙。”可见，“能、解”常用作互文，都是“能”的意思。张相的《诗词曲语辞汇释》曾引有唐宋间数十个同样的用例。

（14）褪 闽方言脱衣裳说“褪”，福州音t^{h}ɔuŋ^{5}，厦门音t^{h}ŋ^{5}，漳州音t^{h}uĩ。有人以为是“脱”的白读，“脱”是入声字，“褪”是阳声韵去声字，声调和韵母均不相合。《古今韵会举要》收了这个字，“褪：吐困切，卸衣也”。字义也相合。在熊忠、黄公绍的家乡邵武如今已说“脱”t^{h}ɯ^{2}，后来，江西人来多了，邵武话蜕变为赣方言，但与它邻近的顺昌话还说“褪”t^{h}uɛ̃^{5}，也许当年的邵武话hai说“褪”。闽方言各点读法和吐困切均合对应，透母读t^{h}，声调为阴去，都是常例；韵母的对应则有旁证，如：顿、损，福州音tɔuŋ^{5}、suŋ^{3}（uŋ和ouŋ是同一韵母的声调变体），厦门音t^{h}ŋ^{5}、sŋ^{3}。

（15）世 动词“承续”闽方言说“世”，福州音siɛ^{5}厦门音sua^{5}。有人以为它是“续”的白读，《集韵》遇韵有辞屦切：“续，连也。”字义相合，但邪母字读为阴去调，不合对应。遇韵字也没有发现ie、ua的读法的。世，《广韵》舒制切，福州音只有siɛ^{5}一读，声韵调都是常例，厦门音书母读s，清声母去声读阴去都是常例，祭韵白读ua则是变例，有旁证如下：

逝，时制切，“往也，行也，去也。”闽南话“走一趟”就说“行蜀逝”kia^{n2} tsit^{8} tsua^{5}，“犁逝”lue^{2} tsua^{5}是犁耕过的行迹。

誓，时制切，“誓约。”闽南话“咒誓”tsiu^{5} tsua^{5}，就是赌咒、发誓。

曳，馀制切，“牵也，引也。”闽南话“曳头”ts^{h}ua^{6} t^{h}au^{2}，领头；“曳农”ts^{h}ua^{6} laŋ^{2}，娶亲；“曳囝”ts^{h}ua^{6} kiã^{3}，带孩子。

从谐声说，祭泰两韵经常相谐（祭—蔡，滞—带），泰韵字闽南话白读也是ua（如：蔡ts^{h}ua^{5}、带tua^{5}），这也说明祭韵白读为ua是可信的，反映了谐声时代的音类关系。

（16）喙　闽方言管“嘴巴”叫“喙”，福州音ts^{h}uei^{5}，厦门音ts^{h}ui^{5}，建瓯音ts^{h}y^{5}。一般人都以为就是“嘴”的白读。按嘴《广韵》纸韵，即委切：“嘴，喙也。”原属上声字，各点闽方言均读阴去，上去两声文白极少交混。精母字未有读ts^{h}之例，声母也不合对应。其本字应就是《广韵》互注的“喙”，废韵许秽切：“喙，口喙，又昌芮切。”《集韵》祭韵充芮切：“喙，口也。”昌母去声字读ts^{h}声母阴去调在闽方言是常例，祭韵合口还有“赘”可作为各点对应的旁证：福州tsuei^{5}，厦门tsui^{5}，建瓯ty^{5}，废韵的“吠”也如此：福州puei^{6}，厦门pui^{6}，建阳py^{6}。

（17）狭　“狭窄”闽南话说ueʔ^{8}，有人认为本字是“隘”，隘，乌懈切，属影母、去声、卦韵。卦韵字有读ue韵的，如：稗p^{h}ue^{6}、卖bue^{6}，但去声字不能读入声，影母字也不读阳调类，声调和声母均不合。ueʔ^{8}的本字应是“狭”，狭，侯夹切，匣母字白读为零声母是常见的变例，如：话ue^{6}、闲iŋ^{2}、学oʔ^{8}。洽韵字白读也有ueʔ的对应，如：峡k^{h}ueʔ^{8}$_{\text{山峡}}$、夹kueʔ^{7}$_{\text{夹被}}$、眨k^{h}ueʔ^{7}$_{\text{闭目}}$，声调读阳入则是常例。

（18）吼　闽南话出声地哭还说“吼”，各地都读hau^{3}。有人认为这是“号”的白读，按“号”只有平声胡刀切和去声胡到切两读，hau^{3}是上声，声调不合对应，又匣母字不能读阴调类。其本字应是“吼”。《广韵》厚韵呼后切：“吼，牛鸣。”晓母上声字读h声母、上声调都是常例，厚韵读au也是白读常例，如厦门：厚kau^{6}，狗kau^{3}，走tsau^{3}，楼lau^{2}，闽南话字义扩大，牛鸣、人哭、物响都可说“吼”。

三

考求方言词的本字要做到严密可靠，单就一个方言点做声韵调对应关系的论证，有时还不够，而必须经受姐妹方言的检验。同一个方言区的姐妹方言往往有许多来源相同的方言词，它们的语音是成对应的，意义也应该是相一致的。对于这类方言词来说，就甲方言考出来的本字必须能够在乙方言也得到音韵论证。如果在甲方言理出了对应而在乙方言通不过，这个本字就依然是个疑案。上文所举例字中已经涉及这一点，为了更好地说明问题，再就前人考误的本字中举出一些例子进行验证和校正。

下列五字误考，其声母无法通过姐妹方言的验证：

（19）搦　闽南话“抓捕”说liaʔ^{8}，有人认为本字是“录”，录，力玉切，来母入声字闽南话声母l读阳入调是符合对应的，但烛韵白读没有读iaʔ的。又有人认为是“掠”。掠，离灼切，除声母、声调符合对应外，药韵也有白读作iaʔ的，如：削siaʔ^{7}、勺siaʔ^{8}。因此，对闽南话来说，“掠”白读liaʔ^{8}是可以论证的。但是，同样的意思在福州话说nieʔ^{8}，福清话说niaʔ^{8}，原来这个字是泥母字，闽东方言可分泥来才能反映如实，闽南方言泥来不分就把真相掩盖了。它的本字应是“搦”。《广韵》陌韵女白切：“搦，捉搦。”泥母入声字闽东n，闽南l，声调为阳入都是常例，陌韵白读为iaʔ，ieʔ也符合对应。例如：屐、隙、额，福州k^{h}iaʔ^{8}、k^{h}ieʔ^{8}、ŋiaʔ^{7}，福清k^{h}iaʔ^{8}、k^{h}iaʔ^{8}、ŋiaʔ^{8}，厦门k^{h}iaʔ^{8}、k^{h}iaʔ^{8}、giaʔ^{8}（数额），hiaʔ^{8}（头额）。掠，《广韵》注：“抄掠，劫人财物。”字义和“捉搦”显然有别。

（20）过　闽方言管病害的传染说“过”。厦门音e^{5}，漳州音ue^{5}，泉州音ə^{5}，有人认为本字是“秽”。秽，《广韵》废韵於废切：“秽，恶也。”影母去声字闽南话读零声母阴去调是常例对应，废韵白读也是符合对应的，如：柿，所木札也，方废切。厦门p^{h}e^{5}，漳州p^{h}ue^{5}，泉州p^{h}ə^{5}。但是，比较福州话就通不过了。福州话说kuo^{5}，显然不是废韵字，而是过韵字。过韵字在闽南话也有以上韵母对应，如：果、火，厦门ke^{3}、he^{3}，漳州kue^{3}、hue^{3}泉州kə^{3}、hə^{3}，问题是闽南话把这个见母字读成零声母，这是少见的变例，但有得力旁证，如“锅”：泉州音a^{1}、厦门音e^{1}、漳州音ue^{1}。这种变例在闽北方言反映较多，如建瓯话：锅ua^{1}、狗e^{3}、稿ɔ^{3}（稻草）、菇u^{3}、高au^{3}。

（21）锅　和上条可以互相参证。闽南活“锅”说e^{1}（厦门），ue^{1}（漳州），ə^{1}（泉州），有人以为本字是“鍡”，此字未见于《广韵》《集韵》，也可能是俗字。其实它就是“锅”的白读，戈韵合口闽南话有e、ue、ə的对应，见母可以脱落读零声母，已如上述，福州话“锅”读kuo^{1}也是旁证。

（22）岸　闽南话河岸海岸的“岸”说huã^{6}，有人认为本字是“垾”。《广韵》翰韵侯旰切：“垾，小堤。”这个反切和闽南话的huã^{6}是常例对应，同一小韵的字“扞”（以手扞，又卫也）也说huã^{6}，闽南话说ts^{h}an^{2}uã^{6}（田埂）倒可能是“塍垾”，因为田埂和“小堤”比较相近。福建地区本是溪流交错、海岸曲折的，不可能堤、岸不分。这个huã^{6}的本字应就是“岸”，福州话说ŋaŋ^{6}，跟岸的“五旰切”完全相符。疑母字在闽南话有读h的白读变例。如厦门：蚁、瓦hia^{6}，鱼hi^{2}，砚hĩ^{6}，危hui^{2}。可见闽南话的huã^{6}本字应就是“岸”。

（23）箬　闽方言管叶子叫“箬”。在闽南话读hioʔ^{8}有人认为本字就是叶。叶，与涉切，与此音声韵调都不合对应。对照福州音nuoʔ^{8}就很明朗了。《戚林八音》所写的“箬”就是本字。《广韵》药韵而灼切：“箬，竹箬。”日母药韵在福州音读nuoʔ^{8}。是常例对应，在闽南话药韵白读 io? 是常例，如：着 $tio?^{8}$、芍 $sio?^{8}$、脚 $kio?^{7}$、药 $io?^{8}$ 日母字读 h 声母则是变例，如：燃 $hi\tilde{a}^{2}$、肉 hik^{8}、耳 hi^{6}，参考了福州话的对应之后，回过头来论证闽南话的对应就容易得出正确结论了。

下列五字误考，其韵母无法通过姐妹方言的验证：

（24）戍　闽方言最重要的基本词之一，"厝"（房子）只是民间的俗写，并非本字。《说文》："厝，厉石也。"这和《诗经》里的"他山之石，可以为厝"一样，指的是磨刀石；《广韵》暮韵仓故切："厝，置也。"这和《列子·汤问》中的"一厝朔东，一厝雍南"一样，用作动词：放置。这两种意思和"房舍"关系很远。从字音说，仓故切的音韵地位和各点声母声调合乎对应，韵母则不合。有人认为它的本字是"庛"，《广韵》置韵七赐切："庛，偏舍也。"字义是相关了，就闽南话的潮州和漳平、龙岩一带说，声韵调也符合对应，但对于其他点则韵母不能对应。"厝"的本字应是遇摄三等的伤遇切"戍"。只有这个音韵地位才能使各点符合对应。看看下列字音对照表就清楚了：

	福州	福清	厦门	龙岩	潮阳	浦城[1]
醋仓故切	$ts^{h}ou^{5}$	$ts^{h}u^{5}$	$ts^{h}ɔ^{5}$	$ts^{h}u^{5}$	$ts^{h}ou^{5}$	$ts^{h}o^{5}$
戍伤遇切（厝）	$ts^{h}uo^{5}$	$ts^{h}iɔ^{5}$	$ts^{h}u^{5}$	$ts^{h}i^{5}$	$ts^{h}i^{5}$	$tɕ^{h}ye^{5}$
注之戍切	$tsuo^{5}$	$tsiɔ^{5}$	tsu^{5}	tsi^{5}	tsi^{5}	$tɕye^{5}$
刺七赐切	$ts^{h}iɛ^{5}$	$ts^{h}i^{5}$	$ts^{h}i^{5}$	$ts^{h}i^{5}$	$ts^{h}i^{5}$	$tɕ^{h}ie^{5}$

戍，伤遇切。书母字在闽方言有读 ts^{h} 的变例，如"鼠试翅手深"等字闽方言各点多读 ts^{h}。从字义说，"戍"《广韵》："遏也，舍也。"《尔雅》"遏也。"郝注："戍守所以止寇贼。"《说文》"守边也，从人荷戈也，从人荷戈也。"戍的本义是守边，后来又引申为戍所、房舍。"厝"常用作地名通名，在福清有时写为"朱"，如：东朱，在浦城常写作"处"，如：吕处，"朱、处"都是三等字，也是很好的旁证。[2]

（25）齐　闽南话"多"说 $tsue^{6}$（厦门）$tsoi^{6}$，（潮州）tse^{6}（漳州），本字显然不是"多"，声韵调均不合。有人以为是"载"。载在《广韵》有三种反切：作亥切，"年也"；作代切，"年也，事也，则也，乘也，始也，盟辞也，又姓"；昨代切，"运也"。字义均不相符。从字音说，昨代切在闽南话可能读 $tsue^{6}$，但是在闽东方言通不过。福州音 sa^{6}，福清音 $sɛ^{6}$，从各点对应看，只有齐韵能通得过。《广韵》霁韵在诣切："齐，齐和。"闽方言的"多"是从"齐和"引申出来的。请看下列对应。

① 浦城城关话后来蜕变为吴方言，但"戍"这个词还沿用闽方言词。

② 关于厝字为戍，罗杰瑞也做过考证。参见他的《三个闽方言的词源》（Three Min Etymologies），第 17 届国际汉藏语学会论文。

		福州	福清	厦门	漳州	潮州
齐	徂溪切	tsɛ^{2}	tsɛ^{2}	tsue^{2}	tse^{2}	tsoi^{2}
齐	在诣切	sa^{6}	sɛ^{6}	tsue^{6}	tse^{6}	tsoi^{6}
细	苏计切	sa^{5}	sɛ^{5}	sue^{5}	se^{5}	soi^{5}
替	他计切	t^{h}a^{5}	t^{h}ɛ^{5}	t^{h}ue^{5}	t^{h}e^{5}	t^{h}oi^{5}

从母字在闽东白读有 s 的变例（下详）。

（26）组　缝衣服在沿海闽方言都说“组”。有人以为是“緥”《广韵》至韵直利切：“緥，刺緥，针缝也。”义合而音不合。闽南话组读 ĩ^{6}，鼻化韵 ĩ 有来自止摄的，但仅限于明、泥、疑、日、以等声母，是条件变读，如厦门话：尼 nĩ^{2}，耳、你 nĩ^{3}，椅 i^{3}，异 ĩ^{6}。不能任意类推。联系福州话的 t^{h}ieŋ^{5} 来考察，它的本字应属山摄。《广韵》裥韵丈苋切所收三个字都是“缝”。“袒，衣缝解，又作䘺”；“组，补缝”。历史上袒、组、䘺的用法曾有过分工。《说文》段注：“古者衣缝解曰袒，今俗所谓绽也；以针补之曰组，引申之不必故衣亦曰缝组。古《艳歌行》曰：‘故衣谁当补，新衣谁当绽？赖得贤主人，览取为我组。’”在《集韵》䘺绽。）又有“堂练切”，义同。闽方言 ĩ、ieŋ 都是三四等的读法，合于此切。

（27）絮　闽方言区的人把晒干的丝瓜瓤用来洗碗、刷锅，厦门、泉州说 ts^{h}ue^{5} 或 ts^{h}au^{3}（草）ts^{h}ue^{5}。漳州一带音 ts^{h}e^{5}，有人以此认为本字是“脆”，脆，此芮切，在泉州话读 ts^{h}ə^{5}，在厦门话读 ts^{h}e^{5} 均与 ts^{h}ue^{5} 不同。字义也不相符。联系福州话，它的本字就清楚了。闽南话的 ts^{h}ue^{5} 福州话说 ts^{h}œ（← ɒ）nouŋ^{2}，而把丝瓜叫 ts^{h}ɒ^{5}，其本字应是“絮”。《广韵》御韵息据切：“絮，《说文》曰敝绵也。”“败絮其中”指的就是瓤。心母字闽方言可读 ts^{h} 已如前述，御韵字有符合以上对应的。如鑢，福州 lɒ^{5}，泉州厦门 lue^{5}，漳州 le^{5}。

下例也是误考，其声调无法通过姐妹方言的验证。

（28）舐　跟闽南话舔说“舐”，厦门、漳州一带读 tsi^{6}，有人以此认为本字是“哜”《广韵》霁韵在诣切：“哜，尝至齿也。”字义相关，字音在漳厦也符合对应，但在上声分阴阳，浊上浊去未混的泉州话，舐读 tsi^{4}，显然和“神纸切”相合而不和“在诣切”相合。《广韵》纸韵神纸切：“舓，以舌取物。”舐是舓的后起俗字。

用姐妹方言来验证考求的本字不但可以使音韵论证防止差误，而且可以帮助我们认识方言之间的亲缘关系和对应关系。在考求方言词本字时，我们应该尽量做到这一点。

四

怎样为方言词考求本字呢？常见的具体方法有三种：排除法、类推法和比照法。

1. 排除法

在记录方言词汇时，有些音节一时写不出合适的汉字，考求这类方言词的本字通常可以使用排除法。所谓排除法就是首先考察该音节的声韵调可能有几种古音类的来源，然后根据古音和方音各自的音节结构规律，排除一些可能性，再按仅存的几种可能性逐一到韵书里找出字义相同或相关的字。这里也举几个闽方言的例字来说明。

（29）过　闽方言菜老了叫“过”，厦门音 kua^{1}。就声母 k 可能来自见母、群母（常例）和匣母（变例）；就韵母说 ua 可能来自果摄的歌、戈韵（歌 kua^{1}、破 p^{h}ua^{5}），假摄麻韵文读（瓜 kua^{1}），蟹摄的泰、佳韵（盖 kua^{5}、挂 kua^{5}）和止摄的支韵（纸 tsua^{3}）；声调只能来自古平声。在这些可能性中，由于方音为阴平当来自古清声母，群匣母可以排除；麻韵系文读，佳韵合口见母无字，泰韵只有去声，也都可以排除，只要在歌、戈、支三韵查见母字。《广韵》戈韵古禾切：“过，经也，又过所也。”闽南话 kua^{1} 有两种意思，一是动词，意为“经过而停留”，如说“顺路过骹”sun^{6}lɔ^{6} kua^{1} k^{h}a^{1}（顺途歇脚）；另一用法是形容词，即瓜果老化。陆游诗句“鲍箨纵横过笋余”，说的是笋壳散落满地时，剩下的是老笋了。这正是闽南话后一种说法。

（30）泛　闽方言常用的形容词“空虚不实”说“泛”，民间俗写作“冇”，以福州话 p^{h}aŋ^{5} 为例，其声母 p^{h} 可能是滂或敷母（並母白读也有读 p^{h} 的，但与阴去调矛盾，可排除），声调是去声，韵母 aŋ 未见于唇音，庚耕韵唇音字也没有字义相合的。原来其本字是“泛”，《广韵》孚梵切，属敷母去声，轻唇读重唇后韵母依洪音读 aŋ，“空泛”就是空虚不实之义，闽方言常指实体不实，如说“泛樵”（松软的木头）“泛粟”（秕谷），也引申说“泛讲”（闲聊）。

（31）趆　闽南话“跟随”说“趆”，以泉州音 te^{5} 为例，声母 t 可能来自端、知母（定母也有读 t 的，但与阴去矛盾，可排除），声调是去声，韵母 e 的读法见于祃（蛇 t^{h}e^{5}），代（戴 te^{5}），卦（债 tse^{5}）霁（帝 te^{5}），祭（滞 t^{h}e^{5}）诸韵，其中祃卦祭韵端知母无字。在《广韵》霁韵都计切可找到：“趆，趋走貌。”音义俱合。有人误认为“带”，韵母不合对应，字义也不符。

（32）填　台湾闽南话的泉州腔“还钱”说 tuĩ^{2}，有人以为本字是“还”，声母不合，匣母不可能读 t。其声母 t 只能来自定澄母，声调是平声，韵母则可能是山（间 kuĩ^{1}）删（关 kuĩ^{1}）和先韵（骈 puĩ^{2} 佃 tuĩ^{4} 莲 nuĩ^{2} 前 tsuĩ^{2} 肩 kuĩ^{1} 县 kuĩ^{6}），查山、删韵定、澄母均无字，先韵的“填”，《广韵》徒年切：“填，塞也，加也，满也。”音义可合，应是本字。同样的意思，在福州话说 tɛiŋ^{2}，读音是为常例，可做旁证。

2. 类推法

在完成方言语音调查，整理过方言和古音的对应关系之后，不论是古今音变中的常例或变例，都可以作为依据，顺藤摸瓜，探求方言词的本字。这种方法最适用于查寻自己所熟悉的方言的本字。具体做法可以从对应规律出发，检查在方言中可能有几种读法，哪种读法和所注字义相通。只要古今音对应规律做得合理，通读一遍《广韵》或《集韵》的有关小韵，一定会有许多重要的发现。这里也举几个例子说明。

庄组声母闽方言白读有 t，t^{h} 的变例，例如：

庄　滓 tai^{3}（福州、厦门），榨 ta^{5}（福州），te^{5}（厦门）

初　钗 t^{h}ue^{1}，窗 t^{h}aŋ^{1}，创 t^{h}ɔŋ^{5} 创治：作弄（厦门）

崇　事 tai^{6}（福州、厦门），锄 t^{h}y^{2}（福州），t^{h}i^{2}（厦门），tɯ^{2}（泉州）

生　筛 t^{h}ai^{1}（福州、厦门），馊 t^{h}ɛu^{1}（福州）

根据这一对应，检查庄组字后可推出下列本字：

（33）缩　福州话 t^{h}øyʔ^{7}，如说“头～底”（脑袋缩进去）。《广韵》屋韵所六切，心母白读 t^{h}，屋韵白读 øyʔ^{7}。前者是变例，后者是常例。

（34）铲　厦门带 t^{h}uã^{3}，如说“～草”（锄草）。《广韵》产韵初限切：“铲，平木器也。”初母读 t^{h}，产韵读 uã，均白读对应，字义有引申。有人以为其本字是“剷”，《广韵》旱韵党旱切：“剷，割也。”义合声不合。

（35）耖　厦门带 t^{h}a^{5} 指第二遍翻犁水田。《广韵》效韵初教切：“耖，重耕田也。”初母读 t^{h}，效韵读 a，均合对应，字义亦同。

（36）森　厦门话“阴险”说 im^{1} t^{h}im^{1}，本字就是“阴森”。森，所今切，心母白读作 t^{h} 是变例，侵韵读 im 是常例，音义俱合。

（37）娕　厦门 t^{h}ik^{7} 就是“美好”。《集韵》烛韵叉足切：“娕，婧也。”《博雅》：“婧，好也，一曰嫅婧，鲜好貌。”初母读 t^{h}，烛韵读 ik，均合白读对应。

在韵母对应中，效摄二等肴韵在闽方言白读为 a，常用字如：饱 pa^{3}，搅 ka^{3}，炒 ts^{h}a^{3}，胶 ka^{1}，教 ka^{5}（福州、厦门音同）。根据这条对应也可以考出一系列本字。

（38）敲　福州、厦门白读 k^{h}a^{5}，合于《广韵》效韵苦教切：“敲，击也。”有人误以为“扣”，扣，苦候切，韵母不合对应。

（39）疞　福州厦门音 ka^{3}，《广韵》巧韵苦巧切：“疞，腹中急痛也。”音义俱合。

（40）铰　福州厦门音 ka^{1}（剪也），“铰刀”就是“剪子”，《广韵》肴韵古肴切：“铰，铰刀。”为本字。

（41）骹　福州厦门音 k^{h}a^{1}，指脚又指腿。合于《广韵》肴韵口交切：“骹，胫骨近足细处，又作跤。”方言字义有所扩大。

（42）脬　福州厦门音 p^{h}a^{1}，“卵脬”指阴囊，“尿脬”（福州）指膀胱，《广韵》肴韵匹交切：“脬，腹中水府。”闽方言义有扩大。

（43）捎　福州厦门音 sa^{1}，意为随意乱抓。合于《集韵》肴韵师交切：“捎，《说文》自关以西，反取物之上者为挢捎。”

（44）齩 福州、厦门 ka^6，泉州 ka^4，咬也。合于《集韵》巧韵下巧切："齩，齧骨。"匣母白读 k 为变例。

（45）漖 厦门话 ka^5，粥稀曰漖。《集韵》效韵居效切："漖，水也。"音义俱关，稀即水多。

（46）𪮷 厦门话 t^ha^5，意为以尖具挑物，如说"𪮷刺"。合于《集韵》效韵敕教切："𪮷，以角挑物。"彻母读 t^h，是为常例。

再以福州话为例，古从母字一部分白读为 s，常用字如：坐 $sɔy^6$，脐 sai^2，糍 si^2，槽 $sɔ^2$，前 $sɛiŋ^2$，晴 $saŋ^2$。记得这条对应，见到有关的反切时，就容易联系起具有方言特色的白读词。

（47）贱 《广韵》线韵才线切："轻贱。"福州话 $tsieŋ^6$，用于"贫贱""下贱"，又有 $siaŋ^6$，指价钱低。"线"白读就是 $siaŋ^5$。

（48）遒 闽方言"齐全"曰遒，福州音 $sɛu^2$，又引申为"经常"。《广韵》尤韵自秋切："遒，尽也。""齐全"和"穷尽"意义相关。《诗经·商颂》"百禄是遒"就是言百禄齐集。尤韵读 ɛu 是常见的变例，如：愁 $ts^hɛu^2$，馊 $t^hɛu^1$，否 $p^hɛu^3$，谋 $mɛu^2$。可见 $sɛu^2$ 就是"遒"。曾有人意为是"稠"，直由切，声母不合。

（49）茡 闽方言管荸荠叫"莓茡"，福州音 mui^3 li^2，通常写为"尾梨"，莓，《广韵》賄韵母罪切："草名。"读 mui^3 是常例对应。茡，《广韵》脂韵疾资切，与"糍"同音读 si^2，因不单用，在双音词后音节受前音节韵尾影响 s 变为 l，si^2 就成了 li^2。厦门话 be^3tsi^2 是同样来源。

（50）静 福州话 $tsɛiŋ^6$ 指"寂静"，又音 $saŋ^6$ 专用于"止哭"。如"啼赊静"（啼哭不止），"静去"（莫哭），《广韵》静韵疾郢切："静，安也，谋也，和也，息也。"tsɛiŋ 是"安也"，$saŋ^6$ 是"息也"。静韵读 aŋ 是白读变例。如：井 $tsaŋ^3$，省 $saŋ^3$，姓、性 $saŋ^3$。

3. 比照法

有些对应在甲方言是常例，容易发现，在乙方言是变例或特例，就较难辨认：有一些异读现象在甲方言比较容易识别，在乙方言则较难识别；有时甲方言音类分得细，易于辨认，乙方言则合流而难以辨识。遇到这些情况，可以用比照法来考求本字。这种方法适应于调查了两种亲近的方言后的比较研究。例如：

闽北方言口语中把一部分古来母字读为 s 声母，比照这一对应，可以发现闽南方言中有几个这样的字。

（51）濑 《广韵》泰韵落盖切："湍濑。"闽方言"浅滩"曰"濑"，闽南话又引申作形容词表示"溪流湍急"。建瓯话 $suɛ^5$，厦门话用作名词"落濑"（下浅滩）读 lua^5，用作形容词"溪水濑"（溪流急）读 sua^5，本字相同。

（52）㝗 《集韵》宕韵郎宕切："㝗，空也。"建瓯话 $sɔŋ^5$ 指稀疏。在厦门话说"疏㝗”sue^{1} laŋ^{5} ～ sue^{3} saŋ^{5}。厦门话又用作动词，“㝗缝”laŋ^{5} p^{h}aŋ^{5} 是“空出缝儿”。

（53）狸《广韵》之韵里之切：“狸，野猫。”建瓯话说“猫子狸”miɔ^{5} sɛ^{5}，厦门话说“狸狗”se^{2}kau^{3}。

（54）泪 《广韵》至韵力遂切：“泪，涕泪。”厦门话用作名词“蜡烛泪”说 lui^{5}，用作动词“蜡烛泪泪落来”音 lui^{5} ～ sui^{5} 两可。

关于别义异读，举福州话和泉州话有两条可以互证：

（55）缺《广韵》屑韵苦穴切：“器破。”福州音 k^{h}ieʔ^{7}，泉州音 k^{h}əʔ^{7}，如说“碗缺蜀缺”（碗缺了个口子），又薛韵倾雪切“少也”，福州音 k^{h}uɔʔ^{7}，泉州音 k^{h}əʔ^{7}，意思是“短缺”。

（56）跪《广韵》纸韵去委切：“拜也。”福州音 k^{h}ui^{3}，泉州音 k^{h}e^{3}，意为“跪拜，拜求”。又渠委切：“跣跪”，福州音 kuoi^{6}，泉州音 kui^{4}，就是叫“屈膝于地”。

关于一方分类，一方合流，以前者比照后者以考求本字，再举福州话和厦门话的两个例字：

（57）鲜 厦门话“菜肴新鲜”说 ts^{h}ĩ^{1} ts^{h}ioʔ^{7}，“味道鲜美”说 ts^{h}ĩ^{1} tĩ^{1}，鲜读 ts^{h}ĩ，与“生”（不熟）同音。“生”，所庚切，“鲜”相然切，厦门话生、心在此均读 ts^{h}，庚、仙在此都读 ĩ。福州话“生”读 ts^{h1} aŋ^{7}，“鲜”读 ts^{h}ieŋ^{1}，由此可比照，厦门话上述二词也是用“鲜”构词的。

（58）𢿣 福州话“覆盖”说 k^{h}aiŋ^{5}，有人认为本字就是“盖”，声韵母均不合对应。福州话 aiŋ 韵来源太多，例如店 taiŋ^{5}（㮇韵），办 paiŋ^{6}（裥韵），慢 maiŋ^{6}、惯 kaiŋ^{5}（谏韵），垫 taiŋ^{6}、县 kaiŋ^{6}（霰韵），邓 taiŋ^{5}（嶝韵），硬 ŋaiŋ^{6}（映韵），用排除法考证费时太多，如用鼻韵尾区分较细的厦门话比照，“覆盖”之意说 k^{h}am^{5}，范围就很明确了：溪母咸摄一二等去声。《集韵》陷韵口陷切：“𢿣，物相值合。”音义皆通。

五

闽方言是许多学者都十分关注的汉语的重要方言。从上面所列举的本字看来，有许多都是方言中的核心词，如“戍、喙、箨、箸、骹、絮”等名词，“徛、趁、乞、佇、杪、吼、静”等动词，“悬、过、贱、齐、宿、泛”等形容词，都是十分常用的很具特色的方言特征词。如果不能正确地认识其本字，未能了解这些核心词与古汉语的关系，对于闽方言的词汇系统的认识就会受到很大的影响。可见，努力考释方言中的重要本字，意义是重大的。

然而，方言词也并非“字字有来历”，不可能把每个有音无字的方言词都考出本字来的。

汉语社会历史长、地域广、人口多，方言差异古来就很严重，文献里所能反映的是很有限的。整部《集韵》为闽方言收入的字只有两个：一是狝韵九件切“囝，闽人呼儿曰囝”，这个“囝”在唐代就流行了，顾况的诗还以它为题，中有“囝别郎罢，心摧血下”的句子，“囝”和“郎罢”就是当时的闽方言，至今福州话“父子”还说“郎罢囝”$louŋ^2$ pa^6 $kiaŋ^3$；另一个字是旨韵之诔切：“林，闽人呼水曰林”。其实这还只是反映了语音差异（书母字读 ts），而未必是方言词。这些方言差异，文人写入作品，字书收了，于是方言词有了可考的本字。可以想象，早期的闽方言和中原地区的汉语就有许多差异了，否则就不会被人讥为“南蛮鴃舌”，然而详尽的字书和浩瀚的文献所能反映的毕竟还是有限的。方言俚语历来就是不登大雅之堂，不入经传的，这是许多方言词语考不出本字的原因之一。

除了方言的创新，方言词中还会有兄弟民族语言的底层和外族语言的借用，这是方言考不出本字的另一个原因。漳州话韵书《十五音》有“沯”字，音 lam^5、$lɔm^5$，意为“烂泥”或“陷入烂泥”，其语源应是壮侗语的 $lomB_1$[①]，这是“底层”词的典型例证。闽南话里有一批印尼语的借词，是历代华侨出洋后带来的，如：sap^7bun^2-sabun（肥皂）、$tɔŋ^6kat^7$-tongkat（手杖），还有一些英语借词，是近百年来产生的，如：k^hut^8（大衣，英语：coat）、gim^3（比赛局，英语：game），这是外来词的例证。

方言的演变在语音上通常有一定的对应关系，在语义上则有一定的关联，然而语音的对应有个别的例外，字义也可能一再转移而难以识别。例如，闽南方言里豪韵的“早”字和肴韵一样白读为 a（tsa^3），此外别无旁证，但音义又十分确切，若字形生僻，字义迁移，这种例外的孤证就很难作为考求本字的根据了。上文所举例字中也有一些字义引申转移跨度较大，如：泛$_{不实}$，过$_{菜老}$，不做仔细比较就难以辨识。这是考求方言词本字难以穷尽的原因之三。

由此可见，我们在为方言词考求本字时应该谨慎从事，宁缺毋滥，绝不能以为“无一字无来历”，用“一音之转”勉强凑数，把不确切的“本字”强加给方言词是没有任何好处的。大概是后来见到了一些方言词的本字考释有误，李荣先生曾说，为方言词考本字，考得好是锦上添花，考错了则会画蛇添足。确实，考错了不如阙如。

参考文献

梁猷刚 《琼州方言的训读字》,《方言》1984 年第 2 期。

---

① 李方桂《台语比较手册》（*A Handbkook of Comparative Tai*），第 275 页有 “mud, to sink in ud: Siamece: $lomB_1$, lungchow: $lumc_1$, Po-ai: $lɔMb_1$”，正与闽南话的 $lɔm^5$ 的音义相同。

罗常培 《厦门音系》，（北京）科学出版社，1956年。
王天昌 《福州语音研究》，（台北）正中书局，1969年。
吴守礼 《综合闽南方言基本字典·绪言》，（台北）文史哲出版社，1987年。
张盛裕 《潮阳方言的文白异读》，《方言》1979年第4期。
张盛裕 《潮阳方言的训读字》，《方言》1984年第2期。
张振兴 《台湾闽南方言记略》，（福州）福建人民出版社，1983年。
《汇音妙悟》［清］光绪甲午年重刊本。
《戚林八音》［清］乾隆十四年刻本。

说明：本文1986年在桂林的中国音韵学会第二届年会上宣读，后刊登于《语言研究》1988年第1期，略有修改。

附记：为方言词考求本字是我40多年前颇为热衷的事，最早是从《方言》杂志看到李荣先生所考吴方言本字受到启发。因在闽方言的调查研究过程中，我也在本字的辨识上有过不少困惑。前后大约经过10年的努力，才摸出了一些门道。本文所举“误认为”之例都是实有所指，且非外行人所云，而是学者的研究结论。隐去出处，意在对事不对人，只为引起大家对“考本字”的兴趣并共同探寻正确的方法。这对青年学者来说，也是有些参考价值的，其中如有差误，还希望智者指正。

福州方言本字考

所谓本字是对别字说的。有些方言词本字未明，在民间常常写为别字。福州方言曾经形成过完整的书写形式。乾隆年间校编的《戚林八音》(民间俗称《八音》，以下简作《八音》)就是书写福州方言的主要依据，至今还有很大的影响。民间流传的许多福州方言文学如歌谣、评话、伬唱、闽剧等都有书面的记录和脚本。近百年前，外国传教士也编印过不少汉字书写的福州话宣传材料。这些民间书写形式用字往往不尽相同，但都有大量的别字。

就福州方言材料而论，常见的别字有三种。一是按音写同音字，例如：来 ꜀li 写作梨，两 laŋ꜆ 写作滥，有 ou꜆ 写作务；二是按义写训读字，例如：塗 ꜀t'u 写作土，择 tuɔ꜆ 写作路，悬 ꜀keiŋ 写作高；三是按音或按义另造俗字，例如：箩 ꜀lai 写作箂，树 ts'ieuᵓ 写作模，奢 ꜀si 写作榭，模 taiŋ꜆ 写作有。

为什么有些方言词会本字难明，写为别字呢？这里有语音方面的原因，也有词汇方面的原因。

方言语音的变化有常例，也有变例。常例是一般的变化类型，人们容易理解，本字也比较明确；变例是特殊的变化类型，有时和常例的读音相差很大，人们觉得字音和字形挂不上钩，于是另写别字。尤其是同一个字同时存在着常例和变例两种读音时，更容易把变例的音改写别字。如上例的两、树，读 ᶜluoŋ、søy꜆ 是常例，人们绝不会写别字的；读 laŋ꜆、ts'ieuᵓ 是变例，在常例和变例之间，前者韵、调互异，后者声韵调都不同，于是人们把变例的音写为滥、模。

有些方言词所用的字和普通话不同，属于词汇方面的差异。由于词汇差异而本字未明改写别字又有两种情况。一些方言本字是现代少见的生僻字，一般人不认识，于是改写训读字，如上例的择写作路；或者另造俗字，如上例的模写作有。一些方言本字虽不是生僻字，但字义已经发生了变化，和普通话不同了，一般人不易理解，于是也写了训读字，如上例的塗写作土；或者另造俗字，如上例的箩写作箂。

考求方言的本字就是要把脱了钩的字音和字义按照本来的面目和原来的字形重新挂上钩。这样做，可以帮助我们了解方言语音和词汇的演变规律。考求本字正是为了这个目的，而不是要为书写方言词提供“正字法”。

本文分两类考释福州方言的350多个本字。前类是读音属于常例的本字，按《广韵》韵序直接列举字条。后类是读音属于变例的本字，以语音演变的特殊对应为纲罗列字条。常见易辨的变例只做论证列举，罕见难辨的依《广韵》《集韵》的音义做简要考释。为节省篇幅，只举例词，一般不列例句。福州话的连读音变比较复杂，多音词除末音节外，各音节多数变调，少数还要变韵；首音节以外的各音节经常变声。本文标音时先标单念时的字音，如有音变再在→后标出变化后的词音。声调一律标调类（轻声不标调），七个原调和两个变调后的新调的名称、符号和调值如下：

阴平	꜀□	44	阴入	□꜆	23
阳平	꜁□	52	阳入	□꜇	5
上声	꜂□	32	半阴去	□°	21
阴去	□꜄	213	半阳去	□º	24
阳去	□꜅	242			

一　读音属于常例的本字

读音属于常例的本字而需要考释的主要有两种情形，一是现代汉语已经不用或少用的生僻字；一是现代汉语虽然还沿用，但字义已经发生变化的字。因为这两种情形界限不十分明确，这里不按此分类列举，只做逐字罗列。为了便于看出方言语音和古音的常例对应，把古音同韵的字放在一起，按《广韵》平声韵序排列，上、去、入各调的韵分别接于平声各韵之后。

篷　꜁p‘uŋ 船上的篷，又兼指帆。《广韵》东韵薄红切：“织竹夹箬覆舟也。”今词义扩大。

朦　꜀møyŋ 膨胀。《集韵》东韵谟蓬切：“大貌，丰也。”今方音白读，变读为阴平，义合。

懵　꜀mouŋ 昏乱。《广韵》东韵莫红切：“心闷闇也。”今音变读阴平，义合。《八音》作俗字䫉。

魟　꜀høyŋ　一种黑灰色扁形海鱼。《集韵》东韵呼公切：“鱼名，似鳖。”俗写作鲂。今音合东韵，本字应是魟。

蠓　꜂møyŋ，常说“蠓囝”꜂møyŋ ꜂kiaŋ → møyŋ꜅ ꜂ŋiaŋ，一种小黑蚊。《八音》作“蜢，蚊属。”音不符。《广韵》重韵莫孔切：“蠓，《列子》曰：蠛蠓。”音义相符。

揔　꜂søyŋ，推搡。如说“揔来揔去”꜂søyŋ ꜁li ꜂søyŋ k‘ɔ꜄（推来推去）《集韵》董韵损动切：“揔，推也。”音义俱合。

緫　꜂tsøyŋ　单用只作量词，常说“头发緫”꜁t‘au xuɔʔ꜆ ꜂tsøyŋ → t‘au° uoʔ꜆ ꜂tsøyŋ，

指成束的头发或假发。《八音》写为别字：“鬃，假发为髻。”音义不合。《广韵》董韵作孔切：“緫，聚束也。”又作“鬆，鬆角。”音义相合。

烘　hɔyŋ꜅　烈日逼人，如说秋后热天气为“秋烘”。《广韵》送韵胡贡切：“火貌。”音义俱合。

曝　p‘uoʔ꜇　晒。《广韵》屋韵蒲木切：“日干也。”音义俱合。

揀　sɔyʔ꜆　用手掌摔打。《广韵》屋韵息逐切：“击也。”音义俱合。

牧　muoʔ꜇　诊断、医治（疾病）谓之牧。《广韵》屋韵莫六切：“养也，放也，察也。”音合义有引申。

涿　touʔ꜆　点滴，兼用作名词和动词，如说“～蜀～”（滴一滴）。《集韵》屋韵都木切：“流下滴。”音义俱合。

宿　søyʔ꜆　瓜果成熟，又引申指年轻人的成熟或老相。和“宿将，宿疾、宿愿”中的“宿”字同义。《广韵》屋韵息逐切：“宿，素也。”素有历时久远之义，音合义通。

筑　tøyʔ꜆　装口袋时硬塞和吃东西时硬撑都说筑。“～胲”就填满鸡鸭的嗉子。《广韵》屋韵张六切：“筑，擣也。”音义相合。

盝　løyʔ꜇　水中捞取。如说～饭 løyʔ꜇ puɔŋ꜅ → løyʔ˚ puɔŋ꜅（捞饭）；～薸 løyʔ꜇ ꜁p‘iu → ꜂løyʔ ꜁p‘iu（捞取浮萍）。《广韵》屋韵卢谷切：“盝，去水也。”或作漉、盪，音义俱合。

侬　꜁nøyŋ　人，又指“我”或“人家”。如说：“大侬”tuai꜅ ꜁nøyŋ → ꜂tuai ꜁nøyŋ（成年人），“底人”꜂tie ꜁nøyŋ（谁）“侬不去”꜁nøyŋ ŋ꜅ k‘ɔ꜄ → ꜁nøyŋ ꜁ŋ ŋɔ꜄ 可指“我不去”，也可指“他不去”。《八音》在同一音韵地位注了两个字：“人：众人”，“侬：自称”。前者应是训读字，因为真韵字不可能读为 øyŋ。《广韵》冬韵奴冬切：“侬，我也。”福州话音合义有扩大。

潨　꜁tsøyŋ　水往下冲说潨。淋浴说～水 ꜁tsøyŋ ꜂tsui → ꜂tsøyŋ ꜂ʒui。《广韵》冬韵藏宗切：“小水入大水。”又徂红切：“水会也。”音合义通。

沃　uɔʔ꜆　浇，灌，淋都说沃，如说～菜 uɔʔ꜆ts‘ai꜄ → ꜁uɔ ts‘ai꜄（浇菜）～雨 uɔʔ꜆ ꜂y（淋雨）。《广韵》屋韵乌酷切：“灌也。”音义俱切。

容　꜁yŋ　纵容，常用于对小孩的放纵。《广韵》钟韵余封切：“受也。”音合义通。

熜　꜀tsøyŋ　光火，冒火，口语常连着说“肝火解～”꜀kaŋ ꜂huo a꜅ ꜀tsøyŋ → ꜀kaŋ ꜂huo ꜀ɛ ꜀tsøyŋ，意为怒火中烧。《集韵》钟即容切：“火行穴中。”音义合。

捀　꜁p‘uŋ　奉也，持也，如说“捀碗”꜁p‘uŋ ꜂uaŋ → ꜂p‘uŋ ꜂uaŋ（拿碗）《广韵》钟韵符容切。“捀，《说文》曰：奉也。”音义皆符。

共　kɔyŋ꜅　和，同（连词），如说“依哥共依弟”꜀i ꜀ko kɔyŋ꜅ ꜀i tie꜅ → ꜀i ꜀ko ꜂køyŋ ꜁ tie꜅（哥哥和弟弟）。又用作介词，如“共汝讲”kɔyŋ꜅ ꜂ny ꜂kouŋ → køyŋ˚ ny˚

ᶜkouŋ（同你说）。《广韵》用韵渠用切："共，同也。"音义皆符。古汉语多有此类用例。如"落霞与孤鹜齐飞，秋水共长天一色"，"松共竹，翠成堆，要擎残雪斗疏梅"。

颂 søyŋᵓ 穿着也。如说"颂衣裳"søyŋᵓ ꜀i ꜁suoŋ → søyŋ˚ ꜀i ꜁luoŋ，"身颂"꜀siŋ søyŋᵓ（衣着）。《集韵》用韵似用切："颂，《说文》：貌也。"《释名·释言语》："颂，容也。"福州话从"容貌"引申为"服饰，衣着，穿着"。

扛 ꜀kouŋ 抬也，如说"扛轿"꜀kouŋ kieuᵓ → ꜁kouŋ kieuᵓ（抬轿子）。《八音》又作"掆"。《广韵》江韵古双切："扛，举高。《说文》云：扛，横关对举也。"音义皆符。

罩 tɔyʔ꜃ 罩子，罩下都说罩，如说"使配～～"ᶜsai pʻueiᵓ tɔyʔ꜃ tɔyʔ꜃ → ᶜsai ꜁pʻui lɔyʔ꜃ tɔyʔ꜃（用菜罩子罩着）。《集韵》觉韵竹角切，引《说文》："罩鱼者也。"俗写作罹，本字应是此入声音切的罩。

戳 tɔʔ꜃ 刺的感觉，如麦芒，碎头发在身上的感觉。《广韵》觉韵敕角切，直角切："戳……刺也……痛也。"音义合。

嚗 pɔʔ꜃ 用粗话骂人。常说"大～"tuaiᵓ pɔʔ꜃ → ꜁tuai βɔʔ꜃。《集韵》觉韵北角切："怒声。"音义俱合。《八音》另造俗字"合"。

嗽 sɔʔ꜃ 吮吸。《广韵》觉韵所角切："口噏也。"《集韵》引说文："吮也。"音义合。俗写或作嗦。

硞 kʻouʔ꜃ 用作后缀，如说"模～～"意为坚硬。《广韵》觉韵苦角切："固也。"音义合。

糜 ꜁mui 不单说，用于"塗～浆"꜁tʻu ꜁mui ꜀tsuoŋ → ꜀tʻu ꜀mui ꜀tsuoŋ（烂泥浆）。《广韵》支韵靡为切："糜粥。"音合义有引申，闽南话称粥曰糜。

儿 ꜁nie 不单说，可说"囝～"ᶜkiaŋ ꜁nie → kiaŋ˚ ꜁nie（儿女），"～囝"꜁nie ᶜkiaŋ → ꜁nie ᶜiaŋ（小孩子）。《广韵》支韵如支切："《说文》：孺子也。"音为白读，义正合，俗写作伲。

碕 ꜁kie 闽江下游及闽东沿海常见地理通名，俗写作"岐"，如"竹～、魁～、琅～、赛～、黄～"。《广韵》支韵渠羁切："曲岸。"在《集韵》又作崎、埼，应是本字。

裨 ꜀pie 为衣裳接续边缘说裨。如说"～边"꜀pie ꜀pieŋ。《集韵》支韵宾弥切："《说文》：接益也。"同一小韵又有"纰，缘也"，音义皆合。

䖷 ꜀xie 不单说，可说"鲎䖷"xauᵓ ꜀xie → ꜀xau ꜀xie，指一种鲎鱼甲壳做成的圆口尖底的水瓢。《集韵》支韵虚宜切："䖷瓠瓢也。"闽南话尚有"瓠䖷"之说。

桸 ꜀xie 不单说，可说"粪桸"pouŋᵓ ꜀xie → ᵓpuŋ ᵓŋie 指粪勺。《广韵》支韵许羁切："桸，杓也。"《方言》作櫼。卷五："蠡，陈楚宋魏之间或谓之箪，或谓之櫼，或谓之瓢。"戴震疏证："今江东通呼勺为櫼，音羲。"

羁 ꜀kie系，栓。如说“骹羁咧”꜀k‘a ꜀kie le(脚被栓住)。《广韵》支韵居宜切：“羁，马绊也。”音合义有扩大。

施 ꜀sie细物撒落谓之施。如说“米袋破去，米～蜀坪”(米袋破了，米洒了一路)。《广韵》支韵式支切：“施设。”又置韵施智切：“《易》曰：云行雨施。”福州话读平声，义则合去声“散落”之义。

瘘 ꜀søy人瘦说瘘。《广韵》作“衰”，支韵所危切：“小也，减也。”《集韵》作瘘，注曰：“病减也。”音合义切。

捼 ꜁nui搓揉，研物成末都说捼。《集韵》支韵儒垂切：“擩也。”音义俱合。

敧 ꜀k‘i不正也。如说“敧头”꜀k‘i ꜁t‘au、꜀k‘i ꜁lau(歪头)“加坦敧”꜀ka ꜀taŋ ꜀k‘i→ka˚ ꜀laŋ ꜀k‘i(歪斜)《八音》写为别字“攲，不正。”音义均不合。《广韵》支韵去奇切：“敧，不正也。”是为本字。

疕 ꜂p‘i痂也，又说“疕疕”꜂p‘i ꜂p‘i，《八音》作“痞，疥痞”，《广韵》旨韵卑履切：“痞，腹内结痛。”音合义不合。《广韵》纸韵匹婢切：“疕，疮上甲。”是为本字。

谊 ŋiɛ꜖ 拜把兄弟说“谊兄弟”ŋiɛ꜖ ꜀hiaŋ tiɛ꜖→ŋiɛ˚ ꜁hiaŋ niɛ꜖。《集韵》寘宜寄切谊，引《说文》：“人所宜也。”音义相合。

啻 siɛ꜄不止说“唔啻”ɛiŋ꜖ siɛ꜄→꜁iŋ niɛ꜄。《广韵》寘施智切：“不啻。”音义俱切，这是口语保留古语的好例证。

徛 k‘iɛ꜖ 站立。这是福州话里很常用的基本词。如说“徛旁边”k‘iɛ꜖ ꜁pouŋ ꜀pieŋ→k‘iɛ꜖ ꜀poum ꜀mieŋ(靠边站)，“徛岗”k‘iɛ꜖ ꜀kouŋ→꜀k‘ie ꜀kouŋ(站岗)，“徛紧”k‘iɛ꜖꜂kiŋ ꜁k‘ie ꜂kiŋ(协力)，“徛硬”k‘iɛ꜖ ŋaiŋ꜖→꜁k‘ie ŋaiŋ꜖(支持)，“徛底”k‘iɛ꜖ ꜂tie→꜁k‘ie ꜂tie(谨慎守本分)。《八音》作“跬，足不行也”，又“䴸，兽不动貌”，均非本字。俗写或作“踦”。《广韵》纸韵渠绮切：“徛，立也。”应是本字。

刺 ts‘iɛ꜄刺杀小动物的动作谓之刺。如说“刺鸡”ts‘iɛ꜄ ꜀kie→꜀ts‘ie ꜀kie(杀鸡)《广韵》置韵七赐切：“刺，《尔雅》曰：刺，杀也。”音义俱合。

菭 ꜁t‘i苔藓类植物，如说“青”꜀ts‘aŋ ꜁t‘i，海苔说“～菜”꜁t‘i ts‘ai꜄→t‘i˚ ʒai꜄。《广韵》脂韵直尼切：“菭，水衣也。”音义俱合。

饹 ꜀tse糯米浆所制白色圆形米粿谓之“饹”，通常用于清明节祭祖宗。《集韵》脂韵津私切：“稻饼。”音义俱合，俗写作“粢”。

林 ꜂tsui其实也就是水的白读音。书母字有白读为ts-的。《集韵》脂韵之诔切：“闽人谓水曰林。”可能是早年民间为方音另造的字。

蜞 ꜁k‘i水蛭说“蚂～”꜂ma ꜁k‘i→꜀ma ꜁k‘i。《集韵》之韵渠之切：“虫名，水蛭也。”音义俱合。

饲 ts‘ɛi꜖为人或为动物喂食均说饲。《广韵》志韵祥吏切：“食也。”音义俱合，俗字作“他”。

焜 ᶜhui 即“火”的白读，戈韵字白读为 ui 的还有“倮”ᶜkui。《广韵》尾韵许伟切：“齐人云火。”可能即古时为东齐方音所造字。

欤 ꜁øy 叹词，呼叫、应答之词。《广韵》语韵羊洳切：“与，语辞，通作欤。”今又音 ɔy꜅，合《广韵》羊洳切：“叹也。”

女 ᶜny 第二人称代词。《集韵》语韵忍与切：“女，尔也，通作汝。”福州话至今女—汝仍同音。

贮 ᶜtuo 盛，装说贮，如说“～饭，～水”。《集韵》语韵展吕切：“积也。”音义俱合。

宧 ꜀ky 肚子不消化说“宧叫”꜀ky lɛ。《集韵》鱼韵斤于切，引《博雅》：“贮也。”音义俱合。

箸 tøy꜅ 筷子。又说“冰箸”꜀piŋ tøy꜅ → ꜁pin tøy꜅（冰棍儿）。《广韵》御韵迟倨切：“箸，匙箸。”音义俱合。

覻 ts‘øyᵓ 看的泛称，如说“覻看”ts‘øyᵓ k‘aŋᵓ → ts‘øyᵓ aŋᵓ（看一看）但不用作补语。《广韵》御韵七虑切：“覻，伺视也。”音合义有扩大。

跔 ꜀kiu 踡缩也。如说跔底 ꜀kiu ᶜtie → ꜁kiu ᶜlie →缩进去，“跔跔”꜀kiu ꜀kiu（蜷缩貌），又说“跔水”꜀kiu ᶜtsui → ꜀kiu ᶜʒui（指布料缩水）。《广韵》虞韵举朱切：“跔，手足寒也。”又《说文》：“跔，天寒跔也。”音合义扩大。

珠 ꜀tsiu 此白读音用于“目～”møyʔ꜇ ꜀tsiu，意为眼睛。俗写作睭。

株 ꜀tau 用作树木花草的量词。《集韵》遇韵追输切，引《说文》：“木根也。”韵母的白读对应，义有引申。俗写为蔸。

拄 ᶜtiu 撑住，顶住。《集韵》麌韵知庾切：“拿也。”音义俱合。

塗 ꜁t‘u 泥土通称。《广韵》模韵同都切：“塗，泥也。”音义俱合。

箍 ꜀k‘u 箍，兼用作名词和动词。如说“桶～，～桶”。《集韵》模韵空胡切：“箍，篾也。”音合义相关。

晡 ꜀puo 单用作量词，两个晚上说“两～”laŋ꜅ ꜀puo → ꜀laŋ ꜀muo，又“冥～”指夜晚，“今旦～”是今晚。《广韵》模韵博孤切：“申时。”音义俱合。

姥 ᶜmu“依～”꜀i ᶜmu → ꜁i ᶜmu 是叔母，亦通称中年妇女。《广韵》姥韵莫补切：“姥，老母。”俗写为姆。

墿 tuɔ꜅ 道路概称墿。《集韵》暮韵徒故切：“墿，道也。”音义俱合。

坭 ꜁nɛ 涂抹也。如说“坭墙”꜁nɛ ꜁ts‘uoŋ → ᶜnɛ ꜁ts‘uoŋ（抹墙）“塗坭蜀身”꜁t‘u ꜁nɛ suoʔ꜇ ꜀siŋ（涂了一身泥）。《广韵》齐韵奴低切：“坭，塗也，俗。”坭就是泥的俗写。《八音》亦作坭。

妳 ᶜnɛ 福州人呼母为妳，或“依妳”꜀i ᶜnɛ → ꜁in ᶜnɛ，背称“娘妳”꜁nuoŋ ᶜnɛ →

ᶜnoun ᶜnɛ。《广韵》荠韵奴礼切："妳，楚人呼母。"

啼 ꜀t'ie 哭泣通说啼。《广韵》齐韵杜奚切："啼，泣也。"音义俱合，"豕人立而啼"之类，古书用例甚多。

缳 ꜀k'ɛ 衣下摆谓"衣裳～"꜀i ꜀suoŋ ꜀k'ɛ → ꜀i ꜀nuoŋ ꜀k'ɛ。《集韵》齐韵牵奚切，引《说文》云："系缳也。"

渧 tiɛᵓ 滴下。又音 taᵓ 意为滴干，不断地滴说"渧渧落"。《集韵》霁韵丁计切："渧……一曰滴水。"音义俱合。

帹 tsaᵓ 苎麻织成的布称为"～布"tsaᵓ puɔᵓ → ꜀tsɛ βuɔᵓ。《广韵》霁韵子计切："帹，缉麻纻名。"音义俱合。《八音》另造俗字作绨。

坯 ꜀p'ui 不单说，可说"坯魄"꜀p'ui p'ɔyʔ꜆ 指品行，又说"不是坯"ŋ꜅ sei꜅ ꜀p'ui → ŋ° ꜀li ꜀p'ui 即骂人不要脸或孬种。《广韵》灰韵芳胚切："坯，未烧瓦也。"音合义通。

滞 tei꜅ 神情呆板，动作迟缓谓之滞。可单说，《广韵》祭韵直例切："废也，止也，凝也。"音义俱合。

卫 uoi꜅ 袒护，可单说。《广韵》祭韵于岁切："护也。"音义俱合。

洩 iɛ꜅ 撒落，撒出都说洩。《集韵》祭韵以制切："舒散也。"音义俱合。《八音》另造俗字穓。

毨 t'uoiᵓ 动物换毛谓"～毛"。《集韵》泰韵吐外切，引《博雅》："解也，谓鸟兽解毛羽也。"音义俱合。

柿 p'uoiᵓ。刀斧削下的木片称为"柴～"꜁ts'a p'uoiᵓ → ts'a° p'uoiᵓ《广韵》废韵方废切："所木扎也。"音义俱合。

喙 ts'uoiᵓ 口也，如说"食蜀喙"sieʔ꜆ suoʔ꜆ ts'uoiᵓ → sieʔ꜆ luoʔ° ts'uoiᵓ（吃一口）："喙舌"ts'uiᵓ sieʔ꜆ → ᶜts'uiᵓ lieʔ꜆（舌头）。《广韵》废韵许秽切，又昌芮切："喙，口喙。"福州音合于后切。

背 puoi꜅ 单音形容词，时运乖背的意思。又说"八背"paiʔ꜆ puoi꜅ → pɛiʔ꜆ puoi꜅（倒霉）《广韵》队韵蒲昧切："背，弃背。"音合义通。

晬 tsɔyᵓ 孩子一周岁叫晬，不单说。可说："做晬"tsɔᵓ tsɔyᵓ → ꜁tsɔ tsɔyᵓ（做头次生日）"晬二"tsɔyᵓ nei꜅ → ꜁tsøy nei꜅（一岁零两个月）《广韵》队韵子对切："晬，周年子也。"音义俱合。

獃 ꜁ŋai 泛指坏。如说"獃去"꜁ŋai k'ɔᵓ → ꜁ŋai ɔᵓ（坏掉）"獃侬"꜁ŋai ꜁nøyŋ → ᶜŋai ꜀nøyŋ（坏人）又，"做獃"tsɔᵓ ꜁ŋai → ᶜtsɔ ꜁ŋai（耍赖），一般写作"呆"。《广韵》咍韵五来切："獃，獃痴。"音合义有转移。

派 p'uaiᵓ 在沟渠上打开缺口以分水别流叫派。如说"派水落田"puaiᵓ ᶜtsui loʔ꜆

꜀ts‘eiŋ → ꜀p‘uai ꜂ʒui lo꜄ ꜀ts‘eiŋ（分沟渠的水下田）。《广韵》卦韵匹卦切：“派，分流也。”音义俱合。

解 a꜅ 会，善于，晓得，可能都可说 a꜅。如说“～做（能干），～晓（知道，懂得），～来（会来）”。《广韵》蟹韵胡买切：“晓也。”福州话另有一音 hai꜅，如说“～数”hai꜅ sou꜄ → ꜀hai lou꜄“无解数”是没本事，“解数野偭”是花样很多。hai꜅ 的音同懈，a꜅ 的音同蟹，音均合，义亦相符。这是闽方言的基本词，一直分布到海南岛，遍及整个闽方言区。

挨 ꜀ɛ 迟延、推延的意思，也说“～延”꜀ɛ ꜁yoŋ。《集韵》皆韵英皆切：“推也。”音义俱合。

瘖 ꜂t‘øy 麻风病说“病～”paŋ꜅ ꜂t‘øy → ꜁paŋ ꜂t‘øy《集韵》队韵吐猥切：“瘣瘖，风病。”音义俱合。

啡 p‘uoi꜄ 自口中吐出，如说“～痰，～血”。《集韵》队韵滂佩切：“一曰唾声。”后来写为呸。音义俱合。

颏 ꜁hai 下巴说“下～”a꜅ ꜁hai → a꜄ ꜁hai《广韵》咍韵户来切：“颏，頥下。”音义俱合。

蛤 ꜁tai 一种小虫，如说“糠～”（生于米糠中小虫），“鸡～”（长于鸡身上的小虫）。《集韵》咍韵堂来切：“蛤，虫名。”音义俱合。

穤 ꜂mai 植物枯萎谓之穤。《集韵》海韵母亥切：“禾伤雨曰～。”音义俱合。

殆 tai꜄ 口语常说“殆去”tai꜄ k‘ɔ꜄ → tai꜄ ɔ 意为糟了，又说“怀使～”（岂不遭殃了吗）。《广韵》海韵徒亥切：“殆，危也。”浊去白读有读阴去的，意略有引申，此为上古延续用语。

泯 ꜀miŋ 躲藏可单说泯，“泯泯窟窟”是躲躲闪闪。《广韵》真韵弥邻切：“没也。”白读音变阴平，义可通。

娠 ꜀siŋ 孕也，一般不单说。可说“带娠”tai꜄ ꜀siŋ → ꜀tai ꜀liŋ（怀孕）“娠孕”꜀siŋ eiŋ꜅ → ꜁siŋ eiŋ꜅《八音》又作“娠”。《广韵》真韵失人切：“娠，孕也。”音义俱合。

颤 sɛiŋ꜄ 颤门，不单说，只说“槛颤”꜂k‘aŋ sɛiŋ꜄ → ꜀kaŋ lɛiŋ꜄。《广韵》震韵息晋切：“颤，《说文》曰：头会脑盖也。”音义俱合。

瀙 ts‘eiŋ꜄ 寒冷。如说“天瀙”꜀t‘ieŋ ts‘eiŋ꜄（天气冷）“瀙天”ts‘eiŋ꜄ ꜀t‘ieŋ → ꜀ts‘iŋ ꜀nieŋ（寒天）《八音》作“清”。清，《广韵》劲韵七正切，福州话音合，闽南话音不合。《集韵》震韵七刃切：“瀙，《博雅》：寒也。”福州、闽南音俱合，义亦通。

趁 t‘ɛiŋ꜄ 挣钱、赚钱都说“趁钱”。《广韵》震韵丑刃切：“趁逐。”音合义通。

必 pɛiʔ꜆ 裂开、冻裂、干裂、破裂都可说必。《广韵》质韵卑吉切：“必，《说文》曰：分极也。”音合义通。

疙　ŋiʔ꜇ 发愣，可单说。《集韵》质韵逆乙切：“《博雅》：痴也。”音义俱合。

沕　miʔ꜇ 淹没也。《八音》作会意字“氼：人在水下”。《集韵》质韵莫笔切：“沕，潜藏也。”音合义通，应是本字。

挃　tiʔ꜇ 欲获得，要。闽方言常用的单音动词。如说“有挃毛？”ou꜃ tiʔ꜇ ꜁mo → u꜂tiʔ꜇ mo（要不要？）“这挃，那伓挃”꜀tsui tiʔ꜇ ꜁xui ᶜn niʔ꜇（这要，那不要）“伓挃伊去”ᶜn niʔ꜇ ꜀i k‘ɔ꜂（不愿意他去）《集韵》质韵直质切：“《尔雅》：获也。”音义俱合。

巡　꜁uŋ 不经意地走谓之巡，相当于普通话说“转转”。《集韵》谆韵俞轮切：“行也。”音义俱合。

准　ᶜtsuŋ 猜谓之准。《广韵》准韵之尹切：“准，度也。”音义俱合。

秫　suʔ꜇ 糯稻、糯谷、糯米都说秫。《集韵》术韵食律切：“《说文》：稷之黏者。”音义俱合。

剢　ts‘ɔuʔ꜆ 扯断说剢。《集韵》术韵楚律切：“断也，劀也。”音义俱合。

坠　t‘ouʔ꜆ 倒退，下降都说坠。《集韵》术韵直律切：“坠，陨也。”音义相合。

薰　꜀xouŋ 烟草、烟丝、烟。如说“薰团”꜀xouŋ ᶜkiaŋ → ꜁xouŋ ᶜŋiaŋ（烟卷儿），《八音》作训读字烟、煙。《广韵》文韵许云切：“薰，香草。”应是本字。

湓　p‘uɔŋ꜃ 潮汐称为“水～”ᶜtsui p‘uɔŋ꜂ → ꜀tsui βuɔŋ꜂。《广韵》问韵匹问切：“含水瀵也。”《集韵》问韵芳问切：“水声。”音皆合，义相关，俗写亦作湓，可能是本字。

踄　puʔ꜆ 又说ᶜpu luʔ꜇ 挣扎的意思。《集韵》物韵符勿切：“跳也。”又作趉。音义俱合。

熨　ouʔ꜆ 如说“熨衣裳”ouʔ꜆ ꜀i ꜁suoŋ → ou꜂ ꜀i ꜁luoŋ“熨斗”ouʔ꜆ ᶜtau → u ꜂ᶜlau《广韵》物韵纡物切：“熨，火展帛也。”音义相合。

乞　k‘øyʔ꜆ 求也，给也，又作介词用，被也。如说“团乞蜀只”ᶜkiaŋ k‘øyʔ꜆ suɔʔ꜇ tsiɛʔ꜆ → ᶜkiaŋ k‘øyʔ꜆ luo꜂ ʒiɛʔ꜆（要了个儿子）“乞食”k‘øyʔ꜆ sieʔ꜇ → k‘y꜂ sieʔ꜇（乞丐）“驮乞伊”꜁to k‘øyʔ꜆ i（拿给他）“乞伊驮去”k‘øyʔ꜆ ꜀i ꜁to k‘ɔ꜃ → k‘y꜂ i ꜁to ɔ（被他拿去）。《八音》写作两字“乞，求也；艺，艺与”，其实是同一个字。《广韵》迄韵去讫切：“乞，求也。”又，去声，未韵：“气，与人物也，今作乞。”福州话只有“去讫切”一音，兼有求、与相反二义，皆古义之存。

屈　k‘uʔ꜇ 单音动词，尖物变得短而粗，如说“屈去”k‘uʔ꜇ k‘ɔ꜂ → k‘uʔ꜇ ɔ（谓针、笔之类变得短而不尖。《八音》作俗字“炪，短貌”。《集韵》迄韵渠勿切：“屈，《博雅》：短也，一曰无尾。”音义相合。

潘　꜀p‘uŋ 泔水。“米潘”ᶜmi ꜀p‘uŋ（洗米水）“潘缸”꜀p‘uŋ ꜀kouŋ（潲水缸）属于白读，文读 ꜀p‘aŋ。《广韵》桓韵普官切：“潘，淅米汁。”音义俱合。

坂　ᶜpaŋ 山坡地。常用作地名通名，如坂东、坂上。《集韵》阮韵甫远切，引《说文》:“坡者曰阪。”阪,通坂。

鞔 ᶜuoŋ称钩上所挂盛物器。“带鞔”tsaiᵓ ᶜuoŋ→ ꜀tai ᶜuoŋ是毛重,“除鞔”꜀tyᶜuoŋ→ᶜty ᶜuoŋ是净重。《广韵》阮韵於阮切:“鞔,量物之鞔也。”音义俱合。

裷 ᶜuoŋ袖子。如说“手裷”ᶜts'iu ᶜuoŋ→ts'iu ᶜuoŋ(衣袖),“长裷”꜀touŋ ᶜuoŋ→ᶜtouŋ ᶜuoŋ(长袖)。《广韵》阮韵於阮切:“裷,袜也。”《方言》卷四,戴震疏证:“衣褾,江东呼裷,音婉。”“衣褾”就是袖子。音义俱合。

隊 taiŋᵓ不单说,门槛说“门～”。꜀muoŋ taiŋᵓ→muoŋᵓ naiŋᵓ。《集韵》混韵持衮切:“《说文》:道旁卑垣。”音合义相关。俗写作阍。

墩 ꜀touŋ土堆,常用作地名通名,如“潘～”“～上”。《广韵》魂韵都昆切:“平地有堆。”音义俱合。俗写或作垱。

豚 ꜀t'ouŋ不单说,可说“猪～团”꜀ty ꜀t'ouŋ ᶜkiaŋ→꜀ty ᶜluŋ ᶜŋiaŋ(小猪)“鸡～团”(小鸡)。《广韵》魂徒浑切:“豕子。”音合义有扩大。

喷 ꜀puŋ吹气。如说“火喷去”ᶜxui ꜀puŋ k'ɔᵓ→ᶜxui ꜀puŋ ŋɔ(把灯吹熄)《集韵》魂韵步奔切:“喷,吐也。”音合义通。

豮 ꜀touŋ阉割。如说“豮猪”꜀touŋ ꜀ty(阉猪)《广韵》魂韵都昆切:“豮,去畜势。”音义俱合。

揾 ouŋᵓ蘸、沾。如说“揾豉油”ouŋᵓ sieᵓ ꜀iu→ouŋᵓ ꜀si ꜀iu(蘸酱油)“揾滥”ouŋᵓ laŋᵓ(沾湿)《八音》“揾,纳物水中”。《广韵》慁韵乌困切:“揾,揾抐,按物水中。”音义俱合。

褪 t'ouŋᵓ脱。如说:“褪衣裳”t'ouŋᵓ ꜀i ꜀suoŋ→t'ouŋᵓ ꜀i ꜀nuoŋ(脱衣服)“褪皮”t'ouŋᵓ ꜀p'ui→ᶜtouŋ ꜀βui(脱皮)《古今韵会举要》去声十四愿:“褪,吐困切,卸衣也。”音义俱合。

搰 xɔuʔ꜀棍打。《八音》作别字“搉或搕:打也”。《集韵》搉,克角切;搕,克盍切,均义合音不合。《集韵》没韵呼骨切:“搰,楚谓击。”音义俱合。

涽 ts'ouŋᵓ把湿物之水绞出来叫涽,如把湿衣服绞干说“～燋”ts'ouŋᵓ ꜀ta。《集韵》恨韵徂闷切:“涽,水出貌。”音义俱合。

干 ꜀kaŋ强求、强加。如说:“干伊做”꜀kaŋ ꜀i tso'ɔᵓ(硬要他干),“干伊赔”꜀kaŋ ꜀i ꜀pui(定要他赔)。《广韵》寒韵古寒切:“干,求也。”音义俱合。

晏 aŋᵓ天不早曰晏。《集韵》谏韵於旰切:“晚也”音义俱合。

瘌 laʔ꜀秃头称为“～头”laʔ꜀ ꜀t'au→laʔᵓ ꜀t'au。《广韵》曷韵卢达切:“疥瘌。”

糒 ꜀maŋ粥或奶上所凝的薄层胶状物称为糒。可用作名词或动词,做名词时常重叠。《集韵》桓韵谟官切:“粥凝。”音义合,次浊字在福州有读阴调类的。

卵 louŋᵓ蛋。如说“鸡卵”꜀kie louŋᵓ→꜀kie louŋᵓ“卵包”louŋᵓ ꜀pau→꜀loum ꜀mau

（荷包蛋）。《广韵》缓韵卢管切：“《说文》：凡物无乳者卵生。”音义合。

拌　puaŋ꜅ 拍打衣物除去灰尘谓拌。《广韵》缓韵蒲旱切：“拌，弃也。”音义俱合。

跋　puaʔ꜆ 跌倒说跋。“跋蜀倒”是跌了一跤。《集韵》黠韵蒲拨切：“《说文》：蹎跋也。”音义合。

捋　luoʔ꜇　挽袖子说“～手裖”。《广韵》末韵郎括切：“捋，手捋也。”音义俱合。

漷　kuaʔ꜆ 大口喝说漷。《八音》写俗字欯，注“饮食”。《广韵》末韵古活切：“活，水流声，又作漷。”音合义通。

关　꜀kuaŋ 家具的横木都说关。如说“眠床关、桌关”。《广韵》删韵古还切：“以木横持门户也。”音合义有引申。

菅　꜀kaŋ 不单说，只说“菅蓁”꜀kaŋ　꜀tsiŋ 指茅草。《广韵》删韵古颜切：“菅，草名。”《说文》：“菅，茅也。”音义俱合。《八音》收此字，注“茅属”。

劼　k‘aiʔ꜆ 使劲挤，拥挤都说 k‘aiʔ꜆。《集韵》黠韵丘八切：“用力也，固也。”音合义相通。

襇　꜂kieŋ 衣服上打的摺子。《八音》写异体字“襉，裙裥”。《广韵》产韵古限切：“襇，裙襵。”音义俱合。

八　paiʔ꜆ 认识。又说“解八”a꜅ paiʔ꜆ → ꜀ɛ paiʔ꜆。又如：“八字”paiʔ꜆ tsei꜅ → pɛiʔ꜇ tsei꜅（识字），“八症”paiʔ꜆ tsɛiŋ꜄ → pɛiʔ꜇ tsɛiŋ꜄（识相），“八传”paiʔ꜆ ꜁tuoŋ → pɛiʔ° ꜁tuoŋ（知道）。又引申为“曾经”说“八曾”paiʔ꜆ ꜁tsɛiŋ → pɛiʔ° ꜁tsɛiŋ。《说文》：“八，别也。”福州话取“识别”之义而用之。闽南话亦常用此字。

荐　ts‘aiŋ꜄ 草垫说“草～”꜂ts‘au ts‘aiŋ꜄ → ꜀ts‘au ʒaiŋ꜄。《广韵》霰韵作甸切：“《说文》：席也。”俗作“苫”。

槙　taiŋ꜅ 硬实说槙，常用于木石之类。《集韵》霰韵堂练切：“本理紧密。”音合义扩大。俗写作有。《八音》作俗字“有”，注“填实”。

滇　tieŋ꜅ 水满也。“滇滇”tieŋ꜅ tieŋ꜅ → ꜁tieŋ tieŋ꜅（满满的）“滇流流”tieŋ꜅ ꜁lau ꜁lau → tien° ꜂lau ꜁lau（满溢）《集韵》霰韵堂练切：“滇，大水貌。”音义俱合。堂练切为taiŋ꜅、tieŋ꜅，均合对应。

缺　k‘iɛʔ꜆ 器皿缺口说“缺蜀缺”k‘iɛʔ꜆ suoʔ꜇ k‘iɛʔ꜆，豁唇说“缺喙”k‘iɛʔ꜆ ts‘uoi꜄ → ꜁k‘ie ts‘uoi꜄。《广韵》屑韵苦穴切：“器破。”音义俱合。

螥　ts‘ieʔ꜆ 梭子蟹说螥。《广韵》屑韵昨结切：“似蟹，生海中。”音义俱合。《八音》作“蠘”，注：“海味似蟹。”今俗写作“蚻”。

锲　kaiʔ꜆ 镰刀，常说“镰锲”꜁lɛiŋ kaiʔ꜆ → lɛiŋ° ŋaiʔ꜆《戚林八音》作异体字“锲，镰锲。”《广韵》屑韵古屑切：“锲，镰别名也。”《说文》：“锲，镰也。”音义俱合。

愆　꜀k‘ieŋ 单说指罪过，又常说“做愆”tso꜄ ꜀k‘ieŋ → ꜀tso ꜀k‘ieŋ 意指伤天害理。

《广韵》仙韵去乾切："愆，过也。"音义俱合。

戋 ꜂tsieŋ 瓜果未臻成熟或青年人之幼稚都说戋。《集韵》狝韵子浅切："戋，少意。"又作俴。音义俱合。

眷 kuɔŋ꜄ 关照说"眷眷"kuɔŋ꜄ kuɔŋ꜄ → kuɔŋ° kuɔŋ꜄。《广韵》线韵居倦切："《说文》：顾也。"音义俱合。

剸 tsɔuʔ꜆ 扯断。《广韵》薛韵子悦切："断物也。"音义俱合。

踅 suɔʔ꜇ 团团转说"踅踅动"suoʔ꜇ suoʔ꜇ toyŋ꜅ → suo° suo° lɔyŋ꜅。《集韵》薛韵似绝切："旋倒也。"音义俱合。

歠 ts'uɔʔ꜆ 喝。"～蜀喙"ts'uɔʔ꜆ suɔʔ꜆ ts'uoi꜄ 是喝一口。《八音》又作啜。《广韵》薛韵昌悦切："歠，大饮。"音义俱合。

嫽 lieu꜅ 作弄、挑起事端说"嫽惈"lieu꜅ løy꜅ → lieu° løy꜅。《广韵》啸韵力吊切："嫽惈。"音义俱合。又音 ꜁liu，玩儿说客嫽 k'aʔ꜆ ꜁liu → k'a° ꜁liu。《广韵》萧韵落萧切："嫽，相嫽戏也。"音义亦合。

薸 ꜀p'iu 浮萍谓薸。《广韵》宵符霄切："《方言》：江东谓浮萍为薸。"音义俱合。《八音》收有此字。

跷 ꜀k'iu 跷脚说"跷骹 ꜀k'iu ꜀k'a《广韵》宵去遥切："跷，揭足。"音义俱合。

怊 ꜀ts'iu 时髦、讲排场的叫怊。《集韵》宵韵蚩招切："怊，奢也。"音义俱合。

杪 ꜂miu 木竹之类细小叫杪，又说"杪杪"꜂miu ꜂miu → miu° ꜂miu。《广韵》小韵亡沼切："杪，梢也，木末也。"《方言》卷二："杪，小也……木细枝谓之杪。"音义俱合。

撬 kieu꜅ 把埋在土中的石头等翘起说撬。《集韵》笑韵巨庙切："举也。"音义俱合。

铰 ꜀ka 剪刀说"铰刀"꜀ka ꜀to，"剪布"说"铰布"。《广韵》肴韵古肴切："铰刀。"音义俱合。

脬 ꜀p'a 膀胱说"尿～"nieu꜅ ꜀p'a → ꜀niu ꜀p'a，阴囊说"卵～"꜀lɛiŋ p'a。《广韵》匹交切："脬，腹中水府。"音合义有扩大。

骹 ꜀k'a 脚，含腿也说骹。《广韵》肴韵口交切："胫骨近足细处。"音合，义有扩大。

敲 k'a꜄ 敲打。《广韵》肴韵苦教切："击也。"福州话亦读去声。音义俱合。

搅 ꜂ka 搅扰，搅动都说搅。《广韵》肴韵古巧切："手动。"音义俱合。

㓤 sa꜄ 詈语"～汝奶"。sa꜄ ꜂ny ꜂nɛ → sa꜄ ny° ꜂nɛ。《集韵》祃韵所嫁切："㓤，刺也。"音义俱合。《八音》收有此字，注"刺入"。

熷 ꜀tsau 未烧尽的木头称为"柴～"꜀ts'a ꜀tsau → ꜀ts'a ꜀tsau。《广韵》豪韵作曹切："熷，火余木也。"音义俱合。《八音》收此字，注"柴～"。

栳 ꜂lo 竹编漏水盛器。《广韵》皓韵卢皓切："栲栳，柳器也。"音义俱合。

暴 pɔᵓ 突然说“～乍”，pɔᵓ tsaᵓ → ꜁pɔ ʒaᵓ。《广韵》号韵薄报切：“侵暴，猝也，急也。”音义俱合。

稿 ᶜkɔ 稻草叫“草稿”ᶜts‘au ᶜko → ts‘auᵓ ᶜko《广韵》皓韵古老切：“禾秆。”音义俱合。

槁痨 ᶜko loᵌ → koᵓ loᵌ 疥疮。《集韵》皓韵古老切：槁，鲁皓切：痨，均注：“槁痨，疥病。”音义俱合。

号 hɔᵌ 称名说“号吪”hɔᵌ lɛ。《集韵》号韵后到切：“教令也，一曰名称。”音义俱合。

隩 ɔᵓ 小海湾，常用作地名通名，如“小～ 网～”。《集韵》号韵於到切：“《说文》：水崖也。”音义合，俗写为“澳”。

颤 k‘ɔᵓ 大头者谑称为“大头颤”tuaiᵌ ꜁t‘au k‘ɔᵓ → ꜁tuai lauᵓ k‘ɔᵓ。《广韵》号韵苦到切：“颤颟，大头。”音义俱合，俗写为“鲓”，与一种小鱼同音。

燥 soᵓ 使干。如说“燥燋”soᵓ ꜀ta → ꜀so ꜀to（用干物把水吸干）“尿燥”niuᵌ soᵓ → ꜁niu loᵓ（尿布）。《集韵》号韵先到切：“《说文》：乾也。”音合义通。

告 koᵓ 叫也。如说“大告”tuaiᵌ koᵓ → ꜁tuai koᵓ（大叫）“告伊来”koᵓ ꜀i ꜁li（叫他来）。《广韵》号韵古到切：“告，报也。”音合义通。

驮 ꜁to 拿也，《八音》作别字“掏，负也”。音义不符。《广韵》歌韵徒河切：“驮，驮骑也。”福州话音合义相关，泛指用手拿。此字吴方言亦多用。

左 ᶜtso 古怪、好色谓之左，又说“左道”ᶜtso tɔᵌ → ꜀tso lɔᵌ。《广韵》哿韵臧可切：“戾也。”音合义有引申。

鲓 k‘ɔᵓ 一种海中小鱼，又称“鱼～”或“大头～”。《集韵》箇韵口箇切：“鲓，鱼名。”音义合。

粿 ᶜkui 米做的软质糕点，如说“糖粿”꜁t‘ouŋ ᶜkui → ᶜt‘ouŋ ᶜŋui（红糖年糕）“白粿”paʔ꜇ ᶜkui → ᶜpa ᶜui（一种白色淡味年糕）俗写又作粿。《集韵》果韵古火切：“粿，饼也。”音义合。《八音》二字并收，注：糊～。

卵 ᶜløy 男阴说 ᶜløy ᶜiu，合于《广韵》“卵”的异读郎果切。

莝 ts‘ɔᵓ 斩草砍树都说莝。《广韵》过韵粗卧切：“斩草。”音义俱切。《八音》误为“挫”，注：折也。

爬 ꜁pa 抓痒说爬。《广韵》麻韵蒲巴切：“爬，搔也。”音义合。

刐 ꜀kua 挂住，划破说刐。《集韵》麻韵姑华切：“割也。”音义俱合。《八音》收有此字，注“割”。

差 ꜀ts‘a 病有好转谓“病有差”paŋᵌ ouᵌ ꜀ts‘a → paŋᵌ ꜀u ꜀ts‘a。《方言》卷三：“差，闲，知，愈也。南楚病愈者谓之差。”福州话音义相合。《八音》作“瘥”，注：病愈也。

谺 ꜀hia 开阔貌说“开谺谺”꜀k‘ui ꜀hia ꜀hia → ꜂k‘ui ꜀hia ꜀hai。《广韵》麻韵许加切：“《字统》：谷中大空貌。”音合义通。

䩗 ꜀pa 干肉（片状）称为“肉～”，干鱼说“鱼～”。《集韵》麻韵邦加切：“腊属。”音合义有扩大。《八音》作“炬”，俗字，注：干肉。

者 ꜂tsia 近指代词。《集韵》马韵止野切：“《说文》：别事词也。”音义俱合。

蛇 t‘a꜄ 海蜇皮说蛇。《广韵》祃韵除驾切：“水母也。”音义俱合。

欛 pa꜄ 器物的把柄说欛，并可重叠，重叠后又引申指男阴。《广韵》祃韵必驾切：“刀柄也。”音义俱合。

妆 ꜀tsouŋ 妆扮，打扮。《广韵》阳韵侧羊切：“饰也。”音义俱合。

蛘 ꜁yoŋ 米虫。《广韵》阳韵与章切：“蛘，虫名。”音义俱合。

鲞 ꜂suoŋ 干鱼。《广韵》养韵息两切：“干鱼腊也。”音义俱合。

相 suɔŋ꜄ 长时间地看，盯着瞧。《广韵》漾韵息亮切：“视也。”音义俱合。

长 tuoŋ꜅ 余剩也。如说“长底”tuoŋ꜅ ꜂tɛ → ꜁tuoŋ ꜂tɛ（剩底）“毛长”꜁mo tuoŋ꜅ → mo꜄ luoŋ꜅（无余剩）《集韵》漾韵直亮切：“长，度长短曰长，一曰余。”福州话音合，义取后者。

着（著）tuoʔ꜆ 用作动词“在”，如说：“着厝”tuoʔ꜆ ts‘uo꜄（在家）。又用作副词“得（应该）”，如说：“着去”tuoʔ꜆ k‘ɔ꜄（得去）。《广韵》药韵直略切：“著，附也。”音合义近。福州话着是个多义词，还有一些其他用法。

箬 nuoʔ꜆ 叶子，如说“树箬”ts‘iu꜅ nuoʔ꜆ → ꜂ts‘iu nuoʔ꜆（树叶）“粽箬”tsøyŋ꜄ nuoʔ꜆ → ꜀tsøyn nuoʔ꜆ 俗写又作蒻（见于《集韵》）。《广韵》药韵而灼切：“箬，竹箬。”音合，义有扩大。

汤 ꜀t‘ouŋ 热水，汤水都说汤。洗热水澡说“洗～”꜂sɛ ꜀t‘ouŋ → sɛ꜄ ꜀louŋ，又说“肉～、鱼～、菜～、～汁”。《集韵》唐韵他郎切：“汤，热水也。”音义俱合。

遑 ꜁ouŋ 时间长，长久说遑。《集韵》唐韵胡光切：“《说文》：急也，一曰暇也。”急与暇反义相训，福州取后者训久。

磉 ꜂souŋ 柱下石说：“石～” suoʔ꜆ ꜂souŋ → ꜂suo ꜂souŋ。《广韵》荡韵苏朗切：“柱下石也。”音义俱合。

㝩㝩 ꜂louŋ ꜂k‘ouŋ 容器未盛满，穿衣蓬松不紧都说㝩㝩。《广韵》荡韵卢党切，阳韵苦良切：“㝩㝩：空虚。”也作㝩㝩。音义俱合。

踼 tɔuŋ꜅ 落下谓之踼。《集韵》宕韵大浪切：“失据倒地。”《八音》收此字，注“失落”。

筅 ɔuŋ꜅ 晒衣竹竿谓之“竹～”tøyʔ꜀ ɔuŋ꜅ → tyʔ꜆ ɔuŋ꜅，也用作量词。《广韵》宕

韵下浪切："衣架。"音义俱切。《八音》："箢，竹竿。"

园　k'ɔuŋˀ 藏也。《集韵》宕韵口浪切："园，藏也。"音义皆合。

博　pɔuʔ꜀ 交换也。又说"对博"tɔyˀ pɔuʔ꜀ → ꜀tøy βɔuʔ꜀《广韵》铎韵补各切："博，通也。"交换就是互通有无，义通。

粕　p'ɔʔ꜀ 糟粕说"粕粕""渣粕"。《广韵》陌韵匹各切："糟粕。"

坪　꜁paŋ 平地曰坪，如说"草～、溪坪"。也用作地名，如"上坪"。《广韵》庚韵符兵切："地平。"音义皆合。

衡　꜁aŋ 平均搭配，可单说，如把东西分成几份，最后必须"衡"一下。《广韵》庚韵户庚切："横也，平也。"音义相合。

桁　꜁aŋ 小棺材说"桁囝"꜁aŋ ꜂kiaŋ → ꜂aŋ ꜂ŋiaŋ，也用来詈骂儿童。《集韵》庚韵何庚切："屋横木，一曰葬具。"音义俱合。

蜢　꜂maŋ 蝗虫说"草～"꜂ts'au ꜂maŋ → ts'au꜄ ꜂maŋ。《集韵》梗韵母梗切："蜢，蝗类。"音义俱合。

暎　ɔuŋˀ 看守曰暎。《集韵》映韵於庆切："视也。"庚三等白读有为 ouŋ 的，如影꜂ouŋ。

盯　taŋˀ 睁大眼睛曰盯。《集韵》映韵猪孟切："䁅盯，视貌。"音义俱合。

泊　pɔʔ꜀ 飞行物栖止曰泊。《广韵》陌韵傍各切："泊，止也。"音义俱合。

恶　ɔʔ꜀ 乖顺，乖巧都说恶。"凶恶"之恶音 ɔuʔ꜀，ɔʔ 是 ɔuʔ 的白读对应音。此乃反义相训。《八音》另造俗字"𦡆"。

拍　p'aʔ꜀ 打多说拍，如：拍侬打人拍球打球拍电话打电话拍遏丢失。《广韵》陌韵普拍切："打也。"音义俱合。

攑　kiaʔ꜀ 条状物扛在肩上曰攑。《集韵》陌韵讫逆切："拘持也。"音义俱合。

搦　nieʔ꜁ 捕捉说搦。如"～侬、～贼"。《广韵》陌韵女白切："捉搦。"音义俱合。

猛　꜂maŋ 火势大曰猛。《广韵》耿韵莫幸切："勇猛，又严也。"音义俱合。

墭　siaŋˀ 室内谷仓。《集韵》劲韵时正切："器也。"因后来改用木制仓故俗写作榓。

胵　꜀tsiŋ 肉在锅中久煮谓胵。《集韵》劲韵诸盈切："煮鱼煎肉曰胵。"音义俱合。

瘠　꜂sɛiŋ 瘦肉说"瘠肉"꜂sɛiŋ nyʔ꜁ → sɛiŋ꜄ nyʔ꜁，人畜不胖说瘠。《广韵》静韵息井切："瘦瘠。"音义俱合。

倩　ts'iaŋˀ 雇用谓倩。《广韵》劲韵七姓切："假倩也。"音义俱合。

摒　piaŋˀ 清扫，弃除都说摒。《广韵》劲韵畀政切："摒，除也。"音义俱合。

瀎　tseiʔ꜀，又衍音说 tsiʔ꜄ leiʔ꜁ 水自小孔挤出谓瀎。《集韵》昔韵资昔切："水出也"。音义俱合。

尺　ts'iɛʔ꜀ 福州民间配乐清唱谓"伬唱"ts'iɛʔ꜀ ts'uɔŋˀ → ꜀ts'iɛ ʒuɔŋˀ，"伬"是俗

字，本字即尺，《集韵》昔韵昌石切："尺，工尺也。"音义俱合。

蹡 ts'iaʔ꜀ 用脚踩。《集韵》昔韵祥亦切："践也。"音义俱合。

迹 tsiɛʔ꜀ 痕迹称为"迹迹"tsiɛʔ꜀ tsiɛʔ꜀ → tsieʔ° tsiɛʔ꜀ 常用于称说衣物上的污迹。

刺 ts'ieʔ꜀ 穿刺，编织（毛线）都说刺。《集韵》昔韵七迹切："穿也。"音义俱合。

经 ꜀kiaŋ 织布的经线。《广韵》青韵古灵切："经纬。"音为白读。

庭 tiaŋ 门前空地谓庭。《广韵》青韵特丁切："门庭。"又《玉篇》大丁切："堂堦前。"音义俱合。《八音》俗写作埕，后广为地理通名。

髆 ꜀p'iaŋ 背部称"髆"，肋骨说"髆脊骨"。《集韵》青韵滂丁切："肋骨。"音义俱合。

冥 ꜁maŋ 夜晚说"冥晡"，也用作量词。《广韵》青韵莫经切："暗也。"音合义通。

鼎 ꜂tiaŋ 铁锅。《广韵》迥韵都挺切："《说文》：三足两耳，和味之宝器。"俗写作"鐤"。

町 ꜂t'iaŋ 菜畦。《广韵》迥韵他鼎切："田埌。"《说文》："田践处曰町。"音义俱合。

並 p'iaŋ꜆ 攀比说"比並"꜂pi p'iaŋ꜆ → ꜀pi p'iaŋ꜆。《广韵》迥韵蒲迥切："比也。"音义俱合。

听 t'iaŋ꜄ 此音用于贬义"七讲八听"（胡说）《广韵》径韵他定切："待也，聆也，谋也。"

定 tiaŋ꜆ 安定、安静、懒惰都说定。《广韵》径韵徒径切："安也。"音义俱合。

喫 k'eiʔ꜀ 难受谓"喫亏"k'eiʔ꜀ ꜀k'ui → k'i° ꜀k'ui。《广韵》锡韵苦击切："喫，食。"音义俱合。

籴 tieʔ꜇ 买米谓籴。《广韵》锡韵徒历切："市谷米。"音义俱合。

承 ꜁siŋ 承接，承受。又说"毛得承"꜁mo taiʔ꜀ ꜁siŋ → mo° lɛi ꜁siŋ（不可得）《广韵》蒸韵署陵切："承，受也。"音义俱合。

煏 pɛiʔ꜀ 熬猪油或油煎叫煏。《八音》作"煏，火乾"。《广韵》职韵符逼切："煏，火乾肉也。"音义俱合。

逼 pɛiʔ꜀ 手头拮据谓逼。《广韵》职韵彼侧切："迫也。"音义俱合。

恻 ts'aiʔ꜀ 悲痛。《集韵》职韵察色切引"《说文》：痛也。"音义俱合。

惑 høyʔ꜀ 忙乱，费力，劳累说"惶～"꜁huoŋ høyʔ꜇ → ꜀huoŋ ŋøyʔ꜇。《集韵》德韵获北切："《说文》：乱也。"音合义相关。

烌 ꜀hu 灰。"火～"꜂hui ꜀hu → hui° ꜀u 是草木灰。《集韵》尤韵虚尤切："吴俗谓灰为烌。"音义俱合。

趜 ꜁k'iu 脚抽筋叫"趜"如说"骹筋趜去"꜀k'a ꜀kyŋ ꜁k'iu ɔ。《集韵》尤韵渠尤切："趜，足不伸也。"音义俱合。

泅 ꜁siu 游水也。《广韵》尤韵似由切："人浮水上。"音义俱合。

粙 tieu꜄ 稻子。《集韵》宥韵直祐切："稻实。"音合义相关。《八音》另造俗字"稍"。

昼 tau꜄ 不单说，但常说上昼上午下昼下午中昼中午。《广韵》宥韵陟救切："日中"，音义俱合。

宿 sieu꜄ 巢、窝。如说"鸡宿"꜀kie siu꜄ → ꜀kie liu꜄（鸡窝）"犬宿"꜂k'ɛiŋ siu꜄ → ꜀k'ɛiŋ niu꜄（狗窝）《广韵》宥韵息救切："宿，宿留。"福州话由动词转为名词。

剅 ꜀lɛu 轻轻地挖谓剅。《集韵》侯韵郎侯切："小穿也。"音义俱合。

垢 ꜂kau 身上的尘垢说垢，又说"臭垢"ts'au꜄ ꜂kau → ꜁ts'au ꜂kau"油垢"꜁iu ꜂kau → ꜂iu ꜂kau。《八音》另作坸。《广韵》厚韵古厚切："垢，尘垢。"音义俱合。

敨 ꜂t'au 解开（绳子）；把堆着、缠着的线状物松开、展开也叫敨。如说"索敨去"sɔʔ꜇ ꜂t'au k'ɔ꜄ → sɔʔ꜇ ꜂t'au ɔ（把绳子解开）。《集韵》厚韵他口切："敨，展也。"音义俱合。

脰 tau꜅ 不单说，只说"脰脗"tau꜅ xouʔ꜇ → ꜁ta ouʔ꜇，指脖子。《广韵》候韵田候切："脰，项脰。"音义俱合。

揕 ꜀tɛŋ 脚或身体压到尖状物体的感觉。《集韵》侵韵知林切："揕。刺也。"音义俱合。

椹 ꜀tiŋ 切菜用的案板说"椹板"꜀tiŋ ꜂pɛiŋ → ꜁tiŋ ꜂mɛiŋ。《广韵》侵韵知林切："铁椹：斫木质。"音义俱合。

妗 kɛiŋ꜅ 舅母。《集韵》侵韵巨禁切："妗，俗谓舅母为妗。"音义俱合。

荫 ɛiŋ꜄ 阴凉。《广韵》侵韵于禁切："《说文》：草阴地也。"音义俱合。

熻 xɛiʔ꜇，闷也。如说："熻饭"xeiʔ꜇ puoŋ꜅ → xiʔ꜈ puoŋ꜅（焖饭）"熻被里"xeiʔ꜇ p'ui꜅lɛ（闷在被子里）。《广韵》缉韵许及切："熻，熻热。"福州话音合义有扩大。

醦 ꜀kaŋ 盖（被子）叫醦。"醦被"꜂kaŋ p'uoi꜅ → ꜀kaŋ p'uoi꜅。《集韵》感韵古禫切："醦，盖也。"音义俱合。

黯 ꜂aŋ 本头腐烂说"黯腐"꜂aŋ pou꜅ → ꜀aŋ pou꜅。《集韵》感韵邬感切："黯，果实败坏。"音合义通。

佮 kaʔ꜇ 合作，粘合。如说"佮赡来"（合不来）"贴赡佮"（粘不上）。《广韵》合韵古沓切："佮，并佮聚。"

溚 taʔ꜇ 不单说，可说"～汗"taʔ꜇ kaŋ꜅ → taʔ꜈ kaŋ꜅（被汗湿透）。《集韵》合韵德合切："溚，湿也。"音义俱合。

䵬 t'aʔ꜈ 叠起，如说"罔～罔悬"（越叠越高）。《广韵》合韵他合切："积厚。"音合义通。

搭 taʔ꜆ 轻拍也。俗语：“心肝搭～，怀惊菩萨”taʔ꜆ taʔ꜆ → taʔ꜇ taʔ꜆。《广韵》合韵都合切：“搭，打也。”音合义通。

疳 ꜀kaŋ 一般不单说，常说：“病疳”paŋ꜅ ꜀kaŋ → ꜀paŋ ꜀kaŋ，指小孩因消化不良，食欲不振引起的脸黄肌瘦，人或生物长不大也叫病疳。《集韵》谈韵沽三切：“疳，病也。”音义俱合。

澉 ꜂kaŋ 用湿布擦洗谓澉，如说“澉身”꜂kaŋ ꜀siŋ → kaŋ꜄ ꜀niŋ（抹身）“澉桌”（抹桌子）。《广韵》敢韵古览切：“洗涤也。”音义俱合。

揽 ꜂laŋ 搂抱。《广韵》敢韵卢敢切：“手揽物。”音义俱合。

櫼 ꜀tsieŋ 楔子，又当动词用。如说“使柴櫼櫼”꜂sai ꜁ts‘a ꜀tsieŋ ꜀tsieŋ → ꜂sai ꜁ts‘a ꜀ʒieŋ ꜀tsieŋ（用木楔塞下）。《集韵》盐韵将廉切：“櫼，楔也。”音义俱合。

䁟 ꜂tsiaŋ 味淡谓䁟。《广韵》琰韵子冉切：“食薄味也。”音义俱切。

鏨 tsaŋ꜅ 小凿，开石头用，并用作动词。如说“使鏨鏨鏨”（用小凿凿）。《广韵》琰韵慈渐切：“小凿也。”音义俱合。

艳 iaŋ꜅ 形容色彩光艳，可单说。如说“者布尽～”（这布很鲜艳）。《广韵》艳韵以赡切：“艳，美色也。”音义俱合。

莶 ꜀hiaŋ 剧臭之味，不单说，常说“臭莶莶”。《集韵》盐韵火占切：“辛味。”音合义通。

拈 ꜀nieŋ 用指尖取物曰拈。《广韵》添韵奴兼切：“拈，指取物也。”音义俱合。

籋 liaʔ꜆ 竹编大晒席。《集韵》帖韵力协切：“籋，竹笪。”音义俱合。俗写作箣。

槏 ꜂k‘aŋ 不单说，常说“槏门”꜂k‘aŋ ꜁muoŋ → ꜀k‘am ꜁muoŋ，指窗户。《广韵》豏韵苦减切：“槏，牖傍柱也。”《说文》：“槏，户也。”

歁 k‘aiŋ꜄ 把盖子盖上说歁。《集韵》陷韵口陷切：“歁，物相值合。”音合义通。

煠 saʔ꜇ 在清水中煮谓煠。如说“煠卵”saʔ꜇ louŋ꜅ → sa° louŋ꜅（煮蛋）。《集韵》给韵实洽切：“煠，《博雅》瀹也。”《玉篇》：“瀹，煮也，内菜汤中而出也。”音义俱合。

袹 kaʔ꜆ 背心说“袹团”kaʔ꜆ ꜂kiaŋ。《集韵》狎韵古袹切：“《广雅》襦也。”《说文》：“襦，短衣也。”音合义近。

欠 k‘iaŋ꜄ 点头说“欠头”。《广韵》酽韵去剑切：“欠，伸也。”音合义近。

熁 hieʔ꜇ 炎日之下热气逼人曰熁。《广韵》业韵虚业切：“火气熁。”《集韵》业韵迄业切：“焔也”。音义俱合。

二 读音属于变例的本字

读音的变例在声母、韵母、声调三个方面都有表现。这里分别从三个方面举出福州方言语音演变的特例，然后再做考证。具体的字音变读可能涉及两三方面的变例，只在一处列举考释，他处不重复。

（一）声母方面

1. 古非、敷、奉一般读为 x-，部分字口语中读为 p- 或 p‘-。例如：分 ꜀puoŋ 斧 ꜂p‘uo 粪 pouŋ꜄ 蜂 ꜀p‘uŋ 麸 ꜀p‘uo 吠 puoi꜅。以此类推：

夫 ꜀puo 如丈夫，touŋ꜅ ꜀puo → ꜀toum ꜀muo，俗写曾作唐晡。《广韵》虞韵甫无切：“夫，丈夫。”唐晡的本字就是丈夫。

孚（孵）pou꜅ 孵（小鸡）和赖窝都叫 pou꜅《八音》作菢。菢，《广韵》号韵薄报切，福州话韵母不合。《集韵》遇韵符遇切：“孚，育也。”又：“孚，孵，育也，《方言》：鸡伏卵而未孚。”福州读音合于符遇切，义则两者兼有。

腐 pou꜅ 指木料、布料之类腐烂、蛀坏。《广韵》麌韵扶雨切：“腐，朽也，败也，《说文》：烂也。”音义皆符。

復 pou꜅ 副词“又”。如说“復来了”pou꜅ ꜁li꜂lau → ꜀pu ꜁li꜂lau（又来了）俗写作仅。《广韵》宥韵扶富切：“復，又也。”音义皆符。

殕 ꜂p‘u 霉也。如说：“生殕”꜀saŋ ꜂p‘u → ꜁saŋ ꜂p‘u（发霉），“殕味”꜂p‘u ei꜅ → ꜀p‘u ei꜅（霉味）。《八音》作醭。醭，《广韵》屋韵普木切，韵、调不符。《广韵》麌韵芳武切：“殕，食上生白毛。”音义皆符。

枋 ꜀puŋ 厚木板谓枋。如说“壁枋”piɛʔ꜆ ꜀puŋ → ꜀pie ꜀puŋ（隔墙板）。《广韵》阳韵府良切：“枋，木名，可以作车。”音合义通。

泛 p‘aŋ꜄ 空虚，不实谓之泛。《广韵》梵韵孚梵切：“泛，轻也，浮也。”音合义通。俗写作“冇”。

2. 古知、彻、澄一般读 t-、t‘-，少数字在口语中读 ts-、ts‘-。例如：痴 ꜀ts‘i 椿 ꜀ts‘uŋ 浊 tsouʔ꜇。由此可推：

噇 ꜁ts‘ouŋ 吃，带贬义，多用于骂人。《广韵》江韵宅江切：“噇，喫貌。”《集韵》江韵传江切：“噇，食无廉也。”音义皆符。

趠 tsoʔ꜇ 急忙奔走，如说“～前斗去”（冲到前面去），“无钱着去～”（没钱要去奔走设法）。《广韵》觉韵敕角切：“惊走。”《集韵》觉韵竹角切：“疾走也。”音义均相合。

3. 古心、邪、生、书、禅一般读擦音 s-，部分字口语读为塞擦音。例如：

心：须胡～ ꜀ts‘iu	碎 ts‘ɔy꜄	邪：饲 ts‘ei꜄	像 ts‘uoŋ꜄
生：生 ꜀ts‘aŋ	闩 ts‘ouŋ꜄	禅：市 ts‘ei꜅	树 ts‘ieu꜅
书：书 ꜀tsy	叔 tsøyʔ꜆	试：ts‘ei꜄	手 ꜂ts‘iu

以此可推：

揰 ꜀tsyŋ 用拳头打人。《广韵》钟韵书容切："揰，撞也。"

胥 ꜀tsœ 疏陋，粗疏，糊涂谓之胥。《集韵》鱼韵斯於切："胥，疏也。"音合义通。

肆 tsøyꜙ 吃腻了说肆。《广韵》至韵息利切："肆，陈也，恣也，极也，放也。"音合义通。

鉎 ꜀tsiŋ 铁锈也。如说："生鉎"꜀saŋ ꜀tsiŋ（上锈）。《广韵》青韵桑经切："鉎，铁鉎。"音义皆符。

粟 ts'uoʔ꜄ 稻谷也。《八音》写训读字"穀"。《广韵》烛韵相玉切："粟，禾子也。"音义俱合。

鱢 ꜀ts'o 指鱼类的腥味，又说"臭鱢"ts'auꜙ ꜀ts'o → ꜀ts'au ꜀ts'o（腥臭）《广韵》豪韵苏遭切："鱢，腥臭。"音义皆符。

鳃 ꜀ts'i 鱼类的呼吸器，又说"鱼鳃"꜁ŋy ꜀ts'i → ꜀ŋy ꜀ts'i。《广韵》咍韵苏来切："鳃，鱼颊。"音义皆符。

粞 ts'aꜙ 做汤圆等用的米粉，用米磨成浆后晒干并掰成块状。干磨的米粉不叫粞。《集韵》霁韵思计切："粞，米屑。"音义皆符。

跣 ꜂ts'ieŋ 不单说，只说"褪跣骹"t'ouŋꜙ ꜂ts'ieŋ ꜀k'a → t'ouŋ° ʒieŋ° ꜀ŋa（打赤脚）《广韵》跣韵先典切："跣，跣足。"《说文》："跣，足亲地也。"音义皆符。

筅 ꜂ts'ɛiŋ 箬帚说"～帚"。꜂ts'ɛiŋ ꜂tsiu → ts'ɛiŋ° ꜂ʒiu，炊帚说"鼎～"꜂tiaŋ ꜂ts'ɛiŋ → tiaŋꜗ ꜂ts'ɛiŋ，也用作动词"刷"。《广韵》铣韵先典切："筅帚，饭具。"

须（鬚） ꜀ts'iu 胡须说"须须"꜀ts'iu ꜀ts'iu 又说"喙须"ts'uoiꜙ ꜀ts'iu → ꜀ts'ui ꜀liu。《广韵》虞韵相俞切："《说文》：面毛也。"

舒 ꜀ts'y 舒畅，又作动词表示铺展，如说"野舒"꜂ia ꜀ts'y → ia° ꜀ts'y（很舒服）"舒席"（铺席子）꜀ts'y ts'uoʔ꜆《广韵》鱼韵伤鱼切："舒，缓也，伸也，徐也。"《方言》："东齐之间凡展物谓之舒。"福州话两义兼有。

箠 ꜁ts'ui 不单说，可说"箠批"꜁ts'ui ꜀p'ie → ꜀ts'y꜀βie 指用来打人或鞭打动物的竹片。《集韵》支韵是为切："箠，竹名。"《说文》："箠，击马也。"又："策，马箠也。"福州话义同《说文》。

成 ꜁ts'iaŋ 把未完成的事做完谓之成。《广韵》清韵是征切："成，毕也，就也。"音义皆符。

寻 ꜁ts'ieŋ 两手左右平伸的长度。《广韵》侵韵徐林切："寻，六尺曰寻。"福州话还可用作动词，如说"寻看几寻"꜁ts'ieŋ k'aŋꜙ ꜂kui ꜁ts'ieŋ（量量看几寻）。

树 ts'ieuꜙ 文读 søyꜗ，白读 ts'ieuꜙ。

絮 ts'ɔꜙ 丝瓜称为 ts'ɔꜙ，丝瓜瓤说"絮瓤"ts'ɔꜙ ꜁nouŋ → ꜀ts'œ ꜁nouŋ，晒干后用来洗碗刷锅，用稻草作刷洗用的叫"草絮"꜂ts'au ts'ɔꜙ → ꜀ts'au ʒɔꜙ。《广韵》御韵息据切："《说文》：敝棉也。"《八音》作俗字"䘸"。

拭 tsʻeiʔ꜆ 擦，刷。《广韵》职韵赏职切："拭，刷。"

4. 古从、船母字一般对应声母为 ts-、tsʻ-，少数字口语中读为 s- 声母。例如：前 ꜁sɛiŋ 脐 ꜁sai 坐 sɔy꜅ 昨 soʔ꜇（从母）蛇 ꜁sie 唇船 ꜁suŋ（船母）。以此可推：

餈 ꜁si 汤圆的一种，不包馅，不带汤。俗写作粭。《广韵》脂韵疾资切："餈，饭饼也。"音合义相关。

静 saŋ꜅ 作动词用，如说"静去"sa꜅ kʻɔ꜄ → saŋ꜅ ŋɔ（别哭）"静静咧 saŋ꜅ saŋ꜅ lieʔ → saŋ꜅ saŋ꜅ lieʔ（别作声）《广韵》静韵疾郢切："静，安也，息也。"音义皆符。

齐 sa꜅ 最常用的形容词之一，"多"的意思。考其本字可能即"齐"。《广韵》霁韵在诣切："齐，齐和。"从母读 s-，霁韵读 a 均合乎对应，齐全即有多义，义亦相关。

5. 古匣母一般读为 h-，部分口语中读为 k-、kʻ-、ŋ-。例如：猴 ꜁kau 寒 ꜁kaŋ 县 kaiŋ꜅ 环 ꜁kʻuaŋ 肴 ꜀ŋau。由此可推：

会 kiɛ꜅ 容易说"会"如说"～呆"kiɛ꜅ ꜁ŋai → kiɛ° ꜁ŋai（易坏）"会学"（容易学）。《集韵》泰韵黄外切，外白读 iɛ，音合，义自"能、善于"引申而成。

鲑 ꜁kie 单说，或说"鲑团"꜁kie ꜂kiaŋ → ꜂kie ꜂iaŋ，指一种带汁的小咸鱼。"鲑卤"꜁kie lou꜄ → kie° lou꜅（一种咸鱼卤，用来作调味品）俗写作鲒，《八音》鲑、鲒并用。《广韵》佳韵户佳切："鲑，鱼名，出《吴志》。"《集韵》注："吴人呼鱼菜总称。"福州话鲑还有另一读音为 ꜁ha，用小杂鱼沤起发酵后制成的鱼卤又称 ꜁ha ꜁iu → ha° ꜁iu 俗写鲒油。本字也是鲑。

下 kia꜅ 低，形容词，又当动词用，表示从高处到低处。如说"悬下"꜁kɛiŋ kia꜅ → kɛiŋ꜄ ŋia꜅（高低），"行下来"꜁kiaŋ kia꜅ ꜁li → ꜁kiaŋ ŋia꜅ li（走下来）。《广韵》马韵胡雅切："下，底也，降也。"音义皆符。

圜 ꜁kʻuaŋ 绕行，环绕说 ꜁kʻuaŋ。《集韵》删韵胡关切："圜，绕也。"

悬 ꜁kɛiŋ 高也。"悬哥"꜁kɛiŋ ꜀ko → ꜁kɛiŋ ꜀ŋo（高个子），"悬过鼓山"꜁kɛiŋ kuo꜄ ꜂ku ꜀saŋ → ꜁kɛiŋ ŋuo° ku꜄ ꜀laŋ（高于鼓山，悬、咸同音，用来讥刺煮得太咸）。《广韵》先韵胡涓切："悬，《说文》云，系也。"此处义有引申。

舷 ꜁kieŋ 边缘，又说"舷舷"꜁kieŋ ꜁kieŋ → ꜂kieŋ ꜁kieŋ。可以放在许多名词的后面表示方位，如"船舷"꜁suŋ ꜁kieŋ → ꜂suŋ ꜁ŋieŋ（船边）"溪舷"꜀kʻɛ ꜁kieŋ → ꜀kʻɛ ꜁ieŋ（河旁）"眠床舷"꜁miŋ ꜁tsʻouŋ ꜁kieŋ → miŋ° nouŋ° ꜁ŋieŋ（床沿）。《八音》作"墘"，民间十分通行，并用作许多地名。《广韵》先韵胡田切："舷，船舷。"《集韵》注："船边也。"音合，义有扩大。

抗 ꜁kʻouŋ 用肩扛说 ꜁kʻouŋ。《集韵》唐韵胡郎切："抗，举也。"音义俱合。

齩 ka꜅ 咬。《集韵》巧韵下巧切："齩，齧骨。"音义俱合。

戆 ŋouŋ˨ 愚蠢，又说"戆团"ŋouŋ˨ ˓kiaŋ → ˬŋouŋ ˓ŋiaŋ（傻子）。《八音》另写俗字"歆"，注曰："痴貌。"《集韵》送韵胡贡切："戆，愚也。"音义皆符。

6. 古云母一般读零声母，少数字读 h-。例如：熊 ˬhyŋ 园 ˬhuoŋ 远 huoŋ˨。以此可推：

雨 huo˨ 单说读 ˓y，个别场合读 huo˨。如农谚："六月雨，艙过埒"løyʔ˨ ŋuoʔ˨ huo˨ ma˨ kuo˨ tuo˨ → løyʔ˚ ŋuoʔ˨ huo˨ mɛ˚ ˬkuo luo˨（六月雨，不过路）。有的写作同音字"祸"。《广韵》虞韵王矩切："雨，水从云下也。"音义均符。

7. 古以母一般也读零声母，少数字读 s-，例如：盐 ˬsieŋ 痒 suoŋ˨ 蝇 ˬsiŋ。以此可推：

盐 sieŋ˒ 作动词用，腌。《广韵》艳韵以赡切："盐，以盐腌也。"音义皆合。

檐 ˬsieŋ 可单说，又说"檐下"ˬsieŋ a˨ → sieŋ˚ ŋa˨（屋檐下）。《广韵》盐韵余廉切："檐，屋檐。"音义皆合。

翼 siʔ˨ 翅膀。俗写或作"翅"，翅应读 ts'ie˒。《广韵》职韵与职切："翼，羽翼。"音义皆合。

痒 suɔŋ˨ ˬsuoŋ 前者是想挠的发痒，后者是想笑的发痒。《广韵》养韵余两切："皮痒。"方音异调别义。

耀 sieu˨ 显耀。俗谚："亲母自～骹腿白"（亲家母自己夸耀大腿白）。《广韵》笑韵弋照切："光耀。"字义有引申。

（二）韵母方面

1. 果摄开口一等歌、戈韵字一般读 o，少数字口语中读为 ai、uai。例如：拖 ˳t'ai 大 tai˨ tuai˨ 我 ˓ŋuai 舵 tuai˨ 破 p'uai˒。以此可推：

箩 ˬlai 竹箩。大的叫箩 ˬlai，小的叫"箩箩"ˬlai ˬlai → ˓lai ˬlai。《八音》写为俗字箂，注："竹器。"《广韵》歌韵鲁何切："箩，筛箩。"又《方言》："箕，陈魏宋楚之间谓之箩。"音义俱合。

夥 uai˨ 问"几多"说"若夥"nuoʔ˨ uai˨。《广韵》果韵胡火切："楚人云多也。"音义俱合。

2. 遇摄合口三等鱼韵一般读 y/øy，少数字在口语中读为 œ/ɔ。例如：初 ˳ts'œ 梳 ˳sœ 去 k'ɔ˒ 助 tsɔ˨。以此可推：

嗻 ˬts'œ 叱呵，如说"嗻过"ˬts'œ kuɔ˒ → ˬts'œ uɔ˒。《广韵》鱼韵楚居切："嗻，呵叱人也。"福州话声调变读阳平可能是因为阴平字在双音词前音节时经常变为阳平调所致，且"嗻"又不常单说。

徂 ˬtsœ 挤进，趋而聚之谓之 ˬtsœ。《广韵》模韵昨胡切："徂，往也。"音合此义亦通。

虚 ꜀hœ 谓人办事不实在。《广韵》鱼韵松居切："空虚也。"鱼韵白读可为 œ，音义俱合。

去 ꜂k'œ 扔出，抛弃可说 ꜂k'œ。去有上声异读，《广韵》语韵羌举切："去，除也。"音义俱合。

齇 ꜀sœ 上排牙齿向外倾斜谓之齇。《广韵》鱼韵侧鱼切："齇，齿不齐貌。"福州话声母变读。

攄 ꜀t'œ 斜躺，又"躺椅"叫"攄攄椅"꜀t'œ ꜀t'œ ꜂ie → t'œ° ꜁lœ ꜂ie《广韵》鱼韵丑居切："攄，舒也。"音合义相关。

鑢 lɔ꜄ 锉也，单音作动词，双音重叠作名词，"驮鑢鑢鑢 ꜁to lɔ꜄ lɔ꜄ lɔ꜄ → ꜁to lɔ° lɔ꜄ lɔ꜄ 是"拿锉刀锉"。《八音》作鑢、铜，注："磨铁之器。"《广韵》御韵良据切："鑢，错也。"音义均合。

苎 tɔ꜅ 苎麻也，细的又称"苎丝"tɔ꜅ ꜀si → ꜀tœ ꜀li。《广韵》语韵直吕切："苎，草也，可以为绳。"音义俱合。

3. 止摄开口三等脂韵一般读 i/ei 或 y/øy，个别字口语读为洪音 ai，例如：狮 ꜀sai 屎 ꜂sai 指 ꜂tsai（手指）。以此可推：

私 ꜀sai 此音不单说，可说"私骹"꜀sai ꜀k'a → ꜀sai ꜀a（体己钱）。《广韵》脂韵息夷切："私，不公也。"音义皆合。

治 ꜁t'ai 宰杀都说 ꜁t'ai，如说"～侬"（杀人）"～鱼"（杀鱼）"～猪"（宰猪）。《广韵》之韵直之切："治，理也。"音合义有引申。

滓 ꜂tai 沉淀物谓之滓，常叠音为 ꜂tai ꜂tai。《广韵》止韵阻史切："淀也。"声韵母均为白读变例。

事 tai꜅ 事情都说单音的事。《广韵》志韵侧吏切："使也。"声韵母亦皆白读变例，但都合于对应。

4. 流摄开口一等侯韵一般读 ɛu/au，部分唇音字在口语中读 uo，例如：亩 ꜂muo。以此可推：

母 ꜂muo 指妻妾，不单说，如说："讨母"꜂t'o ꜂mou → t'o꜅ ꜂muo（娶妻）"母团"꜂muo ꜂kiaŋ → muo꜅ ꜂iaŋ（妻儿）。《八音》作俗字"㚢，俗呼妻奶"。《集韵》厚韵莫后切："母，《说文》牝也。"福州话"母"的两种音义：꜂muo，妻也，꜂mu，母也，并不混淆。

瞀 muo꜅ 目不明，模糊不清。《八音》作俗字"瞙，不明"。《集韵》候韵莫候切："瞀，目不明也。"音义俱合。

5. 深摄开口三等侵韵一般读 iŋ/eiŋ，少数字口语读为 aŋ。例如：树林的林读 ꜁laŋ。

以此可推：

饮 ꜂aŋ 米汤。《古今韵会举要》卷十六·二十七寝：“饮……又凡可饮者亦谓之饮。”福州话音义同此。

6. 山摄开口二等韵一般读 aŋ，部分唇音字在口语中读为 ɛiŋ/aiŋ，例如：板 ꜂pɛiŋ 慢 maiŋ꜅。以此可推：

朌 ꜁pɛiŋ 两半之一，如说：“半朌”puaŋ꜄ ꜁pɛiŋ → ꜂puam ꜁mɛiŋ。《八音》作“爿”。《集韵》删韵步还切：“朌，片也。”音义俱合。

7. 山摄开口三等仙韵一般读 ieŋ，少数字读 iaŋ 或 yoŋ，如：线 siaŋ꜄ 癣 ꜂ts‘iaŋ，然 ꜁yoŋ 件 yoŋ꜅。以此可推：

囝 ꜂kiaŋ 儿子，复数式，又说“囝儿”kiaŋ° ꜀nie。《八音》作“仔”，注“子也”。《集韵》狝韵九件切：“囝，闽人呼儿曰囝。”应是本字。

癣 ꜂ts‘iaŋ 脸上所生的癣。《广韵》狝韵息浅切：“干疡。”音义俱合。

蔫 ꜀yoŋ 食物变质发臭说蔫或“臭蔫”ts‘au꜄ ꜀yoŋ → ꜀ts‘au ꜁yoŋ。《广韵》仙韵於乾切：“蔫，物不鲜也。”《八音》亦作蔫。

8. 梗摄开口二等陌韵一般读 ɛiʔ/eiʔ，部分字口语中读为 aʔ，例如：百、伯 paʔ꜆ 格 kaʔ꜆ 窄 tsaʔ꜆ 白 paʔ꜇。以此可推：

矺 taʔ꜆ 重物压住轻物谓之矺。《集韵》陌韵陟格切：“矺，磓也。”磓就是硾，《玉篇》：“硾，镇也。”音合义可通。

9. 梗摄开口三等陌韵一般读 ɛiʔ/eiʔ，少数字口语读为 iaʔ，例如：屐 k‘iaʔ꜇。以此可推：

逆 ŋiaʔ꜇ 把头抬起来叫“头逆起”꜁t‘au ŋiaʔ꜆ ꜂k‘i → ꜁t‘au ŋiaʔ꜇ ꜂i。《广韵》陌韵宜戟切：“逆，迎也。”音合义通。

10. 通摄合口三等烛韵一般读 øyʔ/yʔ，少数字口语中读 uoʔ，例如：粟 ts‘uoʔ꜆ 烛 tsuoʔ꜆ 玉 ŋuoʔ꜇ 绿 luoʔ꜇。以此可推：

蜀 suoʔ꜇ 基数词一说为“蜀”。《广韵》烛韵市玉切：“蜀。《方言》卷十二：一，蜀也，南楚谓之蜀。”戴震疏证：“蜀犹独耳。”音义俱合。

（三）声调方面

浊音声母去声字一般读为阳去调 242，少数字变读为阴去 213，例如：稗 p‘a꜄，缝（一条缝），p‘ouŋ꜄，露（白露）lou꜄，问 muoŋ꜄，妹 mui꜄，巷 xøyŋ꜄，饲 ts‘ei꜄，利（利息）lei꜄。以此可推：

树 ts‘ieu꜄《八音》另造俗字“樹”，民间十分流行，并常作地名字用。其实，仍是树的变读。树，《广韵》遇韵常句切，声母属禅母，禅母可能变读为 ts‘-，如前述；韵母属遇韵，遇韵逢舌齿音可能变读为 iu，例如：住 tiu꜅ 蛀 tsiu꜄。从声调说，浊音声母字可能变读为阴去调，因此，ts'ieu˒ 的本字仍为树无疑。

润 nouŋ˒ 潮湿也。如说“转润”˓tuoŋ nouŋ˒ → ˳tuoŋ nouŋ˒（反潮）。《八音》作“脍”，注：“少晒。”按“脍”音义：“古钝切，日光也。”（《康熙字典》转引《篇海》）均与此不合。《广韵》稕韵如顺切：“润，润泽也。”音义俱合。

组 t'ieŋ˒ 缝也。《八音》作褡绂，注：“补褡，缝衣。”均为俗字。《广韵》裥韵丈苋切：“组，补缝。”音义俱合。

腻 nøy˒ 因油腻而不想吃谓之腻。《八音》写为别字“饫、饭”，注：“食饱。”均不确。《广韵》至韵女利切：“腻，肥腻。”至韵舌齿音，福州话有读 øy 的，如四 søy˒ 自 tsøy˭ 次 ts'øy˒。nøy˒ 本字应是腻。

渍 tsøy˒ 浸也，如说“菜渍死”ts'ai˒ tsøy˒ ˓si。《八音》写为别字“注，浸也”。音义均不合。《广韵》置韵疾智切：“渍，浸润，又沤也。”音义皆符。

伣（俨）ŋieŋ˒ 瘾，可单用作动词，如说“伣薰 ŋieŋ˒ ˳houŋ'→ ˳ŋieŋ ˳houŋ（想抽烟）也说：“过伣”kou˒ ŋeiŋ˒ → ˳kou ŋieŋ˒（过瘾）俗写作训读字瘾。《集韵》验韵鱼乞切：“伣，俺伣，痴也。”音义均符。

摦 ua˒ 生意兴隆、红火谓 ua˒。《广韵》祃韵胡化切：“摦，宽也，大也。”音义俱合。

说明：本文初稿写于 1979 年春。1980 年在福建省语言学会成立大会上宣读过，1982 年修改后在福建省语言学会所编《福建语言论集》上刊登了一半。1995 年又做过修改，收入《方言与音韵论集》（香港中文大学中国文化研究所，1996 年）。此后十余年，我就南安、莆田和建瓯等闽方言做过全面的本字考，增进了对闽方言语音及词汇的了解，获益不浅。

附记：改革开放后，我在福州寓居了二十年，本文是我认真学习福州话的记录。后来又与同事合作，校订了《戚林八音》，编了《福州方言志》和《福州方言词典》。加上与街上、乡里本地人的广泛接触，我学会了福州话。虽然艰辛，却很愉快，体会到掌握福州话，真是可以探知许多汉语的结构和历史的奥妙。

闽方言的“囝”及其语法化

闽方言的“囝”是非官话方言中仅见的名词后缀。典籍中始见于唐代，原意是儿子，所以未见于上古汉语和其他方言，可能是因为它是古南方民族语的“底层”。西片闽方言的“囝”只用作名词，不作后缀。沿海闽方言的后缀“囝”在闽东、闽南用得广并发生语音的弱化，粤、琼闽方言用的不广，语音也未弱化。从闽方言“囝”的比较可以看到实词虚化的过程和若干规律性的现象。

一

汉语的名词后缀用得最广的是“子、头、儿”三种。

从历史演变上说，用作后缀是“子”尾最早。王力先生说：“在上古时代‘子’已经有了词尾化的迹象……在中古时期，名词词尾‘子’字已经很发达了，并且它有构成新词的能力。”（王力，1980年，第223—226页）太田辰夫也说：“‘子’在名词接尾词中是最早发展起来的……到唐代，‘子’就成了几乎所有名词的接尾词。”（太田辰夫，1987年，第84—85页）“‘头’尾的产生，应该是在六朝”（王力，1980年，第229页），“到了唐代就用得很多”（太田辰夫，1987年，第87页）。至于“儿”尾的产生明显偏后，始于唐而盛于宋。

从现实分布上说，“子、头、儿”在官话区都有，“子”尾在官话方言之外也普遍都有。“头”在吴语用得较多。湘、赣、粤方言的“崽、仔”应是“子”的白读音；吴语的[ŋ]尾应是“儿”的音变；赣语的“哩、嘚、仂”和客家的“呃、咧”可能都是子尾变来的。闽、粤方言里没有“儿”尾应该是可以肯定的。

“子、头、儿”用作后缀之后常常伴随着语音的弱变。儿尾在许多官话方言里合音儿化，在吴方言是[-ŋ]尾化，子尾、头尾除粤方言之外大多读为轻声，子尾在晋方言也有读为入声韵或其他“变韵”的。语音的弱变正是词尾化产生语法意义后的相应变化，也就是语法化音变。

除了“子、头、儿”，还有一些发生在个别方言区的名词后缀。例如吴方言的“佬”。常州：瓷佬、石头佬、红佬、清爽佬。湘方言的“伢”。澧县：牛伢儿、猪伢儿、秧伢儿、桶伢儿。湘方言的“公、婆”和客方言的“牯、嫲”都可以从动物推及人和物。例如湘乡：鸡公、鸡婆、单身公、妖婆、烟筒公、偷油婆；大埔：鸡公、鸡嫲、贼牯、斋嫲、石头牯、笠嫲。这些后缀都不能大面积地类推，只能同一小部分名词相配；在同一方言区中也往往有不同表现，并且没有广泛而一致的用法。

就现在所知道的说，在非官话中，真正在一个方言区大面积通行并且可以广泛类推的名词后缀，只有闽方言的“囝”。

二

各地闽方言都把儿子叫“囝”，其读音都符合《集韵》所注的“九件切”：福州[kiaŋ^3]、仙游[kyã^3]、建瓯[kyiŋ^3]、永安[kyɛiŋ^3]，厦门、潮州[kiã^3]，雷州、海口[kia^3]，苍南[kə̃^{3}]。连曾经是闽方言后来赣方言化、吴方言化的邵武话和浦城话也说“囝”，字音也符合对应：邵武的小称变为入声，“儿子”又加儿尾，说“囝儿”[kin^{7}nə]；浦城音[kiãi^3]。不但儿子称为“囝”，女儿也要加上“囝”：福州，诸娘囝；仙游，婶娘囝；厦门，查某囝（潮州[tsau^3]囝是“查某囝”的合音，海口、雷州的“奷婄”并与此同源）；建瓯、邵武，阿娘囝；永安，娘囝。男、女合称的“小孩子”：福州，儿囝（哥）；厦门，囝囡[gin^{3}nã^3]；潮州，孥囝；建瓯、邵武，囝子（人）；永安，囝子倸。“儿女”合称：福州、厦门、潮州、雷州、海口：囝儿，建瓯、邵武：囝子，也都离不开“囝”。“子”在上古时代兼表“女”，当时称男称女尚无严格区分，闽方言的“囝”也是兼用的。可见“囝”确是闽方言的基本词，并且沿用了上古男、女不分的习惯。

据《六书略》所云，唐武后曾造了“囝”字来表示“月”，后来失传了。现在所见“囝”的记录始于唐代诗人顾况所作古诗《囝》，题下自注：“囝，哀闽也。”该诗云：“囝生闽方，闽吏得之，乃绝其阳……郎罢别囝，吾悔生汝……囝别郎罢，心摧血下……”顾况是中唐肃宗至德（756—757年）间浙江海盐的进士。当时的闽方言还刚形成不久，应该和吴方言还有很多相同之处。然而“囝”却显然是闽方言的特产，至今未发现现代吴方言有“囝”的说法。苏州话小孩说“小干”[kø]，若说与“囝”同源，何以在与闽方言关系更深的浙南吴方言反倒没有反映？也许当时的吴方言“儿”并不称“囝”，只是由于这说法奇特，才和“郎罢”一起引起喜用方言口语入诗的顾况的注意。顾况平生多在浙赣皖一带活动，曾为韩偓幕僚，与陆羽有交往，而韩、陆均在闽地当过官，对闽俗多有了解，故此写下了哀闽的《囝》。

除了顾况之外，据《四部丛刊》语料库，“囝”入诗文的用例，在唐代仅张光弼诗集中两例，如：“南方风土要相宜，小盒槟榔好自随，疍户负鱼朝入市，囝娘把烛夜题诗。”宋之后19例。其中洪适1例：“郎罢携囝街西东，到处欢歌闻好语。”杨万里3例：“阿翁阿囝自相随，赏遍江淮春盛时。”“四囝三个攀桂枝，不应一个独见遣。”“阿宜阿囝续弓冶，芦溪书院声无价。”陆游1例：“阿囝略如郎罢意，稚孙能伴太翁嬉。”魏了翁2例：“囝思郎罢那得见，父曰子行胡不归。”“囝思郎罢久无炊，父曰子行胡不归。”刘克庄6例：“久留闽囝谁堪话，却忆番君可与言。”“晴雨幽人曾候鹳，水风闽囝亦占虹。”（闽谚有虹出东主大水、西主风灾之说）“语迟来识罢并囝，性慧过如姊与兄。”“囝罢相依萤雪边，安知今汝亦华颠。”元黄溍（婺州义乌人）1例：“在室孙男二人，囝女二人。”清朱彝尊2例：“囝随郎罢载，行歌杂啰唝。”“料得牵衣添阿囝，岂容郎罢赋林泉。”陈迦陵2例：“阿囝空呼郎罢。”查慎行1例：“不须阿囝呼郎罢，但是同舟便有情。”这些诗人中，陆游绍兴人，在福建多处当过多年的官；杨万里江西人，在漳州和潮州当过官；刘克庄则是地道的福建莆田人；魏了翁四川人，但曾两度被贬主管武夷山冲佑观，并曾知福州，任福建安抚使。他们大多在闽地居留过，很容易听到“闽人呼儿曰囝”的。可见，古来“囝”的说法确实只见于闽方言区。

一千多年了，“囝”还通行于各地闽方言。“郎罢”则在福州及闽东地区普遍使用。只是用字或读音有些差别。福州、古田、闽清、周宁说“郎爸”；罗源、宁德、福安、福鼎说“农罢”；福清以及闽南漳属的长泰、南靖、平和说“娘爸”。（详见《福建省志·方言志》）这些说法本字应是一个，只是读音有异。不过唐人“郎罢”二字的写法和现代福州人的写法却是一致的。

奇怪的是，“儿子”这么重要的核心词在闽方言如此一致地说“囝”，而且有难得的1200年来的诸多书证；然而在所有上古时代的文献中，为什么没有留下一点痕迹？难道真是闽地独创的核心词？

三

许多史实说明，唐以前南方的“百越”和现代说壮侗语和其他西南少数民族语有渊源关系。“儿子”的说法在现代的侗语说 [la:k^{10} pa:n^{1}]，毛南语说 [la:k^{8m} ba:n^{1}]，黎语则说 [ma:n^{1}]；“孙子”侗语说 [la:k^{10} khwa:n^{1}]，仫佬语说 [la:k^{8} khɤa:n^{1}]，水语说 [la:k^{8} ha:n^{1}]，毛南语说 [la:k^{8} cha:n^{1}]。[la:k] 可能是儿、孙辈的词头，[khwa:n] 或为 [k-] 和 [pa:n] 或 [^{m}ba:n] 的合音会不会也和“囝”的音有类似之处？“儿女”在南亚语系的京语说 [kɔn^{33}]，佤语、孟高棉语说 [kɔn、ko:n]，在中国境内的孟高棉语“小孩”大多有 [kuan、kɔn、kan] 和 [khon、khuan] 等说法（颜其香、周植志，1995年）。从语音上说，这些音和上述侗语、仫佬语的读音和闽方言的读音更为接近，也许是西片的壮侗语受孟高棉语影响的结果。“囝”是《集韵》所收的闽方言地区的方言字：“闽人呼儿曰囝，九件切。”古韵书所收的字未必都是汉语的语源。类似这种见诸古韵书而又可能是古代其他民族语言的“底层”，还可以举出其他一些例子：①《玉篇》：“侬，吴人谓人侬，奴冬切。”见于今吴方言和闽方言。壮语称妻为 [naŋ^{2}]，儿媳为 [naŋ^{2} baw^{4}]，女婿为 [laŋ^{2} gwi^{2}]，似有语源关系。②《尔雅》郭注：“水中浮萍，江东谓之薸。”薸的说法见于今闽方言和客赣方言，在侗台语中也普遍音为 [pi:u^{2}、pieu^{2}、fiu^{2}]。③《方言》：“睇……陈楚之间、南楚之外曰睇。”《广韵》特计切，又土鸡切。“看”说“睇”，今通行于闽方言潮州话及粤方言。德宏傣语音 [toi^{2}]。④《集韵》母敢切：“䭇，吴人谓哺子曰䭇。”今闽南、客家方言及粤方言逗婴儿喂饭就说 [mam^{1} mam^{1}]。水语和侗语也完全同音说 [mam^{1} mam^{1}]。⑤《集韵》楚庆切：“凊，冷也，吴人谓之。”这种说法见于今闽方言及吴方言。武鸣壮语天冷说 [ɕeŋ^{4}]，义同音相近。⑥《集韵》锄庚切：“伧，吴人骂楚人曰伧。”今湘方言仍说㞞 [soŋ^{2}]，闽南方言亦有此说，音 [sɔŋ^{2}]，义为愚笨，村气。武鸣壮人自称 [pou^{4} ɕu: ŋ^{6}]，可能与此有关。⑦《方言》：“南楚凡相推搏曰拯或曰揔。”《集韵》呼骨切：“楚谓击为揔。”今闽南音 [hut^{7}]，客家音 [fut^{7}]。武鸣壮语音 [fat^{7}]，水语音 [vat^{7}] 或许与此相关。看来，对于一些上古时期并非通语的南方方言应该多从“底层”方面做一番考察。

四

在闽方言中，西部山区的“囝”只见于有限的“囝子、囝儿、娘囝、阿娘囝”等几个常用词，并未用作表小的后缀。在闽北和闽中，表小的名词后缀用的是“子”尾。建瓯话“子”白读音 [tsie^{3}]，带“子”尾的名词很多，例如：哥～、妹～、婶～、息～$_{\text{曾孙}}$、橘～、剪～、褂～$_{\text{背心}}$、麻～$_{\text{芝麻}}$、鞭～$_{\text{腐竹}}$、筛～、斑～$_{\text{麻子}}$、蚁隻～$_{\text{蚂蚁}}$、兄弟～、挑～$_{\text{小锄}}$、豆腐～$_{\text{豆腐脑}}$、擦～$_{\text{橡皮擦}}$、杌～$_{\text{凳子}}$、豆脯～$_{\text{豆腐干}}$、铛铛～$_{\text{小锣}}$、戳～$_{\text{图章}}$、果～$_{\text{糕点}}$、沿沿～$_{\text{旁边儿}}$。还有几个表示时间短、数量少的数量结构之后也加“子”：一点～、一刻～、一喙～$_{\text{一小口}}$，还有少数表小的名词，如“老鼠～$_{\text{小老鼠}}$”。永安话的“子”尾读 [tsã^{3}]。止韵读为 [ã] 的只有“子”和“滓”二字（“耳”也读 [lã^{3}]，但那是从“而拯切”对应来的。永安话拯韵字读 [ã] 或 [iã]），海韵“宰”音 [tsa^{3}]，同《集韵》子亥切的“崽”，应是和湘方言粤方言一样的“子”的白读音，变读为鼻化韵也许是小称的音变。永安话带 [tsã^{3}] 尾的名词如袋～、爪～$_{\text{鸟}}$、孙～、舅～、李～、橘～、果～、贩～、骗～、短命～、狮～、驼～、瞎～、聋～、哑～；也有不少已用作表小的名词带后缀性质的说法：羊～$_{\text{羊羔}}$、狗～$_{\text{小狗儿}}$、豨～$_{\text{猪苗}}$、牛～$_{\text{牛犊}}$、米～$_{\text{碎米}}$。有时带“囝”或带“子”词义有别。例如：丈夫 / 丈夫囝$_{\text{男青年}}$ / 丈夫子$_{\text{小男孩}}$，唵娘$_{\text{妻子}}$ / 娘囝$_{\text{大姑娘}}$ / 娘子$_{\text{小女孩}}$，唵舅$_{\text{舅父}}$ / 舅子$_{\text{妻舅}}$。至于邵武话，子尾已经读为轻声 [tsə^{0}]，常用来表示细小的名物，如：沙～、热秋～$_{\text{痱子}}$、刀～小刀儿、猪～小猪儿、狗～小狗儿、羊～小羊儿、老鼠～小老鼠、索～小绳子、黑边～傍晚。更多的名词则带着“儿”尾，也读为轻声 [ə^0]。例如：星～、茄～、槛～窗户、剪～剪子、笠～斗笠、蚊～蚊子、萤萤～萤火虫、弟～、妹～、妗～、柑～、麻～芝麻、道～道士、公～外公、弄～胡同儿、瓯～小杯子、本～、饺～、豆～、栗～、虫～、鱼～、粽～、饼～、梳～、钉～、钻～、裙～、票～、火钳～，等等。可以说，除了团儿儿子和团子小孩儿之外，闽地特有的“团”尾在邵武已经完全消失了，西片（内陆）的闽方言不用“团”作后缀，这也是闽方言东西部的根本差异的重要表现。

五

在沿海闽方言，普遍都用“团”作名词后缀，但各小区用了多少，用来表示什么意义，其读音如何，却是各不相同的。以下按区做大略介绍。

潮州、雷州和海南闽方言在“团”尾上的表现是同样的类型：从语音说，“团”尾的读音与单用作名词时一样，潮州音 [kiã^3]，雷州、海口音 [kia^3]。在潮州，与某些调类连读时会按一般规律读为变调（如团前音为上声时，团的原调 [53] 变为 [31]）。在雷州和海口，一概读为原调。从所表达的意义说，有三种用法也很一致。第一，用在名词（单音为多）之后表示较小的人或事或物。例如：后生团小伙子、新妇团童养媳、舅团小舅子、骹肚团腿肚子、雨团小雨、竹团小竹子、树团小树、床团小桌子（潮州、雷州）、路团小路、牛团小牛儿、鸡团小鸡儿、空团小孔。第二，表示某种亲昵或憎恶的感情。例如：姊妹团、孥团小孩儿、贼团、矮团、青盲团瞎子、戏团戏子、短命团。第三，有些未必是体积小的物或年纪小的人，可以也加上团尾。这是进一步虚化、只起音节作用的后缀。例如：薰团烟卷儿（潮州说烟团）、客团小贩、车团车子、凿团凿刀、凳团、日昼团（或说午更团：中午时分）、历团日历（雷州）、手团手指头（雷、琼说）、涂团泥浆（雷州）、布团一种劣质土布。第四，用在数量结构之后表示其数量少、时间短或体积小。例如：一歇团一会儿（有的说半歇团）、一丛团一小棵、一滴团一点儿、两粒团三两粒儿、三桶团不过三小桶。

福州话及大部分闽东方言用作单音名词“儿子”时读本音 [kiaŋ^3]，用作后缀时语音弱化，声母脱落并受前音节同化，但不变调。例如福州话逢前音节为元音韵尾时读 [iaŋ^3]：茶团中药汤剂、鞋团、椅团、猫团；前音节为 [-ŋ] 尾韵时读 [ŋiaŋ^3]：孙团孙子、侄儿、番钱团小硬币、盘盘团、羊团、和尚团小和尚。一些体积小的名词可用重叠式，为了强调其小，也可以在重叠式后再加“团”尾。例如：杯杯团小杯子、袋袋团小袋子、簿簿团小本子、桶桶团小桶、瓶瓶团小瓶子。叠音名词和再加“团”尾的意义一般地说并没有重大差异，只有少数叠音名词和加“团”尾的词的意义有明显不同。例如：耳耳器物上提把——耳团耳朵，尾尾尾巴——尾尾团最末一个。有时，极言其小还可以连用两个“团”尾。例如：椅团团、猫囝囝、鸡囝囝、儿囝囝小小孩儿。这是其他闽方言中所未见的特点。和上述其他闽方言一样，闽东的“囝”尾还可以用来表示喜爱或憎恶的感情。例如：姐妹囝、妹妹囝小姑娘、命囝小命儿、乖囝好孩子、英囝英儿，呼人名，鬼囝鬼子、败囝败家子、番囝洋鬼子、野囝二流子。由于用作单音名词和用作后缀的读音不同，造成了一些不同意义的同形词，成为派生词。例如：乞食囝：乞丐的儿子 / 小乞丐，尾囝：最小的儿子 / 末尾，豆腐——豆腐囝豆腐脑儿，新妇——新妇囝童养媳，客遛玩儿——客遛囝二流子，后生年轻——后生囝年轻小伙子。还有一些词加上“囝”尾后意义发生变化。

六

“囝”用作后缀最为典型、语法化更彻底的是在闽南方言区。

“囝”在厦门话里有四种读音：说 [kiã^3] 义为儿子，说 [kan^3] 义为婢女（查某～，俗写作嫺，本字为“囝”，泉州话 [kan^3 nã^3] 正是“小孩儿”，同音义。可证）。说 [a^3] 用作后缀。读 [kin^3] 或 [gin^3] 专用于“囝囝”（儿子，小孩，后音为 [a^3]）。在闽南话，名词“囝”和后缀“囝”的读音有进一步的变化。但限于闽南本土。

	厦门	台北	泉州	惠安	浙南（平阳）	苍南（灵溪）	尤溪
囝儿子	kiã^3	kiã^3	kã^3	kã^3	kiã^3	kã^3	ŋ^3
囝后缀	a^3	a^3	ã^3	kã^3	kiã^3	kã^3	ŋ^3

至于用作后缀的“囝”，在闽南话也用得比其他闽方言更加广泛。不但构成的词语多，构成语根的词性和结构也更为多样。以下以厦门话为例略举数端：

1. 表示体积小，数量少，情状微弱的，语根可以有各种结构：风～微风、雨～小雨、碗～、鼓椅～小圆凳、交椅～小靠背椅、十板～螺丝刀（外来词）、细汉～小时候、柴枝～小树杈、四两～、淡薄～有点儿、小可～稍微、尺半～阔 = 尺半阔～就一尺多宽、三两滴～一两点。

2. 表示时间不太久长，处所不太遥远，语根为时间词或方位词：昨日～、前几年～、顶日～前几天、头先～前刻、无一步～不一会儿；即位～这边儿、溪边～河旁、后面～、厝边骹兜～房前屋后、三两铺～二三十里而已。若是久远的时间或遥远的距离则不能加“囝”，如：五百年前，一万公里以外。

3. 表示轻微、缓慢的动作和情状，语根可以是形容词、动词和其他谓词：轻轻～（坐落去），细腻～（做），慢慢～（行），缓 [un^6] 缓～（来），小心～（停咧），点心～（则去吃点点心再走），歇蜀睏～（恰袂喘歇会儿才不会喘气），七桃～（就好稍微玩玩就好），宽宽～（则办慢条斯理去办）。

4. 表示喜爱或憎恶的感情，也有各种不同的语根和词序：夏扇～扇子，饮糜～，菜头～（粥和萝卜干都是闽南人喜爱的早点），目珠～（金金眼睛亮亮的），四角～方方的，鼓～面～小圆脸儿，姊妹～，爸～囝（前音 [a^{3}]，后音 [kiã^{3}]父子俩），翁～某～＝翁～某夫妻俩，四叔～（昵称），鸡～囝小鸡儿（极言其小和可爱），短命～（詈语），和尚～，师公～对道士的贬称，拍铁～，鼠贼～小偷，剪绺～扒手。

5. 有些单音名词加“囝”尾后与本义不同，有些语根并不单用，加“囝”后则成词，并可与其他语素连用构成词组。例如：糖——糖～糖果、侬人——侬～小人儿——侬～标画有美女的广告画、笔——笔～（笔～尖尖笔头流利）、粒粒儿——粒～疖子、表～手表——表～店、袇～（背心）——羊毛袇～、相思～相思树、[lut^{7}] ～（[lut^{7}]：诈骗）——[lut^{7}] ～谱骗子的手段、骹脚——骹～狗腿子、竹～枝腐竹、贼～目贼眼、李～贵对李贵的贬称、港～后厦门市地名。

6. 带“囝”尾的名词之后还可带上另一个也带后缀性质并表示细小意思的语素，以极言其小或带有某种感情色彩。例如：囝囝婴 [kin^{3}na^{3}ẽ^{1}]（婴儿，常见于厦门、台湾），囝囝痞 [kan^{3} nã^{3} phi^{3}]（小家伙，有贬义，常见于泉州一带），囝囝屎 [kan^{3} kiã^{3} sai^{3}]（小家伙，有可厌义，常见于永春一带），囝囝孥 [kin^{3} kə̃^{3} niũ^{1}]（小孩儿，常见于浙南一带，潮汕一带也用，音 [niuʔ^{7}]），孥囝鬼 [nuo^{2} kiã^{3} kui^{3}]（小鬼头，常见于潮汕一带），孥囝屎 [niau^{7} kia^{3} tai^{3}]（小家伙，有贬义，常见于海南）。

曾有人提出，厦门话的用作呼叫语的人名之后读为轻声的 [a^{0}] 以及重叠动词之间的 [a^{3}]（看 [a^{3}] 看，坐 [a^{3}] 坐）也是“囝”的弱化音。杨秀芳已指出“[a^{0}] 与囝是不同的词尾，语法功能不同，变调行为也不同”。（杨秀芳，1991 年，第 167 页）用比较的方法也可证明这个 [a^{0}] 是“啊”而不是“囝”，因为在泉州音不说 [ã^{0}]，在闽东不说 [iaŋ^{0}]，在其他闽方言不说 [kiã^{3}]、[kã^{3}]。前文所列的“囝”尾始终没有读为轻声的。“看 [a^{3}] 看，坐 [a^{3}] 坐”是看了又看，坐了又坐，语义正好和“细小、轻微、短暂”义相反，在泉州音也不是鼻化韵的 [ã]，这应该是厦门话从“看了看，坐了坐”的“了”弱化而来的。与从“囝”弱化而来的 [a^{3}] 同音而异义。但可以作为一种证明：厦门话的“囝”尾不但虚化得多而且其他助词的语音弱化也更彻底，以至名词的囝尾和动词的“了”尾在语音上都混同了。

七

以下说几点结论和一些相关的思考。

1. 汉语广泛使用的名词后缀应该说有“子、头、儿、囝”四个。它们都是从有关人子和人体的名词虚化而来的。其出现时代大体上是按上文排列的顺序为先后的。就其在现代汉语的分布说，“子”最普遍，南方为多；“头”用得较少；“儿”主要通行于官话区；“囝”则为闽方言区专有。在闽方言区，除了“囝”，有的方言还用“头”作后缀，但一定没有“儿”尾。在名词后缀上，闽方言区也显示了突出的方言特征。在以“囝”

为后缀的闽方言中，福建本土的片点伴随着语音的弱化（主要是脱落声母），因而民间常写为“仔”尾。在浙南、粤东、雷州、琼州这些“外围”闽方言，单音名词的“囝”和用作后缀是同音的。这些情况正可以用来说明闽地的“囝”尾读音是如何变化的。在福建中西部山区的闽方言，由于受客赣系方言的影响，“囝”只用作名词而未演化成后缀。那里的闽北、闽中方言名词后缀说“子”的多，到了邻近江西的赣化闽方言——邵武话，则用“儿”尾更多。这又是沿海闽方言和内陆闽方言相对立、相区别的一个重要表现。由此可见，研究这些名词后缀对于理解和认识闽方言的内外关系——外部的与官话及其他东南方言的关系，以及内部的各区闽方言之间的关系——都有重要的意义。

2. 这些名词后缀的主要语法功能是“表小指爱”，为什么选用“子、头、儿、囝”这几个名词语素来充当呢？在早期的人类社会里，用血缘连接起来的家庭关系中，“亲子”总是幼小而可爱的，“头”对人体来说也是小的，见于一端的，用这些重要基本词汇的意义延伸来“表小指爱”，这是人类语言“就近取譬”来表示语义的又一例证。

3. 语法化是意义的抽象化，这些名词后缀从“表小指爱”开始，不断地推动着语义的延伸：从体积细小（小椅子、小鱼儿、小石头）类推到年岁幼小（小孩儿、小妹囝、小孙子），再到数量微小（一点儿、淡薄囝、一滴子），再到时间短促（一时半会儿、两三日囝、三天两头），再到距离贴近（这边儿、里头、边囝、边头），再到情态轻微（风儿、雨囝）。从词类说，从名词后缀开始（石子、花儿、木头、猪囝）延伸到数量词（两斤子、半尺囝），指代词（这儿、啥子、几家头），乃至形容词（好好儿、慢慢子、轻轻囝）、动词（没看头、骗子、钳囝、耳聋子）。从喜爱意（哥儿们、靓仔、帅哥儿），还可向相反义引申（短命子、和尚囝、小鬼头）。这其中语法意义的扩展和词汇意义的推进是相互促进、同步发展的。由此可见，汉语的语法意义和词汇意义很难截然分开，应把二者的研究结合起来考虑。

4. 汉语的语法化往往是经过“词汇扩散”的过程逐渐形成的。就这些常见的名词后缀说，几乎没有一个是可以按照某种规律周遍类推的，而是常常表现出局限性。这种情况，一方面是因为词汇意义与语法意义相抵触。例如“子、头、儿、囝”等既是表小的，“天、地、江、海、龙、虎、象、鳄”等庞然大物便挨不上边，某些表示“整体”性“集体”性或抽象性的事物的名词也与之无缘。例如：祖宗、亲戚、五谷、花草、树木、畜生、班级、队伍、血脉、感情、饭菜、桌椅、家具、寺庙，等等。各地方言中，重叠的单音形容词能够加“儿、子、囝”的后缀的都只是少数几个：好好儿、慢慢子、轻轻囝。官话里也许还可以说“快快儿走”，怕是不可说“热热儿吃”。这说明汉语的语法现象和印欧语有很大不同。前者是意会的，逐个或一定批量地感受认知的；后者是格式化的（如性、数、格在许多西方语言中大部分都是规定好了的）。这又一次说明了汉语的语法意义的研究不能离开词汇意义的理解。

5. 如果说语义的语法化是内容，语音的弱化、黏着化便是经常相伴随着的形式。几个名词的后缀中，“儿”在许多方言里从本音变读为“轻声”，有的又合韵变读为“儿化”，或发生变韵、变调而被称为“小称变音”；“子”尾也往往从本音变读为“轻声”，有的再变读为“子变韵”，再往前走，还可以成为没有“子”音的语尾，如客家话的“咧”。“团”尾也有许多相应的语音弱化变音。这也是汉语语音史和语法史上的一条经常连带表现出来的规律。不过，不同的方法在体现这一规律时差别不小。有的只有语法化而没有音变，有的同一方言中，这一片变音，那一片不变音。这是因为语法化在汉语中是后起的现象（宋、元以来才有明显的表现），而音变是更为后起的伴随现象。从总体上看，北方官话的语法化和连音变读都比南方方言发展得充分些。这种不平衡也正是汉语方言发展中的常见状态，并构成了汉语方言之间的不同特征。闽方言的“团”尾在不同的小片方言里词尾化和变音方式，也有许多不同的表现，同样说明了这一点。

6. 语法化是汉语语法史和词汇史上的重要研究课题。研究这种课题也必须拿古今汉语和南北方言作纵横两向的比较。只有这样才能使我们不至于局限于某一地区或个别方言的现象，不至于局限于对某个断代的语言事实的了解，才能使我们进行整体的规律性的考察。汉语史和方言学的比较研究也应该是研究语法化的基本方法。

参考文献

北大中文系　《汉语方言词汇》，（北京）语文出版社，1995年。

蔡俊明　《潮州方言词汇》，香港中文大学中国文化研究所，1991年。

陈泽平　《福州方言研究》，（福州）福建人民出版社，1998年。

黄伯荣主编　《汉语方言语法类编》，（青岛）青岛出版社，1996年。

黄典诚、李如龙主编　《福建省志·方言志》，（北京）方志出版社，1998年。

李　荣主编　《海口方言词典》，（南京）江苏教育出版社，1996年。

李　荣主编　《建瓯方言词典》、《雷州方言词典》，（南京）江苏教育出版社，1998年。

林寒生　《闽东方言词汇语法研究》，（昆明）云南大学出版社，2002年。

钱奠香　《海南屯昌闽语语法研究》，（昆明）云南大学出版社，2002年。

太田辰夫　《中国语历史文法》，（北京）北京大学出版社，1987年。

王　均等编著《壮侗语族语言简志》，（北京）民族出版社，1984年。

王　力　《汉语史稿》，（北京）中华书局，1980年。

温端政　《苍南方言志》，（北京）语文出版社，1991年。

颜其香、周植志　《中国孟高棉语族语言与南亚语系》，（北京）中央民族大学出版社，1995年。

杨秀芳　《台湾闽南语语法稿》，（台北）大安出版社，1991年。

说明：本文刊于《南开语言学刊》2005年第1期，后曾收入《汉语方言研究文集》，商务印书馆，2009年。

闽方言的“卜”和“挃”

闽方言的“卜”和“挃”都是“要”的意思，可分说，也可以连说，是口语中的常用词，也是未见于外方言的闽方言特征词。全国方言中除了闽粤客等方言，“要”都说要；而东南方言中说“卜”和“挃”的也仅见于闽方言。这样一个重要概念，不论是古汉语的“欲”，如“已所不欲勿施于人”、“将”，如“行将就木”，或现代汉语的“要”，如要他、要说、要好、要走了，在闽方言都不说“要”。但是在各地闽方言中，“卜”和“挃”不论是用字还是读音、意义或用法都有许多差异。以下分别讨论。

一

“卜”通行于沿海闽方言。

福州话“卜”音 puoʔ^{23} 一般不单用为动词，用作助动词和副词。例如：“若卜赢，钱先行”（俗谚：多花钱能得利），“卜食白米，等哥去担，卜使奴婢，谊女堆山”（童谣，谊女：丫鬟）。这些“卜”是想要，要。“卜死卜臭”（惯用语，喻一副臭脸），“花卜开了”，其中的“卜”是“将要”。

莆田话“卜”音 poʔ^{32}，一般也不单说，而用作助动词和副词。例如：“阿公卜去牵，阿妈喝唔然”（童谣，唔然：不行），“池咧无水卜算饲鱼”（谚语，算：想）。

闽南话的“卜”大多可以单独用作动词，如说“卜啊唔？卜”。但更多的也是用作助动词和副词。例如：“卜买着紧去”（要买得快点去），“卜知都唔去”（要是知道就不去了），“日卜落了”（太阳快要下山了）。泉州音 boʔ^{5}，厦门音 beʔ^{32} 漳州音 bueʔ^{21}，浙南闽方言（苍南灵溪话）音近泉州话 bo^{5}（阴入字归阴上）。

雷州（海康话）音 bue^{55} 也用作助动词和副词。例如：“热卜死去”（热得要命），“我卜有想去呃”（我定会要去），“天卜光啦”（天快亮了）。有时还可重叠，以加重语气。例如：“人卜来齐啦”（人快要到齐了）。

海南屯昌话音 ve^{55}（也是阴入调白读）表示想要，用作助动词。例如：“卜想去地住喽讲”（想要去那儿住了），“汝卜去阿是无去”（你是要去还是不去）。海口音 mo^{55}，意为“快要”，例如：“卜落雨喽”。还组成双音虚词，例如：“卜是”（如果）“卜无”（要不然）“卜想”（想要）。

综上所述，沿海闽方言的“卜”大多用作助动词和副词，置于动词之前，一般不单说，表示的意义是“想要”或“将要”，相当于古汉语的“欲”和“将”。

“卜”是方言俗字而不是本字。早期的福州话韵书《戚林八音》“卜”仅见于釭韵边母上入声字，音poʔ꜀，注：卜卦。白读音pauʔ꜀，属郊韵边母上入声，但该书未收此字。口语中表示“要”的puoʔ，本应在过韵边母入声，亦失收。《戚林八音》是从《康熙字典》取字，按福州话音类排列的。许多口语中的方言词，尤其是本字未明，有音无字的词，并未收录。福州话表示“要、将要”的“卜”音puoʔ꜀，与“卜”本来就不同音。1870年出版的麦克礼的《榕腔注音字典》收了pok、pauk、puoh三个音，也未用“卜”注字。

把“想要、将要”写为“卜”最早见于明代嘉靖年间闽南话的戏文《荔镜记》。例如第十二出：“生：今爱卜辞哥嫂返去伏事爹妈，未知哥嫂心中是如何？外：好啞，小弟，汝卜返去伏事爹，准是我亲去一般。”后来，嘉庆年间（1800年）出版的泉州话韵书《汇音妙悟》沿用了这种写法：刀韵文母入声和科韵文母入声同样注了“卜：卜也”的字，就是boʔ、bəʔ的文白两读（均为阴入调）。其实，和福州话一样卜卦的“卜”和表示“要”的“卜”并不同音。卜：pɔuk^{5}（文）poʔ^{5}（白）也是阴入调。《汇音妙悟》收了“卜”（卜卦义）的文读音：东韵边母上入声（pɔk），也收了白读音boʔ，在刀韵（注有“此一音俱从俗解”）文母入声“卜也”。1895年出版的道格拉斯的《厦门话华英辞典》未注汉字，但卜卦的“卜”pɔk（阴入）和表示要的“卜”的音都收全了，后者并注明，厦门音：beh，泉州音bəh、boh，漳州话boeh（均为阴入调）。后来台南出版的甘为霖的《厦门音字典》则沿用俗写把包含着三种读音pok、poh、beʔ和两个意思的“卜”都写成“卜”。

沿海闽方言中的方言词“要”写成“卜”，从闽南的泉、漳、厦开始，后来向莆仙、闽东扩展，都成了习惯写法。潮汕一带因为改用ãi꜄，写为训读的“欲”。“卜”的写法中断了，到了雷琼闽方言，虽然口语中有buɛ^{55}/ve^{55}（均为阴入）的说法，词义和闽南话同样表示“将要”。但已无“卜”的写法。如雷州写为“勿”（《海康方言志》），海南也并未写成“卜”（《海口方言词典》）。

闽方言的重要方言特征词“卜”的本字是什么？至今还难于确证。从音韵地位说，各地读音没能完全对齐。福州话puoʔ^{23}和发芽的“发”的白读同音：莆田话poʔ^{21}（阴入）相当于“莫”pɒʔ（文）poʔ（白）的白读音，声调也是阴入的白读。雷州的buɛ^{55}和海南的mo^{55}，与此相类；闽南话则与山摄合口三等月韵的白读音相对应，袜：泉州bəʔ，厦门beʔ，漳州bueʔ，声调为阴入。

20多年前黄典诚先生曾说过“卜”的本字可能是“叟”。《广韵》望发切：“举目使人也。”读音和以上多种读音有一些联系，但也又难于说成对应关系，而且字义上也不容易解释。

“卜”在闽方言中有广泛的分布，音义上又有同有异，这是闽方言的分化较早的历史事实决定的。由于闽方言各个区片早已分化，音义上又有了不少差异。这种和汉语传统截然不同而又不完全对应的异同，很容易让人想到，也许就是早期闽人从原住民语言学来的。

沿海闽方言中不说“卜”的是潮汕闽南话，相当于其他沿海闽方言的“卜”，那里说 $\tilde{a}i^{21}$，阴去调，本字就是“爱”，通常写训读字“欲”。这显然是受客家话和粤方言影响的结果。据《汉语方言词汇》，作为动词的“要（要书）”和作为助动词的“要（要看书）”梅县、潮州都说“爱”；动词“要”，广州、阳江兼用“爱”，助动词“要”只见于阳江。看来，梅县客话的“爱”是原生的，潮州和广州、阳江则是客话影响的结果。

内陆闽方言“要”不论用作动词或助动词都不说“卜”。闽北的建瓯话说 $nio\eta^{44}$（阳去）和“让”同音。《玉篇》：“让，谦让。”字义上应有关联，也许可以这样理解：你给我是你让，我给你是我让，“要”不就是接受让吗？闽中的永安话说 iam^{54}（阳上）意为“想要”。合于《集韵》以两切：“懩，心所欲也。”有时也说“讨”$t\text{‘}a\text{ɯ}^{21}$（决定要）。同样的意思，雷州还有 $k\text{‘}iam^{21}$（阴去）的说法，与“欠”同音，因为欠缺，所以想要，字义也有些关联。这些说法都是从传统的汉语中相关的字引申而来的推测，可以理解为后起方言的创新。

二

“挃”在沿海闽方言也是“要”的意思，具体地说是“意欲拥有”，“唔挃”就是“不想要，不想获得”。

“挃”的分布也是局限于福建沿海的闽方言。一般不能单说，但经常和“卜”连用。凡是可以说“挃”的方言，都同时有“卜”的说法，而且“卜挃”二者连说，表示的也是“意欲拥有”。

闽海的“挃”都是阳入调，福州、厦门同音 $ti\text{ʔ}^{5}$，莆田话阳入字白读归入阳平 ti^{24}。“卜挃唔挃”连用是极常用的口语。福州童谣：“新人轿里咧啼猫，啼甚乇，卜挃衣橱共椅桌。”（新娘在花轿里哭，哭甚么，想要衣柜和桌椅）莆田歌谣也有类似说法：“卜挃甚物汝罔讲，卜挃金手指十八个。”在问答时，一般都说：“卜挃唔挃？卜挃、唔挃”，偶尔也简化为：“挃唔挃？挃，唔挃”。福州话的“有无”还可表示意愿“要不要”，所以也说“有挃—无挃”。在短语里可和助动词、否定词连说，如爱挃、无爱挃、敢挃、唔敢拸、通拸（可以要）、唔通拸（不能要）、莫拸（别要），还可说“有侬卜拸”（有人要）、“无侬拸”（没人要）、“三侬卜拸，四侬无份”（许多人争着要）。此外，“拸”既不能单用，也很难单独与其他词语组合。

“拸”未见于早期的闽方言字书和辞书。福州话的《戚林八音》、泉州话的《汇音妙悟》、厦门话的《八音定诀》和《渡江书十五音》以及漳州话的《十五音》，均未收“拸”，也未在 tiʔ꜊ 的音韵地位注字。1870 年麦克礼的《榕腔注音字典》也未收录“卜拸”和“唔拸”。1913 年甘为霖牧师的《厦门音字典》只收“卜”beh，未收“拸”tih。最早记录福州话的“拸”是 1891 年在福州出版的 T.B.Adam 所编的《福州话英汉辞典》（*English-Chinese Dictionary of the Foochow Dialect*），只有 want 下注有 oi（阴去，爱）oi（阴去）tih（阳入，爱拸）tih（阳入，拸）ŋwong（愿）的音（该书未注汉字）。记录厦门话的“拸”是 1873 年伦敦出版的道格拉斯的《厦英大词典》（*Chinese-English Dictionary of the Vernacular on spoken Language of Amoy*）tih：behtih（卜拸）bōbehtih（无卜拸）aitih（爱拸）mtih（唔拸）（该书也未注汉字）。这说明早期福、厦闽方言有 $tiʔ^3$ 的说法，但无“拸”的写法，因为本字未明。方言字书从汉字出发，所以有的方言词的读音也未收录。

20 世纪 60 年代初编写《福建省汉语方言概况》时把 $tiʔ^3$ 的音记为“拸”。黄典诚先生主张写作“拸”的根据是《说文》的写法：“拸，陟栗切，获禾声也”，《诗经》有“获之拸拸”，当是拟声词，而非动词。虽然语音对应是符合了，但字义显然有别。以此作为 tih^3 的本字，看来也不好确定。

内陆闽方言中的建瓯话有“伓拸”[$eiŋ^6$ te^3] 的说法。建瓯话的 [te^3] 合于“投”的音（部分古浊平字归上声）。《广韵》度侯切：“投，合也。”后来不就有“投合”的说法了吗？也许古老的建瓯话可以为我们解开这个谜。《建瓯方言词典》用了“伓拸”这两个字，不过是编者李如龙、潘渭水二人根据 1962 年编写《福建省汉语方言概况》时所采用的写法。

潮、雷、琼的闽方言中未发现“拸”的说法，通常说成“唔爱”。只有雷州的海康话有“无地 $bɔ^3$ ti^{33}”的说法（如说“定定行，无地走”慢慢走，别跑）。这个“无地”是不是本土闽方言的“伓拸”换成“无拸”的说法呢？值得进一步调查。

三

作为解剖的麻雀，经过对闽方言的“卜、拸”的调查研究，我们可以得出如下的一些启发。

第一，方言词汇的研究，乃至整个汉语词汇的研究都应该着力于常用词，尤其是口语常用词的研究。口语常用词，特别是其中的单音词往往有多个义项、多种用法。一个常用词不论是意义的延伸、分化或词语的组合，都形成了一个大大小小的系列，只有从系统上考察，才能认识单个常用词的完整的含义和功能。闽方言的“卜挃”既能分离，也能合说，基本义是“想要”“将要”或“合意”。在语流中可以用作动词（卜挃、卜）、助动词（卜去），也能用作副词（卜死了）还能和别的语素合成双音的关联词（若卜去着赶紧）。但具体的含义和用法在不同的闽方言中又有许多差别。可见，这两个字的研究可以使我们了解许多闽方言的特点。

其实，不但是方言之间，就在方言与普通话之间，常用词在意义分项和功能组合上，更是常有差异，绝对对应的词只是少数。例如，动词“卜挃”在厦门话只能带体词宾语（卜挃红的，卜挃即本册想要这本书）；而福州话还可以带一些谓词性宾语（卜挃伊来希望他来）；作为连词，厦门话可说“卜是”用作表示假设的连词（卜是伊来就好），福州话就不行。就闽方言和普通话做比较，“要”和“卜、挃”的意义和功能的不对应就更多了。例如：“我向他要了一张票”，闽方言不说“要。而说“讨”；“他要我借钱给你”闽方言“要”说成“教”；“你一定要记住”，闽方言“要”说“着”；“时间到，要走了”，“要一万元才够”，这两个“要”闽方言也说“着”。可见，常用词的比较研究不能只取某一个词义做孤立的比较，而必须关注整个义位的系列并联系义素的组合，作为一个系统来比较。

第二，就常用的方言词做内外比较，对内比较同区方言之间的异同，对外比较方言与古今通语的异同，这是方言词汇研究的更高要求。这类研究不但可以准确地提取方言的特征词，了解方言的特征词中所沉积的不同历史层次的语言事实，而且可以考察方言词汇在传承和变异过程中所体现的规律。不仅如此，“礼之失而求诸野”，许多方言的特征词及其历史层次演变规律要是摸清了，汉语的词汇史也就能突破书面文献比较研究的局限，获得更加广泛的、鲜活的、比典籍所记录的更加准确的语料依据。本文所比较的“卜”，作为动词，在上古汉语用的是“欲”（富与贵，是人所欲也，不以其道及之不处也。己所不欲勿施于人）。作为助动词，上古说“将”（乐而忘忧，不知老之将至。人之将死，其言也善）。“要”的古义是腰（《说文》“要，身中也”），后来引申为“重要”（《孝经》“先王有至德要道”），又引申为截取（《孟子》“非所以要誉于乡党朋友也”）。汉代以后才逐渐引申为“意欲”并取代“欲”。可见，从上古的“欲”到中古的“要”，闽方言的口语都没有明确的介入。研究汉语方言的学者常说，闽方言最为古老，保留了许多上古汉语的成分，又有所谓语音系统“超《广韵》”的说法。这都是经不起推敲的。语音和词汇的变化往往不同步，语音、词汇中也都有古老的留存和后起的变异，只能就具体事实做分析。无论如何，闽方言里有许多异于别处方言的常用的特征词，这些特征词的研究对于我们了解闽方言的历史是十分重要的。

第三，对于方言常用特征词的词源考证很重要，但是这种“考本字”必须十分慎重，正如李荣先生再三强调的，但求“锦上添花”，切勿“画蛇添足”。为方言词造个俗字以图书写方便，这也无妨，但一定要标明是同音字、训读字、本地确已通行的俗字或新造俗字。不加分别滥用各种字形，只会造成混乱，是不可取的。上文所述，基本上否定了“卜”和“挃”是本字。既是常用词，如果是古来传承，不可能在前代语料里找不到任何用例（书证）。因此，为方言考本字必须坚持经过音韵论证、字义分析和古籍用例的引证，这是不能动摇的。于古字书找不到特定的声韵组合的用字的，可能是字书失收，也可能是方言的创新：于古籍找不到用例的，可能是未进入通语的方言词，也可能是从原住民语言借入的底层词或语言接触中吸收的他族语词。切不可认为方言词“无一字无来历”，也不能认为古籍必定囊括了所有的古语词。闽方言的“卜、挃”看来与“欲、要”都没有关系，但是它在闽方言区又是分布广泛，彼此大体对应，也是使用频繁的特征词，可以认为是一组同源词。究竟是什么语源，这还有待于与古今民族语言的比较。闽方言形成于闽地，汉代就有闽越族人集中居住于武夷山区。虽然两千年过去了，闽越人的语言不可能在闽方言中荡然无存。如今的闽方言研究已经逐渐深入，古闽越语在闽方言中的留存是应该提上议程了。看来，人为侬，足为骹，屋为厝，儿为囝，穿为颂，干为焦，多为侪，一为蜀，平地为埔，巢为岫，太为卡，还有本文所讨论的“卜、挃”，是否汉语的语源，都值得进一步考虑。寻求古越语的底层留存，应该是可以另辟的一条蹊径。

参考文献

北大中文系语言学教研室　《汉语方言词汇》（第二版），（北京）语文出版社，1995 年。

蔡俊明　《潮语词典》，香港中文大学，1976 年。

陈章太、李如龙　《闽语研究》，（北京）语文出版社，1991 年。

洪惟仁　《〈汇音妙悟〉与古代泉州音》，台湾图书馆，1996 年。

觉梦氏　《八音定诀》（木刻本），1894 年。

李荣主编　《福州方言词典》《厦门方言词典》《雷州方言词典》《海口方言词典》《建瓯方言词典》，（南京）江苏教育出版社，1993—1998 年。

李如龙、王新魁　《戚林八音校注》，（福州）福建人民出版社，2001 年。

李如龙主编　《汉语方言特征词研究》，（厦门）厦门大学出版社，2001 年。

温端政　《苍南方言志》，（北京）语文出版社，1991 年。

无名氏　《渡江书十五音》，东京外国语大学亚非言语文化研究所影印本，1987 年。

谢秀岚　《汇集雅俗通十五音》，［清］嘉庆戊寅年会文堂本，1818 年。

周长楫、林宝卿　《永安方言》，（厦门）厦门大学出版社 1992 年。

Carstairs Douglas　*Chinese-English Dictionary of the Vernacular of Spoken Language*（《厦英大词典》），1873，伦敦。

R.S.Maclay、Alphabetic *Dictionary of the Foochow Dialect*（《榕腔注音字典》），1870，福州。
T.B.Adam *English-Chinese Dictionary of the Foochow Dialect*（《福州话英汉辞典》），1891，福州。

附记：本文曾发表于《泉州师范学院学报》2012年第3期。是一篇为闽方言考本字，但是还未能做出定论的小文章。许多闽方言都有这两个常用的特征词，虽然语音和语义都对应得不太整齐，但又是确然存在的。不论是语源的探索或是语音的变异、语义的引申（包括词汇意义和语法意义），要追寻这样一个历经千年的方言核心词的变迁，得出让人满意的结论，虽不容易，却很值得做。我不太欣赏闽方言是“古南方方言”的认定，也不太赞成“超《广韵》”的说法，因为从整体的框架和系统上看，都可以说明它是古代汉语的传承，和广韵系统的对应相对比较复杂罢了。像为客家话的k‘ai考出了“荷”，为闽方言的“囝”找到南岛语的语源，就给了人们许多有益的启发。我自已闻见未周，尤其是古籍和民族语言知道得太少，很希望熟悉闽方言的同行和高瞻远瞩的学者来指我迷津。汉语方言中的此类诱人的幽谷应该还有不少，很值得更多的后来者共同努力。

说“八”

“八”是《说文》所立部首，其说解云：“八，别也，象分别相背之形。”清人王筠的《文字蒙求》把“八”归入“指事”，说是“字象分别相背之状”。八字两笔，撇捺异向，确是分别相背的形状，究竟这只是字形的说解，还是口语用词的词义训释呢?

后来，“八”假借为数词，大概因为和“八方”“八卦”“八仙”等相关联，便成了最常用的数词之一，久借不归，“八”的本义反倒少用了，从《玉篇》《广韵》起，许多字书的注解都只说“数也”。查了几部近几年间重新编写的大型字典词典，只有《汉语大字典》把“分开”立为“八”字的第一个义项。《辞源》《辞海》均未立此义项，所收的百余词条中也没有这个义项的用例;《汉语大词典》收了“八”字头词目438条，只有“八八”一词有“谓二物分异或相背”的含义，但仍未立“分别、相背”的义项。如果说，两千年来的典籍中“八”的这个初义的用例并不多见，这大概是可信的；但如果因此而取消这个义项，甚至怀疑许慎的说解，显然是不妥的。

语言的发展系乎时也系乎地。有些字的本义在后代的语词中少用或不用了，有的共同语不用而方言用，有的书面语不用而口语用，这都是常见的现象。关于“八”的本义，在现代的闽方言中还可以找到许多用例。“礼之失而求诸野”，这说明，方言调查可以补足书面语文献的局限，为词汇史的研究提供更可靠、更重要的根据。

“八”在沿海的闽方言中普遍有两个共同的义项，一是用作动词，表示“认识、理解和知晓”；一是用作副词，表示“曾经”，有的地方还有表示“乖背”的用法。现举例如下。

福州话：

会八 $ɛ^{52}$ $palʔ^{23}$—觯八 $mɛ^{52}$ $paiʔ^{23}$　知道某件事、认识某个人、理解某道理都可说“会八”，反之说“觯八”，当地人说普通话时都转说成“懂”和“不懂”。

八字 $pɛiʔ^{5}$ $tsɛi^{242}$　识字，“觯八字，看告示。”这是讥讽不懂装懂、装腔作势的人的俗谚。

八传 $pɛi^{21}$ $tuoŋ^{52}$　知道（觯八传：不知道）

八事 $pɛiʔ^{5}$ tai^{242}　懂事（多指小孩）

八势 pɛiʔ⁵ siɛ²¹³　识时务（也说“八势况”）

八板 pɛi²³ pɛiŋ³²　守规矩

八正 ɛiʔ⁵ tsɛiŋ²¹³　识相

八曾 pɛiʔ²¹ tsɛiŋ⁵²　曾经

八背 pɛiʔ⁵ puoi²⁴²　背时，倒霉（也单说“背”）

1870年出版的《榕腔注音字典》（*Alphabetic Dictionary of the Foochow Dialect*）大概是为了与数词相区别，把这些“八”写为“扒”。“扒”这个俗字不知何时何人所造，地方韵书《戚林八音》未收，民间也未通行。

厦门话：

八 pat³²—伓八 m²¹ pai³²　“八”可单说，用作动词表示“认识，理解”，用作副词表示“曾经”。否定式说“伓八”。如说“八道理”（识理）、“伓八路”（不认得路）、“八侬伓八名”（认得人不知道名字）、“八契无田作”（识得田契却没有田地耕种，意为徒有能力没有条件）“伊八去着，我伓八去着”（他去过我没去过）。

八货 pat⁵ he²¹　识货（又说“八物”pat⁵ mĩʔ⁵）

八目 pat⁵ bak⁵　有眼光，识别能力强

厮八 sã²² pat³²　相识（否定式为“伓相八”）

八字 pat⁵ li²²　识字（潮州还说“八数目”）

八厝栽 pat⁵ ts‘u⁵³ tsai⁴⁴　认识（别人的）老祖家，意为可以放心，日后有事尚可追究

未八未 be²¹ pat⁵ be²²　未曾，相当于口语所说“早着呢！”（也说“未曾未”）

八去着 bat⁵　k‘i²¹ tioʔ°　曾去过

厦门话用作“认识”“曾经”都只能用文读音，不能换成白读音 pue⁷。用作“曾经”还可以换读成浊音声母 b。可能是字义“虚化”的需要；用作数词和“认识”只能用文读音，声母不能弱化，可能是作为数词要求的严肃性。

闽南话这个“八”，在教会罗马字字典中仍写为“八”，早期潮州话唱本则写训读字“识”，《普通话闽南话对照词典》不知何故，作“认识”解，写为“捌”；作“曾经”解，写为“八”。

那么，究竟闽方言的这些说法，是不是源自“八”字呢？这还需要做一些音韵和训诂的论证。

“八”，中古音属山摄开口二等黠韵，上古音属质部（开口）入声，声母都是帮母。在福州话只有 paiʔ²³ 一读，不会有争议。在闽南话，用作数词读白读音，用作动词和副词读文读音：

	八数词	八认识、曾经
厦门	pueʔ³²	pat³²

漳州	peʔ^{32}	pak^{21}
潮州	poiʔ^{21}	pak^{21}

下列几个常用词都来自上古质部，在闽方言各点的读音都对应严整：

	八$_{\text{数也}}$	节$_{\text{过～}}$	劼$_{\text{挤}}$	瞯$_{\text{眨眼、闭眼}}$
福州	paiʔ^{23}	tsaiʔ^{23}	k‘aiʔ^{23}	k‘aiʔ^{23}
厦门	pueʔ^{32}	tsueʔ^{32}	k‘ueʔ^{32}	k‘ueʔ^{32}
漳州	peʔ^{32}	tseʔ^{32}	k‘eʔ^{32}	k‘eʔ^{32}
潮州	poiʔ^{21}	tsoiʔ^{21}	k‘oiʔ^{21}	k‘oiʔ^{21}

以上例词中，后两个需要考证。劼，闽方言意为用力挤，拥挤。《广韵》："劼，格八切，用力，又固也。" 瞯，《广韵》："瞯，苦穴切，阕，终也。" 音合，与闽方言 "目闭" 义相关。

上古质部入声多认为是 et 的音，eʔ、oiʔ、ueʔ 显然是从 et 蜕变而来的，而 at、aiʔ，则与中古黠韵的拟音 æt 较为相近。"八" 通假用作数词应是很早的事，甲骨文中 "八" 就是常见字，数词 "八" 保留较早读音在情理之中。用文白读来区别口语里不同用词的不同读音，这在闽南方言是十分常见的，仍以山摄入声字的异读为例（泉州音）：

末 buat^{24} ～尾（没落）	buaʔ^{24} 芥末	
血 hiat^{5}（产血，经血）	huiʔ^{5}（一般的血）	
夺 tuatʔ^{24}（掠得）	təʔ^{24}（中药药性互相抵消）	
节 tsiat^{5}（省略，略去）	tsat^{5}（一节，节制）tsueʔ（过～）	
缺 k‘uat^{5}（缺席）	k‘əʔ^{5}（短缺，欠缺）	k‘iʔ^{5}（器破）
绝 tsuat^{24}（断绝）	tsəʔ^{24}（绝种）	tsueʔ^{24}（切断）

在词义方面，我们可以联系《说文》八部的其他字义的说解来考察，因为同部首的字在意义上常是相关的。

"八，别也，象分别相背之形。"

"分，别也，从八从刀，刀以分别物也。"

"八、分" 都是分别之义，在闽方言，把东西分开、分拨、分赠说 "分"（福州 puoŋ^{44}，厦门 pun^{44}，潮州 puŋ^{33}，都仍读重唇音）；把事理区别开来，能识别、晓识说 "八"，一虚一实，这是一对同义词的合乎逻辑的语音分化。

《说文》八部还有以下一组近义字：

"曾，词之舒也，从八从曰四囮声。"

"尚，曾也，庶几也。"

"詹，多言也，从言从八从广。"

其中关于 "曾" 的训释不确，近人杨树达、于省吾都曾指出过（参阅《汉语大字典》“曾”字条)。“曾”有增加之义、曾经之义,这是十分明确的。《广雅·释诂》:“尚,加也”可作“尚,曾也”、“詹,多言也”的旁证,说明从“八”还有“增多”之义。能识别就是增多了理解,这就是“别也”和“加也”的语义联系。尚、尝音近,“尝”不就是“曾经”的意思吗?福州话的“八曾”就体现了“分别”和“曾经”的引申联系。

《说文》八部还有两例说明了“八”有“相背”之义,这就是“公”和“必”。

“公,平分也,从八从厶,八犹背也,韩非曰:‘背私为公’。”

“必,分极也,从八弋,弋亦声。”

“八犹背也。”背由北得声,北、八双声,并且都是“象相背之形”,有相背离之义。福州话“八背”表示“背时、倒霉”之义,也是“八”有背义的绝好证明。“必”的说法也见于闽方言,福州音 pɛiʔ[23],厦门音 pit[32],不论是皮肤皲裂、竹管开裂或土地龟裂,都可说“必”。“分极”也就是分开的两极,裂成两边的意思。

可见“八”的“识别、知晓、曾经、乖背”之义在语义上也是相通的。

《说文》八部竟有这么多字的音义在闽方言都可找到口语用词的例证,这说明《说文》的说解应是有当时实际口语的依据的,我们不能任意加以怀疑和否定。同时,这也说明了闽方言的许多口语用词的渊源可以追溯到东汉时期的通语。“八”的这些义项在闽方言如此一致,如此常用,而在其他方言和历来的典籍中又是如此少见,这就足见闽方言对于研究早期汉语是何等的重要了。

说明:本文最早刊于《中国语文》1996年第3期,后收入《汉语方言研究文集》,商务印书馆,2009年。

附记:这几年,“八”成了吉利字眼流行开来了,据说是“八”和“发”语音相近,有人还拿888之类号码高价拍卖,此风大有越五岭、渡长江、过黄河之势。就连经常在埋怨“八背”,谓“不伦不类”为“有七无八”的福州人,也在希望“八”会给他们带来“发”,说来真有点滑稽。

从闽方言的“汝”和“你”说开去

一

1999 年 8 月的一天，我请李蓝带路登门拜会李荣先生。每次见到李先生，他总要问问闽方言的一两个字，而我也都从中得到重要的启发，所以我也把这种拜会当成向大家学习的机会。果然，这次他又问了：厦门话的第二人称代词究竟是“汝”还是“你”？

这个“汝”也问到要害上了。厦门话的第二人称代词说 li^3，属上声调。就这个音说，可以是“汝”也可以是“你”。因为厦门话的泥母、日母都与来母相混，逢鼻化韵读 n，逢非鼻化韵读 l；次浊上声字读上声调，二者也相同：鱼韵的部分口语常用字也与止韵多数字相混读为 i。例如：

鱼韵字	猪	箸	鱼	去	徐
	꜀ti	ti꜆	꜁hi	k‘iᵓ	꜁ts‘i
之韵字	耻	治	耳	起	饲
	ᶜt‘i	ti꜆	hĩ꜆	ᶜk‘i	ts‘i꜆

大概因为如此，有人认为厦门话的第二人称代词是“你”，就厦门话说，也无不可。

为方言词考求本字，只就一个方言点去考察，碰到这类情形就可能得出不正确的结论。因此李荣先生提出，“本字考”要做“方言比较”。经过几个姊妹方言点的比较，往往就可以排除一些假象，找到真正的本字。厦门话的“汝”或“你”，如果联系泉州音、漳州音去考察，便可以找到明确的答案。请看以下字音的比较①：

	汝	猪	鱼	女	鼠	除
泉州	ᶜlɯ	꜀tɯ	꜁hɯ	ᶜlɯ	ᶜts‘ɯ	꜁tɯ
厦门	ᶜli	꜀ti	꜁hi	ᶜlu	ᶜts‘u	꜁tu
漳州	ᶜli	꜀ti	꜁hi	ᶜlu/ᶜli	ᶜts‘u/ᶜts‘i	꜁ti

---

① 本文所用闽方言材料多引自《闽语研究》和《福建省志·方言志》，有些是本人田野调查所得。为便于比较，字音只标调类，未标调值；词汇只标本调，未标变调。一字两音的，斜杠前为文读，斜杠后为白读。

	李	起	时	思	史	四
泉州	꜂li	꜂k‘i	꜁si	꜀sɯ	꜂sɯ	sɯ꜄/si꜄
厦门	꜂li	꜂k‘i	꜁si	꜀su	꜂su	su꜄/si꜄
漳州	꜂li	꜂k‘i	꜁si	꜀su	꜂su	su꜄/si꜄

在厦门郊区的海沧一带，第二人称代词说 ꜂lu，鱼说 ꜁hu，猪说 ꜀tu。早期的厦门音和泉、漳音的鱼韵字正好形成高元音“u : ɯ : i”的对应。两三百年前的《汇音妙悟》和《雅俗通十五音》正是反映的这种情形。1909 年编印的反映厦门音的《八音定诀》则兼有 ɯ、u、i 的异读。例如，“锄”见于“他书”读 [꜁t‘ɯ]，又见于“他须”读 [꜁t‘u]，鱼见于“喜诗”读 [꜁hi]，又见于“喜书”读 [꜁hɯ]。现代厦门音“汝”读 ꜂li，“鱼”读 ꜁hi 显然是漳州人来多了，漳州音影响厦门音的结果。而现代漳州话新派文读“女”为 ꜂lu，“鼠”为 ꜂ts‘u 则应是受地位高的城市方言厦门话影响的结果。泉州是闽南开发最早的地方，古城的读音稳定，鱼韵都读 [ɯ]，这个音显然更为古老。从 ɯ 变为 u 和 i，音理上也容易理解：一个把唇拢圆，一个把舌面前伸。

至于之韵字，在泉州只有精庄组读 ɯ（居）韵，其余都读 i；在漳州和厦门则是多数读 [i]，精庄组文读为 [u]。可见，鱼韵和之韵在闽南话的语音对应里是判然有别的。经过厦门音和泉漳音的比较，闽南话第二人称代词是鱼韵的“汝”，就可以得到确证。

这个“汝”的音，传到潮州和浙南之后数百年了，至今还和泉州音相同，读为 ɯ，潮州话和浙江省苍南灵溪话都是 lɯ^{53}（温端政，1991），在海南省各地和新加坡、马来西亚一带的闽籍华裔中则普遍读为 ꜂lu，这是厦门初开埠时的厦门音。在台湾的闽南话则读 ꜂li 的居多，偶尔也有 ꜂lɯ 和 ꜂lu 的说法。

和闽南话的 lɯ-li 相对应的鱼韵“汝”字，在闽东读为 ꜂ny^{32}（福州），在莆田读为 ꜂ty^{353}，这都是十分明确的。而在之韵只有精庄组的文读音会读成 y（子 ꜂tsy，史 ꜂sy），其余都只能是 i。

总之，在闽、台、浙、粤、琼各省，沿海的闽方言的第二人称代词都是“汝”。

然而，闽方言中也有不说“汝”而说“你”的，这便是内陆闽方言——闽北方言和闽中方言。在那里，第二人称代词是之韵字而不是鱼韵字。试比较①：

	你	里	辞	芝	李姓	李李子	事
永安	꜀ŋi	꜂ni	꜁sɿ	꜀tsɿ	꜂li	꜃ʃia	hɔ꜄
沙县	꜀gi	꜂le	꜁sɿ	꜀tsɿ	꜂le	꜃sai	sai꜄
建瓯	ni꜅	꜂li	꜂tsu	꜀tsi	꜂li	sɛ꜅	ti꜅
建阳	˳nɔi	꜂lɔi	꜁so	꜀tsi	꜂li	se꜅	꜂hai
松溪	niɛ꜅	꜂lɛi	꜁tsu	꜀tsiɛ	꜂li	syœ꜅	tei꜄

① 闽北方言中建阳、松溪有两类阳平，阳平乙用左下角的“o”表示。

	女	除	去	书	锯	鱼
永安	ᶜŋy	꜁ty	k'ɯᵓ	꜀ʃy	kyᵓ	꜁ŋy
沙县	꜀gy	꜁ty	k'oᵓ	꜀ʃy	kyᵓ	꜁gy
建瓯	ᶜny	ᶜty	k'oᵓ	꜀sy	kyᵓ	ŋyᵓ
建阳	ᶜny	꜁ly	k'ɔᵓ	꜀sy	kyᵓ	꜁ŋy
松溪	ᶜnœy	꜁tœy	k'oᵓ	꜀sy	kyᵓ	꜀ŋy

可见，除了个别白读音，鱼韵字在闽北、闽中都读撮口呼韵 y，而之韵字则未见有撮口呼的读法。内陆闽方言的第二人称说“你”而不说“汝”，也是确然可证的。

二

人称代词是方言中的基本词，是很能体现方言特征的。不仅如此，沿海闽方言和内陆闽方言之间并非只是偶尔可以发现的一两处此类基本词汇的差异，而是有着一批典型的特征词的差异。从以下词汇材料可以看到，沿海闽方言有更多闽方言特征词，内陆闽方言则由于客赣方言的影响已经放弃部分闽方言特征词了（有个别条目保留的是早期闽北方言固有的独特说法）。例如（以下举例，说法同左边方言的，不再列出，直接注音）：

普通话	福州	莆田	厦门	汕头	屯昌
人	侬 ꜁nøyŋ	꜁naŋ	꜁laŋ	꜁naŋ	꜁naŋ
他	伊 ꜀i	꜀i	꜀i	꜀i	꜀i
猪	猪 ꜀ty	꜀ty	꜀ti	꜀tɯ	꜀ʔdu
泥土	塗 ꜁t'u	꜁t'ɔu	꜁t'ɔ	꜁t'ɔu	꜁ɦɔu
书信	批 ꜀p'iɛ	꜀p'e	꜀p'ue	信 seŋᵓ	tinᵓ
缝（动词）	纴 t'iɛŋᵓ	t'iŋᵓ	t'ĩ꜅	t'ĩᵓ	꜀ɦi
铺（动词）	舒 ꜀ts'y	꜀ts'y	꜀ts'u	铺 ꜀p'ɔu	꜀fu
嫩（菜）	幼 iɛuᵓ	iuᵓ	iuᵓ	嫩 nuŋ꜅	幼 iuᵓ
摘（果子）	摘 tiɛʔ꜇	採 ᶜts'ai	挽 ᶜbaŋ	摘 tiaʔ꜇	ʔdia꜇
盖（被子）	㔶 ᶜkaŋ	kaʔ꜇	kaʔ꜇	kaʔ꜇	ka꜇
湿	滥 laŋ꜅	澹 ꜁taŋ	꜁tam	꜁tam	꜁ʔdam
（绑）紧	槙 taiŋ꜅	絚 ꜁ɛŋ	꜁an	紧 ᶜkeŋ	絚 ꜀an
（粥）稠	洞 kyʔ꜈	洘 ᶜk'o	ᶜk'o	□ kap꜈	kit꜈
（粥）稀	清 ꜀ts'iŋ	潡 kaᵓ	kaᵓ	kaᵓ	kaᵓ
（肉）瘦	瘖 ᶜsɛiŋ	精 ꜀tsiŋ	꜀tsiã	꜀tsiã	瘖 ᶜtan
闭（眼）	□ k'aiʔ꜇	k'eʔ꜇	k'ueʔ꜇	合 ap꜈	瞑 nip꜇

眼泪	目滓 mεiʔ꜇ ꜂tsai	maʔ꜇ ꜂tsai	目屎 bak꜇ ꜂sai	目汁 mak꜇ tsap꜆	mak꜇ tsiɔp꜆
东西	乇 nɔʔ꜆	物乇 muεʔ꜇ nɒʔ꜆	物件 biʔ꜇ kiã꜅	mueʔ꜇ kiã꜅	物 ꜂mi
女婿	儿婿 ꜁niε lai꜄	囝婿 ꜂kyɒ lai꜄	꜂kiã sai꜄	꜂kiã sai꜄	郎家 ꜁lɔ ꜀kε
坟墓	墓 muɔ꜄	mɔu꜄	bɔŋ꜅	坟 ꜁pʻuŋ	墓 ꜀mɔu
说话	讲话 ꜂kɔuŋ ua꜅	꜂kɒŋ ua꜅	꜂kɔŋ ue꜅	呾话 tã꜄ ue꜅	讲话 ꜂kɔŋ ꜀ue
厨房	灶前 tsau꜄ ꜁lεiŋ	tsau꜄ ꜁le	灶骹 tsau꜄ ꜀kʻa	灶间 tsau꜄ ꜀kãi	灶前 tau꜄ ꜁tai
（肚子）饿	空 ꜀kʻœyŋ	枵 ꜀iɐu	꜀iau	困 kʻuŋ꜄	xun꜄
种田	作田 tsɔ꜄ ꜁tsʻεiŋ	tsɔ꜄ ꜁lεŋ	tsoʔ꜆ ꜁tsʻan	种田 tseŋ꜄ ꜁tsʻaŋ	作垅 to꜆ ꜁san
可爱	好疼 ꜂xɔ liaŋ꜄	꜂ho tʻia꜄	꜂ho tʻiã꜄	好惜 ꜂ho sioʔ꜆	好疼 ꜂ɦo ɦia꜄
中间	大中 tai꜅ ꜀lɔuŋ	中央 ꜀tɒŋ ꜀ouŋ	꜀tiɔŋ ꜀ŋ	꜀taŋ ꜀ŋ	老央 ꜃lau ꜀o
(一)个(蛋)	粒 laʔ꜇	其 ꜁ke	粒 liap꜇	liap꜇	枚 ꜂mo

普通话	永安	沙县	建瓯	建阳	松溪
人	人 ꜁nã	꜁lεiŋ	neiŋ꜄	꜁nɔiŋ	꜁neiŋ
他	渠 ꜀ŋy	꜀gy	ky꜇	꜁ky	kyo꜇
猪	豨 ꜂kʻyi	꜂kʻye	꜂kʻy	꜂kʻy	꜂kʻy
泥土	泥 ꜁le	꜁le	nai꜄	꜁nai	꜁na
书信	信 sã꜄	sεiŋ꜄	seiŋ꜄	sɔiŋ꜄	seiŋ꜄
缝（动词）	连 ꜁lεiŋ	꜁nĩ	luiŋ꜄	꜁lyeiŋ	꜁liŋ
铺（动词）	铺 ꜀pʻu	꜀pʻu	꜀pʻy	꜀pʻo	꜀pʻu
（菜）嫩	嫩 luã꜄	nuĩ꜄	nɔŋ꜅	nuŋ꜅	nueiŋ꜅
摘（果子）	讨 ꜂tʻaɯ	꜂tʻɔ	꜂tʻau	꜂hau	꜂tʻo
盖（被子）	遮 ꜀tsia	꜀tsia	꜀tsia	꜀tsia	꜀tsia
湿	湿 tʃʻe꜆	tʃʻiε꜆	tsʻiε꜆	tsʻie꜆	tsʻiei꜆
（绑）紧	紧 ꜂kã	꜂kɔ̃	꜂keiŋ	꜂kiŋ	꜂keiŋ
（粥）稠	浓 ꜁lɐm	꜁lœyŋ	nøyŋ꜄	꜁neiŋ	꜁nœyŋ
（粥）稀	增 ꜀tsã	꜀tsεiŋ	꜀tsaiŋ	꜂lɔiŋ	꜀tsaŋ
（肉）瘦	瘦 sø꜄	sau꜄	se꜄	sɔu꜄	sa꜄
闭（眼）	瞌 ŋi꜆	tsʻɤ꜆	tsʻi꜆	tsʻi꜆	tsʻi꜆
眼泪	目汁 ꜃mu tsɿ꜆	꜃bu tsɤ꜆	mu꜆ tsε꜇	mu꜇ le꜇	mu꜆ tsi꜆
东西	□ ꜂xɒ	꜂xa	物事 mi꜆ ti꜅	事 hai꜅	物事 ma꜆ tai꜅
女婿	婿郎 sa꜄ ꜁lam	sai꜄ ꜁laŋ	郎 sɔŋ꜄	꜁sɔŋ	꜁sɔŋ
坟墓	坟 ꜁xuã	꜁xuĩ	冢 ꜂tœyŋ	꜂teiŋ	꜂tœyŋ

说话	话事 uɒ꜄ ʃia꜄	ua꜄ sai꜄	ua꜅ ti꜅	ua꜅ tɔi꜅	ua꜅ tɛi꜅
厨房	鼎间 ꜂tiõ ꜀kĩ	꜂tiã ꜀kɔ̃i	꜂tiaŋ ꜀kaiŋ	꜂tiaŋ ꜀kaiŋ	꜂tiaŋ ꜀kaŋ
（肚子）饿	腹饥 pu꜆ ꜀kye	饥 ꜀kye	꜀kuɛ	꜀ye	腹饥 pu꜆ ꜀kyœ
种田	弄田 laŋ꜄ ꜁ts‘ĩ	lɔuŋ꜄ ꜁ts‘ɔ̃i	打田 ꜂ta ts‘aiŋ꜄	꜂ta ꜁ts‘aiŋ	作田 tsɔ꜆ ꜁ts‘aŋ
可爱	得人惜 ta꜆ ꜁lã tʃ‘iɯ꜆	tɛ꜆ ꜁lɛiŋ tʃ‘iɔ꜆	好惜 ꜂xau ts‘iɔ꜆	꜂xau ts‘iɔ꜆	꜂xo ts‘yo꜆
中间	中央心 ꜀tɐm ꜀m ꜀sã	꜀ta ꜀i ꜀sɛiŋ	tɔŋ꜄ ꜀ɔŋ ꜀seiŋ	toŋ꜄ ꜀oŋ ꜀sɔiŋ	꜀taŋ ꜀seiŋ
(一)个(蛋)	隻 tʃio꜆	tʃia꜆	tsia꜆	tsia꜆	tsia꜆

可见闽中、闽北的“你”和沿海闽方言的“汝”有异，这不是偶然的个别现象，而是反映闽方言东西分片的重要事实，福建闽方言的东西之分大于南北之分，这是不容置疑的。

三

据杨伯峻、何乐士研究，古代汉语的第二人称代词，“甲骨文仅见‘女’‘乃’二字。‘女’就是后来的‘汝’，多用在主位和宾位，用在领位的极少见。‘乃’则只用在领位，‘尔’‘你’‘而’，甲骨文不见，金文出现也较晚，只见于东周列国彝器中，而且常用于领位”。（杨伯峻、何乐士，1992）可见“女（汝）”的说法比“你”早，“乃、你”上古音都属支部，并且双声同调，“你”显然是从“乃”变来的。但是“女”的用法直到五代还很常见。据蒋冀骋、吴福祥《近代汉语纲要》所统计，五代文献中“你、尔、汝”的用例次数是：

	你	尔	汝
王梵志诗	47		4
六祖坛经	1		85
寒山子诗集	18	2	27
敦煌变文集	187	40	246
祖堂集	361	1	742

据此，该书推论说：“大致可以推测，‘你’在口语中取代‘汝’而作为第二人称代词的唯一形式，可能是北宋晚叶。在《王俊蒋岳侯状》里，‘你’出现17次，而不见‘汝’、‘尔’等第二人称代词。”（蒋冀骋、吴福祥，1997，379—380页）

在现代方言里，用“女（汝）”表示“你”比较少见。据《汉语方言大词典》（宫田一郎、许宝华主编，1999）除闽方言之外，只见于1919年出版的《解县志》：“夫妻称尔、汝，亲密之词也。”这种以汝为昵称的用法由来已久。《论语》中，孔夫子常称弟子为“汝”，而弟子则不称师长为“汝”。《世说新语·言语》注引《文士传》说，（祢衡）

“少与孔融作尔汝之交，时衡未满二十，融已五十”。又，杜甫《醉时歌》有“忘形到尔汝，痛饮真吾师”句，其中的“汝”都属于昵称（参阅杨伯峻、何乐士，1992）。另据《河北方言词汇编》（李行健主编，1995）河北邯郸地区的广宗第二人称也说“汝”。

和解县的晋方言、邯郸的官话不同，“汝”作为第二人称代词在闽方言中是普遍的、常见的一般用法，这也是闽方言保留着更多的上古汉语常用词的证明之一。

除了闽方言之外，吴方言的第二人称代词也可能是“汝”。据《江苏省志·方言志》（鲍明炜主编，1998）和《浙江吴语分区》（傅国通等，1985），第二人称代词在苏州话说 nE^{31}，写为倷，嘉兴说 ne꜄，海盐说 ꜀ne，桐庐说 ne꜆，和第三人称的“渠”和远指代词的“许”的白读音 gᴇ、ge，hɛ、he 等韵母都很相近，而“渠”“许”正是鱼韵字，吴方言的第三人称代词的本字是“渠”而不是“伊”，远指代词 hᴇ（嗨）是“许”，已经有许多学者论证过了（游汝杰，1995），其结论是可信的。即使是其他不读 nᴇ、ne 而读 ȵi 的吴方言，例如靖江、无锡、衢州以及江山、丽水、温州等，也并不是不可能来自鱼韵字的“汝”。试比较以下字音：

	靖江	无锡	衢州
汝	ȵi	ȵi	ʔȵi
去	tɕ‘i	tɕ‘i	k‘i
徐	ʑi	ʑi	zi

上文所述的厦门话也正是不把一些常用的鱼韵字读 ɯ、u，而变读为 i 的。看来，这种常用字的变读并非偶合，而是走的同样的路。

如果吴方言的第二人称代词也可以肯定是“汝”，靖江等地的鱼韵常用字读为 i 韵也可肯定和厦门话“汝”读 i 是同类的变化，那么，吴方言和闽方言的亲缘关系又可以获得一个有力的证据。

由此可见，考求方言词的本字是透过方音和古音的对应关系（包括常例对应和变例对应或特例对应）去认识方言词和古代语词的历史关系，为方言词的继承和演变作历史的定位。这是一项十分重要的基础工作，也是把方言语音和方言词汇联系起来相互论证的科学方法。弄清楚方言词的本字不但可以了解方言词的流变，也可以补充方言语音演变的例证。不仅如此，弄清楚方言词的本字还有助于我们去了解方言和不同时代古汉语的关系及方言间的亲疏远近的关系。换言之，只有考定了本字才能进行纵横两向的语音、词汇的比较研究。考本字是理解一个个方言语词的起码条件，也是对方言进行整体研究的必要基础。

有人说，记录方言词汇把音记准，把意义注解清楚就行了，若要用汉字书写方言词，应该“从俗从众”，写不出字就“开个天窗”也很好，何必总想到古书上去找个生僻字来写？大家都不认识的字，写了也白写。这是不理解考本字的意义所造成的误解。

记录方言词未必一定要考出本字，但是当语言和文字因为音义的变化而失去联系时，正如李荣先生所说的，考本字可以“帮助我们确定语言和文字的联系”（李荣，1985）。如果要拿方言和古汉语和普通话或其他方言做词汇比较，就更需要考本字了。考本字是为了研究方言而不是为了给方言词寻找汉字书写形式。

李荣先生创办《方言》杂志后，便身体力行、倡导两方面的研究，一是考本字，一是研究方言的变音和变调。20年来，许多学者循此开展了许多研究。正是李荣先生的示范和提倡，经过一番实践使我们体会到这是汉语方言研究的好方法。考本字把方言语音的研究和词汇的研究结合起来了，把方言研究和古汉语研究结合起来了，把单点方言的研究和多点方言的比较结合起来了。而属于“构造音位学”的变音和变调不但是方言音韵系统的组成部分，而且使我们了解了方言语音系统和词汇、语法系统相互联系、相互制约的原理。由于这两方面的研究，汉语方言的研究突破了“字音”的局限，结束了停留于记音、整理音系、排列语音对应字表的简单操作，获得了可喜的进展——从描写语言学推向比较语言学的重要进展。

李荣先生就是这样用自己的研究实践来启发后辈学者，倡导科学方法，从而推动学术研究的。他从来不喜欢发表宣言，发布指示，也不愿意空谈理论，建构“理论框架”，或者用一大堆新名词来做醒目的包装，但是，细心的学者都不难从他的研究得到重要的启发。这真是“润物细无声”啊！

参考文献

鲍明炜主编 《江苏省志·方言志》，（南京）南京大学出版社，1998年。
陈章太、李如龙 《闽语研究》，（北京）语文出版社，1991年。
傅国通等 《浙江吴语分区》，《杭州大学学报》（增刊），1985年。
宫田一郎、许宝华主编 《汉语方言大词典》，（北京）中华书局，1999年。
黄典诚、李如龙主编 《福建省志·方言志》，（北京）方志出版社，1998年。
蒋冀骋、吴福祥 《近代汉语纲要》，（长沙）湖南教育出版社，1997年。
李 荣 《语文论衡》，（北京）商务印书馆，1985年。
李行健主编 《河北方言词汇编》，（北京）商务印书馆，1995年。
温端政 《苍南方言志》，（北京）语文出版社，1991年。
杨伯峻、何乐士 《古汉语语法及其发展》，（北京）语文出版社，1992年。
游汝杰 《吴语里的人称代词》，《吴语和闽语的比较研究》，（上海）上海教育出版社，1995年。

说明：本文最早发表于《方言》2004年第1期，由人大复印资料2004年第5期转载，后收入《汉语方言研究文集》，商务印书馆，2009年。

闽南方言的“相”和“厮”

一

1.1 闽南方言表示“互相”的副词有“相”和“厮”两种说法。在厦门话，“相”读音为 [sio^{44}]，“厮”读音 [sã^{44}]，两种说法经常可以互相替换。例如：

相八 sio$^{44-22}$ pat^{32} 相识　　相刣 sio$^{44-22}$ t‘ai^{24} 互相残杀　　相拍 sio$^{44-22}$p‘aʔ^{32} 打架

相输 sio$^{44-22}$su^{44} 打赌　　相招 sio$^{44-22}$tsio^{44} 相邀　　相笑 sio$^{44-22}$ts‘io^{21} 相讥

相倚 sio$^{44-22}$ua^{53} 相依　　相斟 sio$^{44-22}$tsim^{44} 亲嘴　　相拄 sio$^{44-22}$tu^{53} 相遇，找零钱

相亲像 sio$^{44-22}$ tsin$^{44-22}$ ts‘iũ^{22} 相像　　相知影 sio$^{44-22}$tsai$^{44-22}$iã^{53} 相知

相尊存 sio$^{44-22}$tsun$^{44-22}$ts‘un^{24} 互相尊重　　相牵成 sio$^{44-22}$k‘an$^{44-22}$siŋ^{24} 互相提携

以上双音节词、三音节词中的 [sio$^{44-22}$] 都可以换说成 [sã$^{44-22}$]，意义并不发生变化，大家也都认为说的是厦门话。就具体的个人来说，有的习惯于说 [sã$^{44-22}$]，有的则习惯于说 [sio$^{44-22}$]，详细的分布状况和原因还有待于进一步调查。

1.2 闽南话的“相（厮）”有时并不表示“互相”之义，而是单方面的行为或态度。例如：

薰支蜀丛来相请 hun$^{44-22}$ki^{44}tsit$^{4-21}$tsaŋ^{24}lai^{24}sio（sã$^{44-22}$）ts‘iã^{53} 给我一支烟。

唔通相骗 m$^{24-11}$t‘aŋ^{44}sio（sã$^{44-22}$）p‘ian^{21} 别骗我。

我来共妆相辞 gua^{53}lai$^{24-11}$kaŋ^{22}li^{53}sio（sã$^{44-22}$）si^{24} 我来向你告辞。

妆着相教示 li^{53}t‘io·sio（sã$^{44-22}$）ka$^{21-53}$si^{22} 请你赐教。

两圆护妆相添 lŋ^{22}l^{24}hɔ^{22}li^{53}sio（sã$^{44-22}$）t‘i^{24} 几个钱给你凑个数。

二

2.1 “相” [sio^{44}] 和 “厮” [sã^{44}] 的不同说法反映了闽南话南北两片的差异。“相”通行于南片，包括漳州市所辖地区，龙岩、漳平二市县和广东的潮汕地区。“厮”通行于

北片：泉州市所辖地区。厦门和台湾省各地则兼有“相、斯”两种说法，这显然是因为那里的人大多是明清以来从泉州、漳州两府移居的。

各地“相、斯”的读音还有一些小差异：

相 ꜀sio 见于福建省厦门、漳州两市所辖地区，漳平以及台湾省各地。

꜀siõ 见于福建省龙岩市。

꜀sie 见于广东省潮州、汕头一带。

斯 ꜀sã 见于福建省厦门市、泉州市及同安、安溪、永春、德化等县，也通行于台湾省各地。

꜀sa 见于福建省泉州市及晋江、南安、惠安等县。

泉州市区的“斯”有 [꜀sã ꜀sa] 两读，因人而异，但并不是自由变读。据初步了解，既非城南城北之别，也不是老中青的变异。泉州是古来的府城，许多人祖上是从郊县迁来的，不同的人读音不同可能与祖籍及交际范围有关。

2.2 “相（斯）”和后面的动词、形容词的组合关系在泉州地区和漳州地区方言多数是相同的，有些组合关系不尽相同。例如：

泉州地区	漳州地区
斯共 sa^{33}kaŋ^{31} 帮忙	相共 sio$^{44-22}$kaŋ^{22} 相同
斯同 sa^{33}taŋ^{24} 相同	相相同（合音）sio$^{44-22}$siaŋ^{24} 相同
斯使 sa^{33}sai^{55} 性交	相奸 sio$^{44-22}$kaŋ^{11} 性交
斯□ sa^{33}keʔ^{23} 顶撞	相对桀 sio$^{44-22}$tui$^{11-53}$k‘iat^{55} 顶撞
斯放半 sa^{33}paŋ$^{31-55}$puã^{31} 换工互助	相放伴 sio$^{44-22}$paŋ$^{11-53}$p‘uã^{22} 换工互助
斯执 sa^{33}tsip^{55} 相逐	走相掠 tsau$^{53-44}$sio$^{44-22}$liaʔ^{55} 相逐
斯赞□ sa^{33}tsan$^{31-55}$tsaʔ^{55} 相助	相帮赠 sio$^{44-22}$paŋ$^{44-22}$tsan^{22} 相助
斯怪舍 sa^{33}kue$^{31-55}$sia^{31} 相责怪	相怪数 sio$^{44-22}$kue$^{11-53}$siau^{11} 相责怪

2.3 1899 年，C.Douglas 所编《厦门方言辞典》已经注意到 [sa] 多见于厦门、泉州以及台湾境内各地，[sio] 多见于漳州（见该书 438 页）。但这种说法不够准确。实际上漳州地区说“相”，泉州地区说“斯”，各自并不混用。漳州人能听懂 [꜀sa]，但认为是泉州腔，泉州人也能听懂 [꜀sio]，也认为是漳州腔。至于厦门和台湾则是二者混用的。两地混用的情形在一些辞典里有所反映，例如：① C.Douglas 1899《厦门方言辞典》；②厦门大学 1982《普通话闽南方言对照词典》；③蔡培火 1969《闽南语国语对照常用辞典》；④村上嘉英 1982《现代闽南语辞典》等四部词典所收条目统计：（音标后面数码表示所收条目数）

	厮	厮～相	相
厦门话①	꜀sã （10）	꜀sã ～ sio（2）	꜀sio（3）
②	꜀sã （11）	꜀sã ～ sio（2）	꜀sio（6）
台湾话③	꜀sã （84）	꜀sã ～ sio（4）	꜀sio（1）
④	꜀sã （6）	꜀sã ～ sio（11）	꜀sio（7）

从现有书面资料看，厦门和台湾“厮”都比“相”更加常用。

三

3.1 关于 [꜀sã] 和 [꜀sio] 的本字，《普通话闽南方言对照词典》认为 [꜀sã] 是“参”的白读，[꜀sio] 是“肖”的白读，其余三部辞典都认为 [꜀sã]、[꜀sio] 是“相”的两种白读。这些说法都值得商榷。

3.2 漳州地区的 [꜀sio] 应是“相”的白读音。漳州音“相”文读 [꜀siaŋ]，宕摄开口三等字异读的对应关系一般是文读 iaŋ，白读 iɔ̃，这是漳州音、龙岩音相同的规律。但漳州话里有少数字白读脱落鼻化，[-iɔ̃] 读为 [-io]，这一特殊对应有两个字可作旁证：

长　　文读 [꜁tiaŋ]　　白读 [꜁tio]～泰，县名

唱　　文读 [ts‘iaŋ꜄]　　白读 [ts‘io꜄]～歌

“消”是效摄三等去声字，效摄三等字有 [iau-io] 的文白对应，漳属云霄县的“霄”就读 [꜀sio]。但肖，《广韵》私妙切：“似也，小也，法也，像也。”并无互相之义；《集韵》除去声外另有思邀切，注曰：“衰微也，《史记》‘申吕肖矣’，徐广说。”字义与互相亦无关系。可见，说 [꜀sio] 是“肖”的白读是不确的。

3.3 泉州片的 [꜀sa ～ ꜀sã] 不可能是“相”的白读音。宕摄字完全没有 [a、ã] 的白读。《普通话闽南方言对照词典》认为是“参”的白读也是不妥的。闽南方言口语常用的“参”字，通常有两个来源：覃韵字“参”，～加，仓含切，厦门、泉州都读 [꜀ts‘am]，侵韵字“参”，洋～，所今切，厦门读 [꜀sɔŋ]，泉州读 [꜀səm]。“参”字厦门、泉州两地都没有 [a、ã] 的读法。就字义说，“参”和“相”也难以相通。

[꜀sa、꜀sã] 应是“厮”的白读音。“厮”属支韵，支韵字在泉州音不少白读为 [a、ia、ua]，例如：

[a]　奇 ꜀k‘a^{33} ～数 | 骑 ꜁k‘a^{33} | 徛 ꜂k‘a^{22} 站立 | 崎 ꜂ka^{22} 陡坡

　　寄 ka^{31} | ꜀ 奇 k‘a^{33} 箱和桶的量词，与“奇数”的“奇”同音。如：一～箱、一～桶

[ia]　蚁 ꜂hia^{22} | 桸 ꜀hia^{33} 勺，如鲢～：葫芦瓢

[ua]　施 ꜀sua^{33} 拍～：撒落 | 纸 ꜂tsua^{55} | 徙 ꜂sua^{55} 移动 | 倚 ꜂ua^{55} 依靠

有些白读韵的字，泉州音和厦门音读为鼻化韵，泉州音见于 a ia ua 等韵，厦门音还

见于别的韵。例如：

	泉州音	厦门音		泉州音	厦门音
他	꜀t‘a^{33} ～ ꜀t‘ã^{33}	꜀t‘a^{44} ～ ꜀t‘ã^{44}	怕	p‘ã꜄^{31}	p‘ã꜄^{21}
酵	kã^{31}	kã^{21}	艾	hiã꜅^{31}	hiã꜅^{22}
且	꜂ts‘iã^{55}	꜂ts‘iã^{53}	寡	꜂kua^{55} ～ ꜂k‘ua^{55}	꜂kuã^{53} ～ ꜂k‘uã^{53}
否	꜂p‘ai^{55}	꜂p‘ai^{53} ～ ꜂p‘ai^{53}	鼻	p‘i꜄^{31}	p‘ĩ꜅^{22}
异	i꜄^{31}	i꜅^{22} ～ ĩ꜅^{22}			

可以假设，泉州片的 [꜀sã] 是从 [꜀sa] 变来，[꜀sa] 是支韵字“厮”的白读音。

3.4 “厮”是 [꜀sa ꜀sã] 的本字，还可拿莆田方言作为得力的旁证。莆田话“厮”读 [ɬo^{44}] 和“斯”同音，意义用法和泉州话完全相同，只是有些词语的组合不同。例如：

厮忉 ɬo$^{53-13}$t‘ia^{42} 相爱

厮越 ɬo$^{53-13}$（t-）lue^{42} 相随

厮八 ɬo$^{53-13}$（p-）βɛʔ^{21} 相识

厮倚 ɬo$^{53-13}$uɒ^{453} 相依

厮笑 ɬo$^{53-13}$ts‘iɐu^{42} 相讥

厮揽 ɬo$^{53-13}$laŋ^{453} 相搂抱

厮知定 ɬo$^{53-13}$tsai$^{53-13}$（t-）lia^{11} 相知

厮挂累 ɬo$^{53-13}$kua^{42}lui^{11} 相连累

厮勘看 ɬo$^{53-13}$k‘an（-ŋ）^{42}（k‘-）nua^{42} 相问候

厮亲像 ɬo$^{53-13}$ts‘in（-ŋ）$^{53-33}$（ts‘-）niɐu^{11} 相似

拍厮告 p‘a$^{21-55}$（ɬ-）lo$^{53-13}$（k-）o^{42} 告状

莆田方言早期属于闽南方言，现在和闽南方言有较大的差别，这是后来才形成的。从广东省的潮汕平原、雷州半岛到海南省的闽南方言区，至今还流传着祖上来自莆田的传说和族谱记载。莆田话用“厮”表示“互相”，反映的是早期闽南话的特点。笔者认为泉州话的 [꜀sa ꜀sã] 本字是“厮”就是从莆田话得到启发和论证的。

3.5 闽南话的姊妹方言福州话有个说法也可作为“厮”的旁证。福州话常用俗语“无咧厮钩 mo$^{52-31}$lɛ^{31}sa^{44}kau^{44}”表示没有牵连、无从稽考的意思。福州话支韵字白读多为 [ie]，个别字读 [ia]，读为 [a] 的仅“厮”一例。

四

4.1 唐以前，“厮”的意思是差役。《广韵》：“厮养也，役也，使也。”这就是后来“小厮”的用法。“厮”用作互相，多见于宋元白话。宋·欧阳修《渔家傲》有“莲子与人长厮类，无好意，年年苦在中心里”句。宋·庄季裕《鸡肋编》卷上云：“浙西谚曰‘苏杭两浙，春寒秋热，对面厮啜，背地厮说’，言其反复如此。”《朱文公集·答杨子直书》：“见自无事，不要似此寻事厮炒，使旁观指目。”上文所引“厮类、厮啜、厮说、厮炒”都表示互相。《水浒传》中“厮杀、厮打、厮拼、厮扑、厮守、厮见”的说法随处可见，其中的“厮”也是互相的意思。

4.2 《董解元西厢记》明嘉靖本．中华书局1963年版中，“厮”常和“相”交互使用，“厮”见于唱词，查阅全书，作互相解的用法有二十多处。举例如下：

厮遮拦	不是～，解元听分辨。（卷一）
厮虎吓唬	俺也不是～，孩儿每早早地伏输。（卷二）
厮见	贼军～，道：“咱性命合休也！”（卷三）
厮称	沈郎腰道，与绛条儿～。（卷三）
厮啈哄骗	九百孩儿，休把人～，你甚胡来我怎信？（卷三）
厮系	俏一似风魔，眉头儿～着。（卷四）
厮觑	～者，神天报应无虚设。（卷四）
	～者，总无言，未饮心先醉。（卷六）
厮调戏	怎禁受红娘～。（卷四）
厮迤厮逗	多应是你～下的般言语。（卷四）| 甚～，把人调弄。（卷五）
厮伴	共谁闲相守，与影儿～着。（卷五）
厮埋怨、厮奚落	休恁厮埋怨，休恁厮奚落！（卷五）
厮落	怕你个冤家是～。（卷六）
厮般	管有兀谁～着。（卷六）
乾厮啹白打趣	红娘莫恁把人～。（卷六）
厮瞒昧、厮咭啐	只管厮瞒昧，只管厮咭啐？（卷六）
厮憋赌气	几番待撇了不籍，思量来当甚～。（卷七）
厮欺谩	把人衰羸勾～，天须开眼！（卷七）
厮趋跄	掂详了这～，身分便活脱下钟馗一二三。（卷七）
厮合燥胡闹	把奴吃恁摧残，～，不出衙门寻个身亡。（卷八）
厮间谍	被旁人～。（卷八）
厮合造	休～，您两个死后不争，怎结末这秃屌？（卷八）
厮欺厮负	你甚倚强压弱，～，把官司诳謼，全无畏惧。（卷八）

说明：本文曾提交给国际汉藏语学会，因未能到会，刊于《方言》1989年第4期。后又收入《汉语方言研究文集》，商务印书馆，2009年。

闽南方言的“有”和“无”

闽南方言的“有”和“无”在口语中很常用，从词性说，可以是动词、形容词、副词；在句子里组合能力也很强，能构成多样的句式。有些用法在其他方言以及普通话或古汉语中都很少见，很有方言特色。闽南人说普通话常常套用方言里的“有字句”，造成不规范。弄清闽南话“有、无”的用法，对于了解闽南话语法的特点、比较方言和普通话的语法差异，帮助方言区人民学好普通话，乃至对于研究古今汉语语法演变的过程和规律都很有意义。下文试按不同词性列举闽南话“有、无”的各种用法，并说明它和普通话的异同。（括号中为费解的方言词注音释义，注音以厦门音为准。）

一　做动词用的“有”和“无”

普通话的“有、没有”用作动词有四种情况。[①] 在闽南话里，这四种用法也都有。

第一，表示领有或不领有，例如：

（1）伊有阿兄，我有小弟。（他有哥哥，我有弟弟）

（2）侬[②] 无横财赊富。（人无横财不富）

（3）有钱出钱，无钱出力。

第二，表示存在或不存在，例如：

（4）有做蜀站，无则虎掌颔。（有就一下子吃了，没有了就像老虎撑着脖子坐在那里饿肚皮。讥人不留隔夜粮）

（5）家里无猫，鸟鼠翘骹。（山中无老虎，猴子做大王）

（6）有路找路，无路则找老主顾。（讥人不知天高地厚，自己瞎闯，走投无路了又来找老东家）

第三，表示列举，例如：

---

① 参阅丁声树等《现代汉语语法讲话》第九章，商务印书馆，1962 年。

② 字下加点表示训读（同义字），后面注音。下同。这里的 [laŋ^{24}] 应是“农”的白读，有人常常用训读字“人”。

（7）有的穷，有的富，有的起大厝$_{\text{房子}}$。

（8）蜀主有鱼有肉 [baʔ^{32}]，蜀主$_{\text{一家}}$无衫无裤。

这种列举在闽南话常常凝固成四字格，有、无的后面可以是名词，也可以是动词或形容词。例如：

有气有力（有的是力气）

无心无情（没心思）

有烧有凊（有人伺候冷暖）

无横无直（蛮不讲理）

有来有去（有来有往）

无汝无我（公平，不偏袒一方）

这种四字格前三个音节都要变调，说明已凝成固定词组了。例如"有来有去"[u$^{22-21}$ lai$^{24-22}$u$^{22-21}$k^{h}i^{21}]。

如果是有、无连用组成的并列四字格，结构就比较松散，语音上分成两个音段，二、四音节不变调。例如：

有汝无我 [u$^{22-21}$li^{53}bo$^{24-22}$gua^{53}]

有好无痞 [u$^{22-21}$ho^{53}bo$^{24-22}$p^{h}ai^{53}]

有魂无影 [u$^{22-21}$hun^{24}bo$^{24-22}$iã^{55}]

有去无来 [u$^{22-21}$k'ɯ^{31}bo$^{24-22}$lai^{24}]

第四，表示量度和比较，例如：

（9）池水有三尺深。

（10）阿姊无小妹躼。（躼 [lo^{21}]：个儿高）

闽南话的"有、无"表示量度时只表约数，不表确数；用来比较时虽然也不是确数，但上下限是清楚的。"池水有三尺深"是确数，"有三尺深"、"无三尺深"就都是一种估约。说"阿姊无小妹躼"，姐姐肯定没妹妹高，但不一定矮多少，说"阿姊有小妹躼"，姐姐肯定比妹妹高，但不一定高多少。

除此之外，闽南话的动词"有、无"，还可以连用于谓词的后面作为动词性的结果补语，表示对动作或性状的结果的肯定或否定。如果谓词后面还连着宾语或补语，"有、无"也紧跟谓词，置于宾、补之前、这种句型是普通话所没有的。例如：

（11）搜有金鸡母，搜 [ts^{h}iau$^{55-22}$] 无拳头母。（搜到有赏，搜不出东西挨揍）

（12）做依新妇囝 [sin$^{44-22}$pu$^{22-21}$a^{53}]$_{\text{童养媳}}$，食无拍骂有。（旧时当童养媳的常常挨骂，吃不上饭）

（13）搦 [liaʔ$^{4-32}$]$_{\text{捉}}$无鱼拍澹 [tam^{24}]$_{\text{湿}}$衫裤。（偷鸡不成，赔了一把米）

（14）厮 [sa$^{44-22}$]$_{\text{互相}}$分食有伸（[ts^{h}un^{44}]$_{\text{剩余}}$），相争食无份。（互让则有余，相争则不足）

（15）食无三日菜，就卜上西天。（没吃三天素，就想上西天。讥人不下苦功净想占便宜）

闽南话动词“有、无”当补语是说明动作是否取得结果，在普通话不一定与哪个动词相当。“搜有”是搜出，“食无”是吃不上，“�无”是捉不到。这种句型在闽南话里很常用，再举数例：

拆无票。（买不到票）

行无路。（无路可走）

听有声看无影。（听得到声音，见不到影子）

看有食无干燋瘾（[gian^{21}]）。（望梅止渴）

作有息。（工效高）

拍无着。（没打中）

有时因为动词可有不同结果，还会造成歧义。例如“听无”可以因为说的声音太小而“听不见”，也可能是因为使用不同语言而“听不懂”。

普通话的“带有（情绪）”，“留有（余地）”，“含有（营养）”等说法貌似闽南话的上述说法，其实并不相同。普通话这种“有”只是动词语素，和前面的动词构成动补式动词，这里的“有”含义和“着”相近，不能替换为否定式（带无、留无），和前面的动词语素之间不能有语音停顿，也不能扩展，一般也不能单独用作谓语，而必须另带宾语。

古汉语的“食无鱼、出无车”和闽南话的“掠无鱼、搭无渡”也是貌合神离的。前者的结构是“食 | 无鱼”，“无”用来否定宾语，其扩展式是“食则无鱼”或“欲食而无鱼”；后者的结构是“掠无 | 鱼”，无是否定动词的结果，其扩展式是“掠无两三尾鱼”，“掠无大尾的鱼”，其转换式只能说“鱼掠无”（捕不到鱼），如果说成“无鱼掠”，意思就走样了，成了“无鱼通掠”（无鱼可捕）。

在近代汉语的《水浒全传》里，我们发现了类似闽南话的这种句式，但是仅见于否定式，而且不常见。例如，庄家道：“早来有些牛肉，都卖没了。”① 又如：“酒却有些茅柴白酒，肉却都卖没了。”②

可见闽南话的动词“有、无”充当补语是古今汉语里少见的特殊句式。

二 做形容词用的“有、无”

闽南话的“有、无”还可以用作形容词，表示数量的多少和质量的高低。例如：

① 见《水浒全传》，上海人民出版社，1975年，第56页。

② 同上书，第385页。

（16）有钱踏金狮，无钱狗也来。（俗谚，有钱就有势，没钱受人欺，喻人情冷暖）

（17）家里无，唔通饲阔喙婆。（俗谚，劝穷人家里勿养鸭）

（18）无无也有两步七。（差是差，还有两下子）

（19）往常时趁恰 [$k^ha?^{32-53}$]$_{较为}$有。（以往挣的钱多）

（20）多 [$tsue^{22-21}$] 牛踏无粪。（俗谚，牛多，把牛的粪都踩没了，谓人多事杂，功效反而更低）

（21）晚米煮恰有饭。（晚米煮出来的饭多）

“有钱、有趣、有学问、有经验”一类说法在普通话很常说，表示“多、大”的意思。那是比较稳定而有限的格式，还应当是动宾式词组。而闽南话的这类“有、无”则应理解为形容词。主要理由有如下各点：

第一，“有”“无”可以单用表示“多”和“少”，用“多、少”去替换意思不变。例如“旧年收有，今年收无”有两种意思，有、无作为动词补语意为“去年收到了，今年没收到”；有、无作为形容词补语，意为“去年收成多，今年收成少”。后一种说法有、无可以替换成多、少。“旧年收多，今年收少。”

第二，可以用程度副词修饰。上例“煮恰有饭”的“恰”就是副词“较”的意思。“去年收成多，今年收成少”也可以说成“旧年收恰有，今年收恰少”。

第三，在句中的位置比较灵活。“旧年收恰有，今年收恰无”，也可以说“旧年恰有收，今年恰无收”。同样的意思“这回挣的钱多”可有几种说法：“即方 [$tsit^{32-4}paŋ^{44}$] 钱趁恰有”，“即方趁钱恰有”，“即方恰有钱趁”，“即方恰有趁钱”。

第四，和其他单音形容词一样，“有、无”有时可以重叠，有双叠式，也有三叠式。上例（18）是双叠式。再如：

（22）无无嘛收三两百斤！（再少也收了两三百斤嘛）

（23）乞贼偷甲无无无。（被贼偷得精光）

（24）看汝有有，看我无无。（很瞧得起你，瞧不起我）

第五，“有、无”可以加上一个名词语素构成双音形容词，其中的“有、无”若是动词语素就不能用其他语素替换，中间也不能扩展；若是形容词语素，便可以用同义形容词替换，也可以扩展而意思不变。属于前者的例如：

有影——确实　　无影——乌有

有势——有本事　　无势——无能

有路——爱好　　无路——不爱好

有空——富裕，有趣　　无空——贫穷，无味

属于后者的例如：

有料 = 多料——配料多，学问多

有眠＝足眠——睡得足

无眠＝少眠——睡不足

有运＝好运，有淡薄字运——交好运，有点运气

无运＝痞 [pʰai$^{53-44}$] 运，无啥运——不走运，运气不大好

有粒＝多粒，有淡薄粒——粒儿多，有些粒儿

无粒＝少粒，无啥粒——粒儿少，粒儿不多

三 做助动词用的“有、无”

普通话的“有”不能用于动词、形容词之前，它只能是动词，不能是助动词。“没有”可以用来否定动词和形容词，一般认为是副词，也有人认为是助动词（见赵元任《汉语口语语法》）。“没有”和典型的副词“不”用法上有许多不同[①]，视为助动词是有道理的。

闽南话的“有、无”则经常用在动词、形容词之前，肯定式和否定式配对使用。例如：

（25）有洗则会 [e$^{22-21}$] 清气。（洗了才会干净）

（26）爸妈无舍赐，送囝去扮戏。（父母没良心，送儿去做戏[②]）

（27）头家有出声，伙计则敢行。（东家有声，伙计才敢走）

（28）红花无芳，芳花无红。（红花不香，香花不红）

（29）功夫在手，有好无痞 [pʰai$^{53-44}$]。（学到手艺，有益无害）

（30）有食有食缚，无食缚落索 [pɔʔ$^{4-32}$lɔʔ$^{4-32}$sɔʔ^{4}]。（大力地招待手艺人，活儿才能做得好[③]）

对于闽南话的这一类“有”，《汉语方言概要》认为是“以另一个动词或动宾结构为宾语”，[④]这是很有见地的。经过比较就可以看出，这类“有、无”和其他“带动词或动宾结构宾语”的助动词有很一致的语法特征。且看“有—无”和“会—𫗭 [e^{22}，bue^{22}]”在各种语法地位上的用法：

	有 / 无	会 / 𫗭
动词前	有来 / 无来	会来 / 𫗭来
动宾前	有坐车 / 无坐车	会坐车 / 𫗭坐车

① 吕叔湘主编《现代汉语八百词》，商务印书馆，1981 年，第 341 页。

② 旧时的戏子受苦又被瞧不起，故有此说。

③ 兴化人到闽南做蒸笼，招待不周，做出的蒸笼就漏气，故有此说。“缚”说 [poʔ^{4}] 是学兴化腔。

④ 袁家骅等《汉语方言概要》第二版，文字改革出版社，1983 年，第 276 页。

续表

	有 / 无	会 / 𫝛
动补前	有拍破 / 无拍破	会拍破 / 𫝛拍破
形容词前	有红 / 无红	会红 / 𫝛红
助动词前	有卜来 / 无卜来	会卜来 / 𫝛卜来
助动词后	卜有来 / 卜无来	卜会来 / 卜𫝛来
副词前	有恰好 / 无恰好	会恰好 / 𫝛恰好
副词后	拢（都）有来 / 拢（都）无来	都会来 / 都𫝛来
问句式	有来无？有来无来？有来抑 [a^{53}] 无？	会来𫝛？会来𫝛来？会来抑𫝛？
答句式	有来。 有。/ 无来。 无。	会来。 会 / 𫝛来。 𫝛。

赵元任在《汉语口语语法》中把普通话的“没有”（我没有看见他）和广东话的“冇 [mou]”都列为助动词。并且特别指出：“从广州话（以及台湾闽南话）传入普通话的一个新用法是用‘冇’作为‘没有’的肯定形式。‘你有看见他没有？’在跟南方人接触多的人中间已经相当被承认为合法，虽然回答‘有’还是刺耳。”[①]

就闽南话说，置于动词、形容词、助动词前的“有、无”确实具有助动词的性质。

曾经有人认为闽南人常把普通话的“看见了、已经看见”按方言的说法“硬译”成“有看见”。这种说法会使人误会闽南话动词前的“有”是用来表示动作是过去已经完成的时态。必须指出：闽南话的助动词“有—无”是用来肯定或否定动作的发生或性状的存在的，同何时发生动作、动作是否完成并无关系。试看下列例句：

（31）伊昨昏有写好啊。（他昨天写好了）

（32）伊昨昏有嘞 [leʔ$^{32-53}$] 写。（他昨天在写）

（33）伊即久有嘞写。（他现在正在写）

（34）伊下晡有拍算卜写。（他下午打算写）

（35）听候伊有嘞写汝则来看。（等他在写时你才来看）

以上各例都可以转换成否定式，用“无”。可见“有—无”放在动词之前，可适用于“过去时、现在时、将来时”，也不论动词是“进行体”还是“完成体”。这一点就更加说明了把“有—无”的这种用法视为副词是不妥当的，作为助动词则比较合适。

古代汉语的“有”有时也用在动词、形容词之前。其中包括三种情形。

1. 见于列举或对比的句式：

志士仁人，无求生以害仁，有杀生以成仁。（《论语・卫灵公》）

为人臣下者，有谏而无讪，有亡而无疾，有怨而无怒。（《荀子・大略》）

夫过有厚薄，则刑有轻重；善有大小，则赏有多少。（《商君书》）

对于这类用法，一般认为“有”后面的谓词“名物化”了。其实，这种解释并没有

① 赵元任《汉语口语语法》，商务印书馆，1979 年，第 330 页。

多少说服力。

2. 是省略造成的。例如：

君子有不战，战必胜矣。（《孟子·公孙丑》）

“有不战”原意是“有所不战”。

则连有赴东海而死耳，吾不忍为之民也。（《战国策·赵策》）

原意是“连唯有赴东海而死……”

3. 比较接近闽南话的说法。例如：

沛公今事有急。（《史记·项羽本纪》）

宫有垩器，有涤则洁矣。（《韩非子·说林》）

子路有闻，未之能行，唯恐有闻。（《论语·公冶长》）

天有明，不忧人之暗也。（《慎子·威德》）

在近代汉语，则有《水浒全传》里的句例：

施恩道：“也只是一颗头，两条臂膊，如何有多？”（第 29 回）

先从马院里入来，就杀了养马的后槽一人，有脱下旧衣二件。（第 31 回）

李逵唱个喏道：“拜揖节级哥哥，小衙内有在这里。”（第 51 回）

在现代汉语里，除了“有说有笑”“有大有小”一类对举的说法之外，“有”不能用于谓词之前。像“有失”（体统）、“有伤”（风化）、“有待”（调查）、“有劳”（大驾）等只能视为一个词，“有”只是词素，而且这类词带有文言色彩，属于古汉语的沿用。

可见，闽南话把“有—无”当助动词用是继承了古汉语用法的一种特殊语法现象。

四　做副词用的“有、无”

闽南话的“有、无”用作副词的有四种不同的情况。

第一，形容词“有、无”放在动词前面表示数量的多少或质量的高低，意义有引申，形式也有变化，其词性已转化为副词。例如：

（36）细汉囝恰有想。（小儿子想得多、想得深）

（37）咔叽布野有颂。（卡其布很耐穿）

（38）绿茶比红茶恰无泡。（绿茶比红茶不禁泡）

（39）今年春头恰有落雨。（今年春间较常下雨）

（40）即摆恰无倒去。（最近较少回家）

前三句是说明质量的，后两句说明数量（次数多少）。前者可以不再加副词“较”，如可说“细汉囝有想”，“红茶有泡、绿茶无泡”；后者则一定要加“较”，否则就会变成助动词加动词的结构，表示对动作的肯定或否定。例如“今年春头有落雨”，只是肯定今年春间下过雨。

这种形容词转化为副词的现象和朱德熙先生指出的现象很类似[①]：

	普通话（直）		闽南话（有）
形容词	做定语	直心眼儿	有学问
	做谓语	心眼直	学问野有（学问很多）
副词	做状语	直哭	有洗（禁洗） 较有来（较常来）

第二，“无”单用读本调放在两个分句之间，可以起关联作用，大体相当于普通话的“不然，要不”，这个“无”可以视为关联副词。有时也可以说成“若无”[nã$^{22-21}$ bo^{24}]，这个关联副词“无”也可能就是从“若无”简化来的。例如：

（41）无蜀个 [tsit$^{4-32}$le^{24}]$_{一个}$会通 [e$^{22-21}$t^{h}aŋ^{44}]$_{能够}$去，无汝去呵！（没有一个能去，不然你去吧）

（42）唔 [m$^{22-21}$] 是野致重，无我太去。（不是很重要，要不我不去）

（43）既然分艙平，若无抽阄。（既然分不平，要不就拈阄）

第三，“有、无”连用，后字读轻声 [u^{22}bo$^{24-1}$] 或合音为 [uo^{21}]，可以离句独立，或作为插入语，或放在句末，表示辩驳语气或提醒对方回忆，甚至只是起了停顿作用以便引起对方注意。这个“有无”也像是语气副词。例如：

（44）若像 [nã$^{53-44}$ts^{h}iũ^{22}] 是恁 [lin$^{53-44}$]$_{你的}$兄讲的，有无，恁两个是双生的。（像是你哥说的，是吧，你们俩是双胞胎）

（45）我旧年就共汝讲过了啦，有无？（我去年就同你说过了，是不是？）

（46）热天时，有无，病人定着会恰多。（热天呐，病人一定会多些）

这类用法在普通话大体可说成“是吧”“是不是”“呐”，是句子中间的插入语，有的闽南人说普通话时把它直译为“有没有”，有时就会使外地人感到莫名其妙。

还有一种用法也可以归为语气副词。“无”单用，离句独立，用来回答问话或修改自己的意思，表示否定，相当于普通话的“不”。例如：

（47）笔是汝其？/无，唔是我其。（笔是你的？/不，不是我的）

（48）汝卜去唔？/无，我唔去。（你去不？/不，我不去）

（49）汝有去着无？/无，无去着。（你去过吗？/不，没去过）

（50）伊敢是旧年来兮？无，是前年。（他可能是去年来的？/不，是前年）

这种表示否定的独立语一般都认为是副词，但是除了这种情况，副词都是不单用的，所以赵元任说，“可以认为是叹词（跨类）”。[②] 且备为一说。

---

① 朱德熙《现代汉语语法研究》，商务印书馆，1980 年，第 23 页。

② 赵元任《汉语口语语法》，商务印书馆，1979 年，第 340 页。

五 疑问句中的“有、无”

闽南话的疑问句最常见的就是“有一无”对举的选择问句。许多普通话里的“吗”问句，在闽南话都可以说成“有一无”问句。例如：

（51）厝里有人无？（屋里有人吗？）

（52）恁兄有在嘞无？（你哥哥在吗？）

（53）食堂有通食无？（食堂有的吃吗？）

（54）路有平无？（路平吗？）

（55）外口有落雨无？（外面下雨吗？）

（56）有酒矸通卖无？（有酒瓶卖吗？）

（57）汝有去着北京无？（你到过北京吗？）

（58）买有药无？（买到药了吗？）

（59）米有够食无？/米食有够无？（米够吃吗？）

（60）汝听有无？（你听见了吗？/你听懂了吗？）

（61）碗有洗清气无？（碗洗干净了吗？）

（62）新品种恰有粒无？（新品种粒儿多些吗？）

（63）正月时趁恰有无？（正月里能挣得多些吗？）

（64）即款布恰有洗无？（这种布比较禁洗吗？）

（65）是汝家己讲的，有无？（是你自己说的，是吗？）

这种“有一无”疑问句在闽南话还有许多繁简变化。例如上例（56）可简化为“酒矸通卖无？”也可以繁化为“有酒矸通卖抑 [a^{53}] 无酒矸通卖？”繁简变化最多的是问话里带有动补结构的句式。试以上文（61）为例，共有十五种繁简变式：

碗洗有清气抑洗无清气？

碗洗有清气洗无清气？

碗洗有清气抑无清气？

碗洗有清气无清气？

碗洗有清气抑无？

碗洗有清气无？

碗洗清气无？

碗洗清气抑无？

碗洗清气无清气？

碗洗清气抑无清气？

碗洗清气抑洗无清气？

碗有洗清气抑无洗清气？

碗有洗清气无洗清气？

碗有洗清气抑无？

碗有洗清气无？

顺便提一下，这种“有—无”对举疑问句如果在“有”的前面加上“看”，构成“看有……无”的句式，就会变成揣测语气的叙述句。例如：

（66）深井嘞看有成百人无。（天井里可能有成百人）

（67）恁兄看有去街路嘞无。（他哥也许上街去了）

（68）看有汝家自收起来无。（怕是你自已收起来了）

闽南话“有—无”问句实际上包括多种多样的句型，其中的“有”和“无”在不同的句型里起了不同的语法作用，属于不同的词性，不能一概而论而要具体分析。

中岛幹起在他的《谈谈福建方言中“有—无”式的语法范畴》一文[①]曾把这种“有—无”问句分为四种类型：

1. 所有、存在确认形式：有＋名＋无（＋名）（伊有囝无）

2. 性状确认形式：有＋形＋无（＋形）（鱼有鲜无）

3. 状态确认形式：有＋动＋无（＋动）（伊有来无）

4. 获得确认形式：动＋有（＋动）＋无（买有无）

这四种格式确实是闽南话“有—无”式疑问句中常见的格式，但是并不是全部的格式。上文所列的一些例句，就很难归进这四种格式。例如：

例（63）“正月时趁恰有无？”形式上是第四类（动＋有＋无），意念上则是第三类（状态确认形式），问的是正月里是不是挣得多些。

例（64）“即款布恰有洗无？”形式上是第三类（有＋动＋无），意念上是第二类（性状确认形式），问的是这种布是不是更禁洗。

例（65）“是汝家己讲的，有无？”“有无”离句独立，中岛幹起未列举过这种例句。这种句式中，“有无”是对整个句子所提供的事实进行是非判断，应该另列一类，可称为“事实确认形式”。

这三种“有—无”问句之所以有特殊性，是因为其中的“有、无”既非动词，又不是助动词，而是形容词（例63）或副词（例64和例65）；同时，这些问句的答话句式也和其他“有—无”问句不同，其他“有—无”问句一般都可以单说“有”或“无”来

① 《アミア、アフリか言语文化研究四》，东京外国语大学アミア、アフリか言语文化研究所，1971年，第75—85页。

对答，这些例句则不同。例（63）要答“有，趁恰有”或“无，趁倒无”；例（64）要答“有，恰有洗”或“无，恰无洗”；例（65）要答“是，有影”或“唔是，无影”。

在中岛幹起所概括的四类“有—无”问句中，他认为1、4两种含义都和一般动词相同，这种分析和本文第一节的分析是一致的。对于2、3种句型，他批评了把第三类视为“时态符号”（tense markers）的错误提法，这和本文第三节所分析的意见也是一致的。但是中岛幹起又提出了2、3两种句型中“有—无”是一种体（aspect）的语法范畴的标志，这种语法范畴把时点（a point of time）延长为时段（period）。这种分析我们认为是不符合实际的。

就他所举的例句来分析吧，“水滚未”是“水滚抑未滚”的简缩，因为后面有表示“未然”的“未”，因此成了已然同未然的选择问句。“水有滚无”是“水有滚抑无滚”的简缩，仍是状态的选择问句，只是要求确认或否认“水滚”的状态而已，同这种状态存在的时态、时点、时段都没有关系。请看下面两个例句：

（69）是卜洗的，唔是卜食的，水有滚（抑）无（滚）要紧。（是要洗的，不是要吃的，水开过没有不要紧）

（70）听候看水有滚无，有滚则通啉。（等下子看水开了没有，开了才能喝）

例（69）是泛指任何时候“水有滚抑无”，例（70）是指尚未实现的状态。不论是这两个例句或是“水滚未”这个例句，其时态、时点或时段都是语言环境所决定的，而不是“有—无”问句本身所规定。可见把这种“有—无”式理解为“体”的语法范畴依然是不符合实际的。

说明：本文曾刊于《福建师范大学学报》（哲社版），1986年第2期。后曾收入《闽南方言语法研究》，福建人民出版社，2007年。这是我写的关于闽南方言语法的头一篇文章，当时的想法是不急于套用哪一种“语法体系”或是从何种“语法理论”出发，而应该是全面罗列方言的语法事实，再与古今通语比较其异同。这样的工作做多了，做周全了，也许就能总结出符合汉语自身实际的理论和方法。这样的想法是否合理？是否值得考虑？

泉州方言“给予”义的动词

一

泉州方言里，表示“给予”的动词共有6个，可分三组：

1. ꜁tŋ 通行于泉州市区和近郊的南安、晋江等地，老派常说，新派较少用。离城较远各县及其他闽南方言地区不通行，这是6个同义词中最具泉州话特色的一个。

2. t‘ɔ꜇、꜁t‘ɔ 今泉州及附近县分均通用，也最为常用，在其他闽南话地区少用，是用于区分泉漳片口音的根据之一。在泉州地区，多数人说 t‘ɔ꜇，城南的南安、晋江部分农村读 ꜁t‘ɔ。꜁t‘ɔ 可能是 t‘ɔ꜇ 的误推。泉州话阳去和阳平需要变调时均变为阳上，如本调：t‘ɔ^{31} laŋ$^{24-0}$ 及 t‘ɔ^{24} laŋ$^{24-0}$$_{\text{给人}}$，变调：t‘ueʔ$^{23-2}$t‘ɔ^{22}sã^{33}ko^{33}$_{\text{拿给三哥}}$。又如儿童 li$^{24-22}$tɔŋ^{24}=二铜$_{\text{麻将牌的一种}}$ li$^{31-22}$tɔŋ^{24}。泉州话的“给”又不能出现于句末，因此经常读变调。꜁t‘ɔ 应是按变调类推的误读。

3. hɔ꜇^{31}、꜁hɔ^{24}、k‘ɔ꜇^{31} 这些说法在泉州及各郊县均可被接受，但觉得不够地道，是外路口音。hɔ꜇ 的说法通行于厦门及漳州所属各县，在闽南方言区更具普遍性。与 t‘ɔ꜇^{31}→꜁t‘a^{24} 同理，hɔ꜇^{31} 也有因连读变调误推而说成 ꜁hɔ^{24} 的。꜁k‘ɔ^{24} 的说法见于惠安县，一般被认为是乡下腔。

二

以上三种同义词显然有不同的词源。

꜁tŋ^{24} 的本字应是“传”。《说文》传、遽互训，郭注：“传遽，若今时乘传骑驿而使者也。”段注又说：“《玉藻》：‘士曰传遽之臣。’注云：‘传遽，以车马给使者也……’引申传遽之义，则凡辗转引申之称皆曰传。”可见，传的初义是给予，后来才引申为传达、辗转的。（《广韵》：“传，转也，直挛切。”）

《孟子·滕文公下》：“彭更问曰：‘后车数十乘，从者数百人，以传食于诸侯，不以泰乎？'"焦循《正义》云："传食，谓舍止诸侯之官馆而受其饮食也。"又，《吕览》也有用例。《上德》："传钜子于田襄子。"注："传，送也。"《不屈》："上世之有国，必贤者也，今寡人实不若先生，愿得传国。"注："传，授也。"可见，上古时期不乏传作送予、授予的用例。

传，直挛切，澄母读 t 是今泉州音常例：山摄合口三等读 -ŋ 也是常见的白读（全 ꜁tsŋ，无～：不全。转 ꜂tŋ 回去，可以说"转去、倒去、转倒去"。穿 ꜀ts'ŋ ～针。串 ts'ŋ꜄，～做蜀～：串成一串）；浊平今读阳平也是常例。"꜁tŋ^{24}"的本字确认为"传"，音韵、训诂都是可以通过的。

t'ɔ꜅、꜁t'ɔ^{24} 的本字应是"予"。《说文》"予，推予也，象相予之形。"《尔雅》："予，赐也。"《广韵》："予，余吕切，郭璞云，予犹与也。"《广雅疏证》："与字有二义，一为取与之与……为与共之与，若予字，则但有取与之义，无与共之义。""予"训"给予"在古汉语极常见，无需列举书证。泉州话读 t'ɔ꜅^{31} 是白读变例。以母读 t'无直接旁证（有人以为闽南话表示杀的刣 ꜁t'ai^{24} 即夷字，以脂切，一说应是治，直之切，姑且不作旁证。）然而以母字在上古谐声中与透定母字相通却是常见的。从予得声的苎（即苎），直吕切，今泉州话仍读 ꜂tue。其他旁证如：

舀（以周）——稻（徒皓）蹈（徒到）

昜（与章）——砀（徒郎）荡（徒郎）踼（徒浪）

由（以沼）——笛、迪（徒历）

冘（以周）——耽（徒含）

也（羊者）——地（徒四）

隶（羊至）——棣（特计）、埭（徒耐）

予属遇摄合口三等语韵，今泉州音读为 ɔ 的不乏其例：庐 ꜁lɔ 初 ꜀ts'ɔ 阻 ꜂tsɔ 楚 ꜂ts'ɔ 所 ꜂sɔ 助 tsɔ꜅ 许姓 ꜂k'ɔ。至于声调，次浊上声字在今泉州音有读阴上的（如：酉、允、引、野、雨、远），有读阳上的（如：雨、远、痒），也有个别读为阳去的（如：腐豆～ hu꜅，氏 si꜅，淡咸～ tã꜅，养头～ tsi ũ꜅：头胎。

泉州话的 t'ɔ꜅^{31} 在明清闽南话戏文中写为"度"。语音是相符的，三等字的白读音读同一等字，也可以找到书证。例如：《汉书·元帝纪赞》："自度曲，被歌声。"注："度谓歌终更授其次，谓之度曲。"唐诗也有同样写法，如元好问句："不把金针度与人。"这个度，看来是流而不是源，它同样是从上古羊吕切的语音形式传承下来的，可以看作是古今音或上古羊吕切的方音的记录。

hɔ꜅^{31}、꜁hɔ^{24}、k'ɔ꜅^{31} 的本字，从音韵地位说应该是胡误切。是个匣母字，闽南话匣母字文读 h-，白读可以是 k、k'，例如：糊 ꜁k'ɔ（被糊上），下 k'e꜅（放下）涸 k'oʔ^{34}（受渴）。暮韵读 ɔ、浊去读阳去则都是常例，读为 ꜁hɔ 也应是类推误读。《广韵》胡误切有几个同音近义字：“护，救也，助也”，“濩，布濩”，“擭，布擭，犹分解也”。司马相如《上林赋》有“布濩闳泽，延曼太原”句，谢灵运《山居赋》有“山纵横以布濩，水寘沈而萦浥”，张衡《东京赋》有“声教布濩，盈溢天区”，李善注：“布濩，犹散被也。”泉州话的 hɔ² 在词义上与救助、散布等显然是有联系的，可以认为是一组同源词。对于这个 hɔ² 的本字，还可有另一种考虑。《广韵》遇韵有方遇切：“付，与也”；符遇切：“附，寄附”，“坿，益也”。闽南话的 hɔ²，义与付相合，音则与符遇切对应，词义并与附、坿相关，也可认为是一组同源词，惟不能解释 k‘ɔ² 的读音。且附于此，聊备一说。

泉州话的传，有人认为是腾或賸（见《泉州方言》第七期）。腾、賸在《汇音妙悟》属生韵，韵母为 əŋ，只是近五十年间才与《广韵》仙韵、唐韵白读 ŋ 相混，在南安、永春方言中依然 əŋ（iŋ）-ŋ 有别。此说在音韵对应上说不通。賸，以证切，泉州话白读 t‘in²，“賸头”是凑成一担，“查某囝賸侬”是女儿嫁人，倒是音义均贴合。

把泉州话的 t‘ɔ² 写成度亦无不可，如上所述，若寻本究源应该承认是从上古的“予”演变而来的。

泉州 hɔ²，《普通话闽南话对照词典》写为“互”，音韵是符合对应的，字义难以解释，不妨写作护。也曾有人写为训读字“与”。

三

从历史的演变考察，泉州话“给予”义的动词早期的说法是：“乞”。明嘉靖四十五年（1566 年）刊本《荔镜记戏文》随处可见到这样的例句：

怨杀窗处啼子规，枝上莺声沸。一点春心今来交付乞谁？（第 3 出，322 页；引自天理大学出版部：天理图书馆善本丛书汉籍三部第十卷，下同。）

查么仔女孩子不识物，我捻手盾大哑小捏手指的大小，卜要打手指戒指乞你。（第 5 出，336 页）

阮我唱山歌乞恁你听，待恁坐听立亦听。（第 7 出，346 页）

既是障这样说，我乞索讨一生月生辰来乞你捡。（第 9 出，351 页）

我父许时乞里长骗那时被人骗，甲把我来卖乞人饲喂养。（第 13 出，359 页）

马不骑送乞磨镜师父乜事何事。（第 26 出，449 页）

向那样说我扫乞你看。（第 26 出 450 页）

也有用“度”表示“给予”的，这类句例较少：

我亦袂不晓得将只莺柳提来去度阮。（26 出，446 页）

天，只荔枝不是姩仔娘子亲手 掞扔度阮，天就见责阮责罚我。（26 出，449 页）

到了清顺治辛卯年（1651 年）刊本《荔枝记》（从荔镜记演化而来，都是陈三五娘的故事），也是乞和度并用，但度的用例已占压倒优势。例如第 5 出“五娘看灯”的一段对白：

五娘：益春哑语气词，扇那若是伊却个（“却”音 kʻioʔ꜆，意为“捡拾”），便度伊。相争乜事？……

五娘：我看一看是亦好一柄扇，那是人来讨讨要，便着该度人。

李婆：度我。阮亚奴正欠一柄扇读书，我卜挢（“挢”俗字，音 kaʔ꜇，意为“捡拾”为“拿”）去度伊读书，句何甘度你！

五娘：着应该度伊。

李婆：无通不肯度伊。……人来哑。

陈三：哑奴姐，小人绝自一柄扇失落把自己一把扇子弄丢了，值何位哑奴阿姊拾去，挢度小人。

但是，表“给予”有时也用乞，而凡是用作介词，则都还用乞。就第 5 出即可见到此类例句：

初头一柄扇失落乞被我拾来。

今即这一个诸娘女人乞让你约一约，看是值衔人。

十种杂种！伊也呾说我，天地相从，勿乞让人说咲（笑的俗字）。

今冥晚是元宵十五冥，那卜用灯月为题，灯字起，灯字宿止，那无灯字乞被人羞（刮脸皮）。

现代泉州话也用“乞”，作动词用，意为嫁、娶，不表示给予。如说，乞某娶妻，查某团乞侬了女孩子嫁人了，乞团顾香烟买一个儿子来续香火，用作介词表示被、让、叫，如说乞侬搦去被人抓走，乞伊弄破被他打破。

在闽南话中，潮州话至今表示给予的动词还说乞 kʻeʔ^{21}。如说“本书是我买乞伊个”这本书是我买给他的。闽方言中的莆仙话和福州话也都还说乞，莆田音 kʻoʔ^{21}，福州音 kʻøyʔ^{23}这都可以作为旁证，说明泉州话“给予”义动词早期都说“乞”，“度”和“护”是较为后起的说法。

四

在现代泉州话里，口语常用词中完全同义而有多种说法的例子还很多。例如：

拿	□ tʻueʔ꜇^{23}	～钱　～册拿书
	挢 kaʔ꜇^{23}	～笔　～旗
	扲 ꜃kim^{22}	～钱买命
住	住 tiu꜅^{31}	～乡下
	徛 ꜃kʻa^{22}	～家住家
	带 tua꜄^{31}	～外家住娘家

能干	势 ꜁gau^{24}	～说话，～人
	𰰨 k‘iaŋ꜄^{31}	～人$_{\text{能人}}$
	解 ꜃e^{22}	～做人$_{\text{为人好}}$
从（介词）	对 tui꜄^{31}	～溪边行
	按 an꜄^{31}	～大爿去$_{\text{从右边去}}$
	由 ꜁iu^{24}	～头做起
和（连词）	佮 kap꜆^{5}	牛～马
	邀 ꜀kiau^{33}	～好人行
	共 kaŋ꜄^{31}	𫠛晓好～歹$_{\text{不知好歹}}$

泉州话日常用语的这种古今兼收、南北并蓄、大量存在差异不大的同义词的现象，在各地闽南话之中是十分突出的。造成这种现象，有深刻的社会历史原因。

泉州是闽南开发最早的地方。在泉州出海的晋江相传是东晋南迁的先民为思念故国而命名的。泉州话是闽南方言的早期代表。泉州建置于唐初，到了中唐，这里便是全闽人口最多的州之一。宋以后泉州港的兴起，不但使泉州成为闽南地区的经济文化中心，而且成为全国性的海外交通口岸。泉州港兴起之后曾带动了近郊各县的茶叶、瓷器生产，造船、航运业的兴起则吸引了大量的附近农村的劳动力入城。这个新兴的港口城市与周围农村一直有着密切的经济联系，城乡交流始终是十分频繁的。大量出洋谋生的华侨更多的是农村里的贫穷农民，他们在南洋立足之后，养家糊口，有的发家致富了，也在城里经营商业。城郊的农村不少成了富庶的侨乡，这些乡下人有的也住进城里来了。这里的城乡关系不像内地那样，富裕的城市民雇用、剥削、瞧不起贫穷的农民，许多发迹的乡下人入城反要受到一般城市贫民的敬重。因而，乡下话在城里并不显得“土气”，四乡人进城各说各的话，并不需要改口。这些乡下话本来也差别不大，彼此都很容易听懂的。久而久之，就兼收并蓄形成了富于同义词的泉州话了。

从这里，我们又一次看到了特定的社会文化背景是怎样使方言形成了相适应的特点的。细致地就这个现象进行调查研究，一定可以在社会语言学上获得新的成果。

说明：本文1991年在南京的全国方言学会第6届年会上宣读过，后来做过修改，收入《方言与音韵论集》，1996年由香港中文大学中国文化研究所印行。

闽南方言和台语的关系词初探

本文分两部分罗列和比较闽南方言和台语（即壮侗语族）的关系词。一是从台语里常被认为是本族固有词中发现的和闽南方言语音对应、词义相同或相关的词。这些词写成汉字往往是些生僻字，在其他汉语方言比较少见，语音上反映的是早期汉语的特点，词义上则常有引申或转移，因而不容易辨认。另一类是从闽南方言中发现的和台语语音相同或相应，词义相同或相关的词。这些词往往无本字可考，语音上不符合汉语的结构规律，词义上也多有特点，也为其他方言所少见。

本文用来比较的材料是：闽南方言取早期的代表点泉州话；台词则列举龙州、武鸣的壮语，龙里羊场或安龙八坎的布依语和西双版纳、德宏的傣语，个别条用到这些点以外的材料随文作注。比较时尽量说明它们的音韵对应关系和词义引申关系。标音时用数码标调类，以平上去入为序，阴调为单，阳调为双。

一、在汉语有字可稽的

第一组　夫芳肥粪坂

词目	本字	闽南话（泉）	壮语（龙／武）	布依语（羊／八）	傣语（西／德）
男人	夫	ta^{1}pɔ^{1} 大～	ti^{6}po^{6}/pou^{4}sa:i^{1}	pu^{4}sa:i^{1}/	/pu^{1}tsa:i^{2}
丈夫	夫	ta^{1}pɔ^{1}laŋ^{2} 大～人	tu^{1}po^{6}/		pho^{1}/pho^{1}
香	芳	pʻaŋ^{1}	/pya:ŋ^{1}	/hom^{1}	hɔm^{1}/hɔm^{1}
肥胖	肥	pui^{2}	pi^{2}/pi^{2}	pi^{2}/	pi^{2}/pi^{2}
肥料	粪	pun^{5}	/pɯn^{6}	pɯn^{6}/	fun^{5}/fun^{5}
村	坂	pũa^{3}	ba:n^{3}/ba:n^{3}	ban^{4}/	ba:n^{3}/ma:n^{3}

本组五个字都是上古汉语“重唇”声母、中古汉语“轻唇”声母字。在闽南方言和台语，多数也读重唇音声母；韵母和声调多数点也是对应的，只有“夫”的声调有些参差。芳在傣语读 -m 韵尾，在闽方言也有读 -m 韵尾的，如永安话芳读 xm^{1}（其他宕摄字

如帮 pɒm^{1} 张 tiam^{1} 光 kɒm^{1}）。坂，《广韵》又作阪，阮韵府远切："大陂不平。"闽南方言称坡地为坂，如说"山坂"sũa^{1} pũa^{3}"溪坂"k'ue^{1} pũa^{3}，许多位于坡地的村落名为坂头，坂仔、张坂、林坂等；台语的坂指"村子"，也用来作村落的通名，西双版纳的版就是一例。

第二组　箸杖

词目	本字	闽南话（泉）	壮语（龙 / 武）	布依语（羊 / 八）	傣语（西 / 德）
筷子	箸	tɯ^{6}	thu^{5}/taɯ^{6}	tɯ^{6}	thu^{5}/thu^{5}
棍子	杖	t'ui^{2} t'ŋ^{4} 槌～	/tɯŋ^{4}	tɯŋ^{4}	
舀	擿	taʔ^{7}	tak^{7}/tak^{7}	taʔ^{7}/	takʔ7/tɛk^{7}

本组三字都是上古汉语"舌头音"声母、中古汉语"舌上音"声母字，闽南方言和台语也读"舌头音"，韵母和声调也符合对应。擿，《集韵》麦韵陟革切，"取也"。闽方言和台语舀取液状物就说擿。

第三组　糍索铳清欶

词目	本字	闽南话（泉）	壮语（龙 / 武）	布依语（羊 / 八）	傣语（西 / 德）
糍巴	糍	tsi^{2}	tɕi^{2}/ɕi^{2}	tsi^{2}/	tsi^{5}/
绳子	索	soʔ^{7}	tɕəːk^{8}/ɕaːk^{8}	tsaːʔ^{8}/	tsək^{8}/tsək^{8}
枪	铳	ts'iŋ^{5}	ɕuŋ^{5}/ɕuŋ^{5}	tsuŋ^{5}/	ʃ'oŋ^{5}（金平县）
（天）冷	清	ts'in^{5}	/ɕeŋ^{4}	tɕiaŋ^{4}	
吮吸	欶	suʔ^{7}	/ɕut^{7}	/sɯt^{8}	

本组五字都是古代汉语"齿音"声母字，在闽方言和台语都有 ts、ts'、s 或 tɕ、tɕ、ɕ 等读法。糍，福州话 si^{2}，铳清在闽南的漳浦和惠安崇武也读为 siŋ^{5}、sin^{5}。后两字在汉语方言中比较少见，是古汉语的常用字。《说文》："清，寒也，从仌青声"，七正切。又："欶，吮也，从欠朿声"，所角切。

第四组　舷解狭悬扢

词目	本字	闽南话（泉）	壮语（龙 / 武）	布依语（羊 / 八）	傣语（西 / 德）
边缘	舷	kĩ^{2}	/hen^{2}	jian^{2}/	him^{2}/him^{2}
会，懂	解	ue^{4}，e^{4}	/ɤo^{4}	zo^{4}/	hu^{4}/hu^{4}
窄	狭	ueʔ^{8}	kap^{8}/kap^{8}	jiap^{8}/	kap^{8}/ip^{7}
上，高	悬	kũi^{2}	/kɯn^{2}	kɯn^{2}/	
擦	扢	ut^{8}	/uːt^{7}	uːt^{7}/	

本组五字在古汉语都是"牙喉音"匣母字，在闽南方言和台语都有 k、k'、ø 等读法。"舷"在古汉语只用于船沿，在闽南方言和台语泛指一切边缘，如闽南话可说床舷、

桌舷、溪舷、舷头（边上），俗写作墘，常用作地名。“解”在泉州话读 e^4 意指会、能，如说“解来”（能来），“解用得”（能行）；读 ue^4 意指懂得、晓理，如说“伊真解”（他很懂事）。《广韵》蟹韵胡买切：“解，晓也。”这就是北京话说解数的“解”。“狭”在西双版纳用来表示鞋子小不合脚，泛指的狭窄说 tip^4。“悬”在古代汉语本义就是高、挂，悬崖者，高崖也。在闽南方言，“悬”是形容词，如说“悬手”高手“悬下”高低；在台语用作方位词“上”，如武鸣壮语和羊场布依语“上面”都说 pa:i^{6}kɯn^2，高、上词义相关。“抆”见于《集韵》没韵下抆切：“抆，摩也。”泉州话“抆”是“被擦上”，如说“抆着乌墨”被黑墨水涂上；台语的“抆”是主动拭擦，都和摩义相关。

第五组　奇姥

词目	本字	闽南话（泉）	壮语（龙／武）	布依语（羊／八）	傣语（西／德）
单数	奇	k‘a^1	kha^1/	ka^1/	kik^8/
祖母	姥	mã^3	ma^3/		

本组二字都是韵母接近上古音的。“奇”上古属歌部，各家拟音都认为主要元音是 a，泉州话上古歌部、中古支韵字不少读 a 韵，如：寄 ka^5，骑 k‘a^2，崎 ka^4（陡坡，《集韵》纸韵巨绮切：“崎，峣崎，山貌。”）徛 k‘a^4（站立，《广韵》纸韵渠绮切：“徛，立也。”）台语读音与此相同。更值得注意的是，单只的鞋子和筷子龙州说“奇鞋”kha^1 ka:i^1“奇箸”kha^1 thu^5，西双版纳说箸奇 tu^5 kik^8，在泉州话说“鞋奇”ue^{2}k‘a^1“箸奇”tɯ^{6}k‘a^1，而泉州附近的山区安溪也有“奇箸”k‘a^{1}tɯ^6 的说法。泉州话称祖母为 m̃a^3，俗写作妈，妈是后起字。本字就应是姥。姥韵、马韵上古同属鱼部，各家拟音主要元音是 a 或 ɑ，闽方言和台语仍保留了 a，但龙州壮语用来称祖父的妾，祖母则称 na:ŋ^2。

第六组　澹骹㪉𡨚

词目	本字	闽南话（泉）	壮语（龙／武）	布依语（羊／八）	傣语（西／德）
湿	澹	tam^2	tum^2/tum^2	n^2/	tum^2/jam^2
腿，脚	骹	k‘a^1	kha^1/ka^1	ka^1/	xa^1/xa^1
盖，蒙	㪉	k‘am^5	hum^3/xam^4	/kom^5	hum^5/hom^5
松，稀疏	𡨚	laŋ^5，saŋ^5	ɬə:ŋ^6/loŋ^2	zuŋ^5/zuŋ^5	ha:ŋ^5

本组四字语音变化合乎常例，但原字现代少用，所以难以识别。澹，《广韵》作“淡”，谈韵徒甘切：“淡，水貌。”《集韵》又作澹。闽南方言和台语与此音义相符。骹，《说文》骨部：“骹，胫也，从骨交声。”《广韵》又作跤，肴韵口交切：“骹，胫骨，近足细处。”胫就是小腿，近足细处就是小腿下端。闽方言及龙州壮语“骹”都包括腿及脚，武鸣壮语，布依语及傣语指腿。㪉，见于《集韵》陷韵口陷切：“㪉，物相值合。”闽方言及台语把盖子盖上，用布蒙上都叫“㪉”。𡨚，《集韵》宕韵郎宕切：“𡨚，空也。”泉

州话稀疏说成“疏㝗”，读 sue^{1}laŋ^{5}，sue^{1} saŋ^{5} 均可，“空出一行”说 laŋ^{5}。㝗在龙州壮语和布依语是松散之意，音韵合此，在武鸣壮语和傣语指衣服松宽，《广韵》㝗另有鲁当切，武鸣读音合此。

第七组　倒滚潭床乖蛤数

词目	本字	闽南话（泉）	壮语（龙 / 武）	布依语（羊 / 八）	傣语（西 / 德）
返回	倒	to^{5}	ta:u^{6}/tau^{5}	tau^{5}/	
沸	滚	kun^{3}	kun^{5}/kon^{3}	kun^{3}/	
池塘	潭	t‘am^{2}	thum^{2}/tam^{2}	tam^{2}	
桌子	床	ts‘ŋ^{2}（潮州）	tɕo:ŋ^{2}/		
聪明	乖（巧）	kuai^{1}k‘a^{3}	kwa:i^{1}/kwai^{1}	kvai^{1}	
青蛙	蛤（蛙）	kap^{7}kue^{1}	kup^{7}/kop^{7}	kop^{7}	kop^{7}/kop^{7}

本组六字都是比较常见的字，语音的变化也符合常例，词义和一般用例有些不同，在闽南方言和台语却是比较一致的。“倒”读去声单用表示返回之义，如泉州话“倒去”to^{5} k‘ɯ，就是回去，在台语常用作补语。水沸说“滚”，在其他汉语方言也可发现。“潭”在闽南方言指较深的池塘，也指溪流深处，在台语专指大小池塘。管桌子叫“床”见于闽南方言的潮州话和泉州附近的姊妹方言莆田话。莆田话桌子叫 ts‘uŋ^{2}，床铺叫 ɬuŋ^{2}，同是床字，用不同声母区别词义，竟与龙州壮语的 tɕo:ŋ^{2}/ɬa:ŋ^{2} 之别毫无二致。“乖”在泉州话单说指小孩子听话，说乖巧意为聪明伶俐。与台语的“乖”相合。蛤在台语是单音词，在泉州话，蛙类中大的叫“蛤蛙”，小的叫“蛤仔”。

这类关系词有的是现代汉语还在通行的字，有的是南方诸方言常见的字，一般都认为这是台语向汉语借用的词。过细地比较，这类字应该还有不少，例如：东西南北，金银铜锡，油肉茶糖，春夏秋冬，车桥纸墨，输赢送娶。

第八组　六笼露漏亮篮

词目	本字	闽南话（泉）	壮语（龙 / 武）	布依语（羊 / 八）	傣语（西 / 德）
六	六	lak^{8}	ɣok^{7}/huk^{7}	zoʔ^{7}/zok^{7}	hok^{7}/hok^{7}
（鸡）笼	笼	laŋ^{2}	ɣuŋ^{2}/huŋ^{5}	zuaŋ^{5}/zoŋ^{5}	
露水	露	lɔ^{6}	ɣa:i^{2}/na:i^{2}	za:i^{2}/zai^{2}	/lai^{2}
漏	漏	lau^{5}	ɣo^{6}/ɬu^{6}	zo^{6}/zo^{6}	ho^{6}/ho^{6}
光亮	亮	liɔŋ^{6}	ɣo:ŋ^{6}/ɬuŋ^{6}	zuaŋ^{6}/zoŋ^{6}	sɔŋ^{5}/
篮子	篮	nã^{2}	ɣuŋ^{2}/huŋ^{3}	zuam^{2}/zom^{3}	sɔŋ^{2}/sɔŋ^{2}

本组六字也是常用字，但语音上（主要是声母）差异较大，不易辨认其同源关系。实际上这些字闽方言和台语之间存在着明显的声母对应关系：在壮语，声母是 ɣ、h、ɬ，

在布依语是 z，在傣语是 s、h、l；在闽方言有 l、s 两种读法。上文第六组“筤”泉州音有 $laŋ^5$ ～ $saŋ^5$ 两读便是一例，在闽西北地区古来母字读 s- 声母的更多，上述例字就有：

	建阳	崇阳	永安	沙县（夏茂）	邵武	将乐
六	so^8	su^8			su^7	$ʃu^8$
篮	$saŋ^2$	$saŋ^2$	$sõ^2$	$sɔ̃^2$	san^7	$ʃaŋ^7$
露	so^6	su^6	$sɔu^5$	su^5	so^5	$ʃo^5$

第九组　常时　头白　外家　蛮皮　挂喉

这是一组双音词，只就泉州话和龙州壮语做比较：

词目	本字	泉州话	龙州壮语
时常	常时	$siɔŋ^2$ si^2	$tsə:ŋ^2ɬi^2$
孝巾	头白	$t‘au^2$ $peʔ^8$	$t‘a:u^2p‘a:k^7$
娘家	外家	gua^6 ke^1	$va:i^6$ kia^1
刁皮	蛮皮	$ban^2p‘ə^2$	$ma:n^2p‘i^2$
上吊	挂喉	kua^5au^2	kua^3ko^2

由于调查未周，未能用更多条目和更多台语方言做比较，这类双音词深入地调查，一定还有很多。至于晚近台语向汉语借用的新词，如工人、农民、英雄、模范、干部、同志等，就更是不胜枚举了。

二　在汉语无字可考的

第一组

词目	闽南话（泉）	壮语（龙／武）	布依语（羊／八）	傣语（西／德）
傻	$gɔŋ^6$	$ŋu:ŋ^6/ŋoŋ^5$		$aŋ^5/ŋə^3$
（脚）跟	$tĩ^1$	$/tin^1$	$tin^1/$	tin^1/tin^1
招（手）	iat^8	vat^8	/vit	
扔	hit^8	vit^7/vut^7	$vit^8/$	$fɛt^8$
短貌	tak^7	$to:t^7/$		
厚貌	tut^7	$tət^7/$		
表方位词头	$t‘an^3$	$t‘an^5$		

本组七条都是闽南方言和台语语音相应，语义相符的关系词而在古汉语无源可考的。

泉州话 $gɔŋ^6$ 俗写作戇（福州话 $ŋouŋ^6$，俗写作歅）。戇，说文心部：“愚也。”段注引师古《张陈王周传》注曰：“旧音下绀反，今音读竹巷反。”《广韵》绛韵陟降切：“戇，愚也。”声韵均不合。泉州话 gɔŋ^6 可能是绛韵或宕韵，参考闽方言永安话读 ŋɒm^5 只能是宕韵；知母、匣母均无 g- 的读法，可见戆非 gɔŋ^6 的本字。泉州话 gɔŋ^6 与台语的 ŋu:ŋ^6、ŋoŋ^5 应同有另源。

台语管脚叫 tin^1，泉州话 tĩ^1 不单说，只说“骹后 tĩ^1”，即指脚后跟。泉州音 tĩ^1 可能是梗摄三等或四等字，参考福州话 au^{6}taŋ^1 则只能是四等青韵字。青韵端母未有此义字，应是来自台语的 tin^1，“后～”脚跟就是脚之后。

泉州话 iat^8 是山摄三等或四等入声音读，与此同义，福州话说 iaʔ^8，属梗摄三等入声音读，可见 iat^8、iaʔ^8 并未有共同的古汉语字源，可能都来自台语的 vat^8、vit^8。

泉州话 hit^8 意为扔或甩。其音韵地位是臻摄入声匣母，臻摄只有一三等，一三等未见匣母，可见这一声韵组合与汉语声韵组合规律不合，可能来自台语的 vit^7、vit^8、fɛt^8。

tak^7 和 tut^7 是泉州话形容词词尾，这种词尾有时和形容词干双声，有时词尾又可重叠。龙州壮语也有这种构词法。试比较：

泉州		龙州	
短	tə^3，tə^3 tak^7	短	tin^3，tin^3 to:t^7
长	tŋ^2，tŋ^2 tɯ^1	低	tam^5，tam^5 te:t^7
厚	kau^4，kau^{4}tut^{7}tut^7	厚	na^1，na^{1}tət^{7}tət^7
低	ke^4，ke^{4}biʔ^{7}biʔ^7	黑	dam^1，dam^{1}da:t^{7}da:t^7

龙州壮语在方位词前冠以 than^5 的词头，如上面说 t‘an^5 nɯ^1，里面说 t‘an^5 daɯ^1，下面说 t‘an^{5}tam^5。泉州话的 t‘ an^3 用来表示放置的方位，如说“t‘an^{3}to^{3}倒着放，“t‘an^{3}k‘a^5”竖着放“睏 t‘an 横”横着睡。二者仅调类有出入，可能也有同源关系。

第二组

词目	闽南话（泉）	壮语（龙／武）	布依语（羊／八）	傣语（西／德）
陷	lam^5，lɔŋ^5	/lom^1	/lam^5	lum^5/um^5
钻	nŋ^5	/do:n^3	nuan^4/	dɛn^3/
滑落	lut^7	lu:t^7/		lut^7/
选取	ləʔ^7，le^5	lə:k^8/	le^6/	lək^8/lək^8
刚刚	gam^{1}gam^1	ga:m^{3}ga:m^3/		
嗜好	gam^5	/gam^5		
说	nauʔ^7	/nau^2	nau^2/	

本组七条都是次浊声母出现于阴调类的单音词，泉州话和台语诸方言的情况大体相同。按汉语中古音到现代音的演变规律，次浊声母字除上声字外都应读为阳调类，在台语，次浊声母见于阴调类的现象较多，这些关系词正反映了闽南方言和台语的一个共同

特点。

泉州话陷入烂泥说 lam^5，使人陷下的烂泥田叫“深田～”，后一种用法有 lam^5、lɔŋ^5、lɔŋ^1 三种读音。闽南话（漳州）韵书《汇集雅俗通十五音》甘部上去声监韵柳母下有坔字，音 lam^5，注：“俗云水田”，又《增补汇音》甘部监韵上去调柳母下也收了“坔，泥水深也”，另收了“畓，田畓”。今龙海县还有自然村名“加畓坑”，本地音 ka^{1}lɔŋ^{5}k‘ɛ̃^{1}。坔、畓都是民间创造的会意字，从音义看应和台语的 lom^1、lam^5 同源。

泉州话 ŋ 韵多来自山摄合口或宕摄开口的一等字，n 是 l 的变体，nŋ^5 显然不是钻字的音，和台语的 do:m^3、nuan^4 则十分相近，可能同源。

lut^7 的音义在闽南方言和台语最为一致，而且都是常用词，义项也多。例如闽南话绳索、绳结之类脱落说 lut^7（篮索～去，结头～去，裤带～去）；下降也说 lut^7（分数～落来，～落山：下山，～职：丢官、降职），应是同源词。

“选取”一词在布依语是“去声字”le^6，在壮、傣语是“入声字”lək^8；泉州话则兼有去、入两读，le^6 是“分类选择”，ləʔ^7 是用于拣取。去声的读法似为“类”字，在福州话读为 lui^6。

gam^1 有人认为是从粤方言借用到台语的，但闽南话也有类似说法，客家话和湘方言里也发现过，大家都向粤方言借用的可能性不大，又是次浊声母见于阴调类，不合汉语声韵组合规律。因此，可能也是汉台语早期共有的词。

武鸣壮语 ŋam^5 是“心想”，泉州话 gam^5 是嗜好入迷，如说“薰烧野～”烟瘾很大，也是音同义近的关系词。

泉州话“说”可说成 nauʔ^7，如说“七～八～”七说八说，“伊有 nauʔ^7 蜀句”他随便说了一句，也可和“说”连用，“nauʔ^{7}nauʔ^7，说”是胡说、连续地说。nauʔ^7 可能是向台语借用的。

第三组

词目	闽南话（泉）	壮语（龙 / 武）	布依语（羊 / 八）	傣语（西 / 德）
洗～衣	lak^8	ɬak^8/sak^8	saʔ^8/	sak^8/sak^8
松不紧	liŋ^6	ɬə:ŋ^6/ɣuŋ^5	zuŋ^5/	lum^1/lom^1
滚～下来	lin^5	lan^6/ɣiŋ^4	ziŋ^4/	/iŋ^3

本组三条是根据上文第一部分第八组所列闽方言和台语的早期声母对应规律类推出来的，在汉语里也无源可考。泉州话 lak^8 只用于洗衣，和台语泛指的洗 sak^8 语音相应，词义相同，应有同源关系。曹广衢《壮侗语中和汉语有关系的词的初步分析》一文认为是“洒”字，《说文》洒有洗义，洒古文是灑，从丽得声，上古在支部（中古音为齐韵）支部和锡部有谐声通转关系，sak^8 可能就是洒。泉州话的 lin^5 liŋ^6 和台语的说法音义对应亦较明显，lin^5 只是次浊声母见于阴调类的（如第二部分第二组所述）可能都有同源关系。

从初步比较所得材料看来，闽方言和台语的关系词大体有三种不同类型。

（一）有些可能是远古时代汉台共有的同源词，它们的特征是：

1. 在闽方言和台语都属于反映日常生活中最重要概念的基本词汇，在古代汉语文献中有源可考，而不是闽方言的特殊创新。

2. 语音上音类有对应关系但音值往往并不相近；语义上相关联但往往并不相同。例如“六露篮舷悬骹戾”等。

3. 在台语中有一些不同语源的等义词。像武鸣壮语“六”有 ɣok^{7}、lok^{8} 两读，前者是早期同源词，后者是后来向汉语借用的，是不同语源的词；但富：mi^{2}，fou^{5}，甜 va:n，ti:m^{2}，则前者是本族语词，后者是汉语借词，均非早期同源词。

（二）有些可能是上古时代台语向汉语借用的词。它们的特征是：

1. 在闽方言和台语都是常用词，在古汉语文献中也有源可考的（此条同第一类）。

2. 语音和语义不但相应、相关，而且相同或相近，可用汉语语音发展规律论证的，例如肥芳箸杖奇姥等等。

3. 在台语另有本族固有的同义词，例如龙州壮语：冷 ɕeŋ^{4}，nit^{7}；转回 tau^{6}，ma^{1}；祖母 ma^{3}，na:ŋ^{2}。前者是早期汉语借词，后者是本族固有词。

（三）有些可能是台语留给闽方言的底层词。它们的特征是：

1. 在闽方言和台语都是常用词。在古代汉语无源可考的。

2. 语音和语义不但相应、相关而且相同或相近，但难以用汉语语音发展规律来论证，有的就不符合汉语音韵组合规律，上文第二部分前两组诸例都可能是此类底层词。

此外，当然还有晚近台语向汉语借用的词，这类借词数量很大，有常用词也有非常用词，从语音说或近于粤方言，或近于西南官话，都有对应规律可循，从词义说往往十分一致，变化较少，本文未详细比较此类借词。

为关系词定性是一项十分复杂的工作，需要占有对比双方的翔实的语言材料，并且对汉台语各自的历史和相互关系的历史有深入的了解。这里提出的几种类型及其所具特征只是初步的观察报告。

我们相信，就东南部的汉语方言和台语做深入的调查和过细的比较，一定可以探知更多的东南诸方言的特殊差异及其渊源；也一定可以进一步了解汉台语的相互关系和相互影响，论证汉台语之间的亲属关系。本文只是这方面工作的一次初步尝试。

参考文献

百越民族研究会 《百越民族史论集》，（北京）中国社会科学出版社，1982 年。
曹广衢 壮侗语中和汉语有关系的词的初步分析，《民族语文》1983 年第 2 期。

李方桂 《龙州土语》，（上海）商务印书馆，1931 年。
李方桂 《武鸣壮语》，（北京）中国科学院，1953 年。
李如龙 闽西北方言来母读 s 的研究，《中国语文》1983 年第 4 期。
罗美珍 试论台语的系属关系，《民族语文》1983 年第 2 期。
韦庆稳、覃国生 《壮语简志》，（北京）民族出版社，1980 年。
喻翠容 《布依语简志》，（北京）民族出版社，1980 年。
喻翠容、罗美珍 《傣语简志》，（北京）民族出版社，1980 年。
中国科学院少数民族语言研究所 《布依语调查报告》，（北京）科学出版社，1959 年。

说明： 本文曾提交 1983 年在夏威夷举行的第 16 届汉藏语言学会议。后收入《汉语方言研究文集》，商务印书馆，2009 年。

从词汇看闽南方言和客家方言的关系

福建省的西部山区，从光泽到永定是一条客赣方言的长带。在闽方言和客赣方言的交界线上，有些方言常常兼有两边方言的特点。例如北边的邵武话、将乐话，南边的明溪话、龙岩话。有的方言点的归属因此而存在着不同的看法，例如邵武话有人认为是闽方言，甚至以此而认为闽方言和客方言并无本质的差异。

事实上，汉语的东南部方言，或多或少都有发生学上的关系，因为各方言都是北方汉语分化出来的，语音都能找到与中古音、上古音的对应，语词也大多是从古代汉语演化而来的。除此之外，各方言之间还有地缘上的联系，即经过长时间的接触（移民穿插、交际往来）而发生相互的影响。这种历时的同源关系和共时的接触关系决定了各区方言之间必定是异中有同的。研究东南部方言，不但应该研究它们的“同中有异”，也应该研究它们的“异中有同”，只有对不同方言的同和异作全面的调查和比较，我们对方言的分区以及各方言区的本质特征才能有更加深切的理解。

在闽方言的几个区里，闽东方言和吴方言的关系较深，闽北方言和赣方言的关系较深，闽南方言则与客方言关系较深。这里说的关系当然包括了纵向的渊源关系和横向的渗透关系。

本文从词汇上考察闽南方言和闽西客家方言的关系。

以下分两部分列举闽南方言和客家方言共有的方言词。闽南方言用的是我的母语泉州方言的材料，客家方言则取材于三种报告:《客赣方言调查报告》（李如龙、张双庆主编）、《永定（下洋）方言词汇》（黄雪贞）和《客方言》（罗翙云）。

一

本部分罗列于《广韵》《集韵》有字可考的单音词或语素，先列多数闽方言共有的（以闽东的福州话为参照），再列仅见于闽南话的条目。《广韵》《集韵》简称《广》《集》，只引反切及原注。闽南话和客家话一般只举一点为例加以注音，为便于看出音类对应，声调只标原调类（泉州音去声依连读变调分阴阳去），不标调值也不标变调，轻声不标调类号。永定（下洋）话53调含清去字，本应称阴上去或阴仄；33调含部分浊上字，可称为阳上去或阳仄，今按黄雪贞原作标为上声和去声。本字的含义与方言词义不同者随文作注。凡是在南方多种方言中常见，古时本字明确的本文不收，例如：行走、走跑、拍打、食吃、惊怕、园藏、缚绑、乌黑、肥胖、细小、幼细。

以下条目在闽方言中除闽南话外至少还见于福州话：

1. 昼《广》陟救切："日中。"下午多数闽、客方言说下昼，泉州 ꜃e tau꜄，梅县①ha꜄ tsu꜄。

2. 晡《广》博孤切："申时。"泉州话下午说下晡 ꜃e ꜀pɔ，傍晚说暗晡 am꜄ ꜀pɔ，永定暗晡 ꜂aŋ ꜀pɨ 指夜晚，昨晡 ꜂tsʰa ꜀pɨ 指昨天，其中的晡皆与入夜的"申时"有关。

3. 坪《广》符兵切："地平。"泉州话说山坪 ꜀suã ꜁pʰiã 指较为平坦的山坡地；永定说门坪 ꜁mun ꜁pʰiaŋ 指门口的平地。

4. 庭《广》特丁切："门庭。"晒谷场泉州说粟庭 tsʰiak꜆ ꜁tiã，梅县说禾庭 ꜀vɔ ꜁thaŋ。

5. 舷《广》胡田切："船舷。"闽、客方言引申指一切边缘。如说溪舷，泉州 ꜀kʰue ꜁kĩ，永定 ꜀kʰei ꜁fin；床舷，泉州 ꜀tsʰŋ ꜁kĩ，长汀 ꜁tʃʰɔŋ ꜁ʃiẽ。闽方言区俗写为墘，常用于地名。黄雪贞以为是唇字，对比闽方言只能是匣母字舷。

6. 园《广》雨元切："园圃。"闽客方言称旱地为园，泉州 ꜁hŋ，永定 ꜁viɛn。

7. 索《广》苏各切："又，绳索。"闽、客方言均称绳子为索。泉州 so꜆ʔ，梅县 sək꜆。

8. 櫼《广》将廉切："楔也。"闽客方言多称楔子为櫼。泉州 ꜀tsĩ，梅县 ꜀tsiam。

9. 篩《广》丑饥切："竹器。"闽、客方言多称竹筛子为篩。泉州 ꜀tʰai，永定 ꜀tsʰei。

10. 椹《广》知林切："铁椹，斫木质。"案板泉州说椹 ꜀tiam，梅县说椹头 ꜀tsəm ꜁tʰɛu，长汀说椹盘 ꜀tseŋ ꜁pʰaŋ。

11. 箸《广》迟据切："匙箸。"筷子泉州说箸 tɯ꜅，宁化说箸只 tsʰʅ꜅ tsa꜆。

12. 隊《广》持究切："道边埤也。"门槛儿闽客方言都有说门隊的，泉州 ꜁mŋ ꜃tuĩ，安远 ꜁məŋ ꜀tɕʰian，宁化说屋隊 vu꜆ ꜀tsʰaŋ。

13. 粟《广》相玉切："禾子也。"闽方言粟指稻谷，泉州 tsʰiak꜆，在客方言转指杂粮之实，如梅县称玉米为包粟，꜀pau siuk꜆，称高粱为高粱粟 ꜀kau ꜁liɔŋ siuk꜆。

14. 菅蓁《广》菅，古颜切："草名。"蓁，侧诜切："草盛貌。"闽客方言均有称芦苇为菅蓁的，泉州 ꜀kuã ꜀tsin，揭西 ꜀kɔn ꜀tsin。

15. 薸《广》符霄切："《方言》云'江东谓浮萍为薸'。"闽客方言今仍称薸。泉州

① 梅县今作梅州。本文仍从发表时的说法。

꜁pʰio，梅县 ꜁pʰiau ɛi。

16. 箬《广》而灼切："竹箬。"裹粽子的叶子，安远叫箬 no꜅，宁都叫箬叶 nɔk꜇ iap꜇；闽方言用来泛指一切植物的叶，泉州 hioʔ꜇。

17. 铰《广》古肴切："铰刀。"剪刀闽客方言都有说铰剪的，泉州 ꜀ka ꜂tsian，宁都 ꜀kau ꜂tsian。

18. 膭《集》柯开切："六畜胎曰膭。"鸟类的嗉囊闽、客方言多说膭，如鸭嗉，泉州 aʔ꜆ ꜀kui，永定 aʔ꜆ ꜀koi。泉州话还把肚子肥大叫大腹肚～ tua꜅ pak꜆ ꜂tɔ ꜀kui，音韵俱合，字义略有转移。

19. 卵《广》卢管切："《说文》曰'凡物无乳者卵生'。"闽方言普遍称蛋为卵，客方言也有。泉州 ꜃lŋ，永定 ꜂lɔn。又，部分闽、客方言还管男阴叫卵，泉州 ꜃lan，宁都 ꜂luan，上古造字时卵应是男阴的象形。

20. 链《广》郎甸切："鸡未成也。"未下蛋的小母鸡，泉州、永定均说鸡链，泉州音 ꜀kue lua꜅（厦门音鼻化未脱落，音 nuã꜅），永定音 ꜀kei lɔn꜅。《客方言》云"鸡乱，小鸡也，乱者，链之语转"（511 页），甚是。

21. 蜞《集》渠之切："虫名，水蛭也。"水蛭泉州话说蜈蜞 ꜁gɔ ꜁kʰi，梅县说湖蜞 ꜁fu ꜁kʰi。

22. 姐《广》子野切："羌人呼母。"《集》："《说文》：蜀谓母曰姐。"今闽、客方言都有称母为姐的，宁都 ꜂tsia，平和 ꜀a ꜂tsia。

23. 疕《广》匹婢切："疮上甲。"闽方言普遍称创口所结痂为疕，泉州 ꜂phi，部分客家话亦有此说，揭西亦音 ꜂pʰi。《客方言》云"疮皮结痂曰疕"（328 页），甚是。

24. 娠《广》失人切："孕也。"闽客方言都有把怀孕说成"有娠"的，泉州 ꜃u ꜀sin。《客方言》云"妇孕谓之有身"（330 页），误为同音字。

25. 眩《广》胡涓切："乱也。"闽、客方言多称头晕为眩。泉州 ꜁hin，梅县 ꜁fun。

26. 施《集》以豉切："及也，进也。"撒布细碎之物，闽方言多说施，泉州 ia꜅，不少客方言同此。梅县 ie꜄。

27. 沃《广》乌酷切："灌也。"闽方言多称浇灌为沃，泉州 ak꜆，客方言也有此说。永定 vuʔ꜆。

28. 擘《广》博厄切："分擘。"掰开闽、客方言多说擘。泉州 peʔ꜆，梅县 pak꜆。

29. 掖《广》羊益切："持臂。"闽、客方言多把招手说为掖手。泉州音 iaʔ꜇ ～ iat꜆，梅县 iak꜇。

30. 啡《集》滂佩切："一曰唾声。"吐口水闽方言多说啡，泉州：pʰui꜄，部分客方言亦同此，翁源 pʰoi꜄。

31. 嗌《集》蒲奔切："吐也。"用口吹气闽方言多说嗌，泉州 ꜁pun，客方言也有此说，翁源 ꜁p^{h}un。

32. 搡《集》损动切：“推也。”闽、客方言多有管推叫搡的，泉州 ꜂saŋ，又音 sak꜆（阳入对转），梅县 ꜂suŋ。《客方言》云“推击曰竦”（147 页），本字误。

33. 揽《广》卢敢切：“手揽取。”搂抱闽、客方言多有称揽的。泉州 ꜂lam，长汀、宁化 ꜂laŋ。

34. 捘《广》七伦切：“推也，《左传》云‘捘卫侯之手’。”闽方言多说伸为捘。泉州 ꜀ts^{h}ŋ ～ ꜀ts^{h}un。客方言亦有此说。永定 ꜀ts^{h}un。

35. 煠《广》士洽切：“汤煠。”清水煮物，闽客方言多说煠。泉州 saʔ꜇，梅县 sap꜇。

36. 翕《广》许及切：“火炙。”闽、客方言都有把焖煮说成翕的，泉州 hip꜆，《客方言》云“以少水煮物盖而闭之使熟曰翕”（241 页），合此。

37. 沕《集》莫佩切：“潜藏也”。潜入水中，闽、客方言多说沕。泉州 bi꜅，梅县 mi꜄。

38. 拌《广》普官切，又蒲旱切：“弃也。”客方言摔弃器物谓拌，梅县 ꜀p^{h}an；闽方言指摔弃衣物上浊物为拌，泉州 ꜃puã。浊上读归阴平，《广韵》已有反映，此为一例。

39. 矺《广》陟革切：“碓也。聚石也。”用石头压着，闽、客方言多有说矺的，泉州：teʔ꜆，梅县：tsak꜆。

40. 拈《广》奴兼切：“指取物也。”泉州音 ꜀liam，《客方言》云“两指取物曰拈”（149 页），合此。

41. 闪《广》失冉切：“出门貌。”闽方言避开曰闪，泉州：꜂siam，《客方言》云“避曰闪”（136 页），合此。

42. 斗《广》都豆切：“《说文》：相易物俱等。”安装配件闽方言多说斗，泉州：tau꜄，梅县音 tɛu꜄，义同。配件榫头总是对等的。

43. 拭《广》赏职切：“刷。”闽、客方言多谓擦为拭。泉州 ts^{h}it꜆，梅县 ts^{h}ət꜆。

44. 䫩《集》古禫切：“盖也。”闽、客方言都说䫩，泉州话 ꜂kam 指掩埋，福州话盖被子曰 ꜂kaŋ，梅县话 ꜂kɛm 指盖盖子。

45. 治《广》直之切：“理也。”剖鱼并加洗理闽客方言普遍说治，梅县 ꜁ts^{h}ɿ，泉州 ꜁t^{h}ai。并引申指宰杀。闽方言杀人亦曰治。

46. 敨《集》他口切：“展也。”闽、客方言都有敨的说法，泉州 ꜂t^{h}au 指解开、解除，如说敨索，空气通敨。客方言多用于敨气，指歇息。梅县 ꜂t^{h}ɛu。

47. 必《广》卑吉切，《说文》曰：“分极也。”开裂谓之必，泉州 pit꜆，永定说必裂 pi꜆ liɛʔ꜆，泉州亦可。

48. 长《广》直亮切：“多也。”闽方言余剩说长（去声），泉州 tiɔŋ꜅，“长淡薄”是剩一点。客方言亦有此说，宁都：ts^{h}ɔŋ꜄，永定“不把饭吃完，留碗底”说“长饭碗”ts^{h}ɔŋ꜄ p^{h}ɔn꜄ ꜂van。

49. 佮《广》古沓切："并佮，聚。"泉州合伙说厮佮 ꜀sa kap꜆。佮本 kap꜆ ꜂pun，并用作连词，"我佮汝"是我和你。客方言指人际合作，梅县 kap꜆，如说佮唔来。《客方言》云"同夥营生曰欱本"（187 页），欱、佮同音异体，又说"妇人与人私通曰甲人"（212 页），亦应是这个佮。

50. 晏《广》乌旰切："晚也。"天色不早，闽、客方言都有说晏的。泉州 uã꜄，河源 an꜄，长汀 ŋ꜄。

51. 泛《广》孚梵切："浮貌。"闽、客方言空虚不实多说泛。如秕谷，泉州说泛粟 pʰã꜄ tsʰiak꜆，永定说泛谷 ꜂pʰaŋ kɨʔ꜆。《客方言》云"谷不充曰冇谷"（93 页），同此。

52. 崎《集》巨绮切："归崎，山貌。"闽、客方言多有称山坡陡峭为崎的。泉州 ꜃ka ～ ꜃kia（并用作名词指陡坡），梅县音 ꜀kʰi 浊上归阴平。

53. 毋《广》武夫切："止之辞。"闽、客各点否定词"不"多说毋，泉州 ꜁m ～ m꜅，梅县 ꜁m ～ ꜁ŋ，这是古今音变中强化声母使韵母脱落的特例。

以下条目见于闽南话，在其他闽方言较为少见，说明闽南话与客家话的关系更深。

54. 磡《集》苦绀切："岩崖之下。"又作墈："险岸。"险地或崖岸说墈，泉州 kʰam꜄，梅县 ham꜄。

55. 圳《集》朱闰切："沟也。"田间水渠泉州说圳 tsun꜄，水圳 ꜂tsui tsun꜄ 或圳沟 tsun꜄ ꜀kau，梅县说圳哩 tsun꜄ nɛi，长汀说 tʃun꜄ ꜀keɯ。《客方言》云"沟曰圳子"（436 页），圳为闽粤通行的俗字。

56. 塍《集》陵延切："垅也。"农作物的畦垅，闽南和一些客家话都说塍，泉州：꜁nuĩ，长汀 ꜁tiẽ。语音成对应，长汀有来母细音读 t- 的。

57. 桷《广》古岳切："椽也。"椽子梅县说桷 kɔk꜆，泉州说桷支 kak꜆ ꜀ki 或桷仔 kak꜆ ꜂ga。《客方言》云"榱曰桷子"（337 页）。

58. 枋《广》府良切："木名，可以作车。"厚木板闽南和客家都说枋，泉州音 ꜀paŋ，永定音 ꜀piɔŋ。

59. 涵《集》胡男切："潜通水具。"阴沟泉州说涵 ꜁am 或涵沟 ꜁am꜀kau，《客方言》云"沟窦谓之水涵"（350 页），同此，字义略变。

60. 錾《广》才敢切："錾凿也。"开石头用的小铁椎，泉州说石錾 tsioʔ꜇ ꜂tsam。《客方言》云"小凿曰馋子（合音为粗暗）"（397 页），同此。梅县音 tsʰam꜄，本字应是錾。

61. 窒《集》陟栗切："《说文》：塞也。"瓶塞泉州说矸窒 ꜀kan tʰat꜆，揭西说 tsət꜆，长汀说窒哩子 ꜀tsi ꜀li ꜂tsɿ，俱同。

62. 纽《广》女久切："结也。"纽扣，泉州说纽 ꜂liu，永定同此，音 ꜂leu。

63. 磉《集》写朗切："柱下石。"柱石在闽南、客家都有称磉石的，泉州 ꜂sŋ tsioʔ꜇，长汀 ꜂sɔŋ ʃa꜅。

64. 墭《集》时正切："器也。"泉州单说墭 sĩa꜄ 指室内谷仓，有木制、土制两种，俗写槛或墭。又说"春槛"꜀tsʰun sĩa꜄ 是装抬嫁妆的木奁子。音 tsʰaŋ꜄，相当于泉州的春槛。

65. 捋《广》郎括切："手捋也。"泉州话梳头说捋头 luaʔ꜇ ꜁t'au，小头梳说捋仔 luaʔ꜇ ꜂a。《客方言》云"小梳曰掠子，掠当为攦，《说文》：攦，理持也"（385 页），应同此。

66. 籆《广》王缚切："《说文》曰：收丝者也。"旧式织布时绕线的竹编泉州话称籆 ak꜇。《客方言》云"络丝具谓之籆头"（418 页），同此。

67. 豸《广》池尔切："《尔雅》云'有足曰虫，无足曰豸'。"泉州话常连说虫豸 ꜁tʰaŋ ꜂tʰua。《客方言》云"虫谓虫尸，尸当为豸"（475 页），甚是。

68. 萦《广》於营切："绕也。"绕线说萦，泉州 ꜀in，梅县 ꜀iaŋ。

69. 泾《集》陟利切："湿也。"墨水洇开，梅县说泾 tsi꜄，泉州话指湿物使接触物致湿，亦音 tsi꜄。

70. 搉《集》克角切："敲击也。"用石头或木棍击打，闽南和一些客家话都说搉。泉州、宁都音 kʰɔk꜆，长汀音 ꜁kʰo。

71. 斲《集》竹角切："《说文》：斫也。"用尖器硬物击打，闽南与客家都有说斲的。泉州 tɔk꜆，宁化：to꜆。

72. 楔《集》私列切："櫼也。"闽南和部分客家话用作动词，器物放置不稳，用楔子使稳曰楔。宁都 siat꜆，泉州 sueʔ꜆，屑韵在泉州音白读有作合口的，如节 tsueʔ꜆ 镙 kueʔ꜆。

73. 炙《广》之石切："《说文》曰'肉在火上'。"梅县烤火说炙火 tsak꜆ ꜂fɔ，泉州话晒太阳说"炙日"tsioʔ꜆ lit꜇。

74. 瘣《集》吐猥切："痕瘣：风病。"麻风病泉州话说瘣哥 ꜂tʰai ꜀ko，梅县说发瘣疯：pot꜆ ꜂tʰai ꜀fuŋ。

75. 舐《广》神纸切："以舌取物。"用舌头舔，闽南和多数客家话都说舐，泉州 ꜂tsi，梅县：꜀sai 浊上读阴平。

76. 吮《集》竖尹切："舐也。"吮吸泉州可说吮 ꜃tsŋ，如吸奶说 ꜃tsŋ ꜀lin，又指苍蝇叮。梅县音 ꜀tsʰiɔn。《客方言》云"小儿吮乳谓之餐乳"，浊上字读阴平，吮正是本字。

77. 磕《集》辖腊切："石声。"头被碰撞，泉州、梅县都说磕，音亦同为 kʰap꜇。

78. 晟《集》时征切："明也。"闽南及客家话用作动词，指强烈的光线刺眼，泉州音 ꜁tsʰĩ，梅县音 ꜁tsʰaŋ。

79. 否《集》补美切："恶也。"东西质量差，长汀、安远说否，音 ꜂pe，泉州泛指坏为否，转送气音 ꜂pʰai。

80. 衰《广》所危切："小也，减也，杀也。"倒霉闽南和客家话都说衰。泉州音

꜀sue，梅县音 ꜀sɔi，字义略有转移。

81. 畏《广》於胃切：“畏惧。”闽南和一些客家话畏用作带实语的动词，泉州话怕冷说畏寒 ui꜄ ꜁kuã，永定怕蛇说畏蛇 ꜂vei ꜁sa。

82. 盪《集》大朗切：“动也。”又他浪切：“涤器。”衣服重洗使净说盪衫，泉州说 ꜃tŋ ꜀sã，永定说 ꜀tʰɔŋ ꜀saŋ，泉州还可说洗盪 ꜂sue ꜃tŋ。

83. 齧《广》五结切：“噬也。”客方言不少点咬说齧，梅县音 ŋat꜆，泉州亦可说，音 giat꜆。

84. 骑《广》渠羁切：“《说文》曰：跨马也。”闽南和客家都有把用肩扛叫骑的，泉州音 ꜁ka ～ ꜁kia，揭西音 ꜁kʰia。肩扛就是被负物所骑，是为使动引申。

85. 䁥《集》昵辄切：“目动。”眨眼说䁥，泉州 nĩʔ꜆，梅县 ȵiap꜆。

86. 耖《广》初教切：“重耕田也。”第二次翻犁水田整平，今仍谓耖。泉州音 tʰa꜄，永定音 ꜂tsʰau。

87. 分《广》府文切：“赋也，施也，兴也。”东西给人，泉州话说分侬 ꜀pun laŋ。此亦轻唇作重唇之例。

88. 㷔《广》许应切：“悦也，喜也。”喜好泉州说㷔 hiŋ꜄。《客方言》云“喜曰㷔”（93 页），即此。

89. 徛《广》渠绮切：“立也。”闽、客方言多说立为徛。泉州音 ꜃kʰa ～ ꜃kʰia，梅县音 ꜀kʰi。《客方言》云“谓立曰企”（139 页），声母不符，本字应是徛，浊上读归阴平。

90. 儠㑲《集》儠，力盍切，㑲，私盍切：“儠㑲，恶貌。”闽南话和客家话都有把肮脏说成儠㑲的，泉州说 lap꜆ sap꜆，揭西说 ꜂la sap꜆。《客方言》云“地不洁谓之拉飒”（235 页），即此。

二

本节只罗列闽南话和客家话共有的方言词，少数见于闽东福州话的随条注明。南方诸方言多见或字义容易理解的不收，例如：雷公$_{雷}$、外家$_{娘家}$、面$_{脸}$、洗身$_{洗澡}$、水井$_{井}$、学堂$_{学校}$、五月节$_{端午节}$、客店$_{客栈}$。客家话只见于个别点的也不收。

这些方言词大都是多音词。其中有的是字义有引申或转移，有的是据共同语已有语素组合创新的，有的至今本字未明，可能还有些是古百越语的底层。本文着重于比较，各类方言词不再加以分析。各条目编号则与上文条目相接。

91. 天时：天气。泉州 ꜀tʰĩ ꜁si，长汀 ꜀tʰiẽ ꜁ʃi

92. 罩雾：起雾。泉州 tau꜄ bu꜅，上杭 tsɔu꜄ vu꜄

93. 地动：动震。泉州 tue꜅ ꜂taŋ，永定 tʰi꜄ ꜀tʰuŋ

94. 河溪：银河。泉州 ꜁o ꜀kʰue，长汀 ꜁ho ꜀hai

95. 旧年：去年。泉州 ku꜅ ꜁n ĩ，长汀 tʃʰiəɯ꜅ ꜁niẽ le꜄（旧年，le꜄ 为名词之尾）

96. 半昼：日近午。泉州 pũa꜄ tau꜄，永定 ꜂pan ꜂tsiu ꜂tsi（半昼子）

97. 断乌：日落入夜。泉州 ꜃tŋ ꜀ɔ，永定 ꜂tʰɔn ꜀vɨ

98. 月尾：月底。泉州 gəʔ꜇ ꜂bə，永定 iɛʔ꜇ ꜀mei

99. 天光：明天。泉州 ꜀t'ĩ ꜀kŋ，永定 ꜀tʰiɛn ꜀kɔŋ n̥iʔ꜇（天光日）

100. 冬节：冬至。泉州 ꜀taŋ tsueʔ꜆，永定 ꜀tuŋ tsiɛʔ꜆

101. 时节：时候。泉州 ꜁si tsueʔ꜆，长汀 ꜁ʃʅ ꜁tse

102. 头先：方才。泉州 ꜁tʰau ꜀su ĩ，永定 ꜁tʰeu ꜀siɛn

103. 尾头：末尾。泉州 ꜂bə tʰau，《客方言》：“末曰尾头。”

104. 食昼：吃中饭。泉州 tsiaʔ꜇ tau꜄，长汀 ʃʅ꜄ tʃɐɯ꜄

105. 烧水：热水。泉州 ꜀sio ꜂tsui，永定 ꜀sɛu ꜂fi

106. 滚水：开水。泉州 ꜂kun ꜂tsui，永定 ꜂kun ꜂fi

107. 转润：反潮。泉州 ꜂tŋ lun꜄，永定 ꜂tsɛn viŋ꜄

108. 做大水：涝了。泉州 tsue꜄ tua꜄ ꜂tsui，长汀 tso꜄ tʰai꜄ ꜂ʃʉ

109. 栈房：货仓。泉州 tsan꜄ ꜁paŋ，《客方言》：“储货之屋。”

110. 眠床：床铺。泉州 ꜁bin ꜁tsʰŋ，永定 ꜁miŋ ꜁sɔŋ

111. 笼床：蒸笼。泉州 ꜁laŋ ꜁sŋ，长汀 ꜁loŋ ꜁sɔŋ。

112. 饭匙：饭勺。泉州 pŋ꜅ ꜁si，永定 pʰɔn꜄ ꜁si

113. 灰匙：抹灰刀。泉州 ꜀hə ꜁si，永定 ꜀foi ꜁si

114. 厘戥：戥子。泉州 ꜁li ꜂tiŋ，《客方言》：“衡器之小者。”

115. 罗庚：罗盘。泉州 ꜁lo ꜀k ĩ，《客方言》：“堪舆家所以格定方向者。”

116. 葵扇：扇子。泉州 ꜁kʰe s ĩ꜄，永定 ꜁kʰi ꜂sɛn

117. 门扇：门板。泉州 ꜁bŋ s ĩ꜄，永定 ꜁mun ꜂sɛn

118. 犁壁：犁铧。泉州 ꜁lue piaʔ꜆，永定 ꜁lei piaʔ꜆

119. 衫裤：衣裳。泉州 ꜀sã kʰɔ꜄，长汀 ꜀saŋ fu꜄

120. 洗衫枋：洗衣板。泉州 ꜂sue ꜀sã ꜀paŋ，永定 ꜂sei ꜀saŋ ꜀piɔŋ

121. 卫生衣：绒衣。泉州 ue꜅ ꜀səŋ ꜀i，永定 ꜂vei ꜀sɛn ꜀zi

122. 跑裤：长运动裤。泉州 ꜂pʰau kʰɔ꜄，永定 ꜀pʰau ꜂kʰɨ

123. 裤头：裤腰。泉州 kʰɔ꜄ ꜁tʰau，永定 ꜂kʰɨ ꜁tʰeu

124. 裨仔：背心。泉州 kaʔ꜆ ꜂a，永定 kaʔ꜆ tsi

125. 干粮袋：布挎包。泉州 ꜀kan ꜁ni ũ tə꜄，永定 ꜀kɔn ꜁liɔŋ tʰoi꜄

126. 水鞋：雨鞋。泉州 ꜂tsui ꜁ue，永定 ꜂fi ꜁hei

127. 夜壶：尿壶。泉州 ia꜅ ꜀hɔ,《客方言》：“小便器曰夜壶。”
128. 树奶：橡皮，橡胶。泉州 tsʰiu꜄ ꜀lin，永定 sɨ꜄ ꜀lɛn
129. 臭丸：樟脑丸。泉州 tsʰau꜄ ꜁ĩ，上杭 tɕʰiu꜄ ꜁iẽ
130. 火炭：木炭。泉州 ꜂hə tʰũa꜄，永定 ꜂fou ꜂tʰan
131. 生殕：发霉。泉州 ꜀sĩ ꜂pʰu，永定 ꜀saŋ ꜂pʰɨ
132. 糖仔：糖果。泉州 ꜀tʰŋ ꜂ŋã，永定 ꜀tʰɔŋ ꜀tsi
133. 豆油：酱油。泉州 tau꜅ ꜁iu，永定 tʰeu꜄ ꜁iu
134. 柑：橘子。泉州 ꜀kã，永定 ꜀kã
135. 番薯：红薯。泉州 ꜀han ꜀tsɯ，长汀 ꜀faŋ ꜁ʃʉ
136. 鱼巴：鱼干。泉州 ꜀hɯ ꜀pa，长汀 ꜀ŋe ꜀pa
137. 猪哥：雄种猪。泉州 ꜀tɯ ꜀ko，永定 ꜀tsɨ ꜀kou
138. 鸡角：雄鸡。泉州 ꜀kue kak꜆，永定 ꜀kei kiʔ꜆
139. 正番：鸭的一种。泉州 tsi ã꜄ ꜀huan，永定 ꜄tsiŋ ꜀fan
140. 豺狗：黄鼠狼。泉州 ꜁se ꜂kau，永定 ꜀sai ꜂keu
141. 狗宿：狗窝。泉州 ꜂kau siu꜄，长汀 ꜂kəɯ səɯ
142. 草蜢：蝗虫。泉州 ꜂tsʰau mu ĩʔ꜆，永定 ꜂tsʰou ꜂maŋ
143. 生卵：下蛋。泉州 ꜀sĩ ꜂lŋ，清流 ꜀sã ꜂luã
144. 师公：道士。泉州 ꜀sai ꜀kɔŋ，永定 ꜀se ꜀koŋ
145. 番客：出国华侨。泉州 ꜀huan kʰeʔ꜆，永定 ꜀fan kʰaʔ꜆
146. 番婆：外国女人。泉州 ꜀huan ꜁po，永定 ꜀fan ꜁pʰou
147. 峇峇：侨生混血儿。泉州 ꜁ba ꜁ba，永定 va꜆ va꜆
148. 头家：老板。泉州 ꜁tʰau ꜀ke，永定 ꜁tʰeu ꜀ka
149. 食头路：当雇员。泉州 tsiaʔ꜆ ꜀tʰau lɔ꜅，永定 siʔ꜆ ꜀tʰeu li꜄
150. 老阿婆：老太婆。泉州 ꜃lau ꜀a ꜁po，永定 ꜂lau ꜀a ꜁pʰou
151. 新妇：儿媳妇。泉州 ꜀sin ꜃pu，永定 ꜀sɛn ꜀pʰei
152. 顺月：临产。泉州 sun꜅ gəʔ꜇ 长汀 ʃeŋ꜄ ie꜅
153. 大姊：姐姐。泉州 tua꜅ ꜂tsi，清流 tʰa꜄ ꜂tsi
154. 小郎：小叔子。泉州 ꜂sio ꜁lŋ,《客方言》：“夫之弟曰小郎。”
155. 青盲：瞎眼。泉州 ꜀tsʰĩ ꜁mĩ,《客方言》：“眼朦曰青盲。”
156. 唱喏：作揖。泉州 tsʰi ũ꜄ ꜂hia，永定 ꜂tsʰioŋ ꜀ia
157. 割香：迎神赛会。泉州 kuaʔ꜆ ꜀hĩu，永定 kɔt꜆ ꜀sɔŋ
158. 过身：过世。泉州 kə꜄ ꜀sin，永定 kou꜄ ꜀siŋ
159. 夭寿：夭折。泉州 ꜂iau siu꜄，永定 ꜀ieu ꜂siu

160. 记数：记账。泉州 ki꜄ siau꜄，长汀 tʃi꜄ su꜄
161. 讲古：讲故事。泉州 ꜂kaŋ ꜂kɔ，永定 ꜂kɔŋ ꜂kɨ
162. 手路：手艺。泉州 ꜂tsʰiu lɔ꜄，永定 sou꜄ lɨ꜄
163. 过手：经手。泉州 kə꜄ ꜂tsʰiu，永定 kou꜄ siu꜄
164. 纸字：钞票。泉州 ꜂tsua li꜄，永定 ꜂tsi tsʰi꜄
165. 斟酌：商量。泉州 ꜀tsim tsiɔk꜆，《客方言》：“尔我和商曰斟酌。”
166. 佮药：和药。泉州 kap꜆ ioʔ꜆，永定 kaʔ꜆ ioʔ꜆
167. 绞米：碾米。泉州 ꜂ka ꜂bi，永定 ꜂kau ꜂mi
168. 面毛：孔毛。泉州 bin꜄ ꜁mŋ，永定 ꜂miɛn ꜁mou
169. 目珠：眼睛。泉州 bak꜇ ꜀tsiu，永定 muʔ꜆ ꜀tsɨ
170. 目珠毛：睫毛。泉州 bak꜇ ꜀tsiu ꜁mŋ，永定 muʔ꜆ ꜀tsɨ ꜀mou
171. 目眉毛：眉毛。泉州 bak꜆ ꜁bai ꜁mŋ，永定 muʔ꜆ ꜁mi ꜁mou
172. 目屎：眼泪。泉州 bak꜇ ꜂sai，永定 muʔ꜆ ꜂si
173. 舌仔：舌头。泉州 tsiʔ꜆ ꜂a，永定 sɛʔ꜆ ꜂tsi
174. 身裁：身段。泉州 ꜀sin ꜁tsʰai，永定 ꜀siŋ ꜁tsʰai
175. 幼秀：细润。泉州 iu꜄ siu꜄，永定 ꜂iu ꜂siu
176. 拗蛮：蛮横，执拗。泉州 ꜂au ꜁ban，永定 ꜂au ꜁man
177. 后生：年轻。泉州 hau꜅ ꜀sĩ，明溪 hay꜄ ꜀saŋ
178. 度：传染。泉州 tɔ꜅，明溪 tʰə꜅
179. 转去：回去。泉州 ꜂tŋ kʰɯ，明溪 ꜂tsũõ kʰə꜄
180. 鼻：嗅。泉州 pʰi꜄，《客方言》：“以鼻就臭曰鼻。”
181. 斟：吻。泉州 ꜀tsim，永定 ꜀tsiŋ
182. 担：抬（头）。泉州 ꜀tã，永定 ꜀taŋ
183. 牵：搀扶。泉州 ꜀kʰan，永定 ꜀kʰiɛn
184. 犁：低（头）。泉州 ꜁lue，梅县 ꜁lai
185. 歇：临时住宿。泉州 hioʔ꜆，《客方言》：“宿曰歇。”
186. 墟：集市。泉州 ꜀hɯ，永定 ꜀si
187. 赴墟：赶集。泉州 hu꜄ ꜀hɯ，永定 ꜂fɨ ꜀si
188. 冬：半年为一季，说“一冬”。泉州 ꜀taŋ，永定 ꜀tuŋ
189. 盘墙：翻墙。泉州 ꜁pʰuã ꜁tsʰiũ，《客方言》：“逾墙曰盘墙。”
190. 番：不讲理。泉州 ꜀huan，《客方言》：“不驯曰翻。”本字应是番。

以下各条本字未明，有的可能是“底层”词：

191. 寮：简易的棚子。泉州 ꜁liau，永定 ꜁lieu

192. 加笍：晒物竹编。泉州 ꜁ka lueʔ꜆，永定 ꜀ka liaʔ꜇

193. 礤：悬崖。泉州 tsia꜄（白水礤：瀑布），永定 ꜂tsai

194. 奶$_{训读}$：奶。泉州 ꜀lin，永定 ꜂lɛn

195. 㘎：口水。泉州 ꜃luã，永定 ꜀lan

196. 毒$_{杀}$：泉州 tʰau꜄，永定 tʰeu꜄

197. 枵：饥饿。泉州 ꜀iau，《客方言》："腹饥曰肚凹。"

198. 离：删除枝叶。泉州 li꜄，武平 lɛi꜄

199. 㩳：滑落。泉州 lut꜆，武平 leiʔ꜆

200. 甩$_{训读}$：甩。泉州 hit꜇，武平 fit꜇

三

在闽方言中，闽南话和客家话的关系较深。细致地比较，必定可以罗列更多的材料。就其原因说，既有移民掺杂的历史原因，也有就近接触的地理原因。

据罗香林考证，唐末之后的客家第二期迁徙，"远者多由今河南光山、潢川、固始、安徽寿县、阜阳等地渡江入赣，更徙闽南，其近者则径自赣北或赣中徙于赣南或闽南或粤北边地"。（《客家研究导论》64 页）这里说的闽南，应是包括汀漳在内的。他在另一处有更具体的说法："颍淮汝三水间留余未徙的东晋移民至是（按：指王潮王审知的据闽）亦渡江南下，至汀漳依王潮兄弟。"（同上书 46 页）

其实，在这之前还有一批更早入闽的中州人，这就是随陈政、陈元光父子平定闽西闽南的兵将。陈政的原籍，一说是颍川（《重纂福建通志》卷二十一），一说是光州固始（《广东通志》），都是在河南，这是无疑的。唐总章二年（669 年），闽粤间"蛮獠啸乱"。陈政为岭南行军总管，受命自潮州入闽，朝廷又令其兄自河南领兵南下支援，在漳州一带安营之后，先后扫平 36 寨，陈政病故之后，21 岁的陈元光代父将兵，经过十余年奋战，平定了汀漳潮一带"啸乱"。武后垂拱二年（686 年）请置漳州，后人称陈元光为开漳圣王。陈氏守漳四代，历百年之久，其部属多在原地落籍。《颍川开漳族谱》曾载陈元光《侯夜行师七唱》，其中第二首云："屹然一镇云霄末，渐尔群言花柳春，男生女长通蕃息，五十八氏交为婚。"（转引自《福建史稿》117 页）这 58 姓便是随陈氏戍漳的将兵。

除了戍闽将士之外，唐代流入闽南、闽西的还有仕宦之家。例如《金门县志·沿革》中就说，陈渊为浯州（今金门）牧马监时，"从渊而来者 12 姓：蔡许翁李张黄王吕刘洪林萧"，都在岛上安家。此外，还有黄巢起义之后，自江西一带避乱入闽的平民百姓。

由此可见，罗氏所说的"客家第二期迁徙"，是和闽南的进一步开发（尤其是漳州府）同步进行，交互穿插的。先此入闽的北人所说的话（后来的闽方言）和唐五代入闽的人所说的话（后来的客话），看来在当时还未必有很大的差别。

泉州最早置郡于梁天监年间（502—519年），称为南安郡。陈代为丰州，唐初始改称泉州。至元和年间，据《元和郡县图志》，已拥有5万多户，是当时闽中五州人口最多的。漳州置于686年，汀州置于唐开元二十一年（733年），至元和中，汀州才有3000户，漳州还不满两千户。可见，唐以前入闽的汉人多在晋江流域定居，当时的汀漳一带主要是畲民居住地。所谓“蛮獠啸乱”，指的就是畲民起义，为首的蓝奉高也正是畲族的姓。陈元光平定漳州之后，显然对畲族进行了残酷的剿灭，至今那一带的畲民还痛恨着这位“开漳圣王”。当时漳州的1600户人家大多是汉人。而闽西的3000户则应该是畲民居多，唐代中末叶进入闽西的汉人后来和他们融合了，加上两宋涌入的中原江左的汉人，那里形成了闽西的客家话，连后来外迁的畲民也是带着这种语言走的。至于漳州的唐五代移民则是日益与泉州一带的唐以前的中原移民接近起来，形成了后来的闽南话。陈元光手下有个承事丁儒，在退休之后写了不少《归闲诗》，他曾屯驻泉州，后在漳州任职，说到漳泉间往来时曾有过一段生动的描写：

漳北遥开郡，泉南久罢屯。归寻初旅寓，喜作旧乡邻。
好鸟鸣檐竹，村黎暖幕臣。土音今听惯，民俗始知淳。
雪霜偏避地，风景独推闽。辞国来诸属，于兹缔六亲。
追随情语好，问馈岁时频。相访朝和夕，浑忘越与秦。

这说明数百年间先后来到漳泉间的北人相处得十分融洽，在新地兴家立业，连语言和风俗也统一起来了。

从地缘方面看，在闽南形成的闽南话和在闽西形成的客家话是连片的。两区之间，从龙岩市到诏安县，有一条近千公里的交接地带。闽南话区的西沿山区，龙岩、南靖、平和、云霄、诏安各县市都有一些客家话的村落。交界处则有一些闽、客双方言的村落。龙岩话显然受到客家话的不少影响（例如二等字逢见系声母读为齐齿呼，三等韵逢知章系声母读开口呼，都和永定、上杭的客家话相仿）；在闽西的一些地方（如连城、明溪）则可以看到闽南方言的影响。

在粤东和台湾，情况也是如此，闽南话和客家话相连界、相穿插，也互相渗透，粤东的揭西、饶平、台湾的新竹、苗栗，都有一县之内闽、客相间和双语并用的情形。《客赣方言调查报告》所列的诏安县秀篆乡客家话的词汇特点就是客家话受闽南话影响的典型材料（见该书483页）。

不仅如此，客家话还和闽南话一起流播到海外，在东南亚各地，凡有闽南人、潮州人定居的地方，也必有客家人。在那里，闽南话和客家话也是并存共处的。这也为闽南话和客家话的相互渗透提供了另一种环境。永定下洋是闽西地区的著名侨乡，那里的客家话也有不少典型闽南话词汇，诸如上文所列举的头家$_{老板}$、头路$_{职业}$、手路$_{手艺}$、纸字$_{钞票}$、峇峇$_{侨生混血儿}$、树奶$_{橡胶}$等，除了地片与平和、南靖相连之外，显然和出国华侨和本土的往来也有一定的关系。

从上文所列举的闽南与客家共有的方言词汇可以看出：第一部分古语词是各地闽方言和客家话共有的多，大半属于中古通语的基本词汇；第二部分方言创新的词语则是闽南话和客家话共有的多，大半属于一般词汇。可以说，共有的古语词是闽、客分手前后定型的，年代较早；新地创构的方言词则是各自定型之后才在接触中互相渗透的，年代较迟。至于这些新创的方言词中，哪些是闽南话首创，哪些是客家话首创的，这是很值得进一步研究的课题。联系两个方言区的社会文化背景去进行考察和分析，一定可以获得许多有益的认识，这是可以期待的。

参考文献

李如龙、张双庆主编 《客赣方言调查报告》，（厦门）厦门大学出版社，1992 年。

陈章太、李如龙 《闽语研究》，（北京）语文出版社，1991 年。

罗翙云 《客方言》，中山大学国学院丛书第一种，1932 年。

罗香林 《客家研究导论》，（台北）古亭书屋印行，1933 年。

黄雪贞 永定下洋方言词汇，《方言》1983 年 2—4 期。

说明：本文于 1993 年 3 月在台北的第一届台湾语言国际研讨会上宣读，后收入该研讨会的《论文选集》，文鹤出版有限公司，1995 年。后曾收入《方言与音韵论集》，香港中文大学，1996 年。

闽南方言和印尼语的相互借词

在汉语方言中，闽南方言在国外的流播历史最长，范围最广，它和外族语言的交流也就显得广泛和深入，这集中表现在它和马来语—印度尼西亚语的相互借词上。

马来语—印度尼西亚语属于南岛语系，分布在马来半岛、婆罗洲和大小巽他群岛，它们是一群有密切亲属关系的语言。现在的印度尼西亚国语是在苏门答腊一带的马来语方言的基础上形成和规范起来的，和马来西亚、新加坡所通行的马来语大同小异。

在马来语—印度尼西亚语通行地区，很早就有大批华侨在那里定居。直到现在，华裔人口在几个国家还占有很大比例，在新加坡约占百分之七十以上，在马来西亚约占三分之一，在印尼则有三百余万。这些华侨绝大多数是从闽粤一带迁去的，其中说闽南话的人最多，包括福建的漳州、厦门、泉州地区，广东的潮汕地区，以及海南省和台湾省的人。东南亚的华侨也有说广州话、客家话、闽东（福州）话的，但是人数少，历史也比较短。因此，闽南话成为他们当中的共通语。二次大战之后，尤其是 1949 年以来，随着汉民族共同语的发展，普通话在海外华侨中影响越来越大，在正式场合，已经取得了比闽南话更加重要的地位。马来语—印度尼西亚语和汉语之间的交流发生在 20 世纪上半叶及以前的几百年间，集中地表现在与闽南方言的相互借词。

闽南方言和马来语—印尼语的相互借词，过去已经引起人们的注意。但是究竟数量有多少，都是哪些方面的词，各自有些什么特点，并不大清楚。这次我主要根据三本印尼语词典（W.J.S.Poerwadarminta, *Kamus Umum Bahasa Indonesia*，第三版，1961 年，雅加达；陈枫、黄风《印度尼西亚语汉语辞典》，1963 年，北京；杨贵谊、陈妙华，*Kamus Umum Bahasa Malaysia*，1972 年，香港）做了一番调查，参阅了一些其他工具书，得了一批材料，归纳了几个特点，现在整理出来，就正于专家。

为了便于说明问题，先将两类借词列表如下。

一　印尼语的闽南方言借词

（一）人地称谓

闽南方言	印尼语（采用 1972 年公布的拼写法）
1. 我 [꜂gua]	gua（雅）①
2. 汝（你）[꜂lu]②	lu
3. 姓 [sẽ꜄]（漳）③	sé④
4. 公（祖父）[꜀kɔŋ]⑤	engkong⑥
5. 哥 [꜀ko]	engkoh
6. 叔 [tsik꜆]	cék，encék（雅）
7. 婶 [꜂tsim]	encim
8. 姊（姐）[꜂tsi][tua꜅ ꜂tsi]	enci，taci
9. 母 [꜂bu]	bu，ibu（母亲，老太太）⑦
10. 小姐 [꜂sio ꜂tsia]	siocia
11. 华侨 [꜁hua ꜁kiau]	hoakiao
12. 侨胞 [꜁kiau ꜀pau]	kiaupau
13. 新客 [꜀sin kʻeʔ꜆]（初到东南亚的华侨）	singkéh，singkék，sengkék
14. 中华（中国）[꜀tiɔŋ ꜁hua]	tionghua
15. 中国 [꜀tiɔŋ kɔk꜆]	tiongkok
16. 唐山（祖国）[꜁tŋ ꜀suã]	tongsan

① 这里的“雅”“爪”指雅加达方言、爪哇方言。

② 第二人称的“汝”，泉州音说 [꜂lɯ]，厦门市区和漳州音说 [꜂li]，厦门郊区说 [꜂lu]。

③ 这里的“漳”“泉”指漳州音、泉州音，未注明者是厦门音。

④ 印尼语 e 字母有两个音 [ə] 和 [e]，é 表示 [e]，1972 年印尼公布的新拼法已经不采用 é 的写法，只在词典上加括号注明。为了明白起见，这里还保留 é 的写法。

⑤ 闽南话亲属称谓往往要加上词头“阿”，一般发音是 [꜀a]，在泉州音有时说 [꜂in]（如 [꜂in ꜀kɔng]、[꜂in ꜂tsim]），在厦门音有时说 [꜂an]（如 [꜀an ꜀kɔng]）。

⑥ 印尼语这里的 en-、eng- 是 e- 的变读，并不是具有语法意义的词头，而是为了双音化而加上的无意义的音节。印尼语除拟声词之外，一般没有单音节词，少数单音节词也都有它的双音形式，如：lang=elang（鹰）、lat=elat（间隔）、mak=emak（母亲）、timun=entimun（黄瓜）。在借用外族语的单音词时，也用这个办法使它双音化。

⑦ 印尼语的“母亲”还有别的说法，我们认为这里是汉语借词。闽南话“母”也可以用来称呼一般的老太太，但说成 [꜂m]，语音上判然有别。

17. 福建 [hɔk ꜀kianᵓ]	hokkian

（二）食品名称

18. 豆芽 [tau꜅ ꜁ge]	taugé，taogé，togé*①
19. 豆腐 [tau꜅ hu꜅]	tauhu，tahu
20. 豆酱 [tau꜅ tsiɔ̃ᵓ]（漳）	tauco
21. 豆乳 [tau꜅ ᶜdzi]（漳）	tauci
22. 豆仁（豆沙）[tau꜅ ꜁dzin]（漳）	tojin
23. 面（面条）[mĩᵓ]	mi，bami，bakmi
24. 米粉（粉条）[ᶜbi ᶜhun]	bihun
25. 面线（线面）[mĩᵓ suâ ᵓ]	misoa，misoi，
26. 肉包②[baʔ꜆ ꜀pau]	bapau
27. 扁食（馄饨）[ᶜpaŋ sit꜆]（漳）	pang sit
28. 杂菜 [tsap꜇ ts'aiᵓ]	capcaé（又引申为混杂的）③
29. 芋泥 [ɔᵓ ꜁nẽ]（漳）	onde*
30. 粿④（糕点）[ᶜkue]（漳）	kué, kuih*
31. 龟（一种年糕）[꜀ku]（泉）⑤	ku
32. 红粿（一种染上红色的糕）⑥[꜁aŋ ᶜue]	hongkue
33. 鲑汁⑦（酱油）[꜁ke tsap꜆]（漳）	kecap*
34. 酒 [ᶜtsiu]	ciu⑧
35. 冬瓜 [꜀taŋ ꜀kue]	tangkue（h）⑨
36. 瓜子 [꜀kua ᶜtsi]（漳）	koaci

---

① 注 * 号是在印尼语辞典中未注明是汉语借词的条目应是最早借用的。下同。

② 闽南话的“肉”字读音是 [liɔk꜇]，说话是 [hik꜆]。[ba꜆] 是浊音声母，又是阴调类，显然不是“肉”字的音，这个音的来历至今未明。

③ 闽南话引申为“混杂的”的意思要说“杂菜汤”[tsap꜇ ts'aiᵓ ꜀t'ŋ]。

④《集韵》：“粿，古火切，饼也。”

⑤ 泉州式年糕。本来是因参有野菜而成黑色，面上印有花纹，椭圆形，其状如龟，过年及祝祷时用，象征“龟寿”。后来也有不参野菜的“白龟”。

⑥ 可能是漳州话的说法。“糕”“粿”有时可以通用。

⑦ 闽南话的“鲑汁”指鱼汁制成的酱油，亦称“鲑油”[꜀he ꜁iu]，黄豆做的酱油称为“豆油”。“鲑”在闽南话还可以泛称鱼类菜肴，如说“鲑菜”“咸鲑”，合于《集韵》所注：“鲑，户佳切，吴人谓鱼菜总称。”

⑧ 这里专指中国式的酒，又甘蔗汁制成的酒称为 samsu，印尼语词典并注明是汉语借词，但闽南已无这种说法。

⑨ 印尼语专指冬瓜片蜜饯，闽南话兼指冬瓜果。

37. 金醪①（金针菜和木耳煮成的菜汤）[꜀kim ꜀lo] kimlo

38. 虾米 [꜁he ꜂bi] ébi②，hébi

39. 茶（茶树、茶叶、茶水）[꜁te] teh*

40. 红熏③（旱烟）[꜁aŋ ꜀hun] anghun

（三）用品器具

41. 褥 [dziɔk꜇]（漳） jok*（雅）④

42. 木屐 [bak꜇ kia꜇] 柴屐⑤[꜀ts'a kia꜇] bakiak cakiak

43. 大秤 [tua꜄ ts'in꜄] dacin*

44. 烘炉⑥（火炉）[꜀haŋ ꜁lɔ] anglo*

45. 桶 [꜂t'aŋ] tong，tahang，tohong*

46. 箩 [꜀lua] loa*（雅）

47. 荷包（小钱包）[ho꜅ ꜀pau] upau

48. 畚箕 [pun꜄ ꜀ki] punki，pengki*

49. 筹笼⑦[꜀ka ꜂lo] kalo*（瓜）（椰子浆等的滤器）

50. 网筐 [baŋ꜄ ꜀k'iŋ] bang king*（漆盒）

51. 灯 [꜀tiŋ]（泉、厦）[꜀teŋ]（漳） ting，téng（指手提灯）

52. 灯笼 [꜀tiŋ ꜁lɔŋ] tanglung

53. 路灯⑧[lɔ꜄ ꜀tiŋ] loleng，loling

54. 鸡毛筅⑨（鸡毛撢）[꜀ke ꜁mɔ̃ ꜂ts'iŋ]（漳） kemoceng，kemucing*
[꜀kue ꜁mŋ ꜂ts'iŋ]（厦）

55. 桌布（抹布）[toʔ꜇ pɔ꜄] topo*（雅）

56. 茶鼓（烧水用的茶壶）⑩[꜀te ꜂kɔ] téko

---

① 闽南话现在没有这种说法，但菜汤里放点地瓜粉之类可称为醪 [꜀lo]。

② 印尼语的塞擦音一概不送气，辅音 h 的送气也很弱，不少闽南话的 h- 声母字借到印尼语后 h- 脱落，余见下例。

③ 闽南话烟草的烟都说成"薰"[꜀hun]，"炊烟"也说成"火薰"[꜂he ꜀hun]。

④ 印尼语又指车上的坐垫。闽南话褥子说 dziok꜇ ꜂a。

⑤ 闽南话的"柴"就是"木"，如管"木头"叫"柴头"，"木桶"叫"柴桶"。

⑥ 也可以写作"风炉"，因为 [꜀hɔŋ] 的白读可以是 [꜀haŋ]。

⑦《集韵》："筹，芳皓切，音考。""筹笼：屈竹木为器。""笼，鲁皓切，栲栳，柳器。"

⑧ 闽南话现在只有"大门路灯"[tua꜄ ꜁mŋ lɔ꜄ ꜁tiŋ] 的说法，指过年过节红白大事悬挂大门两边的灯笼。

⑨《广韵》："筅，苏典切，筅帚。"在闽南话，心母字可以读 ts'-，如"须"[꜀ts'iu]、"粟"[ts'ik]；先韵字可以读 -iŋ，如"千"[꜀ts'iŋ]、"肩"[kiŋ]。

⑩ 宋代诗人林逋《西湖春日》诗云："春烟寺院敲茶鼓，夕照楼台卓酒旗。"

57. 茶罐（装开水用的茶壶）[꜀te kuan꜄]	tékoan
58. 薰吹（旱烟管）[꜀hun ꜀ts'ue]（漳）	uncué，uncui
59. 算盘 [suĩ꜄ ꜁puã]（漳）[sŋ꜄ ꜀puã]（泉厦）	suipoa，swipoa sempoa，sepoa
60. 笔 [pit꜆]	pit（指毛笔）
61. 毛笔 [꜁mɔ̃ pit꜆]	mopit
62. 墨 [bak꜆]	bak
63. 弓钻（用弓转动的钻孔器）[꜀kiŋ tsŋ꜄]	kéncéng
64. 马车 [꜂be ꜀ts'ia]	béca，bécak[①]
65. 人车（人力车）[꜀laŋ ꜀ts'ia]	langca，langcia
66. 船[②][꜀tsun]	jung，jong*（指旧时的中国帆船）
67. 舢板[③][꜀sam ꜂pan]	sampan*
68. 艟舡[④][꜁tɔŋ ꜀kaŋ]	tongkang（指大平底船）
69. 急烧[⑤][kip꜆ ꜀sio]	kipsiau（指煎药罐）

（四）职业称呼

70. 先生 [꜀sin ꜀sẽ]（漳）	sensé，sinsé（专指中医）
71. 头家（老板）[꜁t'au ꜀ke]	tauké toké*

① 印尼语指脚踏三轮车、人力车。

② 闽南话古"船"母字有 ts- 的读法，漳、潮一带有前后鼻音韵尾相混情况：印尼语的 jung，jong，j 是指浊音声母 [dz]，专指中国古时候的帆船，可能是早期闽南话"船"的借音。在有关郑和下西洋的记载中有"䑸"字的写法，如：马欢《瀛涯胜览》写过"大䑸宝船""分䑸"；黄省曾《西洋朝贡典录》写过"郑和总率之巨䑸百艘""归䑸"。"䑸"的写法未见诸中国历代字书，历代关于各式船只的记载也没有"䑸"的写法。郑和下西洋的考证家中，有人认为"䑸"的写法是按印尼语的 jung 造出来的，还有人认为是"船"字的异体。（参见冯承钧译：Paul Pelliot 所著《郑和下西洋考》，153—154 页）这里采用后一种说法，jung 是翻译当时闽南话的借词；䑸可能是当时用过的俗字，因为是标记方音或译音的，通行面不广，所以字书未收入。

③ "舢板"一词闽南话和印尼语、英语、荷兰语的拼法都一样，应是一组同源译音词。问题是起源于何种语言。在中国，"舢"是后起字，现代汉语读作 ꜀shan，语音已有不同，但古时又有过"三板"的写法。《裨海记游》："三板即脚船也。海舶大，不能近岸，凡欲往来，则乘三板，至欲开行，又拽上大船载之。""三板"的写法正合闽南音及印尼、英、荷诸语言的读音。从历史上看，华人与马来人在海运上的交往要比欧洲人早得多，不可能是汉语、印尼语从印欧语借来的，较大的可能还是汉语先借予印尼，后借予欧洲。

④ 在印尼、新马的华侨中还常有 [꜀tɔŋ ꜀kaŋ] 的说法，并写作"艟舡"，但闽南本土很少听说。印尼语词典又明白作为汉语借词。"艟""舡"的音义均见于古字书。艟是𦨴的异体，舡是俗字。《广雅・释水》："𦨴，舟也。"王念孙疏证："《初学记》周迁《与服杂事》云：欲轻行则乘海𦨴，𦨴，合木舟也。"《集韵》："舡，虚江切，船之俗字"。但是中国古籍未见"𦨴舡"记录，可能是古代闽南话的说法。我小时候在侨乡听老归侨说过"挡港"，指的是大船。

⑤ 中药和煎药罐是华人传进印尼的，这个词印尼语词典明白作为汉语借词，从字音上推可能是"急烧"，但现在闽南话已经没有这种说法，可能是旧时闽南话的说法。

72. 舵公 [tai꜅ ꜀kɔŋ]	tékong(指中国旧时帆船的船长)①
73. 船主 [꜁tsun ꜂tsu]	cincu
74. 包听②[꜀pao ꜀t'iã](工头、监工)	potia
75. 赠交③(掮客、经纪人)	céngkau
76. 老君 [꜂lo ꜀kun]	dukun(指巫医、术士)
77. 阿妈 [꜀a ꜂mã]	amah(指乳母、中国保姆)
78. 油漆工 [꜁iu ts'at꜆ ꜀kaŋ]	tukang cat④
79. 亲丁⑤[꜀ts'in ꜀tiŋ]	cinteng，cénteng(指看门人、守夜人)
80. 牧师 [bɔk꜆ ꜀su]	boksu(指中国牧师)
81. 三牲⑥[꜀sam ꜀siŋ]	samseng 祭品、流氓
82. 查某⑦[꜀tsa ꜂bo]	cabo*(雅)指妓女
83. 猫头⑧[꜀ba ꜁t'au]	batau* 鸨母
84. 马狗婆⑨[꜂ma ꜂kau ꜀po]	makau-po 指妓女

(五)动植物名

85. 奶牛 [꜀lin ꜀bu](泉)⑩	lembu* 黄牛、乳牛
86. 家蚻⑪(蟑螂)[kaʔ꜆ tsuaʔ꜇]	kacoa(k)*(雅)
87. 龙 [꜁liɔŋ]	liong
88. 龟仔(小乌龟)[꜀ku ꜂a]	kuya*(巽)
89. 鳖 [piʔ꜆]	pi

① 闽南的"舵公"本指舵手，船工中他技术最好，经验最多，威信也最高，外国人理解为"船长"是符合事实的。

② 在闽南本土很少听到这种说法，可能是"包打听"的省略。

③ 闽南话"赠"[tsan꜅]、"帮赠"[꜀paŋ tsan꜅]是"帮助"的意思，印尼语的 ceng kau 可能来自"赠交"(助人成交之意)，也可能借自客家话"成交"[꜀ts'eŋ ꜀kau]。

④ tukang 是印尼语"工匠"的意思，cat 是漆的译音。

⑤ 旧时有"亲丁"的说法，指"亲信的家丁"，现在闽南话已经不用。

⑥ 闽南话"三牲"原指祭神、祭祖宗时供献的礼品：生的猪、牛、羊头，后来又引申为流氓、恶棍，或称"三牲头"，表示人们对这些人的痛恨。印尼语借用后用为引申义，也用作本义。

⑦ 闽南话 [꜀tsa ꜂bɔ] 写什么字还不清楚，"查某"是同音字。原意是"女人"，后来也引申为"妓女"，如说"查某间"[꜀tsa ꜂bo ꜀kiŋ](妓院)、"开查某"[꜀k'ai ꜀tsa ꜂bɔ](嫖妓)。印尼语借用此词专指引申义。

⑧ 闽南话现在少有这种说法，但是猫 [꜀ba] 还可以作为对不正经女人的骂语。

⑨ "马狗"在闽南是"洋鬼子"的意思(如说"马狗人、马狗话")，"马狗婆"是对西洋女人的贬称。印尼语借用后专指娼妓。

⑩ 有个别疑母字在泉州话读为 [b-] 声母，如遇 [bu꜅]、牙爪 [꜁ba ꜂liau](爪牙)。

⑪《集韵》："蚻，侧八切，虫名。"《尔雅》："蚻，蜻蜻如蝉而小，或作蠽。"闽南话的 [tsuaʔ꜇] 和长汀话的 [꜁vɔŋ ts'a꜅] 均合此音。

90. 鳗 [꜀muã]	moa，mua，ikan moa*[①]
91. 萝卜[②][꜁la pak꜆]	lobak*
92. 白菜 [peʔ꜆ ts'ai꜄]	pécai
93. 韭菜 [꜂ku ts'ai꜄]	kucai
94. 菜心 [ts'ai꜄ ꜀sim]	caisim
95. 薤[③][꜀la gio꜅]	lokio
96. 荔枝（兼称其果及树）[nãi꜅ ꜀tsi]（漳）	laici，léci，lici*
97. 龙眼（兼称其果及树）[꜁liŋ ꜂ging]	léngkéng*
98. 高丽参 [꜀ko ꜁le ꜀sɔm]（漳）	kole som
99. 人参 [꜀dzin ꜀sɔm]（漳）	jinsom
100. 薄荷 [po꜇ʔ ho꜅]	pok-o，po'o

（六）处所物产

101. 房间（卧室）[꜁paŋ ꜀kiŋ]（漳）	pangking，pangkéng
102. 楼顶（楼上）[꜁lau ꜂tiŋ]	laoteng，loteng
103. 巷廊（走廊）[haŋ꜅ ꜁lɔŋ]	anglong
104. 栏杆 [꜁lan ꜀kan]	langkan，kelangkan*（雅）
105. 寮（简易的棚子）[꜀liau]	lio
106. 墓 [bɔŋ꜄]（漳、厦）	bong
107. 新塚 [꜀sin ꜂t'iɔŋ]	sentiong，setiung（专指华侨公墓）
108. 公司 [꜀kɔŋ ꜀si]	kong si*（又指合伙经营）[④]
109. 茶馆 [꜀te ꜂kuan]	rumah teh[⑤]
110. 枋榔（木材工场）[⑥][꜀paŋ ꜂lɔŋ]	panglong

① 合璧词，印尼语 ikan 是“鱼类”的意思。

② 闽南话一般称白萝卜为“菜头”[ts'ai꜄ ꜁t'au]，称红萝卜为 [꜁la pak꜆]。印尼语 lobak 指白萝卜，红萝卜说成 labak mérah。mérah 是“红”的意译。

③《集韵》：“薤，下介切。”《韵补》：“胡计切。”《本草纲目》：“薤，根大叶壮似韭。韭叶中实而扁，有剑脊，薤叶中空似细葱而有棱，气亦如葱。”闽南话的 [꜀la gio꜅] 与“薤”义合音不合。印尼语词典 lokio 注为汉语借词，确与闽南话说法语音相近。但写什么汉字尚不清楚。日语对同一植物称为らフきせう，所注汉字是“辣韭”，语音也相近，可能“辣韭”就是这三种说法的共同语源。

④ 闽南话也可以做动词，如说“我甲你公司”（我和你合伙）。

⑤ 合璧词，印尼语 rumah 是“馆舍”的意思。

⑥《集韵》：“枋，分房切。”《说文》：“木可作车。”闽南话“枋”指木料、木板。还可以说“锯枋”（锯木）、“枋皮厝”（木板房子）。华侨称“工场”为 [꜂lɔŋ]，还可说“树奶榔”（橡胶场）、“王犁榔”（菠萝蜜种植园）。榔是俗字。

111. 书轩①[꜀su ꜀hian]	suhian（指妓院）
112. 公馆 [꜀kɔŋ ꜂kuan]	kong kuan
113. 漆②[ts'at꜆]	cat，cet*
114. 松胶（松脂）③[꜀siɔŋ ꜀ka]	siong ka
115. 胶（粘胶）[꜀ka]	ka，engkah
116. 虫丝④[꜀t'aŋ ꜀si]	tangsi*
117. 纺丝⑤[꜂p'aŋ ꜀si]	pangsi（中国制黑色丝绢）
118. 锦缎⑥[꜂kim ꜀ka]	kimka
119. □绢（一种中国绢）	lokcuan
120. 裙缎（绸缎的一种）	kuntuan
121. 织 [tsit꜆]	encit（指一种棉布）
122. 红巾 [꜀ang ꜀kin]（漳）	angkin*（妇女用的腰巾）
123. 短褂 [꜂te kua꜆]	tekua*（紧身衣，内衣）

（七）动作心理

124. 食（吃）[tsiaʔ꜆]	ciak
125. 食镭（食污）⑦[tsiaʔ꜆ ꜀lui]	calui
126. 混钱（捐款）⑧[hun꜄ ꜁tsĩ]	hunjin
127. 题捐（募捐）⑨[꜀te ꜁ian]（漳）	teyan
128. 会使（行、可以）[e꜄ ꜂sai]	esai
129. 感谢 [꜂kam sia꜄]	kamsia
130. 恭贺 [꜀kiɔŋ ho꜄]	kiongho

---

① 闽南话现无此说法，可能是旧时的名称。

② 闽南话"漆"是多义词，除表示"油漆"之外，还表示颜料、着色、上油漆。这些义项在印尼语借用之后也还存在着。

③《本草纲目》："松脂，别名松膏、松肪、松胶。"白居易《题洛中草宅》："松胶粘琥珀，筠粉扑琅玕。"

④ 一种野生的质韧、透明的丝线，用来做琴弦和钓绳。明《一统志》："虫丝：南宁府横州出。枫始生，多有食叶之虫，似蚕而赤黑，四月熟，如蚕之将丝，州人擘取其丝，光明如琴弦，海边蜑人鬻之作钓缗。"

⑤ 此条现在闽南话很少听说，但见于19世纪末外国教士编的《厦门话词典》（Rev.Carstaire Douglas, *Chinese-English Dictionary of the Vernacular on Spoken Language of Amoy*）："phángsi: a very strong good silk stuff."

⑥《集韵》："缎，何加切。"在闽南话可读为 [꜀ka]。此条以及以下三条现在闽南话都很少听说，可能是早期闽南话的说法。

⑦ 闽南话更常说"食钱"[tsia꜆ ꜀tsĩ]，[꜀lui] 指"钱"是印尼语 lui 的借词。

⑧ 闽南话现在多说"题钱"[꜀tue ꜀tsĩ]，参见下条。

⑨ 闽南话"捐"有 [꜁ian] 音，合《集韵》余专切。

131. 拱手①[ᶜkiɔŋ ᶜts'iu] kiongciu

132. 讲古（聊天）[ᶜkɔŋ ᶜkɔ] kongko*（雅）

133. 燂②（蒸）[timᵓ] tim

134. 激气（生气、怒气憋在心里）[kik꜄ k'iᵓ] kéki*（雅）

135. 㪟（殴打）③[꜀tiam] tiam

136. 店（居住，住在）④[tiamᵓ] diam*

137. 贴⑤[t'iap꜄] tiap

138. 青盲⑥（瞎眼）[꜀tsẽ ꜁mẽ]（滰） céméh

139. 劳损⑦（得了痨病）[꜀lɔ ᶜsun] loksun

140. 讲共汝讲⑧[ᶜkɔŋ ka꜄ ᶜli ᶜkɔŋ] kongkalikong

（八）形容性状

141. 本事（能干）[ᶜpun suᵓ] pun su

142. 厉害 [liᵓ haiᵓ] lihay，lihai 最好、很好

143. 情理 [꜁tsiŋ ᶜli] cengli 合情合理、忠实、聪明⑨

144. 孤丁⑩[꜀kɔ ꜀tiŋ] kotétng* 孤独，独自一人

145. 无补⑪[꜁bo ᶜpɔ] bopo 体质衰弱的

146. 福气 [hɔk꜀ k'iᵓ] hokki

147. 衰（不幸、倒霉）[꜀sue] soé*

---

① 旧时客套语，闽南话和印尼语现在均已少用。

② 《广韵》："燂，徒南切"；《集韵》："又徐廉切。"闽南话是《集韵》所注三等韵的读法。《释文》："燂，温也"；《说文》："火热也。"《礼记》有"燂汤清浴"的说法，闽南话也可以把"温热水"说成"燂汤"。但《周礼》："桥角欲孰于火而无燂。"注："燂，炙烂也。"闽南话也有这个义项，如说"燂饭"[timᵓ pŋ꜄]、燂肉 [timᵓ ba꜄]，是"隔水蒸"之义。印尼语借的是后一个义项。

③ 《集韵》："㪟，知林切，击也。"今闽南话还有"拳头㪟坯"的说法，指无能只供拳打的孬种。

④ 《集韵》："店，徒念切，所以止动也。"

⑤ 闽南话"津贴"曰"贴"，印尼语借用此词表示转让租房的补贴金。又"一服药"说成"一帖药"，印尼语也借用了。

⑥ 《后汉书》："任永冯信……皆托青盲以避世离。"

⑦ 闽南话多说"痨伤"[꜀lɔ ꜀siɔŋ] 或"肺痨"[hiᵓ ꜀lo]，痨损是早期闽南话的说法。

⑧ "讲共汝讲"是一个词组，在闽南话里，单说这个词组意义不明，人们常会联想到"讲共汝讲，做唔共汝做"（说是说，干就是不干），或是"讲共汝讲，心行囥在腹内"（说可以说，诡计藏在心里）。也就是说，它经常作为一个复句的前一个分句，这种复句常常用来表示言行不一，阴谋诡计。印尼语借用这个词组正是表示后面还没有说出来的那种意思。

⑨ 这个词借到印尼语后词义有所转移。

⑩ 闽南话原指独子，借用后词义有所引申。

⑪ 闽南话原意是"没有补养的"或"没有营养的"。

148. 食力[1][tsia꜄ lat꜆]	cialat 灾难、倒霉、糟糕
149. 无镭（没钱、穷）[꜁bo ꜀lui]	bo-lui
150. 破桶[2][p'ua꜃ ꜂t'aŋ]	puatang 不幸、失败、事败
151. 拗繘[3][꜂au ut꜄]	awut*（雅）零乱、散乱。（指线团、头发等）
152. 怗[4][tiam꜅]	diam 沉默、安静
153. 𫧃使（使不得）[be꜅ ꜂sai]（漳）	bisai，bésai 不好的、难看的、破烂的
154. 顾家己[5][kɔ꜃ ka꜅ ti꜅]（漳）	kokati*（雅）自私

（九）风俗习惯

155. 阴历[꜀im lik꜄]	imlék，imlik
156. 过年（旧历新年）[ke꜃ ꜁nĩ]	konyan
157. 十五暓（元宵）[6]（漳）[tsap꜆ gɔ꜅ ꜀mẽ]	capgomé
158. 清明[꜀ts'iŋ ꜁biŋ]	cingbing，cémbéng
159. 爬龙船（端午）[꜁pe ꜁liŋ ꜁tsun]	pé'cun[7]
160. 冬节（冬至）[꜀taŋ tseʔ꜄]（漳）	tangcéh
161. 红包（压岁钱）[8][꜁aŋ ꜀pau]	angpau
162. 万字[9][ban꜅ dzi꜅]	banji
163. 象棋[ts'iũ꜅ ꜁ki]	congki
164. 装脚[10][꜀tsŋ kioʔ꜄]	cenggé
165. 弄狮（舞狮）[laŋ꜅ ꜀sai]	barongsai[11]
166. 拳头（拳术）[꜁kun ꜁t'au][12]	kuntau
167. 锤仔[꜁t'ui ꜂a]	toya（专指武术用的棍棒）

---

① 闽南话原意是"吃力"，也可引申为"够呛""糟糕""遭殃"。

② 闽南更常说是"破败"[p'ua꜃ pai꜅]。

③《集韵》："繘，允律切，《说文》：绠也。"闽南话[꜂au ut꜄]是以"繘"为主要意义的双声词。本义是"卷曲"，引申为"委曲"。

④《集韵》："怗，多忝切，《博雅》：静也。"但清浊不合。

⑤ 闽南话"家己"是"自己"的意思，漳州音变读为[ka꜅ ti꜅]。

⑥《集韵》："蛮，谟还切，日旦昏也。"闽南话[꜁mĩ]义指夜晚，音义皆合。

⑦ 印尼语借用后指端午节。

⑧ 闽南话"红包"可以泛指一切"送礼的钱"。

⑨ 闽南旧时习惯，在童衣上缝上"卐"形"万"字以祈求平安。

⑩ 闽南风俗，逢有节庆或迎神赛会抬着化妆为戏曲人物游行。

⑪ 爪哇语 barong 是一种戴兽头面具的舞蹈。sai 是闽南话"狮"的音译。

⑫ 武术表演叫"拍拳头"或"弄拳头"。

168. 布袋戏[①][pɔ˞ te˭ hi˞]		potehi
169. 生日[꜀sẽ dzit꜆](漳)		sejit
170. 香(烧香的香)[꜀hiɔ̃](漳)		hio
171. 香炉[꜀hiũ ꜀lɔ]		nyolo，hiolo
172. 卜杯[②][puaʔ꜇ ꜀pue]		pa'pui
173. 佛公(菩萨)[put꜇ ꜀kɔŋ]		pekong topekong，toapekong
大伯公[tua˞ peʔ꜆ ꜀kɔŋ](漳)		
174. 砑底[③][teʔ꜆ ꜂tue](漳)		tekté
175. 砑宝(押宝)[teʔ꜆ ꜂po]		té'po(一种赌博)
176. 十二支[tsap꜆ dzi˞ ꜀ki](漳)[④]		capjiki(一种赌博)
177. 红公[⑤][꜀aŋ ꜀kɔŋ]		angkong
178. 拍九(牌九)[p'a꜆ ꜂kau]		pakau

(十)其他

179. 分(重量单位)[꜀hun]	hun
180. 钱(重量单位)[꜀tsĩ]	ci
181. 寸(长度单位)[ts'un˞]	cun
182. 蜀骈[⑥][tsit꜆ ꜁piŋ]	ceping(雅)半分钱
183. 癞哥(麻风病)[⑦][꜂t'ai ꜀ko]	taiko
184. 红带(一种妇女病)[꜁aŋ tai˞]	antai
185. 白带(一带妇女病)[peʔ꜆ tai˞]	pektai
186. 皮疯(一种性病)[꜁p'e ꜀hɔŋ]	péhong
187. 膏药[꜀ko io꜆]	koyok
188. 头鬃[⑧](头发、辫子)[꜀t'au ꜀tsaŋ]	taucang
189. 灯膏(熟鸦片)[꜀tiŋ ꜀ko]	téngko

---

① 闽南木偶戏的一种，一只手掌握一尊半尺长的木偶在小舞台上表演，又称“掌中班”。

② 闽南旧时用竹头劈成两半制成“筶杯”，落地后卜吉凶。

③ 闽南话[teʔ꜆ ꜂tue]是“压底”、“垫底”的意思。[te꜆]用石头压。可能是砑或矴。《广韵》：“砑，陟格切，碓也。”印尼语借用后转指房屋等的押租、保证金。

④ 闽南的一种12张纸牌的赌博。

⑤ 闽南话“红公”原指画片上的小人，印尼语借用的是引申义：一种纸牌。

⑥ 闽南话[tsit꜆ ꜁piŋ]是两半之一。[tsit꜆]就是“一”。可能写作“蜀骈”。蜀，市玉切，独从蜀得声。骈，蒲眠切，正是两半之一。

⑦ 闽南话“癞哥”用作名词，也用作动词。

⑧ 闽南话泛指男女长发，“理发”可说“铰头鬃”，印尼语借用后专指辫子。

190. 王字（居留证）①	ongji
191. 台风②[꜀tʻai ꜀hɔŋ]	taipun，taufan；topan，tofan
192. 是 [si꜅]	sih*（雅）确实，的确
193. 晏怎（怎样）[꜂an ꜂tsuã]	ancua

二　闽南话的印尼语借词

（一）有关名物

印尼语	闽南话	注　解
1. Melaju	[꜁mã ꜁la ꜁iu] [꜁bu ꜁la ꜁iu] 巫来由	原义指马来半岛、马来人、马来语，闽南专指马来人。
2. Selat	[sit꜆ lat꜇] 实叻	原义是海峡。闽南话“实叻”指新马一带。③
3. Keling	[kiat꜆ ꜁liŋ ꜂a] 吉宁仔	原指南印度的吉宁人，闽南话泛指肤色棕黑的人。
4. mata-mata	[꜂ma tat꜇ ꜂a] 马达仔④	原指暗探，闽南话指警察，有贬义。
5. baba	[꜁ba ꜁ba] 峇峇	指海外华人与当地女人所生的混血儿。
6. kawan	[꜀kau ꜀uan] 交弯	朋友、伙伴，漳州一带有此说法。
7. bali	[꜁ba ꜁li] 峇厘	高等船舱。如“税～～”（住高等船舱）“一号～～”（一等舱）。
8. pasar	[꜀pa sat꜆] 巴萨	市场。闽南话还可引申，如说“无汝的巴萨”（没你的市场）。
9. gudang	[꜀gu laŋ꜅]	栈房、仓库。
10. jamban	[꜂iam꜇ gan] 掩颜	厕所，闽南话读音可能取自“掩颜”。
11. kaki lima	[gɔ꜅ ꜀kʻa ki꜄] 五骹记	指底层商店或住家门口不露天的人行道。“五”[gɔ꜅] 是 lima 的意译，kaki 是

① 闽南本土没有“王字”说法，只说“大字”，指出国回国时经过政府批准的护照。

② 从语音上和历史上看，印尼语的“台风”应该是借自阿拉伯语和荷兰语。阿拉伯语：tūfān→印尼语：topan，tofan。荷兰语：typhoon→印尼语：taipun，taufan。但有人以为它们都是借自更早的汉语“大风”，也不无道理。此条暂且放在此处参考。

③ 英国殖民者于 1828 年将新马地区的新加坡、马六甲、槟榔屿统称为海峡殖民地。所以闽南话用“实叻”指新马一带，又叫“实叻埠”[sit꜇ lat꜇ ꜀pʻo]。

④ 这里的 [꜂a] 是闽南话词尾，写作“仔”，下同。

		音译，原意是柱脚、台架。①
12. macam	[ᶜmã ꜀tsiam] 马占	原意是种类、样式，闽南话指类别，带贬义，如“一号马占”，指流氓歹徒中的头号人物、首领。
13. duit	[꜀lui] 镭	铜板儿、金钱。②
14. gimpal	[꜀kim puat꜇ ᶜa] 金钹仔	项链上的装饰物。
15. rokok	[ᶜlo ꜀ko]	香烟，现闽南已少说。
16. serutu	[꜀tsu lut꜇] 珠律 ③	雪茄烟。
17. kopi	[꜀ko ꜀pi] 咖啡	闽南话语源与普通话不同。
18. kakao	[꜁ka ᶜkau ᶜhun]	可可粉
19. cokelat	[tsik꜆ ꜀ku lat꜇]	巧克力（指可可树、可可粉、可可饮料）。
20. kari	[꜀ka ᶜli]	咖喱。
21. saté，satai	[꜀sa ꜀te] 沙茶	原指烤肉串，闽南话指用来调味的带辣的香料。
22. timun，entimun	[꜀ti ᶜbun]	黄瓜、刺瓜，漳州一带有此说法。
23. manggis	[꜁baŋ kit꜆]	一种热带水果，华侨中又称山竹。
24. kapas	[꜀ka puaᵓ] 加贝	指棉花树、棉花、棉织品。
25. kapok	[꜀ka pɔk꜇ ꜁mĩ] 加卜棉	木棉。
26. kentang	[꜀kan ꜀taŋ ꜁tsɯ] 干冬薯	马铃茹，通行于泉州、永春一带。
27. buaya	[buaʔ꜇ ᶜa] 鮢仔	鳄鱼。
28. belacu	[꜁ba ꜀tsu] 麻珠	未经漂洗的粗白织布。
29. capio，capiau	[꜀tsiau ꜁pʻio]	原义帽子，闽南话专指一种四面有沿的礼帽。
30. sepa	[（sip꜇）꜁ba ᶜtu]	皮鞋，闽南话也可说“～～鞋”。
31. kalas	[꜀ka lak꜇] 加荅	索扣，滑轮。
32. sepit	[sip꜇ pit꜆ ᶜa] 十枚仔	钳子。

① 泉州音说“ᶜgɔ ꜀kʻa keᵓ”（五骹架），连 kaki 也是音译加意译借来的。印尼语 kaki 是“英呎”，曾有人以为闽南话“五骹架”是“五英呎”（表示人行道的宽度）的意思，这是错误的，因为“五英呎”印尼语必需说成 lima kaki。

② 查遍闽南话各种地方韵书，在 ꜀lui（柳声母，飞韵母，第一声）没有表示这个意义的字。来母字又在阴调类，亦不合汉语语音结构规律，所以看作外来词。俗写作镭。

③ 这里写的汉字是闽南地区或华侨中见过的同音字，下同。

33. lampu	[꜀lam ꜀pu]	电灯①。早期说法，现代闽南话很少用。
34. pompa	[pɔŋ꜅]	原是打气筒，闽南话变为单音词，还可作动词用，表示“打气”②。
35. tongkat，tungkat	[꜁tɔŋ kat] 洞葛	原义指手杖、拐杖、棍棒。闽南话专指文明杖。
36. sabun	[sap꜆ ꜁bun] 雪文	肥皂。③
37. ayan	[꜀a ꜁ian] 阿铅	洋铁、锌。
38. merék	[bak꜇ ꜁t‘au] 唛头	商标，来自印欧语。
39. peniti	[꜂pin ꜀tsiam] 禀针	别针。[tsiam] 就是针，半音译半意译。
40. sago	[sia꜅ ꜀ko ꜂bi] 谢哥米	西谷米。
41. mangga	[꜁baŋ ꜂ko] 芒果	杧果。
42. durian，duren	[꜁liu ꜁lian] 榴莲	榴梿。
43. pinang	[꜀pin ꜁lŋ] 槟榔	槟榔。
44. gambir	[꜀kam bit꜇] 甘蜜	一种热带水果。
45. Sarung	[꜀sa ꜁lɔŋ] 沙龙	马来人常穿的裙子。

（二）动作性状及其他

46. makan	[꜂mã ꜀kan] 马干	吃。印尼语是多义词，闽南话常指吞食、吃子（下棋时）。
47. tolong，tulung	[꜁to ꜁lɔŋ] 道郎	求援、求助、救助。
48. kawin	[꜀kau ꜁in] 交音	结婚，闽南话通常指与当地妇女结婚。
49. mati	[꜂mã tiʔ꜆] 马滴	死，闽南话常带贬义。
50. cium	[꜀tsim] 斟	亲吻。
51. numpang	[lɔŋ꜅ ꜀paŋ] 浪邦	寄食寄宿于别人家中，依人糊口。④
52. agak	[꜀a gaʔ꜆] 阿夹	推测、估约、揣度。
53. arah	[꜀a la꜆] 阿腊	同上。
54. gado，gaduh	[꜁ga lo꜆] 牙罗	原意是喧闹、骚乱，闽南话指以言语取闹，口角。
55. cara	[꜂dzia la꜅] 惹拉	原意是方法、计划，闽南话当动词用，

① 印尼语借自荷兰语 lamp，为了双音化变为 lampu，闽南话是从印尼语借的。

② “打气筒”闽南话还可以说成“风 pɔŋ꜅”或“风抽”。

③ 印尼语 sabun 也是外来语，有的说来自法语，有的说来自阿拉伯语，未知孰是。

④ 早期华侨到海外去，找不到职业时，常在亲友乡人家中“浪邦”。

		表示谋划、主持。
56. pake', pakai	[ᶜpa ꜀ke] 把家	原意是使用，闽南话指专用。如“把家车”（专用车）。
57. habis	[haʔ꜆ bit꜆] 哈毕	完毕。闽南话：“～～条直”（结束、完毕）。二者是同义词，连着说。
58. guit	[guiʔ꜆][kuiʔ꜆]	1. 用手指触、碰、刮，“～碗底”（刮碗底）。2. 尖物触碰，“柴枝～着”（木杈刮到了）。
59. taut	[tauʔ꜆]	关闭、闭合。如“锁～落去”（销上）、“～着老鼠”（夹到老鼠）。
60. baur	[bauᵓ]	混合、混染。“～做一下”（混在一起）、“～相参”（混合）。
61. ampul	[hamᵓ p‘uʔ꜆]	原意是膨胀，闽南话指浮肿。
62. suap	[sap꜆]	满吃一口、饱吃一顿、猛吃。①
63. kuasa	[꜀kua ꜀sa]	原意指权威、经理，闽南话当动词用，表示掌权、掌管。
64. siasat	[꜀sau sat꜆]	指责、责难、非议。
65. ketoh, ketuk	[tɔk꜆]	敲、击。
66. gebuk	[but꜆]	用棍棒、鞭子痛打。
67. getu	[tuʔ꜆]	用尖物刺。
68. desak, asak	[sak꜆]（泉）	挤、推开。
69. suka	[꜀su kaʔ꜆] 私甲	喜爱、中意。②
70. patut	[꜀pa tut꜆] 巴突	规矩、公平、正当。闽南话常说“照巴突”。
71. kosong	[꜀ko ꜀sɔŋ]	空虚。漳州一带可说“腹肚～～”、“袋仔～～”。
72. sobat	[꜀sɔ buat꜆] 苏末	友好、知己。
73. kaya	[꜀ka iaʔ꜆] 加页	富裕、富有。
74. cahaya	[꜀ts‘ia iãᵓ]	原意是光亮，闽南话指富裕、挥霍。
75. cilaka	[tsiʔ꜆ laʔ꜆ kaʔ꜆]	倒霉、糟糕、出故障。

① 闽南话还可以引申为侵吞，如“钱去伊～去”（钱被他吞食了）。

② 印尼语来自梵语。

76. lacur	[lauʔ꜆ tseʔ꜆] 落灰	错误、出丑、失败。
77. lompong	[lɔŋ꜅ ꜀pɔŋ]	空虚、亏空。
78. tongong	[tɔŋ꜄ gɔŋ꜄]	愚蠢、笨拙。
79. sén	[꜀sian] 仙	货币单位，相当进“分”。①
80. mana	[꜂mã ꜂nã]	疑问词：哪里、哪一个。②

附：③

印尼语	闽南话	英语	注解
81. kuli	[꜀ku꜂li] 苦力	coolie	脚夫、粗工
82. kilo	[꜀ki ꜁lo] 基罗	kilo	公斤
83. ping pong	[꜀p‘in ꜀p‘ɔŋ] 乒乓	ping pong	乒乓球
84. gitar	[kit꜆ t‘a꜄] 吉他	guitar	六弦琴
85. bir	[꜀pi ꜂tsiu] 啤酒	beer	
86. bar	[꜂tsiu ꜀pa] 酒吧	bar	
87. gallon	[꜀ka ꜀lun] 加仑	gallon	容量单位
88. lemon	[꜀liŋ ꜁bɔŋ] 柠檬	lemon	
89. soda	[꜀sɔ ꜂tã] 苏打	soda	

三　闽南方言和印尼语相互借词的特点

（一）闽南话和印尼语的相互借词，有些条目在中国较早的典籍中就有过记载，由此可见汉语和印尼语的交流历史相当久远。

唐代僧人义净为了求取佛经，自咸亨二年（617 年）开始远渡重洋，途经马六甲海峡，到达印度，历时二十余年。在他所著《大唐西域高僧传》中曾有许多东南亚地名的记载，如“末罗瑜”（即本文所列“马来由”“羯荼”kedah；在马来半岛，闽南话称为吉达 [kiat꜆ taʔ꜇] 等）。本文一概不收地名译词，所以未能多做比较。

宋代赵汝适于宝庆年间提举福建路市舶司，1225 年他据自己的闻见编成《诸蕃志》，其中述及爪哇、三佛齐（即今苏门答腊）物产时，提到“槟榔”“加贝”“沙糊”。关于“沙糊”还有这样的解释：“俗号其王为龙精，不敢谷食，唯以沙糊食之，否则岁旱而谷贵。”（见《诸蕃志》“三佛齐国”条）“沙糊”就是印尼语 sago，后来译为西谷米。

---

① 闽南话“无半仙”（[꜁bo puã꜄ ꜀sian] 就是分文俱无。

② 一般闽南人不说，归侨经常说。

③ 下列各词闽南话和印尼语的说法相同，但也和汉语普通话说法相同，而且都是从印欧语借来的。闽南话未必是经由印尼语借来的。但也不排斥这种可能，暂附于此参考。

明代跟随郑和下西洋的人员马欢曾就沿途见闻编成《瀛涯胜览》，其中也有“沙孤”的记载：“山野有一等树，名沙孤。乡人以此物之皮，如中国之葛根，捣浸澄滤其粉作丸，如绿豆大，晒干而卖，其名曰沙孤米，可作饭吃。”（见该书“满剌加国”条）闽南老华侨曾有“谢哥米”的说法。

关于“加贝”，宋以前所编的《旧唐书》（卷一九七《婆利国传》）就有具体说明：“有古贝草，缉其花以作布，粗者名古贝，细者名白氎。”元初陶宗仪所作《辍耕录》也说：“闽广多种木棉，纺织为布，名曰吉贝。”陶氏还记下了关于黄道婆自崖州将植棉织布之法传往江南的传说。李时珍在《本草纲目》中描述了草本、木本两种木棉的形状及种植法之后也说，草本木棉“出南番，宋末始入江南”。“加贝”“古贝”“吉贝”就是印尼语的 kapas，今闽南话仍称 [˛ka pua˞]，这个借词跟随着祖先们向南海人学习种棉织布而来，已经有千年的历史。

至于印尼语的闽南话借词大多数都是中古汉语已经有的词，当然可征之于中国古籍。倒是还有一些古时候印尼语有过的借词，在现代的印尼语或闽南话中已经不用，但古籍上曾有记载。例如：

明代的书记载了当时南海诸国称华人为“唐人”。《瀛涯胜览》“爪哇国”条说：“国有三等人，一等回回人，皆是西蕃各国为商流落此地，衣食诸事皆清致；一等唐人，皆是广东漳泉等处人窜居此地，食用亦美洁。”《明史》卷三二四《真腊传》还明确说明：“唐人者，诸番呼华人之称也，凡海外诸国尽然。”现今海外华侨仍自称“唐人”，但印尼语词典未收此词。

关于“舸舡”，唐宋以来典籍皆有“舸”“海舸”“舡”“艕舡”的记载，明代祝允明《前闻记》在记录郑和下西洋的旅程时，也常有“× 月 × 日开舡”的说法。印尼语至今还说 tong-kang，但闽南话已无此种说法。

《明史》卷三二四《爪哇传》说：“万历时，红毛蕃筑土库于大涧东，佛朗机（按：指葡萄牙人）筑于大涧西，岁岁互市，中国商旅亦往来不绝。”这里的“土库”，可能与现代印尼语的 toko（商店）有关，或是当时印尼语借汉语，或是当时对印尼语的译音，但现今闽南话已无“土库”说法，所以上文未收。

正因为闽南话和印尼语的相互借词已有上千年的历史，有些借词已经不被看作借词。在上文所举印尼语的闽南话借词中，有四十多条在印尼语词典中未注为汉语借词，在闽南话的印尼语借词中也有一些并不被一般人视为借词。这也说明了闽南方言与印尼语的借贷已经历时长久、交流深远。

关于中国和南海的交通，史书上的记载是很多的。对于华侨在印尼、马来西亚等地的成批定居，一般的历史家都以为始于汉唐，形成于宋元，发展于明清。首先出国定居的是闽粤人，主要是闽南和粤东的人。这里只要引用两条材料就足以说明问题了。元初时意大利人马可波罗泛游中国二十余年，在他的游记：第156章《刺桐城》（按：即今泉州）中有过这样的记载："此城有一名港在海洋上，乃不少船舶辐辏之所，诸船运载种种货物至此，然后分配于蛮子全境（按：指闽省）。所卸胡椒甚多，若以亚历山大（按：即当时东西交通要道，世界名港）运赴西方诸国者衡之，则彼实微乎其微，盖不及此港百分之一也。此城为世界最大良港之一，商人商货聚积之多，几难信有其事。"[①]又第162章《爪哇大岛》说："刺桐及蛮子之商人在此大获其利，而今尚在此处吸收一切黄金。""黄金之多，无人能信，亦无人能言其额。此岛供给香料甚多，运往世界。"[②]《瀛涯胜览》则明确记载了闽南人定居印尼的情况，"爪哇国"条说："杜板（Tuban，位爪哇东北海边，今名厨闽），地名也，此处约千余家，以二头目为主，其间多有中国广东及漳州人流居此地……投东行半日许，至新村，番名曰革儿首（Grissé，今作格雷西），原系沙滩之地，盖因中国人来此创居，遂名新村，至今村主广东人也。约有千余家，各处番人多到此处买卖，其金子诸般宝石一应番货多有卖者，民甚殷富。"又"旧港"条说："旧港，即古名三佛齐国是也，番名曰浡淋邦（Palembang，今作巴邻邦）……国人多是广东漳泉州人逃居此地……市中交易亦使中国铜钱。"

七百年前的泉州港和爪哇国的商场上闽南人就如此活跃，六百年前在印尼的一些小地方就有数以千计华侨户定居，甚至充当首领，在这之前，如果没有数百年的往来和经营是不可能的。可见中国同印尼的交往以及汉语同印尼语的交流都已有了近千年的历史。史料的记述和借词的分析正好可以相互印证。

（二）闽南话和印尼语的相互借词是民间的、口语的长期交流的结果，这是汉族人民和印尼人民长期以来友好往来、经济合作和文化交流的见证。

印尼语在历史上接受过古梵语、阿拉伯语、葡萄牙语、荷兰语和英语的影响。这些语言都是借助政治的力量和文字的影响，给印尼语加进了许多自己的词汇。从公元7世纪到14世纪，印度人先后在印尼建立了室利佛逝和满者伯夷两个强大的王国，传进了梵文，使印尼语接受了很多梵语词汇；15世纪伊斯兰教统治了印尼，带来了大批阿拉伯语词；16世纪的葡萄牙殖民者、17世纪荷兰殖民者和后来的英国殖民者也是这样，利用了官方的势力，从文字上、从书面语上强加给许多自己的语词。和它们比较起来，汉语和印尼语的交流，情况完全不同：借词是相互的；借词的数量没有它们多；书面语少，口语词多。

就汉语和其他民族语言的交流来说，和印尼语的交流也是有特色的。汉语对越南语、朝鲜语和日本语的影响也曾借助于官方的力量和文字的作用，把早期的汉语共通语

---

① 《马可波罗行纪》，第611页，冯承钧译，商务印书馆，1936年。

② 同上书，第647页。

传往全国；和印尼语接触的则是南方诸方言（主要是闽南方言）和南洋土著语言的民间的、口语的交流。

千百年来，闽粤华侨到海外定居既不是穷兵黩武的异邦屯垦，也不是纨绔子弟的游历探险，更不是像西方殖民者那样，跟着炮舰和十字架而去的掠夺。在广大侨乡，“过番”“出洋”是背井离乡、骨肉离散的辛酸事；是远渡重洋、披荆斩棘的艰苦奋斗。在闽南地区，“望夫石”“姑嫂塔”一类描写华侨悲惨遭遇的传说，至今还给人们留下深刻的印象。早期，华侨出国主要是由于停滞的封建社会生产凋零、军阀混战，加以侨乡普遍人多地少，不得已历尽艰辛出外谋生；明清以来，资本主义萌芽，封建经济更加崩溃，农村赤贫增加，加以几次大规模农民起义失败，许多人是逃荒、流亡海外的。[①] 到了西方殖民主义者占据南海诸岛，鸦片战争失败，中国沦为半殖民地之后，大批华侨则是作为“契约华工”（俗称“猪仔”）卖身出国的。据荷属东印度殖民政府 1940 年统计报告，自 1860 年到 1890 年三十年间，印尼华侨人数从 22 万增至 46 万，到 1920 年达 80 万，1930 年达 120 万。

这些破产的农民、战败的义军到了海外，多数人依然是体力劳动者。多为小商小贩、种植业和采矿业的工人以及海陆交通运输的苦力。偶有发了“洋财”，上升为资产阶级的只是极少数。华侨的这种经济地位决定了他们和当地人民只能是同样受殖民主义者压迫和剥削的难友关系。为了生存，这些难友历来都互相帮助，互相学习，共同劳动，共同斗争。汉语和印尼语的交流正是在这样的历史背景下进行的。从相互借词的范围来看，口语词多，书面语词少；常用词多，非常用词少。相互借词中，首先是彼此借用自己母语所没有的名称，各种作物、产品、工具、活计、食物、器皿等等。如印尼语借了闽南话的面食、豆制品、茶具、丝绸、船运等方面的用语，闽南话则借来许多热带作物水果的名称。其次是有关商业及日常交往中的常用语。这些情况从上面材料的分类就可以见到一斑了。

（三）闽南话和印尼语的相互借词是按照一般不同语言之间借词的共同规律进行的。在这方面，主要有以下几种表现：

1. 借词采用音译和半音译半意译两种方式。

印尼语的闽南话借词中如 ikanmoa（鳗鱼）、bihun halus（细米粉）是属半音译、半意译的借词；闽南话的印尼语借词中这类情况很多，如“实叻埠”（新马）、“五骹架”（人行道）、“加贝棉”（棉花）、“峇都鞋”（皮鞋）、“把家车”（私家车）、“唛头”（商标）、“鲧仔”（鳄鱼）等。双方借词中更多的是音译词。

---

① 关于农民起义失败后流亡海外，史书上有不少记载。如《明史》卷三二四《三佛齐传》：“嘉靖末，广东大盗张琏作乱，官军已报克获。万历五年诣旧港，见琏列市为蕃舶长，漳泉人多附之，犹中国市舶官。”又卷三二五《浡尼传》：“……大泥，华人多流寓其地。嘉靖末，闽粤海寇遗孽，逋逃至此，积二千余人。”

2. 借词的读音必须服从本族语言的语音规律。两种借词各自都在语音方面做过一些改造。印尼语辅音一律不送气，闽南话借词中送气和不送气的声母不作区别，如头（家）和豆（芽）同音（tau），“激气”kéki 前后辅音无别；印尼语 h 辅音气流很弱，闽南话借词逢有 h- 声母经常脱落变为零声母（熏吹 uncué，烘炉 anglo，巷廊 anglong）；印尼语元音没有鼻化现象，借用闽南话词语时，遇有鼻化元音，一律将鼻化作用取消（如“青盲”céméh、“算盘”suipoa）：印尼语元音中没有 o-ɔ 的对立，译闽南话语词时将 o-ɔ 混同（如“桌布”[toʔ꜆ pɔ꜄] → topo、“恭贺”[꜀kiɔŋ ho꜅] → kiongho]。就闽南话来说，汉语是声调的语言，尽管是外来词，闽南话借来印尼语词对每一个音节都要安上一定的声调，一般并不随意变动；闽南话 n、l 不分音位，也没有辅音 r，因此把 numpang 译为 [lɔŋ꜅ ꜀paŋ]，pinang 译为 [꜀pin ꜁lŋ]，sarung 译为 [꜀sa ꜁lɔŋ]。

3. 在构词法上借词也要符合本族语言的习惯。

印尼语的复音词占绝对优势，单音词极少，许多闽南话的单音词被借用之后都加上音缀，成为双音词。如 engkong（祖父）、tahang（桶）；有些闽南话的多音词组被借用之后，则被连成一个多音词，如“无镭”→ bolui（穷）、“十二支”→ capjiki（赌具名），甚至把一个分句作为多音惯用语使用，如“讲甲汝讲”→ kongkailikong。相反，按照汉语的单音为核心双音为基础的习惯，闽南话借用印尼语词时往往把双音词变为单音词，把三音词变为双音词。如：belacu → [ba꜅ ꜀tsu]（粗白布）、sepatu → [꜁ba ꜂tu]（皮鞋）、caruto → [꜀tsu lut꜇]（雪茄）、pompa → [pɔŋ꜅]（打气筒）、tabut，kebut → [but]（鞭打）、getok → [tɔk꜆]（敲）。

（四）闽南话和印尼语的相互借词还有些和一般借词不同的特点。举例说明如下：

1. 一般的借词多是单义词，闽南话和印尼语的相互借词有不少多义词。例如：

印尼语的闽南话借词：

茶 [꜁te] → téh：茶树，茶叶，茶水。

杂菜 [tsap꜇ ts‘ai꜄] → capcaé：一种菜肴，混杂貌。

楼顶 [꜁lau ꜂tiŋ] → laoténg：楼，楼上，二楼。

三牲 [꜀sam ꜀siŋ] → samséng：一种祭品，引申用作流氓。

食力 [tsiaʔ꜇ lat꜆] → cialat：倒霉，糟糕，事败。

闽南话的印尼语借词：

kapas → [꜀ka pua꜄]：棉树，棉花，棉织品。

duit → [꜀lui]：铜钱，财富。

makan → [꜂mã kan]：吃，侵吞，吃子（棋盘上）。

guit → [kuiʔ꜆]：用手指触碰，尖物触碰。

desak → [sak꜆]：挤，推。

2. 一般的借词是引用本族语言所没有的词，以"补缺"的形式来充实自己，闽南话和印尼语的相互借词中，有些在本族语言中已经有同义词，以借词作为"并用"手段来丰富自己。例如：

印尼语的闽南话借词：

公 [꜀kɔŋ] → engkong=kakek。

头鬃 [꜁tau ꜀tsaŋ] → taucang=kuncit，kuncir。

赊使 [bue꜖ ꜃sai] → bisaé=djelék，buruk。

讲古 [꜂kɔŋ ꜂kɔ] → kongko=bercakap-cakap。

闽南话的印尼语借词：

baba → [꜁ba ꜁ba]= 出世团 [tsʻut꜆ si꜄ ꜂a]。

mati → [꜂mã ti꜆]= 死 [꜂si]。

gudang → [꜁gu laŋ꜖]= 仓库 [꜀tsʻŋ kʻɔ꜄]、库房 [kʻɔ꜄ ꜀paŋ]。

kaya → [꜀ka iaʔ꜇]= 富 [pu꜄]、好额 [꜂ho giaʔ꜇]。

有时还有一对同义词彼此互相借用作为并行并用的同义词而存在，例如：

食 [tsiaʔ] → ciak=makan，makan → [꜂mã ꜀kan]= 食。

食力 [tsiaʔ꜇ lat꜇] → cialat=celaka，celaka → [tsi꜇ la꜇ ka꜇]= 食力。

晏怎 [꜂an ꜂tsuã] → ancua=mana，mana → [꜂mã ꜂nã]= 晏怎。

情理 [꜀tsiŋ ꜂li] → céngli=patut，patut → [꜀pa tut꜇]= 情理。

3. 一般的借词缺乏构词能力，闽南话和印尼语的相互借词都有一些常用的、意义稳定的借词具有派生构词能力。例如：

印尼语的闽南话借词：

漆 [tsʻat꜆] → cat：

bercat（漆上……色的）　　cat minyak（油漆）

mengecat（上油漆）　　tukang cat（漆匠）

cat bakar（喷漆）

粿 [꜂kue] → kué：

kué-kué（各色糕点）　　kué kering（烘的糕）

kué basah（蒸的糕）　　toko kué（糕饼店）

公司 [꜀kɔŋ ꜀si] → kongsi：

perkongsian（商业公司）

berkongsi（合伙、勾结）

kongsian（地租、土地税）

大佛公→ toapékong：

yumah toapékong（寺庙）

闽南话和印尼语借词：

kapas →加贝 [꜀ka pua꜄]

～～衫 [～～ ꜀sã]（粗布衣） ～～棉 [～～ ꜁mĩ]（棉花）

～～头 [～～ ꜁t‘au]（棉根、药用） ～～籽 [～～ ꜂tsi]（棉籽）

sabun → [sap꜆ ꜁bun]：

～～水 [～～ ꜂tsui]（肥皂水） ～～沫 [～～ p‘eʔ꜇]（肥皂泡）

～～盒 [～～ aʔ꜇]（肥皂盒） 臭～～ [ts‘au꜄ ～～]（药皂）

滴～～水 [tiʔ꜆ ～～ ꜂tsui]（“知识分子”的谐音，贬称） 芳～～[꜀p‘aŋ～～]（香皂）

tongkat → [꜁tɔŋ kat꜆]：

～～头 [～～ ꜁t‘au]（手杖把） ～～铳 [～～ ts‘iŋ꜄]（手杖状手枪）

番仔～～ [꜀huan ꜂a ～～]（对归侨的贬称，引申为不明事理的人）

～～较秭鸟铳 [～～ k‘aʔ꜆ tsue꜅ tsiau ts‘iŋ꜄]（官比兵多）

baur → [bau꜄]：

～面 [～ mĩ꜅]（拌面） ～相参 [～ ꜀sa ꜀ts‘am]（混在一起）

～咧算 [～ ꜂le sŋ꜄]（合着算） ～汤 [～ ꜀t‘ŋ]（泡汤）

闽南话和印尼语相互借词中的这种多义词、同义词、派生词的现象，进一步说明了汉语和印尼语的交流具有悠久的历史，也说明了这一交流是以民间的、口头的形式进行的，在言语应用中逐渐生成的。

（五）闽南话和印尼语相互借词使用中的特点。

语言之间的借词是民族间经济文化交流的结果，由于这种交流存在着复杂的情形，借词的使用地区和阶层、借词在本族语言中的地位和作用往往也呈现着复杂的情形。就闽南话和印尼语的相互借词的使用情况来看，有几个特点也值得我们注意：

1. 在不同的地区和阶层，使用借词的数量和范围有很大差别。

就印尼语的闽南话借词来说，在华侨聚居比较多地区（如雅加达）借词的数量就多，在与华侨交往多的商界人士中，这些借词也就使用得比较频繁。雅加达（旧称巴达维亚，华人称为巴城）是华侨定居最集中的地方，据史书记载，早在1706年荷兰殖民者在那里大规模捕杀华人的时候，那里的华侨就已经有一万人以上。正因为雅加达地区华侨多，又是商业中心，雅加达方言向闽南话借的词就特别多，上列材料中在印尼语词典里注明是雅加达方言的闽南话借词就有十三条。其实，在这里为许多人所熟悉的闽南话借词还有很多，因为未在全印尼普遍通行，所以印尼语词典均未收入。见于较早在雅加达出版的印尼语词典的闽南话借词还有不下百条之多。例如：

豆干 [tau꜅ ꜀kuã] → taokoa

肉脯 [baʔ꜆ ᶜhu] → bahu（肉松）

柑榄 [꜀kã ᶜnã] → kana（蜜柑榄）

红枣 [꜁aŋ ᶜtso] → angco

肉粽 [ba꜇ tsaŋᵓ] → bacang

麦芽糕 [beʔ꜇ ꜁be ꜀ko] → bebeko（麦芽糖）

春饼 [꜀ts'un ᶜpiã] → cunpia（春卷）

素粉 [sɔᵓ ᶜhun] → sohun（粉丝）

鲍鱼 [꜁pau ꜁hi] → paohi

蜈蚣 [꜁gia ꜀kaŋ] → jiakang

蚊罩 [ᶜbaŋ taᵓ] → bangta（蚊帐）

零星 [꜁lan ꜀san] → lansan

老爹 [ᶜlo ꜀tia] → lotia（地保）

无头路 [꜀bo ꜀t'au lɔ꜅] → bo-taulo（失业）

煎匙 [꜀tsian ꜁si] → ciansi（锅铲）

半遂 [puanᵓ suiᵓ] → piansui（半身不遂）

好汉 [ᶜho hanᵓ] → hohan

反之，前面所列的借词中，虽然印尼语词典都已收入，在一些华人较少的地区，在与华侨接触较少的阶层当中，也未必被人所熟悉，未必很通行。

在闽南话地区也有这样的情况，在沿海，在侨乡，印尼语的借词比较通行；在山区，在华侨少的农村，这些借词大家一般是陌生的，很少被运用。

2. 从历史发展的情况看，闽南话和印尼语的相互借词，早年要多些，也比较普及和通行；到了现代，由于社会生活的变化，由于各自民族语言的普及和发展，这些借词有的正在被淘汰。例如：

印尼语的闽南话借词：

人车→ langca（人力车）　　马车→ beca（三轮车）

龙→ liong　　亲丁→ cinteng（守夜人）

薰吹→ uncue（旱烟管）　　荷包→ upau（钱包）

闽南话的印尼语借词：

jamban → [ᶜiam ꜁gan]（厕所）　　rokok → [ᶜlo ꜀ko]（香烟）

timun → [꜀ti ᶜbun]（黄瓜）　　capio → [꜀tsiau ꜁pio]（礼帽）

kawin → [꜀kau ꜁in]（结婚）　　lompong → [lɔŋ꜅ ꜀pɔŋ]（亏空）

3. 印尼语是民族语言，闽南话是汉语的一种方言。不论是从雅加达方言开始或者在其他方言区流行，都有一批从闽南方言借来的词被民族共同语所吸收，作为规范的词汇参加到民族语言的词库。上文所列的闽南话借词绝大多数都已收进印尼语辞典作为规范形式存在的。在闽南话情况就不同了，闽南话本土毕竟和海外华侨有着不同的社会生活，出国的华侨对本地区的总人口来说总是少数，海外华侨同故乡的人民之间往来也不太多，因此，在海外华侨中流行的印尼语借词要在整个闽南地区通行，被说闽南话的人普遍承认，就并不容易。至于被汉民族共同语所接受的，那就更少了。千百年来，除了一些来自南海的热带作物、食品（如榴梿、甘蜜、槟榔、西谷米等）等寥寥无几的几个名词之外，简直是绝无仅有。甚至像kapas（加贝）这样的历史悠久的借词，后来也被淘汰了。因为棉花从另外一条“丝绸之路”——西域通道传进了中国的北方，北方方言造了本族词“棉花”来表示它。北方方言是汉民族共同的基础方言，“棉花”就成了普通话的规范词，连在闽南话地区，人们也已经习惯地采用“棉花”的说法，逐渐放弃“加贝”的说法了。

深入地研究闽南话和印尼语的相互借词，对于研究闽南话和印尼语，研究不同语言之间借词的规律，研究华侨的移民史和中国印尼文化交流都是很有意义的。

1978 年 9 月初稿

1988 年 3 月定稿

说明：本文于 1992 年 5 月发表于香港中文大学中国文化研究所吴多泰中国语文研究中心所编期刊《中国语文研究》第 10 期，后曾收入《方言学应用研究文集》，湖南师范大学出版社，1998 年。

附记：本文有关印尼语的材料曾请印尼语专家陆并培先生校正过，承蒙指教订正多处，特此致谢。

本文发表之后，曾有英国学者（一位年轻的博士）来访，展示了他所搜集的印尼语闽南话借词，数量比我的多得多。可惜，后来失去了联系。1994 年在广州暨南大学举办的“东南亚汉语方言研讨会”邀请了马来西亚华人学者、印尼语研究专家杨贵谊先生前来参会。本文得到了杨先生的肯定。后来，我因忙着别的事，没有继续做这项研究。

厦门方言词汇一百多年来的变化

——对三本教会厦门话语料的考察

一

厦门地处中国东南，作为郑成功的复台基地和闽南人旅居南洋的出入口，早在17世纪初，就已成为重要的商埠。1842年“五口通商”后，西方传教士批量进入厦门。为了传教，他们用罗马字母创制了记录厦门方言的“白话字”，并用以翻译《圣经》、印书办报，在海内外使用闽南话的地区组织推广，影响很大。1958年周恩来总理在《当前文字改革的任务》报告中曾经提到：“鸦片战争以后，帝国主义国家派来中国的商人和传教士愈来愈多。他们为了学习汉语和传播宗教的需要，拟订了我国各地方言的拼音方案，其中如闽南的白话字（即厦门话的拉丁字母拼音方案）影响最大，曾经出版过许多书籍。据说至今厦门一带还有许多侨眷用这套拉丁字母跟海外的亲属通讯。”①

闽南白话字的源头，可以追溯到1815年马礼逊在马六甲开办的英华学院所拟定的汉语罗马字方案。这个方案是为外国人学厦门话而设计的。传教士获得在厦门传教权后，为了让信徒们阅读《圣经》、理解教义，便用罗马字翻译《圣经》，并于1850年在厦正式推行。②在此后的100多年中，闽南白话字迅速传播。据黄典诚1955年的调查统计，当时海内外约有11.5万人使用闽南白话字。③而在大陆地区发现的闽南白话字出版物约有298种，其中图书120多万册，报刊110多万份，内容涉及各种教会书籍和报刊、科学读物，以及中国古籍和闽南方言词典。④在这些教会材料中，影响最大的是19世纪下半叶出版的三种：

1853年（咸丰癸丑年）鹭门梓行所刊 *Anglo-Chinese Manual with Romanized Collo-*

---

① 许长安、李熙泰《厦门话文》，第2页，鹭江出版社，1993年。

② 同上书，第65—68页。

③ 同上书，第70、71页。

④ 同上书，第76页。

quial in the Amoy Dialect(《英华厦腔语汇》)，美国归正教会 E.Doty(罗啻)著。[①]

1873 年伦敦 Trüber &Co 公司出版的 *Chinese-English Dictionary of the Vernacular of Spoken Language of Amoy with the Principle Variations of the Chang-chew and Chin-chew Dialects*(《厦英大词典》)，英国长老会 Carstairs Douglas(杜嘉德)著。[②]

1892 年(光绪壬辰年)厦门萃经堂所印《英华口才集》，英国伦敦公会 John Macgowan(马约翰)著。[③](以上三书下文分别简称《语汇》《词典》和《口才集》)

罗啻是最早在厦门教会学校推广白话字的教会长老之一。他于 1844 年抵厦，在市区的新街、寮仔后、竹树脚和郊区禾山一带布道、建教堂、设教会，工作了 20 年，直至年老多病。[④] 他在已故传教士 William J. Pohlman 自用的厦门方言词汇手册基础上修订了用字、注音符号和声调符号，增加了词条(特别新增商贸用语和货物名称两部分)，写成《语汇》。《语汇》以厦门方言词汇为主，共分 26 个义类。每个词条以白话字记音，对应英文释义和汉字。

杜嘉德自幼学习古代和现代语言，熟悉希伯来语，善于速记法。他 1851 年毕业于格拉斯哥大学，1855 年在爱丁堡自由教会学院修完神学课程，同年抵厦门传教布道。[⑤] 据记载，他也曾到泉州、安海、台湾等地拓展教会力量，到漳州访问太平天国革命军，[⑥] 对各地闽南方言都有所了解。从《词典》所记录的材料可以看出，杜嘉德辨音细致，对闽南各地的语音和用词差别十分敏感。他以 J. Lloyd 和 Alexander Stronach 两位传教士未出版的词汇手稿、罗啻的《语汇》、中国传统韵书《十五音》和 Medhurst(麦都思)的《福建方言词典》为参考基础，不断增加条目并重新编排，终于完成这部以收集口语词汇为主的闽南方言词典。《词典》用白话字记音，按词条的音序排列，配以英文释义但不注汉字。因为杜嘉德发现约有 1/3 到 1/4 的词条找不到相应的汉字，且当时在伦敦无法用汉字排版。主观上，杜嘉德认为厦门话应该是一种语言而不是方言。跳出汉字的束缚，厦门话可以得到更多重视和发展。《词典》出版之后，杜嘉德获得了格拉斯哥大学的博士学位。

马约翰 1863 年抵厦。关于他的记录所见不多，只有杜嘉德在《词典》的《前言》

---

① E. Doty *Anglo-Chinese Manual with Romanized Colloquial in the Amoy Dialect*.(厦门)鹭门梓行，1853 年。

② C. Douglas *Chinese-English Dictionary of the Vernacular of Spoken Language of Amoy with the Principle Variations of the Chang-chew and Chin-chew Diolects*.London, Trüber & Co.，1873 年。

③ J. Macgowan《英华口才集》,(厦门)萃经堂，1892 年。

④ 吴炳耀《百年来的闽南基督教会》，载《厦门文史资料》第十三辑(内部发行)，1988 年。

⑤ 洪惟仁《杜嘉德〈厦英大词典〉简介》，载《闽南语经典辞书汇编》第四册(洪惟仁编)，(台北)武陵出版社，1993 年。

⑥ C. V. Bowra《厦门》(余丰译)，载《厦门文史资料》第二辑(内部发行)，1983 年。

提到这本《口才集》时，认为此书对初学者很有帮助。《口才集》是教授外国人学习闽南话的课本。此书前 14 课按词性列举了一些口语常用词；中间 26 课按义类列举厦门方言词语，如鱼类、蔬菜、旅行、疾病、礼貌用语等，并用例句展示其用法；最后，作者提供了大量的情景对话以练习句型，内容涉及商贸、船务、文教、习俗等。书中所有的词条、例句和对话都用白话字记音，附英文释义和汉字。此外，还有对近义词的随文辨析和语法特点的简述。

这三本白话字语料都在前言里对厦门方言语音系统做了详细描述，内容包括声母、韵母、单字调和连读变调。从中可见三位作者对厦门话的记录相当翔实可靠。尽管对一些具体音值尚有争议，但正是这些争议真实地反映了当时厦门方言的语音面貌。

下面，我们以这三本语料所记录的词汇和现今的厦门方言词汇作比较，考察 100 多年来厦门方言词汇发生的变化。[①]

二

综观三本词典的记录，厦门方言词汇中的常用基本词 100 多年来变化不大。如《语汇》第 3 部分人体外部器官共收 76 条名词，其中 74 条至今沿用。[②] 如：

英文释义	汉字	厦门方言	英文释义	汉字	厦门方言
head	头壳	t‘au2 k‘ak7	eye	眼睛目珠	bak8 chiu1
ear	耳子耳团	hi6 a3	face	面	bin6
nose	鼻	p‘in6	mouth	嘴喙	ch‘ui5
tongue	舌	chih8	teeth	牙齿喙齿	ch‘ui5 k‘i3
neck	颔颈	am6 kun3	throat	喉咙咙喉	na2 au2
shoulder	肩头	kieng1 t‘au2	back	背脊胛脊	ka1 chiah7
hand	手	ch‘iu3	finger nails	指甲掌甲	chng3 kah7

① 本文考察的变化，单纯指词汇方面的变化，与词汇相关的语音和语法变化暂不反映。如“谜”在《词典》中读为 be6；今厦门音读为 be2。据《广韵》，谜，莫计切，隐言也，与《词典》中的读音相合。《集韵》除此反切，还收入与今普通话和厦门方言读音相符的“绵批切”。也就是说，100 多年前厦门方言“谜”字还保存着较古老的读音。但在词义方面，《词典》的释义与今无异。因此这只是语音的变化，不在我们的讨论范围内。然而，《词典》中“谜”有个近义词“猜”，其注解是“a riddle; to guess one”。在现代厦门话中，前一义项已经消失，在此义项上产生的合成词“灯猜”也为“灯谜”所替代。这就体现了词汇系统中近义词的竞争引起的变化，应是本文关注的内容之一。

② 虽然三本材料采用的白话字拼写系统和符号略有不同，但这些音值上的细微差别并不影响读者对词汇的理解和判断。因此引用时我们尽量忠实原文的标音符号、英文释义和汉字注释。为了便于输入和理解，我们把三本材料的声调符号统一改为调类标音法（阴平 1，阳平 2，上声 3，阴去 5，阳去 6，阴入 7，阳入 8）。所注汉字先录原书所注，若不合本字则在括号中注出本字；若本无汉字加注之。本字未明者用□表示。

navel	肚脐	to6chai2	waist or loins	腰	io1
belly	腹$_{腹肚}$	pak7	foot	脚$_{骹}$	k'a1

发生变化的词只有 2 条，占 2.63%：tiong1 k'i3（门牙）今已失传；kha1 liam2（小腿胫骨的中段）是早期闽方言的说法，至今仍见于福州话，现代厦门话称为 k'a1 p'i^{n}6 liam2（脚鼻臁）。

第 23 部分时间和季节共收时间词 54 条，53 条沿用至今，惟有 tong1 kim1 chit8 tiap8（当今）今天失传，仅占 1.85%。

如：

英文释义	汉字	厦门方言	英文释义	汉字	厦门方言
spring	春	ch'un1	autumn	秋	ch'iu1
eternity	永远	ieng3 oan3	future time	后来	au6 lai2
next year	明年	me^{n}2 ni^{n}2	last year	旧年	ku6 ni^{n}2
Monday	拜一	pai5 it7	1 st mouth	正月	chia^{n}1 geh8
birth day	生日	si^{n}1 jit8	1st day of month	初一	ch'œ1 it7
day light	天亮$_{天光}$	t'i^{n}1 kng1	morning	早晨$_{早起}$	cha3 k'i3
fore noon	上午$_{顶昼}$	tieng3 tau5	noon	日午$_{日昼}$	jit8 tau5
midnight	半夜$_{半暝}$	poa^{n}5 mi^{n}2	evening	下晚$_{下昏}$	e6 hng1
to day	今日$_{今囝日}$	kin1 na3 jit8	yesterday	昨日	cha1 jit8

又如《口才集》里的人称代词、指示词等与今无异；第 32 部分前置词包含了方位词和介词 35 个，只有 bin6—tsiu^{n}6（面上）被 bin6—ting3（面顶）所替代，占 2.85%。而“面上”的用法至今仍见于泉属方言。这是方位词“上”和“顶”两个近义词竞争的体现。

三

至于一般词汇，我们考察了收词规模最大的《词典》按音序排列的前 3349 条词语，其中只有 1674 条和现今的厦门方言意义和用法相同，另一半发生了各种变化。词汇是否发生变化，首先和义类有关。就已经掌握的情况看，涉及文化、风俗、制度和生活习惯的词语变化比较大。

《词典》中收录了大量有关信仰和风俗习惯的词：道教的仪式“醮”有天公醮、平安醮、水醮、火醮、雨醮、虎醮、清醮、三朝醮等。和风俗习惯相关的仪式和器具名称繁复多样，有迎棺材进屋的仪式“接板”、棺材入土的仪式“进葬”、葬礼后的净身仪式“小净”、接灵位的仪式“接返主”、亲人去世后第七日的仪式“七日招魂”。葬礼上书写着被葬人名字的条幅称为“陵帧”，净身仪式上的薰香是“净香”，表明服丧身份的、挂在手腕上的铜钱称为“手尾钱”。这些特有的词语在今天只有老年人或郊区的母语者才能理解其中的一部分。

随着生活习惯的改变，服饰方面的名词也有不小的变化。《语汇》第 8 部分的 57 条衣着名词（section8.of dress），有 8 条老派才懂但几乎不用、年轻人已经完全不解，约占 14%。如 ui1 su1 kun2（围私裙）受通语影响改称 ui2 kun2（围裙）；i1 chiu^{n}2（衣裳）改称 sa^{n}1（衫），soh8（钏）改称 ch‘iu3 k‘oan2（手环），都是旧有的多种说法简化合并；si^{n}5 te6（扇袋）、bian3 liu2（冕旒）、t‘au2 bin3（头抿）、mo2 tai6 siau3 beh8（毛大小袜）则是因旧有事物消失而淘汰。

有关文化和制度等上层建筑的名词变化更大：《语汇》第 14 部分有关文化的词有 15 条退出口语，约占 38.46%；第 15 部分有关科举考试的词除了“秀才”等保留于“博饼”的风俗中，其余 27 条都退出口语，约占 77.14%；第 16 部分涉及统治机构的官职，只有“候补、官员、委员”至今沿用，其余 54 条退出口语，约占 94.74%。

发生了变化的词语有哪些不同的演变类型呢？

（一）有些词语退出日常使用范围，成为历史词语。这类词大多和旧事物、旧制度、旧习惯有关。如上文提到的和上层建筑相关的词；又如《口才集》第 39 课列举了进出口商品 320 多条，其中 46 条已不为人们所熟知，约占 14.3%，如：良羌、母丁香、花剪绒、藤黄、晏息油、血竭、多罗呢等。第 40 课有关商业流通的专门术语 400 多条，其中约有 7.5% 成为历史词，如：出字白、手本、约字、九八行、饷关、保认、船口单等。

《词典》的收词也存在类似情况，如 o1—al—leng2（乌鸦翎，官员装饰用品）；ang2—tho2（红涂，即土耳其鸦片）；tiau2—bo6（朝帽，上朝所戴礼帽）；kun1—ki1—bo6（军机帽，军官所带之帽）；be3—khoai5（马快，衙门中勘查偷盗事件的走卒）；teng3—be3—koa^{n}1（顶马官，高层官员身边骑马的小官员）；heng2—meng2（行名，衙门中负责律法事务的师爷）。

（二）有些有特色的、活跃的方言词语精简合并了，原有的说法或消失或已被淡忘，逐渐退出日常口语。从这些精简合并的词语，我们可以看到词汇系统内部的竞争，如近义词的竞争，书面语和口语的竞争，通语词和方言词的竞争，以及上下位词的竞争：

1. 近义词的竞争。方位词 chiu^{n}6（上）在《词典》中相当活跃，如：chiu^{n}6—bin6（上面）、ng^{n}5—chiu^{n}6（向上）、lo6—chiu^{n}6（路上）、beh7—kang5 goa3—sin1—chiu^{n}6（卜降我身上）等。而同样表示“上”的方位词 teng3（顶）构词能力也很强，如 teng3—e6（顶下）、thi^{n}1—teng3（天顶）、soa^{n}1—teng3（山顶）、chhu5—teng3（厝顶）、teng3—thau2（顶头）、teng3—bin6（顶面）、bin6—teng3（面顶）等，但今天的

厦门话，“上”作为方位词已完全被“顶”所取代，只保留着动词的用法，如 chiu^{n}6—soa^{n}1（上山）、peh7—chiu^{n}6—piah7（爬上壁）。

又如同样是书面语词，表“羡慕”义时“him1—bo6（欣慕）”和“loan2—bo6（□慕）”已经很陌生了，而“him1—soan6（欣羡）”的用法仍很普遍。

另外，还有绳、索、线；赞、帮；嚷、喊、喝；木、柴等几组近义词的竞争。这类竞争往往是单向的、缓慢的，都经过一段并行兼用时期。而竞争的结果则是词汇系统趋于简单。

2. 书面语和口语的竞争。老派厦门人在表示“不一定”时，多用“bi6—pit7（未必）”或“bi6—pit7—lien2（未必然）”。后来这种说法为口语“bo2—tia^{n}6—tioh8（无定着）”和“bo2—it7—ting6（无一定）”所替代。“bo6—seng6（茂盛）”多是文人所用，口语里则说“ong6（旺）”。bai2—tsong5（埋葬），siu1—bai2（收埋）现在口语中多说“tai2”。

3. 通语词和方言词的竞争。关于通语词和方言词的竞争，前人在研究汉语词汇史已有阐述。汪维辉认为，“从某种意义上说，汉语常用词在历史上的新旧更替，就是方言词跟方言词或方言词跟通语词之间此消彼长的结果。”[1] 李如龙进一步指出：“通语与方言的竞争贯穿了汉语词汇发展演变的整个过程，至今还在进行。”[2] 通语词和方言词的竞争表现为双向的相互影响，这里说的主要是通语词对方言词的影响。厦门方言原称自然现象“雾”为“bo2（雺）”，“bu6（雾）”则指事物有污渍、斑点，黯淡无光泽。后因受共同语影响，自然现象“雾”及相关词（如起雾 ta5—bu6）也称 bu6；bo2（雺）的用法已很少见。这类例子比比皆是：“不倒翁”由 a1—put7—to3（阿不倒）改称 put7—to3—ong1（不倒翁），“做生意的本钱”由 bu3—tsi^{n}2（母钱）改称 pun3—tsi^{n}2（本钱），“地毯”由 chi^{n}1 tiau2（氈条）改称 te6 t‘an3（地毯），“发烧”由 jiet8—cheng5（热症）改称 hoat7—sio1（发烧），“天花”由 chia^{n}5—tsu1（正珠）改称 thien1—hoe1（天花）等。

通语词的影响不仅表现在词汇更替上，也表现在语素的构词能力上。“番”这个语素在厦门方言里多和舶来品有关，既可指人，也可指物。由于共同语的影响，不但新的外来事物大多遵从普通话的名称，连一些旧有的常用“番”类词也被普通话词逐渐取代，“番”的构词能力大大降低。如 ho—an1—a3—han1—tsu2（番囝番薯）改称 ma^{n}3—leng2—tsu2（马铃薯），hoan1—a3—pia^{n}3（番囝饼）改称 pia^{n}3—kua^{n}1（饼干），hoan1—a3—he1（番囝灰）改称 tsui3—ni^{n}2（水泥）等。

---

① 汪维辉《东汉—隋常用词演变研究》，第 400—401 页，南京大学出版社，2000 年。

② 李如龙《汉语应用研究》，第 194 页，中国传媒大学出版社，2004 年。

有些和通语词同形的厦门方言词在通语的影响下逐渐丢失固有词义，转而承载与通语词一致的词义：tong6—cheng6（动静），原指提起某个话题或问题，现指消息、情况；leng3—cheng6（冷静）原先有孤独、孤立、环境沉寂冷清三个义项，现在都为平静、镇定所取代；koan1—chio5（关照），原指书中所引用的文章或论著，现指“关心、照看”。

4. 上下位词的竞争。原先厦门方言表示“看”的动作有一系列下位词：chiam1（瞻）：观望；bai6：拜访、有礼貌地询问；siam1：窥视、偷看；tshu3（鼠）：眯着眼睛看，多指视力差的人；lio3：快速看、浏览；koan1（观）：仔细看；tham5（探）：拜访；siong5（相）：久看。而现在的厦门方言有些已经几乎不用，如chiam1和bai6，都被上位词“看”所替代。其余几个词偶尔可从老派口中听到，但构词能力降低，许多生动说法都被“看”及其构成的词组所替代。由于泛化而省简下位词也是方言词汇萎缩的一种方式，这使现代方言的表达变得单调了。

从总体上说，早期有特色的方言词多，后来趋于合并简化。有些特色词虽然还在使用，但活跃程度和构词能力已大不如前。这是方言萎缩的常见方式。

（三）一些常用词的义项发生变化。变化的情况大致有三类：义项增多、义项减少和义项转移。就多数的情况说，发生变化的义项多为比喻义和引申义。

1. 义项增多。如：am5—kong1—chiau3（暗公鸟）本义是猫头鹰，现也喻指习惯熬夜、通宵的人；toa6—bong1（大摸），原指鸡冠花花冠大，现也指供人食用的禽类的翅、腿肥大；chhiu^{n}6—toh7（上桌）原指宴会前把食物摆上饭桌，现也指宴会开始时各人就座；chha2—thhau2（柴头）原指木块，现也形容人迟钝、应变能力差；tho3—tse5（讨债），原指要回债款，现也形容小孩挥霍，使父母重负有如付出欠债；seng5—chi3—chhui5（圣旨喙），原指讨价时不肯让步，现也用来形容那些不肯改变决定或对事态发展判断准确的人；chiah8—tiau2（食牢），原指人对鸦片上瘾，现泛指吃东西上瘾。

2. 义项减少。如：beng2（明），《词典》记录有6个义项：clear，bright，plain，just（as mandarin）；Ming dynasty；ripe，as pine—apple. 而最后一个义项“（菠萝）成熟”，在现代厦门话已丢失。《词典》举例ong2—lai2 u6—beng2（王梨有明）和ong2—lai2 put7—chi3—beng2（王梨不止明），释义均为the pine—apple is yellow and ripe（菠萝黄了熟了）。现今都只说“熟”。又如：chhai5—thau2（菜头）原指白萝卜和饭馆等餐饮机构的总负责人，后一义项今已消失。

3. 义项转移。如：ba6—hioh8原指风筝，现指老鹰；ban2（蛮），原指做事拖拉懒散，现指顽固、难以说服；an1—thai1（安胎），原指用迷信的办法去除孕妇子宫的疼痛，现指用药物保胎；lu3—chiong5（女将）原来除了指女性将领，还指和男人交谈时过分大胆、外露的女人；后一义项现已消失，前一义项则引申指事业有成、有才干的女人。

四

从以上分析可以看出，100多年来，厦门方言的词汇既有传承也有变化。传承既表现在那些与原有词汇保持一致的词上，也表现在旧词基础上产生的新词和新义项上。变化的表现丰富多样。首先，变化的程度不同。有些词完全消失；有些只保留在老派口中；有些成为历史词语，只在特定的场合出现；有些则保留在郊外农村。其次，变化的范围不同：有些词完全被近义词取代，有些只是义项增减。

1. 词汇的传承是必要的。孙常叙认为："汉语基本词汇的古今传承，便是汉语延续发展的一个基本部分。"[①] 共同语如此，方言也如此。在没有遭受突然或特殊冲击的情况下，厦门方言词汇的发展变化总是持续而缓慢的，这是方言在社会生活中使老幼沟通、世代相传的需要。

2. 词汇的变化也是必然的。社会生活不断演变，人的认知不断发展，为了适应社会生活的交际需要，词汇系统就必须不断调整；词汇的意义也会不断扩充或收缩。和语音、语法相比，词汇反映社会生活的变化最敏感、最快速。从这个意义上说，研究词汇的变化是了解社会生活变迁最直接、最便捷的途径。

透过厦门方言词汇100多年来的演变，我们不难看出厦门人物质生活、文化生活、语言生活和思维方式的演变。应该说，正是这些社会生活的变迁，造成了厦门方言词汇百年来的变化。

（一）物质生活的变迁

基本的日用器物名称100多年来有不少保留原貌，如桌、椅、碗、盘等，而有些日用器具因其少用，分类趋于简单，相关名称也逐渐淘汰。如蜡烛在100多年前是重要的照明物，种类有油烛、蜡烛、花烛、通宵烛等；其中的各部分也有专门名称：蜡烛的芯称为烛芯、滴下的烛油称为烛泪、烛心燃烧时结成的花状物称为烛屎、蜡烛上装饰用的蜡制花朵称为烛花；与之相关的器具还有：烛台（蜡烛架）、烛芒（芦苇做的烛芯）、鹤团烛台（鹤形烛台）、烛仓（烛台上插蜡烛的槽）、烛剪（剪烛心用的小剪刀）、烛架（做蜡烛用的模具）、柴烛或柴烛鼓（木制的烛形油灯）。如今蜡烛只在停电或祭祀时偶尔用用，这些名词好些都不流传了。

19世纪下半叶厦门是重要的贸易港口，税收是商品流通中不可忽视的环节。《词典》

---

① 孙常叙《汉语词汇》，第378页，商务印书馆，2006年。

收录了一系列旧时和税收相关的词：拍饷（收税）、纳饷（缴税）、饷银（税款）、税厘饷（所得税）、走饷（漏税）、饷单（税单）、饷关（海关）等。如今这些词都已经被普通话词语所替代。

生产行业的增减和兴衰也会带来词汇上的批量变动。百年来厦门行业的变化，可以从《语汇》中略见一斑。一些在当时颇为重要的行业现在已经消失，如：做篾、拍索（制绳）、烧灰（烧制壳灰）、箍桶、脚夫；一些行业合并了，专有的称呼也发生了变化，如当时有专门买卖蜡烛的人，称为“卖烛的侬”。现在蜡烛只是无关紧要的日用杂货之一，这个称呼也就消失了。

交通工具的变化也很明显。当时最重要的交通工具是“船”，《语汇》中就有23种不同种类的船的名称。而现在最重要的交通工具是“车”，在当时只有牛车、马车、货车和火薰车（火车）四种，驾驶的方式只有“赶”和“拖”两种，如今花样就多了。

（二）文化生活的变迁

科举教育在100多年前的文化生活中地位相当重要，相关的词语数量很多，且大部分是共同语借词。《语汇》第15部分收录了37条有关科举考试的词，如投考者的资格有童生、幼童、老童，考试后获取的“学历”有拔贡、岁贡、秀才、举人、解员、进士、会元、状元、榜眼、探花等，考试的类型有小试、乡试、会试、殿试，考官有学台、大主考、副主考、大总裁，考场有考棚、贡院等，可见考试等级明确、体系完整。如今科举制度消失了，这些词也就成为历史词语。有关教育的有另外一些热点词语。

宗教信仰在旧时代的人民生活中也占有重要地位。《词典》不但收有基督教、佛教和道教用词，甚至民间信仰的各种神仙鬼怪，祭祀活动的各种仪式、器具规章和信念都有详细记录。如：民间崇拜的关帝爷、周仓爷、榕树爷、王爷、虎将、观将爷、井神、招财王、贤武大帝等；巫师跳神有一整套程序和专用词语：求巫师来跳神称为“找圣”，“童子”（男巫）跳神要“念咒”，若无效，则“催咒”；鬼神附体称为“上身”或“上童”。这些词语如今只有郊区和市区的一些老年人才知道。

关于群众文艺活动的词语。旧时有许多与地方戏有关的词语：演戏称为“搬戏”，演出开始称为“出戏”，演出前的排演称为“套戏”，当演员化妆称为“妆戏”，挑选演出选段称为“择戏”，为剧团或演员捧场称为“跟戏”，把剧团请到家里演出称为“带戏”等。可见看戏是当时老百姓的重要娱乐活动，而今，文艺形式多样了，地方戏面临着衰落萎缩的尴尬局面，相关词语也逐渐消退了。

这三本书还收录了有关清王朝政府官职和统治机构的词语。《语汇》中此类名词就有70多条，反映了严格的等级和完整的体系。和科举教育词语一样，这些词现在大多已经成为历史词语。

（三）语言生活的变迁

在20世纪50年代推广普通话以前，共同语对厦门方言词汇的影响，主要表现在与上层建筑和意识形态相关的领域。但近几十年来，随着普通话的普及，通语词汇大量进入厦门方言，如学科专门用语、各种病症、流行的时尚事物、层出不穷的科技术语等。许多年轻人甚至已无法用方言说出自己的姓名而直接用通语来指称。这些也是方言萎缩的表现之一。

书面语影响不断加大，在年轻人中表现尤为明显，如通语的关联词用惯了，便带进方言口语。如：

普通话	厦门方言旧有说法	厦门方言新派说法
如果……就……	若是……着……	若是……着……；如果……就……
如果不……就……	若是无/唔……着……	若是无/唔……着……；如果无/唔……就……
尽管	随时/虽然/虽罔	虽然
相反地	反转	相反
如果	若；设使	若；如果；假设
或者	抑是	抑是；或者
不过，但是	唔$_{\text{俗}}$	唔$_{\text{俗}}$；不过；但是

至于文言词的应用则明显削弱了。原先一些文人带到口语中的文言词，如《口才集》对话中出现的旧时称谓“小女、小犬、拙内、尊驾”等，现在都很少听到了。

外来词的输入在100多年前的厦门话主要表现在马来语上，主要方式是音译（如sap7—bun2：肥皂）或音译和义译相结合（如sia6—ko1—bi3：西米）；这是厦门话直接从外语借入的，并不经过共同语做中介。这是厦门与东南亚频繁密切交往的表现之一。后来借入的外来词大多来自英语，先借入共通语再传入方言，如沙发、X光、MP3、cool。

（四）思维方式的变迁

旧时厦门人认为血是不祥之兆，与血有关的病症都要有所避讳。如咳红（咳血），呕红、啡红（吐血），放红（便血）等。而今人们对病理常识了解增多，对“血”不再忌讳，称“血”为“红”的说法就逐渐消失了。

《词典》编纂时，电器和电的知识尚未普及，带“电”的语素只有雷公电母等。后来，人们对“电”虽有所了解，但并不明确，误把热水瓶保温的功效和“电”相联系，称之为“电罐”“电瓶”。如今家用电器普及，带“电”语素日渐增多，如电珠（灯泡）、电火（又称电灯）、电视、电脑、电话、电笔，等等。这类语词的变化比比皆是，限于篇幅，不再列举。

说明：本文发表于《厦门大学学报》2007年第1期，当时署名为李如龙、徐睿渊。

肆　闽方言语法研究

闽方言和普通话语法的主要差异

汉语方言之间最明显的差异是语音，教学普通话语音要联系方音，利用对应规律和汉字偏旁类推，这是公认的好办法，而方言和普通话的语法差异因为直接对立的比较少，有些差异较难发现，有些差异不是通不通的对立，而是顺不顺、好不好的问题，这就容易被忽视，以为方言语法对学习普通话影响不大。事实上，把方言语法和普通话语法的各类差异罗列出来，数量是很可观的，不少方言构词法和句型使用频率还相当高，方言语法不但影响口语交际，也影响书面表达，就这个意义上说，联系方言教语法比联系方音教语音是更加重要的。

本文以福州话、厦门话为例，列举闽方言和普通话的主要语法差异，为闽方言地区和语法教学提供参考。限于篇幅只罗列材料，不做理论分析。

一　名词的构成

闽方言没有普通话的儿化，也没有儿尾，“表小、指爱”常用名词后缀“囝”表示，说普通话时就把“囝”折合成“子”，如说刀囝（刀子，小刀儿）、碟囝（碟子，碟儿）、厨囝（厨子，小柜儿）、鸡囝（鸡子，小鸡儿）。普通话的子尾在闽方言里也常常不用，例如被（被子）、袜（袜子）、桌（桌子）、桃（桃子），说普通话如果也用单音词就不合规范了。

普通话亲属称谓常用单音名词重叠式，后字读轻声，闽方言本来没有重叠式而用前缀“阿、依”（阿哥、依弟），引进普通话的重叠式常不读轻声，如“爸爸”说成“巴巴”。

在福州话里，有些单音名词可以重叠，如说包包（包儿，书包）、瓶瓶（瓶子）、杯杯（杯子）、骨骨（骨头）、汁汁（汤），普通话除了“山山水水、瓶瓶罐罐”这类格式，单音名词是不能重叠的。

在厦门话里，有些单音名词重叠后可用作形容词或副词，普通话也不能有这种用法，例如“目珠柴柴（眼睛木然）”，“做侬仙仙”（为人不随和、不勤奋），“金金有看着”（明明看见了）。

二 动词的构成和用法

普通话动词重叠表示动作短暂和随意，闽方言有时也用重叠式表示动作随意，如说“随便写写”，更常见的是用重叠式表示动作是多次反复、作用概遍的，如说“搬搬出去”（全给搬出去），食食落去（都吃了），“看看嘞再讲”（多看看再说），“煮煮伊熟”（多煮一会儿，煮熟它）。

厦门话的双音动词可以有ABB式重叠，这是普通话没有的，如说打叠叠（拾掇拾掇）、修理理（修一修）。

有几个常用的动词闽方言有特殊的用法。

有 “有”在闽方言用得很广，可以放在动词形容词的前、后，这在普通话都是不合规范的。例如：

（1）北京伊有去着。（北京他去过了）

（2）汝面有红，伊无红。（你脸红了，他不红）

（3）这种布有洗。（这种布禁洗）

（4）有看电影的来登记。（要看电影的来登记）

在闽南话这类不规范的“有字句”更多：

（5）汝佮伊有比。（你和他有得比）

（6）曝有燋则𫟒生殕。（晒干了才不会发霉）

（7）旧年趁有三万银。（去年挣了约三万元）

（8）伤细声我听无。（声音太小我听不见）

（9）讲伤深我听无。（讲得太深我听不懂）

能、会 “能”和“会”在闽方言往往不能区别，不少人说普通话时把“能、不能”说成“会、不会”。例如：

（10）伊半点钟会拍三百字。（他半小时能打三百字）

（11）两礼拜会印好𫟒？（两个星期能印好吗？）

（12）他写的字𫟒看得。（他写的字看不得）

（13）我画会像，伊画𫟒像。（我画得像，他画不像）

闽方言的“会”和“有”一样可以放在谓语之前或动补之间，表示对过程或状态的肯定，也可以用“会…… ”构成疑问句，例如：

（14）汝颂即件会合身。（你穿这件合身）

（15）牛仔肉则煮会烂。（小牛崽的肉才煮得烂）

（16）三两食会完𫟒？（三两吃得完吗？）

（17）安呢讲恰清楚，会鱠？（这样讲更清楚，是不是？）

去 在普通话里，“去”在动词之后只能作趋向补语，在闽方言里还可用作结果补语。例如：

（18）老人乞细囝骗去。（老人叫小孩儿骗了）

（19）批乞侬偷看去。（信被人偷看了）

（20）蜂死去五箱。（蜜蜂死掉五箱）

（21）这双鞋颂去五年唠。（这双鞋穿了五年了）

（22）厝倒去唠。（房子倒塌了）

来 在闽南话里，“来”在动词后也可不用作趋向补语，如说“荔枝红来唠”（荔枝红了），“雨大来唠”（雨更大了），“小弟肥来唠”（弟弟胖了）。闽南人说普通话时把这个“来”翻译成“起来”也是不通顺的。

来去 “来去”用在动词之前，表示该动作是“欲做而未做”的，这也是闽南话特有的说法。例如：

（23）伯来去看电影好吗？（咱去看电影去）

（24）明旦日我来去看迈。（明天我去看看）

（25）无我来去问伊。（要不我去问问他）

（26）腹肚枵唠，来去食。（肚子饿了，吃饭去）

三 形容词的构成和变化

闽方言的单音形容词“大、小”可以和量词构成双音形容词，说普通话时套用这种说法也造成不规范词句，例如：

（27）这条索恰大条。（这条绳子比较长）

（28）开蜀空野大空。（开了好大一个窟窿）

（29）小小碗食蜀碗。（小小的碗吃一碗）

单音形容词重叠后在闽方言可直接用作谓语、定语和补语，普通话则必须在后面加上“的”，有的闽方言区的人说普通话时就少了这个“的”。如：

（30）头大大，鼻长长。（脑袋大大的，鼻子长长的）

（31）天乌乌，卜落雨。（天黑沉沉的，要下雨了）

（32）平平路跋死侬。（平平的路也会摔死人）

（33）看乌乌摸平平。（看起来黑黑的，摸过去平平的——嘲讽“睁眼瞎”）

双音形容词的重叠式在普通话只有AABB式，在闽方言还有ABAB、ABB、AAB等格式，例如“四角”（四方），福州话可说“四角角”，厦门话可说“四角四角”，莆田话可说“四四角”。

在厦门话里，单音形容词还常有三叠式，必要时甚至可用五叠式，表示形容程度的加强。“曝遘乌乌乌”（晒得黑不溜秋的），“红遘红红红红红”（红得发紫）。

形容词的生动形式在普通话和闽方言常有不同说法，不论是叠音、衍音、嵌音，具体格式很少是一致的。例如“黑”，普通话说“黑乎乎、黑压压、黑洞洞、黑茫茫、黑油油、乌黑乌黑、漆黑漆黑、黑不溜秋、黑咕隆咚”，在闽南话里则说“乌 [꜁so ꜁so]、乌 [꜀lɔ ꜀sɔ]、乌 [꜁siau ꜁siau]、乌 [tsauʔ꜇ tsauʔ꜇]、乌 [kʰam꜄ kʰam꜄]、乌糟糟、乌嘟嘟、乌 [꜀lu ꜀lu]、乌普乌普”，闽南人说普通话时，普通话的说法不懂、不熟、不会用，方言的说法不敢用、不会写，于是只能采取平平淡淡的说法：“黑黑的，很黑很黑”，表达就很不生动了。这是因方言语法影响而说不好普通话的典型例子。

四　数词和量词

闽方言的一些涉及数字说法可以紧缩，普通话则是不允许的。例如，相邻的两位数中，前位是“一”时，“一”可以省略，同时把后位的位别也省略了，“千八”是一千八百，而普通话只能省去“百”说“一千八”。“斤半”只能说“一斤半”。表约数时，百位以上普通话只能说“一百六七十”或“一百六七”，闽方言可说“百六七”、“万五六”。在福州话里，这种紧缩法还可以推及三位数，例如“一百七十五”可说“百七五”。

约数表示法在闽方言不但可说“两三个”“三四个”，还可以说“蜀只半只”（一两只）、“五七只”（五六只或六七只）。零数表示法则有“无蜀只”“无半只”的说法，这也是普通话里所没有的。

量词和名词的配搭不但闽方言和普通话常有不同，就在闽方言内部也各有差别。例如：

表 1

名词、量词	普通话	福州话	厦门话
人	个	只、其	其
马	匹	头	只
牛/猪/羊	头、条/口/只	头	只
老虎、鸡、鸟、蚊子	只、个	头	只
蛇、鱼	条（鱼又论尾）	头	尾
房子	所、栋、座、幢	落	块
屋子	间	间、堵	间

续表

名词、量词	普通话	福州话	厦门话
树	棵、株	兜	丛
花	朵	蕾	蕊
东西	件、样	样	项
锄头、斧子、刀、尺	把	把	支
扁担、针	根	把	支、条
笔	支、管	把	支
缸	口	只	个
船	条、只	条	只
稻草	根	条	支、稿
歌	首	题	块
信	封	张	张
秤、枪	杆	把	支、丛
车	辆	架	只、顶、把
球、苹果 / 沙子、米	个 / 粒	粒	粒
箱子 / 篮子	个、口 / 只	只 / 奇	奇
桌子、椅子	张、个	张	块

闽方言区的人说普通话也常常用错这类量词。

五 代词的变化和用法

人称代词的单数式闽方言和普通话不同，复数式则在闽方言内部也不一样。

表 2

普通话	福州话	厦门话
我 / 我们	我 / 农家、我各人	我 / 阮 [ᶜguan]
咱们	农家、农家各人	伯 [ᶜlan]
你 / 你们	汝 / 汝各人	汝 / 恁 [ᶜlin]
他 / 他们	伊 / 伊各人	伊 / 個 [꜀in]

指示代词“这、那”在闽方言里用不同的声母 [ts、h] 来表示，韵母因地因词不同。这两类代词大概由于太常用，方言区的人说普通话不容易说错。

容易用错的是疑问代词。闽方言常在否定句里用“什么”表示“怎么”。例如：

（34）这种花无什么芳。（这种花不怎么香）

（35）这两年无什么读书。（这两年没怎么念书）

（36）今旦无什么流汗。（今天没怎么流汗）

六　副词的用法

除了个别的交叉之外，普通话的否定副词“不”和“没有”“不会”有明确的分工。闽方言在有些该用“不”的地方用“无”或“赊”，说普通话时就折合成“没有”或“不会”，造成不规范句型。例如：

（37）揶来揶去揶无。（找来找去找不到）

（38）即种花无芳。（这种花不香）

（39）下昼来的侬买无票。（下午来的人买不到票）

（40）蜀布袋装𫠡落。（一个口袋装不下）

（41）蜀点钟𫠡行十公里。（一个钟头走不了十公里）

闽东方言有一个很常用意思又很多样的副词“罔”（音莽），不少人说普通话时都套用了这种句型。这种句型还有向闽南、闽北扩展的趋势。例如：

（42）煮𫠡好，莽食。（煮得不好，将就着吃吧）

（43）莽问蜀题伊都唔八。（随便问一题他都不懂）

（44）有闲莽来坐。（有空来玩儿）

（45）那差两寸，莽去。（只差两寸，算了）

七　助词的用法

普通话的动词后附成分中“着，过、得、地”的用法在闽方言多有不同。

表示动作正在进行的“着”，闽方言用“嘞”（副词，相当于“正在”），放在动词之前；表示状态持续和连谓式里的“着”，也用“嘞”，但位置不变。例如：

（46）即久嘞讨论。（现在正讨论着）

（47）房里嘞唱歌。（屋里的人正在唱着歌）

（48）坐嘞讲。（坐着说）

（49）门开嘞睏。（门开着睡 / 开着门睡）

（50）讲嘞讲嘞家自笑起来。（说着说着自己笑起来）

但是，普通话“笑着说”在闽方言要说成“笑笑讲”或“一边笑一边讲”，不用带“嘞”的格式。看来，“笑着说”表示笑是说的伴随性动作，“坐着说”中“坐着”是说的状态，二者是不同格式。

表示时态的助词“过”在闽南话里多半说成“着”，也读轻声。例如：

（51）我有共伊讲着。（我同他说过的）

（52）個兜我去着三摆。（他家我去过三次）

（53）汝有问着伊无？（你问过他了吗？）

（54）伊落底无肥着。（他从来就没胖过）

闽南话的这个“着”若不读轻声而读本调，就相当于普通话的趋向动词“起来”。例如：

（55）食着咸咸。（吃起来有点咸）

（56）想着絵睏嘞。（想起来睡不着）

（57）讲着唔知煞。（说起来没个完）

（58）拍着半小死。（打起来往死里打）

普通话动词补语间的助词“得”，在闽方言有时不用，有时说成“遘”或“会”。例如：

（59）伊讲遘尽清楚。（他说得很清楚）

（60）行遘一身汗。（走得一身汗）

（61）破遘絵颂得。（破得不能穿了）

（62）看会着看絵着？（看得见看不见？）

普通话动词、形容词和附加词之间的“地”在闽方言里通常不用。例如：

（63）好好讲，唔免急。（好好地说，别急）

（64）认认真真讨论蜀下。（认认真真地讨论一下）

（65）笑笑讲。（笑笑地说）

（66）慢慢行。（慢慢地走）

有些“地”在普通话也可以省略，但有些是不能省的，这种句子在闽方言里往往要改说其他句式。例如：

（67）雨落无停。（雨不停地下）

（68）处理真灵活。（很灵活地处理）

（69）做遘无日无暝。（没日没夜地干）

八　把字句和被字句

把字句和被字句在闽方言里本来是可以区别的，把字句的介词不用“把”而用“共、将”；被字句的介词不用“被”而用“乞”（给）。例如：

（70）共伊搦来拍。（把他抓来打）

（71）乞侬搦去拍。（被人抓去打）

（72）将本钱抽倒来。（把本钱抽回来）

（73）书乞侬借去。（书被人借走）

但是，有些闽方言区的人说普通话时把“共”“乞”，都翻译成“给”，这就造成了把字句和被字句的混淆。

有时，闽方言把把字句和被字句中的介词都省略了，也可以说改成主谓谓语句，说普通话时套用这种句型，也会造成把字句和被字句的混淆。例如：（例句字下加__为同义字，实际说法是方言词，下同。）

（74）伊厝卖去唠。（他把房子买了）

（75）汝钱拿出来就无事。（你把钱拿出来就没事）

（76）师傅伊请来唠。（师傅被他请来了）

（77）鸡囝猫咬去唠。（小鸡被猫叼走了）

闽方言还常常把把字句中把字的宾语提到句首作主语，在介词的后面另加一个复指代词，构成连谓式，例如：

（78）依囝书共伊收起来。（把小人书收起来）

（79）牛共伊缚树嘞。（把牛拴在树上）

（80）麺唔食，汤共伊啉落去。（面不吃，把汤喝了）

（81）玻璃唔通共侬拚破。（别把人家的玻璃砸了）

这种句型比较奇特，如果把介词“共”翻译成“给”，说“玻璃别给人砸了”，把字句就变成被字句，意思弄反了。如果介词还用“把”，句型不变说成“玻璃别把人砸了”，也是不合规范的。

九 状语和补语的位置

普通话的状语在闽方言里有时变成补语放在谓语后面，这种说法也常被搬进普通话。例如：

（82）蜀斤米五其侬食无够。（一斤米五个人不够吃）

（83）汝行头前，我跟后面。（你前面走，我后面跟）

（84）讲大声蜀点。（大声点儿说）

（85）贴胶水恰牢。（用胶水贴贴得牢）

闽方言没有普通话的形容词补语“得很”“极了”，把“大得很”“好极了”都说成“野大野大”“好遘野好”，闽方言区的人说普通话句型单调这也是一例。

普通话动补结构前的否定副词在闽方言里常常调到动词补语之间，有些该在动补间的否定副词又被放在动词之前，这些方言句型也常常被套用于普通话。例如：

（86）喙须剃无洌。（胡子没剃干净）

（87）蜀布袋装𫧃完。（一口袋装不下）

（88）讲未完唔通行。（没讲完别走）

（89）𫧃食落唔通食。（吃不下别吃）

（90）直透搦𫧃搦着。（一直抓抓不到）

（91）两两饭𫧃食饱。（二两饭吃不饱）

十　双宾句和连谓句的宾语

普通话的双宾句在闽方言有不少同义句型。"他给我一本书"可以有几种说法：

（92）a. 伊蜀本书给我 / 伊书蜀本给我——这是把直接宾语提前，变为主谓谓语句；

b. 伊书拿蜀本护我 / 伊拿蜀本书给我——这是转化为连谓句。

"我给他三毛钱"可以有以下几种说法：我三角钱给伊 / 我钱三角给伊 / 我钱拿三角给伊 / 我拿三角钱给伊 / 我钱拿给伊三角 / 我钱给伊三角。

普通话的连谓句若第一个谓语带着宾语，闽方言常把宾语提前，把其中的宾语或补语所附加的定语留在原处。例如：

（93）伊书拿蜀本借我。（他拿本书借我）

（94）会开完再行。（开完会再走）

（95）布袋拿两奇来装。（拿两个口袋来装）

（96）薰拿蜀支来食。（拿支烟来抽）

（97）伊头搫起来说。（他抬起头说）

连谓句中的第二个谓语若是动宾结构，其宾语也可以提前，例如：

（98）汝去菜馆鱼丸买两碗。（你到馆子里买两碗鱼丸）

在其他非双宾连谓句里，也常有提宾句式。例如：

（99）薰来蜀包！（来包烟！）

（100）恁书考未？（你们考书了没有？）

（101）馒头食两个就饱喽（吃两个馒头就饱了）

（102）伊厝里保姆倩两个（他家里雇了两个保姆）

（103）头洗蜀下野爽快（洗了头很舒服）

这种提宾句型尤其在闽东地区是很常被套用在普通话里的。这种套用方言语法的句子在普通话里至少是不自然、不顺。外地人虽然不会有不正确的理解，但是会觉得奇怪、拗口。

十一 比较句和存在句

普通话的比较句通常是“甲比乙 ×”的句式，在闽方言里，除了这种句式外，还经常用形容词直接带宾语的句式。这种句式如果照搬到普通话里是不允许的。例如：

（104）阿兄恰肥小弟（哥哥比弟弟胖）

（105）荔枝恰好食龙眼（荔枝比龙眼好吃）

（106）东村穧西村五百侬（东村比西村多五百人）

（107）学生恰本事先生（学生比老师有本事）

闽南话用来比较的“恰”的后面可以带肯定的形容词，也可以带否定词，例如：

（108）细爿耳团听较有，大爿耳团较无听见。（左边耳朵听得比较清楚，右边耳朵听得不清楚）

（109）汝煮其菜伤咸，伊煮其菜较无咸。（你烧的菜太咸，他烧的菜不那么咸）

（110）伊写的文章较无汝的好。（他写的文章没你写得好）

普通话的“比较”之后不能带否定词，闽南人说普通话时经常把否定式的比较句带进普通话，如说“这种花比较不香”，“我考的比较不好”，等等。外地人听起来很不顺耳。

普通话的存在句在闽方言里往往要改说成别种句型。“屋里坐着三个人”，可以说：“房里坐三其侬”“房里三其侬坐嘞”“三其侬坐伫房里”“房里坐三其侬嘞”“房里有坐三个侬嘞”。

以上所列是闽方言和普通话之间一些比较明显的语法差异，只是举隅而已。要深入比较方言和普通话语法首先就应该搜集大量的方言语料，从中进行归纳、分析和比较。从普通话出发，把普通话的各类句型对译成地道的方言，就能观察到方言和普通话之间的许多语法差异。本文就是后一种工作积累下来的一些材料。

比较方言和普通话的语法异同的意义不全是为了指导语法教学，透彻地研究汉语语法，包括现代汉语的语法体系及汉语语法史的规律，还有待于发掘各种方言的语法特点。

说明：本文曾在福建省语言学会上报告，编入该学会论文集《语海新探》，福建人民出版社，1988 年。后收入《闽南方言语法研究》，福建人民出版社，2007 年。

闽方言与苗、壮、傣、藏诸语言的动词特式重叠

在汉语的闽方言和苗、壮、傣、藏诸语言中，存在着一种大同小异的单音动词的形态变化：在单音动词的前头或后头加上一个和它同声、同调而韵母有定的音节，可以按一定格式进行重叠。这种变化往往用来表示动作的某种情态——随意性、短暂性或反复进行的状态。这是单音动词的一种特式重叠，即双声定韵的重叠式，或可称为准重叠式。它可能是汉藏语系诸语言的一种同源现象。本文试就这个现象做一些介绍和比较。

一

在闽方言里，这种特式重叠闽东较为常见，格式也多种多样。以福州话为例介绍如下：

单叠式 ɑA　ɑxA　　　　　双叠式 ɑAA　ɑɑAA　ɑAɑxA

A 表示单音动词，ɑ 表示和 A 双声而韵母有定的准重叠音节，x 表示嵌入的固定音节（下同）。在福州话里，ɑ 的声母和声调跟 A 相同，韵母依 A 的韵尾而定，逢阴声韵、入声韵是 i，逢阳声韵是 iŋ。x 的声母固定为 l ～ n，声调同 A，韵母依 A 的韵尾而定，逢阳声韵为 uŋ，其余为 u。

福州话的多音节词语连读时，声韵调都可能发生变化：除首音节外，声母常有变化；除末音节外，声调常有变化；逢阴去、阳去、阴入三种声调，部分韵母也要变读。单音动词的特式重叠和一般的多音词语的连读音变有同有异：声母概不变化，韵母和声调按一般规则变。

变调规则（限于同调音节的连读变调）如表 1：

表 1

<table>
<tr><td colspan="2" rowspan="2">原调</td><td rowspan="2">阴平
44</td><td colspan="2">阴入 23</td><td rowspan="2">阴去
213</td><td rowspan="2">阳去 242</td><td rowspan="2">上声 32</td><td rowspan="2">阳平 52</td><td rowspan="2">阴入 5</td></tr>
<tr><td>甲</td><td>乙①</td></tr>
<tr><td rowspan="2">变调</td><td>双音词语前字、三音词语次字</td><td colspan="2">阴平 44</td><td colspan="3">阳平 52</td><td>半阳去
24</td><td colspan="2">上声 32</td></tr>
<tr><td>三音词语首字、四音词语前二字②</td><td colspan="8">半阴去 21</td></tr>
</table>

变韵规则如表 2：

表 2

<table>
<tr><td></td><td>调类条件</td><td colspan="7">阴声韵③</td></tr>
<tr><td>变韵</td><td>去声、阴入</td><td>ei</td><td>øy</td><td>ou</td><td>ɔy</td><td>ɒu</td><td>au</td><td>a</td></tr>
<tr><td>本韵</td><td>平声、上声、阳入</td><td>i</td><td>y</td><td>u</td><td>øy</td><td>ou</td><td>ɛu</td><td>ɛ</td></tr>
</table>

<table>
<tr><td></td><td colspan="6">阳声韵</td><td colspan="6">入声韵</td></tr>
<tr><td>变韵</td><td>eiŋ</td><td>øyŋ</td><td>ouŋ</td><td>aiŋ</td><td>ɔyŋ</td><td>ɒuŋ</td><td>eiʔ</td><td>øyʔ</td><td>ouʔ</td><td>aiʔ</td><td>ɔyʔ</td><td>ɒuʔ</td></tr>
<tr><td>本韵</td><td>iŋ</td><td>yŋ</td><td>uŋ</td><td>eiŋ</td><td>øyŋ</td><td>ouŋ</td><td>iʔ</td><td>yʔ</td><td>uʔ</td><td>eiʔ</td><td>øyʔ</td><td>ouʔ</td></tr>
</table>

当 A 是上表所列变韵时，在 ɑAA、ɑɑAA 式中，随着声调的变化，韵母也变为本韵。

福州话双声定韵重叠式举例如下（用数码标调值，“-”前为本调，“-”后为变调）：

	A	ɑA	ɑxA
铰	ka^{44}	ki^{44}ka^{44}	ki$^{44-21}$lu^{44}ka^{44}
驮	to^{52}	ti$^{52-32}$to^{52}	ti$^{52-21}$lu$^{52-32}$to^{52}
拔	peiʔ^{5}	pi$^{5-32}$peiʔ^{5}	pi$^{5-21}$lu$^{5-32}$peiʔ^{5}
贴	t‘áiʔ^{23}	t‘i$^{23-52}$t‘aiʔ^{23}	t‘i$^{23-21}$lu$^{23-5}$t‘aiʔ^{23}
	ɑAA	ɑɑAA	ɑAɑxA④
	ki$^{44-21}$ka^{44}ka^{44}	ki$^{44-21}$ki$^{44-21}$ka^{44}ka^{44}	
	ti$^{52-21}$to$^{52-32}$to^{52}	ti$^{52-21}$ti$^{52-21}$to$^{52-32}$to^{52}	
	pi$^{5-21}$peiʔ$^{5-32}$peiʔ^{5}	pi$^{5-21}$pi$^{5-21}$peiʔ$^{5-32}$peiʔ^{5}	
	t‘i$^{23-21}$t‘eiʔ$^{23-5}$t‘aiʔ^{23}	t‘i$^{23-21}$t‘i$^{23-21}$t‘eiʔ$^{23-5}$t‘aiʔ^{23}	

---

① 福州话阴入在变调中分为两类，是早期福州话入声韵尾分为 -ʔ、-k 两类的痕迹。甲类字少，本文例词中的阴入字仅见于乙类。

② 福州话四音节词语的连读变调分两段进行：若是结合不紧的词组，前后两个音节各按二字组变调规则变；若是结合紧密的词或词组，前两音节都读半阴去 ˪$_{21}$，后两音节按二字组变调规则变。动词双声定韵四音格重叠式属于后一种变调。

③ ɛu—au 的变韵只限于来自流摄的 au 韵字；ɛ—a 的变韵限于来自齐韵的 a 韵字。

④ 双叠式 ɑAɑxA 只消把 ɑA 和 ɑxA 连起来读即可，此处不再重列。

福州话的这类特式重叠共同的语法意义是表示动作的随意性，没有明确的目的或目标。单叠式还表示动作是一次完成的、时间短暂的；双叠式则表示动作是反复的，持续时间较长，并有令人生厌之义。例如：

ts‘o^{44}si^{52}ts‘i$^{44-21}$ts‘o^{44}ts‘o^{44}，i$^{44-52}$so^{32}t‘iaŋ^{213}i^{44}ko^{44}　搓餈□搓搓，依嫂疼依哥。①

lau$^{242-44}$tia^{44}，lau$^{242-44}$tia^{44}，p‘uai$^{213-52}$puo^{213}tsi$^{44-21}$tsia^{44}tsia^{44}　老爹老爹，破布□遮遮。②

k‘iŋ$^{213-52}$k‘aŋ^{213}la^{242}tsiu$^{242-52}$paiʔ^{23}　□看嘛就八。（随便看看就懂）

puo$^{23-44}$（← -ʔ）tiʔ^{5} mouŋ^{32}ti$^{52-32}$to^{52}o$^{213-1}$（← k‘）卜挃罔□驮去。（想要就随便拿去）

mo$^{52-21}$ɛiŋ^{44}nɛ^{44}ki$^{32-21}$ki$^{32-21}$ka$^{32-24}$ka^{32}　毛麼咧□□搅搅。（别胡搅扰）

tso$^{213-21}$no^{23}pin^{44}puaŋ^{44}piŋ$^{44-21}$luŋ^{44}puaŋ^{44}　做乇□搬□□搬？（干吗胡乱搬来搬去）

福州话的单音动词大多数都可以构成这种双声定韵的重叠式。少数非人为动作（如自然现象、生理现象等）因词义上的抵触而不能表示随意性或迅速完成的动词，不能作这种重叠。如鸟“飞”不说 pi^{44}pui^{44}，人“睏”（睡）不说 k‘iŋ$^{213-52}$k‘ouŋ^{213}，草“发”（长）不说 pi$^{23-52}$ puoʔ^{23}。在几种特式重叠中，口语里较常用的是 ɑA 式和 ɑxA 式；ɑAA 式和 ɑxA 式意思相近，多见于儿歌童谣；ɑɑAA 式较为少见；ɑAɑxA 最罕用。

福州话的单音动词一经特式重叠，本来可带宾语的不能再带宾语，但带补语和状语则不受限制。如不说“□拍农”p‘i$^{23-52}$p‘a^{23}nøyŋ^{52}（打人）“□骑马”k‘i$^{52-32}$k‘ie^{52}ma^{32}，但可以说“罔□看嘛”mouŋ^{32}k‘iŋ$^{213-52}$k‘aŋ^{213}la^{242}（随便看一下）。

在闽南话里，这类重叠格式较少，通行范围也窄，一般只限于拟声词转化来的单音动词。以泉州话为例介绍如下：

单叠式　ɑA　双叠式　ɑɑAA　ɑxɑA

ɑ 的声母和单音动词 A 相同；韵母依 A 的韵母类别而定，逢阴声韵、入声韵是 i，阳声韵中逢鼻化韵是 ĩ，逢鼻音尾韵是 in；ɑɑAA 式的 ɑɑ 声调固定为 [22—24]，其余的 ɑ 与 A 同调，但连读时按常例变调。双叠式中 ɑxɑA 通行范围更小，x 固定为 [bu^{24}]。

泉州话多音词语的末音节不变调，其余前置音节除阴平、阴入外都要按一般规则变调。

表 3

本调	阴平 33	阳平 24	阳上 22	阳去 31	阴上 54	阴去 31	阴入 55	阳入 23
变调	不变	阳上 22			阳平 24	阴上 54	不变	阳入 21

① 这是一首儿歌的头两句，“搓餈”指冬至时搓汤圆。意思是餈团搓呀搓，嫂子疼哥哥。

② 这是谚语，老爹指当官的人，意思是说当官的人难免倾家荡产。

泉州话的特式重叠中 ɑɑAA 式最为常见，ɑxɑA 式用得最少。举例如下：

	A	ɑA	ɑɑAA	ɑxɑA	
沙	sua^{22}	si^{22}sua^{22}	si^{22}si^{24}sua^{22}sua^{22}	si^{22}bu^{24}si^{22}sua^{22}	沙沙作响
□	ts'u^{22}	ts'i^{22}ts'u^{22}	ts'i^{22}ts'i^{24}ts'u^{22}ts'u^{22}	ts'i^{22}bu^{24}ts'i^{22}ts'u^{22}	作耳语
□	ts'iauʔ^{23}	tsi'ʔ$^{23-21}$ts'iauʔ^{23}	ts'iʔ^{22}ts'iʔ^{24}ts'iauʔ$^{23-21}$ts'iauʔ^{23}	ts'i^{32}bu^{24}ts'i$^{23-21}$ts'iau^{22}	唧唧喳喳
□	ẽʔ^{23}	ĩʔ$^{23-21}$ẽʔ^{23}	ĩʔ^{22}ĩʔ^{24}ẽʔ$^{23-21}$ẽʔ^{23}	ĩʔ^{22}bu^{24}ĩʔ$^{23-21}$ẽʔ^{23}	吱吱唔唔
泵	p'ɔŋ^{24}	p'in$^{24-22}$p'ɔŋ^{24}	p'in^{22}p'in^{24}p'ɔŋ$^{24-22}$p'ɔŋ^{24}		扑通响
弄	lɔŋ^{31}		lin^{22}lin^{24}lɔŋ$^{31-54}$lɔŋ^{31}		轰隆响
□	iauʔ^{23}		iʔ^{22}iʔ^{24}iauʔ$^{23-21}$iauʔ^{23}	iʔ^{22}bu^{24}iʔ$^{23-21}$iauʔ^{23}	（人声）嘈杂
□	liaŋ^{33}	lin^{33}liaŋ^{33}	lin^{22}lin^{24}liaŋ^{33}liaŋ^{33}		玎玲响

泉州话的这种重叠式表示动作是多次反复的，双叠式还表示动作持续的时间较长。例如，p'ɔŋ^{24} 是物体落水的扑通一响，p'in$^{24-22}$p'ɔŋ^{24} 是多次作响（如打水花声），p'in^{22}p'in^{24}p'ɔŋ$^{24-22}$p'ɔŋ^{24} 是长时间地扑通作响。这种重叠式也只能做谓语，不能带宾语，可以带状语和补语。

除拟声词转来的单音动词之外，还有少数动词也有这种重叠式，但是往往只有单叠式，双叠式的较少。例如：

	A		ɑA		ɑɑAA	
□	tuʔ^{5}	碰了一下	tiʔ^{5}tuʔ^{5}	多次地碰，作弄人	tiʔ^{5} tiʔ^{5} tuʔ^{5} tuʔ^{5}	好作弄人
接	tsiap^{5}		tsi^{5} tsiap^{5}	交接	tsi^{5} tsi^{5} tsiap^{5} tsiap^{5}	多次交接
□	ts'uaʔ^{5}	闪一下	ts'iʔ^{5} ts'uaʔ^{5}	打闪		
载	tsai^{31}		tsi$^{31-54}$ tsai^{31}	多次负载		

二

苗语的单音动词双声定韵重叠式和闽方言最为相近。以苗语黔东凯里县养蒿话为例，这种重叠式有两种①：

单叠式 ɑA 双叠式 ɑAɑx

ɑ 和单音动词 A 双声、同调，ɑ 的韵母依 A 的韵头而定，逢开口呼是 u，逢齐齿呼

---

① 王春德《苗语语法纲要（黔东方言）》，1977 年铅印本。张永祥《苗汉构词法初步比较》，民族语言学会 1980 年年会论文（油印稿）。

是 iu。x 是固定音节 ta^{44}。例如：

A		αA	αAαx	
t‘a^{44}	骂	t‘u^{44}t‘a^{44}	t‘u^{44}t‘a^{44}t‘u^{44}ta^{44}	胡乱骂
ɕ‘a^{35}	写	ɕ‘u^{35}ɕ‘a^{35}	ɕ‘u^{35}ɕ‘a^{35}ɕ‘u^{35}ta^{44}	胡乱写
naŋ^{55}	吃	nu^{55}naŋ^{55}	nu^{55}naŋ^{55}nu^{55}ta^{44}	随便吃
ɛ^{44}	做	u^{44}ɛ^{44}	u^{44}ɛ^{44}u^{44}ta^{44}	随便做
ti^{33}	打	tiu^{33}ti^{33}	tiu^{33}ti^{33}tiu^{33}ta^{44}	胡乱打
l̥i^{44}	撕	l̥iu^{44}l̥i^{44}	l̥iu^{44}l̥i^{44}l̥iu^{44}ta^{44}	胡乱撕
nio^{55}	搅	niu^{55}nio^{55}	niu^{55}nio^{55}niu^{55}ta^{44}	胡乱搅
l̥io^{31}	拉	l̥iu^{31}l̥io^{31}	l̥iu^{31}l̥io^{31}l̥iu^{31}ta^{44}	胡拉扯

养蒿话的这两种准重叠式都是表示动作无目的、无规则，胡乱进行的。其中双叠式还表示该动作是受反对、受鄙视的感情色彩。

一般的单音动词都能构成这些重叠式，但重叠之后的多音词的组合能力比原动词差。单叠式只能带名词、指代词的宾语，如说：nen^{55} tiu^{33} ti^{33} wi^{11}（他把我乱打一通）；双叠式则只能用作谓语而不能带宾语，如说 o^{33} tɛ^{33} tiu^{33} ti^{33} tiu^{33} ta^{44}（他俩乱糟糟地打起来了）。

湘西苗语和黔东苗语的情况有所不同。以湖南花垣县麻栗场苗话为例，[①] 没有单叠式，只有双叠式 xαxA，α、A 双声，α 的韵母依 A 的声母而定，逢舌面音声母是 i，逢其他声母是 ei，声调则固定为 ˦35，x 是固定音节 tɕi^{44}。构成四字格后也表示动作的随意性（无一定目的和规则）和反复性，使动作更富于形象性。语法功能上只作谓语，不能带宾语。例如：

A		xαxA	
qa^{42}	偏，斜	tɕi^{44}qei^{35}tɕi^{44}qa^{42}	歪歪扭扭
qwɛ^{44}	弯，绕	tɕi^{44}qwei^{35}tɕi^{44}gwɛ^{44}	弯弯绕
dɑɤ^{44}	望	tɕi^{44}dei^{35}tɕi^{44}dɑɤ^{44}	东张西望
ɖɑɤ^{35}	撞	tɕi^{44}ɖei^{35}tɕi^{44}ɖɑɤ^{35}	撞来撞去
tɕəɯ^{31}	站	tɕi^{44}tɕi^{35}tɕi^{44}tɕəɯ^{31}	这儿站站，那儿站站
ɕɛ^{35}	玩	tɕi^{44}ɕi^{35}tɕi^{44}ɕɛ^{35}	游游荡荡
caŋ^{35}	挣	tɕi^{44}ci^{35}tɕi^{44}caŋ^{35}	挣扎乱动
ʎi^{42}	喧闹	tɕi^{44}ʎi^{35}tɕi^{44}ʎo^{42}	熙熙攘攘

① 石如金《谈苗语湘西话四音格中的同声谐韵》《谈谈苗语湘西话中的附加成分》，民族语言学会 1980 年年会论文（油印稿）。

三

壮语的单音动词也有双声定韵重叠式，但格式和意义同前文所述略有差别，主要是双声定韵音节不置于动词之前而置于动词之后。

北部方言有单叠、双叠两种格式，以武鸣话为例①：

单叠式　Aɑ　双叠式　AbAɑ

ɑ、b 与动词 A 双声，ɑ 的韵母和声调固定为 aɯ^{35}，b 的韵母和声调固定为 a^{24}。这些准重叠式同样表示动作的随意性和短暂性，在祈使句里往往表示催促和随意处置的语气。双叠式和单叠式基本意义相同，双叠式程度更深。在句子里，这些特式重叠能做谓语，不带宾语。例如：

A		Aɑ		AbAɑ	
pai^{24}	去	pai^{24} paɯ^{35}	快去	pai^{24}pa^{24}pai^{24}paɯ^{35}	快快走吧
sak^{33}	洗（衣）	sak^{33}saɯ^{35}	快洗	sak^{33}sa^{24}sak^{33}saɯ^{35}	快快洗吧
kom^{35}	盖	kom^{35}kaɯ^{35}	快盖上	kom^{35}ka^{24}kom^{35}kaɯ^{35}	快快盖上
ɣam^{55}	砍	ɣam^{55}ɣaɯ^{35}	快砍	ɣam^{55}ɣa^{24}ɣam^{55}ɣaɯ^{35}	索性砍掉
tok^{33}	读	tok^{33}taɯ^{35}	快读	tok^{33}ta^{24}tok^{33}taɯ^{35}	快快读吧
tam^{55}	织（布）	tam^{55}taɯ^{35}	快织	tam^{55}ta^{24}tam^{55}taɯ^{35}	快快织吧

南部方言格式更多，以南宁附近的邕宁话（壇洛公社下楞大队）为例，有单叠式三种，双叠式八种②：

单叠式　Aɑ、Ab、Ac

双叠式　AAɑɑ、AAbb、AAcc、AɑAɑ、AbAb、AcAc、AbAɑ、　AcAɑ、

a、b、c 与单音动词 A 双声，韵母和声调分别固定为 e^{35} ət^{55} ok^{55}。这些格式和武鸣话一样，表示动作的随意性和短暂性，单叠式和双叠式程度上也有些差别。例如：

单叠式 A		Aɑ	Ab	Ac	
t‘am^{13}	砍	t‘am^{13} t‘e^{35}	t‘əm^{13}t‘ət^{55}	t‘am^{13}t‘ok^{55}	随便砍掉，索性砍掉
naŋ^{53}	坐	naŋ^{53} ne^{35}	naŋ^{53} nət^{55}	naŋ^{53} nok^{55}	随便坐坐，索性坐下
tsai^{55}	犁	tsai^{55} tse^{35}	tsai^{55}tsət^{55}	tsai^{55} tsok^{55}	随便犁犁，索性犁了

双叠式以 tsai^{55}（犁）为例，下面的四字格式都是“随便犁犁，快快犁了”的意思：

AAɑɑ　tsai^{55} tsai^{55} tse^{35} tse^{35}　　AAbb　tsai^{55} tsai^{55} tsət^{55} tsət^{55}

---

① 韦庆稳、覃国生《壮语简志》，民族出版社，1980 年。

② 梁敏《壮语形容词、名词、动词后附音节的研究》，《民族语文研究文集》，青海民族出版社，1982 年。

AAcc	tsai^{55} tsai^{55} tsok^{55} tsok^{55}	AɑAɑ	tsai^{55} tse^{35} tsai^{55} tse^{35}
AbAb	tsai^{55} tsət^{55} tsai^{55} tsət^{55}	AcAc	tsai^{55} tsok^{55} tsai^{55} tsok^{55}
AbAɑ	tsai^{55} tsət^{55} tsai^{55} tse^{35}	AcAɑ	tsai^{55} tsok^{55} tsai^{55} tse^{35}

四

傣语的单音动词特式重叠和壮语比较相近，双声定韵的音节置于动词之后，也有单叠和双叠两种格式。

单叠式　Aɑ　双叠式　AAɑɑ

ɑ 和动词 A 同声母、同韵尾、同声调，主要元音则和 A 的主要元音不同：逢 [a] 为 [i]，非逢 [a] 为 [a]。

傣语的特式重叠所表示的语法意义也是动作的随意性、短暂性、速度快，双叠式较单叠式程度为深，并有令人厌烦的色彩。傣语的单音动词没有 AA 式的重叠，这些双声定韵重叠式的语法功能和单音动词有所不同，只能作谓语，不能带宾语或补语。

在西双版纳傣语和德宏傣语里，这类重叠的格式和意义大体相同，分别举例如下。

西双版纳傣语[①]：

A		Aɑ		AAɑɑ	
sak^{33}	洗	sak^{33} sik^{33}	随便洗洗	sak^{33} sak^{33} sik^{33} sik^{33}	随便洗一下
ham^{55}	抬	ham^{55} him^{55}	抬一下	ham^{55} ham^{55} him^{55} him^{55}	随便抬一下
luk^{33}	起来	luk^{33} lik^{33}	起来一下	luk^{33} luk^{33} lik^{33} lik^{33}	勉强起来一下
kin^{55}	吃	kin^{55} kan^{55}	吃一吃	kin^{55} kin^{55} kan^{55} kan^{55}	随便吃吃
tum^{13}	煮	tum^{13} tam^{13}	煮一下	tum^{13} tum^{13} tam^{13} tam^{13}	随便煮一下
nɔn^{51}	睡	nɔn^{51} nan^{51}	睡一睡	nɔn^{51} nɔn^{51} nan^{51} nan^{51}	稍微睡了睡

德宏傣语[②]：

A		Aɑ		AAɑɑ	
ka^{11}	去	ka^{11} ki^{11}	去一下	ka^{11} ka^{11} ki^{11} ki^{11}	快快去一下
ma^{55}	来	ma^{55} mi^{55}	来一下	ma^{55} ma^{55} mi^{55} mi^{55}	快快来一下
vi^{35}	梳	vi^{35} va^{35}	随便梳一梳	vi^{35} vi^{35} va^{35} va^{35}	随便梳一下
kom^{33}	盖	kom^{33} kam^{33}	随便盖上	kom^{33} kom^{33} kam^{33} kam^{33}	随便盖一下

① 喻翠容、罗美珍《傣语简志》，民族出版社，1980 年；张公瑾《傣语德宏方言中动词和形容词的后附形式》，《民族语文》，1979 年第 2 期；巫凌云、张秋生《西双版纳傣语文概况》，云南民族出版社，1981 年。

② 德宏傣语中，如果 A 是 [a] 韵腹，[i、ɯ] 韵尾，则 a 的韵母可 [i] 可 [a]；如果 A 不是 [a] 韵腹，[i] 韵尾，则 a 的韵母可 [ai] 可 [a]。例如，toi^{55} 看：toi^{55} tai^{55} 或 toi^{55} ta^{55}。又如 taɯ^{55} 等：taɯ^{55} ti^{55} 或 taɯ^{55} ta^{55}。

luŋ^{33}	穿	luŋ^{33} laŋ^{33}	随便穿穿	luŋ^{33} luŋ^{33} laŋ^{33} laŋ^{33}	随便穿一下
suk^{53}	洗	suk^{53} sak^{53}	快洗	suk^{53} suk^{53} sak^{53} sak^{53}	快快洗一下

五

藏语的动词特式重叠也有单叠式、双叠式两种，双声定韵音节 ɑ 多数前置、少数后置，嵌音 x 的构造则比较特殊。以拉萨话为例说明如下[①]：

单叠式　　ɑA、Aɑ　　双叠式　　ɑxAx、Axɑx

ɑ 的声母、韵尾和声调都和 A 相同，韵腹固定为 a，x 的声母和 A 的韵尾相同或相近，韵母固定为 e 或 i，声调固定为 13。ɑ、A、x 连读后必须按一般二字组变调规则变调，双叠式的四音格分为前后两个二字组变调。例如[②]：

A		ɑA		ɑxAx	
c‘om^{55}	摇	c‘am^{55} c‘om^{55}	摇摇晃晃	c‘am^{55} me$^{13-54}$ c‘om^{55} me$^{13-54}$	晃晃荡荡
k ‘ø̃:^{53}	怒	k‘ã$^{53-55}$ k ‘ø̃:$^{53-54}$	愤怒	k‘ã$^{53-55}$ ne$^{13-55}$ k ‘ø̃$^{53-55}$ ne$^{13-55}$	愤愤不平
loŋ^{35}	起	laŋ$^{35-11}$ loŋ$^{35-34}$	翻滚	laŋ$^{35-11}$ ŋe$^{13-24}$ loŋ$^{35-11}$ ŋe$^{13-24}$	滚滚翻腾
t‘uʔ^{53}	摸、碰	t‘aʔ$^{53-55}$t‘uʔ$^{53-54}$	摸摸、碰碰	t‘aʔ$^{53-55}$ ki$^{13-55}$ t‘uʔ$^{53-55}$ ki$^{13-55}$	东摸西摸
ʂip^{53}	遮、罩	ʂap$^{53-55}$ ʂip$^{53-54}$	遮遮、罩罩	ʂap$^{53-55}$ pi$^{13-55}$ ʂip$^{53-55}$ pi$^{13-55}$	天色朦胧
sim^{15}	眼半闭	sam$^{35-11}$ sim$^{35-24}$	半睁半闭	sam$^{35-11}$ mi$^{13-24}$ sim$^{35-11}$ mi$^{13-24}$	眼睛眨动

大概是由于快读，在双叠式里 ɑ、A 的韵尾辅音有时要脱落。例如：

A		ɑA		ɑxAx	
ɳor^{15}	松	ɳar$^{35-11}$ ɳor$^{35-24}$	松散	ɳa$^{35-11}$ re$^{13-24}$ ɳo$^{35-11}$ re$^{13-24}$	松松垮垮
ts‘iʔ^{53}	烧	ts‘aʔ$^{53-55}$ ts‘iʔ$^{53-54}$	烧一烧	ts‘a$^{53-55}$ ki$^{13-55}$ ta‘i$^{53-55}$ ki$^{13-55}$	火烧火燎

少数动词的这类特式重叠作 Aɑ、Axɑx 式，这种格式中的 ɑ 韵腹无定。举例如下：

A		Aɑ		Axɑx	
tap^{53}	慌	tap$^{53-55}$top$^{53-54}$	慌张	tap$^{53-55}$ pe$^{13-55}$ top$^{53-55}$ pe$^{13-55}$	慌慌张张
tsap^{53}	急	tsap$^{53-55}$tsup$^{53-54}$	急忙	tsap$^{53-55}$ pe$^{13-55}$ tsup$^{53-55}$ pe$^{13-55}$	急急忙忙

拉萨藏语的这类特式重叠，双叠式（四字格）较为常用。无论是单叠式或双叠式，其语法意义也是表示动作的随意性，反复性。其语法功能也是单独用作谓语，不带宾语。

---

① 张连生《藏语四音格 ABDB 式的语音结构》，1980 年（油印稿）。

② 例词声调的标法依照胡坦的《藏语（拉萨话）声调研究》一文（《民族语文》1980 年第 1 期）所定的调类、调值和变调规则。

六

根据以上材料，现将各语言单音动词的特式重叠的格式和语法意义、语法功能列表比较如下（见下页表4）。

由此可见，各语言在这种特式重叠上有着不少共同特点：

1. 多数点具有双音节的单叠式和四音节的双叠式，单叠式是一种准重叠式，双叠式是在单叠式的基础上构成的。

2. 准重叠音节与单音动词双声，多数点还同调，韵母则受动词干的声母或韵母所制约而采取固定形式。

3. 准重叠音节不能单用，离开这种重叠式就没有独立的意义。

4. 多数点可在单音动词中普遍地类推这种准重叠式。

5. 特式重叠所表示的语法意义是：动作的随意性，无一定的目的和规则。单叠式表示动作是短暂的，快速进行的或只进行一次；双叠式表示动作是反复进行多次并令人感到厌烦的。

6. 经过这种特式重叠的动词一般只能单独做谓语，不能再带宾语。

七

闽方言和苗、壮、傣、藏等语言的这种动词特式重叠（准重叠式）可能是从常式重叠（全重叠式）衍化而来的。除傣语外，各点单音动词都另有全重叠式，而全重叠式与准重叠式的语法意义又往往有一定的联系和一定的差异。例如，闽方言单音动词的全重叠式表示动作的尝试性、反复性或概遍性（全数完成）；苗语、壮语全重叠式也表示动作的尝试意味。就其共同性质说，单音动词是词根，特式重叠是语音的衍生，也即由单音词构成多音词的一定构成；就其语义说，多半是对于动作的某种情态的描状。

值得注意的是，汉语闽方言和苗、壮、傣、藏等语言之间存在的这种大同小异的动词特式重叠究竟是民族语言之间的借用现象，还是汉藏系诸语言共有的同源现象。

看来，解释为借用现象是不合理的。因为，第一，各语种的特式重叠都有自己的结构规律，大量单音动词都可据此类推，这和语词的个别借用具有截然不同的性质；第二，各语种的特式重叠虽有“大同”，也有“小异”，这和语言间个别语法规律的原原本本或十分近似的借用也是显然不同的；第三，这不是个别语言间的雷同和偶合，而是多种语言间的大同小异的语法现象。把这类单音动词的特式重叠解释为汉藏语系的亲属语言间动词形态变化的同源现象可能是比较合理的。

表 4

比较项目		汉语（闽方言）福州	汉语（闽方言）厦门	苗语 养蒿	苗语 麻栗	壮语 武鸣	壮语 邕宁	傣语 西双版纳、德宏	藏语 拉萨
单叠式		ɑA ɑxA	ɑA	ɑA		A_a	A_a、A_b、A_c	A_a	$_aA$、A_a
双叠式	不嵌音	ɑAA ɑɑAA	ɑɑAA			A_b A_a	AA_{aa}、AA_{bb} AA_{cc}、A_aA_a A_bA_c、A_cA_c A_bA_a、A_cA_a	AA_{aa}	ɑxAx、Ax_ax
	嵌音	ɑAɑxA	ɑxɑA	ɑAɑx	xɑxA				
双声定韵音节ɑbc	声母	同A	同A	同A	同A	同A	同A	同A	同A
	韵母	i（A为非阳声韵） iŋ（A为阳声韵）	i（A为非阳声韵） ĩ（A为鼻化韵） in（A为鼻音尾韵）	i（A为开口呼） ui（A为齐齿呼）	i（A为舌面音声母） ei（A为非舌面音声母）	aɯ（a） a（b）	e（a） ət（b） ok（c）	韵腹：i（A韵腹为a） a（A韵腹非a） 韵尾：同A	a
	声调	同A	同A	同A	35	35（a） 24（b）	35（a） 55（b、c）	同A	同A
嵌音音节x		lu（调同A）	bu^{55}	ta^{33}	$tɕi^{55}$				声母与A韵尾同或近，韵母为e或i，声调为13
语法意义		随意性，一次成完（单叠） 短暂性多次反复（双叠）	多次反复	随意、杂乱，多次反复（双叠）		随意、短暂、迅速		随意、迅速	随意、杂乱、反复
语法功能		不能带宾语		只能带名词指代词宾语		不能带宾语		不能带宾语	不能带宾语

附：本文是我于20世纪80年代初期学习福州话、浏览民族语言研究报告时联想起来的习作。似乎只是一种并不多见的语言现象，但却牵连到很大的课题：汉藏系诸语言之间究竟有没有共同结构特征？本文揭示的共同特征既有词汇构成语音衍生，常用动词的情态描状——旧时称为修辞手段的诸多相关联的现象。近数十年来，汉藏语比较研究逐渐深入，关于单音词与多音词的衍生关系（包括衍音与合成）构词法的诸多问题引起了许多关注。本文虽未深入分析，就涉及问题还是很值得注意的。联系到北京话的扒粒、嘟噜、抖搂、吸溜、秃鲁、哈辣，晋语的不少地脚词，恐怕还不只是福州话值得和民族语言作比较呢。还有汉语古来的双声叠韵的构词法在许多民族语言也是很常见的。看来，这个课题今后还值得深究。

说明：本文1981年10月在成都的中国语言学会学术讨论会上宣读过，后刊于《民族语文》1984年第1期。后来收入《闽南方言语法研究》，福建人民出版社，2007年。

泉州方言的“体”

引　言

泉州方言是闽南方言中最古老的一种。隋唐之后，泉州一直是州府的所在地。五代时泉州和尚编的禅宗语录《祖堂集》反映了不少早期泉州话的特点。宋元时期，泉州港是海上丝绸之路的起点，其经济文化曾盛极一时，后来形成的多种闽南方言戏曲和曲艺，如南音、梨园戏、高甲戏、木偶戏等都以泉州音为标准音。明代就有泉州话的戏文印行。清代中叶出版的泉州话韵书《汇音妙悟》是闽南方言最早的韵书。拿这些现存的方言文献和现今的泉州话做比较可以看到，它的演变是比较缓慢的。现代泉州话是福建境内闽南方言的北片的代表，在周围 8 个县市都能通行无阻，和厦门话及台湾闽南话都比较接近。研究泉州话对了解闽南话的特点及其流变都有重要意义。

本文是关于泉州方言的“体”的调查报告。标音依据《闽语研究》（语文出版社，1990 年）所列的泉州音系。笔者出生于南安梅山，距泉州 25 公里，老派口音与泉州音甚近，后来又在泉州生活多年。成文时曾向诸多泉州籍的师友做过核对。

一　完成体

1.1　表示动作的完成或事件的结束，普通话通常在动词之后加“了$_1$”。这种句式在泉州话里一部分是用“去”来代替“了$_1$”的。“去”在句末读轻声 [$k^hɯ^0$]。例如：

（1）许块破厝倒去唠。（那座破房子倒了）

（2）饭佮菜过尽清去唠，遏烧【一下】[①] 则食。（饭菜都凉了，热一下再吃。）（11）[②]

（3）乌牌嘞其字【共伊】拭嗦去！（黑板上的字擦掉了。）（22）

（4）媱做得将□ [$tsuai^{24}$] 物件贡嗦去。（别把这些东西扔了。）（23）

---

① 黑括号中的字表示合音。如【一下】泉州音是 tse˩，下条【共伊】读 kaŋ˧。

② 句末在括号中标上编码的是文后《动词的体和貌例句》中的统一编码，此类例句在例句表中已有句义的普通话释文，请查阅。句末未标编码的是新造的例句。句中不再加句义释文。

动词之后带有结果补语时，泉州话的“去”和普通话的“了$_1$”一样放在补语之后。例如：

（5）鞋拖颂痞去唠。（拖鞋穿坏了）

（6）说啖 [tã^{31}] 去龄要紧，阁说蜀遍就是唠。（说错了不要紧，再说一遍就是了）（8）

（7）锁匙提唔着支去。（钥匙拿错了）

如果是时量补语，“去”置于补语之前，不读轻声而读变调 [khɯ$^{31-55}$]。例如：

（8）伊说去归半日，夭阁说无清楚。（他说了半天，还没有说清楚）（13）

（9）我揮去三过都无揮着伊。（我找了三遍都没有找到他）（15）

（10）阮等去半点外钟门则开。（我们等了半个多钟头门才开）（17）

动词之后带着宾语时，“去”可在宾语之前，也可以在宾语之后，还可以两处都用，以强调语气。在宾语之前读变调，之后读轻声。例如：

（11）a. 我拍破去蜀块碗。（我打破了一只碗）（1）

b. 我拍破蜀块碗去。

c. 我拍破去蜀块碗去。

（12）a. 三粒梨仔我食去两粒。（三个梨我吃了两个）（30）

b. 三粒梨仔我食两粒去。

c. 三粒梨仔我食去两粒去。

带“去”的句式同样适用于否定句和疑问句。例如：

（13）汝龄记得去无？——我无龄记得。（你是不是忘了？——我没有忘）

（14）鞋拖颂破去未？——夭未颂破去呢。（拖鞋穿破了吗？——还没有穿破呢）

（15）乌牌其字通拭嗦去唔？——唔通拭嗦去。（黑板上的字可以擦掉吗？——别擦掉）

以上所有例句中的“去”都可以省去不说，同样成话，动作已经完成的基本意思也不变。

例（1）（2）（5）“去”和“唠”连用，“去”是“了$_1$”，“唠”是“了$_2$”（下详），“去”必须在“唠”之前，“去”可以省略，含义不变，留“去”省“唠”，语犹未了，需有后续成分，二者都删去则不成话。可见，泉州话也和普通话一样，了$_1$可以兼有不合意想、超乎意料的“遭受”意味。例（8）～（10）各句就有出乎意外的夸张意味。在下面句子里，这种差别就十分明显：

（16）番薯烂去唠，龄食得唠。——番薯烂唠，会食得唠。（红薯烂了，不能吃了——红薯烧烂了，可以吃了）

（17）芯仔若焦去就龄活。——衫裤若焦就会收得。（芯儿枯了就活不成——衣服干了就可以收）

红薯腐烂，菜心枯干是不合意想的，一定要加“去”。因此，属于不期然而然的事件，“贬义”动词通常要加“去”：死去、破去、痞去、寒去（受凉）、𫠡记得去（忘了）、臭去、歪去、瘖去（瘦了）；合乎意想的结果实现时用“去”的就少得多（可以说“病好去”“肥去几落斤”）。

泉州话的这个“去”来自趋向动词，也并非专用的完成体的标记，仍兼用为趋向动词，两种用法的语音形式一样读轻声，作为体标记和作为趋向补语在意义上和结构上有时有明显的不同。“度侬骗去南洋”（被人骗到南洋去），“度侬骗去跋缴”（被人骗去赌博），“度侬骗去三百箍”（被人骗走三百元），其中的“去”都是趋向动词，都可用“来”“入去”“出去”等替换。但是，有时也可能造成歧义。例如：“度侬骗去几落过”，可以是“被人骗走好几回”，也可以是“被人骗了好几回”。

曾有学者认为闽南话的这个“去”是由趋向补语转成结果补语。只要用否定式的变换就可以看出这种定性是不妥的。补语的否定式否定词置于动补之间，作为完成体的标记的去，否定词置于动词之前。例如：

补语	完成体
我度汝骗𫠡去（你骗不走我）	我𫠡度汝骗去（你骗不了我）
破无离（没破成两半）	无破去（没看破）
破未开（还没劈开）	未破去呢（还没破呢）
破通𫠡落去（老劈不下）	通𫠡破去（都不会破）

“去”用来表示动作的完成在早期白话就出现了。《祖堂集》卷二《僧祭》有“与摩则无圣去”句，卷四《石头和尚》有“忆师兄哭煞失却一只眼，下世去”句。“无圣去”是“变得不灵验了”，“下世去”是“过世了”。《朱子语类》也有这类说法，例如：“今公们读书，尽不曾落得那窠槽，只是向外去思量，所以都说差去。”（见《近代汉语语法资料汇编》宋代卷，309页）又：“如此用功，他日自然简易去。”（同上书，316页）

1.2 在连谓句里，两个谓语一先一后，前一个动词的完成体在泉州话里用“动词十嘞”表示，嘞读轻声 [lə⁰]。“嘞”在句中的地位，只能放在宾语和补语的后面，不能放在宾语、补语之前，这和“去”的用法不同，和普通话的“动词＋了＋宾语”的句式也不一样。例如：

（18）伊逐日食早起嘞就出去。（他天天都是吃了早饭就出去）（5）

（19）我想食暗嘞，看电影嘞则倒去。（我想吃了晚饭，看了电影才回家）（6）

（20）個去嘞我则会通坐落来作家己其息。（他们走了我才能坐下来做自己的事）（7）

（21）等我问伊嘞则共汝说。（等我问了他再跟你说）（21）

（22）汝着想好势嘞则说。（你要想好了才说）

（23）我去蜀步仔嘞就来。（我去一会儿就来）

（24）我颂蜀领衫嘞就去。（我穿件衣服就走）

这类句子里“嘞”前的宾语可以提到动词之前，但是其附加的数量结构仍留在动词之后。如例（19）可说“电影看嘞则去”，例（24）可说“衫颂蜀领就去”。

和普通话一样，这类连谓句的否定式不能再用完成体的标记。如例（18）的否定式说“伊逐日未食早起就出去”，例（22）否定式说“无想好势唔通说”。

这类句子的“嘞”在泉州话都可以替换为“了”，读本音本调 [$liau^{55}$]，在现今的新加坡的闽南话里，连上文所说的“去”也可以说成“了”。泉州话连谓句中的“了”是“完毕”、“后”的意思，应是动词补语而非完成体标记，不过轻声的“嘞”也可能是从这个“了”演变而来的。《祖堂集》里也有与此十分相近的句子。如卷四《丹霞和尚》：师曰“当时百丈造典座，却自简分饭与他供养，其僧契饭了便去”。其中“了”置于宾语之后和现在泉州话“嘞”的位置是相同的。

1.3 普通话里还有不少带“了$_1$”的句子在泉州话里不用任何体标记。例如：

（25）汝寝则食药，𫧃做得啉茶。（他刚吃了药，不能喝茶）（3）

（26）伊度我三斤柑，我随时就提钱度伊。（他给我三斤橘子，我马上就拿钱给他）（4）

（27）门【一下】开就有几落只胡蝇飞入来。（门一开就有几只苍蝇飞进来）（9）

（28）我困蜀步仔就醒唠。（我睡了一会儿就醒了）（16）

（29）伊头先踢我蜀下，唔知啥事。（他刚才踢了我一下，不知什么事）（18）

（30）伊昨日到北京。（他昨天到了北京）

这类句子普通话也可以省去“了”，但在泉州话是“不用为常”。又如：

（31）汝衫裤洗未？（20）

（32）日头出来唠，涂骹燋也未？（太阳出来了，地板干了没有？）（10）

（33）恁厝有饲猪无？（你家养猪了吗？）

（34）汝批有寄出去无？（你把信寄出去了吗？）

在这类疑问句中，泉州话通常不用完成体标记。只有把疑问词置于句末作反复问句时，“去、嘞”之类才能存在。例如：

（35）册拍无去唠是呢？（书丢了是吗？）

（36）食嘞则去好唔？（吃了饭走好吗？）

（37）鸡仔有死去阿无？（小鸡死了吗？）

还有一些普通话用“了$_1$”的句子，泉州话改说为其他补语。例如：

（38）见着伊侬汝就会八。（见了他你就会认识）

（39）唔通伤着别侬。（不要伤了别人）

（40）我有写着蜀张批度伊。（我写了一封信给他）

这类句子普通话也并非一定用“了”，如（38）可改说“到”，（39）可改说“着”，（40）可改说“过”。泉州话是“能换则换”。

由此可见，普通话的完成体“了$_1$”，在各种句子里分布相当广泛，是发展得比较成熟的一个体范畴。而在泉州话里的“嘞”常是“能省则省”“能换则换”或根本不用体标记，显然是后起的，属于发育尚未成熟、尚未定型的范畴。

二 进行体

2.1 进行体表示动作正在进行之中。普通话或者在动词之前加副词“在”或“正在”来表示，或者在动词之后加助词——轻声的“着”，有时也二者并用。泉州话则在动词之前加“嘞”[ləʔ^5]，“嘞”不单用，它和动词是黏着的，按照连读变调的规则本来应该变调，因为连读在前时阴入调不变，所以仍读本调。例如：

（41）我嘞食，伊嘞洗手噢。（我在吃饭，他在洗手呢）（32）

（42）伊嘞吼，什么都唔食。（他在哭，什么都不吃）（33）

（43）我嘞跑步，唔则𫧃寒。（我在跑步，所以不冷）（34）

（44）外面嘞落雨，着带雨伞。（外面下着雨，要带伞）（35）

（45）阿母伫门口嘞绽衫，阿姨伫灶骹嘞煮食。（妈妈在门口缝衣服，阿姨在厨房煮东西）（36）

（46）我无嘞食，我嘞扫厝。（我没有吃饭，在扫地）（37）

（47）即久伊嘞创啥？——伊倒伫床嘞嘞看册噢。（这会儿他在做什么？——他躺在床上看书）（38）

由上列例句可以看出，泉州话的进行体不论带不带宾语，也不论是否定式或疑问句，都十分一致地在动词之前加“嘞”。

如果动词之前有状语，时间、地点状语总是置于“嘞”前，状态状语则可在“嘞”前，也可在“嘞”后，有时，为了强调语气，也可以在状语前后重复出现“嘞”。例如：

（48）我暗哺伫树骹嘞合伊行棋。（我傍晚在树下同他下棋）

（49）许款痞虫归世侬都嘞度侬咒忏。（那种坏蛋一辈子都在被人咒骂）

（50）两其有厮佮嘞拍算。（两个正在共同商议着）

（51）兄弟哥家己慢慢仔嘞作。（弟兄俩自己在慢慢地干）

（52）唔通安呢嘞大声哄喝我。（别这样大声吆喝我）

上述例句中，有些在普通话里既不用“着”，也不用“在”，如例（49）（52）。然而在泉州话，各句之中至少要用一处“嘞”。可见，和进行体的标记不同，泉州话“嘞”的分布比普通话的“着”更广。

普通话的“在”是从动词转化而来的副词，作为进行体的标记恐怕比较勉强。泉州话的“嘞”也是从动词“伫嘞”简化转用的。“在”单用作谓语，泉州话说“伫嘞”[tɯ^{22}

lə$ʔ^0$]，其中的“嘞”读轻声，和持续体的标记完全相同，意义上也很相近。有时，进行体也可以在动词前加上“伫嘞”，如说“厝里伫嘞开会”（屋里正在开会）。略去“伫”，留着本来就是虚化义的“嘞”，显然更加虚化，结构上也失去独立性，成为黏着成分了，置于句末时也读轻声。因此把它作为进行体的标记是合适的。

2.2 普通话用“着”表示进行的句子里有一些在泉州话也用动词之后加轻声的“嘞”来表示。包括“动＋着＋宾＋动”的连谓句和“动＋着”的重叠式。不过这种句型在闽南话常常把宾语提到动词之前。例如：

（53）队长车坐嘞来嘮。（队长骑着车来了）

（54）老侬牛牵嘞过去嘮。（老人牵着牛走了）

（55）讲嘞讲嘞煞睏去。（说着说着睡着了）

（56）用嘞用嘞用了去嘮。（用着用着用完了）

泉州话表进行的这个嘞 [lə$ʔ^0$] 和置于动词前的“嘞”（“伫嘞”的简化），形式上是不同的，倒是和上文 1.2 所说的完成体的标记“动＋嘞＋动”完全相同。但这是同形而不同构。完成体的“动＋嘞”是后面动词的附加成分，它们之间是状中结构（“吃了饭就走”）；进行体的“动＋嘞”和后续动词是并列关系，两个动作是并行始终的（坐着车来了）。另外，前者的“嘞”可以替换为“了”（饭食了就行），后者则不能替换。和进行体的“动＋嘞”真正发生交叉的是持续体的“动＋嘞”，请看下文。

三 持续体

3.1 普通话动词后面的“着”，以往的语法学家或称进行体，或称持续体，其实包含着进行和持续两种体。进行是动作的进行，事态还在变动之中；持续是动作发生之后的状态的持续，事态并未再发生变化。在过程的时间轴上，它们所处的时段是不同的，进行在前，持续在后。从形式上说，进行体可以在动词之前换上或加上“在”或“正在”，持续体则不行。“哭着呢”“唱着歌”是进行体，“站着”“拿着伞”是持续体。可见进行和持续在普通话是交叉使用着共同的体标记的两种体。《现代汉语八百词》已经注意到把“着”分为“动作的进行”和“状态的持续”两种不同的用法。在泉州话里，进行体和持续体的区别更加明显。如上文所述，除了“提宾连动式”和“动叠式”外，进行体在动词之前加“嘞”，读本调；持续体则在动词之后加“嘞”，读轻声 [lə$ʔ^0$]。不带宾语时，“嘞”在句末。例如：

（57）汝提嘞。（你拿着）（45）

（58）坐嘞，唔通徛起来！（坐着，别站起来）（46）

（59）门开嘞，里面无侬。（门开着，里边没人）（44）

动词带着宾语时，“嘞”放在宾语之后，也读轻声，不能放在动宾之间。例如：

（60）伊手嘞捧蜀块茶杯嘞。（他手上捧着一个茶杯）（39）前一个“嘞”是方位词尾。

（61）伊颂蜀副新衫裤嘞。（他穿着一套新衣服）（41）

（62）我有带雨伞嘞，唔惊落雨。（我带着伞，不怕下雨）（43）

（63）個手牵手嘞，蜀面行，蜀面唱。（他们手拉着手，一边走，一边唱）（53）

动词之前如有时间状语，位置不变；若有地点状语，通常要移到动词之后；做补语，“嘞”放在补语之后读轻声，也可以同时用在动词之后读本调 [ləʔ⁵]（如下例 65、66）。例如：

（64）伊徛伫厝檐下嘞。（他站在屋檐下）（40）

（65）伊温嘞塗骹嘞，唔徛起来。（他赖在地上坐着，不站起来）（42）

（66）钱我头先仔【共伊】园嘞箱底嘞。（钱我刚才把它放在箱底）后一个嘞是方位词尾。

3.2 存现句也是一种持续体。泉州话和普通话一样，把施事作为宾语，但体标记“嘞”放在宾语之后，置于句末。

（67）车里坐两其外国侬嘞。（车里坐着两个外国人）（54）

（68）壁嘞挂蜀幅画嘞。（墙上挂着一幅画）（55）前一个“嘞”是方位词尾。

（69）石头嘞錾字嘞。（石头上刻着字）（56）前一个“嘞”是方位词尾。

（70）门口徛三其侬嘞。（门口站着三个人）（57）

普通话有时把存现句的“着”改说成“了”，表示出现的新情况。这种句子泉州话“嘞”还保留着，后面另加相当于“了$_2$”的“唠”。如上例（68）说成“壁嘞挂蜀幅画嘞唠”，例（70）说成“门口徛三其侬嘞唠”。从这里也可以论证，“墙上挂着一幅画”和“墙上挂了一幅画”确实是有别的两种句型。

3.3 一句之中如果有两个动词是并列关系，两个动作伴随始终的，前一个动词若带着宾语则必须将宾语提到动词之前，在动词之后加轻声的“嘞”。例如：

（71）小明头□ [tam³¹] 嘞唔说话。（小明低着头不说话）（48）

（72）個雨伞展 [tʰian⁵⁵] 嘞伫街路嘞嘞行。（他们打着伞在街上走着）第二个“嘞”是方位词尾，读轻声；末一个“嘞”是进行体标记，读本调。

（73）头帽戴嘞揣头帽。（戴着帽子找帽子）（50）

若两个动词是偏正关系，前一个动作说明后一个动作的状态，则前一个动词后的“嘞”读本调。例如：

（74）伊爱徛嘞食。（他喜欢站着吃）（51）

（75）伊□ [tʰe³³] 嘞壁嘞烧薰。（他倚着墙抽着烟）（52）后一个“嘞”是方位词尾，读轻声。

3.4 持续体的各种句型如果变换为否定式或疑问句，体标记的用法不变，只举数例：

（76）汝卜倒嘞唔？——我唔倒嘞。（你要躺着吗——我不躺着）

（77）汝有带雨伞嘞无？——我无带雨伞嘞。（你带着伞吗？——我没带着伞）

（78）伊徛伫口面嘞是呢？——伊无徛口面嘞。（他在外面站着吗？——他没在外面站着）

（79）汝爱徛嘞食呢？——我无爱徛嘞食。（你喜欢站着吃吗？——我不爱站着吃）

四 经历体

4.1 经历体在普通话的标记是动词之后的轻声“过”，在泉州话是动词之后的“着”。若在句末，读为轻声 [tioʔ^{0}]，在句中读为变调 [tioʔ$^{24-2}$]。在叙述句里，动词之前常常加用副词有 [u^{22}]——无 [bo$^{24-22}$] 或八 [pat^{5}]——唔八 [m^{22}pat^{5}]（曾——未曾）来表示对这种经历的肯定或否定；在疑问句里则用它们的前后呼应来构成疑问式。例如：

（80）伊去着野秽所在，就是无去着北京。（他去过许多地方，就是没去过北京）（58）

（81）龙眼我八食着，荔枝我唔八食着。（龙眼我吃过，荔枝我没有吃过）

（82）佃厝汝有去着无？（他家你到过吗？）

（83）即本册汝八看着呢？（这本书你看过吗？）

动词之后若有补语，“着”置于状态补语之后，数量补语之前。例如：

（84）我往过八食伤饱着，野艰苦。（我以前曾经吃得太饱，很难受）

（85）伊落底就无说清楚着。（他从来就没说清楚过）

（86）今年我孤单食着两过荔枝呢。（今年我只吃过两次荔枝）

（87）伊有佮汝说着两三过呼 [hɔ̃^{24}]。（他同你说过两三回吧）

动词之后带有宾语时，“着”可置于动词之后，宾语之前，也可以置于宾语之后，可见在动宾句里，体助词“着”的语序尚未十分稳定。有时还可以两处都用，那是为了表示强调。

（88）伊往过有做着生理 | 伊往过有做生理着 | 伊往过有做着生理着。（他以前做过生意）（60）

（89）我八食着即罗菜，无啥好食。（我吃过这种菜，不怎么好吃）（62）

（90）我唔八看着许仙大佛着。（我没有看过那尊大佛）

（91）汝有教册着无？——我无教册着。（你教过书吗？——我没有教过书）

（92）伊八做着生理着唔？——伊唔八做着生理着。（他做过生意没有？——他没有做过生意）

4.2 泉州话的“着”除作持续体标记之外，还用作动词的补语，表示动作触及了目的物，经常也读轻声。因此有些句子就有歧义。例如：“有拆着票无”可以是“买过票吗”，也可以是“买到票了吗”；“唔八搦着贼”可以是“没抓过贼”，也可以是“未曾抓到过贼”。不过，做补语的否定式和作体标记的否定式不同，一部分句子可以区别。有时为了区别歧义，持续体的“着”可以省略。例如：

（93）伊有来揮，揮无着。（他来找过，没找着）此句中的“着”读本调。

（94）唔八搦无着着。（从没有抓不到过）此句中前一个“着”读本调，是补语；后一个“着”读轻声，是体标记。

4.3 泉州话的经历体还有一种强调形式，在动词之后加重读的“过了”[kə$^{31-51}$ liau^{55}]或“过了后”[kə$^{31-55}$ liau$^{55-24}$ au^{22}]，这种格式用得较少。“过了”后面不能再带宾补语，若有宾语必须提到句首。

（95）即本册我野早就看过了唠。（这本书我很早就看过了）

（96）物件买过了，价钱现𣍐记得去。（东西买过后，价钱就忘掉了）

（97）许领衫稳当是别侬颂过了其。（那件上衣一定是别人穿过的）

（98）伊行过了，我随时就来唠。（他走后我立刻就来了）

这种说法在宋代的《朱子语类》中也很常见。例如：“看过了后，无时无候又把起来思量一遍。”（卷五）又：“每日读书只是读过了便不知将此心去体会。”（同上）这种说法严格地说，还是动词的补语，不能视为体标记，也可理解为形成体标记的前奏阶段。

五 起始体

5.1 起始体表示动作开始、事件发生。在普通话常用轻声的“起来”置于动词之后表示，如果动词带着宾语，则常把宾语置于“起”～“来”之间。泉州话最常见的表示法是“嘞＋动词＋唠”。嘞[ləʔ^{5}]是进行体的标记，唠[lɔ^{0}]是表示出现新情况的，已然体的标记（下详），二者在动词前后呼应，缺一不可。从语义上说，出现了正在进行的动作，正好是动作的起始。例如：

（99）嘞落雨唠，衫裤赶紧收入来。（在下雨了，快把衣服收进来）

（100）個嘞斯拍唠，汝去牵【一下】。（他们在打架了，你去拉一下）（65）

（101）侬客夭未遘，個𤆬嘞啉烧酒唠。（客人还没到，他们就在喝酒了）（66）

（102）汝呐𤆬嘞做生理唠啊？（你怎么就做起生意来了？）（67）

（103）囝仔嘞吼唠，去抱【一下】。（孩子哭起来了，去抱一抱）

5.2 若是形容词做谓语时，其起始体在形容词之后加轻声的“来”[lai^{0}]。例如：

（104）天时秋清来唠，衫着加颂蜀领。（天气凉了，得多穿一件衣服）（64）

（105）雨大来唠，去歇【一下】。（雨下大了，去躲躲）

（106）天夭未光来呢，加困蜀久仔。（天还没有亮起来呢，多睡一会儿）

（107）個两其路尾有阁再好来无？（他俩后来有没有再好起来？）

有时“嘞……唠”可以和“来”叠用。例如：

（108）荔枝嘞大粒来唠。（荔枝大起来了）

5.3 在连动句里，前一个动词之后加“着”[tioʔ^{24}]或“了”[liau^{55}]（均读本调），也可以表示动作的起始。例如：

（109）想着就𫠛困得。（想起来就睡不着）

（110）说着话面现红。（一说起话来脸就红）

（111）电视看了唔知煞。（电视看起来就放不下）

（112）气【一下】着大面红忽忽。（一气起来就把脸涨得通红）

5.4 在复句里，前一个分句的动词之前加“蜀”[tsit$^{24-2}$]或“一下”[tse$^{31-22}$]，也可以表示动作的起始。例如：

（113）锣鼓蜀弹，大侬囝仔执执来。（锣鼓一响，大人小孩全追过来了）

（114）天【一下】乌，雨就遘。（天一黑，雨就到）

（115）大侬【一下】无伫厝，囝仔就冤家。（大人一不在家，小孩儿就吵架）

（116）【一下】说着伊，伊就受气。（一说到他，他就生气）

六 继续体

6.1 表示动作状态的继续，普通话在动词之后加轻声的“下去”，泉州话则加轻声、合音的“落去”[lo i^{0}]有时也省略为轻声的“去”。例如：

（117）度伊讲【落去】，唔通插喙。（让他说下去，别插嘴）（68）

（118）逐其拥护汝，队长汝着阁做【落去】。（大家拥护你，队长你要再当下去）

（119）蜀日蜀日一直瘖去，卜怎样？（一天天直瘦下去，怎么办？）

（120）阁听【落去】淡薄久，就知伊卜说啥。（再听下去一会儿，就知道他要说什么）

七 已然体

7.1 已然体指的是普通话里表示“出现新情况”的“了$_2$”，实际上是对全句所表述的事件的确认。在泉州话里，相当于“了$_2$”的体标记是句末的“唠”[lɔ^{0}]，和普通话一样读为轻声。例如：

（121）阮囝已经考入大学唠。（我儿子已经考上大学了）（72）

（122）伊去蜀个外月唠，夭未倒来。（他去了一个多月，还没有回来）（73）

（123）冬节过，日时慢仔变长去唠，暝时慢仔变短去唠。（冬至以后，白天慢慢变长了）（75）

（124）明旦日即竣伊就遘北京唠。（明天这时候他就到北京了）（76）

（125）钱拢总提出来唠，孤即点仔呢。（钱都拿出来了，就这么点儿）（78）

（126）伊来叩门其时竣我已经困去唠。（他来敲门时我已经睡了）（79）

（127）夭有淡薄钱，我唔度汝唠。（还有点钱，我不给你了）（80）

（128）册我昨日还汝唠，有无？（书我昨天还给你了，是不是？）

（129）汝困去三点钟唠。（你睡了三个钟头了）

（130）伊留级着两过唠。（他留级过两次了）

以上例句中，有些句子在普通话并用“了$_1$、了$_2$”，如（121）（122）（124）（125）；这些句子里的“了$_1$”在泉州话是不必说的，见上文例句。如果需要有“了$_1$”（即完成体标记），不论是否在句末，都可以照用，如（123）（126）（129）各句。可见，泉州话没有像普通话那样，把“了$_1$”并入“了$_2$”，而是“了$_1$”省略，“了$_2$”照用。

7.2 在疑问句和否定式，泉州话的“唠”覆盖面小得多。一般的疑问句不用已然体标记“唠”。例如：

（131）昨暗城里落雨无？（昨晚城里下雨了吗？）

（132）恁小弟倒去未？（你弟弟回去了没有？）

（133）伊册有提度汝阿无？（他把书拿给你了吗？）

（134）汝学会晓得鲙？（你学会了吗？）

只有在“核对式”的问句，已经有了结论，在句末用肯定与否定的疑问词构成问句时才能出现“唠”。例如：

（135）恁小弟倒去唠是呢？（你弟弟回家了吗？）

（136）汝唔去读册唠呐？（你不去上学了是吗？）

（137）我共汝说着唠有无？（我同你说过了有没有？）

至于否定式，未然的否定和“已然”语义上相矛盾，不能共现于一个句子，只有“不意、不必、未能”的否定句可以加“唠”。例如：

（138）会夭阁开未煞呢！（会还没有开完呢！）

（139）伊都唔免阁来共汝说唠啊！（他不必再来同你说了吧！）

（140）逐个侬都无通得着奖金唠。（大家都得不到奖金了）

（141）伤晏报名其鲙做得去唠。（太迟报名的不可以去了）

7.3 置于句末的已然体标记从结构上说和语气词是一样的，它是整个谓语的直接成分，而不是动词的直接成分。这一点，从泉州话的连读变调情况可以提供有力的证明。“唠”读轻声，轻声前的音节必定是本调，本调前的变调音节和本调及本调后的轻声组成一个连调单位。一个连调单位也是一个意义单位，在结构上也是一个句子成分。这是闽南话变调的共同规律。以上带“唠”的例句都是这种情形，拿（141）说，“烩做得”读变调，“去”读本调，“唠”读轻声，合起来是一个声调单位，构成全句的谓语。由此可见，已然体所说明的是整个谓语“事件”的已然，而不仅是动作或行为的已然。

然而作为体标记，它又和语气词有明显的差异。就意义说，它不仅表示某种语气，而且说明了事件出现了“已然”的变化。“我唔去”说的是我的态度，“我唔去唠”说的是已然的事实，这是和事件的进程相关的一种变化了的状态。就形式上说，“唠”之后还可以再加上语气词。例如：

（142）伊去蜀个外月唠哪？（他去了一个多月了吧？）

（143）明旦即久伊就遘北京唠□ $h\tilde{o}^{24}$？（明天这时他就到了北京了吧！）

（144）夭有淡薄钱我唔度汝唠□ lia^{0}！（还有一点钱我就是不给你了嘛！）

（145）钱拢总提出来唠□ ne^{31}！（钱都拿出来了呀！）

由此可见，就泉州话说，已然体的标记和语气词确实还是不同的，不必认为“了$_2$”是拿语气词来做体的标记。

八　貌

8.1　短时貌表示动作经历的时间短暂，因为它反映的不是事件进程中某一时点或时段的特征，也不是动作、事件所实际经历的绝对时值，常常反映着动作主体的感受，因此不列为体而列为貌，把它理解为一种状态。

普通话的短时貌常见的形式是动词的重叠式（看看）。若是单音动词也可以在两个重叠音节之间加“一”（看一看）。或是在动词之后加轻声的“一下”作为标记，泉州话的短时貌只能在动词之后加轻声合音的【一下】[tse^{0}]。例如：

（146）逐其歇困【一下】则阁作。（大家歇一会儿再干）（82）

（147）我去【一下】就来（我去一会儿就来）。

（148）商量【一下】则说恰烩啖 [$t\tilde{a}^{31}$]。（商量一下再说免得说错）

（149）清采糊【一下】，唔免伤认真。（随便糊一下，不必太认真）

动词之后带有宾语，【一下】可在宾语前，也可在宾语后，置于宾语前常在句末加用轻声的“嘞”；带有补语时只能置于补语之后。例如：

（150）汝若使问伊【一下】就知。（你只要问问他就知道了）

（151）汝坐嘞，我入去换【一下】衫嘞。（你坐着，我去换件衣服）（83）

（152）礼拜日店厝里看【一下】电视嘞，无出门。（星期天在家看电视，没出门）（84）

（153）汝着去探個老母【一下】。（你要去拜访拜访他的母亲）

（154）汝着佮伊讲清楚【一下】。（你要同他说清楚）

（155）加曝恰燋【一下】，恰獪歹。（多晒晒，更干些才不会坏）

否定式和疑问句也有短时貌。例如：

（156）汝卜看【一下】呢？（你看一看吗？）

（157）伊有问汝【一下】无？（他问你了吗？）

（158）无想【一下】估獪着。（没想一想猜不出）

8.2 尝试貌表示动作行为的非正式性质和未定着状态。既是尝试，就未必十分周全，往往是短时进行的，因此尝试和短时常有关系而出现交叉。普通话"我说说"可以是短时的（……一会儿就走），也可以是尝试的（……不知道对不对）。不过普通话的尝试貌有个专用的标志——"看"，置于动词之后，读轻声。泉州话的短时貌标记【一下】有时也用来表示尝试，"我看【一下】，看着 [tioʔ^{5}] 呢"（我看看，看对不对）就有明显的尝试意味。同样的，泉州话也有专用于尝试的标记——迈 [bai^{31}]，读为本调。有学者曾误为轻声。在口语中，"迈"之前可连用"看【一下】" [khuã$^{31-55}$tse$^{31-22}$]，"迈"之后可连用"嘞" [le^{0}]。例如：

（159）有什么好办法，我则阁想看迈嘞。（有什么办法，我再想想看）（85）

（160）汝估迈，这是什么。（你猜猜看，这是什么）（86）

（161）金手指度我带【一下】迈嘞。（金戒指让我戴戴看）

（162）无问迈嘞哪会知！（不问问看怎能知道！）

（163）食蜀丝仔迈现知啥味素。（吃一点看就知道是什么味道）

（164）汝则佮伊参详【一下】看迈嘞。（你再同他商量一下看）

"迈"本是动词，意为"探访"。"迈病侬"是探望病人，"迈风水"是勘察坟地，"迈脉"是诊脉。"嘞"和上文所说的持续体标记音同义近。"我食【一下】看迈嘞"，就是"我吃一下试着看看"。这几个相连的语素显然都已虚化，"我试试看"也可以说"我试【一下】看迈嘞"。四个语素中，"迈"最重要，承担着最明朗的尝试义，必不可少，其余都可有可无，语序也很灵活。因此这类句子同义句型最为多样。"我吃吃看"可以说"我食迈，我食看迈，我食【一下】看迈，我食看【一下】迈，我食【一下】迈"，各句再加上"嘞"，句型又多了一倍。这种句型可短可长、可叠加的灵活性是闽南话的特点。

动词之后带有宾语，表尝试的诸语素都必须置于宾语之后，或将宾语提到动词之前。例如：

（165）无汝则去问伊【一下】迈嘞。（要不你就去问问他看）

（166）即碗菜汝来食看【一下】迈。（你来尝尝这碗菜）

8.3 反复貌是泉州话的一种很有特色的貌范畴。它用动词的重叠式来表示动作是多次发生、反复进行的。单独用作谓语时其格式是“动词＋动词＋嘞 [lə]”，若是单音动词，前音节变调，后音节读本调，“嘞”读轻声；若是双音动词，采取 ABAB 式重叠，“嘞”读轻声，前一音节读本调，其余音节都读变调，若重叠式动词做另一个动词的状语，则“嘞”读本调，其余音节读变调。例如：

（167）糜清去唠，赶紧大喙食食嘞。（粥凉了，赶紧大口大口地吃了）

（168）门户关关嘞，里面敢是无侬伫嘞。（门窗都关着，里面可能没有人在）

（169）度我慢慢仔看看嘞。（让我慢慢端详端详）

（170）汝着加佮伊商量商量嘞则决定。（你要多同他商量商量才做决定）

（171）收拾收拾嘞就行。（拾掇拾掇就走）（此句“嘞”表完成，读轻声）

（172）野称侬徛徛嘞看。（好多人都站着看）（此句“嘞”表持续，读变调）

如有必要，可以将两个动词连着重叠，“嘞”可以只加一次，也可以加两次。例如：

（173）有闲着来坐坐讲讲嘞。（有空要坐一坐，谈一谈）

（174）无事际蜀世界行行嘞，看看嘞。（没有事就到处走走看看）

若是动词之后带有宾语或补语，则只需将动词重叠，不再加“嘞”。例如：

（175）买买□ [$huan^{31-55}$] 称册，看会了袂？（买了那么多书，看得完吗？）

（176）家私头唔通搬搬度侬。（工具不要都搬去送人）

（177）煮无称，着食食伊了。（煮得不多，要吃完它）

（178）参详参详伊好势则说出去。（商议好了才说出去）

这种含有反复貌谓语的句子，如果动作的主体和客体是单一的个体，其动作、行为一定有时间的延续，是多次进行的。如例（167），大口吃的饭一定不止一口，如果只有一口，就要说“孤蜀喙呢，赶紧食落去”（只有一口，快吃下去），而不能用重叠式。例（168）门或窗如果只有一处，也不能用重叠式。如果动作的主体和客体是复数的群体，重叠式所表示的动作行为一定是涉及各个个体的，因而也是多次进行的。如例（172）站着的主体是“很多人”，例（175）买的客体是“那么多书”，如果站着的只有一个人，买的书只是一本，也是不能使用重叠式的。前一种情况是同一个主体重复进行着同一种动作，这是时间的延续造成的反复；后一种情形是多个主体重复进行着同样的动作，这不但有时间的延续，还有空间的延伸。由此可见，闽南话的反复貌概括了时间因素和空间因素的反复。

对于闽南话动词重叠式所表达的语法意义，有的学者曾认为不带补语的“动＋动＋嘞”是表“短时”，带上补语则是表“快速”。至少，这在泉州话是说不通的，不论是“看看啦”或是“卖卖出去”都既可以用“赶紧”来修饰，也可以用“慢慢仔”来形容。"看嘞就知"是可能只看一次,"看看嘞就知"一定要看多次;"卖出去唠"可能只卖出一件,"卖卖出去唠"一定是卖出多件。可见动词重叠式说明的不是时间的短长快慢,而是一次性或多次性。也有的学者把这种重叠式概括为表示动作触及对象是"悉数""周遍"的,这只能说明多主体、多客体的情况下的动作的"空间扩展"。例如:"册破破去"(书都破了),"衫收收入来"(衣服都给收进来),而同一主体的时间的延伸、次数的增加,如"看看嘞就知"(反复看了就知道)就未能概括在内了。可见只有"多次重复"才能准确地揭示闽南话动词重叠式的语法意义。

8.4 泉州话的随意貌同普通话一样没有统一明确的标记,是用副词来表示的,看来并没有形成语法范畴。例如:

(179)伊清采食两喙就出去唠。(他随便吃两口就出去了)(90)

(180)我随便掀几页就将册还伊唠。(我随便翻几页就把书还给他了)(91)

(181)烩做得滥□ [sam^{55}] 说侬得。(不能乱说人家)

(182)拢叫伊蜀声就好。(随便喊他一声就好)

8.5 泉州方言还有一种特殊而常见的动词的貌,用"动词+掷嗦"[lan^{55} sak^{5}]的形式表示事件是令人不快而又无可奈何的遭遇。"掷嗦"原是一个动补式的动词,意为"扔掉","掷"原音 [tan^{31}],作为体貌标记后弱化为 [lan^{55}],在口语中还经常省略,只用"动词+嗦"。例如:

(183)许其歹虫死掷嗦去唠。(那个坏蛋死掉了)

(184)红柑园伤久,烂嗦了唠。(橘子藏得太久,全烂光了)

(185)大水【一下】淹,厝仔倒倒掷嗦去。(大水一淹,小房子全倒塌了)

(186)昨暝有输嗦几千箍无?(昨晚有没有输几千元?)

上列例句的遭遇是一种受动的结果,泉州话的"动词+嗦"可以引申为使动,即用于因为某种厌恶、无奈而加以处置的动作。例如:

(187)米里的沙稗着拣嗦去!(米里的沙子和稗子要拣掉!)

(188)字纸烩做得贡嗦嘞塗骹嘞。(废纸不可以扔到地上)句中前一个嘞是介词"在",后一个嘞是方位词尾。

(189)爱困作无息,无来去困嗦。(困了做不了事,要不就去睡了)

(190)伊其百万家财度囝孙毁毁掷嗦去唠。(他的百万家产全被儿孙给毁光了)

遭受和处置既然都是不合意想、无可奈何的,和这种体貌标记相配合的动词就有一定限制。例如死可说"死嗦",活就不能加"嗦";房子倒塌可说"倒嗦",房子盖起来了也无从加"嗦"。当然有些中性动词也是可以加"嗦"的。例如,"大粒拣来食,细粒贡掷嗦"(大的挑来吃,小的扔掉)。

看来,北方方言原本是没有遭受貌的说法的,在南方诸方言则较为常见。和闽南话的“嗦”相近的，吴语有“脱”，赣语有“刮搭”，客家有“撇”。南方人说普通话时，通常把这种成分对应换成“掉”。数十年来，南方人说惯了的“倒掉、死掉、消灭掉、忘记掉、跑掉、扔掉、破产掉”，慢慢地有些也进入了普通话，进入书面语乃至政治口号了。《现代汉语八百词》“掉”作为“动结式”的动词后附成分分为“去除”和“离开”已经列举了不少例子，把它作为规范形式了。但是在地道的北京人、北方人的语感中，“掉”总是含着“自上往下落”的基本意义，他们的口语只说“坏了、走了、糊涂了”，若说“坏掉、走掉、糊涂掉”还是觉得不自然。这也是普通话在方言的包围之下做出让步，悄悄接受某些方言成分的一例。

九　余论

9.1　本文所列泉州方言的各项体（貌），只有“随意”一项不能立为体（貌）范畴。泉州话表示动作行为的随意性只能用副词来修饰，而且不是专用的一个副词，这显然不能认为是体标记。其他各项体（貌）标记大体上都有如下四个共同特点：

（1）从意义上说都是虚化的，表示着一定体（貌）的抽象意义，尽管这些标记大都来自动词或数量词，意义上都有明显的引申和转移，例如“起来”表“起始”，“去”表“完成”，其意义都是从空间转移为时间。由于这些体貌标记都有稳定而明确的抽象意义，在动词谓语句里都有一定覆盖面，都有一批动词可类推。

（2）从结构关系说，这些体标记都不能单说，性质上是黏着的，只能作为动词或谓语附加成分而存在。其在句中的位置大体上是稳定的，不能随意变动。

（3）从功能上说是专用的。一种标记出现在句中的某个位置大多只能表示一种体（貌），只有连动句的前一谓语提宾后加“嘞”既可表持续，也可表进行。同一个标记兼用于不同的范畴，通常有不同的位置。

（4）从语音形式说，大多数体（貌）标记都读轻声，如果是双音节语素则往往合成一个音节并读为轻声。只有“迈”和“嗦”不读轻声，这两个语素的重读形式并不能单用，这也许就是它们不读轻声的原因。语音上的合音和轻声正是意义虚化的表现形式。

9.2　泉州话的体（貌）标记对于体（貌）范畴来说并不具备严格的规定性。这一方面表现在各种标记对于该范畴来说未必是不可缺少的手段，例如“完成体”有时就可以不用“去”“嘞”，而采用所谓的“基本式”。汉语的语法关系，只要在句中语义自明，并不一定要借助严格的语法标记来表示，例如复句的各分句之间就可以不用关联词语，直接由分句“意合”，这种语法结构的灵活性正是汉语语法的重要特征。

体（貌）标记的非规定性还表现在有些标记的多义性和同一个标记在不同范畴的交

叉使用。例如“动词＋嘞”可以用于完成体（糜食嘞则去：吃了粥走），也可以用于进行体（车坐嘞来唠：坐着车来了），还可以用于持续体（头帽戴嘞揷头帽：戴着帽子找帽子），这是同一标记在不同句子中表示多种语法意义的“多义性”。同一种经历体可在动词之后加“着”也可以加“过了”（去着唠／去过了唠：去过了），这是不同标记的同义性。同是【一下】，置于动词之前表“起始”，用于动词之后表“短时”，这是不同范畴之间的交叉。

9.3　有些体标记的意义，除了表示动作或事件在一定时间进程中的状态之外，还包含着一定的附加意义。例如完成体的“去”就含有不期然而然，不合意想的情味。这类体标记的分布就不可能是周遍的，对于动词有一定的选择性。遭受貌的“嗦”情况与此类似。这也是体（貌）标记对范畴的覆盖不周全的原因之一。

9.4　和普通话相比，泉州话的体貌标记在句中的位置更为灵活多样。普通话的体标记总是紧跟在动词之后，泉州话的体标记有时可置于宾语、补语之后，有时是在前在后均无不可或兼而用之。例如：有去着北京／有去北京着／有去着北京着；拍破去蜀块碗／拍破蜀块碗去／拍破去蜀块碗去。这是泉州话体范畴和体标记的一大特点。我们研究方言语法，必须从方言事实出发去总结出其中的规律，而不能用某种已有的结论去分析新的事实，如果说上面例句中“北京”之后的“着”不能视为体标记，体标记只能在宾语之前，这就是方法论上的错误了。

9.5　泉州话的体（貌）标记还有另一个特点是经常叠用。只要意义上不抵触，几个不同语法意的体标记如果是表达上需要，都可以连着叠用。例如：“鱼度猫食食去唠”（鱼都叫猫给吃了），“食食”是反复貌，“去”是完成体，“唠”是已然体。“挂嘞看【一下】迈嘞”（试挂着看看），“嘞”是持续体，【一下】是短时貌，“迈”是尝试貌。“我有拿嘞【一下】着”（我曾经拿着一会儿），“嘞”是持续体，【一下】是短时貌，“着”是经历体。

9.6　泉州话在闽南话中有较大代表性，在闽南本土泉州话和各地的闽南话也比较相近，然而在语法上，在体貌标记上也有不少差异。如所已知的台湾闽南话已然体通常用啊 [a^{0}] 置于句末，经历体在动词之后加“过”，例如“即本册我看过啊”（这本书我读过了）。方言之间不仅有语法差异，而且相互之间并不容易影响，甚至共同语的成分也不容易接受。泉州是普通话早已普及的地区，普通话极为常用的体标记如“着、了、过”等至今还是不可能套用到方言中来。方言语法上的差异及其保守性告诉我们，认真研究方言语法还是十分必要的。

十　体形式表

根据以上叙述，将泉州方言各种体（貌）的表现形式列表说明如下：

形式	意义	说明
动词+（宾语、状态补语）+去+（时量补语）	完成（含遭受义）	不少句子“去”可省
动词+去+宾语+（去）	完成（含遭受义）	疑问句多不用“去”
（宾语）+动词+（宾语）+嘞（了）+动词	完成	动词前的宾语可理解为受事
（时地状语）+嘞+动词+（宾语）	进行	
嘞+（状态状语）+（嘞）+动词	进行	
宾语+动词+嘞+动词	进行	
动词+（宾补语）+嘞	持续	
动词+嘞+补语+（嘞）	持续	
宾语+动词+嘞+动词	持续	
（有、八）+动词+（宾语、状态补语）+着+（时量补语）	经历	否定式“有、八”换为“无、唔八”
（有、八）+动词+着+宾语+（着）	经历	
（宾语）+动词+过了	经历（强调）	
嘞+动词+（宾语）+唠	起始	
形容词+来+（唠）	起始	
动词+着/了+动词	起始	
【一下】+动+分句	起始	
动词+【落去】/去	继续	
动词+（宾补语）+唠	已然	多数疑问句，部分否定句不用“唠”
动词+（宾补语）+【一下】	短时	
动词+【一下】+（宾语）+嘞	短时	
动词+（宾语）+（看）（【一下】）+迈+（嘞）	尝试	
动词重叠（AA、ABAB）+嘞	反复	
动词重叠（AA、ABAB）+宾补语	反复	
副词+动词	随意	
动词+（揶）嗦+（宾补语）	遭受	用于使动意为处置

参考文献

李如龙　厦门话的变调和轻声，《厦门大学学报》（社会科学版），1962 年。

吕叔湘主编　《现代汉语八百词》，（北京）商务印书馆，1981 年。

太田辰夫　《中国语历史文法》，（北京）北京大学出版社，1987 年。

杨秀芳　《台湾闽南语语法（稿）》，（台北）大安出版社，1991 年。

赵元任　《汉语口语语法》，（北京）商务印书馆，1979 年。

郑良伟 台湾话动词重叠式的语义和语法特点，《中国语文》，1988 年第 6 期。
朱德熙 《语法讲义》，（北京）商务印书馆，1984 年。

说明：本文载于《动词的体》，香港中文大学中国文化研究所吴多泰中国语文研究中心，1996 年。后收入拙著《闽南方言语法研究》，福建人民出版社，2007 年。下文“附录”是参加本课题研究的多位学者共同拟订的统一调查例句。本文用到其中的例句，可按编号找到相应的普通话注解。拿它和多种方言比较，可以看到方言间的许多相关的语法差异。

附录：动词的体和貌例句

说明：

（1）本表初稿由游汝杰参考余霭芹的《汉语方言语法比较调查表》拟就，1993 年 8 月，由林立芳、伍巍、石汝杰、陶寰等人，根据研讨会集体讨论的意见，进行了修改，并将例句缩减到 100 个，最后由石汝杰加工定稿。

（2）为节省篇幅，本表收列的主要是肯定的叙述句，至于否定、疑问、祈使、虚拟等各种形式，调查者可根据表中提供的例句加以改造。

（3）本表共分 13 类，其中 1 ～ 7 为体，8 ～ 12 为貌。列入第 13 项的其他类别不再细分。

（4）部分例句后附上一些地点的标记词，目的是提示调查者注意各地的形式。

一 完成体

1. 我打破了一个碗。（1）
2. 张三杀了他家的那只鸡。（2）
3. 你刚吃了药，不能喝茶。（3）
4. 他给了我三斤橘子，我马上就给了他钱。（4）
5. 他每天吃了早饭就出去。（5）
6. 我想吃了晚饭，看了电影再回去。（6）
7. 他们走了我才能坐下来做自己的事。（7）
8. 讲错了没关系，再讲一遍就是了。（8）
9. 门一开就有几只苍蝇飞了进来。（9）
10. 太阳出来了，地干了没有？（10）
11. 饭和菜都凉了，热一热再吃吧。（11）
12. 我想了想，还是决定不去。（12）
13. 他说了半天还没有说清楚。（13）

14. 我叫了你半天你都不答应，你聋了吗？（14）
15. 我找了三趟都没找到他。（15）
16. 我睡了一会儿就醒了。（16）
17. 我们等了半个多小时，门才开。（17）
18. 他刚才踢了我一脚，不知为什么。（18）
19. 门打开了，大家进去吧。（19）
20. 你洗完衣服了吗？——洗完了。（20）
21. 等我问过了他再告诉你。（21）
22. 擦掉黑板上的字！（苏州：V脱；温州：V爻）（22）
23. 不能把这些东西丢掉。（23）
24. 李明拉住了小王不让他回家。（24）
25. 林老师买到一件很好看的衣服。（25）
26. 门口挤了许多人。（比较：挤着）（26）
27. 房间里点了一盏灯。（27）
28. 先把肉切了，待（dail）一会儿炒菜。（苏州：切勒海）（28）
29. 先把木头锯了，让他干一干，再做张桌子。（29）
30. 三个梨我吃了两个。（客家：食kam）（30）
31. 我已经买了一些家具了，还准备再买一些。（31）

二　进行体

32. 我在吃饭，他在洗手呢。（32）
33. 她哭着呢，什么也不吃。（33）
34. 我跑着呢，所以不觉得冷。（34）
35. 外面下雨呢，要带伞。（35）
36. 妈妈在门口缝衣服，姐姐在厨房里煮饭。（36）
37. 我没在吃饭呢，我在扫地。（37）
38. 这会儿他在干什么？——他躺在床上看书呢。（38）

三　持续体

39. 他手里拿着一个茶杯。（39）
40. 他在屋檐下站着呢。（40）
41. 他穿着一身新衣服。（41）
42. 她在地上坐着，不肯站起来。（42）
43. 我带着雨衣，不怕下雨。（43）
44. 门开着，里面没有人。（44）

45. 你拿着！（45）
46. 坐着，不要站起来！（46）
47. 我走开一会儿，行李要好好儿地看着！（47）
48. 小明低着头不说话。（48）
49. 他们打着伞在街上走。（49）
50. 戴着帽子找帽子。（50）
51. 他喜欢站着吃。（51）
52. 他靠着墙抽烟。（52）
53. 他们手拉着手，一边走一边唱。（53）
54. 车子里坐着两个外国人。（54）
55. 墙上挂着一幅画。（55）
56. 石头上刻着字呢。（56）
57. 门口站着三个人。（比较：站了三个人）（57）

四　经历体

58. 他到过很多地方，就是没到过北京。（58）
59. 我找过他好几次。（59）
60. 他从前做过生意。（60）
61. 我早就看过这本书了。（61）
62. 我吃过这种菜，不大好吃的。（62）
63. 前几天冷过，今天又热了。（63）

五　起始体

64. 天气冷起来了，要多穿一件衣服。（64）
65. 他们打起来了，你去劝一劝。（65）
66. 客人还没到他就喝起酒来。（66）
67. 你怎么做起生意来了？（67）

六　继续体

68. 让他说下去，不要插嘴。（68）
69. 你要这样干下去，我明天就走。（69）
70. 要看的人看下去，我们先走了。（70）

七　已然体

71. 我吃了饭了，你吃了吗？（71）
72. 我儿子已经考上了大学了。（72）
73. 他去了一个多月了，还没有回来。（73）

74. 你把昨天买的东西放在哪儿了？——放在桌子上。（74）
75. 冬至以后白天渐渐变长了，夜晚渐渐变短了。（75）
76. 明天这时候他早就到北京了。（76）
77. 球滚到洞里去了。（77）
78. 钱都拿出来了，就这么一点儿。（78）
79. 他来敲门的时候我已经睡了。（79）
80. 还有一点钱我不给你了。（80）
81. 你认出他是谁了没有？——认出来了。（81）

八 短时体

82. 大家歇歇再干。（82）
83. 你坐着，我进去换一换衣服。（83）
84. 星期天，在家里看看电视，没出门。（84）

九 尝试体

85. 有什么好办法，让我再想想看。（85）
86. 你猜一下看，这是什么。（86）

十 反复体

87. 我们边走边说，说着说着就到了。（87）
88. 他唱着唱着忽然哑了喉咙。（88）
89. 他看着看着慢慢地闭上眼睛睡着了。（89）

十一 随意体

90. 他胡乱吃了几口就出门了。（90）
91. 我随便翻了几页就把书还给他了。（91）

十二 其他体

92. 把那两张桌子搬回来。（温州：V 转）（92）
93. 帮你做完这件事，我就要回过头做自己的事了。（香港：V 翻）（93）
94. 我的手表丢了，想再买一只新的。（94）
95. 他才戒了三天烟，今天又抽起来了。（95）
96. 我们一直去的那家饭店不错。（香港：V 开）（96）
97. 我们向来都吃饭，怎么今天让我们吃面条了？（97）
98. 这一晚上他都不停地跳着。（客家：紧跳）（98）
99. 雪不停地下着呢。（99）
100. 他老是咳嗽，昨天咳了一个晚上。（100）

泉州方言的动词谓语句

一　处置句

1.1　泉州话的处置句用得比普通话少得多，许多普通话常说的处置句在泉州话都说成受事主语句。例如：

普通话	泉州话
把桌子抹一抹	桌拭拭嘞
把袖子挽起来	手碗捴起来
把酒当茶喝	酒准茶啉
把书包提回去	册袋掼倒去
把脸晒得黑黑的	面曝甲乌乌乌
把门锁上	门锁起来
把一大笔钱输光了	归大注钱输了了
把喉咙喊干了	喉官喝燋去唠
你把自行车再借我骑几天	汝骹踏车阁借我坐几日
让他把话说完	护伊话说伊了

1.2　泉州话也有类似普通话的“把字句”，从语义上说，带介词结构的处置式有较强的处置意味。但是，从形式上说，和普通话也差别很大。

在处置式里，带受事宾语的介词普通话用“把”，泉州话用“将、共、搦”。“将[tsiɔŋ^{33}]”的用法和早期白话相仿，“搦[liaʔ^{24}]”是动词“捉、拿”兼用作介词的，“共[kaŋ^{31}]”在泉州话是多义词，用作动词（唔通共伊：别惹他）、连词（媮晓得好共痞：不懂得好和坏）、介词（共侬写批：替人写信），“共”用作“把”总是和宾语“伊（他）”连用的。其读音往往因快读而合音：[kaŋ$^{31-22}$i^{33}] → [kai^{33}] ～ [kaŋ^{33}]。例如：

（1）汝将事际从头遘尾说蜀遍。（你把事情从头到尾说一遍）

（2）着将窗仔门关嘞则睏。（得把窗门关了再睡觉）

（3）我搦汝做搭肉衫。（我把你当知己）

（4）汝唔通共伊拍无去。（你别把他弄丢了）

（5）无我则共伊收起来。（不然我就把它收起来）

"共伊"还可以放在受事主语之后表示处置，在这种句式中"伊"是受事的复指。

（6）汝卵共伊食落去，麵干留嘞。（你把蛋吃了，线面留着）

（7）牛共伊缚嘞 [ləʔ⁵] 树嘞 [lə⁰]。（把牛拴在树上）

（8）许几个学生共伊叫入来。（把那几个学生叫进来）

（9）电灯着会记得共伊关嘞。（要记得把电灯关了）

（10）厝共伊卖嗦去。（把房子卖了）

介词"将"和"共伊"还可以重复出现在同一个句子里。这种句式可以理解为双重处置，其处置意味显然更强。例如：

着将牛共伊缚嘞树嘞，恰鱠去偷食五谷。（得把牛给拴在树上，才不会去偷吃庄稼）

将大厝共伊卖嗦去，哪会无钱？（把大房子给卖了，哪能没钱？）

1.3 "受事＋共伊＋动"有时会造成歧义，为了表达明确，这种句式"将"不能省略。例如：

贼共伊缚嘞。（把贼捆住；贼把他捆住）

将贼共伊缚嘞。（把贼捆住）

可见只有加上介词"将"才能使受事成分的性质明确起来。闽南人说普通话时按方言句式直译，用"把"代替"共"，常常说出"牛把他拴在树上"（把牛拴在树上），"学生把他叫进来"（把学生叫进来）这类句子，把施受关系颠倒了，成了笑话。

1.4 把字句的动词谓语如果带有结果补语，泉州话还有另外的表达格式，即把"共伊"改成"护伊"放在动词与补语之间（"受事＋动＋护伊＋补"），并且经常合音为 [hɔ³³]。"护伊"是"给他"的意思，闽南人说普通话时也常常译成"给他"。例如：

（11）许其钱着开护伊了。（那些钱要把它花完）

（12）衫裤曝护伊燋。（把衣服晒干）

这种句式如果还要用"共伊"，就还要在动词与补语之间加上"伊"。例如：

（11）许其钱着共伊开伊了。

（12）衫裤共伊曝伊燋。

1.5 普通话的把字句有时扩展到带施事的宾语，如说"去年又把老伴儿死了"，"别把犯人跑了"。这在泉州话是绝对不允许的。这两个句子泉州话必须说"旧年個老夥计死嗦去唠"，"唔通护犯侬走去"。

1.6 如果是处置式的句子，受事宾语通常是有定的；主要动词则不能是光杆动词，而必须有附加成分，这是泉州话的处置句和普通话相同的特点。

二 被动句

2.1 泉州话表示被动的说法有时也不用被动句，而用受事主语直接连上主谓谓语句来表达。例如：

鱼猫食嗦去嘮。（鱼被猫吃了）

铁笔我揶着嘮。（钢笔被我找到了）

钱我用去归大半。（钱被我用了一大半）

这类句子在受事主语和施事的主谓结构之间都可以有停顿，以便凸显大主语和主谓句的“小主语”都是独立的主语；但也可以不停顿，因为各读本调，也就显示二者是独立主语。如果不是两个主语，必须二者连调，则前者要读变调。

泉州话的被动句不用介词“被”来表示，而用了另外四个很具方言特色的介词。这些介词都是从表示“给予”义的动词转化而来的。

a **度** 读音 [$t^hɔ_{阳去}^{31-22}$]（“–”前后的数字表示本调和变调的调值。介词与其宾语连成一个连调单位，前者必须读变调，下同）。“度”用作“给予”早见于中古用例。《五灯会元·护国之禅师》有“鸳鸯绣出从君看，莫把金针度与人”句。

b **乞** 读音 [$k^hi_{阴去}^{31-55}$]，合于《广韵》去声未韵去既切：“与人物也。”范成大《四时田园杂兴六十首》之五八有“长官头脑冬烘甚，乞汝青钱买酒廻”句。“乞”另一读音 [$k^hit_{阴入}^{5}$]，合于《广韵》去讫切，用作动词意为“乞求”（如说乞食$_{乞丐}$、乞囝$_{买儿子}$）。去既切的 [$khi_{阴去}$] 专用于介词。

c **传** 读音 [$tŋ_{阳平}^{24-22}$]，直挛切，白读为 tŋ 是正常对应（穿 [$ts^hŋ_{阴平}$]，转 [$tŋ_{阴上}$] [软 $nŋ_{阴上}$]）。“传”用于给予义是上古用法。《孟子·滕文公下》：“彭更问曰：‘后车数十乘，从者数百人，以传食于诸侯，不以泰乎？’”焦循《正义》云：“传食，谓舍止诸侯之客馆而受其饮食也。”

d **护** 读音 [$hɔ^{31-22}$]，有的郊区也读为 [$k^hɔ_{阳去}^{31-22}$]，本字未明，“护”为同音字。

这四个介词在泉州均可通用，看来是不同历史时代的积存。“传”的最古说法，仅见于泉州一带，“乞、度”是中古说法，至明清时期仍十分常用。“护”是漳州厦门一带的说法。在泉州话里，有时“乞”还可以同“度”“传”“护”连用。例如：

（13）鱼度猫咬去嘮。（鱼被猫叼走了）

（14）衫裤乞传雨沃澹去嘮。（衣服被雨淋湿了）

（15）茶瓯传伊拍破去两块。（茶杯叫他打破了两个）

（16）唔通乞护别侬知影去。（不能让别人知道了）

（17）骹迹底乞度铁钉凿着。（脚底被铁钉扎了）

若是无定的施事宾语，泉州话通常在介词后加上“侬”（人，[$laŋ^{24}$]），读音与介词紧密相连或合为一个音节。

度侬 [$t^hɔ^{31-22}laŋ^{31-22}$] ～ [$t^hɔaŋ^{22}$] ～ [$t^hɔŋ^{22}$]

传侬 [$tŋ^{24-22}laŋ^{24-22}$] ～ [$taŋ^{22}$]

护侬 $[hɔ^{31-22}laŋ^{24-22}]$ ～ $[hɔaŋ^{22}]$ ～ $[hɔŋ^{22}]$

乞侬 $[k^hi^{31-55}laŋ^{24-22}]$ ～ $[k^hi^{55}aŋ^{22}]$

（18）钱度侬骗了了去。（钱被人家骗光了）

（19）唔通大声嚷，会传侬骂。（别大声嚷嚷，会叫人骂的）

（20）即场球若阁拍输，会乞度侬笑死。（这场球再打输，会让人笑死了）

2.2 普通话“被”也可以直接加在动词之前而不带宾语（用作助词）。如说：“他被逮捕了”，“衣服都给淋湿了”。在泉州话，介词“度、传、乞、护”之后一定要带着宾语。例如：

（21）贼仔度伊走去唠。（小偷被逃走了）

（22）五谷过尽乞大水淹去。（庄稼都被洪水淹了）

（23）土匪传伯包围嘞唠。（土匪被咱们包围住了）

（24）阿明护侬选做班长。（阿明被选做班长）

例（21）的“伊”是受事的“贼仔”的复指，（22）、（23）是按实际情况补出的宾语，实在补不出时便可像（24）那样补个不定指的“侬”。

2.3 普通话被动句里动词通常不能是光杆的单音或双音动词，泉州话没有这种限制。除上文（19）例之外，还可以举出几个结构：

（25）即项事际唔通传侬知。（这件事不能让人知道了）

（26）抑汝钱拢免度侬趁？（那你的钱都不让人家赚吗？）

（27）個小弟落底护别侬偏 [phi³³]。（他弟弟向来都是被别人欺负的）

2.4 如上文所述泉州话的处置式常用介词“共”加上“伊”来表示，连读之后丢失鼻音说为 [kai]，本地人说普通话时就把这个“共伊”对译成“给他”（可能也同普通话的处置句有时也带着助词“给”有关），例如“汝一定着共伊请来”（你一定得把他给请来）说成“你一定要给他请来”。现在，在被动句里用的介词也是“给予”的意思，说成普通话时也用“给”来翻译“传、乞、度、护”，把“被人骗了”说成“给人骗了”。这样，有些闽南人说普通话时就会“把、被”分不清：“老大把老二打了”“老大被老二打了”都说成“老大给老二打了”。

2.5 泉州话还可以把被动和处置同时组织在一个句子中（“度我”和“共伊”连用），这种句子语义重点在于“处置”，重音也在“共伊”上。例如：

（28）许个痞虫度我共伊赶嗦去唠。（那个坏蛋让我把他给赶走了）

三 受事前置句

3.1 在普通话，受事成分一般都置于动词之后，只有在某些特定句式或出于语用（强调某方面）的需要，才把受事置于动词之前。如表示周遍的受事（我谁也不请，他一样也没买），强调的并列成分（我软的吃，硬的也吃）。泉州话的受事成分在许多的情况下都可以灵活地前置于主谓之间或句首。不同的语序所表示的语义重点有一定的差别，但并不十分明显。例如：

（29）汝有看见贼无？/汝贼有看见无？/贼汝有看见无？（你见到贼了吗？）

（30）我孤读着蜀年英文/我英文孤读着蜀年/英文我孤读着蜀年。（我只读过一年英文）

（31）我𫒒晓开即款锁/我即款锁𫒒晓开/即款锁我𫒒晓开。（我不会开这样的锁）

（32）汝饲鸡未？/汝鸡饲未？/鸡汝饲未？（你喂鸡了吗？）

（33）开蜀块菜园嘞门口/菜园开蜀块嘞门口。（门口开了一块菜园）

3.2 连谓式叙述句、祈使句似乎更多地把受事前置。例如：

（34）個老爸头先仔车牵嘞出去了。（他父亲方才拉着车出去了）

（35）阿弟新衫颂嘞四界行。（小弟穿上新衣服到处走）

（36）壁粉嘞，窗仔开嘞，厝里加光呷。（墙刷刷，窗户打开，室里亮多了）

（37）汝唔着鞋颂嘞则去。（你该穿了鞋才走吧）

（38）好薰 $t'ue?^{8}$ 出来请侬客！（好烟拿来请客！）

（39）有钱无？淡薄借我！（有钱吗？借我一点儿！）

3.3 受事成分如果带着数量结构的定语，数量结构仍置于动词之后。闽南人说普通话时常常套用这种颇具方言色彩的句式。例如：

（40）恰紧，面拭蜀巾！（快点，擦把脸）

（41）羊毛衫刺蜀领着蜀礼拜。（织一件毛衣要一星期）

（42）册提蜀本我看嘞！（拿本书我看看！）

（43）昨暗钱输去几落万。（昨晚输了好几万元）

3.4 有些句式一般不能采取受事前置，包括读为轻声的单音代词做宾语、带数量补语的宾语、兼语句等。例如：

（44）卜去看球赛着来招我。（要去看球赛得来邀我）

（45）汝则叫伊蜀声。（你才喊他一声）

（46）教恁小弟莫用去。（叫你弟弟别去）

（47）我若𫒒晓得汝着教我。（我要是不懂你要教我）

四 双宾句

4.1 一般认为普通话的双宾句有三类：表示“给予”的、表示“取得”的和表示“等同”的。

表示“给予”的，远宾（指物）是近宾（指人）所得到的。在泉州话里，这类双宾句的近宾总是连在动词之后，不能分离，这是和普通话相同的，不像有些方言可说“给一本书他”。但是远宾语的位置却十分灵活，可以放在近宾之后，也可以放在动词之前，如果远宾语带有数量结构的定语，其位置有时也十分灵活，还可以同远宾语分离。总之，结构十分灵活，语序可以多变。这是泉州话语法的一个重要特点。例如：

（48）伊送我几落本册 / 伊几落本册送我 / 伊册几落本送我 / 伊册送我几落本 / 伊册提几落本送我 / 伊册送几落本度我。（他送我好几本书）

（49）我赔汝蜀本新的 / 我蜀本新的赔汝 / 我新的赔汝蜀本 / 我新的蜀本赔汝。（我赔你一本新的）

（50）我问汝蜀项事际 / 我蜀项事际问汝。（我问你一件事）

（51）汝着拄伊五角银 / 汝着五角银拄伊。（你得找他五毛钱）

4.2 如果是表示“取得”的，“远宾”是近宾所失去的；如果是表示“同一”的，则无所谓得与失。这两类双宾句在泉州话包只能置于近宾之后，语序不能变动。例如：

（52）伊昨日买我两斤鱼。（他昨天买了我两斤鱼）

（53）佃小弟偷提侬蜀张邮票。（他弟弟偷了人家一张邮票）

（54）逐个都叫伊“老大哥”。（大家都喊他老大哥）

（55）佃某骂伊戇的。（他老婆骂他傻瓜）

表示“给予”和“取得”的两种双宾句在泉州话里不但有语义的区别，似乎语法关系也有不同。从下面两对句子的比较中可以看到变调规则的不同。按泉州话的变调规则，连调组末音节不变调，其余音节变凋，例句中 | 号之前是本调音节。

（56）a　伊 | 昨日 | 卖我两斤鱼。（表给予，两个宾语组成一个连调组）

b　伊 | 昨日 | 买我 | 两斤鱼。（表取得，两个宾语分为两个连调组）

（57）a　伊 | 送度我赊少物件。（他送给我不少东西）

b　伊 | 了去我 | 赊少时间。（他费了我不少时间）

借我一本册，本来有歧义。“我”变调与不变调可以区别谁向谁借。

（58）a　借我 [gua$^{55-24}$] 蜀本册（借给我一本书）

b　借我 [gua^{55}] 蜀本册（向我借一本书）

泉州话的动宾词组是连成一个连调组的，“卖我两斤鱼”似乎拿“卖我”当大谓语，再带另一个宾语，所以“我”读变调；“买我 | 两斤鱼”，“我”和“两斤鱼”是同一方所有，类似同位关系，所以分为两个连调组。不过，不是所有的句子都有这样的变调的差异。

4.3 远宾如果是动词的引语，在近宾之后常常加上“看”或“叫”。例如：

（59）班长问我看作业交未。（班长问我作业交了没有）

（60）敢是汝听唊，无伊哪会说叫无影。（可能是你听错了，不然他怎么说没有这回事）

4.4 有些双宾句在泉州话里经常变换为其他句型。表“给予”的双宾句变换为连动句，表“取得”的双宾句变换为状语或兼语句，而表“同一”的双宾句则变换为处置句。例如：

（61）学堂赏伊一套《辞海》/ 学堂赏一套《辞海》度伊。（学校奖给他一套《辞海》）

（62）伊无影分度我电影票 / 伊无影分电影票度我。（他没有发给我电影票）

（63）伊昨日买我两斤鱼 / 伊昨日有共我买两斤鱼。（他昨天买了我两斤鱼，他昨天帮我买了两斤鱼）

（64）伊了去我赡少时间 / 伊害我了去赡少时间。（他费了我不少时间）

（65）照规矩伊着叫我表叔公 / 照规矩伊着共我叫做表叔公。（照理他要叫我表叔公）

4.5 双宾句之后如果还有另一个动词，泉州话不能像普通话那样，说成“动 $_1$+ 近宾 + 远宾 + 动 $_2$”的句式，而必须变为以下句式。例如：

（66）伊一本册我看 / 伊一本册护我看 / 伊提一本册护我看 / 伊提一本册我看 / 伊册提一本护我看≠ * 伊护我蜀本册看。（他给我一本书看）

五 宾语和补语的位置

5.1 可能补语和宾语的位置

普通话的可能补语用“动词 + 得 + 补语”的格式表达，否定式用“不”代替“得”，疑问式加“吗”或用肯定与否定的选择句。如果这种动补结构带上宾语，宾语一般都置于补语之后，动词和补语相连的，如说“对不起他”“看得起我”。

泉州话的可能补语用“动词 + 会 [e $_{阳上}$ ^{22}]+ 补语”的格式表达，否定式用“[bue $_{阳上}$ ^{22}]”代替“会”。疑问式用“动词 + 会 + 补语 + 赡”的格式。如果还另带宾语，宾语和补语的位置可以有三种格式。例如：

（67）着即种病，会食得淡薄酒，赡烧得蜀喙薰 / 着即种病，酒会食得淡薄，薰赡烧得蜀喙。（得了这种病，酒能喝一点，烟抽不得一口）

（68）汤咻会了，饭食赡了。（喝得完汤，吃不完饭）

（69）会骗得过伊，赡骗得过我。（骗得过他，骗不过我）

（70）伊度汝会骗得，我度汝赡骗得。（你骗得了他，你骗不了我）

（71）我拍伊赡赢，说伊会赢 / 我拍赡赢伊，说会赢伊。（我打不过他，说得过他）

上面五个例句中包含六种句式。

例（67）包含两种句式：

“宾 + 会（赡）+ 动 + 补”

“会（赡）+ 动 + 补 + 宾”（69 例同此）

（68）例一种：

“宾＋动＋会（𫠛）＋补”

（71）例包有两种：

“动＋宾＋会（𫠛）＋补”

“动＋会（𫠛）＋补＋宾”

（70）例是被动句变式：

“宾＋介＋施事＋会（𫠛）＋补”

把全句分为1、2、3、4个句子成分的顺序，宾语可能出现的位置是1、2、4，动词和助动词（会，𫠛）是1、2、3，补语是3、4，足见其语序的灵活和多样。就“会”的位置说，可以在动词之前，也可以在动词之后，可以和动词紧连，也可以相隔，可见它还是带着助动词的性质，不像普通话的“得”已经完全虚化为助词。

5.2 趋向补语和宾语的位置

泉州话的趋向补语有“来、去、出、入、起、落、过、倒（回）”等，和普通话不完全相同，“来”“去”可以放在其他趋向补语之后（如“起来”“过去”）组成复合的趋向补语，这是和普通话相同的；“来”“去”还可以连用在末尾（如“出来去”“入来去”）则是普通话所没有的。“来”“去”连用也可以用作动词，表示一种将去未去之时的一种去的意向。如说“我卜提倒来去”是“我想要拿回去”。

带趋向补语的动词（《现代汉语八百词》叫动趋式）如果带宾语，宾语和补语的位置在普通话和泉州话也有一些不同。

在普通话中，一般的宾语可以置于动趋式之后，也可以置于动词与趋向补语之间或复合趋向补语的中间，如说“派出去一个人”，“派一个去”，“派出一个人去”。而宾语如果是处所词，则只能置于动趋之间或两个趋向补语之间，而不能放在动趋式之后。在泉州话中，处所宾语只能放在动趋式之后。例如：

（72）伊有寄倒来一百箍银／伊有寄一百箍银倒来。（他寄回了一百元钱）

（73）批唔通寄来上海。（信别寄到上海来）

（74）我斡倒去厝里了后会共你拍电话。（我回家后会给你挂电话）

（75）行入来厝里现恰𫠛寒。（走进屋里立刻就不那么冷了）

如果处所宾语要放在动词与趋向补语之间必须另加一个介词。例如：

（76）批唔通寄对上海来。（信不要寄到上海来）

不论是无定宾语或有定宾语，普通话的语序都比泉州话灵活，无定宾语可以在动补之间、动补之后，也可以在复合趋向补语之间，泉州话只能有前两种位置；如果是有定宾语，普通话有两种位置，泉州话只有一种。例如：

（77）老引公提两万银出来分年。（老爷爷拿两万元出来分压岁钱）

（78）汤嘞落落 [lak⁵ loʔ²⁴⁻²] 去一只胡蝇，烩啉得哕。（汤里掉下去一只苍蝇，喝不得了）

（79）坐去归半日则写一百字出来。（坐了大半天才写出一百字来）

（80）搿许矸新买的酒出来啉。（拿那瓶新买的酒出来喝）

（81）野无容易请個老爸出来。（很不容易请出他父亲来）

和其他带受事宾语的句子一样，泉州话也很习惯于把动趋句中的宾语提到动词之前，作为受事主语组成主谓谓语句（如下例82），若是施事则充当主语（如下例83），有时也作为介词的宾语（如下例84）。例如：

（82）伊牛牵一只来哕，田有通犁哕。（他牵来一头牛，可以犁田了）

（83）灶骹嘞胡蝇飞飞入来。（厨房里飞了好多苍蝇进来）

（84）野无容易将個老爸请出来。（很不容易把他的父亲请出来）

这种句式的变化在普通话里也是允许的。但在泉州话里是更自然、更常见的句式。

5.3　结果补语和宾语的位置

动词带有结果补语（或称动结式）之后如果还带着宾语，不论结果补语是表结果的动词或表状态的形容词，普通话和泉州话一般都按“动词 + 补语 + 宾语”的格式成句。例如：

（85）拍澹衫裤阁搦无鱼。（弄湿了衣裳又抓不到鱼）

（86）汝唔通托破伊的天窗。（你不能捅破他的机密）

（87）说清楚即条汝就会行得。（说清楚这一条你就可以走了）

（88）拍死侬哪有通免赔命！（打死人哪能不偿命）

泉州话的某些句例可以把宾语置于动补之间。例如：

（89）两斤酒会入三矸滇。（两斤酒能装满三瓶）

（90）食日昼饱就去了。（吃饱午饭就走了）

（91）说一句话未了汝就到。（没说完一句话你就到了）

这种“动 + 宾 + 补”的结构都不能独立成句，而且动词和结果补语都是简短的。应该和语义也有关系，所以不能任意推广。

有些普通话常说的“动 + 补 + 宾”的句子在泉州话也常常变换为受事前置句。这类句子也往往是包含着其他成分的长句。例如：

（92）粟种曝燋通发落曳 [ia³¹⁻²²] 秧。（晒干谷种后好准备下秧）

（93）日昼顿食了则去也会赴。（吃完午饭才去也来得及）

（94）一句话说未了就赶紧斡去。（没说完一句话就赶着回去了）

泉州话还有另一种变换式是把普通话的祈使句式“动词 + 补语 + 伊（它）”变为处置式。例如：

（95）两奇箱过尽入度伊滇。（两口箱子都把它装满）

（96）淡薄秫米食度伊了，无会生虫。（一点糯米把它吃完，要不然会长虫子）

（97）涂佛仔唔通共伊拍破。（泥菩萨不要把它弄坏了）

（98）桌着共伊擦伊焦。（桌子要把它擦干了）

有时，这类句子中的介词和宾语会读成合音音节或省略介词只保留“伊”。例如：

（99）桌着擦度伊 [$thɔ^{1}$（← $thɔ^{31-22}i^{33}$）] 焦。（桌子要擦干了）

（100）桌面推伊平则会油漆得。（桌面刨平才能上油漆）

六　状语后置

泉州话表程度的状语一般都和普通话一样放在谓语之前，但是相当于普通话所说的“好得很”，在泉州话有一种说法：在形容词之后加上“呷 [$aʔ_{阴入}$]”。其声母往往受前音节韵母同化，在厦门话都读为 $kaʔ_{阴入}$。

（101）個厝里艰苦呷。（他家里穷得很）

（102）即摆的煤涂豆曝呷焦呷。（这次煮的花生果晒得很干）

（103）骹球踢赢逐个畅呷。（足球踢赢了大家乐得很）

（104）考无及格，烦恼呷鲙睏得。（考不及格，愁得睡不着觉）

像（102）例那样，多数句子在“呷”的后面都可以加上表示状态的成分，如“畅呷卜死”（高兴得要命），“艰苦呷搭搭”（穷得叮当响）。从（104）例可以看到这个“呷”和动词之后的相当于普通话的“得”的助词同形。

其实带助词“呷”的句子和普通话的“看把你乐得”之类的句子从结构和意义上说也都很接近，可以把它看成是一种省略式。和其他南方方言所常见的“吃一碗添”“我行先”恐怕是不同性质的现象。

普通话表时间表方位的状语都置于动词之前，有些书面语补语置后但必须加上介词（如：生于 1920 年，走在大路上）。泉州话时间词总是前置，方位词则可以后置而且不加介词。例如：

（105）恁先行，我煞尾则去。（你们先走，我最后走）

（106）汝行头前，我滞 [$tə^{31-55}$] 后面（你前面走，我在后面跟）

（107）行边头恰鲙度车磕着。（靠边上走免得被车撞了）

说明：本文原载于李如龙、张双庆主编《动词谓语句》，暨南大学出版社，1997 年。后收入《闽南方言语法研究》，福建人民出版社，2007 年。

闽南方言的代词

本文是闽南方言的代词的比较研究。取材着重于闽南的泉漳地区，兼顾粤琼等地，为了说明问题，有时也拿其他闽方言作参照。对于各地闽南话的这些用词，除了分类列述，说明其同异之外，还尽量考释其语源及其音义的演变过程。最后综合地提出闽南话这一封闭性词类的若干特点。文中古籍例句多是有关论著中转引的，汕头的材料参考过林伦伦、施其生的有关论著，海康的材料参考过蔡叶青的《海康方言志》，海口的材料参考过陈鸿迈的《海口方言词典》。特此致谢。

一 人称代词

1.1 三身代词

闽南话的人称代词和许多汉语方言一样有三个人称的单数式和复数式，但用字和读音多有自己的特色，而且各地的说法大同小异（见表1，为便于比较，以下标声调概用1～8的数字标调类，0表轻声，标在音标的右上角。一般只标本调不标变调）。

表1

	泉州	漳州	厦门	汕头	海康	海口
我	gua^3	gua^3	gua^3	ua^3	ba^3	va^3
你（汝）	$lɯ^3$	li^3	li^3	$lɯ^3$	lu^3	lu^3
他（伊）	i^1	i^1	i^1	i^1	i^1	i^1
我们（阮，我侬）	gun^3	gun^3（$guan^3$）	gun^3	$uaŋ^3$	$ba^3\ naŋ^2$	$ba^3\ naŋ^2$
你们（恁，汝侬）	lin^3	lin^3	lin^3	$niŋ^3$	$lu^3\ naŋ^2$	$lu^3\ naŋ^2$
他们	in^1	in^1	in^1	$iŋ^1$，$i^1\ naŋ^0$	$i^1\ naŋ^2$	$i^1\ naŋ^2$
咱们	lan^3	lan^3	lan^3	$naŋ^3$	$naŋ^3$	$naŋ^3\ naŋ^2$

第一人称单数各地都说“我”，雷、琼声母变读为[b-]、[v-]，是次浊声母的“旁转”，如“月”[$bueʔ^4$，vue^8]，“米”[bi^3，vi^3]。

第二人称的说法，按厦门、漳州的读音很多是“你”，明清的闽南方言戏文也都写作“你”，但从各地韵母的 [ɯ—i—u] 的对应看，只能是鱼韵字（猪、鱼、去、箸、书等合此对应）。先秦时代，“女”与“尔”并用为对称代词,《诗·大雅·大明》有“上帝临女，无二尔心”句即此。汝是女的后起字。在闽方言中，除闽南方言之外，闽东、莆仙等沿海地区也都说“汝”，福州音 [ny^3]，莆田音 [ty^3]，都符合声韵对应。而西部山区的闽北、闽中方言则说“你”不说“汝”，[①] 第二人称代词说“女”在现代方言中实属少见，是闽方言的重要特征词之一。

第三人称的单数式在闽南方言中都说“伊”，除闽北、闽中说“渠”外，沿海的闽方言也都说“伊”。这个“伊”是魏晋时期常见的他称代词。据吕叔湘先生考察，“伊”字在先秦是个指示词，如“所谓伊人，在水一方”（《秦风·蒹葭》）。“在魏晋之际，正当他字开始向三身代词方面发展的时候，伊字已经是个盛行的代词,《世说新语》里就有不少例子（例略），隋、唐时伊字仍见应用（例略），五代宋人词中尤其常见。”[②]

关于闽南话人称代词的复数形式，曾有人说过，这是单数式加 [-n] 的“屈折”形式，其实不然，它显然是一种合音形式。

“阮、恁、侬”是“我侬、汝侬、伊侬”的合音。福建的龙岩、广东的雷州及海南各地乃至东南亚的新加坡、马来西亚、印尼等地的闽南籍华人至今都还说“我侬、汝侬、伊侬”。潮汕一带合音与不合音的说法兼而有之，在闽南本土则多已说成合音形式。

闽东方言普遍用“我各侬、汝各侬、伊各侬”作人称代词复数式，有时“他们”就说成“伊侬”，也许闽南话的“我侬、汝侬、伊侬”就正是从“我各侬、汝各侬、伊各侬”省略而来的。

第二人称复数的“恁”有时也写为“您”（闽南话多数 [n–l] 不分），关于北方话的“您”，王力和吕叔湘先生都认为来自“你老”，太田辰夫认为这种说法“缺乏实证”，他认为“您”和晚清的“伫、能”有承继关系，但“伫”和“能”的语源不明，或许和中近古已有的“侬”有关系。[③] 闽南话的“汝侬→恁”的变化可为太田辰夫的猜测提供一种实证。

第一人称的复数式在闽南话有“阮—咱”两种说法，和普通话的“我们—咱们”相当，前者把“你”排除在外，后者把“你”包括在内。吕叔湘先生论证过，“咱”是“自家”合音而成的[④]，闽南话的“咱”，则是“侬家侬”合音而成的：[naŋ ka naŋ → naŋa naŋ → nan naŋ → lan laŋ]，福州话“咱们”正是说“侬家侬”[nøyŋ ŋa nøyŋ]的，是有力的旁证。

---

① 陈章太、李如龙《闽语研究》，1991 年，第 93 页。

② 吕叔湘、江蓝生《近代汉语指代词》，学林出版社，1985 年，第 17 页。

③ 太田辰夫《中国语历史文法》，北京大学出版社，1987 年，第 106 页。

④ 吕叔湘、江蓝生《近代汉语指代词》，学林出版社，1985 年，第 17 页。

三身代词中闽南的戏曲对白中至今还有一种十分古老的说法，即老旦的自称“老身”（泉州音 [lau^4 sin^1]）。泉州话的口语也有“身已”（自已）的说法。《尔雅·释诂》：“卬、吾、台、予、朕、身、甫、余，言我也。”《世说新语》也有用“身”称我的用例：“王曰，若如公言，并不如二人耶？谢云：身意正尔也。”吕叔湘先生说：“隋唐以后，身的这种用法逐渐消失，在《敦煌变文集》中尚见几例。”①

1.2 自称、别称和共称代词

除了三身代词之外，闽南话也有和普通话相当的自称代词、别称代词和共称代词。各地说法如表 2：

表 2

	泉州	漳州	厦门	汕头	海康	海口
自已（家自）	kai^4 ki^6	ka^{1}ti^6	ka^4 ki^6	ka^1 ki^0	ka^1 ki^1	ka^1 ki^6
人家（侬）	laŋ^4	laŋ^6	naŋ^6	laŋ^0	naŋ^1	naŋ^6
大家（大家侬）	tai^6 ke^1 laŋ^2	tak^8 ke^1 laŋ^2	tak^8 ge^2 laŋ^2	ts^{h}oʔ^7 naŋ^2，tai^6 ke^1 hue^5	tua^1 kɛ^1	dia^2 kɛ^1

自称代词在普通话说“自已”，闽北方言说“自”，闽东方言说“自家”，闽南各地的说法中首音节应是“家”，末音节有人以为是“已”，声调不合，漳州声母也不合，可能是从“自”变来的。声调都是阳去本调（末音节不变调），声母都是类化而成的双声。从“自家”演变为“家自”，也好解释。人称代词由于常用，语音很容易发生变化，在泉州、厦门一带还可以进一步合成一个音节说成 [kai^6]。

别称代词在普通话说“人家”，在闽东方言说“侬”（福州音 [nøyŋ]），从闽南话的音看也是“侬”，但声调从阳平变读为阳上或阳去。按照闽南话的连读变调规律，二音组总是前字变后字不变，阳平在前正是变阳上（泉州）或阳去（漳州、厦门等），但按照句法关系所决定的变调规律，单用作主语时不应变调，而“侬唔讲我也知”（人家不说我也知道），其中“侬”并不读本调（阳平），可见，这是一种辨义变读。即用不同的音读（往往只是改变声韵调中的某项）来表示语义相关的两种意思。

闽方言和普通话一样，有时也可以把别称代词转用作第一人称，例如“侬唔去，硬安侬去”（人家不去，硬要我去）这句话在闽南和福州都可以说。福州话还可以把“侬”和“我”连着说：“侬我唔去赡使啊？”（人家我不去不行吗？）“侬”当“我”用，在南北朝时期就很常见，例如《乐府诗集》中鲍照的《吴歌》（44 卷）就有“欢愁侬亦惨，

① 吕叔湘、江蓝生《近代汉语指代词》，学林出版社，1985 年，第 11 页。

郎笑我便喜”。[①] 闽南话的“侬”的这种用法应该就是从这里承继下来的。

共称代词在普通话和多数方言里说“大家”。在闽南话里也有“大家”的说法，显得文绉绉。泉州话上表的音是“大家侬”，也可和厦门话一样说成“逐个（其）侬”或“逐个（其）”，漳州话是两种说法混合的音“逐家侬”。汕头话的音可写成“撮侬”和“大家伙”。海康和海口都是“大家”的音。其实各地的这些不同说法在某个地方往往都可以作为同义词随便换用，例如在泉州说成“逐个、逐个侬、大家、大家侬、大家众侬”都可以听得明白。究其演变途径应该是多音词连音变读的弱化结果：从“大家侬”变读为“逐个侬”“逐侬”，只是 [tai ke] → [tak ge]，-i 韵尾脱落，k- 声母浊化的弱化。应该说明的是闽南话的“逐个”和普通话的“逐个”含义截然不同。如果是“逐个检查”在闽南话要说“随蜀个检查”，方言里说“逐个”一定是“每一个”“大家”的意思。这是一个很特殊而且容易引起误会的方言词。

1.3 人称代词在句子里的读音

作为及物动词的宾语并置于句末（包括分句）时，闽南话的单音人称代词通常读为轻声。例如（下列例句中字前加·的音节读轻声。句中方言词及用字以泉州话为据）：

（1）汝唔通拍醒·伊。（你别弄醒他）

（2）汝若看见·伊则共伊讲。（你要是看见他就告诉他）

（3）清采侬去求·伊伊都会答应。（随便谁去求他他都会答应）

（4）骹踏车着牵来还·我唠。（自行车得牵来还我了）

（5）伤风会度·着·侬。（感冒会传染别人）

单音人称代词做宾语，之后又连着轻声音节的助词，不论是否在句末，都读轻声。例如：

（6）伊送·汝·其许本册阁在嘞无？（他送你的那本书还在吗？）

（7）会落去救·伊·其阁有啥侬？（会下去救他的还有谁？）

（8）伊有借钱度·汝·无？（他借钱给你了吗？）

如果不是及物动词的宾语，虽然置于句末也不读轻声。例如（例句中下加＿者读本调）：

（9）当时厝里无别侬，只有汝。（当时屋里没有别人，只有你）

（10）会通救出佃小弟好汝。（能救出他弟弟，多亏你）

（11）恁老母上媪放心的是汝。（你妈最不放心的是你）

（12）全班考最好的是伊。（全班考得最好的是他）

如果是并列结构，或者是语用强调的成分，不论在句中或句末，单音代词也读本调。例如：

① 杨伯峻、何乐士《古汉语语法及其发展》，语文出版社，1992 年，第 95 页。

（13）为怎样请汝无请伊？（为什么请你没请他？）

（14）即摆请我，下摆请伊。（这次请我，下次请他）

（15）若是无够侬，汝则叫我。（要是不够人，你就叫我）

单音人称代词作宾语（包括介词所带宾语），不在句末也不读轻声，而按常规变调。例如：

（16）叫伊三过伊都唔来。（叫他三次他都不来）

（17）唔通度伊走·去。（别让他跑了）

（18）许碗汤共伊啉·落·去。（把那碗汤喝下去）

多音代词不论是否作宾语，一概按常规变调而不读轻声。例如：

（19）逐个侬都唔去。（大家都不去）

（20）有无问汝家自。（有没有问你自己）

（21）我侬𫍛输伊侬。（我们不会输给他们）

有些常用的介词带“伊、我”宾语，在口语中经常合音成为一个音节。例如泉州话：

（22）册护伊借去了。（书被他借走了）[hɔ^{6}i^1 → hɔi^1 ～ hɔ^1]

（23）衫共我收起来。（把衣服给我收起来）[kaŋ^5 gua^3 → ka^3]

（24）厝护侬占去。（房子被人占了）[hɔ^{6}laŋ^2 → hɔŋ^2]

1.4 人称代词的用法

人称代词的单数式“我、汝、伊”不能直接修饰亲属称谓及所属集体或单位，如说“我老母、伊小弟、汝学堂”等，只有人称代词复数式可以直接附加在某些名词之前表示从属关系。如果所修饰的名词是方位词或单位名称，修饰语可以指复数也可以指单数；如果所修饰的名词是亲属称谓，修饰语只用来表示单数。例如：

阮乡里——我们村，我的家乡

恁学堂——你们学校，你的学校

個厝——他们家，他的家

阮大兄——我哥哥

恁老母——你母亲

個囝——他儿子

如果代词和所修饰的名词之间加上结构助词“其”[e^2]，则单数复数之别明确，不能混用。例如：

我其衫。（我的上衣）

阮其亲情。（我们的亲戚）

汝其做法。（你的做法）

恁其代志。（你们的事情）

在口语应用中，人称代词的复数式有时也可作单数用，包括式可用作排除式，别称可作自称用，这些活用往往表现不同的感情色彩。其用法和意义同普通话大体相仿。例如：

（25）汝免问阮，阮唔知。（你别问我，我不知道）——表疏远

（26）咱乡里有偌秭侬去？（你们村里有多少人去）——套近乎

（27）侬唔去，强安侬去。（我不去，硬要我去）——含不满

二 指示代词

2.1 各地指示代词比较

吕叔湘把指示代词分为实体的指示代词和性状指示代词。[①] 闽南话的指示代词也有这样两类。各地说法如表3（字下加__表示合音，音标间用’隔开表示两可的说法）：

表3

	泉州	漳州	厦门	汕头	海康	海口
这个（只个）	tsik^{7} ge^{2}	tsit^{7} le^{2}	tsit^{7} le^{2}	tsi^{3} kai^{0}	zia^{6} kai^{0}	tsi^{7} kai^{2}
那个（许个）	hik^{7} ge^{2}	hit^{7} le^{2}	hit^{7} le^{2}	hɯ^{3} kai^{0}	ha^{6} kai^{0}	ho^{6} kai^{2}
这些	只夥其 tsuai^{2} e^{2}	tsia^{3} e^{2}	tsia^{3} e^{2}	只撮 tsi^{3} ts^{h}oʔ^{7}	者呢 zia^{6} ni^{6}	只多 tsi^{7} toi^{1}
那些	许夥其 huai^{2} e^{2}	hia^{3} e^{2}	hia^{3} e^{2}	许撮 hɯ^{3} ts^{h}oʔ^{7}	许呢 ha^{6} ni^{6}	许多 ho^{6} toi^{1}
这种	只种其 tsiɔŋ^{3} ge^{2}	即号 tsi^{7} lo^{6}，tsio^{6}	tsit^{7} lo^{6}，tsio^{6}	者起 tsia^{3} k^{h}i^{3}	者呢 zia^{6} ni^{6}	只种 tsi^{7} tsiaŋ^{3}
那种	许种其 hiɔŋ^{3} ge^{2}	许号 hit^{7} lo^{6}，hio^{6}	hit^{7} lo^{6}，hio^{6}	许起 hia^{3} k^{h}i^{3}	许呢 ha^{6} ni^{6}	许种 ho^{6} tsiaŋ^{3}
这时	即久 tsit^{7} ku^{3}	即站时 tsit^{7} tsam^{6} si^{2}	即竣 tsit^{7} tsun^{6}，tsun^{6}	只竣 tsi^{3} tsuŋ^{2}	者候 zia^{6} hau^{0}	只候 tsi^{7} hau^{1}
那时	许久 hit^{7} ku^{3}	许站时 hit^{7} tsam^{6} si^{2}	许竣 hit^{8} tsun^{6}	许竣 hɯ^{3} tsuŋ^{2}	许候 ha^{6} hau^{0}	许候 ho^{6} hau^{1}
这里	即搭 tsit^{7} taʔ^{7}	即搭 tsia^{1}	tsia^{2}	只过 tsi^{3} ko^{5}	者迹 zia^{6} tsia^{6}	只呢 tsi^{7} ne^{5}
那里	许搭 hit^{7} taʔ^{7}	许搭 hia^{1}	hia^{2}	许过 hɯ^{3} ko^{5}	许迹 ha^{6} tsia^{6}	许呢 ho^{6} ne^{5}

① 吕叔湘、江蓝生《近代汉语指代词》，学林出版社，1985年，第17页。

续表

	泉州	漳州	厦门	汕头	海康	海口
这么（大）	只款 tsuan^5 ～ tsuaʔ^7	者呢 tsia^1 ni^0	即 tsiaʔ^7	只 tsi^5	只样 zio^6	只摩 tsi^7 mo^2
那么	许款 huan^5 ～ huaʔ^7	许呢 hia^1 ni^0	许 hiaʔ^7	许 hi^5	许样 ho^6	许摩 hi^7 mo^2
这样（做）	安呢 an^1 ni^1	安呢个 an^1 nɛ^1	安呢 an^1 ni^1	只样生 tsiõ^5 sẽ^1	只体 zio^6 t^{h}oi^3	只样 tsi^7 io^1
那样	an^3 ni^0	an^3 nɛ^0	an^3 ni^0	许样生 hõ^5 sẽ^1	许体 ho^6 t^{h}oi^3	许样 hi^7 io^1

这里必须说明几点：

1. 表中所列只是各点最常见的说法，除此之外，往往还有其他的同义词。例如：在汕头，“这样、那样”也可以说“只生、许生”[tsi^{5}sẽ^1、hi^{5}sẽ^1]，泉州话“这时”又可以说“即（时）竣”[tsit^7（si^2）tsun^5]，“即站（时）”[tsit^{7}tsam^6（si^2）]，“即时站”[tsit^{7}si^{2}tsam^6]，还可在“即久、即竣、即站”的后面加上词尾“囝”[a^3]。

2. 各点的不同说法往往可以兼用并行，尤其在邻近地区。

3. 除表中所列地点以外，还有许多地点也有不同说法，有些说法只流通在很小的范围。例如在泉州周边的不同乡镇之间，“这里”就还有“即位囝”[tsit^{7}ui^{5}a^3 ～ tsuĩ^{3}a^3]，“即迹（囝）”[tsit^{7}liaʔ^7（a^3）]，“者啊”[tsə^{1}a^0]，“即搭囝”[tsit^7 taʔ^{7}a^3]等等说法。

从表 3 可以看到，闽南方言的指示代词一方面是十分分歧（不同说法多）、十分多样（交叉使用多）；另一方面却又是十分一致的：除了个别地点的个别指代词外，各点的近指和远指都是用不同的声母 [ts-（z-）—h-] 的对立来表示的。不但闽南话如此，沿海的闽方言（莆仙方言和闽东方言）也莫不如此。有人也喜欢说这又是“语音的屈折”，其实这只是说明各地使用的是同样的根词。在经常使用的过程中。由于轻声、变调、合音等语音的变化，韵母和声调多变，而声母则保持稳定。

2.2 “只”和“许”的语源

“只、许”在闽南话里不但声母一致，不少地方还可单说，读音也成对应，如泉州、汕头都读 [tsi^3、hɯ^3]，闽东方言的福州话则说 [tsi^3、hy^3]，从闽南到闽东都写成“只、许”。明末梨园戏戏文《荔镜记》通篇都写为“只、许”。

只景：这景色　　许时：那时候

只外：这里　　许处：那里

只内：这里面　　许外：那里

只街边：这街边　　许赏灯人：那赏灯人

自汉至唐宋间“许”用作“那个、那样”的例子是很常见的。用于形容词之前更多。如：“长江不应满，是侬泪成许。”（《乐府诗集·华山》）“风吹冬帘起，许时寒蒲飞。”“垂帘持自障，谁知许厚薄。”（《乐府诗集·子夜歌》）“莲社高人留翁语，我醉宁论许事。”（辛弃疾《贺新郎》）“许大乾坤吟未了，挥鞭回首出陵阳。”（杜荀鹤《自江西归九华》）“天造梅花，有许孤高，有许芬芳。”（刘克庄《沁园春》）。用闽方言读这些诗句的“许”都和方言里的说法大体可通。

那么“只、许”的语源是什么呢？就闽方言的语音演变规律看来，其语源可能是“兹”和“尔”。

据杨伯峻、何乐士研究，近指代词中，“兹”字出现最早。“兹”古音精母之韵平声，闽南话的近指代词的读音都合乎精母之韵的对应（有的读为阳调类，是因为合音，下详），声调则读为上声，明显是为了避讳。因为凡是用 [tsi] 表示“这”的闽方言，[tsi] 的平声都是表示“女阴”的音。因而将声调读为与远指同调的上声。近指和远指读为同调，当然也可以理解为同一小类的词义相关的封闭性语词的一种语音类推（如李荣先生所说的“感染”）作用。

一般都认为现代汉语的“你”来自古代的“尔”。吕叔湘先生指出：“尔和若在古代也有指示的用法……如《世说新语》里，‘尔时、尔巳、自尔、尔多、尔馨等就屡见不鲜。”他还引用了法国人 W. Bang 的说法来作为理论上的旁证：“初民先有指示的概念，后有三身的概念。第一身往往跟近指代词同源；远指代词又分较近较远两类，前者大多跟第二身相关；后者大多跟第三身相关。”① 闽南话的“许”各地都读上声调。声母是 [h]，[h] 是古日母字中最古老的一个白读层，例如泉州音：耳 [hi^4]、燃 [$hiã^2$]、箬 [$hioʔ^8$]、肉 [$hiak^8$]、喏 [hia^4]、诺 [$hioʔ^8$]，韵母的读法各地虽有歧异却也都符合古支韵字与今方音的对应。试看表 4：

表 4

许	古支韵字今音读为同韵者
hɯ（泉州、汕头）	斯 此 赐 雌 疵 （在福州为 y 韵）
hi（海康）	只 是 施 支 宜 池
hia（漳州、厦门、海康）	蚁 骑 寄 绮 奇 （～数）
hua（泉州）	倚 徙 纸 施 （拍施：撒落）

可见，说闽南话的“许”来自“尔”，有更加充分的根据。

2.3 “只”和“许”的音变

为什么闽南话的指代词会出现声母一致、韵母和声调纷繁的现象呢？究其原因有

① 吕叔湘、江蓝生《近代汉语指示代词》，学林出版社，1985 年，第 3 页。

三：一是时与地的变异，闽南各地的近指代词“者、只、即”等说法就像近代汉语的“这、遮、者”和“么、摩、末、没”等写法那样，应是不同时地的差异；二是连音同化，例如泉州话“即个 [tsik^{7} ge^{2}]、即块 [tsit^{7} tə^{5}]、即包 [tsip^{7} pau^{1}]”，这就是前音韵尾受后音声母同化的结果；三是合音现象，上表中属于这类的就有：

只一 闽南（泉漳厦）的 [tsit—hit] 应是“只一”的合音，如泉州话：

这个：即个 [tsik^{7} ge^{2}]（k 系受 g 影响而来）

这种：即庄 [tsit^{7} tsŋ^{1}]

这时：即站 [tsit^{7} tsam^{4}]

这里：即搭 [tsit^{7} taʔ^{7}]

这边：即爿 [tsip^{7} pu ĩ^{2}]

这样：即款 [tsik^{7} k^{h}uan^{3}]

这些：即里 [tsit^{7} lai^{4}]

[tsit^{7}—hit^{7}] 之后不能再连说数词“一”，是“即”为“只一”合音的旁证。

只夥 在泉州读 [tsuai]，厦门读 [tsia]，《广韵》夥，胡火切，“楚人云多也”，果摄合口一等，在泉州有不少字白读为 [ua]（破 [phua^{5}]，磨 [bua^{2}]，过（罪过）[kua^{5}]），至今口语仍说“不多”为“无夥”[bo^{2} ua^{4}]。加上韵尾 [-i]，以及声调变为阳平则是受后音节“个”的影响（“个”的本字应是“其”，闽南各地均读阳平，与福州的 [ki^{2}] 同源，有人写作训读字“个”，限于篇幅不再论证）。

即种（泉州） tsit^{7}tsiɔŋ^{3} → tsiɔŋ^{3}

即号（漳、厦） tsit^{7}ho^{6} → tsio^{6}

即竣（厦门） tsit^{5}tsun^{6} → tsun^{6}

即款（泉州） tsit^{7}k^{h}uan^{3} → tsuan^{3}

（[tsuaʔ^{7}] 是“阴阳对转派生的同义词”）①

即搭（漳、厦声调有变） tsit^{7}taʔ^{7} → tsiaʔ^{7} → tsia^{2}

只样生（汕头） tsi^{3}iõ^{6}sẽ → tsiõ^{3}sẽ^{1}

这种合音现象由来已久。明末闽南戏文已经有许多这类记录。例如：拙长（这么长）[tsuaʔ^{7}]，障说（怎样说）[tsiũ^{5}]，向般（许样般）[hiũ^{5}]。

应该特别指出泉州话的“即款”，若是不合音说 [tsit^{7} k^{h}uan^{3}] 是体词，只能表示“这种”，用作主语或宾语如说“即款不如许款”（这种不如那种）；如果合音说成 [tsuan^{3}] 则是个谓词（副词），只能表示“这么”，用作修饰语（即款好：这么好，许款大：那么大）。严格地，后者是副词而不是代词。这种用不同的读音来区别词性的现象很值得注意。

---

① 李如龙、张双庆《闽粤方言的阳入对转派生词》，香港中文大学《中国语文研究》1992 年第 5 期。

2.4 指示代词的后缀

闽南话的指示代词在口语中常常带有后缀。不同的地方有不同的后缀，不同的指代词也有区别。常见的有如下几种：

生 潮汕地区多见，如说“只样生”[tsiõ^{5} sẽ^{1}]、“许样生”[hiõ^{5} sẽ^{1}]。安溪音[tsiũ^{5} sĩ^{0}]、[hiũ^{5} s ĩ^{0}]，厦门话“这样”说“安呢生”[an^{1}nĩ^{1} sĩ^{1}]。早期闽南话戏文写为“障生、向生”。这个“生”在唐宋间常常作为“怎”的词尾，如欧阳修词《瑞鹊仙·春情》：“问因循过了青春，怎生意稳。”柳永词《临江仙》：“还经岁，问怎生禁得如许无聊。”吕叔湘说：“怎生比较更早，那个时候生字还是一个活着的语尾，常加在形容词后头。这个复合词在元以后就很少用了。”①

e^{2} 闽南地区多见，本字也许是“其”，用作“的”，也用作“个”，声母随前音节而变，如泉州话“这个”说[tsik^{7} ge^{2}]，“这种”说[tsiɔŋ^{3} ge^{2}]，“这些”说[tsuai^{2} e^{2}]。这很容易使人联想起官话区说的“这些个，那些个”。

囝 闽南地区多见，用于表时间、地点的指示代词之后，各地读音有别，声母也随前音节而变。例如厦门话“那时”说“许竣仔”[hit^{8} tsun^{5} nã^{3}]，“这里”说“即搭仔”[tsit^{7} taʔ^{7} a^{3}]，南安话“这里”说“即位囝”[ˎtsuĩ ˎa]、“那里”说“许位囝”[ˎhuĩ ˎa]，惠安“这时”说“即久囝”[tsit^{7} ku^{33} kã^{3}]。“囝”就是子、儿一类词尾，这和官话区的“这会儿，那阵子”是一回事。

2.5 指示代词的用法

闽南话的单音指代词“只、许”通常不能直接作名词的修饰语，而必须加用量词“个”，这是和普通话很不一样的用法。例如：

（28）即块厝野大块。（这房子好大）

（29）许个查某囝仔真古锥。（那女孩子很可爱）

（30）许本册比即两本卡重。（那一本书比这两本还重）

（31）即种意见我无同意。（这一种意见我不同意）

有些组合似乎是“只、许”直接修饰名词，其实是量词或者是和黏着语素组成的合成词。例如：

（32）即桌坐五个，许桌坐六个。（这一席坐五人，那一席坐六人）

（33）三年无倒去许厝了。（三年没回家了）

（34）即箱衫裤是伊的。（这箱衣服是他的）

（35）即款比许款卡好看。（这种比那种还好看）

---

① 吕叔湘、江蓝生《近代汉语指示代词》，学林出版社，1985年，第305页。

在这一点上，早期闽南话和现今用法有异。三百年前的《荔镜记》有许多指示词可以直接加在名词之前。例如：只寒衣（这寒衣），只街头巷尾（这街头巷尾），许赏灯人（那赏灯人），在只灯下行过（在这灯下走过），许后生时节（那年轻的时候）。[①]

大概也正由于“只、许”的指示意味强，如果和量词连用，除了二以上的数词，当中不必再加“一”来特指。普通话的“这一间、那一粒、这一本、那一只”在闽南话直说“即间、许粒、即本、许只”。

在广东省出现的是另外一种情况。指示代词（不论是近指或远指），如果连用着量词和名词，均可省略不说。以汕头话为例：

（36）本书好睇——这本书好看

（37）支笔无用了——那支笔坏了

（38）斤肉无够重——那斤肉不够重

这种句型里省略的指代词与近指（在眼前的）或远指（不在眼前的）无关，但其所指都必须是听说双方都已经知道的事物。研究粤方言的专家都提到过粤方言量名结构前的指示代词亦可省略。应该说，潮汕地区和雷州地区的这一现象是受粤方言影响的结果。

2.6 泛指和特指

闽南话的指示代词还普遍有泛指和特指之别。用指示代词和方位词或量词构成的双音词，如果按一般二音组变调规律，前字读变调后字读本调，这是泛指；如果前字读本调，后字读轻声则是特指。例如（见表5）：

表5

			厦门	汕头
这个	泛指	即个	tsit⁷ le²	tsi³⁻¹ kai²
	特指	即·个	tsit⁷ le⁰	tsi³ kai⁰
那边	泛指	许爿	hit⁷ piŋ²	hɯ³⁻¹ pɔ̃i²（那爿）
	特指	许·爿	hit⁷ piŋ⁰	hɯ³ pɔ̃i⁰（那半爿）

用轻声来表示特指，不单在指示代词如此，在句法结构上也可用长串的轻声来表示特指。例如：

即一百箍护汝，许·一·百·箍护伊。（这一百元给你，那一百元给他）

即个勢，许·个·阁·卡·勢。（这个能干，那个更能干）[②]

如果说，把泛指和特指同空间距离联系起来，用特指表示“近近指”和“远远指”，

---

① 据日本天理大学藏《荔镜记戏文》，明嘉靖四十五年刻本。

② 李如龙《厦门话的变调和轻声》，《厦门大学学报》（社会科学版）1962年第2期。

则闽南话的指示代词可以有近近指、近指和远指、远远指四种指称（见表6）。

表 6

近指		远指	
特指	泛指	泛指	特指
即·个	即个	许个	许·个

福建境内的闽南话表示动作的方式的指代词（这样、那样）通常不分近指和远指，不用“只、许”的系统，而用同一个“安呢”。但是同样可以有泛指和特指，通常的理解读变调和读轻声的“安呢”似乎和近指、远指的区别是大体相当。① 明清闽南话戏文里“这样、那样”都写作“障生、向生”，“障”[tsiũ^{5}] 是“只样”的合音，“向”[hiũ^{5}] 是“许样”的合音，大体和现今的潮汕话说法相同（安溪一些农村还有这种说法）。可见在闽南本土这些古老的方言里表动作的方式的指示代词也有两个不同的历史层次的成分的共存：分近指远指的“障生—向生”和不分近指的“安呢”，后者显然是后起的创新。

三 疑问代词

3.1 各地疑问代词比较

表 7

	泉州	漳州	厦门	汕头	海康	海口
谁	孰何 siɔŋ^{24} ŋa^{24}	**谁**何 tsua^{2}	是谁 tsit^{8} tsui^{6}	底**底侬** ti^{6} tiaŋ^{2}	**底侬** tiaŋ^{2}	乜侬 mi^{7} naŋ^{2}
哪一个	**底落**一个 to^{3} tsik^{8} ge^{2}	ta^{3} tsit^{8} le^{2}	to^{3} tsit^{8} le^{2}	底一个 ti^{6} tsek^{8} kai^{2}	ti^{6} tsek^{8} kai^{2}	乜个 mi^{7} kai^{2}
什么	啥物 siã^{3} mĩʔ^{7}	哪货仔 nã^{3} hue^{5} a^{3}	什物 sim^{3} miʔ^{7}	siʔ^{8} miʔ^{7}	乜 mi^{7}	乜个 mi^{7}（kai）
哪里（何处）	底落 to^{3} loʔ^{7}	底落仔 ta^{3} loʔ^{7} a^{3}	to^{3} loʔ^{7}	底过 ti^{6} ko^{5}	底迹 ti^{2} tsia^{6}	底呢 ʔdi^{4} ne^{5}
哪一处	**底落**一位 to^{3} tsit^{8} ui^{6}	ta^{3} tsit^{8} ui^{6}	to^{3} tsit^{8} ui^{6}	ti^{6} ko^{5}	ti^{2} tsia^{6}	ʔdi^{4} ne^{5}

① 闽南本土的“安呢”看来是十分古老的说法，各地语音变异不少，如泉州说“安*呢个*”[an^{1} ne^{25}]，安溪说 [hãi^{1} hĩ^{1}]。究其语源很可能是上古时期的“焉耳”、“焉尔”。《孟子·梁惠王上》有：“梁惠王曰：‘寡人之于国也，尽心焉耳矣。’”汉赵岐注：“焉耳者，悬至之辞。”这种说法和闽话的“安呢”就十分相近。从语音对应说，“焉”三等字读同一等多有旁证，便（便宜 [pan^{2}]），囝（囝仔 [kan^{3}]），“耳”的声调受“焉”同化，自上声变为平声，也是很好理解的。

续表

	泉州	漳州	厦门	汕头	海康	海口
几时（何时）	底时 ti^{4} si^{2}	ti^{6} si^{2}	ti^{6} si^{2}	底样时 tiaŋ^{1} si	乜候 mi^{7} hau^{5}	mi^{7} hau^{1}
多久	若夥久 lua^{4} ku^{3}	lua^{6} ku^{3}	lua^{6} ku^{3}	若久 dzioʔ^{8} ku^{3}	ua^{7} ku^{3}	a^{1} ku^{3}
多少（个）	若夥秭 lua^{4} tsue^{6}	lua^{6} tse^{6}	lua^{6} tsue^{6}	若秭 dzioʔ^{8} tsoi^{6}	ua^{7} tsoi^{5}	a^{1} toi^{1}
多么（大）	若夥 lua^{4}	lua^{6}	lua^{6}	若 dzioʔ^{8}	ua^{7}	底 ti^{4}
怎么（做）	怎样（仔） tsiũ^{5}（a^{3}）	即呢 tsiaʔ^{7} nĩ^{0}	怎样 tsa ũ^{3}	做呢 tso^{5} ni^{2}	作体 tso^{7} t^{h}oi^{3}	底样、乍做 ʔdi^{7} io^{5}、ta^{1} to^{5}
为什么	若 naʔ^{7}	按怎、按若 an^{5} tsuã^{3}、an^{5} nã^{7}	按怎、若 an^{5} tsuã^{3}、naʔ^{7}	做呢 tso^{5} ni^{2}	作乜 tso^{7} mi^{7}	因个乜 in^{1} kai^{2} mi^{7}

表 7 和指示代词的一览表同样，只是列举各方言点最常用的说法。各地区有许多同义词以及相互影响而并行兼用的。例如泉州郊县，“谁”也说“底侬”[tiaŋ^{2}]、“啥（物）侬”[siã^{3}（miʔ^{7}）laŋ^{2}～siaŋ^{2}]，“什么”也说“啥货”[sia^{3}hə^{5}]，“为什么”也说“怎样”[tsiũ^{5}]、“因乜”[in^{1}m ĩʔ^{7}]。

从上表可以看出，闽南方言的三类指代词中，指示代词比人称代词复杂；疑问代词又比指示代词更复杂。如上所述，各地闽南话的指示代词都以 [ts（z）-h] 来表示近指和远指，而在疑问代词里则有 5 种声母形成的系统，① 即：

书禅母系统：孰、谁、甚、什、啥

精母系统：做、怎、作

端母系统：底、底落

泥日母系统：若、哪、呢

明母系统：乜、物

这 5 种声母系统的疑问代词在各点的分布不同，语义分工也有不同。以厦门话为例，不同的疑问代词的语义功能略有分工（见表 8）。

---

① 就指代词说，古今语及不同方音的差异都可用古声母来归类（把声母相同或相近的归为一类），例如第二人称有“尔—你”“女—汝”，第三人称有“之—他”，“其—渠”，“伊”，近指有“兹—此”，“者—这—遮”。似乎因为它是封闭性的小词类又很常用，因而呈现声母稳定、韵调多变的局面。而另一些词类则有不同情形，如叹词、拟声词显然韵母少变而声母不稳。汉语语音演变中声韵调之间的不平衡与词汇的各种类别看来是很有关系的。这个课题很值得今后多做调查和比较研究。

表 8

	泛指	特指问
问人	啥（么）侬（什么人、谁）	底落一个（哪一个），底落一仔（哪些）
问事	啥（么）事际、么事（什么事）	底落一条
问处所	底落	底落一位
问时间　时点	底时（几时）	几（点、分）
时段	若久（多久）	几（年、日、点钟、分钟）

可见厦门话（漳、泉大体相近）里泛问和特指问不但有带不带数词（一）、量词的不同，疑问词也大体有分工。问人问事问物时泛指用“啥”，特指用“底”；问时间、处所及数量时泛指用“底、若”，特指用“几”。若能全面而详尽地考察不同方言间在语义系统上的差异及其所用疑问代词的不同，一定可以看到更多有趣的现象。

3.2 疑问代词的语源探索

是谁　厦门话的 [tsit^{8}tsui^{6}] 应就是“是谁”，禅母字读 [ts-] 是白读对应（例如：石 [tsioʔ^{8}]、十 [tsap^{8}]、薯 [tsu^{2}]、誓 [tsua^{6}]、上 [tsiũ^{2}]、裳 [tsiũ^{2}]），“谁”读阳去调可能是受“是”的同化，以泉州音为标准音的梨园戏把台词中的“是谁”读为 [si^{4}tsui^{6}]，可以作为旁证。“是谁”的说法近代汉语就有了。吕叔湘先生说：“很早就有一个趋势，在用做叙述句的主语的谁字前头加一个是，让它在形式上成表语。”① 厦门话的说法也可为这一说法提供实证。

谁何　漳州话的 [tsua^{2}] 和“蛇”同音，常成为外地人取笑的内容。也许因为闽南先民有过蛇图腾（民间有蛇郎君传说），人们并不避讳说蛇。然而 [tsua^{2}] 应是“谁何”的合音，禅母白读 [ts-]，“何”白读 [ua^{2}]（“无奈何”即读 [ua^{2}]）。“谁何”的说法见诸先秦著作，《庄子·应帝王》即有“吾与之虚而委蛇，不知其谁何”的句子。

泉州话的 [siɔŋ^{2}ŋa^{2}] 可能是“孰何”变来的（[siɔk → siɔŋ] 的阳入对转）可与“谁何”配套。也可能是“是何侬”变来的。[si^{4}—hɔ^{2}—laŋ^{2}] 可以合音为 [siaŋ^{2}]，也可为 [siɔŋ^{2}]。[siaŋ^{2}] 的说法在泉州、厦门都很常见。

是物　“什么”说成 [siam^{3} miʔ^{7}]、[sim^{3} miʔ^{7}] 在闽南各地都可通行。漳州说“哪货”是“啥货”音变而成的，泉州、厦门仍可说“啥货”。“货”和“物”是同义替换。关于“什么”的语源，吕叔湘先生做过精彩的考证，说明“啥”是从“是物，是何物”演变而来的。② 闽南话的说法可以为这个结论提供很好的例证。厦门话和汕头话的音最近于“是物”，各地“什么”的“么”都读阳入调，厦门话“什物”的“物”和“物件”的

① 吕叔湘、江蓝生《近代汉语指代词》，学林出版社，1985 年，第 107 页。

② 同上书，第 129—130 页。

"物"读为同声韵，只是阴阳调不同，次浊入声字本来就可以归阴入或阳入，[mĩʔ⁷/mĩʔ⁸]是异读别义的另一生动例证。泉州话的"啥物"[siã³mĩʔ⁷]则应是从"是何物"变来的，歌韵读[a]毋须论证，鼻化音则是[m]同化的结果。

底 闽南方言区各地疑问代词中都有"底"，可以用来问时间、地点，也可问人、事。声母为[t-]是一致的，韵母、声调则因地而异，例如"哪里"，泉州音[to³ loʔ⁷]，晋江音[tit⁷ loʔ⁷]，永春音[to³ loʔ⁷ã³ → tuã³]（合音）。潮州到雷州所说的"底侬"在闽南本土也说，如永春话就合音为[tiaŋ²]。沿海而上，直到闽东"谁"也说"底侬"[tien³ nøyŋ²]，"哪一个"说"底只"[ti⁵ʒieʔ⁷]，"哪里"说"底呢"[tie³ nœ¹]。早期闽南话戏文也用得很广：（有时写作"值"）底处[ti⁴tə⁵]、底位[ti⁴ui⁵]、底去[ti⁴kʰɯ⁵]、底侬[ti⁴laŋ²]的道白至今还在闽南话的梨园·高甲戏里沿用着。"底"作"何"解，常见于南北朝至唐宋间的诗文之中。例如：《乐府诗集·子夜歌·秋歌十八首》："寒衣尚未了，郎唤侬底为？"《读曲歌》："月没星不亮，持底明侬绪。"寒山诗："不报父母恩，方寸底模样。"东坡词："人生底事来往如梭。"可见它是中古时期产生的并且曾经广泛流传过的。颜师古曾说："俗谓何物为底，此本言何等物。"以底为等之谬，可见南北朝时还是个新词。究竟它有没有上古汉语的语源呢？其实并不需深究，颜师古的说法固然不无可疑，目前并无更好的结论，也许正是5世纪的创新。

若 "若"普遍用于谓词性疑问代词。[l-、dz-]和零声母都是日母的可能对应，潮州、雷州各点仍是入声，泉、漳、厦的[lua]是"若夥"的合音（"夥"有"多"义，上文已经提过，今福州话仍读为二音节"若夥"[nuo⁸⁻² uai⁶]可作旁证），所以读为阳上或阳去。从语音对应看，这个疑问词共有的本字是"若"。

"若"在闽方言常与其他语素连用，并且十分一致："若夥"（多么），"若秭"（多少），"若久"（多久）。

在泉州、厦门，问原因的"呐"本字也应是"若"，单用读阴入声（"若是""若无"的"若"读去声[nã⁶]）。这种用法与唐代的"若为"大体相当。《祖堂集》有不少这种用例，如三卷六十四页"和尚佛性若为全不生灭，南方和尚若为半生灭半不生灭"，王维诗"别离方异域，音信若为通"（《送晁监还日本》），这些地方的"若为"，就是"如何、为何"。

闽南地区的"若"[naʔ⁷]还可用于反问句。例如：

（39）若有即罗道理？（岂有此理）

（40）汝若会唔知？（你哪能不知道？）

做乜一怎

粤琼闽方言的"做乜""作乜"（为什么），为"怎么"来自"做什么"提供了绝好的论证，而且和唐代口语十分一致，在《祖堂集》写为“作摩、作摩生”；在《景德传灯录》写为“怎生、作么生”。吕叔湘先生说，“怎么原来就是作么，作么就是作什么”，其中道理确实是“很平淡无奇的”。①

“做乜”显然是早期闽南话的说法，明清戏文中随处可见，至今在泉州上演《陈三五娘》时说白还得按戏文的写法道：“三哥唔转去卜做乜”（三哥不回去要干什么）。汕头话的“做呢”俗写“做哖”应是次浊声母“旁转”[m → n] 而成的。漳州的“即呢”则是“做哖”的进一步演化。“怎样”的说法在明清戏文里也可见到，写为“侢样”，但不如“做乜”频繁，可见从“做”到“怎么、怎样”是受近现代普通话影响的结果。

3.3 闽南话疑问指代词的前后缀

在闽南本土，有些疑问指代词普遍都可以加上前缀“阿”或后缀“仔”（“囝”的弱化形式）。漳州话和厦门话的“按怎”（为什么）其中的“按”就是“阿”的前缀。这个“为什么”“怎么”在漳泉厦各地还可说“按呐”[an⁵ naʔ⁷] 或“按哪”[an⁵ na³]，这种说法和唐宋间的“阿哪”的说法十分相近：

阿那甘心入死门？（《敦煌掇琐 41 种》）

师云：“阿那是维摩”？（《祖堂集》18 卷）

十二面观音，阿那面正？（《临济慧照禅师语录》）

三身之中，阿那不堕众数？（《景德传灯录》）②

许多疑问指代词之前都可以加上“阿”读为入声 [aʔ⁷]，如泉州话所说：

（41）阿什么侬去恰好势？（什么人去合适？）

（42）阿底时卜行？（什么时候走？）

（43）阿若久则会来？（多久才会来？）

作为后缀的“仔”（[a] 或 [a³]）较常加在“什么、哪里、几时、怎样”的后面，漳州话的“哪货仔、底落仔”（什么、哪里）就是经常连用着后缀的。再以泉州话为例：

（44）汝说甚物仔？（你说什么？）

（45）底落仔则有卖？（哪儿才有卖的？）

（46）底时仔着去探伊一下？（几时得去探望他一下？）

（47）怎样仔越一下头咧，额规煞闪着。（怎么的转一个头就把脖子给扭伤了）

“仔”后缀不但可加在疑问指代词之后，还可以加在某些指示代词之后。举厦门话

---

① 吕叔湘、江蓝生《近代汉语指代词》，学林出版社，1985 年，第 309—310 页。

② 同上书，第 247 页。

为例：

（48）买梨仔唔通买即号仔。（买梨不能买这一种）

（49）许竣仔无去着好啊！（那时不去就好了）

（50）即搭仔有淡薄痛。（这里有点疼）

（51）安呢仔讲都好势。（这样说是妥当的）

四 余论

经过对闽南方言区各代表点的代词的比较，可得到以下体会：

4.1 指代词是为数不多的封闭性词类，是语言中反映最重要概念的基本词汇中的一个小类。闽南方言各主要点的指示代词从语源上说是相当一致的，也是相当古老的，人称代词都是我、汝、伊，其复数式则是加上“侬”或是它的合音；指示代词都是来自“兹”和“尔”，近指和远指都用声母 [ts/h] 的对应来表示，疑问代词则都有“底”和“乜”以及“做乜、怎样”的说法。相对而言，人称代词和指示代词比疑问代词更一致，这可能是疑问代词产生较迟的缘故。这一项比较不但再一次证明了从泉州到海南岛的闽方言归为一个方言区（闽南方言区）是合适的，而且也可以看到闽南方言在发展过程中的一些特点。可见，拿类似代词这样的小系统在一个方言区范围内进行比较是一项很有价值和意义的研究。

4.2 语言是系统，词汇是系统，代词是词汇大系统中的小系统，语义和语音紧密结合的系统。闽南话里指示代词中近指和远指的对立用 [ts/h] 声母的对立来表示，构成整齐的两个子系统；闽南本土有些疑问代词分为泛指和特指两类，泛问用“啥”，特问用“底”，这都是语义系统和语音形式严密整合的典型例子。客赣方言的三个人称代词都读为同调，则是语义系统要求语音形式相适应，从而引起字音变读（“渠”原本与“我、你”不同调）的例子。由此可见，我们在研究语言时就应该时刻注意到语音、词汇、语法的系统性以及几个系统之间的相互作用。

4.3 进行方言间的词汇或语法的比较，最重要的是追寻其语源。同一个方言区的各方言点之间同源的语词是普遍存在的，有时由于读音的变异或书写形式的不同，会使得某些同源词难以辨认，例如“哪里”说 [$to^{3}loʔ^{7}$，$to^{3}loʔ^{7}a^{3}$，$tuã^{3}$（合音），$ti^{4}lə^{5}$，$ta^{3}loʔ^{7}$，tit^{7} $loʔ^{7}$，$ti^{6}ko^{5}$，$ti^{6}dziaʔ^{7}$，$to^{3}tsit^{8}liaʔ^{7}$] 等等都是从“底”的词根变出来的。又如“咱们”的说法各地写法很不一样：咱、伯、俺、俵，其实都是 [nan] 和 [lan] 的音。经过语音对应的比较，理清源流，其共同性就展现出来了。

4.4 闽南话的指示代词和疑问代词在各地都有大量的同义词，有时同一个词，还有几种不同的读音。以泉州话为例（见表 9）：

表 9

这种	即种 tsit^{7} tsiɔŋ^{3}	即款 tsit^{7} k^{h}uan^{3}
	即庄 tsit^{7} tsŋ^{1}	即范（头）tsit^{7} pan^{5}（t^{h}au^{2}）
	即罗 tsit^{7} lo^{2}	即罗其 tsit^{7} lo^{2} e^{2}
这里	即搭（仔）tsit^{7} taʔ^{7}（a^{3}）	即迹 tsit^{7} liaʔ^{7} ～ tsiaʔ^{7}
	即位（仔）tsit^{7} ui^{5}（a^{3}）	即兜 tsit^{7} tau^{1}
哪里	底落 to^{3} loʔ^{7} ～ tit^{7} loʔ^{7}	底落仔 to^{3} loʔ^{7} a^{3} ～ to^{3} a^{3} ～ tuã^{3}
	底处 ti^{4} tə^{5}	底落一位 to^{3} tsit^{8} ui^{5}
	啥所在 siã^{3} sɔ^{3} tsai^{4}	啥么所在 siã^{3} mĩʔ^{7} sɔ^{3} tsai^{4}

这些不同的说法有的是属于不同历史层次的成分的共存（如“啥”和“底”）；有的是共时的语言变异（如快读时合音）；有的是方言间的横向渗透（例如“即兜”来自厦门，[tsə^{5}a^{0}] 来自南安）。

和其他单词相比，代词的同义词和异读现象特别多，造成这种现象的原因，就在于它是很常用的为数不多的封闭性词类。唯其常用，就容易吸收外地说法；唯其量少而封闭，就不难习得，易懂易说。

说明：本文载于《代词》，暨南大学出版社，1999 年。后收入《闽南方言语法研究》，福建人民出版社，2007 年。

闽南方言的介词

一 引言

关于介词的语法意义、功能及其与句中其他成分的组合关系，闽南方言与普通话之间没有明显的区别。

介词的语法功能是把它所带的名词或名词性词组的宾语介绍给动词或形容词充当的谓语，作为谓语的附加成分，为动作、事件或状态引进相关因素，诸如时间、处所、方向、对象、目的、手段、原因、条件等。

在句子里，介词不能单独充当句子成分，只能带着宾语组成介词结构才能充当句子成分。

介词和宾语的关系同动词和宾语的关系有别。介词后面一般不能带“着、了、过”之类的助词，也不能重叠。“为着、随着、冲着”是介词，其中的“着”不是助词。闽南话把其中的“着”说成轻声的 [tio?]，和作为结果补语的“着”（拍着：打中）同音。而作为时态助词的“着”在闽南话则说“嘞”（徛嘞：站着）。

在句子里，动宾结构可以当谓语，介宾结构通常只用作状语或补语，有时充当定语则有条件的限制。例如“你对他的认识很正确”，“这是来自下面的报告”，其中的介宾结构是定语，它所修饰的成分（认识、报告）原本必须是动词。不论用作状语或补语，在句子中都是修饰成分。“到北京上学”是介宾做状语，“到北京来电话”是连谓句。在闽南话里，前者说“去北京”，后面不能停顿；后者说“遘北京”，后面必有停顿。

闽南方言的介词和普通话一样，大多由动词虚化而来，而且多数至今还兼用作动词。在口语中，方言有一套独有的介词，不少和普通话相去甚远，少部分介词，尤其是书面语句式的介词，方言则是从普通话引进的。

这里按照一般对介词的分类先把闽南话的介词列表介绍如下：

分类		方言独有的	与普通话共有的
一、时间处所	1. 所在	伫、带、橐、呐、垫、按、	
	2. 来往	嘞、对、自、用、按、尉	从、由、向
	3. 到达	遘	
	4. 其他	倚	离、顺、沿
二、施受关系	1. 被动	度、护、传、乞	
	2. 处置	共、搦	将
三、与事关系	1. 对象	共	对
	2. 替代	共	替
	3. 协同	佮、邀	
	4. 关涉	据（在）、由在、出在	任、由
	5. 比较	并、亲像	比
	6. 包括	含、粘	连
	7. 去除	除起	
四、方式手段	1. 手段	用糊	用
	2. 方式		按、照、就
	3. 条件		靠、凭、趁、乘
五、原因目的	1. 目的	为着	为
	2. 原因	为着	

二　闽南方言的介词及其用法

以下按意义和用法相近或相关分小类介绍闽南方言的介词，并说明其用法。所标读音和所举例句以泉州话为准，泉州—厦门一带有不同说法的随文说明。

2.1　引进时间处所的介词

2.1.1　“伫 [tɯ^{22}] 嘞 [ləʔ^{5}]，伫嘞 [tɯ^{22}lə]”，是用作时地处所的介词，相当于普通话的“在”。“伫”“嘞”“伫嘞”有所分工。用作动词单独回答问题时说：“有伫嘞无？——伫嘞。”（在不在？在）“嘞”和“伫嘞”用于动词前是表时态的副词，如说：“里面（伫）嘞开会。”（里面正在开会）用作介词时，带宾语的“伫”可在动词前，也可在动词后；“嘞”和“伫嘞”只能在动词后。例如：

（1）個伫城里食头路。（她丈夫在城里做事）

（2）伊外家徛伫（嘞）乡下。（她娘家住在乡下）

（3）伫日落前稳当遘厝。（在日落前一定到家）

（4）会定伫（嘞）下晡三点开。（会定在下午三点开）

（5）牛着缚嘞树嘞。（牛要拴在树上）

（6）头帽戴嘞头壳嘞煞𬹿记得。（帽子戴在头上竟忘了）

这个“伫”有人以为本字是“著”（杨秀芳，1991年）。“著”在《广韵》有丁吕、张虑、直略三个反切，今闽南音为阳上或阳去（厦门 [ti]），音均不合。闽东的福州话和闽南的惠安话把这个动词和介词说成“著”，音 [tuoʔ、tioʔ]（均为阳入），则合直略切。《广韵·语韵》直吕切：伫，久立也。音合义通。其实，[ləʔ⁵] 的本字才是“著”。《广韵·药韵》张略切：“著，服衣于身。”又有异体：“擆，置也。”意义从“放置”引申为“在”；语音则从 [tioʔ⁵] 弱化为 [ləʔ⁵]，[ləʔ⁵] 是虚化程度最高的介词，语音的弱化也走得最远。参照惠安话“在”，还说“着嘞”[tioʔ²⁴le]，福州话则说 [tuoʔ⁵]，意思也是“在”。

“著”用作介词“在”，于《世说新语》、唐代变文、语录中有不少用例：

“王有不平色，语信云：可掷著门外。”（《世说新语·方正》）

“王独在舆上，回转顾望，左右移时不至，然后令送著门外。”（《世说新语·简傲》）

“即捉剑斩昭玉作其百段，掷着江中。”（《伍子胥变文》）

“僧曰：‘安着何处’？师曰：‘待有所在即说似汝。’”（《祖堂集》卷5）

2.1.2 **“带、垫、呐、囊”**，这是一组引进处所宾语的同义介词。带处所宾语后可置动词前，也可置动词后。后面加“嘞”（带嘞、垫嘞、呐嘞、囊嘞）可用作动词，也可用作介词；后连“伫嘞”（带伫嘞、垫伫嘞……）则只能用作介词。“垫、呐、囊”还可以与“带伫嘞”叠用。分述如下：

带 [tua³¹⁻⁵⁵] 的引申义“携～、捎～”都有“停留、滞留”之义。《广韵》当盖切有“带、蹛”等，与 [tua°] 音合。《史记·平准书》：“日者，大将军攻匈奴，斩首虏万九千级，留蹛无所食。”韦昭云：“蹛音滞，谓积也。”即“停留”。泉州话“带”单用作动词表示“留宿”“居住”；“暗暝带嘞”是“今晚留着过夜”；“带北京五年”是“住北京五年”。用作介词时多为引进表处所、方位的名词，置于动词前后均可。例如：

（7）册袋下带伫灶骹嘞。（书包放在厨房里）

（8）带桶嘞饲鱼鲶大。（在桶里养鱼长不大）

（9）骹踏车唔通停带门口。（自行车别停在门口）

（10）個厝徛带伫嘞乡下。（他家住在乡下）

垫 [tiam³¹⁻²²] 泉州话读阴去、阳去均可，厦门话读阳去。《广韵》“垫”有都念切、徒协切，声母有清有浊。“垫”有“铺置”“填放”之义，闽南话用作动词时引申为“居住”，“就安呢垫嘞”是“就这样住下”。用作介词，也相当于“在”，其宾语亦多为处所词。例如：

（11）垫草寮嘞徛去几落年。（在草棚里住了好几年）

（12）学生拢徛垫伫学堂里。（学生都住在学校里）

（13）暗暝垫带伫嘞溪埔嘞搬戏。（晚上在河滩上演戏）

（14）個定定垫嘞礼堂门口开大会。（他们经常在礼堂门口开大会）

呐 [$nã^{31-22}$] 本字未明，借用同音字。闽南话“呐”和“带、垫”意义和用法都很相近。作动词用是“停留、留宿”的意思。用作介词也多带处所宾语，但通常放在动词之前作状语。例如：

（15）我呐车站门口等汝。（我在车站门口等你）

（16）唔通呐带嘞溪仔墘起厝。（别在小河边盖房子）

（17）佃公呐伫树骹嘞秋清。（他爷爷在树下乘凉）

囊 [$lɔk^{5}$] 本字未明，用作动词表示“放置”，如说“车唔通囊嘞楼梯口”（车别放在楼梯口），更常用作介词，多带处所宾语，置于动词前后均可。例如：

（18）囊大鼎嘞煮的饭恰好食。（在大锅煮的饭更好吃）

（19）细汉囝坐囊涂骹嘞吼。（小儿子坐在地上哭）

（20）纸字囥囊伫嘞箱仔底。（钱藏在箱底）

2.1.3 **“按、对、尉、用、自、从、由”**，这是一组表示时地的起止和处所的所自或所向的同义介词。“对、按”用得较为普遍。“尉”常见于泉州一带，“用”用于惠安。“自”多见于厦门，并且是表示时间的起点的。如果要叠用，只能说“按对”“按尉”。分述如下：

按 [an^{31-55}] 泉州郊区也有用作动词的，义同上述的“带、垫、那”，表示停留，留宿，如说“暗暝按嘞”（晚上留下来过夜），但通行面不广。用作介词相当于普通话的“从”。可带时、地宾语。带时间宾语时只能置于动词前，带处所宾语也可置于动词后。例如：

（21）薪金按初一算起。（工资从初一算起）

（22）按东门出去恰近。（从东门出去近些）

（23）归阵走按溪埔去唠。（一群人都朝河滩跑了）

对 [tui^{31-55}] 意义和用法和“按”相同，厦门一带更常用。可以和“按”连用。例如：

（24）对旧年正月算起年半唠。（从去年正月算起一年半了）

（25）对大路行恰好行。（从大路走好走）

（26）行对溪边过去就会看见。（从河边走过去就能看见）

（27）按对正手爿行则着。（从右边走才对）

尉 [ui^{31-55}] 和“按、对”一样用法，相当于“从”。也可与“按”叠用。尉是同音字，本字可能是“为”，声调变读为阴去，“为”用作介词见于唐以前文献。《韩非子·外储说》：“太子怒，入为王泣曰：‘为我诛戮廷理。’”“为王泣曰”就是“对王泣曰”。又，陶渊明《桃花源记》：“停数日，辞去。此中人语云：‘不足为外人道也。’”“为外人道”也是“对外人说”。例句如：

（28）我尉初中起就坐骹踏车唠。（我从初中起就骑自行车了）

（29）汝是尉许厝来呢？（你是从家里来的吗？）

（30）飞按尉山顶起去唠。（飞上山顶去了）

用 [iŋ$^{31-22}$]、**自** [tsu$^{22-21}$]（厦门音）意义也是"从"，均不与其他介词叠用，带宾语后只置于动词前用作状语。例如：

（31）汝着自头做起。（你得从头做起）

（32）自解放许年起唔八看见汝。（从解放那年起没见过你）

（33）用溪边行倒远。（从河边走反倒远）

"从"有两种读音，白读 [tsŋ$^{24-22}$]（在厦门音为 [꜀tsiŋ]）用于带时间宾语，文读 [tsiɔŋ$^{24-22}$] 则带处所宾语也可用。不论何种读音和带何种宾语，只能用于动词之前，不能用于动词之后。例如：

（34） 小弟从细汉勢读册。（他弟弟从小会念书）

（35）从即搭遘北京偌远？（从这里到北京多远？）

"向"也有文白两读 [hiɔŋ$^{31-55}$][ŋ$^{31-55}$]，两种读音意思并无差别。例如：

（36）向东南的厝恰秋清。（朝东南方向的房子比较凉快）

"由 [iu$^{24-22}$]、从、向"都是方言与普通话共用的介词。但是"从"更被方言认同，"由"的说法则有书卷气味。

2.1.4 **"遘** [kau$^{31-55}$]、**甲** [kaʔ^{5}]**"** 相当于普通话的"到"，是用于表示"到达"的介词。"甲"是"遘"的弱化形式。《广韵》古候切："遘，遇也。"到才能遇，可能即是本字。可单用作动词，如说"遘厝"（到家），"车开絵到"（车开不到），"遘头遘尾"（遍及头尾）。也常用作介词，带时、地宾语，置于动词前后。有时"遘"和"甲"也可以叠用。例如：

（37）遘卜 [boʔ꜀] 开车犹 [꜂iau] 有票。（到快开车时还有票）

（38）食遘甲老老老也着死。（活到再老也得死）

（39）遘甲尾尾排都有依坐。（到末排还有人坐）

（40）我孤送伊遘桥头呢。（我只送他到桥头）

2.1.5 **"倚** [ua$^{55-24}$]、**顺** [sun$^{31-22}$]、**沿** [ian$^{24-22}$]、**离** [li$^{31-22}$]**"** 也是带时地宾语的介词。"倚"就是"靠"，其余与普通话意义和用法都相仿。例如：

（41）倚壁边行无事。（靠墙边走没事）

（42）顺正手爿许条街行。（顺右边那条街走）

（43）沿圳沟巡水路。（沿着水渠查看水路）

（44）离祖厝无远。（离祖祠不远）

2.2 引进施事受事的介词

2.2.1 **"共、搦、将"**，这是引进处置对象的介词。口语里最常用的是"共""搦"

也用于口语，但不常用，“将”则有些书面语味道。

共 [kaŋ˭] 闽南话常用方言词之一，也用作动词和连词。做动词用是“招惹、作弄”的意思（汝唔通共伊：你不要惹他）；作连词用相当于“和”的意思（𫨘晓得好共歹：不识好歹）。作为介词用来引进受事和与事，受益者或受损者。普通话的“把字句”闽南话不少换用“共”作介词。这种用“共”作介词的把守句，“共”的后面一定跟着“伊”（他），有时把介词所带的宾语提到前面，用“共”后面的“伊”来复指，这是闽南方言处置句的重要特点。例如：

（45）唔通共伊拍无去。（别把它弄丢了）

（46）钱共我开了了去。（把我的钱花光了）

（47）门共伊关密。（把门关紧）

（48）牛共伊缚嘞树嘞。（把牛拴在树上）

将 [tsiɔŋ^{33}]、**搦** [liaʔ$^{24-2}$] 相当于普通话的“把、拿”，用于把字句，例如：

（49）将花盆徙恰出去通曝露。（把花盆移出去一点好承接露水）

（50）汝唔通搦伊做查某𡢃。（你别拿她当丫头）

（51）我搦汝做搭肉衫。（我把你当知己）

（52）将钱共我开了了去。（把我的钱花光了）

2.2.2 **“护、度、传、乞”**，这是闽南话引进施事的方言介词，相当于普通话的“被”。“护”[hɔ$^{31-22}$] 本字未明，这是同音字，多见于厦门、漳州一带；“度”[t^{h}ɔ$^{31-22}$] 多用于泉州一带，厦门也用；传 [tŋ] 则是泉州专用的。这三个介词原来都是动词，表示“给予”。“乞”[k^{h}i$^{31-55}$] 是专用的介词，闽南地区通用。普通话的被动句，闽南方言都能用这些介词来成句。例如：

（53）城里侬传乡下侬骗去。（城里人被乡下人骗了）

（54）度我共伊搦来缚嘞。（让我把他抓来捆住）

（55）好册过尽护侬借借去嘮。（好书都被人借走了）

（56）先生乞别侬请去嘮。（先生被别人请走了）

（关于闽南话的“把字句”和“被字句”，可参考拙作《泉州方言的动词谓语句》）

2.3 引进与事关涉的介词

2.3.1 **“共、对、替”**，是引进对象的介词。“共”是方言词，较为常用；“对”[tui$^{31-55}$]“替”[t^{h}ue$^{31-55}$] 是与普通话共用的，意义和用法相近。例如：

（57）我逐个月都有去共伊摒扫一过。（我每月都去替他大扫除一次）

（58）汝着记得共伊说。（你要记得对他说）

（59）乡下囝仔对侬客恰有礼数。（乡下孩子对客人比较有礼貌）

（60）对即项事际逐个侬都野注心。（对于这件事大家都关注）

2.3.2 **“共、邀、佮”**，是引进协同者的介词，都很具有方言特色。“邀”音 [kiau^{33}]、“佮”音 [kap^{7}]，意思相当于普通话的“同、和、跟”。从流通情况说，“佮”既通用又常用，“邀”多通行于泉州一带，“共”显然是老派说法。例如：

（61）鬼佮马吼。（鬼和马一起哭叫，成语意为胡说八道）

（62）无我则去邀伊说。（要不就我去同他说）

（63）汝免佮伊计较。（你别同他计较）

（64）個小妹性地共别人无厮同。（他妹妹脾气跟别人不同）

“共”的这些用法有的在唐宋间的口语里就用开了。例如：

“师云：‘与摩则大德共草木何别。’”（《祖堂集》第 14）

“僧云：‘为代摩不共他语话？’师云：‘不辞共他语话，恐他不解语。’”（《祖堂集》第 16）

“与子娶妇，自纳为妃，共子争妻，可不惭于天地！”（《伍子胥变文》）

2.3.3 “**出在** [ts^{h}ut^{5} tsai^{22}]、**由在** [iu$^{24-22}$tsai^{22}]、**据在** [kɯ$^{31-55}$tsai^{22}]、**任** [lim$^{31-22}$]”，都是引进关涉对象的介词。“在”也可以单说，意思都相当于普通话的“由”。“由在、据在”的“在”都可省略，“出在”要省略则省去“出”。例如：

（65）据伊去，免插伊。（由他去，别理他）

（66）任汝怎样说伊都𫧃受气。（任你怎么说，他都不生气）

（67）卜去唔去由在汝。（去不去由你）

（68）饲爸母出在各侬的良心。（赡养父母凭各人的良心）

（69）来唔来在汝，说唔说在我。（来不来由你，说不说由我）

（70）据在侬去说我都唔惊。（由人家说去，我都不怕）

2.3.4 其他引进比较对象，包括对象或排除对象的介词还有“**并** [piŋ^{22}]、**亲像** [ts^{h}in^{33}ts^{h}iũ^{22}]（可合音为 [ts^{h}iũ^{33}]）、**比** [pi^{55}]，**含** [ham$^{24-22}$]、**黏** [liam$^{24-22}$]、**除起** [tɯ$^{24-22}$ k^{h}i$^{55-21}$]”。除“比”之外都是方言词。例如：

（71）亲像汝安呢做就够额好唠。（像你这样做就够好了）

（72）食盐并汝食米恰多。（吃盐比你吃米还多）

（73）有的柴比石头恰模。（有的木头比石头还硬）

（74）含一盅茶都无通请我。（连一杯茶都不请我）

（75）即项事际黏我都唔知。（这件事连我也不知道）

（76）除起漏沙地，全部播䆀。（除了沙地，全部插秧）

2.4 引进事件的方式、手段的介词

此类介词大多与普通话共用，方言词不多。常见的有：

2.4.1 “**用** [iŋ$^{31-22}$]、**用糊** [iŋ$^{31-22}$kɔ$^{24-22}$]”，用于引进工具、手段。“用糊”多见于厦

门话，只与普通话的“用”相对应。闽南话的“用”还相应于普通话的“从”。例如：

（77）用糊清水洗面比用汤恰好。（用凉水洗脸比用热水好）

（78）菜馆炒菜用油准水。（饭馆炒菜拿油当水）

（79）用骹步声就知是汝来。（从脚步声就知道是你来）

（80）着用本地话说伊则听有。（得用本地话说他才听得懂）

2.4.2 “**按** [an$^{31-55}$]、**照** [tsiau$^{31-55}$]、**就** [tsiu$^{31-22}$]、**在** [tsai^{22}]”用于引进事件所依据的格式、规则或范围、观察点。除“在”之外，与普通话相仿。例如：

（81）着按点声食药。（得按时服药）

（82）照古例同字姓袂做得厮媵。（照老规矩同姓不能通婚）

（83）就许散钱去买就有够。（就那些零钱去买就够了）

（84）在我看，汝恰唔着。（照我看，你错得多）

2.4.3 “**靠** [k^{h}ɔ$^{31-55}$]、**凭** [pin$^{24-22}$]、**乘** [sin$^{24-22}$]、**趁** [t^{h}an$^{31-55}$]”用于引进条件凭借的因素等宾语，一般置于动词之前，和普通话的意义、用法大体一致。例如：

（85）尽靠许支喙嘞趁食。（净靠那个嘴巴混饭）

（86）凭伊的本事哪会做大官？（凭他的本事哪能当大官？）

（87）趁落雨了出门恰袂热。（趁雨后出门不怎么热）

（88）乘伊未来汝先去。（乘他还没有来你先去）

2.5 引进原因、目的的介词

“**为** [ui$^{31-22}$]、**为着** [ui$^{31-22}$tioʔ]”不分目的或原因都可用，常带宾语用作状语。例如：

（89）为某为囝，无惊咸酸苦䜴。（为了妻儿，不怕咸酸苦辣）

（90）头来尾去，为着荔枝。（曲折遭遇，因为荔枝——陈三五娘故事）

（91）为着加趁两圆，不时着去加班。（为了多挣几个钱，不时要去加班）

（92）为着唔八字，则会乞侬骗。（因为不识字，才会被人骗）

三 闽南方言介词的特点

这里的分析主要是根据闽南本土的方言材料，粤、琼各地闽方言可能有的不适用。

3.1 有些常用方言介词不但兼用为其他词类，作为介词也有多种意义和用法

例如：“对”既用作量词、动词，作为介词也有多种用法：

对旧年起。（从去年开始）

对头做起。（从头做起）

对水里钻出来。（从水里钻出来）

对桥嘞过。（从桥上过）

对心肝头舂去。（朝心窝捅过去）

对侬面嘞嗽。（冲着人家脸上咳嗽）

对好嘞想。（往好里想）

对即条事汝免插。（关于这事你别管）

对烧酒野兴。（对酒很嗜好）

对钱出水。（用钱解决问题）

对牲牲无别 [tsuaʔ꜇]。（同畜生无异）

对伊拍。（跟他打）

“共”可以是动词、连词，作为介词用法也不少：

唔通共别侬说。（不能跟别人说）

共我报一个名。（替我报个名）

共人医病无收钱。（为人治病不收钱）

欠数着共伊讨。（欠账要向他讨）

共佃老母做生日。（给他母亲做生日）

鸡共伊趁趁出去。（把鸡都赶出去）

3.2 有些同义介词可以连用，不但有两个连用，还可有三个连用的

带处所宾语的介词（相当于普通话的“在”）最常连用，连用得最长。连用时还有一定的顺序，读轻声的“嘞”总是放在最后，紧接宾语。不用“嘞”煞尾总是“伫”，三个以上介词连用时末两个总是“伫嘞”：

伫嘞、带嘞、垫嘞、那嘞、橐嘞 /

带伫、垫伫、那伫、橐伫

带伫嘞、垫伫嘞、那伫嘞 /

垫带伫嘞、呐带伫嘞、橐带伫嘞

其他介词也有连用的。下列例句中连用的介词可以任选一个留用而删去一个，若连用二者的，其顺序不可任意变动：

（93）按对（或说“按尉”）底一条路过去？（从哪一条路过去？）

（94）伤过古意会乞度（或说“乞传、乞护”）侬骗去。（太老实会被人骗了）

（95）卜挃底落一个据在（或说“由在”）汝拣。（要哪一个由你挑）

从古代到现代，共同语里两个单音介词连用的并不少见，例如：至于、在于、迄于、追及、及至、按照、依照、打从、临到、自从、连同、依仗；三个单音介词连用的则少见，如曹植《与杨德祖书》：“仆少小好为文章，迄至于今，二十有五年矣。”其实，其中的“迄至”也可作为动词理解。可见闽南话里连用多个介词很是特别。

3.3 不少介词都有丰富的同义词

引进时间、空间的介词同义词最多。例如“从昨日算起”的“从”，又可以说“对、尉、按、由”，在惠安还可以说“用”，在厦门还说“自”。其中“从、由”也许是从普通话套用的，可能是由于这些词属于封闭性的词，又极常用，加之闽南各县间久有密切交往，彼此已经沟通共用，所以容易兼收并蓄，各种说法在闽南地区都是可以接受的。

各个同义介词在用法上往往又有些区别。例如“在”类时地介词连同复合的在内可有16种说法，但在三种句子中的分布只有4种。这三种例句是：

A：x树骹嘞看册。（在树下看书）

B：坐x塗骹嘞。（坐在地上）

C：时间定x明旦日早起。（时间定在明天早上）

16种单复介词中在这三种句子中的分布如下：

		A	B	C
①	伫、带、伫嘞、垫嘞、那嘞 带嘞、垫伫、带伫、那伫 带伫嘞、那伫嘞、垫伫嘞	+	+	+
②	垫	+	+	–
③	那	+	–	–
④	嘞	–	+	+

又如“向”类介词可有8种说法，在以下三种句子中也只有4种分布：

A.x东爿行。（往东边走）

B.行x溪边去。（向河边走过去）

C.x车轮嘞开铳。（朝车轮开枪）

		A	B	C
①	对、按对	+	+	+
②	尉、按、按尉	+	+	–
③	用、由	+	–	–
④	向	+	–	+

3.4 有些普通话用介词的句式在闽南话里不用介词

常见的有以下几种：

① 表去向的“到”

普通话	闽南话
到北京开会	去北京开会
到溪边洗衣裳	去溪边洗衫裤
嫁到乡下去	嫁去乡下
飞到天上去	飞起去天顶

在普通话，到 X 都是介宾结构，前两句当状语，后两句当补语；在闽南话里，前者是连谓句，后者是趋向补语带处所补语，二者的句型不同。显然，介宾结构的句型是后起的。（古汉语：赴京与会，嫁往乡间）

② 表方位处所的“在”

普通话	闽南话
书包放在桌子上	册袋下桌嘞（下：放置）
睡在沙发上	睏沙发嘞
伏在桌子上睡	覆桌顶困

这类句子普通话去掉介词、方言加上介词也成话，但以上说法都显得更加自然。

③ 表处置的“把”

普通话	闽南话
我把草帽丢了	我草笠仔无去嘮
把饭吃完再去	饭食嘞则去
他把书背得很熟	伊册念野熟
把话说清楚	话着说伊清楚

一般都认为处置式是唐以后产生的句型，闽南话保留了更早的说法。

普通话里其他一些多用于书面语的介词，在闽南话里也常常不用。例如：

普通话	闽南话
关于这件事，我一无所知	即项事际我唔知半项
当下雨的时候，他来了	落雨时伊来了
以他为首的帮派也散了	伊做头的帮派也散去嘮

3.5 有些介词用语音的弱化反映意义的虚化

和普通话一样，闽南话的介词多数也是从动词虚化而来的，有的则由连词引申而来。从动词到介词，意义显然虚化了，闽南话的一些常用介词语音上也发生了相应的弱化，因而可以从语音上的不同来判别介词与动词。例如：

“共”和**“护、度”**用作动词时重读，不能与宾语合音，用作介词时，如果后面带的是单音的宾语则往往合为一个音节。例如：

（96）无我则共伊 [kaŋ$^{31-22}$i^{33} → kaŋ^{33}] 说看迈嘞。（要不我同他说说看）

（97）正月初一唔通共侬 [kaŋ$^{31-22}$laŋ^{22} → kaŋ^{22}] 讨钱。（大年初一不能向人讨钱）

（98）拍护伊 [hɔ$^{31-22}$i^{33} → hɔ^{33}] 死！（打死他！）

（99）度侬 [thɔ$^{31-22}$laŋ^{22} → thɔŋ^{22}] 抢了了去。（被人抢光了）

“佮”和**“邀”**兼用作连词和介词，用作连词时读本音（因为前后是并列关系），用作介词时如果宾语是单音词也会发生音变。例如：

（100）我会去佮伊 [kap^{5}i^{33} → kai^{33}] 说。（我会去同他说）

（101）伊邀我 [kiau^{33} gua^{55} → kia^{35}] 平平重。（他同我一样重）

（102）唔通邀侬 [kiau^{33} laŋ^{22} → kiaŋ^{33}] 冤家。（别同人吵架）

这种情形使人联想起古今汉语把某些介词后面的宾语省略了。例如《荀子·劝学篇》：“有争气者，勿与辩也。”（勿与之辩的省略）《庄子·人间世》：“散木也，以为舟则沉。”（以之为舟的省略）现代汉语也说“给（　）抓住了”，“别让（　）跑了”。闽南话的这类合音似可看作省略宾语的前奏。

3.6　不少介词结构紧缩为副词

有些双音节的介宾结构由于很常用，便凝固成双音词，通常做副词用。从古汉语到现代汉语，都有这种情况。例如：“从此、从小、就近、顺手、随便、照理”等。闽南话里面似乎有更多此类凝固的介词结构。例如：

从古 [tsŋᶜkɔ]（从早 [tsŋᶜtsa]）：伊从古无食薰。（他向来不吸烟）

自细 [厦门话 tsu² sueᵓ]：阿木自细聪明。（阿木从小聪明）

遘今 [kauᵓ ꜀tã]：我遘今唔八伊。（我至今不认识他）

遘时 [kauᵓsi]：遘时汝着来。（到时候你要来）

乘势 [sin²seᵓ]：乘势做度伊了。（顺手做完它）

终死 [꜀tsiɔŋᶜsi]：翁爱跋缴，终死𫄿改。（她丈夫好赌博，一辈子改不了）

当今 [ᶜtɔŋ꜀kim]：当今无侬颂草鞋唠。（如今没人穿草鞋了）

临当时 [꜀liam꜀tɔŋ ꜀si]：临当时通知哪会赴？（临时通知哪能来得及）

3.7　从整体上看，闽南话介词殊异多

闽南话的介词及其用法，不论与古汉语相比或与普通话相比，差异都很大。据杨伯峻、何乐士《古汉语语法及其发展》一书所做的统计，古汉语里最常用的 10 个介词是：“以、於、于、乎、为、自、及、与、因、用”（语文出版社，1992 年，448 页）。这些介词中有 7 个未见于闽南话，只有“为、自、用”见于闽南话，具体用法又有许多不同。现代汉语的许多常用介词在闽南话里也根本不用。以下 10 个介词虽未经统计，但

在普通话是属于常用的：朝（前走）、往（好处想）、打（哪儿来）、到（明天止）、在（地上）、把（他请来）、被（他害了）、给（人治病）、对于（这件事）、由于（别的原因），在闽南话口语中这么多介词一个也不用。

作为常用的封闭性虚词，闽南话的方言差异竟然如此之大，这是始料不及的。这又一次说明，汉语方言的语法差异确实很值得研究。

参考文献

北京大学中文系　《现代汉语虚词例释》，（北京）商务印书馆，1982 年。
李如龙、张双庆主编　《动词谓语句》，（广州）暨南大学出版社，1997 年。
吕叔湘主编　《现代汉语八百词》，（北京）商务印书馆，1980 年。
太田辰夫　《中国语历史文法》，（北京）北京大学出版社，1987 年。
杨秀芳　《台湾闽南话语法稿》，（台北）大安出版社，1991 年。

说明：本文原载《介词》，暨南大学出版社，2000 年。后收入《闽南方言语法研究》，福建人民出版社，2007 年。

闽南方言的结构助词[①]

本文讨论闽南话的结构助词。所根据的语言事实采自闽南泉州、漳州、厦门地区，潮汕一带也大同小异。所举例句及标音则以泉州话为准。

1.0　闽南方言里相当于普通话的结构助词“的”，也有三种说法，和普通话的分类有同有异。

1.1　定语和中心词之间的结构标记 [e$^{24-22}$]。泉州话 [24] 为阳平调，[22] 是阳上，阳平在连调组的非末音节都变阳上，在漳州、厦门也是阳平本调，连调后变阳去。作为定语和中心词之间的结构标记，闽南话的连调组是和中心词编为一组的，所以它总是读变调。加 [e^{22}] 的定中结构，定语不论长短，末音节都读本调。换言之，[e^{22}] 前必是连调组的界线，[e^{22}] 的连调关系跟后面的中心词而不跟定语。就关联意义说，它起了关联定语和中心词的关系，就语音和结构来说，它依从于中心词。

闽南话的定中结构在加不加 [e^{22}] 上有三种情况：

1.1.1　有些定中结构 [e^{22}] 可加可不加，基本意义不变，但语义重点不同。有 [e^{22}] 的语义重点在定语，无 [e^{22}] 的语义重点在中心词。例如：

（1）大粒 [e^{22}] 荔枝恰少蛀核。（个儿大的荔枝小核的少）

（2）同乡里 [e^{22}] 侬着厮照顾。（同乡的人应该互相照顾）

（3）阿明即摆升做校长 [e^{22}] 秘书。（阿明这次升为校长秘书）

以上定中结构的连调关系是：[tua$^{31-22}$liap^{24}|e$^{24-22}$lian$^{31-22}$tsi^{33}，taŋ$^{24-22}$hiu^{33}（阴平连读不变调）li^{55}|e$^{24-22}$laŋ^{24}，hau$^{31-22}$tiũ^{55}|e$^{24-22}$pi$^{31-55}$sɯ^{33}]。就语用的意义重点说，加 [e^{22}] 的重点在前，不加 [e^{22}] 的在后。

1.1.2　有些定中结构加不加 [e^{22}] 意义有别。不加 [e^{22}] 的结构紧密，往往凝固成特定的词组意义。加 [e^{22}] 的结构松散，往往表示某种类别。例如：

（4）a 伊是厦门侬。（他是厦门人，指籍贯为厦门的人）

（4）b 厦门 [e^{22}] 侬无定着势泅水。（厦门的人不一定善于游泳，多指常住厦门

---

① 本文初稿承刘福祥君提过宝贵意见，特此致谢。

的人）

（5）a 囝仔侬颂和尚衫赊痞。（小孩子家穿无领上衣不错。和尚衫：一种无纽扣的上衣）

（5）b 和尚 [e^{22}] 衫过尽是无领 [e^{0}]。（和尚的上衣都是没领的）

（6）a 伊交真稡番仔朋友。（他交了许多原住民朋友）

（6）b 诚稡唐人吗是番仔 [e^{22}] 朋友。（很多华人也是原住民的朋友）

1.1.3 有些定中结构当中一定要加 [e^{22}]。名词中的时间词、方位词、称谓词作定语时，后面就不能省去 [e^{22}]；谓词性的定语除单音形容词之外通常也都要带 [e^{22}]。例如：

（7）昨日 [e^{22}] 报纸夭未看呢。（昨天的报纸还没看呢）

（8）门口 [e^{22}] 树伤大丛。（门口的树太高了）

（9）佪小弟 [e^{22}] 朋友我唔八。（他弟弟的朋友我不认识）

（10）三年趁 [e^{22}] 钱过尽开了了。（三年挣的钱都花光了）

（11）卖票 [e^{22}] 侬斡倒去唠。（卖票的人回去了）

（12）曝燋 [e^{22}] 衫裤着收入来。（晒干的衣服要收进来）

（13）许个上大股 [e^{22}] 队员是新来的。（那个个子最大的队员是新来的）

（14）清铁铁 [e^{22}] 饮糜（清饮糜）呐会食得？（冷冰冰的粥怎能吃？）

上面例句中若是名词性短语作定语，如（7、8、9）不加 [e^{22}] 语感不顺；若是谓词性定语不加 [e^{22}]，有时就会改变原意。如（10）“趁 [e^{22}] 钱”（挣的钱）和“趁钱”（挣钱）意思截然不同。

在普通话，名词、形容词直接修饰名词或动词直接修饰名词语素构成的短语还可以接受其他形容词修饰而不用再加“的”，造成多层叠加而不带“的”的定语。在闽南话，不加 [e^{22}] 的修饰语只能有一项，叠加的形容词一定要再加 [e^{22}]。例如：

（15）买一领大领 [e^{22}] 印花被。（买一件大床的印花被单）

（16）伊许个糊涂 [e^{22}] 大师兄护侬骗去唠。（他那个糊涂大师兄被人骗了）

（17）揖一个少年 [e^{22}] 修理工来看迈嘞。（找个年轻修理工来看看）

（18）许块黄色 [e^{22}] 横柴做 [e^{22}] 茶桌卖偌钱？（那张黄色硬木桌子卖多少钱？）

（19）稳当是伊 [e^{22}] 跛麻雀 [e^{22}] 相熟 [e^{22}] 朋友。（准是他的打麻将的熟朋友）

1.2 附加在其他成分后面读为轻声的 [e^{0}]，使意义转化为所指的人、事、物，相当于普通话的“的”字结构。闽南语的这种短语在句中通常也用作主语或宾语。

（20）铁 [e^{0}] 比铜 [e^{0}] 恰横。（铁的比铜的硬）

（21）佪老母从细汉叫伊大头 [e^{0}]。（他妈妈从小叫他“大头的”）

（22）肥 [e^{0}] 唔食，卜食精 [e^{0}]。（肥的不吃，要吃瘦的）

（23）汝买 [e^{0}] 是侬拣唔挃 [e^{0}]。（你买的是人家拣了不要的）

（24）先治许只五斤重 [e^{0}]。（先宰那只五斤重的）

如果 [e^0] 的后面另有中心语，[e^0] 则读为变调 [e^{22}]（与上节所述相同），其性质也发生相应的变化，是定中结构而不是转指标记。例如：

（25）先治许只五斤重 [e^{22}] 大鸡角。（先宰那只五斤重的大公鸡）

（26）汝旧年送我 [e^0] 册拍无去哮。（你去年送我的书丢了）

在闽南话，判断句末也可以有读轻声的 [e^0]，造成“是……的”句式，普通话的这种句式，其中的“是”可以省略，闽南话则不能省。例如：

（27）a 校长是昨下晡来 [e^0]。（校长是昨天下午来的）

b* 校长昨下晡来 [e^0]。（校长昨天下午来的）

普通话里许多“的字结构”在句中用作谓语，在闽南话都必须改成其他句式。例如：

（28）嚏个苹果会酸。（这种苹果酸的）

（29）腹里野欢喜。（心里挺高兴的）

（30）归厝里 [e^{22}] 侬有说有笑。（满屋子的人有说有笑的）

（31）长透白日惊啥！（大白天的，怕什么！）

1.3 连附在代词、称谓词或单位名称之后表示“所有、拥有”的“的”，在普通话读轻声，在闽南话必须读阳平本调 [e^{24}]。在句子里用作主语或谓语则大体一致。例如：

（32）我 [e^{24}] 佮汝 [e^{24}] 无厮同。（我的和你的不同）

（33）伊徛 [e^{22}] 厝是学堂 [e^{24}]。（他住的房子是学校的）

（34）金手指是啥侬 [e^{24}]？（金戒指是谁的？）

有些表转指而读为轻声的 [e^0] 在并列对举时或是为了强调语气，既可读轻声，也可读本调 [e^{24}]，这种 [e^{24}] 和表示所有的 [e^{24}] 同音而不同义。例如：

（35）旧年 [e^{24}] 卖了哮，今年 [e^{24}] 夭有。（去年的卖光了，今年的还有）

（36）荔枝是箬顶 [e^{24}] 会红，箬骹 [e^{24}] 獪红。（荔枝是叶子上的会红，叶子下面不会红）

（37）沙着用溪边 [e^{24}] 恰清气。（沙子要用河边的比较干净）

如果为“的字结构”所表示的事物所有，在闽南话便必须 [e^0e^{24}] 连用，在普通话里没有这种带两个“的”的句式。例如：

（38）骹踏车是分批 [e^0e^{24}]。（自行车是邮差的）

（39）许双鞋是许其大汉 [e^0e^{24}]。（那鞋是那大个子的）

1.4 关于 [e] 的本字的讨论。

闽南话相当于普通话的“的”和量词“个”声韵完全相同，本音读 [e^{24}]，连音时声母还会受前字韵尾同化。例如：

四个 [$si^{31-55}e^{24}$]	小弟的 [$sio^{55-24}ti^{22}e^{24}$]
六个 [$lak^{24-2}ge^{24}$]	阿叔的 [$a^{55-24}tsiak^5ge^{24}$]

十个 [tsap$^{24-2}$be^{24}]　　　　出纳的 [ts^{h}ut^{5}lap^{24}be^{24}]

七个 [ts^{h}it^{5}le^{24}]　　　　昨日的 [tsa$^{31-22}$lit^{24}le^{24}]

因为本调相同，连读需要变调时变调规则也相同，只是“的”可读轻声，“个”不读轻声。看来，这个 [e^{24}] 不大可能是“个”的音。因为从去声变读为阳平的并无其他旁证。联系其他闽方言来看，[e^{24}] 应该是从“其”变来的。

在福州话，用作量词“个”时读阳平调的 [ki^{53}]，正是“其”的本音，其声母也随前字韵尾而变；用作助词“的”时读轻声，其声母也依前字韵尾而变。例如：

蜀其（一个）[suoʔ$^{23-21}$ki^{53}]　　　　白其（白的）[paʔ^{5}ki^{0}]

两其（两个）[laŋ$^{242-44}$ŋi^{53}]　　　　侬其（人家的）[nøyŋ^{53}ŋi^{0}]

九其（九个）[kau$^{33-44}$i^{53}]　　　　我其（我的）[ŋuai^{33}i^{0}]

在潮汕闽南话，这个助词和量词“个”也是同音的，本调同是阳平，读为 [kai^{55}]，变调为 [kai$^{55-31}$]，都不读轻声，声母也没有变化。例如：

蜀其（一个）[tsek$^{5-2}$kai^{55}]

伊其（他的）[i$^{33-23}$kai^{55}]

蜀其侬（一个人）[tsek$^{5-2}$kai$^{55-31}$naŋ^{55}]

伊其侬（他的人）[i$^{33-23}$kai$^{55-31}$naŋ^{55}]

这个“其”在上述各地闽方言中还可广泛用作指示代词和疑问代词的后缀。例如：

福州话　怎样其 [tsuoŋ$^{33-21}$ŋi^{53}]（怎样）

　　　　偌夥其 [nuo$^{242-53}$ uai^{242}i^{0}]（多少）

厦门话　怎样其 [tsai$^{53-55}$iũ$^{22-21}$e^{24}]（怎样）

　　　　咹呢其 [an$^{44-22}$n ĩ$^{44-22}$e^{24}]（这样）

　　　　偌夥其 [lua$^{22-21}$ e^{24}]（多少）

汕头话　者起其 [tsia$^{53-35}$k^{h}i$^{53-35}$kai^{55}]（这个）

　　　　乜其 [miʔ$^{2-5}$kai^{55}]（什么）

在汉代以前的典籍中可以看到“其”有与此类似的用法。

《诗·魏风·园有桃》有“子曰何其”句，王引之《经传释词》谓“其”曰:“问辞之助也。”《诗·小雅·庭燎》有“夜如何其，夜未央”句，陆德明注“其”云:“音基，辞也。”《韩非子·别分》:“是何其法通乎人情，关乎治理也。”这些用法都和现今闽南话的用法相同。

就字音说，福州话的 [ki^{53}] 是“其”的本音，一般也写为“其”。各地闽南话的这个助词也都和“其”同声、同调，汕头话的 [kai^{55}] 也合乎上古之韵字的文白读的韵母对应：里 [li^{53}—lai^{11}]，事 [su^{11}—tai^{11}]，祀 [su^{11}—sai^{11}]，其 [ki^{55}—kai^{55}]。

在东南诸方言，这个最常用的助词不少都读“个”，客赣方言大多读 [kɛ^{ɔ}]，与量词“个”同音。吴方言的“葛”和粤方言的“嘅”包同“个”的音相近。早期吴语作品径直写为“个”，广州话的“嘅”读音也是[kɛ˒]，声母、声调同“个”，韵母读同麻韵。凡是用“个”表“的”的方言，大多与指代词同形或音近，在吴语是与近指同为“个”，在粤方言是与远指的[˓kɔ]音近。看来，“个”在上古就用作量词，到了中古和近代又兼用作指代词和助词，文献中有许多此类材料：

箇侬无赖是横波。（隋炀帝《嘲罗罗》）

箇里多情侠少年。（王维《同比部杨员外夜游》）

白发三千丈，缘愁似个长。（李白《秋浦歌》）

因记箇人痴小，乍窥门户。（周邦彦《瑞龙吟》）

二嫂萧娥，他原是箇中人。（李致远《还牢末》）

怎生梦得，真箇分离。（黄庭坚《沁园春》）

老翁真箇似童儿，汲水埋盆作小池。（韩愈《盆池》）

归路分明箇，飞鸣即可闻。（齐己《水鹤》）

“箇侬”就是“那人”，“箇中人”就是“其中人”，“真箇”就是“真的”，“分明箇”就是“分明地”。

关于这个助词，闽方言显然是继承上古的“其”来的，其余东南方言则应该是中古“箇”的传承。曹广顺在对近代汉语助词做了广泛统计研究之后曾说：“或许从唐五代到现在，‘个’和‘底’关系始终如一：‘个’是用于南方某些方言的助词，‘底（地）’是官话（共同语）中使用的助词。”（《近代汉语助词》，语文出版社，1995年，143页），由此可见，南方说“个”、北方说“的”的格局是中古以来就形成了的。近代以来的文献用“底”的显然多于“箇”，这是官话在书面语逐渐占据了规范地位的又一个明证。

1.5 普通话和闽南话在用不用助词、用什么样的助词上有如下差异。

1.5.1 副词性成分后面的助词“地”在闽南话里大多不用。例如：

（40）伊超故意佮我滚笑。（他故意地跟我开玩笑）

（41）老依即摆野万代欢喜。（老人家这次非常的高兴）

（42）汝着一字一字读则听有。（你要一个字一个字地读才能听清楚）

（43）大炮放甲唠唠吼。（大炮放得隆隆地响）

以上例句在普通话里可用助词“地”，也可不用。

（44）外口雨落无停。（外边雨不停地下着 / 外边不停地下着雨）

（45）广播一遍一遍嘞叫侬。（广播里一遍一遍地在叫人）

（46）科长野欢喜，说：“今旦我请桌。”（科长很高兴地说：“今天我请客。”）

（47）我大大声共伊喝一声。（我大声地给吆喝一声）

以上例句在普通话都必须加用助词，方言里不用，但有时必须改变句式而不是简单地省略，例如（44）把状语移作补语，（46）则一句断为两句。

1.5.2 状态形容词后面的助词“的”，在闽南话里也经常不用，只有用作定语时必须加 [e²²]。例如：

（48）面仔红红，目珠大大蕊。（小脸儿红红的，眼睛大大的）

（49）火燃遘炎炎炎。（火烧得旺旺的）

（50）大路平叨叨，呐会朆晓行？（大路平坦坦地，哪能不会走？）

（51）我昨日拍白共伊说唠。（我昨天明白地同他说了）

（52）直直行，一步仔久就遘。（直走，一会儿便到）

（53）早起孤啉一碗漖漉漉 [e²²] 饮糜呢。（早上只喝了一碗稀稀的粥）

1.5.3 闽南话还有一种加在副词性成分后面的“仔”[a⁵⁵]（俗写为“仔”，本字应是“囝”），其作用相当于普通话的“儿”或“地”。例如：

（54）慢仔行，唔通走！（慢慢儿走，别跑）

（55）轻轻仔倒落去。（轻轻地躺下去）

（56）目珠小可仔红红。（眼睛稍稍儿有点红）

（57）腹肚夭固淡薄仔痛。（肚子还有点儿痛）

2.0 普通话的结构助词“得”可用于可能补语前，也可用于状态补语前。在闽南话，两种补语的句式截然不同。

朱德熙先生说：“‘写得好’有时是能写好的意思，有时是写得不错的意思。在前一种意义上，‘写得好’带的是可能补语，在后一种意义上带的是状态补语。两种结构的肯定式同形，否定式不一样。”（《语法讲义》，1982 年，133 页）在闽南话，不论肯定式、否定式都不同形。试比较：

普通话	闽南话
写得好	写会好
写不好	写朆好
写得好	写真好
写得不好	写无好

在闽南话，可能补语句要用助动词或助词把动词和可能补语联系起来，具体格式很多；在状态补语句，不一定要用助词，若须用则十分一致。以下分别叙述。

2.1 带可能补语的述补结构有以下几种格式。

2.1.1 带着某种可能的结果的补语时，动词与补语之间用“会”或“会得”，否定式用“朆”或“朆得”（其中的“会”是训读字，本字是胡买切的“解”），构成“动 + 会（朆）（得）+ 补”的句式。有时，尤其是带着宾语的句子，也可变换为“会（朆）+ 动 + 得 + 补”的句式。“会、朆”读本音 [e²²]，[bue²²]（阳上调），“得”读声母弱化的变

音 [lit^5（<tit^5）]。这两种句式在意义上并无不同。例如：

（58）许块风动石车会震动，车𫘝倒。（那块风动石推得动，推不倒）

（59）佩翁无欢喜，汝看会出来𫘝？（她丈夫不高兴，你看得出来吗？）

（60）撮大碗汝食会得落去𫘝？（那么大一碗你吃得下吗？）

（61）会食得落则食，𫘝食得落唔通强强食。（吃得下就吃，吃不下别勉强吃）

（62）汝会骗得伊，𫘝骗得我。（你骗得了他，骗不了我）

（63）一斤米会食（得）五个侬。（一斤米能吃五个人）

"会（𫘝）……得"是一种固定结构，起的是助词的作用，和助动词"会（𫘝）"有明显的不同。试比较：

伊会食　"会"是助动词，说明他有进食能力或食量大

伊会食得　相当于"他吃得"，说明他可以吃（不属于禁忌或情理上不允许吃）

闽南话的可能结果补语及其否定式如果另带宾语，宾语的语序比较灵活，可以置于动词之后、补语之前，也可置于动补结构之后，但以宾置动补之间为地道的方言句式。例如：

（64）我有淡薄对伊不住 / 我有淡薄对不住伊。（我有点儿对不起他）

（65）汝挡伊𫘝朝 / 汝挡𫘝朝伊。（你顶不住他）

这种句式在普通话里否定词只能置于动补之间（吃不得，对不起），闽南话则也可置于动词之前（𫘝食得落，𫘝骗得我）。

2.1.2　对动作本身做可以或不可以的判断，用如下两种句式：

"会（𫘝）+ 动 + 得"

"会（𫘝）做得 + 动 + 得"

"会做得"也可换说"会用得"，在厦门话说"会使得"。"得"读变音 [lit^5]，若在句末则读轻声 [lit^0]。例如：

（66）煮无熟𫘝食得，煮熟则会食得。（煮不熟吃不得，煮熟才吃得）

（67）伊𫘝做得去得，汝会做得去得。（他去不得，你可以去）

（68）无先报名会用得参加比赛得𫘝？（没有事先报名可以参加比赛吗？）

（69）即号布敢会用水洗得？（这种布岂能用水洗？）

这种句式在普通话肯定式是"动 + 得"，动词前不再加助动词；否定式是"动 + 不得"，否定词在动词之后，和闽南话的说法有很大区别。否定词在动词之前的句式（"不 + 动 + 得"）也见于近代汉语。例如：

人只有个心，若不降伏得，做甚么人？（《朱子语类》卷 12）

这是他见得十分极至，十分透彻，如何不说得？（同上，卷 17）

这里的"不降伏得"就是"降伏不得"，闽南话说"𫘝降伏得"；"如何不说得"就是"如何说不得"，在闽南话则说"怎样𫘝说得"。这也是闽南话同于近代汉语、异于现

代汉语的句式。

2.1.3 不用助动词“会”（含其否定式“𠲎”）、只在动词之后加“得”的句式，在闽南话只限用于带有数量补语，用来表示可能的限度。其中的“得”也读变音 [lit⁵]。例如：

（70）许个会议室坐得五六十依。（那会议室能坐五六十人）

（71）若是饮糜一顿食得四五碗。（要是稀粥，一餐能吃四五碗）

（72）正港铁观音一鼓泡得几落过。（正宗的铁观音，一泡能冲好几遍）

以上所述三种句式虽有大体分工，有时也可混用。同一个意思可以只用一个助词“得”，也可助动词和助词并用（“会得”），语序也可变换。例如：

（73）a 汝担得两百斤𠲎？（你能挑二百斤吗？）

b 汝会担得两百斤？

c 两百斤汝担会得起？

d 汝会担得起两百斤？

（74）a 我食𠲎得落（去）。（我吃不下）

b 我食𠲎落（去）。

c 我𠲎食得落（去）。

2.2 带有状态补语的句式在闽南话有的不用助词，有的用“遘”或“了”“着”，有时也用“得”。分别说明如下：

2.2.1 不用助词的状态补语句限于不长的偏正结构做补语的句子。例如：

（75）伊两个囝生成野诚水。（他两个孩子长得很漂亮）

（76）即摆画无啥成。（这一次画得不太像）

（77）若挂伤悬就看无。（要是挂得太高就看不到）

（78）個小妹跳舞跳野好。（他妹妹跳舞跳得很好）

（79）行恰慢嘞就𠲎赴开会。（走得慢些就赶不上开会）

这种句式因为没有助词，如果没有附加成分，就会变成动补式谓语，如上面的例句中的“画成”“挂悬”（挂高）“跳好”。但是在并列的复句里。不加副词也不会引起歧义。例如：

（80）画成则收钱，画不成无收钱。（画得像才收钱，画得不像不收费）

（81）跳好跳无好𠲎要紧，有去跳就好。（跳得好跳不好没关系，去跳就好）

2.2.2 状态补语和动词之间用助词“遘”，这是闽南话状态补语句的常例。“遘”原是动词，是“到”的意思，兼用作助词，强调时读本音变调 [kau³¹⁻⁵⁵]，快说时脱落韵尾说成“甲”[kaʔ⁵ ～ ka³¹⁻⁵⁵]，甚至声母脱落说成“鸭”[aʔ⁵ ～ a³¹⁻⁵⁵]。在福州话和潮州话都还说阴去调的 [kau]，可作旁证。这个助词是动词虚化而成的。例如：

（82）曝遘足焦则会做得种。（晒得足够干才能作种子）

（83）伊说遘逐个斗笑。（他说得大家大笑）

（84）即两日热遘无天无地。（这两天热得不得了）

（85）纱衫颂遘破遘烂糊糊。（汗衫穿到破得烂糊糊的）

（86）许个浪荡团开遘穷遘断寸铁。（那个浪荡子花销到穷得叮当响）

上面的例（85）、（86）两句是双层补语、两个助词套用的例子，这也是闽南话和普通话明显不同的一点。

闽南话带助词"遘"的补语句不能再带宾语。如果还有宾语，必须另加介词造成介宾短语。这也是闽南话和普通话不同之处。例如：

（87）路太远，走遘护我辛苦甲卜死。（路太远了，走得我辛苦得要命）

（88）汝讲遘护我野艰苦心。（你说得我很难过）

2.2.3 兼用的助词"了"。

如果状态补语带有否定副词，闽南话不能用助词"遘"，而必须换用"了"，读为上声调本音 [liau^{55}]。试比较：

（89）伊暗暝唱了无好听 / 伊暗暝唱遘野歹听。（他今晚唱得不好听 / 他今晚唱得很难听）

（90）汝讲了𫢗清楚 / 汝讲遘野清楚（你说得不清楚 / 你说得很清楚）

不带否定副词的补语句，闽南话有时也用助词"了"，但是必须是事态已经发生，用这种句式表示对结果的状态的一种评判。例如：

（91）伊洗了野洌，汝洗了无洌。（他洗得很干净，你洗得不干净）

（92）王先生讲古逐个听了野入神。（王先生说书，大家听得很入神）

（93）煮了伤少，食无够。（煮得太少，不够吃）

这种句式在宋元白话里偶尔可见。例如：

这阵雨下了不住。（《万秀娘仇杀山亭儿》，引自《近代汉语语法资料汇编·宋代卷》，商务印书馆，1992 年，471 页）

闽南话的"了"除了做助词连接动词与补语之外，还可以放在动词之后充当动词补语和充当体助词连接连谓成分。例如：

看了野欢喜。（看完很高兴）

食了则去。（吃完才走）

看了无亲像。（看起来不像）

想了唔甘愿。（想起来不甘愿）

2.2.4 兼用的助词"着"。

"着"在闽南话可做动词补语（拍无着：没打着），可做体助词（有去着：去过了；拍着半小死：打起来往死里打），兼用作动词补语间的助词。例如：

（94）用即号雪文洗着野洌。（用这种肥皂洗得很干净）

（95）伊煮菜煮着过尽伤咸。（他烧菜都煮得太咸）

不过这种句子中的“着”还含有“经历”体助词的意味。如上例的更加准确的意思是：这种肥皂一洗就很干净；他烧菜是一烧就全烧得太咸。看来，有些虚成分在发展过程中还可能同时兼有两种意义和作用。

2.2.5 兼用的助词“去”。

“去”在闽南话也是一身多任的。当动词用作谓语，做趋向补语或结果补语，又当助词作为完成体的标记。有时也可用作动词和状态补语的连接成分。例如：

（96）阿明昨日度佪老爸拍去半小死。（阿明昨天被他父亲打得半死）

（97）鞋底破去野大空。（鞋底破了好大一个窟窿）

不过“去”在状态补语之前用得很少，更多的是带着时间补语（破去野久唠：破了好久了；想去几落日：想了好几天；有人称为宾语），而且，这种句子里的“去”还带有完成体的意味。如果是未完成的事态是不能用“去”来连接动补成分的。

2.2.6 综观闽南话状态补语句的句式，所用助词比较稳定的是“遘”（甲、鸭），其语音的弱化也说明其虚化程度较高。其余助词都是动词、体态动词兼用的。这些不同句式的基本意义并无明显不同，可以算是同义句式。除了“去”的说法不为多见之外，其余助词大体都可以相互替换。例如：

伊洗野诚清气	暗暝菜煮伤咸
伊洗遘野诚清气	暗暝菜煮遘伤咸
伊洗了野诚清气	暗暝菜煮了伤咸
伊洗着野诚清气	暗暝菜煮着伤咸
（他洗得非常干净）	（晚上的菜煮得太咸）

近些年来，受普通话影响，也有人在状态补语前用“得”助词，读音是轻化的[lit^7]。例如：

（98）暗暝逐个都啉得好。（晚上大家都喝得好）

（99）即题答得着则会及格。（这道题答得对才能及格）

2.2.7 从闽南话的情况看，动补间的助词也是后起的，至今还以不用助词为地道纯正的说法。最早虚化的助词是“遘”。后来虚化的“了”、“着”、“去”还兼用作动词体、态的标志，至今尚未完全分化开来。由此也可以说明体助词的虚化要比结构助词的虚化更早些。至于“得”的用法显然是共同语影响的结果。

曹广顺说：“助词‘得’从唐代开始形成，唐宋时兼有表示获得结果、完成、持续，作动补结构的标志等多种功能，元代以后，表示完成、持续的用法逐渐衰落，做补语标志成为主要功能，早期兼类，晚期功能迅速向单一化发展，是近代汉语中的‘得’字发展的基本过程。”（《近代汉语助词》，80页），闽南话相当于“得”的助词看来慢了半拍，还处于从无到有、多种助词混用、有的助词则兼有多种功能的阶段。阶段不同，过程却是大体相当的。

2.3　表示某种程度的简短的补语。

普通话有“好得很”“大得不得了”之类说法。闽南话里这种句式也很发达。这种句式至少要用一个助词“遘”（甲），助词之后的常用词语则很多样。分述如下：

2.3.1　用“死”“命”一类带有夸张意味的词语表示强调的程度。例如：

（100）跋输缴气遘卜死 [boʔ^{5}si^{55}] / 会死 [e^{22}si^{55}] / 无命 [bo$^{24-22}$miã^{31}] / 卜痟 [boʔ^{5}siau^{55}]$_{要疯}$。（赌钱赌输了气得要死）

（101）搦许个贼拍遘半小死 [puã$^{31-55}$sio$^{55-24}$si^{55}] / 半（条）命 [puã$^{31-55}$（tiau$^{24-22}$）miã^{31}] / 半命。（把那个贼打得半死）

（102）许号息路辛苦遘哭爸 [k^{h}au$^{31-55}$pe^{22}] / 买命 [bue$^{55-24}$miã^{31}]。（那种活儿辛苦得要命）

2.3.2　用否定式表示程度的：

（103）個小弟恶遘无范 [bo$^{24-22}$pan^{31}] / 无谱 [bo$^{24-22}$p^{h}ɔ^{55}]/ 无（亲像）样 [bo$^{24-22}$ts^{h}in^{22} ts^{h}iũ^{22}iũ^{31}]。（他弟弟凶得不像样）

（104）菜汤咸遘无天无地 [bo$^{24-22}$th ĩ^{33}bo$^{24-22}$tue^{31}]/ 无天理 [bo$^{24-22}$t^{h}ĩ^{33}li^{55}]。（菜汤咸得无以复加）

（105）破病几落日瘖遘\u8f04慑 [bue^{22}liap^{5}]（慑：惊吓）。（病了几天累得不得了）

（106）害我行遘\u8f04行。（害我走得欲罢不能）

2.3.3　省略式程度补语只有“遘”一字，读音只能是弱化形式：[kaʔ^{5}、gaʔ^{5}、aʔ^{5}]。

（107）即本册逐个爱看甲。（这本书大家都爱看得很）

（108）两个姊妹仔厮亲像甲。（俩姐妹相像得很）

（109）落田作息曝甲乌甲。（下地干活晒得黑得很）

（110）汝骗甲护伊畅甲。（你骗得他高兴得很）

分析未尽，再列几组闽南话和普通话有异的结构助词，有关例句对照如下（左边是普通话，右边是闽南话）：

第一组（不必用助词的）

01	老人看起来非常的高兴。	老侬看来野诚欢喜。
02	这个姑娘长得十分的漂亮。	即个查某囝仔生成野水。
03	你一个字一个字地念。	汝蜀字蜀字读 / 汝随蜀字读。
04	泉水哗哗地流着。	泉水哗哗流。
05	这篇文章他已经认真地读了两遍。	即篇文章伊已经认真读去两遍。
06	有人偷偷地从山上砍走了几棵杉树。	有侬静静仔对山顶剉去几落丛杉。
07	他的篮球打得好。	伊篮球拍野好。

第二组（“其”[e] 有读本调、变调和轻声三种）

08	把我的跟他们的分开。	将我 [e^{24}] 佮個 [e^{24}] 分开。
09	你做你的，伊做伊的。	汝做汝 [e^{24}]，伊做伊 [e^{24}]。
10	我的钱包忘了带了。	我 [e^{22}] 钱包鱠记得带。
11	昨天的报纸你看了没有？	昨日 [e^{22}] 报纸汝看未？
12	去玩的人很多。	去𨑨桃 [e^{22}] 侬野𫢗。
13	过去了的事情就不说它了。	过去了 [e^{22}] 事际就莫用说唠。
14	开会的时间改了。	开会 [e^{22}] 时间改唠。
15	从北京带来的还有一些。	对北京带来 [e^{0}] 夭有淡薄。
16	这杯水（是）凉的。	即杯水是清 [e^{0}]。
17	有的哭，有的笑。	有 [e^{0}] 吼，有 [e^{0}] 笑。
18	把喝水的杯子递给我。	将啉水 [e^{22}] 齿杯度我。
19	他的小说看不完。	伊小说看鱠了

第三组（不用助词“其”，用“遘、甲”或与助动词“会、鱠”+“得”组合的说法）

20	他跑得一个劲儿地喘。	伊走遘（甲）直直喘。
21	丝线乱得理也理不清。	丝线茹甲抾都抾鱠直。
22	他气得说不出话来。	伊气甲话说鱠得出来。
23	我热得满身都是汗。	我辣甲归身过尽汗。
24	你写得谁都看不懂。	汝写甲啥侬都鱠晓看。
25	质量好得很。	质量好甲。
26	这本书他喜欢得不得了。	即本册伊爱挃甲不得了。
27	你骗得了他可骗不了我。	汝会骗得 [lit^{7}] 伊，鱠骗得 [lit^{7}] 我。
28	这东西晒得晒不得？	这号物件会曝得 [lit^{0}] 鱠？

参考文献

曹广顺 《近代汉语助词》，（北京）语文出版社，1995 年。

杨秀芳 《台湾闽南话语法稿》，（台北）大安出版社，1991 年。

张　相 《诗词曲语辞汇释》，（北京）中华书局，1979 年。

张双庆主编 《动词的体》，香港中文大学，1996 年。

朱德熙 《语法讲义》，（北京）商务印书馆，1982 年。

祝敏彻 《近代汉语句法史稿》，（郑州）中州古籍出版社，1996 年。

说明：本文刊于《语言研究》2001 年第 2 期。后收入《闽南方言语法研究》，福建人民出版社，2007 年。

闽南方言的几个虚字眼儿

本文所讨论的闽南话里的四个虚字眼，都用于述语和补语之间，个别的有时也用于述语和宾语之间；它们都来自动词，却与原来含义不同，意义上既表示述语的某种情态，也起了与补语关联的作用；语音上则都发生了弱化的音变。讨论这些虚字眼是为了考察闽南话实词虚化中所表现的语义、结构和语音上的特征。文中例句和标音，除特别说明的之外，都以厦门话为准。

一 遘

“遘”本是动词，音 [kau^{21}]（阴去），意为“到达”。虚化后语音黏着，不读本调，读为变调 [kau^{21}_{53}] 或促调 [ka^5]。有时声母脱落为 [a^5] 或把前音节的动词的韵尾（[ŋ、m] 之类）黏附其上。实际口语中如果把它还原为本音并未造成语义的含混和误解，可见其本源是清楚的，这里均写为本字。虚化义相当于普通话的“得”，后连的是状态补语。例如：

（1）共伊�去拍遘 [ka^5] 半小死。（把他抓去打得半死）

（2）落伤齐盐，咸遘 [ma^5] 苦卤。（下太多盐，咸到发苦）

（3）衫裤褪遘 [$ŋa^5$] 脱脱脱。（衣服脱得精光）

（4）阿彬其病好遘 [a^5] 诚紧。（阿彬的病好得很快）

（5）南极嘛是寒遘 [a^5] 无天无地。（南极也是冷得要命）

（6）苦遘 [a^5] 鱠食鱠睏得。（愁得吃不下饭、睡不着觉）

如果补语较短，闽南话通常在述补之间不加助词。如例（4）可说“好诚紧”，例（3）可说“褪脱脱”。

有时，在述宾之间也可以加上“遘”，例如：

（7）吩咐遘几十船载其话。（叮嘱的话能装几十船）

（8）蜀句话得罪遘归乡里侬。（一句话得罪了整个村庄的人）

述宾之间不加“遘”是客观的叙述，加了“遘”则有强调的语气。

闽南话的述补之间有两个常用的用作补语的动词“着”和“了”，从结构上看似乎和上述的“遘”相同，但是在语音和语义上有明显的差异。“了”和“着”读本音本调，和补语之间可以停顿；语义上是指向述语的，说明动作和状态的结果；“遘”只能读本调或弱化的音，不能停顿，语义指向兼有动补，说明事态的状况。例如：

“嚷了真大声”是“嚷”的效果声音大，“嚷着真大声”是一喊起来就嗓门大，“嚷遘真大声”是喊的状态是声音大。可见这里的“了”和“着”还有“实现”和“起始”的动词意味，还是述语“嚷”的动词补语，因而保留着本音，不像“遘”那样虚化为联结述补之间的成分。

杨秀芳（1991）曾注意过这三种句式之间“有不同的语义内涵”：“伊走了真紧”（他跑得很快）是在判断他跑的结果；“伊走 [ka¹] 真紧”（[ka¹] 即遘）是在描述他跑的状况；“伊走着真紧”是在肯定他的能力。不过，她只是从词义的角度分析其差异，把带“着”的句子视为“能性补语”，其余两种视为“谓性补语”，没有进一步分析这些连接成分的语法化和语音弱化上的区别，从而区分其语法意义和语法功能的差异。

二 得

“得”本是动词，音 [tit³²]（阴入），意为“获得”。用作虚词时语音也发生弱化，声母变为 [l]，韵尾变为 [ʔ] 或脱落，声调按连音变调规律变为 [44]：[lit⁵ → leʔ⁵ → le⁴⁴]，虚化义也与普通话的“得”相当，后面所连接的是可能补语。如果补语是简短的，这个“得”往往和“会”（本字“解”，胡买切，音 [e²²]）连用。例如：

（9）食会得 [lit⁵] 落则食，食媪得 [lit⁵] 落唔通食。（吃得下才吃，吃不下别吃）

（10）厝间伤狭，眠床厨桌下媪得 [tit⁵] 落。（房间太小，家具放不下）

（11）少年时阵，蜀顿食得 [leʔ⁴⁴] 三四碗。（年轻时一餐能吃三四碗）

（12）写得 [leʔ⁴⁴] 成千字就够额。（写了上千字就够了）

有时，后面的补语也可以换成体词宾语。例如：

（13）汝会骗得 [le⁴⁴] 伊，媪骗得 [le⁴⁴] 我。（你骗得了他，骗不了我）

（14）骹痛，媪颂得 [le⁴⁴] 鞋袜。（脚疼，穿不得鞋袜）

会、媪和“得”连用在闽南话极为常见，语序也不是太固定。如例（9）可以说“食会得落”，也可说“会食得落”；例（10）可以说“下媪得落”，也可以说“媪下得落”（助动词前置的说法在厦门话比较少用，在泉州话比较常见）。如果从简地说，可以只说“会”不说“得”，但是单用的“会”只能置于述补之间，如说“食会落”，若是置于述语之前，后面的“得”不能省略。可见其生成顺序是“食会落→食会得落→会食得落”。助动词“会”置于述补之间是方言固有的说法，“得”是后来递加上去的。

如果补语是比较复杂的成分，例如数量结构，就只能有“会+V+得”和“V+得”两种表达格式。如例（11）可说“会食得三四碗”，也可说“食得三四碗”；例（12）可说“会写得成千字”或“写得成千字”。

三 通

闽南话的“通”，读文读音 [tʰɔŋ]，用作动词时意为通透（“路行会通”），用作形容词时意为通顺（“文章写无通”）；如换读白读音 [tʰaŋ]，用作助动词时意为“可以”，能单说。如：“通唔通？通（可以不可以？可以）。”前加否定词可分说也可合音：唔通 [m tʰaŋ ～ maŋ]。也可以用作修饰动词的状语：通去试蜀下看迈（可以去试试看）。通讲足勢。（可以说很能干）虚化后用于述补之间，可以读本音 [thaŋ]，也可读弱化音 [laŋ、aŋ]。所带的补语也是可能补语。大体也相当于普通话的“得”。例如：

（15）小可薪金，有通 [aŋ] 食颂，无通 [laŋ] 开用。（少许薪水，有得吃穿，没得花销）

（16）我会通 [tʰaŋ] 共汝斗骹手两日。（我可以帮忙你两天）

（17）家伙许大，无通 [aŋ] 分淡薄护個小弟。（家产那么多，也不分点给他的弟弟）

（18）园嘞通 [tʰaŋ] 慢慢用。（存放着可以慢慢用）

（19）恰早倒去通 [tʰaŋ] 睏。（早点回去好睡觉）

（20）趁无通 [tʰaŋ] 食。（挣不到够吃的）

“述＋通＋补”的句式中，最常用的述语是“会、有”，这两个助动词及其否定式“𣍐、无”。“会、𣍐”带“通”时还常常和“得”连用。例如：

（21）批寄𣍐得通遣。（信寄不到）

（22）伊其病医会得通好𣍐？（他的病治得好吗？）

四 讲

常用动词“讲”，本音 [kɔŋ⁵³]，置于述补之间也是虚化成分，前面的述语通常是“想、打算”之类的有关某种意念的动词，后面的补语则是表示意念的内容或是某种状态，可以归为状态补语。虚化后的“讲”若是读本音 [$kɔŋ^{53}_{44}$]，往往后面有短暂的停顿，表示形成意念有个过程。但声调不读本调而读变调，表示“语犹未了”，语义紧连着后面的补语。没有停顿时便发生读音的弱化：声母受前音节韵尾同化为 [$ŋɔŋ^{53}_{44}$]，或脱落为 [$ɔŋ^{53}_{44}$]，声调也读为连续的变调。例如：

（23）我想讲 [$ɔŋ^{53}_{44}$] 卜倒去两日。（我想要回去两天）

（24）拍算讲 [$\eta o\eta_{44}^{53}$] 叫伊来参详蜀下。（打算叫他来商量商量）

（25）我掰讲 [$ko\eta_{44}^{53}$] 汝唔来啊。（我以为你不来了）

（26）伊无想讲 [$ko\eta_{44}^{53}$] 会拍输。（他没料到会打败了）

这个“讲”还可以置于兼语之前，这种句型的前一个述语往往是“言说思想”类的动词，后面的成分则是前面述语所述说的内容。其中的“讲”语音不发生弱化，可见意义上还没有完全虚化。例如：

（27）伊四常嫌我讲 [$ko\eta_{44}^{53}$] 作息伤慢。（他常常嫌我干活太慢）

（28）头家叫侬讲 [$ko\eta_{44}^{53}$] 唔通放工去看伊。（老板叫人家不要放下工作之看他）

（29）伊主张讲 [$ko\eta_{44}^{53}$] 着接受别侬其建议。（他主张要接受别人的建议）

（30）我甘愿讲 [$ko\eta_{44}^{53}$] 了本卖伊。（我情愿亏本卖给他）

不论是述补句或兼语句，所带的“讲”在普通话里都是不必要、不允许的。闽南人说普通话常常会把这种虚化、半虚化的“讲”改换成“说”套用于普通话：“他叫我说不要走那条路”，“我劝他说别去”，外地人听了难免费解。可见这种句型是体现了闽南话的重要特点的，在闽南人的语感中也是影响至深的。

泉州话和厦门话的重大区别之一是把厦门话的带宾语的动词“讲”换成“说”[$sə?_{阴入}^{5}$]，“讲”只用于“讲古、讲空”一类词语里。厦门话这种虚化半虚化的“讲”在泉州话也一概改成“说”，但是语音未发生弱化变化。如上文例句（26）“伊无想说会拍输”，（27）“伊四常嫌我说作息伤慢”。

不论是厦门话、泉州话，“讲、说”也可替换为“叫”。还可以在谓词之后把“说”“叫”连用，起到延缓语速的作用，表达意念不甚坚定的意思。例如：

（31）我想叫 [kio_{53}^{21}] 伊唔来唠。（我以为他不来了）

（32）我煮其菜伊说叫伤咸。（我烧的菜他说太咸，泉州话）

（33）我想说叫伊敢是无爱来。（我想他也许是不喜欢来）

在潮州话里，泉州的“说”和厦门的“讲”“叫”都对应成“呾”[$t\tilde{a}_{31}^{213}$]（阴去）。“呾”用在述补或述宾结构里在潮汕话里比厦门、泉州话里更加广泛。下面例句是从施其生（1996）文章里摘来的：

（34）知呾你调转来汕头。（知道你调回了汕头）

（35）惜伊呾知头尾。（疼他懂事）

（36）睇呾条索可会耐。（看看那条绳子结实不结实）

（37）小王呾呾明日有事无变来。（小王说明天有事不能来）

关于“呾”的性质，施其生（1996）说：它“总是出现在两个谓词性成分之间，使两个谓词性成分组合为一个较大的成分，再与别的成分发生句法关系。‘VP1 呾 VP2’中，VP1 和 VP2 不能移开或去掉一方，可见是个起联结作用的虚词”。他的分析是有道理的，也符合厦门话、泉州话的实际情况。只是在潮州话带“呾”的述补、述宾句型用得更加广泛。可见，“讲、说、呾”类动词置于述补、述宾中的虚化联结功能是闽南话的共同特征，由来已久了，在发展的过程中，不同的闽南话之间已经又形成了一些不同的特点。

五　小结

以上所列的闽南话的四个虚词的共同特点是：①都来自动词；②都用来连接述语和补语；③大多发生了语音的弱化（在厦门话为普遍弱化，泉州话多半弱化，潮州话则未发生弱化）；④从它们所表示的语法意义说，前三个“遘、得、通”都相当于普通话的“得”，大体上和普通话的助词虚化是同步的，而“讲、说、叫、呾”等在普通话并没有相对应的虚词，这是闽南话特有的，很值得注意。

“遘”和“讲”不但可连接述补结构，也可连接述宾结构，这又一次说明汉语的补语和宾语确实有密切的关系，有时是不好划分的，吕叔湘先生曾经提议把宾语也归入补语，这并不是没道理的。

这几个虚词既然都跟在述语之后，把它们归入助词应该是合适的，其后所连接的补语主要是可能补语和状态补语，对述语来说也有说明其情态的作用，也许可以称为情态助词。

1993年，东南方言比较研讨会在讨论“动词的体”的问题时曾经提出，汉语方言动词的体标记有四条标准（张双庆主编，1996年，第6页）：

1. 意义的虚化；
2. 结构关系的黏着；
3. 功能上的专用；
4. 语音上的弱化（轻声或合音）。

闽南话的这四个述补结构中的虚字眼是符合这些标准的，把它们认定为表示动词的体态的助词也是合适的。理由是：①它们都是从动词虚化而来的，意义大多和共同语的助词“得”相对应；②从它们不读本调、不可停顿也可以说明它们是黏着的，而且语法地位固定（处于述补之间），语法功能是明确的；③语音上的弱化则表现为声母的脱落、声调的促化或合音，在不同的方言点弱化的表现并非完全同步，而是不平衡的，在厦门话弱化得最明显，其他方言也有不弱化的。可见，作为意义虚化的伴随现象——语音的弱化是后起的，在姊妹方言中有不同的进度。语法化本身就是一个历史演变的过程，从纵向说是由量变而质变，不同阶段有不同的先后表现；从横向说，不同地点也会显出共时的差异。

本文所依据的语言事实是经过核对的，描写也尽量如实且过细，至于定性分析，则有待于方家鉴别和指正。

参考文献

李如龙、张双庆主编 《动词谓语句》，（广州）暨南大学出版社，1997年。
吕叔湘主编 《现代汉语八百词》，（北京）商务印书馆，1999年。
钱奠香 《海南屯昌闽方言语法研究》，（昆明）云南大学出版社，2002年。
施其生 《方言论稿》，（广州）广东人民出版社，1996年。
杨秀芳 《台湾闽南语语法稿》，（台北）大安出版社，1991年。
张双庆主编 《动词的体》，香港中文大学中国文化研究所，1996年。
朱德熙 《语法讲义》，（北京）商务印书馆，1984年。

说明：本文原刊载于《汉语方言语法研究》，华中师范大学出版社，2007年。后收入《闽南方言语法研究》，福建人民出版社，2007年。

厦门方言的方位词

一　本文所讨论的范围

邹韶华（1984）给方位词下了这样的定义：

“从类别上说，方位词是非能产的（或称封闭的），可以列举的词。”

“从特点上说，方位词是能普遍地用在其他词（或比词大的单位）的后边表示方向和位置的词。”

根据这个定义，我们把厦门方言的方位词分组列举出来，作为本文讨论的范围。

A. 顶 [tiŋ^{3}]（上）、下 [e^{6}]、前 [tsiŋ^{2}]、后 [au^{6}]、里 [lai^{6}]、外 [gua^{6}]、中 [tioŋ^{1}]、边 [pĩ^{1}]（边上）、爿 [piŋ^{2}]（两面之一）

B. 东 [taŋ^{1}]、西 [sai^{1}]、南 [lam^{2}]、北 [pak^{7}]

C. 骹 [k^{h}a^{1}]（下）、头 [t^{h}au^{2}]（位于山、路、河等的起始位置或顶端）、尾 [be^{3}]（末端）、底 [tue^{3}]、墘 [kĩ^{2}]（边缘）

D. 顶面、顶头、下骹、下底、下面（新）、头前、后壁、后面（新）、内面、内底、外面、外口、东爿、西爿、南爿、北爿、边头、边仔、中央

E. 前后、头尾、里外、顶下

下面，我们按以上所分五组方位词说明其语法意义和语法功能。

二　厦门方言方位词的语法意义和语法功能

2.1　A 组词“顶、前、后、里、外、边、爿”的语法意义和语法功能

2.1.1　表示空间概念

当表示空间概念时，这些方位词在大多数情况下不能单独成为句子成分，只能附着在表示事物或处所的名词后面，构成方位短语，指方向、位置或范围。因此从严格意义上说，是“表方位的单音节后置黏着语素”。

顶：山顶、厝顶、厝尾顶、楼顶、天顶、路顶、桌顶、石头顶、头壳顶（头顶）、

椅仔顶、棚仔顶、台仔顶、墓顶、窗仔顶、杯仔顶、帽仔顶……表示物体的顶部或者表面。

另外，“面顶”实指时表示“脸上”，如“面顶一粒痣（脸上一颗痣）”，引申表示“a 物体的上表面；b 面上、表面上”：“面顶裂一缝（上面裂了条缝）；面顶过会得去着好（表面上过得去就行）”。

“顶”也可以表示范围“上”：世界顶、册顶、课堂顶、网顶。

前：山前、墓前、眠床前、目珠前（眼前）、厝前、桌仔前、台仔前。表示“在……前方”。

后：胛脊后（背后）、厝后（屋后）、眠床后、山后、巷仔后。表示“在……后方”。

其中，目珠前和胛脊后又可以引申，指“面前”和“背后”，以及“生前”和“死后”。例如：“趁我目珠前见会着的时阵赶紧做互伊了，较鱠遘胛脊后则嘞怨叹。”（趁着我还活着赶快做好了，省得死了才后悔）

里：腹肚里、腹里、桌屉里、册包里（书包里）、厝里、房里、门里、山里、箱仔里、橱仔里、瓮仔里、碗里、裤袋仔里、杯仔里、心里、耳仔里、目珠里、目里（眼里）、喙里（嘴里）、手里、国里、巷仔里、沟仔里、水管里、水里。表示“在……的里面”。

外：窗仔外、厝外、国外。表示在某个范围之外。

边：路边、身边、湖边、山边、窗仔边、目珠边、倒手边、正手边、塘边。表示“在事物的旁边”。

爿：多与“东、西、南、北”连用，表示“在……边”，多读为轻声。

以上方位短语的用法如下：

1. 在存现句中充当主语成分：

（1）路顶有真秾车。（路上有很多车子）

2. 充当地点状语或补语：

（2）伊徛山顶，出门较鱠利便。（他住在山上，出门不太方便）

（3）许其囝仔喙里含一粒糖仔。（那个孩子嘴里含着一颗糖）

3. 充当宾语或介词宾语：

（4）伊甲册放嘞桌仔顶。（他把书放在桌上）

（5）伊伫房内唱歌。（他在房间里唱歌）

4. 充当名词的定语，起修饰、限定的作用：

（6）路边的花开甲真水。（路边的花开得很漂亮）

（7）巷仔后许间厝拆去唠。（小巷后边的房子拆了）

从构词能力与常用程度看，各个语素表现不平衡：“里”指位置、方向和范围，意义与之相对的“外”只能指范围，且其选择的参照体也很有限。“顶”和“下”都能表示位置、方向和范围，但“骹”不如“顶”活跃。这和语义搭配能力也有关系。

从语音上考察，大多语素的语音还未弱化，读为本调，如：顶、下、前、后、里、外等；个别语素在短语中一般读为轻声，如爿（南爿、北爿）。但爿在和指示代词搭配时也不读轻声，如：即爿（这边）、许爿（那边）、底一爿（哪边），都不读轻声。

2.1.2 与时间词搭配，构成时间短语

有些方位词也能表示时间概念，如：顶、下、前、后、里、外。

“顶”和“下”表示时间概念时大多也不能单用，只在俗语中发现一例单独作为句子状语的，且二者对举，表示时间：“顶看初三，下看十八。”意思是要知道农历十二月份的天气好坏，上半月看初三，下半月看十八。作为前置黏着语素构成时间短语的情况较为常见，如：顶月日（上个月）、顶年（前一年）、顶礼拜、下个月、下年（下一年）、下礼拜。

“前”和“后”大多数情况下也是作为黏着语素与数量短语构成时间短语，相当于普通话里“时间段＋以前／以后”。大部分情况下只能后置，如：三年前、两日前、三年后、两日后。前置于时间词时表次序，如：前三年（最初三年）、前五日（开始那五天）、后年（下一年）、后日（以后）、后摆（下次，以后）、后冬（下一年）。但“前两日”既可以表示“最初两天”，也可以表示“两天以前”。

“里”可以后置于表示时间的数量短语，表示“一段时间以内”，如：三日里、一个月里、一礼拜里、五年里。也可直接与特定的时间名词构成时间短语，意义各不相同，如“年里”指“过年以前”，“做月里”指“坐月子”。

“外”也可后置于时间之后，不过与“里”的用法并不对称，如“三点外”（三点多），“倒去年外唠”（回去一年多了），表示不确指的时间概念。

2.1.3 与一些特定的名词或量词搭配，构成表示次序先后概念的短语

“顶”和“下”表示次序先后时常前置于一些特定的名词或量词，如顶匀（上一辈）、顶站（上一站）、顶班（上一班）、顶层（上一层，空间或等级高低）、顶世侬（上辈子）、顶站仔（前阵子）、顶方 [paŋ¹]（上回）、顶斗（上次）、顶摆（上次）、下匀、下站、下班、下层、下世侬、下方、下斗、下摆。

“前”和“后”的情况如 2.1.2 中所述。

2.1.4 与特定名词或数量短语搭配，构成表示数量概念的短语

“外”作为黏着语素可以与特定名词或数量短语搭配，表示“（比）……多”。年外（一年多），点外钟（一个多小时）、百外只（一百多只）、两千外个（两千多个）、五万外箍（五万多块钱）、两尺外长（两尺多）、两斤外重（两斤多）。当数词省略（数词为“一”时可省略）时，若强调数量多得多，“外”还可重叠，如“百外仔外只”“千外仔外个”“万外仔外箍”“五十外仔外岁”等。

2.1.5 普通话表方位的“下”厦门话基本不用而说“骹”（下详）与名物词搭配表示范围的方位词，普通话常有“×上、×中、×下”的说法，厦门话对这种引申义常有不同说法。换用复合的方位词“面顶、里面、下面”表示“上、中、下”（心里面：心中，同学里面：同学中，数目面顶：思想里面：思想上，×情况下面：×情况下）。这说明厦门话的单音方位词的引申用法（也可以说是虚化的开始）没有普通话走得远。

2.2 B组词“东、西、南、北”的语法意义和语法功能

相对于单音节的A组词和C组词来说，“东、西、南、北”四个词比较自由，与一些特定的动词连用时可以单独做状语，或与表方向的介词连用构成短语，是真正的“单纯方位词”。例如：

（8）日照西，趁钱趁甲无侬知。（俗语，意为住在朝西的房间容易发财）

（9）即□ [tsua⁶] 路向南。（这条路往南）

（10）向 [ŋ⁵] 西的厝热天时诚热。（西向的房子夏天真热）

（11）着对东去则着，伊敢会向南去？（往东走才对，他怎么往南了？）

但是和大多数动词搭配时，或者在“动词 + 介词 + 方位词”的结构里，这四个方位词又不能单独地自由使用，只能与“爿”构成合成方位词。详细情况将在D组词部分描述。

除了自由成词，“东、西、南、北”也可以黏着于表示地点的名词（特别是专名）之后，如：巷仔东、巷仔西、思明南（思明南路）、公园东（靠中山公园东边的地区）。

2.3 C组词“骹、头、尾、底、墩”的语法意义和语法功能

2.3.1 表示空间概念

和A组词一样，当表示空间概念时，这些词在大多数情况下不能单独成为句子成分，只能附着在表示事物或处所的名词后面，构成方位短语，指方向、位置或范围，同样是“表方位的单音节后置黏着语素”。

骹：桌骹、椅仔骹、眠床骹、桥骹、楼骹、窗仔骹、橱仔骹、树仔骹、日头骹、山骹。表示“在……下方或下端”。

和“顶”一样，“骹”也可表示范围，如天骹下、树骹。

头：墙头、桌头、大埔头、小埔头、路头路尾、山头□□ [lok⁷ khok⁷] 尾，表示在事物的某一端，一般与“尾”并举。有些固定下来成为地名以后，“头”语音弱化为轻声，表示特指。如“江头”，并非泛指江之源头，而是特指厦门市郊的一处集镇。

尾：路头路尾、山头 [lok⁷ khok⁷] 尾、树仔尾、沙坡尾。表示事物的末端，多与“头”并举。（“路尾”可以引申为时间副词，下文有详细论述）

底：瓮仔底、碗底、箱仔底、鼎底（锅底）、裤袋仔底、屉底、杯仔底。意为“在容器底部”。

墘：桌墘、碗墘、杯仔墘、河仔墘、山墘、大路墘。表示“在……边缘”。

它们所构成的方位短语，语法功能和A组词构成的方位短语一样。例如：

1. 在存现句中充当主语成分：

（12）窗仔骹有一两只狗蚁。（窗下有一两只蚂蚁）

2. 充当地点补语：

（13）伊徛楼骹，真湿哦。（他住在楼下，很潮湿呢）

3. 充当宾语或介词宾语：

（14）一只胡蝇歇嘞杯仔顶墘。（一只苍蝇停在杯口上）

4. 充当名词的定语，起修饰、限定的作用：

（15）门头的砖仔煞破破去。（门口的砖居然都破了）

从语音上考察，这些语素大部分也读为本调，如：骹、尾、墘、底；而“头”在成为专名后读为轻声，如上文所述“江头”。不过，在和指示代词搭配时，也不读轻声，如即头（这头）、许头（那头）、底一头（哪头），都不读轻声。

既然C组词和A组词有这么多共同的语法意义和功能，为什么我们把它们从A组词中分出来呢？

首先，从意义上讲，C组词是从特定的名词引申而来的。骹、头、尾原本表示身体器官，墘表示物品边缘部分，底表示容器底部。例如“桌骹”可指桌子的腿，也可指“桌子下”。它们的所指对象泛化，可比照所有参照体的特定位置、方向或范围。从构词能力与常用程度看，C组词要弱于A组词。这和语义搭配能力也有关系。

其次，由于C组词的本义仍是常用义，它们构成的名词短语在指示方位时往往有歧义，要靠句型结构或上下文语境来区别。例如：

（16）椅仔骹一只狗蚁趖 [so^2] 起来。（椅子的腿上爬上了只蚂蚁）

（17）椅仔骹有一只狗蚁嘞趖 [so^2]。（椅子底下有只蚂蚁在爬）

可见C组词的词义虽然可用作方位词，但并非专用的方位词，而是兼用作名词。

再次，在语法功能上也有区别。C组词表示方位时，除了“骹”外，都可以重叠，起强调的作用。如：头头（在最开头的地方）、尾尾（在最末端处）、底底（在最底部的地方）、墘墘（在最边缘的地方）。这一点与那些带有形容词性质的名词是一样的，如：金金（很亮）、柴柴（很迟钝；柴，木头，比喻人反应迟钝）。而A组词除了“中”字，重叠表示在最中间的地方（中中）以外，均不可重叠。

普通话里也有这类词，即储泽祥所说的“准方位标”。（储泽祥，1998）

2.3.2 与时间概念词搭配，构成时间短语

“头”“尾”和“底”都可以作为后置黏着语素与特定的表示时间的名词构成时间

短语，如：月头（月初）、年头（年初）、学期头（学期初）、季度头（季度初）、月尾（月底）、年尾（年底）、学期尾（学期末）、季度尾（季度末）、月底、年底。学期头、季头。这三个语素所选择搭配的名词有限，是约定俗成的，如“*日头[①]、*日尾、*日底、*礼拜头、*礼拜尾、*礼拜底、*学期底、*季度底”等都不能说。有些带头、尾的词并非时间短语。如“工头工尾”是“工作日的零头”，“路头路尾”是“路途中的任何点”，“路尾”单说指“路的尽头”，另有引申义相当于普通话的“后来”，由空间概念投射到时间概念，且引申义更为常用。“桌头”和“桌尾”并举时可用来表示“吃饭开始”和“吃饭结束”的时间。厦门话称宴会为“桌”，在这里泛指所有吃饭的场合。如“桌头食甲桌尾”，即从头吃到尾，讥讽人贪吃，从第一道菜吃到最后一道。

2.3.3　与一些特定的名词或量词搭配（置前或置后），构成表示次序先后概念的短语

“头”和“尾”表示绝对次序。如：头日（第一天）、头年（第一年）、头班（第一班）、头名（第一名）、头站（第一站）、头头（最开始的时候）、头遭（最先到达的地方）、尾日（最后一天）、尾年（最后一年）、尾名（最后一名）、尾班（最后一班）、尾站（最后一站）、尾尾（最后的时候）、尽尾（最远的地方）。

“头”和“尾”语义相对，所选择的构词对象基本分布一致。但二者重叠构词能力略有不同：三叠式“尾尾尾”，表示极致，绝对的末尾、最末端。而“头”只有“头头”（“开头”义），没有三叠式。

再比较C组词和A组词：由表空间进一步引申到表时间和次序，A组词在这方面显得更为活跃。特别是A组词中的“外”能更进一步引申，表示数量概念。C组词的“头”和“尾”虽然可以表示时间和次序，但使用场合有限，只能和特定对象搭配。可见C组词的虚化远不如A组词。

2.4　D组词“顶面、顶头、下骹、下底、下面（新）、头前、后壁、后面（新）、内面、内底、外面、外口、东爿、西爿、南爿、北爿、边头、边仔、中央”的语法意义和语法功能

2.4.1　意义和功能

这一类都是双音合成的方位词，都可以单独使用，指示方向、位置或范围。以下列举它们的语法功能：

1. 独立在句子中充当谓语动词的宾语，指位置或方向：

（18）你坐顶面我煞看无。（你坐在上头，我就看不见）

（19）路顶车真秽，你行里面较稳当。（路上车很多，你靠里走安全些）

---

① “日头”，名词，“头”不读轻声，意为太阳，而非“一天的开初”；“头”若读轻声，意为“白天的时间”，如“九月日头短”（九月白天短）。

（20）伊走头前，我走中央，你走后壁。（他在前头跑，我在中间跑，你在后边儿跑）

（21）你看外口。（你看外边儿）

（22）阮无爱煮食，拢食外口。（我们不喜欢做饭，都在外边儿吃饭）

2. 与介词构成介宾短语，在句子中充当状语，指位置或方向：

（23）伊店东爿买一套厝。（他在东边买了套房子）

（24）我伫边头静静看，伊无发现着。（我在边上悄悄地看，他没发现）

（25）伊逐日带下骹唱歌，吵甲卜死。（他天天在下边唱歌，吵得要命）

（26）许只蛇趑对里面入去，活卜惊死人。（那条蛇爬到里头去了，吓死人了）

（27）对面唔知物代志遐吵，我爬对顶面去看迈咧。（对面不知为什么那么吵，我爬到上面去瞧瞧）

在普通话里，表示出发点的介词一般要和复合方位词连用，而表示目的地的介词则比较自由，可带单纯方位词的宾语（往里，朝前向上）。但是在厦门方言里，无论何种介词，都只能与复合方位词连用。

3. 补充说明谓语动词的方向，充当补语：

（28）伊家自蜀侬走去番爿，胆诚大。（他自己一个人跑南洋去了，胆子真大）

（29）我走去后壁你则走去头前，相出路啊。（我到后头去你却到前头，错过了）

（30）我卜泅去中央，你讲着偌久？（我想游到中间去，你说要多久？）

4. 顶面、下底、头前、后壁、外面、外口等可在名量词前边充当区别词，指位置或范围（这种组合常常见于并列对举）：

（31）头前间较吵，后壁间较静。（前面那间屋子吵一些，后面那间屋子比较安静）

（32）外口其电罐已经真滇唠，唔通佮倒入去唠。（放外面的那个热水瓶已经很满了，不要再倒进去了）

（33）顶面层真热，下底层较好淡薄。（上面那层热点儿，下面那层要好点儿）

5. 这些方位词都可以构成“方位词＋的＋名词”结构，指方向或者位置。在交流双方都明白所指物品的情况下，名词可以省略，说成“的字结构”：

（34）顶头的册较新，下骹的较旧。（上面的书比较新，下面的比较旧）

（35）边头的冷去唠，太食。（边上的凉了，别吃了）

（36）西爿的房间热，唔佫较𣍐吵。（西边的房间热，但是没那么吵）

6. 这些方位词都可以构成“方位词＋指示代词（＋量词）＋名词”的结构，指方向或方位，在交流双方都明白所指物品的情况下名词也可以省略：

（37）伊徛内面许间房。（他住里面那间房）

（38）南爿许□ [tsua^6] 路通阮兜。（南边那条路能到我家）

（39）顶面遐苹果看着𣍐否，唔知食着解芳𣍐。（上面那些苹果看起来不错，不知道

吃起来香不香）

（40）边头遐是别人的，唔通振动。（旁边那些是别人的，别去碰）

（41）内面即块桌面互虫蛀去唠，外口许块佫好好。（里面这块桌面被虫蛀了，外面那块还好好的）

7. 都可以在存现句中充当主语：

（42）外口有一只狗。（外面有条狗）

（43）南爿有山佫有溪，风景真好。（南边有山又有溪，风景很好）

8. 都可以在名词后面，构成方位短语，指方向或位置：

（44）桌仔顶面在一瓶花。（桌子上摆着一瓶花）

（45）伊□ [biʔ[7]] 嘞桌仔下骹。（他躲在桌子底下）

（46）大厝头前有一枞树。（大房子前面有棵树）

（47）伊后壁无半项。（他后面什么都没有）

9. 都能与介词构成表示位置或者方向的介宾短语用作补语：

（48）苹果放嘞下底烩要紧，唔惊砛。（苹果放在下面没关系，压不坏）

（49）店开嘞南爿生理好，较闹热。（店开在南边生意好，热闹些）

（50）椅仔在嘞外口会流疡，赶紧搬入来。（椅子放在外面会弄脏的，赶快搬进来）

（51）我坐伫嘞中央，无看着你。（我坐在中间，看不到你）

10. 顶面、里面和面前都能表示范围，构成"伫 + 名词 + 方位词"的短语。这里的名词一般指抽象的事物：

（52）伫数量顶面伊有优势，唔佫伫质量顶面伊着较差唠。（在数量上他占优势，不过在质量上面他就差一点了）

（53）蜀寡学习顶面的问题我拢请教伊。（一些学习上的问题我都请教他）

（54）伊伫即阵同学里面算是真猛的唠。（他在这群同学里面算是很厉害得了）

（55）我看任何侬伫成绩面前加少拢解骄傲。（我看任何人在成绩面前多少都会骄傲的）

这样的说法比较书面化，显然是从共同语引进的说法，在方言里固有的说法往往要换另一种句型。如上面的例句（52），方言固有的说法是："若是讲数量，伊较好面；唔俗讲着质量，伊着较差唠。"

而普通话的单纯方位词，也可以有这样的用法，即不表示实际处所，发生虚化表示"方面、条件、界限、范围、持续"（朱德熙，2002）。但对译到厦门话中，即便是书面化的说法，也要把单纯方位词折合转换成合成方位词。

2.4.2 D 组词与 A 组词、C 组词的语法功能比较

D 组词与 A 组词、C 组词最大的差别在于，D 组词是合成方位词，A 组词与 C 组词

是单纯方位词（或语素）。因此，比较它们之间的差别，即比较合成方位词与单纯方位词的差别。

1. 一些单纯方位词也可以充当名量词的区别词，前置于中心语。例如：

（56）头间较细间，尾间着真大嘮。（第一个房间比较小，最后一间蛮大的）

（57）好酒沉瓮底，尾碗出虾丸。（俗语，好东西往往在最后才出现）

但是这种用法大多用来表示次序，而不表示位置或方向。

2. 单纯方位词也可以用在名词后面，构成方位短语，指方向或位置。在这种情况下，单纯方位词和合成方位词是可以同义替换的。例如：

（58）桌仔顶有几本册＝桌仔顶面有几本册。（桌子上有几本书）

（59）箱仔里无物件＝箱仔里面无物件。（箱子里没东西）

（60）腹肚里空空＝腹肚里面空空。（肚子空空的，即肚子饿了）

这种同义替换的用法和普通话的方位词是一样的。（邹韶华，1984）

有些方位短语紧缩以后，有时就成为特定的词义，不再指称方位。如“腹肚里”紧缩为“腹里”，特指动物的下水。例如：

（61）桌骹无平长。（桌子的腿不一样长）

（62）腹里着洗伊清气则通食。（下水儿要洗干净才能吃）

3. 单纯方位词也能构成“伫＋名词＋方位词”的短语，表示范围。例如：

（63）原则上是𫟛使安尼的。（原则上是不能这样的）

（64）伫伊的领导下，部门工作开展甲真好。（在他的领导下，部门工作开展得很好）

（65）表面上无甚物，实际上着落真多功夫。（表面上没什么，实际上下了很多功夫）

和合成方位词的情况相同，方位词的这类引申不是方言固有的，而是受共同语影响转借而来的。只能照字对音（文读音），不能按词义翻译成方言词。可见方位词的语法化在方言里进度要慢许多。

4. 顶、里、顶面、里面等指向处所本身的方位词，在表示位置时，可以由一个轻声音节 [e⁰] 代替。（在泉州话音 [le°]）听话人根据上下文都能判断出说话人所要表达的位置。这是一个泛化了的表方位的后缀，读成轻声就是泛化的标志（泛化也是语法化的一种表现）。例如：

（66）伊甲钉仔钉嘞壁 [e⁰]。（他把钉子钉在墙上）

（67）伊去伫山 [e⁰] 挽草药，着几偌日则有通倒来。（他去山里采草药，要好几天才能回来）

（68）药仔互伊倒嘞塗骹 [e⁰]。（药被他倒在地上了）

（69）箱仔园伫塗骹 [e^0]。（箱子藏在地下了）

（70）衫裤拢收店箱仔 [e^0]。（衣服都收到箱子里了）

（71）讲无讲甚物，腹 [e^0] 舲爽看会出来。（说是没说什么，心里不快活看得出来）

邹韶华（1984）指出，普通话的方位词可以有替换形式，如"家中""家里"和"家"。"'家'可以视为省略了一个方位词或带了一个以零形式体现出来的方位词。"厦门方言里的方位词不能以零形式来体现，只能用一个特定的轻声音节来替代。

2.4.3 D 组词的重叠

D 组词和 C 组词一样，都可以重叠，表示极端的方位。例如：

（72）宝贝园伫里面里面。（宝贝藏在很里面的地方）

（73）水的排嘞面顶面顶。（漂亮的排在最上面）

2.5 E 组词"前后、头尾、里外、顶下"的语法意义和语法功能

这组词是由意义相反或相对的单音节方位语素（A、C 两组）构成的并列式合成词。它们的语法意义和语法功能如下：

1. 可在名量词前边充当区别词，特指处于两个极端位置的东西：

（74）前后间较有日。（前面和后面的房间阳光较多）

（75）头尾其检查真严。（第一个和最后一个检查得很严格）

（76）里外层拢无差。（里层和外层都没有差别）

（77）顶下格平大格。（上下的格子一样大）

2. 可在存现句中充当主语，指在某一空间或时间内的范围：

（78）即条官司拖拖的，前后有十年。（这件官司拖来拖去，前后有十年）

（79）阮兜伫遐前后有五六块塍。（我家在那儿周围有五六块地）

（80）厝是无大间，唔佫算算咧里外也有五六间。（房子是不大，不过算起来里里外外也有五六间）

（81）排队哦，头尾有十外仔外米。（排队啊，头尾有＋好几米呢）

3. 都可以在名词后面，构成方位短语或时间短语：

（82）橱仔前后叠其拢是纸皮箱。（橱子前后叠的都是纸皮箱）

（83）十点前后共我拍电话。（十点钟左右给我打电话）

（84）涂墙顶下拢必开。（土墙上下都裂了）

（85）房间里外种甲十几盆花。（房间内外种了十几盆花儿）

4. 单独在句子中做状语，指在某一空间或时间内的范围：

（86）伊去读册，前后嘛开甲万外箍。（他去念书，前后也花了一万多块钱）

（87）像你头尾换甲十外项工作，无一个会成。（像你前后换了十多种工作，没一个

能成的）

（88）顶下过过是伊的侬。（上上下下都是他的人）

三 余论

3.1 关于厦门方言方位词的分类

朱德熙（1984/2002）把方位词分成单纯方位词和合成方位词两类。“单纯方位词都是黏着的，合成方位词大部分是自由的。”（朱德熙，2002：43、44）而周长楫把厦门方言的方位词分成单音节和双音节两类，并且认为“单音节方位词是单纯方位词”。除了反义词组合连用的方位词“包括了两方面都有的时空位置”，“双音节方位词实际上也是一种复合（合成）词”。（周长楫，1998：356）前者从构词形式角度划分；后者从语音形式角度划分，并把语音形式同构词形式相对应，但这种对应过于简单。

我们从语音形式上把厦门方言中的方位词进行分类，大体可以分为单音节方位词和多音节方位词两类，即本文开头的A、B、C和D、E两类。其中，B是单音节单纯方位词，而A和C是单音节方位语素；D、E都是多音节合成方位词。

从意义上说，A组是纯粹的典型的方位词，也可说是方位词的核心。其语义可以从空间引申到时间、范围和次序。B组词语法地位较为自由，但意义仅限于指示方位。C组词和D组词意义和功能的虚化程度都不及A组词，意义上保留了虚化前的基本义；功能上和其余名词一样，可以重叠，强调程度和位置，相当于普通话里的“准方位标”。C、D之间，出身不同，C组原为名词，若单用仍是名词，D组单用时就是方位词。方位词出生时本来就是作为名词的附类的。E组词由于语义的限制，语法功能有限。虽然和D组词一样都是多音合成方位词，无论是意义的引申、泛化，还是语法功能的灵活性，都不如D组词。

从下面表1可以看出，单音节方位词从指空间引申到时间、次序、数量，各个词/语素的自由程度、构词能力、搭配对象、构词位置、虚化程度都有一些差异：

表1

	单独成词	表空间			表时间		表次序		表数量	重叠
		前置	后置	语音弱化	前置	后置	前置	后置	（中置）	
顶	–	–	+	–	+	–	+	–	–	–
下	–	–	+	–	+	–	+	–	–	–
前	–	–	+	–	–	+	+	–	–	–
后	–	–	+	–	–	+	+	–	–	–
里	–	–	+	–	–	+	–	–	–	–

续表

	单独成词	表空间			表时间		表次序		表数量	重叠
		前置	后置	语音弱化	前置	后置	前置	后置	（中置）	
外	–	–	+	–	–	+	–	–	+	–
中	–	–	+	–	–	–	–	–	–	+
边	–	–	+	–	–	–	–	–	–	+
爿	–	–	+	+/–	–	–	–	–	–	–
东	+	–	+	–	–	–	–	–	–	–
西	+	–	+	–	–	–	–	–	–	–
南	+	–	+	–	–	–	–	–	–	–
北	+	–	+	–	–	–	–	–	–	–
骹	–	–	+	–	–	–	–	–	–	–
头	–	–	+	+/–	–	+	+	–	–	+
尾	–	–	+	–	–	+	+	–	–	+
底	–	–	+	–	–	+	–	–	–	+
墘	–	–	+	–	–	–	–	–	–	+

3.2　重叠式与词语的虚化

在区分 A 组词和 C 组词的时候，我们用到名词一个重要的特点，即能否重叠来强调其特征差异。

厦门方言的一部分名词可以重叠，来强调这一事物的某一特征。如：鼻仔刀刀（鼻子像刀一样尖而挺）、目珠金金（眼睛如金子一样发亮、有神）、头壳柴柴（脑袋像木头一样僵化）、布身毛毛（布料毛茸茸的）。而方位词中的 C 组词本身由名词虚化而来，其指物的实在义仍广泛使用。在表示方位、时间、范围、次序时，仍带有实词特点，可以重叠来强调事物的位置特点。例如说"头头唔知"（开始时不知道），"沉遘底底"（沉到最底下），"尾尾许其是個囝"（末尾那个是他儿子）。

D 组词的构词方式比较复杂，有如下几类情况：

① A 组方位词 + 后缀：顶面、顶头、下面、后面、外面、里面、边头、边仔

② A 组方位语素 +C 组方位语素：下骹、下底、里底

③ A 组方位语素 + 名词：下骹、后壁、外口

④ B 组方位词 +A 组方位语素：东爿、西爿、南边、北边

⑤ C 组方位语素 +A 组方位语素：头前

除了④以外，其余几类均可重叠表示极端。例如说"硩伫下面下面"（压在最下面），"园甲里底里底看唔见"（藏在最里面看不见）。分析余下几类：②和⑤均涉及可重叠的 C 组词，而①类的后缀由表实在义的名词虚化而来，且实在义仍是常用义；

③类的名词也是表示具体的事物。因此这几类词的虚化程度并不高。相反，④类中的东、西、南、北专指方向，而“爿、边”则是虚化程度较高的方位词。

参考文献

储泽祥 《现代汉语方所系统研究》，（武汉）华中师范大学出版社，1998 年。
周长楫 《厦门方言研究》，（福州）福建人民出版社，1998 年。
朱德熙 《语法讲义》，（北京）商务印书馆，1984/2002 年。
邹韶华 现代汉语方位词的语法功能，《中国语文》1984 年第 3 期。

说明：本文与徐睿渊合作，厦门话是她的母语，所以描写很准确，也很细致。收在《闽南方言语法研究》，福建人民出版社，2007 年。

闽南方言的否定词和否定式

闽南方言的否定词比普通话形式多，相互间的对应不甚整齐，在句子中的用法也有不少特点。本文讨论的闽南方言否定词和否定式限于闽南本土的厦泉漳地区。

一 独用否定词

所谓独用否定词是单音节的能单用的否定词，也可称为基本否定词。这类否定词在闽南地区普遍通行的有5个，局部地区和场合通行的3个。

1.1 唔 [m^6]①

1.1.1 主要用于否定主观意愿。单用来回答问话时常常带有语气词，但并列对举时可以不带。以下各种“唔”的说法都相当于普通话的“不”。

（1）汝卜去唔？——唔啊，我唔去。（你去吗？不，我不去）

（2）恁卜倒去唔？——伊卜我唔。（你们回去吗？他回我不回）

有时也用在动词、形容词的前面表示对事实或状态的否定。若连用插入双音谓词则表示否定语气的加强，若分别加在反义形容词之前则表示适中。例如：

（3）即本册唔是伊的。（这本书不是他的）

（4）安呢讲唔着。（这样说不对）

（5）個小弟号做什么我唔知。（他的弟弟叫什么我不知道）

（6）许张像画了唔亲唔像。（那张像画得很不像样）

（7）伊归日都唔欢唔喜。（他整天都很不高兴）

（8）唔大唔细拄仔好。（不大不小刚好）

1.2 无 [bo^2]

1.2.1 用在体词之前，否定领有和事物的存在。例如：

（9）伊有兄弟，无姊妹。（他有兄弟，没姐妹）

---

① 除特别说明外，文中例句为厦门话，标音为厦门音。音标后的数字为调类。

（10）家里无猫，鸟鼠翘骹。（山中无老虎，猴子当大王）

（11）下昏无酒通啉。（晚上没酒可喝）

1.2.2 有时也表示不具有充足的数量和应有的程度。例如：

（12）伊倒来无两三日。（他回来没两三天）

（13）我无汝的大胆。（我没你大胆）

1.2.3 用在谓词之前，否定动作或状态已经发生，也否定主观意愿和某些习惯。例如：

（14）汝无讲我拢唔知影。（你没说，我都不知道）

（15）棉裘无焦，着阁曝。（棉袄没干，还得再晒）

（16）红的花四常无芳。（红的花常常不香）

（17）伊无爱听好听话。（他不爱听好听话）

（18）我无食薰。（我不抽烟）

1.2.4 用在谓词之前，也有表示量度的。例如：

（19）伊平常时无啥讲话。（他平时不怎么说话）

（20）秋茶卡无泡。（秋茶不经泡）

1.2.5 有时离句独立，对答时用来否定对方的意思。例如：

（21）汝明旦日卜出差？——无，我唔去唠。（你明天出差？不，我不去了）

上例中（16）～（21）在普通话用“不”不用“没”，可见普通话“不”用得多，闽南话则“无”用得多。

1.3 𫝛 [bue]

泉州音读阳上调，漳厦音读阳去，应是“唔解”的合音，“解”，《广韵》：胡买切，晓也。闽方言的意义扩大为“不懂，不会，不能”，是很常用的否定词，这里的合音是不可能还原的合音。

1.3.1 通常用在谓词或谓词性词组之前，用来否定具备某种技能或办事能力，在普通话大概都说成“不会”。例如：

（22）我𫝛拍桌球。（我不会打乒乓球）

（23）伊𫝛晓得讲普通话。（他不会说普通话）

（24）汝𫝛晓讲话，不离得罪侬。（你不善于说话，常常得罪人）

1.3.2 也用来否定可能性和预料即将发生的事。例如：

（25）我看伊𫝛来。（我看他不会来）

（26）即项事伊𫝛唔知影。（这件事他不会不知道）

（27）伊度汝𫝛骗得。（他是不会被你骗的）

（28）敢𫝛乞侬掠去。（大概不会被人抓走吧）

（29）日暗唠，伊𫝛来唠。（天黑了，他不会来了）

（30）油了唠，车开艙行唠。（油完了，车开不动了）

（31）伤风艙要紧，加两日就好了。（感冒不要紧，过两天就好了）

（32）艙做得安呢做。（不可以这样做）

1.4 未 [be^6]

通常用在谓词之前表示对已然的否定，相当于普通话的“没有”。一般不单说，离句独立时常常前连副词“也”[a]，或者后连语气词“呢”[ni]，或者既加副词又加语气词。例如：

（33）我掠叫伊夭未来呢。（我以为他还没来呢）

（34）未呢，车阁未开呢。（还没有，车还没开呢）

（35）未曾三寸水，就卜爬龙船。（没有三寸水，就想划龙舟。俗语，讥人不自量力）

（36）侬未到，声先到。（未见人影，先闻其声）

1.5 免 [bian^3]

单用或置于谓词、谓词性词组之前表示对必要性的否定。相当于普通话的“不必”“甭”。例如：

（37）下晡的会汝免去参加。（下午的会你不必去参加）

（38）免等伊，伊家自会来。（不必等他，他自己会来）

（39）我的意见汝免共伊讲。（我的意见你别告诉他）

（40）我𤆬 [tshua^6] 汝去——免噢，我知路。（我带你去——不用了，我认得路）

1.6 太 [tai^5]

用于劝说的否定词，相当于普通话的“别”，通行于厦门，另有相同用法的“嫒”[mai^6] 通行于漳州，“莫用” [boʔ^8 iɔŋ^5]（可作合音 [bɔŋ$^{5-3}$]）通行于泉州。例如：

（41）雨澹水滴，拆无车票，着行山路，无太去啊。（下雨天买不到车票，得走山路，要不就别去了）

（42）许款侬，嫒甲伊交朋友。（那种人别跟他交朋友）

（43）太下番椒，我无食辣。（别下辣椒，我不吃辣）

（44）太去啊，简着一直请我食酒？（算了，怎么要老请我喝酒？）

（45）莫按安呢七说八说好唔！（别这样胡说八道好吧！）

（46）莫用，伯 [lan^3] 莫用去。（别，咱别去）

二 合成否定词

闽南话可以用否定词与其他词或词素合成多音否定词。

2.1 用“唔”合成的否定词

2.1.1 **唔免** [$m^{6-5}bian^3$]

“唔免”不是“不免”，而是“免”。如上文所述，相当于普通话的“不必、不用”。“免”“唔免”二者用法没有区别，在语气上“免”略为生硬，“唔免”比较随和。

2.1.2 **唔通** [$m^{6-5}ta\eta^1$]

也可合音为 [$ma\eta^1$]，相当于普通话的“不可以，不能”，表示情理上不许可或客观条件上的不合适。例如：

（47）即两日我无闲，叫伊唔通来。（这两天我没空，叫他别来）

（48）小弟仔嘞睏，唔通吵。（小弟弟在睡，别吵）

（49）老侬太颟 [lam^{55}] 唠，一好唔通开刀。（老人太衰弱了，最好别开刀）

2.1.3 **唔是** [$m^{6-5}si^6$]

否定的判断，相当于普通话的“不是”。例如：

（50）恁拢是北京侬？——伊是我唔是。（你们都是北京人？——他是我不是）

（51）我记得唔是对即兜行。（我记得不是从这边走）

2.1.4 **唔挃** [$m^{6-5}ti ʔ^8$]

否定意欲拥有，相当于普通话的“不要”。例如：

（52）水仙花卜挃啊唔挃？（水仙花要不要？）

（53）大粒的卜挃，细粒的唔挃。（大的要，小的不要）

2.1.5 **唔八** [m^{6-5} pat^7]

表示“不认识”或“不曾”。例如：

（54）個嗣大侬我唔八。（他的父亲我不认识）

（55）我唔八去着台湾。（我不曾去过台湾）

2.1.6 **唔若** [$m^{6-5}na^6$]

用于谓词或体词之前，相当于普通话的“不止，不仅”。例如：

（56）一斤唔若八角。（一斤不止八毛钱）

（57）唔若无了本，也阁有趁。（不仅不赔本，还有赚的）

以上用“唔”合成的否定词和“唔”一样，在普通话都可说成“不”。可见闽南话的“唔”和普通话的“不”是完全相对应的。

2.2 用“无”合成的否定词

2.2.1 **无影** [$bo^{2-6}i\tilde{a}^3$]

用于谓词性成分之前，也可单用，是对事实的否定，大体相当于普通话的“没的事”。和普通话里作为体词性成分的“没影儿”含义不同。例如：

（58）汝升官唠是呢？——无影，七讲八讲。（你升官了是吗？——没的事，胡说）

（59）伊昨昏无影来阮兜。（他昨晚没有到我家来）

2.2.2 **无啥** [bo$^{2-6}$siã$^{3-1}$]

用于谓词性成分之前，也可单说。表示对程度高的否定，相当于普通话的“没什么，不怎么”。例如：

（60）路中无啥通食。（途中没什么可吃）

（61）即款花无啥芳。（这种花不怎么香）

2.2.3 **无偌** [bo$^{2-6}$lua^{6}]

用于谓词性成分之前，也可用于体词性成分之前。不单说。表示数量不多。在普通话说“没多少，不怎么”。例如：

（62）争差无偌钱，太佮伊讲价啊。（相差没多少钱，别同他还价了）

（63）即帮做了无偌好势。（这次做得不怎么好）

2.2.4 **无通** [bo$^{2-6}$thaŋ^{1}]

不单说，用于谓词性成分之前，表示对客观效果的否定，相当于普通话的“没得”“未能”。例如：

（64）现主时诚实无息作就无通食。（现在真的没活干就没得吃）

（65）有什么消息伊也无通共我讲。（有什么消息他也不肯跟我说）

（66）车路开过来就无通清静。（马路通过来就不得清静了）

（67）许号后生家就无通嫌。（那种青年就没得嫌的了）

2.2.5 **无定着** [bo$^{2-6}$tiã$^{6-5}$tioʔ^{8}]/ **无范** [bo$^{2-6}$ban^{6}]

作为否定副词用于谓词性成分之前，表示对确定性的否定。相当于普通话的“不一定”“没准儿”（用作词组时，“无定着”意为“不安定”，“无范”意为“没有样板”，结构和意义均不同，不在此例）。例如：

（68）日暗唠，伊无定着唔来唠。（天黑了，他没准不来了）

（69）有侬拍门，无范是伊来。（有人敲门，不定是他来了）

2.2.6 **无要紧** [bo$^{2-6}$iau$^{5-3}$kin^{3}]

经常单说，也说“艙要紧”[bue$^{6-5}$iau$^{5-3}$kin^{3}]，相当于普通话的“不要紧，没关系”。例如：

（70）度我知无要紧，我艙过喙。（让我知道没关系，我不会传话）

（71）艙要紧，面顶出我去讲。（不要紧，上面由我去说）

2.2.7 **无管** [bo$^{2-6}$kuan$^{3-1}$]

用作连词相当于普通话的“不管”（也用作偏正词组表示“没管”，不在此例）。

例如：

（72）无管怎样无闲，汝也着去。（不管怎么忙，你也得去）

（73）无管好歹，该做就着做。（不管好与坏，该做就得做）

用“无”合成的否定词和“无”一样，在普通话有的说“不”，有的说“没”。可见闽南的“无”确实用得比“唔”更广泛。

2.3 用“𫠛”合成的否定词

2.3.1 𫠛得 [bue$^{6-5}$lit$^{7-8}$]

不单用，用在谓词之前表示对可能性的否定。相当于古汉语的“不得”。普通话则说“不能”，或在动词之后说“不了”。例如：

（74）出大水渡船𫠛得过。（发大水，渡船过不了）

（75）实在无谱，度侬看𫠛得去。（实在没谱儿，让人看不过去）

“𫠛”还可以跟一些单音动词组成复合否定词。表示与此相近的意思。例如：

（76）即摆无闲，𫠛得通去看你。（这阵子忙，不能去看你）

（77）即久去𫠛得赴开车。（这时去赶不上开车了）

（78）侬客伤多，招待𫠛得是。（客人太多招待不过来）

此外，“𫠛得”还可以插入许多单音或双音动词表示“V不得”的否定意义。例如：

（79）煮无熟𫠛食得。（煮不熟不能吃）

（80）曝无燋𫠛做得种。（晒不干做不得种子）

（81）即号事际度汝𫠛拍算得。（这种事，你无法算计）

（82）旧年的事际𫠛记得了啊。（去年的事全都不记得了）

2.3.2 **𫠛晓得** [bue$^{6-5}$hiau^{3}lit^{0}]

说快了“得”可省略。用作动词表示“不懂”，也用作助动词表示“不会”。例如：

（83）伊八淡薄仔字，𫠛晓写批。（他识得一些字，不会写信）

（84）汝共伊讲半日，伊拢𫠛晓得听。（你同他说半天，他都听不懂）

2.3.3 **𫠛做得** [bue$^{6-5}$tsue^{5}lit^{0}]/ **𫠛用得** [bue$^{6-5}$ing^{6}lit^{0}]/ **𫠛使得** [bue$^{6-5}$sai^{3}lit^{0}]

可单说，表示不行，也可用作副词表示“不能”。“𫠛做得、𫠛用得”各地都能通行，“𫠛使得”通行于漳、厦，泉州因避讳一般不说。在句子中说快了“得”都可以省去。例如：

（85）办公室嘞𫠛做得食薰。（办公室里不可以吸烟）

（86）𫠛用得，汝𫠛用得去。（不行，你不能去）

2.3.4 **𫠛讲得** [bue$^{6-5}$kɔŋ^{3}lit^{0}]/ **𫠛说得** [bue$^{6-5}$səʔ^{7}lit^{0}]

可单用，也用于谓词性成分之前，相当于普通话的“说不定”。“𫠛讲得”通行于漳、厦，“𫙨说得”通行于泉州。例如：

（87）下昏𫙨讲得会落雨。（晚上说不定会下雨）

（88）船𫙨讲得开去唠。（船说不定开走了）

2.3.5 **𫙨比得** [bue$^{6-5}$bi^{3}lit^{0}]

可单用，更常用于比较句。相当于普通话的“不能比，比不上”。例如：

（89）我合伊𫙨比得。（我同他不能比）

（90）伊野会趁钱，我𫙨比得伊。（他很会赚钱，我比不上他）

从上例可以看到“𫙨”构成的否定词不但数量不少，而且意义多种，结构多样，也是闽南话所特有的。

2.4 用“未”合成的否定词

2.4.1 **未是** [be$^{6-5}$si^{6}]

老派音亦作 [be$^{6-5}$i^{6}]，劝阻之词，常单说，否定动作之立即进行，相当于普通话的“慢着、且慢”。例如：

（91）未是，等一下则来。（慢着，等等才来）

（92）未是，着阁参详嘞则讲。（且慢，还得商量商量再说）

2.4.2 **未通** [be$^{6-5}$thaŋ^{1}]/ **未是通** [be$^{6-5}$si$^{6-5}$thaŋ^{1}]

意义和“未是”相仿，可用于动词之前，表示“未可”。例如：

（93）加协商者，未是通表决。（多协商协商，未可就表决）

（94）侬到未齐，未通升会。（人没到齐，且慢开会）

2.4.3 **未曾** [be$^{6-5}$tsiŋ$^{2-6}$]

如欲强调，可说“未曾未” [be$^{6-5}$tsiŋ$^{2-6}$be^{6}] 或“未八里曾未” [be$^{6-5}$pat$^{7-8}$li$^{3-2}$tsiŋ$^{2-6}$be^{6}]，前者与动词或其他成分连用，后两种说法常单说。例如：

（95）未曾三寸水，就卜爬龙船。（还没有三寸水，就想划龙舟）

（96）未曾未呢，无准备好唔通叫侬来。（早着呢，没准备好不要叫人来）

（97）未八里曾未，阁等三两年则讲。（八字还没一笔呢，再等两三年再说）

2.5 用“不”合成的否定词

“不”在闽南话的口语并不能单用，但可以组成合成否定词，这些否定词多少带有书面语的意味。有些这类词的意义和用法和普通话没有明显差别，例如：“不比、不过、不得不、不得已”，有些也颇有方言特色。

2.5.1 **不止** [put$^{7-8}$tsi$^{3-1}$]

作为副词表示“相当”。例如：

（98）伊写美术字不止好看。（他写美术字相当好看）

2.5.2 **不二过** [$put^{7-8}li^{6-5}ko^{5}$]

单用作语气副词，义同“不过”。例如：

（99）不二过，伊也是为着汝好。（不过他也是为了你好）

2.5.3 **不致** [$put^{7-8}ti^{5}$]

相当于普通话的“不至于”。例如：

（100）汝总不致来害我。（你总是不至于来害我吧）

三 否定词构成的固定词组

闽南话的各种否定词在口语中都可以构成一定格式的固定词组。

3.1 无……无……

与两个单音名词、形容词、动词（或插开双音词）构成并列四字格表示一种完整的意义。例如：

无＋名：无天无地（伤天害理） 无声无说（不声不响）
无心无情（心不在焉） 无山无屿（不见山影）
无因无端（无缘无故） 无魂无影（没影儿）

无＋代：无汝无我（不偏不颇） 无即无许（一无所有）

无＋形：无横无直（蛮不讲理） 无弯无跷（笔直笔直的）
无大无细（目无尊长） 无烧无清（不凉不热）
无乌无白（平白无故） 无咸无饕（素菜荤菜均无）

无＋动：无来无去（不来不往） 无干无过（毫无关系）
无亲无像（不像个样） 无做无声（不声不响）
无定无着（动个不停） 无擒无掠（无从捕捉）

3.2 唔……唔……

与形容词或动词连用：

唔＋形：唔悬唔下（高低适中） 唔烧唔清（凉热宜人）
唔咸唔饕（不咸不淡） 唔好唔否（不好不坏）

唔＋动：唔欢唔喜（不高不兴） 唔讲唔咀（不言不语）
唔亲唔像（不像个样） 唔起唔落（价格平稳）

3.3 獪……獪……

獪＋形：獪见獪笑（不知羞耻） 獪通獪透（水泄不通）

獪＋动：獪吼獪呻（不会支声） 獪食獪睏（坐卧不安）

3.4 不……不……

不＋数：不三不四 / 不八不七（不伦不类） 不＋形：不尴不尬（不利索）

3.5 未……未……

未断花未落脐（乳臭未干）

四 一般句式中的否定词的用法特点

4.1 单用否定词

否定词单用离句独立时，普通话可单说“不”或“没有”，闽南话单音的否定词则一般都要加上另一个副词或在后面加上语气词，双音否定词则不必。例如：

（101）（你去吗？）唔啊，我无爱去。（不，我不爱去）

（102）（是你的？）无噢，唔是我的。（不，不是我的）

（103）（煮未？）夭未，敢有许紧？（还没有，哪有那么快？）

（104）（我着去唔？）唔免，我家自去。（不用，我自己去）

（105）（会寒𫧃？）𫧃噢，无卡偌寒。（不，不太冷）

（106）（通去唔？）唔通噢，新路无好行。（别去，新路不好走）

（107）（着五万箍呢？）唔免，三两百箍就够额。（不用，两三百元就够）

（108）（讲汝卜出国有无？）无影，唔是我。（没的事，不是我）

（109）（无就安呢来去？）未是，阁等淡薄久。（慢着，再等一会儿）

4.2 双重否定式

上文所举的“唔免”和“免”同义，“未曾未”则与“未曾”同义，有加强语气的作用，而不是双重否定。普通话的双重否定式可直接连用两个否定词，闽南话大多要插入其他成分或者改用其他格式。例如：

（110）即项事际孤我知影呢，我无讲无使得。（这件事只有我知道，我不能不说）

（111）伊讲好势啊，𫧃去无来。（他说好了的，不会不来的）

（112）伊尽爱来，𫧃去唔来。（他很想来，不会不肯来的）

（113）即搭的花无蜀款无芳。（这里的花没有不香的）

（114）敢唔是伊煞𫧃记得去。（莫非他忘了）

（115）实在太过分了。（未免太过分了）

（116）逐个拢出手搦脚。（个个无不摩拳擦掌）

（117）许个婴仔尽古锥，无侬无疼伊。（那小孩儿真可爱，没有不疼他的）

如果是否定词和其他语素合成的，有非否定词缓冲，则可同另一个否定词连用。例如：

（118）考卷𬪍做得唔交。（考卷不能不交）

（119）下昏开会𬪍做得唔来。（晚上开会不能不来）

（120）我透底唔八无去。（我向来没有不去的）

（121）唔是唔来，是𬪍得通来。（不是不来，是来不了）

4.3 词性转移

闽南话一些否定词有转成其他词类的用法，这是普通话所没有的。

"无"可用作形容词，表示数量少或额度低，还可用作关联词，相当于普通话的"要不，不然"。例如：

（122）家里无，唔通饲阔喙婆。（家里粮食不足，别养鸭子。俗语）

（123）往年趁较有，今年趁较无。（往年挣钱多，今年挣钱少）

（124）旧时较有去，者久较无去。（以前常去，现在去得少）

（125）无无也有十头八个。（再少包有十个八个）

（126）我无闲通去，无汝去噢。（我没空去，不然你去吧）

（127）早起无闲，无下晡则去。（上午没空，不然就下午去）

"𬪍"也可用作形容词，表示差劲、衰弱的意思。

（128）论开车，伊较会我较𬪍。（论开车，他比较能干，我比较差）

（129）交陪朋友我通𬪍。（交朋友我很差劲）

（130）旧年犹较会，今年拢总𬪍。（去年还比较能动弹，今年很衰弱了）

闽南话的单音形容词都有三叠式，"无、𬪍"都可以说"无无无"和"𬪍𬪍𬪍"，以此可以验证以上用法属于形容词。

4.4 "无"充当结果补语

闽南话的"无"及其肯定词"有"都可以充当某些动词（主要是单音动词）的结果补语，说明动作或行为达到的某种效果。例如："听无"是"听不见"或"听不懂"。这种用法在共同语或其他方言都极为少见。例如：

（131）抄有金鸡母，抄无拳头母。（搜出东西有奖，搜不出要挨打。俗语）

（132）看有食无干燋瘾。（看得到吃不上，空高兴）

（133）想来想去想通无。（想来想去想不起来 / 想来想去想不明白）

（134）通街买无。（满街买不到）

流行的闽南话歌曲"酒矸通卖无"不是这种格式，而是疑问句的省略式，下详。

普通话的"带有（情绪）""留有（余地）"带着文言味，其中的"有"相当于

"着"，后面一定跟着宾语。可见这个格式和闽南话是不同的。

近代汉语里偶尔可见到"动词+没有"的句例。如《水浒传》:"庄家道:'早来有些牛肉，都卖没了。"和闽南话似乎很像，其实也并不相同。一来，"卖没了"是卖光了的意思，在闽南话要说"卖了唠""卖沏唠"，二来，闽南话可用在一批动词之后，《水浒传》里却不能类推。

"无"充当动词的补语后还可以带上宾语，而且是闽南话的常见句式。例如：

（135）掠无鱼拍澹衫裤。（抓不到鱼，弄湿了衣裳）

（136）食无糜睏无铺。（无处食宿）

（137）伤晏唠，搭无车。（太迟了，搭不上车）

表面上看来这种句式似乎与古代汉语的"食无鱼，出无车"是相同的，其实也不一样。古汉语是"食则无鱼，出则无车"，"无"是否定宾语的，闽南话的"无"是动词的补语，在动补与宾语之间还可以插入其他成分:"食无两三碗糜"（没吃两三碗饭），"掠无几尾鱼"（抓不到几条鱼），"搭无大顶的班车"（搭不上大的班车）。

如上所述，闽南话的"有"和"无"有时可用作形容词表示"多和少"，若是出于这个意思，这种格式也便表达着另一种意义。例如：

（138）痞家私头定着作无息。（工具不好，一定工效不高）

（139）新米煮较无糜。（新米不出饭）

4.5 动补结构之间的否定词

闽南话对动作结果的否定往往把否定词置于动补之间，不像普通话用"没"放在动词前（例如"没说清楚"），或用"不"放在动词之后（例如"说不清楚"）。例如：

（140）曝无焦鱠做得种。（晒不干，做不得种子）

（141）无炎日曝鱠焦。（没大太阳晒不干）

（142）曝未焦唔通收落粟仓。（没晒干别装进谷仓）

（143）跛唔煞有一日会露灾。（赌博不煞手有一天要遭殃）

如果补语是数量结构，闽南话的否定词也置于动补之间，普通话则提到动词之前。例如：

（144）讲无两三句话就行。（没说两三句话就走）

（145）来未三年无算数。（没来三年不算数）

（146）趁无两圆。（挣不到两块钱）

（147）作未两日就好唠。（没干两天就好了）

如果把否定词提到动词之前，在动词之后就要有助词"伊、得、甲"相呼应。例如：

（148）无洗伊沏（洗无沏），会生虫。（没洗干净会长虫子）

（149））㐅食得落（食㐅落）太食。（吃不下就别吃）

（150）作业未做甲了（做未了）㐅做得去睏。（作业没做完不能去睡）

（151）唔铺甲平坦（铺唔平坦）㐅行得。（不铺平不能走）

动补结构之后再带着人称代词宾语时，普通话的语序一般是“动—否—补—宾”或“否—动—补—宾”。闽南话则以“动—宾—否—补”为常。例如：

（152）伊垫路口等你无着。（他在路口没等到你 / 等不到你）

（153）我实在对伊不住。（我实在对不住他）

（154）啥侬都掠伊㐅着。（什么人都抓不到他）

如果宾语不是人称代词，而是其他名词性成分，则闽南话有两种表达方式：若否定词是“无”和“唔”，是“动—否—补—宾”的格式；若否定词为“未”或“㐅”则是“否—动—补—宾”的格式。

（155）找无着路（找不到路）

行唔着路（走路走错了）

等无着侬（等不到人）

讲唔着话（说话说错了）

（156）㐅认得路（认不得路）

未揣着侬（没找到人）

㐅作得息（干不成活）

未作着息（没干过活）

五　疑问句中的否定词

闽南话里有两种疑问句都用否定词构成。

5.1　是非问句中的否定词

闽南话的是非问句不能只用语调上扬来表达疑问语气，而必须在句末加上语气词。除了 [hõ][hẽ][hŋ][hã] 等语气词之外，还可以用肯定词和否定词连用，后者读轻声，置于句末作为独立语气词。答话则选用其中肯定词或否定词作答。例如：

5.1.1　是唔 [si$^{6-5}$m^{0}]

（157）恁后生倒来唠，是唔？（你儿子回来了，是吗？）

（158）明旦日开学，是唔？（明天开学，是吗？）

5.1.2　有无 [u^{6}bo^{0}]

（159）几落侬卜揣 [tshe^{6}] 汝，有无？（好几个人要找你，有没有？）

（160）伊共汝讲过了，有无？（他同你说过了，有没有？）

5.1.3 **着唔** [tioʔ^{8}m^0]

（161）拢总四百五十斤，着唔？（总共 450 斤，对吗？）

（162）无我则去共伊讲，着唔？（要不我去告诉他，好吗？）

5.1.4 **会𫠦** [e^{6}bue^0]

（163）讲下昏风台卜到，会𫠦？（说晚上台风要到，会不会？）

（164）即号花开了真芳，会𫠦？（这种花开起来很香，会不会？）

"是唔、着唔"中的"唔"在泉州话可以更换为"呢"[ni]。

5.2 反复问句中的否定词

反复问句是闽南话中最常见的问句。除了"未"和形容词之后的"唔"，各个单用的否定词都有相对应的肯定词，反复问句就是把肯定词与否定词放在谓词性成分之前，一前一后表示选择造成疑问的。例如：

（165）酒矸通卖无？（有酒瓶卖吗？）

（166）有比汝卡水无？（有没有比你漂亮？）

（167）卜倒去过年唔？（要回去过年吗？）

（168）卜叫伊来唔？（要叫他来吗？）

（169）无汝替我去，好唔？（不然你代替我去，好吗？）

（170）食厚茶会睏得𫠦？（喝浓茶能睡得着吗？）

（171）洗会清气𫠦？（洗得干净吗？）

（172）卜请侬客着买鱼也免？（要请客要不要买鱼？）

（173）着曝甲燋也免？（得晒到干吗？）

（174）入学通知单遘也未？（入学通知书到了没？）

（175）曝燋也未？（晒干了没有？）

（176）昨昏的戏好看唔？（昨天的戏好看吗？）

以上句式中有繁有简，每种选择问句都可以变出多种繁简不同的句式，以（165）、（171）和（174）为例：

（165'）有酒矸通卖也无酒矸通卖？/有酒矸通卖也无？/有酒矸通卖无？/酒矸通卖无？

（171'）洗会清气也洗𫠦清气？/洗会清气也𫠦？/洗会清气𫠦？

（174'）入学通知单到也未到？/入学通知单到也未？/入学通知单到未？

各类肯定否定选择之中，"有……无……"中的"有"常可省略，其余的"卜……免……""会……𫠦……""着……免……"中的肯定词一般都不能省略。

各种繁简式的意思都是一样的，只有语气缓急及语用需要之别。一般说来，口语中总是尽量地趋简。最常用的问候语“食未？”（吃饭了没有）和问话“去未？”（去了吗？）“好唔？”（好不好？）都只有两个字。相对而言，在“有……无……”“会……袂……”“着……免……”各句中，“有”最常省略，“卜”其次；“会”“着”则一般不省略。而表示选择的“也”则不论何种句式都常常省略。

“也”音[a³]，有时也读为促调[aʔ⁷]，意思是“或者”。“也”的这种用法在《祖堂集》里随处可见。例如《祖堂集》卷八：

（177）还出得法身也无？

（178）只今还奈何也无？

（179）祖佛还有漫人之心也无？

（180）无心还有用也无？

《祖堂集》中句末的否定词大多是“无”，偶有用“不”的。不像闽南话，多种否定词都可用。唐诗中类似“画眉深浅入时无”之类用“无”置于句末用作疑问词的也不少见。

“去未”的说法则见于《世说新语·忿狷》：

（181）谢去良久，（王）转头问左右小吏曰：“去未？”答云：“已去。”

可见，闽南话否定词在疑问句中的用法有的可以一直追溯到中古前期的汉语。

参考文献

李如龙　闽南话的“有”和“无”，载《方言与音韵论集》，香港中文大学中国文化研究所，1996年。

吕叔湘　《汉语语法论文集》，（北京）商务印书馆，1999年。

杨伯峻、何乐士　《古汉语语法及其发展》，（北京）语文出版社，1992年。

朱德熙　《语法讲义》，（北京）商务印书馆，1984年。

说明：本文原刊于香港中文大学中国文化研究所《中国语文研究》2003年第2期。后收入《闽南方言语法研究》，福建人民出版社，2007年。

下　　编

伍　闽方言区域比较

内陆闽方言的语言接触和变异[①]

一 内陆闽方言界说

关于闽方言的分区，1949年以前，有的统称闽语或闽方言（李方桂，1937，《中国年鉴》），有的分为闽北、闽南两区（赵元任，1948，《国语入门》）。1955年的现代汉语规范问题学术会议上，丁声树、李荣发表的《汉语方言调查》也把闽方言分为闽北、闽南两区。1962年印制的福建省汉语方言普查总结报告《福建省汉语方言概况》（讨论稿）把福建省内的7个方言区归纳为3个方言群："福州、莆田、厦门地处东南沿海，故称'闽海方言群'，邵武、长汀属于客家话，称'闽客方言群'；建瓯、永安不论在语言材料的特点上或地理位置上都介于两群之间，故称'闽中方言群'。"1963年潘茂鼎、李如龙、梁玉璋、张盛裕、陈章太联名发表在《中国语文》的《福建汉语方言分区略说》也把闽方言分为闽东、莆仙、闽南、闽中、闽北五个区，并指出"闽中、闽北两区和客方言区共同点较多，可以说这两区是闽方言和客方言的过渡地带"。又经过此后的进一步调查，1985年李如龙、陈章太发表于《中国语言学报》第二期的《论闽方言内部的主要差异》"关于闽方言各区间的关系"做这样的表述："东部沿海三区之间、西部山区两区之间各自关系较深，异中有更多的同；但由于历史和地理的原因，闽北和闽东之间，闽中和闽南之间也都存在着一些共同的特点。"1997年李如龙的《福建方言》和1998年出版的《福建省志·方言志·概述》都坚持闽方言应该先别东西、再分南北："闽北方言主要分布于唐代的建州，明清的建宁府，全境属建溪流域，以旧府城建瓯音为代表。""闽中方言区是原来的南剑州、延平府，沙溪贯穿其中。""闽赣方言区就是宋

---

① 本文成文前，曾读过以下两篇文章：一是郭必之《邵武话语音在过去一百年间的演变：以〈邵武腔罗马字〉为参照对象》（纪念李方桂先生中国语言学研究学会、香港科技大学中国语言学研究中心编《中国语言学集刊》第二卷第一期，第17—46页，中华书局，2007年）；一是丁邦新《闽语札记二则》（余霭芹、柯蔚南主编《罗杰瑞先生七秩晋三寿庆论文集》，第11—17页，香港中文大学中国文化研究所吴多泰中国语文研究中心，2010年）。上述两文皆表示过对于闽方言应该先分东西，再分南北，不把邵武话作为闽方言论处的高见。成文时未加说明，特此补记。

代的邵武军、明清的邵武府，属于富屯溪流域和金溪上游，以府城邵武口音为代表。其附属的过渡片（将乐等县）原是南剑州及后来的延平府，属于金溪流域。”① 2002年李如龙所撰《现代汉语方言概论·闽方言的分区》把闽方言的东西两片改称为沿海闽方言和沿山闽方言。其表述是：“为闽方言分区，首先应该分为沿海闽方言和沿山闽方言两片。沿海闽方言是比较典型的闽方言，包括福建、广东、海南和台湾四省沿海的四个小区：闽东区、莆仙区、闽南区（含粤东）和琼雷区。沿山闽方言是福建中北部的山区，包括闽北闽中两区。这一带方言与典型的闽方言相比较，既有共同闽方言的特征，又有些特点是受了客赣系方言的影响。”② 1997年在香港科技大学举办的第6届国际闽方言研讨会上，有人提出，闽方言还是应该分为闽南、闽北两大区，受到大家的反对。统称闽方言，再分东西两片已为国内外同行学者认可。邓享璋于2007年立项的教育部人文社科研究课题“内陆闽方言语音的比较研究”，结项时把“闽北闽中方言统称作内陆闽方言”。看来，这个称谓比“沿山闽方言”更为合适，本文愿意采用这个概念。

福建省境内的闽方言，东部沿海的闽东、莆仙、闽南三区之间有许多共同的语音特征和特征词，是典型的闽方言。各区也有自己的权威方言和共同特点，区内可以通话，属于向心型方言；但三区之间因为分手时间较长，形成不小的差异，相互不能通话。内陆闽方言则是离心型的，区内方言有多种类型，代表方言缺乏权威性，许多大小方言之间都难以通话。可见，东西两片属于不同的文化类型。

内陆闽方言分布在南平市辖的10个县市（南平、顺昌、建瓯、建阳、邵武、光泽、武夷山、浦城、松溪、政和）和三明市辖的8个县（尤溪、大田、明溪、清流、宁化、建宁、泰宁、将乐），其中的清流、宁化是闽西客家方言，大田是闽南方言。除去说闽南话的大田东部和说客家话的宁化、清流、明溪（大部），内陆闽方言大约占全闽面积的三分之一。本文研究的语料不取属于客家话和闽南话及其他方言岛的材料。

方言的演变无非是两种原因，一是从母体分化之后在新区使用，因为地理环境和社会生活的不同而产生变异；一是与周边语言或方言接触而受到影响。本文的重点在于考察内陆闽方言由于接触周边方言而发生的变化。

福建省的这片内陆腹地旧时称为闽北，是福建开发最早的地方。东汉末，建安十二年（207年），福建全境只设5个县，这里就有建安（今建瓯）、建平（今建阳）南平、汉兴（今浦城）四个县，另一个侯官县统管其他各地。经过三国吴的拓展，景帝永安三年（260年）所立建安郡又增添了昭武（今邵武）、将乐、东安（今泉州），全省共8县，

① 李如龙《福建方言》，第5页，福建人民出版社，1997年；黄典诚主编、李如龙副主编《福建省志·方言志》，第7页，方志出版社，1998年。

② 侯精一主编《现代汉语方言概论》，第216页，上海教育出版社，2002年。

闽北占有6县（隋代又从建安分出沙县）。到唐代，据《元和郡县图志》所载，闽北属建州，辖5县：建安（上）、邵武（上）、浦城（紧）、建阳（中）、将乐（中下），其中属于“上、紧”的大县为多，共辖乡40，开元间有人口20800户。后来，唐代析侯官、沙县地立尤溪，五代析将乐地立泰宁、顺昌，析邵武地立建宁，析建安立松溪：宋代又析建阳地立崇安（今武夷山市，下同），析邵武地立光泽，改关隶镇为政和县。到了明代，又析沙县、尤溪地立永安和大田。现代工业城市三明市的前身三元县则是1940年才设立的。这是县级设置的情况。至于州、路、府的变迁，唐代的建州到了五代，把南片的南平、沙县、尤溪立为剑州，入宋后改称南剑州，邵武县则升为邵武军。明清两代闽北划为建安、延平、邵武三个府。建安府是建溪流域的瓯宁、建阳、崇安、浦城、松溪、政和六县；邵武府是富屯溪流域的邵武、光泽、建宁、泰宁四县：延平府则是富屯溪下游的顺昌、将乐、南平和沙溪流域的永安、沙县和尤溪、大田7县。本文所讨论的“内陆闽方言”指的就是从早期的建安郡到后来这三个府，也即闽江上游的三个主要支流分布的地域。历史地理、自然地理和方言地理三者在这里是基本叠合的。

从设立建安郡算起，建瓯已经有1700多年历史，朱熹在崇安创办书院到现在也有800多年了。宋代的闽北理学家，从杨时、游酢、黄幹到蔡元定、真德秀，可谓群星灿烂，他们和音韵学家吴才老、黄公绍、熊忠，名宦李纲、宋慈，诗人柳永等的许多作为，使闽北繁荣一时，成了当时全国的政治文化中心之一。

早期到闽北来的是越过仙霞岭的吴人，从浦城沿着南浦溪南下建瓯、南平，这时的吴方言和闽方言应该还没有完全分家，现在的浦城县石陂镇的话还保留着整套全浊声母可以为证。直到建立新中国，建瓯一直是闽北的经济、政治和文化的中心。一千多年间在闽北形成的方言，分布在建瓯、建阳、南平、顺昌、崇安、松溪、政和和浦城8个县市，这是典型的闽北方言。

内陆闽方言的南端是闽方言中后起的3个县的小区——闽中方言区。这里建制最早的是沙县，隋初定名时属建安郡。明代的邓茂七在这里发动农民起义，曾经声势浩大、席卷闽北，朝廷派兵剿灭之后，镇守南平，这一带从此一蹶不振。后来所置永安县因有闽南、闽西的移民涌入，抗战期间又作为省会，成了闽中方言的代表。除了永安、沙县，这个小区还有1958年兴建的三明市。（该区方言概况可参阅本书《闽中方言》）

三明市除了闽中方言的三个县市属于闽中方言之外，尤溪县是沿海闽方言和内陆闽方言的过渡区。明溪县东部近闽中方言，西部是客方言，和清流、宁化连片。邵、光、建、泰四县既是闽方言赣化，应称“闽赣方言”（意为“在闽的赣语”），将乐县和顺昌县西部则是闽赣方言与闽北方言的过渡区。《中国语言地图集》把“邵将区”划为闽方言是不合事实的。

如上所述，南边的沙县、尤溪、三明、永安都是比较晚建的县份，由于建县晚，又和闽南、闽西接壤，多有移民进入，语言接触和不同的社会生活就造成了不少的变异。20 世纪 60 年代方言普查之后，把这一区定名为闽中方言。

按照以上所述，内陆闽方言除去清流、宁化和明溪西部的客家话和大田东部的闽南话，就包括了闽北和闽中一大一小两个闽方言区。

二 闽北和闽中两区方言的异同

本节将要论证的是把福建的闽方言首先划分为沿海和内陆两片的根据：闽北和闽中两种方言有共同的历史渊源和地理环境，因而有不少与沿海闽方言不同而彼此共有的特征；由于分化时代和接触对象的不同，两区之间也有明显差异。以下分别就语音和词汇两方面列举这些异同点。主要语料取自陈章太、李如龙（1991）《闽语研究》有关篇目。为节省篇幅和便于阅读，只列例字和词语，标注声韵调的特色音，未标全字音和词音。如需了解全音，请查对出处原文。

（一）闽北、闽中一致，并与沿海闽方言共有的语音和词汇特征。这些特征可以说明内陆闽方言和沿海闽方言是同源的曾经有过不少共同的特征。

1. 语音特征方面：

（1）古非组声母多数字今口语读同帮组，读 [p/pʰ/m]。例如：分飞粪放蜂麸房饭痱网尾问。

（2）古知组声母不少字今口语读同端组。读为 [t/tʰ]。例如：张中帐镇竹抽蛏拆橱除陈直。

（3）古全浊声母字今音全部清化，文读字多，读为不送气音，有白读的字较少，读为送气音。以福州、厦门音为例（前者为文读，不送气，后者为白读，送气）：

[p/pʰ] 脾 / 皮，平 / 评　　　　[t/tʰ] 投 / 头，唐 / 糖，谈 / 潭，陈 / 程，丈 / 杖

[k/kʰ] 茄 / 瘸，旧 / 臼，跪 / 钳　　　　[ts/tsʰ] 从 / 贼，族 / 凿

（4）古匣母字今口语白读为 k 声母或零声母。例如：[k] 猴厚糊寒县滑 /[Ø] 鞋红黄闲旱话。

（5）古牙喉音声母逢二等韵今读声母不腭化，韵母为洪音。例如：[k] 家界交监简甲江 /[kʰ] 壳去屈 /[ŋ] 五颜鹅 /[h] 限陷虾。

（6）古三等韵部分常用字今口语读同相对的一等韵。以福州、厦门音为例：

补—脯　　抠—阄　　楼—流

堂—长　　桑—霜　　木—目

（7）古四等韵常用字今口语多读为洪音（无介音）。下列例字在福州、厦门都读洪音：[ɛ] 西溪齐犁蹄 / 脐 / 莲牵前 / 节 / 踢。

（8）古歌豪韵字今口语多读为同韵。在福州、厦门以下例字都读同音：[ɔ] 哥—糕，何—毫，锣—劳，贺—好，可—考，多—刀。

2. 常用特征词方面：

厝（房子） 塍（田） 樵（木头） 箬（叶子）
薸（浮萍） 粟（稻谷） 箸（筷子） 鼎（铁锅）
櫼（楔子） 索（绳子） 囝（儿子） 骹（腿脚）
喙（嘴巴） 曝（晒） 必（裂开） 筅（刷拭）
贮（装饭） 趁（挣钱） 眩（眩晕） 煠（清水煮）
颂（穿着） 倒（躺下） 炊（蒸煮） 熻（焖）
长（去声，剩） 掘（挖） 乌（黑） 清（凉）
燋（干燥） 泛（俗写“冇”，不结实） 利（锋利）

（二）闽北、闽中一致而与沿海闽方言有别的语音和词汇特征。

1. 语音特征：

（1）一些口语常用的古来母字读为 s（闽北）或 ʃ（闽中）。例如：箩螺篮露芦雷笠力篮六倢卵鳞聋郎（女婿）。

（2）一些口语常用的古见母字读为零声母 [Ø] 或擦音 [x、h]。以建瓯音为例：[Ø] 菰狗笕 [h] 肝教（教书）韭橘（个别点有个别字读为另音）。

（3）部分阳声韵（深臻山梗通）读为元音韵尾与鼻音尾共现的“复韵尾”，但具体读音和所管的字，在不同的点有异（闽东也有些此类韵母，但是较少）。以建瓯音为例：[eiŋ] 心亲遵 [uiŋ] 寒卵 [ieiŋ] 延 [œyŋ] 中春。

（4）入声韵今读盖无塞音韵尾。以建瓯话为例：[a] 鸭百 [ɔ] 合 [i] 集急立七 [ai] 八 [ye] 舌月 [o] 骨 [iɔ] 药 [u] 角曝 [ɛ] 色。

（5）三个人称代词“我你渠”均读为同调。建瓯、松溪为阳入，建阳为阳平甲，崇安为阴平，石陂为阳平，政和为阴去。

2. 常用特征词：

今朝（今天，同客赣语） 明朝（明天，同客赣语） 人（沿海说“侬”）
墿（道路，闽东同此） 边舷（旁边） 中央心（中间） 露（雾露不分）
兀隻（那个） 蝇（苍蝇） 泥（泥土，同客赣语） 鼎间（厨房）
鼎片（锅盖，闽东同此） 信（信件，沿海说“批”） 手椀（袖子） 昼了（下午）
隻半月（一个半月） 几多（多少，同客赣语） 狗嫲（母狗，同客赣语）
豨、豨狮、豨嫲、豨橱（猪、公猪、母猪、猪栏） 秆（稻草，同客赣语）
酒瓯（酒杯） 碗头（大碗） 饭筅（炊帚） 箬（叶子，闽南同此）
目汁（眼泪） 手甲（指甲） 屎窟（屁股，建瓯除外） 话事（说话，同客赣语）

你（第二人称代词，沿海闽方言说“汝”） 渠（第三人称代词，沿海闽方言说“伊”）

瘦（沿海闽方言另有不同说法） 嬉（游玩，沿海另有多种不同说法） 联（缝）

遢（丢失） 掐（打，《广韵》莫白切） 湿（同客赣语，沿海说“滥”“澹”）

勤力（勤劳） 疾（疼痛） 软（疲劳）（菜）嫩（同客赣语，沿海说“幼”）

浓（粥稠）增（粥稀） 硬（木头～，同客赣语，沿海说“模”） 歇凉（乘凉）

唔曾（同客赣语，沿海说“未”） 腹肌（肚子饿，同客赣语） 生卵（下蛋）

几多（多少，同客赣语） 唔敢（不可以） 映牛（放牛，同客赣语）

做事（干活，同客赣语） 话事（说话，同客赣语）

（三）闽北、闽中之间也有不同的语音和词汇特征。（详细材料可参阅本书《闽中方言》）

1. 不同的语音特征（以下是闽中各点一致而与闽北不同的特点）：

（1）古泥来母字今逢洪音相混读为 l（同闽南）。例如：

奴 = 炉　耐 = 赖　纳 = 蜡　浓 = 龙　男 = 篮　难 = 拦

（2）古阳声韵字不少今读鼻化韵（同闽南，闽北、闽东均无鼻化韵）。例如：

三　蓝　岸　银　冰　坑　坪　惊　醒　声　营　姓　停

（3）有舌尖和舌叶两套塞擦音声母（其他闽方言只有一套）下列例字韵母声调相同，声母有 [ts/tʃ] 之别（同某些客赣语，闽方言声母大多是“十五音”，只有 [ts\tsʰ\s] 一套塞擦音：

[ts/tʃ] 谢 / 蔗，精 / 正　[tsʰ/tʃʰ] 锹 / 烧，抢 / 厂　[s/ʃ] 修 / 收箱 / 伤

（4）古晓组和非组和章组部分字今读逢细音腭化相混，下列例字声母都是 ʃ（同闽西客家话），韵母、声调也相同，下列各组例字成了同音字：

非 = 辉　匪 = 毁 = 水　肺 = 慧 = 穗　歇 = 协 = 涉　香 = 伤　晓 = 少

（5）部分泥、日母字今读逢细音声母相混为舌根鼻音 [ŋ]，下列例字韵母、声调相同，也成了同音字：

[ŋy] 女 = 汝 = 语　[ŋi] 二 = 义　[ŋieŋ] 年 = 言，染 = 软，念 = 验　[ŋyo] 箬 = 弱

（6）止摄字今读有舌尖前塞擦音与舌尖前元音相拼的 ts ɿ、tsʰ ɿ、s ɿ，以下是包括一些古入声字在内的一批同音字：

支 = 脂 = 之　此 = 齿　次 = 刺　斯 = 思 = 私　世 = 事　质 = 汁 = 织　十 = 食 = 实

（7）古浊平字今读分为两个调类，但是归入今调的类别各不相同，有的独立成阳平甲和阳平乙两调（建阳），其他点大多分别混入别调。（详细情况请参考本书《闽北方言》）这是闽北方言各点一致的，但和闽中方言不同的语音特点。闽中方言因为分化时间短，点数也少，使用接触之后发生一致的变化较多：闽北方言分布地域广、点数多，虽然接触时间长，但受外方言影响的有些只是在局部地区，下文另有介绍。

2. 不同的常用特征词：

（1）以下是闽中和闽北及多数其他闽方言不同的常用词 33 条：

白日（白天）	对昼（中午）	前冥（昨天）	全工（整天）
古怪（凶恶）	慢（迟）　烈（快）	个隻月（一个月）	坟（坟墓）
弄田（种地）	炊床（蒸笼）	饭汤（米汤）	阿娘（妻子）
丈夫倈（男人）	囝子倈（小孩儿）	娘囝（女儿）	头空（额头）
耳子（耳朵）	家自（自己）	我侪（我们）	渠侪（他们）
十宽隻（十几个）	病妹（害喜）	病癞（麻风）	成病（生病）
成痧（中暑）	倒眠（睡觉）	供（喂养）	行嫁（出嫁）
遢罣（丢失）	话泛事（撒谎）	勿惊（别怕）	差（错）

（2）以下是未见于闽北、闽东和莆仙，而与闽南相同的常用词 10 条：

寒（天冷）	石级（石阶）	厝瓦（瓦片）	目眉（眉）
头壳（脑袋）	啥货（什么）	厚（茶浓）	丛（植物的量词）
冥昏（夜晚）	河溪（银河）		

（3）以下是与多数闽方言不同而与闽西客家话相同的常用词 17 条：

狗牯（公狗）	狗虱（跳蚤）	糖蜂（蜜蜂）	禾（稻子）	栽禾（插秧）
包粟（玉米）	老弟（弟弟）	婿郎（女婿）	头发（沿海说“头毛”）	
嘴（闽方言多说“喙”）	面嘴（脸）	洋火（火柴）	热痱（痱子，沿海说“痱”）	
映（看）	冷（闽方言多说“清”）		使得（可以）	使唔得（不行）

三　深度接触造成的方言蜕变

在内陆闽方言与周边方言的接触之中，最引人注目的是，与浙、赣两省交界处因为移民而发生的两处闽方言的蜕变。一是浙南的处、衢、婺三州的“吴人”陆续进入浦城，使县城以北的闽方言蜕变为吴语。另一片是明清的邵武府，原先也通行闽北方言，宋元以后赣人陆续越过武夷山，定居于邵武、光泽、建宁、泰宁四个县，造成了那里闽方言的“赣语化”。

浦城的吴语化只发生在县北的 11 个乡镇（南部 5 个乡镇仍通行闽北方言），邵武府的赣语化则覆盖了四个县，可见从赣东来的移民更多。唐宋之时，鄱阳湖四周是沃土千里的鱼米之乡，人口增长快。黄巢起义后战乱频仍，赣人先后南下赣南、闽西，成了那里的客家先民；后又西进湖南，形成湘东的赣语长廊。最后越过武夷山入闽，批量未必很大，时间却持续得很长。《福建编年史》（油印稿）作者陈遵统说，他在邵武住了 8 年，看过各大姓的族谱，结论是：“十有八九是由江西而来。考究它的年代，大部分是宋代，而宋代之中，南宋初期比北宋多；元兵围汴的前后，又比南宋初期多。”[①]可见，邵武府的闽方言赣化是经历过宋元以来近千年的时间才完成的。

（一）浦城县北部（以下简称“浦北”）通行的是闽北方言质变后的吴方言，有如下依据。

1. 语音特征：

（1）古全浊声母中的塞音、塞擦音全部轻化为不送气清音。例如：爬皮 [p]、啼糖 [t]、茶 [ts]、锤 [tɕ]、坐像 [ɕ]、舅权 [k]，这是和浙江的处衢方言相同的特征。《吴语处衢方言研究》说：“在江山、广丰，古全浊声母今逢擦音不读浊音，而读清音，例如广丰：豺 sa^2，在庆元，古全浊声母全部读清音。”[②]

（2）古非组声母今读为 f，但浊音不读 v。例如：腹飞分翻肥房亡万。这在闽方言是极少见的，也是和庆元话相同（其他处衢方言 f、v 都有），在客赣方言，不但非组字读 v，晓匣母合口字也混入其中。

（3）古端母字和部分知母常用字读为 l-，逢阳声韵变读为 n。例如：多德刀昼 / 单党店。这是从浙南吴语帮、端二母的紧喉音 ʔb-、ʔd- 蜕变而来的。《吴语婺州方言研究》说：“婺州方言都有帮端母早期读紧喉音 [ʔb、ʔd] 的痕迹。”[③]在“武义方音”一节，则说：“帮母的读音，古阳声韵读 [m] 声母”，“端母的读音，古阳声韵读 [n] 声母”，其他韵母读 [l] 声母。例字有“办变兵，单短党，多赌刀”等。[④]可见，从浙南到浦城，紧喉音 ʔb-、ʔd- 经历过消退的过程，但是古老的特点还留有明显的痕迹。

（4）次浊上声字跟全浊声母走，读为阳上调。在南部的石陂和建瓯等地，次浊上大多是和清上同行的。浦北的格局和处衢、婺州两片吴语绝大多数是一致的。在处衢只有云和，在婺州只有金华是次浊上与清上同行。例如；使想胆 / 女染买 / 妇淡是。（以上各条语料标音见本书《闽北方言》）

（5）古蟹摄字不读 [i] 韵腹或 [-i] 韵尾，如：替西店贴肩钉，这也是浦北和浙南吴语共同的特点。

上文所述的闽北方言的重要语音特征，如古来母字读 s 声母，古浊平字分读两调、古四等韵多读洪音等，南片各点和闽北方言相同，浦北未见。

以上第（2）项是浦城吴语和大多数吴语共有的特征，而（1）、（3）、（4）三项则是和西南部的处、衢、婺州吴语一致的。可见，进入浦城的吴人应该是就近从浙西南一带来的。这不但体现方言的特点，也符合地缘的关联。

① 福建省汉语方言普查指导组《福建省汉语方言概况》（讨论稿），第 4 页，1962 年。

② 曹志耘等《吴语处衢方言研究》，第 20 页，（日本）好文出版，2000 年。

③ 曹志耘等《吴语婺州方言研究》，第 40 页，商务印书馆，2016 年。

④ 同上书，第 343—344 页。

2. 常用特征词：（这部分材料见本书《闽北方言》，此处不标音）

（1）浦北的常用词有些是明显和浙西南的吴语相同而和闽北方言不同的说法，例如：

坟（墓） 柱头（柱子） 灶间（厨房） 灶头（灶） 鼻头（鼻子）

铐铆（铁锅） 面桶（脸盆，闽南同此） 稿（稻草） 蕹菜（空心菜）

老公（丈夫，客家话同此）女（女儿） 着（穿衣）走（闽方言普遍说"行"）

跑（闽方言普遍说"走"） 赚钱（闽方言说"趁钱"） 咥饭（吃饭，闽方言和客家话普遍说"食饭"）

打侬（闽方言普遍说"拍人"）驮（拿） 阿拉（我） 头颈（脖子）客侬（客人）

（2）有些浦北和南片闽北方言相同的说法也见于浙西南吴语，可能就是早期吴闽共有的特征词。例如：

徛（站立） 骹（腿脚） 腹脐（肚脐） 索（绳子）

箸（筷子） 饭甑（蒸饭具） 手袂（衣袖） 薸（浮萍）

惊（害怕） 园（藏匿） 昼前（上午） 昼了（下午）

（二）旧邵武府四县已质变为赣方言，可罗列更多根据。（字词标音可参见本书《闽西北七县市的方言》）

1. 语音特点：

（1）古全浊塞音、塞擦音声母今读送气清音（顺昌、将乐过渡区同此）。例如：[pʰ] 步办白 / 肥，[tʰ] 大动达郑直，[tsʰ] 坐全绝 / [kʰ] 旧共。

（2）古非敷奉母字和晓匣合口字今读 f 声母，微影云以部分字读为 v 声母（泰宁在外、将乐同此）。例如：[f] 夫粉福 / 废罚房 / 花灰血 / 活横红，[v] 味文 / 威冤 / 王 / 赢。

（3）古透定母字今读 h 声母，古清从初昌母字今读 tʰ 声母。例如：[h] 拖吞塔 / 袋糖桐，[tʰ] 草仓错葱 / 造钱贼族 / 窗 / 插春出。

（4）古疑、日母常用字今读 n 声母（建宁与顺昌、将乐为 ŋ 声母）。例如：[n] 二人入日 / 蚁牛艾银。

（5）古山、咸、蟹摄一二等部分字今读为不同韵母。以邵武话为例：[on/ien] 寒 / 闲、早 / 限，[on/an] 干 / 奸、柑 / 监、杂 / 插、合 / 压，[uon/uan] 官 / 关，[on/an] 碗 / 弯，[oi/ai] 盖 / 芥、改 / 解、海 / 蟹。

（6）古曾梗摄字今文读韵尾为 -n，梗摄白读韵读为 aŋ、iaŋ。以邵武话为例：[ɛn] 崩灯，[in] 蒸升兵静；[aŋ] 生争青醒，[iaŋ] 名井病郑。

（7）少数口语常用的浊平、浊上字今读为短降调（从调类说，邵武、光泽、将乐为入声，泰宁、顺昌为去声，建宁未变），这些字大多为名词，应该是小称变调。以邵武话为例：浊平作入：头薸桃蚕年前床；上声作入：蚁李（李子）枣爪饼。

（8）名词出现了不少儿尾后缀，以邵武话为例：票儿（纸票）、星儿（星星）、剪儿

（剪子）、饺儿（饺子）、钳儿（钳子）、猴儿（猴子）、弟儿（弟弟）、笠儿（斗笠）、茄儿（茄子）、猫儿（猫）、姑儿（姑姑）、老板儿（老板）。

上述第（1）条是全浊声母字，这类字占《方言调查字表》总字数的四分之一，全读成送气清音是客赣系方言共有的最主要特征。第（8）条是语法特征，系统性最强，儿尾不但为闽方言之绝无，在东南方言中也很少见，据《客赣方言比较研究》，"儿尾词"在江西境内主要见于临川、南城、宜黄、黎川一带，如说："桃儿、梨儿、椅儿、蚊儿、钵儿"。这些地方正是在邵武府的西边毗连地，也是赣人移居闽北的来源地。第（2）（5）两条也是客赣方言共有的特征，在各地闽方言极为少见。第（3）条则是抚州、南城一带的赣东方言的显著特征，清、从母读为t^h，见于黎川、资溪、南城、崇仁；[①] 透定母读为 h 或 x，分布于赣中更大一片：从黎川、南丰、南城、贵溪、临川、宜黄，直到吉水、新余、上高、高安、进贤、东安，那些地方应该就是当年移居邵武府的赣人的出发地。[②] 以上所述这几个语音特点，与闽北方言截然不同，在江西的其他方言也很少见，用来证明邵武一带方言的赣语性质及其来源地，特别有说服力。罗杰瑞先生曾经把邵武话也列为闽方言，主要是因为他认为："闽方言和客方言之间的不同可能更多的是在程度上而不是在种类上。"由于这一点误解，影响了他对于大方言之间关系的不当判断。20 世纪 90 年代，笔者在西雅图曾多次同罗杰瑞先生讨论过这个问题，那时他的学术兴趣已经转移到阿尔泰语系了，就没有对此发表更多的意见。

诚然，闽赣方言也保存了一些闽北方言的固有特征，但只是为数不多的常用字，例如"轻唇读为重唇"，读为 [p-/p^h-/m-]：分放 / 斧纺浮饭 / 尾问（建宁只有微母读为 m-）："舌上读为舌头"，读为 [t/t^h]: 昼竹中 / 抽拆绸池（建宁此类字更少）；来母字读 [s-]：螺露篮笠聋卵鳞（建宁在外）；古心邪书禅等擦音声母字今读为 [t^h-] 或 [ts^h-]：鬚筅谢斜深树。建宁界邻闽西、赣南的客家地区，许多特征多变同客家话，作为赣方言并不纯粹，保留闽方言的成分也更少，在闽赣方言中是比较特殊的一个点。

2. 词汇特点：

（1）有些词汇是闽赣方言与客、赣方言都相同的词汇。例如：

衫袖（衣袖）	虾公（虾）	洋火（火柴）	洋油（煤油）
供猪（养猪）	映牛（放牛）	割禾（割稻）	栽禾（插秧）
话事（说话）	晓得（知道）	东西（闽北说"物事"）	
腌（咸菜，闽方言多说"盐去声"）		乌卑（臭虫）	嘴（闽方言多说"喙"）
滚水（热水）	动棋（下棋）	食唔得（不能吃）	

（2）有些是与赣方言更接近的说法。例如：

① 见刘纶鑫主编《客赣方言比较研究》所附地图，第 776 页，中国社会科学出版社，1999 年。

② 同上书，第 775 页。

畏（害怕） 夥（多） 搞（玩儿） 盘儿（桌子）
爹爹（祖父） 蜂儿（蜂） 柑儿（橘子） 爷佬（父亲）
娘佬（母亲） 姐夫（女婿）

四 中度接触造成的两种不同的变异模式

中度接触所造成的是较小的方言片的系统变化。所谓系统的变化，不是表层的音值的演变，而是音类系统的局部调整和重要特征词的批量更替。下文将要讨论的是内陆闽方言由于方言的中度接触所发生的两种明显不同的小区片的变异。

内陆闽方言由于语言接触而产生的中度变异有两种模式。一种是大片方言因语言接触受邻近方言影响而发生的语言的系统变异和词汇的批量变异；另一种是在较小范围内由多种方言的影响而整合的小通语和小方言。

闽北的8个县市方言，明显分为西北和东南两片。西北片是武夷山（旧崇安县，下同）、建阳和石陂（代表浦城县南5个乡镇）；其余县市（建瓯、南平、松溪、政和）属于东南片。东南片和沿海闽方言相连，更具闽方言本色，西北片因语言接触而发生较大变异，这就是上述的第一种模式，由数项变异造成了语音系统的调整以及词汇的批量替换。闽北两片之间的主要差异是：

（一）语音系统的调整。

首先，也是最重要的是全浊声母今读的差异。西北片留有不同范围的浊音，东南片都清化了。这个差异包括以下3项：（例字的标音见本书《闽北方言》）

1. 古重唇和轻唇浊音声母今西北片存有浊声母b/β/ɦ，东南片各点都读成清声母，例如：盆瓶贫凭步别/符妇/未望。

2. 古浊舌齿音（定澄从邪崇船）今石陂读为d、dz、l，建阳、武夷山读为l。其余东南片都读为清声母。例如：铜队读/除沉泽/齐情字/谢徐邪/崇助寨/射舌。

3. 古浊牙喉音（匣云以）和少数船禅母字今石陂读为g、ɦ、l，建阳、武夷山读为ɦ、j、Ø（零声母），东南片都读为清声母。例如：行$_{走}$鹹厚汗寒/红鞋喉/云/浴/城。

概言之，古全浊声母字在东南片全部清化，西北片不同程度留浊。石陂保留的浊音声母共5个：b/d/g/dz/ɦ，建阳有两个：β/ɦ，武夷山也是两个：β/j。石陂的b-、和武夷山、建阳的β-相对应，ɦ-和j-相对应，d-、dz-和l相对应。（详见本书《闽北方言》）显然，浊音是从石陂向西北方向精简或减弱的。石陂是深藏闽北腹地的古镇，地处县城和府城的半道上，与外界往来不多，却又颇具文化底蕴。1931年出版的《中国地名大辞典》所收专条称旧名“石陂街”，注文云：“在福建浦城县西南70里。清时有巡检驻此。”[①] 看

① 臧励龢等编《中国古今地名大辞典》，第268页，（香港）商务印书馆，1982年重印。

来，正是这个浦南重镇的地位和对周边地区的辐射作用，使它保守地留存了完整的全浊声母。往南是千年建州府城，千余年间，四方人流往来频繁；往北是浙江西南部浊音已经逐渐清化的吴人入住的县城南浦镇。在这南北两股“全浊清化”的潮流的夹迫之下，这套古老的浊音只能保存在石陂这样的古镇和西边的山村。可见，闽方言中难得见到的全浊声母是早期的闽北方言自己保存下来的，当时的闽方言跟吴语显然都有全浊声母。后来从处州、衢州和婺州传到南浦镇的倒是清化了的新吴语，已经把全浊声母读为不送气清音了。30 多年前，笔者刚调查这一带方言时，一直想不通，为什么传到浦城的吴方言浊音清化了，南边 70 里的石陂镇却保留了全套浊音？经过和建阳、武夷山的比较，再看闽北方言和其他闽方言的关系，真相终于大白：石陂的浊音不是吴地飘来的，而是祖传原生的，这股全浊的“暖流”从建阳通向武夷山，遇到了赣东来的全浊强力清化的“冷空气”，热度大大降低，塞音塞擦音清化，只剩下浊擦音。石陂古镇的留浊成了孤寂的旧响，难怪如今的年轻人也很难固守了。

不过，闽北方言的全浊清化并不是一步到位的，而是分为两步走，这和沿海闽方言又是藕断丝连、互相照应的。沿海闽方言的全浊声母今读清化之后分为送气和不送气两类。先清化的是现在口语常用的送气的白读音，如：[p^h] 皮鼻 [t^h] 啼桃头停锤糖塗$_{泥土}$潭柱，大多是历史久远的基本词；后来清化的是现在的不送气的文读音，大多是不太常用的字音和书面语读音，如：[p] 蒲培朋 [t] 庭题图藤同投捶陈沉。上文所述的闽北方言浊平字分为两类，大体上就是先清化的第一类，现在为“阳平甲”，后清化的是第二类，是为“阳平乙”，也就是和石陂、建阳和武夷山相对应的浊音声母字。经过这样的纵横两向的比较，闽方言历史演变的层次和吴语、赣语两面接触的作用，就都能得到如实的理解和合理的解释。

其次一条重要特征是古舌齿音的次清声母强化送气，造成了和喉擦音的“推拉链”变异。此项变异又有两项表现：（例字的标音见本书《闽北方言》）

4. 古清、初、昌母的多数字和少数古心、生、禅母混入的字，西北片变读为 t^h、东南片仍读为 ts^h，例如：青草菜 / 蚕贼 / 碎 / 炒初篡 / 插春厂 / 生（不熟）。

5. 古次清声母滂、透、彻多数字以及相应浊声母並、定、澄混入的少数字，西北片今读已经清化、混为擦音 h-，东南片仍读为次清的 p^h-、t^h-。例如：破帕品 / 皮稗鼻（鼻涕）/ 偷腿兔 / 啼桃头 / 超蛏拆 / 程锤。

以上两项显然是全浊声母清化之后的变异，因为石陂保留住全浊声母，所以没有参加这场变化。这是西北片闽北话的另一项重要特点。建阳和武夷山所以会发生这场大变化，显然是由于和赣东赣语的接触所引起的。众所周知，全浊清化是客赣方言的共同特点，而次清的强化送气则是赣东方言独有的特征。上文第 4 条清从母合流后的 ts^h- 变为 t^h-，正是强化的 h 挤掉了 s，变读为 t^h-；透定母合流后的 t^h-，也是强化的 h 挤掉了

t，变读为 h-；到了第 5 条，连滂、并、彻、澄也把 p-、t- 这些塞音也让位给强化的擦音 h- 了。据《客赣方言比较研究》，和邵武府四县相邻的赣东的临川片赣语，“透定母洪音字读 h”；南丰、黎川赣语，“连细音字也读 h”；南丰、广昌“知章精庄洪音都读 t、t^h……南城黎川则清从、初崇洪音字读 t^h”。[①] 可见，闽北方言西北片的这个特征是与赣东赣语接触的结果，先是影响了邵武一带的闽赣方言，而后又向武夷山方向扩展。

客赣方言是东南方言中全浊声母清化最为彻底的，全浊和次清相混之后，往西走到鄱阳湖西岸，读为送气浊音，如湖口、星子、永修等县；往赣南走的，成了客家话，便混为送气清音。可见，不论是“入浊”或是“出清”，都是送气的强大力度所发挥的作用。

从总体上看，闽北方言的东南片和西北片之间的语音差异正是古闽方言浊音的残存消退和赣语浊音清化后的强送气相遇之后的冲突和调和的过程所造成的。

此外，闽北方言的两片还有韵类和调类上的一些局部的分歧，例如：西北片江宕合流、与通摄则有别，在东南片，则通江宕三者一锅煮；西北片浊上字归入阴去，浊入字保留在阳入调：在东南片，则有一些不同的表现，这说明西北片在韵类和调类上也是比较保守的。关于这些小区别，可以查阅本书《闽北方言》，这里就不再细说了。

（二）词汇方面的批量替换。

闽北各县的词汇有同有异，词汇差异的界线不太清晰，能够整齐区分东南和西北两片的条目不太多。有的建瓯与西北片相同，有的是石陂与东南片一致。这显然是因为词汇的系统性不强，其演变是在社会生活中逐个发生变异的。以下所列举的未必都是整齐的对立，仅备参考。（先列普通话说法，后对比东南与西北的不同）

柱子：柱 / 栋柱	炊帚：饭帚 / 筅帚	撒：洩 [ie^5]/ 撒	怕：惊 / 吓
便宜：便宜 / 平	细嫩：嫩 / 细	寒冷：寒 / 清	暖和：烧 / 暖
勤劳：勤力 / 切	昨天：昨冥 / 前冥	傍晚：暗边子 / 暗边头	扒手：扒手 / 短手
茅坑：东司 / 茅司	案板：砧板 / 砧子	饭汤：饭饮 / 饮	苍蝇：蝇 / 蝇子
螃蟹：蟹 / 蟹子	娘家：后头 / 身后	马铃薯：洋芋 / 洋芋子	
发热：发烧 / 烧	中暑：成痧 / 痧着	脖子：脰 / 脰骨	乳房：汁汁 / 奶汁

中度语言接触所造成的另一种模式是由于多种方言接触，接受了多方面的影响而整合起来的新系统，包括一个小通语和几个小方言。内陆闽方言东南部的尤溪县内的语言接触就是这种类型。

尤溪县位于福建省的中部的戴云山北坡，闽江的支流尤溪流经全县，东边的古田、闽清、永泰三县通行闽东方言，北边的南平市多说闽北方言，西边的沙县则说闽中方言，南边的大田、德化说的是闽南方言。此外还有一个闽中方言和闽南方言之间的混合

① 刘纶鑫主编《客赣方言比较研究》，第 26 页，中国社会科学出版社，1999 年。

语，俗称“后路话”，包括了4个县市的8个连片的乡镇：大田县的广平、奇韬，尤溪的新桥、管前、八字桥，永安市的槐南、青水和沙县的湖源。在尤溪县东南角的中仙乡隔着永泰与莆田市相连，那里说的是莆仙方言。椭圆盘状的尤溪县正好处于闽方言5个区（闽东、莆仙、闽南、闽北、闽中）的交界处。盛唐开元二十九年（741年）置县时，地盘还真不小，后来，唐末划出几个乡，建立了永泰和德化两县，明代又划出一大片地盘设置永安、大田二县。这片不小的中低山丘陵地，历来地多人少，常有邻县农民就近移居，便形成了一些和邻县口音相近的小方言。除上述新桥片的“后路话”之外，坂面有德化传来的闽南话；闽江边的西洋、洋中话与闽东方言相近，汤川、中仙话则有闽东、莆仙方言的成分。由于一千多年间县城未经搬迁，一直是全县政治经济文化中心，在长期社会交际生活中，“城关话”综合了7种小方言的一些特点，实际上是或多或少融合了闽方言5个区的一些特点，形成了独特的系统。全县14个乡镇中，城关话通行于10个乡镇（有的只有一部分）拥有62%人口，实际上成了闽方言各区接触、融合而成的一种混合型的县内通语。因为历史长，使用人口多，这个小通语，对各个小方言还有不小的影响。

1. 尤溪县内方言的主要语音特点。

以下列举特点时，择要对比城关话其他小方言的异同，并说明小方言是接受周边县份何种方言的影响形成的。详细语料可参考《尤溪县内的方言》。

（1）声母方面，尤溪城关话声母16个，比沿海闽方言多了ɕ，与s有对立。此音近于闽中方言的ʃ（闽中各点都有tʃ、$tʃ^h$、ʃ和ts、ts^h、s两套塞擦音的对立），经由“后路话”传入，新桥、中仙有整套舌叶音和舌尖前的对立（18个声母），但城关只有一个擦音，近于舌面擦音，此音在城关话只拼齐撮呼；ts、ts^h、s来自精组声母，可拼“四呼”。沿海闽方言则只有“十五音”，塞擦音只有一套。

除街面不分“泥—来”外，城关和各点都分；除街面、新桥外，城关和各点都有几个从母字读s的现象（例如：坐前脐晴），这是闽东、莆仙方言的特征，就这两点说，尤溪县的方言显然受到闽东方言的影响。

只有汤川话有齿唇音声母f-、v-，包括古非组字和晓匣合口字。这是和客家话相同的特征。但还没有查到历史上有客家人成批迁入汤川的记录。

（2）韵母方面，城关话有单元音9个，其中ɿ韵在沿海少有，也是来自闽中方言，永安话和“后路话”都有这个韵，在尤溪则见于新桥话、城关话和中仙话。圆唇元音ø、œ则来自闽东方言，城关话有ø及其鼻化韵和yø等3个韵，西洋有ø、yø两个韵，洋中则有œ、œʔ、yø、yøng等4个韵，中仙有ø、øng、yøng等3个韵。可见，与闽东连片的东北部地区都有这套圆唇元音。汤川、新桥、街面等西南片则无。

与此相关，汤川、街面没有撮口呼，与客家话、闽南话相合：其余各点都有，这是和周边的闽东、闽北、闽中一致的情形，但各点撮口韵的数目不同，新桥 7 韵，洋中 6 韵，城关和西洋 4 韵，中仙 3 韵，可见，靠近闽中、闽东和闽北的乡镇就有较多的撮口呼韵。街面闽南话和有客家话色彩的新桥话都没有，这也是合乎逻辑的。

阳声韵只有后鼻音韵尾，未见 -n、-m 韵尾，这是全县统一的、也是和闽东方言比较接近的特点。城关、新桥、街面的白读系统有鼻化韵，则是和闽中、闽南一致的特点：西洋、中仙、汤川、新桥有脱落鼻音读成阴声韵的，同于莆仙方言和永安、沙县和尤溪之间的“后路话”，新桥最多，汤川其次，可见这个特点是从后路话传入的。

（3）关于入声韵和入声调，古入声字今读在城关及多数点已脱落塞音韵尾，这是与闽中、闽北方言相同的特点：洋中保存喉塞音 -ʔ，与闽东方言同，街面保留 -ʔ、-k 尾，与大田、德化的闽南话相近。城关和西洋、汤川把入声字归为一个入声调，这是与闽中方言相同的特点；洋中、街面、中仙分为阴阳入，与沿海闽方言相同：新桥无入声调类则是“后路话”的特征。

（4）关于连读音变，城关话及各点小方言多音词都有连读变调，闽方言各区之中，除了闽北方言都有变调，可见尤溪话和闽北方言关系最浅。但是变调规律大体比较简单，双音节词是前变后不变，前字是阴阳平多数同变，古入声字在前，大多变为促调。

多音词连读时，城关话把后音节的清音声母变读为与前音节相关的浊音。这种语音的变读，一般称为“声母类化”，这是与闽东方言类似的特点，但是只限于部分常用词，例如葡萄、家私、青菜、唔食（不吃），后音节都变读为 [l]，不像福州话那样可以普遍类推，可见这只是受到闽东方言的一些影响。

2. 尤溪县内方言的词汇异同。

尤溪县内各小区的词汇异同有多样的情况，除了多数闽方言相同的说法之外，可以列举以下几项。

（1）与沿海闽方言相同的说法：

粟（稻谷）	塗（泥土）	面（脸）	蠓（蚊子）
目珠（眼睛）	目珠毛（睫毛）	耳团（耳朵）	腹肚（肚子）
骹腿（腿）	半冥（半夜）	菜栽（菜苗）	油麻（芝麻）
枹（柚子）	手指（戒指）	事际（事情）	字爿（偏旁）
行棋（下棋）	墓牌（墓碑）	依客（客人）	鼎匙（锅铲）
筅（刷）	睏（睡）	惊（怕）	宿（成熟）
戋（不成熟）	伊（他）	只（这）	许（那）
拍算（打算）	颂（穿）	褪（脱）	緪（拴紧）
臭殕（发霉）	恶（凶）	臭酸（馊）	鼻（嗅）
曝（晒）	簪（味淡）	崎（陡）	长（去声，剩余）

剌（入声，编织，洋中在外） 遘（到，洋中在外） 砛（用石头压）
拍（打） 掼（提） 必（开裂） 煠（清水煮）
炊（蒸） 挃（想要） 过（古和切，果蔬老化） 幼（嫩）
掘（挖） 揽（搂） 铰（剪） 敨（解）
跋（跌） 病囝（害喜） 细（小） 劼（拥挤）
圣（灵验） 细腻（小心） 起价（涨价） 趁钱（挣钱、赚钱）

（2）与闽东相同的说法：

墿（路） 犬（狗） 啼（哭） 乞（给，被）
昨暝（昨天） 头牲（牲口） 上堂（上课） 碎钱（零钱）
喙舌（舌头） 喙皮（嘴唇） 胰皂（肥皂） 汉码（个子）
豉油（酱油） 甏（大缸） 鼎片（锅盖） 大舅（妻兄）
细舅（妻弟） 舂臼（碓臼） 愆过（过失，罪过） 皮厚（厚脸皮）
做家（节俭） 天清（天冷） 天星（星星） 腹底（下水儿）
老公（丈夫） 老妈（妻子） 埯尘（灰尘） 拉基（拉链）
小肠气（疝气） 衣裳车（缝纫机） 病笨（笨重）

以下街面除外：

上堂（上课） 母婶（妯娌） 伞（雨伞） 衣裳车（缝纫机）
病哑（哑巴） 过人（传染） 结疕（结痂） 卫（袒护）
小肠气（疝气） 发酒癫（醉酒） 鼎片（锅盖） 掰喙（打哈欠）
病笨（笨重） 过家（做客） 碎钱（零钱） 碎食（零食）
水笔（毛笔） 做戏（演戏） 瘬（瘦） 乞伊（给他）
啼（哭） 起动（劳驾） 清楚（整洁） 呆（坏）
地兜（地上） 老蛇（蛇） 有影（药有效） 做家（勤俭）

以下仅见于西洋、洋中：

紫菜（茄子） 粉干（米粉） 洗汤（洗澡）

（3）与闽南相同的说法：

糜（粥） 塗糜（烂泥） 塗砻（谷砻） 摰（能干）
茶鼓（烧水壶） 奇巧（奇怪） 楼尾（楼上） 鼎匙（锅铲）
所在（地方） 喙齿（牙齿） 喙须（胡须） 饲（喂养）
狭（窄） 澹（湿） 晏（不早） 大汉（个儿高）
领巾（围巾） 水鞋（雨鞋） 妹婿（妹夫） 濑（浅滩）
长年（长工） 洗喙齿（刷牙） 吊脰（上吊） 揤（寻找）
电塗（电池，城关在外） 查母（女人，洋中在外） 肱（肉，西洋、洋中在外）

（4）本地创新并通行全域的说法：

冰条（冰棍儿，西洋在外） 做节（过端午） 讲泛（闲聊） 票（钞票）

桌床（桌子） 饭箸（筷子） 麦豆（豌豆） 唔八（不知道）

食饭（吃早饭，山区早饭吃干的，才能爬山干活） 搭墟（赶集） 目珠屎（眼眵）

鼠鼠（兔子） 菅（芦苇） 家自（自己） 讨菜（摘菜）

以下新桥、街面除外：

客调（玩儿） 酒米（糯米） 蚕虫（蚕，洋中在外） 灶间（厨房，洋中在外）

（5）与闽中、闽北相同的说法：

禾（稻子，除汤川、街面之外） 饥（饿，除汤川外） 昼了（下午） 断团（流产）酒米（糯米） 割禾（割稻子） 打塍（种地） 豨、豨油（猪、猪油） 嬉（玩儿） 以上见于新桥、中仙。

物事（东西） 昼前（上午） 糖蜂（蜜蜂） 以上见于新桥。

（6）与莆仙相同的说法：

勘（问，见于城关、汤川、中仙、新桥） 沸水（开水） 物乇（东西） 以上见于中仙。

（7）与闽西客家话相同的说法：

映（看） 好映（好看） 映牛（放牛） 以上见于汤川。

从城关及周边乡镇的总体情况看，语音和词汇的特征与各区闽方言的关系，还是与闽东相似度最高，其次是闽南，而后是闽中。和闽北和莆仙相似的较少。这与周边的不同方言的使用人口、强弱势以及移入人口多少都有关系。少数把两个区的说法合成的独创，很值得注意：物 + 乇，合称“物乇”，是莆仙话把闽南和闽东的说法合成了，桌 + 床，合称“桌床”，则是尤溪话把莆仙话和闽东闽南的说法合成的。这显然是深度接触的结果。

五 余论和结语

内陆闽方言除了上述大小两片成为闽方言的“失地”之外，还有如下三种不同类型的变异，构成了相当复杂的方言分布。

1. 形成不少方言岛，大多是远处移民带来的。如南平的官话方言岛，在南平市区和西芹一带，是明代派来镇压闽北农民起义官兵留居的后裔（可参阅《闽语研究 · 南平市北方方言岛》）。闽南方言区来的移民，在永安的西洋、大湖，三明的瓯坑、星桥，顺昌的埔上、富文，邵武的拿口，都有少数散落的乡村；在沙县，有青州镇洽湖村，凤岗街道西霞村的南丰自然村，富口镇的岩地村，夏茂镇梨树村的红平、池窠垄自然村；在武夷山市的星村镇也有说闽南话的自然村。经了解，较早去的是随太平军北上或逃荒者，也有20世纪60年代地方政府组织的移民。客家方言区的小规模移民在永安的桃源、浦城的毛洋，以及沙县的夏茂镇、高砂镇都有不止一个的自然村，人口从数百到几千不等。在浦城西北角的盘亭乡，竟有闽南话（黄厝），赣语南丰话（界牌）、广丰话（均溪），官话（俗称“正字”，在深坑）等多种方言岛。（可参阅李如龙《福建县市方言志12种》和本书《浦城县内的方言》）此外，从邻近地区移民来的，形成了“飞地”也屡有所见。早期因逃避战乱和灾荒而来，后来是有组织的移民，如南平市内樟湖坂说的是近于闽清口音的闽东方言，峡阳说的是近于建瓯口音的闽北方言，沙县的青州镇说的也是闽北方言，大田、永安、沙县、将乐、泰宁各县则都有范围不大的客家方言岛。（可参阅《闽语研究》的有关篇目）

2. 出现了多种混合型方言。已经发现的有3种类型。第一种是邻县就近移民来的不同口音经过磨合形成另类小方言，如大田、尤溪、沙县、永安四县交界处有8个乡镇所通行的“后路话”，混合了闽中、闽南方言的特点而成（李如龙曾有《福建大田广平话——闽方言腹地的一种混合型方言》）；第二种是尤溪县内6+1的混合式方言：有6个乡镇的话分别与相邻县份的闽方言相同相近、彼此又难以通话，而历经千年的县城，形成了一种“多取沿海闽方言、少取内陆闽方言，加以某些自行创造成分”的，带有混合性质的县内通语（可参阅李如龙、张其兴主编《尤溪县方言志》）；第三种是一些方言区交界处的小集镇，作为交通和商业流通要道，混合了两种方言而成。如建阳和邵武交界处的黄坑镇，就是闽北方言和邵武赣语的混合语，南平的夏道话则是闽北方言和闽东方言的混合语。（李如龙曾有《建阳黄坑话简介》和《夏道话记略》）。又如浦城县中部的临江镇，其南边的石陂是纯粹的老闽北话，北部县城以北则是吴语，临江镇兼有吴语和闽方言的特征，也带有混合性质（李如龙曾有《浦城县内的方言》）。

3. 有些方言区之间有过渡型方言带。在两个差异较大的方言区交界沿途的乡镇，往往有一种“渐变过渡”的方式，各自和邻近的方言保持着便于沟通的共同点。这种“渐行渐远”的状况是在交通不便、交往不多的集市贸易时代形成的。如闽北方言和闽赣方言之间，从顺昌、将乐、泰宁到邵武，沿途的洪墩、余坊、龙湖等乡镇就是这种渐变式过渡。（可参阅本书《闽西北七县市的方言》）在闽中方言和闽西客家方言之间的明溪县，也有这样的过渡带。明溪县地形如展翅老鹰，北部是闽赣方言建宁、泰宁及其过渡区将乐，东邻是闽中方言的沙县、三明、永安，西南是通客家话的宁化、清流。中部的县城（雪峰镇）的话则是兼有某些闽方言成分的客家话。县域东端的夏阳镇的方言与沙县、三明口音相近，西端的枫溪镇则比城关有更多的客家话特点。（可参阅《福建县市方言志12种·明溪县方言志》）

不论是方言的蜕变、混合或是形成过渡型的方言带，无非也都是不同方言的接触所造成的。以上所述内陆闽方言的复杂局面，都是笔者在20世纪80年代的调查所了解的，在先后出版的几种调查报告中已经做了比较详细的介绍，但是判定为哪一类方言，当年并没有做出详细说明。30多年过去了，我和当时跟我一起做调查的同事们一直都顾不上根据这些材料去总结语言接触的规律，现在回想起来总觉得有点遗憾。相邻的江西和浙江，这些年出版了不少方言调查报告，如刘纶鑫主编的《客赣方言调查报告》（1999年），曹志耘等著的《吴语处衢方言研究》（2000年）和《吴语婺州方言研究》（2016年），关于内陆闽方言和吴方言、赣方言的关系，有了许多可供比较研究的宝贵材料。利用这些语料，探讨语言接触的类型和相互影响的规律，应该说是个有价值的课题。可惜的是，这类方言，如今大多出现了萎缩，有的已经是处于濒危状态了，先前调查如果不过细，就很难进行补充调查，深入研究就会受到局限。

语言接触是研究语言不可缺少的视角。只从历史语言学的思路去考察语言现象，特别是在"祖语"的推演时，尤其容易造成假象而误入歧途。语言的演变是纵向的"自变"和横向的"他变"相互作用的结果，纵横历变又是交叉进行的，这就势必出现某些方言地区的复杂局面。

本文是对内陆闽方言与闽方言各区以及客、赣、吴诸方言接触的不太深入的考察。根据历来调查所得语料，把接触后的历变，着眼于结构系统，分为质变、调整和两大类。从理论上说，应该用方言特征研究的成果做一番检验；在感性方面，可以用方言之间的通话状况来做验证。还有些后续的工作要做，这就有待于年轻一代的努力了。

就在浦城一个县内，质变为北片的吴语竟然没有全浊声母了，而在70里外的石陂老闽方言却存在着其他闽方言从未见过的全套浊音声母；还有闽北方言的"第9调"究竟是怎么来的？闽方言中古全浊声母清化后，何以会分为送气和不送气两套清音？如何解释这些奇异的语言现象，历来有过不少争议。本文试图用几个大方言间的不同时代的接触所做的解释，是否能够说得通，就请方家群贤来评议了。

方言接触有不同的深度，深浅度的高低决定于接触史的长短、地缘和交往的密切程度，以及方言势力的大小。这种"外部"的考察，对于理解语言接触引起的变化是十分重要的。本文在这方面还没有做出详细的分析。莆仙方言管桌子叫"床"，到了尤溪，就把它和一般闽方言所说合称为"桌床"；还有，询问说"勘"，这两个莆仙方言的特征词，竟然靠着城关话的势力覆盖了全县，足见这种千年古县的老话是很善于"磨合"的，正是这样的内功，使它成了颇有影响力的县内通语。至于在闽方言的腹地竟然还发现了从未发现过的f、v声母，常用动词里则有映（看）的客赣方言的说法，如何就此做出合理的解释，我自己至今还是百思不得其解。说明这些有几分奇特的现象，也有待于后来者了。

参考文献

曹志耘、秋谷裕幸、太田斋、赵日新 《吴语处衢方言研究》，（日本）好文出版，2000 年。
曹志耘、秋谷裕幸主编 《吴语婺州方言研究》，（北京）商务印书馆，2016 年。
陈章太、李如龙 《闽语研究》，（北京）语文出版社，1991 年。
丁邦新、张双庆编 《闽方言研究及其与周边方言的关系》，香港中文大学出版社，2002 年。
李如龙 《方言与音韵论集》，香港中文大学中国文化研究所，1996 年。
李如龙 《福建方言》，（福州）福建人民出版社，1997 年。
李如龙 《福建县市方言志 12 种》，（福州）福建教育出版社，2001 年。
李如龙、潘渭水 《建瓯方言词典》，（南京）江苏教育出版社，1998 年。
李如龙、张其兴、邓享璋、林天送 《尤溪县方言志》，（福州）海峡书局，2015 年。
李如龙、庄初升、严修鸿 《福建双方言研究》，（香港）汉学出版社，1995 年。
刘纶鑫主编 《客赣方言比较研究》，（北京）中国社会科学出版社，1999 年。
秋谷裕幸 《闽北区三县市方言研究》，（台北）"中央研究院" 历史语言研究所，2008 年。
臧励龢等 《中国古今地名大辞典》，（香港）商务印书馆，1982 年。

说明： 本文 2018 年初稿曾在上海大学主办的"语言接触"研讨会上宣读，2020 年改定。

闽北方言

一　概说

闽北方言是福建境内闽方言的第三大片，分布在闽北的鹫峰山和武夷山之间的建溪流域，包括建阳地区（今南平市）八个县市：建瓯、松溪、政和、建阳、武夷山（旧崇安县）的全部、南平市（今南平市延平区）的多数乡镇（市区及樟湖、太平二乡除外）、浦城县南部的石陂、水北、濠村、山下四乡（约占全县三分之一）、顺昌县的高阳、大力、岚下、际会、仁寿、洋墩、埔上七乡镇（近半个县），使用人口约200万。

在福建的山地中，闽北是地势较平、面积最大的一片，东部的松溪、北部的南浦溪和西部的崇阳溪在建瓯内汇为建溪，水源充足，宜于农耕，又因与浙江省毗邻，这里成了福建省最早开发的地区。东汉末年，孙吴在江东经营时就逐渐向闽北扩展。至建安十二年（207年），福建境内设置了五个县（宋·施宿《会稽志·都尉》），其中有四个县就在闽北地区：建安（今建瓯）、建平（今建阳）、南平、汉兴（今浦城）。据《三国志·吴书、孙休传》及《晋书·地理志》所载，永安三年（260年），三国吴景帝在这里建立了建安郡，[①]已经辖有七个县，除上述五县之外，还有昭武（今邵武）、将乐。[②]按《晋书·地理志》统计，立建安郡时有4300户，20年后分立的晋安郡（辖八县，散布于闽北以外的福建全境）也只有4300户，可见当时闽北的人口约占全省的一半。魏晋以后，中原汉人几次大规模入闽，虽然逐渐转向沿海一带定居，闽北还是相当繁荣的，到唐中叶的建中时期（780—783年），福建境内9万多户人口主要就是集中在福州、泉州和建州：

长乐郡（福州）	39527户	217877人
清源郡（泉州）	24586户	154900人

---

① 朱维幹先生经过考证认为："建安立郡，实早在汉献帝时，故虽为孙氏所立，而仍以建安年号命名。"见他所著《福建史稿》上册，第51页。福建教育出版社，1984年版。

② 邵武、将乐两县早年应是通行闽北方言的，至今还有些语音和词汇特点和闽北方言相同。后来受到赣方言的深刻影响而发生了质变，是赣化了的闽北方言。关于这一带方言，作者将另有专文叙述。

建安郡（建州） 21459户 142164人[①]

应该说，福建境内的三片闽方言（闽东、闽南和闽北）在这个时期就打下基础了，其中的闽北方言源流更长，至少已有1500年的历史。

两宋时期是闽北发展的鼎盛时代。理学家朱熹一生有40多年在这里度过，他在闽北各县建立的书院和建阳麻沙的图书之府是闽北文化繁荣的两大标志。这里培育出来的人才有爱国名将李纲（邵武），文学家柳永（崇安）、严羽（邵武），史学家孔安国（崇安）、袁枢（建瓯），法医学家宋慈（建阳），音韵学家吴棫（建瓯）、熊忠和黄公绍（邵武）。朱熹和吴棫所使用的应就是当时定型了的闽北方言。南宋末年，建瓯人范汝为发动了大规模的农民起义，两年之内兴师10余万，席卷州县。起义失败后，官兵进行大屠杀，加以后来的元兵掳掠，闽北人口锐减。据《元丰九域志》载，北宋时建安郡有18万多户，至明嘉靖《建宁府志》载，只有12万多户，400多年后人口反减少了三分之一。后来的闽北居民，好些是从江西、浙江两省迁入的，这就使闽北方言形成了不少与沿海闽方言的不同特点。

从建安郡到后来的建州（唐、宋）、建宁路（元）、建宁府（明清），1000多年间都设治于建安。直到现在，建瓯城区——芝城镇，这座建溪上的古城还拥有5万多人口，是山区县城少见的。因此建瓯话很自然地便成了闽北方言的代表。清代乾隆年间林端材所编《建州八音字义便览》就是根据建瓯话编成的韵书。此书序言作于乾隆六十年（1795年），现在见到的是道光十年（1830年）和光绪三十年（1904年）的重镌本，至今还有建瓯人把它作为因音识字的工具书。大约30年前，我在建瓯还见过招待所的一位老厨师珍藏的道光刻本。

闽北方言大体可以分为东西两片。崇阳溪流经的武夷山市和建阳属西片，其余地区属东片。浦城南部（以石陂话为代表）和顺昌北部（以洋墩话为代表）地近建阳，虽近于东片，也具有西片的一些特点。此外，建阳县西部的黄坑乡因与邵武、光泽的赣方言接触较多，带有赣方言特点，南平的夏道则受市区官话方言岛及东邻闽东方言的影响而显得特别，都是边界上的特殊点。各点分布可参见附图。

为了说明闽北方言的特点，本文拿建瓯、峡阳（南平市延平区西）、洋墩（顺昌县北）、松溪、政和、石陂（浦城县南）、建阳、武夷山等八个点的材料（只注县名的都是城关话）进行语音和词汇的同异比较。对夏道和黄坑两点另做简略介绍。文中所用材料都是本人多年来陆续到实地调查得来的。县城各点都记过《方言调查字表》及1000多条词语，其余各点只做过粗略调查，大约记录了字音及词语各400条。各点的发音合作人是潘渭水、江雅琴（建瓯），陈素娥、魏鸿源、蔡古初（建阳），余华堂（武夷山），潘宝琨（松溪），张步良（政和），罗珍、虞春兰（石陂），应清姬（峡阳），曾永生（洋墩），张金森（夏道），邹逊、梁镛堃（黄坑）。他们多数是退休教师或50多岁的在职干部，只有洋墩、峡阳两点找的是中小学的青年教师。对他们的大力协助，我是十分感谢的。

① 杜佑《通典》卷一八二《州郡·十二》，转引自《福建史稿》（上册），第122页。

二　闽北八点方言的声韵调对照表

为了看出八点方言的语音同异的概貌以及便于阅读下文的比较材料，先将八个方言点的声韵调列表对照。表中反映的各点声韵调的类别是齐全的，但彼此间的对应只反映了主要的类型，所以叫对照表而不是对应表。

表一　闽北八点方言声母对照表

古声组	古清浊	例字	建瓯 15声	峡阳 15声	松溪 15声	政和 15声	洋墩 15声	石陂 19声	建阳 18声	武夷山 18声
帮	清	边笔	p	p	p	p	p	p	p	p
	浊	贫步						b	β	β
	清	破飘	p‘	p‘	p‘	p‘	p‘	p‘	p‘～h	h p‘
	浊	妹麻	m	m	m	m	m	m	m	m
非	浊	望末	∅	m	∅	∅	m	m	β	β
		符		x			x			x
	清	肺	x		x	x		x	p	
端知	清	东塚	t	t	t	t	t	t	t	t
	浊	达池						d	l	l
		头柱	t‘	t‘	t‘	t‘	t‘	t‘	h	h
	清	拖超								
泥日	浊	南人	n	n	n	n	n	n	n	n
		零辣	l	l	l	l	l	l	l	l
		篮雷								
精庄章	清	山线	s	s	s	s	s	s	s	s
	浊	时席								
	清	争精	ts	ts	ts	ts	ts	ts	ts	ts
	浊	齐谢						dz	l	l
		床贼							t‘	t‘ ts‘
	清	清插	ts‘	ts‘	ts‘	ts‘	ts‘	ts‘		ts‘
		烧碎							ts‘ t‘	ts‘ t‘
	浊	船舌	∅	ts s	∅ l	∅ l	∅ l	ɦ l	ɦ l	j ∅
见晓影	清	鸡军	k	k	k	k	k	k	k	k
	浊	徛鹹						g	k	j
	清	溪虎	k‘	k‘	k‘	k‘	k‘	k‘	k‘	k‘
		嬉好	x	x				x	x	x
	浊	肝雨			x	x	x			
		鞋喉	∅	∅				ɦ	ɦ ∅	x ∅
	清	爱有			∅	∅	∅	∅	∅	∅
	浊	鹅月	ŋ	ŋ	ŋ	ŋ	ŋ	ŋ	ŋ	ŋ

表二　闽北八点方言韵母对照表

古韵摄	例字	建瓯 34 韵	峡阳 29 韵	松溪 28 韵	政和 33 韵	洋墩 32 韵	石陂 30 韵	建阳 34 韵	武夷山 32 韵
假梗入	家麦	a	a	ɒ	a	a	a	a	a
江咸入	学贴		ɔ a	ɒ a	a ai		ɔ ai		a i
假梗入	社隻	ia	ia	ia	ia	ia	ia	ia	ia
假	话	ua	ua	ua	ua	ua	ua	ua	ua
果宕入	河索	ɔ	ɔ	o	o	ɔ	o	ɔ	o
宕入	箬	iɔ	iu	yo	io	iɔ	yo	iɔ	yo
果	过	ua	uo	o	o	uɔ	uai	uo	o
果蟹	螺灰	o	uai ue	uei	uɛ	ui	o	ui	ui
蟹	脐妹	ɛ	ɛ ue	iei uei	ɛ uɛ	ɛ ui	e o	e ui	ie i
假深入	爷湿	iɛ	ie	iei	iɛ	ie	ie	ie	i
果	我	uɛ	uai	ua	uɛ	uai	uai	ue	uai
山入	辣				a	ai			ua
假山入	蛇月	yɛ	ye	y œ	yɛ	ye	ye	ye	yai
山入	舌		ie			ie			
流	头	e	ɛu	a	ɛ	œy	əu	əu	iəu
止	儿	œ	i	i	œ			i	i
止曾入	鼻逼		ue	ei	i	i	i	ɔi	ei
止臻入	时橘	i	i	i				i	i
止	未			uei	yi			ɔi	uɛ
	肥				ui				əu
遇	鱼	y	y	y	y	y	y	y	y
通入	六			œy				o	əu
臻入	突	u	u	uei	u	u	u	ui	ui
遇	虎			u				o	u
流	秋	iu	iu	iu	iu	iu	iu	iu	iu
效	烧辽	iau	iu	yo	io iau	iau	iau	iɔ	iu
	炒	au	ɒu	ɒu	au	au	au	au	au
蟹	鸡埃	ai	ai	a ai	ai	ai	ai	ai	ai
	歪	uai	uai	ua	uɛ[1]	uai	uai	ye	yai
咸梗	篮生不熟	aŋ	aŋ	aŋ	aŋ	aŋ	aŋ	aŋ	aŋ
梗	城	iaŋ	iaŋ	iaŋ	iaŋ	iaŋ	iaŋ	iaŋ	iaŋ
	横	uaŋ	uaŋ	uaŋ	uauŋ	uaŋ	uaŋ	uaŋ	
宕	床	ɔŋ	ɔŋ	aŋ	auŋ	ɔŋ	ɔŋ	ɔŋ	ɔŋ
	厂		iɔŋ				yoŋ		

① 政和也有 uai 韵，都是入声字，如血、发 xuai。武夷山另有 ŋ 韵，只有“唔”一个否定词。

续表

古韵摄	例字	建瓯 34 韵	峡阳 29 韵	松溪 28 韵	政和 33 韵	洋墩 32 韵	石陂 30 韵	建阳 34 韵	武夷山 32 韵
臻	遵		ueiŋ	ueiŋ		ueiŋ	ueiŋ	uŋ	yiŋ
山	卵		uaiŋ						uiŋ
宕	上	iɔŋ	iɔŋ	ioŋ	iɔŋ	iɔŋ	yoŋ	iɔŋ	yoŋ
	望黄	uɔŋ	ɔŋ uɔŋ	uaŋ	uauŋ	ɔŋ uɔŋ	ɔŋ əŋ	ɔŋ uɔŋ	ɔŋ
山	年	iŋ	iŋ	iŋ	iŋ	iŋ	iŋ	ieiŋ	iŋ
	延	ieiŋ		ieiŋ					
	团	yiŋ		yŋ	yiŋ		yŋ	yeiŋ	yaiŋ
	献		yeiŋ			yeiŋ			yiŋ
	寒	uiŋ	uaiŋ	ueiŋ	uɛiŋ	uaiŋ	uaiŋ	ueiŋ	uaiŋ
通	耸	ɔŋ	ɔŋ	oŋ	ɔŋ	ɔŋ	əŋ	oŋ	əŋ
深臻	心亲	eiŋ	eiŋ	eiŋ	ɛiŋ	eiŋ	eiŋ	ɔiŋ	eiŋ
梗	明								
深	深							iŋ	iŋ
梗	灯	aiŋ	aiŋ	aŋ	aiŋ	aiŋ	aiŋ	aiŋ	aiŋ
山	番	uaiŋ	uaiŋ	uaŋ	uaiŋ	uaiŋ	uaiŋ	ueiŋ	uaiŋ
通	中	œyŋ	œyŋ	œyŋ	œyŋ	œyŋ	ueiŋ	eiŋ	əŋ
江	窗			aŋ		ueiŋ	ɔŋ		ɔŋ

表三 闽北八点方言声调对照表

古四声	古清浊	例字	建瓯 6 调	峡阳 6 调	松溪 8 调	政和 7 调	洋墩 7 调	石陂 7 调	建阳 8 调	武夷山 7 调
平	清	沙三	平声 54	阴平 21	阴平 51	阴平 51	阴平 53	阴平 51	阴平 53	阴平 51
	浊	人床	（阴去）	（上声）	阳平$_{甲}$44	阳平$_{甲}$33	（阴去）	（阴去）	阳平$_{甲}$334	阳平 33
		薯	上声 21							
		城穷		阳平 31	阳平$_{乙}$21	阳平$_{乙}$21	阳平 41	阳平 31	阳平$_{乙}$41	（阴去）
上	清	火虎		上声 44	上声 213	上声 212	上声 21	上声 21	上声 21	上声 21
	浊	冷买								
		重	（阳去）	阴去 242	（阳去）	（阳去）	（阴平）	（阴平）	阴去 332	阴去 22
		上	（阳入）		（阳入）	（阴去）		（阳去）		
		社			（阳去）	（阳去）	（阳去）	阴去 33		
去	清	试救	阴去 33		阴去 332	阴去 42	阴去 33			
	浊	绍	（阳入）	阳去 51	（阴入）		阳去 45	阳去 45	阳去 43	阳去 55
		射		（阴去）	阳去 45			（阳入）		
		外	阳去 44	（阳去）		阳去 55		（阳去）		
入	清	七贴	阴入 24	入声 24	阴入 24	入声 24	阴入 24	阴入 213	阴入 214	阴入 35
	浊	熟	（阳去）		（阳去）					阳入 5
		读	阳入 42	（阴平）	（阴入）		阳入 15	阳入 32	阳入 4	
		辣			阳入 42					
		舌				（阳去）				

三 闽北八点方言的语音比较

语音的比较以音类的分混为主要内容，偶尔也涉及音值的特点。先罗列共同的语音特点再比较内部的语音差异。大多数字音都取自常用的单音词，必要时注明作为单音词用的意义，有文白读只取白读，一字多音不予反映。字音只标调类不标调值。

（一）闽北八点方言的共同语音特点

本部分着重反映闽北方言内部一致而又和外地方言多所不同的特点。和普通话及闽方言以外的多数方言相同而和其他闽方言不同的特点不提，例如泥、来母分读 n、l，效摄一二等字相混（糕＝交）、山摄合口一二等字相混（官＝关），支脂之相混（移＝姨＝胰）、鱼虞相混（锯＝句）、覃谈相混（男＝篮）等等；和多数闽方言相同而又不是十分重要的特点的也不列，例如明微母字读 m 声母，疑母字读 ŋ 声母，日母字多读 n 声母，东、江可分（公≠江），去声分阴阳二类，无声母类化和变韵现象等。有些特点和多数闽方言一致的这里只举少量例字简单带过或合并着说。比较条目按声韵调顺序排列。

1. 古非敷奉母字不少读为 p、p‘，古知彻澄母字多数读为 t、t‘。例如：

	建瓯	峡阳	松溪	政和	洋墩	石陂	建阳	武夷山
腹	pu꜆	pu꜆	pu꜆	pu꜆	pu꜆	pu꜆	po꜆	pu꜆
蜂	꜀p‘ɔŋ	꜀p‘ɔŋ	꜀p‘oŋ	꜀p‘ɔŋ	꜀p‘ɔŋ	꜀p‘əŋ	꜀p‘oŋ	꜀həŋ①
肥	py꜄	꜂py	꜁py	꜁pui	py꜄	py꜄	꜁py	꜁pəu
皮	p‘yɛ꜄	꜂p‘ue	꜁p‘yœ	꜁p‘uɛ	p‘ui꜄	p‘o꜄	꜁hui	꜁hy
昼	te꜄	tau꜄	tɒu꜄	tu꜄	tu꜄	təu꜄	to꜄	tu꜄
蛏	꜀t‘aiŋ	꜀t‘aiŋ	꜀t‘aŋ	꜀t‘aiŋ	꜀t‘aiŋ	꜀t‘aiŋ	꜀haiŋ	꜀haiŋ
箸	ty꜅	ty꜅	tœy꜅	ty꜅	ty꜅	ty꜅	ty꜅	təu꜅
虫	t‘ɔŋ꜄	꜂t‘ɔŋ	꜁t‘oŋ	꜁t‘ɔŋ	tɔŋ꜄	t‘əŋ꜄	꜁hoŋ	꜁haŋ

2. 古精庄章三组声母读同一套塞擦音 ts、ts‘、s，其中书母字不少读为 ts‘ 声母。例如：

	建瓯	峡阳	松溪	政和	洋墩	石陂	建阳	武夷山
遮	꜀tsia	꜀tsia	꜀tsia	꜀tsia	꜀tsia	꜀tsia	꜀tsia	꜀tsia
走	꜂tse	꜂tsɛu	꜂tsɒu	꜂tsu	꜂tsœy	꜂tsəu	꜂tsəu	꜂tsiəu
生后生	꜀saŋ	꜀saŋ	꜀saŋ	꜀saŋ	꜀saŋ	꜀saŋ	꜀saŋ	꜀saiŋ
水	꜂sy	꜂sy	꜂sy	꜂sui	꜂sy	꜂sy	꜂sy	꜂sy
信	seiŋ꜄	seiŋ꜄	seiŋ꜄	sɛiŋ꜄	seiŋ꜄	seiŋ꜄	sɔiŋ꜄	seiŋ꜄
赊	꜀ts‘ia	꜀sia	꜀ts‘ia	꜀ts‘ia	꜀ts‘ia	꜀ts‘ia	꜀ts‘ia	꜀ts‘ia

---

① 武夷山的滂母字在一些口语常用字里读 h 字母（和来自晓母的 x 不同），例如：屁 həu꜄，泡 hau꜄ 潘 ꜀huaiŋ。武夷山建阳都有把送气清塞音读为 h 声母的，下详。

续表

	建瓯	峡阳	松溪	政和	洋墩	石陂	建阳	武夷山
尸	꜀tsʻi	꜀tsʻi	꜀tsʻi	꜀tsʻi	꜀tsʻi	꜀tsʻie	꜀tsʻi	꜀tsʻi
烧	꜀tsʻiau	꜀tsʻiu	꜀tsʻyo	꜀tsʻio	꜀tsʻiau	꜀tsʻiau	꜀tsʻiɔ	꜀tsʻiu
湿	tsʻiɛ꜆	tsʻie꜆	tsʻiei꜆	tsʻiɛ꜆	tsʻie꜆	tsʻie꜆	tsʻie꜆	tsʻi꜆
深	꜀tsʻeiŋ	꜀tsʻeiŋ	꜀tsʻeiŋ	꜀tsʻɛiŋ	꜀tsʻeiŋ	꜀tsʻeiŋ	꜀tsʻiŋ	꜀tsʻiŋ

3. 古云以崇初等母的几个特字读为 x、s、t、tʻ 声母。例如：

	建瓯	峡阳	松溪	政和	洋墩	石陂	建阳	武夷山
雨	xy꜅	꜂xy	xœy꜅	xy꜅	꜁xy	xy꜄	xy꜄	xəu꜅
蝇	saiŋ꜄	꜂siŋ	꜁sioŋ	꜁siŋ	siŋ꜄	seiŋ꜄	꜁siɔŋ	꜁seiŋ
窗	꜀tʻœyŋ	꜀tʻœyŋ	꜀tsʻaŋ	꜀tʻœyŋ	꜀tʻueiŋ	꜀tsʻɔŋ	꜀heiŋ	꜀tʻɔŋ
事话事	ti꜅	tue꜅	tei꜅	ti꜅	ti꜅	ti꜅	tɔi꜅	tei꜅
锄	꜂ty	꜂tʻy	ₒty①	꜁ty	tʻy꜄	꜁dy	꜁hy	꜁ləu

4. 古来母一部分常用字读为 s 声母。例如：

	建瓯	峡阳	松溪	政和	洋墩	石陂	建阳	武夷山
螺	so꜄	꜂suai	꜁suei	꜁suɛ	sui꜄	so꜄	꜁sui	꜁sui
露	su꜅	sy꜅	lɒu꜅	su꜅	su꜅	su꜅	so꜅	su꜅
雷	so꜄	꜂suai	꜁suei	꜁suɛ	sui꜄	so꜄	꜁sui	꜁sui
篮	saŋ꜄	꜂saŋ	꜁saŋ	꜁saŋ	saŋ꜄	saŋ꜄	꜁saŋ	꜁saŋ
笠	sɛ꜇	꜀se	syœ꜅	sɛ꜅	sɛ꜇	꜀se	se꜇	sie꜇
卵	sɔŋ꜅	sɔŋ꜄	sueiŋ꜅	sauŋ꜅	꜀sueiŋ	꜀sueiŋ	suŋ꜄	suiŋ꜅
郎垴郎	sɔŋ꜄	꜂lɔŋ	꜁saŋ	꜁sauŋ	lɔŋ꜄	sɔŋ꜄	꜁sɔŋ	꜁sɔŋ
聋	sɔŋ꜄	꜂sɔŋ	꜁soŋ	꜁sɔŋ	sɔŋ꜄	səŋ꜄	꜁soŋ	꜁səŋ

5. 古船禅母部分字今口语读为零声母或 ɦ 声母（峡阳除外，有些点反映不全）。例如：

	建瓯	峡阳	松溪	政和	洋墩	石陂	建阳	武夷山
蛇	yœ꜄	꜁sie	꜁yœ	ₒyɛ	ye꜄	ye꜄	ₒɦye	yai꜄
射	ia꜇	sia꜄	xia꜅	ia꜄	sia꜅	ia꜇	sia꜅	ia꜅
船	꜂yiŋ	꜁tsœyŋ	ₒyiŋ	ₒyiŋ	꜁yeiŋ	꜁ɦyŋ	ₒɦyeiŋ	yiŋ꜄
社	ia꜇	sia꜄	xia꜅	sia꜅	sia꜅	ɦia꜄	ɦia꜄	jia꜄
邵邵武	iau꜇	siu꜅	xyo꜇	io꜄	siau꜅	siau꜅	ɦiɔ꜄	siəu꜅
上上山	iɔŋ꜇	siɔŋ꜄	xioŋ꜇	꜀iɔŋ	꜀iɔŋ	tsyoŋ꜅	ɦiɔŋ꜄	yɔŋ꜄
常	꜂iɔŋ	꜁siɔŋ	ₒioŋ	ₒsiɔŋ	꜁siɔŋ	꜁ɦyoŋ	ₒsiɔŋ	syɔŋ꜄
城	꜂iaŋ	꜁siaŋ	ₒiaŋ	ₒiaŋ	꜁tsʻeiŋ	꜁ɦiaŋ	ₒɦiaŋ	jiaŋ꜄

① 松溪、政和、建阳三点，阳平分为甲乙类，甲类标作꜁□，乙类标作ₒ□，下同。

6. 古见晓母字有读零声母或 x、k‘ 的。例如：

	建瓯	峡阳	松溪	政和	洋墩	石陂	建阳	武夷山
菰	꜂u	꜁u	꜀xu	xu꜄	꜂u	꜂ɦu	꜂ɦo	꜀ku
狗	꜂e	꜁au	꜂ka	˳xu	꜂xœy	꜂ɦu	꜂ɦəu	꜂u
笕	꜂aiŋ	꜁aiŋ		˳xaiŋ	꜂xaiŋ	꜂aiŋ	꜂aiŋ	꜀xaiŋ
教教书	꜀xau	꜀xɔ	kɒu꜄	꜀xo	꜀xau	꜀xɔ	꜀xau	꜀xau
韭	xiu꜄	꜂xiu	꜂xiu	꜂xiu	꜂xiu	꜂xiu	꜂xiu	꜂xiu
肝	꜀xuiŋ	꜀xuaiŋ	꜀xueiŋ	꜀xuɛiŋ	꜀xaiŋ	꜀xuaiŋ	꜀xueiŋ	꜀xuaiŋ
桔	xi꜆	ki꜆	xi꜆	xi꜆	xi꜆	xi꜆	xi꜆	xi꜆
救	xiau꜄	kiu꜄	kiu꜄	kiu꜄	kiu꜄	kiu꜄	xiɔ꜄	xiu꜄
虎	꜂k‘u	꜂k‘u	꜂k‘u	꜂k‘u	꜂k‘u	꜂k‘u	꜂k‘o	꜂k‘u
豨猪	꜂k‘y	꜂k‘y	꜂k‘y	꜂k‘ui	꜂k‘y	꜂k‘y	꜂k‘y	꜂k‘əu
火	꜂xo	꜂xui	꜂k‘uei	꜂xuɛ	꜂k‘ui	꜂xo	꜂k‘ui	꜂xui

7. 古二等字逢见系读洪音，四等字也有不少读为洪音。例如：

	建瓯	峡阳	松溪	政和	洋墩	石陂	建阳	武夷山
芥	kuɛ꜄	kua꜄	ka꜄	kai꜄	kai꜄	kuai꜄	kue꜄	kuai꜄
骹腿脚	꜀k‘au	꜀k‘au	꜀k‘au	꜀k‘au	꜀k‘ɒu	꜀k‘au	꜀k‘au	꜀k‘au
硬	ŋaiŋ꜅	ŋaiŋ꜅	ŋaŋ꜅	ŋaiŋ꜅	ŋaiŋ꜅	ŋaiŋ꜅	ŋaiŋ꜅	ŋaiŋ꜅
鞋	꜂ai	꜁ai	˳xa	˳xai	꜁xai	꜁ɦai	˳ɦai	꜁xai
店	taŋ꜄	taŋ꜄	taŋ꜄	taiŋ꜄	taŋ꜄	taiŋ꜄	taŋ꜄	taŋ꜄
贴	t‘a꜆	t‘a꜆	t‘a꜆	t‘ai꜆	t‘a꜆	t‘ai꜆	ha꜆	hi꜆
肩	꜀kaiŋ	꜀kaiŋ	꜀kaŋ	꜀kaiŋ	꜀kaiŋ	꜀kaiŋ	꜀kaiŋ	꜀kaiŋ
节过节	tsai꜆	tsai꜆	tsie꜆	tsai꜆	tsai꜆	tsai꜆	tsai꜆	tsai꜆
钉	꜀taiŋ	꜀taiŋ	꜀taŋ	꜀taiŋ	꜀taiŋ	꜀taiŋ	꜀taiŋ	꜀taiŋ
星	꜀saiŋ	꜀saiŋ	꜀saŋ	꜀saiŋ	꜀saiŋ	꜀saiŋ	꜀saiŋ	꜀saiŋ
西	꜀sai	꜀sai	꜀sa	꜀sai	꜀sai	꜀sai	꜀sai	꜀sai
鸡	꜀kai	꜀kai	꜀ka	꜀kai	꜀kai	꜀kai	꜀kai	꜀kai

8. 古歌咍泰寒曷等开口一等韵不少字今读合口呼韵母（洋墩只有个别字读合口）。例如：

	建瓯	峡阳	松溪	政和	洋墩	石陂	建阳	武夷山
大	tuɛ꜅	tuai꜅	tua꜅	tuɛ꜅	tai꜅	tua꜅	tue꜅	tuai꜅
拖	꜀t‘uɛ	꜀t‘uai	꜀t‘ua	꜀t‘uɛ	꜀t‘ɔ	꜀t‘ua	꜀hue	꜀huai
戴姓	tuɛ꜄	tuai꜄	tua꜄	tuɛ꜄	tai꜄	tuai꜄	tue꜄	tuai꜄
爱	uɛ꜄	uai꜄	ua꜄	uɛ꜄	ai꜄	o꜄	ue꜄	uai꜄
灾	꜀tsuɛ	꜀tsai	꜀tsua	꜀tsuɛ	꜀tsai	꜀tsai	꜀tsue	꜀tsuai
蔡	ts‘uɛ꜄	ts‘ai꜄	ts‘ua꜄	ts‘uɛ꜄	ts‘e꜄	ts‘ai꜄	t‘ue꜄	t‘uai꜄
盖	kuɛ꜄	kai꜄	kua꜄	kai꜄	kai꜄	kai꜄	kue꜄	kuai꜄
单	꜀tuiŋ	꜀tuaiŋ	˳tueiŋ	tuɛiŋ꜄	꜀taiŋ	꜁tuaiŋ	꜀tueiŋ	꜀luaiŋ

续表

	建瓯	峡阳	松溪	政和	洋墩	石陂	建阳	武夷山
伞	꜂suiŋ	꜂suaiŋ	꜂sueiŋ	꜂suɛiŋ	꜂saiŋ	꜂suaiŋ	꜂sueiŋ	꜂suaiŋ
安	꜀uiŋ	꜀aiŋ	꜀ueiŋ	꜀uɛiŋ	꜀aiŋ	꜀uaiŋ	꜀ueiŋ	꜀uaiŋ
辣	luɛ꜆	꜀luai	lua꜇	la꜆	lai꜇	luai꜇	lue꜇	lua꜇
葛	kuɛ꜆	kuai꜆	kua꜆	kuɛ꜆	kuai꜆	kuai꜆	kue꜆	kuai꜆

9. 有撮口呼韵母，有些古合口一二等字和开口字也读为撮口呼。例如：

	建瓯	峡阳	松溪	政和	洋墩	石陂	建阳	武夷山
薯	꜂y	꜂tsy	˳tsy	˳tsy	tsy꜄	tsy꜄	˳tsy	tsy꜄
鼠	꜂tsʻy	꜂tsʻy	꜂tsʻy	꜂tsʻy	꜂tsʻy	꜂tsʻy	꜂tsʻy	꜂tsʻy
外	ŋyɛ꜅	ie꜅	ŋye꜅	ŋyɛ꜅	ye꜅	ŋye꜅	ŋye꜅	ŋyai꜅
快	kʻyɛ꜄	kʻuai꜄	kʻyœ꜄	kʻyɛ꜄	kʻye꜄	kʻye꜄	kʻye꜄	kʻyai꜄
鹅	ŋyɛ꜄	꜂ie	꜁ŋyɛ	꜁ŋyɛ	nye꜄	ŋɔ꜄	꜁ŋye	꜁ŋyai
蚁	ŋyɛ꜇	ie꜅	ŋi꜅	ŋi꜅	꜀nye	ŋye꜄	ŋye꜄	ŋyai꜄
徛站立	kyɛ꜇	kie꜄	꜂kyœ	kyɛ꜄	꜀kie	gye꜄	kye꜄	yai꜄
纸	꜂tsyɛ	꜂tsie	꜂tsyœ	꜂tsyɛ	꜂tsie	꜂tsye	꜂tsye	꜂tsyai
囝儿子	꜂kyiŋ	꜂kiŋ	꜂kyŋ	꜂kyiŋ	꜂kiŋ	꜂kyŋ	꜂kyeiŋ	꜂kyaiŋ
线	syiŋ꜄	siŋ꜄	syŋ꜄	syiŋ꜄	siŋ꜄	syŋ꜄	syeiŋ꜄	suaiŋ꜄
献	xyiŋ꜄	xyeiŋ꜄	xyŋ꜄	xyiŋ꜄	xyŋ꜄	xyŋ꜄	xyeiŋ꜄	xyiŋ꜄
舌	yɛ꜇	꜀sie	lyœ꜇	lyɛ꜄	lie꜆	lye꜇	lye꜇	yai꜇

10. 古阳声韵字今读都带 ŋ 韵尾，多有 eiŋ、aiŋ、ɔiŋ、œyŋ、auŋ 等元韵韵尾加鼻音韵尾的“双韵尾”结构。例如：

	建瓯	峡阳	松溪	政和	洋墩	石陂	建阳	武夷山
点	꜂taŋ	꜂taŋ	꜂taŋ	꜂taiŋ	꜂taŋ	꜂tiŋ	꜂taŋ	꜂tiŋ
心	꜀seiŋ	꜀seiŋ	꜀seiŋ	꜀sɛiŋ	꜀seiŋ	꜀seiŋ	꜀sɔiŋ	꜀seiŋ
千	꜀tsʻaiŋ	꜀tsʻiŋ	꜀tsʻiŋ	꜀tsʻaiŋ	꜀tsʻaiŋ	꜀tsʻaiŋ	꜀tʻaiŋ	꜀tsʻiŋ
番	꜀xuaiŋ	꜀xuaiŋ	꜀xuaŋ	꜀xuaiŋ	꜀xuaiŋ	꜀xuaiŋ	꜀xueiŋ	꜀xuaiŋ
亲	꜀tsʻeiŋ	꜀tsʻeiŋ	꜀tsʻeiŋ	꜀tsʻɛiŋ	꜀tsʻeiŋ	꜀tsʻeiŋ	꜀tʻɔiŋ	꜀tsʻeiŋ
糖	tʻɔŋ꜄	꜂tʻɔŋ	꜀tʻaŋ	꜁tʻauŋ	꜁tʻɔŋ	tʻɔŋ꜄	꜁hɔŋ	꜁hɔŋ
娘	niɔŋ꜄	꜂niɔŋ	꜁nioŋ	꜁niɔŋ	niɔŋ꜄	꜁nyoŋ	꜁niɔŋ	꜁nyoŋ
灯	꜀taiŋ	꜀taiŋ	꜀taŋ	꜀taiŋ	꜀taiŋ	꜀taiŋ	꜀taiŋ	꜀taiŋ
冰	꜀paiŋ	꜀peiŋ	꜀paŋ	꜀paiŋ	꜀peiŋ	꜀peiŋ	꜀paiŋ	꜀paiŋ
清	꜀tsʻeiŋ	꜀tsʻeiŋ	꜀tsʻeiŋ	꜀tsʻɛiŋ	꜀tsʻeiŋ	꜀tsʻeiŋ	꜀tʻɔiŋ	꜀tsʻeiŋ
醒	꜂tsʻaŋ	꜂tsʻaŋ	꜂tsʻaŋ	꜂tsʻaŋ	꜂tsʻaŋ	꜂tsʻaŋ	꜂saiŋ	꜂saiŋ
春	꜀tsʻœyŋ	꜀tsœyŋ	꜀tsʻœyŋ	꜀tsʻœyŋ	꜀tsʻœyŋ	꜀tɔŋ	꜀tʻeiŋ	꜀səŋ
虫	tʻɔŋ꜄	꜂tʻɔŋ	꜁tʻoŋ	꜁tʻɔŋ	tʻɔŋ꜄	tʻəŋ꜄	꜁hoŋ	꜁həŋ

11. 古入声字今读无塞音韵尾。例如：

	建瓯	峡阳	松溪	政和	洋墩	石陂	建阳	武夷山
杂	tsa꜇	꜀tsa	tsa꜆	tsai꜄	tsa꜇	dza꜇	la꜇	la꜇
甲	ka꜆	kɔ꜆	kɒ꜆	ka꜆	ka꜆	ka꜆	ka꜆	ka꜆
立	li꜇	꜀lue	lei꜆	li꜄	lɛ꜇	li꜇	lɔi꜇	lei꜇
达	tuɛ꜆	꜀ta	tua꜆	tuɛ꜄	ta꜆	duai꜇	lue꜇	lua꜇
月	ŋyɛ꜇	꜀ye	ŋyœ꜇	ŋyɛ꜄	nye꜇	ŋue꜇	ŋye꜇	ŋy꜇
七	ts‘i꜆	ts‘ue꜆	ts‘ei꜆	ts‘i꜆	ts‘i꜆	ts‘i꜆	t‘ɔi꜆	t‘ei꜆
箬叶子	niɔ꜆	꜀niu	nyo꜇	nio꜄	niɔ꜇	nyo꜇	niɔ꜇	nyo꜇
索绳子	sɔ꜆	sɔ꜆	so꜆	so꜆	sɔ꜆	so꜆	sɔ꜆	so꜆
学	xa꜅	꜀ɔ	xɒ꜆	xa꜆	xa꜇	xɔ꜇	xa꜇	xa꜇
逼	pi꜆	pue꜆	pei꜆	pi꜆	pi꜆	pi꜆	pɔi꜆	pei꜆
碧	pi꜆	pue꜆	pei꜆	pi꜆	pi꜆	pi꜆	pɔi꜆	pei꜆
六	ly꜇	꜀ly	lœy꜆	su꜅	iy꜇	ly꜇	so꜇	ləu꜇
属	y꜇	꜀sy	xy꜆	y꜅	sy꜇	꜀sy	sy꜇	sy꜇

12. 古浊声母平声字今分读两个调类，不以次浊全浊为分化条件，但各点归类不太一致。[①] 例如：

	建瓯	峡阳	松溪	政和	洋墩	石陂	建阳	武夷山
箩	suɛ꜄	꜂lau	꜁suei	꜁suɛ	꜁lœy	lo꜄	꜁sue	꜁syai
鳞	saiŋ꜄	꜂saiŋ	꜁leiŋ	꜁saiŋ	lɔŋ꜄	leiŋ꜄	꜁saiŋ	꜁leɪŋ
床	ts‘ɔŋ꜄	꜂ts‘ɔŋ	꜁ts‘aŋ	꜁ts‘auŋ	ts‘ɔŋ꜄	ts‘ɔŋ꜄	꜁t‘ɔŋ	꜁t‘ɔŋ
麻	muɛ꜄	꜂muai	꜁mɒ	꜁muɛ	ma꜄	muai꜄	꜁ma	꜁ma
匙	꜂i	꜂tsie	꜁tsiei	꜁tsiɛ	tsie꜄	tsie꜄	꜁tsie꜄	꜁ts‘i
陵	꜂leiŋ	꜁leiŋ	˳leiŋ	˳lɛiŋ	꜁leiŋ	꜁leiŋ	˳lɔiŋ	꜁leiŋ
兰	꜂luiŋ	꜁luaiŋ	˳lueiŋ	˳luɛiŋ	laiŋ꜄	꜁luaiŋ	˳lueiŋ	luaiŋ꜄
池	꜂ti	꜁tie	˳tei	˳tiɛ	꜁tie	꜁di	˳lɔi	lei꜄

13. 古清声母字混入别调较少（不再举例），古浊声母字则多所相混，除平声字外再举例如下：

	建瓯	峡阳	松溪	政和	洋墩	石陂	建阳	武夷山
老	se꜅	sɛu꜄	sa꜅	sɛ꜄	꜀sœy	꜀səu	səu꜄	siəu꜅
重轻重	tɔŋ꜅	tɔŋ꜄	toŋ꜅	tɔŋ꜅	꜀tɔŋ	꜀tɔŋ	leiŋ꜄	ləŋ꜄
绍	iau꜇	siau꜅	xyo꜇	io꜄	siau꜅	siau꜅	ɦiɔ꜄	siəu꜅
寨	tsai꜅	tsai꜅	tsa꜆	꜀tsai	tsai꜅	dzai꜅	lai꜅	lai꜅
席	si꜆	꜀sue	sei꜅	si꜅	si꜇	si꜇	sɔi꜅	sei꜇
热	iɛ꜇	꜀ie	iei꜆	iɛ꜅	ie꜇	ɦie꜇	꜂ɦie	꜂i

14. 各点三个人称代词均读为同调。例如：

	建瓯	峡阳	松溪	政和	洋墩	石陂	建阳	武夷山
我	uɛ꜇	꜁uai	ŋua꜇	uɛ꜄	꜁uai	꜁uai	˳βue	꜀ŋuai
你	ni꜇	꜁nue	nie꜇	ni꜄	꜁nie	꜁ni	˳nɔi	꜀nei
渠	ky꜇	꜁ky	kyo꜇	ky꜄	꜁ky	꜁gy	˳ky	꜀kəu

① 浊平分化条件可能与声母清化先后有关。可参阅本书《闽南方言全浊声母今读的研究》。

（二）闽北八点方言的语音差异

语音差异的比较着重于东西两片音类分混上的不同，个别点音类或音值的特点（如政和蟹假一些字混为 a，建阳有 ɔi、ɔiŋ 韵）不做比较，上文声韵调对照表已明的差异（如各点声韵调数目，有几个浊声母、几个阳平调、几个入声）也不再罗列。

1. 古並奉微等母字今读石陂、建阳、武夷山不少为浊声母 b、β、ɦ，其他点都读清声母。例如：

	建瓯	峡阳	松溪	政和	洋墩	石陂	建阳	武夷山
盆	꜂pɔŋ	꜁pueiŋ	ₒpueiŋ	ₒpauŋ	꜁pueiŋ	꜁bueiŋ	ₒβuŋ	꜁βuiŋ
瓶	꜂paiŋ	꜁paiŋ	ₒpaŋ	ₒpaiŋ	꜁peiŋ	꜁beiŋ	ₒβaiŋ	βaŋ꜄
贫	꜂peiŋ	꜁peiŋ	ₒpeiŋ	ₒpɛiŋ	꜁peiŋ	꜁beiŋ	꜁βɔiŋ	꜁βeiŋ
凭	꜂peiŋ	꜁peiŋ	ₒpeiŋ	ₒpɛiŋ	꜁peiŋ	꜁beiŋ	ₒβɔiŋ	βeiŋ꜄
步	pu꜅	pu꜅	po꜆	po꜄	pu꜅	bu꜅	βo꜅	βu꜅
别	pie꜅	꜀pie	p'iei꜆	ρ'iɛ꜆	pie꜇	꜀pie	βie꜇	βi꜇
符	꜂u	꜁xu	꜁u	꜁u	꜁xu	꜁ɦu	ₒβo	꜁xu
妇	py꜅	py꜄	py꜇	pu꜄	꜀py	꜀xu	βo꜄	βəu꜄
未	mi꜅	y꜅	uei꜆	yi꜄	y꜄	mi꜅	βɔi꜅	βei꜅
望	uɔŋ꜅	mɔŋ꜅	uaŋ꜆	uauŋ꜄	mɔŋ꜅	bɔŋ꜅	βɔŋ꜅	βɔŋ꜅

2. 古定澄从邪崇船等母字今石陂、建阳、武夷山常读浊声母 d、dz、l 等，其他只有一些点个别字读 l。例如：

	建瓯	峡阳	松溪	政和	洋墩	石陂	建阳	武夷山
铜	꜂tɔŋ	꜁tɔŋ	ₒtoŋ	ₒtoŋ	꜁tɔŋ	꜁dəŋ	ₒloŋ	꜁ləŋ
队	ty꜅	ty꜅	tuei꜇	t'uɛ꜄	tui꜄	to꜅	lui꜅	lui꜅
读	tu꜆	꜀t'u	tɒu꜆	tu꜆	t'u꜇	du꜇	lo꜇	lu꜇
除	꜂ty	꜂ty	ₒtœy	ₒty	꜁ty	꜁dy	ₒly	꜁ləu
沉	teiŋ꜄	꜂teiŋ	ₒteiŋ	꜁tɛiŋ	teiŋ꜄	t'aiŋ꜄	ₒlɔiŋ	꜁teiŋ
泽	tsɛ꜇	꜀tsɛ	tsie꜇	tsɛ꜄	tsɛ꜇	tse꜇	le꜇	lie꜇
齐	꜂tsai	꜁tsai	ₒtsei	ₒtsi	꜁tsai	꜁dzi	ₒlai	꜁lei
情	꜂tseiŋ	꜁tseiŋ	ₒtseiŋ	ₒts'ɛiŋ	꜁tseiŋ	꜁dzeiŋ	ₒlɔiŋ	leiŋ꜅
字	tsu꜅	tsui꜅	tsei꜆	tsi꜄	tsi꜄	tsi꜅	lɔi꜅	lei꜅
斜	꜂tsia	꜁ts'ia	ₒtsia	ₒtsia	꜁tsia	꜁dzia	ₒlia	lia꜄
徐	꜂tsy	꜁tsy	ₒtsy	ₒtsy	꜁tsy	꜁dzy	ₒly	ləu꜄
谢	tsia꜅	tsia꜅	tsia꜆	sia꜅	tsia꜅	dzia꜅	lia꜅	lia꜅
崇	tsɔŋ꜄	꜁ts'ɔŋ	ₒtsoŋ	ₒtsoŋ	꜁tsœyŋ	꜁dzueiŋ	ₒloŋ	꜁ləŋ
助	tsu꜅	tsu꜅	꜂tsɒu	tsu꜄	tsu꜅	tsu꜅	lo꜅	lu꜅
寨	tsai꜅	tsai꜅	tsa꜆	꜁tsai	tsai꜅	dzai꜅	lai꜅	lai꜅
射	ia꜇	sia꜄	xia꜅	ia꜄	sia꜅	ia꜇	sia꜅	lia꜅
舌	yɛ꜇	꜀sie	lyœ꜇	lyɛ꜅	lie꜇	lye꜇	lye꜇	yai꜇

3. 古匣母字今读石陂有不少读浊声母 g、ɦ 的，建阳、武夷山也有少数字读 ɦ、j，其他点均读清声母。云以船禅也有个别字的读法类似这种情形。例如：

	建瓯	峡阳	松溪	政和	洋墩	石陂	建阳	武夷山
行走	ᶜkiaŋ	꜁kiaŋ	ₒkiaŋ	ₒkiaŋ	꜁kiaŋ	꜁giaŋ	ₒɦiaŋ	꜁jiaŋ
鹹	ᶜkeiŋ	꜁kaiŋ	ₒkeiŋ	ₒkɛiŋ	꜁keiŋ	꜁geiŋ	ₒkiŋ	꜁jiŋ
厚	ke꜇	kauᵓ	ka꜅	keᵓ	꜀kœy	gəuᵓ	kəuᵓ	jiəuᵓ
汗	kuiŋ꜅	kuaiŋ꜅	kueiŋ꜆	kuɛiŋᵓ	kuaiŋᵓ	guaiŋ꜅	kueiŋ꜅	uaiŋ꜅
寒	ᶜkuiŋ	꜁kuaiŋ	ₒkueiŋ	ₒkuɛiŋ	꜁kuaiŋ	꜁guaiŋ	ₒxueiŋ	꜁xuaiŋ
红	ᶜɔŋ	꜁ɔŋ	ₒxoŋ	ₒxoŋ	꜁xɔŋ	꜁ɦəŋ	ₒɦoŋ	꜁xəŋ
鞋	ᶜai	꜁ai	ₒxa	ₒxai	꜁xai	꜁ɦai	ₒɦai	꜁xai
喉	ᶜe	꜁u	ₒxa	ₒxe	꜁xu	꜁ɦəu	ₒo	uᵓ
云	ᶜœyŋ	꜁œyŋ	ₒxœyŋ	ₒxœyŋ	꜁xœyŋ	꜁ɦueiŋ	ₒɦeɪŋ	꜁həŋ
浴	y꜇	꜁y	xœy꜇	xyᵓ	y꜇	ɦy꜇	ɦy꜇	həu꜇
船	ᶜyiŋ	꜁tsœyŋ	ₒyŋ	ₒyiŋ	꜁yeiŋ	꜁ɦyŋ	꜁ɦyeiŋ	jyiŋᵓ
城	ᶜiaŋ	꜁siaŋ	ₒiaŋ	ₒiaŋ	꜁tsʻeiŋ	꜁ɦiaŋ	ₒɦiaŋ	꜁jiaŋ

4. 古清初昌多数字和从心崇生少数字逢今洪音在建阳、武夷山多读 tʻ 声母，其余各点仍读为 tsʻ。例如：

	建瓯	峡阳	松溪	政和	洋墩	石陂	建阳	武夷山
青	꜀tsʻaŋ	꜀tsʻaŋ	꜀tsʻaŋ	꜀tsʻaŋ	꜀tsʻaŋ	꜀tsʻaŋ	꜀tʻaŋ	꜀tʻaŋ
草	ᶜtsʻau	ᶜtsʻɔ	ᶜtsʻo	ᶜtsʻo	ᶜtsʻau	ᶜtsʻɔ	ᶜtʻau	ᶜtʻau
菜	tsʻɛᵓ	tsʻaiᵓ	tsʻyœᵓ	tsʻɛᵓ	tsʻɛᵓ	tsʻeᵓ	tʻeᵓ	tsʻieᵓ
蚕	tsʻaŋᵓ	ᶜtsʻoŋ	꜁tsaŋ	꜁tsʻaiŋ	tsʻaŋᵓ	tsʻaiŋᵓ	꜁tʻaŋ	꜁tʻaŋ
贼	tsʻɛ꜅	꜀tsʻɛ	tsʻyœ꜅	tsʻɛ꜅	tsʻɛ꜆	꜀tsʻe	tʻe꜇	tsʻie꜆
碎	tsʻoᵓ	tsʻuaiᵓ	tsʻueiᵓ	tsʻuɛᵓ	tsʻuiᵓ	tsʻoᵓ	tʻuiᵓ	tʻuiᵓ
炒	ᶜtsʻau	ᶜtsʻau	ᶜtsʻɒu	ᶜtsʻai	ᶜtsʻau	ᶜtsʻau	ᶜtʻau	ᶜtʻau
初	꜀tsʻu	꜀tsʻu	꜀tsʻɒu	꜀tsʻu	꜀tsʻu	꜀tsʻu	꜀tʻo	꜀tʻu
插	tsʻa꜆	tsʻa꜆	tsʻɒ꜆	tsʻa꜆	tʻsa꜆	tsʻa꜆	tʻa꜆	tʻa꜆
篡	tsʻuiŋᵓ	tsʻuaiŋᵓ	tsʻueiŋᵓ	tsʻuɛiŋᵓ	tsʻyiŋᵓ	tsʻueiŋᵓ	tʻueiŋᵓ	tʻuaiŋᵓ
床	tsʻɔŋᵓ	ᶜtsʻɔŋ	꜁tsʻaŋ	꜁tsʻauŋ	tsʻɔŋᵓ	tsʻɔŋᵓ	꜁tʻɔŋ	꜁tʻɔŋ
生不熟	꜀tsʻaŋ	꜀tsʻaŋ	꜀tsʻaŋ	꜀tsʻaŋ	꜀tsʻaŋ	꜀tsʻaŋ	꜀tʻaŋ	꜀tʻaŋ
春	꜀tsʻœyŋ	꜀tsʻœyŋ	꜀tsʻœyŋ	꜀tsʻœyŋ	꜀tsʻueiŋ	꜀tsʻueiŋ	꜀tʻeiŋ	꜀tʻəŋ
厂	ᶜtsʻɔŋ	ᶜtsʻiɔŋ	ᶜtsʻaŋ	ᶜtsʻauŋ	ᶜtsʻɔŋ	ᶜtsʻyoŋ	ᶜtʻɔŋ	ᶜtʻɔŋ

5. 古滂透彻等次清声母的多数字和並定澄等全浊声母的部分字建阳、武夷山今读 h 声母，① 其余各点仍读送气清音 pʻ、tʻ。例如：

	建瓯	峡阳	松溪	政和	洋墩	石陂	建阳	武夷山
破	pʻuɛᵓ	pʻaiᵓ	pʻɒᵓ	pʻuɛᵓ	pʻɔᵓ	pʻuaiᵓ	hɔiᵓ	huaiᵓ
帕	pʻaᵓ	pʻaᵓ	pʻɒᵓ	pʻaᵓ	pʻaᵓ	pʻaᵓ	haᵓ	haᵓ
品	ᶜpʻeiŋ	ᶜpʻeiŋ	ᶜpʻeiŋ	ᶜpʻɛiŋ	ᶜpʻeiŋ	ᶜpʻeiŋ	ᶜhɔiŋ	ᶜheiŋ
皮	pʻyɛᵓ	ᶜpʻye	꜁pʻyœ	꜁pʻuɛ	pʻuiᵓ	pʻoᵓ	꜁hui	꜁hy

① 在建阳，60 岁以上读书人滂並母字仍读 pʻ，中年人 pʻ ～ h 自由变读，青年人多读 h。

续表

	建瓯	峡阳	松溪	政和	洋墩	石陂	建阳	武夷山
稗	p‘ai꜅	p‘uai꜄	p‘ai꜄	p‘ai꜄	p‘ui꜅	ba꜅	hai꜅	hai꜅
鼻涕	p‘i꜅	p‘i꜅	p‘ei꜅	p‘i꜅	p‘ue꜅	p‘i꜅	hɔi꜅	hei꜅
偷	꜀t‘e	꜀t‘ɛu	꜀t‘a	꜀t‘e	꜀t‘œy	꜀t‘əu	꜀həu	꜀hiəu
腿	꜂t‘o	꜂t‘uai	꜂t‘uei	꜂t‘uɛ	꜂t‘ui	꜂t‘o	꜂hui	꜂hui
兔	t‘u꜄	t‘u꜄	t‘ɒu꜄	t‘u꜄	t‘u꜄	t‘u꜄	ho꜄	hu꜄
啼	t‘i꜄	꜂t‘ie	꜁t‘iei	꜁t‘iɛ	t‘ie꜄	t‘ie꜄	꜁hie	꜁hi
桃	t‘au꜄	꜂t‘ɔ	꜁t‘o	꜁t‘o	t‘au꜄	t‘ɔ꜄	꜁hau	꜁hau
头	t‘e꜄	꜂t‘ɛu	꜁t‘a	꜁t‘e	t‘œy꜄	t‘əu꜄	꜁həu	꜁hiəu
超	꜀t‘iau	꜀ts‘au	꜀t‘yo	꜀t‘io	꜀t‘iau	꜀t‘iau	꜀hiɔ	꜀hiu
蛏	꜀t‘aiŋ	꜀t‘aiŋ	꜀t‘aŋ	꜀t‘aiŋ	꜀t‘aiŋ	꜀t‘aiŋ	꜀haiŋ	꜀haiŋ
拆	t‘ia꜆	t‘ia꜆	t‘iei꜆	ts‘iɛ꜆	t‘ia꜆	t‘ia꜆	hia꜆	hia꜆
程	꜂t‘iaŋ	꜂t‘iaŋ	꜁t‘iaŋ	꜁t‘iaŋ	꜁tiaŋ	꜁diaŋ	꜁hiaŋ	꜁hiaŋ
锤	t‘y꜄	꜂t‘y	꜁t‘y	꜁t‘ui	t‘y꜄	t‘y꜄	꜁hy	꜀həu
柱	t‘iu꜅	t‘iu꜄	t‘iu꜅	t‘iu꜅	꜀t‘iu	꜀t‘iu	hiu꜄	hiu꜅

6. 古江咸宕通臻山等摄字中，各点都有交混，石陂、建阳、武夷山三点分混的情况比较接近，其余各点差异较大。例如：

	建瓯	峡阳	松溪	政和	洋墩	石陂	建阳	武夷山
江	꜀kɔŋ	꜀kɔŋ	꜀koŋ	꜀kɔŋ	꜀kɔŋ	꜀kɔŋ	꜀kɔŋ	꜀kɔŋ
敢	꜂kɔŋ	꜂kɔŋ	꜂kaŋ	꜂kɔŋ	꜂kɔŋ	꜂kɔŋ	꜂kɔŋ	꜂kɔŋ
当	꜀tɔŋ	꜀tɔŋ	꜀taŋ	꜀tauŋ	꜀tɔŋ	꜀tɔŋ	꜀tɔŋ	꜀tɔŋ
园	k‘ɔŋ꜄	k‘ɔŋ꜄	k‘aŋ꜄	k‘auŋ꜄	k‘ɔŋ꜄	k‘ɔŋ꜄	k‘ɔŋ꜄	k‘ɔŋ꜄
东	꜀tɔŋ	꜀tɔŋ	꜀toŋ	꜀tɔŋ	꜀tɔŋ	꜀təŋ	꜀toŋ	꜀təŋ
棕	꜀tsɔŋ	꜀tsɔŋ	꜀tsoŋ	꜀tsɔŋ	꜀tsɔŋ	꜀tsəŋ	꜀tsoŋ	꜀tsəŋ
中	꜀tœyŋ	꜀tœyŋ	꜀tœyŋ	꜀tœyŋ	꜀tœyŋ	꜀tueiŋ	꜀teiŋ	꜀təŋ
穷	꜂kœyŋ	꜂kœyŋ	ₒkœyŋ	ₒkœyŋ	꜁kœyŋ	꜁kueiŋ	ₒkeiŋ	꜁kəŋ
军	꜀kœyŋ	꜀kœyŋ	꜀kœyŋ	꜀kœyŋ	꜀kœyŋ	꜀kueiŋ	꜀keiŋ	꜀kəŋ
训	xœyŋ꜄	xœyŋ꜄	xœyŋ꜄	xœyŋ꜄	xœyŋ꜄	xueiŋ꜄	xeiŋ꜄	xəŋ꜄
敦	꜀tɔŋ	꜀tuaiŋ	꜀tueiŋ	꜀tauŋ	꜀tueiŋ	꜀tueiŋ	꜀tuŋ	꜀tuiŋ
孙	꜀sɔŋ	꜀suaiŋ	꜀sueiŋ	꜀sauŋ	꜀sueiŋ	꜀sueiŋ	꜀suŋ	꜀suiŋ
酸	꜀sɔŋ	꜀sɔŋ	꜀sueiŋ	꜀sauŋ	꜀sueiŋ	꜀sueiŋ	꜀suŋ	꜀suiŋ
卵	sɔŋ꜅	sɔŋ꜄	sueiŋ꜅	sauŋ꜅	꜀sueiŋ	꜀sueiŋ	suŋ꜄	suiŋ꜅
官	꜀kuiŋ	꜀kuaiŋ	꜀kueiŋ	꜀kuɛiŋ	꜀kuaiŋ	꜀kuaiŋ	꜀kueiŋ	꜀kuaiŋ
稈	꜂kuiŋ	꜂kuaiŋ	꜂kueiŋ	꜂kuɛiŋ	꜂kuaiŋ	꜂kuaiŋ	꜂kueiŋ	꜂kuaiŋ

7. 古浊音声母上声字今读石陂、建阳、武夷山三点多混入阴去，其余各点或混入阳入，有的还混入阳去或阴平。例如：

	建瓯	峡阳	松溪	政和	洋墩	石陂	建阳	武夷山
旱	ueiŋ꜇	uaiŋ꜄	xueiŋ꜇	uɛiŋ꜄	꜀uaiŋ	ɦuaiŋ꜄	ɦueiŋ꜄	uaiŋ꜄
苎	ty꜇	꜀tu	tɒu꜇	tu꜄	tu꜅	du꜄	lo꜄	lu꜄
社	ia꜇	sia꜄	xia꜅	sia꜅	sia꜅	ɦia꜄	ɦia꜄	jia꜄

续表

	建瓯	峡阳	松溪	政和	洋墩	石陂	建阳	武夷山
蚁	ŋyɛ꜇	ie꜅	ŋi꜅	ŋi꜅	꜀nye	ŋye꜄	ŋye꜄	ŋyai꜄
道	tau꜇	tɔ꜅	to꜅	to꜄	tau꜅	dɔ꜄	lau꜄	lau꜄
䠷①	tau꜇	tɔ꜄	to	to꜄	꜀tau	dɔ꜄	lau꜄	lau꜄

8. 古浊音声母入声字石陂、建阳、武夷山、洋墩大多读阳入，未混入非入声调；其余点或入声不分阴阳，且常混入非入声调。例如：

	建瓯	峡阳	松溪	政和	洋墩	石陂	建阳	武夷山
毒	tu꜇	꜀tu	tɒu꜇	tu꜄	tu꜇	du꜇	lo꜇	lu꜇
达	tuɛ꜆	꜀ta	tua꜆	tuɛ꜄	ta꜇	duai꜇	lue꜇	lua꜇
木	mu꜇	꜀mu	mu꜇	mu꜄	mu꜇	mu꜇	mo꜇	mu꜇
搦拿	na꜇	꜀na	nɒ꜇	na꜄	na꜇	na꜇	na꜇	na꜇
着	tiɔ꜄	꜀tiu	tyo꜅	tio꜅	tiu꜇	tyo꜇	tiɔ꜇	tyɔ꜇
箣②	lia꜇	꜀lia	lia꜇	lia꜄	lia꜇	lia꜇	lia꜇	lia꜇

四　闽北八点方言的词汇比较

词汇的比较只收和普通话说法不同的方言词及少量词组，先列各点说法相同的条目，再举不同说法的条目，各条目用方言说法领头，用小字注明普通话的说法，方言有不同的加括注。方言词用字尽量用字书上见过的本字，一般不注出处。③方言词的标音不标变调。闽北各点方言只发现过两种简单的变调：建阳话阴入字在各调前变为阳入，例如："叔伯母"（妯娌）sy˩˥˧ pa˩˥˧ mu˨；峡阳阴去字在各调前变为阳去，如"信筒"（信封）seiŋ˩˥˥˩ tɔŋ˥，来自古浊入的阴平字在各调前变为上声，如"日头"ni˦˨˧ t'ɛu˨。其余各点方言均未发现变调，也没有明显的轻声（只有轻重音之别），连读中的声韵变化也很少，如有发现，则标变后的音，例如松溪"手碗"（衣袖）꜂syŋ ꜂yŋ 应是从 ꜂siu ꜂yŋ 变来的韵母同化现象，又如洋墩的"囝子"꜂kie ꜂lɛ，꜂kie 应该是 ꜂kyeiŋ 变来的。方言词中字音的变读如实记出，不加说明，如：建瓯"日头"读 [mi꜇ t'e꜄]。

① 见于《集韵》上声晧韵：䠷跃，长也，杜晧切，和闽北的"遥远"音义相符，可能是本字。

② 本地俗字，一种竹编的晒物用具。

③ 多数沿用本书中的《福建闽方言的一致性》和《福建闽方言内部的主要差异》两篇文章所考察的本字，有新的发现另加注解。

（一）闽北八点方言共同的词汇举例①

	建瓯	峡阳	松溪	政和	洋墩	石陂	建阳	武夷山
日头 太阳	mi꜇ t‘e꜄	꜀ni ꜂t‘ɛu	nei꜇ ꜁t‘a	ni꜄ ꜁t‘e	nye꜇ t‘œy꜄	ni꜇ t‘əu꜄	nɔi꜇ ꜁həu	nei꜆ ꜁hiəu
星宿 星星	꜀saiŋ siu꜄	꜀saiŋ siu꜄	꜀saŋ sœy꜆	꜀saiŋ (sy꜆)②	꜀saiŋ siu꜄	꜀saiŋ siu꜇	꜀saiŋ siu꜄	꜀saiŋ səu꜆
起风 刮风	꜂k‘i ꜀xɔŋ	发风 puai꜆ ꜀hɔŋ	꜂k‘i ꜀pɔŋ	꜂k‘i ꜀xoŋ	꜂k‘i ꜀piɔŋ	꜂k‘i ꜀xəŋ	꜂k‘i ꜀piɔŋ	꜂k‘i ꜀pyoŋ
响雷（公）打雷	꜂xiɔŋ so꜄	瞋雷公 ꜁teiŋ ꜂sue ꜀kɔŋ	꜂xioŋ ꜁suei	꜂xiɔŋ ꜁suɛ (꜁œyŋ)	꜂xiɔŋ sui꜄ ꜀kɔŋ	꜂xyoŋ so꜄	꜂xiɔŋ ꜁sui	꜂xyoŋ ꜁sui ꜀kəŋ
落雨 落下	lau꜇ xy꜅	꜀lɔ ꜂xy	lɒ꜇ xœy꜅	lo꜄ xy꜅	lɔ꜇ ꜀xy	lɔ꜇ xy꜄	lɔ꜇ xy꜄	ləu꜇ xəu꜅
时雨 雷阵雨	si꜄ xy꜅	꜂si ꜂xy	꜁si xœy꜅	꜁si xy꜅	si꜄ ꜀xy	꜁si xy꜄	꜁si xy꜄	꜁si xəu꜅
昼前 上午	te꜄ ts‘iŋ꜄	tau꜄ ꜂ts‘iŋ	tɒu꜄ ꜁ts‘iŋ	꜁tu ꜁ts‘iŋ③	tu꜄ ts‘iŋ꜄	təu꜄ ts‘iŋ꜄	to꜄ ꜁ts‘ieiŋ	tu꜄ ꜁ts‘iŋ
昼了 下午	te꜄ lau꜇	tau꜄ lau꜄	tɒu꜄ lɒu꜇	tu꜄ lau꜄	tu꜄ ꜀lau	təu꜄ lau꜄	to꜄ lau꜄	tu꜄ lau꜄
暗冥 夜晚	ɔŋ꜄ maŋ꜄	ɔŋ꜄ ꜂maŋ	aŋ꜄ ꜁maŋ	auŋ꜄ ꜁maŋ	ɔŋ꜄ maŋ꜄	aŋ꜄ maŋ꜄	ɔŋ꜄ ꜁maŋ	ɔŋ꜄ ꜁maŋ
冬节 冬至	꜀tɔŋ tsai꜆	꜀tœyŋ tsa꜆	꜀toŋ tsa꜆	꜂tɔŋ tsai꜆	冬至 ꜀tɔŋ tsi꜄	꜀təŋ tsai꜆	꜀toŋ tsai꜆	꜀təŋ tsai꜆
蜀隻月（日）一个月	tsi꜄ tsia꜆ ŋyɛ꜇	꜀tsi tsia꜆ ꜀ye	tsi꜄ tsia꜆ ŋyœ꜇	tsi꜄ tsia꜆ ŋyɛ꜄ (ni꜄)	个隻月 kɛ꜄ tsia꜆ nye꜇	个隻月 ko꜆ tsia꜆ ŋye꜇	tsi꜇ tsia꜆ ŋye꜇	tsi꜄ tsia꜆ ŋy꜇
隻半月（日）一个半月	tsia꜄ puiŋ꜄ ŋyɛ꜇	tsia꜆ puaiŋ꜄ ꜀ye	tsia꜆ pueiŋ꜄ ŋyœ꜇	tsia꜆ puɛiŋ꜄ ŋyɛ꜄ (ni꜄)	tsia꜆ puaiŋ꜄ nye꜇	tsia꜆ puaiŋ꜄ ŋye꜅	tsia꜆ pɔiŋ꜄ ŋye꜇	tsia꜆ puaiŋ꜄ ŋy꜇
垺 道路	tiɔ꜅	tiu꜅	tyo꜆	tio꜄	tiɔ꜄	lu꜅	liɔ꜅	lyo꜅
渡头 渡口	tu꜅ t‘e꜄	渡口 tu꜅ ꜂k‘au	tɒu꜅ ꜁t‘a	tu꜅ ꜁t‘e	tu꜅ t‘œy꜄	tu꜅ t‘əu꜄	to꜅ ꜁həu	tu꜅ ꜁hiəu
塚 坟墓	꜂tœyŋ	꜂tœyŋ	꜂tœyŋ	꜂tœyŋ	꜂tœyŋ	꜂tueiŋ	꜂teiŋ	꜂təŋ
墘 水田	ts‘aiŋ꜄	ts‘aiŋ꜄	꜁ts‘aŋ	꜁ts‘aiŋ	ts‘aiŋ꜄	ts‘aiŋ꜄	꜁t‘aiŋ	꜁t‘aiŋ
厝 房屋	ts‘iɔ꜄	ts‘iu꜄	ts‘yo꜄	ts‘io꜄	ts‘iɔ꜄	ts‘yo꜄	ts‘iɔ꜄	ts‘yo꜄
（纸）鹞 风筝	iau꜅	iau꜅	꜂tsyœ yo꜅	꜂tsyɛ io꜅	꜂tsie iau꜅	iau꜅	iɔ꜅	꜂tsyai iu꜅
角子（板）椽子	ku꜆ ꜂tsie ꜀paiŋ	□□ la꜆ ꜂pue	ku꜆ ꜂tsie	ku꜆ ꜂tsiɛ	ku꜆ lie꜆	ku꜆ ꜂le ꜂paiŋ	ko꜇ ꜂tsie	ku꜇ ꜂tsie

① 本表仅罗列闽北各点共同词汇，其中有闽方言共有的，也有与其他闽方言有异的，了解这些异同可参阅本书《福建闽方言内部的主要差异》。
② 只有一个点有不同说法的条目也归在这一类，遇有不同说法、读音同时注出汉字。
③ 标音加括弧表明方言的说法可以略去这个字。下同。
④ 政和话有些字在词里由于同化发生临时变调，这里记的是变后的音。

续表

	建瓯	峡阳	松溪	政和	洋墩	石陂	建阳	武夷山
桁条、桁子$_{\text{檩条}}$	aiŋ꜄ tiau꜄	□子 teiŋ꜅ ꜂tsue	ₒxaŋ ꜁tyo	ₒxaŋ ꜁tio	꜁xaŋ ꜂lɛ	꜁ɦaiŋ ꜂te	ₒaŋ ꜂tsie	꜁xaiŋ ꜂tsie
学堂$_{\text{学校}}$	xa꜅ ꜂tɔŋ	꜀ɔ ꜁tɔŋ	xɒ꜆ ₒtaŋ	xa꜆ ₒtauŋ	xa꜇ ꜁tɔŋ	xɔ꜇ ꜁tɔŋ	xa꜇ ₒlɔŋ	xa꜇ ꜁lɔŋ
樵$_{\text{柴火}}$	tsʻau꜄	꜂tsʻau	꜁tsʻɒu	꜁tsʻau	tsʻau꜄	tsʻau꜄	꜁tʻau	꜁tʻau
烧水$_{\text{热水}}$	꜀tsʻiau ꜂sy	꜀tsʻiu ꜂sy	꜀tsʻyo ꜂sy	꜀tsʻio ꜂sui	꜀tsʻiau ꜂sy	꜀tsʻiau ꜂sy	꜀tsʻiɔ ꜂sy	꜀tsʻiu ꜂sy
鼎片$_{\text{锅盖}}$	꜂tiaŋ pʻiŋ꜄	꜂tiaŋ pʻiŋ꜄	꜂tiaŋ pʻiŋ꜅	꜂tiaŋ pʻiŋ꜅	꜂tiaŋ pʻiŋ꜅	꜂tiaŋ pʻiŋ꜄	꜂tiaŋ pʻieiŋ꜄	꜂tiaŋ hiŋ꜅
箸$_{\text{筷子}}$	ty꜅	ty꜅	tœy꜅	ty꜅	ty꜅	ty꜅	ty꜅	təu꜅
索$_{\text{绳子}}$	sɔ꜆	sɔ꜆	so꜆	so꜆	sɔ꜆	so꜆	sɔ꜆	so꜄
厨簏$_{\text{抽屉}}$	ty꜄ lu꜆	꜁ty lu꜆	꜁tœy lɒu꜆	꜁ty lu꜆	ty꜄ lu꜆	桌厨 tɔ꜆ ꜁dy	꜁ty lo꜆	꜁təu lu꜆
面盆$_{\text{脸盆}}$	miŋ꜅ ꜂pɔŋ	miŋ꜅ ꜁pueiŋ	miŋ꜄ ₒpueiŋ	miŋ꜅ ₒpauŋ	miŋ꜅ ꜁pueiŋ	miŋ꜅ ꜁bueiŋ	mieiŋ꜅ ₒβuŋ	miŋ꜅ ꜁βeiŋ
帕子$_{\text{手帕}}$	pʻa꜄ ꜂tsiɛ	pʻa꜄ ꜂tsue	pʻɒ꜄ ꜂tsie	pʻa꜄ ꜂tsiɛ	pʻa꜄ ꜂lɛ	pʻa꜄ ꜂te	pʻa꜄ ꜂tsie	ha꜄ ꜂tsie
盃$_{\text{陶瓷}}$①	xo꜄	꜂xuai	꜁xuei	꜁xuɛ	xui꜄	xo꜄	꜁xui	꜁xui
刨子$_{\text{刨刀}}$	pau꜅ ꜂tsiɛ	pau꜅ ꜂tsue	pa꜅ ꜂tsie	pɛ꜅ ꜂tsiɛ	pau꜅ ꜂lɛ	pau꜅ ꜂te	pau꜄ ꜂tsie	βau꜄ ꜂tsie
秤锤$_{\text{秤砣}}$	tsʻeiŋ꜄ tʻy꜄	tsʻiŋ꜄ ꜂tʻy	tsʻeiŋ꜄ ꜁tʻy	tsʻɛiŋ꜄ ꜁tʻy	tsʻiŋ꜄ tʻy꜄	tsʻeiŋ꜄ tʻy꜄	tsʻiŋ꜄ ꜁hy	tsʻiŋ ꜁həu
信筒$_{\text{信封}}$	seiŋ꜄ tɔŋ꜄	seiŋ꜄ ꜂tɔŋ	seiŋ꜄ ꜁toŋ	sɛiŋ꜄ ꜁toŋ	seiŋ꜄ ꜁tɔŋ	seiŋ꜄ ꜁dəŋ	sɔiŋ꜄ ꜁toŋ	seiŋ꜄ ꜁təŋ
铳$_{\text{土铳}}$	tsʻœyŋ꜄	tsʻœyŋ꜄	tsʻœyŋ꜄	tsʻœyŋ꜄	tsʻɔŋ꜄	tsʻueiŋ꜄	tʻeiŋ꜄	tʻəŋ꜄
担担$_{\text{挑担}}$	taŋ꜄ ꜀taŋ	taŋ꜄ ꜀taŋ	taŋ꜇ ꜀taŋ	taŋ꜄ ꜀taŋ	taŋ꜄ ꜀taŋ	taŋ꜄ ꜀taŋ	laŋ꜄ ꜀taŋ	laŋ꜄ ꜀taŋ
棕衣$_{\text{蓑衣}}$	꜀tsɔŋ ꜀i	꜀tsɔŋ ꜀i	꜀tsoŋ ꜀i	꜀tsɔŋ ꜀i	꜀tsɔŋ ꜀i	꜀tsəŋ ꜀i	꜀tsoŋ ꜀i	蓑衣 ꜀so ꜀i
秆$_{\text{稻草}}$	꜂kuaiŋ	꜂kuaiŋ	꜂kueiŋ	꜂kuɛiŋ	꜂kuaiŋ	꜂kuaiŋ	꜂kueiŋ	꜂kuaiŋ
稏$_{\text{田中杂草}}$②	yɛ꜄	ye꜄	yœ꜄	yɛ꜄	ye꜄	ye꜄	ye꜄	yai꜄
潲水$_{\text{泔水}}$	sau꜄ ꜂sy	sɔ꜄（꜂sy）	so꜄ ꜂sy	so꜄ ꜂sui	sau꜄ ꜂sy	sɔ꜄ ꜂sy	sau꜄ ꜂sy	sau꜄ ꜂sy
笏子③$_{\text{笏}}$	lia꜇ ꜂tsiɛ	꜀lia ꜂tsue	lia꜇ ꜂tsie	lia꜄ ꜂tsiɛ	lia꜇	谷笙 ku꜆ tsye꜆	lia꜆ ꜂tsie	lia꜇ ꜂tsie
搦鱼$_{\text{打鱼}}$	na꜇ ŋy꜄	꜀na ꜂ŋy	nɒ꜇ ꜁ŋy	na꜄ ꜁ŋy	na꜇ ny꜄	na꜇ gy꜄	na꜇ ꜁ŋy	na꜇ ꜁ŋəu
打船$_{\text{撑船}}$	꜂ta ꜂yiŋ	꜂ta ꜂tsœyŋ	꜂to ₒyŋ	꜂ta ₒyiŋ	撑船 tsʻaŋ ꜁yeiŋ	꜂ta ꜁yŋ	꜂ta ₒyeiŋ	꜂ta yiŋ꜄

① 俗写作“垌”，建阳城关附近有垌瑶乡。垌瑶即盃窑（瓷窑）。

② 《集韵》去声卦韵乌懈切：“稏，稻束曰稏，一曰稗。”可能用稗草泛指田中杂草。

③ 一种竹皮编成的大席子，方形，可以卷起展开，山区用来晒谷子或其他东西的器具。

续表

	建瓯	峡阳	松溪	政和	洋墩	石陂	建阳	武夷山
生卵下蛋	꜀saŋ soŋ꜅	꜀saŋ suaiŋ꜄	꜀saŋ sueiŋ꜅	꜀saŋ sauŋ꜅	꜀saŋ ꜀sueiŋ	꜀saŋ sueiŋ꜅	꜀saŋ suŋ꜄	꜀saŋ suiŋ꜅
鸡角公鸡	꜀kai ku꜆	꜀kai ku꜆	꜀ka ku꜆	꜀kai ku꜆	꜀kai ku꜆	꜀kai ku꜆	꜀kai ko꜆	꜀kai ku꜆
豨嫲母猪①	꜂k‘y ma꜄	꜂k‘y ꜂ma	꜂k‘y ꜁mɒ	꜂k‘ui ꜁ma	꜂k‘y ma꜄	꜂k‘y ꜁ma	꜂k‘y ꜁ma	꜂k‘əu ꜁ma
牛牯公牛	niu꜄ ꜂ku	꜂niu ꜂ku	꜁niu ꜂ku	꜁niu ꜂ku	niu꜄ ꜂ku	꜁niu ꜂ku	꜁niu ꜂ko	꜁ŋiu ꜂u
鸡角髻鸡冠	꜀kai ku꜆ ko꜄	꜀kai ki꜆ kue꜄	꜀ka kuei꜄	꜀kai kuɛ꜄	꜀kai kui꜄	꜀kai ku꜆ kɔ꜄	꜀kai ki꜆ kui꜄	꜀kai(ku꜆)kui꜄
尾尾巴	꜂myɛ	꜂mue	꜂muei	꜂muɛ	꜂mui	꜂mo	꜂mui	꜂mi
鹞老鹰	iau꜅	iu꜅	yo꜅	io꜅	iau꜅	iau꜅	iɔ꜅	iu꜅
老鸦乌鸦	lɔ꜄ ꜀a	꜂lɔ ꜀a	lo꜇ ꜀ɒ	꜁lo ꜀a	꜂lau ꜀a	꜂lɔ ꜀a	꜂lɔ ꜀a	꜂lɔ ꜀a
蠘蟑螂	tsuɛ꜇	꜀tsuai	tsua꜇	tsuɛ꜄	tsa꜇	tsuai꜇	lue꜇	luai꜇
蠓子蚊子	꜂mɔŋ	꜂mɔŋ	꜂mɔŋ	꜂mɔŋ ꜂tsiɛ	꜂mɔŋ	꜂məŋ ꜂te	꜂moŋ	꜂məŋ ꜂tsie
木虱臭虫	mu꜇ sɛ꜆	꜀mu se꜆	mu꜇ sie꜆	mu꜆ sɛ꜆	mu꜇ sɛ꜆	mu꜇ se꜇	mu꜇ se꜆	mu꜇ sie꜆
虱嫲虱子	sɛ꜆ ma꜄	se꜆ ꜂ma	sie꜆ ꜁mɒ	sɛ꜆ ꜁ma	sɛ꜆ ma꜄	se꜇ ma꜄	se꜆ ꜁ma	sie꜆ ꜁ma
蠘梭子蟹	ts‘iɛ꜅	ts‘ie꜄	ts‘ie꜅	ts‘iɛ꜅	ts‘ie꜇	ts‘ie꜆	ts‘ie꜇	ts‘i꜇
树箬树叶	ts‘iu꜅ niɔ꜇	ts‘iu꜅ ꜀niu	ts‘iu꜅ nyo꜇	ts‘iu꜅ nio꜄	ts‘iu꜅ niɔ꜇	ts‘iu꜅ nyo꜇	ts‘iu꜅ niɔ꜇	ts‘iu꜅ ŋyo꜇
番薯红薯	꜀xuaiŋ ꜂y	꜀xuaiŋ ꜂tsy	꜀xuaŋ ꜁tsy	꜀xuaiŋ ꜁tsy	꜀xuaiŋ tsyɔ꜄	꜀xuaiŋ ꜁tsy	꜀xueiŋ ꜁tsy	꜀xuaiŋ ꜁tsy
秫米糯米	ts‘y꜅ mi꜇	sy꜆ mue꜄	ts‘y꜅ mei꜇	ts‘ui꜅ mi꜄	ts‘y꜇ ꜂mi	糯米 nɔ꜄ mi꜄	ts‘y꜇ mɔi꜄	tsy꜇ ꜂mei
麦豆豌豆	ma꜇ te꜅	꜀ma tɛu꜅	mɒ꜇ ta꜅	ma꜄ te꜅	雪豆 sye꜆ tœy꜅	ma꜇ təu꜅	ma꜇ təu꜅	ma꜇ tiəu꜅
茄茄子	kiɔ꜄	꜂kiu	꜁kyo	꜁kio	茄子 kiɔ꜄ ꜂lɛ	꜁kyo	꜁kiɔ	꜁yo
瓮菜空心菜	ɔŋ꜄ ts‘ɛ꜄	ɔŋ꜄ ts‘e꜄	ɔŋ꜄ ts‘yœ꜄	oŋ꜄ is‘ɛ꜄	ɔŋ꜄ ts‘ɛ꜄	əŋ꜄ ts‘e꜄	ɔŋ꜄ t‘e꜄	əŋ꜄ ts‘ie꜄
阿娘女人	a꜅ niɔŋ꜄	娘生 ꜂niɔŋ ꜀saŋ	ɒ꜄ ꜁niɔŋ	꜁a ꜁niɔŋ	꜀aiŋ ꜁niɔŋ	꜀a ꜁nyoŋ	꜀aiŋ ꜁niɔŋ	꜀aiŋ ꜁ŋyoŋ
阿娘囝女儿	a꜅ niɔŋ꜄ ꜂kyiŋ	娘囝 ꜂niɔŋ ꜂kiŋ	꜀ɒ ꜁niɔŋ ꜂kyiŋ	꜁aŋ ꜁niɔŋ ꜂kyiŋ	꜀a niɔŋ꜄ ꜂kiŋ	꜀a ꜁nyoŋ ꜂kyŋ	꜀aiŋ ꜁ŋiɔŋ ꜂kyeiŋ	꜀aiŋ ꜁ŋyoŋ ꜂kyaiŋ
囝子小孩儿	꜂kyiŋ ꜂tsiɛ	꜂ki ꜂tsue	꜁kie ꜁tsie	꜂kyiŋ ꜁tsiɛ	꜂kie ꜂lɛ	꜂ke ꜂te	꜂kyeiŋ ꜂tsie	꜂kyaiŋ ꜂tsie

① 《集韵》上声尾韵许岂切："豨，《说文》豕。"又《方言》卷八："猪……南楚谓之豨。"

续表

	建瓯	峡阳	松溪	政和	洋墩	石陂	建阳	武夷山
囝 儿子	ᶜkyiŋ	ᶜkiŋ	ᶜkyŋ	ᶜkyiŋ	ᶜkiŋ	ᶜkyŋ	ᶜkyeiŋ	ᶜkyaiŋ
新妇 儿媳妇	꜀seiŋ py²	꜀seiŋ pyᵓ	꜀seiŋ py₂	꜀sɛiŋ poᵓ	꜀seiŋ ꜀py	꜀seiŋ ꜀xu	꜀sɔiŋ moᵓ	꜀seiŋ βəuᵓ
新妇子 童养媳	꜀seiŋ py² ᶜtsiɛ	꜀seiŋ pyᵓ ᶜtsue	꜀seiŋ py₂ ᶜtsie	꜀sɛiŋ poᵓ ᶜtsiɛ	꜀seiŋ ꜀py ᶜlɛ	꜀seiŋ xu² ᶜle	꜀sɔiŋ moᵓ ᶜtsie	꜀seiŋ βəuᵓ ᶜtsie
老公 丈夫	se² ꜀œyŋ	sɛu² ꜀œyŋ	saᵓ ꜀œyŋ	sɛ² ꜀œyŋ	꜀sœy ꜀kɔŋ	꜀səu ꜀əŋ	səuᵓ ꜀oŋ	siauᵓ ꜀əŋ
老妈 妻子	se² ᶜma	sɛu² ᶜma	saᵓ ꜀mɒ	sɛ² ꜀ma	꜀sœy maᵓ	꜀səu ᶜma	səuᵓ ᶜma	siəuᵓ ᶜma
哥子 哥哥	꜀kɔ ᶜtsiɛ	阿哥 ꜀a ꜀ko	꜀ko ᶜtsie	꜀ko ᶜtsiɛ	꜀kɔ ᶜlɛ	꜀kɔ ᶜle	꜀kɔ ᶜtsie	꜀ko ᶜtsie
妹子 妹妹	mɛ² ᶜtsiɛ	mue²	muei² ᶜtsie	muɛ²	mui² ᶜlɛ	mo² ᶜle	mui² ᶜtsie	mi² ᶜtsie
妹郎 妹夫	mɛ² sɔŋᵓ	妹婿 mui² sɛᵓ	muei² ꜁saŋ	muɛ² ꜁sauŋ	mui² sɔŋᵓ	mo² sɔŋᵓ	mui² ꜁sɔŋ	mi² ꜁sɔŋ
孙子 侄儿	꜀sɔŋ ᶜtsiɛ	꜀suaiŋ ᶜtsue	꜀sueiŋ ᶜtsie	꜀sauŋ ᶜtsiɛ	꜀sueiŋ ᶜlɛ	꜀sueiŋ ᶜte	꜀suŋ ᶜtsie	꜀suiŋ ᶜtsie
弟新妇 弟媳	ti₂ ꜀seiŋ py²	tie² ꜀seiŋ puᵓ	tie² ꜀seiŋ py₂	tiɛ² ꜀sɛiŋ poᵓ	꜀tie ꜀seiŋ ꜀pu	tie² ꜀seiŋ xu²	tieᵓ ꜀sɔiŋ moᵓ	ti² ꜀seiŋ βəuᵓ
人客 客人	neiŋᵓ k'a꜆	ᶜneiŋ k'a꜆	꜁neiŋ k'ɒ꜆	꜁nɛiŋ k'a꜆	neiŋᵓ k'a꜆	neiŋᵓ k'a꜆	꜁nɔiŋ k'a꜆	꜁neiŋ k'ie꜆
厝东家 房东	ts'iɔᵓ ꜀tɔŋ ꜀ka	ts'iuᵓ ꜀tɔŋ ꜀ka	ts'yoᵓ ꜀tɔŋ ꜀kɒ	ts'ioᵓ ꜀tɔŋ ꜀ka	ts'iɔᵓ ꜀tɔŋ ꜀ka	ts'yoᵓ ꜀tɔŋ ꜀ka	ts'iɔᵓ ꜀toŋ ꜀ka	ts'yoᵓ ꜀təŋ ꜀ka
长老 和尚	道老 tau₂ ᶜlau	ᶜtiɔŋ ᶜlɔ	ᶜtiaŋ ᶜlo	ᶜtiaŋ ᶜlo	ᶜtiɔŋ ᶜlau	ᶜtyoŋ ᶜlo	ᶜtiɔŋ ᶜlau	ᶜtyoŋ ᶜlau
厨官 厨师	tiuᵓ ꜀kuiŋ	ᶜty ꜀kuaiŋ	꜁œy ꜀kueiŋ	꜁tiu ꜀kuɛiŋ	tyᵓ ꜀kuaiŋ	dyᵓ ꜀kuaiŋ	꜁ty ꜀kueiŋ	꜁ty ꜀kuaiŋ
头毛 头发	t'eᵓ mauᵓ	ᶜt'ɛu ᶜmɔ	꜁t'a ꜁mo	꜁t'e ꜁mo	t'œyᵓ mɔᵓ	t'auᵓ mɔᵓ	꜁həu ꜁mau	꜁hiəu ꜁mau
面 脸	miŋ²	miŋ²	miŋ²	miŋ²	miŋ²	miŋᵓ	mieiŋ²	miŋ²
目珠 眼睛	mi₂ ꜀tsiu	mu꜆ ꜀tsiu	mei₂ ꜀tsiu	꜁mi ꜀tsiu	mu₂ ꜀tsiu	mu₂ ꜀tsiu	me₂ ꜀tsiu	mu₂ ꜀tsiu
目泽 眼泪	mu₂ tsɛ₂	mu꜆ ꜀tsɛ	mu₂ tsie₂	muᵓ tsɛᵓ	mu₂ tsɛ₂	mu₂ tse₂	mu₂ le₂	mu₂ lie₂
鼻 鼻子	p'i²	p'ue²	p'ei²	p'i²	p'i²	鼻头 p'i² t'əuᵓ	p'ɔi²	hei²
鼻 鼻涕	p'i²	p'ue²	p'ei²	p'i²	p'i²	p'i²	hɔi²	hei²
𡃶 涎水	luiŋ₂	luaiŋᵓ	lueiŋ₂	luɛiŋᵓ	꜀laiŋ	laiŋᵓ	lueiŋᵓ	ᶜluaiŋ
喉灵（管）喉咙	ᶜu liaŋ² ᶜkɔŋ	ᶜu ᶜliaŋ	꜁u ꜁liaŋ	꜁u ꜁liaŋ	꜁xu ꜁liaŋ	꜁u ꜁liaŋ ᶜkueiŋ	꜁o ᶜliaŋ （ᶜkueiŋ）	uᵓ ꜁liaŋ
屎窟 屁股	□□ tseᵓ ᶜp'ai	ᶜsi k'ue꜆	ᶜsi k'uei꜆	ᶜsi k'uɛ꜆	ᶜsi k'ue꜆	ᶜsi k'ɔ꜆	si꜆ k'ue꜆	ᶜsi k'ui꜆
腹脐 肚脐	pu꜆ ts'ɛᵓ	pu꜆ ᶜts'ɛ	pu꜆ ꜁ts'ie	pu꜆ ꜁ts'ɛ	pu꜆ ts'ɛᵓ	pu꜆ ts'eᵓ	po꜆ ꜁t'e	pu꜆ ꜁tsie
手甲 手指甲	ᶜsiu ka꜆	ᶜsiu kɔ꜆	ᶜsiu kɒ꜆	ᶜsiu ka꜆	ᶜsiu ka꜆	ᶜsiu ka꜆	ᶜsiu ka꜆	ᶜsiu ka꜆

续表

	建瓯	峡阳	松溪	政和	洋墩	石陂	建阳	武夷山
骹脚	꜀kʻau	꜀kʻau	꜀kʻɒu	꜀kʻau	꜀kʻau	꜀kʻau	꜀kʻau	꜀kʻau
骹腹头膝盖	꜀kʻau pu꜅ tʻe꜃	꜀kʻau pu꜅ ꜂tʻɛu	꜀kʻɒu pu꜅ ꜁tʻa	꜀kʻau ꜁pu ꜁tʻe	꜀kʻau pu꜅ tʻœy꜃	꜀kʻau pu꜅ tʻe꜃	꜀kʻau po꜅ ꜁həu	骹脊头 ꜀kʻau tsi꜅ ꜁hiəu
手椀袖子	꜂siu ꜂yiŋ	꜂siu ꜂yeiŋ	꜂syŋ ꜂yŋ	꜂siu ꜂yiŋ	꜂siu ꜂yiŋ	꜂syŋ ꜂yŋ	꜂siu ꜂yeiŋ	꜂siu ꜂yiŋ
乌糖红糖	꜀u tʻɔŋ꜃	红糖 ꜁ɔŋ ꜂tʻɔŋ	꜀u ꜁tʻaŋ	꜀u ꜁tʻoŋ	꜀u tʻɔŋ꜃	꜀u tʻɔŋ꜃	꜀o ꜁hɔŋ	꜀u ꜁hɔŋ
茶箬茶叶	ta꜃ niɔ꜆	꜂tsa ꜀niu	꜁tɒ nyo꜆	꜁ta nio꜃	tsa꜃ niɔ꜆	ta꜃ nyo꜆	꜁ta niɔ꜆	꜁ta ŋyɔ꜆
馌吃①	iɛ꜆	꜀sie	ie꜆	iɛ꜃	ie꜆	ie꜆	ɦie꜆	i꜆
涑吸奶	sɔ꜅	sɔ꜅	so꜅	so꜅	啜 tsye꜅	sɔ꜅	sɔ꜅	so꜅
饲喂饭	si꜃	tsʻi꜃	si꜄	si꜄	供 ꜀kœyŋ	si꜄	si꜃	si꜄
□舔	la꜅	꜁la	lɒ꜅	lai꜅	la꜅	la꜅	la꜅	la꜅
颂穿衣	tsœyŋ꜄	tɛœyŋ꜄	tsœyŋ꜄	tsœyŋ꜄	tsɔŋ꜄	tsueiŋ꜄	tseiŋ꜄	tsəŋ꜄
插袖子挽	tsa꜅	tsa꜅	tsɒ꜅	tsa꜅	□ na꜅	tsa꜅	tsa꜅	tsa꜅
搦捉拿	na꜆	꜀na	nɒ꜆	na꜃	na꜃	na꜆	na꜆	na꜆
徛站立	kyɛ꜆	kie꜃	kyœ꜆	kyɛ꜃	꜀kie	gye꜃	kye꜄	yai꜃
行走	꜂kiaŋ	꜁kiaŋ	˳kiaŋ	˳kiaŋ	꜁kiaŋ	kiaŋ꜃	˳ɦiaŋ	꜁jiaŋ
走跑	꜂tse	꜂tsɛu	꜂tsɒu	꜂tsu	꜂tsœy	꜂tsəu	꜂tsəu	꜂tsiəu
倒躺	꜂tau	꜂tɔ	꜂to	꜂to	꜂tau	꜂tɔ	꜂tau	□ paiŋ꜄
觑看	tsʻu꜄	tsʻu꜄	䁐 iaŋ꜃	tsʻu꜄	tsʻu꜄	tsʻu꜃	tʻo꜅	tʻu꜅
鼻嗅	pʻi꜄	pʻue꜄	pei꜅	pi꜄	pʻi꜄	pʻi꜄	pʻɔi꜄	味 βuɛ꜄
哺嚼	piɔ꜄	pɔ꜃	po꜄	po꜄	piɔ꜄	pyo꜃	piɔ꜄	嘹 liəu꜄
目睭睡	mi꜆ tsʻi꜅	꜀mu tsʻi꜅	mei꜅ tsʻi꜅	mi꜄ tsʻi꜅	mu꜆ tsʻi꜅	瞌眠 kʻɛ꜅ meiŋ꜃	mo꜆ tsʻi꜅	mi꜅ tsʻi꜅
破相残废	pʻuɛ꜃ ꜀siɔŋ	pʻo꜃ siɔŋ꜃	pʻo꜃ sioŋ꜃	终病 ꜀tsiɔŋ paŋ꜄	pʻɔ꜃ siɔŋ꜃	pʻɔ꜃ siɔŋ꜃	pʻɔi꜃ siɔŋ꜃	ho꜃ syoŋ꜃
发癫发疯	puɛ꜅ ꜀tiŋ	puai꜅ ꜀tiŋ	癫去 ꜀tiŋ kʻyœ꜃	puɛ꜃ ꜀tiŋ	꜂pai ꜀tiŋ	puai꜅ ꜀tieiŋ	꜂βɔi ꜀tieiŋ	xuai꜅ ꜀tiŋ
出痘子出天花	tsʻy꜅ te꜄	tsʻy꜅ tɛu꜄	tsʻy꜅ ta꜄	tsʻui꜅ te꜄	tsʻy꜅ tœy꜄	tsʻy꜅ təu꜄	tsʻy꜅ təu꜄ ꜂tsie	tsʻy꜅ tiəu꜄ ꜂tsie

① 喝（茶）、抽（烟）也叫馌。

续表

	建瓯	峡阳	松溪	政和	洋墩	石陂	建阳	武夷山
做月（底）坐月子	tsaᵓ ŋyɛ₂	tsuaiᵓ ꜀ye	tsɒᵓ ŋyœ₂ ᶜtei	tsaᵓ ŋyɛᵓ ᶜti	tsaᵓ nye₂	tsaᵓ ŋye²	tsaᵓ ŋye₂	tsaᵓ ŋy₂
囥藏	kʻɔŋᵓ	kʻɔŋᵓ	kʻaŋᵓ	kʻauŋᵓ	kʻɔŋᵓ	kʻɔŋᵓ	kʻɔŋᵓ	kʻɔŋᵓ
捞找	lau²	sau²	lo²	loᵓ	lau²	lɔ²	lɔ²	loᵓ
搓推	ᶜsɔŋ	ᶜsɔŋ	ᶜsoŋ	ᶜsɔŋ	ᶜsɔŋ	ᶜsəŋ	ᶜsoŋ	ᶜsəŋ
氽潜水	mi²	mɛ²	myœ²	mɛ²	mi²	me²	me²	mie²
破涉水	pʻuɛᵓ	漉 ꜂lu	pʻɒᵓ	pʻuɛᵓ	pʻaiᵓ	pʻuaiᵓ	pʻɔiᵓ	huaiᵓ
沃淋雨	□ tɔŋ꜁	y꜁	œy꜁	y꜁	iɔ꜁	u꜁	y꜁	u꜁
盪涮碗	tɔŋ²	tɔŋᵓ	taŋ²	toŋ²	tɔŋ²	tɔŋ²	tɔŋ²	tɔŋ²
嬉玩耍	꜀xi	꜀xi	꜀xœy	꜀xi	꜀xi	꜀xi	꜀xi	꜀xi
话事说话	ua₂ ti²	ua² tue²	ua² tei²	ua² ti²	ua² ti²	ua² ti²	ua² tɔi²	ua² tei²
洗浴洗澡	ᶜsai y₂	ᶜsai ꜀y	ᶜsa xœy₂	ᶜsai xyᵓ	ᶜsai y₂	ᶜsai ɦy₂	ᶜsai y₂	ᶜsai həu₂
趁挣钱	tʻeiŋᵓ	tʻeiŋᵓ	tʻeiŋᵓ	tʻɛiŋᵓ	tʻeiŋᵓ	tʻeiŋᵓ	hɔiŋᵓ	heiŋᵓ
𥷺盖盖子	kaiŋᵓ laiŋ₂	ᶜaiŋ	kaŋ₂ laŋ₂	kaiŋᵓ laiŋᵓ	aiŋᵓ	ᶜkaiŋ	kaiŋᵓ	aiŋᵓ
遮盖被子	꜀tsia	꜀tsia	꜀tsia	꜀tsia	꜀tsia	꜀tsia	꜀tsia	꜀tsia
认得着认识	neiŋ² tɛ꜁ tiɔᵓ	neiŋ² tɛ꜁ tiu₂	neiŋ² tyœ꜁ tyo²	nɛiŋ² tɛ꜁ tio²	neiŋ² tɛ꜁ tiu₂	neiŋ² te꜁ tyo₂	nɔiŋ² te꜁ tiɔ₂	neiŋ² te꜁ tyo₂
跌鼓丢人	tiɛ꜁ ᶜku	tieᵓ ᶜku	tie꜁ ᶜku	tiɛ꜁ ᶜku	tie꜁ ᶜku	tie꜁ ᶜku	tie꜁ ᶜko	ti꜁ ᶜku
厚高	ᶜau	高 ꜀kɔ	xo₂	xoᵓ	꜂ɔ	꜂ɦɔ	ₒɦau	꜀au
𨁥远	tau₂	tɔᵓ	to₂	toᵓ	꜀tau	dɔᵓ	lauᵓ	lauᵓ
齐²多	tsai²	tsai²	ta꜁	ₒtsai	夥 ꜀uai	tsai²	lai²	lai²
㑊短	ᶜto	ᶜtuai	ᶜtuei	ᶜtuɛ	ᶜtui	ᶜto	ᶜtui	ᶜtui
彫干土	ᶜtiau	꜂tiu	꜀tyo	tioᵓ	꜂tiau	꜂diau	ₒliɔ	꜀liu
浓粥稠	nœyŋᵓ	nœyŋᵓ	꜂nœyŋ	꜂nœyŋ	ᶜnœyŋ	nueiŋᵓ	꜂neiŋ	꜂nəŋ
增粥稀	ᶜtsaiŋ	꜂tseiŋ	꜂tsaŋ	꜀tsaiŋ	꜂tseiŋ	꜀tsaiŋ	ᶜlɔiŋ	꜀leiŋ
阔宽	kʻuɛ꜁	kʻuai꜁	kʻua꜁	kʻuɛ꜁	kʻuai꜁	kʻua꜁	kʻue꜁	kʻuai꜁
肥胖	pyᵓ	ᶜpy	꜂py	꜂pui	pyᵓ	pyᵓ，壮 tɔŋᵓ	꜂py	꜂pəu
瘶瘦	꜀so	꜀suai	꜀suei	꜀suɛ	꜀sui	瘦 səuᵓ	꜀sui	꜀sui
晏迟	yiŋᵓ	꜂iŋ	aŋᵓ	慢 maiŋ²	ɔŋᵓ	ɔŋᵓ	ₒyeiŋ	yaiŋᵓ
乌黑	꜀u	꜀u	꜀u	꜀u	꜀u	꜀u	꜀o	꜀u

续表

	建瓯	峡阳	松溪	政和	洋墩	石陂	建阳	武夷山
边舷旁边	꜀piŋ xaiŋ꜄	꜀piŋ ꜂xaiŋ	꜀piŋ ꜁xaŋ	꜀piŋ ꜀xaiŋ	꜀piŋ xaiŋ꜄	꜀piŋ xaiŋ꜄	꜀pieiŋ ꜁xaiŋ	半边 puaiŋ꜄ ꜀piŋ
闹热热闹	nau꜅ iɛ꜇	nau꜅ ꜀ie	nau꜅ iɛ꜆	nau꜅ iɛ꜄	nau꜅ ie꜇	nau꜅ ɦie꜇	nau꜅ ꜂ɦie	nau꜅ ꜂i
好妁可爱	꜂xau ts'iɔ꜆	꜂xɔ ts'iu꜆	xo꜆ ts'yo꜆	xo꜆ ts'io꜆	꜂xau ts'iɔ꜆	得人爱 te꜆ neiŋ꜄ o꜄	꜂xau ts'iɔ꜆	꜂xau ts'yo꜆
疾痛	tsi꜅	꜀tsue	tsei꜅	tsi꜅	tsi꜇	tsi꜅	tsɔi꜇	tsei꜇
⿱漸食味淡	꜂tsiaŋ	꜁tsiaŋ	tsiaŋ꜇	꜂tsiaŋ	꜂tsiaŋ	꜂tsiaŋ	꜂liaŋ	꜂liaŋ
省节俭	꜂saŋ	꜂saŋ	꜂saŋ	꜂saŋ	꜂saŋ	꜂saŋ	꜂saŋ，做家 tsa꜄ ꜀ka	做家 tsa꜄ ꜀ka
啬鄙吝啬	sɛ꜆ ꜂p'i	se꜆	小气 ꜂syo k'i꜄	sɛ꜆ ꜂p'i	sɛ꜆ ꜂p'i	se꜆	se꜆ ꜂p'ɔi	sie꜆
几多多少	꜂ki ꜀tuɛ	꜂ki ꜀tuai	꜂ki ꜀tua	꜂ki ꜀tua	꜂ki ꜀tai	꜂ki ꜀tuai	꜂ki ꜀tue	几么 ꜂ki mei꜆
隻一个人	tsia꜆	tsia꜆	tsia꜆	tsia꜆	tsia꜆	tsia꜆	tsia꜆	tsia꜆
□一块钱	t'i꜅	ts'uai꜄	t'ie꜅	t'iɛ꜅	t'ie꜅	t'ie꜅	hie꜄	hi꜄
栋一座房子	tɔŋ꜄	tɔŋ꜄	toŋ꜄	tɔŋ꜄	tɔŋ꜄	təŋ꜄	toŋ꜄	təŋ꜄
头名第一名	t'e꜄ miaŋ꜄	꜂t'ɛu ꜂miaŋ	꜁t'a ꜁miaŋ	꜁t'e ꜁miaŋ	t'œy꜄ miaŋ꜄	t'au꜄ miaŋ꜄	꜁həu ꜁miaŋ	꜁hiəu ꜁miaŋ
让该去	niɔŋ꜅	iɔŋ꜅	nioŋ꜅	niɔŋ꜅	niɔŋ꜅	乐 nau꜅	nioŋ꜅	ŋyoŋ꜅
唔让不必去	eiŋ꜅ niɔŋ꜅	eiŋ꜅ iɔŋ꜅	ɔŋ꜇ nioŋ꜅	ɛiŋ꜅ nioŋ꜅	eiŋ꜅ niɔŋ꜅	怀乐 eiŋ꜅ nau꜅	oŋ꜅ ŋiɔŋ꜅	ŋ꜄ ŋyoŋ꜅
⿰舟会不会去	mai꜇	mai꜅	ma꜇	mai꜄	mai꜄	mai꜅	mai꜄	mai꜄
唔敢不能打人	eiŋ꜇ ꜂kɔŋ	eiŋ꜅ ꜂kɔŋ	ɔŋ꜇ ꜂kaŋ	ɛiŋ꜅ ꜂kɔŋ	eiŋ꜅ ꜂kɔŋ	eiŋ꜅ ꜂kɔŋ	oŋ꜅ ꜂kɔŋ	oŋ꜅ ꜂kɔŋ
吼叫他来	꜂e	喊 ꜂xaŋ	꜂a	꜂e	꜂œy	꜂əu	꜂əu	꜂iəu
徛住话站着说	kyɛ꜇ tiu꜅ ua꜇	kie꜄ ꜀tiu ua꜅	kyœ꜇ tiu꜅ ua꜅	kyɛ꜄ tiu꜅ ua꜅	꜀kie tiu꜇ ua꜅	gye꜄ tiu꜅ ua꜅	kye꜄ tiu꜅ ua꜅	yai꜅ tiu꜅ ua꜅
行边舷靠边走	꜂kiaŋ ꜀piŋ xaiŋ꜄	꜁kiaŋ ꜀piŋ ꜂xaiŋ	꜀kiaŋ ꜀piŋ ꜁xaiŋ	꜀kiaŋ ꜀piŋ ꜁xaiŋ	꜁kiaŋ ꜀piŋ xaiŋ꜄	kiaŋ꜄ ꜀piŋ xaiŋ꜄	꜁ɦiaŋ ꜀pieiŋ ꜁xaiŋ	行旁边 ꜁jiaŋ ꜁puaiŋ ꜀piŋ
⿰舟会馌得吃不得	mai꜇ iɛ꜇ tɛ꜆	食怀得 sie꜆ eiŋ꜅ tai꜆	ma꜇ iɛ꜇ tyœ꜆	mai꜄ iɛ꜄ tɛ꜆	mai꜅ iɛ꜇ tɛ꜆	mai꜄ ɦie꜇ te꜆	mai꜄ ie꜇ te꜆	꜁mau i꜇ tie꜆
故⿰舟曾还没熟	ku꜄ eiŋ꜅ ꜂naiŋ	eiŋ꜅ ꜁naiŋ	ku꜄ ꜁naŋ	ku꜄ ɛiŋ꜅ ꜁ɛiŋ	a꜄ ꜀naiŋ	꜂ku ꜁naiŋ	aŋ꜄ ꜁naiŋ	aiŋ꜄ ꜁naiŋ

（二）闽北八点词汇差异举例（因方言有不同说法，词目用普通话领头）

1. 八点中有两种说法的：

	建瓯	峡阳	松溪	政和	洋墩	石陂	建阳	武夷山
银河	天河 ꜀t‘iŋ ꜂ɔ	꜀t‘iŋ ꜁xɔ	꜀t‘iŋ ₒo	河溪 ₒxa ꜀k‘ai	꜀t‘iŋ ꜁xɔ	꜀t‘iŋ ꜁ɔ	꜀hieiŋ ₒxɔ	꜁xo ꜀k‘ai
明天	明朝 meiŋ꜄ tiɔ꜄	明□ ꜂maŋ tuai꜄	明日 ꜁maŋ nei꜇	明□ ꜁maiŋ ꜁niɔŋ	꜁maŋ ꜀tiau	maŋ꜄ ꜀tiau	꜁maŋ ꜀tiɔ	꜁maŋ ꜀tiu
后天	后朝 xe꜅ tiɔ꜄	□□ ꜂xɔŋ tuai꜄	后日 xu꜅ nei꜇	xu꜅ ni꜄	꜀xœy ꜀tiau	xəu꜅ ꜀tiau	xəu꜄ ꜀tiɔ	xu꜅ ꜀tiu
年底	年冥 niŋ꜄ maŋ꜄	年尾 ꜂niŋ ꜂mue	꜁niŋ ꜂muei	꜁niŋ ꜂muɛ	niŋ꜄ ꜂mui	niŋ꜅ ꜂mue	꜁nieiŋ ꜁maŋ	꜁ŋiŋ ꜂mi
河滩	溪洲坪 ꜀k‘ai piaŋ꜄	꜀k‘ai ꜂piaŋ	꜀k‘ai paŋ꜆	꜀k‘ai ꜁piaŋ	꜀k‘ai piaŋ꜄	溪洲 ꜀k‘ai ꜀tsiu	꜀k‘ai ꜀tsiu ꜀piaŋ	꜀k‘ai ꜀tsiu
柱子	柱 t‘iu꜅	t‘iu꜄	t‘iu꜅	栋柱 toŋ꜄ t‘iu꜅	꜀t‘iu	təŋ꜄ t‘iu꜅	toŋ꜄ hiu꜄	təŋ꜄ hiu꜅
楼梯	楼阶 le꜄ ꜀ko	楼梯 ꜂lau ꜀t‘uai	꜁la ꜀t‘uei	꜁le ꜀t‘uɛ	lœy꜄ ꜀kui	ləu꜄ ꜀t‘o	꜁ləu ꜀kui	꜁liəu ꜀kui
竹竿晒衣用	竹笐 ty꜆ ɔŋ꜅	ty꜆ ɔŋ꜅	tœy꜆ xaŋ꜆	ty꜆ ₒxau	ty꜆ xɔŋ꜄	竹筤[1] ty꜅ lɔŋ꜅	ty꜆ lɔŋ꜅	təu꜆ lɔŋ꜅
炊帚	饭笐 xɔŋ꜅ ꜂t‘iŋ	笐帚 ꜂t‘iŋ ꜂tsiu	pɔŋ꜅ ꜂t‘iŋ	pɔŋ꜅ ꜂t‘iŋ	꜂t‘iŋ ꜂tsiu	꜂t‘iŋ ꜂tsiu	꜂hiŋ ꜂tsiu	꜂hiŋ ꜂tsiəu
剪刀	剪子 ꜂tsaiŋ ꜂tsiɛ	꜂tsaiŋ ꜂tsue	剪锥 ꜂tsaiŋ ꜀tsy	꜂tsaiŋ ꜀tsui	꜂tsaiŋ ꜂lɛ	꜂tsaiŋ ꜂te	꜂tsaiŋ ꜂tsie	꜂tsaiŋ ꜂tsie
草纸	草纸 ꜂ts‘au ꜂tsyɛ	꜂ts‘ɒu ꜂tsie	粗纸 ꜀ts‘ɒu ⁰tsyœ	꜀ts‘u ꜂tsyɛ	꜂ts‘au ꜂tsie	꜂ts‘ɔ ꜂tsye	꜂t‘au ꜂tsie	꜂t‘au ꜂tsyai
撒（谷种）	撒 suɛ꜆	suai꜆	sua꜆	suɛ꜆	拽 ie꜅	ye꜄	ye꜅	yai꜅
斗笠	箬笠 liau꜇ se꜅	箬笠 ꜀niu ꜀se	lyœ꜇ syœ꜅	lo꜄ sɛ꜅	niɔ꜇ sɛ꜇	lyo꜄ se꜇	niɔ꜇ se꜇	ŋyo꜇ sie꜇
锄头	镢头 kuɛ꜆ t‘e꜄	锄头 ꜂t‘y ꜂t‘ɛu	kyo꜇ ꜁t‘a	꜁ty ꜁t‘e	t‘y꜄ t‘œy꜄	꜁dy t‘əu꜄	꜁hy ꜁həu	꜁ləu ꜁hiəu
鸟儿通称	隻子 tsia꜅ ꜂tsiɛ	tsia꜆ ꜂tsue	爪子 ꜂tsa ꜂tsie	꜂tsɛ ꜂tsiɛ	꜂tsœy ꜂lɛ	tsia꜅ ꜂te	tsia꜆ ꜂tsie	tsia꜆ ꜂tsie
翅膀	翼 siɛ꜅	□ k‘e꜆	k‘yœ꜆	siɛ꜅	k‘ɛ꜆	k‘e꜆	k‘e꜆	k‘ie꜆
蜈蚣	蛇公 yɛ꜄ ꜀kɔŋ	蛇子 ie꜅ ꜂tsue	蜈蚣 ꜁ŋy ꜀koŋ	꜁yɛ ꜀kɔŋ	ye꜄ ꜀kɔŋ	ye꜄ ꜀kəŋ	꜁ŋy ꜀koŋ	꜁ŋəu ꜀kəŋ
萤火虫	火萤虫 ꜂xo iaŋ꜄ t‘ɔŋ꜄	꜂xuɛ ꜂iaŋ ꜂t‘ɔŋ	火萤嫲 ꜂k‘ui iaŋ꜅ ꜁mɒ	꜂xuɛ iaŋ꜅ ꜁ma	꜂k‘ui iaŋ꜅ ꜁t‘ɔŋ	꜂xo iaŋ꜅ t‘əŋ꜄	꜂k‘ui ia꜆ ꜁hoŋ	꜂xui iaŋ꜅ ꜁həŋ
跳蚤	狗蚤 ꜂ke ꜂tse	꜂au ꜂tsau	蚤 ꜂tsa	꜂ke ꜂tse	꜂kœy ꜂tsœy	꜂ɦu ꜂tsəu	꜂kəu ꜂tsəu	꜂tsiəu
泥鳅	鳅 ꜀ts‘iu	꜀ts‘iu	꜀ts‘iu	꜀ts‘iu	黄鳅 uɔŋ꜄ ꜀ts‘iu	꜁ɔŋ ꜀ts‘iu	꜁uɔŋ ts‘꜀iu	꜁ɔŋ ꜀ts‘iu

① 《集韵》去声宕韵郎宕切：“筤，暴也。”

续表

	建瓯	峡阳	松溪	政和	洋墩	石陂	建阳	武夷山
稻谷	粟 sy꜆	sy꜆	谷 ku꜆	sy꜆	sy꜆	ku꜆	sy꜆	sy꜆
蚕豆	蚕豆 ts'aŋ꜄ te꜅	꜁ts'aiŋ tɛu꜅	ₒtsaŋ ta꜅	꜁ts'aiŋ te꜅	꜁ts'aiŋ tœy꜅	福州豆 xu꜆ ꜀tsiu təu꜅	xo꜆ ꜀tsiu təu꜅	xu꜆ ꜀tsiu tiəu꜄
辣椒	番椒 ꜀xuaiŋ ꜀tsiau	辣椒 ꜀luai ꜀tsiu	lua꜇ ꜀tsyo	꜀xuaiŋ ꜀tsio	꜀xuaiŋ ꜀tsiau	꜀xuaiŋ ꜀tsiau	꜀xueiŋ ꜀tsiɔ	꜀xuaiŋ ꜀tsiu
橘子	红橘 ꜂ɔŋ xi꜆	꜂ɔŋ ki꜆	ₒxoŋ xi꜆	ₒxɔŋ xi꜆	橘子 xi꜆ ꜂lɛ	xi꜆ ꜂te	xi꜆ ꜂tsiɔ	xi꜆ ꜂tsie
男人	男人 naŋ꜄ neiŋ꜄	丈夫生 tiɔŋ꜄ ꜀mue ꜀saŋ	丈夫 tioŋ꜇ py꜇	丈夫客 tiu꜅ mu꜄ (k'a꜆)	꜁naŋ neiŋ꜄	丈夫人 ꜀tyoŋ ꜀xu neiŋ꜄	꜁naŋ ꜁nɔiŋ	꜁naŋ ꜁neiŋ
青年人	后生人 xe꜅ ꜀saŋ neiŋ꜄	xu꜅ ꜀saŋ ꜂neiŋ	后生 xu꜄ ꜀saŋ	后生子 ꜀xu ꜀saŋ ꜂tsiɛ	꜀xœy saŋ	xu꜅ ꜀saŋ	xəu꜄ ꜀saŋ ꜁nɔiŋ	xu꜅ ꜀saiŋ ꜁neiŋ
女婿	郎 sɔŋ꜄	婿郎 sai꜄ ꜂lɔŋ	꜀saŋ	孙郎 ꜀sauŋ ꜀sauŋ	sai꜄ lɔŋ꜄	sai꜄ loŋ꜄	꜁sɔŋ	sei꜄ ꜁sɔŋ
姐姐	姊子 ꜂tsi ꜂tsiɛ	阿姐 ꜀a ꜂tsia	꜂tsei ꜂tsie	꜂tsi ꜂tsiɛ	姐子 ꜂tsia ꜂lɛ	꜀ai tse꜄	꜂tsɔi ꜂tsie	꜂tsei ꜂tsie
伯父	伯子 pa꜆ ꜂tsiɛ	阿伯 ꜀a pa꜆	pɒ꜆ ꜂tsie	pɛ꜆ ꜂tsiɛ	pa꜆ ꜂lɛ	꜀a pa꜅	pa꜆ ꜂tsie	pa꜆ ꜂tsie
叔父	叔子 sy꜆ ꜂tsiɛ	阿叔 ꜀a sy꜅	sy꜆ ꜂tsie	sy꜆ ꜂tsiɛ	sy꜆ ꜂lɛ	꜀a sy꜅	sy꜆ ꜂tsie	sy꜆ ꜂tsie
姑父	姑丈 ꜀ku tiɔŋ꜅	꜀ku tiɔŋ꜅	꜀ku tioŋ꜅	꜀ku tiɔŋ꜅	꜀ku tiɔŋ꜅	꜀ku tyoŋ꜅	姑夫 ꜀ko ꜀xo	꜀ku ꜀xu
妯娌	叔伯母 sy꜆ pa꜆ ꜂mu	两嫂 ꜂liɔŋ ꜂sɔ	sy꜆ pɒ꜆ ꜂mu	sy꜆ pa꜆ ꜂mu	꜂liɔŋ ꜂sɔ	sy꜆ pa꜅ ꜂mu	sy꜆ pa꜆ ꜂mo	sy꜆ pa꜆ ꜂mu
重孙	息子 siɔ꜆ ꜂tsiɛ	sue꜆ ꜂tsue	层孙 ₒtsaŋ ꜀sueiŋ	ₒtsaiŋ ꜀sauŋ	si꜆ ꜂lɛ	si꜆ ꜂te	sɔi꜆ ꜂tsie	层孙 ꜁laiŋ ꜀suiŋ
娘家	后头 xe꜅ t'e꜄	xu꜅ ꜂t'ɛu	xu꜅ ꜁t'a	xu꜅ ꜁t'e		xu꜅ t'e꜄	身后 ꜀siŋ xəu꜅	꜀siŋ xu꜅
耳朵[①]	耳子 neiŋ꜇ ꜂tsiɛ	꜀neiŋ ꜂tsue	耳朵 nei꜆ ꜂to	ₒnɛiŋ (꜂to)	꜁neiŋ ꜂lɛ	ni꜄ ꜂to	nɔiŋ꜄ (꜂tsie)	neiŋ꜄ ꜂tsie
嘴巴	喙 ts'y꜄	嘴 ꜂tsy	ts'y꜄	ts'ui꜄	꜂tsy	ts'y꜄	ts'y꜄	꜂tsəu
胳肢窝	胳肢下 ku꜅ tsi꜄ a꜇	胳鹿下 ku꜆ lu꜆ xa꜄	ku꜆ lu꜆ xɒ꜇	ku꜅ lu꜅ xa꜄	ku꜆ ꜀tsi ꜀a	kɔ꜆ ꜀lɔ a꜄	ko꜆ ꜀tsi a꜄	ko꜆ tsei꜆ xa꜄
男阴	屌 ꜂no	—	ₒnuei	ₒnuɛ	꜁nui	—	ₒnui	朘 ꜀tsui
害喜	病囝 paŋ꜅ ꜂kyiŋ	paŋ꜅ ꜂kiŋ	病妹子 paŋ꜅ ꜂mei ꜂tsie	paŋ꜅ mi꜆ ꜂tsiɛ	paŋ꜅ ꜂kiŋ	paŋ꜅ ꜂kyŋ	paŋ꜅ ꜂kyeiŋ	paŋ꜅ ꜂kyaiŋ
羊角风	豨嫲眩 ꜂k'y ma꜄ xœyŋ꜄	豨嫲癫 ꜂k'y ꜂ma ꜀tiŋ	꜂k'y ꜁mɒ ꜁xeiŋ	꜂k'ui ꜁ma ꜁xɛiŋ	꜂k'y ma꜄ ꜀tiŋ	꜂k'y ma꜄ xeiŋ꜄	꜂k'y ꜁ma ꜀tieiŋ	꜂k'əu ꜁ma ꜀tiŋ

① 耳，《集韵》有止韵忍止切、拯韵仍拯切两种反切。松溪、石陂合于忍止切，其余六点合于仍拯切。

续表

	建瓯	峡阳	松溪	政和	洋墩	石陂	建阳	武夷山
传染	惹人꜂nia neiŋ꜄	过 ko꜄	꜂nia ꜁neiŋ	꜂niaŋ ꜁nεiŋ	kuo꜄ neiŋ꜄	꜂nia neiŋ꜄	kuo꜄ ꜁nɔiŋ	轮染 ꜁lyiŋ ꜂ŋiŋ
豆浆	豆腐娘 te꜅ xu꜅ niɔŋ꜄	豆腐浆 tɛu꜅ xy꜅ ꜀tsiɔŋ	ta꜅ xu꜅ ꜁niɔŋ	te꜅ xu꜅ ꜀tsiɔŋ	豆浆 tœy꜅ ꜀tsiɔŋ	teu꜅ xu꜅ niɔŋ꜄	təu꜅ xo꜅ ꜁niɔŋ	tiəu꜅ xu꜅ ꜁ŋyoŋ
黄花菜	金金菜 ꜀keiŋ ꜀keiŋ ts‘ε꜄	꜀keiŋ ꜀keiŋ ts‘e꜄	金针 ꜀keiŋ ꜀tseiŋ	꜀kεiŋ ꜀tsiŋ	꜀keiŋ ꜀keiŋ ts‘ε꜄	꜀kiŋ ꜀kiŋ ts‘e꜄	꜀kiŋ ꜀kiŋ t‘e꜄	金针菜 ꜀kiŋ ꜀tsiŋ ts‘ie꜄
猪油	膏油 kau꜄ iu꜄	豨油 ꜂k‘y ꜂iu	□油 ₒkuei ꜁iu	꜂k‘ui ꜁iu	豨膫 ꜂k‘y lau꜄	꜁kɔ iu꜄	ₒkau ꜁iu	膏 ꜀au
雨鞋	雨鞋 xy꜅ ꜂ai	水鞋 ꜂sy ꜁ai	雨鞋 xœy꜅ ₒxa	xy꜅ ₒxai	水鞋 ꜂sy ꜁xai	꜂sy ꜁ai	꜂sy ꜁ɦai	꜂sy xai꜄
脱（鞋）	褪 t‘ɔŋ꜄	脱 t‘uai꜄	t‘ueiŋ꜄	t‘auŋ꜄	꜂t‘ui	t‘ueiŋ꜄	huŋ꜄	huiŋ꜄
腌（咸菜）	盐[①] iŋ꜅	腌 ꜂aiŋ	盐 iŋ꜅	iŋ꜅	aiŋ꜄	iŋ꜅	ieiŋ꜅	iŋ꜅
摘（果子）	讨 ꜂t‘au	摘 tia꜆	꜂t‘o	꜂t‘o	꜂t‘au	꜂t‘ɔ	꜂hau	tia꜆
嗽（口）	盪 tɔŋ꜅	□□ ꜂ku ꜂lu	taŋ꜅	tɔŋ꜅	ku꜅ lu꜄	tɔŋ꜅	꜂ko ꜂lo	ku꜆ lu꜆
怕	惊 ꜀kiaŋ	꜀kiaŋ	꜀kiaŋ	꜀kiaŋ	꜀kiaŋ	吓 xia꜆	꜀kiaŋ	xia꜆
便宜	便宜 peiŋ꜅ ꜂li	꜂piŋ ꜁ni	꜁pei ꜁i	꜁pε ꜁i	平 ꜁piaŋ	꜁peiŋ ꜁ŋie	꜁piaŋ	꜁piaŋ
不粗细	嫩 nɔŋ꜅	nuaiŋ꜅	nueiŋ꜅	nauŋ꜅	nueiŋ꜅	细 sai꜄	nuŋ꜅	sai꜄
（味）腥	臭臊 ts‘e꜄ ꜀ts‘au	ts‘εu꜄ ꜀ts‘ɔ	ts‘a꜄ ꜀ts‘o	ts‘e꜄ ꜀ts‘o	臊 ꜀ts‘ɔ	ts‘əu꜄ ꜀ts‘au	꜀t‘au	꜀t‘au
一个（人）	蜀 tsi꜄	꜀tsi	tsi꜄	tsi꜄	个 ke꜄	꜀ko	tsi꜇	tsi꜇
一颗（花生）	隻 tsia꜆	核 ꜀xuai	tsia꜆	tsia꜆	xui꜇	tsia꜆	tsia꜆	tsia꜆
一条（手帕）	条 tiau꜄	꜂tau	꜁tiɔ	隻 tsia꜆	tsia꜆	tsia꜆	tsia꜆	tsia꜆
他的书	个 kε꜄	ke꜄	ka꜄	其 ₒkiε	ke꜄	꜁ke	ke꜄	꜁kie
找不着	鱠捞得着 mai꜆ lau꜅ tε꜆ tiɔ꜅	捞伓着 sau꜄ eiŋ꜅ ꜀tiu	ma꜆ lo꜅ tie꜆ tyo꜅	mai꜄ lo꜅ tε꜆ tio꜅	lau꜅ eiŋ꜅ tiu꜇	mai꜆ lɔ꜅ te꜆ tyo꜇	lɔ꜅ oŋ꜅ tiɔ꜇	꜁mau lo꜄ tie꜆ tyo꜇

① 《广韵》去声艳韵以赡切："盐，以盐腌也。"

2. 八点中有三种以上说法的：

	建瓯	峡阳	松溪	政和	洋墩	石陂	建阳	武夷山
月亮	月（二奶）ŋyɛ꜇ (ni꜅ ꜂nai)	꜀yɛ ni꜅ ꜂nai	月奶 ŋyœ꜇ ꜂na	ŋyɛ꜄ (꜂nai)	nye꜇ ꜂nai	月 ŋue꜇	ŋye꜇	月光 ŋi꜇ ꜀kɔŋ
旋风	旋风 tsyiŋ꜅ ꜀xɔŋ		车子风 ꜀ts'ia ꜂tsiɛ ꜀poŋ	转风 tsyiŋ꜅ ꜀xɔŋ	卷风 ꜂kyŋ ꜀piɔŋ	꜀tsyŋ ꜀xɔŋ	꜂kyeiŋ ꜀piɔŋ	꜂lyiŋ ꜀pyoŋ
阴天	乌暗天 ꜀u ɔŋ꜄ ꜀t'iŋ	꜂u ɔŋ꜄ ꜀t'iŋ	阴暗天 ꜀eiŋ aŋ꜄ ꜀t'iŋ	阴天 ꜀ɛiŋ ꜀t'iŋ	꜀u ɔŋ꜄ ꜀t'iŋ	꜀eiŋ ɔŋ꜄ ꜀t'iŋ	阴天 ꜀iŋ ꜀hieiŋ	꜀iŋ ꜀hiŋ
天冷	清 ts'eiŋ꜄	寒人 ꜁kuaiŋ ꜂neiŋ	寒 ₒkueiŋ	ₒkuɛiŋ	ts'eiŋ꜄	꜁guaiŋ	t'ɔiŋ꜄	t'eiŋ꜄
暖和	烧 ꜀ts'iau	暖 nuaiŋ꜄	炖 tueiŋ꜇	温和 ꜀auŋ ꜁o	꜀ts'iau	꜀ts'iau	暖 nuŋ꜄	nuiŋ꜄
元宵	元宵 ꜂yiŋ ꜁siau	꜁yeŋ ꜀siu	正月半 ꜀tsiaŋ ŋyœ꜇ pueiŋ꜄	过大年 ko꜄ tuɛ꜅ ꜁niŋ	上元 tsiɔŋ꜅ ꜁nyiŋ	syoŋ꜅ ꜁ŋyŋ	siɔŋ꜅ ꜁ŋyeiŋ	syoŋ꜅ ꜁ŋyiŋ
今天	今朝 ꜀keiŋ ꜀tiɔ	꜀ki tuai꜄	今日 ꜀keiŋ nei꜇	者冥 ꜁tsia ꜁maŋ	꜀keiŋ ꜀tiau	꜀keiŋ ꜀tiau	꜀kiŋ ꜀tiɔ	꜀kiŋ ꜀tiu
昨天	隔冥 ka꜅ maŋ꜄	前冥 ꜁ts'aŋ ꜁maŋ	昨冥 tsaŋ꜇ ꜁maŋ	꜁tsa ꜁maŋ	꜁tsia ꜁maŋ	tsa꜇ ꜁maŋ	前冥 ꜁laŋ ꜁maŋ	laŋ꜄ ꜁maŋ
白天	日时 ni꜇ si꜄	傍日 paŋ꜇ ꜀nuɛ	paŋ꜇ nei꜇	puɛiŋ꜄ ni꜄	白日 pa꜇ ni꜇	日上 ni꜇ tsyɔŋ꜅	日分 nɔi꜇ ꜀xuŋ	nei꜇ tsyoŋ꜅
傍晚	暗边子 ɔŋ꜄ ꜀piŋ ꜂tsiɛ	ɔŋ꜅ ꜀piŋ	暗冥边 aŋ꜄ ꜁maŋ ꜀piŋ	auŋ꜄ ꜁mauŋ ꜀piŋ	ɔŋ꜄ ꜀piŋ	暗冥 aŋ꜄ maŋ꜄	暗边头 ɔŋ꜄ ꜀pieiŋ ꜁həu	ɔŋ꜄ ꜀piŋ ꜂tsie
柱下石	柱磉 t'iu꜅ ꜂sɔŋ	柱头 t'iu꜅ ꜂t'ɛu	t'iu꜅ ꜁ta	t'iu꜅ ꜂sauŋ	磉石 ꜂sœyŋ tsiɔ꜇	栋柱骹 tɔŋ꜄ ꜀t'iu ꜀k'au	hiu꜄ ꜂sɔŋ	꜂sɔŋ tsyo꜇
灶	鼎 ꜂tiaŋ	灶 tsɛu꜄	鼎床 ꜂tiaŋ ꜀ts'aŋ	꜂tiaŋ ꜁ts'auŋ	tsœy꜄	鼎灶 ꜂tiaŋ tsau꜄	tsəu꜄	tsiəu꜄
厕所	东司 ꜀tɔŋ ꜀su	屎坑 ꜂si ꜀k'aŋ	窖楻间 kɒu꜄ ꜁xɔŋ ꜀kaiŋ	kau꜄ ꜁xɔŋ ꜀kaiŋ	꜂si ꜀k'aŋ, ꜀tɔŋ ꜀su	茅司 mau꜄ ꜀su	꜁mau ꜀so	mau꜄ ꜀su
水泥	洋毛灰 iɔŋ꜄ mau꜄ ꜀xo	洋灰 ꜂iɔŋ ꜀xue	꜁iɔŋ (꜁mo) ꜀xuei	红毛灰 ₒxɔŋ ꜁mo ꜀xuɛ	iɔŋ ꜀xui	iɔŋ꜄ ꜀xo	ₒxoŋ ꜁mau ꜀xui	꜁yoŋ ꜁mo ꜀xui
电池	电泥 tiŋ꜅ nai꜄	电塗 tiŋ꜅ ꜂t'u	tiŋ꜇ ꜁na	꜁tiŋ ꜁nai	tiŋ꜅ nai꜄	电炭 tiŋ꜄ t'uaiŋ꜄	lieiŋ꜅ ꜁nai	liŋ꜅ ꜁nai

续表

	建瓯	峡阳	松溪	政和	洋墩	石陂	建阳	武夷山
热水瓶	电壶 tiŋ² ᶜu	tiŋ² ꜀xu	汽壶 k'iᵓ ₒu	k'iᵓ ₒu	tiŋ² ꜀xu	k'iᵓ ᶜu	热水壶 ᶜɦy ₒxo	liŋ² ꜀xu
瓶子	瓶子 ᶜpaiŋ ᶜtsiɛ	瓮子 ɔŋᵓ ᶜtsue	ᶜpaiŋ ᶜtsie	ₒpaiŋ ᶜtsiɛ	罐子 kuaiŋᵓ ᶜlɛ	əŋᵓ ᶜte	ₒβaiŋ ᶜtsie	kuaiŋᵓ ꜀tsie
酒杯	酒瓯 ᶜtsiu ꜀e	瓯子 ꜀au ᶜtsue	酒杯 ᶜtsiu ꜀puei	酒盏 ᶜtɛiu ᶜtsaiŋ	꜀œy ᶜlɛ	꜀əu ᶜte	ᶜtsiu ꜀pui	ᶜtsiu ꜀iəu
案板	椹板 ꜀teiŋ ᶜpaiŋ	椹子 ꜀teiŋ ᶜtsue	刀片子 ꜀to p'i² ᶜtsie	꜀tɛiŋ ᶜpaiŋ	肉椹 ny₂ ꜀teiŋ	꜀teiŋ ᶜte	꜀tɔiŋ ᶜtsie	꜀teiŋ ᶜtse
毛巾	面巾 miŋ² ꜀kœyŋ	面帕 miŋ² ᶜp'a	面□ miŋ² t'ie²	miŋ² t'iɛ²	miŋ² p'aᵓ	miŋ² p'aᵓ	mieiŋ² p'aᵓ	面布 mieiŋ² pyoᵓ
肥皂	胰子 ᶜi ᶜtsiɛ	鬼子碱 ᶜk'y ᶜtsy ᶜkaiŋ	番子碱 ꜀xueiŋ ᶜtsie ᶜkaŋ	ₒi ᶜtsiɛ	番子蜡 ꜀xuaiŋ ᶜlɛ la₂	鬼子蜡 ᶜky ᶜte la₂	ᶜky ᶜtsie ᶜkaiŋ	番鬼碱 ꜀xuaŋ ᶜkəu ᶜkaiŋ
火柴	番子火 ꜀xuaiŋ ᶜtsiɛ xo	自来火 tsy² ᶜlai ᶜxue	洋火 ₒioŋ ᶜk'uei	tsuᵓ ₒlai ᶜxuɛ	iɔŋᵓ ᶜk'ui	鬼子火 ᶜky ᶜte ᶜxo	ₒiɔŋ ᶜk'ui	番鬼火 ꜀xuaiŋ ᶜkəu ᶜxui
别针	搭针 ta꜃ ꜀tseiŋ	札针 tsaᵓ ꜀tseiŋ	别针 p'ie꜃ ꜀tseiŋ	ta꜃ ꜀tsɛiŋ	卷针 ᶜkyiŋ ꜀tseiŋ	ta꜃ ꜀tseiŋ	ᶜkyeiŋ ꜀tsiŋ	扣针 k'iəuᵓ ꜀tsiŋ
砚台	面瓦盘 miŋ² ua₂ (ᶜpuiŋ)	墨盘 ꜀me ᶜpuaiŋ	□□ miŋ² xua₂	miŋ² uaᵓ ₒpuɛiŋ	me₂paiŋᵓ	面瓦 miŋ² ᶜua	砚□ ŋaiŋ² kiaŋ²	砚瓦 ŋaiŋ² ᶜβua
种地	打塍 ᶜta ts'aiŋᵓ	弄塍 lɔŋ² ᶜts'aiŋ	作塍 tso꜃ ꜀ts'aŋ	ᶜta ꜀ts'aiŋ	栽塍 ꜀tsɛ ts'aiŋᵓ	ᶜta ts'aiŋᵓ	ᶜta ꜀t'aiŋ	种地 tsəŋᵓ tia²
插秧	饲塍 ts'i² ts'aiŋᵓ	栽秧 ꜀tse ꜀ɔŋ	si² ꜀ts'aŋ	ts'i² ꜀ts'aiŋ	栽禾 ꜀tsɛ uiᵓ	꜀si ts'aiŋᵓ	ts'iᵓ ꜀t'aiŋ	si² ꜀t'aiŋ
浇粪	壅粪 œyŋᵓ pœyŋᵓ	□□ se² kauᵓ	浇粪 ꜀kyo peyŋᵓ	泼粪 p'uɛ꜃ pɔŋᵓ	壅□ œyŋᵓ kauᵓ	沃□ u꜃ ᶜkau	eiŋᵓ peiŋᵓ	əŋᵓ pəŋᵓ
米箩	米箩 ᶜmi suɛᵓ	篓 ᶜlɛu	谷笙 ku꜃ tsyᵓ	笙子 tsyᵓ ᶜtsiɛ	ᶜlœy	ku꜃ ᶜtsy	箩 ꜀sue	꜀syai
扁担	扁担 ᶜpiŋ ꜀taiŋ	pueŋᵓ ꜀taŋ	担子 ꜀taŋ ᶜtsie	꜀taŋ ᶜtsiɛ	ᶜpeiŋ ꜀taŋ	竹枷子 ty꜃ ka² ᶜte	偏担 ᶜp'ieiŋ ꜀taŋ	扁担 ᶜβiŋ ꜀taŋ
麦秸	芒稿 mɔŋᵓ ᶜɔ	麦子秆 ꜀ma ᶜtsue ᶜkuaiŋ	麦稿 mɒ₂ ᶜo	ma꜃ ᶜxo	麦秆 ma₂ ᶜkuaiŋ	ma₂ ᶜkuaiŋ	ma₂ ᶜau	ma₂ ᶜkuaiŋ

续表

	建瓯	峡阳	松溪	政和	洋墩	石陂	建阳	武夷山
晒谷场	曝粟坪 pʻu² sy꜄ piaŋᵓ	粟坪 sy꜄ ᶜpiaŋ	曝谷坪 pʻu² ku꜄ ꜁piaŋ	pʻu² sy꜄ ꜁piaŋ	pʻu₂ sy꜄ piaŋᵓ	谷坪 ku꜄ piaŋᵓ	晒粟坪 saiᵓ sy₂ ꜁piaŋ	saiᵓ sy꜄ ꜁piaŋ
公猪配种	豨狮 ᶜkʻy ꜀sɛ	ᶜkʻy ꜀sɛ	豨种 ᶜkʻy ᶜtsœyŋ	豨桥 ᶜkʻui ꜁kio	ᶜkʻy ꜀sɛ	ᶜkʻy ꜀se	ᶜkʻy ꜀se	ᶜkʻəu ꜀sie
小母鸡	鸡□子 ꜀kai ᶜtʻo ᶜtsiɛ	鸡健子[①] ᶜkai suaiŋ² ᶜtsue	꜀ka sueiŋ² ᶜtsie	꜀kai suɛiŋ² ᶜtsiɛ	꜀kai saiŋ²	꜀kai suiŋ² ᶜte	鸡嫲子 ꜀kai ꜁ma ᶜtsie	꜀kai ꜁ma ᶜtsie
麻雀	毛雀子 mauᵓ tsia² ᶜtsie	隻子 tsia꜄ ᶜtsue	雀爪子 tsyoᵓ ᶜtsa ᶜtsie	tsia² ᶜtsɛ ᶜtsiɛ	tsia꜄ ᶜlɛ	tsia² ᶜte	tsia꜄ ᶜtsie	禾隻子 ꜁ua tsia꜄ ᶜtsie
蚂蚁	蚁子子 ŋyɛ₂ tsi² ᶜtsiɛ	蚁子 ŋie² ᶜtsue	蚁蝎嫲 ŋyœ₂ siɛ꜄ ꜁mɒ	真蚁子 ꜀tsɛiŋ ŋyɛᵓ ᶜtsiɛ	꜀nye ᶜlɛ	ŋyeᵓ ᶜte	ŋyeᵓ ᶜtsie	ŋyaiᵓ ᶜtsie
蚯蚓	价利蛲 kaᵓ li² ᶜxyiŋ	猴蛲 ꜁ka ᶜxœyŋ	□蛲 ŋyŋ² ᶜxueiŋ	ŋyɛ² ᶜxuauŋ	河蛲 ꜁xai ᶜxyiŋ	溜蛲 liu² ᶜxyŋ	尿蛲 niɔ² ᶜxyeiŋ	地蛲 lei² ᶜxyaiŋ
蚕	蚕子 tsʻaŋᵓ ᶜtsiɛ	ᶜtsʻɔŋ ᶜtsue	꜁tsʻaŋ ᶜtsie	꜁tsʻaiŋ ᶜtsiɛ	蚕 tsʻaŋᵓ	蚕虫 tsʻaiŋᵓ ꜁dəŋ	꜁tʻaŋ ᶜtsie	꜁tʻaŋ ᶜtsie
苍蝇	蝇 saiŋᵓ	蝇蝇 ᶜsiŋ ᶜsiŋ	꜁siɔŋ	꜁siŋ	蜢蝇 ᶜmɔŋ siŋᵓ	蝇子 seiŋᵓ ᶜte	꜁siɔŋ ᶜtsie	꜁seiŋ ᶜtsie
蝉	蝉蚱 tsaŋᵓ tsoᵓ	□□□ ꜀sɔ ꜀sɔ ᶜiŋ	□□□ naŋ² naŋ² iᵓ	꜁naŋ ꜁naŋ ₒi	nai² naiᵓ iᵓ	ᶜnai ᶜnai ꜁i	□□□ ᶜβo si₂ saᵓ	ŋiaŋ² ŋiaŋ² ꜁i
蜻蜓	□□ ᶜkʻaŋ ꜀kʻo	ᶜkʻaŋ ꜀kʻuai ᶜie	红□子 ꜁ɔŋ ꜁kuei ᶜtsie	狐狸子 ₒu ₒli ᶜtsie	□□子 ꜀xaŋ ꜀kʻui ᶜlɛ	ᶜkʻaŋ kʻo² ᶜi	꜁xaŋ ꜁xui ᶜtsie	꜁ka ꜁kui
螃蟹	螃蟹 pʻaŋᵓ xaiᵓ	蠘子 tsʻiᵓ ᶜtsue	蟹 xa²	xai²	蟹子 xai² ᶜlɛ	xai² ᶜte	xai² ᶜtsie	xai² ᶜtsie
蝌蚪	蝦蟆鹿 xaᵓ ma₂ lu꜄	洋□锤锤 ꜁iɔŋ ꜁mai ꜁tʻy ꜁tʻy	□蟆槌 ꜁ɔŋ ꜁ma ꜁tʻuei	ₒɔŋ ꜁mai ꜁tʻui	虾蟆槌 xaᵓ maᵓ tʻyᵓ	xaᵓ maᵓ tu₂	꜁iɔŋ ꜁mai ꜁hy	꜁yɔŋ ꜁mai ꜁həu
玉米	菠罗 pɔ² lɔᵓ	玉米 ꜀y ᶜmue	꜁po ꜁lo	꜁po ꜁lo	包黍 ꜀pau ᶜsy	꜀pɔ ꜁lɔ	番米 ꜀xueiŋ mɔiᵓ	꜀pau səu꜄
芝麻	麻子 muɛᵓ ᶜtsiɛ	ᶜmuai ᶜtsue	油蔴 ꜁iu ꜁mɒ	洋蔴子 ꜁iɔŋ ꜁muɛ ᶜtsie	maiᵓ ᶜlɛ	mueᵓ ᶜte	꜁mɔi ᶜtsie	꜁muai ᶜtsie
高粱	芦粟 luᵓ sy꜄	ᶜlu sy꜄	粟子 sœy꜄ ᶜtsie	高粱黍 ꜀kɔ ꜁liɔŋ ᶜsy	芦黍 luᵓ ᶜsy	luᵓ sy꜄	꜁lo sy꜄	龙黍 ꜁ləŋ səu꜄

① 健，《广韵》郎甸切。《尔雅·释畜》："未成鸡，健。"郭璞注："江东呼鸡少者曰健。"

续表

	建瓯	峡阳	松溪	政和	洋墩	石陂	建阳	武夷山
马铃薯	马铃薯 maᵓ laiŋᵓ yᵓ		洋芋 ꜁iɔŋ xœy꜀	观音芋 ꜀kuɛiŋ ꜀ɛiŋ y²	iɔŋᵓ y²	洋芋头 yoŋᵓ y² təuᵓ	洋芋子 ꜁iɔŋ y² ᶜtsie	꜁yoŋ əu² ᶜtsie
西红柿	番柿 ꜀xuaiŋ k'i²	洋柿 ᶜiɔŋ ꜀k'i	洋茄 ꜁iɔŋ ꜁kyo	꜀xuaiŋ k'i²		yoŋᵓ k'i²	꜀xueiŋ k'iᵓ	西红柿 ꜀sai ꜁həŋ k'i²
丝瓜	天萝 ꜀t'iŋ lɔᵓ	꜀t'iŋ ᶜlɔ	藤萝 ₒtaŋ ꜁lo	ₒtaiŋ ꜁lo	蔓瓜 maiŋᵓ ꜀kua	taiŋᵓ lɔᵓ	布瓜 poᵓ ꜀kua	꜀hiŋ ꜁lo
南瓜	金瓜 ꜀keiŋ ꜀kua	꜀keiŋ ꜀kua	金瓠 ꜀keiŋ ꜁py	꜀kɛŋ ꜀kua	꜀keiŋ ꜀kua	꜀keiŋ ꜀kua	南瓜 ꜁naŋ ꜀kua	꜁naŋ ꜀kua
葵花	日头阳 mi₂ t'eᵓ iɔŋᵓ	日头葵花 ꜀niŋ ᶜt'ɛu ᶜk'ui ꜀xua	日头莲 nei₂ ꜁t'a ꜁laŋ	日头花 neiŋᵓ ꜁t'e xua	日头瓠 nye₂ t'œyᵓ ꜁py	ni₂ təuᵓ ꜀xua	日头葵 nɔi₂ ꜁heu ꜁ky	nei₂ ꜁hiəu ꜀xua
木匠	作头师父 tɔ꜀ t'eᵓ suᵓ xu²	tsɔ꜀ ᶜt'ɛu	tso꜀ ꜁t'a	tso꜀ ꜁t'e suᵓ xu²	tsɔ꜀ t'œyᵓ	□□师父 po꜀ ꜀t'i ꜀su xu²	tsɔ꜀ ꜁həu	木匠 mu₂ tsyoŋ²
泥水匠	泥水师父 naiᵓ ᶜsy(suᵓ xu²)	ᶜnai ᶜsy	꜁nai ᶜsy ꜀su xu²	做厝师父 tsaᵓ ts'ioᵓ suᵓ xu²	naiᵓ ᶜsy	naiᵓ ᶜsy ꜀su xu²	꜁nai ᶜsy	꜁nai ᶜsy ꜀su xu²
道士	道子 tau₂ ᶜtsiɛ	先生 ꜀siŋ ꜀saiŋ	道子 to² ᶜtsie	阴阳先生 ꜀ɛiŋ ꜁iɔŋ ꜀siŋ ꜀saŋ			lauᵓ ᶜtsie	lauᵓ ᶜtsie
巫婆	仙姑 ꜀siŋ ꜀ku	游山姑 ꜁iu ꜀saŋ ꜀ku	问阴嫲 moŋ² ꜀eiŋ ꜁mɒ	问花人 mɔŋᵓ ꜀xua ꜁nɛiŋ		问姑 mɔŋ² ꜀ku	꜀sieiŋ ꜀ko	꜀siŋ ꜀ku
扒手	掐子 ma₂ ᶜtsiɛ	扒手 ꜁pa ᶜsiu	꜁pɒ ᶜsiu	paᵓ ᶜsiu	短手 ᶜtaiŋ ᶜsiu	ᶜtuaiŋ ᶜsiu	ᶜtueiŋ ᶜsiu	ᶜtuaiŋ ᶜsiu
麻脸	斑子 ꜀paiŋ ᶜtsiɛ	麻子 ꜁ma ᶜtsue	斑 ꜀paŋ	斑面 ꜀paiŋ miŋ²	麻面 maᵓ miŋ²	꜀paiŋ miŋ²	꜁ma ᶜtsie	꜁ma ᶜtsie
瞎眼	瞎子 xai꜀ ᶜtsiɛ	xai꜀ ᶜtsue	瞎嫲 xa꜀ ꜁mɒ	瞎目珠 xa꜀ ꜁mi ꜀tsiu	瞎目 xa꜀ mu₂	xai꜀ ᶜte	xai꜀ ᶜtsie	xai꜀ ᶜtsie
哑巴	哑子 ᶜa ᶜtsiɛ	ᶜa ᶜtsue	哑来 ᶜɒ ꜁la	病哑 paŋ² ᶜa	ᶜa ᶜlɛ	ᶜa ᶜte	ᶜa ᶜtsie	ᶜa ᶜtsie
聋子	聋子 sɔŋᵓ ᶜtsiɛ	ᶜsɔŋ ᶜtsue	耳朵聋 nei₂ ᶜto ꜁soŋ	neiŋᵓ toᵓ ꜁sɔŋ	sɔŋᵓ ᶜlɛ	sɔŋᵓ ᶜte	꜀soŋ ᶜtsie	səŋᵓ ᶜtsie
跛脚	瘸子 kiɔᵓ ᶜtsiɛ	拐骹 ᶜkuai ꜀k'au	蹁骹 ₒp'aŋ ꜀k'ɒu	瘸骹 ꜁kio ꜀k'au	ᶜp'iaŋ ꜀k'au	꜁kyo ꜀k'au	拐子 ᶜkuei ᶜtsie	p'iaŋ² ꜀k'au
驼背	驼子 ᶜtɔ ᶜtsiɛ	驼腹背 ꜁to pu꜀ tsia꜀	曲驼 k'y꜀ ꜁to	k'ui꜀ ꜁to	驼背 ꜁tɔ ᶜpui	꜁tɔ poᵓ	ₒlɔ ᶜtsie	loᵓ puiᵓ

续表

	建瓯	峡阳	松溪	政和	洋墩	石陂	建阳	武夷山
堂亲	自曆人 tsi꜅ ts'iɔ꜄（neiŋ꜄）	共房 kœyŋ꜅ ꜁pɔŋ	tsei꜅ ts'iɔ꜄ ꜁neiŋ	自已人 tsu꜅ tsi꜅ ꜁nɛiŋ	tsi꜅ ts'iɔ꜄ neiŋ꜄	tsi꜅ ts'yo꜄ neiŋ꜄	tsɔi꜅ ts'iɔ꜄ ꜁nɔiŋ	tsei꜅ ts'yo꜄ ꜁neiŋ
亲戚	亲情 ꜀ts'eiŋ tsiaŋ꜄	亲戚 ꜀ts'eiŋ ts'ue꜆	꜀ts'eiŋ ꜁tsiaŋ	꜀ts'ɛiŋ ts'i꜆	亲眷 ꜀ts'eiŋ kyeiŋ꜄	꜀ts'eiŋ kyŋ꜄	꜀t'ɔiŋ t'ɔi꜆	꜀t'eiŋ t'ei꜆
父亲	爹 ꜀ta	阿爸 ꜀a pa꜅	꜀tɒ	꜀ta	爷 ia꜄	꜀ta	꜁ia	꜁ia
母亲	奶 ꜂nai	依□ ꜀i ꜂ie	꜂nai	꜂nai	꜂nai	꜂nai	꜂nai	嫲 ꜁ma
祖父	老爹 lau꜄ ꜀tiɛ	公公 ꜀œyŋ ꜀œyŋ	家公 ꜀ka ꜀œyŋ	公子 ꜀œyŋ ꜂tsiɛ	公爹 ꜀kɔŋ ꜀ta	꜀əŋ ꜀ta	爹爹 ꜀ta ꜀ta	꜀ta ꜀ta
祖母	奶奶 ꜂nai ꜂nai	阿妈 ꜀a ꜂ma	嫲老 ₒmɒ sa꜅	妈老 ꜂ma se꜅	嫲嫲 ma꜄ ma꜄	阿大 ꜀a dai꜅	妈妈 ꜂ma ꜂ma	꜂ma ꜂ma
外公	□公 tsia꜄ ꜀œyŋ	外公 ie꜅ ꜀œyŋ	公伯 ꜀œyŋ pa꜆	婆公 ₒpo ꜀œyŋ	婆爹 pɔ꜄ ꜀ta	tsia꜄ ꜀əŋ	꜁po ꜀ta	ŋyai꜅ ꜀kəŋ
外婆	□嫲 tsia꜄ ma꜄	外妈 ie꜅ ꜂ma	婆 ₒpo	婆奶 ₒpo ꜂nai	婆妈 pɔ꜄ ꜂ma	tsia꜄ ma꜄	婆婆 ꜁po ꜁po	外婆 ŋyai꜅ ꜁po
弟弟	弟弟 ti꜇ ti꜇	弟 tie꜄	弟子 tie꜅ ꜂tsie	tiɛ꜅ ꜂tsiɛ	tie꜅ ꜂lɛ	tie꜅ ꜂le	舍弟 sia꜄ tie꜅	细弟 sai꜄ ti꜄
伯母	伯奶 pa꜆ ꜂nai	阿奶 ꜀ai ꜂nai	奶子 ꜂nai ꜂tsie	pɛ꜆ ꜂nai	姆姆 ꜂mu ꜂mu	꜀a ꜂nai	姆子 ꜂mo ꜂tsie	꜂mu ꜂tsie
叔母	婶子 seiŋ꜄ ꜂tsiɛ	阿婶 ꜀aiŋ ꜂seiŋ	꜂seiŋ ꜂tsie	婶嫲 ꜂sɛiŋ ꜁ma	婶婶 ꜂seiŋ ꜂seiŋ	꜂siŋ ꜂te	꜂siŋ ꜂tsie	꜂siŋ ꜂tsie
舅父	舅子 kiu꜅ ꜂tsiɛ	阿舅 ꜀a ky꜅	妗公 kœyŋ꜅ ꜀œyŋ	舅 kiu꜅	娘舅 niɔŋ꜄ ꜀kiu	舅爷 kiu꜅ ia꜄	꜁niɔŋ kiu꜄	舅爹 kiu꜅ ꜀ta
舅母	妗奶 ꜀keiŋ ꜂nai	阿妗 ꜀aiŋ keiŋ꜅	kœyŋ꜅ ꜂nai	kiŋ꜅ ꜂nai	娘妗 niɔŋ꜄ ꜀kœyŋ	keiŋ꜅ ꜂nai	妗妗 kiŋ꜄ kiŋ꜄	kiŋ꜅ naiŋ꜆
小叔	小叔 ꜂siau sy꜆	叔子 sy꜆ ꜂tsue	sy꜆ ꜂tsie	叔□子 sy꜆ pi꜅ ꜂tsiɛ	小郎 ꜂siau lɔŋ꜄	sy꜆ ꜂te	sy꜆ ꜂tsie	小叔子 ꜂siu sy꜆ ꜂tsie
小姑	姑嫲子 ꜀ku ma꜄ ꜂tsiɛ	阿姑子 ꜀a ꜀ku ꜂tsue	妈婆子 ꜂mɒ ꜁po ꜂tsie	姑子 ꜀ku ꜂tsiɛ	姑妈子 ꜀ku ꜂ma ꜂lɛ	꜀ku ꜂ma ꜂te	妈姐 ₒma ₒtse	晚娘子 ꜂maiŋ ꜁nyoŋ ꜂tsie
公公	公公 ꜀kɔŋ ꜀kɔŋ	阿公 ꜂ai ꜀œyŋ	公 ꜀koŋ	公子 ꜀œyŋ ꜂tsiɛ	公爹 ꜀kɔŋ ꜀ta	꜀əŋ ꜀ta	爹爹 ꜀ta ꜀ta	大公 tuai꜅ ꜀kəŋ

续表

	建瓯	峡阳	松溪	政和	洋墩	石陂	建阳	武夷山
婆婆	嬷妈 ma꜂ ᶜma	阿妈 ᶜa ᶜma	嬷 ꜀mɒ	妈老 ᶜma se꜃	妈妈 ᶜma ᶜma	婆婆 ꜁bɔ ꜁bɔ	ᶜma ᶜma	大妈 tuai꜃ ᶜma
继父	后爹 xe꜃ ꜀ta	xu꜃ ꜀ta	xu꜃ ꜀tɒ	xu꜃ ꜀ta	后爷 ꜀xœy ꜁ia	xe꜃ ꜀ta	叔爷 sy꜄ ꜁ia	sy꜄ ꜁ia
干爹	老爹 se꜂ ꜀ta	契爹 kʻie꜂ ꜀ta	结认爹 kie꜄ neiŋ꜃ ꜀tɒ	se꜃ ꜀ta	契爷 kʻie꜂ ꜁ia	结拜爹 kie꜄ pai꜂ ꜀ta	结拜爷 kie꜄ pai꜂ ꜁ia	老爷 siəu꜃ ꜁ia
干娘	老奶 se꜂ ᶜnai	契奶 kʻie꜂ ᶜnai	结认奶 kie꜄ neiŋ꜃ ᶜnai	se꜃ ᶜnai	kʻie꜂ ᶜnai	结拜奶 kie꜄ pai꜂ ᶜnai	kie꜄ pai꜂ ᶜnai	老娘 siəu꜃ ꜁ŋyoŋ
眉毛	眉毛 mi꜂ mau꜂	目眉 ꜀mu ᶜme	目珠毛 mei꜄ ꜀tsiu ꜀mo	꜁mi ꜀tsiu ꜁mɛ	mi꜂ mau꜂	mi꜂ mɔ꜂	꜁me ꜁mau	꜁mi ꜁mɔ
胡须	胡须 ᶜu ꜀sy	须须 ꜀tsʻiu ꜀tsʻiu	喙须 tsʻui꜂ ꜀tsʻiu	tsʻy꜂ ꜀tsʻiu	tsʻy꜂ ꜀tsʻiu	꜁u ꜀sy	꜀tsʻiu ꜀tsʻiu	tʻau꜂ ꜀tsʻiu
酒窝	酒窟子 ᶜtsiu kʻo꜄ ᶜtsiɛ	ᶜtsiu kʻue꜄	ᶜtsiu kʻuei꜄	酒钠 ᶜtsiu nai꜄	酒□ ᶜtsiu me	ᶜtsiu kʻo꜄	ᶜtsiu kʻui꜄ ᶜtsie	酒靥 ᶜtsiu ᶜiŋ
牙垢	牙齿垢 ŋa꜂ ᶜtsʻi ᶜke	齿齿垢 ᶜtsʻi ᶜtsʻi ᶜkau	꜁ŋɒ ᶜtsʻi ᶜku	꜁ŋa ᶜtsʻi ᶜke	牙垢 ŋa꜂ ᶜkœy	꜁ŋa ᶜtsʻi ᶜkəu	꜁ŋa ᶜtsʻi ᶜkəu	牙齿疡 ꜁ŋa ᶜtsʻi ꜁syoŋ
脖子	□□ ꜀tœyŋ tœyŋ꜂	脰□ tu꜃ ᶜnyeiŋ	脰骨 tɒu꜄ kuei꜄	脰子 tu꜂ ᶜtsiɛ	脰 ᶜtu	du꜃	lo꜃	lu꜃
肩膀	肩膀头 kai꜃ maŋ꜂ tʻe꜂	肩尾头 ꜀kaiŋ ᶜmui ᶜtʻɛu	肩膀 ꜀kaŋ ᶜpaŋ	꜀kaiŋ ꜁pauŋ	꜀kaŋ ᶜmaŋ tʻœy꜂	꜀kaiŋ ᶜmu tʻəu꜂	肩脊头 ꜀kaiŋ tsi꜄ ꜁həu	꜀kaiŋ ᶜpɔŋ
背	背脊 po꜂ tsia꜄	腹脊髀 pu꜂ tsia꜄ ꜀pʻiaŋ	腹脊背 pu꜄ tsia꜄ puei꜂	腹脊身髀 pu꜂ tsia꜄ ꜀seiŋ ꜀pʻiaŋ	腹脊 ꜁pu tsia꜄	□□心 po꜄ lɔ꜄ ꜀seiŋ	背脊心 pui꜂ tsia꜄ ꜀sɔiŋ	βəu꜂ tsia꜄
胸脯	胸 ꜀xœyŋ	心口 ꜀seiŋ ᶜkʻau	心头 ꜀seiŋ ꜁tʻa	꜀sɛiŋ ꜁tʻe	꜀seiŋ tʻœy꜂	心头窟 ꜀seiŋ tʻau꜂ kʻo꜄	胸甲 ꜀xeiŋ ka꜄	胸前 ꜀xəŋ ꜁tsʻiŋ
乳房、奶汁	□ naiŋ꜂	奶 ꜀nai	奶汁 naŋ꜅ tsi꜄	naiŋ꜂ tsi꜃	奶汁 nai꜂ tsi꜃/nai꜂	汁子 tsi꜃ ᶜte	汁汁 tsi꜄ tsi꜄	tsi꜄ tsi꜄
肚子	腹 pu꜄	腹屎 pu꜄ ᶜsi	腹肚 pu꜄ ᶜta	pu꜄	腹子 pu꜄ ᶜlɛ	pu꜄ ᶜte	po꜄	pu꜄

续表

	建瓯	峡阳	松溪	政和	洋墩	石陂	建阳	武夷山
脚跟	骹盯 ꜀kʻau ꜀tiaŋ	꜀kʻau ꜂tiaŋ	骹腹盯 ꜀kʻɒu pu꜆ ꜀tiaŋ	骹后盯 ꜀kʻau xu꜅ ꜀tiaŋ	꜀kʻau ꜀tiaŋ	꜀kʻau ꜀tiaŋ	꜀kʻau ꜀tiaŋ	꜀kʻau ꜀tiaŋ
脚板底	骹底 ꜀kʻau ꜂tai	骹盘底 ꜀kʻau ꜂puaiŋ ꜂tai	骹面底 ꜀kʻɒu ˳miŋ ꜂ta	骹地底 ꜀kʻau tiɛ꜅ ꜂tai	骹板底 ꜀kʻau ꜂paiŋ ꜂tai	骹腹底 ꜀kʻau pu꜆ ꜂tai	꜀kʻau ꜁pɔiŋ ꜂tai	骹雪盘 ꜀kʻau sy꜆ ꜁puaiŋ
怀孕	有团 ꜂iu ꜂kyiŋ	꜂iu ꜂kiŋ	有妹子 ꜂iu ꜂mei ꜂tsie	有娠 ꜂iu ꜀sɛiŋ	怀团 ꜁kui ꜂kiŋ	꜂iu ꜂kyŋ	꜂iu ꜂kyeiŋ	怀娠 ꜁ui ꜀siŋ
小产	断团 tɔŋ꜅ ꜂kyiŋ	tuaiŋ꜅ ꜂kiŋ	断妹子 tueiŋ꜆ ꜂mei ꜂tsie	断娠 tɔŋ꜄ ꜀sɛiŋ	꜂tueiŋ ꜂kiŋ	tueiŋ꜅ ꜂kyŋ	luŋ꜅ ꜂kyeiŋ	luiŋ꜅ ꜂kyaiŋ
打鼾	揢鼾[1] ma꜇ xuiŋ꜄	鼾眠 ꜂xuaiŋ ꜂meiŋ	鼾 ꜁xueiŋ	꜁xuɛiŋ	xuaiŋ꜄	xuaiŋ꜄ meiŋ꜄	xueiŋ꜄	꜁xuaiŋ
着凉	清着 tsʻeiŋ꜄ tiɔ꜅	寒着 ꜁kuaiŋ ꜀tiu	清去 tsʻaŋ꜄ kʻyœ꜄	tsʻɛiŋ꜄ ŋo꜄	꜁kuaiŋ ꜀tiu	꜁guaiŋ tyo꜇	꜁xueiŋ tiɔ꜇	受寒 siu꜄ ꜁xuaiŋ
发烧	烧 ꜀tsʻiau	꜀tsʻiu	作烧 tso꜆ ꜀tsʻiɔ	会烧 o꜆ ꜀tsʻio	꜀tsʻiau	发烧 xuai꜆ ꜀tsʻiau	xue꜆ ꜀tsʻiɔ	xuai꜆ ꜀tsʻiu
发冷	畏清 y꜄ tsʻeiŋ꜄	发寒 xuai꜆ ꜁kuaiŋ	作寒 tso꜆ ˳kueiŋ	会寒 o꜆ ˳kuɛiŋ	清 tsʻeiŋ꜄	会寒 ɔ꜇ ꜁kuaiŋ	y꜄ tʻɔiŋ꜄	əu꜄ tʻeiŋ˚
发疟子	揢腹寒 ma꜇ mu꜆ ꜂kueŋ	病□寒 paŋ꜅ ꜁mo ꜁kuaiŋ	病老人 paŋ꜅ sa꜅ ꜁neiŋ	揢作寒 ma꜄ tso꜆ ˳kuɛiŋ	打摆子 ꜂ta ꜂pai ꜂lɛ	白目寒 pa꜇ mu꜇ ꜁kuaiŋ	揢摆子 ma꜆ ꜂pai ꜂tsie	ma꜇ ꜂pai ꜂tsie
出麻疹	出麻 tsʻy꜆ muɛ꜄	做精事 tso꜄ ꜀tsiaŋ tue꜅	tsʻy꜄ ꜁mɒ	tsʻui꜆ ꜁muɛ	tsʻy꜆ ꜁mai	tsʻy꜆ muai꜄	tsʻy꜆ ꜁mɔi ꜂tsie	tsʻy꜆ ꜁muai
口吃	结舌 ke꜆ ye꜇	夹舌 ꜀kia ꜀si	大舌 tua꜅ lyœ꜇	结喙 kiɛ꜆ tsʻui꜄	kia꜇ lie꜇	kie꜆ lye꜇	舌□ ꜂ye ꜁lau	舌□ y꜆ ꜁tsei
中暑	痧着 ꜀sa tiɔ꜅	成痧 ꜁siaŋ ꜀sa	˳iaŋ ꜀sɒ	˳iaŋ ꜀sa	发痧 xuai꜆ ꜀sa	꜀sa tyo꜇	꜀sa tiɔ꜇	xuai꜆ ꜀sa
麻风	病痞 paŋ꜅ ꜂tʻuɛ	paŋ꜅ ꜂tsʻuai	paŋ꜅ ꜂tʻua	paŋ꜅ ꜂tʻuɛ		paŋ꜅ ꜂tʻuai	痞 ꜂hue	麻风 ꜁ma ꜀xəŋ

① 揢：打。《广韵》入声陌韵莫白切："揢，击也。"

续表

	建瓯	峡阳	松溪	政和	洋墩	石陂	建阳	武夷山
脱臼	落榫 lu꜂ ᶜsœyŋ	脱榫 t'ue꜂ ᶜsœyŋ	t'ua² ᶜsueiŋ	脱窠 ꜀t'uɛ ꜀k'o	离榫 lie² ᶜsueiŋ	t'o꜂ ᶜsueiŋ	离窠 lie² ꜀k'uo	脱斗 hui꜂ ᶜtiəu
结疤	结疕 keᵓ ᶜp'i	结皮 kie ꜁p'ue	结疤 kie꜂ ꜀pɒ	kiɛ꜂ ᶜp'i	kie꜂ ꜀pa	kie꜂ ᶜp'i	kie꜂ ᶜp'ɔi	ki꜂ ꜀pa
号脉	摸脉 ꜀mɔ mɛ꜃	꜀mu ꜀me	拿脉 nɒ꜃ mie꜂	觑脉 ts'uᵓ mɛᵓ	na꜃ mɛ꜃	꜀mia me꜃	꜁mo me꜃	꜀muo mie꜃
米汤	白饮 pa² ᶜaiŋ	饭汤 pueiŋ² ꜀t'ɔŋ	饭饮 paŋ² ᶜaŋ	paiŋ² ᶜaiŋ	pɔŋ² ꜀t'ɔŋ	pe꜂ ᶜeiŋ	(pa꜃) ᶜaiŋ	饮 ᶜaiŋ
线面	线面 syiŋ² miŋ²	丝面 ꜀si miŋ²	syŋᵓ miŋ²	syiŋᵓ miŋ²	siŋᵓ miŋ²	syŋᵓ miŋᵓ	幼面 iuᵓ mieiŋ²	syaiŋᵓ miŋ²
油条	油子粿 ᶝiu ᶜtsiɛ kuaᵓ	鼎絮粕 ᶜtiaŋ ts'yᵓ p'ɔ꜂	投罗布 ₒta ꜁lo poᵓ	ₒiu laᵓ ꜀kua		油大肠 iuᵓ tai² tɔŋᵓ	꜁iu tsiaᵓ ᶜkui	天罗布 ꜀hiŋ ꜁lo pyoᵓ
腐竹	鞭子 ꜀piŋ ᶜtsiɛ	燕皮 iŋᵓ ᶜp'ue	꜀piŋ ᶜtsie	鞭子箸 ꜀piŋ ᶜtsiɛ ty²		豆腐脯 təu² xu² p'oᵓ	꜀pieiŋ ᶜtsie	tiəuᵓ xu² ꜁hui
白糖	白糖 pa² t'ɔŋᵓ	꜀pa ᶜt'ɔŋ	白糖霜 pɒᵓ ꜁t'aŋ ꜀saŋ	白砂糖 pa² ꜀sa ꜁t'ɔŋ	pa꜃ t'ɔŋᵓ	pa꜃ ꜀sa t'ɔŋᵓ	pa꜃ ꜀sa ꜁hɔŋ	pa꜃ ꜁hɔŋ
麦芽糖	麦牙糖 ma꜃ ŋaᵓ t'ɔŋᵓ	纯糖 ꜁sœyŋ ᶜt'ɔŋ	白糖 pɒ² ꜁t'aŋ	米糖 miᵓ ꜁t'ɔŋ	ᶜmi t'ɔŋᵓ	ᶜmi t'ɔŋᵓ	mɔiᵓ ꜁hɔŋ	ᶜmei ꜁hɔŋ
冰棍儿	冰箸 ꜀peiŋ ty²	冰棒 ꜀piŋ paŋ²	冰棍 ꜀paŋ kueiŋᵓ	冰箸 ꜀paiŋ ty²	꜀peiŋ ꜀paŋ	꜀peiŋ ty²	꜀paiŋ pɔŋᵓ	꜀paiŋ kuiŋᵓ
背心	褂子 kuaᵓ ᶜtsiɛ	褡子 ta꜂ ᶜtsue	背褡 pueiᵓ tɒ꜂	kuaᵓ ᶜtsiɛ	kuaᵓ ᶜlɛ	kuaᵓ ᶜte	kuaᵓ ᶜtsie	kuaᵓ ᶜtsie
衬衣	衬衫 ts'eiŋᵓ ꜀saŋ	紧衫 ᶜkiŋ ꜀saŋ	套衣 t'oᵓ ꜀i	衬□ ts'aiŋᵓ ꜀t'iaŋ	紧身 ᶜkeiŋ ꜀seiŋ	ts'eiŋᵓ ꜀saŋ	托衣 hɔ꜂ ꜀i	hɔ꜂ ꜀i
围巾	领巾 ᶜliaŋ ꜀kœyŋ	围领 ꜁y ᶜliaŋ	围巾 ꜁y ꜀kœyŋ	liaŋᵓ ꜀kœyŋ	围带 ꜁y taiᵓ	ᶜliaŋ ꜀keiŋ	ₒɦy ꜀kyeiŋ	喉灵巾 ꜁xəu ᶜliaŋ ꜀kyiŋ
手套	手套 ᶜsiu t'auᵓ	手囊 ᶜsiu ᶜlɔŋ	ᶜsiu t'oᵓ	ᶜsiu soŋ²	手筒 ᶜsiu tɔŋᵓ	ᶜsiu t'ɔᵓ ᶜte	ᶜsiu ꜁toŋ	ᶜsiu hauᵓ
提篮子	拎 k'eiŋᵓ	□ ꜀sai	拧 liaŋᵓ	讶 kyiŋᵓ	꜁keiŋ	geiŋᵓ	꜁kiŋ	排 ꜁βaɪ
丢石子	□ ia꜃	□ ᶜœyŋ	掷 tiaŋ꜃	坠 tuɛᵓ	□ xy꜃	丢 ꜀tiu	tui²	꜀tiu
揹孩子	骑 kuɛ꜃	揹 pueᵓ	pueiᵓ	□ tsia²	kua꜃	poᵓ	pui꜀	puiᵓ
盛饭	贮 ᶜtu	□ kia꜂	ᶜtɒu	ᶜtu	ᶜtu	装 ꜀tɔŋ	꜀tɔŋ	꜀tɔŋ

续表

	建瓯	峡阳	松溪	政和	洋墩	石陂	建阳	武夷山
拧毛巾	舞 ᶜu	攄 ₛsu	ₛsɒu	ₛlu	꜀su	抒 ᶜtsu	ᶜlo	ᶜlu
捆柴火	捆 ᶜk‘ɔŋ	系 ₛkai	ᶜk‘ueiŋ	缚 pu²	把 ᶜpa	gaiᵓ	po₂	ᶜk‘uiŋ
绑人	绑 ᶜpɔŋ	系 ₛkai	缚 pu²	kaiᵓ	羁 ꜀kai	gaiᵓ	ₛkai	ₛxai
点头	□ ku²	ku²	点 ᶜtaŋ	颇①ᶜk‘aiŋ	mi꜁	ᶜk‘aŋ	ᶜk‘aŋ	ᶜk‘aŋ
抬头	□ kɔᵓ	担 ꜀taŋ	koᵓ	taŋᵓ	kɔᵓ	kɔ₂	ₛkɔ	昂 ᶜŋɔŋ
吻	蜜 mi꜁	□ ku²	鼻 pei꜁	mi꜁	mi꜁	p‘i²	mɔi꜁	敕 tsy꜁
丢失	遢掉 tɔŋ² t‘ɔᵓ	□□ ᶜœyŋ ᶜpa	□□ xi꜁ ꜀paŋ	□□ p‘a² tio²	ᶜtueiŋ	tueiŋ² t‘əu²	luŋ²	luiŋ²
追	追 ꜀ty	赶 ᶜkaŋ	驱 ꜀k‘y	逐 ta꜁	□ ᶜy	继 kaiᵓ	kaiᵓ	꜀təu
跌倒	□倒 ᶜtuiŋ ᶜtau	□ ꜀k‘ua	tueiŋ꜁	□ tu꜁	ᶜtaiŋ	ᶜtuaiŋ ᶜtɔ	ᶜtueiŋ	ᶜtuaiŋ
扫地	扫厝 seᵓ ts‘iɔᵓ	扫地下 sɛuᵓ ti² xaᵓ	saᵓ ts‘yoᵓ	seᵓ ts‘ioᵓ	sœyᵓ ts‘iɔᵓ	扫地 səuᵓ ꜀tia	səuᵓ tia²	siəuᵓ tia²
盖房子	开 ꜀k‘yɛ	起 ᶜk‘i	徛 kyœ²	k‘yɛ²	ᶜk‘i	做 tsaᵓ	搭 ta꜁	ᶜk‘i
沾手	黏 ꜀niŋ	□ ₛkia	泥 ŋie²	污 ꜀œy	□ k‘ai₂	꜀ni	ₛnai	꜀ŋiaŋ
开玩笑	听嬉 t‘iaŋᵓ ꜀xi	猜嬉 ꜀ts‘ai ꜀xi	作嬉 ᶜtso ꜀xœy	□□嬉 ts‘auᵓ ni² ꜀xi	滚□嬉 ᶜkueiŋ xai꜁ ꜀xi	交假嬉 ꜀kau ᶜka ꜀xi	□笑 xiaᵓ siɔᵓ	搞 ᶜkau
撒谎	话假事 ua² ᶜka ti²	ua² ᶜka tue²	猎谎 lɒ₂ ꜀xoŋ	假讲 ᶜka ᶜkauŋ	ua² ᶜka ti²	ua² ᶜka teᵓ	ua² ᶜka tɔ²	ua² ᶜa tei²
知道，懂得	得知 tɛ꜁ ꜀ti	识中 si꜁ ꜀tiɔŋ	学得 xa꜁ tyœ꜁	xo꜁ tɛ꜁	sie꜁ ꜀tiɔŋ	晓得 ᶜxiau te꜁	晓识 ᶜxau sie꜁	ᶜxiu si꜁
舍不得	舍怀得 ᶜsa eiŋ² tɛ꜁	使怀曾 ᶜsai ŋ² ᶜnɛiŋ	𫢗舍得 ma₂ ᶜsia tyœ꜁	𫢗省得 maiᵓ ᶜsaŋ tɛ꜁	siaᵓ eiŋ² tɛ꜁	ᶜsia eiŋ² te꜁/ᶜmai ᶜsia te꜁	ᶜsia oŋ² te꜁	ₛmau ᶜsia tei꜁
狭窄	迫 ᶜpa	窄 tsɛ꜁	pɒ₂	ᶜpa	ᶜpa	ᶜpa	狭 ᶜua	ᶜβa

① 《集韵》上声感韵苦敢切："颇，首动也。"

续表

	建瓯	峡阳	松溪	政和	洋墩	石陂	建阳	武夷山
凹	埝[①]nε꜆	凹 ꜀εu	na꜆	nai꜆	□ me꜆	nai꜆	na꜆	na꜆
凸	凸 t'u꜄	□ ꜂lɔ	□ ꜀toŋ	꜀tɔŋ	t'u꜄	突 ꜁du	□ ꜀p'ɔ	lui꜇
拥挤	窄 tsa꜇，紧 ꜂keiŋ	□ tia꜄	tia꜄	꜁tia	tia꜄	夹 ga꜇	挤 ꜀tsɔi	꜀tsei
健康	雄 ꜂xœyŋ	꜁xœyŋ	硬扎 ŋaŋ꜅ tsɒ꜆	ŋaiŋ꜅ tsa꜆	꜁xœyŋ	ŋaiŋ꜅ tsa꜆	꜁xeiŋ	健康 kyaiŋ꜅ ꜀k'ɔŋ
肮脏	□□ i꜇ nɔ꜆	儠傄[②] ꜀la sa꜆	□□ p'a꜅ sei꜆	□□ ꜀o ˳xy	la꜇ sa꜇	꜀lau ꜀sau	□□ ꜀ɔ nɔ꜆	꜁la sai꜅
懒惰	趲 tyiŋ꜇	懒汉 naiŋ꜄ xaiŋ꜄	tyŋ꜇	趲懒 tyiŋ꜄ ꜂luεiŋ	懒惰 ꜂naiŋ tɔ꜅	꜂laiŋ	lyeiŋ꜅	꜂luaiŋ
勤劳	力 sε꜅	罕力 ꜂xaiŋ ꜀se	syœ꜅	力煞 sε꜅ sa꜆	sε꜇	力切 se꜅ ts'a꜆	切 t'ai꜆	t'ai꜆
疲劳	软 ꜂nyiŋ	打□ ꜂ta ꜁tε	꜂nyŋ	꜂nyiŋ	꜂nyeiŋ	꜂nyŋ	꜂nyeiŋ	累 lui꜅
俊俏	雅式 ꜂ŋa si꜆	꜂ŋa si꜆	꜂ŋɒ si꜆	精 ꜀tsiaŋ	꜂ŋa si꜆	清水 ꜀ts'eiŋ ꜂sy	꜂ŋa si꜆	꜀t'eiŋ ꜂sy
丑陋	惊人 ꜀kiaŋ neiŋ꜄	꜀kiaŋ ꜂neiŋ	꜀kiaŋ ꜁neiŋ	꜀kiaŋ ꜁neiŋ	꜂kiaŋ neiŋ꜄	吓人 xia꜆ neiŋ꜄	꜀kiaŋ ꜁nɔiŋ	畏人 əu꜄ ꜁neiŋ
凶恶	凶 ꜀xœyŋ	恶 ɔ꜆	꜀xœyŋ	呆 ꜁nai	ɔ꜆	ɔ꜆	꜀xeiŋ	蠢 ꜂t'əŋ
自己	自自 tsu꜇ tsi꜅	꜂tsu tsue꜅	□自 ꜀tsɔŋ tsei꜅	tsu꜄ tsi꜅	tsi꜅ tsi꜅	tsu꜅ tsi꜅	自 tsɔi꜅	tsei꜅
谁	孰么人 su꜇（mu꜇）neiŋ꜄	□人 ꜁xeiŋ ꜂neiŋ	哪人 naŋ꜅ ꜁neiŋ	su꜄ mu꜄ ꜁nεiŋ	孰人 su꜇ neiŋ꜄	su꜇ neiŋ꜄	so꜆ ꜁nɔiŋ	什么人 si꜆ mo꜆ ꜁neiŋ
我们	我伙人 uε꜇（xuaŋ꜄）neiŋ꜄	俺人 ꜁aiŋ ꜂neiŋ	俺丛人 ꜀aŋ ꜁tsaŋ ꜁neiŋ	我人 ꜁uε ꜁nεiŋ	꜀aiŋ neiŋ꜄	我及你 ꜁a ki꜅ ni꜇	˳βue ꜂xo ꜁nɔiŋ	꜀ŋo ꜂xo ꜁neiŋ
你们	你伙人 ni꜇（xuaŋ꜄）neiŋ꜄	你人 ꜁nue ꜂neiŋ	你丛人 niε꜇ ꜁tsaŋ ꜁neiŋ	ni꜄ ꜁nεiŋ	你多人 ꜁nie ꜀tai neiŋ꜄	꜁ni tuai꜅ neiŋ꜄	˳nɔi ꜂xo ꜁nɔiŋ	꜀nei ꜂xo ꜁neiŋ
他们	渠伙人 ky꜇（xuaŋ꜄）neiŋ꜄	渠人 ꜁ky ꜂neiŋ	渠丛人 kyo꜇ ꜁tsaŋ ꜁neiŋ	ky꜄ ꜁nεiŋ	渠多人 ꜁ky ꜀tai neiŋ꜄	꜁gy tuai꜅ neiŋ꜄	˳ky ꜂xo ꜁nɔiŋ	꜀əu ꜂xo ꜁neiŋ

① 《集韵》入声帖韵诺叶切："埝，益也，一曰陷也。"

② 《集韵》入声盍韵力盍切："儠，儠傄，恶皃。"

续表

	建瓯	峡阳	松溪	政和	洋墩	石陂	建阳	武夷山
这个	样隻 iɔŋ꜆ tsia꜆	即隻 tsi꜆ tsia꜆	□隻 ie꜆ tsia꜆	ia꜆ tsia꜆	꜁tsi tsia꜆	□其 ia꜆ ꜁k'ai	i꜆ tsia꜆	□事 i꜆ ꜂hai
那个	兀隻 u꜆ tsia꜆	许隻 xu꜆ tsia꜆	□隻 ua꜆ tsia꜆	ua꜆ tsia꜆	꜁u tsia꜆	□其 ɦua꜆ ꜁k'ai	o꜆ tsia꜆	□事 u꜆ ꜂hai
这里	样底 iɔŋ꜆ ꜂ti	即底 tsi꜆ ꜂tue	□底 ie꜆ ꜁ti	ia꜆ ꜁ti	tsi꜆ ꜂ti	yoŋ꜅ ꜂ti	i꜆ ꜂tɔi	□地 i꜆ tei꜅
那里	兀底 u꜆ ꜂ti	许底 xu꜆ ꜂tue	□底 ua꜆ ꜁ti	ua꜆ ꜁ti	u꜆ ꜂ti	ɦu꜅ ꜂ti	o꜆ ꜂tɔi	□地 u꜆ tei꜅
一支笔	支 ꜀ki	把 ꜂pa	管 ꜂kueiŋ	꜂kauŋ	行 ꜁xaŋ	꜁ɦaŋ	꜀ki	꜀ki
一尾鱼	头 t'e꜄	行 ꜁aŋ	尾 ꜂muei	꜂muɛ	꜂mui	꜁ɦaŋ	摆 ꜀pai	头 ꜁hiəu
一匹马	匹 p'i꜆	p'ue꜆	头 ꜁t'a	꜁t'e	行 ꜁xaŋ	条 tiau꜄	꜀həu	hei꜆
一棵树	丛 tsɔŋ꜅	行 ꜁aŋ	꜁tsoŋ	꜁tsɔŋ	支 ꜀ki	tsəŋ꜄	꜀ki	꜁tsəŋ
一朵花	头 t'e꜄	盏 ꜂tuaiŋ	꜁t'a	꜁t'e	꜂tsueiŋ	t'əu꜄	꜁həu	朵 ꜂to
一支烟	支 ꜀ki	行 ꜁aŋ	程 ꜀tiaŋ	꜀tiaŋ	꜁xaŋ	꜁ɦaŋ，꜀ki	꜀ki	꜀ki
一条绳子	行 ꜂aŋ	꜁aŋ	程 ꜀tiaŋ	꜀tiaŋ	꜁xaŋ	꜁ɦaŋ	梗 ꜂kuaŋ	条 ꜁tiəu
走一趟	轮 lœyŋ꜄	꜂lœyŋ	下 xɔ꜅	回 ꜁xuɛ	lœyŋ꜄	转 ꜂dyŋ	꜁leiŋ	xa꜄
幸亏没去	得好 tɛ꜆ ꜂xau	te꜆ ꜂xɔ	幸好 xaŋ꜅ ꜂xo	tɛ꜆ ꜂xo	tɛ꜆ ꜂xau	好得好 ꜂xɔ te꜆ ꜂xɔ	aŋ꜅ ꜂xau	阿好 ꜂a ꜂xau
把他请来	搦 na꜇	na꜆	帮 ꜀paŋ	꜀pɔŋ	把 ꜂pa	na꜇	na꜇	na꜇
对不起他	对唔住渠 to꜄ eiŋ꜅ tiu꜅ ky꜇	对唔起渠 tuai꜄ eiŋ꜅ ꜂k'i ꜁ky	艙对得渠住 ma꜇ tuei꜄ tyœ꜆ kyo꜇ tiu꜅	mai꜅ tuɛ꜄ tɛ꜆ ky꜄ tiu꜅	对唔起渠 tui꜄ eiŋ꜅ ꜂k'i ꜁ky	tue꜄ eiŋ꜅ tiu꜅ ꜁gy	tui꜄ oŋ꜅ ꜂k'i ꜀ky	对渠伓起 tui꜄ ꜀kəu ŋ꜄ ꜂k'i
我告诉过他	我邀渠话过 uɛ꜇ ꜀iau ky꜇ ua꜅ kua꜄	我问渠话过 ꜁uai muiŋ꜅ ꜁ky ua꜅ kuo꜄	我和渠话着 ŋua꜇ uo꜇ kyo꜇ ua꜅ tyo꜅	我共渠话过 uɛ꜄ kɔŋ꜅ ky꜄ ua꜅ ko꜄	꜁uai ꜀iau ꜁ky ua꜅ kuɔ꜄	我邀渠话了 ꜁ŋuai ꜀iau ꜁gy ua꜅ ꜂lau	꜁ue ꜀iɔ ꜁ky ua꜅ kuo꜄	我合渠话过 ꜀ŋua ha꜆ ꜀kəu ꜀əu kuo꜄

五　两个边界方言点简介

（一）夏道话简介

夏道位于南平市延平区东南20公里的闽江南岸，是延平市区以外较大的集镇，辖19个村，人口2.7万多人。镇上人口早期从市区迁来不少，[①]后来，又有福州等地许多人陆续迁来定居（尤其是抗日战争时期福州沦陷）。这里早有航运之利，中华人民共和国成立以后又辟有北岸的铁路和南岸的公路，水陆交通便利，沿江上下联系密切。上游通行“土官话”的市区和下游通行闽东方言的太平、漳湖等地都相距不远，因此，原属闽北方言的夏道话深受官话方言岛和闽东方言的影响，成为闽北方言区边界上的一种混杂型方言。

1. 声韵调系统

（1）声母15个：

p 比平白放	p‘ 匹皮抱蜂	m 麻面麦袜	t 东陈大张	t‘ 体头读柱	n 纳女人牛
l 劳来力老	ts 子桌织坐	ts‘ 七唱床树	s 锡谢水舌	k 古近厚局	k‘ 抗开曲缺
ŋ 月鹅外五	x 害歇学服	ø 一药岸网			

（2）韵母32个：

a 爬家来纳麦	ia 野社削	ua 瓜大箩纸舌袜	o 和好桌合索
io 招收烧	e 菜齐买支	ie 世缺热	ue 坐对火开核
ye 茄税尺血药	i 四子鼻伊	u 赌资助	y 雨徐贵局
iu 有柱手骄	ui 危肥	ei 急七汁	ou 服角缚
ai 盖八得笠	uai 发怪	au 斗漏流	øy 竹出叔
aŋ 间床汤争秧	iaŋ 饔正声坪	uaŋ 番万	oŋ 放翁钢
iɔŋ 将唱让	eiŋ 林新神人	iŋ 减连明琼	uiŋ 官寒线粉孙
uŋ 横	yŋ 勇	øyŋ 春根共云船穷	ŋ̍ 伓

（3）声调4个：

阴平21 开三百福　阳平55 才龙白六近是　上声33 走好买老　去声212 正莱共帽

（4）二字组连读变调规律如下：

A. 阴平字中来自古平声字的在前在后均不变调，例如：

山东 saŋ˨˩ toŋ˨˩　南山 naŋ˥˥˧ saŋ˨˩　小山 sio ˧˥ saŋ˨˩　半山 puiŋ˨˩˨˥ saŋ˨˩

---

① 明末沙县邓茂七发起的农民起义（1449—1451年）聚众十余万人，屡次攻打延平府，后明王朝派兵四万把起义军镇压之后屯守在府城（今南平市延平区）这就是延平市区及西芹镇官话方言岛的来历。后来城内居民多自闽江迁移而下，夏道人口亦激增。

来自古入声字的变调与去声字相同（详后）。

B. 阳平字不论来自平声或古入声，在后不变，在前变阴平，例如：

延安 iŋ˥˧ aŋ˨˩　立春 lei˥˧ ts'eiŋ˨˩　延平 iŋ˥˧ peiŋ˥　熟人 søy˥˧ neiŋ˥

朋友 paŋ˥˧ iu˧　白水 pa˥˧ sy˧꜒　和尚 xo˥˧ siaŋ˨˦　立夏 lei˥˧ xa˨˦

C. 上声字在前逢阳平、去声不变，逢阴平、上声变阳平，例如：

水南 sy˧ naŋ˥　好布 xo˧ pu˨˦　水东 sy˧꜒ toŋ˨˩　水井 sy˧꜒ tsaŋ˧꜒

上声字在上声、去声和阴平字中的古入声字之后变阳平，在其余调类后不变，例如上文所举朋友不变调，白水、水井变阳平，又如：

潘水$_{\text{洗米水}}$ p'uiŋ˨˩ sy˧　汽水 k'i˨˩꜒ sy˧꜒

D. 去声字在各调后不变，在各调前均变，逢阴平上声变阳平，逢阳平去声变上声，阳平字中的古入声字在各调前变调同此，例如：

半山 puiŋ˨˦꜔ suiŋ˨˩　福州 xu˨˩꜒ tsiu˨˩　放手 poŋ˨˦꜒ siu˧꜒

谷雨 ko˨˩꜒ y˧꜒　布头 pu˨˦꜒ t'au꜒　竹床 tøy˨˩꜔ ts'aŋ˥

笑事$_{\text{笑话}}$ ts'io˨˦꜔ ti˨˦　接受 tsie˨˩꜔ siu˨˦

2. 主要语音特点

（1）和多数闽方言相同的特点：

A. 古非组字不少读 p、p'，例如：

腹 ꜀pu　蜂 ꜀p'oŋ　放 poŋ꜄　肥 ꜁pui　饭 puiŋ꜄

B. 古知组字多数读 t、t'，例如：

朝 ꜀tio　拆 ꜀t'ia　箸 ty꜄　锤 ꜁t'y　虫 ꜁t'oŋ

C. 古书母字部分读 ts'，例如：

试 ts'꜄　鼠 ꜂ts'y　烧 ꜀ts'io　湿 ꜀ts'ie　深 ꜀ts'eiŋ

D. 几个特字的声母读法特殊，例如：

雨 ꜂xy　蝇 ꜁seiŋ　事 tie꜄　窗 ꜀t'aŋ　锄 ꜁t'y

E. 古二等见系字及四等字常读洪音，例如：

街 ꜀ke　敲 ꜀k'au　闲 ꜁aŋ　鞋 ꜁e　芥 kua꜄　鸡 ꜀ke　西 ꜀se　星 ꜀saŋ　锡 ꜀sai　肩 ꜀kaŋ

（2）和闽北方言相同的特点：

A. 古来母字部分读为 s，例如：

螺 ꜁sue　笠 ꜁sa　卵 ꜁suiŋ　鳞 ꜁saŋ　聋 ꜁soŋ

B. 古见母字少数读为零声母或 x，例如：

狗 ꜂au　菰 ꜀u　笕 ꜂aŋ　肝 ꜀xuiŋ　韭 ꜂xiu

C. 古开口一等字部分读合口呼，例如：

大 tua꜄　拖 ꜀t'ua　爱 ue꜄　盖 kua꜄　单 ꜀tuiŋ　伞 ꜂suiŋ　安 ꜀uiŋ　辣 ꜁lua　擦 ꜀ts'ua

D. 古阳声韵字均读 ŋ 韵尾，例如：

店 taŋ꜄ 沉 ꜁teiŋ 千 ꜀ts‘iŋ 军 ꜀køyŋ 敦 ꜀tuiŋ 床 ꜁ts‘aŋ 冰 ꜀peiŋ 青 ꜀ts‘aŋ

中 ꜀tøyŋ 灯 ꜀taŋ

E. 古入声字均无塞音韵尾，例如：

贴 ꜀t‘a 入 ꜁nei 接 ꜀tsie 出 ꜀ts‘øy 七 ꜀ts‘ei 药 ꜀ye 桌 ꜀tso 麦 ꜁ma

六 ꜁lau 局 ꜀ky

F. 三个人称代词读为同声调：我 ꜀ua 汝 ꜀ny 伊 ꜀i

（3）闽北方言两片不同的特点，夏道近于东片：

A. 古全浊声母均读清声母，例如：

盆 ꜁puiŋ 步 pu꜄ 铜 ꜁toŋ 读 ꜁t‘ou 除 ꜁ty 沉 ꜁teiŋ 字 tsi꜄ 情 ꜁tsiŋ 助 tsu꜄

寨 tsai꜄ 行 ꜁kiaŋ 红 ꜁oŋ 船 ꜁tsøyŋ 射 sia꜄ 谢 sia꜄

B. 古清从初崇昌船等母字不读 t‘，滂並透定彻澄等母字不读 h，例如：

青 ꜀ts‘aŋ 蚕 ꜁ts‘aŋ 炒 ꜂ts‘au 插 ꜀ts‘a 床 ꜁ts‘aŋ 春 ꜀ts‘øyŋ 品 ꜂p‘eiŋ

鼻 p‘i꜄ 偷 ꜀t‘au 桃 ꜁t‘o 蛏 ꜀t‘aŋ 柱 ꜁t‘iu

（4）和闽北各点都不相同的特点：

A. 船禅母字不读零声母，例如：

蛇 ꜁sua 船 ꜁tsøyŋ 社 sia꜄ 常 ꜁sioŋ 城 ꜁siaŋ

B. 非合口三等字闽北各点读撮口呼，夏道不读撮口呼的，例如：

外 gua꜄ 快 k‘e꜄ 鹅 ꜁go 徛 ꜁k‘ua 线 suiŋ꜄ 舌 ꜁sua 献 siŋ꜄ 囝 ꜂kiŋ

C. 调类的分混多所不同：古浊平字未分读二调；古全浊上声多读阳平；古去声字不分阴阳调；无入声调，古清声母入声字归阴平，浊声母入声字归阳平，这些与闽北方言不同的特点大体来自南平土官话和闽东方言。例如：

头 ꜁t‘au 时 ꜁si 徐 ꜁sy 云 ꜁œyŋ 平 ꜁peiŋ 近 ꜁kœyŋ 是 ꜁si 坐 ꜁tsue

抱 ꜁p‘o 帐 tioŋ꜄ 变 piŋ꜄ 送 soŋ꜄ 饭 puiŋ꜄ 帽 mo꜄ 急 ꜀kei 七 ꜀ts‘ei

福 ꜀xou 尺 ꜀ts‘ye 发 ꜀xuai 月 ꜁ŋye 药 ꜁ye 杂 ꜁tsa 局 ꜁ky 读 ꜁t‘ou

3. 主要词汇特点

（1）和多数闽方言点相同的单音词：

墘$_{\text{田}}$ ꜁ts‘aŋ　厝$_{\text{房子}}$ ts‘ye꜄　樵$_{\text{柴火}}$ ꜁ts‘au　鼎$_{\text{锅}}$ ꜂tiaŋ　索$_{\text{绳子}}$ ꜀so　瓯$_{\text{瓷}}$ ꜁xue

卵$_{\text{蛋}}$ ꜀suiŋ　箬$_{\text{叶子}}$ ꜁nye　囝$_{\text{儿子}}$ ꜂kuiŋ　面$_{\text{脸}}$ miŋ꜄　鼻$_{\text{鼻涕、鼻子}}$ p‘i꜄　㘎$_{\text{口水}}$ ꜂luiŋ

骹$_{\text{脚}}$ ꜀k‘au　粟$_{\text{稻谷}}$ ꜀ts‘ye　颂$_{\text{穿}}$ tsøyŋ꜄　𠻺$_{\text{吮}}$ su꜄　饲$_{\text{餵}}$ ts‘i꜄　徛$_{\text{站立}}$ ꜁k‘ua

走$_{\text{跑}}$ ꜂tsau　行$_{\text{走}}$ ꜁kiaŋ　囥$_{\text{藏}}$ k‘aŋ꜄　沃$_{\text{浇}}$ ꜁ou　趁$_{\text{赚}}$ t‘eiŋ꜄　筅$_{\text{刷}}$ ꜂ts‘aŋ

齐$_{\text{多}}$ tse꜄　乌$_{\text{黑}}$ ꜀u　㑇$_{\text{短}}$ ꜂tue　䜴$_{\text{味淡}}$ ꜂tsiaŋ　阔$_{\text{宽}}$ k‘ua꜄　肥$_{\text{肥胖}}$ ꜁pui

贮$_{\text{装}}$ ꜂tu　惊$_{\text{怕}}$ ꜀kiaŋ

（2）和闽北方言多数点相同的词汇：

埕$_{\text{路}}$ tye꜄	桁条$_{\text{檩条}}$ ꜁aŋ ꜁tio	鼎片$_{\text{锅盖}}$ ꜂tiaŋ p‘iŋ꜄
笏$_{\text{晒物竹编}}$ ꜁lia	豨$_{\text{猪}}$ ꜂k‘y	豨嬷$_{\text{母猪}}$ ꜂k‘y ꜁ma
牛牯$_{\text{公牛}}$ ꜁niu ꜂ku	鸡健$_{\text{小母鸡}}$ ꜀ke suiŋ꜄	蠓子$_{\text{蚊子}}$ ꜂moŋ ꜂tsi
□□$_{\text{蜻蜓}}$ ꜀k‘aŋ ꜀k‘ui	狗虱$_{\text{跳蚤}}$ ꜂au ꜀sai	鳅$_{\text{泥鳅}}$ ꜀ts‘iu
蠽$_{\text{蟑螂}}$ ꜁tsua	虱嬷$_{\text{虱子}}$ ꜀sei ꜁ma	红橘$_{\text{橘子}}$ ꜁oŋ ꜀kei
天萝$_{\text{丝瓜}}$ ꜀t‘iŋ ꜁lo	秆$_{\text{稻草}}$ ꜂kuiŋ	电壶$_{\text{热水瓶}}$ tiŋ꜅ ꜁xu
面瓦$_{\text{砚}}$ miŋ꜄ ꜂ua	剪子 ꜂tsaŋ ꜂tsi	搭针$_{\text{别针}}$ ꜁ta ꜀tseiŋ
棕衣$_{\text{蓑衣}}$ ꜀tsoŋ ꜀i	曝粟坪$_{\text{晒谷场}}$ ꜁p‘o ꜀ts‘ye ꜁piaŋ	厨官$_{\text{厨师}}$ ꜁ty ꜀kuiŋ
泥水$_{\text{泥水匠}}$ ꜁ne ꜂sy	老公$_{\text{丈夫}}$ ꜂lo ꜀oŋ	老妈$_{\text{妻子}}$ ꜂lo ꜂ma
新妇子$_{\text{童养媳}}$ ꜀seiŋ ꜁pu ꜂tsi	屎窟$_{\text{屁股}}$ ꜂si ꜀k‘ue	腹脊$_{\text{背}}$ ꜀pu ꜀tsia
有团$_{\text{怀孕}}$ ꜂iu ꜂kuiŋ	搦$_{\text{拿}}$ ꜀na	捞$_{\text{找}}$ sau꜄
目睭$_{\text{睡}}$ ꜁mei ꜀t‘e	□$_{\text{舐}}$ ꜀lai	氽$_{\text{潜水}}$ mi꜄
搓$_{\text{推}}$ ꜂soŋ	洗浴$_{\text{洗澡}}$ ꜂se ꜁au	遮$_{\text{盖被子}}$ ꜀tsia
讨$_{\text{摘果子}}$ ꜂t‘o	认得着$_{\text{认识}}$ neiŋ꜄ ꜀le ꜁tye	舍唔得$_{\text{舍不得}}$ ꜂sia ŋ꜄ ꜁tai
得知$_{\text{知道}}$ ꜀ta ꜀ti	□$_{\text{抬头}}$ ꜂ko	哺$_{\text{嚼}}$ pu꜄
䠷$_{\text{远}}$ ꜁to	增$_{\text{粥稀}}$ ꜀tseiŋ	瘦$_{\text{瘦}}$ ꜀søy
软$_{\text{疲劳}}$ ꜂nuiŋ	惊人$_{\text{难看}}$ ꜀kiaŋ ꜁neiŋ	疾$_{\text{痛}}$ ꜁tsei

（3）和闽北各点多不同而和闽东方言相同的词汇：

早起$_{\text{上午}}$ ꜂tso ꜂k‘i	日中$_{\text{白天}}$ ꜁nei ꜀toŋ	汤$_{\text{热水}}$ ꜀t‘oŋ
电土$_{\text{电池}}$ tiŋ꜄ ꜂t‘u	饭箸$_{\text{筷子}}$ puiŋ꜄ ty꜄	母婶$_{\text{妯娌}}$ ꜂mu ꜂seiŋ
推刀$_{\text{刨刀}}$ ꜀t‘ue ꜀to	潘水$_{\text{洗米水}}$ ꜀p‘uiŋ ꜂sy	手巾$_{\text{手帕}}$ ꜂siu ꜀kœyŋ
蚨蝇$_{\text{苍蝇}}$ ꜁pu ꜁seiŋ	厝主$_{\text{房东}}$ ts‘ye꜄ ꜂tsu	妹夫 mue꜄ ꜀xu
外家$_{\text{娘家}}$ ŋua꜄ ꜀ka	丈夫人$_{\text{男人}}$ ꜁toŋ ꜁moŋ ꜁neiŋ	你各人$_{\text{你们}}$ ꜀ny ꜀ko ꜁neiŋ
伊各人$_{\text{他们}}$ ꜀i ꜀ko ꜁neiŋ	病哑$_{\text{哑巴}}$ pa꜄ ꜂a	撑船 ꜀t‘aŋ ꜁tsøyŋ
出蠓$_{\text{出麻疹}}$ ꜀ts‘øy ꜂moŋ	过人$_{\text{传染}}$ ko꜄ ꜁neiŋ	□$_{\text{背}}$ mai꜄
逐$_{\text{追}}$ ꜁tøy	缚$_{\text{绑}}$ ꜁pou	涸$_{\text{稠}}$ ꜁køy
悬$_{\text{高}}$ ꜁kuiŋ	懒 ꜂naŋ	肯做$_{\text{勤劳}}$ ꜂k‘aŋ tso꜄
蔸$_{\text{一棵树}}$ ꜀tau	菩$_{\text{一朵花}}$ ꜁pu	蹲$_{\text{蹲}}$ ꜁ts‘uiŋ
漉$_{\text{涉水}}$ ꜁lou	狭$_{\text{窄}}$ ꜁ai	食$_{\text{吃}}$ ꜁sie

（4）和闽北各点多不同而和南平官话相同的词汇：

天星$_{\text{星星}}$ ꜀t‘iŋ ꜀saŋ	坟 ꜁xuiŋ	瓦子把$_{\text{椽子}}$ ꜂ua ꜂tsi ꜂pa	老子$_{\text{父亲}}$ ꜂lo ꜂tsi
阿娘$_{\text{母亲}}$ ꜀a ꜁nioŋ	阿哥$_{\text{哥哥}}$ ꜀a ꜀ko	阿姊$_{\text{姐姐}}$ ꜀a ꜂tsi	阿弟$_{\text{弟弟}}$ ꜂a tie꜄

阿妹$_{\text{妹妹}}$ ꜀a mue꜄	阿舅$_{\text{舅舅}}$ ꜀a ꜁kiu	阿叔子$_{\text{小叔}}$ ꜀a ꜀søy ꜂tsi	阿姑子$_{\text{小姑}}$ ꜀a ꜀ku ꜂tsi
阿公$_{\text{祖父，公公}}$ ꜀a ꜀koŋ	阿妈$_{\text{祖母，婆婆}}$ ꜀a ꜂ma	木匠 ꜁mu tsioŋ꜄	嘴 ꜂tsy
打号$_{\text{打鼾}}$ ꜂ta ꜀xo	饭汤$_{\text{米汤}}$ puiŋ꜄ ꜀t'aŋ	老$_{\text{菜老}}$ ꜂lo	衬衣$_{\text{衬衫}}$ ts'eiŋ꜄ ꜀i
背褡$_{\text{背心}}$ pue꜄ ꜀ta	脱$_{\text{脱衣}}$ ꜀t'ue	信封 seiŋ꜄ ꜀xoŋ	

（5）和附近方言多不同而独具特色的词汇：

桌厨$_{\text{抽屉}}$ ꜀tso ꜁ty	笠笠$_{\text{斗笠}}$ ꜁li ꜁sai	翼批$_{\text{翅膀}}$ ꜁sia ꜀p'i
□$_{\text{杂草}}$ t'e꜄	阿椒椒$_{\text{辣椒}}$ ꜀a ꜀tsio ꜀tsio	伯翁$_{\text{伯父}}$ ꜀pa ꜀oŋ
叔翁$_{\text{叔父}}$ ꜀søy ꜀oŋ	母妈$_{\text{伯母}}$ ꜂mu ꜂ma	婶妈$_{\text{叔母}}$ ꜂seiŋ ꜂ma
仙奶$_{\text{巫婆}}$ ꜀siŋ ꜀ne	□$_{\text{猪油}}$ ꜁nau	头尾肩$_{\text{肩膀}}$ ꜁t'au ꜂mue ꜀kaŋ
□□□$_{\text{蝉}}$ ꜀sy ꜁ki ꜀sa	胡萤萤$_{\text{萤火虫}}$ ꜁xu ꜂iaŋ ꜂iaŋ	蚂子翁$_{\text{蚂蚁}}$ ꜁ma ꜂tsi ꜂oŋ
手尾甲$_{\text{手指甲}}$ ꜂siu ꜂mue ꜀ka	娘人$_{\text{女人}}$ ꜁nioŋ ꜁neiŋ	囝人仔$_{\text{小孩儿}}$ ꜂kiŋ ꜁niŋ ꜂tsue
病□$_{\text{麻风}}$ paŋ꜆ ꜂tsua	□$_{\text{点头}}$ pau꜄	暎$_{\text{看}}$ iaŋ꜄
嬉□$_{\text{玩儿}}$ ꜀si ꜁t'io	讲事$_{\text{说话}}$ ꜂kaŋ tie꜄	栽塍$_{\text{种地}}$ ꜀tse ꜁ts'aŋ
歪倒$_{\text{跌倒}}$ ꜀uai ꜂tau	扭$_{\text{拧干}}$ ꜂niu	□$_{\text{开玩笑}}$ tsiŋ꜄
雅$_{\text{美丽}}$ ꜂ŋa	雄$_{\text{凶恶}}$ ꜁xøyŋ	家自$_{\text{自己}}$ ꜀ka tsi꜄
俺人$_{\text{我们}}$ ꜀aŋ ꜁neiŋ	徛$_{\text{盖房子}}$ ꜁k'ua	落$_{\text{丢失}}$ ꜀ka ꜁lau

（二）黄坑话简介

黄坑是建阳县（今南平市建阳区）最西部的一个乡，面积 370 多平方公里，位于武夷山主脉的南端，是崇阳溪、麻阳溪和富屯溪的分水岭，距建阳城关 84 公里，西北与光泽县连界，东北和西南则与武夷山市和邵武市接壤并有公路相通。宋代理学家朱熹自选于此下葬，至今原坟尚存。这个高山区本来人烟稀少，明清以来，江西人移居的不少，民国年间一批闽西客家人迁入，新中国成立后，又有本省的莆田和浙江、江苏、安徽、湖南等地的移民陆续前来定居。现在的黄坑人中，说本地话的都是民国前定居的，只占总人口 1200 多人的三分之二，北部高山区的四个村多住闽西宁化县移民，是客家方言岛，另有数百畲民说畲语。后来迁来的外来户大多在家说家乡话，出门说普通话。由于这一带和邵武、光泽经济往来多，又有客方言岛在本地共处，黄坑话受到客赣方言的不少影响，成了闽北方言区边界上的另一个混杂型方言。

1. 声韵调系统

（1）声母 20 个：

p 包白饭肥	p' 怕抱斧浮	m 马妹尾戊	f 夫话分犯	v 无王
t 斗爹茶昼	t' 土菜蛭贼	n 拿女疑日	l 炉楼礼辣	ts 左遮展坐
ts' 残菜	s 洗沙产露	tɕ 周接足徐	tɕ' 鼠碎穿耻	ɕ 赊失寿船
k 高家骑滑	k' 客敲虎区	ŋ 牙蚁五硬	x 喜抽嫁贪	ø 鸭野热狗

f、v是弱音，v只见于合口呼个别字；ts tsʻ s 与 tɕ tɕʻ ɕ 无音位对立，但音色显然有别。

（2）韵母42个：

a 马家杂白	ia 遮写狭摘	ua 瓜花法划	ɔ 哥左合托	iɔ 补靴略石	uɔ 和果驳
ɛ 史迷北格	iɛ 批纸热接	uɛ 国或滑	i 你之失食	u 鱼刺喉谷	y 居肥出六
ei 比妻一集	uɔi 杯衰骨脱	yəi 皮碎说雪	ai 买底外割	iai 血曰	uai 坏活
au 包高孝	iɛu 表烧潮	ɛu 沟老忧	əu 秋旧抽	iu 周牛油	ŋ̍ 虫红
an 班砚伴跌	ien 仙边扇焰	uan 官关凡	ɔŋ 帮庄江柑	iɔŋ 张箱影	uɔŋ 光望
ɛn 森等亭	uan 门酸稳	yɛn 近选船闰	in 真人兴任	un 军轮拳	yn 春运银永
en 心新星勤	uŋ 蜂瓮双	yuŋ 中雄龙允	aŋ 三店生降	iaŋ 郑名兄	uaŋ 横犯

（3）声调5个：

平声 455	高专遵低边六月白舌服	上声 53	古走比好手展开抽天初
阴去 33	盖变唱退送放寒神麻娘	阳去 35	共大饭用帽树五坐抱厚
入声 31	笔曲锡接铁发穷床徐云		

黄坑话多音连读未发现变调。

2. 主要语音特点

（1）和多数闽方言共同的特点（举例从略）：

A. 古非组字不少读 p、pʻ，例如：

斧 ꜂pʻy　殕 pʻu　沸 pʻy꜄　冯 puŋ꜆　吠 py꜅

B. 古知组字不少读 t、tʻ，例如：

追 ꜀ty　昼 tu꜄　茶 ta꜄　住 təu꜅　直 ꜀tɛ

C. 古书邪母字部分读 ts、tsʻ，例如：

声 ꜂tɕʻin　鼠 ꜂tɕʻy　湿 tɕʻiɛ꜄　斜 tɕia꜆　谢 tsia꜅

D. 几个特字的声母读法特殊，例如：

雨 xy꜅　蝇 sɛn꜄　事 tei꜅　窗 ꜀tʻɔŋ　柿 kʻei꜅

E. 古匣母字部分读 k，例如：

猴 kɛu꜆　厚 kɛu꜅　鹹 kɛn꜆　县 kien꜆　行 kiaŋ꜆

F. 古二等见系字及四等字常读洪音，例如：

家 ꜀ka　骹 ꜂kʻau　牙 ŋa꜄　鞋 ai꜆　减 ꜂kaŋ　洗 ꜂sai　肩 ꜀kan　节 tsai꜆
丁 ꜀tɛn　踢 xɛ꜆

（2）和闽北方言相同的特点：

A. 古来母字部分读为 s，例如：

箩 sai꜄　螺 suəi꜄　露 su꜅　芦 su꜄　雷 suəi꜄　李 sɛ꜅　老 sɛu꜅　篮 saŋ꜄
笠 ꜀sən　六 ꜀su

B. 几个见晓母特字声母有特殊读法，例如：

狗 ᶜu　笕 ᶜan　肝 ꜀xan　嫁 xaᵓ　教 ꜀xau　桔 xi꜀　豨 ᶜk‘y　火 k‘uəi꜀　虎 k‘u꜀

C. 非合口三等字有读撮口呼的，例如：

开 ꜀k‘yəi　皮 p‘yəiᵓ　晏 yɛnᵓ　言 nyɛnᵓ　薛 ɕyəi꜀

D. 古入声字今读均无塞音韵尾，例如：

甲 ka꜀　十 ꜀ɕi　节 tsai꜀　活 ꜀xuai　七 t‘ei꜀　削 ɕiɔ꜀　缚 ꜀p‘u　剥 puɔ꜀　疫 ꜀y

鹿 ꜀lu

E. 古浊声母平声字今分读两个调类，例如：

婆 pɔᵓ　南 nanᵓ　蚕 t‘aŋᵓ　回 fuɔiᵓ　毛 mauᵓ　朝 tiɛu꜀　猴 kɛu꜀　除 ty꜀

潭 tan꜀　痰 taŋ꜀

F. 三个人称代词读为同调：

我 ᶜŋai　你 ᶜni　渠 ᶜky

（3）闽北方言两片不同的特点，黄坑有同西片的，也有同东片的：

A. 古清从初崇等母字今读为 t‘（同西片），例如：

参 ᶜt‘aŋ　草 t‘au꜀　七 t‘ei꜀　枪 ᶜt‘iɔŋ　贼 ꜀t‘ɛ　岔 ᶜt‘a　插 t‘a꜀　炒 ᶜt‘au

策 í‘ɛ꜀　床 t‘ɔŋᵓ

B. 古透定彻澄等母字今读为 x（同西片），例如：

拖 ꜀xai　贪 ᶜxaŋ　塔 xa꜀　糖 xɔŋᵓ　桃 xauᵓ　抽 ꜀xəu　畜 xy꜀　柱 xəuᵌ　锤 xyᵓ

虫 xŋᵓ

C. 古全浊声母字不读浊音读清声母（同东片），例如：

盆 puɔn꜀　步 puᵌ　电 tienᵌ　铜 tuŋ꜀　读 ꜀tu　字 tseiᵌ　财 tsai꜀　情 tsen꜀

截 tsai꜀　杂 ꜀tsa　沉 tenᵓ　重 tugᵌ　红 ŋ꜀　行 kiaŋ꜀　河 xɔᵓ

（4）和闽北方言各点都不相同的特点（多为客赣系方言的特征）：

A. 古船禅母字不读零声母，[①] 例如：

船 ɕyɛn꜀　射 ɕiaᵌ　薯 tɕyᵓ　舌 ꜀ɕiɛ　城 ɕin꜀

B. 古开口一等字不读合口读开口，例如：

我 ᶜŋai　大 taiᵌ　灾 ꜀tsai　蔡 t‘aiᵓ　爱 aiᵓ　单 ᶜtan　寒 xanᵓ　安 ꜀an　辣 ꜀lai　割 kai꜀

C. 古非组字和晓母合口字不少读 f，例如：

夫 ꜀fu　粉 ᶜfuən　方 ꜀fɔŋ　凡 faŋᵓ　符 fuᵓ　花 ꜀fua　货 fuɔᵓ　灰 ꜀fuɔi

魂 fuənᵓ　胡 fuᵓ

D. 古微母和影云匣等母合口字少数读 v，例如：

无 vuᵓ　物 ꜀vuɔi　汪 ꜀vuɔŋ　云 vuɔŋᵓ　黄 vuɔŋᵓ

---

① 只发现一个例外字：蛇 iɛᵓ。

E. 古疑母字逢细音读 n，与泥、日母混。例如：

语＝女 ᶜny　严＝年 nienᵓ　义＝二 niᵌ　迎＝黏 niaŋᵓ　业＝聂 ꜀niɛ　玉＝肉 ꜀ny

F. 古合口一等字一部分读为开口呼，例如：

脶 lɔᵓ　锁 ᶜsɔ　坐 tsaiᵌ　半 panᵓ　盘 panᵓ　断 tɔnᵓ　酸 ꜀sɔn　末 ꜀mai

门 mɔnᵓ　顿 tɔnᵓ

G. 古阳声韵字分读 n、ŋ 两种韵尾，山臻深曾摄及咸梗两摄半数字均读 n 韵尾，例如：

汗 kanᵌ　仙 ꜀sien　完 uanᵓ　痕 xɛnᵓ　银 nyn　心 ꜀sen　婶 ᶜɕin　朋 pɛn꜆　证 tɕinᵓ

承 ɕinᵓ　淡 tanᵌ　尖 ꜀tɕien　兵 ꜀pen　停 tɛn꜆　诚 ɕin꜆

H. 调类的分混特别，声母送气不送气可读为不同声调（送气分调）：古平声字今读送气清声母的混入上声；古上声字今读送气清声母的混入入声；又古浊声母入声字今混入阴平。例如：

批 ᶜpʻiɛ　操 ᶜtʻau　亲 ᶜtʻen　声 ᶜtɕʻin　骹 ᶜkʻau　品 pʻen꜆　醒 tʻaŋ꜆　统 tʻuŋ꜆

鼠 tɕʻy꜆　起 kʻei꜆　别 ꜀pie　实 ꜀ɕi　极 ꜀ki　绿 ꜀ly　蜜 ꜀mi

3. 主要词汇特点

（1）和多数闽方言相同的单音词：

塍$_{田}$ tʻɛnᵓ　厝$_{房子}$ tɕʻiɔᵓ　索$_{绳子}$ sɔ꜆　鼎$_{锅}$ ᶜtiaŋ　事$_{事情}$ teiᵌ　粟$_{稻谷}$ sy꜆　囝$_{儿子}$ kienᵓ

面$_{脸}$ mienᵌ　骹$_{脚}$ ᶜkʻau　嘲$_{口水}$ lanᵌ　箬$_{叶子}$ ꜀niɔ　卵$_{蛋}$ suɔnᵌ　徛$_{站}$ kiɛᵌ　行$_{走}$ kiaŋ꜆

颂$_{穿}$ tsiɔŋᵌ　褪$_{脱}$ xɔŋᵓ　囥$_{藏}$ kʻɔŋᵓ　缚$_{绑}$ ꜀pʻu　食$_{吃}$ ꜀ɕie　走$_{跑}$ ᶜtəu　乌$_{黑}$ ꜀u

阔$_{宽}$ kʻuai꜆　凋$_{干}$ tiɛu꜆　肥$_{肥胖}$ pyᵓ　有$_{松}$ pʻɔŋᵓ　清$_{凉}$ tʻen꜆　饗$_{味淡}$ ᶜtsiaŋ　趁$_{赚钱}$ xenᵓ

（2）和闽北方言多数点相同的词汇：

今朝$_{今天}$ ꜀kien ꜀tiɛu	明朝$_{明天}$ manᵓ ꜀tiɛu	暗冥$_{晚上}$ ɔŋᵓ maŋᵓ
昼前$_{上午}$ tuᵓ tɕʻienᵓ	暗边$_{傍晚}$ ɔŋᵓ ꜀pien	择$_{路}$ tiɔᵌ
桁条$_{檩条}$ aŋ꜆ təuᵓ	柱磉$_{柱石}$ xəuᵌ ᶜsuən	竹笎$_{竹竿}$ ty꜆ ɔŋᵌ
鼎片$_{锅盖}$ ᶜtiaŋ pʻienᵓ	剪子$_{剪刀}$ ᶜtsan tsɛ꜆	信筒$_{信封}$ senᵓ tuŋᵓ
箬笠$_{斗笠}$ ꜀niɔ ꜀sɛ	打塍$_{种地}$ ᶜta tʻɛnᵓ	潲水$_{洗米水}$ sauᵓ ᶜɕy
禾$_{稻子}$ uɔiᵓ	禾秆$_{稻草}$ uɔiᵓ ᶜkan	牛牯$_{公牛}$ niuᵓ ᶜku
豨$_{猪}$ ᶜkʻy	豨嫲$_{母猪}$ ᶜkʻy ma꜆	黄蠘$_{蟑螂}$ vuɔŋᵓ ꜀tsai
糖蜂$_{蜜蜂}$ xɔŋ꜆ ꜀pʻɔŋ	虱嫲$_{虱子}$ sɛ꜆ maᵓ	人 ninᵓ
阿娘$_{女人}$ ꜀a niɔŋᵓ	囝子$_{小孩儿}$ kienᵓ tsɛᵓ	新妇子$_{童养媳}$ ꜀sen pyᵌ tsɛᵓ
老妈$_{妻子}$ səuᵌ ma꜆	背脊$_{背}$ peiᵓ tɕia꜆	额$_{额头}$ ꜀nia
骹脊头$_{膝盖}$ ᶜkʻau tɕi꜆ xəuᵓ	出麻$_{麻疹}$ tɕʻy꜆ maiᵓ	出痘$_{出天花}$ tɕʻy꜆ təuᵌ
饭饮$_{米汤}$ pienᵌ ᶜɛn	洗浴$_{洗澡}$ ᶜsai ꜀y	目睭$_{睡}$ ꜀mi tsʻi꜆
捞$_{找}$ ᶜlɔ	遮$_{盖被子}$ ꜀tɕia	嬉$_{玩儿}$ ꜀xi
话事$_{说话}$ uaᵌ teiᵌ	话假事$_{撒谎}$ uaᵌ ᶜka teiᵌ	搦$_{拿}$ ꜀na

□$_{\text{舐}}$ la꜆	掐$_{\text{打}}$ ꜀ma	动棋$_{\text{下棋}}$ tuŋ² ki꜆
厚$_{\text{高}}$ au꜆	增$_{\text{稀}}$ ᶜtsɛn	□$_{\text{熟}}$ tɛ꜆
惮$_{\text{懒}}$ tien²	瘊$_{\text{瘦}}$ ꜀suɔi	疾$_{\text{痛}}$ ꜀tsei
迫$_{\text{窄}}$ ᶜpa	隻$_{\text{一个人}}$ tɕia꜆	转$_{\text{一趟}}$ ᶜtyən
丛$_{\text{一棵树}}$ tsuŋᵓ	栋$_{\text{一座房子}}$ tuŋᵓ	

（3）和闽方言（包括闽北）多所不同，和邵武话（赣方言）相同的词汇：

昼边$_{\text{午中}}$ tuᵓ ꜀pien	半边$_{\text{旁边}}$ panᵓ ꜀pien	日上$_{\text{白天}}$ ꜀ni tɕiɔŋᵓ
天乾$_{\text{旱}}$ ᶜxien ꜀kan	滚水$_{\text{热水}}$ ᶜkuəu ᶜɕy	清水$_{\text{凉水}}$ t‘en ᶜɕy
冷冰 lɛn² ꜀pɛn	垃圾 ꜀lɔ sɔ꜆	灶下$_{\text{厨房}}$ tsəuᵓ aᵓ
箸隻$_{\text{筷子}}$ ty² tɕia꜆	椹片$_{\text{案板}}$ ꜀tsɛn p‘ienᵓ	牙罐$_{\text{牙缸}}$ ŋaᵓ kuənᵓ
鬼子碱$_{\text{肥皂}}$ ᶜky tsɛ꜆ ᶜkan	扣针$_{\text{别针}}$ k‘əuᵓ ꜀tɕin	瓷器 tɕy꜆ k‘iᵓ
栽禾$_{\text{插秧}}$ ꜀tsɛ uɔiᵓ	蔴子$_{\text{芝蔴}}$ maiᵓ tsɛ꜆	黄鳅$_{\text{泥鳅}}$ vuɔŋᵓ ᶜt‘əu
蟹子$_{\text{螃蟹}}$ xai² tsɛ꜆	水鸡$_{\text{鳖}}$ ᶜɕy ꜀kai	马荠$_{\text{荸荠}}$ ᶜma tsɛ꜆
褂子$_{\text{背心}}$ kuaᵓ tsɛ꜆	膏$_{\text{猪油}}$ kau꜆	爷$_{\text{父亲}}$ iaᵓ
娘$_{\text{母亲}}$ niɔŋᵓ	爹爹$_{\text{公公、祖父}}$ ꜀ta ꜀ta	妈妈$_{\text{婆婆、祖母}}$ mɛᵓ mɛᵓ
伯伯$_{\text{伯父}}$ pa꜆ paᵓ	姐姐$_{\text{伯母}}$ ᶜtɕia ᶜtɕia	老子$_{\text{丈夫}}$ seu² tsɛ꜆
鼻窟$_{\text{鼻子}}$ p‘ei² k‘uɔi꜆	耳窟$_{\text{耳朵}}$ ninᵓ k‘uɔi꜆	嘴$_{\text{嘴巴}}$ ᶜtɕy
屎窟$_{\text{屁股}}$ ᶜɕi k‘uɔi꜆	腹屎$_{\text{肚子}}$ py꜆ ᶜɕi	腹屎蒂$_{\text{肚脐}}$ py꜆ ᶜɕi tiᵓ
装$_{\text{装饭}}$ ꜀tɔŋ	供$_{\text{喂饭}}$ ꜀kyuŋ	搞$_{\text{玩儿}}$ ᶜkau
畏$_{\text{怕}}$ yᵓ	□□$_{\text{忘记}}$ lɔ² pɛ꜆	精$_{\text{美丽}}$ ꜀tsiaŋ
丑$_{\text{丑陋}}$ ts‘iu꜆	嘴干$_{\text{口渴}}$ ᶜtɕy ꜀kan	踞$_{\text{蹲}}$ ku²
蒸$_{\text{蒸饭}}$ ꜀tɕiŋ	□$_{\text{撕}}$ iɛ꜆	□$_{\text{木头硬}}$ k‘iɔŋᵓ
伶俐$_{\text{干净}}$ lɛnᵓ li꜆	绊子$_{\text{口吃}}$ panᵓ tsɛᵓ	行$_{\text{一支烟}}$ aŋ꜆
堆$_{\text{一泡尿}}$ ꜀tuɔi	宿$_{\text{一窝蜂}}$ təu꜆	□$_{\text{翅膀}}$ k‘ie꜆

说明：本文材料是20世纪80年代实地调查记录的。整理成文后首次发表于《闽语研究》，语文出版社，1991年。详细材料还可参考李如龙《福建县市方言志十二种》（福建教育出版社，2001年）中的建阳、崇安（今武夷山市）、浦城三种。

闽中方言

一 概说

闽中方言是福建境内闽方言的一区，分布在福建两大山脉——武夷山脉和戴云山脉之间的沙溪流域，包括三明（省辖）市所属的三元区、梅列区、[①]永安市和沙县，使用人口有50多万，是福建境内闽方言使用人口最少的区。沙溪是闽江上游的南源，较北源建溪、西源富屯溪都短，流量也较小。因为它分布在闽中腹地，开发较迟，少为外地人所知，民间未有方言区的名称，20世纪60年代方言普查总结时定名为闽中方言，其实，管它叫沙溪方言也很合适。

沙溪流域四个市县（区）中，最早开发的是下游的沙县。南朝宋元嘉二年（425年）分南平南乡地立沙村县，属建安郡，隋开皇元年（582年）改名沙县。直到明景泰三年（1452年）才把沙县南部地和尤溪县西部地划为永安县。至于三元县，民国年间还是沙县属地，1940年才有县的设置。明正统十三年（1448年）沙县爆发了邓茂七为首的农民起义，“旬日之间，集合至十余万”，其后一年间“延蔓八郡，破二十余县”，声势扩大到赣南、粤北，[②]起义失败后，沙县人口锐减，新立的永安县发展反而更快。抗日战争时期，福州沦陷，福建省会迁往永安，历时七年，这里还是东南进步文化的中心。20世纪50年代初期，永安又是专区所在地。晚近的发展使永安话在闽中方言区具有较大的代表性，1958年兴建起来的福建工业基地三明市现在是这一带的政治、经济、文化中心，但是由于市区人口大多是近30年间从闽南和上海迁来的工人、干部和家属，这里最通行的是普通话，外地人也同时使用自己的家乡话，原三元话的影响日渐缩小，闽中方言的代表点并没有转到三明来。

这一历史发展过程帮助我们理解了为什么闽中方言内部比较一致，为什么闽中方言和闽北方言最为接近。原来，500年以前，整个沙溪流域是一个延续千年的沙县，而沙

① 三元区和梅列区是两个县级建制，其范围相当于1940年至1956年间的三元县，1963年以后的三明市。两个区按东西划分，各有城区和乡区。本文仍称这两区范围内的老土话为三元话。

② 参见朱维幹《福建史稿》下册第6编第18章，福建教育出版社，1986年。

县正是从通行闽北方言的建安郡地分立出来的。

近百年来，大量的闽南人移居到这一带，其中有参加太平军而来的义兵，有逃避租税和兵役而来垦荒的农民以及商人手工业者。他们或独立村落，或与本地人混居，永安市西洋乡有七个村近万人（占全乡人口近半）说闽南话，大湖乡有四个村数千人说闽南话，梅列区岩前乡的欧坑村、星桥村也是闽南话村落。在沙县，闽南人多分散居住，据估计，能说闽南话的人可能占总人口的三分之一。这些闽南方言岛和散布的闽南话对闽中方言发生了不小的影响。

从地理位置说，闽中方言区的西邻是客赣系方言，在永安市和三元区、梅列区的乡间还有少数客家方言岛（包括畲村通行的客家话），因此，闽中方言也受到客赣方言的一些影响。

闽中方言就是闽北方言的老底加上闽南话、客家话的影响而形成的另一种闽方言。

在四个市县（区）的范围内，除了闽中方言、闽南客家方言岛之外，东南部还有三个乡通行着一群大同小异的闽中方言和闽南方言之间的中介方言。这三个乡是：永安市的槐南乡和青水乡、沙县的湖源乡。和这些边界方言连片的还有大田县的广平、建设、奇韬、文江四个乡，尤溪县的池田、管前、八字桥三个乡。这十个乡的话大体可以相通，并没有统一的名称，在大田县叫“后路话”，在尤溪县叫“新桥话”（新桥即池田），在永安叫“槐南话”，在沙县叫“湖源话”。

以下介绍闽中方言概况。永安、沙县都取城区话为代表，梅列区和三元区取原三元县城关话为代表。这些材料是1981年和1986年两次到实地调查得来的。三个县的发音合作人是丘其永、曾其义（永安），邓繁意（三元），童孝芹（沙县）。他们都是50岁上下的老教师，本地生长，精通自己的方言。应该感谢他们的热情支持。

二 闽中方言的语音系统

永安、沙县的声韵调系统已见于本书的《福建闽方言的一致性》一文，这里把永安、三元、沙县三点的声母、韵母、声调列成对照表。对照表中各点的音类是齐全的，彼此的主要对应也能大体反映出来，但不是全面的比较。

（一）永安、三元、沙县三点声母对照表

永安	三元	沙县	例字	古声母	备注
p	p	p	布饱边笔 / 婆排坪白	帮 / 並	
			飞斧分腹 / 肥吠饭缚	非 / 奉	多为白读
p‘	p‘	p‘	屁票品补 / 皮抱彭曝	滂 / 並	
			蜂肺殕 / 缝一条缝	敷 / 奉	多为白读

续表

永安	三元	沙县	例字	古声母	备注
m	m	b(m)	买忙抹满门慢 / 尾问网	明 / 微	沙县逢鼻化韵为 m
t	t	t	带多东得 / 大弟停柔	端 / 定	
			知中张竹 / 池绸肠直	知 / 澄	"桌茶" 各点读 ts
tʻ	tʻ	tʻ	兔贪听铁 / 头糖痰读	透 / 定	
			抽蛏拆畜 / 虫	彻 / 澄	
n～l	n～l	n～l	尼南纳 / 刘料力 / 认人耳	泥 / 来 / 日	逢鼻化韵读 n
ts	ts	ts	酒精卒接 / 曹在墙族	精 / 从	
			庄阻爪债 / 崇巢栈骤	庄 / 崇	
			章志折织 / 蝉	章 / 禅	
tsʻ	tsʻ	tsʻ	秋醋清 / 抄疮插 / 齿春	清 / 初 / 昌	
s	s	s	死心伞雪 / 词象旋席	心 / 邪	
			沙杉刷 / 诗屎世 / 市是	生 / 书 / 禅	
tʃ	tʃ	tʃ	朱指周砖隻	章	均见于今细音
tʃʻ	tʃʻ	tʃʻ	炊厂出 / 手烧深 / 树	昌 / 书 / 禅	
ʃ	ʃ	ʃ	水税说 / 船蛇 / 社薯绍	书 / 船 / 禅	
			晓喜血 / 李笠鳞	晓 / 来	来母字为白读
k	k	k	哥桂间 / 茄俭杰 / 寒厚滑	见 / 群 / 匣	匣母字为白读
kʻ	kʻ	kʻ	溪欠客开 / 徛葵狂钳	溪 / 群	
ŋ	ŋ	ŋ	蚁逆额 / 女娘扭 / 二软肉	疑 / 泥 / 日	泥日见于细音
x	x	x	好虎兴或 / 河会红合	晓 / 匣	
∅	∅	∅	幼影暗沃 / 黄鞋旱画	影 / 匣	匣母字为白读
			尤伟云荣 / 用营疫药	云 / 以	
			武文万物 / 儿柔闰褥	微 / 日	

(二)永安、三元、沙县三点韵母对照表

永安	三元	沙县	例字	古韵母①
ɒ	ɒ	a	马嫁 / 塔 / 插 / 鸭 / 达 / 杀 / 客百	麻 / 盍 / 洽 / 狎 / 曷 / 黠 / 陌
iɒ	iɒ	ia	写谢 / 屐 / 疫隻 / 壁	麻 / 陌 / 昔 / 锡
uɒ	o	ua	沙花 / 挂 / 话 / 法 / 割 / 抹活 / 刮	麻 / 佳 / 夬 / 乏 / 曷 / 末 / 鎋
a	uɛ	ue	开袋	咍
	a	ai	蔡 / 败 / 婿 / 北贼 / 色 / 锡	泰 / 夬 / 齐 / 德 / 职 / 锡
	ɛ	e②	狭 / 帖 / 八	洽 / 帖 / 黠

① 非入声字只列平声韵目，以平赅上去。

② 沙县话的元音韵和鼻化韵中逢韵腹为 a 以外的 ɿ、u、y、e、o 者，在上声和入声把韵腹变读为开一度元音，这个特点下文还会介绍。比较表里只列本韵不列变韵。以下正文字音、词汇标变韵。

续表

永安	三元	沙县	例字	古韵母
ia	ia	ai	狮／事使／革／逆	脂／之／麦／陌
ya	yo	ya	寄／蚁／热	支／薛
		ua	蛇／纸／舌	麻／支／薛
e	ɛ	e	排／买／细／结	皆／佳／齐／屑
		ie	例／弟／接／歇／铁	祭／齐／葉／月／屑
	iɛ	ie	鸡溪	齐
ie	iɛ	ie	寨／椅／叶／业劫／协／食	夬／支／葉／业／帖／职
ue	uɛ	ue	火／尾	戈／微
		uai	乖／拐／快	皆／佳／夬
ye	yɛ	ye	税／炊／说／月／缺血	祭／支／薛／月／屑
o	ɒ	au	饱炒胶咬	肴
ø	ø	au	头走沟厚	侯
ɯ	ɯ	o	歌／高／郭	歌／豪／铎
aɯ	aɯ	o	做多／婆／刀劳／薄落索／桌	歌／戈／豪／铎／觉
iɯ	iɯ	o	笑烧／尺	宵／昔
		io	表桥尿／料跳／彪／药	宵／萧／幽／药
		iau	了晓	萧
ɒu	au	u	兔／初／读／毒	模／鱼／屋／沃
iau	iau	iu	鬚柱／抽周手油	虞／尤
ui	ui	ui	回会／吠／追槌／卒骨／物／国	灰／废／脂／没／物／职
yi	yi	yi	肺／桂／亏为／水龟／围味／出／屈	废／齐／支／脂／微／术／物
ʅ	ʅ	ʅ	屎／市齿／十	脂／之／缉
i	i	i	米西／儿／眉死二／喜起／几气	齐／支／脂／之／微
			急入／七日／桔／益／极力／击	缉／质／术／昔／职／锡
u	u	u	姑虎芋／雨／富／缚／木哭／沃	模／虞／尤／药／屋／沃
y	y	y	女鱼鼠／区／六肉菊／粟玉	鱼／虞／屋／烛
ɑm	ɑm	aŋ	蚕／敢／园汤糖／床	覃／谈／唐／阳
		ŋ	光广	唐
iɑm	iam	iŋ	娘羊象薑	阳
ɐm	am	œyŋ	中雄／龙胸／形	东／锺／青
iɐm	iam	œyŋ	宫穷众／共钟春	东／锺
um	ŋ	uĩ	单伞肝寒／卵官／关	寒／桓／删
	yɛ̃	uĩ	山／卵／闩	山／桓／删
im	ø	aŋ	咸	咸
m̩	ŋ̍	uĩ	搬满／翻饭／村／分／横	桓／元／魂／文／庚
	m̩	aŋ	庵暗／行／秧	覃／唐／阳

续表

永安	三元	沙县	例字	古韵母
wm	ŋ̍	uĩ	安旱/碗/弯顽/万晚	寒/桓/删/元
	m̩	uaŋ	王望	阳
aŋ	ã	ɔuŋ	东送风虫/冬鬆/蜂/双	东/冬/锺/江
ɛiŋ	iaiŋ	ĩ	钳俭/严欠/兼嫌/言	盐/严/添/元
	aiŋ	ĩ	线面/天边前	仙/先
iɛiŋ	iaiŋ	ĩ	扇/县	仙/先
yɛiŋ	yaiŋ	yĩ	团砖船/建献远愿/犬	仙/元/先
ã	ã	ɛiŋ	品林心/阵认/清/兴蝇/兵	侵/真/清/蒸/耕
	ɛ̃	ɔ̃i	停零	青
	ɔ̃	ɔ̃	青	青
iã	iã	ɛiŋ	深金针/秤/庆	侵/蒸/庚
	iã	iɛiŋ	英影	庚
	iɔ̃	iɔ̃	声正成	清
uã	uã	uĩ	银/斤近/孙/笋/粉军	真/殷/魂/谆/文
		yɛiŋ	荣/萤	清/青
	yã	yɛiŋ	闰/云	谆/文
õ	ɔ̃	ɔ̃	担三/杉减/衫监岩	谈/咸/衔
			生坑病/棚/井晴/醒	庚/耕/清/青
iõ	iɔ̃	iɔ̃	坪惊兄/饼请/鼎听	庚/清/青
ĩ	ɛ̃	ɔ̃i	间闲/慢奸/肩/恩恨	山/删/先/痕
			灯等肯/生硬/瓶星	登/庚/清
uĩ	uã	uĩ	问	文

（三）永安、三元、沙县三点声调对照表

调类	永安调值	三元调值	沙县调值	例字	古四声	古清浊
阴平	52	553	33	诗衣东夫	平	清
阳平	33	41	31	犁移龙时其同	平	浊
阴上	21	21	21	始比虎/里椅雨	上	清/次浊
阳上	54	353	53	是弟动/栗木食独	上/入	全浊/浊
去声	35	33	24	四栋/利用地洞	去	清/浊
入声	13	213	212	失益督福	入	清

（四）永安、三元、沙县三点两字组连读变调

1. 永安话两字组连读变调

两字组连读后字不变调，也没有明显的轻声。

前字为阴平的变为阳平，例如：溪边 k'e ˥˧ pɛiŋ ˥，窗门 t'aŋ ˥˧ muĩ ˧，烧水热水 tʃ'iɯ ˥˧ ʃyi ˩，官历 kum ˥˧ liɒ ˥，相信 siɑm ˥˧ sã ˥，鸡角公鸡 ke ˥˧ ku ˧˩。

前字为阳平的不变调。

前字为阴上的也变为阳平，例如：豨狮种猪 k'yi ˩˧ ʃia ˥，豨嫲母猪 k'yi ˩˧ mɒ ˧，豨牯公猪 k'yi ˩˧ ku ˩，老婢婢女 laɯ ˩˧ pi ˥，打泻泻肚子 tɒ ˩˧ siɒ ˥，狗蝨跳蚤 ø ˩˧ ʃia ˧˩。

声韵相同，声调为阴平、阳平、阴上的在两字组的前音节连读时混为同音，例如东山、铜山、董山都说 taŋ ˧ sum˥。

前字为阳上的变为阴上，例如：动身 taŋ ˥˩ ʃiã ˥ 动棋下棋 taŋ ˥˩ ki ˧，户口 xu ˥˩ k'ø ˩，户籍 xu ˥˩ tsiɒ ˥，白布 pɒ ˥˩ pu ˥，白鸽 pɒ ˥˩ kɯ ˧˩。

前字为去声的多数不变，部分古浊声母去声字变为高平调 55 或变为阴上 21，例如：味精 yi ˥ tsɛiŋ ˥，店员 tĩ ˥ yɛiŋ ˧，露水 sau ˥˥ ʃyi ˩，大姊 tɒ ˥˩ tsi˩，味道 yi˥ taɯ ˥，故意 ku ˥ i˥，大伯 tɒ ˥˩ pɒ˧˩，但分化规律不明显。

前字为入声的变为高平调 55，例如：腹饥肚子饿 pu ˧˩˥ kye˥，腹脐 pu ˧˩˥ tsa ˧，叔仔叔父 ʃy ˧˩˥ tsã ˩，接受 tse ˧˩˥ ʃiau ˥，福建 xu ˧˩˥ kyɛiŋ ˥，腹脊背脊 pu ˧˩˥ tʃiɒ ˧˩。

2. 三元话两字组连读变调

两字组连读后字不变调，也没有明显的轻声。

前字为阴平、阳平的都变为去声。例如：东山＝铜山 tã ˧ ʃyɛ̃˥，沟头＝猴头 kø ˧ t'ø ˩，汤水＝糖水 t'am ˧ ʃyi ˩，冬学＝同学 tã ˧ xɒ ˨，冤案＝完案 yaiŋ ˧ ɛ̃ ˧，汪伯＝王伯 m ˧ pɒ ˨˩。

前字为阴上和入声的都变为中升调 24。例如：左骹左脚＝桌骹 tsaɯ ˨˦ k'ɒ ˥，讨人＝托人 t'aɯ ˨˦ nã ˨，洗水＝雪水 sɛ ˨˦ ʃyi ˩，可是＝确是 k'ɯ ˨˦ sɿ˥，写字＝削字 siɒ˨˦ tsi˧，彩桌＝漆桌 ts'a ˨˦ tsaɯ ˨˩。

前字为阳上的变阴上，例如：是非 sɿ ˥˩ ʃyi ˥，社员 ʃiɒ ˥˩ yaiŋ ˨，社长 ʃiɒ ˥˩ tiam ˨，厚道 xø ˥˩ taɯ˥，社会 ʃiɒ ˥˩ xui ˧，直角 ta ˥˩ ku˨˩。

前字为去声的多变为高平调 55，部分古浊声母去声字也有变为上声的。例如：变心 paiŋ ˧˥ sã ˥，去年 k'ɯ ˧˥ ŋiaiŋ ˨，露水 sau ˧˥ ʃyi ˩，四十 si ˧˥ sɿ˥，外家娘家 ŋyo ˧˩ kɒ˥，大伯 to ˧˩ pɒ˨˩。

3. 沙县话两字组连读变调

两字组连读后字不变调，也没有明显的轻声。

前字为阴平的逢阴平、阴上、阴入变为次高平调 44，例如：先生 sĩ ˧˦ sõi ˧，风水 xouŋ ˧˦ ʃyi ˩，糟蹋 tsau ˧˦ tã˨˩，逢其他声调不变。

前字为阳平的变阴平，例如：闽江 mõi ˨˧ kõ˧，南平 nõ ˨˧ pɛiŋ ˨，朋友 põi ˨˧ io ˨，门户 muĩ ˨˧ xu˥，芹菜 k'œyŋ ˨˧ ts'ai˧，人客客人 nɛiŋ ˨˧ k'a˨˩。

前字为阴上的变半高平 44，例如：水东 ʃyi ˧˩꜓ tɔuŋ ˧，水南 ʃyi ˧˩꜓ nɔĩ ˧˩，水井 ʃyi ˧˩꜓ tsɔ̃ ˧˩，水稻 ʃyi ˧˩꜓ to ˥˧，小贩 sio ˧˩꜓ xuĩ ˧˥，小雪 sio ˧˩꜓ siɛ˨˩˦。

前字为阳上的变阴上。例如：被单 p'ue ˥˧꜔꜓ tuĩ ˧，户头 xu ˥˧꜔꜓ t'au ˧˩，户口 xu ˥˧꜔꜓ k'au˧˩，部下 pu ˥˧꜔꜓ a˥˧，限制 xɔĩ ˥˧꜔꜓ tsɿ ˧˥，犯法 xuĩ ˥˧꜔꜓ xua ˨˩˦。

前字为去声的逢阴平、阳平、阴上变阴上，例如：正经 tsɛiŋ ˧˥꜔꜓ kɛiŋ ˧，店员 tɔĩ ˧˥꜔꜓ yĩ ˧˩，汽水 k'i ˧˥꜔꜓ ʃyi ˧˩；逢其他调变阴平，例如：最后 tsui ˧˥꜓ xau ˥˧，故意 ku ˧˥꜓ i ˧˥，计策 kie ˧˥꜓ ts'ai ˨˩˦。

前字为入声的也变半高平 44，例如：福州 xo ˨˩˦꜓ tʃiu˧，竹床 tø ˨˩˦꜓ ts'aŋ ˧˩，谷雨 ko ˨˩˦꜓ y˧˩，接受 tsiɛ ˨˩˦꜓ ʃiu ˥˧，福建 xo ˨˩˦꜓ kyĩ ˧˥，发作 xua ˨˩˦꜓ tsɔ˨˩˦。

三　闽中方言的语音比较

（一）闽中方言内部一致的语音特点

1. 和多数闽方言相同的特点[①]

（1）口语中古非敷奉今读多为 p、p'，古知彻澄今读多为 t、t'。例如：

例字	飞	分	蜂	殕	肥	饭	中	竹	抽	池
永安	꜀pue	꜀pm̩	꜀p'aŋ	꜂p'u	꜁pui	pm̩꜄	꜀tɐm	ty꜆	꜀t'iau	꜁te
三元	꜀puɛ	꜀pŋ̍	꜀p'ã	꜂p'u	꜁pyi	pŋ̍꜄	꜀tam	ty꜆	꜀t'iau	꜁tɛ
沙县	꜀pui	꜀puĩ	꜀p'ɔuŋ	꜂p'o	꜁pui	puĩ꜄	꜀tœyŋ	tø꜆	꜀t'iu	꜁te

（2）古全浊声母今读多为不送气清音，少数为送气清音，分类比较一致。例如：

例字	坪	豆	肠	坐	俭	皮	头	虫	前	钳
永安	꜁piõ	tø꜄	꜁tɑm	꜃tsue	꜃kɛiŋ	꜁p'ue	꜁t'ø	꜁t'aŋ	꜁ts'ɛiŋ	꜁k'ɛiŋ
三元	꜁piɔ̃	tø꜄	꜁tam	꜃tsuɛ	꜃kiaiŋ	꜁p'uɛ	꜁t'ø	꜁t'ã	꜁ts'aiŋ	꜁k'iaiŋ
沙县	꜁piɔ̃	tau꜄	꜁tiŋ	꜃tsue	꜃kĩ	꜁p'ue	꜁t'au	꜁t'ɔuŋ	꜁ts'ĩ	꜁k'ĩ

（3）古匣母字今口语部分读为 k 或 ø。例如：

例字	寒	悬高	厚	猴	鹹	狭	黄	鞋
永安	꜁kum	꜁kyɛiŋ	꜃kø	꜁kø	꜁kim	꜃a	꜁wm	꜁e
三元	꜁kŋ̍	꜁kŋ̍	꜁kø	꜁kø	꜁kø	꜃ɛ	꜁m̩	꜁ɛ
沙县	꜁kuĩ	꜁kuĩ	꜃kau	꜁kau	꜁kaŋ	꜃e	꜁ŋ̍	꜁e

---

① 这部分只举少数条目和少数例字，和其他闽方言比较时也不列外区方言的材料，有关详情可参考本书《福建闽方言的一致性》。

（4）古心邪生书禅等母字今口语部分读为 ts、ts‘ 或 tʃ、tʃ‘ 声母。例如：

例字	醒	鬚	徐	斜	生不望	手	鼠	树
永安	꜂ts‘õ	꜀ts‘iau	꜁tsy	꜁tsiɒ	꜀ts‘õ	꜂tʃ‘iau	꜂tʃ‘y	tʃ‘y꜄
三元	꜂ts‘ɔ̃	꜀ts‘iau	꜁tsy	꜁tsiɒ	꜀ts‘ɔ̃	꜂tʃ‘iau	꜂tʃ‘y	tʃ‘y꜄
沙县	꜂sɒ̃i	꜀ts‘iu	꜁tsy	꜁tsia	꜀ts‘ɔ̃	꜂tʃ‘io	꜂tʃ‘ø	tʃ‘iu꜄

（5）若干特字今口语声母特殊。例如：

例字	锄	筛	枝	柿	雨	远	蝇	翼	痒
永安	꜁t‘y	꜀t‘i	꜀ki	꜃k‘i	꜃xu	꜃ʃyɛiŋ	꜁sã	꜃ʃiɒ	꜃tsiɑm
三元	꜁t‘y	꜀t‘i	꜀ki	꜃k‘i	꜃xu	꜃ʃyaiŋ	꜁sã	꜃ʃiɒ	꜃tsiam
沙县	꜁t‘y	꜀t‘i	꜀ki	꜃k‘i	꜃xu	꜃xuĩ	꜁sɛiŋ	꜃ʃia	꜃tsiŋ

（6）多数古二等字和部分古四等字今读洪音。例如：

例字	嫁	甲	虾	江	减	婿	青	踢	叠	齐
永安	kɒ꜄	kɒ꜆	꜁xɒ	꜀kɑm	꜂kõ	sa꜄	꜀ts‘ã	t‘a꜆	꜃t‘ɒ	꜁tse
三元	kɒ꜄	kɒ꜆	꜁xɒ	꜀kɔ̃	꜂kɔ̃	sa꜄	꜀ts‘õ	t‘a꜆	꜃t‘ɛ	꜁tsɛ
沙县	ka꜄	ka꜆	꜁xa	꜀kɔ̃	꜂kɒ̃	sai꜄	꜀ts‘ɔ̃	t‘ai꜆	꜃t‘a	꜁tse

（7）古歌支之脂等韵部分今读韵腹为 a。例如：

例字	大	鹅	徛	蚁	事	使使得	李李子	狮
永安	tɒ꜄	꜁ŋya	꜃k‘ya	꜃ŋya	ʃia꜄	꜂ʃia	꜃ʃia	꜀ʃia
三元	to꜄	꜁ŋyo	꜃k‘o	꜃ŋyo	ʃia꜄	꜂ʃia	꜂ʃia	꜀ʃia
沙县	tua꜄	꜁ya	꜃k‘ya	꜃ya	sai꜄	꜂sai	꜃sai	꜀sai

（8）古歌豪二韵今读多相混。例如：

例字	多＝刀	罗＝劳	左＝早	歌＝高	河＝豪
永安	꜀taɯ	꜁laɯ	꜂tsaɯ	꜀kɯ	꜁xau
三元	꜀taɯ	꜁laɯ	꜂tsaɯ	꜀kɯ	꜁xɯ
沙县	꜀to	꜁lo	꜂tsɔ	꜀ko	꜁xo

2. 和闽北方言相同的特点

（1）若干特字今口语声母特殊。例如：

例字	笠	鳞	卵	聋	狗	菇①	食	肝
永安	꜃ʃye	꜁ʃĩ	꜃sum	꜁saŋ	꜂ø	꜀u	꜃ie	꜀xm̩
三元	꜃ʃia	꜁ʃiaiŋ	꜃ʃyaiŋ	꜁saŋ	꜂ø	꜀u	꜃iɛ	꜀hŋ̍
沙县	꜃sai	꜁sɔ̃i	꜃suĩ	꜁sɔuŋ	꜂au	꜀u	꜃ie	꜀huĩ

① 在永安、三元、沙县，野生的菇读零声母；加工后的香菇说 ꜀ku，因为是外地人传来的。

（2）古入声字今读无塞音韵尾。例如：

例字	鸭	急	八	舌	骨	药	角	色	百	曝
永安	ɒ꜆	ki꜆	pa꜆	꜃ʃya	kui꜆	꜃iɯ	kɯ꜆	ʃia꜆	pɒ꜆	꜃p‘u
三元	ŋɒ꜆	ki꜆	pɛ꜆	꜃ʃyo	kui꜆	꜃iɯ	ku꜆	ʃia꜆	pɒ꜆	꜃p‘u
沙县	a꜆	ke꜆	pɛ꜆	꜃sua	kue꜆	꜃io	ko꜆	sai꜆	pa꜆	꜃p‘u

（3）古浊声母入声字今读多与浊声母上声字相混。例如：

例字	是＝十	治＝值	部＝缚	户＝服	祸＝合	苧＝毒
永安	꜃sɿ	꜃ti	꜃pu	꜃xu	꜃xɯ	꜃tau
三元	꜃sɿ	꜃ti	꜃pu	꜃xu	꜃xaɯ	꜃tɔu
沙县	꜃sɿ	꜃tɪ	꜃pu	꜃xu	꜃xo	꜃tu

3. 和闽南方言相同的特点

（1）古泥来母今洪音相混，逢鼻化韵为 n，其余为 l。例如：

例字	奴＝炉	耐＝赖	纳＝蜡	浓＝龙	男＝蓝	难＝拦
永安	꜁lɒu	la꜄	꜃lɒ	꜁lɐm	꜁nõ	꜁lum
三元	꜁lau	la꜄	꜃lɒ	꜁lam	꜁nɔ̃	꜁lŋ̍
沙县	꜁lu	lai꜄	꜃la	꜁lɔuŋ	꜁nɔ̃	꜁nuĩ

（2）古阳声韵字今读不少为鼻化韵。例如：

例字	三	岸	银	冰	坑	惊	声	营	停	姓
永安	꜀sõ	ŋĩ꜄	꜁nuã	꜀pã	꜀k‘õ	꜀kiõ	꜀ʃiã	꜁iõ	꜁tã	sã꜄
三元	꜀sɔ̃	ŋɛ̃꜄	꜁ŋuã	꜀pã	꜀k‘ɔ̃	꜀kiɔ̃	꜀ʃiɔ̃	꜁iɔ̃	꜁tɛ̃	siɔ̃꜄
沙县	꜀sɔ̃	ŋɔ̃i꜄	꜁nuĩ	꜀pɔ̃i	꜀k‘ɔ̃	꜀kiɔ̃	꜀ʃiɔ̃	꜁iɔ̃	꜁tɔ̃i	siɔ̃꜄

（3）古上声字今声调分阴阳，去声不分阴阳。[①] 例如：

例字	虎	雨	九	舅	董	动	栋＝洞	拜＝败	斗＝豆
永安	꜂xu	꜃xu	꜂kiau	꜃kiau	꜂taŋ	꜃taŋ	taŋ꜄	pa꜄	tø꜄
三元	꜂xu	꜃xu	꜂kiau	꜃kiau	꜂tã	꜃tã	tã꜄	pa꜄	tø꜄
沙县	꜂xu	꜃xu	꜂kio	꜃kiu	꜂tɔuŋ	꜃tɔuŋ	tɔuŋ꜄	pai꜄	tau꜄

4. 和各地闽方言多不相同的特点

（1）有 ts、ts‘ s 和 tʃ、tʃ‘、ʃ 两套塞擦音声母，逢细音古精组字和章组字有对立。例如：

例字	谢$_{\text{姓}}$—蔗		锹—烧		修—收		精$_{\text{好}}$—正$_{\text{正月}}$		抢—厂		箱—伤	
永安	tsiɒ꜄	tʃiɒ꜄	꜀ts‘iɯ	꜀tʃ‘iɯ	꜀siau	꜀ʃiau	꜀tsiõ	꜀tʃiõ	꜂ts‘iɑm	꜂tʃ‘iɑm	꜀siɑm	꜀ʃiɑm
三元	tsiɒ꜄	tʃiɒ꜄	꜀ts‘iɯ	꜀tʃ‘iɯ	꜀siau	꜀ʃiau	꜀tsiɔ̃	꜀tʃiɔ̃	꜂ts‘iam	꜂tʃ‘iam	꜀siam	꜀ʃiam
沙县	tsia꜄	tʃia꜄	꜀ts‘io	꜀tʃ‘io	꜀siu	꜀ʃiu	꜀tsiɔ̃	꜀tʃiɔ̃	꜂ts‘iŋ	꜂tʃ‘iŋ	꜀siŋ	꜀ʃiŋ

① 闽南方言的泉州话及附近不少点都是这种情形。这是泉州腔和漳州腔的重要差异。

（2）古晓组和非组部分字今读逢细音腭化为ʃ（音近ɕ），与章组擦音相混。例如：

例字	非、辉	匪、毁水	肺、慧、穗	歇、协涉	香、乡、伤	晓、少	献	血
永安	꜀ʃyi	꜂ʃyi	ʃyi꜄	꜃ʃie	꜀ʃiɑm	꜂ʃiɯ	ʃyeiŋ꜄	ʃye꜆
三元	꜀ʃyi	꜂ʃyi	ʃyi꜄	꜃ʃiɛ	꜀ʃiam	꜂ʃiɯ	ʃyaiŋ	ʃyɛ꜆
沙县	꜀ʃyi	꜂ʃye	ʃyi꜄	꜃ʃie	꜀ʃiŋ	꜂ʃiau	ʃĩ꜄	ʃyɛ꜆

（3）部分古泥、日母字今读逢细音声母为ŋ① 与疑母相混。例如：

例字	女汝语	二义	年言	染软	念验	娘一让		箬弱
永安	꜂ŋy	ŋi꜄	꜁ŋeiŋ	꜂ŋeiŋ	ŋeiŋ꜄	꜁ŋiɑm	ŋiɑm꜄	꜃ŋiɯ
三元	꜂ŋy	ŋi꜄	꜁ŋiaiŋ	꜂ŋiaiŋ	ŋiaiŋ꜄	꜁ŋiam	ŋiam꜄	꜃ŋiɯ
沙县	꜂ŋø	ŋi꜄	꜁ŋĩ	꜂ŋẽ	ŋĩ꜄	꜁iŋ	iŋ꜄	꜃io

（4）古支、脂、之、祭开口字及缉、质、职韵字逢齿音声母，多读为tsɿ、ts‘ɿ、sɿ。② 例如：

例字	支脂之	此齿	刺次	斯私思	世事	汁质织	十实食
永安	꜀tsɿ	꜂ts‘ɿ	is‘ɿ꜄	꜀sɿ	sɿ꜄	tsɿ꜆	꜃sɿ
三元	꜀tsɿ	꜂ts‘ɿ	ts‘ɿ꜄	꜀sɿ	sɿ꜄	tsɿ꜆	꜃sɿ
沙县	꜀tsɿ	꜂ts‘ɤ	ts‘ɿ꜄	꜀sɿ	sɿ꜄	tsɤ꜆	꜃sɿ

（5）部分古歌泰仙薛元韵开口字今读撮口呼。例如：

例字	鹅	艾	纸	寄	团	热	舌	建
永安	꜁ŋya	ŋya꜄	꜂tʃya	kya꜄	꜂kyeiŋ	꜃ŋya	꜃ʃya	kyeiŋ꜄
三元	꜁nyo	ŋyo꜄	꜂tʃyo	kyo꜄	꜂kyaiŋ	꜃ŋyo	꜃ʃyo	kyaiŋ꜄
沙县	꜁ya	ya꜄	꜂tsua	kya꜄	꜂kyẽ	꜃gya	꜃sua	kyĩ꜄

（二）闽中方言内部有差异的语音特点

1. 永安和三元相近，沙县不同的

（1）古明（微），疑母的多数字永安三元今读m、ŋ声母，沙县除逢鼻化韵外多读b、g。例如：

例字	米	麦	目	尾	我	五	业	额
永安	꜂mi	꜃muɒ	꜃mu	꜂mue	꜀ŋuɛ	꜃ŋu	꜃ŋie	꜃ŋia
三元	꜂mi	꜃mɒ	꜃mu	꜂muɛ	꜀ŋu	꜃ŋu	꜃ŋiɛ	ŋɯ꜆
沙县	꜂be	꜃ba	꜃bu	꜂buɛ	꜀gua	꜃gu	꜃gie	꜃ŋai

① 在沙县有些字变读为零声母。

② tsɿ、ts‘ɿ、sɿ的组合为各地闽方言所无，泉州话有tsɯ、ts‘ɯ、sɯ等音节，包括鱼韵精章组及止摄开口精庄组字，与此发音不同，音类也不同。

（2）部分古泥、疑母字沙县今读零声母，永安、三元这种读法很少见。例如：

例字	娘	鸟	尿	聂	牛	外	孽	疑
永安	꜁ŋiɑm	꜂ŋiɯ	ŋiɯ꜄	ŋie꜆	꜁ŋu	uɒ꜄	ŋie꜆	꜁ŋi
三元	꜁ŋiam	꜂ŋiɯ	ŋiɯ꜄	ŋie꜆	꜁ŋiau	ŋo꜄	ŋiɛ꜆	꜁ŋi
沙县	꜁iŋ	꜂iɔ	io꜄	ie꜆	꜁iu	ya꜄	ie꜆	꜁i

（3）部分古微、云母字沙县今读 g 声母，永安、三元无此读法。例如：

例字	微	味	为	位	有	围	叶	王
永安	꜁yi	yi꜄	꜁yi	yi꜄	꜂iau	꜁yi	꜃ie	꜁wm
三元	꜁yi	yi꜄	꜁yi	yi꜄	꜂iau	꜁yi	꜃iɛ	꜁m̩
沙县	꜁gyi	gyi꜄	꜁gyi	gyi꜄	꜂giu	꜁gyi	꜃gie	꜁guaŋ

（4）永安、三元有 -m 尾韵，包括咸、宕、江、通等摄字，在沙县均为 -ŋ 尾韵。例如：

例字	蚕	敢	暗	忙	墙	网	光	窗	胸	钟
永安	꜁ts‘ɑm	꜂kɑm	m̩꜄	꜁m̩	꜁tsiɑm	꜂m̩	꜀kɑm	꜀ts‘ɑm	꜀xɐm	꜀tʃiɐm
三元	꜁ts‘am	꜂kam	m̩꜄	꜁mam	꜁tsiam	꜂m̩	꜀kam	꜀ts‘am	꜀xam	꜀tʃiam
沙县	꜁ts‘aŋ	꜂kaŋ	aŋ꜄	꜁maŋ	꜁tsiŋ	꜃baŋ	꜀kŋ̍	꜀t‘œyŋ	꜀xœyŋ	꜀tsœyŋ

（5）另有一些韵母也是永安、三元相同，读音怪异，与沙县不同。例如：

例字	蔡	贼	哥	郭	多	索	桥	药	周	林	金	银
永安	ts‘a꜄	꜃ts‘a	꜀kɯ	kɯ꜆	꜀tɑɯ	saɯ꜆	꜁kiɯ	꜃iɯ	꜀tʃiau	꜁nã	꜀kiã	꜁nuã
三元	ts‘a꜄	꜃ts‘a	꜀kɯ	kɯ꜆	꜀taɯ	saɯ꜆	꜁kiɯ	꜃iɯ	꜀tʃiau	꜁nã	꜀kiã	꜁ŋuã
沙县	ts‘ai꜄	꜃ts‘ai	꜀ko	kɔ꜆	꜀to	sɔ꜆	꜁kio	꜃io	꜀tʃiu	꜁lɛiŋ	꜀kɛiŋ	꜁nuĩ

（6）沙县的 36 个韵母中，19 个不含 a 韵腹的元音韵和鼻化韵有“变韵”现象，即在两个调值最低的调类——阴上和入声，韵腹变为开一度的元音。在永安、三元没有这种变韵现象。为节省篇幅，这里只举沙县话材料：

ɿ(ɤ)	i(e)	u(o)	y(ø)	e(ɛ)	o(ɔ)
丝 ꜀sɿ	提 ꜁ti	故 ku꜄	蛆 ꜀ts‘y	拔 ꜃pe	曹 ꜁tso
屎 ꜂sɤ	底 ꜂te	古 ꜂ko	取 ꜂ts‘ø	摆 ꜂pɛ	早 ꜂tsɔ
失 sɤ꜆	滴 te꜆	谷 ko꜆	促 ts‘ø꜆	八 pɛ꜆	桌 tsɔ꜆
ie(iɛ)	io(iɔ)	iu(io)	ue(uɛ)	ui(ue)	ye(yɛ) yi(ye)
业 ꜃ie	萧 ꜀sio	球 ꜃kiu	髻 kue꜄	锥 ꜀tsui	穴 ꜃ʃye 亏 ꜀k‘yi
椅 ꜂iɛ	小 ꜂siɔ	九 ꜂kio	粿 ꜂kuɛ	嘴 ꜂tsue	豨 ꜂k‘yø
摄 iɛ꜆	削 siɔ꜆		国 kuɛ꜆	卒 tsue꜆	血 ʃyɛ꜆ 屈 k‘yø꜆
ĩ(ẽ)	uĩ(uẽ)	yĩ(yẽ)	ɔ̃(ɒ̃)	iɔ̃(iɒ̃)	ɔ̃i(ɒ̃i)
谦 ꜀k‘ĩ	惯 kuĩ꜄	劝 k‘yĩ꜄	晴 ꜁tsɔ̃	灵灵堂 ꜁niɔ̃	蛏 ꜀t‘ɔ̃i
遣 ꜂k‘ẽ	滚 ꜂kuẽ	犬 ꜂k‘yẽ	井 ꜂tsɒ̃	岭 ꜂niɒ̃	坦 ꜂t‘ɒ̃i

2. 永安和三元、沙县不相同的

（1）除上述咸、宕、江、通四摄的字外，永安还有山、臻、梗三摄的部分阳声韵字也读 -m 尾韵（这些字中在三元也有个别读 -m 尾的）。例如：

例字	单	安	官关	山	幻	翻	村	分	形	横
永安	꜀tum	꜀wm	꜀kum	꜀sum	xm̩꜄	꜀xm̩	꜀ts‘um	꜀pm̩	꜁xam	꜁xm̩
三元	꜀tŋ̍	꜀ŋ̍	꜀kŋ̍	꜀syɛ̃	xm̩꜄	꜀xŋ̍	꜀ts‘ŋ̍	꜀pŋ̍	꜁xam	꜁xŋ̍
沙县	꜀tuĩ	꜀ŋuĩ	꜀kuĩ	꜀suĩ	xuĩ꜄	꜀xuĩ	꜀ts‘uĩ	꜀puĩ	꜁xœyŋ	꜁xuĩ

（2）除上述 -m 尾音类分布特点之外，关于永安话的“闭口韵”还必须作补充说明：

第一，永安话的“闭口韵”（包括 -m 韵尾和 m̩ 自成音节）的字特别多，据我们记完《方言调查表》并补充了有音无字音节之后所整理的同音字表，共有 455 字（一字多音，有音无字的音节均按音计字），各韵分布如下：

ɑm 91 字　　ɐm 47 字　　im 2 字　　m̩ 75 字

iɑm 102 字　　iɐm 26 字　　um 77 字　　wm 35 字

第二，永安话的闭口韵同所有声母都可以拼合，在有闭口韵的闽方言里，闭口韵不与唇音相拼，而永安话没有这种限制，例如有“帮 ꜀pam| 旁 ꜁pam| 谤 pam꜄| 碰 p‘am꜄”等音节。

第三，m̩ wm 两韵的发音十分特殊。wm 韵只见于零声母，因为 w 不能与其他任何韵母相拼，所以不作声母处理，实为 wm。发音时双唇始终紧闭并略向前撮拢，舌根压低，声带略带摩擦。m̩韵与各声母相拼时双唇也始终没有打开，这在“秧 ꜀m̩ | 番 ꜀xm̩”比较容易理解，在“般 ꜀pm̩ | 潘 ꜀p‘m̩”的组合中，发音时双唇必须用力一闭（如发 p p‘ 时的成阻动作），还有一种鼻腔塞音也同时发生作用，所谓鼻腔塞音就是把 ʔ ʔ‘ 的作用从喉头向上移到鼻腔，只有内外同时紧张才能发得像。

我们曾根据同音字表中 m̩、wm 二韵的字特地编了四句话：

韩安搬楻[①]，饭楻饭满楻　꜁xm̩ ꜀wm ꜀pm̩ ꜁xm̩，pm̩꜄ ꜁xm̩ pm̩꜄ ꜂wm ꜁xm̩

王芳分饭，饭碗饭半碗　꜁wm ꜀xm̩ ꜀pm̩ pm̩꜄，pm̩꜄ ꜂wm pm̩꜄ pm̩꜄ ꜂wm

韩安搬半楻饭分王芳　꜁xm̩ ꜀wm ꜀pm̩ pm̩꜄ ꜁xm̩ pm̩꜄ ꜀pm̩ ꜁wm ꜀xm̩

王芳分半碗饭分韩安　꜁wm ꜀xm̩ ꜀pm̩ pm̩꜄ ꜂wm pm̩꜄ ꜀pm̩ ꜁xm̩ ꜀wm

发音人一口气说完四句话，确实双唇没有打开过。他说，只要两个名字是听话的人所知道的，加上声调和语调正确，完全可以听懂。永安话闭口韵字这样多，声韵组合这样自由，发音这样特殊，确实是很少见的。

① 楻，俗字，意指大木桶。

四　闽中方言的词汇比较

（一）闽中方言内部一致的词汇

1. 和各地闽方言多相同的（限于篇幅，只举 40 条最基本的单音词），例如：

例词	永安	三元	沙县	例词	永安	三元	沙县
厝$_{\text{房子}}$	tʃʻiɯ꜄	tʃʻiɯ꜄	tsʻo꜄	翼$_{\text{翅膀}}$	꜃ʃiɒ	꜃ʃiɒ	꜃ʃia
塍$_{\text{田}}$	꜁tsʻĩ	꜁tsʻɛ̃	꜁tsʻɔ̃i	囝$_{\text{儿子}}$	꜂kyɛiŋ	꜂kyaiŋ	꜂kyẽ
薸$_{\text{萍}}$	꜁pʻiɯ	꜁pʻiɯ	꜁pʻio	骹$_{\text{脚}}$	꜀kʻo	꜀kʻɒ	꜀kʻau
箬$_{\text{叶子}}$	꜃ŋiɯ	꜃ŋiɯ	꜃io	鼻$_{\text{鼻子、鼻涕}}$	pʻi꜄	pʻi꜄	pʻi꜄
粟$_{\text{谷子}}$	tsʻy꜆	tsʻy꜆	tsʻø꜆	㘔$_{\text{口水}}$	꜂lum	꜂lŋ̍	꜂nuẽ
硋$_{\text{瓷}}$	꜁xue	꜁xuɛ	꜁xue	曝$_{\text{晒}}$	꜃pʻu	꜃pʻu	꜃pʻu
鼎$_{\text{铁锅}}$	꜂tiõ	꜂tiɔ̃	꜂tiɔ̃	沃$_{\text{浇}}$	u꜆	u꜆	o꜆
箸$_{\text{筷子}}$	ty꜄	ty꜄	ty꜄	囥$_{\text{藏}}$	kʻɑm꜄	kʻam꜄	kʻaŋ꜄
索$_{\text{绳子}}$	saɯ꜆	saɯ꜆	sɔ꜆	筅$_{\text{刷}}$	꜂tsʻĩ	꜂tsʻɛ̃	꜂tsʻɒ̃i
殕$_{\text{霉}}$	꜂pʻu	꜂pʻu	꜂pʻo	治$_{\text{杀}}$	꜁tʻi	꜁tʻi	꜁tʻi
噴$_{\text{吹}}$	꜁puã	꜁puã	꜁puĩ	乌$_{\text{黑}}$	꜀u	꜀u	꜀u
嗽$_{\text{吮吸}}$	saɯ꜆	saɯ꜆	sɔ꜆	悬$_{\text{高}}$	꜁kyɛiŋ	꜁kyaiŋ	꜁kuĩ
徛$_{\text{站立}}$	꜃kʻya	꜃kʻo	꜃kʻya	齐$_{\text{多}}$	tse꜄	tsɛ꜄	tse꜄
倒$_{\text{躺}}$	꜂taɯ	꜂taɯ	꜂tɔ	䀹$_{\text{味淡}}$	꜂tsiõ	꜂tsiɔ̃	꜂tsiɒ̃
跋$_{\text{跌}}$	꜃puɒ	꜃po	꜃pua	焦$_{\text{干}}$	꜀tiɯ	꜀tiɯ	꜀tio
颂$_{\text{穿着}}$	tsiɐm꜄	tsiam꜄	tsœyŋ꜄	肥$_{\text{肥，胖}}$	꜁pui	꜁pui	꜁pui
解$_{\text{会、能}}$	꜃e	꜃ɛ	꜃e	泛$_{\text{不实}}$	pʻõ꜄	pʻɔ̃꜄	pʻɔ̃꜄
惊$_{\text{怕}}$	꜂kiõ	꜀kiɔ̃	꜀kiɔ̃	利$_{\text{不钝}}$	li꜄	li꜄	li꜄
熻$_{\text{闷}}$	xø꜆	xø꜆	xau꜆	阔$_{\text{宽}}$	kʻuɒ꜆	kʻo꜆	kʻua꜆
长$_{\text{剩下}}$	tiɑm꜄	tiam꜄	tiŋ꜄	狭$_{\text{窄}}$	꜃a	꜃ɛ	꜃e

2. 和闽北方言相同的，例如：

例词	永安	三元	沙县	备注
今朝$_{\text{今天}}$	꜀kã ꜀tiɯ	꜀kiã ꜀tiɯ	꜀kĩ ꜀tio	闽中、闽北同客赣说法
明朝$_{\text{明天}}$	꜁mɛiŋ ꜀tiɯ	꜁mã ꜀tiɯ	꜁muĩ ꜀tio	同上
昼了$_{\text{下午}}$	tø꜄ ꜂lo	tø꜄ ꜂lɒ	tau꜄ ꜂lau	
暗边$_{\text{傍边}}$	m̩꜄ ꜀pɛiŋ	m̩꜄ ꜀paiŋ	aŋ꜄ ꜀pĩ	
隻半月$_{\text{一个半月}}$	tʃiɒ꜆ pm̩꜄ ꜃ŋye	tʃiɒ꜆ pŋ̍꜄ ꜃ŋyɛ	tʃia꜆ puĩ꜄ ꜃ye	
边舷$_{\text{旁边}}$	꜀pɛiŋ ꜁xĩ	꜀pɛ̃ ꜁xɛ̃	꜀pĩ ꜁xɔ̃i	
中央心$_{\text{中间}}$	꜀tɐm ꜀m̩ ꜀sã	꜀tam ꜀sã	꜀ta i꜆ ꜀sɛiŋ	沙县有音变
露$_{\text{雾}}$	sɒu꜄	sau꜄	su꜄	闽中闽北雾露不分
泥$_{\text{泥土}}$	꜁le	꜁lɛ	꜁le	多数闽方言说“塗”

续表

例词	永安	三元	沙县	备注
蝇苍蝇	꜁sã	꜁sã	꜁sɛiŋ	多数闽方言说“蚨蝇”
爪子鸟儿	꜂tso ꜂tsã	꜂tsiɒ ꜂tsa	꜂tsia ꜂tsai	
⿱髟蚤蟑螂	꜃tsɒ	꜃tso	꜃tsua	
搦鱼打鱼	꜃lɒ ꜁ŋy	꜃lɒ ꜁ŋy	꜃la ꜁gy	
豨猪	꜂k‘yi	꜂k‘yi	꜂k‘ye	多数闽方言说“猪”
豨狮种猪	꜂k‘yi ꜀ʃia	꜂k‘yi ꜀ʃia	꜂k‘ye ꜀sai	
豨嬷母猪	꜂k‘yi ꜁mɒ	꜂k‘yi ꜁mɒ	꜂k‘ye ꜁mã	
豨厨猪圈	꜂k‘yi ꜁ty	꜂k‘yi ꜁ty	꜂k‘ye ꜁ty	
稈稻草	꜂kum	꜂kŋ̍	꜂kuẽ	
酒瓯酒杯	꜂tsiau ꜀ø	꜂tsiau ꜀ø	꜂tsiu ꜀au	
碗头大碗	꜂wm ꜁t‘ø	꜂ŋ̍ ꜁t‘ø	꜂uẽ ꜁t‘au	
饭筅炊帚	pm̩꜄ ꜂ts‘ĩ	pŋ̍꜄ ꜂ts‘ɛ̃	pɔ̃i꜄ ꜂ts‘ɔ̃i	
鼎间厨房	꜂tiɔ̃ ꜀kĩ	꜂tiɔ̃ ꜀kɛ̃	꜂tiã ꜀kɔ̃i	
鼎片锅盖	꜂tiɔ̃ p‘ĩ꜄	꜂tiɔ̃ p‘aiŋ꜄	꜂tiã p‘ĩ꜄	
信书信	sã꜄	sã꜄	sɛiŋ꜄	多数闽方言说“批”
人	꜁nã	꜁nã	꜁lɛiŋ	多数闽方言说“农”
手甲手指甲	꜂tʃ‘iau kɒ꜆	꜃tʃ‘iau kɒ꜆	꜂tʃ‘iu ka꜆	
目汁眼泪	꜃mu tsɿ꜆	꜃mu tsɿ꜆	꜃bu tsɤ꜆	
屎窟屁股	꜂sɿ k‘ui꜆	꜂sɿ k‘uɛ꜆	꜂sɤ k‘ue꜆	
我	꜀ŋuɒ	꜀ŋu	꜀gua	三个人称代词同调类，在闽中并同声母。多数闽方言“你、他”说“女、伊”
你	꜀ŋi	꜀ŋi	꜀gi	
渠他	꜀ŋy	꜀ŋy	꜀gy	
几多多少	꜂ki ꜀tuɒ	꜂ki ꜀to	꜂ke ꜀tua	
隻蛋的量词	tʃiɒ꜆	tʃiɒ꜆	tʃia꜆	多数闽方言说“粒”
话事说话	uɒ꜄ ʃia꜄	o꜄ ʃia꜄	ua꜄ sai꜄	闽中闽北同客赣
嬉玩儿	꜀k‘y	꜀k‘y	꜀k‘y	闽北音 ꜀xi，闽中有音变
腹饥饿了	pu꜆ ꜀kye	pu꜆ ꜀kyɛ	꜀kye	
遮盖（被子）	꜀tʃiɒ	꜀tʃiɒ	꜀tʃia	
讨摘（果子）	꜂t‘aɯ	꜂t‘aɯ	꜂t‘ɔ	
歇凉乘凉	ʃie꜆ ꜁liɑm	ʃie꜆ ꜁liam	ʃiɛ꜆ ꜁liŋ	
连缝（衣）	꜁lɛiŋ	꜁laiŋ	꜁nĩ	多数闽方言说“組”
铺铺（草席）	꜀p‘u	꜀p‘u	꜀p‘u	多数闽方言说“舒”
馌吃	꜃ie	꜃iɛ	꜃ie	
拍打	꜃mɒ	꜃mɒ	꜃mã	

续表

例词	永安	三元	沙县	备注
□□忘记	꜁lɒ ꜀po	꜃lauɯ pɒ꜄	꜁lau ꜁pau	
疾痛	꜃tsi	꜃tsi	꜃tsi	
紧绑紧	꜂kã	꜂kiã	꜂kɔ̃	闽方言多说“摸”或“报”
嫩菜嫩	nuã꜄	nuã꜄	nuĩ꜄	多数闽方言说“幼”
瘦肉瘦	sø꜄	sø꜄	sau꜄	闽方言多说“精”或“瘖”
软疲劳	꜂ŋɛiŋ	꜂ŋiaiŋ	꜂ŋẽ	
勤力勤劳	꜁kʻyɛiŋ ꜃ʃia	꜁kʻyaiŋ ꜃ʃia	꜁kʻyɛiŋ ꜃ʃia	
湿	tʃʻie꜆	tʃʻiɛ꜆	tʃʻiɛ꜆	闽方言多说“澹”或“滥”
浓粥稠	꜁lɐm	꜀lam	꜁lœyŋ	闽方言多说“浡”或“泂”
使得	꜂ʃia ta꜆	꜂ʃia tɛ꜆	꜂sai tɛ꜆	闽方言多说“解使”
怀得知不知道	aŋ꜄ ta꜆ ꜀ti	ã꜄ tɛ꜆ ꜀ti	ŋ̍꜄ tɛ꜆ ꜀ti	①
怀敢去不能去	aŋ꜄ ꜂kɑm kʻɯ꜄	ã꜄ ꜂kam kʻɯ꜄	ŋ̍꜄ ꜂kaŋ kʻo꜄	
捞怀着找不到	so꜄ aŋ꜄ ꜃tiɯ	so꜄ aŋ꜄ ꜃tiɯ	sau꜄ ŋ̍꜄ tio꜆	
徛着话站着说	꜃kʻya tiɯ꜆ uɒ꜄	꜃kʻɒ tiɯ꜆ o꜄	꜃kʻya tio꜆ ua꜄	“着”闽方言多说“咧”
□□好刚刚好	kʻõ꜄ kʻõ꜄ ꜂xaɯ	꜀kʻɔ̃ ꜀kʻɔ̃ ꜂xɯ	꜂kʻɔ̃ ꜂kʻɔ̃ ꜂xɔ	
边行边话边走边说	꜀pɛiŋ ꜁kiɔ̃ ꜀pɛiŋ uɒ꜄	꜀paiŋ ꜁kiɔ̃ ꜀paiŋ o꜄	꜀pĩ ꜁kiɔ̃ ꜀pĩ ua꜄	
罔话罔齐愈说愈多	꜂wm uɒ꜄ ꜂wm tse꜄	꜂m o꜄ ꜂m̩ tse꜄	꜂bɔuŋ ua꜄ ꜂bɔuŋ tse꜄	

3. 和闽南方言相同的，例如：

例词	永安	三元	沙县	备注
冥昏夜晚	꜁mõ ꜀xm̩	꜁mɔ̃ ꜀xŋ̍	꜁mɔ̃ ꜀xuĩ	
寒天冷	꜁kum	꜁kŋ̍	꜁kuĩ	
头壳脑袋	꜁tʻø kʻu꜆	꜁tʻø kʻu꜆	꜁tʻau kʻo꜆	
厚（茶）浓	꜃kø	꜃kø	꜃kau	
丛树的量词	꜁tsaŋ	꜁tsã	꜁tsɔuŋ	单棵的树
河溪银河	꜁xɒ ꜀kʻe	꜁xɒ ꜀kʻɛ	꜁xa ꜀kʻe	
啥货什么	꜂sɒ xɒ꜄	꜂kɔ̃ xɔ̃꜄	꜂sɔ̃ xɔ̃꜄	三元有音变
石级石阶	꜃ʃiɯ kʻa꜆	꜃ʃiɯ kʻia꜆	꜃ʃio kʻai꜆	
目眉眉	꜃mu ꜁mi	꜃mu ꜁mi	꜃bu ꜁bi	
厝瓦瓦片	tʃʻiɯ꜄ ꜂wm	tʃʻiɯ꜄ ꜂o	tsʻo꜄ ꜂ua	

① 闽中方言少为外地人所知。初到此地的人最先学会的就是“怀得知”这一句，所以有人称闽中方言“怀得知话”。

4. 和多数闽方言不同的，例如：

例词	永安	三元	沙县	备注
白日 白天	ˤpa ˤŋi	ˤpa ˤŋi	ˤpa ˤŋĩ	
对昼 中午	tuiᵓ tøᵓ	tuiᵓ tøᵓ	tuiᵓ tauᵓ	
前冥 昨天	꜁ts'õ ꜁mõ	꜁ts'ɔ̃ ꜁mɔ̃	꜁ts'ɔ̃i ꜁mɔ̃	
全工 整天	꜁tsɛiŋ ꜀kaŋ	꜁tsaiŋ ꜀kã	꜁tsĩ ꜀kɔuŋ	
工工 每天	꜀kaŋ ꜀kaŋ	꜀kã ꜀kã	꜀kɔuŋ ꜀kɔuŋ	闽北或同此说
冬至	꜀taŋ tsɿᵓ	꜀tã tsɿᵓ	꜀tɔuŋ tsɿᵓ	闽方言多数说“冬节”
个隻月 一个月	kuɒᵓ tʃiɒ꜆ ˤŋye	koᵓ tʃiɒ꜆ ˤŋyɛ	kaᵓ tʃia꜆ ˤye	
官曆 黄曆	꜀kum ˤliɒ	꜀kŋ̍ ˤliɒ	꜀kuĩ ˤlia	
户隊 门槛儿	ˤxu ˤtɛiŋ	ˤxŋ̍ ˤtaiŋ	꜁xuĩ ˤtaiŋ	沙县说“横隊”
坟 坟墓	꜁xuã	꜁xuã	꜁xuĩ	闽方言多说“墓”“塚”
河蜕 蚯蚓	꜁xuɒ ᶜʃyɛiŋ	꜁xɒ ᶜʃyaiŋ	꜁xa ᶜtʃ'yĩ	
糖蜂 蜜蜂	꜁t'ɑm ꜀p'an	꜁t'am ꜀p'ã	꜁t'ɔuŋ ꜀p'ɔuŋ	
狗蝨 跳蚤	ᶜø ʃia꜆	ᶜø ʃia꜆	ᶜau sai꜆	
狗牯 公狗	ᶜø ᶜku	ᶜø ᶜku	ᶜau ᶜko	同客赣方言说法
棉瓜 丝瓜	꜁mɛiŋ ꜀kuɒ	꜁mẽ ꜀ko	꜁mɛiŋ ꜀kua	
弄墘 种地	laŋᵓ ꜁ts'ĩ	nãᵓ ꜁ts'aiŋ	lɔuŋᵓ ꜁ts'ɔ̃i	
栽禾 插秧	꜀tsa ꜁ue	꜀tsa ꜁uɛ	꜀tsai ꜁ue	
禾 水稻	꜁ue	꜁uɛ	꜁gue	同客赣方言说法
包粟 玉米	꜀po sy꜆	꜀pɒ sy꜆	꜀pau sy꜆	同客赣方言说法
蚕子箬 桑叶	꜁ts'ɑm ᶜtsã ˤŋiɯ	꜁ts'am ᶜtsa ˤŋiɯ	꜁t'aŋ ᶜtsai ˤgio	
掌船 撑船	ts'õᵓ ꜁ʃyɛiŋ	ts'ɔ̃ᵓ ꜁ʃyaiŋ	ts'ɔ̃ᵓ ꜁ʃyĩ	
供豨 养猪	꜀kiɐm ᶜk'yi	꜀kiam ᶜk'yi	꜀kœyŋ ᶜk'ye	
汁水 泔水	tsɿ꜆ ᶜʃyi	tsɿ꜆ ᶜʃyi	tsɤ꜆ ᶜʃye	
爬孵 菢窝	꜁pɒ puᵓ	꜁pɒ puᵓ	꜁pa puᵓ	
镰铁 镰刀	꜁lɛiŋ t'e꜆	꜁laiŋ t'e꜆	꜁nĩ t'ɛ꜆	
瓮 瓶子	aŋᵓ	ãᵓ	ɔuŋᵓ	闽北说“瓮子”
炊床 蒸笼	꜀tʃ'ye ꜁sõ	꜀tʃ'yɛ ꜁sam	꜀tʃ'ye ꜁saŋ	
羹匙 调羹	꜀kõ ꜁ʃie	꜀kɔ̃ ꜁ʃiɛ	꜀kɔ̃ ꜁ʃie	
手巾 毛巾	ᶜtʃ'iau ꜀kuã	ᶜtʃ'iau ꜀kuã	ᶜtʃ'iu ꜀kuĩ	
衣裳裤 衣裳	꜀i ꜁ʃiɑm k'uᵓ	꜀i ꜁ʃiam k'uᵓ	꜀i ꜁ʃiŋ k'uᵓ	
电油 电池	tɛiŋᵓ ꜁iau	taiŋᵓ ꜁iau	tĩᵓ ꜁iu	沙县又说“电泥”
屙屎纸 手纸	ŋoᵓ ᶜsɿ ᶜtʃya	꜀e ᶜsɿ ᶜtʃio	ᶜke ᶜsɿ ᶜtsua	
货 东西	ᶜxɒ	ᶜxɒ	ᶜxa	
票 钞票	p'iɯᵓ	p'iɯᵓ	p'ioᵓ	闽北或同此说
饭汤 米汤	pmᵓ ꜀t'ɑm	pŋ̍ᵓ ꜀t'am	puĩᵓ ꜀t'aŋ	
豨膫油 生猪油	ᶜk'yi ꜁liɯ ꜁iau	ᶜk'yi ꜁liɯ ꜁iau	ᶜk'ye ꜁lio ꜁iu	

续表

例词	永安	三元	沙县	备注
线面	sɛiŋ꜄ mɛiŋ꜄	saiŋ꜄ maiŋ꜄	sĩ꜄ mĩ꜄	闽方言少有这种说法
丈夫倌 男人	꜃tiam ꜀pu ꜁sɒ	꜃tiam ꜀pu ꜁sɒ	꜃tiŋ ꜀pu ꜁ʃia	闽西客话亦称人为倌
阿娘倌 女人	꜀õ ꜁ŋiɑm ꜁sɒ	꜀õ ꜁ŋiam ꜁sɒ	꜀a ꜁iŋ ꜁ʃia	闽北多说“阿娘”
阿娘 妻子	꜀õ ꜁ŋiɑm	꜀õ ꜁ŋiam	꜀a ꜁iŋ	
囝子倌 小孩儿	꜂kyɛiŋ ꜂tsã ꜁sɒ	꜂kyaiŋ ꜂tsa ꜁sɒ	꜂kyẽ ꜂tsai ꜁ʃia	
老兄 哥哥	꜂lauɯ ꜀ʃiõ	꜂lauɯ ꜀ʃiɔ̃	꜂lɔ ꜀ʃiɔ̃	
老弟 弟弟	꜂lauɯ ꜃te	꜂lauɯ ꜃tɛ	꜂lɔ ꜃tie	同客赣方言说法
娘囝 女儿	꜁ŋiɑm ꜂kyɛiŋ	꜁ŋiam ꜂kyaiŋ	꜁iŋ ꜂kyẽ	
婿郎 女婿	sa꜄ ꜁lɑm	sa꜄ ꜀lam	sai꜄ ꜀laŋ	同客赣方言说法
孙子 侄儿	꜀suã ꜂tse	꜀suã ꜂tsa	꜀suĩ ꜂tsai	闽方言多说“孙”“孙囝”
长年 长工	꜁tɑm ꜁ŋiɛiŋ	꜁tam ꜁ŋiaiŋ	꜁taŋ ꜁ŋĩ	
嘴 嘴巴	꜂tse	꜂tsui	꜂tsue	闽方言多说“喙”
目珠核 眼珠	꜃mu ꜀tʃy ꜃xuɒ	꜃mu ꜀tʃy ꜃xuɛ	꜃bu ꜀tʃiu ꜃xue	
面嘴 脸	mɛiŋ꜄ ꜂tse	maiŋ꜄ ꜃tsui	mĩ꜄ ꜂tsue	闽方言多说“面”
头空 额头	꜁t‘ø ꜀k‘aŋ	꜁t‘ø ꜀k‘ã	꜁t‘au ꜀k‘ɔuŋ	
头疕 头皮	꜁t‘ø ꜂p‘i	꜁t‘ø ꜂p‘i	꜁t‘au ꜂p‘i	
耳子 耳朵	꜂nã ꜂tsã	꜂nã ꜂tsa	꜂lɛiŋ ꜂tsai	
头发	꜁t‘ø pue꜆	꜁t‘ø puɛ꜆	꜀t‘au puɛ꜆	闽方言多说“头毛”
腹屎 肚子	pu꜆ ꜂sɿ	pu꜆ ꜂sɿ	po꜆ ꜂sɤ	
骹子头 膝盖	꜀k‘o ꜂tsã ꜁t‘ø	꜀k‘ɒ ꜂tsi ꜁t‘ø	꜀k‘au ꜂tsɿ ꜁t‘au	
行嫁 出嫁	꜁xĩ kɒ꜄	꜁xẽ kɒ꜄	꜀xɔ̃ ka꜄	
病妹 害喜	põ꜄ mue꜄	pɔ̃꜄ muɛ꜄	pɔ̃꜄ bue꜄	闽方言多说“病囝”
成病 生病	꜁ʃiõ põ꜄	꜁ʃiɔ̃ pɔ̃꜄	꜁ʃiɔ̃ pɔ̃꜄	
成痧 中暑	꜁ʃiõ ꜀sɒ	꜁ʃiɔ̃ ꜀sɒ	꜁ʃiɔ̃ ꜀sa	
病癞 麻风	põ꜄ so꜆	pɔ̃꜄ ʃyo꜄	pɔ̃꜄ sa꜆	
热痱 痱子	꜃ŋya pui꜄	꜃ŋyo pui꜄	꜃ya pui꜄	与客方言说法同
打泻 拉肚子	꜂tɑ siɒ꜄	꜂tɒ siɒ꜄	꜂ta sia꜄	
倒眠 睡觉	꜂tauɯ ꜁mã	꜂tauɯ ꜁mã	꜂tu ꜁mɛiŋ	
鼾眠 打鼾	꜁xm̩ ꜁mã	꜁xŋ ꜁mã	꜁xaŋ ꜁mɛiŋ	
脱 脱（衣服）	t‘ue꜆	t‘uɛ꜆	t‘ue꜆	闽方言多数说“褪”
暎 看	iõ꜄	iɔ̃꜄	iɔ̃꜄	同客赣方言说法
鼻 吻	p‘i꜄	p‘i꜄	p‘i꜄	
□□ 蹲	꜂kɒ lɒu꜄	ku꜄ lau꜄	ku꜄ lu꜄	
捞 涉（水）	꜀ʃie	꜀ʃiɛ	꜀ʃio	
拗 擘	꜂ɒ	꜂ɒ	꜂au	
束 拧（干）	sɒu꜆	sau꜆	so꜆	

续表

例词	永安	三元	沙县	备注
□□盖（盖子）	kʻøᵓ løᵓ	kʻøᵓ løᵓ	kʻauᵓ lauᵓ	
结打（毛衣）	ka꜆	kia꜆	kai꜆	
供餵（饭）	꜀kiɑm	꜀kiam	꜀kœyŋ	
盪罢失落	tʻumᵓ pɒᵓ	tʻŋ̍ᵓ pɒᵓ	tʻuĩᵓ paᵓ	闽北亦说"盪"
（腹）急生气	ke꜆	pu꜆ kɛ꜆	pu꜆ ke꜆	
话泛事撒谎	uɒᵓ pʻɔ̃ᵓ ʃiaᵓ	oᵓ pʻɔ̃ᵓ ʃiaᵓ	uaᵓ pʻɔ̃ᵓ ʃiaᵓ	泛俗写"冇"
呆坏	꜀te	꜀tɛ	꜀te	闽东方言同此
冷水冷	ᶜnɔ̃i	ᶜnɛ̃	ᶜnuɛ̃	闽方言多数说"清"
□凹	maᵓ	mɛ꜆	mɛ꜆	
老不嫩	ᶜlaɯ	ᶜlaɯ	ᶜlo	闽方言多数说"过"（平声）
增（粥）稀	꜀tsã	꜀tsã	꜀tsɛiŋ	闽北或同此说
夹挤	꜃ke	꜃kɛ	꜃ke	
嘴燋渴	ᶜtse ꜀tiɯ	ᶜtsui ꜀tiɯ	ᶜtsue ꜀tio	
慢迟	mĩᵓ	mɛᵓ	mɔ̃iᵓ	
烈快	liɒ꜆	liɒ꜆	lia꜆	声调变读
（懒）䞼懒	꜁nĩ ꜃tɛiŋ	꜁nɛ̃ ꜃taiŋ	ᶜtɛiŋ	
差错	꜀tsʻɒ	꜀tsʻɒ	꜀tsʻa	
古怪凶恶	ᶜku kueᵓ	ᶜku kuɛᵓ	ᶜko kueᵓ	
□□髒	꜃lɒ ꜃lø	lɒᵓ xɒᵓ	꜃la xaᵓ	
得人㚷可爱	ta꜆ ꜁nã tʃʻiɯ꜆	tɛ꜆ ꜁nã tʃʻiɯ꜆	tɛ꜆ ꜁lɛiŋ tʃʻiɔ꜆	
者隻这个	ᶜtʃiɒ tʃiɒ꜆	ᶜtʃiɒ tʃiɒ꜆	ᶜtʃia tʃia꜆	
兀隻那个	ᶜuɒ tʃiɒ꜆	ᶜo tʃiɒ꜆	ᶜgua tʃia	
家自自己	꜀kɒ tsiᵓ	꜀ko tsiᵓ	꜀ko tsiᵓ	
我侪我们	꜀ŋuɒ ꜁tse	꜀ɔ̃ ꜁tsɛ	꜀ɔ̃ ꜁tse	三元、沙县为"俺侪"
你侪你们	꜀ŋi ꜁tse	꜀ŋi ꜃tsɛ	꜀gi ꜁tse	
渠侪他们	꜀ŋy ꜁tse	꜀ŋy ꜁tsɛ	꜀gy ꜁tse	
个隻一个（人）	ᶜkuɒ tʃiɒ꜆	koᵓ tʃiɒ꜆	kaᵓ tʃia꜆	永安声调变读
十宽十几（个）	꜃sɿ ꜀kʻum	꜃sɿ ꜀kʻŋ̍	꜃sɿ ꜀kʻuĩ	
何（啥）地哪里	꜁xɒ tiᵓ	꜁xɒ tiᵓ	ᶜsi tiᵓ	
核蚊子的量词	꜃xuɒ	꜃xuɛ	꜃xue	
头个回第一次	꜁tʻø ᶜkuɒ ꜁xui	꜁tʻø ᶜko ꜁xui	꜁tʻau kaᵓ ꜁xui	
行一支烟	꜁ɔ̃	꜁ɔ̃	꜁ɔ̃	
巢一窝蜂	꜁tsʻø	꜁tsʻø	꜁tsʻau	
掐个下打一下	꜃mɒ koᵓ ꜃xɒ	꜃mɒ koᵓ ꜃xɒ	꜃ma kaᵓ xaᵓ	闽北也说"掐"
使唔得不行	ᶜʃia aŋᵓ ta꜆	ᶜʃia ãᵓ tɛ꜆	ᶜsai ŋ̍ᵓ tɛ꜆	

续表

例词	永安	三元	沙县	备注
食唔得 吃不得	꜃ie aŋ꜄ ta꜆	꜃iɛ ã꜄ tɛ꜆	꜃ie ŋ̍꜄ tɛ꜆	闽方言多说“𫗴食得”
伓得去 不必去	aŋ꜄ ta꜆ k‘ɯ꜄	ã ta꜆ k‘ɯ꜄	ŋ̍꜄ tai꜆ k‘o꜄	
太齐 太多	t‘ɒ꜄ tse꜄	t‘ɒ꜄ tsɛ꜄	t‘a꜄ tse꜄	闽方言很少说“太”
勿惊 别怕	꜃mui ꜀kiõ	꜃mui ꜀kiɔ̃	꜃bui ꜀kiɔ̃	
𫗴得眠 睡不着	꜃me ꜁ty ꜁mã	mɛ꜄ taɯ꜆ ꜁mã	꜃me ꜂tu ꜁mɛiŋ	
伓在厝 不在家	aŋ꜄ tsa꜄ tʃ‘iɯ꜄	ã꜄ ꜃tsa tʃ‘iɯ꜄	꜁mɔ̃ tsai꜄ ts‘o꜄	沙县为“毛在厝”
悬极 很高	꜁kyɛiŋ ꜃ki	꜁kŋ̍ ꜃ki	꜁kuĩ ꜃ki	
一般悬 一样高	i꜆ ꜀pm̩ ꜁kyɛiŋ	i꜆ ꜀pŋ̍ ꜁kŋ̍	i꜆ ꜀pɔ̃i ꜁kuĩ	
逐渠伓着 跟不上他	꜃ty ꜀ŋy aŋ꜄ ꜃tiɯ	꜃lɛ ꜀ŋy ã꜄ ꜃tiɯ	꜂ty ꜀gy ŋ̍꜄ ꜃tio	
欠人搦去 被人抓走	k‘ɛiŋ꜄ ꜁nã ꜃lɒ k‘ɯ꜄	k‘ɛ̃꜄ ꜁nã ꜃lɒ k‘ɯ꜄	k‘iŋ꜄ ꜁lɛiŋ ꜃nã k‘o꜄	
拿渠请来 把他请来	꜃lɒ ꜀ŋy ꜂ts‘iõ ꜁la	꜂lo ꜀ŋy ꜂ts‘iɔ̃ ꜁la	꜂nɔ̃ ꜀gy ꜂ts‘iɔ̃ ꜁lai	
拿钱欠渠 给他钱	꜀nõ ꜁tsɛiŋ k‘ɛiŋ꜄ ꜀ŋy	꜀nɔ̃ ꜀tsaiŋ k‘ɛ̃꜄ ꜀ŋy	꜀nɔ̃ ꜀tsĩ k‘iŋ꜄ ꜀gy	
你行打头 你先走	꜀ŋi ꜁kiõ ꜂tɒ ꜁t‘ø	꜀ŋi ꜁kiɔ̃ ꜂tɒ꜄ t‘ø	꜀ŋĩ ꜁kiɔ̃ ꜂ta ꜁t‘au	

（二）闽中方言内部不同的词汇

1. 三点中有两种说法的（例词以普通话立目，各点有不同的注明方言说法，下同）：

例词	永安	三元	沙县	备注
从前	以前 ꜂i ꜁ts‘ɛiŋ	上年 ʃiam꜄ ꜁ŋiaiŋ	꜂e ꜁ts‘ĩ	三元也说“以前”
大前年	老前年 ꜂laɯ ꜁ts‘ɛiŋ ꜁ŋiɛiŋ	꜂laɯ ꜁ts‘aiŋ ꜁ŋiaiŋ	大前年 tua꜄ ꜁ts‘ĩ ꜀ŋĩ	
前面	前边 ꜁ts‘ɛiŋ ꜀pɛiŋ	前向 ꜁ts‘aiŋ ʃiam꜄	꜁ts‘ĩ ꜀pĩ	
里面	腹底 pu꜆ ꜂ti	pu꜆ ꜂ti	屋底 u꜆ ꜂ti	
外面	前边 ꜁ts‘ɛiŋ ꜀pɛiŋ	꜁ts‘aiŋ ꜀paiŋ	屋前 u꜆ ꜁ts‘ĩ	
地方	停场 ꜁tã ꜁tiɑm	꜁tã ꜁tiam	场所 ꜁tiŋ ꜂so	
气味	气息 k‘i꜄ si꜆	k‘i꜄ si꜆	气 k‘i꜄	
味道	味道 yi꜄ ꜃taɯ	味素 yi꜄ sau꜄	yi꜄ su꜄	
屋簷	簷尾 ꜁iɛiŋ ꜂mue	꜁iaiŋ ꜂muɛ	屋簷 u꜆ ꜁ĩ	
窗门	窗门 ꜀t‘aŋ ꜁muĩ	推门 ꜀t‘ui ꜁muã	꜀t‘œyŋ ꜁mɔ̃i	
垃圾	垃圾 ꜃lø sɒu꜆	垃货圾 ꜃lɒ xɒ꜄ ꜃saɯ	꜀la xa꜄ suɛ꜆	
松球	松柏蕊 ꜁tsɐm pɒ꜆ ꜂lui	꜁tsam pɒ꜆ ꜂lui	松子 ꜀sɔuŋ ꜂tsai	
芝麻	油麻 ꜁iɯ ꜁mɒ	麻 ꜁mo	꜁mua	
西红柿	洋柿 ꜁iɑm ꜃k‘i	番柿 ꜀xã ꜃k‘i	꜀xuĩ ꜃k‘i	
南瓜	番瓠 ꜀xm̩ ꜁pu	꜀hŋ̍ ꜁pu	金瓜 ꜀kɛiŋ ꜀kua	
柚子	□ ꜀t‘ø	꜀t‘ø	柚 iu꜄	
粥	糜 ꜁mue	꜁muɛ	粥 tsø꜆	
皮蛋	□卵 ꜁nuã ꜃sum	皮卵 ꜁p‘uɛ ꜃ʃyɛ̃	꜁p‘ue ꜃suĩ	
下饭菜	菜 ts‘a꜄	ts‘a꜄	配 p‘ue꜄	

续表

例词	永安	三元	沙县	备注
抽屉	桌厨 tsaɯ꜆ ꜁ty	厨簏 ꜁ty lau꜆	tso꜆ ꜁ty	沙县也说“厨簏”
热水瓶	滚水壶 ꜂kuã ꜂ʃyi ꜁xu	茶壶 ꜁tsɑ ꜁xu	꜁tʃia ꜁xu	
蓑衣	蓑衣 ꜀saɯ ꜀i	棕衣 ꜀tsã ꜀i	꜀tsɔuŋ ꜀i	
眼镜	眼镜 ꜂ŋɛiŋ kiõ꜄	꜂ŋiaiŋ kiɔ̃꜄	目镜 ꜃bu kiɔ̃꜄	三元也说“目镜”
脸盆	面盆 mɛiŋ꜄ ꜁puã	maiŋ꜄ ꜁puã	三罗 ꜀sɔ̃ ꜁lo	
尿布	屎□ ꜂sʅ t‘e꜄	尿布 ŋiɯ꜄ pu꜄	io꜄ pu꜄	
旱烟管	烟筒 ꜀iɛiŋ ꜁taŋ	熏酒筒 ꜀hŋ̍ ꜂tsiau ꜁tã	꜀xɔ̃i ꜂tsiu ꜀tɔuŋ	熏酒：烟酒
锉刀	鑢刀 ly꜄ ꜀taɯ	锉刀 t‘o꜄ ꜀taɯ	ly꜄ ꜀to	
肥皂	番仔蜡 ꜀xm̩ ꜂tsã ꜃lɒ	꜀xŋ̍ ꜂tsa ꜃lɒ	洋碱 ꜁iŋ ꜂kɔ̃i	
竹竿晒衣用	竹篙 ty꜆ ꜀kɯ	竹笎 ty꜆ m̩꜄	tø꜆ ꜀ko	永安也说“竹芜”
锄头	镢头 kiɯ꜆ ꜁t‘ø	kiɯ꜆ ꜁t‘ø	锄头 ꜁ty ꜁t‘au	
银元	番边 ꜀xm̩ ꜀pɛiŋ	꜀hŋ̍ ꜀paiŋ	大银 tua꜄ ꜁giŋ	沙县又说“番钱”
鳖	圆鱼 ꜁yɛiŋ ꜁ŋy	塘鱼 ꜁tŋ̍ ꜁ŋy	꜁yɛiŋ ꜁gy	
胎盘	伴 ꜃p‘m̩	꜂p‘ŋ̍	衣 ꜀i	
牙齿	牙齿 ꜁ŋɒ ꜂ts‘ʅ	꜁ŋɒ ꜂ts‘ʅ	齿齿 ꜂ts‘ʅ ꜂ts‘ɤ	
喉咙	喉咙头 ꜁õ ꜁nõ ꜁t‘ø	喉头 ꜀ɔ̃ ꜁t‘ø	꜁ɔ̃ ꜁nɔ̃ ꜁t‘au	
男阴	朘 ꜃tsue	꜀tsuɛ	朘仔 tsue꜆ ꜂tsai	
女阴	膣 ꜀tsʅ	꜀tsʅ	屄 pe꜆	
祖父	唵公 ꜀õ ꜀kaŋ	太公 t‘ai꜄ ꜀kã	꜀ɔ̃ ꜀kɔuŋ	称谓均取背称
祖母	唵妈 ꜀õ ꜂mɒ	婆妈 ꜁paɯ ꜂mɒ	꜀ɔ̃ ꜂ma	
父亲	唵爸 ꜀õ ꜀pa	老子 ꜂laɯ ꜂tsʅ	꜂lɔ ꜂tsɤ	
母亲	唵妈 ꜀õ ꜁mã	老妈 ꜂laɯ ꜂mɒ	꜂lɔ ꜂mã	
丈夫	丈夫 ꜃tiɑm ꜀pu	꜃tiam ꜀pu	老公 ꜂lɔ ꜀kɔuŋ	
姐姐	大姊 tɒ꜄ ꜂tsi	to꜄ ꜂tsi	阿姊 ꜀o ꜂tse	
伯父	大伯 tɒ꜄ pɒ꜆	to꜄ pɒ꜆	阿伯 ꜀o pa꜆	
伯母	大奶 tɒ꜄ ꜂le	to꜄ ꜂lɛ	阿奶 ꜀o ꜂le	
和尚	和尚 ꜁xaɯ ʃiɑm꜄	长老 ꜂tiam ꜂laɯ	꜁xo ʃiŋ꜄	
道士	南魔 ꜁laŋ ꜁mo	꜁nã ꜁mo	做道 tso꜄ ꜃to	
婢女	老婢 ꜂laɯ ꜃pi	꜂laɯ ꜃pi	阿婢 ꜀o ꜂pi	
出麻疹	病蜢 põ꜄ ꜂mã	出蜢 tʃ‘yi꜆ ꜂mã	tʃ‘yi꜆ ꜂mɔuŋ	永安也说“出蜢”
出天花	病痘 põ tø꜄	pɔ̃꜄ tø꜄	出痘 tʃ‘yi꜆ tau꜄	
小产	断妹 ꜂t‘um mue꜄	t‘ŋ̍꜄ muɛ꜄	落妹 lɔ꜆ mue꜄	
出殡	出殡 tʃ‘yi꜆ pã꜄	出棺 tʃ‘yi꜆ ꜀kŋ̍	tʃ‘yi꜆ ꜀kɔ̃i	
下棋	动棋 ꜃taŋ ꜁ki	꜃tã ꜁ki	行棋 ꜁kiɔ̃ ꜁ki	
帮忙	济工 tse꜄ ꜀kaŋ	tsɛ꜄ ꜀kã	相帮 ꜀siŋ ꜀paŋ	
闭眼	□ ŋi꜆	瞌 ts‘ʅ꜆	ts‘ɤ꜆	

续表

例词	永安	三元	沙县	备注
点头	点 ꜂tʻã	碓 tui꜄	꜂tʻεiŋ	永安又说“碓”
盛饭	贮 ꜂tɒu	꜂tau	装 ꜀taŋ	
扔石子	□ ꜀pεiŋ	꜀paiŋ	□ ꜂touŋ	
躲	□ ꜂ma	꜂ma	躲 ꜂tɔ	
漂亮	爽利 ꜂sɑm li꜄	斯爽 ꜀sɿ ꜂sam	꜀sɿ ꜂saŋ	
干净	清气 ꜀tsʻã kʻi꜄	꜀tsʻã kʻi꜄	伶俐 la꜆ le꜆	
(茶)淡	薄 ꜃paɯ	饕 ꜃tsiɔ̃	꜂tsiɔ̃	
一元(钱)	个块 ko꜄ kʻue꜄	ko꜄ kʻue꜄	个□ ka꜆ tsʻui꜄	
(一)件(事)	样 iɑm꜅	iam꜅	件 ꜃kĩ	
一点儿	个丝丝 ko꜄ ꜀si ꜀si	个滴滴 ko꜄ ꜂ti ꜃ti	ka꜆ ꜀si ꜀si	
(一)座(房子)	铺 ꜀pʻu	栋 tã꜄	□ touŋ꜄	沙县又说“直”
一块(饼)	块 kʻue꜄	kʻue꜄	□ tsʻui꜄	沙县又说“隻”
一辆(车)	架 kɒ꜄	篷 ꜁pɔ̃	꜁pʻouŋ	
一只(鸡)	隻 tʃiɒ꜆	tʃiɒ꜆	头 ꜁tʻau	
该(走了)	用着 iɑm꜅ ꜂tiɯ	iam꜅ ꜂tiɯ	该 ꜀kai	

2. 三点各有不同说法的:

例词	永安	三元	沙县	备注
现在	即久 tsiu꜆ ꜂ku	□□ ꜀kiaiŋ ꜁mɔ̃	□□ ꜀kĩ ꜀sɔ̃i	
前天	前工 ꜁tsʻεiŋ ꜀kaŋ	前冥工 ꜀tsʻaiŋ ꜁mɔ̃ ꜀kã	前各工 ꜁tsʻĩ ka꜆ ꜀kouŋ	
清晨	天光早 ꜀tʻεiŋ ꜀kɑm ꜂taɯ	刚新早 ꜀kʻɔ̃ ꜀sã ꜂tsaɯ	天光 ꜀tʻĩ ꜀kɔ̃	
一会儿	个下下 ko꜄ ꜃xɒ ꜃xɒ	个下子 ko꜄ ꜃xɒ ꜂tsa	个丝久 ka꜆ ꜀si ꜂kio	三元也说“个丝久”
信封	信袋 sã꜄ tue꜄	信封 sã꜄ ꜀xã	信筒 sεiŋ꜄ ꜁touŋ	
火柴	硫磺签 ꜁liau ꜁xm̩ ꜀tsʻεiŋ	自来火 tsɿ꜅ ꜁la ꜂xuε	番子火 ꜀xuĩ ꜂tsai ꜂xuε	
辣椒	胡椒鼻 ꜁xu ꜀tsiɯ pʻi꜄	茄椒 ꜁kiɯ ꜀tsiɯ	辣椒 la꜆ ꜀tsio	
萤火虫	蛾火珠珠 ꜁ŋya ꜂xue ꜀tʃy ꜀tʃy	蛾火 ꜁ŋyo ꜂xuε	萤火 ꜁giŋ ꜂xuε	
蝉	蝉蚱 ꜁tsɑm ꜁tsue	咝咝吵 ꜂si ꜂si ꜀sɒ	呼噜咝吵 ꜀xu ꜀lu ꜀si sa꜆	
蜻蜓	蜱□ ꜀pi ꜂kia	□□□ ꜃kiã ꜂nã ꜀pʻuε	蜻蜓 ꜀tsʻεiŋ ꜁tʻεiŋ	
麻雀	禾谷仔 ꜁ue ku꜆ ꜂tsã	斑雀仔 ꜀paiŋ tsiɒ꜆ ꜂tsa	雀仔 tsia꜆ ꜂tsai	
蝙蝠	琵琶老鼠 ꜁pi ꜁pɒ ꜂laɯ ꜂tʃʻy	琵琶榆 ꜁pi ꜁paɯ ꜁iaiŋ	壁婆 pi꜆ ꜁po	
蛤蟆	黄鸡嫲 ꜁wm ꜀ke ꜁mɒ	□□婆 ꜂ε ꜂kʻε ꜁paɯ	洋鸡嫲 ꜁iŋ ꜀kie ꜁ba	
婆婆	婆咧 ꜁paɯ ꜂le	妈 ꜂ma	唵婆 ꜀ɔ̃ ꜁po	
叔父	叔仔 ʃy꜆ ꜂tsã	叔 ʃy꜆	阿叔 ꜀o ʃy꜆	
舅父	母舅 ꜂mu ꜃kiau	舅 ꜃kiau	阿舅 ꜀o ꜃kiu	

续表

例词	永安	三元	沙县	备注
叔母	婶姐 ᶜʃiã ᶜtsiɒ	婶 ᶜʃiã	阿姐 ꜀o ᶜtsia	
脖子	脰颈 t'øᵓ ᶜkiõ	项头 ᶜɔ̃ ꜁t'ø	脰总 tauᵓ ᶜtsœyŋ	
剪子	剪仔 ᶜtsĩ ᶜtsã	□□ ᶜtsɛ kɒ꜀	剪剪 ᶜtsɔ̃i ᶜtsɔ̃i	
吃早饭	馌天光 ᶜie ꜀t'ɛiŋ ꜀kɑm	馌刚新 ꜃iɛ ꜀k'ɔ̃ ꜀sã	馌早 ꜃ie ᶜtsɔ	
(肉汤)结冻	凝冻 ꜁ŋĩ taŋᵓ	结冻 kiɛ꜀ taᵓ	冻 tɔuŋᵓ	
背(小孩)	□ ꜀pa	背 ꜃puɛ	□ ꜃ʃia	
赌咒	起咒 ᶜk'i tʃiauᵓ	赌咒 ᶜtau tʃiauᵓ	起誓 ᶜk'i sieᵓ	
癫痫	羊公痐 ꜁iɑm ꜀kaŋ ꜀sum	羊仔癫 ꜁iam ᶜtsa ꜀taiŋ	豨嫲癫 ᶜk'ye ꜁ma ꜀tĩ	
随便(走走)	随便 ꜁sui pɛiŋᵓ	随意 ꜁sui iᵓ	罔 ᶜbɔuŋ	
丑陋	獃 ꜀te	难人 ꜁nua ꜁nã	呆 ꜃gai	
谁	是啥 siᵓ ꜀sɒ	何隻 ꜁xɒ tʃiɒ꜀	啥人 ᶜsɔ̃ ꜁nɛiŋ	永安也说“何隻”
他的	渠格 ꜀ŋy · ke	渠的 ꜀ŋy · ti	渠哩 ꜀gy · li	
告诉他	做渠话 tsauɯᵓ ꜀ŋy uɒᵓ	欠渠话 k'ɛ̃ᵓ ꜁ŋy oᵓ	告渠话 koᵓ ꜀gy guaᵓ	
到处跑	通四边去 ꜀t'aŋ siᵓ ꜀pɛiŋ k'ɯᵓ	四向去 siᵓ ʃiamᵓ k'ɯᵓ	满 各 块 去 ᶜmuẽ koᵓ ᶜk'ue k'oᵓ	

五 结语

以上所比较的字音共265个，其中208字是反映闽中方言内部的共同特点，只有57字反映了不同的特点。所比较的词汇共330条，其中本地区说法相同的占230条，反映内部差异的100条。由此可见，闽中方言三点之间有着明显的一致性。三县之间人们通话无困难也说明这种一致性。

从比较的材料还可以看出，闽中方言属于闽方言是没有问题的。在福建的闽方言中，它与闽北方言的关系较深，但也有不少独特之处。把闽中方言立为福建境内闽方言的一个区也是有根据的。

闽中方言的这些特点，对于研究闽方言的发展及其相互间的关系乃至对于研究汉语史都有重要的价值，鉴于这个小区方言使用人口少，随着普通话的迅速普及，许多方言特点在年轻一代的口语里正在急剧消失，及时地深入地调查本区方言是十分必要的。

说明：本文语料是作者本人于20世纪80年代重新做过多次调查的，首次发表于《闽语研究》，语文出版社，1991年。另外，《福建县市方言志十二种》（福建教育出版社，2001年）中有三明、明溪、沙县方言志，可供参阅。

闽西北七县市的方言

一　概说

本文是闽西北七县市的方言调查报告。这七个县市指的是邵武市和光泽、建宁、泰宁、顺昌、将乐、明溪六县。这一带是闽方言和客赣方言的交界地带，东邻的崇安（今武夷山市）、建阳、建瓯、南平等县市属闽北方言区；东南邻界的沙县、三明、永安三县市是闽中方言区；西南面的宁化、清流两县通行的是闽西客方言；西面相邻的江西省各县是赣方言的赣东（抚广）片。[①] 处在两大方言的几个区之间的这七个县市的方言呈现了纷繁复杂的状况。它们之间有一些共同的特点，但彼此间的差异也很大，究竟这里是不是一个方言区，属于哪种方言，很值得研究。罗杰瑞先生认为邵武话、将乐话都是闽方言[②]，我们以为还有待商榷。为了弄清这一带方言的面貌，我们把多年来陆续实地调查的材料整理成这个报告。

闽西北七县市位于武夷山主脉的南段——杉岭，富屯溪自光泽南下，金溪自建宁东来，在顺昌会合，除明溪县东部属沙溪水系外，七县市正是富屯溪、金溪流域。这片中低山地和沿溪散布的河谷盆地属于亚热带季风气候，年平均雨量都在1700毫米以上，本是个农林牧均宜的地方，由于历史的原因，在1400多平方公里的土地上，只有100万人口，是个地广人稀的山区。

从历史上说，这里也是福建较早开发的地区。三国吴景帝永安三年（260年）福建全境首立建安郡，所辖的十个县中五县在闽北：建安（今建瓯）、建平（今建阳、崇安）、吴兴（今浦城）、东平（今松溪、政和）、南平；还有三县在闽西北：昭武（后避司马昭讳改名邵武，包括今邵武、光泽）、绥安（今建宁、泰宁）、将乐（包括今顺昌、

---

① 参见颜森《江西方言的分区（稿）》,《方言》1986年第1期。

② 在 *The Classification of the Shaowu Dialect*（《史语集刊》53本3分，台北，1982年）一文中，罗先生称邵武话、将乐话为“闽方言的远西语支”，在《闽北方言的第三套浊塞音和清塞擦音》一文中，罗先生把它们列为“闽北方言”。

将乐和明溪一部分）。唐武德四年（621 年）建安郡改为建州，辖七县，包括闽北的建安、建平、唐兴（即吴兴）和这一带的邵武、将乐、绥城（即绥安）。五代南唐中兴年间绥城县分立归化县（957 年）和建宁县（959 年）。五代晋开运三年分建州南部立剑州辖将乐县，第三年（948 年）分将乐地置顺昌县。宋太平兴国四年（979 年）邵武县升为“军”，次年（980 年）置光泽县，宋哲宗元祐元年（1086 年）归化县改称泰宁县。此后，邵武、光泽、建宁、泰宁先后属邵武军、邵武路、邵武府；顺昌、将乐则属南剑州、南剑路、延平府。明溪县则是明成化六年（1470 年）划了将乐、宁化、清流各两个乡和沙县一个乡而置的归化县，历属汀州府，直到 1933 年才改名明溪县。[①] 以上历史沿革可用下面表 1 表示，括号中的数字为公元纪年。

表 1

<table>
<tr><th rowspan="2">今名</th><th colspan="2">三国</th><th colspan="2">唐</th><th colspan="2">五代</th><th colspan="2">宋</th><th colspan="2">明</th></tr>
<tr><th>县名</th><th>属</th><th>县名</th><th>属</th><th>县名</th><th>属</th><th>县名</th><th>属</th><th>县名</th><th>属</th></tr>
<tr><td>邵武市</td><td rowspan="2">昭武（260）</td><td rowspan="6">建安郡</td><td rowspan="2">邵武</td><td rowspan="6">建州（621）</td><td rowspan="2">邵武</td><td rowspan="6">建州</td><td>邵武</td><td rowspan="4">邵武军（979）</td><td>邵武</td><td rowspan="4">邵武府</td></tr>
<tr><td>光泽县</td><td>光泽（980）</td><td>光泽</td></tr>
<tr><td>泰宁县</td><td rowspan="2">绥安（260）</td><td rowspan="2">绥城（621）</td><td>归化（957）</td><td>泰宁（1086）</td><td>泰宁</td></tr>
<tr><td>建宁县</td><td>建宁（959）</td><td>建宁</td><td>建宁</td></tr>
<tr><td>顺昌县</td><td rowspan="2">将乐（260）</td><td rowspan="2">将乐</td><td>顺昌（948）</td><td>顺昌</td><td rowspan="3">南剑州（946）</td><td>顺昌</td><td rowspan="2">延平府</td></tr>
<tr><td>将乐县</td><td>将乐</td><td>将乐</td><td>将乐</td></tr>
<tr><td rowspan="2">明溪县</td><td colspan="7">沙县（425）部分乡</td><td rowspan="2">归化（1470）
民国改明溪</td><td rowspan="2">汀州府</td></tr>
<tr><td colspan="7">宁化（726）清流（1098）部分乡</td><td>汀州</td></tr>
</table>

唐宋以后，福建的经济文化中心转移到沿海。闽西北各县历来是农民起义的战场。唐末的黄巢起义、宋末的赵汝为起义，明末的邓茂七起义，以至近代的太平天国革命，都曾在这里蔓延过。由于几经封建统治者镇压，人口增长缓慢，加上交通闭塞，生产落后，长期以来，这里一直是个贫穷的山区，人们的对外交往少，方言因地而异，从未形成过中心。这是造成闽西北七县市方言复杂的基本原因。

就七县市之间以及它们同外地方言的关系说，上述的行政区划沿革都在方言的现实中打下了烙印。从魏晋到唐五代的 100 多年间，这里和闽北方言分布的地域同属于“建安郡—建州”，这就是闽西北七县方言和闽北方言存在着不少共同特点的历史基础。后来，分立邵武军—邵武府和南剑州—延平府之后，近 1000 年的社会生活又决定了邵武、光泽、建宁、泰宁的西北片和顺昌、将乐、明溪的东南片之间造成明显的差异，前者有

① 关于历史沿革，取材于明嘉靖年间编印的《建宁府志》《邵武府志》和《延平府志》。

更多的赣方言特点，后者更多的是闽方言特点。明溪县和闽西客方言连界，还加上一些客方言的特点。至于这一带和江西的关系，我们还应该注意到，从西晋到隋代，建安郡曾两度划归江西的江州和抚州管辖，前后历时260多年，后来，接连有大量的江西移民从抚州、南城以及诸邻界县来到这里定居，这种情形宋元以后就有，明清以来尤多，许多地方保留的族谱里还有详细的记载。在原邵武府属四县，至今还有相当数量的居民记得本家族从江西迁来几代人了。先后的移民和现实生活中的频繁交往使得赣方言对这一带方言发生了极其深刻的影响，邵武、光泽、建宁、泰宁四县市的话已经质变为客赣方言。

从现实的语言交际情况说，邵武、光泽最好通话，顺昌、将乐、明溪也能通话，建宁只与赣东通话，泰宁则比较孤立。各县相邻地区比较接近，如将乐的余坊和泰宁话接近，泰宁的龙湖近邵武话，邵武的洪墩近顺昌话，在其他不同县分之间，过上几十公里就难以通话了。正因为如此，中华人民共和国成立以来，随着经济文化的迅速发展，这一带普通话推广得很快，现在已经基本普及，在农村的墟场上，只懂普通话的外地人不会感到交际的困难。

闽西北七县市的范围内还通行着外地方言，主要见于顺昌和明溪两县。经初步了解，主要有：

在顺昌县，富屯溪以东的大半个县通行着和建瓯话相近的闽北方言，[①]沿富屯溪两岸还有一些闽南方言岛和客家方言岛，[②]这是一二百年来移民定居的结果，在县城和洋口镇，不少居民兼通福州话，这是闽江航运和抗日战争期间内迁的福州人带来的。顺昌县内说外地话的人超过半数。

在明溪县，西部的枫溪、夏坊两个乡通行闽西客家话，那里原是宁化县境，现在也和闽西客话连片；东部的夏阳话有不少沙县话特点，那里是先前从沙县划来的。此外建宁县南部边界一些村庄的话也和宁化话相近。

本文用七个县市的城区话为代表进行语音和词汇的对比，从而说明方言之间的关系。各城区方言不代表上述的外地方言。

本文所用材料都是我们先后到实地调查所得。1960年陈章太就邵武话做过重点调查，就泰宁话建宁话将乐话做过面上调查，1963年李如龙到将乐、邵武做过面上调查，1982年两人又联合调查了邵武话。此后，陈章太用更长的时间深入调查研究了邵武话，取得了更多的材料。1983年李如龙调查了建宁、泰宁、将乐、明溪四县城关话，1986年两人又联合调查了光泽话和顺昌话。在调查过程中，先后和我们一起做过田野工作的有危一心、苏晓青、徐幼军、高福生、万波等同志。各点的发音合作人是，邵武：朱日

① 这一带的方言和闽北方言连片，请参阅本书《闽北方言》一文，其中洋墩点就在顺昌县内。

② 关于顺昌县内的闽南方言岛，请参阅《顺昌县埔上闽南方言岛》，载《闽语研究》，语文出版社，1991年。

省、危一心；光泽：裘元春；建宁：廖曲泉、廖惠珍；泰宁：戴长柏、陈祖蔚；将乐：陈维绪、杨奉隆；顺昌：卢冠亮；明溪：傅月清、蔡必忠。他们多半是五六十岁的本地生长的老教师。对于热心协助我们工作的同志，谨此表示我们深切的感谢。

二　闽西北七县市方言的声韵调系统

本节用对照表的形式罗列闽西北七县市方言的声母、韵母和声调。表中只求各点音类不遗漏，例字能对齐，① 各点音类之间的对应关系则只求反映主要的方面。

（一）闽西北七县市方言声母对照表

例字	古声类	邵武	光泽	建宁	泰宁	将乐	顺昌	明溪
包边八笔	帮	p	p	p	p	p	p	p
放分风腹	非	p	p	f	p	p	p	p
破潘／被薄	滂／並	pʻ	pʻ	pʻ	pʻ	pʻ	pʻ	pʻ
飞／蜂／肥饭	非／敷／奉	pʻ	pʻ	f	pʻ	pʻ	pʻ	pʻ
磨满麦／尾	明／微	m	m	m	m	m	m	m
方法／丰／房	非／敷／奉	f	f	f	x	f	x	f
花灰／红混	晓／匣	f	f	f	x	f	x	f
挖冤／永云	影／云	v	v	v	ø	v	ø	v
亡／黄／王	微／匣／云	v	ø	ø	ø	v	ŋ	v
刀胆灯答	端	t	t	t	t	t	t	t
抽／虫绸	彻／澄	tʻ	tɕʻ/x	tʻ	h	tʻ	tʻ	tʻ
吞托／潭地	透／定	x	x	h	h	tʻ	tʻ	tʻ
拿瓤南纳	泥	n	n	n	n	l	l	l
犁流林立	来	l	l	l	l	l	l	l
酒枣井接	精	ts	ts	ts	ts	ts	ts	ts
纸真汁／展	章／知	tɕ	tɕ	ts	ts	tʃ	tʃ	tʃ
次刺／慈	清／从	tsʻ	tsʻ	tʻ	tsʻ	tsʻ	tsʻ	tsʻ
草／插／蚕族	清／初／从	tʻ	tʻ	tʻ	tʻ	tsʻ	tsʻ	tsʻ
出春／齿	昌	tʻ/tɕʻ	tɕʻ	tʻ/tsʻ	tʻ/tsʻ	tʃʻ	tʃʻ	tʃʻ
深鼠	书	tɕʻ	tɕʻ	s	tsʻ	tʃʻ	tʃʻ	tʃʻ
三西雪／沙	心／生	s	s	s	s	s	s	s
式／船市是	书／禅	ɕ	ɕ	s	s	ʃ	ʃ	ʃ
螺露篮笠	来	s	s	l	s	ʃ	ʃ	s
芥柑鸡角	见	k	k	k	k	k	k	k

① 例字的读音有文白异读的只取白读音，下同。

续表

例字	古声类	邵武	光泽	建宁	泰宁	将乐	顺昌	明溪
溪确 / 茄共	溪 / 群	k'	k'	k'	k'	k'	k'	k'
鹅芽雁 / 五	疑	ŋ	ŋ	ŋ	n	ŋ/Ø	ŋ	ŋ
艾牛 / 二人	疑 / 日	n	n	ŋ	n	ŋ	ŋ	ŋ
好瞎 / 鞋闲	晓 / 匣	x	x	h	x	x	x	x
爱儿 / 羊有	影日 / 以云	Ø	Ø	Ø	Ø	Ø	Ø	Ø

（二）闽西北七县市方言韵母对照表

例字	古韵类	邵武	光泽	建宁	泰宁	将乐	顺昌	明溪
鹅	果开一	o	ɔ	ɔ	o	o	iɛ	ɤ
大 / 拖	果开一	ai	ai	ai/ɔ	ai	æ	a	a/ue
茄	果开三	yo	yo	iɔ	ø	yo	yo	iɤ
果	果合一	uo	uo	uɔ	uo	o	o	ɤ
坐 / 火	果合一	oi/ɛi	ɔi/ɛi	ɔ	uai	uæ/æ	uɛ	ue
靴	果合三	ia	ia	iɔ	yø	yo	yo	ɤ
嫁牙 / 花	假开 / 合二	a	a	a	a/ua	a	ɔ/o	o
谢	假开三	ia	ia	ia	ia	ia	ia	ia
瓜瓦	假合二	ua	ua	ua	ua	ua	o	o
步度虎	遇合一	u	u	u	u	u	u	u
书 / 雨	遇合三	y	y	ə/i	y	y	y/u	y
袋 / 改	蟹开一	oi	ɔi	ai	uai	uæ	uɛ/a	ue
芥败 / 街鞋	蟹开二	ai/ie	ai/ie	ai	ai/ɛ	æ	a	a
鸡溪	蟹开四	ɛi	ɛi	ie	oi	e	ɛ	e
倍碎	蟹合一	ei	ei	ei	ui	ui	uɛ	ue
块 / 快	蟹合二	uai	uai	uei/uai	uai	ui/uæ	uɛ/ua	ue/ua
脆	蟹合三	ei	ei	ei	ø	uæ	ø	ø
池 / 二旗	止开三	i	i	i	i	i	iɛ/i	ʅ/i
儿	止开三	ə	ə	i	i	ø	i	i
资 / 字	止开三	ʅ/ə	ə	ə/ei	ʅ	ʅ	ʅ/i	ʅ
鬼贵 / 味	止合三	uei/ei	uei/i	ui	ui	ui/i	y	ue/i
桃早 / 抄	效开一 / 二	au	au	au	o/au	au	o/au	au
漂 / 条	效开三 / 四	iau	iau	iau	iau	iau	iau	iau
偷后	流开一	ɛu	ɛu	əu	ei	eu	ai	ay
流 / 九秋	流开三	əu	əu	iu	iu	iu	o/iu	au/iu
有 / 牛	流开三	iu/y	iəu/y	iu/əu	y	iu/y	iu/y	iu/y
三南 / 潭	咸开一	an/ən	am/əm	am	aŋ/ŋ	aŋ/uŋ	ɔ̃	aŋ/ɤŋ
柑	咸开一	on	ɔm	ɔm	oŋ	uɛ̃	ɔ̃	oŋ

续表

例字	古韵类	邵武	光泽	建宁	泰宁	将乐	顺昌	明溪
合	咸开一	on	ɔm	ɔp	oi	o	ɔ	ɤ
纳 / 鸭	咸开一 / 二	on/an	am	ap	a	a	ɔ	o
尖俭 / 店	咸开三 / 四	ien	iam	iam	ien/an	iɛ̃	iɛ̃	ieŋ
接叶姓	咸开三	ien	ien	iap	ie	ie	iɛ	e
法	咸合三	an	am	at	ua	a	o	o
林心 / 妗	深开三	ən	əm	im/əm	ən/yin	ĩ	iŋ/iuŋ	ɛŋ/iɤŋ
立急 / 十汁	深开三	an/in	əm/im	ip	ei/i	i	i	i
涩	深开三	ɛn	əm	əp	oi	a	iɛ	e
滩 / 办	山开一 / 二	an	an	an	an	ɛ̃	aŋ	aŋ
肝安 / 山	山开一 / 二	on	ɔn	ɔn/an	uan	uɛ̃	aŋ	uõ
辣 / 八	山开一 / 二	ai/ie	ai	at	ɛ	a	a	o/a
割	山开一	oi	ɔi	ɔt	ua	o	a	o
言 / 先	山开三 / 四	ien	ien	ien	ien/an	iɛ̃/ɛ̃	iɛ̃/aŋ	ieŋ
别 / 铁	山开三 / 四	ie	ie	iet	ie/ɛ	ie/a	iɛ/a	e
搬酸 / 官	山合一	on/uon	ɔn/uɔn	ɔn/uɔn	uan	uɛ̃	aŋ/uɛ̃	uõ
阔	山合一	uai	uai	uɔt	ua	o	ua	o
关	山合二	uan	uan	uan	uan	uɛ̃	uaŋ	uaŋ
滑	山合二	ɛi	ɛi	uat	ua	a	uɛ	ua
全 / 船	山合三	ien	ien	ien	on/øn	yø̃/uɛ̃	ø̃	ieŋ
权犬	山合三	yen	yen	uən	øn	yø̃	ø̃	ieŋ
月 / 绝	山合三	ie	ie	uət/iet	ø	ue/yø	ø	ø
县	山合四	ien	ien	ien	yøn	ɛ̃	iɛ̃	ieŋ
缺	山合四	ye	ye	uət	ø	yø	yɛ	ø
吞	臻开一	on	ɛn	ən	un	uɛ̃	uɛ̃	uõ
新 / 真	臻开三	ən/in	ən/in	in	ən/in	ĩ	iŋ	ɛŋ
笔七	臻开三	i	i	it	ei	i	i	i
滚 / 孙	臻合一	uən/ən	uən/ən	un	un/yn	uĩ	uɛ̃	ueŋ
核	臻合一	oi	ə	ət	oi	a	uɛ	e
春 / 闰	臻合三	in	in	un/in	yn	ỹ	uŋ/yŋ	ɛŋ/ueŋ
裙	臻合三	yn	yn	uin	yn	ỹ	iuŋ	ɛŋ
屈 / 出	臻合三	y/ei	y	uit/ut	y	y	y	y/ø
汤仓 / 托	宕开一	oŋ/o	ɔŋ/ɔ	ɔŋ/ɔk	ɔŋ/o	ɔŋ/o	ɔ̃/o	oŋ/ɤ
粮 / 若	宕开三	ioŋ/yo	iɔŋ/yo	iɔŋ/iɔk	ioŋ/yo	iɔŋ/yo	iɔ̃/yo	ioŋ/iɤ
光 / 郭	宕合一	uoŋ/uo	uɔŋ/uo	uɔŋ/uɔk	uoŋ/uo	ɔŋ/o	ɔ̃/o	uõ/ɤ
荒方 / 王	宕合一 / 三	oŋ	ɔŋ	ɔŋ/uɔŋ	uoŋ	ɔŋ	ɔ̃	oŋ
双 / 确	江开二	oŋ/o	ɔŋ/ɔ	ɔŋ/ɔk	oŋ/o	ɔŋ/yo	uŋ/o	ɤŋ/ɤ

续表

例字	古韵类	邵武	光泽	建宁	泰宁	将乐	顺昌	明溪
灯／贼	曾开一	ɛn/ə	ɛn/ə	əŋ/ək	on/oi	ɛ̃/a	ɛ̃/ɛ	aiŋ/e
蒸／式	曾开三	in/i	in/i	iŋ/ik	in/i	ɛ̃/i	iŋ/i	ɛŋ/ɿ
国	曾合一	uə	uo	uək	ui	u	uɛ	u
棚／梗	梗开二	aŋ/uaŋ	aŋ/uaŋ	aŋ/uaŋ	aŋ/uaŋ	aŋ/uaŋ	ɔ̃/uaŋ	aŋ/uaŋ
百／白	梗开二	a	a	ak	a	a	ɛ/ɔ	o
兵清／井名	梗开三	in/iaŋ	iŋ/iaŋ	iŋ/iaŋ	ən/iaŋ	ĩ/iaŋ	in/iaŋ	ɛŋ/iaŋ
席	梗开三	yo	ia	iak	ia	o	yo	ia
铃／滴	梗开四	ɛn/ɯ	ɛn/y	iŋ/ik	ən/ei	ĩ/i	ɛ̃/i	aiŋ/i
横／轰	梗合二	aŋ/uŋ	aŋ/uŋ	uaŋ/uəŋ	uaŋ/uŋ	ɤŋ/aŋ	ɔ̃/uŋ	aŋ/ɤŋ
永／琼	梗合三	in	in/yn	iŋ/uin	yn	ỹ	iuŋ/iŋ	ɛŋ/iɤŋ
兄／疫	梗合三	iaŋ/i	iaŋ/i	iŋ/uit	iaŋ/y	uŋ/y	iaŋ/i	iɤŋ/y
桐／东	通合一	uŋ	ŋ̍/uŋ	ŋ̍/uŋ	ŋ̍/uŋ	ɤŋ	uŋ	ɤŋ
木	通合一	u	u	uk	u	u	u	u
共用／肉	通合三	yuŋ/y	yuŋ/y	iuŋ/iuk	yuŋ/iu	iuŋ/iu	iuŋ/y	iɤŋ/iu
唔		ŋ̍	m̩	m̩	ŋ̍	ŋ̍	ŋ̍	ŋ̍

（三）闽西北七县市方言声调对照表

例字	古调类	邵武	光泽	建宁	泰宁	将乐	顺昌	明溪
高开婚衣	清平	阴平 21	阴平 21	阴平 34	阴平 21	阴平 55	阴平 44	阴平 33
麻停猴齐	浊平	阳平 33	阳平 334	阳平 213	阳平 331	阳平 22	阳平 11	阳平 21
比草水火	清上	上声 55	阴上 55	上声 55	上声 353	上声 51	阴上 31	上声 31
尾耳雨以	次浊上	上声	阴上	上声	上声	上声	阴上	上声
痒有嘱旱	浊上	上声	阳上 43	上声	上声	上声	阳上 3	上声
静倍市俭	全浊上	阳去 35	阴上	阳去 45	阳去	阳去 231	阳去 52	阳去 53
破细寸放	清去	阴去 213	去声 214	阴去 21	阴去 51	阴去 324	阴去 35	阴去 213
步败袋二	浊去	阳去	阴上[①]	阳去	阳去 24	阳去	阳去	阳去
竹帖腹窟	清入	入声 53	阴入 41	阴入 2	上声	阴入 21	阴平	入声 5
八铁雪百	清入	入声	阴入	阴入	上声	上声	阴平	上声
白直药绝	浊入	阳去	阳入 5	阳入 5	阴平	阳入 5	入声 5	阳去
名前篮虫	浊平	入声	阴入	阳平	阴去	阳入	阴去	入声

① 这部分古全浊声母去声字在老一辈人中独立为阳去调类，调值是 455，阴上调在老一辈人所读的调值是 44，两类判然有别，本文取发音人的读法，定为七类。

（四）闽西北七县市方言两字组连读变调[①]

1. 光泽话两字组连读变调：

光泽话有轻声现象，两字组常用词后音节不少轻读的。变调现象则比较简单，而且不太明显。

阳平字本调为334，连读在前时变为平调33，没有同其他调类混同。例如黄鳅（泥鳅）vɔŋ˧˦꜔ t'əu˨˩ 洋茄（西红柿）iɔŋ˧˦꜔ k'yo˧。

阴上字本调为55，连读在后而不强调时也变为中平调33，强调时也可以读为本调，例如鼻水 p'i˨˦ɛy˥꜔，生卵 saŋ˨˩ sɔn˥꜔，平反 p'in˧˦꜔ fan˥꜔ 近似“平凡”p'in˨˦꜔ fan˧，大豆 xai˥ xəu˥꜔ 近似“大猴”。

2. 泰宁话两字组连读变调：

泰宁话两字组连读前后字都有变调，多是由非平调变为平调（新调值），只有个别混同于别的调类。但慢读时均可不变调。

前字变调的：

阳平本调为331，连读在前变为33。例如：时分 si˧˩꜔ xun˨˩ 洋油 iɔŋ˧˩꜔ iu˧˨ 洋火 iɔŋ˧˩꜔ xuo˧˥ 洋布 iɔŋ˧˩꜔ py˥˩ 时候 si˧˩꜔ xei˨˦

上声本调为353，连读在前变为35。例如：手巾 siu˧˥˧꜓ kin˨˩ 酒壶 tsiu˧˥˧꜓ xu˧˨ 手甲指甲 ts'iu˧˥˧꜓ ka˥˧ 酒菜 tsiu˧˥˧꜓ t'ai˥˩ 小路 siau˧˥˧꜓ lu˨˦。

阳去本调为24，在上声、阴去前变为阴平21，例如：大碗 hai˨˦꜖ uan˥ 大队 hai˨˦꜖ tui˥˩。

后字变调的：

阴平、阳平在阴平后变为中平调33。例如：猪公 ty˨˩ kuŋ˨˩꜔，烟筒 ien˨˩ hŋ˧˩꜔

阴平、阳平在阳去后变为高平调55。例如：大方 hai˨˦ xoŋ˨˩꜒ 豆芽 hei˨˦ na˧˩꜒。

3. 建宁话两字组连读变调：

建宁话两字组连读前字变得少，后字变得多，有变为新调值的，也有变为别调的。但慢读时可以不变调。

前字变调只有阳平字，本调是213，连读在前除后面是阴平外均变为半低平调22。例如：南平 nam˨˩˧꜕ p'iŋ˨˩˧ 牙齿 ŋa˨˩˧꜕ ts'i˥ 邻舍 lin˨˩˧꜕ sa˨˩ 和尚 uɔ˨˩˧꜕ · sɔŋ˥˧ 头发 həu˨˩˧꜕ fat˥˧
民族 min˨˩˧꜕ t'uk꜒。

后字变调的：

阴平在阳去后变上声，例如：外甥 uai˥˧ saŋ˨˩꜒。

阳平在上声后变阴去，例如：水南 fi˥ nam˨˩˧꜖；在其余各调后变上声（˨˩˧꜒），例如：

---

① 邵武话两字组连读变调见陈章太《邵武市内的方言》，载《闽语研究》，语文出版社，1991年。这里只列六县市方言两字组情况。

清明 ts'iŋ˩ miŋ˩˧˥ 洋油 iɔŋ˩˧˥ iu˩˧˥ 昼时（中午）tsəu˨˩ si˩˧˥ 竹床 tsuk˧ sɔŋ˩˧˥ 地图 hi˦ hu˩˧˥ 热头（太阳）ŋiet˥ həu˩˧˥。

上声在上声和阳去后变阴去，例如：井水 tsiaŋ˥ fi˥˩ 露水 lu˦ fi˥˩。

阴去在阳平后变上声，例如：芹菜 k'in˩˧˥ t'ai˩˥。

阳去在上声和阳去后变阴去，例如：感谢 kɔm˥ sia˦˩ 电话 hien˦ fa˦˩。

阴入在阳平后变阳入，例如：头发 həu˩˧˥ fat˧˥。

阳入在上声后变阴去，例如：小麦 siau˥ mak˥˩。

4. 顺昌话两字组连读变调：

顺昌话两字组连读后字均不变调，前字为阳平、阳上、阴去者有时发生固定的变调，有时也不变调，大体上历史悠久的方言词变得多些。但慢说时也可以不变调。

阳平在各调前变阴去，例如：厨官厨师 t'y˩˨ kuaŋ˥ 蝨嫲虱子 ʃɛ ˩˨ mɔ˩ 萤火 iaŋ˩˨ xuɛ˨˩ 娘妗 iɔ̃ ˩˨ k'iuŋ˧ 铜片 t'uŋ˩˨ p'iɛ̃˥ 黄豆 ŋɔ̃ ˩ ˩˨ t'ai˨˩ 茶箬茶叶 ts'ɔ˩˨ yo˥。

阳上在各调前变阴上，例如：有痧中暑 iu˧˩ sɔ˩ 有人 iu˧˩ ŋiŋ˩ 有团怀孕 iu˧˩ kiɛ̃˨˩ 有布 iu˧˩ po˦ 有事 ɪu˧˩ ʃɛ˨˩ 有力 iu˧˩ li˥。

阴去在各调前变阴平，例如：扣针别针 k'ai˦˥ tʃiŋ˥ 暗冥晚间 ɔ̃ ˦˥ mɔ̃ ˩ 厝瓦 ts'u˦˥ ɔ˨˩ 昼了下午 tu˦˥ lau˧ 昼前上午 tu˦˥ ts'iɛ̃˦ 做事 tso˦˥ ʃɛ˨ 虾肉 xɔ˦˥ ŋy˥。

5. 将乐话两字组连读变调：

将乐话两字组连读后字均不变调，前字为阳平和阴入阳入也不变调，其余四个调慢读时也不变调，快读时可以变调，变法如下：

阴平在前变为半高平调，例如：山骹山脚下 ʃuɛ̃˥˦ k'au˥ 溪坪河滩 k'e˥˦ p'iɛ̃˧ 山顶 ʃuɛ̃˥˦ tɛ̃˨˩ 冬至 tɤŋ˥˦ tʃɿ˩ 山岬山路 ʃuɛ̃˥˦ t'io˨ 番柿 fɛ̃˥˦ k'i˩ 官厝阳历 kuɛ̃˥˦ lia˥。

上声在前变为阳平，例如：起风 k'i˨˧ p'iuŋ˥ 豨巢猪圈 k'ui˨˧ ts'eu˧ 滚水开水 kuɛ̃˨˧ ʃy˨˩ 下昼下午 xa˨˧ tu˩ 以后 i˨˧ xeu˨ 里角里面 ʃe˨˧ ko˩ 洗浴 sai˨˧ yo˥。

阴去在前也变为半高平调，例如：暗边傍晚 ɔŋ˩˧ piɛ̃˧ 晒棚天台 sai˩˧ p'aŋ˧ 清水凉水 ts'ĩ ˩˧ ʃy˨˩ 信套信封 sĩ ˩˧ t'au˩ 故事 ku˩˧ sɿ˨ 灶前厨房 tsɿ˩˧ ts'iɛ̃˩ 四十 sɿ˩˧ ʃɿ˥。

阳去在前变为上声，例如：外公 ŋuæ˨˩ kɤŋ˥ 婿郎女婿 sai˨˩ lɔŋ˧ 病团害喜 paŋ˨˩ kiɛ̃˨˩ 话事说话 va˨˩ sɿ˨ 样式 iɔŋ˨˩ ʃɿ˥ 闹热 lau˨˩ ŋie˥。

6. 明溪话两字组连读变调：

明溪话两字组连读多见于前字，若慢读均可不变调。

后字变调只有两个阴平相连时，后一个阴平变为半低平调 22，例如：东山 tɤŋ˧ suɔ̃˧˨。

前字变调有如下四项：

阳平在各调前也变为半低平调 22，例如：南山 laŋ˨˧ suɔ̃˧ 南平 laŋ˨˧ p'ɛŋ˨ 南海 laŋ˨˧ xai˨ 南面 laŋ˨˧ mieŋ˩ 南路 laŋ˨˧ lu˨ 南国 laŋ˨˧ ku˥。

阴去在各调前变为阳去，例如：四方 si˧˥˦ foŋ˧ 四围 si˧˥˦ vi˩ 四两 si˧˥˦ lioŋ˧˩˥ 四季 si˧˥˦ kue˩˧ 四十 si˧˥˦ ʃʅ˦ 四角 si˧˥˦ kɤ˥。

阳去在各调前变为阴平，例如：大山 tʻa˦˧ suõ˧ 大人 tʻa˦˧ ŋɛŋ˧˩˥ 大水 tʻa˦˧ sue˨ 大队 tʻa˦˧ tue˩˧ 大路 tʻa˦˧ lu˦ 大螺 tʻa˦˧ sue˥。

入声在各调前变为中短调 3，例如：七分 tsʻi˥˧ fɛŋ˧ 七人 tsʻi˥˧ ŋɛŋ˧˩˥ 七两 tsʻi˥˧ lioŋ˧˩˥ 七寸 tsʻi˥˧ tsʻɛŋ˩˧ 七万 tsʻi˥˧ vaŋ˥ 七角 tsʻi˥˧ kɤ˥。

三 闽西北七县市方言语音特点比较

语音特点的比较，着重于音类的分合，也兼及音值的特征。为了看出本地区方言与赣方言、闽方言的关系，把比较条目先归为与赣方言相同的、与闽方言相同的两大类，有些难以说明是赣方言特点或闽方言特点的条目则另立一类。与赣方言或闽方言相同的特点都有一些是概遍性的，另一些则只覆盖部分点，一般先列前者再列后者。大致地说，越往西的点赣方言特点越多，越靠东的点闽方言的特点越鲜明。与赣方言相同的特点多数是客赣方言都具备的，少数是和赣方言的某个点（如赣东的抚州、南城等）相同的；与闽方言相同的特点多数是闽方言共有的，少数是闽北方言的特点，必要时均加以说明。表中所列字音一般都是见于口语的白读音，单字如有异读，随文注明该读音用于哪一种意思。

（一）与赣方言相同的语音特点

1. 古並奉定澄从群等全浊声母字各点今读大多为送气清音。例如：

例字	邵武	光泽	建宁	泰宁	将乐	顺昌	明溪
步	pʻu꜅	꜂pʻu	pʻu꜅	pʻu꜅	pʻu꜅	pʻu꜅	pʻu꜅
办	pʻan꜅	꜂pʻan	pʻan꜅	pʻan꜅	pʻɛ̃꜅	pʻaŋ꜅	pʻaŋ꜅
白	pʻa꜅	pʻa꜇	pʻak꜆	꜂pʻa	pʻa꜇	pʻɔ꜆	pʻo꜅
肥	꜁pʻi	꜁pʻi	꜁fi	꜁pʻui	꜁pʻi	꜁pʻy	꜁pʻi
大	tʻai꜅	꜂xai	hai꜅	hai꜅	tʻæ꜅	tʻa꜅	tʻa꜅
动	tʻuŋ꜅	꜂xŋ̍	hŋ̍꜅	hŋ̍꜅	tʻɤŋ꜅	tʻuŋ꜅	꜂tʻɤŋ
达	tʻai꜅	xai꜇	hat꜇	꜀hɛ	tʻa꜇	tʻa꜆	tʻo꜅
郑	tʻiaŋ꜅	꜂tɕʻiaŋ	tʻaŋ꜅	hiaŋ꜅	tʻiaŋ꜅	tʻiaŋ꜅	tʻiaŋ꜅
直	tʻə꜅	tɕʻi꜇	tsʻik꜇	꜀hoi	tʻa꜇	tʻɛ꜆	tʻe꜅
坐	꜂tʻoi	꜃tʻɔi	꜂tʻɔ	tʻuai꜅	tsʻuæ꜆	꜃tsʻuɛ	꜂tsʻue
全	꜁tʻien	꜁tʻien	꜁tsʻien	꜁tʻon	꜁tsʻyø̃	꜁tsʻø̃	tsʻieŋ꜆
绝	tʻie꜅	tʻie꜇	tsʻiet꜇	꜀tʻø	tsʻyø꜇	tsʻø꜆	tsʻø꜅
旧	kʻəu꜅	꜂kʻy	kʻəu꜅	kʻy꜅	kʻy꜅	kʻy꜅	kʻiu꜅
共	kʻyuŋ꜅	꜂kʻyuŋ	kʻiuŋ꜅	kʻyuŋ꜅	kʻiuŋ꜅	kʻiuŋ꜅	kʻiɤŋ꜅

2. 古非敷奉等母字今读多为 f 声母，泰宁、顺昌在外。例如：

例字	邵武	光泽	建宁	泰宁	将乐	顺昌	明溪
夫	꜀fu	꜀fu	꜀fu	꜀xu	꜀fu	꜀py	꜀fu
废	fei꜄	fi꜄	fi꜄	xui꜄	fi꜄	xy꜄	fi꜄
罚	fai꜅	fai꜇	fat꜇	꜀xua	fa꜇	xua꜆	fo꜅
粉	꜂fən	꜂fən	꜂fun	꜂xun	꜂fĩ	꜂xuɛ̃	꜂fɛŋ
房	꜁foŋ	꜁fɔŋ	꜁fɔŋ	꜁xuoŋ	꜁fɔŋ	꜁xɔ̃	꜁foŋ
福	fu꜆	fu꜆	fuk꜆	꜂xu	꜂fu	꜁xu	fu꜆

3. 古晓匣母合口字今读多混为 f 声母，泰宁、顺昌在外。例如：

例字	邵武	光泽	建宁	泰宁	将乐	顺昌	明溪
花	꜀fa	꜀fa	꜀fa	꜀xua	꜀fa	꜀xo	꜀fo
灰	꜀fɛi	꜀fɛi	꜀fei	꜀xuai	꜀fai	꜀xuɛ	꜀fue
挥	꜀fei	꜀fi	꜀fi	꜀xui	꜀fi	꜀xy	꜀fi
活	fɛi꜅	fɛi꜇	fɔt꜇	꜀xua	꜀fo	xua꜆	fo꜅
混	fən꜅	꜂fən	fun꜅	xun꜅	fĩ꜅	xuɛ̃꜄	fɛŋ꜅
红	꜁fuŋ	꜁fuŋ	꜁fuŋ	꜁xuŋ	꜁fɤŋ	꜁xuŋ	꜁fɤŋ
血	fie꜆	fie꜆	fiet꜆	꜂xyø	꜂fa	꜀xua	꜂fa

4. 古微影匣云以等母字除泰宁、顺昌外，有读 v 声母的。例如：

例字	邵武	光泽	建宁	泰宁	将乐	顺昌	明溪
味	vei꜅	꜂vi	vi꜅	ui꜅	vi꜅	y꜅	vi꜅
文	꜀ven	꜁vən	꜁un	꜁un	꜁uĩ	꜁uɛ̃	꜁vɛŋ
威	꜀vei	꜀vi	꜀ui	꜀ui	꜀vi	꜀y	꜀vi
冤	꜀vien	꜀vien	꜀vien	꜀yøn	꜀yø̃	꜀ŋø̃	꜀ieŋ
县	vien꜅	꜂vien	vien꜅	yøn꜅	ʃɛ̃꜅	xiɛ̃꜅	xieŋ꜅
王	꜁voŋ	꜁vɔŋ	꜁uɔŋ	꜁uoŋ	꜁vɔŋ	꜁ŋɔ̃	꜁voŋ
赢	꜁viaŋ	꜁viaŋ	꜁viaŋ	꜁iaŋ	꜁iaŋ	꜁iaŋ	siaŋ꜆

5. 古透定母字西北四点今读一些字为 x、h 声母，和赣东南城赣方言相似。例如：

例字	邵武	光泽	建宁	泰宁	将乐	顺昌	明溪
拖	꜀xai	꜀xai	꜀hɔ	꜀hai	꜀t‘æ	꜀t‘a	꜀t‘ue
吞	꜀xon	꜀xɛn	꜀hən	꜀hun	꜀t‘uɛ̃	꜀t‘uɛ̃	꜀t‘uõ
托	xo꜆	xɔ꜆	hɔk꜆	꜂ho	꜂t‘o	꜁t‘o	t‘ɤ꜆
袋	xoi꜅	꜂xɔi	hei꜅	hai꜅	t‘æ꜅	꜀t‘uɛ꜅	t‘ue꜅
潭	xən꜆	xəm꜆	꜁ham	hŋ̍꜄	t‘ɤŋ꜆	꜁t‘ɔ̃	t‘aŋ꜆
糖	t‘oŋ꜆	xɔŋ꜆	꜁hɔŋ	hoŋ꜄	t‘ɔ̃꜆	꜁t‘ɔ̃	꜁t‘oŋ

6. 古清从初昌等母字西北四点今读多为 t' 声母，和赣东南城赣方言相似。例如：

例字	邵武	光泽	建宁	泰宁	将乐	顺昌	明溪
草	꜂t'au	꜂t'au	꜂t'au	꜂t'o	꜂ts'au	꜂ts'o	꜂ts'au
仓	꜀t'oŋ	꜀t'ɔŋ	꜀t'ɔŋ	꜀t'oŋ	꜀ts'ɔŋ	꜀ts'ɔ̃	꜀ts'oŋ
错	t'o꜄	t'ɔ꜄	t'ɔ꜄	t'o꜄	ts'o꜄	ts'o꜄	ts'ɤ꜄
葱	꜀t'uŋ	꜀t'uŋ	꜀t'uŋ	꜀t'uŋ	꜀ts'ɤŋ	꜀ts'uŋ	꜀ts'ɤŋ
造	t'au꜅	꜂t'au	t'au꜅	t'o꜄	ts'au꜄	ts'o꜄	ts'au꜅
钱	꜁t'in	꜁t'ien	꜁ts'ien	꜁t'ien	꜁ts'iɛ̃	꜁ts'iɛ̃	꜁ts'ioŋ
贼	t'ə꜆	t'ə꜆	t'ək꜇	t'oi꜄	ts'a꜄	ts'ɛ꜆	ts'e꜅
族	t'u꜅	t'u꜇	t'uk꜇	꜀t'u	ts'ɿ꜇	ts'u꜇	ts'u꜅
窗	꜀t'oŋ	꜀t'ɔŋ	꜀t'ɔŋ	꜀ts'oŋ	꜀tʃ'ɔŋ	꜀t'iuŋ	꜀ts'oŋ
插	t'an꜆	t'am꜆	t'ap꜆	꜂ts'ɛ	꜂tʃ'a	꜁tʃ'ɔ	ts'a꜆

7. 古章组和部分读塞擦音的知组字不少点今读为 tɕ 或 tʃ 组声母，和精组的 ts 有对立。这和赣方言临川话知章读 t、t'，精组读 ts 的对立是相似的。例如：

例字	邵武	光泽	建宁	泰宁	将乐	顺昌	明溪
纸	꜂tɕi	꜂tɕie	꜂tsie	꜂tsɛ	꜂tʃe	꜂tʃiɛ	꜂tʃe
真	꜀tɕin	꜀tɕin	꜀tsin	꜀tsin	꜀tʃĩ	꜀tʃiŋ	꜀tʃɛŋ
齿	꜂tɕ'i	꜂tɕ'i	꜂ts'i	꜂tɕ'i	꜀tʃ'e	꜂tʃ'iɛ	꜂tʃ'ʅ
书	꜀ɕy	꜀ɕy	꜀sə	꜀sy	꜀ʃy	꜀ʃy	꜀ʃy
是	꜂ɕi	꜂ɕi	si꜅	꜂si	ʃi꜅	꜃ʃi	꜂ʃʅ
船	꜁ɕien	꜁ɕien	꜁sien	꜁søn	꜁ʃuɛ̃	꜁ʃɔ̃	꜁ʃieŋ
展	꜂tɕien	꜂tɕien	꜂tsien	꜂tsien	꜂tʃɛ̃	꜂tʃiŋ	꜂tʃieŋ
珍	꜀tin	꜀tɕin	꜀tsin	꜀tən	꜀tʃĩ	꜀tiŋ	꜀tʃɛŋ

8. 部分古日、疑母字在西北三点今读 n 声母，和赣方言的临川、南城话的 ȵ 相似。例如：

例字	邵武	光泽	建宁	泰宁	将乐	顺昌	明溪
二	ni꜅	꜂ni	ni꜅	ŋi꜅	ŋi꜅	ŋi꜅	ŋi꜅
人	꜁nin	꜁nin	꜁ŋin	꜁nin	꜁ŋĩ	꜃ŋiŋ	꜃ŋɛŋ
日	nie꜅	nie꜇	ŋit꜇	ni꜄	ŋi꜄	ŋi꜆	ŋi꜅
蚁	nie꜆	꜀nie	꜂ŋie	nie꜄	ŋie꜆	ŋiɛ꜄	ŋe꜆
牛	꜁ny	꜁ny	꜁ŋəu	꜁ny	꜀ŋy	꜀ŋy	꜀ŋy
银	꜁nin	꜁nin	꜁ŋən	꜁nin	꜁ŋĩ	꜀ŋiŋ	꜁ŋɛŋ

9. 除顺昌、将乐外，其余各点古山、咸、蟹三摄一二等字今读多不同韵，和赣方言的南昌话、临川话的对立相似。例如：

例字	邵武	光泽	建宁	泰宁	将乐	顺昌	明溪
寒—闲	꜁xon	꜁xɔn	꜁hɔn	꜁xuan	꜁fɛ̃	꜁xaŋ	꜁fuõ
	꜁xien	꜁xien	꜁han	꜁xan	꜁xɛ̃	꜁xaŋ	꜁xaŋ
旱—限	꜂xon	꜃xɔn	꜀hɔn	꜂xuan	꜂fɛ̃	꜃xaŋ	꜂fũo
	xien꜅	꜂xan	han꜅	xan꜅	xɛ̃꜅	xaŋ꜅	xaŋ꜅
官—关	꜀kuon	꜀kuon	꜀kuɔn	꜀kuan	꜀kuɛ̃	꜀kuaŋ	꜀kuõ
	꜀kuan	꜀kuan	꜀kuan	꜀kuan	꜀kuɛ̃	꜀kuaŋ	꜀kuaŋ
柑—监	꜀kon	꜀kɔm	꜀kɔm	꜀koŋ	꜀kuɛ̃	꜀kɔ̃	꜀koŋ
	꜀kan	꜀kam	꜀kam	꜀kaŋ	꜀kaŋ	꜀kɔ̃	꜀kaŋ
杂—插	t‘on꜅	t‘ɔm꜇	t‘ap꜇	꜀t‘a	ts‘o꜇	ts‘ɔ꜆	tsɤ꜅
	t‘an꜆	t‘am꜆	t‘ap꜆	꜂ts‘ɛ	꜂tʃ‘a	꜁tʃ‘ɔ	ts‘a꜆
合—压	xon꜅	xɔm꜇	hɔp꜇	꜀xoi	xo꜇	xɔ꜆	xɤ꜅
	꜂an	am꜆	ap꜆	꜂a	꜂aŋ	꜁ɔ	o꜆
盖—芥	koi꜄	kɔi꜄	kei꜄	kuai꜄	kuæ꜄	ka꜄	kue꜄
	kai꜄	kai꜄	kai꜄	kai꜄	kæ꜄	ka꜄	ka꜄
改—解	꜂koi	꜂kɔi	꜂kei	꜂kuai	꜂kuæ	꜂ka	꜂ka
	꜂kai	꜂kai	꜂kai	꜂kai	꜂kæ	꜂ka	꜂ka
海—蟹	꜂xoi	꜂xɔi	꜂hei	꜂xuai	꜂fæ	꜂xa	꜂xa
	꜁xai	꜀ai	꜂hai	꜁xai	꜂xæ	xa꜅	꜂xa

10. 古流臻梗开口洪音字不少点今读韵腹为 ɛ、e、ə 类元音，与临川等地赣方言相近，顺昌、明溪或有异。例如：

例字	邵武	光泽	建宁	泰宁	将乐	顺昌	明溪
偷	꜀t‘ɛu	꜀xɛu	꜀həu	꜀hei	꜀t‘eu	꜀t‘ai	꜀t‘ay
敨	꜂t‘ɛu	꜂xɛu	꜂həu	꜀hei	꜂t‘eu	꜂t‘ai	꜀t‘ay
豆	t‘ɛu꜅	꜂xɛu	həu꜅	hei꜅	t‘eu꜅	t‘ai꜅	t‘ay꜅
后	xɛu꜅	꜂xɛu	həu꜅	xei꜅	xeu꜅	xai꜅	꜂fu
墩	꜀tən	꜀tən	꜀tun	꜀tyn	꜀tuĩ	꜀tuɛ̃	꜀tɛŋ
寸	t‘ən꜄	t‘ən꜄	t‘un꜄	t‘yn꜄	ts‘uĩ꜄	ts‘uɛ̃꜄	ts‘ɛŋ꜄

11. 古梗摄字各韵白读各点多为 aŋ、iaŋ，与多数客赣方言类似，闽东方言亦类此。例如：

例字	邵武	光泽	建宁	泰宁	将乐	顺昌	明溪
生	꜀saŋ	꜀saŋ	꜀saŋ	꜀saŋ	꜀ʃã	꜀ʃɔ̃	꜀saŋ
名	miaŋ꜆	miaŋ꜆	꜁miaŋ	miaŋ꜄	miaŋ꜆	miaŋ꜄	miaŋ꜆
井	꜂tsiaŋ	꜂tsiaŋ	꜂tsiaŋ	꜂tsiaŋ	꜂tsiaŋ	꜂tsiaŋ	꜂tsiaŋ
郑	t‘iaŋ꜅	꜂tɕ‘iaŋ	t‘aŋ꜅	hiaŋ꜅	t‘iaŋ꜅	t‘iaŋ꜅	t‘iaŋ꜅
青	꜀t‘aŋ	꜀t‘aŋ	꜀ts‘iaŋ	꜀t‘iaŋ	꜀ts‘iaŋ	꜀ts‘ɔ̃	꜀ts‘iaŋ
醒	꜂t‘aŋ	꜂t‘aŋ	꜂səŋ	꜂t‘iaŋ	꜂ts‘iaŋ	꜂ts‘ɔ̃	꜂ts‘iaŋ

12. 古曾摄字及梗摄字（文读）西北片的邵武、光泽、泰宁今读多为 -n 尾韵，亦与南城赣方言类似。例如：

例字	邵武	光泽	建宁	泰宁	将乐	顺昌	明溪
崩	꜀pɛn	꜀pɛn	꜀pəŋ	꜀pon	꜀pɛ̃	꜀pɛ̃	꜀paiŋ
灯	꜀tɛn	꜀tɛn	꜀təŋ	꜀ton	꜀tɛ̃	꜀tɛ̃	꜀taiŋ
蒸	꜀tɕin	꜀tɕin	꜀tsiŋ	꜀tsin	꜀tʃĩ	꜀tʃiŋ	꜀tʃɛŋ
升	꜀ɕin	꜀ɕin	꜀siŋ	꜀sin	꜀ʃĩ	꜀ʃiŋ	꜀sɛŋ
兵	꜀pin	꜀pin	꜀piŋ	꜀pən	꜀pĩ	꜀piŋ	꜀pɛŋ
静	t‘in꜅	꜂t‘in	ts‘iŋ꜅	t‘ən꜅	ts‘ĩ꜅	ts‘iŋ꜅	ts‘ɛŋ꜅
声	꜀tɕ‘in	꜀tɕ‘in	꜀saŋ	꜀ts‘in	꜀ʃĩ	꜀ʃiŋ	꜀ʃɛŋ
星	꜀sɛn	꜀sɛn	꜀siŋ	꜀son	꜀sĩ	꜀sɛ̃	꜀saiŋ

13. 古咸深二摄入声字邵武、光泽两处今读转为 -n、-m 尾阳声韵，赣方言余干话有类似情况。例如：

例字	邵武	光泽	建宁	泰宁	将乐	顺昌	明溪
答	tan꜆	tam꜆	tap꜆	꜂ta	꜂ta	꜀tɔ	to꜆
纳	non꜅	nam꜇	nap꜇	꜀na	la꜇	lɔ꜇	꜂lo
夹	kien꜆	kam꜇	kap꜆	꜂kɛ	ka꜆	ka꜆	ka꜆
法	fan꜆	fam꜆	fat꜆	꜂xua	꜂fa	꜁xo	fo꜆
急	kən꜆	kəm꜆	kip꜆	꜂ki	꜂ki	꜁ki	ki꜆
立	lən꜅	ləm꜇	lip꜇	꜀lei	li꜇	li꜆	li꜅
十	ɕin꜅	ɕim꜆	sip꜇	꜀ɕi	ʃi꜇	ʃi꜆	꜂ʃʅ
汁	tɕin꜆	tɕim꜆	tsip꜆	꜂tsi	꜂tʃi	꜁tʃi	꜂tʃʅ

（二）与闽方言相同的语音特点

1. 口语常用的古非组字中多数点有读 p、p‘、m 声母的，唯建宁无 p、p‘ 读法。例如：

例字	邵武	光泽	建宁	泰宁	将乐	顺昌	明溪
分	꜀pən	꜀pən	꜀fun	꜀pən	꜀pɛ̃	꜀puɛ̃	꜀pieŋ
放	puŋ꜄	pɔŋ꜄	fɔŋ꜄	pioŋ꜄	pɤŋ꜄	puŋ꜄	pioŋ꜄
飞	꜂p‘ei	꜀fi	꜀fi	꜂p‘ø	꜂p‘e	꜂p‘uɛ	꜂p‘ø
斧	꜂p‘y	꜂p‘y	꜂fu	꜂py	꜂pi	꜂p‘iɛ̃	꜂pi
蜂	꜀p‘yuŋ	꜀p‘uŋ	꜀fuŋ	꜀p‘uŋ	꜀p‘ɤŋ	꜀p‘uŋ	꜀p‘ɤŋ
浮	꜁p‘y	꜁p‘y	꜁fəu	꜁p‘y	꜁p‘au	꜁p‘o	꜁p‘au
饭	p‘ən꜅	꜂p‘ən	fan꜅	p‘ən꜅	p‘ɛ̃꜅	p‘uɛ̃꜅	p‘ieŋ꜅
尾	꜂mei	꜃mei	꜂mei	꜂moi	꜂mɛ̃	꜂muɛ̃	꜂mø
问	mən꜄	mən꜄	mun꜅	mun꜄	muĩ꜄	muɛ̃꜄	mɛŋ꜄
袜	mɛi꜆	uai꜆	mat꜇	mai꜄	mo꜅	ma꜆	mo꜅

2. 口语常用的古知彻澄母字多数点今读有 t、t‘ 声母的，唯建宁在外。① 例如：

例字	邵武	光泽	建宁	泰宁	将乐	顺昌	明溪
昼	tu꜄	tu꜄	tsəu꜄	tu꜄	tu꜄	tu꜄	tu꜄
竹	ty꜆	tɕy꜆	tsuk꜆	꜂tiu	tiu꜆	꜁ty	tiu꜆
抽	꜀t‘əu	꜀tɕ‘iu	꜀t‘əu	꜀hiu	꜀t‘iu	꜀t‘iu	꜀t‘iu
拆	t‘ia꜆	t‘a꜆	t‘ak꜆	꜂hia	꜂tʃ‘a	꜁t‘ia	꜂t‘ia
绸	꜁t‘əu	꜁xəu	꜁t‘əu	꜁hiu	꜁t‘iu	꜁t‘iu	꜁t‘iu
池	꜁t‘i	꜀tɕ‘i	꜁ts‘i	꜁hi	꜁t‘i	꜁t‘ie	꜁tʃ‘ʅ

3. 口语常用的古心邪书禅等母字多数点今读有 ts‘、tʃ‘ 声母的（在清从母变 t‘ 的点读 t‘）。例如：

例字	邵武	光泽	建宁	泰宁	将乐	顺昌	明溪
鬚	꜀t‘əu	꜀t‘əu	꜀si	꜀t‘iu	꜀ts‘iu	꜀ts‘iu	꜀ts‘iu
筅	t‘ien꜆	xien꜄	꜂t‘an	꜂ts‘an	ts‘ɛ̃꜆	꜂ts‘aŋ	ts‘aŋ꜆
斜	꜁t‘ia	꜁t‘ia	꜁ts‘ia	꜁t‘ia	꜁ts‘ia	꜁ts‘ia	꜁ts‘ia
谢	t‘ia꜅	꜂ɕia	ts‘ia꜅	t‘ia꜅	ts‘ia꜅	ts‘ia꜅	ts‘ia꜅
餈	꜁t‘i	꜁t‘i	꜁ts‘i	꜁t‘ei	꜁ts‘i	꜁ts‘i	꜁ts‘i
手	꜂ɕiu	꜂ɕiu	꜂səu	꜂ts‘iu	꜂tʃ‘iu	꜂ʃiu	꜂tʃ‘iu
深	꜀tɕ‘in	꜀tɕ‘im	꜀sim	꜀ts‘yn	꜀tʃ‘ɤŋ	꜀tʃ‘uŋ	꜀ts‘ɤŋ
树	꜂tɕ‘y	tɕ‘y꜄	si꜅	sy꜅	tʃ‘y꜄	tʃ‘y꜅	tʃ‘y꜄

4. 部分古来母字多数点今口语中读为 s、ʃ 声母，这是和闽北、闽中方言共同的特点，唯建宁未见。例如：

例字	邵武	光泽	建宁	泰宁	将乐	顺昌	明溪
螺	soi꜆	sɔi꜆	꜁lɔ	suai꜄	ʃuæ꜆	ʃuɛ꜄	sue꜆
露	so꜄	sau꜄	lu꜅	so꜄	ʃo꜄	ʃo꜅	sɤ꜄
篮	san꜆	sam꜆	꜁lam	saŋ꜄	ʃaŋ꜆	ʃɔ̃꜄	saŋ꜆
笠	sɛn꜆	sə꜆	lip꜇	soi꜄	ʃa꜄	ʃiɛ꜆	sa꜅
卵	꜂son	꜂sɔn	꜂lɔn	꜂suan	꜂ʃuɛ̃	꜂ʃø̃	꜂suõ
鳞	sɛn꜆	sən꜆	꜁lin	suan꜄	ʃɛ̃꜆	ʃɛ̃꜄	saiŋ꜆
聋	suŋ꜆	suŋ꜆	꜁luŋ	suŋ꜄	ʃuŋ꜆	ʃuŋ꜄	sɤŋ꜆
力勤力	sə꜆	sə꜆	lik꜇	꜂soi	ʃa꜆	ʃiɛ꜆	sa꜅

5. 古云以生崇章等声母少数常用字不少点和多数闽方言类似，口语中读为特殊的声母，与多数闽方言的读音有明显的对应。例如：

① 泰宁的 h 是从 t‘ 变来的；建宁的 t‘ 是从 ts‘ 变来的。

例字	邵武	光泽	建宁	泰宁	将乐	顺昌	明溪
雨	꜂xy	꜂xy	꜂i	꜂xy	꜂fy	꜂xu	꜂fy
远	꜂fien	꜂fien	꜂vien	꜂sien	꜂ʃɛ̃	꜂xiẽ	꜂sieŋ
园	fien꜆	fien꜆	꜁vien	꜁yøn	꜁yø̃	꜁ŋø̃	꜁ieŋ
痒	꜂t‘ioŋ	꜃t‘iɔŋ	꜂iɔŋ	꜂t‘ioŋ	꜃ts‘iɔŋ	꜃ts‘iɔ̃	꜂ts‘ioŋ
筛	꜀t‘oi	꜀t‘ɛi	꜀sei	꜀sai	꜀t‘y	꜀tʃ‘ɛ	꜀t‘i
柿	sə꜅	꜂sə	꜂sə	k‘i꜄	k‘i꜅	k‘i꜅	k‘i꜆
枝	꜀ki	꜀ki	꜀tsie	꜀ki	꜀ki	꜀ki	꜀ki

6. 古见晓禅等声母少数常用字一些点和多数闽北方言一样，在口语中读为特殊的成对应的声母，但不整齐。例如：

例字	邵武	光泽	建宁	泰宁	将乐	顺昌	明溪
嫁	xa꜄	xa꜄	ka꜄	ka꜄	ka꜄	kɔ꜄	ko꜄
髻	xoi꜄	xɛi꜄	ki꜄	꜂ki	ke꜄	kuɛ꜄	ke꜄
割	koi꜆	xɔi꜆	kɔt꜆	꜂xua	꜂ko	꜃xa	꜂fuo
菰①	꜀ku	꜂u	꜀ku	꜂u	꜀ku, ꜂u	꜂u	꜀ku, ꜂u
呼~鸡②	꜀k‘u	꜀k‘u	꜀fu	꜀k‘u	꜀fu	꜀k‘u	꜀fu
虎	꜂k‘u	꜀k‘u	꜂fu	꜂k‘u	꜂k‘u	꜂k‘u	꜂fu
剩	in꜅	꜂in	siŋ꜅	ien꜅	ʃɛ̃꜅	ʃiŋ꜅	sieŋ꜄
肝	꜀kon	꜀xɔn	꜀kɔn	꜀kuan	꜀kuɛ̃	꜀xaŋ	꜀kuõ

7. 古歌韵少数口语常用字多数点今读 ai、a、æ 类韵母。例如：

例字	邵武	光泽	建宁	泰宁	将乐	顺昌	明溪
磨~刀	꜁mɛi	꜁mai	꜁mɔ	꜀mai	꜁mæ	꜁ma	꜁mue
拖	꜀xai	꜀xai	꜀hɔ	꜀hai	꜀t‘æ	꜀t‘a	꜀t‘ue
大	t‘ai꜅	꜂xai	hai꜅	hai꜅	t‘æ꜅	t‘a꜅	t‘a꜅
多③	꜀tai	꜀tai	꜀tai	꜀to	꜀ta	꜀to	꜀tɤ
个	kɛi꜄	kɛi꜄	kai꜄	kɛ꜄	ka꜄	ka꜄	kɤ꜄
禾	꜁vɛi	꜁vɛi	꜁vuo	꜁uai	꜁væ	꜁uɛ	꜁vɔ
火	꜂fɛi	꜂fɛi	꜂fɔ	꜂k‘uai	꜂fæ	꜂xuɛ	꜂xue
破	p‘ai꜄	p‘ai꜄	p‘ɔ꜄	p‘ai꜄	p‘æ꜄	p‘a꜄	p‘ɤ꜄

8. 古四等韵有些常用字点今读为洪音东南多，西北少。例如：

例字	邵武	光泽	建宁	泰宁	将乐	顺昌	明溪
犁	꜁lie	꜁lie	꜀lie	꜁lɛ	꜁læ	꜁la	꜁la
鸡	꜀kɛi	꜀kɛi	꜀kie	꜀koi	꜀ke	꜀kɛ	꜀ke
溪	꜀k‘ɛi	꜀k‘ɛi	꜀k‘ie	꜀k‘oi	꜀k‘e	꜀k‘ɛ	꜀k‘e
洗	꜂sie	꜂sie	꜂sie	꜂sɛ	꜂sæ	꜂sa	꜂sa

① 音 ꜂u 泛指野生的菌类，加工过的香菇说 ꜀ku，香菇加工业是外地人近代传入的，所以用新读。

② 呼鸡就食，建宁话说“吼”꜂həu，明溪话说“赢”siaŋ꜆。

③ 邵武、光泽、建宁、将乐、明溪五点用作人称代词复数式词尾。泰宁、顺昌无此用法，取的是文读音。

续表

例字	邵武	光泽	建宁	泰宁	将乐	顺昌	明溪
念	nien꜅	꜂ŋiam	ŋiam꜅	nan꜅	laŋ꜅	lɔ̃꜅	ieŋ꜅
帖	t‘ien꜆	xiam꜆	hiap꜆	꜂hɛ	t‘a꜆	꜁t‘ɔ	t‘e꜆
笕	t‘ien꜆	꜂hien	꜂t‘an	ts‘an꜄	ts‘ɛ̃꜆	꜂ts‘aŋ	ts‘aŋ꜆
天	꜀t‘ien	꜀xien	꜀hien	꜀han	꜀t‘ɛ̃	꜀t‘aŋ	꜀t‘ieŋ
铁	t‘ie꜆	xie꜆	hiet꜆	꜂hɛ	꜂t‘a	꜁t‘a	꜂t‘a
铃	꜁lɛn	꜁lɛn	꜁ləŋ	꜁lon	꜁lɛ̃	꜁lɛ̃	꜁laiŋ

9. 部分古浊声母平声字和上声字许多点今口语读音声调特殊，不是平声或上声，而是入声调或者去声调，调值多为较短的降调，这类变读可能是小称变调，很值得注意。不过，建宁无此反映。例如：

例字	邵武	光泽	建宁	泰宁	将乐	顺昌	明溪
头	t‘ɛu꜆	xɛu꜆	꜁həu	hei꜄	t‘eu꜆	t‘ai꜄	t‘ay꜆
薸	p‘iau꜆	p‘iau꜆	꜁p‘iau	p‘iau꜄	p‘iau꜆	p‘iau꜄	p‘iau꜆
桃	t‘au꜆	xau꜆	꜁hau	꜁ho	t‘au꜆	t‘o꜄	t‘au꜆
蚕	t‘on꜆	t‘ɔm꜆	꜁t‘am	t‘oŋ꜄	ts‘aŋ꜆	tsɔ̃꜄	ts‘aŋ꜆
年	nin꜆	nin꜆	꜁ŋien	nan꜄	ŋiɛ̃꜆	ŋiɛ̃꜄	laŋ꜆
前	t‘in꜆	t‘in꜆	꜁ts‘ien	t‘an꜄	ts‘iɛ̃꜆	ts‘iɛ̃꜄	ts‘ieŋ꜆
床	t‘oŋ꜆	t‘ɔŋ꜆	꜁sɔŋ	t‘oŋ꜄	tʃ‘ɔŋ꜆	tʃ‘ɔ̃꜄	tʃ‘oŋ꜆
蚁	nie꜆	꜀nie	꜂ŋie	nie꜄	ŋie꜆	ŋiɛ꜄	ŋe꜆
枣	tsau꜆	tsau꜆	꜂tsau	tso꜄	tsau꜆	꜂tso	tsau꜆
饼	piaŋ꜆	piaŋ꜆	꜂piaŋ	piaŋ꜄	piaŋ꜆	꜂piaŋ	piaŋ꜆

（三）其他语音特点

1. 古泥来母的分混：西北四点不论洪细全能分别，与南城话类似，东南三点除顺昌外逢细音有别，逢洪音相混，和闽中方言相似而与闽北方言不同。例如：

例字	邵武	光泽	建宁	泰宁	将乐	顺昌	明溪
南—蓝	꜁nan	꜁nam	꜁nam	꜁naŋ	꜁laŋ	꜁lɔ̃	꜁laŋ
	꜁lan	꜁lam	꜁lam	꜁laŋ	꜁laŋ	꜁lɔ̃	꜁laŋ
纳—蜡	non꜅	nam꜇	nap꜇	꜀na	la꜇	lɔ꜇	꜂lo
	lan꜅	lam꜇	lap꜇	꜀la	la꜇	lɔ꜇	lo꜅
齈—郎	noŋ꜆	nɔŋ꜇	꜁nɔŋ	꜁noŋ	lɔŋ꜆	lɔ̃꜇	꜁loŋ
	꜁loŋ	꜁lɔŋ	꜁lɔŋ	꜁loŋ	꜁lɔŋ	꜁lɔ̃	꜁loŋ
泥—犁	꜁nie	꜁nie	꜁ŋie	꜁nɛ	꜁læ	꜁la	꜁la
	꜁lie	꜁lie	꜁lie	꜁lɛ	꜁læ	꜁la	꜁la
娘—粮	꜁nioŋ	꜁niɔŋ	꜁ŋiɔŋ	꜁nioŋ	꜁ŋiɔŋ	꜁liɔ̃	꜁ioŋ
	꜁lioŋ	꜁liɔŋ	꜁liɔŋ	꜁lioŋ	꜁liɔŋ	꜁liɔ̃	꜁lioŋ
女—吕	꜂ny	꜂ny	꜂ŋie	꜂ny	꜂ŋy	꜂ly	꜂ŋy
	꜂ly	꜂ly	꜂li	꜂ly	꜂ly	꜂ly	꜂ly

2. 古疑母字读法：泰宁十分特殊，一概读 n 声母，其余西北三点洪音为 ŋ-，细音多为 n-，东南三点除少数读零声母外不论洪细都读 ŋ-。例如：

例字	邵武	光泽	建宁	泰宁	将乐	顺昌	明溪
牙	꜁ŋa	꜁ŋa	꜁ŋa	꜁na	꜁ŋa	꜁ŋɔ	꜁ŋo
岸	ŋon꜅	꜂ŋɔn	ŋɔn꜅	nuan꜅	uɛ̃꜅	ŋaŋ꜅	ŋaŋ꜅
雁	ŋan꜅	꜂ŋan	ŋat꜅	nan꜅	ŋɛ̃꜅	ŋaŋ꜅	ŋaŋ꜅
五	꜂ŋu	꜂ŋu	꜂ŋu	꜂nu	꜂ŋ̍	꜂ŋ̍	꜂ŋu
言	꜁nien	꜁ŋien	꜁ŋien	꜁nien	꜁ŋiɛ̃	꜁ŋiɛ̃	꜁ieŋ
元	꜁vien	꜁vien	꜁uən	꜁non	꜁ŋuɛ̃	꜁ŋø̃	꜁ieŋ
玉	ny꜅	ny꜆	ŋiuk꜇	꜁niu	ŋiu꜆	ŋy꜆	iu꜅
宜	꜁ni	꜁nie	꜁ŋie	꜁ni	꜁ŋie	꜁ŋiɛ	꜁ŋø

3. 古止摄字及曾梗摄入声字逢塞擦音声母有无读 ɿ 韵：明溪有 ɿ 韵，字最多，近客方言；将乐、顺昌、泰宁有 ɿ 韵，但字少，其余各点没有 ɿ 韵。邻近的赣方言都有，在内陆闽方言中，闽中方言有 ɿ 韵，闽北方言没有。例如：

例字	邵武	光泽	建宁	泰宁	将乐	顺昌	明溪
子鬼~	꜂tsə	꜂tsə	꜂tsə	꜂tsoi	꜂tsɿ	꜂tsɿ	꜂tsɿ
字	t‘ə꜅	꜂t‘ə	t‘ei꜅	sɿ꜅	sɿ꜅	ts‘i꜅	sɿ꜅
次	ts‘ə꜄	ts‘i꜄	t‘ə꜄	sɿ꜄	sɿ꜄	ts‘ɿ꜄	ts‘ɿ꜄
瓷	꜁t‘ə	꜁t‘ə	꜁t‘ə	꜁sɿ	꜁sɿ	꜁ts‘ɿ	꜁sɿ
士	sə꜅	꜂sə	sə꜅	sɿ꜅	sɿ꜅	sɿ꜅	sɿ꜅
事话事	sə꜅	꜂sə	sei꜅	sɿ꜅	sɿ꜅	ʃiɛ꜅	sɿ꜅
市	ɕi꜅	꜂ɕi	si꜅	si꜅	ʃɿ꜅	ʃɿ꜅	ʃɿ꜅
式	ɕi꜆	ɕi꜆	sik꜆	si꜄	ʃi꜆	꜀ʃi	ʃɿ꜄

4. 有无撮口呼：除建宁外各点都有撮口呼韵母，但范围很不一致，和古开合四等对应也不整齐，略举数例以见一斑。例如：

例字	邵武	光泽	建宁	泰宁	将乐	顺昌	明溪
茄	꜁k‘yo	꜁k‘yo	꜁k‘iɔ	꜁k‘ø	꜁k‘yo	꜁k‘yo	꜁k‘iɤ
靴	꜀fia	꜀fia	꜀hiɔ	꜀xyø	꜀ʃyo	꜀xyo	꜀sɤ
书	꜀ɕy	꜀ɕy	꜀sə	꜀sy	꜀ʃy	꜀ʃy	꜀ʃy
鱼	꜁ŋ̍	꜁ŋə	꜁ŋə	꜁nø	꜁ŋue	꜁ŋi	꜁ŋø
吠	p‘ei꜅	꜂p‘ei	p‘i꜅	p‘ui꜅	p‘i꜅	p‘y꜄	p‘y꜅
水	꜂sei	꜂ɕy	꜂fi	꜂sui	꜂ʃy	꜂ʃy	꜂ʃue
损	꜂sən	꜂sən	꜂sun	꜂syn	꜂suĩ	꜂sø	꜂sɛŋ
裙	꜁k‘yn	꜁k‘yn	꜁k‘uin	꜁k‘yn	꜁k‘ỹ	꜁k‘iuŋ	꜁k‘ɛŋ
腹	py꜆	py꜆	fuk꜆	꜂pu	pu꜆	꜀pu	pu꜆
肉	ny꜆	ny꜆	ŋiuk꜇	niu꜄	ŋiu꜄	ŋy꜆	iu꜄

5. 古咸深二摄舒声字的今读：建宁、光泽多读 -m 韵尾，邵武、泰宁多读 -n 韵尾，东南三点读 -ŋ 韵尾或鼻化韵。例如：

例字	邵武	光泽	建宁	泰宁	将乐	顺昌	明溪
痰	꜁t‘an	꜁xam	꜁ham	꜁haŋ	꜁t‘ɛ̃	꜁t‘ɔ̃	꜁t‘aŋ
三	꜀san	꜀sam	꜀sam	꜀saŋ	꜀saŋ	꜀sɔ̃	꜀saŋ
尖	꜀tsien	꜀tsiam	꜀tsiam	꜀tsien	꜀tsiɛ̃	꜀tsiɛ̃	꜀tsieŋ
盐	꜁ien	꜁iam	꜁iam	꜁ien	꜁iɛ̃	꜁ŋiɛ̃	꜁ieŋ
凡	꜁fan	꜁fan	꜁fan	꜁xuoŋ	꜁fɛ̃	꜁xuaŋ	꜁faŋ
林树～	꜁lən	꜁ləm	꜁lim	꜁lən	꜁lĩ	꜁liŋ	꜁lɛŋ
心	꜀sən	꜀səm	꜀sim	꜀sən	꜀sĩ	꜀siŋ	꜀sɛŋ
沉	xən꜆	꜁tɕ‘im	꜁ts‘im	꜁hin	꜁t‘ĩ	꜁t‘iŋ	꜁t‘ɛŋ
金	꜀kən	꜀kəm	꜀kim	꜀kin	꜀kĩ	꜀kiŋ	꜀kɛŋ
妗	꜂k‘ən	꜃k‘əm	꜂k‘əm	꜂k‘yn	k‘ĩ²	꜃k‘iuŋ	꜂k‘iɤŋ

6. 古山臻二摄舒声字今读：西北四点为 -n 韵尾，东南三点为 -ŋ 韵尾或鼻化韵，前者同南城、临川赣方言，后者同闽中方言。例如：

例字	邵武	光泽	建宁	泰宁	将乐	顺昌	明溪
安	꜀on	꜀ɔn	꜀ɔn	꜀uan	꜀uɛ̃	꜀aŋ	꜀vuõ
山	꜀son	꜀sɔn	꜀san	꜀suan	꜀ʃuɛ̃	꜀ʃaŋ	꜀suõ
边	꜀pien	꜀pien	꜀pien	꜀pien	꜀piɛ̃	꜀piɛ̃	꜀pieŋ
满	꜂mon	꜃mɔn	꜂mɔn	꜂muan	꜂muɛ̃	꜂maŋ	꜂muõ
软	꜂vien	꜂nien	꜂uən	꜂nøn	꜂ŋuɛ̃	꜂ŋø̃	꜂ien
亲	꜀t‘ən	꜀t‘ən	꜀ts‘in	꜀t‘ən	꜀ts‘ĩ	꜀ts‘iŋ	꜀ts‘ɛŋ
身	꜀ɕin	꜀ɕin	꜀sin	꜀sin	꜀ʃĩ	꜀ʃiŋ	꜀ʃɛŋ
村	꜀t‘ən	꜀t‘ən	꜀t‘un	꜀t‘yn	꜀ts‘uɛ̃	꜀ts‘uɛ̃	꜀ts‘uõ
温	꜀vən	꜀uən	꜀un	꜀un	꜀vĩ	꜀uɛ̃	꜀vɛŋ
云	꜁vin	꜁vin	꜁vin	꜁yn	꜁ỹ	꜁iuŋ	꜁vɛŋ

7. 古入声韵今读韵母：建宁大体按《广韵》韵类读 -p、-t、-k 韵尾，和临川赣方言相似，邵武、光泽咸、山二摄入声字收鼻音韵尾（已如前述），其余均读为元音韵。① 例如：

① 除泰宁外，闽西北六县市都有入声，建宁入声字均有 -p、-t、-k 收尾，其余各点我们都未为入声字韵母标上 -ʔ 尾，从音感上说，这些点的入声字只是读的调短，喉头不紧张，并无塞尾。此外，这样处理还有两个理由：第一，各点的非入声调都还有类似入声调的短调，如邵武话和光泽话的阴平 21，光泽话、顺昌话的阳上 43，2，建宁话的阳去 45，泰宁话的上声 353，如果凡短调都加塞尾，势必把这些非入声字（包括许多阳声韵字）也加上 -ʔ；第二，各点都还有古舒声字混为入声调的，也有古入声字归入非入声调的，调类的分合和韵尾的变化在这里已经脱钩。

例字	邵武	光泽	建宁	泰宁	将乐	顺昌	明溪
接	tsien꜆	tsiam꜆	tsiap꜆	꜂tsie	꜀tsie	꜀tsiɛ	꜂tse
甲	kan꜆	kam꜆	kap꜆	꜂ka	꜂ka	kɔ꜆	ko꜆
立	lən꜅	ləm꜇	lip꜇	꜀lei	li꜇	li꜆	li꜅
八	pie꜆	pai꜆	pat꜆	꜂pɛ	꜂pa	꜀pa	꜂pa
辣	lai꜅	lai꜆	lat꜇	꜀lɛ	la꜇	la꜆	lo꜅
月	vie꜅	vie꜇	uət꜇	꜀nø	ŋue꜇	ŋø꜆	ŋø꜅
笔	pi꜆	pi꜆	pit꜆	꜂pei	꜂pi	꜀pi	pi꜆
若	nyo꜅	yo꜇	iɔk꜆	꜀nyo	yo꜇	yo꜆	iɤ꜅
逼	pi꜆	pi꜆	pik꜆	꜂pei	꜂pi	꜀pi	pi꜆
客	k‘a꜆	k‘a꜆	k‘ak꜆	꜂k‘a	꜂k‘a	꜀k‘ɔ	꜂k‘o

8. 古入声调今读声调：建宁、光泽大体按古声母清浊分读阴阳两个入声调类；将乐也有两个入声调类，但阴入白读多混入别调；泰宁无入声调类；其余各点只有一个入声调，部分入声字混入别调。例如：

例字	邵武	光泽	建宁	泰宁	将乐	顺昌	明溪
鸭	an꜆	am꜆	ap꜆	꜂a	꜂a	꜀ɔ	o꜆
雪	sie꜆	sie꜆	siet꜆	꜂sø	꜂syø	꜀sø	꜂sø
色	sə꜆	sə꜆	sək꜆	꜂soi	꜂ʃa	꜀ʃɛ	se꜆
窟	k‘uei꜆	k‘uei꜆	k‘ut꜆	꜂k‘ui	k‘u꜆	꜀k‘uɛ	k‘u꜆
别	p‘ie꜅	p‘ie꜆	p‘iet꜇	꜀p‘ie	p‘ie꜇	p‘iɛ꜆	p‘e꜅
食	ɕie꜅	ɕie꜇	sik꜇	꜀sie	ʃi꜇	ʃiɛ꜆	ʃʅ꜅
麦	ma꜅	ma꜇	mak꜇	꜀ma	ma꜇	mɔ꜆	mo꜅
木	mu꜆	mu꜆	muk꜇	꜀mu	mu꜇	mu꜆	mu꜅

9. 古全浊声母上声字今声调：非常用字多入阳去（见上文声调对照表），常用字多在上声（光泽、顺昌为阳上）。例如：

例字	邵武	光泽	建宁	泰宁	将乐	顺昌	明溪
社春~	꜂ɕia	꜂ɕia	sa꜅	ɕia꜅	꜂ʃa	ʃa꜅	꜂sa
弟	꜂t‘i	꜃xi	꜂hie	hɛ꜅	꜂t‘ie	꜃t‘iɛ	꜂t‘e
被~单	꜂p‘ei	꜁p‘ei	꜂p‘ie	꜂p‘ø	꜂p‘e	꜂p‘uɛ	꜂p‘ø
抱	꜂p‘au	꜃p‘au	p‘au꜅	p‘o꜅	p‘au꜆	꜃p‘o	꜂p‘au
近	k‘in꜅	꜂k‘yen	꜂k‘ən	k‘øn꜅	꜂k‘uẽ	꜃k‘ɔ̃	꜂k‘ieŋ
丈	꜂t‘ioŋ	꜂tɕ‘iɔŋ	t‘ɔŋ꜅	꜀hioŋ	꜂t‘iɔŋ	꜂t‘iɔ̃	꜂t‘ioŋ
上~山	꜂ɕioŋ	꜃ɕiɔŋ	sɔŋ꜅	꜂sioŋ	꜂ʃɔŋ	꜃ʃɔ̃	꜂ʃoŋ
重轻~	꜂t‘uŋ	꜂tɕ‘yuŋ	꜂t‘uŋ	hyuŋ꜅	꜂t‘ɤŋ	꜃t‘uŋ	꜂t‘iɤŋ

（四）闽西北七县市方言语音特点比较表

根据以上材料，现将闽西北七县市方言语音特点分出三类列成简明表比较如下：（+

号是肯定反映，－号是否定反映，⊥号是个别反映）

类别	语音特点	邵武	光泽	建宁	泰宁	将乐	顺昌	明溪
语音系统的一般特点	声母数	20	20	17	15	19	17	19
	韵母数	46	49	72	41	36	34	30
	声调数	6	7	7	5	7	7	6
	古泥来母今读全分	+	+	+	+	−	−	−
	没有ŋ声母	−	−	−	+	−	−	−
	x—h声母有对立	−	−	−	+	−	−	−
	有ɿ韵	+	−	−	+	+	+	+
	有撮口呼韵母	+	+	−	+	+	+	+
	有 -m 韵尾	−	+	+	−	−	−	−
	有 -n 韵尾	+	+	+	+	−	−	−
	有鼻化韵母	−	−	−	−	+	+	+
	有 -p -t -k 韵尾	−	−	+	−	−	−	−
	有阴阳两类入声	−	+	+	−	+	−	−
	无入声	−	−	−	+	−	−	−
同赣方言的特点	古全浊声母今全送气	+	+	+	+	+	+	+
	古非组及晓匣合口读 f	+	+	+	−	+	−	+
	古微云等母今读 v	+	+	+	−	+	−	+
	古清从母今读 t‘	+	+	+	+	−	−	−
	古透定母今读 x(h)	+	+	+	+	−	−	−
	古章组读 tɕ-(tʃ-)，与 ts 对立	+	+	−	−	+	+	+
	部分疑日母字读 n-	+	+	−	+	−	−	−
	古咸山蟹一二等韵有别	+	+	+	+	+	−	+
	古流臻梗摄韵腹为 ε(e)	+	+	+	+	+	⊥	⊥
	古梗摄字白读为 aŋ iaŋ	+	+	+	+	+	⊥	+
	古曾梗摄字白读为 -n 韵尾	+	+	−	+	−	−	−
	古咸摄入声字读 -m(n) 韵尾	+	+	−	−	−	−	−
同闽方言的特点	古非组常用字读 p p‘ m	+	+	−	+	+	+	+
	古知组常用字读 t t‘(h)	+	+	−	+	+	+	+
	古心邪书禅母部分字读 ts‘ (tɕ‘，t‘)	+	+	⊥	+	+	+	+
	古来母字部分读 s(ʃ)	+	+	−	+	+	+	+
	古四等韵部分字读洪音	⊥	⊥	⊥	⊥	+	+	+
	古歌韵字白读 ai(εi)	+	+	+	+	−	−	−
	部分平、上声字变读别（高降）调	+	+	−	+	+	+	+

四　闽西北七县市方言词汇比较

词汇比较着重于日常生活的常用词，兼收少量词组。为便于考察这一带方言和赣方言、闽方言的关系，把比较条目分为五类。方言词尽可能标注本字。鉴于各点多音词慢读时均不变调，除轻声外都只标本调不标变调。第一类用方言词领头括注普通话说法，其余各类用普通话领头，各点有不同说法时注明方言词。

（一）各点说法相同，闽方言和赣方言也一致的

	邵武	光泽	建宁	泰宁	将乐	顺昌	明溪
箸隻筷子	t'y^2 tɕia꜂	ᶜxy .tɕia	t'ə^2 .tak	hy^2 ᶜtsia	tʃ'iᵓ ᶜtʃa	t'y^2 ꜁tʃa	t'i^2 tsa^2
索绳子	so꜂	suo꜂	sɔk꜂	ᶜso	ᶜso	꜁so	ᶜsɤ
苧苎麻	ᶜxy	ᶜxy	t'ə^2	ᶜhy	ᶜt'y	ᶜt'u	ᶜt'y
薸浮萍	p'iau꜂	p'iau꜂	꜁p'iau	p'iɛuᵓ	p'iau꜂	p'iauᵓ	p'iau꜂
嘫口水	ᶜlan	ᶜlan	口嘫 ᶜk'əu ᶜlan	ᶜlan	ᶜlɛ̃	ᶜlaŋ	ᶜlaŋ
马荠荸荠	ᶜma ꜁t'i	ᶜma ꜁t'i	ᶜma .ts'i	ᶜma ꜁t'ei	ᶜma ꜁ts'i	ᶜmɔ ꜁ts'i	ᶜmo ꜁ts'i
新妇儿媳	꜀sɛn ᶜp'y	꜀sən .p'y	꜀sin fu^2	꜀sən ᶜp'y	꜀suĩ ᶜp'y	꜀siŋ ᶜp'y	꜀sɛŋ ᶜp'y
徛站立	ᶜk'i	ᶜk'ie	ᶜk'ie	ᶜk'ɛ	k'e꜂	ᶜk'iɛ	ᶜk'e
走逃跑	ᶜtsu	ᶜtsu	ᶜtsəu	ᶜtsɿ	ᶜtsɿ	ᶜtsai	ᶜtsu
行行走	꜁xaŋ	꜁xaŋ	꜁haŋ	꜁xaŋ	꜁xaŋ	꜁k'iaŋ	꜁xaŋ
囥藏	k'oŋᵓ	k'ɔŋᵓ	k'ɔŋᵓ	k'oŋᵓ	k'ɔŋᵓ	k'ɔ̃ᵓ	k'oŋᵓ
食昼吃午饭	ɕie^2 tuᵓ	ɕie$_2$ tuᵓ	sik$_2$ tsəuᵓ	꜀sie tuᵓ	ʃi$_2$ tuᵓ	ʃiɛ$_2$ tuᵓ	ʃɿ^2 tuᵓ
落雨下雨	loᵓ ᶜxy	lɔ$_2$ ᶜxy	lɔk$_2$ ᶜi	꜀lo ᶜxy	lo$_2$ ᶜfy	lo꜂ ᶜxu	lɤ^2 ᶜfy
阔宽	k'uai꜂	k'uai꜂	k'uɔt꜂	ᶜk'ua	ᶜk'o	꜁k'ua	ᶜk'o
暗天黑	onᵓ	ɔmᵓ	ɔmᵓ	oŋᵓ	ɔŋᵓ	ɔ̃ᵓ	oŋᵓ
天光天亮	꜀t'ien ꜀kuoŋ	꜀xien ꜀kuoŋ	꜀hien ꜀kuɔŋ	꜀han ꜀kuoŋ	꜀t'ɛ̃ ꜀kɔŋ	꜀t'aŋ ꜀kɔ̃	꜀t'ieŋ ꜀kuõ
蕹菜空心菜	xŋ̍ᵓ t'əᵓ	uŋᵓ t'əᵓ	ŋ̍ᵓ t'aiᵓ	蕹素 ŋ̍ᵓ .sɿ	vɤŋᵓ sɿᵓ	uŋᵓ ts'ɛᵓ	灌菜 kuõᵓ ts'eᵓ
人客客人	꜁nin k'a꜂	꜁nin k'a꜂	客 k'ak꜂	꜁nin ᶜk'a	꜁ŋĩ ꜀k'a	꜁ŋiŋ ꜁k'ɔ	ᶜk'o
乌黑	꜀u	黑 xə꜂	꜀u	꜀u	꜀u	꜀u	꜀u
水圳水渠	ᶜsei tɕinᵓ	ᶜɕy tɕinᵓ	ᶜfi tsiŋᵓ	圳 tsynᵓ	ᶜʃy tʃuĩᵓ	ᶜʃy tʃuŋᵓ	ᶜsue tsɛŋᵓ

（二）多数点与赣方言相同的

	邵武	光泽	建宁	泰宁	将乐	顺昌	明溪
月光月亮	vie꜅ ꜀kuoŋ	vie꜇ ꜀kuoŋ	uət꜇ ꜀kuɔŋ	꜀nø ꜀kuoŋ	ŋue꜇ ꜀kɔŋ	ŋø꜆ ꜀kɔ̃	月（嫲姐）ŋø꜅（꜁mo ꜀tsia）
响雷公打雷	꜂xioŋ ꜁lei ꜀kuŋ	响雷 ꜂xiɔŋ ꜁lei	꜂hiɔŋ ꜁lei ꜀kuŋ	雷公䗴 ꜁luai ꜀kuŋ ꜁hin	꜂ʃɔŋ ꜁leu ꜀kɤŋ	꜂xiɔ̃ ꜁luɛ ꜀kuŋ	꜂ʃoŋ ꜁lue
发风刮风	꜂p'ɛi ꜀pyuŋ	fai꜆ ꜀pyuŋ	fat꜆ ꜀fuŋ	꜂p'ua ꜀pyuŋ	꜂k'i ꜀piuŋ	起风 ꜂k'i ꜀piuŋ	꜂p'o ꜀fəŋ
今朝今天	꜀kən ꜀tɕiau	꜀kəm ꜀tɕiau	꜀kin ꜀tsau	꜀kin ꜀tiɛu	꜀kĩ ꜀tʃau	꜀kiŋ ꜀tʃau	꜀kɛŋ ꜀tsau
明朝明天	꜁man ꜀tɕiau	꜁maŋ ꜀tɕiau	꜁məŋ ꜀tsau	꜁miaŋ ꜀tiɛu	꜁meĩ ꜀tʃau	꜁muɛ̃ ꜀tʃau	꜁mɛŋ ꜀tsau
通书皇历	꜀t'uŋ ꜀ɕy	꜀xŋ̍ ꜀ɕy	꜀hŋ̍ ꜀sə	꜀hŋ̍ ꜀sy	꜀t'ɤŋ ꜀ʃy	꜀t'uŋ ꜀ʃy	꜀t'ɤŋ ꜀ʃy
地方[①]	t'i꜅ ꜀foŋ 场所 ꜁xioŋ ꜂fu	꜂xi ꜀fɔŋ	hi꜅ ꜀fɔŋ	hi꜅ ꜀xuoŋ	停场 ꜁t'ɛ̃ ꜁t'iɔŋ	t'i꜅ ꜀xɔ̃	t'i꜅ ꜀foŋ
禾稻子	꜁vɛi	꜁vɛi	꜁uɔ	꜁uai	꜁væ	꜁uɛ	꜁vue
稈稻草	꜂kon	꜂kɔn	꜂kɔn	꜂kuan	꜂kuɛ̃	꜂kaŋ	꜂kuɔ̃
栽禾插秧	꜀tsə ꜁vɛi	꜀tsə ꜁vɛi	꜀tsai ꜁uɔ	꜀tsoi ꜁uai	꜀tse ꜁væ	꜀tsɛ ꜁uɛ	꜀tse ꜁vue
泔水	꜀kan ꜂sei 潲水 ꜀sau ꜂sei	꜀kam ꜂ɕy	꜀kɔm .fi	꜀kaŋ ꜂sui	稀泔 ꜂k'ui ꜀kaŋ	꜀kɔ̃ ꜂ʃy	（猪）泔水（꜀ty）꜀kaŋ ꜂sue
头牲牲畜	xɛu꜆ ꜀saŋ	xɛu꜆ ꜀saŋ	꜁həu ꜀saŋ	hei꜄ ꜀saŋ	꜁t'eu ꜀ʃaŋ	t'ai꜄ ꜀ʃɔ̃	t'ay꜆ ꜀saŋ
镢头锄头	kyo꜆ t'ɛu꜆	kye꜇ xɛu꜆	kiɔk꜆ ꜁həu	꜀kyo hei꜄	keu꜇ t'eu꜆	k'y꜆ t'ai꜄	kiɤ꜆ t'ay꜆
蓑衣	꜀so ꜀i	꜀sɔ ꜀i	꜀sɔ ꜀i	꜀so ꜀i	꜀so ꜀i	꜀so ꜀i	꜀sɤ ꜀i
猪栏猪圈	꜀ty ꜁lan	꜀tɕy ꜁lan	꜀tsə ꜁lan	꜀ty ꜁lan	豨巢 ꜂k'ui ꜁ts'eu	豨栏 ꜂k'y ꜁laŋ	猪巢 ꜀ty ꜁ts'ay
洋火火柴	꜁ioŋ ꜂fɛi	꜁iɔŋ ꜂fɛi	꜁iɔŋ ꜂fɔ	꜁ioŋ ꜂k'uai	꜁iɔŋ ꜂fæ	꜁iɔ̃ ꜂xuɛ	꜁ioŋ ꜂fue
鬼子碱肥皂	꜂kuei ꜂tsə ꜂kan	꜂kuei ꜂tsə ꜂kam	꜂kui .tə .kam	胰子膏 ꜁i ꜂tsoi ꜀ko	꜂kui ꜂tsɿ ꜂kɛ̃	鬼子蜡 ꜂ky ꜂tsɿ lɔ꜆	꜂kue ꜂tsɿ ꜂kaŋ
酒瓯酒杯	꜂tsəu ꜀ɛu	酒杯 ꜂tsəu ꜀pɛi	꜂tsiu .əu	酒盅 ꜂tsiu ꜀tsuŋ	꜂tsiu ꜀eu	꜂tsiu ꜀ai	꜂tsiu ꜂ay

① 这里也收些和普通话相同的说法，为说明它们和闽方言的差异。例如“地方”闽方言多数不说“地方”说“位处”“所在”“停场”；又如“人”，闽方言多数说“侬”。

续表

	邵武	光泽	建宁	泰宁	将乐	顺昌	明溪
扣针别针	k'ɛu꜄ ꜀tɕin	k'ɛu꜄ ꜀tɕim	k'əu꜄ ꜀tsim	k'ei꜄ ꜀tsin	k'eu꜄ ꜀tʃĩ	k'ai꜄ ꜀tʃiŋ	k'ay꜄ ꜀tsɛŋ
铜片铜板儿	꜁t'uŋ p'ien꜄	꜁xŋ̍ p'ien꜄	꜁hŋ̍ p'ien꜄	꜁hŋ̍ p'ien꜄	꜁t'ɤŋ p'iɛ̃꜄	꜁t'uŋ p'iɛ̃꜄	꜁t'ɤŋ p'ieŋ꜄
花边银元	꜀fa ꜀pien	꜀fa ꜀pien	꜀fa ꜀pien	꜀xua ꜀pien	大花边 t'ai꜅ ꜀fa ꜀piɛ̃	꜀xo ꜀piɛ̃	꜀fo ꜀pieŋ
滚水热水	꜂kuən ꜂sei	꜂kuən ꜂ɕy	꜂kun ꜂fi	꜂kun ꜂sui	烧水 ꜀tʃ'au ꜂ʃy	꜀tʃ'au ꜂ʃy	꜂kueŋ ꜂ʃue
泥泥土	꜁nie	꜁nie	꜁ŋie	꜁nɛ	꜁læ	꜁la	꜁la
狗嫲母狗	꜂kɛu ꜁ma	꜂kɛu ꜁ma	꜂kəu ꜁ma	꜂kei ꜁ma	꜂keu ꜁ma	꜂kai ꜁mɔ	꜂kay ꜁mo
鸡嫲母鸡	꜀kɛi ꜁ma	꜀kɛi ꜁ma	꜀kie ꜁ma	꜀koi ꜁ma	꜀ke ꜁ma	꜀kɛ ꜁mɔ	꜀ke ꜁mo
□翅膀	k'ie꜆	k'ie꜆	翼拍 ik꜇ p'ak꜆	꜂k'oi	꜂k'a	꜁k'ɛ	꜂k'a
虱嫲虱子	sə꜆ ꜁ma	sə꜆ ꜁ma	səp꜆ ꜁ma	꜂soi ꜁ma	꜂ʃa ꜁ma	꜀ʃɛ ꜁mɔ	꜂sa ꜁mo
乌蜱臭虫	꜀u ꜀pi	꜀u ꜀pi	꜀k'u ꜀pie	枯蜱 ꜀k'u ꜀pei	꜀u ꜀pi	木虱 mu꜆ ʃɛ꜆	蜱 ꜀pi
黄鳅泥鳅	꜁voŋ ꜀t'əu	꜁voŋ ꜀t'əu	鳅鱼 ꜀ts'iu ꜁ŋə	꜁uoŋ ꜀t'iu	꜁vɔŋ ꜀ts'iu	(泥)鳅(꜁la)꜀ts'iu	꜁voŋ ꜀ts'iu
□□蜘蛛	꜁k'yo ꜀sau	꜁k'yo ꜀sɔ	织蛛 tsit꜆ ꜀tsi	蜘蛛 ꜀tei ꜀ty	꜁xo ʃo꜅	꜁ko ꜀ʃo	꜁k'iɤ ꜀siɤ
人	꜁nin	꜁nin	꜁ŋin	꜁nin	꜁ŋĩ	꜁ŋiŋ	꜁ŋɛŋ, 侪 ꜁so
胡鬚	꜁u ꜀t'əu	꜁u ꜀t'əu	鬚 ꜀si	꜁u ꜀t'iu	꜁u ꜀ts'iu	鬚鬚 ꜀ts'iu ꜀ts'iu	꜁u ꜀ts'iu
嘴嘴巴	꜂tsei	꜂tɕy	꜂tsi	꜂tsui	꜂tsui	꜂tʃy	꜂tsue
颈脖子	颈子 ꜂kiaŋ .tsə	꜂kiaŋ	꜂kiaŋ	꜂kiaŋ	颈骨 ꜂tʃĩ ꜂ku	꜂tʃiŋ	꜂kiaŋ
屎窟屁股	꜂ɕi k'uei꜆	꜂ɕi k'uei꜆	꜂si k'ut꜆	꜂si ꜂k'ui	꜂ʃi k'u꜆	꜂ʃi ꜁k'uɛ	꜂ʃʅ k'u꜆
手甲指甲	手食甲 ꜂ɕiu ɕi꜅ .kan	手甲 ꜂ɕiu kam꜆	꜂səu kap꜆	꜂ts'iu ꜂ka	꜂tʃ'iu ꜂ka	꜂ʃiu ꜁kɔ	手食甲 ꜂ts'iu ʃʅ꜅ ꜂ko
胞衣胎盘	꜀pau ꜀i	꜀pau ꜀i	꜀pau ꜀i	꜀pai ꜀i	꜀pau ꜀i	꜀pau ꜀i	꜀pau ꜀i
梗茎	꜂kuaŋ	꜂kuaŋ	꜂kuaŋ	꜂kuaŋ	꜂kuaŋ	꜂kɔ̃	꜂kuaŋ
供喂	꜀kyuŋ	꜀kyuŋ	饲 t'ə꜄	꜀kioŋ	꜀kiuŋ	꜀kiuŋ	꜀kiɤŋ
东西	꜀tuŋ ꜀si	꜀tuŋ ꜀si	꜀tuŋ ꜀sie	꜀tuŋ ꜀sei	꜀tɤŋ ꜀si	零星 ꜁lɛ̃ ꜀sɛ̃	꜀tɤŋ ꜀si
嗺①吮吸	嗍 su꜅	嗺 tsəm꜇	tsip꜇	꜂tsø	꜂tsyø	꜁tsø	꜂tsø

① 《集韵》缉韵即入切："嗺，《说文》嗺也。一曰歃也。"

续表

	邵武	光泽	建宁	泰宁	将乐	顺昌	明溪
话事说话	va² sə²	ᶜua ᶜsə	ua² sei²	ua² sɿ²	va² sɿ²	ŋo² ʃiɛ²	vo² sɿ²
话假事撒谎	va² ᶜka sə²	ᶜua ᶜka ᶜsə	ua² ᶜka sei²	ua² ᶜka sɿ²	va² ᶜka sɿ²	ŋo² ᶜkɔ ʃiɛ²	vo² ᶜko ti²
醃咸菜	꜀an	꜀am	꜀iam	꜀aŋ	꜀aŋ	꜀ɔ̃	꜀aŋ
晓得知道	ᶜxiau .tie	ᶜxiau tie꜆	ᶜhiau .tək	ᶜxiɛu ᶜtɛ	ᶜʃiau .ta	ᶜxiau ꜇ta	ᶜsau ᶜta
高山~	꜀kau	꜀kau	꜀kau	꜀ko	꜀kau	꜀xo	꜀kau
老菜~	ᶜlau	ᶝlau	ᶜlau	ᶜlɔ	ᶜlau	ᶝlo	ᶜlau
嫩菜~	nən²	ᶜnən	nun²	nyn²	luĩ²	luɛ̃²	lɛŋ²
清粥稀	ᶜt‘ən	ᶜt‘ən	꜀ts‘iŋ	ᶜt‘ən	ᶜts‘ĩ	ᶝts‘iŋ	ᶜts‘ɛŋ
瘦肉~	səuᵓ	səuᵓ	səuᵓ	seiᵓ	seuᵓ	saiᵓ	sayᵓ
我	伉 xaŋ²	ᶝxaŋ	我 ᶜŋa	ᶜxaŋ	ᶜŋæ	ᶝŋa	ᶜvue
你	偾 xien²	ᶝxien	ᶜŋ̍	你 ᶜŋ̍	ᶜle	ᶝlɛ	ᶜle
他①	伻 xu²	ᶝxu	使 ᶜsə	ᶜxy	ᶜki	渠 ᶝkɛ	ᶜk‘ø
我们	俺多 ienᵓ .tai	ᶝxaŋ ꜀tai, ꜀ien ꜀tai	我多 ᶜŋa .tai	伉郎 ᶜxaŋ .loŋ	倨多 ᶜŋæ .ta	俺大家 ꜀aŋ t‘a² ꜀kɔ	我多俈 ᶜue ꜀tɤ ꜁so
你们	偾多 xienᵓ .tai	ᶝxien ꜀tai	你多 ᶜŋ̍ .tai	你郎 ᶜŋ̍ .loŋ	你多 ᶜle .ta	你大家 ᶝlɛ t‘a² ꜀kɔ	你多俈 ᶜle ꜀tɤ ꜁so
他们	伻多 xuᵓ .tai	ᶝxu ꜀tai	使多 ᶜsə .tai	伻郎 ᶜxy .loŋ	渠多 ᶜki .ta	渠大家 ᶝkɛ t‘a² ꜀kɔ	渠多俈 ᶜk‘ø ꜀tɤ ꜁so
几多多少	ᶜki ꜀tai	ᶜki ꜀tai	ᶜki ꜀ta	ᶜki ꜀tai	ᶜkuɛ ꜀tæ	ᶜki ꜀ta	ᶜki ꜀tue
栋一座房子	tuŋᵓ	tuŋᵓ	隻 tsak꜆	tuŋᵓ	tɤŋᵓ	tuŋᵓ	tɤŋᵓ
盏一朵花	ᶜtson	ᶜtsan	朵 ᶜtɔ	ᶜtsuan	tsuɛ̃꜆	ᶜtʃuɛ̃	tsuõ꜆
个他的书	.kɛi	.kɛi	.kai	.kɛ	.ki	.ka	的 .ti
动棋下棋	ᶜt‘uŋ ꜁k‘i	xŋ̍² ꜁k‘i	xŋ̍² ꜁k‘i	hŋ̍² ꜁k‘i	꜀t‘ɤŋ ꜁k‘i	꜀t‘ɔŋ ꜁k‘i	t‘ɤŋ² ꜁k‘i
食唔得吃不得	ɕie² ŋ̍² tie꜆	ɕie꜇ ᶜm̩ tie꜆	sik꜇ m̩² tək꜆	꜀sie ŋ̍² ᶜtɛ	ʃi꜆ ŋ̍² ᶜta	ʃiɛ꜆ ŋ̍² ꜁ta	ʃɿ² ŋ̍² ta꜆

① 三个人称代词读为同调，多数客赣方言都如此，闽方言中的闽北、闽中两区也受此影响，其余闽方言多不同调。

（三）多数点与闽方言相同的

	邵武	光泽	建宁	泰宁	将乐	顺昌	明溪
厝 房子	tɕʻyoᵓ	tɕʻyoᵓ	屋 uk꜂	tsʻyᵓ	tʃʻoᵓ	tʃʻoᵓ	tʃʻɤᵓ
户隊 门槛儿	ᶜfu ᶜtʻən	ᶜfu ꜀tʻan	门隊 ꜀mən ᶜtʻan	ᶜkʻu tsʻanᵓ	□隊 kʻuĩ² ᶜtʻiɛ̃	ᶜxu ᶜtʻuɛ̃	ᶜfu ᶜtʻieŋ
柱 柱子	ᶜtʻəu	ᶜxəu	柱头 ᶜtsʻi .həu	ᶜtsʻei	ᶜtʃʻeu	ᶜtʃʻai	ᶜtsʻa
塍 田	tʻɛn꜂	tʻɛn꜂	田 ꜁hien	tʻɔnᵓ	tsʻɛ̃꜂	tsʻɛ̃ᵓ	tsʻɛŋ꜂
埕 路	xyo²	ᶜxyo	路 lu²	hø²	tʻio²	tʻio²	路 lu²
暗沟 阴沟	onᵓ ꜀kɛu	ɔmᵓ ꜀kəu	ɔmᵓ ꜀kəu	onᵓ ꜀kei	oŋᵓ ꜀keu	ɔ̃ᵓ ꜀kai	oŋᵓ ꜀kay
筅 晒衣用的竹竿	xoŋ²	筅篙 ᶜxɔŋ ꜀kɔ	hɔŋ² ꜀kau	xɔŋ² ꜀ko	竹筅 tiu꜂ xɔŋ²	꜁ty xɔ̃²	tiu꜂ xoŋ²
鼎 铁锅	ᶜtiaŋ	ᶜtiaŋ	镬 vɔk₂	ᶜtiaŋ，锅 ꜀kuo	ᶜtiaŋ	ᶜtiaŋ	ᶜtiaŋ
筅 炊帚	甑筅 tsənᵓ tʻien꜂	筅帚 ᶜtʻien .tɕiu	ᶜtʻan .tsəu	筅儿 tsʻanᵓ .lɛ	pʻɛ̃² .tsʻɛ̃	饭筅 pʻuɛ̃² ᶜtsʻaŋ	pʻieŋ² tsʻaŋ꜂
鼎片 锅盖	ᶜtiaŋ pʻienᵓ	ᶜtiaŋ pʻienᵓ	镬搭 vɔk₂ tap꜂	ᶜtiaŋ hienᵓ	ᶜtiaŋ pʻiɛ̃ᵓ	ᶜtiaŋ pʻiɛ̃ᵓ	ᶜtiaŋ pʻieŋᵓ
卵 蛋	ᶜson	ᶜsɔn	蛋 han²	suan²	ᶜʃuɛ̃	ᶜʃø̃	ᶜsuõ
鸡僆 小母鸡	鸡嫲子 ꜀kɛi ꜁ma .tsə	꜀kɛi sɔnᵓ	鸡□ ᶜkie ꜀hɔŋ	꜀koi suanᵓ	꜀ke ʃuɛ̃ᵓ	꜀kɛ ʃø̃ᵓ	꜀ke suõᵓ
囝 儿子	囝儿 kin꜂ .nə	kin꜂ .ne，囝子 kin꜂ .tsə	子 ᶜtsei	ᶜkien .lɛ	ᶜkiɛ̃	囝 ᶜkiɛ̃	kieŋ꜂
阿娘囝 女子	꜀a ꜁nioŋ kin꜂	꜀a ꜁niɔŋ kin꜂	女 ᶜŋie	阿娘囝 ꜀aŋ ᶜkien	꜀aŋ ᶜkiɛ̃	阿囝 ꜀ɔ̃ ᶜkiɛ̃	꜀oŋ ᶜkieŋ
孙 侄子	孙儿 ꜀sən .nə	孙子 ꜀sən .tsə	侄子 tsʻit₂ .tsə	꜀syn .lɛ	꜀suĩ .tsi	꜀suɛ̃ tiᵓ	꜀sɛŋ .ti
外家 娘家	vai² ꜀ka	娘厝 ꜁niɔŋ tɕʻyoᵓ	uai² ꜀ka	uai² ꜀ka	ŋuæᵓ ꜀ka	后头 ᶜxu tʻaiᵓ	ue² ꜀ko
契囝 干儿子	契囝儿 kʻiᵓ kin꜂ .nə	契其囝 kʻiᵓ .i kin꜂	契子 kʻieᵓ .tsə	kʻiᵓ ᶜkien	kʻiᵓ ᶜkiɛ̃	kʻieᵓ ᶜkiɛ̃	契子 kʻiᵓ ᶜtse
目珠 眼睛	mu꜂ ꜀tɕy	mu₂ ꜀tɕy	眼睛 ᶜŋan .tsiŋ	muᵓ ꜀tsiu	mu₂ ꜀tʃy	mu꜂ ꜀tʃy	mu꜂ ꜀tʃy
目屎 眼眵	mu꜂ ᶜɕi	mu₂ ᶜɕi	眼屎 ᶜŋan .si	muᵓ ᶜsi	mu₂ ᶜʃi	mu꜂ ᶜʃi	mu꜂ ᶜʃʅ
耳窟 耳朵	ᶜnin kʻuei꜂	ᶜnin kʻuei꜂	ᶜŋi .tau	耳朵 ᶜnin .to	ᶜŋĩ kʻu꜂	ᶜŋlŋ ꜁kʻuɛ	꜀ŋɛŋ kʻu꜂
骹 脚	꜀kʻau	꜀kʻau	脚 kiɔk꜂	꜀kʻau	꜀kʻau	꜀kʻau	꜀kʻau
骹脏 脚跟	꜀kʻau ꜀tsaŋ	꜀kʻau ꜀tsaŋ	脚脏 kiɔk꜂ ꜀tsaŋ	꜀kʻau ꜀tsaŋ	꜀kʻau ꜀tʃaŋ	꜀kʻau ꜀tʃɔ̃	꜀kʻau ꜀tsaŋ

续表

	邵武	光泽	建宁	泰宁	将乐	顺昌	明溪
饭汤米汤	p‘ən꜅ ꜀t‘oŋ	꜂p‘ən ꜀xɔŋ	fan꜅ ꜀hɔŋ	p‘ən꜅ ꜀hoŋ	p‘ɛ̃꜅ ꜀t‘ɔŋ	p‘uɛ̃꜅ ꜀t‘ɔ̃	p‘ieŋ꜅ ꜀t‘oŋ
茶箬茶叶	꜁t‘a nyo꜆	꜁t‘a nyo꜆	茶叶 ꜁t‘a iap꜇	꜁ts‘a ꜀nio	꜁tʃ‘a ŋyo꜄	꜁tʃ‘ɔ yo꜆	꜁ts‘o iɤ꜅
颂穿衣	ɕyuŋ꜅	꜂ɕyuŋ	着 tsɔk꜆	sioŋ꜅	ʃɤŋ꜅	siuŋ꜅	sɤŋ꜅
䜭味淡	꜂t‘ien	꜂t‘ien	淡 ham꜅	꜂t‘iaŋ	꜂ts‘iaŋ	꜂ts‘iaŋ	꜂ts‘iaŋ
肥人胖	꜁p‘i	꜁p‘i	壮 tsɔŋ꜄	꜁p‘ui(贬),胖 p‘oŋ꜄	꜁p‘i	꜁p‘y	꜁p‘i
□□忘记	꜁la p‘u꜆	꜁lai p‘ə꜆	赖记 lai꜄ kei꜄	꜀lau ꜀p‘ua	lau꜆ ꜂p‘au	lo꜆ ꜂p‘au	꜁lə ꜀p‘au
宿一窝蜂	꜂səu	꜂səu	səu꜅	꜂sei	꜂seu	꜂sai	꜂say
勤力勤劳	꜁k‘in .sə	꜁k‘in ꜂sə	勤 ꜁k‘ən	꜁k‘on ꜂soi	꜁k‘ĩ ʃa꜅	狠力 ꜂xɛ̃ ʃiɛ꜆	꜁k‘ieŋ sa꜅
殕霉	꜂p‘u	꜂p‘u	枯毛 ꜀k‘u ꜁mau	꜂p‘y	꜂p‘y	꜂p‘y	꜂p‘y

（四）西北和东南两片分别与赣方言和闽方言类似的（并不整齐）

普通话	邵武	光泽	建宁	泰宁	将乐	顺昌	明溪
上午	上昼 ɕioŋ꜅ tu꜄	꜂ɕioŋ .tu	上昼 sɔŋ꜅ tsəu꜄	昼前 tu꜄ t‘an꜄	上昼 ʃɔŋ꜅ tu꜄	昼前 tu꜄ ts‘iɛ̃꜄	昼前 tu꜄ ts‘ieŋ꜆
下午	下昼 ꜂xa tu꜄	꜂xa .tu	下昼 ha꜅ tsəu꜄	昼了 tu꜄ ꜂lau	下昼 ꜂xa tu꜄	昼了 tu꜄ ꜂lau	昼了 tu꜄ ꜂lau
一个半月	个半月 kai꜄ pon꜄ vie꜅	kɛi꜄ pɔn꜄ vie꜇	个半月 kai꜄ pɔn꜄ ŋuət꜇	个隻半月 kɛ꜄ ꜂tsia puan꜄ ꜀nø	ka꜄ ꜂tʃa puɛ̃꜄ .ŋue	（个）隻半月 (ka꜄) ꜁tʃia paŋ꜄ ŋø꜆	kə꜄ ꜂tʃa puõ꜄ nø꜅
刮风	发风 ꜂p‘ɛi ꜀pyuŋ	fai꜆ ꜀pyuŋ	fat꜆ ꜀fuŋ	꜂p‘ua ꜀pyuŋ	꜂k‘i ꜀piuŋ	起风 ꜂k‘i ꜀piuŋ	꜂k‘i ꜀fəŋ，꜂p‘o ꜂fəŋ
热水	滚水 ꜂kuən ꜂sei	꜂kuən ꜂ɕy	꜂kun ꜂fi	꜂kun ꜂sui	꜀tʃ‘au ꜂ʃy	烧水 ꜀tʃ‘au ꜂ʃy	꜀tʃ‘au ꜂ʃue
灰尘	尘灰 ꜁t‘in ꜀fɛi	꜁tɕ‘in ꜀fɛi	尘灰 ꜁ts‘in ꜀fei	灰尘 ꜀xuai ꜁hin	꜀fæ ꜁t‘ĩ	灰尘 ꜀xuɛ ꜁t‘iŋ	꜀fue ꜁t‘ɛŋ
桌子	盘 ꜁p‘on	꜁p‘ɔn	꜁p‘ɔn	꜁p‘uan	桌 tʃo꜆	꜁tʃo	tsə꜆
烟囱	烟筒 ꜀ien ꜁t‘uŋ	꜀ien ꜁xŋ̍	꜀ien ꜁həm	꜀ien ꜁hŋ̍	烟囱 ꜀iɛ̃ ꜀ts‘ɤŋ	꜀iɛ̃ ꜀ts‘uŋ	꜀ɛŋ ꜀t‘iɤŋ
猪	꜀ty	꜀tɕy	꜀tsə	꜀ty	豨 ꜂k‘ui	꜂k‘y	猪 ꜀ty
公狗	狗公 ꜂kɛu ꜀kuŋ	꜂kɛu ꜀kuŋ	狗牯 ꜂kəu ꜂ku	꜂kei ꜂ku	狗公 ꜂keu ꜀kɤŋ	꜂kai ꜀kuŋ	狗牯 ꜂kay ꜂ku
猴子	猴儿 ꜁xɛu .ə	꜁xɛu .ə	猴儿 ꜁xəu .i	猴子 ꜁xei ꜂tsɔi	꜁xeu .tsi	꜁k‘ai ti꜄	꜁xay ꜂tse
稻谷	粟 sy꜆	谷 ku꜆	谷 kuk꜆	粟 ꜂ts‘u	꜂ts‘o	꜁ts‘u	谷 ꜂ku

续表

普通话	邵武	光泽	建宁	泰宁	将乐	顺昌	明溪
芝麻	蔴儿 mai꜆ .ə	mai꜆ .ə	꜁ma ꜂tsei	蔴子 mai꜄ .tsoi	麻 mæ꜆	ma꜄	mue꜆
桑树	꜀soŋ ꜂tɕʻy	꜀sɔŋ tɕʻy꜄	꜀sɔŋ si²	꜀soŋ sy²	蚕箬树 ꜁tsʻaŋ ŋyo꜄ tʃʻy꜄	蚕子树 tsʻɔ̃꜄ .ti tʃʻy²	蚕树 tsʻaŋ꜆ tʃʻy꜄
桑叶	桑箬 ꜀soŋ nyo꜆	꜀sɔŋ nyo꜆	桑叶 ꜀sɔŋ iap꜆	꜀soŋ nio꜄	蚕箬 ꜁tsʻaŋ .ŋyo꜄	蚕子箬 tsʻɔ̃꜄ .ti io꜆	tsʻaŋ꜆ iɤ꜄
茄子	茄儿 ꜁kʻyo .ə	꜁kʻyo .ə	꜁kʻiɔ .i	꜁kʻø .lɛ	꜁kʻyo	茄 ꜀kʻio	꜁kʻiɤ
童养媳	细新妇 sie꜄ ꜀sən ꜀pʻy	sie꜄ ꜀sən ꜀pʻy	sie꜄ ꜀sin fu²	sɛ꜄ ꜀sən ꜀pʻy	꜀suĩ ꜂pʻy .tsi	新妇子 ꜀siŋ ꜂pʻy .ti	꜀sɛŋ ꜀pʻy tse꜆
祖父	爹爹 ꜀ta ꜀ta	꜀ta ꜀ta	꜀ta ꜀ta	꜀tia ꜀tia	公公 ꜀kɤŋ ꜀kɤŋ	大爷 tʻa² ꜁ia	꜀kɤŋ ꜀kɤŋ
身体	文身 ꜁vən ꜀ɕin	꜁vən ꜀ɕin	꜀sin ꜂hi	身体 ꜀sin ꜂hi	꜀ʃĩ ꜂tʻi	꜀ʃiŋ ꜂tʻi	꜁vɛŋ ꜀sɛŋ
眉毛	眉毛 ꜁mi ꜁mau	꜁mi ꜁mau	꜁mi ꜁mau	꜁muai ꜁mo	mu꜄ ꜁me	目眉 mu꜆ ꜁mɛ	mu꜆ ꜁me
头发	头发 tʻau꜆ pei꜆	xəu꜆ pi꜆	头发 ꜁həu fat꜆	头毛 hei꜄ ꜁mo	tʻeu꜆ mau꜆	头毛 tʻai꜄ mo꜄	tʻay꜆ mau꜆
鼻涕	鼻水 pʻi꜄ ꜂sei	pʻi꜄ ꜂ɕy	pʻi²	鼻 pʻei꜄	pʻi꜄	pʻi²	鼻水 pʻi² ꜂sue
脱衣裳	脱 tʻɯ꜆	xɔi꜆	hɔt꜆	□ ꜂pʻua	褪 tʻuɛ̃꜄	tʻuɛ̃꜄	tʻuõ꜄
饿	腹糟 py꜆ ꜀tsau	py꜆ ꜀tsau	肚肌 ꜂hu ꜀kei	腹饥 ꜂pu ꜂kʻoi	꜂pu ꜂kʻuɛ	꜁pu ꜂kʻø	pu꜆ ꜂kʻø
哭	哭 kʻu꜆	kʻu꜆	啼 ꜁hie	hi꜄	tʻi꜆	哭 ꜁kʻu	tʻi꜆
寻找	捞 sau꜄	寻 ꜁tʻəm	寻 ꜁tsʻim	捞 sau꜄	ʃau꜄	ʃau²	sau꜄
害怕	畏 vi꜄	vi꜄	怕 pʻa꜄	ui꜄	惊 ꜀kiaŋ	꜀kiaŋ	꜀kiaŋ
多	夥 ꜂vai	꜂uai	多 ꜀tɔ	꜂uai	多 ꜀to	夥 ꜂ua	꜀tɤ
瘦不胖	瘖 ꜀sei	瘦 səu꜄	səu꜄	sei꜄	ʃeu꜄	瘖 ꜀ʃyɛ	꜀sue
松木头松	泛 pʻaŋ꜄	松 ꜀suŋ	꜀suŋ	泛 pʻaŋ꜄	pʻaŋ꜄	꜀ʃiuŋ	pʻaŋ꜄
干	干 ꜀kon	꜀kon	干 ꜀kɔn	燋 ꜂tsʻau	꜂tsʻau	燋 ꜂tsʻau	꜂tsʻau
玩儿	搞 ꜂kau	꜂kau	嬉 ꜀hei	꜀xui	꜀fi	꜀xi	꜀kʻø
狭窄	窄 tsə꜆	tsə꜆	狭 xap꜆	꜀xɛ	狭 xa²	窄 tsʻe꜆	xa²
后边	背后 pei꜄ xɛu꜆	pei꜄ xɛu꜆	pei꜄ həu²	pui꜄ ꜂xy	后头 ꜂fy .tʻeu꜄	꜂xu tʻiɛ꜄	后面 xə² mieŋ²
牙齿	牙齿 ꜁ŋa ꜂tɕʻi	꜁ŋa ꜂tɕʻi	꜁ŋa ꜂tsʻi	꜁ŋa ꜂tsʻi	꜂tʃʻi ꜂tʃʻe	齿齿 ꜂tʃʻiɛ ꜂tʃʻiɛ	牙 ꜁ŋo

（五）各点说法多所不同的

普通话	邵武	光泽	建宁	泰宁	将乐	顺昌	明溪
太阳	热头 nie꜅ t'ɛu꜆	nie꜇ həu꜆	ŋiet꜇ ꜁həu	꜀nie hei꜄	ŋue꜇ t'eu꜆	月头 ŋø꜇ t'ai꜄	日头公 ŋi꜅ t'ay꜆ ꜀kɤŋ
星星	星儿[1] ꜀sɛn .nə	꜀sɛn .nə	꜀siŋ .i	꜀son .lɛ	星 ꜀sɛ̃	天星 ꜀t'aŋ ꜀sɛ̃	꜀sɛŋ
打闪	闪刀 ꜂viaŋ ꜀tau	发线焰 fa꜇ ɕien꜄ iam꜄	打闪焰 ꜂ta ꜂sam iam꜄	发雷影 ꜂p'ua ꜁luai ꜂iaŋ	发眼镜 ꜂p'o ꜂ŋɛ̃ kiaŋ꜄	꜃iaŋ ꜀to	烨龙眼线 ia꜄ ꜁lɪɤŋ ŋaŋ꜅ ʃieŋ꜄
天旱	天乾 ꜀t'ien ꜀kon	乾 ꜀kɔn	作旱 tsɔk꜆ ꜂hɔn	（天）旱 ꜀han	tso꜄ ꜂fɛ̃	tso꜄ ꜃xaŋ	天旱 ꜀t'ieŋ ꜂fuõ
傍晚	黑边子 xə꜆ ꜀pien .tsə	黑间子 xə꜆ ꜀kan .tsə	夜边 ia꜅ ꜀pien	暗边 oŋ꜄ ꜀pien	ɔŋ꜄ ꜀piɛ̃	讨暗仔 ꜂t'o ɔ̃꜄ ti꜄	oŋ꜄ ꜀pieŋ
坟墓	墓 myo꜅	myo꜅	地 hi꜅	hoi꜅	t'e꜅	塚 ꜂tiuŋ，坟 ꜁xuɛ̃	t'e꜅
时候～～不早了	꜁ɕi xɛu꜅	꜁ɕi ꜂xəu	时间 ꜁si ꜀kan	时分 ꜁si ꜀xun	꜁ʃi ꜀kɛ̃	时候 ꜁ʃi xai꜅	꜁ʃɪ ꜀kaŋ
夜晚	暗头 on꜄ t'ɛu꜆	暗冥 ɔm꜄ ꜁maŋ	夜头 ia꜅ ꜁həu	oŋ꜄ ꜁miaŋ	ɔŋ꜄ .t'eu	ɔ̃꜄ ꜁mɔ̃	oŋ꜄ t'ay꜆
前天	前日冥 t'in꜆ ni꜆ ꜁maŋ	□冥 t'ie꜆ ꜁maŋ	前夜 ꜁ts'ien ia꜅	꜂t'ɛ mɔŋ꜄	ts'iɛ̃꜄ ꜁miaŋ	前冥 ts'iɛ̃꜄ ꜁mɔ̃	ts'ɛŋ꜄ ꜁maŋ
中午	昼头 tu꜄ .xɛu	昼□ tu꜄ ꜁ɔŋ	昼时 tsəu꜄ ꜁si	昼边 tu꜄ ꜀pien	tu꜄ ꜀piɛ̃	tu꜄ ꜀piɛ̃	日昼 ŋi꜅ tu꜄
中间	当中 ꜀to ꜁loŋ	꜀tɔ ꜁loŋ	中间 ꜀tsuŋ ꜀kan	中央心 ꜀tyuŋ ꜀ŋ̍ ꜀sən	中央心 ꜀tɔŋ ꜀sĩ	꜀tɔ̃ ꜀siŋ	中中心 ꜀toŋ ꜀toŋ ꜀sɛŋ
里边	里头 ꜂ti .t'ɛu	꜂ti xəu꜆	里面 ꜂li .mien	里边 ꜂soi ꜀pan	里角 ꜂ʃe .ko	里头 ꜂ti ꜁t'ai	内底 nue꜅ ꜂te
外边	外头 vai꜅ .t'ɛu	꜂uai xəu꜆	外面 uai꜅ mien꜅	外边 uai꜄ ꜀pan	外角 uɛ꜅ .ko	外头 ua꜅ ꜁t'ai	前底 ts'ieŋ꜆ ꜂te
前面	前头 t'in꜆ .t'ɛu	t'in꜆ xəu꜆	前面 ꜁ts'ien mien꜅	前边 t'an꜄ .pan	前头 ꜁ts'iɛ̃ .t'eu	头前 t'ai꜄ ts'iɛ̃꜄	面腹前 mieŋ꜄ pu꜆ ts'ieŋ꜆
旁边	半边 pon꜄ ꜀pien	pɔn꜄ ꜀pien	边舷 ꜀pien ꜁hien	꜀pien .xan	边上 ꜀piɛ̃ .ʃɔŋ	꜀piɛ̃ xaŋ꜄	边场 ꜀pieŋ ꜁t'ioŋ
房间	꜁foŋ ꜀kien	꜁fɔŋ ꜀kien	间儿 ꜀kan .ni	꜀kan .lɛ	厝间 tʃ'o꜄ ꜂kɛ̃	tʃ'o꜄ ꜂kaŋ	间 ꜀kaŋ
窗户	槺儿 k'ien꜆ .nə	槺子 k'iam꜆ tsə	光窗 ꜀kuɔŋ ꜀t'ɔŋ	窗儿 ꜀ts'oŋ .lɛ	꜀kɔŋ ꜀tʃ'ɔŋ	窗仔门 ꜀t'iuŋ ti꜄ ꜁muɛ̃	꜀kuõ ꜀t'ɪɤŋ

① 西北四县市有儿尾词（下文还有），东南三点没有，这是两片间的重要词汇差异，也是闽方言与赣方言的重要差异。

续表

普通话	邵武	光泽	建宁	泰宁	将乐	顺昌	明溪
厨房	灶前 tsuᵓ t'in꜁ 灶骹 tsuᵓ ꜀k'a	灶前 tsuᵓ t'in꜁	tsauᵓ ha꜄	灶下 tsɿᵓ ᶜxa	灶前 tsɿᵓ ts'iɛ̃꜁	鼎间 ᶜtiaŋ ꜀kaŋ	灶间 tsuᵓ ꜀kaŋ
厕所	肥瓮间 ꜂p'i ɕyuŋᵓ ꜀kien	窖缸 kauᵓ ꜀kɔŋ	东司 ꜀tuŋ ꜀sə	东司间 ꜀tuŋ ꜀suŋ ꜀kan	粪窖 puĩᵓ kauᵓ	屎坑 ᶜʃi ꜀k'ɔ̃	꜀tɤŋ ꜀si ꜀kaŋ
电池	电土 t'ien꜄ t'u꜁	电池 ᶜxien ꜂tɕ'i	hien꜄ ꜂iu	电油 ien꜄ ꜂iu	t'iɛ̃꜄ ᶜt'u	t'iɛ̃꜄ ᶜt'u	电油 t'ieŋ꜄ ꜂iu
砚台	砚瓦 nien꜄ ᶜva	墨瓦 mɛ꜁ ᶜŋua	墨瓦 mək꜁ ᶜma	砚瓦 mien꜄ ᶜmua	青烟瓦 ꜀ts'ĩ ꜀iɛ̃ ᶜŋua	墨盘 mɛ꜁ ꜂p'aŋ	墨瓦 me꜄ ᶜvo
抽屉	盘厨 ꜂p'on ꜂t'y	盘厨簏 ꜂p'ɔn ꜂tɕ'y lu꜃	厨盘 ꜂ts'i ꜂p'ɔn	抽儿 ꜀hiu .lɛ	厨桌 ꜂t'y tʃo꜃	桌厨 ꜂to ꜂t'y	头腹 ꜂t'ay pu꜁
剪子	剪儿 tsien꜁ .nə	tsien꜁ .nə	剪刀 ᶜtsien .tau	铰剪 ꜀kau ᶜtsan	剪仔 ᶜtsɛ̃ ᶜtsi	ᶜtsaŋ tiᵓ	剪刀 ᶜtsaŋ ꜀tau
信封	信壳 sinᵓ k'o꜁ 信套 sinᵓ t'auᵓ	sinᵓ k'ɔ꜁	信封 sinᵓ ꜀fɔŋ	信套 sənᵓ t'auᵓ	信套 sĩᵓ t'auᵓ	信筒 siŋᵓ ꜂t'uŋ 信皮 siŋᵓ ꜂p'i	信筒 sɤŋᵓ ꜂t'ɤŋ
钞票	票儿 p'iauᵓ .ə	p'iauᵓ .ə	纸票 ᶜtsie .p'iau	p'iɛuᵓ .lɛ	票子 p'iauᵓ .tsi	ᶜtʃie p'iauᵓ	票 p'iauᵓ
斗笠	笠儿 sən꜁ .nə	笠嫲 səm꜁ ꜂ma	笠嫲 lip꜃ ꜂ma	笠儿 soiᵓ .lɛ	笠 ʃa꜄	笠仔 ʃɛ꜁ tiᵓ	sa꜄
公鸡	鸡角 ꜀kɛi ku꜁	鸡公 ꜀kɛi ꜀kuŋ	骚鸡 ꜀sau ꜀kie	꜀koi ꜀kuŋ	꜀ke ᶜko	鸡角 ꜀kɛ ꜂ku	鸡公 ꜀ke ꜀kɤŋ
老鸹	狸 ꜂ŋai	꜂ŋai	鹰嫲 ꜀əŋ ꜂ma	狸婆 ꜂nɛ ꜂p'o	꜂ŋa ꜂p'o	狸婆 ꜂ŋa ꜂p'o	꜂ŋa ꜂p'ɤ
蝙蝠	琵琶老鼠 ꜂p'i ꜂p'a ᶜlau ᶜtɕ'y	꜂p'i ꜂p'a ᶜlau ᶜtɕ'y	簷老鼠 ꜂iam ᶜlau ᶜsə	꜂p'ei ꜂p'a ᶜlau ᶜts'y	簷腹老鼠 ꜂iɛ̃ pu꜁ ᶜlau ᶜtʃ'y	琵琶燕 ꜂p'i ꜂p'ɔ ŋɛ̃ᵓ	簷皮婆 ꜂ieŋ ꜂p'i ꜂p'ɤ
蚂蚁	蚁蚁嫲 ᶜnie ᶜnie ꜂ma	蚁 nie꜁	蚁子 ŋie꜄ .tsei	nieᵓ tsoi	蚁 ŋie꜁	蚁仔 ŋieᵓ tiᵓ	ŋe꜁
蚯蚓	黄蛲 ꜂voŋ ᶜfien	□□ ꜀xɔŋ .ŋə	河□ ꜂hɔ ᶜŋie	河蛲 ꜂xo ᶜk'øn	꜂xo ᶜʃɛ̃	꜂xu ᶜkuaŋ	葫芦蛲 ꜂fu ꜂lu ᶜkieŋ
蟑螂	蟚 t'ai꜄	t'ai꜃	蟚嫲 t'ap꜃ ꜂ma	蟚婆 ꜀t'ɛ ꜂p'o	ts'a꜃	蟚 ts'a꜁	黄蟚 ꜂voŋ ts'o꜄
蜜蜂	蜂儿 ꜀p'yuŋ .ŋə	꜀p'uŋ .ŋə	蜂儿 ꜀fuŋ .ŋi	蜜蜂 ꜀mei ꜀p'uŋ	mi꜃ ꜀p'ɤŋ	mi꜁ ꜀p'uŋ	蜂 ꜀p'ɤŋ
萤火虫	萤萤儿 ꜂viaŋ ꜂viaŋ .vi	꜂viaŋ ꜂viaŋ .vi	萤火子 ꜂viaŋ ᶜfɔ .tsə	萤鸡 ꜂ioŋ ꜀kuai	萤火 iaŋ꜁ ᶜfɛ	꜂iaŋ ᶜxuɛ	萤火蛛 ꜂iɤŋ ᶜfo ꜀tʃy

续表

普通话	邵武	光泽	建宁	泰宁	将乐	顺昌	明溪
蚊子	蚊儿 mən꜄ .nə	蜢儿 ꜂mɛn .nə	蚊虫 ꜁mən ꜁t‘uŋ	蚊□ mun꜄ ꜀ts‘ia	蚊 muĩ꜆	蚊仔 muɛ̃꜄ ti꜄	蚊子 mɛŋ꜆ ꜂tse
苍蝇	乌米 ꜀u ꜂mi	乌蜍 ꜀u niam꜆	蝇儿 ꜁iŋ .ŋi	sien꜄ .lɛ	蝇 siɛ̃꜆	屎蝇 ꜂ʃi ʃɛ̃꜄	食饭蚊 ʃʅ² p‘ieŋ² mɛŋ꜆
跳蚤	跳蚤 t‘iau꜄ ꜂tsəu	xiau꜄ ꜂tsəu	hiau꜄ ꜂tsau	蚤 ꜂tsei	꜂tseu	狗蚤 ꜂kai ꜂tsai	꜂tsay
鳖	水鸡 ꜂sei ꜀kɛi	꜂ɛy ꜀kɛi	脚鱼 kiɔk꜆ ꜁ŋə	盘鱼 ꜁p‘uan ꜁nø	塘鱼 ꜁t‘ɔŋ ꜁ŋue	团鱼 ꜁t‘uɛ̃ ꜁ŋi	꜂ʃue ꜀ke
松球	松角角 ꜁t‘yuŋ ko꜆ ko꜆	꜁t‘yuŋ kɔ꜆ kɔ꜆	松鸡子 ꜁ts‘iuŋ ꜀kie .tsə	松树卵 ꜁t‘yuŋ sy² suan²	松毛卵 ꜁ts‘iuŋ ꜁mau ꜀ʃuɛ̃	꜁t‘iuŋ mo꜄ ꜂ʃø	꜁ts‘iɤŋ ꜁mau nuõ꜆
柚子	大柑 t‘ai² ꜀koŋ	柑儿 ꜀kɔm .mə	□□ ꜁t‘əu ꜂t‘aŋ	枹儿 ꜀p‘au .lɛ	□ ꜀ts‘eu	柚 iu²	柑 ꜀koŋ
橘子	柑儿 ꜀koŋ .ŋə	（细）柑子 (sie꜄) ꜀kɔm .tsə	꜀kɔm .mi	꜀koŋ. lɛ	柑子 ꜀kəŋ .tsi	红桔 ꜁xuŋ ꜁ki	珠柑 ꜀tsy ꜀koŋ
高粱	芦黍 ꜁lu .sy	粟 sy꜆	高粱 ꜀kau ꜁liɔŋ	芦黍 ꜁lu ꜂sio	꜀kau ꜀liɔŋ ꜂syo	高粱黍 ꜀ko ꜁liɔ̃ ꜂sy	芦黍 ꜁lu ꜂siu
玉米	包黍 ꜀pau .sy	꜀pau sy꜆	꜀pau suk꜆	꜀pau ꜂sio	꜀pau ꜂syo	□□ mɛ꜆ xuaŋ²	荷包黍 ꜁hɤ ꜀pau ꜂siu
西红柿	番茄儿 ꜀fan ꜁k‘yo .ə	洋茄 ꜁iɔŋ ꜁k‘yo 洋番椒 ꜁iɔŋ ꜀fan ꜀tsiau	番茄 ꜀fan ꜁k‘iɔ	꜁iɔŋ ꜀xuan ꜀tsiɛu	番柿 ꜀fɛ̃ k‘i꜆	꜀xuaŋ k‘i꜄	洋茄 ꜁iɔŋ ꜁k‘iɤ
辣椒	番椒 ꜀fan ꜁tsiau	꜀fan ꜀tsiau	茄椒 ꜁k‘iɔ ꜀tsiau	꜀xuan ꜀tsiɛu	꜀pɛ̃ ꜀tsiau	꜀xuaŋ ꜀tsiau	椒 ꜀tsiau
丝瓜	天萝 ꜀t‘ien ꜁lo	꜀xien ꜁lɔ	纺线 ꜂fɔŋ sien꜄	娇瓜 t‘o꜄ ꜀kua	丛萝 ꜁ts‘ɤŋ ꜁lo	网瓜 ꜀muŋ ꜀ko	明瓜 ꜁maŋ ꜀ko
南瓜	金瓜 ꜁kən ꜀kua	南瓜 ꜁nam ꜀kua	番瓜 ꜀fan ꜀kua	꜀xuan ꜀kua	꜀fɛ̃ ꜀kua	꜀kiŋ ꜀ko	꜀faŋ ꜀ko
男人	倽人 ꜁sa ꜁nin	男子 ꜁nam .tsə	男子 ꜁nam ꜂tsə	男子倽 ꜁naŋ .tsʅ ꜁sa	倽哩倽 ꜀ʃa .li ꜀ʃa	丈夫 ꜀tiɔ̃ ꜀py	꜁naŋ ꜂tsʅ ꜁so
女人	阿娘 ꜀a ꜁nioŋ	꜀a ꜁niɔŋ	妇娘 fu² ꜁ŋiɔŋ	阿娘倽 ꜀aŋ ꜁nioŋ ꜁sa	阿娘子 ꜀aŋ ꜁ŋiɔŋ .tsi	꜀ɔ̃ ꜁ŋiɔ̃	꜀oŋ ꜁ŋioŋ ꜁so
小孩儿	团子 kin꜆ .tsə	kin꜆ .tsə	曾囡 ꜀tsəŋ ꜂ŋie	团子牯 ꜂kien .tsɛ ꜂ku	团子倽 ꜂kiɛ̃ ꜂tsi ꜀ʃa	丈夫团仔 ꜀tiɔ̃ ꜀py ki꜄ ti꜄	kieŋ꜆ ꜂ti ꜁so
老头儿	老倽家子 ꜂lau ꜁sa ꜀ka .tsə	老儿 lau꜆ .ə	老大人 ꜂lau .hai .ŋin	老子兜 ꜂lau ꜂tsʅ ꜀tei	꜂lau ꜁ʃĩ ꜁ʃa	老成倽 ꜂lo ꜁ʃiŋ ꜀ʃɔ	老倽 ꜂lau ꜁so

续表

普通话	邵武	光泽	建宁	泰宁	将乐	顺昌	明溪
婢女	婢妾 ᶜp'i t'ien꜁	ᶜp'i t'iam꜁	姨婆 ꜀i ꜀p'ɔ	婢牯 p'eiᵓ ᶜku	大姐 t'æ² ᶜtsia	婢仔 ꜀p'i tiᵓ	老婢 ᶜlau ᶜp'i
道士	道儿 t'əu² .ə 师公 ꜀soi ꜀kuŋ	꜀sai ꜀kuŋ	道士 hau² ᶜsə	魔南仙 ꜀mo ꜀laŋ ꜀sien	꜀laŋ ꜀mo ꜀siẽ	南魔先生 ꜀laŋ ꜀mo ꜀siŋ ꜀sẽ	南魔 ꜀laŋ ꜀mɤ
堂亲	族间 t'u² ꜀kan	t'u₂ ꜀kan	t'uk꜁ ꜀kan	族间佮 ꜀t'u ꜀kan ꜀sa	自自人 ꜀ts'i ꜀ts'i ꜀ŋĩ	自厝里 ts'i² tʃ'oᵓ ᶜti	自家场 ts'i² ꜀ko ꜀t'ioŋ
亲戚	亲情 ꜀t'ən ꜀t'iaŋ	꜀t'ən ꜀t'iaŋ	亲眷 ꜀ts'in kuənᵓ	꜀t'ən .t'iaŋ	꜀ts'ĩ kuẽᵓ	꜀ts'iŋ k'øᵓ	亲戚 ꜀ts'ɛŋ t'i꜁
父亲	爷佬 ꜀ia .lau	爷爸 ꜀ia .pa	꜀ia ᶜlau	爷 ꜀ia	爹哩 ꜀tia .li	爷 ꜀ia	爹 ꜀tia
母亲	娘佬 ꜀nioŋ .lau	꜀nioŋ .lau	꜀ŋioŋ ᶜlau	嫲 ꜀ma	妈哩 ꜀ma .li	奶 ᶜla	娓 meᵓ
祖母	妈妈 ꜀ma ᶜma	妈儿 ᶜma .ə	姆妈 ᶜm̩ ᶜma	嫲嫲 ꜀ma ꜀ma	姆妈 ꜀m̩ .ma	大奶 t'a² ᶜla	m̩² ma²
外祖父	公儿 ꜀kuŋ .ə	꜀kuŋ .ŋə	阿公 ꜀a ꜀kuŋ	公公 ꜀kuŋ ꜀kuŋ	外公 ŋuæᵓ ꜀kɤŋ	大公 t'a² ꜀kuŋ	꜀kɤŋ ꜀kɤŋ
外祖母	婆婆 ꜀p'o ꜀p'o	婆儿 ꜀p'ɔ .ə	阿婆 ꜀a ꜀p'ɔ	꜀p'o ꜀p'o	外妈 ŋuæᵓ ꜀ma	大婆 t'a² ꜀p'o	嫲嫲 ꜀mo ꜀mo
哥哥	老伯 ᶜlau pa꜁	哥儿 ᶜkɔ .ə	ᶜlau pak꜁	兄哩 ꜀siaŋ .lɛ	老伯（哩）ᶜlau ᶜpa .li	大哥 t'a² ꜀ko	ᶜlau po꜁
弟弟	弟儿 ᶜt'i .ə	弟佬 ᶜxi .lau	老弟 ᶜlau hie²	弟哩 hɛ² .lɛ	ᶜlau ᶜt'ie	弟仔 ᶜt'iɛ tiᵓ	ᶜlau ᶜt'e
姐姐	姊佬 ᶜtsi lau꜁	姊儿 ᶜtsi .ə	□姊 ꜀ha ᶜtsi	姊姊 ᶜtsei ᶜtsei	姐姐 ᶜtsia .tsia	大姐 t'a² ᶜtsia	ᶜtsi ᶜtsi
妹妹	妹儿 mɛiᵓ .ə	妹佬 mɛiᵓ .lau	məᵓ .ə	妹哩 muiᵓ .lɛ	老妹 ᶜlau meᵓ	妹仔 muɛᵓ tiᵓ	ᶜlau møᵓ
伯母	姐姐 ꜀tsia ᶜtsia	姐儿 ᶜtsia .ə	妈妈 ᶜma .ma	娓娓 ꜀mei ꜀mei	姊姊 ᶜtsi tsiᵓ	伯奶 pa꜁ ᶜla	ᶜtsia tsiaᵓ
女婿	姐夫 ᶜtsia ꜀fu	ᶜtsia .fu	郎婿 ꜀lɔŋ sieᵓ	婿郎 sɛᵓ ꜀loŋ	saiᵓ ꜀lɔŋ	婿郎 saᵓ ꜀lɔ̃	saᵓ ꜀loŋ
舅舅	娘舅 ꜀nioŋ ᶜk'y	舅儿 ᶜk'y .ə	舅舅 ᶜk'əu .k'əu	舅伯（母兄）ᶜk'y ᶜpa 舅舅（母弟）ᶜk'y .k'y	舅伯（母兄）k'iu² .pa 舅子（母弟）k'iu² .tse	娘舅 ꜀iɔ̃ ᶜk'y	舅子 ᶜk'y tseᵓ
舅母	妗儿 ᶜk'ən .nə	ᶜk'əm .mə	妗妗 ᶜk'əm .k'əm	妗姐 k'ynᵓ ᶜtsia	k'ĩ² k'ĩ²	娘妗 ꜀iɔ̃ ᶜk'iuŋ	妗子 ᶜk'iɤŋ tseᵓ
丈夫	老子 lau꜁ .tsə	lau꜁ .tsə	老公 ᶜlau .kuŋ	公哩 ꜀kuŋ .lɛ	ᶜlau ꜀kɤŋ	ᶜlo ꜀kuŋ	ᶜlau ꜀kɤŋ
妻子	妈娘 ᶜma ꜀nioŋ	ᶜma .nioŋ	老婆 ᶜlau .p'o	阿娘 ꜀aŋ ꜀nioŋ	ᶜlau ꜀p'o	ᶜlo ꜀p'o	꜀o ꜀ioŋ

续表

普通话	邵武	光泽	建宁	泰宁	将乐	顺昌	明溪
公公	爹爹 ꜀ta ꜀ta	꜀ta ꜀ta	□爹 ꜁ha ꜀ta	阿官 ꜀a ꜀kuan	阿官 ꜀a ꜀kuɛ̃	官爹 ꜀kuaŋ ꜀tia	꜀o ꜀kuõ
婆婆	妈妈 ma꜆ .ma	꜂ma .ma	□女 ꜁ha ꜂ŋie	阿婆 ꜀a ꜁pʻo	꜀a ꜁pʻo	阿婆 ꜀ɔ ꜁pʻo	꜀o ꜁pʻɤ
岳父	丈人公 ꜂tʻioŋ ꜁nin ꜀kuŋ	꜂tɕʻiɔŋ ꜁nin ꜀kuŋ	丈人公 tʻɔŋ꜅ .ŋin .kuŋ	丈人爷 hioŋ꜅ ꜁nin ꜁ia	丈人 ꜂tʻiɔŋ ꜁ŋĩ	꜂tʻiɔ̃ ꜁ŋiŋ	丈人佬 ꜀tʻioŋ ꜁ŋɛŋ lau꜆
岳母	丈母 ꜂tʻioŋ mu꜆	丈人婆 ꜂tɕʻiɔŋ ꜁nin ꜁pʻo	丈人婆 tʻɔŋ꜅ .ŋin ꜁pʻɔ	丈人嫲 hioŋ꜅ ꜁nin ꜁ma	꜂tʻiɔŋ .mu	꜂tʻiɔ̃ ꜂mu	꜀tʻioŋ ꜁ŋɛŋ ꜁pʻɤ
脸	面嘴 min꜄ ꜂tsei	面 min꜄	mien꜄ ꜂tsi	面□ mien꜄ ꜁si	面 miɛ̃꜄	面把 mɛ̃꜄ ꜂pa	面嘴 mieŋ꜅ ꜂tsue
头屑	头垢 tʻau꜆ ꜂kɛu	头皮 xəu꜆ ꜁pʻi	脑皮 ꜂nau .pʻie	头壳 hei꜄ ꜂kʻo	头壳 ꜁tʻeu ꜂kʻo	头痞 tʻai꜄ ꜂pʻi	头壳皮 tʻay꜆ kʻɤ꜆ ꜁pʻi
眼珠	目珠仁儿 mu꜆ ꜀tɕy ꜁nin .nə	目珠子 mu꜇ ꜀tɕy ꜂tsə	眼乌珠 ꜂ŋan .u .tsi	mu꜄ ꜀tsy ꜂tsoi	目珠子 mu꜇ ꜀tʃy ꜂tsi	目珠仁 mu꜆ ꜀tʃy ꜁iŋ	目珠核 mu꜆ ꜀tʃy fo꜆
眼泪	目珠水 mu꜆ ꜀tɕy ꜂sei	mu꜇ ꜀tɕy ꜂ɕy	眼涕 ꜂ŋan .hi	目水 mu꜄ .sui	目汁 mu꜇ ꜂tʃi	mu꜆ ꜁tʃi	mu꜆ ꜂tʃɿ
乳房	汁汁 tsei꜆ tsei꜆	tɕi꜄ .tɕi	奶 ꜁nai	□子 ꜂hai ꜂tsoi	tse꜄ tse꜅	腓 ꜀lɛ̃	꜀lɛŋ
出嫁	做新人 tso꜄ ꜀sin ꜁nin	行嫁 ꜁xɛn xa꜄	行嫁 ꜁haŋ ka꜄	归亲 ꜀kui ꜀tʻən	tso꜄ ꜀sĩ ꜁ŋĩ	做新人 tso꜄ ꜀siŋ ꜁ŋiŋ	tso꜄ ꜀sɛŋ ꜁ŋɛŋ
害喜	病喜 pʻaŋ꜄ ꜂xi	pʻaŋ꜄ ꜂xi	好事病 ꜂hau .sei .pʻiaŋ	病蘑菇 pʻaŋ꜅ mɔ꜄ ꜀ku	病囝 pʻaŋ꜅ ꜂kiɛ̃	pʻɔ̃꜅ ꜂kiɛ̃	pʻiaŋ꜅ kieŋ꜆
怀孕	有娠 ꜂ieu ꜀ɕin	有喜 ꜂iu ꜂xi	有好事 ꜂iu ꜂hau .sei	大娠 hai꜄ ꜀sin	有囝 ꜂iu ꜂kiɛ̃	꜁iu ꜂kiɛ̃	꜂iu kieŋ꜆
小产	落胎 lo꜅ ꜀tʻai	打小生 ꜂ta ꜂siau ꜀saŋ	落了好事 lɔk꜇ ꜂liau ꜂hau .sei	断娠 pʻuan꜅ ꜀sin	落囝 lo꜇ ꜂kiɛ̃	断囝 tʻuɛ̃꜅ ꜂kiɛ̃	损娠 ꜂sɛŋ ꜀sɛŋ
发烧	有滚 ꜂iu ꜂kuən	꜂iu ꜂kuən	有热 ꜂iu ŋiet꜇	发烧 ꜂xua ꜀tsʻu	꜂fa ꜀tʃʻau	꜁xua ꜀tʃʻau	烧 ꜂tsʻau
泻肚子	泻腹 sia꜄ py꜆	作泄 tsuo꜆ sie꜆	泻肚 sia꜄ ꜂hu	打泻腹 ꜂ta sia꜄ .pu	꜂ta sia꜄ ꜂pu	拉泻腹 ꜀lɔ sia꜄ ꜁pu	打泻 ꜂to sia꜄ 泻腹 sia꜄ pu꜆

续表

普通话	邵武	光泽	建宁	泰宁	将乐	顺昌	明溪
痱子	日头子 ni꜅ tʻɛu꜆ .tsə	热粗子 nie꜆ ꜀tʻu .tsə	热痱 ŋiet꜆ tʻu꜄	热粗 ꜀nie ᶜtʻu	热痱 ŋie꜆ pi꜄	肉痱 ŋy꜆ pi꜄	热皮疥 ŋe꜅ pʻi꜆ kai꜄
中暑	发痧 pi꜄ ꜀sa	pi꜄ ꜀sa	fat꜆ ꜀sa	起痧 ᶜkʻoi ꜀sa	有痧 ᶜiu ꜀ʃa	ᶜiu ꜀sɔ	成痧 ꜁saŋ ꜀so
米粥	粥 tɛy꜆	tɛy꜆	羹 ꜀kaŋ	糜 moi꜄	me꜆	꜁tʃy	mø꜆
油条	油条 ꜁iu ꜁tʻiau	꜁iu ꜁tʻiau	面饺 mien꜅ ᶜkiau	油炸馃 ꜁iu tsa꜄ ᶜkui	꜁iu tʃa꜄ ᶜkui	干絮 ᶜkaŋ tsʻo꜄	꜁iu ꜁tʻiau
豆腐乳	霉豆心 ꜁mɛi tʻɛu꜅ ꜁sən	酱豆心 tsiɔŋ꜄ ᶜxəu ꜀səm	豆腐乳 həu꜅ fu꜅ ᶜi	豆腐肉 hei꜅ xu꜅ niu꜄	tʻəu꜅ fu꜅ ᶜŋy	豆乳 tʻai꜅ ᶜy	tʻay꜅ fy꜅ ᶜy
盛~饭	装 ꜀toŋ	꜀tɔŋ	添 ꜀hiam	贮 ᶜtu	ᶜtu	ᶜtu	装 ꜀tɔŋ，贮 ᶜtu
旱烟	黄烟 ꜁voŋ ꜀ien	꜁vɔŋ ꜀ien	꜁vɔŋ .ien	旱烟 ᶜxuan ꜀ien	꜁vɔŋ ꜀iẽ	茗烟 ᶜmiŋ ꜀iẽ	꜁mɛŋ ꜀ieŋ
看	映 niaŋ꜄ 望 moŋ꜅	niaŋ꜄，muoŋ꜄	看 kʻɔn꜄	niaŋ꜄	ŋiaŋ꜄	睽 ꜀lau	iaŋ꜄
蹲	踞 kʻu꜅	ᶜkʻu	蹲 tʻun꜄	ku꜄	kʻu꜄	kʻu꜅	仆 pʻɤ꜆
洗澡	洗浴 ᶜsie y꜆	做洗 tsuɔ꜄ ᶜsie	洗汤 ᶜsie ꜀hɔŋ	ᶜsɛ ꜀io	ᶜsai yo꜆	ᶜsa y꜆	ᶜsa ꜀tʻoŋ
回去	转去 ᶜtʻien .kʻo	归去 ꜀kui .kʻɔ	ᶜtsien kʻə꜄	去厝下 kʻo꜄ tsʻy꜄ ᶜha	去归 kʻo꜄ ꜀kui	ᶜtsø kʻo꜄	ᶜtieŋ kʻɤ꜄
漂亮指人	齐整 ꜁tɕʻi ᶜtɕin	精 ꜀tɕiaŋ	俏 ᶜtʻau	标致 ꜀piau ᶜtsi	精 ꜀tsiaŋ	相精 siɔŋ꜄ ꜀tsiaŋ	꜀tsiaŋ
丑陋	丑 ᶜtɕʻiu	ᶜtɕʻiu	丑 ᶜtʻəu	ᶜtsʻiu，□ ᶜtsʻan	欠 kʻiẽ꜄	生衰 ꜀ʃɔ̃ ꜀ʃuɛ	怯 kʻa꜆
跌倒	遢倒 ᶜtan .tau	tan꜆ .tau	跌倒 ᶜtan .tau	跋倒 ꜀pʻua ᶜtau	pʻo꜆ ᶜtau	pʻa꜆ ᶜto	ᶜtʻuõ ᶜtau
头一~牛	头 tʻɛu꜆	xɛu꜆	隻 tsak꜆	行 ꜁xaŋ	꜁xaŋ	꜁xɔ̃	꜁xaŋ
着站着说	倒 ᶜtau	ᶜtau	定 .taŋ	哩 .lɛ	tʻi꜅	在 ꜀ti	.tʻi
去哪儿	去哪块 kʻo꜄ .noŋ kʻuei꜄	去哪儿 kʻɔ꜄ ꜁nɔŋ .ŋə	去□落 kʻə꜄ hei꜄ lɔ꜅	去哪底 kʻɔ꜄ ꜁noŋ .tei	去哪□ kʻo꜄ ᶜlɔŋ tsi꜅	去□□ kʻo꜄ i꜅ ꜀ʃuɛ	去哪角 kʻɤ꜄ ləŋ꜅ kɤ꜆

五 结语

现在，就本文所比较的材料做一个粗略的分析，并提出我们对闽西北七县市方言归属的看法，进一步说明我们在《福建闽方言的一致性》一文“余论”中的有关观点。

语音方面，本文比较了43个条目，300个单字，其中，多数点和客赣方言一致的有15条142字，和闽方言一致的有9条84字，更重要的是，和客赣方言一致的条目都是可以类推的常例，管的字多，和闽方言一致的则是不能任意类推，字数不多的变例。这种情形说明了闽西北七县市方言的闽方言语音特点是早期底层方言保留下来的残余现象，而客赣方言的语音特点则是后起的并正在起作用的普遍规律。我们认为，在鉴别方言类属、为方言分区时，应该以覆盖面大（管的字多）的特点作为主要依据。正是从这一点出发，我们把反映客赣方言特点最充分的西北片四县市方言划归客赣方言，至于它们也具备某些闽方言的语音特点这一现象，则说明它们在历史上曾经属于闽方言。更准确地说，可以认为这四县市的底层方言是闽方言，但现在已经客赣方言化了。东南片三县具有不少客赣方言的语音特点，划为闽方言区也是不合适的，而且彼此之间又缺乏许多共同性，因此可以作为闽方言与客赣方言之间的中介地带。

罗杰瑞先生说：“这些特点（按指邵武话等和客赣方言共同的特点）在客话群以外的方言中也大量存在，很明显，这些特征太笼统，不能将它们当作分类的标准。”

如所周知，汉语方言以东南地区（京广线以东，陇海路以南）最复杂，就在这些东南方言中，不少语音特点也是交叉的，这是因为它们在历史上都是古代汉语的分支。我们在认识各方言区的语音特点时，必须分清管字多的常例和管字少的变例，分清方言区中心地带的一般表现和边缘地区的特殊表现，才不至于见木不见林而模糊了自己的认识。就以“无轻唇，无舌上”这两条来说，客赣系方言也有非组字读p‘ p‘m的（如饭、放、痱、肥、尾），也有知组字读t t‘的（如知、昼），然而这只是少数的特例，不像闽方言是大面积的常例，这两个语音特点当然还应该认为是闽方言的特点而不是客赣方言的特点，不能像罗先生那样理解而推论出“闽方言和客方言之间的不同可能更多的是在程度上而不是在种类上”①。反过来说，尽管闽方言也有把古全浊声母字读送气清音的，也有个别点把非组字和晓匣母合口字读f-的②，但古全浊声母字读送气清音、非组和晓组合口字读f-作为客赣系方言的特征也不能因此而被怀疑、被推翻。在闽方言和吴方言交界的崇安、建阳一带还有不少保留浊音声母的现象，我们也不能以此而怀疑有无全浊声

① 参见 *The Classification of the Shaowu Dialect*，第581页。

② 参见本书《尤溪县内的方言》。

母是吴方言和闽方言的基本差异。

在词汇方面，本文所比较的 250 条词语中，多数点和客赣方言一致的有 62 条，和闽方言一致的只有 31 条，西北和东南大体分为两种说法的 33 条，这些情况和语音特点的分布状况是一致的，整个七县市地区在词汇上都深受客赣方言的影响，而以西北四县市为甚，应该说在西北四县市已经发生了质变，那里的方言属于客赣方言。在比较词目中，还有 102 条是七县市中有三种以上不同说法的，这部分词汇在我们调查过的材料中还有很多，这里为控制篇幅没有多收。这些材料说明了另一条重要原理：在方言中介地带，词汇上的差异是特别纷繁的。我们在为方言分类时，只能在一定的范围内提取那些数量较大的异同关系来说明归属，而不能用某一个词或某几个词的说法如何来作为区分方言的依据。方言之间词汇上的借用比语音上的相互影响要广泛得多，没有成批的基本词汇的比较，是很难划清方言的区域的。

综上所述，我们认为闽西北七县市的方言中，邵武、光泽、建宁、泰宁四县市应划归客赣方言。当然，与江西省内的客赣方言相比，这里是带有不少闽方言特色的一个小特区。因为它毕竟在历史上是属于闽北方言的，必定带有一些闽方言的老底子。当然，闽方言和赣方言的交往及渗透是双向的。内陆闽语就因为吸收了一些客赣方言的成分而成为与沿海闽方言有明显差异的一个大区。不同方言的边界由于语言接触而相互影响是普遍存在的，我们必须通过细致地比较，如实地反映这种横向接触和纵向传承的关系，并给予准确表述。

就闽西北七县市的内部情况说，建宁话的赣方言性质最明显，其次是光泽话邵武话，不在闽赣两省边界的泰宁话就保留了闽方言特点更多些。顺昌、将乐和明溪可以作为闽方言和客赣方言之间的过渡区，其中，顺昌话里闽方言成分最多，明溪话则兼有闽、客、赣的特点。

说明：本文的语料调查情况在“概说”一节里已做交代。由李如龙整理成文后，首次发表于《闽语研究》，语文出版社，1991 年。署名李如龙、陈章太。

尤溪县内的方言

一　概说

尤溪县在福建省中部，戴云山脉北段，面积3400多平方公里，人口32万余，它是福建省内方言最复杂的县分之一。

福建境内的闽方言分为五区，尤溪县正处于这五个区的交界处。东邻闽清、永泰两县属闽东方言区，北邻南平市的樟湖坂以东属闽东方言区，太平以西属闽北方言区，西面的沙县是闽中方言区，南面的德化、大田两县属闽南方言区。西南面隔着永泰县境约50公里便是莆仙方言区。这五种方言各自具有的特点在尤溪县内的方言中都能找到反映，在各处两县邻界处，方言常是相通或相近的。

然而尤溪县内的方言并不是五种闽方言的简单混杂。在县中部的尤溪流域通行着比较一致的以城关话为代表的“尤溪话”，县内各地的人多数能听懂这种话。在与各县相邻地区的小方言中也都有和城关话相一致的特点。这种情形和尤溪县的历史有密切的关系。尤溪于唐开元二十九年（741年）置县，初属福州，五代晋开运三年（943年）起改属剑州（今南平市，继剑州之后又称南剑州、延平路、延平府）。民国初年改属建安道（道治在今建瓯县）。1949年7月起属南平专区。1970年起改属三明地区、三明市。早期的尤溪是个地域颇广的大县。唐永泰二年（766年）分立永泰县，后唐长兴四年（933年）分立德化县，明景泰三年（1452年）分立永安县以及嘉靖十四年（1535年）分立大田县时，尤溪县都曾划出地盘归属这些新建的县。在这1200多年间，形成了以城关话为代表的尤溪话以及四乡的小方言，由于地理和历史的联系，这个小方言群由于周边县分的人移居入住，受到了福建境内五种闽方言的不同程度的影响，而千余年间共同的社会生活又使它们之间形成了一些共同的特点。

为了摸清尤溪县内的方言，我们在比较深入地调查了城关话之后，选取了和城关话有明显不同的六个点作了粗略的调查。这七种话的分布地域请见附图。就它们和县外方言的关系说，其中街面话和德化县的闽南话十分相近，洋中（天堂）话和南平市的樟湖坂及闽清县的闽东话相近，新桥（龙益）话则与大田县广平、文江、建设等乡的“后路”话相近，互相可以通话。

各点的调查材料包括500多个单字和400多条词汇及短句。除《汉语方言调查简表》的220个声韵母例字及209条词汇、语法条目外，还有便于反映各地闽方言异同的字音和词汇。1974年集中调查时各点的发音合作人情况如下：

城关话	张其兴	男	实验小学校长
西洋话	林爱珠	女	实验小学教师
洋中话（天堂村）	陈登标	男	县政府干部
汤川话	蒋文凤	男	城关小学教师
中仙话	池毓秋	男	电影公司干部
新桥话（龙益村）	林柳英	女	进修学校职员
街面话	陈桂英	女	城关小学教师

除蒋文凤老先生外，他们都是40岁上下的中年人，离开家乡不久。两次调查工作得到张其兴同志及县教育局陈士彬同志的大力协助，特此致谢。

二　尤溪县内七种方言的声韵调及连读变调

（一）尤溪县内七种方言的声调对照

表1　尤溪县内七种方言声调对照表①

<table>
<tr><th>古四声</th><th>古清浊</th><th>例字</th><th>城关6调</th><th>西洋6调</th><th>洋中7调</th><th>汤川6调</th><th>中仙7调</th><th>新桥5调</th><th>街面7调</th></tr>
<tr><td rowspan="2">平</td><td>清</td><td>三风
瓜鸡</td><td>阴平
33</td><td>阴平
33</td><td>阴平
24</td><td>阴平
44</td><td>阴平
33</td><td>阴平
33</td><td>阴平
33</td></tr>
<tr><td>浊</td><td>零雷
头肠</td><td>阳平
12</td><td>阳平
13</td><td>阳平
33</td><td>阳平
13</td><td>阳平
12</td><td>阳平
24</td><td>阳平
24</td></tr>
<tr><td rowspan="2">上</td><td>清</td><td>九胆
水鼠</td><td>上声
55</td><td>上声
44</td><td>上声
35</td><td>上声
21</td><td>上声
213</td><td>上声
54</td><td>上声
55</td></tr>
<tr><td>浊</td><td>五蚁
稻肾</td><td rowspan="2">阴去
31</td><td rowspan="2">阴去
41</td><td rowspan="2">阴去
21</td><td rowspan="2">阴去
41</td><td rowspan="2">阴去
31</td><td rowspan="2">阴去
21</td><td rowspan="2">阴去
31
（连读变
阴平）</td></tr>
<tr><td rowspan="2">去</td><td>浊</td><td>二雁
豆胃</td></tr>
<tr><td>清</td><td>兔菜
四肺</td><td>阴去
53</td><td rowspan="3">阴去
54</td><td>阴去
52</td><td rowspan="2">阴去
53</td><td rowspan="2">阴去
45</td><td rowspan="3">阴去
41</td><td>阴去
31
（连读变
上声）</td></tr>
<tr><td rowspan="2">入</td><td rowspan="2">清</td><td>八鸭
血雪</td><td rowspan="2">入声
24</td><td rowspan="2">阴入
5</td><td>（上声）</td></tr>
<tr><td>北谷
拍骨</td><td>入声
5</td><td>阴入
5</td><td>阴入
5</td></tr>
</table>

① 表1和表2所注古音类只取调查材料中较常见的主要对应。

续表

古四声	古清浊	例字	城关 6 调	西洋 6 调	洋中 7 调	汤川 6 调	中仙 7 调	新桥 5 调	街面 7 调
入	浊	六鹿 十直	（阴平）	入声 34	阳入 $\underline{34}$	（阴平）	阳入 $\underline{23}$	（阴平）	阳入 3
		月麦 石箸				（阳去）	（阴平）		

（二）尤溪县内七种方言的声母对照

表 2　尤溪县内七种方言声母对照表 ①

古声类	例字	城关 16 声	西洋 16 声	洋中 16 声	汤川 18 声	中仙 18 声	新桥 18 声	街面 17 声
帮	八半	p	p	p	p	p	p	p
滂	破拍	p‘	p‘	p‘	p‘	p‘	p‘	p‘
並	白皮	p p‘	p p‘	p p‘	p p‘	p p‘	p p‘	p p‘
明	棉面	m	m	m	m	m	m	m
非	风飞	x p	x p	x p	f p	h p	h p	h p
敷	翻殕	x p‘	x p‘	x p‘	f p‘	h p‘	h p‘	h p‘
奉	罚肥	x p	x p	x p	f p	h p	h p	h p
微	万雾	Ø m	Ø	Ø m	Ø v	Ø m	Ø m	b
端	店刀	t	t	t	t	t	t	t
透	兔塔	t‘	t‘	t‘	t‘	t‘	t‘	t‘
定	铜头	t t‘	t t‘	t t‘	t t‘	t t‘	t t‘	t t‘
泥	娘南	n	n	n	n	n	n	n
来	六聋	l	l	l	l	l	l	l
知	竹张	t	t	t	t	t	t	t
彻	抽趁	t‘	t‘	t‘	t‘	t‘	t‘	t‘
澄	肠虫	t t‘	t t‘	t t‘	t t‘	t t‘	t t‘	t t‘
精	左紫	ts	ts	ts	ts	tθ	ts	ts
清	七菜	ts‘	ts‘	ts‘	ts‘	tθ‘	ts‘	ts‘
从	全樵	ts ts‘	ts ts‘	ts ts‘	ts ts‘	tθ tθ‘	ts ts‘	ts ts‘
心	三雪	s	s	s	θ	θ	s	s
邪	谢象	s	s ts‘	s ts‘	θ	θ	s	s ts‘
庄	札庄	ts	ts	ts	ts	tθ	ts	ts
初	炒疮	ts‘	ts‘	ts‘	ts‘	tθ‘	ts‘	ts‘
崇	柴床	ts‘	ts‘	ts‘	ts‘	tθ‘	ts‘	ts‘
生	沙杉	s	s	s	θ	θ	s	s

① 表中街面话的 b l g 只与非鼻化韵结合，m n ŋ 只与鼻化韵结合，彼此无音位对立。

续表

古声类	例字	城关 16 声	西洋 16 声	洋中 16 声	汤川 18 声	中仙 18 声	新桥 18 声	街面 17 声
章	主正	ts	ts	ts	ts	tʃ	tʃ	ts
昌	出春	ts‘	ts‘	ts‘	ts‘	tʃ‘	tʃ‘	ts‘
船	蛇舌	ɕ	ɕ	ɕ	ɕ	ʃ	ʃ	s
书	扇水	ɕ ts	ɕ ts	ɕ ts	ɕ ts	ʃ tθ	f tʃ	s ts
禅	社十	ɕ s	s	ɕ s	ɕ θ	ʃ θ	ʃ s	s ts
日	日二	n	n	n	n	n	n	l
见	九肝	k	k	k	k	k	k	k
溪	客起	k‘	k‘	k‘	k‘	k‘	k‘	k‘
群	旧徛	k k‘	k k‘	k k‘	k k‘	k k‘	k k‘	k k‘
疑	五月	ŋ	ŋ	ŋ	ŋ	ŋ	ŋ	g ŋ
晓	海血	x	x	x	h f	h	h	h
匣	旱鹹	∅ k	∅ k	∅ k	∅ k	∅ k	∅ k	∅ k
影	一鸭	∅	∅	∅	∅	∅	∅	∅
云	王云	∅	∅ x	∅ x	v f	∅ h	∅ h	∅ h
以	姨痒	∅ s	∅ s	∅ s	∅ θ	∅ θ	∅ ts	∅ ts

（三）尤溪县内七种方言的韵母表①

表 3.1 城关话韵母（共 43 韵）

ɿ 资次死	i 衣西买八	u 乌旧浮缚	y 书虚
a 马家饱白	ia 车破纸削	ua 瓜我阔	
o 左大高辣	io 都条烧	uo 北竹出角	yo 绝局削
e 地死来拔	ie 湿失室设	ue 皮飞快月	
ø 主桥袋箸			yø 朱炊石药
ɤ 婆歌保桌			
	iu 休抽九彪	ui 水肥屁箸	
ai 哀界雷屎		uai 歪快培	
au 包交豆九	iau 猫超桥		
aŋ 庵安肮限	ieŋ 天减专用	uaŋ 官万恋	
oŋ 糖江项黄	ioŋ 羊张	uoŋ 王望	
ɤŋ 公根军放	iŋ 心新星店	uɤŋ 文运	
ã 病争林敢	iã 声迎兄	uã 横	
ẽ 慢天林缠	ĩ 肩扇闲椅	uẽ 官县犬	
õ 岸件院赢			yõ 砖穿
	iũ 箱张帐	ũ 门村潘软	
ŋ̍ 光糠团唔			

① 表中字下加＝是文读音，加—是白读音，只有文白两读都记过音才表示出来。

表 3.2 西洋话韵母（共 32 韵）

	i 弟地市铁	u 湖牛所	y 鼠雨石箸
a 马早鹿百	ia 蛇地谢听	ua 瓜大辣	
ɔ 糖讲肠			
o 左桃索	io 表条粮上	uo 王曲	
ɛ 狭北直日			
e 西鞋店雪	ie 笫热戚	ue 果妹肝月	
ø 初梳	iu 手酒柱流	ui 肺几开	
ai 海开婿		uai 快半悬$_{高}$	
au 草交猴流	iau 巧绍		
aŋ 含单青生	iaŋ 正请惊	uaŋ 番官	
ŋ̍ 唔笐	iŋ 金棉青永	uŋ 分军饭温	yŋ 团穿
eŋ 心新生趁	ieŋ 欠坚电员		
oŋ 孙远双东			yoŋ 全铅伤强

表 3.3 洋中（天堂）话韵母（共 45 韵）

	i 米二来死	u 故母旧	y 女猪资
	iʔ 急笔日踢	uʔ 木佛鹿	yʔ 出屈熟
a 马家饱铰	ia 野车徛外	ua 花拖瓦	
aʔ 合辣白客	iaʔ 壁摘食	uaʔ 乏活袜	
ɔ 歌左桃		uo 课补靴	
ɔʔ 刷各确薄		uoʔ 月国曝	
ɛ 底细牌鞋	ie 支鸡肺啼		
ɛʔ 夹血北色	ieʔ 接铁		
œ 初梳			yø 桥茄厝
œ 歇或六角			yøʔ 绝尺绿药
ai 来解使婿		uai 歪蛇	
au 草交走流	iɛu 烧巧		
ɛu 条料口	iu 收流	ui 饥肥水	
oi 坐梅皮瘰			
aŋ 三山间病	iaŋ 命轻声	uaŋ 反官横	
ɔŋ 魂酸讲党		uoŋ 本权方狂	
ɛŋ 减办耕	ieŋ 欠连天		
ŋ̍ 唔	iŋ 心新星真	uŋ 云问风动	yŋ 根近船用
œŋ 网港送栋			yøŋ 粮厂园

表 3.4 汤川话韵母①(共 34 韵)

ɯ(ʅ) 去团(紫)	i 鸡鼠天舌	u 五雾旧牛	
a 家花饱鸭	ia 社破外额	ua 瓜	
ɤ 雷桥袋苧	iɤ 条烧笑	uɤ 布过靴郭	
ɛ 十一力腹	iɛ 接七热药		
e 洗主火八		ue 皮倍快月	
ɔ 骨夺六各	iɔ 缺欲		
o 破保盖瓦		uo 活国木北	
ai 菜堳鹹万		uai 快半犬盘	
au 糟交头流	iau 巧潮		
əu 水猪酸睏	iu 收流柱		
ei 地死微铁			
aŋ 三青生横	iaŋ 正情饕	uaŋ 官光盘	
eŋ 东云船生	ieŋ 全连减庚	ueŋ 粉温	
oŋ 郎讲风	ioŋ 上粮		
ŋ̍ 唔	iŋ 林邻灵面		

表 3.5 中仙话韵母(共 43 韵)

ʅ 资思	i 支鸡笠舌	u 故旧	y 鼠鱼
a 爬饱十麦	ia 车谢徛隻	ua 花我括	
ɛ 三晴庚	iɛ 惊鼎	uɛ 横	
e 米鞋青踢	ie 急热	ue 火灰月血	
ɔ 左瓦百谷	iɔ 缺欲		
o 哥保郭桌	io 条烧		
ø 螺主痕石	iu 酒丑柱		
ai 雷盖婿帅		uai 怪	
au 草豆交刘	iau 掉了		
ɔu 收手露窗	iɔu 油		
oi 水猪类			
ei 四利啼铁			
aŋ 含南雁		uaŋ 半官万	
ɛŋ 糠讲慢店	iɛŋ 痒全前粮	uɛŋ 黄犬	
ɔŋ 当降看山	iɔŋ 良张	uɔŋ 王往	
oŋ 风穷	ioŋ 胸雄		
œŋ 酸全睏团			yœŋ 园员
ŋ̍ 唔	iŋ 今星紧年	uŋ 云远饭本	yŋ 圆团斤春

① 汤川话入声字多数混入平声和去声,只有少数字读为较短促入声调,韵尾的喉塞音不明显,故韵母中均未标出ʔ韵尾。以下中仙话情况相同,一样处理。又,ɯ 和 ʅ 只有语音差别(ʅ 只见于 ts ts‘ s 后),没有音位对立,故未另立一韵。

表 3.6　新桥话韵母（共 42 韵）

ʅ 资师索	i 诗街牌舌	u 布某牛旧	y 鱼书
a 马饱蔗百	ia 写摘	ua 话麻盖辣	ya 蛇抓热蚁
e 海眉介开	ie 急失别力	ue 怪裙文船	ye 饮瘴勤荣
ɯ 歌桃色落	iɯ 腰药尺	uɤ 佛袜木北	yɤ 缺育约出
o 多到狗九	io 蕉潮		
ɐ 压杀夺落			
	iu 条烧箸桥	ui 坎配飞刮	
ai 美死第铁		uai 追飞开帅	yai 水喙
au 都收树	iau 流酒手柱		
ɐə 东风忙双	iɐə 雄用		
ɐe 林邻灵店	iɐe 音政醒真		
aŋ 南难党	iɛŋ 廉连良泉	uaŋ 关反方壮	yaŋ 权言员
ẽ 间千清扇		uẽ 酸门远	yẽ 圆穿
ɛ̃ 三醒郑病			
ãũ 汤床厂铜	iũ 象让窗	ũ 山碗糠讲	
ŋ̍ 黄行秧怀			

表 3.7　街面话韵母（共 48 韵）

ɯ 鱼雨箸紫	i 衣鸡死二	u 湖旧唇牛	
	iʔ 铁么$_{\text{什么}}$	uʔ 啸	
a 家饱咬百	ia 写社车徛	ua 瓜我蛇破	
aʔ 蜡塔麦	iaʔ 额搦隻食	uaʔ 割舌阔	
ɔ 果雨兔			
o 河好刀索	io 烧桥票		
oʔ 作桌	ioʔ 石箬		
e 西家一七		ue 倍鸡雪	
eʔ 白客		ueʔ 月笠狭节	
ɤ 妹飞袋货			
ɤʔ 说月			
ai 台菜屎开		uai 歪怪	
au 包交狗流	iau 跳了柱		
	iu 秋收流	ui 水梯血开	
aŋ 南雁万铜	iaŋ 添电鹹	uaŋ 番惯全	
ak 十六北力	iak 热	uak 发罚	
oŋ 东春云粉	ioŋ 上凶		
ok 谷出秫骨	iok 约足		
əŋ 银巾	iŋ 冰身零面		
	ik 息直粟结		

续表

ŋ̍ 糠饭讲卵			
ã 三青妈坑	iã 正团兄鼎	uã 半山寒肝	
	ĩ 千钱生		
	iũ 香上	uĩ 前门犬间	

（四）尤溪县内七种方言的两组字连读变调

1. 城关话两字组变调（前字多变，后字不变）。

（1）古入声字变为中短调。例如：

阴平 ˧⊦：日头 nie˧⊦ tʻai˨˦， 入声 ˦⊦：粟团小米 sie˦⊦ ŋ̍˥

（2）原调调值偏低的变为中平调（阴平）。例如：

阳平 ˨˦⊦：涂粉灰尘 tʻio˨˦⊦ xɤŋ˥ 胰皂肥皂 i˨˦⊦ tsɤ˧˩

阳去 ˧˩⊦：面粉 mẽ˧˩⊦ xɤŋ˥ 饭箸筷子 pũ˧˩⊦ tui˧˩

（3）原调调值偏高的变为次高平调（新调）。例如：

上声 ˥⊦：扁食 pieŋ˥⊦ ie˧ 米粉 mẽ˥⊦ xɤŋ˥

阴去 ˥˧⊦：去年 kʻy˥˧⊦ nẽ˩ 畏凊发疟子 ui˥˧⊦ tsʻiŋ˥˧

2. 西洋话两字组变调（前字皆变，后字不变）。

（1）原调调值偏低及升调变次低平调（新调）。例如：

阴平 ˧⊦：窗门 tʻoŋ˧⊦ moŋ˨˦ 乌鸦 u˧⊦ a˧

阳平 ˨˦⊦：扶梯楼梯 xu˨˦⊦ tʻai˧ 锄头 tʻy˨˦⊦ tʻau˨˦

入声 ˦⊦：日头 nɛ˦⊦ tʻau˨˦ 笠团 lɛ˦⊦ kyŋ˧

（2）原调调值偏高及降调变中平调（阴平）。例如：

上声 ˥⊦：屎坑 sai˥⊦ kʻaŋ˧ 手管袖子 tsʻiu˥⊦ kuŋ˥

阴去 ˥˧⊦：婿郎 sai˥˧⊦ lɔ˨˦ 腹肚肚子 pa˥˧⊦ tu˥

阳去 ˧˩⊦：闹热 nau˧˩⊦ ie˨˦ 饭箸 puŋ˧˩⊦ ty˧˩

3. 洋中话两字组变调（前字多变，后字少变）。

（1）舒声各调在非降调（平、上、入）前变为中平调（阳平），原调为阳平则不变。例如：

阴平 ˦⊦：骹爪爪子 kʻa˦⊦ tsau˦˥ 鸡角公鸡 kie˦⊦ kœʔ˥

上声 ˦⊦：犬母母狗 kʻɛŋ˦⊦ mɔ˦˥ 草鞋 tsʻau˦⊦ ɛ˧

阴去 ˥˧⊦：喙齿牙齿 tsʻiu˥˧⊦ kʻi˦˥ 睏眠睡 kʻɔŋ˥˧⊦ miŋ˧

阳去 ˧˩⊦：外公 ŋia˧˩⊦ kuŋ˦˥ 面粉 mieŋ˧˩⊦ xuŋ˦˥

（2）舒声各调在高降调（阴去）前变为低降调（阳去），原调为阳去则不变。例如：

阴平 ˦ʌ：当昼中午 tɔŋ˦ʌ lau˥˧ 阳平 ˧ʌ：明旦明天 maŋ˧ʌ naŋ˥˧

上声 ˦˨ ：爽快 soŋ˦˨ k'uai˨

阴去 ˥˨ ：岁数 xue˥˨ su˥

（3）舒声各调在低降调（阳去）前变为高升调（上声），原调为上声则不变。例如：

阴平 ˦˥ ：偏袋衣袋 p'ɛŋ˦˥ toi˨

阳平 ˧˥ ：门隊门槛 muoŋ˧˥ tɛŋ˨

阴去 ˥˥ ：栋柱柱子 tœŋ˥˥ t'iu˨

阳去 ˨˥ ：饭箸 puoŋ˨˥ ty˨

（4）促声两调中，阴入在各调前变为阳入（高变低），阳入在各调后变为阴入（低变高）。阳入在前和阴入在后则不变。例如：

阴入 ˥˦（在前）：竹篮 tyʔ˥˦ laŋ˧ 腹肚 puʔ˥˦ tu˦

阳入 ˦˥（在后）：猪肉 ty˦˧ nyʔ˦˥ 树箬（树叶）ts'iu˥˧ nyøʔ˦˥

4. 汤川话两字组变调（前字多变，后字不变）。

（1）古入声字不论今读何调，在各调前变为中短调（新调）。例如：

入声 ˥˧ ：拍人打人 p'ɛ˥˧ niŋ˦ 竹笐竹竿 ty˥˧ oŋ˨

阴去 ˥˧ ：桌床桌子 tsɔ˥˧ ts'oŋ˦ 索团绳子 θɔ˥˧ kɯ˨

阳去 ˨˧ ：落雨 lɔ˨˧ əu˨ 曝凋晒干 p'uɤ˨˧ ta˥

阴平 ˧˧ ：翼股翅膀 θiɛ˧˧ ku˨ 日头 nɛ˧˧ t'au˨

（2）古平声字在各调前变为低降调（上声）。例如：

阴平 ˥˨ ：鸡角 ki˥˨ kɔ˥ 生殕发霉 θaŋ˥˨ p'u˨

阳平 ˨˨ ：扶梯 fu˨˨ t'ai˧ 头发 t'au˨˨ p'ue˥

（3）古仄声字依现调及后字调值高低分为三种变法：原调为低降调（上声），逢低调（阳平、上声）变为高降调（阴去），逢高调（阴平、阴阳去、入声）变为次高平调（阴平）。例如：

上声 ˨˦ ：草鞋 ts'au˨˦ e˧ 米粉 me˨˦ feŋ˨

上声 ˨˥ ：斗笠 tau˨˥ lɛ˧ 屎布 θai˨˥ puɤ˥

原调为高降调（阴去），逢低调（阳平、上声）变为低降调（上声），逢高调（阴平、阴阳去、入声）变为次高平调（阴平）。例如：

阴去 ˥˨ ：婿郎 θai˥˨ loŋ˧ 喙齿 ts'əu˥˨ k'i˨

阴去 ˥˦ ：灶间厨房 tsau˥˦ kai˧ 喙舌 ts'əu˥˦ ɛi˨

原调为中降调（阳去）逢阴平不变，逢其他各调变为阴平。例如：

阳去 ˨˦ ：老公丈夫 lau˨˦ keŋ˧ 饭箸 pəu˨˦ təu˨

5. 中仙话两字组变调（前字多变，后字不变）。

（1）非入声字在各调前变为中平调，平上声和去声各走一路。例如：

阴平 ˧˦ ：亲情亲戚 tθʻɛŋ˧˦ tθiɛ˩　生卵下蛋 θɛ˧˦ lœŋ˨

阳平 ˩˦ ：锄头 tʻoi˩˦ tʻau˩　治猪 tʻai˩˦ toi˧

上声 ˩˦ ：屎坑 θai˩˦ kʻɛ˧　讲话 kɛŋ˩˦ ua˨

阴去 ˦˦ ：灶间 tθau˦˦ kiŋ˧　趁钱 tʻiŋ˦˦ tθiŋ˩

阳去 ˨˦ ：闹热 nau˨˦ ie˧　体去 ŋ˨˦ ŋy˦

（2）古入声字不论现属何调在各调前都读促调，古清音声母字为高短调（阴入），古浊音声母字为中短调（阳入）。现读入声调的不变。例如：

阴去 ˦˥ ：肚油猪油 ma˦˥ iu˧　八十 pe˦˥ θa˧

阳平 ˧˦ ：辣椒 lɔ˧˦ tθio˧　落雨 lo˧˦ ho˨

6. 新桥话两字组变调（前字多变，后字不变）。

（1）调值偏低的均变为低降调，阳去 ˨ 在前不变，阴平 ˧、阳平 ˧ 均变同阳去，是为平变仄。例如：

阴平 ˧˨ ：亲情 tsʻæ˧˨ tsẽ˧　日头 nie˧˨ tʻo˧

　　　　鸡母 ki˧˨ mɯ˥　秋米 ʃyɤ˧˨ mei˥

阳平 ˧˨ ：锄头 tʻy˧˨ tʻo˧　治豨杀猪 tʻe˧˨ huai˥

（2）调值较高的变为中调，上声 ˥ 变阳平 ˧，阴去 ˨ 变阴平 ˧，是为仄变平。例如：

上声 ˥˧ ：手裧袖子 tʃʻau˥˧ uẽ˥　讲话 kũ˥˧ ua˨

阴去 ˨˧ ：灶间 tso˨˧ kẽ˧　腹肚 pa˨˧ tau˥

　　　　桌床 tɯ˨˧ tʃʻãu˨　作息干活 tsɿ˨˧ ʃie˨

7. 街面话两字组变调（前字多变，后字不变）。

（1）平声二调在各调前均变半低平调。例如：

阴平 ˧˨ ：鸡公 kue˧˨ koŋ˧　生殕 sĩ˧˨ pʻu˥

阳平 ˧˨ ：锄头 tʻɯ˧˨ tʻau˧　行路 kiã˧˨ lo˨

（2）上声在各调前变为阳平。例如：

上声 ˥˨ ：狗母 kau˥˨ bu˥　洗身 sue˥˨ siŋ˧

（3）去声单字音只有一调 ˨，连读在前按古清浊分为阴阳两类，阴去变为上声，阳去和平声一样变为半低平调。例如：

阴去 ˨˥ ：喙舌 tsʻui˨˥ si˧　趁钱 tʻaŋ˨˥ tsĩ˧

阳去 ˨˧ ：老猴 lau˨˧ kan˧　闹热 lau˨˧ iak˧

（4）两个促调的入声中，阴入不变调，阳入在各调前变为半低短调。例如：

阳入 ˧˨ ：秫米 tsok˧˨ bi˥　搦鱼（捕鱼）lia˧˨ hɯ˧

三 尤溪县内七种方言的语音比较

（一）各地共同的特点

1. 古非组字今口语不少读 p pʻ m，古知彻澄等母字今口语多读 t tʻ。例如：

	城关	西洋	洋中	汤川	中仙	新桥	街面
飞	꜀pue	꜀pue	꜀poi	꜀pue	꜀pue	꜀pui	꜀pɤ
蜂	꜀pʻɤŋ	꜀pʻoŋ	꜀pʻuŋ	꜀pʻoŋ	꜀pʻoŋ	꜀pʻɐə	꜀pʻaŋ
饭	pũ꜅	puŋ꜅	puoŋ꜅	pəu꜅	puŋ꜅	puẽ꜅	pŋ̍꜅
未	mue꜅	mue꜅	moi꜅	mue꜅	mue꜅	mui꜅	bɤ꜅
张	꜀tiũ	꜀tio	꜀tyøŋ	꜀tioŋ	꜀tiɔŋ	꜀tiũ	꜀tiũ
趁	tʻiŋ꜄	tʻeŋ꜄	tʻiŋ꜄	tʻiŋ꜄	tʻiŋ꜄	tʻɐe꜄	tʻaŋ꜄
茶	꜁ta	꜁ta	꜁ta	꜁ta	꜁ta	꜁ta	꜁te
治杀	꜁tʻai	꜁tʻai	꜁tʻai	꜁tʻai	꜁tʻai	꜁tʻe	꜁tʻai

2. 古浊声母字今口语多读不送气清音，少数读送气清音。例如：

	城关	西洋	洋中	汤川	中仙	新桥	街面
肥肥胖	꜁pui	꜁pui	꜁pui	꜁pəu	꜁pue	꜁puai	꜁pui
病	pã꜅	paŋ꜅	paŋ꜅	paŋ꜄	pɛ꜅	pɛ̃꜅	pĩ꜅
鼻	pʻe꜅	pʻi꜅	pʻi꜅	pʻei꜅	pʻei꜅	pʻai꜅	pi꜅
铜	꜁tɤŋ	꜁toŋ	꜁tœŋ	꜁teŋ	꜁toŋ	꜁tãu	꜁taŋ
豆	tau꜅	tau꜅	tau꜅	tau꜅	tau꜅	to꜅	tau꜅
糖	꜁tʻoŋ	꜁tʻɔ	꜁tʻɔŋ	꜁tʻoŋ	꜁tʻɛŋ	꜁tʻãu	꜁tʻŋ̍
肠	꜁toŋ	꜁tɔ	꜁tɔŋ	꜁toŋ	꜁tɛŋ	꜁tãu	꜁tŋ̍
直	꜀tie	tɛ꜆	tiʔ꜇	꜀tɛ	te꜇	꜀tie	tik꜇
柱	tʻiu꜅	tʻiu꜅	tʻiu꜅	tʻiu꜅	tʻiu꜅	tʻiau꜅	꜂tʻiau
旧	ku꜅	ku꜅	ku꜅	ku꜅	ku꜅	ku꜅	ku꜅
妗	kiŋ꜅	kiŋ꜅	kiŋ꜅	kiŋ꜅	kiŋ꜅	kɐe꜅	kiŋ꜅
徛站立	kʻia꜅	kʻia꜅	kʻia꜅	kʻia꜅	kʻia꜅	kʻya꜅	꜂kʻia

3. 部分常用字古匣母字今口语读 k 或零声母，云母字有读 h（x，f），以母字有读 s（ts）的。例如：

	城关	西洋	洋中	汤川	中仙	新桥	街面
厚	kau꜅	kau꜅	kau꜅	kau꜅	kau꜅	ko꜅	kau꜅
鹹	꜁kiŋ	꜁ke	꜁kɛŋ	꜁kai	꜁kiŋ	꜁kɐe	꜁kiaŋ
鞋	꜁i	꜁e	꜁ɛ	꜁e	꜁e	꜁i	꜁ue
狭	꜀a	e꜆	ɛʔ꜇	꜀e	a꜇	꜀ɐ	ueʔ꜇

	城关	西洋	洋中	汤川	中仙	新桥	街面
云	꜁uɤŋ	꜁xuŋ	꜁xuŋ	꜁feŋ	꜁huŋ	꜁hue	꜁hoŋ
远	xuẽ꜅	xoŋ꜅	xuoŋ꜅	꜂fəu	huŋ꜅	huẽ꜅	hŋ̍꜅
痒	siũ꜅	sio꜅	syøŋ꜅	θioŋ꜅	θiɛŋ꜅	tsiũ꜅	tsiũ꜅
翼翅	꜀sie	sia꜇	siaʔ꜇	θiɛ꜅	θie꜇	꜀sie	sik꜇

4. 部分古心邪生书禅等母一些特字今口语读 ts、ts‘，庄章组字则有读 t t‘ 或 k k‘ 的。例如：

	城关	西洋	洋中	汤川	中仙	新桥	街面
笑	ts‘io꜄	ts‘io꜄	ts‘io꜄	ts‘iɤ꜄	tθ‘io꜄	ts‘iɯ꜄	ts‘io꜄
象	sioŋ꜅	ts‘io꜅	ts‘yøŋ꜅	θioŋ꜅	tθ‘ɛŋ꜅	siũ꜅	ts‘iũ꜅
生生的	꜀ts‘ã	꜀ts‘aŋ	꜀ts‘aŋ	꜀ts‘aŋ	꜀tθ‘a	꜀ts‘ɛ̃	꜀ts‘ĩ
水	꜂tsui	꜂tsui	꜂tsui	꜂tsəu	꜂tʃoi	꜂tʃyai	꜂tsui
树	ts‘iu꜄	ts‘iu꜄	ts‘iu꜄	ts‘iu꜄	tʃ‘ɔu꜄	tʃ‘iau꜅	ts‘iu꜅
窗	꜀t‘ɤŋ	꜀t‘oŋ	꜀t‘œŋ	꜀t‘əu	꜀t‘ɔu	꜀t‘iũ	꜀t‘aŋ
锄	꜁t‘ui	꜁t‘y	꜁t‘y	꜁t‘əu	꜁t‘oi	꜁t‘y	꜁t‘ɯ
事	tai꜅	tai꜅	tai꜅	tai꜅	tai꜅	te꜅	tai꜅
支	꜀ki	꜀ki	꜀ki	꜀ki	꜀ki	꜀ki	꜀ki
柿	k‘i꜅	k‘i꜅	k‘i꜅	k‘i꜅	k‘i꜅	k‘i꜅	k‘i꜅
齿	꜂k‘i	꜂k‘i	꜂k‘i	꜂k‘i	꜂k‘i	꜂k‘i	꜂k‘i

5. 部分古果、止、效摄常用字今口语读 a 或以 a 为韵腹。例如：

	城关	西洋	洋中	汤川	中仙	新桥	街面
我	꜂ŋua	꜂ua	꜂uai	꜂va	꜂ua	꜂ŋua	꜂gua
破	p‘ia꜄	p‘ua꜄	p‘uai꜄	p‘ia꜄	p‘ua꜄	p‘ua꜄	p‘ua꜄
蚁	ŋia꜅	ŋia꜅	ŋia꜅	ŋia꜅	ŋia꜅	ŋya꜅	hia꜅
屎	꜂sai	꜂sai	꜂sai	꜂θai	꜂θai	꜂ʃe	꜂sai
骹脚	꜀k‘a	꜀k‘a	꜀k‘a	꜀k‘a	꜀k‘a	꜀k‘a	꜀k‘a
咬	ka꜅	ka꜅	ka꜅	ka꜅	ka꜅	ka꜅	ka꜅
饱	꜂pa	꜂pa	꜂pa	꜂pa	꜂pa	꜂pa	꜂pa
早	꜂tsa	꜂tsa	꜂tsa	꜂tsa	꜂tθa	꜂tsa	꜂tsa

6. 部分古四等常用字今口语读洪音，有些古三等常用字读同一等。例如：

	城关	西洋	洋中	汤川	中仙	新桥	街面
婿	sai꜄	sai꜄	sai꜄	θai꜄	θai꜄	se꜄	sai꜄
前	꜁sẽ	꜁se	꜁sɛŋ	꜁θai	꜁θeŋ	꜁tsẽ	꜁tsuĩ
节	tsi꜆	tse꜆	tsɛʔ꜆	tse꜄	tθe꜆	tsi꜄	tsueʔ꜆
青	꜀ts‘ã	꜀ts‘aŋ	꜀ts‘aŋ	꜀ts‘aŋ	꜀tθ‘ɛ	꜀ts‘ɛ̃	꜀ts‘ã

	城关	西洋	洋中	汤川	中仙	新桥	街面
动＝重	tɤŋ꜅	toŋ꜅	tœŋ꜅	teŋ꜅	toŋ꜅	tɐə꜅	꜂taŋ
楼＝流	꜁lau	꜁lau	꜁lau	꜁lau	꜁lau	꜁lo	꜁lau

7. 三个人称代词的声调都读为上声（“我”见第5条）。

	城关	西洋	洋中	汤川	中仙	新桥	街面
汝你	꜂ne	꜂ny	꜂ny	꜂nəu	꜂noi	꜂nai	꜂li
伊	꜂i	꜂i	꜂i	꜂i	꜂i	꜂i	꜂i

以上共同特点除末条之外，是大多数闽方言所共同具备的特点。用这些材料可以说明尤溪县的诸方言都属于闽方言。

（二）各地不同特点

1. 古非组多数字和晓组合口字汤川今读f v声母，这个客赣系方言的特点不知从何而来。其余各点没有这一现象。例如：

	城关	西洋	洋中	汤川	中仙	新桥	街面
风	꜀xɤŋ	꜀xoŋ	꜀xuŋ	꜀foŋ	꜀hoŋ	꜀hɐə	꜀hoŋ
肺	xue꜄	xui꜄	xie꜄	fəu꜄	hue꜄	huai꜄	hui꜄
味	ue꜅	i꜅	i꜅	mei꜅	mei꜅	mai꜅	bi꜅
万	uaŋ꜅	uaŋ꜅	uaŋ꜅	vai꜅	uaŋ꜅	uẽ꜅	baŋ꜅
虎	꜂xu	꜂xu	꜂xu	꜂fu	꜂hu	꜂hu	꜂hu
血	xue꜆	xe꜄	xɛʔ꜆	fie꜄	hue꜄	hui꜄	꜂hui
湖	꜁xu	꜁xu	꜁xu	꜁fu	꜁hu	꜁hu	꜁hu
王	꜁uoŋ	꜁uo	꜁uoŋ	꜁voŋ	꜁uɔŋ	꜁uaŋ	꜁ɔŋ

2. 古齿音今读新桥、中仙有两套塞擦音，街面只有一套，其余点则有两种擦音。例如：

	城关	西洋	洋中	汤川	中仙	新桥	街面
紫	꜂tsɿ	꜂tse	꜂tsi	꜂tsɿ	꜂tθɿ	꜂tsɿ	꜂tsɿ
千	꜀tsʻieŋ	꜀tsʻe	꜀tsʻɛŋ	꜀tsʻieŋ	꜀tθʻɛŋ	꜀tsʻẽ	꜀tsʻĩ
雪	si꜆	se꜄	syøʔ꜆	θe꜄	θø꜄	sui꜄	꜂sue
庄	꜀tsoŋ	꜀tsoŋ	꜀tsɔŋ	꜀tsoŋ	꜀tθɔŋ	꜀tsãu	꜀tsŋ̍
炒	꜂tsʻa	꜂tsʻa	꜂tsʻa	꜂tsʻa	꜂tθʻa	꜂tsʻa	꜂tsʻa
柴	꜁tsʻa	꜁tsa	꜁tsʻa	꜁tsʻa	꜁tθʻa	꜁tsʻa	꜁tsʻa
生生育	꜀sã	꜀saŋ	꜀saŋ	꜀θaŋ	꜀θa	꜀sẽ	꜀sĩ
煮	꜂tsy	꜂tsy	꜂tsy	꜂tsi	꜂tʃy	꜂tʃy	꜂tsɯ
出	tsʻuo꜆	tsʻa꜆	tsʻyʔ꜆	tsʻɔ꜆	tʃʻie꜆	tʃʻyɤ꜄	tsʻok꜆
舌	꜀ɕi	꜀ɕi	ɕieʔ꜇	ɕi꜅	꜀ʃi	꜀ʃi	tsuaʔ꜇

	城关	西洋	洋中	汤川	中仙	新桥	街面
扇	ɕĩ꜄	ɕiŋ꜄	ɕieŋ꜄	ɕieŋ꜄	ʃiŋ꜄	ʃẽ꜄	sĩ꜄
社	ɕia꜅	sia꜅	ɕia꜅	ɕia꜅	ʃia꜅	ʃia꜅	sia꜅

3. 古泥来母字今读街面全混，按韵母的鼻化与否分读 n l，新桥半混，来母逢鼻化韵读 n，其余各点可分。日母字街面多混入泥来，其余点多混入泥母。例如：

	城关	西洋	洋中	汤川	中仙	新桥	街面
南	꜁naŋ	꜁naŋ	꜁naŋ	꜁naŋ	꜁naŋ	꜁naŋ	꜁laŋ
蓝	꜁laŋ	꜁laŋ	꜁laŋ	꜁laŋ	꜁laŋ	꜁laŋ	꜁laŋ
娘	꜁niũ	꜁nyoŋ	꜁nyøŋ	꜁nioŋ	꜁niɔŋ	꜁niũ	꜁niũ
粮	꜁liũ	꜁lio	꜁lyøŋ	꜁lioŋ	꜁liɛŋ	꜁niũ	꜁niũ
日	꜀nie	nɛ꜆	niʔ꜇	꜀ne	ni꜇	꜀nie	lik꜇
二	ne꜅	ni꜅	ni꜅	ne꜅	nei꜅	nai꜅	li꜅

4. 部分疑、日母字街面今读为 h、g，其余点均读 ŋ 或 n。例如：

	城关	西洋	洋中	汤川	中仙	新桥	街面
鱼	꜁ŋy	꜁ŋy	꜁ŋy	꜁ŋɯ	꜁ŋy	꜁ŋy	꜁hɯ
蚁	ŋia꜅	ŋia꜅	ŋia꜅	ŋia꜅	ŋia꜅	ŋya꜅	hia꜅
牛	꜁ŋu	꜁ŋu	꜁ŋu	꜁ŋu	꜁ŋu	꜁ŋu	꜁gu
五	ŋu꜅	ŋu꜅	ŋu꜅	ŋu꜅	ŋu꜅	ŋu꜅	gɔ꜅
耳	ŋi꜅	ŋi꜅	ŋi꜅	ŋi꜅	ŋi꜅	ŋi꜅	hi꜅
箬叶子	꜀nø	꜀ny	nyøʔ꜇	ne꜅	꜀nø	꜀niu	hioʔ꜇

5. 部分古从母常用字除新桥、街面外，大多读擦音声母，部分古禅母字街面读 ts，其余点多读擦音。例如：

	城关	西洋	洋中	汤川	中仙	新桥	街面
坐	sø꜅	sue꜅	soi꜅	θɤ꜅	θø꜅	tsui꜅	꜂tsɤ
脐	꜁tsai	꜁sai	꜁sai	꜁tsai	꜁tθai	꜁tse	꜁tsai
瓷瓷巴	꜁se	꜁se	꜁si	꜁θei	꜁θei	꜁tsai	꜁tsi
晴	꜁sã	꜁saŋ	꜁saŋ	꜁θaŋ	꜁θɛ	꜁tsɐ̃	꜁tsã
蛇	꜁ɕia	꜁ɕia	꜁suai	꜁ɕia	꜁ʃa	꜁ʃya	꜁tsua
十	꜀sa	sɛ꜆	sɛʔ꜇	꜀θɛ	θa꜇	꜀ʃɐ	tsak꜇

6. 古合口三等字今读，汤川和街面无 y，其他字也不读撮口呼；其余各点有读 y 的，但范围不等，另有把非合口三等字读为撮口的。例如：

	城关	西洋	洋中	汤川	中仙	新桥	街面
鼠	꜀ts‘y	꜂ts‘y	꜂ts‘y	꜂ts‘i	꜂tʃ‘y	꜂tʃ‘y	꜂ts‘ɯ
书	꜀tsy	꜀tsy	꜀tsy	꜀ɕi	꜀tʃy	꜀tʃy	꜀tsɯ
春	꜀ts‘ɤŋ	꜀ts‘oŋ	꜀ts‘yŋ	꜀ts‘eŋ	꜀tʃ‘yŋ	꜀tʃ‘ye	꜀ts‘oŋ
园	꜁uẽ	꜁yoŋ	꜁uoŋ	꜁ieŋ	꜁yœŋ	꜁yaŋ	꜁hŋ̍
雪	si꜆	se꜄	syøʔ꜆	θe꜄	θø꜄	sui꜄	꜂sue
粟稻谷	ts‘yø꜆	ts‘y꜄	ts‘yøʔ꜆	ts‘ie꜄	tθ‘ø꜄	tʃ‘yɤ꜄	ts‘ik꜆
石	꜀ɕyø	꜀ɕy	ɕyøʔ꜇	ɕiɛ꜅	꜀ʃø	꜀ʃiɯ	tsioʔ꜇
团儿子	꜂ŋ̍	꜂kyŋ	꜂kyøŋ	꜂kɯ	꜂kœŋ	꜂kiũ	꜂kiã

7. 古阳声韵字今读，除各点都有的 ŋ 尾韵外，城关、新桥、街面有鼻化韵，西洋、汤川、中仙、新桥另有鼻音脱落的读法。例如：

	城关	西洋	洋中	汤川	中仙	新桥	街面
三	꜀sã	꜀saŋ	꜀saŋ	꜀θaŋ	꜀θɛ	꜀sɐ	꜀sã
金	꜀kiŋ	꜀kiŋ	꜀kiŋ	꜀kiŋ	꜀kiŋ	꜀kɐe	꜀kiŋ
山	꜀sũ	꜀sue	꜀saŋ	꜀θəu	꜀θɔŋ	꜀sũ	꜀suã
半	pũ꜄	pue꜄	puaŋ꜄	puai꜄	puaŋ꜄	pũ꜄	puã꜄
粉	꜂xɤŋ	꜂xuŋ	꜂xuŋ	꜂feŋ	꜂huŋ	꜂hue	꜂hoŋ
网	mɤŋ꜅	ue꜅	mœŋ꜅	moŋ꜅	mɔŋ꜅	mɐə꜅	baŋ꜅
双	꜀sɤŋ	꜀soŋ	꜀sœŋ	꜀θoŋ	꜀θɛŋ	꜀sɐə	꜀saŋ
冰	꜀piŋ	꜀peŋ	꜀piŋ	꜀piŋ	꜀pɛŋ	꜀pɐe	꜀piŋ
正	tsiã꜄	tsiaŋ꜄	tsiaŋ꜄	tʃsiaŋ꜄	tʃiɛ꜄	tʃẽ꜄	tsiã꜄
东	꜀tɤŋ	꜀toŋ	꜀tuŋ	꜀teŋ	꜀toŋ	꜀tɐə	꜀taŋ

8. 古入声字今读，从韵尾说，洋中全读 ʔ 尾，街面有 ʔ、k 韵尾，也有塞音脱落的，其余各点均无塞音韵尾；从声调说，新桥无入声调类，洋中、街面、中仙分阴阳入，其余只有一类入声。例如：

	城关	西洋	洋中	汤川	中仙	新桥	街面
鸭	a꜆	a꜄	aʔ꜆	a꜄	a꜄	a꜄	꜂a
笠	꜀lie	lɛ꜇	liʔ꜇	꜀lɛ	li꜇	꜀li	lueʔ꜇
铁	t‘e꜆	t‘i꜄	t‘ieʔ꜆	t‘ei꜄	t‘ei꜄	t‘ai꜄	t‘i꜄
七	ts‘ie꜆	ts‘ie꜄	ts‘iʔ꜆	ts‘iɛ꜆	tθ‘i꜆	ts‘ie꜄	꜂ts‘e
索绳子	sɤ꜆	so꜄	sɔʔ꜆	θo꜄	so꜄	sɿ꜄	so꜄
桌	tɤ꜆	to꜄	tɔʔ꜆	tso꜄	to꜄	tɯ꜄	toʔ꜆
北	puo꜆	pɛ꜄	pɛʔ꜆	puo꜆	pɔ꜆	puɤ꜄	pak꜆
麦	꜀ma	ma꜆	maʔ꜇	ma꜅	꜀ma	꜀ma	baʔ꜇
白	꜁pa	pa꜆	paʔ꜇	꜀pa	꜀pa	꜀pa	peʔ꜇
六	꜀luo	la꜆	lœʔ꜇	꜀lɔ	lɔ꜇	꜀lɐ	lak꜇

把上文第二节、第三节所列材料中关于不同语音特点的条目综合起来，列表比较，各方言点的主要语音特点便可以一目了然，同时也可以看出各点之间的亲疏远近的关系（见表4）。

表4　尤溪县内七种方言语音特点综合比较表

	比较项目		城关	西洋	洋中	汤川	中仙	新桥	街面
声母	有f v声母		−	−	−	+	−	−	−
声母	n ≠ l		+	+	+	+	+	+	−
声母	ts ts‘ s(tθ tθ‘ θ) ≠ tʃ · tʃ‘ ʃ		−	−	−	−	+	+	−
声母	有齿间音声母	tθ、tθ‘	−	−	−	+	−	−	−
声母	有齿间音声母	θ	−	−	−	+	+	−	−
声母	ʃ(ɕ) ≠ s(θ)		+	+	+	+	+	+	−
声母	有b g声母		−	−	−	−	−	−	+
声母	部分古疑日母字读h		−	−	−	−	−	−	+
声母	部分古从母字读s(θ、ɕ)		+	+	+	+	+	−	−
韵母	有ʅ韵		+	−	−	+	+	−	−
韵母	有撮口呼		+	+	+	−	+	+	−
韵母	有ɯ韵		−	−	−	+	−	+	+
韵母	有ø œ元音		+	+	+	−	+	−	−
韵母	有鼻化韵		+	−	−	−	−	+	+
韵母	部分古阳声韵字读为阴声韵		−	+	−	+	+	+	−
韵母	有塞音韵尾	−ʔ	−	−	+	−	−	−	+
韵母	有塞音韵尾	−k	−	−	−	−	−	−	+
声调	有入声调类	一种	+	+	−	+	−	−	−
声调	有入声调类	两种	−	−	+	−	+	−	+
声调	有短促调值	一种	−	−	−	+	+	−	−
声调	有短促调值	两种	−	−	+	−	−	−	+
声调	入派三声 古清入	全部	−	+	−	−	−	+	−
声调	入派三声 古清入	部分	+	−	−	+	+	−	+
声调	入派三声 古浊入	全部	+	−	−	+	−	+	−
声调	入派三声 古浊入	部分	−	−	−	−	+	−	−

四 尤溪县内七种方言的词汇比较

（一）各点说法一致的

1. 各点一致，和外地多数闽方言也相同的。①

	城关	西洋	洋中	汤川	中仙	新桥	街面
日头太阳	꜀nie ꜁tʻau	nɛ꜆ ꜁tʻau	niʔ꜇ ꜁tʻau	꜀nɛ ꜁tʻau	ni꜇ ꜁tʻau	꜀nie ꜁tʻo	lik꜇ ꜁tʻau
厝房子	tsʻy꜄	tsʻy꜄	tsʻyø꜄	tsʻe꜄	tʃʻy꜄	tʃʻy꜄	tsʻu꜄
塍田	꜁tsʻiŋ	꜁tsʻeŋ	꜁tsʻɛŋ	꜁tsʻai	꜁tθʻeŋ	꜁tsʻɐe	꜁tsʻaŋ
门隊门槛	꜁mũ tẽ꜅	꜁moŋ te꜅	꜁muoŋ tɛŋ꜅	꜁məu tai꜅	꜁muŋ teŋ꜅	꜁muẽ tẽ꜅	꜁muĩ tĩ꜅
硋瓷	꜁xai	꜁xai	꜁xai	꜁hai	꜁hai	꜁hui	꜁hui
苧苧麻	tui꜅	ty꜅	tœ꜅	tɤ꜅	toi꜅	ty꜅	tue꜅
鼎铁锅	꜂tiã	꜂tia	꜂tiaŋ	꜂tiaŋ	꜂tiɛ	꜂tẽ	꜂tiã
农人	꜁nɤŋ	꜁noŋ	꜁nœŋ	꜁neŋ	꜁noŋ	꜁nɐə	꜁laŋ
目珠眼睛	꜀ma ꜀tsiu	mɛ꜆ ꜀tsiu	mɛʔ꜇ ꜀tsiu	꜀mɛ ꜀tsiu	mi꜇ ꜀tʃɔu	꜀mɐ ꜀tʃiau	bak꜇ ꜀tsiu
嘝口水	lũ꜅	꜂lue	꜂laŋ	꜂ləu	꜂lɔŋ	꜂nũ	꜂nuã
犬母母狗	꜂kʻuẽ ꜂mo	꜂kʻe ꜂mo	꜂kʻɛŋ ꜂mɔ	꜂kʻuai ꜂mo	꜂kʻuɛŋ ꜂mo	꜂kʻuẽ ꜂mu	꜂kʻuĩ ꜂bu
生卵下蛋	꜀sã nũ꜅	꜀saŋ loŋ꜅	꜀saŋ lɔŋ꜅	꜀θaŋ ləu꜅	꜀θɛ lœɲe꜅	꜀sẽ nuẽ꜅	꜀sĩ lŋ̍꜅
食昼吃午饭	꜀ɕia tau꜄	ɕie꜆ tau꜄	ɕiaʔ꜇ tau꜄	ɕia꜅ tau꜄	ʃia꜇ tau꜄	꜀ʃia to꜄	tsiaʔ꜇ tau꜄
颂穿	sɤŋ꜅	soŋ꜅	syŋ꜅	θeŋ꜅	θoŋ꜅	sɐə꜅	tsʻiŋ꜅
褪脱	tʻũ꜄	tʻoŋ꜄	tʻuŋ꜄	tʻəu꜄	tʻœŋ꜄	tʻuẽ꜄	tʻŋ̍꜄
睏睡	kʻɤŋ꜄	kʻoŋ꜄	kʻɔŋ꜄	kʻəu꜄	kʻœŋ꜄	kʻue꜄	kʻoŋ꜄
嗽吸	sɤ꜆	so꜄	sɔʔ꜆	θɔ꜆	θo꜄	ʃiɯ꜄	suʔ꜆

① 列举词汇材料时只标单字原调类，其实际调值可按上述简明变调规律类推。又，上文已经出现的各点一致的词汇，本节不再列举，例如：箬（叶子），治（杀），徛（站立）、赍（赍巴）、粟（稻谷），索（绳子），骹（脚）。关于方言词语的汉字标注，本文尽量取本字，酌取俗字，但限于篇幅未加注明。

续表

	城关	西洋	洋中	汤川	中仙	新桥	街面
鼻嗅	pʻe꜅	pʻi꜅	pʻei꜅	pʻei꜅	pʻe꜅	pʻai꜅	pʻi꜅
煠清水煮	꜀sa	꜀sa	saʔ꜇	θa꜅	꜀θa	꜀sa	saʔ꜇
贮盛，装	꜂tui	꜂ty	꜂tœ	꜂te	꜂toi	꜂ty	꜂tue
炊蒸	꜀tsʻyø	꜀tsʻue	꜀tsʻoi	꜀tsʻe	꜀tʃʻø	꜀tʃʻye	꜀tsʻɤ
摒倒掉	piã꜄	pia꜄	piaŋ꜄	piaŋ꜄	piɛ꜄	pẽ꜄	piã꜄
铰剪	꜀ka	꜀ka	꜀ka	꜀ka	꜀ka	꜀ka	꜀ka
敨解	꜂tʻau	꜂tʻau	꜂tʻau	꜂tʻau	꜂tʻau	꜂tʻo	꜂tʻau
筅刷扫	꜂tsʻẽ	꜂tsʻe	꜂tsʻɛŋ	꜂tsʻai	꜂tθʻɛŋ	꜂tsʻẽ	꜂tsʻĩ
囥藏	hŋ̍꜄	kʻɔ꜄	kʻɔŋ꜄	kʻoŋ꜄	kʻɛŋ꜄	kʻũ꜄	kʻŋ̍꜄
行走	꜁kiã	꜁kia	꜁kiaŋ	꜁kiaŋ	꜁kiɛ	꜁kẽ	꜁kiã
拍打	pʻa꜆	pʻa꜄	pʻaʔ꜆	pʻɛ꜆	pʻa꜆	pʻa꜄	pʻaʔ꜆
曝晒	꜀pʻuo	pʻu꜇	pʻuoʔ꜇	pʻuo꜅	pʻuo꜇	꜀pʻuɤ	pʻak꜇
趁钱挣钱	tʻiŋ꜄ ꜁tsẽ	tʻeŋ꜄ ꜁tsiŋ	tʻiŋ꜄ ꜁tsieŋ	tʻiŋ꜄ ꜁tsi	tʻiŋ꜄ ꜁tθiŋ	tʻɐe꜄ ꜁tsẽ	tʻaŋ꜄ ꜁tsĩ
生殕发霉	꜀sã ꜂pʻu	꜀saŋ ꜂pʻu	꜀saŋ ꜂pʻu	꜀θaŋ ꜂pʻu	꜀θa ꜂pʻu	꜀sẽ ꜂pʻu	꜀sĩ ꜂pʻu
毛长无余剩	꜁mo tioŋ꜅	꜁mo tiɔ꜅	꜁mɔ tyøŋ꜅	꜁mo tioŋ꜅	꜁mo tiɛŋ꜅	꜁mɯ tiũ꜅	꜁bo tioŋ꜅
⿰舟会使不行	mi꜅ ꜂sai	me꜅ ꜂sai	mɛ꜅ ꜂sai	me꜅ ꜂θai	me꜅ ꜂lai	mi꜅ ꜂ʃie	bue꜅ ꜂sai
惊怕	꜀kiã	꜀kia	꜀kiaŋ	꜀kiaŋ	꜀kiɛ	꜀kẽ	꜀kiã
疔痛	tʻiã꜄	tʻia꜄	tʻiaŋ꜄	tʻiaŋ꜄	tʻiɛ꜄	tʻẽ꜄	tʻiã꜄
凋干燥	꜀ta	꜀tio	꜀tiɛu	꜀ta	꜀ta	꜀ta	꜀ta
悬高	꜁kuẽ	꜁kuai	꜁kɛŋ	꜁kuai	꜁kuɛŋ	꜁kuẽ	꜁kuĩ
□短	꜂tø	꜂tue	꜂toi	꜂tɤ	꜂tø	꜂tui	꜂tɤ
□多	si꜅	se꜅	sɛ꜅	θe꜅	θe꜅	tsi꜅	tsue꜅
利锋利	le꜅	li꜅	li꜅	lei꜅	lei꜅	lai꜅	luei꜅
恶凶	uo꜆	a꜆	ɔʔ꜆	ɔ꜆	ɔ꜆	uɤ꜄	ɔk꜆

续表

	城关	西洋	洋中	汤川	中仙	新桥	街面
䭣味淡	꜂tsiã	꜂tsiaŋ	꜂tsiaŋ	꜂tsiaŋ	꜂tθiɛŋ	꜂tsẽ	꜂tsiã
即这[①]	꜂tsi	tsi꜄	꜂tsi	꜂tsi	꜂tθi	tsie꜄	tsik꜆
许那	꜂xi	xy꜄	꜂xy	꜂hɯ	꜂hi	hie꜄	hik꜆

2. 各点一致，和沿海闽方言（福州、厦门、莆田）相同或相近的。[②]

	城关	西洋	洋中	汤川	中仙	新桥	街面
涂泥土	꜁t‘io	꜁t‘u	꜁t‘u	꜁t‘u	꜁t‘ɔu	꜁t‘au	꜁t‘ɔ
电涂电池	tieŋ꜅ ꜁t‘io	tieŋ꜅ ꜁t‘u	tieŋ꜅ ꜁t‘u	tieŋ꜅ ꜁t‘u	tiɛŋ꜅ ꜁t‘ɔu	tiɛŋ꜅ ꜁t‘au	tiaŋ꜅ ꜁t‘ɔ
喇褯围嘴布	꜂lũ ꜁sa	꜂lue ꜁sa	꜂laŋ ꜁sa	꜂ləu ꜁sa	꜂lɔŋ ꜁θa	꜂nũ ꜁sa	꜂nuã ꜁se
腹肚肚子	puo꜆ ꜂tio	pa꜄ ꜂tu	puʔ꜆ ꜂tu	pɛ꜆ ꜂tu	pɔ꜆ ꜂tɔu	pa꜄ ꜂tau	pak꜆ ꜂tɔ
面脸	miŋ꜄	meŋ꜄	miŋ꜄	miŋ꜄	miŋ꜄	mɐe꜄	biŋ꜄
骹腿腿	꜀k‘a ꜂t‘ai	꜀k‘a ꜂t‘ue	꜀k‘a ꜂t‘ue	꜀k‘a ꜂t‘ai	꜀k‘a ꜂t‘ai	꜀k‘a ꜂t‘uai	꜀k‘a ꜂t‘ui
阿妈祖母	꜀a ꜂ma	꜀a ꜂ma	꜀a ꜂ma	꜀ɛ ꜂ma	꜀a ꜂ma	꜀a ꜂mɐ̃	꜀a ꜂mã
事事事情	tai꜅ se꜄	tai꜅ tsi꜅	tai꜅ ie꜅	tai꜅ tsei꜄	tai꜅ θe꜅	te꜅ tsai꜄	tai꜅ tsi꜄
昨日前天	꜀so ꜀nie	so꜇ nɛ꜇	sɔʔ꜇ niʔ꜇	θo꜅ ꜀nɛ	꜀θɔ ni꜇	tsʅ꜄ ꜀nie	tsoʔ꜇ lik꜇
猴蚓蚯蚓	꜁kau ꜂xɤŋ	꜁kau ꜂uŋ	꜁kau ꜂xuŋ	꜁kau ꜂vəu	꜁kau ꜂huŋ	꜁ku ꜂hue	꜁kau ꜂hoŋ
蚨蝇苍蝇	꜁xu ꜁siŋ	꜁pu ꜁seŋ	꜁puo ꜁siŋ	꜁pu ꜁θiŋ	꜁hu ꜁θiŋ	꜁hu ꜁sɐe	꜁hɔ ꜁siŋ
遘到	kau꜄	kau꜄	kau꜄	kau꜄	kau꜄	ko꜄	kau꜄
挃伓挃要不要	꜀te ŋ̍꜅ ꜀te	ti꜆ ŋ̍꜅ ti꜆	tiʔ꜇ ŋ̍꜅ tiʔ꜇	꜀tei ŋ̍꜅ ꜀tei	te꜇ ŋ̍꜅ te꜇	꜀tai ŋ̍꜅ ꜀tai	tiʔ꜇ ŋ̍꜅ tiʔ꜇
过菜老	꜀kua	꜀kua	꜀kuai	꜀kua	꜀kua	꜀kua	꜀kua
幼嫩	iu꜄	iu꜄	iu꜄	iɔu꜄	iu꜄	iu꜄	iu꜄
来未来了没有	꜁le mue꜅	꜁li mue꜅	꜁li mui꜅	꜁lei mui꜅	꜁le mue꜅	꜁lai mui꜅	꜁lai bɤ꜅

① 闽方言近指和远指代词均以 ts、h(x) 声母为区别，其韵母各地不同，且与下字读音有关。

② 哪种说法和外地闽方言相同，除个别重要条目外，均未注明，请参见本书《福建闽方言的一致性》和《福建闽方言内部的主要差异》。

3. 各点一致，并和闽南或闽东相同的（前八条同闽南，后九条同闽东）。

	城关	西洋	洋中	汤川	中仙	新桥	街面
喙齿牙齿	tsʻui꜄ ꜂kʻi	tsʻui꜄ ꜂kʻi	tsʻui꜄ ꜂kʻi	tsʻəu꜄ ꜂kʻi	tʃʻø꜄ ꜂kʻi	tʃʻyai꜄ ꜂kʻi	tsʻui꜄ ꜂kʻi
糜粥	꜁mue	꜁mue	꜁mui	꜁mue	꜁mue	꜁mui	꜁bɤ
蠓蚊子	꜂mɤŋ	꜂moŋ	꜂mœŋ	꜂moŋ	꜂moŋ	꜂mɐə	꜂baŋ
饲养猪	tsʻi꜄	tsʻi꜄	tsʻi꜄	tsʻi꜄	tθʻi꜄	tsʻi꜄	tsʻi꜄
了说完	꜂liau	꜂lio	꜂liɛu	꜂liɤ	꜂liau	꜂liu	꜂liau
细小	si꜄	se꜄	sɛ꜄	θe꜄	θe꜄	si꜄	sue꜄
狭窄	꜆a	ɛ꜆	ɛʔ꜇	꜆ɛ	a꜇	꜆ɐ	ueʔ꜇
澹湿	꜁taŋ	꜁taŋ	꜁taŋ	꜁taŋ	꜁taŋ	꜁taŋ	꜁taŋ
喙舌舌头	tsʻui꜄ ꜀ɕi	tsʻui꜄ li꜆	tsʻui꜄ iʔ꜇	tsʻəu꜄ ɕi꜅	tʃʻue꜄ ꜀ʃi	tʃʻyai꜄ ꜀ʃi	tsʻui꜄ tsuaʔ꜇
病哑哑巴	pã꜅ ꜂a	paŋ꜅ ꜂a	paŋ꜅ ꜂a	paŋ꜅ ꜂ŋa	pɛ꜅ ꜂a	pɛ̃꜅ ꜂a	pĩ꜅ ꜂a
喙皮嘴唇	tsʻui꜄ ꜁pʻue	tsʻui꜄ ꜁pʻue	tsʻui꜄ ꜁pʻui	tsʻəu꜄ ꜁pʻue	tʃʻue꜄ ꜁pʻue	tʃʻyai꜄ ꜁pʻui	tsʻui꜄ ꜁pʻɤ
豉油酱油	ɕi꜅ ꜁iu	ɕi꜅ ꜁iu	ɕie꜅ ꜁iu	ɕi꜅ ꜁iu	ʃi꜅ ꜁iɔu	ʃi꜅ ꜁iau	si꜅ ꜁iu
食冥吃晚饭	꜀ɕia ꜁mã	ɕie ꜁maŋ	ɕiaʔ꜇ ꜁maŋ	ɕia꜅ ꜁maŋ	ʃia꜇ ꜁mɛ	꜀ʃia ꜁mɛ̃	tsiaʔ꜇ ꜁mĩ
头牲牲畜	꜁tʻau ꜀sã	꜁tʻau ꜀saŋ	꜁tʻau ꜀saŋ	꜁tʻau ꜀θaŋ	꜁tʻau ꜀θɛ	꜁tʻo ꜀sɛ̃	꜁tʻau ꜀sĩ
□舐	li꜆	le꜄	lɛ꜄	le꜄	lie꜄	li꜄	꜂le
啼哭	꜁tʻe	꜁tʻi	꜁tʻie	꜁tʻei	꜁tʻei	꜁tʻai	꜁tʻi
蔸一棵树	꜀tau	꜀tau	꜀tau	꜀tau	꜀tau	꜀to	꜀tau

4. 各点一致，和外地闽方言多不相同的。

	城关	西洋	洋中	汤川	中仙	新桥	街面
□□打闪	꜁lieŋ tsʻieŋ꜄	꜁ŋiaŋ tsʻiaŋ꜄	꜁ŋiaŋ tsʻiaŋ꜄	꜁liaŋ tsʻiaŋ꜄	꜁liɛŋ tθʻiɛŋ꜄	niɛŋ꜄ tsʻiɛŋ꜄	liaŋ꜄ tsʻiaŋ꜄
搭墟赶集	ta꜆ ꜀xy	ta꜄ ꜀xy	taʔ꜆ ꜀xy	ta꜄ ꜀hɯ	ta꜄ ꜀hy	ta꜄ ꜀hy	꜂ta ꜀hɯ
讲冇闲谈	꜂ŋ̍ pʻã꜄	꜂kɔ pʻaŋ꜄	꜂kɔŋ pʻaŋ꜄	꜂koŋ pʻaŋ꜄ ꜁taŋ 讲冇谈	꜂kɛŋ pʻɛ꜄	꜂kũ pʻɐ̃꜄	꜂kŋ̍ pʻã꜄

续表

	城关	西洋	洋中	汤川	中仙	新桥	街面
发凉乘凉	pue꜆ ꜁liũ	pue꜄ ꜁lioŋ	꜀pui ꜁lyøŋ	pue꜅ ꜁lioŋ	꜀pue ꜁liɔŋ	pue꜅ ꜁niũ	pueʔ꜆ ꜁niũ
食饭吃早饭	꜀ɕia pũ꜅	ɕie꜆ puŋ꜅	ɕiaʔ꜇ puoŋ꜅	ɕia꜅ pəu꜅	ʃia꜇ puŋ꜅	꜀ʃia puẽ꜅	tsiaʔ꜇ pŋ̍꜅
饭箸筷子	pũ꜅ tui꜅	puŋ꜅ ty꜅	puoŋ꜅ ty꜅	pəu꜅ təu꜅	puŋ꜅ toi꜅	puẽ꜅ ty꜅	pŋ̍꜅ tɯ꜅
桌床桌子①	tɤ꜆ ꜁ts‘oŋ	to꜄ ꜁ts‘ɔ	꜀tso ꜁ts‘ɔŋ	tso꜄ ꜁ts‘oŋ	to꜄ ꜁tθ‘eŋ	tɯ꜄ ꜁ts‘ãu	toʔ꜆ ꜁ts‘ŋ̍
屎坑厕所	꜂sai ꜀k‘ã	꜂sai ꜀k‘aŋ	꜂sai ꜀k‘aŋ	꜂θai ꜀k‘aŋ	꜂θai ꜀k‘ɛ	꜂se ꜀k‘ɐ̃	꜂sai ꜀k‘ã
有团怀孕	꜂iu ꜂ŋ̍	u꜅ ꜂kyŋ	u꜅ ꜂kyøŋ	u꜅ ꜂kɯ	꜂iɔu ꜂kœŋ	꜂iau ꜂kiũ	u꜅ ꜂kiã
脰咙团脖子	tau꜅ ꜁lɤŋ ꜂ŋ̍	t‘au꜅ ꜁loŋ ꜂kyŋ	t‘au꜅ ꜁lyøŋ ꜂kyøŋ	tau꜅ ꜁leŋ ꜂kɯ	tau꜅ ꜁loŋ ꜂kœŋ	to꜅ ꜁nɐə ꜂kĩ	tau꜅ ꜁loŋ(꜂kiã)
票钞票	p‘io꜄	p‘io꜄	p‘io꜄	p‘iɤ꜄	p‘iɛu꜄	p‘iu꜄	p‘io꜄
泡我和你	p‘au꜄	p‘au꜄	p‘au꜄	p‘au꜄	p‘au꜄	p‘o꜄	p‘au꜄
喙齿刷牙刷	ts‘i꜄ ꜂k‘i suo꜆	ts‘ui꜄ ꜂k‘i sa꜆	ts‘ui꜄ ꜂k‘i sɔʔ꜆	ts‘əu꜄ ꜂k‘i sie꜄	tʃ‘ø꜄ ꜂k‘i θie꜄	tʃyai꜄ ꜂k‘i so꜄	ts‘ui꜄ ꜂k‘i sueʔ꜆
糖蜂蜜蜂	꜁t‘oŋ ꜀p‘ɤŋ	꜁t‘ɔ ꜁p‘oŋ	꜁t‘ɔŋ ꜀p‘uŋ	꜁t‘oŋ ꜀p‘oŋ	꜁t‘ɛŋ ꜀p‘oŋ	꜁t‘ãu ꜀p‘ɐə	꜁t‘ŋ̍ ꜀p‘aŋ

（二）县内有两种说法的

1. 街面说法同闽南，其余各点说法同闽东、闽北、闽中的。

	城关	西洋	洋中	汤川	中仙	新桥	街面
道路	埕 tø꜅	ty꜅	tyø꜅	te꜅	tɔu꜅	tau꜅	路 lɔ꜅
瓦片	瓦 ꜂ua	ua꜅	ŋua꜅	ŋo꜅	ŋɔ꜅	ua꜅	磨瓦 ts‘u꜄ ꜂hia
衣服	衣裳 ꜀i ꜁ɕioŋ	꜀i ꜁io	꜀i ꜁yøŋ	꜀i ꜁ioŋ	꜀i ꜁iɛŋ	꜀i ꜁iaŋ	衫裤 ꜀sã k‘ɔ꜄
羹匙	调羹 ꜁t‘au ꜀kieŋ	꜁t‘io ꜀keŋ	꜁t‘iɛu ꜀kɛŋ	꜁t‘iau ꜀keŋ	꜁t‘io ꜀kiɛŋ	꜁t‘iu ꜀kɐe	汤匙 ꜀t‘ŋ̍ ꜁si
花生	花生 ꜀xua ꜀ɕiŋ	꜀xua ꜀seŋ	꜀xua ꜀sɛŋ	꜀fa ꜀seŋ	꜀hua ꜀θɛŋ	꜀hua ꜀ʃiɐe	涂豆 ꜁t‘ɔ tau꜅
头发	头发 ꜁t‘au pue꜆	꜁t‘au pue꜄	꜁t‘au puoʔ꜆	꜁t‘au p‘ui꜄	꜁t‘au ue꜄	꜁t‘o pui꜄	头毛 ꜁t‘au ꜁mŋ̍
额头	额头 ꜀ŋia ꜁t‘au	ŋia꜆ ꜁t‘au	ŋiaʔ꜇ ꜁t‘au	ŋia꜇ ꜁t‘au	꜀ŋia ꜁t‘au	꜀ŋi ꜁t‘o	头额 ꜁t‘au hiaʔ꜇

① 莆田及潮州等地闽方言管桌子叫“床”，其余闽方言说“桌”。这是二者的“合璧词”。

续表

	城关	西洋	洋中	汤川	中仙	新桥	街面
丈夫	老公 lau꜅ ꜀kɤŋ	lau꜅ ꜀kuŋ	lau꜅ ꜀kuŋ	lau꜅ ꜀keŋ	lau꜅ ꜀koŋ	lo꜅ ꜀kɐə	翁 ꜀aŋ
妻子	老妈 lau꜅ ꜂ma	lau꜅ ꜂ma	lau꜅ ꜂ma	lau꜅ ꜂ma	lau꜅ ꜂ma	lo꜅ ꜂ma	某 ꜂bɔ
伞	伞 ꜂sũ	꜂sue	꜂saŋ	꜂θəu	꜂θɔŋ	꜂sũ	雨伞 hɔ꜅ suã꜅
边说边笑[①]	蜀边 ꜀ɕie ꜀pẽ	꜀ɕi ꜀peŋ	ɕiʔ꜇ ꜀pɛŋ	꜀ɕie ꜀pai	ʃie꜇ ꜀pɛŋ	꜀ʃie ꜀pen	偕 ꜂nã
咱们	我各农 ꜂ŋua ka꜆ ꜁nɤŋ	꜂e ka꜄ ꜁noŋ	꜂e kœʔ꜆ ꜁nœŋ	꜂va ke꜆ ꜁neŋ	꜂ua ko꜆ ꜁noŋ	꜂ŋua ki꜆ ꜁nɐə	伯 ꜂laŋ
狗	犬 ꜂k‘uẽ	꜂k‘ɛ	꜂k‘œŋ	꜂k‘uai	꜂k‘uɛŋ	꜂k‘uẽ	狗 ꜂kau
（天）冷	清 ts‘iŋ꜄	ts‘eŋ꜄	ts‘iŋ꜄	ts‘iŋ꜄	tθ‘ɛŋ꜄	ts‘ɐe꜄	寒 ꜁kuã
（人）瘦	痿 ꜀sø	꜀sue	꜀soi	꜀θɤ	꜀θø	꜀sye	瘤 ꜂saŋ
一头牛，一隻鸡	头 ꜁t‘au	꜁t‘au	꜁t‘au	꜁t‘au	꜁t‘au	꜁t‘o	隻 tsiaʔ꜆
拿给他	乞 k‘ɤ꜆	k‘ɛ꜄	k‘aʔ꜆	k‘ɛ꜄	k‘e꜆	k‘ɯ꜄	与 hɔ꜅
打鱼	拿 ꜀na	na꜆	naʔ꜇	꜀na	꜀na	꜀na	掭 liaʔ꜇
蜘蛛	□□□ ꜀mu la꜅ k‘ia꜄	꜀mo ꜀lo k‘ia꜄	꜁ma ꜁la k‘iaʔ꜆	꜁mo ꜁la k‘ia꜄	꜀mu ꜀lia k‘ia꜄	꜁mu lia꜅ k‘a꜄	蜘蛛 ꜀ti ꜀tɔ
吃饭	食饭 ꜀ɕia pũ꜅	ɕie꜆ puŋ꜅	ɕia꜇ puoŋ꜅	ɕia꜅ pəu꜅	ʃia꜇ puŋ꜅	꜀ʃia puẽ꜅	食□ tsiaʔ꜇ ꜀mãi
喝茶	食茶 ꜀ɕia ꜁ta	ɕie꜆ ꜁ta	ɕia꜇ ꜁ta	ɕia꜅ ꜁ta	ʃia꜇ ꜁ta	꜀ʃia ꜁ta	□茶 ꜀liŋ ꜁te
自己	家自 ꜀ko tse꜅	꜀ko tsi꜅	꜀ka tsi꜅	꜀ka tsei꜅	꜀ke tθe꜅	꜀ka tsai꜅	家己 ꜀ka ki꜅
端午节	做节 tso꜄ tsi꜆	tso꜄ tse꜄	tsɔ꜄ tsɛʔ꜆	tso꜄ tse꜄	tθo꜄ tθe꜄	tsɿ꜄ tse꜄	五月节 gɔ꜅ gɤʔ꜇ tsueʔ꜆

① 加点的字是比较的内容，未加点的字不一定标音。

2. 洋中说法同闽东，其余点一致与闽南或闽中相同或相近。

	城关	西洋	洋中	汤川	中仙	新桥	街面
女人	□母 tsɤŋ꜅ ꜂mu	꜀tsa ꜂mu	诸娘 ꜀tsy ꜁nyøŋ	□母 tsioŋ꜅ ꜂mu	tsio꜅ ꜂mu	tsyɤ꜅ ꜂mu	꜀tsa ꜂bɔ
蹲	跔 ꜁k'u	꜁k'u	蹲 ts'yøŋ꜅	跔 ꜁k'u	꜁k'u	꜁k'u	꜁k'u
厨房	灶间 tsau꜄ ꜀kĩ	tsau꜄ ꜀ke	灶前 tsau꜄ ꜁sɛŋ	灶间 tsau꜄ ꜀kai	tθau꜄ ꜀kĩ	tsau꜄ ꜀kẽ	tsau꜄ ꜀kuĩ
天晚了	晏 ũ꜄	aŋ꜄	慢 mɛŋ꜅	晏 əu꜄	aŋ꜄	ŋ̍꜄	uã꜄

3. 县内两种说法中，一种近沿海闽方言，一种近于闽中、闽北方言。

	城关	西洋	洋中	汤川	中仙	新桥	街面
祖父	阿爹 ꜀a ꜀ta	阿公 ꜀a ꜀koŋ	꜀a ꜀kuŋ	꜀ɛ ꜀keŋ	阿爹 ꜀a ꜀ta	꜀a ꜀ta	阿公 ꜀a ꜀koŋ
肥皂	胰皂 ꜁i tso꜅	꜁i tso꜄	꜁i tsɔ꜅	꜁i tso꜅	蜡 ꜀la	꜀la	laʔ꜇
公鸡	鸡角 ꜀ki kuo꜆	꜀ki ka꜄	꜀kie kœʔ꜆	꜀ki kɔ꜆	꜀ki kɔ꜆	鸡公 ꜀ki ꜀kɐə	꜀kue ꜀koŋ
鸟儿	隻团 tsia꜆ ꜂ŋ̍	爪团 ꜂tsio ꜂kyŋ	爪 ꜂tsɛu	隻团 tsia꜄ ꜂kɯ	tʃia꜆ ꜂kœŋ	tʃia꜄ ꜂kẽ	爪团 ꜂tsiau ꜂kiã
稻子	禾 ꜁ui	꜁ue	꜀ui	釉 tiu꜅	禾 ꜁ue	꜁ui	釉 tiu꜅
饿	枵 ꜀iau	饥 ꜀kui	꜀kui	꜀kəu	枵 ꜀iau	饥 ꜀kuai	枵 ꜀iau
柱子	柱 t'iu꜅	t'iu꜅	栋柱 tœŋ꜄ t'iu꜅	柱 t'iu꜅	t'iu꜅	t'iau꜅	栋柱 taŋ꜄ t'iau꜅
问	勘 k'aŋ꜄	问 muŋ꜄	muŋ꜄	勘 k'aŋ꜄	k'aŋ꜄	k'aŋ꜄	问 mŋ̍꜅
糯米	酒米 ꜂tsiu ꜂me	꜂tsiu ꜂mi	꜂tsiu ꜂mi	꜂tsiu ꜂mei	꜂tθiu ꜂mei	秫米 ꜀ʃyɤ ꜂mai	tsok꜇ ꜂bi

4. 县内两种说法中，一种近闽东，一种近闽南。

	城关	西洋	洋中	汤川	中仙	新桥	街面
去年	去年冥 k'y꜄ ꜁nẽ ꜁mã	k'y꜄ ꜁niŋ ꜁maŋ	去年 k'yø꜄ ꜁nieŋ	k'ɯ꜄ ꜁ni	k'y꜄ ꜁niŋ，旧年 ku꜅ ꜁niŋ	ku꜅ ꜁nẽ	ku꜅ ꜁nĩ
今天	今旦 ꜀kã nũ꜄	今日 ꜀keŋ nɛ꜆	今旦 ꜀kiŋ naŋ꜄	꜀keŋ naŋ꜄	今日 ꜀kiŋ ꜀ne	今旦 ꜀ka nɛ̃꜄	今旦日① ꜀kiã lik꜇

① 两字下加横线，表示合音，下同。

续表

	城关	西洋	洋中	汤川	中仙	新桥	街面
亲戚	亲情 ꜀ts‘iŋ ꜁tsiã	亲戚 ꜀ts‘eŋ ts‘ie꜄	꜀ts‘iŋ ts‘iʔ꜆	亲情 ꜀ts‘iŋ ꜁θiaŋ	꜀tθ‘ɛŋ ꜁tθie	꜀ts‘ɐe ꜁tsẽ	꜀ts‘iŋ ꜁tsiã
银元	大银 to꜅ ꜁ŋɤŋ	大番 tua꜅ ꜀xuaŋ	tai꜅ ꜀xuaŋ	to꜅ ꜀faŋ	大银 tɔ꜅ ꜁ŋyŋ	tua꜅ ꜁ŋyẽ	tua꜅ ꜁ŋɤŋ
粉条	米粉 ꜂me ꜂xɤŋ	粉干 ꜂xuŋ ꜀ŋaŋ	꜂xuŋ ꜀kaŋ	米粉 ꜂me ꜂feŋ	꜂me ꜂huŋ	꜂mai ꜂hue	꜂bi ꜂hoŋ
茄子	茄 ꜁kø	紫菜 ꜂tse ts‘ai꜄	꜂tsie ts‘ai꜄	茄 ꜁kɤ	꜁kø	꜁kiu	꜁kio
下饭菜	配 p‘ue꜄	菜 t‘ai꜄	菜配 ts‘ai꜄ p‘ue꜄	配 p‘ue꜄，菜 ts‘ai꜄①	菜 tθ‘ai꜄	菜 ts‘ai꜄，配 p‘ui꜄	菜 ts‘ai꜄
一把刀	把 ꜂pa	꜂pa	꜂pa	꜂pa	支 ꜀ki	把 ꜂pa	支 ꜀ki
拥挤	劼 k‘e꜄	夹 ŋe꜄	劼 k‘ɛʔ꜆	k‘e꜄	k‘e꜄	夹 ŋi꜄	劼 k‘ueʔ꜆
肉	肞 ma꜆	肉 na꜇	nyʔ꜇	ma꜄	ma꜄	ma꜄	baʔ꜆
干活	做事事 tso꜄ tai꜅ se꜄	tso꜄ tai꜅ tsi꜄	做事 tsɔ tai꜅	tso꜄ tai꜅	作息 tθo꜄ θe꜆	tsʅ꜄ sie꜄	tsoʔ꜆ sik꜆
娶老婆	讨 ꜂t‘ɤ	꜂t‘o	꜂t‘ɔ	꜂t‘o	꜂t‘o	娶 ts‘ya꜅	ts‘ua꜅
拿东西	骑 ꜁k‘ia	驮 ꜁to	꜁tɔ	骑 ꜁k‘ia	꜁k‘ia	꜁k‘ia	꜁k‘ia
越说越多	偌 ꜂niã	罔 ꜂moŋ	꜂muoŋ	偌 na꜅	꜂na	꜂nẽ	꜂nã
谁	底农 ti꜅ ꜁nɤŋ	ti꜅ ꜁noŋ	底其 ti꜅ ꜁ki	꜂tɛ ꜀ke	꜂te ꜁ke	底农 tai꜅ ꜁nɐɘ	꜁tiaŋ

5. 各点还有个别条目自有独特说法。

	城关	西洋	洋中	汤川	中仙	新桥	街面
竹竿晒衣用	竹篙 tɤ꜆ ꜀kɤ	竹筅 ta꜆ ŋ̍꜅	tyʔ꜇ ɔŋ꜅	tɔʔ꜆ oŋ꜅	tie꜆ ɛŋ꜅	tie꜄ ŋ̍꜅	tek꜆ ŋ̍꜅
袖子	手碗 ꜂ts‘iu ꜂uẽ	手管 ꜂ts‘iu ꜂kuŋ	手碗 ꜂ts‘iu ꜂uoŋ	꜂ts‘iu ꜂vəu	꜂tʃ‘ɔu ꜂uŋ	꜂tʃ‘iau ꜂uẽ	꜂ts‘iu ꜂uĩ
一朵花	菩 ꜁pu	꜁pu	朵 ꜂tɔ	菩 ꜁puɤ	꜁pu	꜁pu	꜁pu
猪	猪 ꜀tui	꜀ty	꜀ty	꜀təu	꜀toi	豨 ꜂huai	猪 ꜀tɯ
热闹	闹热 nau꜅ ꜀ie	nau꜅ ie꜆	nau꜅ ieʔ꜇	nau꜅ iɛ꜄	nau꜅ ie꜇	闹 no꜅	闹热 lau꜅ iak꜇

① 列出两条词是并列说法，逗号前的词为常用说法。

续表

	城关	西洋	洋中	汤川	中仙	新桥	街面
看	看 k'ũ꜄	k'uai꜄	k'aŋ꜄	暎 ɛ꜄	看 k'œŋ꜄	k'ũ꜄	k'uã꜄
尿布	屎布 ꜂sai pu꜄	屎布 nio꜅ pu꜄	niɛu꜅ puo꜄	屎布 ꜂sai puɤ꜄	尿□ niau꜅ ꜂t'e	屎布 ꜂se pu꜄	屎布 lio꜅ pɔ꜄
流产	断囝 tũ꜅ ꜂ŋ̍	toŋ꜅ ꜂kyŋ	tɔŋ꜅ ꜂kyøŋ	断娠 təu꜄ ꜀ɕiŋ	断囝 tœŋ꜅ ꜂kœŋ	tuẽ꜅ ꜂kiũ	t'oʔ꜇ ꜂kiã
蝙蝠	□婆 ꜀pe ꜁pɤ	꜀pi ꜁po	꜀pi ꜁pɔ	꜀pi ꜁po	pei꜅ ꜁po	꜀pai ꜁pɯ	扁鼠 ꜂piaŋ ꜂ts'ɯ
姐姐	阿□ ꜀a to꜆	阿姊 ꜀a ꜂tsi	꜀a ꜂tsi	꜀a ꜂tsei	꜀a ꜂tθei	꜀a ꜂tsi	꜀a ꜂tsi
没关系	毛要紧 ꜁mo iau꜄ ꜂kiŋ	꜁mo iau꜄ ꜂kiŋ	꜁mɔ iɛu꜄ ꜂kiŋ	꜁mo iau꜄ ꜂kiŋ	꜁mo iau꜄ ꜂kiŋ	怀畏 ŋ̍꜅ ŋuai꜄	毛要紧 ꜁bo iau꜄ ꜂kiŋ

（三）各点说法多所不同的

	城关	西洋	洋中	汤川	中仙	新桥	街面
灰尘	涂粉 ꜁t'io ꜂xɤŋ	堬尘 ꜀oŋ ꜁teŋ	꜀uŋ ꜁tiŋ	꜀voŋ ꜀tiŋ	꜀uoŋ ꜁toŋ	꜀ɐə ꜁tiɐə	堬埃 ꜀iŋ ꜀ia
打雷	响雷公 ꜂xiũ ꜁lai ꜀kɤŋ	꜂xio ꜁lai ꜀koŋ	꜂ɕyøŋ ꜁lai ꜀kœŋ	雷公响 ꜁lai ꜀keŋ ꜂ɕioŋ	叫雷 kio꜄ ꜁lai	响雷公 ꜂hiũ ꜁lui ꜀kɐə	起雷公 ꜂k'i ꜁lui ꜀koŋ
热水	滚水 ꜂kɤŋ ꜂tsui	汤 ꜀t'ɔ，热水 ie꜆ ꜂tsui	汤 ꜀t'ɔŋ	꜀t'oŋ	沸水 pue꜄ ꜂tθoi	滚水 ꜂kue ꜂tʃyai	烧水 ꜀sio ꜂tsui
开水	（白）茶（꜀pa）꜇	开水 ꜀k'ai ꜂tsui	滚汤 ꜂kuŋ ꜀t'ɔŋ	茶 ꜁ta	꜁ta	开水 ꜀k'e ꜂tʃyai	滚水 ꜂koŋ ꜂tsui
地方	地方 te꜅ ꜀ŋ̍	场所 ꜁tio ꜂su	所在 ꜂su tsai꜅	地方 tei꜅ ꜀foŋ	所在 ꜂θɔu tsai꜄	꜂siau tse꜄	꜂sɔ tsai꜅
东西	物 ꜀mue	乇 no꜄	nɔʔ꜆	nɔ꜄	物乇 mue꜇ niau꜅	物事 ꜀mue tai꜅	物件 mŋ̍ʔ꜇ kiã꜅
早晨	早起头 ꜂tsa ꜂k'i ꜁t'au	早起头 ꜂tsai ꜁t'au	꜂tsa ꜂k'i ꜁t'au	天光 ꜀t'i ꜀koŋ	天光头 ꜀t'iŋ ꜀kɛŋ ꜁t'au	早起 ꜂tsa ꜂k'i	꜂tsa ꜂k'i
上午	昼前 tau꜄ ꜁sẽ	早起 ꜂tsa ꜂ki	꜂tsai ꜂i	昼前 tau꜄ ꜁sai	昼时 tau꜄ ꜁ʃi	昼前 to꜄ ꜁hẽ	昼时 tau꜄ ꜁si
中午	日昼 ꜀nie tau꜄	下昼头 a꜅ tau꜄ ꜁t'au	当昼 ꜀tɔŋ lau꜄	昼 tau꜄	日昼 ni꜇ tau꜄	꜀nie to꜄	lik꜇ tau꜄
下午	下昼 a꜅ tau꜄，昼了 tau꜄ ꜂lio	下昼 a꜅ tau꜄	a꜅ lau꜄	日昼 ꜀nɛ tau꜄	昼了 tau꜄ ꜂liau	to꜄ ꜂liu	下昼 e꜅ tau꜄

续表

	城关	西洋	洋中	汤川	中仙	新桥	街面
傍晚	暗边 aŋ꜄ ꜀pẽ	暗午尾 aŋ꜄ ꜂ŋu ꜂mue	暗工尾 aŋ꜄ ꜀ŋuŋ ꜂mui	卜到暗 puo꜆ to꜄ aŋ꜄	卜暗 pɔ꜆ aŋ꜄	暗边 aŋ꜄ ꜀pẽ	卜暗 boʔ꜆ aŋ꜄
白天	日中 ꜀nie ꜀toŋ	日中心 nɛ꜆ ꜀tɔ ꜀seŋ	niʔ꜇ ꜀tɔŋ ꜀siŋ	꜀nɛ ꜀toŋ ꜀siŋ	日中 ni꜇ ꜀teŋ	中日 ꜀tɐu ꜀nie	日间 lik꜇ ꜀kaŋ
晚上	冥昏 ꜁mã ꜀xĩ	暗间头 aŋ꜄ ꜀kiŋ ꜁t‘au	暗工头 aŋ꜄ ꜀ŋuŋ ꜁lau	冥昏头 ꜁maŋ ꜀muɤ ꜁t‘au	冥头 ꜁mɛ ꜁t‘au	冥昏 ꜁mai ꜀hĩ	꜁mã ꜀hĩ
昨天	昨冥 ꜀ɕie ꜁mã	so꜇ ꜁maŋ	sɔʔ꜇ ꜁maŋ	꜀ɕie ꜁maŋ	꜀ɕie ꜀mɛ	前冥 ꜁tsie ꜁mẽ	昨日 tsɔ꜅ lik꜇
稻草	秆 ꜂kũ	꜂kue	꜂kaŋ	꜂kəu	꜂kɔŋ	禾秆 ꜁ui ꜂kũ	□秆 la꜅ ꜂kuã
大前天	昨昨日 ꜀so ꜀so ꜀nie	大昨日 tua꜅ so꜇ nɛ꜇	tai꜅ sɔʔ꜇ niʔ꜇	to꜅ so꜅ ꜀nɛ	落昨日 lo꜄ ꜀θo ni꜇	逊昨日 sɐe꜄ tsɿ꜄ ꜀nie	soŋ꜄ tsoʔ꜇ lik꜇
大后天	后后日 au꜅ au꜅ ꜀nie	大后日 tua꜅ au꜅ nɛ꜇	tai꜅ au꜅ niʔ꜇	to꜅ au꜅ ꜀nɛ	落后日 lo꜄ au꜅ ni꜇	大后日 tua꜅ u꜅ ꜀nie	寘后日 lɔŋ꜄ au꜅ lik꜇
什么时候	什底时候 ꜀ɕie tie꜅ ꜁ɕi xau꜅	毛毛时候 no꜄ no꜄ ꜁ɕi xau꜅	底候 ꜂tieŋ ŋau꜅	底时 ꜂təu ꜁ɕi	꜂tei ꜁ʃi	꜂tai ꜁ʃi	ti꜅ ꜁si
时候	时候 ꜁ɕi xau꜅	꜁ɕi xau꜅	꜁ɕi au꜅	꜁ɕi hau꜅	꜁ʃi hau꜅	时 ꜁ʃi	时节 ꜁si tsueʔ꜆
什么	甚么 ꜂ɕie ꜂mue	毛毛 no꜄ no꜄	甚毛□ ꜂ɕiŋ ꜀nɔŋ ŋuaʔ꜆	毛毛 no꜄ ne꜅	甚毛 ꜂ʃe niau꜅	꜂ʃie na꜄	甚物 ꜂siã mĩʔ꜆
什么地方	什底地方 ꜀ɕie tie꜅ te꜅ ꜀ŋ̍	毛毛场所 no꜄ no꜄ ꜁tio ꜂su	底角 ꜂ti k‘ɔʔ꜆	底角□ ꜂to kɔ꜆ ꜁te	□咧 ꜂tɔ ꜁le	底角 tai꜅ kuɤ꜄	□ ꜂tuã
怎么（做）	孰呢 ꜁sũ ꜁ŋe	甚呢 ꜂seŋ ꜁ni	꜂ɕiŋ nie꜅	孰呢 ꜀so ꜁nei	θɔ꜄ ni꜅	呢生 ꜁nẽ ꜀sẽ	怎呢 ꜂tsai nĩ꜅
上面	上的 ɕioŋ꜅ ti꜆	上头 ɕio꜅ ꜁t‘au	上边 ɕyøŋ꜅ ꜀pɛŋ	上头 ɕioŋ꜅ ꜁t‘au	上底 iθɛŋ꜅ ꜂te	sɑ̃u꜅ ꜂ti	顶面 ꜂tiŋ biŋ꜅
下面	下的 a꜅ ti꜆	下头 a꜅ ꜁t‘au	下边 a꜅ ꜀pɛŋ	下头 a꜅ ꜁lau	下底 a꜅ ꜂te	a꜅ ꜂ti	下爿 a꜅ ꜁puĩ
中间	中央 ꜀tɤŋ ꜀ŋ̍	中间心 ꜀toŋ ꜀kaŋ ꜀seŋ	꜀tyŋ ꜀kaŋ ꜀siŋ	꜀tɛŋ ꜀kɛŋ ꜀siŋ	꜀toŋ ꜀kaŋ ꜀siŋ	中间 ꜀tiau ꜀kɐə	꜀toŋ ꜀kaŋ

续表

	城关	西洋	洋中	汤川	中仙	新桥	街面
里面[①]	后腹底 au² puɔ꜆ ᶜte	a² paᵓ ᶜte	后边 au² ꜀pɛŋ	后底 au² ᶜti	au² ᶜte	u² ᶜti	内面 lai² biŋ²
外面	外边 ŋua² ꜀pẽ	前底 ꜁se ᶜli	前边 ꜁sɛŋ ꜀pɛŋ	前爿 ꜁θai ꜁pai	前底 ꜁θɛŋ ᶜte	꜁tsẽ ᶜti	外面 gua² biŋ²
我们	我各农 ᶜŋua ka꜆ ꜁nɤŋ	ᶜua kaᵓ ꜁noŋ	俺各农 ꜀ɛŋ kœʔ꜆ ꜁nœŋ	农团 ᶜneŋ ᶜkɯ	□各农 ᶜnœ ko꜆ ꜁noŋ	□其农 ᶜnui ꜀ki ꜀nɐə	阮 goŋ，我逐其 ᶜgua tak꜇ ꜁ge
多少	何拉其 ꜁uo ꜀la ꜁ki	若何 nio꜆ ꜁ua	niʔ꜇ ꜁ŋuai	꜀nɛ ꜁va	niu꜇ ꜁ua	何其 ꜁ua ꜁ki	若其 lua² ꜁ke
父亲	阿爸 ꜀a pa²	娘爸 ꜁nio pa²	꜁nɔŋ pa²	依爸 ꜀i pa²	꜀i pa²	阿爸 ꜀a pa²	老爸 lau² pe²
母亲	阿姐 ꜀a ᶜtsia	娘奶 ꜁nio ᶜne	꜁nɔŋ ᶜnɛ	依姐 ꜀i ᶜtsia	꜀i ᶜtθia	阿娘 ꜀a ꜁niũ	老母 lau² ᶜbu
小孩儿	囝团 ᶜnia ᶜŋ̍	囝团子 ᶜnia ᶜkyŋ ᶜtsi	团子 ᶜkyŋ ᶜtsi	囝团 ᶜnia ᶜkɯ	nia² ᶜkœŋ	ᶜnẽ ᶜkẽ	团团 ᶜkiŋ ᶜkiã
女儿	阿使 ꜀a ᶜsai	查某团 ꜀tsa ᶜmau ᶜkyŋ	诸娘团 ꜀tsy ꜁nyøŋ ᶜkyŋ	诸母团 ꜀ʧie ᶜmuɤ ᶜkɯ	꜀tʃio ᶜmu ᶜkœŋ	꜀a ᶜʃe	查姥团 ꜀tsa ᶜbɔ ᶜkiã
女婿	婿郎 saiᵓ ꜁loŋ	saiᵓ ꜁lɔ	儿婿 ꜁nie saiᵓ	婿郎 θaiᵓ ꜁loŋ	θaiᵓ ꜁lɛŋ	seᵓ꜁nãu	团婿 ᶜkiã saiᵓ
身体	完身 ꜁uẽ ꜀ɕiŋ	꜁uŋ ꜀ɕiŋ	身体 ꜀ɕiŋ ᶜt‘ɛ	完身 ꜁vəu ꜀ɕiŋ	身己 ꜀ʃiŋ ᶜk‘i	完身 ꜁uẽ ꜀ʃiɐe	身躯 ꜀siŋ ꜀k‘u
嘴巴	喙老 ts‘uiᵓ ᶜlo	喙 ts‘uiᵓ	喙嘴 ts‘uiᵓ ᶜtsoi	ts‘ɤᵓ ᶜtsɤ	喙老 tʃ‘øᵓ ᶜlø	tʃ‘yaiᵓ ᶜlɯ	ts‘uiᵓ ᶜlo
屁股	尻穿 ꜀ka ꜀ts‘yø̃	꜀ka ꜀ts‘yŋ	屎骨 ᶜɕi kuʔ꜆	骹穿 ꜀k‘ɛ ꜀ts‘i	骹穿腿 ꜀k‘ɔ ꜀tθ‘yŋ ᶜt‘ai	尻穿 ꜀kɐ ꜀tʃ‘yẽ	骹穿 ꜀k‘a ꜀ts‘ŋ̍
翅膀	翼 ꜀sie	翼翼 sia꜆ sia꜆	翼膀 sieʔ꜇ ᶜpɔŋ	翼股 ꜀θie ᶜku	θie꜇ ᶜku	꜀sie ᶜku，翼飞 ꜀sie ꜀pui	翼股 sik꜇ ᶜku
猪油	膫 ꜁lio	猪油 ꜀ty ꜁iu	꜀ty ꜁iu	꜀təu ꜁iu	肱油 maᵓ ꜁iɔu	豨油 ᶜhuai ꜁iau	猪油 ꜀tɯ ꜁iu
辣椒	辣椒 ꜀lo ꜀tsio	꜀luo ꜀tsio	番椒 ꜀xuaŋ ꜀tsiɛu	꜀faŋ ꜀tsiɤ	辣椒 lɔ꜇ ꜀tθio	麻椒 ꜁ma ꜀tsiu	辣椒 luaʔ꜇ ꜀tsio
衣兜	帕帕 p‘aᵓ p‘aᵓ	p‘aᵓ p‘aᵓ	偏袋 ꜀p‘ɛŋ toi²	꜀p‘iŋ tɤ²	袄袋 ᶜo tø²	偏袋 ꜀p‘iɛŋ tue²	橐团 lak꜆ ᶜkiã

① 多数点“里面”和“后面”，“外面”和“前面”不分，这在闽方言中很少见。

续表

	城关	西洋	洋中	汤川	中仙	新桥	街面
斗笠	笠团 ꜀lie ꜂ŋ̍	lɛ꜇ ꜂kyŋ	liʔ꜇ ꜂kyøŋ	斗笠 ꜂tau ꜀lɛ	꜂tau li꜇	笠 ꜀li	lueʔ꜇
抽屉	床柜屉 ꜁ts'oŋ kue꜅ t'i꜄	屉 t'e꜄	t'ɛ꜄	屉屉 t'ɛ꜄ t'ɛ꜄	厨屉 ꜁tø t'ɔ꜆	屉 t'i꜄	t'ua꜄
锅盖	鼎面 ꜂tiã mẽ꜄	鼎片 ꜂tiaŋ p'iŋ꜄	꜂tiaŋ p'ieŋ꜄	鼎面 ꜂tiaŋ miŋ꜄	꜂tiɛ miŋ꜄	鼎䥴 ꜂tẽ ꜂kaŋ	鼎盖 ꜂tiã kua꜄
麻雀	青盲隻 ꜀tsã ꜁mã tsia꜆	麻隻哩 ꜁ma tsia꜄ ꜂lai	隻爪 tsiaʔ꜄ ꜂tsɛu	米隻囝 ꜂mei tsia꜄ ꜂kɯ	青盲隻 ꜀tθ'ɛ ꜁mɛ tʃia꜄	□□哩 ꜀mɐe pie꜄ ꜂li	粟爪囝 ts'ik꜆ ꜂tsiau ꜂kiã
萤火虫	火明儿 ꜂xue mia꜅ ꜁i	火烁儿 ꜂xue na꜄ ꜁i	꜂xue niaʔ꜇ ꜁i	꜂fe nai꜅ ꜁ŋi	火明儿 ꜂hue ꜁mei ꜀i	眼□儿 ꜂ŋe pu꜄ ꜁i	火萤 ꜂hɤ ꜁iã
狼	豺犬 ꜁t'ia ꜂k'uẽ	꜁t'ia ꜂k'e	狼 ꜁lɔŋ	豺犬 ꜁t'ia ꜂k'uai	꜁t'ia ꜂k'uɛŋ	꜁ʃya ꜂k'uẽ	山狗 ꜀suã ꜂kau
驼背	曲□脊 k'ɤ꜆ ꜀ma tsia꜆	k'uo꜆ mɛ꜆ tsia꜆	曲腹脊 k'uoʔ꜆ puʔ꜆ tsiaʔ꜆	曲□脊 k'uɤ꜄ ꜀mɛ tsia꜆	曲驼 k'o꜄ ꜁to	曲偻 k'uɤ꜄ ꜁lo	k'ɔk꜆ ꜁lau
发疟子	畏清 ue꜆ ts'iŋ꜄	拍发寒 p'a꜄ pue꜄ ꜁kuai	讨发寒 ꜂t'au puoʔ꜆ ꜁kaŋ	生清寒 ꜀ts'aŋ ts'iŋ꜄ ꜁kəu	发颤寒 pue꜄ tʃyŋ꜄ ꜁kɔŋ	pui꜆ tʃyẽ꜄ ꜁kũ	发寒 pueʔ꜆ ꜁kuã
玩儿	客调 k'a꜆ ꜁t'io	k'a꜄ ꜁t'io	k'aʔ꜆ ꜁tiɛu	k'a꜄ ꜁t'iɤ	k'a꜆ ꜁t'io	嬉 hy꜄	迌迌 t'ik꜆ ꜁t'o
丢失	搞落 ꜂kau ꜀lo	搞 kau꜅	꜁kau，꜁ka ꜁lau	搞地 ꜀kau te꜅	搞掉 ꜀kau tiau꜅	搞了 ꜁kio ꜀lɐ	落去 lak꜆ k'ɯ꜄
找不到	□伓着 ts'yø꜅ ŋ̍꜅ ꜀tɤ	婄□着 me꜅ ts'ø꜅ to꜇	□婄着 ts'oi꜅ mɛ꜅ tɔʔ꜇	□伓着 ts'e꜄ ŋ̍꜅ tɔ꜅	tθ'ø꜄ ŋ̍꜅ to꜇	tsyẽ꜄ ŋ̍꜅ ꜀t'iu	□婄着 ts'ɤ꜅ bue꜅ tioʔ꜇
洗澡	洗汤 ꜂si ꜀t'oŋ	洗浴 ꜂se ꜀y	꜂sɛ yøʔ꜇	洗完身 ꜂θe ꜁vəu ꜀ɕiŋ	洗身己 ꜂θe ꜀ʃiŋ ŋi꜅	洗完身 ꜂si ꜁uẽ ꜀ʃiɐe	洗身 ꜂sue ꜀siŋ
躲	密 mĩ꜆	me꜄	跔 ꜀kiu	密 me꜄	me꜄	逃 ꜁tɯ	꜁to
追	逐 ꜀tuo	挞 ꜂soŋ	꜂søŋ	逐 ꜀tɔ	ti꜇	꜀tie	赶 ꜂kuã
盖被子	遮 tsia，□ mau꜄	遮 ꜀tsia	□ mau꜄	mau꜄	遮 ꜀tsia	䥴 ꜂kaŋ	kaʔ꜆
知道	晓得 ꜂xio tɛ꜆	꜂ɕio te꜄	解八 ɛ꜅ pɛʔ꜆	晓得 ꜂ɕiɤ lɛ꜄	職 ꜀tθai	職 ꜀tse，晓 ꜂hiu	職影 ꜀tsai ꜂iã
美	生好 ꜀sã ꜂xo	平直 ꜁paŋ tɛ꜆	꜁paŋ tiʔ꜇	好映 ꜂ho ɛ꜄	成物 ꜁ʃia mue꜇	倩 tʃ'yaŋ꜄	水 ꜂sui 倩 ts'uaŋ꜄

续表

	城关	西洋	洋中	汤川	中仙	新桥	街面
丑	生歹 ꜀sã ꜂ti	歹看 ꜂ti k‘ue꜄	生得呆 ꜀saŋ liʔ꜆ ꜁ŋai	生歹 ꜀θaŋ ꜂te	惊死 ꜀kiɛ ꜂θei	赧 ꜂naŋ	凶 ꜀hiɔŋ
肮脏	垃圾 ꜀la sa꜆	龌龊 ꜀a ts‘a꜄	꜀a ts‘ɔʔ꜆	ɔ꜆ ts‘ɔ꜆	惊死 ꜀kiɛ ꜂θei	垃圾 ꜀lɐ sɐ꜄	凶 ꜀hiɔŋ，垃圾 lak꜆ sak꜆
干净	清楚 ꜀ts‘iŋ ꜂ts‘io	꜀ts‘eŋ ꜂ts‘u	清气 ꜀ts‘iŋ k‘i꜄	꜀ts‘iŋ k‘i꜄	汰 t‘a꜄	清气 ꜀ts‘ɐe k‘i꜄	꜀ts‘iŋ k‘i꜄
懒	惮 tã꜅	懒 ꜂laŋ	定 tiaŋ꜅	惮 ti꜅	定 tieŋ꜅	懒 ꜂luaŋ	贫惮 ꜁piŋ ꜂tuã
稀指粥	饘 ꜀tsiŋ	꜀tsieŋ	꜀tsiŋ	꜀tsiŋ	糜 ꜁mue	饘 ꜀tʃɐe	潡 ka꜄
稠指粥	呚 ꜀kuo	ka꜆	kyʔ꜇	꜀kɔ	模 tɛŋ꜅	呚 ꜀kyɤ，□ ꜁nɯ	涍 ꜂k‘o，□ kak꜇
太大	太大 t‘o꜄ to꜅	卡大 k‘a꜄ tua꜅	k‘aʔ꜆ tai꜅	太大 t‘o꜄ to꜅	t‘o꜄ to꜅	t‘a꜄ tua꜅	伤大 ꜀siũ tua꜅
很坏	敢讲呆 ꜂kã ꜂ŋ ꜁ŋai	阿百呆 ꜀a pa꜆ ꜁ŋai	野呆 ꜂ia ꜁ŋai	真呆 ꜀tsiŋ ꜁ŋai	实在呆 ʃie꜇ tθa꜄ ꜁ŋai	很鄙 ꜂hiɛŋ ꜂p‘e	野鄙 ꜂ia ꜂p‘ai
快去！	快去 k‘ue꜄ k‘y꜄	k‘e꜄ k‘y꜄	k‘ɛ꜄ kyø꜄	快别囝去 k‘ue꜄ pi꜆ ꜂kɯ k‘ɯ꜄	快了去 k‘ɛ꜄ liu꜅ k‘y꜄	快去 k‘ui꜄ k‘y꜄	卡紧去 k‘a꜆ ꜂kiŋ k‘ɯ꜄
他去过上海	去着 k‘y꜄ ꜀t‘ø	k‘y꜄ ꜀t‘y	去过 k‘yø꜄ kuo꜄	k‘ɯ꜄ kuɤ꜄	去着 k‘y꜄ ꜀t‘ø	去过 k‘y꜄ kɯ꜄	去咧 k‘ɯ꜄ lɤ꜅
别跑！	唔敢走 ŋ̍꜅ ꜂kã ꜂tsau	唔使走 ŋ̍꜅ ꜂nai ꜂tsau	唔敢走 ŋ̍꜅ ꜂ŋaŋ ꜂tsau	唔得要走 ŋ̍꜅ ꜂tiau ꜂tsau	唔通走 ŋ̍꜅ ꜀noŋ ꜂tθau	唔通走行 ŋ̍꜅ ꜀nɐə ꜂tsau kia꜄	唔通走 ꜀maŋ ꜂tsau
你告诉他①	汝行伊讲 ꜂ne ꜀kiã ꜂i ꜂ŋ̍	汝讲伊听 ꜂ny ꜂kɔ ꜂i ꜀t‘ia	꜂ny ꜂kɔŋ ꜂i ꜀t‘iaŋ	汝搭伊讲 ꜂nəu tɛ꜆ ꜂i ꜂kɔŋ	汝对伊讲 ꜂noi tø꜄ ꜂i ꜂kɛŋ	汝教伊讲 ꜂nai kia꜄ ꜂i ꜂kũ	汝共伊说 ꜂lɯ kaŋ꜅ ꜀i sɤʔ꜆
我说不过他	我讲唔过伊 ꜂ŋua ꜂ŋ̍ ŋ̍꜅ kɤ꜄ ꜂i	我脍讲伊过 ꜂ua me꜅ ꜂kɔ ꜂i ko꜄	我讲伊脍过 ꜂uai ꜂kɔŋ ꜂i mɛ꜅ kuo꜄	我讲唔过伊 ꜂va ꜂kɔŋ ŋ̍꜅ kuɤ꜄ ꜂i	我讲伊唔过 ꜂ua ꜂kɛŋ ꜂i ŋ̍꜅ ko꜄	我讲唔过伊 ꜂ŋua ꜂kũ ŋ̍꜅ kɯ꜄ ꜂i	我说脍过伊 ꜂gua sɤʔ꜆ bue꜅ ko꜄ ꜂i
你前面走	汝行头前 ꜂ne ꜁kiã ꜁t‘au ꜁sẽ	汝前底行 ꜂ny ꜁se ꜂lie ꜁kia	汝先行 ꜂ny ꜀sɛŋ ꜁kiaŋ	汝行起头 ꜂nəu ꜁kiaŋ ꜂k‘i ꜁t‘au	汝行搭头 ꜂nɔi ꜁kiɛ ta꜆ ꜁t‘au	汝先行 ꜂nai ꜀sẽ ꜁kĩ	汝行头前 ꜂lɯ ꜁kiã ꜁t‘au ꜁tsuĩ

① 各种短句往往有多种同义句型，调查时只记最常用的说法。

续表

	城关	西洋	洋中	汤川	中仙	新桥	街面
又说了一遍	□讲蜀透 ꜀ai ᶜŋ̍ ꜀ɕie t‘au꜄	又讲了蜀透 iu꜅ ᶜkɔ ᶜla ɕie꜆ t‘au꜄	又讲蜀盘 iu꜅ ᶜkɔŋ ɕiʔ꜇ ꜁puaŋ	爱讲蜀透 ai꜄ ᶜkoŋ ꜀ɕie t‘au꜄	又讲蜀透 iu꜅ ᶜkɛŋ ʃie꜅ t‘au꜄	又讲了蜀遍 iu꜅ ᶜkũ ᶜliu ꜀sie pɐə꜄	□说了蜀遍 ꜀a sɤʔ꜆ ᶜliau tsik꜇ p‘iaŋ꜄
再说一遍	再讲蜀透 tsai꜄ ᶜŋ̍ ꜀ɕie t‘au꜄	tsai꜄ ᶜkɔ ɕie꜆ t‘au꜄	再讲蜀盘 tsai꜄ ᶜkɔŋ ɕiʔ꜇ ꜁puaŋ	介讲蜀透 kai꜄ ᶜkoŋ ꜀ɕie t‘au꜄	再讲蜀透 tθai꜄ ᶜkɛŋ ʃie꜅ t‘au꜄	□讲蜀遍 ɐ̃꜄ ᶜkũ ꜀ʃie pɐə꜄	□说蜀遍 ꜀a sɤʔ꜆ tsik꜇ p‘iaŋ
给我本书！	书□蜀本我 ꜀ts‘y ꜁k‘ia ꜀ɕie ᶜpoŋ ᶜŋua	驮本书我 ꜁to ᶜpuŋ ꜀tsy ᶜua	书驮蜀本我 ꜀tsy ꜁tɔ ɕiʔ꜇ ᶜpuŋ ᶜuai	书蜀本乞我 ꜀ɕi ꜀ɕie ᶜpəu k‘ɛ꜆ ᶜva	书□蜀本我 ꜀tθy k‘a꜆ ʃi꜇ ᶜpuŋ ᶜua	乞我蜀本书 ᶜk‘ɯ ᶜŋua ꜀ʃie puẽ ꜀tʃy	书蜀本与我 ꜀tsɯ tsik꜇ ᶜpoŋ hɔ꜅ ᶜgua
拿得动吗？	□得起𣍐 ꜁k‘ia tɤ꜆ ᶜk‘i mi꜅	会𣍐驮得起 e꜅ me꜅ ꜁tɔ ꜀le ᶜk‘i	会驮得起𣍐 e꜅ ꜁tɔ lɛ꜄ ᶜk‘i ma꜅	□得起𣍐 ꜁k‘ia lɛ꜆ ᶜk‘i ꜀ma	□得起𣍐 ꜁k‘ia tɛ꜆ ᶜk‘i me꜅	□得起𣍐 ꜁k‘ia ꜀tie ᶜk‘i ꜀ma	会□得起𣍐 e꜅ ꜁k‘ia lɤʔ꜇ ᶜk‘i bue꜅

上表所比较的词汇虽然只有229条，但都是常用词语。从各项内外异同来看，还是可以看出尤溪县内方言词汇和闽方言的大体异同。①内部分歧大，说法多样的有76条，占总数的三分之一；②各点说法一致，跟各地闽方言也相同的有44条，占总数的五分之一；③各点说法一致，跟各地闽方言多不同的有14条；④各点说法一致，只跟沿海闽方言相同的有16条；⑤各点说法略不同，但跟闽东方言或闽南方言相同的有17条。可见，尤溪县内的方言，虽说其闽方言的性质可以确定，但归入哪个区都不大合适。应该说，它们是一群近乎沿海闽方言，兼有沿海三区的特点，又吸收了内陆闽方言的一些成分，且不乏自身创造的特点的一种混合型闽方言。

五 结语

从以上材料可以看出，尤溪县内的话无疑都是闽方言。就语音说，只有汤川话的 f、v 音类是闽方言中未见过的，应该是客家话的特点，汤川话还把“看”说成“映（睐）”也是客赣方言的说法，可能是历史上曾有客家人入住该地。但这些特点并不能改变汤川话的闽方言性质。

福建省境内的闽方言可以划为东西两大片。东片是沿海的闽东、闽南和莆仙三区，西片是沿山（武夷山和戴云山）的闽北、闽中两区，也可称为内陆闽语。从整体上看，尤溪县内的方言应属于东片。从分部上看，语音方面受到西片的一些影响，例如 ts 组声母和 tʃ 组声母的对立，s—ɕ 的对立，塞音韵尾的脱落、入派三声、人称代词读为同调等都是和闽中或闽北相近的特点。但西片的一些重要语音特点（如来母字读 s，见、禅母字读零声母等）在尤溪都没有反映，其余的语音特点都是和东片各区相一致的。词汇方面和西片的关系更少。上文所列县内一致的 91 条词语中有 80 条都和东片说法相同；县内有两种说法的 62 条例词中，两种说法都见于东片的占三分之二。和西片用词一致主要反映在新桥话，例如禾（稻子）、秆（稻草）、豨（猪）、嬉（玩儿）、饥（饿）、蜡（肥皂）、物事（东西）、鸡公（公鸡）、灶间（厨房）、暗边（傍晚）等。

就尤溪七个点和闽方言东片三区的关系说，街面话接近德化、永春的闽南方言，洋中话接近闽江中游两岸（南平、古田、闽清）的闽东方言，它们可以分别划归这两个方言区，其余各点划入哪个区都不合适，大体地说，靠南、靠西的近闽南方言，靠东靠北的近闽东方言。新桥及其相邻的大田县的后路话都以闽南方言为基础，接受不少闽中方言（永安话）的影响，相对地说，较近闽南；西洋话和城关较近洋中话，也就较近闽东方言。中仙话有些语词和莆仙话相同，如物乇（东西）、沸水（开水），但还说不上和莆仙方言关系深。在七个点之间，不论是语音或词汇，除了和东片三区相一致的特点之外，很难再找到更多的一致性。县内一致的词汇有同闽东的，如犬（狗）、埕（路）、啼（哭）、瘦（瘦）、配（下饭菜）、头牲（畜牲）、病哑（哑巴）等，也有同闽南的，如糜（粥）、蠓（蚊）、肶（肉）、枵（饿）、澉（湿）、了（完）、喙齿（牙齿）等，数量上也悬殊不大，而县内一致又和外区不同的词目就更少了。这种情况说明尤溪县还没有形成自己的方言区，这里只有一群属于东片闽方言的彼此差异很大的小方言。

在七个点之间，又是怎样的关系呢？可以用本文所提供的材料做一个统计分析。在“表三”的语音特点比较条目中，反映音类分混的主要条目有 10 条：1. 有无 f v；2. 分不分 n l；3. 有无 ts—tʃ 两组对立的声母；4. 分不分 s—ɕ；5. 有无疑母字读 h；6. 有无从母字读 s；7. 有无撮口呼；8. 有无鼻化韵；9. 有无鼻音脱落；10. 有无入声调类。拿这 10 条和本文第四节所有县内有不同说法的 138 条词语，检查一下各点之间的同异，就可以看出各点之间的亲疏关系了。统计的结果，在 10 条语音特点和 138 条词汇中，各点之间相同数可列为下表。

	城关	西洋	洋中	汤川	中仙	新桥
街面	5/30	2/20	4/17	2/30	2/33	3/38
新桥	6/72	6/54	5/46	4/68	7/69	
中仙	7/79	9/61	8/49	7/74		
汤川	6/67	8/67	7/65			
洋中	8/53	9/81				
西洋	8/67					

语音特点相同数 / 词汇特点相同数

从这个统计表可以看出以下三点结论：

1. 斜面上的数字都是相邻两区的特点相同数，从竖行看，越往上地理距离越大，相同数则越小，从横行看，越往左也是地理距离越大，相同数越小。这表明了地理上的距离和方言之间的差异是成正比的。

2. 最长的竖行是城关和各点的特点相同数，这行数字大多在各个横行中也是领先的数字，这表明了，除相邻两区方言特点最为接近之外，各点和城关话的相同特点总要比和其他点的相同特点多些。这种情况说明了，城关话可能兼收并蓄地吸收各点方言的特点，也可能对各点方言都施加了影响。事实也正是如此，在一千多年历史中，城关一直是全县的政治、经济、文化中心，城关话作为沟通各个相差甚大的小方言区的媒介，也可以说千年的历史使城关话成为县内的小通语。它和各种小方言的共同点多些，这是符合历史逻辑的。

3. 最长的横行是街面话和各点方言的特点相同数，这行数字在它各自的竖行中总是最小的，这表明街面话和各个点的共同特点总比其他点和这个点的共同特点少。确实，在尤溪七种话当中，街面话和大家距离最大，甚至有些游离状态。提起街面话，尤溪人就说那是闽南话。街面的居民是晚近才陆续从德化、永春一带迁来的，因而在语言特点上还来不及更多地向其他方言点靠拢。

综上所述，可以认为尤溪县内的方言是属于沿海片闽方言的一个小方言群。由于和闽中、闽北方言区相邻，也反映了一些它们的特点。七个方言点中，街面和洋中可以归入闽南和闽东方言区，尽管它们已经和该区中心地带的方言有不小的差异。其余各点都是方言交界处的混合型方言，很难归入哪个方言区。由于历史的原因，城关话从各点方言吸收了一些成分，也在不同的程度上影响了各点方言，可以称为县内的小通语。

附记：我头一次到尤溪是20世纪60年代初参加福建省方言普查时，去那里做方言调查。由此知道他们“推普”做得好，还去给中小学教师培训普通话。1963年，《福建省汉语方言概况》(讨论稿)印行之后，在厦门举行福建方言研讨会，我们特意邀请尤溪一中语文老师朱挺耀前来参会。从此，尤溪县的方言引起我很大兴趣，并一直关注，跟为我发音的张其兴同志成了好友。后来，其兴掌握了记录自己母语的方法，还为县志办编写了方言志。其兴把他编好的方言志拿到福建师大请我鉴定。1974年，我又去尤溪做调查，本文的材料就是这次收集和记录的。1981年，在建瓯举办方言研究班时，我请其兴同志去给从各地高校前来学习的研究班学员发音，谁要是记错了音，还能帮他纠正。后来，我觉得尤溪的材料对于理解闽方言的内部差异很有帮助，在编写《闽语研究》时，把从前调查的材料整理成了此文。尤溪县政府对研究自己的方言也很重视，2013年，他们决定出版《尤溪县方言志》，其兴同志建议我来牵头，组织编写。应尤溪县方志办公室之约，我带着两位毕业多年的博士生邓享璋和林天送又到尤溪去了几次，和张其兴先生亲密合作（其间，还有我三十多年前在福建师大教过的学生吴华英参加了一些调查工作），编成了《尤溪县方言志》，于2015年11月在海峡出版社（福州）出版。

此后，其兴同志听取了我的建议，在晚年拖着病体还和我的博士生林天送合编了《尤溪方言词典》。此书已经排版，进入校对过程，出版指日可待了。在一些方言正加速萎缩之际，这些关于尤溪方言的调查文献，当可为混合型方言的深入研究做出贡献。

浦城县内的方言

一 概说

（一）浦城县的地理历史概况

浦城县位于福建省北端的武夷山和仙霞岭的接合部，闽江上源支流南浦溪纵贯全境。东面和北面与浙江省的江山、遂昌、龙泉三县连界，西北边和江西省的广丰县毗连。全县17个乡镇，面积3379平方公里，人口36万，是闽北山区的大县。

东汉以前，这里是闽越人开发的地区，史籍多有古越在此建城筑台的记载，汉武帝多次用兵之后，迁闽越人于江淮间，汉人陆续从这里入闽。县北的枫岭关、二度关历来为闽浙赣的主要通道。东汉末年，闽北一带是福建省内人口密集的地区。永安初年（公元200年前后）设置的建安、南平、汉兴是福建最早设置的县。汉兴就在浦城，随着改朝换代先后易名为吴兴、唐兴，唐代天宝元年（742年）始定名为浦城，历属建安郡、建州、建宁路、建宁府。据嘉靖《建宁府志》所载，宋代的浦城已有主客户三四万户，后来几经战乱，人口锐减，至明洪武十四年（1381年），全县只有1.89万户。近几百年间，大量浙江人就近移居浦城，闽西、闽南和赣东也有人来此定居，这就使得浦城县内的方言复杂起来了。

（二）浦城县内的方言分布

在福建省内，浦城是方言最复杂的县分之一。清光绪年间编修的《浦城县志》卷二十二《方言》曾有过一段叙述："建、瓯、阳、崇、松、政六邑土音皆大同小异，独浦城一邑别有土音与六邑迥不相通，与同郡人言多操正音，其间有可通者则四乡之邻于他邑者也……南乡观前临江等村半与瓯宁土音相似，至石陂街则与瓯宁土音无少异矣。北乡枫岭深坑筋竹等村纯操正音，别无土音。棠岭秀岭樟村一带渐近江西广丰，其音亦在浦城广丰之间，似合两处土音为一者……至二度关近接广丰，关内浦属各村则全操广丰音矣。唯东乡数十里各村土音与城内无甚歧异，但浙江龙泉县界者多兼习龙泉音耳。西乡自洋溪尾以上界邻崇安大小十数村皆操崇安土音，内中敏坑、拗头、坂沙、炭窑数村，另一土音与龙泉相似……其余一村一族之另操一音者，更难悉数。其先多从他处迁来，谚所谓‘离乡不离腔’者也。”

《浦城县志》所述的情形和我们调查所知大体相符：①以县城南浦镇话为代表的“浦城话”分布在县境中、北部的11个乡镇，早先它应该也是闽北方言，至今还有不少常用词和“建属六邑”相同，但从现状的整体看，已经蜕变为吴方言，大体可与浙西南各县吴语通话，石陂人进城反而听不懂南浦话。②南部5个乡镇大体可划归闽北方言。濠村原在水吉县境，近建瓯音，石陂口音近此，山下和水北各与相邻的崇安、松溪口音相近，临江地近南浦，受城关话影响较深。③东北乡山区毛洋、海溪一带通行的是闽西客家方言，近连城县口音，和浙江遂昌、龙泉的边境连界，是为客方言岛，俗称“福建腔”（说这种话的人在浙江境内更多，应是他们所命名）。④闽浙赣交界处的盘亭乡方言最复杂。除南浦话外，深坑一带的二十八都话，和浙江江山县二十八都连界，民间又称“正字”，是北方方言岛，念坑村有人数不多的闽南方言岛，东峰村和江西广丰县连界处说广丰话（属赣东北的吴方言，有浊音声母），界牌村则是赣方言岛，近于南城、邵武一带口音。⑤西北角的棠岭村带江西口音，东部圳边上桥一带和西部的凹头带龙泉口音，但与城关话仍大体可以相通。[①]

（三）调查过程

1959年，我在厦门就浦城城关话做过一次粗略的调查，发音人是厦门大学中文系的全球同学。1980年首次到实地做系统调查，发音人是浦城一中退休老师季作如先生，这一次记完了《方言调查字表》，整了同音字表，记录了变调规律和近千条语词，1984年又做过一次复核和补充，发音人是福建师大离休干部李明同志。在城关话调查的基础上制定了面上调查的计划和表格，1985年和陈泽平同志带领9位福建师大中文系八一级同学到浦城就城关话以外的点做“汉语方言”课的调查实习（参加实习的还有福建省公安厅干部鄞火锻同志）。这次实习的工作内容是：①对四个点做了中型调查，记录了2000个单字和600条词语（其中石陂、临江两点材料有所扩充）。各点记音人和发音人如下：忠信由胡筱琳、田继绚记音，发音人朱薏孙，60岁；盘亭由郭桂兰、卓少锋记音，发音人王华森，66岁；临江由苏承伟、江家柱记音，发音人刘忠麟，55岁；石陂由赖春桃、连春华、鄞火锻记音，发音人罗珍，72岁。四个点的记音由我和泽平同志随时核对确定音系。②选取39点做了面上调查，各点记录了字音词语各100条，多数点是我亲自记音的，同学们也记了一些点。③叶汉华同学（南浦人）还记录了城关词汇数百条。调查工作得到了浦城县志办公室同志们的支持和帮助，同学们所记录的材料都经过复核，临江一点是陈泽平同志协助我做的指导和

① 参见郑张尚芳《浦城方言的南北分区》，《方言》1985年第1期。

复核。根据几次调查的材料写成的这份报告凝结了许多同志的劳动，在此向他们表示深切的谢意。

二 浦城县内南北两种方言的比较

为说明南片方言是闽北方言，北片方言是吴方言，本节就五个代表点进行语音和词汇的比较。先列各点声韵调再对照具体材料。

（一）五个方言点的声韵调系统

五个拿来比较的方言点的声韵调系统可以列成三个对照表，例字从主要对应中选取，只求各点音类无遗漏，不求对应严整；尽量选取异读少、口语常用的字，有文白异读的取白读音。

五个方言点的声母对照表

例字	古声类	南浦	忠信	盘亭	临江	石陂
半腹白 / 步	帮非並	p	p	p	p	p/b
片飘 / 蜂	滂敷	p‘/f	p‘/f	p‘/f	p‘/f	p‘
麻棉 / 尾	明微	m	m	m	m	m
飞 / 房浮 / 符	非奉	f	f	f	f/x/x	x/b/ɦ
亡 / 物 / 微	微	f	f	f	ø/ø/f	b/ø/ɦ
戴豆 / 达淡	端定	t	t	t	t	t/d
汤铁 / 糖	透定	t‘/t	t‘/t	t‘/t	t‘	t‘
南 / 年研日 / 卧	泥娘疑日	n/ŋ/ŋ	n/ŋ/ŋ	n/n/ŋ	n/n/ŋ	n/n/ŋ
多单 / 流力	端来	l	l	l	t/l	t/l
雷篮 / 露螺	来	l	l	l	l/s	s
左庄 / 罪 / 沉	精庄从澄	ts	ts	ts	ts	ts/dz/t
接节 / 邪 / 苧	精邪澄	tɕ	tɕ	tɕ	tɕ/tɕ/t	ts/ts/d
草初 / 拆抽	清初彻	ts‘	ts‘	ts‘	ts‘/t‘	ts‘/t‘
千齿烧 / 前	清昌书从	tɕ‘	tɕ‘	tɕ‘	tɕ‘	ts‘/dz
锁使 / 萧想	心生	s/ɕ	s/ɕ	s/ɕ	s/ɕ	s
船 / 舌 / 蛇社	船禅	s/ɕ/ɕ	s/ɕ/ɕ	ɕ	ɕ	ɦ/l/j
歌肩 / 权	见群	k	k	k	k	k/g
开巧快	溪	k‘	k‘	k‘	k‘	k‘
海华 / 寒 / 河	晓匣	x	x	x	x	x/g/ɦ
爱养 / 云	影以云	ø	ø	ø	ø	ø/ɦ

五个方言点的韵母对照表

例字	古韵摄	南浦	忠信	盘亭	临江	石陂
爬牙鸭/也野	假咸入	ɑ/iɑ	ɑ/iɛ	ɑ/iɛ	ɑ/iɑ	a/ia
瓜华/歌河	假歌	uɑ	uɑ	uɑ	uɑ/uɔ	ua/ɔ
越悦/月缺	山入	yɑ/ye	yɛ	yɑ/yɛ	ye	ye
尾梅/色德	止蟹曾入	e	ɛ	ɛ	ui/e	o/e
日/谢	臻入假	ie	iɛ	iɛ	i/iɑ	i/ia
洗/贴/切	蟹咸入山入	ie	iɛ	iɛ	æ/ie/ie	ai/ai/ie
腿爱/盖/海	蟹	ue	uɛ	uɛ	ui	o/ai/uai
赛戴/客	蟹梗入	a[①]	a	a	æ/ɑ	ai/a
乖/快	蟹	ua	ua	ua	uæ	uai/ye
资/丝/直	止曾入	ʅ/ɿ/i	ʅ	ʅ/ɿ/i	ʅ/ɿ/i	u/u/i
里二/飞微	止	i	i	i	i	i/y
腹福/虎步	通入遇	u/uo	u/uo	u/uo	u	u
水锤/居出桂	止遇臻入	y/ye	y/yɛ	y/yɛ	y	y
号咬/刀高	效	ɑo	ɑo	ɑo	ɑo	au/ɔ
萧条/偷/弱	效流宕入	iɑo	iɑo	iɑo	iɑo/e/iɔ	iau/əu/yo
多饿	歌	uo	uo	uo	uɔ	ɔ
抽臼/肉	流通入	iu	iu	iu	iu	iu/y
翻万/盆	山臻	ãi	ãi	ã/ẽi	uæ̃/uĩ	uaiŋ/eiŋ
胆淡/蚕	咸	ãi	ãi	ã	æ̃	aŋ/aiŋ
念年/店肩	咸山	iãi	iãi	iɛ̃	iẽ	iŋ/aiŋ
寒肝/船	山	uãi	uãi	uã/yẽ	uæ̃/yẽ	uaiŋ/yŋ
权远	山	yãi	yãi	yɛ̃	yẽ	yŋ
眉米/城境	止梗	ẽi	ẽi	ẽi	ĩ/iɑ̃	i/iaŋ
沉/粪	深/臻	ẽi	ẽi	ẽi	ẽ/uĩ	eiŋ/ueiŋ
星/病	梗	ẽi	ẽi	ẽi	ẽ/æ̃	aiŋ/aŋ
音因英	深臻梗	iẽi	iẽi	iẽi	ĩ	eiŋ
寸/唇	臻	uẽi	uẽi	uẽi	uĩ/ỹ	ueiŋ
云群永	臻梗	yẽi	yẽi	yẽi	ỹ	ueiŋ
江糖/芳	宕江	ɑ̃u	ɑ̃u	ɑ̃u	ɑ̃/uɔ̃	ɔŋ/uaŋ
张娘	宕	iɑ̃u	iɑ̃u	iɑ̃	iɔ̃	yɔŋ
东/木母	通流	ouŋ	əuŋ	əuŋ	uŋ/u	əŋ/u
共用/牛	通流	iuŋ	iəuŋ	iəuŋ/iu	yuŋ/iu	yɔŋ/iu
红/唔	通	ouŋ/ŋ̍	əuŋ	əuŋ	ŋ̍	əŋ/eiŋ

① 北片各点 a 慢读时为 aɛ，与 ɑ 有明显差别。

五个方言点的声调对照表

例字	古清浊四声	南浦	忠信	盘亭	临江	石陂
飞翻知多	清平	阴平 ˧˥35	阴平 ˧˥35	阴平 ˧˥35	阴平 ˦˦44	阴平 ˥˩51
盆齐邪权	全浊平	阳平 ˨˩˧213	阳平 ˨˩˧213	阳平 ˨˩˧213	阳平 ˩˩11	阳平 ˧˩31
皮糖雷年	浊平	阳平	阳平	阳平	阳平	阴去 ˧˧33
虎党左洗	清上	阴上 ˦˦44	上声 ˦˦44	阴上 ˧˧33	阴上 ˥5	上声 ˨˩21
米 / 尾杂	次浊上	阳上 ˥˦54	上声	阳上 ˥5	阳上 ˧˥35	阴去 / 上声
抱 / 罪	全浊上	阳上 / 阳去	上声 / 阳去	阳上 / 去声	阴上 / 阳上	阳去 / 阴去
坐 / 臼	全浊上	阳上	上声	去声 / 阴上	阳上	阴去 / 阴平
粪替畅故	清去	阴去 ˧˩˨312	阴去 ˨˩21	阳平	阴去 ˨˨22	阴去
饿二艾论	次浊去	阳去 ˨˩21	阳去 ˧˩31	去声 ˧˩31	阴去	阳去 ˦˥45
字谢号事	全浊去	阳去	阳去	去声	阳去 ˦˨42	阳去
百腹桌拆	清入	入声 ˧˨32	阴入 ˥5	入声 ˦˧43	入声 ˨˩˨212	阴入 ˨˩˧213
肉目杂舌	浊入	入声	阳入 ˩˧13	入声	阳上	阳入 ˧˨32

（二）五个方言点的语音比较

1. 声母比较：

（1）古全浊声母並定澄从邪群今读北片为不送气清塞音、塞擦音，南片除这种读法外还可读为送气清音，在石陂还有读为浊音声母的。例如：

例字	爬	皮	白	婆	地	啼	糖	达	茶	锤
南浦	꜁pɑ	꜁pi	pa꜆	꜁puo	ti꜅	꜁tie	꜁tãu	tɑ꜆	꜁tsɑ	꜁tɕy
忠信	꜁pɑ	꜁pi	pa꜇	꜁puo	ti꜅	꜁tiɛ	꜁tãu	tɑ꜇	꜁tsɑ	꜁tɕy
盘亭	꜁pɑ	꜁pi	pa꜆	꜁puo	ti꜅	꜁tiɛ	꜁tãu	tã꜆	꜁tsɑ	꜁tɕy
临江	꜁pɑ	꜁pi	꜃p‘a	꜁puo	tia꜅	꜁ti	t‘ã꜄	꜃t‘ɑ	꜁tɑ	t‘y꜄
石陂	pa꜄	p‘o꜄	pa꜇	꜁bɔ	tia꜅	t‘ie꜄	t‘ɔŋ꜄	duai꜇	ta꜄	t‘y꜄

例字	苧	蝨蟑螂	前	坐	像	谢	舅	臼	权	跪
南浦	꜃tɕye	tsa꜆	꜁tɕiãi	꜃tsue	꜃tɕiãu	tɕie꜅	꜃kiu	꜃kiu	꜁kyãi	ky꜅
忠信	꜀tɕyɛ	tsa꜆	꜁tɕiãi	꜃tsuɛ	tɕiãu꜅	tɕiɛ꜅	꜂kiu	꜂kiu	꜁kyãi	ki꜅
盘亭	꜀tɕyɛ	tsa꜆	꜁tɕiẽ	꜃tsuɛ	꜃tɕiã	tɕiɛ꜅	꜂kiu	꜂kiu	꜁kyẽ	ky꜄
临江	ty꜄	꜃ts‘ua	꜁tɕiẽ	꜃tsui	꜃tɕiɔ̃	tɕiɑ꜅	kiu꜅	꜃kiu	꜁kyẽ	꜂ky
石陂	du꜄	dzuai꜇	ts‘ieŋ꜄	dzɔ꜄	syɔŋ꜄	dzia꜅	꜀kiu	꜀k‘iu	꜁gyŋ	gy꜅

（2）古非组声母今读北片多为 f，个别字读 p、m，南片只临江少数字读 f，多读 p b x ɦ Ø m 等。例如：

例字	腹	飞	分	翻	肥	房	浮	亡	万	微	尾
南浦	pu꜆	꜀fi	꜀fẽi	꜀fãi	꜁fi	꜁fɑ̃u	꜁fiɑo	꜁fɑ̃u	fãi꜄	꜁fi	꜃mɛ
忠信	pu꜆	꜀fi	꜀fẽi	꜀fãi	꜁fi	꜁fɑ̃u	꜁fiɑo	꜁fɑ̃u	fãi꜄	꜁fi	꜂mɛ
盘亭	pu꜆	꜀fi	꜀fẽi	꜀fã	꜁fi	꜁fɑ̃u	꜁fiɑo	꜁fɑ̃u	fã꜄	꜁fi	꜂mɛ
临江	pu꜆	꜀fi	꜀xuĩ	꜀xuæ̃	꜁fi	꜁xuɔ̃	꜁iu	꜁uɔ̃	xuæ̃꜅	꜁fi	꜂mui
石陂	pu꜇	꜀xy	꜀xueiŋ	꜀xuaiŋ	py꜄	꜁bɔŋ	꜁ɦiu	꜁bɔŋ	uaiŋ꜅	꜁ɦy	꜂mo

（3）古知彻澄今读北片除个别例外均为 ts、tɕ，南片多数读 t、t‘。例如：

例字	知	镇	张	桌	抽	畅	蛏	拆	箸	沉
南浦	꜀tɕi	tsẽi꜄	꜀tɕiɑ̃u	tsɑo꜆	꜀tɕ‘iu	tɕ‘iɑ̃u꜄	꜀t‘eĩ	ts‘a꜆	tɕie꜅	꜁tsẽi
忠信	꜀tsɿ	tsẽi꜄	꜀tɕiɑ̃u	tsɑo꜆	꜀tɕ‘iu	tɕ‘iɑ̃u꜄	꜀t‘ẽi	ts‘a꜆	tɕiɛ꜅	꜁tsẽi
盘亭	꜀tɕi	tsẽi꜄	꜀tɕiã	tsɑo꜆	꜀tɕ‘iu	tɕ‘iã꜄	꜀t‘ẽi	ts‘a꜆	tɕiɛ꜅	꜁tsẽi
临江	꜀tɕi	tɕĩ꜄	꜀tiɔ̃	tuɔ꜆	꜀t‘iu	tɕ‘iɔ̃꜄	꜀t‘ẽ	t‘ɑ꜆	ty꜄	tẽ꜄
石陂	꜀ti	teiŋ꜄	꜀tyɔŋ	tɔ꜆	꜀t‘iu	ts‘yɔŋ꜄	꜀t‘aiŋ	t‘ia꜆	ty꜅	teiŋ꜄

（4）古端母字今读北片为 l，南片为 t。例如：

例字	多	单	党	德	刀	店	昼	㖞短
南浦	꜀luo	꜀lãi	꜂lɑ̃u	le꜆	꜀lɑo	liãi꜄	liɑu꜄	꜂lue
忠信	꜀luo	꜀lãi	꜂lɑ̃u	lɛ꜆	꜀lɑo	liãi꜄	liɑu꜄	꜂luɛ
盘亭	꜀luo	꜀lã	꜂lɑ̃u	lɛ꜆	꜀lɑo	꜁liɛ̃	liɑu꜄	꜂luɛ
临江	꜀tuɔ	꜀tæ̃	꜂tã	te꜆	꜀tɑo	tiẽ꜄	te꜄	꜂tui
石陂	꜀tɔ	꜀tuaiŋ	꜂tɔŋ	te꜆	꜀tɔ	taiŋ꜄	təu꜄	꜂to

（5）古匣母字今口语读法南片多有 ø、k、g、ɦ 等声母，北片只有个别反映。例如：

例字	喉	猴	厚	红	寒	行	闲	咸	现	县
南浦	꜁xɑo	꜁xɑo	꜃ku	꜁ŋ̍	꜁xuãi	꜁xãi	꜁xãi	꜁xãi	xiẽi꜅	yãi꜅
忠信	꜁xɑo	꜁xɑo	꜂xu	꜁uəŋ	꜁xuãi	꜁xãi	꜁kiãi	꜁xãi	xiẽi꜅	yãi꜅
盘亭	꜁xɑo	꜁ku	ku꜄	꜁xəuŋ	꜁xuã	꜁xã	꜁xã	꜁xã	xiɛ̃꜄	yẽ꜅
临江	꜁e	꜁ku	꜃ku	꜁ŋ̍	꜁xuæ̃	꜁kiɑ̃	꜁ẽ	꜁æ̃	xiẽ꜅	yẽ꜅
石陂	꜁ɦəu	꜁gəu	gəu꜄	꜁ɦəŋ	꜁guaiŋ	꜁giaŋ	꜁ɦaiŋ	꜁geiŋ	xiŋ꜅	gyŋ꜅

（6）部分古来母常用字今口语南片可读 s 声母，北片仍读 l。例如：

例字	露	螺	老	雷	篮	卵	聋	笠
南浦	luo꜅	꜁luo	꜃lɑu	꜁lue	꜁lãi	꜃luẽi	꜁louŋ	lɛ꜆
忠信	luo꜅	꜁luo	꜂lɑu	꜁luɛ	꜁lãi	꜂luãi	꜁ləuŋ	lɛ꜆
盘亭	luo꜄	꜁luo	꜂lɑu	꜁luɛ	꜁lã	lẽi꜄	꜁ləuŋ	lɛ꜆
临江	su꜄	꜀sui	꜃lɑu	꜁lui	꜁læ̃	꜂lũi	꜁luŋ	꜃se
石陂	su꜅	so꜄	꜀səu	so꜄	saŋ꜄	꜀sueiŋ	səŋ꜄	꜀se

（7）古照系一些特字今口语读法，南片有 t、t‘、k‘、∅、ɦ、l 等特殊声母，在北片没有这种反映。例如：

例字	锄	事	柿	筛	船	城	蛇	舌
南浦	꜁se	se꜅	꜃se	꜀tɕ‘i	꜁suãi	꜁sẽi	꜁ɕie	ɕie꜆
忠信	꜁sɛ	sɛ꜅	꜃sɛ	꜀ts‘ɿ	꜁suãi	꜁sẽi	꜁ɕiɛ	ɕiɛ꜆
盘亭	꜁sɛ	sɛ꜅	꜃sɛ	꜀tɕ‘i	꜁ɕyẽ	꜁sẽi	꜁ɕiɛ	ɕiɛ꜆
临江	ty꜅	ɕie꜅	꜃sɿ	꜀t‘i	꜁ɕyẽ	꜁ɕiɑ̃	꜁ɕye	꜃ɕie
石陂	꜁dy	ti꜅	꜀k‘i	꜀t‘i	꜁ɦyŋ	꜁ɦiaŋ	ye꜄	lye꜇

（8）古见系一些特字今口语读法，南片有 ∅、ɦ、k‘、x、s 等特殊声母，在北片极少这种反映。例如：

例字	菰	狗	肝	桔	韭	虎	雨	蝇
南浦	꜀kuo	꜂ku	꜀kuãi	kie꜆	꜂kiu	꜂xuo	꜃ye	꜁sẽi
忠信	꜀kuo	꜂ku	꜀kuãi	kiɛ꜆	꜂kiu	꜂xuo	꜂yɛ	꜁ŋĩ
盘亭	꜀kuo	꜂kɑu	꜀kuã	kiɛ꜆	꜂kiu	꜂xuo	꜃yɛ	꜁iẽi
临江	꜀ku	u꜅	꜀kuæ̃	꜂kie	꜂kiu	꜂xu	꜃xy	꜁sẽ
石陂	꜂ɦu	꜂ɦu	꜀xuaiŋ	xi꜆	꜂xiu	꜂k‘u	xy꜄	seiŋ꜄

（9）古次浊声母泥娘疑日今读逢细音南片读为 n-，北片（盘亭除外）多读为 ŋ-。例如：

例字	年	念	娘	研	牛	日	肉	软
南浦	꜁ŋiãi	ŋiãi꜅	꜁ŋiãu	꜂ŋiãi	꜁ŋiuŋ	ŋie꜆	ŋiu꜆	꜃ŋyãi
忠信	꜁ŋiãi	ŋiãi꜅	꜁ŋiãu	꜂ŋiãi	꜁ŋiəuŋ	ŋiɛ꜆	ŋiu꜆	꜂ŋyãi
盘亭	꜁niɛ̃	niɛ̃꜄	꜁niã	꜂niɛ̃	꜁ŋiu	niɛ꜆	niu꜆	nyɛ̃꜄
临江	꜁niẽ	niẽ꜅	꜁niɔ̃	꜃niẽ	꜁niu	꜃ni	꜃niu	꜂nyẽ
石陂	niŋ꜄	niŋ꜅	nyɔŋ꜄	꜂niŋ	niu꜄	ni꜇	ny꜇	꜂nyŋ

2. 韵母比较：

（1）古四等韵今读南片较多为洪音，北片多读为细音。例如：

例字	替	西	店	贴	肩	节	钉	星
南浦	t‘ie꜄	꜀ɕie	liãi꜄	t‘ie꜆	꜀kiãi	tɕie꜆	꜀lẽi	꜀sẽi
忠信	t‘iɛ꜄	꜀ɕiɛ	liãi꜄	t‘iɛ꜆	꜀kiãi	tɕiɛ꜆	꜀lẽi	꜀sẽi
盘亭	t‘iɛ꜄	꜀ɕiɛ	liɛ̃꜄	t‘iɛ꜆	꜀kiɛ̃	tɕiɛ꜆	꜀lẽi	꜀sẽi
临江	t‘æ꜄	꜀sæ	tiẽ꜄	t‘ie꜆	꜀kiẽ	tsie꜆	꜀tẽ	꜀sẽ
石陂	t‘ai꜄	꜀sai	taiŋ꜄	t‘ai꜆	꜀kaiŋ	tsai꜆	꜀taiŋ	꜀saiŋ

（2）古蟹摄字今读北片均为开尾韵，南片较多为 -i 尾韵。例如：

例字	戴	改	街	鞋	赔	腿	罪	乖
南浦	ta꜄	ᶜkue	꜀ka	꜁xa	꜁pe	ᶜt‘ue	tsue꜅	꜀kua
忠信	ta꜄	ᶜkuɛ	꜀ka	꜁xa	꜁pɛ	ᶜt‘uɛ	tsuɛ꜅	꜀kua
盘亭	꜁ta	ᶜkuɛ	꜀ka	꜁xa	꜁pɛ	ᶜt‘uɛ	tsuɛ꜄	꜀kua
临江	tæ꜄	ᶜkui	꜀kæ	꜁æ	꜁pui	ᶜt‘ui	ᶜtsui	꜀kuæ
石陂	tai꜄	ᶜkai	꜀kai	꜁ɦai	po꜄	ᶜt‘o	dzo꜄	꜀kuai

（3）果摄开口一等字和假摄合口二等字逢牙喉音今读北片相混，南片多可分。例如：

例字	歌	瓜	科	誇	河	华	我	瓦
南浦	꜀kuɑ	꜀kuɑ	꜀k‘uɑ	꜀k‘uɑ	꜁xuɑ	꜁xuɑ	ᶜŋuɑ	ᶜŋuɑ
忠信	꜀kuɑ	꜀kuɑ	꜀k‘uɑ	꜀k‘uɑ	꜁xuɑ	꜁xuɑ	ᶜŋuɑ	ᶜŋuɑ
盘亭	꜀kuɑ	꜀kuɑ	꜀k‘uɑ	꜀k‘uɑ	꜁xuɑ	꜁xuɑ	ᶜŋuɑ	ᶜŋuɑ
临江	꜀kuɔ	꜀kuɑ	꜀k‘uɔ	꜀k‘uɑ	꜁xuɔ	꜁xuɑ	ᶜuæ	ᶜuɑ
石陂	꜀kɔ	꜀kua	꜀k‘ɔ	꜀k‘ua	꜁ɦɔ	꜁xua	꜀uai	ua꜄

（4）果摄合口一等字和遇摄一等字今读北片相混，南片多可分。例如：

例字	左—祖		箩—炉		卧—故		锁—初	
南浦	ᶜtsuo	ᶜtsuo	꜁luo	꜁luo	ŋuo꜅	kuo꜄	ᶜsuo	꜀ts‘uo
忠信	ᶜtsuo	ᶜtsuo	꜁luo	꜁luo	ŋuo꜅	kuo꜄	ᶜsuo	꜀ts‘uo
盘亭	ᶜtsuo	ᶜtsuo	꜁luo	꜁luo	ŋuo꜄	꜀kuo	ᶜsuo	꜀ts‘uo
临江	ᶜtsuɔ	ᶜtsuɔ	꜁luɔ	꜁lu	ŋuɔ꜄	ku꜄	ᶜsuo	꜀ts‘u
石陂	ᶜtsɔ	ᶜtsu	lɔ꜄	lu꜄	ŋɔ꜅	ku꜄	ᶜsɔ	꜀ts‘u

（5）古豪侯韵逢牙喉音与侯萧韵部分字今读北片相混，南片可分。例如：

例字	考—口		号—候		高—钩		偷—挑		头—条	
南浦	ᶜk‘ɑo	ᶜk‘ɑo	xɑo꜅	xɑo꜅	꜀kɑo	꜀kɑo	꜀t‘iɑo	꜀t‘iɑo	꜁tiɑo	꜁tiɑo
忠信	ᶜk‘ɑo	ᶜk‘ɑo	xɑo꜅	xɑo꜅	꜀kɑo	꜀kɑo	꜀t‘iɑo	꜀t‘iɑo	꜁tiɑo	꜁tiɑo
盘亭	ᶜk‘ɑo	ᶜk‘ɑo	xɑo꜄	xɑo꜄	꜀kɑo	꜀kɑo	꜀t‘iɑo	꜀t‘iɑo	꜁tiɑo	꜁tiɑo
临江	ᶜk‘ɑo	ᶜk‘e	xɑo꜅	xe꜅	꜀kɑo	꜀ke	꜀t‘e	꜀t‘iɑo	꜁t‘e	꜁tiɑo
石陂	ᶜk‘au	ᶜk‘əu	xau꜅	xəu꜅	꜀kau	꜀kəu	꜀t‘əu	꜀t‘iau	t‘əu꜄	t‘iau꜄

（6）少数古明疑日母拼高元音的字在北片韵母转化为阳声韵，南片没有这种现象。例如：

例字	眉	米	木	母	牛	肉
南浦	꜁mẽi	ᶜmẽi	mouŋ꜆	ᶜmouŋ	꜁ŋiuŋ	ŋiuŋ꜆
忠信	꜁mẽi	ᶜmẽi	məuŋ꜆	ᶜməuŋ	꜁ŋiəuŋ	ŋəu꜇
盘亭	꜁mẽi	ᶜmẽi	məuŋ꜆	ᶜməuŋ	꜁ŋiu	niu꜆
临江	꜁mi	ᶜmi	ᶜmu	ᶜmu	꜁niu	ᶜniu
石陂	mi꜄	mi꜄	mu꜇	ᶜmu	niu꜄	ny꜇

3. 声调比较：

（1）古浊音声母平声字今读石陂归入阳平和阴去（古全浊今读浊音多在阳平，古全浊今读清音和古次浊多在阴去），其余各点古全浊声母字均在阳平。例如：

例字	门	茅	郎	蚕	床	啼	齐	邪	厨	骑
南浦	꜁mẽi	꜁mɑo	꜁lɑ̃u	꜁tsãi	꜁sɑ̃u	꜁tie	꜁tɕie	꜁tɕie	꜁tɕye	꜁ki
忠信	꜁mẽi	꜁mɑo	꜁lɑ̃u	꜁tsãi	꜁sɑ̃u	꜁tiɛ	꜁tɕiɛ	꜁tɕiɛ	꜁tɕyɛ	꜁ki
盘亭	꜁mẽi	꜁mɑo	꜁lɑ̃u	꜁tsã	꜁sɑ̃u	꜁tiɛ	꜁tɕiɛ	꜁tɕiɛ	꜁tɕyɛ	꜁ki
临江	꜁muĩ	꜁mɑo	꜁lɑ̃	꜁tsæ̃	꜁ts'ɑ̃	꜁ti	꜁ts'æ	꜁tɕiɑ	꜁ty	꜁ki
石陂	məŋ꜄	mau꜄	lɔŋ꜄	ts'aiŋ꜄	ts'ɔŋ꜄	t'ie꜄	꜁dzi	꜁dzia	꜁dy	꜁gi

（2）古上声字今声调分化，北片次浊跟全浊走，自成阳上（如南浦、盘亭）或与清声母上声字不分（如忠信）；南片则次浊声母字多跟清声母字走，仍在上声，但临江全浊上声字自成阳上调，而石陂则派入别调。例如：

例字	使	想	胆	女	染	买	妇	淡	徛立	是
南浦	꜂se	꜂siɑ̃u	꜂lãi	꜃ŋye	꜃ŋiẽi	꜃ma	꜃fuo	꜃tãi	꜃kue	꜃ɕi
忠信	꜂sɛ	꜂ɕiɑ̃u	꜂lãi	꜂ŋyɛ	꜂ŋiãi	꜂ma	꜂fuo	꜂tãi	꜃kuɛ	꜂ɕi
盘亭	꜂sɛ	꜂ɕiã	꜂lã	꜃nyɛ	꜃niɛ̃	꜃ma	꜃fuo	꜃tã	꜃kuɛ	꜃ɕi
临江	꜂se	꜂ɕiɔ̃	꜂tæ̃	꜂ny	꜂niẽ	꜂mæ	꜃xu	꜃tæ̃	꜃kye	꜃ɕi
石陂	꜂sie	꜂syɔŋ	꜂taŋ	꜂ny	꜂niŋ	꜂mai	꜀xu	daŋ꜄	gye꜄	si꜆

（3）古去声字今声调分化，各点均按古清浊分属两调，但盘亭一点阴去混入阳平，临江次浊跟清声母走。例如：

例字	布	步	四	字	寸	论	镜	命
南浦	puo꜄	puo꜅	sɿ꜄	tsɿ꜅	ts'uẽi꜄	luẽi꜅	kẽi꜄	mẽi꜅
忠信	puo꜄	puo꜅	sɿ꜄	tsɿ꜅	ts'uẽi꜄	luẽi꜅	kẽi꜄	mẽi꜅
盘亭	꜁puo	puo꜄	꜁ɕi	tsɿ꜄	꜁ts'uẽi	luẽi꜄	꜁kẽi	mẽi꜄
临江	pu꜄	pu꜅	ɕi꜄	tɕi꜅	ts'uĩ꜄	luĩ꜄	kiɑ̃꜄	miɑ̃꜄
石陂	pyo꜄	bu꜅	si꜄	tsi꜅	ts'ueiŋ꜄	lueiŋ꜅	kiaŋ꜄	miɑŋ꜅

（4）古入声字今声调分化南片均按古清浊分立两类，但临江浊入混入阳上，石陂也有混入别调的；北片除忠信按古清浊分立阴阳入外，其余两点只有一个入声。例如：

例字	福—服		百—白		接—业		得—力	
南浦	fu꜆	fu꜆	pa꜆	pa꜆	tɕie꜆	ŋie꜆	le꜆	li꜆
忠信	fu꜆	fu꜇	pa꜆	pa꜇	tɕiɛ꜆	ŋiɛ꜇	le꜆	li꜇
盘亭	fu꜆	fu꜆	pa꜆	pa꜆	tɕiɛ꜆	niɛ꜆	le꜆	li꜆
临江	fu꜆	꜃xu	pɑ꜆	꜃p'ɑ	tɕie꜆	꜃nie	te꜆	꜃le
石陂	xu꜆	xu꜅	pa꜆	꜀pa	tsie꜆	ŋie꜇	te꜆	le꜇

（三）五个方言点的词汇比较

下文选取150条常用词语就浦城县内五个主要代表点的说法进行比较。各条方言词全文标音，标音时只标单字本调，不标连读变调，因为南北两片方言都极少发生连读变调，个别变调在慢说时也可以不变调。方言词中有不同说法的也标明汉字，注字时尽量标注本字，写不出字就打“□”号。

所比较的方言词可分为三类：各点说法一致的，南北两片说法不同的，各点说法多所不同的。五点中有四点有相同的说法、某点说法和普通话相同也归在第一类，这种情况可能是普通话说法已取代了方言的说法，也可能调查时没有问出方言的说法，但石陂点有特殊说法的归在第二类。

各点说法一致的词条多数是和闽北方言相同的，少数是和浙南吴方言相同的，南北两片说法不同的大体是南片说法与闽北方言相同，北片的说法与浙江吴方言相同。本文只提供浦城话材料，不与县外方言做比较。了解这些材料与闽北方言的同异可参阅本书《闽北方言》一文。

1. 各点说法一致的词汇：

普通话	方言	南浦	忠信	盘亭	临江	石陂
上午	昼前	liɑo꜄ ꜁tɕiãi	liɑo꜄ ꜁tɕiai	liɑo꜄ ꜁tɕiẽ	te꜄ ꜁tɕiẽ	təu꜄ ts‘ieŋ꜄
一会儿	个下子	kɑ꜄ ꜃xɑ ꜂tɕi	kɛ꜄ ꜃xɑ ꜂tsɿ	kɛ꜄ xɑ꜄ ꜂tɕi	kɑ꜄ xɑ꜅ ꜂le	kɔ꜄ xa꜅ ꜂te
房子	厝	tɕ‘ye꜄	tɕ‘yɛ꜄	tɕ‘yɛ꜄	tɕ‘iɔ꜄	ts‘yo꜄
门槛	门隊	꜁mẽi ꜃tsuẽi	꜁mẽi ꜃tsuẽi	꜁mẽi ꜃tsuẽi	꜁muĩ ꜃tyẽ	məŋ꜄ ꜁dyŋ
厕所	茅司	꜁mɑo ꜀sɿ	꜁mɑo ꜀sɿ	꜁mɑo ꜀sɿ꜆	꜁mɑo ꜀su	mau꜄ ꜀su
斗笠	箬笠	꜃ŋiɑo lɛ꜆	ŋiɑo꜆ liɛ꜇	niao꜆ lɛ꜆	꜃nuɔ ꜃se	nyɔ꜇ se꜇
抽屉	桌厨	tsɑu꜆ ꜁tɕye	tsuo꜆ ꜁tɕy	tsuo꜆ ꜁tɕyɛ	tuo꜆ ꜁ty	tɔ꜅ ꜁dy
绳子	索（子）	suo꜆	sɑo꜆ ꜂tsɿ	sɑo꜆ ꜂tɕi	suɔ꜆	so꜆
电池	电池	tiãi꜅ ꜁tɕi	电炭 tiãi꜅ t‘ãĩ꜄	tiɛ̃꜄ t‘ã꜄	tiẽ꜅ t‘uæ̃꜄	tiŋ꜅ t‘uaŋ꜄
筷子	箸	tɕie꜅	tɕiɛ꜅	tɕiɛ꜄	ty꜄	ty꜅
炊帚	筅帚	꜂suãi ꜂tɕiu	꜂suãi ꜂tɕiu	꜂ɕyẽ ꜂tɕiu	꜂t‘iẽ ꜂tɕiu	꜂t‘iŋ ꜂tsiu
稻谷	谷	ku꜆	ku꜆	ku꜆	ku꜆	ku꜆
油条	油大肠	꜁iu ta꜅ tsãu꜅	꜁iu ta꜄ tsɑ̃u꜄	꜁iu ta꜄ ꜁tsãu	油条 ꜁iu ꜁tiɑo	꜁iu tai꜅ tɔŋ꜄
树叶	树箬	ɕy꜅ ŋiɑo꜆	ɕye꜅ ŋiɑo꜅	ɕye꜅ niɑo꜆	tɕ‘iu꜄ ꜃niɔ	ts‘iu꜄ nyo꜇
母狗	狗嬷	꜂ku ꜁mɑ	꜂ku ꜁mɑ	꜂ku ꜁mɑ	꜂u ꜁mɑ	꜂ɦu ma꜄
公鸡	鸡角	公鸡 ꜀kouŋ ꜀kie	꜀kiɛ ꜂ku	꜀kiɛ ku꜆	꜀kæ ku꜆	꜀ka ku꜆
蚂蚁	蚁子	꜁me ꜂tɕi	꜂ŋuɛ ꜂tsɿ	꜂ŋuɛ ꜂tɕi	꜃mui ꜂le	ŋye꜄ ꜂tə
蟑螂	蠽（虫）	tsɑ꜆	tsɑ꜆ ꜁təuŋ	tsɑ꜆ ꜁təuŋ	꜃ts‘uɑ	tsuai꜇
亲戚	亲眷	꜀ts‘ẽi kyãi꜄	꜀ts‘ẽi kyãi꜄	꜀ts‘ẽi ꜁kyẽi	꜀tɕ‘ĩ kyẽ꜄	꜀ts‘eiŋ kyŋ꜄
新郎	新客	꜀sẽi k‘a꜆	꜀sẽi k‘a꜆	新郎 ꜀sẽi ꜁lã	꜀sĩ k‘ɑ꜆	꜀seiŋ k‘a꜆
儿子	囝	꜂kiãi	꜂kiãi	꜂kiɛ̃	꜂kyẽ	꜂kyŋ

续表

普通话	方言	南浦	忠信	盘亭	临江	石陂
儿媳	新妇	꜀sẽi ꜃fuo	꜀sẽi ꜂fuo	꜀sẽi ꜃fuo	꜀ɕĩ ꜃xu	꜀seiŋ ꜀xu
女婿	婿郎	ɕie꜄ ꜁lɑ̃u	ɕiɛ꜄ ꜁lɑ̃u	ɕiɛ꜄ ꜁lɑ̃u	sæ꜄ ꜁lã	sai꜄ lɔŋ꜄
舅舅	舅爷	꜃kiu ꜁iɑ	꜂kiu ꜁iɛ	꜂kiu ꜁iɛ	kiu꜅ ꜁iɑ	꜀kiu ꜁ia
侄儿	孙子	꜀suẽi ꜂tɕi	꜀suẽi ꜂tsɿ	꜀suẽi ꜂tɕi	꜀suĩ ꜂ŋe	꜀sueiŋ ꜂te
邻居	邻乡	꜁lẽi ꜀ɕiɑ̃u	꜁lẽi ꜀ɕiɑ̃u	꜁lẽi ꜀ɕiã	꜁lẽ ꜀ɕiɔ̃	leiŋ꜄ ꜀xyɔŋ
眼睛	目珠	mouŋ꜆ ꜀tɕye	mu꜆ ꜀tɕyɛ	mu꜆ ꜀tɕyɛ	꜃mi ꜀tɕiu	mu꜇ ꜀tɕiu
鼻子	鼻头	pi꜅ ꜁tiɑo	pi꜅ ꜁tiɑo	pi꜅ ꜁tiɑo	pʻi꜅ ꜁tʻe	pʻi꜅ tʻəu꜄
鼻涕	鼻（水）	pi꜅ ꜂ɕy	pi꜅	pi꜄	pʻi꜄	pʻi꜅ ꜂sy
脚	骹	꜀kʻɑo	꜀kʻɑo	꜀kʻɑo	꜀kʻɑo	꜀kʻau
肚子	腹（肚）	pu꜆ ꜂lo	pu꜆	pu꜆	pu꜆	pu꜅ ꜂tu
屁股	屎窟	꜂ɕi kʻo꜆	꜂sɿ kʻu꜆	꜂ɕi kʻuo꜆	꜂ɕi kʻui꜆	꜂si kʻɔ꜆
藏	囥	kʻɑ̃u꜄	kʻɑ̃u꜄	kʻɑ̃u꜄	kʻɑ̃꜄	kʻɔŋ꜄
玩儿	嬉	꜀xi	꜀xi	꜀xi	꜀xi	꜀xi
站	徛	꜃kue	站 tsãi꜄	꜃kuɛ	꜃kye	gye꜄
要	乐	ŋɑo꜄	ŋɑo꜄	ŋɑo꜄	nɑo꜄	nau꜅
脱	褪	tʻuẽi꜄	tʻẽi꜄	tʻuẽi꜄	tʻuĩ꜄	tʻueiŋ꜄
看	觑	tsʻu꜆	tsʻu꜆	tsʻu꜆	tsʻu꜄	tsʻu꜅
舔	□	lɑ꜆	lɑ꜆	lɑ꜆	lie꜆	lai꜆
找	捞	꜃luo	꜂luo	luo꜄	꜂luɔ	꜂lɔ
说话	话事	uɑ꜅ se꜅	uɑ꜅ sɛ꜅	uɑ꜅ sɛ꜄	uɑ꜄ ɕie꜅	ua꜅ ti꜅
捕鱼	搦鱼	nɑ꜆ ꜁ŋe	nɑ꜇ ꜁ŋɛ	nɑ꜇ ꜁ŋɛ	nɑ꜅ ꜁ny	na꜇ gy꜄
洗澡	洗浴	꜂sie iu꜆	꜂ɕiɛ iu꜆	꜂ɕiɛ iu꜆	꜂sæ ꜃iu	꜂sai ɦy꜇
下蛋	生卵	꜀sãi ꜃luẽi	꜀sãi ꜂lẽi	꜀sã ꜃luẽi	꜀sã ꜂luĩ	꜀saŋ ꜂sueiŋ
短	陎	꜂lue	꜂luɛ	꜂luɛ	꜂tui	꜂to
饿	腹饥	pu꜆ ꜀kue	pu꜆ ꜀kuɛ	pu꜄ ꜀kuɛ	pu꜄ kui꜆	pu꜅ ꜁gye
多少	几多	꜂ki ꜀la	多少 ꜀luo ꜂ɕiao	꜂ki ꜀la	꜂ki ꜀tuæ	꜂ki ꜀tuai
我	我	꜃ɑ	꜂ŋɑ	ŋɑ꜆	꜁uæ	꜂uai
他	㑊	꜃ke	꜂kɛ	kɛ꜆	꜁ky	꜂gy
发霉	生殕	꜀sãi ꜂pʻuo	꜀sãi ꜂pʻuo	꜀sã ꜂pʻuo	꜀sã ꜂pʻu	꜀saŋ ꜂pʻy
干活	做事	tsɑ꜄ se꜅	tsɑ꜄ sɛ꜅	꜁tsɑ sɛ꜄	tsɑ꜄ ɕie꜅	tsa꜄ ti꜅

2. 南北两片说法不同的词汇（临江有的与北片同）：

普通话	南浦	忠信	盘亭	临江	石陂
坟墓	坟 ꜁fẽi	꜁fẽi	꜁fẽi	꜁xuĩ	塚 ꜂tueiŋ
柱子	柱头 ꜃tɕye ꜁tiɑo	꜂tɕyɛ ꜁tiɑo	꜂tɕyɛ ꜁tiɑo	栋柱 tuŋ꜄ ꜂tʻiu	tɔŋ꜄ ꜀tʻiu
厨房	灶间 ꜂tsɑo ꜀kãi	tsɑo꜄ ꜀kãi	tsɑo꜄ ꜀kã	tsɑo꜄ ꜀kẽ	鼎间 ꜂tiaŋ ꜀kaŋ

续表

普通话	南浦	忠信	盘亭	临江	石陂
灶	灶头 tsau꜄ ꜁tiao	tsau꜄ ꜁tiao	tsau꜄ ꜁tiao	tsao꜄ ꜁t‘e	鼎灶 ꜂tiaŋ tsəu꜄
铁锅	铸铆 k‘ao꜆ mao꜆	꜂k‘ao ꜂mao	꜂k‘ao ꜃mau	鼎 ꜂tiã	꜀tiaŋ
锅盖	板紧 ꜂pãi ꜂kẽi	꜂pãi ꜂kẽi	꜂pã ꜂kẽi	꜂pæ̃ ꜂kẽ	鼎片 ꜂tiaŋ p‘iŋ꜄
脸盆	面桶 miãi꜅ ꜂touŋ	miãi꜅ ꜂təuŋ	miɛ̃꜅ ꜂təuŋ	miẽ꜅ ꜂tuŋ	面盆 miŋ꜅ ꜁bueiŋ
剪刀	铰剪 ꜀kao ꜂tɕiãi	꜀kao ꜂tɕiãi	꜀kao ꜂tɕiɛ̃	꜀kao ꜂tɕiẽ	剪仔 ꜂tsaiŋ ꜂te
竹竿晒衣用	笐竿 xãu꜅ ꜀kuãi	꜀xãu꜅ ꜀kuãi	xãu꜅ ꜀kuã	uɔ̃꜅ ꜀kuæ̃	竹笐 ty꜆ lɔŋ꜅
稻草	稿 ꜂kao	꜂kao	꜂kao	ao꜅	稈 ꜂kuaiŋ
草鞋	꜂ts‘ao ꜁xa	꜂ts‘ao ꜁xa	꜂ts‘ao ꜁xa	꜂ts‘ao ꜁xæ	草屩[①] ꜂ts‘au kyo꜆
米汤	饭饮 fãi꜄ ꜂iẽi	fãi꜅ ꜂iẽi	fã꜄ ꜂iẽi	fã꜄ ꜂ĩ	白饮 pe꜆ ꜂eiŋ
萝卜	菜头 ts‘a꜄ ꜁tiau	ts‘a꜄ ꜁tiau	꜁ts‘a ꜁tiau	ts‘æ꜄ ꜁t‘e	萝卜 lɔ꜄ pe꜇
空心菜	髹菜 ꜁xouŋ ts‘a꜄	꜁xəuŋ ts‘a꜄	꜁xəuŋ ts‘a꜄	xuŋ꜄ ts‘æ꜄	瓮菜 əŋ꜄ ts‘e꜄
猪	猪 ꜀tɕie	꜀tɕiɛ	꜀tɕiɛ	꜀ty	豨[②] ꜂k‘y
蚊子	蚊虫 ꜁mẽi ꜁touŋ	꜁mẽi ꜁təuŋ	꜁mẽi ꜁təuŋ	蠓 ꜂muŋ	蠓子 ꜂məŋ ꜂te
翅膀	翼膀 i꜆ ꜂p‘ãu	i꜇ ꜂p‘ãu	i꜆ ꜂p‘ãu	꜃i ꜂p‘ã	□ k‘e꜆
嘴巴	꜂tɕ‘y ꜀pa	꜂tɕy ꜀pa	꜂tɕ‘y ꜀pa	喙巴 tɕ‘y꜄ ꜀pa	ts‘y꜄ ꜀pa
口水	涎（水）꜃sãi ꜂ɕy	꜁sãi	꜁sã	꜁suæ̃ ꜂ɕy	㘓 luaiŋ꜄
头发	꜁tiao fa꜆	꜁tiao fa꜆	꜁tiao fa꜆	꜁t‘e pui꜆	头毛 t‘au꜆ mɔ꜄
脖子	脰颈 tuo꜅ ꜂kiẽi	tuo꜅ ꜂kiẽi	tu꜄ ꜂kiẽi	tu꜅ ꜂kĩ	脰 du꜅
痱子	热痱 miɛ꜇ fie꜄	ŋiɛ꜆ fiɛ꜄	ŋiɛ꜆ fiɛ꜄	꜃nie pui꜄	汗痱 kuaiŋ꜅ py꜄
袖子	手袖 ꜂ɕiu tɕiu꜅	꜂ɕiu ɕiu꜅	꜂ɕiu tɕiu꜄	꜂ɕiu tɕiu꜅	手䘼 ꜂ɕiu ꜂yŋ
祖父	公大 ꜀kouŋ ta꜅	꜀kəuŋ ta꜅	꜀kəuŋ ta꜅	꜀kuŋ ꜃tæ	翁爹 ꜀əŋ ꜀ta
祖母	大大 ta꜅ ta꜅	ta꜅ ta꜅	ta꜅ ta꜅	꜁tæ ꜃tæ	阿奶 ꜀a ꜁lai
母亲	妈 ꜂ma	꜂ma	꜃ma	奶 ꜂nã	꜁nai
丈夫	老公 ꜃lao ꜀kouŋ	꜂lao ꜀kəuŋ	꜂lao ꜀kəuŋ	老翁 ꜂lao ꜀ŋ̍	꜀se ꜀əŋ
妻子	老婆 ꜃lao ꜁puo	꜂lao ꜁puo	꜂lao ꜁puo	꜂lao ꜁puɔ	老妈 ꜀se ꜂ma
娘家	꜁ŋiãu ꜀ka	꜁ŋiãu ꜀ka	꜁niã ꜀ka	奶家 ꜂na ꜀ka	꜂nai ꜀ka
婆婆	家娘 ꜀ka ꜁ŋiãu	꜀ka ꜁ŋiãu	꜀ka ꜁niã	꜀ka ꜁niɔ̃	婆婆 ꜁bɔ ꜁bɔ
女儿	女 ꜂ŋi	꜂ŋi	女女 ꜂ni ꜂ni	阿娘囝（仔） ꜁æ ꜁niɔ̃ ꜂kyẽ	꜀a nyɔŋ꜄ ꜂ke ꜂te
和尚	꜁ua ɕiãu꜅	꜁ua ɕiãu꜅	꜁ua ɕiã꜄	长老 ꜂tiɔ̃ ꜂lau	꜂tyɔŋ ꜂lɔ
乞丐	讨饭 ꜂t‘ao fãi꜅	꜂t‘ao fãi꜅	꜂t‘ao fã꜄	꜂t‘ao fã꜅	化食 xuai꜄ ɦie꜇
东西	□ ꜂k‘iu	꜂k‘iu	꜃k‘iu	꜂k‘iu	□ k‘ai꜆

① 《广韵》药韵居勺切："屩，草履也。"

② 《广韵》尾韵虚岂切："豨，楚人呼猪。"晓母石陂有读 k‘ 的。

续表

普通话	南浦	忠信	盘亭	临江	石陂
白天	日里 ŋie꜆ ꜃li	ŋiɛ꜇ li꜅	日上 niɛ꜆ ɕiɑ̃꜄	꜂ni ɕiɔ̃꜅	ni꜇ tsyɔŋ꜅
中午	日昼 ŋie꜆ liɑo꜄	ŋiɛ꜇ liɑo꜄	niɛ꜆ liɑo꜄	昼时 te꜄ ꜁ɕi	təu꜄ si꜄
晚上	昼后 liɑo꜄ ꜃u	liɑo꜄ ꜃u	liɑo꜄ ꜃u	昼了 te꜄ ꜂liɑo	təu꜄ ꜂lau
你	侬 ꜃nouŋ	꜂nəuŋ	nəuŋ꜆	你 ꜀ni	꜂ni
他们	倮拉 ꜃ke ꜃la	꜂kɛ ꜂lɑ	kɛ꜆ lɑ꜆	꜀ky lɑ꜄	倮多人 ꜁gy ꜀tuai neiŋ꜄
谁	什侬 ꜁sẽi ꜁nouŋ	sẽi꜅ ꜁nəuŋ	꜂sẽi ꜁nəuŋ	ɕĩ꜅ ꜁niɑ̃	呢个隻 ni꜅ ko꜄ tsia꜆
哭	k‘u꜆	k‘u꜆ 叫 kiɑo꜄	k‘u꜆	k‘u꜆	啼 t‘ie꜄
嗅、吻	芳 ꜀p‘ouŋ	꜀p‘əuŋ	꜀p‘əuŋ	꜀p‘uŋ	鼻 p‘i꜅
蹲	□ iu꜄	iu꜅	iu꜄	iu꜄	□ ꜀tu
拿	驮 ꜁tuo	꜁tuo	꜁tuo	꜁tuɔ	拿 ꜂na
穿~衣	着 tɕiɑo꜆	tɕiɑo꜆	tɕiɑo꜆	tiɔ꜆	颂 ts‘ueiŋ꜅
走	꜂tsɑo	꜂tɕiɑo	꜂tɕiɑo	行 ꜁kiɑ̃	꜁giaŋ
跑	꜂p‘ɑo	꜂p‘ɑu	꜂p‘ɑu	走 ꜂tse	꜂tsəu
杀	sɑ꜆	sɑ꜆	sɑ꜆	治 ꜁t‘i	꜁t‘i
剩	ɕiẽi꜅	iẽi꜅	iẽi꜅	siẽ꜅	长 tyŋ꜅
痛	t‘ouŋ꜄	t‘əuŋ꜄	꜁t‘əuŋ	疾 ꜃tɕi	꜀tsi
盖~房子	徛 k‘ue꜄	kuɛ꜅	꜀kue	kui꜄	做 tsa꜆
凹	꜀ɑo	꜀ɑo	꜀ɑo	꜀ɑo	□ nai꜆
远	꜃yãi	꜂yãi	꜃yɛ̃	䟢 ꜃tɑu①	dɔ꜄
多	꜀luo	꜀luo	꜀luo	齐 tsæ꜅②	tsai꜅
淡（味）	꜃tãi	꜂tãi	tã꜄	꜃tæ̃	䜩 ꜂tsiaŋ
窄	tsa꜆	tsa꜆	tsa꜆	tse꜆	把 ꜂pa
挤	꜂tɕie	꜂tɕiɛ	꜂tɕiɛ	꜂tɕi	狭 ga꜇
快刀~	k‘ua꜄	k‘ua꜄	k‘ua꜄	k‘uæ꜄	利 li꜅
热闹	闹 nɑo꜅	nɑo꜅	nɑo꜄	闹热 nɑo꜅ ꜂nie	nau꜅ ɦie꜇
挣钱	赚钱 ꜂tsuãi ꜁tɕiãi	꜂tsuãi ꜁tɕiãi	tsuã꜄ ꜁tɕiɛ̃	tsæ̃꜅ ꜁tɕiẽ	趁钱 t‘eiŋ꜄ tsiŋ꜄
吃饭	咥饭 ③lie꜆ fẽi꜅	liɛ꜆ fãi꜅	꜁liɛ fã꜄	食饭 ꜃ɕi f꜅ɑ̃	ɦie꜇ pəŋ꜄
打人	打侬 ꜃nãi ꜁nouŋ	꜂nãi ꜁nəuŋ	꜂nã ꜁nəuŋ	㧢侬 ④mɔ꜅ ꜁niɑ̃	㧢人 ma꜆ neiŋ꜄
座一~房子	tsuo꜄	tsuo꜄	꜁tsuo	tsuɔ꜅	栋 təŋ꜄
只一~鸡	个 ke꜄	kɛ꜄	꜁kɛ，隻 tɕiɑ꜆	隻 tɕiɑ꜆	tsia꜆
棵一~树	棒 pouŋ꜄	pəuŋ꜅	pəuŋ꜄	丛 ꜁tsuŋ	tsɔŋ꜄

① 闽北各地均与“道”同音，本字可能是“䟢”，《广韵》皓韵徒皓切：“䟢，趹䟢，长貌。”

② 《广韵》霁韵在诣切：“齐……齐和。”从“齐全”可引申出“多”义。

③ 《广韵》屑韵徒结切：“咥，笑也，又齧也。”齧有咬食义，咥又作丁结切，端母浦城话读 1，音义可合。下文广丰话咥（吃）说 tiɛ。是为旁证。

④ 《广韵》陌韵莫白切：“㧢，击也。”

3. 各点说法多所不同的词汇：

普通话	南浦	忠信	盘亭	临江	石陂
这里	□□[1]tɕia꜅ ꜂tɕi	□□ tɕiɛ꜄ ꜂tɑ̃u	tɕiɛ꜄ ꜃tɑ̃u	□□ ꜃tɕie ꜂lɑ	□□ yɔŋ꜅ ti꜄
那里	□□ xuɑ꜅ ꜂tɕi	□□ xɛ꜄ ꜂tɑ̃u	xɛ꜄ ꜃tɑ̃u	□□ ꜃xuɔ ꜂lɑ	□□ ɦu꜅ ti꜄
哪里	□□□ ŋ̍꜅ nɑ꜆ ꜂tɕi	□□ ŋ꜅ ꜂tɑ̃u	꜂ŋ̍ ꜂tɑ̃u	□□ nie꜄ ꜂lɑ	□□ ni꜅ ti꜄
我们	阿拉 ꜃ɑ ꜃la	俺侬 ꜀ɑ̃u ꜁nəuŋ	我拉 ŋɑ꜆ lɑ꜆	我侬 ꜁uæ ꜁niã	□□□ ꜂a ꜂ki ni꜇
你们	依拉 ꜃nouŋ ꜃na	꜂nəuŋ ꜂lɑ	nəuŋ꜆ lɑ꜆	你拉 ꜁ni lɑ꜄	你多人 ꜂ni ꜀tuai neiŋ꜄
窗户	窗槛 ꜀ts'ɑ̃u ꜂k'ãi	槛子 ꜂k'ãi ꜂tsɿ	꜂k'ã ꜂tɕi	꜀ts'ɑ̃ ꜂k'ã	槛子门 ꜂k'aŋ ꜂tə məŋ꜄
台阶	步级 puo꜅ kie꜆	puo꜅ kiɛ꜆	踏步 tɑ꜆ puo꜄	踏步层 ꜂t'ɑ pu꜅ ꜁tsæ	岭仔层 ꜂liaŋ ꜂te ꜁dzaiŋ
晚上	晚里 ꜃uãi ꜂li	晏昼 uãi꜄ liɑo꜄	uã꜄ liɑo꜄	暗冥 æ꜄ mæ꜄	aŋ꜄ maŋ꜄
肥皂	洋胰 ꜁iɑ̃u ꜁i	胰子 ꜁i ꜂tsɿ	洋碱 ꜁iã ꜂kã	胰蜡 ꜁i ꜃lɑ	鬼仔蜡 ꜂ky ꜂te la꜇
鸟儿	雕子 ꜀liɑo ꜂tɕi	鸟子 ꜂ŋiɑo ꜂tsɿ	꜂niɑo ꜂tɕi	niɑo꜄ ꜂uæ	隻仔 tsia꜆ ꜂tə
蚯蚓	巷蛲[2]xɑ̃u꜅ ꜂xuãi	xɑu꜅ ꜂xuãi	꜁xɑ̃u ꜃xuã	□蛲 ꜀miẽ ꜂xuĩ	溜蛲 liu꜅ ꜂xyŋ
苍蝇	粗蝇 ꜀ts'uo ꜁iẽi	苍蝇 ꜀ts'ɑ̃u ꜁ŋiei	꜀ts'ã ꜁iẽi	蝇 ꜁sẽ	蝇仔 ꜁seiŋ ꜂te
苧麻	真麻 ꜀tsẽi ꜁mɑ	꜀tsẽi ꜁mɑ	꜀tsẽi ꜁mɑ	苧麻 ꜂tiu ꜁muæ	麻 ma꜄
丝瓜	甜箩 ꜁t'iãi ꜁luo	꜀tiãi ꜁luo	天萝 ꜀t'iei ꜁luo	꜀t'iẽ ꜁luɔ	丝瓜 ꜀sai ꜀kua
客人	客侬 k'a꜆ ꜁nouŋ	客 k'a꜆	k'a꜆	k'ɑ꜆	人客 neiŋ꜄ k'a꜆
男人	男儿 ꜁nãi ꜁ŋi	男客 ꜁nãi k'ɑ꜆	꜁nã k'ɑ꜆	丈夫 ꜃tiɔ̃ ꜀xu	丈夫人 ꜀tyɔŋ ꜀xu neiŋ꜄
女人	妇女侬 fuo꜅ ꜃ŋye ꜁nouŋ	女客 ꜂ŋyɛ k'ɑ꜆	꜃nyɛ k'ɑ꜆	妇女 ꜂xu ꜂ny	阿娘人 ꜀a nyɔŋ꜄ neiŋ꜄
小孩儿	小囝子 ꜂ɕiɑo ꜂kiãi ꜂tɕi	囝子 ꜂kiãi ꜂tsɿ	꜂kiɛ̃ ꜂tɕi	囝仔 ꜂kiẽ ꜂ŋe	꜂ke ꜂te
父亲	爸 ꜀pa	pa꜆，爷 ꜁iɛ	pa꜆，꜁iɛ	爹 ꜀tiɑ	꜀ta
伯父	伯爷 pa꜆ ꜁iɑ	pa꜆ ꜁iɛ	pa꜆ ꜁iɛ	大伯 tuæ꜄ ꜃pɑ	阿伯 ꜀a pa꜅
伯母	娘娘 ꜁ŋiɑ̃u ꜁ŋiɑ̃u	꜁ŋiɑ̃u ꜁ŋiɑ̃u	大娘 ta꜅ ꜁niã	大母 tuæ꜄ ꜂mu	阿奶 ꜀a nai꜄
舅母	妗妈娘 ꜂kiẽi ꜂mɑ ꜁ŋiɑ̃u	舅妈娘 ꜂kiu ꜂mɑ ꜁ŋiɑ̃u	꜂kiẽi ꜂mɑ ꜀niã	舅妈 ki꜅ ꜂mɑ	妗奶 ꜀keiŋ ꜂nai
妹夫	妹倩 me꜅ tɕ'iãi꜄	妹夫 mɛ꜅ ꜀fuo	mɛ꜅ ꜀fuo	mui꜄ ꜀xu	妹郎 mo꜅ sɔŋ꜄
眼泪	目滓 mouŋ꜆ ꜂tɕi	mu꜇ ꜂tsɿ	mu꜆ ꜂tɕi	目汁 ꜃mu tɕi꜆	目泽 mu꜇ tse꜇
奶、乳汁	奶 ꜀na	꜀nãi	꜀na	奶仔 ꜃ne ꜂ŋe	汁仔 tɕi꜅ ꜂te

---

① 北片用 ts-/x- 的声母对立表示近指和远指，这是许多闽方言的共同特点。

② 《集韵》阮韵许偃切："蛲，寒，虫名，蚯蚓也。"

续表

普通话	南浦	忠信	盘亭	临江	石陂
睡	倒 ᶜlɑo	ᶜlɑo	倒目睡 ᶜlɑo muₒ xuɛᵓ	倒目□ ᶜtɑu ᶝmi tɕʻiₒ	睏眠 kʻeiŋᵓ meiŋᵓ
遗失	毛 ꜁muo	落掉 luoᵌ tiɑoᵓ	luɛᵌ tiɑoᵓ	丢掉 ꜀tiu tiɑoᵌ	𨒂掉 tueiŋᵌ tʻəuᵌ
盖~被子	□ tsẽiᵓ	tsẽiᵓ	盖 ꜁kuɛ	遮 ꜀tsæ	㔶[①] ᶜkaŋ
美长得~	生得好 ꜀sãi leₒ ᶜxɑo	好觑 ᶜxɑo tsʻuₒ	作佳 tsuoₒ ꜀kɑ	精水 ꜀tɕĩ ᶜɕy	雅式 ᶜŋa ɕiₒ
丑	生得衰 ꜀sãi leₒ ꜀sue	□ ꜀səuŋ	难觑 ꜁nã tsʻuₒ	꜀sæ teₒ ᶜsui	吓人 xiaᵌ neiŋᵓ
一趟走~	个趟 keᵓ tʻɑũᵓ	个回 kɛᵓ ꜁xuɛ	个下 ꜀kɑ xɑᵓ	keᵓ xɑᵓ	个度 koₒ dyₒ̱
不能~去	唔得 ᶜŋ̍ leₒ	𠈭得 mɛᵌ lɛₒ	mɛᵓ lɛₒ	ŋ̍ᵓ teₒ	𫢗得 maiŋᵓ teₒ
不在家	毛在厝 ꜁muo tsaᵌ tɕʻyeᵓ	꜁muo tsaᵌ tɕʻyɛᵓ	꜁muo tsaᵓ tɕʻyɛᵓ	𫢗是厝 ꜁nẽ ᶜɕi tɕʻiɔᵓ	𫢗在厝 ꜁naiŋ tsaiᵓ tsʻyoᵓ
吃不得	咥唔得 lieₒ ꜀ŋ̍ lɛₒ	咥𠈭得 liɛₒ mɛᵌ lɛₒ	liɛₒ mɛᵌ lɛₒ	食唔得 ᶜɕi ᶜŋ̍ teₒ	𠈭食得 maiᵓ ɦieₒ̱ teₒ

三　浦城县北边界五个方言点简介

（一）福建腔——闽西客家方言岛

“福建腔”通行于忠信乡西北部的毛洋、际洋两个村和海溪村的大部，说这种话的人有1000多户。这里是浦城县和浙江省的遂昌、龙泉两县连接处，仙霞岭的西南坡，山高田少，交通不便，30年代是老革命根据地。通行这种话的还有龙泉的壁龙、白岩、周调三个村和遂昌的际下村，那里说这种话的人比忠信乡的人数还多。当地老人说这种话是祖上从连城、长汀一带迁来时带来的，在毛洋有傅、杨、范等姓，在际洋巫姓居多，在海溪有高、徐二姓。各姓口音均有不同，但可以通话。据发音合作人说，傅姓迁来已有9个字辈，有的姓已迁来十几代人，大约已有300年历史。这些居民已经不自称“客家”了。一般都兼通浦城话和普通话，有的还能通江山、龙泉话。

现以毛洋话为例介绍“福建腔”的主要特点，发音人傅文余，44岁。

1. 声韵调系统：

（1）声母20个：p 半飞　pʻ 破白饭　m 麦棉　f 风虎水　v 胃万远　t 胆六　tʻ 塔地　n 南肉月　l 搂露　ts 左桌　tsʻ 千窗　s 四山皂　tʃ 正九　tʃʻ 青鼠象肠　ʃ 西蛇手　k 肝骨　kʻ 客乞　ŋ 雁娘　x 海下　ø 腰右五

---

① 《集韵》感韵古禅切：“㔶，盖也。”

（2）韵母 29 个：a 八狭万山田　ia 青烈　ua 筷大塔我　ɛ 肥谷北子前　iɛ 血厚豆兔　uɛ 国竹全熟　yɛ 浴　ɤ 倍菜　uɤ 海寒　uo 瓜客下　yo 社要石　ʅ 紫柿　i 米鸡肺鞋　u 过湖　ʉ 雨猪去　y 鱼女　ei 雷棉　iu 手九　ɯɤ 梯飞饭脱　iɤu 右着　yai 月肉　ɒu 左草角　ãu 三生窗郎　iãu 两娘　ɤŋ 零铜双五本　iŋ 正金寻肾人　eiŋ 云　ŋ 唔　aŋ 南胆

（3）声调 7 个：阴平 ˧33 西风　阳平 ˨22 牛粮　上声 ˦˨42 海雨　阴去 ˨˩21 四店　阳去 ˨˩˨212 二豆　阴入 ˦˦˥445 七鸭　阳入 ˥˦54 月鹿

2. 主要音韵特点：

（1）古全浊声母今读送气清音，例如：铜 ꜁t'ɤŋ| 豆 t'iɛ꜅| 肥 ꜁p'ɛ| 倍 p'ɤ꜅| 肠 ꜁tʃ'iãu| 象 tʃ'iãu꜅| 鼻 p'i꜅。

（2）晓匣合口字和部分书母字今读 f-，例如：虎 ꜂fu| 湖 ꜃fu| 水 ꜂fi| 血 fie꜆| 睡 fi꜅。

（3）来母逢细音不少字读 t-，例如：六鹿 tiɤu꜇| 两 ꜂tiãu| 笠 ti꜆| 利 ti꜅| 留 ꜁tiu| 里 ꜂ti。

（4）心邪书禅和晓匣母逢细音合为 ʃ-，例如：雪 ʃie꜆| 手 ꜂ʃiu| 社 ꜀ʃyo| 兴 ꜀ʃiŋ| 猴 ꜁ʃie| 鞋 ꜁ʃi。

（5）疑日母逢细音今读为 n-（近于 ȵ），例如：鱼 ꜁ny| 月 nyai꜇| 牛 ꜁nie| 耳 ꜂ni| 二 ni꜄| 肉 nyai꜇。

（6）一等模、侯韵今读细音，例如：兔 t'ie꜄| 路 lie꜅| 狗 ꜂tʃie| 厚 ꜂tʃ'ie| 头 ꜁t'ie| 豆 t'ie꜅。

（7）咸山摄字今读多无鼻音韵尾，元音亦不鼻化，例如：店 ta꜄| 雁 ŋa꜅ | 千 ꜀ts'ɛ| 全 ꜁ts'uɛ| 万 va꜅| 饭 p'ɯɤ꜅| 寒 ꜁xuə。

（8）古入声字今读均无塞音韵尾，例如：一 i꜆| 八 pa꜆| 塔 t'ua꜆| 鸭 uo꜆| 骨 kuɛ꜆| 十 sʅ꜇| 直 ts'ʅ꜇| 石 ʃyo꜇。

（9）歌豪合韵今读为 ɒu，例如：多 ꜀tɒu| 锅 ꜀kɒu| 左 ꜂ts'ɒu| 果 ꜂kɒu| 闹 nɒu꜅| 草 ꜂ts'ɒu| 高 ꜀kɒu| 到 tɒu꜄。

（10）ɯ 介音韵 ɯɤ 发音特殊，同韵字不少，例如：梯 ꜀t'ɯɤ| 霉 ꜀mɯɤ| 跺 ꜂tɯɤ| 飞 ꜀pɯɤ| 脱 t'ɯɤ꜆| 饭 p'ɯɤ꜅。

（11）古浊声母上声字今读不少归阴平调。例如：拿 ꜀nuo| 咬 ꜀ŋua| 痒 ꜀iãu| 淡 ꜀t'aũ| 社 ꜀ʃyo| 下 ꜀xuo。

3. 特殊词语举例：

有些是闽西客家方言的特殊词汇，如：例屋 ɛ꜆（房子）| 户山 fu꜅ ꜀sa（门槛）| 镢头 tʃyo꜆ ꜁t'iɛ（锄头）| 诸 ꜂tʃʉ（他，连城话特有）| 锅头 ꜀kɒu ꜁t'ie（铁锅）| 鸡公 ꜀tʃi ꜀kɤŋ| 翼□ ie꜇ k'ɛ꜆（翅膀）| 子 ꜂tsɛ（儿子）| 鼻公 p'i꜅ ꜀kɤŋ（鼻子）| 稈 ꜂kuɤ（稻草）| 笠嫲 ti꜆ ꜁muo（斗笠）| 自家 tʃ'i꜇ ꜀kuo（自己）| 乌蝇 ꜀vu ꜁ʃiŋ（苍蝇）| 腹屎 pɛ꜆ ꜂sʅ（肚子）| 嚎 ꜂vɒu（哭）| □ lua꜅（玩儿）| 烈 lia꜆（快）| 炙 tʃyo꜆（晒）| 寻 ꜁tʃ'iŋ（找）| 映 nia꜄（看）| 话事 uo꜅ sʅ꜅（说话）| 你侪 ꜂ni ꜁sʅ（你们）| 睡下 fi꜅ ꜀xuo（躺着）。

有些词和浦城话明显不同而和普通话相同，也反映了闽西客家话的特点，例如：筷子 k'ua꜄ ꜂tsɿ 不说“箸”，脱 t'ɯɤ꜆ 不说“褪”，蛋 t'a꜅ 不说“卵”，东西 ꜀tɤŋ ꜀sɿ 不说 ꜂k'iu。

有些词语很特别，和客家话也不同，例如：哪人 na꜅ ꜁niŋ（谁）| 洋皂 ꜁iɑ̃u ꜂sɒu（肥皂）| 猴牯 ꜁ʃie ꜂ku（猴子）| 家公 ꜀kuo ꜀kɤŋ（公公）| 耳公 ꜂ni ꜀kɤŋ（耳朵）| 嘴角 ꜂tʃʉ kɒu꜆（嘴巴）| 脚骨 tʃiɤu꜆ kuɛ꜆（脚）| 屎□ | ꜂sɿ ma꜇（屁股）。

（二）广丰话——赣东北吴方言

浦城县盘亭乡和江西省广丰县连界，盘亭溪自武夷山西坡流入信江，这里的二度关历来是闽赣交通要道。盘亭乡的均溪、刘田、上黄处等村多说广丰话，和广丰桐坂乡的话相同，说这种话的约有 2000 多人。这里介绍的是上黄处村东峰自然村的话，发音人杨真密，46 岁。

1. 声韵调系统：

（1）声母 23 个：p 北倍　p' 破怕　b 白鼻　m 麦雾　f 风万　t 东豆竹　t' 痛梯　d 地着啼　n 南女　l 雷鹿　ts 紫肠　ts' 千七　s 丝事　z 十锄　tɕ 嘴挤箸　tɕ' 亲鼠　dz 舌树　ɕ 西蛇　k 瓜金　k' 客骹　ŋ 月牛肉　x 河海　ø 雨一

（2）韵母 41 个：a 我八胆万　ia 叶舌两上　ua 瓜快　ya 雪熟浴　ɛ 柿直石　iɛ 啼社鼠　uɛ 倍雷梯　yɛ 雨镬　æ 海鞋雁　ɔ 河下猪骹　o 左多腹　uo 五谷　ɤ 紫鱼　uɤ 果虎六屋　yɤ 肉鹿　ɤu 走高　iɤu 腰右　iu 树厚　ai 破鼻　ɔu 跑闹茅　iɔu 瘦嚼　i 鸡二四　u 狗觑　y 水嘴　ã 山饭南　iã 钱象　uã 盘半　yã 隊　ɛ̃ 本剩　iɛ̃ 千店　uɛ̃ 肝　yɛ̃ 全　ĩ 咸　ẽi 生绳　aŋ 肠　iaŋ 洋　ɔŋ 窗壮　uŋ 东远　iŋ 亲金　ŋ̍ 耳　m̩ 唔

（3）声调 7 个：阴平 ˦˥45 双青飞　阳平 ˧˩31 云农鞋　上声 ˥˧53 九草挤　阴去 ˥˧˥535 正痛去　阳去 ˨˦24 胃旧厚　阴入 ˥˦54 百鸭血　阳入 ˧˦34 着石白

2. 主要音韵特点：

（1）古全浊声母字今读保留了一部分浊声母读法，部分清化，清化后读不送气清音。例如：第地 di꜅ | 稻 dau꜅ | 铜 ꜁duŋ | 白 ba꜇ | 钱 ꜀dʑiã | 舌 dʑia꜇ | 十 za꜇；豆 tɤu꜅ | 倍 puɛ꜅ | 直 tsɛ꜇ | 肠 ꜁tsaŋ | 全 ꜁tɕyɛ̃ | 旧 kiu꜅。

（2）古非组字今读除少数为 p、m 外都读 f-，例如：风 ꜀fuŋ | 肺 fi꜄ | 飞 ꜀fi | 发 fa꜆ | 饭 fã꜅ | 勿 fɤ꜇ | 万 fɑ꜅。

（3）古阳声韵字鼻音韵尾只保留 -ŋ 尾，一部分读为鼻化韵，一部分脱落。例如：东 ꜀tuŋ | 双 ꜀soŋ | 肠 ꜁tsaŋ | 壮 tsɔŋ꜅；三山 ꜀sã | 千 ꜀ts'iɛ̃ | 肝 ꜀kuɛ̃ | 眠 ꜀mẽi；雁 ŋæ꜅ | 万 fa꜅ | 淡 da꜄ | 粮 ꜁lia | 痒 ia꜅。

（4）古入声字塞音韵尾不明显，只是发音略短，例如：八百 pa꜆ | 月 ŋya꜇ | 谷 kuɤ꜆ | 麦 ma꜇ | 血 xya꜆ | 肉 ŋyɤ꜇。

（5）古模、歌、屋韵字多混为uɤ，例如：路luɤ⁼| 雾muɤ⁼| 兔t‘uɤ⁻| 虎ᶜxuɤ| 果ᶜkuɤ| 鹿luɤ꜀| 屋uɤ꜀。

（6）有些古一等字今读细音；一些古三等字今读洪音，例如：猴꜁xiu| 楼꜀liu| 头꜁tiəu| 厚xiu⁼；猪꜀tɔ| 着da꜁| 腹po꜀| 女ᶜna| 几ᶜkɛ| 剩sɛ̃⁼。

（7）有些特字声母或韵母十分特殊，例如：远ᶜxuŋ| 母ᶜmiɛ| 家꜀kua| 手ᶜtɕ‘yɛ| 嚼ɕiɔu꜁。

3. 特殊词汇举例：

不少基本词汇和浦城话说法是一致的，例如：稿ᶜkɤu（稻草）| 手袖ᶜtɕ‘yɛ ɕiu⁼（袖子）| 客k‘a꜀（客人）| 骹꜀k‘ɔ（脚）| 着da꜁（穿）| 褪t‘ẽi⁻（脱）| 嬉꜀xi（玩儿）| 徛kɛ⁼（站）| 㑇ᶜti（短）| 闹nɔu⁼（热闹）| 觑ts‘u꜀（看）| 咥tiɛ꜀（吃）| 厝tɕ‘yɛ⁻（家）| 门隊꜁muŋ dʑyã⁼| 翼膀i꜁ ᶜpia（翅膀）。

有些语词明显是客赣方言的影响，例如：屋uɤ꜀（房子）| 自家tsɿ⁼ ꜀kua| 绳꜁sẽi（绳子）| 鸡公꜀ki ꜀kuŋ| 壮tsɔŋ⁼（肥，胖）| 茅坑꜁mɔu ꜀k‘ɛ̃（厕所）| 洋碱꜁iaŋ ᶜka。

还有些方言词比较特殊，在外地方言不多见，例如：窗盘꜀ts‘ɔŋ ꜁buã（窗户）| 鑊kye꜀（铁锅）| 簏luɤ꜁（抽屉）| 小□ᶜɕiɔu ᶜlɛ（儿子）| □鼻头꜁tɕia bai⁼ ꜁tɤu（鼻子）| 嘴巴洞tɕ‘y⁻ ꜀pa tuŋ⁼（嘴巴）| 骨臀kuɤ꜀ ꜀tuɛ̃（屁股）| □ᶜte（咬）| □ia꜀（拿）| 眠꜀mẽi（睡）| □ts‘ɛ꜁（找）勿□fɤ꜀ ᶜxãi（不行）| □sɔu⁼（要）。

（三）"下府话"——闽南方言岛

明清时代福建省有8个府，兴化、泉州、漳州、汀州是为"下四府"，闽东闽北的人通常称说闽南话的人为"下府人"，所谓"下府话"就是闽南话。浦城县的闽南方言岛在盘亭乡的西北角上黄厝村的上黄厝、下黄处、柯厝、里柯（通称念坑，有黄柯二姓，约占全村人口的2/3）和下洋坑村的焦坑自然村（李姓），共约200户人家。这个方言岛受到浦城话和广丰话的包围和影响，已经和本土的闽南话有一定差异，但是闽南话的特点还相当明显，不过青少年已经不大说它了，大家都兼通浦城话和广丰话。这些闽南人何时迁住本地，原籍何处，已经难以查考了，从方言特点看大体可以断定是泉州府迁来的，大约有100多年的历史，也许是随太平军来的。①

现以柯厝自然村为例介绍这个闽南方言岛的主要特点。发音人是柯昌培，46岁。

1. 声韵调系统：

（1）声母18个：p百白肥 p‘破鼻曝 m麦万雾 t东铜直 t‘铁头虫 n南粮卵 l路二女 ts紫全水 ts‘鼠千树 s雪山索 tɕ正走食 tɕ‘象青车 ɕ市生四 k瓜鸡咸 k‘看徛靠 ŋ雁 x肺河海 ø一胃五

① 闽北和赣东北不少闽南方言岛都是闽南人随太平军北上，而后在当地定居形成的。

（2）韵母37个：a 骹百六 ia 社徛食 ua 破柯屉 ɒ 鸭谷 o 鹿索秫 io 石着腰 uo 骨果 e 家鞋白 ie 地直笠 ue 瓜八话 ɤ 倍飞雪 ɯ 鱼鼠去 i 四市铁 u 牛旧雾 ɔu 虎左五 au 豆九厚 iu 右稻锄 ui 雷血肥 ai 婿莱利 iau 掉要 uai 歪快 ã 三胆万 iã 正店惊 uã 山半全 ãu 风 ãi 铜雁 ẽ 门 iẽ 青金虹 uẽ 睏悬孙 ĩ 边生棉 iũ 两粮 ũi 前千 ŋ̍ 毛褪唔 aŋ 东塍痯 iaŋ 饕 əŋ 远卵 iŋ 零顶

（3）声调6个：阴平 ˦˥ 45 西刀青 阳平 ˨˦ 24 湖蛇咸 上声 ˥˦ 54 洗草米 去声 ˧˩ 31 四箸地 阴入 ˥ 5 塔百七 阳入 ˧ 3 十肉食

2. 主要音韵特点：

（1）古非组字今读 x 或 p pʻm，没有 f v 声母，例如：风 ꜀xãu| 肺 xuiꜙ| 飞 ꜀pɤ| 肥 ꜁pui| 殕 ꜂pʻu| 曝 pʻa꜊。

（2）古知彻澄母字今读与端组同为 t tʻ，例如：竹 tie꜇| 肠 ꜁tŋ̍| 直 ꜀tie| 趁 tʻaŋꜙ| 箸 tɯꜙ。

（3）古心邪生书禅等母字今读不少字为 tɕ tɕʻ，例如：粟 tɕʻie꜇| 象 tɕʻiɔ̃ꜙ| 手 ꜂tɕʻiu| 石 ꜀tɕio| 颂 tɕʻiẽꜙ| 食 tɕia꜊| 树 tɕʻiuꜙ。

（4）古匣母字今读 k 或零声母，例如：猴 ꜁kau| 厚 ꜀kau| 寒 ꜁kuã| 悬 ꜀kuẽ| 湖 ꜁ɔu| 狭 ꜀e| 下 eꜙ。

（5）古全浊声母今读多为不送气清音，少数读为送气，也和闽南话相同。例如：肥 ꜁pui| 地 tieꜙ| 旧 kuꜙ| 箸 tɯꜙ| 前 ꜀tsuĩ，头 ꜁tʻau| 虹 kʻiŋꜙ| 徛 ꜀kʻia。

（6）古泥来日母今音不分，按鼻化与否或有无鼻音韵尾分读 n l，例如：篮 ꜁nã| 粮 ꜁niũ| 搦 lia꜊| 热 lie꜊| 路 lɔuꜙ| 闹 lauꜙ| 南 ꜁nã| 卵 ꜀nəŋ。

（7）古疑母字今多读零声母，这是和本土闽南话不同之处，例如：我 ꜂ua| 五 ꜀ɔu| 牛 ꜁u| 月 ꜀ɤ。

（8）有些特字声母有特殊读法也和一般闽南话相同，例如：云 ꜁xuẽ| 雨 ꜀xɔu| 远 ꜀xəŋ| 柿 ꜀kʻi| 岁 xɤꜙ| 咬 kaꜙ| 痒 tsiũꜙ| 蝇 ꜁ɕiẽ| 肉 xe꜊| 耳 xiꜙ| 箬 ꜀xiɤ| 鱼 ꜀xɯ。

（9）古阳声韵字今读不少为鼻化韵，例如：三 ꜀sã| 棉 ꜁mĩ| 象 tɕʻiɔ̃ꜙ| 肝 ꜀kuã| 半 puã꜄| 正 tɕiãꜙ| 胆 ꜂tã| 青 ꜀tɕʻiẽ。

（10）古入声字塞音韵尾不明显，有些白读已归入舒声韵，例如：八 pue꜇| 雪 sə꜇| 十 tsa꜊| 直 tie꜊| 白 ꜀pe| 月 ꜀ɤ。

（11）没有撮口呼韵母，也和一般闽南话相同，例如：血 xui꜇| 全 ꜁tsuã| 去 kʻɯꜙ| 猪 ꜀tɯ| 书 ꜀tsɿ| 鼠 ꜂tsʻɯ。

（12）古全浊声母上声字中不少字今读归为阴平，这是和多数闽南话不同而与新派泉州音相同，例如：柿 ꜀kʻi| 厚 ꜀kau| 雨 ꜀xɔu| 远 ꜀xəŋ。

3. 特殊词汇举例：

多数基本词汇还保留闽南话的说法，和周围方言不同，例如：塍 ꜁tsʻaŋ（田）| 睏

k'uẽ˳ꜙ（睡）| 骹川 ˳k'a ˳ts'ŋ（屁股）| 屎岩 ˊsai xə˳（厕所）| 粟 tɕ'ie˳（稻谷）| 秫米 tso˳ ˊmi（糯米）| 若齐 lua˳ tse˳（多少）| 嚩 ˳nuã（口水）| 翼股 ɕie˳ ˊkɔu| 胡蝇 ˳xɔu ˳siẽ| 作息 tso˳ sie˳（干活）| 吼 ˊxau（哭）| 大家 ˳ta ˳ke（婆婆）| 查某囝 ˳tsa ˊmɔ ˊkiã（女儿）| 挃 ˳ti（要）[1] | 哺 pɔu˳（嚼）| 瘄 ˊsaŋ（瘦）| 侬客 ˳laŋ k'e˳（客人）| 焦 ˳ta（干）| 耳囝 xi˳ ˊkiã| 舌囝 tsi˳ ˊkiã| 迌迌 t'i˳ ˳t'o（玩儿）| 口 ˳t'e（拿）| 惊 ˳kiã（怕）| 悬 ˳kuã（高）| 啖 tã˳（说）[2]。

也有一些语词已受周围方言影响，放弃了闽南话的说法。甚至语音上也套用了其他方言的读法。例如：门槛 ˳mŋ ˳k'iẽ| 笠斗 lie˳ ˊtau（斗笠）| 瓷 ˳tsɿ（瓷器）| 洋碱 ˳iũ ˊkã（肥皂）| 猴狲 ˳kau ˳suẽ| 公 ˳kɔŋ（公公）| 挤 ˊtsi（挤）| 躺 ˊt'ã| 走路 ˊtsau lɔu˳。

（四）廿八都“正字”——北方方言岛

所谓“正字”，就是“正音”，这个北方方言岛也在盘亭乡境内，主要是深坑，村附近的上黄厝村也有部分人会说。深坑的“正字”和浙江江山县廿八都话连界，相传是同治年间京官来廿八都当三品游击，其后裔就保留了这一北方方言岛。说这种话的人大约有 200 户人家。现将深坑村调查材料报告如下，发音人是杨昌昇，49 岁。

1. 声韵调系统：

（1）声母 19 个：p 半百倍　p' 破怕胖　m 麦棉米　f 风肺肥　t 东地胆　t' 铁铜塔　n 南牛女　l 零露六　ts 紫左站　ts' 莱苍草　s 三水市　tɕ 正直鸡　tɕ' 青全肠　ɕ 雪下蛇　k 瓜果谷　k' 快口靠　ŋ 雁我　x 虎湖厚　Ø 腰云五

（2）韵母 33 个：a 八百麦　ia 下鸭　ua 瓜话骨　ya 血雪　ɿ 紫市柿　i 肺地里　u 五不竹　y 雨树女　ə 厕子　ie 社七笠　ue 雷岁睡　ɛ 倍二客　uɛ 快胃　ɔ 脱哭六　uo 河左谷　yo 月肉脚　ai 海菜宰　uai 筷怪　au 草高稻　iau 腰咬要　əɯ 厚头楼　iəɯ 右豆抽　iu 九旧牛　ui 水谁　ɑŋ 三山淡　iɑŋ 肠上两　uɑŋ 窗赚　eŋ 门冷生　iŋ 青正金　oŋ 东风　iẽ 千棉店　uẽ 万短苍　yẽ 穿全远

（3）声调 7 个：阴平 ˦433 东西风　阳平 ˨31 南河云　上声 ˥52 水果九　阴去 ˩35 四菜店　阳去 ˨213 厚豆万　阴入 ˥15 北塔骨　阳入 ˧3 六月肉

2. 主要音韵特点：

（1）古全浊声母今读清音，逢平声送气，逢仄声不送气，例如：全 ˳tɕ'yɛ̃| 铜 ˳t'oŋ| 肠 ˳tɕ'iɑŋ| 头 ˳t'əu| 豆 təu˳| 第 ti˳| 倍 pɛ˳| 白 pɑ˳。

（2）尖团不分，精组和见晓组逢今细音读 tɕ tɕ' ɕ，知庄章逢细音也读 tɕ tɕ' ɕ，后者

① 《集韵》屑韵徒结切：“挃：《博雅》擿也。”

② 《集韵》阚韵徒滥切有两个字与“言”有关：“啖，诳也。”“誩，《字林》竞言也。”闽南话的 tã˳ 可能与此有关。

当是受周围方言影响而变。例如：挤 ᶜtɕi| 千 ꜀tɕʻiɛ̃| 雪 ɕya꜀| 旧 tɕiu꜄| 去 tɕʻy꜄| 咸 ꜁ɕiɛ̃| 肠 ꜁tɕʻiaŋ| 直 tɕie꜆| 猪 ꜀tɕy| 抽 ꜀tɕʻiu| 正 tɕiŋ꜄| 穿 ꜀tɕʻyɛ̃| 蛇 ꜁ɕie| 书 ꜀ɕy。

（3）古影云以疑日等母字今读均为零声母，例如：一 ie꜀| 云 ꜁yiŋ| 胃 uɛ꜄| 月 yo꜆| 肉 yo꜆| 五 ᶜu| 二 ɛ꜄| 腰 ꜀iau| 咬 ᶜiau。

（4）古阳声韵字今读 -ŋ 韵尾或鼻化韵，这是受周围方言影响的结果。例如：东 ꜀toŋ| 粮 ꜁liaŋ| 行 ꜁ɕiŋ| 干 ꜀kaŋ| 青 ꜀tɕʻiŋ| 边 ꜀piɛ̃| 前 ꜁tɕʻiɛ̃| 万 uɛ̃꜄| 短 ᶜtuɛ̃| 穿 ꜀tɕʻyɛ̃| 远 ᶜyɛ̃。

（5）古入声字分读两个短促的入声调，但喉塞音韵尾不明显，例如：谷 kuo꜀| 鸭 ia꜀| 七 tɕʻie꜀| 鹿 lɔ꜆| 白 pa꜆| 舌 ɕie꜆。

3. 词汇特点举例：

多数基本词汇还保留着北方方言的说法。例如：房子 ꜁faŋ ᶜtsɿ| 窗户 ꜀tsʻuaŋ xu꜄| 门槛 ꜁meŋ ᶜkʻaŋ| 稻谷 tau꜄ kuo꜀| 绳子 ꜁tɕʻiŋ ᶜtsɿ| 抽屉 ꜀tɕʻiu tʻi꜄| 苍蝇 ꜀tsʻuɛ̃ ꜁iŋ| 事情 sɿ꜄ ꜁tɕʻiŋ| 口水 ᶜkʻɤ ᶜsui| 儿子 ꜁ɛ ᶜtsɤ| 女儿 ᶜny ꜁ɛ| 肚子 tu꜄ ᶜtsə| 屁股 pʻi꜄ ᶜku| 站 tsaŋ꜄| 疼 ꜁tʻeŋ| 吃饭 tɕʻie꜀ faŋ꜄| 讲话 ᶜtɕiaŋ xua꜄| 洗澡 ᶜɕi ᶜtsau| 宰猪 ᶜtsai ꜀tɕy| 不行 po꜀ ꜁ɕiŋ| 要不要 iau꜄ ·piau| 到家了 tau꜄ ꜀tɕia·la。

一部分语词也受当地方言的影响，或者二者并用。例如：厕所 tsʻə꜀ ᶜsuo~ 茅司 ꜁mau ꜀sɿ| 锅头 ꜀kuo ꜁tʻəɯ（铁锅）| 手袖 ᶜɕiu tɕiu꜄~ 袖子 ɕiu꜄ ᶜtsɿ| 玩 ꜁uaŋ~ 嬉 ꜀ɕi| 人客 ᶜiŋ kʻɛ꜀（客人）| 狗母 ᶜkəɯ ᶜmu（母狗）| 鸡公 ꜀tɕi ꜀koŋ（公鸡）| 翼膀 yo꜆ ᶜpʻaŋ（翅膀）| 芳 ꜀pʻoŋ（嗅）| 闹热 nau꜄ ie꜆（热闹）| 发殕 fa꜀ ᶜpʻu（发霉）。

还有个别说法在本地也不多见，未知来源如何，例如：斗篷 ᶜtɤɯ ꜁pʻoŋ（斗笠）| 睡倒 sui꜄ ᶜtau（躺着）| 除 ꜁tɕʻy（脱）。

（五）麻山话——赣方言岛

在闽赣交界处的盘亭乡秀里村的界牌自然村，还有一种只有百来人说的小方言，俗称麻山话，据发音合作人说，这种话和江西南丰话比较相近，但是这些人究竟何时从何地迁来已经无从查考了。从方言特点看确实近于南丰一带的赣方言，按南丰话属于抚州（临川）地区的赣东方言，包括福建的邵武、光泽、建宁也是这个方言区。现据发音人刘则清（57 岁）所提供的材料扼要介绍如下：

1. 声调调系统：

（1）声母 19 个：p 半百　pʻ 破白　m 麦雾　f 风湖　t 东稻　tʻ 塔七　n 南糯　l 六粮　ts 左做　tsʻ 瓷　s 四山事市　ʧ 正竹挤　ʧʻ 肠直春　ʃ 雪石水　k 瓜九　kʻ 口户去　ŋ 月牛肉　x 铁痛血河　Ø 五屋话

（2）韵母 41 个：a 家菜下麦　ia 铁石食　ua 瓜骨月　ya 血着脚　ɿ 市瓷紫　i 西肥鸡　u 露不谷　y 雨嘴　æ 塔北鸭　ɔ 左河破　o 母朵做　uo 雾锅个　yo 熟肉　ɛ 倍霉海

e 直笠十　ie 女猪鱼　ue 胃雷岁　ə 六二　ai 鞋界　ɑu 草闹茅　iɑu 瘦口　əu 厚楼　iəu 右牛狗　iu 旧袖丢　ui 水树　ŋ̍ 痛　eŋ 门　ɑŋ 膀　iaŋ 青　ɑŋ 春　əŋ 东风　iŋ 金　ã 三山雁　iã 零肾见　ɛ̃ 半　iɛ̃ 千店田　uɛ̃ 肝短玩　yɛ̃ 全远　ɑ̃u 肠上　iɑ̃u 两象　õ 猕睏

（3）声调 6 个：阴平 ˨˦24 双山社　阳平 ˦˥45 棉蛇咸　上声 ˥˨52 水果虎　去声 ˧˩˨312 兔半地　阴入 ˥5 铁百国　阳入 ˨˧23 鹿舌嚼

2. 主要音韵特点：

（1）古全浊声母字今读绝大多数为送气清音，例如：白 p'a꜇| 倍 ꜀p'ɛ| 全 ꜁t'yɛ̃| 前 ꜁t'iɛ̃| 旧 ʧ'iu꜄| 直 ʧ'e꜇| 肠 ꜀ʧ'ɑu| 箸 ʧ'ie꜄。

（2）古非组和晓匣合口字今读 f 声母，例如：风 ꜀fəŋ| 肺 fi꜄| 肥 ꜁fi| 饭 fã꜄| 飞 ꜀fi| 腹 fu꜆| 万 fã꜄| 虎 ꜂fu| 湖 ꜀fu。

（3）古清从邪母字今读多为 t' 声母，例如：千 ꜀t'iɛ̃| 草 ꜂t'ɑu| 菜 t'ɑ꜄| 青 ꜀t'iɑŋ| 七 t'i꜆| 袖 t'iu꜄| 前 ꜁t'iɛ̃| 全 ꜁t'yɛ̃| 钱 ꜁t'iɛ̃。

（4）古透定母字今读多为 x 声母，例如：铁 xia꜆| 痛 |xŋ̍꜄| 敨 ꜂xəu| 头 ꜁xəu| 豆 xəu꜄| 铜 ꜁xəŋ| 地 xi꜄| 田 ꜁xiɛ̃| 啼 ꜁xi| 第 xi꜄。

（5）古泥娘日母字今读逢细音与疑母相混为 ŋ- 声母，例如：女 ꜂ŋie| 箬 ŋia꜆| 你 ꜂ŋi| 娘 ꜁ŋiɑu| 肉 ŋio꜇| 热 ŋie꜇| 耳 ꜂ŋi| 月 ŋuɑ꜇| 牛 ꜁ŋiəu。

（6）古精庄组字今读逢洪音为 ts ts' s，逢细音与知章组合流为 ʧ ʧ' ʃ，例如：三山 ꜀sã| 左 ꜂tso| 抓 ꜀tsuɑ| 西 ꜀ʃi| 雪 ʃyɑ꜆| 肠 ꜁ʧ'ɑu| 鼠 ꜂ʧ'ie| 社 ꜀ʃɑ| 上 ʃɑ̃u꜄| 食 ʃiɑ꜇| 竹 ʧiu꜆。

（7）古入声字今读阴入阳入为短促调，但无明显塞音韵尾，例如：八 pɑ꜆| 雪 ʃyɑ꜆| 鸭 æ꜆| 十 ʃe꜇| 六 lə꜇| 麦 mɑ꜇| 直 ʧ'e꜇

（8）古阳声韵字今读鼻化韵或 -ŋ 韵尾，例如：胆 ꜂tã| 咸 ꜁xã| 肾 ꜀ʃiã| 短 ꜂tuɛ̃| 前 ꜁ʧiɛ̃| 虹 kɑ̃u꜄| 粮 ꜁liɑ̃u| 东 ꜀təŋ| 青 ꜀t'iɑ̃ŋ| 门 ꜁meŋ| 春 ꜀ʧ'oŋ。

（9）古浊音声母上声字不少字今读归入阴平调，例如：倍 ꜀p'ɛ| 市、柿 ꜀sɿ| 社 ꜀ʃɑ| 象 ꜀ʃiɑ̃u| 肾 ꜀ʃiã| 痒 ꜀iɑ̃u| 咬 ꜀ŋɑu。

3. 词汇特点举例：

有些语词反映了赣客方言的特点，例如：屋 u꜆房子| 镢头 kya꜆ · xəu| 谷 ku꜆稻谷| 箍子 lo꜆·tsɿ| 猴狲 ꜁xəu꜀sõ| 鸡公 ꜀ki ꜀kəŋ公鸡| 亲情 ꜀t'iŋ ꜁t'iaŋ亲戚| 郎婿 ꜀lɑ̃u·ʃi女婿| 脚 kya꜆| 徛 ꜀k'i站| 生春 ꜀sã ꜀ʧ'oŋ下蛋。

有些语词是受浦城城关话影响而来的，例如：箸 ʧ'ie꜄筷子| 箬笠 ŋia꜄ le꜇斗笠| 门隊 ꜁meŋ ʧ꜀'oŋ门槛| 茅司 ꜁mau·sɿ厕所| 家娘 ꜀ka ꜁ŋiɑ̃u婆婆| 手袖 ꜂ʃiu t'iu꜄袖子| 屎窟 ꜂ʃie k'o꜆屁股| 翼膀 i꜇ ·paŋ翅膀。

还有些语词比较特殊或者接近普通话的说法，例如：楼□ ꜁ləu·p'i楼梯| 树叶 ʃui꜄ ia꜇| 铁锅 xia꜆ ꜀kuo| 肥皂 ꜁fi·tsɑu| 母狗 ꜂mo ꜂kiəu| 蝇子 ꜁iŋ·tsɛ苍蝇| 事情 sɿ꜄ ꜁t'iŋ| 孩子 ꜁xa·tsɿ儿子|

女子 ꜂ŋie·tsɛ $_{\text{女儿}}$| 客人 k'a꜆ ꜁ŋiŋ| 鼻□ p'i꜄ ꜂tʃiu $_{\text{鼻子}}$| 腹哩 fu꜆·lɛ $_{\text{肚子}}$| 香 ꜀ʃiãu $_{\text{嗅}}$| 敨 ꜂xəu $_{\text{脱}}$| 玩 ꜂uɛ̃ $_{\text{玩儿}}$| 睏 k'õ꜄ $_{\text{睡}}$| 晒燋 sa꜄ ꜀tsɑu $_{\text{晒干}}$| 做不得 tsuo꜄ pu꜆ tɛ꜆ $_{\text{不行}}$| 我们 ꜂ŋɔ·mɛ̃| 你们 ꜂ŋi mɛ̃| 倮们 ꜂kie·mɛ̃ $_{\text{他们}}$| 何个 ꜁xɔ·kuo $_{\text{谁}}$| □底 ku꜆·tɛ $_{\text{这里}}$| □底 ka꜆·tɛ $_{\text{那里}}$| 什里 ʃi꜆.li $_{\text{什么}}$。

说明： 自 1978 年恢复高考招生后的几年，中文系语言课的教学逐步走上正轨。在修过音韵学和方言学之后，我看到 1981 级学生中有一些同学对此很有兴趣，正好陈泽平同志从北大研究生毕业来共事，我们就带领了九名毕业班的学生，去浦城进行方言调查实习。历时一个月，分头记音、复合、整理材料，我们在一旁协助定案。整理成文之后，我又到实地做了一些复核和补充调查。后来我听说，九位同学中，胡筱琳、江家柱、赖春桃三位回到家乡之后，正赶上县里在找人编写方言志。他们于是就披挂上阵，接下了这项任务，编写了永定（客家话）、光泽（赣方言）和霞浦（闽东方言）方言志。我们为此感到欣慰。

几年后，浦城县志办又把一份未完成稿交给我。我以此次调查为主要依据，修订、编写成稿。收入《福建县市方言志 12 种》，福建教育出版社，2001 年。

陆　闽方言特殊点的调查报告

福建大田广平话

——闽方言腹地的一种混合型方言

一　概说

大田县的后路话是大田县内仅次于城关话为代表的“前路话”的一个方言片。这种话通行于广平镇建设、文江、奇韬三乡，各乡镇的话有一些差异，最有代表性的是广平镇的话。广平镇有近万人口，位于大田县北边突出部，和三明市列东区，永安市、沙县、尤溪县都有邻界，并有公路相通，是五个县市（区）边界的商品集散地。

和大田后路话连片相通的还有尤溪县的新桥话，通行于尤溪县西部的池田（旧称新桥）、管前、八字桥三个乡，永安市东部的槐南话，通行于槐南乡和青水乡的大部分地区，还有沙县南部的湖源话，通行于湖源乡。

这五个县市的十个乡镇，地处福建省中部的戴云山脉西侧，是海拔500米上下的中低山地，面积1400多平方公里，人口14万余。在历史上，这一带大体是明代尤溪县所属的第41—50都。今永安境内的两个乡是当时的41—43都，景泰三年（1452年）划归新置的永安县；今大田境内的四个乡镇是当时的44—48都，嘉靖十四年（1535年）划归新置的大田县；今尤溪境内的三个乡是当时的49—50都，一直属尤溪县管辖。沙县境内的湖源乡，据说是后来开发的山村。正因为有四五百年前的共同历史，后来虽然分属不同的县，总是继续有往来的，这一带的话大体还能相通，但是由于长时间的行政分离，加上经济落后、交通阻隔，各地小方言之间也造成了不小的差异。把本文的材料和本书的另一篇《尤溪县内的方言》一文所提供的新桥话材料加以比较，就可看出明显的差异来。

和尤溪城关话一样，广平话无疑地也属于闽方言，但是把它归在闽方言的五个小区中的哪一区都是不合适的。总的说来，它兼容了大田（前路）话、永安话和尤溪话的一些特点，也有一些自已独有的成分，不论是大田（前路）话、尤溪话或是永安话，都和它不能相通，具体地说，它是闽南方言和闽中方言过渡地带的一种混合型方言。

本文是广平话的调查报告，在介绍广平话的声韵调系统、连读变调和小称音变之后，用556个单字音和288条常用方言词语和大田、永安、尤溪的城关话做比较，说明它的混合性质。文中的材料是本人于1986年8月在大田县城调查得来的。发音合作人是在广平镇生长的廖乃根同志，当年23岁，在大田县奇韬中心小学任教。那次调查记录了2500个单字和1000条词语，整理并核对了同音字表。1987年2月整理成文时又请福建师范大学政教系85级郑昌成同学做过核对及补充。1986年调查时，江西师范大学中文系的万波同志参加了见习。

二 广平话的声韵调

（一）声母

广平话声母18个：

p 布盘步飞	p‘ 潘皮浮冯	b 母米味万	
t 到度知池	t‘ 体头抽锤	l 李笠女二	
ts 子精齐争	ts‘ 秋菜市昌	s 四时产生	
tʃ 周寨珍水	tʃ‘ 初春手树	ʃ 狮徐收受	dʒ 威鱼围微
k 贵跪金猴	k‘ 开轻骑柿	g 梅尾月禾	h 虚回废符
ø 秧芋舞衣			

说明：① b、g 在鼻化韵前变读为 m、ŋ。② ts、ts‘、s 和 tʃ、tʃ‘、ʃ 在齐齿呼和部分开口呼韵有对立。③ dʒ 的发音较弱。

（二）韵母

广平话韵母39个（不包括小称变韵）：

a 马家白策	ia 写车壁侠	ua 瓜沙箩辣	ya 靴蛇寄艾
ɒ 都木甲角	iɒ 秋油手柱		
ɛ 来开屎界	iɛ 立失直熟	uɛ 乖龟吠季	
o 歌高九猴	io 苗赵小巧		
ɯ 思歌刀落	iɯ 招笑尺药		
	i 买批齿笠	u 母姑旧浮	y 除虚开费
	iu 烧茄桥脚	ui 杯梅皮雪	
e 针真精曾		ue 孙裙恩船	
ɤ 东双种穷	iɤ 中龙荣熊		
ø 春近永根			

aŋ 贪担安万	iaŋ 尖煎战全	uaŋ 端汪方壮	yaŋ 川权建怨
ɔŋ 糖唱床江	iɔŋ 羊样养		
ŋ 秧黄影唔		uŋ 光讲糠园	
ɐ̃i 先店硬民	ĩu 张让想腔	uĩ 关犬顿县	yĩ 砖穿伸银
õ 单官姓网	iõ 山声盏铲		
ɐ̃ 三生青骂	iɐ̃ 正窗兄镜		

说明：①各元音韵均按实际音值标音，ia-iɒ/iɐ-iɤ-iɯ/io-iu/uɛ-ue-ui 都有明显差别和音位对立。② aŋ、uaŋ 中的 a 读为 a；iaŋ、yaŋ 中的 a 读为 æ。③ ŋ 可自由变读为 m，iũ 在郑昌成发音也可自由变读为 ium。

（三）声调

广平话声调五个（不包括小称变调）：

阴平	33	诗梯风边六入局读
阳平	24	时题红平鹅娘文云
阴上	52	使体古草女买有老
阳上	45	是弟父坐月麦白舌
去声	21	世对地共岸急缺社

说明：①阳上调实际上是 455，甚至比 52 调的 5 还高。②去声调实际发音较短，降的也不明显，近于 11。③古入声字派入上声、去声调后与舒声字声调无别，派入阴平调的字有时读得较短，如 3，但无喉塞，显然这类入声字是后来才归入阴平的，短促调是它残存的小尾巴。

三 广平话的两字组连读变调和小称音变

（一）两字组连读变调

广平话两字组连读时，不论结构形式如何，后字不变调，前字多数变调。前字变调类型有三种：

1. 平声和阳上（包括来自古浊声母入声字）在前，不论后字何调均变为 22。例如：

山东	ʃiõ$^{33/22}$tɤ^{33}	南山	laŋ$^{24/22}$ʃiõ^{33}	被单	p‘ui$^{45/22}$tõ^{33}
东南	tɤ$^{33/22}$laŋ^{24}	羊头	iɔŋ$^{24/22}$t‘o^{24}	户头	hu$^{45/22}$t‘o^{24}
风水	hɤ$^{33/22}$ʃy^{52}	红水	ɤ$^{24/22}$tʃy^{52}	户口	hu$^{45/22}$k‘o^{52}
山下	ʃiõ$^{33/22}$a^{45}	门户	guɐ̃$^{24/22}$hu^{45}	部下	pu$^{45/22}$a^{45}
收拾	ʃio$^{33/22}$ʃia^{33}	同学	tɤ$^{24/22}$hɒ^{33}	五十	gu$^{45/22}$sɒ^{33}

相信	siũ$^{33/22}$se^{21}	芹菜	k'ø$^{24/22}$ts'ɛ^{21}	限制	haŋ$^{45/22}$tʃi^{21}
天地	t'e$^{33/22}$ti^{21}	和尚	hɯ$^{24/22}$sɔŋ^{21}	被面	p'ui$^{45/22}$mei^{21}
东北	tɤ$^{33/22}$pɐ^{21}	牛角	gu$^{24/22}$kɐ^{21}	犯法	haŋ$^{45/22}$hɒ^{21}
立春	liɒ$^{33/22}$tʃ'ø^{33}	落雨	lɯ$^{45/22}$hu^{45}	合作	hɒ^{21}tsɐ^{21}
日头	liɐ$^{33/22}$t'o^{24}	药店	dʒiɯ$^{45/22}$teĩ^{21}	食药	ʃia$^{45/22}$dʒiɯ$^{33/22}$
籴米	tia$^{45/22}$bi^{52}	立夏	liɐ$^{33/22}$ha^{21}		

2. 阴上在前，不论后字何调均变为阳平 24。例如：

水东	tʃy$^{52/24}$tɤ^{33}	水下	tʃy$^{52/24}$a^{45}	水塔	tʃy$^{52/24}$t'a^{21}
水南	tʃy$^{52/24}$laŋ^{24}	水分	tʃy$^{52/24}$hue^{21}	水力	tʃy$^{52/24}$liɐ^{33}
水井	tʃy$^{52/24}$tsã^{52}	水垶$_{水路}$	tʃy$^{52/24}$tɒ^{21}		

3. 去声在前，按不同古音来源及后字调类有不同变调：古清去字逢平上声变阴平，逢去声变阳上；古浊去字逢平上声不变，逢去声变阴平；古清入字一律变为促调 5。例如：

四方	si$^{21/33}$huaŋ^{33}	大山	tua^{21}ʃiõ^{33}	福州	hɒ$^{21/5}$tʃiɒ
四围	si$^{21/33}$dʒy^{24}	大侬$_{大人}$	tua^{21}nɤ^{24}	竹床	tiɐ$^{21/5}$ts'ɔŋ^{24}
四两	si$^{21/33}$niũ^{52}	大水	tua^{21}tʃy^{52}	谷雨	kɒ$^{21/5}$y^{52}
四户	si$^{21/33}$hu^{45}	大舅	tua^{21}ku^{45}	接受	tsiɐ$^{21/5}$ʃiɒ^{45}
四十	si$^{21/33}$sɒ^{33}	大麦	tua^{21}/ma^{33}	福建	hɒ$^{21/5}$kyaŋ^{21}
四季	si$^{21/45}$kuɛ^{21}	大概	tua$^{21/33}$k'ɛ^{21}	七万	ts'iɐ$^{21/5}$baŋ^{21}
四面	si$^{21/45}$meĩ^{21}	大垶$_{路}$	tua$^{21/33}$tɒ^{21}	壁角	pia$^{21/5}$kɒ^{21}
四角	sl$^{21/45}$kɒ^{21}	大索$_{粗绳}$	tua$^{21/33}$sɯ^{21}	恶毒	ɒ$^{21/5}$tɒ^{33}

（二）小称音变

广平话的小称音变在闽方言中就所已知还是仅见的。发生这种小称音变的名词（部分用作量词）。这次调查中发现了一百多条。就其语义说，主要作用是“表小”或“指爱”，有时也用来把泛指转为特指或用来区别词义。其音变形式包括变调和变韵：凡原字是去声的变为阴上调，原字为其他声调的一律变为新调 351；原字韵头一般不变，韵腹为高元音或次高元音的变为次低元音，不论原字韵尾如何均变为鼻化韵。小称变韵共发现七个韵：ɛ̃，uɛ̃，ɐ̃，iɐ̃，õ，iõ，ø̃，其中 ɛ̃，uɛ̃，ø̃ 是单字音韵母表所没有的。以下按韵列举小称音变例词：

ɛ̃ 韵：鸡 ꜀ki——kɛ̃^{351} 小鸡儿　鞋 ꜁i——ɛ̃^{351} 小鞋　弟 ꜂ti——tɛ̃^{351} 小弟弟

芯$_{芽儿}$ ꜀se——sɛ̃^{351} 小芽儿　瓶 ꜁pe——pɛ̃^{351} 小瓶子　间 ꜀kẽi——kɛ̃^{351} 小房间

钳 ꜁k'ei——k'ɛ̃^{351} 小钳子　秤 tʃ'e꜄——tʃ'ɛ̃^{52} 小秤　竹 tiɐ꜄——tɛ̃^{52} 小竹子

滴 tiɐ꜄——tɛ̃^{52} 一小滴

uɛ̃ 韵：杯 ꜀pui——puɛ̃^{351} 小杯子　　尾 ꜂gui——ŋuɛ̃^{351} 小尾巴，末尾

盆 ꜀p'ue——p'uɛ̃^{351} 小盆儿　　船 ꜁tsue——tsuɛ̃^{351} 小船儿

犬 ꜂k'ue——k'uɛ̃^{351} 小狗儿　　孙 ꜀sue 孙子——suɛ̃^{351} 侄儿

嘴 ꜂tsuɛ——tsuɛ̃^{351} 小嘴儿　　妹 gui꜄——ŋuɛ̃^{52} 小妹子

袋 tui꜄——tuɛ̃^{52} 小衣兜儿　　钻 tsue꜄——tsuɛ̃^{52} 小锥子

岽$_{山头}$ lue꜄——luɛ̃^{52} 小山岗

ɐ̃ 韵：刀 ꜀tɯ——tɐ̃^{351} 小刀儿　　歌 ꜀kɯ——kɐ̃^{351} 小阿哥（爱称）

歌 ꜀kɯ——kɐ̃^{351} 山歌　　公 ꜀kɤ 祖父——kɐ̃^{351} 爷爷（爱称）

盅 ꜀tsɤ——tsɐ̃^{351} 小酒盅儿　　衫 ꜀sɐ̃ 上衣——sɐ̃^{351} 小童衣，苎麻做的小褂子

篮 ꜀nɐ̃——nɐ̃^{351} 小篮子　　把 ꜂pa 量词——pɐ̃^{351} 一小把

骹 ꜀k'a 脚，腿——k'ɐ̃^{351} 小腿儿，小啰喽　　索 sɯ꜄ 绳子——sɐ̃^{52} 小绳子

瓮 ɤ꜄——ɐ̃^{52} 小瓶子　　鸭 a꜄——ɐ̃^{52} 小鸭子

iɐ̃ 韵：车 ꜀ts'ia——ts'iɐ̃^{351} 小车子　　笏 ꜂lia 竹编晒物席子——niɐ̃^{351} 小晒器

鼎 ꜂tiã 铁锅——tiɐ̃^{351} 小铁锅　　兄 ꜀hiã——hiɐ̃^{351} 小哥儿（爱称）

尖 ꜀tsiaŋ 尖端——tsiɐ̃^{351} 末梢　　隻 tsia꜄ 鸟——tsiɐ̃^{52} 小鸟儿

镜 kiɐ꜄——kiɐ̃^{52} 小镜子

õ 韵：斧 ꜂pu——põ^{351} 小斧子　　牛 ꜁gu——ŋõ^{351} 小牛儿　　包 ꜀po——põ^{351} 小包儿

沟 ꜀ko——kõ^{351} 小沟渠　　锄头 ꜁t'y꜁t'o——꜀t'yt'õ^{351} 小锄头

腹肚 pɒ꜄꜂tɒ 肚子——pɒ꜄tõ^{351} 小肚子　　核 ꜀hɒ——hõ^{351} 小核儿

侬 ꜁nõ 人——nõ^{351} 小人儿$_{书}$　　芋 u꜄——õ^{52} 小芋子

裤 hu꜄——hõ^{52} 小裤子　　豆 to꜄——tõ^{52} 小豆子

iõ 韵：藨 ꜁p'iu 浮萍——p'iõ^{351} 小萍　　条 ꜁tiu——tiõ^{351} 一小条

桥 ꜁kiu——kiõ^{351} 小桥　　箱 ꜀siũ$_{菜畦}$——siõ^{351} 小畦

山 ꜀ʃiõ——siõ^{351} 小山包　　羊 ꜁iɔŋ——iõ^{351} 小羊儿

手 ꜂tʃ'iɒ——tʃ'iõ^{351} 小手儿　　钓 tiu꜄——tiõ^{52} 小钓钩

树 tʃ'iɒ꜄——tʃ'iõ^{52} 小树

ø̃ 韵：厨 ꜁ty——tø̃^{351} 小柜子　　豨 ꜂hy 猪——hø̃^{351} 小猪儿

番薯 ꜀huaŋ꜀ʃy——sø̃^{351} 淮山薯　　根 ꜀kø——kø̃^{351} 小根须

厝 tʃ'y꜄——tʃ'ø̃^{52} 小房子　　锯 ky꜄——kø̃^{351} 小锯子

广平话的小称音变应该是来自"囝"，"囝"是闽方言的基本词，指"儿子"，在广平话说 kiõ^{351}，在沿海各地闽方言里，"囝"常可用作名词的后缀以"表小，指爱"，在泉州一带读为 ã，在尤溪城关话变读为 ŋ，广平话把这个"囝"和小称名词（或量词）的后音节融合成一个音节，并且发生了变韵和变调罢了。

四 广平话的主要语音特点

（一）和多数闽方言共同的特点[①]

1. 古非组字今口语不少读为 p p‘ b 声母。例如：

飞 ꜀pui 腹 pɒᵓ 放 pɤᵓ 斧 ᶜpu 蜂 ꜀p‘ɤ 殕 ᶜp‘u 肺 p‘uɛᵓ 覆 p‘ɒᵓ
浮 ꜁p‘u 肥 ꜁puɛ 房 ꜁pɤ 吠 puɛᵓ 亡 ꜀baŋ 味 biᵓ 雾 buᵓ 万 baŋᵓ

2. 古知彻澄母字今口语多读 t t‘ 声母。例如：

追 ꜀tuɛ 拄 ᶜtu 昼 toᵓ 知 ꜀ti 竹 tiɐᵓ 抽 ꜀t‘iu 超 ꜀t‘io 畅 t‘iɤᵓ
拆 t‘iaᵓ 茶 ꜁ta 长 ꜁tɔŋ 杖 ꜃t‘iũ 虫 ꜁t‘ɤ 值 ꜀tɒ

3. 古並、定、澄、从、群等全浊声母字今多数读不送气清音，少数读送气清音。例如：

袍 ꜁po 步 puᵓ 便 piaŋᵓ 白 ꜃pa 饭 pũiᵓ 皮 ꜁p‘ui 抱 ꜃p‘ɯ 鼻 p‘iᵓ
池 ꜁ti 断 ꜃tuĩ 大 tuaᵓ 毒 ꜀tɒ 电 tiaŋᵓ 啼 ꜁t‘i 潭 ꜁t‘aŋ 读 ꜀t‘ɒ
朝 ꜁tio 肠 ꜁tɔŋ 重 ꜃tɤ 郑 tẽᵓ 直 tiɐᵓ 锤 ꜁t‘uɛ 柱 ꜃t‘iɒ 虫 ꜁t‘ɤ
曹 ꜀tso 存 ꜁tsue 在 ꜃tsɛ 集 ꜁tsiɐ 绝 ꜀tsiɐ 墙 ꜁ts‘iũ 娶 tʃ‘yaᵓ 贼 ts‘ɒᵓ
球 ꜁kiu 妗 ꜃ke 舅 ꜃ku 穷 ꜁kɤ 极 ꜀kiɐ 琴 ꜁k‘e 臼 ꜃k‘u 骑 ꜁k‘i

4. 古心、邪、生、书、禅等母字部分今读 ts ts‘ 声母。例如：

须$_{\text{胡～}}$ ꜀ts‘iu 醒 ᶜts‘ẽ 笑 ts‘iɯᵓ 饕 ꜁tsɯ 斜 ꜁ts‘ia 松 ꜁tsiɤ 生$_{\text{不熟}}$ ꜀ts‘ẽ 深 ꜀tʃ‘e
少 ᶜtʃiɯ 试 ts‘ɯᵓ 叔 tsiɐᵓ 常 ꜁ts‘ɔŋ 市 ꜃ts‘ɯ 树 tʃ‘iɒᵓ 勺 ᶜtʃ‘ia

5. 部分古匣母字今口语读为 k k‘ ø 声母。例如：

桦 ꜁kua 咸 ꜁kẽi 厚 ꜃ko 县 kuĩᵓ 含 ꜁kẽ 怀 ꜁kuɛ 滑 ꜀kuɛ 虹 ꜃k‘ue
环 ꜁k‘yaŋ 喉 ꜁o 黄 ꜁ŋ 后 ꜃o 下 ꜃a 红 ꜁ɤ 学 ꜃ɯ 盒 ꜀ɒ

6. 部分古庄组和喻母字今口语读为特殊声母。例如：

窗 ꜀t‘iẽ 锄 ꜁t‘y 筛 ꜀t‘ɛ 事 tɛᵓ 柿 ꜃k‘i 齿 ꜃k‘i 痒 ꜃tsĩu 翼 ꜀ʃiɐ
蝇 ꜁se 盐$_{\text{盐水渍}}$ sẽlᵓ 云 ꜁hue 雨 ꜃hu 远 ꜃huĩ

7. 古歌韵字今读部分为 ua，部分与豪韵混为 o。例如：

拖 ꜀t‘ua 箩 ꜁lua 我 ᶜgua 大 tuaᵓ 破 p‘uaᵓ 簸 puaᵓ 歌高 ꜀ko 螺牢 ꜁lo
菠包 ꜀po 左蚤 ᶜtso

8. 部分古止摄字今读韵腹为低元音 a 或 ɛ。例如：

纸 ᶜtsya 倚 ᶜdʒya 徛 ꜃k‘ya 寄 kyaᵓ 豸 ꜃t‘ua 蚁 ꜃hya 狮 ꜀ʃɛ 使 ᶜʃɛ

---

① 各地闽方言所表现的这些特点请参阅《闽语研究》，语文出版社，1991 年，此处不再罗列材料。

9. 古二等韵字逢牙喉音今读洪音。例如：

家 ꜀ka 甲 kɒ꜄ 界 kɛ꜄ 咬 ꜃ka 江 ꜀kɔŋ 角 kɒ꜄ 巧$_{\text{怪}}$ ꜂kʻa 限 ꜃haŋ

10. 部分古三等韵字今读混同一等字。例如：

楼 = 流 ꜁lo 狗 = 九 ꜂ko 堂 = 长 ꜁tɔŋ 桑 = 伤 ꜀sɔŋ

11. 部分古四等韵字今口语读洪音。例如：

齐 ꜁tsɛ 婿 sɛ꜄ 店 tẽi꜄ 天 ꜀tʻe 肩 ꜀kẽi 截 tsɒ꜄ 青 ꜀tsʻɐ̃ 锡 sɒ꜄

（二）和大田话相同的特点[①]

1. 古明、疑母字今读为 b g（逢鼻化韵变读为 m、ŋ）。例如：

例字	马	帽	庙	麦	棉	命	芽	五	饿	月	雅
广平	꜂ba	buɯ꜄	bio꜄	꜃ba	꜁meĩ	miẽ꜄	꜁ga	꜃gu	guɯ꜄	꜃gui	꜂ŋã
大田	꜂ba	꜀bɤ	꜀biɤ	꜂ba	꜁mĩ	miã꜄	꜁ga	꜂gu	꜀gɤ	꜂gue	꜂ŋã

2. 古泥、娘、来、日等母字今读多混为 l（逢鼻化韵为 n，闽南话同此）。例如：

	利赋二	立入	怒路	南篮	拦依$_{\text{人}}$	累蕊	良娘
广平	li꜄	꜀liɐ	lɒ꜄	꜁laŋ	꜁nõ	꜂luɛ	꜁niũ
大田	꜀li	le꜇	lu꜄	꜁laŋ	꜁laŋ	꜂lui	꜁liŋ

3. 部分古日、疑、影、以母字今读浊音（广平为 dʒ，大田为 z）。例如：

	热	如	闰	鹅	语	义	业	圆	养	预	音	约
广平	꜀dʒiɐ	꜁dʒy	dʒø꜄	꜁dʒya	꜂dʒy	dʒi꜄	꜀dʒie	꜁dʒyĩ	꜂dʒiɔŋ	dʒy꜄	꜀dʒe	dʒiɐ꜄
大田	zia꜇	꜁zi	zeŋ꜄	꜁zia	꜂zi	zi꜄	zia꜇	꜁ziŋ	꜂ziŋ	zi꜄	꜀zeŋ	zio꜇

4. 部分古匣、云、影等母字，今读与明、疑母相混，在广平读 g(ŋ) 声母，在大田读 b(m) 声母。例如：

	磨	梅	瓦	我	碗	畏	椀	王	运	话画	禾
广平	꜁gua	꜁gui	꜃gua	꜂gua	꜂ŋõ	gui꜄	꜂ŋuĩ	꜁guaŋ	gue꜄	gua꜄	꜁gui
大田	꜁bua	꜁bue	꜂bua	꜂bua	꜂muã	bui꜄	꜂muĩ	꜁buaŋ	bueŋ꜄	꜀bua	꜁bue

5. 古肴韵字今口语多读为 a 韵（闽东、闽南同此）。例如：

	脬	炒	胶铰	骹$_{\text{脚}}$	教	敲$_{\text{苦教切}}$	咬
广平	꜀pʻa	꜂tsʻa	꜀ka	꜀kʻa	ka꜄	kʻa꜄	꜃ka
大田	꜀pʻa	꜂tsʻa	꜀ka	꜀kʻa	ka꜄	kʻa꜄	꜃ka

① 这里说的大田话指以大田城关为代表的“前路话”，详细情况可参阅陈章太《大田县内的方言》，载《闽语研究》，语文出版社，1991 年。

6. 古蟹摄一二四等部分字今读 ɛ 韵（无元音韵尾）。例如：

	台	猜	害	蔡	拜	界	败	派	脐	婿
广平	꜁tɛ	꜀ts‘ɛ	hɛᵓ	ts‘ɛᵓ	pɛᵓ	kɛᵓ	pɛᵓ	p‘ɛᵓ	꜁tsɛ	sɛᵓ
大田	꜁tɛ	꜀ts‘ɛ	hɛᵓ	ts‘ɛᵓ	pɛᵓ	kɛᵓ	pɛᵓ	p‘ɛᵓ	꜁tsɛ	sɛᵓ

7. 古效摄一二等和流摄一等多数字今读为 o（或 ɔ）韵（无元音韵尾）。例如：

	到豆	灶奏	高沟	闹漏	牢楼	扫	豪侯
广平	toᵓ	tsoᵓ	꜀ko	loᵓ	꜁lo	soᵓ	꜁ho
大田	tɔᵓ	tsɔᵓ	꜀kɔ	lɔᵓ	꜁lɔ	sɔᵓ	꜁hɔ

8. 古阳声韵字今读不少混为 -ŋ 尾韵，韵类韵值相近。例如：

	范限项	堪刊/空	淹烟/央	尖煎	翻方	管广
广平	꜃haŋ	꜀k‘aŋ/꜀k‘ɤ	꜀dʒiaŋ	꜀tsiaŋ	꜀huaŋ	ᶜkuaŋ
大田	꜃haŋ	꜀k‘aŋ	꜀iaŋ꜀iɔŋ	꜀tsiaŋ	꜀huaŋ	ᶜkuaŋ

9. 古入声字一部分今读声调：清声母混入去声，浊声母混入阳上。例如：

	插	客	桌	尺	鳖	白	蜡	薄	石	篾
广平	ts‘aᵓ	k‘aᵓ	tɯᵓ	tʃ‘iɯᵓ	pieᵓ	꜃pa	꜃la	꜃pɯ	꜃ʃiɯ	꜃bi
大田	ts‘aᵓ	k‘aᵓ	tɤᵓ	ts‘ɤᵓ	piᵓ	꜃pa	꜃la	꜃pɤ	꜃tsɤ	꜃bi

（三）和永安话相同的特点①

1. 古章组多数字今读舌叶音声母 tʃ tj‘ ʃ，和精组多数字的 ts ts‘ s 有对立（但未全面对立）。例如：

	泻谢—舍射		习袭—实蚀		妻凄—吹炊		精晶—真贞		尖煎—詹毡	
广平	siaᵓ	ʃiaᵓ	꜀siɐ	꜀ʃiɐ	꜀ts‘i	꜀tʃ‘y	꜀tse	꜀tʃe	꜀tsiaŋ	꜀tʃiaŋ
永安	siɒᵓ	ʃiɒᵓ	ᶜsi	ᶜʃʅ	꜀ts‘i	꜀tʃ‘ye	꜀tsã	꜀ʃiã	꜀tsɛiŋ	꜀tʃɛiŋ

2. 古合口三等字今读多为撮口呼韵母，韵值也比较相近。例如：

	除厨	朱珠	取鼠	费废	胃位
广平	꜁ty	꜀tʃy	ᶜtʃ‘y	hyᵓ	dʒyᵓ
永安	꜁ty	꜀tʃy	ᶜtʃ‘y	ʃyiᵓ	yiᵓ

3. 有些古开口字今读也是相近的撮口呼韵。例如：

	蛇	鹅	纸	寄	艾	豸	建健	献宪	砖专
广平	꜁ʃya	꜁dʒya	ᶜtʃya	kyaᵓ	dʒyaᵓ	꜃t‘ya	kyaŋᵓ	hyaŋᵓ	꜀tʃyĩ
永安	꜁ʃya	꜁ŋya	ᶜtʃya	kyaᵓ	ŋyaᵓ	꜃t‘ya	kyɛiŋᵓ	ʃyɛiŋᵓ	꜀tʃyɛiŋ

① 关于永安话的详细情况，可参阅本书《闽中方言》。

4. 古歌韵和铎韵逢见系今读多为 ɯ 韵或以 ɯ 为韵尾。例如：

	哥	科	课	饿	郭	鹤祸	落
广平	˛kɯ	˛k'ɯ	k'ɯ˞	gɯ˞	kɯ˞	ˤhɯ	ˤlɯ
永安	˛kɯ	˛k'ɯ	k'ɯ˞	ŋɯ˞	kɯ˛	ˤxaɯ	ˤlaɯ

5. 古宵韵和昔、药韵部分字今读多为 iɯ 韵。例如：

	招	照	少	尺	石	药	约猜
广平	˛tʃiɯ	tʃiɯ˞	˓tʃiɯ	tʃ'iɯ˞	ʃiɯ˞	ˤdʒiɯ	dʒiɯ˞
永安	˛tʃiɯ	tʃiɯ˞	˓ʃiɯ	tʃ'iɯ˛	ˤʃiɯ	ˤiɯ	iɯ˛

6. 古尤韵字今读有低元音韵腹。例如：

	抽	绸	刘	守	周	丘	油
广平	˛t'iɒ	˛t'iɒ	˛liɒ	˓ʃiɒ	˛tʃiɒ	˛k'iɒ	˛dʒiɒ
永安	˛t'iau	˛tiau	˛liau	˓ʃiau	˛tʃiau	˛k'iau	˛iau

7. 古入声字今读概无塞音韵尾。例如：

	答	业	笠	急	辣	杰	漆
广平	tɒ˞	˛dʒiɐ	ˤli	kie˞	ˤlua	˛kiɒ	ts'ɒ˞
永安	tɒ˛	ˤŋie	ˤli	ki˛	ˤlue	ˤke	ts'a˛
	出	脚	觉	百	壁	竹	
广平	tʃ'iɐ˛	kiu˞	kɒ˞	pa˞	pia˞	tiɐ˞	
永安	tʃ'yi˛	kiɯ˛	kɯ˛	pɒ˛	piɒ˛	ty˛	

8. 古去声字不论声母清浊今读皆为去声调（大田话也只有一个去声，但古浊去归阴平）。例如：

	带代	贵柜	镇定	冻洞	货贺	债寨	戏系	痹弊
广平	tɛ˞	kuɛ˞	te˞	tɤ˞	hɯ˞	tʃi˞	hi˞	pi˞
永安	ta˞	kyi˞	tã˞	taŋ˞	xaɯ˞	tsa˞	ʃi˞	pi˞

（四）和尤溪话相同的特点[①]

1. 古蟹摄二等部分字今读 i 韵，四等齐韵字今读则多为 i 韵（永安话齐韵不少读 i 韵，但二等韵未见）。例如：

	排	买	街	寨	鞋	矮	批	替	礼	齐	溪	系
广平	˛pi	˓bi	˛ki	tʃi˞	˛i	˓i	˛p'i	t'i˞	˓li	˛tsi	˛k'i	hi˞
尤溪	˛pi	˓mi	˛ki	tsi˞	˛i	˓i	˛p'i	t'i˞	˓li	˛tsi	˛k'i	hi˞

① 关于尤溪话的详细情况可参阅本书《尤溪县内的方言》。

2. 古三等入声韵不少字今读合并为音值相近的韵。例如：

	协	业	立历/日	执接积/质职		急桔/激	笔逼	集疾籍
广平	꜀hiɐ	꜀dʒiɐ	꜀liɐ	tsiɐ꜄	tʃiɐ꜄	kiɐ꜄	piɐ꜄	꜀tsiɐ
尤溪	꜀hie	꜀gie	꜀lie/꜀nie		tsie꜆	kie꜆/k‘ie꜆	pie꜆	꜀tsie

3. 古宕江摄部分字今读为ŋ（或uŋ）韵。例如：

	秧	唔不	荒	光	讲	糠	园
广平	꜀ŋ	ŋ꜄	꜀hŋ	꜀kuŋ	꜂kuŋ	꜀k‘uŋ	k‘uŋ꜄
尤溪	꜀ŋ	ŋ꜄	꜀hŋ	꜀ŋ	꜂ŋ	꜀hŋ	hŋ꜄

4. 古山摄阳声韵字今读多为鼻化韵，韵类相仿，韵值相近（大田话、永安话也有鼻化韵，音值音类相差较大）。例如：

	盘	满	炭	伞	肝	旱	边
广平	꜁põ	꜂mõ	t‘õ꜄	꜂sõ	꜀kõ	꜃mõ	꜀peĩ
尤溪	꜁pũ	꜂mũ	t‘ũ꜄	꜂sũ	꜀kũ	ũ꜅	꜀pẽ
	棉	慢	千	前	先	砖	穿
广平	꜁meĩ	meĩ꜄	꜀ts‘eĩ	꜁tseĩ	꜀seĩ	꜀tʃyĩ	꜀tʃ‘yĩ
尤溪	꜁mẽ	me꜅	꜀ts‘ẽ	꜁sẽ	꜀sẽ	꜀tsyø̃	꜀ts‘yø̃
	圆	关	犬	劝	翻	远	
广平	꜁dʒyĩ	꜀kuĩ	꜂k‘uĩ	k‘uĩ꜄	꜀huĩ	꜃huĩ	
尤溪	꜁yø̃	꜀kuẽ	꜂k‘uẽ	k‘uẽ꜄	꜀huẽ	huẽ꜅	

5. 部分古浊音声母入声字今读混入阴平调（在广平为少数字，在尤溪为多数字）。例如：

	拔	达	纳	合	别	值	杰	热
广平	꜀pɒ	꜀tɒ	꜀lɒ	꜀hɒ	꜀pie	꜀tiɐ	꜀kiɐ	꜀dʒiɐ
尤溪	꜀pa	꜀ta	꜀na	꜀ha	꜀pie	꜀tie	꜀kie	꜀ie

（五）广平话独有的特点

1. 古阳声韵各摄（深臻通三摄居多）不少字今读元音韵e、ue、ɤ、iɤ、ø。例如：

e：꜁pe 贫瓶　꜁te 沉陈尘藤程亭　꜁le 林姓鳞邻灵铃　꜀tʃe 针真珍贞
　꜀se 新心身星　꜂ke 锦紧景　꜁he 嫌行~动形

ue：pue꜄ 粪　꜀tue 墩钝　꜁lue 轮伦　꜁tsue 船存层　꜂sue 损笋　꜁kue 群裙
　꜀k‘ue 昆坤　꜀gue 浑文　꜀hue 痕魂云　꜀ue 恩温

ɤ：꜁pɤ 房棚缝　tɤ꜄ 冻栋洞　꜀tsɤ 宗终钟春　꜀sɤ 双松轻~　꜀kɤ 公工宫弓
　꜂kɤ 港　꜀hɤ 轰烘风丰封

iɤ：꜀tiɤ 中忠　t‘iɤ꜄ 畅　꜁liɤ 龙隆　꜁hiɤ 雄熊　꜁dʒiɤ 荣容绒　dʒiɤ꜄ 用

ø：꜂tsø 准　꜀ts‘ø 春　꜀kø 根巾斤筋　꜀k‘ø 禽勤芹　꜂dʒø 允永　dʒø꜄ 闰

2. 古效摄三四等部分字今读为 iu 韵。例如：

꜁p‘iu 漂瓢　꜁tiu 条调~和　t‘iu꜄ 粜　liu꜄ 尿料　tʃ‘iu꜄ 臭　꜀siu 烧

꜁kiu 桥　꜂hiu 晓

（六）广平话韵类分化的多种影响的混合状况举例

广平话音类的分化显然受到周围多种方言的影响而呈现着复杂的状况，与大田、永安、尤溪都有混同的。总体来看，阴声韵的韵腹、韵尾演变近于大田，四呼的韵头近于永安，声韵的演变近于大田、尤溪。今举若干韵摄的分化状况以见一斑，声母和声调的不同分化途径也可从中看出：

蟹摄	胎	改	袋	外	肺	队	排
广平	꜀t‘ɛ	꜂kɛ	tui꜄	gui꜄	p‘uɛ꜄	꜃tuɛ	꜁pi
大田	꜀t‘ɛ	꜂kɛ	꜀tue	꜁gue	he꜄	꜃tui	꜁pɛ
永安	꜀t‘a	꜂ka	ta꜄	uɒ꜄	ʃyi꜄	tui꜄	꜁pe
尤溪	꜀t‘ai	꜂kai	tø꜅	ŋuai꜄	hue꜄	t‘ui꜄	꜁pi
蟹摄	街	寨	税	废	慧		
广平	꜀ki	tʃi꜄	ʃy꜄	hy꜄	hy꜄		
大田	꜀ke	꜀tsa	sue꜄	he꜄	hui꜄		
永安	꜀ke	tse꜄	ʃye꜄	ʃyi꜄	ʃyi꜄		
尤溪	꜀ki	tsi꜅	ɕø꜄	hue꜄	hue꜅		
效摄	草	靠	飘	小	桥	椒	炒
广平	꜂ts‘o	k‘o꜄	꜀p‘io	꜂sio	꜁kiu	꜀tsiu	꜂ts‘a
大田	꜂ts‘ɔ	k‘ɔ꜄	꜀p‘iɔ	꜂siɔ	꜁kiɔ	꜀tsiɤ	꜂ts‘a
永安	꜂ts‘aɯ	k‘uɒ꜄	꜀p‘iɯ	꜂siɯ	꜁kiɯ	꜀tsiɯ	꜂ts‘o
尤溪	꜂ts‘au	k‘au꜄	꜀p‘iau	꜂sio	꜁kiau	꜀tsio	꜂ts‘a
效摄	教	糕	熬	笑	摇		
广平	ka꜄	꜀kɯ	꜁gɯ	ts‘iɯ	꜁dʒiɯ		
大田	ka꜄	꜀kɤ	꜁gɤ	siɔ꜄	꜁iɤ		
永安	ko꜄	꜀kɯ	꜁ŋɯ	ts‘iɯ꜄	꜁iɯ		
尤溪	kau꜄	꜀kɤ	꜁ŋɤ	ts‘io꜄	꜁io		
山摄	肝	旱	岸	万	鞭	电	献
广平	꜀kõ	꜂mõ	aŋ꜄	baŋ꜄	꜀piaŋ	tiaŋ꜄	hyaŋ꜄
大田	꜀kuã	꜃haŋ	gaŋ꜄	baŋ꜄	꜀piaŋ	tiaŋ꜄	hiaŋ꜄
永安	꜀xm	꜃m	ŋĩ꜄	m꜄	꜀pɛiŋ	tɛiŋ꜄	ʃyɛiŋ꜄
尤溪	꜀kũ	ũ꜅	ŋø̃꜅	uẽ꜅	꜀pieŋ	tieŋ꜅	hieŋ꜄

山摄	建	饭	犬	山	软
广平	kyaŋᵓ	puĩᵓ	ᶜk‘uĩ	꜀ʃiõ	ᶜneĩ
大田	kiaŋᵓ	꜀pueŋ	ᶜk‘iaŋ	꜀suã	ᶜnuĩ
永安	kyɛiŋᵓ	pmᵓ	ᶜk‘yɛiŋ	꜀sum	ᶜŋɛiŋ
尤溪	kieŋᵓ	pũᵓ	ᶜk‘uẽ	꜀sũ	ᶜnũ

五 广平话的词汇特点

（一）和多数闽方言共同的词汇

这里只举50条最常用的单音词为例，不仅大田、永安、尤溪说法相同，省内其他闽方言点也大多相同，各点说法可参阅本书《福建闽方言的一致性》一文，这里只标广平音。

厝 tʃ‘yᵓ（房子）	塍 ꜁ts‘e（水田）	薸 ꜀p‘iu（浮萍）	箬 ᶜliu（叶子）
箣 ᶜlia（晒物竹席）	粟 ts‘ieᵓ（稻谷）	硋 ꜁hui（陶瓷）	鼎 ᶜtiẽ（铁锅）
箸 tyᵓ（筷子）	索 sɯᵓ（绳子）	殕 ᶜp‘u（霉）	櫼 ꜀tsẽi（楔子）
翼 ꜀siɐ（翅膀）	囝 ᶜkiõ（儿子）	骹 ꜀k‘a（脚，腿）	鼻 p‘iᵓ（鼻子，鼻涕）
㘎 ᶜnõ（口水）	疕 ᶜp‘i（痂）	飡 ꜀tsi（飡巴）	馃 ᶜkui（糯米软糕）
曝 ᶜp‘ɒ（晒）	沃 ɒᵓ（浇）	囥 k‘ɔŋᵓ（藏）	筅 ᶜts‘eĩ（刷）
嗌 ꜁pue（吹）	敨 ᶜt‘o（解开）	徛 ᶜk‘ya（站立）	倒 ᶜtɯ（躺）
惊 ꜀kiẽ（怕）	跋 ᶜpua（跌）	颂 sɤᵓ（穿着）	炊 ꜀tʃ‘y（蒸）
铰 ꜀ka（剪）	挢 ᶜkiu（撬）	煠 ᶜsa（清水中煮）	解 ᶜi（会，能）
乌 ꜀u（黑）	光 ꜀kuŋ（亮）	悬 ꜁kuĩ（高）	细 siᵓ（小）
幼 dʒiɒᵓ（细，嫩）	过古禾切 ꜀kua（菜老）	齐在诣切 tsiᵓ（多）	䜴 ᶜtsiẽ（味淡）
焦 ꜀ta（干）	肥 ꜁puɛ（肥，胖）	泛 p‘ẽᵓ（不实）	模 teĩᵓ（硬实）
阔 k‘uaᵓ（宽）	狭 ᶜi（窄）		

（二）和大田话相同的词语

	广平	大田
天星星星	꜀t‘ẽi ꜀se	꜀t‘iŋ ꜀ts‘ã
河溪银河	꜁ha ꜀k‘i	꜁hɤ ꜀k‘e
昼前上午	toᵓ ꜁sẽi	tɔᵓ ꜁sĩ
边头旁边	꜀peĩ ꜁t‘o	꜀pĩ ꜁t‘ɔ
中间中间	꜀tiɤ ꜀kɤ	꜀tiɔŋ ꜀koŋ

	广平	大田
塗泥土	꜁t‘ɒ	꜁t‘u（尤溪同）
塗糜泥浆	꜁t‘ɒ ꜀gui	꜁t‘u ꜁bue
所在地方	꜂ʃiɒ ꜃tsɛ	꜂su ꜃tsɛ
物事东西	꜃gũi ti꜄	꜃bŋ ꜀ti
墓坟	bu꜄	bu꜄（尤溪同）
门隊门槛	꜁gũi ꜃tẽi	꜁buiŋ꜂ ꜃tĩ
岭级台阶	꜂niẽ k‘ɒ꜄	꜂niã k‘a꜆
电涂电池	tiaŋ꜄ ꜁t‘ɒ	tiaŋ꜄ ꜁t‘u
推刀刨刀	꜀t‘ui ꜀tɤ	꜀t‘ue ꜀tɤ（尤溪同）
棕蓑蓑衣	꜀tsɤ ꜀sui	꜀tsaŋ ꜀sui
蜡肥皂	꜃la	꜃la
面巾毛巾	meĩ꜄ ꜀kø	miŋ꜄ ꜀keŋ（尤溪同）
鼎鬲锅盖	꜂tiẽ ꜂kaŋ	꜂tiã ꜂kaŋ
竹笎晒衣竿	tiɐ꜄ uŋ꜄	to꜆ ꜀ŋ
铰剪剪子	꜀ka ꜂tseĩ	꜀ka ꜂tsĩ（尤溪同）
潘泔水	꜀p‘ue	꜀p‘ueŋ
番团火火柴	꜀huaŋ ꜂kiẽ ꜂hui	꜀huaŋ ꜂kã ꜂hue
衣裳	꜀i ꜁sɔŋ	꜀i ꜁sŋ
豨油猪油	꜂hy ꜁dʒiɒ	꜂hui ꜁iu
枹柚子	꜀p‘o	꜀p‘ɔ（尤溪同）
番黍玉米	꜀huaŋ ꜂si	꜀huaŋ ꜂se
鳖	pi꜄	pi꜄
油火萤萤火虫	꜁dʒiɒ ꜂gui ꜁dʒiẽ	꜁iu ꜂hue ꜁iã
罗蟹螃蟹	꜁lo ꜃hi	꜁lɔ ꜃he
鱼鳅泥鳅	꜁dʒy ꜀ts‘iɒ	꜁hi ꜀ts‘iu
豨豭种猪	꜂hy ꜀ka	꜂hui ꜀ka
豨母母猪	꜂hy ꜂bu	꜂hui ꜂bɤ
蚨蝇苍蝇	꜁hu ꜁se	꜁hu ꜁seŋ（尤溪同）
隻鸟	tʃia꜄	tsia꜆ ꜂ã（尤溪同）
侬人	꜁nõ	꜁laŋ（尤溪同）
阿公（祖父，公公）	꜀a ꜀kɤ	꜀a ꜀koŋ
阿妈祖母，婆婆	꜀a ꜂mẽ	꜀a ꜂ba

	广平	大田
丈夫 男人	꜃tiũ ꜀pu	꜀teŋ ꜂bu（尤溪同）
作母 女人	꜀tsiɐ ꜂bu	tso꜆ ꜂bu（尤溪同）
面 脸	meĩ꜄	beŋ꜄（尤溪同）
目珠 眼睛	꜀bɒ ꜀tʃiɒ	꜀ba ꜀tsu（尤溪同）
目珠仁	꜀bɒ ꜀tʃiɒ ꜁nẽi	꜀ba ꜀tsu ꜁ziŋ（尤溪同）
腹肚 肚子	꜀pɒ ꜂tɒ	pa꜆ ꜂tu（尤溪同）
喙齿 牙齿	ts'iɐ꜄ ꜂k'i	ts'i꜄ ꜂k'i（尤溪同）
团衣 胎盘	꜂kiõ ꜀dʒy	꜂kiã ꜀ui
娶	ts'ya꜄	ts'ua꜄
有娠 怀孕	꜂dʒiɒ ꜀se	꜂iu ꜀seŋ
病团 害喜	pẽ꜄ ꜂kĩo	pã꜄ ꜂kiã（尤溪同）
拉尿床 尿床	꜁la liu꜄ ꜁ts'ɔŋ	꜁la lio꜄ ꜁ts'ŋ
饲 喂	ts'ɯ꜄	ts'i꜄（尤溪同）
阏 闭眼	k'i꜄	k'i꜆
讲话	꜂kuŋ gua꜄	꜂kŋ ꜀ua（尤溪同）
看	k'õ꜄	k'uã꜄（尤溪同）
尝 吮，吻	꜃tsuĩ	꜀tsuiŋ
缝 动词	꜁pɤ	꜁pɤŋ
漉 涉水	lɒ꜄	la꜆（尤溪同）
挽 摘果子	꜃meĩ	꜂baŋ
援 背小孩	꜃ẽ	꜃iã（尤溪同）
睏 睡	k'ue꜄	k'ueŋ꜄
盐 以瞻切，腌	sẽi꜄	sĩ꜄（尤溪同）
撑 撑船	꜀t'ẽ	꜀t'ã（尤溪同）
否 坏	꜂p'ɛ	꜂p'ɛ
晏 迟，晚	ŋõ꜄	uã꜄（尤溪同）
缕 疲乏	꜂suĩ	꜂suiŋ
袯 松，不紧	nõ꜄	꜀loŋ
倩 美	ts'yaŋ꜄	ts'uaŋ꜄
恶 凶	ɒ꜄	o꜆（尤溪同）
枵（饿）	꜀dʒio	꜀iɔ（尤溪同）
溅 湿	꜁taŋ	꜁taŋ（尤溪同）

	广平	大田
报紧	꜁ẽ	꜁aŋ（尤溪同）
下低	꜃kia	꜃kia（尤溪同）
乃伙我们	꜂lɛ ꜂hua	꜂nã ꜂hue
汝伙你们	꜂li ꜂hua	꜂li ꜂hue
伊伙他们	꜂i ꜂hua	꜀i ꜂hue
蜀一	꜀ʃiɐ	꜃tse
领一床被	꜂niɐ̃	꜂niã
唔通别说	ŋ꜄ ꜀t‘ɤ	m꜄ ꜀t‘aŋ
那越说越多	꜂nɐ̃	꜂nã（尤溪同）
汝行打头你前点走	꜂li ꜁kiɐ̃ ꜂ta ꜁t‘o	꜂li ꜁kiã ꜂tã ꜁t‘ɔ
汝乞伊讲你告诉他	꜂li k‘i꜄ ꜂i ꜂kuŋ	꜂li k‘i꜄ ꜀i ꜂kŋ

（三）和永安话相同的词语

	广平	永安
起露起雾	꜂k‘i lɒ꜄	꜂k‘i sɒu꜄
霜冰冰	꜀sɔŋ ꜀pe	꜀sam ꜀pĩ
白日（头）白天	꜂pa ꜀liɐ ꜁t‘o	꜃pa ꜃ŋi
昼了下午	to꜄ ꜂liu	tø꜄ ꜂lo
冥昏（头）夜晚	꜁maŋ ꜀hẽi ꜁t‘o	꜁mõ ꜀hm
全工整天	꜁tsiaŋ ꜀kɤ	꜁tsɛiŋ ꜀kaŋ（大田同）
隻半月一个半月	tʃia꜄ põ꜄ ꜃gui	tʃiɒ꜆ pm꜄ ꜃ŋye
去年	k‘y꜄ ꜁nẽi	k‘ɯ꜄ ꜁ŋiɛŋ
墿路	tɒ꜄	tiɯ꜄
禾水稻	꜁gui	꜁ue（大田、尤溪同）
秆稻草	꜂kõ	꜂kum（尤溪同）
棉瓜丝瓜	꜁mẽi ꜀kua	꜁mɛiŋ ꜀kua（大田、尤溪同）
松柏蕊松球	꜁tsɤ pa꜄ ꜂luɛ	꜁tsam pɔ꜆ ꜂lui
糖蜂蜜蜂	꜁t‘ɔŋ ꜀p‘ɤ	꜁t‘am ꜀p‘aŋ（大田、尤溪同）
[illegible]蟑螂	꜃tsua	꜃tsuɔ
鹞婆老鹰	dʒiɯ꜄ ꜁pɯ	꜃ie ꜁paɯ（大田同）
纸鹞风筝	꜂tʃya dʒiɯ꜄	꜂tʃya iɯ꜄（尤溪同）
鸡公公鸡	꜀ki ꜀kɤ	꜀ke ꜀kaŋ（大田同）

	广平	永安
豨 猪	꜂hy	꜂k'yi（大田同）
信	se꜄	sɛiŋ꜄（大田同）
面盆 脸盆	mẽĩ꜄ ꜁p'ue	mɛiŋ꜄ ꜁puã
老兄 哥哥	꜂lɯ ꜀hiẽ	꜂laɯ ꜀ʃiõ
老弟 弟弟	꜂lɯ ꜃ti	꜂laɯ ꜃te（大田同）
老妹 妹妹	꜂lɯ gui꜄	꜂laɯ mue꜄（大田同）
婿郎 女婿	sɛ꜄ ꜁lɔŋ	sa꜄ ꜁lam（大田、尤溪同）
脰颈 脖子	to꜄ ꜂kẽ	t'ø꜄ ꜂kiõ
头发	꜁t'o pui꜄	꜁t'ø pue꜆（尤溪同）
嘴老 嘴巴	꜂tsuɛ ꜂lɯ	꜂tse ꜂laɯ
热痱 痱子	꜀dʒya puɛ꜄	꜃ŋya pui꜄（大田同）
遮 盖被子	꜀tʃia	꜀tʃiɒ（大田同）
啼 哭	꜁t'i	꜁t'e（尤溪同）
脱 脱衣	t'ɒ꜄	t'ue꜆
□□ 忘记	꜀lɯ ꜀pa	꜁lo ꜀po
嬉 玩儿	hy꜄	꜀k'y（大田同）
急 生气	kiɐ꜄	ke꜆
济工 帮忙	tsɛ꜄ ꜀kɤ	tse꜄ ꜀kaŋ
增 粥稀	꜀tse	꜀tsã
香	꜀hiũ	꜀ʃiam（尤溪同）
烈 快	lia꜄	liɒ꜆
⿸疒衰 瘦	꜀ʃy	꜀sø（尤溪同）
菩 一朵花	꜁pu	꜁pu（大田、尤溪同）
张 一张桌子	꜀tiũ	꜀tiam
隻 一个人，一个蛋	tʃia꜄	tʃiɒ꜆
唔敢 别去	ŋ꜄ ꜂kɔŋ	aŋ꜄ ꜂kam

（四）和尤溪话相同的词语

	广平	尤溪
饭饮 米汤	pũi꜄ ꜂aŋ	pũ꜅ ꜂aŋ
翼股 翅膀	꜀siɐ ꜂ku	꜀sie ꜂ku
前底 外面	꜁tseĩ ꜂ti	꜁sẽ ꜂ti
后底 里面	꜃o ꜂ti	au꜅ ꜂ti

	广平	尤溪
灶间 厨房	tsoᵓ ꜀kẽi	tsauᵓ ꜀kĩ（大田同）
屎坑 茅坑	ᶜsɛ ꜀k'ɛ̃	ᶜsai ꜀k'ã
桌床 桌子	tɯᵓ ꜁ts'ɔŋ	tɤ꜄ ꜁ts'oŋ
炊楻 蒸笼	꜀tʃ'y ꜁huŋ	꜀ts'ø ꜁hŋ（大田同）
齿刷 牙刷	ᶜk'i soᵓ	ᶜk'i suo꜄
大银 银元	tuaᵓ ꜁dʒyĩ	toᵌ ꜁ŋɤŋ
蚕虫 蚕	꜁ts'eĩ ꜁t'ɤ	꜁tsaŋ ꜁t'ɤŋ
壁婆 蝙蝠	piᵓ ꜁pɯ	꜀pe ꜁pɤ
犬母 母狗	ᶜk'uĩ ᶜbɯ	ᶜk'uẽ ᶜmɤ（大田同）
鼠鼠 兔子	ᶜtʃ'y ᶜtʃ'y	ᶜts'y ᶜts'y（大田同）
老公 丈夫	ᶜlɯ ꜀kɤ	lauᵌ ꜀kɤŋ（大田同）
老妈 妻子	ᶜlɯ ᶜba	lauᵌ ᶜma（大田同）
阿使 女儿	꜀a ᶜʃe	꜀a ᶜsai（大田同）
喇狸 麻脸	꜁la ᶜli	꜀la ᶜle
曲驼 蛇背	k'ɒᵓ ꜁lo	꜁k'ɤ ꜁tɤ（大田同）
病哑 哑巴	pẽᵓ ᶜa	pãᵌ ᶜa（大田同）
勘 向	k'aŋᵓ	k'aŋᵓ
唾 吐口水	t'uiᵓ	t'uiᵓ
赶 追	ᶜkaŋ	ᶜkaŋ
晓（得） 知道	ᶜhio	ᶜhio.te
□ 端，拿	꜀k'ia	k'ia꜄
打墘 种地	ᶜta ꜁ts'ẽi	ᶜta ꜁ts'iŋ（大田同）
清 寒冷	ts'eᵓ	ts'iŋᵓ（大田同）
洞 稠	꜀kiɐ	꜀ko
各自 自己	kɒᵓ tsiᵓ	kɤ꜄ tseᵌ
百七五 一百七十五	paᵓ ts'iɐᵓ ᶝgu	pa꜄ ts'ie꜄ ŋũᵌ
头 一只坟子	꜁t'o	꜁t'au
□ 一座房子	ᶝp'ia	꜀p'a

（五）广平话独有的词语（为节约篇幅，大田、尤溪、永安均不标音）

石盾 柱下石	ᶝʃiɯ ᶜtue	（大田：柱珠；尤溪：柱头石；永安：柱磉）
火薰空 烟囱	ᶜhui ꜀hue ꜀k'ɤ	（大田、尤溪、永安：烟筒）
鼎□ 锅铲	ᶜtiɛ̃ ᶝliu	（大田：铁甲；尤溪：鼎匙）

调团$_{\text{调羹小称}}$	t‘iõ[351]	（大田：瓢羹；尤溪、永安：调羹）
墨盘$_{\text{砚台}}$	꜀bɒ ꜁põ	（大田、尤溪：砚，永安：墨碗）
倚椅$_{\text{交椅}}$	꜂dʒya ꜂i	（大田：交椅，尤溪、永安：椅）
暖瓶$_{\text{热水瓶}}$	꜂nuĩ ꜁pe	（大田：茶罐，尤溪：茶壶，永安：滚水壶）
信壳$_{\text{信封}}$	se꜄ k‘ɒ꜄	（大田：信封，尤溪：批袋，永安：信袋）
推$_{\text{抽屉}}$	꜀t‘ui	（大田：厨屉团，尤溪：屉，永安：桌厨）
雪豆$_{\text{豌豆}}$	sui꜄ to꜄	（大田、尤溪：荷兰豆）
西红柿	꜀si ꜁ɤ ꜃k‘i	（大田：番柿，尤溪：番茄，永安：洋茄）
□水$_{\text{开水}}$	p‘a꜄ ꜂tʃy	（大田：开水，尤溪：滚汤，永安：滚水）
麻椒$_{\text{辣椒}}$	꜁ba ꜀tsiu	（大田、尤溪：番椒，永安：胡椒鼻）
□□□$_{\text{蛤蟆}}$	tso꜄ ꜀ki ꜁lɒ	（大田：隻蜍，尤溪：鸡母孵，永安：黄鸡嫲）
头颅$_{\text{脑袋}}$	꜁t‘o ꜁lo	（大田、永安：头壳，尤溪：头）
面颊$_{\text{脸}}$	mẽi꜄ ꜀ko	（大田：隔沟，尤溪、永安：面嘴）
师伯公$_{\text{道士}}$	꜀ʃɛ ꜃pa ꜀kɤ	（大田：师公，尤溪：师爸，永安：南魔）
发颤寒$_{\text{发虐子}}$	pui꜄ tsø꜄ ꜀kõ	（大田：发寒，尤溪：畏清，永安：成寒烧）
腹肚拉$_{\text{泻肚子}}$	pɒ꜄ ꜂tɒ ꜁la	（大田：病漏屎，尤溪：泻肚，永安：腹泻）
斗骂$_{\text{吵、嘴}}$	to꜄ mẽ꜄	（大田、尤溪：相骂）
□$_{\text{丢失}}$	꜁kio	（大田：无去，尤溪：꜀kau，永安：盪罢）
嘴老焦$_{\text{口渴}}$	꜂tʃuɛ ꜂lɯ ꜀ta	（大田：喙燋，尤溪：喙渴，永安：嘴燋）
寻$_{\text{找}}$	ts‘yĩ꜄	（大田、尤溪：捭，永安：捞）
□$_{\text{扔石子}}$	꜀te	（大田：贡，尤溪：献，永安：꜀pɛiŋ）
赵$_{\text{跑}}$	꜁ts‘ɔŋ	（大田、尤溪：走）
逃$_{\text{躲}}$	꜁tɯ	（大田：bi꜄，尤溪 ma꜆，永安 ꜃ma）
准$_{\text{想}}$	꜃tsø	（大田、尤溪、永安：想）
□$_{\text{拧毛巾}}$	tsɒ꜄	（大田：转，尤溪：旋，永安：束）
好嬉$_{\text{可爱}}$	꜂hɯ hy꜄	（大田、永安：得依惜，尤溪：好 t‘iɤ̃꜄）
闲$_{\text{忙}}$	꜁e	（大田、尤溪：无闲）
烧$_{\text{暖和}}$	꜀siu	（大田、尤溪、永安：暖）
赧$_{\text{丑陋}}$	꜂laŋ	（大田：凶，尤溪：kieŋ꜅，永安：獃）
懒$_{\text{懒惰}}$	꜂luaŋ	（大田、尤溪：趟，永安：懒趟）
转$_{\text{头一回}}$	꜂teĩ	（大田：摆，尤溪：套，永安：回）
我	꜂gua	（大田、尤溪也说“我、汝、伊”，但我、汝为上
汝	꜂li	声，伊为阴平，永安说“我、汝、渠”都是阴平）

伊	ᶜi	
么□$_{\text{什么}}$	meĩᵓ ꜁dʒɛ	（大田：甚么，尤溪：什地，永安：啥货）
若何其$_{\text{什么}}$	luaᵓ ꜁kɛ	（大田：若齐，尤溪：何齐，永安：几多）
么侬$_{\text{谁}}$	meĩᵓ ꜁nõ	（大田：谁侬，尤溪：底侬，永安：何隻，是倍）
通去趔$_{\text{到处跑}}$	꜀tʻɤ kʻɒᵓ ꜁tsʻɔŋ	（大田：逐去了走，尤溪：成四边走）
㑚食格$_{\text{吃不得}}$	biᵓ ꜃ʃia. dʒɛ	（大田、尤溪：㑚食得，永安：食唔得）
伊比我固悬$_{\text{他比我高}}$	ᶜi ᶜpi ᶜgua koᵓ ꜁kuĩ	（大田、尤溪：伊比我恰悬，永安：渠比我悬）
蜀头行、蜀头讲$_{\text{边走边说}}$	꜀ʃiɐ ꜁tʻo ꜁kiẽ ꜀ʃiɐ ꜁tʻo ᶜkuŋ	（大田：那行那讲，尤溪：罔行罔讲，永安：边行边话）

六　余论

1984 年，我调查过海南岛的“迈话”，觉得把它归入哪种方言都不合适，后来，经过语音特征的比较，果然和海南闽方言、台山粤方言和抚州赣方言都各有一批共同点，很难分出主次，因此认为它是一种混合型方言。[①] 如果说迈话是几种大方言混合而成的话，广平话则是闽方言的几种小方言混合而成的。综观这两个混合型方言点的材料，我们可以看到混合型方言的一些特征：

1. 作为混合型方言，和同它相近的任何一种方言都是不能通话的。迈话和广平话都和参与混合的各方言不能通话，民间对该方言也另有名称。

2. 混合型方言的语言特征，不论是语音、词汇或语法各方面，都兼有几种方言的特点，而且难以确定何种方言的特点占有优势。如果诸多方言中某方言的特征占优势，自然可以认为是受该方言影响而造成的变异。

3. 混合型方言都是在一定的社会历史背景中形成的。例如迈话之所以兼有赣方言、粤方言、闽方言的特征是因为说迈话人“乃唐宋以来仕宦谪寓之裔”，谪寓的仕宦可能来自赣方言区和粤方言区的居多，因而具备了这两种方言的特点。海南闽方言则是本地通行的方言，必定有所参与。广平镇原是人口稀少的三县边界，其居民都是从附近几个县逐步迁徙来的，因而形成了一种兼有多种闽方言特征的混合型方言。

4. 混合型方言还往往有一定的地缘环境。由于地片相连、彼此交往而产生方言间的横向渗透。迈话所以具有不少海南闽方言的特征，显然是长期受到海南闽方言包围的结果。广平话的混合性质也由于广平人总还要与周围县份的人保持一定的联系。

① 参阅黄谷甘、李如龙《海南岛的迈话——一种混合型方言》，《中国语文》1987 年第 4 期。

法国语言学家梅耶的名著《历史语言学中的比较方法》曾写有“混合语”一章。但他说的混合语是受到方言影响的共同语或方言区的人说得不好的普通话。他也提到“借用的成分”多了也会改变语言的面目。至于两种语言的形态系统混合成另一种语言，他认为还没有发现过。[①] 在缺乏形态标志的汉语方言中，像迈话、广平话这样的方言，恐怕只有混合语才能得到最好的解释。

倘若混合语的概念是必要和适当的，应该如何为他界定？面对方言实际时如何识别？混合型方言都有哪些类型？都还有待于进一步的调查研究。

说明： 本文1987年在全国汉语方言学会第四届年会（舟山）上宣读，1994年修改定稿，收入《方言与音韵论集》，1996年在香港中文大学中国文化研究所出版。

① A. 梅耶《历史语言学中的比较方法》（第七章），岑麒祥译，科学出版社，1957年。

福鼎沙埕镇的闽南方言岛

一　概说

沙埕是福鼎县的一个镇，位于县东沿海沙埕港的南北岸，由几个半岛和小岛组成。镇区所在的半岛是和浙江省苍南县共有的。西北部是前岐乡，西部与店下乡连界。全镇人口近4万，镇区是个渔港，人口一万多。除镇区以外，人口密集的还有南镇、亩灶、台峰、大小白鹭、流江等16个行政村。全镇范围内除上黄岐、后山（2千多人）通行闽东方言，后港、澳腰（2千多人）通行莆田方言之外，都通行闽南方言，属泉州口音。和沙埕镇连界的前岐乡大部分村落和店下乡的部分村落也通行闽南话，如果连同接壤的苍南县闽南方言区算在一起，这个闽南方言大岛的人口多达几十万。沙埕港是个天然的避风港，向内陆延伸的水域又广，福鼎县政府所在地桐山镇和前岐、店下、白琳、点头等乡的驻地都在港湾附近。沙埕镇的渔业和造船业、海上运输业及商业在县内都具有举足轻重的地位，是县内经济较为发达的地区。

除了沙埕镇以及连片的前岐、店下乡之外，闽南方言在福鼎县境还分布于桐城镇（8000多人），叠石（1万多人）、贯岭（2万人）、管阳（5千人）、点头（3千多人）、白琳（3千多人）、硖门（2千人）、嵛山（4千多人）等乡镇，星星点点，断断续续，总人口达13万，约占全县人口的三分之一。加上这些地区的经济、文化较为发达，因此，这里的闽南方言和其他地方的闽南方言岛大为不同，在县内这一带的闽南话和城关的桐山话可谓势力相当。因为行政管辖的原因，桐山话是县内共通语，说闽南话的人绝大多数都兼通福鼎话（即桐山话，属闽东方言），非闽南话区的人也有些学会闽南话，会听的人更多。

据访问了解，闽南人迁居福鼎大都有十几代了，大略推算是在清朝初年，当时闽南地区人多地少，出洋的海路开开闭闭，生活无着。于是，捕鱼的沿海岸线北上在闽东、浙南沿海定居从事渔业捕捞和养殖，烧瓷的也因本土瓷土资源枯竭而转移北上继续旧业，也有人在闽东各地从事农业生产。由于地理位置处于入海的要冲，人口密集，经济实力较强，沙埕镇的闽南话实际上成了福鼎闽南话的中心，至今还完好地保留着闽南话的面貌，与闽南人完全可以通话，老中青之间的口音差异也不大。当然，不论新老派，都不可避免地受到福鼎闽东方言的一些影响。

1983 年 1 月中旬，我到沙埕做了十天的方言调查，同行参加见习的还有苏晓青、沙平两位同志。我们记录了沙埕闽南话老派的音，发音人是林金灿先生，当时已经七十多岁。因为工作繁忙，十几年过去了，这个点的材料一直还没有整理出来。1995 年撰写《福建双方言研究》一书时，觉得这个方言岛也是片状双方言区，类型上有相当的代表性，决定整理成一个概略的材料，以备了解福建省内双方言现象时的一方参考。

二　声韵调系统

（一）声母（含零声母 15 个）

p 布比	p‘ 破疕	（m）毛弥	b 墓米	
t 道抵	t‘ 吐耻	（n）怒耳	l 路里	
ts 助子	ts‘ 醋此		dz 热二	s 数死
k 故举	k‘ 库起	（ŋ）俄硬	g 吴义	h 护鱼
ø 芋以				

说明：b、l、g 和 m、n、ŋ 不对立，是互补关系。各与非鼻化韵、鼻化韵拼合。

（二）韵母（共 51 个）

a 巴教拍铰	ia 爹车蚁隻	ua 拖大沙阔
ɯ 猪鼠举鱼	i 基之比抵	u 雾舅裕珠
eu 邹谋斗否	iu 绸秋彪球	ui 吠屁水血
e 茶爬西册	ɯe 苧鸡笠塞	ue 花买杯八
o 哥好嫂索	io 茄少烧尺	
ɔ 布多左姑	ə 税螺袋雪	
ai 台屎菜爱		uai 歪怪拐坏
au 草偷豆九	iau 消条要小	
an 班曾甘参	ian 尖店展变	uan 端关番专
ən 恩斤勤银	ien 金新真音	un 分春军敦
aŋ 江东红双	iəŋ 兵丁经英	uaŋ 风
ɔŋ 公当农榜	iɔŋ 中凉伤凶	
m 姆唔	ŋ 汤霜光秧	
at 汁达踢八	iat 涩接协别	uat 绝夺决发
ət 溷（稠）	ieʔ 及日食获	ut 术物佛律

ɔk 独驳作国	iɔk 足略逐局	ak 北六角凿
ã 三妈相担	iã 惊听声兄	uã 盘弹蔴寒
ɔ̃ 我毛可老	ĩ 天青棉平	uĩ 梅横肩间
ãi 闲前奶	iũ 厂娘香洋	ũ 奴怒

说明：口语还有 ãʔ（ãʔ⁷ 凹陷）、ãiʔ、uãiʔ（拟声词）等韵，因字少未列。

（三）声调（共 7 个）

作为双音词前音节，各调普遍发生各自相同的变调。本调的调类、调值及变调调值如下：

调　类	阴平	阳平	上声	阴去	阳去	阴入$_{文}$	阳入$_{文}$
例　字	诗冬	时同	死董	四栋	是洞	识督	熟独
本调值	55	35	53	21	21	4	23
变调值	22	22	35	35	22	4	2

说明：①入声字白读失落塞音韵尾，阴入字归上声，阳入字归阳平。客 = 启、大伯 = 大把；白 = 爬、鞋头 = 狭头。②阴平、阳平、阳去变调在前混为同调，猪头 = 锄头 = 箸头；上声与阴去变调后亦混同：死依 = 四依、起车站 = 汽车站，但阴阳去单字调相同，连调后有别：四依 ≠ 是依。

三　主要语音特点

（一）保留了不少有特色的泉州音的音类和音值

泉州音是最古老的闽南音，后来形成的漳州音和它相比有许多不同。近百年来形成的厦门音则是泉州音、漳州音的混合。沙埕闽南话显然是泉州一带迁来的，泉州音与漳、厦音相异之处在这里都反映出来了。试看下表所对照：

例字	漳州音	厦门音	泉州音	沙埕音
居鼠举	i	u	ɯ	ɯ
猪去鱼	i	i	ɯ	ɯ
税吹火	ue	e	ə	ə
短袋螺	e	e	ə	ə
鸡洗替	e	ue	ue	ɯe
爬家牙	ɛ	e	e	e
瓜花画	ua	ue	ue	ue
斗侯头	ɔ	ɔ	io	io
章良向	iaŋ	iɔŋ	iɔŋ	iɔŋ

粮香张	iɔ̃	iũ	iũ	iũ
斤银殷	in	un	un	ən
平青坑	ẽ	ĩ	ĩ	ĩ
光酸钻	uĩ	ŋ	ŋ	ŋ
说月郭	ueʔ	eʔ	əʔ	əʔ
笠雪节过~	eʔ	ueʔ	ueʔ	ɯeʔ
风	ɔŋ	ɔŋ	uaŋ	uaŋ

上列例字中，沙埕音与今泉州音有别的有三个韵，也都与今漳、厦音明显有别。其中，“斤银”在今泉州市属的永春、安溪的某些乡间音有读 ən 的。在 1800 年出版的泉州话韵书《汇音妙悟》中原为“恩”韵，正是读 ən 的音，可见是 200 年前的旧泉州音。“鸡洗替”在今泉州音也已不读 ɯe，但在南安县乡间数十年前确实还有这种读音。我的老姑妈住在“芸尾街”附近，50 年前，我还从她的口中听到 [un^{2}bə^{3}kɯe^1] 的音。40 年前我在厦门大学就学时研究《汇音妙悟》，把其中的“鸡”韵拟为 [ɯe] 音，十年前在沙埕调查时第一次听到鸡韵读为 ɯe，终于找到了现实语言的例证，不觉为之一震。后来按照《汇音妙悟》所收例字逐一核对过，“鸡街改溪底苧替钗做节齐细洗鞋狭初切苦~”各字白读音没有例外地都读为 ɯe ～ ɯeʔ 的音。200 年前的古读竟然完好地保留在数百公里以外的方言岛里，实属意外。两年前，我到台湾访问时，又听闽南话研究者洪惟仁先生说他在台南县调查泉州腔时也听过同样的音，他一再嘱咐，要把沙埕音整理发表出来，今天终于如愿了。《汇音妙悟》的拟音终于可以完整地重现出来。

沙埕话确是泉州一带的移民带去的，以上材料是绝好的内证。

泉州音中又有一些小的方音差异。例如，晋江、惠安一带把 ɯ 韵字读为 i（如：举、去、鱼、资、雌、思），ə 韵字读为 e（如：果、火、坐、吹、袋、退）。从沙埕音的情况可以看出，泉州市东片沿海的这一片方音变异应只有 100 多年的历史，因为 200 年前迁去沙埕的还有许多是晋江、惠安一带的渔民，他们没有参与这个音变，因此能把《汇音妙悟》所记录的这些泉州音的重要特征保留下来。又，《汇音妙悟》里上声是分为阴、阳两调的，今晋江、惠安沿海也如此。在永春一带，则上声不分阴阳，浊上归入阳去，沙埕话也是这样的声调格局。这种情况可以说明，迁往沙埕去的闽南人中也有永春一带的先民。据发音人说，他的祖上就是永春迁来这里做生意的。永春县于清初雍正年间置“直隶州”，辖德化、大田两县。那一带除了盛产白瓷之外，还有许多人外出营商，素有“无永不成市”之说。说清初迁往福鼎去的泉州人中有永春一带的烧瓷制碗的手工业者和行商坐贾应是可信的。

（二）有些音值受到当地闽东方言的影响，并造成音类的合并

沙埕闽南话在闽东方言的穿插包围之中过了几百年，声母系统和声调系统并没有发生什么变化，可见，这个较大的方言岛还是比较稳固的，不太容易受影响，就语音系统说，数量较小的声母和声调是比较稳定的。至于韵母系统的变化则比较大，大概是因为闽东、闽南方言的差异集中表现在韵尾，其变化又集中在韵尾上。例如由于 -m、-p、-ʔ 三个韵尾的消失就发生了一系列韵类的合并。

am 并入 an：曾 = 针 tsan^{1}	干 = 甘 kan^{1}	叹 = 探 t‘an^{5}
iam 并入 ian：尖 = 煎 tsian^{1}	点 = 展 tian^{3}	兼 = 坚 kian^{1}
əm 并入 ən：参$_{洋\sim}$ sən^{1}	斤 kən^{1}	
im 并入 ien：心 = 新 sien^{1}	音 = 因 ien^{1}	锦 = 紧 kien^{3}
ap 并入 at：鸽 = 葛 kat^{7}	纳 = 力 lat^{8}	汁 = 札 tsat^{7}
iap 并入 iat：粒 = 烈 liat^{8}	劫 = 桔 kiat^{7}	协 = 穴 hiat^{8}
ip 并入 ieʔ：习 = 食 sieʔ^{8}	集 = 疾 tsieʔ^{8}	入 = 日 lieʔ^{8}
aʔ 并入 a：百 = 饱 pa^{3}	甲 = 绞 ka^{3}	煠 = 傻 sa^{2}
iaʔ 并入 ia：隻 = 姐 tsia^{3}	勺 = 邪 sia^{2}	页 = 爷 ia^{2}
uaʔ 并入 ua：煞 = 徙 sua^{3}	辣 = 箩 lua^{2}	割 = 剐 kua^{3}
oʔ 并入 o：鹤 = 河 ho^{2}	学 = 蠔$_{海蛎}$ o^{2}	阁 = 稿 ko^{3}
ioʔ 并入 io：药 = 摇 io^{2}	惜 = 小 sio^{3}	借 = 少 tsio^{3}
eʔ 并入 e：白 = 爬 pe^{2}	彻$_{干净}$ = 体 t‘e^{3}	格 = 假 ke^{3}
ueʔ 并入 ue：拔 = 培 pue^{2}	画$_{字\sim}$ = 鞋 ue^{2}	
uiʔ 并入 ui：血 = 毁 hui^{3}	□$_{破裂}$ = 围 ui^{2}	
əʔ 并入 ə：郭 = 果 kə^{3}	啄 = 短 tə^{3}	袜 = 糜 bə^{2}

然而，韵头也是稳固的。闽东有一整套撮口呼韵，桐山话可能正是受沙埕话的影响，全无撮口韵，只有 92 个韵母。

非韵尾的韵值受闽东方言影响而发生变化只发现四处：

əu ⟶ eu　钩邹谋否

in ⟶ ien　金音新真

福鼎桐山话是闽东方言中唯一没有撮口呼韵母的，连 -y 韵尾也改读为 i（下面例字中括号里的音是福州音）：

区 k‘i^{1}（k‘y^{1}）	锯 ki^{5}（køy^{5}）	除 ti^{2}（ty^{2}）	穷 kiuŋ^{2}（kyŋ^{2}）
献 hieŋ^{5}（xyɔŋ^{5}）	袋 tɔi^{6}（tɔy^{6}）	瘊 sɔi^{1}（søy^{1}）	中 tuŋ^{1}（tyŋ^{1}）
欲 ioʔ^{8}（yʔ^{8}）	缘 ieŋ^{2}（yoŋ^{2}）		

it ⟶ ieʔ　及集日食

ut ⟶ uot　佛术物律

əu 韵的字不多，是《汇音妙悟》中的钩韵，从今永春话 ə 的读法大约可推知 200 年

前应是 əu 音。eu 是闽东方言的读法，例如雕、调$_{\sim 和}$、楼。

泉州话的 in（宾）韵，本来的元音开口度较大，应是 [en]，今南安、惠安等地口音仍读此音。闽东方言的 i 是较高的元音：金 kiŋ^{1}、新 siŋ^{1}。二者结合起来恰是 ien。其相应的入声韵同理读为 iet，-t 弱化之后变为 -ʔ，于是成了 ieʔ。

（三）字音异读和连音变读在沙埕话和桐山话之间相互竞争，沙埕话略占优势

文白异读反映了方言语音发展过程中所叠置的不同历史层次的音，是反映方言的根本特征的。这种对应不易受别方言的影响。在沙埕闽南话中，尚未发现文白读的对应与泉州音有什么差异。

多音词内音节之间的连音变化也是方言语音系统中的深层的特征，不易受渗透。沙埕话连读变调的规律大多与泉州音相同，如阴阳去单字调无别，连调在前可分；阴入字在前不变，其余各调在双音组前字一概发生同样的变化，而不受后字调类的制约。所不同的只是沙埕话阴平、阳平连读后混同（与厦门话相仿），上声、阴去连读后也混同，这是大同中的小异。闽东方言的变调，一调在前可以有两种变法，各调类的变法按原调调型归纳为两组（参阅李如龙等《福州方言词典》，福建人民出版社，1994 年），这都和沙埕话的变调大不相同。

闽东方言有普遍的声母类化现象。双音连读时，后音的许多清音声母受前音节元音韵尾的影响而变为浊音，有一整套严密的规律（详情请参阅《福州方言词典》）。沙埕闽南话在 200 多年受包围之中，也没有全盘接受这一套声母类化规律，只是在某些双音词里受到渗透，开始反映这种规律的个别“扩散”。在我们调查的近千条词语中仅有以下数例：

普通话	沙埕话
茅坑	屎岩 sai^{3}ak^{8}（＜hak^{8}）
手电筒	手电 tsʻiu^{3}lian^{6}（＜tian^{6}）
火笼	火熥 ho^{3}laŋ^{1}（＜tʻaŋ^{1}）
肉铺	猪肉店 tɯ^{1}ieʔ^{8}（＜hieʔ^{8}）tian^{5}
豆腐乳	豆咸 tau^{6}ian^{2}（＜kian^{2}）
水烟筒	薰筒□ hun^{1}laŋ^{2}（＜taŋ^{2}）kʻɔk^{7}
萤火虫	白蚁龙 pe^{2}ia^{6}（＜hia^{6}）lieŋ^{2}

四 主要词汇特点

我们调查的词汇中，大量词条和现今的泉州话相同，此处不再列举。需要罗列的是以下各项：

（一）和现今闽南话说法不同，受闽东方言影响的词目（有的是多数闽东方言的说法，有的是福鼎桐山话的说法）

词目	沙埕话（同闽东话）	闽南话本来说法
斗笠	笠斗 lɯe^{2}tau^{3}	笠仔
镰刀	镰锲 lian^{2}kɯe^{3}	锲仔
柚子	老枹 lau^{6}p‘au^{1}	枹
老虎	老虎 lau^{6}hɔ^{3}	虎
蛇	老蛇 lau^{6}tsua^{2}	蛇
牲畜	头牲 t‘au^{2}sĩ^{1}	牲牲 tsiŋ^{1}sĩ^{1}
麻雀	麦鸟 be^{2}tsiau^{3}	粟鸟
旱烟	干薰 kan^{1}hun^{1}	厚薰
东西	乇 nɔ^{2}	物件
中午	日头昼 dzieʔ^{8}t‘au^{2}tau^{5}	日昼
清晨	起早 k‘i^{3}tsa^{3}	早起
下次	下轮 e^{6}lun^{2}	下摆
火柴	自来火 dzia^{2}hə^{3}	火擦
吊桶	拔桶 pue^{8}t‘aŋ^{3}	小桶
别针	别针 pieʔ^{8}tsan^{1}	针禀
蜡烛	洋烛 iũ^{2}tsieʔ^{7}	蜡烛
钞票	票 p‘io^{5}	纸字
铜板	铜片 taŋ^{2}p‘ĩ^{5}	铜镭
书本	书册 tsɯ^{1}ts‘e^{3}	册
信封	信壳 sien^{5}k‘ak^{7}	批壳
茄子	茄团 kio^{2}kã^{3}	茄
丝瓜	萝瓜 lo^{2}kue^{1}	暑瓜 ts‘ɯ^{3}kue^{1}
脖子	脰管 t‘au^{6}un^{3}	颔规
热水瓶	茶瓶 te^{2}pan^{2}	电瓶
开水	开水 k‘ai^{1}tsui^{3}	滚水
下饭菜	乇配 nɔ^{3}p‘ə^{5}	菜
炊烟	火烟 bə^{3}ian^{1}	火薰
丈夫	老公 lau^{6}kɔŋ^{1}	翁
妻子	老妈 lau^{6}ma^{3}	某
舅舅	外舅 ŋiã^{6}ku^{6}	引舅

舅母	外妗 ŋiã^{6}kien^{6}	引妗
眼泪	目汁 bak^{8}tsat^{7}	目屎
耳聋	臭耳聋 tsʻau^{5}hi^{6}laŋ^{2}	臭聋
柱石	磉子 sɔŋ^{3}tsi^{3}	柱珠、磉石
姑母	阿姐 a^{1}tsia^{3}	阿姑
眉	眉毛 bi^{2}mŋ^{2}	目眉
眉毛	眉眉 bi^{2}bai^{2}	目眉毛
鼻子	鼻头 pʻi^{6}tʻau^{2}	鼻 lɔk^{7}
（稀）鼻涕	鼻头水 pʻi^{6}tʻau^{2}tsui^{3}	鼻水
胎盘	团衣 kã^{3}ui^{1}	衣
锁	锁匙 so^{3}tsi^{2}	锁
钥匙	锁匙箸 so^{3}tsi^{2}tɯ^{6}	锁匙
煤油	洋油 iũ^{2}iu^{2}	涂油
案板	椹板 tien^{1}pan^{3}	椹
口吃	大舌 tua^{6}tsi^{2}	重句
打哈欠	擘喙 pe^{3}tsʻui^{5}	哈耳
出嫁	做新妇 tsɯe^{5}sien^{1}pu^{6}	做客
一个半月	月半日 ŋə^{2}puã^{5}dzieʔ^{8}	个半月
旁边	旁边 pɔŋ^{2}pĩ^{1}	边头
丢人	无面 bo^{2}mien^{6}	见笑
想	忖 tsʻun^{3}	想
跑	跳 tʻiau^{5}	走
舔	□ liat^{7}	舐
什么	甚乇 sən^{3}nɔ^{3}	甚物
搪瓷	硼 pʻieŋ^{21}	红毛硋
蝉	阿依 ã^{1}ĩ^{1}	奄埔蛴
（粥）稀	清 tsʻieŋ^{1}	漖
（粥）稠	洇 kət^{8}	涛
（菜）老	老 lau^{6}	过 kua^{1}
（山）低	矮 ɯe^{3}	下 ke^{3}
（绑得）松	松 saŋ^{1}	另 liŋ^{6}
舍不得	𫧃舍得 bue^{6}sia^{3}lieʔ^{8}	伓甘
乘凉	凉风 liɔŋ^{2}huaŋ^{1}	秋清

丑陋	生得歹 sĩ^{1}tieʔ^{7}p‘ãi^{3}	凶
能干	会做 ɯe^{6}tsɯe^{5}	势
(一)次	轮 lun^{2}	摆、过
曾去过	有去过 u^{6}k‘ɯ^{5}kə^{0}	有去着
不必(去)	唔使 m^{6}sai^{3}	唔免
不行	⿰舟会使得 bue^{6}sai^{3}lieʔ^{0}	⿰舟会做得、⿰舟会用得

(二)和现今泉州话说法不同,保留早期说法的(有的仍见于泉州市郊乡间)

词目	沙埕话(保留早期泉州话)	今泉州话
肥皂	蜡 la^{2}	雪文
蚕	娘囝 niũ^{2}kã^{3}	蚕、娘仔 [ã^{3}]
菠菜	红根菜 aŋ^{2}kən^{1}ts‘ai^{5}	菠伦菜
长工	长年 tŋ^{2}nĩ^{2}	长工
庄稼汉	作食侬 tso^{3}tsia^{2}laŋ^{2}	作田侬
怀孕	带娠 tua^{5}sien^{1}	大腹肚
左手	䆀手 bai^{3}ts‘iu^{3}	倒手
丈母娘	丈母姐 tiũ^{6}m^{3}tsia^{3}	丈母
我们	阮侬 gun^{3}laŋ^{2}	阮 gun^{3}
咱们	伯侬 lan^{3}laŋ^{2}	伯 lan^{3}
你们	您侬 lin^{3}laŋ^{2}	您 lin^{3}
他们	伊侬 i^{1}laŋ^{2}	𪜶 in^{1}
谁	底侬 tiaŋ^{2}	啥侬 siaŋ^{2}
一块钱	蜀个银 tsieʔ^{8}ge^{2}gən^{2}	蜀箍银
以往	往古 iŋ^{3}kɔ^{3}	往过
天天	工工 kaŋ^{1}kaŋ^{1}	逐日

(三)和现今闽南话说法不同,可能是方言创新或受其他方言影响的

词目	沙埕话	今泉州话
月亮	月光光 ŋə^{2}kɔŋ^{1}kɔŋ^{1}	月、月娘
旋风	转风 tsuan^{3}huaŋ^{1}	踅螺风
打闪	擦掣 ts‘ua^{3}ts‘i^{3}	掣擦
整天	全工 tsŋ^{2}kaŋ^{1}	归日
通宵	全冥 tsŋ^{2}mĩ^{2}	归暗
前天	前工 tsuĩ^{2}kaŋ^{1}	昨日 tsoʔ^{8}lit^{0}

明天	明起 mã^{2}k‘i^{3}	明旦 bin^{2}nã^{2}
今天	今旦 早起 kiã^{1}tsai^{3}	今旦 kin^{1}na^{2}
五分钟	蜀字钟 tsieʔ^{8}tsi^{6}tsieŋ^{1}	蜀个字
年成	时年 si^{2}nĩ^{2}	年冬
台阶	路级 lɔ^{6}k‘iat^{7}	级仔 k‘at^{7}la^{3}
天台	平台 pĩ^{2}tai^{2}	板棚
窗户	窗子 t‘aŋ^{1}tsi^{3}	窗仔 t‘aŋ^{1}ŋã^{3}
檩条	楹皮 ĩ^{2}p‘ə^{2}	楹仔
水泥	洋灰 iũ^{2}hə^{1}	坝灰、坝涂
锅铲	鼎托 tiã^{3}t‘u^{3}	煎匙
调羹	调羹 tio^{2}kieŋ^{1}	汤匙
牙杯	牙杯 ge^{2}pue^{1}	齿管
牙刷	牙刷 ge^{2}sut^{7}	齿抿
砚台	墨砚 bak^{8}hĩ^{6}	砚
蒸笼	炊床 ts‘ə^{1}ts‘ŋ^{2}	笼床
风筝	纸鹞 tsua^{3}hio^{6}	风吹
鸡毛掸子	鸡毛扫 kɯe^{1}mŋ^{2}sau^{5}	鸡毛筅
筷子筒	縻箸筒 mãi^{1}tɯ^{6}taŋ^{2}	箸笼
光洋	红洋银 aŋ^{2}iũ^{2}gən^{2}	番银
菢窝	孵窠 pu^{6}k‘u^{1}	做孵
公猪	公猪 kaŋ^{1}tɯ^{1}	猪公
雌猪	母猪 bu^{3}tɯ^{1}	猪母
狼	狼狗 lɔŋ^{2}kau^{3}	山狗
蝙蝠	壁婆 pieʔ^{7}po^{2}	日婆
松球	田柏卵 ts‘an^{2}pe^{3}lŋ^{6}	松柏蕾
玉米	番珠 p‘un^{1}tsu^{1}	番大麦
高粱	六月黍 lak^{8}gə^{2}sɯe^{3}	番黍
蚕豆	茴豆 hue^{2}tau^{6}	莲花豆
豌豆	软壳豆 nŋ^{3}k‘ak^{7}tau^{6}	荷兰豆
洋葱	番葱 huan^{1}ts‘aŋ^{1}	北葱
西红柿	西红柿 se^{1}aŋ^{2}k‘i^{6}	甘仔得
辣椒	辣茄 lua^{2}kio^{2}	番姜、番椒
香蕉	番蕉 hun^{1}tsio^{1}	芎蕉

泥水匠	泥水师 nẽ^{2}tsui^{3}sai^{1}	涂师
商人	生意侬 sieŋ^{1}i^{5}laŋ^{2}	生理侬
疯子	癫侬 tien^{1}laŋ^{2}	痟的
把兄弟	拜朋兄弟 pai^{5}pieŋ^{2}hiã^{1}ti^{6}	结拜兄弟
姨母	娘姨 ŋiã^{2}i^{2}/ 姨奶 i^{2}nẽ^{3}	阿姨
喉咙	喉咙管 ɔ^{2}nŋ^{2}kŋ^{3}	喉
泻肚	泄溜屎 ts‘ua^{3} liu^{1}sai^{3}	漏屎
发疟子	拍里长 p‘a^{3}li^{3}tiũ^{3}	着寒热
出天花	出珠 ts‘ut^{7}tsu^{1}	出况
麦芽糖	白糖团 pe^{2}t‘ŋ^{2}ka^{3}	麦芽糖
衣袖	手管 ts‘iu^{3}kŋ^{3}	手䘼
背心	背褡 pue^{6}ta^{3}	⿰衤甲仔
站着	徛着 k‘ia^{6}tio^{0}	徛嘞
揹（孩子）	背 pui^{1}	□ iãʔ^{8}
开玩笑	讲玩笑 kɔŋ^{3}man^{3}ts‘io^{5}	滚笑
撒谎	罔讲 bɔŋ^{3}kɔŋ^{3}	说白贼
赌咒	忏愿 ts‘an^{5}guan^{6}	咒誓
惭愧	歹神气 p‘ai^{3}sien^{2}k‘i^{5}	见笑
懒惰	贪惮 t‘an^{1}tuã^{6}	臭惮
（一）窝（蜂）	窠 k‘u^{1}	宿
怎么办	怎样终 tsiũ^{3}iũ^{6}tsiɔŋ^{1}	怎样创 tsiũ^{3}ts‘ɔŋ^{5}

五　沙埕话对福鼎桐山话的影响

由于闽南话在福鼎县内的分布地域广、人口多，沙埕话一方面作为方言岛势必受包围它的闽东方言的影响；另一方面，它对桐山话也发生了一定的反渗透。

语音方面的影响已如前述。在词汇方面，也可以举出一些常用词，桐山话的说法与闽南相同，而与闽东方言一般说法不同。试与福州话比较如下：

普通话	桐山话	福州话
上午	早起 tsa^{3}k‘i^{3}	早起头
地方	所在 su^{3}tsai^{6}	位处
剪刀	铰剪 ka^{1}tsiəŋ^{3}	铰刀
肥皂	蜡 la^{8}	胰皂

灰尘	埯埃 $iəŋ^{1}ia^{1}$	埯尘
瘦（肉）	赤 $ts‘iaʔ^{7}$	瘠
迟	晏 $aŋ^{5}$	迟
累	着力 $tie^{8}li^{8}$	弱
父亲	阿爸 $a^{1}pa^{1}$	依爹
祖母	阿妈 $a^{1}ma^{3}$	依妈
祖父	阿公 $a^{1}kuŋ^{1}$	依公
我们	我侬 $uɛ^{3}naŋ^{2}$	我各侬
你们	汝侬 $ni^{3}naŋ^{2}$	汝各侬
他们	伊侬 $i^{1}naŋ^{2}$	伊各侬
倒茶	停茶 $t‘iəŋ^{2}ta^{2}$	倾茶
拖鞋	鞋拖 $ɛ^{2}t‘ua^{1}$	鞋靸
银元	大银 $tua^{6}ŋiəŋ^{2}$	光番
外面	外爿 $ŋia^{6}piəŋ^{5}$	外斗
前面	前爿 $seŋ^{2}piəŋ^{5}$	前斗
后面	后爿 $au^{5}piəŋ^{5}$	后斗
坏	歹 mai^{3}	呆 $ŋai^{2}$
干净	清气 $ts‘iəŋ^{1}ŋi^{5}$	澈洁
湿	澉 $taŋ^{2}$	滥

前文已经提过，除了县内的闽南话之外，浙南的苍南、平阳、泰顺还有数十万人说闽南话。福鼎话受闽南话影响与这个大环境也有一定的关系。因为福鼎历来与浙南的交往是比较多的。过细地调查福鼎话，可以发现这类变异一定还有不少。正因为如此，福鼎话在闽东方言中是比较特殊而难于通话的一种。

说明： 本文材料是1983年调查记录的。1995年写成文，收入《福建双方言研究》（香港汉学出版社）。应该感谢创办汉学出版社的深圳教育学院深港语言研究所所长陈恩泉教授，他创办的“双语双方言”学术研讨论，在这个基础上出版了多本论文集（《双语双方言》）。是陈教授的约稿催生了本文。如今已过去近四十年了，沙埕闽南话一定又有许多变化，非常值得进一步调查研究。

福鼎澳腰莆田方言岛记略[①]

1983年1月间，我在闽东福鼎县沙埕镇调查那里的闽南方言时，听说沙埕湾南岸的两个自然村——属沙埕镇的澳腰村和后港村有2000多人说的是莆田话。我们顺便到实地对这个莆田方言岛做了粗略的调查（同行的还有参加见习的苏晓青、沙平两位）。经过访问了解，澳腰和后港人都是陆陆续续从莆田县的涵江镇一带迁来的，早的三四代了，迟的才第二代，现在同涵江老乡还时有往来。他们一般都能说三种话——桐山话、沙埕话、澳腰话。[②]桐山就是福鼎县城，桐山话是和福州话差异较大的一种闽东方言，沙埕话是近于泉州、永春口音的闽南方言岛，沙埕镇范围内，除澳腰话外，大多通行这种闽南方言。澳腰话是岛中之岛——闽南方言岛包围中的莆田话。澳腰人捕鱼为主，农业为辅，他们在家里都讲澳腰话，同外人交往则说沙埕话或桐山话。澳腰村比后港大，村里有完小。澳腰音可以作为这个方言的代表。我们的发音合作人是林明俦先生，当年60岁，初中文化程度，出生于澳腰，在桐山上过学，在沙埕等地当过会计和教员。我们用三天时间记完了两千个单字和七百条词语。从粗略的材料中可以看出，一个百把年历史的小方言岛在几种方言的包围之中，发生了很大的变化，但是，由于接触多，本地的闽南人和莆田人大体上都可以听得懂这种话。

以下先介绍澳腰话的声韵调及连读音变的规律，然后罗列一些有特色的方言词语。澳腰话还保留了哪些莆田话特点，和闽南话、闽东话有什么关系，可以从中看出来。

一　声韵调

（一）声母

1. 澳腰话有声母16个（零声母在内），它们是：p pʻm（b），t tʻn l，Ø k kʻŋ（g）h，ts tsʻ s dz。

---

① 本文承厦门大学教授黄典诚师审阅，赐正多处，特此致谢。

② 桐山话即福鼎县城关话，沙埕话近于永春话，澳腰话老底近于莆田话。关于福鼎、永春、莆田三点语音情况可参阅本书《福建闽方言的一致性》。

m、ŋ 常与鼻化韵鼻音尾韵相拼，b、g 则多拼纯元音韵，大体不对立。

2. 现就常用单音词举例如下（声调从略）：

p	布 po	步 po	排 pe	边 piŋ	北 pak	粪 puoŋ	斧 po
	吠 pui	孵 pu	饭 puẽ				
p‘	皮 p‘ue	赔 p‘ue	悲 p‘i	片 p‘ɛŋ	鼻 p‘i	麸 p‘ou	殕霉 p‘u
	否 p‘eu	匪 p‘i	浮 p‘u				
m/b	骂 mɔ̃	梅 mue	妹 muẽ	毛 mŋ	慢 mɛŋ	马 bɔ	无 bo
	买 be	尾 bue	袜 bue				
t	党 tɔŋ	店 tẽ	东 taŋ	猪 ty	甜 tiŋ	大 tua	茶 tɔ
	苎 tø	汝 ty	尿 tieu				
t‘	吞 t‘uoŋ	梯 t‘ai	窗 t‘iɔŋ	畅 t‘iɔŋ	柱 t‘iu	头 t‘au	绸 t‘iu
	啼 t‘i	杖 t‘iɔŋ	锄 t‘y				
n	奴 nu	女 ny	内 nue	南 naŋ	瓤 nŋ	让 niẽu	年 niŋ
	日 nik	润 nouŋ	岭 niã				
l	螺 lø	炉 lo	利 li	粒 lak	辣 lua	刘 lau	莲 lɛŋ
	论 luoŋ	狼 lɔŋ	闰 luoŋ				
ts	桨 tsiẽu	字 tsi	水 tsui	汁 tsɛʔ	纸 tsia	书 tsy	煮 tsy
	珠 tsou	脐 tsai	浊 tsɔk				
ts‘	草 ts‘au	菜 ts‘ai	浅 ts‘ɛŋ	笑 ts‘ieu	栖 ts‘e	厝 ts‘ou	鼠 ts‘y
	市 ts‘i	厂 ts‘iẽu	拭 ts‘ik				
s	四 si	三 sɔ̃	十 sɛ	洗 se	常 siɔŋ	坐 sø	蛇 sia
	薯 sy	餈 si	痒 siẽu				
dz	二 dzi	嚷 dziɔŋ					
k	哥 ko	鸡 ke	铰 kɔ	割 kua	肝 kũa	茄 kio	猴 kau
	咸 kiaŋ	汗 kuã	强 kiɔŋ				
k‘	去 k‘y	齿 k‘i	丘 k‘iu	缺 k‘ieʔ	窟 k‘uok	柿 k‘i	臼 k‘u
	环 k‘uaŋ	混 k‘uoŋ	菌 k‘uoŋ				
ŋ（g）	五 ŋɔ̃	耳 ŋi	聂 ŋia	吸 ŋik	验 ŋiaŋ	月 gue	鹅 gia
	外 gua	牛 gu	熬 go				
h	海 hai	虎 ho	岁 hue	肺 hi	晓 hieu	嫌 hiaŋ	鱼 hy
	罚 huak	园 huẽ	血 he				
Ø	腰 ieu	澳 o	鸭 ɔʔ	爱 ai	雨 y	我 ua	下 ɔ
	河 o	鞋 e	然 ɛŋ				

（二）韵母

1. 澳腰话有韵母 54 个，包括：

a ɔ o ø e i u y

ia ua io ue iu ui

eu ieu ai uai au

aŋ iaŋ uaŋ ɔŋ iɔŋ uoŋ ɛŋ ieŋ iŋ yŋ ŋ

ã ɔ̃ ø̃ ɛ̃ iã uã uẽ iẽu

ak iak uak ɔk iɔk uok ɛk ik

aʔ iaʔ uaʔ ɔʔ uoʔ ɛʔ ieʔ yʔ

2. 现就常用单音词举例如下：（声调从略，字后用小字标记文、白）

a	家 ka	早 tsa	白 pa	百 pa	夏 ha	坝 pa	渣 tsa
ia	夜 ia	瓦 hia	鹅 gia	靴 hia	姐 tsia	纸 tsia	食 sia
	坪 pʻia						
ua	花 hua	拖 tʻua	大 tua	沙 sua	带 tua	外 gua	倚 ua
	辣 lua	阔 kʻua					
ɔ	歌 kɔ	爬 pɔ	假 kɔ	稿 kɔ	考 kʻɔ	踏 tɔ	薄 pɔ
	格 kɔ	炒 tsʻɔ	饱 pɔ				
o	刀 to	过 ko	锁 so	姑 ko	祖 tso	芋 o	赐 so
	宝 po	郭 ko	落$_{\text{白}}$ lo				
io	借 tsio	锐 io	茄 kio				
e	西 se	初 tsʻe	鸡 ke	蔬 se	排 pe	世 se	挂 ke
	狭 e	八 pe	快$_{\text{白}}$ kʻe				
ue	锅 ue	火 hue	赛 sue	贝 pue	髻 kue	杯 pue	皮 pʻue
	吹 tsʻue	飞$_{\text{白}}$ pue	袜 bue				
i	米 bi	犁 li	味 bi	支 ki	知 ti	废 hi	离 li
	碟 ti	鳖 pi	舌 si				
u	苏 su	户 hu	次 tsʻu	私 su	牛 gu	有$_{\text{白}}$ u	
y	箸 ty	徐 sy	区 kʻy	注 tsy	书 tsy		
ø	螺 lø	袋 tø	退 tʻø	脆 tsʻø	雪 sø		
ui	腿 tʻui	雷 lui	碎 tsʻui	亏 kʻui	追 tui	飞$_{\text{文}}$ hui	
iu	鬚 tsʻiu	蛀 tsiu	绸 tiu	有$_{\text{文}}$ iu	留$_{\text{文}}$ liu		
eu	否 pʻeu	描 meu	亩 meu				
ieu	巧 kʻieu	标 pieu	条 tieu	歇 hieu	石 sieu		

ai	财 tsai	筛 t'ai	开$_{文}$ k'ai	婿 sai	狮 sai	
uai	乖 kuai	怀 huai	怪 kuai	拐 kuai	快$_{文}$ k'uai	
au	留$_{白}$ lau	爪 tsau	偷 t'au	喉 au	臭 ts'au	
aŋ	贪 t'aŋ	烂 laŋ	房 paŋ	葱 ts'aŋ	工 kaŋ	
iaŋ	尖 tsiaŋ	针 tsiaŋ	煎 tsiaŋ	声$_{白}$ siaŋ	言 ŋiaŋ	填 tiaŋ	欠 k'iaŋ
uaŋ	凡 huaŋ	团 t'uaŋ	关$_{文}$ kuaŋ	全$_{文}$ tsuaŋ	万 uaŋ	
ɔŋ	限 hɔŋ	暖 nɔŋ	员 ɔŋ	恩 ɔŋ	君 kɔŋ	帮 pɔŋ	亡 ɔŋ
	江 kɔŋ	公 kɔŋ	丰 hɔŋ				
iɔŋ	娟 kiɔŋ	良 liɔŋ	伤 siɔŋ	向 hiɔŋ	筐 k'iɔŋ	宫 kiɔŋ	用 iɔŋ
uoŋ	完 uoŋ	泉 tsuoŋ	船 suoŋ	痕 huoŋ	奔 puoŋ	往 uoŋ	终 tsuoŋ
	权 kuoŋ						
ɛŋ	蚕 ts'ɛŋ	镰 lɛŋ	森 sɛŋ	鞭 pɛŋ	连 lɛŋ	电 tɛŋ	陈 tɛŋ
	藤 tɛŋ	行$_{文}$ hɛŋ	灯 tɛŋ				
ieŋ	林 lieŋ	检 kieŋ	延 ieŋ	献 hieŋ	健 kieŋ		
iŋ	添 t'iŋ	品 p'iŋ	浸 tsiŋ	面 miŋ	圆 iŋ	民 miŋ	升 siŋ
	静 tsiŋ	声$_{文}$ siŋ	荣 iŋ				
yŋ	巾 kyŋ	勤 k'yŋ	绒 yŋ	雄 hyŋ	勇 yŋ		
ŋ	蒜 sŋ	汤 t'ŋ	缸 kŋ	园 k'ŋ	秧 ŋ	光 kŋ	
ã	拿 nã	争 tsã	柄 pã	井 tsã	静$_{白}$ sã	姓 sã	
iã	艾 hiã	线 siã	团 kiã	行$_{白}$ kiã	名 miã	惊 kiã	
uã	满 muã	单 tuã	烂 nuã	搬 puã	算 suã		
ɛ̃	奶 nɛ̃	泥 nɛ̃	店 tɛ̃	千 ts'ɛ̃			
uɛ̃	梅 muɛ̃	丸 uɛ̃	栓 suɛ̃	关$_{白}$ kuɛ̃			
ø̃	卵 nø̃	全$_{文}$ tsø̃	褪 t'ø̃	酸 sø̃			
ɔ̃	摸 mɔ̃	三 sɔ̃	柑 kɔ̃	馅 ɔ̃			
iẽu	娘 niẽu	张 tiẽu	让 niẽu	羊 iẽu			
ak	塌 t'ak	达 tak	角 kak	壳 k'ak	北 pak		
iak	协 hiak	薛 siak	穴 hiak	峡 k'iak	闪 siak		
uak	法 huak	末 muak	罚 huak	活 uak	挖 uak		
ɔk	磕 k'ɔk	作 tsɔk	啄 tɔk	木 mɔk	粟 ts'ɔk		
iɔk	略 liɔk	削 siɔk	着 tsiɔk	若 iɔk	竹 tiɔk		
uok	滑 kuok	绝 tsuok	说 suok	越 uok	出 ts'uok	酷 k'uok	
ɛk	笠 lɛk	热 tsɛk	或 hɛk	逆 ŋɛk	获 hɛk		

ik	集 tsik	急 kik	笔 pik	七 ts'ik	桔 kik	直 tik
aʔ	杂 tsaʔ	纳 naʔ	合 haʔ	答 taʔ		
iaʔ	夹 kiaʔ	獭 t'iaʔ	贴 t'iaʔ			
uaʔ	割 kuaʔ	阔 k'uaʔ				
ɔʔ	蜡 lɔʔ	插 ts'ɔʔ				
uoʔ	刷 suoʔ	卒 tsuoʔ	狱 ŋuoʔ			
ɛʔ	妾 ts'ɛʔ	劫 kɛʔ	涩 sɛʔ	切 ts'ɛʔ	贼 ts'ɛʔ	
ieʔ	接 tsieʔ	涉 sieʔ	别 pieʔ	阅 ieʔ	缺 k'ieʔ	
yʔ	褥 yʔ	玉 ŋyʔ	欲 yʔ			

（三）声调

澳腰话有七个声调，和沿海的闽方言一样是阴平、阳平、上声、阴去、阳去、阴入、阳入。古全浊上声字归阳去。阴入的白读混入阳去，阳入的白读混入阳平。各类调值和例字列举如下（文白读在例字后用小字注明）：

阴平	44	诗 si	猪 ty	单 taŋ	帮 pɔŋ				
阳平	24	时 si	除 ty	谈 taŋ	房 pɔŋ	食$_{白}$sia	白$_{白}$pa	拔$_{白}$pa	落$_{白}$lo
上声	45	死 si	汝 ty	感 kaŋ	榜 pɔŋ				
阴去	52	四 si	著 ty	探 t'aŋ	烫 t'ɔŋ				
阳去	31	是 si	箸 ty	淡 taŋ	浪 lɔŋ	郭$_{白}$kɔ	百$_{白}$pa	割$_{白}$kua	索$_{白}$so
阴入	4	识 sik	畜 hyʔ	塌 t'ak	索$_{文}$sok				
阳入	2	食$_{文}$sik	玉 ŋyʔ	达 tak	落$_{文}$lɔk				

此外，一些词缀和虚词还有轻声现象。轻声音节读得短而轻。

（四）连读音变

1. 莆田方言多音词的后音节声母往往发生与前字韵尾相类似的变化（即所谓声母的类化或称顺同化），前音节韵尾则受后音节声母的影响而变化（即逆同化）。在澳腰话里，这类现象也有所反映。例如：

烟筒$_{烟囱}$　　ian（＜ŋ）n（＜t）aŋ

边头$_{边上}$　　pin（＜ŋ）l（＜t'）au

但变化的范围比莆田话小得多，这可能是沙埕闽南话的影响，闽南话基本没有这种音变。

2. 澳腰话的连读变调也和莆田话有所不同。文读入声不变调，其余各调在双音词前音节时均发生同样的变调；三字组变调按二字组变调类推。双音词的后音节除读轻声外均不变调。各调变化规律如下：

阴平、阳平、阳去变调后为半低平调 22，例如：中心 tɔŋ$^{44-22}$siŋ^{44}，年头 niŋ$^{24-22}$tʻau^{24}，现时 hɛŋ$^{31-22}$si^{24}；

上声变调后混为阴平 44，例如：死人 si$^{45-44}$naŋ^{24}

阴去变调后混为阳平 24，例如：半冥 puã$^{52-24}$mã^{24}

二　词语

词语标音如有变音变调均标出，声调用数码表示调值，前码为本调，后码为变调。轻声不标调。小字注释是普通话的说法，括号中的音是音变前的本音。

（一）天文地理

日头$_{\text{太阳}}$ tik^{2}tʻau^{24}

月$_{\text{月亮}}$ gue^{24}

河溪$_{\text{银河}}$ o$^{24/22}$kʻe^{44}

天星$_{\text{星星}}$ tʻiŋ$^{44/22}$tsʻã^{44}

泄屎星$_{\text{流星}}$ tsʻua$^{31/22}$sai$^{45/44}$tsʻã^{44}

鸡母风$_{\text{旋风}}$ ke$^{44/22}$bu$^{45/44}$hɔŋ^{44}

风台$_{\text{台风}}$ hɔŋ$^{44/22}$tʻai^{44}

响雷公$_{\text{打雷}}$ hĩeu$^{45/44}$lui$^{24/22}$kɔŋ^{44}

瞋雷$_{\text{打雷}}$ tɛŋ$^{24/22}$lui^{24}

起风$_{\text{刮风}}$ kʻi$^{45/44}$hɔŋ^{44}

擦掣$_{\text{打闪}}$ tsʻua$^{31/22}$tsʻi^{24}

落雨$_{\text{下雨}}$ lo$^{21/22}$ho^{31}

雷雨$_{\text{雷阵雨}}$ lui$^{24/22}$ho^{31}

罩雺$_{\text{起雾}}$ tau$^{52/24}$mɔ̃^{24}

做旱天$_{\text{天旱}}$ tso$^{52/24}$haŋ$^{31/22}$tʻiŋ^{44}

好天$_{\text{晴天}}$ ho$^{45/44}$tʻiŋ^{44}

乌阴天$_{\text{阴天}}$ ɔ$^{44/22}$iŋ$^{44/22}$tʻiŋ^{44}

寒$_{\text{天冷}}$ kuã^{24}

烧暖$_{\text{暖和}}$ sio$^{44/22}$nɔŋ^{45}

清爽$_{\text{凉快}}$ tsʻiŋ$^{44/22}$sɔŋ^{45}

择$_{\text{道路}}$ to^{31}

山骹$_{\text{山下}}$ suã$^{44/22}$kʻɔ^{44}

暗沟$_{\text{阴沟}}$ aŋ$^{52/24}$kau^{44}

圾屑$_{\text{垃圾}}$ sak^{3}se^{45}

清水$_{\text{凉水}}$ tsʻiŋ$^{52/24}$tsui^{45}

龙雹$_{\text{雹子}}$ liɔŋ$^{24/22}$pau^{24}

共$_{\text{虹}}$ kʻɔŋ^{31}

涂糜$_{\text{烂泥}}$ tʻɔ$^{24/22}$muẽ^{24}

所在$_{\text{地方}}$ sɔ$^{45/44}$tsai^{31}

蚀日$_{\text{日食}}$ sik^{4}nik^{2}

（二）时间方位

时节$_{\text{时候}}$ si$^{24/22}$tse^{31}

旧底$_{\text{从前}}$ ku$^{31/22}$l（＜t）e^{45}

尾后$_{\text{以后}}$ bue$^{45/44}$au^{31}

今年冥$_{\text{今年}}$ kiŋ$^{44/22}$niŋ$^{24/22}$mã^{24}

旧年冥$_{\text{去年}}$ ku$^{31/22}$niŋ$^{24/22}$mã^{24}

前年冥$_{\text{前年}}$ sẽ$^{24/22}$niŋ$^{24/22}$mã

明年冥$_{\text{明年}}$ ma$^{24/22}$niŋ$^{24/22}$mã^{24}

年头$_{\text{年初}}$ niŋ$^{24/22}$tʻau^{24}

年尾$_{\text{年底}}$ niŋ$^{24/22}$bue^{45}

节季$_{\text{季节}}$ tse$^{31/22}$kui^{52}

二九冥$_{\text{除夕}}$ ti$^{31/22}$kau$^{45/44}$mã^{24}

冬节$_{\text{冬至}}$ taŋ$^{44/22}$tse^{31}

昨晡早 昨天 sɔk^{2}pɔ$^{44/22}$tsɔ^{45}

前日 前天 sẽ$^{24/22}$tik^{2}

今旦 今天 kyn（＜ŋ）$^{44/22}$n（＜t）uã^{52}

复早 明天 hɔŋ（＜k）$^{24/22}$n（＜ts）ɔ̃^{45}

后日 后天 au$^{31/22}$tik^{2}

日时 白天 tik^{4}si

冥昏头 晚上 mã$^{24/22}$（h）uẽ$^{44/22}$l（＜t‘）au^{24}

半冥 半夜 puã$^{52/24}$mã^{24}

起早 清早 k‘i$^{45/44}$tsɔ^{45}

早起头 上午 tsɔ$^{45/44}$（k‘）i$^{45/44}$l（＜t‘）au^{24}

日头昼 中午 tik^{2}t‘au$^{24/22}$tau^{52}

下昼头 下午 ɔ$^{31/22}$l（＜t）au$^{52/24}$l（＜t‘）au^{24}

暗墘 傍晚 aŋ$^{52/24}$ŋ（＜k）iŋ^{24}

蜀字钟 五分钟 tsiɔk^{2}tsi$^{31/22}$tsiɔŋ^{44}

顶里舲 上头 tɛŋ$^{45/44}$li$^{45/44}$m（＜p）ɛŋ^{24}

下底舲 下头 ɔ$^{31/22}$le$^{45/44}$m（＜p）ɛŋ^{24}

蜀下囝 一会儿 siɔk^{2}ɔ$^{31/22}$kiã^{45}

工工 每天 kaŋ$^{44/22}$kaŋ^{44}

底舲 里边 ti$^{45/44}$pẽ^{24}

外舲 外边 gua$^{31/22}$pẽ^{24}

边头 旁边 piŋ$^{44/22}$l（＜t‘）au

黄历头 黄历 ŋ$^{24/22}$lik^{2}t‘au^{24}

（三）房屋建筑

厝 房子 ts‘o^{52}

房间 屋子 paŋ$^{24/22}$kẽ^{44}

门隊 门槛 muẽ$^{24/22}$tẽ^{31}

坎步级 台阶 k‘aŋ$^{45/44}$po$^{31/22}$k‘ik^{4}

厝顶脊 屋脊 ts‘o$^{52/24}$tɛŋ$^{45/44}$tsik^{4}

檐尾 屋檐 iam（＜ŋ）$^{24/22}$bue^{45}

窗门 窗户 t‘ɔŋ$^{44/22}$muẽ^{24}

平台 天台 pã$^{24/22}$tai^{24}

柱 柱子 t‘iu^{31}

柱子 柱下石 t‘iu$^{31/22}$tsi^{45}

磉盘 压地面的大石 suã$^{45/44}$puã^{24}

学堂 学校 hɔk^{2}tŋ^{24}

灶骹 厨房 ts‘au$^{52/24}$k‘ɔ^{44}

烟筒 烟囱 ian（＜ŋ）$^{44/22}$n（＜t）aŋ^{24}

屎岩 厕所 sai$^{45/44}$（h）ak^{2}

角支 椽子 kak^{4}ki^{44}

楹皮 檩条 aŋ$^{24/22}$p‘ue^{24}

洋灰 水泥 iẽu$^{24/22}$（h）ue^{44}

厝瓦 瓦片 ts‘o$^{52/24}$hia^{31}

锁匙 锁 so$^{45/44}$si^{24}

锁匙箸 钥匙 so$^{45/44}$si$^{24/22}$ty^{31}

（四）用品器具

洋油 煤油 iẽu$^{24/22}$iu^{24}

手电 手电筒 ts‘iu$^{45/44}$tɛŋ^{31}

电涂 电池 tɛŋ$^{31/22}$t‘o^{24}

骹踏车 自行车 k‘ɔ$^{44/22}$tɔ$^{31/22}$ts‘ia^{44}

鸡毛扫 鸡毛掸子 ke$^{44/22}$mŋ$^{24/22}$sau^{52}

衣裳板 搓板儿 iŋ（＜i）$^{44/22}$n（＜s）iẽu$^{24/22}$paŋ^{45}

鼎筅 炊帚 tiã$^{45/44}$ts‘ɛ̃

鼎托 锅铲 tiã$^{45/44}$t‘u^{24}

调羹 羹匙 t‘au$^{24/22}$kɛŋ^{44}

碗公 大碗 uã$^{45/44}$kɔŋ^{44}

椹板 案板 tiaŋ$^{44/22}$paŋ^{45}

瓶 瓶子 pɛŋ^{24}

眠床 床铺 miŋ$^{24/22}$ts‘ŋ^{24}

桌 桌子 to^{31}

墨砚 砚台 bak^{2}（h）iŋ^{52}

面桶 脸盆 miŋ$^{52/24}$t‘aŋ^{45}

糜箸$_{筷子}$ mãi$^{44/22}$ty$^{/31}$
蜡$_{肥皂}$ lɔ^{24}
樵火$_{火柴}$ ts‘a$^{24/22}$hue^{45}
硋$_{陶瓷}$ hai^{24}
硼$_{搪瓷}$ p‘ɛŋ^{24}
炊笼$_{蒸笼}$ ts‘ue$^{44/22}$laŋ^{24}
拔斗$_{吊桶}$ p‘a$^{31/22}$tau^{45}
铰剪$_{剪刀}$ kɔ$^{44/22}$tsiaŋ^{45}
书册$_{册本}$ tsy$^{44/22}$ts‘a^{31}
批$_{书信}$ p‘e^{44}
面巾$_{毛巾}$ miŋ$^{52/24}$kyŋ^{44}
手巾$_{手帕}$ ts‘iu$^{45/44}$kyŋ^{44}
批壳$_{信封}$ p‘e$^{44/22}$k‘ak^{4}
纸鹞$_{风筝}$ tsia$^{45/44}$ieu^{31}
火通$_{火炉}$ hue$^{45/44}$l（＜t‘）aŋ^{44}
票$_{钞票}$ p‘ieu^{52}
铜片$_{铜板}$ taŋ$^{24/22}$p‘ɛŋ^{52}
大银$_{银元}$ tua$^{31/22}$ŋyŋ^{24}
鼎簺$_{锅盖}$ tiã$^{45/44}$kɛ̃^{52}
索$_{绳子}$ so^{31}

（五）农事农具

做山$_{种地}$ tso$^{52/24}$suã^{44}
讨鱼$_{捕鱼}$ t‘o$^{45/44}$hy^{24}
绞米$_{碾米}$ kɔ$^{45/44}$bi^{45}
头牲$_{牲畜}$ t‘au$^{24/22}$sã^{44}
潘水$_{泔水}$ p‘uoŋ$^{44/22}$tsui^{45}
生卵$_{下蛋}$ sã$^{44/22}$nø̃^{31}
赖孵$_{抱窝}$ lai$^{31/22}$pu^{31}
镰锲$_{镰刀}$ lɛŋ$^{24/22}$ke^{31}
笠斗$_{斗笠}$ lik^{2}tau^{45}
棕蓑$_{蓑衣}$ tsaŋ$^{44/22}$sui^{44}
粟种$_{谷种}$ ts‘ɔk^{4}tsiɔŋ^{45}

（六）虫鱼鸟兽

公猪$_{公猪}$ kan（＜ŋ）$^{44/22}$ty^{44}
猪母$_{母猪}$ ty$^{44/22}$bu^{45}
猪哥$_{种猪}$ ty$^{44/22}$ko^{44}
牛牯$_{公牛}$ gu$^{24/22}$kɔ^{45}
老虎$_{老虎}$ lau$^{31/22}$hɔ^{45}
老蛇$_{蛇}$ lau$^{31/22}$sia^{24}
狼狗$_{狼}$ lɔŋ$^{24/22}$kau^{45}
鸡角$_{公鸡}$ ke$^{44/22}$kak^{4}
鸡母$_{母鸡}$ ke$^{44/22}$bu^{45}
鸡髻$_{鸡冠}$ ke$^{44/22}$kue^{52}
爪囝$_{鸟儿}$ tsieu$^{45/44}$kiã^{45}
翼膀$_{翅膀}$ sik^{2}p‘ɔŋ^{45}
客鸟、客鹊$_{喜鹊}$、k‘a$^{31/22}$tsieu^{45}、k‘a$^{31/22}$ts‘iɔk^{4}
老鹞$_{老鹰}$ lau$^{45/44}$ieu^{31}
蚁$_{蚂蚁}$ hia^{31}
猴蚓$_{蚯蚓}$ kau$^{24/22}$uoŋ^{45}
咬蛆$_{蟑螂}$ kɔ$^{24/22}$tsua^{24}
萤尾耳$_{萤火虫}$ ŋiaŋ$^{24/22}$mue^{45}hi^{31}
□□$_{蝉}$ ŋiaŋ$^{24/22}$siɔŋ^{31}（大）a$^{44/22}$i^{44}（小）
田家$_{蜻蜓}$ ts‘ɛŋ$^{24/22}$ŋ（＜k）a^{44}
蠓$_{蚊子}$ maŋ^{45}
胡蝇$_{苍蝇}$ ho$^{24/22}$siŋ^{24}
木虱$_{臭虫}$ ma$^{24/22}$sɛk^{4}
家蚤$_{跳蚤}$ kɔ$^{44/22}$tsau^{45}
蝨母$_{虱子}$ sap（＜k）^{4}bu^{45}
麻蟹$_{河蟹}$ muã$^{24/22}$he^{31}
蟳$_{海蟹}$ siŋ^{24}
蠘$_{梭子蟹}$ ts‘i^{24}

鹦哥八哥儿 iŋ$^{44/22}$ko^{44}
壁婆蝙蝠 pik^{2}po^{24}
涂溜泥鳅 tʻo$^{24/22}$liu^{44}
蛤蟆卵蝌蚪 ha$^{24/22}$ma$^{24/22}$nø^{31}
蟾蜍哥蛤蟆 sieŋ$^{24/22}$sy$^{24/22}$ko^{44}

（七）花木瓜菜

松柏卵松球 siɔŋ$^{24/22}$pa$^{24/22}$nø^{31}
桑箬桑叶 sɔŋ$^{44/22}$nieu^{24}
老枹柚子 lau$^{31/22}$pʻau^{44}
日头花葵花 tik^{2}tʻau$^{24/22}$hua^{44}
马荠荸荠 mo$^{45/44}$si^{24}
黄梨菠萝 ɔŋ$^{24/22}$lai^{24}
籼稻子 tiu^{31}
番珠、番豆玉米 huaŋ$^{44/22}$tso^{44}、huaŋ$^{44/22}$tau^{31}
黍高粱 sø^{45}
油麻芝麻 iu$^{24/22}$muã^{24}
苎苎麻 tø^{31}
番薯红薯 hɔŋ$^{44/22}$sy^{24}
田仁豆蚕豆 tsʻɛŋ$^{24/22}$niŋ$^{24/22}$tau^{31}
涂豆花生 tʻo$^{24/22}$tau^{31}
鬃豆豌豆 sy$^{44/22}$tau^{31}
茄团茄子 kieu$^{24/22}$kiã^{45}
番葱洋葱 huaŋ$^{44/22}$tsʻaŋ^{44}
瓮菜空心菜 ɛŋ$^{52/24}$tsʻai^{52}
红根菜菠菜 aŋ$^{24/22}$kyŋ$^{44/22}$tsʻai^{52}
菜头萝卜 tsʻai$^{52/24}$tʻau^{24}
红菜头红萝卜 aŋ$^{24/22}$tsʻai$^{52/24}$tʻau^{24}
辣茄辣椒 lau$^{24/22}$kieu^{24}
萝瓜丝瓜 lo$^{24/22}$kua^{44}
金瓜南瓜 kiŋ$^{44/22}$kua^{44}
番蕉香蕉 huaŋ$^{44/22}$tsieu^{44}

（八）人品职业

依人 naŋ^{24}
大夫依男人 ta$^{44/22}$po$^{44/22}$naŋ^{24}
查某依女人 tsa$^{44/22}$bo$^{45/44}$naŋ^{24}
猷团小孩儿 te$^{44/22}$kiã^{45}
新妇团童养媳 siŋ$^{44/22}$pu$^{31/22}$kiã^{45}
长年长工 tŋ$^{24/22}$niŋ^{24}
东家老板 tɔŋ$^{24/22}$ka^{44}
厝边邻居 tsʻo$^{52/24}$piŋ^{44}
泥水师泥水匠 ne$^{24/22}$tsui$^{45/44}$sai^{44}
道人道士 tɔ$^{31/22}$iŋ^{24}
依客客人 naŋ$^{24/22}$kʻa^{31}
亲堂堂亲 tsʻiŋ$^{44/22}$tɔŋ^{24}
亲情亲戚 tsʻiŋ$^{44/22}$siã^{24}
乞食乞丐 kʻik^{4}sia^{24}
麻面麻子 ma$^{24/22}$miŋ^{52}
臭耳聋聋子 tsʻau$^{52/24}$hi$^{31/22}$laŋ^{24}
青盲瞎子 tsʻã$^{44/22}$mã^{24}
哑狗哑巴 ɔ$^{45/44}$kau^{45}
癫依疯子 tɛŋ$^{44/22}$naŋ^{24}
跛骹跛子 pai$^{45/44}$kʻɔ^{44}
翘痀驼背 kʻieu$^{44/22}$ku^{44}

（九）亲属称谓

阿爸父亲 ak^{2}pa^{31}
阿奶母亲 ak^{2}ne^{45}
阿姆伯母 ak^{2}ŋ^{45}
团儿子 kiã^{45}

阿公$_{\text{祖父}}$ ak^{2}kɔŋ^{44}

阿妈$_{\text{祖母}}$ ak^{2}ma^{45}

娘公$_{\text{外公}}$ ŋiã$^{44/22}$kɔŋ^{44}

娘妈$_{\text{外婆}}$ ŋiã$^{24/22}$ma^{45}

阿爷$_{\text{伯父}}$ ak^{2}ia^{24}

老公$_{\text{丈夫}}$ lau$^{31/22}$kɔŋ^{44}

老妈$_{\text{妻子}}$ lau$^{31/22}$ma^{45}

阿爹$_{\text{公公}}$ ak^{2}tia^{44}

阿妈$_{\text{婆婆}}$ ak^{2}ma^{45}

查某囝$_{\text{女儿}}$ tsa$^{44/22}$bɔ$^{45/44}$kiã^{45}

新妇$_{\text{儿媳}}$ siŋ$^{44/22}$pu^{31}

囝婿$_{\text{女婿}}$ kiã$^{45/44}$sai^{52}

娘舅$_{\text{舅舅}}$ ŋiã$^{24/22}$ku^{31}

娘妗$_{\text{舅妈}}$ ŋiã$^{24/22}$kiŋ^{31}

后头家$_{\text{娘家}}$ au$^{31/22}$l（＜t‘）au$^{24/22}$ka^{44}

盟兄弟$_{\text{把兄弟}}$ miŋ$^{24/22}$hiã$^{44/22}$ti^{31}

姑姐$_{\text{姑姑}}$ ko$^{44/22}$tsia^{45}

娘姨$_{\text{姨姨}}$ ŋiã$^{22/24}$i^{24}

（十）身体五官

身躯$_{\text{身体}}$ siŋ$^{44/22}$k‘u^{44}

面$_{\text{脸}}$ miŋ^{52}

眉$_{\text{眉毛}}$ mi^{24}$_{\text{文}}$ mai^{24}$_{\text{白}}$

头毛$_{\text{头发}}$ t‘au$^{24/22}$mŋ^{24}

头垢$_{\text{头皮屑}}$ t‘au$^{24/22}$kau^{45}

头额$_{\text{额头}}$ t‘au$^{24/22}$hia^{24}

鼻头$_{\text{鼻子}}$ p‘i$^{52/24}$t‘au^{24}

鼻$_{\text{鼻涕}}$ p‘i^{52}

耳$_{\text{耳朵}}$ hi$^{31/22}$l（＜t）o^{45}

喙鬚$_{\text{胡子}}$ ts‘ui$^{52/24}$ts‘iu^{44}

下巴斗$_{\text{下巴}}$ ɔ$^{31/22}$pɔ$^{44/22}$tau^{45}

脰管$_{\text{脖子}}$ tau$^{31/22}$（k）uoŋ^{45}

尻川$_{\text{屁股}}$ kɔ$^{44/22}$n（＜ts‘）uẽ^{44}

腓$_{\text{乳房}}$ nɛŋ^{44}

腹肚$_{\text{肚子}}$ pɔk^{4}to^{45}

腹脐$_{\text{肚脐}}$ pɔk^{4}tsai^{24}

骹骨头$_{\text{膝盖}}$ k‘ɔ$^{44/22}$kuok^{4}t‘au^{24}

头壳$_{\text{脑袋}}$ t‘au$^{24/22}$k‘a^{31}

目珠白$_{\text{眼眶}}$ bak^{2}tsiu$^{44/22}$k‘u^{31}

鼻头空$_{\text{鼻孔}}$ p‘i$^{52/24}$l（＜t‘）au$^{24/22}$k‘aŋ^{44}

（十一）生老病死

带娠$_{\text{怀孕}}$ tua$^{52/24}$siŋ^{44}

病囝$_{\text{害喜}}$ pã$^{31/22}$kiã^{45}

落娠$_{\text{小产}}$ lo$^{24/22}$siŋ^{44}

囝衣$_{\text{胎盘}}$ kiã$^{45/44}$ui^{44}

哈□$_{\text{打哈欠}}$ ha$^{24/22}$hia^{52}

出痘$_{\text{出天花}}$ ts‘uok tau^{31}

拍摆$_{\text{发疟子}}$ p‘a$^{31/22}$pai^{45}

出麻$_{\text{出麻疹}}$ ts‘uok^{4}muã^{24}

大舌$_{\text{口吃}}$ tua$^{31/22}$si^{24}

着痧、受暑$_{\text{中暑}}$ tio$^{31/22}$sɔ^{44}（重症）、siu$^{31/22}$sy^{45}（轻症）

睏鼾$_{\text{打鼾}}$ k‘uoŋ$^{52/24}$huã^{24}

羊眩$_{\text{羊角疯}}$ iẽu$^{24/22}$hiŋ^{24}

讨新妇$_{\text{娶媳妇儿}}$ t‘o$^{45/44}$siŋ$^{44/22}$pu^{31}

做新妇$_{\text{出嫁}}$ tso$^{52/54}$siŋ$^{44/22}$pu^{31}

抖抖颤$_{\text{发抖}}$ teu$^{32/22}$teu$^{45/44}$tsɛŋ^{52}

（十二）饮食穿戴

燋糜$_{\text{米饭}}$ tɔ$^{44/22}$mai^{44}

饮$_{\text{米汤}}$ aŋ^{45}

兜$_{\text{盛饭}}$ tau^{44}

颂$_{\text{穿}}$ siɔŋ^{31}

糜粥$_{\text{米粥}}$ muẽ$^{24/22}$tsiɔk^{4}

馒头$_{\text{馒头}}$ man（＜ŋ）$^{31/22}$t‘au^{24}

油炸糕$_{\text{油条}}$ iu$^{24/22}$tsa$^{31/22}$ko^{44}

乇配$_{\text{下饭菜}}$ nɔ$^{24/22}$p‘ue^{52}

豆油$_{\text{酱油}}$ tau$^{31/22}$iu^{24}

糖油$_{\text{麦芽糖}}$ t‘ŋ$^{24/22}$iu^{24}

茶箬$_{\text{茶叶}}$ tɔ$^{24/22}$nieu^{24}

□茶$_{\text{倒茶}}$ k‘iŋ$^{24/22}$tɔ^{24}

炊$_{\text{蒸}}$ ts‘ue^{44}

手管$_{\text{袖子}}$ ts‘iu$^{45/44}$kuẽ^{45}

褡团$_{\text{背心}}$ tɔ$^{31/22}$kiã^{45}

嗍褯$_{\text{围嘴巾}}$ nuã$^{45/44}$sɔ^{24}

枵$_{\text{饿}}$ ieu^{44}

食糜$_{\text{吃早饭}}$ sia$^{24/22}$mai^{44}

食昼$_{\text{吃午饭}}$ sia$^{24/22}$tau^{52}

食冥$_{\text{吃晚饭}}$ sia$^{24/22}$mã^{24}

乇$_{\text{东西}}$ nɔ^{31}

（十三）动作心理

阕$_{\text{闭眼}}$ k‘e^{31}

吼$_{\text{哭}}$ hau^{45}

□$_{\text{舔}}$ leu^{52}

咬$_{\text{嚼}}$ kɔ^{31}

啡$_{\text{吐痰}}$ p‘ui^{52}

嗌$_{\text{吹火}}$ puoŋ^{24}

嗽$_{\text{吮}}$ su^{31}

□$_{\text{吻}}$ kɔk^{2}

饲$_{\text{喂饭}}$ ts‘i^{52}

搋$_{\text{拿}}$ t‘e^{24}

掚$_{\text{抓}}$ lia^{24}

摸$_{\text{抓一把}}$ mɔ^{44}

褫$_{\text{挽袖子}}$ pi^{31}

揮$_{\text{寻找}}$ ts‘ue^{52}

无来$_{\text{丢失}}$ bo$^{24/22}$lai

徛着$_{\text{站着}}$ k‘ia^{31}l（＜t）ieu

踞$_{\text{蹲}}$ k‘u^{24}

跳$_{\text{跑}}$ t‘ieu^{52}

□$_{\text{躲}}$ u^{52}

囥$_{\text{藏}}$ k‘ŋ^{52}

敨$_{\text{解开}}$ t‘au^{45}

拆$_{\text{撕}}$ t‘ia^{31}

缚$_{\text{绑}}$ pɔk^{2}

硩$_{\text{压}}$ ta^{31}

漉$_{\text{涉水}}$ lɔk^{4}

截$_{\text{切菜}}$ se^{24}

塔聊$_{\text{玩儿}}$ t‘a$^{31/22}$lieu^{24}

□$_{\text{开玩笑}}$ maŋ^{24}

簥$_{\text{盖被子}}$ kaŋ^{45}

抹$_{\text{沾手}}$ muã^{31}

盐$_{\text{腌菜}}$ siŋ^{52}

忏悔$_{\text{赌咒}}$ ts‘aŋ$^{52/24}$ŋ（＜h）ue^{52}

晓得$_{\text{知道}}$ hieu^{45}l（＜t）ɛk

忖$_{\text{想念}}$ ts‘uoŋ^{45}

受气$_{\text{生气}}$ siu$^{31/22}$k‘i^{52}

小人$_{\text{丢人}}$ sieu$^{45/44}$iŋ^{24}

味口$_{\text{味道}}$ bi$^{31/22}$k‘eu^{45}

困$_{\text{睡}}$ k‘uoŋ^{52}

（十四）性状形容

悬$_{\text{高}}$ kɛ̃^{24}

矮$_{\text{低}}$ e^{45}

絚$_{\text{紧}}$ ɛŋ^{24}

宿$_{\text{成熟}}$ siɔk^{4}

细$_{\text{小}}$ se^{52}

幼$_{\text{细}}$ iu^{52}

齐$_{\text{多}}$ se^{31}

湛$_{\text{温}}$ taŋ^{24}

燋$_{\text{稠}}$ tɔ^{44}

清$_{\text{稀}}$ ts‘iŋ^{44}

洞$_{\text{浓茶}}$ kiɔk^{2}

饏$_{\text{不咸}}$ tsiã^{45}

芳$_{\text{香}}$ p‘aŋ^{44}

泛$_{\text{不实}}$ p‘ɔ̃^{52}

生得否$_{\text{丑}}$ sã$^{44/22}$tɛk^{4}p‘ai^{45}

忝$_{\text{痛}}$ t‘iã^{52}

戋$_{\text{未成熟}}$ tsiŋ^{45}

否$_{\text{坏}}$ p‘ai^{45}

清气$_{\text{干净}}$ ts‘iŋ$^{44/22}$k‘i^{52}

弱$_{\text{虚弱}}$ ŋiɔk^{2}

瘖$_{\text{瘦}}$ sɛŋ^{45}

诅$_{\text{错}}$ tɔ̃^{31}

晏$_{\text{不早}}$ uã^{12}

定坯$_{\text{懒}}$ tiã$^{31/22}$p‘ue^{44}

骨力$_{\text{勤劳}}$ kuok^{4}lik^{4}

得洁$_{\text{美}}$ tɛk^{4}kɛk^{4}

肥$_{\text{肥、胖}}$ pui^{24}

（十五）指代数量

我 ua^{45}

汝$_{\text{你}}$ ty^{45}

伊$_{\text{他}}$ i^{44}

我侬$_{\text{我们}}$ ua$^{45/44}$naŋ

咱逐个$_{\text{咱们}}$ nã$^{45/44}$tak^{2}ke^{24}

底侬$_{\text{谁}}$ tiaŋ^{24}

乇乇$_{\text{什么}}$ nɔ$^{32/22}$nɔ^{31}

即兮$_{\text{这个}}$ tsit^{4}ge^{24}

许兮$_{\text{那个}}$ hik^{4}ge^{24}

即倚$_{\text{这里}}$ tsik^{4}ua^{45}

许倚$_{\text{那里}}$ hik^{4}ua^{45}

若倚$_{\text{多少}}$ tieu$^{31/22}$ua^{45}

□□$_{\text{这样}}$ an（＜ŋ）$^{31/22}$nã^{44}

□□$_{\text{那样}}$ han（＜ŋ）$^{31/22}$nã^{44}

啥兮$_{\text{怎样}}$ sãi^{45}ɛ̃^{24}

滴囝$_{\text{一点儿}}$ tik^{4}kiã^{45}

蜀垛银$_{\text{一块钱}}$ siok^{2}tø^{52}ŋyŋ^{24}

其$_{\text{个一～人}}$ ke^{24}

头$_{\text{只一～鸡}}$ t‘au^{24}

兜$_{\text{株一～草}}$ tau^{44}

丘$_{\text{窝一～蜂}}$ k‘u^{44}

粒$_{\text{一～花生}}$ lak^{2}

腹$_{\text{泡一～尿}}$ pak^{4}

套$_{\text{趟走一～}}$ t‘o^{52}

（十六）副词组合等

着去咯$_{\text{该去了}}$ tieu$^{24/22}$k‘y^{52}lɔ

天卜光$_{\text{天快亮了}}$ t‘iŋ$^{44/22}$po$^{31/22}$kŋ^{44}la

正爱走$_{\text{正要走}}$ tsiã$^{52/24}$ai$^{52/24}$tsau^{45}

满处跳$_{\text{到处跑}}$ mua$^{45/44}$tø$^{31/22}$t‘ieu^{52}

我獪比得伊$_{\text{我比不上他}}$ ua^{45}be$^{31/22}$pi^{45}lei^{44}

揮獪着$_{\text{找不到}}$ ts‘ue$^{31/22}$be$^{31/22}$tieu^{24}

困獪去$_{\text{睡不着}}$ k‘uoŋ$^{52/24}$be$^{31/22}$k‘y^{52}

曝真燋$_{\text{晒得很干}}$ p‘ɔk^{2}tsiŋ$^{44/22}$tɔ^{44}

伊比我悬$_{\text{他比我高}}$ i^{44}pi$^{45/44}$ua$^{45/44}$kɛ̃^{24}

两个平平悬$_{\text{两个一样高}}$ nŋ$^{31/22}$ge^{24}pã$^{24/22}$pã$^{24/22}$kɛ̃^{24}

有去过$_{\text{曾去过}}$ u$^{31/23}$k‘y^{52}ko

犹未宿$_{\text{还没熟}}$ ieu$^{45/44}$bue$^{31/22}$siɔk^{2}

□走□讲$_{\text{边走边说}}$ na$^{45/44}$tsau^{45}na$^{45/44}$kɔŋ^{45}

獪食得$_{\text{吃不得}}$ be$^{31/22}$sia^{24}l（＜t）ik

对伊𫧃起$_{\text{对不起他}}$ tui^{52}i^{44}be$^{31/22}$k‘i^{45}　　怀使关$_{\text{不必关}}$ ŋ$^{31/22}$sai$^{45/44}$kuẽ^{44}

汝做头前走$_{\text{你前面走}}$ ty^{45}tso$^{52/24}$t‘au$^{24/22}$sɛ̃^{24}tsau^{45}　　怀去𫧃使得$_{\text{不去不行}}$ ŋ$^{31/22}$k‘y^{52}be$^{31/22}$sai^{45}lik

我共伊讲过$_{\text{我告诉过他}}$ ua^{45}ka$^{31/22}$i^{44}kɔŋ^{43}ko　　听无清楚$_{\text{没听清楚}}$ t‘iã$^{44/22}$bo$^{24/22}$ts‘iŋ$^{44/22}$ts‘u^{45}

斗抢$_{\text{互相争夺}}$ tau$^{52/24}$ts‘iẽu^{45}

三　小结

从以上材料可以看出，澳腰话首先受沙埕闽南话包围，在语音和词汇上接受了闽南话的大量影响，例如莆田话特有的声母 ɬ- 在澳腰变为 s-，古明、泥、疑母莆田读 p、t、k，澳腰只有部分泥母字读 t-。在词汇方面，桌子不说“床”说“桌”，花生不说“地生”说“涂豆”，女人不说“婶娘”说“查某”，厕所不说“粪池兜”说“屎尝”等。在更大范围内，澳腰话又受闽东方言的桐山话所包围，在词汇上也接受了不少桐山话的影响。例如东西不说“物乇”说“乇”，稀不说“潡”说“清”，稠不说“洘”说“洞”，我们不说“我辈”说“我侬”，美不说“娋”说“得洁”，膝盖说“骹骨头”，钥匙说“锁匙箸”，疟疾说“拍摆”等。然而，澳腰话也保留了许多莆田话的特点：语音方面有圆唇元音 y、ø（沙埕话和桐山话都没有），辅音韵尾有 -ŋ、-ʔ、-k，有 ɛŋ、ɛ̃、ɛk、ɛʔ 等韵，入声字文白不同调，日母字汝、日读 t-；词汇方面复早$_{\text{明天}}$、冥昏头$_{\text{晚上}}$、起早$_{\text{早上}}$日头昼$_{\text{中午}}$、塔聊$_{\text{玩儿}}$、蜡$_{\text{肥皂}}$、𡥅团$_{\text{小孩}}$等也是闽东、闽南所没有而为莆田话所独具的。澳腰莆田方言岛在闽南、闽东两种方言的双重包围下正是变成了这样一种“三合体”。究竟三种方言成分之中何者居多，这就需要进一步深入调查再做分析比较了。

说明：本文原载《福建师大学报》（哲学社会科学版），1985 年第 2 期。后收入《方言与音韵论集》香港中文大学出版，1996 年。

附记：闽东和浙南的沿海散布着不少大大小小的闽南方言岛，我到福建师大工作之后就争取机会去做田野调查，这已经是近 40 年前的事了。去年中国语言资源保护工程的工作人员想去这个莆田方言岛听听音，看能否纳入抢救濒危方言的计划，已经找不到发音人了。这使我感到时序的更替真是无情，这份材料成了绝响。当年还嫌调查得不深入，有待后人补充呢！

宁德碗窑闽南方言岛二百多年间的变化

一

碗窑是福建省宁德县飞鸾乡（今宁德市飞鸾镇）的一个行政村，位于宁德湾南岸，飞鸾东十里。全大队有七百零几户，三千六百多人。八个自然村依山临海，接连五里。碗窑人历来以烧瓷为业。1958年县工业局在这里办起了国营宁德瓷厂。

宁德话是以福州话为代表的闽东方言的一种，碗窑话是和泉州话相近的一个闽南方言岛。碗窑人在家里都说碗窑话，同当地宁德人交往一般说宁德话，多数人能说普通话，一部分人还能说福州话。除了碗窑村，东郊的礁头村也有一半居民说碗窑话。

碗窑闽南话是闽南人移居宁德带来的。关于闽南人移居碗窑，清乾隆四十六年（1781年）编修的《宁德县志》有过记载。《宁德县志·建置志·民居·乡里都图》“二都一图——碗窑”夹注：“汀泉二郡民多聚集其地，以烧碗为业。”又《物产志》：“本邑因有碗窑之业，漳泉兴等处无业之民杂聚二都，以造碗谋食……又有种菁之业，善其事者汀民也。”

我们实地调查了解的情况和县志所载是一致的。闽南人迁居碗窑谋生，始于清康熙年间，后来陆续增加，到了乾隆嘉庆时期已具有相当规模，形成村落已有二百多年的历史。如最大的黄姓来自泉州开元，叶姓来自南安诗山社坛，[①]其他还有永春、安溪、晋江、惠安等地过来的蔡、吴、李、陈、林、郑、裴、余、郭等十几姓，早者迁来八九代，晚者也有四五代，民国之后没有再迁居的。汀州迁来的邓姓早年种菁（蓝靛）谋生，现在还在碗窑居住，兴化（今莆田、仙游）迁来的现住在礁头大队，他们也都能说碗窑闽南话。碗窑闽南人历来同当地人有通婚往来，但在旧社会也常有争端。民国以前，碗窑人同泉州、南安、永春等地的“祖家”还有一些往来，至今还流传着与“祖家”往来的一些故事。

从泉州一带的陶瓷业历史，可以推知碗窑人从闽南迁居宁德的原因。据晋江地区文物管理委员会所编的《古窑址情况调查表》（1976年）和《晋江地区文物考古普查资料》

---

① 现属南安市诗山镇，至今还有叶姓居民以烧陶为业。

（1977年）[1] 所示，明清之交，闽南的晋江、南安、永春等地瓷业渐趋衰竭。碗窑人的祖先于清初从泉州、南安、永春一带移居宁德，正是由于晋江、南安等地瓷土资源逐渐枯竭、瓷业开始衰败而向外转移的。

为了考察碗窑闽南话的变化，我们于1982年元旦前后到了碗窑村，在宁德瓷厂的大力支持下，对老中青三辈碗窑人的闽南话做了初步调查。发音人情况如下：

黄国钧，男，七十五岁，退休工人，高小程度，原籍泉州，迁居碗窑本人是第三代，是老辈代表。

叶燕秋，男，六十岁，退休工人，初小程度，原籍南安诗山社坛，迁居碗窑本人是第四代，词汇属老辈，语音近中辈。

黄世旺，男，四十四岁，瓷厂工人，高小程度，原籍南安班前井下，迁居碗窑本人是第五代，是中辈代表。

蔡锡英，男，十九岁，高中程度；郑其勇，男，十七岁，高小程度，都是瓷厂职工，是青辈代表。

我们先用自编的一千六百五十个单字表（大多可做单音词用）分别记了黄国钧、黄世旺、蔡锡英三位同志的音，整理了老中青的音系，然后用自编的一千五百条复音词语表分别向五位同志进行调查，了解了老中青三辈的词汇差异。以下分别从语音、词汇两方面介绍老中青三辈人碗窑话的差异，并通过比较说明这些差异和原籍方言、本地方言的关系。原籍方言以泉州话为代表，有时也联系南安话、永春话做比较，早期泉州话以《汇音妙悟》[2] 为据；本地方言以福州话为代表，有时也联系宁德话做比较。[3]

二

碗窑话老中青三辈人语音系统上的差异集中表现在韵母上，声母和声调则相当一致。

1. 声母十四个。

p	p‘	b（m）	t	t‘	l（n）	ts
边	普	文	地	他	柳	争
ts‘	s	k	k‘	g（ŋ）	h	ø
出	时	求	气	语	喜	英

① 前者见《晋江地区陶瓷史料选编》，后者各县均有分册。两种材料都是油印稿。

② 《汇音妙悟》黄谦编，黄澹川鉴定，序作于嘉庆五年（1800年）。我们所据版本是光绪乙巳（1905年）上海书局石印本。下面简称为《汇音》。

③ 宁德话材料系李如龙1979年、1981年两次调查核对所得。福州话是我们就地调查的。泉州话、南安话、永春话则是我们的家乡话。

[m][n][ŋ] 是 [b][l][g] 的音位变体，出现在鼻化韵之前，今泉州话及各地闽南方言也是如此。碗窑话青辈口音把不少非鼻化韵前的 [b][l][g] 也说成 [m][n][ŋ]，但仍是 [b][l][g] 的音位变体，而且 [b][l][g] 的读法也并未消失（如米 bi^3，老 lau^5，牛 gu^2）。从音位学的观点看，老中青三辈人声母系统并无区别。

《汇音》十五个声母中有个“入”母读为 [dz]，今只见于同安话。碗窑话和多数闽南方言一样，“入”母混入“柳”母读 [l]（n）（如二＝利，然＝莲，辱＝六）。

2. 声调（阴去、阳去本调相同，变调不同）。

调类	阴平	阳平	上声	阴去	阳去	阴入	阳入
本调	33	35	53	21	21	5	55
变调	33	21	35	53	21	5	21

本调是单字调，复音词的末音节、句子里语流音段的末音节除轻声之外也读本调。多音连读的其他音节读变调，句子里的连读变调同词的界限、词与词之间的语法关系有关，这都是碗窑话和各地闽南方言相同的规律。[①]

《汇音》有八个声调，平上去入各分阴阳，但是阴去阳去的字不少已经互见相混。今泉州话及其东片晋江、惠安等沿海单字调上声分阴阳，去声混为一调；连读变调中又分为八类。泉属西片的南安、永春等山区则单字调去声分阴阳，全浊上声字混入阳去；连读变调时分为八类。

碗窑话去声不分阴阳、浊上作去，单字调只有六类，连读变调分为七类。碗窑声调与泉州、南安、永春（均以城区为准）对比如下（表一）：

表一

地点	阴平		阳平		阴上		阳上	
	本调	变调	本调	变调	本调	变调	本调	变调
泉州	33		24	22	54	24	22	
碗窑	33		35	21	53	35		
南安	33		35	22	54	35	22	
永春	33		24	21	53	44		
地点	**阴去**		**阳去**		**阴入**		**阳入**	
	本调	变调	本调	变调	本调	变调	本调	变调
泉州	31	54	31	22	5		23	21
碗窑	21	53	21		5		5	21
南安	31	54	31	22	5		23	21
永春	21	53	22	21	53	4	4	21

① 可参阅本书《厦门话的变调和轻声》。

3. 在韵母方面，碗窑话老中青三辈人的差异较大，老辈有七十个韵，青辈只有五十三个韵，现列表比较并与早期及现代泉州音加以对照（表二）。为便于比较，老中青读音相同的中青用“—”表示。下面碰到同样情况时也照此处理，不另作说明。

表二

汇音韵目	今泉州音	碗窑音			例字
		老	中	青	
嘉	a aʔ	a aʔ	— —	— —	饱查家鸦 百塔甲鸭
高	ɔ	ɔ	—	—	补兔苏乌
刀	o oʔ	o oʔ	— —	— —	婆讨糕好 薄桌索学
科	ɤ ɤʔ	ɤ ɤʔ	ɵ ɵʔ	ø øʔ	飞退税祸 袜雪郭月
西	e eʔ	e eʔ	— —	— —	迷渣嫁下 白宅册客
基	i iʔ	i iʔ	— —	— —	疕知基衣 鳖铁接滴
珠	u uʔ	u uʔ	— —	— —	富珠旧符 托
居	ɯ	ɯ	ʉ	y ɯ	锄女去鱼 煮鼠史
鸡	ue ueʔ	ɤe ɤeʔ	ɵe ɵeʔ	ue ueʔ	地做溪鞋 节（过～） 锲
嗟	ia iaʔ	ia iaʔ	— —	— —	爹车骑靴 壁摘只赤
烧	io ioʔ	io ioʔ	— —	— —	庙照桥窑 着尺歇药
秋	iu	iu	—	—	绸酒球油
花	ua uaʔ	ua uaʔ	— —	— —	簸大纸我 拨獭割活
杯	ue ueʔ	ue ueʔ	— —	— —	杯衰改话 八笠

续表

汇音韵目	今泉州音	碗窑音			例字
		老	中	青	
飞	ui	ui	—	—	肥队水围
	uiʔ	uiʔ	—	—	血挖
开	ai	ai	—	—	排来屎爱
乖	uai	uai	—	—	拐歪怀
郊	au	au	—	—	包臭狗喉
朝	iau	iau	—	—	朝消晓妖
三	am	am	am ～ aŋ	aŋ	谈针男暗
	ap	ap	ap ～ ak	ak ～ aʔ	纳十合压
丹	an	an	aŋ	aŋ	板丹产汉
	at	at	ak	ak ～ aʔ	达扎察辖
江	aŋ	aŋ	—	—	蜂虫送瓮
	ak	ak	ak	ak ～ aʔ	北六角目
东	ɔŋ	ɔŋ	—	—	党总抗封
	ɔk	ɔk	ɔk	ɔk ～ ɔʔ	驳乐国恶
恩	un	ɤn	ɤŋ	yøŋ	斤银恨允
	it	ɤt	ik	iek ～ ieʔ	乞迄
金	im	im	im ～ iŋ	iŋ ～ ieŋ	林心金音
	ip	ip	ip ～ ik	ik ～ ieʔ	入集急邑
宾	in	in	iŋ	ieŋ	民亲紧印
	it	it	ik	iek ～ ieʔ	笔积七一
卿	iŋ	iŋ	iŋ	ieŋ	兵丁形英
	iak	ik	ik	iek ～ ieʔ	逼力烛益
兼	iam	iam	iam ～ iaŋ	iaŋ	添店剑盐
	iap	iap	iap ～ iak	iak ～ iaʔ	粒妾夹叶
轩	ian	ian	iaŋ	iaŋ	变电战烟
	iat	iat	iak	iak ～ iaʔ	热切结穴
香	iɔŋ	iɔŋ	—	—	良中常强
	iɔk	iɔk	iɔk	iɔk ～ iɔʔ	筑足曲约
川	uan	uan	uaŋ	uaŋ	满全环怨
	uat	uat	uak	uak ～ uaʔ	拨夺绝发
风	uaŋ	uaŋ	—	—	风
春	un	un	uŋ	uoŋ	分唇寸滚
	ut	ut	uk	uok ～ uoʔ	突卒骨熨
梅	m̩	m̩	m̩ ～ ŋ̍	ŋ̍	唔（不）莓
毛	ŋ̍	ŋ̍	—	—	门庄糠荒
三	ã	ã	—	—	担三篮监

续表

汇音韵目	今泉州音	碗窑音			例字
		老	中	青	
莪	ɔ̃	ɔ̃	—	—	毛老吴
青	ĩ	ĩ	—	—	病郑坑圆
京	iã	iã	—	—	饼鼎正京
箱	iũ	iũ	—	—	张浆姜乡
欢	uã	uã	—	—	蔴单山官
关	uĩ	uĩ	—	—	筅前肩闲
熋	aĩ	aĩ	—	—	迈乃
嘐	aũ	aũ	—	—	茅脑
猫	iãu	iãu	—	—	鸟
生	ɤŋ	iŋ	—	—	生命更
	ɤk	ik	ik	iek～ieʔ	索
箴	ɤm	im	iŋ	iŋ	参（人～）
钩	io	io	—	—	偷苟

老辈碗窑话的韵母系统和1800年编成的《汇音》音系及现代泉州、南安、永春音都十分接近，所不同的只有七个韵，现在列表比较（表三）：

表三

早期泉州音《汇音》	现代读音			
	碗窑（老辈）	泉州	南安	永春
鸡 ɤe	ɤe	ue	ue	ue
钩 ɤu	io	io	io	ɤ
箴 ɤm	im	ɤm	ɤm	im
恩 ɤn	ɤn	un	ɤn	ɤn
生 ɤŋ	iŋ	ɤŋ	ɤŋ	iŋ
管（漳腔）				
商（正）				

“管”韵在《汇音》里注明“漳腔”，“商”注明“正”，指的是当时的“官音”，两韵均有音无字，可排除于泉州音之外。

“鸡、钩、箴、恩、生”原来都有主要元音[ɤ]，在今音各点已经有了参差。“钩”除永春外混入“烧”[io]，“箴、生”在永春、碗窑混入“金”[im]、“卿”[iŋ]，“恩”在泉州则混入“春”[un]。“鸡”的古读[ɤe]唯独保留在碗窑，其余各点混入“杯”[ue]。从老辈的韵母看，迁到碗窑去的闽南话是比较接近泉属西片（南安话、永春话等）的。

中、青两辈和老辈在韵母方面的差异表现为两种情形：韵类的合并和韵值的变化。

韵类的合并牵涉到老辈二十九个韵，在青辈合并为十一个韵：

ɤe ue ⟶ ue	ɤeʔ ueʔ ⟶ ueʔ
am an aŋ ⟶ aŋ	ap at ak aʔ ⟶ aʔ
im in iŋ ⟶ ieŋ	ip it ik ɤt ⟶ iek ～ ieʔ
iam ian ⟶ iaŋ	iap iat ia ⟶ iak ～ iaʔ
uan uaŋ ⟶ uaŋ	uat ua ⟶ uak ～ uaʔ
m ŋ ⟶ ŋ	

韵值的变化发生在十四个韵：

老	ɤ uʔ ɯ	ɤe ɤeʔ iŋ ik	un ut	ɤn ɤʔ ian iat uat
中	ɵ ɵʔɯ	ɵe ɵeʔ iŋ ik	uŋ uk	ɵŋ ɵʔ iaŋ iak uak
青	ø øʔ y ～ ɯ	ue ueʔ ieŋ iek ～ ieʔ	uoŋ uok ～ uoʔ	yøŋ yøʔ iaŋ iak ～ iaʔ uak ～ uaʔ

从这些差异我们可以明显地看出，碗窑话的变化主要的是受闽东方言（以福州话为代表）包围和影响的结果。其变化特点是：

1. 韵尾合并：老辈还保留着闽南方言的三种鼻音韵尾 [m][n][ŋ]，四种塞音韵尾 [p][t][k][ʔ]；青辈则像福州话那样，把 [m][n][ŋ] 合并为一种 [ŋ]，把 [p][t][k][ʔ] 合并为一种 [ʔ]（[k] 和 [ʔ] 已经没有音位的对立）。

2. 韵类减少：据上统计，老辈韵母七十个，青辈只有五十三个（减少十八个，增加一个）。如所周知，《汇音》有五十个韵目（扣除“管、商”二韵是四十八个），福州话的《戚林八音》只有三十三个韵目。如果把我们的韵母数折合为韵书的韵母数（如 [aʔ] 归入 [a]、[at] 归入 [an] 等），则老辈韵目四十五个，青辈是三十八个，这就和《汇音》《戚林八音》两韵书的韵目数相当接近了。

3. 增加了一些闽南方言所没有、闽东方言才有的韵母，如 [ieŋ][ieʔ][uoŋ][uoʔ] 等。特别是 [y][yøŋ][yøʔ] 的出现，使开、齐、合三呼之外又增加了撮口呼韵类，而有无撮口呼韵母正是闽东方言和闽南方言的重要语音差别。

碗窑话的韵母系统在二百多年间发生这样大的变化，而体现着这些变化的老中青三辈人之间还可以在同一个时代畅通无阻地自由交谈，这实在是一个饶有兴味的语言现象。这种双语融合的现象很值得进一步探讨。

三

上面所说的音类的分合和音值的变化有时并不整齐划一，有些字会离开原来的音类发生特殊的变读。这种字音的变读往往是个别或局部范围里发生的，不能成批地类推；又往往是同一定的词义相联系的。换言之，语音演变中的特例往往和词汇相关。

在碗窑话调查中，我们所发现的字音的变读有三种类型：特殊变读，文白变读和音变变读。分别叙述如下：

1. 特殊变读。这指的是变成闽南方言所未见的读音，有时是声母、韵母、声调之中一项变读，有时也有两项变读的。这种变读通常是直接受福州话或宁德话影响的结果，看看下列材料就清楚了（下列材料中只有当宁德音和福州音不同时才标注宁德音）。

（1）声母变读：

类型	例	泉州音	碗窑音			福州音
			老	中	青	
b → Ø	务	bu^5	bu^5	u^5	u^5	ou^6
t → t‘	鼎	tiŋ^3	t‘iŋ^3	—	—	t‘iŋ^3
t‘ → h	畜	t‘iɔk^7	hiɔk^8	—	—	xøyʔ^7
l → Ø	褥	liɔk^8	iɔk^8	iɔk^8	iɔʔ^8	yʔ^8
	儿	li^2	i^2	—	—	i^2
→ k‘	舰	lam^5	k‘am^3	k‘aŋ^3	k‘aŋ^3	k‘aŋ^3
→ ts	字	li^5	tsi^5	—	—	tsei^6
ts‘ → s	星	ts‘ĩ^1	ts‘ĩ^1	sĩ^1	sĩ^1	siŋ^1
→ t‘	持	ts‘i^2	t‘i^2	—	—	t‘i^2
s → ts‘	搓	so^1	ts‘o^1	—	—	ts‘o^1
k → k‘	剧	kiɔk^8	k‘iɔk^8	k‘iɔk^8	k‘iek^8	k‘uoʔ^8
k‘ → h	薅	k‘au^1	k‘au^1	k‘au^1	hau^1	xau^1
→ g、h	吸①	k‘ip^7	gip^7	gik^7	hieʔ^7	ŋeiʔ^7
h → p‘	匪	hui^3	p‘i^3	—	—	p‘i^3
	否	hio^3	p‘io^3	—	—	p‘ɛu^3
→ Ø	限	han^4	an^6	aŋ^6	aŋ^6	aiŋ^6
→ ŋ、Ø	砚	hĩ^5	ŋĩ^5	ĩ^5	ĩ^5	ŋieŋ^6
Ø → h	页	iaʔ^8	iaʔ^8	hiaʔ^8	hiaʔ^8	xieʔ^8
→ b	永②	iŋ^3	biŋ^3	—	—	yŋ^3

① “吸”宁德话读 [hip^7]。

② “永”宁德话读 [miŋ^3]。

（2）韵母变读：

类型	例	泉州音	碗窑音 老	碗窑音 中	碗窑音 青	福州音
ɔ → u	护	hɔ^{5}	hu^{5}	—	—	hou^{6}
	楚	tsʻɔ^{3}	tsʻɔ^{3}	tsʻu^{3}	tsʻu^{3}	tsʻu^{3}
	互	hɔ^{6}	hɔ^{6}	hu^{6}	hu^{6}	xou^{6}
	组	tsɔ^{3}	tsɔ^{3}	tsu^{3}	tsu^{3}	tsu^{3}
eʔ → aʔ	伯	peʔ^{7}	paʔ^{7}	—	—	paʔ^{7}
e → i	提	tʻe^{2}	tʻe^{2}	tʻi^{2}	tʻi^{2}	tʻi^{2}
	迷	be^{2}	bi^{2}	—	—	mi^{2}
i → e	紫①	tsi^{3}	tse^{3}	—	—	tsie^{3}
ue → ui	外	gue^{6}	gui^{6}	—	—	ŋuoi^{6}
ui → i	葵	kui^{2}	ki^{2}	—	—	ki^{2}
→ ai	硋	hui^{2}	hui^{2} ～ hai	hai^{2}	hai^{2}	xai^{2}
am → ĩ	感	kam^{3}	kam^{3}	kĩ^{3}	kĩ^{3}	kieŋ^{3}
ian → iɔŋ	献	hian^{5}	hian^{5}	hiɔŋ^{5}	hiɔŋ^{5}	xyoŋ^{5}
ɔŋ → iɔŋ	浓	lɔŋ^{2}	liɔŋ^{2}	—	—	lyŋ^{2}
→ uaŋ	狂	kɔŋ^{2}	kɔŋ^{2}	kɔŋ^{2}	kuaŋ^{2}	kuoŋ^{2}
un → ɔŋ	存	tsun^{2}	tsun^{2}	tsɔŋ^{2}	tsɔŋ^{2}	tsouŋ^{2}
iɔk → oʔ	局	kiɔk^{8}	koʔ^{8}	—	—	kuoʔ^{8}
iak → i	亿	iak^{7}	i^{5}	—	—	ei^{5}
iã → iaŋ	赢	iã^{2}	iã^{2}	iã^{2}	iaŋ^{2}	iaŋ^{2}
	命	miã^{5}	miã^{5}	miã^{5}	miaŋ^{5}	miaŋ^{6}
ĩ → aŋ	彭	pʻĩ^{2}	pʻaŋ^{2}	—	—	pʻaŋ^{2}

（3）声调变读：

类型	例	泉州音	碗窑音 老	碗窑音 中	碗窑音 青	福州音
上声→阳平	跑	pʻau^{3}	pʻau^{2}	—	—	pʻau^{2}
上声→去声	况②	hɔŋ^{3}	hɔŋ^{5}	—	—	xuoŋ^{5}

① “紫”宁德话读 [tse^{3}]。

② “况”宁德话读 [xɔŋ^{5}]。

去声→阴入	幕	mɔ̃⁵	bɔʔ⁷	bɔʔ⁷	mɔʔ⁷	mouʔ⁷
去声→上声	舰	lam⁵	k'am³	k'aŋ³	k'aŋ³	k'aŋ³
阴入→去声	亿	iak⁷	i⁵	—	—	ei⁵

2. 文白变读。闽南方言的字音不少有文白读之分。文读一般只有一种，白读则可以有多种。一个字用于何处读为何音，往往是不能任意选择的。碗窑话把泉州话一些文读字改读白读音，也有把白读字改读文读音的。这种文白变读往往也是受福州话或宁德话影响的结果。这里分两类举例说明：

（1）泉州话读白读、碗窑话读文读的。例如：

字（词）	泉州音	碗窑音 老	碗窑音 中	碗窑音 青	福州音
影（电～）	iã³	iŋ³	—	—	iŋ³
当（稳～）	taŋ⁵	tɔŋ⁵	—	—	touŋ⁵
雨（～衣）	hɔ³	ɯ³	ʉ³	y³	y³
歌（唱～）	kua¹	ko¹	—	—	ko¹
同（～学）	taŋ²	tɔŋ²	—	—	tuŋ²
杭（～菊）	haŋ²	hɔŋ²	—	—	xouŋ²
钢（～材）	kŋ⁵	kɔŋ⁵	—	—	kouŋ⁵
媒（～人）	m²	muĩ²	—	—	mui²
伤（～风）	siŋ¹	siɔŋ¹	—	—	suoŋ¹
老（～实）	lau³	lo³	—	—	lo³
晏[①]（不早）	uã⁵	an⁵	aŋ⁵	aŋ⁵	aŋ⁵

（2）泉州话读文读、碗窑话读白读的。例如：

字（词）	泉州音	碗窑音 老	碗窑音 中	碗窑音 青	福州音
算（～术）	suan⁵	sŋ⁵	—	—	sɔuŋ⁵
程（过～）	t'iŋ²	t'iã²	—	—	t'iaŋ²

3. 音变变读。闽东方言有著名的"声母类化"，即复音词的非首音节的清音声母受前音节韵尾的同化变为浊音或脱落。[②]闽南方言本来并没有这种现象，但碗窑话一些双音词的后音节却有"声母类化"的变读，不过这种变读只见于少数词，不像闽东方言那样按规律普遍类推。举例如下：

① "晏"字德话读 [an⁵]。

② 详细情况可参阅陶燠民《闽音研究》，科学出版社，1956年；李如龙等《福州话语音演变概说》，《中国语文》1979年第4期。

类型	例词	泉州音	碗窑音 老	碗窑音 中	碗窑音 青	福州音
t → l	拜堂	pai^5 tŋ^2	pai^5 lɔŋ^2	—	—	puai^5 lɔŋ^2
	骹兜$_{\text{地板}}$	kʻa^1 tau^1	kʻa^1 lau^1	—	—	地兜 tiɛ^6 lau^1
tʻ →	边兜$_{\text{边上}}$	pĩ^1 tau^1	pĩ^1 lau^1	—	—	边兜 pieŋ^1 lau^1
s → n	先生	sian^1 sĩ^1	sin^1 nĩ^1	—	—	sin^1 naŋ^1
h → ∅	师傅	sai^1 hu^4	sai^{1}iu^5	—	—	sa^1 au^6
	屎岩$_{\text{茅坑}}$	sai^3 hak^8	sai^3 iak^8	—	—	粪坑厝 puŋ^6 ŋaŋ^1 ʒuo^5

四

二百多年间，碗窑话词汇也发生了一些变化。在我们调查的三千多条常用词语（包括单音词）中，和现代闽南方言说法不同的有一百八十多条，竟有半数之多。以下按四种不同类型举例说明，并与泉州话、福州话（或宁德话）对比。碗窑话只标老辈音，如老辈还保留闽南方言说法则标青辈音，注明（青）。

1. 和闽东方言相同而和闽南方言不同的词汇（闽东方言只标福州话[①]，闽南方言只标泉州话）：

词目		福州话	碗窑话	泉州话	
东西	乇	nɔʔ^7	nɔʔ^7	物（件）	mŋʔ^8（kiã）^{4}
肥皂	胰皂	i^2 ʒɔ^6	i^2 tsʻo^3	□□	sap^7 bun^2[②]
眼镜	眼镜	ŋiaŋ^3 ŋiaŋ^5	gan^3 kiã^5	目镜	bak^8 kiã^5
铜板	铜片	tøyŋ^2 mieŋ^5	taŋ^2 pʻian^5	铜□	taŋ^2 lui^1
钞票	票	pʻieu^5	pʻio^5	纸字	tsua^3 li^5
香烟	薰囝	xouŋ^1 ŋiaŋ^3	hun^1 kã^3	薰支	hun^1 ki^1
煤油	洋油	yoŋ^2 iu^2	iũ^2 iu^2	涂油	tʻɔ^2 iu^2
草地	草坪	tsʻau^3 βaŋ^2	tsʻau^3 pʻaŋ^2（青）	草埔	tsʻau^3 pɔ^1
猪圈	猪栏	ty^1 laŋ^2	tɯ^1 nuã^2	猪牢	tɯ^1 tiau^2
套鞋	鞋套	ɛ^2 tʻɔ^5	ɤe^2 tʻo^5	水鞋	tsui^3 ue^2
梳子	头梳	tʻau^2 læ^1	tʻau^2 sue^1	柴梳	tsʻa^2 sue^1
裤衩	裤长	kʻu^5 louŋ^2	kʻɔ^5 tŋ^2	短裤	tɤ^3 kʻɔ^5

① 福州话词汇的标音，声韵母按连读后变化标，声调则和其他点一样只标本调，不标变调。

② 闽南话“肥皂”借自印尼语 sabun。

裤兜	裤袋	k‘u^{5} lɔy^{6}	k‘ɔ^{5} tɤ^{5}	裤橐	k‘ɔ^{5} lɔk^{7}
傍晚	半晡	puaŋ^{5} muo^{1}	puã^{5} pɔ^{1}	暗晡	am^{5} pɔ^{1}
胳膊肘	手后𧿒	ts‘iu^{3} au^{6} laŋ^{1}	ts‘iu^{3} au^{6} tĩ^{1}	手后捅	ts‘iu^{3} au^{4} t‘ɔŋ^{3}
红糖	红糖	œyŋ^{2} t‘ouŋ^{2}	aŋ^{2} t‘ŋ^{2}	乌糖	ɔ^{1} t‘ŋ^{2}
冰棍儿	冰箸	piŋ^{1} tøy^{6}	piŋ^{1} tɯ^{5}	冰条	piŋ^{1} tiau^{2}
橘子	橘	keiʔ^{7}	kiat^{7}	（红）柑	（aŋ^{2}）kã^{1}
茄子	紫菜	tsie^{3} ʒai^{5}	tse^{3} ts‘ai^{5}	茄	kio^{2}
豆浆	豆浆	tau^{6} ʒuoŋ^{1}	tau^{6} tsiũ^{1}	豆奶	tau^{6} lin^{1}
丈夫	老公	lau^{6} uŋ^{1}	lau^{6} kɔŋ^{1}	翁	aŋ^{1}
妻子	老妈	lau^{6} ma^{3}	lau^{6} mã^{3}	姥	bɔ^{3}
曾祖父	大公	tuai^{6} uŋ^{1}	tua^{6} kɔŋ^{1}	太公	t‘ai^{5} kɔŋ^{1}
曾祖母	大妈	tuai^{6} ma^{3}	tua^{6} mã^{3}	太妈	t‘ai^{5} mã^{3}
堂兄弟	叔伯兄弟	tsy^{7} paʔ^{7} xiaŋ^{1} tiɛ^{6}	tsik^{7} peʔ^{7} hiã^{1} ti^{5}	隔腹兄弟	keʔ^{7} pak^{7} hiã^{1} ti^{4}
小叔子	细叔	sɛ^{5} ʒøyʔ^{7}	suɛ^{5} tseʔ^{7}	小叔	sio^{3} tsiak^{7}
小姨子	细姨①	sɛ^{5} i^{2}	sue^{5} i^{2}	姨仔	i^{2} a^{3}
走江湖	拍铁杆	p‘aʔ^{7} t‘ɛʔ^{7} kaŋ^{3}	p‘aʔ^{7} t‘iʔ^{7} kan^{3}	拍拳棒	p‘aʔ^{7} kun^{2} paŋ^{4}
撑（船）	撑	t‘aŋ^{1}	t‘aŋ^{1}	推	t‘ɤ^{1}
舔	□	liaʔ^{7}	liaʔ^{7}	舐	tsi^{4}
栖止	泊	puoʔ^{7}	poʔ^{7}	宿	suaʔ^{7}
烧（火）	烧	siu^{1}	sio^{1}	燃	hiã^{2}
（油）炸	浮	p‘u^{2}	p‘u^{2}	糒	tsĩ^{5}
闲谈	泛讲	p‘aŋ^{5} ŋouŋ^{3}	p‘ã^{5} kɔŋ^{3}	讲古	kaŋ^{3} kɔ^{3}
帮忙	对手	tøy^{5} ʒiu^{3}	tui^{5} ts‘iu^{3}	厮共	sa^{1} kaŋ^{5}
劳驾	起动	k‘i^{3} tɔyŋ^{6}	k‘i^{3} taŋ^{5}	劳（动）	lɔ^{2}（tɔŋ^{4}）
没关系	毛佮食	mo^{2} kaʔ^{7} siɛʔ^{8}	bo^{2} kaʔ siaʔ^{8}	𫠛要紧	bue^{6} iau^{5} kin^{3}
畅快	透骹	t‘au^{5} k‘a^{1}	t‘au^{5} k‘a^{1}	畅	t‘iɔŋ^{5}
干净	澈洁	t‘aʔ^{7} eiʔ^{7}	t‘eʔ^{7} kɤeʔ^{7}	清气	ts‘iŋ^{1} k‘i^{5}
舍不得	𫠛舍	mɛ^{6} lia^{3}	bue^{6} sia^{3} li^{0}	唔甘	m^{6} kam^{1}
难受	吃亏②	k‘iʔ^{7} k‘ui^{1}	k‘ik^{7} k‘ui^{1}	艰苦	kan^{1} k‘ɔ^{3}
节俭	做家	tso^{5}a^{1}	tsue^{5} ke^{1}	绿俭	k‘iu^{2} k‘iam^{4}
合算	合适	xaʔ^{8} seiʔ^{7}	hap^{8} sik^{7}	够值	kau^{5} tat^{8}

① 泉州话“细姨”指妾。

② 泉州话“吃亏”意为欺侮。

蔸$_{\text{一棵树}}$	tau^{1}	tau^{1}	丛	tsaŋ^{2}
头$_{\text{一条鱼}}$	t‘au^{2}	t‘au^{2}	尾	bɤ^{3}
头牛$_{\text{一头牛、一只猪}}$	t‘au^{2}	t‘au^{2}	隻	tsiaʔ^{7}
轮$_{\text{走一趟}}$	luŋ^{2}	lun^{2}	摆	pai^{3}

2. 和宁德话相同而和闽南方言、福州话不同的词汇（宁德话标老派音）：

词目	宁德话	碗窑话	泉州话	福州话
脖子	脰管 tau^{6} un^{3}	tau^{6} un^{3}	颔肌 am^{4} kui^{1}	脰腮 ta^{6} ɔuʔ^{7}
树林	柴林 ts‘a^{2} laŋ^{2}	ts‘a^{2} nã^{2}	树林 ts‘iu^{6} nã^{2}	ts‘iu^{6} laŋ^{2}
中间	□中 tan^{5} lɔŋ^{1}	tan^{5} tiɔŋ^{1}	中央 tiɔŋ^{1} ŋ^{1}	台中 tai^{2} louŋ^{1}
屋檐	檐尾 sim^{2} mø^{3}	siam^{2} bɤ^{3}	檐墘尾 tsi^{2} ki^{2} bɤ^{3}	厝檐 ts‘uɔ^{5} lieŋ^{1}
大碗	碗缸 uaŋ^{3} ŋɔŋ^{1}	uã^{3} kɔŋ^{1}	大碗 tua^{6} uã^{3}	大缸 tuai^{6} ouŋ^{1}
钟	时辰钟 si^{2} lin^{2} tsyŋ^{1}	si^{2} sin^{2} tsiŋ^{1}	时钟 si^{2} tsiŋ^{1}	钟 tsyŋ^{1}
火柴	洋火 yɔŋ^{2} œ^{3}	iũ^{2} hɤ^{3}	火擦 hɤ^{3} ts‘at^{7}	自来火 tsy^{6} lai^{2} ui^{3}
斗笠	笠斗 lit^{8} tau^{3}	lit^{8} tau^{3}	笠仔 lueʔ^{8} a^{3}	斗笠 tau^{3} leiʔ^{8}
泥鳅	涂鳅 t‘u^{2} liu^{1}	t‘ɔ^{2} liu^{1}	胡鳅 hɔ^{2} liu^{1}	胡鳅 xu^{2} liu^{1}
妓女	白面 paʔ^{8} men^{5}	peʔ^{8} bin^{5}	婊 piau^{3}	白面哥 paʔ^{8} mɛiŋ^{5} ŋo^{1}
茶叶	茶米 ta^{2} mi^{3}	te^{2} bi^{3}	茶心 te^{2} sim^{1}	茶箬 ta^{2} nuoʔ^{8}
生病	败兴 pai^{5} iŋ^{5}	pai^{6} hiŋ^{5}	破病 p‘ua^{5} pĩ^{6}	（破）病（p‘uai^{5}）paŋ^{6}
打摆子	拍寒 p‘aʔ^{7} kuã^{2}	p‘aʔ^{7} kuã^{2}	寒热 kuã^{2} liat^{8}	拍腹寒 p‘aʔ puʔ^{7} kaŋ^{2}
传染	□ ts‘ie^{6}	ts‘ia^{5}	度 tɔ^{5}	过 kuo^{5}
撒谎	做讲 tsɔ^{5} ɔŋ^{3}	tsue^{5} kɔŋ^{3}	白贼 peʔ^{8} ts‘at^{8}	野讲 ia^{3} ouŋ^{3}
担心	担愁 tam^{1} tɛu^{2}	tan^{1} tiau^{2}	烦恼 huan^{2} lo^{3}	苦 k‘u^{3}
（粥）稀	浅 ts‘en^{3}	ts‘ian^{3}	漖 ka^{5}	清 ts‘iŋ^{1}
勤劳	结煞 kit^{7} sat^{7}	kiat^{7} sat^{7}	骨力 kut^{7} lat^{8}	勤谨 k‘iŋ^{2} ŋiŋ^{3}
信教	从教 tsyŋ^{2} ŋau^{5}	tsɔŋ^{2} kau^{5}	食教 tsiaʔ^{8} kau^{5}	信教 siŋ^{5} ŋau^{5}
松花蛋	马卵 ma^{3} lɔŋ^{6}	be^{3} lŋ^{5}	皮蛋 p‘i^{2} tan^{5}	皮卵 pui^{2} lɔuŋ^{6}

3. 和闽东方言及闽南方言都有不同的词汇：

词目	碗窑话	泉州话	福州话
油条	鼎絮 tiã^{3} ts‘ue^{5}	油炸粿 iu^{2} tsaʔ^{8} kɤ^{3}	i^{2}ʒa^{5} ui^{3}
吝啬鬼	咸田螺 kiam^{2} ts‘an^{2} lɤ^{2}	咸涩鬼 kiam^{2} siap^{7} kui^{3}	奸九式 kaʔ^{8} ŋiu^{2} leiʔ^{7}
铅笔	洋笔 iũ^{2} pit^{7}	铅笔 iam^{2} pit^{7}	yoŋ^{2} βeiʔ^{7}
银元	七声银 ts‘it^{7} siã^{1} gun^{2}	白银 peʔ^{8} gun^{2}	番钱 xuaŋ^{1} ʒieŋ^{2}
垃圾	凶□毛 hiɔŋ^{1} kai^{5} nɔʔ^{7}	□□ sap^{7} sue^{3}	粪扫 puŋ^{5} no^{5}

木棉	落花棉 loʔ^{8} hue^{1} mĩ^{2}	加爆棉 ka^{1} pɔk^{8} mĩ^{2}	木棉 muʔ^{8} mieŋ^{2}
棉花	加贝 ka^{1} pua^{5}	加贝棉 ka^{1} pua^{5} mĩ^{2}	棉花 mieŋ^{2} ŋua^{1}
蛤蟆	粗皮 ts'ɔ^{1} p'ɤ^{2}	蟾蜍 tsiũ^{1} tsɯ^{2}	老婆 lau^{6} p'o^{2}/pɔ^{2}
乌鸦	乌□ ɔ^{1} ba^{1}	乌鸦 ɔ^{1} a^{1}	老鸦 lɔ^{3} ua^{1}
花边	虎齿 hɔ^{3} k'i^{3}	马齿 be^{3} k'i^{3}	四六捆 si^{5} løyʔ^{8} k'uŋ^{3}
赴宴	食大块 tsiaʔ^{8} tua^{6} tɤ^{5}	食桌 tsiaʔ^{8} toʔ^{7}	食酒 sieʔ^{8} tsiu^{3}
栏杆	腰裙 io^{1} kun^{2}	栏杆 lan^{2} kan^{1}	栏牢 laŋ^{2} lo^{2}
父亲	老岁 lau^{6} hɤ^{5}	老爸 lau^{6} pe^{4}	郎爸 louŋ^{2} ma^{6}
丑	唔水 m^{6} sui^{3}	凶 hiɔŋ^{1}	惊侬 kiaŋ^{1} nøyŋ^{2}

4. 值得关注的闽南方言特征词：

碗窑话词汇中有更多的条目和现代泉州话并没有不同。这些词中有一些本来就是闽东方言和闽南方言相同的说法，当然无所谓受闽东方言影响而发生变化。例如：人—依，锅—鼎，脚—骹，房子—厝，高—悬，淡—饕，吃—食，睡—睏；也有一些闽南方言和闽东方言有不同的说法，碗窑话虽受闽东方言的包围，却未能接受其影响而保留闽南方言的说法。这说明作为特征词，哪怕是二级区所具有的也是有很强的生命力，值得我们注意。以下举例正是这类闽南方言特征词。

词目	碗窑话	福州话
饭	□ mãi^{1}	饭 puɔŋ^{6}
粥	糜 bɤ^{2}	粥 tsøyʔ^{7}
身体	身驱 sin^{1} k'u^{1}	身 siŋ^{1}
狗	狗 kau^{3}	犬 k'ɛiŋ^{3}
蚊子	蠓 baŋ^{3}	风蚊 huŋ^{1} muoŋ^{2}
路	路 lɔ^{5}	埕 tuo^{6}
窗户	窗仔 t'aŋ^{1} ŋã^{3}	槛门 k'aŋ^{3} muoŋ^{2}
厨房	灶骹 tsau^{5} k'a^{1}	灶前 tsau^{5} lɛiŋ^{2}
衣裳	衫裤 sã^{1} k'ɔ^{5}	衣裳 i^{1} luoŋ^{2}
竹竿	竹竿 tik^{7}kuã^{5}	竹筅 ty^{7} ɔuŋ^{6}
锅盖	鼎盖 tiã^{3} kua^{5}	鼎片 tiaŋ^{3} mieŋ^{5}
花生	涂豆 t'ɔ^{2} tau^{5}	花生 xua^{1} lɛiŋ^{1}
叔叔	叔 tsik^{7}	家叔 ka^{1} ʒøyʔ^{7}
婶婶	婶 tsim^{3}	家婶 ka^{1} liŋ^{3}
女婿	囝婿 kã^{3} sai^{5}	儿婿 nie^{2} lai^{5}
头发	头毛 t'au^{2} mŋ^{2}	头发 t'au^{2} uɔʔ^{7}

背	巴脊 pa^{1} tsiaʔ^{7}	髀 p‘iaŋ^{1}
我们	阮 gun^{3}	侬家 nøyŋ^{2} ŋa^{1}
你们	您 lin^{3}	汝各侬 ny^{3} kɔʔ^{7} nøyŋ^{2}
他们	伵 in^{1}	伊各侬 i^{1} kɔʔ^{7} nøyŋ^{2}
自己	家己 kai^{5} ki^{5}	自家 tsi^{5} a^{1}
谁	<u>啥侬</u> siaŋ^{2}	底侬 tie^{3} nøyŋ^{2}
喝	啉 lim^{1}	食 sieʔ^{8}
哭	吼 hau^{3}	啼 t‘iɛ^{2}
嚼	哺 pɔ^{5}	嚼 tsuɔʔ^{7}
点（头）	□ tuʔ^{7}	欠 k‘iaŋ^{5}
找	揮 ts‘ɤ^{5}	讨 t‘o^{3}
蹲	踞 k‘u^{2}	蹲 ts‘uoŋ^{2}
引（路）	□ ts‘ua^{6}	带 tai^{5}
绕	踅 sɤʔ^{8}	转 tuoŋ^{3}
拔（草）	挽 ban^{3}	拔 peiʔ^{8}
扶	按 huã^{5}	护 xou^{6}
捞	□ hɔ^{2}	漉 løyʔ^{8}
熄灭	熄 sit^{7}	暗 aŋ^{5}
玩耍	迌迌 t‘it^{7} t‘o^{2}	客聊 k‘aʔ^{7} liu^{2}
知道	知影 tsai^{1} iã^{3}	八传 peiʔ^{7} tuoŋ^{2}
冷（天）	寒 kuã^{2}	瀓 ts‘ɛiŋ^{5}
热（水）	烧 sio^{1}	热 iɛʔ^{8}
湿	澹 tam^{2}	滥 laŋ^{6}
稠	洘 k‘o^{3}	涠 kyʔ^{8}
浊	醪 lo^{2}	浑 xuŋ^{2}
香	芳 p‘aŋ^{1}	香 xyoŋ^{1}
窄	狭 ɤeʔ^{8}	窄 tsaʔ^{7}
饿	枵 iau^{1}	空 k‘øyŋ^{1}
坏	否 p‘ai^{3}	呆 ŋai^{2}
迟	晏 uã^{5}	迟 ti^{2}
快	紧 kin^{3}	快 k‘a^{5}
健康	勇 iɔŋ^{3}	健 kyɔŋ^{6}
衰弱	□ lam^{3}	弱 yoʔ^{8}

倒霉	衰 sue^{1}	背 puoi^{6}
瘦（人）	瘖 san^{3}	瘊 søy^{1}
瘦（肉）	赤 ts‘iaʔ^{7}	瘖 sɛiŋ^{3}
能干	勢 gau^{2}	解 ɛ^{6} tsɔ^{5}
乖	乖 kuai^{1}	恶 ɔʔ^{7}
懒	惮 tuã^{5}	定 tiaŋ^{6}
美	水 sui^{3}	俊 tsɔuŋ^{5}
凉快	秋凊 ts‘iu^{1} ts‘iŋ^{5}	风凉 xuŋ^{1} nuoŋ^{2}
座 一～房子	块 tɤ^{5}	座 tsɔ^{6}
张 一～桌子	块 tɤ^{5}	张 t‘uoŋ^{1}
朵 一～花	蕊 lui^{3}	菩 puo^{2}
把 一～笔	支 ki^{1}	把 pa^{3}

碗窑话还有一些反映旧事物的词，老辈还能记得，但不常说，中青年一般不能了解了，例如“请火”（迎神赛会）、“送门头”（贺喜送礼钱）、“冠髻”（新娘子头部的打扮）、“骹帛”（裹脚布）、“色裤”（小脚女人的花布袜）等。由于社会生活的变化，旧有的方言词逐渐从中青年的口语中消失了，这是各种语言和方言同样存在的现象，这里就不多列举了。

五

根据以上材料，可以看出碗窑闽南方言岛在二百多年间发展变化的若干特点：

1. 从变化的内容说，语音、词汇都有明显的变化，但是表现是不平衡的。语音的变化显然比词汇变化大。在语音的变化中，声母和声调基本不变，韵母系统则变化甚大。在词汇的变化中，基本词汇、单音词、特征词变化小，一般词汇、多音词的变化大；实词变化较大，虚词变化最小。

2. 从变化的方向说，碗窑话受的是闽东方言的包围，它的变化趋势主要是向闽东方言靠拢（同时也受普通话影响，特别是青年一辈所受的影响更大，关于这方面，因限于篇幅，本文未能叙述），但是在语音和词汇两个方面具体表现又有不同。由于宁德话语音也在急剧地向福州话靠拢，碗窑话的语音变化表现为“随大流”，直接向福州话看齐；而词汇的变化则主要表现为“就地取材”，当宁德话和福州话有不同说法（词汇差异）时，碗窑话往往采取宁德话的说法。

除了向周围方言靠拢之外，碗窑话还有独具的特殊词汇。就我们所得的材料看，这种特有词汇有时是“存古”（例如管棉花叫“加贝”，称父亲为“老岁”见于早期泉州话及泉属西片山区方言）；有时是“创新”（例如管吝啬鬼叫“咸田螺”，称蛤蟆为“粗皮”）；有的是：“傚误”（例如铅笔的“铅”，按闽东方言读音 [yoŋ²] 误译为 [iũ²]）。

3. 从变化的方式说，无论是语音或词汇都是逐渐的，即采取“自由变体”的方式逐步过渡，但是，反映在老中青三辈人的口语中，语音方面各自具有明显不同的特点，而词汇方面则大体比较一致。这种情形同上述语音比词汇变得快的事实是直接相关的。

语音的变化除了音类和音值的成片类推变化之外，还有少量字音离开原来音类的特殊变读。词汇的变化，往往是接受当地方言的词素和构词法按照一定的方音对应规律折合的。这种语音的折合，通常都很严密，不符合对应规律的例外只是极少数。

4. 从变化的速度说，老辈语音同二百年前的泉州音（《汇音》）和现代泉州音都十分相接近，而老辈和青辈之间则变化甚大，这说明了碗窑话近三十年的变化比前二百年的变化快得多。中华人民共和国成立前二百年间，碗窑人和原籍还有一些往来，原来的风俗习惯和社会心理也保留较多，同本地人又常有争端，因而受当地方言的影响就较慢较小；中华人民共和国成立后三十年来，碗窑人同本地人关系融洽了，联系更密切了，政治、经济、文化、思想各方面的一致性越来越多，受当地方言的影响就较快较大。由此可见，语言变化的速度在相当程度上是受社会生活的状况制约的。

说明：本文的材料是李如龙、陈章太、游文良分工合作调查所得。其间陆斯厚、邓晓华参加了部分工作。后由李如龙执笔成文，发表于《中国语文》1982 年第 5 期。

建阳黄坑话简介

建阳县（今南平市建阳区）西端的黄坑乡，地处武夷山主脉的南端，是麻阳溪与富屯溪的分水岭，距县城24公里，与崇安（今武夷山市）、光泽、邵武三县（市）接壤。宋代理学家朱熹自选于此下葬，原坟至今犹存。这里原本人烟稀少，明清以来多有江西人移居，民国年间又有客家人迁入，中华人民共和国成立后则有本省莆田一带和浙江、江苏、安徽、湖南等地移民前来定居。现在说黄坑话的是五十年前的老住户，约占全乡人口的三分之一，近千人。由于居民有迁自江西的，又因地理相近而与邵武、光泽来往较多，且有客方言相处，黄坑话受到不少客赣方言的影响，但多数人能听懂邻乡的麻沙话，一些人也能大体听懂建阳城关（潭城）话。此外，黄坑人大体上还可听懂邵武话。

一　声韵调系统

（一）声母20个（含零声母）

p 包白饭	p‘ 怕抱斧	m 马妹尾	f 夫话犯	v 无王
t 斗爹茶	t‘ 土菜蛏	n 拿疑日		l 炉礼辣
ts 左遮展	ts‘ 残菜		s 洗沙露	
tɕ 周足徐	tɕ‘ 穿碎鼠		ɕ 赊失船	
k 高骑滑	k‘ 客虎区	ŋ 牙蚁硬	x 喜抽嫁	ø 野热狗

说明：f、v是弱音，v只见于合口呼个别字；ts、ts‘、s与tɕ、tɕ‘、ɕ分别与洪音及细音相拼，但音色显然有别。ts‘只见于个别文读音。

（二）韵母42个

a 马家杂白	ia 遮写狭摘	ua 瓜花法划
ɔ 哥左合托	iɔ 补靴略石	uɔ 和果驳
ɛ 史迷北格	iɛ 批纸热接	uɛ 国或滑
i 你之失食	u 鱼刺喉谷	y 居肥出六

ei 比妻一集	uɔi 杯衰骨脱	yəi 皮碎说雪
ai 买底外割	iai 血曰	uai 坏活
au 包高孝	iɛu 表烧潮	ɛu 沟老忧
əu 秋旧抽	iu 周牛油	ŋ 虫红
an 班砚伴	ien 仙边扇焰	uan 官关凡
ɔŋ 帮庄江柑	iɔŋ 张箱影	uaŋ 光望
ɛn 冰森等亭	uən 门酸稳	yɛn 近选船闰
in 真人兴任	un 军轮拳	yn 春运银永
en 心新星勤	uŋ 蜂瓮双	yuŋ 中雄龙允
aŋ 三店生降	iaŋ 郑名兄粘	uaŋ 横犯

（三）声调 5 个

平声	455	高专遵低边六月白舌服
上声	53	古走比好手展开抽天初
阴去	33	盖变唱退送放寒神麻娘
阳去	35	共大饭用帽树五坐抱厚
入声	31	笔曲锡接铁发穷床徐云

黄坑话多音连读未发现变调。

二　语音特点

（一）和多数闽北方言相同的特点

1. 部分非敷奉声母字读 p、pʻ 声母，例如：斧 pʻy^{3}、殕 pʻu^{7}、沸 pʻy^{5}、冯 puŋ^{7}、吠 pʻy^{6}、肥 py^{5}、缚 pʻu^{1}。

2. 多数古知彻澄声母字读 t、x，例如：追 ty^{1}、昼 tu^{5}、茶 ta^{5}、住 təu^{6}、直 tɛ^{1}、趁 xen^{5}、柱 xəu^{6}。

3. 部分古匣母字读 k、Ø，例如：猴 kɛu^{7}、厚 kɛu^{6}、咸 kɛn^{7}、县 kien^{7}、行 kiaŋ^{7}、鞋 ai^{7}、笐 ɔŋ^{6}。

以上各条也是多数闽方言共有的特征。

4. 一些来母字读 s，例如：箩 sai^{5}、螺 suəi^{5}、露 su^{6}、芦 su^{5}、雷 suəi^{5}、老 sɛu^{6}。

5. 一些常用字的声母读法很特殊，例如：雨 xy^{6}、蝇 sɛn^{5}、事 tei^{6}、窗 tʻɔŋ^{1}、柿 kʻei^{6}、狗 u^{3}、肝 xan^{1}、火 kʻuəi^{7}。

6. 二等韵字和部分四等韵字读为洪音，例如：家 ka^{1}、牙 ŋa^{5}、减 kaŋ^{3}、洗 sai^{3}、肩

kan^{1}、节 tsai^{7}、丁 tɛn^{1}、踢 xɛ^{7}。

7. 一些普通话不读撮口韵的字读为撮口呼，例如：开 k‘yəi^{1}、皮 p‘yəi^{5}、晏 yɛn^{5}、言 nyɛn^{5}、锤 xy^{5}、肉 ny^{1}、肥 py^{5}。

8. 古入声字均无塞音韵尾，例如：甲 ka^{7}、十 ɕi^{1}、节 tsai^{7}、七 t‘ei^{7}、削 ɕiɔ^{7}、剥 puɔ^{7}、疫 y^{2}、鹿 lu^{1}。

9. 普通话阳平字分读两调，例如：婆 pɔ^{5}、南 nan^{5}、蚕 t‘aŋ^{5}、回 fuɔi^{5}、盆 puɔn^{7}、猴 kɛu^{7}、除 ty^{7}、潭 tan^{7}。

10. 三个人称代词读为同调：我 ŋai^{3}、你 ni^{3}、渠 ky^{3}。

（二）闽北方言两片不同的特点，黄坑话或同西片，或同东片

1. 部分古清从床等声母字今读 t‘ 声母，与西片同：草 t‘au^{7}、参 t‘aŋ^{3}、岔 t‘a^{3}、炒 t‘au^{3}、七 t‘ei^{7}、床 t‘ɔŋ^{5}、抢 t‘iɔŋ^{3}、贼 t‘ɛ^{1}。

2. 部分古透定等声母字今读 x 声，与西片同：拖 xai^{1}、贪 xaŋ^{3}、糖 xɔŋ^{5}、桃 xau^{5}、塔 xa^{7}、柱 xəu^{6}、虫 xŋ^{5}、抽 xəu^{1}。

3. 没有 β、ɦ 等浊音声母，与东片同：盆 puɔn^{7}、字 tsei^{6}、情 tsen^{7}、沉 ten^{5}、红 ŋ^{7}、行 kiaŋ^{7}、铜 tuŋ^{7}、河 xɔ^{5}。

4. 普通话阳平字分读两调，均归入别调，不像潭城话有两类阳平，例字见上文。

（三）和闽北方言不同的特点

1. 有 f、v 声母，显然是客赣方言影响的结果，例如：夫 fu^{1}、凡 faŋ^{5}、符 fu^{5}、花 fua^{1}、胡 fu^{5}、物 vuɔi^{1}、云、黄 vuɔŋ^{5}、无 vu^{5}。

2. 一些普通话零声母字读 n 声母（古泥、疑、日母逢今细音混），这也反映了客赣方言的特点，例如：语 = 女 ny^{3}、严 = 年 nien^{5}、义 = 二 ni^{6}、业 = 聂 niɛ^{1}、玉 = 肉 ny^{1}。

3. 一些船禅母字在多数闽北话读零声母，黄坑话读 tɕ、ɕ，例如：船 ɕyɛn^{7}、射 ɕia^{6}、薯 tɕy^{5}、舌 ɕiɛ^{1}、城 ɕin^{7}、上 ɕiɔŋ^{6}（例外：蛇 iɛ^{5}）。

4. 不少闽北方言读合口呼的字（在普通话有开口、有合口），黄坑话读开口呼韵母，与邵武话相近，例如：大 tai^{6}、灾 tsai^{1}、单 tan^{3}、辣 lai^{1}、脶 lɔ^{5}、坐 tsai^{6}、酸 sɔn^{1}、顿 tɔn^{5}。

5. 闽北方言概无前鼻音韵尾 n，黄坑话与邵武话相仿，读前鼻音的字比普通话还多，例如：汗 kan^{6}、仙 sien^{1}、完 uan^{5}、痕 xɛn^{5}、银 nyn^{5}、心 sen^{1}、婶 ɕin^{3}、朋 pɛn^{7}、证 tɕin^{5}、永 yn^{3}、兵 pen^{1}、停 tɛn^{7}、诚 ɕin^{7}、丁 tɛn^{1}。

6. 声母的送气影响声调的分化，这种特点也见于江西境内的赣方言。黄坑具体表现是：平声字送气归上声，上声字送气归入声。例如：赌 tu^{3}—土 t‘u^{7}　古 ku^{3}—苦 k‘u^{7}　止 tɕi^{3}—齿 tɕ‘i^{7}　己 ki^{3}—起 k‘i^{7}　姑 ku^{1}—枯 k‘u^{3}　居 ky^{1}—区 k‘y^{3}　枝 tɕi^{1}—痴 tɕ‘i^{3}　基 kei^{1}—欺 k‘ei^{3}。

7. 声调只有五类，是闽北方言中最少的，除两个阳平调混入别调外，有些入声字（古浊声母字）并入平声，只剩下一个入声调。例如：别 pie^{1}、实 ɕi^{1}、极 ki^{1}、绿 ly^{1}、密 mi^{1}、滑 kue^{1}、合 xɔ^{1}、纳 na^{1}。

三 词汇特点

（一）和闽北方言各点相同的词汇

塍$_{\text{田}}$ t‘ɛn^{5}	厝$_{\text{房子}}$ tɕ‘iɔ^{5}	索$_{\text{绳子}}$ sɔ^{7}	鼎$_{\text{锅}}$ tiaŋ^{3}
事$_{\text{事情}}$ tei^{6}	粟$_{\text{稻谷}}$ sy^{7}	囝$_{\text{儿子}}$ kien^{5}	面$_{\text{脸}}$ mien^{6}
骹$_{\text{脚}}$ k‘au^{3}	㘓$_{\text{口水}}$ lan^{6}	箬$_{\text{叶子}}$ niɔ^{1}	卵$_{\text{蛋}}$ suɔn^{6}
徛$_{\text{站}}$ kiɛ^{6}	行$_{\text{走}}$ kiaŋ^{7}	颂$_{\text{穿}}$ tsiɔŋ^{6}	褪$_{\text{脱}}$ xɔn^{5}
囥$_{\text{藏}}$ k‘ɔŋ^{5}	缚$_{\text{绑}}$ p‘u^{1}	食$_{\text{吃}}$ ɕie^{1}	走$_{\text{跑}}$ tɔu^{3}
乌$_{\text{黑}}$ u^{1}	阔$_{\text{宽}}$ k‘uai^{7}	凋$_{\text{干}}$ tiɛu^{7}	肥$_{\text{肥胖}}$ py^{5}
泛$_{\text{松}}$ p‘ɔŋ^{5}	瀞$_{\text{凉}}$ t‘en^{5}	馨$_{\text{味}}$ tsiaŋ^{3}	趁$_{\text{赚（钱）}}$ xen^{5}

以上也是多数闽方言共同的特征词。

今朝$_{\text{今天}}$ kien^{1}tiɛu^{1}	明朝$_{\text{明天}}$ man^{5} tiɛu^{1}	暗冥$_{\text{晚上}}$ ɔŋ^{5} maŋ^{5}
昼前$_{\text{上午}}$ tu^{5} tɕ‘ien^{5}	暗边$_{\text{傍晚}}$ ɔŋ^{5} pien^{1}	埕$_{\text{路}}$ tiɔ^{6}
桁条$_{\text{檩条}}$ aŋ^{7} təu^{5}	柱磉$_{\text{柱石}}$ xəu^{6} suən^{3}	竹筅$_{\text{竹竿}}$ ty^{7}ɔŋ^{6}
鼎片$_{\text{锅盖}}$ tiaŋ^{3} p‘ien^{5}	剪子 tsan^{3} tsɛ^{7}	信筒$_{\text{信封}}$ sen^{5} tuŋ^{5}
箬笠$_{\text{斗笠}}$ niɔ^{1} sɛ^{1}	打塍 ta^{3} t‘ɛn^{5}	潲水$_{\text{洗米水}}$ sau^{5}ɕy^{3}
禾$_{\text{稻子}}$ uɔi^{5}	禾秆$_{\text{稻草}}$ uɔi^{5} kan^{3}	牛牯$_{\text{公牛}}$ niu^{5} ku^{3}
豨$_{\text{母猪}}$ k‘y^{3}	豨嫲$_{\text{母猪}}$ k‘y^{3} ma^{5}	黄蚻$_{\text{蟑螂}}$ vuɔŋ^{5} tsai^{1}
糖蜂$_{\text{蜜蜂}}$ x ɔŋ^{5} p‘ɔŋ^{1}	虱嫲 sɛ^{7} ma^{5}	人 nin^{5}
阿娘$_{\text{女人}}$ a^{1} niɔŋ^{5}	囝子$_{\text{小孩儿}}$ kien^{5} tsɛ^{5}	新妇子$_{\text{童养媳}}$ sen^{1} py^{6} tsɛ^{5}
老妈$_{\text{妻子}}$ səu^{6} ma^{7}	背脊$_{\text{背}}$ pei^{5} tɕia^{7}	额$_{\text{额头}}$ nia^{1}
骹脊头$_{\text{膝盖}}$ k‘au^{3} tɕi^{7} xəu^{5}	出麻$_{\text{麻疹}}$ tɕ‘y^{7} mai^{5}	出痘$_{\text{出天花}}$ tɕ‘y^{7} təu^{6}
饭饮$_{\text{火汤}}$ pien^{6} ɛn^{3}	洗澡$_{\text{洗澡}}$ sai^{3} y^{1}	目□$_{\text{睡}}$ mi^{1} ts‘i^{7}
捞$_{\text{找}}$ lɔ^{3}	遮$_{\text{盖（被子）}}$ tɕia^{1}	嬉$_{\text{玩儿}}$ xi^{1}
话事$_{\text{说话}}$ ua^{6} tei^{6}	话假事$_{\text{撒谎}}$ ua^{6} ka^{3} tei^{6}	搦$_{\text{拿}}$ na^{1}
□$_{\text{舐}}$ la^{7}	掐$_{\text{打}}$ ma^{1}	动棋$_{\text{下棋}}$ tuŋ^{6} ki^{7}
□$_{\text{高}}$ au^{7}	□$_{\text{稀}}$ tsɛn^{2}	□$_{\text{熟}}$ tɛ^{7}
惮$_{\text{懒}}$ tien^{6}	瘦$_{\text{瘦}}$ suɔi^{1}	疾$_{\text{痛}}$ tsei^{1}
□$_{\text{窄}}$ pa^{3}	隻$_{\text{（一）个（人）}}$ tɕia^{7}	转$_{\text{（走一）趟}}$ tyən^{3}

丛$_{\text{(一)棵(树)}}$tsuŋ^{5}	栋$_{\text{(一)座(房子)}}$tuŋ^{5}

（二）和闽方言（包括闽北）多所不同，而和邵武话（赣方言）相同的词汇

昼边$_{\text{中午}}$ tu^{5} pien^{1}	半边$_{\text{旁边}}$ pan^{5} pien^{1}	日上$_{\text{白天}}$ ni^{1} tɕiɔŋ^{5}
天干$_{\text{旱}}$ xien^{5} kan^{1}	滚水$_{\text{热水}}$ kuən^{3}ɕy^{3}	瀧水$_{\text{凉水}}$ t‘en^{1}ɕy^{3}
冷冰$_{\text{冰}}$ lɛn^{6} pɛn^{1}	垃圾 lɔ^{1} sɔ^{7}	灶下$_{\text{野房}}$ tsəu^{5} a^{5}
箸隻$_{\text{筷子}}$ ty^{6} tɕia^{7}	椹片$_{\text{案板}}$ tsɛn^{1} p‘ien^{5}	牙罐$_{\text{牙缸}}$ ŋa^{2} kuən^{5}
鬼子碱$_{\text{肥皂}}$ ky^{3} tsɛ^{7} kan^{3}	扣针$_{\text{别针}}$ k‘əu^{5} tɕin^{1}	瓷器 tɕy^{7} k‘i^{5}
栽禾$_{\text{插秧}}$ tsɛ^{1} uɔi^{5}	麻子$_{\text{芝麻}}$ mai^{5} tsɛ^{7}	黄鳅$_{\text{泥鳅}}$ vuɔŋ^{5} t‘əu^{3}
蟹子$_{\text{螃蟹}}$ xai^{6} tsɛ^{7}	水鸡$_{\text{鳖}}$ ɕy^{3} kai^{1}	马荠$_{\text{荸荠}}$ ma^{3} tsɛ^{7}
褂子$_{\text{背心}}$ kua^{5} tsɛ^{5}	膏$_{\text{猪油}}$ kau^{7}	爷$_{\text{父亲}}$ ia^{5}
娘$_{\text{母亲}}$ niɔŋ^{5}	爹爹$_{\text{公公、祖父}}$ ta^{1} ta^{1}	妈妈$_{\text{婆婆、祖母}}$ mɛ^{5} mɛ^{5}
伯伯 pa^{7} pa^{5}	姐姐$_{\text{伯母}}$ tɕia^{3} tɕia^{3}	老子$_{\text{丈夫}}$ seu^{6} tsɛ^{7}
鼻窟$_{\text{鼻子}}$ p‘ei^{6} k‘uɔi^{7}	腹屎$_{\text{肚子}}$ py^{7}ɕi^{3}	腹屎蒂 py^{7}ɕi^{3} ti^{5}
屎窟$_{\text{屁股}}$ ɕi^{3} k‘uɔi^{7}	耳窟$_{\text{耳朵}}$ nin^{5} k‘uɔi^{7}	嘴$_{\text{嘴巴}}$ tɕy^{3}
装$_{\text{装(饭)}}$tɔŋ^{1}	供$_{\text{喂(饭)}}$kyuŋ^{1}	搞$_{\text{玩儿}}$ kau^{3}
畏$_{\text{怕}}$ y^{5}	□□$_{\text{忘记}}$ lɔ^{6} pɛ^{7}	精$_{\text{美丽}}$ tsiaŋ^{1}
丑$_{\text{丑陋}}$ tɕ‘iu^{7}	嘴干$_{\text{口渴}}$ tɕy^{3} kan^{1}	踞$_{\text{蹲}}$ ku^{6}
蒸$_{\text{蒸(饭)}}$tɕiŋ^{1}	□$_{\text{撕}}$ iɛ^{7}	□$_{\text{(木头)硬}}$ k‘iɔŋ^{6}
伶俐$_{\text{干净}}$ lɛn^{5} li^{5}	绊子$_{\text{口吃}}$ pan^{5}tsɛ^{5}	行$_{\text{(一)支(烟)}}$aŋ^{7}
堆$_{\text{(一)泡(屎)}}$tuɔi^{1}	宿$_{\text{(一)窝(蜂)}}$tɔu^{7}	□$_{\text{翅膀}}$ k‘ie^{7}

南平夏道话记略

一 概况

夏道是南平市的一个重镇，原名龟道，后改为下道，1943年取“夏于义为大”，更名为夏道。夏道镇位于南平市延平区中南面，距城区近20公里。全镇20个村委会和1个居委会，共计56个自然村，近3万人口，由于闽江和外福铁路穿过境内，夏道的水陆交通尚可称便。夏道东面隔着炉下乡、太平乡与操闽东话的樟湖镇相接；北面越过闽东是大风乡，操闽北话；西面穿过西芹镇即是操闽中话的沙县。夏道正是处于闽东、闽北、闽中三个次方言区和南平北方方言岛的接合部，方言环境显得较为特殊。

明、清以降，借助闽江的航运之利，夏道逐渐成为南平的一个重要集镇。商业、贸易繁荣，四方的人员来往频繁，闽北、闽东、闽中及江西一带都有人陆续到此做生意，其中有些人就在此定居下来。20世纪以来，尤其是抗日战争时期，闽东沿海沦陷，福州、闽清、古田一带还有人不断地迁入夏道。另外，南平城关说“土官话”的一些居民顺江而下，也到夏道来定居。根据族谱记载和民间传说，夏道镇的几个大姓如夏道村的丁姓来自赣南的“铁板桥”，篁路村的罗姓来自江西豫章郡，鸠上村的杨姓和陈姓分别来自本省的将乐和沙县（据称，杨姓乃理学家杨时的后代，陈姓乃理学家陈默堂的后代）。正因为如此，夏道镇居民的姓氏十分复杂。如今，镇政府所在地的夏道居委会和夏道村就有20个左右的姓氏。

夏道的方言土语也较为复杂。据初步了解，闽江北岸的安济、大桥、山后、汀源等四个行政村说六个声调的安济话，口音与大风乡接近，属闽北方言系统；闽江中的冲积洲大洲村乃闽南方言岛，至今仍说闽南话。闽江南岸的十几个行政村说的话较相近，都是四个声调，但每个自然村的口音都有所不同。比如同是夏道村的，上夏道和夏道尾的口音就有细微的差别，当地人都能感觉到。本文记录的是上夏道的口音，当地人自称为“夏道事”，本文一律称为夏道话。发音合作人是朱明同志，男，40岁，夏道供销社干部；罗积年同志，男，57岁，夏道文化馆干部。

夏道话是闽方言的一个特殊点，具有明显的混合性质，这是由当地特殊的地理、人文因素决定的。据当地人称，他们可以听懂建瓯话和沙县话，只是说不来。另外，当地中年以上的人基本上都能说福州话。可以推测，历史上的夏道话应属闽北话，与建瓯话较为接近。后来由于各地人口的大量涌入，闽北话受到其他方言的渗透，才形成今天的格局。下面分别报告夏道话的音系特点和词汇特点。

二　夏道话音系

（一）声韵调表

1. 声母 15 个（含零声母）：

p 把补肥妇	p‘ 怕派批鼻	m 磨墓米美
t 大都代厨	t‘ 拖土太推	n 拿女泥脑
l 锣炉吕牢	ts 坐姐字灶	ts‘ 车蔡市草
s 锁写死师	k 歌姑怪机	k‘ 可枯快气
x 祸胡海喜	ŋ 芽吴外月	ø 河爷哀委

2. 韵母 33 个：

a 加茶答察	o 贺错嫂落	e 来栽鞋西
u 步祖突肃	i 毙犁地笠	y 女虚资菊
ai 台改八色	au 捞草交招	ia 写谢野拆
iu 树酒周球	ie 弟移叶杰	io 表庙照腰
ua 大沙辣袜	ue 螺火阔骨	ui 回桂伟类
ye 茄血月尺	ou 角北独谷	ei 十笔逼织
øy 出竹叔烛	iau 猫标耀缴	uai 块乖歪帅
aŋ 贪暗单井	eiŋ 浸针新冰	ieŋ 验点颜演
iaŋ 平镜正成	uaŋ 犯欢放矿	iŋ 盐剑嫌民
uiŋ 半酸山孙	yŋ 训勋	øyŋ 斤银近穷
uŋ 黄王	oŋ 房双通风	ioŋ 章唱常用

3. 声调 4 个：

调类	调值	例字
阴平	21	加沙赊乌书阶百督
阳平	55	茄吴猴坐厚抱白独
上声	33	锁写鼓卤买老走反
去声	24	大破射社树帽赵饭

（二）夏道话的语音特点

前面说过，由于处在闽方言的三个次方言区及南平北方方言岛的交接地带，夏道话具有明显的混合方言性质。下文闽东方言以福州话为代表，闽北方言以建瓯话为代表，闽中方言以沙县话为代表，比较若干语音项目，即可看出夏道话与这三种方言同中有异、异中存同的关系。下列比较表列了 28 条比较项目，“+”号表示参加比较的方言具备这项特征，“–”号表示不具备这项特征。福州话、建瓯话和沙县话的语音特征主要参照陈章太、李如龙《闽语研究》（语文出版社，1991 年）。

夏道与福州、建瓯、沙县语音特点比较表

比较项目	夏道	福州	建瓯	沙县
①声母保留“十五音”的格局	+	+	+	+
②古非组字口语中不少读 p、p‘、m	+	+	+	+
③古知组字今多数读 t、t‘	+	+	+	+
④古擦音声母字今部分读 ts、ts‘	+	+	+	+
⑤古匣母字部分读 k	+	+	+	+
⑥古匣母字部分读零声母	+	+	+	+
⑦古云母字少数读擦音声母	+	+	+	+
⑧古以母字个别读擦音、塞擦音声母	+	+	+	+
⑨古庄组字个别读 t、t‘	+	+	+	+
⑩古疑母字多数读零声母，少数读 ŋ[1]	+	–	–	–
⑪古泥、来母分读 n、l[2]	+	+	+	–
⑫古日母字多数读 n	+	+	+	–
⑬古来母字部分读 s	+	–	+	+
⑭古见母字少数读零声母或 x	+	–	+	+
⑮古精、庄、章组分舌尖前、舌叶两套	–	–	–	+
⑯古开口一等字部分读合口呼	+	+	+	+
⑰古二等见系字和四等字多读洪音	+	+	+	+
⑱古阳声韵均读 ŋ 韵尾	+	+	+	–
⑲有撮口呼韵母	+	+	+	+
⑳有喉塞音韵尾	–	+	–	–
㉑古效摄一、二等字口语中多数可分	+	+	–	+
㉒古山摄合口一、二等相混	+	–	+	+
㉓古开口支韵字和脂、之韵字有分有混	+	+	–	+
㉔部分古鱼、虞韵字能分	–	+	–	–
㉕古平声浊声母字分为两类	–	–	+	–

续表

比较项目	夏道	福州	建瓯	沙县
㉖古去声清、浊声母字有别	−	+	+	−
㉗双音节连读前音节常有变调	+	+	−	+
㉘三个单数人称代词读同调	+	−	+	−

说明：（1）古疑母字福州话全读 [ŋ]，建瓯、沙县多数读 [ŋ]，夏道话则多数读零声母，少数读 [ŋ]，可能是受南平"土官话"的影响。（2）古泥、来母字沙县话洪音前不分，细音前可分。

三 夏道话词汇

从词汇系统看，夏道话的混合性质更加明显。在它的词汇系统中，既有闽方言的词语，又有南平"土官话"的词语；在闽方言的词语中，则既有闽东的词语，又有闽北、闽中的词语。真正的本地独创的词语则不多见。下文区别不同情况，比较夏道话的词汇与福州、建瓯、沙县及南平城关的异同，福州、建瓯和沙县三点仍采用《闽语研究》一书所提供的材料，南平城关"土官话"的材料除参考《闽语研究》之外，大部分来自笔者自己的调查。从下文的八个比较词表中，我们不难发现，夏道话的词汇系统正是闽东、闽北和闽中三种闽语次方言及南平"土官话"掺杂混合而成的。

（一）与福州、建瓯、沙县都相同的词语

厝 $ts'ye^5$（房子）	塍 $ts'aŋ^2$（田地）	坪 $p'aŋ^2$（平地）
柴 $ts'a^2$（木头）	箬 nye^2（叶子）	瓠 pu^2（葫瓜）
薸 $p'io^2$（浮萍）	粟 $ts'ye^1$（谷子）	笏 lia^2（竹器）
柿 $k'i^2$（柿子）	殕 $p'u^3$（发霉）	粿 kue^3（一种米食）
箸 ty^5（筷子）	砛 xue^2 陶瓷	鼎 $tiaŋ^3$（铁锅）
錾 $tsaŋ^5$（石凿）	檝 $tsiŋ^1$（楔子）	索 so^1（绳子）
柱 $t'iu^2$（柱子）	苎 ty^2（苎麻）	蓆 $ts'ye^2$（席子）
晬 $tsue^5$（周岁）	囝 $kuiŋ^3$（儿子）	骹 $k'a^1$（脚）
㘓 $luiŋ^3$（口水）	曝 $p'ou^2$（晒）	沃 ou^1（浇水）
□ ma^1（抓一把）	园 $k'aŋ^5$（藏）	必 pei^1（裂开）
铰 kau^1（剪）	筅 $ts'aŋ^3$（饮帚）	擘 pou^1（掰开）
刣 $t'i^2$（杀）	贮 tu^3（添饭）	趁 $t'eiŋ^5$（挣钱）
扛 $kaŋ^1$（抬）	解 xe^2（会、能）	惊 $kiaŋ^1$（害怕）
眩 $xeiŋ^2$（头晕）	嗽 so^1（吮）	煠 sa^2（清水煮）
炊 $ts'ue^1$（蒸）	颂 $tsøyŋ^5$（穿衣）	行 $kiaŋ^2$（行走）

走 tsau^{3}（跑） 倒 to^{3}（躺下去） 长 tioŋ^{5}（剩下）

光 koŋ^{1}（亮光） 乌 u^{1}（黑） 穧 tse^{5}（多）

肥 pui^{2}（胖） □ tue^{3}（短） 饗 tsiaŋ^{3}（味淡）

泛 p‘aŋ^{5}（不实） 燋 tio^{1}（干燥） 阔 k‘ua^{1}（宽）

利 li^{5}（锋利） 日头 ni^{2} t‘au^{2}（太阳） 金瓜 kiŋ^{1} kua^{1}（南瓜）

鸡嫲 ke^{1} ma^{2}（母鸡） 虱嫲 se^{1} ma^{2}（虱子）

手椀 siu^{3} uiŋ^{3}（袖子） 新妇 seiŋ^{1} pu^{2}（媳妇）

鼻屎 p‘i^{5} si^{3}（鼻精） 腹脐 pu^{1} tsue^{2}（肚脐）

目珠 mu^{2} tsiu^{1}（眼睛） 目珠仁 mu^{2} tsiu^{1} neiŋ^{2}（眼珠）

后生 xau^{2} saŋ^{1}（年轻） 闹热 nau^{5} ie^{1}（热闹）

斤半 køyŋ^{1} puiŋ^{5}（一斤半） 廿一 ni^{5} ei^{1}（二十一）

百一 pa^{1} ei^{1}（一百一十） 头名 t‘au^{2} miaŋ^{2}（第一名）

生卵 saŋ^{1} suiŋ^{2}（下蛋） 食昼 sie^{2} tau^{5}（吃午饭）

衣 i^{1}（胎盘） 粥 tsøy^{1}（稀饭） 头牲 t‘au^{2} saŋ^{1}（牲畜）

以上大多种闽中、莆仙、闽南也相同，是闽方言共有的方言基本词汇。

鼎片 tiaŋ^{3} p‘iŋ^{5}（锅盖） 择 tye^{5}（道路）

啼 t‘ie^{2}（哭） 讨 t‘o^{3}（娶妻）

瘦 sue^{1}（人瘦） 隻 tsia^{1}（一个人）

床 ts‘aŋ^{2}（一条被子） 趣 tiaŋ^{5}（懒惰）

发癫 pua^{1} tiŋ^{1}（发疯）

以上主要是和闽东一致的词汇。

（二）与建瓯、沙县同而与福州不同的词语

词目	夏道	建瓯	沙县	福州
下雨	落雨 lo^{2} xy^{2}	lau^{8} xy^{6}	lo^{4} xu^{3}	遏雨
热水	烧水 ts‘io^{1} sy^{3}	ts‘iau^{1} sy^{3}	ts‘o^{1}ʃyi^{3}	汤
人	人 neiŋ^{2}	neiŋ^{5}	nɛiŋ^{2}	侬
猪	豨 k‘y^{3}	k‘y^{3}	k‘ye^{3}	猪
稻草	秆 kuiŋ^{3}	kuiŋ^{3}	kuẽ^{3}	草
萝卜	萝卜 lo^{2} pai^{2}	lɔ^{5} pɛ^{6}	lo^{2} pai^{4}	菜头
脊背	背脊 pu^{5} tsia^{1}	pu^{5} tsia^{7}	pu^{5} tʃia^{7}	髀
蓑衣	棕衣 tsoŋ^{1} i^{1}	tsɔŋ^{1} i^{1}	tsɔuŋ^{1} i^{1}	棕蓑
泥土	泥 ne^{2}	nai^{5}	le^{2}	涂
书信	信 seiŋ^{5}	seiŋ^{5}	sɛiŋ^{5}	批

厨房	鼎间 tiaŋ^{3} kaŋ^{1}	tiaŋ^{3} kaiŋ^{1}	tiã^{3} kɔ̃i^{1}	灶前
垃圾	垃圾 la^{2} sa^{1}	lu^{6} su^{7}	la^{1} xa^{5} suɛ^{7}	粪扫
厕所	屎坑 si^{3} k'aŋ^{1}	si^{3} k'aŋ^{1}	sɿ^{3} k'ɔ̃^{1}	粪坑厝
茄子	茄 kye^{2}	kiɔ^{5}	kio^{2}	紫菜
种猪	豨狮 k'y^{3} se^{1}	k'y^{3} sɛ^{1}	k'ye^{3} sai^{1}	猪哥
公狗	狗牯 au^{3} ku^{3}	e^{3} ku^{3}	au^{3} ku^{3}	犬角
耳朵	耳仔 ŋi^{2} tsi^{3}	neiŋ^{8} tsiɛ^{3}	lɛiŋ^{3} tsai^{3}	耳团
厨师	厨管 ty^{2} kuiŋ^{1}	tiu^{5} kuiŋ^{1}	ty^{2} kuĩ^{1}	厨师父
房东	厝东家 ts'ye^{5} toŋ^{1} ka^{1}	ts'iɔ^{5} tɔŋ^{1} ka^{1}	ts'o^{5} touŋ^{1} ka^{1}	厝主
今天	今朝 kiŋ^{1} tio^{1}	keiŋ^{1} tio^{6}	kĩ^{1} tio^{1}	今旦
明天	明朝 miŋ^{2} tio^{1}	meiŋ^{5} tio^{6}	muĩ^{2} tio^{1}	明旦
去年	去年 k'o^{5} nieŋ^{2}	k'ɔ^{5} niŋ^{5}	k'o^{5}ŋĩ^{2}	去年冥
打铁	拍铁 ma^{2} t'ie^{1}	ma^{8} t'iɛ^{7}	mã^{4} t'iɛ^{7}	拍铁
吐口水	吐 t'u^{5}	t'u^{5}	t'u^{3}	啡
闭眼	瞑 ts'ei^{1}	ts'i^{7}	ts'ɿ^{7}	阒
铺草席	铺 p'u^{1}	p'y^{1}	p'u^{1}	舒
移开	搬 puiŋ^{1}	puiŋ^{1}	puĩ^{1}	移
寻找	捞 sau^{5}	lau^{6}	sau^{5}	讨
盖被子	遮 tsia^{1}	tsia^{1}	tʃia^{1}	籁
摘果子	讨 t'o^{3}	t'au^{3}	t'ɔ^{3}	摘
玩耍	嬉 si^{1}	xi^{1}	k'y^{1}	客聊
知道	得知 tai^{1} ti^{1}	tɛ^{7} ti^{1}	te^{7} ti^{1}	八传
天旱	旱 uiŋ^{2}	uiŋ^{8}	ŋuẽ^{3}	做旱
丢人	跌鼓 tie^{2} ku^{3}	tiɛ^{8} ka^{3}	tie^{7} ku^{3}	毛面
打鱼	搦鱼 na^{2}ŋy^{2}	na^{8}ŋy^{5}	la^{4}ŋy^{2}	讨鱼
可以	使得 se^{3} tai^{1}	sɛ^{3} tɛ^{7}	sai^{3} tɛ^{7}	会使
嫩菜	嫩 nuiŋ^{5}	nɔŋ^{5}	nuĩ^{5}	幼
饿	饥 kye^{1}	kuɛ^{1}	kye^{1}	空
湿	湿 ts'ie^{1}	ts'iɛ^{7}	tʃ'iɛ^{7}	滥
绑紧	紧 keiŋ^{3}	keiŋ^{3}	kɔ̃^{3}	模
痛	疾 tsei^{2}	tsi^{6}	tsi^{3}	疼
干净	伶俐 la^{1} li^{5}	la^{7} li^{7}	la^{5} le^{8}	澈洁
瘦肉	瘦 sau^{5}	se^{5}	sau^{5}	瘄
稀粥	增 tseiŋ^{1}	tsaiŋ^{3}	tsɛiŋ^{1}	清

多少	几多 ky^{3} tua^{1}	ki^{3} tuɛ^{1}	ke^{1} tua^{1}	若倆
一座房子	栋 toŋ^{5}	tɔŋ^{5}	tɔuŋ^{5}	落
一个蛋	隻 tsia^{1}	tsia^{7}	tʃia^{7}	粒
找不着	捞伓着 sau^{5} iŋ^{5} tio^{2}	lau^{5} eiŋ^{5} tiɔ^{5}	sau^{5}ŋ^{5} tio^{7}	讨鲙着

（三）与福州、建瓯同而与沙县不同的词语

词目	夏道	福州	建瓯	沙县
银河	天河 t‘iŋ^{1} o^{2}	t‘ieŋ^{1} o^{2}	t‘iŋ^{1}ɔ^{3}	河溪
竹竿	竹笐 tøy^{1} aŋ^{5}	tyʔ^{7}ɔuŋ^{6}	ty^{7}ɔŋ^{6}	竹篙
妻子	老妈 lo^{3} ma^{3}	lau^{6} ma^{3}	se^{6} ma^{3}	阿娘
眼镜	眼镜 ŋaŋ^{3} kiaŋ^{5}	ŋiaŋ^{3}ŋiaŋ^{5}	ŋaiŋ^{3} kiaŋ^{5}	目镜
害喜	病囝 paŋ^{5} kuiŋ^{3}	paŋ^{6} kiaŋ^{3}	paŋ^{6} kyiŋ^{3}	病妹
冷	瀓 ts‘eiŋ^{5}	ts‘ɛiŋ^{5}	ts‘eiŋ^{5}	寒
凶恶	恶 o^{1}	ouʔ^{7}	ɔ^{7}	古怪
一	蜀 tsi^{2}	suoʔ^{8}	tsi^{5}	个

（四）与福州、沙县同而与建瓯不同的词语

词目	夏道	福州	沙县	建瓯
阴沟	暗沟 aŋ^{5} kau^{1}	aŋ^{5} kau^{1}	aŋ^{5} kau^{1}	阴沟
水泥	洋灰 ioŋ^{2} xue^{1}	yoŋ^{2}ŋui^{1}	iŋ^{1} xue^{1}	洋毛灰
灰尘	埨尘 øyŋ^{1} teiŋ^{2}	un^{1} niŋ^{2}	ɔuŋ^{1} tœyŋ^{2}	灰尘
风筝	纸鹞 tsua^{3} io^{5}	tsai^{3} ieu^{6}	tsua^{3} liɔ^{5}	鹞
茶叶	茶箬 ts‘a^{2} nye^{2}	ta^{2} nuoʔ^{8}	tʃia^{2} io^{4}	茶茗
下饭菜	配 p‘ue^{5}	p‘uei^{5}	p‘ue^{5}	菜
手帕	手巾 siu^{3} køyŋ^{1}	ts‘iu^{3} yŋ^{1}	ts‘iu^{3} kuĩ^{1} tsai^{3}	帕仔
吹	嗌 puiŋ^{2}	puŋ^{2}	puĩ^{2}	吹
松弛	松 soŋ^{1}	søyŋ^{1}	sɔuŋ^{1}	宽
暖和	暖 nuiŋ^{3}	nouŋ^{3}	nuẽ^{3}	炖
高	悬 kuiŋ^{2}	kɛiŋ^{2}	kuĩ^{2}	乔
一朵花	菩 pu^{2}	puo^{2}	pu^{1}	头
要不要	挃伓挃 te^{2} iŋ^{5} te^{2}	tiʔ^{8} niʔ^{8}	tai^{3}ŋ^{5} tai^{3}	让伓让

（五）与福州同而与建瓯、沙县不同的词语

词目	夏道	福州	建瓯	沙县
电池	电涂 tieŋ^{5} t‘u^{2}	tiɛn^{6} t‘u^{2}	电泥	电泥
大柴	自来火 tsi^{5} lai^{2} xue^{3}	tsy^{6} lai^{2} ui^{3}	番仔火	番仔火

酒杯	酒杯 tsiu^{3} pui^{1}	tsiu^{3} ui^{1}	酒瓯	酒瓯
脸	面 miŋ^{5}	mɛiŋ^{5}	面颊	面嘴
肚子	腹肚 pu^{1} tu^{3}	puʔ^{7} lo^{3}	腹	腹屎
眼泪	目珠滓 mu^{2} tsiu^{1} tsai^{3}	mɛiʔ^{8} tsai^{3}	目汁	目汁
柚子	枹枹 pʻau^{1} pʻau^{1}	pʻau^{1}	桔	柚
泔水	潘水 pʻuiŋ^{1} sy^{3}	pʻuiŋ^{1}	潲水	汁水
白天	日中 nei^{2} taŋ^{1}	niʔ^{8} touŋ^{1}	日时	白天
边缘	墘墘 kiŋ^{2} kiŋ^{2}	kieŋ^{2} kieŋ^{2}	边舷	边舷
缝衣	组 tʻiŋ^{5}	tʻieŋ^{5}	连	连
涉水	漉 lou^{1}	løyʔ^{8}	破	涉
蹲	蹲 tsʻuiŋ^{2}	tsʻuoŋ^{2}	跍□	□ pʻe^{3}
背小孩	迈 mai^{5}	mai^{6}	骑	□ ʃia^{4}
他	伊 i^{1}	i^{1}	渠	渠
稠粥	洞 køy^{2}	kyʔ^{8}	浓	浓
坏	呆 ŋai^{2}	ŋai^{2}	坏	猷
一棵树	兜 tau^{1}	tau^{1}	丛	丛
头一回	头蜀回 tʻau^{2} tsi^{2} xue^{2}	tʻau^{2} lo^{8} ui^{2}	头头轮	头个回

（六）与建瓯同而与福州、沙县不同的词语

词目	夏道	建瓯	福州	沙县
地方	地方 ti^{5} xuaŋ^{1}	ti^{6} xɔŋ^{1}	位处	场所
时候	时候 si^{2} xau^{5}	si^{5} xe^{6}	前后	时间
东西	物事 mi^{2} ti^{5}	mi^{8} ti^{6}	乇	□ xa^{3}
脸盆	面盆 miŋ^{5} pʻuiŋ^{2}	miŋ^{6} pʻɔŋ^{3}	罗盆	三罗
剪刀	剪仔 tsaŋ^{3} tsi^{3}	tsaiŋ^{3} tsiɛ^{3}	铰刀	剪刀
毛巾	面巾 miŋ^{3} køyŋ^{1}	miŋ^{6} kœyŋ^{1}	面布	手巾
豆芽	豆芽 tau^{5}ŋa^{2}	te^{6}ŋa^{5}	豆毛菜	豆菜
蛤蟆	蛤蟆 xa^{1} ma^{2}	xa^{5} ma^{8} tsiɛ^{3}	老婆	洋鸡嫲
蚯蚓	□□蚓 ko^{1} lo^{3} xuiŋ^{3}	ka^{5} liu^{6} xyiŋ^{3}	牙蚓	□蚓
女人	阿娘人 a^{1} nioŋ^{2} neiŋ^{2}	aŋ^{1} niɔŋ^{5} neiŋ^{5}	诸娘侬	阿娘畲
丈夫	老翁 lo^{3} oŋ^{1}	se^{6} œyŋ^{1}	丈夫	老公
生病	病了 paŋ^{5} lo^{0}	paŋ^{6} lɔ^{5}	破病	成病
捞浮萍	捞 lau^{1}	lau^{1}	漉	□ ʃie^{1}
织毛衣	拇 ma^{2}	ma^{8}	拍	结

漂亮	雅 ŋa^{3}	ŋa^{3} si^{7}	俊	斯爽
一块钱	□ tʻie^{5}	tʻi^{6}	□ to^{5}	个□
哪儿	□□ na^{1} ti.^{2}	ni^{6} ti^{3}	□□ tieŋ^{3} nœ^{3}	啥地

（七）与沙县同而与建瓯、福州不同的词语

词目	夏道	沙县	建瓯	福州
星星	天星 tʻiŋ^{1} saŋ^{1}	tʻĩ^{1} sɔ̃i^{1}	星宿	星
坟墓	坟 xuiŋ^{2}	xuĩ^{2}	冢	墓
菠萝	菠萝 po^{1} lo^{2}	po^{1} lo^{2}	菠萝蜜	王梨
水稻	禾 ue^{2}	ŋue^{2}	早仔	籼
插秧	栽禾 tse^{1} ue^{2}	tsai^{1} ue^{2}	饲塍	播塍
丝瓜	棉瓜 moŋ^{2} kua^{1}	mɛiŋ^{2} kua^{1}	天萝	葋
米汤	饭汤 puiŋ^{5} tʻaŋ^{1}	puĩ^{5} tʻaŋ^{1}	白饮	饮
线面	线面 suiŋ^{5} miŋ^{5}	sĩ^{5} mĩ^{5}	水面	索面
瓶子	瓮 oŋ^{5}	ɔuŋ^{5}	瓶仔	瓶瓶
牙齿	齿齿刷 tsʻi^{3} kʻi^{3} sue^{1}	tsʻɿ^{3} tsʻɿ^{3} sue^{7}	牙齿刷	牙齿刷
猪油	豨膫油 kʻy^{3} lau^{2} iu^{2}	kʻye^{3} lio^{2} iu^{2}	膏油	猪油
跳蚤	狗虱 au^{3} sai^{1}	au^{3} sai^{7}	狗蚤	虼蚤
父亲	老子 lo^{3} tsi^{3}	lɔ^{3} tsɿ^{3}	爹	依爹
姐姐	阿姊 a^{1} tsi^{3}	o^{1} tse^{3}	姊仔	依姐
女儿	娘囝 nioŋ^{2} kuiŋ^{3}	iŋ^{2} kyẽ^{3}	阿娘囝	诸娘囝
女婿	婿郎 se^{5} laŋ^{2}	sai^{5} laŋ^{2}	郎	儿婿
脑袋	头壳 tʻau^{2} kʻou^{1}	tʻau^{2} kʻo^{7}	头	头
头发	头□ tʻau^{2} pue^{1}	tʻau^{2} puɛ^{7}	头毛	头发
屁股	屎窟 si^{3} kue^{1}	sɿ^{3} kʻue^{7}	□□ tse^{5} pʻai^{3}	股川
膝盖	骹子头 kʻau^{1} tsi^{3} tʻau^{2}	kʻau^{1} tsɿ^{3} tʻau^{2}	骹腹头	骹腹头
中暑	成痧 saŋ^{2} sa^{1}	ʃiɔ̃^{2} sa^{1}	痧着	受暑
看	瞙 iaŋ^{5}	iɔ̃^{5}	觑	觑
脱衣	脱 tʻue^{1}	tʻuɛ^{7}	褪	褪
快	烈 lia^{1}	lia^{7}	快	快
菜老	老 lo^{3}	lo^{3}	过	过
太多	太移 tʻai^{5} tse^{5}	tʻa^{5} tse^{5}	忒齐	□齐
十几个	十宽 sei^{2} kʻuiŋ^{1}	sɿ^{4} kʻuĩ^{1}	十把	十几
一头蚊子	核 xue^{2}	xue^{4}	头	头

一支烟	行 aŋ^{2}	ɔ̃^{2}	支	条
这个	者隻 tsia^{3} tsia^{1}	tʃia^{3} tʃia^{7}	□隻	只隻
不能去	伓敢去 iŋ^{5} kaŋ^{3} k'o^{5}	ŋ^{5} kaŋ^{3} k'o^{5}	会去得	会使去
看戏	瞑 iaŋ^{5}	iɔ̃^{5}	觑	看
吃不得	食伓得 sie^{2} iŋ^{5} tai^{1}	ie^{4}ŋ^{5} tɛ^{7}	会食得	会食得

（八）与南平“土官话”同而与其他地方不同的词语

词目	夏道	南平	建瓯	沙县	福州
旋风	地风 ti^{5} xoŋ^{1}	ti^{5} xouŋ^{1}	旋风	起风钻	搓螺风
开水瓶	汽壶 k'i^{5} xu^{2}	k'i^{5} xu^{2}	电壶	茶壶	热水壶
手纸	草纸 ts'au^{3} tsua^{3}	ts'au^{3} tsɿ^{3}	粗纸	粗纸	粗纸
背心	背褡 pue^{5} ta^{1}	puɔi^{5} ta^{7}	褂子	汗袼	裈团
痂	疤疤 pa^{1} pa^{1}	pa^{1}	疕	疕	疕
嘴巴	嘴 tsy^{3}	tsuɔi^{3}	喙	喙	喙
打鼾	打号 ta^{3} xo^{1}	ta^{3} xo^{1}	拍鼾	鼾眠	科咾
母亲	阿娘 a^{1} nioŋ^{2}	a^{1} liæŋ^{2}	奶	老妈	依奶
婆婆	阿妈 a^{1} ma^{3}	a^{1} ma^{2}	嫲妈	唵婆	大家
哥哥	阿哥 a^{1} ko^{1}	a^{1} ko^{1}	哥子	老兄	依哥
弟弟	阿弟 a^{1} tie^{2}	a^{1} ti^{5}	弟弟	老弟	依弟
妹妹	阿妹 a^{1} mue^{5}	a^{1} mue^{5}	妹子	老妹	依妹
木匠	木匠 mu^{2} tsioŋ^{5}	mu^{7} tsiæŋ^{5}	作头师父	作头	度绳
拧毛巾	扭 niu^{3}	liu^{3}	舞	束	旋

香港"福佬"系渔民的方言①

一

位于珠江口以东的香港是一个优良的深水港，鱼类资源非常丰富。自1841年开埠之后，香港逐渐发展成为转口贸易的中心，遂吸引更多粤、闽等省沿海的渔民前来从事海上捕捞和运输的工作。日本学者可儿弘明（1967）指出："尤以渔人们多分散在中国的华南诸海港，如泉州、汕头、汕尾、海丰、陆丰、广州、澳门、广海、南水、阳江、徐闻等地，每年九月后，天气渐凉，暴风将至，鱼类南移波平浪静的香港海域，而渔人们也相继踵至，但所获之鱼类，仍须北运闽、粤诸海港销售。其后，英国人占据香港，市场逐渐繁荣，鱼类亦可推销，遂不须北运，艇家们乃渐渐居留于港岛继续捕鱼。"根据他在该书提供的数字，到了1911年，香港（包括港岛、九龙、新界和离岛）的陆上人口有394941人，水上人口有61798人；到了1961年，香港的陆上人口有2992846人，水上人口有136802人。两相比较，1911年占总人口15%的水上人口到1961年却仅占5%。由此可见，近百年来香港水上人口的增长速度远远低于陆上人口的增长速度，这可能与香港工业化的经济转型直接相关。

上述的水上人口又被称为"疍家""疍民""疍人""疍户""艇家""龙户"等，是旧时所谓的"贱民"中的一个群体。为了消除歧义和便于叙述，本文统称之为渔民。张双庆、庄初升（2003）指出："长期以来，这些滞留在香港附近海域的渔民终年以船艇为家，他们随波逐流，随遇而安，被视为社会的最底层。直到最近几十年来，随着现代化大型捕捞作业的兴起，传统的捕捞业渐渐衰落，他们才上岸定居，建立了一个个相对比较简陋的渔民新村，转而经营其他的行业。"这些渔民根据所操方言的不同自发地分为两大类，彼此之间泾渭分明。正如张双庆、庄初升（2003）所说："早年来自广东粤方言区的渔民，被称为'水上广东人'或'疍家佬'，所操的方言被称为'水上广东话''疍家话'或'蜑语'，属于粤方言系统……另外一类渔民多数是最近的100年内才

① 教育部人文社会科学重点研究基地基金资助项目：岭南濒危方言研究，批准号：07JJD840201。

从粤东沿海迁移而来的，他们被称为‘福佬’，他们所说的方言被称为‘福佬话’（实际上是潮汕、海陆腔的闽南话），被公认为新界最难懂的方言。”

从当前的语言生活来看，上述两类渔民的青少年一代已经大多放弃方言母语而改说“广东话”（香港粤语）了。相比之下，“福佬话”使用人口就更少了，已经成为一个高度濒危的方言。20世纪中叶以后，“福佬”系的渔民逐渐上岸定居于沙头角的渔民新村和盐寮下、沙田的亚公角和大埔的元洲仔等地。元洲仔后来被拆迁，居民多搬迁到太和火车站附近居住。我们以沙头角渔民新村作为个案，结合张双庆、庄初升（2003）有关大埔元洲仔的调查材料，专门就香港“福佬”系渔民所说的“福佬话”进行论述。

二

沙头角位于新界的东北角，原是大鹏湾边上的一个小渔村。全村的渔民姓李、苏、徐、钟等，原籍都是广东省惠东县的平海一带，迁来沙头角打鱼已经三四代人了。这个渔村还没拆迁之时，村里都还通行“福佬话”。渔村拆散后，按家庭为单位或插居各地，或留居原地建成的沙头角新村，大多还在家里说“福佬话”，外出与人交往则改说粤语。但是，儿童因为是在拆迁后出生的，大多不会说“福佬话”。总之，不久前这里还曾是一个一千多人的闽南方言岛，由于拆迁，眼下已经起了极大的变化，正在被粤语同化之中。就中青年所保存的“福佬话”看，也已经深受粤语的影响了。我们的发音合作人是李辛华先生，调查的时候是32岁。我们在摸清音系和连读变调之后，记录了700条词语和短句。现就其音系和主要特点简略介绍。

1. 语音系统

（1）声母（16个）：

p	布盘飞	p^h	鼻倍芳	m	门买米	f	胡分贩				
t	东长斗	t^h	太虫桃					l	路年软		
ts	精齐朱	ts^h	粗初手			s	线扇沙	z	蛇日尿		
k	贵桥厚	k^h	开穷气	ŋ	银外弱	h	好鱼耳				
ø	红乌药										

（2）韵母（45个）：

		i	时椅天	u	猪母窝
a	查早衫	ia	车蚁饼	ua	我纸山
e	牙下病			ue	杯瓜尾
ɔ	毛肚锄				
o	刀做河	io	小烧娘		

au	草九头	iau	条晓料		
ai	菜间屎			uai	乖悬高
ɔu	姑土簿	iu	油手酒	ui	水肥几
		im	心浸林		
am	担针参	iam	椹签嫌		
aŋ	番红桶	iaŋ	烟冷凉	uaŋ	防眶光
eŋ	等片电	iŋ	信巾面	uŋ	本长饭
ɔŋ	忙公暖	iɔŋ	中浓		
		ip	急集		
ap	十压答	iap	粒帖接		
ak	目读北			uk	出骨
ɔk	索桌作	iɔk	雀足	uɔk	镬
		iʔ	七日铁		
aʔ	甲发辣	iaʔ	赤壁额	uaʔ	阔渴跋
eʔ	伯雪结			ueʔ	八笠月
oʔ	恶不易	ioʔ	着箬药		
m̩	唔				

（3）声调（8个）：

阴平	33	三箱花	阳平	44	皮平时
阴上	55	好椅买	阳上	24	坐五厚
阴去	21	菜四布	阳去	42	大步饭
阴入	32	七八百	阴入	4	白粒十

（4）二音组连读变调：

二音组词语前字多变调，后字不变，前字变调不以后字为条件。

阴平字在前一概不变调，例如：心肝 sim^{33}kua^{33}，心头 sim^{33}t^{h}au^{44}，心病 sim^{33}pe^{42}。

阳平、阳上、阴去、阳去各调字在前一概变为阴平调，例如：红水 aŋ$^{44/33}$tsui^{55}、五十 ŋɔu$^{24/33}$tsap^{4}、四面 si$^{21/33}$miŋ^{42}、大山 tua$^{42/33}$sua^{33}。

阴上字在前一概变为阳上（实际音调为 35 比阳上略高），例如：海边 hai$^{55/24}$pi^{33}、海水 hai$^{55/24}$tsui^{55}、海角 hai$^{55/24}$kak^{32}。

阴入字和阳入字在前时互变，阴入变阳入，阳入变阴入，例如：七分 ts^{h}iʔ$^{32/4}$fuŋ^{33}、十分 tsap$^{4/32}$fuŋ^{33}。

2. 语音特点

（1）和一般的闽南话相比较，沙头角新村的“福佬话”韵母系统偏少。多数闽南话的韵母都有 70 个以上，沙头角新村不及 50 个。这主要有以下两个原因：

第一，沙头角新村“福佬话”没有 -n、-t 韵尾，-n、-t 尾字混入 -ŋ、-ʔ 尾韵。这是它和粤东大多数地区闽南话相同的特点，例如：邻 = 灵 liŋ^{44}、巾 = 经 kiŋ^{33}、坦 = 桶 tʰaŋ^{55}、放 = 办 paŋ^{21}、达 = 踏 taʔ^{4}、失 = 薛 siʔ^{32}。

第二，沙头角新村“福佬话”没有鼻化韵，把鼻化韵混入相应的阴声韵，例如：山 = 沙 sua^{33}、半 = 簸 pua^{21}、正 = 蔗 tsia^{21}、兄 = 靴 hia^{33}、洋 = 摇 io^{44}、冥 = 迷 me^{44}、间 = 该 kai^{33}、边 = 卑 pi^{33}、年 = 厘 li^{44}。相比之下，大埔元洲仔的“福佬话”还保留整套的鼻化韵，所以其韵母总数达到 72 个。

（2）有些音青年人发音不甚稳定，这是因为说这种话的人少，方言本体处于急剧的变化之中，例如：

鱼 hi^{44} ～ hu^{44} ～ fu^{44}	烛 tseʔ^{32} ～ tsek^{32}	蟹 hue^{24} ～ hai^{24}
月 ueʔ^{4} ～ ŋueʔ^{4}	蕉 tsio^{33} ～ tsiu^{33}	叔 tsik^{32} ～ tseʔ^{32}
毛 mɔ^{44} ～ mo^{44}	庄 tsuŋ^{33} ～ tsŋ^{33}	酸 suŋ^{33} ～ sŋ^{33}
结 keʔ^{32} ～ kit^{32}	汁 tsaʔ^{32} ～ tsap^{32}	出 tsʰuk^{32} ～ tsʰut^{32}
发 faʔ^{32} ～ fat^{32}		

其中收 -t 的入声韵的说法显然是来自粤语的。

（3）从汕头到汕尾，闽南话声母一般都有 b-、l-、g- 和 m-、n-、ŋ- 的对立，但沙头角新村“福佬话”没有 b、g 音类，n、l 也相混同。相比之下，大埔元洲仔的“福佬话”还保留 b- 与 m-、n- 与 l 的对立，但是 g- 与 ŋ- 的对立也已经消失了。

（4）闽方言极少有 f- 声母，而沙头角新村“福佬话”不但非组字文读层读 f-，连晓匣母合口字也读为 f-，这显然是受到粤、客方言影响的结果，例如：符 = 胡 fu^{44}、分 = 薰 fuŋ^{33}、发 faʔ^{32}、壶 fu^{44}、方 fɔŋ^{33}、火 fue^{55}。但是，有些口语常用字还没有读 f-，例如：封 = 风 hɔŋ^{33}、防 huaŋ^{44}、份 huŋ^{42} 生～。相比之下，大埔元洲仔的“福佬话”还没有出现声母 f-，非组字文读层和晓匣母合口字今读 h-，例如：火 hue^{53}、虎 hou^{53}、湖 hu^{44}、肤 hu^{33}、府 hu^{53}、废 hui^{21}、芳 hoŋ^{33}，这乃是保留本土闽方言的特点。

（5）有些字音发生变读也显然是粤、客方言的影响，如部分全浊声母字读送气音：田 tʰeŋ^{44}，电 tʰeŋ^{42}，地 tʰi^{42} 地～、前 tsʰe^{44} 早～、厨 tsʰu^{44}、棚 pʰe^{44} 天～、池 tsʰi^{44} 电～。还有个别特字的读音也是外来影响，如“学校”hok^{4}kau^{55} 是客家话的发音。

3. 词汇特点

（1）大量的闽方言的特征词还保留在这种方言里，例如：（举例时只标原调类，下同）

瞋 taŋ^{44} （雷公）响	翼 iʔ^{4} 翅膀	大家 ta^{33}ke^{33} 婆婆
好天 ho^{55}tʰi^{33} 晴天	狗蚁 kau^{55}hia^{24} 蚂蚁	外家 ŋua^{42}ke^{33} 娘家
烧 sio^{33} 暖和	蠓 maŋ^{55} 蚊子	契母 kʰue^{21}mu^{55} 干娘

烧水 sio^{33}tsui^{55} 热水

滚水 kuŋ^{55}tsui^{55} 开水

塗 t^{h}ɔu^{44} 泥土

即下 tsiʔ^{32}e^{42} 现在

旧年 ku^{42}li^{44} 去年

半冥 pua^{21}me^{44} 半夜

下挂 e^{24}kua^{21} 下午

骹下 k^{h}a^{33}e^{24} 下面

正手爿 tsia^{21}ts^{h}iu^{55}pe^{44} 右边

倒手爿 to^{21}ts^{h}iu^{55}pe^{44} 左边

头前 t^{h}au^{44}tsai^{44} 前面

底时 ti^{55}si^{44} 什么时候

厝 ts^{h}u^{21} 房子

烟筒 iaŋ^{33}taŋ^{44} 烟囱

草 ts^{h}au^{55} 稻草

鼎 tia^{55} 铁锅

索 sɔk^{32} 绳子

箸 tu^{42} 筷子

眠床 miŋ^{44}ts^{h}uŋ^{44} 床

硋 fui^{44} 陶瓷

铰刀 ka^{33}to^{33} 剪子

臭丸 ts^{h}au^{21}i^{44} 樟脑丸

搦鱼 liaʔ^{4}fu^{44} 打鱼

生卵 se^{33}luŋ^{24} 下蛋

猪公 tu^{33}kaŋ^{33} 公猪

猪母 tu^{33}mu^{55} 母猪

爪 tsiau^{55} 鸟（通称）

配 p^{h}ue^{21} 下饭菜

豉油 si^{42}iu^{44} 酱油

乌糖 ɔu^{33}t^{h}uŋ^{44} 红糖

茶箬 te^{44}hioʔ^{44} 茶叶

食 tsiaʔ^{4} 吃，喝

颂 ts^{h}eŋ^{42} 穿（衣）

胡蝇 hɔu^{44}siŋ^{44} 苍蝇

鸟鼠 liau^{55}ts^{h}u^{55} 老鼠

羊团 io^{44}ia^{55} 小羊

柑 kaŋ^{33} 橘子

粟 ts^{h}eʔ^{32} 稻谷

油麻 iu^{44}mua^{44} 芝麻

番薯 faŋ^{33}tsu^{44} 红薯

红菜头 aŋ^{44}ts^{h}ai^{21}t^{h}au^{44} 红萝卜

侬 laŋ^{44} 人

丈夫侬 ta^{33}pɔu^{33}laŋ^{44} 男人

团 kia^{55} 儿子

厝主 ts^{h}u^{21}tsu^{55} 房东

侬客 laŋ^{44}k^{h}eʔ^{32} 客人

亲情 ts^{h}iŋ^{33}tsia^{44} 亲戚

跛骹 pai^{55}k^{h}a^{33} 瘸子

家己侬 ka^{33}li^{44}laŋ^{44} 自己人

做生理 tso^{21}seŋ^{33}li^{55} 做生意

阿公 a^{55}kɔŋ^{33} 祖父

阿妈 a^{33}ma^{24} 祖母

团儿 kia^{55}zi^{44} 儿子

新妇 siŋ^{33}pu^{24} 儿媳妇

团婿 kia^{55}sai^{21} 女婿

翁 aŋ^{33} 丈夫

查某 tsa^{33}mɔu^{55} 妻子

孙团 suŋ^{33}ia^{55} 侄儿

孙 suŋ^{33} 孙子

大官 ta^{33}kua^{33} 公公

跋 puaʔ^{4} 跌倒

截 tsueʔ^{4} 切（菜）

彳亍 t^{h}it^{32}t^{h}o^{44} 玩耍

洗浴 sue^{55}eʔ^{4} 洗澡

甲 kaʔ^{32} 盖（被子）

湿 mak^{32} 沾（手）

契团 k^{h}ue^{21}kia^{55} 干儿子

面 miŋ^{52} 脸

头毛 t^{h}au^{44}mɔ^{44} 头发

头额 t^{h}au^{44}hiaʔ^{4} 额头

目珠 mak^{4}tsiu^{33} 眼睛

鼻空 p^{h}i^{42}k^{h}aŋ^{33} 鼻子

鼻 p^{h}i^{42} 鼻涕

耳团 hi^{24}ia^{55} 耳朵

喙 ts^{h}ui^{21} 嘴巴

下斗 e^{24}tau^{55} 下巴

喙唇 ts^{h}ui^{21}tuŋ^{44} 嘴唇

骹川 k^{h}a^{33}ts^{h}uŋ^{33} 屁股

掌甲 tseŋ^{55}kaʔ^{32} 指甲

正手 tsia^{21}ts^{h}iu^{55} 右手

倒手 to^{21}ts^{h}iu^{55} 左手

巴脊 pa^{33}tsiaʔ^{32} 背

胣 le^{24} 奶、乳房

屎肚 sai^{55}tɔu^{55} 肚子

骹头坞 k^{h}a^{33}t^{h}au^{44}u^{33} 膝盖

娶某 ts^{h}ua^{42}mɔu^{55} 娶妻

病团 pe^{42}kia^{55} 害喜

溲尿 ts^{h}ua^{42}zio^{42} 尿床

结疕 keʔ^{32}p^{h}i^{55} 结痂

糜 mue^{44} 粥

饮 am^{55} 米汤

油炸鬼 iu^{44}tsaʔ^{4}kui^{55} 油条

面线 mi^{42}sua^{21} 线面

宿 seʔ^{32} 成熟

□ lap^{32} 塌

枵 iau^{33} 饿

乌 ɔu^{33} 黑

清气 ts^{h}eŋ^{33}k^{h}i^{22} 干净

肥 pui^{44} 胖

褪 tʰuŋ^{21} 脱（衣）	趁钱 tʰaŋ^{21}tsi^{44} 赚钱	□ mak^{32} 肉
⿰衤甲团 kaʔ^{32}ia^{55} 背心	见笑 kiaŋ^{21}siau^{21} 羞耻	瘖 saŋ^{55} 瘦
食昼 tsiaʔ^{4}tsu^{21} 吃午饭	惊 kia^{33} 害怕	恶 oʔ^{32} 难
食冥昏 tsiaʔ^{4}me^{44}huŋ^{33} 吃晚饭	放尿 paŋ^{21}zio^{42} 拉尿	□ kue^{42} 容易
炊 tsʰue^{44} 蒸	放屎 paŋ^{21}sai^{55} 拉屎	稠 tsiau^{44} 均匀
舐 tsi^{24} 舔	读册 tʰaʔ^{4}tsʰaʔ^{32} 读书	闹热 lau^{42}iaʔ^{4} 热闹
哺 pɔu^{42} 嚼	行棋 kiaŋ^{44}ki^{44} 下棋	本事 puŋ^{55}si^{42} 能干
啡 pʰui^{21} 吐（痰）	悬 kuai^{44} 高	汝 lu^{55} 你
嗌 puŋ^{44} 吹（火）	下 e^{24} 低	伊 i^{33} 他
斟 tsim^{33} 吻	细 sue^{21} 小	只 tsi^{55} 这
饲 tsʰi^{42} 喂	幼 iu^{42} 细	许 fu^{55} 那
拍 pʰaʔ^{32} 打	戋 tsi^{55} 嫩	只 tsiaʔ^{32} （一）头（牛）
搦 liaʔ^{4} 抓	澹 tam^{44} 湿	粒 liap^{4} （一）颗（花生）
揌 tsʰue^{42} 寻找	饗 tsia^{55} （味）淡	斡来 uak^{32}lai^{0} 回来
徛 kʰia^{24} 站立	芳 pʰaŋ^{33} 香	转去 tuŋ^{55}kʰi^{0} 回去
跍 kʰu^{44} 蹲	阔 kʰuaʔ^{32} 宽	清采 tsʰiŋ^{21}tsʰai^{55} 随便
走 tsau^{55} 跑	焦 ta^{33} （晒）干	着厝 tioʔ^{4}tsʰu^{21} 在家
缚 paʔ^{4} 捆绑	模 tai^{42} （木、石）硬	獪 mue^{42} 不会
硩 teʔ^{32} 压住	冇 pʰa^{21} 不实	嫒 mai^{21} 别、不要

另外，粤东闽语的一些特色词（与福建闽语相比较而言）在沙头角“福佬话”也还在使用，如：红毛涂 aŋ^{44}mɔ^{44}tʰɔu^{44} 水泥、鹰婆 eŋ^{33}pɔ^{44} 老鹰、地豆 ti^{42}tau^{42} 花生、椹头 tiam^{33}tʰau^{44} 案板、倚腰椅 ua^{55}io^{33}i^{55} 靠背椅、阿奶 a^{33}le^{33} 母亲、呾话 ta^{21}ue^{42} 说话、发戏 faʔ^{32}hi^{21} 打呵欠、拍脉 pʰaʔ^{32}meʔ^{4} 号脉、□ ai^{55} 睡觉、野 ia^{55} 丑、底个 ti^{24}kai^{55} 谁、个侬 kai^{21}laŋ^{44} 一个人、个银 kai^{21}ŋiŋ^{44} 一元钱、滴滴囝 tiʔ^{32}tiʔ^{32}ia^{55} 一点儿。

（2）有些词汇是粤方言或客方言影响的结果，例如：

垃堀 laʔ^{32}saʔ^{32} 垃圾	耕田佬 kaŋ^{33}tʰeŋ^{41}lau^{55} 庄稼人	狗虱 kau^{55}saʔ^{32} 跳蚤
猪栏 tu^{33}laŋ^{44} 猪圈	颈 kiaŋ^{55} 脖子	镬铲 uɔk^{4}tsʰaŋ^{55} 锅铲
暖壶 lɔŋ^{55}fu^{44} 暖水瓶	耕田 kaŋ^{33}tʰeŋ^{44} 种田	鹩哥 liau^{44}kɔ^{33} 八哥儿

还有一些词明显借自粤语，例如：

拜山 pai^{21}saŋ^{33} 扫墓	火水 fue^{55}tsui^{55} 煤油	樽 tsuŋ^{33} 瓶子
出年 tsʰuk^{32}li^{4} 明年	天棚 tʰi^{33}pe^{44} 天台	冷衫 laŋ^{55}sa^{33} 毛线衣
今蜜 kin^{33}miʔ^{4} 今天	单车 tʰaŋ^{33}tsʰia^{33} 自行车	毛巾 mɔ^{44}kiŋ^{33}
雪条 seʔ^{32}tiau^{44} 冰棍儿	水鱼 tsui^{55}fu^{44} 鳖	南无佬 laŋ^{44}mɔu^{44}lau^{55} 道士

番枧 faŋ^{33}kaŋ^{55} 肥皂 　花蟹 fue^{33}hue^{24} 梭子蟹 　倾偈 kʰeŋ^{33}kai^{55} 闲谈

银纸 ŋiŋ^{44}tsua^{55} 钞票 　马蹄 ma^{55}tue^{44} 荸荠 　勤力 kʰiŋ^{44}lak^{4} 勤劳

柜桶 kui^{42}tʰuŋ^{55} 抽屉 　矮瓜 ue^{55}kue^{33} 茄子 　痴线 tsʰi^{33}sua^{2} 发神经

散纸 sua^{21}tsua^{55} 零钱 　豆皮佬 tau^{42}pʰi^{44}lau^{55} 麻子 　盲佬 maŋ^{44}lau^{55} 瞎子

甲由 kaʔ^{4}tsaʔ^{4} 蟑螂

下面的词则很有可能借自客家方言，例如：坟头 fuŋ^{44}tʰau^{44} 坟墓、邻舍 luŋ^{44}sia^{21} 邻居、干蜱 kɔŋ^{33}pi^{33} 臭虫、蛤蟆 ha^{44}ma^{44} 青蛙、□ hai^{44} 痒①。

（3）还有些词语在闽南地区不说，也不是从粤、客方言借用的，可能是该方言的创新，例如：时途 si^{44}tʰɔu^{44} 时候、早站时 tsa^{55}tiam^{24}si^{44} 从前、日佬 ziʔ^{4}lau^{55} 白天、冥佬 me^{44}lau^{55} 晚上、早前 tsa^{55}tsʰe^{44} 上午、地位 ti^{42}ui^{42} 地方、曲牲 kʰiɔk^{32}se^{33} 牲畜、薰筒蛇 fuŋ^{33}taŋ^{44}zua^{44} 壁虎、□□ hɔu^{44}lɔu^{44} 蜻蜓、种粟 tseŋ^{21}tsʰeʔ^{32} 插秧、包黍 pau^{33}siu^{55} 玉米、姐公 tsia^{55}kɔŋ^{33} 岳父、簿 pʰɔu^{24} 书本、目珠□ mak^{4}tsiu^{33}tak^{32} 打瞌睡、爽 suaŋ^{55} 美、□ tsau^{24} 东西、乜□ meʔ^{4}tsau^{24} 什么、乜位 meʔ^{4}ui^{42} 什么地方、我等 ua^{55}teŋ^{21} 我们、汝等 lu^{55}teŋ^{21} 你们、伊等 i^{33}teŋ^{21} 他们。也有一些词语属于闽方言与粤、客方言的“合璧词”，如月亮说“月光娘”，“月光”粤、客方言，而“娘”来自闽语的“月娘”；再如大腿说“骹髀”，“骹”是闽语的一个特征词，而“髀”来自粤、客方言的“大髀”。参看下表：

	福佬话	闽方言	粤方言	客方言
月亮	月光娘 ueʔ^{4}kuaŋ^{33}lio^{44}	月娘、月	月光	月光
大腿	骹髀 kʰa^{33}pi^{55}	骹腿	大髀	大髀
袖子	手袖 tsʰiu^{55}tsau^{42}	手碗	衫袖	衫袖
外祖母	姐妈 tsia^{55}ma^{55}	外妈	外婆	姐婆
泥水匠	塗工佬 tʰɔu^{44}kaŋ^{33}lɔu^{55}	塗水工	泥水佬	泥工佬
躲藏	摒□ piaŋ^{55}mi^{55} 躲藏	□ biʔ。	匿	摒
多少	几穧 kui^{55}tsue^{42} 几多	若穧	几多	几多

三

庄初升（2009）指出，粤东汕尾港的水上居民分为两类，其中一类称为“瓯船渔民”，他们所使用的“福佬话”与海陆丰陆上居民所使用的“福佬话”同属于闽南方言系统。因为社会生活相对封闭，语言环境比较单纯，上述“瓯船渔民”所使用的“福佬话”并没有发生显著的变异，从外方言借入的“异质”成分较少。但是，从这里迁移到

① 新界客家方言普遍说 hɔi^{21}，见张双庆、庄初升（2003：652）。

香港的渔民及其后代，在异地他乡漂泊了一个世纪，势力范围更为孤单，因为不可避免与陆地上说粤、客方言的居民发生深度的接触，他们世世代代所使用的“福佬话”也就急剧地产生变异，同时也逐渐地被粤方言所替换。“福佬话”是香港“福佬”系渔民最重要的族群标记，但时至今天它已经无可奈何地变为一个高度濒危的方言了。

参考文献

北京大学中文系 《汉语方言词汇（第二版）》，（北京）语文出版社，1995年。
可儿弘明 《香港艇家的研究》，香港中文大学新亚书院研究所东南亚研究室，1967年。
张双庆、庄初升 《香港新界方言》，（香港）商务印书馆，2003年。
庄初升 岭南地区水上居民（疍家）的方言，《文化遗产》2009年第3期。

说明：本文与张双庆教授合作，刊于《中国语文研究》2009年第1期，香港中文大学出版社出版。

柒　闽方言韵书研究

闽方言的韵书

在全国各大方言中，闽方言的韵书品种最多，编印始末，历时最长，使用也最广。已经知道的闽方言韵书有21种之多，编印年代从明末清初延续到现代，有些韵书至今还在民间翻印并使用着。本文选择其中重要的几种就其内容、体例和特点做一番大略的介绍，并探讨其历史渊源和现实价值。

一　闽东方言的韵书

闽方言的韵书中，历史最长的是闽东方言的《戚林八音》。该书最早的版本是《戚参军八音字义便览》（简称《八音字义》），署名三山蔡士泮开璧氏汇辑。三山是福州的别称，蔡士泮生平不详。戚参军就是明末抗倭名将戚继光，书名冠以戚参军是闽人出于对戚氏的敬重。戚氏安徽定远人，史传并无作《八音字义便览》的记载。不过他曾作为福建总兵多年，在闽东一带平定倭寇，深受人民拥戴。至今福州城内还有戚公祠，福州人常吃的咸甜两种面饼叫作“光饼、征东饼”，相传就是因为当年戚家军做此干粮而得名。民间传说中还有戚公用《八音字义》教士兵学习福州话、制作口令的说法。明嘉靖四十一年（1562年），戚军过连江，陈第曾为他“定平倭策”，后来戚参军任用他做三屯车前营游击将军。陈第后来是造诣很深的音韵学家，他的家乡连江是福州府辖县，陈第也自称三山人，至今连江话还和福州话十分相近，曾有人怀疑《八音字义》是陈第所编，但并没有可靠证据。不过，《八音字义便览》应是明末人所编，托名于戚参军，这是可以肯定的。

到了清初，又有《太史林碧山先生珠玉同声》（简称《珠玉同声》）一卷，署名闽中藤山　陈他　也人氏汇辑，梅谷　林侍　与群氏校阅。实际上这是《八音字义》的简编本。林碧山原名文英，侯官人，清康熙二十七年（1688年）进士，任过保定太守，后转海南琼山，长期宦居外省，看来“太史林碧山先生”也是依托名士而挂名的。藤山位于南台岛仓山区下渡，陈他也未见史载，梅谷指闽清县，林侍是康熙三十五年（1696年）举人，在保定任过知县，闽清人。陈他或许在保定的林碧山和林侍二人的衙门里做过事。乾隆十四年（1749 年）又有上浣晋安题序的《戚林八音合订》，后来传世的是学海堂木刻本。[①] 其序曰："戚公之八音，林公之字义二书……历时久远，传写滋误，彼此分行，搆觅维艰，识者憾之。今特重加校正，汇成一集，俾得互参便阅，不至伤于脱略。"从此，有了《戚林八音》之称。这种版本分上下两栏印行，上半页是戚本，下半页是林本，各自维持原样，并未加以对照，实际上是装订在一起的两本书。

戚本分韵为"三十六字母"，并把例字编成歌谣："春花香，秋山开，嘉宾欢歌须金杯……"（下详）。原注"内金同宾，梅同杯，遮同奇，实只三十三字母"。每韵之下再分声母"十五声"：柳边求气低波他争日时莺蒙语出喜。每声之下按八音（平上去入各分上下）分列同音字并夹注字义，字头有实环●做标志，"音有字无"的音节则标为虚环○，逢第六音（下上）则标重环⊙并注明"音义同第二音"，即浊上浊去不分，名为"八音"，实只七调。

林本的八音排列和戚本完全相同。15 声另编成歌诀："柳边求美女，波面鸟亦之，雅音风出语，声授悉皆知。"其中面同美，雅语同鸟，音同亦，知同声，声母代表字中多处与实际声母不符。"字母"多数换成见母字：恭公光庚干交朱姜坚妖……另加𧮂、伓两韵。这两个新韵应是反映了当时的实际口语，这是林本的一大贡献，但整个编辑水平则不如戚本，所以后人一般以戚本为准。

《戚林八音》后来还有多种版本。直到 1912 年还有《民国适用改良戚林八音合订》的石印本大量发行，时下民间收藏的多为这种本子。由于三百年间福州语音变化不大，[②] 现在福州地方戏"闽剧"及方言演唱"伬唱"的编者合辙押韵时还经常使用此书。十年浩劫之后，旧版难觅，福州古籍书店还多次油印翻刻发售过。

在《戚林八音》的基础上，清末古田人钟德明又编有《加订美全八音》一书。"闽邑陈钟岳生甫氏"所作的序写于光绪三十二年（1906 年），现在可见的是木刻本。该书"三十六字母"悉依戚本，"十五声"除去零声母（莺），立为"十四字头"（换过两个代表字），声调则明确定为"上平、上上、上去、上入、下平、下去、下入七音"。据序言所云，该书"就康熙字典所有之字尽数抄入，多至四万余字"。除了收字增多，《美全八音》的另一个重要特点是在每一个声韵调组合处用罗马字拼音代替●○，拼写时还把平声、上声、阳入和去声、阴入的不同韵母变体（"变韵"）都区分得很清楚。在继承传统音韵学研究成果的基础上，兼收西洋传入的罗马字拼音方法，实行中西合璧，这在民间的方言韵书中还是很少见的。美国教会所编《福州方言辞典》[③] 初版于1870年出版，20 世纪初所编的《美全八音》的罗马字拼音在它的基础上又有多处改良，更臻合理（详

① 见陶燠民《闽音研究》，第 3 页，科学出版社，1956 年。

② 见李如龙等《福州话语音演变概说》，《中国语文》1979 年第 4 期。

③ R. S. Maclay *Alphabetic Dictionary of the Foochow Dialect*，1870 年，福州。

后）。可见在继承传统和吸收外来经验上，《美全八音》都有自己的创造性，它的水平是难能可贵的。

现将三种闽东方言韵书的声韵调例字及其标音和教会罗马字标音以及现代福州音列表对照如下：

1. 声母

（1）《八音字义》	柳	边	求	气	低	波	他	争	日	时	莺	蒙	语	出	喜
（2）《珠玉同声》	柳	边	求	悉	声（知）	波	皆	之	女	授	亦（音）	美（面）	鸟（雅语）	出	风
（3）《美全八音》	柳	边	求	气	底	波	他	曾	日	时		蒙	语	出	非
	l	b	g	k	d	p	t	c	n	s		m	ng	ch	h
（4）教会词典	l	p	k	k‘	t	p‘	t‘	ch	n	s		m	ng	ch‘	h
（5）今音（国际音标）	l	p	k	k‘	t	p‘	t‘	ts	n	s	ø	m	ŋ	ts‘	x

2. 韵母①

（1）	春	花	香	秋	山	开	嘉	宾	欢
（2）	公	瓜	姜	周	干	栽	佳	京	官
（3）	ung/ong	ua	iong	iu/eu	ang	ai	a	ing/eng	uang
（4）	ung/ong	ua	iong	iu/eu	ang	ai	a	ing/eng	uang
（5）	uŋ/ouŋ	ua	yoŋ/yoŋ	iu/ieu	aŋ	ai	a	iŋ/eiŋ	uaŋ

（1）	歌	须（金）	杯	孤	灯	光	辉	烧	银	钉
（2）	高	车	盃	姑	庚	光	龟	娇	恭	纲
（3）	o	u/eu	uoi	u/o	eng/aing	uong	ui/uoi	ieu	üng/eung	oug/aung
（4）	o	u/eu	wi/woi	u/o	eng/aing	wong	wi/oi	ieu	üng/eung	ong/aung
（5）	o	y/øy	ui/uoi	u/ou	ɛiŋ/aiŋ	uoŋ/uɔŋ	ui/uoi	iu/ieu	yŋ/øyŋ	ouŋ/ɔuŋ

（1）	之	东	郊	过	西	桥	鸡	声	催
（2）	箕	江	交	朱	街	嬝	圭	正	催
（3）	i/e	ëng/aung	au	uo	a	io	ie	iang	oi/oi
（4）	i/e	ëng/aeng	au	uo	á	io	ié	iăng	oi
（5）	i/ei	øyŋ/ɔyŋ	au	uo/uɔ	ɛ/a	yo/yɔ	ie/iɛ	iaŋ	øy/ɔy

（1）	初	天	奇（梅）	歪（遮）	沟		
（2）	梳	坚	迦	乖	勾	[illegible]	怀
（3）	ë/ae	ieng	ia	uai	eu/au		
（4）	ë/ae	iéng	iá	uai	eu/aiu		
（5）	œ/a	ieŋ/iɛŋ	ia	uai	ɛu/au	*ya	ŋ（n.m）

① 逢入声，与阴声韵相配的收 -ʔ，与阳声韵相配的收 -k，今音 -k 合并为 -ʔ，表中均省略未标。表左序号所代表的韵书同声母。

3. 声调

（1）	上平	上上	上去	上入	下平（下上，同下去）	下去	下入
（2）	上平	上上	上去	上入	下平（下上，同下去）	下去	下入
（3）	ǎ	ā	à	áh	ȧ	á	ăh ăk
（4）	꜀a	꜂a	a꜄	ak꜆	꜁a	a꜅	a꜇
（5）	44	32	213	23	52	242	5

二 闽北方言的韵书

在《戚林八音》合订本印行50年之后，闽北方言便有仿制之作——《建州八音字义便览》问世。此书汇辑者“玉融林端材正坚氏”，可能是福州府郊县福清（别称玉融）人迁居或流寓建瓯的文人、史志均未有记载。序言里明确地说：“於齐民方言将音觅字者则莫便于闽中戚公之《八音》、碧翁之《字义》。顾是书也，吾辈虽同志趋向，惜建属地异语殊，难以习学省音，今特因其音韵、仿其体格……亦用以梓里乡谈汇成是集，俾得互参便阅，不至伤于脱略。”

建州置于唐武德四年（621年），它的前身是三国吴永安三年（260年）闽中首置的建安郡，至明清是为建宁府，治所一直设在今建瓯县城。唐末王审知之子王延政所建的五代十国之一的闽国曾以此为首府。今日的建瓯城仍是福建省内人口最为密集的县城之一。建瓯话是闽北方言的代表点，和松溪、政和、浦城（南部）、南平（多数市郊）等地方言比较接近，和建阳、崇安（今武夷山）、顺昌（东部）勉强可通话。

《建州八音字义便览》初版于清乾隆六十年（1795年），福建师范大学藏有该版的校抄本。二版是道光庚寅（1830年）桂月重刊的“怀古堂藏版”。此后还有光绪三十年（1904年）木刻版和1929年傅文玉“集义堂”的重印版。当地现传的是集义堂本，印制该版本的雕版，笔者于20世纪60年代在建瓯城里一家阁楼上还见过，直到“文革”才散失。

《建州八音》的体例与《戚林八音》无异。先分韵（36字母）再分声（15声），后分调（8音）。每一声韵调组合在●后列字加注，另有○表有音无字，⊙表“二六同音”。声母例字只有个别更动，韵母例字重新编过，声调顺序稍乱。现将《建州八音》音类和教会罗马字《建宁方言词典》[①]的标音及现代闽北方音列表对照如下：

1. 声母

（1）《建州八音》	柳	边	求	气	直	坡	他	曾	日	时	莺	问	语	出	非
（2）《建宁方言词典》	l	b	g	k	d	p	t	c	n	s		m	ng	ch	h
（3）今建瓯音	l	p	k	k‘	t	p‘	t‘	ts	n	s	Ø	m	ŋ	ts‘	x

① W.C white *A Chinese - English Dictionary of the kienNing Dialect*, 1901年，福州。

2. 韵母[1]

（1）	时	年	秾（种）	梅	儿	黄	犁	田	园
（2）	i	ing	eng	o	eu	uang	ai	aing	uing
（3）	i	iŋ	œyŋ	o	œ	uaŋ	ai	aiŋ	yiŋ

（1）	茄（唇）	蔴	吴	舍	正	刺	鱼	脐	油
（2）	io	uoi	u	ia	iang	ie	ü	a	iu
（3）	iɔ	uɛ	u	ia	iaŋ	iɛ	y	ɛ	iu

（1）	茅	园	桐	发	放	茶	莪	阳	蟠
（2）	e	ong	ong	uai	uong	a	o	iong	uing
（3）	e	ɔŋ	[2]	uai	uɔŋ	a	ɔ	iɔŋ	uiŋ

（1）	蛇	人	贩	柴	南	桥	过		
（2）	ue	eng	uaing	au	ang	iau	ua		
（3）	ye	eiŋ	uaiŋ	au	aŋ	iau	ua		

3. 声调[3]

《建州八音》	代表例字	之（飡）	志	即	指		芝	集	字
	原注平仄	概平	纯仄	纯仄	平	仄	纯平	纯仄	纯仄
《建宁方言辞典》		â	a	ă	（混入下调）	ǎ	á	à	ā
今闽北音	调类	阳平$_{甲}$	阴去	阴入	阳平$_{乙}$	上声	阴平	阳入	阳去
	建瓯	（混入阴去）	33	24	（混入上声）	21	54	42	44
	松溪	44	332	24	21	213	51	42	45
	建阳	334	332	214	41	21	53	5	43
《戚林八音》		公	滚	贡	谷		群	郡	掘
今福州话调值		44	32	213	23		52	242	5

从上表可以看到两个事实。第一，《建州八音》有7个声调，第4声（指）不能区分平仄，只在列字时用小o隔开，夹注"以上平声"。其调类名称应该是阳平（之）、阴去（志）、阴入（即）、上声（指）、阴平（芝）、阳入（集）、阳去（字）。今松溪、建阳音第4声尚能分平仄，阳平分为两类，是为8调；今建瓯音一、二声混同，只有6调。第二，《建州八音》的7个声调是参照《戚林八音》的调值顺序排列的，呼读起来的实际调值十分相近。这说明作者只能分平仄，不能别四声，其音韵学造诣不及《戚林八音》的编者。

---

① 原例言列36字母后夹注："内种同秾，唇同茄，实只34字母。"

② 今建瓯音此韵已混入园，均读ɔŋ，建阳音仍保留oŋ-ɔŋ之别。表左序号所代表的韵书同声母。

③《建州八音》的声调顺序混乱，又今建瓯音仅6调，为说明其来龙去脉，此处多列比较项，表后再做说明。

三 闽南方言的韵书

闽南方言的韵书编得最早的是泉州话的韵书。泉州是闽南开发最早的地方。从那里入海的晋江可能是东晋南迁的移民怀念故国而命名的。宋元时期，它是南方最大商港，海上丝绸之路的起点，曾被马可波罗称为“东方第一大港”。直到明代，泉州话一直是闽南方言的代表。闽南地区最古老的民间文艺南音、梨园戏、高甲戏、木偶戏至今还以泉州音为标准音。

传世的泉州话韵书有《拍掌知音》和《汇音妙悟》两种。

《拍掌知音》全称为《拍掌知声切音调平仄图》，只是一本简单的韵图，也就是音节表。每个声韵调组合只取一个代表字，未加注释，多取文读音，基本不收白读音。声母“十五字”多与《戚林八音》相同，韵母称为“音祖”，36个代表字取数亦与《戚林八音》同，代表字则有“纽四声”等合体字用柳母阴平声呼读（如“𨀤”指连的阴平调 ꜀lian，“𤬏”表示瓜韵母拼首字声母柳 ꜀lua）。声调也是平上去入各分上下，先列上四声（阴调类）再列下四声（阳调类），凡例说“上去声俱为下去声滑口之音”，指的是当时的泉州话已经不能区别阴阳去。1979年，《方言》借黄典诚先生所藏“梅轩书屋”木刻64开本影印发表。黄先生在《拍掌知音说明》里说：“笔者倾向于认为这本小册子是迄今为止可以看到的闽南泉音较早的韵图。”①

该书封面署名“连阳廖纶玑撰”。台湾历史语言研究所所藏《正字通》也署“廖纶玑撰”，他处版本则作“廖文英撰”，廖纶玑应该就是廖文英。廖氏是清代广东连州人，清人曾谓廖购得明末张自烈所编《正字通》而据为己有。这位连阳先生是否也是购得此韵图并据为己有呢？封面所署“梅轩书屋藏”和正文中缝所标“芹园藏版”并不一致，更使人怀疑。除非是流寓，连州人是编不出泉州话韵书的。

《汇音妙悟》是黄谦（字思逊）所纂，书前有其叔兴安府学官黄瞻二（字大振）的序，写于清嘉庆五年（1800年）。现在看到的最早木刻本是薰园藏版，全名《新镌汇音妙悟全集》的32开本，后来又有过石印本。此书也是仿照《戚林八音》编成的。声母称“十五音”，取字与《戚林八音》多同，韵母称“五十字母”，其中也有16个代表字同《戚林八音》，声调“八音”顺序亦相符，唯阴去阳去两调已经相杂，则与《拍掌知音》相同。正文先分韵而后分声再分调，首页注明平上去入，以后省略，分行用线条隔开列字。小韵起处未设实环●，有音无字处则设虚环○。收字较多，也用小字夹注字义。卷首注明“依字典校订”，指的当是《康熙字典》，除“字典”正字之外，兼收了

① 见《方言》1979年第2期，第156页。

不少民间通行的俗字，有时也用训读字。如所周知，泉州话有文白异读的字相当多，几乎各成系统，《汇音妙悟》的重要特点是注意区分文白读，凡口语中白读音均注明“土解”“解”（泉州话称方言土音为“解说”）或“俗解”，若整韵是白读韵，则在“字母”眉批处注：“此字母俱从俗解。”

明代之后泉州港衰落，漳州府九龙江口的月港兴起。自从唐武后垂拱二年（686年）置漳州之后，漳州腔与泉州腔渐有差异。《汇音妙悟》之后，又有按漳州腔编成的《雅俗通十五音》，而且版本更多，流传也更广。至今有过记载的版本至少有6种。各种版本的声母都是“切音15字”，声调是“八音”（但下上与上上同，实为7调），韵母称为“字母”或“字祖”则有30、40、50三种：

30韵　漳州素位堂刻本。①

上海大一统书局石印64开6卷本书名《增补汇音》，1928年印行。

40韵　上海萃英书局石印本。

50韵　文林堂刻本，书名《雅俗通十五音》，嘉庆二十三年（1818年）印。

颜锦华刻本，书名《增注雅俗通十五音》。

会文堂本刻板，8卷64开本，书名《增注十五音》，《汇集雅俗通十五音》（卷首）。

各种版本所立韵目文读韵大体相同，白读韵则多有不同。韵母代表字也各有差异，但均取见母字。编排体例都是先分韵、再分调而后分声，例字列在声母代表字下，小字夹注字义，有音无字处仿《汇音妙悟》标虚环○。

明末清初之后，尤其是五口通商以来，厦门逐渐兴起为现代化海港城市。市区的人口是先后从泉州、漳州两府迁移来的。厦门话就是100多年来融合泉州腔和漳州腔而成的。反映这种语音状况的韵书有三种：《击掌知音》《八音定诀》《渡江书十五音》。

《击掌知音》只见过抄本，未署编纂者。该书序言里说：“将四十二音之字为母次第排纂，继以十五音导之，方入八音”，“单用漳泉二腔”。正文横列15声母，纵分声调为8格，每格之中列同音字并略加说解，体例与《汇音妙悟》大体相同。

《八音定诀》卷首有觉梦氏于清光绪二十年（1894年）所撰的“序”称：“叶君开温近得抄本，将十五音之中删繁就简，汇为八音，订作一本，颜曰《八音定诀》，商贾之人尤为简便，不但舟车便于携带，而且寻字一目可以了然。”此书分韵50，依《汇音妙悟》称为“字母法式”，其代表字同《汇音妙悟》《雅俗通十五音》各20字，同《戚林八音》18字。排列方法类似《击掌知音》各韵中横列15声母，纵分8音，每格列举常用同音字少者一字，多者5—6字，有音无字格子填以虚环○。单字未加注解而用联词

① 除特别说明外，均为本人收藏本，下同。

举例以明之。如春韵求声上平调有“跟随、君帝、均平”，意思是此音有跟随的跟、帝君的君、平均的均。此书今福建师大存有光绪刊本手抄本，厦门大学和厦门图书馆则藏有宣统元年（1909年）厦门信文斋铅印本和民国十三年（1924年）厦门会文书局的石印本。

《渡江书十五音》今仅见李熙泰先生收藏的手抄本，1987年李荣先生访日时作序，由东京外国大学亚非言语文化研究所影印出版。李序认为“本书的音韵系统更接近于厦门，出于《康熙字典》之后”。《渡江书十五音》立“字祖三十字”“附音十三字”，“字祖”的名称均出于《雅俗通十五音》，所谓附音就是白读音。43字祖中有20个代表字和《雅俗通十五音》相同，从体例看也与该书相仿。

《八音定诀》和《渡江书十五音》都收了不少异读字，主要是漳州腔和泉州腔的不同读音，还有些同安音和长泰音，这反映了厦门话形成初期的兼收并蓄的特点。从两本书的差别说，《八音定诀》是简本，收字少，放空的有音无字音节多，《渡江书十五音》则收字多，不但有本字、古字、生僻字，还有不少训读字、俗字以及大量的生造字。任何一种闽南话乃至任何方言都不可能每一个声韵调组合都有意思，而且有字可写，而《渡江书十五音》却为每个音韵地位都造了字，有许多字是任何字书上都没见过的怪字。

闽南方言是方言学的术语，不是按地域所起的名称，它不但通行于福建东南部，还连片分布于粤东的潮汕平原，俗称潮州话。和泉州腔相比较，潮州腔更近于漳州腔，但漳潮腔之间又有不少差异。继泉漳厦之后，也有人为潮州话编了韵书和韵图。现存可见到的最早的潮州话韵书是清末隆都（今澄海）商人张世珍所编的《潮声十五音》，是按照漳泉腔的韵书体例改编的，审音不精。1915年又有崇川马梓丞，改编的《击木知音》，全名《汇集雅俗十五音全本》，这是一本不注字义的同音字表式的韵图，现较多见的是1932年上海鸿文书局的32开石印本。此书声母仍称“十五音”，声调亦为“八音”，分韵“四十字母”。各韵一图，横列15音，纵分8音，各用线条划开，每格填上同音字，无字音节放空无号。之后，还有民国十二年（1923年）汕头科学图书馆发行的潮安人萧云屏所编、澄海黄茂升校订的《潮语十五音》，福建师大图书馆藏有此书32开石印本。该书“例言”云：“本书依《潮声十五音》删繁补简，另据他书校勘，以备《潮声十五音》之未备。”正文分韵“四十字母”，分声“十五歌诀”和分调“八音分声法”，均与《击木知音》同，列表时按韵部，以声母为经、八音为纬，单行列字，用小字联词举例并加释义，无音节处注曰“空音”。到了民国年间还有1934年澄海人姚弗如改编的《潮声十七音》，刘绎如改编的《潮声十八音》，直到1975年李新魁又有《新编潮汕方言十八音》，都着眼于潮州腔和漳州腔的不同，把n—l、m—b、ŋ—g区别开来。[①]

① 见李新魁《汉语等韵学》，第355页，中华书局，1963年。

现将闽南方言韵书中流传较广、较为重要的8种的声韵母列表对照并加注国际音标如下：

1. 声母

（1）《汇音妙悟》	柳	边	求	气	地	普	他	争	入	时	英	文	语	出	喜
（2）《拍掌知音》	柳	边	求	去	地	颇	他	争	入	时	英	文	语	出	喜
（3）《增补汇音》	柳	边	求	去	地	颇	他	曾	入	时	莺	门	语	出	喜
（4）《雅俗通十五音》	柳	边	求	去	地	颇	他	曾	入	时	英	门	语	出	喜
（5）《八音定诀》	柳	边	求	气	地	颇	他	曾	入	时	英	文	语	出	喜
（6）《渡江书十五音》	柳	边	求	去	治	波	他	曾	入	时	英	门	语	出	喜
（7）《击木知音》	柳	边	求	去	地	颇	他	贞	入	时	英	文	语	出	喜
（8）《潮语十五音》	柳	边	求	去	地	颇	他	贞	入	时	英	文	语	出	喜
（9）音标拟音	l	p	k	k‘	t	p‘	t‘	ts	dz	s	ø	b	g	ts‘	h

2. 韵母①

（1）	春	朝	飞	花	香	欢	高	卿	杯	商	东	郊	开
（2）	꜀仑	꜀鸟	꜀雷	△瓜	꜀两		꜀鲁	꜀令	꜀内		꜀郎	꜀挠	꜀来
（3）	君	娇	归	瓜	宫		姑	京	蒐	姜	光	交	皆
（4）	君	娇	规	瓜	恭	官	沽	经	桧	姜	公	交	皆
（5）	春	朝	辉	花	香	山	孤	灯	杯		风	敲	开
（6）	君	娇	规	瓜	恭	官	姑	经	蒐	姜	工	交	皆
（7）	君	骄	规	柯	恭	官	孤	经	瓜	姜	公	交	皆
（8）	君	骄	归	柯	恭	官	孤	经	瓜	姜	公	交	皆
（9）	un	iau	ui	ua	iɔŋ	uã	ɔ	iŋ	ue	iaŋ	ɔŋ	au	ai

（1）	居	珠	嘉	宾	莪	嗟	恩	西	轩	三	秋	箴	江	关	
（2）	꜀女	꜀诛	△巴	꜀吝	꜀老	△嗟	△巾	꜀礼	꜀连	꜀览	꜀钮	△针	△邦	△抢	
（3）		龟	葩	根		伽		稽	坚	甘	趟		江		家
（4）		艍	胶	巾	杠	迦		稽	坚	甘	ㄐ		江	裈	家
（5）	书	沥	佳	宾	毛	遮		西	边	湛	秋		江		
（6）		朱	嘉	根	傩	迦		鸡	坚	甘	鸠		江		
（7）	车	龟	胶	斤		佳		鸡	坚	甘	鸠		江		家
（8）	居	龟	胶	斤		佳		鸡	坚	甘	鸠		江		家
（9）	ɯ	u	a	in	ɔ̃	ia	ən	e	ian	am	iu	əm	aŋ	uĩ	ɛ

（1）	丹	金	钩	川	乖	兼	管	生	基	猫	刀	科	梅	京	鸡
（2）	阑	꜀林	꜀娄	꜀卵	꜀乖	꜀廉		꜀能	꜀里		꜀劳				

---

① 表左序号所代表的韵书同声母。（2）《拍掌知音》例字 ꜀□表“平” △□表“首”，原均为合体字；字下加＿表示白读音）

(3)	干	金		官	乖	廉			玑		高		姆	惊	
(4)	干	金		观	乖	兼	閂		居	嗅	高				
(5)	丹	深		川	歪	添			诗		多	飞	不	京	
(6)	干	金		官	乖	兼			几	猫	高		喑	笪	梅
(7)	干	金		关	乖	兼			枝		高			京	
(8)	干	金		关	乖	兼			枝		歌			京	
(9)	an	im	əu	uan	uai	iam	uãi	əŋ	i	iau	o	ə	m	iã	ɯe

(1)	毛	青	烧	风	箱	三	雙						
(2)						꜀拿	꜀乃						
(3)													
(4)	钢	栀	茄	光	牛	监	闲	爻	姑	箴	伽	糜	姜
(5)	庄	青	烧		铨	三	千	乐					
(6)	扛	拈	么		铨	他	痫	䅦	浯	箴	婴		
(7)	扛		蕉	光		柑	间				更		姜
(8)	扛	天	蕉	光		柑	肩				庚		姜
(9)	ŋ	ĩ	io	uaŋ	iũ	ã	ãi	ãu	ɔu	ɔm	ɛ̃	uẽ	iɔ̃

四 闽方言韵书的源流

闽方言地区之所以韵书多、流传广，是有深刻的社会原因和历史渊源的。

闽方言地区原是古闽越人居住的地方。汉魏以来，东北方向的吴越人和西北方向的南楚人以及中原汉人陆续入闽，与闽越人发生融合，古吴语、古楚语和中原的上古汉语成了闽方言的三大源流，古闽越语则是闽方言的“底层”。初唐的陈政、陈元光开发漳州、潮州，晚唐的王潮、王审知开发福州、建州并统一全省。在开发经济、兴起文教的基础上，使中古时期的中原汉语又一次对闽方言发生了重大影响。两宋以来，这里人口激增，经济文化得到较大发展，但由于山川阻塞，本土之间以及与内陆的交往都不甚方便，全省并没有形成统一的方言。元明时期闽东、闽北、闽南各自形成了差异甚大的方言。在这种情况下，士子科举应试，文人吟诗作曲，都得强记全国通行的文字音韵，村塾初学要读书识字，也会遇到极大困难，因为历来的字书的注音都是用北音作反切。因此，另编“因音识字”的方言韵书，就成了迫切的社会需要。

闽方言和上古、中古的汉语既有明显的继承关系，又有自身长期的演变。宋元以来，福建的文士对此一直十分关注，做过饶有贡献的研究。南宋初年的建瓯人吴棫和明代连江人陈第，都是最早研究先秦古音的学者。宋元之际的邵武人黄公绍、熊忠所撰的

《古今韵会》，清初安溪人李光地编纂的《音韵阐微》，都是当时规模最大的权威性韵书。李光地的改良反切则把传统音韵学的注音方法推上了顶峰。就以编纂韵图，韵书所直接应用的等韵学来说，最早的等韵学著作——《韵镜》，就是“三山张麟之”对《指微韵镜》做了潜心研究、“一夕顿悟”，序刊出来并得以流传的。张麟之应该就是福州人，除自称“三山”外，他在《序言》里还多次提到“莆阳夫子郑公”，“莆阳郑先生”，完全是对尊长的老乡的称呼。莆田人郑樵所作的《七音略》和《韵镜》形成了我国等韵学的最早，也是最重要的流派。显然，闽籍音韵学家所开创的研究传统为闽方言韵书的编纂提供了坚实的理论基础。

在科举取士的年代，从《唐韵》《广韵》《平水韵》到《古今韵会》《洪武正韵》《音韵阐微》，反映中古文学语言语音系统的韵书一直占着主导地位，各地方音则被视为俗讹现象。元曲兴起之后，为了作词押韵的需要，周德清编了《中原音韵》，开了按实际口语编纂韵书的先河。散曲、杂剧、传奇以及传入福建的南戏等俗文学的发展，使编纂地方韵书成了更为迫切的要求，而有了等韵学原理的普及，各种韵图、韵书的经验，编纂地方韵书的条件也成熟了。明代之后，北方官话的韵书先有云南人兰茂的《韵略汇通》，南方方言则自《戚参军八音字义便览》开始，也陆续编出了大批方言韵书。

就编纂体例说，闽方言的韵书有三种类型。不论哪种类型，都可以从宋元以来的各种韵图和韵书看到它们的本源。较早编的泉州话的《拍掌知音》是单字音表式的韵图，每个声韵调组合只取一个代表字，其体例和《韵镜》《七音略》大体相仿，只是不分等而已。清末民初编的厦门话的《八音定诀》和潮州话的《汇集雅俗十五音》属于同音字表式的韵图和韵表，每个声韵调组合的格子列举常见同音字，其体例则与清咸丰年间广东人梁僧宝所编《四声韵谱》类似。其余各种韵书则与元代的《中州音韵》、明代的《韵略易通》、清初的《五方元音》等十分相近，只是未为小韵加注反切这一点不同。

《中原音韵》之后的韵书，大多出于布衣之士的手作。他们痛感古来音韵学著作“泥古非今，不达时变”(《中原音韵·正语作词起例》)，或“音切隐奥”“方言不一”“使览者不知孰是”，收字则“数十万言”，使人“难以周览”(《韵略易通·凡例》)，为初学者计，他们完全以方言口语为据，只收“应用便俗字样”，有的还把声韵例字或拼音方法编成朗朗上口的歌诀，如著名的声母例字《早梅诗》(东风破早梅，向暖一枝开，冰雪无人见，春从天上来)就出于《韵略易通》。《戚林八音》的“春花香，秋山开，嘉宾欢歌须金杯……”，可谓不无《早梅诗》的影响。在这些方面都标志着音韵学的研究和应用经历了一场重大的改革。

入清之后，闽方言韵书又受了《康熙字典》卷首的《字母切韵要法》的影响。最明显的有两点：第一，称韵母为“字母”。《字母切韵要法·切字样法》称：“此云字母乃是一切文字之母，所谓迦佉乃至劣嚩是也。”其“字母”指的就是“摄韵”。第二，字母代表字多选见母字。《字母切韵要法》十二摄代表字都是见母字（迦结冈庚裓高该傀根干钩歌），漳厦潮腔韵书的字母也大多采用见母字，甚至直接借用《字母切韵要法》的例字。关于这两点，还可以追寻更早的源流。宋代的《切韵指掌图》就已经将36母改为从见母字开始的顺序，而元代福建人所编《古今韵会》则将反映当时实际语音的韵母称为“字母韵”，全书67个字母韵也多半选取见母字，其中“居孤歌迦嘉瓜鸡欣佳乖骄交高鸠钩公江光京经中根干官关坚金甘兼”等都先后重见于闽方言诸韵书。

五　闽方言韵书的历史价值

首先，闽方言韵书最值得称许的在于面向实际、为劳动大众服务的方向。关于编纂地方韵书的缘起，《汇音妙悟》作者黄谦在自序中说得最为透彻：

“今所谓韵书者，自魏李登之韵书始，嗣是而切韵、集韵、唐韵、广韵诸书不能枚举。然而疆域既分，乡音各异，山陬海澨与中州之声韵迥殊。况闽省喉鹗嘅喃，加之轻唇、正齿、撮口之音并缺，故临文操觚，声律不谐，应酬失次。吾泉富知园先生少熟等韵之书，壮游燕辽之地，诸任既该，群音悉解，爰辑为《闽音必辨》一书，于唇喉齿舌分别厘然。乡里后生熟复之，可无为方言之所域矣。乃客有曰：‘是编以字而正音，何如因音以识字，使农工商贾按卷而稽，无事载酒问字之劳乎？予喜其见解之辟，辑成一编，以五十字母为经，以十五音为纬，以四声为梳栉，俗字土音皆载其中，以便村塾事物杂器之便。”

正因为韵书的作者们是些不知名的文士，他们深知乡音之异，农工商贾无从“因音以识字”，备受“载酒问字之劳”，编方言韵书，全为“裨于初学”，不像那些高踞庙堂的学者，穷经考古，为其“名山事业”，不惜故弄玄虚，这种精神何其可贵！许多韵书在民间流传之后，确使初学大众无师自通，甚至成为自学必备的识字课本，深受人民群众欢迎。《美全八音》陈钟岳序云：“欲求雅俗可以同赏，浅深可以共喻者，莫善于戚公之《八音》，审音而即识其字，有开卷瞭然之乐；逐字而备载其义，无艰深难解之病。”这就是最准确的评价。本人数十年间调查闽方言，从闽南到闽北就经常碰到珍藏并经常翻阅着地方韵书的老者，他们有的如数家珍地教我如何查字，有的则无私地贡献给我，嘱咐我好好去研究它。

其次，这批韵书保留了早期闽方言的材料，对研究方言的历史演变乃至研究汉语史都是极可贵的参考。正如罗常培先生所说：“这种书本来为一般人就音识字用的，它们辨别声韵固然不见得精确，而大体总是以当地乡音为准，这实在是我们调查方言最好的间接材料。”[①] 他自己调查厦门话，写《厦门音系》就是从搜集《十五音》开始的。20世纪

① 《罗常培语言学论文选集》，第152页，中华书局，1963年。

30年代陶燠民写《闽音研究》也是拿《戚林八音》作对照分析的。100年前西方教会为了传教的需要编写各地闽方言词典，无一不是从分析当地方言韵书的音系入手。

拿《戚林八音》和现在福州音比较，可以知道三百年间福州话少了三个韵（烧ieu，并入秋iu，杯uoi，并入辉ui，欙ya，并入鸡ie）；现代的福州年轻人，日n～来l二母趋于不分，入声韵尾-k、-ʔ趋于混同，香yoŋ、奇ia二韵的一些字归入光uoŋ天ieʔ。

拿《建州八音》和现在建瓯音比较，可以知道二百年间建瓯话少了一个韵（桐oŋ，并入园ɔŋ），也少了一个调（阳平$_{甲}$44并入阴去33），多了一个韵（人eiŋ分出任ieŋ）。[①]

拿《汇音妙悟》和现在泉州话比较，可以知道二百年间泉州话少了一个声、3个韵、日dz并入柳l，恩əm并入春un，钩əu并入烧io，鸡ɯe并入杯ue，在青年一代还少了一个调，阴平33和阳上22已经相混。[②]

拿《八音定诀》和现在厦门话比较，可以知道，一百年间厦门话少了两个韵，书韵ɯ并入须韵u，飞韵ə并入西韵e，这是放弃泉州腔的表现。还可以看到当年存在的大量泉腔、漳腔并存的异读已经稳定为厦腔。例如“飞”原为边母、上平声，有西韵꜀pe、杯韵꜀pue、飞韵꜀pə三读，“月”原为语母、下入声，有西韵geʔ꜁、杯韵gueʔ꜁、梅韵gɯeʔ꜁三读，“稗”原为颇母、上去声，有杯韵p‘ue꜃、西韵p‘e꜃、梅韵p‘ɯe꜃三读，今读只有第一音（厦腔），第二、三音（漳泉腔）都已淘汰。[③]

第三，这些韵书不但记录了当时的字音，也记录了不少闽方言特有的词汇。有些方言词是用古字书的本字记录的，可使我们了解闽方言和古汉语词汇的继承关系；有些方言词现代口语已经不用，但可见证于姊妹方言，这又使我们了解了方言词汇的演变。例如《戚林八音》就收了不少于古有征的单音词：

曾催上去：晬$_{\text{周岁}}$，[tsɔy꜃]见于《广韵》子对切：“周年子也。”[④]

气嘉上平：跤$_{\text{足}}$[꜀k‘a]见于《广韵》口交切：“胫骨近足细处。”

出灯上上：筅$_{\text{筅帚}}$[꜂ts‘ɛiŋ]，见于《广韵》苏典切：“筅帚，饭具。”

低声上上：鼎$_{\text{煮饭器}}$[꜂tiaŋ]，见于《广韵》都挺切：“《说文》云：鼎，三足两耳和五味之宝器。”

波烧下平：薸$_{\text{水上浮萍}}$[꜀p‘iu]，见于《广韵》符霄切：“《方言》云：江东呼浮萍为薸。”

莺缸下去：笐$_{\text{竹竿}}$[ɒuŋ꜃]，见于《集韵》下浪切：“竹竿也。”

曾声上上：饗$_{\text{咸反}}$[꜂tsiaŋ]，见于《广韵》子敢切：“澉饗。”

---

① 李如龙《〈建州八音〉校印后记》，《福建文博》1984年第2期。

② 李如龙等《碗窑闽南方言岛二百多年间的变化》，《中国语文》1982年第5期。

③ 李如龙《八音定诀的初步研究》，《福建师范大学学报》1981年第4期。

④ 曾、催，上去是原书声韵调类，晬，周岁是原注，余同。

时催上平：瘥病也，耗也，减也[꜀søy]，见于《广韵》所追切："减也。"

《建州八音》收的一些方言词现代建瓯话已经不说，但仍通行于其他闽方言，它告诉我们，闽北方言在词汇上的闽方言特色是逐渐减少了。例如：

求园第一调：墘旁边地[꜂kyiŋ]，见于福州话[꜁kieŋ]，厦门话[꜁kĩ]。

非桥第五调：枵饥也[꜀xiau]，见于福州话[꜀ɛu]，厦门话[꜀iau]。

气柴第二调：丂舡着沙[k‘au꜄]，见于厦门话[k‘o꜄]。

《八音定诀》也有此类情形：

英江下入：纱榼[ak꜇]指旧式织布时缠绕纱、线的竹器，本字应是籰（《集韵》王缚切："《说文》：收丝者也。"），今泉州话仍说。

求辉下平：通逵，指衣袋，今厦门话已不说，见于晋江话[꜀t‘ɔŋ ꜁kui]。

第四，闽方言韵书中还为我们保存了不少本地通行的俗字，有的直到今天还在使用。例如《戚林八音》：

冇：波山上去，空冇。[p‘aŋ꜄]，不实谓之冇。

埕：低声下平，天中空地。[꜁tiaŋ]，门口场院。

蟳：时宾下平，海味。[꜁siŋ]，海蟹。

蠘：出天下入，海味似蟹。[ts‘ieʔ꜇]，梭子蟹。

籧：柳遮下入，竹器。[liaʔ꜇]，晒物用竹编。

跰：波声上上，歪脚。[꜂p‘iaŋ]，跛脚谓跰跤。

墭：时声下去，贮谷之器。[siaŋ꜅]，木制或土制室内小谷仓。

缊：蒙东下去，鱼网。[mɔyŋ꜅]，网。

又如《八音定诀》《渡江书》中的：有[tiŋ꜅]：实的，硬的；刣[꜁t‘ai]：杀也；坩꜀[꜀k‘ã]：陶钵；杙[k‘it꜇]：木桩；尪[꜀aŋ]：菩萨，丈夫；卜[beʔ꜆]：要，等等。现在也还在闽南地区沿用着。

这些俗字对于调查记录民间文学以及标写方言语料至今还有它的积极意义，搜集、整理、研究这些俗字对于了解汉字的流变也是十分有益的工作。

最后，还应该提到的是黄谦在《汇音妙悟》卷首提出的"三推新数法"。这是一种数码式和笔画式相结合的用方音拼写汉字的方案。这种方案先为声韵调确定数码，然后转换成汉字的笔画，按固定的位置组合成方言拼音字。

声韵调数码是按照"十五音""五十字母"和"八音"的顺序来确定的，《方案》里编有"五十字母念法"（一春二朝三飞四花五香……）和"十五音念法"（一柳二边三求四气五地……）。

笔画只有1—10十种，10位数用两种笔画复合，10种笔画则编成"新数念法"，其口诀和笔形如下：

一从主丶 二半口L 三点水ι 四残月⌒ 五一角ㄱ

六钩耳3 七倒戈ν 八左戾丿 九草斤ㄎ 十归滚丨

声韵调三个笔画的组合规则也编有“三推成字歌”：

先从字母弁于头——把表示韵母顺序数码的笔画写在上端；

反切声音左位收——表示声母顺序数码的笔画写在下左；

平仄分明居右畔——表示声调顺序数码的笔画写在下右；

完成一字传千秋。

三推之法意何如，但愿世人喜读书。

凡字旁通心里得，无忘昔日诵于斯。

按照所定拼写法，作者还列有“三推难识字样”和“三推易识字样”，例如：

甲以 韵母16嘉Ⅳ在上，声母3求ν在左，声调4上入∧在右

乙巛 韵母17宾，丨ν在上，声母11 L卜在左，声调4上入，∧在右

丙𠂉 韵母8卿，丿在上，声母2边，L在左，声调2上上，L在右

丁六 韵母8卿，丿在上，声母5地ㄱ在左，声调1上平，丶在右

早在19世纪初年，黄谦就提出了用方音拼写汉字的方案，这在汉字拼音运动史上还是中国学者中的首创。这个拼音方案虽然还没有推广的资料证明，所设计方案也过于复杂，可行性不高，但是其筚路蓝缕之功是不可抹煞的，其探索精神也是值得称颂的。汉字拼音化改革的头一个有影响的大家是泉州府所属的同安县人卢戆章，后来的力捷三、蔡锡勇也都是福建人。汉字改革运动的序幕——切音字运动之所以集中在闽中舞台上表演，恐怕和《汇音妙悟》的作者黄谦所开的先河是不无关系的。

诚然，各种闽方言韵书也有审音不严，释义欠妥，分类模糊，页面混乱的缺点，但是在提供“因音识字”的便利和保存方言面貌上，还是有重大贡献的。把它们做一番整理，重新出版是很有必要的。

说明：本文于1984年在第4届中国音韵学会年会上宣读过，后刊登在《地方文献史料研究丛刊》第二辑，福建地图出版社，1991年。1996年又收入《方言与音韵论集》，香港中文大学，1996年。

《〈戚林八音〉校注》前言

《戚林八音》是闽方言中成书最早、流传最广、影响最大的韵书。在南方方言中，运用音韵学原理，为实际口语编纂韵书，完整地记录前代方言语音系统，诠释方言词义，从而全面保留方言史料的，应该首推闽方言。可见，《戚林八音》不但是研究闽方言的重要文献，也是研究音韵学史和方言学史的重要古籍。为帮助读者了解和应用这部古籍，以下就若干问题做必要说明。

一《戚林八音》的版本、成书年代和作者

现在可以看到的《戚林八音》的最早版本是清乾隆年间学海堂的木刻本《戚林八音合订》。流传最广的则是1912年初版且后来多次翻印的石印本《民国适用改良戚林八音合订》。此次校订依据的就是这两种版本，石印本除纠正一些木刻本的错字和增加少量常用字之外，并无其他重要"改良"。

《戚林八音合订》是合订了两本书：《戚参军八音字义便览》（简称《八音字义》）和《太史林碧山先生珠玉同声》（简称《珠玉同声》）。乾隆十四年（1749年）合订成书时，晋安所写的序文说，这两本书"历时久远，传写滋误，彼此分行，构觅维艰，识者憾之，今特重加校正，汇成一集，俾得互参便阅，不至伤于脱略"。可见，二书以手抄本形式已流传久远，原抄本当时已不存，合订时作何校正也无从稽考了。不过，关于这部韵书的最早成书年代和它的音系所属的历史时期，我们可以从有关的人物做出判断。

《八音字义》一书署名三山蔡士泮开壁氏汇辑。三山是福州别称（因福州城内有乌山、于山、屏山而得名），蔡士泮是未见经传的人物，作序的"晋安"应是取自古地名的笔名，西晋太康三年（282年）析建安郡立晋安郡，设治福州。太守严高取土筑城，开东西两湖，并于东门外凿人工运河，命名为晋安河。作序者的原名也是无从查考了。"戚参军"是明末抗倭名将戚继光，显然是编者托名领衔的，并非《八音字义》的编者。明朝嘉靖年间（16世纪60年代），戚继光在福建沿海平倭，转战四五年，他所指挥的

队伍军纪严明，秋毫无犯，骁勇善战，著名的牛田（今福清龙田）战役和仙游战役大获全胜，倭寇侵扰自此平息，戚家军也因此威名显赫。闽海人民，尤其是闽东人民，至今口碑不绝。福州城内于山上尚存有戚公祠、平远台、醉石亭等古迹。福州人常吃的咸甜两种面饼称为“光饼”“征东饼”，相传就是仿制戚家军的干粮，以表崇敬和纪念，延续至今。戚公原籍安徽（平远），出生于山东（蓬莱），在闽中转战只有数年时间，恐难掌握福州方言，他的一生戎马倥偬，也无暇顾及地方韵书的编写，各种史料包括记载详尽的“戚少保年谱”，亦未曾有过编写“八音字义”的记载。但是，此书冠以“戚参军”之名，说明成书时间应是在明末戚氏在闽驰名之后，这是没有问题的。

《珠玉同声》一书冠的是“太史林碧山先生”的衔，这是清初的人据《八音字义》精简改订的。汇辑者署名“闽中　藤山　陈他　也人氏”，福州人历来以为秦时的闽中郡即治福州，藤山在今仓前山，陈他大约也是布衣之士，未见史籍提及。林碧山原名林文英，侯官人，康熙戊辰年间（1688 年）进士，选入翰林院任庶吉士（所以人们尊称他为“太史”），后迁礼部郎，在保定任过太守，他为官清廉，“在部曹时，乡人客京师，贫乏不能存及死不能殡者，倾囊相赠，且竭力以归其丧，乡人德之”。（以上引文均见《福建通志》，下同）后“以艰归补琼州”，“卒于琼，琼人祀之名宦”。可见，他在本地士子中有崇高威信，“太史林碧山先生”便是后人对他的尊称。看来这书也不是他编的。《珠玉同声》还有一个校阅者——梅谷林俦与群氏。梅谷是闽清县城的雅称，林俦为康熙三十五年（1696 年）丙子科举人，中举后在保定任过知县。从时间上看，林俦可能是林碧山任保定太守时的部属，那么汇辑人陈他会不会是在二林手下做过事的下层文吏呢？也许我们可以推断，《珠玉同声》是在康熙年间成书的，汇辑人也应是与二林有过交往的人。

由此可见，《八音字义》成书于明末（16 世纪末 17 世纪初），《珠玉同声》编于清初（十七世纪末），两书流传数十年后才有了木刻的合订本——《戚林八音》。它反映的音系是四百年前的福州音，这应该是可以定论的。

关于《戚林八音》的作者，曾有人怀疑会不会是福州郊县连江人陈第。戚继光来闽东平倭过连江时，曾拜访过当地的年轻“狂生”陈第，得其所上平倭策，后来还提拔他为三屯车前营游击将军。陈第年轻时代，确实当过戚参将的幕僚，当时他的兴趣在谈兵击剑，在征战频繁的日子里，必未暇顾及编韵书的事。《戚少保年谱》曾引《道光旧谱》提到戚参将趋访陈第时，陈“促膝画策，秘军声作八音以通语，仿乘橇作土木以行泥”。即使这个记载是确实的，“秘军声作八音以通语”看来也只能是用八音反切作军中口令，而不是编纂《八音字义》。陈第作《毛诗古音考》《屈宋古音义》等古音研究，是此后四十年，即离开行伍生涯的六十岁以后的事。编《八音字义》的人受过他的启发是可能的，说是陈第所编仍根据不足。从《八音字义》一书的编辑水平看，也与陈第的音韵学修养不相称。其“春花香秋山开”等“三十六字母”的歌诀，也说明编者的文字修养并不太高，不可能出自陈第之手。

《戚林八音》的编者就是蔡士泮和陈他，这是原著上写清楚的。他们应该是科举未第的失意文人，正是这些布衣之士能理解平民百姓的需要，才会去编不登大雅之堂的方言韵书。《中原音韵》的作者周德清不也就是这类不见经传、史载不详的“土专家”吗？

二 《戚林八音》的音系及其与现代福州音的主要差异

要了解《戚林八音》所代表的四百年前的福州音的实际音值，我们只能从此书的音类在当代福州音的读法入手，从中发现其异同，然后联系福州郊县的语音差异去考察四百年间的演变过程。为什么要联系郊县的方音差异？因为共时的差异往往是历时演变的最好记录。此外，我们还可以联系 1870 年教会所编《福州方言辞典》（以下称“教会词典”）对当时福州音的描写来加以比较。

（一）声母

《戚林八音》分声母为十五类，戚称为十五声。戚林两本的代表字和教会词典的标音及今音列表对照如下：

戚本	柳	边	求	气	低	波	他	曾	日	时	莺	蒙	语	出	非
林本	柳	边	求	悉	声	波	皆	之	女	授	亦	美	鸟	出	风
教会词典	l	p	k	k‘	t	p‘	t‘	ch	n	s		m	ng	ch‘	h
今音	l	p	k	k‘	t	p‘	t‘	ts	n	s		m	ŋ	ts‘	h

戚本各代表字与今读完全一致，林本为了凑成歌诀，弄巧成拙，有四个代表字与该字声母不合：悉 seiʔ꜆，用以代 k‘，声 ꜀siaŋ 用以代 t，皆 ꜀kai 用以代 t‘，鸟 ꜂niu 用以代 ŋ。从各代表字下所收的字看，又是与戚本按上文所列成对应，可见，这是林本编者选用例字不当。

以上十五个声母在福州及十个郊县均无增减。小的差异只有两点，福州城内一些人（更多是年轻人）n—l 已经分不清；时（授）母在罗源音有变读为齿音 θ 的趋势。前者是音类的变化，后者是音值的变化。两者都不足说明《戚林八音》时代与当代福州音在声类上有不同。

（二）声调

《戚林八音》的声调分为八类，也就是所谓八音：平上去入各分清浊（高下）。实际上所举例字清上、浊上都是同字，如“公滚贡谷群滚郡掘”。在正文字音编排中第六音

（浊上）也总是空圈。可见名为八音，实只七调。这和现今福州话及郊县的七个调类也是一致的：

	公	滚	贡	谷	群	郡	掘
教会词典	kun g˧	kung˧˩	kong˨˧	kok ˨˧	kung˥˧	kong ˨˦˨	kuk ˥
福州音	ku ŋ ˦(44)	ku ŋ ˧˩(31)	kon ŋ ˨˩˧(213)	kou ʔ˨˧(23)	ku ŋ ˥˧(53)	kou ŋ ˨˦˨(242)	ku ʔ˥(5)
福清音	ku ŋ ˥˧(53)	ku ŋ ˧˨(32)	ko ŋ ˨˩(21)	ko ʔ ˩˨(12)	ku ŋ ˦(44)	kn ŋ ˦˨(42)	ku ʔ˥(5)

实际上，古浊上字中次浊字文读归上声，白读归阳去；全浊字则全混入阳去，这在《戚林八音》的归字和今音也是大体一致的。因为没有阳上调，为了凑齐八音，在阳上位把阴上字重呼一遍。

至于四百年间七种声调的调值有无变化，由于当年并未详细描写，也就无从得知了。

（三）韵母

四百年间的福州音的变化集中表现在韵母上。

戚本分韵“三十六字母”，其中“金同宾”，“梅同杯”，“遮同奇”，实只三十三韵；林本分为“三十五字母”，兹将二书分韵和教会词典《福州方言辞典》的注音及今音列表对照如下：（各韵音值的拟测附于原韵目之后，福州音今读先列本韵，／后为变韵，如含舒、促，先列舒声韵。）

戚本	林本	拟音	教会词典	今音
春	公	uŋ/uk	ung/ong, uk/ok	uŋ/ouŋ, uk/ouk
花	瓜	ua/ua ʔ	wa, wah	ua, uaʔ
香	姜	ioŋ/iok	iong, iok	yoŋ/yɔŋ, yok/yɔk
秋	周	iu	iu/eu，iuh/euh	iu/ieu
山	干	aŋ/ak	ang, ak	aŋ, ak
开	哉	ai	ai, aih	ai
嘉	佳	a/aʔ	a, ah	a, aʔ
宾	京	iŋ/ik	ing/eng, ik/ek	iŋ/eiŋ, ik/eik
欢	官	uaŋ/uak	wang，wak	uaŋ, uak
歌	高	o/oʔ	ó, óh	o/ɔ, oʔ/ɔʔ
须	车	y/yʔ	ü/eü, üh/e üh	y/øy
杯	盃	uei	wí/woí, wíh/woí h	ui/uoi
孤	姑	u/uʔ	u/o, uʔ/oʔ	u/ou, uʔ/ouʔ
灯	庚	eŋ/ek	eng/aing, ek/aik	eiŋ/aiŋ, eik/aik
光	光	uoŋ/uok	wong, wok	uoŋ/uɔŋ, uok/uɔk

辉	龟	ui	wi/oi, wik/oik	ui/uoi
烧	娇	ieu	ieu, ieuh	iu/ieu
银	恭	yŋ/yk	üng/ ëüng, ük/ëük	yŋ/øyŋ, yk/øyk
釭	纲	oŋ/ok	ong/aung, ok/auk	onŋ/ɔuŋ, ouk/ɔuk
之	箕	i	i/e, ih/eh	i/ei
东	江	øŋ/øk	ëng/a ëng, /ëk	øyŋ/ɔyŋ，øyk/ɔyk
郊	交	au	au, auk	au
过	朱	uo	wo, woh	uo/uɔ, uoʔ/uɔʔ
西	街	ɛ	á, áh	ɛ/a
桥	嬝	io	io，ioh	yo/yɔ, yoʔ/yɔʔ
鸡	圭	ie	ié, iéh	ie/iɛ
声	正	iaŋ/iak	iăng, iăk	iaŋ, iak
催	催	oi	oi/ói oih/óih	øy/ɔy
初	梳	œ	ë/aë, ëh/aeh	œ/ɒ, œʔ/ɒʔ
天	坚	ie ŋ/iek	iéng,iénk	ieŋ/iɛŋ, iek/iɛk
奇	迦	ia	iă, iăʔ	ia, iaʔ
歪	乖	uai	wai, waih	uai
沟	勾	ɛu	eu/aiu,euh/aiuk	ɛu/au
	[illegible]	ya 或 yɛ/	(꜀kié)	ie
	伓	ŋ	(ng)	ŋ

关于四百年间福州话韵母的演变，有几个问题需要进一步讨论。

第一，韵母的合并。

《戚林八音》的韵母中，杯与辉，秋与烧是明确有别的，在杯辉对立中，只有个别字两见，或同一音类两边分读。例如"吹、炊"二字就是杯辉两见。同是废韵字，柿在杯，吠在辉，同是微韵字，尾在杯，肥在辉。到了教会词典，虽然韵母标法不同，其在"导言"中则说明开始相混："ch'iu（秋）和 sieu（烧）两韵经常混淆，不论是教师或其他人，尤其是在郊区和乡间。这种情况也同样发生在 buí（杯）和 hui（辉）的韵母，uì 趋向于代替 uí。"到 1930 年陶燠民的《闽音研究》便明确指出："戚书析杯辉、秋烧为四部，今音则杯辉并于龟（ui），秋烧并于娇（iu），不能复辨。"可见，福州话的杯与辉、秋与烧是 19 世纪末开始相混，20 世纪初完成的。在福州上游的古田、屏南和闽侯县北部（如廷坪）和东南端海岛平潭县还保留着区别：秋读 iu，烧读 ieu 或 iəu，辉读 ui，杯读 uoi 或 uəi。我们大体上可以按这种区别去理解《戚林八音》所分别的音值。

还有三个韵有过半的字混入别韵。这就是香（yoŋ）韵字并入光（uoŋ）韵，桥（yo、yoʔ）韵字并入过（uo uoʔ）韵，奇韵入声字 iak 并入天韵入声（iek）。前者主要是古宕开三阳、药韵和梗开三昔韵逢舌齿音声母的字，例如：

tyoŋ → tuoŋ	长场丈	tyo → tuo	贮～水
t'yoŋ → t'uoŋ	畅杖帐	nyo → nuo	嬝
nyoŋ → nuoŋ	娘让酿	nyok → nuo ʔ	箬
lyoŋ → luoŋ	良量凉	lyok → luo ʔ	略掠
tsyoŋ → tsuoŋ	将章掌	tsyok → tsuo ʔ	酌着
ts'yoŋ → ts'uoŋ	昌枪厂	ts'yok → ts'uoʔ	勺雀尺
syoŋ → suoŋ	相常商	syok → suoʔ	石削铄

这些字在教会罗马字词典和《闽音研究》中仍然标为 iong/iok 和 yoŋ/yoʔ。直到现在，福州城郊东门一带和一部分城里老年人中还保留着 yo/yoŋ/yoʔ 的读法，可见这是近五十年间发生的变化，至今还没有完成。

后者主要是梗摄入声字，例如：

pia ʔ → pie ʔ	壁	ts'ia ʔ → ts'ie ʔ	赤
tia ʔ → tie ʔ	籴摘	sia ʔ → sie ʔ	食
tsia ʔ → tsie ʔ	隻迹	xia ʔ → xie ʔ	协

这些字在教会词典里仍然标为 iah，20 世纪 30 年代的《闽音研究》则标为 ieh，可见福州话的这一演变完成于五十年前。不过现今福清话里仍然读为 iaʔ，为《戚林八音》的音值提供了可靠的旁证。

第二，入声韵尾的合并。

《戚林八音》的入声字是阴阳两配的，除个别字（如箬、嚼见于阴声韵桥，又见于阳声韵香）外，大体不乱。教会词典悉依其例并分别标为配阴声韵的 -h 和配阳声韵的 -k。这两种韵尾的分别与古音来源有关，也与今音韵腹的元音高低有关。列出入声字总表，便可以看出这两条界线相互交叉的有趣现象：

<table>
<tr><td colspan="3" rowspan="2">古音韵尾来源
今音韵尾韵腹</td><td rowspan="2">韵母</td><td colspan="3">例字</td></tr>
<tr><td>古 -p</td><td>古 -t</td><td>古 -k</td></tr>
<tr><td rowspan="3">与阳声韵相配入声字（-k）</td><td rowspan="3">韵腹低元音</td><td>山</td><td>ak</td><td>答甲</td><td>达拔</td><td></td></tr>
<tr><td>欢</td><td>uak</td><td>法乏</td><td>夺活</td><td></td></tr>
<tr><td>声</td><td>iak</td><td>鞁</td><td>獭</td><td></td></tr>
</table>

续表

古音韵尾来源 / 今音韵尾韵腹			韵母	例字		
				古 -p	古 -t	古 -k
与阳声韵相配入声字（-k）	韵腹高元音	宾	ik	立级	笔七	力璧
		灯	eik	十夹	八节	克则
		天	iek	接叶	列设	
		春	uk		不卒	读谷
		钉	ouk		骨刷	莫各
		银	yk			逐祝
		东	øyk			北六
	韵腹中元音	光	uok		劣雪	国获
		香	yok		决歇	约雀
与阴声韵相配入声字（-ʔ）		过	uoʔ			缚局
		桥	yoʔ			石借
	韵腹低元音	嘉	aʔ			格脉
		花	uaʔ			划画
		奇	iaʔ			迹壁

由此可见，《戚林八音》的入声字，若今韵腹是 i、u、y、e、o、ø 等高元音，不论古音来源于何种韵尾均混为 -k 尾，与阳声韵相配。若今韵腹是低元音 a，则凡来自古 -p、-t 尾的收 -k 尾，与阳声韵相配；凡来自古 -k 尾的收 -ʔ 尾，与阴声韵相配。只有 uo、yo 两韵（韵腹为 o）-k、-ʔ 交叉，凡来自古 -t 尾的、收 -k 尾与阴韵相配，凡来自古 -k 尾的收 -k、收 -ʔ 两见，与阴声韵阳声韵两配。

这两套入声韵尾在《闽音研究》的标音中已经合为一类，现今福州年轻人中也确已不分，但还有一部分老年人可以区别（白 paʔ ≠拔 pak，额 ŋieʔ ≠孽 ŋiek，尺 ts‘uɔʔ ≠啜 ts‘uɔkˀ），可见，两套入声韵尾的合并是发生在 21 世纪的事，至今尚未全部完成。在福州的郊县中，闽清、古田、长乐等地依然 -ʔ、-k 有别，福清、平潭则将原收 -k 字读 -ʔ，原收 -ʔ 字则已脱落，混入舒声调。

这一演变过程又一次证明了古汉语三套塞音韵尾 -p、-t、-k 中是 -k 先弱化为 -ʔ 的，-p、-t 则是先变为 -k，然后变为 -ʔ 的。从韵腹说，低元音比高元音更容易发生塞音韵尾的弱化和脱落。

第三，变韵的产生和发展。

现代福州话有一种很具特色的“变韵”现象，即不少韵母随声调的不同而产生变异。

上述福州话的韵母按韵腹元音的高低分为三类。这三类韵母不但影响着古今塞音韵尾的演变，而且影响着韵母随声调而变异的模式。请看：

甲类——高元音韵腹，逢阴阳去、阴入变为复合元音，增加一个开一度的元音作韵腹。例如：

本韵		变韵	
i/iŋ/iʔ/	机纪其/金锦琴/极/	ei/eiŋ/eiʔ/	记忌/禁妗/吉/
u/uŋ/uʔ/	乌舞无/君滚群/掘/	ou/ouŋ/ouʔ/	故旧/杠郡/骨/
y/yŋ/yʔ/	资子慈/钟肿业/熟/	øy/øyŋ/øyʔ/	肆序/众颂/足/
iu/ui/	周酒泅/龟鬼逵/	ieu/uoi/	幼右/畏位/

乙类——舌位居中的元音韵腹，逢阴阳去、阴入变为开一度元音。例如：

o/oʔ/	高稿俄/薄/	ɔ/ɔʔ/	做造/阁/
ouŋ/ouʔ/	江讲抗/学/	ɔuŋ/ɔuʔ/	降蚌/觉/
eiŋ/eiʔ/	灯等胜/特/	aiŋ/aiʔ/	店邓/德/
ɛ/œ/	西洗齐/初黍驴/	a/ɔ/	细第/去苎/
uo/uoŋ/uoʔ/	朱主厨/光广狂/局/	uɔ/uɔŋ/uɔʔ/	句芋/眷倦/国/
yo/yoŋ/yoʔ/	蟯乳桥/香响羊/药/	yɔ/yɔŋ/yɔʔ/	裔/向样/约/
ie/ieŋ/ieʔ/	鸡紫匙/坚茧乾/杰/	iɛ/iɛŋ/iɛʔ/	计蚁/见俭/结/
ɛu/øy/	勾狗侯/衰髓才/	au/ɔy/	斗豆/对袋/

丙类——低元音韵腹各韵在各调音值基本不变（有人认为有 a—ɑ 之别）。例如：

a/aŋ/aʔ/　　家假架下/班板柄病/甲合/

ia/iaŋ/iaʔ/　　赊写泻谢/惊囝镜定/屐额（～头）/

ai/au/　　呆滓戴待/钩九够厚/

福州话的这种变韵现象在教会词典里就相当明朗化了，到《闽音研究》则与今日的变韵相去不远。请看：（下列各韵用斜线隔开舒促韵）

韵目	教会词典（1870）		闽音研究（1930）		今音	
	本韵	变韵	本韵	变韵	本韵	变韵
之	i/ih	e/eh	i	ei	i	ei
孤	u/uh	o/oh	u	ou	u	ou
须	ü/üh	ëü/ëüh	y	øy	y	øy
宾	ing/ik	eng/ek	iŋ	eiŋ	iŋ	eiŋ
春	ung/uk	ong/ok	uŋ/uk	onŋ/ouk	uŋ/uk	onŋ/ouk
银	üng/ük	ëüng/ëük	yŋ/yk	øyŋ/øyk	yŋ/yk	øyŋ/øyk
秋	iu/iuh	eu/euh	}ieu	ieu	iu	ieu
烧	ieu/ieuh	ieu/ieuh				
杯	wí/wíh	woi/woih	}uĕi	uĕi	ui	uoi
辉	wi/wih	oi/oih				
歌	ó/óh	ó/óh	ɔ	ɔ	o/oʔ	ɔ/ɔʔ

续表

韵目	教会词典（1870）		闽音研究（1930）		今音	
	本韵	变韵	本韵	变韵	本韵	变韵
钉	ong/ok	aung/auk	ouŋ/ouk	anŋ/auk	ouŋ/ouk	ɔuŋ/ɔuk
灯	eng/ek	aing/aik	eiŋ/eik	aiŋ/aik	eiŋ/eik	aiŋ/aik
西	á/áh	á/áh	ɛ	æ	ɛ	a
初	ë/ëh	aë/aëh	œ	œ	œ	ɒ
过	wo/woh	wo/woh	uɔ	uɔ	uo	uɔ
光	wong/wok	wong/wok	wọŋ/wọk	wɔŋ/wɔk	uoŋ/uok	uɔŋ/uɔk
桥	io/ioh	io/ioh	yọ	yɔ	yo	yɔ
香	iong/iok	iong/iok	yọŋ	yɔŋ	yoŋ	yɔŋ
鸡	ie/ieh	ie/ieh	ie	ie	ie	iɛ
天	ieng/iek	ieng/iek	ieŋ/iek	ieŋ/iek	ieŋ/iek	iɛŋ/iɛk
沟	eu/euh	aiu/aiuh	eu	ɛu	ɛu	au
催	oi/oih	ói/óih	øy	ɔy	øy	ɔy

从上表可以明确看出，福州话的变韵的面是由小到大，在变韵中韵腹的变化则是由高而低，由单元音而复元音，变韵的先后是由韵腹高元音开始而后是中元音，至于低元音可以认为至今未变（有人认为有 a—ɑ 之别）。

那么，在《戚林八音》时代，是否有变韵发生呢？看来是没有。理由有三：其一，现代福州音由于变韵有些字窜入别韵，如 ɛ → a, y → øy, eu → au, uŋ → ouŋ。这种情形在《戚林八音》中绝无反映。其二，从一百多年来的演变趋向看，是由少而多，可以推知，早期是更少，或者说是从无到有。其三，现代福州郊县还有不少地区并无变韵现象发生，例如古田、罗源的县城和永泰的嵩口，闽清的坂东，闽侯的廷坪，都是如此。

第四，关于“𦧺”和“伓”。

林本所增两个韵都只有一两个字。伓明显是 [ŋ]，教会罗马字时代和今音都是 [ŋ]，只是因为字少又本字未明，戚本才未收。至于𦧺，所收杓、𦧺同音，原是古文瓢字，今读 xie（鬶～），本字应是䖀或桸，见于《集韵》虚宜切。䖀及部分支韵字的白读在福州以外的闽方言中有 ia、yɛ、yɒ、ya 等读音，请看：

	纸	䖀	蚁	徛	寄
福清	꜂ʻtsai	꜀hia	ŋia꜅	kʻia꜅	kia꜄
建瓯	꜂tsyɛ		ŋyɛ꜄	kʻyɛ꜄	kyɛ꜄
莆田	꜂tsya	꜀hya	hyɒ꜄	kʻyɒ꜄	kyɒ꜄
厦门	꜂tsua	꜀hia	hia꜅	kʻia꜅	kia꜄
永安	꜂ʧya	꜀kʻya	꜃ya	꜃kʻya	kya꜄

看来，林本所立的𦧺韵不可能是 ia、ie、ua 等音，因为这些音另有“奇”“鸡”“花”

等韵目，只能是撮口呼的 yɛ 或 ya 或 yɒ。林书把此韵排在催 øy、梳 œ、嬝 yo 之后，也说明此韵亦属于圆唇元音（撮口呼）。

三《戚林八音》的渊源及其影响

据文献记载，我国最早编的韵书是魏晋时代的李登的《声类》和吕静的《韵集》。六朝的数百年，一时“音韵蜂出”，直到隋初，陆法言所编的《切韵》才趋成熟，成了按语音编排同音字加注字义的字典。从《切韵》到《唐韵》《广韵》《平水韵》，因为所反映的是民族语言的书面语标准音，又因官方所修并定为科举取士作诗押韵的依据，因而长期维持着统一的音系。数百年过去了，各地语音发生了变化，《切韵》系韵书所反映的后期音读和实际语音，尤其是各地方音已经相去甚远。到了元代，为了盛极一时的北曲的创作和演唱的需要，周德清编成了曲韵韵谱——《中原音韵》。他痛感历来的韵书“泥古非今，不达时变”，认识到北方朝野“言语之间，必以中原之音为正”，于是，“因其自然之节”“以中原为则，而又取四海同音而编之”。这种以实际口语为依据编写韵书的做法，是韵书史上的一大改革。后来各地出现的方言韵书都是这一改革带来的成果。

宋元兴起的等韵学对已有的韵书，尤其是《切韵》系韵书进行了精密的研究，制成韵图，使人们对汉语音节的结构形式（单字的声、韵、调的组合）有了科学的认识。韵书的进一步改革和等韵学的发展是直接相关的。南方方言中，所以首先出现《戚林八音》，并且在闽方言区一发而不可收，单是为闽方言所编的韵书就不下二十种，这和闽中学者得等韵学风气之先也是分不开的。最早的韵图的编印都出自福建学者之手。《韵镜》是“三山张麟之”序刊的，除和陈第一样自称“三山”之外，他在序言中多次提到“莆阳夫子郑公”“莆阳郑先生”，显然是对莆田老乡郑樵的尊称。郑樵所编《七音略》和《韵镜》，形成了我国等韵学的首要流派。后来的元代邵武人熊忠、黄公绍编《古今韵会举要》，宋代建瓯人吴才老作《韵补》，明代连江人陈第研究诗骚古音乃至清初安溪人李光地主编《音韵阐微》，都无不产生过全国性影响，这一切都说明了闽中学者仍是富于音韵学的修养和传统的。应该说，明末清初之后，闽方言地区的再度“音韵蜂出”绝非偶然。

从具体的源流说，《戚林八音》的体例，显然是吸收了《中原音韵》以来许多韵书的有效经验而形成的。《切韵》系韵书，先分四声后分韵，不同声母字则杂糅而列。虽然各小韵用反切上字把声母区别开来，但未立明确的声类，各声类也无一定顺序。元代的《五音集韵》（1212 年成书）则在韵下按三十六字母的顺序排列同音字。后来的《古今韵会举要》（成书于 1297 年）以及《中原音韵》都继承了这种三分的传统。《戚林八音》则是先分韵，后分声，再分调，三分而列同音字的。它的小韵用圆圈隔开，未注明切语则与《中原音韵》相仿。而把韵称为“字母”以及韵部代表字选用见母字，则是模仿《古今韵会举要》。三十六字母中有的就和《古今韵会举要》所立“字母韵”相同。这类韵在戚本有五韵：嘉、歌、孤、光、鸡；林本有十二韵：公、瓜、干、京、官、高、光、江、交、坚、迦、乖。至于把声韵母代表字编成便于诵读记忆的歌诀（春花香，秋山开……柳边求美女……）则可能受到明中叶兰茂的《韵略易通》的启发。如所周知，著名的“早梅诗”（20个声母代表字）就是该书设计的。戚书的十五声母加上“打掌与君知”也是20字。

当然，所以出现《戚林八音》还有一个重要的客观基础——闽方言是和民族共同语及其他方言差异甚大然而又有着共同语音结构规律的方言。差异大，所以必须另编韵书，便于本地人因音查字；有共同的语音结构，因此可以沿用历来的编韵书的经验。

总之，所谓《戚林八音》的渊源，闽方言的歧异决定了它的需要；等韵学的成就是它的理论基础；宋元以来改革后的韵书则给了它有益的借鉴。

《戚林八音》所反映的福州话，是闽方言中最重要的方言。然而，由于历史的原因，闽方言内部早已形成了多种彼此差异甚大但又有一定共同性的二级区域方言。此书发行之后，深受群众欢迎，于是立即在整个闽方言区产生很大影响。清朝年间先后编成的现在还可见到的闽方言韵书按成书先后罗列就有以下各种：

乾隆六十年（1795年）林端材所编《建州八音字义便览》——闽北方言韵书。该书序言明白地说：“于齐民方言将音觅字者，则莫便于戚公之《八音》，碧翁之《字义》。顾是书也，吾辈虽同志趋向，惜建属地异语殊，难以习学省音，今特因其音韵、仿其体格……亦用梓里乡谈汇成是集。”该书印行之后，也备受欢迎，后来还有道光、光绪和民国年间的多次重刊本。（请参阅本书《〈建州八音〉校印后记》）

嘉庆五年（1800年）黄瞻二所序其侄黄谦所编《汇音妙悟》——闽南方言泉州话韵书。该书虽未说明是仿照《戚林八音》所作，其“十五音”代表字和“五十字母”中的十六个例字均与“戚”书相同，显然有渊源关系。现在见到的多是后来的石印本。

嘉庆二十三年（1818年）文林堂刻本《雅俗通十五音》——闽南方言漳州话韵书，其体例和声韵母代表字多与《汇音妙悟》相仿。这本韵书先后编印版本最多，现在可以看到的木刻、石印本不下六七种。

光绪二十年（1895年）觉梦氏序，宣统六年（1909年）信文斋铅印的《八音定诀》——闽南方言厦门话韵书。五口通商之后，厦门港兴起，人口骤增，杂有泉州漳州两种口音，“汇音妙悟”与“十五音”均不合用，因此另编此书，视其内容确兼有两种口音。该书民国年间还有过石印本。

光绪三十二年（1906年）陈钟岳序《加订美全八音》，这是一本增补的《戚林八音》，各小韵加注教会罗马字。

清末及民国之后，广东潮汕学者依照“十五音”所编闽南方言潮汕话韵书不下六种。现在见到的有清末隆都人张世珍所编《潮声十五音》，1915 年崇川马梓丞所编《击木知音》，1923 年潮安人萧云屏所编《潮语十五音》，1934 年澄海人姚弗如编《潮声十七音》，后刘绎如又改编为《潮声十八音》，直到 1975 年还有李新魁的《新编潮汕方言十八音》问世。

此外，还有年代不详的早期泉州话韵图《拍掌知音》，漳州话的《击掌知音》和厦门话的《渡江书十五音》。

总之，《戚林八音》的影响遍及整个闽方言区，历时三百余年，繁衍出了二十种以上的闽方言韵书。闽方言韵书之多是其他汉语方言所未见的。

在福建，既有等韵学、古音学、方言学的传统，五口通商之后又较早接受了西方罗马字的影响，于是，19 世纪末又兴起了切音字运动，开启了百年文字改革运动的道路。1892 年同安人卢戆章的《一目了然初阶》和 1896 年永泰人力捷三的《闽腔快字》，都是按照《戚林八音》和《十五音》的音系来制定方言拼音文字的。

四《戚林八音》价值及其不足

《戚林八音》的出现确实是源远流长，根深叶茂。源之远，根之深，主要是借助闽中历代音韵学者的贡献和影响，所编韵书才能够反映方言实际，切合民间实用。流之长，叶之茂，则是闽方言地区近代以来文化发展的需要所促成的。塾师们用《三字经》《百家姓》《千字文》作教本，实际上摘不了几顶文盲帽子，因为所学的文字和方言口语并无太多联系。民间流传的韵书却能使人无师自通，所学切用。《加订美全八音》序文里说："欲求雅俗可以同赏，浅深可以共喻者，莫善于戚公之《八音》。审音而即识其字，有开卷了然之乐，逐字而备载其义，无艰深难解之病。"这就是对它的面向方言实际、通俗化、为劳动大众服务的方向的最好概括。把玄妙的音韵学、等韵学原理应用于现实生活，让方言区人民，"因音以识字，农工商贾按卷而稽，无事载酒问字之劳《汇音妙悟·序》则是这一大批未见经传的民间文人的重大贡献。开创了音韵原理的通俗应用之路，这便是《戚林八音》最可贵的价值。

当然，《戚林八音》的最大价值还在于它为我们保留了四百年前的福州话语音系统。现代语言学家罗常培 20 世纪 30 年代来厦门大学任教，接触到《戚林八音》等韵书后就十分重视。他说："这种书本来为一般人就音识字用的，它们辨别声韵固然不见得精确，而大体总是以当地乡音为准，这实在是我们调查方言最好的间接材料。"一百年前西方教会的学者在编纂《福州方言辞典》时，制定福州话拼音方案也是拿《戚林八音》的音系作为依据的。20世纪30年代陶燠民作《闽音研究》同样是拿《戚林八音》来作对照分析的。如上文所述，拿这个音系和现代福州话对比，我们还可以了解四百年来福州话发生了哪些变化，甚至还可以进一步考察方言演变的方向、途径和速度，为语言学理论提供宝贵的素材。

《戚林八音》不但有音韵学、语音学上的价值，而且有词汇学、训诂学上的价值。书中许多地方方言词都是直书本字。查考古字书，其音合乎反切，其义合乎注释，可见他们对方音与古音的对应关系已有大体正确的理解。这些本字对我们理解方言词的历史地位，至今还有重要的意义。例如：（下面为举例方便计不列戚书声韵母，直接注今音。）

枋 ꜀puŋ 《集韵》分房切，《说文》：木可作车。今谓隔墙木板为壁～，并引申谓腰～（腰板）。

揾 ouŋ꜄ 《广韵》乌困切，～抐，按物水中。今仍常用，义同。

呱 ꜀kua 《集韵》姑华切，割也。今仍谓衣物被尖物划破为呱。

蔫 ꜀yoŋ 《广韵》依干切，物不鲜也。今谓鱼变质为臭蔫。

薸 ꜁piu 《广韵》符霄切，浮萍。闽方言均谓浮萍为薸。

杪 ꜂miu 《广韵》亡沼切，梢也，木末也。今仍谓木枝细小为杪。

熁 xieʔ꜄ 《广韵》虚业切，火气～上。今仍谓辐射热为熁。

呸 pui꜄ 《集韵》傍佩切，一曰唾声。今用作吐痰、吐口水之动词。

筅 ꜂ts‘ɛiŋ 《广韵》先典切，～帚，饭具。今谓炊帚为鼎～，～帚指细竹枝所编的扫帚。

䭑 ꜂tsiaŋ 《广韵》子冉切，食薄味也。今仍谓味淡为䭑。

豘 ꜁t‘ouŋ 《广韵》徒浑切，豕子。今谓鸡猪之半大者为鸡～团，猪～团。

笐 ɔŋ꜅ 《广韵》下浪切，衣架。今仍谓晒衣竹竿为竹～。

馋 ꜁ts‘ouŋ 《广韵》宅江切，吃貌。《集韵》：食无廉也。今福州城里骂人大食仍谓～，合《集韵》所注，北郊农村则泛指吃，合《广韵》所注。

箬 nuoʔ꜇ 《广韵》而灼切，竹～。今仍谓一切叶子为箬。

瘠 ꜂seiŋ 《广韵》息井切，瘦～。今仍谓肉瘦为瘠。

瘵 ꜀søy 《集韵》双佳切，病减也。今仍谓人瘦为瘵。

倩 ts‘iaŋ꜄ 《广韵》七姓切，假～也。今仍谓雇佣为倩。

鼎 ꜂tiaŋ 《广韵》都挺切，《说文》：“方鼎，三足两耳，和五味之宝器。”今仍谓铁锅为鼎。

晬 tsɔy꜄ 《广韵》子对切，周年子也。今仍谓小儿周岁为晬，如说“做～（为小儿举办周岁庆）、～一（周岁又一个月）”。

跤 ꜀k‘a 《广韵》口交切，胫骨近足细处。今仍谓脚为～，另有异体字骹。

搉 houk꜆ 《集韵》忽郭切，《说文》敲击也。今仍沿用为单音动词。

涅　꜁nɛ　　《广韵》奴低切，涂也。今仍谓动词涂抹为涅。

鲑　꜁kie　　《广韵》户佳切，鱼名。今谓发酵过小咸鱼为鲑。

清　ts‘eiŋ꜄　《广韵》七刃切，《博雅》寒也。今仍谓天气或物体寒冷为清。

在用字方面，《戚林八音》还为我们保存了四百年前福州地区流行简体字和俗字。简体字如国、从、党、庄（田～）、灶、礼、窃、迁、竿、乱、万、个、楼、胆、担、来、抬、惊、桔、祷、惧，与今规范简化字相同。俗字有冇（空也）、蟳（蟹的一种）、椇（树）、粿（年糕）、褯（内衣）、缯（网）、枹（柚子）、埔（地名）、鲯（鲑，～油）、蠘（梭子蟹）、籭（竹编晒具）、墘（边沿）、菰（丝瓜）、埕（庭院），民间至今还在使用；有些则现在已少用。如瞎（瞌睡）、丼（拟声乓）、囡（乳）、饮（饭）、迷（水泡）、皱（打击）、妐（妻）、糠（米屑）、刢（刺入）、跬（站立，本字为徛）。这些简体字和俗字，也可为研究古今汉字的演变提供一定的参考。

《戚林八音》也有不足之处。主要有三点。

第一，如所周知，文白异读的广泛存在，是闽方言的重要语音特点，福州话也莫不如此。《戚林八音》反映了不少字有文白异读。有些还能在释义时注明文白两读所出现的不同场合。例如：滑，文读 xuak꜇（非欢下入）注：狡～，白读 kouk꜇（求钉下入）注：雨湿地。子，文读 ꜂tsy（曾须上上）注：男儿，白读 ꜂tsi（曾之上上）注：花实。富，文读 xou꜄（非孤上去）注：贫～，白读 pou꜄（边孤上去）注：财多。姓，文读 seiŋ꜄（时灯上去）注：氏，白读 saŋ꜄（时山上去）注：名姓。这都是很能体现水平的。但也有一些文白读本来用于不同场合，在释义时却未能加以区别。例如：井，꜂tsiŋ（曾宾上上），꜂tsaŋ（曾山上上）均注"水井"。开，꜀k‘ai（气开上平）：合反，꜀k‘ui（气辉上平）：合对。青，꜀ts‘iŋ（出宾上平）：皂名，꜀ts‘aŋ（出山上平）：皂色。滓，꜂tsai（曾开上上），꜂tai（地开上上）均注"渣～"。甚至还有一些字今读和一百年前《教会词典》均有白读，是口语常用词，但未见收录。如省，只收文读 ꜂seiŋ（时灯上上），未收白读 ꜂saŋ；慢，只收文读 maŋ꜅（蒙山下去），未收白读 maiŋ꜅ 鬚；住只收文读 ꜀sy（时须上平）、ts øy꜅（曾须下去），未收白读 ꜀ts‘iu、tiu꜅；有，只收文读 ꜂iu（莺秋上上），未收白读 ou꜅；食，只收文读 sik꜇（时宾下入），未收白读 sieʔ꜇；师，只收文读 ꜀sy（时须上平），未收白读 ꜀sa（有专长）；关，只收文读 ꜀kuaŋ（求欢上平），未收白读 ꜀kuɑŋ（关门）。当然，也可能某些白读当时尚未出现。但从总体上看，肯定是有遗漏的。至于个别词里的特殊白读就反映得更少了。如丈夫 ꜀puo，龙眼 ꜂ŋɛiŋ，颇颇（大略）꜂p‘uo，树林 ꜁laŋ，火猛（火烈）꜂maŋ，静去（别哭）saŋ꜅。正因为如此，有些声韵调组合本来是有音有字的也成了空格。究其原因，这是因为编书者只着眼于字音而未能更好注意从口语词汇出发收录"词音"。比《戚林八音》后出的《汇音妙悟》就注意到文白读，在白读处注明"土解"，"解"的字样，就显然是"后出转精"了。

第二，《戚林八音》收字相当多，可以看出，许多字是从《康熙字典》上抄录来的，这样就把许多口语未用的字和口语常用的字混在一起，“死字”和“活字”未加区别，例如秋韵曾母上去声：咒，咀～，噣，啄～，蛀，虫也。咒是文读音，口语亦用，蛀是白读音，口语常用，噣则未见于口语。花韵求母上平声：䏐（割），是口语常用词，抓（引也，击也），则口语未用。光韵非母上平声所列的字：方（四角）、坊（石门）、芳（芬）、祊（祭四方），枋（格），昏（暗），阍（守门），晤（日暗），婚（姻），荒（苋），穢（凶年），慌（忙），惛（乱也），惃（不明），衁（血），邡（谋），其中有些字是用于口语的，其他则是从反切推出来的。这些同音字若能加以区别，或先列用于口语的后列口语未见的，甚或先列文读再列白读，其价值就显然要高得多。

第三，在用字方面，《戚林八音》还缺乏严格的审核。有些字音显然是训读。例如 pouŋ˭（边春下去）作钝，应是笨；꜀nøyŋ（日东下平）作人，应是侬；꜀xouŋ（非钉上平）作烟，应是薰；tuo˭（地过下去）作路，应是墿；ts‘uok꜆（出光上入）作谷，应是粟；꜁t‘u（他孤下平）作土，应是塗；꜂ny（日须上上）作你，应是女（或汝）。还有一些是误认的本字。例如 k‘uk꜆（气春上入）诎、絀，短也，诎、絀，竹律切，音未合，应是屈：《集韵》渠勿切，《博雅》短也；tieu˭（地秋下去）稠，稻实，稠，即就切，音不合，应是釉：《集韵》直祐切，稻实；sɔʔ꜆（时歌上入）嗽，以口相就，应是敕：《集韵》所角切，《说文》吮也；tak꜆（地山上入）组，跳缝，组是绽的异体，治见切，缝解，今福州音说 t‘ieŋ˭’tak꜆ 应是搭。k‘iɛ˭（气鸡下去）跬，立，跬，《广韵》丘弭切，义为“半步”，音义皆不合，应作徛，《广韵》巨绮切，立也。在俗字的书写上也失之过滥。这里就不再罗列了。

瑕不掩瑜，《戚林八音》从审音的准确，结构的严密，拼音查检方法的科学性等基本方面看，还是一本很好的韵书。正因为如此，它才能在闽东地区广泛流行。时至今日，地方曲艺作者还在用它作为合辙押韵的根据。近二十年间，为应群众之需，福州有关书商还油印发行过多次。也正因为它的质量好，才能作为其他闽方言地区的示范，编出大批的方言韵书来。作为一部四百年前的古籍，我们是不能苛求的，应该充分地肯定它的历史价值和功绩。

参考文献

陈泽平　福州话的韵母结构及其演变模式，《语言学论丛》第十三辑，（北京）商务印书馆，1984 年。
李如龙等　福州话语音演变概说，《中国语文》1979 年第 4 期。
李如龙　《建州八音》校印后记，《福建文博》1984 年第 2 期。
李如龙　《八音定诀》的初步研究，《福建师范大学学报》（社科版）1984 年第 4 期。
李如龙　闽方言的韵书，《文献史料研究丛刊》第 2 辑，福建地图出版社，1991 年。

罗常培　《厦门音系》,（北京）科学出版社，1956年。
陶燠民　《闽音研究》,（北京）科学出版社，1956年。
钟德明　《加订美全八音》,（清）光绪三十二年（1906年）。
邹光椿　《戚林八音》作者初探,《福建师范大学学报》（社科版）1986年第2期。
R. S. Maclay　*Alphabetic Dictionary of the Foochow Dialect*（《福州方言辞典》），1870年，福州。

说明：本文为《〈戚林八音〉校注》前言，福建人民出版社，2001年。

附记：1963年，王陞魁在厦门大学中文系我所倡办的“语言学班”毕业并留校任教。1973年，我们先后转到福建师大中文系共事。研究福州话是我们共同的兴趣。1985年我们在福建省教委立项整理《戚林八音》。1988年福建人民出版社列入出版本书计划。经过两年多的努力，我们完成校注和相关研究，1991年定稿。陞魁同志就自己纯熟的福州话母语，对韵书中的字做了详尽考证，查对了书中所引用的《康熙字典》中的每一个字。在繁忙的教学之余，带病工作，历几寒暑，做了大量校注、索引和校印的工作，大量烦琐细致的工作都是他默默无闻地完成的。十年后此书才印毕发行。不久，陞魁病笃离世。谨以此文寄托我对他的哀思。

《建州八音》校印后记

一《建州八音》是闽北方言的韵书

《建州八音》全名是《建州八音字义便览》，标有“玉融林端材正坚氏汇辑”，是一本闽北建瓯方言的韵书。

建州之称始见于唐武德四年（621年），它的前身是三国吴景帝永安三年（260年）设置的建安郡。建安郡领县十，据《太平寰宇记》为：建安（今建瓯）、建平（今建阳）、吴兴（今浦城）、东平（今松溪）、将乐、昭武（今邵武）、绥安（今建宁、泰宁）、南平、侯官（今福州）、东安（今闽南）。西晋元康三年（291年），析东安另立晋安郡后，建安郡辖县七：建安、建阳、吴兴、东平、将乐、邵武、延平。

到了唐代，福建境内设有福、建、泉、漳、汀五州。沿海的闽东、闽南有较大发展，闽东的福州辖县九，闽南的泉州、漳州辖县七，闽北辖县五：建安、建阳、浦城、邵武、将乐。据《元和郡县图志》（813年），开元年间闽东的福州辖9县，31067户；闽北的建州辖5县，28000户，闽南的泉、漳二州辖7县，52444户。从那时起，建州就是代表着闽北地区的概念。闽方言的三大区应该是在那时形成的，后来逐渐显示出闽东、闽南、闽北三分的格局。闽西的汀州，因为陆续入住了从赣南迁徙来的客家人，并逐渐成为闽西地区的主人，形成了客家话。

宋代闽北人口大增。据《宋史地理志》，北宋崇宁元年（1102年），闽东的福州辖12县，21万户；闽北的建宁府、南剑州、邵武军，辖16县，30万户；闽南的泉漳二州和兴化军，辖14县，36万户，论地域和人口的比例，闽北是全闽最高的。闽北兴盛一时，将军、名宦、大儒、文人、学者层出不穷，李纲、朱熹、柳永、孔安国、宋慈、吴棫、熊忠、黄公绍等在各个行业都有过全国性的影响。后来，沿海进一步发展，闽北则因南宋末年有建瓯一带的范汝为起义，明末有沙县的邓茂七起义，两度的大厮杀、动乱多年，闽北就此式微。

宋代以后，建州又先后改称建宁府、建宁路，管辖地区是寿宁以西、南平以北、邵武以东的地区。现代的闽北方言通行于建瓯、建阳、武夷山、松溪、政和、浦城（南半）南平（大半）、顺昌（东半）8个县市，最有代表性的是州府所在地的建瓯话。《建州八音》就是闽北方言的标准音的记录。

《建州八音》是仿造闽东的韵书《戚林八音》编成的闽北方言韵书。

作者在自序中叙述了编书的缘起，序的全文如下：

> 十三经治世之书，而《尔雅》兴焉，其体详于训诂，盖字学之权舆也。厥后如许氏之《说文》，精于形象，沈氏之《四声谱》妙于音韵，以及《洪武正韵》，国朝《康熙字典》，荟萃群书，久称翰府轨范，而求其易于齐民方言，将音觅字者，则莫便于戚公之《八音》，碧翁之《字义》。顾是书也，吾辈虽同志趋向，惜建属地异语殊，难以习学省音。今特因其音韵，仿其体格，将原谱“春花香，秋山开”三十六字母改为“时年稼，梅儿黄”三十六字母，亦用以梓里乡谈，汇成是集，俾得互参便阅，不至伤于脱略。其以开字学捷径，殆亦补《尔雅》所未备欤。至于三十六母，与夫一字调出上下各四声，以及十五音韵，但载例言，兹不及详也。是为序。岁乾隆六十年秋月题于芝山书屋。

可见，二百多年前的建瓯话和福州话就已经是“殊方异语”了。就今天的闽东方言和闽北方言看，也是有很大的差别，相互之间不能通话。把闽方言分为闽南、闽北，以福州话作为“闽北方言”的代表是不符合事实的。黄典诚先生早在1957年发表的《建瓯方言初探》一文中就指出：“福建的汉语方言应该不只是闽南、闽北两种而已，而足以代表闽北话的，也应该是建瓯话，而不是福州话。”（《厦门大学学报》1957年第1期）拿《建州八音》和《戚林八音》做比较研究，可以很好地说明这个问题。

《建州八音》初版编印于清乾隆六十年（1795年），二版是道光十年（1830年）重镌的“怀古堂藏版”。初版我们只见过福建师范大学图书馆所藏的校抄本，拿它和二版做比较，只有个别字义的解释有不大的差别。现在翻印的是黄典诚先生收藏的“怀古堂藏版”，并经与初版校抄本对照过，除改动少数明显的错字外，均按二版原样刻印。据建瓯县民政局叶林同志所云，此书在光绪三十年（1904年）有过木刻本第三版，1929年还有傅文玉开设的“集义堂”重印的第四版。因为未见过后来的版本，不知与第二版有无不同。

《建州八音》的署名也是仿造《戚林八音》的习惯，玉融是编者的故乡福清县的别称，正坚氏是作者的自号。我们查了各种地方志，都没有发现有关林端材的记载。闽方言的各种韵书，不论是最早的福州话韵书《戚林八音》的编者蔡士泮、陈他，还是后来的泉州话韵书《汇音妙悟》的编者黄谦，漳州话的韵书《十五音》编者谢秀岚，厦门《八音定诀》的作者叶开温（见《八音定诀》的初步研究，《福建师范大学学报》，1981

年第 4 期），也都未曾发现有关的记载。《戚林八音》的校阅者林俦是康熙年间的举人，《汇音妙悟》的鉴定和作序者是编者黄谦的叔父黄瞻二，也只是个兴安府学官。可见，这类地方韵书，大概都是出自一些不知名的文人之手，正因为他们没有走上仕途，和本地群众有更多的接触，了解他们读书识字的需求，也熟谙本地方言，才能想到编韵书，并且能够编出适用于本地的韵书。正如黄谦在《汇音妙悟》序文里所说，他编书是想到"因音以识字，使农工商贾按卷而稽，无事载酒问字之劳"。闽方言的这些韵书，都在民间广为流传，数百年间反复翻印或传抄，深受大众的欢迎。记得 20 世纪 80 年代，我到漳州调查方言时，偶遇一位不相识的农民，见我如此热心当地方言，还跑回家，拿了一套 32 开本的《十五音》送给我，是会文堂印的八卷本，每本都用牛皮纸装订过，为防散失，还用铁皮夹子夹着，足见他是认真珍藏的。在建瓯，我曾久住县招待所，有一次和一位炊事员聊起调查方言，他也告诉我，家里有一本《建州八音》，遇到不认识的字，有时还要翻翻。见他那珍贵的模样，还不想让我看呢。可见，这些编方言韵书的"草根"文人，在帮助农民群众识字上是有过功劳的，为后代保存了当年的方言材料，则是学术上的重大贡献。

二　二百年前的建瓯音系

根据本人近年来对建瓯及其附近县份方言的调查，大体可以拟测出二百多年前《建州八音》的声韵调系统。

1. 就声母系统说，《建州八音》的"十五音韵"指的就是 15 个声母，这和各地现代闽方言大体是一致的，现代的建瓯、松溪、政和也没有例外。只是浦城南部的石陂话有 4 个浊音声母（19 声），建阳和武夷山有 3 个浊音声母（18 声）。这应该是保留了早期闽北方言的旧音。因为全浊声母的清化是中古以来汉语语音演变的重要事实。现将《建州八音》声母的拟测和现代闽北音列表对照如下（表 1）：

表 1

声类	拟测音	现代音（声母数）					
	建州（15）	建瓯（15）	政和（15）	松溪（15）	建阳（17）	石陂（19）	武夷山（18）
柳	l*	l	l	l	l	l	l
边	p*	p	p	p	p、β	p、b	p、β
求	k*	k	k	k	k	k、g	k、j
气	k^h*	k^h	k^h	k^h	k^h	k^h	k^h
直	t*	t	t	t	t	t、d	t
坡	p^h*	p^h	p^h	p^h	p^h	p^h	p^h
他	t^h*	t^h	t^h	t^h	h	t^h	h

续表

声类	拟测音	现代音（声母数）					
	建州（15）	建瓯（15）	政和（15）	松溪（15）	建阳（17）	石陂（19）	武夷山（18）
曾	ts*	ts	ts	ts	ts	ts	ts
日	n*	n	n	n	n	n	n
时	s*	s	s	s	s	s	s
莺	∅*	∅	∅	∅	∅、ɦ	∅、ɦ	∅、j
问	m*	m	m	m	m	m	m、β
语	ŋ*	ŋ	ŋ	ŋ	ŋ	ŋ	ŋ
出	ts^h*	ts^h	ts^h	ts^h	ts^h	ts^h	ts^h、t^h
喜	x*	x	x	x	x	x	x

2. 就韵母系统说，《建州八音》原称“三十六字母”，在罗列了“三十六个字母”之后即注明“内种同秾，厝同茄，实只三十四字母”。“字母”指的就是韵母，这是沿用《戚林八音》的说法，后来的《汇音妙悟》也仿此说法。现将各个韵母在今闽北各点方言的读音列表对照如下（表 2）：

表 2

韵目	拟测音	现代语音（韵母数）					
	建州（34）	建瓯（34）	政和（33）	松溪（28）	建阳（34）	石陂（30）	武夷山（32）
时	i*、iʔ*	i	i、yi	i	i、ɔi、iʔ、ɔiʔ	i	i、iʔ
年	iŋ*	iŋ	iŋ	iŋ	Iŋ（ɔiŋ）	iŋ	iŋ
秾（种）	œyŋ	. œyŋ	œyŋ	øyŋ	ɔŋ	ɔŋ、ueiŋ	əŋ
梅	oi*、oiʔ*	o	ui	uei	ui、uiʔ	o	uəi
儿	œ*、œʔ*	œ	œ	ø	i	i	i
黄	uaŋ*	uaŋ	uɒuŋ	uaŋ	uaŋ	ɔŋ	ɔŋ
犁	ai*、aiʔ*	ai	ai	ai	ai、aiʔ、e、eʔ	ai	ai、aiʔ
田	aiŋ*	aiŋ	aiŋ	aiŋ	aiŋ	aiŋ	aiŋ
园	yiŋ*	yiŋ	yŋ	yŋ	yeiŋ	ueiŋ	yiŋ
茄（厝）	iɔ*、iɔʔ*	iɔ	iø	iø	iɔ、iɔʔ	yɔ	yɔ、iɔʔ
蔴	uɛ*、uɛʔ*	uɛ	uɛ	ua	ue、ueʔ	ua	uai、uaiʔ
吴	u*、uʔ*	u	u	u	o、oʔ	u	u、uʔ
舍	ia*、iaʔ*	ia	ia	ia	ia、iaʔ	ia	ia、iaʔ
正	iaŋ*	iaŋ	iaŋ	iaŋ	iaŋ	iaŋ	iaŋ
剜	iɛ*、iɛʔ*	iɛ	iɛ	iei	ie、ieʔ	ie	ie、ieʔ
鱼	y*、yʔ*	y	y	y、øy	y、yʔ	y	y、yʔ、əu、əuʔ

续表

<table>
<tr><th rowspan="2">韵目</th><th>拟测音</th><th colspan="6">现代语音（韵母数）</th></tr>
<tr><th>建州（34）</th><th>建瓯（34）</th><th>政和（33）</th><th>松溪（28）</th><th>建阳（34）</th><th>石陂（30）</th><th>武夷山（32）</th></tr>
<tr><td>脐</td><td>ɛi*、ɛiʔ*</td><td>ɛ</td><td>ɛ</td><td>ei</td><td>ɔi、ɔiʔ</td><td>e</td><td>ei、eiʔ</td></tr>
<tr><td>油</td><td>iu*</td><td>iu</td><td>iu</td><td>iu</td><td>iu</td><td>iu</td><td>iu</td></tr>
<tr><td>茅</td><td>ɛu*</td><td>e</td><td>ɛ</td><td>a</td><td>eu</td><td>əu</td><td>iəu</td></tr>
<tr><td>园</td><td>ɔuŋ*</td><td>ɔŋ</td><td>ɒuŋ</td><td>oŋ</td><td>ɔŋ</td><td>ɔŋ</td><td>ɔŋ</td></tr>
<tr><td>桐</td><td>oŋ*</td><td>ɔŋ</td><td>oŋ</td><td>oŋ</td><td>oŋ</td><td>əŋ</td><td>əŋ</td></tr>
<tr><td>发</td><td>uaiʔ*</td><td>uai</td><td>uai</td><td>ua</td><td>uaʔ、ueʔ</td><td>ua</td><td>uaiʔ</td></tr>
<tr><td>放</td><td>uɔŋ*</td><td>uɔŋ</td><td>uɒuŋ</td><td>uaŋ</td><td>uɔŋ</td><td>ɔŋ</td><td>ɔŋ</td></tr>
<tr><td>茶</td><td>a*、aʔ*</td><td>a</td><td>a</td><td>ɒ</td><td>a、aʔ</td><td>a</td><td>a、aʔ</td></tr>
<tr><td>峩</td><td>ɔ*、ɔʔ*</td><td>ɔ</td><td>o</td><td>o</td><td>ɔ、ɔʔ</td><td>o</td><td>o、oʔ</td></tr>
<tr><td>阳</td><td>iɔŋ*</td><td>iɔŋ</td><td>ioŋ</td><td>ioŋ</td><td>ioŋ</td><td>iɔŋ</td><td>iɔŋ</td></tr>
<tr><td>蟠</td><td>ueiŋ*</td><td>uiŋ</td><td>uɛiŋ</td><td>ueiŋ</td><td>ueiŋ、uŋ</td><td>uaiŋ</td><td>uiŋ</td></tr>
<tr><td>蛇</td><td>yɛ*、yɛʔ*</td><td>yɛ</td><td>yɛ</td><td>yø</td><td>ye、yeʔ</td><td>ye</td><td>yai、yaiʔ</td></tr>
<tr><td>人</td><td>eiŋ*</td><td>eiŋ</td><td>ɛiŋ</td><td>eiŋ</td><td>eiŋ</td><td>eiŋ</td><td>eiŋ</td></tr>
<tr><td>贩</td><td>uaiŋ*</td><td>uaiŋ</td><td>uaiŋ</td><td>uaŋ、ueiŋ</td><td>ueiŋ</td><td>uaiŋ</td><td>uaiŋ、yaiŋ</td></tr>
<tr><td>柴</td><td>au*</td><td>au</td><td>au</td><td>ɒu</td><td>au</td><td>au</td><td>au</td></tr>
<tr><td>南</td><td>aŋ*</td><td>aŋ</td><td>aŋ</td><td>aŋ</td><td>aŋ</td><td>aŋ</td><td>aŋ</td></tr>
<tr><td>桥</td><td>iau*</td><td>iau</td><td>iau</td><td>yo</td><td>iɔ</td><td>iau</td><td>iɔ</td></tr>
<tr><td>过</td><td>ua*</td><td>ua</td><td>ua</td><td>ua</td><td>ua、uaʔ</td><td>ua</td><td>ua、uaʔ</td></tr>
</table>

由此可见，就《建州八音》和现今的建瓯话而言，只是合并了“园”和“桐”（混为 ɔŋ），从韵值说，主要是丢失了几个元音韵尾（“脐、梅”丢了 -i，“茅、园”失落了 -u。

3. 就声调系统说，原称“八音”，注明平仄，并说明“二六同调”，实只 7 调。各调的调类和调值的拟测与现代闽北诸方言对照如下（表 3）：

表 3

<table>
<tr><th rowspan="2">原例字</th><th rowspan="2">补充
例字</th><th rowspan="2">原分
平仄</th><th rowspan="2" colspan="2">调类</th><th>拟测
调值</th><th colspan="6">现代调值（调类数）</th></tr>
<tr><th>建州</th><th>建瓯（6）</th><th>政和（7）</th><th>松溪（8）</th><th>建阳（8）</th><th>石陂（7）</th><th>武夷山（7）</th></tr>
<tr><td>之</td><td>餐</td><td>概平</td><td colspan="2">阴平（甲）</td><td>44*</td><td rowspan="2">33</td><td>33</td><td>44</td><td>334</td><td rowspan="2">33</td><td rowspan="2">22</td></tr>
<tr><td>志</td><td></td><td>纯仄</td><td colspan="2">阴去</td><td>32*</td><td>42</td><td>332</td><td>32</td></tr>
<tr><td>即</td><td></td><td>纯仄</td><td colspan="2">阴入</td><td>24*</td><td>24</td><td>24</td><td>24</td><td>214</td><td>213</td><td>24</td></tr>
<tr><td rowspan="2">指</td><td>（齐）（平）</td><td>平</td><td rowspan="2">上
声</td><td>阳平（乙）</td><td>212*</td><td rowspan="2">21</td><td>21</td><td>21</td><td>41</td><td rowspan="2">21</td><td>33</td></tr>
<tr><td>（止）（仄）</td><td>仄</td><td>上声</td><td></td><td>212</td><td>213</td><td>21</td><td>21</td></tr>
</table>

续表

原例字	补充例字	原分平仄	调类	拟测调值	现代调值（调类数）					
				建州	建瓯（6）	政和（7）	松溪（8）	建阳（8）	石陂（7）	武夷山（7）
芝		纯平	阴平	53*	54	51	51	53	51	51
集		纯仄	阳入	42*	42	55	42	5	32	5
字		纯仄	阳去	5*	44	55	45	43	45	55

可以看出，建阳、松溪的8个声调是早期闽北方言的格局，有两个“阳平”，二百年前的《建州八音》，因为“阳平乙”和“上声调”调值相近，后来在建瓯话就合并为上声；“阳平甲”也因调值与阴去相近而混同，形成了今天的建瓯话没有阳平调的六调格局。

为什么《建州八音》的调类不是按照传统的“平上去入各分阴阳”来排列呢？这就是“草根”文人音韵学知识的缺失了。该书虽是《戚林八音》的仿制之作，但是，声调排序并不是按照《戚林八音》的调类顺序（古四声清浊）来排列，而是模仿福州话七个调类的调值来排列的。试看下表：

《戚林八音》调类	公	滚	贡	谷	群	滚	郡	掘
今福州调值	44	31	213	23	52		242	5
《建州八音》调类	之	志	指	即	芝	志	集	字
拟测调值	44	32	212	24	54		42	4
今建瓯调值	54	33	21	24	54		42	4

由此可见，《戚林八音》对“清浊高下，平上去入”的理解是正确的，它反映了二百年前福州话浊上归去的调类格局，用重复“清上”字来填补“阳上”的空位；而《建州八音》由于对中古音的平上去入因清浊分化为八调的历史不甚了了，按照调值相近来模仿《戚林八音》的调类系统，成了不易理解的格局。不过，由于各个调类的调型、调值还比较接近，倒是可以帮助我们了解当年福州话和建瓯话调值的异同。

三《建州八音》记录方言词汇的价值

《建州八音》不但让我们知道了早期建瓯话的语音系统和单字的各种读音，而且为我们提供了大量的方言词汇。

有些《建州八音》所收的单音词，今天的建瓯话已经不用，但仍然见于其他闽南方言，大概可以相信是早期建瓯话的用语，例如：

园韵求母第一调：墘 [꜀kyiŋ]，旁边地。今建瓯话不用，但见于福州话 [꜀kieŋ]、厦

门话 [꜀kĩ]。

桥韵非母第五调：枵 [꜀xiau]，饥也。今建瓯话不说，但见于福州话 [꜀ɛu]、厦门 [꜀iau]。

剅韵柳母第四调：詈 [꜂liɛ]，骂。

柴韵气母第二调：嵪 [kʰau꜄]，船着沙不前行。今建瓯话也均已不说，但见于厦门话 [k'ua꜄]、[kʰo꜄]。

《建州八音》所收的单音词不少与现代建瓯话音义相符，而且标注的是与古代韵书有征的本字。例如：

园韵求母第三调：囝 [꜂kyiŋ]，儿。合于《集韵》上声狝韵："囝，九件切，闽人呼儿曰囝。"

园韵莺母第八调：筦 [ɔŋ꜄]，晒衣竹竿。合于《广韵》去声宕韵："笎，下浪切，衣架。"《集韵》作筦，异体。

南韵问母第一调：暝 [꜁maŋ]，黑夜。合于《广韵》下平青韵："暝，莫经切，晦暝也。"

时韵非母第五调：嬉 [꜀xi]，戏。合于《广韵》平声之韵："嬉，许其切，美也，一曰游也。"《方言》卷十："媱，游也，江沅之间谓戏为媱，或谓之惕或谓之嬉。"

有些方言单音词，虽未写出本字，而用训读字，因为音义明确，仍然是有价值的语料。按照方言语音和古音的对应，并不难找出本字。例如：

茄韵直母第八调：路 [tiɔ꜄]，街路，乃训读字，本字是墿。《集韵》去声暮韵："墿，徒固切，道也。"

鱼韵气母第三调：猪 [꜂kʰy]，豕名。猪是训读字，本字是豨。《集韵》上声尾韵："豨，许岂切。《说文》豕。"

鱼韵坡母第三调：醭 [꜂pʰy] 霉毛。醭为训读，本字为殕。《广韵》上声麌韵："殕，方武切，食上生白毛。"

也有一些误写别字的，经过考证，找出本字，也是很有价值的方言词汇材料。例如：园韵莺母第三调：褑 [꜂yiŋ]，袖褑。褑应作裷，《方言》卷四："褠，裷谓之袖，郭注：衣褾江东呼裷，音婉。"

园韵直母第八调：閬 [꜂teiŋ]，门限。閬应是隊。《广韵》上声狝韵："隊，道边埤也，持兖切。"

蛇韵求母第七调：跬 [kyɛ꜄]，不行。跬应作徛。《广韵》上声纸韵："徛，渠绮切，立也。"

还有一些方言词是按本地通行的俗字书写的。这些字音义稳定，口语常用，写法通行，往往是很重要的方言词。认真地考证这些俗字，大多数可以考出本字来的。例如：

犁韵出母第二调：粞 [tsʰai꜄]，米粉。本字应该是粞。《集韵》去声霁韵："粞，思计切，米屑。”

秾韵曾母第二调：圳[tsœyŋ˅]，田间水道。圳本字应是甽。《集韵》去声稕韵：“甽，朱闰切，沟也。”

园韵气母第二调：墈[kʰɔŋ˅]，堦也。墈本字应是磡。《广韵》去声勘韵：“磡，岩崖之下。”

说明：原载《福建文博》1984年第2期。本次收入文集，略有修改。

附记：1982年，福建省语言学会受中国语言学会委托，在建瓯县举办全国性的汉语方言研究班，黄典诚、李如龙任班主任，有50多位学员是来自全国20个省市区的高等学校青年教师，因为建瓯话是闽方言中音系和音变最简单的，凡是只懂官话的学员就让他们记录建瓯话作为实习，为让他们便于上手，特委托当时在福建师范大学数学系学生刘战国同志将李如龙所收藏并手抄的道光庚寅年重镌的《建州八音》用钢板刻写油印，装订成册，供学员参考，收到良好效果。

《八音定诀》的初步研究

福建师范大学图书馆所藏的《八音定诀》是一本还没有引起学术界注意的闽南方言韵书。从内容看，它反映的是近百年前的厦门话的语音和词汇，和其他闽南方言韵书有明显的不同；从体例看，它也具有自己的特色，在闽方言的韵书中起着承前启后的作用。这对于我们了解一百年来厦门话的变化，了解闽方言韵书的演讲，都有很大的价值。本文试就《八音定诀》的内容、体例和特点做一个概略的介绍。

一

据本人了解，《八音定诀》（以下行文中或简称《八音》）有三种版本。一是清光绪二十年（1894 年）的木刻本；一是清宣统元年（1909 年）厦门倍文斋的铅印本；一是民国十三年（1924 年）厦门会文书局的石印本。本文所根据的是福建师大图书馆藏的光绪刊本的手抄本，对于其中的错字还用其他两种版本做过校订。

《八音》的开头有“光绪二十年甲午端月”“觉梦氏”的“序”。这个序言在指出《康熙字典》“反切之音实未易辨，商贾之人亦用不及”之后，说：“惟《十五音》最便商贾之用。倘有字不识，或人名、或器物，一呼便知，诚商贾之金丹也。”接着，它又批评了《十五音》“书坊刻本，字义既繁，帙数尤多，而且一字一音，欲识何字，本中难于翻寻”。于是，“叶君开温近得钞本，将《十五音》之中删繁就简，汇为八音，订作一本，颜曰《八音定诀》。商贾之人尤为简便。不但舟车便于携带，而且寻字一目可以了然”。“叶君不敢私为秘宝，欲行剞劂，公诸同好”。这里说的便是该书的编印缘起。

觉梦氏是谁的雅号，叶开温又是何许人，查阅了好多史料，寻访了好多老人，至今没有查明。大概和许多闽方言韵书的编者一样，是不见经传的民间文人。可惜的是连他的籍贯我们也一无所知。

此书正文部分冠有“八音定诀全集”的总题。列表之先，在“字母法式”项下列有四十二个韵部代表字（韵目）；在“十五音字母”项下列有十五个声母代表字。字表按韵目顺序分列，韵目以平赅仄，入声与阴声、阳声两配（类似《切韵指掌图》）。列字时以声母为经，声调为纬，声母按十五音顺序标目；调类不标目，按阴平、阴上、阴去、阴入、阳平、阳上、阳去、阳入的八音顺序排列。每一个音韵地位（音节）所收的字有多有少（少的只有一字，多的有十九字），所占地位不定。没有意义的音节则填以虚环。所列例字多数组成双音词语，例字一律在上，个别单音词在字下用小字横排夹注。经纬各行对齐，当间不用横线而用空地隔开。具体格式附上两处样张如下（第 12 页香韵、第 40 页诗韵原文，括弧是我们加的）：

	香（韵目）气（声类）	香·地	诗·出	诗·喜
（阴平）	羌活 姜女 穹苍	张姓 中正 忠义	蚩愚 鸱鹦 痴呆 差参	稀少 希罕 熙康 牺牲 禧福 熹（子夫）
（阴上）	恐惧	长幼	侈奢 忮心 啻不 齿口 翅翼	喜欣
（阴去）	○	帐目 帐蚊 胀肿 怅惘 涨水	炽昌 莉草 帜旗 鲫鱼 饎食	咥笑 肺肝 戏演 憘谑
（阴入）	曲直 却拾 却之 御意	竺天 竹松 筑造	○	○
（阳平）	窿卜	场战 肠肝 场造 长短 苌弘	持扶 徐姓	鱼鸟
（阳上）	倔（貌小）	重轻 丈寸 仲伯 杖枴	市街	耳目
（阳去）	呥（罪问）	仗倚	饲养	○
（阳入）	○	逐革 着定	蠘蜉	○

以诗韵喜声母为例，编者的用意是告诉读者其每个音韵地位的意义：

꜀hi：稀～少　希～罕　熙康～　牺～牲　禧福～　熹朱～夫子

꜂hi：喜欣～

hi꜄ 咥～～笑　肺肝～　戏演～　憘～谑

hiʔ꜆（无意义）

꜁hi 鱼～鸟

꜃hi 耳～目

hi꜅（无意义）

hiʔ꜇（无意义）

二

虽然《八音定诀》没有说明是按何地方音编的，作者的籍贯也没有查明，但是从它的声韵调系统和字音的读法，我们可以看出它所根据的是厦门音。

在闽南方言的韵书中，清嘉庆年间黄谦编的《汇音妙悟》(以下简称《汇音》)是泉州音，清同治年间谢秀岚编的《雅俗通十五音》(以下简称《十五音》)是漳州音，这已经是定论。清末切音字运动的揭幕人卢戆章1892年发表了他的《一目了然初阶》(以下简称《初阶》)，其中有对厦门话声、韵、调的分析和拼写厦门话的方案。拿《八音定诀》和这三本书对照，就可以看出，《八音定诀》的音系和漳、泉腔判然有别，而和《初阶》则是十分相近的。

1. 声母 一百年前漳、泉、厦三地的声母系统从音值到音类看来都没有不同，到现在变化也不多：

《汇音》	柳	边	求	气	地	普	他	争	入	时	英	文	语	出	喜
今泉音：	l	p	k	k‘	t	p‘	t‘	ts	l	s	Ø	b	g	ts‘	h
《十五音》	柳	边	求	气	地	颇	他	曾	入	时	英	门	语	出	喜
今漳音：	l	p	k	k‘	t	p‘	t‘	ts	dz	s	Ø	b	g	ts‘	h
《八音》	柳	边	求	气	地	颇	他	曾	入	时	英	文	语	出	喜
《初阶》	柳	边	求	去	地	波	他	贞	入	时	英	文	语	出	喜
《今厦音》：	l	p	k	k‘	t	p‘	t‘	ts	l	s	Ø	b	g	ts‘	h

从三本韵书比较，每个声母所管的字，具体的字读什么声母也大体相当，有出入的只是少数口语中的用字。例如：

例字：	阮$_{\text{姓}}$	童$_{\text{姓}}$	何$_{\text{姓}}$	吸$_{\text{～水}}$	并$_{\text{比～}}$	徐$_{\text{姓}}$	锦迹冯$_{\text{姓}}$	联$_{\text{～对}}$	限$_{\text{宽～}}$	轰$_{\text{车声}}$	已$_{\text{～时}}$	谢$_{\text{姓}}$
《汇音》	疑	地	喜	气	边	时	疑入普	柳	喜	喜	时	时
《十五音》	疑	地	喜	气	边	时	求柳边	门	英	英	曾	曾
《八音》	英	他	英	疑	颇	（时，出）	疑入颇	文	英	英	曾	曾

《八音定诀》中这些特字的声母读法有同于漳而异于泉的（联、限、轰、已、谢）；也有同于泉而异于漳的（锦、迹、冯）；还有异于漳泉而独有（阮、童、何、吸、并）或兼有漳泉读法（徐）的。最后这种情形当然最能说明厦门音的特色，而当年这些字的读音和今天的厦门话的读音大多还是相同的。如：阮 ᶜŋ，何 ꜀ua, 吸 gap，并 p‘iŋ²，徐 ꜁ts‘i、꜁su，锦 ᶜgim，联 ꜀bian，限 an²，轰 ꜀iŋ。

2. 韵母 四本书都有的韵值相同的韵部有三十九个：

《汇音》	《十五音》	《初阶》	《八音》	韵值	《汇音》	《十五音》	《初阶》	《八音》	韵值
嘉	胶	鸦	佳	a	春	君	春	春	un
嗟	迦	野	遮	ia	三	甘	甘	湛	am
花	瓜	我	花	ua	兼	兼	沾	添	iam
高	沽	苏	孤	ɔ	金	金	心	深	im
刀	高	无	多	o	江	江	人	江	aŋ
烧	茄	着	烧	io	东	公	公	风	ɔŋ
西	稽	裔	西	e	香	恭	商	香	iɔŋ
杯	桧	最	杯	ue	卿	经	莺	灯	iŋ
基	居	伊	诗	i	三	监	三	三	ã
飞	规	威	辉	ui	京	惊	惊	京	iã
珠	艍	汙	须	u	欢	官	看	山	uã
秋	丩	周	秋	iu	莪	扛	货	毛	ɔ̃
开	皆	来	开	ai	青	栀	见	青	ĩ
乖	乖	快	歪	uai	箱	牛	箱	铯	iũ
郊	交	交	敲	au	熋	闲	歹	千	ãi
朝	娇	昭	朝	iau	嘐	爻	脑	乐	ãu
丹	干	哖	丹	an	猫	嗅	猫	超	iãu
轩	坚	仙	边	ian	梅	姆	不	不	m
川	观	元	川	uan	毛	钢	问	庄	ŋ
宾	巾	真	宾	in					

四本书对不齐的韵部有以下各例：

《汇音》	韵值	《十五音》	韵值	《初阶》	韵值	《八音》	韵值
居	ɯ			汝泉[①]	ü	书	ɯ
科	ə			说泉	ö	飞	ə
鸡	əe			做泉	öe	梅	əe
钩	əu			偷泉	öu		
商	iaŋ	姜	iaŋ	双	iang		
风	uaŋ	光	uaŋ	风	uang		
箴	əm						
恩	ən			斤泉	ün		
生	əŋ			生泉	öng		
关	uĩ	裈	uĩ	开	ui^n		
管	uãi	闩	uãi	高	oai^n		

① 注明“泉、漳”字样的，卢戆章的《一目了然初阶》认为是泉州音和漳州音。这里的音值按原书的罗马字拼写照录。

箴	ɔm	参	om
嘉	ɛ	加漳	ɛ
伽	ɛ̃	脉厦	ɛⁿ
更	ẽ	婴厦	eⁿ
糜	uẽ	荚厦	oeⁿ
薑	iɔ̃	箱漳	ioⁿ
姑	ɔ̃	好漳	ɔⁿ

从上表可以看出，泉州音独有的钩、箴、恩、生四韵和漳州音独有的嘉、薑、姑三韵《八音》和《初阶》都没有列为厦门音；漳泉厦共有的iaŋ（商、姜、双）uaŋ（风、光）uĩ（关、裤、开）uãi（管、闩、高）和漳厦共有的ɔm（箴、参）ɛ̃（伽、脉）ẽ（更、婴）uẽ（糜、荚）《初阶》列为厦门音，可能是因为韵窄字少，《八音》"删繁就简"，略去未列。

泉州音的居、科、鸡三韵《初阶》不认为是厦门音，《八音》则列为厦门韵母。这三个韵在现代的同安话里还存在，可能是当时的厦门人当中有一派口音和同安音更接近，因为20世纪30年代以前，厦门一直是同安县所管辖。

在韵类的分合上，《八音》一部分近于泉州音，一部分近于漳州音。试比较下表：

<table>
<tr><th>《汇音》</th><th>《八音》</th><th>《十五音》</th><th>例字</th></tr>
<tr><td rowspan="2">烧 io</td><td>烧 io</td><td>茄 io</td><td>赵表叫小笑腰尿庙摇烧票①</td></tr>
<tr><td rowspan="2">孤 ɔ</td><td rowspan="2">沽 ɔ</td><td>豆剖构搜漏投楼谋后骤贸</td></tr>
<tr><td rowspan="3">高 ɔ</td><td>布普姑苏路图苦模故租都</td></tr>
<tr><td>多 o</td><td>高 o</td><td>报高刀老到罗靠波歌过何</td></tr>
<tr><td>烧 io</td><td>沽 ɔ</td><td>虎布步</td></tr>
<tr><td>基 i</td><td>诗 i</td><td>居 i</td><td>四紫丝市支知机李希宜悲</td></tr>
<tr><td rowspan="2">居 ɯ</td><td>书 ɯ</td><td>艍 u</td><td>慈思私事雌诸使</td></tr>
<tr><td>书 ɯ/ 须 u②</td><td rowspan="2">居 i</td><td>女猪去箸锄绪驴居余语鱼</td></tr>
<tr><td rowspan="2">珠 u</td><td rowspan="2">须 u</td><td>区取娱聚趣愚瑜裕</td></tr>
<tr><td>艍 u</td><td>夫富朱句厝浮主无旧输久</td></tr>
<tr><td>嘉 a</td><td>佳 a</td><td rowspan="2">嘉 ɛ</td><td>洒诈架家把渣佳查</td></tr>
<tr><td rowspan="2">西 e</td><td rowspan="2">西 e</td><td>厕债架家把渣</td></tr>
<tr><td rowspan="3">稽 e</td><td>体计帝妻低黎西礼例寨</td></tr>
<tr><td>杯 ue</td><td>杯 ue</td><td>批洗鞋鲑犁初黍苎疏题</td></tr>
<tr><td>鸡 əe</td><td>梅 əe</td><td>改艺粞鲑犁初黍苎</td></tr>
<tr><td rowspan="2">科 ə</td><td>科 ə/ 西 e</td><td rowspan="3">桧 ue</td><td>飞灰皮粿被糜髓火货</td></tr>
<tr><td rowspan="2">杯 ue</td><td>焙灰税皮被回髓火货</td></tr>
<tr><td>杯 ue</td><td>培会悔畏卫钗颓内贝辈杯</td></tr>
</table>

① 字下加单横线表白读音，加双横线表文读音。下同。

② 斜线"/"表两音并见的异读。

除了书、科、梅三韵之外，其他韵类的分合，《八音》和现代厦门话是相同的。

上表中还有两组遇摄字的读音很值得注意：

虎 ꜂hɔ、꜂hio[①]，哺 ꜂pɔ、꜂pio，步 pɔ꜅、pio꜅

猪 ꜀tu　꜀tɯ　去 k‘u꜄、k‘ɯ꜄　箸 tu꜅、tɯ꜅　锄 ꜀t‘u、꜀t‘ɯ

前一组是遇摄一等字，现代厦门市区已经没有 io 的读法，但市郊灌口、马銮、海沧一带的农村音还保留着 io 的读法；后一组是遇摄三等字，现代厦门市区音不读 u 也不读 ɯ 而读为 i，但大多数市郊农村还保留着 u 的读法。这些读法在现代闽南话里已经很少见，io 的读法见于漳属长泰、角尾话，u 的读法见于泉属同安、集美话。长泰、角尾和海沧隔海相望，同安、集美和厦门岛内的高崎、禾山现在已有海堤相连，这些音显然是早期的厦门音受邻近方言影响而来的。

鼻化韵里也有两组类似的情况：

千韵：间 ꜀kãi　闲 ꜀ãi　先 ꜀sãi　茧 ꜂kãi　前 ꜁tsãi

　　　千 ꜀ts‘ãi　还 ꜀hãi　研 ꜂gãi　殿 tãi꜄　莲 ꜀tãi

毛韵：扛 ꜀kɔ̃　糠 ꜀k‘ɔ̃　园 k‘ɔ̃꜄　当 ꜀tɔ̃　肠 ꜁tɔ̃

　　　汤 ꜀t‘ɔ̃　糖 ꜁t‘ɔ̃　庄 ꜀tsɔ̃　霜 ꜀sɔ̃　秧 ꜀ɔ̃

ãi 的读法见于现代同安话，厦门火车站附近的地名“殿前”至今仍叫 tãi꜄ ꜁tsãi；ɔ̃ 的读法见于现代长泰话和海沧一带的厦门市郊话。

这些字的以上特殊读音也可以有力证明《八音定诀》所依据的是早年“漳泉滥”（漳腔和泉腔在厦门相混杂）的厦门音。

厦门话“漳泉混杂”最主要表现在韵母系统。从《八音定诀》成书到现在，一百二十年过去了。目前的厦门音把当年诸多“漳泉混杂”的状况又经过了一番较量和整顿。拿《八音定诀》的字音和现代厦门音做过细比较就可以看到这段时间里的演变。

3. 声调《八音定诀》有八个调类。例字如下：

调类／例字／韵类	阴平	阴上	阴去	阴入	阳平	阳上	阳去	阳入
诗 i	蜘～蛛	抵～当	智计～	滴～水	池鱼～	治～国	地田～	碟～硼
风 ɔŋ	东～西	董～姓	栋～梁	督教～	同～行	动～静	宕～漾	独～自
灯 iŋ	钟～鼓	种～子	众公～	则准～	情～意	静动～	甑炊～	贼盗～

从每个调类所列的字看，古浊声母上声字大部分在阳上，也有少数在阳去（如柱、像、网、丈、杜、臼、互、蟹、老）；古浊声母去声字多数在阳去，也有不少列在阳上（如岸、话、代、愿、寨、共、面、又、利）；还有一些字是阳上、阳去两见的（如地、

① 这里的音标是根据《八音定诀》的音韵地位，按上文标音标注的。下同。

万、外、大、粽、饲），可见阳上和阳去已经明显地相混了。

《汇音》也列有八个调类，阴阳上判然有别，阴阳去实际不分，今天的泉州话阳上和阳去还是不混的。《十五音》虽然列了八个调类，但“下上”调均注明“全韵与上上同”而放空。其实古浊声母上声字都混入阳去。《初阶》在说明厦门音声调时也说“六音永与二音相同。”可见，《八音》所表现的声调系统也是大体和《初阶》所述相同，不过它还保留着一点阳上和阳去分立的泉州腔的痕迹。

综上所述，《八音定诀》的声韵调系统及音类的分合和《汇音妙悟》《十五音》都是有同有异，最接近于《一目了然初阶》所列的厦门音系。又反映了一些至今还保留在厦门市郊的语音现象。由此可见，说《八音定诀》是以厦门音为基础编成的是准确的。

在和漳州音、泉州音的关系上，从当年的厦门话到现代的厦门话，看来整个风格是一致的，如果说，声母方面漳泉厦之间差别本来就不大，厦门话的韵母近于泉州的多，而声调则近于漳州的多。相对而言，《八音定诀》所反映的接近泉州音的特点比今天的厦门话还略多一些。这一点是厦门的历史特点所决定的。自从五代设置同安县后，厦门长期隶属于泉州府同安县，直到宋代，厦门还只是一个乡，称嘉禾里。元立千户所，明改为中左所。明末清初郑成功在厦门练兵始改称思明州。鸦片战争后厦门辟为通商口岸，人口才逐渐增加，光绪年间设厦门厅，直到民国二年才从同安县析立思明县。到了改称厦门市，已经是 1933 年的事了。从这一历史看，厦门音的老底是同安音，在厦门话里反映着更多的泉州腔的特点应该是符合历史发展过程的现象。

三

作为早期厦门音的反映，《八音定诀》有一个值得注意的显著特点，就是大量的单字在《八音定诀》中存在着异读，有时一个字多达四、五种读音。这些异读包括两种类型——文白异读和土腔异读。

文白异读是厦门话语音的一个重要特点，在现代厦门话里，存在着文白异读的单字还很普遍[①]，但是，《八音定诀》的文白异读还要多。

1. 下列例字当年有文白两读，现在只余文读一音，白读音不用了：

例字	文	白	例字	文	白
黎～民	꜁le	꜁lue	观寺～	kuan꜄	kuã꜄
阶～级	꜀kai	꜀kue	沉浮～	꜁tim	꜁tiam
雅高～	꜂gã	꜂gĩ	壮勇～	tsɔŋ꜄	tsaŋ꜄
净丑～	tsiŋ꜅	tsiã꜅	涉～水	siap꜇	siauʔ꜇

① 可参阅李如龙《厦门话的文白异读》，《厦门大学学报》（社会科学版），1963 年第 2 期。

鄂姓	gɔk꜇	guʔ꜇	灶鼎～	tsau꜅	tso꜅
洒～扫	꜂sa	꜂se	阄抽～	꜀k‘au	꜁k‘a
令	liŋ꜅ 号～	liã꜅ 酒～	孙子～	꜀sun	꜁sŋ
爽	꜂sɔŋ ～利	꜂saŋ ～快	宗～庙	꜁tsɔŋ	꜀tsaŋ
育养～	iɔk꜇	iauʔ꜇	託寄～	t‘ɔk꜆	t‘aʔ꜆

2. 下列例字当年有文白两读，现在文读音一般人不读了：

例字	文	白	例字	文	白
筛米～	꜀su	꜀t‘ai	试赴～	sɯ꜄	ts‘i꜄
碗～箸	꜂uan	꜂uã	徙迁～	꜂sɯ	꜂sua
疲～劳	꜀pi	꜀p‘i	纸～笔	꜂tsɯ	꜂tsua
伞西～	san꜄	suã꜄	瓮缸～	iŋ꜄	aŋ꜄

所谓土腔异读，指的是在厦门音之外，并行着和它不同的泉州腔或漳州腔的读音，现代厦门话一般没有这种异读。

3. 下列例字的泉州腔见于《八音》和《汇音》，现代厦门话已经不说：

例字	厦腔	泉腔	例字	厦腔	泉腔
锦	꜂kim	꜂gim	徐姓	꜁su ꜁ts‘i	꜀sɯ
师私	꜀su	꜀sɯ	事	su꜅ tai꜄	sɯ꜄
头	꜁t‘ɔ ꜁t‘au	꜀t‘io	切苦～	ts‘iat꜆ ts‘ueʔ꜆	ts‘əeʔ꜆

4. 下列例字的漳州腔见于《八音》和《汇音》，现代厦门话也已经不说：

例字	厦腔	漳腔	例字	厦腔	漳腔
谢姓	sia꜅	tsia꜅	银～钱	꜁gun	꜁gin
鞋～袜	꜁ue	꜁e	恨怨～	hun꜅	hin꜅
批～信	꜀p‘ue	꜀p‘e	冷	꜃liŋ	꜃lin
笠～蓑	liap꜇ lueʔ꜇	leʔ꜇	兴～起	꜀hiŋ	꜀hin
火水～	꜂hə̃ ꜂he	꜂hue	等	꜂tiŋ ꜂tan	꜂tin

5. 下列例字在《八音》里漳、泉、厦的三种读法兼收并蓄，泉腔也见于《汇音》，漳腔则见于《十五音》，现代厦门话只保留厦腔读法：

例字	厦腔	漳腔	泉腔	例字	厦腔	漳腔	泉腔
髓骨～	꜂ts‘e	꜂ts‘ue	꜂ts‘əe	锅铜～	꜀e	꜀ue	꜁ə
月～日	geʔ꜇	gueʔ꜇	gəeʔ꜇	飞～鸟	꜀pe	꜀pue	꜀pə
初～一	꜁ts‘ue	꜀ts‘e	꜀ts‘əe	皮～肉	꜁p‘e	꜁p‘ue	꜁p‘ə
稗粟～	p‘ue꜄	p‘e꜄	p‘əe꜄	说～话	seʔ꜆	sueʔ꜆	səʔ꜆

早期厦门话的异读多，这也是厦门话的历史特点所决定的。

如上所述，厦门置县还不到七十年，厦门市的人口大多数是数十年间自漳泉内地移居的。据1948年厦门市人口统计表所示，当时的厦门居民中，本籍人口只有六万人，漳泉内地移居的达九万人。这过半的内地人定居厦门之后，当然要把各自的土腔带来，厦门话正是在各种土腔的杂混中逐渐定型的。数十年间，厦门只是一个港口商业城市，没有大型的稳定的工矿企业，没有传统的地方文化为地方语言进行加工，因此，它的定型过程是比较长的。[①] 当然，《八音定诀》的编者再三强调适应"商贾之人"的实用，采编字音时为了让商家们听懂四方土音，也可能放宽尺度，兼收并蓄，这也是《八音定诀》异读多的原因之一。

四

在闽南方言的韵书中，《八音定诀》前有所承，后有所启，它的编辑体例在闽南话韵书的流变中是有特色、有影响的。

闽南方言的韵书，最早的是1800年的泉州音的《汇音妙悟》，后来又有1869年漳州音的《汇集雅俗通十五音》。从《汇音》到《十五音》，收字增加了，而且仿照《广韵》按声调分韵，原来的一个韵变为七个韵，全书分为八卷。《八音定诀》的序言批评它"字义既繁"，"帙数尤多"，"一字一音"，"难以翻寻"。改编的时候，《八音》采取了三个办法来克服这四个缺点：

第一，选取常用字，压缩篇幅。《汇音》和《十五音》都收了好多生僻字；《八音》立足于口语，只收常用字，口语中不用的书面语用字、文言用字收得很少，这就是所谓"删繁就简"，"订作一本"。这样一来，确实便于翻阅和携带。

第二，例字组词。以前的地方韵书都是"一字一音"的，同一个音韵地位里不同意义的字只能逐字作注，所以字义就繁了。《八音》把绝大多数的单字组成双音词语，意义自明，无需另加夹注，这不但节省篇幅，而且字义明确，"因音求字"时容易辨识。编者这种词的观念是十分可贵的，在词书的编纂上，这应该说是一大进步。

第三，排列整齐。从《汇音》到《十五音》，乃至更早的《戚林八音》，排列上都是以声母为经、声调为纬，一调字毕另接一调，各调字数不等，所占地位也长短不一，确实排印易错，查字困难。《八音》的排列采取声调对齐的排列，虽无线条隔开，却也大体上图表化，做到"一目可以了然"。

《八音定诀》对于后出的闽南方言韵书是发生了明显的影响的。例如1900年漳州素位堂刻本《增注十五音汇集》，1906年上海萃文书店石印本《汇集雅俗通十五音全本》

---

① 厦门流行的地方戏中，梨园戏、高甲戏、南曲使用的是泉州话，芗剧使用的是漳州话，木偶戏则泉、漳两种话都有。用厦门话表达的只有"拍喙鼓"，是一种押韵的说书。

（以上漳州音）；1915 年上海鸿文书局石印本《击木知音汇集雅俗十五音全本》，1923 年汕头科学图书馆石印本《潮语十五音》（以上潮州音）等也都是“删繁就简”“订作一本”，而且排列图表化，有的还在声类和调类之间用线条隔开。

但是，例字组词的做法却很少看到后人效法。在这一点上应该更多地肯定《八音》的独创。因为它把例字组成词语，不但为我们保留了当年厦门话的语音面貌，而且为我们提供了好多方言词汇。试举数例：

读音	原书注字	意义
ak꜇	榼纱～	缠纱的竹器
haˀ꜇	箨竹～	竹节上的干壳
꜁t‘un	偬母	不能生育的雌畜
꜂bai	𡡒鬼	喻行色匆匆、出入无常的人
k‘ioˀ꜆	却拾	珍惜一针一线
peˀ꜇	帛脚～	裹脚布
꜁tsin	绳绿	专指木工墨绳
ts‘ui꜄	啐呼	口说（无凭）
t‘ut꜇	脱胎	人工流产
꜁kui	逵通～	衣袋
꜀hia	杓匏～	匏壳做的水勺（杓，训读字。本字是“桸”）
gin꜅	憖神	讨厌
ts‘ai꜅	竖柱	竖立（桩、柱）
t‘ui꜅	魄重	负重

这些词都很具方言特色，有的只有老派厦门人才能懂了。

《八音定诀》还收了一些新词，如阶级、信息、战争、雷电、天平、测度、磅重、斗争、乒乓、编辑、这也可以帮助我们了解方言词发展的一个侧面。

五

从不足之处看，《八音定诀》有两个明显的缺点：

第一，审音不严。闽南方言普遍存在文白异读。《汇音妙悟》是比较重视区别文白异读的。在白读音的字下用小字夹注“土解”“俗解”“土音”“土”“解”“俗”等字样。整个韵是白读韵的则在韵目下注明“此韵俱从俗解。”《十五音》为区别文白读甚至分两次印刷，红字表示文读或没有文白对立的字，黑字表示白读或训读。而《八音》对于文白读则基本上不加区别，只在个别字下夹注“改说”“改音”字样。如“骑～马”在遮韵气声母处，注明“改音”“益利～”在遮韵英声母处注明“改说”。又，《汇音》还用“漳腔”表示漳州音（如“管”韵 uãi）用“正”表示当时受官话影响的读音（如“想”꜂siaŋ）;《十五音》则在鼻化韵处注明“鼻音”“鼻腔”，为其他土腔注出地名（如“扛、꜀kõ 长泰”表示此音通行于长泰县）。《八音》在这些方面则都没有加以区别。

有些字音显然是由于审音不严而误列的。例如闽南话唇音不与 -m、-p 尾韵配合，《八音》却误标了方姓 pm̩　饭～粥 pm̩꜅ 宾 ꜀pim　民 ꜀bim　鼻 pip꜆，还有一些字显然是误认变调为本凋而标错调类，例如：疗，本调读阳平，变调读阳去，“疗治”误列在 liau꜅，渭，本调读阴去，变调读上声，“渭水”误列在꜂ui。

此外，还有一些变读鼻化韵的字可能是扩大化了。厦门话有些元音韵变读为鼻化韵，例如：火꜂hõ　好喜好 hõ꜄　怕 p‘ã꜄　酵 kã꜄　鼻 p‘ĩ꜅　易、异 ĩ꜅，在《八音》中这类变读十分普遍，例如保꜂põ　抱 p‘õ꜅　某꜂bõ　饱꜂pã　咬 kã꜅　查 ꜀tsã　豉 sĩ꜅　底꜂tĩ　碟 tiʔ꜇，甚至“排”列在 ꜀pãi，“太”列在 t‘ãi꜅，“跑”列在꜂p‘ãu，“狗”列在꜂kãu，“要”列在 iãu꜄，“尿”列在 dziãu꜅，“阔”列在 k‘uãʔ꜆。我们很难说这些读音在当时人的口语中绝无根据，但从现代各地闽南话的读法看来，这些读音确实是不可能有的。

第二，用字较乱。这是闽南方言韵书乃至闽方言韵书的共同缺点，不过，在《八音定诀》表现得更为突出。

《八音》的用字中，有些是见诸古代字书的本字。例如：

鲑鱼～　꜀kue　《广韵》平声佳韵：鲑，出《吴志》、户佳切。

蹻～足　꜀k‘iau　《广韵》平声宵韵：蹻，举足高，去遥切。

箠火～　꜀ts‘e　《集韵》平声支韵：箠，竹名，是为切。

曝～乾　p‘ak꜆　《广韵》入声屋韵：曝，日乾也，蒲未切。

沃～水　ak꜆　《广韵》入声沃韵：沃，灌也，乌酷切。

磉定～　꜂sŋ　《广韵》上声荡韵：磉，柱下石也，苏朗切。

薸浮萍　꜁p‘io　《广韵》平声宵韵：薸，《方言》云：江东谓浮萍为薸，符霄切。

铫～鼎　tio꜅　《广韵》去声啸韵韵：铫，烧器，徒吊切。

拭～桌　ts‘it꜆　《广韵》入声职韵：拭，拭刷，赏职切。

颇虚～　ham꜄　《广韵》去声勘韵：颇，面虚黄色，呼绀切。

有些是本地通行的俗字，例如：

恁	꜂lin	你们	枋	꜀paŋ	木板
刡～子	꜂bin	刷子	畓～田	lam꜄	烂泥田
哰～舌	꜂ts‘ui	嘴	槛粟～	siã꜄	谷仓
刣～割	꜀t‘ai	杀	埔草～	꜀pɔ	平地
樣～子	suãi꜅	芒果	焉相～	ts‘ua꜅	带领

相当一部分用了同义（训读）字。例如：

睡～醒	k‘un꜄	本字应是睏
打相～	p‘aʔ꜆	本字应是拍
脚～手	꜀k‘a	本字应是骹
立坐～	k‘ia꜅	本字应是徛
粥～饭	꜀be	本字应是糜
香～臭	꜀p‘aŋ	本字应是芳
寻相～	ts‘e꜅	本字应是揣
贫～富	꜁kiŋ	本字应是穷
小大～	sue꜄	本字应是细
乾～脯	꜀ta	本字应是焦
柴～草	꜀ts‘a	本字应是樵

有些是生造的形声字，在本地并未通行。例如：

泍～水	꜀p‘un	本字应是潘（泔本）
鞢鞋～	꜂ts‘iu	本字就是鞦
洘河～	꜂k‘o	本字应是洘（枯水）
碢磁～	꜀e	本字就是锅
瓯烟～	꜀taŋ	本字就是筒
莿草～	ts‘i꜄	本字就是刺

还有些是写成别字的。例如：

笞米～	꜀t‘ai	应作篩
埤～川	꜀pi	应作陂
濮～鼎	p‘ak꜆	应作覆
蹊～脚	꜁k‘e	应作瘸
粽米～（米屑）	ts‘ue꜄	应作粞
瘾～倦（疲倦）	ia꜄	应作恹
泔～汤（汤米）	꜂am	应作饮

有时甚至同一个音义前后写成几种形体，例如꜂tsiã（味淡）既作“䬳～物”，又作“洆盐～（咸淡）”“洴～脯（淡鱼干）”。

方言词用字向来没有明确的规范，闽南方言并没有形成完整的书写体系，由于闽南方言和普通话语音、词汇差异都很大，考释本字并不容易，用汉字书写方言词本来就是一项艰巨的工作，在这点上，我们是不能苛求前人的。

说明： 本文原刊于《福建师范大学学报》（哲学社会科学版）1981 年第 4 期。后收入《方言与音韵论集》，香港中文大学中国文化研究中心，1996 年。

《渡江书十五音》导言

张元济先生为商务印书馆珍藏过的秘笈编了一本《涵芬楼烬余书录》，其中收有“为闽人方言而作”的《渡江书十五音》的书目。热爱乡土文化，潜心研究母语厦门话的李熙泰先生于1958年购到了此书手抄本，并很快报告了他的老师——语言学家李荣教授。李荣教授独具慧眼，深知此书的重要价值，于30年后的1986年访日本时，得到日本汉学家桥本万太郎教授的支持，向东京外国语大学亚非言语文化研究所申请将该手抄本影印成书，[①] 赠给国内外同行，使之得以在学术界流通。这件好事于今又过去十几年了。许多学者为此又做过很多研究。考虑到这本钩沉的书至今还没有正式的“名分”，熙泰兄经过争取又把它列入“闽南文化资料丛书”，按原样影印出版。去年我受熙泰兄委托，出差北京时专程拜访李荣先生取回抄本书稿，李先生十分高兴，并立即请人把他珍藏的原稿从诸多书箱里找出来，让我带回厦门。为了让年轻的学者知道此书的本来面目和价值所在，熙泰兄又嘱我写一篇导言。遗憾的是20多年来，我一直奔走他乡，于自己的母语无暇深究，对这本书也还来不及过细研读。写在下面的只是我对此书的粗略研究所得，供读者参考一二。

一 《渡江书十五音》是厦门话韵书

李荣先生在东京影印本的序言中说：“就今天的方言来说，在厦门漳州之间，本书的音韵系统更接近于厦门。”后来，台湾学者姚荣松和洪惟仁认为近于漳州音。[②] 黄典诚先生则说是漳属的长泰音，[③] 李熙泰则认为主要是厦门音，掺杂些海澄的音。[④] 王顺隆在诸家说法的基础上又做了一番比较，其结论是“仍无法找出完全对应的方言或是得到令人

① 《渡江书十五音》，编者不详，李荣序，东京外国语大学亚非言语文化研究所印，1987年。2003年作为“闽南文化资料丛书”之四由厦门大学出版社影印出版。

② 洪惟仁《漳州三种十五音之源流及其音系》，《台湾风物》40卷3期，1990年。

③ 黄典诚《渡江书十五音的本腔是什么》，《厦门民俗与方言》第5期，1991年。

④ 李熙泰《渡江书十五音跋》，《厦门民俗与方言》第3期，1991年。

满意的解释”。① 这里可提出若干根据证明《渡江书十五音》是厦门音的韵书。

《渡江书十五音》(下文简称《渡》)所反映的音系有些是比较接近漳州音的，从现代漳厦音的主要差异看，《渡》的音和二者的关系如下：(各地闽南话声类和调类的差别不大，此处只比较韵类)

		例字	漳州音	《渡》字组（拟音）	厦门音
1	遇合三	取除区居书区圩	i	朱 u	u
2	假开二	马查家夏爬差假	ε	鸡（白）e （文）a	e a
3	假合二	花瓜话化	ua ua	瓜（白）ua （文）ua	ue ua
4	果合一 / 止开合三 / 蟹合三	过火果锅货 / 皮被吹区尾 / 岁税	ue	蘶（白）ue	e
5	山合三、四 / 宕合一	说缺月袜缺 / 郭	ue^7	蘶ue^7	e^7
6	蟹开二 / 四	鞋街买 / 鸡溪犁蹄替洗	e	鸡 e	ue
7	山合二、四	八锲节	e^7	鸡 e^7	ue^7
8	蟹开三四	例敝谜制	i	几 i	e
9	山开四	前闲茧肩	an	经 iŋ	iŋ
10	臻开一、三	根斤均恩勤银近	in	根 in	un
11	山合一三 / 宕开合一 / 臻合一、三	穿断饭砖 / 荒光 / 村村门问	uĩ	扛 ŋ	ŋ
12	宕开三（文）/（白）	粮羊量墙箱姜将	iaŋ ɔ̃	姜 iaŋ 铯 iõ	iɔŋ iũ
13	梗开二三四	平青病坑更晴冥	ẽ	婴ẽ	ĩ

以上所比较的 13 条中，《渡》与今漳州音相合的占 9 条，与厦门音相合只有 4 条，不过这些音类所管的字是各不相同的，很难用这个比例说明漳腔占绝对优势。

这样的事实未必就说明《渡》不是厦门话的韵书。如果说，《渡》成书的年代厦门话含漳腔成分多，100 多年来许多漳腔成分发生了变化，不也言之成理吗？恰好这样的假设并不难找到内外证据。

从外部旁证说，厦门 100 多年间正值开放为通商口岸成为闽南出洋的大门，人口迅速膨胀，五方杂处的人使现代城市的口音发生急剧的变化。远的有上海的例子，近的有汕头的例子，都有人做过研究了。②

从内部也不难找到证据。请看以下各点：

1. 有些韵类存在大量异读，例如第 12 项文读音 [iɔŋ—iaŋ] 就有不少两读字：章、漳、

① 王顺隆《渡江书字音谱》，台湾学生书局，1996 年。

② 沈同《上海话老派新派的差异》，《方言》1981 年第 4 期；施其生《从口音的年龄差异看汕头音系及其形成》，《中山大学学报》1988 年第 3 期。

昌、商、伤、相、响、仰、两、长、赏、养、向、将、良、胀、粮、混、常、羊、洋、阳、墙。其他条也有类似情况，例如平 [pẽ^2 ～ pĩ^2]（可惜原书此韵缺页，未能全部显示出来）。

2．漳州话韵书《雅俗通十五音》（下文简称《雅》）的闲韵 [ãi] 上平声求母的“闲”字（应为“间”的错字）下注曰：“厦腔。”这个韵在《雅》排在最后一部，收字很少，可见不是典型的漳州音。在闽南方言中此韵在南安的官桥晋江的安海与同安之间是个大韵，包含山摄开口二、四等字和一些咸摄字。在厦门话只留下个别地名有此读音（厦门火车站附近有“殿前”，原应是店前）。本地音 [tãi^5 tsãi^2]，可证明 ãi 确是早期厦门音。但是这些山摄字的白读音在现代厦门话里已经变为 [iŋ] 韵了。在闽南，这类字形成了十分多样的对应：

	泉州	同安	厦门（《渡》亦标此音）	漳州（《雅》亦标此音）
先	suĩ	sãi^1	siŋ^1	san^1
前	tsuĩ^2	tsãi^2	tsiŋ^2	tsan^2
闲	uĩ^2	ãi^2	iŋ^2	an^2
茧	kuĩ^3	kãi^3	kiŋ^3	kan^3

3．还有些字音也是《渡》和《雅》注音相同而现代厦门音已经变读了的。例如：

	趁$_{\text{追}}$	字	耳	母	奶	卜$_{\text{要}}$
《渡》	时级	入技	喜技	门果	柳婁	门郭
《雅》	入急	入具	喜具	门果	柳更	门郭
旧厦门音	dzip^7	dzi^6	hi^6	bo^3	nɛ^1	bue^{ʔ7}
今厦门音	tsip^7	li^6	hĩ^6	bu^3	ni^1	be^{ʔ7}

4．此外，还可找到一些《渡》的读音和现代厦门音相同而和《雅》及现代漳州话不同的字音：

孙，《渡》作时扛切，音 sŋ，注：“姓也。”从魂韵白读（村 tsʻun^1—tsʻŋ^1）。今厦门老派音同此。《雅》作时裈切，音 suĩ^1。今泉漳各县均读文读 sun^1。厦门话说 sun^{1}e^0 是“孙子”的意思，熙泰兄说，从文读音是为了避免被人呼叫“儿孙”。

阮，《渡》作英管切，音 ŋ^3，注：“姓也。”从阮韵白读（晚 buan^3—bŋ^3）。今厦门音同此。《雅》作英挥切，音 uĩ^3。泉州读同文读，念 guan^3，《汇音妙悟》（下文简称《汇》）语川切，上上调。

传，《渡》作他桄切，音 tʻŋ^2，注：“～子～孙。”《雅》在他裈下平声，音 tʻuĩ，注：“～法，～道。”泉州音 tuan^2 ～ tʻuan^2。

舐，《渡》作曾莅切，音 tsĩ^6，《雅》作曾巳切，音 tsi^6，泉属各地亦无鼻化之音，读为 tsi^6，今厦门话老派还偶尔可听到 tsĩ^6。

除了以上内证，还有两个重要的本地旁证。

一是 1892 年出版的厦门人卢戆章所著《一目了然初阶》。[①] 卢戆章是晚清切音字运动的先驱，第一个提出用“切音新字”拼写汉语（包括各种方言）的方案。为了把他的这一套方案用于拼写“厦腔”，他参考“十五音”整理了当时厦门音的声韵调系统。卢在研制切音字之前曾在新加坡半工半读学习英文多年。回国后定居鼓浪屿，教西人学厦语，教华人学英语，并参加翻译英华字典。凭他的水平，所整理的厦门话声韵调系统应是可信的。他还为各音类用罗马字注音，使我们得到更准确的了解。在《一目了然初阶》中（下文简称《初》），除了有厦门话声韵调，还列有与厦腔有别的泉腔和漳腔的韵母。这就使我们能够确切地分析比较当时的漳泉厦的不同读音。

另一个旁证是 1894 年（光绪二十年）刻本《八音定诀》（下文简称《八》）。[②] 这是一本为了“商贾之人”便于携带，根据“十五音”韵书“删繁就简”的韵书。每一个有意义的音节只收一二个，三五个字，联成双音词，分韵后按声母分行，每行再按声调分 8 个横行排列。

相对而言，这两个旁证中前者更为重要。因为它所整理的音系和现代厦门音更加接近。就若干漳泉厦不同的语音特征列表做一番比较，其间的关系就清楚了。

	《渡》	《初》	《八》	今厦门音	备注
① 恩、斤读 ən	× 读 in	× 读 un	× 读 un	un	《汇》为恩韵
② 曾、庚读 əŋ	× 读 iŋ、ɛ̃	× 读 iŋ	× 读 iŋ	iŋ	《汇》为生韵
③ 家、渣读 ɛ（白）	×	× 读 e	× 读 e	e	《雅》为家韵
④ 饭问读 uĩ	× 读 ŋ	× 读 ŋ	× 读 ŋ	ŋ	《雅》为裈韵
⑤ 风的白读 uaŋ	× 读 ɔŋ	×（认为泉音）	×	ɔŋ	《汇》为风韵
⑥ 齐、梳白读 e	√鸡韵	× 读 ue	多两读 e、ue	ue	泉音同厦
⑦ 皮、瘸读 ue	√葩韵	× 读 e	多两读 ue、e	e	泉音为 ə
⑧ �່、强读 iaŋ	√姜韵	× 读 iɔŋ 定为厦音	× 读 iɔŋ	iɔŋ（个别字 iaŋ）	泉音同厦
⑨ 平、青白读 ẽ	√更韵	× 读 ĩ	× 读 ĩ	ĩ	漳音 ẽ
⑩ 去、猪读 ɯ	× 读 i	×（认为泉音）	√书韵 ɯ	i	泉音 ɯ
⑪ 过、说白读 ə、əʔ	× 读 ue、ueʔ	×（认为泉音）	√飞韵 ə、əʔ	e、eʔ	泉音 ə、əʔ
⑫ 梅读 æ	× 读 ue	×（认为泉音）	√梅韵 æ	uĩ	旧泉音 ɯe
⑬ 歹$_{坏}$，高$_{悬}$读 ãi/uãi	×（未收）	√（认为厦音）	×（未收）	ãi/uãi	厦音
⑭ 婴白读 e	×（未收）	√（认为厦音）	× 读 ĩ	ẽ	漳音同厦
⑮ 参$_{人\sim}$读 ɔm	√箴韵	√参韵	× 读 im	ɔŋ	漳音

① 卢戆章《一目了然初阶》（《拼音文字史料丛书》），文字改革出版社，1956 年。

② 《八音定诀》现有宣统元年（1909 年）厦门倍文斋的铅印本和民国十三年（1924 年）厦门会文书局的石印本。详见本书《〈八音定诀〉的初步研究》。

上列 15 条有代表性的字音特征中，①—④ 是漳州腔，⑤ 是泉州腔，三书都未收。这说明它们的音系都是以厦腔为主体的。⑥—⑨ 说明《渡》近漳腔，《八》与今厦音同泉腔。⑩—⑪ 说明《八》音近泉腔，今厦音同漳腔。⑫ 是今厦门音与今泉州音同而与古泉州音异。⑬—⑮ 说明厦音异于漳泉腔，其中 ⑮ 旧厦音与漳音同，今又发生差异。除此之外，《初》音与现代厦音无一不合。卢戆章先生“无心插柳柳成荫”，为我们提供了一个完整而可靠的 100 多年前的厦门音系，可以用来判别几本韵书的语音根据。

事实上，虽然《渡》较多漳腔成分，《八》较多泉腔成分，但两者都有不少异读是漳泉腔两兼的。例如上文已经提过，《渡》将、昌等常常 iɔŋ ～ iaŋ 异读并存；又平：pẽ^{2} ～ pĩ^{2}。而《八》的漳泉腔异读并存则更多，如飞：pə^{1} ～ pe^{1}，皮：p‘ə^{2} ～ p‘ue^{2}。

此外，《渡》和《八》还有一些市郊的音。例如一些鱼韵字在《渡》只读 u 韵，而《八》除了分别读为 i/ɯ 之外还都读为 u 韵。如：

箸：《渡》治自切，《八》地须下去，均音 tu^{6}。

去：《渡》去注切，《八》去须上去，均音 k‘u^{5}。

猪：《渡》治朱切，《八》地须上平，均音 tu^{1}。

汝：《渡》柳主切，lu^{3}。

鱼韵字读 u 见于厦门岛对岸的海沧、杏林一带的郊区，《雅》也收了这些字，读为 u 韵的音，并注明为“海腔”，如箾，他艍切，读 t‘u^{5}，“海腔”。去，去艍切，读 k‘u^{5}，“海腔”。这里的“海腔”可能指“海口腔”，即海澄、海沧一带九龙江的出海口的口音。

又如模韵字《八》有读为烧韵 io 的：虎，喜烧上上：hio^{3}。哺，边烧下上：pio^{6}。步，边烧下去：pio^{6}。宕摄字不少《八》《渡》都读为 ɔ̃ 韵的（反切不再罗列）。如扛、糠、汤、仓、床、霜、方（文读）等（《渡》字数更多），io、ɔ̃ 的读法今音完整地保留在长泰县方言中，长泰县属漳州，界连厦门，此音在距长泰不远处的厦门郊区杏林海沧一带也偶有所闻。

这些情况说明，《渡》和《八》都确实是早期厦门话韵书，反映的是 100 年前的厦门旧音，当时的厦门因为是五方杂处的新城市，势必有诸多异读。后来有些比较特殊的音读就只保留在乡间，在城里，这些音则被冲刷掉了。有的学者说《渡》是长泰音，虽有某些依据，实是一种误解。至于同是厦门话韵书，何以《渡》近漳腔，《八》近泉腔，这可能因为编者出生于不同地方，母语有别；也可能因时代先后口音有变异。由于二书的作者和年代都全无所考，所以只能根据其他有关材料做某些推测。

二 《渡江书十五音》的来历

先把《渡》《八》《初》及《雅》和《汇》的韵目及有关标音以《渡》的韵序为序

列表对照如下，一方面可为上文做总结性对照，另一方面可从中看出《渡》书的来历。（韵目下的“═、—、～～”为笔者所加的文读和白读符号。）

今漳音	《雅》50 韵	《渡》43 韵	《初》47 韵	今厦音	《八》42 韵	《汇》50 韵	今泉音
un	君	君	春 un	un	春	春	un
ian	坚	坚	先 ian	ian	边	轩	ian
im	金	金	心 im	im	深	金	im
ui	规	规	威 ui	ui	辉	飞	ui
a	胶	嘉	鸦 a	a	佳	嘉	a
an	干	干	咥 an	an	丹	丹	an
ɔŋ	公	工	公 ong	ɔŋ	风	东	ɔŋ
uai	乖	乖	快 uai	uai	歪	乖	uai
iŋ	经	经	莺 eng	iŋ	灯	卿	iŋ
uan	观	官	元 oan	uan	川	川	uan
ɔ	沽	姑	苏 o	ɔ	孤	高	ɔ
iau	娇	娇	昭 iau	iau	朝	朝	iau
e	稽	鸡	裔 e	e	西	西	e
iɔŋ	恭	恭	商 iong	iɔŋ	香	香	iɔŋ
o	高	高	无 o	o	多	刀	o
ai	皆	皆	来 ai	ai	开	开	ai
in	巾	根	真 in	in	宾	宾	in
iaŋ	姜	姜	双 iang	iaŋ		商（正）	iaŋ
am	甘	甘	甘 am	am	湛	三	am
ua	瓜	瓜	我 oa	ua	花	花	ua
aŋ	江	江	人 ang	aŋ	江	江	aŋ
iam	兼	兼	拈 iam	iam	添	兼	iam
au	交	交	交 au	au	敲	郊	au
ia	迦	迦	野 ia	ia	遮	嗟	ia
ue	桧	蓖	最 oe	ue	杯	杯	ue
ã	监	他	三 a^n	ã	三	三	ã
u	艍	朱	汙 u	u	须	珠	u
		铊	箱 iu^n	iũ	铊	箱	iũ
i	居	几	伊 i	i	诗	基	i
iu	丩	鸠	周 iu	iu	秋	秋	iu

ɔm	箴	箴	参 om	ɔm		箴	əm
uã	官	官	看 oa^{n}	uã	山	欢	uã
ĩ	栀	拈	见 i^{n}	ĩ	青	青	ĩ
ɔ̃	扛	滩	货 o^{n}	ɔ̃	毛	莪	ɔ̃
ãu	爻	䅄	恼 au^{n}	ãu	乐	嘐	ãu
ãi	闲	𤵜	歹 ai^{n}	ãi	千	褦	ãi
iãu	嘐	猫	猫 iau^{n}	iãu	超	猫	iãu
iã	惊	笪	惊 ia^{n}	iã	京	京	iã
ẽ	更	婴	婴	e^{n}	ẽ		
ɔu	姑	浯①					
m	姆	唔	不 m	m	不	梅	m
io	茄	么	着 io	io	烧	烧	io
ŋ	钢	扛	问 nŋ	ŋ	庄	毛	ŋ
uẽ	糜	荚	oe^{n}	uɛ̃			
		（汝）	ü（泉）	ɯ	书	居	ɯ
		（说）	ö（泉）	ə	飞	科	ə
		（做）	öe（泉）	əe	梅	鸡	əe
uaŋ	光	风	uang	uaŋ		风	uaŋ
uãi	闩	高	uai^{n}	uãi		管（漳）	uãi
ɛ̃	伽	脉	ɛ^{n}	ɛ̃			
uĩ	裈	开	ui^{n}	uĩ		关	uĩ
ĩo	姜	（箱）	iɔ^{n}（漳）				
ũ	牛	（牛）	u^{n}（长泰）				
ɛ	嘉	（加）	ɛ（漳）				
						钩	əu
						生	əŋ
						恩	ən

从上表可以看到，《渡》43个韵目中，有20个和《雅》的用字相同。《渡》继承了《雅》的七类分调，（但把和“下上”相同的“上上”韵目精简了，这是一种改进）为每个调另立韵目。如“君”韵立了“君滚棍骨群郡滑”。前24韵中除去有音无字的分调

① 浯韵参考漳浦、云霄、东山、诏安一带的音定为ɔu。漳浦有流入旧镇港的浯江，厦门岛南面有属于海澄的小岛浯垵、浯屿，金门有浯洲场。《雅》的“姑”韵应是早期漳腔的[ɔu]。

韵，共列了 148 个分韵目。其中又有 97 个韵目与《雅》用字相同。不仅如此，连同在一个小韵里罗列同音字时，也有袭用《雅》的地方。例如 [lŋ^2] 音节：

《雅》柳　郎侍～官名　廊大屋两～　榔槟～　莨薯～，又红～瓜

　　　　　　䯖骨～篖篾～　崀山名

《雅》柳　郎侍～　廊西～堂之东西厅也　榔槟～　莨薯～染衣篾～

　　　　　　䯖肉～

可见，《渡》应是出于《雅》之后，是《雅》的模仿之作。

《八》的 42 个韵目中有 15 个和《汇》用字相同，但与《雅》及《渡》的用字相同的不多。《八》应是从《汇》衍生简化而来的。

关于《渡》的成书年代，我们只能从以下的事实做适当的推测。

《汇》有作者黄谦的叔父黄瞻二于清嘉庆五年（1800 年）所作的序，可见，成书于 19 世纪末。《雅》是从《汇》衍生出来的，从其编排体例较《汇》更为科学，也可证明《雅》是后起之作。《雅》的嘉庆二十三年（1818 年）刻本可能是最早的刻本。（据洪惟仁，1990）而现在见到的最早的《八》是光绪二十年（1894 年）的刻本。可见，《八》书应该成书于 19 世纪的下半叶（可能在 1850—1870 年之间），而《初》则可以确定是 1892 年的出版物，反映的是较《渡》更迟数十年的厦门音。《渡》的作者说的可能是带漳腔较多的杏林、海沧一带的厦门话。《八》的编者的母语可能是岛上的人说的带泉腔较多的厦门话。而《初》所反映的则是久居厦门的人所说的已经定型的厦门话。明清之后，海澄的月港兴起，取代了宋元泉州港的地位，成为闽南人通商和出洋谋生的港口，那时的海澄、龙溪、长泰一带的人出洋较多，使新马、印尼一带的印尼（马来）语闽南语借词更多带漳州腔。这个阶段更多的漳属的人移居厦门是可以想见的。《渡江书》的所谓“渡江”应该是渡过“鹭江”或渡过“九龙江”来到“鹭岛”。当然，作为同安县的一个部分，同安人就近跨过高崎—集美海峡前来定居，也是顺理成章的事。到了“五口通商”之后，泉州一带出洋的人日多，经济较之漳属各县更为发达，移居厦门的人数大有骤增之势。到 20 世纪 30 年代，据《厦门指南》所载，① 外国人不计在内，全厦门（当时称为思明县）总人口 154367 人，外省人不计，按原籍分类，各占以下人数：

思明、金门　　27711 人

泉属　　63705 人（其中同安 18086 人）

漳属　　5117 人

可见，20 世纪的 30 年代厦门人口的原籍已经是泉属各县占优势了。在 19—20 世纪之交定型的厦门话先是漳腔占优势，后来则泉腔占优势，这和漳泉人口先后流入的历

① 《厦门指南》第 10 篇“厦门人口”，1930 年。该书存厦门大学图书馆，版权页及封面已缺。

史是相一致的。

关于《渡》和《八》的异读，还值得做些补充。

《渡》的异读有些是漳、泉腔的差异并收。有时还在泉腔读音处注明“泉腔”，有时则未注。如（前音为漳腔，后音为泉腔）：

摸，门工：boŋ^{1}/ 门姑：bɔ^{1}。　　卜$_{\text{要}}$，门郭：bue^{ʔ7} / 门阁：bo^{ʔ7}

墓，门铿：bɔŋ^{6} / 门怙：bɔ^{6}　　奶，柳婴：ne^{1} / 柳拈：nĩ^{1}

也有一些异读是厦门音和郊区音并存的。例如（前者为厦门音，后者为郊区音）：

扛，求扛：kŋ^{1}/ 求滩$_{\text{上平}}$：kɔ̃　　汤，他扛：t‘ŋ^{1} / 他滩$_{\text{上平}}$：t‘ɔ̃

长，治桄：tŋ^{2}/ 治滩$_{\text{下平}}$ t‘ɔ　　糖，他桄：t‘ŋ^{2}/ 他滩$_{\text{下平}}$ t‘ɔ̃

《八》书此类异读就更多了，经常是厦腔、漳腔、泉腔三音并存。例如：

	厦腔	漳腔	泉腔
初	出杯 ts‘ue^{1}	出西 ts‘e^{1}	出梅 ts‘əe^{1}
月	语西 ge^{ʔ8}	语杯 gue^{ʔ8}	语飞 gə^{ʔ8}
皮	颇西 p‘e^{2}	颇杯 p‘ue^{2}	普飞 p‘ə^{2}
说	时西 se^{ʔ7}	时杯 sue^{ʔ7}	时飞 sə^{ʔ7}

一般说来，移民到新的城市，第一代人大多是乡音未改，第二代人改的也不多，到了第三代人才能被当地方言所同化。厦门既是近百年间才形成的移民城市，在20世纪初还是各地闽南音并存不奇怪。事实上，至今在厦门市内还是很容易听到各种闽南方音的。胡同里，终日不断的叫卖语言就还是这种状况。

三《渡江书十五音》的价值和不足

《渡》的价值主要是为我们保留了200年前厦门话的语音系统及一些常用词汇。语音方面书中保留的当年的语音系统已如上述，诸多异读也曾举例说明，以下再举一些书中所记录的当年的方言词汇。以“嘉、钾”两韵为例：

求嘉切 ka^{1} �$_{\text{～箉（晒物竹编）}}$　筹$_{\text{～箸}}$　铰$_{\text{～剪（剪刀）～衣服（裁衣）}}$

蛇$_{\text{～蟆（跳蚤）}}$　鸩$_{\text{～鴒能人言语（今写作加令：八哥鸟）}}$

去嘉切 k‘a^{1} 脚$_{\text{～手也（训读，本字为骹）}}$

治嘉切 ta^{1} 礁$_{\text{海～（礁石）}}$　乾$_{\text{燥也（训读字）～家（翁姑）}}$

波嘉切 p‘a^{1} 脬$_{\text{尿～（膀胱）}}$　胞$_{\text{～囊（阴囊）}}$

时嘉切 sa^{1} 栅$_{\text{木～（栅栏）}}$　钞$_{\text{～锣（一种铜锣）}}$

求钾切 ka^{7} 胛$_{\text{肩～（肩膀）}}$　袙$_{\text{襦也（背心）}}$

去钾切 k‘a^{7} 簕$_{\text{取鱼椇也（鱼篓）}}$　络$_{\text{一纱一苧织成曰～（手工织纬的动作）}}$

治钾切 ta^{ʔ} ⿰舟乇~船（乘船） ⿰钅奄~钩（搭钩） 粍粘也（粘贴）

波钾切 p‘a^{ʔ} 打相~（本字为拍）

曾钾切 tsa^{ʔ7} 绥~布，妇所用也（旧时月经布）

门钾切 ba^{ʔ7} 肉皮~（训读字）

喜钾切 ha^{ʔ7} 炠火~（火烤） 煆热也（受热）

可见，细心地整理还可以从《渡》书中理出许多当年所用的方言词语。

有了200年前的音系、字音和方言词语，拿它和现在的厦门话语音系统、字的读音和方言词语做过细的比较，就可以看到200年间发生了哪些变化，其中显示了哪些演变规律。例如上文提到的早期泉州音 ɯ、ə、əe 等韵在现代闽南话里变为 i、u、e、u 等读法：

	旧泉州音	旧厦门音	今泉州音	今晋江音	今厦门音	今漳州音
去	k‘ɯ^{5}	k‘ɯ^{5}、k‘u^{5}、k‘i^{5}	k‘ɯ^{5}	k‘i^{5}	k‘i^{5}	k‘i^{5}
鱼	hɯ^{2}	hɯ^{2}、hu^{2}、hi^{2}	hɯ^{2}	hi^{2}	hi^{2}	hi^{2}
鸡	kəe^{1}	kəe^{2}、kue^{1} ~ ke^{1}	kue^{1}	kue^{1}	kue^{1}	ke^{1}
洗	səe^{3}	səe^{3}、se^{3}、sue^{3}	sue^{3}	sue^{3}	sue^{3}	se^{3}
皮	p‘ə^{2}	p‘e^{2}、p‘ə^{2}、p‘ue^{2}	p‘ə^{2}	p‘e^{2}	p‘e^{2}	p‘ue^{2}
过	kə^{5}	kə^{5}、ke^{5}、kue^{5}	kə^{5}	ke^{5}	ke^{5}	kue^{5}
斤	kən^{1}	kən^{1}、kun^{1}、kin^{1}	kun^{1}	kin^{1}	kun^{1}	kin^{1}
银	gən^{2}	gən^{2}、gun^{2}、gin^{2}	gun^{2}	gin^{2}	gun^{2}	gin^{2}
争	tsəŋ^{1}	tsəŋ^{1}、tsiŋ^{1}	tsəŋ^{1}	tsiŋ^{1}	tsiŋ^{1}	tsiŋ^{1}
登	təŋ^{1}	təŋ^{1}、tiŋ^{1}	təŋ^{1}	tiŋ^{1}	tiŋ^{1}	tiŋ^{1}

从这里就不难看出，旧闽南音中的央元音和后元音 ɯ、ə 经过200年间的变异，已经大多变为前系元音 i、e 了。这种元音前化应是闽南话语音演变的一条规律。

至于《渡》书的不足，首先人们会想到编书的人对此书所依据的口音没有做出交代，这当然是个失误。关于全书的体例也没做应有的说明。关于方言语音、词汇的处理则未能分清文读音和白读音以及书面语用词和口语用词。此外，在用字方面也表现出了混乱。书中用字有的是古代字书上见过，而且音义相符的；有的是见诸古字书，但音义却不相符合的；有的是训读字或俗字；还有的是杜撰的。例如上文所举的嘉钾韵中的方言词，“⿱竹孝、铰、虼、礁、脬、栅、胛、⿰钅奄、欱、⿰衤甲、粍”等是古书音义相合的“本字”。如“粍”，《玉篇》：“粘也。”《集韵》涉格切。“脚、乾、打、络、肉”是同义的训读字。有些是音义中有不相符合的。如绥，音合（测洽切）义不合（缝也）；⿰舟乇，义合（就舟也）音不合（吐盍切）；煆，义合（火气，干也）音不合（许加切）；炠，义合（火貌、火干）音不合（胡甲切）。还有些是音义都不相合的“借用字”。如籭：竹角切，箪鱼者也，用为 k‘a^{ʔ7}，盛鱼篓，不合。筊：胡茅切，竹索；又音教，卜筊，用为竹器的 ka^{1} 不合。“蟍”“傷”则是杜撰的。任何语言音素组成音节时不可能所有的音节都是有意义的。在汉语中，不论古音、今音，国音、方音，总有声韵调的组合是“有音无义”的，但是《渡》书则为每一个音节都找了一个或造了一个字来表示它。一个音义写成几个异体字也很常见。总之，在用字上，求全求多，而没有经过审核和权衡，这就为后人读懂它、利用它造成了障碍。

诚然，对一个不见经传的文人来说，没有经过语言学的训练，还能为我们编出一本收字繁多、音系清楚并能举出大量词例的韵书来，这就是难能可贵的了，对于它的审音不严、释义不清，用字不当，我们是不宜苛求责备的。总的说来，《渡江书十五音》还是一本难得的闽方言的古籍，我们应该把它视为宝贵的文化遗产，把它校注出版是十分必要的。

2000 年 10 月于厦大白城

附记：方言历来不登大雅之堂，但因为反映了地方文化，在民间还是受到平民百姓的关注的。方言所存的古籍不多，有的还只是手抄本流传。本书是熙泰兄坊间所觅得而珍藏，后来他入李荣先生之门学方言调查。李先生见书之后十分重视，给予重印、出版。厦门开埠只有百余年，厦门话的演变却记录了闽南地区的变迁史。在厦大出版时，我刚从广州回校，熙泰兄嘱我写个导言。恰好我多年来关注闽方言的各种韵书，单是闽南话就有七八种，不但很熟悉，并且也有兴趣，同时也为李荣先生和熙泰兄的热心方言古籍所感动，因而写成了本文。

本书编成之后，厦门市图书馆收到厦门市民林伟志先生奉献的另一种手抄本《渡江书》，希望我帮忙做一番鉴定。我经过与《渡江书十五音》以及其他闽南方言韵书的比较，认为这也是早期厦门话韵书。其内容体例和《渡江书十五音》大同小异，尽管是收字较少，有残缺的手抄本，但也是有价值的古籍。就其保存的“漳腔”成分较多来说，可能编成时间比《渡江书十五音》略早。厦门市图书馆将其交由鹭江出版社于 2022 年影印出版。书前有我所写的前言，有兴趣者可以参阅。

附：《华夷通语》研究

一

《华夷通语》是一百多年前在新加坡出版的，用汉字为马来语注音的马来语和汉语的常用词对照词汇手册。

关于本书的编辑缘起及改版过程，书前“驻叻领事官左秉隆”于清光绪九年（1883年）所撰的序言做了详细介绍：“南洋群岛旧本巫来由部落。自通商以来，我华人寄居其地者实繁有徒，而闽之漳泉、粤之潮州尤盛焉。但其初履异域者每因言语不通，遂致经营难遂。林君衡南有见于此，爰取巫来由语注以漳泉潮音，辑成一书，名曰《华夷通语》，使我华人熟习而强记之，自可与彼族交谈，畅所欲言，洵快事也。是书初名《通夷新语》，刻于光绪三年（1877年），迄今葛裘屡易，犹觉光景长新。然而，林君之意则欲新求新也。近复出其书于李君清辉反复校正并易今名。盖视初刻益加美备矣。林君嘱余为序，情词恳切。余重违其意，爰弁数语归之行见。吾华之人得读是书而言语相通，经营日遂，是则余所厚望也。”

自称“浯江古友轩主人”的作者林衡南在书前的例文下写道：“海国诸蕃甚多，而南洋群岛如新加坡、蔴六甲、槟榔屿及和兰爰辖地方计有百余国，俱以勿膀油话为通商之语，与中国官话无异。学者其究心焉……夷语一帙亦备经营贸易之资。此编辑成只为家叔侄辈初抵星嘉，未通夷语，艰于应对。因不揣固陋，远访旁搜，以为后生助之耳。故文不雅驯，字多俚俗。尚柬诸高阁之不暇，岂敢遽刷而售世乎！适粤省潮郡茂才陈凤人者，览是书而赞之曰：‘善哉是篇！夫看戏听歌，只以娱一时之耳目，何如习语通夷，足以谋奕世之身家。以与私之己，曷若公于人！’爰命工人刷成售世。凡居夷而有心时务者，惟能致意于是编焉，则熟于心自有水乳交融之妙，发于口断无龃龉不合之端矣。”

浯江是晋江出海口（泉州以东）一段的别名，又称“蚶江”。林衡南应是晋江人氏，南渡之后，在新加坡创办“古友轩印书馆”，出过不少书籍，在当地有相当影响。校订人李清辉及鼓动出版的潮州人陈凤人的身世及事迹均未见其他记载。

据马来语专家杨贵谊先生研究，《华夷通语》是至今所发现的新马华人最早编写的用闽南话注音的马来语、汉语双语词典。在它的影响下，后来又有《琼南音谙摩赖幼话义》（1925 年）和《巫来油通话》（1926 年）的出版，前者注的也是福建音，后者注的是海南音。本文的研究就是根据杨先生所保存的原书的复印件。

《华夷通语》共收马来语的常用词、短语和例句 2800 多条。先按义类把常用词分为 25 类，包括：

天文	地理	数目	时令	房屋
器用	人伦	工匠	身体	疾病
药材	绸布	颜料	国宝	律例
瓜菜	食物	滋味	果子	花木
禽兽	昆虫	鱼虾	埠头	船政

又按词语的字数多少分为“单字、二字、三字、四字、长句”等五类，罗列常用词语和短句。前后两部分合计 30 卷，前 15 卷为上卷，后 15 卷为下卷。

从所收词目看，都是日常生活的常用词语，并且是反映当地事物的。“埠头”收了新加坡当时的地名，“船政”则详列各式船舶的零件、工具、工种名称及航运所用术语。日常用品、食衣住行、商品百货的名目一应俱全，很能切合南洋华人的实用。从编排归类看，前 20 卷也有单字、二字、三字词语，后五卷所收多为无法归入各类名物的形容词、动词、指代词、数量词、虚词及抽象概念，三字以上多为口头惯用语。这种归类法也十分便于粗识汉字的人查用。正如作者在前言中所说：“凡自幼未入儒门，有志熟览是书，不但贸易字体精通，且熟览生巧，记明字样，即小说诸书亦易读矣。”确实也可作为初学华语华文的工具书。

《华夷通语》虽然出自不见经传的文人之手，因为来自生活，服务社会，经过流传并做过修订，因此深受当地华人的欢迎，十分畅销。在出版者防假启事中说：“此书辑成，虽非韩碑，几同洛纸。”

二

早期到新马定居的福建南部泉州、漳州和广东东部的潮州一带的人居多，因而闽南方言（在新马通称“福建话”）成了当地华人的共通话。在 20 世纪前半叶，普通话尚未推广，出洋的人多为文化不高的贫困农民，只会说方言，《华夷通语》采用汉字的闽南音为马来语注音，应该说是最能适合当地华人需要的。

但是汉字本身并不标音，其译音功能很差，同时，泉、漳、潮之间又有口音差异，即使同一口音，单字往往有文白读音的差异。《华夷通语》的标音巧妙地利用了闽南话的这些特点，采用了必要的术语和符号。

一是附加声调的说明。在《华夷通语》读法（即凡例）中关于声调有这样的说明：

平声	上声	去声	入声	下平声	下上声	下去声	下入声
关	管	贯	决	权	倦	贯	䯏

这种声调的标注显然是沿用了《汇音妙悟》的体制。《汇音妙悟》是清嘉庆五年(1800年)印行的泉州话韵书，到了光绪年间已经广为流行。当时的泉州音和现在一样，阴阳去已经混同，所以去声和下去声都用“贯”作例字。下入声例字“䯏”正是《汇音妙悟》中川韵求母下入声的例字，音 kaut$_2$，义注：善身易也。按，《广韵》末韵古活切：“䯏……《说文》善自用之意也。”按反切推，应读上入声，此为借用字。

二是创造了附加符号和术语“○、△、解说、泉音、漳音”，必要时加在字下。

所谓“解说”，就是字的白读音。至今，在泉州一带，字的“读音”指的是文读音，“解说”则是用口语注释，即指字的白读音。在《汇音妙悟》，字的白读音称为“土解、俗解、土音、土话、土、解、俗语”。闽南话里超过半数的字都有文白异读，不加注明是很容易含混的。在《华夷通语》的注音中，凡注解说符号者是白读音，字下未加解说符号者是文读音或无文白异读的音。

“泉音”指的是泉州音，“漳音”指的是漳州音。潮州音和漳州音相近无需另标。漳泉者之间虽可通话，细别起来还有不少语音差异。这些不同的读音正可以互相补充用以济音译马来语之穷。以下试举一些原书的词目及注音，加以解读及说明。(闽南音标调用1、2、3、4、5、6、7、8表示阴平、阳平、阴上、阳上、阴去、阳去、阴入、阳入)

词目	注音	马来语读音	闽南话读音	备注
星	民冬○	bintang	bin^{2}taŋ^1	冬，文读 tɔŋ^1，白读 taŋ^1
雨	羽△然	ujan	u^{3}dzian^2	羽，漳音 i^3，泉音 u^3
水泉	马罩○亚逸	mata ayer	ma^{3}ta^{5}a^{1}iek^8	罩，文读 tau^5，白读 ta^5；逸，泉音 iak^8，漳音 ik^8
一	沙诛$_{\text{去声}}$	satu	sa^{1}tu^5	诛，原读上平声，改读去声以合语调
日	夏△利	hari	ha^{5}li^5	夏，漳音 hε^6，泉音 ha^6
屋	吔骂△	rumah	lu^{3}ma^5	吔同女，泉音 lɯ^3，漳音 lu^3；骂，漳音 mε^6，白读 ma^5
铁钉	把旧○	paku	pa^{3}ku^5	旧，文读 kiu^5，白读 ku^5
手巾	沙浮○董○岸	sapu tangan	sa^{1}phu^2 taŋ^{3}gan^5	沙，白读 sau^1，文读 sa^1；浮，文读 ku^2，白读 p‘u^2；董，文读 tɔŋ^2，白读 tɔŋ^3，岸，白读 huã^5，文读 gan^5
富翁	胡聋○加△野	orang kaya	ɔ^{1}laŋ^{2}ka^{1}ia^3	聋，文读 lɔŋ^2，白读 laŋ^2，加漳音 kε^1，泉音 ka
儿子	安那$_{\text{入声}}$	anak	an^{1}naʔ^7	那，本音 nã^3，入声 naʔ^7

猫	龟静	kucing	ku^{1}tsiŋ^{4}	龟，文读 kui^{1}，白读 ku^{1}，静，白读 tsĩ^{4}，文读 tsiŋ^{4}
熟	妈沙下入声	masak	ma^{3}saʔ^{8}	沙，本音 sa^{1}，下入声为 saʔ^{8}
喜	须甲	suka	su^{1}kaʔ^{7}	须，漳音 si^{1}，泉音 su^{1}
饱	根让	kenyang	kin^{1}niaŋ^{6}	根让，泉音 kun^{1}niɔŋ^{5}，漳音 kin^{1}dziaŋ^{6}
死	妈底	mati	ma^{1}ti^{3}	底，白读 tue^{3}，文读 ti^{3}
咳嗽	峇多下入声	batuk	ba^{2}toʔ^{8}	多，本音 to^{1}，下入声 toʔ^{8}
光	得垅	terang	tit^{7}laŋ^{2}	垅，文读 lɔŋ^{2}，白读 laŋ^{2}

从以上对音看来，区分文白读和漳泉音，既便于一字多音的选择，又保证了译音的准确性。总的说来，其标音是比较准确的。

当然，也有些对音不太准确，这主要是闽南话和马来语音位系统和音节结构的不同造成的。例如，马来语辅音有“d/l/n/r”等对立，闽南话则只有一个类似 l 和 d 的音（《汇音妙悟》记为“柳”，一般标为 l），对音时就无法加以区别，例如：

路	惹兰	jalan	dzia^{3} lan^{2}	从前	流吺	dulu	liu^{2}lu^{3}
一千	实里务	seribu	sit^{8}li^{3}bu^{5}	饮	冥朗	minum	miŋ^{2}lɔŋ^{3}

以上马来语的 l、r、d、n 都用 l 对译。

又如，马来语的许多辅音都可置于音节的末尾，闽南话则只有塞音可处音节末尾，且不除阻送气，如末尾带辅音的马来语词译音就难免不准。例如：

篱笆	吧葛	pagar	pa^{1}kat^{7}	锄头	章滑	cangkul	tsiaŋ^{1} kut^{8}
雷公	勃低	patir	put^{8}ti^{1}	枕头	挽达	bantal	ban^{3}tat^{8}
去	勃宜	pergi	put^{8}i^{2}	呕吐	文罩	muntah	bun^{2}ta^{5}
上	亚达氏	atas	a^{1}tat^{8}si^{5}	田	梢瓦	sawah	sau^{1}ua^{3}
帽	高庇也	kopiah	kɔ^{1}pi^{3}ia^{4}	包	罔滑	bungkus	bɔŋ^{3}kut^{8}

在韵母方面，闽南话只有 ɔŋ，没有 oŋ、uŋ，只有 un，没有 um，只有 ɔk，没有 uk，因而马来话的 ong / ung，un/um，uk/ok 的差异也就无法反映出差别。例如：

竹笋	律望	rebung	lut^{8}bɔŋ^{5}	发誓	孙吧	sumpah	sun^{1} pa^{1}
算	希洞	hitung	hi^{1}tɔŋ^{5}	饮	冥朗	minum	biŋ^{2}lɔŋ^{3}
割	保东	potong	po^{3}tɔŋ^{1}	加薄棉	加薄	kapuk	ka^{1}pɔk^{8}
冇	高丧	kosong	kɔ^{1}sɔŋ^{1}	树	报阁	pokok	ko^{5}kɔk^{7}

可见，编者虽非训练有素的学人，对于地方方言及其韵书还是略有所知，在应用汉字注音上还是能够使粗识汉字的人能够使用的。

三

从收词的范围说，编者虽然未必有预设的词表，从词、语、句安排了25类，2800多条进行双语对照，义类的安排可使文化不高的华人便于查阅，就选取的常用词及其分类都比较合理，该详则详，该简则简，一切从生活实用之需出发。例如：

天文、地理：

风 瓩孕 angin	云 亚冤 awan
日 马罩夏利 matahar	月 武咄 bulan
海墘 直备班低 pantai	港 思雅 sungai
山冈 武吉 bukit	沼泽 丹那下平牌野 tanah paya
路 惹咄 jalan	田 梢瓦 sawah

数目时令：

一 沙诛去声 satu	二 嗽 dua
三 知迓 tiga	四 谙拔 empat
十五 里吗勿叻氏 lima belas	二十 嗽呼攴 dua puluh
六十 安滥呼攴 enam puluh	一百 实捞突 seratus
三月 武咄嗽 bulan dua	礼拜日 夏厘麵遇 hali minggu
是日 依尔夏利 ini hari	昨日 甘吗连 kamarin
晚时（夜） 妈滥 malam	今年 依尔礁温 ini tahun

房屋器用：

屋 攴骂 rumah	壁 珍莫 tembok
厕池 染萬 jambang	枋 吧版 papan
楼 老顶 loteng	牛栏 干弄肐务 kandang lembu
巡理厅 玻璃氏 polis	冷库 遇垄 gudang
斧头 加巴 kapak	锁匙 安耶君只 anak kunci
时钟 亚罗二 erloji	枕头 挽达 bantal
番仔絃 庙捞 laola	鞋 加述 kasat

人伦工匠：

工役 厨工 tukaŋ	贫人 胡聋老实僅 orang miskin
朋友 狡兔 kawan	儿子 安那入声 anak
孙儿 朱主 cucu	丈夫 捞基 laki
妻室 来哖 bini	老大（老人） 胡聋大 orang tua

父亲 峇吧下入 bapak	母亲 妈入声 mamah
罪人 胡聋沙捞 orang salah	海贼 勃农巴基 perompak
兄长 亚网 abang	大姊 加甲 kakak

身体疾病：

身体 峇兰 badan	头 角枷捞 kepada
鼻 移朗 hidung	目 妈罩 mata
口 毛律 mulut	耳 直利雅 telinga
手 薹哏 tangan	肚脐 哷杀 pusar
眼睛 美儿妈罩 biji mata	牙齿 宜义 gigi
目瞽 妈礁武礁 mata buta	咳嗽 峇多下入 batuk
呕吐 文罩 muntah	耳聋 鲽不甲 tehinga pekak

瓜菜食物：

椰油 冥若加捞吧 minyak kelapa	白糖 遇捞哷低 gula putih
吕宋炳 朱律诛 celutru	生油 冥若 minyak
猪肉 依诗峇微 isi babi	羊肉 依诗甘明 isi kambing
旺来 乃那 nangka	芭蕉 丕桑 pisang
檨仔 庞迓 mangga	甘蔗 台务 tebuh

禽兽昆虫：

牛 脸务 lembu	马 龟捞 kuda
羊 甘明 kambing	猪 峇未 babi
猫 龟峥 kucing	蛇 羽捞 ular
水牛 高罗田 kerbau	蚊仔 嚍膜 nyamuk
鳄鱼 咻爷下平 buaya	鱼 夷干 ikan

下卷还有“埠头”收录国名、都市、街道名称，“船政”收录各种大小船只及其零件（包括桅杆、船舱、罗盘、风帆等）名称。

最后是分为五类罗列，单字（384条），二字（148条），三字（44条），四字（12条）及长句（9条），共用了近600条各取同义、反义的日常用语作对译。

新列单字如：

我 赛耶 saya	尔 呅上声 lu	伊 利耶 dia
咸 亚申 masin	淡 兜曰 tauwar	辣 不叻 pedas
干 结宁 kering	湿 峇洒 basah	臭 武铼 busuk
多 满额 banyak	少 诗吉 sedikit	小 结舌 kecil
哭 马捞旺 menangis	笑 直兆瓦 tawa	喜 须甲 suka

来　妈里捞动 datang	去　勃宜 pergi	快　六葛 lekas
食　妈干 makan	饮　冥朗 minum	饱　根让 kennyang
有　亚捞$_{\text{平声}}$ ada	无　搭西 ta ala	死　妈底 mati
出　骨赖 keluar	入　妈铼 masuk	寻　者黎$_{\text{下入}}$ cari
看　丁我 tengok	见　南吧 nampak	开　武甲 buka
关　到卓 tutup	硕　结叻氏 keras	软　朎麦　lemak
厚　直密 tebal	薄　捞俾氏 lapis	长　班让 panjang
短　宾呖$_{\text{下入声}}$ pendek	高　丁宜 ting gi	低　朎捞 rendah
梁　捞览 dalam	轻　宁眼 ringan	重　勿叻 berat

四

作为一部马华常用词汇对照的书籍，仅就华语方面来说，《华夷通语》给我们提供了许多宝贵的资料。

1. 首先值得我们研究的是，《华夷通语》的词目究竟是什么样的词语体系？

一百多年前，不论是在闽南或南洋，识字的人少，懂文言的人更少，会官话的也不多。在闽语区，并没有形成书写体系，也很难全用汉字来书写方言词语。当时民间往来，书面通用的是汉字，但遣词造句则五花八门，各行其便。通常所见，既非文言也不是白话，既非共同语也不是方言，而是一种文言白话兼用、官话土话相杂、书面语口头语互混的文字。笔者 50 年前在闽南农村所见，还有不少这类文字。读这种文字时，上过私塾的多用文读音，识字不多的多用白话音，例如“山下”，文读 san^1 ha^4、白读 suã^{1}e^4，“地大”，文读 te^{5}tai^5，白读 tue^{5}tua^5（标泉州音，下同）。方言用字不同的有时就用训读。例如“脚”读 kha^1（骹），“人”读 laŋ^2（侬），“嘴”读 ts‘ui^5（喙）。《华夷通语》的词目大体上就是这种文白相杂、南北糅合的，所以作者自称“文不雅驯，字多俚俗”。

（1）有些词目古今南北本来就没有区别，例如“山、水、大、小、来、去、大海、土地、高楼、红灯、地界、墨水、茅舍、忽然、究竟”等。

（2）有些词目采用和方言说法完全不同或不全相同的官话词语，例如：（括号内为闽南话说法）

早晨（早起）	下午（下昼）	半夜（半冥）	袖口（手碗头）
头发（头毛）	眼睛（目珠）	牛栏（牛牢）	衣裳（衫裤）
账簿（数簿）	回家（转厝）	时候（时节）	穿山甲（拉狸）
睡（睏）	天明（天光）	天气（天时）	眼泪（目屎）

这类词目中，有些还在词目下用小字注方言词。例如：

屁股$_{\text{即脚川也}}$　大便$_{\text{即放屎也}}$

厨房$_{\text{即灶房}}$　冰$_{\text{与霜名同}}$

蜜荐$_{\text{即咸酸甜也}}$　蝙蝠$_{\text{土话密婆}}$

小便$_{\text{即放尿也}}$　蹲$_{\text{即跔也}}$

手扒$_{\text{俗曰手爪}}$　侧身$_{\text{乃敧身也}}$

（3）还有些词目用的是文言词，即与现代白话不同，也与方言无关。例如：

何处　彼处　许诺　如此　昔时　甚久　妻室　何故　若干

贵干　将近　诵书　与之　取来　劝谏　晓然　已归去　有何事

须谨记　能用否　尚有否　此好否　待顷刻　幸尔　救　随尔意

尔知此事　后悔莫及　有何理说　幸勿见怪　再为理论

说与我知　若不卖　则罢　我全然不识　公道价若干

尔敢食猪肉否　不可视为无关　须当留意为要

2. 更值得注意的是占有相当比例的闽南方言词。它既是一百年前的作品，又是流行于南洋的，和现今的闽南话相比较，就能说明很多的问题。

（1）许多方言词当年南洋的说法和现今闽南的说法还毫无二致。以下举例，《华夷通语》条目下的小字是注释，音标是今泉州音的说法，下同（此类有不少多音词，双音词前者为本调，后者为变调）。

天公$_{\text{老天}}$ t‘ĩ^{33}kɔŋ^{33}

雷公$_{\text{雷}}$ lui$^{24\cdot22}$kɔŋ^{33}

枋$_{\text{厚木板}}$ paŋ^{33}

敲刀$_{\text{饱刀}}$ k‘au^{33}to^{33}（厦门话）

柴梳$_{\text{木梳}}$ ts‘a$^{24\cdot22}$sue^{33}

过皮$_{\text{伤口愈合}}$ kə$^{31\cdot55}$p‘ə^{24}

干证$_{\text{证人}}$ kan^{33}tsiŋ^{31}

菜头$_{\text{萝卜}}$ ts‘ai$^{31\cdot55}$t‘au^{24}

树薯$_{\text{木薯}}$ ts‘iu$^{21\cdot22}$tsɯ^{24}

乌糖$_{\text{红糖}}$ ɔ^{33}t‘ŋ^{24}

旺来$_{\text{菠萝}}$ ɔŋ$^{31\cdot22}$lai^{24}

加薄棉$_{\text{木棉}}$ ka^{33}pɔk$^{23\cdot21}$mĩ^{24}

常时$_{\text{时常}}$ siɔŋ$^{24\cdot21}$si^{24}

塗壁$_{\text{土墙}}$ t‘ɔ$^{24\cdot22}$piaʔ^{5}

厝瓦$_{\text{瓦片}}$ ts‘u$^{31\cdot55}$hia^{22}

铜茶钴$_{\text{铜壶}}$ taŋ$^{24\cdot22}$ te$^{24\cdot22}$kɔ^{55}

面巾$_{\text{洗脸毛巾}}$ bin$^{21\cdot22}$kun^{33}

铳子$_{\text{子弹}}$ ts‘iŋ$^{31\cdot55}$tsi^{55}

头额$_{\text{额头}}$ t‘au$^{24\cdot22}$hiaʔ^{23}

膳$_{\text{肾}}$子$_{\text{睾丸}}$ sian^{22}tsi^{55}

时钟$_{\text{钟}}$ si$^{24\cdot22}$tsiŋ^{33}

铁鼎$_{\text{铁锅}}$ t‘iʔ^{55} tiã^{55}

茶砡（瓯）$_{\text{茶杯}}$ te$^{24\cdot22}$au^{33}

面布$_{\text{毛巾}}$ bin$^{31\cdot22}$pɔ^{31}

海贼$_{\text{海盗}}$ hai$^{55\cdot24}$ts‘at^{23}

目眉$_{\text{眉}}$ bak$^{24\cdot22}$bai^{24}

鼻水$_{\text{稀鼻涕}}$ p‘i$^{31\cdot22}$tsui^{55}

猪肝色$_{\text{咖啡色}}$ tɯ^{33}kuã^{33}siak^{55}

鼎铁$_{\text{生铁片}}$ tiã$^{55\cdot24}$sĩ^{33}

荷兰豆$_{\text{豌豆}}$ ho$^{24\cdot22}$lin^{33}tau^{31}

铳药火药 tsʻiŋ$^{31·55}$ioʔ^{23}

鼎盖锅盖 tiã$^{55·24}$kua^{31}

眠床床铺 bin$^{24·22}$tsʻŋ^{24}

鞋拖拖鞋 ue$^{24·22}$tʻua^{33}

祖公祖宗 tsɔ$^{55·24}$kɔŋ^{33}

目毛睫毛 bak$^{23·22}$mŋ^{34}

破相残废 pʻau$^{31·55}$siũ^{31}

告白告示 kɔ$^{31·55}$peʔ^{23}

高丽菜洋白菜 ko^{33}le$^{24·22}$tsʻai^{31}

番薯红薯 han^{33}tsɯ^{24}

饼药烧碱 piã$^{55·24}$ioʔ^{23}

臭乾烧焦 tsʻau$^{31·55}$ta^{33}

檨仔芒果 suan$^{21·22}$nã^{55}

莺哥鹦鹉 iŋ^{33}ko^{33}

天时天气 tʻĩ^{33}si^{24}

埠头商埠 pʻo^{33}tʻau^{24}

桷椽子 kak^{55}

菜砧案板 tsʻa$^{24·55}$tiam^{33}

索仔小绳子 soʔ^{5}a^{55}

嘴边腮帮 tsʻui$^{31·55}$pĩ^{33}

掌头母大拇指 tɔŋ$^{55·24}$tʻau$^{24·22}$bu^{55}

八角茴香 pueʔ^{5}kak^{5}

本事能干 pun$^{55·24}$sɯ^{21}

肥胖 pui^{24}

行路去步行去 kiã$^{24·22}$lɔ^{31}kʻɯ^{31}

倒头栽栽跟头 to$^{31·55}$tʻau$^{24·22}$tsai^{33}

点醒提醒 tiam$^{55·24}$tsʻĩ^{55}

随尔意由你 sui$^{24·22}$lɯ$^{55·24}$i^{31}

近来好消最近畅销 kun^{22}lai^{24}ho$^{55·24}$siau^{33}

露家散宅家破人亡 lɔ$^{31·22}$ke^{31}suã$^{31·55}$tʻeʔ^{23}

免哄惊我别吓唬我 bian$^{55·24}$haŋ$^{55·24}$kiã^{33}gua$^{55·1}$

蜈蜞蚂蟥 gɔ$^{24·22}$kʻi^{24}

海菜海带 hai$^{55·24}$tsʻai^{31}

菜蔬蔬菜 tsʻai$^{31·55}$sue^{33}

芎蕉香蕉 kʻiŋ^{33}tsio^{33}

鸡母母鸡 kue^{33}bu^{55}

闷虫蛔虫 bun$^{31·22}$tʻaŋ^{24}

蠘棱子蟹 tsʻiʔ^{23}

闹热热闹 lau$^{31·22}$liat^{23}

齐整整齐 tsue$^{24·22}$tsã^{55}

起价涨价 kʻi$^{55·24}$ke^{31}

冇空而不实 pʻã^{31}

生疥长疥疮 sĩ^{33}kue^{31}

劳伤痨病 lɔ$^{24·22}$siɔŋ^{33}

金瓜南瓜 kim^{33}kue^{33}

木虱臭虫 bat$^{23·22}$sat^{5}

草蜢蝗虫 tsʻau$^{55·24}$muĩʔ^{55}

现时现在 hian$^{31·22}$si^{24}

楼枋楼板 lau$^{24·22}$paŋ^{33}

失味食物变质 sit^{5}bi^{31}

加令八哥 ka^{22}nuĩ^{31}

氼水潜水 bi$^{31·22}$tsui^{55}

浴间浴室 iak$^{23·22}$kuĩ^{33}

锯鎞锉刀 kɯ$^{31·55}$lue^{31}

面盆脸盆 bin$^{31·22}$pʻun^{24}

面皮脸皮 bin$^{31·22}$pʻə^{24}

肩头肩膀 kuĩ^{33}tʻau^{24}

脚（骹）目脚踝 kʻa^{33}bak^{23}

乌布黑布 ɔ^{33}pɔ^{31}

鼻闻，嗅 pʻi^{31}

木贼墨鱼 bat$^{23·22}$tsat^{23}

蛲海蚌 gio^{24}

神佛神明 sin$^{24·22}$put^{23}

店头店铺 tuĩ$^{31·55}$tʻau^{24}

蟳$_{\text{海蟹}}$ tsim^{24}

蠔$_{\text{海蛎}}$ o^{24}

普度$_{\text{七月野祭}}$ p‘ɔ$^{55\cdot24}$tɔ^{31}

重句$_{\text{口吃}}$ tiŋ$^{24\cdot22}$ku^{31}

含痕$_{\text{破而未离，常指陶瓷}}$ ham$^{24\cdot22}$hun^{24}

有$_{\text{硬实}}$ tuĩ^{31}

和尚头$_{\text{光头}}$ hə$^{24\cdot22}$siũ$^{31\cdot22}$t‘au^{24}

头眩$_{\text{头晕}}$ t‘au$^{24\cdot22}$hin^{24}

猫面$_{\text{疳脸}}$ niãu^{33}min^{31}

嘴下斗$_{\text{下巴}}$ ts‘ui$^{31\cdot55}$e^{22}tau^{55}

脚（骹）骨$_{\text{脚和腿}}$ k‘a^{33}kut^{5}

布路$_{\text{布匹}}$ pɔ$^{31\cdot55}$lɔ^{31}

番椒$_{\text{辣椒}}$ huan^{33}tsio^{33}

阔$_{\text{宽}}$ k‘uaʔ^{5}

无相干$_{\text{没关系，不相干}}$ bo$^{24\cdot22}$siɔŋ^{33}kan^{33}

免管我$_{\text{别管我}}$ bian$^{5\cdot24}$kuan^{55}gua$^{55\cdot1}$

落价$_{\text{跌价}}$ loʔ$^{23\cdot22}$ke^{31}

洗面$_{\text{洗脸}}$ sue$^{55\cdot24}$bin^{31}

磺石$_{\text{钻石}}$ suan^{22}tsioʔ^{23}

大小细膳$_{\text{疝气}}$ tua$^{31\cdot22}$sue$^{31\cdot55}$sian^{22}

缺嘴$_{\text{豁唇}}$ k‘iʔ^{5}ts‘ui^{31}

菜瓜$_{\text{黄瓜}}$ ts‘ai$^{31\cdot55}$kue^{33}

虱母$_{\text{虱子}}$ sap^{5}bu^{55}

蟑螆$_{\text{蟾蜍}}$ tsiũ^{33}tsɯ^{24}

生理$_{\text{生意}}$ səŋ^{33}li^{55}

角头$_{\text{角落}}$ kak^{5}t‘au^{24}

枕头囊$_{\text{枕套}}$ tsiam$^{55\cdot24}$t‘au$^{24\cdot22}$lɔŋ^{24}

腹内$_{\text{内脏}}$ pak^{5}lai^{22}

失教示$_{\text{没教养}}$ sit^{5}ka$^{31\cdot55}$si^{31}

无奈何$_{\text{无可奈何}}$ bo$^{24\cdot22}$ta^{33}ua^{24}

说与我知$_{\text{告诉我}}$ səʔ^{5}hɔ$^{31\cdot22}$gua$^{55\cdot24}$tsai^{33}

割水难开$_{\text{抽刀断水}}$ kuaʔ^{5}tsui^{55}lan$^{24\cdot22}$k‘ui^{33}

现今无价$_{\text{未定价}}$ hian$^{31\cdot22}$kim^{33}bo$^{24\cdot22}$ke^{31}

有些用方言词立目的词条也用小字注明通语的说法。例如：

箸$_{\text{即筷子也}}$　透仔$_{\text{即引线人}}$　老大$_{\text{即老人}}$　后生$_{\text{即少年人}}$

莺哥$_{\text{别名鹦鹉}}$　粉鸟$_{\text{即白鸽也}}$　地龙$_{\text{即蚯蚓也}}$　杜蛇$_{\text{即四脚小蛇}}$

（2）有些方言词是早期南洋福建话的说法，现今的老年人偶尔还有这种说法，一般人就很少用了。所保留的这些老方言词特别珍贵。例如：

厕池$_{\text{厕所，粪坑}}$ ts‘e$^{31\cdot55}$ti^{24}

公所$_{\text{旧时乡政府办公处}}$ kɔŋ^{33}sɔ^{55}

客店$_{\text{小客栈}}$ k‘eʔ^{5}tiam^{31}

银匙$_{\text{银制小匙}}$ gun$^{24\cdot22}$si^{24}

栈房$_{\text{仓库}}$ tsan$^{31\cdot53}$paŋ^{24}

更寮$_{\text{更夫的工棚}}$ kĩ^{33}liau^{24}

书馆$_{\text{印书的铺子}}$ tsɯ^{33} kuan^{55}

书册$_{\text{书本}}$ tsɯ^{33}ts‘eʔ^{5}

茶罐$_{\text{沏茶用的茶壶}}$ te$^{24\cdot22}$kuan^{31}

痰筒$_{\text{痰盂}}$ t‘am$^{24\cdot22}$taŋ^{24}

挑夫$_{\text{脚夫}}$ t‘iau^{33}hu^{33}

番褛$_{\text{洋大衣}}$ huan^{33}muã^{33}

火酒$_{\text{酒精}}$ hə$^{55\cdot24}$tsiu^{55}

标致$_{\text{漂亮}}$ p‘iau^{33}ti^{31}

安歇$_{\text{歇息}}$ an^{33}hioʔ^{5}

保认$_{\text{认定，担保}}$ po$^{55\cdot24}$lin^{31}

银票$_{\text{支票}}$ gun$^{24\cdot22}$p‘io^{31}

贡缎$_{\text{一种高级绸缎}}$ kɔŋ$^{31\cdot55}$tuan^{31}

羽绒$_{\text{一种高档的绒布}}$ u$^{55\cdot24}$liɔŋ^{24}

斜纹布$_{\text{布料名称}}$ ts‘ia$^{24\cdot22}$bun$^{24\cdot22}$pɔ^{31}

番仔鼓$_{\text{洋鼓}}$ huan^{33}nã$^{55\cdot24}$kɔ^{55}
千里镜$_{\text{望远镜}}$ ts‘ian^{33}li$^{55\cdot24}$kiã^{31}
番仔弦$_{\text{小提琴}}$ huan^{33}ã^{55}hian^{24}
娼妇$_{\text{娼妓}}$ ts‘iɔŋ^{33}hu^{22}
花旗$_{\text{美国}}$ hue^{33}ki^{24}
安南$_{\text{越南}}$ an^{33}lam^{24}
吕宋$_{\text{菲律宾}}$ lɯ$^{31\cdot22}$sɔŋ^{31}
诳头$_{\text{土著咒语}}$ kɔŋ$^{24\cdot22}$t‘au^{24}
起椗$_{\text{起锚}}$ k‘i$^{44\cdot24}$tiã^{31}
报知$_{\text{通知}}$ po$^{21\cdot55}$ti^{33}
入澳$_{\text{进入港湾}}$ lip$^{23\cdot22}$o^{31}
州府$_{\text{南洋的大城市}}$ tsiu^{33}hu^{55}
椰子扫$_{\text{一种掸子}}$ ia$^{24\cdot22}$tsi$^{54\cdot24}$sau^{31}
峇厘$_{\text{客轮高等船舱}}$ ba$^{24\cdot22}$li^{24}
西国米$_{\text{西米}}$ se^{33}kɔk^{5}bi^{55}
土库$_{\text{仓库}}$ t‘ɔ$^{55\cdot24}$k‘ɔ^{31}
老君$_{\text{医生}}$ lo$^{55\cdot24}$kun^{33}
大量$_{\text{大杆秤，今通行于晋江。此可作为作者为晋江人的内证}}$ tua$^{31\cdot22}$niũ^{31}
缝筐$_{\text{针线筐}}$ paŋ$^{24\cdot22}$k‘iŋ^{33}
时钟匙$_{\text{为钟上发条用}}$ si$^{24\cdot22}$tsiŋ^{33}si^{24}
单辇车$_{\text{独轮车}}$ tuã^{33}lian$^{55\cdot24}$ts‘ia^{33}
马奴$_{\text{马夫}}$ be$^{55\cdot24}$lɔ^{24}
才情$_{\text{资质，才思}}$ tsai$^{24\cdot22}$tsiŋ^{24}
腔口$_{\text{土腔}}$ k‘iũ^{22}kau^{55}
搭客$_{\text{乘客}}$ taʔ^{5}k‘eʔ^{5}
透仔 t‘au^{55}ã^{55} 线人
胆力$_{\text{胆量}}$ tam$^{55\cdot24}$liak^{33}
保家$_{\text{担保的人}}$ po$^{55\cdot24}$ke^{33}
现银$_{\text{现金}}$ hian$^{31\cdot21}$gun^{24}
船税$_{\text{船票费用}}$ tsun$^{24\cdot22}$sə^{31}
羽缎$_{\text{一种锻}}$ u$^{55\cdot24}$tuan^{31}
树皮布$_{\text{一种粗布}}$ ts‘iu$^{31\cdot22}$p‘ə$^{24\cdot22}$pɔ^{31}
亲丁$_{\text{卫兵，随从}}$ ts‘in^{33}tiŋ^{33}
时表$_{\text{钟表}}$ si$^{24\cdot22}$pio^{55}
实叻坡$_{\text{新加坡}}$ sit$^{23\cdot22}$lat$^{23\cdot22}$p‘o^{33}
暹罗$_{\text{泰国}}$ siam$^{24\cdot22}$lo^{24}
红毛$_{\text{欧洲人}}$ aŋ$^{24\cdot22}$mɔ̃^{24}
加辘$_{\text{滑轮}}$ ka^{33}lak^{5}
落椗$_{\text{下锚}}$ loʔ$^{23\cdot22}$tiã^{31}
在港$_{\text{船停港}}$ tsai^{22}kaŋ^{55}
升篷$_{\text{扬帆}}$ siŋ^{33}p‘aŋ^{24}
地踏毡$_{\text{地毯}}$ tue$^{31\cdot22}$taʔ$^{23\cdot22}$tsian^{33}
椰糖$_{\text{椰子糖}}$ ia$^{24\cdot22}$t‘ŋ^{24}
火食刀$_{\text{西餐刀}}$ hə$^{55\cdot24}$sit$^{23\cdot22}$to^{33}
奈仔勃$_{\text{番石榴}}$ nã$^{24\cdot22}$ã$^{55\cdot24}$put^{31}
杉板仔$_{\text{小舢板}}$ sam^{33}pan$^{55\cdot24}$ã^{55}
座山$_{\text{老板}}$ tso$^{31\cdot22}$suã^{33}
好朋$_{\text{友好人士}}$ ho$^{55\cdot24}$piŋ^{24}

（3）从一些马来语的注音和汉字书写可以看到，闽南话和马来语的相互借词当时就存在了。

有些马来语的说法显然是向闽南话借用的:（以下标调类）

条目	马来语		闽南话
楼	老顶	loteng	楼顶$_{\text{楼上}}$ lao^{2}tiŋ^{3}
风炉	尫路	angglo	烘炉$_{\text{火炉}}$ haŋ^{1}lɔ^{2}
缝筐	网筐	bangking	缝筐 paŋ^{2}k‘iŋ^{1}
涂库		toko	涂库$_{\text{仓库}}$ thɔ^{3}k‘ɔ^{5}

杉板仔	sampan	杉板仔$_{\text{小舢板}}$ sam^{1}pan^{3}na^{3}

更多的是南洋的华人说惯了之后传回故土成为闽南语向马来语借用的词：

	马来语	闽南话（汉字为训读义）
嫁娶	交寅 kawin	结婚 kau^{1}in^{2}
食	妈干 makan	吃 ma^{3}kan^{1}
挑夫	龟里 kuli	苦力 ku^{1}li^{3}
死	妈底 mati	马滴 ma^{3}tiʔ^{7}
进口米	西国 sagu	西国米 se^{1}kɔk^{7}bi^{3}
荷兰薯	干冬薯 kentang	马铃薯 kan^{1}taŋ^{1}tsɯ^{2}
公道	巴突 patut	规矩，道理 pa^{1}tut^{8}
鳄鱼	啉爷 buaya	鲱仔 buaʔ^{8}a^{3}
拐杖	洞葛 tongkat	文明杖 tɔŋ^{5}kat^{7}
吕宋烟	朱律诛 celutru	雪茄 tsu^{1}lut^{8}
厕池	染万 janbang	厕所 iam^{3}gan^{2}
喜好	须甲 suka	喜爱 su^{1}kaʔ^{7}
朋友	狡冤 kawan	交弯 kau^{1}uan^{1}
友好	梭末 sobat	友好 sɔ^{1}buat^{8}
船舱	峇厘 bali	船舱 ba^{2}li^{2}

五

汉字是超方言的，各方言都用汉字来记录自己的词汇。南方方言和官话词汇差异大，于是许多“有音无字”的话只好造了许多俗字来记录。《华夷通话》的词目既然有闽南方言词汇，也就难免用了一些记录这些方言词的俗字。这些俗字有不少沿用至今，从传往南洋算起已有二百多年历史了。例如：

桷 kak^{7}	～仔：椽子	冇 tuĩ^{5} 硬实	～柴：硬木
钴 kɔ^{3}	茶～：茶壶	冇 phã^{5} 空虚	～柴：松软木头
檨 suan^{5}	～仔：芒果	蜢 mũiʔ^{7}	草～：蝗虫
芎 kiŋ^{1}	～蕉：香蕉	氼 bi^{5}	～水：潜水
蟳 tsim^{2}	海蟹	墘 kĩ^{2} 海～：海边	
蠘 tshiʔ^{8}	梭子蟹	占 tsiam^{1}	一～钱，一分钱
蛲 gio^{2}	海蚌	椗 tiã^{5} 锚	起～：起锚

蠔 o^{2}	海蛎	砧 tiam^{1}	案板

也有一些俗字后来在闽南地区并不通行：

箒	仍用帚 tshiu^{3}	簸	用本字簸 pua^{5} ～箕：簸米用
綀	仍用索 soʔ^{7}（绳子）	砙	用本字瓯 au^{1} 茶～：茶杯
樑	仍用量 niũ^{5} 大～：大杆秤	礶	用本字罐 kuan^{1} 水～
磸	后用碳 suan^{5} ～石：钻石	磘	用本字窑 io^{2} 砖仔～
莿	后用刺 tshi^{5} ～瓜：黄瓜	鲐	后用鲳 tshiũ^{1} ～鱼
樜	仍用蔗 tsia^{5}	鰇	后用尤 dziu^{2} ～鱼
磺	用本字罐 kuan^{5} 茶～：茶壶	柘	后用柚 lu^{5} ～仔

由此可见，滥造的方言俗字经过一番竞争之后，不少要被历史所淘汰。

《华夷通语》不但用俗字记录方言词，还新造了不少俗字来标记马来语。它的高明之处在于这批本来方言区没有用过的俗字——或称标音字都是用加口旁的形声字来表示的。例如：（以下例字中译为多音的字多次罗列）

叻	吗～ madat 鸦片	哧	～是 saksi 干证
噛	武～ bulan 月亮	呷	吗捞～ malaka 马六甲
嚾	新～ singa 狮子	唭叻	～～脬膀 singapore 新加坡
峇	～未 babi 猪	哖	妈～氏 manis 甜
噫	～膜 nyamuk 蚊子	嚹	～ luar 外
啉	～爷 buaya 鳄鱼	叻	不～ pedas 辣
吗	里～ lima（数词）五	攸	流～ dulu 从前
攸	～沙 lusa 后日	嚹	～ dua（数词）二
叻	诛～ tulat 大后日	哰攸	刁～～ sepuluh（数词）十
攸	～骂 rumah 房屋	吒	丹那银～ tanah gembur 肥沃地
嚟	微～ bilik 房间	呦	吃～ gelap 暗
吧哪	～～ panah 弓箭	吧	～板 papan 厚木板
吧	峇～下入声 bapak 父亲	噫呀	～～ jarum 针
嚾	武～ bunga 花	叭	其～ kipas 扇子
喏	峇～ baja 钢	唎	宾朱～ pencuri 盗贼
吧	孙～ sumpah 发誓	唠	勃～ peluh 汗
吧	加～亚比 kapal api 火轮船	啱	～ gam 树胶
哇	儿～ jiwa 性命	吗	雾里窒里～ buah delima 石榴
嚾	垄～ langit 大垄	搭	览～ lambat 缓
嗹	宾～ pendek 短	铼	妈～ masuk 入

哱妆	勃～pelor	铳子	吧	加鬃～坔 kacang polong	刀豆
哖	勿腀～berunai	文莱			

说明：本文发表于《方言》1998年第2期，后收入《东南亚华人语言研究》，北京语言文化大学出版社，2000年1月。此次收入本书时，做了一些修改。

捌　闽方言文化及外部关系研究

说“闽”

“闽”作为族称先秦就有了，五代所建的“闽国”以及延伸到后来的闽省之称，已经是千年之后的事了。闽地形成的闽方言，是汉语的古老方言，在东南沿海和东南亚有广泛流播。但是“闽”的读音和有关含义至今还不是十分明确。本文列举了古来字书注音和现今各地闽方言的读音，论证了“闽”的读音应是读为阳平调的“min”。就其历来的含义说，闽地的闽人和在这里形成并向东南沿海和东南亚散布开去的闽方言，已经使“闽”字成为历史文化的符号。本文运用地名和诸多民俗、信仰的事实说明“闽”的族源早期应是“百越”的一支，后来又和闽人与畲族和客家的融合有关。

一 “闽”的古今读音考

1. 先看古代有关“闽”的记载及其读音。

“闽”首见于《周礼·夏官·职方氏》:“职方氏掌天下之国，以掌天下之地。辨其邦国、都鄙，四夷、八蛮、七闽、九貉、五戎、六狄之人民，与其财用，九谷、六畜之数要，周知其利害。”汉代郑玄注:“东方曰夷，南方曰蛮，西方曰戎，北方曰貉狄。玄谓:闽，蛮之别也。《国语》曰:‘闽，芈蛮矣者’，唐代贾公彦疏:按郑语史伯曰;‘蛮，芈蛮矣’，注云谓上言叔熊避难于濮蛮，随其俗如蛮人也，故曰蛮。彼不作闽者，盖后人转写者误，郑玄以闽为正。叔熊居濮如闽后，子从分为七种，故谓之七闽也。按经闽虽与蛮七八别数，本其是一，俱属南方也。”《尔雅》曰:“九夷、八蛮、六戎、五狄，谓之四海。闽，亡巾反，又音文，又亡千反。《汉书音义》服虔音近蛮，应劭音近文，郑氏音旻。”[①]《平水韵》“闽”在真韵平声，与“民”同音，收有“七闽、东闽、南闽”等称谓。

郑玄、服虔、应劭都是东汉时期的经学家，郑玄山东高密人，服虔荥阳人、应劭汝南人，都在河南。按照汉代的说法，“闽”与“蛮”似是读音之别，可能就在中原一

① 《十三经注疏·周礼注疏》三十三卷，第223—224页，中华书局影印本。

带也有方音之异，但是不论是《广韵》《集韵》的无分切，还是《切韵》《唐韵》的武巾切，《集韵》的眉贫切、谟官切，《洪武正韵》的弥邻切，都是平声的读法，和“民、文”或“蛮”同音。照贾公彦的说法，闽、蛮本来同义，只是写法有别，“闽”的本义是“蛮”，与“蛮”同音，写为“闽”是误写。

《中原音韵》未收“闽”，后来的《音韵阐微》和《佩文韵府》，直到1937年初版的《国语辞典》，“闽”也只有平声的读音，与“民”同音。

在闽方言地区，早期的韵书、字典中，“闽”的注音如下：明末福州话的《戚林八音》“闽”是宾（iŋ）韵、文（m）声母、平声，与“民”同音。清道光庚寅年（1830年）编的建瓯话《建州八音》有两读，一读田（aiŋ）韵、问（m）声母、第二调，与“蛮”同音；一读人韵（eing）、问声母、第三调，与“民”同音（按建瓯话早期的浊音声母平声字，先清化的字因为调值相近而混入清去，是为第二调；后清化的字混入上声，是为第三调，二者都是来自浊平字）；1901年福州出版的《建宁方言汉英词典》（*Chinese-English of The King-ning Dialect*, Methodist Episcopal Anglo-Chinese Book Concern）的标音与此相同。嘉庆五年（1800年）编的泉州话《汇音妙悟》是“丹”（an）韵、文（m）声母、阳平声，与“蛮”同音，注解为“土”，即白读音，但未收文读音。漳州话《汇集雅俗通十五音》是干（an）韵、门（m）声母、阳平声，与蛮同音；1915年编的潮州话的《十五音全本》是干（aŋ）韵、文（m）声母、阳平调，与“蛮、忙”同音；光绪丙午年（1906年）编的古田话《加订美全八音》是宾（iŋ）韵、蒙（m）声母、阳平调，与民、明同音。

可见，早期闽方言中，“闽”的声母都是m，就韵母说，闽东音同“民”，读为iŋ；闽北、闽南音同“蛮”，读为aiŋ或an；声调都是阳平调。声母和声调在各地闽方言是一致的，韵母则分为两道：闽南、闽北与“蛮”同音，闽东则与“民”同音。这种情况很值得注意。

“闽”读同“蛮”既不是误读，也不是特殊变异，而是文白异读。就闽南话说，真—质韵就有和in—it相对应的白读音an—at，闽南最早的韵书《汇音妙悟》标有“土”字小注的有“闽、趁、襯”和“密、漆、虱”六字，该韵书文白异读并没有收全，现今的泉州话这两个韵的文白两读音还有“鳞lin-lan、陈tin-tan、呻sin-tshan，栗lit-lat、实sit-tsat”等例证。闽北韵书《建州八音》收的真（臻）韵读白读音aiŋ的字则有“闽、蔺、鳞、嗔，臻、榛、蓁”等字。显然，闽南、闽北的白读音是保留了旧层的上古音。中古的先韵字有些就是来自上古的真部，在谐声时代“真、寒”部的字也是可以通谐的，例如“民—眠，真嗔瞋慎—滇颠填，粦鳞磷麟隣—憐嫾，臣腎—堅”等，在上古都是真部，到了中古，前者是真韵，后者是寒韵。

从闽地的读音而言，音“蛮”是早期传下的白读，音“民”是中古字书所注的文读。不论是上古层的音或是中古层的音，都是浊音声母平声调。

2. 再看“闽”的现代读音。

在闽方言以外的现代方言中，据《汉语方音字汇》[①]所记读音，8种官话方言都与“民”同韵，但读为上声调。闽方言各点和梅县客家话、长沙、双峰的湘方言与“民”同音，读为阳平调；其余方言也与“民”同韵，但不读阳平调：苏州为阴平，温州、广州为阳上，阳江和南昌为阴上，南昌另有一读为阴去。

可见，“闽”的读音，在闽方言区和连界的客家话以及属于古楚语的湘方言区都还读为浊平调，官话来自上声，其他南方方言中也有从上声来的。作为一个地名、族名专用字，本土的读音和邻近方言的读音（阳平调）都是符合古音的反切，应该是比较可信的。问题是，官话和其他方言的上声读法究竟是怎么来的？《说文通训定声》曾有一种说法：“旻，假借为闵。《诗·大雅·召旻》：‘召旻，凡伯刺幽王大坏也，旻，闵也，天下无如召公之臣也。’”[②]“旻”在广韵只有平声的反切，假借为“闵”，仅此一说，即使可信，这种不多见的假借恐怕也不可能有这么大的影响力。官话方言这种普遍存在的变读看来另有原因。从同音字的情况看，读为阳平的min的常用字只有“民”，而读为上声的min的常用字则有“闵、皿、泯、悯”，原来反切属于平声的“闽”（武巾切）和“抿”（眉贫切），因为不常用，又是作为陌生的地名专用字，可能就按照声旁类推（闽—闵、抿—泯），读成了上声。从“名从主人”的原则说，“闽”的声调在中古音应该属于平声，在现代音，次浊平声也应是“阳平”调。

以下再看现代闽方言“闽”字读音的四种类型及其分布。为便于阅读，以下语料不标音，除了已经公开发表的著作、论文之外，都取自香港中文大学和厦门大学合作的2003年开始调查的“大闽语研究计划”所记录的材料（该课题语料已经备齐，未发表，本人和香港中文大学的张双庆教授是课题负责人）。

类型1：闽＝蛮≠民，见于厦门、漳州、南安、晋江、潮州、潮阳、澄海、汕头、揭阳、海丰、台北、台南（鹿港）、仙游、永安、三明（三元）、沙县、建阳、崇安、石陂、菲律宾（马尼拉闽南话）、泰国（曼谷潮州话）、马来西亚（槟城闽南话），共22点。

类型2：闽白读＝蛮、文读＝民，见于泉州、莆田、建瓯、尤溪、福鼎，共5点。

类型3：闽＝民≠蛮，见于福州、古田、福安、寿宁、苍南（闽南话）、上饶（紫湖闽南话）、惠东、龙岩、明溪、泰宁、建宁、将乐、海口、文昌、乐东，共15点。

类型4：闽＝敏（上声）≠蛮、民，见于泰顺（蛮话）、苍南（蛮话）、大田、电白、海康、中山（隆都闽东话）、政和（镇前），共7点。

---

① 北京大学中文系语言教研室编《汉语方音字汇》（第2版），王福堂修订，（北京）语文出版社，2003年。

② 《汉语大字典》（缩印本），第629页，湖北四川辞书出版社，1992年。

就分布情况说，类型 1、2、3 都是只读阳平调的，这和闽方言韵书所反映的早期形成并定型的闽方言的读音是一致的，共有 42 点，占绝大多数。类型 1、2 都有和“蛮”同音的读法，共有 27 点，占其中的多数，分布在闽南、闽中、台湾、潮汕，都属于闽南话区和莆仙话区。在福建境内的闽方言，读为上声调的只有大田和政和（镇前），变读原因待考。此外类型 4 的 5 个点，都是分布在浙江和广东，与吴方言、粤方言连片，显然是受当地的非闽方言影响的结果，温州吴方言和广州粤方言都把“闽”读为上声可以为证。在闽方言本土只有个别点是读为上声的，也许是近代以来受普通话影响的结果。

可见，反映闽方言本色的是阳平调，更具本土特色的是“闽、蛮”同音。

官话方言和一些非闽方言读为上声都是不合古音的反切和本地传统读音的。《新华字典》和《现代汉语词典》把“闽”的字音定为上声，可能是按照多数官话地区的读法来定的。如果按照“名从主人”的原则，作为族名、地名的“闽”，如果把“闽”的现代音定为阳平调的 min，可能更加合适。但是，定为上声调有多数官话方言和一些南方方言为据，且已经推行 60 年了，怕也很难更改了。

二　“闽”的历史文化蕴涵

“闽”对于福建省和闽方言来说，不只是一个简单的名称用字，而是蕴含着多方面历史文化意义的重要符号。

1. 为我们提供了闽地、闽人和闽方言的历史见证。

从历史上说，福建的开发是比较晚的。汉代的江南，还被认为是“方外之地”，直到汉武帝时，因“东越狭多阻，闽越悍，数反复，诏军吏皆将其民徙处江淮间，东越地遂虚”。（《史记·东越列传》）长期在厦门大学任教的人类学家林惠祥教授早在 1947 年《福建民族之由来》一文中就指出：“闽地多山林岛屿，易于藏匿，岂能全迁其民，使无孑遗。不过其伏匿再出者人数既少于前，自晋以后汉人来者渐多，故逐渐被吸收于汉族之中……古时整个越族占居于今之浙江、福建、江西、广东、广西等省，即中国之东南部，此全部越族均汉代以后被吸收同化于汉族之中，故作者认越族为汉族四大来源之一。”[①] 林惠祥先生早年的这一说法堪称真知灼见。

关于“闽”和“越”，又是国名，又是族名，文献里并没有统一、明确的界定。《说文解字》：“闽，东南越，蛇种。”这里说的“闽”是“越”的一支。《史记·吴太伯世家·索引》释“荆蛮”条：“蛮者，闽也，南蛮之名，亦称越。”按照这个说法，闽、越是蛮的族类中的同族异名。近人蒙文通则说：“越本国名，其族为闽，后亦用于族称，泛

① 《林惠祥文集》（中），第 744 页，厦门大学出版社，2012 年。

指古东南沿海之民族。自越王勾践灭吴称霸之后，‘越’名大显于世。战国而后，又有‘百越’一词，泛指古东南沿海暨岭南地区及其居民。”[①] 这是古今联系起来的解释。史上所称的“百越”先后有于越、扬越、吴越、瓯越、闽越、东越、南越、骆越、滇越、外越、山越。闽越是其中的一支，居住在闽地，这是可以肯定的。据《东越列传》记载，秦统一六国时，将闽越王无诸、越东海王摇“废为君长，以其地为闽中郡”，但是实际上“闽中郡”可能只是虚设，至今史学界还无法确认，哪里是它的治所。到秦末大起义时，闽越、瓯越和南越都发兵佐汉抗秦，“汉高祖五年，以无诸为闽越王，统治闽中，定都东冶”。[②] 1959年以来陆续发掘，后来在武夷山景区仿建的“崇安汉城”，一般都认为是闽越王的王城故址。

不过，福建人口的大幅度增加是后来魏晋时期和唐五代的两次中原汉人南迁的事。有个统计数字很能说明这个事实。据陈景盛考订，从南朝宋（420—479年）到唐建中（780—783年）的三百多年间，福建人口从37 524人增至536 581人，翻了14倍，突破了50万。第一次从几万人发展到50万人是经历过南北朝三百多年大乱、北人南迁的结果。这次跃进显然和初唐陈元光征讨平定汀漳有关，漳州的增设是唐垂拱二年（686年）的事。之后，到宋嘉定十六年（1223年）全闽人口增至3 230 578人，四百多年间又翻了6.2倍，突破了三百万。[③] 另据《元和郡县图志》的统计，元和年间（806—820年）福建的五个州共有户口114129户。第二次从50万发展到300万则是经过五代时王审知统一全闽、休养生息的结果。这两个数字大体是可以相互论证的。历来关于闽语的历史研究，多数学者认为，闽语正是在中晚唐时代形成，五代十国时期定型的。那以后，闽人在闽地的垦殖开发，从五个州拓展为八个府，据《福建历代人口论考》，至清初（1661年）全闽人口已达2106万，后来由于迁台和出洋及自然灾害减员，到民国初是1500多万。这就是闽地、闽国、闽人、闽方言所串联起来的大体历史。

2. 闽地的闽人、闽方言所打造的闽文化展示了可贵的品格和风采。

宋元以来发展起来的闽文化是富于奋斗精神的海洋文化，这是闽人在向东南沿海拓展和走向海洋的过程中锤炼出来的崭新的品格。

闽地布满了高低起伏的丘陵，按照中原大地的农耕老法，人口略为增长就难以对付了。进入两宋时代，闽南人（尤其是从泉州分立的“兴化军”）就陆续涌向潮汕平原和雷州、琼州，明清之后又大批量迁往台湾和港澳，几乎遍布于闽粤沿海和台琼两个最大的海岛。在近海拓展获得业海技术之后，又进一步走向海洋。宋代地理总志《舆地纪胜》曾援引惠安人谢履的《泉南歌》——“泉州人稠山谷瘠，虽欲就耕无地辟，州南有

① 陈国强、蒋炳钊等《百越民族史》，第176、313、314页，中国社会科学出版社，1988年。

② 朱维幹《福建史稿》上册，第28页，福建教育出版社，1984年。

③ 陈景盛《福建历代人口论考》，福建人民出版社，1991年。

海浩无穷，每岁造舟通异域”，这是闽人靠着造船和航运走出海洋的最早记录。南宋时期泉州港一跃成为世界大港，早有马可波罗做了详细的描述。至少从那时起，把大宗本地盛产的瓷器和茶叶运往西洋，从而开辟了南方的丝绸之路，这是人所共知的历史事实。

不论是手工操作的近海捕捞或是靠季候风远渡重洋，向海洋进发，在缺乏现代技术、全靠人力手工操作的年代，所遭遇的艰险是可想而知的。闽南话常说的“过乌水”，“行船走马三分命”，“敢拼才会赢”，这种面对艰难险阻、勇敢开拓的奋斗精神，就是在长期海洋生活中练就的。在早期海上播迁的时代，闽人在异地异邦能够得以生存和发展，一是靠冒险拼搏精神，二是靠群体的抱团互助。移居外地的闽人往往是依姓氏聚居，族人乡亲之间，互助友爱，有难同当，乡音、亲随就是维持大大小小的群体能够随遇而安的重要黏合剂。数百年来，从闽地走出的闽人，早已多出留在故地的人口几倍了。如果说福建省内说闽方言的人大约有 2000 万，在粤、琼繁衍的和在台湾、香港定居的以及散布在东南亚的闽人后裔可能已经超过 6000 万人。在东南亚的华裔之中，闽人曾经占了近 2/3 之多，在华语（普通话）普及之前，闽南话曾经是东南亚华人的共通语（当地称为“福建话”）。西洋人最早知道中华文化就是在东南亚从闽人的生活言行开始的。就这一点说，闽人、闽文化为主开辟的海上丝绸之路是中华文化走向世界的最早机缘。

海洋文化把闽人带到海外的异域，在异国他乡的生活也使闽人见识了许多新知，涌现了一批理论家和改革者。在清末的变法维新运动中，留学英国的福州人严复，回国后翻译了《天演论》，当了北京大学的校长，面对腐朽的封建统治，提出了变革社会的“鼓民力、开民智、新民德”理论；出生于马来的同安华侨辜鸿铭，欧洲游学时就把中国儒家的主要经典翻译成英文和多种文字，介绍到欧洲；回国后，在北京大学当教授时还对西方文化的核心理论进行了深刻的评判。从新加坡归来的厦门人卢戆章则是为变革教育而提倡把汉字改为“切音字”的第一人。闽式的海洋文化最可贵的是它的“变通”与“忠诚”的统一。在本土的丘陵地，人多地少的自然经济难以满足人口增长的需求，早就懂得了向海洋进发和开拓，这就是变通；走到了异邦，闽人随遇而安、和外族友好相处，图谋发展，却从来没有忘记自己是闽人、是华人，总是惦记着故国文化，关心故乡建设，这就是忠诚。几十代人过去了，东南亚各地建立的同乡会、宗亲会至今还是沟通乡音乡情的场所。代代新人早已精通当地语言、融入当地社会，但是，故乡带去的闽方言在许多地方还在中老年的闽人中保存完好。不论是港台或东南亚各国的闽人，普遍保持的“双语”和“多语”现象，成了一道生动的语言风景线。

三　关于“闽”的族源和信仰

对于“闽”的文化考察，还应该有民族学、民俗学的视角。百越中的“闽越”究竟是现代南方民族中的什么民族？至今还没有明确的结论。1936年出版的林惠祥的《中国民族史》说：“越以百称，明其种类之多。如在春秋时有于越，战国有扬越，汉有瓯越、闽越、南越、骆越，三国时有山越，杂居于九郡之山地，足证汉以前百越之多称为不诬也。”“整个越族占居于今之浙江、福建、江西、广东、广西等省即中国之东南部，此全部越族均汉代以后被吸收同化与汉族之中，故作者认越族为汉族四大来源之一。”[①]林先生的弟子们所编的《百越民族史》也认为，汉武帝统一南越和闽越之后，百越逐渐被汉族所同化，成为当地汉族的一个重要来源，还有一部分则发展演变为现在的少数民族。学术界看法比较一致、佐证较多的是“属于壮侗语族的诸民族，如壮族、侗族、布依族、水族、毛南族以及海南的黎族和台湾高山族等，此外如畲族、瑶族和傣族也认为与百越民族有密切的渊源关系”。[②]武夷山既然是闽越国的根据地，那里的“悬棺葬”之习俗应该是考察闽越族属的重要线索之一，这种葬俗还见于广西、云南的说壮侗语的民族居住区。武夷山南侧的邵武市有几处带“拿”字的地名（拿口、拿上、拿下），“拿”又有特殊的读音（与作为动词的“拿”读为不同调），如同雷州半岛许多地名中的“那”，应该就是壮语的“田”的读音“na”的留存。又，汉代刘向《说苑》所记录的《越人歌》，经过壮语名家韦庆隐的论证，已被确认为用壮语唱的。在闽方言还发现了一些壮侗语存留的“底层词”。例如，闽南话地区的“湳 [lam]”作为地名就是表示“烂泥、下陷”的意思，和现代壮侗语也有明显的同源关系。[③]地名是记录民族迁徙的最好证据。这些地名材料可以证明，古代的闽越人很可能就是使用壮侗语的。说壮侗语的闽越人融化于汉族，应该是在西汉到中唐的一千年间的事，如今又过去一千多年了，在中原汉族主体文化的持续地强力影响之下，能够找到的闽越人语言的蛛丝马迹肯定是不多的了。

说到福建的民族，不能不考虑现今在福建聚居最多的畲族。据2000年第五次人口普查，畲族人口70万，定居在福建省内的有一半以上，单是在闽东的福安、宁德、罗源一带就有近20万人。福建省的闽北、闽西、闽南都有数量不等的分布。除福建外，聚居较多的是浙南的景宁、平阳、瑞安和浙东、浙北的一些地方，以及粤东、赣东的少数村落。许多地方的畲村都保存着叙述畲族迁徙史的《高皇歌》。这首长篇叙事诗不但交代了“高辛皇”抗敌救国、立功后变为人身并与公主婚配，生育了三男一女，传下盘、蓝、雷、锺四姓的历史，也叙述了从祖居地广东潮州凤凰山出发，经过闽南、闽西和闽北一直迁徙到闽东、浙南的全过程。据史籍所载，初唐总章年间（669年）有“泉潮间蛮僚啸乱”，来自光州固始县的陈元光就是围剿畲民之后，于公元686年向李唐王

---

① 《林惠祥文集》（中），第47、744页，厦门大学出版社，2012年。

② 陈国强、蒋炳钊等《百越民族史》，第176、313、314页，中国社会科学出版社，1988年。

③ 李如龙《福建方言》第4章第1节《闽方言中的古越语底层》，福建人民出版社，1991年。

朝请立漳州的。之后，汉族与畲民还有反复的争斗，711年，畲民追杀了陈元光。到唐末乾宁（894—898年）年间，又有“黄连洞蛮二万围汀州”，直至宋元数百年间，还一直有畲民的起义，足见其势力之强大。而宋元之后，正是客家人自赣南移徙闽西、闽南的高潮。就在闽西南的山区共同进行刀耕火种的劳动生产和通婚往来的过程中，畲族和客家人实行了民间的和平融合。现今的畲族除了广东的海丰、增城、博罗一带一些畲民保存了接近于瑶族布努语的本族语之外，闽浙两省的畲族所说的语言已经大部分接受了客家话的语音系统和词汇语法的特征，同时也就地吸收了一些闽方言或吴方言的词汇。[①]

可见，现代畲族是宋元之后和福建的客家人和说闽方言的人实行融合共处的。由于历史文献的缺乏，在凤凰山和闽南、闽西之前，畲族的起源是被称为“湖南武陵蛮”的瑶族，或是闽粤赣的百越土著？至今民族学界还没有定论。从盘瓠传说和图腾看，畲确与瑶同源，但是，从另一种关于蛇的崇拜来看，又是和古百越有密切的联系。

汉代刘向的《说苑·奉使》说越人：“剪发纹身，灿然成章，以像龙子者，将避水神也。”《淮南子·原道训》则说：“攢发文身以象鳞虫”，高诱注：“文身刻画其体，内墨其中，为蛟龙之状。以入水，蛟龙不害也，故曰以象鳞虫。”《吴越春秋·阖闾内传》说吴越立蛇门：“越在巳位，其位蛇也，故南大门上有木蛇，北向首内，示越属吴也。”顾炎武《天下郡国利病书》引《潮州志》云：“以南蛮为蛇种，观其疍家神宫蛇像可知。”屈大均《广东新语·鳞语》则说：“南海，龙之都会，古时入水采贝者，皆绣身面为龙子，使龙以为己类，不吞噬。”[②]可见，古百越普遍有蛇的图腾崇拜。在福建也曾有过不少蛇神庙、蛇王宫的报道，如漳州南台的“蛇王庙”，长汀城西罗汉岭有蛇王宫，南平樟湖坂有蛇王庙，闽侯洋里有蛇王宫，香火甚旺的平和三坪寺也供有蛇神“伺者公”，在永春，还流传着“蛇郎君”的传说。在樟湖坂不但有香火很盛的蛇王庙，而且有每年一度的“蛇王节”。相传当地曾经流行过霍乱瘟疫，乡民往蛇王庙祈求平安，七月初七那天，天上飞过大蟒蛇，吐火驱除瘟神，乡民得救，遂立蛇王节，入夏即捕蛇豢养于瓮，到七月七日即聚众游行，群蛇上轿出巡，人蛇共舞，而后归位放生，以示感恩。《说文解字》所说的“闽，东南越，蛇种”，在东汉时代应该是有所根据的。

畲族的传说和习俗中也有不少表明蛇崇拜的。畲族的习俗历来不吃蛇。闽东畲民祖祠里都供有“龙头祖杖”，祭祖时都要跳龙头舞，而后把龙杖放进神龛接受香火。驱鬼治病时也跳“八字魔蛇舞”。久居山区的畲民难免要和蛇打交道，也曾用蛇制药除病，编唱长篇的白蛇长歌。在闽东古田一带，还有一个流传广泛的传说：那一带原来有每年以幼童供养“蛇公蛇婆”的习俗，为了破除这个陋俗，陈靖姑奋力斩“南蛇”，此俗遂

① 关于畲族的历史和语言，可参阅毛宗武、蒙朝吉《畲族简志》，民族出版社，1986年；游文良《畲族语言》，福建人民出版社，2002年。

② 此段数条材料均转引自何光岳《百越源流史》，第13—15页，江西教育出版社，1989年。

除。从此，民间以陈靖姑为地方保护神加以崇拜，又编了《奶娘传》的长歌传唱。综上所述，从古百越到闽地各处，包括畲族地区，都有过蛇神的崇拜。①

从百越解体和汉族融合到现在已有两千多年，不论畲族是百越的一支或是从“武陵蛮”迁徙来的，从离开粤东凤凰山到现在也有一千年了。在诸多民族共处的过程中，在自然环境不断变迁、社会生活快速演进的过程中，一切意识总是客观的物质存在所决定的。民族也好，族群也好，习俗和认识都会发生种种变异和整合。龙图腾和蛇崇拜可以互通、转移、融合，狗王图腾也可以容纳蛇神崇拜，乃至转变为来自某个活人的崇拜。林惠祥在他的名著《文化人类学》中写道：“原始宗教自始即包含种种观念，因为单用一种观念来解释种种复杂的现象非他们原始人类的脑力所能及；一种观念解释不来时，自然会生出别种观念。主张等时说的说魔术和宗教是自始相混合的，然则在这种混杂的心理之中恐怕各种观念都会有。”② 对于任何一个历史久远的民族和族群的精神文化，包括其习俗、信仰都应该采取这种综合、灵活、互动的观点和分析方法。用这个观点来理解和解释畲族和闽地的历史关系，就是顺理成章的了。不论畲族最早发源于何地，在闽地，和闽人、客家人都有过征战和融合，和古代的“东南越”的历史文化也有长期的浸淫，畲族的文化和闽文化有密切的关联这是毋庸置疑的。中华民族在长期发展过程中经历过多次大规模的归整和融合，在研究少数民族和地域文化的时候，林惠祥先生的这个观点是有重要的指导意义的。

从古代字书的反切和现代各地闽方言的读音可以证明，就“名从主人”的原则说，“闽”的标准读音应该是min的阳平调。不过，由于闽方言以外的多数方言，尤其是人口最多的官话方言，大多读为上声，现代汉语的字典、词典也已经标为上声调，恐改动不易。就闽地的历史文化事实说，地名中的“拿”表示“田地”，“湳”表示“烂泥”，这是壮语的“底层”，从武夷山的“悬棺葬”也见于西南诸省，则可以说明，和现代壮侗语及其习俗相关。“闽”作为族称，早期应该是“百越”族的一支（闽越）；从“蛇王庙、蛇郎君”的崇拜则可以证明，中古以后住在闽地的闽人和畲族与客家人的民族融合也是相关联的。

说明： 本文2015年12月在第14届闽方言国际学术研讨会（潮州）上宣读过，后发表于《第14届闽方言学术研讨会论文集》，世界图书出版公司，2017年。收入本书有修改。

---

① 参见施联朱、雷文先主编《畲族历史与文化》，中央民族大学出版社，1995年。

②《林惠祥文集》（上），第420页，厦门大学出版社，2012年。

福建方言的文化类型区

方言与地域文化

语言是协调人类社会生活不可或缺的交流手段，是帮助人类从动物界分化出来的最重要的因素之一。人类认识世界、改造世界的一切成果都借助语言加以记录和认定。从这个意义上说，语言和文化是同时产生，同步发展的。语言既是文化的载体，又是文化的重要组成部分，并对文化产生各种影响。民族语言是民族文化的最重要表现形式，也是民族文化的重要特征。作为民族语言的地域变体——方言，自然也与地或文化密切相关。

研究语言和文化的关系可以做微观的考察。例如，某些作物的名称和传说，记载着经济史上的事实。闽粤地区有番薯、番椒、番柿、番石榴、番黍，北方地区有胡椒、胡豆、胡萝卜、胡瓜。“番”“胡”说明这些作物最初来自域外，都是“舶来品”。某些事物的名称寄托了人们对历史事件或历史人物的怀念。福州的光饼、征东饼是纪念平倭英雄戚继光的。为了纪念孙中山，各地有中山路、中山公园，还有中山装（服式）。有些异地同名的地名和方言岛的存在，则往往成为集体移民的历史见证。语言中的避讳反映了曾经存在的禁忌习俗。亲属称谓往往跟历史上的婚姻制度相关，社会称谓常常表现不同的时代风尚。“底层”现象和借词则说明不同民族之间的血缘相关和文化交流。

研究语言和文化的关系也可以进行宏观的考察。例如，语言有抽象的语言体系和具体的言语变体，文化则有社会共同的规则和不同个体的行为反映，它们二者的存在形式就值得比较。语言有横向线性的组合关系，也有纵向的聚合关系，文化的系统也是多种子系统整合而成的，这种整合之中有传统的选择、改造或扬弃；有适应新环境的变异和创新；还会有不同族群之间的相互交流。语言的深层结构往往更多体现超时空的共性，其表层结构则更多属于一定的民族的、地域的或时代的个性，文化也有全人类共同的特点和民族、地域、时代所具有的特点之分，这都可以从结构形态上进行语言和文化的比较分析。

福建是以方言繁多而著称的省份。在众多的方言中，可以区分为不同的类型，而这些语言类型差异又是和社会文化类型差异直接相关的。本文试就福建境内的方言类型和文化类型做一番初步的比较研究。这种类型分析也是一种宏观的语言与文化的关系的考察。

福建方言的分区

经过多年来的调查，福建境内的方言可以分为五大类、七大区、两小区，这已经成为学界的共识。

五大类　除闽方言、客方言、赣方言（下详）之外，还有吴方言（通行于浦城县南浦镇以北大半个县）；以及两个官话方言（或称北方方言）岛：南平市区“土官话”和长乐县洋屿满族乡的“京都话”。

七大区　①闽东方言区：分布于福州市及宁德地区所属18个市县，以福州话为代表。②闽南方言区：分布于厦门、泉州、漳州三市所属22个市县及龙岩地区的两个市，以厦门话为代表。③莆仙方言区：分布于莆田市所属3个区县，以莆田话为代表。④闽北方言区：分布于南平市所属大部分地区，以建瓯话为代表。⑤闽中方言区：分布于三明市所属的列东区，列西区，永安市及沙县，以永安话为代表。⑥闽客方言区：分布于闽西的永定、上杭、武平、长汀、连城、宁化、清流等7县，相对而言，老府城长汀话各县的人较为好懂，可作为代表。⑦闽赣方言区：分布于闽西北的邵武、光泽、建宁、泰宁等4市县，邵武话较有代表性。

以上①至⑤区属于闽方言。在五个闽方言之间有一个小过渡区，包括尤溪城关话及大田、尤溪、永安、沙县交界地带的“后路话”，是一个兼有闽方言各区特点且差异较大的土语群。在闽方言和客赣方言之间也有一个过渡区，包括顺昌（西部、南部）、将乐、明溪三县，兼有闽方言和客赣方言的特点，其中，明溪话有更多客方言特点，有人归为客方言区，顺昌话则有更多闽方言的特点。

福建方言的文化类型

语言的分化和整化，方言差异的大小，方言演变的快慢，在社会生活中方言交际功能的兑现效果都和社会的文化历史背景直接相关。考察方言演变的现状和社会文化的关系，是“外部语言学”，也可称为文化语言学。把方言演变的现状归纳为若干类型，探寻它与社会文化类型的关系，便是方言的文化类型研究，也可称为方言的社会类型研究。下文将从共时差异、历时演变和功能效应三个方面对福建境内的方言做一概略的类型分析。

1. 向心型和离心型。就共时差异说，福建诸方言有向心和离心两种类型。向心型方言内部差异小，方言意识强，有明显的中心——代表点方言，方言区域的边缘比较清楚，与别区交界处常为双语过渡；离心型方言内部差异大，方言意识弱，无明显的中心，方言区域的边缘比较模糊，与别区方言有时会出现渐变过渡。

闽方言中，沿海三区是向心型的，各自的内部差异较小，区内都可通话，一般人都有明确的方言意识和认同感，知道本地话属于何种方言，以什么话为标准。福州话、厦门话、莆田话在本区内有较高威信，对各地小方言有明显的影响。如福州话在闽东方言区内18个县市八百万人口中大体可以通行，各地虽有方言歧异，多以改口学福州腔为时尚。闽南方言区的诏安、平和、南靖西部与闽客方言连界，交叉地带兼通闽南话和客家话；仙游南乡和惠安北乡兼通闽南话和莆仙话；福清南和莆田北则兼通闽东话和莆仙话。内陆两区闽方言则属于离心型方言。闽北方言东西两片（建瓯、松溪、政和为东片，建阳、武夷山为西片）之间难以通话，北端的浦城南郊石陂和南端的南平市郊及顺昌东南郊也不易通话，区内没有明显的认同感，民间也没有“闽北话”之称。建瓯历史上虽为府治所在地，但建瓯话对区内方言并未产生标准语的影响。闽中方言由于区域小，内部实际上还难以通话，彼此差异较大，也没有明显的代表方言，民间更未有“闽中方言”之称，由于其他地区人都很难听懂，民间曾有“唔得知”（听不懂）话之谑称。在闽中、闽北之间是渐变型的过渡，没有明显的边界。例如从南平、顺昌到沙县，过一个乡差一点，邻乡之间又大体可懂。

闽赣方言只有四县市，也是“各自为政”，彼此差异较大，难以通话。没有形成过中心，府城邵武话在各县并无高威望和大影响，也没有区域方言的观念。西北部与赣方言连界，可以通话，东部南部则边缘模糊。和闽客赣过渡区之间也是渐变型的。

闽客方言又分南北中三片，南片上杭、永定、武平之间较为相近，与粤东客家话大体可以相通，有较明确的客家意识。北片宁化、清流较为接近，但与南片有较大差异，通话有困难，客家观念已经淡薄；长汀话由于兼有南北片特点，历史上又长期作为府城，音系简单，南北片的人较为易懂。连城县内口音特别复杂，有互不通话小方言十多种，是客家方言中典型的离心型方言。

两个过渡区也是典型的离心型方言区，一县之内常有几种口音，甚至不能通话。

2. 稳固型和变异型。就历史演变来说，福建诸方言有稳固型和变异型两种类型。稳固型比较保守，变化慢，新老派口音差异小，对于外方言和共同语是封闭的，不易受影响，其方言特点比较鲜明，方音与古音的对应比较整齐；变异型方言变化较快，往往有明显的新老派口音差异，对别区方言及共同语是开放的，易受影响，其方言特点常是多元（多来源、多层次）的，甚至表现为不同程度的混合体，因而方音与古音的对应多不整齐。从总体上说，历史演变的两种类型和共时差异的两种类型又是相应相关的，向心型方言较为稳固，离心型方言则会有更多的变异。

闽方言中，沿海三区是稳固的。三百年前所编福州话韵书《戚林八音》和现代的福州话并无太大区别，至今还是闽剧艺人编唱词时所用押韵的依据；二百年前的泉州话的《汇音妙悟》、漳州话的《十五音》和现今闽南话也无重大变动，明末传下来的《荔枝记》（后称《陈三五娘》）唱本，闽南人还大体可以读懂。这三区方言所受别方言及普通话的影响都不大，就语音说，现代方音与古音音类的对应都比较整齐。就用词说，四十年来最通行的称呼“同志”在厦门还常说成“友的”，在福州话则有新造的方言词“依志”来表达。迁居二三百年，隔绝近百年的台湾同胞回闽南探亲寻祖时才发现还能通话无阻。这怕是中外古今所少见的。闽北、闽中两区则显然属于变异型。相对而言，建瓯话和永安话变化较慢，乾隆年间所编《建州八音》和现代建瓯话也无大变化。其余县市新老口音往往有很大差别，年轻人甚至说不清本地话，闽江上游两岸各县的闽北方言深受闽东方言的影响，如沙县的“变韵”就显然是从福州话来的。各地受普通话影响更大，由于对外“开放”，兼收并蓄，这些方言与古音对应关系都有些驳杂。

福建境内的客赣方言中，闽西客家话的南片（上杭、武平、永定）是典型客方言，较为稳定；闽赣的建宁话也比较保守，这显然是因为它们与客赣方言连片并且交往也多。其余地区变异都比较多，对外也是“开放”的，受相邻的闽方言和普通话的影响都较大，因而与古音对应繁复。词汇上也有同样的反映。

两个过渡区的方言都是不同程度的混合体。顺昌、将乐、明溪兼有闽、客、赣的特点，大田、尤溪各区则含有五区闽方言的不同特点。

3. 扩展型和收缩型。就功能效应说，福建境内的方言有扩展型和收缩型之别。所谓扩展型，表现在方言的分布上是自本土向外扩展，流播面广；表现在现实应用中，不论是语用场合或语体类型都比较周全，方言与普通话是双语并用，对内对外有所分工。所谓收缩型则是流播地域表现为收缩状态（受别方言“蚕食”或同化），使用场合和语体类型都比较狭窄，在社会交际生活中，普通话逐渐取代着方言。

闽方言中，闽南方言是扩展的典型。数百年来，闽南方言随着闽南人的足迹走遍东南沿海，横渡台湾海峡，布满台湾和海南两个大岛，远涉东南亚各国。论语用环境，政治、经济、文化各个社会生活领域都可通行无阻；论语体，口语之外书面语有完整的文读系统，艺术加工则有戏曲（梨园、高甲、打城、芗剧等剧种）、木偶、说唱（南音、锦歌）等多种艺术形式，人们普遍以自己的方言为最好的表情达意的工具，因而普遍使用双语——对外说普通话，对内说方言。在“扩展”的性格上，莆仙方言与闽南方言可谓并驾齐驱，从潮汕地区到雷州半岛、海南岛，民间多有“祖上自莆田荔支村迁来”的传说，东南亚各地也不乏“兴化邦”的足迹，莆仙戏为莆仙话所作的艺术加工也是享有盛誉的。闽东方言的扩展稍逊，其境外流播主要是沿闽江上溯，扩展了几个乡镇，从语用和语体说也是周遍的，海外的分布较为集中的是在文莱。其文学加工形式除戏曲（闽剧）之外，说唱还有伬唱（以唱为主）和评话（以说为主）之分。闽北、闽中方言在功能效应上则明显呈收缩趋势。这一带普通话都已普及，连农村集市上普通话也可通行。由于缺乏文学加工形式，要表达繁复的思想感情，人们常常会感到方言不如普通话得力，以致逐渐收缩方言使用范围。有些青少年、儿童不愿意说本地土话，甚至不会说流利的本地话，像拥有三十万人口的现代工业城市三明市区，由于外地人大量流入定居，能说地道的原来的三元话的据说已不足万人了。

在客赣方言和两个过渡区中，除南片（武平、上杭、永定）客家话外，大多也属于收缩型方言。主要表现在逐渐缩小方言使用范围，像连域、大田、尤溪这些方言复杂的县份，人们早已采用普通话交往。缺乏方言文学形式，书面语难于用方言表达。

无论是共时差异、历时演变或功能效应，两种对立的类型都是相对的，并有不同的程度之别，如果把这些不同的类型差异在各方言区的表现加以程度的区别，各方言区都会有自己独特的综合表现出来的“性格”。据以上简略分析，福建境内七个方言区的三种文化类型差异可用下表来说明：

类别差等 \ 方言区	向心—离心			稳固—变异		扩展—收缩		
	内部差异	代表点权威	方言意识	演变速度	外来影响	区外流播	语用广度	文学加工
闽东方言区	–	+++	++	–––	–––	++	++	++
莆仙方言区	–	++	+++	––	––	++	+++	++
闽南方言区	–	++	++	––	––	+++	+++	+++
闽北方言区	++	+	––	+–	++	–	+	–
闽中方言区	+	+–	––	++	++	––	–	–
闽语过渡区	+++	––	–––	+++	+++	–––	–	–––
闽赣方言区	++	–––	––	++	++	––	––	––
闽客方言区	+–	+–	+–	+–	+–	+	+–	+
闽客赣过渡区	++	–––	–––	++	++	––	––	––

福建文化类型区

一定的地域，由于有着相同的自然环境，往往又有着相同的族群来源或长期共同的社会生活经历，人们便组成了一定的社会群体，从而在物质文化和精神文化中形成许多共同的特点。不同的地域之间，由于自然和社会条件的同异，也由于物质文化和精神文化相互作用的结果，其地域文化总会显示出差异。就这些差异进行比较，便可归纳出不同的文化类型。以下试将福建文化划分为四个类型区，逐一考察其主要特点及其与方言类型区的关系。

1. 闽东的江营文化。闽东地处沿海，南有闽江及其支流古田溪、梅溪、大樟溪，北有洋头溪、霍童溪和连江各自直流入海。由于上游雨量充足，这些江河流量较大，河谷地带和冲积平原也较为开阔，和其他地区相比，历来的人口分布还不算稠密，大多沿水聚居，广得江河海域之利。高山区均少开发，沿河除种植稻米之外，素有种植柑橘、茶叶的传统，沿海则有近海捕捞和滩涂养殖之利。闽江内河航运可通二十个上游县，福州足可汇集北半个省的土特产。山区林木结排漂放，源源不断，供沿江建构木屋民居，并为马尾造船业提供充裕原材料。闽江口对外贸易兴起之后，又有传统工艺脱胎漆器、寿山石雕、茉莉花茶及角梳的出口。因此，除闽东腹地山区之外，沿江沿海一带经济生活较为富足，社会也历来较为安定（仅明代有倭寇骚扰）。五代王审知“四门设学”之后，文教较为发达，是全省政治、文化中心。作为千年省城，闽东人自有仕宦、笔耕之便，人民的职业取向力取“抱稳”，上层不夺魁首，有“老爹老爹，破布之遮遮”（意为学无专长的官员多清贫）之谚，近代以来海关、邮电、银行、警察、宪兵等职业几为闽东人所垄断，下层则重手艺，求稳定收入，从事烹调、成衣、理发等行业的“三把刀”十分普遍。冒风险向外发展的需求较小，外海航运及海外迁徙规模不大，明末有36姓定居琉球，后有福清人南渡印尼，闽清人开发文莱，长乐人横渡美洲，均批量较小。

在这种文化背景之下，闽东方言便成为典型的稳固、向心型方言。福州话在全区享有地域标准语的威信。拿《戚林八音》所反映的语音系统和现今福州话比较可以发现，三百多年过去了，福州话的声韵调系统几乎没有重大变化。文学语言发达，拥有丰富的词汇和成语俗谚。某些方言词语颇能反映本地社会心理。例如：“鸡有鸡米，团有团粮”，“腹枵莫共饱人讲”，“丝线会牵磨盘转，蛎壳会舀靛榅干”，是鼓励人自信、奋发的。“会划鲙算，买饼当顿”，提倡有计划过日子——“做家”。“合式”意指合算，占便宜。“贪便宜，去倒长”，告诫人们莫要贪小便宜。“吃亏”意指难受。福安一带箸与短同音，避讳说“筹”，这是商业意识的反映。“死”说成“生”，“该死”说“唔使死”，灯火熄灭说“暗去”，烛点完了说“继”，卵（蛋）与乱同音改说“太平”，吃药说“食茶”等，则反映了求稳怕乱，畏惧凶险的社会心理。在方言的扩展上，闽东方言也是沿闽江上溯，占据部分江滨乡镇或作为沿海城镇的第二方言，许多方面都体现了江营文化的特征。

2. 闽南的海播文化。这里说的闽南海播方化区包括闽南方言区和莆仙方言区。历史上东晋南迁之后，中原汉人就陆续移居闽南，晋江就是东晋先民思念故国而命名的。当时这一带自然条件应该不错，土地肥沃，气候宜人，不但可以种植水稻，还盛产荔枝龙眼等各种水果。据《元和郡县图志》所载，盛唐开元年间，泉、漳二州的七个县就有人口5万多户，占全闽5州23县总户数的一半以上。由于人口发展过快，土地过度垦殖。这里虽有晋江、九龙江和木兰溪等河流，因山低水短，流量不大，年均降水量相对偏少，常闹旱灾，土地逐渐沙质化，丘陵之间多望天田和旱地，沿海又多沙滩，少海涂，很快就显得人多地少，资源不足。唐宋以来，闽南人民就向海洋谋求出路了，这就是海上的播迁，故称海播文化。

闽南的海播文化可分为近海的播迁和远洋的播迁。就近海说，宋代以后，不少人沿海岸线向南迁往广东方向的潮汕平原、海陆丰、雷州半岛并渡过琼州海峡登上海南岛。明末南安人郑成功驱除荷兰殖民者收复台湾，随之东渡开发宝岛的十多万人大多也是闽南人。清初以后还有一批沿海的渔民和农民沿海岸线北上，在闽东的霞浦三沙湾，福鼎沙埕湾乃至浙南苍南、平阳、玉环、舟山群岛一带落户定居。可以说，祖国东南部的闽、浙、粤、台、琼五省的海岸线相当一部分为闽南方言所占据。至于远洋的播迁，最早是与宋元泉州港的兴起相关的。当时的刺桐港曾是海上丝绸之路的起点，泉州的造船业和对外贸易鼎盛一时，内地的烧瓷和制茶等手工业也得到刺激而迅速发展，安溪的茶叶和永春德化的瓷器早已大宗出口。泉州港没落之后，又有九龙江口的月港在明代繁荣一时，后来的厦门港则是五口通商口岸。可见，闽南的远洋航运和外贸始终未曾间断。数百年间，闽南人向东南亚的移居也一直没有停歇。"过番""出洋"在闽南地区被认为是好汉行为。为了壮出海人的胆，莆田人还创造了自己的浮海女神——妈祖，在东南亚海域一直受到亿万华人华裔的崇拜和祭祀，估计目前定居在台、港以及东南亚各国的闽南人后裔约有三千万，早已超过了闽南本土的人口。

在这种文化背景之下，闽南方言便成为汉语方言中向海外流播最广的方言。在闽南方言中有许多反映海播文化的语词。"番薯"相传是从菲律宾引进的。"番椒、番石榴、番大麦、番仔荔枝、番仔火（火柴）、番仔衫（连衣裙）"等也反映了闽南与南洋的经济交流。"番客""过番"，娶"番婆"，生"番囝"，"番客婶"留在"唐山"，靠"番银"照顾祖公的香火，都是侨乡常见的社会现象。远渡重洋在靠季风乘木船航行的年代，自然是"行船走马三分命"，没有不怕死的奋斗精神是无法坚持下来的。在闽南话里关于"死"并不避讳，亲爱者可以骂为"死鬼""死囝仔""死婆姐""短命"等。"敢死提去食"，"一支草一点露"，"东洋无洋过西洋"，"输人唔输阵"，"穷无穷根，富无富种"，"骨力（勤劳）无惊穷"等，都是闽南人的信条。出洋之后，开头难免要"把草寻亲"，在老乡宗亲处"浪邦"（依人糊口），慢慢地靠"好信用"，讲究"天理良心"，"挣人甘愿钱"，办起事业是"犁头戴鼎"（吃苦耐劳），遇到灾祸是"喙齿拍折连血吞"（牙齿打断了连血咽下去）。在外面一旦发迹，便要回乡"耀祖荣宗"，私家是"买田、起厝、烧大金、做功德"，于公家则有"修桥造路、办学堂、起宫庙、积阴德"的传统。为了祭祀早年出洋葬身海域的孤魂，每年农历七月的"普度"是按村庄排日程的。凡此种种，许多社会心理和习俗都在方言中留下大量记录。

3. 闽北的山耕文化。这里所说的闽北是地理概念，也是历史的概念。除含闽北方言区外，还包括闽中方言区、闽赣方言区和闽客赣过渡区。从自然环境和文化背景说，这几个方言区的特点是相近的。闽北原是福建开发最早的地方，这里属于武夷山脉的中低山地，闽江上游的几条支流（建溪、富屯溪、沙溪、金溪）呈扇形分叉密布，虽然河谷地带不如下游开阔，但山体多红壤、少沙石，加以雨量充沛，山地植被历来较好，还是宜于农耕之地。两汉以前，江东人和南楚人就来到这里开发。东汉末年，福建境内最初设置的五个县中，闽北占了四个。东吴垦发江南，闽北人口骤增，公元260年置建安郡，不久之后分立晋安郡，两郡各有4300户，当时闽北的人口占全闽的一半。两宋期间，闽北鼎盛。"建瓷"广销海外，"建茶"誉称朝野，铜银冶炼举足轻重，建阳麻沙是全国出版业中心。继"二程"之后，朱熹及其众多弟子共建的理学在此发展成庞大精深的体系，使儒学发扬光大并再度获得思想上的绝对统治地位。二三百年间，名臣大家如群星灿烂。元以后，全国政治中心北移，福建经济中心则转向沿海，加上数次大规模的农民起义被镇压，人口锐减，农田荒废，百业凋零，闽北的经济文化逐渐衰落。此后数百年间，闽北一直处于封闭式的封建自然经济之中，人们在山下开田插秧，种瓜种豆，到山上采集菌子榛子栗子，在家里养猪养鸡纺纱织布，大体都能自给自足。又因交通阻塞，分散的村落老死不相往来，唯有旬日之间的墟集，并无城镇手工业、商业的发展，生活但求温饱，仕宦之途也十分冷落。

在这种文化背景之下，各区方言迅速变异，日益显得离心分散，逐渐形成了许多互不通话的小方言，各方聚集的"新移来住人"带来了外地方言，主客异音，融为一体。闽赣方言区由于大量江西人移居，自闽方言蜕变为赣方言，闽客赣过渡区则混集了三种方言特点，过邑异音。明末形成的南平土官话以及后来的普通话，乃至抗日战争内迁避难的福州人说的闽东方言，都对闽北山区诸方言发生一定的影响。因而闽北的几种方言在古今语音对应上显得层次繁多，变异复杂。安土重迁，求稳怕乱，恪守旧章，安贫乐道的社会意识在方言谚语中亦有许多反映。"人比人气死人"，"闲事莫管，白饭食三碗"，"打架莫向前，做客莫退后"，"忍气生财"，"好心被狗咬"是劝人安分守己，不为祸首，勿为福先；"有菜莫食菰，有埒（路）勿坐船"，"懒人有懒福"，"做了三年乞食（乞丐）皇帝不想当"则劝人勿冒风险，在贫困中寻安乐。显然，这其中也有宋儒们安贫乐道，默坐澄心，存天理、灭人欲的思想影响。

4. 闽西的移垦文化。福建各地的开发，闽西最迟，闽西的开发是客家人迁入的功劳。唐代中末叶，特别是黄巢起义之后，长江中下游和赣北地区成为主战场，民不聊生，在那里立足未久的中原南下流民又开始了新的迁徙，主要的途径便是沿赣江南溯到赣南，越过宁化石壁村到闽西一带避难。两宋三百年间，沿着宁化通道，布满闽西各地，并继而向粤北粤东转移。后来入粤的客家所编族谱，十之八九都有唐代中末叶经由"宁化石壁村"入闽的记载。闽西地区山无闽北高，纬度更低，无霜期更长，汀江纵贯南北，论自然条件应不比闽北差，否则也不可能成为客家人迁居的福地。然而从中原南下的客家先民，虽有较之土著更高的文化，然而在耕营山地上则是经验十分缺乏，于是在和土著畲民共处乃至融合的过程中，学到的却是“刀耕火种”的耕作方式。这是一种掠夺型的移垦，毁林种粮，水土流失，耕地贫瘠之后复又移居别处。久而久之，闽西赣南成了植被稀疏、水缺地瘠的贫困山区。由于受畲族移垦文化的影响，在闽西客家地区“男耕女织”的习俗也发生了变化，妇女为了便于务农和操持家务，历来保持天足，无缠足陋习；男子多外出从事手工劳动。男女对答山歌也和畲族风俗雷同。但在精神文化方面，客家人却又固守着中原故土形成的传统，华夏源流、中原士族的意识十分强烈，各姓氏都经常续编宗谱，对死去的祖先重祭祀，乃至背着骨殖四处播迁。活着的亲人则按辈分长幼有序组成大家庭，按血缘族姓聚结村落，同姓同宗的族人筑土楼围居是常见的居住形式。于家族宗姓论孝，于国家朝廷论忠，遇有异族统治，反抗性特别强烈，蒙古人入主中国，满人建立清廷，客家人都组成维护前朝的劲旅，随亡命的皇帝逃难，不惜血战到底。由于生产门路狭窄，重农轻商，农业中除粮食种植和家庭养殖，更无他途，手工业亦不发达。在生活上，客家人不重开源而尚节流，崇尚勤俭节约，特别能吃苦耐劳。为了维持传统文化，各族姓普遍重视文教，耕读并重。在不多的耕地中总要划出较好的洋田，作为赞助读书子弟的学田。

在这种文化背景下，客家方言一方面是随着山川阻隔而造成某些歧异，带着离心的倾向，另一方面则遵循着“宁卖祖宗田，不卖祖宗言”的古训，所使用的方言则带着稳固的趋向。各地方音与中古汉语都有较为整齐的语音对应，词汇上也相当保守。闽西客话明显分为两片，北片清流、宁化、连城因为是早期迁入的，与早来闽人及畲民相处，对外交往少，客家意识较弱，内部歧异大。南片长汀、武平、上杭、永定等县属汀江流域，因为作为向粤地播迁的起点，靠着汀江动脉，与粤地客家往来较密。入粤客家在明清两代与广府人的主客斗争中形成了更为强烈的客家意识，也逐渐接受着江海文化的影响。这种强化的客家意识和江海文化的新成分又回头影响到这一带。相对而言，南片方言更多向心趋势，与客家中心地带的梅州地区更为接近。

各种传统观念、风俗习惯在客家方言中的反映也是比较集中和比较强烈的。由于遵循“宁卖身，莫卖音”的戒条，有的村庄不但不同族姓的人分地而居，而且口音也按姓而别。这种情况是其他方言区所少见的。“拳头向外打，手指向内弯”是宗族团结对外的信条；“命长唔怕家乡远”是移垦制度提炼出来的俗语；“人平唔论，水平唔流”，“饶人唔系痴汉，痴汉唔会饶人”是叫人奉行平均主义和中庸之道的格言；“无商不奸”，“冤枉钱，水流田；血汗钱，万万年”则是重农轻商的见证；“坐成懒，睡成病”，“多衣多寒，无衣自暖”，“茅寮出状元”，“住久成美都”等劝人勤劳节俭的谚语就更多了。

方言和文化都是历史上形成的，各类型区的特征是千百年的社会生活熔炼出来的。本文的分析只能取材于历史。改革开放以来，社会生活发生了巨大的变革，文化类型和方言状况也正经历着新陈代谢。不过，回顾历史，辨识其烙印，对于我们进行社会主义文明建设，定然是大有裨益的。这也就是本文研究的初衷。

说明：本文原载于《福建师范大学学报》（哲学社会科学版）1992年第2期，后收入《方言学应用研究文集》，湖南师范大学出版社，1998年。

论闽方言与吴方言、客赣方言的关系

关于闽方言与吴方言的关系，近些年来引起许多学者的注意。越来越多的材料说明闽方言和吴方言在语音方面和词汇方面都有不少共同的特点，这些共同点究竟是说明吴闽方言的源流关系还是地缘相近所造成的渗透关系？如果有源流关系，反映的是什么时代的现象，吴方言和闽方言会不会是单一的承继关系（如有些学者说的闽方言来自吴方言）？闽方言和周边的客赣方言又是什么样的关系？看来，还需要在更广泛的范围内做纵横两面的分析才能弄清楚。本文希望为解释这些问题提供某些思路和根据。

一　闽方言和吴方言的语音比较

关于浙南吴方言语音上与闽方言的相同特点，20世纪60年代以来，陆续有不少学者做过比较分析。李荣（1965）所指出的匣母字读如群母，金有景（1964）所列述的三四等洪细读音不同，丁邦新（1988）所分析的舌上读为舌头，都已为人们所熟知。潘悟云（1995）在继承前人研究成果的基础上进行了相当全面的考察。他把浙南温处方言中所见闽方言的语音特点归纳为十二条，其中不但有音类分混的历史层次的分析，而且针对一批方言中的特征词的特殊音变做了共时的比较和音理的说明，可以说是一次系统的总结和精彩的发挥。这十二条语音特点中包括：

（一）属于音类分混的六类

① 擦音字读塞擦音（心、邪、书、禅读为 [ts、ts‘]），例如："笑、鼠、斜"。

② 知组读为端组，例如："猪、中、肠、张、桌"。

③ 庄组读如端组，例如："胂"。

④ 匣母读如群母，例如："厚、含、糊、猴、寒"。

⑤ 一等豪韵和二等肴韵不混，读为 [au/a]，音变过程十分相似。

⑥ 三等字读同相对的一等的音。例如："斧＝补，流＝楼，长＝堂"。

关于庄组字读为 [t、t‘]，确实是闽方言中沉积很深的特点，各地例字不一、总数不过10字，但都是口语中方言词用字。例如：

福州	胮 taŋ^{1}	锄 t‘y^{2}	事 tai^{6}	缩 t‘øyʔ^{7}	滓 tai^{3}
建瓯	胮 tiaŋ^{1}	锄 t‘y^{5}	事 ti^{6}		
泉州	胮 tĩ^{1}$_{后\sim}$	创 t‘ɔŋ^{5}$_{\sim治：作弄}$			滓 tai^{3}

不过，温州话的“vu^{2} 侬”是不是“过侬”，还须进一步研究。“过人”的说法在闽方言中并不普遍，闽南话说“相渡”“渡着”“渡侬”，闽北话说“惹人”。从温州话看，[vu^{2}] 读阳平不好解释，“过”有平声“古禾切”属见母音不合，广韵注：“经也，又过所也。”闽方言有此音（福州 kuai^{1}，厦门 kua^{1}），义亦合“路过停留；瓜果过时而不嫩”。温州话的 [vu^{2}] 也许是“糊”。

（二）属于音值特点的有五条

① 歌韵字有读 [-i] 尾的，例如：“萝、我、大、簸”等。

② 某些上古幽觉部字读为 [-u]，例如：“跔、搅”。

③ 四等韵读为洪音，例如：“捩、慧”。

④ 鱼韵读为开口，例如：“煮、锯、鱼、去、处、姥”。

⑤ 通摄读为非圆唇元音（aŋ、əŋ、eŋ 等）。

上古幽部字在闽语确有读 [u] 韵的，如厦门话的读音：“浮、妇、富、久、韭、灸、臼、舅、旧、柩、牛”。“搅”在上古属觉部，与幽部可能韵腹相同，但在闽方言又有白读音 [ka]（如说“搅吵”、“滚搅”）。温州话和福州话同音的 [ku] 如解释为“鼓”亦无不可。“摇唇鼓舌”，“鼓之以雷霆”不就是搅动的意思吗？

此外，还有一条说的是闽方言“鸡角”的“角”是“公”的小称音变残留的形式。这个说法比较勉强。表示动物性别的词缀由于意义的抽象化有时会带来音变。“鸡公”说“鸡角”（福州、厦门）“牛公”说“牛港”（厦门）“牛牯”（永春）都是这类“一音之转”，可以用“阳入对转”“因音别义”来解释，恐怕与来自“子、儿、囝”等表小的词缀的弱化合音形式（小称音变）是属于不同性质的语音现象。从全国方言的总体情况来看，表小词缀的兴起，儿化、小称的形式应是晚近的事，不会是中古以前存留下来的。应该说，除了这几点，潘悟云归纳的其中十一条都是很有说服力的。

关于闽方言和吴方言的语音方面的共同点，本文提出三条补充：

1. 关于全浊声母的存废。

如所共知，吴语是以保存全浊声母为其首要语音特征的，而闽方言则是全浊已经清化，多数字读为不送气清音、少数口语常用字则读为送气音。从大多数方言点的总体情况来看，把它作为闽、吴两大方言的重要区别特征，是可以成立的。然而在另一面，我们还可以看到完全相反的另一种局面：吴方言的边远点全浊声母已经清化，而闽方言的边区则还或多或少地保存着全浊声母。

据吕叔湘（1993），处于吴方言北端的丹阳方言已经大体上不保留全浊声母了。现有的 z 声母只拼 [ɿ] 韵，且只有“儿、二”两个字；v 声母字稍多，只拼部分开合呼韵，包含着古音的微（尾、未、武）匣（户、淮、回）、疑（梧、伍、吴）、云（违、王、位）、影（温、汪、威）等声类，实际上是合口呼半元音 w 的一种变体。和“保留全浊声母”已经是属于不同性质的语音现象了。

据傅国通等（1985），浙南温州片和丽衢片的南部边沿县分以及赣东北的吴方言有不少点全浊声母已经不同程度地清化，和福建交界的龙泉、庆元、泰顺各点甚至清化得相当彻底。例如庆元、泰顺：排 [p-]，沉 [ts-]，甜、蹄 [t-]，重 [tɕ-]；龙泉：船、谁、神 [ɕ-]，罪，锄 [s-]；开化：沉 [t-]；缙云：锄 [s-]；广丰：肠 [s-]。

据曹志耘（1996），浙西严州方言“古全浊声母全部清化”。有人把这一片方言划归徽语，但曹志耘认为，“建德话和寿昌话跟吴语比较接近，尤其是它们的文读系统，可以说完全是吴语型”的。

在福建省的东部和北部，情况与此完全相反。闽东的福安、闽北的崇安（今武夷山市）建阳都还保留着部分全浊声母，而浦城县南的石陂、水北等乡镇则还相当完整地保存着全浊声母的读法。

福安话浊声母有 [j、w] 两个，除少数影母字外，主要包括古微、日、云、以、匣等母字。例如：“而 jei², 延然缘 jiŋ², 若 jioʔ⁸, 扰 jiu³, 野 jie³, 药 jiʔ⁸, 肉 joʔ⁸, 瓦画话 wo⁶, 围 wøi², 武 wu³, 运 wouŋ⁶, 圆 wuŋ², 位 wøi⁶, 袜 wuaʔ⁸”。

建阳、崇安话的浊声母有 [β、ɦ]，两个，主要来自古並奉微 [β] 和匣、云、以、禅、日 [ɦ] 等母字，有些定、澄、从、邪、崇等母字则混入次浊声母 [l-]。例如“盆、瓶、贫、步、妇新妇、未、望”读 [β]，“行、船、城、云、社、旱”读 [ɦ-]；“铜、读、除、泽、齐、字、斜、徐、谢、崇、助、寨”等读 [l-]。

石陂话的浊音声母则相当齐全，除没有唇齿音 [v-] 外，几乎与吴语中心区各点毫无二致。例如：步 bu⁶、贫 beiŋ²、渠 gy²、徛 gye⁵、地 di²、苎 du⁵、杂 dza⁸、寨 dzai⁶、鞋 ɦai²、行 ɦaŋ²。

这种情况说明了，早期的吴方言和闽方言一定都有整套的全浊声母，晚近以来，吴方言的边缘地区由于受到周边无浊音方言的影响而走上清化之路。丹阳紧邻丹徒、镇江，“介乎江淮官话与吴语之间，读书音近于官话，说话音近于吴语”（吕叔湘，1993）；龙泉、庆元、泰顺与福建连界，严州方言与徽方言连界，那里的闽方言、徽方言大多浊音已经清化，这些边缘吴方言的浊音清化显然是周边方言渗透的结果。而在闽方言中心区，看来浊音清化已经有数百年的历史。在福州，明朝末年所编的《戚林八音》早已是没有全浊声母的“十五音”系统。据邵荣芬（1995）研究，宋代吴才老《韵补》一书的反切系统，排除了谐声、声训、古人音注、异文和假借等不能反映实际语音的材料之外，就吴氏混切的上字所归纳的声母也只有 17 个，即 15 音之外加上 [f、v]。可见在闽北，全浊声母 800 年前就已经清化了。处在边缘地区的福安、石陂、建阳、崇安等闽方言正是由于与吴方言连界，那里的许多吴方言至今还保留着全浊声母，受到这些吴方言的影响这些边界闽方言的全浊声母尚未消失殆尽，这也是方言之间相互吸引相互渗透的结果。

有趣的是，这种情况最集中地体现在闽北北端的浦城县。县城南浦镇及其以北的方言属于吴方言，其全浊声母都已消失殆尽；南部三分之一地区属闽方言，多为不同程度保存着全浊声母。这是一个十分典型的“引力较量”：方言中心区的特征约束力随着距离的拉大逐渐弱化；而外区方言的影响力则按距离的缩短而强化。

诚然，闽东和闽北的方言从历史上说与吴方言的关系也是特别密切的。东汉之后闽北地区从江东迁来大量人口，至三国吴景帝在这里设立建安郡时已经辖有七个县：建安（今建瓯）、建平（今建阳）、东平（今松溪）、吴兴（今浦城）、南平、将乐。如果说，闽北方言形成的初期大体上就是吴语的一种，应该是符合历史事实的。在闽东，最早管辖其地的冶县究竟是在福州还是在浙东的临海，至今史学界还有争议。然而，那时的冶县和侯官辖区地跨闽浙沿海，这是可以肯定的。应该说，在闽方言之中，从闽东到闽北，其形成的时代都包含着更多的吴方言成分，这也是可以肯定的。何以闽方言之中只是在闽北和闽东地区残留着全浊声母，这就是它的历史依据

2. 个别点的语音特点反映了吴闽方言的共同性。

温州话有三个语音特征和建瓯话等相同。

① 部分非组字不读 [f、v]，而读 [h、ɦ]，与多数闽方言相同。例如，[hoŋ]：封、锋、奉、蜂~蜜、~窠、风~水、~头、~车；[ho]：发~衷、~兴、~蒙；[huo]：纺、方~桌、~凳、~木、放~假、~心、~债；[ɦuɔ]：房~间、~份。

② 部分船禅母字读 [ɦ、j]，和闽北建瓯话相同。例如，[ji]：上~头、~落、折~本、尝~新、善~分；[jyoŋ]：顺~脚、~手、~潮，~风；[jieu]：授~儿、~奶儿、寿~桃、~酒、~烛；[jy]：船~钱、~壳、~篷。建瓯：上 $ioŋ^8$、尝 $ioŋ^3$，船 $yiŋ^3$。

③ 部分见母字读 [h]，也和建瓯话相同。例如，[ha]：嫁；[hau]：垢牙~；[ho]：间~种：下种；[hau]：勾~背。建瓯例子如，[ha]：嫁、挟、蛤，[$huiŋ^1$] 肝，[hiu^3] 韭，[hi^7] 橘，[$hiau^5$] 救。

闽东的福州福安等地部分从母字读为 [s-] 声母，显然从 [z-] 清化而来，在闽方言的其他方言中很少见，而和吴方言大多数点读 [z-] 相对应。例如福州话：“坐 $sɔy^6$、脐 sai^2、餈 si^2、前 $sɛiŋ^2$、晴 $saŋ^2$、贱 $siaŋ^6$、静 $saŋ^6$、昨 $sɔʔ^8$”。

3. 关于语音结构特点。

方言之间的语音比较不但要有音类分合的历时比较，还应该有语音结构特点的共时比较。语音结构特点的异同固然可以理解为类型的异同，但是对于同一种民族语言中又

有地缘接触的方言来说，往往也体现着一定的源流关系和渗透关系。换言之，同源的方言和同域的方言（只要不是相隔绝的），必定拥有相同或相近的语言结构特点。

现将吴闽10种方言的语音结构特点列出20项比较如下：

比较项目＼方言点	苏州	宁波	金华	永康	温州	石陂	福安	建瓯	福州	厦门
有几个全浊声母	7	9	8	11	9	5	2	无	无	有b、g但来自古次浊
有无轻唇音声母f、v	+	+	+	+	+	–	–	–	–	–
n与l有无音位对立	+	+	+	+	+	+	+	+	+	–
有无ts tɕ两套声母	+	+	+	+	+	–	–	–	–	–
k k‘ ŋ h是否拼细音	–	少	–	+	+	+	+	+	+	+
有几个单元音韵母	13	12	9	8	10	7	9	9	7	6
有几个撮口呼韵母	6	10	8	7	4	5	无	5	11	无
有无圆唇元音ʮ、ø、œ	ʮ	ʮ、ø、œ	无	无	ø	无	ø、œ	œ	ø、œ	无
有几种鼻音韵尾	n、ŋ	ŋ	ŋ	ŋ	ŋ	ŋ	ŋ	ŋ	ŋ	m、n、ŋ
有几种元音韵尾	无	i、u、y	i、u	i、u	i、u、y	i、u	i、u	i、u、y	i、u、y	i、u
有无元音与辅音并存的复韵尾	–	–	–	–	–	+	+	+	+	–
有无鼻化韵母	+	+	+	–	–	–	–	–	–	+
有无鼻音脱落现象	+	+	+	+	+	–	–	–	–	–
有几个塞音尾韵	12	8	6	无	无	无	12	无	15	26
有几个单字调类	7	7	7	6	8	7	7	6	7	7
有几个声母	27	29	29	35	29	20	17	15	15	14
有几个韵母	49	50	52	41	35	30	45	34	49	82
有无连读变调	+	+	+	+	+	+	+	–	+	+
有无小称音变	–	少	+	+	+	–	–	–	–	–
有无变声变韵	–	–	–	–	–	–	+	–	+	–

根据上表的材料，我们可以得到以下几点结论：

（1）吴方言和闽方言之间在语音结构上有明显不同的特点。例如：

① 吴方言多有全浊声母，闽方言则多数没有。

② 吴方言都有齿唇音声母 [f、v]，有 [ts-、tɕ] 两套声母的对应，闽方言没有。

③ 吴方言声母多，都在27个以上，闽方言声母少，都在15个（含）以下。

④ 吴方言普遍有鼻音韵尾脱落现象，闽方言较少（仅闽南一些点有少数韵脱落）。

⑤ 复韵尾仅见于闽方言，吴方言没有。

⑥ 小称音变在吴方言普遍存在，闽方言较少见（仅见于闽南、闽中交界处）。

（2）吴方言和闽方言交界处有些语音结构上的共同的区域特征。例如：

① 浙南吴方言和闽东、闽北的方言多数只有一种鼻音韵尾 [-ŋ]。

② 浙南一些吴方言和闽东、闽北的方言有 [i、u、y] 三种元音韵尾。

③ 浙南吴方言和闽东、闽北方言多没有鼻化韵。

④ 部分入声字的塞音韵尾全部脱落（如温州永康和石陂、建瓯）。

（3）闽东、闽北的一些特点与多数吴方言同而与其他闽方言不同。例如：

① 有撮口呼韵母及圆唇元音 [ø、œ]。

② 韵母总数较少（多在 50 个以下），在吴闽交界地带更少。

③ [n] 与 [l] 有音位对立。

（4）浙南某些方言的异于多数吴方言的特点则与闽方言多数点相同。例如：[k、k‘] 声母可与齐齿呼韵母相拼，如永康、温州。

从整体上看，吴方言和闽方言的语音有些共同点，但就主体特征说还是存在着明显的差异，二者应该属于两大方言。吴方言语音与闽方言相同的多集中于南部吴方言和北部闽方言，这是共同的源流和相互渗透两种因素合力造成的。前者是历时的同源特征，后者是共时的区域特征和类型特征。

二　闽方言和吴方言的词汇比较

本节所比较的吴方言和闽方言限于浙闽两省的方言点。吴方言主要考察了宁波、金华、丽水、温州四点，闽方言主要参照福州、建瓯、厦门三点，所根据的文献见文后所附参考书目。经过初步归纳，关于吴闽方言词汇方面的共同性可作以下 4 点表述。

1. 多点吴方言共有的方言词既有通行于各地闽方言的，也有通行于某一地区的闽方言的。

（1）有些多点吴方言共有的方言词也见于多处闽方言。例如：（为节省篇幅，词汇概未标音）

名词	面 脸	汤 热水	卵 蛋	锲 镰刀	索 绳子
	箸 筷子	柴 柴火	薸 浮萍	瘤 疙瘩	㘎 口水
	滚汤 开水	记认 记号	下底 下面	下日 来日	新妇 儿媳
	眠床 床	番薯 红薯	月日 月份	油麻 芝麻	卵脬 阴囊
	粽箬 粽叶	蛇蚤 跳蚤	竹笐 竹竿	面桶 脸盆	油炸馃 油条

动词	徛站立	褪脱	扛抬	嗽咳	囥藏
	饲喂	揾沾浸	漖涮	缚绑	敨解开
	煤清水中煮	炊蒸	睏睡	起建造	减分拨
	来去来往	落去下去	生卵下蛋	佮伙合伙	盐去声，腌
形容词	乌黑	闹热热闹	后生年轻	爽快舒服	

（2）有些多点吴方言共有的方言词也见于闽东方言，但不通行于闽南。例如：

名词	配下饭菜	老姥音马，妻子	老鸦乌鸦	老酒黄酒	
	白鸽鸽子	自来火火柴	花菜菜花	包菜卷心菜	
	索面线面	瘍痨疥疮	白撞劫贼	弟新妇弟妇	
	蒲扇扇子	半开门土娼	叔伯母妯娌		
动词	渧滴	滗去水	剢挖	爬起起床	对手帮忙
形容词	健强壮	各样异样	做家省俭	共总总共	特意故意

（3）多点吴方言共有的方言词也有见于闽南而未见于闽东的。例如：

烧酒白酒	长年长工	埭土堤	旧年去年	麻簪簪巴
篾席竹席	面巾毛巾	乌青皮下瘀血	顶真认真	头毛头发

（4）还有些多点吴方言共有的方言词只见于闽北。例如：

讴呼叫	嬉玩耍	自自己	渠他	物事东西
明朝明天	天箩丝瓜	筅帚炊帚	包罗玉米	勤力勤劳

这部分吴闽方言共有的方言词总数近百条，都是较为常用并且是于古有征的，其中在吴方言和闽方言都分布得比较普遍的又占着近半。这些可以视为吴闽方言共有的方言特征词。应该说，两种方言之间共有的特征词越多，其源流关系就越深。除了在闽方言区域内大面积分布之外，还有一些吴方言多点共有的方言词见于闽东、闽南或闽北，这就说明吴闽方言之间词汇的雷同既有地缘接触所使然，也有源流上的历史联系。这些方言词虽然在吴语并非个别点的说法，但也并非整个吴语区都通行的。相对而言，见于浙江省内尤其是浙南吴方言的较多，有些说法在北部吴方言显然不同。例如"徛"说"立"，"褪"说"脱"，"炊"说"蒸"，"箸"说"筷子"等等。但在闽方言这些说法则

有广泛的分布。这说明了南部吴方言与闽方言的关系更深些，其词汇的演变和闽方言一样是比较保守的，而北部吴方言则显然受到更多的官话的影响。

2. 浙南的温州、处州片与闽方言共有的词汇更多，除了上文所列之外，还可举出一批词目来，以下见于温州或丽水的方言词在闽方言区也有不同范围的分布。

（1）也通行于较广的闽方言地域的（以下各词普遍见于东南沿海）：

饮 米汤	翼 翅膀	蛘 米虫	冥 夜晚	櫼 楔子
岙（澳）海湾，山坳	垟（洋）大片田园	粪扫 垃圾	水井 井	剉 砍伐
泅 游水	着 必须	乞 给予	头先 刚才	绞米 碾米
正手 右手	菜头 萝卜	菜干 干菜	阔 宽	狭 窄
冬节 冬至	乌豆 大豆	白豆 黄豆	锯镳 锉刀	鞋拖 拖鞋
树栽 树苗	日昼 中午	治鱼 剖鱼	门隊 门槛	番鸭 一种旱鸭
正番 白旱鸭	破柴 劈柴火	生分 陌生	粗纸 草纸	

（2）也通行于闽东地区的（地域相近）：

㤘 苎麻丝	茶 汤药	底 进入	觑 看	伏 孵
滥 湿	猛 火势大	标 水从小孔喷出	山底 山里	番钱 硬币
笐叉 衣竿叉	鞋套 套鞋	花蛤 一种蛤	淡菜 一种海产	剥皮鱼 马面鲀
称花 称星儿	讨亲 娶亲	做亲 通婚、成亲	做节 过节	金瓜 南瓜
亲房 宗亲	酒配 下酒料	酒癫 醉酒	开声 开腔	现世 糟糕
当真 确实	光生 洁净	过侬 传染	麻面 麻脸	好高 自大
不啻 不止				

（3）也通行于闽南地区的：

时节 时候	面巾 毛巾	师公 道士	溪鱼 淡水鱼	做月里 坐月子
番姜 辣椒	山园 旱地	街路 街道	铰剪 剪刀	生成 长相
消梨 梨	海口 海边	劳伤 痨病	好日 吉日	过 烛灭
壅田 施肥	舐 舔	敨大气 叹气	贵气 贵重	条直 干脆
后步 后路	讨海 捕捞	有胆 胆大	紧 快、赶紧	冰条 冰棍
兄嫂 嫂子	水鞋 雨鞋	烘火 烤火	糖霜 冰糖	放尿 拉尿
出葬 出殡	老寿 寿板			

（4）也通行于闽北地区的：

过水 涉水　　中央心 中间　　味之素 味精　　打半工 发疟子

这一类共有的方言词是除去上文第一类所剩的，也有百余条之多。虽然常用的单音词较少，还是有些重要的条目。例如“饮、乞、翼、冥、底、觑、滥、猛、舐”等。可见温处吴方言确与闽方言关系更深。就闽方言这一头说则与闽东相同的多，这也是源流相系和地缘相连共同作用的结果。

3. 不但浙南的温、处、衢有与闽方言共同的方言词，往北的古婺州、明州、越州也有一些方言词与闽方言相同。再举几个点的例词：

（1）金华吴方言与闽方言共有的方言词：

裹粽 包粽子　　配饭 下饭　　哽 噎　　算学 算术　　癫婆 疯女
赖伏 抱窝　　诈癫 装疯　　发痧 中暑　　做戏 演戏　　相争 争吵
春饼 春卷　　有味 有趣　　做新妇 出嫁　　无事 没关系　　做客气 讲客气
讨新妇 娶媳妇　　树 已伐的木头　　（以上通行于闽东）
水笕 山间通水竹管　　田畈 田片　　床头 枕头　　得人惜 可爱
出行 大年初一出门　　（以上通行于闽北）
礼数 礼貌　　初头 月初　　山垄 小山谷　　外壁 外面　　磨墨 研墨
寒 冷　　米升 量米升　　米斗 量米斗　　联对 对联　　了 完毕
斗 凑、集　　神佛 神明　　量气 度量　　出怀 怀孕临产　　背褡 背心
传 去声，长篇故事　　（以上除末二条同莆田话外通行于闽南）

（2）宁波吴方言与闽方言共有的方言词：

草 稻草　　浡 泡沫　　䈂 蘸　　相 久视。去声　　𠹭 吮吸　　殁 敲打
抐 揉、按　　煏 油炸　　壁角 墙角　　裤袋 裤兜　　樸炭 硬木炭　　楼顶 楼上
（以上通行于闽东、闽南）
瘥 病情好转　　噇 猛吃　　甏 瓮　　料 肥料　　掇 两手端　　埲 尘土飞扬
做病 闹病　　碎票 零钱　　地龙 蚯蚓　　（以上通行于闽东）
中央 中间　　手骨 手臂　　鱼腥 海产品　　麻骨 黄麻秆儿　　萦 缠绕　　腈 肉瘦
搋 摇动　　锯屑 锯末　　[扌+肃] 打击　　文旦 柚子　　本当 本来　　轻可 轻微
亲气 亲情　　停当 妥善　　落薄 落魄　　粮花 水稻扬花　　众 平声 生 畜牲
开面 女子出嫁前绞去脸上孔毛　　拍 打　　（以上末条也通行于闽北，其余通行于闽南）

（3）光绪年间范寅编的《越谚》所记录的应是绍兴一带吴方言，其中也有与闽方言相同的。除上文已列之外再举例如下：

熇宅燃也，从《字汇》。实则“着”，今闽东闽南燃均说“着”。

瘦瘖，瘖，今闽东指肉不肥，闽南指人瘦。

长障《正韵》：增盛也。今闽语普遍管“余剩”说成去声的“长”。合《广韵》直亮切，多也。

挢桥上声，举也，挢石头。今闽东闽南均称起石于泥中曰挢。

熻吸冷饭于锅中熻之使热。今闽东闽南谓焖为熻。

捼挪按摩痛处。今福州话亦通行，音 [nui²]。

参差上樑不正，下樑参差今福州话意指差劲，质量低下。

衖弄，小巷。今福州话说弄弄。

大头鱼鲄小鱼干今福州话说大头鲄，鱼鲄。

砧板切菜棠板，福州音 [tiŋ¹ mɛiŋ³]。

头面妇人首饰曰～～，今福州话仍如此说。

倒灶遭殃，做七，老人死后逢七烧祭纪念，今福州话仍说。

熟姒人熟人，今闽南话熟悉仍称熟姒。厦门音 [sik⁸ sai⁶]。

剪绺贼扒手，今厦门话仍称剪绺。

地塍种蔬种麦成行高土，今泉州仍称旱地的畦为塍，音 [nuĩ²]。

孤孀、孤老孤怪者，今泉州话仍称孤僻者为“孤孀”或“孤老”。

才调有本事，有才情，天资高，今闽南话仍说。

撙节撙，上声，积累之意，今泉州谓收存财物为 [tsun⁴ tsat⁷]。

家口，今泉州话仍称家庭为家口，家庭人口多少可说“大家口”“小家口”。

米粞西精凿之碎米粒也。闽南通称大米磨成的粉为米粞。

闪扇上声谓人来而避也。今闽南谓路遇相避为闪。

汏待去声凡布物投水不洗而左右拖之曰汏。今闽南“汏”指洗后再过水。

吮忍口含物舐而取物味。今泉州话说 [tsŋ̍⁴]。音义俱合。

跍越音各夏切船着沙土也。今闽南话说 [k‘o⁵] 或 [k‘ua⁵]。

捙律挂渣沥汁，今闽南话音 [lut⁸]，义同。

以往讨论吴闽方言的关系时，人们多注意浙南吴方言，诚然南片吴方言与闽方言关系深，然而北片吴方言也并非没有关系。以上材料很值得注意。

4. 吴闽方言的词汇既有同也有异，而且异的比同的多得多。

闵家骥、范晓等所编《简明吴方言词典》收录了吴方言词 5000 多条，我根据常用、多义和有派生力等标准挑出单音方言特征词200条，其中与闽方言相同的只有50条（占四分之一）。从闽方言看吴方言，情况也大体相当。根据《论闽方言的一致性》和《论闽方言内部的主要差异》两篇文章（陈章太、李如龙，1991）所列举的闽方言特征词作检查，见于吴方言的词条大体上也只占四分之一。以下分别列举未见诸闽方言的吴方言特征词和未见于吴语的闽方言特征词。

（1）未见于闽方言的吴方言特征词（据《当代吴语研究》，钱乃荣，1992）以下方言词在多数吴方言中通行。这里只是举例罗列：

鲎 虹	洞 窟窿	镬 铁锅	窠 巢穴	滗 沉淀
明朝 明天	日里 白天	夜里 晚上	灶头 灶	埲尘 灰尘
雄 ~狗、~鸡	馒头 包子	棒冰 冰棍儿	马甲 马褂	榔头 铁锤
鼻头 鼻子	奶奶 乳房	娘舅 舅舅	铜钿 钞票	纸头 纸
信壳 信封	钟头 小时	辰光 时间	饧糖 饴糖	被头 被子
抽斗 抽屉	事体 / 事干 事情	众生 众读阴平，牲畜	头颈 / 颈根 脖子	闲话 话
肚肠 肠子	生活 活儿	晓得 知道	喫 ~茶、~酒、~香烟	望 看
把 / 拨 给	调 换	勿 / 弗 不	燥 干	推板 差，次
便当 容易	吃力 累	写意 舒服	壮 肥、胖	吓 怕
蛮 很	忒 太	斢 剩	轧 挤	揿 按
揩 擦	孛相 玩	睏 躺	掼 扔，摔	搭 和，同
特为 特地	寻 找			

（2）未见于吴方言的闽语特征词，这里只列举见于《说文》的单音词和见于《广韵》《集韵》的单音词各20条，这些词都是历史久远的闽方言特征词：

鼎 铁锅	喙 嘴巴	坪 大片平地	塗 泥土	骹 脚
秫 糯米	袒 缝衣	啜 喝	派 为水分流	潘 泔水
瀗 寒冷	鮢 腥臭	晬 周年子	必 裂开	箅 箅子
杪 竹木之末	㮇 门㮇：门槛	曝 晒	湛 沉没	隙 隙缝

（以上见于《说文》）

囝 儿子	疕 痂	嗌 吹气	䬳 味淡	摒 摒除
椹 案板	揕 刺的感觉	崎 陡峭	埕 道路	滇 水满
倩 雇用	揔 击打	揃 扯断	徛 鸡~：小母鸡	逴 急奔
过 古禾切，瓜果不嫩	刺 七迹切，穿刺	簏 力协切，竹编晒器	拍 打	

（以上见于《广韵》或《集韵》）

还可以举几个常用词在唐宋诗词里的诸多用例（也是未见于吴方言的）：

解　今闽方言助动词“会”普遍说“解”，福州音[a⁶]，厦门音[e⁶、ue⁶]建瓯音[ɔ⁷]，合于《广韵》胡买切：“晓也”，其音韵地位都与“蟹”字相合。这个助动词不但可单说，还经常与其他动词连用，各地都可以说：“～死该死，遭殃、～赴来得及、～做能干、～使可以”。在闽东闽南还可以说：“～八认得、晓得、～晓懂得、～舍舍得”。在唐诗里，“解”也是常用词，常与“能”互文。例如：“入春解作千般语，拂柳能先百鸟鸣”（王维《听百舌鸟》）。“竹风能醒酒，花月解留人”（张渭《夜同乐》）。“水能性淡为吾友，竹解心虚即我师”（白居易《池上竹下作》）。“不解文字饮，惟能醉红裙”（韩愈《醉赠张秘书》）。“遥怜小儿女，未解忆长安”（杜甫《月夜》）“月既不解饮，影徒随我身”（李白《月下独酌》）。

底　用作疑问代词，《广韵》可能由于不重视口语而漏收此词。今沿海闽方言普遍用此疑问词，福州话说底侬谁、底呢哪里、底蜀隻哪一个；泉州话说底时何时、底处何处、底侬何人。唐诗中类似用例也很多。例如：“若抛风景常闲坐，自问东京作底来”（白居易《早出晚归》）。“湖州底处所，有罪乃窜流”（韩愈《泷吏》）。“底处双飞燕，衔泥上药栏”（范成大《双燕》）。

有些常用词还不止一个义项。例如“着”用作动词表示“在”和“应该”，福州音[tuoʔ⁸]，惠安音[tioʔ⁸]，在唐宋诗里也不乏其例。如元稹《定僧》：“落魄闲行不着家，遍寻春寺赏年华”，杨万里《怀古堂前小梅渐开》“绝艳元非着粉团，真香亦不在须端”，张元幹《醉落魄》“惜花老去情犹着，客里惊春，生怕东风恶”，这是用作“在”。陈师道《独坐》“魑魅须游子，乾坤着腐儒”，陆游《病愈看镜》“镜中稍复旧朱颜，一笑衰翁乃尔顽，三百瓮齑消未尽，不知更着几年还”，薛昂夫《楚天遥带过清江引》“有意送春归，无计留春住，明年又着来，何似休归去”，这是用作“必须”。又如斗（鬥），做动词表示“拼合”做副词表示“竞相”，两种用法均见于闽东闽南，音都是[tau⁵]。在唐宋诗词用例前者如：“双堤斗起如牛角，知是隋家万里桥”（晁补之《扬州杂咏》），“三分兰菊十分梅，斗合就，一支风月”（辛弃疾《鹊桥仙》）；后者如：“春色初来，遍被红芳千万树，流莺粉蝶，斗翻飞，恋香枝”（晏殊《酒泉子》），“好向歌台舞榭，斗取红妆娇面，偎倚韵偏宜”（曹冠《水调歌头·红梅》）。反义相训的“乞”福州音[k‘øyʔ⁷]，厦门音[k‘it⁷]，都有“给予”和“求取”两个义项，两种用法也都见于唐诗。前者如杜甫的《戏简郑广文兼呈苏司业》“赖有苏司业，时时乞酒钱”；后者如白居易的《杨柳枝词八首》“小树不禁攀折苦，乞君留取两三条”。

可见，就词汇而言，闽方言和吴方言虽有一定关系，但毕竟还是有明显差异的两大方言。

三 闽方言不仅与吴方言相关联

全面地考察闽方言的源流，对于中原汉语在不同时期的影响都是不可忽视的。至于研究闽方言和周边的东南方言的关系，也应该说，闽方言不但与吴方言有关，还与客赣方言有关。不论是纵向的源流关系或横向的渗透关系，情况都是如此。从时间顺序来说，与吴方言相关在先，与客赣方言相关在后。兹分述如下：

1. 吴方言是闽方言形成期的源流之一。

在闽方言形成的过程中，吴方言是它的最初的源流之一。这是因为最早移居福建的汉人当是东汉末年三国东吴时代的吴人和东晋南迁的北人。相对而言，东吴的人入闽路途近，情况明，既有官方的组织也有民间的自发行动，应比北人辗转入闽的多。史家所载北人批量定居并设立侨治州县的大多是在近江城市。说吴方言是闽方言最初的源流之一，应是符合史实的。

语言事实上也可以找到根据。上文所述的许多现今还是吴闽方言共有的方言词，不少在唐宋以前的字书中已有出于吴方言的记载。例如：

隩澳	尔雅，郭注：江东呼浦隩。
薸	尔雅，郭注：水中浮萍，江东谓之薸。
敦（墩）	尔雅，郭注：今江东呼地高堆者为敦。
侬	玉篇，侬，我也，吴语。
箄	玉篇，箄，江东呼小笼为箄。
埭	通雅，江左呼隄为埭。
煠	一切经音义，煠，江东谓瀹为煠。
倮	集韵，吴人呼彼称，通作渠。

最有趣也最值得注意的是，有些古代词书上指明是吴方言的方言词至今还普遍保留在闽方言之中，而在吴方言却大多已经失传。以下各条至少在已有的吴方言材料中还是很少见到反映：

裷 《方言》："襜谓之袖。"郭注：衣褾，江东呼裷，音婉。今闽方言多称衣袖为"手裷"。福州音 [ts‘iu^3 uoŋ^3]，建瓯音 [siu^3 uiŋ^3]，厦门音 [ts‘iu^{3}ŋ^3]。各地都还可以说长裷长袖、短裷知袖、手裷头袖口。

櫼 《方言》："陈楚宋魏之间或谓之箪，或谓之櫼。"郭注："瓠勺也，今江东通呼勺为櫼，音羲。"《广韵》作桸，许羁切，"杓也"。今沿海闽方言还有好些带桸字的说法。福州的鲎桸 [hɑu⁶ hie¹] 是鲎鱼的壳制成的水勺，轻而薄，遇热水软而不裂。早期的福州话可能音 [hya¹]（类似现今的莆田话），《戚林八音》的戚本漏收，林本为此专门立了礐韵，只收了两个字：纸，鲎～。厦门话除了说“鲎桸”[hɑu⁶hia¹]，还说“瓠桸”[pu²hia¹]，是用半个葫芦壳制成的水勺，又说“粗桸，桸仔”是指大小粪勺。

狶《尔雅》：“豕，子猪。”郭注：“今亦曰彘，江东呼狶。”今闽北、闽中均呼猪为狶，建瓯音 [k‘y³]，永安音 [k‘yi³]。广韵：狶，虚岂切：“楚人呼猪”。晓母字在闽北、闽中有少数字读 [k‘]（如虎）。在闽北一带，狶豭公猪狶嫲母猪、狶肝、狶肚等都说狶不说猪。当年古吴语和古楚语共用的这一说法只在闽北完整保存下来，成了闽北方言的重要特征词。

濑 《汉书·武帝纪》颜师古注：“濑，湍也，吴越之濑，中国谓之碛。”今闽北用作名词，指河流的浅滩，建瓯音 [suɛ⁶]（是少数读 [s] 的来母字之一）。闽南兼用作名词和形容词。泉州话说“落濑下浅滩”，音 [luɑ⁶]；说“溪水濑”指河水湍急，音 [suɑ⁵]。

瀙《广韵》：“瀙，冷也，楚敬切。”《集韵》：“楚庆切，吴人谓之。”今各地闽方言多有“瀙”的说法。福州天冷谓瀙 [ts‘ɛiŋ⁵]水冷曰冻，冬天谓瀙天，冷汗曰瀙汗；闽北天冷、水冷、饭凉都说瀙 [ts‘eiŋ⁵]：瀙天、瀙水、瀙饭；闽南也都可以说瀙 [ts‘in⁵]，天冷也说寒。

揻《广韵》：“吴人云牵亦为揻也，乌吴切。”今闽南扶着拐杖谓揻 [uɑ⁵]，音义均合。

鲑《集韵》：“吴人呼鱼菜总称，户佳切。”今各地闽方言关于鲑还有许多说法。福州话鲑可单说，音 [kie²]，指一种腌制的小海鱼（也说“咸鲑”），又说鲑油 [hɑ² iu²]，俗写作“鲔油”，是一种用小海鱼发酵腌制的调味品。厦门话也有以上说法，音 [kue²，he²iu²]。又说“无鲑无菜，好鲑好菜”（音 kue²）则是最准确意义的“鱼菜总称”。建瓯话的鲑 [kai³] 是咸鱼总称，也用来专指咸带鱼。其他咸鱼还有“油筒鲑、鲂鲞鲑”，后来才有的冰冻带鱼则称为“餮鲑”[tsiaŋ³ kai³]，卖鲑货的称“鲑货店”。

烌 《集韵》：“吴俗谓灰为烌，虚尤切。”今沿海闽方言概称灰为烌，福州、厦门均音 [hu¹]。尤韵逢唇牙喉白读有作 [u] 韵的，如浮、妇、富、牛、旧、有等。还可说“火～、草～、香～、纸～、骨～”等。

蛇 《集韵》：“《南越志》水母，东海谓之蛇，除驾切。”福州音 [t‘a⁵]，厦门音 [t‘e⁶]。

䭺《集韵》：“吴人呼哺子曰䭺，谟敢切。”今闽南呼唤小儿进食以 [mɑm mɑn] 之音相示，音义俱合。

仔细地寻求，应该还有一些在闽方言中得到传承的此类古吴语词。当然，在吴方言地区深入调查也可能发现，这些词有些吴语还在沿用，在现今闽方言竟然还如此常用，如此普遍，这充分地说明了吴方言确实是闽方言的早期源头之一，也说明后来吴方言的词汇变异大而闽方言则显然保守得多。有些古时候的语言特征未传于该语言的中心地区而见于边远地区，所谓“礼之失而求诸野”，这是常见的现象。中古音的 [-m、-n、-ŋ、-p、-t、-k] 六个辅音韵尾完整地保留在现今最南部的闽粤客诸方言；在闽方言之中，“轻唇读为重唇”，字数最多的不在闽南本土，而在远离福建的海南岛，这都是很好的例证。

在闽方言形成时期，除了吴方言之外应该还有其他的源流，例如南下的北人或当时通行于书面和口头的共同语，还势必有闽越人所说的闽越语。因非本文内容，这里不再讨论。

2. 唐五代两度北人入闽对闽方言的定型有重大作用。

继东吴—魏晋之后，还有两次大规模的中原汉人移居闽地，这便是初唐陈氏父子的百年平闽落籍和唐末五代王氏兄弟的据闽治闽。如果说六朝至隋是闽方言形成期的话，唐五代则是定型期。

唐总章二年（669 年），闽西、闽南爆发了大规模的畲民起义，朝廷令颍川人玉钤卫左郎将陈政为岭南行军总管，统领府兵“五十八姓军校”入闽平定，不久其母及兄弟又带了大批中州兵勇前来增援。陈政自闽西至闽南，驻扎漳浦，讨平 36 个畲寨，九年后病死。其子陈元光 21 岁继父为将，使平畲获取全胜。武后垂拱二年（686 年）请置漳州，陈元光为首任刺史（后民间祀为“开漳圣王”）。陈氏先后四代平漳、守漳历百年之久，跟随他们入闽的兵士以光州固始老乡为主体，都在漳泉各县落户垦殖，并使闽南地区社会安定，人口剧增。据《元和郡县图志》，唐开元间（713—755 年）漳泉两州 7 县共有 5 万多户人家，占当时全闽 5 州 23 县总户数的半数以上。看来，闽南方言应该就是在这个时期定型的。漳州《颍川开漳族谱》载有《陈将军候夜行师七唱》，其第二首云：“屹然一镇云霄末，渐尔群言花柳春。男生女长通蕃息，五十八姓交为婚。”（朱维幹，1986）陈政手下的司马丁儒告老之后有《归闲诗 20 韵》，诗中有如下名句：“漳北遥开郡，泉南久罢屯，归寻初旅寓，喜作旧乡邻。好鸟鸣檐竹，村黎爱幕臣，土音今听惯，民俗始知淳。”（同上）这就是初唐南来北人与前此定居的北人融为一体形成了闽南方言的生动写照。

中唐之后，政治腐败，经济凋零，社会动乱。安禄山反叛，朝野撼动；黄巢起义，战火蔓延，闽中人口大量逃亡。据《元和郡县图志》，从开元至元和的近 200 年间，全闽户数从 10 万多减至 7 万多。自唐末至五代百余年间，南北分裂，五代更替，十国争雄。在战争烽火中，王潮、王审知兄弟据闽称王，闽中得以偏安。二王原是参加起义的农民，转战南下，经闽西、闽南、粤北、粤东，王潮被众将推为主帅，据泉州后又被荐为刺史，而后进兵福州，平定了闽北。据有全闽后，唐昭宗封为福建观察使，乾宁三年（896 年）升为福州威武军节度使。王潮殁，王审知于后梁开平三年（909 年）被封为闽王（后民间建有闽王祠祀之）。《新唐书》称王潮治闽“作四门义学，还流亡，定赋敛，遣吏劝农，人皆安之”。《旧五代史》则谓王审知“起自陇亩，以至富贵，每以节俭自处。选任良吏，省刑惜费，轻徭薄敛，与民休息。三十年间一境晏然”。到了北宋初年，据《太平寰宇记》，全闽自25县增为31县，总户数达46万，竟比元和间翻了6倍。闽东方言应是这时最后定型的，大批中州移民的语言对它有重大影响。宋代史学家郑樵说：“王绪举光寿二州，以附秦宗权，王潮兄弟以固始众附之。后绪与宗权有隙，遂拔二州之众入闽。王审知因其众以定闽中。以桑梓故，独优固始。故闽人至今言氏谱者，皆云固始。”（陈支平，1997：16）看来，说唐末入闽者多为中州人应是可信的。

上述两次北人入闽，从时间说，相距二百年，起点都是河南中州一带，终点则是福建沿海。这些先民所带来的北方汉语应是与《广韵》系统所反映的语音相去不远，即8—10世纪的中原汉语，它对沿海闽方言的定型必定发生了决定性的作用。换言之，唐末覆盖的作为当时全国通语的中原口音一定比五六百年前（六朝时期）留下的江南口音（吴音）更为广泛和深厚。王审知之子王延政也曾到建瓯城建立一个小朝廷（后晋天福八年，[943年]，国号为殷，年号天德），那时已是闽国分崩离析之时，影响不大。可以说，这两次移民决定了闽方言东部沿海的口音和西部山区口音的差异。从现今的东西两片的差异还可窥见某些踪迹。

在语音方面，东部沿海和西部山区有以下差异：

① 部分来母字读 [s-]，见于西部，东部极少反映。

② 部分船、禅母字读 [ɦ、j、Ø] 声母，见于西部，未见于东部。

③ 西部歌豪可分，东部歌豪韵相混。

④ 东部蟹、效二摄一二等韵白读音可分，西部不分。

⑤ 东部大部分地区都有塞音尾韵，西部但留入声调，未有塞音韵尾。

⑥ 东部各点今声调大多是7个，与古四声清浊对应较整齐；西部从6调到8调，浊平分读两类，与古四声清浊对应不整齐。

⑦ 东部都有连音变调，西部没有。

④、⑤、⑥各条显然是东部接近广韵系统，西部因后来又发生许多变异而显出不同；①、②是西部保留早期语音特点，受广韵系统影响较小的表现。关于闽音的歌豪不分，可能与洛阳一带效摄字读为 [ɔ、iɔ] 韵有关（至今洛阳音仍如此）。歌韵由 [ɒ] 变 [ɔ]，于是与豪韵合流。宋人多有讥闽人不分歌豪者，这个特点可能形成于唐末，受的是中州方音的影响。⑦则是东部晚近的变化，西部因为闭塞未受影响。

在词汇方面，上文所列举见于唐宋字书的闽方言特征词有些在西部已发生变异，形成与东部的重要差别。例如：嗌说吹，倩$_{雇}$说请，滇$_{水满}$说满，鸡健$_{未下蛋的小母鸡}$说鸡嫲子。见于唐诗的那几个常用词也另有说法：疑问词“底”说“孰”[su^{6}]（～人，～事，～么显然是上古时期的说法），“乞$_{给予}$”说“纳”[nɑ^{7}]，“着”用作“在”说“到哩”[tɑu^{5} li^{3}]；用作“应该”说“让”[niɔŋ]；“斗”用作“凑集”说“凑”[ts‘e^{5}]。

此外，还有一些重要词汇差异，例如“人”不说“侬”，“他”说“渠”不说“伊”，这是未保留六朝古语；“猪”说“豨”，“玩”说“嬉”，“东西”说“物事”，则是六朝吴语的留存；“泥土”说“泥”不说“塗”，“水稻”说“禾”不说“粙”，“蒸”不说“炊”，“看”说“眨”不说“觑”，“萝卜”不说“菜头”，“说话”说“话事”，菜“嫩”不说“幼”等，则可能是中古以后的变异。这些变异都可以用东部受中古时代中原汉语影响较深来解释。

3. 客家话与闽南话有深刻的历史联系。

如上文所述，初唐和唐末两度中原汉人大规模入闽都不是像汉魏时代那样从闽东、闽北来的，而是从闽西到西南，而后又辗转到闽中闽东。从迁徙的时间和途径说，这都和客家的第二次南迁相类似。罗香林的《客家研究导论》在谈及客家第二次迁徙时曾有专段叙述王潮、王审知的据闽为王，“颍淮汝三水间留余未徙的东晋移民，至是亦渡江南下，至汀漳，依王潮兄弟。这种移民也可说是一部分的客家先民”（罗香林，1993：46）。

从闽西的汀州府人口的增减过程不难看出，客家先民在闽西定居主要是在两宋的数百年。而唐宋之交和宋元之后，许多迁徙到闽西的只是些“过路客”：

年　代	建置	户	口	根据
唐天宝元年（742）	汀州	4680	13702	新唐书
宋太平兴国（976—984）	汀州	24007		太平寰宇记
崇宁元年（1102）	汀州	81454		宋史
元至正十五年（1355）	汀州路	41423	238127	新元史
明隆庆六年（1572）	汀州府	39742	217535	读史方舆纪要

从闽西再转徙他处的到哪里去了？唐宋间主要是迁往福建各地，闽南居多、闽东其次；宋元以后主要是流向粤东和粤北。

数年前，陈支平的《客家源流新探》一书列举了大量谱牒资料，证明了客家人与闽地的非客家人的中原居地及南迁过程本无大别，“客家人与闽粤台各地的非客家人的血统源流是基本相同的，他们的相互交融是频繁而密切的”。他用大量篇幅论证了：既有由客家人分支迁入非客区而成为非客家，也有非客家分支迁入客家区而成为客家人。决定一个族群是否客家，不在于起点和过程，也不在于血统，而是最后落户的地方是否客家方言区。他的论证是颇有说服力的。试以李氏家族为例。李光地《木德公儒溪三修族谱旧序》称：“余巡抚山东时，有汀杭同宗兵部候推司佥事友琦因抵京谒选，便来署谒余……询其家世，则与吾同出陇西，实宋宰相纲公之后……纲公五世孙珠公生五子：金德、木德、水德、火德、土德……友琦先世出于木德。木德先居宁化石壁，宋宝庆二年始与弟火德客上杭……木德公复携妻子迁漳州龙岩浪东村，遂为漳州龙岩人。”（陈支平，1997：107）后来，散居漳州、龙岩、安溪、平和、南靖、诏安、云霄、南安、海澄乃至迁入台北等地的李氏家族都有族谱说明自己是上杭李火德的后裔。看来，由于地缘相近，从闽西杂入闽南地区的客家人较之迁入其他闽地的更多些。换言之，闽南人的血统与客家人有更多关系。虽然杂入闽南区之后他们没有成为客家人，也改口跟着说闽南话了，但他们的口音，用语不可能对闽南话毫无影响。过细地比较闽南话和闽东、闽北的差异，我们还可以看到，闽南话与客家话的某些相近特点正是这种差异的主要内容。

在语音方面，有四条比较明显的根据。

① 闽东、闽北、闽中、莆仙各小区均有撮口呼韵母，闽南没有。闽南话的这个特点与闽西客话是连片的。如所周知，大多数客话没有撮口呼。

② 闽东、闽北宕摄一等开合口字不同音（合口有 [u-] 介音），闽南话读为同音（缸 = 光），在多数闽西客话也是如此。

③ 闽北、闽东、莆仙 [n-l] 可分，闽南及闽中不分。这个特点从闽南、闽中一直延伸到闽西客话的北片（宁化、清流），赣南、湘东的客话也有不分的。

④ 闽东、闽北概无鼻化韵，在莆仙区，靠闽南的仙游有，北边的莆田没有。闽南、闽中区则有大量鼻化韵，往西连片的闽西客话中如宁化、清流、长汀、上杭以及赣南湘东的客话（赣县、大余、永新、茶陵）也有不少中古阳声韵字读为鼻化韵。这条长廊的鼻化韵成了一个连片的区域特征。

在词汇方面，我在《从词汇看闽南方言和客家方言的关系》（见本书）一文中，曾经列举过 200 条闽南话与客家话相同的方言词。其中不少就是和闽东、闽北的说法不相同的。略举一些典型的于古有征的词例列举如下：

闪《广韵》失冉切，“出门貌”。闽南话意为“避开”。罗翙云《客方言》：“避曰闪。”

晏《广韵》乌旰切，“晚也”。天色不早闽南通称晏。长汀、河源同此。

錾《广韵》才敢切，“凿也”。开石头用的小铁凿，闽南话说“石錾”。《客方言》：“小凿曰镌子。”今梅县音仍说 [ts‘am⁵]，本字应是錾。

榺《集韵》时正切，“器也”。泉州话单说榺指固定于墙角的木仓，又说“春榺”，指可抬的盛嫁妆的木盒。《客方言》：“木榼有架谓之榺。”

豸《广韵》池尔切，“尔雅云：有足曰虫，无足曰豸。”今泉州话常连说“虫豸”。《客方言》：“虫谓虫尸，尸当为豸。”甚是。

萦 《广韵》於营切，“绕也”。绕线谓萦，闽南与客家同，厦门音 [in1]，梅县音 [iaŋ1]。

炙《广韵》之石切，“说文曰：肉在火上”。泉州话说“炙日”，指晒太阳，音 [tsioʔ7]，梅县说“炙火”，指烤火，音 [tsak7]。

舐 《广韵》神纸切，“以舌取物”。闽南、客家多谓舔为舐。泉州音 [tsi4]，梅县音 [sai1]，浊上读阴平之例。

吮《集韵》竖尹切，“舐也”。泉州音 [tsŋ4]，意为吮吸、品尝。《客方言》：“小儿吮乳谓之餐乳。”梅县音 [ts‘iɔŋ1]，本字应为吮，浊上归阴平又一例。

衰 《广韵》所危切，“小也，减也，杀也”。闽南、客家都说衰，泉州音 [sue1]，梅县音 [sɔi1]，义均为倒霉。

啮 《广韵》五结切，“噬”。客方言不少点咬说啮，梅县音 [ŋat7]，泉州话也说 [giat7]。

瞁 《集韵》昵辄切，“目动”。闽南、客家都把眨眼称为瞁，泉州音 [n̥iʔ7]，梅县音 [n̥iap7]。

歇 指临时住宿，如说“歇客栈”。泉州音 [hioʔ7]。《客方言》：“宿曰歇。”与此相合。

盘 指翻越，如说“盘墙”。泉州音 [p‘uã2]。《客方言》：“逾墙曰盘墙。”

寮 简易的棚子曰寮，又有草～、柴～等说法。泉州音 [liau2]，永定音 [lieu2]。

闽南话和客家话之间也是既有源流关系，也有渗透关系。两个方言区移民的穿插、掺杂是唐宋以来就有的。从地缘方面看，这两区方言连界数百公里、交界处还有不少双方言地带（李如龙等，1995）。在龙岩、漳平一带的闽南话，不论在语音上词汇上都受到客家话更多的影响。

4. 赣语与闽北、闽西北方言关系也很深。

北宋的 200 年，闽北的经济文化达到鼎盛。朱熹在那里办学数十年，培养了大批士子。麻沙成为全国出版中心。“建茶”是入朝贡品，“建瓷”则蜚声海外。李纲、柳永、严羽、孔安国、宋慈、吴棫都出自闽北，可谓群星灿烂。南宋初年的建炎四年（1130年）建瓯人范汝为起义，聚众 10 余万，两年之间破州掠县，声势浩大。朝廷不得已把抗金前线的韩世忠调来镇压农民义军。此后闽北元气大伤，至明初略有回升，明代中叶又有沙县邓茂七起义，与浙南矿工叶宗留遥相呼应。正统十三年（1448 年）起，前后八载，发动义兵数十万，“延蔓八郡，破二十余县。”最后，起义被镇压了，闽北亦一片焦土，人口锐减。据《福建历代人口论考》（陈景盛，1991），建安府和邵武军宋代以来人口数有如下表的大幅度增减：

		建安府		邵武军	
	年代	县数	人口	县数	人口
宋	太平兴国（976—984）	4	180000（据90492户估计）	4	90000（据47881户估计）
	元丰八年（1085）	6	370000（户：186566）	4	180000（户：87594）
元	至元二十六年（1289）	7	506926	4	248761
明	洪武十四年（1381）	7	537025	4	236710
	嘉靖十一年（1532）	8	410099	4	136133
清	道光九年（1829）	8	1576779	4	648017

可见，从明初到明末，建安府人口减少24%，邵武军减少45%。而到了清代中叶，建安府人口增加3.5倍，邵武军则翻了五番。值得注意的是这一带涌入的偌多户口来自何方？

原来，闽北的通道在浦城的仙霞关，因为县内多崇山峻岭，全县千米以上高山290座，翻越维艰，尤其县南樟元山故道石级多达1500级，俗称悽惶岭，北来移民多止于此，县内吴语与闽方言亦以此为界。加上两宋之后江西人口再度剧增，入闽通道逐渐西移至崇安县（今武夷山市）的分水关和光泽的铁牛关。崇安虽有东南最高峰（黄岗山，海拔2157米），县内千米以上高峰只有81座，分水关一带尚较平坦。不远处有崇阳溪、建溪可通闽江。《读史方舆纪要》说这个与江西铅山县连界的分水关"商旅出入，恒为孔道"。清同治年间所修《广信府志》则说："铅山为入闽门户，车马之音昼夜不息。"崇安之外，还有从江西资溪过光泽铁牛关到邵武的通道也比较平坦，水路则有富屯溪可通闽江。也是赣闽的重要通道。1958年编的《福建编年史》（油印本）有近人陈遵统（主编）所写前言说："我在邵武的8个年头中，差不多邵武各大姓的家谱都看过，可以总括地下个结论：邵武的大部分人民是由中原移转而来，而迁徙的道路，十有八九由江西而来。考究它的年代，大部分是宋代，而宋代之中，南宋初期比北宋多，元兵围汴的前后，又比南宋的初期多。"事实上，赣人入闽一直持续到近代。1980年代我为调查方言走遍闽北各县，所到之处都听说当地许多居民来自江西，有的只有两三代人，至今与故土还有往来。

从方言的情况也可以提供最好的论证。明清以来人口更换幅度最大的原邵武军4县市，其方言已经蜕变为赣方言。我们在《闽西北七县市的方言》（见本书）一文中罗列了这一带方言与赣方言相同的语音特点多达15项，而与闽方言相同的特点只有9项；常用词中与赣方言相同的有92条，与闽方言相同的只有31条。在语音特点的项目中，与赣方言相同的都是一些管的字多的重要特点，例如：

古全浊声母今读绝大多数为送气清音；

古非敷奉母字和晓匣合口字今读为 [f、v] 声母（泰宁除外）；

古透定母字今读 [h] 声母，有的与晓匣母 [x] 声母有音位对立；

古清从初昌母字今读 [tʻ] 声母；

古咸、山、蟹三摄一二等韵今读有别；

古阳声韵有 [-m -n -ŋ] 三种收尾（有的点无 -m）部分点塞尾 [-p、-t] 也有转化为 [-m -n] 尾的；

多数点有小称变调，有儿尾。

可见，从整体上看把邵武军四县市方言定为赣方言或称为闽方言赣化是合适的。

以上语音特点中最具特色的是透定母读 [h-]，清从母读 [tʻ]，这是赣东南城一带方言的特点，不但连片影响到邵武四县市，而且影响到闽北的崇安、建阳。

闽北方言中，建瓯、松溪、政和、南平（市郊）属于东片。由于距闽方言中心区近，原有人口较多，浙赣移民较少，因而闽方言特征保存得较为完整，既没有石陂一带（也可称北片）的全浊声母，也没有西片的透定读 [h] 和清从读 [tʻ]。除了人口构成的不同之外，当然和地域相连与否也有密切关系。

从词汇说，闽北方言和闽西北赣方言有不少词已经采取客赣方言的说法而放弃固有的闽方言词。例如：

月光 月亮	星宿 星星	焰刀 闪电	通书 黄历
今朝 今天	泥 泥土	尘灰 灰尘	洋火 火柴
自家人 自己人	人 不说侬	手甲 指甲	跌鼓 丢人
话事 说话	蒸 不说炊	拉甫 忘记	做事 干活
伶俐 干净	禾 稻子	包黍 玉米	晓得 知道
暎牛 看牛	个 助词“的”	捞 找	几多 多少

在闽赣方言，这种放弃闽方言采用客赣方言词的现象更多。例如：

老伯 哥哥	老弟 弟弟	灶下 厨房	嘴 不说喙
胞衣 不说衣	屎窟 屁股	腹屎 肚子	热头 太阳
脱 不说褪	（菜）老 不说过	多 不说侪	衫袖 不说手碗
自家 自己	鬼子碱 肥皂	秆 稻草	做唔得 不行
小酒 醋	目汁 眼泪	樵 柴火	烧水 热水

四 结论

1. 闽方言和吴方言之间有源流关系，主要是六朝时期吴人从山海两路移居闽北和闽东。闽东和浙南沿海还同属于会稽南部都尉管辖的冶县。六朝时期的吴方言是闽方言形成初期的源流之一。

2. 闽方言和吴方言之间有漫长的连界（从崇安到福鼎数百公里），古来有多处通道并不乏交往，浙南吴方言和闽东闽北的闽方言之间也有渗透关系，因而这一带形成了某些区域特征。由于兼有源流关系和渗透关系，应该说吴闽方言之间在这一带关系最深。

3. 除了六朝的吴语之外，形成闽方言的源流还有中古的中原汉语。初唐和唐末两次大规模的中原移民带来的语言正是因为当时汉民族共同语的基础方言势力强大，所以对闽南和闽东方言的最后定型产生过重大的作用。

4. 两宋以来闽西北和闽北陆续入住了大量赣人和浙人，原邵武军四县市的闽方言已经赣语化，浦城县中北部则已吴语化。闽北方言的西片（建阳、武夷山一带）也受到赣方言的不少影响。

5. 从东汉末年到五代十国，闽方言的形成经历了 700 多年，其间有多源流的重合，多层次的沉积；有共同语越来越多的覆盖，也有多种周边方言的接触和渗透。所有的这些都可以在闽方言的分区划片以及各区片所表现的不同语言特征之中找到现实的依据。

6. 地域方言的形成和演变都有复杂的历史和独特的道路，现存的方言系统都是许多不同历史层次的成分经过整合的现代的共时系统。对不同的方言应该进行比较和分析，考察它们在演变的过程中的相互关系，但不宜简单地归结谁是谁的前身，谁是谁的后裔。

参考文献（《现代汉语方言大词典》各有关分卷概未列入）

北京大学中文系《汉语方言词汇》(第二版)，(北京) 语文出版社，1995 年。

曹志耘 《严州方言研究》，(日本) 好文出版，1996 年。

陈景盛 《福建历代人口论考》，(福州) 福建人民出版社，1991 年。

陈章太、李如龙 《闽语研究》，(北京) 语文出版社，1991 年。

陈支平 《客家源流新论》，(南宁) 广西教育出版社，1997 年。

丁邦新 吴语中的闽语成分，《史语所集刊》，1988 年 59 卷 1 分卷。

范 寅 《越谚》，光绪八年，谷应山房刻印。

傅国通等 浙江吴语分区，《杭州大学学报》增刊，1985 年。

黄典诚、李如龙等《福建省志 · 方言志》，(北京) 方志出版社，1998 年。

金有景 义乌话里咸山两摄三四等字的分别，《中国语文》1964 年第 1 期。

李 荣 从现代方言论古群母有一二四等，《中国语文》1965 年第 1 期。

李如龙、张双庆等　《客赣方言调查报告》，（厦门）厦门大学出版社，1992 年。
李如龙等　《福州方言词典》，（福州）福建人民出版社，1994 年。
李如龙等　《福建双方言研究》，（香港）汉学出版社，1995 年。
李如龙　《方言与音韵论集》，香港中文大学中国文化研究所，1996 年。
李如龙　《福建方言》，（福州）福建人民出版社，1997 年。
罗香林　《客家研究导论》，（台北）古亭书屋，1933 年。
吕叔湘　《丹阳方言语音篇》，（北京）语文出版社，1993 年。
闵家骥等　《简明吴方言词典》，（上海）上海辞书出版社，1986 年。
潘悟云　温处方言和闽语，《吴语和闽语的比较研究》，（上海）上海教育出版社，1995 年。
钱乃荣　《当代吴语研究》，（上海）上海教育出版社，1992 年。
邵荣芬　吴棫《韵补》和宋代闽北建瓯方音，《中国语文》1995 年第 5 期。
朱维幹　《福建史稿》，（福州）福建教育出版社，1984 年。

说明：本文于 1999 年 6 月在香港科技大学召开的第 6 届闽方言国际研讨会上宣读，后收入该会议论文集《闽语研究及其与周边方言的关系》（丁邦新、张双庆主编），2002 年在香港中文大学出版社出版。2012 年收入《汉语方言的比较研究》，（北京）商务印书馆出版。本次收入有修改。

闽方言中的古楚语和古吴语

本文列举的52条材料都是在唐宋以前的古籍中指明为楚语或吴语，而且在现代闽方言中还能找到和它们读音相对应，意义相同或相关的语词。

下文先分三部分列举这些材料，然后再做简短说明。

一 闽方言中的古楚语

1. 挦、挻 《方言》卷一："挦……挻，取也……荆衡之郊曰挦……楚部或谓之挻。"郭注："挦，常含反，挻，羊羶反。"今闽南话伸手取物谓之 ꜀ts‘ĩ。禅母、以母在闽南话都有读 ts ‘的（例如：树、市、象，燿 ts‘io꜄、场 ꜁ts‘iũ、延 ꜁ts‘ian）；咸山摄三四等都有读 ĩ 的（如簾 ꜁nĩ、盐 ꜁sĩ、棉 ꜁mĩ、天 ꜀t‘ĩ）。꜁ts‘ĩ 以挦、挻为本字均可。

2. 夥 《方言》卷一："几盛多谓之寇……楚魏之际曰夥。"郭注："夥，音祸。"《广韵》：夥，胡火切，"楚人云多也。"今闽东、闽南方言都有谓多为夥的，福州话询问几多曰"若夥"nuoʔ꜄ uai꜄，泉州话谓为数不多曰"无夥"꜁bo ꜃ua，又有俗语曰"毛夥兼拍施"（数额不多又偏偏施舍了）。匣母在闽方言不少读为零声母（例如：话、鞋、闲、后），戈韵字白读在闽东闽南也有 uai—ua 的对应。（例如：磨 ꜁muai—꜁bua，破 p‘uai꜄—p‘ua꜄）。

3. 差《方言》卷三："差……愈也。南楚病者谓之差。"今福州话谓病情好转为差 ꜀ts‘a，如说"药食了有差毛？"（吃了药好些吗？）后来又写为"瘥"。如《中山狼传》有"疮痍未瘥"，义同此。

4. 褴褛《方言》卷四："楚谓无缘之衣曰褴，紩衣谓之缕。"《左传·宣公十二年》："筚路蓝缕。"杜预注："蓝缕，敝衣。"《广韵》：褴，鲁甘切；褛，力主切："褴缕，衣敝。"今泉州话口语常有"褴褴褛褛"꜀lam ꜀lam ꜃lui ꜃lui 的说法，意即衣衫破烂。

5. 箩 《方言》卷五："所以注斛……陈魏宋楚之间谓之箩。"郭注："盛米谷。"今闽方言多说"米箩"，福州音 ꜂mi ꜁lai，厦门音 ꜂bi ꜁lua。歌韵白读福州 ai、厦门 ua，如拖：꜀t‘ai，꜀t‘ua。福州话又泛指一切大大小小竹篮为"箩箩"꜁lai ꜁lai。

6. 揞 《方言》卷六："揞……藏也，荆楚曰揞。"《集韵》揞，於咸切，又益涉切。

今福州话以手覆物（掩盖）谓之 ꜀ieŋ，与於咸切音义均合，有一种儿童游戏谓“揞公揞大目”是蒙住眼睛寻人。闽南话 iap꜆，则合于益涉切，意为掩藏。꜀ŋ ꜀ŋ iap꜆ iap꜆ 是躲藏的情状。iap꜆ kak꜆（揞角）是掩蔽的角落。

7. 嬉　《方言》卷十：“江沅之间谓戏……或谓之嬉。”今闽北闽中方言谓游玩为嬉。建瓯音 ꜀xi；永安音 ꜀k‘y，音义俱合。

8. 煤　《方言》卷十：“煤，火也，楚转语也。”郭注：呼隗反。这里说的“转语”可能是指因语音变读而另造的别字，今闽方言多有果韵白读混同于贿韵的，例如“餜、煤”福州 ꜂kui，꜂xui，泉州 ꜂kə，꜂hə，漳州 ꜂kue，꜂hue。

9. 涟谩《方言》卷十：“嘱哰……南楚曰涟谩。”戴震疏证引《说文》：“嗹喽，多言也。”又引《广韵》：“嗹喽，言语繁絮貌。”今泉州话言语烦絮，唠唠叨叨仍谓之涟谩，音略有转：꜁liam ꜁lo。

10. 拌　《方言》卷十：“拌，弃也，楚凡挥弃物谓之拌。”郭注，拌，音伴。今闽东、闽南方言抖动衣物或挥手力掸以弃尘土谓之拌。福州音 puaŋ꜅，泉州音 ꜃puã。

11. 謫　《方言》卷十：“謫，过也。南楚以南凡相非议人谓之謫。”郭注：“亦音适，罪罚也。”今闽东、闽南方言仍有此说。数落别人的不是福州话谓之謫落 siaʔ꜆ lɔʔ꜇，泉州话谓冷嘲热讽为相謫 ꜀sa siaʔ꜆。

12. 颔《方言》卷十：“颔，颐，颌也，南楚谓之颔。”《集韵》户感切。今闽南话仍谓颈为颔，厦门话说颔管 am꜅ ꜂kun，泉州话说颔肌 ꜃am ꜀kui。

13. 揔《方言》卷十：“抋，扰，推也。南楚凡相推搏曰抋，或曰揔。”《集韵》呼骨切：“楚谓击为揔。”今闽东、闽南方言仍谓击为揔，福州音 xouʔ꜆，厦门音 hut꜆。

14. 占《方言》卷十：“䁯，貼，占，伺视也。凡相窃视，南楚……或谓之占。”今闽南话仍谓窃视为占，音 ꜀tsiam 或 ꜀siam。

15. 僄《方言》卷十：“佻，僄，轻也。楚凡相轻薄谓之相佻或谓之僄也。”《集韵》匹妙切：“僄，《说文》轻也。”今闽南话谓“轻浮，轻飘飘”为轻僄，浮僄。泉州音 ꜀k‘in p‘io꜄ ꜁p‘u p‘io꜄，音义俱合。

16. 杜狗　《方言》卷十一：“蝼蛄……南楚谓之杜狗。”今闽南话谓之杜猴，泉州音 ꜃tɔ ꜁kau，仅后字声调有异，农村有“灌杜猴”之说，从洞口灌进盐水以灭害虫。

17. 蜀　《方言》卷十二：“一、蜀也，南楚谓之蜀。”郭注：“蜀犹独耳。”《尔雅·释诂》：“蜀，壹，弌也。”今闽东闽南闽北方言均谓一为蜀。福州音 suoʔ꜇，厦门音 tsit꜇，建瓯音 tsi꜇。以上各点禅母字有 s—ts 的对应（如“上”suo ŋ꜅—tsiũ꜅—tsiɔŋ꜅）；福州韵母，声调亦合（如绿 luoʔ꜅），厦门韵尾-k 变-t，可能受声母同化，建瓯韵母 y 变 i，可能是个别特别常用词的变读。

18. 訏《说文》言部：“訏，况于切，诡讹也，齐楚谓信曰訏。”今闽南方言音 ꜀hɔ

合于况于切（晓母虞韵：况 ᶜhɔŋ，雨 ᶠhɔ，芋 ɔᵓ），其义兼有诡伪和言信相反两种意思，“七讶八讶”是言语不实，“便讶”“讶约”是相约为信。

19. 聿《说文》聿部：“聿，余律切，所以书也。楚谓之聿。”今闽南方言聿用为动词，意为：拿笔涂画，音 ut꜇ 或 tsut꜇ 均合余律切。以母字在闽南话白读有 ts 的对应，例如：痒 tsiũᵓ 檐 ꜀tsĩ。

20. 睇《说文》目部：“睇，特计切，目小视也，从目弟声，南楚淯眄曰睇。”今潮州话泛指看为睇，音 ᶜt‘õi⁵，声调变读。粤方言同此。

21. 箬《说文》竹部：“楚谓竹皮曰箬，而勺切。”段注：“楚今俗云笋箨箬是也。”《玉篇》竹部：“箬，竹大叶。”唐人张志和词《渔歌子》首句：“青箬笠，绿蓑衣，斜风细雨不须归。”可见箬又指竹箨，指竹叶。今闽方言泛指一切植物叶子为箬，可说“树箬，竹箬，茶箬”。福州音 nuoʔ꜇，建瓯音 niɔ꜇，厦门音 hioʔ꜇（日母字在闽南话有读 h 声母的，例如：燃、耳、肉）。

22. 篝《说文》竹部：“篝，答也，可熏衣。从竹冓声，宋楚谓竹篝墙以居也，古侯切。”《方言》卷五：“篝，陈楚宋魏之间谓之墙居。”郭注：“今熏笼也。”《广雅·释器》：“篝，笼也。”《集韵》居侯切：“蜀人负物笼，上大下小而长，谓之篝笭。”今闽南话有“篝篮”之称，泉州音 ꜀kau ꜁nã，是一种传统的工艺品，竹篾编成的细孔篮子，长柱形，分层相迭，多用于盛食品。

23. 餥《说文》食部：“餥，非尾切，馍也，从食非声，陈楚之间相谒食麦饭曰餥。”今闽南话打秋风，混饭谓之餥食，泉州音 ᶜpə tsiaʔ꜇。餥又可单说，有骗取之义。非母读 p，尾韵读 ə 均为常例，字义则自被动转为主动。

24. 柿《说文》木部：“柿，芳吠切，削木扎樸也，从木，巿声，陈楚谓櫝为柿。”《广韵》：“柿，斫木札。”今闽方言多称削木所下木片为柴柿。福州音 ꜁ts‘a　p‘ueiᵓ，泉州者 ꜁ts‘a　p‘əᵓ。

25. 嫛《说文》卧部：“嫛，尼厄切，楚谓小儿嬾嫛。”段注据《玉篇》以为“儿”为衍文。王筠《说文句读》：“女部谓嬾为嫛，浑言之，此则嬾之小者曰嫛。”今泉州话谓衣冠不整，穿着糊涂为“落嫛”lak꜆ləʔ꜆，音义俱合。

26. 咍《楚辞·九章》：“又众兆之所咍。”王逸注云：“咍，笑也，楚人谓相啁笑曰咍。”今闽南方言欢笑貌谓“笑咍咍”ts‘ioᵓ　꜀hai　꜀hai。音合义相关。

27. 嗟《文选·吴都赋》（卷五）：“嗟难得而视缕。”李善注：“《尔雅》曰：‘嗟，楚人发语端也。’”闽方言今仍用嗟，是带有近指意味的发语词，音 tsia（闽东闽南同音，读降调），后面可连着说“拿去！”“在这里”之类。

28. 潭《一切经音义》：“潭，闲也。南楚之人谓深水曰潭。”《广韵》徒含切：“潭，水名……又深水貌。”今闽方言称溪流深处为潭。福州音 ꜁t‘aŋ，厦门音 ꜁t‘am，闽台两省常以潭作地名通名。例如诏安县有西潭乡，将乐县有黄潭乡，霞蒲、长乐县有潭头乡。台湾省台北县有潭边村，嘉义县有湾潭村。

29. 濷 《文选·江赋》(卷十二)："磴之以濷瀷，渫之以尾闾。"李善注："《淮南子》曰：莫鉴于流繁，而鉴于澄水。"繁、濷就是溢出。闽南方言溪水溢出河岸，田水溢出田埂谓之"濷岸"，泉州音 ꜁p'uã huã꜅，音义合。

30. 奶《广韵》荠韵奴礼切："奶，楚人呼母，又奴蟹切。"今闽方言多呼母为奶，福州话称"依奶"꜀i ꜂nɛ 或"郎奶"꜁louŋ ꜂nɛ，漳州话称"娘奶"꜁niõ ꜂ne，建瓯单说"奶"꜂nai。

31. 敲《集韵》效韵口教切："敲，击也。《方言》：楚凡挥弃物谓之敲。"今闽方言各地敲即读去声 k'a꜄，合此。

二 闽方言中的古吴语

1. 褍 《方言》卷四："襟谓之袖。"郭注："衣襟，江东呼褍，音婉。"今闽方言多谓衣袖为"手褍。"福州音 ꜂ts'iu ꜂uoŋ，厦门音 ꜂ts'iu ꜂ŋ，音义俱合。

2. 埂《切韵》敦煌唐写本残卷第三十七卷梗韵陆法言旧注："埂，堤封，吴人云也。"今闽北方言仍谓"田埂"ts'aiŋ꜄ ꜂kaŋ。闽北地区有以埂为地名的，例如崇安县(今武夷山市，下同)有崩埂，南平市郊有埂埕、埂尾，建阳县有长埂。

3. 敦 《尔雅·释丘》："丘一成为敦丘。"郭注："今江东呼地高堆者为敦。"后来写为墩。《广韵》墩，都昆切"平地有堆"。今闽方言谓小山包为墩，可说"塗墩"(土墩)"沙墩"(沙堆)。福州，建瓯音 ꜀touŋ，厦门音 ꜀tun，闽台两省多有以墩为地名通名者，在闽东闽北，由于唐、魂合韵又写为"垱"。据福建省55县市地名普查资料统计，带墩(垱)字的地名多达433处。在台湾省，台中县后里乡就有墩东、墩西、墩南、墩北等村。

4. 隩 《尔雅·释丘》："隩，隈。"郭注："今江东呼浦隩。"今闽方言"隩"指小海湾，福州音 ɔ꜄，厦门音 o꜄。闽台沿海多有以隩(或写为澳或岙)作为地名通名的。例如宁德县有三都澳，福鼎县有前岙、岙腰。厦门市有内厝澳、顶澳仔，东山县有澳角，澎湖县有吉贝澳。

5. 薸 《尔雅·释草》："苹、萍。"郭注："水中浮萍，江东谓之薸，音瓢。"今闽方言都称浮萍为藻。福州音 ꜁p'iu，厦门音 ꜁p'io，建瓯音 p'iau꜅，永安音 ꜁p'iɯ，莆田音 ꜁p'iɐu。

6. 健《尔雅·释兽》："未成鸡，健。"郭注："今江东呼鸡少者曰健，音练也。"《集韵》连彦切："健……一曰鸡未成曰健。"今闽南方言称未下蛋小母鸡为"鸡健"，厦门音

꜀kue nuã꜅ 音义俱合。

7. 柎 《山海经·西山经》:“东望蚐渊有榣员叶而白柎。”郭璞注:“今江东人呼草木子房为柎，音府。一曰:柎，花下鄂……字或作柎，音符。”今闽东方言谓一朵花为“蜀柎花”，音 ꜁puo，音义俱合。

8. 煠 《一切经音义》:“煠，江东谓瀹为煠。”(转引自张慎仪《方言别录》)《集韵》:煠，实洽切。《广雅·释诂》:“沉肉于汤谓之爚。”今闽方言多谓清水中煮物为煠，福州、厦门均音 saʔ꜇，音义俱合。

9. 侬 《玉篇》奴冬切:“侬，我也，吴语。”又“吴人谓人侬。”《六书故》:“江左人称我汝皆加侬字。”(转引自张慎仪《方言别录》)今闽东、闽南方言均称人为侬，也可称我为侬。福州音 ꜁nøyŋ，厦门音 ꜁laŋ。如福州话可说“侬伓去，只隻侬安侬去”(我不去，这个人硬要我去)。厦门音作第一人称代词时，侬读变调 laŋ$^{24-22}$。又，龙岩话、海南闽南话及海外华侨中的闽南话人称代词复数式均在三身代词之后加“侬”，说“我侬、汝侬、伊侬”。

10. 倮 《集韵》求於切:“倮，吴人呼彼称，通作渠。”今闽北、闽中方言称他为“渠”，建瓯音 ky꜇，永安音 ꜀ŋy。吴语及客赣方言亦用此。

11. 攨 《广韵》乌吴切:“攨，吴人云牵亦为攨。”《集韵》乌化切:“摦，吴人谓挽曰摦，或作攨。”今闽南方言谓扶物而立稳曰摦，如说:“摦壁”(扶着墙壁)、“摦拐”(扶着拐杖)，厦门音 ua꜄，音义俱合。

12. 厨《梦溪笔谈》:“今吴人谓立馈为厨，以其贮食物也。”(转引自张慎仪《方言别录》)今闽东、闽南方言泛指一切柜子为厨。福州音 ꜁tiu，如说“含厨”(菜厨 ꜁haŋ ꜁tiu)，另一音 ꜁tuo 如说“厨师父”(厨师)꜁tuo ꜀sa ɔu꜅。厦门音 ꜁tu。

13. 箄 《玉篇》竹部:“箄，必匙，必是二切，江东呼小笼为箄。”今闽方言所云箄是稀格子的竹编，置锅底以隔水蒸物，福州话单说箄，pei꜄，永春话说甑箄 tsim꜄pi꜄，今写作箅。

14. 埭 《通雅》:“江左呼隄为埭。”(转引自张慎仪《方言别录》)今闽南方言谓围海之土堤为埭，厦门音 te꜅，闽南地名中有以埭为通名的，例如晋江县有陈埭，惠安县有埭村，龙海县有古埭头、埭隙。

15. 烌 《集韵》虚尤切:“吴俗谓灰为烌。”今福州、厦门均谓草木灰为“火烌”，白读音 ꜀hu。三等字白读为 u，如“牛旧浮”。

16. 鲑 《广韵》户佳切:“鲑，鱼名，出《吴志》。”《集韵》户佳切:“鲑，吴人谓鱼菜总称。”今闽东、闽南方言常说的鲑 ꜁kie 是盐渍的小杂鱼，福州话“鲑油”꜁xa꜁iu(俗写作鲒油)指小杂鱼发酵后制成的咸卤调料。厦门话鲑油 ꜁he ꜁iu 义同上，鲑 ꜁kue 还可泛指一切荤菜，如说“毛鲑毛菜”，“好鲑好菜”鲑指荤菜，菜指素菜。

꜀xa、꜀he 属文读系统，꜀kie、꜀kue 属白读系统，匣母字在闽方言白读为 k 声母，如厚、猴、糊。

三　闽方言中的古吴楚通语

1. 檥《方言》卷五："陈楚宋魏之间或谓之箪，或谓之檥。"郭注："𧅿，瓠勺也，今江东通呼勺为檥，者羲。"《集韵》虚宜切："檥，蠡也。"蠡是𧅿的异体。《广韵》作桸，许羁切："杓也。"今闽东闽南方言仍谓勺为檥。闽南话说"瓠檥"꜀pu ꜀hia 是瓠芦瓢，"鲎檥"是鲎鱼甲壳制成的勺，"粗檥"꜀ts'ɔ ꜀hia 是粪勺。福州话只有"鲎檥"的说法，音 xau꜄ ꜀xie。支韵在福州、厦门有 iɛ—ia 的白读对应，例如骑 ꜀k'ie—꜀k'ia 寄 kiɛ꜄—kia꜄。

2. 豨《方言》卷八："豬……南楚谓之豨。"《尔雅·释兽》，"豕，子豬。"郭注："今亦曰彘，江东呼豨。"今闽北闽中方言仍谓豬为豨，建瓯音 ꜂k'y，永安音 ꜂k'yi，豨，《广韵》虚岂切。在闽北、闽中方言，晓母字有读 k' 声母的，例如虎 ꜂k'u，永安嬉 ꜀k'y 已见上文。尾韵字也有读 y—yi 韵的，例如伟、苇 ꜂y—꜂yi。

3. 瀙《集韵》差梗切："瀙，楚人谓冷。"楚庆切："瀙，冷也，吴人谓之。"今闽方言多谓冷为瀙，读同古吴语的去声。福州音 ts'ɛiŋ꜄，厦门音 ts'in꜄，福州话一般用于天气冷，水凉曰冻；厦门话多用于水凉，天冷曰寒。

4. 濑《汉书·武帝纪》颜师古注："濑，湍也，吴越谓之濑。中国谓之碛。"《楚辞·九歌》"石濑兮浅浅。"王逸注："濑，湍也。"《楚辞·九章》："长濑湍流，泝江潭兮。"可见楚亦渭浅滩为濑。今闽北、闽南方言仍谓溪流浅滩为濑，建瓯音 suɛ꜄，泉州音用作名词读 lua꜄，用作形容词读 sua꜄（义为水流湍急）。闽台两省地名中也有用濑作通名的，如南安县有洪濑镇，莆田市有濑溪，台北县有周濑村，台南县有石子濑村。

5. 塝《方言别录》卷上之二："吴楚间方言，土之平阜曰塝，沟塍之畦畔处亦曰塝。"（原引《集韵》，但《集韵》无此语，可能另有所据）今闽北方言确谓畦畔处曰"田塝"，建瓯音 ts'aiŋ꜄ pɔuŋ꜄，闽北地区亦有带塝字的地名，例如，建瓯县有大塝，崇安县岚谷乡有田塝下，兴田乡有刘家塝，武夷乡有塝边。

四　几点说明

1. 上文所引古楚语有泛称楚的，也有指明陈魏宋楚之间，荆楚、齐楚、宋楚、陈楚之间，还有更多是南楚或南楚之南的。荆楚、南楚在先秦西汉都称为蛮（荆蛮、楚蛮、南蛮），蛮是南方诸民族的泛称，楚是蛮人所立的国。《史记·吴太伯世家》索引

注："蛮者，闽也，南夷之名。"今闽北、闽南方言闽、蛮仍读同音（建瓯 ᶜmaiŋ，厦门 ꜀ban），从族源上说，闽人和楚蛮应有深刻的历史联系。闽语中有古楚语就是这种历史联系的明证。

2. 上文所引古吴语多称江东或江右，这是就地理位置说的，也有称吴或吴越的，这是诸侯国的名称。《吴越春秋》和《越绝书》多处指出"吴与越同音共律""同俗并土""同气共俗"。江东，江右或吴越地区说的是古吴语应无问题。《史记·东越列传》曰："闽越王无诸及越东海王摇者，其先皆越王勾践之后也。"闽越和瓯越应有特别密切的同源关系，这是历史的事实。闽方言中有古吴语就是这一历史事实的表现。

3.《荀子·儒效篇》曰："居楚而楚，居越而越，居夏而夏。"《荣辱篇》又称："越人安越，楚人安楚，君子安雅。"可见古楚语和古吴语（或称吴越语）是先秦时代和中原的"雅言"差异最大的两种南方的大方言。楚立国于西周，称霸于春秋，吴越均立国于春秋，盛于春秋末战国初。公元前 473 年越灭吴，公元前 306 年楚灭越，100 多年后，汉初（前 202 年）始立无诸为闽越王。闽方言来源于古楚语和古吴（越）语应该是符合历史事实的。

4. 就初步搜集的材料说，闽语中的古楚语凡 35 条，古吴语 20 条，可见，古楚语和古吴语都是闽方言的源流，甚至在早期，来自古楚语的还多。楚人立国八百余年，吴越立国不足三百年，这就是它的历史依据。总说闽方言来自中原雅言，或说闽方言源于古吴语都是不正确的。应该说闽方言继承了上古到中古的中原汉语，也包含了古代的南方吴楚方言。

5. 闽方言中的古楚语和古吴语在现在的古楚域和古吴越地有许多已经不通行了，由此可以窥见闽方言的重要特点之一：有更强的保守性。古楚域今通行的是官话和湘、赣方言，古吴越地今通行的是吴方言，闽方言较之湘、赣、吴等方言保留更多的古老成分，包括上古汉语。这是历史、地理上的原因所决定的，关于这一点，还有待于进一步研究。

说明：本文 1988 年 3 月在福州的首届闽方言国际研讨会上宣读过，后收入香港中文大学中国文化研究所编印的《方言与音韵论集》，1996 年。本次收入有修改。

闽南方言地区的语言生活

一 方言区语言生活的三种类型

不同的方言区有各不相同的语言交际生活。有的方言在社会生活中十分活跃，其运用是全方位的，从口语交际到读书作文，从日常起居到政治生活都以使用方言为常。香港的粤方言就是这种情形，这是活跃型方言的典型。有的方言在社会生活中已处于萎缩状态，例如闽北山区，方言不但早已退出书面的读写，在文化教育活动和政治生活中也以使用普通话为常。从年龄层次说，青少年中熟谙方言的已经不多，城区一些有文化的家庭甚至也用普通话作为日常交际语言。方言从社会生活的学校、机关、市场逐步退缩到家庭生活中去，如今连这最后的阵地也开始动摇了。这种方言是萎缩型的。

闽南方言区属于另外一种类型——并用型，即方言和共同语并行不悖，互相补足。在闽南地区，普通话已经普及，不论是城市或农村，人们都能和外地人说普通话，外地人到来并不会感到交际的困难；而在本地人之间则还是习惯于使用方言。和本地人说家乡话显得亲切、自然，而且更便于表情达意，在不同的社会生活环境里完全是根据需要而转换语码的。读书识字先学会普通话的音义，同时联系方言实际去对应理解。收看电视听广播用普通话；看地方戏、听"答嘴鼓"以及近年台湾传来的闽南话流行歌曲自是用方言；机关，学校、企事业办公教学因常有外地人参与，以使用普通话为多；市场、服务行业据顾客需要而选用不同语码；家人乡人之间除了特殊场合，总是使用方言。

并用型的交际状况可以视为从活跃型走向萎缩型的过渡状态。近代社会以来，社会生活发生了急剧的变化，市场经济的发展冲破了小农经济的藩篱，把各式人等卷入了工厂、矿山、商场和日趋繁忙的交通线；政治生活和行政管理使越来越多的人介入其中而无法超脱；文化的普及，教育的发展使全民族共同的书面语的规范化程度不断提高了，民族共同语的地位也逐渐扩大影响。在这种形势之下，共同语的普及和方言的萎缩是大势所趋，是不可逆转的历史洪流，是社会进步的标志。就在最近的半个世纪里，闽南方言地区的普通话和方言并用状态也是变化发展着的。和五十年前相比，不懂普通话的老年人越来越少了，如今可能只剩下为数不多的20世纪初出生的不识字老人；另一方面，青少年中精通方言，能使用方言诵读古诗文的也在逐渐减少。然而同一些萎缩型的方言比，闽南话还是相当活跃的，直到目前，在青少年一代人中，在社会生活中，它还没有失传的危险。

二 闽南方言的文白读是早期共同语和方言的并用

闽南方言和共同语的并行并用已有久远的历史，并形成了稳定的传统，闽南话里普遍存在的文白读便是明证。

文白读是闽南地区识字的人都知道的概念。在民间，文读又叫“字音”“孔子白”“读书音”“文言音”白读又称“话音”“解说”“土解”“说话音”“白话音”。文读音是旧时读书识字时师承传授的“字音”，诵读、写作文言诗词时遵循的“官音”，这个字音系统一直以“平水韵”以及《广韵》《集韵》所标注的反切为依据，这便是和闽南话对应的当时共同语的语音。白读音是用来书写方言词语的汉字的字音，是存在于方言口语的语音系统，是真正的方言语音。关于闽南话的文白异读已经有许多人做过研究，其文读音和广韵系统比较相近，而白读音则是历代积存下来的方言语音，和广韵系统的对应相当复杂，这是明确的事实，也是大家都能接受的说法。这种文白读的共存使人联想起颜之推在1400年前所描写的情形：“南方水土和柔，其音清举而切诣，失在浮浅，其辞多鄙俗；北方山川深厚，其音沉浊而铫钝，得其质直，其辞多古语。然冠冕君子，南方为优；闾里小人，北方为愈。易服而与之谈，南方士庶，数言可辨；隔垣而听其语，北方朝野，终日难分。”（《颜氏家训·音辞篇》）这就是说，北方人不分阶级，说的都是共同语，方言词不多，语音则发生了一些变异；南方人中平民百姓说的是方言，和共同语差别很大，但文人士子读书时恪守前代所订标准，反而更能反映共同语的语音系统。宋元之后，北方话的入声韵消失了，进而入声调类也派入其他各调，而闽南话的文读系统依然保持着大体与广韵系统相近的入声韵和入声调，不正是这种情况吗？

从成因和源流说，把闽南话的文读音理解为旧时闽南人所读的古代共同语的音，这种读音主要用于读书作文，而和口语读音有别，看来并无不妥。当然，经过千百年的运用，古代的共同语变了，闽南话的文读音则凝固成方音系统，从这个意义上说，它也是现今的闽南方音的组成成分，这也是没有异议的。

三 闽南地区方言共同语并用的文化原因

闽南方言所形成这种与共同语并行并用的传统是有其深刻的历史文化原因的。

从中华文化的共性（或称为整体特征）来说，重视共同语的继承，这是“大一统”

的思想，是“怀古崇正”情绪的表现。合久必分，这是历史上常见的事；分久必合，则是华夏子孙的坚定信念。中国在历史上经历过多次的大分裂，不论是“五胡乱华”之后的南北朝分治，或是五代十国的割据，统一国家、承续固有的传统总是驱使着大多数人去改变那种混乱不安的状态，达到天下的大治。而且经过大乱之后而出现的大治，总是促进了民族经济和文化的巨大发展。长时期的封建集权统治固然有保守落后的一面，也毕竟熔炼了一个博大精深的民族文化，在古代社会里，这种民族文化还几度表现了它的巨大活力，写下了人类文明史上的光辉篇章。

从闽南地域文化的特点来看，大一统的思想和怀古崇正的情绪在这里确实找到了保持和发展的沃土。

史称闽南的开发始于东晋南迁的移民，实际上当时南迁的汉人并不多，批量的定居和稳定的发展应该是在唐代，包括初唐陈政，陈元光的平定闽南实行屯垦，以及唐末王潮、王审知的平定八闽建立割据政权、偏安一角。这些先民进驻之时，福建的原住民不论是早期的闽越人还是后来的畲民，其经济文化水平都比中原低下，入闽汉人又是征服者，自是富于民族的优越感的，他们以延续汉唐帝国的一统文化为己任是十分自然的。宋元之后，闽南果然兴旺一时，泉州成为东方巨港，闽南人因为人多地狭而逐渐向海洋进发，近者向东南沿海移民，到潮州、雷州、琼州定居，远者向东南亚各地开拓。出国后的闽南人自称“唐人”，把闽南故土称为“唐山”，这也充分表现了他们的大一统思想和怀古崇正的情绪。宋元明清时代的朝代末，中华大地出现了尖锐的民族矛盾。南宋末年（1276 年），以张世杰为首的大臣们在福州拥立幼主赵昰（德佑帝），建立抗元救亡政府；在蒙古人统治的整个元代，福建人的反抗始终没有停息过；明末（1645 年）郑鸿逵、黄道周等扶唐王朱聿键在福州称帝，建隆武年号；后来的郑成功还坚持了数十年的反清复明的斗争。宋明两次南下流亡政权都以闽中为根据地组建勤王部队，靠的不就是这种大一统的思想吗？

从王审之治闽到郑成功收复台湾的七百年间，闽南人在闽南立足并且向南开拓，闽南话从形成到广泛流播，它不但分布在东南五省（闽、台、粤、琼、浙），占据着全国近四分之一的海岸线，而且散布在东南亚各国，成为向域外传播最广的汉语方言之一。如今在闽南本土说闽南话的人口约 1500 万，在国内外则还有三个 1500 万。各地的闽南话由于和其他方言杂处，已经发生了不少的变异。如浙南、潮汕和海南等地和闽南本土都难于通话，但是在所到的新区，他们还要交往，尤其是到了台湾、东南亚，因此在闽南人中有兼用共同语的要求。明末清初到琉球定居的闽人就在那里教琉球人学官话；到新加坡、菲律宾去的闽侨也编过官话课本、开展过官话教学。清代雍正初年，鉴于闽、粤方言比较难懂，曾明令两省设立正音书院，在福建果然贯彻执行了，编课本，设书院，学官话，求正音。闽清黄绍武的《闽音正读表》和漳浦蔡伯龙的《官音汇解》便是当时编印的读物。清末在福建兴起的切音字运动不论是闽南的卢戆章、蔡锡勇或闽东的力捷三都大力主张推广官音。民国年间兴起的新学堂一开始就注重用注音字母教授“国音”，民国初年文化界发起的国语运动“七君子”中也有多个福建人。

可见，闽南地区的方言与普通话并用是民族精神和地域文化所使然，是社会交往的需求所使然，在历史上已经形成了久远的传统，这是顺乎语言发展的大势的，而不是某个政权某个时期所制定的政策实施的结果。

四　对闽南语言生活的评价

闽南方言区的方言与共同语并用的语言生活不但在闽南各地如此，在说闽南话人口占大多数的台湾和新加坡也莫不如此。诚然，台湾当局在战后曾经倡导过国语运动，新加坡政府于20世纪70年代也曾大力推行过华语，然而广东省的粤方言地区不也几十年来一直在提倡推广普通话吗？为什么其成效近的不如潮汕地区，远的不如台湾地区呢？可见它确实与方言的文化传统有关。

香港当了一百年的殖民地，英政府的语言政策实际上是用粤方言来代替汉语，抵制汉民族共同语的推行，粤方言在那里成了活跃型的极端并不奇怪。在两广的粤方言地区，方言也十分活跃，这也是地域文化的历史所决定的。粤方言地区在历史上最早开放，他们走向五大洲之后专营商贸，所到之处就设街聚市，落地生根，建立一个个用“白话”联结起来的社区。他们把现实的生存和发展看得比传统更重，对于历史上的传统文化少了些迷恋和崇拜，多了些冷静的分析和批判。应该说，康有为、孙中山就是这样的代表人物。

粤方言区的人长时间坚持单一的语言生活，确是方便实用，少花力气了，在小规模的社会群体中也大体够用，对于保存地域文化也确有作用，但是毕竟也有它的局限性。作为南大门的广州未能普及普通话，早已引起外地人的不满。近几十年来，南来北往的人一多，语言上的矛盾显得更加尖锐。数十万的外来打工仔已经悄悄把普通话加给了珠江三角洲了。在香港，许多台湾同胞，海外华人也感到愤慨——同是华夏子孙，竟然找不到沟通的共同语言，住港的有识之士多年来正在努力改变这种状况。

和粤方言相比，和其他萎缩型的方言相比，闽南地区的语言生活显示出其优点：这里既可以使海内外华人用普通话自由交际，又便于闽南老乡用家乡话恳叙乡情；既有适应现代化需要有的规范化语文工具，又有丰富多彩的使人沉浸于乡土之情的文艺欣赏。

语言作为交际工具最好要便捷；语言又是文化表达的工具，最好又应该多采。共同语和方言并用，便兼有了这种便捷和多彩，对于民族文化和地域文化的交流和融合也是大有好处的。

汉语的方言，东南各省最复杂。东南方言中除了闽粤之外，其他方言区的语言生活又如何？看来，一些小方言区是萎缩型的，不断在缩小着使用范围，例如徽州方言区，湘南土话和桂北平话区；像湘、赣、客家等方言，在与普通话并用的过程中受到普通话的渗透越来越多，方言特点正在消磨，这是另一种萎缩——方言成分的萎缩；吴方言大多是并用型的，北片方言受普通话渗透多一些，南片方言受普通话渗透少些。

研究方言也应该关心方言地区的语言生活，联系地域文化来理解这种语言生活的由来、变化和前景。这对于我们制定和执行语言政策是大有好处的。从根本上说，语文政策必须符合语言生活的实际，只能因势利导，方便民众，而不能另起炉灶，强加于人。应该说，闽南方言地区的语言生活是一种健康的语言生活，是符合社会需要，适应历史潮流的。

说明：本文原载《语文研究》1995年第2期，后收入《方言学应用研究文集》，湖南师范大学出版社，1998年。

闽南方言与闽台文化

语言是人类社会最重要的交际工具，是人类思维长期发展的成果。它不但是物质文化和精神文化的每一个变化和发展的忠实记录，也是社会文化活动赖以进行的凭借。语言不但是文化的形式，它的发生和发展本身就是一种社会文化现象。

方言是全民语言的地域变体。社会的分裂、人民的迁徙、地理的阻隔和民族的融合造成了方言的分化，方言的形成是文化发展中的历史现象。方言之间的差异直接反映着不同地域的社会生活所形成的文化差异。不同的自然环境、不同的经济生活、不同的习俗和观念无一不在方言中留下自己的印记。不同的方言之间所反映的地域文化特征不但有许许多多这类具体概念上的差异，而且有共时的整体的类型特征和历时的多层面的发展特点。

闽南方言是汉语闽方言中分布广泛、使用人口众多的一支。它形成于闽南地区，播散于东南沿海的七个省区和东南亚的许多国家。在闽南方言所分布的广袤地域之中，闽南和台湾的闽南话不论在内部结构上或是外部的文化特征上都最为接近。这其中的深刻社会历史原因是非常耐人寻味的。本文是就这个问题所作的研究报告，限于篇幅，先写成一个论纲发表出来，希望引起同道的关注并请方家指教。

一 闽台两省的闽南方言

（一）闽南方言的形成

闽南方言是东晋到初唐之间在福建东南部形成的。汉人大批入闽，最早应是东汉末年孙吴经营江东之时，主要途径是自闽北到闽东而后到闽南。西晋太康三年（282 年）原管辖着全闽的建安郡分出了闽东闽南的晋安郡，闽南则建有东安、同安两个县。东晋之后，入闽的汉人更有批量的增加。如《晋书·地理志》（卷三一八）所云：“闽越遐阻，避在一隅，永嘉之后，帝室东迁，衣冠避难，多所萃止。”最早到达闽南的中原汉人用自己所思念的故国为晋江命名，这种说法应是有历史根据的。南朝的二百年间，福建较之江左江右相对平静，又有不少汉人自闽北经闽东来到闽南。到五世纪初的梁天监年间，今闽南地区（晋安郡南境）又分置南安郡。唐初总章二年（669 年）闽西、闽南畲民起义，朝廷派中州人陈政统府兵五千多前来平定，不少河南人跟从而来并在闽南落户，这是又一次中原汉人垦发闽南的重要史实。据《元和郡县图志》的统计数字，距总章年间不到百年的开元年间，闽南的泉漳二州所辖的七个县（南安、晋江、莆田、仙游和龙溪、漳浦、龙岩）已有6万2千多户，大约占全闽5州23县总户数的一半。到这个时候，闽南方言应该定型了。（当时的莆仙方言还没有从闽南方言中分出来）现今的闽南方言语音还有许多与隋唐的韵书《切韵》《广韵》相符，足可证明这一点。从初唐形成到现在，闽南方言已有近1500年的历史。

（二）闽南方言的流播

中唐之后，土地兼并，赋税繁重，政风腐化，在闽南地区，加上人多地少，发展局限，闽南人口或逃亡迁徙或被贩卖为奴，户口数迅速减少。据《元和郡县图志》和《通典》，自开元到建中间不及百年，泉州的户口从50754户锐减为24586户。外流的人口哪里去了？看来是向南迁徙了。在上述统计户数中，漳州户数不但未减，反而从1690户增加至2633户。有的可能进一步到了潮汕平原。据《新唐书·地理志》唐代潮州、循州的七个县全是中下小县，总共只有13945户，到了宋代，据《宋史·地理志》，循州分出惠州，潮州分出梅州，共有11个县，其中“紧县1”，“望县3”，“中县2”，共有195365户，总户数较唐代增加了近15倍。应该说，潮汕地区和海陆丰一带的闽南话就是中晚唐之后从闽南陆续传去的。至今潮汕平原乃至后来再从哪里迁往雷州半岛和海南岛的诸族姓还自称祖上来自“莆田荔枝村”，这种民间的口碑应该不会是讹传。因为到宋以后莆田方言就逐渐和闽南话分离了。莆田也确是人口密集的6000户以上的“上县”，那里所出产的荔枝也早在唐代就负有盛名。

宋元之后，泉州港兴起，造船、航海和对外贸易兴盛一时，闽南人不但进一步在粤、琼两省的沿海定居，而且逐步移居于东南亚各国。有关海外交通的诸多典籍不乏直接的记载。至今仍通行于那些地方的闽南方言以及马来语所借用的数百条闽南话语词则是现实的证据。

明清之后，泉州港衰歇，倭寇骚扰，益加人多地少的闽南，经济凋零，除了继续南渡菲律宾、新、马、印尼、泰、越等国谋生之外，有的由海路北上或捕鱼或从事手工业，移居闽东霞浦、福鼎和浙南的江山、平阳、苍南等地沿海。有的因清初沿海“迁界”而被迫移居内地，这些小批量的迁徙留下了现今的闽东、浙南、江西等地的闽南方言岛，而大批量的国内迁徙则是跟随郑成功父子收复台湾和垦殖台湾。

郑成功高举“反清复明”大旗，发起驱除荷兰殖民者的战争，为反抗清廷的“迁界”、封锁，又大力组织军队的屯垦并发展海上贸易。先后渡台依附他的泉漳二州百姓达数万之众。康熙年间，清廷据有台湾，本拟虚其地，经晋江人施琅之谏而止，虽仍禁止军政人员携眷入台，而入台闽人已近30万。至乾隆年间，禁令渐除。之后，入台人数迅速增加。据《台湾府志》，乾隆间全台有15000多户，72万人：到嘉庆十六年（1811年），全台已有24万户，200万人。应该说，以泉州腔为主，掺杂着漳州腔的台湾闽南话（俗称“漳泉滥）就大体形成了。

（三）闽台两省闽南方言的分布

就现实的情况说，福建境内的闽南方言主要分布在泉州市所辖的鲤城区、石狮市和南安、晋江、惠安、永春安溪、德化、金门等七县二市，厦门市及所辖的同安县，漳州市区及所辖的龙海、华安、长泰、南靖、平和、漳浦、云霄、东山、诏安十县市（平和、南靖、诏安三县的西沿还有客家方言），龙岩地区的龙岩、漳平二市，三明市的大田县东南部。除了这一连片的“本土”之外，省内还有13个县有闽南方言岛，人口较多的有福鼎县沿海12乡的97村，近20万人；霞浦县沿海33村，4万多人；福清市南部、顺昌县中部、沙县中部各数万人。全省说闽南话总人口约1500万。福建境内的闽南话大体分为四种口音，北片泉州市属地区和多数省内方言岛是泉州腔，南片漳州市辖区是漳州腔，厦门、金门是杂有泉漳两种口音的厦门腔，西片漳平、龙岩属于龙岩腔。

闽南方言也是台湾省内的主要方言，除中部山地高山族居住区通行高山语和苗栗、新竹两县多数客家人说的客家话外，岛沿四周的沿海平原和丘陵地区大多通行闽南话，自北至南的丘陵地带还分布着许多客家方言岛。事实上许多客家人和高山族同胞也兼通闽南方言。使用闽南话的人口占全省人口的80%，大约也是1500万人。台湾省内的闽南话也有泉州腔、漳州腔之别，大体上北部和南部多泉州腔，中部多漳州腔，在许多地区两种口音相互穿插也相互影响，多数人所说的闽南话也像厦门话那样综合着泉、漳两种口音并以泉州腔占优势。

（四）海峡两岸的闽南话最为接近

就国内的分布说，闽南方言可分为五大块，即本土闽南话、台湾闽南话、潮汕闽南话、琼雷（海南省和广东省的雷州半岛）闽南话和浙南闽南话。在这五大块之中，闽南本土和台湾省这两大块的闽南话是最为接近的。下文就语音方面的差异举些例子说明。

琼雷闽南话以文昌音为例，声母方面有紧喉音ʔb、ʔd，分n-l，ts^h读s（炒菜说“洒赛”），ts、s读t（驶船说“歹唇”），k^h读h（开空说“辉夯”）；还有大量的“训读”现象（如：思读想，贫读穷，看读望，捆读缚，等等）。这些都是其他闽南话所未有或少见的。潮汕闽南话以潮州话为例，声母m、n、ŋ和b、l、g有别：韵母中没有-n、-t尾韵（班＝帮，八＝北），有ɿ韵（资此思），u读ou（粗布，乌裤），ue读oi（洗鞋，买卖）；单字声调平上去入各分阴阳（八调齐全）以及连读变调中有双音词后音节读变调的条例等等，也是颇具特色的。浙南闽南话（如苍南灵溪话），没有-m韵尾，只有-n、-ŋ（林＝鳞，含＝寒），塞音韵尾只有-t，没有-p，-k，声调只有五个，无入声，平上分阴阳、去声不分阴阳。

而台湾闽南话的语音系统和本土闽南话的漳泉厦口音几乎没有差别，声母都是十五个，声调七种，连读变调都和厦门极为相近，不论是泉州腔或是漳州腔，所有的韵母都没有超过本土闽南话的范围。无怪乎两个素不识面的台湾人和闽南人在一起可以畅通无阻地交谈。

为什么在五大块闽南方言中竟会是隔着海峡，先后断绝了八十年往来的闽台两地最为相近，其余连片于大陆的闽南方言反而变异更大？不妨先看看其余三大块变异较大的原因。潮汕闽南话在各大块中从闽南分出最早（中晚唐至两宋），之后又一直为岭南道所辖，论自然条件也比闽南好，地平、山少、水多，因而得到独立的发展。琼雷二州是宋之后陆续从潮汕、海陆丰转徙而去的，那里本来就有黎、壮、瑶族诸语言和粤方言，闽人入琼的历史又不如潮雷长，难免受到影响，发生较大变异。至于闽东和浙南的一块，虽是清初就陆续北移，但因地盘狭小，人口不多，迁出之后与本土来往稀少，深受周边的闽东方言和浙南吴语影响是必然的。

传到台湾的闽南方言，从来源成分说，和厦门话一样都是泉州腔和漳州腔的融合，从时间说，只有三百余年，原有的土著高山族人数不多，所操语言属南岛语系，和汉语相去甚远，且文明程度悬殊，自不容易对闽南话施加影响。更重要的是自康熙二十二年（1683 年）到光绪十一年（1885 年）的二百多年间，台湾隶属福建管辖，官方及民间的往来一直很频繁，即使在清廷残酷迁界期间或是建省之后亦从未间歇过。1895 年之后，日本侵略者占据台湾五十年，虽然穷凶极恶地实行殖民统治，千方百计摧毁我民族意识，推行奴化教育，以至禁止使用汉语汉文，其结果只能引起台湾人民更为强烈的反抗。仅开头的二十年间，台湾人民的武装反抗斗争就有一百多起。具有深厚的文化底蕴的闽南方言不但没有被消灭，反而保留得更加完整、更加地道（台湾通行的客家话也一直少有变化，至今与梅县一带的口音毫无二致）。

二　闽南方言的文化类型特征

方言是在一定地域的历史文化背景之中形成和发展的。研究方言和地域文化的关系可作共时的考察，也可作历时的分析，共时的考察有微观和宏观之别。微观考察主要是透过某些方言词语去追寻命名时所反映的社会生活的史实。例如，某些名称（番薯、番姜）说明了经济史上引进外地作物的事实；某些人地名的应用（国姓爷、成功路，晋江、漳江、泉州里、南安村）寄托了人们对故人故土故国的特殊感情；避讳反映了禁忌的习俗；亲属称谓则反映了历史上的家庭婚姻制度；宏观的考察是通过多方面的比较去探索方言的文化类型。本节就是用这方面的考察来说明台湾闽南话和闽南本土类似的文化类型特征。

（一）向心型

每一个方言区都是由一群小方言组成的。有的方言区中的小方言差异大，各自为“正”，漫无中心，连方言区和小方言都没有明确稳定的名称。闽方言中的五个区中，只有闽南话和莆仙话是民间通行的习惯名称，闽南话早期分化出来的这两个区，区内的差异都比较小，尤其是漳泉厦地区和台湾省的闽南话。差异之所以小是因为有方言代表点作为中心，对各地小方言发生影响。闽南话早期代表方言是泉州话，早年形成的闽南方言艺术都以泉州音为标准音，泉州兴起于唐代，极盛于宋元，经济繁荣，文化发达，这是顺理成章的事。入明之后，漳州月港兴起，大有代替泉州港之势，漳州府人口骤增，形成了自己的中心，这就是和泉州音相去不远但特色鲜明的漳州腔。郑成功建设厦门军事基地之后，厦门日渐聚集了泉漳二府的人，“中左所”改为思明州，清末五口通商之后又得到迅速的发展，成为闽南地区出入境的门户，泉州腔和漳州腔在这里融合为新的厦门腔。近百年来厦门话已经上升为闽南方言的新的中心。台湾的泉州腔和漳州腔实际上也在不断地交混，向厦门话靠拢。

作为闽南方言的“中心”的标志，闽南地区早有编纂方言韵书的传统。早期的泉州标准音有黄谦所编的《汇音妙悟》，初刻于嘉庆五年（1800年），距今已近200年。后来的漳州音和厦门音又有《十五音》和《八音定诀》《渡江书》，这些闽南话韵书在民间一直流传到20世纪上半叶，实际上发挥着为闽南方言维持标准音规范的作用。闽南方言韵书之多是其他汉语方言所少见，这也说明了闽南方言是向心型的方言。

闽台闽南话所以成为向心型方言，是地理环境和文化背景决定的。除了几个小片冲积平原，这里都是低山丘陵，唐以来人口稠密，交通便利，又由于城市海港的兴起，商品经济比较发达。闯南洋，营外贸，开发台湾，长期以来一直是海峡两岸闽南人社会生活中的共同事业。因为交往日多，新的方言差异就难以扩展，而先进的海港城市，则容易成为中心。

（二）稳固型

从古今的流变说，闽台闽南话属于稳固型，即变化较慢，生命力强。就近的说，200年前的《汇音妙悟》《十五音》与今天的泉州漳州的语音并无显著不同；400年前闽南话戏曲（《荔枝记》等）的刻本现代人还大体可以读懂。拿远的说，闽台闽南话的一些白读音至今还保留着隋唐以前的上古音，例如“轻唇读重唇”：飞、分、放、麸、纺、富、腹、缚、肥、缝，口语都读b或p；“舌上读舌头”：中、追、猪、抽、拆、畅、茶、绸、锤，口语都读d或t；在文读音上不少则保留着唐宋间《广韵》系统的音，如三套鼻音韵尾与塞音韵尾俱全；甘心—m、合集—p、安身—n、扎实—t、农耕—ng、目的—k。词汇语法上也有许多和中古诗文完全一致的说法。例如“画眉深浅入时无”，“寒梅着花未"，"小蛮问我诗成未"，这类词句就同今日闽南话无异。

这种变化缓慢的稳固性和历史上的相对稳定有关，闽南地区垦发之后，偏安一角，未曾有太大动乱。又与地处海陬，人口密集有关。本地人尚且要奔走海洋，外地人口更是难以移居进住。在语言内部特点上，闽南方言形成了文白异读的两套系统，也是促成它的稳固性的因素。文读便于读书作文，与外地人交往；白读则便于本地人日常口语交际。对内对外，口头和书面均可称便。

生命力之强大在闽台闽南话也极为显著。上文所述日本占据台湾五十年，闽南话不但未被磨灭，反倒更少变化，便是突出的事实。闽东、浙南的许多方言岛，有的只有数百人也能存在数百年之久。现今的新加坡百分之八十的华裔中，闽南话势力最大。印尼与马来西亚、菲律宾等地也有许多通行闽南方言的聚落和社区。可以说，从海峡两岸外出的闽南人，不论批量大小，时间长短，路程远近，总要顽强地保留母语。这种力量来自故土的依恋、乡情的珍惜，以及对祖传文化的自豪感；同时，也由于出外谋生的艰难奋斗，需要有乡亲的相互提携和协同团结，方言母语正是沟通感情、协同动作的最佳工具。

（三）扩散型

正因为闽南方言是稳固的，随着闽南人的海上播迁，闽南方言也在中国沿海乃至整个东南亚海域扩散。单就国内而论，数百年间它就从闽南本土扩散为七个省区的五大块，占据着全国海岸线约四分之一，向外扩展的地域和人口都早已超过本土。单是国内的五大块的人口就在四千万以上，超过本土人口的两倍。东南亚各国至少还有两千万。像闽南话这样向外扩散的规模是其他方言难以比拟的，客家话在国内外的流播和粤方言在国外的流播，地域可能不比闽南话小，但人口一定不如闽南话多。

向外流播是一种扩散，向后到者传播以及为相邻者接受，是一种另一种扩散的方式。在闽南本土并没有别的方言岛，陆续到来的人在语言上都被同化了。像厦门、台北这样的大城市甚至大批外省人涌入之后，也多数接受了闽南话，尤其是他们的第二代，几乎没有例外。在台湾，虽然有客家方言岛，大多数客家人都兼通闽南话。闽南的方言边界——南靖、平和、诏安的西沿，通行的是客家方言，那里的人大多数也兼通闽南话。相对而言，边界上的闽南人兼通客家话的人数要少得多。在东南亚各国的华裔社会中，往往是闽南籍、客家籍和广东（粤语区）籍的人杂居，也是后者兼通闽南话的人比闽南人兼通客家话或粤语的人多。例如马来西亚和新加坡，闽南话实际上成了华人社会的共通语，至少，50 年前就是这种情况。

闽南方言的这种扩散力量显然是它的向心力、稳固性所决定的，同时也和它拥有丰富多样的语言艺术加工形式，和它的多功能性有关。

（四）多能型

闽南方言，尤其是海峡两岸的闽南话，不但有丰富的口语表达手段，而且可以用文读音诵读古诗文，文白相间诵读白话文；不但有日常生活的俚俗语体，而且有文学加工的典雅艺术语体。这说明了闽南方言在社会生活的各个领域都可以充分地发挥其交际作用，它的交际功能是全方位的。这种特点，可以称之为多能型。

中国东南部汉语方言和共同语相差较大的汉语方言中，粤方言也是典型的多能型方言。从人们的日常交际到儿童读书识字，乃至大学课堂教学，编故事、写小说，粤方言都可以应用自如，无需借助共同语。闽方言中的一些小区，甚至像福州话这样的古老方言，年轻一代已经难以用方言诵读古今书面语了。

和粤方言相比，闽南方言的应用领域不如它广泛，方言书面语也缺乏完整的书写体系，不像粤方言那样，说得出的音都有写得来的字，但是方言文学加工的形式之多样，粤方言则不如闽南话突出。

闽南方言的文艺形式，最早有以说为主的木偶戏和以唱为主的南音。南音又称南曲，是从唐代宫廷音乐继承下来的，唱词典雅，曲调悠扬。木偶戏又有提线式和布袋式（掌中班）两种。提线木偶多见于佛事活动，演的以目莲救母的故事为主，又称“目莲傀儡”；布袋木偶戏多演历史故事，水浒、三国故事应有尽有。漳州兴起之后，又有漳腔的清唱形式——锦歌，是民间小调加工的，内容多反映现代生活，曲调流畅活泼。在宋元南戏的基础上，用南音曲调演绎的梨园戏，明代中叶就十分兴盛。到了清代中又出现了侧重武打的高甲戏。民国初年，台湾还创造了以锦歌清唱为基础的歌仔戏。传回大陆之后称为“芗剧”或“台湾调”。在潮汕平原还有潮剧，在雷州半岛有雷剧，在海南岛则有琼剧，像这样同一个方言区并存着如此丰富多样的文艺形式，实是各方言区所未见。旧时逢年过节、婚丧嫁娶都可能有各种戏的联演，长的有数日的连台戏，短的有精彩的折子戏，热闹非凡。

方言文艺的充分发展和闽南地区的商品经济的发展、城市的兴起，有着直接的关系。经过多种形式的文学加工，方言词汇也更加丰富，句型和语体更加多样，从而更富于表现力，方言代表点的语音和词汇也进一步扩大其影响。因此，它又是造成闽南方言的向心性、稳固性的扩散力的重要因素。

（五）双语型

这里说的双语型指的是方言与共同语的关系，即在方言地区虽然广泛地通行本地方言，却不排斥民族共同语，而是共同语和方言双语并用，并在方言使用中大量吸收共同语的成分（主要是词汇和语法上的）。

在早期的南音唱词和梨园戏戏文之中，我们可以看到许多词句都和当时的书面共同语十分相近。方言口语向前发展，和宋元以来的白话造成越来越大的差异之后，人们对于学习共同语也越来越重视。清初雍正五年（1727年），朝廷曾明令闽粤两省建立“正音书院”，推广当时流行的官话读音，这在民间还发生了一定的影响。1800年印行的《汇音妙悟》就收了不少“正音”（即按官话读的字音），印制《十五音》的漳州颜锦华木板同时刻印了蔡伯龙所著《官音汇解》一书，将方言词语与官话逐条对照（此书后来被蒋致远收入《中国民俗丛书》）。到了晚清的切音字运动，两位早期发起人——同安人卢戆章和漳州人蔡锡勇都十分重视指导人们学习普通话。在他们的著作（《一日了然初阶》和《传音快字》）中，都有“京腔”拼音方案。卢戆章在1893年所写的《中国第一快切音新字原序》中说：“十九省语言文字既从一律，文话略相通，中国虽大，就如一家，非如向者之各守疆界，各操土音之对面无言也。”民国之后，革除旧学，兴办新学。在闽南地区，普及新学之后，儿童读书识字都改由学习注音字母、拼读普通话字音开始。台湾光复之后的国民教育也十分注重学习国语，甚至在闽南人占多数的新加坡的新学校，民国初年就订购商务印书馆、中华书局的注音字母小学课本。因此，在闽台两地，通行闽南话的地区，略有文化的人都兼通国语，与本地人说闽南话，与外地人说普通话，成了一种传统习惯。

闽南方言和粤方言都是向心型、稳固型、扩散型、多能型的方言，唯独在双语型这一点上，二者有明显差异。粤方言区的普通话远不如闽南方言区普及。究其原因可能与地理位置及文化传统有关。福建毕竟不像地处岭南的广东那么边远，沿水路与江浙乃至长江流域的交往略可称便。自唐代以来，闽南士子求学从政就代有人出，从朝野文人到平民百姓都未曾忘却自己的祖先是从中原南迁的，宗谱之续，绵延不断。文教略为发达的地方就自称“海滨邹鲁”“文物之邦”，以承续华夏正统为荣。重视推广共同语和这种文化氛围是一致的。

三　闽台方言与闽台文化历史发展的特点

以上所述，说明了闽南方言区的分布地域中，漳、泉、厦地区和台湾省的闽南方言在文化类型特征上是最为接近的，这两个板块同属一种方言口音。正是因为它们同属于一个文化圈，我们如果进一步对这个文化圈进行一番宏观的纵向考察，就不难看到这个文化圈所具有的历史发展的特征。它将给人们带来许多深刻的启示。

（一）传统文化的继承和新环境下的创新——从中原文化到海洋文化

闽南人世世代代都记住自己是中原地区迁徙而来的炎黄子孙，对于故国寄托着无限崇敬之情，出外华侨称家乡为“唐山”，称华裔为“唐人”。既说明华人出洋始于唐，也说明人们对盛唐是引以为荣的。对于在中原地区形成的文化传统，人们也都能恪守不移。从一些常用方言词就可以看出这一点。在闽南话里，做人尚“忠直”，而“奸雄”“奸臣头”则为人所不齿，必须提防“大奸似忠”，这类俗语连目不识丁的老妇也能说；称厚道、老实为“古道”“古意”；待客讲究“礼数”，办事讲究“理路”，办法总要讲究分寸，称为“法度”；褒扬的是“能征惯战”的“豪杰兄弟”，贬斥的是“不受教训”的“懦夫”“乞食骨”（贱骨头）。无论在社会上或家庭内都必须“照君臣礼”，务农要“认路认份”，经商则信崇“有道得财”。凡是“古上书”（上了古书的）都被认为是“理所当然”的。有许多成语谚语虽是用文读音说的，也早已家喻户晓，童叟皆知。虽然闽地边远，初来时这里还是一片草莱，士大夫们一直以发扬中原文化为己任，以承续儒家精神为光荣。

然而移居闽南的先民毕竟到了一个全新的环境。从华北平原的一派平川到丘陵起伏的沿海，从中州京畿到百越杂处，不论是地理条件或社会环境都有极大差异。在披荆斩棘，筚路蓝缕的时代，看来，他们从古越人那里学来的刀耕火种和近海捕捞还不足以养家糊口，兴家立业。逐渐地“骨力食力”（勤劳以图生存）的人民经过长期的摸索，终于懂得了在不多的“洋田”（大片水田）里轮作套种，多种经营，种植水稻、旱稻、花生、黄豆、甘蔗、黄麻，在山地种茶、种果，炼铁、烧瓷，在沿海围垦、捕捞、种蛏、削蛎，进而造船航海，经营进出口贸易。到了宋代，泉州的造船业已经冠于全国，《太平寰宇记》将船舶列为闽南土产。《舆地纪胜》所收《泉州诗》云：“州南有海浩无穷，每岁造舟通异域。”有了大量的海船和熟练的水手，泉州港一跃成了东方大港。20世纪70年代泉州后渚港发掘的宋代货船从规模到工艺都令人叹为观止。绍兴年间稳定建立的泉州市舶司成了南宋王朝的摇钱树。宋代泉州商人的足迹北到高丽，东到日本，南到印度尼西亚，西达阿拉伯半岛。泉州港的贸易显然大大刺激了闽南地区农业手工业的发展。安溪的茶叶和晋江、南安、永春、德化的瓷器早就有了大宗的出口。应该说，到了两宋时期，闽南地区已经形成了系统化的海洋文化；沿海带动内地，城市带动农村，造船航运、贸易、移民都是面向海洋、走向世界的。到了外部世界之后，人们学会了同异邦外族和平相处，眼界开阔了，观念改变了，才干也增长了。正是有了海洋文化的陶冶，到了明清两代，有李贽的反潮流，有洪承畴的识大局，有郑成功的伟大壮举。尤其是郑成功复台，不但能组织和训练每船装有200精兵的400艘战船队，而且能在严令沿海迁界、对台进行禁运封锁的情况下，独操广得“通洋之利”，方能“以海外弹丸地，养兵十数万，甲胄戈矢，罔不坚利、战舰以数千计……而财用不匮”。（郁永河：《禅海纪游·伪郑逸事》）

从今天海峡两岸的闽南方言谚语，还可以找到许多海洋文化凝结提炼出来的哲理。例如“穷无穷种、富无富栽”是对天命的质疑；“天无绝人之路”“东洋无洋过西洋”说的是向海洋进发的雄心壮志。虽然“行船走马三分命”，但是“无拼无性命”，“敢死提去食”，“敢拼则会赢”，只要有“横心做一倒”的拼搏精神。至于出外冒险时，俗谚则教人要有“同行不如同命”的互助友爱，“相分食有伸（剩），相争食无够”。到了外地又得“入风随俗，入港随弯”，“好歹钱相夹用”（交各种各样朋友），懂得“敬神不如敬人”。这类本地人所熟知的俗谚都是在无数艰苦奋斗之中总结出来，口口相传、世代相因的。

海洋文化曾经给中华文化注入了新的血液，提供了宝贵的对外开放的历史经验，今天我们又处于一个崭新的对外开放的时代，研究闽南方言文化圈的海洋文化就更有现实意义了。

（二）地域文化和民族文化的统一——乡土观念和民族精神的结合

闽台方言文化圈是一种地域文化。这种文化有一种特别强烈的乡土观念。这块宝地曾使他们的祖先避过了中原地区的战乱，得以生息和繁荣，因而世世代代的闽南人对自己的乡土寄托着无穷的眷念。“乌篮血迹”（出生地、摇篮地）在闽南话里是十分神圣的字眼。出洋的侨胞潦倒病笃也要拖着残躯返回乡梓，将骨头埋在故土。发家兴业的富豪则恪守“番平钱，唐山福”的信条，把钱寄回老家，为家族修祖坟、建新居，为乡里修桥造路，办学堂、开医院。再破旧的“祖厝”人们也不愿意拆除，因为是“祖公业”，所以要翻新。再贫穷的家乡也要回来探望，为的是“显祖荣宗”。初次出洋的“新客”，语言不通，“头路”（职业）难觅，往往可以“把草找亲”，在堂亲本家那里“浪帮”（寄食）数月经年亦属寻常。一去不复返，不认祖籍亲邻的“成番”者，人们鄙称为“无良心”的“番猪”。移居台湾的闽南人也往往聚姓而居，用自己的故乡之名为新村命名。早年的台湾地图上“泉州里、南安村，安溪里、诏安村”之类地名随处可见。这类村落往往续修族谱，连“镇境”的“佛公”（菩萨）也供奉如故。今日台湾，林默娘（妈祖）的天妃宫，吴夲（吴真人）的慈济宫，郭忠福（郭圣王）的凤山寺，这些由闽南地区的活人神化而供奉的寺庙，香火之盛比闽南地区有过之而无不及。

这种浓郁的乡情又是和爱国主义、民族主义精神紧密结合在一起的。在和平时期，狭隘的宗族观念可能使细小的利害争执酿成乡里之间、族姓之间的械斗，然而在民族大义之上又能精诚团结，一致对外。这样的时刻，必有贤者奋起号召，组织千百万志士作殊死的抗争。抗倭英雄俞大猷，“开辟荆榛逐荷夷”的郑成功，抵抗日寇的丘逢甲、刘永福，之所以能一呼百应，四方慑服，就因为闽台人民素有这种威武不能屈的爱国精神和民族气节。

渡海、出洋的闽南人的民族主义还有一条难能可贵的原则，就是扶善抗恶，不怕硬而不欺软。数百年间，闽台人民受到倭寇、“红毛”（指荷兰人）、“花旗”（指美国人，等殖民主义者、帝国主义者的压迫和残害是罄竹难书的，人民的抗争，也是此起彼伏、从未间断过。而对于所到的“番邦”（侨居国）的“番仔”，闽南人历来是友善地向他们和平相处，取长补短，共同发展生产，建设侨居地。移居东南亚的闽南人大多数兼通当地民族语言，据1972年统计，新加坡华人兼通马来语的达45.8%（郭振羽《新加坡的社会语言》），在新马、印尼一带，闽南话和马来语有不少“双向互借”的同义词。即同一概念，马来语有闽南话借词，闽南话也有马来语借词，有些语词竟已分不清谁借谁。例如，闽南话的“食”，马来借读为ciak，马来语的makan（吃），闽南人借读为“马干”；闽南话的“情理”马来语借读为cengli，马来语的patut（规矩），闽南人借读为“巴突”；闽南话的“食力”马来语借读为cialat或celaka，意指遭殃，闽南话又将词义加重了的calaka借回（音“之蜡甲”）。这种少见的民族间的语言交流正是闽南人和马来人和平相处、友好沟通的见证。在渡海、开发台湾的先民中，有一个精通高山语的吴凤，他为了汉人与高山族同胞的友好相处，苦口婆心说服高山族人革除猎人头的恶俗，最后献出自己的生命，换来了社会的进步。吴凤的动人故事，一直在民间被颂扬着。

（三）士族文化与平民文化的相互渗透——语言艺术的典雅与平俗的共存并用

在封建社会里，任何地域文化和民族文化都有士族文化和平民文化之别，二者既对立、矛盾和相互排斥，也会相互渗透和转化。闽南方言区明显地把这两种文化融为一体了。闽南方言文艺充分地表现了这一点。

如上文所述，闽台地区的方言文艺既有典雅的南音清唱、梨园戏，又有民歌基础上加工的歌仔和芗剧；既有韵文唱词的提线傀儡，又有口语叙述的掌中木偶。老一辈文人还有一套吟诵古诗的曲调，这是典雅的文言，民国之后又有韵白相间的方言故事“搭嘴古”，最早兴起于台湾，20世纪40年代著名艺人蓝波里传到厦门之后备受欢迎。这是一部用闽南话艺术加工的押韵故事，近年来厦门地区也有所发展。正是这样的雅俗共存，使闽台的地方文艺格外丰富多彩，这在其他方言地区也是极为少见的。

在语言方面，众所周知，闽南话的字音有文读音和白读音之别，文读音往往用于文言词、书面语词，白读音则用于日常生活的通俗语词。在常用的口语中，这两种读音又是相互穿插，混合使用的。下面仅以若干谚语为例（__为文读，__为白读）：

文读音	白读音
家和万事成	多牛踏无粪
一男一女一枝花	一声雷天下响
早出日，不成天	春寒雨那溅
人无千日好	近溪搭无渡
天无绝人之路	相分食有伸
有功无赏	有船无港路
十赔九不足	十个掌头有长短
清官难断家务事	仙人拍鼓有时错

惯者为师	船过水无痕
害人则害己	百般起头难
来者当受，去者不留	鱠用驶船嫌溪弯
上不正则下歪	做贼一更，守贼一暝
眼不见为净	目珠鱠贮得沙
人穷志不穷	穷厝莫穷路
先小人后君子	肥水唔流别人田
受死不受辱	好头唔值好尾

这种文白兼用可谓各得其所，并已在平民百姓中普及，得以随心所用，随口而出，大有左右逢源之乐。

自然，在这个文化圈里，也有贫富之间的剥削，也有酷吏与善民的对立，然而两种文化的相互渗透也并不是毫无根据的。可以想象，辗转迁徙而来的闽南先民初来时披荆斩棘，不论贵贱，备受困顿，后来的艰难创业，不论主仆，均须吃苦，时间长了，两种文化的渗透势所必然。

（四）城市文化与乡镇文化的沟通——城市方言与乡村方言的交融

中国早期的城市兴起，看来和西方的资本主义原始积累也有所不同。在中国的封建社会里，只有手工业、航运业和商业贸易，城市的繁荣对农村商品经济的发展有一定刺激；虽然打破了传统的自然经济的格局，却不像西方那样造成农村的严重破产。闽南兴起的城市都是些小城市，一开始就把商品生产辐射到农村（如制茶、烧瓷），内河和外海航运的船工、水手也都来自农村，城乡交往是比较平和的。由于耕地本来就不足，城市资本向外发展的更多，向农村的自耕农兼并土地并不十分剧烈。土地改革时工商业地主数量不多，占地也不广。出洋谋生的华侨更多是乡下人，在许多侨乡，华侨发迹之后，多将资金用于家庭消费和兴建家业，在城市投资的较为少见。城乡的生活水平相去不远。城里人在文化上对乡下人的歧视也相对淡薄。农村的剧团、乐队在城市只要艺术水平较高，一样受到欢迎。带着乡下口音的乡下人在城里受欺凌的现象不像有些城市那样突出。反映在方言中，城市方言往往接受农村方言的成分。厦门兴起之后形成的厦门腔就是泉州腔和漳州腔的融合，拿语音的韵母系统来说，至今还可以在厦门音里找出泉漳两种口音的不同来历：

泉州腔	漳州腔
u 须 = 输（漳：须 i）	u 资 = 朱（泉：资 ɯ）
a 家 = 胶（漳：家 e）	o 高 = 哥（泉：高 ɔ）
ue 瓜 = 鸡（漳：瓜 ua，鸡 e）	ɔ 茂 = 暮（泉：茂 io）
ioŋ 良 = 龙（漳：良 iaŋ）	iam 针 = 尖（泉：针 am）

ŋ 酸̣ = 霜（漳：酸 uĩ）　　　　　　　　　iap 汁̣ = 接（泉：汁 ap）

如果说语音还有较强的系统性的话，在词汇方面乡村方言汇集于城市方言的现象就更加频繁了。由于闽南的城市历来规模不大，与乡间距离不远，城乡联系十分紧密，因此，许多乡下语词也传入城内，形成大量的同义词。以泉州话的几个常用单音动词为例：

表示“给予”的动词，早期泉州申多说“乞 [k^hit^5]”（见于明末的《荔枝记》）这种说法最普遍，后来泉州话多说“度 [$t^hɔ^{31}$]”或“传 [$tŋ^{24}$]”。而流行于晋江的“涂 [$t^hɔ^{24}$]”，流行于惠安的“糊 [$k^hɔ^{24}$]”、“裤 [$k^hɔ^{31}$]”也已传入泉州，城内人也认可了。

表示相“遇”的动词，泉州原说“撞着 [$tŋ^{22}tio^1$]”，南安说“拄着 [tu^{55} tio^1]”，晋江、惠安说“遇着 [bu^{31} tio^1]”，今泉州城内亦三种说法皆通。

表示“放置”动词，泉州多说“下咧 [k^he^{31} le^1]”（厦门音 [$he^{22}le^1$]），南安、晋江说“在咧 [sai^{31} le^1]”，惠安说“跨咧 [k^hua^{31} le^1]”各种说法在现今泉州城内亦均可接受。

表示“在”的动词，泉州说“在咧 [$tɯ^{33}le^1$]”惠安说“着咧 [$tioʔ^{24}lei$]”，城内今亦可通。

表示“住在”的动词，南安说“按咧 [an^{31} le^1]”“那咧 [$na^{31}le^1$]”。泉州说“带咧 [$tua^{31}le^1$]”，同安说“垫咧 [$tiam^{21}le^1$]”，今泉州话也均可通行。

以上是对闽台的闽南方言文化特征的粗略概括。方言不断变化，文化也不断发展。近数年来，闽台的隔绝终结了，大量的台胞返回内地探亲访友、寻根谒祖，不少还来闽南经商办厂，畅通无阻的闽南方言正在为海峡两岸的同胞续写文化新篇章。研究昨天是为了把握今天，安排明天。从这个文化圈的历史特点中，我们是可以获得许多宝贵的启示的，让我们为这条文化演进的长河推波助澜吧！

说明：本文提交闽台文化学术讨论会（1992 年 2 月，厦门），会后收入该会论文集《同源同根，源远流长》，海峡文艺出版社，1993 年10 月。后又收入《方言学应用研究文集》，湖南师范大学出版社，1998 年。

从方言看海峡两岸的文缘

一　语言与文化

海德格尔在他的著名的演讲——《在通向语言的途中》里十分欣赏地援引了他出生前100年的威廉·冯·洪堡特的一段名言：

> 语言不只是用于相互理解的交流工具，而是一个真正的世界，这个世界必然是精神在自身与对象之间通过它的力量的内在活动而设定起来的，那么，语言就在真实的道路上，在语言中作愈来愈多的发现，把愈来愈多的东西置入语言中。①

这就是后来成了著名的命题——“语言是人类精神的家园”的最充分的理论依据。

语言是人类心智劳动的成果，是精神文明传承的链条，是社会生活的纽带，是历史文化的载体，也是文化发展的动力。语言是人类与生俱来的最伟大的创造。从最原始的工具制作到现代化的科技发明乃至古往今来的所有的艺术创作，都不可能没有语言的参与。因此，研究文化不能不研究语言，研究语言是研究文化的最佳切入口。

汉语以方言分歧而著称，千百年来，各地方言作为口头交际语和各地通用的书面的通语共同锻造了中华文化。如果说，书面通语是民族文化的支柱的话，地域方言则是打造地域文化的基础素材。全方位地研究方言将为地域文化的研究做出重要的贡献。

二　闽客方言的形成及其在海峡两岸的流播

台湾通行的方言是闽南话和客家话，这两种方言也是福建省所通行的主要方言。这两种方言的形成和流播直接记载了海峡两岸的历史。

闽南话是闽方言中通行面最大、使用人口最多的一个区。

---

① 海德格尔《在通向语言的途中》，第246页，商务印书馆，2004年。

顾名思义，闽南话起源于闽南，闽南最先发达的是泉州。从那里入海的晋江应该与早期南来的中原汉人思念故国“晋”有关。史书和谱牒上历来有“晋永嘉二年，中州板荡，衣冠始入闽者八族”记载。从东晋到南北朝的二百多年间，南北分治，战乱频仍，是中原汉人和吴楚人入闽的第一高潮，晋代的相对稳定肯定给人们留下深刻的印象。初唐总章年间，由于“獠蛮啸聚”，中州人陈政带兵入闽讨伐，经过20年征战，闽南大定，陈元光任首置漳州的刺史，58姓官佐就地落籍。盛唐开元年间，据《元和郡县图志》所载，漳泉二州7县的人口已有5万多户，占全闽5州24县总户数的一半以上。这时，泉漳的闽南话应该就初步形成了。泉州禅宗和尚所编语录《祖堂集》的用语可以为证，该书的对话有“谁人缚汝”“吃饭也未”“吃饭了也”“五逆”“脚手”“相借问”等，都与现在的闽南话毫无二致。

五代十国之中，闽国偏安一角，福建得到重大发展。闽方言的闽北、闽东、闽南三分之势已经形成。在闽南，人口增长最快，北宋初年（太平兴国）泉州就分出了兴化军，据《宋史·地理志》，崇宁年间，泉州是20万户的望州，加上漳州、兴化军已有37万余户，晋江、惠安、龙溪、漳浦、长泰、龙岩、莆田、仙游等都是望县。此后，闽南人口明显向潮、雷、琼各地充填。除三地口口相传“祖上来自福建、莆田”之外，史书户口记载也是有力的证明。与北宋崇宁年间闽南37万户相比较，潮、雷、琼三州尚不足9万户，而到了元代，闽南的人口有91万人，潮、雷、琼三州则有73万。这是闽南方言流播粤琼两省的明证。辗转繁衍至今，粤琼两省所通行的闽南话大体已拥有2000万人口。

闽南人在沿着海岸南迁的同时，还走向海洋，到东南亚定居。他们的造船和航海大概是向原住民闽越人学习并加以发扬光大的。北宋惠安人谢履的《泉南歌》写道：“泉州人稠山谷瘠，虽欲就耕无地辟，州南有海浩无穷，每岁造舟通异域。”人多地少是闽南人出海谋生的最主要的原因。苏东坡也说过：“惟福建一路多兴海商为业。”其弟苏辙任海康令时做《劝农诗》也说：“予居海康，农亦甚惰，其耕者多闽人也。”《宋会要》则有记述：占城（今越南）土生唐人“十去九不还”。到元代的马可波罗游记，就称泉州已成“东方第一大港”了。西人知道并十分欣赏的中国瓷器为什么叫china？正是“秦呐”的译音。从闽南运过去的茶叶称为tea，则是闽南话[te]的音译。而闽人从东南亚引进棉花，借用音为kapas的马来语，很早就写为“吉贝”，闽南口语说kapua正是准确译音。这是闽南话所记录的中外交通史、经济交流史的绝好材料。时至今日，菲律宾华人通行的是泉州腔闽南话，泰国华人说的是潮州腔闽南话，其余东南亚华人在20世纪60年代之前也以“福建话”（即漳泉腔的闽南话）为通语。论血统，数千万的东南亚华裔估计祖籍为闽南的占了大半。

这是一千多年来闽南人在东南亚落籍的简明概括。

闽南话向外播迁的第三大片就是清初以来所流向的台湾。郑成功收复台湾后跟随他去开垦台湾最主要的是泉漳乡亲，到乾隆年间，就有72万人，嘉庆年间则达200万人。他们带去的家乡话在台湾形成了"漳泉滥"，这就是现今台湾的主体方言——闽南话。两岸沟通之后，中断100年少有往来的台湾同胞登上厦门岛时，突然发现，这时全说着和自己一样的话！厦门话也是在百余年前开埠之后，泉州人和漳州人带来的母语混合而成的"漳泉滥"。19世纪末记录早期厦门话的韵书《八音定诀》《渡江书》《雅俗通十五音》和切音字运动的先驱厦门人卢戆章在《一目了然初阶》里所记录的厦门话，都有来自泉腔的《汇音妙悟》和漳腔的《十五音》的准确描述。这是研究闽南话的学者所熟知的。

客家方言是全国大方言中唯一不以地域命名的，因为从历史上说，他是中原人和长江流域移民经历过唐代到明代长达五六百年而形成的；从地域上说，它分布的中心区在赣、闽、粤的连界地片。

客方言先期形成于赣南、闽西。从盛唐的天宝年间到北宋初年的崇宁年间，赣南户口增加了5倍，闽西增加了17倍（梁方仲，1980）。这就是唐末黄巢起义和五代十国战乱之后从江淮、赣北一带南下的流民充填的结果。在这里，中原移民和畲族发生了深度的融合，闽西的客家人分明是"化客为主"了。来自中原的客家人不善丘陵地的耕作，只好向土著学会了"刀耕火种"，数年之后，显然摧毁了原来的山林和土壤，遂即人满为患，又赶上蒙古人的驱赶，赣南闽西的客家只好又拔足到粤东、粤北定居。那里的户口从元至正年间到清嘉庆年间增加了十余倍（35万—450万）。这是客家第二期大迁移的证明。客家入粤之先，已有先到的汉人定居在平原水滨，来了客家之后立即就有争夺生存空间的问题。就在嘉庆年间，珠江三角洲的西沿就发生过历时数十年的械斗，双方死伤数十万人。严酷的斗争练就了客家族群的内聚力，他们勤俭节约、奋发图强，固守自己的语言和文化，站得稳就站，站不稳就走，先入之"主"和后到之"客"除了散居在粤东和粤西的丘陵地带之外，清初"还海复界"之后又走向粤东沿海和香港，而后走向广西、湖南、四川，也跟着闽南人过台湾，跟着闽粤人下南洋。不论走到哪里，到处都有"宁卖祖宗田，不卖祖宗言"家训，抱着"路长唔怕路远"的信念，不停地走向四方。数百年过去了，世界各地的客家人大体上都还可以用自己的母语通话。

客家人过台湾之后与闽南人相处，初时也难免有些利害冲突，更多的时候却是和平相处、共谋发展的，在日据时期则能联合御侮。台湾的客家话比起与原乡的客话则有更多常用词是向闽南话借用的。例如：车头（车站）、鲈鳗（流氓）、头家（老板）、头路（职业）、唔挃（不要）、开钱（花钱）、生理（生意）、枵（饿）、拭（擦）、千五（一千五）、瘖势（不好意思）。（张屏生，2007）

三 闽台方言的文化类型

从文化的角度考察方言的特征可以把方言分为不同类型。

从同区小方言之间的关系说，有向心型和离心型之别。闽南话和客家话不论在原乡或台湾，都是向心的，各地口音有异，但大体有共同标准，内部都可以通话。这和闽南话的韵书、罗马字的传播和地方戏（在客家地区是山歌）的提炼是直接相关的。

从发展变化的速度看，方言有稳固型和变异型之别。各地闽南话有相当一致的文读音，这是塾师们按照古音的反切世代相传的，客家的传统识字读书也十分重视正音。拿100年前的韵书和教会罗马字读物和现今的闽南话、客家话对比都没有太大的变异。这和有些小方言老辈和小辈之间口音、用词有很大变异是截然不同的。闽南话和客家话在吸收外来词方面也都是保守的，在台湾虽然日本人统治了五十年，闽客方言所接受的日语词也只有数十个。客家话在台湾是弱势方言，但是只要是客家山村，哪怕聚居的人数不多，也不会轻易放弃自己的母语。

从方言间的接触看，方言有扩展型和变异型之分。闽南话分布在本土之外，常常是影响别人，扩大自己的地盘。在东南亚华人之间，福建话（闽南话）先前是作为通语通行的，在台湾，不但原住民中有放弃自己母语使用闽南话的“平埔族”，许多客家人也兼通闽南话。闽南话是强势方言的典型。客家人在台湾虽然总人口只占百分之十几，客家话是弱势的，但就其生命力来说也是相当强盛的。

从方言使用的领域说，不同的方言有多能型和单能型之别。一般的方言只是通行于民间口语，但是闽南话、客家话还可以用于诵读古诗文，创作口头文学（如闽南歌仔、客家山歌），闽南话说唱的曲艺和戏曲更是品种繁多、艺术精湛，梨园戏、高甲戏、布袋戏、歌仔戏至今还没有衰退。近些年来，在保存历史文化遗产，抢救地方文艺方面正在加强力度，记录整理方言俗谚、歌谣、儿歌、小曲已经见到成效。在台湾，不但有关的研究引起学者们的关注，在民间也有不少丰富多彩的活动，其经验是值得借鉴的。

四 从方言看闽台地区的文化特征

透过方言，我们可以看到海峡两岸的地域文化，既与中华主体文化同中有异，也可以看到它与周边的地域文化的显著差别。不论是方言的片言只字所体现的价值观、人生观，习俗词语所标识的行为准则和感情取向，或是作为世代文化传承的口头教科书，从谚语、成语典故到成篇的诗歌、戏文、传说，处处都闪烁着海峡两岸文明的独特光芒。下文试从三个方面来展示这个多彩的画卷。

1. 海洋文化的丰厚蕴涵。

闽台文化的首要特点就在于它是一种发育很充分的海洋文化。“州南有海浩无穷，每岁造舟通异域”，自从北宋时期泉州港崛起之后，就近的说，闽南话随着闽南人播撒在闽粤琼台沿海，明清之后又在闽东、浙南出现了一批方言岛，闽南话的分布占据了全国海岸线的近四分之一。就远的说，闽南话分布在东南亚和南太平洋的许多国家。几乎有闽南人的地方也必有客家人定居，客家人一直走到东非的毛里求斯。从这一点就可以看到闽南话一经形成就与海洋结下不解之缘，正如清初大儒顾炎武所说“闽人以海为田”。客家人则是走遍祖国大地，清代中叶之后也陆续走向港、台，走向南洋。

数百年的海洋生活从多方面打造了闽南人和客家人的海洋性格。

在用小木船打鱼的年代，靠季候风一年来回一两趟的远洋航行，可以想见，出洋的先民在“过乌水”（海洋深处水色深蓝，故有“乌水”之说）的过程中，是九死一生的。为何闽南侨乡的中元节特别热闹，村村轮着做“普度”？就是为了祭奠世世代代那些因“过番”而葬身海洋的孤魂野鬼。“七月半”前后的不断鞭炮声是代代闽人制服海洋的曲曲颂歌！

走向海洋，在陌生的大陆落脚，披荆斩棘、寻求营生，其艰难困苦如今是难以想象的。但是闽南话里许多家喻户晓的俗谚和格言为我们展示了先民们在历经这些苦难时凝炼出来的冒险精神和坚强意志：

> 水到船就浮，鸭仔落水身就浮。
> 一支草一点露，壁边草，坦横雨。
> 敢拼则会赢，敢死提去食。
> 有山就有路，有溪就有渡。
> 虎唔惊山悬，鱼唔惊水深。
> 三分天注定，七分靠拍拼。

至于单词短语，什么、赤钳、存凶、存死、存痞、拖磨、拼生死、犁头戴鼎、行船走马三分命、牙齿拍折连血吞，这类激人艰苦奋进的话语就更是不胜枚举的了。

客家的俗谚“命长唔怕路远”可以与此类比美，客家人正是一百多年来走向海岸才从“无客不住山”的古制中走出了新生活的。

沿着海路走到他乡异国，可以想象要遇到许多新的困难的。闽南人和客家人一面是艰苦劳动勤俭过日，团结自身，互助为乐，另一方面也能与外人友好相处。这种四海为家、与人为善的江湖义气也有许多说法。最感人是“浪邦”的风俗。初次“过番”的“新客”，孑然一身，无依无靠，只要认了老乡、同宗，虽然素不识面，“旧客”也会很乐意地接受新客在家“糊口”，管吃管住，只要帮点小忙，待到找到“头路”才走。这就是“番客”世代交接的风俗。有的老华侨，体弱多病，无法在外过日，又思念故土，同宗的乡亲办的会馆便会募钱买票，把老者送回故乡；在外故去的，也有人收埋入土。

在与南洋土著相处方面，闽南人和客家人堪称世界少有的楷模，他们与当地民族相处可谓亲密无间。这从闽南话和马来语、印尼语之间的双向借词就可以看得很清楚。

闽南话说食，被马来语借用说成 ciak，闽南人则借用了马来语的“马干”makan。此类双向借词还有：钱 ci = 镭 duit（铜板），食力 cialat = 折拉甲 tsih la kah（遭殃），按怎 ancua = 马那 mana（怎样），情理 cengli= 巴突 patut（规矩）。这种世界语言借词史上少见的模式就是闽南人和马来西亚——印尼一带的马来人长期友好相处已经达到水乳交融的明证。

在台湾广泛流传的漳州人林凤为改善与原住民的关系而献身的传说，也是十分感人的。

客家人在抗战期间收养的“洋儿子”熊德龙，学了一口地道的客家话，如今定居在美国，每逢客家恳亲会，他都满腔热情前来参加，为客家山乡的建设捐款奉献，流为美传。

闽南人走向海洋不仅是解决人稠地狭的生计问题。从宋元的泉州港、明清的漳州月港到民国的厦门港，中国人出海营商、在海外定居，算是最早的了。这样的连续不断的批量移民，不但开辟了海上丝绸之路，取得和汉唐时代长安丝绸之路不同的商业运作的经验，而且使中国传统文化与西方现代文化有了最早的深度接触。

西方人了解中国文化是从东南亚定居的闽南人村落开始的，18 世纪不少欧洲学者由此盛赞中国文化的古朴敦厚，语言富于逻辑性。德国的哲学家莱布尼茨在他的《中国近事》里写道：“我相信，人类两种优秀的文化和精美的艺术，今天集中在我们大陆的两端，集中在欧洲和中国。”（周宁，2004）而在浸泡过海洋文化的闽南人也从中吸收了西方近代文明的新空气，学到了新知，并发出新的声音。泉州人李贽是反叛儒家陈腐观念、提倡人性解放的第一人；福州人严复是首位近代启蒙思想家；同安华侨辜鸿铭是最早把儒学经典翻译成多种欧洲文字介绍给欧洲人的大学者；晚清配合维新运动的“切音字”运动就是厦门华侨卢戆章从新加坡回到鼓浪屿潜心研究十年后首先发起的，紧接着则有漳州人蔡锡勇和永泰人力捷三的响应。这些思想上、政治上、学术上的先知先觉者和康有为、梁启超等南粤冒出来的维新派革命家都是海洋文化孕育出来的。

2. 多元复合的人文性格。

闽台文化的多元复合的特性是历史形成的。

在汉人到达闽地之前，这里居住的是闽越人。汉初的闽越曾有一度相当强盛，闽北发掘的汉代闽越城已有相当规模。汉武帝欲攻伐闽越时，淮南王刘安曾上书谏阻，说他们“处溪谷之间，篁竹之中，习于水斗，便于用舟”。各地闽语中都有一些大同小异的有音无字的单音词，可能就是古代原住民留下来的“底层”。闽人之善于驾舟、能治船、习水斗，应该也是向原住民学的。

自然，东晋、唐宋以来陆续入闽的中原及吴越故地的汉人很早就是闽地的主要居民了。就闽南地区说，唐代就有考中进士的大儒（欧阳詹）；兴化军从泉州分离出去后，历来自称为“海滨邹鲁，文献名邦”。在两宋300年间，仅是兴化军两个县就出过990名进士，5个状元，6个宰相。蔡襄、刘克庄、郑樵就是其中的佼佼者，也是当时全国闻名的名宦、诗人和大学者。经过两宋数百年的发展，来自中原的华夏文化肯定早已成了闽南的主体文化了。

除了闽越人的原始文化、中原华夏文化之外，在闽南地区还应该提到杂人古代阿拉伯人和现代欧洲人的商业文化。宋元泉州港的兴起就与阿拉伯人蒲氏祖孙三代百年经营有很大关系。蒲寿庚主持泉州市舶司后，不但大兴海上贸易，传播伊斯兰教，而且致力于把妈祖信仰推向世界。近代以来，欧洲殖民者在统治东南亚的时代，闽南人既有受屠杀、受压制的遭遇，也有和现代资本主义的商业往来，闽南人的商业头脑也装着一些从那里学来的经验。

闽南地区的多神崇拜也是多元文化的复合表现。闽越人的占卜、巫术，朱熹在闽南宣扬的理学，提倡儒道释合一，后来在莆田还有“三一教”的创立。近代以来又有天主教、基督教的传播。由于多元文化的综合，在闽南各地不但有全国共同的玉皇大帝、阎王爷、土地爷、关公、城隍的崇拜；有本地盛行的妈祖、大道公（保生大帝）的崇拜；还有各地自立的神祇：开漳圣王、临水夫人、广泽尊王、三坪祖师、清水祖师、三山国王等等，不一而足。在旧时的乡间，水边、桥头、灶台、天井都有神明的祭祀。“天妃妈、祖师公、观音妈、土地公、关帝爷、国姓爷、天公、佛公、王爷”，甚至井有“水井公”，屋檐下有“檐墘妈”，床有“床母”，灶有“灶君公”，所有的这些神祇名称，会闽南话的人都是耳熟能详的，听了之后有的令人敬畏三分，有的则十分可亲可敬。

3. 历史发展中的二元整合。

多元复合可以从历史上追溯其不同的来源，从现实中考察其不同表现。其实在发展过程中，这些人文特征是经历着矛盾和竞争也经历过此消彼长，以及有序整合的。推动这种整合的力量正是它的主要特征——海洋文化。海洋不就是这样的性格吗：奔流涌动、永不停息，后浪推着前浪。什么是整合的方式呢？这就是对立面的巧妙统一。闽南文化的二元整合有三个方面的表现。

（1）表现在独特的地域文化与统一的主体文化的统一。

闽文化形成于唐，定型于五代，那时，借助着武夷山和仙霞岭的屏障，福建偏安一角，得到一番较大的发展。发展最好的是闽南地区，其标志一是人口的外流，流向大陆沿海和东南亚各国：一是泉州港和月港的先后兴起，海上贸易拉动了经济的发展和思想的解放。然而，在广阔的腹地，山川阻隔，资源短缺，自然经济的切割又形成了大大小小的区域，分化了许多小方言，除了闽东、闽北、闽中、莆仙、闽西客家话、闽西北赣语六个大片之外，还有许多小片，甚至一个县内就有几种不同的口音。这些大小区域的方言与文化就像全国许多乡村那样，靠着宗族制度和精耕细作、勤俭持家来维持生存；靠着科举取士所形成的文官系统来管理社会；靠着古远而又无限多彩的文言文及其典籍来统一思想。历史证明，越是闭塞的山区，越需要、也越可能保存着古老的文化传统，这就是"礼失而求诸野"的道理。

从福建、闽南的实际情况看，多元复合的文化中，中原汉人带来的华夏主体文化无疑是最具强力的。不论是早来的"福佬"同化了古闽越人，或是后到的"客家"同化了畲族，都能充分说明这一点。华夏主体文化是这批远来的移民安身立命之本，当他们远出重洋的时候也念念不忘自己是"唐人"，故乡是"唐山"穿的是"唐装"，唱的是"梨园"，连自己生长的祖地的名称也恋恋不舍。东南亚的闽南话统称"福建话"，闽南人称"福建帮"，闽南各县大多设有同乡会、宗亲会，闽南地名跟着会馆为后裔世代相传。迁到台湾去时，到处都有同安村、晋江村、诏安村的侨置地名。闽南话之所以有完整的"读书音"和"说话音"的"文白"对应，就因为这里的科举应试诵读诗文成风，学习"反切"认真，正音观念强烈。清代之后又学南方官话，民国以来则推行国语。经由仕途成为名宦良吏的代有人出，文的如留从效、苏颂、张燮、黄道周、洪承畴、李光地；武的如陈元光、俞大猷、施琅，等等。正是这种主体文化的光荣感、自豪感使得闽南人不论走得多远都不忘回归，在外奋斗有成，便要返回故里，修祖祠、开公路、办医院、建学校、修族谱。

这就是闽南文化的分歧和统一、开拓和回归的整合。

各地的汉人族群，也不乏离开祖居地而外出的。有的一走就四散了，并无抱团而聚居；有的一去不回头，就地图谋发展，越走越远；也有的抛弃了自己的语言和文化，融入其他群体。闽南人和闽南方言这样的整合是独树一帜的。

（2）表现在中小城市文化和乡镇文化的沟通。

作为"五口通商"之一的厦门，历史没广州长，地盘没上海大，只是泉、漳两个老城市和后来崛起的港口城市，厦门又局限于区区小岛，一直都未能发展成大城市。泉、漳古城虽然港口废弃，作为州府却都有千年历史和经商、航海的传统。许多闽南人在境外是落地生根大发展，只是利润的小部分抽回故地做公益性奉献。这就决定了闽南地区的中小城市群并立的模式。和大都会相比，这种城市群发展资金受到限制，经营思想也偏于保守，缺乏雄才大略；城市之间难以联合协作，甚至还会相互牵制、产生矛盾。但是它的向乡镇的下伸和沟通，却是十分方便灵活。中小城市的领袖人物（包括经济巨头），他们的故乡和家人都在附近农村，可以经常保持密切联系；经济文化发展之后，不论是劳力资源或产品行销，向乡间的扩充也很方便。从早期的茶业的种植和瓷器制作、采购营销到现代的引进外资来料加工，制作出口商品，都是走的这条路。这种经济文化的经营发展模式优点是没有造成城乡的对立，不是城市剥夺农村，以农村的破产来换取城市工商业的发展；而是以城市的发展带动乡间的繁荣。

语言生活的状况很巧妙地反映了这种经济文化发展模式。在粤方言区，以广州、香港口音为代表的粤方言是绝对不会容许四邑话、三水、封开话等杂牌粤方言来混合的，只能是大家都来靠近广州音。在长江口，是上海话逐渐取代旧时的“苏白”标准音。而在闽南地区尽管在台湾和厦门已有两度“漳泉滥”，漳腔和泉腔依然在漳泉两地十分挺拔，厦门话只是使两边的人之间更容易沟通罢了。厦门话里可以并用泉州腔或漳州腔词汇，泉漳话也可以夹杂附近的乡间词汇。语言使用的状况又一次准确地标志着地域文化的特征。

（3）二元整合还表现在士族文化与平民文化的融合。

列宁曾经有过两种民族文化的论述，各个民族历史上都存在过两种民族文化。在中国，由于使用的是不能拼音的汉字，书面语和口头语的差异很大，用文字书写的古典幽雅的作品和用口语传声的歌诗、谣谚、故事、曲艺等等就更是两条永不交叉的平行线。然而虽然不交叉，这种民族文化却是相互渗透的：文言的“海内存知己，天涯若比邻”，“三人行必有我师”常被引用于口语，方言口语的“敢拼则会赢”，“贪字贫字壳”，“万金唔值清心”也会被写入书面语，这就是常见的书面语和口头语的渗透。在闽南话，由于用旧时通语作为读书音，用方言口语作为说话音，有时便用同样的字，因文白读的差异构成了不同音义的两个词。这样的书面语、口语融合造词是各地方言中极为少见的，在闽南话却是常见的风景（表中标厦门音）：

	文读词	白读词
空间	k^{h}ɔŋ^{1} kan^{1} 生存空间	k^{h} aŋ^{1} kiŋ^{1} 空房间
生气	siŋ^{1}k^{h} i^{5} 毫无生气	ts^{h}ĩ^{1} k^{h} ui^{5} 傻里傻气
童子	tɔŋ^{2} tsu^{3} 童子军	taŋ^{2} tsi^{3} 神汉
诚实	siŋ^{2} sit^{8} 忠诚老实	siãŋ^{2} sat^{8} 十分紧密
数目	sɔ^{5} bɔk^{8} 数字	siau^{5} bak^{8} 账目
世界	se^{5} kai^{8} 世界大同	si^{5} kue^{8} 世界走（到处跑）
雨水	u^{3} sui^{3} 二十四节气之一	hɔ^{6} tsui^{3} 下雨的水
大雪	tai^{6} suat^{7} 节气	tua^{6} seʔ^{7} 下大雪
大寒	tai^{6} han^{2} 节气	tua^{6} kuã^{2} 严寒
作息	tsɔk^{7} sik^{7} 作息时间	tsoʔ^{7} sit^{7} 干活
定着	tiŋ^{6} tik^{8}（计划）确定	tiŋ^{6} tik^{8} 安定、平静
开方	k^{h} ai^{1} hɔŋ^{1} 数学用语	k^{h}ui^{1} hŋ^{1} 开药方
食物	sit^{8} but^{8} 可食用的物质	tsia^{8} mĩʔ^{8} 吃东西
丈夫	tiɔŋ^{6} hu^{1}	ta^{6} pɔ^{1} 男人

书面语的音义来自士族文化，口语音义是大众创造的。在这里用汉字的文白异读把二者统一起来了。两种文化的融合达到了天衣无缝。六十年前闽南地区的识字教育，既教国音、文读音，也教方言音、白读音。识字之后同时学会国语，并有初步阅读古文的能力。靠的就是通语和方言的这种系统的巧妙融合。

另一种士族文化和平民文化的融合表现在方言表演艺术上。在闽南话地区，高雅的南音清唱用的是接近文言的唱词，咬音则是“正古音”，唱起来节奏舒缓，曲调清婉，是士族文化的延续。和管弦乐四件（洞箫、琵琶、三弦、二胡）配合起来，凄婉动人，颇有宫廷音乐的韵味。梨园戏、高甲戏唱词和南音清唱是古雅的文言，道白是方言口语，这是和全国各地一致的风格。此外还有纯用口语“讲古”的“布袋戏”和在方言“歌仔”“锦歌”的基础上在台湾形成的“歌仔戏”（传回闽南后又称“芗剧”）。都是纯用闽南话说唱和表演的地方戏，则是平民文化的新创造。

闽南地区的说唱、戏曲数量上的多样和艺术质量上的精湛，怕是全国各方言区都难以媲美。所以会有如此丰富和优美的艺术，就是因为闽台地区把士族文化和平民文化的创造都传承下来了。而且在保存中还有融合，在传承中有创新。其中的经验很值得深入总结。

五　结语——文化之缘的内涵

什么是“文缘”？我理解的文缘就是文化之缘，是地域文化的深层标志。它应该包含着三种共同的质态：一是思想情感的，包括世界观、道德观、价值观、职业观、宗教观，乡情、人情、友情、爱情；二是文学艺术的，也就是表达不同思想情感的各种文艺形式，包括儿歌、童谣、山歌、小调、神话、传说、古今文学作品以及说唱、曲艺、戏剧等等；三是语言文字，也就是表达上述两种内容的具体形式或称为载体。如果说，地域或文化是一棵大树，思想、观念和情感就是它的躯干，文学艺术是它的枝叶，而语言文字则是贯穿其中无处不在的细胞。正因为如此，研究文化处处都离不开语言的研究；研究方言则是研究地域文化的最佳切入点。自然，地域文化这棵大树还应有它生长的土地，有它的遗传的基因（包括嫡传的和混种的），这就是它的地缘和血缘。对于地域文化这棵大树来说，地缘和血缘是外在的，而文缘是内在的。各种地域文化之中有民族文化的共性，也有地域文化的个性。共性寓存于个性之中，个性中体现着共性。但有时也难以分解。本文所论闽台文化的文缘大体是按照这样的思路，去努力展示它的个性。所论是否有当，还有待方家评判和指正。

参考文献

陈支平　《福建六大民系》，（福州）福建人民出版社，2000年。

陈支平、徐泓主编 《闽南文化百科全书》,（福州）福建人民出版社，2009 年。
海德格尔 《在通向语言的途中》,（北京）商务印书馆，2004 年。
李如龙 《福建方言》,（福州）福建人民出版社，1997 年。
李如龙 《汉语应用研究》,（北京）中国传媒大学出版社，2004 年。
李如龙 《汉语方言研究文集》,（北京）商务印书馆，2009 年。
李如龙、姚荣松主编 《闽南方言》,（福州）福建人民出版社，2008 年。
梁方仲 《中国历代户口、田地、田赋统计》,（上海）上海人民出版社，1980 年。
罗常培 《语言与文化》,（北京）北京出版社，2004 年。
张光宇 《闽客方言史稿》,（台北）南天书局，1996 年。
张屏生 《台湾地区汉语方言的语音和词汇（册四）》，开朗杂志实业有限公司，2007 年。
周　宁 《世纪中国潮》,（北京）学苑出版社，2004 年。
周振鹤、游汝杰 《方言与中国文化》,（上海）上海人民出版社，2006 年。

说明：本文 2010 年 12 月刊于《福建文艺界》(闽内部资料出版物，出版许可证 K121 号)，该刊为福建省文联主办。

论闽台两省方言和文化的共同特点

——兼评台湾的乡土语言教育

自从1986年9月民进党成立以来，台湾的政治文化生活可以说是发生了翻天覆地的变化。反映到文化教育方面，从1990年以后，不断有人主张一切以台湾至上——教育要以乡土为中心，要以台湾历史和地理的内容代替中国历史和地理的内容，强调台湾方言的重要性等，以至于“台语”这个名词不伦不类地被广泛使用。2000年9月21日，台湾当局甚至正式决定从九十学年度（2001年）起实施台湾乡土语文教学。面对台湾方面不断在文化教育上面的改造变化，我们有必要对此加以认真的分析考察，以供相关部门参考。

以下从闽台两省方言与文化的历史渊源、两省人民向来的语言生活特点以及当前两岸所采取和实施的语言文化政策等三个方面来探讨，其中最后一部分为本文的考察重点。

一　源远流长、经久不变的闽台方言与文化

翻开台湾的报纸杂志，甚至音像出版物，“台语”一词已经成了高频词。从“台语文学”“台语歌曲”一直到“台语教育”，都经常现于眼帘。有人甚至试图把“台语”变为“国语”以取代早已普及全岛的汉语普通话。那么“台语”究竟为何物？在此有必要先理一理它的来龙去脉。

所谓“台语”就是闽南话，由闽南一带的移民从明末开始陆陆续续带过去的。由于闽南一带向来有泉州音、漳州音的区别，由移民带过去的台湾闽南话内部的区别也主要是对应于闽南一带的泉州腔和漳州腔的区别。在地理分布上，泉州腔主要通行北部的台北、基隆和淡水一带，南部的鹿港高雄至恒春沿海一线也主要是泉州腔；漳州腔则主要通行于中部嘉义、南投以及东北部宜兰的罗东和苏澳一带。至于西部台南、台中以及东部新城、花莲一带，由于两者交错分布，因此不大容易分清哪一种口音是主要的，只能大体估摸说泉州腔略占优势。

不过，由于原来从泉州府或漳州府迁去的移民，入台后往往是交错杂处，加上岛内的往来频繁，两种闽南腔实际上是差别越来越小，以致经常分混不清。这种情形跟厦门话十分相似：由于一百多年来泉州地区和漳州地区的移民混居共处，两者本来明显不同的泉州腔和漳州腔互相渗透、互相包容，逐渐磨合成了现今这一种非漳非泉亦漳亦泉的厦门方言。可以说，今天闽南各地口音当中，跟台湾闽南话最接近的既不是泉州音也不是漳州音，而是闽南新兴城市——厦门市的方言。难怪台海初通之时，台湾人一到厦门会惊呼厦门人都在讲“台湾话”，[①] 其实这只不过是相同或相似条件下必然产生的相同或相似的结果。随便举几个常用汉字两地的读音，读者便明白台湾闽南话和厦门闽南话都是融合漳泉两种音腔形成的。

	多	去	过	家	砖	光	青	赔	火	银
泉州	tɔ^{1}	k‘ɯ^{5}	kə^{5}	ke^{1}	tsŋ^{1}	kŋ^{1}	ts‘ĩ^{1}	p ə^{2}	hə^{3}	gən^{2}
厦门	to^{1}	k‘i^{5}	ke^{5}	ke^{1}	tsŋ^{1}	kŋ^{1}	ts‘ĩ^{1}	pe^{2}	he^{3}	gun^{2}
漳州	to^{1}	k‘i^{5}	kue^{5}	kɛ^{1}	tsuĩ^{1}	kuĩ^{1}	ts‘ẽ^{1}	pue^{2}	hue^{3}	gin^{2}
台北	to^{1}	k’i^{5}	kue^{5}	ke^{1}	tsŋ^{1}	kŋ^{1}	ts‘ĩ^{1}	pe^{2}	he^{3}	gun^{2}

尤其应该引起我们特别注意的是：说闽南话的移民在台湾成批地聚居乃至兴家建业，其实只有200多年，而众所周知，这200多年间还有日本侵略者据台50年和国民党迁台后隔绝往来50年。在这种长期断绝交往的情况下，两地闽南话还能如此一致，一旦开放互访竟能如远别家人一般自由交流。这种状况，除了血浓于水、五指连心，还能有什么样的解释！

最早提出“台语”这个概念的是普遍受到台湾语言学家敬重的中国第一代语言学家李方桂先生。他所说的“台语”是指包括泰国国语在内的侗台语族，或称为壮侗语族。这个术语早已被世界各国的研究汉藏系语言的专家们所认同。把台湾的闽南话称为“台语”只会造成混乱。事实上，连鼓吹“台语”名称的郑良伟教授也承认：整个台湾话的形成和厦门话的形成极为相似，两者都由来自泉州、漳州的移民混合而成。今日都是不泉不漳，又泉又漳。因此大陆的闽南话当中最靠近台湾话的是厦门话。

如果把“台语”作为“台湾岛上的语言”的简称，那么台湾岛内还有客家话和普遍通行的“国语”，以及含有各种部落方言的原住民语言。这就更是一个不伦不类的名称了。近来，有些客家学者竟把台湾的客家话也称为“客台语”，在学理上也是说不通的。

其实，我们说台湾闽南话来源于闽南地区，这只是从最直接的历史渊源上来讲的，要是再往前推，我们还可以发现，闽方言和客家方言其实还是一对同来自中原大地的难兄难弟。据台湾学者张光宇的研究，[②] 西晋末年以来由于中原多故而形成的移民活动是今

① 见《台湾研究》1999年第2期。

② 张光宇《东南方言关系综论》，《方言》1999年第1期。

天东南诸方言形成的主要历史背景，由于一些北人“路过”江东时习染了吴语，然后继续南下，最后终于演变成了今天跟吴语有关系的闽语；而另一些人则由于没有太湖流域生活的经验，南迁后由于与南方的畲族有血缘以及语言方面的一些影响，加上南迁之前这些北人本来就已经存在的东西方言背景，以至最后终于发展出一种不同于闽方言，但有许多语言现象与闽方言却又难解难分的客家方言。今天闽、客两族群的人虽然不能交谈，但却共同具有十分强烈的中原意识，因为两族群的人都同来自于中原大地，继承的也都是同一母语的语言成分。而继承这一共同母语的除了闽客两种方言外，在大陆至少还有湘、赣、吴、粤和北方方言，所有这些现代汉语方言相互间都有着难以截然分开的历史渊源关系。因此，一切鼓吹闽客对立、闽台对立或者闽（语）国（语）对立的言论和行为都是违背历史事实的。

除了语言这一最能体现文化内涵的现象之外，反映闽台两地历史渊源关系难分难解的文化现象还有很多。略举数端如下：

1. 历久不息的乡族观念。家族组织的完善以及乡土观念的浓厚可以说是闽台两省最重要的人文现象，对过去的历史往往总要追溯到中原故地，对现在的生活则往往靠修族谱、建祠堂来凝聚家族血缘关系，所有这些活动又往往会引发同族人的乡土观念，使他们眷念故乡，哪怕是远离故土，都会与家乡保持密切的联系。不论是跨过海峡到台湾垦殖还是远渡重洋在新、马、泰、印尼、菲律宾安家落户，也不论过了几代人，人们都还依稀记得祖上是来自“泉属五县”或“漳属七县”的某一个县，甚至某一个村。

2. 各得其所的多神信仰。多神信仰可说是闽台两地都共有的另一重要文化现象，从天公到土地公、从观音菩萨到海神妈祖，甚至是保生大帝、开漳圣王，都会成为家庭、乡里的奉祀对象，这是由于两地人们为了适应各种新的生存环境而实行并且世代传承的信仰整合。

事实上，不论是平民百姓出身的林默娘（妈祖）、吴夲（吴真人）、郭忠福（圣王公），还是官方将相神化的陈元光（开漳圣王）、郑成功（国姓爷），或是高僧成佛的杨义中（三坪祖师）、陈普足（清水祖师），都可在海峡两岸找到众多的信徒。据统计，康熙以来300多年间，台湾全省先后所建妈祖庙达222座之多。这个数字显然已经远远超过闽南本土了。

3. 士农工商并重的社会价值观。这实际上是由闽台两地特殊的地理环境所决定的。在地少人稠又面临浩瀚海洋的环境之中，传统的“耕读为本”固然值得称赞，但烧瓷、捕鱼以至经营商业又何尝不是谋生之道？为了扩大生存空间，闽南人从闽南出发，北上闽东浙南沿海，东渡台湾，南下广东沿海、港澳和海南岛，并且远渡重洋散居东南亚各国。正是这种海洋文化的发展使闽南话播散到太平洋西岸的很多地方。

此外，下文即将讨论的语言生活特点也充分地反映了闽台两地的文化特征。

透过这些语言和文化的诸多现象，贯穿其中的正是一条千百年来的“中原根、华夏缘”。这条骨肉相连的根基深藏的是那样的久远，这条刀光火影炼就的血脉情缘结合的是那样的紧密！以致后来就在由于种种原因而形成的“本省人”和“外省人”的鸿沟两边，说闽南话的闽南人也还是被列入可亲可信的“本省人”之中。可见这种深刻的联系不仅是历史而且是现实，不仅深藏于意识而且浓缩于感情。

二　文白异读、双语并用的闽台语言生活特征

这些年来，许多跟着鼓吹“台语”的台湾同胞持有一种十分独特而又自相矛盾的语言生活态度。他们一方面说着一口流利的“国语”（现代汉语普通话）走南闯北，另一方面却又声称推行“国语”是不人道地摧残地方文化；他们千方百计地推崇方言母语并想把它凌驾在“国语”之上，可实际上却又因难以奏效而无可奈何。这种矛盾的态度直接反映到当局今天的语言教育政策上面，就是虽然明令推行方言母语教育，可一周却只上一节课，而其他的语言教育如“国语”、英语等的上课时间几乎占学生学习时间的三分之一。

有关台湾的语言教育政策我们下一节还会做重点的评析，这里想指出的是，有些台湾人对推行“国语”的不满其实只是一种受到压力后的感情用事的反弹（可能也有少数是在借题发挥）。通观闽台两地以往的语言生活，我们可以发现，两岸人民对“国语”其实向来都是非常乐于接受的，这种对待语言生活的态度和行为集中表现在文白异读和双语并用这两个特点上面。

研究闽南话的学者一开始就十分注意文白异读现象。一般认为白读是方言口语中固有的，而文读是由于文教推广带来的，本地人模仿得不像的共同语的音，因此文读又叫作“孔子白”“读书音”“文言音”，而白读则又称为“解说”“土解”。这个传统最早可以追溯到清代中叶嘉庆初年的《汇音妙悟》。本文想讨论的是：第一，“读书音”的读音根据是什么；第二，闽台两地在过去科举的岁月里文教究竟推广到怎样的程度。这对我们理解闽台两地语言生活的特征当是大有帮助的。

关于闽南话的文白异读已经有许多人做过研究，最后的结论是闽南话的文读音和中古的广韵系统比较接近，而白读音跟广韵系统比较则差别比较大。这就告诉我们：旧时人们读书识字时师承传授的“字音”实际上是根据《广韵》《集韵》所标注的反切而切出来的读音，而《广韵》《集韵》向来都是官方认可的韵书，文人的诗词押韵合辙都以它们为准。换句话说，科举岁月里的闽人读书音实际上是一种政府认可的“官音”，是闽南人学习得不太像的当时全国通行的“国语”。只要看看古阳声韵和入声韵的字在厦门话里的文白异读，略为懂得一些音韵学的人就知道那些文读音简直就是《广韵》所代

表的唐宋古音。例如：

	篮	踏	钳	接	林	寒	割	边	舌	官
文读	lam^{2}	tap^{8}	k'iam^{2}	tsiap^{7}	lim^{2}	han^{2}	kat^{7}	pian^{1}	siat^{8}	kuan^{1}
白读	nã^{2}	taʔ^{8}	k'ĩ^{2}	tsiʔ^{7}	nã^{2}	kuã^{2}	kuaʔ^{7}	pĩ^{1}	tsiʔ^{8}	kuã^{1}
	当	作	香	约	生	百	京	赤	兄	疫
文读	tɔŋ^{1}	tsɔk^{7}	hiɔŋ^{1}	iɔk^{7}	siŋ^{1}	pik^{7}	kiŋ^{1}	ts'ik	hiŋ^{1}	ik^{8}
白读	tŋ^{1}	tsoʔ^{7}	hiũ^{1}	ioʔ^{7}	sĩ^{1}	paʔ^{7}	kiã^{1}	ts'iãʔ^{7}	hiã^{1}	iaʔ^{8}

那么这种古代官话在过去的普及程度究竟有多高呢？可以从两个事实的考察得到比较确切的答案：一是福建历代读书风气之盛，二是福建民间戏曲流行之广。

有关福建历代读书风气之兴盛，自从唐代的欧阳詹、蔡诏等人先登进士第之后便不绝于史书。例如：

康熙《平和县志》卷十“风土”：唐以来重僧，宋以后崇儒，紫阳之化也。士尚气节，读书无论贫富。岁首延师受业，虽乡村数家聚处，亦各有师。

乾隆《泉州府志》卷二十“风俗”：（泉州晋江县）吾温陵人文之盛，晋江一邑与海内诸名邦相抗衡……岁科试晋邑儒童卷可万余，县送府七八千人，府送道亦二三千人，入泮百五六十人。学使者如周讳之训、葛讳寅亮咸云泉郡生儒即三倍其额尚有不尽收之恨焉。

可以说唐宋以来，福建的“好儒”真正是蔚然成风，这种风气在康熙二十二年（1683年）清朝统一台湾后也深深地影响到台湾地区。

至于福建地方戏曲流行之广，从半个世纪之前闽南沿海各县专业戏班尚比比皆是这一点我们就足以理解了。

这样一来，一方面是师承传授的正统教育的普及，一方面是耳濡目染的群众艺术的推广，文读音的大量被接受便在情理之中了。要说这种文读音便是古代的汉民族共同语，那么这种共同语在闽南话地区早就已经普及过了。

不过，世易时移，由于种种原因，中原一带的正音发展到明清时期也已经有了相当的变化，如古入声消失，古-m尾变-n等，再用唐宋时候的读书音北方人已经难以理解，这时，一种新的官话读音便应运而生了。自从《中原音韵》开了根据实际口语语音来编韵书的先河之后，明代的《韵略易通》《韵略汇通》、清代的《五方元音》这些北方官话的韵书先后出版，它们反映的就是现代普通话的前身——北方官话的语音系统。早在明朝末年，琉球通过福建与中国交往，在泉州和福州的“琉球馆”的教师们就编了多种官话课本教授琉球留学人员学习官音。清初雍正年间，皇帝明令闽粤两省建立正音书院组织官员习学官音。看来学习正音在福建还真是朝野都重视。嘉庆年间初版的泉州话韵书《汇音妙悟》就收入了一些泉州人从官音学来的字的“正音”。同治年间，闽县举人潘逢禧把“塾中课蒙”的官音课本编成《正音通俗表》，所记录的就是晚清通行于福州一带的官音。在漳州一带相仿年代则有蔡伯龙的《官音汇解》和张锡捷的《官音便览》，则不但教习官音，同时还注意到普通话和方言之间的词汇差异。可见，明清之后随着现代汉民族共同语的形成，闽方言地区的语言生活也便由字的文白两读变为官话（正音）和方言的双轨并用了。

正是在明清两代近代官话逐渐得到推广的基础上，出现了清末的切音字运动和民国初年的国语统一运动。有意思的是，切音字运动的先驱者之中有卢戆章、力捷三、蔡锡勇等三位福建宿儒，而国语运动中则有林语堂、周辨明这些福建籍的大家。从以上闽方言地区的语言生活史来看，这绝非偶然现象。正是在明清两代教习官音、兼用官话的基础上，辛亥革命之后福建办起的新学堂大多先教注音符号拼读国音，而后用方言教读音并作字义解释。这样童蒙在识字的同时也就学习了国音，并通过方言了解了字义，把国语和方言母语结合起来。经过新学陶冶的学生大多能粗通普通话，并且有明确的应该学好国语的意识。这一传统在二战光复之后也传到台湾去了，表现为那里的国民教育中也十分重视国民的“国语”学习。因此闽台两地通行闽南话的地区，略有文化的人都兼通“国语”，这里的语言生活是同本地人说闽南话，与外地人说“国语”，形成了方言与国语并用的习惯。

总之，文读与白读并存，方言与共同语兼用，书面语和口头语有别，这可以说是闽台两地说闽南话的人们语言生活的共同特点。这一特点是在千百年来的社会生活中形成的，它反映着人们注重保存文化本根的价值观和注重大一统的历史观，也反映着人们在众多殊异方言的环境中希望用共通语来求得五湖四海广泛交流的注重实用的语言观。这样的传统既顺应了历史的发展，又切合了实际的需要，既传承了统一的民族文化，也保留了地域文化的特色，这有什么不妥呢?

三 母语教学，台湾何去何从？

迄今为止，闽台两省语言生活的发展变化过程基本上是一样的，要说其中还有些许差别的话，大概主要有三点：一是日据时代在“皇民化”运动之下，台湾全面推行日语，汉语文的学习使用无论是国语还是方言都受到了很大的限制，以致1945年回归时很多年轻人都以日语为读书受教育的语言；二是回归后至20世纪80年代，国民党政府在台湾推广国语时采取了一些强硬措施，引起了台湾民众强烈的不满；三是20世纪90年代至今，乡土语言教育得到重视，方言使用不再受到限制。从总的情况看，海峡两岸在推广普通话（国语）方面，步伐基本上是一致的，最后的结果也大体相同：不懂普通话的老年人越来越少，而精通方言、能用方言诵读古诗文的年轻人也逐渐减少。这种状况究竟是语言发展客观规律作用的结果还是语言教育政策所使然？对于两岸已有的和现行的语言教育政策应作何种评价？社会语言生活发展的前景究竟应该是什么样的？这些问题实在很有必要加以认真的考察审视。

（一）台湾乡土母语教育的缘起和现状

台湾的乡土母语教育指的是在中小学里教授学习台湾当地的方言土语，如闽南话、客家话和高山族民族语等，并鼓励提倡社会成员在家庭生活中使用方言土语，也可称乡土语言教学。它的出现与台湾独特的社会历史环境有密切的关系。其直接的原因有以下三个方面：

（1）国民党政府推行国语时所采取的强硬政策造成人民的不满并产生反弹。1946年台湾省国语推行委员会所倡议的“实行台语复原，从方言比较学习国语”的“国语运动”纲领，提法并没有错，但是在实施过程中，正遇上长达38年的军事戒严，政府人员在推行统一语言政策的同时，包含着压制方言的心态。台湾推广“国语”的运动实际上走向了极端，如在学校说方言的学生要受到挂牌示众、罚款或罚扫厕所等不恰当的处罚。同时还灌输当地语言为粗俗低劣的语言，说当地话的人为粗俗低劣的人等错误论调。所有这些最后都招惹了深刻的民怨。

（2）由于国民党政府一方面大力推行“国语”，另一方面又制定法律来限制方言在社会上的使用，以致台湾的闽南话、客家话和土著民族的南岛语都存在着流失和萎缩的现象。正是在这种情况下，20世纪70年代初对现代主义反省的文学思潮，不仅带来了“回归传统、关怀现实”的台湾乡土文学的兴盛，还波及台湾思想文化领域乃至整个台湾社会。在这一文化思潮的影响下，一股以“台语热”为主要特征的母语运动随之而来，社会上出现了“说妈妈的话”“还我母语”一类的口号。伴随着这场运动，有人呼吁要重新检查自己的语言政策，要求实施双语教育。

（3）民进党的社会影响不断扩大之后在语言文化生活方面推波助澜，把母语教育纳入图谋“台独”的轨道。有人甚至提出要以闽南话作为台湾正式“外交”用语。[①] 与此相呼应的是利用发展乡土文学来磨灭数百年来台湾人的寻根意识。有人甚至在鹿耳门大呼：我们还寻什么根？这就是我们的根！

随着20世纪80年代后期台湾强人政治时代的结束，本省人经济政治地位的提高，台湾乡土母语教育运动终于得以实际展开。十年来围绕着乡土母语教学发生的主要举措有以下4件：

1990年9月台北市金华小学首先成立闽南话班，并获得台湾社会各界的肯定。随后由民进党主政的县市如新北、宜兰、屏东、高雄、新竹等地也纷纷在各县实施母语教学。

---

① 见台湾《中央日报》1993年4月24日海外版。

1993年4月台湾“教育部”宣布从1996年9月起开始把母语教育纳入正规的中小学教育之中，并委托相关学者进行课程规划研究。

1998年开始，台湾地区语文竞赛中加入母语项目，分成闽南话组、客家话组和原住民语组，各组又各分演说、朗读、诗词吟唱、口说艺术、音字拼写以及写作等项目，每个项目之下又分小学、初中、高中、教师及社会组。

2000年9月台湾“教育部”正式公布“中小学九年一贯课程暂行纲要”，宣布从九十学年度起（即2001年9月开始），小学一到六年级的学生必须就闽南话、客家话和高山民族语中任选一种学习，中学则依学生意愿自由选习。

至此，台湾乡土语言教学全面实施已成定局，目前的状况主要是台湾地方政府和学校在总结前段母语教学的经验得失时，继续开发母语教材和配套的影音碟带。至于师资建设方面，短期内将多办理现职教师研习进修，中期将采取认证制度，通过认证者将可到国中小学兼任乡土语言教学课程，而长期则将鼓励大学校院开设相关的系所，以持续地培育教师。[①]

显然，台湾的乡土语言教学已经不再是一时的情绪冲动，而是有特定的教育思想和政治目的的政策措施。

（二）台湾乡土母语教育的矛盾和前景

综观世界上的母语教育，大体上有三种类型。第一种是外来语言作为官方语言（通常是殖民者的语言），母语是本族语。在殖民地独立前后都有母语教育运动。例如菲律宾独立前书面通行的曾是荷兰语、英语，实际口语的母语则是他加禄语。第二种是多民族国家除了官方语言之外，少数民族都有自己的母语。例如，马来西亚以马来语为官方语言，那里的华人、印地人则另有自己的母语。第三种情况是多方言的国家，母语有统一的书面语形式，口语则是分歧的方言，中国的很多地方都属于这种情形。这种情形的母语教育指的是民族共同语的教育，而方言主要使用于口语，有时也用于书面语作为辅助手段，例如香港的粤方言地区就是如此。

那么，台湾的乡土母语教育究竟是属于哪一类呢？从已被赶下台的前“教育部长”曾志朗2000年11月30日发给“行政院”有关客家话教学应有配套政策一案的普通公文说明中，我们可以知道台湾当局近年来加强乡土语言教学，希望的是“期使国民从乡土认同中，培养人文关怀；从尊重族群中，体认多元文化价值……其课程之规划，以各族群语文之听、说为主，读、写为辅。并结合于乡土文化之推展，落实于日常生活之使用，以培养学生热爱乡土之情怀，进而了解及尊重不同文化”。[②] 借曾志朗2001年4月

---

① 见《台湾教育文摘》2000年11月号“十月份教育新措施”。

② 见《客家》2001年春节特刊，第88页。

底赴台东宣导九年一贯课程时所说的一句话，“就是培养在地精神”。[①]可见，这并不是为了口头和书面沟通，也不是为了提供学习百科知识需要的有实际意义的母语教育，而是对于乡土情结的一种政治取向。这种“在地精神”是否能通过乡土语言的教学培养出来是值得怀疑的。

有些学者十分欣赏香港人的语言生活：那里既有华人社会共同的书面语，也有可以畅所欲言甚至可以书写无碍的粤方言口语。这固然也有它的优点，地域方言、地域文化能够充分地保存下来，但是青少年在“两文三语”（中、英文，英语、国语、粤语）的并用当中往往不堪重负。经过十几年的教育，说的、想的都是粤方言，写的时候则要翻译成普通话，到头来中文书面表达水平很难尽如人意。此外，在香港虽然也有说闽方言、吴方言乃至官话方言的“外省人”，但是普遍都能听会说粤方言，因而粤方言的口头沟通或某些书面表达，绝大多数都能适应。实际上，这种“两文三语”是在特定历史条件下形成的，是和当地的社会生活相适应的。然而在台湾，且不说为数不少的“外省人”几代人繁衍下来至今还未能掌握一种“在地”语言，就是在地语言当中则不但有闽南话、客家话，而且还有山地语（或称高山语），因此即使是本地人学了自己的母语之后也不能在本地人中广为沟通。可见台湾的情形跟香港并不相同，很难套用香港的做法。

在台湾施行乡土母语教育之后，当初以外省人为主导的国民党领导层为了统一“国语”而压制方言的极端措施现在又以另外一种形式出现，那就是以“国语”为母语的学生（外省人后裔占相当比例）现在为了培养“在地精神”而必须选学其他三种话语当中的一种，不学恐怕还不行，但并非所有学生都愿意学，结果有可能导致这些学生倒过来憎恶当地其他三种话语。不仅如此，福佬族群与客家人及山地人的差异和矛盾也是同样存在的。作为同受过国民党语言文化政策歧视的福佬族群由于人多势众，在国语压制情绪得以解放之后，尤其强调使用母语的权利，几乎在任何场合之下都用闽南话发言，根本不理会其他族群的人是否听懂。这实际上是以另外一种语言沙文主义来取代原先国语的威权。因此，如果要让学生“了解并尊重不同文化”，至少还要让他们学习掌握客家话和土著语言，并在公共场合随时配有客家和土著翻译，否则客家人和土著总会感到被歧视。尤其是客家人，人数虽然不占优势，但几乎所有的公共场合都有客家人，而客家话却很少在公共场合使用。可见，如果在台湾停止使用“国语”，转而提倡在公共场合讲闽南话，则不但社会生活将出现严重的混乱，恐怕还要引发四个族群之间的更多的矛盾。台湾的乡土母语教育已经推行有年，但最后的实际效果将会如何，这是很值得人们深思的。

语言是由于社会生活的需要而产生的，也是随着社会生活的需要而发展的。任何政

① 见《民众日报》2001年4月29日“基宜花东新闻”。

治集团可以制定一定的语言政策，但只有适应社会需要的政策才能顺利推行。日据时代，为了磨灭中国人的民族意识，强行推行日语，禁绝中文学校时间之长达半个世纪，到头来除了留下几十条借词之外并没有什么影响，中国人还是按照自己的习惯使用自己的语言文字。

语言为社会生活服务是全方位的。它是交际工具，人们的思想感情靠它来沟通，人们的社会分工靠它来协调；它又是思维的工具，人们的智力靠它来开发，学习百科知识和百业技能也无不靠它来教习传承。语言还是记录民族文化、地域文化以及进行许多艺术创造的凭借，人们正是从它的文化载体性获得了前人积累传递下来的精神劳动成果。就这三项社会功能来说，作为交际工具最为重要，因为人们无法脱离社会生活而存在。而作为学习的工具、思维的工具，有时可以用前代语言或外族语言。至于文化观念则更可因人而异，未必固守在一个点上。

随着人类社会生活的变迁，语言的发展在不同的时代表现出很多不同的趋向。小农经济、封建割据、战争动乱曾经使语言走过分化的过程。现存的诸多方言分歧就是在以往的年代形成的。随着资本主义市场的形成和文化的逐步普及，各民族都形成了自己的统一语言，也都有一批文学巨匠为自己的语言进行艺术加工，创造了一批批文学名著，其中的文学语言又反过来为现代民族语言增光添彩。在现代化的信息时代，社会生活节奏加快，人们之间的远距离交往越来越频繁，不同民族和同一民族的不同族群之间使用一种共通语的需要越来越迫切。为了掌握最广泛的资讯，为了国际交往，现代人除了自己的母语之外往往还要掌握外族语、外国语。在这种情况下，通行面不广的地域方言受到冷落：从广泛运用变为闲置备用，从几代人共通变为老年人的专用，其表达手段也由于应用少而逐渐萎缩。这是社会生活的发展所使然，是不以人们的意志为转移的客观规律。

看来我们应该想得开一点：世上有些东西你欲除之而后快，它偏偏就除不了；有些东西你刻意去保存它，可最终也保不住。汉语言文字既然是数千年前流传下来的，又有十数亿人在使用着，各大方言的形成大多也有好几百年甚至上千年的历史，在目前推普早已深入人心、海内外炎黄子孙又共同面临创造发展中华当代新文化的历史洪潮之下，我们最好不要用太过功利性的眼光来抬高自己的方言、推崇各自的地域文化，而应该多多考虑我们中华民族的整体利益和人类的共同进步。这才是我们的结论。

参考文献

蔡子民　台湾文化的发展与特质，《台湾研究》1999 年第 4 期。

曹逢甫　《台湾的国语教育与母语教育》，香港中国语文学会、香港中文大学吴多泰中国语文研究中心，1996年。
陈支平 《福建六大民系》，（福州）福建人民出版社，2000年。
李如龙 《福建方言》，（福州）福建人民出版社，1997年。
李如龙 《方言学应用研究文集》，（长沙）湖南师范大学出版社，1998年。
刘国深 试论百年来“台湾认同”的异化问题，《台湾研究集刊》1995年第3、4期。
刘国深 台湾政治文化“脱中国化”现象刍议，《台湾研究集刊》1996年第4期。
仇志群、范登堡 台湾推行国语的历史和现状，《台湾研究》1994年第4期。
姚同发 试析中华文化在两岸关系中的地位，《台湾研究》1999年第3期。
赵建群 试述清代闽台教育的一体化，《台湾研究》2000年第2期。
张克辉 警惕台湾有人利用语言文化分裂祖国的阴谋，《台湾研究》1999年第2期。
张振兴 《台湾闽南方言记略》，（福州）福建人民出版社，1983年。
庄锡福，吴承业 论闽台文化的海洋性特征，《台湾研究》2000年第4期。
郑良伟 《从国语看台语的发音》，（台北）学生书局，1987年。

说明：本文刊登于《语言文字应用》2002年第2期，署名是钱奠香、李如龙。这是我们关于闽台语文生活和语文教学的思索。方言口语的传承是靠社会生活的需要和家庭生活的运作实现的。从那时到现在，台湾的“乡土语文教学”推行快20年了，“国语”还是“国语”，方言还是方言，阿里山还是阿里山，日月潭还是日月潭。有没有“在地精神”，是不是“去中国化”和说什么话，是两回事。这个课题依然值得我们深思。

闽粤方言的不同文化特征

作为文化的载体，语言总是忠实地反映着使用该语言的社会的历史和文化，通行在一定地域的方言则是各种地域文化的最直接的体现。研究方言既应该研究它的内部结构，展示该方言的语音、词汇和语法的特征；也应该联系该地的历史文化研究其文化特征，只有这样才能更好地理解它的内部结构。

什么是方言的文化特征？经过多年的思考，我认为这就是方言在内外关系和古今流变中所表现出来的特点。例如，在一个方言区里的各种小方言之间是差异很大或相当一致？有没有权威性方言起规范作用；方言与共同语之间关系如何？共同语是否普及，方言是否受到共同语的重大影响？在与周边方言相处中谁是强势的谁是弱势的，强者对弱者如何扩展其地盘，施加其影响？在方言定型和演变的过程中，不同的方言显然有不同的变化速度，有不同的演变模式。所有的这些都不是方言的内部结构所使然，而是它的历史文化背景所决定的，因此，它不是方言内部的结构特征，而是方言外部的文化特征。

不同的方言之间，既有明显的方言差异（结构特征），也一定有不同文化差异（外部特征）。比较研究方言的文化特征，不但有助于我们理解现存的方言共时系统的形成的历史背景，而且对我们了解地域文化的特点有很大的启发。

本文从四个方面就闽粤两大方言的文化特征的异同做一番比较，借国际粤方言研讨会之机，就正于诸位方家。

一　关于方言的内部差异和代表点方言

同一区内的小方言之间，有的差异甚大，甚至没有明显的有代表性的中心方言；有的差异甚小，有高威信代表点方言，并对各地方言发挥强烈的影响。前者是离心型方言，后者是向心型方言。在这一点上，闽粤方言就有明显的差异。粤方言内部差异不太大，即使在有明显方言差异的地区（如粤西的高雷地区和桂南的钦廉地区），代表点方言广州话也可以通行无阻。不仅如此，在香港，虽然百余年间沦为殖民地；在吉隆坡和旧金山，虽然远隔重洋，那里所通行的粤方言竟然也与广州话相差不大，一般的别方言区的人是难以辨别的。像这样高度集中的向心型方言在汉语方言中是任何方言所无法比拟的。在闽方言之中虽然有些二级方言区也可称为向心型方言，福州话在闽东可通行十几个县，厦门话通行于闽南 20 多个县和台湾省全岛，汕头话在粤东 10 几个县市，海口（文昌）话在海南全省，海康话在雷州各县市也都可以通行无阻，而在闽北和闽中，建瓯话和永安话的通行就很勉强了。至于各小区之间，不但没有形成共通的代表性方言，各方言之间还相差甚大，大多并不能通话。在闽方言区可以说是二级区向心，一级区离心。

闽粤方言在这方面的差异是有深刻的历史原因的。从地理环境说，粤方言分布的中心地带珠江三角洲是平坦的河网地带，在省外和国外的分布也大多集中于市镇（如南宁、北海、香港、澳门、吉隆坡、旧金山），历来彼此交往频繁，更重要的是南粤地区的商品经济历来就十分发达，商业流通正是方言沟通和混合的润滑剂。广州是两千年的古城，也是中国历来对外贸易的南大门，广州话在粤方言区内的权威地位是自然形成的。而在闽方言所分布的地区，虽然也有平坦的闽江、晋江、九龙江、韩江等三角洲和福州、泉州、厦门、漳州、汕头、湛江、海口等出海港口，但彼此相距遥远，历来分属不同的行政区划（3 个省 5 个州），其余各区多半是崎岖的丘陵地，向来交通不便。泉州、漳州、厦门和汕头也曾有贸易港口，由于兴衰历变，并未形成稳定的大型的商业中心。省城福州虽然历史悠久，但政治、经济的力量都有限，显得鞭长莫及，未能成为整个闽方言地区的中心方言。

二　关于与古今共同语的关系

在闽方言区，方言和共同语素有双语并用的传统。各地闽方言多数的字都有文白异读。白读是方言固有的读音（说话音）；文读则是早期共同语的读音（读书音——读书时模仿得不准的国音）。从以下例字福州话和厦门话的文白读就不难看出，文读音是接近于《广韵》系统的中古音的。

		初	梯	沙	拖	皮	驶	教	头	流	林
福州	文	tshu	thɛ	sa	tho	phi	sy	kao	thɛu	liu	ling
	白	tshœ	thai	sai	thua	phui	sai	ka	thau	lau	lang
厦门	文	tshɔ	the	sa	tho	phi	su	kau	tho	liu	lim
	白	tshue	thui	sua	thua	phe	sai	ka	thau	lau	nã
		闲	前	秧	双	生	声	青	东	毒	滑
福州	文	hang	tsieng	yung	sung	sɛing	sing	tshing	tung	tuʔ	huaʔ
	白	ɛing	sɛing	oung	sœng	sang	siang	tshang	tœyng	tœyʔ	kouʔ
厦门	文	han	tsian	iɔng	sɔng	sing	sing	tshing	tɔng	tɔk	huat
	白	ing	tsing	ng	siang	sĩ	siã	tshĩ	tang	tak	kut

近代社会以来，闽方言区逐渐出现了普通话和方言的双语制。雍正年间，鉴于闽粤官员说话别人听不懂，曾有诏令要求闽粤两省设立正音书院教习正音，后来在福建就陆续出版了一些推广官话的读本，例如蔡伯龙的《官音汇解》、张锡捷的《官音例览》、黄绍武的《闽音正读表》，连一些地方韵书如《汇音妙悟》和《十五音》也收入了一些字的"正音"读法。辛亥革命以后，福建所办的新学堂，至少在闽南地区识字教育，都是用注音符号拼注"国音"，然后用方音"解说"的，因而脱盲后的青少年大体上都能勉强听懂普通话。在西部山区，由于外地人口的不断涌入，本地方言又格外分歧，有时一个县内就有几种不能通话的小方言，为了交际的需要，最近的半个世纪之内，都先后推广了普通话。

在粤方言地区，方言和共同语的关系可以说是方言为体，共同语为用。在口语方面，真正在普通百姓之中推广普通话还是近二十年间的事。由于识字教学用的是方音，连知书识礼的文化人都只能用方音读书而不能说普通话。在书面语方面，不论是纯粹的方言口语或是掺杂着文言成分和书面语的混合文体，都可以书写成文。早先的木鱼书、通俗小说和现代香港报章的副刊、广告都是这类方言书面语，俗称港式中文。而用共同语书写的书面语，由于识字是经过方音，用方音去阅读也还可以理解。这就是粤式的方音为本，言文脱节，文白夹用，雅俗共赏。改革开放以来，学校的普通话教育有明显的进步，社会上则因大量外省打工者的拥入，促使了普通话的逐渐普及。

由此可见，共同语对方言的制约作用，尤其是在书面语方面的标准、规范的地位是普遍存在的，不同的方言区只有作用力大小、作用方式不同的差异。

从闽粤方言的这方面差异可以看出两地的历史和文化心态的不同。

闽方言的形成主要是汉人四次移民潮叠加的结果，第一次是汉末东吴人移居闽北闽东，第二次是东晋南迁的北人辗转入闽，第三次是初唐陈政、陈元光的平定闽西、闽南，第四次是唐末王审知的据闽、治闽。头两次时代久远，批量较小，在闽中分布地域也较窄；后两次批量大、分布广、影响更大。这两次移民的主体虽然也是避乱南下的农民，但是多为加入行伍的兵卒，后来在闽中掌权落籍了（陈元光是漳州刺史，王审知是闽王，其所部均在闽落户）。因此形成了浓重的正统思想。虽然远处东南海陬，关山阻隔，无复北顾，总是以"中原贵胄""华夏传人"而引以为豪，不论传到多少代还是忘不了中原老家的郡望，盖起房子便在大门口写明"某某衍派"的堂号。宋以后，闽中文教渐兴，士子应举十分热衷，取得功名者也不在少数，于是一些文化荟萃的古城往往自称"海滨邹鲁"。这种注重故土的血缘、地缘的"根"的意识至今不衰。许多后来移居台湾乃至东南亚的闽裔，至今还记得自己是"陇西李""颍川陈"或"燕山黄"。这种"根"的意识对于注重学习主流的"官话"和"正音"，显然是十分重要的。闽方言区所以素有方言与共同语双语并用的传统，乃根植于这种崇正意识之中。

粤方言的形成一般是追溯到秦始皇的50万戍卒入粤。这个数字显然是为了壮大声势而夸大了的。即使发兵时不下十万，渡长江、过湘桂而入粤，北人不适南方水土，又要经历攻战，能够到达南粤的为数一定不太多。一番征战之后，留下来的汉人还是要与南越人和平相处。因而赵佗上书朝廷时自称“蛮夷大长老夫臣佗”。汉唐之后直至五代十国的南汉，中原汉人也陆续有入住粤中的。唐开元间张九龄开凿梅岭新道时，粤北韶州人口只有6千多户，到了天宝年间增至3万多户。和粤方言形成关系最大的最近一次大批量的汉人移民该是两宋之交经由南雄珠玑巷入住珠江三角洲的新人。这些人应有北宋之前先在粤北定居的老移民，也有因宋室南迁而离乱南下的流民，不论是新的老的其口音都不会去《广韵》系统太远，所以那时确定下来的粤方言的音系才那么接近《广韵》音系。时至今日，定居在珠江三角洲的各个大姓的族谱，几乎没有例外地追述了南宋初年迁自珠玑巷的历史。从珠江三角洲出发远涉重洋发迹之后的“广府人”也没有忘记珠玑巷。近些年来，到那里寻根访古，扶助故地经济建设之举越加频繁和盛大。在这一点上，正史、谱牒的记载，口碑、民心的记忆和语言的印记，完全是可以相互论证的。这样的移民史造成的文化传统是随遇而安、讲求实际。在珠江三角洲立足之后，粤人利用大好的气候和水文条件发展农业，经营商业，逐渐地又走出伶仃洋，四海为家，把生意做到五大洲。到了一个地方就建街设市，就旺聚居，把自己的语言和文字也带去用开了。新的天地如此富饶，外面的世界如此精彩，他们自然是无复反顾了。用祖传的方言说话，用同一套现成的读音读书识字，比起学习另一套共同语，显然要简便些，这就叫“讲求实际”。

三　关于方言的运用和方言间的接触

闽粤方言在社会生活中的应用及方言的接触中的表现有不少共同的特点，也有一些不同之处。

闽粤方言的应用，不但有口语的交际，而且有艺术的加工。粤方言向心，粤曲和粤剧在粤方言区各地都很受欢迎。闽方言各小区之间差异较大，几乎所有沿海各小区都有自己的地方文艺。闽东方言有闽剧、评话、伬唱，莆仙话区有莆仙戏，闽南话区有南曲清唱（泉州）、锦歌清唱（漳州）、梨园、高甲（泉州）、芗剧（漳州）、潮剧（潮州）等戏曲，雷州有雷剧，海南有琼剧。这些地方戏曲、清唱、说书等大体上是明清以来随着近代城市的兴起而发展起来的。大量的地方文艺形式从说到唱都在为方言口语进行艺术加工，深为本地人所喜闻乐见。应该说，这些艺术语言对方言口语有相当大的影响。

和闽方言区相比，粤方言的书面语加工更为广泛，这主要是粤方言区形成了完整的书写体系。只要是粤方言的音，或本字或俗字，或者用同音字、借用字，都可以找到便于认读的方块字来写。有些常用的俗字，书写定型，在社会上已被普遍接受。因此，用粤方言写的读物便可以在社会上通行。从20世纪30年代以来，所谓的“木鱼书”，韵文有说唱文学，散文则有历史故事、时事评论，都曾经在穗港两个都市盛行过。此外，在民间也常可见到粤方言书写的告示、便条和广告。在香港，至今各大报刊都还有用粤方言写作的副刊杂文。普通话、粤方言和文言乃至英语夹杂混用的市井小说还在大规模地出版印行。闽方言区的书面语在明末清初曾有地方戏的脚本（如《荔镜记》等），民初有过针砭时弊的杂文（如《畅所欲言》），三四十年代有不少家庭妇女中流行的小唱本“歌仔册”（如英台三伯、雪梅思君等），后来就销声匿迹了。在这一点上，吴方言和闽方言情况相近。明清以来，吴方言区也曾有过《山歌》《九尾龟》《海上花》等方言读物，后来由于共同语的普及也衰歇下来了。

方言间的接触是历来就有的。近代以来社会生活复杂化了，人们交往多了，方言之间的较量就更加剧烈。在与外方言接触时的表现，闽粤方言也是有同有异的。

闽方言也算是强势方言了。明清以来闽南话散播到浙南沿海的苍南、玉环、洞头，苏南的宜兴、赣东的上饶，赣南的蟠龙，粤北的韶关，珠江三角洲的中山，以及广西玉林、平南等地，多则数十万人，少则数千人、几百人，在其他方言的包围之中，他们还能保留自己的母语成为方言岛。在东南亚的菲律宾、泰国、新加坡、马来西亚、印度尼西亚各国，“福建话”（实则闽南话）一直是当地华人之间的共通语。这是由于到东南亚定居的华人年代最早、人数最多的正是闽南人。

相对而言，粤方言是比闽方言更为强势的方言。这主要表现在以下三个方面：

第一，在广东全省乃至广西的部分地区，粤方言成了区域共通语。广东的闽方言区，客家话区和北部土语区，近几十年来，人们竞相学习粤方言，至少在县、市、镇的商业服务行业，粤方言大体上都能通行无阻。

第二，在某些城市，粤方言甚至有取代原有方言的趋势，例如韶关城区原是韶州土话的地盘，如今市面上主要通行粤方言，能说土话的人只是为数不多的老人了；在湛江市区，原有的雷州话也不那么时髦了，“白话”则有喧宾夺主之势。

第三，在华裔比较集中的新马地区、近几十年间，闽南话的共通语地位正在悄悄地让给粤方言。许多以闽方言、客家话为母语的人，都已经学会“白话”，而以白话为母语的人则不再学习“福建话”了。20世纪50年代以来，香港出版的粤方言书报和粤方言电影在新马一带影响很大，它们为推广粤方言立下了汗马功劳。

粤方言在方言接触中的这种强势，主要来自粤人的商业运作。从唐宋的市舶司到明清的“十三行”，广州历来就有对外贸易的传统和经验，近代以来通过港澳更与国外建立诸多商业联系。在内地，“广货”“广东店”成了百货、百货店的代名词。改革开放后，珠江三角洲的经济突飞猛进，并与港澳的经营构成系统，自然影响更大了。应该说，粤方言在诸多周边方言中的强势地位，今后还会持续下去。不过也应该指出，这种强势，出了广东省，便只有在广西有一定的表现，在湘、赣、闽、琼的周边省区就已经不大起作用了。至于在官话区，除了酒吧歌厅里的几句粤方言歌曲，相声小品里几句模仿得并不太像的"白话"，其他方面并没有多少影响（有些新创语词的影响另当别论）。在同一个省里，有相同的经济政策，共同的新闻传播媒介，彼此的交往也多，这就提供了形成区域共通语的可能性，离开了省城，情况就很不相同了。

四 关于方言演变的类型和整合的模式

从历时演变的速度看，方言有稳固型和变异型之别。稳固型方言的结构系统不容易受共同语或强势方言的影响而发生变化；变异型方言则容易发生变化。但是任何方言都不可能一成不变，都有不同历史层次的成分的叠置。而如何把几个不同时代的语言成分和语言特点整合成一个共时的结构体系，不同的方言则有不同的模式。稳固型的方言不容易接受外来影响，因而结构体系就比较单纯，拿语音说，和古音类的对应比较整齐。反之，容易接受外来影响的变异型方言，就往往呈现驳杂的系统，和古音的对应不甚整齐。

闽粤方言都是稳固型的方言。从一些零星的记录可以看出，歌豪不分从宋代到现在，在闽方言已有近千年历史。像"父亲"称"郎罢""呼儿曰囝"，这是唐代就有的方言词。晚唐泉州僧人所编的《祖堂集》中不少句子至今还同现代泉州话十分相近。如果说粤方言的语音是两宋间定型的话，这一千年间的变异也是很少的，难怪有人戏说"广韵"者，广州音之韵也。从五口通商之后，教会所编的广州话、厦门话、福州话、潮州话的各种词典看，一百多年了，不论字音或词汇都还是大体上没有大的变化。然而闽粤方言的稳固性又是有着不同的表现。粤方言是内部相当一致的大面积稳固，闽方言则是多数小区较为稳固，某些小区则还有较多的变异。例如闽东、闽南是稳固的，闽中、闽北是变异的。在闽北方言，入声字的塞音韵尾已经全部脱落了。而同是声韵调都相当稳固的方言，闽南出现了轻声和普遍的变调，闽东则变声变韵变调兼而有之，在多音连读系统上完全是变异型的了。

就整合的方式说，闽粤方言则有较大的差别。

粤方言的语音显然是单纯型的，与《广韵》系统的对应相当整齐，字音的异读和多音词的连读音变也很少；词汇系统则比较复杂，既有少量古代南越语的底层，又有相当数量近代的英语借词。闽方言的语音系统多包含着几个不同的历史层次，既有上古音的留存，也有近代以来的变异，不同历史层次的语音往往用文白异读、别义异读的方式来整合，使之共居在同一系统之中。至于近代以来多音词大量增加后带来的连音变读，不同的闽方言四向广奔，各显神通。既有最保守的，如闽北方言没有任何音变；也有最多变的，如闽东方言的变声、变韵、变调。

闽粤方言之所以是稳固型的，看来主要是因为它们远离官话区，定型后的内部结构又与官话有较大差别，所以不容易接受官话的影响，至于周边方言，相对都是弱势的，也缺乏对它们的影响力。在整合的模式方面，闽粤方言之间的差异则是两个方言区的历史文化背景所决定的。论历史，粤方言比闽方言更长，为什么上古音的留存反倒比闽方言还少？正如上文所述，可能因为两宋时期入粤的人数批量大，时间集中，正如大浪淘沙，这个时期的语言把前代旧音都覆盖了。又由于向心型方言，代表点方言影响巨大，内部的不同整合方式就比较少。而词汇之所以驳杂，则与上文所述的“随遇而安、讲求实际”的文化传统紧密相关。在闽方言区，既是大区离心、小区向心，在演变的速度和整合的方式上就出现了比较复杂的情形，而正如上文所述由于重视正统，尊重共同语，普遍存在更多的文白读，这便成了闽方言的一大特色。

说明：本文1999年在香港举行的第7届国际粤方言研讨会上宣读，后刊于《暨南学报》2000年第1期。曾收入《汉语方言的比较研究》，商务印书馆，2012年。

附记：我和粤港语言学界同人的往来，始于20世纪90年代初。1993年到暨南大学任职后的五年间，更是走遍了南粤大地。那时，改革开放的春风和积极向上的开拓，使我感到清新和兴奋。本文是我离开广东以后提交给在香港举办的第7届粤方言国际研讨会的一篇小论文，算是我五年间关于粤闽两地方言与文化之异的一番思考的记录。由于珠江水还喝得不够，粤方言也学得“马麻哋”，恐怕还只是肤浅的理解。其实，社会语言学、文化语言学对于结构语言学不应该是迎头的冲击，也不应该是形同陌路，而应该是不可多得的助推之力。这篇短文只是个粗浅的尝试，是否有参考价值，尚望方家鉴定。

略论东南亚华人语言的研究

东南亚的华人，大都是从闽粤琼三省移居的。虽然移民的历史久远，与本土的交往在中断近半个世纪之后已经日趋疏淡，在东南亚各国，除新加坡之外，都只是少数民族，但是几乎故土的方言品种至今都仍一应俱全。从大类来说，有闽方言、粤方言、客方言，按小类说，闽方言中有闽南方言、闽东方言，连在本土只有300多万人口的莆仙方言也有一席之地。闽南方言中还有泉州话、漳州话、潮州话、海南话之别，甚至同属泉州音还有晋江音、安溪音、永春音之分。粤方言中有广府话、四邑话之别，四邑话里还有台山音、新会音之分。客方言中也有梅县口音、永定口音、河婆（揭西）口音、惠州口音之别。为什么东南亚的闽粤人的后裔能够如此顽强地保存自己的母语？就深层的原因看，华夏文化的传统精神及其派生的地域文化所蕴藏的生命力为此提供了坚实的根基；就表层的原因说，他们在移居地的社会生活，包括血缘、地缘、业缘的各种联系，民间信仰和习俗的传承，则是保存母语方言的直接土壤。研究这些汉语方言是怎样存活下来的，可以加深我们对东南亚华人的历史文化的认识。

一

从发展的观点看，东南亚华人的语言生活经历过深刻的变化，对此进行深入的调查研究显然有助于东南亚华人文化史的研究。王赓武教授曾把东南亚华人史分为流寓时代（19世纪以前）、华工华商时代（19世纪）、华侨时代（1955年以前）。这种分期是很有见地的，已为多数学者接受。就其语言生活状况看，这几个不同的时代也确实表现出明显不同的特征。在流寓时代，闽粤流民或是逃荒的灾民，或是逃亡的败兵，或是跟随商船外出的生意人，大抵都是暂时的集结居留，并未融入当地社会。他们说的话和本土的方言应该是少有差异的。在华工华商时代，大多是从投亲靠友的“浪邦”开始，自己组织宗亲会和同乡会，互相帮助、互相保护，开锡矿、种橡胶、做小生意。这时的语言依然是未改的乡音。当时出洋较多的是闽南和粤东沿海，因而闽南话成为他们的共通语。在新、马、印尼一带，由于和马来人有不少的交往，那里的华人都努力学习马来语，那里的闽南话和马来语、印尼语之间相互都有一批借词。19世纪末20世纪初，当地编印的一些供华人学习的巫语词典记录了不少这方面的情形。在华侨时代，由于人们还是把自己作为旅居客地的侨民，虽然也和当地民族一起和殖民主义者抗争，但政治文化都还是认同于中国，并且介入中国的政治斗争。在日本侵略者占领期间，又团结一起抗日图存。虽然血缘、地缘、业缘组织还十分活跃，彼此之间的抗争、联合交往也密切起来了，加以辛亥革命之后华文学校的教学普遍推行国语，因而在各方言继续活跃的同时，又通行了相互间可资沟通的普通话。由于和当地民族的交往已久，婚娶往来也增多了，华人学会当地民族语言的也日渐增多，华人社会的语言生活大体上是以方言为基础，中国国语和当地民族语备用，这就逐步形成了多语并用的局面。到了华人时代，社会风尚从“落叶归根”转变为“落地生根”，多数人逐渐完成了当地国家的认同，在新的民族主义国家的语文政策之下，通用的语言只能转向所在国的国语（在新加坡则以英语作为主要的官方语言），汉语和中文（包括共同语文及方言）从受冷落到受排挤甚至遭到禁止。在这样的情况下，汉语方言只是在老一代华人之中使用，青年人还懂点普通话，不少地区的少年儿童已经难以使用汉语交际了。这一时代，东南亚华人的语言生活，因地而异，类型繁多，总的趋势是多语并用，以外族语言为主。这是从宏观的历史时代所做的考察，人们从中可以看到汉语方言和民族共同语的两条起落的曲线。

对于东南亚华人的语言生活，我们还可以微观地考察家庭和个人用语。一般说来，第一代出洋的华人往往都是母方言的传承者，第二代之后或兼用汉语共同语，或兼用当地民族语和宗主国语言，第三代之后就出现了纷繁复杂的局面了。诚然，由于移民的年代不同，这种微观的世代交替可能有不同的情况，但其宏观的演变模式大体上是一致的。

二

对于东南亚华人当前的多语并用、方言萎缩的语言生活现实，很有必要进行深入的社会语言学的调查研究。

东南亚各国独立之后，占人口大多数的民族的语言上升为国语并取代殖民主义的官方语，例如印尼语、马来语、泰语，等等。作为新兴的民族独立国家，为了发展民族经济和文化教育，促使民族语言的统一、普及和规范，这是顺理成章的事。那里的华人既然认同了所在地的国家，也就理所当然要尊重国语、学习国语。

经过数百年的殖民地、半殖民地的黑暗统治之后，独立后的东南亚各国，都是经济文化不甚发达的国家，属于第三世界。二次大战之后，有些国家又经历过多年内战，或卷入冷战的对抗。20世纪60年代以来，好不容易赢得了相对稳定的和平发展时期。东方民族国家为了急起直追，改变贫穷落后的面貌，引进西方先进技术和管理经验，为了与国际社会接轨，大都十分注重英语教育。华人占大多数的新加坡则以英语作为官方语言，这种选择也是可以理解的。

至于华语（普通话）的逐渐普及，也有深刻的社会原因。在现代的工商业社会，旧时的宗亲会、同乡会起不了大作用了。如今，那些机构和场所只是老人们休闲文化活动的去处而已。不同方言区的华人之间、不同国家之间交往增多了。在其他华人地区，包括中国大陆和台湾以及美洲各地都大体普及了普通话，因而在东南亚华人之中普通话也成了一种社会交际的需求。新加坡20世纪70年代以来大力倡导华语运动（甚至限制和约束方言的使用），对周边国家影响也很大。语言的统一是现代化社会的要求，海外华人中普及普通话也是社会发展的正常现象。

所在国国语的发展、英语的应用和华语的普及，这都是东南亚各国现代语言生活中最重要的基本事实。原有在各地通行的汉语方言的境遇，首先要服从于这个多语并用的大势。至于汉语方言能否得到传承，则取决于其他一些因素。例如人口的多少、是否聚居、官方语文政策是鼓励或压制，以及是否有普遍的族外通婚，等等。在泰国和菲律宾，同一方言母语的人聚居的仍多，华文学校还允许存在，族外通婚也较少，所以，泰国的潮州话和菲律宾的泉州话还保存得相当完整。在马来西亚，华裔人口大约占总人口三分之一，按方言区聚居的情况变动不大，族外通婚的也不太多，官方语文政策虽有种种限制，华文中小学仍然允许存在，那里的多种方言在青年一代仍能得到传承。而在新加坡，虽然华裔人口相当多，且与外族通婚甚少，那里本来就是一个城市国家，也无所谓分散而居，但因为政府推行的组屋计划就是有意使操不同语言和方言的人杂居共处，以英语为官方语言，提倡华语压制方言，如今青少年一代已经有不少人不能用方言母语和上辈人沟通了。情况最严峻的是印尼，那里华裔绝对人数不少，但在总人口中的比例不及百分之五，虽亦聚居，但族外通婚或雇用外族奶妈相当普遍，加上华文学校被取缔，华文报纸也几乎禁绝，大量的青少年不但不会说方言母语，连华语华文也没机会学习了。

我们曾经对马来西亚的青年进行过100多例的调查（含了解其家人），统计结果证明，能否使用方言母语，一来与年龄有关：老年人使用较多，而依年龄递减；二来与文化程度及职业有关：文化程度低、从事零售商的人掌握方言较好。从不同方言区说，客家人保存母语似乎多些。关于除母语之外兼通华语及其他方言的情况，调查结果表明，兼通华语是普遍现象，至于方言间的兼用，福建话与潮州话兼通的多，客家话则与广府话兼通的多。关于几代人之间的沟通用语，青少年之间使用华语多于方言。因不同话题而使用不同的语言，则是谈论日常事务使用方言多，谈论社会问题使用华语多，谈论商务时则介于二者之间。

总之，在多语兼用、多方言并存的东南亚各国，并存并用的多种语言之间显然有竞争。决定竞争胜负的，一方面是不同语言在社会生活中的使用价值，另一方面则有政治和政策的因素，以及经济上谋生需要的因素，文化习俗的因素。各种语言拥有的使用者与年龄、文化、职业有关，与通行的交际场合及不同话题有关，其中所呈现的纷繁复杂的情形以及明显的倾向性是十分引人注目的。

三

在东南亚各国，不但华人社区或华人群体里兼通华语、多种方言和其他民族语言，其他民族的不少人也兼通华语或汉语方言。华语及诸方言、不同民族语言，在并存并用之中，势必就会互相影响。

闽粤人到东南亚去，唐宋以来就陆续有些记载。入明之后，所见史料中，福建漳泉人到印尼、菲律宾定居的不少。南宋以来，泉州港的兴起，那里的造船业和航海业都得到相当的发展，郑和下西洋就有多次是从闽江口启程的，闽人早期移民南洋显然同这些事实有关。随郑和出使的马欢在《瀛涯胜览》中写道："旧港，即古名三佛齐国是也……属爪哇国所辖……国人多广东、漳、泉州人逃居此地。"正是这样的史实决定了印尼语、马来语中为数相当多的汉语借词都是从闽南话借用的。

闽南话和马来语、印尼语的借词是相互的。本人曾据几本词典做过统计，印尼语词典中有闽南话借词200多条，有些借词由于年代久远，本地人已经误认为是"雅加达方言"了。例如，gua：我，encek：叔父，loa：箩，cabo 妓女，kacoa：蟑螂，topu：桌布，jok：褥，kongko：讲故事。闽南话向印尼语、马来语借用，经过华侨回乡带进闽南话的比较通行的借词也有百来个。如果就住在印尼、马来西亚的闽南人说的闽南话做统计，借词自然还要多得多。这些借词不但有热带名物，例如，kari：咖喱，sate：沙茶，buaya：鳄鱼，kapas：加贝（棉花）；也有许多常用的基本词和虚词，例如，sabun：肥皂，kawin：交寅（结婚），mati：马滴（死），arah：估计，ciampok：煎薄（友好往来），jiamben：担保，等等。更有趣的是两种语言的双向互借。例如吃，闽南话说食 [tsiah]，印尼语借为 ciak；印尼语说 makan，闽南话也借用说"马干"。闽南话"情理"被印尼语借用后音 cengli，印尼语 patut 则为闽南话借用为"巴突"。这些情形都说明了闽南话和印尼-马来语是在长期的平等而密切交往中产生了深度的语词借贷。有些现象是一般语言的借词所少见的，非常值得深入研究。

关于印尼语、马来语与闽语的借词，研究的人较多，在其他国家里的相互借词就很少人研究了。在菲律宾，据 Vito. C. Santos 的"Vicassan's Pilipino English Dictionary"，他加禄语中也有一些闽南话借词，例如，a'am（饮）：米汤，tokwa：豆干，totso：豆浆，tawge：豆芽，tawsi：豆豉。相信在泰语、缅甸语、越南语中也应该会有汉语方言的借词。

除了借词之外，东南亚华人的语言还受当地语言的其他方面的影响，例如，马来语和印尼语都没有声调，没有送气不送气音的区别。语法上也会受当地语言的影响。不但汉语和当地语言会相互渗透，华语（普通话）和诸方言也会相互影响。例如，南洋的华语中总把“一百五”说成“百五”，“一万二”说成“万二”，这是受闽粤方言影响的结果。在语音方面，多数东南亚华裔所说的华语也带有明显的闽粤腔调。

四

关于东南亚华人的语言生活，还有一个很值得研究的课题，这就是不同国家的语言政策的比较研究以及未来语言生活的预测。

一个多民族的国家，应该容许各民族发展自己的语言和文化，多种语言文化融成崭新的民族的文化，自会更加丰富多彩，这是不待言的。即使从现实的经济利益来说，在中国改革开放之后，中国内地和台湾以及香港的市场联结成一片，与东南亚华人社区之间的商务往来越来越密切了，这种密切的往来事实上已经大大促进了整个东南亚经济的发展。鉴于目前的情况和发展的苗头，不少经济学家都预言，未来的21世纪将是东亚经济大发展的世纪，东亚的经济区将成为世界经济的另一个中心。从这一点来说，在东南亚各国保留华人的语言不是十分有利的吗?

至于华语及其方言的前景，在东南亚华人中将会越来越多地掌握当地民族语和英语，对自己的语言来说，统一的华语是受欢迎的，还会不断普及的，方言的萎缩则是不可避免的，但是不可能在短期内消亡。《东南亚研究》1994年1月号黄滋生所译的洪玉华《菲律宾华人的形象》一文有两个数据十分有意思。摘录如下：

1969年对2490名学生的调查：

华语流畅者—— 32.4%

英语流畅者—— 37.7%

菲语流畅者—— 59.6%

家庭使用华菲混合语者—— 36.9%

家庭使用华语的—— 44%

1989年对381名学生的调查：

华语流畅者—— 24.4%

英语流畅者—— 68. 24%

菲语流畅者—— 85.3%

福建话流畅者—— 47.5%

家庭使用华菲混合语者—— 77.94%

家庭使用华语的—— 10.5%

在语言政策比较宽松的菲律宾，情况尚且如此，在其他国家，华语及其方言的萎缩就更是可想而知了。今后是沿着这种趋势迅速滑坡呢，或是会出现其他转机？这当然还取决于东南亚地区的政治、经济、文化发展的状况。

参考文献：

D. G. E. 霍尔　《东南亚史》，（北京）商务印书馆，1982 年。

郭振羽　《新加坡的语言与社会》，（台北）正中书局，1985 年。

哈马宛　《印度尼西亚西爪哇客家话》，（北京）中国社会科学出版社，1994 年。

李如龙　闽南方言和印尼语的相互借词，《中国语文研究》，香港中文大学，1992 年。

麦留芳　《方言群认同——早期星马华人的分类法则》，（台北）“中央研究院”民族学研究所，1985 年。

饶尚东　《新加坡的人口与人口问题》，新加坡教育出版社，1979 年。

杨贵谊　闽南方言在新马区域语言中所扮演的角色，《第四届国际闽方言研讨会论文集》，（汕头）汕头大学出版社，1996 年。

杨建成　《马来西亚华人的困境》，（台北）文史哲出版社，1982 年。

杨　力、叶小敦　《东南亚的福建人》，（福州）福建人民出版社，1993 年。

杨启光　雅加达华人大众文化窥探，《华侨华人历史研究》1995 年第 3 期。

说明： 本文发表于《学术研究》（广州）1997 年第 9 期，后收入《东南亚华人语言研究》作为“代序”，北京语言文化大学出版社，2000 年。

东南亚闽南方言的分布和变异

一 闽南方言的海内外分布

在林林总总的汉语方言中，闽南方言是海内外分布最广的方言之一。在中国的版图之内，海南省和台湾省这两个最大的海岛的主要方言都是闽南话。在本土的福建省，除了闽南地区以外，闽东沿海的宁德、霞浦、福鼎，闽中的永安、尤溪，闽北的邵武、武夷山也有不少闽南方言岛。在广东，闽南话分布在潮汕、中山、电白和雷州半岛，占据着全省1/2以上的海岸线。在浙南的苍南、泰顺和舟山一带也有闽南方言岛。以上各地说闽南话的人口应有4000万。在海外，闽南话主要分布在东南亚，包括印度尼西亚、马来西亚、菲律宾、新加坡、泰国、缅甸、越南等国，几代人之中曾经以闽南话为母语的人数应在1500万以上。东南亚的汉语方言中，闽南话、广州话和客家话都是分布最广、走得最远而又保留得最好的较为强势的方言。三者之中，人口最多、外迁历史最长的，还是闽南话。正因如此，在普通话推广之前，闽南话曾经是那里的华人社会的通语。1955年，丁声树、李荣为汉语方言分区时，把闽南话作为汉语的八大方言之一，也与它历史长、分布广有关。

闽南话之所以沿着东南沿海的海岸线和海岛分布，继而漂洋过海走向东南亚，从客观原因上说，是由于闽南丘陵地耕地不足，而且贫瘠多旱；从主观条件上说，则是闽人早就学会造船行舟，走向海洋。北宋《太平寰宇记》列“海舶”为泉州名产；南宋徐梦莘的《三朝北盟会编》则称“海舟以福建为上”；南宋王象之的《舆地纪胜》曾引用惠安人谢履的《泉南歌》说：“泉州人稠山谷瘠，虽欲就耕无地辟，州南有海浩无穷，每岁造舟通异域。”到了元代，泉州港的海船就多达15000艘，马可波罗在他的游记中，称泉州为“世界上最大的港口之一”，“大批商人云集这里，货物堆积如山，的确难以想象”。再后来，跟随郑和下西洋的马欢在《瀛涯胜览》中写道：“嘉靖间，漳泉及潮州人，多至马剌加、勃尼、暹罗。”《西洋番国志·爪哇国》则说：“杜板……约千余家，中国广东及漳州人多逃居于此。”可见，到东南亚去的华人，去得最早、人数最多的正是闽南人。[①]

① 李如龙《福建方言》，第87—97页，福建人民出版社，1997年。

二 东南亚闽南人的语言生活

闽南人下南洋，在19世纪之前，虽然人数已经不少，但是在许多地方还是处于不太稳定的暂居状态，开始时是为了逃荒、逃难（明代海上行商被当成海盗；参加农民起义后，有失散的败兵，有的是被官府追捕的人犯），其后也有被“卖猪仔”而去的，带有“流寓”的性质，流落异邦、暂且寄居而已。后来逐渐定居下来，筚路蓝缕，垦荒种植，或出卖苦力，受雇于西方殖民者；或当起走街串巷的小贩，做点小本生意以糊口。初到异地，语言不通，只好与同宗的乡亲聚居，后来的“新客”则投亲靠友，在老乡家中权且“浪帮”（马来语：依人糊口）。流寓时代的华人说的都是闽南本土的方言，因为他们大多都是来自农村的无地农民，认得几个汉字的，也只能读出方言的字音。早期新马一带编给他们学马来语用的《华夷通语》（1889年出版）就是用闽南字音注的马来语的常用词语和例句。华人的吃苦耐劳、省吃俭用与善良和顺，都是举世公认的。经过几代人的奋斗，他们大多站稳了脚跟，一部分还成了工商业者，为社会做出大大小小的贡献。直到20世纪中叶，东南亚的华人已有数千万之多，他们世代相承都记住自己的家乡和故国，怀着强烈的家国之情。在这样的“华侨时代”形成的语言生活，对于中下层平民来说，大多是保留着自己的方言母语，也学会了当地通行的语言（马来语、印尼语、泰语、缅甸语、他加禄语、越南语等），都是双语者或多语者。辛亥革命之后，侨社所办的华文学校开始教学注音字母、推行“汉语”，上层人士还兼通殖民者的“西语”（西班牙语、法语、英语等）。

在南洋的华侨时代，1979年出版的陈烈甫的《东南亚洲的华侨、华人与华裔》曾引用了台湾侨务委员会70年代统计的数字，东南亚华侨华人共有1600多万，华人在50万以上的有：菲律宾55万，缅甸66.5万，越南55万，新加坡168.9万，印度尼西亚361万，泰国365万，马来西亚391.6万。[①]其中只有越南华人是说粤语的占多数，泰国华人多是潮州人，说的也属于闽南话，其余各国说闽南话的占多数。由于绝对人数占据着优势，闽南话曾经是东南亚华人之间的通语。

第二次世界大战结束之后，在东南亚民族独立运动中，各国先后以主体民族的语言作为常用语，在学校和社会上大力推行。新中国不承认双重国籍，鼓励海外华人就地落籍，此后，东南亚的华侨进入了“华人时代”，学习所在地的常用语成了“华人时代”的新常态。20世纪50年代，新加坡从马来亚联邦中独立出来，在这个华人占大多数的岛国，为了克服闽、粤、客三大方言的隔阂，政府提倡推广“华语”，十几

---

① 李如龙《福建方言》，第98页，福建人民出版社，1997年。

年间便大见成效。由于新加坡的华人集中，且经济发达、港口繁荣，住在各国、说着不同方言的华人之间联络也增强了，加上中国大陆“推普”的影响，东南亚华人便也逐渐普及了华语。原来作为南洋华侨通语的闽南话，也逐渐让位给这种普通话的海外变体——华语。

对社会语言生活有直接影响的是政府的语言政策和教育政策。作为文化的载体，作为政治运作和教育传承的工具，政府关注语言政策、强调本国主体民族语言的学习和使用，这是顺理成章的。出于种种原因，东南亚的华人为了传承本族语言和文化，常常受到许多限制和打击。在华人占了大多数的新加坡，由于政府确定英语为教育语言和行政用语，原有的从小学到大学的系统中文教育，就受到了严重的打击。提倡“华语”又只是停留于口头浅层次的沟通，没有书面阅读的措施，连街市原有的中文路标都不复存在，于是，华文教育只能迅速地式微，汉语方言在家庭里失去地位。新生的一代代华裔，只能用英语谋生，融入西方文化，不但原有的家庭方言母语失传了，占总人口2/3的华人后裔中，连“华语”也实际上已经退出了许多青少年的生活。据《联合早报》的调查，从1980到1990年的十年间，新加坡华族的家庭用语，使用方言母语的从81.6%下降为50.6%，使用华语的从10.2%上升为29.8%，使用英语的从7.9%上升为19.2%。① 在其他华人只是少数民族的国家，华人的母语教育也普遍处于艰难的困境。占着总人口1/3的马来西亚，原来的华文教育已经形成了独立而完整的系统，而且质量相当高，因为不能列入国家计划的普及教育，只能靠着华社自筹的经费维持着惨淡经营。泰国北部山区华人区的子弟要学习华语，只能夜晚加班在本地的村校学习。在印尼的几次“排华”中，数十年间所有的华文学校都被取缔，一切中文书刊被禁止进口，连华人的中文名字也要改用印尼语文。那里的闽南话如今只能保留在老年华人之中了。

在这种严峻的情况下，华语和华文要在东南亚各国得以存在和发展，只能靠华人社会的团结协作和热爱中华文化的华人志士的努力奋斗。然而，中华文化毕竟是树大根深的，数千年的文化蕴藏，一定会给世代子孙以无穷的智慧。2016年，笔者到雅加达访问，在中老年华人中间，还听到了纯正的闽南方言，有些花甲老人年轻时在华校受过中文教育，还会写旧体诗词。侨社正在努力恢复华文教育，我从中受到极大的鼓舞。三十年来中国的崛起已经引起世界的注目，也增加了中华文化的底气和魅力，全世界许多有识之士为了和中国打交道，都在学习汉语、使用中文。近些年来，东南亚各国已经创办了数以百计的孔子学院和孔子课堂。汉语和中文在东南亚的发展虽然道路曲折，但前景还存有一片光明。

---

① 李如龙主编《东南亚华人语言研究》，第16—21页，北京语言文化大学出版社，2000年。

三　闽南方言在东南亚的变异

闽南方言在东南亚虽然拥有数百万的使用人口，但是离开本土已经有几百年之久，来自闽南的漳州、泉州，或粤东的汕头、汕尾的闽南话，原来就有不小的差异，相互之间难免要经过一定的整合；又是分散在大大小小十几个国家，受到当地许多各不相同的强势语言的包围，在与当地人民的友好交往（包括通婚）之中，如上文所述，大多数华人都是兼通当地多种语言的双语者或多语者，在内部整合和外部接触的过程中，势必发生种种不同的变异。语言是人们须臾不能离开的交际工具，在不同规模的城乡社区，在不同民族组合的家庭，对于不同文化和职业的个人，这种变异都可能有不同的形式和结果。现有的方言调查大多只能选取个人的样例做抽样调查，所做的报告也只能是具有一定典型意义的样品。如果不同的样例做得多了，就可以归纳出一定的类型。本文所谈的东南亚闽南方言的变异，就是以单个样例为依据，参考见到的类似的调查报告，从类型上所做的某些分析。限于篇幅，既不能做出全面的描写，也不能进行系统的比较。

以下试谈谈初步考察的一些结论。

1. 就语音方面说，东南亚闽南方言的变异主要表现在内部的整合和调整，外部接触中语音上的变异很少。

所谓内部的整合和调整，就是根据相关的闽南方言的语音结构系统的差异，选择常用音类、合并罕见音类，减少多音现象。以下举两处方言为例。

2004 年，香港中文大学申请了“大闽语”的课题，组织了一批专家参与调查。庄初升和张双庆调查了马尼拉的闽南话。那是泉州晋江县的闽南人几百年来陆续移民传承下来的，因为人数多，聚居密集，与原乡又一向存在比较密切的联系，所以至今还保存良好。从调查情况看，马尼拉闽南话和泉州一带闽南话最大的不同是字音文白读的残缺。如所周知，闽南话单字音以有广泛的文白异读著称。外播的方言一般只用于口语交际，不和口语词汇挂钩的纯粹的读书音就被大量淘汰，因而有文白异读的字音就减少了大半。以该计划所调查的“果、假”两摄的65字为例，保留文白读的只有25字（为节省篇幅，以下只列举例字，未注音标）：我簸破磨螺果过和；把马渣沙加谢价架嫁下厦夏斜也瓜瓦花。其余的40字有放弃文读的：做搓柯鹅坐火爬耙茶纱家假虾蛇；也有因为用作口语词并不常用而放弃白读的：可小可何无奈何课功课化德化（地名）。

另外一个明显的变异是一些不常用的音类的精简和合并。泉州音的单元音韵有i、u、ɯ、ə、e，因为ɯ、ə在闽南地区使用面比较窄（晋江、惠安一带和厦门、漳州一带就都不用），所以马尼拉闽南话就把这两个单元音韵省简了，前者并入i：猪徐箸锄鼠薯居举锯去鱼语矩紫此师事史；或并入u：女吕著除煮书如舞注取句区雨署滤处；后者则并入 e：袋灾背配陪推妹退罪灰回皮糜吹炊飞尾，这种读音和现在的晋江话比较相近。

1995 年，高然向 20 世纪 60 年代从苏门答腊北部亚齐省来的归侨陈先生调查了亚齐闽南话。那里的闽南话使用人群有数十万人，至今还在使用着。从来源说，到那里去的泉州地区和漳州地区的移民都有。就其内部整合调整的总体情况看，声母系统与漳州音较近，最明显的是有 dz 声母；声调系统则调值与泉州音较近：阴平为 33 调，阴入 5、阳入 23；而调类则与漳州音相近：阴阳去分调，浊上并入浊去；而二音节连读变调，则更近于泉州音：前字阴平、阴入不变，阳平、阳去和阳入变得十分相近。就韵母的类别说，凡泉漳厦有别的，选用哪种读音显得比较杂乱，总的说，接近漳州音的多些。举例如下：

（1）漳泉厦有别的，取漳州音，例如：

ue 皮、过（泉 ə，厦 e）

又如：ɔm 森、参（泉 əm，厦 ɔŋ）

ueʔ 月、袜（泉 ə，厦 e）

uan 县、悬（高）（泉 uĩ、厦 uaĩ）

（2）取与泉厦同音，漳州特异的不取，例如：

e 爬、家（漳 ɛ）

iũ 羊、张（漳 iɔ̃）

（3）漳厦同，泉州特异的不取，例如：

iŋ 登、能（泉 əŋ）

（4）泉厦同，漳州有别的也取，例如：

eʔ 八、节（泉、厦 ue）

uĩ 酸、卵（泉、厦 ŋ）

不过，这类字音，也有两读并存的，如：饭、褪，两读为 ŋ、uĩ。[①]

从上面所举的例子看，就内部整合的总趋势说，应该是“从众、从简”。从众，就是取闽南话内比较普遍的说法；从简，就是减少音类的数量，避免较难的发音。

至于上文所说的“外部接触引起的语音变异很少”，这里还可以补充几句。汉语方言是有声调的，南洋的许多民族语言没有声调，这种情况并没有使汉语方言放弃声调的区别。南岛语有些音节的结构是闽南话没有的，例如词尾的辅音 s、h，辅音音位 r、j，有些多音词也没有被接受。闽南话在借用外来词时，都按照自己的结构规律加以改造。

从下列印尼、马来西亚华人借用的马来语（印尼语）就可以看到这些情形：

---

① 高然《印尼苏门答腊北部的闽南方言》，载李如龙主编《东南亚华人语言研究》，北京语言文化大学出版社，2000 年。

arah——$a^1la?^7$（估计）

suap——sap^8（吃的一种）

cara——lia^3la^6（计划，照管）

kapas——ka^1pua^5（棉布，写为“加贝”）

serutu——tsu^1lut^8（雪茄，写为“珠律”）

pasar——pa^1sat^7（市场，写为“巴刹”）

jamban——iam^3gan^2（厕所，写为“掩颜”）①

2. 就词汇方面说，可以看到东南亚闽南话变异的三个特点。分述如下：

（1）凡是闽南方言有派生能力的核心词、日常生活常用的基本词和内部普遍使用、在外方言少见的特征词，在东南亚各地的闽南话都保留得相当牢固。以下所列例词是“大闽语调查”中不论是菲律宾的马尼拉、马来西亚槟城的“福建话”（即闽南话），或是泰国曼谷的潮州话都共同存在的（限于篇幅，只列词条未加标音）。

① 单音的核心词及其派生词：

厝（房子）	厝脊（屋脊）	厝边（邻居）
厝瓦（瓦片）	起厝（盖房子）	厝主（房东）
骹（腿、脚）	灶骹（厨房）	骹川（屁股）
骹目（踝骨）	骹缝（胯下）	骹迹（脚印）
鼎（铁锅）	鼎盖（锅盖）	鼎底（锅底）
鼎脐（铁锅外底的收口）	鼎銼（铁锅碎片）	熏（烟草、烟丝）
熏箬（烟叶）	熏支（烟卷儿）	熏吹（旱烟管）
熏盒（烟盒儿）	囝（儿子）	囝儿（子女）
生囝（分娩）	病囝（害喜）	鸡囝（小鸡儿）
船囝（小船）	侬（人）	大侬（大人）
生理侬（商人）	侬客（客人）	丈侬（岳父）
作穡侬（农民）	喙（嘴巴，口）	喙齿（牙齿）
喙鬚（胡须）	刀喙（刀口）	门喙口（门口）
喙燋（口渴）	食（吃、喝）	食薰（抽烟）
食桌（赴宴）	食教（信教）	煮食（炊事）

① 高然《印尼苏门答腊北部的闽南方言》，载李如龙主编：《东南亚华人语言研究》，北京语言文化大学出版社，2000年。

食惊（吃惊）	沃（浇灌、淋）	沃雨（淋雨）
沃菜（浇菜）	沃水（浇水）	沃肥（浇粪）
沃澹（浇湿）	褪（脱）	褪衫裤（脱衣服）
褪赤骹（打赤脚）	褪皮（脱皮）	褪脱脱（脱得精光）
曝（晒）	曝日（晒太阳）	曝燋（晒干）
曝衫裤（晒衣服）	曝粟（晒谷子）	芳（香）
芳花（香花）	芳味（香味）	芳水（香水）
鼻芳（闻香）	食芳（吃香）	乌（黑色）
乌涂（黑土）	乌阴天（阴天）	乌墨（黑墨）
乌青（皮下淤血）		

隻（用得广泛的量词：鸡角公鸡、牛、猪母母猪、羊团小羊、马、车、船、飞机）

② 单音或双音的基本词汇

汝（你）	伊（他、她、它）	恁（你们）
𪜶（他们、她们）	家自（自己）	逐个侬（大家）
箸（筷子）	索（绳子）	潘（洗米水）
颔（脖子）	塗（泥土）	糜（稀粥）
枋（厚木板）	卵（蛋）	秫米（糯米）
烧水（热水）	滚水（开水）	年冬（年成）
日昼（中午）	暝（夜晚）	大水（洪水）
苦旱（旱灾）	秋凊（凉快）	所在（地方）
起火（生火）	挽（拔）	拭（擦）
敨（解开）	舐（舔）	徛（站立）
徙（迁移）	必（裂开）	园（藏匿）
闹热（热闹）	哺（嚼）	物件（东西）
事际（事情）	所费（开支）	塗豆（花生）
树栽（树苗）	菜头（萝卜）	手指（戒指）
火烌（草木灰）	薸（浮萍）	塗笼（谷砻）
泛粟（秕谷）	草埔（草坪）	番爿（南洋）
亲情（亲戚）	头家（老板）	腹肚（肚子）
查某（女人）	知影（知道）	晏（天晚）

（2）一般词汇中有不少并存并用的同义词，这显然是来自闽南、粤东各地闽南人同住在一处而互通共用、保存下来的。这种情形在闽粤本土的闽南话中也有，但是比较少见。例如：

茶叶——茶心、茶箬、茶米

马铃薯——番仔薯、千冬薯、荷兰薯

花生——落花生、塗豆、地豆

白天——日时、日间、日头、白日

晚上——暗暝、暝时、暝昏、暝昏头

后来——路尾、慢后、尾手、后日

以前——旧底、旧时、往过、往摆、先时

热水瓶——电瓶、电罐、热水壶

茶壶——茶鼓、茶罐、茶瓶

洋葱——霸葱、北葱、番葱、大粒葱

煤油——塗油、火油、番仔油、臭油

汽油——电油、车油、树奶油

手电筒——手电、电火、电筒

瘸腿——瘸骹、摆骹、拐骹

下饭菜——物配、咸、菜配

水泥——霸灰、霸塗、红毛灰、洋灰

青菜——菜、草菜、菜蔬

茄子——茄、茄仔、红菜、落苏（来自吴语）

包粽子——缚粽、包粽、裹粽、拍粽

收工——放工、散工、歇工

农历——唐侬历、咱侬历、旧历、老历

洋楼——番仔楼、红毛楼、独立厝

早米——春米、六月米、早帮米

晚米——晏米、十月米、下帮米、晚季米

（3）在南洋安家，自然环境和社会状况与故土多有不同，势必要创造一些新词，也必定会借用当地语言的一些词汇。

一百多年前出版的《华夷通语》共收马来语的常用词语和短句2800多条，其中有的当时就被闽南话借用，并传到闽南本土。例如：kawin（交寅：结婚），mati（马滴：死），kapas（加贝：棉花树、棉织品），sabun（雪文：肥皂），tongkat（洞葛：文明杖），suka（须甲：中意，喜爱），kawan（交弯：朋友），buaya（鲧仔：鳄鱼），bali（峇厘：船舱），macam（马占：人物）。这些语词有的闽南人已经不知道是马来语借词了。[1] 笔

① 李如龙《〈华夷通语〉研究》，《方言》1998年第2期。

者在20多年前曾经搜集过闽南话的马来语借词近百条，马来语向闽南话借词则有近200条。就闽南话向马来语借用的词语说，好多是热带的事物和当时当地特有的设施和物品，例如：kopi（咖啡），kakao（可可），karicare（咖喱），capio（有沿的毡帽），sabun（肥皂），ayan（洋铁皮），sago（西谷米），mangga（芒果），durian（榴梿），pinang（槟榔），sate（沙茶，一种香料），baba（峇峇：华人和当地妻子所生的混血儿），lacur（落仄：丢丑），sarong（沙龙，马来人的筒裙）。有时这种马来语的外来词也并非"填补空挡"，甚至是常用词，借来并用的，例如：patut（巴突：规矩，道理），capcae（杂菜：可用于引申义"混杂貌"），gudang（牛笼：仓库），kaya（加额：富裕）。

有些马来语的借词在闽南话还有派生能力。例如："加贝"可以说加贝棉（棉花）、加贝衫（棉质衣衫）、加贝头（棉株的根，药用）、加贝子（棉籽），"雪文"可以说：雪文水（肥皂水）、雪文沫（肥皂泡）、雪文盒（肥皂盒），"洞葛"还说洞葛头（手杖的把）、洞葛铳（手杖式的枪）、番仔洞葛（喻不明事理、易受唆使的人）。

还有些是闽南话和马来语双方互相借用的常用词。例如：闽南话借马来语的duit（镭），马来语借闽南话的ci（钱），闽南话借马来语的makan"马干"，马来语借用闽南话的ciak（食），闽南话借用马来语的patut（巴突），马来语借用闽南话的cengli（情理），马来语借用闽南话的"食力：糟糕"读为cialat，又读为celaka，闽南话又把[tsiʔ^{8}laʔ^{8}kaʔ^7]借回表示"遭殃"。马来语借用闽南话的"按怎：怎么样，为什么"，ancua，闽南话则借用马来语的mana，读为[ma^{3}na^3]，表示同样的意思。

这些情况都说明了闽南话和通行于马来西亚、印度尼西亚的马来语的相互借用不是一般的"因为欠缺而借贷、互通有无"，而是"即使不欠缺也可借来并用"，两种不同语系的语言有如此深度的接触和交融，在不同语言的借词历史上应该说是很少见的。这正是反映了华人和马来人长期和平相处、密切交往的友好关系。①

3. 就语法方面的变异说，也是内部的整合多，语言接触造成的变化少，通常只是汉语方言内部的相互影响。试列几条：

（1）一些反映闽南话语法重要特色的地方，除了语音上有所不同之外，在用字和有关格式上，大多有共同的保存。这里所举的例子除了特别指明的，都取自"大闽语"计划的调查材料。例如，表示动作进行和持续的虚词往往是同形的（读音有[lɛ、lɔ]，本字有人说是"着"，暂且写为"咧"），进行态置于动词前，持续态置于动词后，例如"咧开会"（在开会），"门开咧"（门开着）。表示动作的结果补语，常用"去"："鸟飞去了"（鸟飞走了）"碗破去了"（碗破掉了）。反复问句往往用"有—无"句式："你的表准不准？"说成"你的表有准无？""打算不打算去？"说成"有打算去无？"陈晓

① 李如龙《闽南方言和印尼语的相互借词》，《中国语文研究》，香港中文大学，1992年。

锦的《东南亚华人社区汉语方言概要》列举了东南亚好多地方闽南话的一些数量词的特殊组合：把“一百一十”说成“百一”，“一斤半”说成“斤半”（其实这些说法已经进入了东南亚的华语）。[①] 她还列举了不少东南亚闽南话近指代词和远指代词的音节数和韵母都是一样的情况，只是用声母的 [ts] 和 [h] 来区别。[②]

（2）和词汇一样，由于闽粤不同地方去的闽南人的杂处，有些句式往往有几种说法并用的情况。例如，“把字句”也可以说成“宾语前置”：“把门关上！”说成“将门关咧！”或者说成“门共伊关咧！”“把碗擦一擦！”说成“将碗拭一下”或是“碗共伊拭一下”。又如，动词的经历体助词，往往可以选用“着”和“过”：“伊有去着上海”“伊有去过上海”都可以说。还有，“比较句”也有同义句型。例如“你比他大”，可以说成“汝比伊卡大”，或者说成“汝大过伊”。陈晓锦的书里也列举了双宾句的两种并行的句式：“给他一本书”说成“与伊本书”或“与本书伊”；[③]“他先吃”甚至可以有三种说法：“伊先食”“伊食先”“伊先食先”。[④] 后者这种副词后置的说法，显然是受到粤方言的影响。在东南亚，粤方言正在逐渐成为强势方言，据说这与香港说白话的电影50年代之后大量输入东南亚有关。

说明：本文于2016年7月15日在美国旧金山大学举行的第5届海外汉语方言国际研讨会上宣读，后刊于该会论文集《漂洋万里觅乡音》，世界图书出版公司，2018年。

① 陈晓锦《东南亚华人社区汉语方言概要》（下），第1016页，世界图书出版公司，2014年。

② 同上书，第1109—1011页。

③ 同上书，第1200页。

④ 同上书，第1190—1192页。

马来西亚华人的语言生活及其历史背景

马来西亚的华人有500多万。在东南亚，从绝对数说，仅次于印度尼西亚境内的华人。从在全国总人口中所占的比例说，仅次于新加坡。从保存华人的语言和文化说，马来西亚的不少地方还保留着华人社区乃至汉语方言的社区，在这些社区中还有相当浓郁的中华文化氛围，这在东南亚各国已经不为多见了。这种情况，向来为有关学者所关注。近几年来，马来西亚来华留学的学生逐渐增多，在暨南大学求学的就达百余人。在同他们接触中，我们对马来西亚华人社区的语言和文化增加了许多感受。为此，在我们建立的“东南亚华人语言研究”课题中，关于马来西亚华人语言的研究就成了首选的内容。

1994年秋天，我们在马来西亚来校留学生中进行了关于当地华人的语言生活的调查访问，也发了一些问卷。后来，在这些同学的协助下，又把同样内容的问卷带到马来西亚的南方学院请那里的学生填写。这样，我们先后收回了134份答卷。鉴于大多数是来自柔佛州的华裔学生填写的，我们选定了114份这样的卷子进行统计和分析。在调查过程中，马来西亚留学生丘光耀、黄玉婉、吴翠美等热情支持，协助做了不少工作，应该感谢他们。我的硕士研究生王芳、刘志先也参加了一些具体工作，这也应该加以说明。以下是结合我们的访问座谈对于这些问卷所做的专题报告。

一　社会语言品类

马来西亚华人社会是一个十分特殊的多语社会。

从不同的民族语言说，那里普遍通行着汉语、马来语和英语。马来族是马来西亚人数最多的主体民族，马来语是马来西亚独立后的国语。居住在马来西亚的华人，千百年来和马来人有频繁的交往，一般人都能使用马来语进行日常交际（包括没有文化的老一代华人），新一代在学校受过教育的则都接受过国语的训练，听说读写都不成问题。英语则只在文化程度较高的华人中通行。

就汉语的情况说，现今最普及的是普通话，在当地称为华语。这是因为辛亥革命之后，那里兴办的新式华文学校就采用了普通话作为教学语言。20世纪60年代新加坡独立后开展了有效的推广华语的活动。近数十年来华语的广播、电视、电影也十分普及。

关于华语和国语的普及情况，是我们问卷调查的第一项。在97份有效答卷中，答案见表1：

表1

	已普及	大体普及	不大普及
国语	38	54	5
华语	56	40	1

所以有以上不同看法，一来与答卷者住地的不同情况有关，二来对于怎样算是普及各人也可能有不同尺度。按照一般的情况而言，华人在总人口中所占比例越大，华文学校办得越多，华语就越普及。柔佛州华人在总人口中的比例，按1980年的资料占38.4%，在全马来半岛平均数（33.8%）以上，（林水檬等，1984：454）而且与华人占大多数的新加坡毗邻，华文学校也比较多，南方学院、宽柔中学都设在这里。应该说，这里的华人社区中的华语比马来语普及是符合逻辑的。

除了华语之外，那里还分布着许多闽、客、粤方言。人数最多的是闽南话，包括当地所称的福建话（漳泉一带闽南话）、潮州话、海南话，其次是粤方言（当地称广府话或广东话）、客家方言（客家话），还有闽方言中的闽东方言（福州话）和莆仙方言（兴化话）。在我们的110份答卷中，学生的母语包括（见表2）：

表2

总计	福建话	潮州话	客家话	广东话	福州话	海南话	兴化话
110	50	17	20	17	3	2	1

而且对于“本地通行的主要方言”（包括“第一方言”“第二方言”）这些栏目，绝大多数答卷都填上了明确的方言名称。只是有的把“华语”也作为“方言”的品种填上了。可见，在柔佛州，大体上还存在着汉语方言的社区。例如在居銮，有客家话、福建话，在永平有福州话、客家话，在古来，有广东话、客家话，在蔴坡有福建话，广东话。

在更早的时候，汉语方言在东南亚各地的分布有更加明确的地域。例如半个世纪前的1947年柔佛州内汉语方言的分布就曾有如下（表3）的记录（麦留芳，1985：89）

表3

	新山县	新山市	居銮	峇株巴辖	蔴坡
广东人	13%	20%	27%	9%	9%
福建人	7	17	26	47	53
海南人	7	10	9	6	10
客家人	55	10	28	10	6
潮州人	11	36	3	15	23
其　他	6	7	6	13	3

我们的问卷调查是随机的，就各方言人数在总体上所占的比例来说，却也与50年前的情形大体相仿。

华人到马来西亚的历史可以追溯到汉代。然而大量到马来西亚定居是近一百年间的事。（林水檺等，1984）除了“卖猪仔”去的契约华工之外，大多是以投亲靠友的方式陆续迁徙，并且按方言和祖籍集中聚居的。因为在那远隔重洋的异国他乡，在人地两生，语言不通，文化不同，环境不适的情况下，“新客”如无亲人和老乡的照应，是很难立足的。定居之后，宗祠、公冢、宫庙乃至按姓氏组织的宗亲会、按祖籍组织的同乡会、联谊会等组织，在乡亲之间济贫救困、养老送终、互助合作创办实业或者是争取权益、反抗迫害等方面都起过不可低估的作用。这就是方言流播和形成帮派的历史背景。

日本侵略者发动太平洋战争之后，东南亚各国不论国籍、不分民族地被卷入灾难，帮派的界线不如以前明显了。在战后的民族独立的风云中，在民族独立国家的现代化经济建设中，按方言区分帮派一再受到冲击，越来越显得不合时宜，也失去原先的作用，如今只是历史遗留下来的一些陈迹。然而用方言词语所记录下来的某些观念以及与此相关的某些习俗，以方言形式流传下来的历史故事，曲曲乡音，都可以唤起人们的依稀记忆，给人们留下安慰和鼓舞，这便是方言地域不容易最后打散，方言不容易最后消亡的深刻的文化原因。

马来西亚的华人中掌握英语的差异主要决定于文化程度，当然，和年龄也有一定关系，和方言母语似乎关系不大。我们的问卷有父辈家庭成员和平辈家庭成员掌握华语和英语的情况及其文化程度情况的调查项目。表4是各方言区的两代人掌握华语和英语的情况：

表4

方言区	有效答卷	父辈人数	平辈人数	父辈						平辈			
				通华语			通英语			通华语		通英语	
				小学以下	中学	大专以上	小学以下	中学	大专以上	中学	大专以上	中学	大专以上
福建、潮州话	55	105	103	61	38	6	10	21	6	85	18	70	18
客家话	20	39	30	26	16		1	9		22	8	16	7
广东话	17	27	32	20	5	2	2	4	2	20	12	16	11
其他	4	9	6	5	3	1	1	3		1	5	1	5

从表4也可以看到，不论老辈、小辈，华语是相当普及的。据我们访问，即使是八九十岁的老太太，也大体能听普通话。而英语主要是青年一代掌握的，青年人中极少不上中学的，上了中学就有英语的训练和要求，老一辈华人是否懂英文，一是与文化程度有关，二是与职业有关。中年以上华人通英文者大多是高中以上程度的白领阶层。

二　个人语言能力

生活在马来西亚华人区这个多语社会里的人，大多数都是高明的多语人。然而就多语能力而论，不同年龄、性别、方言母语、文化程度、职业的人都有明显差异。我们的问卷调查虽然还设计得不够仔细，回收材料也不够理想，但也可以看出一点眉目。

关于父辈的语言能力，回收的有效答卷只有37卷。无效卷子主要是漏（未填）和略（只写“方言”，未指出几种、何种方言）。有效卷中提供的样本有68例，掌握3种语言以上的达65例。具体分布见表5：

表5

方言区	样本	兼通语种（含华语、国语及各种方言）数及人数					
		2种	3种	4种	5种	6种	7种
福建、潮州话	33	2	12	13	5		1
客家话	15		2	6	5	2	
广东话	13		7	2	2		2
福州话	3		2			1	
海南话	2		1	1			
兴化话	2	1				1	
合　计	68	3	24	22	12	4	3

从回收答卷和有效卷数的比例来看，福建话区的有效卷还不到半数（67 ∶ 33）而其他方言则大多数答卷有效。如果说，填表粗疏不认真的偏偏都是说“福建话”或潮州话的学生，不大好解释。另一种可能是以福建话、潮州话为母语的中年人（答卷中的父母年龄均在41—63之间）确实通多语的较其他方言母语的少。如果这种可能是符合事实的，倒是有个合适的解释：福建话和潮州话是较为相近的闽南话，说这两种话的人数相加，在华人总人口中占了很大比例。据1980年马来半岛华族人口统计，363万华族总人口之中，“福建”加“潮州”的人口达178万，占总人口的55%（林水檬等，1984）。可见，闽南方言在马来西亚的汉语方言中是使用人数最多的强势方言。在不同的方言的接触中，往往是操弱势方言的人学强势方言的多，而操强势方言的人学弱势方言的人少，这是显而易见的一般规律。近二十年间，强势方言广州话已经成了全广东省的共通语，潮州话和客家话在广东省内成了相对的弱势方言。全省的城乡各地，不论是潮汕人或客家人都在学用广州话，而原来操广州话的人就很少去学习客家话或潮州话。可以与此相互比照。

在父辈掌握双语的情形中还有一点值得注意的，这就是不同方言区的人在兼通的语言品种上是有差异的。

上述68份有效样本中兼通英语的父辈广东话为母语的大学程度1人，闽南话为母语的高中程度3人，大学程度2人；其余方言区未有。这说明兼通英语的父辈都是文化程度较高的中年人，而就文化程度而言，闽南话、广东话为母语的人要比其余方言区的人高些。

在兼通多种语言的父辈中年人中，不同方言区的人兼通的品类也有些不同，请看表6：

表6

方言区样本总数	兼通华语的	兼通国语的	未通国语的		兼通福建话、潮州话的	兼通广东话、客家话的
			男	女		
福建、潮州话33	33	23	3	8	12	4
广东话13	13	7	2	4	4	9
客家话16	16	16	○	○	2	7
福州话3	3	1	1	1	○	○
海南话2	2	1	○	1	○	○

由此可见，在父辈中年人中，华语的普及度超过了国语。未通国语者主要是女性，显然是些文化不高的操持家务的妇女，她们未受过学校国语训练，又与外界接触不多，所以未能掌握国语。表中兼通国语的人数按方言区分有差别，据我们访问了解，事实上与方言区关系不大。主要决定于华人社区之中或周边马来人住得多少，华人比例小的地方（如吉兰丹、丁加奴州）通马来语的就多。论历史，最早到马来西亚去的是福建人，他们与马来人通婚、通马来语的也多，论强弱势，福建话和广东话是强势方言，可能兼通马来语的比例会略低。以上数据可能不大精确。

在兼通的方言中，兼通福建话和潮州话或兼通广东话与客家话的也较多，这分明是因为前二者和后二者之间各自比较接近，学起来容易。自然，如果是婚姻组合，比如夫妻分别说福建话和客家话，或分别说潮州话、广东话、夫妻间的不同母语往往不论是否相近也总是兼通的。从总体上看，父辈（中年人）除普及华语之外，所掌握汉语方言的品种要比现在的青年人（大学生）更多样些。如前表所示有效卷68份中，掌握3种以上的达65份，掌握4种以上也有41份，其中还不包括兼通英语的。

关于青年大学生自身的语言能力，从所得数据也可以说明一些问题。请看表7：

表7

方言区	样本	第一语言华语第二语言国语	第一语言华语第二语言方言母语	第一语言为方言母语	第三、四语言为其他方言	第二语言为英语	第三、四语言为英语
福建、潮州话	64	28	33	3	9	12	30
客家话	13	1	11	1	2	1	5
广东话	16	7	8	1	4	3	12
海南话	3	1	2		1	1	1
福州话	2	1	1		1		2

从表 7 可以得到几个结论：

1. 青年学生中普遍以华语为第一语言；

2. 相当一些青年也都能掌握国语；

3. 大多数人还能使用方言母语；

4. 青年学生比父辈懂英语的明显增多了；

5. 青年学生掌握其他方言不如父辈多。

至于不同的方言区的青年学生在语言能力上的差异，大概可以提出几条来说。

第一，客家的学生掌握马来语明显较差，至少自我感觉不佳；他们掌握英语的人数不到一半，显然少于闽粤区的学生（三分之二或十分之九）。这可能是因为客家人多半居住在小城镇或农村，年轻一代接受教育的条件较差，也可能与客家家庭的营生项目偏于体力劳动有关。据 1980 年大马半岛人口统计，不同方言区的人居住在大城市、大市镇和小市镇，农村的人口比例很不相同（林水檺等，1984，数字取到千）：

	大城市	大市镇	小市镇	乡村	共计
福建人	56.0 万	21.0 万	18.7 万	37.5 万	133.3 万
广府人	38.4 万	8.9 万	10.2 万	11.6 万	69.2 万
客家人	29.8 万	12.4 万	19.1 万	17.4 万	78.9 万

住在大城市和大市镇的福建人近六成，广东人达七成，而客家只有五成左右。客家人大多住在城镇边缘靠近农村的地方，从事种菜、养猪等业，大抵与农业有关。在城区营商的也是些中药店、打铁店、中式牙医、小布店、洋货店等，大多也与体力劳动或山地耕耘（采药）等有关。（麦留芳，1985）

第二，从方言母语的保存来说，这些青年学生中保留得较好的依次是闽南话、客家话和广东话。从这些方言区的青年以方言母语为第一语言或第二语言的比例可以说明这一点。可见，这三种方言在马来西亚都可说是强势方言。然而为什么会成为强势方言，原因却是不同的。福建话和潮州话主要是人多势大，在二战前后，闽南话曾是东南亚各国华人之间的共通语。广东话是 20 世纪 50 年代后借助电影、电视和录音、录像的粤语节目的力量而形成优势的。不少马来西亚华人（尤其是柔佛州一带）就是从电视和电影学到粤方言的。至于客家话，更多的是出于文化的原因。客家人历来有尊重传统、恪守古训的观念，到处的客家话都有“宁卖祖宗田，不卖祖宗言”，“宁卖身，不卖音”的俗谚。

三 语言交际状况

在多语社会里，绝大多数多语者之间在不同场合里使用什么语言进行交际？在这方面我们做了三个方面的调查。现将调查结果分析如下。

1. 文化教育部门的语言应用情况。

关于文化生活和学校中语言应用，所有的问卷答案都一样，无需罗列数据。

在文化生活方面，马来西亚的电台、电视台现在还有大约三分之一的时间播送华语节目（包括新闻及文艺节目）其中也有小部分福建话或广东话的节目。电影院还常有华语或粤语的影片放映，各种语种的影片放映时都附有包括华语在内的多种字幕。坊间出售的华语、粤语的录音录像带不少。华文报纸和书刊不仅品类多，发行量也大。在文化管理上，政府的政策是比较开明的，能容许多种语文并存。华语的不断普及、粤语影响的扩大、各种方言的继续存在和这种宽松的政策有着直接的关系。

在教育方面，政府提倡国语，发展国语教育应该是合理的国策，在承认历史差异的前提下，贯彻普及教育马来人优先的政策也是合乎情理的；然而对于华文教育的种种限制则显然不利于发展多民族的文化，不利于提高国家和人民的素质。幸而马来西亚的华人多能自重、自主、自立，在多语多文化的社会之中选定发展自我的道路。华文学校里则有一批诚挚敬业的董事、校长和老师。在华文学校里普遍采用华语为教学用语，校园语言也倡导华语（方言实际上很少用），同时也注意英语和国语的教育。这种做法是适应社会生活需要的，也得到家长和学生的欢迎。即使在国立学校里，华裔学生也常有“华文学会”的社团组织，开展教学华语、演讲、歌咏、话剧等活动。学校则设有华语的选修课，校园语言也没有限制，一般的华裔学生仍多用华语。

2. 家庭用语的差异。

关于家庭用语，我们的问卷包括两个题目，一是不同辈分的人使用语言有无差异，一是谈论不同话题时使用语言有无差异。

（1）不同辈分的人家庭使用语言的差异。

现将所得材料分别列述如下（表8）：

表 8

方言区	有效样本	皆用华语	皆用方言	华方并用	父辈方言平辈华语	父辈方言平辈华方并用	父辈华方并用平辈华语
福建、潮州话	58	11	5	11	25	6	
客家话	20	5	2	4	5		4
广东话	17	6	2	3	6		

从表8可以看出几个事实：第一，父辈习惯使用方言的较平辈多，青年一代方言有些淡忘了，有的即使懂也不爱说。在访问中，他们说，用华语更能达意。第二，不同方言区的情况有些差别。闽南话区父辈还有近六成的人不大说华语，而广东话区只有一半多些，客家话区只有近三分之一。闽南话因为是强势方言，中老年人中的使用频度自然更高。第三，两代人之间的交际语言可以有多种关系。或趋同、求新的只用华语，守旧

的只用方言；或求同存异，老小各自说方言与华语，彼此交流则一方迁就另一方，开明的老辈与子女说华语，守旧的小辈与父母说方言；还有各执一端而相安的，老辈说方言，小辈说华语，彼此也可以交流。因为虽然说起来不习惯，彼此之间是完全可以沟通的。

（2）不同话题的习惯用语的差异（表9）。

表9

方言区	有效样本	谈论社会			谈论商务			谈日常生活		
		华	方	华+方	华	方	华+方	华	方	华+方
福建、潮州话	54	41	4	9	34	9	11	24	9	21
客家话	13	9	4	0	6	5	2	5	3	5
广东语	11	7	3	1	4	7	0	4	4	3
总计	78	57	11	10	44	21	13	33	16	29

填表的青年学生大概是从切身经验来考察的，总的看来，谈论社会时用到的书面语、新词语多，当然使用华语便于表达，而日常生活则相反，有些方言词语更能达意。如果把老中青三代人的差异也考虑进去，情况就会更加复杂。

四 青年人的语言心态

面对着多语社会和多语交叉使用的学习过程和交际生活，青年知识分子的语言心态如何呢？我们采用了两项调查。

关于学习各种语言的态度和动机，从114份答卷中可以做出以下（表10）的统计：

表10

所学语种	学习态度						学习动机					
	努力		一般		被动		奉命		需要		兴趣	
	男	女	男	女	男	女	男	女	男	女	男	女
国语	5	6	17	43	13	22	8	16	26	55	3	6
华语	23	23	18	49	0	1	1	5	15	37	18	34
英语	16	21	16	33	8	11	3	7	26	48	4	22
方言	9	7	23	55	2	11	2	11	14	34	16	26

方言的掌握主要是在学前语言习得时完成，后来在社会生活的使用中巩固和加强的，从未列为学校的学习科目，大多数人都是自然获得的，区分其学习态度意义不大。在国语、华语和英语三者之中，努力学习最多的是华语，持被动态度最多的是国语；感兴趣最多的也是华语，奉命而学最多的也是国语。这种情形和我们的调查对象有关。不论是来暨南大学留学的本科生或在南方学院就读的大专生，多数都是从华文“独中”毕业的。据了

解，如果华裔就读公立的国语学校，升上大学的机会极少，今后的就业也困难，如在独中学好华语和英语，将来就业或出国深造都有更多的机会。造成重华语和英语而轻国语的情况和政府的政策有关，也与社会需求有关，当然也有民族感情的成分。相对而言，学英语因为缺少语言环境，难度大些，但为了日后的深造和谋生还是很需要掌握的，认识到需要的有74人，近七成。努力学习的有37人，三成多。学习国语，周围都有听说读写的机会，只要平时稍加用心，掌握起来并不难。这也是造成重英语、轻国语的原因之一。

以上学习态度和学习动机还可以从性别差异进行分析。114份有效答卷之中，男生41卷，女生73卷。对各种语言学习感兴趣的有88人次，态度被动的也有45，男生则只分别是41和23人次，从此可以看出女生学习语言较为情绪化，要么喜欢，要么讨厌，而男生较为求实。就努力学习的人次说，男生53人，女生57，显然努力学习的男生多，这反映了女生在学习语言上天分高于男生的事实。

在那远隔千里的异国他乡，在华文教育受限制的情况下，在方言处于萎缩状态的情况下，对学习华语和方言感兴趣的还有那么大的比例，这说明华语和方言还有相当的社会功能和文化引力。

我们的调查对象可以说是新一代华人未来的精英了，问卷之中有他们对多语制社会生活的评价。此项内容有效答卷有93份（男28，女65），统计结果如下（表11）：

表11

问题	答案选取人数								
	有利			必要			无所谓		
采取多语制	男	女	合计	男	女	合计	男	女	合计
对民族团结和国家发展	14	39	53	10	24	34	4	2	6
对个人谋生和社会交往	16	45	61	9	17	26	3	3	6
对个人智力发展	11	30	41	4	22	26	13	12	25
要适应这种多语社会生活	很麻烦，负担重			不难，可自然获得			很有趣		
	男	女	合计	男	女	合计	男	女	合计
	20	50	70	5	9	14	2	8	10

马来西亚的多语社会是历史形成的。由于不同时代各方移民的入住，在马来西亚境内，除了国语（马来语）和华语之外，还有印度民族的淡米尔语，土著民族的巴卓语、依班语、杜顺语等。华人移居马来西亚的数百年间，一直在适应着这个多语社会，随着社会观的变化，他们的语言观也在发生变化。总的看来是顺应着时代的潮流向前发展的。在流寓时代，大多数华人按方言聚居，其语言生活与故土无异。在侨居时代，因为与马来人有诸多交往，通婚现象也逐渐增多，许多华人学会了马来语；跟着中国本土现代民族共同语的形成和发展，东南亚华人也逐步掌握了普通话。在战后建立民族独立国家之后，华人迅

速转变社会观，认同当地国家，选择当地国籍，效力于多民族的国家。在语言生活中，看到中国现代的发展前景，更努力地学习国语，为了现代化建设的需要，也努力学习英语。马来西亚政府有关部门于1970年和1980年曾有过“十岁以上人口通晓各种语文的比率”的调查统计，马来半岛华族的具体表现如下：（林水檺等，1984）

年份	总人数（单位：千）	马来西亚语	其中（流利的、初级的）	英语	华话
1970	2202.2	37	（6　31）	19	41
1980	2728.1	73	（21　52）	31	96

这些数字就是我们上述结论的最佳证据。1980年以来如有更新的资料一定是沿着这个方向获得更大的进步，这是不待言的。

问卷的答案统计证明，绝大多数青年知识分子是关心国家语文政策的，对于多语并用采取宽松政策是欢迎和肯定的。虽然增加学习负担，大家还是很愿意努力学习的。事实上，多学习一种语言就是多掌握一种民族文化，多获得一种信息源，这对于人的智力发展、知识结构的调整乃至日后的就业和发展都是十分有利的，尤其是在儿童少年时代，增学新的语种并未加重学习负担。有将近半数的答卷者对此已经有了体会，这是十分难能可贵的。

马来西亚独立建国以来，政治、经济和文化都得到长足的进步，尤其是近二十年间，经济的发展更是举世瞩目。我们接触过的许多华人都很热爱他们认同的国家，愿意为它效忠。对于现行的政府的语文政策，虽然还有一些意见，但是对于相对比较宽松的政策大家是肯定和拥护的。时代在前进，世界在发展，马来西亚一定会跟着新世纪的步伐不断地现代化、民主化。面对着多语社会，国家的政策导向如能更有利于发展多民族语文以及多元的民族文化，使多种文化取长补短、互相补充、互相融合，协调发展，一定能够更快更好地把马来西亚建设成为繁荣昌盛的国家。

柔佛州华人的多语并用的语言生活在马来西亚有一定的代表性。不论是华人在总人口中的比例或是使用语言的品种和比重，多数州与此相仿。当然也有些州情况有别。例如马六甲是福建人最早落脚之处，与马来人早有通婚传统，那里的“峇峇”社会多精通马来语而少说华语；在吉隆坡、广府帮多，市面通行广东话；在华人比例小的州也是国语比华语更普及；在东马两州则又多了土著的小语种，情况又有不同。

本课题的研究目前还没有机会到实地作广泛深入的调查。又由于我们经验不足，设计调查表格还不够完善，回收的份数也还偏少，所得数据并不十分理想。但是还是可以说明一些问题的。我们希望与当地同道做讲一步的研究。

参考文献

林水檺、骆静山《马来西亚华人史》，（吉隆坡）益新印务公司，1984年。

郭振羽　《新加坡的语言与社会》，（台北）正中书局，1989 年。
麦留芳　《方言群认同——早期星马华人的分类法则》，（台北）“中央研究院”民族学研究所专刊乙种第 14 号，1985 年。
崔贵强　《新马华人国家认同的转向》，（厦门）厦门大学出版社，1989 年。
杨　力、叶小敦　《东南亚的福建人》，（福州）福建人民出版社，1993 年。
杜远辉、张应龙　《新加坡马来西亚华侨史》，（广州）广东高教出版社，1991 年。

说明：本文首次发表于《东南亚华人语言研究》（李如龙主编），北京语言文化大学出版社，1999 年。

海上丝绸之路与闽方言

一 闽方言在南洋的分布是华人开辟海上丝绸之路的历史见证

经海上丝绸之路外销的商品最早成规模的是瓷器和茶叶。福建早在宋元时代就因盛产瓷器和茶叶而负有盛名。北宋名臣仙游人蔡襄任福建转运使时，曾在建州督造过建瓷和建茶，著有《茶录》。他的诗有名句“兔毫紫瓯新，蟹眼清泉煮”，写的就是用闽瓷煮“北苑茶焙”的情景。后来兴起的泉州港的对外贸易，为这两样商品的外销提供了很大方便。“兔毫”是闽北建阳、崇安、松溪一带的“建窑”出品的名瓷，有黑色的“黑釉”和红色的“紫瓯”。“龙凤团茶”则是建州的“斗茶”习俗锤炼出来的向宫廷进贡的名茶。后来，在闽南德化、平和一带出产的“青花瓷、白瓷”和安溪培育的“铁观音”，也都是驰名中外的上品。这两大宗商品运到欧洲之后，成了宫廷里豪华陈列，也是肉食为主的贵族每日不可缺少的饮品。于是，他们知道了，china（瓷器）产于China（中国），却未必知道tea（茶叶）的读音就是来自闽方言的方音[te ～ ta]。数百年后在东南亚和印度洋的海底先后捞起的碎瓷片，大多证明是闽瓷的质地；英语里的“oolong、bohea、gongou”便是闽茶名称“乌龙、武夷、工夫”的音译。[①]

海上丝绸之路早在1600年前就开通了。东晋和尚法显于公元399年离开长安，十几年后于413年从印度、锡兰由海路经孟加拉、印尼回到建康。300年后大唐的义净和尚则是往返都走南海、印度洋的路。自从南宋在广州和泉州先后设立市舶司之后，这畅通的“海丝”为中外的贸易做出了很大贡献。据《元史》所载，当年泉州港就统有海舶15000艘。《马可波罗游记》则称刺桐（今泉州）港为世界大港，“商人云集，货物堆积如山，难以想象”。到了14世纪的明朝，郑和28年之中7次下西洋，多从福建的长乐出发，200多艘海舶装着2700人员和批量的瓷器、茶叶，从南海穿过马六甲海峡，经印度洋直到东非，可谓声势浩大。那以后，不少史籍都有闽人留居南洋的记载。如：元

① 李如龙《福建方言》，第143—144页，福建人民出版社，1997年。

代南昌人汪大渊的《岛夷志略》说，单马锡（今新加坡）“男女兼中国人居之”。勾栏山（加里曼丹）有“病卒百余人”滞留当地，“今唐人与番人丛杂而居”。马鲁涧（伊朗马腊格）“有酋长，元临漳人，陈其姓也”。郑和随员、漳州人张燮的《东西洋考》说到菲律宾：“华人既多诣吕宋，往往久住不归，名为压冬，聚居涧内为生活，渐至数万。”说到文莱：“俗传今国王为闽人，随郑和征此，留镇其地，故王府旁，旧有中国碑。”马欢《瀛涯胜览》说：“嘉靖间，漳泉及潮州人，多至满剌加、勃泥、暹罗。”巩珍《西洋番国志·爪哇国》则称：“杜板……约千余家，中国广东及漳州人多逃居于此。”《明史·外国传》也有些记载：“嘉靖末，广东大盗张琏作乱，官兵已报克获。万历五年商人诣旧港者，见琏列肆为蕃舶长，漳泉人趋附之，犹中国市舶官云。”

除了行商滞留、造反逃亡，更多的是闽地生活无着的农民出洋谋生。如惠安人谢履所云：“泉州人稠山谷瘠，虽欲就耕无地辟，州南有海浩无穷，每岁造舟通异域。”清初顾炎武《天下郡国利病书》则在引闽谚“海者，闽人之田”后说：“泉漳二郡商民，贩东西二洋，代农贾之利，比比然也。”①

闽人移居南洋是长时期积累的，大批量出洋应该是明清之后，基本方式是邻里乡亲投亲靠友，陆续按姓氏、乡籍聚居成村。因而形成了按照方言区分的“帮”。属于闽方言的就有“福建帮（即说闽南话的群落）、潮州帮、福州帮、兴化帮（莆仙话分布于旧兴化府）、海南帮”。在人地生疏的异邦，按籍贯、姓氏和方言聚居的群体形成了稳定的社区，社区之内，又按祖籍设立“会馆”，按姓氏建立“宗亲会”，按行业组织“同业公会”，把先来的“新客”和后到的“旧客”团结起来，共同参与各种民俗活动：拜年、扫墓、祭祖、过端午、中秋，以及敬神拜佛。所崇拜的神祇有天公、观音、妈祖、关帝、三宝公、大伯公（土地神），邻里间的婚丧喜庆活动皆一仍其旧，生活和事业上则互相帮衬。这样的社会生活不但使大家的生存和发展得到基本保证，也巩固了族群和乡土的意识和情感，所使用方言成了与祖居地闽方言多少有别的大大小小的方言岛。

早期到东南亚去的华人主要是东南沿海闽、粤、客三个方言区的人，其中说闽方言（包括福建的多种闽方言和与闽南话相近的潮州话、海南话）占着显然的多数。各种方言的人数，以往曾有过许多具体的统计，但都难以精确，以下提供一些数字供参考。

杨力、叶小敦报道，1955 年北京华侨问题研究会统计的亚非地区华侨人数是 1160 万，福建省的华侨人数是 368.5 万，占全国在东南亚华人总数的 31% 以上。其中菲律宾闽侨占 82%，印尼、缅甸、新加坡都占 50%。②

另据马来西亚 1980 年华人的人口及所属“方言帮”的统计，属于闽方言帮的有

① 参阅陈家荣《中外交通史》，（香港）学津书店，1982 年。

② 杨力、叶小敦《东南亚的福建人》，第 40 页，福建人民出版社，1993 年。

2008975人，占华人总人口54.48%。[1] 据新加坡1970年统计，闽方言各帮120万人，仅福建帮就占74%，其他帮37.9万人。[2] 菲律宾华人据“菲华商联总”1973年统计约有60万，85%是说泉州腔的闽南话。[3] 又据陈烈甫，泰国华人230万，其中潮州帮占56%，加上福建帮7%，说闽方言的占63%。马来西亚华人170万，福建帮88.8万，占近50%。[4] 可见，综合起来看，说闽南话的“福建帮”在东南亚华人中可能占有近三分之二的比例。正因为如此，在华语普及之前，闽方言中的大支——闽南话实际上成了东南亚华人之间的通用语。

从这一点上说，闽方言尤其是闽南话曾经在东南亚有广泛分布，正是闽人、闽南人作为开辟海上丝绸之路的主力的有力证明。

20世纪50年代，用粤方言对白的香港电影在东南亚普及之后，加上粤人善于商场运作，粤方言扩大了使用范围；东南亚各国的华文学校自20世纪30年代之后大多采取华语教学，加上新加坡50年代发起了推广华语的运动，如今华语在东南亚华人中已经取代闽南话成为华人之间的主要通语了。

二 南洋闽方言的变异体现了闽人的母语忠诚和语言接触中的深度交流

方言和任何语言一样，只要还存活着，就会发生变异。南洋的闽方言在几百年间发生了那些变异呢？下文分两方面来说。

（一）母语传承中的变异

闽南人把母语带到东南亚，因为是大体按照同乡和方言帮聚居的，周边所通行的原住民语言又都是差别很大的不同语系的南岛语和南亚语，在那和原乡相距万里、远隔重洋的异国，依然能够使用自己所熟悉的乡音，人们就会油然而生一种兴奋，从而保持着对于母语的忠诚。近些年来我和我的团队调查过菲律宾（马尼拉）、马来西亚（槟城）、和泰国（曼谷）、印尼（棉兰）几处闽南话，就感受到那里还在说的闽南话和原乡的话并没有太多差别，不但通话无阻，还可以辨别出是泉州口音、潮州口音或漳州口音。我自已到过槟城、雅加达和马尼拉，和那里的中老年人交谈都没有障碍。所发现的变异只有如下几点：

---

① 杨力、叶小敦《东南亚的福建人》，第40、137页，福建人民出版社，1993年。

② 同上书，第219页。

③ 同上书，第316页。

④ 陈烈甫《东南亚的华侨华人与华裔》，转引自林再复《闽南人》，第453—459页，（台北）三民书局，1991年。

1. 语音方面主要是一些音类的合并和文白异读的精简。

1995 年，高然调查了从印尼苏门答腊北部亚齐省来的老归侨陈先生说的“福建话”。定居在那里的闽南人有数十万，是漳州和泉州的移民，传承了几代人了，亚齐的闽南话只是把漳、泉口音做了一番整合：声母系统保留了漳州音的 dz 声母；声调系统是调值近泉州音（阴平为 33 调，阴入 5、阳入 23），调类则近于漳州音（阴阳去分调，浊上并入浊去）；而二音节连读变调，则与泉州音相仿：前字阴平、阴入不变，阳平、阳去和阳入变得十分相近。就韵母的类别说，凡泉漳厦有别的，多选用更普遍的读音，总的说，接近漳州音的多些。漳泉厦有别的，取漳州音，例如，ue：皮、过（泉 ə，厦 e），ɔm：森、参$_{\text{人参}}$（泉 əm，厦 ɔŋ），ueʔ：月、袜（泉、厦 e），uan：县、悬$_{\text{高}}$（泉、厦 uĩ）；若泉厦同音、漳州特异的则不取，例如，e：爬、家（漳 ɛ），iũ：羊、张（漳 iɔ̃），若漳厦同、泉州特异的也不取，例如，iŋ：灯、能（泉 əŋ），有些音泉厦同，漳州有别的也取，例如，eʔ：八、节（泉、厦 ue），uĩ：酸、卵（泉、厦 ŋ）。不过，也有两读并存的，例如：饭、碗，读 ŋ、uĩ。①

新世纪初年，庄初升和张双庆两位合作为“大闽语计划”调查的马尼拉闽南话是接近晋江话的泉州音。和原乡最大的不同是字音文白读的残缺。闽南话单字音有文白异读的超过半数，传到域外后，因为一般只用于口头交际，口语不用的读书音就被大量淘汰了，例如所调查的“果、假”两摄的 65 个字，保留文白读的只有 25 字：我簸破磨$_{\text{动词}}$螺果过和把马渣沙加谢价架嫁下厦夏斜也瓜瓦花；其余的 40 字有放弃文读的：做搓柯鹅坐火爬耙茶纱家假虾蛇，也有因口语词不常用而放弃白读的：可（khua$_{\text{小可}}$）、何（ua$_{\text{无奈何}}$）、课（khe$_{\text{功课}}$）。

即使是一百多年前的通行于泰国的潮州话，和现代粤东的潮州话，语音之间也没有太大的变化。我和李竹青 1994 年发表《潮州方言语音的演变》一文指出，1883 年在曼谷出版的《汉英潮州方言字典》和现代潮州话的差异，主要也就是把 [n、t] 韵尾的十几个韵并入后鼻音韵 [ng、k]。② 60 多年前美国汉学家包拟古在吉隆坡调查并整理出版的《福建厦门话口语》（1955）和现在的厦门话也没有太大的差别。

2. 词汇语法方面，由于汉语的语法与众不同，不容易接受别的语言的影响，因而语法规则比较稳定。词汇的变异则分成内圈和外圈，内圈是稳定的核心词、方言特征词和基本词汇，这是不容易发生变异的；外圈是一般词汇，为了适应社会生活的需要，经常要增加新的成分、也扬弃新时代和新地方所不需要的旧成分，所以变异比较快。闽方

① 高然《印尼苏门答腊北部的闽南方言》，载《东南亚华人语言研究》，北京语言文化大学出版社，2000 年。

② 李竹青、李如龙《潮州方言语音的演变》，载《潮州学国际研讨会论文集》（上册），暨南大学出版社，1994 年。

言的许多核心词是上古时代传下来的，已经成为词根，构成了大量的词汇，如粟（稻谷）、侬（人）、囝（儿子）、册（书）、鼎（锅）、厝（房子）、骹（脚）、衫（上衣）、箬（叶子）、翼（翅膀）、糜（粥）、食（吃）、箸（筷子）、卵（蛋）、薸（浮萍）、沃（浇）、曝（晒）、拭（擦）、缚（绑）、徛（站）、园（藏）、徙（移动）、饲（喂养）、芳（香）、晏（迟）、悬（高）、惊（怕）、细（小）、幼（细小）、清（凉）。这类常用词不论传到多远，都是不会遗失的。那些区内普遍通行、外区少见的特征词，因为常用，也不容易丢弃，例如：生理（生意）、头家（老板）、起火（生火）、纸字（钞票）、翁某（夫妻）、深井（天井）、俗（便宜）、手指（戒指）、算数（算账）、清气（干净）。至于一般词汇，在闽南话的本土，同样的意思本来就有不同说法，这样的词汇在域外的闽南话中，因为有不同地方来的人，各自带来了自己的说法，也有些是从客家话或广府话借用的，还有的是到了新地后另造的。这就很容易造成并存并用的同义词。这种情形在闽粤本土的闽南话中也有，但是比较少见。例如：茶叶—茶心、茶箬、茶米，马铃薯—番仔薯、干冬薯、荷兰薯，花生—落花生、塗豆、地豆，白天—日时、日间、日头、白日，晚上—暗暝、暝时、暝昏、暝昏头，后来—路尾、慢后、尾手、后日，以前—旧底、旧时、往过、往摆、先时，热水瓶—电瓶、电罐、热水壶，茶壶—茶鼓、茶罐、茶瓶，洋葱—霸葱、北葱、番葱、大粒葱，煤油—塗油、火油、番仔油、臭油，汽油—电油、车油、树奶油，手电筒—手电、电火、电筒，瘸腿—瘸骹、摆骹、拐骹，下饭菜—物配、咸、菜配，水泥—霸灰、霸塗、红毛灰、洋灰，包粽子—缚粽、包粽、裹粽、拍粽，收工—放工、散工、歇工，农历—唐侬历、咱侬历、旧历、老历，洋楼—番仔楼、红毛楼、独立厝，早米—春米、六月米、早帮米，晚米—晏米、十月米、下帮米、晚季米。

此外，在南洋安家，自然环境及社会状况和故土多有不同，遇到方言母语无法表达的意思，往往就会借用当地语言的一些词汇。一百多年前在新加坡出版的《华夷通语》，共收马来语的常用词语和短句2800多条，其中有的当时就被闽南话借用，并陆续传到闽南本土。例如，kawin（交寅：结婚），mati（马滴：死），kapas（加贝：棉花树、棉织品），sabun（雪文：肥皂），tongkat（洞葛：文明杖），suka（须甲：中意，喜爱），kawan（交弯：朋友），buaya（鲀仔：鳄鱼），bali（峇厘：船舱），macam（马占：人物）。有的闽南人已经不知道这是马来语借词了。[①] 笔者以前曾经搜集过一批闽南话的马来语借词和马来语里的闽南话借词。前者如：kopi（咖啡），kakao（可可），karicare（咖喱），capio（有沿的毡帽），sabun（肥皂），ayan（洋铁皮），sago（西谷米），mangga（芒果），durian（榴梿），pinang（槟榔），sate（沙茶），baba（峇峇：华人和当地妻子所生的混血儿），lacur（落仄：丢丑），sarong（沙龙，马来人穿的裙子）。有时这种马来

① 李如龙《〈华夷通语〉研究》，载《东南亚华人语言研究》，北京语言文化大学出版社，2000年。

语的借词也并非“填补空挡”，甚至是常用词，也可以借来并用的。例如：patut（巴突：规矩，道理），capcae（杂菜：可用于引申义“混杂貌”），gudang（牛笼：仓库），kaya（加额：富裕）。[①]

世纪之交，陈晓锦教授到马来西亚向那里的华人调查了潮州话、客家话和广府话，2003 年出版了《马来西亚的三个华语方言》，她设计的调查词表包括 2437 个常用词，经过调查，潮州话里就有马来语借词 98 个，英语借词 130 个，228 个外来词将近占了调查条目的十分之一。[②]

（二）语言接触中的深度交流

东南亚华人虽然是按方言聚居的，为了生存，就要和当地土著打交道，像第一代华人那样，只懂得方言母语，在那里是很难生存的。事实上很多未带家眷的男人就和当地妇女婚配，时间长了就慢慢学会了当地语言。混血所生的“峇峇”更是从母亲那里学会了本地通行的马来话。几百年过去了，如今东南亚的华人大多已是第三、第四代的华人了。二战结束后，东南亚殖民地先后独立建国，在义务教育中推行自己的民族语言，学校的外国语也是首选英语，年轻的华人学得更好的是国语和英语，进华文学校的兼学华语（汉语普通话），于是，汉语方言的母语逐渐退缩到华人家庭和华人小社区之中。在这种情况下，人口比较集中的社区和有华文学校的地方，华人青年还能听说一些方言，交往广的甚至还能兼通国语、华语、英语和一两种或两三种汉语方言，这类多语者是普遍存在的。本人在暨南大学任教时，曾经在该校的马来西亚留学生中做过调查，并请他们把问卷带回他们的家乡（柔佛州）做调查，回收的问卷虽然不太多，却很能说明问题。说闽南话的父辈 33 人中兼通华语、国语和闽、粤、客等方言三种的有 12 人，兼通四种的 13 人，兼通五种的 5 人；那里的青年大学生大多懂三四种话。64 个样本中，第一语言为华语、第二语言为国语的 28 人，第一语言为华语、第二语言为方言母语的 33 人，第三、第四语言为其他方言的 9 人，第二语言为英语的 12 人，第三、第四语言为英语的 30 人。关于学习多语的动机，他们的回答是：因需要而学国语的 81 人，学英语的 74 人，学华语的 52 人，学方言的 48 人。关于对多语制的评价，93 份答卷中，认为对个人谋生和社会交往必要、有利的 87 人，对民族团结和国家发展必要和有利的也是 87 人，认为对个人智力发展有利的 67 人。马来西亚华人青年中的普遍存在的多语、多方言的现象成了当地华人社会的一条有趣的风景线。[③]

---

① 李如龙《闽南方言与印尼语的相互借词》，载《方言学应用研究文集》，湖南师范大学出版社，1998 年。

② 陈晓锦《马来西亚的三个汉语方言》，中国社会科学出版社，2003 年。

③ 李如龙《马来西亚华人的语言生活及其历史背景》，载《东南亚华人语言研究》，北京语言文化大学出版社，2000 年。

生活在东南亚的几千万华人，因为所处的国家和地区不同，境遇的差别很大。不同国家的经济、政治情况不同，语言文化政策不同，华人人数多少、实力强弱、是否聚居也多有重大差别，所以不同国家的华人的语言生活和多语环境也各不相同。在菲律宾、泰国和马来西亚，华人多集中聚居，中老年人多能掌握华语和方言母语，兼通当地国语，文化高的也懂英语。新加坡华人最多，但由于政府推行英语、削弱华文教育，中青年大多已经放弃方言母语，虽有推广华语的号召，因为脱离政界和学校的应用，效果却很有限。在印度尼西亚，华人多达600万，但只占总人口的2%，人口最多的福建帮较为集中地在巴达维亚、泗水等爪哇商业城市从事贸易，闽南话和印尼语之间都有大量借词，提供了华人与印尼人交际的方便，形成了“华人马来语”。由于政府在1966年之后的近半个世纪里，采取了严厉的民族同化政策，取缔华文教育，禁止华文书报入口，连华人固有的汉语姓名也不准使用，原本已经相当普及的华语和民间一直坚挺的方言，遭到严重的摧残，逐渐式微了。除了土生华人早已同化于印尼语之外，新客和青年华人同当地人交往时所用，只能是从学校学来的相当规范的印尼语，只有在和老年华人交往时混杂些汉语方言词汇，完整的方言就说不来了。

不过，从总体上说，大多数东南亚华人目前的状况还是存在着普遍的双语和多语的现象的。家里、族内交往用华语和汉语方言，学校和社会上用当地国语及其方言，文化高的还会英语。这是多种语言共存并用的接触中深度交流的结果。

另一种语言接触的深度交流是汉语方言和马来语的双向借词。印尼语和马来语本来是相近的语言，使用人口有三亿之多。由于最早到南洋去的大多是闽南人，不论是印尼语或马来语，都有数量不少的闽南话借词。这早已引起学者的注意，不少人对此做过研究。笔者在20世纪90年代曾经搜集过近300条，闽南话向马来语借用的也有近百条。最有趣的是还有马、闽互借的双向借词。例如：

duit（镭）——ci（钱）　　makan（马干）——ciak（食）

cilaka（遭殃）——cialat（食力）　　suap（侵吞）——ciak（食）

patut（规矩、公道）——cengli（情理）　　mana（为什么）——按怎

一般的外来词都是单义项的，也不能派生构词，而在闽南话和印尼语之间这种情况都不少见。例如：

印尼语的闽南话借词：

漆——cat，cat minyak（油漆），tukang cat（漆匠），mengecat（上漆），catbakar（喷漆），馃——kue（糕点），kue kue（多色糕点），toko kue（糕饼店），kue basah（蒸的糕），kue karing（烘烤的糕点）

闽南话的印尼语借词：

sabun（雪文：肥皂），雪文水（肥皂水），雪文盒（肥皂盒），芳雪文（香皂），臭

雪文（药皂），tongkat——洞葛（手杖），洞葛头（手杖把），番仔洞葛（不明事理的人），洞葛恰秴鸟铳（讽喻"官比兵多"）。[①]

在汉语的本土，方言是从属于普通话的，普通话的词汇语法很容易被方言接受，方言词和方言语法却很难被普通话吸收。而在东南亚华人社会中，因为早期通行的是方言，数以千万的华人有多半是聚居的，因此当他们初学华语的时候，就会把一些常用的方言词带进华语，并读成华语的音。有些方言的构词法和在句法也会套用于华语。长期在新加坡办报的华人学者汪惠迪所编的《新加坡特有词语词典》就收了不少当地华语中的闽南话词语。例如：五脚基（骑楼）、薄饼（春卷）、娘惹（华人所生的混血女性）、巴仙（百分比）、大伯公（土地爷）、脚踏车（自行车）三层肉（五花肉）。周清海、汪惠迪、陆俭明等合编的《新加坡华语词汇与语法》一书也罗列了不少所吸收的闽南话构词法和句法。例如：斤半（一斤半）、千五六（一千五六百）、尺六（一尺六寸）、大粒（好大一粒）、脸黑黑（黑黑的脸）、很兴趣（很有兴趣）、有想过（想过）、一间医院（一家医院）。方言成分比较容易进入通语是在境外的特殊条件下才是可能的。2010 年在北京出版的《全球华语词典》（商务印书馆，2010 年）对于海外华人为海外华语引进的汉语方言词语已经有了很多记录，值得参考和研究。

三　南洋闽人的语言生活反映了中华文化"和而不同"的品格

语言是文化的载体，语言生活是文化品格的展示。华人（包括闽人、粤人和客家人）到东南亚的移民史以及移民社会的语言生活，是有深刻的文化意义的，很值得发掘。

纵观世界移民史，有的民族或族群移向境外，把自己的语言和文化都抛弃了，这是被迫地为强者所同化，例如从非洲被卖往北美的奴隶。有的把自己的语言和文化强加于人，例如欧洲的殖民者把法语带到非洲，把西班牙语带到南美洲，这是靠强权去同化别人。华人开辟海上丝路、向东南亚移民，走的却是另一条道路：数百年间的陆续移民，繁衍了上千万人，分布在几十个国家和地区，在陌生的海域上漂泊，在荒芜的土地上垦殖，和原住民携手、联姻，同生死、共患难，打出一片崭新的天地。在语言文化上，一方面固守自家的母语和民族文化，一方面又兼通当地语言、吸收异文化，使自己得以生存和发展。这就是中华民族"和而不同"的可贵品格。"和"就是和平、和气、和善、和顺、和谐，最后达成了和谐；"不同"就是不等同、不混同、不苟同、不伙同、不雷

① 李如龙《闽南方言与印尼语的相互借词》，载《方言学应用研究文集》，湖南师范大学出版社，1998 年。

同、不类同。对内保留自己的语言文化就是与人"不同"，对外采取双语制、多语制，达到了"和"。天下万物，不论是自然物或是社会现象，从内部结构、生成过程到外部环境，都是不同的，有不同就存在着对立或矛盾。而要在同一的空间共存，就必须经过时间的磨合去达到和谐，和谐也就是统一。《论语》说："君子和而不同，小人同而不和。"保持自己的个性并加以必要的调整以适应环境，为别人所理解和接受，这就是与人为善、和而不同。只要求别人来服从你、适应你，终究是不能达到和谐的。因为语言文字的矛盾和纷争，在不少地方，到现在还没有止息。可见，"不同"就是差异，差异可以导致对立，如果求同而存异，也可以"和而不同"达到统一。"同而不和"可能是经过压服的，或者是被屈服的，总之都是经过矛盾和抗争，并不能达到和谐。"和而不同"则是求同、认同、协同而达到和谐的过程，也是理解和完善的认识升华的过程。

东南亚华人的"和而不同"是经历过长时间的理解过程的，也经历过多次"认同"的转换。早期出洋时，只能靠族群、方言帮的认同，建立宗亲会、同乡会，互相帮助，共济时艰。这是民国以前南洋华侨的"流寓时代"的状况。立足于异邦之后的"华侨时代"，主要靠民族认同，和故乡、祖国保持紧密联系，在外则组织同业公会、行业商会以协调动作，争取合法权益，这是二战结束后的状况。二战之后，殖民主义不存在了，南洋各地建立了民族国家，新中国不承认双重国籍，于是进入了"华人时代"，面临着国家认同的新问题。从华侨时代到华人时代，民间有更加准确生动的通俗说法，这就是：从"落叶归根"和"落地生根"。殖民主义者走了，被统治的民族独立了，在着手建设新的国家的时候，起用民族语言，发扬民族文化，都是顺理成章的事。东南亚各国的华人，数百年间已经繁衍为上千万的群体，适应了当地的生活，也建立了骄人的家业，举家回国是不现实的，在当地落籍成了正确的选择。经过一番不安和波动，南洋华人完成了"国家认同"的转变，做到了尊重当地的主体民族，继续已有的互助合作的传统，以主人翁的姿态，共同建设新的国家。这也是东南亚各国半个多世纪以来得以繁荣发展的重要条件。

印尼归侨、暨南大学的杨启光教授在他的《印度尼西亚华人的日常用语及其文化认同探析》一文中指出："时至今日，印尼华人大都以双语或多语为日常用语，单纯只以汉语或其方言、西方语言或原住民语言为日常用语者逐渐减少，尤其是只持汉语方言的单语者所剩无几。与此相应，在文化认同上，力图单纯地认同于中华文化、原住民文化或西方文化者也在急剧减少。越来越多的印尼人意识到，他们之所以能够在印尼长期生存并繁衍至今，历数劫难而又柳暗花明，是在求生图存的社会实践中不断地兼容了中华文化、原住民文化和西方文化的要素，并随着时代的发展而不断地建构着'三合一'的印尼华人文化并作为认同对象的结果。"[①] 他对于印尼华人的语言文化的现

① 杨启光《印度尼西亚华人的日常用语及其文化认同探析》，载《东南亚华人语言研究》，北京语言文化大学出版社，2000年。

状和认同的分析是符合当代的事实，也是符合历史逻辑的，这在东南亚各国的华人中是很典型的现象，也是很合理的事实。应该说，这是华人和中华文化走出异域的数百年间所创造出来的可贵经验。

让我们为中华文化“和而不同”的品格点赞，为这种浩大的包容性和灵活的适应性而点赞。

参考文献

陈家荣 《中外交通史》,（香港）学津书店出版，1987 年。

陈晓锦 《马来西亚的三个汉语方言》,（北京）中国社会科学出版社，2003 年。

陈衍德、卞凤奎 《闽南海外移民与华侨华人》,（福州）福建人民出版社，2007 年。

李如龙 《福建方言》,（福州）福建人民出版社，1997 年。

李如龙 《方言学应用研究文集》,（长沙）湖南师大出版社，1998 年。

李如龙主编 《东南亚华人语言研究》,（北京）北京语言大学出版社，2000 年。

李宇明主编 《全球华语词典》,（北京）商务印书馆，2010 年。

廖达珂 《福建海外交通史》,（福州）福建人民出版社，2002 年。

林衡南 《华夷通语》，新加坡光绪九年木刻本。

林远辉、张应龙 《新加坡马来亚华侨史》,（广州）广东高教出版社，1991 年。

林再复 《闽南人》(增订版),（台北）三民书局，1991 年。

汪惠迪编著 《新加坡特有词语词典》，新加坡联邦出版社，1999 年。

杨贵谊、陈妙华 《现代马来语词典》(华马双解),（吉隆坡）世界书局，1984 年。

杨 力、叶小敦 《东南亚的福建人》,（福州）福建人民出版社，1993 年。

周清海编 《新加坡华语词汇与语法》,（新加坡）玲子传媒私人有限公司出版，2002 年。

Josiah Goddard *A Chinese and English Vocabulary in the Tie-Chiu Dislect*, Shanghai, American Presbyterian Mission.

Nicholes Cieaveland Bodman（包拟古） *Spoken Amoy Hokkian*, Kuala Lumpur 1955.

说明：本文于 2017 年 4 月提交香港中文大学举办的“海上丝绸之路的汉语研究国际论坛”宣读，会后编入会议论文集。收入本书有修改。

后　记

闽地是我生长的故土。生命中八十多年的绝大多数时间都在这里生活和工作。闽方言是我的母语，也是我几十年来自己选择的业务工作关注最多的内容。经过实践，我热爱自己的故乡和母语。当我逐渐知道这片连绵起伏的丘陵地所孕育出来的语言和文化是那样的丰富、深沉，经历过千年的艰辛，走遍东南沿海，登上祖国最美的两个大岛，还冒着风浪落脚于渺远的南洋，不论是闽方言还是闽文化，至今还傲然坚挺，继续演绎着自己的历史和创新，我就总想更多地探索这奇妙的闽地、闽方言和闽文化，把自己的理解做一番表达。为了这一点，数十年间，我踏遍八闽大地。已经年过花甲，还从繁华的广州返回到熟悉的鹭岛，继续为此奔波和思索，调查和写作，真有点“念兹在兹”、“衣带渐宽终不悔”的执着。如今退休十几年了，家人和朋友都劝我，别再折腾了，享享清福吧。我却觉得还有点余力，有些没做完的文章还是应该把它写出来，该编的书还是得编出来。也算是给家乡父老、师友同行的一份汇报吧。最近，感到再去调查新材料、探讨新问题，的确是力不从心了，就把已有的东西整理了这么一个两卷本，名曰《闽方言文存》，意思是挑选些有保存价值的文章印出来，后人如果对此感兴趣，查阅起来方便些。其中如有不妥之处，也可让未来的高手去评判和改正。未尽之处就更多了，也希望新人继续补充和发掘。

我常对年轻同志说，方言学的任务是调查研究，调查只是搜集材料，只有把调查的材料整理出系统，进行纵横两向的比较，弄清这个系统是怎样演变过来的，跟身边历来的通语和方言有何联系，这才算得上是研究。收在这本集子里的文章是我60年间的研究成果，共有71篇，上编的39篇分为四个类题。“概论”是总体的概述，讨论闽方言的形成、分布、分区和总体特征及内部差异。由于语言接触，西片的内陆闽方言发生了重大变异，和沿海闽方言明显不同，为闽方言分区，应该先把这东西两片分开来，这是20世纪60年代《福建汉语方言概况》定下的基调，今年我又做了提炼。“语音研究”是对闽方言一些共同语音特征（文白异读、全浊声母、四等韵、声调分化）和个别区的重要特点（如闽东的声母类化、闽北的来母字读s、厦门的变调与轻声）的分析。“词汇研究”有闽方言的特征词、与台语的关系词、印尼语的借词、考释方言词本字的研究，以及若干重要核心词（“囝、八、厮、卜、挃”等）的考订和描述。“语法研究”集中在闽南话的一些词法和句法的专题，也有闽方言语法的共同特点和个别构词现象的讨论，由于语法的研究用功不够，这部分是本书的弱项。下编的32篇也是四个类题。“区域比较”包括闽中、闽北以及西北片七县市和尤溪、浦城两个小片的语音词汇比较，这是在20世纪60年代“普查”以前关注较少的方言。“调查报告”有7篇，因为都是有显著特色的小方言，虽然研究不够，也放宽要求收进来。“韵书研究”6篇（含一本南洋出版的闽南话和马来语对译的词典）是为了把老祖宗记录的闽方言评介给后人，那是连西方的语言学家都十分重视的成果。还有13篇《文化研究》是从多种角度探讨闽方言与福建的历史文化的关系。这些文字都是我参加工作之后写成陆续发表的，体例不够统一，内容或有重复，但集中一处则便于做关联的研究和整体的思考。

在以往出版的专著中，我与陈章太同志合作的《闽语研究》，因为篇目重要，本人执笔的篇目都收入本书。独著《方言与音韵论集》因为是在香港中文大学出版的，发行不多，有些关于闽方言的篇目也收入不少，商务印书馆出版的两本个人专集（《汉语方言的比较研究》《汉语方言研究文集》），则只收入少数讨论闽方言的篇目。其余的7种专著和3种方言词典、16种方言志，都有特定的主题，自成系统，因而一概不收。不过，其中有关闽方言的语料，可供阅读本书时核实和查证。

就闽方言当前的状态说，除了那些通行范围不大的小方言和方言岛之外，大多还存活得不错。但是，普通话正在迅速普及、网络交流越来越广泛；外来人口正在急剧增加，异方言组合的家庭越来越多；加上小学、幼儿园不恰当地阻止方言进校园，在这种情势下，方言的萎缩是不可避免的。在中等以上的城市中，能流利地说本地话的青少年明显减少了。方言的使用范围正在退出主流的社会生活，缩小到中老年人的圈子之中。随着现代化发展步伐的加快、方言使用频度的减低，传统的方言成分也势必逐渐被淘汰。闽方言的调查研究所面临的局面肯定是越来越严峻了。我40年前调查过的小方言，在最近的“语保工程”中有人想再去做调查，已经找不到合格的发音人了。可见，要继续深入调查研究闽方言，必须抓紧时间、加快速度了。为了不使这些不可再生的历史文化遗产在我们这一代人中销声匿迹，最好在已有研究的基础上确定一批需要深入研究的方言点，进行抢救性的调查研究。如果我的这些研究成果能够为闽方言的进一步研究提供一点帮助和参考，就是我最大的快乐了。

当此书即将出版之时，感谢庄初升同志给本书作序，他的热情肯定我可能没做得那么好，但可让后来者参考做得比我更好。我还要感谢责任编辑冯爱珍同志，为了编好这本书，她是花了许多心血的。请读者们跟我一起谢谢他们。

李如龙识于2022年11月10日